법무사

5개년 기출문제해설

1차시험 전과목

시대
에듀

끝까지 책임진다! 시대에듀!

QR코드를 통해 도서 출간 이후 발견된 오류나 개정법령, 변경된 시험 정보, 최신기출문제, 도서 업데이트 자료 등이 있는지 확인해 보세요!
시대에듀 합격 스마트 앱을 통해서도 알려 드리고 있으니 구글 플레이나 앱 스토어에서 다운받아 사용하세요.
또한, 파본 도서인 경우에는 구입하신 곳에서 교환해 드립니다.

편집진행 이재성 · 안효상 · 박종필 · 백승은 | **표지디자인** 하연주 | **본문디자인** 윤준하 · 고현준

2026 시대에듀 법무사 1차시험 5개년 기출문제해설

Always **with you**

사람의 인연은 길에서 우연하게 만나거나 함께 살아가는 것만을 의미하지는 않습니다.
책을 펴내는 출판사와 그 책을 읽는 독자의 만남도 소중한 인연입니다.
시대에듀는 항상 독자의 마음을 헤아리기 위해 노력하고 있습니다. 늘 독자와 함께하겠습니다.

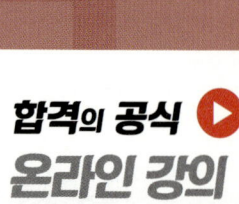
합격의 공식 ▶
온라인 강의

보다 깊이 있는 학습을 원하는 수험생들을 위한
시대에듀의 동영상 강의가 준비되어 있습니다.
www.sdedu.co.kr ➜ 회원가입(로그인) ➜ 강의 살펴보기

머리말

시험과목이 8개나 되는 법무사시험을 준비하다 보면 느끼시겠지만, 항상 시간은 부족하고 하여야 할 것들은 많습니다. 이때 우리에게 가장 필요한 것은 핵심을 짚어 내는 능력입니다. 그리고 그 핵심을 알려 주는 지도이자 나침반이 바로 기출문제입니다. 기출문제를 철저히 분석하여 완전히 자기 것으로 만든다면, 가장 적은 노력과 시간을 들여 시험에 합격할 수 있는 단단한 토대를 구축할 수 있으리라 생각합니다.

이에 시대에듀는 법무사시험을 준비하는 수험생들에게 가장 빠르고 효율적인 합격의 길을 제시하고자 「2026 시대에듀 법무사 1차시험 5개년 기출문제해설」을 출간하였습니다.

「2026 시대에듀 법무사 1차시험 5개년 기출문제해설」의 특징

❶ 모든 지문에 최대한 정확하고 상세한 해설을 수록하여 다른 교재를 찾아보아야 하는 수고로움 없이 본서만으로 충분히 학습할 수 있도록 하였습니다.

❷ 각 지문마다 OX표시를 하여 지문별 개별학습이 가능하도록 하였고, 주요부분에 밑줄을 그어 그 내용을 한눈에 확인할 수 있도록 하였습니다.

❸ 최신 법령 · 예규 · 판례 · 선례 및 실무제요에 근거하여 해설하였으며, 개정사항이 적용되어야 할 문제는 이를 반영하고 [기출수정]으로 표시하였습니다.

❹ 법원실무제요 및 법원공무원교육원 교재와 같은 실무서의 내용이 그대로 지문으로 출제되는 과목(민사집행법 · 상업등기법 · 비송사건절차법 · 부동산등기법 · 공탁법)의 해설에는 해당 내용을 직접 인용하고 별도로 표시하였으며, 특히 법원실무제요 민사집행의 경우에는 2020 최신 개정판의 내용을 반영하였습니다.

설령 모든 부분을 완벽하게 해내지 못하더라도, 기출문제를 중심으로 끝까지 열심히 하시기 바랍니다. 본서가 법무사시험에 도전하는 수험생들에게 합격의 길잡이가 될 것을 확신하며, 본서로 학습하는 모든 수험생 여러분에게 합격의 영광이 함께하기를 기원합니다.

편저자 씀

이 책의 구성과 특징

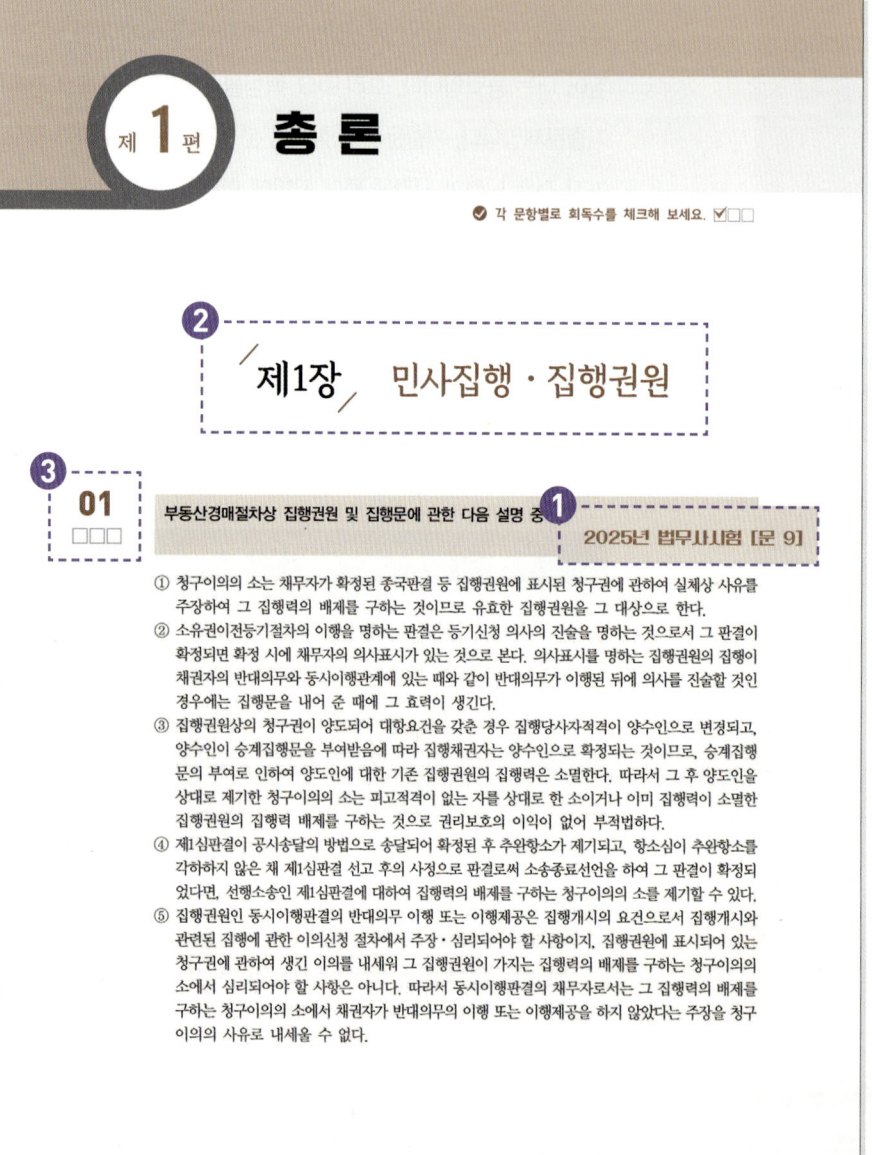

제 **1** 편 　총 론

✔ 각 문항별로 회독수를 체크해 보세요. ☑☐☐

2 / 제1장 / 　민사집행 · 집행권원

3 01 ☐☐☐

부동산경매절차상 집행권원 및 집행문에 관한 다음 설명 중 **1**

2025년 법무사시험 [문 9]

① 청구이의의 소는 채무자가 확정된 종국판결 등 집행권원에 표시된 청구권에 관하여 실체상 사유를 주장하여 그 집행력의 배제를 구하는 것이므로 유효한 집행권원을 그 대상으로 한다.

② 소유권이전등기절차의 이행을 명하는 판결은 등기신청 의사의 진술을 명하는 것으로서 그 판결이 확정되면 확정 시에 채무자의 의사표시가 있는 것으로 본다. 의사표시를 명하는 집행권원의 집행이 채권자의 반대의무와 동시이행관계에 있는 때와 같이 반대의무가 이행된 뒤에 의사를 진술할 것인 경우에는 집행문을 내어 준 때에 그 효력이 생긴다.

③ 집행권원상의 청구권이 양도되어 대항요건을 갖춘 경우 집행당사자적격이 양수인으로 변경되고, 양수인이 승계집행문을 부여받음에 따라 집행채권자는 양수인으로 확정되는 것이므로, 승계집행문의 부여로 인하여 양도인에 대한 기존 집행권원의 집행력은 소멸한다. 따라서 그 후 양도인을 상대로 제기한 청구이의의 소는 피고적격이 없는 자를 상대로 한 소이거나 이미 집행력이 소멸한 집행권원의 집행력 배제를 구하는 것으로 권리보호의 이익이 없어 부적법하다.

④ 제1심판결이 공시송달의 방법으로 송달되어 확정된 후 추완항소가 제기되고, 항소심이 추완항소를 각하하지 않은 채 제1심판결 선고 후의 사정으로 판결로써 소송종료선언을 하여 그 판결이 확정되었다면, 선행소송인 제1심판결에 대하여 집행력의 배제를 구하는 청구이의의 소를 제기할 수 있다.

⑤ 집행권원인 동시이행판결의 반대의무 이행 또는 이행제공은 집행개시의 요건으로서 집행개시와 관련된 집행에 관한 이의신청 절차에서 주장·심리되어야 할 사항이지, 집행권원에 표시되어 있는 청구권에 관하여 생긴 이의를 내세워 그 집행권원이 가지는 집행력의 배제를 구하는 청구이의의 소에서 심리되어야 할 사항은 아니다. 따라서 동시이행판결의 채무자로서는 그 집행력의 배제를 구하는 청구이의의 소에서 채권자가 반대의무의 이행 또는 이행제공을 하지 않았다는 주장을 청구이의의 사유로 내세울 수 없다.

▶ 2021년부터 2025년까지의 기출문제❶를 진도별❷로 구성하여 학습의 효율성을 높였고, 각 문항별로 3회독 할 수 있도록 회독수 체크박스❸를 삽입하였습니다.

▶ 최신 법령 · 예규 · 판례 · 선례❹ 및 실무제요❺를 반영하여 최대한 정확하고 상세한 해설을 수록하였습니다.

❖ 법령개정으로 설문 및 지문 등에 오류가 발생한 문제는 개정된 법령을 반영하여 수정하였습니다.

[❶ ▶ ○] [❸ ▶ ○] 행정예규 제1435호 3. 나. 1), 다.

□ 행정예규 제1435호[공탁통지서가 반송된 경우의 업무처리지침]

3. 반송된 공탁통지서 교부절차 : 공탁통지서가 반송된 경우 피공탁자 또는 그 대리인이 법원에 출석하여 직접 교부청구를 하는 경우에는 다음의 절차에 따라 이를 교부한다.

가. 피공탁자 본인이 교부청구를 한 경우

1) 공탁관은 신분에 관한 증명서(주민등록증 · 여권 · 운전면허증 등을 말한다. 이하 "신분증"이라 한다)에 의하여 피공탁자의 신분을 확인한 다음 피공탁자로부터 공탁통지서 수령사실 및 수령일시가 기재된 영수증을 제출받고 공탁통지서를 교부한다.

2) 이때 공탁관은 피공탁자의 신분증을 복사하여 위 영수증과 함께 해당 공탁기록에 철한다.

나. 대리인이 교부청구를 한 경우

1) 대리인이 교부청구를 하는 경우에는 피공탁자 본인의 인감도장이 찍힌 위임장과 그 인감증명서를 공탁관에게 제출하여야 한다.

2) 공탁관은 신분증에 의하여 대리인의 신분을 확인한 다음 대리인으로부터 공탁통지서 수령사실 및 수령일시가 기재된 영수증을 제출받고 공탁통지서를 교부한다.

3) 이때 공탁관은 대리인의 신분증을 복사하여 위 영수증, 위임장, 인감증명서와 함께 해당 공탁기록에 철한다.

다. "가"항 및 "나"항은 공탁통지서를 발송하기 전에 피공탁자 또는 그 대리인이 법원에 출석하여 직접 교부청구를 한 경우에도 준용한다.

라. "가항 2)" 및 "나항 3)"의 경우 본인 또는 그 대리인이 제시하는 신분에 관한 증명서가 모바일 신분증(이동통신단말장치 유통구조 개선에 관한 법률 제2조 제4호에 따른 이동통신단말장치에 암호화된 형태로 설치된 신분증)인 경우

1) 공탁관은 신분증 발급기관이 제공하는 검증시스템을 이용하여 모바일 신분증의 진위 여부를 검증한 후 출력한 신분증 사본을 해당 공탁기록에 철하여야 하고, 검증시스템의 전산장애 등 부득이한 경우에는 신분확인서(공탁사무 문서양식에 관한 예규 [별지 제20호 양식])를 해당 공탁기록에 철할 수 있다.

2) "1)"에 따른 신분증 발급기관이 제공하는 검증시스템은 다음과 같다.

가) 모바일 주민등록증, 모바일 운전면허증, 모바일 외국인등록증, 모바일 국내거소신고증 등 : 모바일 신분증 진위확인 사본저장 시스템(https://ive.mobileid.go.kr)

나) 모바일 변호사 신분증 : 나의 변호사(https://www.klaw.or.kr)

[❷ ▶ ×] 민법 제487조의 규정에 의한 변제공탁을 한 공탁자는 지체 없이 채권자에게 공탁통지를 하여야 하는데(위 같은 법 제488조 제3항), 이 경우에 있어서 공탁공무원은 공탁자가 제출한 공탁통지서를 공탁자를 위하여 발송하여 주는 것에 불과하므로(공탁규칙 제29조), 위와 같은 공탁통지서의 발송은 배달증명에 의한 우편발송의 방법에 의하여야 할 뿐(위 같은 규칙 제23조 제2항), 법원이 직권으로 소송상의 서류를 소송당사자 기타 이해관계인에게 송달하는 경우에 적용되는 민사소송법상 송달에 관한 규정은 적용할 수 없을 것이며, 따라서 공탁통지서의 발송은 민사소송법 제190조 제1항에 규정되어 있는 휴일 또는 일출 전이나 일몰 후의 집달리 등에 의한 송달방법에 의할 수는 없다(공탁선례 제1-67호).

[❹ ▶ ○] 공탁통지서가 피공탁자의 주소불명으로 공탁소에 반송된 경우에 공탁자는 피공탁자의 주소에 내한 공탁서의 징정을 신청힐 수 있다. 이 경우에는 공탁통지서에 새로 첨부하도록 하여 피공탁자의 새로운 주소로 공탁통지서를 발송하여야 한다(공탁규칙 제30조). **실무편람**

일러두기	각 실무서의 제목 및 편수는 다음과 같이 표기하였습니다.

법원실무제요

- 민사집행(Ⅰ-Ⅴ) ⋯ 제요 집행 1-5
- 비송 ⋯ 제요 비송
- 공탁실무편람 ⋯ 실무편람
- 상업등기실무(Ⅰ-Ⅱ) ⋯ 상업 실무 1-2
- 부동산등기실무(Ⅰ-Ⅲ) ⋯ 부등 실무 1-3

법원공무원교육원 교재

- 상업등기실무 ⋯ 법공 상업
- 공탁실무 ⋯ 법공 공탁
- 부동산등기실무 ⋯ 법공 부등

자격시험 소개

※ 2025년 제31회 시험공고 기준

법무사란?

일반인에게 법률서비스 및 조언을 제공하는 인력으로, 타인의 위촉에 의하여 법원과 검찰청에 제출할 서류나 등기 · 등록과 관련된 서류를 작성하고, 등기 · 공탁사건의 신청을 대리하는 자

주요업무

❶ 법무사의 업무는 다른 사람이 위임한 다음 각 호의 사무로 한다.

> [1] 법원과 검찰청에 제출하는 서류의 작성
> [2] 법원과 검찰청의 업무에 관련된 서류의 작성
> [3] 등기나 그 밖에 등록신청에 필요한 서류의 작성
> [4] 등기 · 공탁사건신청의 대리
> [5] 「민사집행법」에 따른 경매사건과 「국세징수법」이나 그 밖의 법령에 따른 공매사건에서의 재산취득에 관한 상담, 매수신청 또는 입찰신청의 대리
> [6] 「채무자 회생 및 파산에 관한 법률」에 따른 개인의 파산사건 및 개인회생사건신청의 대리. 다만, 각종 기일에서의 진술의 대리는 제외한다.
> [7] [1]부터 [3]까지의 규정에 따라 작성된 서류의 제출대행
> [8] [1]부터 [7]까지의 사무를 처리하기 위하여 필요한 상담 · 자문 등 부수되는 사무

❷ 법무사는 [1] ～ [3]까지의 서류라고 하더라도 다른 법률에 따라 제한되어 있는 것은 작성할 수 없다.

응시자격

❶ 법무사법 제6조 각 호의 결격사유에 해당하지 아니하는 자

> 다음 각 호의 어느 하나에 해당하는 자는 법무사가 될 수 없다.
> [1] 피성년후견인 또는 피한정후견인
> [2] 파산선고를 받은 자로서 복권되지 아니한 자
> [3] 금고 이상의 실형을 선고받고 그 집행이 종료(집행이 종료된 것으로 보는 경우를 포함한다)되거나 집행이 면제된 날부터 5년이 경과되지 아니한 자
> [4] 금고 이상의 형의 집행유예를 선고받고 그 유예기간이 만료된 날부터 2년이 경과되지 아니한 자
> [5] 금고 이상의 형의 선고유예를 받고 그 유예기간 중에 있는 자
> [6] 공무원으로서 징계처분에 따라 파면된 후 5년이 경과되지 아니하거나 해임된 후 3년이 경과되지 아니한 자
> [7] 이 법에 따라 제명된 후 5년이 경과되지 아니한 자

❷ 2차시험은 당해 연도 1차시험 합격자 및 면제자(법무사법 제5조의2) 또는 전년도 1차시험 합격자

시험과목

구 분	1차시험(객관식)	2차시험(주관식)
1과목	• 헌법(40) • 상법(60)	• 민법(100)
2과목	• 민법(80) • 가족관계의 등록 등에 관한 법률(20)	• 형법(50) • 형사소송법(50)
3과목	• 민사집행법(70) • 상업등기법 및 비송사건절차법(30)	• 민사소송법(70) • 민사사건 관련 서류의 작성(30)
4과목	• 부동산등기법(60) • 공탁법(40)	• 부동산등기법(70) • 등기신청서류의 작성(30)

※ 괄호 안의 숫자는 각 과목별 배점비율입니다.

시험일정

구 분	1차시험	2차시험	최종합격자 발표
2025년 제31회	2025.08.30	2025.10.31 ~ 11.01	2026.02.04

※ 선발예정인원 및 시험일정은 시행처의 사정에 따라 변경될 수 있으니, 2026년 시험일정은 반드시 대한민국 법원 시험정보 홈페이지(exam.scourt.go.kr)에서 확인하시기 바랍니다.

합격기준

구 분	합격자 결정
1차시험	매 과목 100점을 만점으로 하여 매 과목 40점 이상을 득점한 자 중에서 시험성적과 응시자수를 참작하여 전 과목 총득점의 고득점자순으로 합격자를 결정
2차시험	매 과목 100점을 만점으로 하여 매 과목 40점 이상을 득점한 자 중 선발예정인원(1 · 2차 시험 일부면제자는 포함하지 아니한다)의 범위 안에서 전 과목 총득점의 고득점자순으로 합격자를 결정
일부면제자	매 과목 100점을 만점으로 하여 매 과목 40점 이상을 득점한 자 중 최종순위합격자의 합격점수(2차시험 일부면제자에 대하여는 과목별 난이도를 반영하여 일정 산식에 따라 산출되는 응시과목들의 평균점수를 합격점수로 한다) 이상 득점한 자를 합격자로 결정

※ 동점자로 인하여 선발예정인원을 초과하는 경우에는 해당 동점자 모두를 합격자로 합니다. 이 경우 동점자의 점수는 소수점 이하 둘째자리까지 계산합니다.

이 책의 차례

법무사

5개년 기출문제해설
1차시험 전과목

[1권] 헌법 + 상법

시대에듀

PART 1 헌 법

출제문항수 : ☆ = 1문 ★ = 5문

PART 2　상법

합격의 공식
시대에듀

자신의 능력을 믿어야 한다.
그리고 끝까지 굳게 밀고 나가라.

- 로잘린 카터 -

PART

01

헌 법

헌법총론

제1장 헌법과 헌법학

제1절 **헌법의 의의와 특성**

제2절 **헌법의 해석**

01
☐☐☐ 합헌적 법률해석에 관한 다음 설명 중 가장 옳지 않은 것은? **2019년 법무사시험 [문 6]**

① 어떤 법률의 개념이 다의적이고 그 어의의 테두리 안에서 여러 가지 해석이 가능할 때 헌법을 그 최고 법규로 하는 통일적인 법질서의 형성을 위하여 헌법에 합치되는 해석, 즉 합헌적인 해석을 택하여야 하며, 이에 의하여 위헌적인 결과가 될 해석을 배제하면서 합헌적이고 긍정적인 면은 살려야 한다는 것이 헌법의 일반법리이다.

② 법률의 합헌적 해석은 헌법의 최고규범성에서 나오는 법질서의 통일성에 바탕을 두고, 법률이 헌법에 조화하여 해석될 수 있는 경우에는 위헌으로 판단하여서는 아니 된다는 것을 뜻하는 것으로서 권력분립과 입법권을 존중하는 정신에 그 뿌리를 두고 있다.

③ 법률의 조항은 원칙적으로 가능한 범위 안에서 합헌적으로 해석함이 마땅하나, 법률의 조항의 문구가 간직하고 있는 말의 뜻을 넘어서 말의 뜻이 완전히 다른 의미로 변질되지 아니하는 범위 내이어야 한다는 문의적 한계와 입법권자가 그 법률의 제정으로써 추구하고자 하는 입법자의 명백한 의지와 입법의 목적을 헛되게 하는 내용으로 해석할 수 없다는 법목적에 따른 한계가 있다.

④ 구체적 사건에서의 법률의 해석·적용권한은 사법권의 본질적 내용을 이루는 것으로서, 합헌적 법률해석은 대법원을 정점으로 하는 일반법원이 하여야 하는 임무이고, 법률의 위헌심사를 맡는 헌법재판소의 임무는 아니다.

⑤ 합헌적인 한정축소해석은 위헌적인 해석가능성과 그에 따른 법적용을 소극적으로 배제한 것이고, 적용범위의 축소에 의한 한정위헌결정은 위헌적인 법적용영역과 그에 상응하는 해석가능성을 적극적으로 배제한다는 뜻에서 차이가 있을 뿐, 본질적으로는 같은 방법이다.

[**❶ ▸ ○**] 어떤 법률의 개념이 다의적이고 그 어의의 테두리 안에서 여러 가지 해석이 가능할 때, 헌법을 최고법규로 하는 통일적인 법질서의 형성을 위하여 헌법에 합치되는 해석, 즉 합헌적인 해석을 택하여야 하며, 이에 의하여 위헌적인 결과가 될 해석은 배제하면서 합헌적이고 긍정적인 면은 살려야 한다는 것이 헌법의 일반법리이다(헌재 1990.4.2. 89헌가113 등).

[**❷ ▸ ○**] [**❸ ▸ ○**] 법률의 합헌적 해석은 헌법의 최고규범성에서 나오는 법질서의 통일성에 바탕을 두고, 법률이 헌법에 조화하여 해석될 수 있는 경우에는 위헌으로 판단하여서는 아니 된다는 것을 뜻하는 것으로서 권력분립과 입법권을 존중하는 정신에 그 뿌리를 두고 있다. 따라서, 법률 또는 법률의 위 조항은 원칙적으로 가능한 범위 안에서 합헌적으로 해석함이 마땅하나 그 해석은 법의 문구와 목적에 따른 한계가 있다. 즉, 법률의 조항의 문구가 간직하고 있는 말의 뜻을 넘어서 말의 뜻이 완전히 다른 의미로 변질되지 아니하는 범위 내이어야 한다는 문의적 한계와 입법권자가 그 법률의 제정으로써 추구하고자 하는 입법자의 명백한 의지와 입법의 목적을 헛되게 하는 내용으로 해석할 수 없다는 법목적에 따른 한계가 바로 그것이다. 왜냐하면, 그러한 범위를 벗어난 합헌적 해석은 그것이 바로 실질적 의미에서의 입법작용(을) 뜻하게 되어 결과적으로 입법권자의 입법권을 침해하는 것이 되기 때문이다(헌재 1989.7.14. 88헌가5).

[**❹ ▸ ✕**] 일반적으로 민사·형사·행정재판 등 구체적 법적 분쟁사건을 재판함에 있어 재판의 전제가 되는 법률 또는 법률조항에 대한 해석과 적용권한은 사법권의 본질적 내용으로서 대법원을 최고법원으로 하는 법원의 권한에 속하는 것이다. 그러나 다른 한편 헌법과 헌법재판소법은 구체적 규범통제로서의 위헌법률심판권과 '법' 제68조 제2항의 헌법소원심판권을 헌법재판소에 전속적으로 부여하고 있다. 그리고 헌법재판소가 이러한 전속적 권한인 위헌법률심판권 등을 행사하기 위해서는 당해 사건에서 재판의 전제가 되는 법률조항이 헌법에 위반되는지의 여부를 심판하여야 하는 것이고, 이때에는 필수적으로 통제규범인 헌법에 대한 해석·적용과 아울러 심사대상인 법률조항에 대한 해석·적용을 심사하지 않을 수 없는 것이다. 그러므로 일반적인 재판절차에서와는 달리, 구체적 규범통제절차에서의 법률조항에 대한 해석과 적용권한은 (대)법원이 아니라 헌법재판소의 고유권한인 것이다(헌재 2012.12.27. 2011헌바117).

[**❺ ▸ ○**] 합헌적인 한정축소해석은 위헌적인 해석가능성과 그에 따른 법적용을 소극적으로 배제한 것이고, 적용범위의 축소에 의한 한정적 위헌선언은 위헌적인 법적용영역과 그에 상응하는 해석가능성을 적극적으로 배제한다는 뜻에서 차이가 있을 뿐, 본질적으로는 다 같은 부분위헌결정이다(헌재 1997.12.24. 96헌마172).

답 **❹**

02
□□□ **헌법개정 절차에 관한 설명으로 가장 옳지 않은 것은?** 2022년 법무사시험 [문 15]

① 헌법개정은 국회재적의원 과반수 또는 대통령의 발의로 제안된다.
② 제안된 헌법개정안은 대통령이 20일 이상의 기간 이를 공고하여야 하고, 국회는 헌법개정안이 공고된 날로부터 60일 이내에 의결하여야 한다.
③ 헌법개정안에 대한 국회의 의결은 재적의원 3분의 2 이상의 찬성을 얻어 확정되고, 대통령은 국회의 의결을 거친 즉시 이를 공포하여야 한다.
④ 대통령의 임기를 연장하거나 중임변경을 위한 헌법개정은 그 헌법개정 제안 당시의 대통령에 대하여는 효력이 없다.
⑤ 대통령이 발의하는 헌법개정안에 대하여는 국무회의의 심의를 거쳐야 한다.

[**❶ ▸ ○**] 헌법개정은 국회재적의원 과반수 또는 대통령의 발의로 제안된다(헌법 제128조 제1항).
[**❷ ▸ ○**] 헌법 제129조, 제130조 제1항

> **헌법 제129조**
> 제안된 헌법개정안은 대통령이 20일 이상의 기간 이를 공고하여야 한다.
>
> **헌법 제130조**
> ① 국회는 헌법개정안이 공고된 날로부터 60일 이내에 의결하여야 하며, 국회의 의결은 재적의원 3분의 2 이상의 찬성을 얻어야 한다.

[**❸ ▸ ✕**] 헌법개정안은 국회의 의결 후 국민투표에 붙여 국회의원선거권자 과반수의 투표와 투표자 과반수의 찬성을 얻어야 확정된다.

> **헌법 제130조**
> ② 헌법개정안은 국회가 의결한 후 30일 이내에 국민투표에 붙여 국회의원선거권자 과반수의 투표와 투표자 과반수의 찬성을 얻어야 한다.
> ③ 헌법개정안이 제2항의 찬성을 얻은 때에는 헌법개정은 확정되며, 대통령은 즉시 이를 공포하여야 한다.

[**❹ ▸ ○**] 대통령의 임기연장 또는 중임변경을 위한 헌법개정은 그 헌법개정 제안 당시의 대통령에 대하여는 효력이 없다(헌법 제128조 제2항).
[**❺ ▸ ○**] 헌법 제89조 제3호

> **헌법 제89조**
> 다음 사항은 국무회의의 심의를 거쳐야 한다.
>   3. 헌법개정안·국민투표안·조약안·법률안 및 대통령령안

답 ❸

03
□□□

저항권에 관한 다음 설명 중 가장 옳지 않은 것은?(다툼이 있는 경우 헌법재판소 결정에 의함)

2017년 법무사시험 [문 10]

① 저항권은 고대 그리스 도시국가에서 참주에 대한 국외추방제도나 고대 중국의 사상가인 맹자(孟子)의 역성혁명론에서 그 사상적 기원을 찾을 수 있다.

② 저항권은 자연권으로 발전되었고, 영국의 대헌장, 미국의 독립선언서, 프랑스의 1789년 인권선언에서 실정화되었으나, 대한민국의 헌법에는 저항권이 명문으로 규정되어 있지는 않다.

③ 저항권은 공권력의 행사자가 민주적 기본질서를 침해하거나 파괴하려는 경우 이를 회복하기 위하여 국민이 공권력에 대하여 폭력·비폭력, 적극적·소극적으로 저항할 수 있는 국민의 권리이자 헌법수호제도를 의미한다.

④ 저항권은 공권력의 행사에 대한 실력적 저항이어서 그 본질상 질서교란의 위험이 수반되므로, 저항권의 행사에는 개별 헌법조항에 대한 단순한 위반이 아닌 민주적 기본질서라는 전체적 질서에 대한 중대한 침해가 있거나 이를 파괴하려는 시도가 있어야 하고, 이미 유효한 구제수단이 남아 있지 않아야 한다는 보충성의 요건이 적용된다.

⑤ 저항권은 민주적 기본질서의 유지, 회복을 목적으로 저항할 수 있을 뿐, 기존의 위헌적인 정권을 물러나게 하기 위한 목적으로는 행사할 수 없다.

··

[**❶ ▸ O**]　권력자의 불법적인 권력행사에 대하여 저항할 수 있는 권리인 저항권은, 독재자의 출현을 막기 위한 고대 그리스의 도편추방제나, 민심과 천명을 어긴 군주를 교체할 수 있다는 맹자(孟子)의 역성혁명론에서 그 사상적 기원을 찾을 수 있다.

[**❷ ▸ O**]　자연법사상에 의하여 근대적 저항권이론이 체계화되었고, 영국의 대헌장, 미국의 독립선언서 및 프랑스의 1789년 인권선언 등은 실정법적으로 저항권을 규정하였으나, 대한민국 헌법상 저항권에 대한 직접적인 규정은 없다.

[**❸ ▸ O**] [**❹ ▸ O**]　저항권은 공권력의 행사자가 민주적 기본질서를 침해하거나 파괴하려는 경우 이를 회복하기 위하여 국민이 공권력에 대하여 폭력·비폭력, 적극적·소극적으로 저항할 수 있다는 국민의 권리이자 헌법수호제도를 의미한다. 하지만 저항권은 공권력의 행사에 대한 '실력적' 저항이어서 그 본질상 질서교란의 위험이 수반되므로, 저항권의 행사에는 개별 헌법조항에 대한 단순한 위반이 아닌 민주적 기본질서라는 전체적 질서에 대한 중대한 침해가 있거나 이를 파괴하려는 시도가 있어야 하고, 이미 유효한 구제수단이 남아 있지 않아야 한다는 보충성의 요건이 적용된다. 또한 그 행사는 민주적 기본질서의 유지, 회복이라는 소극적인 목적에 그쳐야 하고 정치적, 사회적, 경제적 체제를 개혁하기 위한 수단으로 이용될 수 없다(헌재 2014.12.19. 2013헌다1).

[**❺ ▸ ✕**]　이러한 요건에 따라 피청구인 주도세력의 주장을 살펴보면, 우선적으로 그들은 저항권에 '의한' 집권을 주장하고 있다. 그러나 앞서 본 바와 같이 저항권은 민주적 기본질서의 유지, 회복에 있는 것이지 집권이라는 적극적인 목적을 위해서는 사용될 수 없으므로, 이 부분은 저항권 행사가 폭력수단에 의한 집권을 의미하는 것은 아닌지 의심된다. 물론 이러한 주장을 <u>헌법상 인정될 수 있는 이른바 저항권적 상황에서 저항권의 행사에 의하여 기존의 위헌적인 정권을 물러나게 함으로써 민주적 기본질서를 회복하고 그 이후에 민주적인 방법에 의한 집권을 하겠다는 취지로 해석할 여지가 없지는 않다</u>(헌재 2014.12.19. 2013헌다1).

답 ❺

제2장 / 대한민국헌법 총설

대한민국 헌정사

04 현행헌법인 1987년 제9차 개정헌법에 관한 다음 설명 중 가장 옳지 않은 것은?

2019년 법무사시험 [문 20]

① 범죄피해자구조청구권제도가 처음 규정되었다.
② 대한민국 임시정부의 법통계승이 처음 규정되었다.
③ 현대적 인권인 환경권이 처음 규정되었다.
④ 언론·출판에 대한 허가나 검열과 집회·결사에 대한 허가는 인정되지 않는다는 조항이 부활되었다.
⑤ 헌법재판제도는 현행헌법에 최초로 규정된 것이 아니다.

[❶▸O] [❸▸X] 현행헌법에 신설된 규정은 범죄피해자구조청구권제도, 적법절차, 형사피해자의 재판절차진술권, 최저임금제, 쾌적한 주거생활권, 국가의 재해예방노력의무, 모성보호규정 및 국군의 정치적 중립성 준수 등이다. 환경권은 1980년 제8차 개정헌법에 신설되었다.
[❷▸O] 현행헌법 전문에 대한민국 임시정부의 법통계승이 추가되었다.
[❹▸O] 언론·출판·집회·결사에 대한 허가·검열제의 금지조항은 1960년 제3차 개정헌법에 규정되었다가, 1972년 제7차 개정 시 삭제되었고, 현행헌법에 다시 규정되었다.
[❺▸O] 위헌법률심판에 관한 제도는 제헌 당시부터 규정되어 있었고, 헌법재판소는 1960년 제3차 개정헌법에 최초로 신설되었다.

답 ❸

대한민국의 국가형태와 구성요소

05 대한민국 국민에 관한 다음 설명 중 가장 옳지 않은 것은?

2022년 법무사시험 [문 13]

① 현행헌법은 입법자에게 대한민국의 국민이 되는 요건을 법률로 정할 것을 위임하고 있다.
② 북한주민 역시 일반적으로 대한민국 국민에 포함된다.
③ 우리나라의 국적법은 종래 부계혈통주의를 채택한 적이 있다.
④ 외국인이 대한민국 국민과 혼인하면 자동으로 대한민국 국적을 취득한다.
⑤ 대한민국 국민이었던 외국인은 법무부장관의 국적회복허가를 받아 대한민국 국적을 취득할 수 있는데, 병역을 기피할 목적으로 대한민국 국적을 상실하였거나 이탈하였던 사람은 제외된다.

[**❶ ▸ ○**] 대한민국의 국민이 되는 요건은 법률로 정한다(헌법 제2조 제1항).

[**❷ ▸ ○**] 우리 헌법이 대한민국의 영토는 한반도와 그 부속도서로 한다는 영토조항을 두고 있는 이상 대한민국 헌법은 북한 지역을 포함한 한반도 전체에 효력이 미치므로 북한 지역도 당연히 대한민국의 영토가 되고, 북한주민 역시 일반적으로 대한민국 국민에 포함된다(대판 2016.1.28. 2011두24675).

[**❸ ▸ ○**] 출생에 의한 국적취득에 있어 부계혈통주의를 규정한 '국적법' 제2조 제1항 제1호는 출생한 당시의 자녀의 국적을 부의 국적에만 맞추고 모의 국적은 단지 보충적인 의미만을 부여하는 차별을 하고 있다. 이렇게 한국인 부와 외국인 모 사이의 자녀와 한국인 모와 외국인 부 사이의 자녀를 차별취급하는 것은 모가 한국인인 자녀 그 모에게 불리한 영향을 끼치므로 헌법 제11조 제1항의 남녀평등원칙에 어긋난다(헌재 2000.8.31. 97헌가12).

[**❹ ▸ ✕**] 대한민국 국민과 혼인한 외국인은 <u>귀화허가를 받아</u> 대한민국 국적을 취득할 수 있다. 과거에는 처의 수반취득이 인정되었으나 1997년 개정 국적법에서 폐지되었다.

국적법 제6조(간이귀화 요건)

② 배우자가 대한민국의 국민인 외국인으로서 다음 각 호의 어느 하나에 해당하는 사람은 제5조 제1호 및 제1호의2의 요건을 갖추지 아니하여도 <u>귀화허가</u>를 받을 수 있다.

1. 그 배우자와 혼인한 상태로 대한민국에 2년 이상 계속하여 주소가 있는 사람
2. 그 배우자와 혼인한 후 3년이 지나고 혼인한 상태로 대한민국에 1년 이상 계속하여 주소가 있는 사람
3. 제1호나 제2호의 기간을 채우지 못하였으나, 그 배우자와 혼인한 상태로 대한민국에 주소를 두고 있던 중 그 배우자의 사망이나 실종 또는 그 밖에 자신에게 책임이 없는 사유로 정상적인 혼인생활을 할 수 없었던 사람으로서 제1호나 제2호의 잔여기간을 채웠고 법무부장관이 상당(相當)하다고 인정하는 사람
4. 제1호나 제2호의 요건을 충족하지 못하였으나, 그 배우자와의 혼인에 따라 출생한 미성년의 자(子)를 양육하고 있거나 양육하여야 할 사람으로서 제1호나 제2호의 기간을 채웠고 법무부장관이 상당하다고 인정하는 사람

[**❺ ▸ ○**] 국적법 제9조 제1항, 제2항 제3호

국적법 제9조(국적회복에 의한 국적 취득)

① 대한민국의 국민이었던 외국인은 법무부장관의 국적회복허가(國籍回復許可)를 받아 대한민국 국적을 취득할 수 있다.

② 법무부장관은 국적회복허가 신청을 받으면 심사한 후 다음 각 호의 어느 하나에 해당하는 사람에게는 <u>국적회복을 허가하지 아니한다.</u>

1. 국가나 사회에 위해(危害)를 끼친 사실이 있는 사람
2. 품행이 단정하지 못한 사람
3. <u>병역을 기피할 목적으로 대한민국 국적을 상실하였거나 이탈하였던 사람</u>
4. 국가안전보장·질서유지 또는 공공복리를 위하여 법무부장관이 국적회복을 허가하는 것이 적당하지 아니하다고 인정하는 사람

답 **❹**

PART 1 PART 2 PART 3 PART 4 PART 5 PART 6 PART 7 PART 8

06

□□□

현행 대한민국헌법의 전문(前文)에 관한 다음 설명 중 가장 옳지 않은 것은?

2022년 법무사시험 [문 18]

① 국회의 의결을 거쳐 국민투표에 의하여 개정함을 명백히 밝히고 있다.

② 헌법 전문에서 말하는 전통이란 역사성과 시대성을 띤 개념이므로 오늘날의 의미로 포착하여야 한다.

③ 3·1정신은 우리나라 헌법의 연혁적·이념적 기초로서 헌법이나 법률해석에서의 해석기준으로 작용할 수 있지만, 그에 기초하여 곧바로 국민의 개별적 기본권성을 도출해낼 수는 없다.

④ 3·1운동으로 건립된 대한민국임시정부의 법통을 계승한다고 선언한 헌법 전문으로부터 국가의 독립유공자와 그 유족에 대한 예우를 하여야 할 헌법적 의무가 도출될 수 있다.

⑤ 3·1운동의 정신과 4·19민주이념이 헌법 전문에 함께 규정되어 있는 점을 감안하여 보면, 4·19혁명공로자에 대한 보훈 수준은 애국지사와 동일하게 설정되어야 한다.

⋯⋯⋯⋯⋯⋯⋯⋯⋯⋯⋯⋯⋯⋯⋯⋯⋯⋯⋯⋯⋯⋯⋯⋯⋯⋯⋯⋯⋯⋯⋯⋯⋯⋯⋯⋯⋯

[❶ ▶ ○] 1948년 7월 12일에 제정되고 8차에 걸쳐 개정된 헌법을 이제 국회의 의결을 거쳐 국민투표에 의하여 개정한다(헌법 전문).

[❷ ▶ ○] 헌법 전문과 헌법 제9조에서 말하는 "전통", "전통문화"란 역사성과 시대성을 띤 개념으로서 헌법의 가치질서, 인류의 보편가치, 정의와 인도정신 등을 고려하여 오늘날의 의미로 포착하여야 한다(헌재 2005.2.3. 2001헌가9).

[❸ ▶ ○] "헌법 전문에 기재된 3·1정신"은 우리나라 헌법의 연혁적·이념적 기초로서 헌법이나 법률해석에서의 해석기준으로 작용한다고 할 수 있지만, 그에 기하여 곧바로 국민의 개별적 기본권성을 도출해낼 수는 없다고 할 것이므로, 헌법소원의 대상인 "헌법상 보장된 기본권"에 해당하지 아니한다(헌재 2001.3.21. 99헌마139).

[❹ ▶ ○] 헌법은 국가유공자 인정에 관하여 명문 규정을 두고 있지 않으나 전문(前文)에서 "3·1운동으로 건립된 대한민국임시정부의 법통을 계승"한다고 선언하고 있다. 이는 대한민국이 일제에 항거한 독립운동가의 공헌과 희생을 바탕으로 이룩된 것임을 선언한 것이고, 그렇다면 국가는 일제로부터 조국의 자주독립을 위하여 공헌한 독립유공자와 그 유족에 대하여는 응분의 예우를 하여야 할 헌법적 의무를 지닌다(헌재 2005.6.30. 2004헌마859).

[❺ ▶ ✕] 국가유공자나 그 가족에 대한 보상은 국가유공자의 희생과 공헌의 정도에 따른다. 4·19혁명공로자와 건국포장을 받은 애국지사는 활동기간의 장단(長短), 활동 당시의 시대적 상황, 국권이 침탈되었는지 여부, 인신의 자유 제약 정도, 입은 피해의 정도, 기회비용 면에서 차이가 있다. 이와 같은 점을 고려하면, 입법자가 4·19혁명공로자의 희생과 공헌의 정도를 건국포장을 받은 애국지사와 달리 평가하여 이 사건 법률조항에서 4·19혁명공로자에 대한 보훈급여의 종류를 수당으로 정하고, 이 사건 시행령조항에서 보훈급여의 지급금액을 애국지사보다 적게 규정한 것이 합리적인 이유 없는 차별이라 할 수 없다(헌재 2022.2.24. 2019헌마883).

답 ❺

07 소급입법에 관한 다음 설명 중 가장 옳지 않은 것은?

① '소급입법'은 신법이 이미 종료된 사실관계나 법률관계에 적용되는지, 아니면 현재 진행 중인 사실관계나 법률관계에 적용되는지에 따라 '진정소급입법'과 '부진정소급입법'으로 구분되고, 전자는 헌법상 원칙적으로 허용되지 않고 특단의 사정이 있는 경우에만 예외적으로 허용되는 반면, 후자는 원칙적으로 허용되지만 소급효를 요구하는 공익상의 사유와 신뢰보호 요청 사이의 비교형량 과정에서 신뢰보호의 관점이 입법자의 입법형성권에 일정한 제한을 가하게 된다.

② 신법이 피적용자에게 유리한 경우에는 이른바 시혜적인 소급입법이 가능하지만, 그러한 소급입법을 할 것인지 여부는 그 일차적인 판단이 입법기관에 맡겨져 있으므로 입법자는 입법목적, 사회실정, 법률의 개정 이유나 경위 등을 참작하여 결정할 수 있고, 그 판단이 합리적 재량의 범위를 벗어나 현저하게 불합리하고 불공정한 것이 아닌 한 헌법에 위반된다고 할 수는 없다.

③ 공소시효제도는 행위의 가벌성이 아닌 소추가능성에만 연관된 것이기는 하나, 소추가능성은 행위의 가벌성을 전제로 하므로, 원칙적으로 형벌불소급의 원칙이 적용된다.

④ 형벌불소급원칙에서 의미하는 '처벌'은 형법에 규정되어 있는 형식적 의미의 형벌 유형에 국한되지 않으며, 범죄행위에 따른 제재의 내용이나 실제적 효과가 형벌적 성격이 강하여 신체의 자유를 박탈하거나 이에 준하는 정도로 신체의 자유를 제한하는 경우에는 형벌불소급원칙이 적용되어야 한다.

⑤ 특정 범죄자에 대한 위치추적 전자장치 부착 등에 관한 법률에 의한 전자장치 부착명령은 형벌과 구별되는 비형벌적 보안처분으로서 소급효금지원칙이 적용되지 아니한다.

[**❶ ▸ ○**] 소급입법은, 신법이 이미 종료된 사실관계에 작용하는지, 아니면 현재 진행 중인 사실관계에 작용하는지에 따라 "진정소급입법"과 "부진정소급입법"으로 구분되고, 전자는 헌법적으로 허용되지 않는 것이 원칙이며, 특단의 사정이 있는 경우에만 예외적으로 허용될 수 있는 반면, 후자는 원칙적으로 허용되지만 소급효를 요구하는 공익상의 사유와 신뢰보호의 요청 사이의 교량과정에서 신뢰보호의 관점이 입법자의 형성권에 제한을 가하게 된다(헌재 2001.4.26. 99헌바55).

[**❷ ▸ ○**] 신법이 피적용자에게 유리한 경우에는 이른바 시혜적인 소급입법이 가능하지만 이를 입법자의 의무라고는 할 수 없고, 그러한 소급입법을 할 것인지의 여부는 입법재량의 문제로서 그 판단은 일차적으로 입법기관에 맡겨져 있다. 입법자는 입법목적, 사회실정, 법률의 개정이유나 경위 등을 참작하여 시혜적 소급입법을 할 것인가 여부를 결정할 수 있고, 그 판단은 존중되어야 하며, 그 결정이 합리적 재량의 범위를 벗어나 현저하게 불합리하고 불공정한 것이 아닌 한 헌법에 위반된다고 할 수 없다(헌재 1999.7.22. 98헌바14).

[**❸ ▸ ✕**] 형벌불소급의 원칙에 관한 헌법의 규정은 '행위의 가벌성'에 관한 것이기 때문에, <u>소추가능성에만 연관될 뿐 가벌성에는 영향을 미치지 않는 공소시효규정은 원칙적으로 그 효력범위에 포함되지 않는다</u>(헌재 1996.2.16. 96헌가2).

[**④ ▸ O**] 형벌불소급원칙에서 의미하는 '처벌'은 형법에 규정되어 있는 형식적 의미의 형벌 유형에 국한되지 않으며, 범죄행위에 따른 제재의 내용이나 실제적 효과가 형벌적 성격이 강하여 신체의 자유를 박탈하거나 이에 준하는 정도로 신체의 자유를 제한하는 경우에는 형벌불소급원칙이 적용되어야 한다. 노역장유치는 그 실질이 신체의 자유를 박탈하는 것으로서 징역형과 유사한 형벌적 성격을 가지고 있으므로 형벌불소급원칙의 적용대상이 된다(헌재 2017.10.26. 2015헌바239).

[**⑤ ▸ O**] 전자장치 부착명령은 전통적 의미의 형벌이 아닐 뿐 아니라, 성폭력범죄자의 성행교정과 재범방지를 도모하고 국민을 성폭력범죄로부터 보호한다고 하는 공익을 목적으로 하며, 의무적 노동의 부과나 여가시간의 박탈을 내용으로 하지 않고 전자장치의 부착을 통해서 피부착자의 행동 자체를 통제하는 것도 아니라는 점에서 처벌적인 효과를 나타낸다고 보기 어렵다. 또한 부착명령에 따른 피부착자의 기본권 침해를 최소화하기 위하여 피부착자에 관한 수신자료의 이용을 엄격하게 제한하고, 재범의 위험성이 없다고 인정되는 경우에는 부착명령을 가해제할 수 있도록 하고 있다. 그러므로 이 사건 부착명령은 형벌과 구별되는 비형벌적 보안처분으로서 소급효금지원칙이 적용되지 아니한다(헌재 2012.12.27. 2010헌가82).

답 ❸

---

08 □□□

헌법의 기본원리에 관한 다음 설명 중 가장 옳지 않은 것은?(다툼이 있는 경우 헌법재판소 결정에 의함)
2017년 법무사시험 [문 4]

① 우리 헌법상의 자유민주적 기본질서의 내용은 기본적 인권의 존중, 권력분립, 의회제도, 복수정당제도, 선거제도, 사유재산과 시장경제를 골간으로 한 경제질서 및 사법권의 독립 등을 의미한다.

② 우리 헌법상의 경제질서는 사유재산제를 바탕으로 하고 자유경쟁을 존중하는 자유시장경제질서를 기본으로 하면서도 이에 수반되는 갖가지 모순을 제거하고 사회복지·사회정의를 실현하기 위하여 국가적 규제와 조정을 용인하는 사회적 시장경제질서로서의 성격을 띠고 있다.

③ 문화의 개방성 내지 다원성과 연결되는 문화국가원리의 특성으로 인하여 국가의 문화육성의 대상에는 엘리트문화뿐만 아니라 서민문화, 대중문화도 포함되어야 한다.

④ 자기책임의 원리는 인간의 자유와 유책성, 그리고 인간의 존엄성을 진지하게 반영한 원리로서 그것이 비단 민사법이나 형사법에 국한된 원리가 아니라 근대법의 기본이념으로서 법치주의에 당연히 내재하는 원리이며, 이에 반하는 제재는 그 자체로 헌법위반을 구성한다.

⑤ 헌법의 기본원리는 헌법의 이념적 기초인 동시에 헌법을 지배하는 지도원리로서, 입법이나 정책결정의 방향을 제시하며 공무원을 비롯한 모든 국민·국가기관이 헌법을 존중하고 수호하도록 하는 지침이 되며, 구체적 기본권을 도출하는 근거가 될 수 있다.

[**❶ ▸ O**] 자유민주적 기본질서란 모든 폭력적 지배와 자의적 지배, 즉 반국가단체의 일인독재 내지 일당독재를 배제하고 다수의 의사에 의한 국민의 자치, 자유·평등의 기본원칙에 의한 법치주의적 통치질서를 말한다. 구체적으로는 기본적 인권의 존중, 권력분립, 의회제도, 복수정당제도, 선거제도, 사유재산과 시장경제를 골간으로 한 경제질서 및 사법권의 독립 등을 의미한다(헌재 2008.5.29. 2005헌마1173).

[**❷ ▸ O**] 우리 헌법의 경제질서는 사유재산제를 바탕으로 하고 자유경쟁을 존중하는 자유시장경제질서를 기본으로 하면서도 이에 수반되는 갖가지 모순을 제거하고 사회복지·사회정의를 실현하기 위하여 국가적 규제와 조정을 용인하는 사회적 시장경제질서로서의 성격을 띠고 있다(헌재 2001.6.28. 2001헌마132).

[**❸** ▸ **O**] 오늘날 문화국가에서의 문화정책은 그 초점이 문화 그 자체에 있는 것이 아니라 문화가 생겨날 수 있는 문화풍토를 조성하는 데 두어야 한다. 문화국가원리의 이러한 특성은 문화의 개방성 내지 다원성의 표지와 연결되는데, 국가의 문화육성의 대상에는 원칙적으로 모든 사람에게 문화창조의 기회를 부여한다는 의미에서 모든 문화가 포함된다. 따라서 엘리트문화뿐만 아니라 서민문화, 대중문화도 그 가치를 인정하고 정책적인 배려의 대상으로 하여야 한다(헌재 2004.5.27. 2003헌가1 등).

[**❹** ▸ **O**] 자기책임의 원리는 인간의 자유와 유책성, 그리고 인간의 존엄성을 진지하게 반영한 원리로서 그것이 비단 민사법이나 형사법에 국한된 원리라기보다는 근대법의 기본이념으로서 법치주의에 당연히 내재하는 원리로 볼 것이고 헌법 제13조 제3항은 그 한 표현에 해당하는 것으로서 자기책임의 원리에 반하는 제재는 그 자체로서 헌법위반을 구성한다고 할 것이다(헌재 2004.6.24. 2002헌가27).

[**❺** ▸ **×**] 헌법의 기본원리는 헌법의 이념적 기초인 동시에 헌법을 지배하는 지도원리로서 입법이나 정책결정의 방향을 제시하며 공무원을 비롯한 모든 국민·국가기관이 헌법을 존중하고 수호하도록 하는 지침이 되며, <u>구체적 기본권을 도출하는 근거로 될 수는 없으나</u> 기본권의 해석 및 기본권제한입법의 합헌성 심사에 있어 해석기준의 하나로서 작용한다(헌재 1996.4.25. 92헌바47).

답 **❺**

제5절 **헌법의 기본질서**

제1항 **자유민주적 기본질서**

09
□□□ **헌법의 기본원리에 관한 다음 설명 중 가장 옳지 않은 것은?** 2021년 법무사시험 [문 4]

① 자유민주적 기본질서란 모든 폭력적 지배와 자의적 지배, 즉 반국가단체의 일인독재 내지 일당독재를 배제하고 다수의 의사에 의한 국민의 자치, 자유·평등의 기본원칙에 의한 법치주의적 통치질서를 말한다. 구체적으로는 기본적 인권의 존중, 권력분립, 의회제도, 복수정당제도, 선거제도, 사유재산과 시장경제를 골간으로 한 경제질서 및 사법권의 독립 등을 의미한다.

② 우리 헌법상의 경제질서는 사유재산제를 바탕으로 하고 자유경쟁을 존중하는 자유시장경제질서를 기본으로 하면서도 이에 수반되는 갖가지 모순을 제거하고 사회복지·사회정의를 실현하기 위하여 국가적 규제와 조정을 용인하는 사회적 시장경제질서로서의 성격을 띠고 있다.

③ 우리 헌법은 사회국가원리를 명문으로 규정하고 있지는 않지만, 구체화된 여러 표현을 통하여 사회국가원리를 수용한 것으로 평가할 수 있다.

④ 사회국가란 사회정의의 이념을 헌법에 수용한 국가, 사회현상에 대하여 방관적인 국가가 아니라 경제·사회·문화의 모든 영역에서 정의로운 사회질서의 형성을 위하여 사회현상에 관여하고 간섭하고 분배하고 조정하는 국가이며, 궁극적으로는 국민 각자가 실제로 자유를 행사할 수 있는 그 실질적 조건을 마련해 줄 의무가 있는 국가이다.

⑤ 복수정당제가 우리 헌법상 반드시 보장되는 것은 아니다.

[**❶ ▶ O**]　자유민주적 기본질서란 모든 폭력적 지배와 자의적 지배, 즉 반국가단체의 일인독재 내지 일당독재를 배제하고 다수의 의사에 의한 국민의 자치, 자유·평등의 기본원칙에 의한 법치주의적 통치질서를 말한다. 구체적으로는 기본적 인권의 존중, 권력분립, 의회제도, 복수정당제도, 선거제도, 사유재산과 시장경제를 골간으로 한 경제질서 및 사법권의 독립 등을 의미한다(헌재 2008.5.29. 2005헌마1173).

[**❷ ▶ O**]　우리 헌법상의 경제질서는 사유재산제를 바탕으로 하고 자유경쟁을 존중하는 자유시장경제질서를 기본으로 하면서도 이에 수반되는 갖가지 모순을 제거하고 사회복지·사회정의를 실현하기 위하여 국가적 규제와 조정을 용인하는 사회적 시장경제질서로서의 성격을 띠고 있다(헌재 2000.6.1. 99헌마553).

[**❸ ▶ O**]　우리 헌법은 사회국가원리를 명문으로 규정하고 있지는 않지만, 헌법의 전문, 사회적 기본권의 보장(헌법 제31조 내지 제36조), 경제영역에서 적극적으로 계획하고 유도하고 재분배하여야 할 국가의 의무를 규정하는 경제에 관한 조항(헌법 제119조 제2항 이하) 등과 같이 사회국가원리의 구체화된 여러 표현을 통하여 사회국가원리를 수용하였다(헌재 2002.12.18. 2002헌마52).

[**❹ ▶ O**]　사회국가란 한마디로, 사회정의의 이념을 헌법에 수용한 국가, 사회현상에 대하여 방관적인 국가가 아니라 경제·사회·문화의 모든 영역에서 정의로운 사회질서의 형성을 위하여 사회현상에 관여하고 간섭하고 분배하고 조정하는 국가이며, 궁극적으로는 국민 각자가 실제로 자유를 행사할 수 있는 그 실질적 조건을 마련해 줄 의무가 있는 국가이다(헌재 2002.12.18. 2002헌마52).

[**❺ ▶ X**]　헌법 제8조는 제1항에서 "정당의 설립은 자유이며, 복수정당제는 보장된다"고 규정하여 국민 누구나가 원칙적으로 국가의 간섭을 받지 아니하고 정당을 설립할 권리를 국민의 기본권으로서 보장하면서, 아울러 <u>정당설립의 자유를 보장한 것의 당연한 법적 산물인 복수정당제를 제도적으로 보장하고 있다</u>(헌재 1999.12.23. 99헌마135).

답 **❺**

 **경제적 기본질서**

10
☐☐☐ **헌법상 경제질서에 관한 다음 설명 중 가장 옳지 않은 것은?**　　2018년 법무사시험 [문 4]

① 우리 헌법은 경제주체의 경제상의 자유와 창의를 존중함을 기본으로 하므로 국민경제상 긴절한 필요가 있어 법률로 규정하더라도 사영기업을 국유 또는 공유로 이전하는 것은 인정되지 않는다.

② 자경농지의 양도소득세 면제대상자를 '농지소재지에 거주하는 거주자'로 제한하는 것은 외지인의 농지투기를 방지하고 조세부담을 덜어 주어 농업과 농촌을 활성화하기 위한 것이므로 경자유전의 원칙에 위배되지 않는다.

③ 국민연금제도는 상호부조의 원리에 입각한 사회연대성에 기초하여 소득재분배의 기능을 함으로써 사회적 시장경제질서에 부합하는 제도이므로, 국민연금에 가입을 강제하는 법률조항은 헌법의 시장경제질서에 위배되지 않는다.

④ 헌법 제119조 제2항에 규정된 '경제주체 간의 조화를 통한 경제민주화'의 이념은 경제영역에서 정의로운 사회질서를 형성하기 위하여 추구할 수 있는 국가목표로서 개인의 기본권을 제한하는 국가행위를 정당화하는 헌법규범이다.

⑤ 수력(水力)은 법률이 정하는 바에 의하여 일정한 기간 그 이용을 특허할 수 있다.

[**❶ ▸ ×**] 국방상 또는 국민경제상 긴절한 필요로 인하여 법률이 정하는 경우를 제외하고는, 사영기업을 국유 또는 공유로 이전하거나 그 경영을 통제 또는 관리할 수 없다(헌법 제126조 제1항).

[**❷ ▸ ○**] 자경농지의 양도소득세 면제대상자를 "대통령령이 정하는 바에 따라 농지소재지에 거주하는 거주자"라고 규정한 구 조세특례제한법 제69조 제1항 제1호의 입법목적이 외지인의 농지투기를 방지하고 조세부담을 덜어 주어 농업·농촌을 활성화하는 데 있음을 고려하면 위 규정은 경자유전의 원칙을 실현하기 위한 것으로 볼 것이지 경자유전의 원칙에 위배된다고 볼 것은 아니라 할 것이다(헌재 2003.11.27. 2003헌바2).

[**❸ ▸ ○**] 우리 헌법의 경제질서원칙에 비추어 보면, 사회보험방식에 의하여 재원을 조성하여 반대급부로 노후생활을 보장하는 강제저축 프로그램으로서의 국민연금제도는 상호부조의 원리에 입각한 사회연대성에 기초하여 고소득계층에서 저소득층으로, 근로세대에서 노년세대로, 현재 세대에서 다음 세대로 국민 간에 소득재분배의 기능을 함으로써 오히려 위 사회적 시장경제질서에 부합하는 제도라 할 것이므로, 국민연금제도는 헌법상의 시장경제질서에 위배되지 않는다(헌재 2001.2.22. 99헌마365).

[**❹ ▸ ○**] 헌법 제119조 제2항에 규정된 '경제주체 간의 조화를 통한 경제민주화'의 이념은 경제영역에서 정의로운 사회질서를 형성하기 위하여 추구할 수 있는 국가목표로서 개인의 기본권을 제한하는 국가행위를 정당화하는 헌법규범이다(헌재 2003.11.27. 2001헌바35).

[**❺ ▸ ○**] 광물 기타 중요한 지하자원·수산자원·수력과 경제상 이용할 수 있는 자연력은 법률이 정하는 바에 의하여 일정한 기간 그 채취·개발 또는 이용을 특허할 수 있다(헌법 제120조 제1항).

답

 **평화주의적 국제질서**

11
□□□
> 조약에 관한 다음 설명 중 가장 옳은 것은?(다툼이 있는 경우 대법원 판례 및 헌법재판소 결정에 의함)
>
> 2017년 법무사시험 [문 9]

① 조약의 체결권한은 대통령에게 있고, 비준권은 국회에 속한다.
② 중요한 국제조직에 관한 조약, 우호통상항해조약의 체결 및 비준에 대해서는 국회가 동의권을 가진다.
③ '대한민국과 일본국 간의 어업에 관한 협정'은 한일 간 행정협정에 불과하여 국내법과 같은 효력을 가지는 조약에 해당되지 않는다.
④ 국내법의 개정 없이 마라케쉬협정에 의하여 관세법위반자의 처벌이 가중되는 것은 죄형법정주의원칙에 위배된다.
⑤ 대통령이 국회의 동의를 요하는 조약을 그 동의 없이 체결한 경우 국회의원은 대통령을 상대로 조약에 대한 심의·의결권 침해를 이유로 권한쟁의심판을 제기할 수 있다.

[**❶ ▸ ×**] 대통령은 조약을 체결·비준하고, 외교사절을 신임·접수 또는 파견하며, 선전포고와 강화를 한다(헌법 제73조).

[**❷ ▸ ○**] 국회는 상호원조 또는 안전보장에 관한 조약, 중요한 국제조직에 관한 조약, 우호통상항해조약, 주권의 제약에 관한 조약, 강화조약, 국가나 국민에게 중대한 재정적 부담을 지우는 조약 또는 입법사항에 관한 조약의 체결·비준에 대한 동의권을 가진다(헌법 제60조 제1항).

[**❸ ▸ ✕**]　대한민국과 일본국 간의 어업에 관한 협정은 우리나라 정부가 일본 정부와의 사이에서 어업에 관해 체결·공포한 조약으로서 헌법 제6조 제1항에 의하여 국내법과 같은 효력을 가지므로, 그 체결행위는 고권적 행위로서 '공권력의 행사'에 해당한다(헌재 2001.3.21. 99헌마139).

[**❹ ▸ ✕**]　마라케쉬협정도 적법하게 체결되어 공포된 조약이므로 국내법과 같은 효력을 갖는 것이어서 그로 인하여 새로운 범죄를 구성하거나 범죄자에 대한 처벌이 가중된다고 하더라도 이것은 국내법에 의하여 형사처벌을 가중한 것과 같은 효력을 갖게 되는 것이다. 따라서 마라케쉬협정에 의하여 관세법위반자의 처벌이 가중된다고 하더라도 이를 들어 법률에 의하지 아니한 형사처벌이라거나 행위 시의 법률에 의하지 아니한 형사처벌이라고 할 수 없다(헌재 1998.11.26. 97헌바65).

[**❺ ▸ ✕**]　국회의 동의권이 침해되었다고 하여 동시에 국회의원의 심의·표결권이 침해된다고 할 수 없고, 또 국회의원의 심의·표결권은 국회의 대내적인 관계에서 행사되고 침해될 수 있을 뿐 다른 국가기관과의 대외적인 관계에서는 침해될 수 없는 것이므로, 국회의원들 상호 간 또는 국회의원과 국회의장 사이와 같이 국회 내부적으로만 직접적인 법적 연관성을 발생시킬 수 있을 뿐이고 대통령 등 국회 이외의 국가기관과 사이에서는 권한침해의 직접적인 법적 효과를 발생시키지 아니한다. 따라서 피청구인 대통령이 국회의 동의 없이 조약을 체결·비준하였다 하더라도 국회의 체결·비준동의권이 침해될 수는 있어도 국회의원인 청구인들의 심의·표결권이 침해될 가능성은 없다고 할 것이므로, 청구인들의 이 부분 심판청구 역시 부적법하다(헌재 2007.7.26. 2005헌라8).

답 ❷

제6절　헌법의 기본제도

제1항　정당제도

12  **정당에 관한 다음 설명 중 가장 옳지 않은 것은?**　　2025년 법무사시험 [문 15]

① 정당은 헌법 제111조 제1항 제4호 및 헌법재판소법 제62조 제1항 제1호의 '국가기관'에 해당한다고 볼 수는 없으나, 사적 결사와 국회 교섭단체로서의 이중적 지위를 가진다는 점에서 권한쟁의심판의 당사자능력이 인정된다.

② 정당의 목적이나 활동이 민주적 기본질서에 위배될 때에는 정부는 국무회의의 심의를 거쳐 헌법재판소에 정당해산심판을 청구할 수 있다.

③ 복수 당적 보유가 허용될 경우 정당 간의 위법·부당한 간섭이 발생하거나 정당의 정체성이 약화될 수 있고, 그 결과 정당이 국민의 정치적 의사형성에 참여하고 이러한 목표 달성에 필요한 조직을 갖추어야 한다는 헌법적 과제를 효과적으로 수행하지 못하게 될 우려가 있다.

④ 정당 설립을 위하여 등록을 요구하는 정당등록제도는 어떤 정치적 결사가 정당법상 정당임을 법적으로 확인하여 주는 것에 그치므로 이를 정당의 자유에 대한 과도한 제한이라고 보기 어렵다.

⑤ 헌법재판소는 정당해산심판의 청구를 받은 때에는 직권 또는 청구인의 신청에 의하여 종국결정의 선고 시까지 피청구인의 활동을 정지하는 결정을 할 수 있다.

[❶ ▸ ✕] 정당은 사적 결사와 국회 교섭단체로서의 이중적 지위를 가지나, 어떠한 지위에서든 헌법 제111조 제1항 제4호 및 헌법재판소법 제62조 제1항 제1호의 '국가기관'에 해당한다고 볼 수 없으므로, 권한쟁의심판의 당사자능력이 인정되지 아니한다(헌재 2020.5.27. 2019헌라6).

[❷ ▸ ○] 헌법 제8조 제4항, 제89조 제14호

> **헌법 제8조**
> ④ 정당의 목적이나 활동이 민주적 기본질서에 위배될 때에는 정부는 헌법재판소에 그 해산을 제소할 수 있고, 정당은 헌법재판소의 심판에 의하여 해산된다.
>
> **헌법 제89조**
> 다음 사항은 국무회의의 심의를 거쳐야 한다.
> 　　14. 정당해산의 제소

[❸ ▸ ○] 복수 당적 보유가 허용될 경우 정당 간의 부당한 간섭이 발생하거나 정당의 정체성이 약화될 수 있고, 그 결과 정당이 국민의 정치적 의사형성에 참여하고 필요한 조직을 갖추어야 한다는 헌법적 과제를 효과적으로 수행하지 못하게 될 우려가 있다. 심판대상조항은 예외 없이 복수 당적 보유를 금지하고 있으나, 정당법상 당원의 입당, 탈당 또는 재입당이 제한되지 아니하는 점, 복수 당적 보유를 허용하면서도 예상되는 부작용을 실효적으로 방지할 수 있는 대안을 상정하기 어려운 점, 어느 정당의 당원이라 하더라도 일반에 개방되는 다른 정당의 경선에 참여하는 등 다양한 방법으로 정치적 의사를 표현할 수 있다는 점 등을 고려하면, 심판대상조항이 침해의 최소성에 반한다고 보기 어렵다. 나아가, 정당의 당원인 청구인들로 하여금 다른 정당의 당원이 될 수 없도록 하는 정당 가입·활동 자유 제한의 정도가 정당정치를 보호·육성하고자 하는 공익에 비하여 중하다고 볼 수 없다. 따라서 심판대상조항이 정당의 당원인 청구인들의 정당 가입·활동의 자유를 침해한다고 할 수 없다(헌재 2022.3.31. 2020헌마1729).

[❹ ▸ ○] 정당등록조항은 어떤 정치적 결사가 정당법상 정당임을 법적으로 확인하여 주는 것에 그치므로 정당의 자유를 과도하게 제한한다고 보기 어렵다(헌재 2023.9.26. 2021헌가23).

[❺ ▸ ○] 헌법재판소는 정당해산심판의 청구를 받은 때에는 직권 또는 청구인의 신청에 의하여 종국 결정의 선고 시까지 피청구인의 활동을 정지하는 결정을 할 수 있다(헌법재판소법 제57조).

 답 ❶

정당에 관한 다음 설명 중 가장 옳은 것은?

① 정당은 국민의 이익을 위하여 책임 있는 정치적 주장이나 정책을 추진하고 공직선거의 후보자를 추천 또는 지지함으로써 국민의 정치적 의사형성에 참여함을 목적으로 하는 헌법상 기관이므로, 공권력행사의 주체가 된다.

② 정당은 수도에 소재하는 중앙당과 특별시·광역시·도에 각각 소재하는 시·도당으로 구성하는데, 정당은 5 이상의 시·도당을 가져야 하고, 시·도당은 500명 이상의 당원을 가져야 한다.

③ 정당이 그 소속 국회의원을 제명하기 위해서는 당헌이 정하는 절차를 거치는 외에 그 소속 국회의원 전원의 2분의 1 이상의 찬성이 있어야 한다.

④ 헌법재판소의 해산결정에 의하여 해산된 정당의 잔여재산은 당헌이 정하는 바에 따라 처분하고, 처분되지 아니한 정당의 잔여재산은 국고에 귀속한다.

⑤ 정당은 등록이 취소된 이후에는 헌법소원의 청구인능력이 없다.

....

[**❶**▸×] 정당은 국민의 이익을 위하여 책임 있는 정치적 주장이나 정책을 추진하고 공직선거의 후보자를 추천 또는 지지함으로써 국민의 정치적 의사형성에 참여함을 목적으로 하는 국민의 자발적 조직으로(정당법 제2조), 그 법적 성격은 일반적으로 사적·정치적 결사 내지는 법인격 없는 사단으로 파악되고 있고, 이러한 정당의 법률관계에 대하여는 정당법의 관계 조문 이외에 일반 사법 규정이 적용되므로, 정당은 공권력 행사의 주체가 될 수 없다(헌재 2007.10.30. 2007헌마1128).

[**❷**▸×] 정당법 제17조, 제18조 제1항

> **정당법 제17조(법정시·도당수)**
> 정당은 5 이상의 시·도당을 가져야 한다.
>
> **정당법 제18조(시·도당의 법정당원수)**
> ① 시·도당은 1천인 이상의 당원을 가져야 한다.

[**❸**▸○] 정당이 그 소속 국회의원을 제명하기 위해서는 당헌이 정하는 절차를 거치는 외에 그 소속 국회의원 전원의 2분의 1 이상의 찬성이 있어야 한다(정당법 제33조).

[**❹**▸×] 정당법 제48조 제2항

> **정당법 제48조(해산된 경우 등의 잔여재산 처분)**
> ① 정당이 제44조(등록의 취소) 제1항의 규정에 의하여 등록이 취소되거나 제45조(자진해산)의 규정에 의하여 자진해산한 때에는 그 잔여재산은 당헌이 정하는 바에 따라 처분한다.
> ② 제1항의 규정에 의하여 처분되지 아니한 정당의 잔여재산 및 헌법재판소의 해산결정에 의하여 해산된 정당의 잔여재산은 국고에 귀속한다.

[**❺**▸×] 청구인(사회당)은 등록이 취소된 이후에도, 취소 전 사회당의 명칭을 사용하면서 대외적인 정치활동을 계속하고 있고, 대내외 조직 구성과 선거에 참여할 것을 전제로 하는 당헌과 대내적 최고의사 결정기구로서 당대회와, 대표단 및 중앙위원회, 지역조직으로 시·도위원회를 두는 등 계속적인 조직을 구비하고 있는 사실 등에 비추어 보면, 청구인은 등록이 취소된 이후에도 '등록정당'에 준하는 '권리능력 없는 사단'으로서의 실질을 유지하고 있다고 볼 수 있으므로 이 사건 헌법소원의 청구인능력을 인정할 수 있다(헌재 2006.3.30. 2004헌마246).

 ❸

정당에 관한 다음 설명 중 옳지 않은 것은 모두 몇 개인가?

> ㉠ 정당의 목적이나 활동 중 어느 하나라도 민주적 기본질서에 위배된다면 정당해산의 사유가 될 수 있다.
> ㉡ 정당해산심판제도는 1960.6.15. 제3차 헌법 개정을 통해 우리 헌법에 도입되었다.
> ㉢ 정당해산 사유를 규정한 헌법 제8조 제4항의 "민주적 기본질서"는 최대한 엄격하고 협소한 의미로 이해하여야 한다.
> ㉣ 정당이 당원 내지 후원자들로부터 정당의 목적에 따른 활동에 필요한 정치자금을 모금하는 것은 정당활동의 자유의 내용에 당연히 포함된다.
> ㉤ 헌법 제8조 제1항 전단에 규정된 정당설립의 자유에는 정당존속의 자유와 정당활동의 자유가 당연히 포함된다.

① 없 음
③ 2개
⑤ 4개
② 1개
④ 3개

[㉠▸O] 정당의 목적이나 활동이 민주적 기본질서에 위배될 때에는 정부는 헌법재판소에 그 해산을 제소할 수 있고, 정당은 헌법재판소의 심판에 의하여 해산된다(헌법 제8조 제4항). 따라서 정당의 목적이나 활동 중 어느 하나라도 민주적 기본질서에 위배되면 정당해산의 사유가 될 수 있다.

[㉡▸O] 정당강제해산조항이 헌법에 처음으로 규정된 것은 제3차 개정헌법(1960년)에서였다.

[㉢▸O] 헌법 제8조 제4항의 민주적 기본질서 개념은 정당해산결정의 가능성과 긴밀히 결부되어 있다. 이 민주적 기본질서의 외연이 확장될수록 정당해산결정의 가능성은 확대되고, 이와 동시에 정당활동의 자유는 축소될 것이다. 민주 사회에서 정당의 자유가 지니는 중대한 함의나 정당해산심판제도의 남용가능성 등을 감안한다면, 헌법 제8조 제4항의 민주적 기본질서는 최대한 엄격하고 협소한 의미로 이해해야 한다(헌재 2014.12.19. 2013헌다1).

[㉣▸O] 정당이 국민 속에 뿌리를 내리고, 국민과 밀접한 접촉을 통하여 국민의 의사와 이익을 대변하고, 이를 국가와 연결하는 중개자로서의 역할을 수행하기 위해서 정당은 정치적으로뿐만 아니라 재정적으로도 국민의 동의와 지지에 의손하여야 하며, 정당 스스로 국민들로부터 그 재정을 충당하기 위해 노력해야 한다. 이러한 의미에서 정당이 당원 내지 후원자들로부터 정당의 목적에 따른 활동에 필요한 정치자금을 모금하는 것은 정당의 조직과 기능을 원활하게 수행하는 필수적인 요소이자 정당활동의 자유를 보장하기 위한 필수불가결한 전제로서, 정당활동의 자유의 내용에 당연히 포함된다고 할 수 있다(헌재 2015.12.23. 2013헌바168).

[㉤▸O] 헌법 제8조 제1항 전단은 단지 정당설립의 자유만을 명시적으로 규정하고 있지만, 정당의 설립만이 보장될 뿐 설립된 정당이 언제든지 해산될 수 있거나 정당의 활동이 임의로 제한될 수 있다면 정당설립의 자유는 사실상 아무런 의미가 없게 되므로, 정당설립의 자유는 당연히 정당존속의 자유와 정당활동의 자유를 포함하는 것이다(헌재 2014.1.28. 2012헌마431).

답 ❶

정당제도에 관한 다음 설명 중 가장 옳지 않은 것은?

① 우리 헌법은 정당을 일반적인 결사의 자유로부터 분리하여 제8조에 독자적으로 규율함으로써, 정당의 특별한 지위를 강조하고 있다.

② 헌법 제8조 제1항 전단의 정당설립의 자유는 정당설립의 자유만이 아니라 누구나 국가의 간섭을 받지 아니하고 자유롭게 정당에 가입하고 정당으로부터 탈퇴할 수 있는 자유를 함께 보장한다.

③ 정당의 설립과 활동의 자유를 보장하는 것은 선거제도의 민주화와 국민주권을 실질적으로 현실화하고 정치적으로 자유민주주의 구현에 기여하는 데 그 목적이 있는 것이지 정치의 독점이나 무소속후보자의 진출을 봉쇄하는 정당의 특권을 설정할 수 있는 것을 의미하는 것이 아니다.

④ 정당은 단순히 행정부의 통상적인 처분에 의해서는 해산될 수 없고, 오직 헌법재판소가 그 정당의 위헌성을 확인하고 해산의 필요성을 인정한 경우에만 정당정치의 영역에서 배제된다.

⑤ 정당해산심판절차에 민사소송에 관한 법령을 준용하도록 한 헌법재판소법 제40조 제1항은 헌법상 재판을 받을 권리를 침해한다.

⋯⋯⋯

[**❶ ▸ ○**] 헌법은 정당을 일반적인 결사의 자유로부터 분리하여 제8조에 독자적으로 규율함으로써 오늘날 의회민주주의에서 정당이 가지는 중요한 의미와 헌법질서 내에서 정당의 특별한 지위를 강조하고 있다(헌재 1999.12.23. 99헌마135).

[**❷ ▸ ○**] 헌법 제8조 제1항 전단의 정당설립의 자유는 정당설립의 자유만이 아니라 누구나 국가의 간섭을 받지 아니하고 자유롭게 정당에 가입하고 정당으로부터 탈퇴할 수 있는 자유를 함께 보장한다(헌재 2006.3.30. 2004헌마246).

[**❸ ▸ ○**] 우리 헌법이 정당의 설립과 활동의 자유를 보장하고 있는 것은 선거제도의 민주화와 국민주권을 실질적으로 현실화하고 정치적으로 자유민주주의 구현에 기여하는 데 그 목적이 있는 것이지 정치의 독점이나 무소속후보자의 진출을 봉쇄하는 정당의 특권을 설정할 수 있는 것을 의미하는 것이 아니기 때문에 정당만이 의석을 독점할 수 있도록 선거운동에 있어서 입후보자의 기회균등을 부정하는 선거법을 협상하고 비민주적인 선거제도를 만드는 것은 헌법상의 기본골격인 자유민주국가의 기본원리에 합당하지 않고 법치주의의 구현이나 공명선거의 시행을 염원하는 민의(民意)의 참뜻을 잘못 이해하고 있는 데에서 비롯되는 것이라 아니할 수 없다(헌재 1992.3.13. 92헌마37).

[**❹ ▸ ○**] 모든 정당의 존립과 활동은 최대한 보장되며, 설령 어떤 정당이 민주적 기본질서를 부정하고 이를 적극적으로 공격하는 것으로 보인다 하더라도 국민의 정치적 의사형성에 참여하는 정당으로서 존재하는 한 헌법에 의해 최대한 두텁게 보호되므로, 단순히 행정부의 통상적인 처분에 의해서는 해산될 수 없고, 오직 헌법재판소가 그 정당의 위헌성을 확인하고 해산의 필요성을 인정한 경우에만 정당정치의 영역에서 배제된다(헌재 2014.12.19. 2013헌다1).

[**❺ ▸ ✕**] 정당해산심판절차에 민사소송에 관한 법령을 준용할 수 있도록 규정한 헌법재판소법 제40조 제1항 전문 중 '정당해산심판의 절차'에 관한 부분(이하 '준용조항'이라 한다)은 헌법재판에서의 불충분한 절차진행규정을 보완하고, 원활한 심판절차진행을 도모하기 위한 조항으로, 그 절차보완적 기능에 비추어 볼 때, 소송절차 일반에 준용되는 절차법으로서의 민사소송에 관한 법령을 준용하도록 한 것이 현저히 불합리하다고 볼 수 없다. 또한 '헌법재판의 성질에 반하지 아니하는 한도'에서 민사소송에 관한 법령을 준용하도록 규정하여 정당해산심판의 고유한 성질에 반하지 않도록 적용범위를 한정하고 있는 바, 여기서 '헌법재판의 성질에 반하지 않는' 경우란, 다른 절차법의 준용이 헌법재판의 고유한 성질을

훼손하지 않는 경우로 해석할 수 있고, 이는 헌법재판소가 당해 헌법재판이 갖는 고유의 성질·헌법재판과 일반재판의 목적 및 성격의 차이·준용절차와 대상의 성격 등을 종합적으로 고려하여 구체적·개별적으로 판단할 수 있다. 따라서 <u>준용조항은 청구인의 공정한 재판을 받을 권리를 침해한다고 볼 수 없다</u>(헌재 2014.2.27. 2014헌마7).

답 ❺

제2항 선거제도

16

선거원칙에 관한 다음 설명 중 가장 옳지 않은 것은?　　　　　　2025년 법무사시험 [문 11]

① 보통선거의 원칙은 선거권자의 능력, 재산, 사회적 지위 등의 실질적인 요소를 배제하고, 성년자이면 누구라도 당연히 선거권을 갖는 것을 요구한다. 따라서 보통선거의 원칙에 반하는 선거권 제한의 입법을 하기 위해서는 헌법 제37조 제2항의 규정에 따른 한계가 한층 엄격히 지켜져야 한다.

② 평등선거의 원칙은 1인 1표의 원칙과 1표의 투표가치가 대표자 선정이라는 선거의 결과에 대하여 기여한 정도에 있어서도 평등하여야 한다는 원칙(one vote, one value)을 그 내용으로 한다. 또한, 일정한 집단의 의사가 정치과정에서 반영될 수 없도록 차별적으로 선거구를 획정하는, 이른바 '게리맨더링'에 대한 부정을 의미하기도 한다.

③ 신체의 장애로 인하여 자신이 기표할 수 없는 선거인에 대해 투표보조인이 가족이 아닌 경우 반드시 2인을 동반하여서만 투표를 보조하게 할 수 있도록 정하고 있는 공직선거법 규정은, 선거인이 자신에게 필요한 투표보조인의 수를 스스로 결정할 수 없게 하고, 2인의 투표보조인에게 투표의 내용을 공개하도록 하여 선거권 행사를 위축시킨다. 따라서 위 규정은 선거의 공정성을 확보하는 데 치우친 나머지 비밀선거의 중요성을 간과하고 있으므로 선거권 제한을 최소화하고 있다고 보기 어려운 점 등에 비추어 과잉금지원칙에 위반된다.

④ 자유선거의 원칙은 헌법에 명문으로 규정되어 있지는 아니하나, 민주국가의 선거제도에 내재하는 법 원리로서, 국민주권의 원리, 의회민주주의의 원리 및 참정권에 관한 규정에서 그 근거를 찾을 수 있다.

⑤ 일부 선거구의 획정에 위헌성이 있다고 하더라도 선거구구역표는 전체가 불가분적 일체를 이루는 것이므로 선거구구역표의 선부에 관하여 위헌선언을 하여야 한다.

···

[❶▸O] 보통선거의 원칙은 선거권자의 능력, 재산, 사회적 지위 등의 실질적인 요소를 배제하고 성년자이면 누구라도 당연히 선거권을 갖는 것을 요구하므로 보통선거의 원칙에 반하는 선거권 제한의 입법을 하기 위해서는 헌법 제37조 제2항의 규정에 따른 한계가 한층 엄격히 지켜져야 한다(헌재 2009.10.29. 2007헌마1462).

[❷▸O] 평등선거의 원칙은 평등의 원칙이 선거제도에 적용된 것으로서 투표의 수적(數的) 평등, 즉 1인 1표의 원칙(one person, one vote)과 투표의 성과가치의 평등, 즉 1표의 투표가치가 「대표자선정이라는 선거의 결과에 대하여 기여한 정도에 있어서도 평등하여야 한다는 원칙(one vote, one value)을 그 내용으로 할 뿐만 아니라, 일정한 집단의 의사가 정치과정에서 반영될 수 없도록 차별적으로 선거구를 획정하는 이른바 '게리맨더링'에 대한 부정을 의미하기도 한다(헌재 2009.3.26. 2006헌마14).

[**❸ ▸ ✕**] 신체의 장애로 인하여 자신이 기표할 수 없는 선거인에 대해 투표보조인이 가족이 아닌 경우 반드시 2인을 동반하여서만 투표를 보조하게 할 수 있도록 정하고 있는 공직선거법 규정은, 신체의 장애로 인하여 자신이 기표할 수 없는 선거인의 선거권을 실질적으로 보장하고, 투표보조인이 장애인의 선거권 행사에 부당한 영향력을 미치는 것을 방지하여 선거의 공정성을 확보하기 위한 것이므로, 입법목적의 정당성이 인정된다. 나아가 수단의 적합성, 침해의 최소성, 법익의 균형성도 인정되므로 심판대상조항은 비밀선거의 원칙에 대한 예외를 두고 있지만 필요하고 불가피한 예외적인 경우에 한하고 있으므로, 과잉금지원칙에 반하여 청구인의 선거권을 침해하지 않는다(헌재 2020.5.27. 2017헌마867).

[**❹ ▸ ○**] 자유선거의 원칙은 비록 우리 헌법에 명시되지는 아니하였지만 민주국가의 선거제도에 내재하는 법원리인 것으로서 국민주권의 원리, 의회민주주의의 원리 및 참정권에 관한 규정에서 그 근거를 찾을 수 있다. 이러한 자유선거의 원칙은 선거의 전과정에 요구되는 선거권자의 의사형성의 자유와 의사실현의 자유를 말하고, 구체적으로는 투표의 자유, 입후보의 자유 나아가 선거운동의 자유를 뜻한다(헌재 1995.4.20. 92헌바29).

[**❺ ▸ ○**] 선거구구역표는 전체가 불가분의 일체를 이루는 것으로서 일부 선거구의 선거구획정에 위헌성이 있다면, 선거구구역표의 전부에 관하여 위헌선언을 하는 것이 상당하다(헌재 2001.10.25. 2000헌마92).

답 ❸

17
□□□

공직선거법상 선거운동에 관한 설명으로 가장 옳지 않은 것은?　　2024년 법무사시험 [문 9]

① 선거운동기간 전에 개별적으로 대면하여 말로 하는 선거운동을 금지한 공직선거법 조항은 과잉금지원칙에 반하여 선거운동 등 정치적 표현의 자유를 침해한다.

② 공개장소에서의 연설·대담장소 또는 대담·토론회장에서 연설·대담·토론용으로 사용하는 경우를 제외하고는 선거운동을 위하여 확성장치를 사용할 수 없도록 한 공직선거법 조항은 과잉금지원칙에 반하여 정치적 표현의 자유를 침해한다.

③ 선거일 전 180일부터 선거일까지 선거에 영향을 미치게 하기 위한 벽보의 게시, 인쇄물의 배부·게시행위를 금지한 공직선거법 조항은 과잉금지원칙에 반하여 정치적 표현의 자유를 침해한다.

④ 누구든지 선거기간 중 선거에 영향을 미치게 하기 위한 그 밖의 집회나 모임의 개최를 금지한 공직선거법 조항은 과잉금지원칙에 반하여 집회의 자유, 정치적 표현의 자유를 침해한다.

⑤ 선거일 전 180일부터 선거일까지 선거에 영향을 미치게 하기 위한 광고물의 설치·진열·게시나 표시물의 착용을 금지하는 공직선거법 조항은 과잉금지원칙에 반하여 정치적 표현의 자유를 침해한다.

···

[**❶ ▸ ○**] 선거운동을 어느 정도 규제하는 것에 불가피한 측면이 있더라도, 그 제한의 정도는 정치·사회적 발전단계와 국민의식의 성숙도 등을 종합하여 합리적으로 결정해야 한다. 오늘날, 일부 미흡한 측면이 있더라도 공정한 선거제도가 확립되고 국민의 정치의식이 높아지고 있으며, 입법자도 선거운동의 자유를 최대한 보장할 필요가 있다는 반성적 고려하에 2020.12.29. 공직선거법 개정을 통해 선거과열 등 부작용을 초래할 위험성이 적은 선거운동 방법에 대한 선거운동기간 규제를 완화한 상황이다. 그럼에도 심판대상조항은 입법목적을 달성하는 데 지장이 없는 선거운동방법, 즉 돈이 들지 않는 방법으로서

'후보자 간 경제력 차이에 따른 불균형 문제'나 '사회·경제적 손실을 초래할 위험성'이 낮은, 개별적으로 대면하여 말로 지지를 호소하는 선거운동까지 금지하고 처벌함으로써, 과잉금지원칙에 반하여 선거운동 등 정치적 표현의 자유를 과도하게 제한하고 있다. 결국 이 사건 선거운동기간조항 중 선거운동기간 전에 개별적으로 대면하여 말로 하는 선거운동에 관한 부분, 이 사건 처벌조항 중 '그 밖의 방법'에 관한 부분 가운데 개별적으로 대면하여 말로 하는 선거운동을 한 자에 관한 부분은 과잉금지원칙에 반하여 선거운동 등 정치적 표현의 자유를 침해한다(헌재 2022.2.24. 2018헌바146).

[❷ ▶ ×] 공직선거법 제91조 제1항, 제3항은 선거운동을 함에 있어 확성장치와 자동차의 무제한적 사용은 심각한 소음 공해와 도로교통의 무질서 등 공공의 안녕과 질서에 직접적인 위해를 가져오고 또한 선거비용의 과다 지출을 가져오므로 후보자등 한정된 범위에 한하여서만 일부 허용하고 그 외의 사용은 이를 제한하고 있는 규정인바, 위와 같은 목적을 달성하기 위하여 확성장치와 자동차의 사용을 제한하는 것 외에 달리 효과적인 수단을 상정할 수 없고, 그 제한이 국민생활의 안녕과 질서에 위해가 될 우려가 크다고 인정되는 확성장치 및 자동차등에 의한 선거운동방법에만 국한되는 부분적인 제한에 불과하며, 후보자등 일정 범위에 한하여서는 사용을 일부 허용하고 있으므로, <u>이러한 제한이 표현의 자유등을 침해하는 것이라 할 수 없다</u>(헌재 2001.12.20. 2000헌바96).

[❸ ▶ ○] 일정기간 동안 선거에 영향을 미치게 하기 위한 벽보 게시, 인쇄물 배부·게시를 금지하는 공직선거법 제93조 제1항 본문 중 '벽보 게시, 인쇄물 배부·게시'에 관한 부분 및 이에 위반한 경우 처벌하는 공직선거법 제255조 제2항 제5호 중 '제93조 제1항 본문의 벽보 게시, 인쇄물 배부·게시'에 관한 부분(이하 '인쇄물배부 등 금지조항'이라 한다)은 선거에서의 균등한 기회를 보장하고 선거의 공정성을 확보하기 위한 것으로서 입법목적의 정당성 및 수단의 적합성이 인정된다. 그러나 벽보·인쇄물은 시설물 등과 비교하여 보더라도 투입되는 비용이 상대적으로 적어 경제력 차이로 인한 선거 기회 불균형의 문제가 크지 않고, 그러한 우려도 선거비용을 규제하거나 벽보·인쇄물의 종류나 금액 등을 제한하는 수단을 통해서 방지할 수 있다. 또한 공직선거법상 후보자 비방 금지 규정 등을 통해 무분별한 흑색선전 등의 방지도 가능한 점을 종합하면, 인쇄물배부 등 금지조항은 목적 달성에 필요한 범위를 넘어 장기간 동안 벽보 게시, 인쇄물 배부·게시를 금지·처벌하는 것으로서 침해의 최소성에 반한다. 또한 인쇄물배부 등 금지조항으로 인하여 일반 유권자나 후보자가 받는 정치적 표현의 자유에 대한 제약이 위 조항을 통하여 달성되는 공익보다 중대하므로 인쇄물배부 등 금지조항은 법익의 균형성에도 위배된다. 따라서 인쇄물배부 등 금지조항은 과잉금지원칙에 반하여 정치적 표현의 자유를 침해한다(헌재 2022.7.21. 2017헌바100).

[❹ ▶ ○] 누구든지 선거기간 중 선거에 영향을 미치게 하기 위하여 그 밖의 집회나 모임을 개최할 수 없고, 이를 위반하는 자를 처벌하는 공직선거법 조항(이하 '심판대상조항'이라 한다)은 정치적 의사표현이 활발하게 교환되어야 할 선거기간 중에, 오히려 특정 후보자나 정당이 특정한 정책에 대한 찬성이나 반대를 하고 있다는 언급마저도 할 수 없는 범위 내에서만 집회나 모임의 방법으로 정치적 의사를 표현하도록 하여, 평소보다 일반 유권자의 정치적 표현의 자유를 더 제한하고 있다. 선거의 공정이나 평온에 대한 구체적인 위험이 없어, 규제가 불필요하거나 또는 예외적으로 허용하는 것이 가능한 경우에도, 선거기간 중 선거에 영향을 미칠 염려가 있거나 미치게 하기 위한 일반 유권자의 집회나 모임을 전면적으로 금지하고 위반 시 처벌하는 것은 침해의 최소성에 반한다. 선거기간 중 선거와 관련된 집단적 의견표명 일체가 불가능하게 됨으로써 일반 유권자가 받게 되는 집회의 자유, 정치적 표현의 자유에 대한 제한 정도는 매우 중대하므로, 심판대상조항은 집회의 자유, 정치적 표현의 자유를 침해한다(헌재 2022.7.21. 2018헌바164).

PART 1
PART 2
PART 3
PART 4
PART 5
PART 6
PART 7
PART 8

[**❺ ▶ ㅇ**] 일정기간 동안 선거에 영향을 미치게 하기 위한 현수막, 광고물의 설치·게시나 표시물의 착용을 금지하는 공직선거법 조항(이하 '시설물설치 등 금지조항'이라 한다)은 선거에서의 균등한 기회를 보장하고 선거의 공정성을 확보하기 위한 것으로서 입법목적의 정당성 및 수단의 적합성이 인정된다. 그러나 선거비용을 제한·보전하거나 일반 유권자가 과도한 비용을 들여 현수막, 그 밖의 광고물을 설치·게시하거나 그 밖의 표시물을 착용하는 행위를 제한하는 수단을 통해서 선거에서의 기회 균등이라는 심판대상조항의 입법목적의 달성이 가능하고, 공직선거법상 후보자 비방 금지 규정 등을 통해 무분별한 흑색선전 등의 방지도 가능한 점을 종합하면, 시설물설치 등 금지조항은 목적 달성에 필요한 범위를 넘어 장기간 동안 선거에 영향을 미치게 하기 위한 현수막, 그 밖의 광고물의 설치·게시나 그 밖의 표시물의 착용을 금지·처벌하는 것으로서 침해의 최소성에 반한다. 또한 시설물설치 등 금지조항으로 인하여 일반 유권자나 후보자가 받는 정치적 표현의 자유에 대한 제약이 위 조항을 통해 달성되는 공익보다 중대하므로 시설물설치 등 금지조항은 법익의 균형성에도 위배된다. 따라서 시설물설치 등 금지조항은 과잉금지원칙에 반하여 정치적 표현의 자유를 침해한다(헌재 2022.7.21. 2017헌바100).

 답 ❷

18
□□□

선거운동에 관한 다음 설명 중 가장 옳지 않은 것은?   2021년 법무사시험 [문 12]

① 선거운동의 자유는 우리 헌법에 명시되어 있지 않다.
② 예비후보자로 등록한 사람은 선거운동기간 이전이라도 선거운동을 할 수 있다.
③ 예비후보자로서 선거운동을 할 수 있는 기간을 제한하는 것 자체가 선거운동의 자유를 과도하게 제한하는 것이라고 할 수는 없고, 제한되는 기간을 어느 정도로 할 것인지 여부는 입법정책에 맡겨져 있다고 볼 수 있으며, 그 구체적인 기간이 선거운동의 자유를 형해화할 정도에 이르지 않았다면 이 역시 기본권을 침해하였다고 볼 수 없다.
④ 선거운동기간 전에는 문자메시지를 전송하는 방법이나 인터넷 홈페이지 또는 그 게시판·대화방 등에 글이나 동영상 등을 게시하거나 전자우편을 전송하는 방법으로 선거운동을 하는 것이 허용되지 않는다.
⑤ 공직선거법이 자치구·시의 장의 선거에서 예비후보자의 선거운동기간보다 군의 장의 선거에서 예비후보자의 선거운동기간을 단기간으로 정한 것은 합리적 이유 있는 차별로서 평등원칙에 위배되지 않는다.

....

[**❶ ▶ ㅇ**] 선거운동의 자유는 우리 헌법에 명시되지 않았지만 국민주권원리, 의회민주주의원리 및 참정권에 관한 규정에 근거를 둔 자유선거원칙으로부터 도출되고, 헌법상 언론·출판·집회·결사의 자유보장규정에 의하여 보호되는 표현의 자유의 한 모습이기도 하다(헌재 2020.3.26. 2018헌바90).

[**❷** ▶ ○] [**❹** ▶ ×] 공직선거법 제59조 제1호·제2호·제3호

> **공직선거법 제59조(선거운동기간)**
> 선거운동은 선거기간 개시일부터 선거일 전일까지에 한하여 할 수 있다. 다만, <u>다음 각 호의 어느 하나에 해당하는 경우에는 그러하지 아니하다.</u>
> 1. 제60조의3(예비후보자 등의 선거운동) 제1항 및 제2항의 규정에 따라 <u>예비후보자 등이 선거운동을 하는 경우</u>
> 2. <u>문자메시지를 전송하는 방법으로 선거운동을 하는 경우.</u> 이 경우 자동동보통신의 방법(동시 수신대상자가 20명을 초과하거나 그 대상자가 20명 이하인 경우에도 프로그램을 이용하여 수신자를 자동으로 선택하여 전송하는 방식을 말한다)으로 전송할 수 있는 자는 후보자와 예비후보자에 한하되, 그 횟수는 8회(후보자의 경우 예비후보자로서 전송한 횟수를 포함한다)를 넘을 수 없으며, 중앙선거관리위원회규칙에 따라 신고한 1개의 전화번호만을 사용하여야 한다.
> 3. <u>인터넷 홈페이지 또는 그 게시판·대화방 등에 글이나 동영상 등을 게시하거나 전자우편</u>(컴퓨터이용자끼리 네트워크를 통하여 문자·음성·화상 또는 동영상 등의 정보를 주고받는 통신시스템을 말한다)을 전송하는 방법으로 선거운동을 하는 경우. 이 경우 전자우편 전송대행업체에 위탁하여 전자우편을 전송할 수 있는 사람은 후보자와 예비후보자에 한한다.
> 4. 선거일이 아닌 때에 전화(송·수화자 간 직접 통화하는 방식에 한정하며, 컴퓨터를 이용한 자동송신장치를 설치한 전화는 제외한다)를 이용하거나 말(확성장치를 사용하거나 옥외집회에서 다중을 대상으로 하는 경우를 제외한다)로 선거운동을 하는 경우
> 5. 후보자가 되려는 사람이 선거일 전 180일(대통령선거의 경우 선거일 전 240일을 말한다)부터 해당 선거의 예비후보자등록신청 전까지 제60조의3 제1항 제2호의 방법(같은 호 단서를 포함한다)으로 자신의 명함을 직접 주는 경우

[**❸** ▶ ○] 예비후보로서 선거운동을 할 수 있는 기간을 제한하는 것 자체가 선거운동의 자유를 과도하게 제한하는 것이 아니라고 한다면, 제한되는 기간을 어느 정도로 할 것인지 여부는 입법정책에 맡겨져 있다고 볼 수 있고, 그 구체적인 기간이 선거운동의 자유를 형해화할 정도에 이르지 않았다면 이 역시 기본권을 침해하였다고 볼 수 없다. 입법자는 국가의 정치·사회·경제적 사정, 선거문화의 수준, 선거의 규모·특성 등을 종합적으로 고려하여 그 기간을 정할 수 있는 것이다(헌재 2020.11.26. 2018헌마260).

[**❺** ▶ ○] 군은 주로 농촌지역에 위치하고 있어 도시지역인 자치구·시보다 대체로 인구가 적다. 또한, 군의 평균 선거인 수는 자치구·시의 평균 선거인 수에 비하여 적다. 심판대상조항은 이러한 차이를 고려하여 자치구·시의 장의 선거에서보다 군의 장의 선거에서 예비후보자의 선거운동기간을 단기간으로 정한 것인바, 이러한 차별취급은 자의적인 것이라 할 수 없다. 따라서 이 조항은 청구인의 평등권을 침해하지 않는다(헌재 2020.11.26. 2018헌마260).

답 **❹**

19
□□□

직업공무원제도에 관한 다음 설명 중 가장 옳지 않은 것은?　　　　2023년 법무사시험 [문 12]

① 헌법 제7조 제2항이 규정한 직업공무원제도는 엽관제를 지양함으로써 정치와 공직을 분리하고 이를 통하여 공무수행의 안정성, 전문성을 꾀하려는 데에 그 목적이 있다.

② 공무원은 정당의 발기인 및 당원이 될 수 없으나, 예외적으로 대통령, 국무총리, 국무위원, 국회의원, 지방의회의원, 선거에 의하여 취임하는 지방자치단체의 장이나 교육감에게는 이를 허용하고 있다.

③ 직업공무원의 신분을 보장하는 것은 소신과 능력에 따라 국민 전체를 위한 직무수행이 가능하도록 하기 위한 것으로, 생계보호, 직업보호의 의미도 아울러 지니며, 이러한 신분보장은 헌법 제25조의 공무담임권의 보호영역에도 포함된다.

④ 직무의 내외를 불문하고 체면이나 위신을 손상하는 행위를 징계사유로 규정한 국가공무원법 규정은 명확성원칙에 위배되거나 과잉금지원칙에 반한다고 볼 수 없다.

⑤ 직업공무원제도에 있어 과학적 직위분류제나 성적주의 등에 따른 인사의 공정성을 유지하는 장치도 중요하지만, 무엇보다도 그 중추적 요소는 공무원의 정치적 중립과 신분보장에 있다 할 수 있다.

···

[❶ ▸ O]　헌법 제7조 제2항은 공무원의 신분과 정치적 중립성을 법률로써 보장할 것을 규정하고 있다. 위 조항의 뜻은 공무원이 정치과정에서 승리한 정당원에 의하여 충원되는 엽관제를 지양하고, 정권교체에 따른 국가작용의 중단과 혼란을 예방하며 일관성 있는 공무수행의 독자성과 영속성을 유지하기 위하여 공직구조에 관한 제도적 보장으로서의 직업공무원제도를 마련해야 한다는 것이다. 직업공무원제도는 바로 그러한 제도적 보장을 통하여 모든 공무원으로 하여금 어떤 특정 정당이나 특정 상급자를 위하여 충성하는 것이 아니라 국민전체에 대한 봉사자로서(헌법 제7조 제1항) 법에 따라 그 소임을 다할 수 있게 함으로써 공무원 개인의 권리나 이익을 보호함에 그치지 아니하고 나아가 국가기능의 측면에서 정치적 안정의 유지에 기여하도록 하는 제도이다(헌재 1997.4.24. 95헌바48).

[❷ ▸ X]　교육감은 정당의 발기인 및 당원이 될 수 있는 예외적 공무원에 해당하지 않는다(정당법 제22조 제1항 제1호, 지방교육자치에 관한 법률 제24조 제1항·제24조의3 제3호).

> **정당법 제22조(발기인 및 당원의 자격)**
> ① 16세 이상의 국민은 공무원 그 밖에 그 신분을 이유로 정당가입이나 정치활동을 금지하는 다른 법령의 규정에 불구하고 누구든지 정당의 발기인 및 당원이 될 수 있다. 다만, 다음 각 호의 어느 하나에 해당하는 자는 그러하지 아니하다.
> 1. 국가공무원법 제2조(공무원의 구분) 또는 지방공무원법 제2조(공무원의 구분)에 규정된 공무원. 다만, 대통령, 국무총리, 국무위원, 국회의원, 지방의회의원, 선거에 의하여 취임하는 지방자치단체의 장, 국회 부의장의 수석비서관·비서관·비서·행정보조요원, 국회 상임위원회·예산결산특별위원회·윤리특별위원회 위원장의 행정보조요원, 국회의원의 보좌관·비서관·비서, 국회 교섭단체 대표의원의 행정비서관, 국회 교섭단체의 정책연구위원·행정보조요원과 고등교육법 제14조(교직원의 구분) 제1항·제2항에 따른 교원은 <u>제외한다</u>.

> **지방교육자치에 관한 법률 제24조(교육감후보자의 자격)**
> ① 교육감후보자가 되려는 사람은 해당 시·도지사의 피선거권이 있는 사람으로서 후보자등록신청개시일부터 과거 1년 동안 <u>정당의 당원이 아닌 사람</u>이어야 한다.
>
> **지방교육자치에 관한 법률 제24조의3(교육감의 퇴직)**
> 교육감이 다음 각 호의 어느 하나에 해당된 때에는 <u>그 직에서 퇴직된다.</u>
>   3. 정당의 당원이 된 때

[**❸** ▸ ○]　헌법 제25조는 "모든 국민은 법률이 정하는 바에 의하여 공무담임권을 가진다."고 하여 공무담임권을 보장하고 있고, 공무담임권의 보호영역에는 공직취임의 기회의 자의적인 배제뿐 아니라, 공무원 신분의 부당한 박탈도 포함되는 것이다(헌재 2002.8.29. 2001헌마788).

[**❹** ▸ ○]　'품위' 등 용어의 사전적 의미가 명백하고, 대법원은 공무원이 유지하여야 할 품위에 관하여 '주권자인 국민의 수임자로서 직책을 맡아 수행해 나가기에 손색이 없는 인품'을 말한다고 판시하고 있는바, 위와 같은 입법취지, 용어의 사전적 의미 및 법원의 해석 등을 종합할 때 이 사건 법률조항이 공무원 징계사유로 규정한 품위손상행위는 '주권자인 국민으로부터 수임받은 공무를 수행함에 손색이 없는 인품에 어울리지 않는 행위를 함으로써 공무원 및 공직 전반에 대한 국민의 신뢰를 떨어뜨릴 우려가 있는 경우'를 일컫는 것으로 해석할 수 있고, 그 수범자인 평균적인 공무원은 이를 충분히 예측할 수 있다. 따라서 이 사건 법률조항은 명확성원칙에 위배되지 아니한다. … 공무원 개인 및 공직 전반에 대한 국민의 신뢰는 공무원의 직무 외의 영역에서도 형성될 수 있고 국민의 신뢰에 영향을 미칠 수 있는 공무원의 행위 유형은 다양하게 나타날 수 있으므로, 공무원의 직무와 관련된 사유에 한하여 징계사유로 규정하거나 품위손상행위의 유형을 구체적으로 열거하여 징계사유로 규정하는 방식에 의해서는 입법목적을 달성하기에 불충분하다. 나아가 어떠한 공무원의 행위가 품위손상행위에 해당한다 하더라도 징계양형의 단계에서 구체적·개별적으로 평가되어 각각 다른 징계처분이 내려질 수 있고, 해당 공무원에게는 징계처분에 대한 불복의 기회가 보장되어 있다. 따라서 공무원에게 직무의 내외를 불문하고 품위유지의무를 부과하고, 품위손상행위를 공무원 대한 징계사유로 규정한 국가공무원법 조항(이하 '이 사건 법률조항'이라 한다)으로 인한 공무원의 기본권 제한을 최소화하기 위한 장치들이 마련되어 있어, 이 사건 법률조항이 공무원의 일반적 행동의 자유를 과도하게 제한한다고 보기 어려우므로, 과잉금지원칙에 위배되지 아니한다(헌재 2016.2.25. 2013헌바435).

[**❺** ▸ ○]　**직업공무원제도하에** 있어서는 과학적 직위분류제, 성적주의 등에 따른 인사의 공정성을 유지하는 장치가 **중요하지만** 특히 공무원의 정치적 중립과 신분보장은 그 종추적 요소라고 할 수 있는 것이다(헌재 1989.12.18. 89헌마32).

답

20
□□□

공무원제도에 관한 다음 설명 중 가장 옳은 것은?

① 직업공무원제도는 헌법이 보장하는 제도적 보장의 하나이므로 '최대한 보장의 원칙'이 적용된다.
② 공무원이 금고 이상의 형의 선고유예를 받은 경우 범죄의 유형과 내용에 관계없이 당연히 퇴직하도록 하는 것은 헌법에 위배되지 않는다.
③ 헌법 제7조 제1항에 의하여 국민전체에 대한 봉사자로서 국민에 대하여 책임을 지는 공무원과 같은 조 제2항에 의하여 신분과 정치적 중립성이 보장되는 공무원이 일치하지는 않는다.
④ 모든 공무원은 단체행동권을 가질 수 없다.
⑤ 공무원에게 직무의 내외를 불문하고 품위유지의무를 부과하고, 품위손상행위를 공무원에 대한 징계사유로 규정한 국가공무원법 조항은 명확성 원칙에 위배된다.

....

[❶ ▸ ✕] 직업공무원제도는 지방자치제도, 복수정당제도, 혼인제도 등과 함께 "제도보장"의 하나로서 이는 일반적인 법에 의한 폐지나 제도본질의 침해를 금지한다는 의미의 "최소보장"의 원칙이 적용되는바, 이는 기본권의 경우 헌법 제37조 제2항의 과잉금지의 원칙에 따라 필요한 경우에 한하여 "최소한으로 제한"되는 것과 대조되는 것이다(헌재 1994.4.28. 91헌바15).

[❷ ▸ ✕] 공무원이 금고 이상의 형의 선고유예를 받은 경우에는 공무원직에서 당연히 퇴직하는 것으로 규정하고 있는 이 사건 법률조항은 금고 이상의 선고유예의 판결을 받은 모든 범죄를 포괄하여 규정하고 있을 뿐 아니라, 심지어 오늘날 누구에게나 위험이 상존하는 교통사고 관련 범죄 등 과실범의 경우마저 당연퇴직의 사유에서 제외하지 않고 있으므로 최소침해성의 원칙에 반한다(헌재 2002.8.29. 2001헌마788).

[❸ ▸ ○] 헌법 제7조 제1항의 국민 전체에 대한 봉사자로서의 공무원과 국민에 대하여 책임지는 공무원은 최광의의 공무원으로서 일반직공무원은 물론 특수경력직공무원도 포함되며, 공무를 위탁받아 담당하는 공무수탁사인도 포함된다. 반면에 헌법 제7조 제2항의 신분과 정치적 중립성이 보장되는 공무원인 직업공무원은 협의의 공무원, 즉 일반직·특정직공무원과 같은 경력직공무원만을 말하며, 정무직·별정직과 같은 특수경력직공무원은 포함되지 않는다.

[❹ ▸ ✕] 헌법 제33조 제2항은 "공무원인 근로자는 법률이 정하는 자에 한하여 단결권·단체교섭권 및 단체행동권을 가진다"고 규정하고 있다. 이에 따라 공무원의 노동조합 설립 및 운영 등에 관한 법률에 의해 일정한 공무원의 경우 단체행동권을 제외한 단결권과 단체교섭권이 보장되고, 국가공무원법 등에 의해 사실상 노무에 종사하는 공무원의 경우에는 근로3권이 모두 인정된다.

[❺ ▸ ✕] '품위' 등 용어의 사전적 의미가 명백하고, 대법원은 공무원이 유지하여야 할 품위에 관하여 '주권자인 국민의 수임자로서 직책을 맡아 수행해 나가기에 손색이 없는 인품'을 말한다고 판시하고 있는바, 위와 같은 입법취지, 용어의 사전적 의미 및 법원의 해석 등을 종합할 때 이 사건 법률조항이 공무원 징계사유로 규정한 품위손상행위는 '주권자인 국민으로부터 수임받은 공무를 수행함에 손색이 없는 인품에 어울리지 않는 행위를 함으로써 공무원 및 공직 전반에 대한 국민의 신뢰를 떨어뜨릴 우려가 있는 경우'를 일컫는 것으로 해석할 수 있고, 그 수범자인 평균적인 공무원은 이를 충분히 예측할 수 있다. 따라서 이 사건 법률조항은 명확성원칙에 위배되지 아니한다(헌재 2016.2.25. 2013헌바435).

답 ❸

21 **조례에 관한 다음 설명 중 가장 옳지 않은 것은?**

① 주민조례발안에 관한 법률에 따르면 주민은 공공시설 설치의 반대, 행정기구의 설치·변경에 대해서는 조례의 제정이나 개정 또는 폐지를 청구할 수 없다.

② 조례안재의결 무효확인소송에서의 심리대상은 지방의회에 재의를 요구할 당시 이의사항으로 지적되어 재의결에서 심의의 대상이 된 것에 국한되지 아니한다.

③ 지방자치단체는 조례를 위반한 행위에 대하여 조례로써 1천만원 이하의 과태료를 정할 수 있다.

④ 지방자치단체의 장은 지방의회에서 의결되어 지방자치단체의 장에게 이송된 조례안에 대하여 이의가 있으면 재의 요구를 할 수 있으나, 조례안의 일부에 대한 재의 요구는 할 수 없다.

⑤ 교육감은 교육·학예에 관한 의안 중 주민의 재정적 부담이나 의무 부과에 관한 조례안을 시·도의회에 제출하고자 할 때에는 미리 시·도지사와 협의하여야 한다.

....

[❶▸○] 주민조례발안에 관한 법률 제4조 제3호, 제4호

> **주민조례발안에 관한 법률 제4조(주민조례청구 제외 대상)**
> 다음 각 호의 사항은 주민조례청구 대상에서 제외한다.
>   1. 법령을 위반하는 사항
>   2. 지방세·사용료·수수료·부담금을 부과·징수 또는 감면하는 사항
>   3. <u>행정기구를 설치하거나 변경하는 사항</u>
>   4. <u>공공시설의 설치를 반대하는 사항</u>

[❷▸✕] <u>조례안재의결 무효확인소송에서의 심리대상은 지방자치단체의 장이 지방의회에 재의를 요구할 당시 이의사항으로 지적하여 재의결에서 심의의 대상이 된 것에 국한된다.</u> 이러한 법리는 주무부장관이 지방자치법 제172조 제7항에 따라 지방의회의 의결에 대하여 직접 제소함에 따른 조례안의결 무효확인소송에도 마찬가지로 적용되므로, 조례안의결 무효확인소송의 심리대상은 주무부장관이 재의요구 요청에서 이의사항으로 지적한 것에 한정된다(대판 2015.5.14. 2013추98).

[❸▸○] 지방자치단체는 조례를 위반한 행위에 대하여 조례로써 1천만원 이하의 과태료를 징할 수 있다(지방자치법 제34조 제1항).

[❹▸○] 지방자치단체의 장은 이송받은 조례안에 대하여 이의가 있으면 이송받은 날로부터 20일 내에 이유를 붙여 지방의회로 환부하고, 재의를 요구할 수 있다. 이 경우 지방자치단체의 장은 조례안의 일부에 대하여 또는 조례안을 수정하여 재의를 요구할 수 없다(지방자치법 제32조 제3항).

[❺▸○] 지방교육자치에 관한 법률 제29조의2 제1항 제1호

> **지방교육자치에 관한 법률 제29조의2(의안의 제출 등)**
> ① 교육감은 교육·학예에 관한 의안 중 다음 각 호의 어느 하나에 해당하는 의안을 시·도의회에 제출하고자 할 때에는 미리 시·도지사와 협의하여야 한다.
>   1. <u>주민의 재정적 부담이나 의무부과에 관한 조례안</u>
>   2. 지방자치단체의 일반회계와 관련되는 사항
> ② 그 밖에 교육·학예에 관한 의안과 청원 등의 제출·심사·처리에 관하여는 「지방자치법」을 준용한다. 이 경우 "지방자치단체의 장"은 "교육감"으로 본다.

답 ❷

① 법령에서 조례로 정하도록 위임한 사항은 그 법령의 하위법령에서 그 위임의 내용과 범위를 제한하거나 직접 규정할 수 없다.

② 조례는 고유사무와 단체위임사무에 대하여만 제정할 수 있으며, 기관위임사무와 같은 국가적 사무에 대하여는 조례를 제정할 수 없다.

③ 지방자치법이 지방자치단체의 장의 재량으로 투표실시 여부를 결정할 수 있도록 규정하고 있음에도 일정한 기간 내에 반드시 투표를 실시하도록 규정한 조례안은 지방자치단체의 장의 고유권한을 침해한다.

④ 주민은 지방세·사용료·수수료·부담금을 부과·징수 또는 감면하는 사항에 대하여 조례의 제정을 청구할 수 없다.

⑤ 헌법 제117조 및 제118조의 '지방자치'에 관한 규정으로부터 지방자치단체와 지역주민들의 자치권이 제도적으로 보장된다.

....

[**❶ ▸ ○**] 법령에서 조례로 정하도록 위임한 사항은 그 법령의 하위 법령에서 그 위임의 내용과 범위를 제한하거나 직접 규정할 수 없다(지방자치법 제28조 제2항).

[**❷ ▸ ○**] 지방자치단체가 자치조례를 제정할 수 있는 것은 원칙적으로 자치사무와 단체위임사무에 한한다. 그러므로 국가사무가 지방자치단체의 장에게 위임된 기관위임사무는 원칙적으로 자치조례의 제정범위에 속하지 않는다 할 것이고, 다만 개별법령에서 일정한 사항을 조례로 정하도록 위임하고 있는 경우에는 위임받은 사항에 관하여 개별법령의 취지에 부합하는 범위 내에서 이른바 위임조례를 정할 수 있다(대판 2004.6.11. 2004추34).

[**❸ ▸ ○**] 지방자치법은 지방의회와 지방자치단체의 장에게 독자적 권한을 부여하고 상호 견제와 균형을 이루도록 하고 있으므로, 법률에 특별한 규정이 없는 한 조례로써 견제의 범위를 넘어서 고유권한을 침해하는 규정을 둘 수 없다 할 것인바, 위 지방자치법 제13조의2 제1항에 의하면, 주민투표의 대상이 되는 사항이라 하더라도 주민투표의 시행 여부는 지방자치단체의 장의 임의적 재량에 맡겨져 있음이 분명하므로, 지방자치단체의 장의 재량으로서 투표실시 여부를 결정할 수 있도록 한 법규정에 반하여 지방의회가 조례로 정한 특정한 사항에 관하여는 일정한 기간 내에 반드시 투표를 실시하도록 규정한 조례안은 지방자치단체의 장의 고유권한을 침해하는 규정이다(대판 2002.4.26. 2002추23).

[**❹ ▸ ○**] 주민조례발안에 관한 법률 제4조 제2호

┌───┐
주민조례발안에 관한 법률 제4조(주민조례청구 제외 대상)

다음 각 호의 사항은 주민조례청구 대상에서 제외한다.
1. 법령을 위반하는 사항
2. 지방세·사용료·수수료·부담금을 부과·징수 또는 감면하는 사항
3. 행정기구를 설치하거나 변경하는 사항
4. 공공시설의 설치를 반대하는 사항
└───┘

- 헌법 제117조 및 제118조가 보장하고 있는 본질적인 내용은 자치단체의 보장, 자치기능의 보장 및 자치사무의 보장으로 어디까지나 지방자치단체의 자치권으로 헌법은 지역 주민들이 자신들이 선출한 자치단체의 장과 지방의회를 통하여 자치사무를 처리할 수 있는 대의제 또는 대표제 지방자치를 보장하고 있을 뿐이지 주민투표에 대하여는 어떠한 규정도 두고 있지 않다. 따라서 우리의 지방자치법이 비록 주민에게 주민투표권(제13조의2)과 조례의 제정 및 개폐청구권(제13조의3) 및 감사청구권(제13조의4)을 부여함으로써 주민이 지방자치사무에 직접 참여할 수 있는 길을 열어 놓고 있다 하더라도 이러한 제도는 어디까지나 입법자의 결단에 의하여 채택된 것일 뿐, 헌법이 이러한 제도의 도입을 보장하고 있는 것은 아니다(헌재 2001.6.28. 2000헌마735).
- 제도적 보장으로서 주민의 자치권은 원칙적으로 개별 주민들에게 인정된 권리라 볼 수 없으며, 청구인들의 주장을 주민들의 지역에 관한 의사결정에 참여 내지 주민투표에 관한 권리침해로 이해하더라도 이러한 권리를 헌법이 보장하는 기본권인 참정권이라고 할 수 없는 것이다. 즉, 헌법상의 주민자치의 범위는 법률에 의하여 형성되고, 핵심영역이 아닌 한 법률에 의하여 제한될 수 있는 것이다(헌재 2006.2.23. 2005헌마403).

 답 ❺

23

지방자치제도에 관한 다음 설명 중 가장 옳지 않은 것은?　　2023년 법무사시험 [문 16]

① 지방자치법상 공법인인 지방자치단체의 기관으로는 대의기관인 지방의회, 집행기관인 지방자치단체장이 있다.
② 지방의회는 조례·규칙의 제정·개정 및 폐지, 예산의 심의·확정, 결산의 승인, 행정사무감사 및 조사권을 가진다.
③ 지방자치단체는 사무처리를 위한 행정기구를 설치할 수 있고, 소속 공무원에 관한 임용, 징계 등 인사를 스스로 할 수 있다.
④ 지방자치단체가 기관위임사무에 관한 권한쟁의심판을 청구하는 것은 허용되지 아니한다.
⑤ 감사원은 지방자치단체에 대하여 합목적성 감사도 실시할 수 있으나, 중앙행정기관은 지방자치단체에 대하여 합법성 감사만을 할 수 있다.

[❶ ▸ ○]　지방자치단체는 주민의 복리에 관한 사무를 처리하고 재산을 관리하며 법령의 범위 안에서 자치에 관한 규정을 제정할 수 있는바(헌법 제117조 제1항), 그 법적 성격은 법인에 해당한다(지방자치법 제3조 제1항). 이러한 지방자치단체에는 의회를 두고, 지방의회의 조직·권한·의원선거와 지방자치단체의 장의 선임방법 기타 지방자치의 조직과 운영에 관한 사항은 법률로 정하도록 하고 있는바(헌법 제118조), 지방자치법은 위와 같은 헌법의 위임에 근거하여 제5장에서 지방의회를, 제6장에서 집행기관을 각각 규정하고 있으며, 지방자치단체는 의결기관인 지방의회와 집행기관인 지방자치단체의 장으로 구성된다(헌재 2018.7.26. 2018헌라1).

[❷▶×] 규칙의 제정·개정 및 폐지는 지방의회가 아닌 지방자치단체의 장의 권한이다(지방자치법 제29조, 제47조, 제49조).

> **지방자치법 제29조(규칙)**
> 지방자치단체의 장은 법령 또는 조례의 범위에서 그 권한에 속하는 사무에 관하여 규칙을 제정할 수 있다.
>
> **지방자치법 제47조(지방의회의 의결사항)**
> ① 지방의회는 다음 각 호의 사항을 의결한다.
>   1. 조례의 제정·개정 및 폐지
>   2. 예산의 심의·확정
>   3. 결산의 승인
>
> **지방자치법 제49조(행정사무 감사권 및 조사권)**
> ① 지방의회는 매년 1회 그 지방자치단체의 사무에 대하여 시·도에서는 14일의 범위에서, 시·군 및 자치구에서는 9일의 범위에서 감사를 실시하고, 지방자치단체의 사무 중 특정 사안에 관하여 본회의 의결로 본회의나 위원회에서 조사하게 할 수 있다.

[❸▶○] 지방자치법 제13조 제2항 제1호 마목, 제125조 제1항

> **지방자치법 제13조(지방자치단체의 사무 범위)**
> ① 지방자치단체는 관할 구역의 자치사무와 법령에 따라 지방자치단체에 속하는 사무를 처리한다.
> ② 제1항에 따른 지방자치단체의 사무를 예시하면 다음 각 호와 같다. 다만, 법률에 이와 다른 규정이 있으면 그러하지 아니하다.
>   1. 지방자치단체의 구역, 조직, 행정관리 등
>   마. 소속 공무원의 인사·후생복지 및 교육
>
> **지방자치법 제125조(행정기구와 공무원)**
> ① 지방자치단체는 그 사무를 분장하기 위하여 필요한 행정기구와 지방공무원을 둔다.

[❹▶○] 해사채취허가사무는 그 성질상 지방자치단체의 고유사무가 아니고 골재의 안정적인 공급과 국가 건설에 중요한 기능을 하는 사업으로서 국가사무 중 기관위임사무임이 명백한데, 기관위임사무는 지방자치단체의 사무라고 할 수 없고, 지방자치단체의 장은 기관위임사무의 집행권한과 관련된 범위에서는 그 사무를 위임한 국가기관의 지위에 서게 될 뿐 지방자치단체의 기관이 아니다. 따라서 지방자치단체는 기관위임사무의 집행에 관한 권한의 존부 및 범위에 관한 권한분쟁을 이유로 기관위임사무를 집행하는 국가기관 또는 다른 지방자치단체의 장을 상대로 권한쟁의심판청구를 할 수 없다고 할 것이므로, 청구인의 피청구인 태안군수에 대한 심판청구는 지방자치단체의 권한에 속하지 아니하는 사무에 관한 심판청구로 부적법하다(헌재 2009.7.30. 2005헌라2).

[❺▶○] 감사원법에는 감사범위를 제한하는 이 사건 관련규정 단서와 같은 규정이 없고 헌법기관이라는 감사원의 성격상 감사원의 지방자치단체에 대한 감사는 합법성 감사에 한정되지 않고 자치사무에 대하여도 합목적성 감사가 가능하여, 국가감독권 행사로서 지방자치단체의 자치사무에 대한 감사원의 사전적·포괄적 감사가 인정되는 터에 여기에다 중앙행정기관에도 사전적·포괄적 감사를 인정하게 되면 지방자치단체는 그 자치사무에 대해서도 국가의 불필요한 중복감사를 면할 수 없게 된다. … 지방자치단체에 대하여 중앙행정기관은 합목적성 감독보다는 합법성 감독을 지향하여야 하고 중앙행정기관의 무분별한 감사권의 행사는 헌법상 보장된 지방자치단체의 자율권을 저해할 가능성이 크므로, 이 사건 관련규정상의 감사에 착수하기 위해서는 자치사무에 관하여 특정한 법령위반행위가 확인되었거나 위법

행위가 있었으리라는 합리적 의심이 가능한 경우이어야 하고, 또한, 그 감사대상을 특정해야 한다고 봄이 상당하다(헌재 2009.5.28. 2006헌라6).

답 **❷**

24 지방자치단체에 관한 다음 설명 중 가장 옳지 않은 것은?

① 헌법상 특정 지방자치단체의 존속이 보장되어야 하므로 법률로 지방자치단체를 폐치·분합하는 것은 허용되지 않는다.
② 지방자치단체 상호 간에 권한의 유무 또는 범위에 관하여 다툼이 있을 때에는 해당 지방자치단체는 헌법재판소에 권한쟁의심판을 청구할 수 있다.
③ 지방자치단체에는 반드시 지방의회를 두어야 한다.
④ 지방자치단체는 주민의 복리에 관한 사무를 처리하고 재산을 관리하며, 법령의 범위 안에서 자치에 관한 규정을 제정할 수 있다.
⑤ 지방자치단체가 제정한 조례가 법령에 위반되는 경우에는 효력이 없다.

[**❶**▸×] 헌법 제117조 제2항은 지방자치단체의 종류를 법률로 정하도록 규정하고 있을 뿐 지방자치단체의 종류 및 구조를 명시하고 있지 않으므로 이에 관한 사항은 기본적으로 입법자에게 위임된 것으로 볼 수 있다. 따라서 헌법상 지방자치제도의 보장은 특정 지방자치단체의 존속을 보장하는 것이 아니며 지방자치단체의 폐치·분합은 헌법적으로 허용될 수 있다(헌재 2006.4.27. 2005헌마1190).
[**❷**▸○] 국가기관 상호 간, 국가기관과 지방자치단체 간 및 지방자치단체 상호 간에 권한의 유무 또는 범위에 관하여 다툼이 있을 때에는 해당 국가기관 또는 지방자치단체는 헌법재판소에 권한쟁의심판을 청구할 수 있다(헌법재판소법 제61조 제1항).
[**❸**▸○] 지방자치단체에 의회를 둔다(헌법 제118조 제1항).
[**❹**▸○] 지방자치단체는 주민의 복리에 관한 사무를 처리하고 재산을 관리하며, 법령의 범위 안에서 자치에 관한 규정을 제정할 수 있다(헌법 제117조 제1항).
[**❺**▸○] 지방자치법 제15조 본문은 "지방자치단체는 법령의 범위 안에서 그 사무에 관하여 조례를 제정할 수 있다"고 규정하는바, 여기서 말하는 '법령의 범위 안에서'란 '법령에 위반되지 않는 범위 내에서'를 가리키므로 지방자치단체가 제정한 조례가 법령에 위반되는 경우에는 효력이 없다(대판 2002.4.26. 2002추23).

답 **❶**

25 혼인과 가족생활에 관한 다음 설명 중 가장 옳지 않은 것은?　　2024년 법무사시험 [문 8]

① 헌법 제36조 제1항은 혼인과 가족생활에서 양성의 평등대우를 명하고 있으므로 남녀의 성을 근거로 하여 차별하는 것은 원칙적으로 금지되고, 성질상 오로지 남성 또는 여성에게만 특유하게 나타나는 문제의 해결을 위하여 필요한 예외적 경우에만 성차별적 규율이 정당화된다.

② 1990년 개정 민법의 시행일인 1991.1.1.부터 그 이전에 성립된 계모자 사이의 법정혈족관계를 소멸시키도록 한 민법 부칙 조항은 헌법 제36조 제1항에 위반된다.

③ 헌법 제36조 제1항은 혼인과 가족에 관련되는 공법 및 사법의 모든 영역에 영향을 미치는 헌법원리 내지 원칙규범으로서의 성격을 가지는데, 이는 적극적으로는 적절한 조치를 통해서 혼인과 가족을 지원하고 제3자에 의한 침해 앞에서 혼인과 가족을 보호해야 할 국가의 과제를 포함하며, 소극적으로는 불이익을 야기하는 제한조치를 통해서 혼인과 가족을 차별하는 것을 금지해야 할 국가의 의무를 포함한다.

④ 소득세법 제61조 제1항이 자산소득합산과세의 대상이 되는 혼인한 부부를 혼인하지 않은 부부나 독신자에 비하여 차별취급하는 것은 헌법상 정당화되지 아니하기 때문에 헌법 제36조 제1항에 위반된다.

⑤ 헌법 제36조 제1항은 혼인과 가족생활을 스스로 결정하고 형성할 수 있는 자유를 기본권으로서 보장하고, 혼인과 가족에 대한 제도를 보장한다.

⋯⋯⋯

[❶ ▸ O] 헌법 제36조 제1항은 혼인과 가족생활에서 양성의 평등대우를 명하고 있으므로 남녀의 성을 근거로 하여 차별하는 것은 원칙적으로 금지되고, 성질상 오로지 남성 또는 여성에게만 특유하게 나타나는 문제의 해결을 위하여 필요한 예외적 경우에만 성차별적 규율이 정당화된다. 과거 전통적으로 남녀의 생활관계가 일정한 형태로 형성되어 왔다는 사실이나 관념에 기인하는 차별, 즉 성역할에 관한 고정관념에 기초한 차별은 허용되지 않는다(헌재 2005.2.3. 2001헌가9).

[❷ ▸ ✕] 계모자 사이의 법정혈족관계를 폐지한 것은, 계모자관계는 당사자의 의사를 고려하지 않고 법률로써 모자관계를 의제하여 계자가 불이익을 받는 경우가 많았고 이는 가부장적 제도의 산물로서 양성평등의 원칙에 반한다는 등의 근거에 의하여 사회적 공익을 유지하기 위한 결단에 따른 것으로 입법목적의 정당성 및 수단의 적합성이 인정된다. 그리고 계모자관계 당사자는 입양신고로써 친생자관계와 동일한 효과를 얻을 수 있고 가족공동생활을 유지하고 있는 경우 상호 부양의무가 인정되므로 기본권 제한의 정도가 과도하지 아니하며, 사회 전체에 통용되는 가족질서를 형성한다는 관점에서 유사한 정도의 효과를 가지는 적정한 대체수단을 찾기도 어려우므로 이 사건 법률조항은 피해최소성의 원칙에도 반하지 아니하고, 또한 법익의 균형성도 인정되므로, <u>이 사건 법률조항은 헌법 제36조 제1항이 보장하는 미성년인 가족구성원이 성년인 가족으로부터 부양과 양육, 보호 등을 받을 권리를 침해하지 아니한다.</u> 한편 이 사건 법률조항은 계자의 친부와 계모의 혼인의사를 일률적으로 계자에 대한 입양 또는 그 대리의 의사로 간주하기는 어려우므로, 계자의 친부와 계모의 혼인에 따라 가족생활을 자유롭게

형성할 권리를 침해하지 아니하고, 또한 개인의 존엄과 양성평등에 반하는 전래의 가족제도를 개선하기 위한 입법이므로 <u>가족제도를 보장하는 헌법 제36조 제1항에 위반된다고 볼 수도 없다</u>(헌재 2011.2.24. 2009헌바89).

[❸ ▸ ○] [❺ ▸ ○] 헌법 제36조 제1항은 "혼인과 가족생활은 개인의 존엄과 양성의 평등을 기초로 성립되고 유지되어야 하며, 국가는 이를 보장한다."라고 규정하고 있는데, 헌법 제36조 제1항은 혼인과 가족생활을 스스로 결정하고 형성할 수 있는 자유를 기본권으로서 보장하고, 혼인과 가족에 대한 제도를 보장한다. 그리고 헌법 제36조 제1항은 혼인과 가족에 관련되는 공법 및 사법의 모든 영역에 영향을 미치는 헌법원리 내지 원칙규범으로서의 성격도 가지는데, 이는 적극적으로는 적절한 조치를 통해서 혼인과 가족을 지원하고 제3자에 의한 침해 앞에서 혼인과 가족을 보호해야 할 국가의 과제를 포함하며, 소극적으로는 불이익을 야기하는 제한조치를 통해서 혼인과 가족을 차별하는 것을 금지해야 할 국가의 의무를 포함한다(헌재 2002.8.29. 2001헌바82).

[❹ ▸ ○] 부부간의 인위적인 자산 명의의 분산과 같은 가장행위 등은 상속세 및 증여세법상 증여의제 규정 등을 통해서 방지할 수 있고, 부부의 공동생활에서 얻어지는 절약가능성을 담세력과 결부시켜 조세의 차이를 두는 것은 타당하지 않으며, 자산소득이 있는 모든 납세의무자 중에서 혼인한 부부가 혼인하였다는 이유만으로 혼인하지 않은 자산소득자보다 더 많은 조세부담을 하여 소득을 재분배하도록 강요받는 것은 부당하며, 부부 자산소득 합산과세를 통해서 혼인한 부부에게 가하는 조세부담의 증가라는 불이익이 자산소득합산과세를 통하여 달성하는 사회적 공익보다 크다고 할 것이므로, 소득세법 제61조 제1항이 자산소득합산과세의 대상이 되는 혼인한 부부를 혼인하지 않은 부부나 독신자에 비하여 차별취급하는 것은 헌법상 정당화되지 아니하기 때문에 헌법 제36조 제1항에 위반된다(헌재 2002.8.29. 2001헌바82).

 답 ❷

기본권론

각 문항별로 회독수를 체크해 보세요. ☑□□

제1장 총론

제1절 기본권의 주체

01
□□□

기본권의 주체에 관한 다음 설명 중 가장 옳지 않은 것은? 2024년 법무사시험 [문 17]

① 불법체류 중인 외국인의 경우에도 원칙적으로 기본권의 주체가 된다.
② 의료인의 면허된 의료행위 이외의 의료행위를 금지하고 처벌하는 의료법 규정에 대하여 외국인의 직업의 자유 및 평등권에 관한 기본권 주체성은 인정되지 않는다.
③ 국회의 일부조직인 국회노동위원회는 기본권의 주체가 될 수 없다.
④ 직장의료보험조합은 공법인으로서 기본권의 주체가 될 수 없다.
⑤ 국가균형발전특별법에 의한 도지사의 혁신도시 입지선정과 관련하여 그 입지선정에서 제외된 지방자치단체로서는 입지선정 기준이 합리성과 타당성을 결여하였다고 다투는 등 평등권의 주체가 될 수 있다.

···

[❶ ▶ O] 헌법재판소법 제68조 제1항 소정의 헌법소원은 기본권의 주체이어야만 청구할 수 있는데, 단순히 '국민의 권리'가 아니라 '인간의 권리'로 볼 수 있는 기본권에 대해서는 외국인도 기본권의 주체가 될 수 있다. 나아가 청구인들이 불법체류 중인 외국인들이라 하더라도, 불법체류라는 것은 관련 법령에 의하여 체류자격이 인정되지 않는다는 것일 뿐이므로, '인간의 권리'로서 외국인에게도 주체성이 인정되는 일정한 기본권에 관하여 불법체류 여부에 따라 그 인정 여부가 달라지는 것은 아니다(헌재 2012.8.23. 2008헌마430).

[❷ ▶ O] 의료인의 면허된 의료행위 이외의 의료행위를 금지하고 처벌하는 의료법 조항(이하 '심판대상조항'이라 한다)이 제한하고 있는 직업의 자유는 국가자격제도정책과 국가의 경제상황에 따라 법률에 의하여 제한할 수 있는 국민의 권리에 해당한다. 국가정책에 따라 정부의 허가를 받은 외국인은 정부가 허가한 범위 내에서 소득활동을 할 수 있는 것이므로, 외국인이 국내에서 누리는 직업의 자유는 법률에 따른 정부의 허가에 의해 비로소 발생하는 권리이다. 따라서 외국인인 청구인에게는 그 기본권주체성이

인정되지 아니하며, 자격제도 자체를 다툴 수 있는 기본권주체성이 인정되지 아니하는 이상 국가자격제도에 관련된 평등권에 관하여 따로 기본권주체성을 인정할 수 없다(헌재 2014.8.28. 2013헌마359).

[**❸ ▸ ○**] 국가나 국가기관 또는 국가조직의 일부나 공법인은 기본권의 수범자이지 기본권의 주체로서 그 소지자가 아니고 오히려 국민의 기본권을 보호 내지 실현해야 할 책임과 의무를 지니고 있는 지위에 있을 뿐이다. 국가기관인 국회의 일부조직인 국회의 노동위원회는 기본권의 주체가 될 수 없고 따라서 헌법소원을 제기할 수 있는 적격이 없다(헌재 1994.12.29. 93헌마120).

[**❹ ▸ ○**] 국민건강보험법 부칙 제6조 및 제7조의 직접적인 수규자는 법인이나, 직장의료보험조합은 공법인으로서 기본권의 주체가 될 수 없을 뿐만 아니라, 법규정의 실질적인 규율대상이 수규자인 법인의 지위와 아울러 제3자인 청구인들(직장의료보험조합의 조합원들)의 법적 지위라고 볼 수 있으며, 법규정이 내포하는 불이익이 수규자의 범위를 넘어 제3자인 청구인들에게도 유사한 정도의 불이익을 가져온다는 의미에서 거의 동일한 효과를 가지고 있으므로, 법의 목적 및 실질적인 규율대상, 법규정에서의 제한이나 금지가 제3자에게 미치는 효과나 진지성의 정도, 규범의 수규자에 의한 헌법소원의 제기가능성 등을 종합적으로 고려하여 판단할 때, 청구인들의 자기관련성을 인정할 수 있다(헌재 2000.6.29. 99헌마289).

[**❺ ▸ ✕**] 지방자치단체는 기본권의 주체가 될 수 없다는 것이 헌법재판소의 입장이며, 이를 변경해야 할 만한 사정이나 필요성이 없으므로 지방자치단체인 춘천시의 헌법소원 청구는 부적법하다(헌재 2006.12.28. 2006헌마312).

답 **❺**

PART 1
PART 2
PART 3
PART 4
PART 5
PART 6
PART 7
PART 8

제2절　기본권의 대사인적 효력 및 그 경합과 충돌

02
☐☐☐ 　기본권의 충돌에 관한 다음 설명 중 가장 옳지 않은 것은?　　2025년 법무사시험 [문 10]

① 상하의 위계질서가 있는 기본권끼리 충돌하는 경우에는 상위기본권우선의 원칙에 따라 하위기본권이 제한될 수 있으므로, 흡연권은 혐연권을 침해하지 않는 한에서 인정되어야 한다.

② 노동조합의 적극적 단결권은 근로자 개인의 단결하지 않을 자유보다 중시된다고 할 것이어서 노동조합에 적극적 단결권(조직강제권)을 부여한다고 하여 이를 두고 곧바로 근로자의 단결하지 아니할 자유의 본질적인 내용을 침해하는 것으로 단정할 수는 없다.

③ 학생이 가지는 소극적 종교행위의 자유 및 소극적 신앙고백의 자유는 부작위에 의하여 자신의 종교적 신념을 외부로 표현하고 실현하는 기본권으로서, 학교법인이 가지는 종교교육의 자유보다 상위기본권에 해당한다.

④ 학교교육에 있어서 교원의 가르치는 권리를 수업권이라고 한다면, 이것은 교원의 지위에서 생기는 학생에 대한 일차적인 교육상의 직무권한이지만 어디까지나 학생의 학습권 실현을 위하여 인정되는 것이므로, 학생의 학습권은 교원의 수업권에 대하여 우월한 지위에 있다.

⑤ 인격권으로서의 개인의 명예의 보호와 표현의 자유의 보장이라는 두 법익이 충돌하였을 때 그 조정을 어떻게 할 것인지는 구체적인 경우에 사회적인 여러 가지 이익을 비교하여 표현의 자유로 얻어지는 이익, 가치와 인격권의 보호에 의하여 달성되는 가치를 형량하여 그 규제의 폭과 방법을 정하여야 한다.

[**❶ ▸ ○**] 상하의 위계질서가 있는 기본권끼리 충돌하는 경우에는 상위기본권우선의 원칙에 따라 하위 기본권이 제한될 수 있으므로, 흡연권은 혐연권을 침해하지 않는 한에서 인정되어야 한다(헌재 2004.8.26. 2003헌마457).

[**❷ ▸ ○**] 노동조합의 적극적 단결권은 근로자 개인의 단결하지 않을 자유보다 중시된다고 할 것이고, 또 노동조합에게 위와 같은 조직강제권을 부여한다고 하여 이를 근로자의 단결하지 아니할 자유의 본질적인 내용을 침해하는 것으로 단정할 수는 없다(헌재 2005.11.24. 2002헌바95).

[**❸ ▸ ✕**] 학생이 가지는 소극적 종교행위의 자유 및 소극적 신앙고백의 자유는 부작위에 의하여 자신의 종교적 신념을 외부로 표현하고 실현하는 기본권이라는 점에서, 학교법인이 가지는 종교교육의 자유와의 사이에서 위계질서를 논하기는 어려우며 <u>양자의 기본권 모두 인격적 가치 및 자유권적 가치를 가지므로 추상적인 이익형량만으로는 우선하는 기본권을 정할 수 없다</u>(대판[전합] 2010.4.22. 2008다38288).

[**❹ ▸ ○**] 학교교육에 있어서 교원의 가르치는 권리를 수업권이라고 한다면, 이것은 교원의 지위에서 생기는 학생에 대한 일차적인 교육상의 직무권한이지만 어디까지나 학생의 학습권 실현을 위하여 인정되는 것이므로, 학생의 학습권은 교원의 수업권에 대하여 우월한 지위에 있다(대판 2007.9.20. 2005다25298).

[**❺ ▸ ○**] 민주주의 국가에서는 여론의 자유로운 형성과 전달에 의하여 다수의견을 집약시켜 민주적 정치질서를 생성·유지시켜 나가는 것이므로 표현의 자유, 특히 공익사항에 대한 표현의 자유는 중요한 헌법상의 권리로서 최대한 보장을 받아야 하지만, 그에 못지 않게 개인의 명예나 사생활의 자유와 비밀 등 사적 법익도 보호되어야 할 것이므로, 인격권으로서의 개인의 명예의 보호와 표현의 자유의 보장이라는 두 법익이 충돌하였을 때 그 조정을 어떻게 할 것인지는 구체적인 경우에 사회적인 여러 가지 이익을 비교하여 표현의 자유로 얻어지는 이익, 가치와 인격권의 보호에 의하여 달성되는 가치를 형량하여 그 규제의 폭과 방법을 정하여야 한다(대판 1998.7.14. 96다17257).

답 ❸

03
☐☐☐

기본권의 경합에 관한 다음 설명 중 가장 옳지 않은 것은?　　　2025년 법무사시험 [문 17]

① 헌법재판소는 등록된 출판사가 음란 또는 저속한 간행물을 출판하여 공중도덕이나 사회윤리를 침해하였다고 인정되는 경우 등록청이 그 출판사의 등록을 취소할 수 있도록 하는 법률의 규정에 대하여 언론·출판의 자유를 중심으로 위헌 여부를 판단하였다.

② 헌법재판소는 의료인이 아닌 자의 문신시술업을 금지·처벌하는 법률의 규정에 대하여 예술의 자유를 중심으로 위헌 여부를 판단하였다.

③ 헌법재판소는 법무법인 구성원의 지분을 압류한 채권자가 영업년도 말에 그 구성원을 퇴사시킬 수 있도록 한 법률의 규정에 대하여 재산권을 중심으로 위헌 여부를 판단하였다.

④ 헌법재판소는 2019학년도 대학 보건·의료계열 학생정원 조정계획 중 2019학년도 여자대학 약학대학의 정원을 동결한 부분에 대하여 직업선택의 자유를 중심으로 위헌 여부를 판단하였다.

⑤ 헌법재판소는 변호사에 대한 징계결정정보를 인터넷 홈페이지에 공개하도록 한 법령의 규정에 대하여 일반적 인격권을 중심으로 위헌 여부를 판단하였다.

[**❶ ▸ ○**] 이 사건 법률조항(등록된 출판사가 음란 또는 저속한 간행물을 출판하여 공중도덕이나 사회윤리를 침해하였다고 인정되는 경우 등록청이 그 출판사의 등록을 취소할 수 있도록 하는 법률의 규정)은 언론·출판의 자유, 직업선택의 자유 및 재산권을 경합적으로 제약하고 있다. 이처럼 하나의 규제로 인해 여러 기본권이 동시에 제약을 받는 기본권경합의 경우에는 기본권침해를 주장하는 제청신청인과 제청법원의 의도 및 기본권을 제한하는 입법자의 객관적 동기 등을 참작하여 사안과 가장 밀접한 관계에 있고 또 침해의 정도가 큰 주된 기본권을 중심으로 해서 그 제한의 한계를 따져 보아야 할 것이다. 이 사건에서는 제청신청인과 제청법원이 언론·출판의 자유의 침해를 주장하고 있고, 입법의 일차적 의도도 출판내용을 규율하고자 하는 데 있으며, 규제수단도 언론·출판의 자유를 더 제약하는 것으로 보이므로 언론·출판의 자유를 중심으로 해서 이 사건 법률조항이 그 헌법적 한계를 지키고 있는지를 판단하기로 한다(헌재 1998.4.30. 95헌가16).

[**❷ ▸ ✕**] 헌법재판소는 의료인이 아닌 자의 문신시술업을 금지·처벌하는 법률의 규정에 대하여 <u>명확성원칙이나 과잉금지원칙을 위반</u>하여 청구인들의 직업선택의 자유를 침해하지 않는다고 판단하였다(헌재 2022.3.31. 2017헌마1343).

[**❸ ▸ ○**] 헌법재판소는 심판대상조항(법무법인 구성원의 지분을 압류한 채권자가 영업년도 말에 그 구성원을 퇴사시킬 수 있도록 한 법률의 규정)에 의하여 구성원에 대한 채권자의 청구로 해당 구성원을 퇴사시킴으로써 법무법인에게 속하여 있던 출자금 내지 출자지분을 다시 구성원에게 환급하여야 하는 바, 당해사건 및 그 항소심에서 청구인은 구성원의 퇴사 당시 법무법인의 소극재산이 적극재산을 초과하는 채무초과 상태여서 환급할 재산이 존재하지 않기에 채권자의 추심금 청구에 응할 수 없다는 취지로 다투어 왔던 점, 심판대상조항의 입법목적 또한 구성원의 지분을 압류한 채권자에게 해당 구성원에 대한 퇴사청구권을 인정함으로써 법무법인의 해당 구성원에 대한 지분환급을 통하여 채권을 변제받을 수 있도록 하는 등 채권자를 보호하기 위한 것인 점 등을 종합하여 보면, 이 사건의 주된 쟁점은 심판대상조항으로 인하여 청구인의 재산권이 침해되는지 여부라고 하면서, 심판대상조항은 과잉금지원칙에 위반되어 청구인의 재산권을 침해하지 않는다고 판단하였다(헌재 2025.3.27. 2021헌바4).

[**❹ ▸ ○**] 헌법재판소는 2019학년도 대학 보건·의료계열 학생정원 조정계획 중 2019학년도 여자대학 약학대학의 정원을 동결한 부분에 대하여, 피청구인인 교육부장관이 여자대학 약학대학이 오랜 기간 동안 약학대학을 운영하며 축적해온 경험·자산을 고려하여 여자대학 약학대학의 정원을 그대로 동결한 것으로서, 이는 약사의 적정한 수급과 원활하고 적정한 보건서비스 확보를 위한 것이므로 이 사건 조정계획은 목적의 정당성이 인정되고, 나아가 수단의 적합성, 침해의 최소성, 법익의 균형성도 인정되므로 이 사건 조정계획은 청구인의 직업선택의 자유를 침해한다고 볼 수 없다고 판단하였다(헌재 2020.7.16. 2018헌마566).

[**❺ ▸ ○**] 헌법재판소는 변호사에 대한 징계결정정보를 인터넷 홈페이지에 공개하도록 한 법령의 규정에 대하여, 징계결정 공개조항과 가장 밀접하게 관련되고 가장 침해 정도가 큰 기본권은 일반적 인격권이므로 이를 중심으로 과잉금지원칙위반 여부를 판단하면서, 목적의 정당성이 인정되고, 나아가 수단의 적합성, 침해의 최소성, 법익의 균형성도 인정되므로 이 사건 징계결정 공개조항은 과잉금지원칙에 위배되지 아니하므로 청구인의 인격권을 침해하지 아니한다고 판단하였다(헌재 2018.7.26. 2016헌마1029).

 답 **❷**

① 흡연권은 사생활의 자유를 실질적 핵으로 하는 것이고, 혐연권은 사생활의 자유뿐만 아니라 생명권에까지 연결되는 것이므로 혐연권이 흡연권보다 상위의 기본권이다.

② 근로자의 단결하지 아니할 자유와 노동조합의 적극적 단결권이 충돌하는 경우 노동조합의 적극적 단결권이 근로자의 단결하지 아니할 자유보다 중시된다.

③ 교사의 수업권과 학생의 수학권이 충돌하는 경우 두 기본권 모두 효력을 나타내는 규범조화적 해석에 따라 기본권 충돌은 해결되어야 한다.

④ 기본권 제한에 관한 법률유보원칙은 기본권 제한에 법률의 근거를 요청하나, 기본권 제한의 형식이 반드시 형식적 의미의 법률일 필요는 없다.

⑤ 하나의 규제로 인해 여러 기본권이 동시에 제약을 받는 기본권경합의 경우에는, 기본권 침해를 주장하는 제청신청인과 제청법원의 의도 및 기본권을 제한하는 입법자의 객관적 동기 등을 참작하여 사안과 가장 밀접한 관계에 있고 또 침해의 정도가 큰 주된 기본권을 중심으로 해서 그 제한의 한계를 따져 보아야 한다.

....

[❶ ▸ O] 흡연권은 사생활의 자유를 실질적 핵으로 하는 것이고 혐연권은 사생활의 자유뿐만 아니라 생명권에까지 연결되는 것이므로 혐연권이 흡연권보다 상위의 기본권이다(헌재 2004.8.26. 2003헌마457).

[❷ ▸ O] 단결하지 아니할 자유와 적극적 단결권이 충돌하게 되더라도, 근로자에게 보장되는 적극적 단결권이 단결하지 아니할 자유보다 특별한 의미를 갖고 있다고 볼 수 있고, 노동조합의 조직강제권도 이른바 자유권을 수정하는 의미의 생존권(사회권)적 성격을 함께 가지는 만큼 근로자 개인의 자유권에 비하여 보다 특별한 가치로 보장되는 점 등을 고려하면, 노동조합의 적극적 단결권은 근로자 개인의 단결하지 않을 자유보다 중시된다고 할 것이어서 노동조합에 적극적 단결권(조직강제권)을 부여한다고 하여 이를 두고 곧바로 근로자의 단결하지 아니할 자유의 본질적인 내용을 침해하는 것으로 단정할 수는 없다(헌재 2005.11.24. 2002헌바95).

[❸ ▸ X] 학교교육에 있어서 교원의 가르치는 권리를 수업권이라고 한다면, 이것은 교원의 지위에서 생기는 학생에 대한 일차적인 교육상의 직무권한이지만 어디까지나 학생의 학습권 실현을 위하여 인정되는 것이므로, 학생의 학습권은 교원의 수업권에 대하여 우월한 지위에 있다. 따라서 학생의 학습권이 왜곡되지 않고 올바로 행사될 수 있도록 하기 위해서라면 교원의 수업권은 일정한 범위 내에서 제약을 받을 수밖에 없고, 학생의 학습권은 개개 교원들의 정상을 벗어난 행동으로부터 보호되어야 한다. 특히, 교원의 수업거부행위는 학생의 학습권과 정면으로 상충하는 것인바, 교육의 계속성 유지의 중요성과 교육의 공공성에 비추어 보거나 학생·학부모 등 다른 교육당사자들의 이익과 교량해 볼 때 교원이 고의로 수업을 거부할 자유는 어떠한 경우에도 인정되지 아니하며, 교원은 계획된 수업을 지속적으로 성실히 이행할 의무가 있다(대판 2007.9.20. 2005다25298).

[❹ ▸ O] 기본권 제한에 관한 법률유보의 원칙은 '법률에 의한 규율'을 요청하는 것이 아니라 '법률에 근거한 규율'을 요청하는 것이므로, 기본권의 제한에는 법률의 근거가 필요할 뿐이고 기본권 제한의 형식이 반드시 법률의 형식일 필요는 없다(헌재 2005.5.26. 99헌마513).

[❺ ▸ O] 하나의 규제로 인해 여러 기본권이 동시에 제약을 받는 기본권 경합의 경우에는 기본권 침해를 주장하는 제청신청인과 제청법원의 의도 및 기본권을 제한하는 입법자의 객관적 동기 등을 참작하여 사안과 가장 밀접한 관계에 있고 또 침해의 정도가 큰 주된 기본권을 중심으로 해서 그 제한의 한계를 따져 보아야 할 것이다(헌재 1998.4.30. 95헌가6).

답 ❸

05
☐☐☐

법률유보원칙에 관한 다음 설명 중 가장 옳은 것은? 2021년 법무사시험 [문 18]

① 대통령령은 법률의 위임이 없어도 법률에 위반되지 않는 범위 내에서 국민의 권리·의무에 관한 사항을 규율할 수 있다.
② 법률이 국민의 기본권 실현과 관련된 영역에 있어서 본질적인 사항에 대하여 스스로 결정하지 않고 행정입법에 위임하였다고 하더라도, 법률유보원칙에 위반되는 것은 아니다.
③ 법률유보원칙과 의회유보원칙은 서로 다른 별개의 원리로서 법률유보원칙이 의회유보원칙을 포함하는 것은 아니다.
④ 조례에 대한 법률의 위임은 법규명령에 대한 법률의 위임과 같이 반드시 구체적으로 범위를 정하여 할 필요가 없으며 포괄적인 것으로 족하다.
⑤ 입법자가 형식적 법률로 스스로 규율하여야 하는 사항이 어떤 것인지는 일률적으로 획정되어야 한다.

....

[❶▸×] 헌법 제75조는 "대통령은 법률에서 구체적으로 범위를 정하여 위임받은 사항과 법률을 집행하기 위하여 필요한 사항에 관하여 대통령령을 발할 수 있다"라고 규정하고 있다. 따라서 대통령은 법률에서 구체적으로 범위를 정하여 위임받은 사항과 법률을 집행하기 위하여 필요한 사항에 관하여만 대통령령을 발할 수 있으므로, 법률의 시행령은 모법인 법률에 의하여 위임받은 사항이나 법률이 규정한 범위 내에서 법률을 현실적으로 집행하는 데 필요한 세부적인 사항만을 규정할 수 있을 뿐, 법률에 의한 위임이 없는 한 법률이 규정한 개인의 권리·의무에 관한 내용을 변경·보충하거나 법률에 규정되지 아니한 새로운 내용을 규정할 수는 없다(대판[전합] 2020.9.3. 2016두32992).
[❷▸×][❸▸×] 오늘날의 법률유보 원칙은 단순히 행정작용이 법률에 근거를 두기만 하면 충분한 것이 아니라, 국가공동체와 그 구성원에게 기본적이고도 중요한 의미를 갖는 영역, 특히 국민의 기본권 실현에 관련된 영역에 있어서는 행정에 맡길 것이 아니라 국민의 대표자인 입법자 스스로 그 본질적 사항에 대하여 결정하여야 한다는 요구, 즉 의회유보 원칙까지 내포하는 것으로 이해되고 있다(헌재 2009.10.29. 2007헌바63).
[❹▸○] 조례의 제정권자인 지방의회는 선거를 통해서 그 지역적인 민주적 정당성을 지니고 있는 주민의 대표기관이고, 헌법이 지방자치단체에 대해 포괄적인 자치권을 보장하고 있는 취지로 볼 때 조례제정권에 대한 지나친 제약은 바람직하지 않으므로 조례에 대한 법률의 위임은 법규명령에 대한 법률의 위임과 같이 반드시 구체적으로 범위를 정하여 할 필요가 없으며 포괄적인 것으로 족하다고 할 것이다(헌재 1995.4.20. 92헌마264).
[❺▸×] 입법자가 형식적 법률로 스스로 규율하여야 하는 사항이 어떤 것인가는 일률적으로 획정할 수 없고 구체적인 사례에서 관련된 이익 내지 가치의 중요성, 규제 내지 침해의 정도와 방법 등을 고려하여 개별적으로 결정할 수 있을 뿐이나 적어도 헌법상 보장된 국민의 자유나 권리를 제한한 때에는 그 제한의 본질적인 사항에 관한 한 입법자가 법률로써 스스로 규율하여야 할 것이다(헌재 2009.10.29. 2007헌바63).

답 ❹

06 국가인권위원회에 관한 다음 설명 중 가장 옳지 않은 것은? 2024년 법무사시험 [문 16]

① 국가인권위원회는 위원장 1명과 상임위원 4명을 포함한 11명의 인권위원으로 구성한다.

② 국가인권위원회는 법률에 설치근거를 둔 국가기관이고 헌법에 의하여 설치된 국가기관이 아니므로, 권한쟁의심판을 청구할 당사자능력이 인정되지 아니한다.

③ 국가인권위원회는 재적위원 과반수의 찬성으로 의결하고, 의사는 공개한다.

④ 사인(私人)으로부터 차별행위를 당한 경우에도 국가인권위원회에 그 내용을 진정할 수 있다.

⑤ 국가인권위원회는 진정에 관한 위원회의 조사, 증거의 확보 또는 피해자의 권리 구제를 위하여 필요하다고 인정하면 피해자를 위하여 대한법률구조공단 등에게 법률구조를 요청할 수 있으나, 피해자의 명시한 의사에 반하여 법률구조를 요청할 수는 없다.

[**❶ ▸ ✕**] 위원회는 위원장 1명과 상임위원 3명을 포함한 11명의 인권위원(이하 "위원"이라 한다)으로 구성한다(국가인권위원회법 제5조 제1항).

[**❷ ▸ ○**] 권한쟁의심판의 당사자능력은 헌법에 의하여 설치된 국가기관에 한정하여 인정하는 것이 타당하므로, 법률에 의하여 설치된 국가인권위원회에게는 권한쟁의심판의 당사자능력이 인정되지 아니한다(헌재 2010.10.28. 2009헌라6).

[**❸ ▸ ○**] 국가인권위원회법 제13조 제1항, 제14조

> **국가인권위원회법 제13조(회의 의사 및 의결정족수)**
> ① 위원회의 회의는 위원장이 주재하며, 이 법에 특별한 규정이 없으면 재적위원 과반수의 찬성으로 의결한다.
>
> **국가인권위원회법 제14조(의사의 공개)**
> 위원회의 의사는 공개한다. 다만, 위원회, 상임위원회 또는 소위원회가 필요하다고 인정하면 공개하지 아니할 수 있다.

[**❹ ▸ ○**] 국가인권위원회법 제30조 제1항 제2호

> **국가인권위원회법 제30조(위원회의 조사대상)**
> ① 다음 각 호의 어느 하나에 해당하는 경우에 인권침해나 차별행위를 당한 사람(이하 "피해자"라 한다) 또는 그 사실을 알고 있는 사람이나 단체는 위원회에 그 내용을 진정할 수 있다.
> 1. 국가기관, 지방자치단체, 「초·중등교육법」 제2조, 「고등교육법」 제2조와 그 밖의 다른 법률에 따라 설치된 각급 학교, 「공직자윤리법」 제3조의2 제1항에 따른 공직유관단체 또는 구금·보호시설의 업무 수행(국회의 입법 및 법원·헌법재판소의 재판은 제외한다)과 관련하여 「대한민국헌법」 제10조부터 제22조까지의 규정에서 보장된 인권을 침해당하거나 차별행위를 당한 경우
> 2. 법인, 단체 또는 사인(私人)으로부터 차별행위를 당한 경우

[**⑤ ▸ ○**] 국가인권위원회법 제47조 제1항, 제2항

> **국가인권위원회법 제47조(피해자를 위한 법률구조 요청)**
> ① 위원회는 진정에 관한 위원회의 조사, 증거의 확보 또는 피해자의 권리 구제를 위하여 필요하다고 인정하면 피해자를 위하여 대한법률구조공단 또는 그 밖의 기관에 법률구조를 요청할 수 있다.
> ② 제1항에 따른 법률구조 요청은 피해자의 명시한 의사에 반하여 할 수 없다.

 답 ❶

07

입법부작위에 관한 다음 설명 중 가장 옳지 않은 것은?　　　2025년 법무사시험 [문 4]

① 헌법재판소법 제68조 제2항에 의한 헌법소원은 법률의 위헌성을 적극적으로 다투는 제도이므로, 법률의 부존재, 즉 진정입법부작위를 다투는 것은 허용되지 아니하고, 다만 법률이 불완전·불충분하게 규정되었음을 주장하며 법률 자체의 위헌성을 다투는 취지라면 이는 그 법률이 당해 사건의 재판의 전제가 된다는 것을 요건으로 허용될 수 있다.

② 행정절차에서의 위법하거나 부당한 구금의 피해자에 대하여 형사보상 및 명예회복에 관한 법률에 보상 규정을 두지 않은 입법부작위는 진정입법부작위에 해당한다.

③ 국가로 하여금 무죄판결이 확정된 피고인에 대하여 그 재판에 소요된 비용을 보상하도록 규정한 형사소송법 제194조의2 제1항에서 기소유예처분을 받았다가 헌법재판소의 취소결정을 받고 혐의 없음의 불기소처분을 받은 피의자에 대한 경우를 비용보상의 대상으로 규정하지 아니한 것은 비용보상의 요건을 불완전·불충분하게 규정한 것에 해당한다.

④ 70세 이상인 불구속 피의자에 대하여 국선변호인을 선정하는 제도를 두지 않은 입법부작위는 헌법소원의 대상이 될 수 없는 입법부작위에 해당한다.

⑤ 6·25전쟁 중(1950.6.25.부터 1953.7.27. 군사정전에 관한 협정 체결 전까지를 말한다) 본인의 의사에 반히여 북한에 의하여 강제로 납북된 자 및 그 가족에 대한 보상입법을 마련하지 아니한 입법부작위는 헌법소원의 대상이 될 수 없다.

[**❶ ▸ ○**] [**❷ ▸ ○**]　헌법재판소법 제68조 제2항에 의한 헌법소원은 '법률'의 위헌성을 적극적으로 다투는 제도이므로 '법률의 부존재', 즉 입법부작위를 다투는 것은 그 자체로 허용되지 아니하고, <u>다만 법률이 불완전·불충분하게 규정되었음을 근거로 법률 자체의 위헌성을 다투는 취지로 이해될 경우에는 그 법률이 당해 사건의 재판의 전제가 된다는 것을 요건으로 허용될 수 있다.</u> 청구인들은 외형상 특정 법률조항을 심판대상으로 삼고 있으나, 그 위헌성에 관하여 '행정절차에서의 위법하거나 부당한 구금의 피해자에 대하여도 보상하는 규정을 두어야 하는데 이를 두지 않았다'는 점을 지적하고 있다. 즉, <u>청구인들의 주장은 형사보상 및 명예회복에 관한 법률 제2조 제1항 부분에 위와 같은 규정을 두지 아니한 입법부작위가 위헌이라는 취지이므로, 이 부분 심판청구는 성질상 형사보상법이 적용되지 않는 행정작용에 의하여 신체의 자유가 침해된 자에 대하여 형사보상 및 명예회복에 관한 법률과 동일한 정도의 보상을 내용으로 하는 새로운 입법을 하여 달라는 것이므로, 실질적으로 진정입법부작위를 다투는 것에 해당한다</u>(헌재 2024.1.25. 2020헌바475).

[**❸** ▸ ✕] 심판대상조항(형사소송법 제194조의2 제1항)에서 기소유예처분을 받았다가 헌법재판소의 취소결정을 받고 혐의없음의 불기소처분을 받은 피의자에 대한 경우를 비용보상의 대상으로 규정하지 아니한 것은 <u>비용보상의 요건을 불완전·불충분하게 규정한 것이 아니라, 입법자가 처음부터 아무런 입법을 하지 않았다고 보는 것이 입법취지에 부합한다.</u> 그에 대한 보상은 공소제기가 되어 무죄판결이 확정된 피고인에 대한 비용보상 제도와 별개의 법률에서 별도의 입법을 통한 보호가 필요한 영역이라 할 것이다(헌재 2024.8.29. 2023헌바365).

[**❹** ▸ ○] 우선 헌법은 70세 이상인 불구속 피의자가 피의자신문을 받을 때 국선변호인을 선정하는 법률을 제정할 것을 명시적으로 위임하고 있지 않으므로 헌법 규정으로부터 직접 도출되는 위와 같은 입법의무는 인정되지 않는다. 다음으로, 헌법 제12조 제4항 본문은 "누구든지 체포 또는 구속을 당한 때에는 즉시 변호인의 조력을 받을 권리를 가진다."라고 규정하고 있고, 이에 따르면 불구속 피의자에게도 변호인의 조력을 받을 권리가 인정된다. 그러나 헌법 제12조 제4항 단서는 "다만, 형사피고인이 스스로 변호인을 구할 수 없을 때에는 법률이 정하는 바에 의하여 국가가 변호인을 붙인다."라고 규정하고 있으므로, 본문과 단서의 논리적 관계를 고려할 때 '국선변호인의 조력을 받을 권리'는 피의자가 아닌 피고인에게만 보장되는 기본권이다. 따라서 헌법 제12조 제4항이 70세 이상의 불구속 피의자에 대하여 국선변호인의 조력을 받을 권리가 있음을 천명한 것이라고 볼 수 없으며, 그 밖에 헌법상의 다른 규정을 살펴보아도 위와 같은 권리나 이를 보장하기 위한 입법의무를 명시적으로나 해석상으로 인정할 근거가 없다. 따라서 청구인 주장과 같은 법률을 제정할 입법의무가 헌법의 명문 규정이나 해석으로부터 도출된다고 볼 수 없다. 이 사건 입법부작위에 대한 심판청구는 헌법소원의 대상이 될 수 없는 입법부작위를 대상으로 한 것으로서 부적법하다(헌재 2023.2.23. 2020헌마1030).

[**❺** ▸ ○] 헌법은 전시납북자와 그 가족에 대한 보상에 관한 법률을 제정할 것을 명시적으로 위임하고 있지 아니하므로 헌법 규정으로부터 직접 도출되는 입법의무는 없다. 또한 헌법 제30조의 해석만으로는 전시납북자와 그 가족에 대한 보상입법의무가 곧바로 도출된다고 볼 수 없고, 그 밖에 헌법 전문이나 제10조 등을 해석하여 보더라도 그와 같은 입법의무가 직접적으로 도출된다고 보기 어렵다. 따라서 6·25전쟁 중(1950년 6월 25일부터 1953년 7월 27일 군사정전에 관한 협정 체결 전까지) 본인의 의사에 반하여 북한에 의하여 강제로 납북된 자(이하 '전시납북자'라고 한다) 및 그 가족에 대한 보상입법을 마련하지 아니한 입법부작위는 진정입법부작위에 해당하고, 이 사건 심판청구는 헌법소원의 대상이 될 수 없는 진정입법부작위를 대상으로 한 것으로서 부적법하다(헌재 2022.8.31. 2019헌마1331).

답 ❸

입법부작위에 관한 다음 설명 중 가장 옳지 않은 것은?

① 양육비 대지급제 등 양육비 이행의 실효성을 더 높이는 내용의 법률을 제정할 헌법의 명시적인 입법위임이 존재한다고 볼 수 없고, 헌법해석상 기존의 양육비 이행을 확보하기 위하여 마련된 여러 입법 이외에 양육비 대지급제 등과 같은 구체적·개별적 사항에 대한 입법의무가 새롭게 발생된다고도 볼 수 없다.

② 진정입법부작위에 대한 헌법소원심판청구는 헌법에서 기본권 보장을 위하여 법률에 명시적으로 입법위임을 하였음에도 입법자가 이를 이행하지 아니한 경우이거나, 헌법 해석상 특정인에게 구체적인 기본권이 생겨 이를 보장하기 위한 국가의 행위의무 내지 보호의무가 발생하였음이 명백함에도 불구하고 입법자가 아무런 입법조치를 취하지 아니한 경우에 한하여 허용된다.

③ 의료인이 아닌 사람도 문신시술을 업으로 행할 수 있도록 그 자격 및 요건을 법률로 제정하도록 하는 내용의 명시적인 입법위임은 헌법에 존재하지 않으며, 문신시술을 위한 별도의 자격제도를 마련할지 여부는 여러 가지 사회적·경제적 사정을 참작하여 입법부가 결정할 사항으로, 그에 관한 입법의무가 헌법해석상 도출된다고 보기는 어렵다.

④ 가정폭력 가해자인 전 남편이 이혼 후 추가 가해 목적으로 자녀의 가족관계증명서 및 기본증명서의 교부를 청구하는 것이 분명한 경우에도 이를 제한하는 규정을 제정하지 아니한 '가족관계의 등록 등에 관한 법률'의 입법부작위는 청구인의 개인정보자기결정권을 침해하는 진정입법부작위에 해당한다.

⑤ 가족이 북한 내 정치범수용소에 억류되어 있는 북한이탈주민 등이 이른바 '북한인권법'을 제정하지 아니한 입법부작위가 청구인들의 기본권을 침해한다고 주장하며 제기한 헌법소원심판 계속 중에 국회가 북한인권법을 제정하였다면, 더 이상 권리보호이익이 존재한다고 보기 어렵고, 달리 헌법적 해명의 필요성도 찾아보기 어려우므로 헌법소원심판청구는 부적법하다.

[❶▸○] 양육비 대지급제 등 양육비 이행의 실효성을 더 높이는 내용의 법률을 제정할 헌법의 명시적인 입법위임이 존재한다고 볼 수 없고, 헌법해석상 기존의 양육비 이행을 확보하기 위하여 마련된 여러 입법 이외에 양육비 대지급제 등과 같은 구체적·개별적 사항에 대한 입법의무가 새롭게 발생된다고도 볼 수 없으므로, 이 사건 심판청구는 헌법소원의 대상이 될 수 없는 진정입법부작위를 심판대상으로 한 것으로서 부적법하다(헌재 2021.12.23. 2019헌마168).

[❷▸○] 진정입법부작위에 내한 헌법소원의 경우, 헌법에서 기본권보장을 위하여 법령에 명시적인 입법위임을 하였음에도 입법자가 이를 이행하지 아니한 경우이거나, 헌법 해석상 특정인에게 구체적인 기본권이 생겨 이를 보장하기 위한 국가의 행위의무 또는 보호의무가 발생하였음이 명백함에도 입법자가 아무런 입법조치를 취하지 아니한 경우에 한하여 허용된다(헌재 2018.2.6. 2018헌마61).

[❸▸○] 의료인이 아닌 사람도 문신시술을 업으로 행할 수 있도록 그 자격 및 요건을 법률로 제정하도록 하는 내용의 명시적인 입법위임은 헌법에 존재하지 않으며, 문신시술을 위한 별도의 자격제도를 마련할지 여부는 여러 가지 사회적·경제적 사정을 참작하여 입법부가 결정할 사항으로, 그에 관한 입법의무가 헌법해석상 도출된다고 보기는 어렵다. 따라서 이 사건 입법부작위에 대한 심판청구는 입법자의 입법의무를 인정할 수 없다(헌재 2022.3.31. 2017헌마1343).

[❹▸×] 이 사건 법률조항이 불완전·불충분하게 규정되어, 직계혈족이 가정폭력의 가해자로 판명된 경우 주민등록법 제29조 제6항 및 제7항과 같이 가정폭력 피해자가 가정폭력 가해자를 지정하여 가족관계증명서 및 기본증명서의 교부를 제한하는 능의 가정폭력 피해자의 개인정보를 보호하기 위한 구체적 방안을 마련하지 아니한 부진정입법부작위가 과잉금지원칙을 위반하여 청구인의 개인정보자기결정권을 침해한다(헌재 2020.8.28. 2018헌마927).

[❺ ▶ O] 피청구인이 '북한주민 등에 대한 인권유린의 증거조사 및 기록보존을 위한 제도적 장치를 마련하고, 인권유린의 중단 및 예방조치를 강구하기 위한 법률'을 마련하지 않음으로써 자신들의 기본권이 침해되었다는 청구인들의 주장은 위와 같은 북한인권법의 제정으로 모두 해소되었으므로, 이 사건 심판청구의 권리보호이익은 소멸되었고, 달리 헌법적 해명의 필요성도 찾아보기 어렵다. 그렇다면 이 사건 입법부작위에 대한 심판청구는 부적법하므로 이를 각하하기로 하여, 관여 재판관 전원의 일치된 의견으로 주문과 같이 결정한다(헌재 2016.4.28. 2013헌마266).

답 ❹

제2장 인간의 존엄과 가치·행복추구권·평등권

제1절 인간의 존엄과 가치·행복추구권

09

다음 설명 중 가장 옳지 않은 것은?   2025년 법무사시험 [문 14]

① 장애인의 접근권은 헌법상 인간의 존엄과 가치 및 행복을 추구할 권리를 장애인에게도 동등하게 보장하고, 사회적 약자인 장애인이 인간다운 생활을 하는 데 필수적인 전제가 되는 권리로서, 비록 헌법에 명시되지는 않았으나 헌법 규정들로부터 도출되는 기본권으로서의 지위를 가진다.

② 장애인의 접근권은 비장애인과 동등한 수준의 접근을 보장할 수 있는 특정 시설과 설비를 설치할 것을 국가나 사인에게 적극적으로 요구할 수 있는 권리를 포함하므로, 그와 같은 권리의 내용을 구체화하는 법률은 필요하지 아니하다.

③ 국가는 제한된 재정 능력과 사회·경제적 발전 수준 등을 고려하여 장애인에 대한 접근권이 적절히 보장되도록 필요한 조치를 취할 의무가 있다.

④ 국회가 법률로 행정청에 특정한 사항을 위임했음에도 불구하고 행정청이 정당한 이유 없이 이를 이행하지 않는다면 권력분립의 원칙과 법치국가 또는 법치행정의 원칙에 위배되는 것으로서 위법·위헌에 해당한다.

⑤ 행정청이 법률에서 대통령령으로 정하도록 위임받은 사항을 전혀 입법하지 않은 경우는 물론 그 법률이 위임한 사항을 불충분하게 규정함으로써 법률이 위임한 행정입법의무를 제대로 이행하지 않은 경우에도 위법·위헌에 해당한다.

[**❶ ▸ O**] [**❷ ▸ X**] [**❸ ▸ O**] 장애인의 접근권은 헌법상 인간의 존엄과 가치 및 행복을 추구할 권리를 장애인에게도 동등하게 보장하고, 사회적 약자인 장애인이 인간다운 생활을 하는 데 필수적인 전제가 되는 권리로서, 비록 헌법에 명시되지는 않았으나 헌법 규정들로부터 도출되는 기본권으로서의 지위를 가진다. 다만 장애인의 접근권이 접근에 대한 방해의 금지를 구하는 소극적·방어적인 수준을 넘어 비장애인과 동등한 수준의 접근을 보장할 수 있는 특정 시설과 설비를 설치할 것을 국가나 사인에게 적극적으로 요구할 수 있는 권리로 구체화되기 위해서는 이를 위한 법률이 필요하다 할 것이고, 국가는 제한된 재정 능력과 사회·경제적 발전 수준 등을 고려하여 장애인에 대한 접근권이 적절히 보장되도록 필요한 조치를 취할 의무가 있다(대판[전합] 2024.12.19. 2022다289051).

[**❹ ▸ O**] [**❺ ▸ O**] 국회가 법률로 행정청에 특정한 사항을 위임함에도 불구하고 행정청이 정당한 이유 없이 이를 이행하지 않는다면 권력분립의 원칙과 법치국가 또는 법치행정의 원칙에 위배되는 것으로서 위법함과 동시에 위헌적인 것이 되고, 이는 행정청이 법률에서 대통령령으로 정하도록 위임받은 사항을 전혀 입법하지 않은 경우는 물론 그 법률이 위임한 사항을 불충분하게 규정함으로써 법률이 위임한 행정입법의무를 제대로 이행하지 않은 경우도 마찬가지이다(대판[전합] 2024.12.19. 2022다289051).

 답 ❷

10
□□□

헌법 제10조에 관한 다음 설명 중 가장 옳지 않은 것은?　　2024년 법무사시험 [문 5]

① 임신 32주 이전에 태아의 성별 고지를 금지하는 의료법 조항은 과잉금지원칙을 위반하여 헌법 제10조로부터 도출되는 일반적 인격권에서 나오는 부모가 태아의 성별 정보에 대한 접근을 방해받지 않을 권리를 침해한다.

② 누구든지 금융회사 등에 종사하는 자에게 타인의 금융거래의 내용에 관한 정보 또는 자료를 요구하는 것을 금지하고, 이를 위반 시 형사처벌하는 금융실명거래 및 비밀보장에 관한 법률 조항은 과잉금지원칙에 반하여 일반적 행동자유권을 침해하지 아니한다.

③ 유족은 일정 기간 내에 매장·화장·봉안된 가족 또는 친지의 묘지에서 망인에게 경배와 추모 등 적절한 예우를 취하거나 시체·유골 등을 인수하여 분묘 등을 가꾸고 봉제사를 하고자 하는 권리를 보유하고, 이는 헌법 제10조의 행복추구권에 의하여 보장된다. 이러한 기본권이 실질적으로 보장되기 위해서는 국가권력으로부터 개인의 자유영역을 보호하는 것이 필요할 뿐 아니라 기본권 행사의 실질적인 조건을 형성하고 유지하는 국가의 적극적인 활동을 필요로 한다.

④ 헌법 제10조 제1문이 보호하는 인간의 존엄성으로부터 개인의 일반적 인격권이 보장된다. 일반적 인격권은 인간의 존엄성과 밀접한 연관관계를 보이는 자유로운 인격발현의 기본조건을 포괄적으로 보호하는데, 개인의 자기결정권은 일반적 인격권에서 파생된다.

⑤ 이미 의식의 회복가능성을 상실하여 더 이상 인격체로서의 활동을 기대할 수 없고 자연적으로는 이미 죽음의 과정이 시작되었다고 볼 수 있는 회복불가능한 사망의 단계에 이른 후에는, 의학적으로 무의미한 신체 침해 행위에 해당하는 연명치료를 환자에게 강요하는 것이 오히려 인간의 존엄과 가치를 해하게 되므로, 이와 같은 예외적인 상황에서 죽음을 맞이하려는 환자의 의사결정을 존중하여 환자의 인간으로서의 존엄과 가치 및 행복추구권을 보호하는 것이 사회상규에 부합되고 헌법정신에도 어긋나지 아니한다.

[❶ ▸ ○] 심판대상조항(임신 32주 이전에 태아의 성별 고지를 금지하는 의료법 제20조 제2항)은 성별을 이유로 한 낙태를 방지함으로써 성비의 불균형을 해소하고 태아의 생명을 보호하기 위해 입법된 것으로 목적의 정당성이 인정된다. 그러나 남아선호사상이 확연히 쇠퇴하고 있고, 심판대상조항이 사문화되었음에도 불구하고 출생성비가 자연성비의 정상범위 내이므로, 심판대상조항은 더 이상 태아의 성별을 이유로 한 낙태를 방지하기 위한 목적을 달성하는 데에 적합하고 실효성 있는 수단이라고 보기 어렵고, 입법수단으로서도 현저하게 불합리하고 불공정하다. 태아의 생명 보호를 위해 국가가 개입하여 규제해야 할 단계는 성별고지가 아니라 낙태행위인데, 심판대상조항은 낙태로 나아갈 의도가 없는 부모까지 규제하여 기본권을 제한하는 과도한 입법으로 침해의 최소성에 반하고, 법익의 균형성도 상실하였다. 따라서 심판대상조항은 과잉금지원칙을 위반하여 부모가 태아의 성별 정보에 대한 접근을 방해받지 않을 권리를 침해한다(헌재 2024.2.28. 2022헌마356).

[❷ ▸ ×] 누구든지 금융회사등에 종사하는 자에게 타인의 금융거래의 내용에 관한 정보 또는 자료를 요구하는 것을 금지하고, 이를 위반 시 형사처벌하는 구 '금융실명거래 및 비밀보장에 관한 법률' 제4조 제1항 본문 중 '누구든지 금융회사등에 종사하는 자에게 거래정보 등의 제공을 요구하여서는 아니 된다' 부분 및 같은 법 제6조 제1항 중 위 해당 부분, '금융실명거래 및 비밀보장에 관한 법률' 제4조 제1항 본문 중 '누구든지 금융회사등에 종사하는 자에게 거래정보등의 제공을 요구하여서는 아니 된다' 부분 및 같은 법 제6조 제1항 중 위 해당 부분(이하 '심판대상조항'이라 한다)이 과잉금지원칙을 위반하여 일반적 행동자유권을 침해한다(헌재 2022.2.24. 2020헌가5).

[❸ ▸ ○] 유족은 일정 기간 내에 매장·화장·봉안된 가족 또는 친지의 묘지에서 망인에게 경배와 추모 등 적절한 예우를 취하거나 시체·유골 등을 인수하여 분묘 등을 가꾸고 봉제사를 하고자 하는 권리를 보유하고, 이는 헌법 제10조의 행복추구권에 의하여 보장된다. 이러한 기본권이 실질적으로 보장되기 위해서는 국가권력으로부터 개인의 자유영역을 보호하는 것이 필요할 뿐 아니라 기본권 행사의 실질적인 조건을 형성하고 유지하는 국가의 적극적인 활동을 필요로 한다(대판 2023.6.29. 2021다286000).

[❹ ▸ ○] 헌법 제10조 제1문은 "모든 국민은 인간으로서의 존엄과 가치를 가지며, 행복을 추구할 권리를 가진다."라고 규정하고 있는데, 이 조항이 보호하는 인간의 존엄성으로부터 개인의 일반적 인격권이 보장된다. 일반적 인격권은 인간의 존엄성과 밀접한 연관관계를 보이는 자유로운 인격발현의 기본조건을 포괄적으로 보호하는데, 개인의 자기결정권은 일반적 인격권에서 파생된다. 모든 국민은 그의 존엄한 인격권을 바탕으로 하여 자율적으로 자신의 생활영역을 형성해 나갈 수 있는 권리를 가진다(헌재 2019.4.11. 2017헌바127).

[❺ ▸ ○] 이미 의식의 회복가능성을 상실하여 더 이상 인격체로서의 활동을 기대할 수 없고 자연적으로는 이미 죽음의 과정이 시작되었다고 볼 수 있는 회복불가능한 사망의 단계에 이른 후에는, 의학적으로 무의미한 신체 침해 행위에 해당하는 연명치료를 환자에게 강요하는 것이 오히려 인간의 존엄과 가치를 해하게 되므로, 이와 같은 예외적인 상황에서 죽음을 맞이하려는 환자의 의사결정을 존중하여 환자의 인간으로서의 존엄과 가치 및 행복추구권을 보호하는 것이 사회상규에 부합되고 헌법정신에도 어긋나지 아니한다고 할 것이다. 그러므로 회복불가능한 사망의 단계에 이른 후에 환자가 인간으로서의 존엄과 가치 및 행복추구권에 기초하여 자기결정권을 행사하는 것으로 인정되는 경우에는 특별한 사정이 없는 한 연명치료의 중단이 허용될 수 있다(대판[전합] 2009.5.21. 2009다17417).

답 ❷

① 태어난 즉시 '출생등록될 권리'는 헌법에 명시되지 아니한 독자적 기본권으로서, 자유로운 인격실현을 보장하는 자유권적 성격과 아동의 건강한 성장과 발달을 보장하는 사회적 기본권의 성격을 함께 지닌다.

② 혼인 중인 여자와 남편 아닌 남자 사이에서 출생한 자녀의 경우에 혼인 외 출생자의 신고의무를 모에게만 부과하고, 남편 아닌 남자인 생부에게 자신의 혼인 외 자녀에 대해서 출생신고를 할 수 있도록 규정하지 아니한 것은 생부의 평등권을 침해한다.

③ '혼인 중 여자와 남편 아닌 남자 사이에서 출생한 자녀에 대한 생부의 출생신고'를 허용하도록 규정하지 아니한 가족관계의 등록 등에 관한 법률 조항은 혼인 외 출생자의 태어난 즉시 '출생등록될 권리'를 침해한다.

④ 태어난 즉시 '출생등록될 권리'는 입법자가 출생등록제도를 통하여 형성하고 구체화하여야 할 권리이다. 입법자는 출생등록제도를 형성함에 있어 단지 출생등록의 이론적 가능성을 허용하는 것에 그쳐서는 아니 되며, 실효적으로 출생등록될 권리가 보장되도록 하여야 한다.

⑤ 평등권은 입법자에게 본질적으로 같은 것을 자의적으로 다르게, 본질적으로 다른 것을 자의적으로 같게 취급하는 것을 금하고 있고 본질적으로 동일한가의 판단은 일반적으로 당해 법률조항의 의미와 목적에 달려 있으므로, 당해 법률조항의 의미와 목적에 비추어 차별취급을 정당화할 수 있을 정도의 차이가 없음에도 차별한다면, 입법자는 이로써 평등권을 침해하게 된다.

· ·

[❶▸O] 　태어난 즉시 '출생등록될 권리'는 '출생 후 아동이 보호를 받을 수 있을 최대한 빠른 시점'에 아동의 출생과 관련된 기본적인 정보를 국가가 관리할 수 있도록 등록할 권리로서, 아동이 사람으로서 인격을 자유로이 발현하고, 부모와 가족 등의 보호하에 건강한 성장과 발달을 할 수 있도록 최소한의 보호장치를 마련하도록 요구할 수 있는 권리이다. 이는 헌법에 명시되지 아니한 독자적 기본권으로서, 자유로운 인격실현을 보장하는 자유권적 성격과 아동의 건강한 성장과 발달을 보장하는 사회적 기본권의 성격을 함께 지닌다(헌재 2023.3.23. 2021헌마975).

[❷▸×] 　심판대상조항들이 혼인 중인 여자와 남편 아닌 남자 사이에서 출생한 자녀의 경우에 혼인 외 출생자의 신고의무를 모에게만 부과하고, 남편 아닌 남자인 생부에게 자신의 혼인 외 자녀에 대해서 출생신고를 할 수 있도록 규정하지 아니한 것은 모는 출산으로 인하여 그 출생자와 혈연관계가 형성되는 반면에, 생부는 그 출생자와의 혈연관계에 대한 확인이 필요할 수도 있고, 그 출생자의 출생사실을 모를 수도 있다는 점에 있으며, 이에 따라 가족관계등록법은 모를 중심으로 출생신고를 규정하고, 모가 혼인 중일 경우에 그 출생자는 모의 남편의 자녀로 추정하도록 한 민법의 체계에 따르도록 규정하고 있는 점에 비추어 합리적인 이유가 있다. 그렇다면, <u>심판대상조항들은 생부인 청구인들의 평등권을 침해하지 않는다</u>(헌재 2023.3.23. 2021헌마975).

[❸▸O] 　혼인 중인 여자와 남편이 아닌 남자 사이에서 출생한 자녀의 경우, 혼인 중인 여자와 그 남편이 출생신고의 의무자에 해당하나, 해당 자녀의 모가 남편과의 관계에서 발생하는 여러 사정을 고려하여 출생신고를 하지 아니하는 경우가 발생하고 있고, 그 남편이 해당 자녀의 출생의 경위를 알고도 출생신고를 하는 것은 사실상 기대하기 어렵다. 한편, 신고적격자인 검사 또는 지방자치단체의 장의 출생신고는 의무적인 것이 아니며, 이들이 혼인 외 출생자의 구체적 사정을 출생 즉시 파악할 수 있다고 보기도 어렵다. 이처럼 현행 출생신고제도는 혼인 중 여자와 남편 아닌 남자 사이에서 출생한 자녀인 청구인들과 같은 경우 출생신고가 실효적으로 이루어질 수 있도록 보장하지 못하고 있다. 신고기간 내에 모나 그 남편이 출생신고를 하지 않는 경우 생부가 생래적 혈연관계를 소명하여 인지의 효력이 없는 출생신고를 할 수 있도록 하거나, 출산을 담당한 의료기관 등이 의무적으로 모와 자녀에 관한

정보 등을 포함한 출생신고의 기재사항을 미리 수집하고, 그 정보를 출생신고를 담당하는 기관에 송부하여 출생신고가 이루어지도록 한다면, 민법상 신분관계와 모순되는 내용이 가족관계등록부에 기재되는 것을 방지하면서도 출생신고가 이루어질 수 있다. 따라서 심판대상조항들은 입법형성권의 한계를 넘어서서 실효적으로 출생등록될 권리를 보장하고 있다고 볼 수 없으므로, 혼인 중 여자와 남편 아닌 남자 사이에서 출생한 자녀에 해당하는 혼인 외 출생자인 청구인들의 태어난 즉시 '출생등록될 권리'를 침해한다(헌재 2023.3.23. 2021헌마975).

[❹ ▶ ○] 태어난 즉시 '출생등록될 권리'는 개인의 인격을 발현하는 첫 단계로 행사되는 권리이자 인격을 형성해 나가는 전제가 되는 권리이고, 아동이 부모와 가족 등의 보호하에 건강한 성장과 발달을 할 수 있도록 보장을 요구할 수 있는 권리로서 자유권과 사회적 기본권의 복합적 성격을 갖는다. 이러한 점에서 태어난 즉시 '출생등록될 권리'는 입법자가 출생등록제도를 통하여 형성하고 구체화하여야 할 권리이다. 그러나 태어난 즉시 '출생등록될 권리'의 실현은 일반적인 사회적 기본권과 달리 국가 자원 배분의 문제와는 직접적인 관련이 없고, 이를 제한하여야 할 다른 공익을 상정하기 어려우며, 출생등록이 개인의 인격 발현에 미치는 중요한 의미를 고려할 때, 입법자는 출생등록제도를 형성함에 있어 단지 출생등록의 이론적 가능성을 허용하는 것에 그쳐서는 아니 되며, 실효적으로 출생등록될 권리가 보장되도록 하여야 한다(헌재 2023.3.23. 2021헌마975).

[❺ ▶ ○] 헌법 제11조 제1항은 "모든 국민은 법 앞에 평등하다. 누구든지 성별·종교 또는 사회적 신분에 의하여 정치적·경제적·사회적·문화적 생활의 모든 영역에 있어서 차별을 받지 아니한다."라고 규정하고 있다. 헌법이 보장하는 평등은 일체의 차별적 대우를 부정하는 절대적 평등을 의미하는 것이 아니라 입법과 법의 적용에 있어서 합리적 근거 없는 차별을 하여서는 아니 된다는 상대적 평등을 뜻한다. 평등권은 입법자에게 본질적으로 같은 것을 자의적으로 다르게, 본질적으로 다른 것을 자의적으로 같게 취급하는 것을 금하고 있고 본질적으로 동일한가의 판단은 일반적으로 당해 법률조항의 의미와 목적에 달려 있으므로, 당해 법률조항의 의미와 목적에 비추어 차별취급을 정당화할 수 있을 정도의 차이가 없음에도 차별한다면, 입법자는 이로써 평등권을 침해하게 된다(헌재 2023.3.23. 2021헌마975).

 답 ❷

12

헌법 제10조에 관한 다음 설명 중 가장 옳지 않은 것은?　　　　

① 부모가 자녀의 이름을 지어주는 것은 자녀의 양육과 가족생활을 위하여 필수적인 것이고, 가족생활의 핵심적 요소라 할 수 있으므로, '부모가 자녀의 이름을 지을 자유'는 혼인과 가족생활을 보장하는 헌법 제36조 제1항과 행복추구권을 보장하는 헌법 제10조에 의하여 보호받는다.

② 초등학교 정규교과에서 영어를 배제하거나 영어교육 시수를 제한하는 것은 학생들의 인격의 자유로운 발현권을 제한하나, 이는 균형적인 교육을 통해 초등학생의 전인적 성장을 도모하고 영어과목에 대한 지나친 사교육의 폐단을 막기 위한 것으로 초등학생들의 인격의 자유로운 발현권을 침해하지 않는다.

③ 거짓이나 그 밖의 부정한 수단으로 운전면허를 받은 경우 모든 범위의 운전면허를 필요적으로 취소하도록 규정하여 부정 취득하지 않은 운전면허까지 필요적으로 취소하도록 한 것은 운전면허 소유자의 일반적 행동의 자유를 침해한다.

④ 친일반민족행위반민규명위원회의 조사대상자 선정 및 친일반민족행위결정이 이루어지면 조사대상자의 사회적 평가에 영향을 미치므로 헌법 제10조에서 유래하는 일반적 인격권이 제한받는다고 할 수 있겠으나, 조사대상자가 사자(死者)인 경우 이들의 청구인능력은 인정되지 않으며, 이로 인하여 그 후손의 법적 지위에 아무런 영향을 미치지 않는 만큼 후손의 인격권이 제한된다고도 볼 수 없다.

⑤ 헌법 제10조는 개인의 인격권과 행복추구권을 보장하고 있고, 개인의 인격권과 행복추구권은 개인의 자기운명결정권을 전제로 하는데, 이 자기운명결정권에는 성행위 여부 및 그 상대방을 결정할 수 있는 성적 자기결정권이 포함되어 있다.

....

[❶ ▸ O] 부모가 자녀의 이름을 지어주는 것은 자녀의 양육과 가족생활을 위하여 필수적인 것이고, 가족생활의 핵심적 요소라 할 수 있으므로, '부모가 자녀의 이름을 지을 자유'는 혼인과 가족생활을 보장하는 헌법 제36조 제1항과 행복추구권을 보장하는 헌법 제10조에 의하여 보호받는다(헌재 2016.7.28. 2015헌마964).

[❷ ▸ O] 초등학교에서 영어 과목을 아예 배정하지 않거나 그 시수를 일정 기준 이하로 제한하여 영어교육을 받는 것을 금지하거나 제한하는 것은 충분히 영어교육을 받음으로써 교육적 성장과 발전을 통해 자아를 실현하고자 하는 학생들의 '인격의 자유로운 발현권'을 제한하게 된다. … 초등학교 1, 2학년의 영어교육을 금지하고, 3-6학년의 영어교육을 다른 과목과 균질한 수준으로 제한하는 것은 기초 영역에 대한 균형적인 교육을 통해 초등학생의 전인적 성장을 도모하고 영어과목에 대한 지나친 사교육의 폐단을 막기 위한 것으로, 이로 인해 초등학생이나 학부모가 입게 되는 기본권 제한이 중대하다고 보기 어렵다. … 이상의 섬들을 송합할 때, 이 사건 고시 부분이 과잉금지원칙을 위반하였다고 볼 수 없다(헌재 2016.2.25. 2013헌마838).

[❸ ▸ O] 심판대상조항이 '부정 취득한 운전면허'를 필요적으로 취소하도록 한 것은, 임의적 취소·정지의 대상으로 전환할 경우 면허제도의 근간이 흔들리게 되고 형사처벌 등 다른 제재수단만으로는 여전히 부정 취득한 운전면허로 자동차 운행이 가능하다는 점에서, 피해의 최소성 원칙에 위배되지 않는다. 또한 부정 취득한 운전면허는 그 요건이 처음부터 갖추어지지 못한 것으로서 해당 면허를 박탈하더라도 기본권이 추가적으로 제한된다고 보기 어려워, 법익의 균형성 원칙에도 위배되지 않는다. 반면, 심판대상조항이 '부정 취득하지 않은 운전면허'까지 필요적으로 취소하도록 한 것은, 임의적 취소·정지 사유로 함으로써 구체적 사안의 개별성과 특수성을 고려하여 불법의 정도에 상응하는 제재수단을 선택하도록 하는 등 완화된 수단에 의해서도 입법목적을 같은 정도로 달성하기에 충분하므로, 피해의 최소성 원칙에 위배된다. 나아가, 위법이나 비난의 정도가 미약한 사안을 포함한 모든 경우에 부정 취득하지 않은

운전면허까지 필요적으로 취소하고 이로 인해 2년 동안 해당 운전면허 역시 받을 수 없게 하는 것은, 공익의 중대성을 감안하더라도 지나치게 기본권을 제한하는 것이므로, 법익의 균형성 원칙에도 위배된다. 따라서 심판대상조항 중 각 '거짓이나 그 밖의 부정한 수단으로 받은 운전면허를 제외한 운전면허'를 필요적으로 취소하도록 한 부분은, 과잉금지원칙에 반하여 일반적 행동의 자유 또는 직업의 자유를 침해한다(헌재 2020.6.25. 2019헌가9).

[❹▸✕] 이 사건 법률조항에 근거하여 친일반민족행위반민규명위원회(이하 '반민규명위원회'라 한다)의 조사대상자 선정 및 친일반민족행위결정이 이루어지면, 조사대상자의 사회적 평가에 영향을 미치므로 헌법 제10조에서 유래하는 일반적 인격권이 제한받는다. 다만 이러한 결정에 있어서 대부분의 조사대상자는 이미 사망하였을 것이 분명하나, 조사대상자가 사자(死者)의 경우에도 인격적 가치에 대한 중대한 왜곡으로부터 보호되어야 한다. 사자(死者)에 대한 사회적 명예와 평가의 훼손은 사자(死者)와의 관계를 통하여 스스로의 인격상을 형성하고 명예를 지켜온 그들의 후손의 인격권, 즉 유족의 명예 또는 유족의 사자(死者)에 대한 경애추모의 정을 제한하는 것이다(헌재 2010.10.28. 2007헌가23).

[❺▸○] 헌법 제10조는 "모든 국민은 인간으로서의 존엄과 가치를 가지며, 행복을 추구할 권리를 가진다. 국가는 개인이 가지는 불가침의 기본적 인권을 확인하고 이를 보장할 의무를 진다."라고 규정하여 개인의 인격권과 행복추구권을 보장하고 있다. 개인의 인격권·행복추구권에는 개인의 자기운명결정권이 전제되는 것이고, 이 자기운명결정권에는 성행위 여부 및 그 상대방을 결정할 수 있는 성적(性的) 자기결정권이 포함되어 있다(헌재 2009.11.26. 2008헌바58).

답 ❹

13
계약의 자유에 관한 다음 설명 중 가장 옳지 않은 것은? 2024년 법무사시험 [문 19]

① 임대차존속기간을 20년으로 제한한 민법 조항은 과잉금지원칙을 위반하여 계약의 자유를 침해하지 않는다.

② 헌법 제10조에 의하여 보장되는 행복추구권 속에는 일반적 행동자유권이 포함되고, 이 일반적 행동자유권으로부터 계약 체결의 여부, 계약의 상대방, 계약의 방식과 내용 등을 당사자의 자유로운 의사로 결정할 수 있는 계약의 자유가 파생된다.

③ 임대인이 실제 거주를 이유로 갱신을 거절한 후 정당한 사유 없이 제3자에게 임대한 경우의 손해배상책임 및 손해액을 규정한 주택임대차보호법 조항은 과잉금지원칙에 반하여 임대인의 계약의 자유와 재산권을 침해한다고 볼 수 없다.

④ 주 52시간 상한제조항을 두어 1주간 최대 근로시간을 52시간으로 한정한 근로기준법 조항이 과잉금지원칙에 반하여 상시 5명 이상 근로자를 사용하는 사업주 계약의 자유와 직업의 자유, 근로자의 계약의 자유를 침해하지 않는다.

⑤ 금융위원회위원장이 2019.12.16. 시중 은행을 상대로 투기지역·투기과열지구 내 초고가 아파트(시가 15억원 초과)에 대한 주택구입용 주택담보대출을 2019.12.17.부터 금지한 조치는 과잉금지원칙에 반하여 해당 주택담보대출을 받고자 하는 사람의 재산권 및 계약의 자유를 침해하지 아니한다.

[**❶ ▸ ✕**] 임대차존속기간을 20년으로 제한한 민법 제651조 제1항(이하 '이 사건 법률조항'이라 한다)은 입법취지가 불명확하고, 사회경제적 효율성 측면에서 일정한 목적의 정당성이 인정된다 하더라도 과잉금지원칙을 위반하여 계약의 자유를 침해한다(헌재 2013.12.26. 2011헌바234).

[**❷ ▸ ○**] 헌법 제10조에 의하여 보장되는 행복추구권 속에는 일반적 행동자유권이 포함되고, 이 일반적 행동자유권으로부터 계약 체결의 여부, 계약의 상대방, 계약의 방식과 내용 등을 당사자의 자유로운 의사로 결정할 수 있는 계약의 자유가 파생된다(헌재 2013.12.26. 2011헌바234).

[**❸ ▸ ○**] 임차인이 계약갱신을 요구할 경우 임대인이 정당한 사유 없이 이를 거절하지 못하도록 한 주택임대차법 조항(이하 '계약갱신요구 조항'이라 한다), 갱신되는 임대차의 차임과 보증금 증액한도를 규정한 조항(이하 '차임증액한도 조항'이라 한다), 임대인이 실제 거주를 이유로 갱신 거절 후 정당한 사유 없이 제3자에게 임대한 경우의 손해배상책임 및 손해액을 규정한 조항(이하 '손해배상 조항'이라 한다)은 임차인 주거안정 보장을 위한 것으로 임차인의 주거이동률을 낮추고 차임 상승을 제한해 임차인의 주거안정을 도모할 수 있으므로 입법목적의 정당성 및 수단의 적합성이 인정된다. 또한 갱신요구권의 행사기간 및 횟수가 제한되고 갱신되는 임대차의 법정 존속기간이 2년인 점, 일정한 경우 임대인이 갱신요구를 거절할 수 있는 점, 차임증액 한도를 정한 것은 갱신요구권 제도의 실효성 확보를 위한 것으로 그 액수를 직접 통제하거나 인상 자체를 금지하지 않는 점, 임대인에게 손해배상책임을 묻는 것은 갱신거절 남용을 방지하고 갱신요구 제도의 실효성을 확보하기 위한 것이고, 정당한 사유가 인정되는 임대인은 손해배상책임을 면할 수 있는 점, 손해액의 입증책임을 완화하여 분쟁을 조기에 해결할 수 있는 점 등에 비추어 피해최소성에도 어긋나지 아니한다. 임차인의 주거안정이라는 공익에 비해 임대인의 계약의 자유와 재산권 제한 정도가 크다고 볼 수 없어 법익 균형성도 인정된다. 따라서 이들 조항은 과잉금지원칙에 반하여 청구인들의 계약의 자유와 재산권을 침해한다고 볼 수 없다(헌재 2024.2.28. 2020헌마1343).

[**❹ ▸ ○**] 주 52시간 상한제조항은 법정근로시간 외 근로가 연장근로와 휴일근로로 이원적으로 운영되는 것을 막고, 연장근로의 틀 안에 법정근로시간 외 근로를 일원화하여 실근로시간을 획기적으로 단축시키고자 하였다. 입법자는 사용자와 근로자가 일정 부분 장시간 노동을 선호하는 경향, 포괄임금제의 관행 및 사용자와 근로자 사이의 협상력의 차이 등으로 인해 장시간 노동 문제가 구조화되었다고 보고, 사용자와 근로자 사이의 합의로 주 52시간 상한을 초과할 수 없다고 판단했는데, 이러한 입법자의 판단이 현저히 합리성을 결여했다고 볼 수 없다. 또한 입법자는 주 52시간 상한제로 인해 중소기업이나 영세사업자들에게 발생할 수 있는 피해를 최소화하기 위해 기존의 근로기준법상 연장근로 상한 제한에 대한 다양한 예외 규정 외에도 주 52시간 상한제 적용의 유예기간, 한시적인 상시 30명 미만 사업장에 대한 특례, 휴일근로수당과 연장근로수당의 중복지급 금지 등을 마련했고, 정부도 각종 지원금 정책 등을 시행했다. 한편 입법자는 주 52시간 상한제로 인해 근로자에게도 임금 감소 등의 피해가 발생할 수 있지만, 근로자의 휴식을 보장하는 것이 무엇보다 중요하다는 인식을 정착시켜 장시간 노동이 이루어졌던 왜곡된 노동 관행을 개선해야 한다고 판단했다. 따라서 이러한 입법자의 판단이 합리성을 결여했다고 볼 수 없으므로 주 52시간 상한제조항은 과잉금지원칙에 반하여 상시 5명 이상 근로자를 사용하는 사업주인 청구인의 계약의 자유와 직업의 자유, 근로자인 청구인들의 계약의 자유를 침해하지 않는다(헌재 2024.2.28. 2019헌마500).

[**❺ ▸ ○**] 피청구인 금융위원회위원장이 2019.12.16. 시중 은행을 상대로 투기지역·투기과열지구 내 초고가 아파트(시가 15억원 초과)에 대한 주택구입용 주택담보대출을 2019.12.17.부터 금지한 조치(이하 '이 사건 조치'라 한다)는 전반적인 주택시장 안정화를 도모함과 동시에 금융기관의 대출 건전성 관리 차원에서 부동산 부문으로의 과도한 자금흐름을 개선하기 위한 것으로 목적이 정당하다. 또한 초고가 주택에 대한 주택담보대출 금지는 수요 억제를 통해 주택 가격 상승 완화에 기여할 것이므로 수단도 적합하다. 이 사건 조치 당시 주택시장의 과열로 주택담보대출이 급격히 증가함에 따라, 장래 주택가격이

하락하거나 금리가 상승할 경우 금융안정성과 국가경제 전반에 미치는 부정적 파급효과가 클 수밖에 없었다. 이에 2018년 이후 계속되어 온 고가주택에 대한 주택담보대출 규제의 일환에서, 기존 규제에도 불구하고 주택가격이 급등하는 등 주택시장 안정화 및 금융시장의 건전성 관리라는 목표 달성이 어려워지자, 피청구인이 이 사건 조치를 통해 일시적으로 이를 한 단계 강화한 것에 불과하다. 또한 이 사건 조치는 투기지역·투기과열지구로 그 적용 '장소'를 한정하고, 시가 15억원 초과 아파트로 '대상'을 한정하였으며, 초고가 아파트를 담보로 한 주택구입목적의 주택담보대출로 '목적'을 구체적으로 한정하였음을 고려할 때, 침해의 최소성과 법익의 균형성도 인정된다. 따라서 이 사건 조치는 과잉금지원칙에 반하여 청구인의 재산권 및 계약의 자유를 침해하지 아니한다(헌재 2023.3.23. 2019헌마1399).

답 ❶

14
□□□

① 행복추구권은 국민이 행복을 추구하기 위한 활동을 국가권력의 간섭 없이 자유롭게 할 수 있는 자유권으로서, 국민이 행복을 추구하기 위하여 필요한 급부를 국가에게 적극적으로 요구할 수 있는 것을 내용으로 하는 권리이다.

② 기부행위자는 자신의 재산을 사회적 약자나 소외 계층을 위하여 출연함으로써 자기가 속한 사회에 공헌하였다는 행복감과 만족감을 실현할 수 있으므로, 기부행위는 행복추구권과 그로부터 파생되는 일반적 행동자유권에 의해 보호된다.

③ 일반적 행동자유권의 보호영역에는 개인의 생활방식과 취미에 관한 사항도 포함되며, 위험한 스포츠를 즐길 권리와 같은 위험한 생활방식으로 살아갈 권리도 포함된다.

④ 게임물 사업자에게 게임물 이용자의 본인인증 수단을 마련하도록 강제하는 법률조항은 게임을 이용하려는 사람들의 일반적 행동자유권을 제한하나 이를 통해 달성하려는 게임 과몰입 및 중독 방지라는 공익이 매우 중대하므로 일반적 행동자유권을 침해하지는 아니한다.

⑤ 가족에 대한 수형자의 접견교통권은 비록 헌법에 열거되지는 아니하였지만 행복추구권에 포함되는 기본권의 하나인 일반적 행동자유권으로부터 나온다.

··

[❶▸✕] 헌법 제10조의 행복추구권은 국민이 행복을 추구하기 위하여 <u>필요한 급부를 국가에게 적극적으로 요구할 수 있는 것을 내용으로 하는 것</u>이 아니라, 국민이 행복을 추구하기 위한 활동을 국가권력의 간섭 없이 자유롭게 할 수 있다는 포괄적인 의미의 자유권으로서의 성격을 가지는 것이다(헌재 2007.3.29. 2004헌마207).

[❷▸○] 기부행위자 본인은 자신의 재산을 사회적 약자나 소외계층을 위하여 출연함으로써 자기가 속한 사회에 공헌하였다는 행복감과 만족감을 실현할 수 있으므로, 이는 헌법상 인격의 자유로운 발현을 위하여 필요한 행동을 할 수 있어야 한다는 의미의 행복추구권과 그로부터 파생되는 일반적 행동자유권의 행사로서 당연히 보호되어야 한다(헌재 2014.2.27. 2013헌바106).

[❸▸○] 일반적 행동자유권에는 적극적으로 자유롭게 행동을 하는 것은 물론 소극적으로 행동을 하지 않을 자유, 즉 부작위의 자유도 포함되며, 포괄적인 의미의 자유권으로서 일반조항적인 성격을 가진다. 즉 일반적 행동자유권은 모든 행위를 할 자유와 행위를 하지 않을 자유로 가치 있는 행동만 그 보호영역으로 하는 것은 아닌 것으로, 그 보호영역에는 개인의 생활방식과 취미에 관한 사항도 포함되며, 여기에는 위험한 <u>스포츠를 즐길 권리와 같은 위험한 생활방식으로 살아갈 권리도 포함된다</u>(헌재 2003.10.30. 2002헌마518).

[❹ ▸ O] 본인인증 조항은 인터넷게임에 대한 연령 차별적 규제수단들을 실효적으로 보장하고, 인터넷게임 이용자들이 게임물 이용시간을 자발적으로 제한하도록 유도하여 인터넷게임 과몰입 내지 중독을 예방하고자 하는 것으로 그 입법목적에 정당성이 인정되며, 본인인증절차를 거치도록 하는 것은 이러한 목적 달성을 위한 적절한 수단이다. … 침해의 최소성에도 위배되지 아니하고, 본인인증 조항을 통하여 달성하고자 하는 게임과몰입 및 중독 방지라는 공익은 매우 중대하므로 법익의 균형성도 갖추었다. 따라서 본인인증 조항은 청구인들의 일반적 행동의 자유 및 개인정보자기결정권을 침해하지 아니한다(헌재 2015.3.26. 2013헌마517).

[❺ ▸ O] 수형자가 갖는 접견교통권은 가족 등 외부와 연결될 수 있는 통로를 적절히 개방하고 유지함으로써 가족 등 타인과 교류하는 인간으로서의 기본적인 생활관계가 인신의 구속으로 완전히 단절되어 정신적으로 황폐하게 되는 것을 방지하기 위하여 반드시 보장되지 않으면 안 되는 인간으로서의 기본적인 권리에 해당하므로 성질상 헌법상의 기본권에 속한다. 이러한 수형자의 접견교통권은 비록 헌법에 열거되지는 아니하였지만 헌법 제10조의 행복추구권에 포함되는 기본권의 하나로서의 일반적 행동자유권으로부터 나온다고 할 것이다(헌재 2009.9.24. 2007헌마738).

답 ❶

PART 1

PART 2

PART 3

PART 4

PART 5

PART 6

PART 7

PART 8

제2절 | 평등권

15 평등원칙에 관한 다음 설명 중 가장 옳지 않은 것은? 2025년 법무사시험 [문 6]

① 도시개발법의 도시개발사업, 도시 및 주거환경정비법의 재개발사업 및 재건축사업 등에 대해서는 사업시행 결과 사업구역 내 가구 수가 증가하지 아니하는 경우에는 학교용지부담금을 부과할 수 없도록 하면서, 주택법에 따른 주택건설사업에 대해서는 가구 수 증가와 상관없이 개발사업의 결과로 지어지는 전체 가구 수에 대하여 학교용지부담금을 부과하는 구 학교용지 확보 등에 관한 특례법 규정은 학교시설 확보의 필요성을 유발하는 정도와 무관한 불합리한 차별로서 헌법상 평등원칙에 위반된다.

② 국가유공자의 유족 중 보상을 받을 자녀의 순위를 정함에 있어 협의로 지정되거나 주로 부양한 자녀가 없는 경우, 나이가 많은 자녀를 선순위 유족으로 정하는 국가유공자법 규정은 국가유공자의 자녀 중 나이가 많은 자와 그렇지 않은 자를 합리적인 이유 없이 차별하므로, 평등원칙에 위반된다.

③ 성폭력범죄 피해자가 국민참여재판을 원하지 아니하는 경우 법원이 국민참여재판 배제결정을 할 수 있도록 규정한 국민의 형사재판 참여에 관한 법률 규정은 성폭력범죄 및 그에 관한 재판의 특수성을 고려한 것으로 합리적인 근거가 있는바, 평등원칙에 위반되지 않는다.

④ 일정한 법무법인으로 하여금 변리사 업무를 수행할 수 있도록 한 변호사법 규정은 평등원칙에 위반되지 않는다.

⑤ 직계혈족, 배우자, 동거친족, 동거가족 또는 그 배우자 이외의 친족 간에 권리행사방해죄를 범한 때는 고소가 있어야 공소를 제기할 수 있도록 한 형법 제328조 제2항은 합리적 이유가 있으므로 평등원칙에 위배된다고 보기 어렵다.

[❶ ▶ ✕] 기존 세대가 잔류하지 아니하고 인구가 새로 유입되면서 세대가 교체되어 그 구성원에 변동이 생기는 상황이라면 가구 수 자체의 변동이 없더라도 취학 수요가 증가하여 학교시설을 확보할 필요성이 유발된다고 볼 수 있는데, 단지 사업시행 이후 종전 가구 수와 비교하여 가구 수가 증가하지 않았다는 이유만으로 일률적으로 학교용지부담금 부과 대상에서 제외하는 것은 학교시설 확보의 필요성 유무를 전혀 고려하지 않는 것으로서 학교용지부담금 제도의 취지에 부합하지 않는다고 할 수 있다. 입법자가 도시개발법상 도시개발사업이나 도시정비법상 재개발사업 및 재건축사업, 소규모주택정비법상 가로주택정비사업 및 소규모재건축사업 등과 달리 주택법상 주택건설사업의 경우 가구 수의 증감과 관계없이 신축된 공동주택 전체 가구 수를 기준으로 학교용지부담금을 부과할 수 있도록 정한 것은 이와 같은 주택법상 주택건설사업의 실질을 고려한 것으로, 입법자의 이러한 태도에는 합리적인 이유가 있다고 볼 수 있다. 그렇다면 주택법상 주택건설사업에 대해서는 개발사업분 전부에 대하여 학교용지부담금을 부과할 수 있도록 한 데에는 합리적인 이유가 있다고 할 것이므로, 심판대상조항은 평등원칙에 위배되지 아니한다(헌재 2025.4.10. 2020헌바363).

[❷ ▶ ○] 국가유공자법 제13조의 보상금 지급순위는 보상금뿐만 아니라 각종 보상을 지급하는 조항에서 준용되어 보상을 받을 선순위자를 정하는 기준이 된다. 그런데 이 사건 연장자우선조항은 그 최종적 기준으로서 국가유공자의 자녀 중 나이가 많은 자녀를 다른 자녀보다 우선하도록 하고 있는바, 이 사건 연장자우선조항이 국가유공자의 자녀 중 나이가 많은 자를 선순위 수급권자로 정하는 것은 국가유공자법의 각종 보상이 가지는 사회보장적 성격에 부합하지 아니하고, 나이가 많다는 우연한 사정을 기준으로 보상의 지급순위를 정하는 것에 합리적인 이유가 있다고 볼 수 없다. 그렇다면 이 사건 연장자우선조항은 국가가 국가유공자의 유족인 자녀에게 보상을 지급함에 있어 국가유공자의 자녀 중 나이가 많은 자와 그렇지 않은 자를 합리적인 이유 없이 차별하고 있으므로, 평등원칙에 위반된다(헌재 2025.4.10. 2024헌가12).

[❸ ▶ ○] 성폭력범죄 및 그에 관한 재판의 특수성을 고려하면 피해자 등의 의사를 고려하여 국민참여재판 배제결정을 할 수 있도록 규정한 심판대상조항에는 합리적인 근거가 있고, 법원은 구체적인 사건에서 성폭력범죄 피해자 또는 법정대리인의 의사뿐 아니라, 그 밖의 여러 요소들까지 종합하여 신중한 판단에 의해 국민참여재판 배제결정을 하게 되므로, 심판대상조항이 성폭력범죄를 다른 형사 사건과 달리 피해자 등의 의사만을 고려하여 국민참여재판 배제결정을 할 수 있도록 한다고 볼 수도 없어, 심판대상조항은 평등원칙에 위배되지 아니한다(헌재 2025.2.27. 2023헌바155).

[❹ ▶ ○] 변리사법 및 변호사법 규정 등에 비추어 보면 변호사는 변리사의 업무에 관하여 변리사와 동등한 수준의 전문성을 갖추었다고 볼 수 있고, 심판대상조항은 법무법인이 변리사의 자격을 가진 변호사를 통해 변리사 업무를 수행할 수 있는 경우에 한하여 변리사 업무 수행을 허용하고 있는 것이므로, 이러한 법무법인에 대하여 특허법인과 마찬가지로 변리사 업무를 수행할 수 있도록 한 것에는 합리적 이유가 인정된다. 따라서 심판대상조항은 평등원칙에 위반되지 않는다(헌재 2025.1.23. 2022헌바61).

[❺ ▶ ○] 심판대상조항(직계혈족, 배우자, 동거친족, 동거가족 또는 그 배우자 이외의 친족 간에 권리행사방해죄를 범한 때는 고소가 있어야 공소를 제기할 수 있도록 한 형법 제328조 제2항)은 가족의 가치를 중시하는 우리나라의 역사·문화적 특징이나 형벌의 보충성을 고려할 때 그 필요성을 인정할 수 있다. 친족 사이에 발생한 재산범죄의 경우 친족관계의 특성상 친족 사회 내부에서 피해의 회복 등 자율적으로 문제를 해결할 가능성이 크고 재산범죄는 피해의 회복이나 손해의 전보가 비교적 용이한 경우가 많은 점, 형사소송법은 고소권자인 피해자의 고소의 의사표시가 어려운 경우의 보완규정을 두고 있는 점을 종합하면, 피해자의 고소를 소추조건으로 하여 피해자의 의사에 따라 국가형벌권 행사가 가능하도록 한 심판대상조항은 합리적 이유가 있으므로 평등원칙에 위배된다고 보기 어렵다(헌재 2024.6.27. 2023헌바449).

답 ❶

① 보훈보상대상자의 부모에 대한 유족보상금 지급 시 수급권자를 1인에 한정하고 나이가 많은 자를 우선하도록 규정한 보훈보상대상자 지원에 관한 법률의 규정은 나이가 적은 부모 일방을 합리적 이유 없이 차별하는 것에 해당하므로 헌법에 위반된다.

② 교사의 신규채용에 있어 국·공립대학교졸업생을 우선시키는 교육공무원법은 사립사범대학 졸업자가 교육공무원으로 채용될 수 있는 기회를 제한 또는 박탈하게 되므로 평등의 원칙에 위반된다.

③ 공익근무요원의 경우와 달리 산업기능요원의 군 복무기간을 공무원 재직기간으로 산입하지 않도록 규정한 제대군인지원에 관한 법률의 규정은 헌법에 위반된다.

④ 형법 제159조 '시체 등의 오욕죄'의 법정형에 벌금형이 있는 데 반하여, 형법 제160조 '분묘의 발굴죄'의 법정형에 벌금형을 선택적으로 규정함이 없이 5년 이하의 징역으로 규정하고 있더라도 평등의 원칙에 위배되지 않는다.

⑤ 보상금의 지급을 신청할 수 있는 자의 범위를 '내부 공익신고자'로 한정함으로써 '외부 공익신고자'를 보상금 지급대상에서 배제하도록 정한 공익신고자 보호법의 규정은 평등의 원칙에 위배되지 않는다.

⋯⋯

[**❶** ▸ ○] 보훈보상대상자의 부모에 대한 유족보상금 지급 시 수급권자를 1인에 한정하고 나이가 많은 자를 우선하도록 규정한 '보훈보상대상자 지원에 관한 법률' 제11조 제1항 제2호 중 '부모 중 선순위자 1명에 한정하여 보상금을 지급하는 부분', 같은 법 제12조 제2항 제1호 중 '부모 중 나이가 많은 사람을 우선하는 부분'이 나이가 적은 부모 일방을 합리적 이유 없이 차별한다(헌재 2018.6.28. 2016헌가14).

[**❷** ▸ ○] 국·공립사범대학 등 출신자를 교육공무원인 국·공립학교 교사로 우선하여 채용하도록 규정한 교육공무원법 제11조 제1항은 사립사범대학졸업자와 일반대학의 교직과정이수자가 교육공무원으로 채용될 수 있는 기회를 제한 또는 박탈하게 되어 결국 교육공무원이 되고자 하는 자를 그 출신학교의 설립주체나 학과에 따라 차별하는 결과가 되는바, 이러한 차별은 이를 정당화할 합리적인 근거가 없으므로 헌법상 평등의 원칙에 어긋난다(헌재 1990.10.8. 89헌마89).

[**❸** ▸ ✕] 산업기능요원과 공익근무요원은 그 제도의 취지, 직무의 성격과 내용 등에 있어 상당한 차이가 있는바, 산업기능요원은 공익근무요원과 달리 자신의 자율적 의사에 따라 그 복무를 선택하고, 그 복무관계는 공무수행관계로 보지 아니하며, 사기업체에서 자유로운 근무환경에서 근무하면서 자신의 전공과 기술을 활용할 수 있고 상당한 보수를 지급받는다. <u>이 사건 법령조항들이 군 복무기간의 유형과 내용에 따라 공무원 재직기간 산입 여부를 달리 보아 산업기능요원의 복무기간을 공무원 재직기간에 산입하지 않는 것은 합리적 차별이라고 할 것이므로, 산업기능요원의 평등권을 침해하지 않는다</u>(헌재 2012.8.23. 2010헌마328).

[**❹** ▸ ○] 사체 등의 오욕죄는 '사자에 대한 추도 및 존경의 감정'을 주된 보호법익으로 하고 행위태양도 손괴에 이르지 않는 정도의 유형력 행사에 불과한 반면, 분묘의 발굴죄는 '사자에 대한 추도 및 존경의 감정'과 함께 '분묘의 평온의 유지'도 그 주된 보호법익으로 하고, 행위태양도 복토의 전부 또는 일부를 제거하거나 묘석 등을 파괴하여 분묘를 손괴하는 것으로, 분묘의 발굴죄는 사체 등의 오욕죄보다 보호법익의 침해 정도가 크고 피해의 정도 또한 중하며 일반적으로 행위자의 책임에 대한 비난가능성도 크다고 할 수 있다. 장사의 방법과 장사시설의 설치·조성 및 관리 등에 관한 사항을 정하여 보건위생상의 위해를 방지하고 국토의 효율적 이용과 공공복리 증진에 이바지하는 것을 목적으로 하는 '장사 등에 관한 법률' 제40조 제8호 위반죄와 형법 제160조 분묘의 발굴죄는 보호법익과 죄질을 전혀 달리한다. 위와 같은 보호법익과 죄질의 차이를 고려하여 법정형에 차이를 둔 것에는 합리적인 이유가 있으므로 형벌체계의 균형성을 상실하여 평등원칙에 위배된다고 볼 수 없다(헌재 2019.2.28. 2017헌가33).

[**❺ ▸ O**]　공익침해행위의 효율적인 발각과 규명을 위해서는 내부 공익신고가 필수적인데, 내부 공익신고자는 조직 내에서 배신자라는 오명을 쓰기 쉬우며, 공익신고로 인하여 신분상, 경제상 불이익을 받을 개연성이 높다. 이 때문에 보상금이라는 경제적 지원조치를 통해 내부 공익신고를 적극적으로 유도할 필요성이 인정된다. 반면, '내부 공익신고자가 아닌 공익신고자'(이하 '외부 공익신고자'라 한다)는 공익신고로 인해 불이익을 입을 개연성이 높지 않기 때문에 공익신고 유도를 위한 보상금 지급이 필수적이라 보기 어렵다. '공익신고자 보호법'상 보상금의 의의와 목적을 고려하면, 이와 같이 공익신고 유도 필요성에 있어 차이가 있는 내부 공익신고자와 외부 공익신고자를 달리 취급하는 것에 합리성을 인정할 수 있다. 또한, 무차별적 신고로 인한 행정력 낭비 등 보상금이 초래한 전문신고자의 부작용 문제를 근본적으로 해소하고 공익신고의 건전성을 제고하고자 보상금 지급대상을 내부 공익신고자로 한정한 입법자의 판단이 충분히 납득할 만한 점, 외부 공익신고자도 일정한 요건을 갖추는 경우 포상금, 구조금 등을 지급 받을 수 있는 점 등을 아울러 고려할 때, 이 사건 법률조항이 평등원칙에 위배된다고 볼 수 없다(헌재 2021.5.27. 2018헌바127).

답 ❸

17　평등 원칙에 관한 다음 설명 중 가장 옳지 않은 것은?　　2023년 법무사시험 [문 6]

① 공무원이 지위를 이용하여 범한 공직선거법위반죄에 대하여 일반인이 범한 공직선거법위반죄와 달리 해당 선거일 후 10년으로 공소시효를 정한 공직선거법 규정은 합리적인 이유 있는 차별로서 평등원칙에 위반되지 않는다.

② 반복적으로 범행을 저지르는 절도 사범에 관한 가중처벌 규정인 특정범죄가중처벌 등에 관한 법률(2016.1.6. 법률 제13717호로 개정된 것) 제5조의4 제5항 제1호는 불법성의 정도가 같다고 보기 어려운 형법상 절도죄, 야간주거침입절도죄, 특수절도죄를 동등하게 취급하는 것으로 평등원칙에 위반된다.

③ 선거와 무관하게 후원회를 설치 및 운영할 수 있는 자를 중앙당과 국회의원으로 한정하여 국회의원과 지방의회의원을 달리 취급하는 것은, 불합리한 차별에 해당한다.

④ 군형법이 형법상 강제추행죄나 준강제추행죄 등과 달리 강제추행죄 및 항거불능 상태를 이용한 준강제추행죄에 대하여 벌금형을 선택형으로 규정하지 아니하였다 하더라도 형벌체계의 균형성을 상실하여 평등원칙에 위배된다고 볼 수는 없다.

⑤ 동일한 밀수입 예비행위에 대하여 수입하려던 물품의 원가가 2억원 미만인 때에는 관세법이 적용되어 본죄의 2분의 1을 감경한 범위에서 처벌하는 반면, 물품원가가 2억원 이상인 경우에는 특정범죄가중처벌 등에 관한 법률이 적용되어 가중처벌 하는 것은 합리적 이유가 있다고 보기 어렵다.

....

[**❶ ▸ O**]　공무원이 지위를 이용하여 범한 공직선거법위반죄의 경우 선거의 공정성을 중대하게 저해하고 공권력에 의하여 조직적으로 은폐되어 단기간에 밝혀지기 어려울 수도 있어 단기 공소시효에 의할 경우 처벌규정의 실효성을 확보하지 못할 수 있다. 이러한 취지에서 공무원이 지위를 이용하여 범한 공직선거법위반죄의 경우 해당 선거일 후 10년으로 공소시효를 정한 입법자의 판단은 합리적인 이유가 인정되므로 평등원칙에 위반되지 않는다(헌재 2022.8.31. 2018헌바440).

[**②** ▸ ✕]   절도죄로 3회 이상 징역형을 받은 후, 형법상 절도죄를 저지른 자와 형법상 야간주거침입절도죄, 특수절도죄를 저지른 자를 같은 법정형으로 처벌하는 등 일률적으로 가중된 형을 적용하는 문제 … 이 사건 특정범죄가중법 조항의 법정형은 2년 이상 20년 이하의 징역이므로, 법관은 그 법정형의 범위 내에서 범행 방법과 규모, 피해 정도 등 여러 양형의 조건을 고려하여 그 불법에 상응하는 형을 정할 수 있다. 따라서 이 사건 특정범죄가중법 조항이 형법 제329조부터 제331조까지의 죄 또는 그 미수죄로 3회 이상 징역형을 받은 후 다시 형법 제329조 내지 제331조의 죄 또는 그 미수죄를 범한 경우를 동일한 법정형으로 처벌한다고 하여 형벌체계상 정당성이나 균형성을 현저히 상실하였다고 볼 수 없다. … 이 사건 특정범죄가중법 조항은 평등원칙에 위반되지 아니한다(헌재 2019.7.25. 2018헌바209).

[**③** ▸ ○]   지방의회의원은 주민의 대표자이자 지방의회의 구성원으로서 주민들의 다양한 의사와 이해관계를 통합하여 지방자치단체의 의사를 형성하는 역할을 하므로, 지방의회의원의 전문성을 확보하고 원활한 의정활동을 지원하기 위해서는 지방의회의원들에게도 후원회를 허용하여 정치자금을 합법적으로 확보할 수 있는 방안을 마련해 줄 필요가 있다. 정치자금법은 후원회의 투명한 운영을 위한 상세한 규정을 두고 있어 지방의회의원의 염결성을 확보할 수 있고, 국회의원과 소요되는 정치자금의 차이도 후원 한도를 제한하는 등의 방법으로 규제할 수 있으므로, 후원회 지정 자체를 금지하는 것은 오히려 지방의회의원의 정치자금 모금을 음성화시킬 우려가 있다. 현재 지방의회의원에게 지급되는 의정활동비 등은 의정활동에 전념하기에 충분하지 않고, 지방의회는 유능한 신인정치인의 유입 통로가 되므로, 지방의회의원에게 후원회를 지정할 수 없도록 하는 것은 경제력을 갖추지 못한 사람의 정치입문을 저해할 수도 있다. 따라서 심판대상조항이 국회의원과 달리 지방의회의원을 후원회지정권자에서 제외하고 있는 것은 불합리한 차별로서 청구인들의 평등권을 침해한다(헌재 2022.11.24. 2019헌마528).

[**④** ▸ ○]   형법상 강제추행·준강제추행죄 등과 달리 선택형으로 벌금형을 규정하지 않은 심판대상조항은 형법상 강제추행·준강제추행죄, 아동·청소년의 성보호에 관한 법률 위반(강제추행·준강제추행)죄, 성폭력범죄의 처벌 등에 관한 특례법 위반(13세 미만 미성년자 강제추행·준강제추행)죄와 비교할 때, 행위주체와 객체의 법적 지위 등 구체적 구성요건이 다르고, 그 성립범위와 행위 태양도 제한적이며, 군의 존립목적과 군 조직의 특수성 등에 비추어 보호법익과 범죄의 죄질도 유사하다고 볼 수 없다. 따라서 심판대상조항은 형벌체계의 균형성을 상실하여 평등원칙에 위배된다고 볼 수 없다(헌재 2018.12.27. 2017헌바195).

[**⑤** ▸ ○]   동일한 밀수입 예비행위에 대하여 수입하려던 물품의 원가가 2억원 미만인 때에는 관세법이 적용되어 본죄의 2분의 1을 감경한 범위에서 처벌하는 반면, 물품원가가 2억원 이상인 경우에는 심판대상조항에 따라 본죄에 준하여 가중처벌을 하는 것은 합리적인 이유가 있다고 보기 어렵다. 특히 마약범의 경우에는 특가법의 개정으로 예비에 대한 가중처벌규정이 삭제되었고, 조세포탈범의 경우에는 특가법에서 예비죄에 대한 별도의 처벌규정을 두고 있지 아니한 점에 비추어 밀수입의 예비죄에 대해서만 과중한 처벌을 해야 할 필요가 있는지 의문이다. … 그러므로 심판대상조항은 형벌체계의 균형성에 반하여 헌법상 평등원칙에 어긋난다(헌재 2019.2.28. 2016헌가13).

 답 **②**

평등의 원칙에 관한 다음 설명 중 옳지 않은 것을 모두 고른 것은?

- ㉠ 국가를 상대로 하는 당사자소송의 경우에는 가집행선고를 할 수 없다고 규정한 행정소송법 조항은 평등의 원칙에 반한다.
- ㉡ 민사집행법상 경매절차에서의 매수신청보증금이 매수인의 대금미납으로 그에게 반환되지 아니하는 경우 국고에 귀속하지 않고 배당재원에 포함시키는 것과 달리 국세징수법상 공매절차에서 매각결정을 받은 매수인이 기한 내에 대금납부의무를 이행하지 아니하여 매각결정이 취소되는 경우 그가 납부한 계약보증금을 국고에 귀속하도록 규정한 국세징수법 조항은 국세징수절차와 민사집행절차의 성질이 다르므로 합리적 이유 있는 차별에 해당한다.
- ㉢ 소년범 중 형의 집행이 종료되거나 면제된 자에 한하여 자격에 관한 법령의 적용에 있어 장래에 향하여 형의 선고를 받지 아니한 것으로 본다고 규정한 구 소년법(2018.9.18. 법률 제15757호로 개정되기 전의 것) 제67조는 평등의 원칙에 위반된다.
- ㉣ 고소인·고발인만을 검찰청법상 항고권자로 규정하고 있는 검찰청법 조항은 기소유예처분을 받은 피의자의 평등권을 침해하는 것이다.
- ㉤ 친고죄에 있어서 고소 취소가 가능한 시기를 제1심 판결선고 전까지로 제한한 형사소송법 조항은 항소심 단계에서 고소 취소된 사람을 자의적으로 차별하는 것이 아니다.

① ㉠, ㉡
② ㉡, ㉣
③ ㉢, ㉣, ㉤
④ ㉡, ㉢, ㉣
⑤ ㉠, ㉢, ㉤

[㉠ ▶ ○] 국가를 상대로 하는 당사자소송의 경우에는 가집행선고를 할 수 없다고 규정한 행정소송법 제43조는 재산권의 청구에 관한 당사자소송 중에서도 피고가 공공단체 그 밖의 권리주체인 경우와 국가인 경우를 다르게 취급한다. … 재산권의 청구가 공법상 법률관계를 전제로 한다는 점만으로 국가를 상대로 하는 당사자소송에서 국가를 우대할 합리적인 이유가 있다고 할 수 없고, 집행가능성 여부에 있어서도 국가와 지방자치단체 등이 실질적인 차이가 있다고 보기 어렵다는 점에서, 심판대상조항은 국가가 당사자소송의 피고인 경우 가집행의 선고를 제한하여, 국가가 아닌 공공단체 그 밖의 권리주체가 피고인 경우에 비하여 합리적인 이유 없이 차별하고 있으므로 평등원칙에 반한다(헌재 2022.2.24. 2020헌가12).

[㉡ ▶ ×] 국세징수법상 공매절차에서 매각결정을 받은 매수인이 기한 내에 대금납부의무를 이행하지 아니하여 매각결정이 취소되는 경우 그가 납부한 계약보증금을 국고에 귀속하도록 규정한 국세징수법 제78조 제2항 후문은 위약금약정의 성격을 가지는 매각의 법정조건으로서 민사집행법상 매수신청보증금과 본질적으로 동일한 성격을 가지는 국세징수법상 계약보증금을 절차상 달리 취급함으로써, 국세징수법상 공매절차에서의 체납자 및 담보권자를 민사집행법상 경매절차에서의 집행채무자 및 담보권자에 비하여 그 재산적 이익의 영역에서 합리적 이유 없이 자의적으로 차별하고 있으므로 헌법상 평등원칙에 위반된다(헌재 2009.4.30. 2007헌가8).

[ⓒ ▸ ○] 소년범 중 형의 집행이 종료되거나 면제된 자에 한하여 자격에 관한 법령의 적용에 있어 장래에 향하여 형의 선고를 받지 아니한 것으로 본다고 규정한 구 소년법 조항은 집행유예보다 중한 실형을 선고받고 집행이 종료되거나 면제된 경우에는 자격에 관한 법령의 적용에 있어 형의 선고를 받지 아니한 것으로 본다고 하여 공무원 임용 등에 자격제한을 두지 않으면서 집행유예를 선고받은 경우에 대해서는 이와 같은 특례조항을 두지 아니하여 불합리한 차별을 야기하고 있다. … 더욱이 집행유예 기간을 경과한 자의 경우에는 원칙적으로 형의 선고에 의한 법적 효과가 장래를 향하여 소멸하고 향후 자격제한 등의 불이익을 받지 아니함에도, 이 사건 구법 조항에 따르면 집행유예를 선고받은 자의 자격제한을 완화하지 아니하여 집행유예 기간이 경과한 경우에도 그 후 일정 기간 자격제한을 받게 되었으므로, 명백히 자의적인 차별에 해당하여 평등원칙에 위반된다(헌재 2018.1.25. 2017헌가7).

[ⓔ ▸ ✕] 검찰청법상 항고제도의 인정 여부는 기본적으로 입법정책에 속하는 문제로서 그 주체, 대상의 범위 등의 제한도 그것이 현저히 불합리하지 아니한 이상 헌법에 위반되는 것이라 할 수 없고, 고소인·고발인과 피의자는 기본적으로 대립적 이해관계에서 기소유예처분에 불복할 이익을 지니며, 검찰청법상 항고제도의 성격과 취지 및 한정된 인적·물적 사법자원의 측면, 그리고 이 사건 법률조항이 헌법소원심판청구 등 피의자의 다른 불복수단까지 원천적으로 봉쇄하는 것은 아닌 점 등을 종합하면, <u>이 사건 법률조항이 피의자를 고소인·고발인에 비하여 합리적 이유 없이 차별하는 것이라 할 수 없다</u>(헌재 2012.7.26. 2010헌마642).

[ⓜ ▸ ○] 친고죄의 고소 취소를 인정할 것인지의 문제 및 이를 인정한다고 하더라도 형사소송절차 중 어느 시점까지 이를 허용할 것인지의 문제는 국가형벌권과 국가소추주의에 대한 국민 일반의 가치관과 법감정, 범죄피해자의 이익보호 등을 종합적으로 고려하여 정할 수 있는 입법정책의 문제이다. 이 사건 법률조항은 고소인과 피고소인 사이에 자율적인 화해가 이루어질 수 있도록 어느 정도의 시간을 보장함으로써 국가형벌권의 남용을 방지하는 동시에 국가형벌권의 행사가 전적으로 고소인의 의사에 의해 좌우되는 것 또한 방지하는 한편, 가급적 고소 취소가 제1심 판결선고 전에 이루어지도록 유도함으로써 남상소를 막고, 사법자원이 효율적으로 분배될 수 있도록 하는 역할을 한다. 또한, 경찰·검찰의 수사단계에서부터 제1심 판결선고 전까지의 기간이 고소인과 피고소인 상호 간에 숙고된 합의를 이루어낼 수 없을 만큼 부당하게 짧은 기간이라고 하기 어렵고, 현행 형사소송법상 제1심과 제2심이 모두 사실심이기는 하나 제2심은 제1심에 대한 항소심인 이상 두 심급이 근본적으로 동일하다고 볼 수는 없다. 따라서 이 사건 법률조항이 항소심 단계에서 고소 취소된 사람을 자의적으로 차별하는 것이라고 할 수는 없다(헌재 2011.2.24. 2008헌바40).

답

제3장 / 자유권적 기본권

제1절 인신의 자유권

제1항 생명권

19
□□□

다음 설명 중 가장 옳은 것은?  **2019년 법무사시험 [문 9]**

① 형법 제269조 제1항은 부녀가 약물 기타 방법으로 낙태한 때에는 1년 이하의 징역 또는 200만원 이하의 벌금에 처하도록 규정하고 있다. 이러한 자기낙태죄 조항의 위헌 여부는 임신한 여성의 자기결정권과 태아의 생명권의 직접적인 충돌이 문제되므로 헌법을 규범 조화적으로 해석하여 사안을 해결하여야 한다.

② 모든 인간은 헌법상 생명권의 주체가 되며, 형성 중의 생명인 태아에게도 생명에 대한 권리가 인정되어야 한다. 따라서 국가는 헌법 제10조 제2문에 따라 태아의 생명을 보호할 의무가 있고, 생명을 보호하는 입법적 조치를 취함에 있어 인간생명의 발달단계에 따라 그 보호 정도나 보호수단을 달리하여서는 아니 된다.

③ 이른바 임신 제1삼분기(대략 마지막 생리기간의 첫날부터 14주 무렵까지)에는 어떠한 사유를 요구함이 없이 임신한 여성이 자신의 숙고와 판단 아래 낙태할 수 있도록 하여야 한다.

④ 업무상동의낙태죄와 자기낙태죄는 대향범이므로, 임신한 여성의 자기낙태를 처벌하는 것이 위헌이라고 판단되는 경우에는 동일한 목표를 실현하기 위해 부녀의 촉탁 또는 승낙을 받아 낙태하게 한 의사를 형사처벌하는 의사낙태죄 조항도 당연히 위헌이 되는 관계에 있다.

⑤ 모자보건법상의 정당화 사유에는 사회적 · 경제적 사유도 포함되는데, 이에 해당하더라도 임신 24주 이내에만 낙태가 가능하므로 임신한 여성의 자기결정권을 보장하기에는 불충분하다.

....

[**❶** ▸ ×] 이 사안은 국가가 태아의 생명 보호를 위해 확정적으로 만들어 놓은 자기낙태죄 조항이 임신한 여성의 자기결정권을 제한하고 있는 것이 과잉금지원칙에 위배되어 위헌인지 여부에 대한 것이다. 자기낙태죄 조항의 존재와 역할을 간과한 채 <u>임신한 여성의 자기결정권과 태아의 생명권의 직접적인 충돌을 해결해야 하는 사안으로 보는 것은 적절하지 않다</u>(헌재 2019.4.11. 2017헌바127).

[**❷** ▸ ×] 모든 인간은 헌법상 생명권의 주체가 되며, 형성 중의 생명인 태아에게도 생명에 대한 권리가 인정되어야 한다. 태아가 비록 그 생명의 유지를 위하여 모(母)에게 의존해야 하지만, 그 자체로 모(母)와 별개의 생명체이고, 특별한 사정이 없는 한, 인간으로 성장할 가능성이 크기 때문이다. 따라서 태아도 헌법상 생명권의 주체가 되며, 국가는 헌법 제10조 제2문에 따라 태아의 생명을 보호할 의무가 있다. … 생명의 전체적 과정에 대해 법질서가 언제나 동일한 법적 보호 내지 효과를 부여하고 있는 것은 아니다. 따라서 국가가 생명을 보호하는 입법적 조치를 취함에 있어 <u>인간생명의 발달단계에 따라 그 보호 정도나 보호수단을 달리하는 것은 불가능하지 않다</u>(헌재 2019.4.11. 2017헌바127).

[❸ ▸ ✕] 우리는 여기에서 더 나아가 이른바 '임신 제1삼분기(First Trimester, 대략 마지막 생리기간의 첫날부터 14주 무렵까지)'에는 어떠한 사유를 요구함이 없이 임신한 여성이 자신의 숙고와 판단 아래 낙태할 수 있도록 하여야 한다는 점, 자기낙태죄 조항 및 의사낙태죄 조항(이하 '심판대상조항들'이라 한다)에 대하여 단순위헌결정을 하여야 한다는 점에서 헌법불합치의견과 견해를 달리한다(헌재 2019.4.11. 2017헌바127).   ※ 소수의견인 단순위헌결정의 견해이다.

[❹ ▸ ○] 업무상동의낙태죄와 자기낙태죄는 대향범이므로, 임신한 여성의 자기낙태를 처벌하는 것이 위헌이라고 판단되는 경우에는 동일한 목표를 실현하기 위해 부녀의 촉탁 또는 승낙을 받아 낙태하게 한 의사를 형사처벌하는 의사낙태죄 조항도 당연히 위헌이 되는 관계에 있다(헌재 2019.4.11. 2017헌바127).

[❺ ▸ ✕] 모자보건법에서 정한 자기낙태의 위법성을 조각하는 정당화사유는 ㉠ 본인이나 배우자의 우생학적·유전학적 정신장애나 신체질환, ㉡ 본인이나 배우자의 전염성 질환, ㉢ 강간 또는 준강간에 의한 임신, ㉣ 혼인할 수 없는 혈족 또는 인척 간의 임신, ㉤ 모체의 건강에 대한 위해나 위해 우려이다. 위 사유들은 대부분 형법 제22조의 긴급피난이나 제20조의 정당행위로서 위법성 조각이 가능하거나, 임신의 유지와 출산에 대한 기대가능성이 없음을 이유로 책임조각이 가능하다고 보는 시각까지 있을 정도로 매우 제한적이고 한정적인 사유들이다. 위 사유들에는 '임신 유지 및 출산을 힘들게 하는 다양하고 광범위한 사회적·경제적 사유에 의한 낙태갈등 상황'이 전혀 포섭되지 않는다. 즉, 위 사유들은 임신한 여성의 자기결정권을 보장하기에는 불충분하다(헌재 2019.4.11. 2017헌바127).

답 ❹

 **제2항 신체의 자유**

20
□□□ 이중처벌금지 원칙에 관한 다음 설명 중 가장 옳지 않은 것은?[다툼이 있는 경우 대법원 판례(전원합의체 판결의 경우 다수의견에 의함) 및 헌법재판소 결정에 의함. 이하 같음]
2025년 법무사시험 [문 1]

① 헌법 제13조 제1항에서 금지하는 이중처벌은 거듭된 국가의 형벌권 행사를 금지하는 것일 뿐, 형벌권 행사에 덧붙여 일체의 제재나 불이익처분을 부가할 수 없는 것은 아니다.

② 형벌과 보호감호를 병과한다고 하여 이중처벌금지 원칙에 위반되는 것은 아니다.

③ 행정법상의 질서벌인 과태료와 형사처벌은 그 성질이나 목적을 달리하는 별개의 것이므로 행정법상의 질서벌인 과태료를 납부한 후에 형사처벌을 한다고 하여 이를 일사부재리의 원칙에 반하는 것이라고 할 수는 없다.

④ 어떤 행정처분에 제재와 억지의 성격·기능만 있다면 이는 실질적으로 '국가형벌권의 행사'와 다를 바 없으므로, 헌법 제13조 제1항에서 말하는 '처벌'에 해당한다고 보아야 한다.

⑤ 부당 또는 불법의 이득을 환수 내지 박탈한다는 측면과 위반행위자에 대한 제재로서의 측면을 함께 가지고 있는 부동산 실권리자명의 등기에 관한 법률상의 과징금을 형사처벌과 동시에 병과하는 것은 이중처벌금지 원칙의 문제라기보다 과잉금지원칙의 문제로 그 위헌여부를 판단하여야 한다.

[❶▶○] [❸▶○] <u>헌법재판소는 이중처벌금지 원칙의 의미에 관하여, 헌법 제13조 제1항에서 금지하는 이중처벌은 거듭된 국가의 형벌권 행사를 금지하는 것일 뿐, 형벌권 행사에 덧붙여 일체의 제재나 불이익처분을 부가할 수 없는 것이 아님을 거듭 밝힌 바 있고, 이에 따라 형벌과 보호감호를 병과한다고 하여 이 원칙에 위반되지 않는다고 하였다.</u> 한편, 대법원 또한 행정법상의 질서벌인 과태료와 형사처벌은 그 성질이나 목적을 달리하는 별개의 것이므로 행정법상의 질서벌인 과태료를 납부한 후에 형사처벌을 한다고 하여 이를 일사부재리의 원칙에 반하는 것이라고 할 수는 없다고 보고 있다(헌재 2003.7.24. 2001헌가25).

[❷▶○] 보호감호와 형벌은 다 같이 신체의 자유를 박탈하는 수용처분이라는 점에서 서로 유사한 점이 있기는 하지만, 보호감호처분은 재범의 위험성이 있고 특수한 교육·개선 및 치료가 필요하다고 인정되는 자에 대하여 사회복귀를 촉진하고 사회를 보호하기 위하여 헌법 제12조 제1항을 근거로 한 보안처분으로서, 그 본질과 목적 및 기능에 있어 형벌과는 다른 독자적 의의를 가진 사회보호적 처분이므로, 형벌과 보호감호를 서로 병과하여 선고한다고 해서 그것이 헌법 제13조 제1항 후단 소정의 이중처벌금지 원칙에 해당되지 아니한다(헌재 2024.8.29. 2022헌마888).

[❹▶×] 어떤 행정처분에 제재와 억지의 성격·기능만이 있다 하여 이를 <u>'국가형벌권의 행사'</u>로서의 '처벌'이라고 볼 수 없다(헌재 2003.7.24. 2001헌가25).

[❺▶○] 부당 또는 불법의 이득을 환수 내지 박탈한다는 측면과 위반행위자에 대한 제재로서의 측면을 함께 가지고 있다고 본 부동산 실권리자명의 등기에 관한 법률상의 과징금을 형사처벌과 동시에 병과하는 것이 이중처벌에 해당하는지가 문제된 경우, 이는 이중처벌금지 원칙의 문제라기보다 과잉금지원칙의 문제로 그 위헌여부를 판단하여야 한다(헌재 2003.7.24. 2001헌가25).

답 ❹

21 □□□ 변호인의 조력을 받을 권리에 관한 다음 설명 중 가장 옳지 않은 것은?

2025년 법무사시험 [문 3]

① 헌법 제12조 제4항 및 제12조 제5항 제1문은 형사절차에서 체포·구속된 사람이 가지는 변호인의 조력을 받을 권리를 헌법상 기본권으로 명시하고 있고, 체포·구속된 사람뿐만 아니라 불구속 피의자 및 피고인의 경우에도 헌법상 법치국가원리, 적법절차원칙에 의하여 변호인의 조력을 받을 권리가 당연히 인정된다.

② 피의자 및 피고인이 가지는 변호인의 조력을 받을 권리가 실질적으로 확보되기 위해서는, 피의자 및 피고인에 대한 변호인의 조력할 권리의 핵심적인 부분이 헌법상 기본권으로서 보호되어야 한다.

③ 변호인의 조력을 받을 권리의 출발점은 변호인선임권에 있고, 이는 변호인의 조력을 받을 권리의 가장 기초적인 구성부분으로서 법률로써도 제한할 수 없다.

④ 헌법 제12조 제4항 본문은 "누구든지 체포 또는 구속을 당한 때에는 즉시 변호인의 조력을 받을 권리를 가진다."라고 규정하고 있는바, 이와 같은 변호인의 조력을 받을 권리는 형사절차에서 피의자 또는 피고인의 방어권 보장을 위한 것으로서 출입국관리법상 보호 또는 강제퇴거의 절차에 적용된다고 보기는 어렵다.

⑤ 변호인과의 자유로운 접견은 신체구속을 당한 사람에게 보장된 변호인의 조력을 받을 권리의 가장 중요한 내용이어서 국가안전보장, 질서유지, 공공복리 등 어떠한 명분으로도 제한될 수 있는 성질의 것이 아니다.

[❶ ▶ ○] [❷ ▶ ○]　헌법 제12조 제4항 및 제12조 제5항 제1문은 형사절차에서 체포·구속된 사람이 가지는 변호인의 조력을 받을 권리를 헌법상 기본권으로 명시하고 있고, 체포·구속된 사람뿐만 아니라 불구속 피의자 및 피고인의 경우에도 헌법상 법치국가원리, 적법절차원칙에 의하여 변호인의 조력을 받을 권리가 당연히 인정된다. 변호인의 조력을 받을 권리의 보장은 피의자·피고인과 국가권력 사이의 실질적 대등을 이루고 이로써 공정한 형사절차를 실현하기 위한 헌법적 요청이다. 피의자 및 피고인을 조력할 변호인의 권리 가운데 그것이 보장되지 않으면 그들이 변호인의 조력을 받는다는 것이 유명무실하게 되는 핵심적인 부분은 헌법상 기본권인 피의자 및 피고인이 가지는 변호인의 조력을 받을 권리와 표리의 관계에 있다. 따라서 피의자 및 피고인이 가지는 변호인의 조력을 받을 권리가 실질적으로 확보되기 위해서는, 피의자 및 피고인에 대한 변호인의 조력할 권리의 핵심적인 부분이 헌법상 기본권으로서 보호되어야 한다(헌재 2021.11.25. 2019다235450).

[❸ ▶ ○]　변호인의 조력을 받을 권리의 출발점은 변호인선임권에 있고, 이는 변호인의 조력을 받을 권리의 가장 기초적인 구성부분으로서 법률로써도 제한할 수 없다. 그리고 변호인선임권에서 나아가 변호인의 조력을 받을 권리가 구체적으로 어떠한 내용을 포함하는가, 그러한 권리가 헌법의 위 조항상 막바로 도출될 수 있는지 아니면 구체적인 입법형성이 있어야 비로소 부여되는지의 문제는 형사절차에서 변호인의 역할과 기능의 관점에 의하여 결정된다(헌재 2004.9.23. 2000헌마38).

[❹ ▶ ✕]　헌법재판소는 종래 "변호인의 조력을 받을 권리는 형사절차에서 피의자 또는 피고인의 방어권 보장을 위한 것으로서 출입국관리법상 보호 또는 강제퇴거의 절차에도 적용된다고 보기는 어렵다."고 (헌재 2012.8.23. 2008헌마430) 하였으나, 이후 헌법 제12조 제4항 본문의 문언 및 헌법 제12조의 조문 체계, 변호인 조력권의 속성, 헌법이 신체의 자유를 보장하는 취지를 종합하여 보면 헌법 제12조 제4항 본문에 규정된 "구속"은 사법절차에서 이루어진 구속뿐 아니라, 행정절차에서 이루어진 구속까지 포함하는 개념이므로, 헌법 제12조 제4항 본문에 규정된 변호인의 조력을 받을 권리는 행정절차에서 구속을 당한 사람에게도 즉시 보장된다고 하면서, 변호인의 조력을 받을 권리는 출입국관리법상 보호 또는 강제퇴거의 절차에는 적용된다고 보기 어렵다고 판시한 종래의 견해를 변경하였다(헌재 2018.5.31. 2014헌마346).

[❺ ▶ ○]　변호인과의 자유로운 접견은 신체구속을 당한 사람에게 보장된 변호인의 조력을 받을 권리의 가장 중요한 내용이어서 국가안전보장·질서유지·공공복리 등 어떠한 명분으로도 제한될 수 있는 성질의 것이 아니다(헌재 1992.1.28. 91헌마111).

답 ❹

① 강도상해죄 또는 강도치상죄의 법정형의 하한을 징역 7년으로 정하고 있는 형법 규정은 법관이 작량감경을 하더라도 별도로 법률상 감경사유가 없는 한 집행유예를 선고할 수 없게 되어 범행의 개별성에 맞추어 그 책임에 상응하는 형벌을 선고할 수 없는 결과가 발생하는바, 책임과 형벌 간의 비례원칙에 위반된다.

② 야간주거침입절도죄의 미수범이 준강제추행죄를 범한 경우 무기징역 또는 7년 이상의 징역에 처하도록 한 성폭력범죄의 처벌 등에 관한 특례법 규정은 지나치게 높은 형벌을 규정하기 때문에, 법관은 범행별로 책임에 상응하는 형벌을 선고할 수 없으므로, 책임과 형벌 사이의 비례원칙에 위반된다.

③ 보안관찰처분대상자가 교도소 등에서 출소한 후 기존에 신고한 거주예정지 등 정보에 변동이 생길 때마다 7일 이내에 이를 신고하도록 하고 이를 위반할 경우 처벌하도록 정한 보안관찰법 규정은 과잉금지원칙을 위반하여 사생활의 비밀과 자유 및 개인정보자기결정권을 침해하지 아니한다.

④ 대형트롤어업의 허가를 할 때 동경 128도 이동수역에서 조업하여서는 아니 된다는 조건을 붙이도록 한 구 어업의 허가 및 신고 등에 관한 규칙의 규정은 과잉금지원칙에 위반하여 직업수행의 자유를 침해한다.

⑤ 상속개시 후 인지 또는 재판확정에 의하여 공동상속인이 된 자가 다른 공동상속인에 대해 그 상속분에 상당한 가액의 지급에 관한 청구권(상속분가액지급청구권)을 행사하는 경우에도 상속회복청구권에 관한 10년의 제척기간을 적용하도록 한 민법의 규정은 입법형성의 한계를 일탈하여 재산권과 재판청구권을 침해한다.

....

[❶ ▶ ✕] 강도상해죄 또는 강도치상죄는 그 법정형의 하한이 7년 이상의 유기징역으로 한정되어 있어 법률상 다른 감경사유가 없는 한 작량감경을 하여도 집행유예의 선고를 할 수 없으나, 입법자는 강도상해의 범행을 저지른 자에 대하여는 법률상 다른 형의 감경사유가 있다는 등 특단의 사정이 없는 한 작량감경만으로는 집행유예의 판결을 선고할 수 없도록 함으로써 그러한 범죄자에 대하여는 반드시 장기간 사회에서 격리시키도록 하는 것이 형사정책적 측면에서 바람직하다는 판단에 따라 강도상해죄 또는 강도치상죄의 법정형의 하한을 징역 7년으로 제한하였다고 할 것이므로, … 이 사건에서 위 선례들과 달리 판단해야 할 사정변경이나 필요성은 인정되지 않는다. 따라서 심판대상조항이 책임과 형벌 간의 비례원칙에 위반된다거나 형벌체계상 균형을 상실하여 평등원칙에 위반된다고 볼 수 없다(헌재 2021.6.24. 2020헌바527).

[❷ ▶ ✕] 야간주거침입절도죄의 미수범이 준강제추행죄를 범한 경우 무기징역 또는 7년 이상의 징역에 처하도록 한 성폭력범죄의 처벌 등에 관한 특례법 규정은 주거침입준강제추행죄와 달리 이 사건 범죄에 대하여 법관의 정상참작감경만으로는 집행유예를 선고하지 못하도록 규정하고 있으나 법관의 양형판단재량권을 침해하는 것이라고 볼 수 없어, 심판대상조항의 법정형은 형벌 본래의 목적과 기능을 달성함에 있어 필요한 정도를 일탈하여 지나치게 과중한 것이라고 보기 어려우므로, 책임과 형벌 간의 비례원칙에 위배되지 않는다(헌재 2023.2.23. 2022헌가2).

[**❸ ▸ ×**] 보안관찰처분대상자가 교도소 등에서 출소한 후 기존에 신고한 거주예정지 등 정보에 변동이 생길 때마다 7일 이내에 이를 신고하도록 하고 이를 위반할 경우 처벌하도록 정한 보안관찰법 규정은 헌법 및 보안관찰법의 각 규정에 비추어 그 입법목적의 정당성이 인정되고, 위 '출소 후 신고'는 보안관찰처분 여부의 시발점이 된다고 할 수 있을 만큼 중요한 절차이며 이를 인정하지 않을 경우 보안관찰법의 입법목적을 수행하기 위하여 보안관찰처분대상자 또는 그 가족에 대한 관계에서 <u>사생활의 비밀과 자유를 침해할 수 있는 소지가 있다는 점</u> 등에서 보안관찰법의 입법목적 달성을 위하여 필요·적정한 수단이며, 신고의무의 내용 및 신고기간, 처벌내용에 비추어 침해의 최소성 및 법익균형의 원칙에도 위배된다고 할 수 없으므로, 위 각 법률조항은 과잉금지의 원칙 내지 평등권에 위반되지 아니한다(헌재 2001.7.19. 2000헌바22).

[**❹ ▸ ×**] 대형트롤어업의 허가를 할 때 동경 128도 이동수역에서 조업하여서는 아니 된다는 조건을 붙이도록 한 구 어업의 허가 및 신고 등에 관한 규칙의 규정은 수산자원을 보호하는 한편, 다른 어업과의 이해관계를 조정하기 위한 것으로서 입법목적의 정당성이 인정된다. 나아가 수단의 적합성, 침해의 최소성, 법익의 균형성도 인정되므로 심판대상조항은 과잉금지원칙에 반하여 <u>직업수행의 자유를 침해하지 아니한다</u>(헌재 2024.7.18. 2021헌마533).

[**❺ ▸ ○**] 상속개시 후 인지 또는 재판확정에 의하여 공동상속인이 된 자가 다른 공동상속인에 대해 그 상속분에 상당한 가액의 지급에 관한 청구권(상속분가액지급청구권)을 행사하는 경우에도 상속회복청구권에 관한 10년의 제척기간을 적용하도록 한 민법의 규정은 '가액반환의 방식'이라는 우회적·절충적 형태를 통해서라도 인지된 자의 상속권을 뒤늦게나마 보상해 주겠다는 상속분가액지급청구권의 입법 취지에 반하며, 추가된 공동상속인의 권리구제 실효성을 완전히 박탈하는 결과를 초래한다. 기존 공동상속인이 상속재산의 유지·증가에 특별히 기여하였다면 그 기여분은 상속재산에서 공제되므로 이를 통해 기존 공동상속인과 추가된 공동상속인의 이해관계가 조정될 수 있는 점, 민법은 인지청구의 소를 '망인의 사망을 안 날로부터 2년'으로 제한하고 상속분가액지급청구권의 행사도 '상속권의 침해를 안 날부터 3년'으로 제한하므로 인지재판을 바탕으로 한 상속분가액지급청구권의 행사가 무한정 늦춰지지 않도록 이중으로 제한하고 있는 점 등도 함께 고려할 필요성이 있다. 심판대상조항은 <u>입법형성의 한계를 일탈하여 청구인의 재산권과 재판청구권을 침해한다</u>(헌재 2024.6.27. 2021헌마1588).

 ❺

신체의 자유에 관한 다음 설명 중 가장 옳지 않은 것은?

① 수형자가 민사재판에 출정하여 법정 대기실 내 쇠창살 격리시설 안에 유치되어 있는 동안 교도소장이 출정계호교도관을 통해 수형자에게 양손수갑 1개를 앞으로 사용한 행위는 수형자의 신체의 자유를 침해하지 않는다.
② 과태료 등의 행정질서벌은 죄형법정주의의 규율대상에 해당하지 않는다.
③ 각급선거관리위원회 위원·직원의 선거범죄 조사에 있어서 피조사자에게 자료제출의무를 부과한 공직선거법의 규정에 의한 자료제출요구는 영장주의의 적용대상이 아니다.
④ 선거관리위원회에 허위보고한 정당의 회계책임자를 형사처벌함으로써 '보고'의무를 부과하는 것은 진술거부권이 금지하는 진술강요에 해당한다.
⑤ 헌법상의 변호인과의 접견교통권은 체포 또는 구속당한 피의자·피고인에게 인정되는 신체적 자유에 관한 기본권인데, '변호인이 되려는 자'의 접견교통권은 헌법상 기본권에 해당하지 않는다.

....

[❶▸O] 청구인이 민사재판에 출정하여 법정 대기실 내 쇠창살 격리시설에 유치되어 있는 동안 ○○교도소장(이하 '피청구인'이라 한다)이 청구인에게 양손수갑 1개를 앞으로 사용한 행위(이하 '이 사건 보호장비 사용행위'라 한다)는 과잉금지원칙을 위반하여 청구인의 신체의 자유 및 인격권을 침해하지 않는다(헌재 2023.6.29. 2018헌마1215).

[❷▸O] 죄형법정주의는 무엇이 범죄이며 그에 대한 형벌이 어떠한 것인가는 국민의 대표로 구성된 입법부가 제정한 법률로써 정하여야 한다는 원칙인데, 부동산등기 특별조치법 제11조 제1항 본문 중 제2조 제1항에 관한 부분이 정하고 있는 과태료는 행정상의 질서유지를 위한 행정질서벌에 해당할 뿐 형벌이라고 할 수 없어 죄형법정주의의 규율대상에 해당하지 아니한다(헌재 1998.5.28. 96헌바83).

[❸▸O] 각급선거관리위원회 위원·직원의 선거범죄 조사에 있어서 피조사자에게 자료제출의무를 부과한 공직선거법 조항(이하 위 각 조항을 합하여 '심판대상조항'이라 한다)에 의한 자료제출요구는 행정조사의 성격을 가지는 것으로 수사기관의 수사와 근본적으로 그 성격을 달리하며, 청구인에 대하여 직접적으로 어떠한 물리적 강제력을 행사하는 강제처분을 수반하는 것이 아니므로 영장주의의 적용대상이 아니다(헌재 2019.9.26. 2016헌바381).

[❹▸O] 선거관리위원회에 허위보고한 자를 처벌함으로써 '보고'의무를 부과하는 것이 진술거부권이 금지하는 진술강요에 해당한다는 것은 별 의문의 여지가 없으나, 개인에게 정치자금의 수입과 지출에 관한 내역을 '기재'하게 하는 것이 진술을 강요하는 것인지는 논란이 있을 수 있다. 살피건대, 헌법상 진술거부권의 보호대상이 되는 "진술"이라 함은 언어적 표출, 즉 개인의 생각이나 지식, 경험사실을 정신작용의 일환인 언어를 통하여 표출하는 것을 의미하는바, 정치자금을 받고 지출하는 행위는 당사자가 직접 경험한 사실로서 이를 문자로 기재하도록 하는 것은 당사자가 자신의 경험을 말로 표출한 것의 등가물(等價物)로 평가할 수 있으므로, 위 조항들이 정하고 있는 기재행위 역시 "진술"의 범위에 포함된다고 할 것이다(헌재 2005.12.22. 2004헌바25).

[❺▸X] 변호인 선임을 위하여 피의자·피고인(이하 '피의자 등'이라 한다)이 가지는 '변호인이 되려는 자'와의 접견교통권은 헌법상 기본권으로 보호되어야 하고, '변호인이 되려는 자'의 접견교통권은 피의자 등이 변호인을 선임하여 그로부터 조력을 받을 권리를 공고히 하기 위한 것으로서, 그것이 보장되지 않으면 피의자 등이 변호인 선임을 통하여 변호인으로부터 충분한 조력을 받는다는 것이 유명무실하게 될 수밖에 없다. 이와 같이 '변호인이 되려는 자'의 접견교통권은 피의자 등을 조력하기 위한 핵심적인 부분으로서, 피의자 등이 가지는 헌법상의 기본권인 '변호인이 되려는 자'와의 접견교통권과 표리의 관계에 있다. 따라서 피의자 등이 가지는 '변호인이 되려는 자'의 조력을 받을 권리가 실질적으로 확보되기 위해서는 '변호인이 되려는 자'의 접견교통권 역시 헌법상 기본권으로서 보장되어야 한다(헌재 2019.2.28. 2015헌마1204).

답 ❺

① 헌법 제12조 제1항 후문과 제3항에 규정된 적법절차의 원칙은 형사절차상의 제한된 범위에만 적용되고, 행정작용 등에는 적용되지 않는다.

② 개인정보자기결정권은 자신에 관한 정보가 언제 누구에게 어느 범위까지 알려지고 또 이용되도록 할 것인지를 그 정보주체가 스스로 결정할 수 있는 권리로서, 헌법 제10조 제1문에서 도출되는 일반적 인격권 및 헌법 제17조의 사생활의 비밀과 자유에 의하여 보장된다.

③ 헌법 제12조 제3항은 "체포·구속·압수 또는 수색을 할 때에는 적법한 절차에 따라 검사의 신청에 의하여 법관이 발부한 영장을 제시하여야 한다."라고 규정하고, 헌법 제16조는 "주거에 대한 압수나 수색을 할 때에는 검사의 신청에 의하여 법관이 발부한 영장을 제시하여야 한다."라고 규정함으로써 영장주의를 헌법적 차원에서 보장하고 있다. 우리 헌법이 채택하여 온 영장주의는 형사절차와 관련하여 체포·구속·압수·수색의 강제처분을 함에 있어서는 사법권 독립에 의하여 신분이 보장되는 법관이 발부한 영장에 의하지 않으면 아니 된다는 원칙이다.

④ 헌법재판소는 법무부장관의 일방적 명령에 의하여 변호사 업무를 정지시키는 것은 당해 변호사가 자기에게 유리한 사실을 진술하거나 필요한 증거를 제출할 수 있는 청문의 기회가 보장되지 아니하여 적법절차를 존중하지 아니한 것이 된다고 보았다.

⑤ 피고인 스스로 치료감호를 청구할 수 있는 권리나, 법원으로부터 직권으로 치료감호를 선고받을 수 있는 권리는 헌법상 재판청구권의 보호범위에 포함되지 않는다. 공익의 대표자로서 준사법기관적 성격을 가지고 있는 검사에게만 치료감호 청구권한을 부여한 것은, 본질적으로 자유박탈적이고 침익적 처분인 치료감호와 관련하여 재판의 적정성 및 합리성을 기하기 위한 것이므로 적법절차원칙에 반하지 않는다.

．．

[**❶ ▶ ✕**] 헌법 제12조 제1항 후문과 제3항에 규정된 적법절차의 원칙은 형사절차상의 제한된 범위뿐만 아니라 국가작용으로서 <u>모든 입법 및 행정작용에도 광범위하게 적용된다</u>(헌재 2009.6.25. 2007헌마451).

[**❷ ▶ ○**] 개인정보자기결정권은 자신에 관한 정보가 언제 누구에게 어느 범위까지 알려지고 또 이용되도록 할 것인지를 그 정보주체가 스스로 결정할 수 있는 권리로서, 헌법 제10조 제1문에서 도출되는 일반적 인격권 및 헌법 제17조의 사생활의 비밀과 자유에 의하여 보장된다(헌재 2018.8.30. 2014헌마368).

[**❸ ▶ ○**] 헌법 제12조 제3항은 '체포·구속·압수 또는 수색을 할 때에는 적법한 절차에 따라 검사의 신청에 의하여 법관이 발부한 영장을 제시하여야 한다.'라고 규정하고, 헌법 제16조는 '주거에 대한 압수나 수색을 할 때에는 검사의 신청에 의하여 법관이 발부한 영장을 제시하여야 한다.'라고 규정함으로써 영장주의를 헌법적 차원에서 보장하고 있다. 우리 헌법이 채택하여 온 영장주의는 형사절차와 관련하여 체포·구속·압수·수색의 강제처분을 함에 있어서는 사법권 독립에 의하여 신분이 보장되는 법관이 발부한 영장에 의하지 않으면 아니 된다는 원칙이다. 따라서 헌법상 영장주의의 본질은 체포·구속·압수·수색 등 기본권을 제한하는 강제처분을 함에 있어서는 중립적인 법관의 구체적 판단을 거쳐야 한다는 데에 있다(헌재 2018.6.28. 2012헌마191).

[**❹ ▶ ○**] 법무부장관의 일방적 명령에 의하여 변호사 업무를 정지시키는 것은 당해 변호사가 자기에게 유리한 사실을 진술하거나 필요한 증거를 제출할 수 있는 청문의 기회가 보장되지 아니하여 적법절차를 존중하지 아니한 것이 된다(헌재 1990.11.19. 90헌가48).

[**❺** ▶ O] 피고인 스스로 치료감호를 청구할 수 있는 권리나, 법원으로부터 직권으로 치료감호를 선고받을 수 있는 권리는 헌법상 재판청구권의 보호범위에 포함되지 않는다. 공익의 대표자로서 준사법기관적 성격을 가지고 있는 검사에게만 치료감호 청구권한을 부여한 것은, 본질적으로 자유박탈적이고 침익적 처분인 치료감호와 관련하여 재판의 적정성 및 합리성을 기하기 위한 것이므로 적법절차원칙에 반하지 않는다. 그렇다면 이 사건 법률조항들은 재판청구권을 침해하거나 적법절차원칙에 반한다고 보기 어렵다(헌재 2021.1.28. 2019헌가24).

답 **❶**

 **제2절**   **사생활의 자유권**

제1항   **사생활의 비밀과 자유**

25
□□□

수사기관 등의 통신자료 취득행위에 관한 다음 설명 중 가장 옳지 않은 것은?

2024년 법무사시험 [문 20]

① 수사기관 등에 의한 통신자료 제공요청은 임의수사에 해당하는 것으로, 전기통신사업자가 이에 응하지 아니한 경우에도 어떠한 법적 불이익을 받는다고 볼 수 없으므로, 헌법소원의 대상이 되는 공권력의 행사에 해당하지 않는다.

② 전기통신사업자가 수사기관 등의 통신자료 제공요청에 따라 수사기관 등에 제공하는 이용자의 성명, 주민등록번호, 주소, 전화번호, 아이디, 가입일 또는 해지일은 청구인들의 동일성을 식별할 수 있게 해주는 개인정보에 해당한다.

③ 헌법상 영장주의는 체포·구속·압수·수색 등 기본권을 제한하는 강제처분에 적용되므로, 강제력이 개입되지 않은 임의수사에 해당하는 수사기관 등의 통신자료 취득에는 영장주의가 적용되지 않는다.

④ 수사기관 등이 전기통신사업자에게 이용자의 성명 등 통신자료의 열람이나 제출을 요청할 수 있도록 한 전기통신사업법 조항은 통신자료를 요청할 수 있는 사유를 지나치게 광범위하고 포괄적으로 규정하고 있으므로 과잉금지원칙을 위반하여 개인정보자기결정권을 침해한다.

⑤ 수사기관 등이 전기통신사업자에게 이용자의 성명 등 통신자료의 열람이나 제출을 요청할 수 있도록 한 전기통신사업법 조항은 통신자료 취득에 대한 사후통지 절차를 두지 않아 적법절차원칙에 위배되어 개인정보자기결정권을 침해한다.

[**❶ ▸ ○**] 수사기관 등에 의한 통신자료 제공요청은 임의수사에 해당하는 것으로, 전기통신사업자가 이에 응하지 아니한 경우에도 어떠한 법적 불이익을 받는다고 볼 수 없다. 따라서 이 사건 통신자료 취득행위는 헌법소원의 대상이 되는 공권력의 행사에 해당하지 않는다(헌재 2022.7.21. 2016헌마388).

[**❷ ▸ ○**] 전기통신사업자가 수사기관 등의 통신자료 제공요청에 따라 수사기관 등에 제공하는 이용자의 성명, 주민등록번호, 주소, 전화번호, 아이디, 가입일 또는 해지일은 청구인들의 동일성을 식별할 수 있게 해주는 개인정보에 해당하므로, 이 사건 법률조항은 개인정보자기결정권을 제한한다(헌재 2022.7.21. 2016헌마388).

[**❸ ▸ ○**] 헌법상 영장주의는 체포·구속·압수·수색 등 기본권을 제한하는 강제처분에 적용되므로, 강제력이 개입되지 않은 임의수사에 해당하는 수사기관 등의 통신자료 취득에는 영장주의가 적용되지 않는다(헌재 2022.7.21. 2016헌마388).

[**❹ ▸ ✕**] 이 사건 법률조항은 범죄수사나 정보수집의 초기단계에서 수사기관 등이 통신자료를 취득할 수 있도록 함으로써 수사나 형의 집행, 국가안전보장 활동의 신속성과 효율성을 도모하고, 이를 통하여 실체적 진실발견, 국가 형벌권의 적정한 행사 및 국가안전보장에 기여한다. 이 사건 법률조항은 수사기관 등이 통신자료 제공요청을 할 수 있는 정보의 범위를 성명, 주민등록번호, 주소 등 피의자나 피해자를 특정하기 위한 불가피한 최소한의 기초정보로 한정하고, 민감정보를 포함하고 있지 않으며, 그 사유 또한 '수사, 형의 집행 또는 국가안전보장에 대한 위해를 방지하기 위한 정보수집'으로 한정하고 있다. 또한, 전기통신사업법은 통신자료 제공요청 방법이나 통신자료 제공현황 보고에 관한 규정 등을 두어 통신자료가 수사 등 정보수집의 목적달성에 필요한 최소한의 범위 내에서 이루어지도록 하고 있다. 따라서 이 사건 법률조항은 과잉금지원칙에 위배되지 않는다(헌재 2022.7.21. 2016헌마388).

[**❺ ▸ ○**] 이 사건 법률조항에 의한 통신자료 제공요청이 있는 경우 통신자료의 정보주체인 이용자에게는 통신자료 제공요청이 있었다는 점이 사전에 고지되지 아니하며, 전기통신사업자가 수사기관 등에게 통신자료를 제공한 경우에도 이러한 사실이 이용자에게 별도로 통지되지 않는다. 그런데 당사자에 대한 통지는 당사자가 기본권 제한 사실을 확인하고 그 정당성 여부를 다툴 수 있는 전제조건이 된다는 점에서 매우 중요하다. 효율적인 수사와 정보수집의 신속성, 밀행성 등의 필요성을 고려하여 사전에 정보주체인 이용자에게 그 내역을 통지하도록 하는 것이 적절하지 않다면 수사기관 등이 통신자료를 취득한 이후에 수사 등 정보수집의 목적에 방해가 되지 않는 범위 내에서 통신자료의 취득사실을 이용자에게 통지하는 것이 얼마든지 가능하다. 그럼에도 이 사건 법률조항은 통신자료 취득에 대한 사후통지절차를 두지 않아 적법절차원칙에 위배된다(헌재 2022.7.21. 2016헌마388).

 답 ❹

26

개인정보자기결정권에 관한 다음 설명 중 가장 옳지 않은 것은?

① 형제자매는 언제나 본인과 이해관계를 같이 하는 것은 아닌데도 형제자매가 본인에 대한 친족·상속 등과 관련된 증명서를 편리하게 발급받을 수 있도록 규정한 법률조항은 개인정보 자기결정권을 제한하고, 그 제한은 입법목적 달성을 위해 필요한 범위를 넘어선 것으로 개인정보자기결정권을 침해한다.

② 형법상 강제추행죄로 유죄판결이 확정된 자는 신상정보 등록대상자가 되도록 규정한 법률조항은 등록대상자 선정에 있어 재범의 위험성을 전혀 요구하지 않고 행위 태양의 특성이나 불법성의 경중을 고려하여 등록대상자의 범위를 축소하고 있지도 않으므로, 과잉금지원칙에 반하여 개인정보자기결정권을 침해한다.

③ 법무부장관은 변호사시험 합격자가 결정되면 즉시 명단을 공고하여야 한다고 규정한 법률조항은 공공성을 지닌 전문직인 변호사에 관한 정보를 널리 공개하여 법률서비스 수요자가 필요한 정보를 얻는 데 도움을 주기 위한 것으로 응시자들의 개인정보자기결정권을 침해한다고 볼 수 없다.

④ 인터넷언론사는 선거운동기간 중 당해 홈페이지 게시판 등에 정당·후보자 등에 대한 지지·반대 등의 정보를 게시하는 경우 실명을 확인받는 기술적 조치를 하도록 규정한 법률조항은 익명표현이 허용될 경우 발생할 수 있는 부정적 효과를 막기 위한 것이라 하더라도 모든 익명표현을 규제함으로써 대다수 국민의 개인정보자기결정권도 광범위하게 제한하므로 인터넷언론사 홈페이지 게시판 등 이용자의 개인정보자기결정권을 침해한다.

⑤ 성적목적공공장소침입죄로 유죄판결이 확정된 자는 신상정보 등록대상자가 되도록 규정한 법률조항은 등록대상자 선정에 있어 재범의 위험성을 전혀 요구하지 않고 있다 하더라도 위 범죄가 공공화장실 등 일정한 장소를 침입하는 경우에 한하여 성립하고 위 조항에 따른 등록대상자의 범위는 이에 따라 제한되므로, 개인정보자기결정권을 침해한다고 볼 수 없다.

....

[❶ ▶ ○] 이 사건 법률조항은 본인이 스스로 증명서를 발급받기 어려운 경우 형제자매를 통해 증명서를 간편하게 발급받게 하고, 친족·상속 등과 관련된 자료를 수집하려는 형제자매가 본인에 대한 증명서를 편리하게 발급받을 수 있도록 하기 위한 것으로, 목적의 정당성 및 수단의 적합성이 인정된다. 그러나 가족관계등록법상 각종 증명서에 기재된 개인정보가 유출되거나 오남용될 경우 정보의 주체에게 가해지는 타격은 크므로 증명서 교부청구권자의 범위는 가능한 한 축소하여야 하는데, 형제자매는 언제나 이해관계를 같이 하는 것은 아니므로 형제자매가 본인에 대한 개인정보를 오남용 또는 유출할 가능성은 얼마든지 있다. 그런데 이 사건 법률조항은 증명서 발급에 있어 형제자매에게 정보주체인 본인과 거의 같은 지위를 부여하고 있으므로, 이는 증명서 교부청구권자의 범위를 필요한 최소한도로 한정한 것이라고 볼 수 없다. 본인은 인터넷을 이용하거나 위임을 통해 각종 증명서를 발급받을 수 있으며, 가족관계등록법 제14조 제1항 단서 각 호에서 일정한 경우에는 제3자도 각종 증명서의 교부를 청구할 수 있으므로 형제자매는 이를 통해 각종 증명서를 발급받을 수 있다. 따라서 이 사건 법률조항은 침해의 최소성에 위배된다. 또한, 이 사건 법률조항을 통해 달성하려는 공익에 비해 초래되는 기본권 제한의 정도가 중대하므로 법익의 균형성도 인정하기 어려워, 이 사건 법률조항은 청구인의 개인정보자기결정권을 침해한다(헌재 2016.6.30. 2015헌마924).

[❷ ▶ ✕] 형법상 강제추행죄로 유죄판결이 확정된 자는 신상정보 등록대상자가 되도록 규정한 구 '성폭력범죄의 처벌 등에 관한 특례법' 조항(이하 '심판대상조항'이라 한다)은 성폭력 범죄자의 재범을 억제하여 사회를 방위하고, 효율적 수사를 통한 사회혼란을 방지하기 위한 것으로서 정당한 목적달성을 위한 적합한 수단에 해당한다. 전과기록이나 수사경력자료는 보다 좁은 범위의 신상정보를 담고 있고, 정보의 변동이 반영되지 않는다는 점에서 심판대상조항에 의한 정보 수집과 동일한 효과를 거둘 수 있다고 보기 어렵고, 심판대상조항이 강제추행죄의 행위태양이나 불법성의 경중을 고려하지 않고 있더

라도 이는 본질적으로 성폭력범죄에 해당하는 강제추행죄의 특성을 고려한 것이라고 할 것이므로, 심판대상조항은 침해최소성이 인정된다. 또 신상정보 등록으로 인한 사익의 제한은 비교적 경미한 반면 달성되는 공익은 매우 중대하다고 할 것이어서 법익균형성도 인정된다. 따라서 심판대상조항은 과잉금지원칙에 반하여 개인정보 자기결정권을 침해한다고 할 수 없다(헌재 2014.7.24. 2013헌마423).

[❸ ▸ O]   법무부장관은 변호사시험 합격자가 결정되면 즉시 명단을 공고하여야 한다고 규정한 변호사시험법조항(이하 '심판대상조항'이라 한다)의 입법목적은 공공성을 지닌 전문직인 변호사에 관한 정보를 널리 공개하여 법률서비스 수요자가 필요한 정보를 얻는 데 도움을 주고, 변호사시험 관리 업무의 공정성과 투명성을 간접적으로 담보하는 데 있다. 심판대상조항은 법무부장관이 시험 관리 업무를 위하여 수집한 응시자의 개인정보 중 합격자의 성명을 공개하도록 하는 데 그치므로, 청구인들의 개인정보자기결정권이 제한되는 범위와 정도는 매우 제한적이다. 합격자 명단이 공고되면 누구나, 언제든지 이를 검색할 수 있으므로, 심판대상조항은 공공성을 지닌 전문직인 변호사의 자격 소지에 대한 일반 국민의 신뢰를 형성하는 데 기여하며, 변호사에 대한 정보를 얻는 수단이 확보되어 법률서비스 수요자의 편의가 증진된다. 합격자 명단을 공고하는 경우, 시험 관리 당국이 더 엄정한 기준과 절차를 통해 합격자를 선정할 것이 기대되므로 시험 관리 업무의 공정성과 투명성이 강화될 수 있다. 따라서 심판대상조항이 과잉금지원칙에 위배되어 청구인들의 개인정보자기결정권을 침해한다고 볼 수 없다(헌재 2020.3.26. 2018헌마77).

[❹ ▸ O]   인터넷언론사는 선거운동기간 중 당해 홈페이지 게시판 등에 정당·후보자에 대한 지지·반대 등의 정보를 게시하는 경우 실명을 확인받는 기술적 조치를 하도록 정한 공직선거법 조항을 비롯하여, 행정안전부장관 및 신용정보업자는 실명인증자료를 관리하고 중앙선거관리위원회가 요구하는 경우 지체 없이 그 자료를 제출해야 하며, 실명확인을 위한 기술적 조치를 하지 아니하거나 실명인증의 표시가 없는 정보를 삭제하지 않는 경우 과태료를 부과하도록 정한 공직선거법 조항(이하 '심판대상조항'이라 한다)의 입법목적은 정당이나 후보자에 대한 인신공격과 흑색선전으로 인한 사회경제적 손실과 부작용을 방지하고 선거의 공정성을 확보하기 위한 것이고, 익명표현이 허용될 경우 발생할 수 있는 부정적 효과를 막기 위하여 그 규제의 필요성을 인정할 수는 있다. 그러나 심판대상조항과 같이 인터넷홈페이지의 게시판 등에서 이루어지는 정치적 익명표현을 규제하는 것은 인터넷이 형성한 '사상의 자유시장'에서의 다양한 의견 교환을 억제하고, 이로써 국민의 의사표현 자체가 위축될 수 있으며, 민주주의의 근간을 이루는 자유로운 여론 형성이 방해될 수 있다. … 심판대상조항은 정치적 의사표현이 가장 긴요한 선거운동기간 중에 인터넷언론사 홈페이지 게시판 등 이용자로 하여금 실명확인을 하도록 강제함으로써 익명표현의 자유와 언론의 자유를 제한하고, 모든 익명표현을 규제함으로써 대다수 국민의 개인정보자기결정권도 광범위하게 제한하고 있다는 점에서 이와 같은 불이익은 선거의 공정성 유지라는 공익보다 결코 과소평가될 수 없다. 그러므로 심판대상조항은 과잉금지원칙에 반하여 인터넷언론사 홈페이지 게시판 등 이용사의 익명표현의 자유와 개인정보자기결정권, 인터넷언론사의 언론의 자유를 침해한다(헌재 2021.1.28. 2018헌마456).

[❺ ▸ O]   성적목적공공장소침입죄로 유죄판결이 확정된 자는 신상정보 등록대상자가 된다고 규정한 '성폭력범죄의 처벌 등에 관한 특례법' 조항(이하 '등록조항'이라 한다)은 성범죄자의 재범을 억제하고 효율적인 수사를 위한 것으로 정당한 목적을 달성하기 위한 적합한 수단이다. 신상정보 등록제도는 국가기관이 성범죄자의 관리를 목적으로 신상정보를 내부적으로만 보존·관리하는 것으로, 성범죄자의 신상정보를 일반에게 공개하는 신상정보 공개·고지제도와는 달리 법익침해의 정도가 크지 않다. 성적목적공공장소침입죄는 공공화장실 등 일정한 장소를 침입하는 경우에 한하여 성립하므로 등록조항에 따른 등록대상자의 범위는 이에 따라 제한되는바, 등록조항은 침해의 최소성 원칙에 위배되지 않는다. 등록조항으로 인하여 제한되는 사익에 비하여 성범죄의 재범 방지와 사회 방위라는 공익이 크다는 점에서 법익의 균형성도 인정된다. 따라서 등록조항은 청구인의 개인정보자기결정권을 침해하지 않는다(헌재 2016.10.27. 2014헌마709).

답 ❷

① 개인정보자기결정권은 자신에 관한 정보가 언제 누구에게 어느 범위까지 알려지고 또 이용되도록 할 것인지를 그 정보주체가 스스로 결정할 수 있는 권리로서, 헌법 제10조 제1문에서 도출되는 일반적 인격권 및 헌법 제17조의 사생활의 비밀과 자유에 의하여 보장된다.

② 개인정보를 대상으로 한 조사·수집·보관·처리·이용 등의 행위는 모두 원칙적으로 개인정보자기결정권에 대한 제한에 해당한다.

③ 직계혈족이기만 하면 아무런 제한 없이 자녀의 가족관계증명서 및 기본증명서의 교부를 청구하여 발급받을 수 있도록 규정한 가족관계의 등록 등에 관한 법률 제15조 제1항은 과잉금지원칙을 위반하여 자녀의 개인정보자기결정권을 침해한다.

④ 정보주체가 직접 또는 제3자를 통하여 이미 공개한 개인정보라고 하더라도 공개 당시 정보주체가 자신의 개인정보에 대한 수집이나 제3자 제공 등의 처리에 대하여 동의를 하였다고 단정할 수 없으므로, 그 정보를 수집·이용·제공 등 처리하고자 하는 자는 정보주체로부터 별도의 동의를 받아야 한다.

⑤ 법률정보 제공 사이트를 운영하는 회사가 공립대학교 법학과 교수의 사진, 성명, 성별, 출생연도, 직업, 직장, 학력, 경력 등 개인정보를 위 법학과 홈페이지 등을 통해 수집하여 위 사이트 내 '법조인' 항목에서 유료로 제공한 경우, 위 회사가 영리 목적으로 개인정보를 수집하여 제3자에게 제공하였더라도 그에 의하여 얻을 수 있는 법적 이익이 정보처리를 막음으로써 얻을 수 있는 정보주체의 인격적 법익에 비하여 우월하므로, 개인정보자기결정권을 침해하는 위법한 행위로 평가할 수 없다.

·····

[**❶** ▶ **O**] 개인정보자기결정권은 자신에 관한 정보가 언제 누구에게 어느 범위까지 알려지고 또 이용되도록 할 것인지를 그 정보주체가 스스로 결정할 수 있는 권리로서, 헌법 제10조 제1문에서 도출되는 일반적 인격권 및 헌법 제17조의 사생활의 비밀과 자유에 의하여 보장된다(헌재 2018.8.30. 2014헌마368).

[**❷** ▶ **O**] 개인정보를 대상으로 한 조사·수집·보관·처리·이용 등의 행위는 모두 원칙적으로 개인정보자기결정권에 대한 제한에 해당한다(헌재 2018.8.30. 2014헌마368).

[**❸** ▶ **O**] 이 사건 법률조항은 가정폭력 가해자에 대한 별도의 제한 없이 직계혈족이기만 하면 사실상 자유롭게 그 자녀의 가족관계증명서와 기본증명서의 교부를 청구하여 발급받을 수 있도록 함으로써, 그로 인하여 가정폭력 피해자인 청구인의 개인정보가 가정폭력 가해자인 전 배우자에게 무단으로 유출될 수 있는 가능성을 열어놓고 있다. 따라서 과잉금지원칙에 위배되어 청구인의 개인정보자기결정권을 침해한다(헌재 2020.8.28. 2018헌마927).

[**❹** ▶ **✕**] 정보주체가 직접 또는 제3자를 통하여 이미 공개한 개인정보는 공개 당시 정보주체가 자신의 개인정보에 대한 수집이나 제3자 제공 등의 처리에 대하여 일정한 범위 내에서 동의를 하였다고 할 것이다. 이와 같이 공개된 개인정보를 객관적으로 보아 정보주체가 동의한 범위 내에서 처리하는 것으로 평가할 수 있는 경우에도 동의의 범위가 외부에 표시되지 아니하였다는 이유만으로 또다시 정보주체의 별도의 동의를 받을 것을 요구한다면 이는 정보주체의 공개의사에도 부합하지 아니하거니와 정보주체나 개인정보처리자에게 무의미한 동의절차를 밟기 위한 비용만을 부담시키는 결과가 된다. … 따라서 이미 공개된 개인정보를 정보주체의 동의가 있었다고 객관적으로 인정되는 범위 내에서 수집·이용·제공 등 처리를 할 때는 정보주체의 별도의 동의는 불필요하다고 보아야 하고, 별도의 동의를 받지 아니하였다고 하여 개인정보 보호법 제15조나 제17조를 위반한 것으로 볼 수 없다(대판 2016.8.17. 2014다235080).

[**❺ ▸ ○**] 법률정보 제공 사이트를 운영하는 갑 주식회사가 공립대학교인 을 대학교 법과대학 법학과 교수로 재직 중인 병의 사진, 성명, 성별, 출생연도, 직업, 직장, 학력, 경력 등의 개인정보를 위 법학과 홈페이지 등을 통해 수집하여 위 사이트 내 '법조인' 항목에서 유료로 제공한 경우, 갑 회사가 영리 목적으로 병의 개인정보를 수집하여 제3자에게 제공하였더라도 그에 의하여 얻을 수 있는 법적 이익이 정보처리를 막음으로써 얻을 수 있는 정보주체의 인격적 법익에 비하여 우월하므로, 갑 회사의 행위를 병의 개인정보자기결정권을 침해하는 위법한 행위로 평가할 수 없다(대판 2016.8.17. 2014다235080).

답 **❹**

제2항 **주거의 자유 · 거주이전의 자유**

제3항 **통신의 자유**

28
☐☐☐

통신의 비밀과 통신의 자유에 관한 다음 설명 중 가장 옳지 않은 것은?

2022년 법무사시험 [문 4]

① 인터넷회신 김청은 타인과의 관계를 전제로 하는 개인의 사적 영역을 보호하려는 헌법 제18조의 통신의 비밀과 자유 외에 헌법 제17조의 사생활의 비밀과 자유도 제한하므로, 인터넷회선 감청을 범죄수사를 위한 통신제한조치 허가 대상으로 정함에 있어서는 과잉금지원칙을 준수하여야 한다.

② 교도소장이 법원, 검찰청 등이 수용자에게 보낸 문서를 열람한 행위는 문서 전달 업무에 정확성을 기하고 수용자의 편의를 도모하여 법령상 기간준수 여부 확인을 위한 공적 자료를 마련하기 위한 것이고, 다른 법령에 따라 열람이 금지된 문서는 열람할 수 없으므로 수용자의 통신의 자유를 침해하지 아니한다.

③ 통신제한조치기간의 연장을 허가함에 있어 총연장기간 또는 총연장횟수의 제한을 두지 아니한 통신비밀보호법 조항은 통신의 비밀을 침해한다.

④ 수용자가 밖으로 내보내는 모든 서신을 봉함하지 않은 상태로 교정시설에 제출하도록 하는 것은 수용지의 통신비밀의 자유를 침해한다.

⑤ 전기통신역무제공에 관한 계약을 체결하는 경우 전기통신사업자로 하여금 가입자의 인적사항을 확인할 수 있는 증서를 제시하도록 요구하고 부정가입방지시스템을 이용해 본인인지 여부를 확인하도록 한 규정은 익명 가입을 원하는 자의 통신의 자유를 침해한다.

[❶ ▸ O] 인터넷회선 감청은 해당 인터넷회선을 통하여 흐르는 모든 정보가 감청 대상이 되므로, 이를 통해 드러나게 되는 개인의 사생활 영역은 전화나 우편물 등을 통하여 교환되는 통신의 범위를 넘는다. 더욱이 오늘날 이메일, 메신저, 전화 등 통신뿐 아니라, 각종 구매, 게시물 등록, 금융서비스 이용 등 생활의 전 영역이 인터넷을 기반으로 이루어지기 때문에, 인터넷회선 감청은 타인과의 관계를 전제로 하는 개인의 사적 영역을 보호하려는 헌법 제18조의 통신의 비밀과 자유 외에 헌법 제17조의 사생활의 비밀과 자유도 제한하게 된다. 따라서 인터넷회선 감청도 범죄수사를 위한 통신제한조치 허가 대상으로 정한 이 사건 법률조항이 과잉금지원칙에 반하여 피의자 또는 피내사자와 같은 대상자뿐만 아니라 이용자들의 통신 및 사생활의 비밀과 자유를 침해하는지 여부에 대하여 본다(헌재 2018.8.30. 2016헌마263).

[❷ ▸ O] 피청구인 교도소장이 법원, 검찰청 등이 청구인에게 보낸 문서를 열람한 행위는 형집행법 시행령 제67조에 근거하여 법원 등 관계기관이 수용자에게 보내온 문서를 열람한 행위로서, 문서 전달 업무에 정확성을 기하고 수용자의 편의를 도모하며 법령상의 기간준수 여부 확인을 위한 공적 자료를 마련하기 위한 것이다. 수용자 스스로 고지하도록 하거나 특별히 엄중한 계호를 요하는 수용자에 한하여 열람하는 등의 방법으로는 목적 달성에 충분하지 않고, 다른 법령에 따라 열람이 금지된 문서는 열람할 수 없으며, 열람한 후에는 본인에게 신속히 전달하여야 하므로, 문서열람행위는 청구인의 통신의 자유를 침해하지 아니한다(헌재 2021.9.30. 2019헌마919).

[❸ ▸ O] 통신제한조치기간의 연장을 허가함에 있어 총연장기간 또는 총연장횟수의 제한을 두지 아니한 통신비밀보호법 조항은 통신제한조치기간을 연장함에 있어 법운용자의 남용을 막을 수 있는 최소한의 한계를 설정하지 않아 침해의 최소성원칙에 위반한다. 나아가 통신제한조치가 내려진 피의자나 피내사자는 자신이 감청을 당하고 있다는 사실을 모르는 기본권 제한의 특성상 방어권을 행사하기 어려운 상태에 있으므로 수사와 전혀 관계없는 개인의 내밀한 사생활의 비밀이 침해당할 우려도 심히 크기 때문에 기본권 제한의 법익균형성 요건도 갖추지 못하였다. 따라서 이 사건 법률조항은 헌법에 위반된다 할 것이다(헌재 2010.12.28. 2009헌가30).

[❹ ▸ O] 형의 집행 및 수용자의 처우에 관한 법률 시행령 조항이 수용자가 보내려는 모든 서신에 대해 무봉함 상태의 제출을 강제함으로써 수용자의 발송 서신 모두를 사실상 검열 가능한 상태에 놓이도록 하는 것은 기본권 제한의 최소 침해성 요건을 위반하여 수용자인 청구인의 통신비밀의 자유를 침해하는 것이다(헌재 2012.2.23. 2009헌마333).

[❺ ▸ X] 전기통신역무제공에 관한 계약을 체결하는 경우 전기통신사업자로 하여금 가입자에게 본인임을 확인할 수 있는 증서 등을 제시하도록 요구하고 부정가입방지시스템 등을 이용하여 본인인지 여부를 확인하도록 한 전기통신사업법 조항이 이동통신서비스 가입 시 본인확인절차를 거치도록 함으로써 타인 또는 허무인의 이름을 사용한 휴대전화인 이른바 대포폰이 보이스피싱 등 범죄의 범행도구로 이용되는 것을 막고, 개인정보를 도용하여 타인의 명의로 가입한 다음 휴대전화 소액결제나 서비스요금을 그 명의인에게 전가하는 등 명의도용범죄의 피해를 막고자 하는 입법목적은 정당하고, 이를 위하여 본인확인절차를 거치게 한 것은 적합한 수단이다. … 개인정보자기결정권, 통신의 자유가 제한되는 불이익과 비교했을 때, 명의도용 피해를 막고, 차명휴대전화의 생성을 억제하여 보이스피싱 등 범죄의 범행도구로 악용될 가능성을 방지함으로써 잠재적 범죄 피해 방지 및 통신망 질서 유지라는 더욱 중대한 공익의 달성효과가 인정된다. 따라서 심판대상조항은 청구인들의 개인정보자기결정권 및 통신의 자유를 침해하지 않는다(헌재 2019.9.26. 2017헌마1209).

답 ❺

29

기본권에 관한 다음 설명 중 가장 옳지 않은 것은?

① 주민등록번호가 부여된 이후 주민등록번호 변경을 허용하게 되면 범죄은폐, 탈세, 채무면탈 또는 신분세탁 등 불순한 용도로 이를 악용하는 경우가 발생할 수 있으므로 주민등록번호 변경을 허용하지 않은 주민등록법이 개인정보자기결정권을 침해한 것으로 볼 수 없다.

② 인터넷언론사의 공개된 게시판·대화방에서 스스로의 의사에 의하여 정당·후보자에 대한 지지·반대의 글을 게시하는 행위는 양심의 자유나 사생활 비밀의 자유에 의하여 보호되는 영역이라고 할 수 없다.

③ 방송의 자유는 주관적 권리로서의 성격과 함께 자유로운 의견형성이나 여론형성을 위해 필수적인 기능을 행하는 객관적 규범질서로서 제도적 보장의 성격을 함께 가진다.

④ 군대 내에서 군종장교가 성직자의 신분에서 종교활동을 수행함에 있어 소속종단의 종교를 선전하거나 다른 종교를 비판하였다고 할지라도 그것만으로 종교적 중립을 준수할 의무를 위반하였다고 볼 수 없다.

⑤ 헌법 제23조의 재산권은 자기 노력의 대가나 자본의 투자 등 특별한 희생을 통하여 얻은 공법상의 권리도 포함한다.

....

[❶▸✕] 주민등록번호 유출 또는 오·남용으로 인하여 발생할 수 있는 피해 등에 대한 아무런 고려 없이 <u>주민등록번호 변경을 일체 허용하지 않는 것은 그 자체로 개인정보자기결정권에 대한 과도한 침해가 될 수 있다</u>(헌재 2015.12.23. 2013헌바68).

[❷▸○] 인터넷언론사의 공개된 게시판·대화방에서 <u>스스로의 의사에 의하여 정당·후보자에 대한 지지·반대의 글을 게시하는 행위가 양심의 자유나 사생활 비밀의 자유에 의하여 보호되는 영역이라고 할 수 없다</u>(헌재 2010.2.25. 2008헌마324).

[❸▸○] <u>방송의 자유는 주관적 권리로서의 성격과 함께 자유로운 의견형성이나 여론형성을 위해 필수적인 기능을 행하는 객관적 규범질서로서 제도적 보장의 성격을 함께 가진다</u>(헌재 2003.12.18. 2002헌바49).

[❹▸○] 군대 내에서 군종장교는 국가공무원인 참모장교로서의 신분뿐 아니라 성직자로서의 신분을 함께 가지고 소속 종단으로부터 부여된 권한에 따라 설교·강론 또는 설법을 행하거나 종교의식 및 성례를 할 수 있는 종교의 자유를 가지는 것이므로, <u>군종장교가 최소한 성직자의 신분에서 주재하는 종교활동을 수행함에 있어 소속종단의 종교를 선전하거나 다른 종교를 비판하였다고 할지라도 그것만으로 종교적 중립을 준수할 의무를 위반한 직무상의 위법이 있다고 할 수 없다</u>(대판 2007.4.26. 2006다87903).

[❺▸○] <u>헌법 제23조의 재산권은 민법상의 소유권뿐만 아니라, 재산적 가치 있는 사법상의 물권, 채권 등 모든 권리를 포함하며, 또한 국가로부터의 일방직인 급부가 아닌 자기 노력의 내가나 자본의 투자 등 특별한 희생을 통하여 얻은 공법상의 권리도 포함한다</u>(헌재 2000.6.29. 99헌마289).

답 ❶

양심의 자유

30
☐☐☐

양심의 자유에 관한 다음 설명 중 옳은 것은 모두 몇 개인가?   **2021년 법무사시험 [문 15]**

> ㉠ 양심은 어떤 일의 옳고 그름을 판단할 때 그렇게 행동하지 않고서는 자신의 인격적 존재가치가 파멸되고 말 것이라는 강력하고 진지한 마음의 소리로서 절박하고 구체적인 것이어야 한다.
> ㉡ 양심의 자유는 양심을 형성할 자유와 양심에 따라 결정할 자유 등 내심의 자유일 뿐, 양심을 실현할 수 있는 자유는 포함되지 않는다.
> ㉢ 근로관계의 속성상 사용자가 비위행위를 저지른 근로자에게 자신의 잘못을 반성하고 사죄한다는 내용의 시말서 제출을 명령하는 것은 양심의 자유 침해로 볼 수 없다.
> ㉣ 양심은 내면의 영역이므로 양심적 병역거부 행위는 신념이 확고하고 진실한지 여부와 관계없이 병역법에 따라 처벌할 수 없다.
> ㉤ 국가가 수형자의 가석방 여부를 심사하면서 국법질서나 헌법체제를 준수하겠다는 취지의 준법서약서 제출을 요구한 조치는 양심의 자유와 자유로운 정신세계를 형성할 행복추구권을 침해한다.

① 1개   ② 2개
③ 3개   ④ 4개
⑤ 5개

···

[㉠▸O] 헌법 제19조에서 보호하는 양심은 어떤 일의 옳고 그름을 판단할 때 그렇게 행동하지 않고서는 자신의 인격적 존재가치가 파멸되고 말 것이라는 강력하고 진지한 마음의 소리로서 절박하고 구체적인 것이다(대판 2018.11.29. 2016도11841).

[㉡▸×] 헌법 제19조가 보호하고 있는 양심의 자유는 양심형성의 자유와 양심적 결정의 자유를 포함하는 내심적 자유(Forum Internum)뿐만 아니라, 양심적 결정을 외부로 표현하고 실현할 수 있는 양심실현의 자유(Forum Externum)를 포함한다고 할 수 있다(헌재 1998.7.16. 96헌바35).

[㉢▸×] 취업규칙에서 사용자가 사고나 비위행위 등을 저지른 근로자에게 시말서를 제출하도록 명령할 수 있다고 규정하는 경우, 그 시말서가 단순히 사건의 경위를 보고하는 데 그치지 않고 더 나아가 근로관계에서 발생한 사고 등에 관하여 '자신의 잘못을 반성하고 사죄한다는 내용'이 포함된 사죄문 또는 반성문을 의미하는 것이라면, 이는 헌법이 보장하는 내심의 윤리적 판단에 대한 강제로서 양심의 자유를 침해하는 것이므로, 그러한 취업규칙 규정은 헌법에 위배되어 근로기준법 제96조 제1항에 따라 효력이 없고, 그에 근거한 사용자의 시말서 제출명령은 업무상 정당한 명령으로 볼 수 없다(대판 2010.1.14. 2009두6605).

[㉣▸×] 정당한 사유로 인정할 수 있는 양심적 병역거부를 심리하여 판단하는 것은 중요한 문제이다. 여기에서 말하는 양심은 그 신념이 깊고, 확고하며, 진실하여야 한다. … 구체적인 병역법위반 사건에서 피고인이 양심적 병역거부를 주장할 경우, 그 양심이 과연 위와 같이 깊고 확고하며 진실한 것인지 가려내는 일이 무엇보다 중요하다. 인간의 내면에 있는 양심을 직접 객관적으로 증명할 수는 없으므로 사물의 성질상 양심과 관련성이 있는 간접사실 또는 정황사실을 증명하는 방법으로 판단하여야 한다(대판 [전합] 2018.11.1. 2016도10912).

[ⓜ ▸ ✕] 내용상 단순히 국법질서나 헌법체제를 준수하겠다는 취지의 서약을 할 것을 요구하는 이 사건 준법서약은 국민이 부담하는 일반적 의무를 장래를 향하여 확인하는 것에 불과하며, 어떠한 가정적 혹은 실제적 상황하에서 특정의 사유(思惟)를 하거나 특별한 행동을 할 것을 새로이 요구하는 것이 아니다. 따라서 이 사건 준법서약은 어떤 구체적이거나 적극적인 내용을 담지 않은 채 단순한 헌법적 의무의 확인·서약에 불과하다 할 것이어서 양심의 영역을 건드리는 것이 아니다(헌재 2002.4.25. 98헌마 425).

답 ❶

31
☐☐☐

양심적 병역거부에 관한 다음 설명 중 가장 옳지 않은 것은?   2021년 법무사시험 [문 5]

① 국방의 의무는 법률이 정하는 바에 따라 부담하므로, 그 구체적인 이행방법과 내용은 법률로 정할 사항이다.

② 양심적 병역거부의 허용 여부는 헌법 제19조 양심의 자유 등 기본권 규범과 헌법 제39조 국방의 의무 규범 사이의 충돌·조정 문제이다.

③ 양심적 병역거부는 소극적 부작위에 의한 양심실현에 해당하므로, 이에 대한 제한은 양심의 자유에 대한 과도한 제한이 되거나 본질적 내용에 대한 위협이 될 수 있다.

④ 양심적 병역거부자에게 병역의무의 이행을 일률적으로 강제하고 그 불이행에 대하여 형사처벌 등 제재를 하는 것은 소수자에 대한 관용과 포용이라는 자유민주주의 정신에도 위배된다.

⑤ 신념이 확고하다는 것은 그것이 유동적이거나 가변적이지 않다는 것을 뜻하지만, 반드시 고정불변이어야 하는 것은 아니므로, 상황에 따라 타협적이거나 전략적으로 행동하는 것을 금지하지는 아니한다. 병역거부자가 그 신념과 관련한 문제에서 상황에 따라 다른 행동을 하였다고 하더라도, 그러한 신념이 진실하지 않다고 단정할 수는 없다.

....

[❶ ▸ ○] 국방의 의무는 법률이 정하는 바에 따라 부담한다(헌법 제39조 제1항). 즉 국방의 의무의 구체적인 이행방법과 내용은 법률로 정할 사항이다(대판[전합] 2018.11.1. 2016도10912).

[❷ ▸ ○] 헌법상 국가의 안전보장과 국토방위의 신성한 의무, 그리고 국민에게 부여된 국방의 의무는 아무리 강조해도 지나치지 않다. 국가의 존립이 없으면 기본권 보장의 토대가 무너지기 때문이다. 국방의 의무가 구체화된 병역의무는 성실하게 이행하여야 하고 병무행정 역시 공정하고 엄정하게 집행하여야 한다. 헌법이 양심의 자유를 보장하고 있다고 해서 위와 같은 가치를 소홀히 해서는 안 된다. 따라서 양심적 병역거부의 허용 여부는 헌법 제19조 양심의 자유 등 기본권 규범과 헌법 제39조 국방의 의무 규범 사이의 충돌·조정 문제가 된다(대판[전합] 2018.11.1. 2016도10912).

[❸ ▸ ○] 소극적 부작위에 의한 양심실현의 자유에 대한 제한은 양심의 자유에 대한 과도한 제한이 되거나 본질적 내용에 대한 위협이 될 수 있다. 양심적 병역거부는 이러한 소극적 부작위에 의한 양심실현에 해당한다(대판[전합] 2018.11.1. 2016도10912).

[❹ ▸ ○] 양심적 병역거부자에게 병역의무의 이행을 일률적으로 강제하고 그 불이행에 대하여 형사처벌 등 제재를 하는 것은 양심의 자유를 비롯한 헌법상 기본권 보장체계와 전체 법질서에 비추어 타당하지 않을 뿐만 아니라 소수자에 대한 관용과 포용이라는 자유민주주의 정신에도 위배된다(대판[전합] 2018.11.1. 2016도10912).

[**⑤ ▸ ✕**] 신념이 확고하다는 것은 그것이 유동적이거나 가변적이지 않다는 것을 뜻한다. 반드시 고정 불변이어야 하는 것은 아니지만, 그 신념은 분명한 실체를 가진 것으로서 좀처럼 쉽게 바뀌지 않는 것이어야 한다. 신념이 진실하다는 것은 거짓이 없고, 상황에 따라 타협적이거나 전략적이지 않다는 것을 뜻한다. 설령 병역거부자가 깊고 확고한 신념을 가지고 있더라도 그 신념과 관련한 문제에서 상황에 따라 다른 행동을 한다면 그러한 신념은 진실하다고 보기 어렵다(대판[전합] 2018.11.1. 2016도10912).

답 ⑤

 **종교의 자유**

 **언론 · 출판의 자유**

32 □□□ 표현의 자유에 관한 다음 설명 중 가장 옳지 않은 것은? **2025년 법무사시험 [문 2]**

① '음란'이란 인간존엄 내지 인간성을 왜곡하는 노골적이고 적나라한 성표현으로서 오로지 성적 흥미에만 호소할 뿐 전체적으로 보아 하등의 문학적, 예술적, 과학적 또는 정치적 가치를 지니지 않은 것으로서, 사회의 건전한 성도덕을 크게 해칠 뿐만 아니라 사상의 경쟁메커니즘에 의해서도 그 해악이 해소되기 어렵다고 하지 않을 수 없다. 따라서 이러한 엄격한 의미의 음란표현은 언론 · 출판의 자유에 의해서 보호되지 않는다.

② 헌법 제21조 제1항에서 보장하고 있는 표현의 자유는 사상 또는 의견의 자유로운 표명(발표의 자유)과 그것을 전파할 자유(전달의 자유)를 의미하는 것으로서, 그러한 의사의 자유로운 표명과 전파의 자유에는 자신의 신원을 누구에게도 밝히지 아니한 채 익명 또는 가명으로 자신의 사상이나 견해를 표명하고 전파할 익명표현의 자유도 포함된다.

③ 표현의 자유에 있어 의사표현 또는 전파의 매개체는 어떠한 형태이건 가능하며 그 제한이 없는바, 인터넷 게시판은 인터넷에서 의사를 형성 · 전파하는 매체로서의 역할을 담당하고 있으므로 의사의 표현 · 전파 형식의 하나로서 인정된다.

④ 헌법 제21조 제2항이 금지하는 검열은 사전검열만을 의미하므로 개인이 정보와 사상을 발표하기 이전에 국가기관이 미리 그 내용을 심사 · 선별하여 일정한 범위 내에서 발표를 저지하는 것만을 의미하고, 헌법상 보호되지 않는 의사표현에 대하여 공개한 뒤에 국가기관이 간섭하는 것을 금지하는 것은 아니다.

⑤ 심의기관에서 허가절차를 통하여 영화의 상영 여부를 종국적으로 결정할 수 있도록 하는 것은 검열에 해당하나, 영화의 상영으로 인한 실정법위반의 가능성을 사전에 막고 청소년 등에 대한 상영이 부적절할 경우 이를 유통단계에서 효과적으로 관리할 수 있도록 미리 등급을 심사하는 것은 사전검열이 아니다.

[**❶** ▸ **✕**] 헌법재판소는 종래 "음란이란 인간존엄 내지 인간성을 왜곡하는 노골적이고 적나라한 성표현으로서 오로지 성적 흥미에만 호소할 뿐 전체적으로 보아 하등의 문학적, 예술적, 과학적 또는 정치적 가치를 지니지 않은 것으로서, 사회의 건전한 성도덕을 크게 해칠 뿐만 아니라 사상의 경쟁메커니즘에 의해서도 그 해악이 해소되기 어렵다고 하지 않을 수 없으므로, 이러한 엄격한 의미의 음란표현은 언론·출판의 자유에 의해서 보호되지 않는다(헌재 1998.4.30. 95헌가16)."고 하여 왔으나, 이후 "헌법 제21조 제4항은 '언론·출판은 타인의 명예나 권리 또는 공중도덕이나 사회윤리를 침해하여서는 아니 된다.'고 규정하고 있는바, 이는 언론·출판의 자유에 따르는 책임과 의무를 강조하는 동시에 언론·출판의 자유에 대한 제한의 요건을 명시한 규정으로 볼 것이고, 헌법상 표현의 자유의 보호영역 한계를 설정한 것이라고는 볼 수 없다. 따라서 음란표현도 헌법 제21조가 규정하는 언론·출판의 자유의 보호영역에는 해당하되, 다만 헌법 제37조 제2항에 따라 국가 안전보장·질서유지 또는 공공복리를 위하여 제한할 수 있는 것이라고 해석하여야 할 것이다."라고 하면서 엄격한 의미의 음란표현은 언론·출판의 자유에 의해서 보호되지 아니한다고 판시한 종래의 견해를 변경하였다(헌재 2009.5.28. 2006헌바109).

[**❷** ▸ **○**] [**❸** ▸ **○**] 헌법 제21조 제1항에서 보장하고 있는 표현의 자유는 사상 또는 의견의 자유로운 표명(발표의 자유)과 그것을 전파할 자유(전달의 자유)를 의미하는 것으로서, 그러한 의사의 '자유로운' 표명과 전파의 자유에는 자신의 신원을 누구에게도 밝히지 아니한 채 익명 또는 가명으로 자신의 사상이나 견해를 표명하고 전파할 익명표현의 자유도 포함된다. 그리고 표현의 자유에 있어 의사표현 또는 전파의 매개체는 어떠한 형태이건 가능하며 그 제한이 없는바, 인터넷 게시판은 인터넷에서 의사를 형성·전파하는 매체로서의 역할을 담당하고 있으므로 의사의 표현·전파 형식의 하나로서 인정된다(헌재 2022.12.22. 2019헌마654).

[**❹** ▸ **○**] 헌법 제21조 제2항이 금지하는 검열은 사전검열만을 의미하므로 개인이 정보와 사상을 발표하기 이전에 국가기관이 미리 그 내용을 심사·선별하여 일정한 범위 내에서 발표를 저지하는 것만을 의미하고, 헌법상 보호되지 않는 의사표현에 대하여 공개한 뒤에 국가기관이 간섭하는 것을 금지하는 것은 아니다(헌재 1996.10.4. 93헌가13).

[**❺** ▸ **○**] 검열금지의 원칙은 모든 형태의 사전적인 규제를 금지하는 것이 아니고 단지 의사표현의 발표 여부가 오로지 행정권의 허가에 달려 있는 사전심사만을 금지하는 것을 뜻하며, 또한 정신작품의 발표 이후에 비로소 취해지는 사후적인 사법적 규제를 금지하지 않는다. 따라서 심의기관에서 허가절차를 통하여 영화의 상영 여부를 종국적으로 결정할 수 있도록 하는 것은 검열에 해당하나, 예컨대 영화의 상영으로 인한 실정법위반의 가능성을 사전에 막고, 청소년 등에 대한 상영이 부적절할 경우 이를 유통 단계에서 효과적으로 관리할 수 있도록 미리 등급을 심사하는 것은 사전검열이 아니다(헌재 1996.10.4. 93헌가13).

 답 ❶

다음 설명 중 가장 옳지 않은 것은?　　　　　　　

① 특정한 정당이나 정치인에 대한 정치자금의 기부는 그의 정치활동에 대한 지지·지원인 동시에 정책적 영향력 행사의 의도 또는 가능성을 내포하고 있다는 점에서 일종의 정치활동 내지 정치적인 의사표현이라 할 것인바, 누구든지 단체와 관련된 자금으로 정치자금을 기부할 수 없도록 한 기부금지 조항은 정치활동의 자유 내지 정치적 의사표현의 자유에 대한 제한이 된다고 볼 수 있다.

② 우리 헌법은 제21조 제1항에서 "모든 국민은 언론·출판의 자유 … 를 가진다."라고 규정하여 현대 자유민주주의의 존립과 발전에 필수불가결한 기본권으로 언론·출판의 자유를 강력하게 보장하고 있으나, 광고물은 상업적 목적으로 제작된 것으로서 언론·출판의 자유에 의한 보호를 받는 대상이 된다고 볼 수 없다.

③ '청소년이용음란물' 역시 의사형성적 작용을 하는 의사의 표현·전파의 형식 중 하나임이 분명하므로 언론·출판의 자유에 의하여 보호되는 의사표현의 매개체에 해당한다.

④ 헌법 제21조에서 보장하고 있는 언론·출판의 자유, 즉 표현의 자유는 전통적으로는 사상 또는 의견의 자유로운 표명(발표의 자유)과 그것을 전파할 자유(전달의 자유)를 의미하고, 개인이 인간으로서의 존엄과 가치를 유지하고 행복을 추구하며 국민주권을 실현하는 데 필수불가결한 것으로서, 종교의 자유, 양심의 자유, 학문과 예술의 자유 등의 정신적인 자유를 외부적으로 표현하는 자유라고 할 수 있다.

⑤ 종교활동은 헌법상 종교의 자유와 정교분리의 원칙에 의하여 국가의 간섭으로부터 그 자유가 보장되어 있는 것이므로 국가기관인 법원으로서도 종교단체 내부관계에 관한 사항에 대해서는 그것이 일반 국민으로서 권리의무나 법률관계를 규율하는 것이 아닌 이상 원칙적으로 그 실체적인 심리판단을 하지 아니함으로써 당해 종교단체의 자율권을 최대한 보장하여야 할 것이고, 한편 종교단체가 그 교리를 확립하고 종교단체 및 신앙의 질서를 유지하기 위하여 교인으로서의 비위가 있는 자를 종교적인 방법으로 제재하는 것은 종교단체 내부의 규제로서 헌법이 보장하는 종교의 자유의 영역에 속하는 것임에 비추어, 교인의 구체적인 권리 또는 법률관계에 관한 분쟁이 있어 그에 관한 청구의 당부를 판단하는 전제로서 종교단체의 교인에 대한 징계의 당부를 판단하는 것은 별론으로 하더라도, 법원이 그 징계의 효력 그 자체를 사법심사의 대상으로 삼아 효력 유무를 판단할 수는 없다고 할 것이다.

⋯⋯

[❶ ▸ ○] 특정한 정당이나 정치인에 대한 정치자금의 기부는 그의 정치활동에 대한 지지·지원인 동시에 정책적 영향력 행사의 의도 또는 가능성을 내포하고 있다는 점에서 일종의 정치활동 내지 정치적인 의사표현이라 할 것인바, 누구든지 단체와 관련된 자금으로 정치자금을 기부할 수 없도록 한 이 사건 기부금지 조항은 정치활동의 자유 내지 정치적 의사표현의 자유에 대한 제한이 된다고 볼 수 있다(헌재 2010.12.28. 2008헌바89).

[❷ ▸ ✕] 광고가 단순히 상업적인 상품이나 서비스에 관한 사실을 알리는 경우에도 그 내용이 공익을 포함하는 때에는 헌법 제21조의 표현의 자유에 의하여 보호된다. 헌법은 제21조 제1항에서 "모든 국민은 언론·출판의 자유 … 를 가진다"라고 규정하여 현대 자유민주주의의 존립과 발전에 필수불가결한 기본권으로 언론·출판의 자유를 강력하게 보장하고 있는바, <u>광고물도 사상·지식·정보 등을 불특정다수인에게 전파하는 것으로서 언론·출판의 자유에 의한 보호를 받는 대상이 됨은 물론이다</u>(헌재 2002.12.18. 2000헌마764).

[❸ ▸ ○] '청소년이용음란물' 역시 의사형성적 작용을 하는 의사의 표현·전파의 형식 중 하나임이 분명하므로 언론·출판의 자유에 의하여 보호되는 의사표현의 매개체라는 점에는 의문의 여지가 없다(헌재 2002.4.25. 2001헌가27).

[**④** ▶ **O**] 헌법 제21조에서 보장하고 있는 언론·출판의 자유 즉 표현의 자유는 전통적으로는 사상 또는 의견의 자유로운 표명(발표의 자유)과 그것을 전파할 자유(전달의 자유)를 의미하고, 개인이 인간으로서의 존엄과 가치를 유지하고 행복을 추구하며 국민주권을 실현하는 데 필수불가결한 것으로서, 종교의 자유, 양심의 자유, 학문과 예술의 자유 등의 정신적인 자유를 외부적으로 표현하는 자유라고 할 수 있으며, 위 언론·출판의 자유의 내용으로서는 의사표현·전파의 자유, 정보의 자유, 신문의 자유 및 방송·방영의 자유 등이 있는데, 이러한 언론·출판의 자유의 내용 중 의사표현·전파의 자유에 있어서 의사표현 또는 전파의 매개체는 어떠한 형태이건 가능하며 그 제한이 없으므로, 담화·연설·토론·연극·방송·음악·영화·가요 등과 문서·소설·시가·도화·사진·조각·서화 등 모든 형상의 의사표현 또는 의사전파의 매개체를 포함한다(헌재 2002.4.25. 2001헌가27).

[**⑤** ▶ **O**] 종교활동은 헌법상 종교의 자유와 정교분리의 원칙에 의하여 국가의 간섭으로부터 그 자유가 보장되어 있다. 따라서 국가기관인 법원으로서도 종교단체 내부관계에 관한 사항에 대하여는 그것이 일반 국민으로서의 권리의무나 법률관계를 규율하는 것이 아닌 이상 원칙적으로 실체적인 심리·판단을 하지 아니함으로써 당해 종교단체의 자율권을 최대한 보장하여야 한다. 한편 종교단체가 그 교리를 확립하고 종교단체 및 신앙의 질서를 유지하기 위하여 교인으로서의 비위가 있는 사람을 종교적인 방법으로 제재하는 것은 종교단체 내부의 규제로서 헌법이 보장하는 종교의 자유의 영역에 속하는 것임에 비추어, 교인의 구체적인 권리 또는 법률관계에 관한 분쟁이 있어서 그에 관한 청구의 당부를 판단하는 전제로 종교단체의 교인에 대한 징계의 당부를 판단하는 것은 별론으로 하더라도, 법원이 그 징계의 효력 자체를 사법심사의 대상으로 삼아 효력 유무를 판단할 수는 없다고 할 것이다(대판 2011.10.27. 2009다32386).

 답 **②**

① 공익사업을 위한 토지 등의 취득 및 보상에 관한 법률 제91조 제1항이 환매권의 발생기간을 '취득일로부터 10년 이내'로 제한한 것은 환매권의 구체적 행사를 위한 내용을 정한 것이라기보다는 환매권의 발생 여부 자체를 정하는 것이어서 사실상 원소유자의 환매권을 배제하는 결과를 초래할 수 있으므로, 침해의 최소성 및 법익의 균형성 등 기본권 제한입법의 한계를 준수하지 못하고 있어 헌법에 위반된다.

② 노동조합 및 노동관계조정법 제94조는 양벌규정으로서 "법인 또는 단체의 대표자, 법인·단체 또는 개인의 대리인·사용인 기타의 종업원이 그 법인·단체 또는 개인의 업무에 관하여 제88조 내지 제93조의 위반행위를 한 때에는 행위자를 벌하는 외에 그 법인·단체 또는 개인에 대하여도 각 해당 조의 벌금형을 과한다"라고 규정하고 있는데, 위 규정 중 '법인의 대리인·사용인 기타의 종업원' 관련 부분은 책임주의 원칙에 위배되지만, '법인의 대표자' 관련 부분은 책임주의 원칙에 위배되지 않는다.

③ 건강보험수급권은 가입자가 납부한 보험료에 대한 반대급부의 성격을 가지며, 보험사고로 초래되는 재산상 부담을 전보하여 주는 경제적 유용성을 가지므로, 헌법상 재산권의 보호범위에 속한다.

④ 초·중등학교 교원에 대해서는 정당가입의 자유를 금지하면서 대학의 교원에게 이를 허용한다 하더라도, 이는 양자 간 직무의 본질과 내용, 근무 태양이 다른 점을 고려한 합리적인 차별이므로 평등원칙에 위배되지 않는다.

⑤ 국가공무원법 제66조 제1항 본문은 "공무원은 노동운동이나 그 밖에 공무 외의 일을 위한 집단행위를 하여서는 아니 된다"라고 규정하고 있는데, 위 규정 중 '그 밖에 공무 외의 일을 위한 집단행위' 부분은 명확성 원칙에 위반될 뿐 아니라 공무에 속하지 아니하는 어떤 일을 위하여 공무원들이 하는 모든 집단적 행위를 금지함으로써 표현의 자유에 대한 과도한 제한에 해당하므로, 헌법에 위반된다.

....

[❶ ▶ O] 이 사건 법률조항은 '취득일로부터 10년 이내'로 환매권의 발생기간을 제한함으로써, 원래 토지수용 등의 원인이 되었던 공공필요성이 소멸하더라도 그 토지취득일로부터 10년이 지나기만 하면 원소유자에게 환매권 자체가 발생하지 않도록 정하고 있다. 이러한 환매권의 발생기간 제한은 환매권이 인정됨을 전제로 환매권의 구체적 행사를 위한 행사기간, 방법, 환매가격 등 환매권의 내용을 정한 것이라기보다는 환매권 발생 여부 자체를 정하는 것이어서 사실상 원소유자의 환매권을 배제하는 효과를 초래할 수 있으므로, 헌법 제37조 제2항에서 정한 기본권 제한 입법의 한계를 준수하고 있는지 살펴본다. … 이 사건 법률조항은 헌법 제37조 제2항에 반하여 국민의 재산권을 침해하므로 헌법에 위반된다(헌재 2020.11.26. 2019헌바131).

[❷ ▸ ○] 심판대상조항 중 법인의 종업원 관련 부분은 종업원 등의 범죄행위에 관하여 비난할 근거가 되는 법인의 의사결정 및 행위구조, 즉 종업원 등이 저지른 행위의 결과에 대한 법인의 독자적인 책임에 관하여 전혀 규정하지 않은 채, 단순히 법인이 고용한 종업원 등이 업무에 관하여 범죄행위를 하였다는 이유만으로 법인에 대하여 형벌을 부과하도록 정하고 있는바, 이는 다른 사람의 범죄에 대하여 그 책임 유무를 묻지 않고 형사처벌하는 것이므로 헌법상 법치국가원리로부터 도출되는 책임주의원칙에 위배된다. 법인은 기관을 통하여 행위하므로 법인이 대표자를 선임한 이상 그의 행위로 인한 법률효과는 법인에게 귀속되어야 하고, 법인 대표자의 범죄행위에 대하여는 법인이 자신의 행위에 대한 책임을 부담하는 것이다. 법인 대표자의 법규위반행위에 대한 법인의 책임은 법인 자신의 법규위반행위로 평가될 수 있는 행위에 대한 법인의 직접책임이므로, 대표자의 고의에 의한 위반행위에 대하여는 법인이 고의 책임을, 대표자의 과실에 의한 위반행위에 대하여는 법인이 과실 책임을 부담한다. 따라서 심판대상조항 중 법인의 대표자 관련 부분은 법인의 직접책임을 근거로 하여 법인을 처벌하므로 책임주의원칙에 위배 되지 않는다(헌재 2020.4.23. 2019헌가25).

[❸ ▸ ○] 건강보험수급권은 가입자가 납부한 보험료에 대한 반대급부의 성격을 가지며, 보험사고로 초래되는 재산상 부담을 전보하여 주는 경제적 유용성을 가지므로, 헌법상 재산권의 보호범위에 속한다고 볼 수 있다(헌재 2020.4.23. 2017헌바244).

[❹ ▸ ○] 초·중등학교 교원에 대해서는 정당가입과 선거운동의 자유를 금지하면서 대학교원에게는 이를 허용한다 하더라도, 이는 양자 간 직무의 본질이나 내용 그리고 근무태양이 다른 점을 고려할 때 합리적인 차별이라고 할 것이므로 청구인이 주장하듯 헌법상의 평등권을 침해한 것이라고 할 수 없다(헌재 2004.3.25. 2001헌마710).

[❺ ▸ ✕] 구 국가공무원법 제66조 제1항은 "공무원은 노동운동이나 그 밖에 공무 외의 일을 위한 집단 행위를 하여서는 아니 된다. 다만, 사실상 노무에 종사하는 공무원은 예외로 한다"라고 규정하고 있다. 국가공무원법이 위와 같이 '공무 외의 일을 위한 집단행위'라고 다소 포괄적이고 광범위하게 규정 하고 있다 하더라도, 이는 공무가 아닌 어떤 일을 위하여 공무원들이 하는 모든 집단행위를 의미하는 것이 아니라, 언론·출판·집회·결사의 자유를 보장하고 있는 헌법 제21조 제1항, 공무원에게 요구되는 헌법상의 의무 및 이를 구체화한 국가공무원법의 취지, 국가공무원법상의 성실의무 및 직무전념의무 등을 종합적으로 고려하여 '공익에 반하는 목적을 위한 행위로서 직무전념의무를 해태하는 등의 영향을 가져오는 집단적 행위'라고 해석된다. 위 규정을 위와 같이 해석한다면 수범자인 공무원이 구체적으로 어떠한 행위가 여기에 해당하는지를 충분히 예측할 수 없을 정도로 적용 범위가 모호하다거나 불분명하다고 할 수 없으므로 위 규정이 명확성의 원칙에 반한다고 볼 수 없고, 또한 위 규정이 적용 범위가 지나치게 광범위하거나 포괄적이어서 공무원이 표현이 자유를 과도하게 제한한다고 볼 수 없으므로, 과잉금지의 원칙에 반한다고 볼 수도 없다(대판 2017.4.13. 2014두8469).

답 ❺

35
☐☐☐

다음 설명 중 가장 옳지 않은 것은? 2023년 법무사시험 [문 20]

① 집회의 자유는 개인의 인격발현의 요소이자 민주주의를 구성하는 요소라는 이중적 헌법적 기능을 가지고 있다. 뿐만 아니라, 집회를 통하여 국민들이 자신의 의견과 주장을 집단적으로 표명함으로써 여론의 형성에 영향을 미친다는 점에서, 집회의 자유는 표현의 자유와 더불어 민주적 공동체가 기능하기 위하여 불가결한 근본요소에 속한다.

② 집회의 자유는 민주국가에서 정신적 대립과 논의의 수단으로서 보호되므로, 집회의 자유에 의하여 보호되는 것은 '평화적' 또는 '비폭력적' 집회뿐 아니라 폭력을 사용한 의견의 강요에 해당할지라도 헌법적으로 보호받을 수 있다.

③ 집회의 목적·내용과 집회의 장소는 일반적으로 밀접한 내적인 연관관계에 있기 때문에, 집회의 장소에 대한 선택이 집회의 성과를 결정짓는 경우가 적지 않다. 집회장소가 바로 집회의 목적과 효과에 대하여 중요한 의미를 가지기 때문에, 누구나 '어떤 장소에서' 자신이 계획한 집회를 할 것인가를 원칙적으로 자유롭게 결정할 수 있어야만 집회의 자유가 비로소 효과적으로 보장되는 것이다. 따라서 집회의 자유는 다른 법익의 보호를 위하여 정당화되지 않는 한, 집회장소를 항의의 대상으로부터 분리시키는 것을 금지한다.

④ 집회의 자유는 집회의 시간, 장소, 방법과 목적을 스스로 결정할 권리를 보장한다. 집회의 자유에 의하여 구체적으로 보호되는 주요행위는 집회의 준비 및 조직, 지휘, 참가, 집회장소·시간의 선택이다. 따라서 집회의 자유는 개인이 집회에 참가하는 것을 방해하거나 또는 집회에 참가할 것을 강요하는 국가행위를 금지할 뿐만 아니라, 예컨대 집회장소로의 여행을 방해하거나, 집회장소로부터 귀가하는 것을 방해하거나, 집회참가자에 대한 검문의 방법으로 시간을 지연시킴으로써 집회장소에 접근하는 것을 방해하는 등 집회의 자유행사에 영향을 미치는 모든 조치를 금지한다.

⑤ 헌법 제21조가 규정하는 결사의 자유라 함은 다수의 자연인 또는 법인이 공동의 목적을 위하여 단체를 결성할 수 있는 자유를 말하는 것으로, 결사의 자유에서 말하는 결사란 자유의사에 기하여 결합하고 조직화된 의사형성이 가능한 단체를 말하는 것이므로 공법상의 결사는 이에 포함되지 아니한다.

···

[❶▸○] 집회의 자유는 개인의 인격발현의 요소이자 민주주의를 구성하는 요소라는 이중적 헌법적 기능을 가지고 있다. 인간의 존엄성과 자유로운 인격발현을 최고의 가치로 삼는 우리 헌법질서 내에서 집회의 자유도 다른 모든 기본권과 마찬가지로 일차적으로는 개인의 자기결정과 인격발현에 기여하는 기본권이다. 뿐만 아니라, 집회를 통하여 국민들이 자신의 의견과 주장을 집단적으로 표명함으로써 여론의 형성에 영향을 미친다는 점에서, 집회의 자유는 표현의 자유와 더불어 민주적 공동체가 기능하기 위하여 불가결한 근본요소에 속한다(헌재 2003.10.30. 2000헌바67).

[❷▸✕] 집회의 자유에 의하여 보호되는 것은 단지 '평화적' 또는 '비폭력적' 집회이다. 집회의 자유는 민주국가에서 정신적 대립과 논의의 수단으로서, 평화적 수단을 이용한 의견의 표명은 헌법적으로 보호되지만, 폭력을 사용한 의견의 강요는 헌법적으로 보호되지 않는다(헌재 2003.10.30. 2000헌바67).

[**③ ▸ ○**] 집회의 목적·내용과 집회의 장소는 일반적으로 밀접한 내적인 연관관계에 있기 때문에, 집회의 장소에 대한 선택이 집회의 성과를 결정짓는 경우가 적지 않다. 집회장소가 바로 집회의 목적과 효과에 대하여 중요한 의미를 가지기 때문에, 누구나 '어떤 장소에서' 자신이 계획한 집회를 할 것인가를 원칙적으로 자유롭게 결정할 수 있어야만 집회의 자유가 비로소 효과적으로 보장되는 것이다. 따라서 집회의 자유는 다른 법익의 보호를 위하여 정당화되지 않는 한, 집회장소를 항의의 대상으로부터 분리시키는 것을 금지한다(헌재 2003.10.30. 2000헌바67).

[**④ ▸ ○**] 집회의 자유는 집회의 시간, 장소, 방법과 목적을 스스로 결정할 권리를 보장한다. 집회의 자유에 의하여 구체적으로 보호되는 주요행위는 집회의 준비 및 조직, 지휘, 참가, 집회장소·시간의 선택이다. 따라서 집회의 자유는 개인이 집회에 참가하는 것을 방해하거나 또는 집회에 참가할 것을 강요하는 국가행위를 금지할 뿐만 아니라, 예컨대 집회장소로의 여행을 방해하거나, 집회장소로부터 귀가하는 것을 방해하거나, 집회참가자에 대한 검문의 방법으로 시간을 지연시킴으로써 집회장소에 접근하는 것을 방해하는 등 집회의 자유행사에 영향을 미치는 모든 조치를 금지한다(헌재 2003.10.30. 2000헌바67).

[**⑤ ▸ ○**] 헌법 제21조가 규정하는 결사의 자유라 함은 다수의 자연인 또는 법인이 공동의 목적을 위하여 단체를 결성할 수 있는 자유를 말하는 것으로 적극적으로는 ㉠ 단체결성의 자유, ㉡ 단체존속의 자유, ㉢ 단체활동의 자유, ㉣ 결사에의 가입·잔류의 자유를, 소극적으로는 기존의 단체로부터 탈퇴할 자유와 결사에 가입하지 아니할 자유를 내용으로 하는바, 위에서 말하는 결사란 자연인 또는 법인의 다수가 상당한 기간 동안 공동목적을 위하여 자유의사에 기하여 결합하고 조직화된 의사형성이 가능한 단체를 말하는 것으로 공법상의 결사는 이에 포함되지 아니한다(헌재 1996.4.25. 92헌바47).

 답 ❷

제5항   학문·예술의 자유

36
□□□ 　대학의 자율성에 관한 다음 설명 중 가장 옳지 않은 것은? 　2018년 법무사시험 [문 11]

① 대학의 자율성은 학문의 자유를 보장하기 위한 수단으로서 대학에 부여된 헌법상 기본권이다.
② 국립대학은 국가가 설립한 공법상 영조물이지만, 대학의 자율이라는 기본권의 주체이기도 하다.
③ 대학의 자치의 주체를 기본적으로 대학으로 본다고 하더라도 교수나 교수회의 주체성이 부정된다고 볼 수는 없고, 가령 학문의 자유를 침해하는 대학의 장에 대한 관계에서는 교수나 교수회가 주체가 될 수 있고, 또한 국가에 의한 침해에 있어서는 대학 자체 외에도 대학 전 구성원이 자율성을 갖는 경우도 있을 것이므로 문제되는 경우에 따라서 대학, 교수, 교수회 모두가 단독, 혹은 중첩적으로 주체가 될 수 있다.
④ 법인으로 설립되지 않은 국립대학은 당사자능력이 인정되지 않으므로, 헌법소원심판을 제기할 수 있는 청구인적격도 인정되지 않는다.
⑤ 대학의 자율성에 대한 규율의 정도는 그 시대의 사정과 각급 학교에 따라 다를 수밖에 없는 것이므로 교육의 본질을 침해하지 않는 한 궁극적으로는 입법권자의 형성의 자유에 속한다.

PART 1
PART 2
PART 3
PART 4
PART 5
PART 6
PART 7
PART 8

[**❶▸○**] [**❸▸○**] 헌법재판소는 대학의 자율성은 헌법 제22조 제1항이 보장하고 있는 학문의 자유의 확실한 보장수단으로 꼭 필요한 것으로서 대학에게 부여된 헌법상의 기본권으로 보고 있다. 그러나 대학의 자치의 주체를 기본적으로 대학으로 본다고 하더라도 교수나 교수회의 주체성이 부정된다고 볼 수는 없고, 가령 학문의 자유를 침해하는 대학의 장에 대한 관계에서는 교수나 교수회가 주체가 될 수 있고, 또한 국가에 의한 침해에 있어서는 대학 자체 외에도 대학 전 구성원이 자율성을 갖는 경우도 있을 것이므로 문제되는 경우에 따라서 대학, 교수, 교수회 모두가 단독, 혹은 중첩적으로 주체가 될 수 있다고 보아야 할 것이다(헌재 2006.4.27. 2005헌마1047).

[**❷▸○**] 국립대학인 서울대학교는 특정한 국가목적(대학교육)에 제공된 인적·물적 종합시설로서 공법상의 영조물이다. … 교육의 자주성이나 대학의 자율성은 헌법 제22조 제1항이 보장하고 있는 학문의 자유의 확실한 보장수단으로 꼭 필요한 것으로서 이는 대학에게 부여된 헌법상의 기본권이다. 따라서 국립대학인 서울대학교는 다른 국가기관 내지 행정기관과는 달리 공권력의 행사자의 지위와 함께 기본권의 주체라는 점도 중요하게 다루어져야 한다(헌재 1992.10.1. 92헌마68).

[**❹▸✕**] 법인화되지 않은 국립대학은 영조물에 불과하고, 그 총장은 국립대학의 대표자일 뿐이어서 행정소송의 당사자능력이 인정되지 않는다는 것이 법원의 확립된 판례이므로, 설사 청구인이 이 사건 모집정지에 대하여 행정소송을 제기한다고 할지라도 부적법 각하될 가능성이 많아 행정소송에 의하여 권리구제를 받을 가능성이 없는 경우에 해당되고, 따라서 <u>보충성의 예외를 인정함이 상당하다</u>(헌재 2015.12.23. 2014헌마1149). 이는 헌법소원심판에서 법인화되지 아니한 국립대학에 대하여 대학의 자율권의 주체로서 청구인능력을 인정한 사례이다.

[**❺▸○**] 대학의 자율도 헌법상의 기본권이므로 기본권 제한의 일반적 법률유보의 원칙을 규정한 헌법 제37조 제2항에 따라 제한될 수 있고, 대학의 자율의 구체적인 내용은 법률이 정하는 바에 의하여 보장되며, 또한 국가는 헌법 제31조 제6항에 따라 모든 학교제도의 조직, 계획, 운영, 감독에 관한 포괄적인 권한, 즉 학교제도에 관한 전반적인 형성권과 규율권을 부여받았다고 할 수 있고, 다만 그 규율의 정도는 그 시대의 사정과 각급 학교에 따라 다를 수밖에 없는 것이므로 교육의 본질을 침해하지 않는 한 궁극적으로는 입법권자의 형성의 자유에 속하는 것이라 할 수 있다(헌재 2006.4.27. 2005헌마1047).

답 ❹

제4장 / 경제적 기본권

제1절 재산권

37
□□□
재산권에 관한 다음 설명 중 가장 옳지 않은 것은?   2025년 법무사시험 [문 13]

① 헌법이 보장하고 있는 재산권은 재산가치 있는 모든 사법 및 공법상의 권리를 포함한다.
② 기초생활보장수급권은 공공부조의 일종으로서 순수하게 사회정책적 목적에서 주어지는 권리로서, 개인의 노력과 금전적 기여를 통하여 취득되는 재산권의 보호대상에 포함된다고 보기 어렵다.
③ 재산권에 대한 제한의 허용정도는 재산권 객체의 사회적 기능, 즉 재산권의 행사가 기본권의 주체와 사회전반에 대하여 가지는 의미에 달려 있다고 할 것인데, 재산권의 행사가 사회적 연관성과 사회적 기능을 가지면 가질수록 입법자에 의한 보다 광범위한 제한이 허용된다.
④ 토지는 국민경제의 관점에서나 그 사회적 기능에 있어서 다른 재산권과 같게 다루어야 할 성질의 것이 아니므로 다른 재산권에 비하여 보다 강하게 공동체의 이익을 관철할 것이 요구된다.
⑤ 헌법 제13조 제2항은 "모든 국민은 소급입법에 의하여 재산권을 박탈당하지 아니한다."고 규정하고 있으므로, 진정소급입법에 의한 재산권의 제한은 국민이 소급입법을 예상할 수 있었던 경우에도 허용되지 않는다.

....

[❶ ▸ O] 우리 헌법이 보장하고 있는 재산권은 경제적 가치가 있는 모든 공법상·사법상의 권리를 뜻한다. 이러한 재산권의 범위에는 동산·부동산에 대한 모든 종류의 물권은 물론, 재산가치가 있는 모든 사법상의 채권과 특별법상의 권리 및 재산가치 있는 공법상의 권리 등이 포함되나, 단순한 기대이익이나 반사적 이익 또는 경제적인 기회 등은 재산권에 속하지 아니한다(헌재 2024.8.29. 2021헌마139).

[❷ ▸ O] 기초생활보장수급권은 공공부조의 일종으로서 순수하게 사회정책적 목적에서 주어지는 권리로서, 개인의 노력과 금전적 기여를 통하여 취득되는 재산권의 보호대상에 포함된다고 보기 어려워, 재산의 소득환산에 관하여 정하고 있는 이 사건 조항들로 인해 청구인이 더 이상 보장법상 급여를 받을 수 없게 되었다고 할지라도 이로 인하여 청구인의 재산권이 침해된다고 볼 수는 없다(헌재 2012.2.23. 2009헌바47).

[❸ ▸ O] 헌법상 재산권에 대한 제한의 허용 정도는 재산권 객체의 사회적 기능, 즉 재산권의 행사가 기본권의 주체와 사회전반에 대하여 가지는 의미에 달려 있다고 할 것인데, 재산권의 행사가 사회적 연관성과 사회적 기능을 가지면 가질수록 입법자에 의한 보다 광범위한 제한이 허용된다(헌재 2013.10.24. 2012헌바431).

[❹ ▸ O] 토지는 생산이나 대체가 불가능하여 공급이 제한되어 있고 우리나라의 가용토지면적이 인구에 비하여 절대적으로 부족한 반면에, 모든 국민이 생산 및 생활의 기반으로서 토지의 합리적인 이용에 의존하고 있으므로, 토지는 국민경제의 관점에서나 그 사회적 기능에 있어서 다른 재산권과 같게 다루어야 할 성질의 것이 아니어서 다른 재산권에 비하여 보다 강하게 공동체의 이익을 관철할 것이 요구된다(헌재 2005.9.29. 2002헌바84).

[**❺ ▸ ×**] 기존의 법에 의하여 형성되어 이미 굳어진 개인의 법적 지위를 사후입법을 통하여 박탈하는 것 등을 내용으로 하는 진정소급입법은 개인의 신뢰보호와 법적 안정성을 내용으로 하는 법치국가원리에 의하여 특단의 사정이 없는 한 헌법적으로 허용되지 아니하는 것이 원칙이고, 다만 일반적으로 국민이 소급입법을 예상할 수 있었거나 법적 상태가 불확실하고 혼란스러워 보호할 만한 신뢰이익이 적은 경우와 소급입법에 의한 당사자의 손실이 없거나 아주 경미한 경우 그리고 신뢰보호의 요청에 우선하는 심히 중대한 공익상의 사유가 소급입법을 정당화하는 경우 등에는 예외적으로 진정소급입법이 허용된다 (헌재 1999.7.22. 97헌바76).

답 **❺**

38
□□□
재산권에 관한 다음 설명 중 가장 옳지 않은 것은?   2023년 법무사시험 [문 2]

① 헌법이 규정한 '정당한 보상'이란 손실보상의 원인이 되는 재산권의 침해가 기존의 법질서 안에서 개인의 재산권에 대한 개별적인 침해인 경우에 원칙적으로 피수용재산의 객관적인 재산가치를 완전하게 보상하는 것을 의미하는 것이고, 개발이익은 그 성질상 완전보상의 범위에 포함되지 아니한다.

② 헌법 제23조 제3항은 재산권 수용의 주체를 한정하지 않고 있으므로, 수용의 주체를 국가 등 공적 기관에 한정하여 해석할 이유가 없다.

③ 사회부조와 같이 국가의 일방적인 급부에 대한 권리라 하더라도 그것이 금전의 급부로서 주어지는 경우 원칙적으로 재산권의 보호대상에 포함된다.

④ 일반적으로 소급입법의 태양에는 이미 과거에 완성된 사실 또는 법률관계를 규율의 대상으로 하는 진정소급입법과 이미 과거에 시작되었으나 아직 완성되지 아니하고 진행과정에 있는 사실 또는 법률관계를 규율대상으로 하는 부진정소급입법이 있고, 헌법 제13조 제2항에 의하여 소급입법에 의한 재산권의 박탈이 금지되는 것은 진정소급입법이다.

⑤ 공용수용에 관하여 규정하고 있는 헌법 제23조 제3항의 '공공필요'의 의미에 비추어 볼 때, 행정기관이 개발촉진지구 지역개발사업으로 실시계획을 승인하고 이를 고시하기만 하면 고급골프장 사업과 같이 공익성이 낮은 사업에 대해서까지도 시행자인 민간개발자에게 수용권한을 부여하는 법률조항은 헌법 제23조 제3항에 위반된다.

....

[**❶ ▸ ○**] 헌법 제23조 제3항에서 규정한 "정당한 보상"이란 원칙적으로 피수용재산의 객관적인 재산가치를 완전하게 보상하여야 한다는 완전보상을 뜻하는 것이지만, 공익사업의 시행으로 인한 개발이익은 완전보상의 범위에 포함되는 피수용토지의 객관적 가치 내지 피수용자의 손실이라고는 볼 수 없다(헌재 1990.6.25. 89헌마107).

[**❷ ▸ ○**] 헌법 제23조 제3항은 정당한 보상을 전제로 하여 재산권의 수용 등에 관한 가능성을 규정하고 있지만, 재산권 수용의 주체를 한정하지 않고 있다. 위 헌법조항의 핵심은 당해 수용이 공공필요에 부합하는가, 정당한 보상이 지급되고 있는가 여부 등에 있는 것이지, 그 수용의 주체가 국가인지 민간기업인지 여부에 달려 있다고 볼 수 없다. 또한 국가 등의 공적 기관이 직접 수용의 주체가 되는 것이든 그러한 공적 기관의 최종적인 허부판단과 승인결정하에 민간기업이 수용의 주체가 되는 것이든, 양자 사이에 공공필요에 대한 판단과 수용의 범위에 있어서 본질적인 차이를 가져올 것으로 보이지 않는다. 따라서 위 수용 등의 주체를 국가 등의 공적 기관에 한정하여 해석할 이유가 없다(헌재 2009.9.24. 2007헌바114).

[**❸** ▸ **×**] 공법상의 권리가 헌법상의 재산권보장의 보호를 받기 위해서는 다음과 같은 요건을 갖추어야 한다. 첫째, 공법상의 권리가 권리주체에게 귀속되어 개인의 이익을 위하여 이용 가능해야 하며(사적 유용성), 둘째, 국가의 일방적인 급부에 의한 것이 아니라 권리주체의 노동이나 투자, 특별한 희생에 의하여 획득되어 자신이 행한 급부의 등가물에 해당하는 것이어야 하며(수급자의 상당한 자기기여), 셋째, 수급자의 생존의 확보에 기여해야 한다. 이러한 요건을 통하여 사회부조와 같이 국가의 일방적인 급부에 대한 권리는 재산권의 보호대상에서 제외되고, 단지 사회법상의 지위가 자신의 급부에 대한 등가물에 해당하는 경우에 한하여 사법상의 재산권과 유사한 정도로 보호받아야 할 공법상의 권리가 인정된다(헌재 2000.6.29. 99헌마289).

[**❹** ▸ **○**] 일반적으로 소급입법의 태양에는 이미 과거에 완성된 사실 또는 법률관계를 규율의 대상으로 하는 진정소급입법과 이미 과거에 시작되었으나 아직 완성되지 아니하고 진행과정에 있는 사실 또는 법률관계를 규율대상으로 하는 부진정소급입법이 있고, 소급입법에 의한 재산권의 박탈이 금지되는 것은 진정소급입법이다(헌재 2020.2.27. 2017헌바249).

[**❺** ▸ **○**] 헌법 제23조 제3항에서 규정하고 있는 '공공필요'는 "국민의 재산권을 그 의사에 반하여 강제적으로라도 취득해야 할 공익적 필요성"으로서, '공공필요'의 개념은 '공익성'과 '필요성'이라는 요소로 구성되어 있는바, '공익성'의 정도를 판단함에 있어서는 공용수용을 허용하고 있는 개별법의 입법목적, 사업내용, 사업이 입법목적에 이바지하는 정도는 물론, 특히 그 사업이 대중을 상대로 하는 영업인 경우에는 그 사업 시설에 대한 대중의 이용 · 접근가능성도 아울러 고려하여야 한다. 그리고 '필요성'이 인정되기 위해서는 공용수용을 통하여 달성하려는 공익과 그로 인하여 재산권을 침해당하는 사인의 이익 사이의 형량에서 사인의 재산권침해를 정당화할 정도의 공익의 우월성이 인정되어야 하며, 사업시행자가 사인인 경우에는 그 사업 시행으로 획득할 수 있는 공익이 현저히 해태되지 않도록 보장하는 제도적 규율도 갖추어져 있어야 한다. 그런데 이 사건에서 문제된 지구개발사업의 하나인 '관광휴양지 조성사업' 중에는 고급골프장, 고급리조트 등(이하 '고급골프장 등'이라 한다)의 사업과 같이 입법목적에 대한 기여도가 낮을 뿐만 아니라, 대중의 이용 · 접근가능성이 작아 공익성이 낮은 사업도 있다. 또한 고급골프장 등 사업은 그 특성상 사업 운영 과정에서 발생하는 지방세수 확보와 지역경제 활성화는 부수적인 공익일 뿐이고, 이 정도의 공익이 그 사업으로 인하여 강제수용 당하는 주민들의 기본권침해를 정당화할 정도로 우월하다고 볼 수는 없다. 따라서 이 사건 법률조항(행정기관이 개발촉진지구 지역개발사업으로 실시계획을 승인하고 이를 고시하기만 하면 고급골프장 사업과 같이 공익성이 낮은 사업에 대해서까지도 시행자인 민간개발자에게 수용권한을 부여하는 구 '지역균형개발 및 지방중소기업 육성에 관한 법률' 조항)은 공익적 필요성이 인정되기 어려운 민간개발자의 지구개발사업을 위해서까지 공공수용이 허용될 수 있는 가능성을 열어두고 있어 헌법 제23조 제3항에 위반된다(헌재 2014.10.30. 2011헌바129).

답 **❸**

39

재산권에 관한 다음 설명 중 가장 옳지 않은 것은?

① 관리처분계획인가의 고시가 있으면 별도의 영업손실보상 없이 재건축사업구역 내 임차권자의 사용·수익을 중지시키는 것은 임차권자의 재산권을 침해한다.

② 공무원연금법상 퇴직연금수급자가 지방의회의원으로 선출되어 받게 되는 보수가 기존의 연금에 미치지 못하는 경우에도 연금 전액의 지급을 정지하도록 한 규정은 그에 해당하는 지방의회의원의 재산권을 침해한다.

③ 지역구국회의원선거 예비후보자가 정당의 공천심사에서 탈락하여 후보자등록을 하지 않은 경우를 지역구국회의원선거 예비후보자의 기탁금 반환 사유로 규정하지 않은 것은 예비후보자의 재산권을 침해한다.

④ 보안거리에 저촉되는 화약류저장소에 대한 시설이전명령 때문에 화약류저장소를 이용한 영업을 하지 못하게 된다 하더라도 그로 인해 상실되는 영리획득의 기회를 헌법에 의해 보장되는 재산권으로 보기는 어렵다.

⑤ 공무원연금법상의 각종 급여는 기본적으로 모두 사회보장적 급여로서의 성격을 가짐과 동시에 공로보상 내지 후불임금으로서의 성격도 함께 가지며, 특히 공무원연금법상 퇴직연금수급권은 경제적 가치 있는 권리로서 헌법 제23조에 의하여 보장되는 재산권으로서의 성격을 가진다.

[❶▸×] 임대인과 임차인은 재건축사업이 진행되고 있는 건축물에 대해서는 특약사항이 포함된 임대차계약을 체결하는 등의 방식으로 충분히 이해관계를 조정할 수 있고, 실제 당해 사건 원고가 제출한 임대차계약서들을 보더라도 이 사건 조합의 사업시행구역 내에 있는 수많은 임차인들이 재건축으로 이주 및 퇴거가 실시되면 조건 없이 명도한다는 특약사항을 기재하고 대신 임차료가 낮게 형성된 재건축지역에서 낮은 차임이라는 경제적 이익을 누린 것으로 보이며, 이 사건 임차인들 역시 상당한 기간 동안 저렴한 차임의 이익을 누린 것으로 보이므로, 사적 자치에 의한 이익 조정이 불가능하다거나 현실적이지 않다고 단정하기는 어렵다. 이러한 사정들을 종합하면 임차권자에 대한 보상을 임대인과 임차인 사이의 임대차계약 등에 따라 사적 자치에 의해 해결하도록 한 입법자의 판단이 잘못되었다고 보기 어렵다. 따라서 <u>관리처분계획인가의 고시가 있으면 별도의 영업손실보상 없이 재건축사업구역 내 임차권자의 사용·수익을 중지시키는 '도시 및 주거환경정비법' 조항은 과잉금지원칙을 위반하여 임차권자의 재산권을 침해하지 아니한다</u>(헌재 2020.4.23. 2018헌가17).

[❷▸○] 월정수당은 지방자치단체에 따라 편차가 크고 안정성이 낮음에도 불구하고 심판대상조항은 연금을 대체할 만한 적정한 소득이 있다고 할 수 없는 경우에도 일률적으로 연금전액의 지급을 정지하여 지급정지제도의 본질 및 취지와 어긋나는 결과를 초래한다. 심판대상조항과 같이 재취업소득액에 대한 고려 없이 퇴직연금 전액의 지급을 정지할 경우 재취업 유인을 제공하지 못하여 정책목적 달성에 실패할 가능성이 크다. 연금과 보수 중 일부를 감액하는 방식으로 선출직에 취임하여 보수를 받는 것이 생활보장에 더 유리하도록 하는 등 기본권을 덜 제한하면서 입법목적을 달성할 수 있는 다양한 방법이 있다. 따라서 선출직 공무원으로서 받게 되는 보수가 기존의 연금에 미치지 못하는 경우에도 연금 전액의 지급을 정지하도록 정한 구 공무원연금법 조항 중 지방의회의원에 관한 부분은 과잉금지원칙에 위배되어 재산권을 침해한다(헌재 2022.1.27. 2019헌바161).

[❸▸○] 예비후보자가 본선거에서 정당후보자로 등록하려 하였으나 자신의 의사와 관계없이 정당 공천관리위원회의 심사에서 탈락하여 본선거의 후보자로 등록하지 아니한 것은 후보자 등록을 하지 못할 정도에 이르는 객관적이고 예외적인 사유에 해당한다. 따라서 이러한 사정이 있는 예비후보자가 납부한 기탁금은 반환되어야 함에도 불구하고, 심판대상조항이 이에 관한 규정을 두지 아니한 것은 입법형성권의 범위를 벗어난 과도한 제한이라고 할 수 있다. 이러한 예비후보자에게 그가 납부한 기탁금을

반환한다고 하여 예비후보자의 성실성과 책임성을 담보하는 공익이 크게 훼손된다고 할 수 없으므로, 그 공익은 심판대상조항이 이러한 예비후보자에게 기탁금을 반환하지 아니하도록 함으로써 그가 입게 되는 기본권 침해의 불이익보다 크다고 단정할 수 없다. 그러므로 지역구국회의원선거 예비후보자의 기탁금 반환 사유로 예비후보자가 당의 공천심사에서 탈락하고 후보자등록을 하지 않았을 경우를 규정하지 않은 공직선거법 조항은 과잉금지원칙에 반하여 청구인의 재산권을 침해한다(헌재 2018.1.25. 2016헌마541).

[❹ ▶ O] 이 사건 명령조항은 화약류저장소가 보안거리에 저촉되는 등의 사정이 발생하여 재해 예방 또는 공공의 안전유지를 위하여 필요가 인정되는 경우에는 그 시설의 이전을 명령할 수 있도록 하고 있다. … 이에 따라 화약류저장소설치자는 시설이전이 강제됨으로써 기존의 화약류저장소를 사용하지 못하게 되고 새로이 저장소를 마련하기 전까지는 영업을 할 수 없게 되므로 영업의 자유가 제한받게 된다. 한편, 청구인은 화약류저장소를 이용한 영업을 못하게 됨으로써 재산권을 침해받는다고 주장한다. 그런데 헌법상 보장된 재산권은 원래 사적 유용성 및 그에 대한 원칙적인 처분권을 내포하는 재산가치 있는 구체적인 권리이므로 구체적 권리가 아닌 영리획득의 단순한 기회나 기업활동의 사실적·법적 여건은 기업에게는 중요한 의미를 갖는다고 하더라도 재산권 보장의 대상이 되지 않는다. 따라서 청구인이 시설이전명령에 의해 영업을 하지 못하게 된다 하더라도, 그 상실되는 영리획득의 기회를 헌법에 의해 보장되는 재산권으로 보기는 어렵다(헌재 2021.9.30. 2018헌바456).

[❺ ▶ O] 공무원연금법상의 각종 급여는 기본적으로 모두 사회보장적 급여로서의 성격을 가짐과 동시에 공로보상 내지 후불임금으로서의 성격도 함께 가진다고 할 것이다. 특히 공무원연금법상 퇴직연금수급권은 경제적 가치 있는 권리로서 헌법 제23조에 의하여 보장되는 재산권으로서의 성격을 가진다(헌재 2005.6.30. 2004헌바42).

답 ❶

40

재산권에 관한 다음 설명 중 가장 옳지 않은 것은?(다툼이 있는 경우 대법원 판례 및 헌법재판소 결정에 의함. 이하 같음) 2021년 법무사시험 [문 1]

① 시혜적 입법의 시혜대상에서 제외되었다는 이유만으로 재산권의 침해가 발생하는 것은 아니고 시혜대상에 포함될 경우 얻을 수 있었던 재산상 이익의 기대가 성취되지 않았다고 하여도 이와 같은 단순한 재산상 이익에 대한 기대는 헌법이 보호하는 재산권의 영역에 포함되지 아니한다.

② 연금수급권의 내용은 사회·경제적 상황을 고려한 입법자의 정책적 판단에 의하여 변경될 수 있어 조기노령연금의 수급개시연령에 대한 신뢰는 보호가치가 크지 않으므로, 조기노령연금을 수급할 수 있는 연령이 59세에서 60세로 인상하는 법률은 재산권을 침해하지 않는다.

③ 유류분 반환청구는 피상속인이 생전에 한 유효한 증여라도 그 효력을 잃게 하는 것이므로, 민법 제1117조에서 '반환하여야 할 증여를 한 사실을 안 때로부터 1년'이라는 단기소멸시효를 정한 것은 재산권을 침해하지 않는다.

④ 헌법이 규정한 '정당한 보상'이란 손실보상의 원인이 되는 재산권의 침해가 기존의 법질서 안에서 개인의 재산권에 대한 개별적인 침해인 경우에는 그 손실 보상은 원칙적으로 피수용재산의 객관적인 재산가치를 완전하게 보상하는 것이어야 한다는 완전보상을 뜻하는 것이다.

⑤ 재산권의 객체가 갖는 객관적 가치란 그 물건의 성질에 정통한 사람들의 자유로운 거래에 의하여 도달할 수 있는 합리적인 매매가능가격, 즉 시가에 의하여 산정되는 것이 보통이므로, 수용으로 인한 보상가액은 피수용토지의 수용시점 시가에 의하여야 하고, 공익사업의 시행으로 지가가 상승하여 발생하는 개발이익 역시 해당 토지의 객관적 가치에 포함되므로, 손실보상액에서 그와 같은 개발이익을 배제하는 것은 헌법이 정한 정당보상의 원리에 위배된다.

[❶ ▸ ○]　시혜적 입법의 시혜대상에서 제외되었다는 이유만으로 재산권의 침해가 발생하는 것은 아니고 시혜대상에 포함될 경우 얻을 수 있었던 재산상 이익의 기대가 성취되지 않았다고 하여도 이와 같은 단순한 재산상 이익에 대한 기대는 헌법이 보호하는 재산권의 영역에 포함되지 아니한다(헌재 2008.9.25. 2007헌가9).

[❷ ▸ ○]　연금수급권의 내용은 사회·경제적 상황을 고려한 입법자의 정책적 판단에 의하여 변경될 수 있어 조기노령연금의 수급개시연령에 대한 청구인의 신뢰는 보호가치가 크지 않고, 심판대상조항으로 인하여 청구인이 조기노령연금을 수급할 수 있는 연령이 59세에서 60세로 인상된 것에 불과하여 그 신뢰의 손상 정도가 중하다고 보기 어렵다. 그러므로 심판대상조항은 신뢰보호원칙을 위반하여 청구인의 재산권을 침해하지 않는다(헌재 2013.10.24. 2012헌마906).

[❸ ▸ ○]　유류분 반환청구는 피상속인이 생전에 한 유효한 증여라도 그 효력을 잃게 하는 것이어서 권리관계의 조속한 안정과 거래안전을 도모할 필요가 있고 이 사건 법률조항이 1년의 단기소멸시효를 정한 것은 이러한 필요에 따른 것으로 그 목적의 정당성이 인정되며 유류분 권리자가 상속이 개시되었다는 사실과 증여가 있었다는 사실 및 그것이 반환하여야 할 것임을 안 때로부터 위 기간이 기산되므로 그 기산점이 불합리하게 책정되었다고 할 수 없는 점, 유류분 반환청구는 반드시 재판상 행사해야 하는 것이 아니고 그 목적물을 구체적으로 특정해야 하는 것도 아니어서 행사의 방법도 용이한 점 등에 비추어 보면 수단의 적정성, 피해의 최소성 및 법익의 균형성을 모두 갖추고 있으므로 위 법률조항은 유류분 권리자의 재산권을 침해하지 않는다(헌재 2010.12.28. 2009헌바20).

[❹ ▸ ○]　헌법이 규정한 '정당한 보상'이란 손실보상의 원인이 되는 재산권의 침해가 기존의 법질서 안에서 개인의 재산권에 대한 개별적인 침해인 경우에는 그 손실 보상은 원칙적으로 피수용재산의 객관적인 재산가치를 완전하게 보상하는 것이어야 한다는 완전보상을 뜻하는 것으로서 보상금액 뿐만 아니라 보상의 시기나 방법 등에 있어서도 어떠한 제한을 두어서는 아니 된다는 것을 의미한다(헌재 2011.12.29. 2010헌바205).

[❺ ▸ ✕]　재산권의 객체가 갖는 객관적 가치란 그 물건의 성질에 정통한 사람들의 자유로운 거래에 의하여 도달할 수 있는 합리적인 매매가능가격, 즉 시가에 의하여 산정되는 것이 보통이다. … 개발이익은 공공사업의 시행에 의하여 비로소 발생하는 것이므로 그것이 피수용토지가 수용당시 갖는 객관적 가치에 포함된다고 볼 수도 없다. … 따라서 개발이익은 그 성질상 완전보상의 범위에 포함되는 피수용자의 손실이라고는 볼 수 없으므로, 개발이익을 배제하고 손실보상액을 산정한다 하여 헌법이 규정한 정당보상의 원리에 어긋나는 것이라고는 판단되지 않는다(헌재 1990.6.25. 89헌마107).

답 ❺

41
☐☐☐

직업의 자유에 관한 다음 설명 중 가장 옳지 않은 것은?　　　　**2025년 법무사시험 [문 7]**

① 안경사가 전자상거래 등의 방법으로 콘택트렌즈를 판매하는 것을 금지하고 있는 의료기사 등에 관한 법률 규정은 과잉금지원칙에 위반하여 안경사의 직업수행의 자유를 침해한다.

② 의료인의 의료기관 중복 개설을 금지·처벌하는 의료법 규정은 의료인의 직업수행의 자유를 침해한다고 볼 수 없다.

③ 직업의 선택 혹은 수행의 자유는 각자의 생활의 기본적 수요를 충족시키는 방편이 되고, 또한 개성신장의 바탕이 된다는 점에서 주관적 공권의 성격이 두드러진 것이기는 하나, 다른 한편으로는 국민 개개인이 선택한 직업의 수행에 의하여 국가의 사회질서와 경제질서가 형성된다는 점에서 사회적 시장경제질서라고 하는 객관적 법질서의 구성요소이기도 하다.

④ 학원의 설립·운영 및 과외교습에 관한 법률(이하 '학원법'이라 한다)을 위반하여 벌금형을 선고받은 후 1년이 지나지 아니한 자는 학원설립·운영의 등록을 할 수 없도록 한 학원법 규정은 과잉금지원칙에 위배되어 직업선택의 자유를 침해한다고 보기 어렵다.

⑤ 법인의 임원이 학원법을 위반하여 벌금형을 선고받은 경우, 법인의 학원설립·운영 등록이 효력을 잃도록 한 학원법 규정은 과잉금지원칙을 위반하여 학원법인의 직업수행의 자유를 침해한다.

....

[❶ ▸ ✕]　심판대상조항은 안경사가 전자상거래 등을 통하여 콘택트렌즈를 판매하는 것을 금지하여 직업수행의 자유를 제한하고 있으므로 헌법 제37조 제2항의 과잉금지원칙을 준수하여야 한다. 직업수행의 자유 침해 여부를 판단하건대, 심판대상조항은 이와 같은 콘택트렌즈의 위험성을 고려하여, 안경사가 소비자를 직접 대면하여 콘택트렌즈의 사용 및 관리 방법을 충실히 안내할 수 있도록 하고, 보관과 유통과정에서의 변질·오염 가능성을 사전에 차단하며, 콘택트렌즈의 직접 전달을 통하여 변질·오염 시 책임소재를 분명하게 함으로써, 궁극적으로는 국민보건을 향상·증진시키기 위한 것인바, 이러한 입법목적은 정당하다고 할 것이다. 나아가 수단의 적합성, 침해의 최소성, 법익의 균형성도 인정되므로 심판대상조항은 과잉금지원칙에 반하여 직업의 자유를 침해하지 아니한다(헌재 2024.3.28. 2020헌가10).

[❷ ▸ ○]　심판대상조항이 금지 및 처벌하는 의료인의 의료기관 중복 개설이란, '이미 자신의 명의로 의료기관을 개설한 의료인이 다른 의료인 등의 명의로 개설한 의료기관에서 직접 의료행위를 하거나 자신의 주관 아래 무자격자로 하여금 의료행위를 하게 하는 경우'를 의미한다. 심판대상조항은 의료인이 여러 개의 의료기관을 개설할 경우에 발생할 수 있는 폐해를 미리 방지하여 건전한 의료질서를 확립하고, 궁극적으로는 국민의 건강을 보호·증진하기 위한 것으로 볼 수 있어, 이러한 입법목적은 정당하다고 할 것이다. 나아가 수단의 적합성, 침해의 최소성, 법익의 균형성도 인정되므로 심판대상조항은 과잉금지원칙에 반하여 의료인의 직업의 자유를 침해하지 아니한다(헌재 2021.6.24. 2019헌바342).

[❸ ▸ ○]　직업의 선택 혹은 수행의 자유는 각자의 생활의 기본적 수요를 충족시키는 방편이 되고 또한 개성신장의 바탕이 된다는 점에서 헌법 제10조의 행복추구권과 밀접한 관련을 갖는다. 또한 개개인이 선택한 직업의 수행에 의하여 국가의 사회질서와 경제질서가 형성된다는 점에서, 직업의 자유는 사회적 시장경제질서라고 하는 객관적 법질서의 구성요소이기도 하다(헌재 2011.9.29. 2007헌마1083).

[**❹ ▶ O**] [**❺ ▶ O**] 사교육 비용이 점차 고액화함에 따라 학원법을 준수하지 아니하고 학원을 운영함
으로써 높은 수익을 올릴 수 있는 데 반하여, 학원법을 위반하여 벌금형으로 처벌받은 후에도 즉시
다른 학원을 다시 설립·운영할 수 있다고 한다면, 학원법의 각종 규율은 형해화될 수밖에 없으며,
학습자를 보호하고 학원의 공적 기능을 유지하고자 하는 목적을 달성할 수 없으므로, <u>이 사건 등록결격조
항</u>('학원의 설립·운영 및 과외교습에 관한 법률'을 위반하여 벌금형을 선고받은 후 1년이 지나지 아니한
<u>자는 학원설립·운영의 등록을 할 수 없도록 한 학원법 규정)은 과잉금지원칙에 위배되어 직업선택의</u>
<u>자유를 침해한다고 보기 어렵다.</u> 사회통념상 벌금형을 선고받은 피고인에 대한 사회적 비난가능성이
그리 높다고 보기 어려운데도, 이 사건 등록실효조항은 법인의 임원이 학원법을 위반하여 벌금형을
선고받으면 일률적으로 법인의 등록을 실효시키고 있고, 법인으로서는 대표자인 임원이건 그렇지 아니
한 임원이건 모든 임원 개개인의 학원법위반범죄와 형사처벌 여부를 항시 감독하여야만 등록의 실효를
면할 수 있게 되므로 학원을 설립하고 운영하는 법인에게 지나치게 과중한 부담을 지우고 있다. 또한
이로 인하여 법인의 등록이 실효되면 해당 임원이 더 이상 임원직을 수행할 수 없게 될 뿐 아니라,
학원법인 소속 근로자는 모두 생계의 위협을 받을 수 있으며, 갑작스러운 수업의 중단으로 학습자 역시
불측의 피해를 입을 수밖에 없으므로 <u>이 사건 등록실효조항은 학원법인의 직업수행의 자유를 침해한다</u>
(헌재 2015.5.28. 2012헌마653).

답 ❶

42
□□□ **다음 설명 중 가장 옳지 않은 것은?** 2024년 법무사시험 [문 7]

① 개성공단 전면중단 조치가 고도의 정치적 결단을 요하는 문제이기는 하나, 조치 결과 개성공단
투자기업인에게 기본권 제한이 발생하였고, 국민의 기본권 제한과 직접 관련된 공권력의 행사는
고도의 정치적 고려가 필요한 행위라도 헌법과 법률에 따라 결정하고 집행하도록 견제하는 것이
헌법재판소 본연의 임무이므로, 그 한도에서 헌법소원심판의 대상이 될 수 있다.

② 개성공단 전면중단 조치는 국제평화를 위협하는 북한의 핵무기 개발을 경제적 제재조치를 통해
저지하려는 국제적 합의에 이바지하기 위한 조치로서, 통일부장관의 조정명령에 관한 남북교류협
력에 관한 법률 제18조 제1항 제2호, 대통령의 국가의 계속성 보장 책무, 행정에 대한 지휘·감독권
등을 규정한 헌법 제66조, 정부조직법 제11조 등이 근거가 될 수 있으므로, 헌법과 법률에 근거한
조치로 보아야 한다.

③ 국무회의 심의, 이해관계자에 대한 의견청취절차 등을 거치지 아니한 이상 개성공단 전면중단
조치는 적법절차원칙을 위반하여 개성공단 투자기업인의 영업의 자유와 재산권을 침해한다.

④ '개성공단의 정상화를 위한 합의서'에는 국내법과 동일한 법적 구속력을 인정하기 어렵고, 과거
사례 등에 비추어 개성공단의 중단 가능성은 충분히 예상할 수 있었으므로, 개성공단 전면중단
조치는 신뢰보호원칙을 위반하여 개성공단 투자기업인의 영업의 자유와 재산권을 침해하지 아니
한다.

⑤ 개성공단 전면중단 조치는 공익 목적을 위하여 개별적, 구체적으로 형성된 구체적인 재산권의
이용을 제한하는 공용 제한이 아니므로, 이에 대한 정당한 보상이 지급되지 않았다고 하더라도
그 조치가 헌법 제23조 제3항을 위반하여 개성공단 투자기업인의 재산권을 침해한 것으로 볼
수 없다.

[**❶ ▸ ○**] 개성공단 전면중단 조치가 고도의 정치적 결단을 요하는 문제이기는 하나, 조치 결과 개성공단 투자기업인 청구인들에게 기본권 제한이 발생하였고, 국민의 기본권 제한과 직접 관련된 공권력의 행사는 고도의 정치적 고려가 필요한 행위라도 헌법과 법률에 따라 결정하고 집행하도록 견제하는 것이 헌법재판소 본연의 임무이므로, 그 한도에서 헌법소원심판의 대상이 될 수 있다(헌재 2022.1.27. 2016헌마364).

[**❷ ▸ ○**] 개성공단 전면중단 조치는 국제평화를 위협하는 북한의 핵무기 개발을 경제적 제재조치를 통해 저지하려는 국제적 합의에 이바지하기 위한 조치로서, 통일부장관의 조정명령에 관한 '남북교류협력에 관한 법률' 제18조 제1항 제2호, 대통령의 국가의 계속성 보장 책무, 행정에 대한 지휘·감독권 등을 규정한 헌법 제66조, 정부조직법 제11조 등이 근거가 될 수 있으므로, 헌법과 법률에 근거한 조치로 보아야 한다(헌재 2022.1.27. 2016헌마364).

[**❸ ▸ ✕**] 개성공단 전면중단 조치는 국가안보와 관련된 조치로서, 현지 체류 국민들의 신변안전을 위해 최대한 기밀로 유지하면서 신속하게 처리할 필요가 있었다. 위 조치과정에서 국가안보에 관한 필수 기관이 참여하는 국가안전보장회의 상임위원회의 협의를 거쳤고, '남북교류협력에 관한 법률'이 규정하는 조정명령이 국무회의를 사전 절차로 요구하지 않으며, 관련 기업인들과의 간담회가 개최되기도 하였으므로, 조치의 특성, 절차 이행으로 제고될 가치, 국가작용의 효율성 등의 형량에 따른 필수적 절차는 거친 것으로 보아야 한다. 따라서 <u>국무회의 심의, 이해관계자에 대한 의견청취절차 등을 거치지 않았더라도 개성공단 전면중단 조치가 적법절차원칙을 위반하여 개성공단 투자기업인 청구인들의 영업의 자유와 재산권을 침해한다고 볼 수 없다</u>(헌재 2022.1.27. 2016헌마364).

[**❹ ▸ ○**] '개성공단의 정상화를 위한 합의서'에는 국내법과 동일한 법적 구속력을 인정하기 어렵고, 과거 사례 등에 비추어 개성공단의 중단 가능성은 충분히 예상할 수 있었으므로, 개성공단 전면중단 조치는 신뢰보호원칙을 위반하여 개성공단 투자기업인 청구인들의 영업의 자유와 재산권을 침해하지 아니한다(헌재 2022.1.27. 2016헌마364).

[**❺ ▸ ○**] 개성공단 전면중단 조치는 공익 목적을 위하여 개별적, 구체적으로 형성된 구체적인 재산권의 이용을 제한하는 공용 제한이 아니므로, 이에 대한 정당한 보상이 지급되지 않았다고 하더라도, 그 조치가 헌법 제23조 제3항을 위반하여 개성공단 투자기업인 청구인들의 재산권을 침해한 것으로 볼 수 없다(헌재 2022.1.27. 2016헌마364).

답 **❸**

---

43 ☐☐☐ **직업선택의 자유에 관한 다음 설명 중 가장 옳지 않은 것은?**　2024년 법무사시험 [문 10]

① 학원설립·운영자가 학원의 설립·운영 및 과외교습에 관한 법률을 위반하여 벌금형을 선고받은 경우 등록의 효력을 잃도록 정하고 있는 위 법률의 규정은 직업선택의 자유를 침해하지 않는다.
② 직업선택의 자유에 직업 내지 직종에 종사하는 데 필요한 전문지식을 습득하기 위한 직업교육장을 임의로 선택할 수 있는 직업교육장 선택의 자유도 포함된다.
③ 읍·면의 이장은 직업의 자유에서 말하는 직업에 해당한다고 볼 수 없다.
④ 새마을금고법위반죄로 벌금형을 선고받을 경우 그 선고받은 벌금액수에 상관없이 해당 임원이 당연퇴임되도록 규정한 새마을금고법의 규정은 직업선택의 자유를 침해하지 않는다.
⑤ 제1종 운전면허의 취득요건으로 양쪽 눈의 시력이 각각 0.5(교정시력 포함) 이상일 것을 요구하는 도로교통법 시행령의 규정은 직업선택의 자유를 침해하지 아니한다.

[❶ ▸ ✕] 학원설립·운영자가 '학원의 설립·운영 및 과외교습에 관한 법률'(이하 '학원법'이라 한다)을 위반하여 벌금형을 선고받은 경우 등록의 효력을 잃도록 규정하고 있는 학원법 제9조 제2항 본문 중 제9조 제1항 제4호에 관한 부분(이하 '이 사건 효력상실조항'이라 한다)이 <u>과잉금지원칙을 위배하여 직업선택의 자유를 침해한다</u>(헌재 2014.1.28. 2011헌바252).

[❷ ▸ ○] 직업선택의 자유에는 자신이 원하는 직업 내지 직종에 종사하는 데 필요한 전문지식을 습득하기 위한 직업교육장을 임의로 선택할 수 있는 '직업교육장 선택의 자유'도 포함된다(헌재 2009.2.26. 2007헌마1262).

[❸ ▸ ○] 이장이라는 지위는 위에서 살펴본 바와 같이 "생활의 기본적 수요를 충족시키기 위한 계속적인 소득활동"으로 정의되는 직업의 자유에서 말하는 직업에 해당한다고 할 수 없다(헌재 2009.10.29. 2009헌마127).

[❹ ▸ ○] 새마을금고법 제22조 제2항 위반죄로 벌금형을 선고받을 경우 그 선고받은 벌금액수에 상관없이 해당 임원이 당연퇴임되도록 규정한 새마을금고법 제21조 제2항, 제1항 제10호는 과잉금지원칙을 위반하여 직업선택의 자유를 침해하지 않는다(헌재 2010.10.28. 2008헌마612).

[❺ ▸ ○] 제종 운전면허의 취득요건으로 양쪽 눈의 시력이 각각 0.5 이상일 것을 요구하는 도로교통법 시행령 제45조 제1항 제1호 가목 부분(이하 '이 사건 조문'이라고 한다)이 추구하는 질서유지 및 공공복리의 증진이라는 공익은 이로써 제한되는 좁은 의미의 직업선택의 자유라는 사익보다 훨씬 더 크다고 할 것이어서 기본권 제한의 입법한계인 비례의 원칙을 준수하였으므로 이 사건 조문은 좁은 의미의 직업선택의 자유를 침해하지 아니한다(헌재 2003.6.26. 2002헌마677).

답 ❶

직업의 자유에 관한 다음 설명 중 가장 옳은 것은?　　2022년 법무사시험 [문 5]

① 헌법재판소는 법무사보수기준제가 법무사라는 직업의 선택 그 자체를 제한하는 것이 아니라 직업행사의 자유를 제한하는 제도에 해당한다고 보아 그것이 직업의 자유를 침해하는지 여부를 심사하기 위한 기준으로 비례성원칙이 아닌 자의금지원칙을 적용하였다.

② 출석주의를 완화하여 최초의 전자등기신청 전에 한 차례 사용자등록을 하도록 한 부동산등기규칙 조항은 무자격 등기 브로커에 의한 무차별적 등기를 가능하게 하여 법무사인 청구인들의 직업에 대한 신뢰가 훼손됨으로써 직업선택의 자유를 침해한다.

③ 법무사 아닌 자가 등기신청대행 등의 법무행위를 업으로 하는 것을 금지하고 이를 위반하는 경우 형사처벌하는 법무사법 조항은 법무사 자격이 없는 일반 국민의 직업선택의 자유를 과도하게 제한하여 헌법에 위반된다.

④ 고소고발장을 법무사만이 그 작성사무를 업으로 할 수 있는 법원과 검찰청의 업무에 관련된 서류로 규정한 것은 일반행정사의 직업선택의 자유 등의 기본권을 침해한다.

⑤ 헌법재판소는 일정한 경력을 가진 공무원이 법무사시험을 보지 않고도 법무사 자격을 취득할 수 있도록 하는 경력공무원에 대한 자격부여제도를 규정하고 있던 법무사법 조항에 대하여 경력공무원이 아닌 일반인들도 법무사시험을 보아 합격하면 법무사가 될 수 있는 길을 열어 놓고 있고, 경력공무원에 대한 자격부여제도가 합리성을 갖고 있어서 법무사시험제도를 유명무실하게 하는 요소를 찾기 어렵다고 보아 법무사라는 직업을 선택하는 자유를 침해하지 않는다고 결정한 적이 있다.

[**❶** ▸ ✕] '법무사보수기준제'는 법무사라는 직업의 선택을 금지하거나 직업에의 접근 자체를 봉쇄하는 규정이 아니고 법무사라는 직업을 구체적으로 행사하는 방법을 제한하는 규정이다. 즉, 법무사법에 의하여 법무사라는 자격을 부여받은 법무사가 자신이 수임한 업무에 대하여 회칙에 규정된 보수기준을 초과하여 위임인과 자유롭게 보수를 정할 수 없으므로 법무사보수기준제는 직업의 자유 중에서 '직업행사의 자유'를 제한하는 제도이다. 직업의 자유도 다른 기본권과 마찬가지로 공익상의 이유로 제한될 수 있다. 다만 직업의 자유에 대한 제한이라도 직업행사의 자유를 제한하는 것은 개성신장의 길을 처음부터 막는 직업의 선택 그 자체를 제한하는 것보다 기본권주체에 대한 침해의 진지성이 적다고 할 것이므로 그에 대한 제한은 보다 넓게 허용된다. 그러나 이 경우에도 법무사에게 직업활동에 대한 과도한 제한을 부과함으로써 직업활동을 형해화할 정도로 희생을 강요하는 것은 비례원칙(헌법 제37조 제2항)에 반하여 허용되지 않는다. 따라서 이 사건 법률조항이 헌법 제37조 제2항에서 정한 한계인 비례의 원칙을 지킨 것인지 여부를 살펴본다(헌재 2003.6.26. 2002헌바3).

[**❷** ▸ ✕] 출석주의를 완화하여 최초의 전자등기신청 전에 한 차례 사용자등록을 하도록 한 부동산등기규칙 제68조 제1항과 사용자등록 지침조항에 의한 사실상의 효과로서 무자격 등기 브로커에 의한 등기가 만연하게 된다거나 그로 인해 청구인들의 직업에 대한 신뢰가 훼손될 수 있다는 것은 막연한 가능성의 주장일 뿐이므로, 그로 인해 청구인들의 직업선택의 자유가 침해될 가능성까지 인정할 수는 없다(헌재 2021.12.23. 2018헌마49).

[**❸** ▸ ✕] 법무사 아닌 자가 등기신청대행 등의 법무행위를 업으로 하는 것을 금지하고 이를 위반하는 경우 형사처벌하는 법무사법 규정은 법무사 자격이 없는 일반 국민의 직업선택의 자유를 과도하게 제한하는 것이 아니다(헌재 2003.9.25. 2001헌마156).

[**❹** ▸ ✕] 법무사법이 정하는 요건을 갖추어 법무사가 된 자의 경우에는 법원과 검찰청의 업무에 관련된 서류로 고소고발장의 작성업무에 종사할 만한 법률소양을 구비한 것으로 볼 수 있는 반면, 행정사법이 정하는 요건을 갖추어 일반행정사가 된 자의 경우에는 이러한 법률소양을 갖추었다는 보장을 할 수 없다. 따라서 고소고발장의 작성을 법무사에게만 허용하고 일반행정사에 대하여 이를 하지 못하게 한 것은, 국민의 법률생활의 편익과 사법제도의 건전한 발전이라는 공익의 실현에 필요·적정한 수단으로서 그 이유에 합리성이 있으므로, 일반행정사의 직업선택의 자유나 평등권 등을 침해하는 것이라고 볼 수 없다(헌재 2000.7.20. 98헌마52).

[**❺** ▸ ○] 일정 경력근무자에 대하여 법무사자격을 당연히 부여하는 내용의 법무사법 조항은 경력공무원에 해당하지 않는 청구인들과 같은 일반인들도 법무사시험을 보아 합격하면 법무사가 될 수 있게 길을 열어 놓고 있으며, 경력공무원에 대한 자격부여제도가 합리성을 갖고 있어서 법무사법의 어느 곳에도 법무사시험제도를 유명무실하게 하는 요소는 찾아볼 수 없다. 따라서 이 사건 법률조항은 청구인들이 법무사라는 직업을 선택하는 자유를 침해하지 않는다(헌재 2001.11.29. 2000헌마84).

 답 **❺**

45

직업의 자유에 관한 다음 설명 중 가장 옳지 않은 것은?　　　

① 법 규정이 직업의 자유를 직접 규율하고자 하는 것은 아니지만 간접적으로 직업의 행사를 저해하거나 불가능하게 하는 경우에도 직업의 자유에 대한 제한이 인정될 수 있다.

② 어린이통학버스를 운영함에 있어서 반드시 보호자를 동승하도록 하는 조항은 동승보호자의 추가 고용에 따른 비용 지출을 유발할 뿐 학원의 영업방식을 직접 제한하는 것은 아니므로 그로 인해 직업수행의 자유는 제한되지 아니한다.

③ 헌법 제15조에서 보장하는 직업의 자유에는 기업의 설립과 경영의 자유를 의미하는 기업의 자유도 포함된다.

④ 최저임금의 적용을 위하여 주(週) 단위로 정해진 비교대상 임금을 시간에 대한 임금으로 환산할 때, 1주 동안의 소정근로시간 수와 법정 주휴시간 수를 합산한 시간 수로 해당 임금을 나누도록 하는 규정은 근로자를 고용하여 재화나 용역을 제공하는 사용자의 활동을 제한한다는 측면에서 직업의 자유를 제한한다.

⑤ 외국인근로자의 사업장 변경 사유를 제한하는 규정은, 그로 인해 외국인근로자가 일단 형성된 근로관계를 포기하고 직장을 이탈하는 데 있어 제한을 받게 되므로 직업선택의 자유 중 직장선택의 자유를 제한한다.

....

[❶ ▶ O]　이 사건 시행령조항은 차량소유자에게 타인에 관한 광고를 금지함으로써, 비영업용 차량을 광고매체로 활용하는 신종 광고대행업을 운영하려는 청구인들의 직업의 자유를 제한하는 효과를 부수적으로 가져온다. 법규정이 비록 직업의 자유를 직접 규율하고자 하는 것은 아니지만 간접적으로 직업의 행사를 저해하거나 또는 불가능하게 하는 경우에도, 직업의 자유에 대한 제한이 인정될 수 있다(헌재 2002.12.18. 2000헌마764).

[❷ ▶ ✕]　이 사건 보호자동승조항은 어린이통학버스를 운영함에 있어서 반드시 보호자를 동승하도록 함으로써 학원 등의 영업방식에 제한을 가하고 있으므로 청구인들의 직업수행의 자유를 제한한다. 한편, 청구인들은 이 사건 보호자동승조항으로 인하여 재산권도 침해된다고 주장하나, 이 사건 보호자동승조항은 어린이통학버스 운영자로 하여금 어린이통학버스에 어린이나 영유아를 태울 때 보호자를 동승하도록 규정하고 있을 뿐 어린이통학버스 운영자의 재산권에 제한을 가하는 내용을 규정하고 있지 아니하다. … 따라서 이 사건의 쟁점은 이 사건 보호자동승조항이 청구인들의 직업수행의 자유를 침해하는지 여부이다. … 이 사건 보호자동승조항이 과잉금지원칙에 반하여 청구인들의 직업수행의 자유를 침해한다고 볼 수 없다(헌재 2020.4.23. 2017헌마479).

[❸ ▶ O]　헌법은 제15조에서 직업선택의 자유를 보장하고 있는바, 이는 기업의 설립과 경영의 자유를 의미하는 기업의 자유를 포함한다(헌재 1998.10.29. 97헌마345).

[❹ ▶ O]　이 사건 시행령조항은 최저임금의 적용을 위하여 주(週) 단위로 정해진 비교대상 임금을 시간에 대한 임금으로 환산할 때, 1주 동안의 소정근로시간 수와 법정 주휴시간 수를 합산한 시간 수로 해당 임금을 나누도록 하고 있다. 이에 따라, 사용자는 주 단위로 임금이 지급되는 근로자에게 시간급 최저임금액에 '소정근로시간 수와 법정 주휴시간 수를 합산한 시간 수'를 곱한 금액 이상을 지급하여야 한다. 따라서 이 사건 시행령조항은 임금의 수준에 관한 사용자와 근로자 간의 계약 내용을 제한한다는 측면에서는 헌법 제10조 행복추구권의 일반적 행동자유권에서 파생되는 사용자의 계약의 자유를 제한하고, 근로자를 고용하여 재화나 용역을 제공하는 사용자의 활동을 제한한다는 측면에서는 헌법 제15조의 직업의 자유를 제한한다(헌재 2020.6.25. 2019헌마15).

[❺ ▸ ○] 외국인근로자의 사업장 변경 사유를 제한하는 외국인고용법 사유제한조항 및 이 사건 고시 조항은 외국인근로자의 사업장 변경 사유를 제한하고 있는바, 이로 인하여 외국인근로자는 일단 형성된 근로관계를 포기하고 직장을 이탈하는 데 있어 제한을 받게 되므로 이는 직업선택의 자유 중 직장선택의 자유를 제한하고 있다(헌재 2021.12.23. 2020헌마395).

답 ❷

46
☐☐☐

① 직업의 자유에 의한 보호의 대상이 되는 '직업'은 '생활의 기본적 수요를 충족시키기 위한 계속적 소득활동'을 의미하며 그러한 내용의 활동인 한 그 종류나 성질을 묻지 아니하므로, 대학생이 방학 기간을 이용하여 학비 등을 벌기 위하여 학원강사로서 일하는 행위도 직업의 자유의 보호영역에 속한다.
② 성인대상 성범죄로 형을 선고받아 확정된 자로 하여금 그 형의 집행을 종료한 날로부터 10년 동안 의료기관을 개설하거나 의료기관에 취업할 수 없도록 한 구 아동·청소년의 성보호에 관한 법률은 직업선택의 자유를 침해한다.
③ 직업수행의 자유에 대한 제한은 인격발현에 대한 침해의 효과가 일반적으로 직업선택의 자유에 대한 제한에 비하여 작기 때문에, 그에 대한 제한은 보다 폭넓게 허용된다.
④ 직업의 자유에는 해당 직업에 합당한 보수를 받을 권리도 포함되어 있다.
⑤ 자격제도를 시행함에 있어서 설정하는 자격요건에 대한 판단은 원칙적으로 입법자의 입법형성권의 영역에 있으므로, 그것이 입법재량의 범위를 일탈하여 현저히 불합리한 경우에 한하여 헌법에 위반된다고 할 수 있다.

⋯⋯

[❶ ▸ ○] 우리 헌법 제15조는 "모든 국민은 직업선택의 자유를 가진다"고 규정하여 직업의 자유를 국민의 기본권의 하나로 보장하고 있는바, 직업의 자유에 의한 보호의 대상이 되는 '직업'은 '생활의 기본적 수요를 충족시키기 위한 계속적 소득활동'을 의미하며 그러한 내용의 활동인 한 그 종류나 성질을 묻지 아니한다. ⋯ 위에서 살펴본 '직업'의 개념에 비추어 보면 비록 학업 수행이 청구인과 같은 대학생의 본업이라 하더라도 방학기간을 이용하여 또는 휴학 중에 학비 등을 벌기 위해 학원강사로서 일하는 행위는 어느 정도 계속성을 띤 소득활동으로서 직업의 자유의 보호영역에 속한다고 봄이 상당하다(헌재 2003.9.25. 2002헌마519).

[❷ ▸ ○] 성인대상 성범죄로 형을 선고받아 확정된 자로 하여금 그 형의 집행을 종료한 날부터 10년 동안 의료기관을 개설하거나 의료기관에 취업할 수 없도록 한 이 사건 법률조항이 성범죄 전력만으로 그가 장래에 동일한 유형의 범죄를 다시 저지를 것을 당연시하고, 형의 집행이 종료된 때부터 10년이 경과하기 전에는 결코 재범의 위험성이 소멸하지 않는다고 보며, 각 행위의 죄질에 따른 상이한 제재의 필요성을 간과함으로써, 성범죄 전력자 중 재범의 위험성이 없는 자, 성범죄 전력이 있지만 10년의 기간 안에 재범의 위험성이 해소될 수 있는 자, 범행의 정도가 가볍고 재범의 위험성이 상대적으로 크지 않은 자에게까지 10년 동안 일률적인 취업제한을 부과하고 있는 것은 침해의 최소성원칙과 법익의 균형성 원칙에 위배된다. 따라서 이 사건 법률조항은 청구인들의 직업선택의 자유를 침해한다(헌재 2016.3.31. 2013헌마585).

[❸▸○] 직업수행의 자유에 대한 제한의 경우 인격발현에 대한 침해의 효과가 일반적으로 직업선택 그 자체에 대한 제한에 비하여 작기 때문에 그에 대한 제한은 다소 폭넓게 허용될 수 있다(헌재 2014.9.25. 2012헌마1029).

[❹▸✕] 시행령이 제정되지 않아 법관, 검사와 같은 보수를 받지 못한다 하더라도, 직업의 자유에 '해당 직업에 합당한 보수를 받을 권리'까지 포함되어 있다고 보기 어려우므로 청구인들의 직업선택이나 직업수행의 자유가 침해되었다고 할 수 없다(헌재 2004.2.26. 2001헌마718).

[❺▸○] 자격제도를 시행함에 있어서 설정하는 자격요건에 대한 판단은 원칙적으로 입법자의 입법형성권의 영역에 있다고 할 것이므로, 헌법재판소는 그것이 입법재량의 범위를 일탈하여 현저히 불합리한 경우에 한하여 그 위헌성을 선언할 수 있다(헌재 2008.11.27. 2007헌바51).

답 ❹

47
☐☐☐

변호사 광고 금지에 관한 다음 설명 중 가장 옳지 않은 것은? 　　　**2023년 법무사시험 [문 5]**

① 변호사 또는 소비자로부터 금전·기타 경제적 대가를 받고 법률상담 또는 사건 등을 소개·알선·유인하기 위하여 변호사 등을 광고·홍보·소개하는 행위를 금지하는 대한변호사협회의 변호사 광고에 관한 규정은 헌법소원의 대상이 되는 공권력의 행사에 해당한다.

② 대한변호사협회의 유권해석에 반하는 내용의 광고를 금지하고, 대한변호사협회의 유권해석에 위반되는 행위를 목적 또는 수단으로 하여 행하는 법률상담과 관련한 광고를 하거나 그러한 사업구조를 갖는 타인에게 하도록 하는 것을 금지하는 변호사 광고에 관한 규정은 법률유보원칙을 위반하여 변호사들의 표현의 자유, 직업의 자유를 침해한다.

③ 변호사에 대하여 공정한 수임질서를 저해할 우려가 있는 무료 또는 부당한 염가의 수임료를 표방하거나 무료 또는 부당한 염가의 법률상담 방식을 내세운 광고를 금지하는 것은, 무고한 법률 소비자들의 피해를 막고 정당한 수임료나 법률상담료를 제시하는 변호사들을 보호함으로써 공정한 수임질서를 확립하기 위한 것으로 과잉금지원칙에 위배되지 아니한다.

④ 변호사 등이 아님에도 변호사 등의 직무와 관련한 서비스의 취급·제공 등을 표시하거나 소비자들이 변호사 등으로 오인하게 만들 수 있는 자에게 광고를 의뢰하거나 참여·협조하는 행위를 금지하는 변호사 광고에 관한 규정은 변호사 자격제도를 유지하고 소비자의 피해를 방지하기 위한 적합한 수단이다.

⑤ 변호사 또는 소비자로부터 금전·기타 경제적 대가를 받고 법률상담 또는 사건 등을 소개·알선·유인하기 위하여 변호사 등을 광고·홍보·소개하는 행위를 금지하는 변호사 광고에 관한 규정은 변호사법이 금지하는 특정 변호사에 대한 소개·알선·유인행위의 실질을 갖춘 광고행위를 금지하는 것으로 과잉금지원칙에 위배되지 아니한다.

[**❶** ▶ ○] 변협은 변호사법 제23조 제2항 제7호에서 명시적으로 위임받은 변호사 광고에 관한 규제를 설정함에 있어 공법인으로서 공권력 행사의 주체가 된다. 나아가, 변협의 구성원인 변호사등은 위 규정을 준수하여야 할 의무가 있고, 이를 위반하게 되면 변호사법 등 관련 규정에 따라 징계를 받게 되는바, 이 사건 규정이 단순히 변협 내부 기준이라거나 사법적인 성질을 지니는 것이라 보기 어렵고, 수권법률인 변호사법과 결합하여 대외적 구속력을 가진다. 따라서 변협이 변호사 광고에 관한 규제와 관련하여 정립한 규범인 이 사건 규정은 헌법소원의 대상이 되는 공권력의 행사에 해당한다(헌재 2022.5.26. 2021헌마619).

[**❷** ▶ ○] 유권해석위반 광고금지규정은 변호사가 변협의 유권해석에 위반되는 광고를 할 수 없도록 금지하고 있다. 위 규정은 '협회의 유권해석에 위반되는'이라는 표지만을 두고 그에 따라 금지되는 광고의 내용 또는 방법 등을 한정하지 않고 있고, 이에 해당하는 내용이 무엇인지 변호사법이나 관련 회규를 살펴보더라도 알기 어렵다. 유권해석위반 광고금지규정 위반이 징계사유가 될 수 있음을 고려하면 적어도 수범자인 변호사는 유권해석을 통해 금지될 수 있는 내용들의 대강을 알 수 있어야 함에도, 규율의 예측가능성이 현저히 떨어지고 법집행기관의 자의적인 해석을 배제할 수 없는 문제가 있다. 따라서 위 규정은 수권법률로부터 위임된 범위 내에서 명확하게 규율 범위를 정하고 있다고 보기 어려우므로, 법률유보원칙에 위반되어 청구인들의 표현의 자유, 직업의 자유를 침해한다(헌재 2022.5.26. 2021헌마619).

[**❸** ▶ ○] 무료 또는 부당한 염가의 수임료를 표방하거나 무료 또는 부당한 염가의 법률상담 방식을 내세운 광고를 금지하는 것은, 무고한 법률 소비자들의 피해를 막고 정당한 수임료나 법률상담료를 제시하는 변호사들을 보호함으로써 공정한 수임질서를 확립하기 위한 것으로 그 공익은 매우 중대하다. 위와 같은 내용의 광고를 제외하고도 청구인들에게는 다양한 방법과 내용의 광고가 원칙적으로 허용되는 점과 위 조항들로 인한 제한은 변호사에게 법률사무 전반을 독점시키고 있음에 따라 발생하는 규제인 점 등을 고려하면, 위 조항으로 달성하고자 하는 공익은 제한되는 사익보다 크다고 할 것이므로, 위 규정들은 법익의 균형성도 갖추었다. 따라서 위 규정들은 과잉금지원칙에 위배되지 아니한다(헌재 2022.5.26. 2021헌마619).

[**❹** ▶ ○] 위 규정은 '변호사등이 아님에도 변호사등의 직무와 관련한 서비스의 취급·제공 등을 표시하거나 소비자들이 변호사등으로 오인하게 만들 수 있는 자에게 광고를 의뢰하거나 참여·협조하는 행위를 금지'하고 있다. 이는 비변호사의 법률사무 취급행위를 미연에 방지함으로써 법률 전문가로서 변호사 자격제도를 유지하고 소비자의 피해를 방지하기 위한 적합한 수단이다(헌재 2022.5.26. 2021헌마619).

[**❺** ▶ ✕] 대가수수 광고금지규정의 규율 대상은 이 사건 규정의 수범자인 변호사이고, 규제 대상이 되는 상대방의 행위는 '변호사 또는 소비자로부터 대가를 받고 법률상담 또는 사건 등을 소개·알선·유인하기 위하여 변호사등을 광고·홍보·소개하는 행위'이다. 위 규정이 규제하는 광고·홍보·소개행위의 목적으로 소개·알선·유인을 정하면서도 그 대상을 특정 변호사로 제한하고 있지 아니한 점과 광고·홍보·소개행위의 목적이 소비자를 설득하여 구매를 유도하는 데 있는 점을 고려하면, 대가수수 광고금지규정이 단순히 변호사법이 금지하는 소개·알선·유인행위를 다시 한 번 규제하는 것에 불과하다고 보기 어렵다. 즉, 법률상담 또는 사건 등을 소개하거나 유인할 목적으로 불특정 다수의 변호사를 동시에 광고·홍보·소개하는 행위도 위 규정에 따라 금지되는 범위에 포함된다고 해석된다. … 따라서 대가수수 광고금지규정은 과잉금지원칙에 위반되어 청구인들의 표현의 자유와 직업의 자유를 침해한다(헌재 2022.5.26. 2021헌마619).

답 ❺

제5장 / 정치적 기본권

공무담임권에 관한 다음 설명 중 가장 옳지 않은 것은? 　2023년 법무사시험 [문 15]

① 공무담임권의 보장은 모든 국민이 현실적으로 국가나 공공단체의 직무를 담당할 수 있다고 하는 의미가 아니라, 국민이 공무담임에 관한 자의적이지 않고 평등한 기회를 보장받는 것, 즉 공직취임의 기회를 자의적으로 배제당하지 않음을 의미하며, 공무담임권의 보호영역에는 공직취임 기회의 자의적인 배제와 공무원 신분의 부당한 박탈 등이 포함된다.

② 선출직 공무원과 달리 직업공무원에게는 정치적 중립성과 더불어 효율적으로 업무를 수행할 수 있는 능력이 요구되므로, 직업공무원의 공직진출에 관한 규율은 임용희망자의 능력·전문성 등 능력주의를 바탕으로 이루어져야 한다. 헌법은 이를 명시적으로 밝히고 있지 않지만 헌법 제7조에서 보장하는 직업공무원제도의 기본적 요소에 능력주의가 포함되는 점에 비추어 공무담임권은 모든 국민이 그 능력과 적성에 따라 공직에 취임할 수 있는 균등한 기회를 보장함을 내용으로 한다.

③ 교육의원후보자가 되려는 사람으로 하여금 5년 이상의 교육경력 또는 교육행정경력을 갖추도록 규정한 법률조항은 전문성이 담보된 교육의원이 교육위원회의 구성원이 되도록 하여 헌법 제31조 제4항이 보장하고 있는 교육의 자주성·전문성·정치적 중립성을 보장하면서도 지방자치의 이념을 구현하기 위한 것으로서 공무담임권을 침해하는 것이라 볼 수 없다.

④ 금고 이상의 형의 선고유예를 받은 경우에는 군무원직에서 당연퇴직하도록 규정한 법률조항은, 임용결격 사유에 해당하는 사람을 공무원의 직무로부터 배제함으로써 그 직무수행에 대한 국민의 신뢰, 공무원직에 대한 신용 등을 유지하고 그 직무의 정상적인 운영을 확보하기 위한 것으로서 헌법 제25조에 규정된 공무담임권을 침해하지 아니한다.

⑤ 후보자가 되고자 하는 자가 당해 선거구 안에 있는 단체 등에 기부행위를 하는 경우 처벌하도록 규정한 공직선거법 조항은, 이로 인하여 벌금 100만원 이상의 형을 선고받으면 공직선거법에 의하여 당선자는 그 당선이 무효로 되고 일정기간 동안 일부 공직에 취임하거나 임용될 수 없으며, 피선거권이 제한되지만, 이러한 기본권 제한은 위 조항의 직접적 효과라기보다는 벌금 100만원 이상의 형을 선고받은 경우 공직선거법이 적용되어 나타난 결과이므로, 위 조항에 의하여 공무담임권이 제한된다고 볼 수 없다.

∙∙

[❶▶○] 공무담임권이란 입법부, 집행부, 사법부는 물론 지방자치단체 등 국가, 공공단체의 구성원으로서 그 직무를 담당할 수 있는 권리를 말한다. 여기서 직무를 담당한다는 것은 모든 국민이 현실적으로 그 직무를 담당할 수 있다고 하는 의미가 아니라, 국민이 공무담임에 관한 자의적이지 않고 평등한 기회를 보장받음을 의미하는바, 공무담임권의 보호영역에는 공직취임의 기회의 자의적인 배제뿐 아니라, 공무원 신분의 부당한 박탈까지 포함되는 것이라고 할 것이다(헌재 2002.8.29. 2001헌마788).

[**❷▶○**] 선출직 공무원과 달리 직업공무원에게는 정치적 중립성과 더불어 효율적으로 업무를 수행할 수 있는 능력이 요구되므로, 직업공무원의 공직진출에 관한 규율은 임용희망자의 능력·전문성 등 능력주의를 바탕으로 이루어져야 한다. 헌법은 이를 명시적으로 밝히고 있지 아니하지만 헌법 제7조에서 보장하는 직업공무원제도의 기본적 요소에 능력주의가 포함되는 점에 비추어 공무담임권은 모든 국민이 그 능력과 적성에 따라 공직에 취임할 수 있는 균등한 기회를 보장함을 내용으로 한다(헌재 2020.6.25. 2017헌마1178).

[**❸▶○**] 심판대상조항이 교육의원이 되고자 하는 사람에게 5년 이상의 교육경력 등을 요구하는 것은, 교육전문가가 교육·학예에 관한 중요안건을 심의·의결할 수 있도록 하여 교육의 전문성을 확보하고, 교육이 외부의 부당한 간섭에 영향 받지 않도록 교육의 자주성을 달성하기 위한 것이다. 뿐만 아니라 청구인들로서는 심판대상조항이 규정한 교육경력 등을 갖추지 못하였다고 하여도 도의회의원선거에 출마하여 일반 도의회의원으로 제주특별자치도의 교육위원이 될 수 있는 길이 열려 있다. 결국 심판대상조항은 전문성이 담보된 교육의원이 교육위원회의 구성원이 되도록 하여 헌법 제31조 제4항이 보장하고 있는 교육의 자주성·전문성·정치적 중립성을 보장하면서도 지방자치의 이념을 구현하기 위한 것으로서, 지방교육에 있어서 경력요건과 교육전문가의 참여 범위에 관한 입법재량의 범위를 일탈하여 그 합리성이 결여되어 있다거나 필요한 정도를 넘어 청구인들의 공무담임권을 침해하는 것이라 볼 수 없다(헌재 2020.9.24. 2018헌마444).

[**❹▶✕**] 이 사건 법률조항은 군무원이 금고 이상의 형의 선고유예를 받게 되면 당연히 공직에서 퇴직하도록 하고 있다. 그런데 같은 금고 이상의 형의 선고유예를 받은 경우라고 하여도 범죄의 종류, 죄질, 내용이 지극히 다양하므로, 그에 따라 국민의 공직에 대한 신뢰 등에 미치는 영향도 큰 차이가 있다. 그렇다면 입법자로서는 국민의 공직에 대한 신뢰보호를 위하여 해당 군무원이 반드시 퇴직하여야 할 범죄의 유형, 내용 등으로 그 범위를 가급적 한정하여 규정하거나, 혹은 적어도 징계 등 별도의 제도로써도 입법목적을 충분히 달성할 수 있는 것으로 판단되는 경우를 당연퇴직 사유에서 제외시켜 규정하였음이 마땅하다. 그런데 이 사건 법률조항은 금고 이상의 형의 선고유예 판결을 받은 모든 범죄를 포괄하여 규정하고 있을 뿐 아니라, 심지어 오늘날 누구에게나 위험이 상존하는 교통사고 관련 범죄 등 과실범의 경우마저 당연퇴직 사유에서 제외하지 않고 있으므로 최소침해성의 원칙에 반한다. … 헌법재판소는 구 지방공무원법 및 구 국가공무원법의 당연퇴직 사유 중 금고 이상의 형의 선고유예를 받은 경우 부분에 대하여 이미 위헌결정을 선고한 바 있다. 이 사건 법률조항은 그 규율 대상이 국가공무원 중 군무원에 한정된다는 점을 제외하고는 그 규율 내용은 위 각 선례의 심판대상인 구 지방공무원법 및 구 국가공무원법의 각 규정과 동일하고, 공직에서 당연히 배제시키는 사유를 법률로 정함에 있어 군무원과 일반 국가공무원 및 지방공무원을 달리 취급하여야 할 합리적 이유가 있다고 보이지 않으며, 달리 이 사건 법률조항에 대하여 위 각 결정들과 그 판단을 달리할 특별한 사정도 없다. 따라서 이 사건 법률조항 역시 과잉금지 원칙에 위배하여 공무담임권을 침해한다 할 것이다(헌재 2007.6.28. 2007헌가3).

[**❺▶○**] 이 사건 기부행위금지 조항으로 인하여 벌금 100만원 이상의 형을 선고받으면 공직선거법 제264조에 의하여 당선자는 그 당선이 무효로 되고 같은 법 제266조에 의하여 일정 기간 동안 일부 공직에 취임하거나 임용될 수 없으며, 같은 법 제19조 제1호에 의하여 일정 기간 동안 피선거권이 제한되지만, 이러한 기본권 제한은 이 사건 기부행위금지 조항의 직접적 효과라기보다는 벌금 100만원 이상의 형을 선고받은 경우에 공직선거법 제264조가 적용되어 나타난 결과이므로, 이 사건 기부행위금지 조항에 의하여 공무담임권이 제한된다고 볼 수 없다(헌재 2021.2.25. 2018헌바223).

답 ❹

49

정치적 표현의 자유에 관한 다음 설명 중 가장 옳지 않은 것은?

① 공무원이 선거에서 특정정당 또는 특정인을 지지하기 위하여 타인에게 정당에 가입하도록 권유 운동을 한 경우 형사처벌하는 조항은 공무원의 정치적 표현의 자유를 침해한다.

② 당원이 아닌 자에게도 투표권을 부여하는 당내경선에서 지방공기업법에 규정된 시설관리공단의 상근직원이 경선운동을 할 수 없도록 금지하는 조항은 정치적 표현의 자유를 침해한다.

③ 당내경선에서 이루어지는 경선운동은 원칙적으로 공직선거에서의 당선 또는 낙선을 위한 행위인 선거운동에 해당하지 않으므로, 경선운동을 금지하는 조항이 과잉금지원칙에 반하는지 여부를 판단할 때에는 엄격한 심사기준이 적용되어야 한다.

④ 오늘날 정치적 표현의 자유는 자유민주적 기본질서의 구성요소로서 다른 기본권에 비하여 우월한 효력을 가지므로, 공무원이라는 지위에 있다는 이유만으로 정치적 표현의 자유를 전면적으로 부정할 수는 없다.

⑤ 군무원이 연설, 문서 등의 방법으로 정치적 의견을 공표하는 경우 2년 이하의 금고에 처하도록 한 조항은 군무원의 정치적 표현의 자유를 침해하지 않는다.

....

[❶▸✕] 공무원이 선거에서 특정정당 또는 특정인을 지지하기 위하여 타인에게 정당에 가입하도록 권유 운동을 한 경우 형사처벌하는 국가공무원법 정당가입권유금지조항은 선거에서 특정정당·특정인을 지지하기 위하여 정당가입을 권유하는 적극적·능동적 의사에 따른 행위만을 금지함으로써 공무원의 정치적 표현의 자유를 최소화하고 있고, 이러한 행위는 단순한 의견개진의 수준을 넘어 선거운동에 해당하므로 입법자는 헌법 제7조 제2항이 정한 공무원의 정치적 중립성 보장을 위해 이를 제한할 수 있다. 그러므로 정당가입권유금지조항은 과잉금지원칙에 반하여 정치적 표현의 자유를 침해하지 아니한 다(헌재 2021.8.31. 2018헌바149).

[❷▸○] 광주광역시 광산구 시설관리공단의 상근직원은 이 사건 공단의 경영에 관여하거나 실질적인 영향력을 미칠 수 있는 권한을 가지고 있지 아니하므로, 경선운동을 한다고 하여 그로 인한 부작용과 폐해가 크다고 보기 어렵다. 또한 공직선거법은 이미 이 사건 공단의 상근직원이 당내경선에 직·간접적으로 영향력을 행사하는 행위들을 금지·처벌하는 규정들을 마련하고 있다. 이 사건 공단의 상근직원이 그 지위를 이용하여 경선운동을 하는 행위를 금지·처벌하는 규정을 두는 것은 별론으로 하고, 이 사건 공단의 상근직원의 경선운동을 일률적으로 금지·처벌하는 것은 정치적 표현의 자유를 과도하게 제한하는 것이다. 정치적 표현의 자유의 중대한 제한에 비하여, 이 사건 공단의 상근직원이 당내경선에서 공무원에 준하는 영향력이 있다고 볼 수 없는 점 등을 고려하면 심판대상 조항이 당내경선의 형평성과 공정성의 확보라는 공익에 기여하는 바가 크다고 보기 어렵다. 따라서 이 사건 공단의 상근직원이 당원이 아닌 자에게도 투표권을 부여하는 당내경선에서 경선운동을 할 수 없도록 금지·처벌하는 공직선거법 조항은 과잉금지원칙에 반하여 정치적 표현의 자유를 침해한다(헌재 2021.4.29. 2019헌가11).

[❸▸○] 당내경선은 공직선거 자체와는 구별되는 정당 내부의 자발적인 의사결정에 해당하고, 경선운동은 원칙적으로 공직선거에서의 당선 또는 낙선을 위한 행위인 선거운동에 해당하지 않는다. 따라서 당내경선의 형평성과 공정성을 담보하기 위해서 국가가 개입하여야 하는 정도가 공직선거와 동등하다고 보기 어려우므로, 심판대상조항이 과잉금지원칙에 반하는지 여부를 판단할 때에는 엄격한 심사기준이 적용되어야 한다(헌재 2021.4.29. 2019헌가11).

[**④** ▶ O]   오늘날 정치적 표현의 자유는 자유민주적 기본질서의 구성요소로서 다른 기본권에 비하여 우월한 효력을 가지므로, 공무원이라는 지위에 있다는 이유만으로 정치적 표현의 자유를 전면적으로 부정할 수는 없다. 다만 정치적 표현의 자유의 중요성을 감안하더라도, 정치적 표현의 자유도 절대적인 것은 아니기 때문에, 헌법 제37조 제2항에서 도출되는 과잉금지원칙에 따라 제한될 수 있다(헌재 2018.7.26. 2016헌바139).

[**⑤** ▶ O]   군무원이 연설, 문서 등의 방법으로 정치적 의견을 공표하는 경우 2년 이하의 금고에 처하도록 한 군형법 조항은 금지되는 정치 관여 행위를 최소화함으로써 군무원의 정치적 표현의 자유에 대한 제한을 축소하고 있는 반면, 심판대상조항이 달성하고자 하는 공익은 헌법 제5조 제2항에 명문화된 국민의 결단으로부터 유래하는 것이므로 매우 엄중하다. 따라서 심판대상조항으로 보호하고자 하는 공익이 군무원이 심판대상조항으로 인하여 받게 되는 불이익보다 더 크다고 할 것이므로, 심판대상조항은 법익의 균형성원칙에 위반되지도 않는다. 결국 심판대상조항은 과잉금지원칙에 반하여 군무원의 정치적 표현의 자유를 침해한다고 볼 수도 없다(헌재 2018.7.26. 2016헌바139).

답 **①**

PART 1 PART 2 PART 3 PART 4 PART 5 PART 6 PART 7 PART 8

제6장 청구권적 기본권

제1절 **청원권**

50

청원권에 관한 다음 설명 중 가장 옳지 않은 것은?   2018년 법무사시험 [문 13]

① 헌법상 보장된 청원권은 공권력과의 관계에서 일어나는 여러 가지 이해관계, 의견, 희망 등에 관하여 적법한 청원을 한 모든 국민에게 국가기관이 청원을 수리할 뿐만 아니라 이를 심사하여 청원자에게 적어도 그 처리결과를 통지할 것을 요구할 수 있는 권리를 말한다.

② 국민이면 누구든지 널리 제기할 수 있는 민중적 청원제도는 재판청구권 기타 준사법적 구제청구와는 완전히 성질을 달리하는 것이기 때문에 청원권의 보호범위에는 청원사항의 처리결과에 심판서나 재결서에 준하여 이유를 명시할 것까지를 요구하는 것은 포함되지 아니한다.

③ 법률·명령·조례·규칙 등의 제정·개정 또는 폐지도 청원할 수 있는 사항에 해당한다.

④ 헌법상 보장된 청원권의 주체는 국민이고, 국민에는 법인도 포함된다.

⑤ 청원소관관서는 청원법이 정하는 절차와 범위 내에서 청원사항을 성실·공정·신속히 심사하고 청원인에게 그 처리결과를 통지할 의무가 있고, 그 처리내용은 공권력의 행사 또는 불행사에 해당하므로 청원인은 그 처리내용이 기대하는 바에 미치지 못하는 경우라면 헌법소원심판을 제기하는 것이 허용된다.

[❶ ▸ ○] [❺ ▸ ✕] 헌법상 보장된 청원권은 공권력과의 관계에서 일어나는 여러 가지 이해관계, 의견, 희망 등에 관하여 적법한 청원을 한 모든 당사자에게 국가기관이 청원을 수리할 뿐만 아니라 이를 심사하여 청원자에게 그 처리결과를 통지할 것을 요구할 수 있는 권리를 말하나, 청원사항의 처리결과에 심판서나 재결서에 준하여 이유를 명시할 것까지를 요구하는 것은 청원권의 보호범위에 포함되지 아니하므로 청원 소관관서는 청원법이 정하는 절차와 범위 내에서 청원사항을 성실·공정·신속히 심사하고 청원인에게 그 청원을 어떻게 처리하였거나 처리하려고 하는지를 알 수 있는 정도로 결과통지함으로써 충분하고, 비록 그 처리내용이 청원인이 기대하는 바에 미치지 않는다고 하더라도 헌법소원의 대상이 되는 공권력의 행사 내지 불행사라고는 볼 수 없다(헌재 1997.7.16. 93헌마239).

[❷ ▸ ○] 청원권의 보호범위에는 청원사항의 처리결과에 심판서나 재결서에 준하여 이유를 명시할 것까지를 요구하는 것은 포함되지 아니한다고 할 것이다. 왜냐하면 국민이면 누구든지 널리 제기할 수 있는 민중적 청원제도는 재판청구권 기타 준사법적 구제청구와는 완전히 성질을 달리하는 것이기 때문이다(헌재 1994.2.24. 93헌마213).

[❸ ▸ ○] 청원법 제5조

> **청원법 제5조(청원사항)**
> 국민은 다음 각 호의 어느 하나에 해당하는 사항에 대하여 청원기관에 청원할 수 있다.
>   1. 피해의 구제
>   2. 공무원의 위법·부당한 행위에 대한 시정이나 징계의 요구
>   3. 법률·명령·조례·규칙 등의 제정·개정 또는 폐지
>   4. 공공의 제도 또는 시설의 운영
>   5. 그 밖에 국가기관 등의 권한에 속하는 사항

[❹ ▸ ○] 청원권의 주체에 관하여 헌법 제26조에서는 '모든 국민은 법률이 정하는 바에 의하여 국가기관에 문서로 청원할 권리를 가진다'라고 규정되어 있으나, 청원법 제9조에서 법인인 경우에는 명칭 및 대표자의 성명을 기재하여 청원하도록 한 점 등을 고려하면 이때의 국민에는 법인도 포함된다고 볼 수 있다.

답 ❺

51
□□□

민사소송법상 재심제도에 관한 다음 설명 중 가장 옳지 않은 것은?   2023년 법무사시험 [문 4]

① 민사소송법상 재심사유를 어떻게 정하여 재심을 허용할 것인가는 입법자가 확정판결에 대한 법적 안정성, 재판의 신속·적정성, 법원의 업무부담 등을 고려하여 결정하여야 할 입법정책의 문제이다.

② 판결주문에 영향이 없는 당사자의 공격방어방법에 대한 판단이 누락된 경우에는, 판결주문에 간접적으로만 연관되는 판단이유가 누락된 경우와 달리 재심의 소를 통하여 기판력 등 확정된 판결의 효력을 배제하는 것을 허용해야 할 만큼 정의의 요청이 절박하다고 할 수 없다.

③ 재심사유의 위헌성은 입법자가 분쟁의 신속한 해결을 통한 법적 안정성의 확보에만 매몰되어 재판의 적정성이라는 법치주의의 또 다른 이념을 현저히 희생함으로써, 제반 기본권의 실현을 위한 기본권으로서의 재판청구권의 본질을 심각하게 훼손하는 등 입법형성권의 한계를 일탈하여 그 내용이 현저히 자의적인 것이 아닌 한 인정되기 어렵다.

④ 재심은 판결에 대한 불복방법의 하나인 점에서는 상소와 마찬가지라고 할 수 있지만, 확정판결에 대한 불복방법인 점에서 상소와 다르고, 확정판결에 대한 법적 안정성의 요청은 미확정판결에 대한 그것보다 훨씬 크기 때문에, 상소보다 더 예외적으로 인정되어야 한다는 점에서 본질적인 차이가 있다.

⑤ 건전한 상식을 가진 일반인이면 재심사유인 '판결에 영향을 미칠 중요한 사항에 관하여 판단을 누락한 때'의 의미내용을 예측할 수 있고, 이미 확립된 판례에 기초하여 그 해석 및 적용에 대한 신뢰성이 있는 원칙을 도출할 수 있으므로 해석자 개인의 주관적인 판단에 따라 그 해석이 좌우될 가능성이 없다.

···

[❶ ▶ ○]   재심청구권 역시 헌법 제27조에서 규정한 재판을 받을 권리에 당연히 포함된다고 할 수 없으며, 어떤 사유를 재심사유로 정하여 재심을 허용할 것인가는 입법자가 확정판결에 대한 법적 안정성, 재판의 신속·적정성, 법원의 업무부담 등을 고려하여 결정하여야 할 입법정책의 문제이다(헌재 2004.12.16. 2003헌바105).

[❷ ▶ ✕]   판결주문에 영향이 없는 당사자의 공격방어방법에 대한 판단이 누락된 경우나, 판결주문과 간접적으로만 연관되는 판단이유가 누락된 경우에 재심의 소를 통하여 확정된 판결의 효력을 배제하는 것을 허용해야 할 만큼 정의의 요청이 절박하다고 할 수 없다. 오히려 판결의 결론에 영향을 미칠 수 없는 불필요한 재심이 제기되어 재심제도의 취지에 이긋날 수 있다. 판결서의 이유에 판단이유를 빠짐없이 설시해야 하는 것은 아니고, 심급제도 내에서 사건의 특성을 고려하여 판결 등의 이유 기재 자체가 생략될 수 있다. 재심은 확정판결에 대한 불복방법이기 때문에 상소보다 더 예외적으로 인정되어야 하는데, 판결의 이유를 밝히지 아니한 경우는 절대적 상고이유가 되므로 민사소송의 당사자는 심급구조 내에서 판단이유를 제시받을 기회를 보장받고 있다. 이상을 종합하면, '판단이유의 누락'이 아니라 '판단누락'을 재심사유로 규정하였다 하여도 재판의 적정성을 현저히 희생하였다고 보기는 어렵다. 따라서 심판대상조항은 재판청구권을 침해하지 아니한다(헌재 2016.12.29. 2016헌바43).

[❸ ▶ ○]   헌법재판소는 재심사유를 어떻게 정하여 재심을 허용할 것인가는 입법자가 확정판결에 대한 법적 안정성, 재판의 신속·적정성, 법원의 업무부담 등을 고려하여 결정하여야 할 입법정책의 문제라고 판시하여 왔다. 따라서 재심제도와 관련하여 인정되는 입법재량을 감안한다면, 민사소송법상 재심사유를 규정하고 있는 심판대상조항의 위헌성에 대한 판단은, 입법자가 분쟁의 신속한 해결을 통한 법적 안정성

의 확보에만 매몰되어 재판의 적정성이라는 법치주의의 또 다른 이념을 현저히 희생함으로써, 제반 기본권의 실현을 위한 기본권으로서의 재판청구권의 본질을 심각하게 훼손하는 등 입법형성권의 한계를 일탈하여 그 내용이 현저히 자의적인지 여부에 의하여 결정되어야 할 것이다(헌재 2016.12.29. 2016헌바43).

[❹ ▶ O] 재심은 확정된 종국판결에 재심사유에 해당하는 중대한 하자가 있는 경우 그 판결의 취소와 이미 종결되었던 사건의 재심판을 구하는 비상의 불복신청방법으로서, 그와 같은 중대한 하자가 있는 예외적인 경우에 한하여 법적 안정성을 후퇴시키고 구체적 정의를 실현하기 위하여 마련된 것이다. 따라서 재심은 판결에 대한 불복방법의 하나인 점에서는 상소와 마찬가지라고 할 수 있지만, 확정판결에 대한 불복방법인 점에서 상소와 다르고, 확정판결에 대한 법적 안정성의 요청은 미확정판결에 대한 그것보다 훨씬 크기 때문에, 상소보다 더 예외적으로 인정되어야 한다는 점에서 본질적인 차이가 있다(헌재 2016.12.29. 2016헌바43).

[❺ ▶ O] 판단누락 유무의 구체적인 판단 기준이 법원에 의하여 장기간에 걸쳐 집적되어 있다. 따라서 건전한 상식을 가진 일반인이면 위와 같은 '판결에 영향을 미칠 중요한 사항에 관하여 판단을 누락한 때'의 의미내용을 예측할 수 있다 할 것이고, 이미 확립된 판례에 기초하여 그 해석 및 적용에 대한 신뢰성이 있는 원칙을 도출할 수 있어 해석자 개인의 주관적인 판단에 따라 그 해석이 좌우될 가능성이 없으므로, 심판대상조항은 명확성원칙에 위배되지 아니한다(헌재 2016.12.29. 2016헌바43).

답 ❷

52

① 법관에 의한 재판을 받을 권리를 보장한다고 함은 법관이 사실을 확정하고 법률을 해석·적용하는 재판을 받을 권리를 보장한다는 뜻이고, 그와 같은 법관에 의한 사실확정과 법률의 해석적용의 기회에 접근하기 어렵도록 제약이나 장벽을 쌓아서는 아니 된다.

② 재판청구권은 재판이라는 국가적 행위를 청구할 수 있는 적극적 측면과 헌법과 법률이 정한 법관이 아닌 자에 의한 재판이나 법률에 의하지 아니한 재판을 받지 아니하는 소극적 측면을 아울러 가지고 있다.

③ 법원이 직권으로 치료감호를 선고할 수 있는지 여부는 재판청구권의 적극적 측면은 물론 소극적 측면에도 해당하지 않는다. 따라서 '피고인 스스로 치료감호를 청구할 수 있는 권리'뿐만 아니라 '법원으로부터 직권으로 치료감호를 선고받을 수 있는 권리'는 헌법상 재판청구권의 보호범위에 포함된다고 보기 어렵다.

④ 헌법에 '공정한 재판'에 관한 명문의 규정은 없지만, 재판청구권이 국민에게 효율적인 권리보호를 제공하기 위해서는 법원에 의한 재판이 공정하여야 할 것임은 당연하므로 '공정한 재판을 받을 권리'는 헌법 제27조의 재판청구권에 의하여 함께 보장된다고 보아야 한다.

⑤ 재판에 대한 불복기간의 제한은 입법자가 상소심의 구조와 성격 등을 고려하여 결정할 입법재량의 문제이므로, 즉시항고 제기기간에 관하여 민사소송법은 1주로 규정하고 있음에도 형사소송법이 그 절반가량인 3일로 규정한 것은 상대적으로 신속한 확정이 필요한 형사재판의 특성을 반영한 것으로서 그 차별취급에 합리적 이유가 있다.

[**❶** ▸ ○] 법관에 의한 재판을 받을 권리를 보장한다고 함은 법관이 사실을 확정하고 법률을 해석·적용하는 재판을 받을 권리를 보장한다는 뜻이고, 그와 같은 법관에 의한 사실확정과 법률의 해석적용의 기회에 접근하기 어렵도록 제약이나 장벽을 쌓아서는 아니 되며, 만일 그러한 보장이 제대로 이루어지지 아니한다면 헌법상 보장된 재판을 받을 권리의 본질적 내용을 침해하는 것으로서 우리 헌법상 허용되지 아니한다(헌재 2000.6.29. 99헌가9).

[**❷** ▸ ○] 재판청구권은 재판이라는 국가적 행위를 청구할 수 있는 적극적 측면과 헌법과 법률이 정한 법관이 아닌 자에 의한 재판이나 법률에 의하지 아니한 재판을 받지 아니하는 소극적 측면을 아울러 가지고 있다(헌재 2010.4.29. 2008헌마622).

[**❸** ▸ ○] 법원이 직권으로 치료감호를 선고할 수 있는지 여부는 재판청구권의 적극적 측면은 물론 소극적 측면에도 해당하지 않는다. 따라서 청구인이나 제청법원이 주장하는 '피고인 스스로 치료감호를 청구할 수 있는 권리'뿐만 아니라 '법원으로부터 직권으로 치료감호를 선고받을 수 있는 권리'는 헌법상 재판청구권의 보호범위에 포함된다고 보기 어렵다(헌재 2021.1.28. 2019헌가24).

[**❹** ▸ ○] 헌법에 '공정한 재판'에 관한 명문의 규정이 없지만 재판청구권이 국민에게 효율적인 권리보호를 제공하기 위해서는 법원에 의한 재판이 공정하여야만 할 것임은 당연하므로, '공정한 재판을 받을 권리'는 헌법 제27조의 재판청구권에 의하여 함께 보장된다고 보아야 하고 우리 재판소도 헌법 제27조 제1항의 내용을 '공정한 재판을 받을 권리'로 해석하고 있다(헌재 2018.7.26. 2016헌바159).

[**❺** ▸ ✕] <u>즉시항고의 제기기간을 3일로 제한하고 있는 형사소송법 제405조는 민사소송, 민사집행, 행정소송, 형사보상절차 등의 즉시항고기간 1주나, 외국의 입법례와 비교하더라도 지나치게 짧다. 즉시항고 자체가 형사소송법상 명문의 규정이 있는 경우에만 허용되므로 기간 연장으로 인한 폐해가 크다고 볼 수도 없는 점 등을 고려하면, 심판대상조항은 즉시항고 제도를 단지 형식적이고 이론적인 권리로서만 기능하게 함으로써 헌법상 재판청구권을 공허하게 하므로 입법재량의 한계를 일탈하여 재판청구권을 침해하는 규정이다</u>(헌재 2018.12.27. 2015헌바77).

답 **❺**

53
□□□

다음 설명 중 가장 옳지 않은 것은?(다툼이 있는 경우 대법원 판례 및 헌법재판소 결정에 의함. 이하 같음)

2023년 법무사시험 [문 1]

① 국가배상법 제2조 소정의 "공무원"이라 함은 국가공무원법이나 지방공무원법에 의하여 공무원으로서의 신분을 가진 자에 국한하지 않고, 널리 공무를 위탁받아 실질적으로 공무에 종사하고 있는 일체의 자를 가리키는 것이라고 봄이 상당하다.

② 헌법재판소는 헌법 제28조는 형사보상청구권의 내용을 법률에 의해 구체화하도록 규정하고 있으므로 형사보상법에서 형사보상청구의 제척기간을 1년의 단기로 규정하거나, 형사보상의 청구에 대하여 한 보상의 결정에 대하여 불복을 할 수 없도록 하여 단심재판으로 규정한 것은 형사보상청구권을 침해하는 것이 아니라고 보았다.

③ 대법원은 국회의원의 입법행위는 그 입법 내용이 헌법의 문언에 명백히 위반됨에도 불구하고 국회가 굳이 당해 입법을 한 것과 같은 특수한 경우가 아닌 한 국가배상법 제2조 제1항 소정의 위법행위에 해당된다고 볼 수 없다고 보았다.

④ 대법원은 국가 또는 지방자치단체라 할지라도 공권력의 행사가 아니고 단순한 사경제의 주체로 활동하였을 경우에는 그 손해배상책임에 국가배상법이 적용될 수 없고 민법상의 사용자책임 등이 인정된다고 보고 있다.

⑤ 청구인이 검사의 "무혐의" 불기소처분으로 말미암아 헌법상 보장된 재판절차진술권을 침해받았다고 주장하여 그 취소를 구하는 헌법소원심판을 청구할 수 있기 위하여는 헌법 제27조 제5항에 의하여 재판절차진술권이 보장되는 형사피해자이어야 한다.

···

[**❶ ▶ O**] 국가배상법 제2조 소정의 '공무원'이라 함은 국가공무원법이나 지방공무원법에 의하여 공무원으로서의 신분을 가진 자에 국한하지 않고, 널리 공무를 위탁받아 실질적으로 공무에 종사하고 있는 일체의 자를 가리키는 것으로서, 공무의 위탁이 일시적이고 한정적인 사항에 관한 활동을 위한 것이어도 달리 볼 것은 아니다(대판 2001.1.5. 98다39060).

[**❷ ▶ ✕**]

• 권리의 행사가 용이하고 일상 빈번히 발생하는 것이거나 권리의 행사로 인하여 상대방의 지위가 불안정해지는 경우 또는 법률관계를 보다 신속히 확정하여 분쟁을 방지할 필요가 있는 경우에는 특별히 짧은 소멸시효나 제척기간을 인정할 필요가 있으나, <u>형사보상의 청구는 무죄재판이 확정된 때로부터 1년 이내에 하도록 규정하고 있는 형사보상법 조항(이하 '이 사건 법률조항'이라 한다)은 위의 어떠한 사유에도 해당하지 아니하는 등 달리 합리적인 이유를 찾기 어렵고, 일반적인 사법상의 권리보다 더 확실하게 보호되어야 할 권리인 형사보상청구권의 보호를 저해하고 있다.</u> 또한, 이 사건 법률조항은 형사소송법상 형사피고인이 재정하지 아니한 가운데 재판할 수 있는 예외적인 경우를 상정하고 있는 등 형사피고인은 당사자가 책임질 수 없는 사유에 의하여 무죄재판의 확정사실을 모를 수 있는 가능성이 있으므로, 형사피고인이 책임질 수 없는 사유에 의하여 제척기간을 도과할 가능성이 있는바, 이는 국가의 잘못된 형사사법작용에 의하여 신체의 자유라는 중대한 법익을 침해받은 국민의 기본권을 사법상의 권리보다도 가볍게 보호하는 것으로서 부당하다(헌재 2010.7.29. 2008헌가4).

• 보상액의 산정에 기초되는 사실인정이나 보상액에 관한 판단에서 오류나 불합리성이 발견되는 경우에도 그 시정을 구하는 불복신청을 할 수 없도록 하는 것은 형사보상청구권 및 그 실현을 위한 기본권으로서의 재판청구권의 본질적 내용을 침해하는 것이라 할 것이고, 나아가 법적 안정성만을 지나치게 강조함으로써 재판의 적정성과 정의를 추구하는 사법제도의 본질에 부합하지 아니하는 것이다. 또한, 불복을 허용하더라도 즉시항고는 절차가 신속히 진행될 수 있고 사건수도 과다하지 아니한 데다 그 재판내용도 비교적 단순하므로 불복을 허용한다고 하여 상급심에 과도한 부담을 줄 가능성은 별로 없다고 할 것이어서, 형사보상의 청구에 대하여 한 보상의 결정에 대하여는 불복을 신청할 수 없도록 하여 형사보상의 결정을 단심재판으로 규정한 형사보상법 조항(이 사건 불복금지조항)은 형사보상청구권 및 재판청구권을 침해한다고 할 것이다(헌재 2010.10.28. 2008헌마514).

[❸ ▸ O] 우리 헌법이 채택하고 있는 의회민주주의하에서 국회는 다원적 의견이나 각가지 이익을 반영시킨 토론과정을 거쳐 다수결의 원리에 따라 통일적인 국가의사를 형성하는 역할을 담당하는 국가기관으로서 그 과정에 참여한 국회의원은 입법에 관하여 원칙적으로 국민 전체에 대한 관계에서 정치적 책임을 질 뿐 국민 개개인의 권리에 대응하여 법적 의무를 지는 것은 아니므로, 국회의원의 입법행위는 그 입법 내용이 헌법의 문언에 명백히 위반됨에도 불구하고 국회가 굳이 당해 입법을 한 것과 같은 특수한 경우가 아닌 한 국가배상법 제2조 제1항 소정의 위법행위에 해당된다고 볼 수 없다(대판 1997.6.13. 96다56115).

[❹ ▸ O] 국가 또는 지방자치단체라 할지라도 공권력의 행사가 아니고 단순한 사경제의 주체로 활동하였을 경우에는 그 손해배상책임에 국가배상법이 적용될 수 없고 민법상의 사용자책임 등이 인정되는 것이다(대판 1999.6.22. 99다7008).

[❺ ▸ O] 청구인이 검사의 "혐의무" 불기소처분으로 말미암아 헌법상 보장된 재판절차진술권을 침해받았다고 주장하여 그 취소를 구하는 헌법소원심판을 청구할 수 있기 위하여는 헌법 제27조 제5항에 의하여 재판절차진술권이 보장되는 형사피해자이어야 한다(헌재 1997.2.20. 96헌마76).

답 ❷

54

형사보상청구권에 관한 설명으로 가장 옳지 않은 것은?

① 헌법상 형사보상청구권은 구금되었던 형사피고인뿐만 아니라 구금되었던 형사피의자에게도 인정된다.

② 입법자는 형사보상청구권의 구체적인 내용과 절차를 정함에 있어 광범위한 입법형성의 자유를 가진다. 따라서 형사보상청구권의 구체적인 내용과 절차를 정한 법률의 위헌 심사에서는 그 심사기준으로 자의금지원칙이 적용된다.

③ 형사보상청구권에 관한 헌법 제28조에서 규정하는 '정당한 보상'은 헌법 제23조 제3항에서 재산권의 침해에 대하여 규정하는 '정당한 보상'과는 차이가 있다.

④ 형사피고인으로서 구금되었던 자의 형사보상청구 사건은 무죄재판을 한 법원이 관할한다.

⑤ 형사피고인으로서 구금되었던 자의 형사보상청구는 무죄재판이 확정된 사실을 안 날부터 3년, 무죄재판이 확정된 때부터 5년 이내에 하여야 한다.

[❶ ▸ ○] 형사피의자 또는 형사피고인으로서 구금되었던 자가 법률이 정하는 불기소처분을 받거나 무죄판결을 받은 때에는 법률이 정하는 바에 의하여 국가에 정당한 보상을 청구할 수 있다(헌법 제28조).

[❷ ▸ ×] 형사보상청구권이라 하여도 '법률이 정하는 바에 의하여' 행사되므로(헌법 제28조) 그 내용은 법률에 의하여 정해지는바, 이 과정에서 입법자에게 일정한 입법재량이 부여될 수 있고, 따라서 형사보상의 구체적 내용과 금액 및 절차에 관한 사항은 입법자가 정하여야 할 사항이라 할 것이다. 그러나 이러한 입법을 함에 있어서는 <u>비록 완화된 의미일지언정 헌법 제37조 제2항의 비례의 원칙이 준수되어야 한다.</u> 형사보상청구권은 국가가 형사사법절차를 운영함에 있어 결과적으로 무고한 사람을 구금한 것으로 밝혀진 경우 구금당한 개인에게 인정되는 권리이고, 헌법 제28조는 이에 대하여 '정당한 보상'을 명문으로 보장하고 있으므로, 따라서 법률에 의하여 제한되는 경우에도 이러한 본질적인 내용은 침해되어서는 아니 되기 때문이다(헌재 2010.10.28. 2008헌마514).

[❸ ▸ ○] 형사보상은 형사피고인 등의 신체의 자유를 제한한 것에 대하여 사후적으로 그 손해를 보상하는 것인바, 구금으로 인하여 침해되는 가치는 객관적으로 평가하기 어려운 것이므로, 그에 대한 보상을 어떻게 할 것인지는 국가의 경제적, 사회적, 정책적 사정들을 참작하여 입법재량으로 결정할 수 있는 사항이라 할 것이다. 이러한 점에서 헌법 제28조에서 규정하는 '정당한 보상'은 헌법 제23조 제3항에서 재산권의 침해에 대하여 규정하는 '정당한 보상'과는 차이가 있다 할 것이다(헌재 2010.10.28. 2008헌마514).

[❹ ▸ ○] 보상청구는 무죄재판을 한 법원에 대하여 하여야 한다(형사보상 및 명예회복에 관한 법률 제7조).

[❺ ▸ ○] 보상청구는 무죄재판이 확정된 사실을 안 날부터 3년, 무죄재판이 확정된 때부터 5년 이내에 하여야 한다(형사보상 및 명예회복에 관한 법률 제8조).

답 ❷

제7장 / 사회적 기본권

제1절 인간다운 생활권

제2절 교육을 받을 권리

55
☐☐☐

무상교육에 관한 다음 설명 중 가장 옳지 않은 것은?(다툼이 있는 경우 대법원 판례 및 헌법재판소 결정에 의함. 이하 같음)　　　**2019년 법무사시험 [문 1]**

① 의무교육제도는 교육의 자주성·전문성·정치적 중립성 등을 지도원리로 하여 국민의 교육을 받을 권리를 뒷받침하기 위한, 헌법상의 교육기본권에 부수되는 제도보장이다.

② 헌법 제31조 제2항은 초등교육과 법률이 정하는 교육을 의무교육으로서 실시하도록 규정하였으므로 초등교육 이외에 어느 범위의 교육을 의무교육으로 할 것인가에 대한 결정은 입법자에게 위임되어 있다. 초등교육 이외의 의무교육은 구체적으로 법률에서 이에 관한 규정이 제정되어야 가능하고 초등교육 이외의 의무교육의 실시범위를 정하는 것은 입법자의 형성의 자유에 속한다.

③ 입법자가 중학교교육에 대한 의무교육을 단계적으로 실시하는 것으로 규정함에 따라 아직 중학교교육의 무상 실시라는 혜택을 받지 못하는 지역이 있더라도 이는 그 지역의 주민들에 대하여는 이러한 혜택이 현재로서는 구체적인 헌법상의 권리로서 보장되지 않고 있는 것이며, 그들의 헌법상 보장된 권리가 국가에 의하여 침해되었다고 볼 수는 없다.

④ 헌법 제31조 제1항에서 보장되는 교육의 기회균등권은 정신적·육체적 능력 이외의 성별·종교·경제력·사회적 신분 등에 의하여 교육을 받을 기회를 차별하지 아니함과 동시에, 국가가 모든 국민에게 균등한 교육을 받게 하고 특히 경제적 약자가 실질적인 평등교육을 받을 수 있도록 적극적 정책을 실현해야 한다는 것을 의미한다.

⑤ 급식활동이 의무교육에 있어서 필수불가결한 교육과정이며 이에 소요되는 경비가 의무교육의 실질적인 균등보장을 위한 본질적이고 핵심적인 항목에 해당하므로, 이에 관한 모든 재원마련도 전적으로 국가와 지방자치단체의 몫이 되어야 하므로 급식에 관한 경비를 전면무상으로 하지 않고 그 일부를 학부모의 부담으로 정하고 있는 법률조항들은 의무교육의 무상원칙에 위배된다.

···

[**❶** ▸ **○**] 의무교육제도는 교육의 자주성·전문성·정치적 중립성 등을 지도원리로 하여 국민의 교육을 받을 권리를 뒷받침하기 위한, 헌법상의 교육기본권에 부수되는 제도보장이라 할 것이다(헌재 1991.2.11. 90헌가27).

[**❷** ▸ **○**] 헌법 제31조 제2항은 초등교육과 법률이 정하는 교육을 의무교육으로서 실시하도록 규정하였으므로 초등교육 이외에 어느 범위의 교육을 의무교육으로 할 것인가에 대한 결정은 입법자에게 위임되어 있다 할 것이다. 초등교육 이외의 의무교육은 구체적으로 법률에서 이에 관한 규정이 제정되어야 가능하고 초등교육 이외의 의무교육의 실시범위를 정하는 것은 입법자의 형성의 자유에 속한다. 따라서 무상으로 실시되어야 할 의무교육의 확대문제는 국가의 재정사정과 국민의 소득수준 등을 고려하여 입법정책으로 해결해야 할 문제이다(헌재 1991.2.11. 90헌가27).

[❸ ▸ ○]　헌법상 초등교육에 대한 의무교육과는 달리 중등교육의 단계에 있어서는 어느 범위에서 어떠한 절차를 거쳐 어느 시점에서 의무교육으로서 실시할 것인가는 입법자의 형성의 자유에 속하는 사항으로서 국회가 입법정책적으로 판단하여 법률로 구체적으로 규정할 때에 비로소 헌법상 권리로서 구체화되는 것으로 보아야 하기 때문이다. 따라서 입법자가 중학교교육에 대한 의무교육을 단계적으로 실시하는 것으로 규정함에 따라 아직 중학교교육의 무상 실시라는 혜택을 받지 못하는 지역이 있더라도 이는 그 지역의 주민들에 대하여는 이러한 혜택이 현재로서는 구체적인 헌법상의 권리로서 보장되지 않고 있는 것이며, 그들의 헌법상 보장된 권리가 국가에 의하여 침해되고 있다고 볼 수 없다(헌재 1991.2.11. 90헌가27).

[❹ ▸ ○]　헌법 제31조 제1항에서 보장되는 교육의 기회균등권은 '정신적·육체적 능력 이외의 성별·종교·경제력·사회적 신분 등에 의하여 교육을 받을 기회를 차별하지 않고, 즉 합리적 차별사유 없이 교육을 받을 권리를 제한하지 아니함과 동시에 국가가 모든 국민에게 균등한 교육을 받게 하고 특히 경제적 약자가 실질적인 평등교육을 받을 수 있도록 적극적 정책을 실현해야 한다는 것'을 의미하므로, 실질적인 평등교육을 실현해야 할 국가의 적극적인 의무가 인정되지만, 이러한 의무조항으로부터 국민이 직접 실질적 평등교육을 위한 교육비를 청구할 권리가 도출되는 것은 아니다(헌재 2003.11.27. 2003헌바39).

[❺ ▸ ×]　이 사건 법률조항들이 비록 중학생의 학부모들에게 급식 관련 비용의 일부를 부담하도록 하고 있지만, 급식활동 자체가 의무교육에 필수불가결한 내용이라 보기 어렵고, 국가나 지방자치단체의 지원으로 부담을 경감하는 조항이 마련되어 있으며, 특히 저소득층 학생들을 위한 지원방안이 마련되어 있다는 점 등을 고려해 보면, 이 사건 법률조항들이 입법형성권의 범위를 넘어 헌법상 의무교육의 무상원칙에 반하는 것으로 보기는 어렵다(헌재 2012.4.24. 2010헌바64).

답 ❺

56
☐☐☐

근로의 권리에 관한 다음 설명 중 가장 옳지 않은 것은? 　　2021년 법무사시험 [문 17]

① 헌법상 근로의 권리는 '일할 자리에 관한 권리'만이 아니라 '일할 환경에 관한 권리'도 의미하는 것이다.
② 근로자가 퇴직급여를 청구할 수 있는 권리는 헌법 제32조 제1항의 근로의 권리의 본질적인 내용에 해당하므로, 모든 근로자는 헌법상 권리로서 퇴직급여 청구권을 갖는다.
③ 최저임금제는 법률이 정하는 바에 의하여 보장되는 것이므로, 근로자가 최저임금을 청구할 수 있는 권리가 헌법상 근로의 권리로서 바로 보장되는 것은 아니다.
④ 근로의 권리는 개인인 근로자가 그 주체가 되는 것이고, 근로자의 모임인 노동조합은 그 주체가 될 수 없다.
⑤ 우리 헌법은 연소자의 근로는 특별한 보호를 받는다고 명문으로 규정하고 있다.

....

[❶ ▸ ○] 　근로의 권리가 "일할 자리에 관한 권리"만이 아니라 "일할 환경에 관한 권리"도 함께 내포하고 있는바, 후자는 인간의 존엄성에 대한 침해를 방어하기 위한 자유권적 기본권의 성격도 갖고 있어 건강한 작업환경, 일에 대한 정당한 보수, 합리적인 근로조건의 보장 등을 요구할 수 있는 권리 등을 포함한다고 할 것이므로 외국인 근로자라고 하여 이 부분에까지 기본권 주체성을 부인할 수는 없다(헌재 2007.8.30. 2004헌마670).

[❷ ▸ ✕] 　헌법 제32조 제1항이 규정하는 근로의 권리는 사회적 기본권으로서 국가에 대하여 직접 일자리를 청구하거나 일자리에 갈음하는 생계비의 지급청구권을 의미하는 것이 아니라 고용증진을 위한 사회적·경제적 정책을 요구할 수 있는 권리에 그치며, 근로의 권리로부터 국가에 대한 직접적인 직장존속청구권이 도출되는 것도 아니다. 나아가 근로자가 퇴직급여를 청구할 수 있는 권리도 헌법상 바로 도출되는 것이 아니라 퇴직급여법 등 관련 법률이 구체적으로 정하는 바에 따라 비로소 인정될 수 있는 것이므로 계속근로기간 1년 미만인 근로자가 퇴직급여를 청구할 수 있는 권리가 헌법 제32조 제1항에 의하여 보장된다고 보기는 어렵다(헌재 2011.7.28. 2009헌마408).

[❸ ▸ ○] 　헌법 제32조 제1항 후단은 "국가는 사회적·경제적 방법으로 근로자의 고용의 증진과 적정임금의 보장에 노력하여야 하며, 법률이 정하는 바에 의하여 최저임금제를 시행하여야 한다"라고 규정하고 있어서 근로자가 최저임금을 청구할 수 있는 권리도 헌법상 바로 도출되는 것이 아니라 최저임금법 등 관련 법률이 구체적으로 정하는 바에 따라 비로소 인정될 수 있다(헌재 2012.10.25. 2011헌마307).

[❹ ▸ ○] 　헌법 제32조 제1항이 규정한 근로의 권리는 근로자를 개인의 차원에서 보호하기 위한 권리로서 개인인 근로자가 그 주체가 되는 것이고 노동조합은 그 주체가 될 수 없으므로, 이 사건 법률조항이 노동조합을 비과세 대상으로 규정하지 않았다 하여 헌법 제32조 제1항에 반한다고 볼 여지는 없다(헌재 2009.2.26. 2007헌바27).

[❺ ▸ ○] 　연소자의 근로는 특별한 보호를 받는다(헌법 제32조 제5항).

답 ❷

제5절　　환경권

57
☐☐☐

환경권과 관련한 다음 설명 중 가장 옳지 않은 것은?(다툼이 있는 경우 대법원 판례 및 헌법재판소 결정에 의함. 이하 같음)
2018년 법무사시험 [문 1]

① 환경권은 명문의 법률규정이나 관계 법령의 규정 취지 및 조리에 비추어 권리의 주체, 대상, 내용, 행사 방법 등이 구체적으로 정립될 수 있어야만 인정되는 것이므로, 사법상의 권리로서의 환경권을 인정하는 명문의 규정이 없으면 환경권에 기하여 직접 방해배제청구권을 인정할 수는 없다.

② 환경영향평가 대상사업이라도 그 대상 지역 밖의 주민의 경우에는 그들이 누리는 환경상의 이익은 공익으로서의 추상적 이익에 해당하므로 대상사업을 허용하는 허가나 승인처분 등의 취소를 구할 원고적격이 전혀 인정되지 않는다.

③ 환경에는 자연환경뿐 아니라 생활환경까지도 포함된다.

④ 환경권은 건강하고 쾌적한 환경에 대한 침해배제를 청구할 수 있는 자유권적 측면과 쾌적한 환경에서 생활할 수 있도록 배려하는 보호·보장청구권의 측면을 모두 가지고 있다.

⑤ 환경보전은 단순히 국가의 노력만으로 이루어지기는 어려우므로 헌법은 국민의 환경보전 노력 의무도 규정하고 있다.

⋯⋯

[**❶▸○**] 환경권은 명문의 법률규정이나 관계 법령의 규정 취지 및 조리에 비추어 권리의 주체, 대상, 내용, 행사 방법 등이 구체적으로 정립될 수 있어야만 인정되는 것이므로, 사법상의 권리로서의 환경권을 인정하는 명문의 규정이 없는데도 환경권에 기하여 직접 방해배제청구권을 인정할 수는 없다(대판 1999.7.27. 98다47528).

[**❷▸✕**] 환경영향평가 대상지역 밖의 주민이라 할지라도 공유수면매립면허처분 등으로 인하여 그 처분 전과 비교하여 수인한도를 넘는 환경피해를 받거나 받을 우려가 있는 경우에는, 공유수면매립면허처분 등으로 인하여 환경상 이익에 대한 침해 또는 침해우려가 있다는 것을 입증함으로써 그 처분 등의 무효확인을 구할 원고적격을 인정받을 수 있다(대판[전합] 2006.3.16. 2006두330).

[**❸▸○**] '건강하고 쾌적한 환경에서 생활할 권리'를 보장하는 환경권의 보호대상이 되는 환경에는 자연환경뿐만 아니라 인공적 환경과 같은 생활환경도 포함된다(헌재 2008.7.31. 2006헌마711).

[**❹▸○**] 환경권을 행사함에 있어 국민은 국가로부터 건강하고 쾌적한 환경을 향유할 수 있는 자유를 침해당하지 않을 권리를 행사할 수 있고, 일정한 경우 국가에 대하여 건강하고 쾌적한 환경에서 생활할 수 있도록 요구할 수 있는 권리가 인정되기도 하는바, 환경권은 그 자체 종합적 기본권으로서의 성격을 지닌다(헌재 2008.7.31. 2006헌마711).

[**❺▸○**] 모든 국민은 건강하고 쾌적한 환경에서 생활할 권리를 가지며, 국가와 국민은 환경보전을 위하여 노력하여야 한다(헌법 제35조 제1항).

 답 **❷**

제8장 국민의 기본적 의무

제1절 납세의 의무

제2절 국방의 의무

58
□□□

국방의 의무에 관한 다음 설명 중 가장 옳지 않은 것은?

① 헌법 제39조 제1항에 규정된 국방의 의무는 외부 적대세력의 직·간접적인 침략행위로부터 국가의 독립을 유지하고 영토를 보전하기 위한 의무를 말한다.

② 헌법에서 국방의 의무를 국민에게 부과하고 있으므로, 병역법에 따라 군복무를 하는 것은 국민이 마땅히 하여야 할 이른바 신성한 의무를 다하는 것일 뿐, 국가나 공익목적을 위하여 개인이 특별한 희생을 하는 것이라고 할 수 없다.

③ 군형법 제1조 제3항 제3호에서 소집되어 실역에 복무 중인 예비역에 대하여 현역군인에 준하여 군형법을 적용토록 하였다 하더라도 이는 국방의 의무(헌법 제39조 제1항)에 근거한 것으로서 그 병역의무의 이행을 실효성 있게 확보하기 위한 것이라 할 것이므로 헌법에 위반된다고 할 수 없다.

④ 헌법 제39조 제2항이 "누구든지 병역의무의 이행으로 인하여 불이익한 처우를 받지 아니한다."라고 규정하고 있고, 향토예비군설치법 제11조는 "예비군부대의 지휘관 및 동원된 예비군대원에 대하여는 대통령령이 정하는 바에 의하여 급식 기타 실비변상을 할 수 있다."고 규정하여 병력동원을 위한 훈련에 소집된 예비군에게는 급식 및 실비변상이 이루어지고 있으므로, 교육훈련을 위하여 소집된 예비군에게도 그에 준하는 보상이 이루어져야 한다.

⑤ 병역의무 그 자체를 이행하느라 받는 불이익은 병역의무의 이행으로 인한 불이익한 처우의 금지와는 무관하다.

- -

[❶▶○] [❷▶○] 헌법 제39조 제1항에 규정된 국방의 의무는 외부 적대세력의 직·간접적인 침략행위로부터 국가의 독립을 유지하고 영토를 보전하기 위한 의무로서, 헌법에서 이러한 국방의 의무를 국민에게 부과하고 있는 이상 병역법에 따라 군복무를 하는 것은 국민이 마땅히 하여야 할 이른바 신성한 의무를 다하는 것일 뿐, 국가나 공익목적을 위하여 개인이 특별한 희생을 하는 것이라고 할 수 없다. 국민이 헌법에 따라 부과되는 의무를 이행하는 것은 국가의 존속과 활동을 위하여 불가결한 일인데, 그러한 의무를 이행하였다고 하여 이를 특별한 희생으로 보아 일일이 보상하여야 한다고 할 수는 없는 것이다(헌재 2008.5.29. 2005헌마1173).

[❸▶○] 군형법 제1조 제3항 제3호에서 소집되어 실역에 복무 중인 예비역에 대하여 현역군인에 준하여 군형법을 적용토록 하였다 하더라도 이는 국방의 의무(헌법 제39조 제1항)에 근거한 것으로서 그 병역의무의 이행을 실효성 있게 확보하기 위한 것이라 할 것이므로 헌법에 위반된다고 할 수 없다(헌재 1999.2.25. 97헌바3).

[❹ ▸ ×] 청구인은 헌법 제39조 제2항 및 향토예비군설치법 제11조의 규정취지에 비추어 청구인과 같이 교육훈련을 위하여 소집된 예비군에게도 동원훈련을 위하여 소집된 예비군에 준하는 보상이 행해져야 한다고 주장하나, 헌법 제39조 제2항은 병역의무를 이행한 사람에게 보상조치를 취할 의무를 국가에게 지우는 것이 아니라 법문 그대로 병역의무의 이행을 이유로 불이익한 처우를 하는 것을 금지하고 있을 뿐이고, 이 조항에서 금지하는 '불이익한 처우'라 함은 단순한 사실상, 경제상의 불이익을 모두 포함하는 것이 아니라 법적인 불이익을 의미하는 것으로 이해하여야 하므로, 이와 같은 의미를 갖는 헌법 제39조 제2항으로부터 피청구인의 청구인에 대한 훈련보상비 지급의무가 도출된다고 할 수 없다(헌재 2003.6.26. 2002헌마484).

[❺ ▸ ○] 병역의무 그 자체를 이행하느라 받는 불이익은 헌법 제39조 제2항과 관련이 없다. 즉, 병역의무 이행의 일환으로 병역의무 이행 중에 입는 불이익은 병역의무의 이행으로 인한 불이익에 해당하지 않는다(헌재 2019.8.29. 2017헌마828).

답 ❹

제 3 편 **통치구조론**

각 문항별로 회독수를 체크해 보세요. ☑☐☐

제1장 국 회

PART 1
PART 2
PART 3
PART 4
PART 5
PART 6
PART 7
PART 8

제1절 **국회의 구성과 조직**

01
☐☐☐

인사청문회에 관한 다음 설명 중 가장 옳은 것은? 2022년 법무사시험 [문 2]

① 우리 헌법은 대법원장, 대법관, 헌법재판소장, 국무총리, 감사원장에 대하여는 그 임명 시 인사청문회를 실시하도록 규정하고 있으나, 국세청장, 검찰총장, 경찰청장 등에 대하여는 헌법이 아닌 국회법에 인사청문회의 실시근거를 두고 있다.

② 대법원장, 대법관, 헌법재판소장에 대한 인사청문회는 국회 법제사법위원회에서 실시하고, 국무총리, 감사원장에 대한 인사청문회는 국회 정무위원회에서 실시한다.

③ 국회에 선출권이나 동의권이 없는 공직후보자에 관한 국회 인사청문경과보고서는 임명권자의 판단을 구속하지 아니하므로, 임명권자는 국회의 의견과 다르게 후보자를 임명하거나 임명하지 않을 수 있다.

④ 국회는 임명동의안 등이 제출된 날부터 20일 이내에 그 심사 또는 인사청문을 마쳐야 하고, 부득이한 사유로 그 기간 이내에 국회가 인사청문경과보고서를 송부하지 못한 경우 임명권자는 15일 이내의 범위에서 기간을 정하여 인사청문경과보고서 송부를 요청할 수 있다.

⑤ 인사청문 요청은 임명권자 내지 지명권자가 하는 것이 원칙이므로, 대통령과 대법원장은 후보자에 대한 인사청문을 요청할 수 있으나, 임기가 개시되지 아니하여 법률적 지위가 부여되기 이전인 대통령당선인은 인사청문 요청을 할 수 없다.

[**❶** ▸ ×] [**❷** ▸ ×] [**❺** ▸ ×]   <u>우리 헌법에서는 인사청문회에 관한 규정을 두고 있지 않다.</u> 국회법에서 인사청문의 실시근거를 두고 있는데, 국회의 동의가 필요한 <u>대법원장, 대법관, 헌법재판소장, 국무총리, 감사원장 등은 인사청문특별위원회의 인사청문을 거치도록 하고, 국세청장, 검찰총장, 경찰청장 등은 상임위원회의 인사청문을 거치도록 하고 있다.</u> 또한 <u>대통령당선인도 인사청문 요청을 할 수 있다.</u>

국회법 제46조의3(인사청문특별위원회)

① 국회는 다음 각 호의 임명동의안 또는 의장이 각 교섭단체 대표의원과 협의하여 제출한 선출안 등을 심사하기 위하여 <u>인사청문특별위원회</u>를 둔다. 다만, 대통령직 인수에 관한 법률 제5조 제2항에 따라 대통령당선인이 국무총리 후보자에 대한 인사청문의 실시를 요청하는 경우에 의장은 각 교섭단체 대표의원과 협의하여 그 인사청문을 실시하기 위한 인사청문특별위원회를 둔다.

  1. 헌법에 따라 그 임명에 국회의 동의가 필요한 대법원장·헌법재판소장·국무총리·감사원장 및 대법관에 대한 임명동의안

  2. 헌법에 따라 국회에서 선출하는 헌법재판소 재판관 및 중앙선거관리위원회 위원에 대한 선출안

국회법 제65조의2(인사청문회)

② <u>상임위원회</u>는 다른 법률에 따라 다음 각 호의 어느 하나에 해당하는 공직후보자에 대한 인사청문 요청이 있는 경우 인사청문을 실시하기 위하여 각각 인사청문회를 연다.

  1. 대통령이 임명하는 헌법재판소 재판관, 중앙선거관리위원회 위원, 국무위원, 방송미디어통신위원회 위원장, 국가정보원장, 공정거래위원회 위원장, 금융위원회 위원장, 국가인권위원회 위원장, 고위공직자범죄수사처장, <u>국세청장, 검찰총장, 경찰청장</u>, 합동참모의장, 한국은행 총재, 특별감찰관, 한국방송공사 사장 또는 방송미디어통신심의위원회 위원장의 후보자

  2. <u>대통령당선인</u>이 대통령직 인수에 관한 법률 제5조 제1항에 따라 지명하는 국무위원 후보자

  3. 대법원장이 지명하는 헌법재판소 재판관 또는 중앙선거관리위원회 위원의 후보자

[**❸** ▸ O]   대통령은 그의 지휘·감독을 받는 행정부 구성원을 임명하고 해임할 권한(헌법 제78조)을 가지고 있으므로, 국가정보원장의 임명행위는 헌법상 대통령의 고유권한으로서 법적으로 국회 인사청문회의 견해를 수용해야 할 의무를 지지는 않는다(헌재 2004.5.14. 2004헌나1).

[**❹** ▸ ×]   인사청문회법 제6조 제2항·제3항

인사청문회법 제6조(임명동의안등의 회부등)

② 국회는 임명동의안이 제출된 날부터 20일 이내에 그 심사 또는 인사청문을 마쳐야 한다.

③ 부득이한 사유로 제2항의 규정에 의한 기간 이내에 헌법재판소 재판관·중앙선거관리위원회 위원·국무위원·방송미디어통신위원회 위원장·국가정보원장·공정거래위원회 위원장·금융위원회 위원장·국가인권위원회 위원장·고위공직자범죄수사처장·국세청장·검찰총장·경찰청장·합동참모의장·한국은행 총재·특별감찰관·한국방송공사 사장 또는 방송미디어통신심의위원회 위원장(이하 "헌법재판소재판관등"이라 한다)의 후보자에 대한 인사청문회를 마치지 못하여 국회가 인사청문경과보고서를 송부하지 못한 경우에 대통령·대통령당선인 또는 대법원장은 제2항에 따른 기간의 다음 날부터 <u>10일 이내의 범위에서</u> 기간을 정하여 인사청문경과보고서를 송부하여 줄 것을 국회에 요청할 수 있다.

답 **❸**

02 국회에 관한 다음 설명 중 가장 옳은 것은? 2025년 법무사시험 [문 20]

① 국회의 임시회는 대통령 또는 국회재적의원 5분의 1 이상의 요구에 의하여 집회된다.

② 정기회의 회기는 100일을, 임시회의 회기는 50일을 초과할 수 없다.

③ 헌법 제50조 제1항 단서가 정하고 있는 출석의원 과반수의 찬성보다 더 엄격한 본회의 의결을 통해 민주적 정당성을 갖춘 법률의 형식으로 위원회 회의의 비공개를 결정할 수 있다.

④ 법률안에 대한 대통령의 재의의 요구가 있을 때에는 국회는 재의에 붙이고, 재적의원 3분의 2 이상의 찬성으로 전과 같은 의결을 하면 그 법률안은 법률로서 확정된다.

⑤ 국회에서 선출하는 헌법재판소 재판관·중앙선거관리위원회 위원 후보자는 인사청문특별위원회에서 인사청문회를 실시하고, 대통령이 임명하거나 대법원장이 지명하는 헌법재판소 재판관·중앙선거관리위원회 위원 후보자는 소관 상임위원회에서 인사청문회를 실시한다.

─────────────────────────────

[❶▸×] [❷▸×] 헌법 제47조 제1항, 제2항

> **헌법 제47조**
> ① 국회의 정기회는 법률이 정하는 바에 의하여 매년 1회 집회되며, 국회의 임시회는 대통령 또는 국회재적의원 <u>4분의 1</u> 이상의 요구에 의하여 집회된다.
> ② 정기회의 회기는 100일을, 임시회의 회기는 <u>30일</u>을 초과할 수 없다.

[❸▸×] 정보위원회 회의는 공개하지 아니한다고 정하고 있는 국회법 규정(이하 '심판대상조항'이라고 한다)이 의사공개원칙에 위배되어 청구인들의 알 권리를 침해하는지 여부에 대하여, 헌법 제50조 제1항의 취지를 고려할 때, 헌법 제50조 제1항 단서가 정하고 있는 출석의원 과반수의 찬성보다 더 엄격한 본회의 의결을 통해 민주적 정당성을 갖춘 법률의 형식으로 위원회 회의의 비공개를 결정할 수 있다고 봄이 상당하므로, 심판대상조항은 헌법 제50조 제1항의 의사공개원칙에 위배되지 아니한다는 반대의견이 있었으나, 법정의견은 심판대상조항은 정보위원회의 회의 일체를 비공개하도록 정함으로써 정보위원회 활동에 대한 국민의 감시와 견제를 사실상 불가능하게 하고 있고, 헌법 제50조 제1항 단서에서 정하고 있는 비공개사유는 각 회의마다 충족되어야 하는 요건으로 입법과정에서 재적의원 과반수의 출석과 출석의원 과반수의 찬성으로 의결되었다는 사실만으로 헌법 제50조 제1항 단서의 '출석위원 과반수의 찬성'이라는 요건이 충족되었다고 볼 수도 없으므로, 심판대상조항은 헌법 제50조 제1항에 위배되는 것으로 과잉금지원칙 위배 여부에 대해서는 더 나아가 판단할 필요 없이 청구인들의 알 권리를 침해한다고 판단하였다(헌재 2022.1.27. 2018헌마1162).

[❹▸×] 법률안에 대한 대통령의 재의의 요구가 있을 때에는 국회는 재의에 붙이고, 재적의원 과반수의 출석과 출석의원 3분의 2 이상의 찬성으로 전과 같은 의결을 하면 그 법률안은 법률로서 확정된다(헌법 제53조 제3항, 제4항).

[❺ ▶ ○] 국회법 제46조의3 제1항, 제65조의2 제2항

> **국회법 제46조의3(인사청문특별위원회)**
> ① 국회는 다음 각 호의 임명동의안 또는 의장이 각 교섭단체 대표의원과 협의하여 제출한 선출안 등을 심사하기 위하여 인사청문특별위원회를 둔다. 다만, 「대통령직 인수에 관한 법률」 제5조 제2항에 따라 대통령당선인이 국무총리 후보자에 대한 인사청문의 실시를 요청하는 경우에 의장은 각 교섭단체 대표의원과 협의하여 그 인사청문을 실시하기 위한 인사청문특별위원회를 둔다.
>   1. 헌법에 따라 그 임명에 국회의 동의가 필요한 대법원장·헌법재판소장·국무총리·감사원장 및 대법관에 대한 임명동의안
>   2. 헌법에 따라 국회에서 선출하는 헌법재판소 재판관 및 중앙선거관리위원회 위원에 대한 선출안
> ② 인사청문특별위원회의 구성과 운영에 필요한 사항은 따로 법률로 정한다.
>
> **국회법 제65조의2(인사청문회)**
> ① 제46조의3에 따른 심사 또는 인사청문을 위하여 인사에 관한 청문회를 연다.
> ② 상임위원회는 다른 법률에 따라 다음 각 호의 어느 하나에 해당하는 공직후보자에 대한 인사청문 요청이 있는 경우 인사청문을 실시하기 위하여 각각 인사청문회를 연다.
>   1. 대통령이 임명하는 헌법재판소 재판관, 중앙선거관리위원회 위원, 국무위원, 방송미디어통신위원회 위원장, 국가정보원장, 공정거래위원회 위원장, 금융위원회 위원장, 국가인권위원회 위원장, 고위공직자범죄수사처장, 국세청장, 검찰총장, 경찰청장, 합동참모의장, 한국은행 총재, 특별감찰관, 한국방송공사 사장 또는 방송미디어통신심의위원회 위원장의 후보자
>   2. 대통령당선인이 「대통령직 인수에 관한 법률」 제5조 제1항에 따라 지명하는 국무위원 후보자
>   3. 대법원장이 지명하는 헌법재판소 재판관 또는 중앙선거관리위원회 위원의 후보자

 답 ❺

03
□□□　**국회에 관한 다음 설명 중 가장 옳지 않은 것은?**　　2024년 법무사시험 [문 13]

① 헌법개정안은 기명투표로 표결한다.
② 국무총리 또는 국무위원의 해임건의안이 발의되었을 때에는 의장은 그 해임건의안이 발의된 후 처음 개의하는 본회의에 그 사실을 보고하고, 본회의에 보고된 때부터 24시간 이후 72시간 이내에 무기명투표로 표결한다.
③ 본회의의 표결방법은 전자투표에 의한 기록표결이 원칙이나, 중요한 안건으로서 의장의 제의 또는 의원의 동의로 본회의 의결이 있거나 재적의원 5분의 1 이상의 요구가 있을 때에는 기명투표·호명투표 또는 무기명투표로 표결한다.
④ 국회는 휴회 중이라도 대통령의 요구가 있을 때, 의장이 긴급한 필요가 있다고 인정할 때 또는 재적의원 3분의 1 이상의 요구가 있을 때에는 본회의를 재개한다.
⑤ 국회의원이 징계대상자에 대한 징계를 요구하려는 경우에는 의원 20명 이상의 찬성으로 그 사유를 적은 요구서를 의장에게 제출하여야 한다.

[**❶ ▶ ○**] 헌법개정안은 기명투표로 표결한다(국회법 제112조 제4항).

[**❷ ▶ ○**] 국무총리 또는 국무위원의 해임건의안이 발의되었을 때에는 의장은 그 해임건의안이 발의된 후 처음 개의하는 본회의에 그 사실을 보고하고, 본회의에 보고된 때부터 24시간 이후 72시간 이내에 무기명투표로 표결한다. 이 기간 내에 표결하지 아니한 해임건의안은 폐기된 것으로 본다(국회법 제112조 제7항).

[**❸ ▶ ○**] 국회법 제112조 제1항, 제2항

국회법 제112조(표결방법)

① 표결할 때에는 전자투표에 의한 기록표결로 가부(可否)를 결정한다. 다만, 투표기기의 고장 등 특별한 사정이 있을 때에는 기립표결로, 기립표결이 어려운 의원이 있는 경우에는 의장의 허가를 받아 본인의 의사표시를 할 수 있는 방법에 의한 표결로 가부를 결정할 수 있다.

② 중요한 안건으로서 의장의 제의 또는 의원의 동의(動議)로 본회의 의결이 있거나 재적의원 5분의 1 이상의 요구가 있을 때에는 기명투표·호명투표(呼名投票) 또는 무기명투표로 표결한다.

[**❹ ▶ ✕**] 국회는 휴회 중이라도 대통령의 요구가 있을 때, 의장이 긴급한 필요가 있다고 인정할 때 또는 <u>재적의원 4분의 1 이상의 요구</u>가 있을 때에는 국회의 회의(이하 "본회의"라 한다)를 재개한다(국회법 제8조 제2항).

[**❺ ▶ ○**] 의원이 징계대상자에 대한 징계를 요구하려는 경우에는 의원 20명 이상의 찬성으로 그 사유를 적은 요구서를 의장에게 제출하여야 한다(국회법 제156조 제3항).

답 ❹

04

국회에 관한 다음 설명 중 가장 옳지 않은 것은? 2021년 법무사시험 [문 6]

① 국회의 정기회는 법률이 정하는 바에 의하여 매년 1회 집회되며, 임시회는 대통령 또는 국회재적의원 4분의 1 이상의 요구에 의하여 집회된다. 대통령이 임시회의 집회를 요구할 때에는 기간과 집회요구의 이유를 명시하여야 한다.

② 국회의 회의는 공개한다. 다만, 출석의원 과반수의 찬성이 있거나 의장이 국가의 안전보장을 위하여 필요하다고 인정할 때에는 공개하지 아니할 수 있다.

③ 우리 헌법은 국회에 제출된 의안이 회기 중에 의결되지 못한 경우에는 폐기된다는 회기불계속의 원칙을 취하고 있다.

④ 대통령은 국회에서 의결된 법률안에 이의가 있을 때에는 정부에 이송된 후 15일 이내에 이의서를 붙여 국회로 환부하여 그 재의를 요구할 수 있다.

⑤ 법률안에 대한 재의의 요구가 있을 때에는 국회는 재의에 붙이고, 재적의원 과반수의 출석과 출석의원 3분의 2 이상의 찬성으로 전과 같은 의결을 하면 그 법률안은 법률로서 확정된다.

[❶ ▸ ○] 헌법 제47조 제1항·제3항

> **헌법 제47조**
> ① 국회의 정기회는 법률이 정하는 바에 의하여 매년 1회 집회되며, 국회의 임시회는 대통령 또는 국회재적
> 의원 4분의 1 이상의 요구에 의하여 집회된다.
> ③ 대통령이 임시회의 집회를 요구할 때에는 기간과 집회요구의 이유를 명시하여야 한다.

[❷ ▸ ○] 국회의 회의는 공개한다. 다만, 출석의원 과반수의 찬성이 있거나 의장이 국가의 안전보장을
위하여 필요하다고 인정할 때에는 공개하지 아니할 수 있다(헌법 제50조 제1항).

[❸ ▸ ×] 국회에 제출된 법률안 기타의 의안은 <u>회기 중에 의결되지 못한 이유로 폐기되지 아니한다.</u>
다만, 국회의원의 임기가 만료된 때에는 그러하지 아니하다(헌법 제51조). 즉, 우리 헌법은 <u>회기계속의</u>
<u>원칙</u>을 채택하고 있다.

[❹ ▸ ○] 헌법 제53조 제2항

> **헌법 제53조**
> ① 국회에서 의결된 법률안은 정부에 이송되어 15일 이내에 대통령이 공포한다.
> ② 법률안에 이의가 있을 때에는 대통령은 제1항의 기간 내에 이의서를 붙여 국회로 환부하고, 그 재의를
> <u>요구할 수 있다.</u> 국회의 폐회 중에도 또한 같다.

[❺ ▸ ○] 재의의 요구가 있을 때에는 국회는 재의에 붙이고, 재적의원 과반수의 출석과 출석의원
3분의 2 이상의 찬성으로 전과 같은 의결을 하면 그 법률안은 법률로서 확정된다(헌법 제53조 제4항).

답 ❸

05
☐☐☐

다음 설명 중 가장 옳지 않은 것은? 　　　　　　　　　　　　　　　　2020년 법무사시험 [문 10]

① 국무총리에 대한 해임건의발의 정족수와 탄핵소추발의 정족수는 같다.
② 국회의원의 자격심사의 청구 정족수와 예산안에 대한 수정동의 정족수는 같다.
③ 국회 위원회의 의사정족수와 본회의의 의사정족수는 같다.
④ 국회의원 제명 정족수와 헌법개정안 의결 정족수는 같다.
⑤ 국회의장 선출 정족수와 계엄해제 요구 정족수는 같다.

[❶ ▸ ○] 헌법 제63조 제2항, 제65조 제2항

> **헌법 제63조**
> ① 국회는 국무총리 또는 국무위원의 해임을 대통령에게 건의할 수 있다.
> ② 제1항의 해임건의는 국회재적의원 3분의 1 이상의 발의에 의하여 국회재적의원 과반수의 찬성이 있어야
> 한다.

헌법 제65조
① 대통령·국무총리·국무위원·행정각부의 장·헌법재판소 재판관·법관·중앙선거관리위원회 위원·감사원장·감사위원 기타 법률이 정한 공무원이 그 직무집행에 있어서 헌법이나 법률을 위배한 때에는 국회는 탄핵의 소추를 의결할 수 있다.
② 제1항의 탄핵소추는 국회재적의원 3분의 1 이상의 발의가 있어야 하며, 그 의결은 국회재적의원 과반수의 찬성이 있어야 한다. 다만, 대통령에 대한 탄핵소추는 국회재적의원 과반수의 발의와 국회재적의원 3분의 2 이상의 찬성이 있어야 한다.

[❷ ▸ ×]　국회법 제95조 제1항, 제138조

국회법 제95조(수정동의)
① 의안에 대한 수정동의는 그 안을 갖추고 이유를 붙여 30명 이상의 찬성 의원과 연서하여 미리 의장에게 제출하여야 한다. 다만, 예산안에 대한 수정동의는 의원 50명 이상의 찬성이 있어야 한다.

국회법 제138조(자격심사의 청구)
의원이 다른 의원의 자격에 대하여 이의가 있을 때에는 30명 이상의 연서로 의장에게 자격심사를 청구할 수 있다.

[❸ ▸ ○]　국회법 제54조, 제73조 제1항

국회법 제54조(위원회의 의사정족수·의결정족수)
위원회는 재적위원 5분의 1 이상의 출석으로 개회하고, 재적위원 과반수의 출석과 출석위원 과반수의 찬성으로 의결한다.

국회법 제73조(의사정족수)
① 본회의는 재적의원 5분의 1 이상의 출석으로 개의한다.

[❹ ▸ ○]　헌법 제64조 제3항, 제130조 제1항

헌법 제64조
③ 의원을 제명하려면 국회재적의원 3분의 2 이상의 찬성이 있어야 한다.

헌법 제130조
① 국회는 헌법개정안이 공고된 날로부터 60일 이내에 의결하여야 하며, 국회의 의결은 재적의원 3분의 2 이상의 찬성을 얻어야 한다.

[❺ ▸ ○]　국회법 제15조 제1항, 헌법 제77조 제5항

국회법 제15조(의장·부의장의 선거)
① 의장과 부의장은 국회에서 무기명투표로 선거하고 재적의원 과반수의 득표로 당선된다.

헌법 제77조
⑤ 국회가 재적의원 과반수의 찬성으로 계엄의 해제를 요구한 때에는 대통령은 이를 해제하여야 한다.

	[국회의 정족수규정]
10인 이상	• 회의의 비공개발의(국회법 제75조 제1항) • 일반의안 발의(국회법 제79조 제1항)
20인 이상	• 교섭단체 성립(국회법 제33조) • 의사일정 변경발의(국회법 제77조) • 국무총리 · 국무위원 · 정부위원에 대한 출석요구 발의(국회법 제121조 제1항) • 징계요구(국회법 제156조 제3항)
30인 이상	• 위원회에서 폐기된 의안 본회의에 부의(국회법 제87조 제1항) • 일반의안 수정동의(국회법 제95조 제1항) • 자격심사청구(국회법 제138조)
50인 이상	예산안에 대한 수정동의(국회법 제95조 제1항 단서)
재적 1/5 이상	• 위원회 및 본회의 의사정족수(국회법 제54조, 제73조) • 기명 · 무기명 · 호명투표의 요구(국회법 제112조 제2항)
재적 1/4 이상	• 임시회 소집요구(헌법 제47조 제1항) • 휴회 중의 본회의 재개요구(국회법 제8조 제2항) • 의원의 석방요구 발의(국회법 제28조)
재적 1/3 이상	• 해임건의 발의(헌법 제63조 제2항) • 일반 탄핵소추 발의(헌법 제65조 제2항)
재적 과반수	• 의장 · 부의장 선출(국회법 제15조 제1항) • 해임건의(헌법 제63조 제2항) • 일반 탄핵소추 의결(헌법 제65조 제2항) • 대통령에 대한 탄핵소추 발의(헌법 제65조 제2항 단서) • 계엄해제 요구(헌법 제77조 제5항) • 헌법개정안 발의(헌법 제128조 제1항) • 국회에서 대통령 선출(헌법 제67조 제2항) • 의장 · 부의장결선투표(국회법 제15조 제3항) • 임시의장 선거(국회법 제17조) • 상임위원장 및 예산결산특별위원회 위원장 선거(국회법 제41조 제2항, 제45조 제4항)
재적 과반수, 출석 과반수	특별한 규정이 없는 일반적 결의(헌법 제49조)
재적 과반수, 출석 2/3 이상	법률안 재의결(헌법 제53조 제4항)
재적 2/3 이상	• 제명(헌법 제64조 제3항) • 자격심사 의결(국회법 제142조 제3항) • 대통령에 대한 탄핵소추 의결(헌법 제65조 제2항 단서) • 헌법개정안 의결(헌법 제130조 제1항)

 답 ❷

06 국회의원에 관한 다음 설명 중 가장 옳지 않은 것은?

① 국회의원이 체포 또는 구금된 국회의원의 석방 요구를 발의할 때에는 재적의원 과반수의 연서로 그 이유를 첨부한 요구서를 국회의장에게 제출하여야 한다.

② 국회의장은 국회를 대표하는 자로서 헌법상의 국가기관이며, 국회를 대표하고 의사를 정리하며 질서를 유지하고 사무를 감독할 지위에 있다.

③ 발의된 의안의 철회 동의 여부에 관한 국회의원의 심의·표결권한은 그 성질상 일신전속적인 것이므로 국회의원직을 상실한 경우 승계되거나 상속될 수 없고, 그 권한의 침해 여부가 문제된 권한쟁의심판절차 또한 수계될 수 있는 성질의 것이 아니다.

④ 국회법상 국회의장은 위원회에 출석하여 발언할 수 있으나, 표결에는 참가할 수 없다.

⑤ 무소속 국회의원으로서 교섭단체 소속 국회의원과 동등하게 대우받을 권리라는 것은 헌법이 일반 국민에게 보장하고 있는 기본권이라고 할 수 없으므로, 국회의원이 위와 같은 권리 침해를 이유로 헌법재판소법 제68조 제1항에 따른 헌법소원심판을 청구할 수는 없다.

....

[❶▸✕] 국회의원이 체포 또는 구금된 의원의 석방 요구를 발의할 때에는 재적의원 4분의 1 이상의 연서(連書)로 그 이유를 첨부한 요구서를 의장에게 제출하여야 한다(국회법 제28조).

[❷▸○] 국회의장은 헌법 제48조에 따라 국회에서 선출되는 헌법상의 국가기관으로서 헌법과 법률에 의하여 국회를 대표하고 의사를 정리하며, 질서를 유지하고 사무를 감독할 지위에 있다. 이러한 지위에서 본회의 개의시의 변경, 의사일정의 작성과 변경, 의안의 상정, 의안의 가결·선포 등의 권한을 행사하고 있다(헌재 2000.2.24. 99헌라1).

[❸▸○] 청구인 허은아, 권은희는 발의된 의안의 철회 동의 여부에 관한 심의·표결권의 주체인 국회의원의 자격으로서 이 사건 권한쟁의심판을 청구한 것인바, 국회의원의 이와 같은 권한은 성질상 일신전속적인 것으로서 국회의원직을 상실한 경우 승계되거나 상속될 수 있는 것이 아니다. 따라서 그에 관련된 이 사건 권한쟁의심판절차 또한 수계될 수 있는 성질의 것이 아니므로 청구인 허은아, 권은희의 이 사건 심판청구는 국회의원직 상실과 동시에 당연히 그 심판절차가 종료되었다고 할 것이다 (헌재 2024.3.28. 2023헌라9).

[❹▸○] 국회의장은 위원회에 출석하여 발언할 수 있다. 다만, 표결에는 참가할 수 없다(국회법 제11조).

[❺▸○] 청구인이 국회법 제48조 제3항 본문에 의하여 침해당하였다고 주장하는 기본권은 청구인이 국회 상임위원회에 소속하여 활동할 권리, 청구인이 무소속 국회의원으로서 교섭단체소속 국회의원과 동등하게 대우받을 권리라는 것으로서 이는 입법권을 행사하는 국가기관인 국회를 구성하는 국회의원의 지위에서 향유할 수 있는 권한일 수는 있을지언정 헌법이 일반국민에게 보장하고 있는 기본권이라고 할 수는 없다(헌재 2000.8.31. 2000헌마156).

답 ❶

① 국회의원만이 법률안을 제출할 수 있다.

② 법률안 심의·표결권은 국회의원으로 구성된 국회에 부여된 것이지 국회의원 각자에게 보장된 것은 아니다.

③ 대통령이 법률안에 대하여 재의를 요구한 경우 국회는 재의에 붙이고, 재적의원 3분의 2 이상의 출석과 출석의원 3분의 2 이상의 찬성으로 전과 같은 의결을 하면 그 법률안은 법률로서 확정된다.

④ 국회에 제출된 법률안은 회기 중에 의결되지 못하면 폐기되는 것이 원칙이다.

⑤ 국회의원은 국회의 조약에 대한 체결·비준 동의권 침해를 주장하면서 대통령을 상대로 권한쟁의 심판을 청구할 수 없다.

···

[❶▸✕] 국회의원과 정부는 법률안을 제출할 수 있다(헌법 제52조).

[❷▸✕] 국회의원의 법률안 심의·표결권은 의회민주주의의 원리, 입법권을 국회에 귀속시키고 있는 헌법 제40조, 국민에 의하여 선출되는 국회의원으로 국회를 구성한다고 규정하고 있는 헌법 제41조 제1항 및 국회의결에 관하여 규정한 헌법 제49조로부터 당연히 도출되는 헌법상의 권한이다. 그리고 이러한 국회의원의 법률안 심의·표결권은 헌법기관으로서의 국회의원 각자에게 모두 보장되는 것 또한 의문의 여지가 없다(헌재 2009.10.29. 2009헌라8).

[❸▸✕] 재의의 요구가 있을 때에는 국회는 재의에 붙이고, 재적의원 과반수의 출석과 출석의원 3분의 2 이상의 찬성으로 전과 같은 의결을 하면 그 법률안은 법률로서 확정된다(헌법 제53조 제4항).

[❹▸✕] 국회에 제출된 법률안 기타의 의안은 회기 중에 의결되지 못한 이유로 폐기되지 아니한다. 다만, 국회의원의 임기가 만료된 때에는 그러하지 아니하다(헌법 제51조).

[❺▸○] 권한쟁의심판에서 국회의원이 국회의 권한침해를 주장하여 심판청구를 하는 이른바 '제3자 소송담당'을 허용하는 명문의 규정이 없고, 다른 법률의 준용을 통해서 이를 인정하기도 어려운 현행법 체계하에서, 국회의 의사가 다수결로 결정되었음에도 다수결의 결과에 반하는 소수의 국회의원에게 권한쟁의심판을 청구할 수 있게 하는 것은 다수결의 원리와 의회주의의 본질에 어긋날 뿐만 아니라, 국가기관이 기관 내부에서 민주적인 토론을 통해 기관의 의사를 결정하는 대신 모든 문제를 사법적 수단에 의해 해결하려는 방향으로 남용될 우려도 있다. 따라서 '제3자 소송담당'이 허용되지 않는 현행법 하에서 국회의 구성원인 국회의원은 국회의 조약 체결·비준 동의권 침해를 주장하는 권한쟁의심판에서 청구인적격이 없다(헌재 2015.11.26. 2013헌라3).

 답 ❺

08 국회에 관한 다음 설명 중 가장 옳지 않은 것은?

① 국회의 정기회는 법률이 정하는 바에 의하여 매년 1회 집회되며, 국회의 임시회는 대통령 또는 국회재적의원 4분의 1 이상의 요구에 의하여 집회된다.

② 국회에서 의결된 법률안은 정부에 이송되어 15일 이내에 대통령이 공포하나, 법률안에 이의가 있을 때에는 대통령은 제1항의 기간 내에 그 전부 또는 일부에 관한 이의서를 붙여 국회로 환부하고, 그 재의를 요구할 수 있다.

③ 국회나 그 위원회의 요구가 있는 경우 국무총리·국무위원 또는 정부위원은 출석·답변하여야 하며, 국무총리 또는 국무위원이 출석요구를 받은 때에는 국무위원 또는 정부위원으로 하여금 출석·답변하게 할 수 있다.

④ 국회는 직무집행에 있어서 헌법이나 법률을 위배한 검사뿐만 아니라 고위공직자범죄수사처의 검사에 대하여도 탄핵소추를 의결할 수 있다.

⑤ 국회는 정부의 동의 없이 정부가 제출한 지출예산 각항의 금액을 증가하거나 새 비목을 설치할 수 없으며, 예산에 변경을 가할 필요가 있다 하더라도 직접 추가경정예산안을 제출, 의결할 수는 없다.

....

[**❶ ▸ ○**] 국회의 정기회는 법률이 정하는 바에 의하여 매년 1회 집회되며, 국회의 임시회는 대통령 또는 국회재적의원 4분의 1 이상의 요구에 의하여 집회된다(헌법 제47조 제1항).

[**❷ ▸ ✕**] 헌법 제53조 제1항, 제2항, 제3항

> **헌법 제53조**
> ① 국회에서 의결된 법률안은 정부에 이송되어 15일 이내에 대통령이 공포한다.
> ② 법률안에 이의가 있을 때에는 대통령은 제1항의 기간 내에 이의서를 붙여 국회로 환부하고, 그 재의를 요구할 수 있다. 국회의 폐회 중에도 또한 같다.
> ③ 대통령은 법률안의 일부에 대하여 또는 법률안을 수정하여 재의를 요구할 수 없다.

[**❸ ▸ ○**] 국회나 그 위원회의 요구가 있을 때에는 국무총리·국무위원 또는 정부위원은 출석·답변하여야 하며, 국무총리 또는 국무위원이 출석요구를 받은 때에는 국무위원 또는 정부위원으로 하여금 출석·답변하게 할 수 있다(헌법 제62조 제2항).

[**❹ ▸ ○**] 탄핵소추대상자에 해당하는 기타 법률이 정한 공무원으로는 검사, 고위공직자범죄수사처의 검사가 있다(헌법 제65조 제1항, 검찰청법 제37조, 공수처법 제14조). 그 밖에 경찰법에서의 경찰청장, 방송통신위원회의 설치 및 운영에 관한 법률의 방송통신위원회위원장도 이에 해당한다.

> **헌법 제65조**
> ① 대통령·국무총리·국무위원·행정각부의 장·헌법재판소 재판관·법관·중앙선거관리위원회 위원·감사원장·감사위원 기타 법률이 정한 공무원이 그 직무집행에 있어서 헌법이나 법률을 위배한 때에는 국회는 탄핵의 소추를 의결할 수 있다.

검찰청법 제37조(신분보장)

검사는 탄핵이나 금고 이상의 형을 선고받은 경우를 제외하고는 파면되지 아니하며, 징계처분이나 적격심사에 의하지 아니하고는 해임·면직·정직·감봉·견책 또는 퇴직의 처분을 받지 아니한다.

고위공직자범죄수사처 설치 및 운영에 관한 법률 제14조(신분보장)

처장, 차장, 수사처검사는 탄핵이나 금고 이상의 형을 선고받은 경우를 제외하고는 파면되지 아니하며, 징계처분에 의하지 아니하고는 해임·면직·정직·감봉·견책 또는 퇴직의 처분을 받지 아니한다.

[❺ ▸ ○] 헌법 제56조, 제57조

헌법 제56조

정부는 예산에 변경을 가할 필요가 있을 때에는 추가경정예산안을 편성하여 국회에 제출할 수 있다.

헌법 제57조

국회는 정부의 동의 없이 정부가 제출한 지출예산 각항의 금액을 증가하거나 새 비목을 설치할 수 없다.

답 ❷

09
□□□

국회의원의 특권에 관한 다음 설명 중 가장 옳지 않은 것은?(다툼이 있는 경우 대법원 판례에 의함)
2017년 법무사시험 [문 6]

① 국회의원은 국회에서 직무상 행한 발언과 표결에 관하여 국회 외에서 책임을 지지 아니하는데, 그 취지는 국회의원이 국민의 대표자로서 국회 내에서 자유롭게 발언하고 표결할 수 있도록 보장함으로써 국회가 입법 및 국정통제 등 헌법에 의하여 부여된 권한을 적정하게 행사하고 그 기능을 원활하게 수행할 수 있도록 보장하는 데에 있다.

② 면책특권의 대상이 되는 행위는 국회의 직무수행에 필수적인 국회의원의 국회 내에서의 직무상 발언과 표결이라는 의사표현행위 자체에만 국한되지 않고 이에 통상적으로 부수하여 행하여지는 행위까지 포함된다.

③ 국회의원은 현행범인 경우를 제외하고는 회기 중 국회의 동의 없이 체포 또는 구금되지 아니하며, 회기 전에 체포 또는 구금된 때에는 현행범이 아닌 한 국회의 요구가 있으면 회기 중 석방된다.

④ 회기 중 국회의원 체포안에 대한 동의에는 국회의원 재적의원 과반수의 찬성이 필요하다.

⑤ 헌법상 국회의원의 불체포특권은 불수사특권이나 불기소특권을 의미하는 것은 아니므로, 회기 중에 유죄판결이 확정되면 그 형을 집행할 수 있다.

....

[**❶ ▸ ○**] [**❷ ▸ ○**]　헌법 제45조는 "국회의원은 국회에서 직무상 행한 발언과 표결에 관하여 국회 외에서 책임을 지지 아니한다"고 규정하여 국회의원의 면책특권을 인정하고 있다. 그 취지는 국회의원이 국민의 대표자로서 국회 내에서 자유롭게 발언하고 표결할 수 있도록 보장함으로써 국회가 입법 및 국정통제 등 헌법에 의하여 부여된 권한을 적정하게 행사하고 그 기능을 원활하게 수행할 수 있도록 보장하는 데에 있다. 따라서 면책특권의 대상이 되는 행위는 국회의 직무수행에 필수적인 국회의원의 국회 내에서의 직무상 발언과 표결이라는 의사표현행위 자체에만 국한되지 아니하고 이에 통상적으로 부수하여 행하여지는 행위까지 포함하며, 그와 같은 부수행위인지 여부는 구체적인 행위의 목적·장소·태양 등을 종합하여 개별적으로 판단하여야 한다(대판 2011.5.13. 2009도14442).

[**❸ ▸ ○**]　헌법 제44조

> **헌법 제44조**
> ① 국회의원은 현행범인인 경우를 제외하고는 회기 중 국회의 동의 없이 체포 또는 구금되지 아니한다.
> ② 국회의원이 회기 전에 체포 또는 구금된 때에는 현행범인이 아닌 한 국회의 요구가 있으면 회기 중 석방된다.

[**❹ ▸ ✕**]　국회의원 체포안에 대한 동의에 관하여 헌법 또는 법률에 특별한 규정이 없으므로, 일반의결 정족수인 <u>재적의원 과반수의 출석과 출석의원 과반수의 찬성</u>으로 의결한다(헌법 제49조, 국회법 제109조 참고).

[**❺ ▸ ○**]　불체포특권은 국회의원의 처벌을 면제하는 것이 아니라, 단지 회기 중에 체포·구금되지 아니하는 특권일 뿐이다. 따라서 회기 중에 유죄판결이 확정되면 그 형을 집행할 수 있다.

답 **❹**

제2장 / 대통령과 행정부

10
□□□

대통령에 관한 다음 설명 중 가장 옳지 않은 것은? **2024년 법무사시험 [문 2]**

① 대통령은 국무총리·국무위원·행정각부의 장 기타 법률이 정하는 공사의 직을 겸할 수 없고, 이는 비상계엄하에서도 마찬가지이다.
② 국가원로자문회의의 의장은 전직대통령이 된다.
③ 대통령후보자가 1인일 때에는 그 득표수가 선거권자 총수의 3분의 1 이상이 아니면 대통령으로 당선될 수 없다.
④ 대통령이 발한 긴급명령이 국회의 승인을 얻지 못한 때에는 그 명령은 그때부터 효력을 상실한다.
⑤ 국회가 재적의원 과반수의 찬성으로 계엄의 해제를 요구한 때에는 대통령은 이를 해제하여야 한다.

[❶ ▸ O] 대통령은 국무총리·국무위원·행정각부의 장 기타 법률이 정하는 공사의 직을 겸할 수 없다(헌법 제83조).

[❷ ▸ ✕] 국가원로자문회의의 의장은 <u>직전대통령</u>이 된다. 다만, 직전대통령이 없을 때에는 대통령이 지명한다(헌법 제90조 제2항).

[❸ ▸ O] 대통령후보자가 1인일 때에는 그 득표수가 선거권자 총수의 3분의 1 이상이 아니면 대통령으로 당선될 수 없다(헌법 제67조 제3항).

[❹ ▸ O] 헌법 제76조 제2항, 제3항, 제4항

> **헌법 제76조**
> ② 대통령은 국가의 안위에 관계되는 중대한 교전상태에 있어서 국가를 보위하기 위하여 긴급한 조치가 필요하고 국회의 집회가 불가능한 때에 한하여 법률의 효력을 가지는 명령을 발할 수 있다.
> ③ 대통령은 제1항과 제2항의 처분 또는 명령을 한 때에는 지체 없이 국회에 보고하여 그 승인을 얻어야 한다.
> ④ 제3항의 승인을 얻지 못한 때에는 그 처분 또는 명령은 그때부터 효력을 상실한다. 이 경우 그 명령에 의하여 개정 또는 폐지되었던 법률은 그 명령이 승인을 얻지 못한 때부터 당연히 효력을 회복한다.

[❺ ▸ O] 국회가 재적의원 과반수의 찬성으로 계엄의 해제를 요구한 때에는 대통령은 이를 해제하여야 한다(헌법 제77조 제5항).

답 ❷

11
□□□

대통령의 국가긴급권에 관한 다음 설명 중 가장 옳지 않은 것은? 2024년 법무사시험 [문 4]

① 국가긴급권은 법치주의의 예외로서, 위기 극복이라는 소극적 목적을 위해 발동되어야 하며, 기간, 범위에 있어 목적 달성에 불가결한 최소한도 내로 한정되어야 한다.
② 헌법재판소나 법원은 국가긴급권 발동의 위헌·위법 여부를 사후적으로 심사할 수는 있으나, 국가긴급권이 가지는 고도의 정치적 성격이 그 심사의 한계로서 작용할 수 있다.
③ 대법원은 소위 유신헌법 제53조에 근거한 대통령 긴급조치 제1호에 대하여 비록 그 발동 당시 시행 중이던 유신헌법에 위배되지는 아니하나, 현행헌법에 비추어 그 발동요건을 갖추지 못하여 위헌, 위법이라고 판시한 바 있다.
④ 대통령의 긴급재정·경제명령은 법률과 마찬가지로 위헌법률심판이나 헌법소원심판의 대상이 된다.
⑤ 계엄 상황이 해소된 때에는 대통령은 국무회의의 심의를 거쳐 계엄을 해제할 수 있다.

[❶ ▶ ○] 국가긴급권은 국가의 존립이나 헌법질서를 위태롭게 하는 비상사태가 발생한 경우에 국가를 보전하고 헌법질서를 유지하기 위한 헌법보장의 한 수단이지만, 평상시의 헌법질서에 따른 권력 행사방법만으로는 대처할 수 없는 중대한 위기상황에 대비하여 헌법이 중대한 예외로서 인정한 비상수단이므로, 헌법이 정한 국가긴급권의 발동요건·사후통제 및 국가긴급권에 내재하는 본질적 한계는 엄격히 준수되어야 한다(헌재 2015.3.26. 2014헌가5).

[❷ ▶ ○] 통치행위란 고도의 정치적 결단에 의한 국가행위로서 사법적 심사의 대상으로 삼기에 적절하지 못한 행위라고 일반적으로 정의되고 있는바, 이 사건 긴급명령이 통치행위로서 헌법재판소의 심사대상에서 제외되는지에 관하여 살피건대, 고도의 정치적 결단에 의한 행위로서 그 결단을 존중하여야 할 필요성이 있는 행위라는 의미에서 이른바 통치행위의 개념을 인정할 수 있고, 대통령의 긴급재정경제명령은 중대한 재정 경제상의 위기에 처하여 국회의 집회를 기다릴 여유가 없을 때에 국가의 안전보장 또는 공공의 안녕질서를 유지하기 위하여 필요한 경우에 발동되는 일종의 국가긴급권으로서 대통령이 고도의 정치적 결단을 요하고 가급적 그 결단이 존중되어야 할 것임은 법무부장관의 의견과 같다(헌재 1996.2.29. 93헌마186).

[❸ ▶ ✕] 구 대한민국헌법(1980.10.27. 헌법 제9호로 전부 개정되기 전의 것, 이하 '유신헌법'이라 한다) 제53조에 근거하여 발령된 대통령 긴급조치(이하 '긴급조치'라 한다) 제1호는 그 발동 요건을 갖추지 못한 채 목적상 한계를 벗어나 국민의 자유와 권리를 지나치게 제한함으로써 헌법상 보장된 국민의 기본권을 침해한 것이므로, 긴급조치 제1호가 해제 내지 실효되기 이전부터 <u>유신헌법에 위배되어 위헌</u>이고, 나아가 긴급조치 제1호에 의하여 침해된 각 기본권의 보장 규정을 두고 있는 <u>현행헌법에 비추어 보더라도 위헌이다</u>(대판[전합] 2010.12.16. 2010도5986).

[❹ ▶ ○] 긴급재정·경제명령은 법률의 효력을 가지므로 위헌 여부가 재판의 전제가 되는 때에는 법원은 헌법재판소에 위헌법률심판을 제청할 수 있고 헌법재판소는 위헌 여부를 심사할 수 있다. 또한 긴급재정·경제명령이 직접 기본권을 침해한 경우에는 헌법소원심판의 대상이 된다.

[❺ ▶ ○] 계엄법 제11조 제1항, 제2항

계엄법 제11조(계엄의 해제)
① 대통령은 제2조 제2항 또는 제3항에 따른 계엄 상황이 평상상태로 회복되거나 국회가 계엄의 해제를 요구한 경우에는 지체 없이 계엄을 해제하고 이를 공고하여야 한다.
② 대통령이 제1항에 따라 계엄을 해제하려는 경우에는 국무회의의 심의를 거쳐야 한다.

답 ❸

① 우리 헌법 제79조 제1항은 "대통령은 법률이 정하는 바에 의하여 사면·감형 또는 복권을 명할 수 있다."고 대통령의 사면권을 규정하고 있고, 제3항은 "사면·감형 또는 복권에 관한 사항은 법률로 정한다."고 규정하여 사면의 구체적 내용과 방법 등을 법률에 위임하고 있다. 그러므로 사면의 종류, 대상, 범위, 절차, 효과 등은 범죄의 죄질과 보호법익, 일반국민의 가치관 내지 법감정, 국가이익과 국민화합의 필요성, 권력분립의 원칙과의 관계 등 제반사항을 종합하여 입법자가 결정할 사항으로서 광범위한 입법재량 내지 형성의 자유가 부여되어 있다.

② 사면은 형의 선고의 효력 또는 공소권을 상실시키거나, 형의 집행을 면제시키는 국가원수의 고유한 권한을 의미하며, 사법부의 판단을 변경하는 제도로서 권력분립의 원리에 대한 예외가 된다.

③ 사면에는 일반사면과 특별사면이 있으며, 특별사면은 이미 형의 선고를 받은 특정인에 대하여 형의 집행을 면제하거나, 선고의 효력을 상실케 하는 사면이다.

④ 대통령의 사면권행사는 권력분립의 원리에 대한 예외로서 이를 존중하기 위해 국회의 동의를 받을 필요가 없다.

⑤ 복권이란 형의 선고로 인하여 법령에 따른 자격이 상실되거나 정지된 자격을 회복시키는 것을 말하고, 형의 집행이 끝나지 아니한 자 또는 집행이 면제되지 아니한 자에 대하여는 하지 아니한다.

· ·

[**❶ ▸ ○**] 우리 헌법 제79조 제1항은 "대통령은 법률이 정하는 바에 의하여 사면·감형 또는 복권을 명할 수 있다"고 대통령의 사면권을 규정하고 있고, 제3항은 "사면·감형 또는 복권에 관한 사항은 법률로 정한다"고 규정하여 사면의 구체적 내용과 방법 등을 법률에 위임하고 있다. 그러므로 사면의 종류, 대상, 범위, 절차, 효과 등은 범죄의 죄질과 보호법익, 일반국민의 가치관 내지 법감정, 국가이익과 국민화합의 필요성, 권력분립의 원칙과의 관계 등 제반사항을 종합하여 입법자가 결정할 사항으로서 광범위한 입법재량 내지 형성의 자유가 부여되어 있다(헌재 2000.6.1. 97헌바74).

[**❷ ▸ ○**] 사면은 형의 선고의 효력 또는 공소권을 상실시키거나, 형의 집행을 면제시키는 국가원수의 고유한 권한을 의미하며, 사법부의 판단을 변경하는 제도로서 권력분립의 원리에 대한 예외가 된다(헌재 2000.6.1. 97헌바74).

[**❸ ▸ ○**] 사면에는 일반사면과 특별사면이 있으며(사면법 제2조), 특별사면은 이미 형의 선고를 받은 특정인에 대하여 형의 집행을 면제하거나, 선고의 효력을 상실케 하는 사면이다(헌재 2000.6.1. 97헌바74).

[**❹ ▸ ✕**] 일반사면을 명하려면 국회의 동의를 얻어야 한다(헌법 제79조 제2항).

[**❺ ▸ ○**] 사면법 제5조 제1항 제5호, 제6조

> **사면법 제5조(사면 등의 효과)**
> ① 사면, 감형 및 복권의 효과는 다음 각 호와 같다.
> 1. 일반사면 : 형 선고의 효력이 상실되며, 형을 선고받지 아니한 자에 대하여는 공소권이 상실된다. 다만, 특별한 규정이 있을 때에는 예외로 한다.
> 2. 특별사면 : 형의 집행이 면제된다. 다만, 특별한 사정이 있을 때에는 이후 형 선고의 효력을 상실하게 할 수 있다.
> 3. 일반에 대한 감형 : 특별한 규정이 없는 경우에는 형을 변경한다.

4. 특정한 자에 대한 감형 : 형의 집행을 경감한다. 다만, 특별한 사정이 있을 때에는 형을 변경할 수 있다.
5. 복권 : 형 선고의 효력으로 인하여 상실되거나 정지된 자격을 회복한다.

사면법 제6조(복권의 제한)
복권은 형의 집행이 끝나지 아니한 자 또는 집행이 면제되지 아니한 자에 대하여는 하지 아니한다.

답 ❹

13

대통령의 권한에 관한 다음 설명 중 가장 옳지 않은 것은? 2021년 법무사시험 [문 20]

① 대통령은 법률이 정하는 바에 의하여 사면·감형 또는 복권을 명할 수 있다.
② 대통령은 헌법과 법률이 정하는 바에 의하여 국군을 통수한다.
③ 대통령은 전시·사변 또는 이에 준하는 국가비상사태에 있어서 병력으로써 군사상의 필요에 응하거나 공공의 안녕질서를 유지할 필요가 있을 때에는 법률이 정하는 바에 의하여 계엄을 선포할 수 있고 이때 대통령은 지체 없이 국회에 보고하여 그 승인을 얻어야 한다.
④ 대통령은 국회에 출석하여 발언하거나 서한으로 의견을 표시할 수 있다.
⑤ 대통령은 법률이 정하는 바에 의하여 훈장 기타의 영전을 수여한다.

[❶▸○] 대통령은 법률이 정하는 바에 의하여 사면·감형 또는 복권을 명할 수 있다(헌법 제79조 제1항).
[❷▸○] 대통령은 헌법과 법률이 정하는 바에 의하여 국군을 통수한다(헌법 제74조 제1항).
[❸▸✕] 헌법 제77조 제1항·제4항

헌법 제77조
① 대통령은 전시·사변 또는 이에 준하는 국가비상사태에 있어서 병력으로써 군사상의 필요에 응하거나 공공의 안녕질서를 유지할 필요가 있을 때에는 법률이 정하는 바에 의하여 계엄을 선포할 수 있다.
④ 계엄을 선포한 때에는 대통령은 지체 없이 국회에 통고하여야 한다.

[❹▸○] 대통령은 국회에 출석하여 발언하거나 서한으로 의견을 표시할 수 있다(헌법 제81조).
[❺▸○] 대통령은 법률이 정하는 바에 의하여 훈장 기타의 영전을 수여한다(헌법 제80조).

답 ❸

14
☐☐☐

국무회의에 관한 다음 설명 중 가장 옳지 않은 것은?　　2025년 법무사시험 [문 19]

① 국무위원이 국무회의에 출석하지 못할 때에는 각 부의 차관이 대리하여 출석하며, 대리 출석한 차관은 관계 의안에 관하여 발언하고 표결에 참가할 수 있다.

② 상훈법상 서훈의 추천이 있는 경우 행정안전부장관은 서훈에 관한 의안을 국무회의에 제출하여야 하고, 대통령은 이에 대하여 국무회의의 심의를 거쳐 서훈 대상자를 결정한다.

③ 국무회의는 구성원 과반수의 출석으로 개의하고, 출석구성원 3분의 2 이상의 찬성으로 의결한다.

④ 국가안전보장에 관련되는 대외정책·군사정책과 국내정책의 수립에 관하여 국무회의의 심의에 앞서 대통령의 자문에 응하기 위하여 국가안전보장회의를 둔다.

⑤ 국무회의에 제출된 의안은 긴급한 의안이 아닌 한 차관회의의 심의를 먼저 거쳐야 하나, 의안의 긴급성에 관한 판단에는 원칙적으로 정부의 재량이 있다.

⋯⋯⋯

[❶ ▸ ✕]　국무위원이 국무회의에 출석하지 못할 때에는 각 부의 차관(행정안전부의 재난안전관리사무에 관하여는 이를 담당하는 본부장을 포함)이 대리하여 출석한다. 대리 출석한 차관은 관계 의안에 관하여 발언할 수 있으나 <u>표결에는 참가할 수 없다</u>(국무회의 규정 제7조).

[❷ ▸ ○]　행정안전부장관은 서훈이 추천된 경우에는 서훈에 관한 의안을 국무회의에 제출하여야 한다. 대통령은 서훈에 관한 의안에 대하여 국무회의의 심의를 거쳐 서훈 대상자를 결정한다(상훈법 제7조).

[❸ ▸ ○]　국무회의는 구성원 과반수의 출석으로 개의(開議)하고, 출석구성원 3분의 2 이상의 찬성으로 의결한다(국무회의 규정 제6조 제1항).

[❹ ▸ ○]　국가안전보장에 관련되는 대외정책·군사정책과 국내정책의 수립에 관하여 국무회의의 심의에 앞서 대통령의 자문에 응하기 위하여 국가안전보장회의를 둔다(헌법 제91조 제1항).

[❺ ▸ ○]　국무회의 규정 제5조 제1항에 의하면 국무회의에 제출되는 의안은 긴급한 의안이 아닌 한 차관회의의 심의를 거쳐야 한다고 규정하고 있으나, 의안의 긴급성에 관한 판단에는 원칙적으로 정부의 재량이 있다고 할 것이고, 피청구인 소속 국회의원 등이 연루된 내란관련 사건이 발생한 상황에서 제출된 피청구인 해산심판청구에 대한 의안이 긴급한 의안에 해당한다고 본 정부의 판단에 재량의 일탈이나 남용의 위법이 있다고 단정하기 어렵다(헌재 2014.12.19. 2013헌다1).

답 ❶

15

국무회의에 대한 다음 설명 중 가장 옳지 않은 것은?

① 구체적으로 어떤 정책을 필수적으로 국무회의 심의를 거쳐야 하는 중요한 정책으로 보아야 하는지는 국무회의에 의안을 상정할 수 있는 권한자인 대통령이나 국무위원에게 일정 정도의 판단재량이 인정되는 것으로 보아야 하고, 그에 관한 대통령이나 국무위원의 일차적 판단이 명백히 비합리적이거나 자의적인 것이 아닌 한 존중되어야 한다.

② 국무회의는 행정부 내 최고의 정책 심의기관이지만 의결기관은 아니다.

③ 국회는 국회재적의원 과반수의 발의와 국회재적의원 3분의 2 이상의 찬성으로 국무위원의 해임을 대통령에게 건의할 수 있다.

④ 대통령의 직무상 해외 순방 중 국무총리가 주재한 국무회의에서 이루어진 정당해산심판청구서 제출안에 대한 의결은 위법하지 아니하다.

⑤ 국무회의는 대통령·국무총리와 15인 이상 30인 이하의 국무위원으로 구성한다.

....

[❶ ▶ ○] 구체적으로 어떤 정책을 필수적으로 국무회의 심의를 거쳐야 하는 중요한 정책으로 보아야 하는지는 국무회의에 의안을 상정할 수 있는 권한자인 대통령이나 국무위원에게 일정 정도의 판단재량이 인정되는 것으로 보아야 하고, 그에 관한 대통령이나 국무위원의 일차적 판단이 명백히 비합리적이거나 자의적인 것이 아닌 한 존중되어야 한다(헌재 2022.1.27. 2016헌마364).

[❷ ▶ ○] 국무회의는 정부의 권한에 속하는 중요한 정책을 심의한다(헌법 제88조 제1항). 국무회의는 심의기관으로 자문기관인 미국의 각료회의와 구별되며 의결기관인 의원내각제의 내각과도 구별된다. 심의기관이므로 그 심의결과에 대통령은 법적으로 구속되지 않는다.

[❸ ▶ ✕] 헌법 제63조 제1항·제2항

> **헌법 제63조**
> ① 국회는 국무총리 또는 국무위원의 해임을 대통령에게 건의할 수 있다.
> ② 제1항의 해임건의는 국회재적의원 3분의 1 이상의 발의에 의하여 국회재적의원 과반수의 찬성이 있어야 한다.

[❹ ▶ ○] 대통령은 국무회의의 의장으로서 회의를 소집하고 이를 주재하지만 대통령이 사고로 직무를 수행할 수 없는 경우에는 국무총리가 그 직무를 대행할 수 있고, 대통령이 해외 순방 중인 경우는 '사고'에 해당되므로, 대통령의 직무상 해외 순방 중 국무총리가 주재한 국무회의에서 이루어진 정당해산심판청구서 제출안에 대한 의결은 위법하지 아니하다(헌재 2014.12.19. 2013헌다1).

[❺ ▶ ○] 국무회의는 대통령·국무총리와 15인 이상 30인 이하의 국무위원으로 구성한다(헌법 제88조 제2항).

답 ❸

PART 1

PART 2

PART 3

PART 4

PART 5

PART 6

PART 7

PART 8

16
□□□　감사원에 대한 다음 설명 중 가장 옳지 않은 것은?　　2022년 법무사시험 [문 14]

① 감사원은 조직상 대통령에 소속하되, 직무에 관하여는 독립의 지위를 가진다.
② 감사위원은 원장의 제청으로 국회의 동의를 얻어 대통령이 임명한다.
③ 국회·법원 및 헌법재판소에 소속된 공무원에 대하여는 직무감찰을 할 수 없다.
④ 감사원은 직무감찰결과 비위사실이 밝혀지더라도 해당 공무원에 대하여 직접 징계를 할 수는 없다.
⑤ 지방자치단체의 자치사무에 관하여도 합법성 감사뿐만 아니라 합목적성 감사가 허용된다.

[**❶ ▸ O**] 감사원은 대통령에 소속하되, 직무에 관하여는 독립의 지위를 가진다(감사원법 제2조 제1항).
[**❷ ▸ ✕**] 감사위원은 원장의 제청으로 대통령이 임명하고, 그 임기는 4년으로 하며, 1차에 한하여 중임할 수 있다(헌법 제98조 제3항). 그러나 감사원장은 국회의 동의를 얻어 대통령이 임명한다(헌법 제98조 제2항).
[**❸ ▸ O**] 감사원법 제24조 제3항

> **감사원법 제24조(감찰 사항)**
> ① 감사원은 다음 각 호의 사항을 감찰한다.
>   1. 정부조직법 및 그 밖의 법률에 따라 설치된 행정기관의 사무와 그에 소속한 공무원의 직무
>   2. 지방자치단체의 사무와 그에 소속한 지방공무원의 직무
>   3. 제22조 제1항 제3호 및 제23조 제7호에 규정된 자의 사무와 그에 소속한 임원 및 감사원의 검사대상이 되는 회계사무와 직접 또는 간접으로 관련이 있는 직원의 직무
>   4. 법령에 따라 국가 또는 지방자치단체가 위탁하거나 대행하게 한 사무와 그 밖의 법령에 따라 공무원의 신분을 가지거나 공무원에 준하는 자의 직무
> ③ 제1항의 공무원에는 국회·법원 및 헌법재판소에 소속한 공무원은 제외한다.

[**❹ ▸ O**] 감사원은 직무감찰결과 비위사실이 밝혀지면 소속 장관 등에게 징계 요구, 시정·주의 등의 요구를 할 수는 있으나 해당 공무원에 대하여 직접 징계를 할 수 있는 권한은 없다.

> **감사원법 제32조(징계 요구 등)**
> ① 감사원은 국가공무원법과 그 밖의 법령에 규정된 징계 사유에 해당하거나 정당한 사유 없이 이 법에 따른 감사를 거부하거나 자료의 제출을 게을리한 공무원에 대하여 그 소속 장관 또는 임용권자에게 징계를 요구할 수 있다.
>
> **감사원법 제33조(시정 등의 요구)**
> ① 감사원은 감사 결과 위법 또는 부당하다고 인정되는 사실이 있을 때에는 소속 장관, 감독기관의 장 또는 해당 기관의 장에게 시정·주의 등을 요구할 수 있다.

[**❺ ▸ O**] 감사원법은 지방자치단체의 위임사무나 자치사무의 구별 없이 합법성 감사뿐만 아니라 합목적성 감사도 허용하고 있는 것으로 보이므로, 감사원의 지방자치단체에 대한 이 사건 감사는 법률상 권한 없이 이루어진 것은 아니다(헌재 2008.5.29. 2005헌라3).

답 ❷

17 선거관리에 관한 다음 설명 중 가장 옳지 않은 것은? 2021년 법무사시험 [문 14]

① 선거와 국민투표의 공정한 관리 및 정당에 관한 사무를 처리하기 위하여 선거관리위원회를 둔다.
② 중앙선거관리위원회는 대통령이 임명하는 9인의 위원으로 구성하고, 위원장은 위원 중에서 호선한다.
③ 중앙선거관리위원회 위원의 임기는 6년으로 한다.
④ 각급 선거관리위원회는 선거인명부의 작성 등 선거사무와 국민투표사무에 관하여 관계 행정기관에 필요한 지시를 할 수 있다.
⑤ 선거에 관한 경비는 법률이 정하는 경우를 제외하고는 정당 또는 후보자에게 부담시킬 수 없다.

[**❶ ▶ ○**] 선거와 국민투표의 공정한 관리 및 정당에 관한 사무를 처리하기 위하여 선거관리위원회를 둔다(헌법 제114조 제1항).
[**❷ ▶ ✕**] 중앙선거관리위원회는 <u>대통령이 임명하는 3인</u>, <u>국회에서 선출하는 3인</u>과 대법원장이 지명하는 3인의 위원으로 구성한다. 위원장은 위원 중에서 호선한다(헌법 제114조 제2항).
[**❸ ▶ ○**] 위원의 임기는 6년으로 한다(헌법 제114조 제3항).
[**❹ ▶ ○**] 각급 선거관리위원회는 선거인명부의 작성등 선거사무와 국민투표사무에 관하여 관계 행정기관에 필요한 지시를 할 수 있다(헌법 제115조 제1항).
[**❺ ▶ ○**] 선거에 관한 경비는 법률이 정하는 경우를 제외하고는 정당 또는 후보자에게 부담시킬 수 없다(헌법 제116조 제2항).

답

제3장 / 법 원

제1절 사법권의 독립

제2절 법원의 조직과 권한

18
□□□

법원에 관한 다음 설명 중 가장 옳지 않은 것은? 2023년 법무사시험 [문 18]

① 대법원이 법관에 대한 징계처분 취소청구소송을 단심으로 재판하는 경우에는 사실확정도 대법원의 권한에 속하여 법관에 의한 사실확정의 기회가 박탈되었다고 볼 수 없으므로, 법관에 대한 대법원장의 징계처분 취소청구소송을 대법원에 의한 단심재판에 의하도록 한 것은 헌법 제27조 제1항의 재판청구권을 침해하지 아니한다.

② 단독판사와 합의부의 심판권을 어떻게 분배할 것인지 등에 관한 문제는 기본적으로 입법형성권을 가진 입법자가 사법정책을 고려하여 결정할 사항으로, 입법자는 국민의 권리가 효율적으로 보호되고 재판제도가 적정하게 운용되도록 법원조직에 따른 재판사무 범위를 배분·확정하여야 한다.

③ 재판의 심리와 판결은 공개한다. 다만, 심리는 국가의 안전보장 또는 안녕질서를 방해하거나 선량한 풍속을 해할 염려가 있을 때에는 법원의 결정으로 공개하지 아니할 수 있다.

④ 명령·규칙 또는 처분이 헌법이나 법률에 위반되는 여부가 재판의 전제가 된 경우에는 법원은 헌법재판소에 제청하여 그 심판에 의하여 재판한다.

⑤ 형사재판에 있어서 사법권의 독립은 심판기관인 법원과 소추기관인 검찰청의 분리를 요구함과 동시에 법관이 실제 재판에 있어서 소송당사자인 검사와 피고인으로부터 부당한 간섭을 받지 않은 채 독립하여야 할 것을 요구한다.

....

[❶ ▸ O] 구 법관징계법 제27조는 법관에 대한 대법원장의 징계처분 취소청구소송을 대법원에 의한 단심재판에 의하도록 규정하고 있는바, 이는 독립적으로 사법권을 행사하는 법관이라는 지위의 특수성과 법관에 대한 징계절차의 특수성을 감안하여 재판의 신속을 도모하기 위한 것으로 그 합리성을 인정할 수 있고, 대법원이 법관에 대한 징계처분 취소청구소송을 단심으로 재판하는 경우에는 사실확정도 대법원의 권한에 속하여 법관에 의한 사실확정의 기회가 박탈되었다고 볼 수 없으므로, 헌법 제27조 제1항의 재판청구권을 침해하지 아니한다(헌재 2012.2.23. 2009헌바34).

[❷ ▸ O] 헌법 제27조 제1항은 "모든 국민은 헌법과 법률이 정한 법관에 의하여 법률에 의한 재판을 받을 권리를 가진다."라고 규정하고 있을 뿐, 합의부에 의한 재판을 받을 권리를 명문화하고 있는 헌법상 규정은 존재하지 않는다. 결국 단독판사와 합의부의 심판권을 어떻게 분배할 것인지 등에 관한 문제는 기본적으로 입법형성권을 가진 입법자가 사법정책을 고려하여 결정할 사항으로, 다만 입법자는 국민의 권리가 효율적으로 보호되고 재판제도가 적정하게 운용되도록 법원조직에 따른 재판사무 범위를 배분·확정하여야 한다(헌재 2019.7.25. 2018헌바209).

140 PART 1 헌 법

[❸ ▸ O]　재판의 심리와 판결은 공개한다. 다만, 심리는 국가의 안전보장 또는 안녕질서를 방해하거나 선량한 풍속을 해할 염려가 있을 때에는 법원의 결정으로 공개하지 아니할 수 있다(헌법 제109조).
[❹ ▸ ×]　법원의 명령·규칙심사권에 관한 헌법 제107조 제2항과 위헌법률심판제청권에 관한 제107조 제1항의 혼동을 유도한 지문이다.

헌법 제107조
① 법률이 헌법에 위반되는 여부가 재판의 전제가 된 경우에는 법원은 헌법재판소에 제청하여 그 심판에 의하여 재판한다.
② 명령·규칙 또는 처분이 헌법이나 법률에 위반되는 여부가 재판의 전제가 된 경우에는 <u>대법원은 이를 최종적으로 심사할 권한을 가진다.</u>

[❺ ▸ O]　헌법 제101조, 제103조, 제106조는 사법권독립을 보장하고 있는바, 형사재판에 있어서 사법권독립은 심판기관인 법원과 소추기관인 검찰청의 분리를 요구함과 동시에 법관이 실제 재판에 있어서 소송당사자인 검사와 피고인으로부터 부당한 간섭을 받지 않은 채 독립하여야 할 것을 요구한다(헌재 1995.11.30. 92헌마44).

답 ❹

---

19 법원에 관한 다음 설명 중 가장 옳지 않은 것은?　　2021년 법무사시험 [문 10]

① 대법관의 임기는 6년이고, 법률이 정하는 바에 의하여 연임할 수 있다.
② 법관은 탄핵 또는 금고 이상의 형의 선고에 의하지 아니하고는 파면되지 아니하고, 징계처분에 의하지 아니하고는 정직·감봉 기타 불리한 처분을 받지 아니한다.
③ 법관에 대한 징계처분 취소청구소송을 대법원의 단심재판에 의하도록 한 법관징계법 조항은 재판청구권을 침해한다.
④ 대법원장과 대법관이 아닌 법관은 대법관회의의 동의를 얻어 대법원장이 임명한다.
⑤ 군사법원의 상고심은 대법원에서 관할한다.

....

[❶ ▸ O]　대법관의 임기는 6년으로 하며, 법률이 정하는 바에 의하여 연임할 수 있다(헌법 제105조 제2항).
[❷ ▸ O]　법관은 탄핵 또는 금고 이상의 형의 선고에 의하지 아니하고는 파면되지 아니하며, 징계처분에 의하지 아니하고는 정직·감봉 기타 불리한 처분을 받지 아니한다(헌법 제106조 제1항).
[❸ ▸ ×]　<u>구 법관징계법 제27조는 법관에 대한 대법원장의 징계처분 취소청구소송을 대법원에 의한 단심재판에 의하도록 규정하고 있는바,</u> 이는 독립적으로 사법권을 행사하는 법관이라는 지위의 특수성과 법관에 대한 징계절차의 특수성을 감안하여 재판의 신속을 도모하기 위한 것으로 <u>그 합리성을 인정할 수 있고,</u> 대법원이 법관에 대한 징계처분 취소청구소송을 단심으로 재판하는 경우에는 사실확정도 대법원의 권한에 속하여 법관에 의한 사실확정의 기회가 박탈되었다고 볼 수 없으므로, <u>헌법 제27조 제1항의 재판청구권을 침해하지 아니한다</u>(헌재 2012.2.23. 2009헌바34).
[❹ ▸ O]　대법원장과 대법관이 아닌 법관은 대법관회의의 동의를 얻어 대법원장이 임명한다(헌법 제104조 제3항).
[❺ ▸ O]　군사법원의 상고심은 대법원에서 관할한다(헌법 제110조 제2항).

답 ❸

제4장 / 헌법재판소

헌법재판소 일반론

20
☐☐☐

헌법재판절차에서 행해지는 가처분에 관한 다음 설명 중 가장 옳지 않은 것은?

2024년 법무사시험 [문 1]

① 헌법재판소가 권한쟁의심판의 청구를 받았을 때에는 직권 또는 청구인의 신청에 의하여 종국결정의 선고 시까지 심판대상이 된 피청구인의 처분의 효력을 정지하는 결정을 할 수 있고, 이 가처분결정을 함에 있어서는 행정소송법과 민사소송법 소정의 가처분 관련 규정이 준용된다.

② 본안심판이 부적법하거나 이유 없음이 명백하지 않고, 권한쟁의심판에서 문제된 피청구인의 처분 등이나 그 집행 또는 절차의 속행으로 인하여 생길 회복하기 어려운 손해를 예방할 필요와 그 효력을 정지시켜야 할 긴급한 필요가 있으며, 가처분을 인용한 뒤 종국결정에서 청구가 기각되었을 때 발생하게 될 불이익과 가처분을 기각한 뒤 청구가 인용되었을 때 발생하게 될 불이익을 비교형량하여 후자의 불이익이 전자의 불이익보다 클 경우 가처분을 인용할 수 있다.

③ 헌법소원심판절차에 있어 헌법재판소법상 명문의 규정을 두고 있지 않으나 가처분이 허용된다 할 것이고, 이러한 가처분결정은 헌법소원심판에서 다투어지는 '공권력 행사 또는 불행사'의 현상을 그대로 유지시킴으로 인하여 생길 회복하기 어려운 손해를 예방할 필요가 있어야 하고 그 효력을 정지시켜야 할 긴급한 필요가 있는 경우 인용할 수 있다.

④ 법령의 위헌확인을 청구하는 헌법소원심판에서의 가처분이 사인 간의 법률관계나 행정청의 구체적 처분의 효력을 정지시키는 것이 아니라 현재 시행되고 있는 법령의 효력을 정지시키는 것일 때에는 그 효력의 정지로 인하여 파급적으로 발생되는 효과가 클 수도 있기 때문에 이러한 점까지 고려하여 신중하게 판단하여야 한다.

⑤ 입국불허결정을 받은 외국인이, "출입국관리사무소장"을 상대로 제기한 인신보호법상 수용임시해제청구의 소가 인용되었고, 인신보호청구의 소 역시 항고심에서 인용된 후 재항고심에 계속 중이며, 난민인정심사불회부결정취소의 소 역시 청구를 인용하는 제1심 판결이 선고되었다면, 비록 위 소송 제기 후 5개월 이상 변호인을 접견하지 못한 상태라 하더라도 변호인 접견 허가에 관한 임시지위를 정하기 위한 가처분과 관련하여 손해를 방지할 긴급한 필요가 인정된다고 보기 어렵다.

....

[❶▸ ○] [❷▸ ○] 헌법재판소가 권한쟁의심판의 청구를 받았을 때에는 직권 또는 청구인의 신청에 의하여 종국결정의 선고 시까지 심판대상이 된 피청구인의 처분의 효력을 정지하는 결정을 할 수 있고(헌법재판소법 제65조), 이 가처분결정을 함에 있어서는 행정소송법과 민사소송법 소정의 가처분 관련 규정이 준용된다(헌법재판소법 제40조). 따라서 본안심판이 부적법하거나 이유 없음이 명백하지 않고, 권한쟁의심판에서 문제된 피청구인의 처분 등이나 그 집행 또는 절차의 속행으로 인하여 생길 회복하기 어려운 손해를 예방할 필요와 그 효력을 정지시켜야 할 긴급한 필요가 있으며, 가처분을 인용한 뒤 종국결정에서 청구가 기각되었을 때 발생하게 될 불이익과 가처분을 기각한 뒤 청구가 인용되었을 때 발생하게 될 불이익을 비교형량하여 후자의 불이익이 전자의 불이익보다 클 경우 가처분을 인용할 수 있다(헌재 2022.6.3. 2022헌사448).

[**❸ ▸ ○**] 헌법재판소법은 명문의 규정을 두고 있지는 않으나, 같은 법 제68조 제1항 헌법소원심판절차에서도 가처분의 필요성이 있을 수 있고 또 이를 허용하지 아니할 상당한 이유를 찾아볼 수 없으므로, 가처분이 허용된다. 위 가처분의 요건은 헌법소원심판에서 다투어지는 '공권력 행사 또는 불행사'의 현상을 그대로 유지시킴으로 인하여 생길 회복하기 어려운 손해를 예방할 필요가 있어야 한다는 것과 그 효력을 정지시켜야 할 긴급한 필요가 있어야 한다는 것 등이 된다. 따라서 본안심판이 부적법하거나 이유 없음이 명백하지 않는 한, 위와 같은 가처분의 요건을 갖춘 것으로 인정되면, 가처분을 인용한 뒤 종국결정에서 청구가 기각되었을 때 발생하게 될 불이익과 가처분을 기각한 뒤 청구가 인용되었을 때 발생하게 될 불이익을 비교형량하여 후자가 전자보다 큰 경우에, 가처분을 인용할 수 있다(헌재 2000.12.8. 2000헌사471).

[**❹ ▸ ○**] 헌법재판소법 제40조 제1항에 따라 준용되는 행정소송법 제23조 제2항의 집행정지규정과 민사소송법 제714조의 가처분규정에 의하면, 법령의 위헌확인을 청구하는 헌법소원심판에서의 가처분은 위헌이라고 다투어지는 법령의 효력을 그대로 유지시킬 경우 회복하기 어려운 손해가 발생할 우려가 있어 가처분에 의하여 임시로 그 법령의 효력을 정지시키지 아니하면 안 될 필요가 있을 때에 허용된다. 다만 사인 간의 법률관계나 행정청의 구체적 처분의 효력을 정지시키는 것이 아니라 현재 시행되고 있는 법령의 효력을 정지시키는 것일 때에는 그 효력의 정지로 인하여 파급적으로 발생되는 효과가 클 수도 있기 때문에 이러한 점까지 고려하여 신중하게 판단하여야 한다. 그러므로 법령의 효력을 정지시키는 가처분은 비록 일반적인 보전의 필요성이 인정된다고 하더라도 행정소송법 제23조 제3항이 규정하는 바와 같이 공공복리에 중대한 영향을 미칠 우려가 있을 때에는 인용되어서는 안 될 것이다(헌재 2002.4.25. 2002헌사129).

[**❺ ▸ ✕**] 신청인(입국불허결정을 받은 외국인)이 피신청인(인천공항출입국관리사무소장)을 상대로 제기한 인신보호법상 수용임시해제청구의 소는 인용되었고, 인신보호청구의 소 역시 항고심에서 인용된 후 재항고심에 계속 중이며, 난민인정심사불회부결정취소의 소 역시 청구를 인용하는 제1심 판결이 선고되었으나, 두 사건 모두 상급심에서 청구가 기각될 가능성을 배제할 수 없다. 신청인이 위 소송 제기 후 5개월 이상 변호인을 접견하지 못하여 공정한 재판을 받을 권리가 심각한 제한을 받고 있는데, 이러한 상황에서 피신청인의 재항고가 인용될 경우 신청인은 변호인 접견을 하지 못한 채 불복의 기회마저 상실하게 되므로 회복하기 어려운 중대한 손해를 입을 수 있다. 위 인신보호청구의 소는 재항고에 대한 결정이 머지않아 날 것으로 보이므로 손해를 방지할 긴급한 필요 역시 인정되고, 이 사건 신청을 기각한 뒤 본안 청구가 인용될 경우 발생하게 될 불이익이 크므로 이 사건 신청을 인용함이 상당하다(헌재 2014.6.5. 2014헌사592).

 ❺

헌법재판소 위헌결정의 효력 등에 관한 다음 설명 중 가장 옳지 않은 것은?

2023년 법무사시험 [문 10]

① 형사재판 유죄확정판결이 있은 후 당해 처벌 근거조항에 대해 위헌결정이 내려진 경우 유죄판결을 받은 자는 재심청구를 통하여 유죄의 확정판결을 다툴 수 있다.
② 헌법재판소법은 법률의 위헌결정, 권한쟁의심판의 결정, 헌법소원의 인용결정에 대한 기속력을 명문으로 규정하고 있다.
③ 형벌에 관한 법률 또는 법률의 조항이 위헌으로 결정된 경우 소급하여 그 효력을 상실하지만, 종전에 합헌으로 결정한 사건이 있는 경우에는 그 결정이 있는 날로 소급하여 효력을 상실한다.
④ 헌법재판소의 헌법불합치결정은 법률조항에 대한 위헌결정에 해당하므로, 형벌에 관한 법률조항을 이루게 되는 집회 및 시위에 관한 법률 조항에 대하여 헌법불합치결정이 선고된 경우 헌법재판소가 위 조항에 대하여 잠정적용을 명한 경우라 하더라도 형벌에 관한 법률조항에 대하여 위헌결정이 선고된 경우 그 조항이 소급하여 효력을 상실한다고 규정한 헌법재판소법 조항에 따라 위 조항은 소급하여 효력을 상실한다.
⑤ 법률조항의 위헌결정으로 인하여 당해 법률 전부를 시행할 수 없다고 인정될 때에는 그 전부에 대하여도 위헌결정을 할 수 있다.

....

[**❶** ▶ ○] [**❸** ▶ ×] 헌법재판소법 제47조 제3항, 제4항

> **헌법재판소법 제47조(위헌결정의 효력)**
> ② 위헌으로 결정된 법률 또는 법률의 조항은 그 결정이 있는 날부터 효력을 상실한다.
> ③ 제2항에도 불구하고 형벌에 관한 법률 또는 법률의 조항은 소급하여 그 효력을 상실한다. 다만, 해당 법률 또는 법률의 조항에 대하여 <u>종전에 합헌으로 결정한 사건이 있는 경우에는 그 결정이 있는 날의 다음 날로 소급하여 효력을 상실한다.</u>
> ④ 제3항의 경우에 위헌으로 결정된 법률 또는 법률의 조항에 근거한 유죄의 확정판결에 대하여는 재심을 청구할 수 있다.

[**❷** ▶ ○] 헌법재판소법은 법률의 위헌결정, 권한쟁의심판의 결정, 헌법소원의 인용결정에 대하여만 기속력을 명시하고 있다.

> **헌법재판소법 제47조(위헌결정의 효력)**
> ① 법률의 위헌결정은 법원과 그 밖의 국가기관 및 지방자치단체를 기속한다.
>
> **헌법재판소법 제67조(결정의 효력)**
> ① 헌법재판소의 권한쟁의심판의 결정은 모든 국가기관과 지방자치단체를 기속한다.
>
> **헌법재판소법 제75조(인용결정)**
> ① 헌법소원의 인용결정은 모든 국가기관과 지방자치단체를 기속한다.

[❹ ▸ O] 헌법재판소의 헌법불합치결정은 헌법과 헌법재판소법이 규정하고 있지 않은 변형된 형태이지만 법률조항에 대한 위헌결정에 해당하고, 집회 및 시위에 관한 법률 제23조 제1호는 집회 주최자가 집시법 제10조 본문을 위반할 것을 구성요건으로 삼고 있어 집시법 제10조 본문은 집시법 제23조 제1호와 결합하여 형벌에 관한 법률조항을 이루게 되므로, 집시법의 위 조항들에 대하여 선고된 헌법불합치결정은 형벌에 관한 법률조항에 대한 위헌결정이다. 그리고 헌법재판소법 제47조 제2항 단서는 형벌에 관한 법률조항에 대하여 위헌결정이 선고된 경우 그 조항이 소급하여 효력을 상실한다고 규정하고 있으므로, 형벌에 관한 법률조항이 소급하여 효력을 상실한 경우에 당해 조항을 적용하여 공소가 제기된 피고사건은 범죄로 되지 아니한 때에 해당하고, 법원은 이에 대하여 형사소송법 제325조 전단에 따라 무죄를 선고하여야 한다(대판[전합] 2011.6.23. 2008도7562).

[❺ ▸ O] 헌법재판소는 제청된 법률 또는 법률 조항의 위헌 여부만을 결정한다. 다만, 법률 조항의 위헌결정으로 인하여 해당 법률 전부를 시행할 수 없다고 인정될 때에는 그 전부에 대하여 위헌결정을 할 수 있다(헌법재판소법 제45조).

답 ❸

제2절 **위헌법률심판**

22
□□□

위헌법률심판에 관한 다음 설명 중 가장 옳지 않은 것은?   2020년 법무사시험 [문 2]

① 헌법재판소법 제41조 제1항의 재판이라 함은 판결·결정·명령 등 그 형식 여하와 본안에 관한 재판이거나 소송절차에 관한 재판이거나를 불문하며 심급을 종국적으로 종결시키는 종국재판뿐만 아니라 중간재판도 이에 포함된다.

② 대법원 외의 법원은 대법원을 거칠 필요 없이 직접 헌법재판소에 헌법재판소법 제41조 제1항의 위헌심판 제청을 할 수 있다.

③ 헌법재판소법 제41조 제1항에 따른 법률이 위헌여부심판의 제청신청이 기각된 때에 그 신청을 한 당사자는 헌법재판소에 헌법재판소법 제68조 제2항의 헌법소원심판을 청구할 수 있다.

④ 법원이 헌법재판소에 법률의 위헌 여부의 심판을 제청한 때에는 당해 소송사건의 재판은 헌법재판소의 위헌 여부의 결정이 있을 때까지 정지되나, 다만 법원이 긴급하다고 인정하는 경우에는 종국재판 외의 소송절차를 진행할 수 있다.

⑤ 군사법원도 위헌법률심판을 제청할 수 있다.

[❶ ▸ O] 헌법재판소법 제41조 제1항은 "법률이 헌법에 위반되는 여부가 재판의 전제가 된 때에는 당해 사건을 담당하는 법원은 직권 또는 당사자의 신청에 의한 결정으로 헌법재판소에 위헌 여부의 심판을 제청한다"라고 규정하고 있으므로, 법률에 대한 위헌제청이 적법하기 위해서는 법원에 계속 중인 구체적인 사건에 적용할 법률이 헌법에 위반되는 여부가 재판의 전제로 되어야 한다. 여기서 '재판'이라 함은 판결·결정·명령 등 그 형식 여하와 본안에 관한 재판이거나 소송절차에 관한 재판이거나를 불문하며, 심급을 종국적으로 종결시키는 종국재판뿐만 아니라 중간재판도 이에 포함된다(헌재 2001.6.28. 99헌가14).

[**❷** ▸ ✕] [**❺** ▸ ○] 헌법재판소법 제41조 제1항·제5항

> **헌법재판소법 제41조(위헌여부심판의 제청)**
> ① 법률이 헌법에 위반되는지 여부가 재판의 전제가 된 경우에는 당해 사건을 담당하는 법원(군사법원을 포함한다)은 직권 또는 당사자의 신청에 의한 결정으로 헌법재판소에 위헌여부심판을 제청한다.
> ⑤ 대법원 외의 법원이 제1항의 제청을 할 때에는 <u>대법원을 거쳐야 한다.</u>

[**❸** ▸ ○] 제41조 제1항에 따른 법률의 위헌여부심판의 제청신청이 기각된 때에는 그 신청을 한 당사자는 헌법재판소에 헌법소원심판을 청구할 수 있다. 이 경우 그 당사자는 당해 사건의 소송절차에서 동일한 사유를 이유로 다시 위헌여부심판의 제청을 신청할 수 없다(헌법재판소법 제68조 제2항).

[**❹** ▸ ○] 법원이 법률의 위헌여부심판을 헌법재판소에 제청한 때에는 당해 소송사건의 재판은 헌법재판소의 위헌 여부의 결정이 있을 때까지 정지된다. 다만, 법원이 긴급하다고 인정하는 경우에는 종국재판 외의 소송절차를 진행할 수 있다(헌법재판소법 제42조 제1항).

답 ❷

제3절 탄핵심판

23
□□□
탄핵소추심판에 관한 다음 설명 중 가장 옳지 않은 것은?   2024년 법무사시험 [문 3]

① 헌법 제65조는 행정각부의 장이 '그 직무집행에 있어서 헌법이나 법률을 위배한 때'를 탄핵소추사유로 규정하고 있는데, 여기에서 '직무'란 법제상 소관 직무에 속하는 고유 업무와 사회통념상 이와 관련된 업무를 말하고, 법령에 근거한 행위뿐만 아니라 행정각부의 장의 지위에서 국정수행과 관련하여 행하는 모든 행위를 포괄하는 개념이다.

② 탄핵소추사유인 헌법과 법률 위반과 관련하여, 헌법 제65조에서 말하는 '헌법'에는 명문의 헌법규정뿐만 아니라 헌법재판소의 결정에 따라 형성되어 확립된 불문헌법도 포함되고, '법률'에는 형식적 의미의 법률과 이와 동등한 효력을 가지는 국제조약 및 일반적으로 승인된 국제법규 등이 포함된다.

③ 행정각부의 장은 정부 권한에 속하는 중요정책을 심의하는 국무회의의 구성원이자 행정부의 소관 사무를 통할하고 소속공무원을 지휘·감독하는 기관으로서 행정부 내에서 통치기구와 집행기구를 연결하는 가교 역할을 하므로, 그에 대한 파면 결정이 가져올 수 있는 국정공백과 정치적 혼란 등 국가적 손실이 경미하다고 평가하기 어렵다.

④ '탄핵심판 청구가 이유 있는 경우'란 피청구인의 파면을 정당화할 수 있을 정도로 중대한 헌법이나 법률 위반이 있는 경우를 말하는데, 국가 원수이자 행정부의 수반으로서 국민의 선거에 의하여 선출되어 직접적인 민주적 정당성을 부여받은 대통령과 행정각부의 장은 정치적 기능이나 비중에서 본질적 차이가 있고, 양자 사이의 직무계속성의 공익이 다름에 따라 파면의 효과 역시 근본적인 차이가 있으므로, '법 위반행위의 중대성'과 '파면 결정으로 인한 효과' 사이의 법익형량을 함에 있어 이와 같은 점이 고려되어야 한다.

⑤ 헌법 제65조의 탄핵제도는 고위공직자가 그 지위에서 국민의 대의기관인 국회로부터 헌법이나 법률 위반의 법적 책임을 추궁받는 제도이므로, 탄핵소추를 받은 자가 임기만료로 퇴직하여 더 이상 공직을 보유하지 않게 되었다면 탄핵심판에서의 피청구인자격을 상실하여 심판절차가 종료된 것으로 보아야 한다.

[**❶** ▸ ○] [**❷** ▸ ○]　헌법 제65조는 행정각부의 장이 '그 직무집행에 있어서 헌법이나 법률을 위배한 때'를 탄핵소추사유로 규정하고 있다. 여기에서 '직무'란 법제상 소관 직무에 속하는 고유 업무와 사회통념상 이와 관련된 업무를 말하고, 법령에 근거한 행위뿐만 아니라 행정각부의 장의 지위에서 국정수행과 관련하여 행하는 모든 행위를 포괄하는 개념이다. 또 '헌법'에는 명문의 헌법규정뿐만 아니라 헌법재판소의 결정에 따라 형성되어 확립된 불문헌법도 포함되고, '법률'에는 형식적 의미의 법률과 이와 동등한 효력을 가지는 국제조약 및 일반적으로 승인된 국제법규 등이 포함된다(헌재 2023.7.25. 2023헌나1).

[**❸** ▸ ○] [**❹** ▸ ○]　행정각부의 장은 정부 권한에 속하는 중요정책을 심의하는 국무회의의 구성원이자(헌법 제88조 제1항, 제94조) 행정부의 소관 사무를 통할하고 소속공무원을 지휘·감독하는 기관(헌법 제96조, 정부조직법 제7조 제1항)으로서 행정부 내에서 통치기구와 집행기구를 연결하는 가교 역할을 하므로, 그에 대한 파면 결정이 가져올 수 있는 국정공백과 정치적 혼란 등 국가적 손실이 경미하다고 평가하기는 어렵다. 다만 국가 원수이자 행정부의 수반으로서 국민의 선거에 의하여 선출되어 직접적인 민주적 정당성을 부여받은 대통령(헌법 제66조 제1항, 제4항, 제67조)과 행정각부의 장은 정치적 기능이나 비중에서 본질적 차이가 있고, 양자 사이의 직무계속성의 공익이 다름에 따라 파면의 효과 역시 근본적인 차이가 있다(헌재 2004.5.14. 2004헌나1 참조). 따라서 '법 위반행위의 중대성'과 '파면 결정으로 인한 효과' 사이의 법익형량을 함에 있어 이와 같은 점이 고려되어야 한다(헌재 2023.7.25. 2023헌나1).

[**❺** ▸ ×]　헌법과 헌법재판소법 등에 의하면, 탄핵심판의 이익을 인정하기 위해서는 탄핵결정 선고 당시까지 피청구인이 '해당 공직을 보유하는 것'이 필요하다. 그런데, 이 사건에서, 국회는 2021.2.4. 피청구인에 대한 탄핵소추를 의결한 후 같은 날 헌법재판소에 탄핵심판청구를 하였고, 피청구인은 2021.2.28. 임기만료로 2021.3.1. 법관의 직에서 퇴직하여 더 이상 해당 공직을 보유하지 않게 되었다. 피청구인이 임기만료 퇴직으로 법관직을 상실함에 따라 본안심리를 마친다 해도 파면결정이 불가능해졌으므로, 공직 박탈의 관점에서 심판의 이익을 인정할 수 없다. 임기만료라는 일상적 수단으로 민주적 정당성이 상실되었으므로, 민주적 정당성의 박탈의 관점에서도, 탄핵이라는 비상적인 수단의 역할 관점에서도 심판의 이익을 인정할 수 없다. 결국 이 사건 심판청구는 <u>탄핵심판의 이익이 인정되지 아니하여 부적법하므로 각하해야 한다</u>(헌재 2021.10.28. 2021헌나1). 참고로 보기지문은 소수의견의 내용이다.

답 **❺**

① 헌법 제65조는 행정부와 사법부의 고위공직자에 의한 헌법위반이나 법률위반에 대하여 탄핵소추의 가능성을 규정함으로써, 그들에 의한 헌법위반을 경고하고 사전에 방지하는 기능을 하며, 국민에 의하여 국가권력을 위임받은 국가기관이 그 권한을 남용하여 헌법이나 법률에 위반하는 경우에는 다시 그 권한을 박탈하는 기능을 한다. 즉, 공직자가 직무수행에 있어서 헌법에 위반한 경우 그에 대한 법적 책임을 추궁함으로써, 헌법의 규범력을 확보하고자 하는 것이 바로 탄핵심판절차의 목적과 기능인 것이다.

② 국회의 의사절차에 헌법이나 법률을 명백히 위반한 흠이 있는 경우가 아니면 국회 의사절차의 자율권은 권력분립의 원칙상 존중되어야 하고, 국회법 제130조 제1항은 탄핵소추의 발의가 있을 때 그 사유 등에 대한 조사 여부를 국회의 재량으로 규정하고 있으므로, 국회가 탄핵소추사유에 대하여 별도의 조사를 하지 않았다거나 국정조사결과나 특별검사의 수사결과를 기다리지 않고 탄핵소추안을 의결하였다고 하여 그 의결이 헌법이나 법률을 위반한 것이라고 볼 수 없다.

③ 대통령 · 국무총리 · 국무위원 · 행정각부의장 · 헌법재판소 재판관 · 법관 · 중앙선거관리위원회 위원 · 감사원장 · 감사위원 기타 법률이 정한 공무원이 그 직무집행에 있어서 헌법이나 법률을 위배한 때에는 국회는 탄핵의 소추를 의결할 수 있다. 탄핵소추는 국회재적의원 3분의 1 이상의 발의가 있어야 하며, 그 의결은 국회재적의원 과반수의 찬성이 있어야 한다. 다만, 대통령에 대한 탄핵소추는 국회재적의원 과반수의 발의와 국회재적의원 3분의 2 이상의 찬성이 있어야 한다.

④ 국가기관이 국민에 대하여 공권력을 행사할 때 준수하여야 하는 법원칙으로 형성된 적법절차의 원칙을 국가기관에 대하여 헌법을 수호하고자 하는 탄핵소추절차에 직접 적용할 수 없다.

⑤ 피청구인에 대한 탄핵심판 청구와 동일한 사유로 형사소송이 진행되고 있는 경우에는 재판부는 심판절차를 정지하여야 한다.

....

[**❶ ▸ ○**] 헌법 제65조는 행정부와 사법부의 고위공직자에 의한 헌법위반이나 법률위반에 대하여 탄핵소추의 가능성을 규정함으로써, 그들에 의한 헌법위반을 경고하고 사전에 방지하는 기능을 하며, 국민에 의하여 국가권력을 위임받은 국가기관이 그 권한을 남용하여 헌법이나 법률에 위반하는 경우에는 다시 그 권한을 박탈하는 기능을 한다. 즉, 공직자가 직무수행에 있어서 헌법에 위반한 경우 그에 대한 법적 책임을 추궁함으로써, 헌법의 규범력을 확보하고자 하는 것이 바로 탄핵심판절차의 목적과 기능인 것이다(헌재 2004.5.14. 2004헌나1).

[**❷ ▸ ○**] 국회의 의사절차에 헌법이나 법률을 명백히 위반한 흠이 있는 경우가 아니면 국회 의사절차의 자율권은 권력분립의 원칙상 존중되어야 하고, 국회법 제130조 제1항은 탄핵소추의 발의가 있을 때 그 사유 등에 대한 조사 여부를 국회의 재량으로 규정하고 있으므로, 국회가 탄핵소추사유에 대하여 별도의 조사를 하지 않았다거나 국정조사결과나 특별검사의 수사결과를 기다리지 않고 탄핵소추안을 의결하였다고 하여 그 의결이 헌법이나 법률을 위반한 것이라고 볼 수 없다(헌재 2017.3.10. 2016헌나1).

[**❸ ▸ ○**] 헌법 제65조 제1항, 제2항

> **헌법 제65조**
> ① 대통령 · 국무총리 · 국무위원 · 행정각부의 장 · 헌법재판소 재판관 · 법관 · 중앙선거관리위원회 위원 · 감사원장 · 감사위원 기타 법률이 정한 공무원이 그 직무집행에 있어서 헌법이나 법률을 위배한 때에는 국회는 탄핵의 소추를 의결할 수 있다.
> ② 제1항의 탄핵소추는 국회재적의원 3분의 1 이상의 발의가 있어야 하며, 그 의결은 국회재적의원 과반수의 찬성이 있어야 한다. 다만, 대통령에 대한 탄핵소추는 국회재적의원 과반수의 발의와 국회재적의원 3분의 2 이상의 찬성이 있어야 한다.

[**④** ▸ **○**] 탄핵소추절차는 국회와 대통령이라는 헌법기관 사이의 문제이고, 국회의 탄핵소추의결에 따라 사인으로서 대통령 개인의 기본권이 침해되는 것이 아니다. 국가기관이 국민에 대하여 공권력을 행사할 때 준수하여야 하는 법원칙으로 형성된 적법절차의 원칙을 국가기관에 대하여 헌법을 수호하고자 하는 탄핵소추절차에 직접 적용할 수 없다(헌재 2017.3.10. 2016헌나1).

[**⑤** ▸ **✕**] 피청구인에 대한 탄핵심판 청구와 동일한 사유로 형사소송이 진행되고 있는 경우에는 재판부는 심판절차를 정지할 수 있다(헌법재판소법 제51조).

답 **⑤**

PART 1

PART 2

PART 3

PART 4

PART 5

PART 6

PART 7

PART 8

제4절 | 정당해산심판

25
□□□

정당해산심판제도에 관한 다음 설명 중 가장 옳지 않은 것은? **2021년 법무사시험 [문 7]**

① 헌법은 방어적 민주주의 관점에 기초하여 정당해산심판제도를 규정하고 있다.
② 정당의 목적이나 활동이 민주적 기본질서에 위배될 때에는 정부는 헌법재판소에 그 해산을 제소할 수 있다.
③ 정당의 목적이나 활동이 헌법에 위반된 경우, 그 위반이 사소한 위반인 경우에도 그 정당을 해산하는 것이 헌법 정신에 부합한다.
④ 정당 소속원이 민주적 기본질서에 위반된 행위를 하였다고 하더라도, 개인적 차원의 행위에 불과한 것이라면, 이러한 행위에 대해서까지 정당해산심판의 심판대상이 되는 활동으로 보기는 어렵다.
⑤ 정당해산심판제도는 정치적 비판자들을 탄압하기 위한 용도로 남용되는 일이 생기지 않도록 엄격하고 제한적으로 운용되어야 한다.

....

[**①** ▸ **○**] 정당해산심판제도의 본질은 그 목적이나 활동이 민주적 기본질서에 위배되는 정당을 국민의 정치적 의사 형성과정에서 미리 배제함으로써 국민을 보호하고 헌법을 수호하기 위한 것이다. 어떠한 정당을 엄격한 요건 아래 위헌성낭으로 판단하여 해산을 명하는 것은 헌법을 수호한다는 방어적 민주주의 관점에서 비롯되는 것이고, 이러한 비상상황에서는 국회의원의 국민대표성은 부득이 희생될 수밖에 없다(헌재 2014.12.19. 2013헌다1).

[**②** ▸ **○**] 정당의 목적이나 활동이 민주적 기본질서에 위배될 때에는 정부는 헌법재판소에 그 해산을 제소할 수 있고, 정당은 헌법재판소의 심판에 의하여 해산된다(헌법 제8조 제4항).

[**③** ▸ **✕**] 정당에 대한 해산결정은 민주주의 원리와 정당의 존립과 활동에 대한 중대한 제약이라는 점에서, 정당의 목적과 활동에 관련된 모든 사소한 위헌성까지도 문제 삼아 정당을 해산하는 것은 적절하지 않다(헌재 2014.12.19. 2013헌다1).

[**④** ▸ **○**] 정당대표나 주요 관계자의 행위라 하더라도 개인적 차원의 행위에 불과한 것이라면 이러한 행위에 대해서까지 정당해산심판의 심판대상이 되는 활동으로 보기는 어렵다(헌재 2014.12.19. 2013헌다1).

[**⑤** ▸ **○**] 정당해산심판제도는 운영 여하에 따라 그 자체가 민주주의에 대한 해악이 될 수 있으므로 일종의 극약처방인 셈이다. 따라서 정치적 비판자들을 탄압하기 위한 용도로 남용되는 일이 생기지 않도록 정당해산심판제도는 매우 엄격하고 제한적으로 운용되어야 한다(헌재 2014.12.19. 2013헌다1).

답 **③**

26
　□□□

권한쟁의심판에 관한 다음 설명 중 가장 옳지 않은 것은?　　2023년 법무사시험 [문 8]

① 국가기관의 법률상 권한은 국회의 입법행위에 의하여 형성·부여된 권한일 뿐, 역으로 국회의 입법행위를 구속하는 기준이 될 수 없으므로, 침해의 원인이 '국회의 입법행위'인 경우에 '법률상 권한'을 침해의 대상으로 삼는 심판청구는 그 권한침해가능성을 인정할 수 없다.

② 국가기관과 지방자치단체 간 권한쟁의심판의 당사자에 관한 헌법재판소법 제62조 제1항 제2호의 '정부'는 예시규정이므로, 정부뿐 아니라 정부의 부분기관, 국회, 법원도 당사자가 될 수 있다.

③ 국가기관과 지방자치단체 간, 지방자치단체 상호 간 권한쟁의심판의 당사자에 관한 헌법재판소법 제62조 제1항 제3호의 '지방자치단체'는 예시규정이라 할 수 없으므로, 지방의회나 교육감은 당사자가 될 수 없다.

④ 중앙행정기관이나 광역지방자치단체가 지방자치단체의 자치사무에 대한 감사에 착수하기 위해서는 감사대상이 사전에 특정되어야 하고, 연간감사계획에 포함되지 아니한 감사라 하더라도 감사대상 지방자치단체에게 특정된 감사대상을 사전에 통보하는 것이 감사의 개시요건이라 할 것이므로, 그러한 절차를 거치지 않았다면 해당 감사착수는 적법하다고 볼 수 없다.

⑤ 권한쟁의심판을 청구하기 위해서는 피청구인의 처분 또는 부작위가 요구되므로, 정부의 법률안 제출행위, 행정안전부장관의 단순한 견해표명 또는 업무연락은 처분성이 인정되지 아니하여 권한쟁의심판의 대상이 되지 아니한다.

⋯⋯⋯

[❶ ▸ O]　국가기관의 '헌법상 권한'은 국회의 입법행위를 비롯한 다양한 국가기관의 행위로 침해될 수 있다. 그러나 국가기관의 '법률상 권한'은, 다른 국가기관의 행위로 침해될 수 있음은 별론으로 하고, 국회의 입법행위로는 침해될 수 없다. 국가기관의 '법률상 권한'은 국회의 입법행위에 의해 비로소 형성·부여된 권한일 뿐, 역으로 국회의 입법행위를 구속하는 기준이 될 수 없기 때문이다. 따라서 문제된 침해의 원인이 '국회의 입법행위'인 경우에는 '법률상 권한'을 침해의 대상으로 삼는 심판청구는 권한침해가능성을 인정할 수 없다(헌재 2023.3.23. 2022헌라4).

[❷ ▸ O]　헌법재판소법 제62조 제1항 제2호는 국가와 지방자치단체 간의 권한쟁의심판으로서 '가. 정부와 특별시·광역시 또는 도 간의 권한쟁의심판, 나. 정부와 시·군 또는 지방자치단체의 구(이하 "자치구"라 한다) 간의 권한쟁의심판'을 규정하고 있으므로, 지방자치단체인 청구인 경상남도와 청구인 경상남도 진해시 모두 이 사건 권한쟁의심판의 당사자가 될 수 있다. 한편 위 조항에 의하면 권한쟁의의 당사자인 국가기관으로서 '정부'만을 규정하고 있으나, 이는 예시적인 것으로서 정부의 부분기관이나 국회·법원 등 여타 국가기관도 당사자가 될 수 있다. 다만 이에 해당하는지 여부를 판별함에 있어서는 그 국가기관이 헌법에 의하여 설치되고 헌법과 법률에 의하여 독자적인 권한을 부여받고 있는지 여부, 헌법에 의하여 설치된 국가기관 상호 간의 권한쟁의를 해결할 수 있는 적당한 기관이나 방법이 있는지 여부 등을 종합적으로 고려하여 판단하여야 한다(헌재 2008.3.27. 2006헌라1).

[❸ ▸ O]

• 헌법은 '국가기관'과는 달리 '지방자치단체'의 경우에는 그 종류를 법률로 정하도록 규정하고 있으며(헌법 제117조 제2항), 지방자치법은 지방자치단체의 종류를 특별시, 광역시, 특별자치시, 도, 특별자치도와 시, 군, 구로 정하고 있고(지방자치법 제2조 제1항), 헌법재판소법은 이를 감안하여 권한쟁의심판의 종류를 정하고 있다. 즉, 지방자치법은 헌법의 위임을 받아 지방자치단체의 종류를 규정하고 있으므로, 지방자치단체 상호 간의 권한쟁의심판을 규정하는 헌법재판소법 제62조 제1항 제3호를 예시적으로

해석할 필요성 및 법적 근거가 없다. 따라서 시·도의 교육·학예에 관한 집행기관인 교육감과 해당 지방자치단체 사이의 내부적 분쟁과 관련된 심판청구는 헌법재판소가 관장하는 권한쟁의심판에 속하지 아니한다(헌재 2016.6.30. 2014헌라1).

- 이 사건 심판청구와 같이 지방자치단체의 의결기관 구성원과 그 기관 대표자 간의 권한쟁의는 헌법 및 법률에 의하여 헌법재판소가 관장하는 지방자치단체 상호 간의 권한쟁의심판의 범위에 해당하지 아니함이 법문상으로 명백할 뿐 아니라, 헌법재판소법 제62조 제1항 제3호가 규정하고 있는 지방자치단체 상호 간 권한쟁의심판의 종류가 예시적인 것이라고 해석할 여지도 없다. 결국 지방자치단체의 의결기관을 구성하는 지방의회 의원과 그 기관의 대표자인 지방의회 의장 사이의 내부적 분쟁에 관련된 이 사건 심판청구는, 헌법재판소가 관장하는 지방자치단체 상호 간의 권한쟁의심판에 속하지 아니하고, 달리 헌법재판소법 제62조 제1항 제1호의 국가기관 상호 간의 권한쟁의심판이나 제62조 제1항 제2호의 국가기관과 지방자치단체 상호 간의 권한쟁의심판에 해당한다고 볼 수도 없으므로, 위 심판청구는 헌법재판소법 제62조 제1항의 권한쟁의심판에 해당하지 않는다고 할 것이다(헌재 2010.4.29. 2009헌라11).

[❹ ▸ ✕] 연간감사계획에 포함되지 아니하고 사전조사가 수행되지 아니한 감사의 경우 지방자치법에 따른 감사의 절차와 방법 등에 관한 사항을 규정하는 '지방자치단체에 대한 행정감사규정' 등 관련 법령에서 감사대상이나 내용을 통보할 것을 요구하는 명시적인 규정이 없다. <u>광역지방자치단체가 자치사무에 대한 감사에 착수하기 위해서는 감사대상을 특정하여야 하나, 특정된 감사대상을 사전에 통보할 것까지 요구된다고 볼 수는 없다</u>(헌재 2023.3.23. 2020헌라5).

[❺ ▸ ○]

- 헌법재판소법 제61조 제2항에 따라 권한쟁의심판을 청구하려면 피청구인의 처분 또는 부작위가 존재하여야 하고, 여기서 "처분"이란 법적 중요성을 지닌 것에 한하므로, 청구인의 법적 지위에 구체적으로 영향을 미칠 가능성이 없는 행위는 "처분"이라 할 수 없어 이를 대상으로 하는 권한쟁의심판청구는 허용되지 않는다. 정부가 법률안을 제출하였다 하더라도 그것이 법률로 성립되기 위해서는 국회의 많은 절차를 거쳐야 하고, 법률안을 받아들일지 여부는 전적으로 헌법상 입법권을 독점하고 있는 의회의 권한이다. 따라서 정부가 법률안을 제출하는 행위는 입법을 위한 하나의 사전 준비행위에 불과하고, 권한쟁의심판의 독자적 대상이 되기 위한 법적 중요성을 지닌 행위로 볼 수 없다(헌재 2005.12.22. 2004헌라3).

- 행정자치부장관이 '행정부시장·부지사 회의'를 개최하여 행정자치부에서 작성한 표준안대로 복무조례를 개정할 것을 울산광역시 동구 및 북구에 요청한 것은 각 지방자치단체가 참고할 수 있도록 표준안을 제시한 것에 불과하여 단순한 업무협조 요청에 불과하고, 징계업무처리지침 및 병·연가불허지시를 통보한 것도 상호 협력의 차원에서 조언·권고한 것이거나 단순히 '업무연락'을 한 것이지, 각 지방자치단체를 법적으로 규제하는 강제적·명령적 조치를 취한 것이라 보기 어려우며, 기자회견을 통해 '총파업가담자에 대한 처벌과 정부의 방침에 소극적으로 대처하는 지방자치단체에 대하여 특별교부세 지원 중단 등의 행정적·재정적 불이익 조치를 취할 것'이라는 것을 주된 내용으로 하는 담화문을 발표한 것 또한 단지 파업의 대응방침을 천명한 것으로 단순한 견해의 표명에 지나지 않는다 할 것이다. 이러한 행위들은 권한쟁의심판의 대상이 되는 처분이라 할 수 없으므로, 이를 대상으로 한 권한쟁의심판청구는 부적법하다(헌재 2006.3.30. 2005헌라1).

답 ❹

27
□□□

헌법소원의 대상에 관한 다음 설명 중 가장 옳지 않은 것은? 2022년 법무사시험 [문 3]

① 행정규칙은 원칙적으로 헌법소원의 대상이 될 수 없으나, 예외적으로 법령의 규정에 의하여 행정관청에 법령의 구체적 내용을 보충할 권한을 부여한 경우나, 재량권행사의 준칙으로서 그 정한 바에 따라 되풀이 시행되어 행정관행이 형성됨으로써 평등의 원칙이나 신뢰보호의 원칙에 따라 행정기관이 그 상대방에 대한 관계에서 그 규칙에 따라야 할 자기구속을 당하게 되는 경우에는 헌법소원의 대상이 될 수도 있다.

② 중앙선거관리위원회가 '비례○○당'의 명칭이 정당법에서 금지하는 유사명칭에 해당하여 정당의 명칭으로 사용할 수 없다고 결정·공표한 행위는 정당의 법적 지위에 영향을 미치므로 헌법소원의 대상이 되는 공권력의 행사에 해당한다.

③ 대통령기록물 소관 기록관이 대통령기록물을 중앙기록물관리기관으로 이관하는 행위는 국가기관 사이의 내부적·절차적 행위에 불과하므로 헌법소원의 대상이 되는 공권력의 행사에 해당하지 아니한다.

④ 경찰서장이 시장에게 활동보조인과 수급자의 인적사항, 휴대전화번호 등을 확인할 수 있는 자료를 요청한 것에 대하여 시장은 협조할 의무를 부담하지 않으므로 경찰서장의 위와 같은 요청행위는 공권력 행사성이 인정되지 않는다.

⑤ 행정권력의 부작위에 대한 헌법소원은 공권력의 주체에게 헌법에서 유래하는 작위의무가 특별히 구체적으로 규정되어 이에 의거하여 기본권의 주체가 행정행위 내지 공권력의 행사를 청구할 수 있음에도 공권력의 주체가 그 의무를 해태하는 경우에 한하여 허용된다.

⋯⋯

[❶ ▸ O] 행정규칙은 일반적으로 행정조직 내부에서만 효력을 가지는 것이나, 행정규칙이 법령의 규정에 의하여 행정관청에 법령의 구체적 내용을 보충할 권한을 부여한 경우나 재량권행사의 준칙인 규칙이 그 정한 바에 따라 되풀이 시행되어 행정관행이 이룩되게 되면, 평등의 원칙이나 신뢰보호의 원칙에 따라 행정기관은 그 상대방에 대한 관계에서 그 규칙에 따라야 할 자기구속을 당하게 되는 경우에는 대외적인 구속력을 가지게 되는바, 이러한 경우에는 헌법소원의 대상이 될 수도 있다(헌재 2001.5.31. 99헌마413).

[❷ ▸ ✗] 중앙선거관리위원회가 2020.1.13. '비례○○당'의 명칭은 정당법 제41조 제3항에 위반되어 정당의 명칭으로 사용할 수 없다고 결정·공표한 행위는 그 자체만으로 청구인의 법적 지위에 어떠한 영향을 미치지 않는다. 이 사건 창당준비위원회 또는 청구인이 피청구인에게 정당등록을 신청하고 이에 대하여 피청구인이 그 신청을 수리 또는 거부할 때 비로소 청구인의 법적 지위가 변동된다 할 것이다. 이처럼 정당등록 사무를 관장하는 피청구인이 그 사무에 관하여 정당법 제41조 제3항의 구체적인 해석·적용을 어떻게 할 것인지에 관하여 이루어진 내부적인 판단 및 그 공표행위에 불과한 <u>이 사건 결정·공표는 청구인의 법적 지위에 어떠한 영향을 미친다고 보기 어려우므로, 헌법소원의 대상이 되는 '공권력의 행사'에 해당하지 않는다</u>(헌재 2021.3.25. 2020헌마94).

[**❸ ▸ O**] 대통령기록물 소관 기록관이 대통령기록물을 중앙기록물관리기관으로 이관하는 행위는 '대통령기록물관리에 관한 법률'에 따른 대통령기록물 관리업무 수행 기관의 변경행위로서, 법률이 정하는 권한분장에 따라 업무수행을 하기 위한 국가기관 사이의 내부적·절차적 행위에 불과하므로 헌법소원심판의 대상이 되는 공권력의 행사에 해당한다고 볼 수 없다(헌재 2019.12.27. 2017헌마359).

[**❹ ▸ O**] 김포경찰서장이 2015.6.26. 김포시장에게 활동보조인과 수급자의 인적사항, 휴대전화번호 등을 확인할 수 있는 자료를 요청한 행위의 근거조항인 이 사건 사실조회조항은 수사기관에 공사단체 등에 대한 사실조회의 권한을 부여하고 있을 뿐이고, 김포시장은 김포경찰서장의 사실조회에 응하거나 협조하여야 할 의무를 부담하지 않는다. 따라서 이 사건 사실조회행위만으로는 청구인들의 법적 지위에 어떠한 영향을 미친다고 보기 어렵고, 김포시장의 자발적인 협조가 있어야만 비로소 청구인들의 개인정보자기결정권이 제한된다. 그러므로 이 사건 사실조회행위는 공권력 행사성이 인정되지 않는다(헌재 2018.8.30. 2016헌마483).

[**❺ ▸ O**] 행정권력의 부작위에 대한 헌법소원은 공권력의 주체에게 헌법에서 유래하는 작위의무가 특별히 구체적으로 규정되어 이에 의거하여 기본권의 주체가 행정행위 내지 공권력의 행사를 청구할 수 있음에도 공권력의 주체가 그 의무를 해태하는 경우에만 허용된다(헌재 2004.5.27. 2003헌마851).

 ❷

28
□□□

헌법재판소법 제68조 제1항의 '공권력의 행사 또는 불행사'에 관한 다음 설명 중 가장 옳지 않은 것은?   **2025년 법무사시험 [문 8]**

① 헌법재판소법 제68조 제1항에서의 '공권력'은 입법권·행정권·사법권을 행사하는 모든 국가기관·공공단체 등의 고권적 작용을 말하고, 그 행사 또는 불행사로 국민의 권리와 의무에 대하여 직접적인 법률효과를 발생시켜 청구인의 법률관계 내지 법적 지위를 불리하게 변화시키는 것이어야 한다.

② 일반적으로 어떤 행위가 헌법소원의 대상이 되는 권력적 사실행위에 해당하는지 여부는 당해 행정주체와 상대방의 관계, 그 사실행위에 대한 상대방의 의사·관여정도와 태도, 사실행위의 목적·경위, 법령에 의한 명령·강제수단 발동 가부 등 그 행위가 행하여질 당시의 구체적 사정을 종합적으로 고려하여 개별적으로 판단하여야 한다.

③ 행정권력의 부작위가 헌법소원의 대상이 되는 공권력의 불행사에 해당하려면, 공권력의 주체에게 헌법에서 유래하는 작위의무가 특별히 구체적으로 규정되어 이에 의거하여 기본권의 주체가 행정행위나 공권력의 행사를 청구할 수 있음에도 공권력의 주체가 그 의무를 해태하는 경우이어야 한다.

④ 대통령과 통일부장관에 의한 개성공단 전면중단 조치는 개성공단 투자기업들에 대해 일방적으로 행해진 권력적 사실행위로서 공권력의 행사에 해당한다.

⑤ 검찰수사관이 피의자신문에 참여한 변호인에게 변호인 참여신청서의 작성을 요구한 행위는 검찰수사관이 자신의 우월한 지위를 이용하여 변호인에게 일방적으로 강제한 것으로서 권력적 사실행위에 해당하여 헌법소원의 대상이 될 수 있다.

[**❶ ▸ O**] 헌법재판소법 제68조 제1항은 '공권력의 행사 또는 불행사로 인하여 기본권을 침해받은 자'가 헌법소원을 제기할 수 있다고 규정하고 있다. 여기에서 '공권력'이란 입법권·행정권·사법권을 행사하는 모든 국가기관·공공단체 등의 고권적 작용을 말하며, 그 행사 또는 불행사로 국민의 권리와 의무에 대하여 직접적인 법률효과를 발생시켜 청구인의 법률관계 내지 법적 지위를 불리하게 변화시키는 것이어야 한다(헌재 2025.3.18. 2025헌마220).

[❷ ▸ O] 일반적으로 어떤 행위가 헌법소원의 대상이 되는 권력적 사실행위에 해당하는지 여부는 당해 행정주체와 상대방과의 관계, 그 사실행위에 대한 상대방의 의사·관여 정도·태도, 그 사실행위의 목적·경위, 법령에 의한 명령·강제수단의 발동 가부 등 그 행위가 행하여질 당시의 구체적 사정을 종합적으로 고려하여 개별적으로 판단해야 한다(헌재 2023.5.2. 2023헌마573).

[❸ ▸ O] 헌법재판소법 제68조 제1항에 의하면 공권력의 행사뿐 아니라 공권력의 불행사도 헌법소원의 대상이 될 수 있는 것이지만, 행정권력의 부작위에 대한 헌법소원은 공권력의 주체에게 헌법에서 유래하는 작위의무가 특별히 구체적으로 규정되어 이에 의거하여 기본권의 주체가 행정행위 내지 공권력의 행사를 청구할 수 있음에도 공권력의 주체가 그 의무를 해태하는 경우에 한하여 허용된다(헌재 2004.10.28. 2003헌마898).

[❹ ▸ O] 이 사건 중단조치는 투자기업인 청구인들로 하여금 공권력에 순응케 하여 개성공단의 운영을 중단시키는 결과를 실현한 일련의 행위로 구성되며, 그로 인해 위 청구인들의 개성공단에서의 사업활동이 중단되고, 개성공단 내 공장, 영업시설이나 자재 등에 접근, 이용이 차단되는 등 법적 지위에 직접적, 구체적 영향을 받게 되었으므로, 이 사건 중단조치는 피청구인들인 대통령과 통일부장관이 투자기업인 청구인들에 대한 우월적 지위에서 일방적으로 행한 권력적 사실행위로서 공권력의 행사에 해당한다고 봄이 타당하다(헌재 2022.1.27. 2016헌마364).

[❺ ▸ ✕] 청구인은 이 사건 참여신청서요구행위에 따라 수사관이 출력해 준 신청서에 인적사항을 기재하여 제출하였는데, 이는 청구인이 피의자의 변호인임을 밝혀 피의자신문에 참여할 수 있도록 하기 위한 검찰 내부 절차를 수행하는 과정에서 이루어진 비권력적 사실행위에 불과하므로, 헌법소원의 대상이 되는 공권력의 행사에 해당하지 않는다(헌재 2017.11.30. 2016헌마503).

답 ❺

---

29 ☐☐☐ **헌법소원에서의 권리보호이익에 관한 다음 설명 중 가장 옳지 않은 것은?**
2025년 법무사시험 [문 5]

① 헌법소원심판청구 당시 권리보호이익이 인정되더라도 심판 계속 중에 사실관계 또는 법률관계의 변동으로 말미암아 청구인이 주장하는 기본권의 침해가 종료된 경우에는 원칙적으로 권리보호이익이 없다.

② 대법원호적예규 중 한자 성의 한글표기에 관하여 두음법칙을 예외 없이 일률적·획일적으로 적용하도록 규정하던 부분이 헌법소원 심판청구 후 합리적 사유가 있는 경우에는 두음법칙에 따르지 않을 수 있도록 개정되었다면 위 부분의 위헌 확인을 구할 권리보호이익이 상실된다.

③ 헌법소원심판청구가 청구인의 주관적 권리구제에는 도움이 되지 않는다 하더라도 그러한 침해행위가 앞으로도 반복될 위험이 있고, 당해 분쟁의 해결이 헌법질서의 수호·유지를 위하여 긴요한 사항이어서 헌법적으로 그 해명이 중대한 의미를 지니고 있는 경우에는 예외적으로 심판의 이익을 인정할 수 있다.

④ 행정5급 일반임기제공무원을 채용하는 경력경쟁채용시험공고를 하면서, 그 응시자격요건으로 변호사 자격 등록을 요구한 방위사업청 공고의 위헌확인을 구하는 헌법소원에 대해서는 예외적으로 심판의 이익을 인정하기 어렵다.

⑤ 구치소장이 변호인접견실에 CCTV를 설치하여 접견 장면을 관찰하는 행위는 반복될 우려가 있고, 이는 미결수용자에 대한 기본적 처우와 관련된 중요한 문제로서 그에 대한 헌법적 해명은 헌법질서의 수호·유지를 위해 중요한 의미를 가지므로 이에 대해서는 심판의 이익을 인정할 수 있다.

[**❶ ▶ ○**] 헌법소원심판청구 당시 권리보호이익이 인정되더라도 심판계속 중에 사실관계 또는 법률관계의 변동으로 말미암아 청구인이 주장하는 기본권의 침해가 종료된 경우에는 원칙적으로 권리보호이익이 없으므로 헌법소원이 부적법한 것으로 된다(헌재 2006.1.26. 2005헌마474).

[**❷ ▶ ○**] 대법원호적예규 제520호는 호적부에 한자 성(姓)을 한글로 표기할 때에 예외 없이 한글맞춤법의 두음법칙에 관한 규정에 따르도록 규정하고 있었지만, 대법원호적예규 제722호에 의하여 "일상생활에서 한자 성을 본래의 음가로 발음 및 표기하여 사용하는 등 성의 한글표기에 두음법칙 적용의 예외를 인정할 합리적 사유가 있는 경우에는" 두음법칙에 따르지 않을 수 있도록 개정되고, 2007.8.1.부터 시행되었다. 따라서 대법원호적예규 제520호 중 한자 성의 한글표기에 관하여 두음법칙을 예외 없이 일률적·획일적으로 적용하도록 규정하고 있던 부분은 2007.8.1.부터 실효되었으므로, 위 예규에 의하여 청구인의 기본권이 침해되었다고 하더라도 그 기본권침해를 구제받기 위하여 이미 실효된 예규 부분의 위헌확인을 청구할 권리보호의 이익이 없어졌다고 할 것이다(헌재 2007.10.25. 2003헌마95).

[**❸ ▶ ○**] 헌법소원제도는 개인의 주관적 권리구제뿐만 아니라 헌법질서를 보장하는 기능도 가지고 있으므로, 헌법소원심판청구가 청구인들의 주관적 권리구제에는 도움이 되지 않는다 하더라도 그러한 침해행위가 앞으로도 반복될 위험이 있거나, 당해 분쟁의 해결이 헌법질서의 수호·유지를 위하여 긴요한 사항이어서 헌법적으로 그 해명이 중대한 의미를 지니고 있는 경우에는 심판청구의 이익을 인정할 수 있다(헌재 2023.7.11. 2023헌마822).

[**❹ ▶ ×**] 피청구인이 행정5급 일반임기제공무원에 관한 경력경쟁채용시험에서 '변호사 자격 등록'을 응시자격요건으로 하는 것은 국가공무원법령 등에 의하여 이미 구체적으로 확정된 것이 아니고, 피청구인이 이 사건 공고를 함으로써 비로소 구체적으로 확정되므로, 이 사건 공고는 <u>헌법소원의 대상이 되는 공권력의 행사에 해당한다</u>. 이 사건 공고가 더 이상 효력이 존속하지 않으므로, 헌법재판소가 이 사건 공고에 대한 심판청구를 인용한다고 하더라도 이로써 청구인들이 권리구제를 받을 수는 없다. 그러나 공무담임권 침해 여부가 문제 되는 이 사건 공고와 같은 내용의 공권력의 행사는 반복될 수 있고, 또한 이 사건 심판청구와 동일 또는 유사한 사안에 관하여 헌법적 해명이 아직까지 이루어진 바 없으므로, 이 사건 공고에 대한 심판청구는 예외적으로 심판이익이 인정된다(헌재 2019.8.29. 2019헌마616).

[**❺ ▶ ○**] 구치소장이 변호인접견실에 CCTV를 설치하여 접견 장면을 관찰하는 행위나 미결수용자와 변호인 간에 수수된 서류를 확인하고 소송관계서류처리부에 등재하는 행위는 앞으로도 반복될 우려가 있고, 이는 미결수용자에 대한 기본적 처우와 관련된 중요한 문제로서 그 한계에 대한 헌법적 해명은 헌법질서의 수호·유지를 위하여 중요한 의미를 가진다 할 것이므로, 이 사건은 심판청구의 이익을 인정할 수 있다(헌재 2016.4.28. 2015헌마243).

 ❹

30

헌법재판소 및 위헌법률심사에 관한 다음 설명 중 가장 옳지 않은 것은?

2021년 법무사시험 [문 16]

① 헌법재판소는 법관의 자격을 가진 9인의 재판관으로 구성하며, 재판관은 대통령이 임명한다.

② 위헌법률심판의 대상이 되는 '법률'에는 국회의 의결을 거친 형식적 의미의 법률뿐만 아니라 조약 등 형식적 의미의 법률과 동일한 효력을 가지는 법규범들도 포함된다.

③ 법률의 위헌 여부가 재판의 전제가 된 경우 법원은 헌법재판소에 제청하여 그 심판에 의하여 재판을 하는데, 여기서 말하는 재판에는 본안에 관한 재판 외에 소송절차에 관한 재판도 포함된다.

④ 헌법재판소법 제68조 제2항의 헌법소원은 법률의 위헌여부심판의 제청신청을 하여 그 신청이 기각된 때에 청구할 수 있다.

⑤ 개별적, 구체적 사건에서 법률조항의 단순한 포섭, 적용에 관한 문제를 다투는 것도 적법한 헌법소원 심판청구에 해당한다.

....

[**❶ ▸ ○**] 헌법재판소는 법관의 자격을 가진 9인의 재판관으로 구성하며, 재판관은 대통령이 임명한다(헌법 제111조 제2항).

[**❷ ▸ ○**] 법원의 제청에 의한 위헌법률심판 또는 헌법재판소법 제68조 제2항에 의한 헌법소원심판의 대상이 되는 '법률'에는 국회의 의결을 거친 이른바 형식적 의미의 법률은 물론이고 그 밖에 조약 등 '형식적 의미의 법률과 동일한 효력'을 갖는 규범들도 모두 포함된다(헌재 2013.3.21. 2010헌바132).

[**❸ ▸ ○**] 헌법재판소법 제41조 제1항은 "법률이 헌법에 위반되는 여부가 재판의 전제가 된 때에는 당해 사건을 담당하는 법원은 직권 또는 당사자의 신청에 의한 결정으로 헌법재판소에 위헌 여부의 심판을 제청한다"라고 규정하고 있으므로, 법률에 대한 위헌제청이 적법하기 위해서는 법원에 계속 중인 구체적인 사건에 적용할 법률이 헌법에 위반되는 여부가 재판의 전제로 되어야 한다. 여기서 "재판"이라 함은 판결·결정·명령 등 그 형식 여하와 본안에 관한 재판이거나 소송절차에 관한 재판이거나를 불문하며, 심급을 종국적으로 종결시키는 종국재판뿐만 아니라 중간재판도 이에 포함된다(헌재 2001.6.28. 99헌가14).

[**❹ ▸ ○**] 헌법재판소법 제68조 제2항의 헌법소원은 법률의 위헌여부심판의 제청신청을 하여 그 신청이 기각된 때에만 청구할 수 있는 것이므로, 청구인이 특정 법률조항에 대한 위헌여부심판의 제청신청을 하지 않았고 따라서 법원의 기각결정도 없었다면 비록 헌법소원심판청구에 이르러 위헌이라고 주장하는 법률조항에 대한 헌법소원은 원칙적으로 심판청구요건을 갖추지 못하여 부적법한 것이다(헌재 2005.2.24. 2004헌바24).

[**❺ ▸ ✕**] 재판소원을 금지하는 헌법재판소법 제68조 제1항의 취지에 비추어, <u>개별·구체적 사건에서 단순히 법률조항의 포섭이나 적용의 문제를 다투거나, 의미 있는 헌법문제에 대한 주장 없이 단지 재판결과를 다투는 헌법소원 심판청구는 여전히 허용되지 않는다</u>(헌재 2012.12.27. 2011헌바117).

 답 ❺

제2항 **제68조 제2항의 헌법소원(위헌심사형 헌법소원)**

31
☐☐☐

다음 중 위헌법률심판 및 헌법재판소법 제68조 제2항에 따른 헌법소원심판의 대상이 될 수 없는 것은? **2019년 법무사시험 [문 10]**

① 대한민국과 아메리카합중국 간의 상호방위조약 제4조에 의한 시설과 구역 및 대한민국에서의 합중국군대의 지위에 관한 협정 제2조 제1의 (나)항
② 국제통화기금 임직원의 공적 행위에 대한 재판권 면제 등을 규정한 국제통화기금협정 제9조 제3항
③ 군인 등의 국가배상청구를 제한하고 있는 헌법 제29조 제2항
④ 일반적으로 승인된 국제법규
⑤ '여호주가 사망하거나 출가하여 호주상속 없이 절가된 경우 유산은 그 절가된 가(家)의 가족이 승계하고 가족이 없을 때에는 출가녀(出家女)가 승계한다'는 구 관습법

[❶ ▶ ○] [❹ ▶ ○] 헌법재판소는 '대한민국과 아메리카합중국 간의 상호방위조약 제4조에 의한 시설과 구역 및 대한민국에서의 합중국군대의 지위에 관한 협정'(1967.2.9. 조약 제232호)이 비록 그 명칭은 '협정'이지만 법률의 효력을 가지는 조약으로 보아 위헌법률심판을 제청한 당해 사건 법원의 판단이 옳다고 보고 본안판단을 하였다(헌재 1999.4.29. 97헌가14). 이처럼 일정한 규범이 위헌법률심판 또는 헌법재판소법 제68조 제2항에 의한 헌법소원심판의 대상이 되는 '법률'인지 여부는 그 제정 형식이나 명칭이 아니라 그 규범의 효력을 기준으로 판단하여야 한다. 따라서 헌법이 법률과 동일한 효력을 가진다고 규정한 긴급재정경제명령(제76조 제1항) 및 긴급명령(제76조 제2항)은 물론, 헌법상 형식적 의미의 법률은 아니지만 국내법과 동일한 효력이 인정되는 '헌법에 의하여 체결·공포된 조약과 일반적으로 승인된 국제법규'(제6조)의 위헌 여부의 심사권한도 헌법재판소에 전속된다고 보아야 한다(헌재 2013.3.21. 2010헌바70).

[❷ ▶ ○] 이 사건 조항[국제통화기금협정 제9조(지위, 면제 및 특권) 제3항(사법절차의 면제) 및 제8항(직원 및 피용자의 면제와 특권), 전문기구의 특권과 면제에 관한 협약 제4절, 제19절(a)]은 각 국회의 동의를 얻어 체결된 것으로서, 헌법 제6조 제1항에 따라 국내법적, 법률적 효력을 가지는 바, 가입국의 재판권 면제에 관한 것이므로 성질상 국내에 바로 적용될 수 있는 법규범으로서 위헌법률심판의 대상이 된다(헌재 2001.9.27. 2000헌바20).

[❸ ▶ ✕] 헌법 제111조 제1항 제1호, 제5호 및 헌법재판소법 제41조 제1항, 제68조 제2항은 위헌심사의 대상이 되는 규범을 '법률'로 명시하고 있으며, 여기서 "법률"이라 함은 국회의 의결을 거쳐 제정된 이른바 형식적 의미의 법률을 의미한다. 따라서 위와 같은 형식적 의미의 법률을 의미하므로 헌법의 개별규정 자체는 헌법소원에 의한 위헌심사의 대상이 아니다(헌재 1996.6.13. 94헌바20).

[❺ ▶ ○] 민법 시행 이전의 "여호주가 사망하거나 출가하여 호주상속이 없이 절가된 경우, 유산은 그 절가된 가(家)의 가족이 승계하고 가족이 없을 때는 출가녀가 승계한다"는 구 관습법은 민법 시행 이전에 상속 등을 규율하는 법률이 없는 상황에서 절가된 가의 재산분배에 관하여 적용된 규범으로서, 비록 형식적 의미의 법률은 아니지만 실질적으로는 법률과 같은 효력을 갖는다. 그렇다면 법률과 같은 효력을 가지는 이 사건 관습법도 헌법소원심판의 대상이 되고, 단지 형식적 의미의 법률이 아니라는 이유로 그 예외가 될 수는 없다(헌재 2016.4.28. 2013헌바396).

답 ❸

PART

02

상 법

각 문항별로 회독수를 체크해 보세요. ☑☐☐

제1장 상법서설

제2장 기업의 인적 요소

제1절 상 인

01 □□□ **상행위 관한 다음 설명 중 가장 옳지 않은 것은?** 2025년 법무사시험 [문 23]

① 당사자 쌍방에 대하여 모두 상행위가 되는 행위로 인한 채권뿐만 아니라 당사자 일방에 대하여만 상행위에 해당하는 행위로 인한 채권도 상법 제64조에서 정한 5년의 소멸시효기간이 적용되는 상사채권에 해당하고, 그 상행위에는 상법 제46조 각 호에 해당하는 기본적 상행위뿐만 아니라 상인이 영업을 위하여 하는 보조적 상행위도 포함된다.

② 상법 제5조, 제47조에 의하면 회사는 상행위를 하지 않더라도 상인으로 보고, 상인이 영업을 위하여 하는 행위는 상행위로 보며, 상인의 행위는 영업을 위하여 하는 것으로 추정된다. 그러므로 회사가 한 행위는 그 영업1을 위하여 한 것으로 추정되고, 회사가 그 영업을 위하여 하는 행위는 상행위로 보아야 한다.

③ 상인은 자기 명의로 상행위를 하는 자를 의미하는데, 여기서 '자기 명의'란 상행위로부터 생기는 권리의무의 귀속주체로 된다는 뜻으로서 실질에 따라 판단하여야 하므로, 행정관청에 대한 인·허가 명의나 국세청에 신고한 사업자등록상의 명의와 실제 영업상의 주체가 다를 경우 후자가 상인이 된다.

④ 한국토지공사가 택지개발사업을 시행하기 위하여 토지 소유자로부터 사업 시행을 위한 토지를 매수하는 행위를 하는 경우에는 한국토지공사를 상인이라고 볼 수 있으므로, 한국토지공사가 택지 개발사업 지구 내에 있는 토지에 관하여 토지 소유자와 매매계약을 체결한 행위는 상행위로 볼 수 있다.

⑤ 상법 제3조에 따라 당사자 중 그 1인의 행위가 상행위인 때에는 전원에 대하여 상법이 적용되므로, 당사자의 일방이 수인인 경우에 그중 1인에게만 상행위가 되더라도 전원에 대하여 상법이 적용된다.

··

[❶ ▸ O] 당사자 쌍방에 대하여 모두 상행위가 되는 행위로 인한 채권뿐만 아니라, 당사자 일방에 대하여만 상행위에 해당하는 행위로 인한 채권도 상법 제64조 소정의 5년의 소멸시효기간이 적용되는 상사채권에 해당하는 것이고, 그 상행위에는 상법 제46조 각 호에 해당하는 기본적 상행위뿐만 아니라, 상인이 영업을 위하여 하는 보조적 상행위도 포함된다(대판 2006.4.27. 2006다1381).

[❷ ▸ O] 상법 제5조, 제47조에 의하면, 회사는 상행위를 하지 않더라도 상인으로 보고, 상인이 영업을 위하여 하는 행위는 상행위로 보며, 상인의 행위는 영업을 위하여 하는 것으로 추정된다. 그러므로 회사가 한 행위는 그 영업을 위하여 한 것으로 추정되고, 회사가 그 영업을 위하여 하는 행위는 상행위로 보아야 한다. 이와 같은 추정을 번복하기 위해서는 회사의 행위가 영업을 위하여 한 것이 아니라는 사실을 주장하는 사람이 이를 증명할 책임이 있다(대판 2024.3.12. 2021다309927).

[**❸** ▸ O] 상인은 자기 명의로 상행위를 하는 자를 의미하는데, 여기서 '자기 명의'란 상행위로부터 생기는 권리의무의 귀속주체로 된다는 뜻으로서 실질에 따라 판단하여야 하므로, 행정관청에 대한 인·허가 명의나 국세청에 신고한 사업자등록상의 명의와 실제 영업상의 주체가 다를 경우 후자가 상인이 된다(대판 2008.12.11. 2007다66590).

[**❹** ▸ ×] 한국토지공사가 택지개발사업을 시행하기 위하여 공익사업을 위한 토지 등의 취득 및 보상에 관한 법률에 따라 <u>토지소유자로부터 사업 시행을 위한 토지를 매수하는 행위를 하더라도 한국토지공사를 상인이라 할 수 없고</u>, 한국토지공사가 택지개발사업 지구 내에 있는 토지에 관하여 토지소유자와 매매계약을 체결한 행위를 상행위로 볼 수 없다(대판 2020.5.28. 2017다265389).

[**❺** ▸ O] 상법 제3조에 따라 당사자 중 그 1인의 행위가 상행위인 때에는 전원에 대하여 상법이 적용되므로, 당사자의 일방이 수인인 경우에 그중 1인에게만 상행위가 되더라도 전원에 대하여 상법이 적용된다고 해석된다(대판 2014.4.10. 2013다68207).

답 ❹

02
☐☐☐

상인과 상행위에 관한 다음 설명 중 가장 옳지 않은 것은? 2023년 법무사시험 [문 38]

① 영업의 목적인 상행위를 개시하기 전에 한 영업을 위한 준비행위에는 상행위에 관한 상법의 규정이 적용될 수 있다.
② 영업을 위한 개업준비행위에 상행위에 관한 상법의 규정이 적용되기 위해서는 영업의사가 일반적·대외적으로 표시되어야 한다.
③ 회사는 상행위를 하지 아니하더라도 상인으로 본다.
④ 회사의 기관인 대표이사 개인이 회사의 운영 자금으로 사용하려고 돈을 빌리거나 투자를 받더라도 그것만으로 상행위에 해당하는 것은 아니다.
⑤ 상인이 그 영업과 상관없이 개인 자격에서 돈을 투자하는 행위는 상인의 기존 영업을 위한 보조적 상행위가 아니다.

....

[**❶** ▸ O][**❷** ▸ ×] 영업의 목적인 기본적 상행위를 개시하기 전에 영업을 위한 준비행위를 하는 자는 영업으로 상행위를 할 의사를 실현하는 것이므로 그 준비행위를 한 때 상인자격을 취득함과 아울러 이 개업준비행위는 영업을 위한 행위로서 그의 최초의 보조적 상행위가 되는 것이고, 이와 같은 개업준비행위는 반드시 상호등기·개업광고·간판부착 등에 의하여 <u>영업의사를 일반적·대외적으로 표시할 필요는 없으나</u> 점포구입·영업양수·상업사용인의 고용 등 그 준비행위의 성질로 보아 영업의사를 상대방이 객관적으로 인식할 수 있으면 당해 준비행위는 보조적 상행위로서 여기에 상행위에 관한 상법의 규정이 적용된다(대판 1999.1.29. 98다1584).

[**❸** ▸ O] 상법 제5조 제2항

> **상법 제5조(동전-의제상인)**
> ① 점포 기타 유사한 설비에 의하여 상인적 방법으로 영업을 하는 자는 상행위를 하지 아니하더라도 상인으로 본다.
> ② 회사는 상행위를 하지 아니하더라도 전항과 같다.

[❹ ▸ ○] [❺ ▸ ○] 상인은 상행위에서 생기는 권리·의무의 주체로서 상행위를 하는 것이고, 영업을 위한 행위가 보조적 상행위로서 상법의 적용을 받기 위해서는 행위를 하는 자 스스로 상인 자격을 취득하는 것을 당연한 전제로 한다. 회사가 상법에 의해 상인으로 의제된다고 하더라도 회사의 기관인 대표이사 개인이 상인이 되는 것은 아니다. 대표이사 개인이 회사의 운영 자금으로 사용하려고 돈을 빌리거나 투자를 받더라도 그것만으로 상행위에 해당하는 것은 아니다. 또한 상인이 영업과 상관없이 개인 자격에서 돈을 투자하는 행위는 상인의 기존 영업을 위한 보조적 상행위로 볼 수 없다(대판 2018.4.24. 2017다205127).

답 ❷

03
□□□

상법상 상인과 상법의 적용에 관한 다음 설명 중 가장 옳지 않은 것은?

2022년 법무사시험 [문 24]

① 공법인의 상행위에 대하여는 법령에 다른 규정이 없는 경우에 한하여 상법이 적용된다.
② 행정관청에 대한 인·허가 명의나 국세청에 신고한 사업자등록상의 명의와 실제 영업상의 주체가 다를 경우 실제 영업상의 주체가 자기 명의로 상행위를 하는 자로서 상인이 된다.
③ 변호사와 법무사는 상법 제5조 제1항이 규정하는 '상인적 방법으로 영업을 하는 자'라고 볼 수 없다.
④ 자본금액이 1,000만원에 미치지 못하는 상인으로서 회사가 아닌 자인 소상인에게는 지배인, 상호, 상업장부, 상업등기, 영업양도에 관한 상법 규정이 적용되지 아니한다.
⑤ 새마을금고가 금고의 회원에게 자금을 대출하는 행위는 일반적으로 영리를 목적으로 하는 행위라고 보기 어렵지만, 대출을 받은 회원이 상인으로서 그 영업을 위하여 대출을 받았다면 그 대출금채권은 상사채권이라고 보아야 한다.

[❶ ▸ ○] 공법인의 상행위에 대하여는 법령에 다른 규정이 없는 경우에 한하여 본법을 적용한다(상법 제2조).
[❷ ▸ ○] 상인은 자기 명의로 상행위를 하는 자를 의미하는데, 여기서 '자기 명의'란 상행위로부터 생기는 권리의무의 귀속주체로 된다는 뜻으로서 실질에 따라 판단하여야 하므로, 행정관청에 대한 인·허가 명의나 국세청에 신고한 사업자등록상의 명의와 실제 영업상의 주체가 다를 경우 후자가 상인이 된다(대판 2008.12.11. 2007다66590).
[❸ ▸ ○]
• 법령에 의하여 상당한 정도로 그 영리추구 활동이 제한됨과 아울러 직무의 공공성이 요구되는 법무사의 활동은 상인의 영업활동과는 본질적인 차이가 있고, 법무사의 직무 관련 활동과 그로 인하여 형성된 법률관계에 대하여 상인의 영업활동 및 그로 인하여 형성된 법률관계와 동일하게 상법을 적용하지 않으면 안 될 특별한 사회·경제적 필요 내지 요청이 있다고 볼 수도 없으므로, 법무사를 상법 제5조 제1항이 규정하는 '상인적 방법에 의하여 영업을 하는 자'라고 볼 수는 없다(대결 2008.6.26. 2007마996).
• 변호사의 영리추구 활동을 엄격히 제한하고 그 직무에 관하여 고도의 공공성과 윤리성을 강조하는 변호사법의 여러 규정에 비추어 보면, 변호사를 상법 제5조 제1항이 규정하는 '상인적 방법에 의하여 영업을 하는 자'라고 볼 수는 없다 할 것이므로, 변호사는 의제상인에 해당하지 아니한다(대결 2007.7.26. 2006마334).

[❹▸✕] 지배인, 상호, 상업장부와 상업등기에 관한 규정은 소상인에게 적용하지 아니한다(상법 제9조).

[❺▸○] 새마을금고법의 제반 규정에 의하면 새마을금고는 … 비영리법인이므로 새마을금고가 금고의 회원에게 자금을 대출하는 행위는 일반적으로는 영리를 목적으로 하는 행위라고 보기 어렵다고 할 것이다. 그러나 당사자 쌍방에 대하여 모두 상행위가 되는 행위로 인한 채권뿐만 아니라 당사자 일방에 대하여만 상행위에 해당하는 행위로 인한 채권도 상법 제64조 소정의 5년의 소멸시효기간이 적용되는 상사채권에 해당하는 것이고 그 상행위에는 상법 제46조 각 호에 해당하는 기본적 상행위뿐만 아니라 상인이 영업을 위하여 하는 보조적 상행위도 포함되는 것이므로 새마을금고로부터 대출을 받은 회원이 상인으로서 그 영업을 위하여 대출을 받았다면 그 대출금채권은 상사채권이라고 보아야 할 것이다(대판 1998.7.10. 98다10793).

답 ❹

제2절   **상업사용인**

04
□□□   **지배인의 대리권에 관한 다음 설명 중 가장 옳지 않은 것은?**   2025년 법무사시험 [문 42]

① 지배인은 영업주의 영업활동을 보조하는 대리인이지만 상법 제11조에 의하여 영업주의 대외적인 영업거래에 대하여 정형적·획일적·포괄적인 대리권을 가지므로, 영업주가 정한 대리권에 관한 제한 규정에 위반한 지배인과 거래한 상대방은 과실이 있더라도 중과실이 아닌 한 보호받는다.

② 지배인은 영업주에 갈음하여 영업에 관한 재판상·재판 외의 모든 행위를 할 수 있는데, 영업에 관한 행위란 영업의 목적이 되는 행위뿐 아니라 영업을 위하여 직·간접으로 필요한 행위를 의미한다.

③ 지배인의 어떤 행위가 영업주의 영업에 관한 것인가의 여부는 지배인의 행위 당시의 주관적인 의사와는 관계없이 그 행위의 객관적 성질에 따라 추상적으로 판단되어야 한다.

④ 지배인의 행위가 영업에 관한 것으로서 대리권한 범위 내의 행위라 하더라도 영업주 본인의 이익이나 의사에 반하여 자기 또는 제3자의 이익을 도모할 목적으로 그 권한을 행사한 경우에 그 상대방이 지배인의 진의를 알았거나 알 수 있었을 때에는 민법 제107조 제1항 단서의 유추해석상 그 지배인의 행위에 대하여 영업주 본인은 아무런 책임을 지지 않는다고 보아야 한다.

⑤ 지배인이 내부적인 대리권제한규정에 위배하여 어음행위를 한 경우 이러한 대리권의 제한에 대항할 수 있는 제3자의 범위에는 그 지배인으로부터 직접 어음을 취득한 상대방에 한한다.

· ·

[❶▸○] 지배인은 영업주의 대외적인 영업거래에 대하여 정형적·획일적·포괄적인 대리권을 가지므로, 지배인이 영업주가 정한 대리권에 관한 제한 규정에 위반하여 한 행위에 대하여는 제3자가 위 대리권의 제한 사실을 알고 있었던 경우뿐만 아니라 알지 못한 데에 중대한 과실이 있는 경우에도 영업주는 그러한 사유를 들어 상대방에게 대항할 수 있고, 이러한 제3자의 악의 또는 중대한 과실에 대한 주장·입증책임은 영업주가 부담한다(대판 1997.8.26. 96다36753). 최근 판례도 같은 취지에서 "지배인이나 표현대표이사와 거래한 상대방은 과실이 있더라도 중과실이 아닌 한 보호받는다."고 판시하고 있다(대판 [전합] 2021.2.18. 2015다45451).

[**❷** ▸ O] 지배인은 영업주에 갈음하여 영업에 관한 재판상·재판 외의 모든 행위를 할 수 있는데(상법 제11조 제1항), 영업에 관한 행위란 영업의 목적이 되는 행위뿐 아니라 영업을 위하여 직·간접으로 필요한 행위를 의미하며, 이는 이윤획득을 목적으로 동종의 행위를 계속적·반복적으로 행하는 것을 말하므로, 영업성이란 영리성·계속성·반복성을 주요징표로 한다.

[**❸** ▸ O] 지배인은 영업주에 갈음하여 그 영업에 관한 재판상 또는 재판 외의 모든 행위를 할 수 있고, 지배인의 대리권에 대한 제한은 선의의 제3자에게 대항하지 못하며, 여기서 지배인의 어떤 행위가 영업주의 영업에 관한 것인가의 여부는 지배인의 행위 당시의 주관적인 의사와는 관계없이 그 행위의 객관적 성질에 따라 추상적으로 판단되어야 한다(대판 1997.8.26. 96다36753).

[**❹** ▸ O] 지배인의 행위가 영업에 관한 것으로서 대리권한 범위 내의 행위라 하더라도 영업주 본인의 이익이나 의사에 반하여 자기 또는 제3자의 이익을 도모할 목적으로 그 권한을 행사한 경우에 그 상대방이 지배인의 진의를 알았거나 알 수 있었을 때에는 민법 제107조 제1항 단서의 유추해석상 그 지배인의 행위에 대하여 영업주 본인은 아무런 책임을 지지 않는다고 보아야 하고, 그 상대방이 지배인의 표시의사가 진의 아님을 알았거나 알 수 있었는가의 여부는 표의자인 지배인과 상대방 사이에 있었던 의사표시 형성 과정과 그 내용 및 그로 인하여 나타나는 효과 등을 객관적인 사정에 따라 합리적으로 판단하여야 한다(대판 1999.3.9. 97다7721).

[**❺** ▸ ✕] 지배인이 내부적인 대리권 제한 규정에 위배하여 어음행위를 한 경우, 이러한 대리권의 제한에 대항할 수 있는 제3자의 범위에는 그 지배인으로부터 직접 어음을 취득한 상대방뿐만 아니라 그로부터 어음을 다시 배서양도받은 제3취득자도 포함된다(대판 1997.8.26. 96다36753).

답 ❺

05

상법상 지배인에 관한 다음 설명 중 옳은 것을 모두 고른 것은? 2024년 법무사시험 [문 26]

ㄱ. 지배인은 영업주에 갈음하여 그 영업에 관한 재판상 또는 재판 외의 모든 행위를 할 수 있는 상업사용인이다.

ㄴ. 상인은 수인의 지배인에게 공동으로 대리권을 행사하게 할 수 있다. 이 경우 지배인 1인에 대한 의사표시만으로도 영업주에 대하여 효력이 있다.

ㄷ. 본점 또는 지점의 본부장, 지점장, 그 밖에 지배인으로 인정될 만한 명칭을 사용하는 자는 본점 또는 지점의 지배인과 동일한 권한이 있는 것으로 본다. 이는 재판상 행위에 관하여도 마찬가지이다.

ㄹ. 지배인의 행위가 영업주의 영업에 관한 것인지는 지배인의 행위 당시 주관적 의사와 관계없이 그 행위의 객관적 성질에 따라 추상적으로 판단하여야 한다. 지배인이 영업주 명의로 한 어음행위는 객관적으로 영업에 관한 행위로서 지배인의 대리권의 범위에 속하는 행위이므로 지배인이 개인적 목적을 위하여 어음행위를 한 경우에도 그 행위의 효력은 영업주에게 미친다. 이러한 법리는 표현지배인의 경우에도 동일하게 적용할 수 있다.

ㅁ. 상법상 지배인에 관한 규정은 소상인에게 적용되지 않는다.

① ㄴ, ㄷ
② ㄷ, ㄹ
③ ㄱ, ㄹ, ㅁ
④ ㄱ, ㄴ, ㄷ, ㅁ
⑤ ㄱ, ㄴ, ㄹ, ㅁ

PART 1
PART 2
PART 3
PART 4
PART 5
PART 6
PART 7
PART 8

[ㄱ ▸ O] 지배인은 영업주에 갈음하여 그 영업에 관한 재판상 또는 재판 외의 모든 행위를 할 수 있다(상법 제11조 제1항).

[ㄴ ▸ O] 상법 제12조 제1항, 제2항

> **상법 제12조(공동지배인)**
> ① 상인은 수인의 지배인에게 공동으로 대리권을 행사하게 할 수 있다.
> ② 전항의 경우에 지배인 1인에 대한 의사표시는 영업주에 대하여 그 효력이 있다.

[ㄷ ▸ X] 본점 또는 지점의 본부장, 지점장, 그 밖에 지배인으로 인정될 만한 명칭을 사용하는 자는 본점 또는 지점의 지배인과 동일한 권한이 있는 것으로 본다. 다만, <u>재판상 행위에 관하여는 그러하지 아니하다</u>(상법 제14조 제1항).

[ㄹ ▸ O] 지배인의 행위가 영업주의 영업에 관한 것인가의 여부는 지배인의 행위 당시의 주관적인 의사와는 관계없이 그 행위의 객관적 성질에 따라 추상적으로 판단하여야 할 것인바, 지배인이 영업주 명의로 한 어음행위는 객관적으로 영업에 관한 행위로서 지배인의 대리권의 범위에 속하는 행위라 할 것이므로 지배인이 개인적 목적을 위하여 어음행위를 한 경우에도 그 행위의 효력은 영업주에게 미친다 할 것이고, 이러한 법리는 표현지배인의 경우에도 동일하다(대판 1998.8.21. 97다6704).

[ㅁ ▸ O] 지배인, 상호, 상업장부와 상업등기에 관한 규정은 소상인에게 적용하지 아니한다(상법 제9조).

 ❺

06
☐☐☐ **지배인에 관한 다음 설명 중 가장 옳지 않은 것은?** 2023년 법무사시험 [문 45]

① 지배인의 행위가 영업주의 영업에 관한 행위로 판단되는 경우에 지배인이 영업주가 정한 대리권에 관한 제한 규정에 위반하여 한 행위에 대하여는 제3자가 위 대리권의 제한 사실을 알고 있었던 경우뿐만 아니라 알지 못한 데에 중대한 과실이 있는 경우에도 영업주는 그러한 사유를 들어 상대방에게 대항할 수 있고, 이러한 제3자의 악의 또는 중대한 과실에 대한 주장·입증책임은 영업주가 부담한다.

② 지배인은 영업주에 갈음하여 그 영업에 관한 재판상 또는 재판 외의 모든 행위를 할 수 있고, 지배인의 대리권에 대한 제한은 선의의 제3자에게 대항하지 못하며, 여기서 지배인의 어떤 행위가 영업주의 영업에 관한 것인가의 여부는 지배인의 행위 당시의 주관적인 의사뿐만 아니라 그 행위의 객관적 성질을 함께 고려하여 판단해야 한다.

③ 지배인의 행위가 영업에 관한 것으로서 대리권한 범위 내의 행위라 하더라도 영업주 본인의 이익이나 의사에 반하여 자기 또는 제3자의 이익을 도모할 목적으로 그 권한을 행사한 경우에 그 상대방이 지배인의 진의를 알았거나 알 수 있었을 때에는 민법 제107조 제1항 단서의 유추해석상 그 지배인의 행위에 대하여 영업주 본인은 아무런 책임을 지지 않는다.

④ 지배인이 내부적인 대리권 제한 규정에 위배하여 어음행위를 한 경우, 이러한 대리권의 제한에 대항할 수 있는 제3자의 범위에는 그 지배인으로부터 직접 어음을 취득한 상대방뿐만 아니라 그로부터 어음을 다시 배서양도받은 제3취득자도 포함된다.

⑤ 부분적 포괄대리권을 가진 사용인의 경우에는 표현지배인에 관한 상법 제14조의 규정이 유추적용되지 않는다.

[**❶** ▸ ○] 지배인의 어떤 행위가 그 객관적 성질에 비추어 영업주의 영업에 관한 행위로 판단되는 경우에 지배인이 영업주가 정한 대리권에 관한 제한 규정에 위반하여 한 행위에 대하여는 제3자가 위 대리권의 제한 사실을 알고 있었던 경우뿐만 아니라 알지 못한 데에 중대한 과실이 있는 경우에도 영업주는 그러한 사유를 들어 상대방에게 대항할 수 있고, 이러한 제3자의 악의 또는 중대한 과실에 대한 주장·입증책임은 영업주가 부담한다(대판 1997.8.26. 96다36753).

[**❷** ▸ ×] 지배인은 영업주에 갈음하여 그 영업에 관한 재판상 또는 재판 외의 모든 행위를 할 수 있고, 지배인의 대리권에 대한 제한은 선의의 제3자에게 대항하지 못하며, 여기서 지배인의 어떤 행위가 영업주의 영업에 관한 것인가의 여부는 지배인의 행위 당시의 주관적인 의사와는 관계없이 그 행위의 객관적 성질에 따라 추상적으로 판단되어야 한다(대판 1997.8.26. 96다36753).

[**❸** ▸ ○] 지배인의 행위가 영업에 관한 것으로서 대리권한 범위 내의 행위라 하더라도 영업주 본인의 이익이나 의사에 반하여 자기 또는 제3자의 이익을 도모할 목적으로 그 권한을 행사한 경우에 그 상대방이 지배인의 진의를 알았거나 알 수 있었을 때에는 민법 제107조 제1항 단서의 유추해석상 그 지배인의 행위에 대하여 영업주 본인은 아무런 책임을 지지 않는다(대판 1999.3.9. 97다7721).

[**❹** ▸ ○] 지배인이 내부적인 대리권 제한 규정에 위배하여 어음행위를 한 경우, 이러한 대리권의 제한에 대항할 수 있는 제3자의 범위에는 그 지배인으로부터 직접 어음을 취득한 상대방뿐만 아니라 그로부터 어음을 다시 배서양도받은 제3취득자도 포함된다(대판 1997.8.26. 96다36753).

[**❺** ▸ ○] 부분적 포괄대리권을 가진 사용인의 경우에는 상법은 그러한 사용인으로 오인될 만한 유사한 명칭에 대한 거래 상대방의 신뢰를 보호하는 취지의 규정을 따로 두지 않고 있는바, 그 대리권에 관하여 지배인과 같은 정도의 획일성, 정형성이 인정되지 않는 부분적 포괄대리권을 가진 사용인들에 대해서까지 그 표현적 명칭의 사용에 대한 거래 상대방의 신뢰를 무조건적으로 보호한다는 것은 오히려 영업주의 책임을 지나치게 확대하는 것이 될 우려가 있으며, 부분적 포괄대리권을 가진 사용인에 해당하지 않는 사용인이 그러한 사용인과 유사한 명칭을 사용하여 법률행위를 한 경우 그 거래 상대방은 민법 제125조의 표현대리나 민법 제756조의 사용자책임 등의 규정에 의하여 보호될 수 있다고 할 것이므로, 부분적 포괄대리권을 가진 사용인의 경우에도 표현지배인에 관한 상법 제14조의 규정이 유추적용되어야 한다고 할 수는 없다(대판 2007.8.23. 2007다23425).

 ❷

부분적 포괄대리권을 가진 사용인에 관한 다음 설명 중 가장 옳지 않은 것은?

① 일반적으로 건설회사의 현장소장에게는 회사의 부담으로 될 채무보증 또는 채무인수 등과 같은 행위를 할 권한이나 회사가 공사와 관련하여 거래상대방에 대하여 취득한 채권을 대가 없이 일방적으로 포기할 권한이 회사로부터 위임되어 있다고 볼 수 없다.

② 부분적 포괄대리권을 가진 상업사용인이 특정된 영업이나 특정된 사항에 속하지 아니하는 행위를 한 경우, 영업주가 책임을 지기 위하여는 민법상의 표현대리의 법리에 의하여 그 상업사용인과 거래한 상대방이 그 상업사용인에게 그 권한이 있다고 믿을 만한 정당한 이유가 있어야 한다.

③ 상무이사는 주식회사의 기관에 해당하므로 상법 제15조 소정의 부분적 포괄대리권을 가지는 그 회사의 사용인을 겸임할 수 없다.

④ 일반적으로 주식회사의 경리부장은 경상자금의 수입과 지출, 은행거래, 경리장부의 작성 및 관리 등 경리사무 일체에 관하여 그 권한을 위임받은 것으로 봄이 타당하고, 특별한 사정이 없는 한 독자적인 자금차용은 회사로부터 위임되어 있지 않다고 보아야 할 것이므로 경리부장에게 자금차용에 관한 상법 제15조의 부분적 포괄대리권이 있다고 할 수 없다.

⑤ 부분적 포괄대리권을 가진 상업사용인이 그 범위 내에서 한 행위는 설사 상업사용인이 영업주 본인의 이익이나 의사에 반하여 자기 또는 제3자의 이익을 도모할 목적으로 그 권한을 남용한 것이라 할지라도 일단 영업주 본인의 행위로서 유효하나, 그 행위의 상대방이 상업사용인의 진의를 알았거나 알 수 있었을 때에는 민법 제107조 제1항 단서의 유추해석상 그 행위에 대하여 영업주 본인에 대하여 무효가 된다.

⋯⋯

[❶ ▸ O] 건설회사 현장소장은 일반적으로 특정된 건설현장에서 공사의 시공과 관련된 업무만을 담당하는 자이어서 특별한 사정이 없는 한 상법 제15조 소정의 영업의 특정한 종류 또는 특정한 사항에 대한 위임을 받은 사용인으로서 그 업무에 관한 부분적 포괄대리권만을 가지고 있다고 봄이 상당하고, 일반적으로 건설회사의 현장소장에게는 회사의 부담으로 될 채무보증 또는 채무인수 등과 같은 행위를 할 권한이나 회사가 공사와 관련하여 거래상대방에 대하여 취득한 채권을 대가 없이 일방적으로 포기할 권한이 회사로부터 위임되어 있다고 볼 수 없다(대판 2013.2.28. 2011다79838).

[❷ ▸ O] 부분적 포괄대리권을 가진 상업사용인이 특정된 영업이나 특정된 사항에 속하지 아니하는 행위를 한 경우, 영업주가 책임을 지기 위하여는 민법상의 표현대리의 법리에 의하여 그 상업사용인과 거래한 상대방이 그 상업사용인에게 그 권한이 있다고 믿을 만한 정당한 이유가 있어야 한다(대판 2006.6.15. 2006다13117).

[❸ ▸ ✕] 주식회사의 기관인 상무이사라 하더라도 상법 제15조 소정의 부분적 포괄대리권을 가지는 그 회사의 사용인을 겸임할 수 있다(대판 1996.8.23. 95다39472).

[❹ ▸ O] 일반적으로 주식회사의 경리부장은 경상자금의 수입과 지출, 은행거래, 경리장부의 작성 및 관리 등 경리사무 일체에 관하여 그 권한을 위임받은 것으로 봄이 타당하고 그 지위나 직책, 회사에 미치는 영향, 특히 회사의 자금차입을 위하여 이사회의 결의를 요하는 등의 사정에 비추어 보면 특별한 사정이 없는 한 독자적인 자금차용은 회사로부터 위임되어 있지 않다고 보아야 할 것이므로 경리부장에게 자금차용에 관한 상법 제15조의 부분적 포괄대리권이 있다고 할 수 없다(대판 1990.1.23. 88다카3250).

[❺ ▸ O] 부분적 포괄대리권을 가진 상업사용인이 그 범위 내에서 한 행위는 설사 상업사용인이 영업주 본인의 이익이나 의사에 반하여 자기 또는 제3자의 이익을 도모할 목적으로 그 권한을 남용한 것이라 할지라도 일단 영업주 본인의 행위로서 유효하나, 그 행위의 상대방이 상업사용인의 진의를 알았거나 알 수 있었을 때에는 민법 제107조 제1항 단서의 유추해석상 그 행위에 대하여 영업주 본인에 대하여 무효가 되고, 그 상대방이 상업사용인의 표시된 의사가 진의 아님을 알았거나 알 수 있었는가의 여부는

표의자인 상업사용인과 상대방 사이에 있었던 의사표시 형성 과정과 그 내용 및 그로 인하여 나타나는 효과 등을 객관적인 사정에 따라 합리적으로 판단하여야 한다(대판 2008.7.10. 2006다43767).

답 ❸

상법상 상업사용인에 관한 다음 설명 중 가장 옳지 않은 것은? <u>2021년 법무사시험 [문 48]</u>

① 지배인은 영업주에 갈음하여 그 영업에 관한 재판상 또는 재판 외의 모든 행위를 할 수 있다.
② 지배인이 영업주가 정한 대리권에 관한 제한규정에 위반하여 한 행위에 대하여는 제3자가 위 대리권 제한사실을 알고 있었던 경우뿐만 아니라 알지 못한 데에 중대한 과실이 있는 경우에도 영업주는 그러한 사유를 들어 상대방에게 대항할 수 있다.
③ 상인은 수인의 지배인에게 공동으로 대리권을 행사하게 할 수 있는데, 이는 등기사항에는 해당하지 않는다.
④ 표현지배인은 본점 또는 지점의 본부장, 지점장, 그 밖에 지배인으로 인정될 만한 명칭을 사용하는 자를 말하므로, 지점차장이라는 명칭을 사용하는 자는 표현지배인이라고 볼 수 없다.
⑤ 부분적 포괄대리권을 가진 상업사용인이 특정된 영업이나 특정된 사항에 속하지 아니하는 행위를 한 경우, 영업주가 책임을 지기 위하여는 민법상의 표현대리의 법리에 의하여 그 상업사용인과 거래한 상대방이 그 상업사용인에게 그 권한이 있다고 믿을 만한 정당한 이유가 있어야 한다.

⋯⋯⋯

[❶ ▸ ○] 지배인은 영업주에 갈음하여 그 영업에 관한 재판상 또는 재판 외의 모든 행위를 할 수 있다(상법 제11조 제1항).
[❷ ▸ ○] 지배인의 어떤 행위가 그 객관적 성질에 비추어 영업주의 영업에 관한 행위로 판단되는 경우에 지배인이 영업주가 정한 대리권에 관한 제한 규정에 위반하여 한 행위에 대하여는 제3자가 위 대리권의 제한 사실을 알고 있었던 경우뿐만 아니라 알지 못한 데에 중대한 과실이 있는 경우에도 영업주는 그러한 사유를 들어 상대방에게 대항할 수 있고, 이러한 제3자의 악의 또는 중대한 과실에 대한 주장ㆍ입증책임은 영업주가 부담한다(대판 1997.8.26. 96다36753).
[❸ ▸ ×] 상법 제13조

> **상법 제12조(공동지배인)**
> ① 상인은 수인의 지배인에게 공동으로 대리권을 행사하게 할 수 있다.
>
> **상법 제13조(지배인의 등기)**
> 상인은 지배인의 선임과 그 대리권의 소멸에 관하여 영업소(회사의 경우 본점을 말한다)의 소재지에서 <u>등기하여야 한다</u>. 제12조 제1항에서 규정한 사항을 등기하는 경우와 그 사항을 변경하는 경우에도 같다.

[❹ ▸ ○] 지점차장이라는 명칭은 그 명칭 자체로서 상위직의 사용인의 존재를 추측할 수 있게 하는 것이므로 상법 제14조 제1항 소정의 영업주임 기타 이에 유사한 명칭을 가진 사용인을 표시하는 것이라고 할 수 없고, 따라서 표현지배인이 아니다(대판 1993.12.10. 93다36974).
[❺ ▸ ○] 부분적 포괄대리권을 가진 상업사용인이 특정된 영업이나 특정된 사항에 속하지 아니하는 행위를 한 경우, 영업주가 책임을 지기 위하여는 민법상의 표현대리의 법리에 의하여 그 상업사용인과 거래한 상대방이 그 상업사용인에게 그 권한이 있다고 믿을 만한 정당한 이유가 있어야 한다(대판 2006.6.15. 2006다13117).

답 ❸

PART 1

PART 2

PART 3

PART 4

PART 5

PART 6

PART 7

PART 8

제3장 / 기업의 물적 요소

09 상법상 상호에 관한 다음 설명 중 가장 옳지 않은 것은? 　　**2025년 법무사시험 [문 32]**

① 상법 제25조 제1항은 "상호는 영업을 폐지하거나 영업과 함께 하는 경우에 한하여 이를 양도할 수 있다."고 규정하고 있어 영업과 분리하여 상호만을 양도할 수 있는 것은 영업의 폐지의 경우에 한하여 인정되는데, 이는 양도인의 영업과 양수인의 영업과의 사이에 혼동을 일으키지 않고 또 폐업하는 상인이 상호를 재산적 가치물로서 처분할 수 있도록 하기 위한 것이다.

② 상법 제25조 제1항의 '영업의 폐지'라 함은 정식으로 영업폐지에 필요한 행정절차를 밟아 폐업하는 경우에 한하고, 사실상 폐업한 경우에는 언제든지 다시 영업을 재개할 수 있으므로 이에 해당하지 않는다.

③ 상법 제23조 제1항은 "누구든지 부정한 목적으로 타인의 영업으로 오인할 수 있는 상호를 사용하지 못한다."고 규정하고 있는데, 위 규정의 취지는 일반거래시장에서 상호에 관한 공중의 오인·혼동을 방지하여 이에 대한 신뢰를 보호함과 아울러 상호권자가 타인의 상호와 구별되는 상호를 사용할 수 있는 이익을 보호하는 데 있다.

④ 상법 제23조 제1항에 규정된 '부정한 목적'이란 어느 명칭을 자기의 상호로 사용함으로써 일반인으로 하여금 자기의 영업을 명칭에 의하여 표시된 타인의 영업으로 오인하게 하여 부당한 이익을 얻으려 하거나 타인에게 손해를 가하려고 하는 등의 부정한 의도를 말하고, 부정한 목적이 있는지는 상인의 명성이나 신용, 영업의 종류·규모·방법, 상호 사용의 경위 등 여러 가지 사정을 종합하여 판단하여야 한다.

⑤ 상법 제23조 제1항의 입법 취지에 비추어 볼 때 어떤 상호가 '타인의 영업으로 오인할 수 있는 상호'에 해당하는지를 판단할 때에는 양 상호 전체를 비교 관찰하여 각 영업의 성질이나 내용, 영업 방법, 수요자층 등에서 서로 밀접한 관련을 가지고 있는 경우로서 일반인이 양 업무의 주체가 서로 관련이 있는 것으로 생각하거나 또는 타인의 상호가 현저하게 널리 알려져 있어 일반인으로부터 기업의 명성으로 견고한 신뢰를 획득한 경우에 해당하는지를 종합적으로 고려하여야 한다.

....

[❶▸O] [❷▸✗] 　상법 제25조 제1항은 상호는 영업을 폐지하거나 영업과 함께 하는 경우에 한하여 이를 양도할 수 있다고 규정하고 있어 영업과 분리하여 상호만을 양도할 수 있는 것은 영업의 폐지의 경우에 한하여 인정되는데 이는 양도인의 영업과 양수인의 영업과의 사이에 혼동을 일으키지 않고 또 폐업하는 상인이 상호를 재산적 가치물로서 처분할 수 있도록 하기 위한 것인 점에 비추어 위 법조항에 규정된 영업의 폐지라 함은 정식으로 영업폐지에 필요한 행정절차를 밟아 폐업하는 경우에 한하지 아니하고 사실상 폐업한 경우도 이에 해당한다(대판 1988.1.19. 87다카1295).

[❸ ▸ ○] [❹ ▸ ○] [❺ ▸ ○] 상법 제23조 제1항은 "누구든지 부정한 목적으로 타인의 영업으로 오인할 수 있는 상호를 사용하지 못한다."라고 규정하고 있는데, 위 규정의 취지는 일반거래시장에서 상호에 관한 공중의 오인·혼동을 방지하여 이에 대한 신뢰를 보호함과 아울러 상호권자가 타인의 상호와 구별되는 상호를 사용할 수 있는 이익을 보호하는 데 있다. 위와 같은 입법 취지에 비추어 볼 때 어떤 상호가 '타인의 영업으로 오인할 수 있는 상호'에 해당하는지를 판단할 때에는 양 상호 전체를 비교 관찰하여 각 영업의 성질이나 내용, 영업 방법, 수요자층 등에서 서로 밀접한 관련을 가지고 있는 경우로서 일반인이 양 업무의 주체가 서로 관련이 있는 것으로 생각하거나 또는 타인의 상호가 현저하게 널리 알려져 있어 일반인으로부터 기업의 명성으로 견고한 신뢰를 획득한 경우에 해당하는지를 종합적으로 고려하여야 한다. 또한 위 조항에 규정된 '부정한 목적'이란 어느 명칭을 자기의 상호로 사용함으로써 일반인으로 하여금 자기의 영업을 명칭에 의하여 표시된 타인의 영업으로 오인하게 하여 부당한 이익을 얻으려 하거나 타인에게 손해를 가하려고 하는 등의 부정한 의도를 말하고, 부정한 목적이 있는지는 상인의 명성이나 신용, 영업의 종류·규모·방법, 상호 사용의 경위 등 여러 가지 사정을 종합하여 판단하여야 한다(대판 2016.1.28. 2013다76635).

답 ❷

10 ☐☐☐   상법상 명의대여에 관한 다음 설명 중 가장 옳지 않은 것은?   2025년 법무사시험 [문 49]

① 상법 제24조의 명의대여자의 책임규정은 거래상의 외관보호와 금반언의 원칙을 표현한 것으로, 명의대여자가 영업주로서 자기의 성명이나 상호를 사용하는 것을 허락했을 때에는 명의차용자가 그것을 사용하여 법률행위를 함으로써 지게 된 거래상의 채무에 대하여 변제의 책임이 있다는 것을 밝히고 있으므로 여기에 근거한 명의대여자의 책임은 명의의 사용을 허락받은 자가 피용자를 고용하여 영업한 경우 그 피용자의 행위에 대해서까지 미친다.

② 일반거래에 있어서 실질적인 법률관계는 대리상, 특약점 또는 위탁매매업 등이면서도 두루 대리점이란 명칭으로 통용되고 있는 데다가 타인의 상호 아래 대리점이란 명칭을 붙인 경우는 그 아래 지점, 영업소, 출장소 등을 붙인 경우와는 달리 타인의 영업을 종속적으로 표시하는 부가부분이라고 보기도 어렵기 때문에 제3자가 자기의 상호 아래 내리점이란 명칭을 붙여 사용하는 것을 허락하거나 묵인하였더라도 상법상 명의대여자로서의 책임을 물을 수는 없다.

③ 상법 제24조에 의한 명의대여자와 명의차용자의 책임은 동일한 경제적 목적을 가진 채무로서 서로 중첩되는 부분에 관하여 일방의 채무가 변제 등으로 소멸하면 타방의 채무도 소멸하는 이른바 부진정연대의 관계에 있다. 이와 같은 부진정연대채무에서는 채무자 1인에 대한 이행청구 또는 채무자 1인이 행한 채무의 승인 등 소멸시효의 중단사유나 시효이익의 포기가 다른 채무자에게 효력을 미치지 아니한다.

④ 상법 제24조는 타인에게 명의를 대여하여 영업을 하게 한 경우 그 명의대여자가 영업주인 줄로 알고 거래한 선의의 제3자를 보호하기 위하여 그 거래로 인하여 발생한 명의차용자의 채무에 대하여는 그 외관을 만드는 데에 원인을 제공한 명의대여자에게도 명의차용자와 같이 변제책임을 지우자는 것으로서 그 명의대여자가 상인이 아니거나, 명의차용자의 영업이 상행위가 아니라 하더라도 위 법리를 적용하는 데에 아무런 영향이 없다.

⑤ 영업주가 자기의 상점, 전화, 창고 등을 타인에게 사용하게 한 사실은 있으나 그 타인과 원고와의 거래를 위하여 영업주의 상호를 사용한 사실이 없는 경우에는 영업주가 자기의 상호를 타인에게 묵시적으로 대여하여 원고가 그 타인을 영업주로 오인하여 거래하였다고 보기 어렵다.

[**❶** ▸ ✕] 상법 제24조의 명의대여자의 책임규정은 거래상의 외관보호와 금반언의 원칙을 표현한 것으로서 명의대여자가 영업주(여기의 영업주는 상법 제4조 소정의 상인보다는 넓은 개념이다)로서 자기의 성명이나 상호를 사용하는 것을 허락했을 때에는 명의차용자가 그것을 사용하여 법률행위를 함으로써 지게 된 거래상의 채무에 대하여 변제의 책임이 있다는 것을 밝히고 있는 것에 그치는 것이므로 여기에 근거한 명의대여자의 책임은 명의의 사용을 허락받은 자의 행위에 한하고 명의차용자의 피용자의 행위에 대해서까지 미칠 수는 없다(대판 1989.9.12. 88다카26390).

[**❷** ▸ ○] 일반거래에 있어서 실질적인 법률관계는 대리상, 특약점 또는 위탁매매업 등이면서도 두루 대리점이란 명칭으로 통용되고 있는 데다가 타인의 상호 아래 대리점이란 명칭을 붙인 경우는 그 아래 지점, 영업소, 출장소 등을 붙인 경우와는 달리 타인의 영업을 종속적으로 표시하는 부가부분이라고 보기도 어렵기 때문에 제3자가 자기의 상호 아래 대리점이란 명칭을 붙여 사용하는 것을 허락하거나 묵인하였더라도 상법상 명의대여자로서의 책임을 물을 수는 없다(대판 1989.10.10. 88다카8354).

[**❸** ▸ ○] 상법 제24조에 의한 명의대여자와 명의차용자의 책임은 동일한 경제적 목적을 가진 채무로서 서로 중첩되는 부분에 관하여 일방의 채무가 변제 등으로 소멸하면 타방의 채무도 소멸하는 이른바 부진정연대의 관계에 있다. 이와 같은 부진정연대채무에서는 채무자 1인에 대한 이행청구 또는 채무자 1인이 행한 채무의 승인 등 소멸시효의 중단사유나 시효이익의 포기가 다른 채무자에게 효력을 미치지 아니한다(대판 2011.4.14. 2010다91886).

[**❹** ▸ ○] 상법 제24조는 금반언의 법리 및 외관주의의 법리에 따라 타인에게 명의를 대여하여 영업을 하게 한 경우 그 명의대여자가 영업주인 줄로 알고 거래한 선의의 제3자를 보호하기 위하여 그 거래로 인하여 발생한 명의차용자의 채무에 대하여는 그 외관을 만드는 데에 원인을 제공한 명의대여자에게도 명의차용자와 같이 변제책임을 지우자는 것으로서 그 명의대여자가 상인이 아니거나, 명의차용자의 영업이 상행위가 아니라 하더라도 위 법리를 적용하는 데에 아무런 영향이 없다(대판 1987.3.24. 85다카2219).

[**❺** ▸ ○] 영업주가 자기의 상점, 전화, 창고등을 타인에게 사용하게 한 사실은 있으나 그 타인과 원고와의 거래를 위하여 영업주의 상호를 사용한 사실이 없는 경우에는 영업주가 자기의 상호를 타인에게 묵시적으로 대여하여 원고가 그 타인을 영업주로 오인하여 거래하였다고 단정하기에 미흡하다고 할 것이다(대판 1982.12.28. 82다카887).

 답 ❶

11

상법상 상호에 관한 다음 설명 중 가장 옳지 않은 것은?

① "타인이 등기한 상호는 동일한 특별시·광역시·시·군에서 동종영업의 상호로 등기하지 못한다"고 규정하고 있는 상법 제22조에 기하여 선등기자가 후등기자를 상대로 위 규정에 의하여 금지되는 상호등기의 말소청구의 소를 제기할 수 있다.

② 유한책임회사, 주식회사 또는 유한회사를 설립하고자 할 때 또는 회사의 상호와 목적을 변경하고자 할 때에는 본점의 소재지를 관할하는 등기소에 상호의 가등기를 신청할 수 있다.

③ 누구든지 부정한 목적으로 타인의 영업으로 오인할 수 있는 상호를 사용하지 못하므로, 이를 위반하여 상호를 사용하는 자가 있는 경우에 이로 인하여 손해를 받을 염려가 있는 자 또는 상호를 등기한 자는 그 폐지를 청구할 수 있고, 손해를 입은 자는 손해배상청구도 할 수 있다.

④ 동일한 특별시·광역시·시·군에서 동종영업으로 타인이 등기한 상호를 사용하는 자는 부정한 목적으로 사용하는 것으로 추정한다.

⑤ 상호는 영업을 폐지하거나 영업과 함께 하는 경우에 한하여 이를 양도할 수 있는데, 상호의 양도를 등기하지 않더라도 악의의 제3자에게는 대항할 수 있다.

....

[❶ ▶ ○] 상법 제22조의 규정은 동일한 특별시·광역시·시 또는 군 내에서는 동일한 영업을 위하여 타인이 등기한 상호 또는 확연히 구별할 수 없는 상호의 등기를 금지하는 효력과 함께 그와 같은 상호가 등기된 경우에는 선등기자가 후등기자를 상대로 그와 같은 등기의 말소를 소로써 청구할 수 있는 효력도 인정한 규정이라고 봄이 상당하다(대판 2004.3.26. 2001다72081).

[❷ ▶ ○] 상법 제22조의2 제1항, 제2항

> **상법 제22조의2(상호의 가등기)**
> ① 유한책임회사, 주식회사 또는 유한회사를 설립하고자 할 때에는 본점의 소재지를 관할하는 등기소에 상호의 가등기를 신청할 수 있다.
> ② 회사는 상호나 목적 또는 상호와 목적을 변경하고자 할 때에는 본점의 소재지를 관할하는 등기소에 상호의 가등기를 신청할 수 있다.

[❸ ▶ ○] [❹ ▶ ○] 상법 제23조

> **상법 제23조(주체를 오인시킬 상호의 사용금지)**
> ① 누구든지 부정한 목적으로 타인의 영업으로 오인할 수 있는 상호를 사용하지 못한다.
> ② 제1항의 규정에 위반하여 상호를 사용하는 자가 있는 경우에 이로 인하여 손해를 받을 염려가 있는 자 또는 상호를 등기한 자는 그 폐지를 청구할 수 있다.
> ③ 제2항의 규정은 손해배상의 청구에 영향을 미치지 아니한다.
> ④ 동일한 특별시·광역시·시·군에서 동종영업으로 타인이 등기한 상호를 사용하는 자는 부정한 목적으로 사용하는 것으로 추정한다.

[❺ ▶ ×] 상법 제37조 제1항의 상업등기의 일반적 효력으로서의 대항력과 달리 상호양도는 그 등기가 없으면 악의의 제3자에게도 대항하지 못한다.

> **상법 제25조(상호의 양도)**
> ① 상호는 영업을 폐지하거나 영업과 함께 하는 경우에 한하여 이를 양도할 수 있다.
> ② 상호의 양도는 등기하지 아니하면 제3자에게 대항하지 못한다.

🔖 **❺**

12

상법상 명의대여자의 책임에 관한 다음 설명 중 가장 옳지 않은 것은?

2021년 법무사시험 [문 49]

① 명의대여자와 명의차용자의 책임은 동일한 경제적 목적을 가진 채무로서 서로 중첩되는 부분에 관하여 일방의 채무가 변제 등으로 소멸하면 타방의 채무도 소멸하는 이른바 부진정연대의 관계에 있다.

② 불법행위의 경우 피해자가 명의대여자를 영업주로 오인하였다면 명의대여자는 그 신뢰관계를 이유로 명의대여자책임을 부담한다.

③ 명의대여자는 거래 상대방이 명의대여사실을 알았거나 모른 데 대하여 중대한 과실이 있는 때에는 명의대여자책임을 지지 아니하고, 이때 거래 상대방의 악의, 중과실에 대하여는 면책을 주장하는 명의대여자가 증명책임을 부담한다.

④ 명의대여자의 책임은 명의사용을 허락받은 자의 행위에 한하고 명의차용자의 피용자의 행위에 대해서까지 미칠 수는 없다.

⑤ 건설업 면허를 대여한 자는 그 면허를 대여받은 자가 그 면허를 사용하여 면허를 대여한 자의 명의로 하도급거래를 한 경우 면허를 대여한 자를 영업의 주체로 오인한 하수급인에 대하여 명의대여자책임을 질 수 있다.

....

[❶ ▸ O] 상법 제24조에 의한 명의대여자와 명의차용자의 책임은 동일한 경제적 목적을 가진 채무로서 서로 중첩되는 부분에 관하여 일방의 채무가 변제 등으로 소멸하면 타방의 채무도 소멸하는 이른바 부진정연대의 관계에 있다. 이와 같은 부진정연대채무에 서는 채무자 1인에 대한 이행청구 또는 채무자 1인이 행한 채무의 승인 등 소멸시효의 중단사유나 시효이익의 포기가 다른 채무자에게 효력을 미치지 아니한다(대판 2011.4.14. 2010다91886).

[❷ ▸ ✕] 상법 제24조 소정의 명의대여자책임은 명의차용인과 그 상대방의 거래행위에 의하여 생긴 채무에 관하여 명의대여자를 진실한 상대방으로 오인하고 그 신용·명의 등을 신뢰한 제3자를 보호하기 위한 것으로, <u>불법행위의 경우에는 설령 피해자가 명의대여자를 영업주로 오인하고 있었더라도 그와 같은 오인과 피해의 발생 사이에 아무런 인과관계가 없으므로, 이 경우 신뢰관계를 이유로 명의대여자에게 책임을 지워야 할 이유가 없다</u>(대판 1998.3.24. 97다55621).

[❸ ▸ O] 상법 제24조에서 규정한 명의대여자의 책임은 명의자를 사업주로 오인하여 거래한 제3자를 보호하기 위한 것이므로 거래 상대방이 명의대여사실을 알았거나 모른 데 대하여 중대한 과실이 있는 때에는 책임을 지지 않는바, 이때 거래의 상대방이 명의대여사실을 알았거나 모른 데 대한 중대한 과실이 있었는지 여부에 대하여는 면책을 주장하는 명의대여자가 입증책임을 부담한다(대판 2008.1.24. 2006다21330).

[❹ ▸ O] 상법 제24조의 명의대여자의 책임규정은 거래상의 외관보호와 금반언의 원칙을 표현한 것으로서 명의대여자가 영업주(여기의 영업주는 상법 제4조 소정의 상인보다는 넓은 개념이다)로서 자기의 성명이나 상호를 사용하는 것을 허락했을 때에는 명의차용자가 그것을 사용하여 법률행위를 함으로써 지게 된 거래상의 채무에 대하여 변제의 책임이 있다는 것을 밝히고 있는 것에 그치는 것이므로 여기에 근거한 명의대여자의 책임은 명의의 사용을 허락받은 자의 행위에 한하고 명의차용자의 피용자의 행위에 대해서까지 미칠 수는 없다(대판 1989.9.12. 88다카26390).

[**❺ ▸ ○**]   상법 제24조는 명의를 대여한 자를 영업의 주체로 오인하고 거래한 상대방의 이익을 보호하기 위한 규정으로서 이에 따르면 명의대여자는 명의차용자가 영업거래를 수행하는 과정에서 부담하는 채무를 연대하여 변제할 책임이 있다. 그리고 건설업 면허를 대여한 자는 자기의 성명 또는 상호를 사용하여 건설업을 할 것을 허락하였다고 할 것인데, 건설업에서는 공정에 따라 하도급거래를 수반하는 것이 일반적이어서 특별한 사정이 없는 한 건설업 면허를 대여받은 자가 그 면허를 사용하여 면허를 대여한 자의 명의로 하도급거래를 하는 것도 허락하였다고 봄이 상당하므로, 면허를 대여한 자를 영업의 주체로 오인한 하수급인에 대하여도 명의대여자로서의 책임을 지고, 면허를 대여받은 자를 대리 또는 대행한 자가 면허를 대여한 자의 명의로 하도급거래를 한 경우에도 마찬가지이다(대판 2008.10.23. 2008다46555).

답 ❷

제2절 상업장부

13
☐☐☐   상업장부와 상업등기에 관한 다음 설명 중 가장 옳지 않은 것은?   **2024년 법무사시험 [문 46]**

① 상인은 영업상의 재산 및 손익의 상황을 명백히 하기 위하여 회계장부 및 대차대조표를 작성하여야 하고, 그 작성에 관하여 상법에 규정한 것을 제외하고는 일반적으로 공정·타당한 회계관행에 의한다.

② 상인은 상업장부와 영업에 관한 중요서류를 10년간 보존하여야 하지만 전표 또는 이와 유사한 서류는 5년간 이를 보존하면 된다. 상업장부에 관한 보존기간의 기산점은 그 장부를 폐쇄한 날이다.

③ 상법에 따라 등기할 사항을 등기하지 아니하면 신의의 제3자에게 대항할 수 없다. 그 등기를 한 후라도 제3자가 정당한 사유로 인하여 이를 알지 못한 때에는 마찬가지이다.

④ 법인등기부에 이사 또는 감사로 등재되어 있더라도 정당한 절차에 의하여 선임된 적법한 이사 또는 감사로 추정되지 않는다.

⑤ 회사등기에는 공신력이 인정되지 않는다. 따라서 합자회사의 사원 지분등기가 불실등기인 경우 그 불실등기를 믿고 합자회사 사원의 지분을 양수하였다 하여 그 지분을 양수한 것으로는 될 수 없다.

. . . .

[**❶ ▸ ○**]   상법 제29조 제1항, 제2항

> **상법 제29조(상업장부의 종류·작성원칙)**
> ① 상인은 영업상의 재산 및 손익의 상황을 명백히 하기 위하여 회계장부 및 대차대조표를 작성하여야 한다.
> ② 상업장부의 작성에 관하여 이 법에 규정한 것을 제외하고는 일반적으로 공정·타당한 회계관행에 의한다.

[**❷** ▸ ○] 상법 제33조 제1항, 제2항

> **상법 제33조(상업장부등의 보존)**
> ① 상인은 10년간 상업장부와 영업에 관한 중요서류를 보존하여야 한다. 다만, 전표 또는 이와 유사한 서류는 5년간 이를 보존하여야 한다.
> ② 전항의 기간은 상업장부에 있어서는 그 폐쇄한 날로부터 기산한다.

[**❸** ▸ ○] 상법 제37조 제1항, 제2항

> **상법 제37조(등기의 효력)**
> ① 등기할 사항은 이를 등기하지 아니하면 선의의 제3자에게 대항하지 못한다.
> ② 등기한 후라도 제3자가 정당한 사유로 인하여 이를 알지 못한 때에는 제1항과 같다.

[**❹** ▸ ✕] 법인등기부에 이사 또는 감사로 등재되어 있는 경우에는 특단의 사정이 없는 한 정당한 절차에 의하여 선임된 적법한 이사 또는 감사로 <u>추정된다</u>(대판 1983.12.27. 83다카331).
[**❺** ▸ ○] 회사등기에는 공신력이 인정되지 아니하므로, 합자회사의 사원 지분등기가 불실등기인 경우 그 불실등기를 믿고 합자회사 사원의 지분을 양수하였다 하여 그 지분을 양수한 것으로는 될 수 없다(대판 1996.10.29. 96다19321).

답 ❹

제3절 **상업등기**

14
□□□

상업등기의 효력에 관한 다음 설명 중 가장 옳지 않은 것은?　　2023년 법무사시험 [문 32]

① 등기신청권자가 스스로 등기를 하지 않았더라도 그의 책임 있는 사유로 등기가 이루어지는 데에 관여하거나 불실등기의 존재를 알고 있음에도 이를 시정하지 않고 방치하는 등 등기신청권자의 고의·과실로 불실등기를 한 것과 동일시할 수 있는 특별한 사정이 있는 경우에는, 등기신청권자에 대하여 상법 제39조에 의한 불실등기 책임을 물을 수 있다.
② 상업등기는 이미 존재하는 사실관계를 공시함으로써 대항력을 갖추게 하는 효력만 가질 뿐이고, 등기된 대로의 효력을 부여하는 공신력이 인정되지는 않는 것이 원칙이다.
③ 상법에 따라 등기할 사항은 등기하지 아니하면 선의의 제3자에게 대항하지 못하고, 등기한 후라도 제3자가 정당한 사유로 인하여 이를 알지 못한 때에는 대항할 수 없다.
④ 창설적 효력이 인정되는 회사 설립등기 및 해산등기도 선의의 제3자에게 대항하지 못하고, 제3자가 정당한 사유로 등기의 내용을 알지 못한 경우에도 주장할 수 없다.
⑤ 이사 선임의 주주총회결의에 대한 취소판결이 확정되어 그 결의가 소급하여 무효가 된다고 하더라도 그 선임 결의가 취소되는 대표이사와 거래한 상대방은 상법 제39조의 적용 내지 유추적용에 의하여 보호될 수 있다.

[**❶ ▸ O**] 등기신청권자에게 상법 제39조에 의한 불실등기 책임을 묻기 위해서는, 원칙적으로 등기가 등기신청권자에 의하여 고의·과실로 마쳐진 것임을 요하고, 주식회사의 경우 불실등기에 대한 고의·과실의 유무는 대표이사를 기준으로 판정하여야 하는 것이지만, 등기신청권자가 스스로 등기를 하지 아니하였다 하더라도 그의 책임 있는 사유로 등기가 이루어지는 데에 관여하거나 불실등기의 존재를 알고 있음에도 이를 시정하지 않고 방치하는 등 등기신청권자의 고의·과실로 불실등기를 한 것과 동일시할 수 있는 특별한 사정이 있는 경우에는, 등기신청권자에 대하여 상법 제39조에 의한 불실등기 책임을 물을 수 있다(대판 2011.7.28. 2010다70018).

[**❷ ▸ O**] 회사등기에는 공신력이 인정되지 아니하므로, 합자회사의 사원 지분등기가 불실등기인 경우 그 불실등기를 믿고 합자회사 사원의 지분을 양수하였다 하여 그 지분을 양수한 것으로는 될 수 없다(대판 1996.10.29. 96다19321). 즉, 상업등기는 일반적 효력으로 대항력이 인정되나 공신력은 인정되지 않는다.

[**❸ ▸ O**] 상법 제37조 제1항, 제2항

> **상법 제37조(등기의 효력)**
> ① 등기할 사항은 이를 등기하지 아니하면 선의의 제3자에게 대항하지 못한다.
> ② 등기한 후라도 제3자가 정당한 사유로 인하여 이를 알지 못한 때에는 제1항과 같다.

[**❹ ▸ ✕**] 상업등기의 일반적 효력은 회사의 설립등기나 회사의 합병등기와 같은 창설적 효력이 있는 등기에는 인정되지 않는다. 창설적 등기사항은 등기가 없으면 그 법률관계 자체가 효력을 발생하지 않는 것이지 법률관계는 존재하지만 이를 선의의 제3자에게 대항할 수 없음에 그치는 것이 아니다.

[**❺ ▸ O**] 이사 선임의 주주총회결의에 대한 취소판결이 확정되어 그 결의가 소급하여 무효가 된다고 하더라도 그 선임 결의가 취소되는 대표이사와 거래한 상대방은 상법 제39조의 적용 내지 유추적용에 의하여 보호될 수 있으며, 주식회사의 법인등기의 경우 회사는 대표자를 통하여 등기를 신청하지만 등기신청권자는 회사 자체이므로 취소되는 주주총회결의에 의하여 이사로 선임된 대표이사가 마친 이사 선임 등기는 상법 제39조의 부실등기에 해당된다(대판 2004.2.27. 2002다19797).

 답 ❹

15
☐☐☐

영업양도에 관한 다음 설명 중 가장 옳지 않은 것은?　　　　2025년 법무사시험 [문 36]

① 영업양도계약에서 경업금지에 관하여 정함이 없는 경우에도 영업양수인은 영업양도인에게 상법 제41조 제1항에 따라 경업금지청구권을 행사할 수 있다.

② 영업양도계약에서 경업금지청구권의 양도와 관련하여 특별한 정함이 없는 상태에서 양도된 영업이 다시 동일성을 유지한 채 전전양도되는 경우, 영업양수인의 경업금지청구권과 이에 관한 양도통지의 권한은 원칙적으로 그 뒤의 영업양수인에게 전전양도 및 전전이전되지 않는다.

③ 영업양도는 일정한 영업목적에 의하여 조직화된 업체, 즉 인적·물적 조직을 그 동일성은 유지하면서 일체로서 이전하는 것으로서 영업의 일부양도도 가능하다.

④ 회사가 기존 영위하던 사업 부문을 폐지함에 따라 근로자들 전부가 사직서를 제출하고 퇴직금을 정산, 수령하였고 그중 절반 정도의 근로자들은 다른 직장에 취업하였으며 나머지 절반 정도의 근로자들만이 폐지되는 사업 부분과 동일한 사업을 하고 있던 계열회사에 입사시험 없이 종전 수준의 임금을 지급받기로 하고 입사한 경우, 기존 회사는 그 사업 부문을 폐지한 것에 불과할 뿐, 두 회사 사이에 영업양도가 있었다고 볼 수 없다.

⑤ 영업재산의 일부를 유보한 채 영업시설을 양도했어도 그 양도한 부분만으로도 종래의 조직이 유지되어 있다고 사회관념상 인정되면 그것을 영업의 양도라 볼 수 있고, 이러한 영업양도는 반드시 영업양도 당사자 사이의 명시적 계약에 의하여야 하는 것은 아니며 묵시적 계약에 의하여도 가능하다.

....

[❶▸O] [❷▸X]　영업양도계약에서 경업금지에 관하여 정함이 없는 경우 영업양수인은 영업양도인에 대해 상법 제41조 제1항에 근거하여 경업금지청구권을 행사할 수 있고, 나아가 영업양도계약에서 경업금지청구권의 양도를 제한하는 등의 특별한 사정이 없다면 위와 같이 양도된 영업이 다시 동일성을 유지한 채 전전양도될 때 영업양수인의 경업금지청구권은 영업재산의 일부로서 영업과 함께 그 뒤의 영업양수인에게 전전양도되고, 그에 수반하여 지명채권인 경업금지청구권의 양도에 관한 통지권한도 전전이전된다고 보는 것이 타당하다(대판 2022.11.30. 2021다227629).

[❸▸O]　영업의 양도라 함은 일정한 영업목적에 의하여 조직화된 업체, 즉 인적·물적 조직을 그 동일성은 유지하면서 일체로서 이전하는 것으로서 영업의 일부만의 양도도 가능하고, 이러한 영업양도가 이루어진 경우에는 원칙적으로 해당 근로자들의 근로관계가 양수하는 기업에 포괄적으로 승계된다(대판 2005.6.9. 2002다70822).

[❹▸O]　갑 회사가 영위하던 사업 부문을 폐지함에 따라 근로자들 전부가 사직서를 제출하고 퇴직금을 정산, 수령하면서 그들의 선택에 따라 그 절반 정도는 대부분 그 사업 부문에 사용되던 장비 등을 불하받아 다른 직장에 취업하고 나머지 절반 정도의 근로자들은 폐지되는 사업 부분과 동일한 사업을 하고 있던 계열회사인 을 회사에 입사시험 없이 종전 수준의 임금을 지급받기로 하고 입사한 경우, 갑 회사는 그 사업 부문을 폐지한 것에 불과하고 을 회사가 이를 양수하기로 갑 회사와 사이에 합의한 것이거나 흡수통합한 것은 아니며, 을 회사가 그 사업 부문에 속한 근로자 등 인적 조직과 장비 등의 물적 시설을 그대로 인수하지 아니한 점에 비추어 을 회사가 갑 회사의 그 사업 부문을 그 동일성을 유지한 채 포괄적으로 이전 받은 것으로 볼 수도 없다(대판 1995.7.14. 94다20198).

[❺ ▸ ○]　영업재산의 일부를 유보한 채 영업시설을 양도했어도 그 양도한 부분만으로도 종래의 조직이 유지되어 있다고 사회관념상 인정되면 그것을 영업의 양도라 볼 수 있고, 이러한 영업양도는 반드시 영업양도 당사자 사이의 명시적 계약에 의하여야 하는 것은 아니며 묵시적 계약에 의하여도 가능하다 (대판 2009.1.15. 2007다17123).

답 ❷

16
▢▢▢

상법상 영업양도에 관한 다음 설명 중 가장 옳은 것은?　　2024년 법무사시험 [문 42]

① 영업양도는 일정한 영업목적에 의하여 조직화된 업체, 즉 인적·물적 조직을 그 동일성은 유지하면서 일체로서 이전하는 것으로서 영업의 일부만의 양도도 가능하다.
② 영업재산의 전부를 양도한 경우에 그 조직을 해체하여 양도했다 하더라도 영업의 양도로 볼 수 있다.
③ 영업양도가 이루어진 경우 별도의 특약이 있어야 해당 근로자들의 근로관계가 양수하는 기업에 포괄적으로 승계된다.
④ 영업을 양도한 경우에 다른 약정이 없으면 양도인은 5년간 동일한 특별시·광역시·시·군과 인접 특별시·광역시·시·군에서 동종영업을 하지 못한다.
⑤ 영업을 양도한 자가 동종영업을 하지 아니할 것을 약정한 때에는 동일한 특별시·광역시·시·군과 인접 특별시·광역시·시·군에 한하여 10년을 초과하지 아니한 범위 내에서 효력이 있다.

....

[❶ ▸ ○]　영업양도라 함은 일정한 영업목적에 의하여 조직화된 총체, 즉 인적, 물적 조직을 그 동일성을 유지하면서 일체로서 이전하는 것을 말하고, 영업의 일부만의 양도도 가능하지만 이 경우에도 해당 영업부문의 인적, 물적 조직이 그 동일성을 유지한 채 일체로서 이전되어야 한다(대판 1997.4.25. 96누19314).

[❷ ▸ ✕]　상법 제41조 소정의 영업의 양도란 영업목적을 위하여 조직화된 유기적 일체로서의 기능재산의 동일성이 유지된 일괄이전을 의미하는 것이고 영업의 동일성 여부는 일반사회관념에 의하여 결정되어져야 할 사실인정의 문제이기는 하지만, 영업재산의 전부를 양도했어도 그 조직을 해체하여 양도했다면 영업의 양도는 되지 않는 반면에 그 일부를 유보한 채 영업시설을 양도했어도 그 양도한 부분만으로도 종래의 조직이 유지되어 있다고 사회관념상 인정되기만 하면 그것을 영업의 양도라 하지 않을 수 없는 것이다(대판 1989.12.26. 88다카10128).

[❸ ▸ ✕]　영업의 양도라 함은 일정한 영업목적에 의하여 조직화된 업체, 즉 인적 물적 조직을 그 동일성은 유지하면서 일체로서 이전하는 것을 말하고 영업이 포괄적으로 양도되면 반대의 특약이 없는 한 양도인과 근로자 간의 근로관계도 원칙적으로 양수인에게 포괄적으로 승계된다(대판 1994.6.28. 93다33173).

[❹ ▸ ✕]　영업을 양도한 경우에 다른 약정이 없으면 양도인은 10년간 동일한 특별시·광역시·시·군과 인접 특별시·광역시·시·군에서 동종영업을 하지 못한다(상법 제41조 제1항).

[❺ ▸ ✕]　양도인이 동종영업을 하시 아니할 것을 약정한 때에는 동일한 특별시·광역시·시·군과 인접 특별시·광역시·시·군에 한하여 20년을 초과하지 아니한 범위 내에서 그 효력이 있다(상법 제41조 제2항).

답 ❶

상법상 영업양도인의 경업금지에 관한 다음 설명 중 가장 옳지 않은 것은?

① 영업양도인이 영업을 양도한 후에도 인근에서 동종영업을 한다면 영업양도는 유명무실해지고 영업양수인은 부당한 손실을 입게 되므로, 상법 제41조 제1항은 영업을 양도한 경우에 다른 약정이 없으면 영업양도인은 10년간 동일한 특별시·광역시·시·군과 인접 특별시·광역시·시·군에서 동종영업을 하지 못한다고 규정하고 있다.

② 경업이 금지되는 대상으로서의 동종 영업은 영업의 내용, 규모, 방식, 범위 등 여러 사정을 종합적으로 고려하여 볼 때 양도된 영업과 경쟁관계가 발생할 수 있는 영업을 의미한다고 보아야 한다.

③ 상인이 아닌 농업협동조합은 영업을 양도하더라도 경업금지의무를 부담하지 않는다.

④ 영업양도계약에서 경업금지청구권의 양도를 제한하는 등의 특별한 사정이 없다면 양도된 영업이 다시 동일성을 유지한 채 전전양도될 때 영업양수인의 경업금지청구권은 영업재산의 일부로서 영업과 함께 그 뒤의 영업양수인에게 전전양도되고, 그에 수반하여 지명채권인 경업금지청구권의 양도에 관한 통지권한도 전전이전된다.

⑤ 경업금지지역으로서의 동일 및 인접 특별시·광역시·시·군 지역은 영업양도인의 통상적인 영업활동이 이루어지던 지역을 기준으로 정할 것이 아니라 양도된 물적 설비가 있던 지역을 기준으로 정하여야 한다.

⸻

[**❶ ▸ O**] 영업양도인이 영업을 양도한 후에도 인근에서 동종영업을 한다면 영업양도는 유명무실해지고 영업양수인은 부당한 손실을 입게 되므로, 영업양도의 실효성을 높이고 영업양수인을 보호하기 위해서는 영업양도인의 경업을 제한할 필요가 있다. 상법 제41조 제1항은 이러한 취지에서 영업을 양도한 경우에 다른 약정이 없으면 영업양도인은 10년간 동일한 특별시·광역시·시·군과 인접 특별시·광역시·시·군에서 동종영업을 하지 못한다고 규정하고 있다(대판 2022.11.30. 2021다227629).

[**❷ ▸ O**] 상법 제41조 제1항은 다른 약정이 없으면 영업양도인이 10년간 동일한 특별시·광역시·시·군과 인접 특별시·광역시·시·군에서 양도한 영업과 동종인 영업을 하지 못한다고 규정하고 있다. 위 조문에서 양도 대상으로 규정한 영업은 일정한 영업 목적에 의하여 조직화되어 유기적 일체로서 기능하는 재산의 총체를 말하는데, 여기에는 유형·무형의 재산 일체가 포함된다. 영업양도인이 영업을 양도하고도 동종 영업을 하면 영업양수인의 이익이 침해되므로 상법은 영업양수인을 보호하기 위하여 영업양도인의 경업금지의무를 규정하고 있다. 위와 같은 상법의 취지를 고려하여 보면, 경업이 금지되는 대상으로서의 동종 영업은 영업의 내용, 규모, 방식, 범위 등 여러 사정을 종합적으로 고려하여 볼 때 양도된 영업과 경쟁관계가 발생할 수 있는 영업을 의미한다고 보아야 한다(대판 2015.9.10. 2014다80440).

[**❸ ▸ O**] 상법상의 영업양도에 관한 규정은 양도인이 상인이 아닌 경우에는 적용할 수 없고, 또 농업협동조합법 제5조 제2항에 의하면, 동 조합은 영리나 투기사업을 하지 못하게 되어 있으므로 동 조합을 상인이라 할 수 없고 따라서 동 조합이 도정공장을 양도하였다 하더라도 동 조합은 양수인에 대하여 상법 제41조에 의한 경업금지의무는 없다(대판 1969.3.25. 68다1560).

[**❹ ▸ O**] 영업이 동일성을 유지한 채 전전양도된 경우에도 최초 영업양도인이 인근에서 동종영업을 한다면 영업양도의 실효성이 크게 제한되어 영업양수인뿐만 아니라 전전 영업양수인들이 부당한 손실을 입게 되는 것은 마찬가지이므로, 최초 영업양도인과 전전 영업양수인들 사이에서도 위와 같은 상법 제41조 제1항의 취지가 참작되어야 한다. 그렇다면 영업양도계약에서 경업금지에 관하여 정함이 없는 경우 영업양수인은 영업양도인에 대해 상법 제41조 제1항에 근거하여 경업금지청구권을 행사할 수 있고, 나아가 영업양도계약에서 경업금지청구권의 양도를 제한하는 등의 특별한 사정이 없다면 위와 같이 양도된 영업이 다시 동일성을 유지한 채 전전양도될 때 영업양수인의 경업금지청구권은 영업재산의

일부로서 영업과 함께 그 뒤의 영업양수인에게 전전양도되고, 그에 수반하여 지명채권인 경업금지청구권의 양도에 관한 통지권한도 전전이전된다고 보는 것이 타당하다(대판 2022.11.30. 2021다227629).

[**❺** ▸ ×]　상법 제41조 제1항은 영업양도인의 경업금지의무를 규정하면서 경업금지지역을 동일한 특별시·광역시·시·군과 인접 특별시·광역시·시·군으로 규정하고 있다. 위 조문에서 양도 대상으로 규정한 영업은 일정한 영업 목적에 의하여 조직화되어 유기적 일체로서 기능하는 재산의 총체를 가리킨다는 점과 상법이 경업금지의무를 규정하고 있는 취지는 영업양수인을 보호하기 위한 것인 점을 고려하여 보면, <u>경업금지지역으로서의 동일 지역 또는 인접 지역은 양도된 물적 설비가 있던 지역을 기준으로 정할 것이 아니라 영업양도인의 통상적인 영업활동이 이루어지던 지역을 기준으로 정하여야 한다.</u> 이때 통상적인 영업활동인지 여부는 해당 영업의 내용, 규모, 방식, 범위 등 여러 사정을 종합적으로 고려하여 판단하여야 한다(대판 2015.9.10. 2014다80440).

답 ❺

18

상호를 속용하는 영업양수인의 책임에 관한 다음 설명 중 가장 옳지 않은 것은?

2022년 법무사시험 [문 21]

① 상법 제42조 제1항은 영업양수인이 양도인의 상호를 계속 사용하는 경우 양도인의 영업으로 인한 제3자의 채권에 대하여 양수인도 변제할 책임이 있다고 규정함으로써 양도인이 여전히 주채무자로서 채무를 부담하면서 양수인도 함께 변제책임을 지도록 하고 있는데, 영업양수인이 위 규정에 따라 책임지는 제3자의 채권은 영업양도 당시 발생한 채권과 영업양도 당시로 보아 가까운 장래에 발생될 것이 확실한 채권이다.

② 양수인에 의하여 속용되는 명칭이 상호 자체가 아닌 옥호 또는 영업표지인 때에도 그것이 영업주체를 나타내는 것으로 사용되는 경우에는 채권자가 영업주체의 교체나 채무인수 여부 등을 용이하게 알 수 없다는 점에서 일반적인 상호속용의 경우와 다를 바 없으므로, 양수인은 특별한 사정이 없는 한 상호를 속용하는 영업양수인의 책임을 정한 상법 제42조 제1항의 유추적용에 의하여 그 채무를 부담한다.

③ 채권자가 영업양도 무렵 채무인수 사실이 없음을 알지 못한 경우에는 특별한 사정이 없는 한 상호를 속용하는 영업양수인의 변제책임이 발생하고, 이후 채권자가 채무인수 사실이 없음을 알게 되었다고 하더라도 이미 발생한 영업양수인의 변제책임이 소멸하는 것은 아니다.

④ 영업임대차의 경우에 상호를 속용하는 영업양수인의 책임을 정한 상법 제42조 제1항을 유추적용할 수 없다.

⑤ 상법 제42조 제1항에 의하여 상호를 속용하는 영업양수인이 변제책임을 지는 양도인의 제3자에 대한 채무는 양도인의 영업으로 인한 채무로서 영업양도 전에 발생한 것이면 족하고, 반드시 영업양도 당시의 상호를 사용하는 동안 발생한 채무에 한하는 것은 아니다.

[**❶ ▸ ✕**] 상법 제42조 제1항은 영업양수인이 양도인의 상호를 계속 사용하는 경우 양도인의 영업으로 인한 제3자의 채권에 대하여 양수인도 변제할 책임이 있다고 규정함으로써 양도인이 여전히 주채무자로서 채무를 부담하면서 양수인도 함께 변제책임을 지도록 하고 있으나, 위 규정이 영업양수인이 양도인의 영업자금과 관련한 피보증인의 지위까지 승계하도록 한 것이라고 보기는 어렵고, 영업양수인이 위 규정에 따라 책임지는 제3자의 채권은 <u>영업양도 당시 채무의 변제기가 도래할 필요까지는 없다고 하더라도 그 당시까지 발생한 것이어야 하고, 영업양도 당시로 보아 가까운 장래에 발생될 것이 확실한 채권도 양수인이 책임져야 한다고 볼 수 없다</u>(대판 2020.2.6. 2019다270217).

[**❷ ▸ ○**] 상호를 속용하는 영업양수인의 책임을 정하고 있는 상법 제42조 제1항은, 일반적으로 영업상의 채권자의 채무자에 대한 신용은 채무자의 영업재산에 의하여 실질적으로 담보되어 있는 것이 대부분인데도 실제 영업의 양도가 이루어지면서 채무의 승계가 제외된 경우에는 영업상의 채권자의 채권이 영업재산과 분리되게 되어 채권자를 해치게 되는 일이 일어나므로 영업상의 채권자에게 채권추구의 기회를 상실시키는 것과 같은 영업양도의 방법, 즉 채무를 승계하지 않았음에도 불구하고 상호를 속용함으로써 영업양도의 사실이 대외적으로 판명되기 어려운 방법 또는 영업양도에도 불구하고 채무의 승계가 이루어지지 않은 사실이 대외적으로 판명되기 어려운 방법 등이 채용된 경우에 양수인에게도 변제의 책임을 지우기 위하여 마련된 규정이라고 해석된다. 따라서 양수인에 의하여 속용되는 명칭이 상호 자체가 아닌 옥호 또는 영업표지인 때에도 그것이 영업주체를 나타내는 것으로 사용되는 경우에는 영업상의 채권자가 영업주체의 교체나 채무승계 여부 등을 용이하게 알 수 없다는 점에서 일반적인 상호속용의 경우와 다를 바 없으므로, 양수인은 특별한 사정이 없는 한 상법 제42조 제1항의 유추적용에 의하여 그 채무를 부담한다(대판 2010.9.30. 2010다35138).

[**❸ ▸ ○**] 채권자 보호의 취지와 상법 제42조 제1항의 적용을 면하기 위하여 양수인의 책임 없음을 등기하거나 통지하는 경우에는 영업양도를 받은 후 지체 없이 하도록 규정한 상법 제42조 제2항의 취지를 종합하면, 채권자가 영업양도 당시 채무인수 사실이 없음을 알고 있었거나 그 무렵 알게 된 경우에는 영업양수인의 변제책임이 발생하지 않으나, 채권자가 영업양도 무렵 채무인수 사실이 없음을 알지 못한 경우에는 특별한 사정이 없는 한 상법 제42조 제1항에 따른 영업양수인의 변제책임이 발생하고, 이후 채권자가 채무인수 사실이 없음을 알게 되었다고 하더라도 이미 발생한 영업양수인의 변제책임이 소멸하는 것은 아니다(대판 2022.4.28. 2021다305659).

[**❹ ▸ ○**] 영업임대차의 경우에는 상법 제42조 제1항과 같은 법률규정이 없을 뿐만 아니라, 영업상의 채권자가 제공하는 신용에 대하여 실질적인 담보의 기능을 하는 영업재산의 소유권이 재고상품 등 일부를 제외하고는 모두 임대인에게 유보되어 있고 임차인은 사용·수익권만을 가질 뿐이어서 임차인에게 임대인의 채무에 대한 변제책임을 부담시키면서까지 임대인의 채권자를 보호할 필요가 있다고 보기 어렵다. 여기에 상법 제42조 제1항에 의하여 양수인이 부담하는 책임은 양수한 영업재산에 한정되지 아니하고 그의 전 재산에 미친다는 점 등을 더하여 보면, 영업임대차의 경우에 상법 제42조 제1항을 그대로 유추적용할 것은 아니다(대판 2016.8.24. 2014다9212).

[**❺ ▸ ○**] 상법 제42조 제1항에 의하여 상호를 속용하는 영업양수인이 변제책임을 지는 양도인의 제3자에 대한 채무는 양도인의 영업으로 인한 채무로서 영업양도 전에 발생한 것이면 족하고, 반드시 영업양도 당시의 상호를 사용하는 동안 발생한 채무에 한하는 것은 아니다(대판 2010.9.30. 2010다35138).

답 ❶

각 문항별로 회독수를 체크해 보세요. ☑☐☐

제1장   상행위법 통칙

제1절   **상사대리**

제2절   **상사유치권 · 유질계약**

01
☐☐☐
상법상 상사유치권(제58조) 또는 유질계약(제59조)에 관한 다음 설명 중 가장 옳지 않은 것은?
2024년 법무사시험 [문 40]

① 상행위로 인하여 생긴 채권을 담보하기 위한 질권설정계약에 대해서는 유질약정을 허용하고 있다.

② 상법은 유질약정이 체결된 경우 질권의 실행 방법이나 절차에 관하여는 아무런 규정을 두고 있지 않으므로, 유질약성이 포함된 실권설성계약이 체결된 경우 질권의 실행 방법이나 절차는 원칙적으로 질권설정계약에서 정한 바에 따라야 한다.

③ 상사유치권 배제의 특약은 묵시적 약정에 의해서도 가능하다.

④ 질권설정계약에 포함된 유질약정이 상법 제59조에 따라 유효하기 위해서는 질권설정자와 질권자 쌍방이 모두 상인이어야 한다.

⑤ 일방적 상행위로 생긴 채권을 담보하기 위한 질권에 대해서도 유질약정을 허용한 상법 제59조가 적용된다.

[**❶ ▶ ○**] [**❷ ▶ ○**]   상법 제59조는 "민법 제339조의 규정은 상행위로 인하여 생긴 채권을 담보하기 위하여 설정한 질권에는 적용하지 아니한다."라고 정함으로써 상행위로 인하여 생긴 채권을 담보하기 위한 질권설정계약에 대해서는 유질약정을 허용하고 있다. 다만 상법은 유질약정이 체결된 경우 질권의 실행 방법이나 절차에 관하여는 아무런 규정을 두고 있지 않으므로, 유질약정이 포함된 질권설정계약이 체결된 경우 질권의 실행 방법이나 절차는 원칙적으로 질권설정계약에서 정한 바에 따라야 한다(대판 2021.11.25. 2018다304007).

[**❸ ▶ ○**]   상법은 상인 간의 거래에서 신속하고 편리한 방법으로 담보를 취득하게 하기 위한 목적에서 민법상의 유치권과 별도로 상사유치권에 관한 규정을 두고 있다. 즉 상법 제58조 본문은 "상인 간의 상행위로 인한 채권이 변제기에 있는 때에는 채권자는 변제를 받을 때까지 그 채무자에 대한 상행위로 인하여 자기가 점유하고 있는 채무자 소유의 물건 또는 유가증권을 유치할 수 있다."고 규정하여 상사유치권을 인정하는 한편 같은 조 단서에서 "그러나 당사자 간에 다른 약정이 있으면 그러하지 아니하다."고 규정하여 상사유치권을 특약으로 배제할 수 있게 하였다. 이러한 상사유치권 배제의 특약은 묵시적 약정에 의해서도 가능하다(대판 2012.9.27. 2012다37176).

[**❹ ▶ ✕**]   질권설정계약에 포함된 유질약정이 상법 제59조에 따라 유효하기 위해서는 질권설정계약의 피담보채권이 상행위로 인하여 생긴 채권이면 충분하고, <u>질권설정자가 상인이어야 하는 것은 아니다</u>(대판 2017.7.18. 2017다207499).

[**❺ ▶ ○**]   상법 제3조는 "당사자 중 그 1인의 행위가 상행위인 때에는 전원에 대하여 본법을 적용한다."라고 정하고 있으므로, 일방적 상행위로 생긴 채권을 담보하기 위한 질권에 대해서도 유질약정을 허용한 상법 제59조가 적용된다(대판 2017.7.18. 2017다207499).

답 ❹

02
☐☐☐

상법 제58조의 상사유치권에 관한 다음 설명 중 가장 옳지 않은 것은?

2022년 법무사시험 [문 40]

① 상법 제58조의 상사유치권은 피담보채권인 '상인 간의 상행위로 인한 채권'이 변제기에 있어야 하나, 민사유치권과 달리 피담보채권이 '목적물에 관하여' 생긴 것일 필요는 없다.

② 상법 제58조의 상사유치권은 당사자 사이의 특약에 의하여 배제될 수 있다.

③ 상법 제58조의 상사유치권의 목적물은, 채무자에 대한 상행위로 인하여 자기가 점유하고 있는 물건 또는 유가증권인데, 채무자의 소유일 필요는 없다.

④ 채무자 소유의 부동산에 관하여 이미 선행저당권이 설정되어 있는 상태에서 상법 제58조 상사유치권이 성립한 경우, 상사유치권자는 선행저당권자 또는 선행저당권에 기한 임의경매절차에서 부동산을 취득한 매수인에 대한 관계에서는 그 상사유치권으로 대항할 수 없다.

⑤ 상법 제58조의 상사유치권은 계약에 의하여 설정되는 것이 아니라 법이 정하는 일정한 객관적 요건을 갖춤으로써 발생하는 이른바 법정담보물권이나, 신의성실의 원칙에 반한다고 평가되는 유치권제도 남용의 유치권 행사는 허용될 수 없다.

[**❶ ▶ ○**]　상법 제58조의 상사유치권이 성립하기 위해서는 피담보채권은 채권자와 채무자 쌍방에게 상행위가 되는 행위로 발생하여야 하고, 변제기가 도래하여야 하나, 피담보채권이 목적물에 관하여 생긴 것일 필요는 없다. 즉, 피담보채권과 유치권의 개별적 견련성은 요구되지 않는다. 이 점에서 민법상 유치권과 구별된다.

[**❷ ▶ ○**]　일반상사유치권은 당사자 간의 특약으로써 그 성립을 배제할 수 있다(상법 제58조 단서).

[**❸ ▶ ✕**]　상법 제58조의 상사유치권의 목적물은 채무자 소유이어야 한다.

> ### 상법 제58조(상사유치권)
> 상인 간의 상행위로 인한 채권이 변제기에 있는 때에는 채권자는 변제를 받을 때까지 그 채무자에 대한 상행위로 인하여 자기가 점유하고 있는 <u>채무자 소유의 물건 또는 유가증권</u>을 유치할 수 있다. 그러나 당사자 간에 다른 약정이 있으면 그러하지 아니하다.

[**❹ ▶ ○**]　채무자 소유의 부동산에 관하여 이미 선행저당권이 설정되어 있는 상태에서 채권자의 상사유치권이 성립한 경우, 상사유치권자는 채무자 및 그 이후 채무자로부터 부동산을 양수하거나 제한물권을 설정받는 자에 대해서는 대항할 수 있지만, 선행저당권자 또는 선행저당권에 기한 임의경매절차에서 부동산을 취득한 매수인에 대한 관계에서는 상사유치권으로 대항할 수 없다(대판 2013.2.28. 2010다57350).

[**❺ ▶ ○**]　<u>유치권은 목적물의 소유자와 채권자와의 사이의 계약에 의하여 설정되는 것이 아니라 법이 정하는 일정한 객관적 요건(민법 제320조 제1항, 상법 제58조, 제91조, 제111조, 제120조, 제147조 등 참조)을 갖춤으로써 발생하는 이른바 법정담보물권이다.</u> 법이 유치권제도를 마련하여 위와 같은 거래상의 부담을 감수하는 것은 유치권에 의하여 우선적으로 만족을 확보하여 주려는 그 피담보채권에 특별한 보호가치가 있다는 것에 바탕을 둔 것으로서, 그러한 보호가치는 예를 들어 민법 제320조 이하의 민사유치권의 경우에는 객관적으로 점유자의 채권과 그 목적물 사이에 특수한 관계(민법 제320조 제1항의 문언에 의하면 "그 물건에 관하여 생긴 채권"일 것, 즉 이른바 '물건과 채권과의 견련관계'가 있는 것)가 있는 것에서 인정된다. 나아가 상법 제58조에서 정하는 상사유치권은 단지 상인 간의 상행위에 기하여 채권을 가지는 사람이 채무자와의 상행위(그 상행위가 채권 발생의 원인이 된 상행위일 것이 요구되지 아니한다)에 기하여 채무자 소유의 물건을 점유하는 것만으로 바로 성립하는 것으로서, 피담보채권의 보호가치라는 측면에서 보면 위와 같이 목적물과 피담보채권 사이의 이른바 견련관계를 요구하는 민사유치권보다 그 인정범위가 현저하게 광범위하다. 이상과 같은 사정을 고려하여 보면, 유치권제도와 관련하여서는 <u>거래당시지가 유치권을 자신의 이익을 위하여 고의직으로 직출힘으로써 앞서 본 유치권의 최우선순위담보권으로서의 지위를 부당하게 이용하고 전체 담보권질서에 관한 법의 구상을 왜곡할 위험이 내재한다. 이러한 위험에 대처하여, 개별 사안의 구체적인 사정을 종합적으로 고려할 때 신의성실의 원칙에 반한다고 평가되는 유치권제도 남용의 유치권 행사는 이를 허용하여서는 안 될 것이다</u>(대판 2011.12.22. 2011다84298).

답

03 ☐☐☐   소멸시효에 관한 설명 중 가장 옳지 않은 것은?

① 甲이 乙에게 자신의 사업자명의를 사용하여 영업할 것을 허락하였고, 丙이 甲을 영업주로 오인하여 乙과 물품거래를 하였으며, 乙이 丙에게 물품대금 일부를 대물변제하였다면 乙의 시효중단 사유인 채무승인의 효력이 甲에게는 미치지 않는다.

② 채권자가 영업양도가 이루어진 뒤 영업양도인을 상대로 소를 제기하여 확정판결을 받았다면 그와 같은 소멸시효 중단이나 소멸시효 연장의 효과는 상호를 속용하는 영업양수인에게 미치지 않는다.

③ 창고업자인 甲이 선하증권이나 화물인도지시서와 상환하지 않고 임치물을 제3자에게 인도하였고, 임치물의 소유자인 乙이 甲에게 불법행위로 인한 손해배상을 청구하는 경우, 甲은 상법 제166조 제1항의 물건을 출고한 날로부터 1년의 소멸시효 항변을 할 수 있다.

④ 운송주선인이 자기 이름으로 운송계약을 체결한 경우 운송주선인에 대한 운송인의 채권은 1년의 단기소멸시효에 걸린다.

⑤ 기존회사가 채무를 면탈하기 위하여 기업의 형태·내용이 실질적으로 동일한 신설회사를 설립하여 기존회사의 채무면탈이라는 위법한 목적 달성을 위하여 회사제도를 남용한 것에 해당한다면, 기존 회사에 대한 소멸시효가 완성되지 않은 상태에서 신설회사가 기존회사와 별도로 자신에 대하여 소멸시효가 완성되었다고 주장하는 것은 허용될 수 없다.

⋯⋯

[❶ ▸ ○] 상법 제24조에 의한 명의대여자와 명의차용자의 책임은 동일한 경제적 목적을 가진 채무로서 서로 중첩되는 부분에 관하여 일방의 채무가 변제 등으로 소멸하면 타방의 채무도 소멸하는 이른바 부진정연대의 관계에 있다. 이와 같은 부진정연대채무에서는 채무자 1인에 대한 이행청구 또는 채무자 1인이 행한 채무의 승인 등 소멸시효의 중단사유나 시효이익의 포기가 다른 채무자에게 효력을 미치지 아니한다(대판 2011.4.14. 2010다91886).

[❷ ▸ ○] 영업양도인의 영업으로 인한 채무와 상호를 속용하는 영업양수인의 상법 제42조 제1항에 따른 채무는 같은 경제적 목적을 가진 채무로서 서로 중첩되는 부분에 관하여는 일방의 채무가 변제 등으로 소멸하면 다른 일방의 채무도 소멸하는 이른바 부진정연대의 관계에 있다. 따라서 채권자가 영업양도인을 상대로 소를 제기하여 확정판결을 받아 소멸시효가 중단되거나 소멸시효 기간이 연장된 뒤 영업양도가 이루어졌다면 그와 같은 소멸시효 중단이나 소멸시효 연장의 효과는 상호를 속용하는 영업양수인에게 미치지만, 채권자가 영업양도가 이루어진 뒤 영업양도인을 상대로 소를 제기하여 확정판결을 받았다면 영업양도인에 대한 관계에서 소멸시효가 중단되거나 소멸시효 기간이 연장된다고 하더라도 그와 같은 소멸시효 중단이나 소멸시효 연장의 효과는 상호를 속용하는 영업양수인에게 미치지 않는다(대판 2023.12.7. 2020다225138).

[❸ ▸ ✕]

• 해상운송화물은 선하증권과 상환으로 그 소지인에게 인도되어야 하는 것이고 선하증권 없이 화물이 적법하게 반출될 수는 없는 것이므로, 선하증권을 제출하지 못하여 운송인으로부터 화물인도지시서를 발급받지 못한 통지처의 요구에 따라 운송물을 인도하면 이 화물이 무단반출되어 선하증권의 소지인이 운송물을 인도받지 못하게 될 수 있음을 예견할 수 있음에도 불구하고, 보세장치장 설영자가 화물인도 지시서나 운송인의 동의를 받지 않고 화물을 인도함으로 말미암아 선하증권의 소지인이 입은 손해에 대하여 불법행위에 기한 손해배상책임을 진다고 할 것이다(대판 2000.11.14. 2000다30950).

- 상법 제166조 소정의 창고업자의 책임에 관한 단기소멸시효는 창고업자의 계약상대방인 임치인의 청구에만 적용되며 임치물이 타인 소유의 물건인 경우에 소유권자인 타인의 청구에는 적용되지 아니한다(대판 2004.2.13. 2001다75318).

[**❹** ▸ **○**] 운송주선인의 책임은 수하인이 운송물을 수령한 날로부터 1년을 경과하면 소멸시효가 완성한다(상법 제121조 제1항).

[**❺** ▸ **○**] 기존회사가 채무를 면탈하기 위하여 기업의 형태·내용이 실질적으로 동일한 신설회사를 설립하였다면, 신설회사의 설립은 기존회사의 채무면탈이라는 위법한 목적 달성을 위하여 회사제도를 남용한 것에 해당한다. 이러한 경우에 기존회사의 채권자에 대하여 위 두 회사가 별개의 법인격을 갖고 있음을 주장하는 것은 신의성실의 원칙상 허용될 수 없으므로, 기존회사의 채권자는 두 회사 어느 쪽에 대하여도 채무의 이행을 청구할 수 있다. 나아가 기존회사에 대한 소멸시효가 완성되지 않은 상태에서 신설회사가 기존회사와 별도로 자신에 대하여 소멸시효가 완성되었다고 주장하는 것 역시 별개의 법인격을 갖고 있음을 전제로 하는 것이어서 신의성실의 원칙상 허용될 수 없다(대판 2024.3.28. 2023다265700).

답 **❸**

---

04 □□□

① 단체협약에 기한 근로자의 유족들의 회사에 대한 위로금채권에는 5년의 상사소멸시효기간이 적용된다.
② 사용자가 근로계약에 수반되는 신의칙상의 부수적 의무인 보호의무를 위반하여 근로자에게 손해를 입힘으로써 발생한 근로자의 손해배상청구권은 특별한 사정이 없는 한 10년의 민사 소멸시효기간이 적용된다.
③ 한국전력공사와 다수의 전기수용가와 사이에 체결된 전기공급계약은 상법상 기본적 상행위에 해당하나 전기공급주체인 공법인은 상법이 적용되지 아니하므로, 전기공급계약에 근거한 위약금 지급채무는 10년의 민사 소멸시효기간이 적용된다.
④ 배당가능이익이 없는데도 이익의 배당이나 중간배당이 실시된 경우 회사나 채권자가 주주로부터 배당금을 회수하는 것은 회사의 자본충실을 도모하고 회사 채권자를 보호하는 데 필수적이므로, 위법배당에 따른 부당이득반환청구권은 10년의 민사 소멸시효기간이 적용된다.
⑤ 건설공사에 관한 도급계약이 상행위에 해당하는 경우 그 도급계약에 기한 수급인의 하자담보책임은 5년의 소멸시효기간이 적용된다.

....

[**❶** ▸ **○**] 근로계약이나 단체협약이 보조적 상행위에 해당하므로, 단체협약에 기한 근로자의 유족들의 회사에 대한 위로금채권에 5년의 상사소멸시효기간이 적용된다(대판 2006.4.27. 2006다1381).

[**❷** ▸ **○**] 상법 제64조의 상사시효제도는 대량, 정형, 신속이라는 상거래 관계 특유의 성질에 기인한 제도임을 고려하면, 상인이 그의 영업을 위하여 근로자와 체결하는 근로계약은 보조적 상행위에 해당한다고 하더라도, 근로자의 근로계약상의 주의의무 위반으로 인한 손해배상청구권은 상거래 관계에 있어서와 같이 정형적으로나 신속하게 해결할 필요가 있다고 볼 것은 아니므로 특별한 사정이 없는 한 5년의 상사소멸시효기간이 아니라 10년의 민사 소멸시효기간이 적용된다(대판 2005.11.10. 2004다22742).

[❸ ▸ ✕] 다수의 전기수용가와 사이에 체결되는 전기공급계약에 적용되는 약관 등에, 계약종별 외의 용도로 전기를 사용하면 그로 인한 전기요금 면탈금액의 2배에 해당하는 위약금을 부과한다고 되어 있지만, 그와 별도로 면탈한 전기요금 자체 또는 손해배상을 청구할 수 있도록 하는 규정은 없고 면탈금액에 대해서만 부가가치세 상당을 가산하도록 되어 있는 등의 사정이 있는 경우, 위 약관에 의한 위약금은 손해배상액의 예정과 위약벌의 성질을 함께 가지는 것으로 봄이 타당하다. 그리고 계약종별 위반으로 약관에 의하여 부담하는 위약금 지급채무는 전기의 공급에 따른 전기요금 채무 자체가 아니므로, 3년의 단기소멸시효가 적용되는 민법 제163조 제1호의 채권, 즉 '1년 이내의 기간으로 정한 금전의 지급을 목적으로 한 채권'에 해당하지 않는다. 그러나 '영업으로 하는 전기의 공급에 관한 행위'는 상법상 기본적 상행위에 해당하고(상법 제46조 제4호), <u>전기공급주체가 공법인인 경우에도 법령에 다른 규정이 없는 한 상법이 적용되므로(상법 제2조), 그러한 전기공급계약에 근거한 위약금 지급채무 역시 상행위로 인한 채권으로서 상법 제64조에 따라 5년의 소멸시효기간이 적용된다</u>(대판 2013.4.11. 2011다112032).

[❹ ▸ ○] 이익의 배당이나 중간배당은 회사가 획득한 이익을 내부적으로 주주에게 분배하는 행위로서 회사가 영업으로 또는 영업을 위하여 하는 상행위가 아니므로 배당금지급청구권은 상법 제64조가 적용되는 상행위로 인한 채권이라고 볼 수 없다. 이에 따라 위법배당에 따른 부당이득반환청구권 역시 근본적으로 상행위에 기초하여 발생한 것이라고 볼 수 없다. 특히 배당가능이익이 없는데도 이익의 배당이나 중간배당이 실시된 경우 회사나 채권자가 주주로부터 배당금을 회수하는 것은 회사의 자본충실을 도모하고 회사 채권자를 보호하는 데 필수적이므로, 회수를 위한 부당이득반환청구권 행사를 신속하게 확정할 필요성이 크다고 볼 수 없다. 따라서 위법배당에 따른 부당이득반환청구권은 민법 제162조 제1항이 적용되어 10년의 민사 소멸시효에 걸린다고 보아야 한다(대판 2021.6.24. 2020다208621).

[❺ ▸ ○] 건설공사에 관한 도급계약이 상행위에 해당하는 경우 그 도급계약에 기한 수급인의 하자담보책임은 상법 제64조 본문에 의하여 원칙적으로 5년의 소멸시효에 걸리는 것으로 보아야 한다(대판 2011.12.8. 2009다25111).

답 ❸

05
☐☐☐

상법상 상행위와 상사소멸시효에 관한 다음 설명 중 가장 옳지 않은 것은?
2021년 법무사시험 [문 41]

① 당사자 중 일방이 수인인 경우 그중 1인에게만 상행위가 되더라도 전원에 대하여 상사소멸시효가 적용된다.

② 상인이 영업을 위하여 하는 보조적 상행위에도 상사소멸시효가 적용된다.

③ 상인의 행위는 영업을 위하여 하는 것으로 추정되므로, 영업을 위하여 하는 것인지 아닌지 분명하지 않은 상인의 행위는 영업을 위하여 하는 것으로 추정된다.

④ 회사는 상행위를 하지 않더라도 상인으로 보기 때문에 회사 대표이사 개인이 회사의 운영자금으로 사용하려고 돈을 빌린 때에는 언제나 상행위로 본다.

⑤ 당사자 일방에 대하여만 상행위에 해당하는 행위로 인한 채권에도 상사소멸시효가 적용된다.

···

[❶ ▸ ○] 상법 제3조에 따라 당사자 중 1인의 행위가 상행위인 때에는 전원에 대하여 상법이 적용되므로, 당사자의 일방이 수인인 경우에 그중 1인에게만 상행위가 되더라도 전원에 대하여 상법이 적용된다고 해석된다(대판 2014.4.10. 2013다68207).

[❷ ▸ ○] [❺ ▸ ○] 당사자 쌍방에 대하여 모두 상행위가 되는 행위로 인한 채권뿐만 아니라 당사자 일방에 대하여만 상행위에 해당하는 행위로 인한 채권도 상법 제64조 소정의 5년의 소멸시효기간이 적용되는 상사채권에 해당하는 것이고, 그 상행위에는 상법 제46조 각 호에 해당하는 기본적 상행위뿐만 아니라, 상인이 영업을 위하여 하는 보조적 상행위도 포함된다(대판 1997.8.26. 97다9260).

[❸ ▸ ○] 상법 제47조 제1항은 "상인이 영업을 위하여 하는 행위는 상행위로 본다"고 규정하고 있고, 같은 조 제2항은 "상인의 행위는 영업을 위하여 하는 것으로 추정한다"고 규정하고 있으므로, 영업을 위하여 하는 것인지 아닌지가 분명치 아니한 상인의 행위는 영업을 위하여 하는 것으로 추정되고 그와 같은 추정을 번복하기 위해서는 그와 다른 반대사실을 주장하는 자가 이를 증명할 책임이 있다(대판 2008.12.11. 2006다54378).

[❹ ▸ ✕] 상인은 상행위로 인하여 생기는 권리·의무의 주체로서 상행위를 하는 것이고, 영업을 위하는 행위가 보조적 상행위로서 상법의 적용을 받기 위해서는 행위를 하는 자 스스로 상인 자격을 취득하는 것을 당연한 전제로 하며, 회사가 상법에 의해 상인으로 의제된다고 하더라도 회사의 기관인 대표이사 개인은 상인이 아니어서 비록 대표이사 개인이 회사 자금으로 사용하기 위해서 차용한다고 하더라도 상행위에 해당하지 아니하여 차용금채무를 상사채무로 볼 수 없다(대판 2015.3.26. 2014다70184).

답 ❹

제4절   다수당사자의 채권관계

06
□□□

상사채무의 연대성(상법 제57조)에 관한 다음 설명 중 가장 옳지 않은 것은?
2025년 법무사시험 [문 27]

① 상법 제57조 제1항은 상사거래에 있어서의 인적 담보를 강화하여 채무이행을 확실히 하고 거래의 안전을 도모함으로써 상거래의 원활을 기하려는 것으로 민법상 다수당사자 간의 채무이행에 있어서의 분할채무 원칙에 대한 특별규정이다. 여기에서 연대채무를 지우게 되는 행위는 수인이 그 1인 또는 전원에게 상행위가 되는 행위로 인하여 채무를 부담하는 경우이어야 한다.

② 피고들이 양말제조업을 공동으로 경영하며 원고로부터 계속적으로 원사구입을 하여 왔을 경우에 현재까지 지급하지 못한 외상대금이 남아 있다면 이는 피고들의 기본적 상행위로 인하여 부담하게 된 것이므로 피고들은 연대하여 원고에 대하여 채무를 변제할 책임이 있다.

③ 공동수급체의 구성원들이 상인인 경우 탈퇴한 조합원에 대하여 잔존 조합원들이 탈퇴 당시의 조합 재산상태에 따라 탈퇴 조합원의 지분을 환급할 의무는 구성원 전원의 상행위에 따라 부담한 채무로서 공동수급체의 구성원들인 잔존 조합원들은 연대하여 탈퇴한 조합원에게 지분환급의무를 이행할 책임이 있다.

④ 피고 甲과 피고 乙이 시멘트 등을 제조판매하는 원고로부터 물품을 구입하여 동업으로 도로포장 공사를 하되 피고 甲은 주로 원고에 대한 교섭과 사업자금을 제공하고 피고 乙은 물품의 구입과 납품 등 업무를 분담 종사한 경우에는 피고 甲과 피고 乙은 동업자로서 원고에 대하여 상법 제57조에 따른 상행위로 인하여 물품대금채무를 부담한 것이므로 연대하여 이를 변제할 책임이 있다.

⑤ 상가건물의 일부에서 숙박업을 하는 공유자들이 건물의 관리를 담당한 단체와 체결한 숙박사업장의 관리에 관한 계약은 내부적 관리업무의 일환에 따른 것이므로 상법 제57조 제1항에서 규정하는 상행위에 해당하기 어렵고 위 공유자들은 지분비율에 따른 액수만큼 개별적으로 관리비 지급의무를 부담한다.

[**❶ ▸ O**] 상법 제57조 제1항의 취의는 상사거래에 있어서의 인적 담보를 강화하여 채무이행을 확실히 하고 거래의 안전을 도모함으로써 상거래의 원활을 기하려는 것으로 민법상 다수당사자 간의 채무이행에 있어서의 분할채무 원칙에 대한 특별규정이라 할 것이므로 여기에서 연대채무를 지우게 되는 행위는 수인이 그 1인 또는 전원에게 상행위가 되는 행위로 인하여 채무를 부담하는 경우이어야 한다(대판 1987.6.23. 86다카633).

[**❷ ▸ O**] 피고들이 양말제조업을 공동으로 경영하며 원고로부터 계속적으로 원사구입을 하여 왔을 경우에 현재까지 지급하지 못한 외상대금이 남아 있다면 이는 피고들의 기본적 상행위로 인하여 부담하게 된 것이므로 피고들은 연대하여 원고에 대하여 이 채무를 변제할 책임이 있는 것이다(대판 1966.11.29. 66다1741).

[**❸ ▸ O**] 공동이행방식의 공동수급체는 민법상 조합의 성질을 가지는데, 조합의 채무는 조합원의 채무로서 특별한 사정이 없는 한 조합채권자는 각 조합원에 대하여 지분의 비율에 따라 또는 균일적으로 권리를 행사할 수 있지만, 조합채무가 조합원 전원을 위하여 상행위가 되는 행위로 인하여 부담하게 된 것이라면 상법 제57조 제1항을 적용하여 조합원들의 연대책임을 인정함이 타당하므로, 공동수급체의 구성원들이 상인인 경우 탈퇴한 조합원에 대하여 잔존 조합원들이 탈퇴 당시의 조합재산상태에 따라 탈퇴 조합원의 지분을 환급할 의무는 구성원 전원의 상행위에 따라 부담한 채무로서 공동수급체의 구성원들인 잔존 조합원들은 연대하여 탈퇴한 조합원에게 지분환급의무를 이행할 책임이 있다(대판 2016.7.14. 2015다233098).

[**❹ ▸ O**] "갑"과 "을"은 시멘트가공보도블록 등을 제조판매하는 "병" 회사로부터 물품을 구입하여 동업으로 "정"에 공사자재납품을 하는 사업 및 도로포장 공사를 하되 "갑"은 주로 "정"에 대한 교섭과 사업자금을 제공하고 "을"은 물품의 구입과 납품 및 금전출납 등 업무를 분담 종사한 경우에는 "갑"과 "을"은 동업자로서 "병"에 대하여 상법 제57조에 따른 상행위로 인하여 위 물품대금채무를 부담한 것이므로 연대하여 이를 변제할 책임이 있다(대판 1976.1.27. 75다1606). 판례의 취지를 고려할 때 피고 갑과 피고 을은 동업자로서 원고에 대하여 상법 제57조에 따른 상행위로 인하여 물품대금채무를 부담한 것이므로 연대하여 이를 변제할 책임이 있다.

[**❺ ▸ ✕**] 상가건물의 일부에서 숙박업을 하는 공유자들이 건물의 관리를 담당한 단체와 체결한 위 숙박사업장의 관리에 관한 계약은 상법 제57조 제1항에서 규정하는 <u>상행위에 해당하므로</u>, <u>위 공유자들은 연대하여 관리비 전액의 지급의무를 부담한다</u>(대판 2009.11.12. 2009다54034).

 답 ❺

제2장 / 상사매매

07
□□□

상인 간 매매에 관한 상법상 특칙에 관한 다음 설명 중 가장 옳지 않은 것은?

2023년 법무사시험 [문 27]

① 상인 간의 매매에서 매수인이 목적물의 수령을 거부하거나 이를 수령할 수 없는 때에는 매도인은 그 물건을 공탁하거나 상당한 기간을 정하여 최고한 후 경매할 수 있다. 다만, 매수인에 대하여 최고를 할 수 없거나 목적물이 멸실 또는 훼손될 염려가 있는 때에는 최고 없이 경매할 수 있다.

② 상법 제68조에 정한 상인 간의 확정기매매의 경우 당사자의 일방이 이행시기를 경과하면 상대방은 이행의 최고나 해제의 의사표시 없이 바로 해제의 효력을 주장할 수 있는바, 상인 간의 확정기매매인지 여부는 매매목적물의 가격 변동성, 매매계약을 체결한 목적 및 그러한 사정을 상대방이 알고 있었는지 여부, 매매대금의 결제 방법 등과 더불어 선적기간의 표기가 불가결하고 중요한 약관이 있는지 여부, 계약 당사자 사이에 종전에 계약이 체결되어 이행된 방식, 당해 매매계약에서의 구체적인 이행 상황 등을 종합하여 판단하여야 한다.

③ 매수인에게 즉시 목적물의 검사와 하자통지를 할 의무를 지우고 있는 상법 제69조의 규정은 상인 간의 매매에 적용되는 것이고, 매수인이 상인인 한 매도인이 상인인지 여부를 불문하고 위 규정이 적용되어야 하는 것은 아니다.

④ 매매의 목적물에 상인에게 통상 요구되는 객관적인 주의의무를 다하여도 즉시 발견할 수 없는 하자가 있는 경우, 상법 제69조에 따라 매수인이 6월 내에 그 하자를 발견하여 지체 없이 이를 통지하지 아니하였더라도 매수인에게 과실이 없다면 매도인에게 여전히 하자담보책임을 물을 수 있다.

⑤ 상법 제69조의 경우에 매수인이 계약을 해제한 때에도 매도인의 비용으로 매매의 목적물을 보관 또는 공탁하여야 하나, 목적물의 인도장소가 매도인의 영업소 또는 주소와 동일한 특별시·광역시·시·군인 때에는 위와 같은 보관 또는 공탁 의무가 없다.

···

[**❶** ▶ ○]　상법 제67소 제1항, 제2항

> **상법 제67조(매도인의 목적물의 공탁, 경매권)**
> ① 상인 간의 매매에 있어서 매수인이 목적물의 수령을 거부하거나 이를 수령할 수 없는 때에는 매도인은 그 물건을 공탁하거나 상당한 기간을 정하여 최고한 후 경매할 수 있다. 이 경우에는 지체 없이 매수인에 대하여 그 통지를 발송하여야 한다.
> ② 전항의 경우에 매수인에 대하여 최고를 할 수 없거나 목적물이 멸실 또는 훼손될 염려가 있는 때에는 최고 없이 경매할 수 있다.

[**❷ ▸ ○**] 상법 제68조에 정한 상인 간의 확정기매매의 경우 당사자의 일방이 이행시기를 경과하면 상대방은 이행의 최고나 해제의 의사표시 없이 바로 해제의 효력을 주장할 수 있는바, 상인 간의 확정기매매인지 여부는 매매목적물의 가격 변동성, 매매계약을 체결한 목적 및 그러한 사정을 상대방이 알고 있었는지 여부, 매매대금의 결제 방법 등과 더불어 이른바 시.아이.에프(C. I. F.) 약관과 같이 선적기간의 표기가 불가결하고 중요한 약관이 있는지 여부, 계약 당사자 사이에 종전에 계약이 체결되어 이행된 방식, 당해 매매계약에서의 구체적인 이행 상황 등을 종합하여 판단하여야 한다(대판 2009.7.9. 2009다 15565).

[**❸ ▸ ○**] 매수인에게 즉시 목적물의 검사와 하자통지를 할 의무를 지우고 있는 상법 제69조의 규정은 상인 간의 매매에 적용되는 것이며 매수인이 상인인 한 매도인이 상인인지 여부를 불문하고 위 규정이 적용되어야 하는 것은 아니다(대판 1993.6.11. 93다7174).

[**❹ ▸ ✕**] 상법 제69조는 상거래의 신속한 처리와 매도인의 보호를 위한 규정인 점에 비추어 볼 때, 설령 매매의 목적물에 상인에게 통상 요구되는 객관적인 주의의무를 다하여도 즉시 발견할 수 없는 하자가 있는 경우에도 매수인은 6월 내에 그 하자를 발견하여 지체 없이 이를 통지하지 아니하면 매수인은 과실의 유무를 불문하고 매도인에게 하자담보책임을 물을 수 없다고 해석함이 상당하다(대판 1999.1.29. 98다1584).

[**❺ ▸ ○**] 상법 제70조 제1항, 제3항

> **상법 제70조(매수인의 목적물보관, 공탁의무)**
> ① 제69조의 경우에 매수인이 계약을 해제한 때에도 매도인의 비용으로 매매의 목적물을 보관 또는 공탁하여야 한다. 그러나 그 목적물이 멸실 또는 훼손될 염려가 있는 때에는 법원의 허가를 얻어 경매하여 그 대가를 보관 또는 공탁하여야 한다.
> ③ 제1항 및 제2항의 규정은 목적물의 인도장소가 매도인의 영업소 또는 주소와 동일한 특별시·광역시· 시·군에 있는 때에는 이를 적용하지 아니한다.

답 ❹

08
☐☐☐

상인 간 매매에 대한 상법상 특칙에 관한 다음 설명 중 가장 옳지 않은 것은?

2021년 법무사시험 [문 24]

① 제작물공급계약에 의하여 제작공급하여야 할 물건이 대체물인 경우에는 매수인의 목적물 검사와 하자통지의무에 관한 상법 제69조 제1항이 적용된다고 하여도 무방할 것이나, 그 물건이 특정의 주문자의 수요를 만족시키기 위한 부대체물인 경우에는 위 규정이 당연히 적용된다고 할 수 없다.

② 상인 간의 매매에 있어서 매매의 성질 또는 당사자의 의사표시에 의하여 일정한 일시 또는 일정한 기간 내에 이행하지 아니하면 계약의 목적을 달성할 수 없는 경우에 당사자의 일방이 이행시기를 경과한 때에는 상대방은 즉시 그 이행을 청구하지 아니하면 계약을 해제한 것으로 본다.

③ 매수인이 목적물의 수령을 거부하는 경우 매도인은 목적물이 멸실 또는 훼손될 염려가 있는 때에는 법원의 허가를 얻어 경매할 수 있다.

④ 매수인이 매매 목적물을 수령한 후 하자를 이유로 적법하게 계약을 해제한 경우 매수인은 그 목적물이 멸실 또는 훼손될 염려가 있는 때에는 법원의 허가를 얻어 경매하여 그 대가를 보관 또는 공탁하여야 한다.

⑤ 상법 제69조 제1항은 성질상 임의규정이고 당사자 간의 약정에 의하여 이와 달리 정할 수 있다.

[❶ ▸ O] 당사자의 일방이 상대방의 주문에 따라 자기소유의 재료를 사용하여 만든 물건을 공급할 것을 약정하고 이에 대하여 상대방이 대가를 지급하기로 약정하는 이른바 제작물공급계약은 그 제작의 측면에서는 도급의 성질이 있고 공급의 측면에서는 매매의 성질이 있어 이러한 계약은 대체로 매매와 도급의 성질을 함께 가지고 있는 것으로서 그 적용법률은 계약에 의하여 제작공급하여야 할 물건이 대체물인 경우에는 매매로 보아서 매매에 관한 규정이 적용된다고 할 것이나 물건이 특정의 주문자의 수요를 만족시키기 위한 불대체물인 경우에는 당해 물건의 공급과 함께 그 제작이 계약의 주목적이 되어 도급의 성질을 강하게 띠고 있다 할 것이므로 이 경우에는 매매에 관한 규정이 당연히 적용된다고 할 수 없다(대판 1987.7.21. 86다카2446). 따라서 제작물공급계약의 물건이 부대체물인 경우에는, 상사매매에 관한 규정인 상법 제69조가 당연히 적용된다고 할 수 없다.

[❷ ▸ O] 상인 간의 매매에 있어서 매매의 성질 또는 당사자의 의사표시에 의하여 일정한 일시 또는 일정한 기간 내에 이행하지 아니하면 계약의 목적을 달성할 수 없는 경우에 당사자의 일방이 이행시기를 경과한 때에는 상대방은 즉시 그 이행을 청구하지 아니하면 계약을 해제한 것으로 본다(상법 제68조).

[❸ ▸ X] 매도인의 경매권의 경우 법원의 허가가 필요 없다.

> **상법 제67조(매도인의 목적물의 공탁, 경매권)**
> ① 상인 간의 매매에 있어서 매수인이 목적물의 수령을 거부하거나 이를 수령할 수 없는 때에는 매도인은 그 물건을 공탁하거나 상당한 기간을 정하여 최고한 후 경매할 수 있다. 이 경우에는 지체 없이 매수인에 대하여 그 통지를 발송하여야 한다.
> ② 전항의 경우에 매수인에 대하여 최고를 할 수 없거나 목적물이 멸실 또는 훼손될 염려가 있는 때에는 최고 없이 경매할 수 있다.

[❹ ▸ O] 제69조(매수인의 목적물의 검사와 하자통지의무)의 경우에 매수인이 계약을 해제한 때에도 매도인의 비용으로 매매의 목적물을 보관 또는 공탁하여야 한다. 그러나 그 목적물이 멸실 또는 훼손될 염려가 있는 때에는 법원의 허가를 얻어 경매하여 그 대가를 보관 또는 공탁하여야 한다(상법 제70조 제1항).

[❺ ▸ O] 상인 간의 매매에 있어서 매수인이 목적물을 수령한 때에는 지체 없이 이를 검사하여야 하며 하자 또는 수량의 부족을 발견한 경우에는 즉시, 즉시 발견할 수 없는 하자가 있는 경우에는 6월 내에 매수인이 매도인에게 그 통지를 발송하지 아니하면 이로 인한 계약해제, 대금감액 또는 손해배상을 청구하지 못하도록 규정하고 있는 상법 제69조 제1항은 민법상의 매도인의 담보책임에 대한 특칙으로 전문적 지식을 가진 매수인에게 신속한 검사와 통지의 의무를 부과함으로써 상거래를 신속하게 결말짓도록 하기 위한 규정으로서 그 성질상 임의규정으로 보아야 할 것이고 따라서 당사자 간의 약정에 의하여 이와 달리 정할 수 있다고 할 것이다(대판 2008.5.15. 2008다3671).

답 ❸

09 □□□ 매수인의 목적물의 검사와 하자통지의무를 규정한 상법 제69조에 관한 다음 설명 중 가장 옳지 않은 것은?

2025년 법무사시험 [문 31]

① 상인 간의 매매에 있어서 매수인이 목적물을 수령한 때에는 지체 없이 이를 검사하여야 하며 하자 또는 수량의 부족을 발견한 경우에는 즉시, 즉시 발견할 수 없는 하자가 있는 경우에는 6월 내에 매수인이 매도인에게 그 통지를 발송하지 아니하면 이로 인한 계약해제, 대금감액 또는 손해배상을 청구하지 못하도록 규정하고 있는 상법 제69조 제1항은, 민법의 매매에 관한 규정이 민법 제567조에 의하여 매매 이외의 유상계약에 준용되는 것과 마찬가지로 상인 간의 수량을 지정한 건물의 임대차계약에 준용될 수 있다.

② 상법 제69조의 규정은 상인 간의 매매에 적용되는 것이며 매수인이 상인인 한 매도인이 상인인지 여부를 불문하고 위 규정이 적용되어야 하는 것은 아니다.

③ 상법 제69조 제1항의 취지는 상인 간의 매매에 있어 그 계약의 효력을 민법 규정과 같이 오랫동안 불안정한 상태로 방치하는 것은 매도인에 대하여는 인도 당시의 목적물에 대한 하자의 조사를 어렵게 하고 전매의 기회를 잃게 될 뿐만 아니라, 매수인에 대하여는 그 기간 중 유리한 시기를 선택하여 매도인의 위험으로 투기를 할 수 있는 기회를 주게 되는 폐단 등이 있어 이를 막기 위하여 하자를 용이하게 발견할 수 있는 전문적 지식을 가진 매수인에게 신속한 검사와 통지의 의무를 부과함으로써 상거래를 신속하게 결말짓도록 한 것이다.

④ 상법 제69조 제1항은 민법상의 매도인의 담보책임에 대한 특칙이며, 그 성질상 임의규정으로 보아야 할 것이다. 따라서 당사자 간의 약정에 의하여 이와 달리 정할 수 있다고 할 것이다.

⑤ 상법 제69조에서 규정하는 하자담보책임의 전제요건인 매수인의 목적물 검사와 하자통지사실에 관한 증명책임은 매수인에게 있다.

···

[❶ ▸ ×] 건물 일부의 임대차계약을 체결함에 있어 임차인이 건물면적의 일정한 수량이 있는 것으로 믿고 계약을 체결하였고, 임대인도 그 일정 수량이 있는 것으로 명시적 또는 묵시적으로 표시하였으며, 또한 임대차보증금과 월임료 등도 그 수량을 기초로 하여 정하여진 경우에는, 그 임대차는 수량을 지정한 임대차라고 봄이 타당하다. 상사매매에 관한 상법 제69조는, 민법의 매매에 관한 규정이 민법 제567조에 의하여 매매 이외의 유상계약에 준용되는 것과 달리, 상법에 아무런 규정이 없는 이상 상인 간의 수량을 지정한 건물의 임대차계약에 준용될 수 없다(대판 1995.7.14. 94다38342).

[❷ ▸ ○] 매수인에게 즉시 목적물의 검사와 하자통지를 할 의무를 지우고 있는 상법 제69조의 규정은 상인 간의 매매에 적용되는 것이며 매수인이 상인인 한 매도인이 상인인지 여부를 불문하고 위 규정이 적용되어야 하는 것은 아니다(대판 1993.6.11. 93다7174).

[❸ ▸ ○] 상법 제69조 제1항의 매수인의 목적물의 검사와 하자통지의무에 관한 규정의 취지는 상인 간의 매매에 있어 그 계약의 효력을 민법 규정과 같이 오랫동안 불안정한 상태로 방치하는 것은 매도인에 대하여는 인도 당시의 목적물에 대한 하자의 조사를 어렵게 하고 전매의 기회를 잃게 될 뿐만 아니라, 매수인에 대하여는 그 기간 중 유리한 시기를 선택하여 매도인의 위험으로 투기를 할 수 있는 기회를 주게 되는 폐단 등이 있어 이를 막기 위하여 하자를 용이하게 발견할 수 있는 전문적 지식을 가진 매수인에게 신속한 검사와 통지의 의무를 부과함으로써 상거래를 신속하게 결말짓도록 한 것이다(대판 1987.7.21. 86다카2446).

[❹ ▸ ○] 상법 제69조 제1항은 민법상의 매도인의 담보책임에 대한 특칙으로 전문적 지식을 가진 매수인에게 신속한 검사와 통지의 의무를 부과함으로써 상거래를 신속하게 결말짓도록 하기 위한 규정으로서 그 성질상 임의규정으로 보아야 할 것이고 따라서 당사자 간의 약정에 의하여 이와 달리 정할 수 있다고 할 것이다(대판 2008.5.15. 2008다3671).

[❺ ▶ ○]　상법 제69조는 상인 간의 매매에 있어서는 매수인의 매매목적물에 대한 검사와 하자통지의무를 매수인이 매도인에 대하여 매매목적물에 관한 하자담보책임을 묻기 위한 전제요건으로 삼고 있음이 분명하므로 그와 같은 하자담보책임의 전제요건, 즉 매수인이 목적물을 수령한 때에 지체 없이 그 목적물을 검사하여 즉시 매도인에게 그 하자를 통지한 사실, 만약 매매의 목적물에 즉시 발견할 수 없는 하자가 있는 경우에는 6월 내에 이를 발견하여 즉시 통지한 사실 등에 관한 입증책임은 매수인에게 있다(대판 1990.12.21. 90다카28498).

답 ❶

제3장　상호계산

PART 1
PART 2
PART 3
PART 4
PART 5
PART 6
PART 7
PART 8

10
□□□

상호계산에 관한 다음 설명 중 가장 옳지 않은 것은?　2021년 법무사시험 [문 43]

① 어음으로 인한 채권·채무를 상호계산에 계입한 경우에 그 어음채무자가 변제하지 아니한 때에 당사자는 그 채무의 항목을 상호계산에서 제거할 수 있다.
② 상호계산의 계약체결당사자는 적어도 일방이 상인이면 된다.
③ 각 당사자는 계약의 존속기간을 정한 경우에도 언제든지 상호계산을 해지할 수 있다.
④ 상호계산기간에 대해 당사자 간 약정이 있으면 그 기간으로 하고, 약정이 없으면 6개월로 한다.
⑤ 상호계산제도에서는 상계로 인한 잔액에 대해 이자가 발생할 여지가 없다.

- -

[❶ ▶ ○]　어음 기타의 상입증권으로 인한 채권채무를 상호계산에 계입한 경우에 그 증권채무자가 변제하지 아니한 때에는 당사자는 그 채무의 항목을 상호계산에서 제거할 수 있다(상법 제73조).
[❷ ▶ ○]　상호계산은 상인 간 또는 상인과 비상인 간에 상시 거래관계가 있는 경우에 일정한 기간의 거래로 인한 채권채무의 총액에 관하여 상계하고 그 잔액을 지급할 것을 약정함으로써 그 효력이 생긴다(상법 제72조). 따라서 상호계산의 계약체결당사자는 적어도 일방이 상인이어야 한다.
[❸ ▶ ○]　각 당사자는 언제든지 상호계산을 해지할 수 있다. 이 경우에는 즉시 계산을 폐쇄하고 잔액의 지급을 청구할 수 있다(상법 제77조).
[❹ ▶ ○]　당사자가 상계할 기간을 정하지 아니한 때에는 그 기간은 6월로 한다(상법 제74조).
[❺ ▶ ✕]　상법 제76조

> **상법 제76조(잔액채권의 법정이자)**
> ① 상계로 인한 잔액에 대하여는 채권자는 계산폐쇄일 이후의 법정이자를 청구할 수 있다.
> ② 전항의 규정에 불구하고 당사자는 각 항목을 상호계산에 계입한 날로부터 이자를 붙일 것을 약정할 수 있다.

답 ❺

11 □□□ 익명조합에 관한 다음 설명 중 가장 옳지 않은 것은? 2022년 법무사시험 [문 37]

① 익명조합은 당사자의 일방이 상대방의 영업을 위하여 출자하고 상대방은 그 영업으로 인한 이익을 분배할 것을 약정함으로써 그 효력이 생긴다.
② 익명조합원이 출자한 금전 기타의 재산은 영업자의 재산으로 본다.
③ 익명조합원이 자기의 성명을 영업자의 상호 중에 사용하게 하거나 자기의 상호를 영업자의 상호로 사용할 것을 허락한 때에는 그 사용 이후의 채무에 대하여 영업자와 연대하여 변제할 책임이 있다.
④ 당사자 간에 다른 약정이 없는 경우에, 익명조합원의 출자가 손실로 인하여 감소된 때에는 그 손실을 전보한 후가 아니면 이익배당을 청구하지 못하고, 손실이 출자액을 초과한 경우에는 증자할 의무가 있다.
⑤ 익명조합계약은 '영업의 폐지 또는 양도', '영업자의 사망 또는 성년후견개시', '영업자 또는 익명조합원의 파산'으로 인하여 종료한다.

·····

[❶ ▶ ○] 익명조합은 당사자의 일방이 상대방의 영업을 위하여 출자하고 상대방은 그 영업으로 인한 이익을 분배할 것을 약정함으로써 그 효력이 생긴다(상법 제78조).
[❷ ▶ ○] 익명조합원이 출자한 금전 기타의 재산은 영업자의 재산으로 본다(상법 제79조).
[❸ ▶ ○] 익명조합원이 자기의 성명을 영업자의 상호 중에 사용하게 하거나 자기의 상호를 영업자의 상호로 사용할 것을 허락한 때에는 그 사용 이후의 채무에 대하여 영업자와 연대하여 변제할 책임이 있다(상법 제81조).
[❹ ▶ ✕] 상법 제82조

> **상법 제82조(이익배당과 손실분담)**
> ① 익명조합원의 출자가 손실로 인하여 감소된 때에는 그 손실을 전보한 후가 아니면 이익배당을 청구하지 못한다.
> ② 손실이 출자액을 초과한 경우에도 익명조합원은 이미 받은 이익의 반환 또는 증자할 의무가 없다.
> ③ 전2항의 규정은 당사자 간에 다른 약정이 있으면 적용하지 아니한다.

[❺ ▶ ○] 상법 제84조

> **상법 제84조(계약의 종료)**
> 조합계약은 다음의 사유로 인하여 종료한다.
> 1. 영업의 폐지 또는 양도
> 2. 영업자의 사망 또는 성년후견개시
> 3. 영업자 또는 익명조합원의 파산

답 ❹

12 □□□

> 甲은 출자를 하지 않고 乙과 丙이 각각 1억원을 출자하며, 甲이 단독으로 甲의 성명만이 들어간 상호를 사용하여 영업을 하고, 그 영업으로 인하여 발생한 이익의 25%씩을 乙과 丙에게 각각 분배하기로 하는 X약정을 체결하였다. 이에 관한 다음 설명 중 가장 옳지 않은 것은?
>
> 2021년 법무사시험 [문 46]

① 乙과 丙은 甲의 행위에 관하여는 제3자에 대하여 권리나 의무가 없다.
② 乙과 丙의 출자가 손실로 인하여 감소된 때에는 그 손실을 전보한 후가 아니면 이익배당을 청구하지 못한다.
③ 乙과 丙이 출자한 출자금 2억원은 甲의 재산으로 본다.
④ X약정이 종료한 때에는 甲은 乙과 丙에게 그 출자의 가액을 반환하여야 하고, 출자가 손실로 인하여 감소된 경우에도 마찬가지이다.
⑤ 당사자의 일방이 상대방의 영업을 위하여 출자를 하는 경우라 할지라도 그 영업에서 이익이 난 여부를 따지지 않고 상대방이 정기적으로 일정한 금액을 지급하기로 약정한 경우에는 X약정과 같은 성격의 약정으로 볼 수 없다.

··

> 익명조합이란 당사자의 일방이 상대방의 영업을 위하여 출자하고 상대방은 그 영업으로 인한 이익을 분배할 것을 약정하는 계약이다(제78조). 따라서 설문의 경우, 乙과 丙이 각각 1억원을 출자하고, 甲이 영업으로 인하여 발생한 이익을 乙과 丙에게 각각 분배하기로 하는 약정을 체결하였으므로, 익명조합에 관한 사례이다.

[❶ ▸ ○] 익명조합원은 영업자의 행위에 관하여서는 제3자에 대하여 권리나 의무가 없으나(상법 제80조), 익명조합원이 자기의 성명을 영업자의 상호 중에 사용하게 하거나 자기의 상호를 영업자의 상호로 사용할 것을 허락한 때에는 그 사용 이후의 채무에 대하여 영업자와 연대하여 변제할 책임이 있다(상법 제81조). 즉, 甲이 단독으로 甲의 성명만이 들어간 상호를 사용하여 영업을 하였으므로, 乙과 丙은 甲의 행위에 관하여는 제3자에 대하여 권리나 의무가 없다.
[❷ ▸ ○] 익명조합원의 출자가 손실로 인하여 감소된 때에는 그 손실을 전보한 후가 아니면 이익배당을 청구하지 못한다(상법 제82조 제1항).
[❸ ▸ ○] 익명조합원이 출자한 금전 기타의 재산은 영입자의 재산으로 본다(상법 제79조).
[❹ ▸ ✕] 조합계약이 종료한 때에는 영업사는 익명소합원에게 그 출자의 가액을 반환하여야 한다. 그러나 출자가 손실로 인하여 감소된 때에는 그 잔액을 반환하면 된다(상법 제85조).
[❺ ▸ ○] 당사자의 일방이 상대방의 영업을 위하여 출자를 하는 경우라 할지라도 그 영업에서 이익이 난 여부를 따지지 않고 상대방이 정기적으로 일정한 금액을 지급하기로 약정한 경우는 가령 이익이라는 명칭을 사용하였다 하더라도 익명조합약정이라 할 수 없다(대판 1962.12.27. 62다660).

답 ❹

제5장 / 합자조합

상법 제78조의 익명조합 또는 상법 제86조의2의 합자조합에 관한 다음 설명 중 가장 옳은 것은?

2024년 법무사시험 [문 38]

① 합자조합에서 업무집행조합원은 다른 조합원 과반수의 동의를 받으면 그 지분의 전부 또는 일부를 타인에게 양도할 수 있다.

② 합자조합에서 둘 이상의 업무집행조합원이 있는 경우 조합계약에 다른 정함이 없으면 그 각 업무집행조합원의 업무집행에 관한 행위에 대하여 다른 업무집행조합원의 이의가 있는 경우에는 그 행위를 중지하고 업무집행조합원 과반수의 결의에 따라야 한다.

③ 익명조합원은 금전 기타 재산으로 출자할 수 있을 뿐만 아니라 신용이나 노무의 출자도 가능하다.

④ 시설투자자에게 영업에서 이익이 난 여부를 따지지 않고 정기적으로 일정액을 지급할 것을 약정하고, 대외적 거래관계는 타방(경영자)이 그 명의로 단독으로 하며 그에게만 권리의무가 귀속되도록 약정한 동업관계의 경우 상법상 익명조합에 해당한다.

⑤ 익명조합원은 조합의 사업에 손실이 발생해 출자금이 감소된 경우라 하더라도 그 손실을 채우지 않고서도 이익배당을 청구할 수 있다.

- -

[**❶ ▸ ✕**] 업무집행조합원은 다른 조합원 <u>전원의 동의</u>를 받지 아니하면 그 지분의 전부 또는 일부를 타인에게 양도하지 못한다(상법 제86조의7 제1항).

[**❷ ▸ ○**] 둘 이상의 업무집행조합원이 있는 경우에 조합계약에 다른 정함이 없으면 그 각 업무집행조합원의 업무집행에 관한 행위에 대하여 다른 업무집행조합원의 이의가 있는 경우에는 그 행위를 중지하고 업무집행조합원 과반수의 결의에 따라야 한다(상법 제86조의5 제3항).

[**❸ ▸ ✕**] 상법 제86조, 제272조

> **상법 제86조(준용규정)**
> <u>제272조</u>, 제277조와 제278조의 규정은 익명조합원에 준용한다.
>
> **상법 제272조(유한책임사원의 출자)**
> 유한책임사원은 <u>신용 또는 노무를 출자의 목적으로 하지 못한다.</u>

[**❹ ▸ ✕**] 음식점시설제공자의 <u>이익여부에 관계없이 정기적으로 일정액을 지급할 것을 약정</u>하되 대외적 거래관계는 경영자가 그 명의로 단독으로 하여 그 권리의무가 그에게만 귀속되는 동업관계는 <u>상법상 익명조합도 아니고 민법상 조합도 아니어서 대외적으로는 오로지 경영자만이 권리를 취득하고 채무를 부담하는 것</u>이고 그가 변제자력이 없거나 부족하다는 등의 특별한 사정이 있더라도 민법 제713조가 유추적용될 여지는 없다(대판 1983.5.10. 81다650).

[**❺ ▸ ✕**] 익명조합원의 출자가 손실로 인하여 감소된 때에는 <u>그 손실을 전보한 후가 아니면 이익배당을 청구하지 못한다</u>(상법 제82조 제1항).

답 ❷

제6장 상행위법 각칙

제1절 대리상

14

상법상 대리상에 관한 다음 설명 중 가장 옳지 않은 것은? 2023년 법무사시험 [문 22]

① 대리상은 일정한 상인을 위하여 상업사용인이 아니면서 상시 그 영업부류에 속하는 거래의 대리 또는 중개를 영업으로 하는 자를 말한다.

② 어떤 자가 제조회사와 대리점 총판 계약이라고 하는 명칭의 계약을 체결하였다고 하여 곧바로 상법 제87조의 대리상으로 되는 것은 아니고, 그 계약 내용을 실질적으로 살펴 대리상인지 여부를 판단하여야 한다.

③ 대리상이 본인의 허락 없이 제3자의 계산으로 본인의 영업부류에 속하는 거래를 한 경우에 본인은 대리상과의 계약을 해지할 수 있고, 손해배상을 청구할 수 있으며, 그 거래로 인한 이득의 양도를 청구할 수도 있다.

④ 대리상은 거래의 대리 또는 중개로 인한 채권이 변제기에 있는 때에는 그 변제를 받을 때까지 본인을 위하여 점유하는 물건 또는 유가증권을 유치할 수 있는데, 위 물건 또는 유가증권은 본인 소유의 것이어야 한다.

⑤ 대리상의 활동으로 본인이 새로운 고객을 획득하거나 영업상의 거래가 현저하게 증가하고 이로 인하여 계약의 종료 후에도 본인이 이익을 얻고 있는 경우에는 대리상은 계약의 종료가 그의 책임 있는 사유로 인한 경우가 아닌 한 본인에 대하여 상당한 보상을 청구할 수 있다.

[❶ ▸ ○] 일정한 상인을 위하여 상업사용인이 아니면서 상시 그 영업부류에 속하는 거래의 대리 또는 중개를 영업으로 하는 자를 대리상이라 한다(상법 제87조).

[❷ ▸ ○] 어떤 자가 제조회사와 대리점 총판 계약이라고 하는 명칭의 계약을 체결하였다고 하여 곧바로 상법 제87조의 대리상으로 되는 것은 아니고, 그 계약 내용을 실질적으로 살펴 대리상인지의 여부를 판단하여야 하는바, 제조회사와 대리점 총판 계약을 체결한 대리점이 위 제조회사로부터 스토어(노래방기기 중 본체)를 매입하여 위 대리점 스스로 10여 종의 주변기기를 부착하여 노래방기기 세트의 판매가격을 결정하여 위 노래방기기 세트를 소비자에게 판매한 경우에는 위 대리점을 제조회사의 상법상의 대리상으로 볼 수 없다(대판 1999.2.5. 97다26593).

[❸ ▸ ○] 상법 제89조 제1항·제2항, 제17조 제2항·제3항

> **상법 제89조(경업금지)**
> ① 대리상은 본인의 허락없이 자기나 제3자의 계산으로 본인의 영업부류에 속한 거래를 하거나 동종영업을 목적으로 하는 회사의 무한책임사원 또는 이사가 되지 못한다.
> ② 제17조 제2항 내지 제4항의 규정은 대리상이 전항의 규정에 위반한 경우에 준용한다.

상법 제17조(상업사용인의 의무)

② 상업사용인이 전항의 규정에 위반하여 거래를 한 경우에 그 거래가 자기의 계산으로 한 것인 때에는 영업주는 이를 영업주의 계산으로 한 것으로 볼 수 있고 제3자의 계산으로 한 것인 때에는 영업주는 사용인에 대하여 이로 인한 이득의 양도를 청구할 수 있다.

③ 전항의 규정은 영업주로부터 사용인에 대한 계약의 해지 또는 손해배상의 청구에 영향을 미치지 아니한다.

[❹ ▸ ×] 대리상은 거래의 대리 또는 중개로 인한 채권이 변제기에 있는 때에는 그 변제를 받을 때까지 본인을 위하여 점유하는 물건 또는 유가증권을 유치할 수 있다. 그러나 당사자 간에 다른 약정이 있으면 그러하지 아니하다(상법 제91조). 대리상의 유치권은 목적물이 본인을 위하여 점유하는 물건 또는 유가증권이면 되고 본인(채무자) 소유가 아니어도 된다. 이 점에서 일반 상사유치권과 다르고 민법상의 유치권과 같다.

[❺ ▸ ○] 대리상의 활동으로 본인이 새로운 고객을 획득하거나 영업상의 거래가 현저하게 증가하고 이로 인하여 계약의 종료 후에도 본인이 이익을 얻고 있는 경우에는 대리상은 본인에 대하여 상당한 보상을 청구할 수 있다. 다만, 계약의 종료가 대리상의 책임 있는 사유로 인한 경우에는 그러하지 아니하다(상법 제92조의2 제1항).

답 ❹

15

상행위에 관한 다음 설명 중 가장 옳은 것은?　　　　　2021년 법무사시험 [문 32]

① 대리상과 중개인은 모두 일정한 상인을 위하여 계속적으로 거래의 중개를 보조하는 자이다.
② 대리상, 중개인, 위탁매매인 모두 경업금지의무를 부담한다.
③ 위탁매매인이 위탁매매로 인하여 취득한 물건 또는 채권은 위탁자와 위탁매매인의 채권자 사이에서는 위탁매매인의 소유 또는 채권으로 본다.
④ 대리상은 일정한 상인(본인)의 명의로 본인을 대리하여 거래하고, 위탁매매인은 자기의 명의로 타인의 계산으로 거래하며, 가맹상은 자기의 명의와 계산으로 영업을 한다.
⑤ 가맹계약상 존속기간에 대한 약정의 유무와 관계없이 부득이한 사정이 있으면 즉시 가맹계약을 해지할 수 있다.

....

[❶ ▸ ×] 대리상은 일정한 상인을 보조하나, 중개인이나 위탁매매인은 불특정다수인을 보조한다.

상법 제87조(의의)

일정한 상인을 위하여 상업사용인이 아니면서 상시 그 영업부류에 속하는 거래의 대리 또는 중개를 영업으로 하는 자를 대리상이라 한다.

상법 제93조(의의)

타인 간의 상행위의 중개를 영업으로 하는 자를 중개인이라 한다.

[**②** ▶ ×]　대리상은 일정한 상인과 계속적 관계를 가지므로, 이익충돌을 방지하기 위하여 경업금지의무와 겸직금지의무를 부담하나(상법 제89조 제1항), 중개인·위탁매매인은 본인 또는 위탁자와 계속적 관계를 가지지 아니하므로, 경업금지의무와 겸직금지의무를 부담하지 아니한다.

> **상법 제89조(경업금지)**
> ① 대리상은 본인의 허락 없이 자기나 제3자의 계산으로 본인의 영업부류에 속한 거래를 하거나 동종영업을 목적으로 하는 회사의 무한책임사원 또는 이사가 되지 못한다.

[**③** ▶ ×]　위탁매매인이 위탁자로부터 받은 물건 또는 유가증권이나 위탁매매로 인하여 취득한 물건, 유가증권 또는 채권은 위탁자와 위탁매매인 또는 위탁매매인의 채권자 간의 관계에서는 이를 위탁자의 소유 또는 채권으로 본다(상법 제103조).

[**④** ▶ ○]　대리상은 일정한 상인을 위하여, 즉 본인의 명의로 본인을 대리하여 거래하고(상법 제87조 참조), 위탁매매인은 자기의 명의로써 타인의 계산으로 물건 또는 유가증권을 매매하며(상법 제101조 참조), 가맹상은 자기의 명의와 자기의 계산으로 영업을 한다.

[**⑤** ▶ ×]　가맹계약상 존속기간에 대한 약정의 유무와 관계없이 부득이한 사정이 있으면 각 당사자는 상당한 기간을 정하여 예고한 후 가맹계약을 해지할 수 있다(상법 제168조의10).

답 **④**

제2절　중개업

16 □□□

다음 설명 중 가장 옳지 않은 것은?　　　2019년 법무사시험 [문 48]

① 익명조합원이 자기의 성명을 영업자의 상호 중에 사용하게 하거나 자기의 상호를 영업자의 상호로 사용할 것을 허락한 때에는 그 사용 이후의 채무에 대하여 영업자와 연대하여 변제할 책임이 있다.

② 상인 간의 매매에서 매매의 성질 또는 당사자의 의사표시에 의하여 일정한 일시 또는 일정한 기간 내에 이행하지 아니하면 계약의 목적을 달성할 수 없는 경우에 당사자의 일방이 이행시기를 경과한 때에는 상대방은 즉시 그 이행을 청구하지 아니하면 계약을 해제한 것으로 본다.

③ 상인 간의 매매에서 매수인이 목적물을 수령한 때에는 지체 없이 이를 검사하여 하자 또는 수량의 부족을 발견한 경우에는 즉시 매도인에게 그 통지를 발송하여야 하며, 이 경우 매수인이 계약을 해제한 때에도 매도인의 비용으로 매매의 목적물을 보관 또는 공탁하여야 한다.

④ 합자조합에서 유한책임조합원의 지분은 조합계약에서 정하는 바에 따라 양도할 수 있으나, 업무집행조합원은 다른 조합원 전원의 동의가 있어야만 그 지분의 전부나 일부를 타인에게 양도할 수 있다.

⑤ 중개인은 당사자 간에 계약이 성립된 때에 각 당사자의 성명 또는 상호, 계약년월일과 그 요령을 기재한 서면을 작성하여 기명날인 또는 서명한 후 각 당사자에게 교부하여야 한다. 이 경우 거래의 명확성을 위하여 당사자가 요구하는 경우에도 그 성명 또는 상호의 기재는 생략할 수 없다.

[❶▸○] 익명조합원이 자기의 성명을 영업자의 상호 중에 사용하게 하거나 자기의 상호를 영업자의 상호로 사용할 것을 허락한 때에는 그 사용 이후의 채무에 대하여 영업자와 연대하여 변제할 책임이 있다(상법 제81조).

[❷▸○] 상인 간의 매매에 있어서 매매의 성질 또는 당사자의 의사표시에 의하여 일정한 일시 또는 일정한 기간 내에 이행하지 아니하면 계약의 목적을 달성할 수 없는 경우에 당사자의 일방이 이행시기를 경과한 때에는 상대방은 즉시 그 이행을 청구하지 아니하면 계약을 해제한 것으로 본다(상법 제68조).

[❸▸○] 상법 제69조 제1항, 제70조 제1항

> **상법 제69조(매수인의 목적물의 검사와 하자통지의무)**
> ① 상인 간의 매매에 있어서 매수인이 목적물을 수령한 때에는 지체 없이 이를 검사하여야 하며 하자 또는 수량의 부족을 발견한 경우에는 즉시 매도인에게 그 통지를 발송하지 아니하면 이로 인한 계약해제, 대금감액 또는 손해배상을 청구하지 못한다. 매매의 목적물에 즉시 발견할 수 없는 하자가 있는 경우에 매수인이 6월 내에 이를 발견한 때에도 같다.
>
> **상법 제70조(매수인의 목적물보관, 공탁의무)**
> ① 제69조의 경우에 매수인이 계약을 해제한 때에도 매도인의 비용으로 매매의 목적물을 보관 또는 공탁하여야 한다. 그러나 그 목적물이 멸실 또는 훼손될 염려가 있는 때에는 법원의 허가를 얻어 경매하여 그 대가를 보관 또는 공탁하여야 한다.

[❹▸○] 상법 제86조의7 제1항·제2항

> **상법 제86조의7(조합원의 지분의 양도)**
> ① 업무집행조합원은 다른 조합원 전원의 동의를 받지 아니하면 그 지분의 전부 또는 일부를 타인에게 양도(讓渡)하지 못한다.
> ② 유한책임조합원의 지분은 조합계약에서 정하는 바에 따라 양도할 수 있다.

[❺▸×] 상법 제96조 제1항, 제98조

> **상법 제96조(결약서교부의무)**
> ① 당사자 간에 계약이 성립된 때에는 중개인은 지체 없이 각 당사자의 성명 또는 상호, 계약연월일과 그 요령을 기재한 서면을 작성하여 기명날인 또는 서명한 후 각 당사자에게 교부하여야 한다.
>
> **상법 제98조(성명, 상호 묵비의 의무)**
> 당사자가 그 성명 또는 상호를 상대방에게 표시하지 아니할 것을 중개인에게 요구한 때에는 중개인은 그 상대방에게 교부할 제96조 제1항의 서면과 전조 제2항의 등본에 이를 기재하지 못한다.

답 ❺

17
□□□

위탁매매업 및 준위탁매매에 관한 다음 설명 중 가장 옳지 않은 것은?

2025년 법무사시험 [문 28]

① 한국철도공사와 여행업체가 위탁운영 협약을 체결하여 여행업체가 관광열차를 이용한 여행상품을 판매·운영하고 위 여행상품 판매대금에서 판매·운영수수료, 행사비용, 운영비용을 공제한 나머지를 매월 정산하여 한국철도공사에 지급하였는데 양자 간 협약상 한국철도공사는 열차 운행의 횟수나 편성 등에 관여할 수 있는 등 관광열차 판매·운영에 광범위한 권한을 가지고 관광열차 관련 지적재산권 등 일체의 권리 또한 한국철도공사에 귀속되었으며, 가격조정에도 한국철도공사의 동의가 필요하였고 여행업체에게 귀속되는 판매·운영수수료는 위 여행상품 총매출액의 일정 비율에 해당하는 금액에 해당하였다면, 여행업체는 자기 명의로 그러나 한국철도공사의 계산으로 위 여행상품 관련 용역의 제공을 영업으로 하는 준위탁매매인에 해당한다고 볼 수 있다.

② 자기명의로써 타인의 계산으로 매매 아닌 행위를 영업으로 하는 자에게는 상법상 위탁매매에 관한 규정이 준용되지 않는다.

③ 위탁매매인이 그가 제3자에 대하여 부담하는 채무를 담보하기 위하여 그 채권자에게 위탁매매로 취득한 채권을 양도한 경우에 위탁매매인은 위탁자에 대한 관계에서는 위탁자에 속하는 채권을 무권리자로서 양도한 것이고, 따라서 그 채권양도는 무권리자의 처분 일반에서와 마찬가지로 양수인이 그 채권을 선의취득하였다는 등의 특별한 사정이 없는 한 위탁자에 대하여 효력이 없다.

④ 위탁매매란 자기명의로써 타인의 계산으로 물품을 매수 또는 매도하고 보수를 받는 것으로서 명의와 계산의 분리를 본질로 하며, 어떠한 계약이 일반의 매매계약인지 위탁매매계약인지는 계약의 명칭 또는 형식적인 문언을 떠나 그 실질을 중시하여 판단하여야 한다.

⑤ 위탁매매인이 거래소의 시세가 있는 물건 또는 유가증권의 매매를 위탁받은 경우에는 직접 그 매도인이나 매수인이 될 수 있다. 이 경우의 매매대가는 위탁매매인이 매매의 통지를 발송할 때의 거래소의 시세에 따른다.

....

[❶▶○] [❹▶○] [2] 위탁매매란 자기 명의로써 타인의 계산으로 물품을 매수 또는 매도하고 보수를 받는 것으로서 명의와 계산의 분리를 본질로 한다. 그리고 어떠한 계약이 일반의 매매계약인지 위탁매매계약인지는 계약의 명칭 또는 형식적인 문언을 떠나 그 실질을 중시하여 판단하여야 한다. 이는 자기 명의로써 그러나 타인의 계산으로 매매 아닌 행위를 영업으로 하는 이른바 준위탁매매에 있어서도 마찬가지이다. [3] 한국철도공사와 갑 주식회사가 위탁운영 협약을 체결하여, 갑 회사가 관광열차를 이용한 여행상품을 판매·운영하고 위 여행상품 판매대금에서 판매·운영수수료, 행사비용, 운영비용을 공제한 나머지를 매월 정산하여 한국철도공사에 지급하였는데, 위 여행상품 관련 용역의 공급주체가 누구인지 문제된 사안에서, 위 협약에 따르면 한국철도공사는 열차 운행의 횟수나 편성 등에 관여할 수 있는 등 관광열차 판매·운영에 광범위한 권한을 가지고, 특히 갑 회사는 한국철도공사의 사전 승인 없이 위 여행상품의 가격조정을 할 수 없다고 정하여 가격결정 권한도 한국철도공사에 있는 점, 갑 회사는 매월 한국철도공사에 전월의 판매실적, 비용지출내역 등을 상세히 정리하여 제출할 의무를 부담하였고, 관광열차 관련 지적재산권 등 일체의 권리 또한 한국철도공사에 귀속된 점, 위 여행상품 판매대금에서 갑 회사에 귀속되는 판매·운영수수료는 위 여행상품 총매출액의 일정 비율에 해당하는 금액으로 통상 위탁매매인이 실적에 따라 위탁자로부터 받는 수수료 개념의 금원이라고 할 수 있는 점 등을 종합하면, 갑 회사는 자기 명의로 그러나 한국철도공사의 계산으로 위 여행상품 관련 용역의 제공을 영업으로

하는 준위탁매매인에 해당하고, 부가가치세법 제10조 제7항 본문의 유추적용에 따라 위 여행상품 관련 용역은 위탁자인 한국철도공사가 위 여행상품 이용 고객에게 직접 공급한 것으로, 한국철도공사가 위 여행상품 판매대금 전부에 대한 부가가치세 납세의무를 부담한다고 한 사례이다(대판 2023.12.28. 2020두56780).

[❷ ▸ ✕] <u>위탁매매에 관한 규정</u>(상법 제101조 내지 제112조)은 자기명의로써 타인의 계산으로 매매 아닌 행위를 영업으로 하는 자에 준용한다(상법 제113조).

[❸ ▸ ○] 위탁매매인이 그가 제3자에 대하여 부담하는 채무를 담보하기 위하여 그 채권자에게 위탁매매로 취득한 채권을 양도한 경우에 위탁매매인은 위탁자에 대한 관계에서는 위탁자에 속하는 채권을 무권리자로서 양도한 것이고, 따라서 그 채권양도는 무권리자의 처분 일반에서와 마찬가지로 양수인이 그 채권을 선의취득하였다는 등의 특별한 사정이 없는 한 위탁자에 대하여 효력이 없다. 이는 채권양수인이 양도의 목적이 된 채권의 귀속 등에 대하여 선의였다거나 그 진정한 귀속을 알지 못하였다는 점에 관하여 과실이 없다는 것만으로 달라지지 아니한다(대판 2011.7.14. 2011다31645).

[❺ ▸ ○] 위탁매매인이 거래소의 시세가 있는 물건 또는 유가증권의 매매를 위탁받은 경우에는 직접 그 매도인이나 매수인이 될 수 있다. 이 경우의 매매대가는 위탁매매인이 매매의 통지를 발송할 때의 거래소의 시세에 따른다(상법 제107조 제1항).

 답 ❷

18
□□□

위탁매매업에 관한 다음 설명 중 가장 옳지 않은 것은? 2024년 법무사시험 [문 32]

① 채권매매거래의 위탁계약의 성립 시기는 위탁금이나 위탁채권을 받을 직무상의 권한이 있는 직원이 채권매매거래를 위탁한다는 의사로 이를 위탁하는 고객으로부터 금원이나 채권을 수령하면 곧바로 위탁계약이 성립하고, 그 이후에 그 직원의 금원수납에 관한 처리는 계약의 성립에 영향이 없다.

② 위탁매매인이 그가 제3자에 대하여 부담하는 채무를 담보하기 위하여 그 채권자에게 위탁매매로 취득한 채권을 양도한 경우에 위탁매매인은 위탁자에 대한 관계에서는 위탁자에 속하는 채권을 무권리자로서 양도한 것이므로, 그 채권양도는 무권리자의 처분 일반에서와 마찬가지로 양수인이 그 채권을 선의취득하였다는 등의 특별한 사정이 없는 한 위탁자에 대하여 효력이 없다.

③ 위탁매매란 자기의 명의로 타인의 계산에 의하여 물품을 매수 또는 매도하고 보수를 받는 것으로서 명의와 계산의 분리를 본질로 한다.

④ 위탁자의 위탁상품 공급으로 인한 위탁매매인에 대한 이득상환청구권이나 이행담보책임 이행청구권은 위탁자의 위탁매매인에 대한 상품 공급과 서로 대가관계에 있으므로 민법 제163조 제6호 소정의 '상인이 판매한 상품의 대가'에 해당하여 3년의 단기소멸시효가 적용된다.

⑤ 위탁매매인이 위탁자로부터 받은 물건 또는 유가증권이나 위탁매매로 인하여 취득한 물건, 유가증권 또는 채권은 위탁자와 위탁매매인 또는 위탁매매인의 채권자 간의 관계에서는 이를 위탁자의 소유 또는 채권으로 본다.

[**❶** ▸ ○] 채권매매거래의 위탁계약의 성립 시기는 위탁금이나 위탁채권을 받을 직무상의 권한이 있는 직원이 채권매매거래를 위탁한다는 의사로 이를 위탁하는 고객으로부터 금원이나 채권을 수령하면 곧바로 위탁계약이 성립하고, 그 이후에 그 직원의 금원수납에 관한 처리는 계약의 성립에 영향이 없다(대판 1997.2.14. 95다19140).

[**❷** ▸ ○] 위탁매매인이 그가 제3자에 대하여 부담하는 채무를 담보하기 위하여 그 채권자에게 위탁매매로 취득한 채권을 양도한 경우에 위탁매매인은 위탁자에 대한 관계에서는 위탁자에 속하는 채권을 무권리자로서 양도한 것이고, 따라서 그 채권양도는 무권리자의 처분 일반에서와 마찬가지로 양수인이 그 채권을 선의취득하였다는 등의 특별한 사정이 없는 한 위탁자에 대하여 효력이 없다. 이는 채권양수인이 양도의 목적이 된 채권의 귀속 등에 대하여 선의였다거나 그 진정한 귀속을 알지 못하였다는 점에 관하여 과실이 없다는 것만으로 달라지지 아니한다(대판 2011.7.14. 2011다31645).

[**❸** ▸ ○] 위탁매매라 함은 자기의 명의로 타인의 계산에 의하여 물품을 구입 또는 판매하고 보수를 받는 것으로서 명의와 계산이 분리되는 것을 본질로 하는 것이므로, 어떠한 계약이 일반 매매계약인지 위탁매매계약인지는 계약의 명칭 내지 형식적인 문언을 떠나 그 실질을 중시하여 판단하여야 한다(대판 2008.5.29. 2005다6297).

[**❹** ▸ ✕] 위탁자의 위탁상품 공급으로 인한 위탁매매인에 대한 이득상환청구권이나 이행담보책임 이행청구권은 위탁자의 위탁매매인에 대한 상품 공급과 서로 대가관계에 있지 아니하여 등가성이 없으므로 <u>민법 제163조 제6호 소정의 '상인이 판매한 상품의 대가'에 해당하지 아니하여 3년의 단기소멸시효의 대상이 아니고</u>, 한편 위탁매매는 상법상 전형적 상행위이며 위탁매매인은 당연한 상인이고 위탁자도 통상 상인일 것이므로, <u>위탁자의 위탁매매인에 대한 매매 위탁으로 인한 위의 채권은 다른 특별한 사정이 없는 한 통상 상행위로 인하여 발생한 채권이어서 상법 제64조 소정의 5년의 상사소멸시효의 대상이 된다</u>(대판 1996.1.23. 95다39854).

[**❺** ▸ ○] 위탁매매인이 위탁자로부터 받은 물건 또는 유가증권이나 위탁매매로 인하여 취득한 물건, 유가증권 또는 채권은 위탁자와 위탁매매인 또는 위탁매매인의 채권자 간의 관계에서는 이를 위탁자의 소유 또는 채권으로 본다(상법 제103조).

 ❹

19 □□□ 　운송주선업에 관한 다음 설명 중 가장 옳지 않은 것은? 　　　　　　　2023년 법무사시험 [문 26]

① 자기의 명의로 물건운송의 주선을 영업으로 하는 자를 운송주선인이라 하고, 여객운송의 주선은 이에 해당되지 않는다.

② 운송주선인이 상법 제116조에 따라 위탁자의 청구에 의하여 화물상환증을 작성하거나 상법 제119 조 제2항에 따라 운송주선계약에서 운임의 액을 정한 경우에는 운송인으로서의 지위도 취득할 수 있지만, 운송주선인이 위 각 조항에 따라 운송인의 지위를 취득하지 않는 한, 운송인의 대리인 으로서 운송계약을 체결하였더라도 운송의뢰인에 대한 관계에서는 여전히 운송주선인의 지위에 있다.

③ 운송주선인의 책임은 수하인이 운송물을 수령한 날 또는 운송물이 전부 멸실한 경우 그 운송물을 인도할 날로부터 1년을 경과하면 소멸시효가 완성되고, 이는 운송주선인이 악의인 경우에도 마찬 가지이다.

④ 운송주선인은 위탁자를 위하여 물건운송계약을 체결할 것 등의 위탁을 인수하는 것을 본래적인 영업 목적으로 하나, 이러한 운송주선인이 다른 사람의 운송목적의 실현에 도움을 주는 부수적 업무를 담당할 수도 있는 것이어서 상품의 통관절차, 운송물의 검수, 보관, 부보, 운송물의 수령인 도 등의 업무를 담당하고 있는 것이 상례이다.

⑤ 상법 제115조에 의하면, 운송주선인은 자기나 그 사용인이 운송물의 수령, 인도, 보관, 운송인이나 다른 운송주선인의 선택, 기타 운송에 관하여 주의를 해태하지 아니하였음을 증명하지 아니하면 운송물의 멸실, 훼손 또는 연착으로 인한 손해를 배상할 책임을 면하지 못한다.

....

[❶ ▸ ○] 자기의 명의로 물건운송의 주선을 영업으로 하는 자를 운송주선인이라 한다(상법 제114조). 물건이 아닌 여객의 운송을 주선하면 운송주선인이 아니라 준위탁매매인에 해당한다.

[❷ ▸ ○] 운송주선인이 상법 제116조에 따라 위탁자의 청구에 의하여 화물상환증을 작성하거나 같은 법 제119조 제2항에 따라 운송주선계약에서 운임의 액을 정한 경우에는 운송인으로서의 지위도 취득할 수 있지만, 운송주선인이 위 각 조항에 따라 운송인의 지위를 취득하지 않는 한, 운송인의 대리인으로서 운송계약을 체결하였더라도 운송의뢰인에 대한 관계에서는 여전히 운송주선인의 지위에 있다(대판 2007.4.27. 2007다4943).

[❸ ▸ ✕] 상법 제121조

> **상법 제121조(운송주선인의 책임의 시효)**
> ① 운송주선인의 책임은 수하인이 운송물을 수령한 날로부터 1년을 경과하면 소멸시효가 완성한다.
> ② 전항의 기간은 운송물이 전부멸실한 경우에는 그 운송물을 인도할 날로부터 기산한다.
> ③ 전2항의 규정은 운송주선인이나 그 사용인이 <u>악의인 경우에는 적용하지 아니한다</u>.

[❹ ▸ ○] 운송주선인은 위탁자를 위하여 물건운송계약을 체결할 것 등의 위탁을 인수하는 것을 본래 적인 영업 목적으로 하나, 이러한 운송주선인이 다른 사람의 운송목적의 실현에 도움을 주는 부수적 업무를 담당할 수도 있는 것이어서 상품의 통관절차, 운송물의 검수, 보관, 부보, 운송물의 수령인도 등의 업무를 담당하고 있는 것이 상례이다(대판 2018.12.13. 2015다246186).

[**⑤** ▶ O] 운송주선인은 자기나 그 사용인이 운송물의 수령, 인도, 보관, 운송인이나 다른 운송주선인의 선택 기타 운송에 관하여 주의를 해태하지 아니하였음을 증명하지 아니하면 운송물의 멸실, 훼손 또는 연착으로 인한 손해를 배상할 책임을 면하지 못한다(상법 제115조).

답 **❸**

제5절 운송업

20
☐☐☐

상법상 육상운송업에 관한 다음 설명 중 가장 옳지 않은 것은? 2021년 법무사시험 [문 25]

① 운송인은 송하인의 청구에 의하여 화물상환증을 교부하여야 하고, 그 경우 화물상환증의 소지인은 화물상환증과 상환하지 아니하면 운송물의 인도를 청구할 수 없다.

② 화물상환증이 발행되지 않은 경우 운송인이 수하인과의 계약으로 물건에 대한 권리를 취득한 자에게 인도하였다면 수하인의 의사에 따른 것이므로 물건의 인도에 관한 의무위반으로 볼 수 없다.

③ 운송인은 자기 또는 운송주선인이나 사용인, 그 밖에 운송을 위하여 사용한 자가 운송물의 수령, 인도, 보관 및 운송에 관하여 주의를 게을리하지 아니하였음을 증명하지 아니하면 운송물의 멸실, 훼손 또는 연착으로 인한 손해를 배상할 책임이 있다.

④ 해상운송에 있어서 해상강도로 인한 운송물의 멸실이 운송인의 면책사유로 인정되는 것과는 달리 육상에서의 강도로 인한 운송물의 멸실은 반드시 그 자체로서 불가항력으로 인한 면책사유가 된다고 할 수 없다.

⑤ 상법 제136조 고가물불고지로 인한 면책규정은 일반적으로 운송인의 운송계약상의 채무불이행으로 인한 청구에만 적용되고 불법행위로 인한 손해배상청구에는 그 적용이 없다.

⋯⋯⋯⋯⋯⋯⋯⋯⋯⋯⋯⋯⋯⋯⋯⋯⋯⋯⋯⋯⋯⋯⋯⋯⋯⋯⋯⋯⋯⋯⋯⋯⋯⋯⋯⋯⋯⋯⋯

[**❶** ▶ O] 상법 제128조 제1항, 제129조

> **상법 제128조(화물상환증의 발행)**
> ① 운송인은 송하인의 청구에 의하여 화물상환증을 교부하여야 한다.
>
> **상법 제129조(화물상환증의 상환증권성)**
> 화물상환증을 작성한 경우에는 이와 상환하지 아니하면 운송물의 인도를 청구할 수 없다.

[**❷** ▶ ×] 운송인이 수하인 이외의 제3자에게 물건을 인도하여 수하인이 물건을 인도받을 수 없게 되었다면 그 제3자가 수하인과의 계약으로 물건의 소유권을 취득한 자라 하더라도 운송인의 수하인과의 관계에 있어서 물건의 인도에 관하여 주의를 해태하지 아니하였다고 할 수 없다(대판 1965.10.19. 65다697). 판례가 이와 같이 판시한 이유는, 운송물에 대한 인도청구권을 계약당사자가 아닌 수하인으로 확대하는 규정은 예외적인 특칙이므로, 이를 제3자에게까지도 인정하는 것은 엄격하게 해석하여야 하기 때문이다.

[❸ ▶ ○] 운송인은 자기 또는 운송주선인이나 사용인, 그 밖에 운송을 위하여 사용한 자가 운송물의 수령, 인도, 보관 및 운송에 관하여 주의를 게을리하지 아니하였음을 증명하지 아니하면 운송물의 멸실, 훼손 또는 연착으로 인한 손해를 배상할 책임이 있다(상법 제135조).

[❹ ▶ ○] 해상운송에 있어서 해상강도로 인한 운송물의 멸실이 운송인의 손해배상책임을 면하게 하는 면책사유의 하나로서 인정되는 것과는 달리 육상에서의 강도로 인한 운송물의 멸실은 반드시 그 자체로서 불가항력으로 인한 면책사유가 된다고 할 수 없으므로, 다시 운송인이나 그 피용자에게 아무런 귀책사유도 없었는지 여부를 판단하여야 할 것이고, 그 경우 운송인이나 피용자의 무과실이 경험칙상 추단된다고 할 수도 없다(대판 1999.12.10. 98다9038).

[❺ ▶ ○] 상법 제136조와 관련되는 고가물불고지로 인한 면책규정은 일반적으로 운송인의 운송계약상의 채무불이행으로 인한 청구에만 적용되고 불법행위로 인한 손해배상청구에는 그 적용이 없으므로 운송인의 운송이행업무를 보조하는 자가 운송과 관련하여 고의 또는 과실로 송하인에게 손해를 가한 경우 동인은 운송계약의 당사자가 아니어서 운송계약상의 채무불이행으로 인한 책임은 부담하지 아니하나 불법행위로 인한 손해배상책임을 부담하므로 위 면책규정은 적용될 여지가 없다(대판 1991.8.23. 91다15409).

답 ❷

제6절 공중접객업

21
□□□

공중접객업에 관한 다음 설명 중 가장 옳지 않은 것은?　　　　2025년 법무사시험 [문 26]

① 극장, 여관, 음식점, 그 밖의 공중이 이용하는 시설에 의한 거래를 영업으로 하는 자는 상법상 공중접객업자이다.

② 상법 제152조 제1항의 규정에 의한 임치가 성립하려면 우선 공중접객업자와 객 사이에 공중접객업자가 자기의 지배영역 내에서 목적물 보관의 채무를 부담하기로 하는 명시적 또는 묵시적 합의가 있음을 필요로 한다.

③ 숙박업을 영위하는 공중접객업자는 투숙객이 소지한 물건 및 부설주차장에 주차한 차량에 한해서는 무조건 상법 제152조 제1항에서 규정하는 임치받은 물건에 관한 손해배상책임을 부담한다.

④ 숙박업을 영위하는 공중접객업자는 투숙객과 체결한 숙박계약에 따라, 통상의 임대차와 같이 단순히 여관 등의 객실 및 관련 시설을 제공하여 고객으로 하여금 이를 사용·수익하게 할 의무를 부담하는 것에서 한 걸음 더 나아가 고객에게 위험이 없는 안전하고 편안한 객실 및 관련 시설을 제공함으로써 고객의 안전을 배려하여야 할 보호의무를 부담한다.

⑤ 공중접객업자가 화폐, 유가증권, 그 밖의 고가물의 물건의 멸실 또는 훼손으로 인한 손해를 배상할 책임을 부담하더라도, 이는 공중접객업자가 임치물을 반환하거나 고객이 휴대물을 가져간 후 6개월이 지나면 소멸시효가 완성된다.

[**❶** ▸ O] 극장, 여관, 음식점, 그 밖의 공중이 이용하는 시설에 의한 거래를 영업으로 하는 자를 공중접객업자라 한다(상법 제151조).

[**❷** ▸ O] 상법 제152조 제1항의 규정에 의한 임치가 성립하려면 우선 공중접객업자와 객 사이에 공중접객업자가 자기의 지배영역 내에서 목적물 보관의 채무를 부담하기로 하는 명시적 또는 묵시적 합의가 있음을 필요로 한다(대판 1992.2.11. 91다21800).

[**❸** ▸ ×] 공중접객업자가 이용객들의 차량을 주차할 수 있는 주차장을 설치하면서 그 주차장에 차량 출입을 통제할 시설이나 인원을 따로 두지 않았다면, 그 주차장은 단지 이용객의 편의를 위한 주차장소로 제공된 것에 불과하고, 공중접객업자와 이용객 사이에 통상 그 주차차량에 대한 관리를 공중접객업자에게 맡긴다는 의사까지는 없다고 봄이 상당하므로, 공중접객업자에게 차량시동열쇠를 보관시키는 등의 명시적이거나 묵시적인 방법으로 주차차량의 관리를 맡겼다는 등의 특수한 사정이 없는 한, <u>공중접객업자에게 선량한 관리자의 주의로써 주차차량을 관리할 책임이 있다고 할 수 없다</u>(대판 1998.12.8. 98다37507). 따라서 판례에서 설시한 사정이 존재하지 아니하는 경우에는 투숙객이 소지한 물건 및 부설주차장에 주차한 차량에 발생한 손해에 대해 상법상 임치계약 채무불이행으로 인한 손해배상책임을 부담하는 것은 아니라고 판단된다.

[**❹** ▸ O] 공중접객업인 숙박업을 경영하는 자가 투숙객과 체결하는 숙박계약은 숙박업자가 고객에게 숙박을 할 수 있는 객실을 제공하여 고객으로 하여금 이를 사용할 수 있도록 하고 고객으로부터 그 대가를 받는 일종의 일시사용을 위한 임대차계약으로서, 여관의 객실 및 관련시설, 공간은 오로지 숙박업자의 지배 아래 놓여 있는 것이므로 숙박업자는 통상의 임대차와 같이 단순히 여관의 객실 및 관련시설을 제공하여 고객으로 하여금 이를 사용수익하게 할 의무를 부담하는 것에서 한 걸음 더 나아가 고객에게 위험이 없는 안전하고 편안한 객실 및 관련시설을 제공함으로써 고객의 안전을 배려하여야 할 보호의무를 부담하며 이러한 의무는 숙박계약의 특수성을 고려하여 신의칙상 인정되는 부수적인 의무로서 숙박업자가 이를 위반하여 고객의 생명, 신체를 침해하여 손해를 입힌 경우 불완전이행으로 인한 채무불이행책임을 부담한다(대판 1994.1.28. 93다43590).

[**❺** ▸ O] 상법 제153조, 제154조 제1항

상법 제153조(고가물에 대한 책임)

화폐, 유가증권, 그 밖의 고가물(高價物)에 대하여는 고객이 그 종류와 가액(價額)을 명시하여 임치하지 아니하면 공중접객업자는 그 물건의 멸실 또는 훼손으로 인한 손해를 배상할 책임이 없다.

상법 세154조(공중접객업자의 책임의 시효)

① <u>제152조와 제153조의 책임은 공중접객업자가 임치물을 반환하거나 고객이 휴대물을 가져간 후 6개월이 지나면 소멸시효가 완성된다.</u>

답 **❸**

22

상법상 공중접객업자에 관한 다음 설명 중 가장 옳지 않은 것은? 2019년 법무사시험 [문 32]

① 공중접객업자는 고객으로부터 임치받지 아니한 경우에도 그 시설 내에 휴대한 물건이 자기 또는 그 사용인의 과실로 인하여 멸실 또는 훼손되었을 때에는 고객의 휴대물에 대하여 책임이 없음을 알린 경우에도 그 손해를 배상할 책임이 있다.

② 화폐는 고객이 그 종류와 가액을 명시하여 임치하지 아니하면 공중접객업자는 그 물건의 멸실 또는 훼손으로 인한 손해를 배상할 책임이 없다.

③ 여관 부설주차장에 시정장치가 된 출입문이 설치되어 있는 등 여관 측에서 그 주차장에의 출입과 주차시설을 통제하거나 확인할 수 있는 조치가 되어 있다면, 그러한 주차장에 여관투숙객이 주차한 차량에 관하여는 명시적인 위탁의 의사표시가 없어도 여관업자와 투숙객 사이에 임치의 합의가 있는 것으로 볼 수 있다.

④ 숙박업자는 고객에게 위험이 없는 안전하고 편안한 객실 등을 제공함으로써 고객의 안전을 배려하여야 할 보호의무를 부담하고, 숙박업자가 이를 위반하여 고객의 생명 등을 침해하여 투숙객에게 손해를 입힌 경우 불완전이행으로 인한 채무불이행책임을 부담한다.

⑤ 고객의 임치물 및 휴대물에 대한 공중접객업자의 악의로 인한 책임은 공중접객업자가 임치물을 반환하거나 고객이 휴대물을 가져간 후 6개월이 지나면 소멸시효가 완성된다.

··

[**❶ ▶ ○**] 상법 제152조 제2항·제3항

> **상법 제152조(공중접객업자의 책임)**
> ① 공중접객업자는 자기 또는 그 사용인이 고객으로부터 임치(任置)받은 물건의 보관에 관하여 주의를 게을리하지 아니하였음을 증명하지 아니하면 그 물건의 멸실 또는 훼손으로 인한 손해를 배상할 책임이 있다.
> ② 공중접객업자는 고객으로부터 임치받지 아니한 경우에도 그 시설 내에 휴대한 물건이 자기 또는 그 사용인의 과실로 인하여 멸실 또는 훼손되었을 때에는 그 손해를 배상할 책임이 있다.
> ③ 고객의 휴대물에 대하여 책임이 없음을 알린 경우에도 공중접객업자는 제1항과 제2항의 책임을 면하지 못한다.

[**❷ ▶ ○**] 화폐, 유가증권, 그 밖의 고가물(高價物)에 대하여는 고객이 그 종류와 가액(價額)을 명시하여 임치하지 아니하면 공중접객업자는 그 물건의 멸실 또는 훼손으로 인한 손해를 배상할 책임이 없다(상법 제153조).

[**❸ ▶ ○**] 여관 부설주차장에 시정장치가 된 출입문이 설치되어 있거나 출입을 통제하는 관리인이 배치되어 있거나 기타 여관 측에서 그 주차장에의 출입과 주차사실을 통제하거나 확인할 수 있는 조치가 되어 있다면, 그러한 주차장에 여관 투숙객이 주차한 차량에 관하여는 명시적인 위탁의 의사표시가 없어도 여관업자와 투숙객 사이에 임치의 합의가 있는 것으로 볼 수 있으나, 위와 같은 주차장 출입과 주차사실을 통제하거나 확인하는 시설이나 조치가 되어 있지 않은 채 단지 주차의 장소만을 제공하는 데에 불과하여 그 주차장 출입과 주차사실을 여관 측에서 통제하거나 확인하지 않고 있는 상황이라면, 부설주차장 관리자로서의 주의의무 위배 여부는 별론으로 하고 그러한 주차장에 주차한 것만으로 여관업자와 투숙객 사이에 임치의 합의가 있는 것으로 볼 수 없고, 투숙객이 여관 측에 주차사실을 고지하거나 차량열쇠를 맡겨 차량의 보관을 위탁한 경우에만 임치의 성립을 인정할 수 있다(대판 1992.2.11. 91다21800).

[❹ ▸ O] 공중접객업인 숙박업을 경영하는 자가 투숙객과 체결하는 숙박계약은 숙박업자가 고객에게 숙박을 할 수 있는 객실을 제공하여 고객으로 하여금 이를 사용할 수 있도록 하고 고객으로부터 그 대가를 받는 일종의 일시사용을 위한 임대차계약으로서, 여관의 객실 및 관련 시설, 공간은 오로지 숙박업자의 지배 아래 놓여 있는 것이므로 숙박업자는 통상의 임대차와 같이 단순히 여관의 객실 및 관련 시설을 제공하여 고객으로 하여금 이를 사용수익하게 할 의무를 부담하는 것에서 한 걸음 더 나아가 고객에게 위험이 없는 안전하고 편안한 객실 및 관련 시설을 제공함으로써 고객의 안전을 배려하여야 할 보호의무를 부담하며 이러한 의무는 숙박계약의 특수성을 고려하여 신의칙상 인정되는 부수적인 의무로서 숙박업자가 이를 위반하여 고객의 생명, 신체를 침해하여 손해를 입힌 경우 불완전이행으로 인한 채무불이행책임을 부담한다(대판 1994.1.28. 93다43590).

[❺ ▸ ×] 공중접객업자나 그 사용인이 악의인 경우에는, 6개월의 단기시효가 아닌 5년의 일반상사시효가 적용된다(상법 제154조 제3항 참조).

> **상법 제154조(공중접객업자의 책임의 시효)**
> ① 제152조와 제153조의 책임은 공중접객업자가 임치물을 반환하거나 고객이 휴대물을 가져간 후 6개월이 지나면 소멸시효가 완성된다.
> ② 물건이 전부 멸실된 경우에는 제1항의 기간은 고객이 그 시설에서 퇴거한 날부터 기산한다.
> ③ 제1항과 제2항은 공중접객업자나 그 사용인이 악의인 경우에는 적용하지 아니한다.

 ❺

23
□□□

다음 설명 중 가장 옳지 않은 것은?　　　　　　　　　　2024년 법무사시험 [문 43]

① 어떤 자가 제조자나 공급자와 대리점계약이라는 명칭의 계약을 체결하였다고 하여 곧바로 상법 제87조의 대리상으로 되는 것은 아니다.

② 어떠한 법률관계가 내적 조합에 해당하는지 아니면 익명조합에 해당하는지는 당사자들의 내부관계에 있어서 공동사업이 있는지, 조합원이 업무검사권 등을 가지고 조합의 업무에 관여하였는지, 재산의 처분 또는 변경에 전원의 동의가 필요한지 등을 모두 종합하여 판단하여야 한다.

③ 해상운송화물이 통관을 위하여 보세창고에 입고된 경우에는 운송인과 보세창고업자 사이에 해상운송화물에 관하여 묵시적 임치계약이 성립한다.

④ 보세창고업자는 운송인의 이행보조자로서 해상운송의 정당한 수령인인 수하인 또는 수하인이 지정하는 자에게 화물을 인도할 의무를 부담한다.

⑤ 보세창고업자는 화물 인도 과정에서 운송인이 발행한 화물인도지시서가 화물을 인도할 수 있는 근거서류로 적법하게 발행되었는지 등을 확인할 주의의무를 부담하는데, 선하증권을 취득하지 못한 신용장 개설은행에 대해서도 이러한 주의의무를 부담한다.

- -

[**❶ ▸ ○**] 상법 제87조는 일정한 상인을 위하여 상업사용인이 아니면서 상시 그 영업부류에 속하는 거래의 대리 또는 중개를 영업으로 하는 자를 대리상으로 규정하고 있는데, 어떤 자가 제조자나 공급자와 사이에 대리점계약이라고 하는 명칭의 계약을 체결하였다고 하여 곧바로 상법 제87조의 대리상으로 되는 것은 아니고, 그 계약 내용을 실질적으로 살펴 대리상에 해당하는지 여부를 판단하여야 한다(대판 2013.2.14. 2011다28342).

[**❷ ▸ ○**] 어떠한 법률관계가 내적 조합에 해당하는지 아니면 익명조합에 해당하는지는, 당사자들의 내부관계에 공동사업이 있는지, 조합원이 업무검사권 등을 가지고 조합의 업무에 관여하였는지, 재산의 처분 또는 변경에 전원의 동의가 필요한지 등을 모두 종합하여 판단하여야 한다(대판 2011.11.24. 2010도 5014).

[**❸ ▸ ○**] [**❹ ▸ ○**] 해상운송화물이 통관을 위하여 보세창고에 입고된 경우에는 운송인과 보세창고업자 사이에 해상운송화물에 관하여 묵시적 임치계약이 성립한다. 따라서 보세창고업자는 운송인과의 임치계약에 따라 운송인 또는 그가 지정하는 자에게 화물을 인도할 의무가 있고, 한편 운송인은 선하증권상의 수하인이나 그가 지정하는 자에게 화물을 인도할 의무가 있으므로, 보세창고업자로서는 운송인의 이행보조자로서 해상운송의 정당한 수령인인 수하인 또는 수하인이 지정하는 자에게 화물을 인도할 의무를 부담하게 되는바, 보세창고업자가 화물을 인도함에 있어서 운송인의 지시 없이 수하인이 아닌 사람에게 인도함으로써 수하인의 화물인도청구권을 침해한 경우에는 그로 인한 손해를 배상할 책임이 있다(대판 2009.10.15. 2009다39820).

[**❺ ▸ ✕**] 보세창고업자는 화물 인도 과정에서 운송인이 발행한 화물인도지시서가 화물을 인도할 수 있는 근거서류로 적법하게 발행되었는지 등을 확인할 주의의무를 부담한다. 이와 같이 보세창고업자가 화물 인도에 관하여 부담하는 주의의무는 선하증권 소지인의 권리 기타 재산상의 이익을 보호하고 손해를 방지하는 것을 목적으로 할 뿐, <u>선하증권을 취득하지 못한 신용장 개설은행에 대해서까지 이러한 주의의무를 부담한다고 보기 어렵다</u>(대판 2023.12.14. 2022다208649).

정답 **❺**

24
□□□

리스계약에 관한 다음 설명 중 가장 옳지 않은 것은?　　2024년 법무사시험 [문 21]

① 금융리스계약은 금융리스업자가 금융리스이용자에게 금융리스물건을 취득 또는 대여하는 데 소요되는 자금에 관한 금융의 편의를 제공하는 것을 본질적 내용으로 한다.

② 금융리스업자는 금융리스이용자가 공급자로부터 상법 제168조의3 제1항에 따라 적합한 금융리스물건을 수령할 수 있도록 협력할 의무와 함께 독자적인 금융리스물건 인도의무 또는 검사·확인의무도 부담한다.

③ 리스계약은 형식에서는 임대차계약과 유사하나 그 실질은 물적 금융이며 임대차계약과는 여러 가지 다른 특질이 있기 때문에 민법의 임대차에 관한 규정이 바로 적용되지 아니한다.

④ 리스계약은 물건의 인도를 계약성립의 요건으로 하지 않는 낙성계약으로서 리스이용자가 리스물건 수령증서를 리스회사에 발급한 이상 현실적으로 리스물건이 인도되기 전이라고 하여도 이때부터 리스기간이 개시되고 리스이용자의 리스료 지급의무도 발생한다.

⑤ 일반적으로 리스계약에 있어서는 리스물건의 소유권이 리스회사에게 유보되는 것 자체가 리스이용자의 리스회사에 대한 계약상의 채무 이행을 담보하는 기능을 가지고 있어 리스물건의 변환물이라고 할 수 있는 리스물건에 관한 리스회사의 보험금청구권 역시 그와 같은 담보적 기능을 가지고 있다.

···

[❶▶○]　금융리스계약은 금융리스업자가 금융리스이용자에게 금융리스물건을 취득 또는 대여하는 데 소요되는 자금에 관한 금융의 편의를 제공하는 것을 본질적 내용으로 한다(대판 2019.2.14. 2016다245418).

[❷▶×]　금융리스계약 당사자 사이에 금융리스업자가 직접 물건의 공급을 담보하기로 약정하는 등의 특별한 사정이 없는 한, 금융리스업자는 금융리스이용자가 공급자로부터 상법 제168조의3 제1항에 따라 적합한 금융리스물건을 수령할 수 있도록 협력할 의무를 부담할 뿐이고, 이와 별도로 독자적인 금융리스물건 인도의무 또는 검사·확인의무를 부담한다고 볼 수는 없다(대판 2019.2.14. 2016다245418).

[❸▶○]　시설대여(리스)는 시설대여회사가 대여시설이용자가 선정한 특정 물건을 새로이 취득하거나 대여받아 그 물건에 대한 직접적인 유지·관리책임을 지지 아니하면서 대여시설이용자에게 일정기간 사용하게 하고 그 기간종료 후에 물건의 처분에 관하여는 당사자 간의 약정으로 정하는 계약으로서, 형식에서는 임대차계약과 유사하나 그 실질은 물적 금융이며 임대차계약과는 여러 가지 다른 특질이 있기 때문에 시설대여(리스)계약은 비전형계약(무명계약)이고, 따라서 이에 대하여는 민법의 임대차에 관한 규정이 바로 적용되지 아니한다(대판 1994.11.8. 94다23388).

[❹▶○]　리스계약은 물건의 인도를 계약성립의 요건으로 하지 않는 낙성계약으로서 리스이용자가 리스물건수령증서를 리스회사에 발급한 이상 현실적으로 리스물건이 인도되기 전이라고 하여도 이때부터 리스기간이 개시되고 이용자의 리스료지급의무도 발생한다(대판 1991.4.9. 90다카26515).

[❺▶○]　일반적으로 리스계약에 있어서는 리스물건의 소유권이 리스회사에게 유보되는 것 자체가 리스이용자의 리스회사에 대한 계약상의 채무 이행을 담보하는 기능을 가지고 있어 리스물건의 변환물이라고 할 수 있는 리스물건에 관한 리스회사의 보험금청구권 역시 그와 같은 담보적 기능을 가지고 있다(대판 1997.11.14. 95다11009).

답 ❷

✓ 각 문항별로 회독수를 체크해 보세요. ☑☐☐

제1장   통 칙

01
☐☐☐

상법상 회사에 관한 다음 설명 중 가장 옳지 않은 것은?   **2023년 법무사시험 [문 37]**

① 회사는 본점소재지에서 설립등기를 함으로써 성립되고, 주식회사의 경우 설립등기가 마쳐지면 주식인수인이 주식청약서 요건의 흠결을 이유로 그 인수의 무효를 주장하거나 사기, 강박 또는 착오를 이유로 그 인수를 취소하지 못한다.

② 회사는 합명회사, 합자회사, 유한책임회사, 주식회사, 유한회사의 5종으로 한다.

③ 개인이 회사를 설립하지 않고 영업을 하다가 그와 영업목적이나 물적 설비, 인적 구성원 등이 동일한 회사를 설립하는 경우에 그 회사가 외형상으로는 법인의 형식을 갖추고 있으나 법인의 형태를 빌리고 있는 것에 지나지 않고, 실질적으로는 완전히 그 법인격의 배후에 있는 개인의 개인기업에 불과하거나, 회사가 개인에 대한 법적 책임을 회피하기 위한 수단으로 함부로 이용되고 있는 예외적인 경우에는 회사의 법인격을 부인하여 그 배후에 있는 개인에게 책임을 물을 수 있다.

④ 개인과 회사의 주주들이 경제적 이해관계를 같이 하는 등 개인이 새로 설립한 회사를 실질적으로 운영하면서 자기 마음대로 이용할 수 있는 지배적 지위에 있다고 인정되는 경우로서, 제반 사정에 비추어 회사와 개인이 별개의 인격체임을 내세워 회사 설립 전 개인의 채무 부담행위에 대한 회사의 책임을 부인하는 것이 심히 정의와 형평에 반한다고 인정되는 때에는 회사에 대하여 회사 설립 전에 개인이 부담한 채무의 이행을 청구하는 것도 가능하다.

⑤ 회사의 법인격이 형해화되었다고 볼 수 있는지 여부는 원칙적으로 회사가 성립되는 설립등기를 한 시점을 기준으로, 회사의 법인격이 형해화될 정도에 이르지 않더라도 개인이 회사의 법인격을 남용하였는지 여부는 채무면탈 등의 남용행위를 한 시점을 기준으로 각 판단하여야 한다.

[**❶ ▸ ○**] 상법 제172조, 제320조 제1항

> **상법 제172조(회사의 성립)**
> 회사는 본점소재지에서 설립등기를 함으로써 성립한다.
>
> **상법 제320조(주식인수의 무효 주장, 취소의 제한)**
> ① (주식)회사성립 후에는 주식을 인수한 자는 주식청약서의 요건의 흠결을 이유로 하여 그 인수의 무효를 주장하거나 사기, 강박 또는 착오를 이유로 하여 그 인수를 취소하지 못한다.

[**❷ ▸ ○**] 회사는 합명회사, 합자회사, 유한책임회사, 주식회사와 유한회사의 5종으로 한다(상법 제170조).

[**❸ ▸ ○**] [**❹ ▸ ○**] 주식회사는 주주와 독립된 별개의 권리주체이므로 그 독립된 법인격이 부인되지 않는 것이 원칙이다. 그러나 개인이 회사를 설립하지 않고 영업을 하다가 그와 영업목적이나 물적 설비, 인적 구성원 등이 동일한 회사를 설립하는 경우에 그 회사가 외형상으로는 법인의 형식을 갖추고 있으나 법인의 형태를 빌리고 있는 것에 지나지 않고, 실질적으로는 완전히 그 법인격의 배후에 있는 개인의 개인기업에 불과하거나, 회사가 개인에 대한 법적 책임을 회피하기 위한 수단으로 함부로 이용되고 있는 예외적인 경우까지 회사와 개인이 별개의 인격체임을 이유로 개인의 책임을 부정하는 것은 신의성실의 원칙에 반하므로, 이러한 경우에는 회사의 법인격을 부인하여 그 배후에 있는 개인에게 책임을 물을 수 있다. 나아가 그 개인과 회사의 주주들이 경제적 이해관계를 같이 하는 등 개인이 새로 설립한 회사를 실질적으로 운영하면서 자기 마음대로 이용할 수 있는 지배적 지위에 있다고 인정되는 경우로서, 회사 설립과 관련된 개인의 자산 변동 내역, 특히 개인의 자산이 설립된 회사에 이전되었다면 그에 대하여 정당한 대가가 지급되었는지 여부, 개인의 자산이 회사에 유용되었는지 여부와 그 정도 및 제3자에 대한 회사의 채무 부담 여부와 그 부담 경위 등을 종합적으로 살펴보아 회사와 개인이 별개의 인격체임을 내세워 회사 설립 전 개인의 채무 부담행위에 대한 회사의 책임을 부인하는 것이 심히 정의와 형평에 반한다고 인정되는 때에는 회사에 대하여 회사 설립 전에 개인이 부담한 채무의 이행을 청구하는 것도 가능하다고 보아야 한다(대판 2021.4.15. 2019다293449).

[**❺ ▸ ×**] 개인의 채무 부담행위에 대한 회사의 책임을 부인하는 것이 심히 정의와 형평에 반한다고 인정되어 회사에 대하여 개인이 부담한 채무의 이행을 청구하는 법리는 채무면탈을 목적으로 회사가 새로 설립된 경우뿐 아니라 같은 목적으로 기존 회사의 법인격이 이용되는 경우에도 적용되는데, 여기에는 회사가 이름뿐이고 실질적으로는 개인기업에 지나지 않은 상태로 될 정도로 형해화된 경우와 회사의 법인격이 형해화될 정도에 이르지 않더라도 개인이 회사의 법인격을 남용하는 경우가 있을 수 있다. 이때 회사의 법인격이 형해화되었다고 볼 수 있는지 여부는 원칙적으로 문제가 되고 있는 법률행위나 사실행위를 한 시점을 기준으로, 회사의 법인격이 형해화될 정도에 이르지 않더라도 개인이 회사의 법인격을 남용하였는지 여부는 채무면탈 등의 남용행위를 한 시점을 기준으로 각 판단하여야 한다(대판 2023.2.2. 2022다276703).

답 ❺

법인격 부인에 관한 다음 설명 중 가장 옳지 않은 것은?　　

① 회사가 외형상으로는 법인의 형식을 갖추고 있으나 이는 법인의 형태를 빌리고 있는 것에 지나지 아니하고 그 실질에 있어서는 완전히 그 법인격의 배후에 있는 타인의 개인기업에 불과하거나 그것이 배후자에 대한 법률적용을 회피하기 위한 수단으로 함부로 쓰여지는 경우에는, 비록 외견상으로는 회사의 행위라 할지라도 회사와 그 배후자가 별개의 인격체임을 내세워 회사에게만 그로 인한 법적 효과가 귀속됨을 주장하면서 배후자의 책임을 부정하는 것은 신의성실의 원칙에 위반되는 법인격의 남용으로서 심히 정의와 형평에 반하여 허용될 수 없고, 따라서 회사는 물론 그 배후자인 타인에 대하여도 회사의 행위에 관한 책임을 물을 수 있다.

② 개인과 회사의 주주들이 경제적 이해관계를 같이 하는 등 개인이 새로 설립한 회사를 실질적으로 운영하면서 자기 마음대로 이용할 수 있는 지배적 지위에 있다고 인정되는 경우로서, 여러 사정을 종합적으로 살펴보아 회사와 개인이 별개의 인격체임을 내세워 회사 설립 전 개인의 채무부담행위에 대한 회사의 책임을 부인하는 것이 심히 정의와 형평에 반한다고 인정되는 때에는 회사에 대하여 회사 설립 전에 개인이 부담한 채무의 이행을 청구하는 것도 가능하다.

③ 개인의 채무부담행위에 대한 회사의 책임을 부인하는 것이 심히 정의와 형평에 반한다고 인정되어 회사에 대하여 개인이 부담한 채무의 이행을 청구하는 법리는 채무면탈을 목적으로 회사가 새로 설립된 경우뿐 아니라 같은 목적으로 기존 회사의 법인격이 이용되는 경우에도 적용되는데, 여기에는 회사가 이름뿐이고 실질적으로는 개인기업에 지나지 않은 상태로 될 정도로 형해화된 경우와 회사의 법인격이 형해화될 정도에 이르지 않더라도 개인이 회사의 법인격을 남용하는 경우가 있을 수 있다. 이때 회사의 법인격이 형해화되었다고 볼 수 있는지 여부는 원칙적으로 문제가 되고 있는 법률행위나 사실행위를 한 시점을 기준으로, 회사의 법인격이 형해화될 정도에 이르지 않더라도 개인이 회사의 법인격을 남용하였는지 여부는 채무면탈 등의 남용행위를 한 시점을 기준으로 각 판단하여야 한다.

④ 기존회사가 채무를 면탈할 목적으로 기업의 형태·내용이 실질적으로 동일한 신설회사를 설립하여 채무면탈이라는 위법한 목적달성을 위하여 회사제도를 남용하였다고 평가되는 경우, 기존회사의 채권자는 신설회사만을 상대로 채무 이행을 구하여야 하고 기존회사를 상대로 채무 이행을 청구할 수는 없다.

⑤ 법인의 준거법은 원칙적으로 설립 준거법을 기준으로 결정되므로, 법인과 채권·채무관계가 있는 자가 법인과 사원 등 배후자 사이의 법인격의 분리를 부정하면서 법인의 사원 등 배후자에 대하여 법인의 채무에 대한 책임을 추궁하는 경우, 이는 결국 법인의 구성원이 법인의 채권자에 대하여 책임을 부담할지가 문제 되는 것이므로 특별한 사정이 없는 한 법인과 사원 등 사이의 법인격의 분리 여부와 요건을 규정한 그 법인의 설립 준거법에 따라야 한다.

[**❶ ▶ O**]　회사가 외형상으로는 법인의 형식을 갖추고 있으나 법인의 형태를 빌리고 있는 것에 지나지 아니하고 실질적으로는 완전히 그 법인격의 배후에 있는 사람의 개인기업에 불과하거나, 그것이 배후자에 대한 법률적용을 회피하기 위한 수단으로 함부로 이용되는 경우에는, 비록 외견상으로는 회사의 행위라 할지라도 회사와 그 배후자가 별개의 인격체임을 내세워 회사에게만 그로 인한 법적 효과가 귀속됨을 주장하면서 배후자의 책임을 부정하는 것은 신의성실의 원칙에 위배되는 법인격의 남용으로서 심히 정의와 형평에 반하여 허용될 수 없고, 따라서 회사는 물론 그 배후자인 타인에 대하여도 회사의 행위에 관한 책임을 물을 수 있다고 보아야 한다(대판 2008.9.11. 2007다90982).

[❷▸○] [❸▸○]   [2] 개인과 회사의 주주들이 경제적 이해관계를 같이 하는 등 개인이 새로 설립한 회사를 실질적으로 운영하면서 자기 마음대로 이용할 수 있는 지배적 지위에 있다고 인정되는 경우로서, 회사 설립과 관련된 개인의 자산 변동 내역, 특히 개인의 자산이 설립된 회사에 이전되었다면 그에 대하여 정당한 대가가 지급되었는지 여부, 개인의 자산이 회사에 유용되었는지 여부와 그 정도 및 제3자에 대한 회사의 채무부담 여부와 그 부담 경위 등을 종합적으로 살펴보아 회사와 개인이 별개의 인격체임을 내세워 회사 설립 전 개인의 채무부담행위에 대한 회사의 책임을 부인하는 것이 심히 정의와 형평에 반한다고 인정되는 때에는 회사에 대하여 회사 설립 전에 개인이 부담한 채무의 이행을 청구하는 것도 가능하다고 보아야 한다. [3] 개인의 채무부담행위에 대한 회사의 책임을 부인하는 것이 심히 정의와 형평에 반한다고 인정되어 회사에 대하여 개인이 부담한 채무의 이행을 청구하는 법리는 채무면탈을 목적으로 회사가 새로 설립된 경우뿐 아니라 같은 목적으로 기존 회사의 법인격이 이용되는 경우에도 적용되는데, 여기에는 회사가 이름뿐이고 실질적으로는 개인기업에 지나지 않은 상태로 될 정도로 형해화된 경우와 회사의 법인격이 형해화될 정도에 이르지 않더라도 개인이 회사의 법인격을 남용하는 경우가 있을 수 있다. 이때 회사의 법인격이 형해화되었다고 볼 수 있는지 여부는 원칙적으로 문제가 되고 있는 법률행위나 사실행위를 한 시점을 기준으로, 회사의 법인격이 형해화될 정도에 이르지 않더라도 개인이 회사의 법인격을 남용하였는지 여부는 채무면탈 등의 남용행위를 한 시점을 기준으로 각 판단하여야 한다(대판 2023.2.2. 2022다276703).

[❹▸×]   기존회사가 채무를 면탈할 의도로 기업의 형태·내용이 실질적으로 동일한 신설회사를 설립한 경우 이는 기존회사의 채무면탈이라는 위법한 목적을 달성하기 위하여 회사제도를 남용한 것에 해당한다. 기존회사의 채권자에 대하여 위 두 회사가 별개의 법인격을 갖고 있다고 주장하는 것은 신의성실의 원칙상 허용되지 않는다. 기존회사의 채권자는 위 두 회사 어느 쪽에 대해서도 채무의 이행을 청구할 수 있다. 이러한 법리는 어느 회사가 이미 설립되어 있는 다른 회사 가운데 기업의 형태·내용이 실질적으로 동일한 회사를 채무를 면탈할 의도로 이용한 경우에도 적용된다(대판 2019.12.13. 2017다271643).

[❺▸○]   구 국제사법 제16조 본문은 "법인 또는 단체는 그 설립의 준거법에 의한다."라고 하여 법인의 준거법은 원칙적으로 설립 준거법을 기준으로 정하고 있다. 이 조항이 적용되는 사항을 제한하는 규정이 없는데, 그 적용 범위는 법인의 설립과 소멸, 조직과 내부관계, 기관과 구성원의 권리와 의무, 행위능력 등 법인에 관한 문제 전반을 포함한다고 보아야 한다. 따라서 법인의 구성원이 법인의 채권자에 대하여 책임을 부담하는지, 만일 책임을 부담한다면 그 범위는 어디까지인지 등에 관하여도 해당 법인의 설립 준거법에 따라야 한다. 법인과 채권·채무관계가 있는 자가 법인과 사원 등 배후자 사이의 법인격의 분리를 부정하면서 법인의 사원 등 배후자에 대하여 법인의 채무에 대한 책임을 추궁하는 경우, 이는 결국 법인의 구성원이 법인의 채권자에 대하여 책임을 부담할지가 문제 되는 것이므로 특별한 사정이 없는 한 법인과 사원 등 사이의 법인격의 분리 여부와 요건을 규정한 그 법인의 설립 준거법에 따라야 한다(대판 2025.4.3. 2022다288836).

 ❹

① 주식회사에서 총 주식을 한 사람이 소유하고 있는 1인 회사의 경우에는 실제로 주주총회를 개최한 사실이 없다 하더라도 1인 주주에 의하여 의결이 있었던 것으로 주주총회 의사록이 작성되었다면 특별한 사정이 없는 한 그 내용의 결의가 있었던 것으로 볼 수 있어 형식적인 사유에 의하여 결의가 없었던 것으로 다툴 수는 없다.

② 위 ①항의 법리는 한 사람이 다른 사람의 명의를 빌려 주주로 등재하였으나 총 주식을 실질적으로 그 한 사람이 모두 소유한 경우에는 적용되지 않는다.

③ 주식의 소유가 실질적으로 분산되어 있는 경우에는 설령 1인이 총 주식의 대다수를 가지고 있고 그 지배주주에 의하여 의결이 있었던 것으로 주주총회 의사록이 작성되어 있다 하더라도 특별한 사정이 없는 한 그 내용의 결의가 있었던 것으로 볼 수 없다.

④ 실질상 1인 회사의 소유 재산을 그 회사의 대표이사이자 1인 주주가 처분하였다면 주주총회의 특별결의가 없고 그 재산이 회사의 유일한 영업재산이라 하더라도 유효하다.

⑤ 임원퇴직금지급규정에 관하여 주주총회 결의가 있거나 주주총회의사록이 작성된 적은 없으나 위 규정에 따른 퇴직금이 사실상 1인 회사의 실질적 1인 주주의 결재·승인을 거쳐 관행적으로 지급되었다면 위 규정에 대하여 주주총회의 결의가 있었던 것으로 볼 수 있다.

....

[**❶ ▸ ○**] 주식회사에서 총 주식을 한 사람이 소유하고 있는 1인회사의 경우에는 그 주주가 유일한 주주로서 주주총회에 출석하면 전원총회로서 성립하고 그 주주의 의사대로 결의될 것임이 명백하므로 따로이 총회소집절차가 필요 없다 할 것이고, 실제로 총회를 개최한 사실이 없다 하더라도 1인주주에 의하여 의결이 있었던 것으로 주주총회 의사록이 작성되었다면 특별한 사정이 없는 한 그 내용의 결의가 있었던 것으로 볼 수 있어 형식적인 사유에 의하여 결의가 없었던 것으로 다툴 수는 없다(대판 1993.6.11. 93다8702).

[**❷ ▸ ✕**] [**❸ ▸ ○**] 　주식회사에 있어서 총 주식을 한 사람이 소유한 이른바 1인 회사의 경우 그 주주가 유일한 주주로서 주주총회에 출석하면 전원 총회로서 성립하고 그 주주의 의사대로 결의가 될 것임이 명백하므로 따로 총회소집절차가 필요 없으며, 실제로 총회를 개최한 사실이 없었다 하더라도 그 1인 주주에 의하여 의결이 있었던 것으로 주주총회 의사록이 작성되었다면 특별한 사정이 없는 한 그 내용의 결의가 있었던 것으로 볼 수 있고, <u>이 점은 한 사람이 다른 사람의 명의를 빌려 주주로 등재하였으나 총 주식을 실질적으로 그 한 사람이 모두 소유한 경우에도 마찬가지라고 할 수 있으나</u>, 이와 달리 주식의 소유가 실질적으로 분산되어 있는 경우에는 상법상의 원칙으로 돌아가 실제의 소집절차와 결의절차를 거치지 아니한 채 주주총회의 결의가 있었던 것처럼 주주총회 의사록을 허위로 작성한 것이라면 설사 1인이 총 주식의 대다수를 가지고 있고 그 지배주주에 의하여 의결이 있었던 것으로 주주총회 의사록이 작성되어 있다 하더라도 도저히 그 결의가 존재한다고 볼 수 없을 정도로 중대한 하자가 있는 때에 해당하여 그 주주총회의 결의는 부존재하다고 보아야 한다(대판 2007.2.22. 2005다73020).

[**❹ ▸ ○**] 　실질상 1인회사의 소유 재산을 그 회사의 대표이사이자 1인주주가 처분하였다면 그러한 처분의사결정은 곧 주주총회의 특별결의에 대치되는 것이라 할 것이므로 그 재산이 회사의 유일한 영업재산이라 하더라도 동처분은 유효하다(대판 1976.5.11. 73다52).

[**❺ ▸ ○**] 　임원퇴직금지급규정에 관하여 주주총회 결의가 있거나 주주총회의사록이 작성된 적은 없으나 위 규정에 따른 퇴직금이 사실상 1인회사의 실질적 1인 주주의 결재·승인을 거쳐 관행적으로 지급되었다면 위 규정에 대하여 주주총회의 결의가 있었던 것으로 볼 수 있다(대판 2004.12.10. 2004다25123).

 답 **❷**

04 □□□　합명회사의 설립무효, 취소에 관한 다음 설명 중 가장 옳지 않은 것은? 기출수정

2022년 법무사시험 [문 43]

① 회사의 설립의 무효는 그 사원에 한하여, 설립의 취소는 그 취소권 있는 자에 한하여 회사성립의 날로부터 2년 내에 소만으로 이를 주장할 수 있는데, 사원은 사원의 주소지 법원에 설립무효의 소를 제기할 수 있다.
② 설립무효의 판결 또는 설립취소의 판결은 제3자에 대하여도 그 효력이 있으나 판결확정 전에 생긴 회사와 사원 및 제3자 간의 권리의무에 영향을 미치지 아니한다.
③ 수개의 설립무효의 소 또는 설립취소의 소가 제기된 때에는 법원은 이를 병합심리하여야 한다.
④ 설립무효의 판결 또는 설립취소의 판결이 확정된 때에는 본점의 소재지에서 등기하여야 한다.
⑤ 설립무효의 판결 또는 설립취소의 판결이 확정된 때에는 해산의 경우에 준하여 청산하여야 한다.

[❶ ▸ ×] 상법 제184조 제1항, 제186조

> **상법 제184조(설립무효, 취소의 소)**
> ① 회사의 설립의 무효는 그 사원에 한하여, 설립의 취소는 그 취소권 있는 자에 한하여 회사성립의 날로부터 2년 내에 소만으로 이를 주장할 수 있다.
>
> **상법 제186조(전속관할)**
> 전2조의 소는 본점소재지의 지방법원의 관할에 전속한다.

[❷ ▸ ○] 설립무효의 판결 또는 설립취소의 판결은 제3자에 대하여도 그 효력이 있다. 그러나 판결확정 전에 생긴 회사와 사원 및 제3자 간의 권리의무에 영향을 미치지 아니한다(상법 제190조).
[❸ ▸ ○] 수개의 설립무효의 소 또는 설립취소의 소가 제기된 때에는 법원은 이를 병합심리하여야 한다(상법 제188조).
[❹ ▸ ○] 설립무효의 판결 또는 설립취소의 판결이 확정된 때에는 본점의 소재지에서 등기하여야 한다(상법 제192조).
[❺ ▸ ○] 설립무효의 판결 또는 설립취소의 판결이 확정된 때에는 해산의 경우에 준하여 청산하여야 한다(상법 제193조 제1항).

답 ❶

회사의 설립에 관한 다음 설명 중 가장 옳지 않은 것은?

① 설립 중의 회사로서의 실체가 갖추어지기 이전에 발기인이 취득한 권리의무는 구체적인 사정에 따라 발기인 개인 또는 발기인 조합에 귀속되고, 이후 양수나 계약자 지위인수 등의 특별한 이전행위 없이 설립 후의 회사에게 귀속된다.

② 주식회사 설립의 무효는 주주·이사 또는 감사에 한하여 회사성립의 날로부터 2년 내에 소만으로 이를 주장할 수 있다.

③ 합명회사와 합자회사에서는 설립무효의 판결 또는 설립취소의 판결이 확정된 경우에 그 무효나 취소의 원인이 특정한 사원에 한한 것인 때에는 다른 사원 전원의 동의로써 회사를 계속할 수 있다.

④ 주식회사의 설립과정에서 설립 중의 회사는 정관이 작성되고 발기인이 적어도 1주 이상의 주식을 인수하였을 때 성립한다.

⑤ 주식회사설립무효의 소가 그 심리 중에 원인이 된 하자가 보완되고 회사의 현황과 제반사정을 참작하여 설립을 무효로 하는 것이 부적당하다고 인정한 때에는 법원은 그 청구를 기각할 수 있다.

....

[**❶ ▸ ✕**] 설립 중의 회사로서의 실체가 갖추어지기 이전에 발기인이 취득한 권리의무는 구체적인 사정에 따라 발기인 개인 또는 발기인 조합에 귀속되는 것으로서, 이들에게 귀속된 권리의무를 설립 후의 회사에게 귀속시키기 위하여는 양수나 계약자 지위인수 등의 특별한 이전행위가 있어야 한다(대판 1998.5.12. 97다56020).

[**❷ ▸ ○**] [**❺ ▸ ○**] 상법 제328조, 제189조

> **상법 제328조(설립무효의 소)**
> ① 회사설립의 무효는 주주·이사 또는 감사에 한하여 회사성립의 날로부터 2년 내에 소만으로 이를 주장할 수 있다.
> ② 제186조 내지 제193조의 규정은 제1항의 소에 준용한다.
>
> **상법 제189조(하자의 보완 등과 청구의 기각)**
> 설립무효의 소 또는 설립취소의 소가 그 심리 중에 원인이 된 하자가 보완되고 회사의 현황과 제반사정을 참작하여 설립을 무효 또는 취소하는 것이 부적당하다고 인정한 때에는 법원은 그 청구를 기각할 수 있다.

[**❸ ▸ ○**] 합자회사에는 합명회사의 설립무효, 취소와 회사계속에 관한 규정인 상법 제194조를 준용한다.

> **상법 제194조(설립무효, 취소와 회사계속)**
> ① 설립무효의 판결 또는 설립취소의 판결이 확정된 경우에 그 무효나 취소의 원인이 특정한 사원에 한한 것인 때에는 다른 사원 전원의 동의로써 회사를 계속할 수 있다.
>
> **상법 제269조(준용규정)**
> 합자회사에는 본장에 다른 규정이 없는 사항은 합명회사에 관한 규정을 준용한다.

[**❹ ▸ ○**] 설립 중의 회사는 정관이 작성되고 발기인이 적어도 1주 이상의 주식을 인수하였을 때 비로소 성립한다(대판 1998.5.12. 97다56020).

답 ❶

06 주식회사의 합병에 관한 다음 설명 중 가장 옳지 않은 것은? 2023년 법무사시험 [문 28]

① 합병은 주로 흡수합병과 신설합병으로 구별되고, 권리와 의무가 합병 후 존속회사 또는 합병으로 신설되는 회사에 법률상 포괄승계되는 측면에서 영업양도와 유사하다.

② 회사는 합병계약서를 작성하여 주주총회 승인결의를 얻어야 하고, 그 결의가 있은 날로부터 2주 내에 채권자에 대하여 합병에 관한 이의제출의 기회를 부여해야 한다. 이때 적법한 최고를 받은 채권자가 기한 내에 이의를 제기하지 아니하면 합병을 승인한 것으로 간주되고, 이후 합병무효의 소를 제기할 수 없다.

③ 회사의 합병은 합병 후 존속하는 회사 또는 합병으로 인하여 설립되는 회사가 그 본점 소재지에서 합병의 등기를 마쳐야만 소멸된 회사의 권리의무를 승계하는 효력이 생긴다.

④ 현저하게 불공정한 합병비율을 정한 합병계약은 사법관계를 지배하는 신의성실의 원칙이나 공평의 원칙 등에 비추어 무효이고, 따라서 합병비율이 현저하게 불공정한 경우 합병할 각 회사의 주주 등은 상법 제529조(합병무효의 소)에 의하여 소로써 합병의 무효를 구할 수 있다.

⑤ 합병무효의 소는 합병의 등기가 있은 날로부터 6월 내에 제기하여야 한다.

⸻⸻⸻⸻⸻⸻⸻⸻⸻⸻⸻⸻⸻⸻⸻⸻⸻⸻⸻⸻⸻⸻⸻⸻

[❶ ▸ ×] 영업양도는 채권계약이므로 양도인이 재산이전의무를 이행함에 있어서는 상속이나 회사의 합병의 경우와 같이 포괄적 승계가 인정되지 않고 특정 승계의 방법에 의하여 재산의 종류에 따라 개별적으로 이전행위를 하여야 할 것인바, 그 이전에 있어 양도인의 제3자에 대한 매매계약 해제에 따른 원상회복청구권은 지명채권이므로 그 양도에는 양도인의 채무자에 대한 통지나 채무자의 승낙이 있어야 채무자에게 대항할 수 있다(대판 1991.10.8. 91다22018). 즉 합병은 주로 흡수합병과 신설합병으로 구별되고, 권리와 의무가 합병 후 존속회사 또는 합병으로 신설되는 회사에 법률상 포괄승계되나(상법 제235조 참조), 영업양도는 특정승계의 방법으로 개별적 이전행위를 해야 하는 점에서 다르다.

[❷ ▸ ○] 상법 제522조 제1항, 제527조의5 제1항·제3항, 제232조 제2항, 제529조 제1항

> **상법 제522조(합병계약서와 그 승인결의)**
> ① 회사가 합병을 함에는 합병계약서를 작성하여 주주총회의 승인을 얻어야 한다.
>
> **상법 제527조의5(채권자보호절차)**
> ① 회사는 제522조의 주주총회의 승인결의가 있은 날부터 2주 내에 채권자에 대하여 합병에 이의가 있으면 1월 이상의 기간 내에 이를 제출할 것을 공고하고 알고 있는 채권자에 대하여는 따로따로 이를 최고하여야 한다.
> ③ 제232조 제2항 및 제3항의 규정은 제1항 및 제2항의 경우에 이를 준용한다.
>
> > **상법 제232조(채권자의 이의)**
> > ② 채권자가 제1항의 기간 내에 이의를 제출하지 아니한 때에는 합병을 승인한 것으로 본다.
>
> **상법 제529조(합병무효의 소)**
> ① 합병무효는 각 회사의 주주·이사·감사·청산인·파산관재인 또는 합병을 승인하지 아니한 채권자에 한하여 소만으로 이를 주장할 수 있다.

[❸ ▶ ○]　합병등기는 합병의 효력발생요건으로 존속회사 또는 설립회사가 합병에 관한 등기를 함으로 써 합병의 효력이 생긴다(상법 제530조 제2항, 제234조).

> **상법 제530조(준용규정)**
> ② 제234조, 제235조, 제237조 내지 제240조, 제329조의2, 제374조 제2항, 제374조의2 제2항 내지 제5항 및 제439조 제3항의 규정은 주식회사의 합병에 관하여 이를 준용한다.
>
> **상법 제234조(합병의 효력발생)**
> 회사의 합병은 합병후 존속하는 회사 또는 합병으로 인하여 설립되는 회사가 그 본점소재지에서 전조의 등기를 함으로써 그 효력이 생긴다.

[❹ ▶ ○]　합병비율을 정하는 것은 합병계약의 가장 중요한 내용이고, 현저하게 불공정한 합병비율을 정한 합병계약은 사법관계를 지배하는 신의성실의 원칙이나 공평의 원칙 등에 비추어 무효이고, 따라서 합병비율이 현저하게 불공정한 경우 합병할 각 회사의 주주 등은 상법 제529조에 의하여 소로써 합병의 무효를 구할 수 있다(대판 2008,1.10. 2007다64136).

[❺ ▶ ○]　상법 제529조 제2항

> **상법 제529조(합병무효의 소)**
> ① 합병무효는 각 회사의 주주·이사·감사·청산인·파산관재인 또는 합병을 승인하지 아니한 채권자에 한하여 소만으로 이를 주장할 수 있다.
> ② 제1항의 소는 제528조의 등기(합병의 등기)가 있은 날로부터 6월 내에 제기하여야 한다.

 답 ❶

상법상 회사와 합병에 관한 다음 설명 중 가장 옳지 않은 것은?

① 상법상 회사는 합명회사, 합자회사, 유한책임회사, 주식회사와 유한회사의 5종이다.

② 회사합병이 있는 경우에는 피합병회사의 권리·의무는 사법상의 관계 혹은 공법상의 관계를 불문하고 그 성질상 이전이 허용되지 않는 것을 제외하고는 모두 합병으로 인하여 존속한 회사에 승계되는 것으로 보아야 한다.

③ 합병을 하는 회사의 일방 또는 쌍방이 주식회사, 유한회사 또는 유한책임회사인 경우에는 합병후 존속하는 회사나 합병으로 설립되는 회사는 합명회사, 합자회사, 유한책임회사, 주식회사와 유한회사로 자유롭게 정할 수 있다.

④ 소멸회사의 주주는 합병에 의하여 1주 미만의 단주만을 취득하게 되는 경우나 혹은 합병에 반대한 주주로서의 주식매수청구권을 행사하는 경우 등과 같은 특별한 경우를 제외하고는 원칙적으로 합병계약상의 합병비율과 배정방식에 따라 존속회사 또는 신설회사의 주주권을 취득하여 존속회사 또는 신설회사의 주주가 된다.

⑤ 법원은 회사의 설립목적이 불법한 것인 때, 회사가 정당한 사유 없이 설립 후 1년 내에 영업을 개시하지 아니하거나 1년 이상 영업을 휴지하는 때 등 상법이 규정하는 일정한 사유가 있는 경우에는 이해관계인이나 검사의 청구에 의하여 또는 직권으로 회사의 해산을 명할 수 있다.

⋯⋯⋯⋯⋯⋯⋯⋯⋯⋯⋯⋯⋯⋯⋯⋯⋯⋯⋯⋯⋯⋯⋯⋯⋯⋯⋯⋯⋯⋯⋯⋯

[❶ ▶ ○] 회사는 합명회사, 합자회사, 유한책임회사, 주식회사와 유한회사의 5종으로 한다(상법 제170조).

[❷ ▶ ○] 회사합병이 있는 경우에는 피합병회사의 권리·의무는 사법상의 관계나 공법상의 관계를 불문하고 그의 성질상 이전을 허용하지 않는 것을 제외하고는 모두 합병으로 인하여 존속한 회사에 승계되는 것으로 보아야 한다(대판 2019.12.12. 2018두63563).

[❸ ▶ ✕] 합병을 하는 회사의 일방 또는 쌍방이 주식회사, 유한회사 또는 유한책임회사인 경우에는 합병 후 존속하는 회사나 합병으로 설립되는 회사는 <u>주식회사, 유한회사 또는 유한책임회사이어야 한다</u>(상법 제174조 제2항).

[❹ ▶ ○] 회사의 합병이라 함은 두 개 이상의 회사가 계약에 의하여 신회사를 설립하거나 또는 그중의 한 회사가 다른 회사를 흡수하고, 소멸회사의 재산과 사원(주주)이 신설회사 또는 존속회사에 법정 절차에 따라 이전·수용되는 효과를 가져오는 것으로서, 소멸회사의 사원은 합병에 의하여 1주 미만의 단주만을 취득하게 되는 경우나 혹은 합병에 반대한 주주로서의 주식매수청구권을 행사하는 경우 등과 같은 특별한 경우를 세외하고는 원칙적으로 합병계약상의 합병비율과 배정방식에 따라 존속회사 또는 신설회사의 사원권(주주권)을 취득하여, 존속회사 또는 신설회사의 사원이 된다(대판 2003.2.11. 2001다14351).

[❺ ▶ ○] 상법 제176조 제1항

> **상법 제176조(회사의 해산명령)**
> ① <u>법원은 다음의 사유가 있는 경우에는 이해관계인이나 검사의 청구에 의하여 또는 직권으로 회사의 해산을 명할 수 있다.</u>
>   1. 회사의 설립목적이 불법한 것인 때
>   2. 회사가 정당한 사유 없이 설립 후 1년 내에 영업을 개시하지 아니하거나 1년 이상 영업을 휴지하는 때
>   3. 이사 또는 회사의 업무를 집행하는 사원이 법령 또는 정관에 위반하여 회사의 존속을 허용할 수 없는 행위를 한 때
> ② 전항의 청구가 있는 때에는 법원은 해산을 명하기 전일지라도 이해관계인이나 검사의 청구에 의하여 또는 직권으로 관리인의 선임 기타 회사재산의 보전에 필요한 처분을 할 수 있다.

답 ❸

08
□□□

청산 및 해산에 관한 다음 설명 중 가장 옳지 않은 것은?　　2024년 법무사시험 [문 33]

① 청산 중인 주식회사의 청산인을 피신청인으로 하여 그 직무집행을 정지하고 직무대행자를 선임하는 가처분결정이 있은 후, 그 선임된 청산인 직무대행자가 주주들의 요구에 따라 소집한 주주총회에서 회사를 계속하기로 하는 결의와 아울러 새로운 이사들과 감사를 선임하는 결의가 있었던 경우 그 주주총회의 결의에 의하여 청산인 직무대행자의 권한이 당연히 소멸하는 것은 아니다.

② 당사자 쌍방이 현금과 현물(토지)을 출자하여 공동으로 주식회사를 설립하여 운영하고, 그 회사를 공동으로 경영함에 따르는 비용의 부담과 이익의 분배를 지분 비율에 따라 할 것을 내용으로 하는 동업계약에 따라 회사가 설립되어 그 실체가 갖추어진 이상, 주식회사의 청산에 관한 상법의 규정에 따라 청산절차가 이루어지지 않는 한 일방 당사자가 잔여재산을 분배받을 수 없다.

③ 상법 제520조의2의 규정에 의하여 주식회사가 해산되고 그 청산이 종결된 것으로 보게 되는 회사라도 어떤 권리관계가 남아 있어 현실적으로 정리할 필요가 있으면 그 회사의 해산 당시의 이사는 정관에 다른 규정이 있거나 주주총회에서 따로 청산인을 선임하지 아니한 경우에 당연히 청산인이 되고, 그러한 청산인이 없는 때에는 이해관계인의 청구에 의하여 법원이 선임한 자가 청산인이 된다.

④ 청산법인에서는 이사에 갈음하여 청산인만이 회사의 청산사무를 집행하고 회사를 대표하는 기관이 된다.

⑤ 주식회사에 대하여 법원의 해산판결이 선고, 확정되어 해산등기가 마쳐졌고 아울러 법원이 적법하게 그 청산인을 선임하여 그 취임등기까지 경료되었으나 해산 당시 이사가 해산판결 선고 이전에 부적법하게 해임된 바 있어 주주총회의 이사해임 결의가 무효인 경우, 그 이사는 해산판결 전에 이루어진 회사의 주주총회 결의나 이사회 결의의 무효확인을 구할 법률상 이익이 있다.

[❶ ▶ O] 청산 중인 주식회사의 청산인을 피신청인으로 하여 그 직무집행을 정지하고 직무대행자를 선임하는 가처분결정이 있은 후, 그 선임된 청산인 직무대행자가 주주들의 요구에 따라 소집한 주주총회에서 회사를 계속하기로 하는 결의와 아울러 새로운 이사들과 감사를 선임하는 결의가 있었다고 하여, 그 주주총회의 결의에 의하여 청산인 직무대행자의 권한이 당연히 소멸하는 것은 아니다(대판 1997.9.9. 97다12167).

[❷ ▶ O] 당사자 쌍방이 토지 등을 출자하여 공동으로 주식회사를 설립하여 운영하고, 그 회사를 공동으로 경영함에 따르는 비용의 부담과 이익의 분배를 지분 비율에 따라 할 것을 내용으로 하는 동업계약은 당사자들 사이에서 공동사업을 주식회사의 명의로 하고 대외관계 및 대내관계에서 주식회사의 법리에 따름을 전제로 하는 것이어서 이에 관한 청산도 주식회사의 청산에 관한 상법의 규정에 따라 이루어져야 하고, 따라서 그러한 동업약정에 따라 회사가 설립되어 그 실체가 갖추어진 이상, 주식회사의 청산에 관한 상법의 규정에 따라 청산절차가 이루어지지 않는 한 일방 당사자가 잔여재산을 분배받을 수도 없다(대판 2005.4.15. 2003도7773).

[❸ ▸ ○] 상법 제520조의2에 따라서 주식회사가 해산되고 그 청산이 종결된 것으로 보게 되는 회사라도 어떤 권리관계가 남아 있어 현실적으로 정리할 필요가 있으면 그 범위에서는 아직 완전히 소멸하지 않고, 이러한 경우 그 회사의 해산 당시의 이사는 정관에 다른 정함이 있거나 주주총회에서 따로 청산인을 선임하지 않은 경우에 당연히 청산인이 되며, 그러한 청산인이 없는 때에 비로소 이해관계인의 청구에 따라 법원이 선임한 자가 청산인이 되어 청산 중 회사의 청산사무를 집행하고 대표하는 유일한 기관이 된다(대판[전합] 2019.10.23. 2012다46170).

[❹ ▸ ○] 주식회사가 법원의 해산판결로 해산되는 경우에 그 주주는 여전히 위 권리를 보유하지만 그 이사의 지위는 전혀 다르다. 왜냐하면 상법은 이 경우 이사가 당연히 청산인으로 되는게 아니라 법원이 임원 기타 이해관계인 또는 검사의 청구에 의하여 또는 직권으로 청산인을 선임하도록 규정하고 있고(제542조 제1항에 의한 제252조의 준용), 청산법인에서는 이사에 갈음하여 청산인만이 회사의 청산사무를 집행하고 회사를 대표하는 기관이 되기 때문이다(대판 1991.11.22. 91다22131).

[❺ ▸ ✕] 주식회사에 대하여 법원의 해산판결이 선고 확정되어 해산등기가 마쳐졌고 아울러 법원이 적법하게 그 청산인을 선임하여 그 취임등기까지 경료된 경우, 해산 당시 이사가 설사 해산판결 선고 이전에 부적법하게 해임된 바 있어 주주총회의 이사해임 결의가 무효라 하더라도 그 이사로서는 청산인의 지위에 이를 방도가 없게 되었고, 한편 그 이사가 주식회사의 주주라 하여도 위와 같이 회사가 적법하게 해산된 데다가 적법한 청산인이 선임된 이상 주주의 지위에는 아무 영향이 없다 할 것이므로, 결국 위 이사로서는 해산판결 전에 이루어진 회사의 주주총회 결의나 이사회 결의의 무효확인을 구할 법률상 이익이 없다(대판 1991.11.22. 91다22131).

 ❺

제2장 / 주식회사의 설립

제1절 주식회사의 기초

제1절 주식회사의 기초

제2절 설립의 방법과 절차

09
☐☐☐

다음 중 상법 제290조의 변태설립사항에 해당하지 않는 것은? **2022년 법무사시험 [문 41]**

① 발기인이 받을 특별이익과 이를 받을 자의 성명
② 현물출자를 하는 자의 성명과 그 목적인 재산의 종류, 수량, 가격과 이에 대하여 부여할 주식의 종류와 수
③ 액면주식의 경우에 액면 이상의 주식을 발행할 때에는 그 수와 금액
④ 회사성립 후에 양수할 것을 약정한 재산의 종류, 수량, 가격과 그 양도인의 성명
⑤ 회사가 부담할 설립비용과 발기인이 받을 보수액

....

[❶▸○] [❷▸○] [❸▸×] [❹▸○] [❺▸○] 상법 제290조

> **상법 제290조(변태설립사항)**
> 다음의 사항은 정관에 기재함으로써 그 효력이 있다.
> 1. 발기인이 받을 특별이익과 이를 받을 자의 성명
> 2. 현물출자를 하는 자의 성명과 그 목적인 재산의 종류, 수량, 가격과 이에 대하여 부여할 주식의 종류와 수
> 3. 회사성립 후에 양수할 것을 약정한 재산의 종류, 수량, 가격과 그 양도인의 성명
> 4. 회사가 부담할 설립비용과 발기인이 받을 보수액

 답 ❸

① 주식회사를 설립하면서 일시적인 차입금으로 주금납입의 외형을 갖추고 회사 설립절차를 마친 다음 바로 그 납입금을 인출하여 차입금을 변제하는 이른바 가장납입의 경우에도 주금납입의 효력을 부인할 수는 없다고 할 것이어서 주식인수인이나 주주의 주금납입의무도 종결되었다고 보아야 할 것이다.

② 주식회사의 자본충실의 요청상 주금을 납입하기 전에 명의대여자 및 명의차용자 모두에게 주금납입의 연대책임을 부과하는 규정인 상법 제332조 제2항은 이미 주금납입의 효력이 발생한 주금의 가장납입의 경우에는 적용되지 않는다.

③ 회사 설립 당시 원래 주주들이 주식인수인으로서 주식을 인수하고 가장납입의 형태로 주금을 납입한 경우 그들은 바로 회사의 주주라고 단정하기 어렵고, 그 후 그들이 회사가 청구한 주금 상당액을 실질적으로 납입하여야 주주로서의 지위를 취득한다고 할 것이다.

④ 주식회사의 자본충실의 원칙상 주식의 인수대금은 그 전액을 현실적으로 납입하여야 하고 그 납입에 관하여 상계로써 회사에 대항하지 못하는 것이므로 회사가 제3자에게 주식인수대금 상당의 대여를 하고 제3자는 그 대여금으로 주식인수대금을 납입한 경우에, 회사가 처음부터 제3자에 대하여 대여금 채권을 행사하지 아니하기로 약정되어 있는 등으로 대여금을 실질적으로 회수할 의사가 없었고 제3자도 그러한 회사의 의사를 전제로 하여 주식인수청약을 한 때에는, 그 제3자가 인수한 주식의 액면금액에 상당하는 회사의 자본이 증가되었다고 할 수 없으므로 위 주식인수대금의 납입은 단순히 납입을 가장한 것에 지나지 아니한다.

⑤ 상법 제385조 제2항은 "이사가 그 직무에 관하여 부정행위 또는 법령이나 정관에 위반한 중대한 사실이 있음에도 불구하고 주주총회에서 그 해임을 부결한 때에는 발행주식의 총수의 100분의 3 이상에 해당하는 주식을 가진 주주는 총회의 결의가 있은 날부터 1월 내에 그 이사의 해임을 법원에 청구할 수 있다."고 규정한다. 상법 제628조 제1항에 의하여 처벌 대상이 되는 납입 또는 현물출자의 이행을 가장하는 행위는 특별한 다른 사정이 없는 한, 위 상법 제385조 제2항에서 규정하는 '그 직무에 관하여 부정행위 또는 법령에 위반한 중대한 사실'이 있는 경우에 해당한다고 보아야 한다.

....

[❶ ▸ ○] [❷ ▸ ○] [1] 주식회사를 설립하면서 일시적인 차입금으로 주금납입의 외형을 갖추고 회사 설립절차를 마친 다음 바로 그 납입금을 인출하여 차입금을 변제하는 이른바 가장납입의 경우에도 주금납입의 효력을 부인할 수는 없다고 할 것이어서 주식인수인이나 주주의 주금납입의무도 종결되었다고 보아야 할 것이고, 한편 주식을 인수함에 있어 타인의 승낙을 얻어 그 명의로 출자하여 주식대금을 납입한 경우에는 실제로 주식을 인수하여 그 대금을 납입한 명의차용인만이 실질상의 주식인수인으로서 주주가 된다고 할 것이고 단순한 명의대여인은 주주가 될 수 없다. [2] 주식회사의 자본충실의 요청상 주금을 납입하기 전에 명의대여자 및 명의차용자 모두에게 주금납입의 연대책임을 부과하는 규정인 상법 제332조 제2항은 이미 주금납입의 효력이 발생한 주금의 가장납입의 경우에는 적용되지 않는다고 할 것이고, 또한 주금의 가장납입이 일시 차입금을 가지고 주주들의 주금을 체당납입한 것과 같이 볼 수 있어 주금납입이 종료된 후에도 주주는 회사에 대하여 체당납입한 주금을 상환할 의무가 있다고 하여도 이러한 주금상환채무는 실질상 주주인 명의차용자가 부담하는 것일 뿐 단지 명의대여자로서 주식회사의 주주가 될 수 없는 자가 부담하는 채무라고는 할 수 없다(대판 2004.3.26. 2002다29138).

[❸ ▸ ✕] 회사 설립 당시 원래 주주들이 주식인수인으로서 주식을 인수하고 가장납입의 형태로 주금을 납입한 이상 그들은 바로 회사의 주주이고, 그 후 그들이 회사가 청구한 주금 상당액을 납입하지 아니하였다고 하더라도 이는 회사 또는 대표이사에 대한 채무불이행에 불과할 뿐 그러한 사유만으로

주주로서의 지위를 상실하게 된다고는 할 수 없으며, 또한 주식인수인들이 회사가 정한 납입일까지 주금 상당액을 납입하지 아니한 채 그로부터 상당 기간이 지난 후 비로소 회사의 주주임을 주장하였다고 하여 신의성실의 원칙에 반한다고도 할 수 없다(대판 1998.12.23. 97다20649).

[❹ ▶ O] 주식회사의 자본충실의 원칙상 주식의 인수대금은 그 전액을 현실적으로 납입하여야 하고 그 납입에 관하여 상계로써 회사에 대항하지 못하는 것이므로 회사가 제3자에게 주식인수대금 상당의 대여를 하고 제3자는 그 대여금으로 주식인수대금을 납입한 경우에, 회사가 처음부터 제3자에 대하여 대여금 채권을 행사하지 아니하기로 약정되어 있는 등으로 대여금을 실질적으로 회수할 의사가 없었고 제3자도 그러한 회사의 의사를 전제로 하여 주식인수청약을 한 때에는, 그 제3자가 인수한 주식의 액면금 액에 상당하는 회사의 자본이 증가되었다고 할 수 없으므로 위와 같은 주식인수대금의 납입은 단순히 납입을 가장한 것에 지나지 아니하여 무효이다(대판 2003.5.16. 2001다44109).

[❺ ▶ O] 직무에 관한 부정행위 또는 법령이나 정관에 위반한 중대한 사실이 있어 해임되어야 할 이사가 대주주의 옹호로 그 지위에 그대로 머물게 되는 불합리를 시정함으로써 소수주주 등을 보호하기 위한 상법 제385조 제2항의 입법 취지 및 회사 자본의 충실을 기하려는 상법의 취지를 해치는 행위를 단속하기 위한 상법 제628조 제1항의 납입가장죄 등의 입법 취지를 비롯한 위 각 규정의 내용 및 형식 등을 종합하면, 상법 제628조 제1항에 의하여 처벌 대상이 되는 납입 또는 현물출자의 이행을 가장하는 행위는 특별한 다른 사정이 없는 한, 상법 제385조 제2항에 규정된 '그 직무에 관하여 부정행위 또는 법령에 위반한 중대한 사실'이 있는 경우에 해당한다고 보아야 한다(대판 2010.9.30. 2010다35985).

답 ❸

11
□□□

발기인조합과 설립 중의 회사에 관한 다음 설명 중 가장 옳지 않은 것은?

2025년 법무사시험 [문 30]

① 설립 중의 회사라 함은 주식회사의 설립과정에서 발기인이 회사의 설립을 위하여 필요한 행위로 인하여 취득하게 된 권리의무가 회사의 설립과 동시에 그 설립된 회사에 귀속되는 관계를 설명하기 위한 강학상의 개념이다.

② 설립 중의 회사로서의 실체가 갖추어지기 이전에 발기인이 취득한 권리의무는 구체적 사정에 따라 발기인 개인 또는 발기인조합에 귀속되는 것으로서 이들에게 귀속된 권리의무는 회사가 설립되면 자동적으로 설립 후의 회사에 귀속된다.

③ 발기인이 개인 명의로 금원을 차용한 경우 이는 그 발기인 개인에게 귀속됨이 원칙이고, 위 채무가 발기인 조합에게 귀속되려면 위 금원의 차용행위가 조합원들의 의사에 기해 발기인 조합을 대리하여 이루어져야 한다.

④ 설립 중의 회사는 정관이 작성되고 발기인이 적어도 1주 이상의 주식을 인수하였을 때 비로소 성립한다.

⑤ 판례는 발기인이 개업준비행위를 한 것에 대하여 성립된 회사의 책임을 인정하였다.

[❶ ▶ O] [❷ ▶ ✕] [❹ ▶ O] 설립 중의 회사라 함은 주식회사의 설립과정에서 발기인이 회사의 설립을 위하여 필요한 행위로 인하여 취득하게 된 권리의무가 회사의 설립과 동시에 그 설립된 회사에 귀속되는 관계를 설명하기 위한 강학상의 개념으로서, 설립 중의 회사는 정관이 작성되고 발기인이 적어도 1주 이상의 주식을 인수하였을 때 비로소 성립되는 것인바, 이와 같이 설립 중의 회사가 성립하기

위해서는 발기인이 정관을 작성하고 1주 이상의 주식을 인수하는 등 어느 정도 회사로서의 독립된 실체를 갖추어야 하고, 이 점에서 설립 중의 회사의 법적 성격은 법인 아닌 사단으로 볼 것이다. 따라서 이러한 실체를 갖추지 못하여 아직 설립 중의 회사가 성립되기 이전에 발기인이 취득한 권리의무는 설립 중의 회사에 귀속될 수는 없고, 구체적인 사정에 따라 발기인 개인 또는 발기인 조합에 귀속되는 것으로서, 이들에게 귀속된 권리의무를 그 후에 성립된 설립 중의 회사나 설립 후의 회사에게 귀속시키기 위해서는 양수나 계약자 지위인수 등의 특별한 이전행위가 있어야 한다(대판 2008.2.28. 2007다37394).

[❸ ▸ ○] 설립 중의 회사로서의 실체가 갖추어지기 이전에 발기인이 취득한 권리·의무는 구체적 사정에 따라 발기인 개인 또는 발기인 조합에 귀속되는 것인바, 발기인이 개인 명의로 금원을 차용한 경우 이는 그 발기인 개인에게 귀속됨이 원칙이고, 위 채무가 발기인 조합에게 귀속되려면 위 금원의 차용행위가 조합원들의 의사에 기해 발기인 조합을 대리하여 이루어져야 한다고 할 것이다(대판 2007.9.7. 2005다18740).

[❺ ▸ ○] 판례는 발기인이 운송사업을 목적으로 하는 회사의 설립을 위하여 제3자와 맺은 자동차조립 계약(개업준비행위)을 발기인의 권한 내의 행위로 보고 설립 후 회사의 책임을 인정한 바 있다(대판 1970.8.31. 70다1357).

답 ❷

제3장 주식과 주주

제1절 주 식

12 상법상 주식회사의 종류주식에 관한 다음 설명 중 가장 옳지 않은 것은?

2019년 법무사시험 [문 23]

① 주식회사는 우선주에 한하여 의결권이 없는 주식을 발행할 수 있다.
② 회사가 의결권이 없는 종류주식 등을 발행하는 경우에 정관에 의결권의 행사 또는 부활의 조건 등을 정한 경우에는 그 조건 등을 정하여야 한다.
③ 회사가 분할 또는 분할합병을 하기 위한 주주총회의 승인결의에 관하여는 의결권이 배제되는 주주도 의결권이 있다.
④ 회사는 정관으로 정하는 바에 따라 주주가 회사에 대하여 상환을 청구할 수 있는 종류주식을 발행할 수 있다.
⑤ 회사가 종류주식을 발행하는 경우에는 정관에 일정한 사유가 발생할 때 회사가 주주의 인수 주식을 다른 종류주식으로 전환할 수 있음을 정할 수 있다.

[**❶ ▶ ✕**] [**❷ ▶ ○**] 2011년 상법개정으로 우선주와 무의결권의 연동을 폐지하고, 의결권의 배제·제한에 관한 종류주식을 발행할 수 있도록 하였다(상법 제344조, 제344조의3 참조). 따라서 <u>보통주도 의결권이 없는 주식으로 발행할 수 있다.</u>

> **상법 제344조(종류주식)**
> ① 회사는 이익의 배당, 잔여재산의 분배, 주주총회에서의 의결권의 행사, 상환 및 전환 등에 관하여 내용이 다른 종류의 주식(이하 "종류주식"이라 한다)을 발행할 수 있다.
>
> **상법 제344조의3(의결권의 배제·제한에 관한 종류주식)**
> ① 회사가 의결권이 없는 종류주식이나 의결권이 제한되는 종류주식을 발행하는 경우에는 정관에 의결권을 행사할 수 없는 사항과, 의결권 행사 또는 부활의 조건을 정한 경우에는 그 조건 등을 정하여야 한다.

[**❸ ▶ ○**] 상법 제530조의3 제3항

> **상법 제530조의3(분할계획서·분할합병계약서의 승인)**
> ① 회사가 분할 또는 분할합병을 하는 때에는 분할계획서 또는 분할합병계약서를 작성하여 주주총회의 승인을 얻어야 한다.
> ② 제1항의 승인결의는 제434조의 규정에 의하여야 한다.
> ③ 제2항의 결의에 관하여는 제344조의3 제1항에 따라 의결권이 배제되는 주주도 의결권이 있다.

[**❹ ▶ ○**] 2011년 상법개정으로 주주가 상환권을 가지는 상환주식을 명시적으로 규정하였다(상법 제345조 제3항 참조).

> **상법 제345조(주식의 상환에 관한 종류주식)**
> ① 회사는 정관으로 정하는 바에 따라 회사의 이익으로써 소각할 수 있는 종류주식을 발행할 수 있다. 이 경우 회사는 정관에 상환가액, 상환기간, 상환의 방법과 상환할 주식의 수를 정하여야 한다.
> ③ <u>회사는 정관으로 정하는 바에 따라 주주가 회사에 대하여 상환을 청구할 수 있는 종류주식을 발행할 수 있다.</u> 이 경우 회사는 정관에 주주가 회사에 대하여 상환을 청구할 수 있다는 뜻, 상환가액, 상환청구기간, 상환의 방법을 정하여야 한다.

[**❺ ▶ ○**] 종래 주주가 전환청구권을 가지는 전환주식만이 인정되었으나, 2011년 상법개정으로 회사가 전환권을 가지는 전환주식을 신설하였다(상법 제346조 제2항 참조).

> **상법 제346조(주식의 전환에 관한 종류주식)**
> ① 회사가 종류주식을 발행하는 경우에는 정관으로 정하는 바에 따라 주주는 인수한 주식을 다른 종류주식으로 전환할 것을 청구할 수 있다. 이 경우 전환의 조건, 전환의 청구기간, 전환으로 인하여 발행할 주식의 수와 내용을 정하여야 한다.
> ② <u>회사가 종류주식을 발행하는 경우에는 정관에 일정한 사유가 발생할 때 회사가 주주의 인수 주식을 다른 종류주식으로 전환할 수 있음을 정할 수 있다.</u> 이 경우 회사는 전환의 사유, 전환의 조건, 전환의 기간, 전환으로 인하여 발행할 주식의 수와 내용을 정하여야 한다.

답 ❶

13

주주평등의 원칙에 관한 다음 설명 중 가장 옳지 않은 것은?　　　2025년 법무사시험 [문 48]

① 주주평등의 원칙을 위반하여 회사가 일부 주주에게만 우월한 권리나 이익을 부여하기로 하는 약정은 특별한 사정이 없는 한 무효이나, 회사가 일부 주주에게 우월한 권리나 이익을 부여하여 다른 주주들과 다르게 대우하는 경우에도 법률이 허용하는 절차와 방식에 따르거나 그 차등적 취급을 정당화할 수 있는 특별한 사정이 있는 경우에는 이를 허용할 수 있다.

② 차등적 취급을 허용할 수 있는지 여부는, 차등적 취급에 따라 다른 주주가 입는 불이익의 내용과 정도, 개별 주주가 처분할 수 있는 사항에 관한 차등적 취급으로 불이익을 입게 되는 주주의 동의 여부와 전반적인 동의율, 회사의 상장 여부, 사업목적, 지배구조, 사업현황, 재무상태 등 제반 사정을 고려하여 일부 주주에게 우월적 권리나 이익을 부여하여 주주를 차등 취급하는 것이 주주와 회사 전체의 이익에 부합하는지를 따져서 정의와 형평의 관념에 비추어 신중하게 판단하여야 한다.

③ 회사가 자금조달을 위해 신주인수계약을 체결하면서 주주의 지위를 갖게 되는 자에게 회사의 의사결정에 대한 사전 동의를 받기로 약정한 경우, 그 약정은 회사가 일부 주주에게만 우월한 권리를 부여함으로써 주주들을 차등적으로 대우하는 것이다.

④ 회사가 주주의 지위를 갖게 되는 자와 사이에 주식인수대금으로 납입한 돈을 전액 보전해 주기로 약정하거나, 상법 제462조 등 법률의 규정에 의한 배당 외에 다른 주주들에게는 지급되지 않는 별도의 수익을 지급하기로 약정한다면, 이는 회사가 해당 주주에 대하여만 투하자본의 회수를 절대적으로 보장함으로써 다른 주주들에게 인정되지 않는 우월한 권리를 부여하는 것으로서 주주평등의 원칙에 위배되어 무효이다.

⑤ 회사와 주주가 체결한 동의권 부여 약정에 따른 차등적 취급이 예외적으로 허용되는 경우에 동의권 부여 약정 위반으로 인한 손해배상 명목의 금원을 지급하는 약정을 함께 체결하였고 그 약정이 사전 동의를 받을 의무 위반으로 주주가 입은 손해를 배상 또는 전보하고 의무의 이행을 확보하기 위한 것이라고 볼 수 있는 경우, 일부 주주에 대하여 투하자본의 회수를 절대적으로 보장함으로써 주주평등의 원칙에 위배된다.

⋯⋯⋯

[❶▸○] [❷▸○]　주주평등 원칙이란, 주주는 회사와의 법률관계에서 그가 가진 주식의 수에 따라 평등한 취급을 받아야 함을 의미한다. 이를 위반하여 회사가 일부 주주에게만 우월한 권리나 이익을 부여하기로 하는 약정은 특별한 사정이 없는 한 무효이다. 다만 회사가 일부 주주에게 우월한 권리나 이익을 부여하여 다른 주주들과 다르게 내우하는 경우에노 법률이 허용하는 절차와 방식에 따르거나 그 차등적 취급을 정당화할 수 있는 특별한 사정이 있는 경우에는 이를 허용할 수 있다. ⋯ 나아가 차등적 취급을 허용할 수 있는지 여부는, 차등적 취급의 구체적 내용, 회사가 차등적 취급을 하게 된 경위와 목적, 차등적 취급이 회사 및 주주 전체의 이익을 위해 필요하였는지 여부와 정도, 일부 주주에 대한 차등적 취급이 상법 등 관계 법령에 근거를 두었는지 아니면 상법 등의 강행법규와 저촉되거나 채권자보다 후순위에 있는 주주로서의 본질적인 지위를 부정하는지 여부, 일부 주주에게 회사의 경영참여 및 감독과 관련하여 특별한 권한을 부여하는 경우 그 권한 부여로 회사의 기관이 가지는 의사결정 권한을 제한하여 종국적으로 주주의 의결권을 침해하는지 여부를 비롯하여 차등적 취급에 따라 다른 주주가 입는 불이익의 내용과 정도, 개별 주주가 처분할 수 있는 사항에 관한 차등적 취급으로 불이익을 입게 되는 주주의 동의 여부와 전반적인 동의율, 그 밖에 회사의 상장 여부, 사업목적, 지배구조, 사업현황, 재무상태 등 제반사정을 고려하여 일부 주주에게 우월적 권리나 이익을 부여하여 주주를 차등 취급하

는 것이 주주와 회사 전체의 이익에 부합하는지를 따져서 정의와 형평의 관념에 비추어 신중하게 판단하여야 한다(대판 2023.7.13. 2021다293213).

[❸ ▸ ○] [❹ ▸ ○] [❺ ▸ ×] 회사가 자금조달을 위해 신주인수계약을 체결하면서 주주의 지위를 갖게 되는 자에게 회사의 의사결정에 대한 사전 동의를 받기로 약정한 경우 그 약정은 회사가 일부 주주에게만 우월한 권리를 부여함으로써 주주들을 차등적으로 대우하는 것이지만, 주주가 납입하는 주식인수대금이 회사의 존속과 발전을 위해 반드시 필요한 자금이었고 투자유치를 위해 해당 주주에게 회사의 의사결정에 대한 동의권을 부여하는 것이 불가피하였으며 그와 같은 동의권을 부여하더라도 다른 주주가 실질적·직접적인 손해나 불이익을 입지 않고 오히려 일부 주주에게 회사의 경영활동에 대한 감시의 기회를 제공하여 다른 주주와 회사에 이익이 되는 등으로 차등적 취급을 정당화할 수 있는 특별한 사정이 있다면 이를 허용할 수 있다. … 회사가 주주의 지위를 갖게 되는 자와 사이에 주식인수대금으로 납입한 돈을 전액 보전해 주기로 약정하거나, 상법 제462조 등 법률의 규정에 의한 배당 외에 다른 주주들에게는 지급되지 않는 별도의 수익을 지급하기로 약정한다면, 이는 회사가 해당 주주에 대하여만 투하자본의 회수를 절대적으로 보장함으로써 다른 주주들에게 인정되지 않는 우월한 권리를 부여하는 것으로서 주주평등의 원칙에 위배되어 무효이다. … 반면 회사와 주주가 체결한 동의권 부여 약정에 따른 차등적 취급이 예외적으로 허용되는 경우에 동의권 부여 약정 위반으로 인한 손해배상 명목의 금원을 지급하는 약정을 함께 체결하였고 그 약정이 사전 동의를 받을 의무 위반으로 주주가 입은 손해를 배상 또는 전보하고 의무의 이행을 확보하기 위한 것이라고 볼 수 있다면, 이는 회사와 주주 사이에 채무불이행에 따른 손해배상액의 예정을 약정한 것으로서 특별한 사정이 없는 한 유효하고, 일부 주주에 대하여 투하자본의 회수를 절대적으로 보장함으로써 주주평등의 원칙에 위배된다고 단정할 것은 아니다(대판 2023.7.13. 2021다293213).

 답 ❺

주주평등의 원칙에 관한 다음 설명 중 옳은 것을 모두 고른 것은? 2024년 법무사시험 [문 39]

ㄱ. 주주는 원칙적으로 회사와의 법률관계에서 그가 가진 주식의 수에 따라 평등한 취급을 받아야 하지만, 회사가 일부 주주에게 우월한 권리나 이익을 부여하여 다른 주주들과 다르게 대우하는 경우에도 법률이 허용하는 절차와 방식에 따르거나 그 차등적 취급을 정당화할 수 있는 특별한 사정이 있는 경우에는 이를 허용할 수 있다. 회사의 주주에 대한 차등적 취급을 허용할 수 있는지 여부는 제반 사정을 고려하여 일부 주주에게 우월적 권리나 이익을 부여하여 주주를 차등 취급하는 것이 주주와 회사 전체의 이익에 부합하는지를 따져서 정의와 형평의 관념에 비추어 신중하게 판단하여야 한다.

ㄴ. 회사와 주주가 회사의 중요 의사결정에 대하여 일부 주주의 사전동의를 받도록 하는 약정을 체결하였고 그 약정에 따른 일부 주주에 대한 차등적 취급이 예외적으로 허용되는 경우에 그 동의권 부여 약정 위반으로 인한 손해배상 명목의 금원을 지급하는 약정을 함께 체결하였다면, 그 금원 지급 약정이 사전동의를 받을 의무 위반으로 주주가 입은 손해를 배상 또는 전보하고 의무의 이행을 확보하기 위한 것이라 하더라도, 이는 투하자본의 회수를 절대적으로 보장함으로써 주주평등의 원칙에 위배되는 것이다.

ㄷ. 주주가 회사와 계약을 체결할 때 회사의 다른 주주 내지 이사 개인이 함께 당사자로 참여한 경우에는 주주와 회사의 다른 주주 내지 이사 개인의 법률관계에도 주주평등의 원칙을 직접 적용할 수 있다.

ㄹ. 주주가 회사의 다른 주주 내지 이사 개인과 체결한 계약의 내용을 해석할 때에는 계약의 형식과 내용, 계약이 체결된 동기와 경위 및 목적, 당사자의 진정한 의사 등을 종합적으로 고려하여 논리와 경험의 법칙, 사회일반의 상식과 거래의 통념에 따라 합리적으로 해석해야 하는 등 계약 해석에 관한 일반 원칙을 적용할 수 있다.

① ㄱ, ㄴ   ② ㄱ, ㄷ
③ ㄱ, ㄹ   ④ ㄴ, ㄷ
⑤ ㄴ, ㄹ

[ㄱ ▸ ㅇ] 주주평등 원칙이란, 주주는 회사와의 법률관계에서 그가 가진 주식이 수에 따라 평등한 취급을 받아야 함을 의미한다. 이를 위반하여 회사가 일부 주주에게만 우월한 권리나 이익을 부여하기로 하는 약정은 특별한 사정이 없는 한 무효이다. 다만 회사가 일부 주주에게 우월한 권리나 이익을 부여하여 다른 주주들과 다르게 대우하는 경우에도 법률이 허용하는 절차와 방식에 따르거나 그 차등적 취급을 정당화할 수 있는 특별한 사정이 있는 경우에는 이를 허용할 수 있다. 나아가 차등적 취급을 허용할 수 있는지 여부는, 차등적 취급의 구체적 내용, 회사가 차등적 취급을 하게 된 경위와 목적, 차등적 취급이 회사 및 주주 전체의 이익을 위해 필요하였는지 여부와 정도, 일부 주주에 대한 차등적 취급이 상법 등 관계 법령에 근거를 두었는지 아니면 상법 등의 강행법규와 저촉되거나 채권자보다 후순위에 있는 주주로서의 본질적인 지위를 부정하는지 여부, 일부 주주에게 회사의 경영참여 및 감독과 관련하여 특별한 권한을 부여하는 경우 그 권한 부여로 회사의 기관이 가지는 의사결정 권한을 제한하여 종국적으로 주주의 의결권을 침해하는지 여부를 비롯하여 차등적 취급에 따라 다른 주주가 입는 불이익의 내용과 정도, 개별 주주가 처분할 수 있는 사항에 관한 차등적 취급으로 불이익을 입게 되는 주주이 동이 여부와 전반적인 동의율, 그 밖에 회사의 상장 여부, 사업목적, 지배구조, 사업현황, 재무상태 등 제반 사정을 고려하여 일부 주주에게 우월적 권리나 이익을 부여하여 주주를 차등 취급하는 것이 주주와 회사 전체의 이익에 부합하는지를 따져서 정의와 형평의 관념에 비추어 신중하게 판단하여야 한다(대판 2023.7.13. 2021다293213).

[ㄴ ▸ X] 회사와 주주가 체결한 동의권 부여 약정에 따른 차등적 취급이 예외적으로 허용되는 경우에 동의권 부여 약정 위반으로 인한 손해배상 명목의 금원을 지급하는 약정을 함께 체결하였고 그 약정이 사전동의를 받을 의무 위반으로 주주가 입은 손해를 배상 또는 전보하고 의무의 이행을 확보하기 위한 것이라고 볼 수 있다면, 이는 회사와 주주 사이에 채무불이행에 따른 손해배상액의 예정을 약정한 것으로 서 특별한 사정이 없는 한 유효하고, 일부 주주에 대하여 투하자본의 회수를 절대적으로 보장함으로써 주주평등의 원칙에 위배된다고 단정할 것은 아니다. 다만 손해배상액의 예정 약정이 유효하다고 하더라 도, 그 금액이 부당히 과다하다면 민법 제398조 제2항에 따라 법원이 이를 감액할 수 있다(대판 2023.7.13. 2021다293213).

[ㄷ ▸ X] [ㄹ ▸ O] 주주평등의 원칙은 주주와 회사의 법률관계에 적용되는 원칙이고, 주주가 회사 와 계약을 체결할 때 회사의 다른 주주 내지 이사 개인이 함께 당사자로 참여한 경우 주주와 다른 주주 사이의 계약은 주주평등과 관련이 없으므로, 주주와 회사의 다른 주주 내지 이사 개인의 법률관계에는 주주평등의 원칙이 직접 적용되지 않는다. 주주는 회사와 계약을 체결하면서 사적자치의 원칙상 다른 주주 내지 이사 개인과도 회사와 관련한 계약을 체결할 수 있고, 그 계약의 효력은 특별한 사정이 없는 한 주주와 회사가 체결한 계약의 효력과는 별개로 보아야 한다. 나아가 주주가 회사의 다른 주주 내지 이사 개인과 체결한 계약의 내용을 해석할 때에는 계약의 형식과 내용, 계약이 체결된 동기와 경위 및 목적, 당사자의 진정한 의사 등을 종합적으로 고려하여 논리와 경험의 법칙, 사회일반의 상식과 거래의 통념에 따라 합리적으로 해석해야 하는 등 계약 해석에 관한 일반 원칙을 적용할 수 있다(대판 2023.7.13. 2022다224986).

 답 ❸

15
□□□ **다음 설명 중 가장 옳지 않은 것은?** 2023년 법무사시험 [문 48]

① 주주평등의 원칙에 위반하여 회사가 일부 주주에게만 우월한 권리나 이익을 부여하기로 하는 약정 은 특별한 사정이 없는 한 무효이다.
② 회사가 직원들을 유상증자에 참여시키면서 퇴직 시 그 출자 손실금을 전액 보전해 주는 약정은 사용자와 근로자의 관계를 규율하는 단체협약이나 취업규칙의 성격을 함께 가지고 있더라도 무효 이다.
③ 잔여재산은 각 주주가 가진 주식 수에 따라 주주에게 분배하여야 한다. 그러나 회사가 잔여 재산의 분배 등에 관하여 내용이 다른 종류의 주식을 발행한 경우에는 그러하지 아니하다.
④ 회사가 주주에게 투하자본의 회수를 절대적으로 보장하는 내용의 약정은 원칙적으로 무효이지만 주주 전원의 동의를 받았다는 특별한 사정이 인정된다면 유효하다.
⑤ 주주와 다른 주주 사이의 계약은 주주평등의 원칙과 관련이 없다.

··

[❶ ▸ O] 주주평등의 원칙이란, 주주는 회사와의 법률관계에서는 그가 가진 주식의 수에 따라 평등한 취급을 받아야 함을 의미한다. 이를 위반하여 회사가 일부 주주에게만 우월한 권리나 이익을 부여하기로 하는 약정은 특별한 사정이 없는 한 무효이다(대판 2018.9.13. 2018다9920).

[**②** ▸ ○] 회사가 직원들을 유상증자에 참여시키면서 퇴직 시 출자 손실금을 전액 보전해 주기로 약정한 경우, 그러한 내용의 '손실보전합의 및 퇴직금 특례지급기준'은 회사가 주주에 대하여 투하자본의 회수를 절대적으로 보장하는 셈이 되고 다른 주주들에게 인정되지 않는 우월한 권리를 부여하는 것으로서 주주평등의 원칙에 위반되어 무효이다. 비록 그 손실보전약정이 사용자와 근로자의 관계를 규율하는 단체협약 또는 취업규칙의 성격을 겸하고 있고, 위 손실보전약정 당시 그들이 회사의 직원이었고 또한 시가가 액면에 현저히 미달하는 상황이었다는 사정을 들어 달리 볼 수는 없다(대판 2007.6.28. 2006다38161).

[**③** ▸ ○] 상법 제538조

> **상법 제538조(잔여재산의 분배)**
> 잔여재산은 각 주주가 가진 주식의 수에 따라 주주에게 분배하여야 한다. 그러나 제344조 제1항의 규정을 적용하는 경우에는 그러하지 아니하다.
>
> **상법 제344조(종류주식)**
> ① 회사는 이익의 배당, 잔여재산의 분배, 주주총회에서의 의결권의 행사, 상환 및 전환 등에 관하여 내용이 다른 종류의 주식(이하 "종류주식"이라 한다)을 발행할 수 있다.

[**④** ▸ ×] 회사가 신주를 인수하여 주주의 지위를 갖게 되는 사람에게 금전 지급을 약정한 경우, 그 약정이 실질적으로는 회사가 주주의 지위를 갖게 되는 자와 사이에 주식인수대금으로 납입한 돈을 전액 보전해 주기로 약정하거나, 상법 제462조 등 법률의 규정에 의한 배당 외에 다른 주주들에게는 지급되지 않는 별도의 수익을 지급하기로 약정한다면, 이는 회사가 해당 주주에 대하여만 투하자본의 회수를 절대적으로 보장함으로써 다른 주주들에게 인정되지 않는 우월한 권리를 부여하는 것으로서 주주평등의 원칙에 위배되어 무효이다. 이러한 약정은 회사의 자본적 기초를 위태롭게 하여 회사와 다른 주주의 이익을 해하고 주주로서 부담하는 본질적 책임에서조차 벗어나게 하여 특정 주주에게 상법이 허용하는 범위를 초과하는 권리를 부여하는 것에 해당하므로, 회사의 다른 주주 전원이 그와 같은 차등적 취급에 동의하였다고 하더라도 주주평등의 원칙을 위반하여 효력이 없다(대판 2023.7.13. 2022다224986).

[**⑤** ▸ ○] 주주평등의 원칙은 주주와 회사의 법률관계에 적용되는 원칙이고, 주주가 회사와 계약을 체결할 때 회사의 다른 주주 내지 이사 개인이 함께 당사자로 참여한 경우 주주와 다른 주주 사이의 계약은 주주평등과 관련이 없으므로, 주주와 회사의 다른 주주 내지 이사 개인의 법률관계에는 주주평등의 원칙이 직접 적용되지 않는다(대판 2023.7.13. 2022다224986).

팁 **④**

16
□□□

주식회사의 주식양도 내지 명의개서에 관한 다음 설명 중 가장 옳지 않은 것은?

2022년 법무사시험 [문 23]

① 상법 제335조 제3항 소정의 주권발행 전에 한 주식의 양도는 회사성립 후 6월이 경과한 때에는 회사에 대하여 효력이 있는 것으로서, 이 경우 주식의 양도는 지명채권의 양도에 관한 일반원칙에 따라 당사자의 의사표시만으로 효력이 발생하는 것이고, 상법 제337조 제1항에 규정된 주주명부상의 명의개서는 주식의 양수인이 회사에 대한 관계에서 주주의 권리를 행사하기 위한 대항요건에 지나지 아니한다.

② 상법 제335조 제1항의 본문 및 단서에 의하면, 주식은 원칙적으로 타인에게 양도할 수 있고, 예외적으로 회사가 정관으로 정하는 바에 따라 그 발행하는 주식의 양도에 관하여 이사회의 승인을 받도록 할 수 있을 뿐이므로, 주주 사이에서 주식의 양도를 일부 제한하는 약정은 원칙적으로 무효이다.

③ 주권발행 전 주식의 양도가 회사성립 후 6월이 경과한 후에 이루어진 때에는 당사자의 의사표시만으로 회사에 대하여 효력이 있으므로, 주식양수인은 특별한 사정이 없는 한 양도인의 협력을 받을 필요 없이 단독으로 자신이 주식을 양수한 사실을 증명함으로써 회사에 대하여 명의개서를 청구할 수 있다.

④ 주권발행 전에 한 주식의 양도가 회사성립 후 또는 신주의 납입기일 후 6월이 경과하기 전에 이루어 졌다고 하더라도 그 이후 6월이 경과하고 그때까지 회사가 주권을 발행하지 않았다면, 그 하자는 치유되어 회사에 대하여도 유효한 주식양도가 된다.

⑤ 명의개서청구권은 기명주식을 취득한 자가 회사에 대하여 주주권에 기하여 그 기명주식에 관한 자신의 성명, 주소 등을 주주명부에 기재하여 줄 것을 청구하는 권리로서 기명주식을 취득한 자만이 그 기명주식에 관한 명의개서청구권을 행사할 수 있다. 또한 기명주식의 취득자는 원칙적으로 취득한 기명주식에 관하여 명의개서를 할 것인지 아니면 명의개서 없이 이를 타인에게 처분할 것인지 등에 관하여 자유로이 결정할 권리가 있으므로, 주식 양도인은 다른 특별한 사정이 없는 한 회사에 대하여 주식 양수인 명의로 명의개서를 하여 달라고 청구할 권리가 없다.

....

[❶ ▸ ○] 상법 제335조 제3항 소정의 주권발행 전에 한 주식의 양도는 회사성립 후 6월이 경과한 때에는 회사에 대하여 효력이 있는 것으로서, 이 경우 주식의 양도는 지명채권의 양도에 관한 일반원칙에 따라 당사자의 의사표시만으로 효력이 발생하는 것이고, 상법 제337조 제1항에 규정된 주주명부상의 명의개서는 주식의 양수인이 회사에 대한 관계에서 주주의 권리를 행사하기 위한 대항요건에 지나지 아니한다(대판 2003.10.24. 2003다29661).

[❷ ▸ ✕] 주식의 양도를 제한하는 방법으로서 이사회의 승인을 요하도록 정관에 정할 수 있다는 상법 제335조 제1항 단서의 취지에 비추어 볼 때, <u>주주들 사이에서 주식의 양도를 일부 제한하는 내용의 약정을 한 경우, 그 약정은 주주의 투하자본회수의 가능성을 전면적으로 부정하는 것이 아니고, 공서양속에 반하지 않는다면 당사자 사이에서는 원칙적으로 유효하다고 할 것이다</u>(대판 2008.7.10. 2007다14193).

[❸ ▸ ○] 주권발행 전 주식의 양도가 회사성립 후 6월이 경과한 후에 이루어진 때에는 당사자의 의사표시만으로 회사에 대하여 효력이 있으므로, 그 주식양수인은 특별한 사정이 없는 한 양도인의 협력을 받을 필요 없이 단독으로 자신이 주식을 양수한 사실을 증명함으로써 회사에 대하여 그 명의개서를 청구할 수 있다(대판 2016.3.24. 2015다71795).

[**❹ ▸ O**]　주권발행 전의 주식의 양도는 지명채권의 양도에 관한 일반원칙에 따라 당사자의 의사표시만으로 효력이 발생하는 것이고, 한편 주권발행 전에 한 주식의 양도가 회사성립 후 또는 신주의 납입기일 후 6월이 경과하기 전에 이루어졌다고 하더라도 그 이후 6월이 경과하고 그때까지 회사가 주권을 발행하지 않았다면, 그 하자는 치유되어 회사에 대하여도 유효한 주식양도가 된다고 봄이 상당하다(대판 2002.3.15. 2000두1850).

[**❺ ▸ O**]　명의개서청구권은 기명주식을 취득한 자가 회사에 대하여 주주권에 기하여 그 기명주식에 관한 자신의 성명, 주소 등을 주주명부에 기재하여 줄 것을 청구하는 권리로서 기명주식을 취득한 자만이 그 기명주식에 관한 명의개서청구권을 행사할 수 있다. 또한 기명주식의 취득자는 원칙적으로 취득한 기명주식에 관하여 명의개서를 할 것인지 아니면 명의개서 없이 이를 타인에게 처분할 것인지 등에 관하여 자유로이 결정할 권리가 있으므로, 주식 양도인은 다른 특별한 사정이 없는 한 회사에 대하여 주식 양수인 명의로 명의개서를 하여 달라고 청구할 권리가 없다. 이러한 법리는 주권이 발행되어 주권의 인도에 의하여 기명주식이 양도되는 경우뿐만 아니라, 회사성립 후 6월이 경과하도록 주권이 발행되지 아니하여 양도인과 양수인 사이의 의사표시에 의하여 기명주식이 양도되는 경우에도 동일하게 적용된다(대판 2010.10.14. 2009다89665).

답 ❷

17

상법상 주권에 관한 다음 설명 중 가장 옳지 않은 것은?　　2021년 법무사시험 [문 50]

① 대표이사가 정관에 규정된 병합 주권의 종류와 다른 주권을 발행하였다고 하더라도 회사가 이미 발행한 주식을 표창하는 주권을 발행한 것이라면, 위와 같은 정관 규정에 위배되었다는 사유만으로 이미 발행된 위 주권이 무효라고 할 수는 없다.

② 주식의 양도에 있어서는 주권을 교부하여야 하고, 주권이 발행되어 있는 주식을 양수한 자는 주권을 제시하여 양수사실을 증명함으로써 회사에 대해 단독으로 명의개서를 청구할 수 있다.

③ 주권이 발행되어 있는 주식을 양수한 자가 단독으로 명의개서를 청구한 경우, 회사는 청구자가 진정한 주주인가에 대한 실질적 자격을 심사하여 명의개서 여부를 결정하여야 한다.

④ 주주의 주권불소지신고에 의해 회사가 주주명부에 주권을 발행하지 아니한다는 뜻을 기재하고 그 사실을 주주에게 통지한 경우, 회사는 그 주권을 발행할 수 없다.

⑤ 주권을 상실한 자는 제권판결을 얻지 아니하면 회사에 대하여 주권의 재발행을 청구하지 못한다.

．．

[**❶ ▸ O**]　설사 대표이사가 정관에 규정된 병합 주권의 종류와 다른 주권을 발행하였다고 하더라도 회사가 이미 발행한 주식을 표창하는 주권을 발행한 것이라면, 단순히 정관의 임의적 기재사항에 불과한 병합 주권의 종류에 관한 규정에 위배되었다는 사유만으로 이미 발행된 주권이 무효라고 할 수는 없다(대판 1996.1.26. 94다24039).

[**❷ ▸ O**] [**❸ ▸ ✕**]　주권의 점유자는 적법한 소지인으로 추정되므로(상법 제336조 제2항), 주권을 점유하는 자는 반증이 없는 한 그 권리자로 인정되고 이를 다투는 자는 반대사실을 입증하여야 한다. 주권이 발행되어 있는 주식을 양도할 때에는 주권을 교부하여야 하고(상법 제336조 제1항), 주권이 발행되어 있는 주식을 양수한 자는 주권을 제시하여 양수사실을 증명함으로써 회사에 대해 단독으로 명의개서를 청구할 수 있다. 이때 회사는 청구자가 진정한 주권을 점유하고 있는가에 대한 형식적 자격만을 심사하면 족하고, 나아가 청구자가 진정한 주주인가에 대한 실질적 자격까지 심사할 의무는 없다.

따라서 주권이 발행되어 있는 주식을 취득한 자가 주권을 제시하는 등 그 취득사실을 증명하는 방법으로 명의개서를 신청하고, 그 신청에 관하여 주주명부를 작성할 권한 있는 자가 형식적 심사의무를 다하였으며, 그에 따라 명의개서가 이루어졌다면, 특별한 사정이 없는 한 그 명의개서는 적법한 것으로 보아야 한다(대판 2019.8.14. 2017다231980).

[❹ ▸ O] 상법 제358조의2 제2항

> **상법 제358조의2(주권의 불소지)**
> ① 주주는 정관에 다른 정함이 있는 경우를 제외하고는 그 주식에 대하여 주권의 소지를 하지 아니하겠다는 뜻을 회사에 신고할 수 있다.
> ② 제1항의 신고가 있는 때에는 회사는 지체 없이 주권을 발행하지 아니한다는 뜻을 주주명부와 그 복본에 기재하고, 그 사실을 주주에게 통지하여야 한다. <u>이 경우 회사는 그 주권을 발행할 수 없다.</u>

[❺ ▸ O] 주권을 상실한 자는 제권판결을 얻지 아니하면 회사에 대하여 주권의 재발행을 청구하지 못한다(상법 제360조 제2항).

답 ❸

18
□□□

주주명부와 명의개서에 관한 다음 설명 중 가장 옳지 않은 것은? 2024년 법무사시험 [문 22]

① 주주 또는 회사채권자가 상법 제396조 제2항에 의하여 주주명부 등의 열람·등사청구를 한 경우 회사는 그 청구에 정당한 목적이 없는 등의 특별한 사정이 없는 한 이를 거절할 수 없는데, 이 경우 주주 또는 회사채권자가 정당한 목적이 있다는 점에 관한 증명책임을 부담한다.

② 주주명부에 명의개서를 한 주식양수인은 회사에 대하여 자신이 권리자라는 사실을 따로 증명하지 않고도 의결권, 배당금청구권, 신주인수권 등 주주로서의 권리를 적법하게 행사할 수 있다.

③ 주식회사는 주주명부상 주주 외에 실제 주식을 인수하거나 양수하고자 하였던 자가 따로 존재한다는 사실을 알았든 몰랐든 간에 주주명부상 주주의 주주권 행사를 부인할 수 없으며, 주주명부에 기재를 마치지 아니한 자의 주주권 행사를 인정할 수도 없다.

④ 주식을 취득한 자가 회사에 대하여 의결권을 주장할 수 있기 위하여는 주주명부에 주주로서 명의개서를 하여야 하므로, 명의개서를 하지 아니한 주식양수인에 대하여 주주총회소집통지를 하지 않았다고 하여 주주총회결의에 절차상의 하자가 있다고 할 수 없다.

⑤ 주권이 발행되어 있는 주식을 양수한 자는 주권을 제시하여 양수사실을 증명함으로써 회사에 대해 단독으로 명의개서를 청구할 수 있다. 이때 회사는 청구자가 진정한 주권을 점유하고 있는가에 대한 형식적 자격만을 심사하면 족하고, 나아가 청구자가 진정한 주주인가에 대한 실질적 자격까지 심사할 의무는 없다.

[**❶ ▸ ✕**]   주주 또는 회사채권자가 상법 제396조 제2항에 의하여 주주명부 등의 열람등사청구를 한 경우 회사는 그 청구에 정당한 목적이 없는 등의 특별한 사정이 없는 한 이를 거절할 수 없고, 이 경우 정당한 목적이 없다는 점에 관한 증명책임은 회사가 부담한다(대판 2010.7.22. 2008다37193).

[**❷ ▸ ○**]   상법은 주식의 유통성으로 인해 주주가 계속 변동되는 단체적 법률관계의 특성을 고려하여 주주들과 회사 간의 권리관계를 획일적이고 안정적으로 처리할 수 있도록 명의개서제도를 마련해 두고 있다. 즉, 주식을 양수하여 기명주식을 취득한 자가 회사에 대하여 주주의 권리를 행사하려면 자기의 성명과 주소를 주주명부에 기재하여야 한다(상법 제337조 제1항). 주주명부에 명의개서를 한 주식양수인 은 회사에 대하여 자신이 권리자라는 사실을 따로 증명하지 않고도 의결권, 배당금청구권, 신주인수권 등 주주로서의 권리를 적법하게 행사할 수 있다. 회사로서도 주주명부에 기재된 자를 주주로 보고 주주로 서의 권리를 인정한 경우 주주명부상 주주가 진정한 주주가 아니더라도 책임을 지지 않는다(대판 2018.10.12. 2017다221501).

[**❸ ▸ ○**]   특별한 사정이 없는 한, 주주명부에 적법하게 주주로 기재되어 있는 자는 회사에 대한 관계에 서 주식에 관한 의결권 등 주주권을 행사할 수 있고, 회사 역시 주주명부상 주주 외에 실제 주식을 인수하거나 양수하고자 하였던 자가 따로 존재한다는 사실을 알았든 몰랐든 간에 주주명부상 주주의 주주권 행사를 부인할 수 없으며, 주주명부에 기재를 마치지 아니한 자의 주주권 행사를 인정할 수도 없다. 주주명부에 기재를 마치지 않고도 회사에 대한 관계에서 주주권을 행사할 수 있는 경우는 주주명부 에의 기재 또는 명의개서청구가 부당하게 지연되거나 거절되었다는 등의 극히 예외적인 사정이 인정되는 경우에 한한다(대판[전합] 2017.3.23. 2015다248342).

[**❹ ▸ ○**]   주식을 취득한 자가 회사에 대하여 의결권을 주장할 수 있기 위하여는 주주명부에 주주로서 명의개서를 하여야 하므로, 명의개서를 하지 아니한 주식양수인에 대하여 주주총회소집통지를 하지 않았다고 하여 주주총회결의에 절차상의 하자가 있다고 할 수 없다(대판 1996.12.23. 96다32768).

[**❺ ▸ ○**]   주권의 점유자는 적법한 소지인으로 추정되므로(상법 제336조 제2항), 주권을 점유하는 자는 반증이 없는 한 그 권리자로 인정되고 이를 다투는 자는 반대사실을 입증하여야 한다. 주권이 발행되어 있는 주식을 양도할 때에는 주권을 교부하여야 하고(상법 제336조 제1항), 주권이 발행되어 있는 주식을 양수한 자는 주권을 제시하여 양수사실을 증명함으로써 회사에 대해 단독으로 명의개서를 청구할 수 있다. 이때 회사는 청구자가 진정한 주권을 점유하고 있는가에 대한 형식적 자격만을 심사하면 족하고, 나아가 청구자가 진정한 주주인가에 대한 실질적 자격까지 심사할 의무는 없다. 따라서 주권이 발행되어 있는 주식을 취득한 자가 주권을 제시하는 등 그 취득사실을 증명하는 방법으로 명의개서를 신청하고, 그 신청에 관하여 주주명부를 작성할 권한 있는 자가 형식적 심사의무를 다하였으며, 그에 따라 명의개서가 이루어졌다면, 특별한 사정이 없는 한 그 명의개서는 적법한 것으로 보아야 한다(대판 2019.8.14. 2017다231980).

 ❶

상법상 주식의 양도 및 명의개서에 관한 다음 설명 중 가장 옳지 않은 것은?

2021년 법무사시험 [문 26]

① 주권발행 전 주식의 양도가 회사성립 후 6월이 경과한 후에 이루어진 때에는 당사자의 의사표시만으로 회사에 대하여 효력이 있으므로, 주식양수인은 특별한 사정이 없는 한 양도인의 협력을 받을 필요 없이 단독으로 자신이 주식을 양수한 사실을 증명함으로써 회사에 대하여 명의개서를 청구할수 있다.

② 회사성립 후 또는 신주의 납입기간 후 6월이 지나도록 주권이 발행되지 않아 주권 없이 채권담보를 목적으로 체결된 주식양도계약에 따른 주식의 양도담보권자와 동일 주식에 대하여 압류명령을 집행한 자 사이의 우열은 그들이 주주명부에 명의개서를 하였는지 여부와는 상관없이 확정일자있는 증서에 의한 양도통지 또는 승낙의 일시와 압류명령의 송달일시를 비교하여 그 선후에 따라결정된다.

③ 상법은 주주명부의 기재를 회사에 대한 대항요건으로 정하고 있을 뿐 주식이전의 효력발생요건으로 정하고 있지 않으므로 명의개서가 이루어졌다고 하여 무권리자가 주주가 되는 것은 아니고, 명의개서가 이루어지지 않았다고 해서 주주가 그 권리를 상실하는 것도 아니다.

④ 주식을 인수하거나 양수하려는 자가 타인의 명의를 빌려 회사의 주식을 인수하거나 양수하고 타인의 명의로 주주명부에의 기재까지 마친 경우, 주주명부상의 주주가 아니라 명의를 빌려 실제 주식을 인수하거나 양수한 자가 회사에 대한 관계에서 주주로서 의결권 등 주주권을 적법하게 행사할수 있다.

⑤ 주주가 양도의 상대방을 지정하여 줄 것을 청구한 경우, 이사회가 2주간 내에 주주에게 상대방지정의 통지를 하지 아니한 때에는 주식의 양도에 관하여 이사회의 승인이 있는 것으로 본다.

[❶ ▸ ○] 주권발행 전 주식의 양도가 회사성립 후 6월이 경과한 후에 이루어진 때에는 당사자의 의사표시만으로 회사에 대하여 효력이 있으므로, 그 주식양수인은 특별한 사정이 없는 한 양도인의 협력을 받을 필요 없이 단독으로 자신이 주식을 양수한 사실을 증명함으로써 회사에 대하여 그 명의개서를 청구할 수 있다(대판 2016.3.24. 2015다71795).

[❷ ▸ ○] 회사성립 후 또는 신주의 납입기간 후 6월이 지나도록 주권이 발행되지 않아 주권 없이 채권담보를 목적으로 체결된 주식양도계약은 바로 주식양도담보의 효력이 생기고, 양도담보권자가 대외적으로는 주식의 소유자가 된다. 주권발행 전 주식의 양도담보권자와 동일 주식에 대하여 압류명령을 집행한 자 사이의 우열은 주식양도의 경우와 마찬가지로 확정일자 있는 증서에 의한 양도통지 또는 승낙의 일시와 압류명령의 송달일시를 비교하여 그 선후에 따라 결정된다. 이때 그들이 주주명부에 명의개서를 하였는지 여부와는 상관없다(대판 2018.10.12. 2017다221501).

[❸ ▸ ○] 상법은 주주명부의 기재를 회사에 대한 대항요건으로 정하고 있을 뿐 주식이전의 효력발생요건으로 정하고 있지 않으므로 명의개서가 이루어졌다고 하여 무권리자가 주주가 되는 것은 아니고, 명의개서가 이루어지지 않았다고 해서 주주가 그 권리를 상실하는 것도 아니다(대판 2020.6.11. 2017다278385).

[❹ ▸ ✕] 주식을 양수하였으나 아직 주주명부에 명의개서를 하지 아니하여 주주명부에는 양도인이 주주로 기재되어 있는 경우뿐만 아니라, 주식을 인수하거나 양수하려는 자가 타인의 명의를 빌려 회사의 주식을 인수하거나 양수하고 타인의 명의로 주주명부에의 기재까지 마치는 경우에도, <u>회사에 대한 관계에서는 주주명부상 주주만이 주주로서 의결권 등 주주권을 적법하게 행사할 수 있다</u>(대판[전합] 2017.3.23. 2015다248342).

[**⑤** ▶ **○**] 상법 제335조의3 제2항

상법 제335조의3(양도상대방의 지정청구)
① 주주가 양도의 상대방을 지정하여 줄 것을 청구한 경우에는 이사회는 이를 지정하고, 그 청구가 있은 날부터 2주간 내에 주주 및 지정된 상대방에게 서면으로 이를 통지하여야 한다.
② 제1항의 기간 내에 주주에게 상대방 지정의 통지를 하지 아니한 때에는 주식의 양도에 관하여 이사회의 승인이 있는 것으로 본다.

답 ❹

제4절 ｜ 주식의 양도와 제한

20
☐☐☐

주식양도의 제한에 관한 다음 설명 중 가장 옳지 않은 것은?(다툼이 있는 경우 대법원 판례에 따르고 전원합의체 판결의 경우 다수의견에 의함. 특별한 언급이 없다면 각 지문의 회사는 자본금 총액이 10억원 이상인 비상장 주식회사를 의미함. 이하 같음) **2025년 법무사시험 [문 21]**

① 상법 제335조 제1항 단서는 주식의 양도를 제한하는 방법으로서 이사회의 승인을 요하도록 정관에 정할 수 있다는 취지이다. 따라서 정관의 규정으로 주식의 양도를 제한하는 경우 주식양도를 전면적으로 금지하도록 할 수 있다.
② 주식의 양도에 관하여 이사회의 승인을 얻어야 하는 경우에 주식을 취득하였으나 회사로부터 양도승인거부의 통지를 받은 양수인은 회사에 대하여 주식매수청구권을 행사할 수 있다.
③ 상법 제335조 제1항 단서의 취지에 비추어 볼 때, 주주들 사이에서 주식의 양도를 일부 제한하는 내용의 약정을 한 경우, 그 약정은 주주의 투하자본회수의 가능성을 전면적으로 부정하는 것이 아니고, 공서양속에 반하지 않는다면 당사자 사이에서는 원칙적으로 유효하다.
④ 주권발행 전에 한 주식의 양도는 회사에 대하여 효력이 없으나 회사성립 후 또는 신주의 납입기일 후 6월이 경과한 때에는 회사에 대하여도 효력이 있다. 이 경우 주식의 양도는 지명채권의 양도에 관한 일반원칙에 따라 당사자의 의사표시만으로 효력이 발생한다.
⑤ 주권발행 전에 한 주식의 양도가 회사성립 후 또는 신주의 납입기일 후 6월이 경과하기 전에 이루어졌다고 하더라도 그 이후 6월이 경과하고 그때까지 회사가 주권을 발행하지 않았다면, 그 하자는 치유되어 회사에 대하여도 유효한 주식양도가 된다.

[**❶ ▸ ✕**] 상법 제335조 제1항 단서는 주식의 양도를 전제로 하고, 다만 이를 제한하는 방법으로서 이사회의 승인을 요하도록 정관에 정할 수 있다는 취지이지 주식의 양도 그 자체를 금지할 수 있음을 정할 수 있다는 뜻은 아니기 때문에, 정관의 규정으로 주식의 양도를 제한하는 경우에도 <u>주식양도를 전면적으로 금지하는 규정을 둘 수는 없다</u>(대판 2000.9.26. 99다48429).

[**❷ ▸ ○**] 상법 제335조 제1항, 제335조의2 제4항

상법 제335조(주식의 양도성)
① 주식은 타인에게 양도할 수 있다. 다만, <u>회사는 정관으로 정하는 바에 따라 그 발행하는 주식의 양도에 관하여 이사회의 승인을 받도록 할 수 있다.</u>

상법 제335조의2(양도승인의 청구)
① 주식의 양도에 관하여 이사회의 승인을 얻어야 하는 경우에는 주식을 양도하고자 하는 주주는 회사에 대하여 양도의 상대방 및 양도하고자 하는 주식의 종류와 수를 기재한 서면으로 양도의 승인을 청구할 수 있다.
② 회사는 제1항의 청구가 있는 날부터 1월 이내에 주주에게 그 승인 여부를 서면으로 통지하여야 한다.
④ <u>제2항의 양도승인거부의 통지를 받은 주주는 통지를 받은 날부터 20일 내에 회사에 대하여 양도의 상대방의 지정 또는 그 주식의 매수를 청구할 수 있다.</u>

[**❸ ▸ ○**] 주식의 양도를 제한하는 방법으로 이사회 승인을 받도록 정관에 정할 수 있다는 상법 제335조 제1항 단서의 취지에 비추어 볼 때, 주주 사이에서 주식의 양도를 일부 제한하는 약정을 한 경우, 그 약정은 주주의 투하자본회수 가능성을 전면적으로 부정하는 것이 아니고, 선량한 풍속 그 밖의 사회질서에 반하지 않는다면 당사자 사이에서는 원칙적으로 유효하다(대판 2022.3.31. 2019다274639).

[**❹ ▸ ○**] [**❺ ▸ ○**] <u>주권발행 전에 한 주식의 양도는 회사에 대하여 효력이 없으나 회사성립 후 또는 신주의 납입기일 후 6월이 경과한 때에는 회사에 대하여도 효력이 있다. 이 경우 주식의 양도는 지명채권의 양도에 관한 일반원칙에 따라 당사자의 의사표시만으로 효력이 발생하는 것이고, 나아가 주권발행 전에 한 주식의 양도가 회사성립 후 또는 신주의 납입기일 후 6월이 경과하기 전에 이루어졌다고 하더라도 그 이후 6월이 경과하고 그때까지 회사가 주권을 발행하지 않았다면, 그 하자는 치유되어 회사에 대하여도 유효한 주식양도가 된다</u>(대판 2012.2.9. 2011다62076).

답 **❶**

21

회사의 자기주식취득에 관한 다음 설명 중 가장 옳지 않은 것은?

① 2011.4.14. 법률 제10600호로 개정되어 2012.4.15.부터 시행된 개정 상법에 따라 회사의 자기주식 취득은 원칙적으로 허용되었고, 상법 규정에서 정한 요건 및 절차를 사후에 갖춘 경우에도 쉽게 그 효력이 부정된다고 볼 수 없다.

② 회사가 주주들에게 보낸 자기주식취득 통지서에 이사회에서 결의한 사항의 일부가 누락되었더라도, 자기주식취득의 정당한 목적이 인정되고 대가가 정당하게 산정되는 등 여러 사정을 종합하여 주주들의 공평한 주식양도의 기회가 침해되었다고 보기 어렵다는 등의 사정이 있다면, 자기주식취득 거래를 당연 무효라고 단정할 수 없다.

③ 자기주식취득 가액의 총액을 제한하는 상법 제341조 제1항 단서는 자기주식 취득가액의 총액이 배당가능이익을 초과하여서는 안 된다는 것을 의미할 뿐 차입금으로 자기주식을 취득하는 것이 허용되지 않는다는 것을 의미하지 않는다.

④ 회사가 특정 주주와 사이에 특정한 금액으로 주식을 매수하기로 약정함으로써 사실상 매수청구를 할 수 있는 권리를 부여하여 주주가 그 권리를 행사하는 경우, 이는 특정목적, 즉 주주의 주식매수청구의 행사에 의한 자기주식의 취득에 관한 상법 제341조의2 제4호가 적용된다고 볼 수 없다.

⑤ 회사 아닌 제3자의 명의로 회사의 주식을 취득하더라도 그 주식취득을 위한 자금이 회사의 출연에 의한 것이고 그 주식취득에 따른 손익이 회사에 귀속되는 경우라면, 상법 기타의 법률에서 규정하는 예외사유에 해당하지 않는 한, 그러한 주식의 취득은 상법 제341조의 자기주식의 취득으로 평가될 수 있다.

. . . .

[❶ ▸ ✕] [❹ ▸ ○] 2011.4.14. 법률 제10600호로 개정되어 2012.4.15.부터 시행된 개정 상법은 종래 자기주식 취득을 엄격히 불허하였던 것에서 이를 완화하여, 제341조에서 회사가 배당가능이익의 한도 내에서 거래소에서 취득하는 방법 등으로 자기의 명의와 계산으로 자기주식을 취득할 수 있도록 허용하고, 제341조의2에서는 각 호에서 규정한 특정한 목적이 있는 경우에는 구 상법과 마찬가지로 배당가능이익이나 취득 방법 등의 제한 없이 자기주식을 취득할 수 있도록 허용하면서, 제4호에서 주주가 주식매수청구권을 행사한 경우를 들고 있다. 따라서 개정 상법 제360조의5 제1항, 제374조의2 제1항, 제522조의3 제1항 등에 따라 주주가 주식매수청구권을 행사하는 경우에는 개정 상법 제341조의2 제4호에 따라 회사가 제한 없이 자기주식을 취득할 수 있으나, <u>회사가 특정 주주와 사이에 특정한 금액으로 주식을 매수하기로 약정함으로써 사실상 매수청구를 할 수 있는 권리를 부여하여 주주가 그 권리를 행사하는 경우는 개정 상법 제341조의2 제4호가 적용되지 않으므로, 개정 상법 제341조에서 정한 요건하에서만 회사의 자기주식취득이 허용된다. 다만 이와 같이 개정 상법이 자기주식취득 요건을 완화하였다고 하더라도 여전히 법이 정한 경우에만 자기주식취득이 허용된다는 원칙에는 변함이 없고 따라서 위 규정에서 정한 요건 및 절차에 의하지 않은 자기주식취득 약정은 효력이 없다</u>(대판 2021.10.28. 2020다208058).

[❷ ▸ ○] 원고는 이사회에서 상법 시행령 제10조 제1호 각 목이 정한 사항을 결의한 다음 모든 주주들에게 자기주식 취득의 통지를 하였으나 그 통지서에 '자기주식 취득의 목적' 등이 누락된 사실을 알 수 있으나, 원고가 자기주식 취득의 통지를 하면서 이사회에서 결의한 사항의 일부를 누락하였다는 이유만으로 주주들의 공평한 주식양도의 기회가 침해되었다고 보기 어렵다. 또한 원고가 모든 주주들에게 자기주식 취득의 통지를 한 점 등에 비추어 보면, 원심이 든 사정만으로 원고가 처음부터 소외 1이 보유하고 있던 주식만을 취득하려고 하였다고 단정할 수 없다. 따라서 이 사건 거래를 무효로 볼 수 없다(대판 2021.7.29. 2017두63337).

[❸ ▸ O] 배당가능이익은 채권자의 책임재산과 회사의 존립을 위한 재산적 기초를 확보하기 위하여 직전 결산기상의 순자산액에서 자본금의 액, 법정준비금 등을 공제한 나머지로서 회사가 당기에 배당할 수 있는 한도를 의미하는 것이지 회사가 보유하고 있는 특정한 현금을 의미하는 것이 아니다. 또한 회사가 자기주식을 취득하는 경우 당기의 순자산이 그 취득가액의 총액만큼 감소하는 결과 배당가능이익도 같은 금액만큼 감소하게 되는데, 이는 회사가 자금을 차입하여 자기주식을 취득하더라도 마찬가지이다. 따라서 상법 제341조 제1항 단서는 자기주식 취득가액의 총액이 배당가능이익을 초과하여서는 안된다는 것을 의미할 뿐 차입금으로 자기주식을 취득하는 것이 허용되지 않는다는 것을 의미하지는 않는다(대판 2021.7.29. 2017두63337).

[❺ ▸ O] 회사 아닌 제3자의 명의로 회사의 주식을 취득하더라도 그 주식취득을 위한 자금이 회사의 출연에 의한 것이고 그 주식취득에 따른 손익이 회사에 귀속되는 경우라면, 상법 기타의 법률에서 규정하는 예외사유에 해당하지 않는 한, 그러한 주식의 취득은 회사의 계산으로 이루어져 회사의 자본적 기초를 위태롭게 할 우려가 있는 것으로서 상법 제341조가 금지하는 자기주식의 취득에 해당한다(대판 2003.5.16. 2001다44109).

답 ❶

22

상호주식소유의 제한 및 의결권에 관한 다음 설명 중 가장 옳지 않은 것은?

2025년 법무사시험 [문 41]

① 다른 회사의 발행주식의 총수의 100분의 50을 초과하는 주식을 가진 회사(모회사)의 주식은 상법 제342조의2 제1항 각 호에서 정한 경우를 제외하고는 그 다른 회사(자회사)가 이를 취득할 수 없다.

② 상법 제342조의2 제1항에서 자회사가 모회사의 주식을 취득할 수 있는 경우로 규정하는 사유는 주식의 포괄적 교환, 주식의 포괄적 이전, 회사의 합병 또는 다른 회사의 영업전부의 양수로 인한 때 또는 회사의 권리를 실행함에 있어 그 목적을 달성하기 위하여 필요한 때이다.

③ 상법 제342조의2 제1항 각 호의 사유가 있어 자회사가 모회사의 주식을 취득하더라도, 자회사는 그 주식을 취득한 날로부터 6월 이내에 모회사의 주식을 처분하여야 한다.

④ 2개의 회사가 상대회사의 발행주식 총수의 20% 지분씩을 각각 보유하고 있을 뿐이어서 두 회사가 상법 제342조의2에서 규정하는 모자회사 관계에 이르지 않는다면, 위 각 주식은 모두 의결권이 있다.

⑤ 주주총회에서 권리를 행사할 주주의 확정을 위한 기준일에는 상법 제369조 제3항에 정한 의결권이 제한되는 주식의 상호소유 요건에 해당하지 않았던 주식이라도 실제 의결권이 행사되는 주주총회일에는 그 요건을 충족하는 경우라면, 상법 제369조 제3항이 정하는 상호소유 주식에 해당하여 의결권이 없다.

....

[❶ ▸ O] [❷ ▸ O] [❸ ▸ O] 상법 제342조의2

> **상법 제342조의2(자회사에 의한 모회사주식의 취득)**
> ① 다른 회사의 발행주식의 총수의 100분의 50을 초과하는 주식을 가진 회사(이하 "모회사"라 한다)의 주식은 다음의 경우를 제외하고는 그 다른 회사(이하 "자회사"라 한다)가 이를 취득할 수 없다.
> 　1. 주식의 포괄적 교환, 주식의 포괄적 이전, 회사의 합병 또는 다른 회사의 영업전부의 양수로 인한 때
> 　2. 회사의 권리를 실행함에 있어 그 목적을 달성하기 위하여 필요한 때

② 제1항 각 호의 경우 자회사는 그 주식을 취득한 날로부터 6월 이내에 모회사의 주식을 처분하여야 한다.

③ 다른 회사의 발행주식의 총수의 100분의 50을 초과하는 주식을 모회사 및 자회사 또는 자회사가 가지고 있는 경우 그 다른 회사는 이 법의 적용에 있어 그 모회사의 자회사로 본다.

[❹▸×] 상호주의 폐해가 회사지배의 왜곡에 있다는 점에서 그 의결권을 박탈하는 것으로써 폐해를 방지하고자 상법은 "회사, 모회사 및 자회사 또는 자회사가 다른 회사의 발행주식의 총수의 10분의 1을 초과하는 주식을 가지고 있는 경우 그 다른 회사가 가지고 있는 회사 또는 모회사의 주식은 의결권이 없다."고 규정하고 있다(상법 제369조 제3항). 지문에서 모자회사 관계가 아닌 2개의 회사가 상대회사의 발행주식 총수의 20% 지분씩을 각각 보유하고 있다면, 회사가 다른 회사의 발행주식의 총수의 10분의 1을 초과하는 주식을 가지고 있는 경우에 해당하므로 두 회사가 소유한 각 주식은 모두 의결권이 없다.

[❺▸○] 기준일 제도는 일정한 날을 정하여 그날에 주주명부에 기재되어 있는 주주를 계쟁 회사의 주주로서의 권리를 행사할 자로 확정하기 위한 것일 뿐, 다른 회사의 주주를 확정하는 기준으로 삼을 수는 없으므로, 기준일에는 상법 제369조 제3항이 정한 요건에 해당하지 않더라도, 실제로 의결권이 행사되는 주주총회일에 위 요건을 충족하는 경우에는 상법 제369조 제3항이 정하는 상호 소유 주식에 해당하여 의결권이 없다. 이때 회사, 모회사 및 자회사 또는 자회사가 다른 회사 발행주식 총수의 10분의 1을 초과하는 주식을 가지고 있는지 여부는, 앞서 본 '주식 상호 소유 제한의 목적'을 고려할 때, 실제로 소유하고 있는 주식수를 기준으로 판단하여야 할 것이며 그에 관하여 주주명부상의 명의개서를 하였는지 여부와는 관계가 없다(대판 2009.1.30. 2006다31269).

답 ❹

23

주식회사 甲의 다음 행위 중 현행 상법 및 판례에 의할 때 허용되는 것을 모두 고른 것은?
2024년 법무사시험 [문 34]

ㄱ. 수식회사 甲이 발행주식 총수 1,000주 중 500주를 액면가 5,000원에 발행하였는데, 추가로 신주 500주를 액면가 10,000원에 발행하는 행위

ㄴ. 임원 A와 퇴직합의를 체결하면서 A가 보유한 주식회사 甲 발행 주식을 주식회사 甲이 매수하게 하는 주식매수청구권을 부여하였는데, 그 후 주식회사 甲이 배당가능이익이 없음에도 위 약정에 기한 A의 주식매수청구권 행사에 따라 주식을 취득한 행위

ㄷ. 주식회사 甲이 주주 B로부터 주식회사 甲 발행 주식을 무상으로 양수하는 행위

ㄹ. 주식회사 甲의 대표이사가 주주총회에 참석하여 주식회사 甲이 취득한 자기주식으로 의결권을 행사하는 행위

ㅁ. 주식회사 甲 발행 주식을 C, D가 공유하는데, 그 주주권을 행사할 자가 지정되지 않는 등으로 권리행사자가 없는 상황에서 주식회사 甲이 주소와 연락처를 알고 있는 C에게만 주주권 행사 관련 통지를 하는 행위

① ㄱ, ㄷ
② ㄱ, ㅁ
③ ㄴ, ㄷ
④ ㄴ, ㄹ
⑤ ㄷ, ㅁ

[ㄱ ▸ ✕]　액면주식의 금액은 <u>균일하여야 한다</u>(상법 제329조 제2항).

[ㄴ ▸ ✕]　2012.4.15.부터 시행된 개정 상법은 종래 자기주식 취득을 엄격히 불허하였던 것에서 이를 완화하여, 제341조에서 회사가 배당가능이익의 한도 내에서 거래소에서 취득하는 방법 등으로 자기의 명의와 계산으로 자기주식을 취득할 수 있도록 허용하고, 제341조의2에서는 각 호에서 규정한 특정한 목적이 있는 경우에는 구 상법과 마찬가지로 배당가능이익이나 취득 방법 등의 제한 없이 자기주식을 취득할 수 있도록 허용하면서, 제4호에서 주주가 주식매수청구권을 행사한 경우를 들고 있다. 따라서 개정 상법 제360조의5 제1항, 제374조의2 제1항, 제522조의3 제1항 등에 따라 주주가 주식매수청구권을 행사하는 경우에는 개정 상법 제341조의2 제4호에 따라 회사가 제한 없이 자기주식을 취득할 수 있으나, <u>회사가 특정 주주와 사이에 특정한 금액으로 주식을 매수하기로 약정함으로써 사실상 매수청구를 할 수 있는 권리를 부여하여 주주가 그 권리를 행사하는 경우는 개정 상법 제341조의2 제4호가 적용되지 않으므로, 개정 상법 제341조에서 정한 요건하에서만 회사의 자기주식취득이 허용된다.</u> 다만 이와 같이 개정 상법이 자기주식취득 요건을 완화하였다고 하더라도 여전히 법이 정한 경우에만 자기주식취득이 허용된다는 원칙에는 변함이 없고 따라서 위 규정에서 정한 요건 및 절차에 의하지 않은 자기주식취득 약정은 효력이 없다(대판 2021.10.28. 2020다208058).

[ㄷ ▸ ○]　회사는 원칙적으로 자기의 계산으로 자기의 주식을 취득하지 못하는 것이지만, 회사가 무상으로 자기주식을 취득하는 때와 같이 회사의 자본적 기초를 위태롭게 하거나 회사 채권자와 주주의 이익을 해한다고 할 수가 없는 경우에는 예외적으로 자기주식의 취득을 허용할 수 있다(대판 1996.6.25. 96다12726).

[ㄹ ▸ ✕]　회사가 가진 <u>자기주식은 의결권이 없다</u>(상법 제369조 제2항).

[ㅁ ▸ ○]　상법 제333조 제3항

상법 제333조(주식의 공유)

② 주식이 수인의 공유에 속하는 때에는 공유자는 주주의 권리를 행사할 자 1인을 정하여야 한다.

③ 주주의 권리를 행사할 자가 없는 때에는 공유자에 대한 통지나 최고는 그 1인에 대하여 하면 된다.

 답 ❺

24

상법상 자기주식에 관한 설명으로 가장 옳지 않은 것은?

① 상법 제341조의2에서 정한 특정목적에 의한 자기주식 취득이 아닌 경우에 회사는 직전 결산기의 배당가능이익을 초과하지 않는 범위에서 자기주식을 취득할 수 있다.

② 배당가능이익으로 하는 자기주식 취득에서 매수할 주식의 종류와 수, 취득가액의 총액 한도 등은 주주총회 결의로 정하지만, 정관에서 이사회의 결의로 이익배당을 할 수 있다고 정하는 경우에는 이사회 결의로 정할 수 있다.

③ 회사의 합병 또는 다른 회사의 영업전부의 양수로 인한 경우, 회사의 권리를 실행함에 있어 그 목적을 달성하기 위하여 필요한 경우, 단주의 처리를 위하여 필요한 경우, 주주가 주식매수청구권을 행사한 경우에는 배당가능이익과 무관하게 자기주식을 취득할 수 있다.

④ 회사가 자기주식을 취득한 경우 상법 제341조의2에서 정한 특정목적에 의한 자기주식 취득이 아닌 이상 지체 없이 주식실효의 절차를 밟아야 한다.

⑤ 자기주식의 취득이 예외적으로 허용되는 경우를 제외하고, 상법에서 정한 요건과 절차에 따르지 않은 자기주식 취득은 당연히 무효이다.

⋯⋯

[**❶ ▸ O**] [**❷ ▸ O**] 상법은 배당가능이익의 범위 내에서의 자기주식 취득(상법 제341조)과 특정한 목적에 의한 자기주식 취득(상법 제341조의2)을 인정하고 있다.

> **상법 제341조(자기주식의 취득)**
> ① 회사는 다음의 방법에 따라 자기의 명의와 계산으로 자기의 주식을 취득할 수 있다. 다만, 그 취득가액의 총액은 직전 결산기의 대차대조표상의 순자산액에서 제462조 제1항 각 호의 금액(자본금과 법정준비금)을 뺀 금액(배당가능이익)을 초과하지 못한다.
> 　1. 거래소에서 시세가 있는 주식의 경우에는 거래소에서 취득하는 방법
> 　2. 제345조 제1항의 주식의 상환에 관한 종류주식의 경우 외에 각 주주가 가진 주식 수에 따라 균등한 조건으로 취득하는 것으로서 대통령령으로 정하는 방법
> ② 제1항에 따라 자기주식을 취득하려는 회사는 미리 주주총회의 결의로 다음 각 호의 사항을 결정하여야 한다. 다만, 이사회의 결의로 이익배당을 할 수 있다고 정관으로 정하고 있는 경우에는 이사회의 결의로써 주주총회의 결의를 갈음할 수 있다.
> 　1. 취득할 수 있는 주식의 종류 및 수
> 　2. 취득가액의 총액의 한도
> 　3. 1년을 초과하지 아니하는 범위에서 자기주식을 취득할 수 있는 기간

[**❸ ▸ O**] 상법 제341조의2

> **상법 제341조의2(특정목적에 의한 자기주식의 취득)**
> 회사는 다음 각 호의 어느 하나에 해당하는 경우에는 제341조에도 불구하고 자기의 주식을 취득할 수 있다.
> 　1. 회사의 합병 또는 다른 회사의 영업전부의 양수로 인한 경우
> 　2. 회사의 권리를 실행함에 있어 그 목적을 달성하기 위하여 필요한 경우
> 　3. 단주(端株)의 처리를 위하여 필요한 경우
> 　4. 주주가 주식매수청구권을 행사한 경우

[**❹ ▸ ✕**] 종전에는 취득한 자기주식을 즉시 처분하도록 하였으나, 2011년 개정 상법은 자기주식의 처분을 이사회의 재량으로 정하도록 하고 있다.

> **상법 제342조(자기주식의 처분)**
> 회사가 보유하는 자기의 주식을 처분하는 경우에 다음 각 호의 사항으로서 정관에 규정이 없는 것은 이사회가 결정한다.
> 　　1. 처분할 주식의 종류와 수
> 　　2. 처분할 주식의 처분가액과 납입기일
> 　　3. 주식을 처분할 상대방 및 처분방법

[**❺ ▸ ○**] 상법은 주식회사가 자기의 계산으로 자기주식을 취득하는 것을 원칙적으로 금지하면서, 예외적으로 일정한 경우에만 그 취득이 허용되는 것으로 명시하고 있다. 따라서 상법 제341조, 제341조의2, 제342조의2 또는 증권거래법 등이 명시적으로 이를 허용하고 있는 경우 외에는, 회사의 자본적 기초를 위태롭게 하거나 주주 등의 이익을 해한다고 할 수 없는 것이 유형적으로 명백한 경우가 아닌 한 자기주식의 취득은 허용되지 아니하고, 위와 같은 금지규정에 위반하여 회사가 자기주식을 취득하거나 취득하기로 하는 약정은 무효이다(대판 2006.10.12. 2005다75729).

답 ❹

25
☐☐☐

주식양도의 제한에 관한 다음 설명 중 가장 옳지 않은 것은?(다툼이 있는 경우 판례에 따르고 전원합의체 판결의 경우 다수의견에 의함. 이하 같음)　　**2021년 법무사시험 [문 21]**

① 상법 등에서 명시적으로 자기주식의 취득을 허용하는 경우 외에 회사의 자본적 기초를 위태롭게 하거나 주주 등의 이익을 해한다고 할 수 없는 것이 유형적으로 명백한 경우에도 자기주식의 취득이 예외적으로 허용되지만, 그 밖의 경우에는, 설령 회사 또는 주주나 회사채권자 등에게 생길지도 모르는 중대한 손해를 회피하기 위하여 부득이한 사정이 있다고 하더라도 자기주식의 취득은 허용되지 않고 위와 같은 금지규정에 위반하여 회사가 자기주식을 취득하는 것은 당연히 무효이다.
② 정관에 의하여 양도가 제한된 주식을 보유한 주주는 이사회로부터 양도승인거부의 통지를 받은 경우 통지를 받은 날부터 20일 내에 회사에 대하여 양도 상대방의 지정 또는 그 주식의 매수를 청구할 수 있다.
③ 상법 제335조 제1항 단서는 주식의 양도를 전제로 하고, 다만 이를 제한하는 방법으로서 이사회의 승인을 요하도록 정관에 정할 수 있다는 취지이지 주식의 양도 그 자체를 금지할 수 있음을 정할 수 있다는 뜻은 아니기 때문에, 정관의 규정으로 주식의 양도를 제한하는 경우에도 주식양도를 전면적으로 금지하는 규정을 둘 수는 없다.
④ 甲회사가 乙회사의 발생주식총수의 10분의 1을 초과하여 취득한 때에는 乙회사에 지체 없이 이를 통지하여야 하고, 이 경우 乙회사가 가지고 있는 甲회사의 주식은 의결권이 없다.
⑤ 주식의 양도에 관하여 이사회의 승인을 얻어야 하는 경우에 주식을 취득하였으나 회사로부터 양도 승인거부의 통지를 받은 양수인은 상법 제335조의7에 따라 회사에 대하여 주식매수청구권을 행사할 수 있다. 이와 관련하여 주식을 취득하지 못한 양수인이 회사에 대하여 주식매수청구를 하더라도 이는 효력이 없으나, 사후적으로 양수인이 주식 취득의 요건을 갖추게 되면 그 하자가 치유될 수 있다.

[❶ ▸ ○] 상법 제341조, 제341조의2, 제342조의2 또는 증권거래법 등에서 명시적으로 자기주식의 취득을 허용하는 경우 외에, 회사가 자기주식을 무상으로 취득하는 경우 또는 타인의 계산으로 자기주식을 취득하는 경우 등과 같이, 회사의 자본적 기초를 위태롭게 하거나 주주 등의 이익을 해한다고 할 수 없는 것이 유형적으로 명백한 경우에도 자기주식의 취득이 예외적으로 허용되지만, 그 밖의 경우에 있어서는, 설령 회사 또는 주주나 회사채권자 등에게 생길지도 모르는 중대한 손해를 회피하기 위하여 부득이한 사정이 있다고 하더라도 자기주식의 취득은 허용되지 아니하는 것이고 위와 같은 금지규정에 위반하여 회사가 자기주식을 취득하는 것은 당연히 무효이다(대판 2003.5.16. 2001다44109).

[❷ ▸ ○] 상법 제335조 제1항, 제335조의2 제4항

> **상법 제335조(주식의 양도성)**
> ① 주식은 타인에게 양도할 수 있다. 다만, 회사는 정관으로 정하는 바에 따라 그 발행하는 주식의 양도에 관하여 이사회의 승인을 받도록 할 수 있다.
>
> **상법 제335조의2(양도승인의 청구)**
> ① 주식의 양도에 관하여 이사회의 승인을 얻어야 하는 경우에는 주식을 양도하고자 하는 주주는 회사에 대하여 양도의 상대방 및 양도하고자 하는 주식의 종류와 수를 기재한 서면으로 양도의 승인을 청구할 수 있다.
> ② 회사는 제1항의 청구가 있는 날부터 1월 이내에 주주에게 그 승인 여부를 서면으로 통지하여야 한다.
> ④ 제2항의 양도승인거부의 통지를 받은 주주는 통지를 받은 날부터 20일 내에 회사에 대하여 양도의 상대방의 지정 또는 그 주식의 매수를 청구할 수 있다.

[❸ ▸ ○] 상법 제335조 제1항 단서는 주식의 양도를 전제로 하고, 다만 이를 제한하는 방법으로서 이사회의 승인을 요하도록 정관에 정할 수 있다는 취지이지 주식의 양도 그 자체를 금지할 수 있음을 정할 수 있다는 뜻은 아니기 때문에, 정관의 규정으로 주식의 양도를 제한하는 경우에도 주식양도를 전면적으로 금지하는 규정을 둘 수는 없다(대판 2000.9.26. 99다48429).

[❹ ▸ ○] 상법 제342조의3, 제369조 제3항

> **상법 제342조의3(다른 회사의 주식취득)**
> 회사가 다른 회사의 발행주식 총수의 10분의 1을 초과하여 취득한 때에는 그 다른 회사에 대하여 지체 없이 이를 통지하여야 한다.
>
> **상법 제369조(의결권)**
> ③ 회사, 모회사 및 자회사 또는 자회사가 다른 회사의 발행주식의 총수의 10분의 1을 초과하는 주식을 가지고 있는 경우 그 다른 회사가 가지고 있는 회사 또는 모회사의 주식은 의결권이 없다.

[❺ ▸ ✕] 주식의 양도에 관하여 이사회의 승인을 얻어야 하는 경우에 주식을 취득하였으나 회사로부터 양도승인거부의 통지를 받은 양수인은 상법 제335조의7에 따라 회사에 대하여 주식매수청구권을 행사할 수 있다. 이러한 주식매수청구권은 주식을 취득한 양수인에게 인정되는 이른바 형성권으로서 그 행사로 회사의 승낙 여부와 관계없이 주식에 관한 매매계약이 성립하게 되므로, 주식을 취득하지 못한 양수인이 회사에 대하여 주식매수청구를 하더라도 이는 아무런 효력이 없고, 사후적으로 양수인이 주식 취득의 요건을 갖추게 되더라도 하자가 치유될 수는 없다(대판 2014.12.24. 2014다221258).

답 ❺

26
□□□

상법상 주식회사 주식의 담보설정에 관한 다음 설명 중 가장 옳지 않은 것은?

2019년 법무사시험 [문 22]

① 질권자는 계속하여 주권을 점유하지 아니하면 그 질권으로써 제3자에게 대항하지 못한다.
② 주식의 소각, 병합, 분할 또는 전환이 있는 때에는 이로 인하여 종전의 주주가 받을 금전이나 주식에 대하여도 종전의 주식을 목적으로 한 질권을 행사할 수 있다.
③ 주식의 질권설정에 필요한 요건인 주권의 점유를 이전하는 방법으로는 현실인도(교부)만이 허용될 뿐, 반환청구권의 양도는 허용되지 않는다.
④ 회사는 회사의 합병 또는 다른 회사의 영업 전부의 양수로 인한 경우에는 발행주식 총수의 20분의 1을 초과하여 자기의 주식을 질권의 목적으로 받을 수 있다.
⑤ 명의개서를 마친 등록양도담보권자는 자익권과 공익권 등 주주권을 행사할 수 있다.

[❶ ▸ ○] 상법 제338조 제2항

> **상법 제338조(주식의 입질)**
> ① 주식을 질권의 목적으로 하는 때에는 주권을 질권자에게 교부하여야 한다.
> ② 질권자는 계속하여 주권을 점유하지 아니하면 그 질권으로써 제3자에게 대항하지 못한다.

[❷ ▸ ○] 주식의 소각, 병합, 분할 또는 전환이 있는 때에는 이로 인하여 종전의 주주가 받을 금전이나 주식에 대하여도 종전의 주식을 목적으로 한 질권을 행사할 수 있다(상법 제339조).

[❸ ▸ ✕] 기명주식의 약식질에 관한 상법 제338조는 기명주식을 질권의 목적으로 하는 때에는 주권을 질권자에게 교부하여야 하고(제1항), 질권자는 계속하여 주권을 점유하지 아니하면 그 질권으로써 제3자에게 대항하지 못한다고(제2항) 규정하고 있다. 여기에서 주식의 질권설정에 필요한 요건인 주권의 점유를 이전하는 방법으로는 현실인도(교부) 외에 간이인도나 반환청구권 양도도 허용된다(대판 2012.8.23. 2012다34764).

[❹ ▸ ○] 회사는 발행주식 총수의 20분의 1을 초과하여 자기의 주식을 질권의 목적으로 받지 못한다. 다만, 제341조의2 제1호(회사의 합병 또는 다른 회사의 영업전부의 양수로 인한 경우) 및 제2호(회사의 권리를 실행함에 있어 그 목적을 달성하기 위하여 필요한 경우)의 경우에는 그 한도를 초과하여 질권의 목적으로 할 수 있다(상법 제341조의3).

[❺ ▸ ○] 환매특약부 매매가 채권담보의 경제적 기능을 갖는 것은 사실이나, 그렇다고 하더라도 채권자(매수인)가 단순히 담보권만을 취득하는 것이 아니고 목적물의 소유권까지를 일단 취득하고 단지 채무자(매도인)가 환매기간 내에 환매할 수 있는 권리를 유보하는 부담을 갖는 데에 그치는 것이므로, 주식을 환매조건부로 취득하여 주주명부상의 명의개서까지 마친 매수인으로서는 주주로서의 의결권 기타의 공익권도 행사할 수 있고, 설사 주식의 양도가 양도담보의 의미로 이루어지고 양수인이 양도담보권자에 불과하더라도, 회사에 대한 관계에 있어서는 양도담보권자가 주주의 자격을 갖는 것이어서 의결권 기타의 공익권도 양도인에 대한 관계에서는 담보권자인 양수인에 귀속한다 할 것이다(대판 1992.5.26. 92다84).

답 ❸

27 □□□

주식매수선택권에 관한 다음 설명 중 가장 옳지 않은 것은? 2024년 법무사시험 [문 36]

① 주식매수선택권 제도는 회사의 설립·경영과 기술혁신 등에 기여하거나 기여할 수 있는 임직원에게 장차 주식매수로 인한 이득을 유인동기로 삼아 직무에 충실하도록 유도하기 위한 일종의 성과보상제도이다.

② 주식매수선택권 부여에 관한 주주총회 결의는 회사의 의사결정절차에 그치는 것이 아니므로, 특정인에 대한 주식매수선택권의 구체적 내용은 주주총회 결의를 통해서 정해진다.

③ 본인의 귀책사유가 아닌 사유로 퇴임 또는 퇴직하게 되더라도 퇴임 또는 퇴직일까지 상법 제340조의4 제1항의 '2년 이상 재임 또는 재직' 요건을 충족하지 못한다면 위 조항에 따른 주식매수선택권을 행사할 수 없다.

④ 회사는 주식매수선택권을 부여받은 자의 권리를 부당하게 제한하지 않고 정관의 기본 취지나 핵심 내용을 해치지 않는 범위에서 주주총회 결의와 개별 계약을 통해서 주식매수선택권을 부여받은 자가 언제까지 선택권을 행사할 수 있는지를 자유롭게 정할 수 있다.

⑤ 회사가 주식매수선택권 부여에 관한 계약을 체결할 때 주식매수선택권의 행사기간 등을 일부 변경하거나 조정한 경우 그것이 주식매수선택권을 부여받은 자, 기존 주주 등 이해관계인들 사이의 균형을 해치지 않고 주주총회 결의에서 정한 본질적인 내용을 훼손하는 것이 아니라면 유효하다고 보아야 한다.

···

[**❶ ▸ O**] 회사는 정관으로 정하는 바에 따라 상법 제434조가 정한 주주총회의 특별결의로 회사의 설립·경영과 기술혁신 등에 기여하거나 기여할 수 있는 회사의 이사, 집행임원, 감사 또는 피용자에게 미리 정한 가액으로 신주를 인수하거나 자기의 주식을 매수할 수 있는 권리(이하 '주식매수선택권'이라 한다)를 부여할 수 있다(상법 제340조의2 제1항). 이러한 주식매수선택권 제도는 회사의 설립·경영과 기술혁신 등에 기여하거나 기여할 수 있는 임직원에게 장차 주식매수로 인한 이득을 유인동기로 삼아 직무에 충실하도록 유도하기 위한 일종의 성과보상제도이다(대판 2018.7.26. 2016다237714).

[**❷ ▸ ✕**] 주식매수선택권 부여에 관한 주주총회 결의는 회사의 의사결정절차에 지나지 않고, <u>특정인에 대한 주식매수선택권의 구체적 내용은 일반적으로 회사가 체결하는 계약을 통해서 정해진다</u>. 주식매수선택권을 부여받은 자는 계약에서 주어진 조건에 따라 계약에서 정한 기간 내에 선택권을 행사할 수 있다(대판 2018.7.26. 2016다237714).

[**❸ ▸ ○**] 상법 제340조의4 제1항과 구 증권거래법 및 그 내용을 이어받은 상법 제542조의3 제4항이 주식매수선택권 행사요건에서 차별성을 유지하고 있는 점, 위 각 법령에서 '2년 이상 재임 또는 재직' 요건의 문언적인 차이가 뚜렷한 점, 비상장법인, 상장법인, 벤처기업은 주식매수선택권 부여 법인과 부여 대상, 부여 한도 등에서 차이가 있는 점, 주식매수선택권 제도는 임직원의 직무 충실로 야기된 기업가치 상승을 유인동기로 하여 직무에 충실하게 하고자 하는 제도인 점, 상법의 규정은 주주, 회사의 채권자 등 다수의 이해관계인에게 영향을 미치는 단체법적 특성을 가지는 점 등을 고려하면, 상법 제340조의4 제1항에서 정하는 주식매수선택권 행사요건을 판단할 때에는 구 증권거래법 및 그 내용을 이어받은 상법 제542조의3 제4항을 적용할 수 없고, 정관이나 주주총회의 특별결의를 통해서도 상법 제340조의4 제1항의 요건을 완화하는 것은 허용되지 않는다고 해석하여야 한다. 따라서 본인의 귀책사유가 아닌 사유로 퇴임 또는 퇴직하게 되더라도 퇴임 또는 퇴직일까지 상법 제340조의4 제1항의 '2년 이상 재임 또는 재직' 요건을 충족하지 못한다면 위 조항에 따른 주식매수선택권을 행사할 수 없다(대판 2011.3.24. 2010다85027).

[**❹ ▸ ○**] 상법은 주식매수선택권을 부여하기로 한 주주총회 결의일(상장회사에서 이사회결의로 부여하는 경우에는 이사회 결의일)부터 2년 이상 재임 또는 재직하여야 주식매수선택권을 행사할 수 있다고 정하고 있다(상법 제340조의4 제1항, 제542조의3 제4항, 상법 시행령 제30조 제5항). 이와 같이 상법은 주식매수선택권을 행사할 수 있는 시기만을 제한하고 있을 뿐 언제까지 행사할 수 있는지에 관해서는 정하지 않고 회사의 자율적인 결정에 맡기고 있다. 따라서 회사는 주식매수선택권을 부여받은 자의 권리를 부당하게 제한하지 않고 정관의 기본 취지나 핵심 내용을 해치지 않는 범위에서 주주총회 결의와 개별 계약을 통해서 주식매수선택권을 부여받은 자가 언제까지 선택권을 행사할 수 있는지를 자유롭게 정할 수 있다고 보아야 한다(대판 2018.7.26. 2016다237714).

[**❺ ▸ ○**] 나아가 주식매수선택권을 부여하는 주주총회 결의에서 주식매수선택권의 부여 대상과 부여 방법, 행사가액, 행사기간, 주식매수선택권의 행사로 발행하거나 양도할 주식의 종류와 수 등을 정하도록 한 것은 이해관계를 가지는 기존 주주들로 하여금 회사의 의사결정 단계에서 중요 내용을 정하도록 함으로써 주식매수선택권의 행사에 관한 예측가능성을 도모하기 위한 것이다. 그러나 주주총회 결의 시 해당 사항의 세부적인 내용을 빠짐없이 정하도록 예정한 것으로 보기는 어렵다. 이후 회사가 주식매수선택권 부여에 관한 계약을 체결할 때 주식매수선택권의 행사기간 등을 일부 변경하거나 조정한 경우 그것이 주식매수선택권을 부여받은 자, 기존 주주 등 이해관계인들 사이의 균형을 해치지 않고 주주총회 결의에서 정한 본질적인 내용을 훼손하는 것이 아니라면 유효하다고 보아야 한다(대판 2018.7.26. 2016다237714).

답 ❷

28
□□□

상법상 지배주주에 의한 소수주식의 전부 취득에 관한 다음 설명 중 가장 옳지 않은 것은?
2023년 법무사시험 [문 42]

① 회사의 발행주식총수의 100분의 90 이상을 자기의 계산으로 보유하고 있는 주주는 회사의 경영상 목적을 달성하기 위하여 필요한 경우에는 회사의 다른 주주에게 그 보유하는 주식의 매도를 청구할 수 있다.

② 지배주주가 소수주주에게 그가 보유하는 주식의 매도청구를 할 때에는 미리 주주총회의 승인을 받아야 한다.

③ 지배주주가 있는 회사의 소수주주는 언제든지 지배주주에게 그 보유주식의 매수를 청구할 수 있다.

④ 지배주주가 소수주주에 대한 매도청구에 따라 소수주주의 주식을 취득하는 경우, 지배주주가 매매가액을 소수주주에게 지급한 때에 주식이 이전된 것으로 본다.

⑤ 자회사의 소수주주가 상법 제360조의25 제1항에 따라 모회사에 주식매수청구를 한 경우, 모회사가 지배주주에 해당하는지는 자회사가 보유한 자기주식을 발행주식 총수 및 모회사의 보유주식에 각각 합산하여 판단하여야 한다.

··

[❶ ▸ ×] [❷ ▸ ○] 상법 제360조의24 제1항, 제3항

> **상법 제360조의24(지배주주의 매도청구권)**
> ① 회사의 발행주식총수의 <u>100분의 95 이상</u>을 자기의 계산으로 보유하고 있는 주주(이하 이 관에서 "지배주주"라 한다)는 회사의 경영상 목적을 달성하기 위하여 필요한 경우에는 회사의 다른 주주(이하 이 관에서 "소수주주"라 한다)에게 그 보유하는 주식의 매도를 청구할 수 있다.
> ③ 제1항의 매도청구를 할 때에는 미리 주주총회의 승인을 받아야 한다.

[❸ ▸ ○] 지배주주가 있는 회사의 소수주주는 언제든지 지배주주에게 그 보유주식의 매수를 청구할 수 있다(상법 제360조의25 제1항).

[❹ ▸ ○] 제360조의24의 제360조의25에 따라 주식을 취득하는 지배주주가 매매가액을 소수주주에게 지급한 때에 주식이 이전된 것으로 본다(상법 제360조의26 제1항).

[❺ ▸ ○] 자회사의 소수주주가 상법 제360조의25 제1항에 따라 모회사에게 주식매수청구를 한 경우에 모회사가 지배주주에 해당하는지 여부를 판단함에 있어, 상법 제360조의24 제1항은 회사의 발행주식총수를 기준으로 보유주식의 수의 비율을 산정하도록 규정할 뿐 발행주식총수의 범위에 제한을 두고 있지 않으므로 자회사의 자기주식은 발행주식총수에 포함되어야 한다. 또한 상법 제360조의24 제2항은 보유주식의 수를 산정할 때에는 모회사와 자회사가 보유한 주식을 합산하도록 규정할 뿐 자회사가 보유한 자기주식을 제외하도록 규정하고 있지 않으므로 자회사가 보유하고 있는 자기주식은 모회사의 보유주식에 합산되어야 한다(대결 2017.7.14. 2016마230).

답 ❶

제4장 주식회사의 기관

제1항 주주총회의 개최

29
☐☐☐

소수주주에 의한 주주총회 소집에 관한 다음 설명 중 가장 옳지 않은 것은?

2023년 법무사시험 [문 30]

① 상법 제366조 제1항에서 정한 소수주주는 회의의 목적사항과 소집 이유를 적은 서면 또는 전자문서를 이사회에 제출하는 방법으로 임시주주총회의 소집을 청구할 수 있는데, 이때 '이사회'는 원칙적으로 대표이사를 의미하고, 예외적으로 대표이사 없이 이사의 수가 1인 또는 2인인 소규모 회사의 경우에는 각 이사를 의미한다.

② 소수주주가 상법 제366조에 따라 임시총회 소집에 관한 법원의 허가를 신청할 때 주주총회의 권한에 속하는 결의사항이 아닌 것을 회의 목적사항으로 할 수는 없다.

③ 상법 제366조 제1항에서 정한 '전자문서'에는 전자우편은 포함되나 휴대전화 문자메시지·모바일 메시지는 포함되지 않는다.

④ 법원은 상법 제366조 제2항에 따라 총회의 소집을 구하는 소수주주에게 회의의 목적사항을 정하여 이를 허가할 수 있는데, 법원이 총회의 소집기간을 구체적으로 정하지 않은 경우에 총회소집허가결정일로부터 상당한 기간이 경과하도록 총회가 소집되지 않았다면, 소집허가결정에 따른 소집권한은 특별한 사정이 없는 한 소멸한다.

⑤ 소수주주가 임시총회 소집에 관한 법원의 허가를 신청한 경우, 법원은 직권으로 주주총회의 의장을 선임할 수 있다.

....

[❶ ▸ O] 상법 제366조 제1항에서 정한 소수주주는 회의의 목적사항과 소집 이유를 적은 서면 또는 전자문서를 이사회에 제출하는 방법으로 임시주주총회의 소집을 청구할 수 있다(상법 제366조 제1항). 이때 '이사회'는 원칙적으로 대표이사를 의미하고, 예외적으로 대표이사 없이 이사의 수가 1인 또는 2인인 소규모 회사의 경우에는 각 이사를 의미한다(상법 제383조 제6항)(대결 2022.12.16. 2022그734).

[❷ ▸ O] 소수주주가 상법 제366조에 따라 임시총회 소집에 관한 법원의 허가를 신청할 때 주주총회의 권한에 속하는 결의사항이 아닌 것을 회의 목적사항으로 할 수는 없다. 이때 임시총회소집청구서에 기재된 회의의 목적사항과 소집의 이유가 이사회에 먼저 제출한 청구서와 서로 맞지 않는다면 법원의 허가를 구하는 재판에서 그 청구서에 기재된 소집의 이유에 맞추어 회의의 목적사항을 일부 수정하거나 변경할 수 있고, 법원으로서는 위와 같은 불일치 등에 관하여 석명하거나 지적함으로써 신청인에게 의견을 진술하게 하고 회의 목적사항을 수정·변경할 기회를 주어야 한다(대결 2022.9.7. 2022마5372).

[**❸** ▸ ✕] 상법 제366조 제1항에서 정한 '전자문서'란 정보처리시스템에 의하여 전자적 형태로 작성·변환·송신·수신·저장된 정보를 의미하고, 이는 작성·변환·송신·수신·저장된 때의 형태 또는 그와 같이 재현될 수 있는 형태로 보존되어 있을 것을 전제로 그 내용을 열람할 수 있는 것이어야 하므로, 이와 같은 성질에 반하지 않는 한 전자우편은 물론 휴대전화 문자메시지·모바일 메시지 등까지 포함된다(대결 2022.12.16. 2022그734).

[**❹** ▸ ○] 법원은 상법 제366조 제2항에 따라 총회의 소집을 구하는 소수주주에게 회의의 목적사항을 정하여 이를 허가할 수 있다. 이때 법원이 총회의 소집기간을 구체적으로 정하지 않은 경우에도 소집허가를 받은 주주는 소집의 목적에 비추어 상당한 기간 내에 총회를 소집하여야 한다. 총회소집허가결정일로부터 상당한 기간이 경과하도록 총회가 소집되지 않았다면, 소집허가결정에 따른 소집권한은 특별한 사정이 없는 한 소멸한다(대판 2018.3.15. 2016다275679).

[**❺** ▸ ○] 상법 제366조 제2항

> **상법 제366조(소수주주에 의한 소집청구)**
> ① 발행주식총수의 100분의 3 이상에 해당하는 주식을 가진 주주는 회의의 목적사항과 소집의 이유를 적은 서면 또는 전자문서를 이사회에 제출하여 임시총회의 소집을 청구할 수 있다.
> ② 제1항의 청구가 있은 후 지체 없이 총회소집의 절차를 밟지 아니한 때에는 청구한 주주는 법원의 허가를 받아 총회를 소집할 수 있다. 이 경우 주주총회의 의장은 법원이 이해관계인의 청구나 직권으로 선임할 수 있다.

 답 **❸**

30 ☐☐☐

상법상 주주총회에 관한 다음 설명 중 가장 옳지 않은 것은? 2021년 법무사시험 [문 36]

① 주식회사의 임시주주총회가 법령 및 정관상 요구되는 이사회의 결의 및 소집절차 없이 이루어졌다 하더라도, 주주명부상의 주주 전원이 참석하여 총회를 개최하는 데 동의하고 아무런 이의 없이 만장일치로 결의가 이루어졌다면 그 결의는 특별한 사정이 없는 한 유효하다.

② 회사의 총주식을 한 사람이 소유하게 된 1인 회사의 경우에는 실제 총회를 개최한 사실이 없었다 하더라도 그 1인 주주에 의하여 의결이 있었던 것으로 주주총회의사록이 작성되었다면 특별한 사정이 없는 한 그 내용의 결의가 있었던 것으로 볼 수 있다.

③ 자본금 총액이 10억원 미만인 회사가 주주총회를 소집하는 경우에는 주주총회일의 10일 전에 각 주주에게 서면으로 통지를 발송하거나 각 주주의 동의를 받아 전자문서로 통지를 발송할 수 있고, 주주 전원의 동의가 있을 경우에는 소집절차 없이 주주총회를 개최할 수도 있다.

④ 주주총회의 소집을 철회·취소하는 경우에는 반드시 총회의 소집과 동일한 방식으로 그 철회·취소를 총회 구성원들에게 통지하여야 할 필요는 없고, 주주에게 소집의 철회·취소결정이 있었음이 알려질 수 있는 적절한 조치를 취하면 된다.

⑤ 총회의 소집절차 또는 결의방법이 법령 또는 정관에 위반하거나 현저하게 불공정한 때 또는 그 결의의 내용이 정관에 위반한 때에 주주는 2월 내에 결의취소의 소를 제기할 수 있고, 하자가 일부 주주에게만 있는 경우 다른 주주도 그 하자를 주장하여 소를 제기할 수 있다.

[**❶** ▸ O] 주식회사의 임시주주총회가 법령 및 정관상 요구되는 이사회의 결의 및 소집절차 없이 이루어졌다 하더라도, 주주명부상의 주주 전원이 참석하여 총회를 개최하는 데 동의하고 아무런 이의 없이 만장일치로 결의가 이루어졌다면 그 결의는 특별한 사정이 없는 한 유효하다(대판 2002.12.24. 2000다69927).

[**❷** ▸ O] 주식회사에 있어서 회사가 설립된 이후 총주식을 한 사람이 소유하게 된 이른바 1인회사의 경우에는 그 주주가 유일한 주주로서 주주총회에 출석하면 전원 총회로서 성립하고 그 주주의 의사대로 결의가 될 것임이 명백하므로 따로이 총회소집절차가 필요 없고 실제로 총회를 개최한 사실이 없었다 하더라도 그 1인 주주에 의하여 의결이 있었던 것으로 주주총회 의사록이 작성되었다면 특별한 사정이 없는 한 그 내용의 결의가 있었던 것으로 볼 수 있다(대판 1976.4.13. 74다1755).

[**❸** ▸ O] 상법 제363조 제3항·제4항

> **상법 제363조(소집의 통지)**
> ③ 제1항에도 불구하고 자본금 총액이 10억원 미만인 회사가 주주총회를 소집하는 경우에는 주주총회일의 10일 전에 각 주주에게 서면으로 통지를 발송하거나 각 주주의 동의를 받아 전자문서로 통지를 발송할 수 있다.
> ④ 자본금 총액이 10억원 미만인 회사는 주주 전원의 동의가 있을 경우에는 소집절차 없이 주주총회를 개최할 수 있고, 서면에 의한 결의로써 주주총회의 결의를 갈음할 수 있다. 결의의 목적사항에 대하여 주주 전원이 서면으로 동의를 한 때에는 서면에 의한 결의가 있는 것으로 본다.

[**❹** ▸ ✕] 주주총회 소집의 통지·공고가 행하여진 후 소집을 철회하거나 연기하기 위해서는 소집의 경우에 준하여 이사회의 결의를 거쳐 대표이사가 그 뜻을 그 소집에서와 같은 방법으로 통지·공고하여야 한다(대판 2009.3.26. 2007도8195).

[**❺** ▸ O] 주주는 다른 주주에 대한 소집절차의 하자를 이유로 주주총회결의 취소의 소를 제기할 수도 있다(대판 2003.7.11. 2001다45584).

> **상법 제376조(결의취소의 소)**
> ① 총회의 소집절차 또는 결의방법이 법령 또는 정관에 위반하거나 현저하게 불공정한 때 또는 그 결의의 내용이 정관에 위반한 때에는 주주·이사 또는 감사는 결의의 날로부터 2월 내에 결의취소의 소를 제기할 수 있다.

답 **❹**

31
□□□

의결권의 대리행사 및 불통일행사에 관한 다음 설명 중 가장 옳지 않은 것은?

2025년 법무사시험 [문 47]

① 주식회사의 주주는 상법 제368조 제2항에 따라 타인에게 의결권 행사를 위임하거나 대리행사하도록 할 수 있다. 이 경우 의결권의 행사를 구체적이고 개별적인 사항에 국한하여 위임하여야 하고 포괄적으로 위임하는 것은 허용되지 않는다.

② 상법 제368조 제2항의 규정은 대리권의 존부에 관한 법률관계를 명확히 하여 주주총회 결의의 성립을 원활하게 하기 위한 데 그 목적이 있다고 할 것이므로 대리권을 증명하는 서면은 위조나 변조 여부를 쉽게 식별할 수 있는 원본이어야 하고, 특별한 사정이 없는 한 사본은 그 서면에 해당하지 아니하고, 팩스를 통하여 출력된 팩스본 위임장 역시 성질상 원본으로 볼 수 없다.

③ 상법 제368조 제2항이 규정하는 '대리권을 증명하는 서면'이라 함은 위임장을 일컫는 것으로서 회사가 위임장과 함께 인감증명서, 참석장 등을 제출하도록 요구하는 것은 대리인의 자격을 보다 확실하게 확인하기 위하여 요구하는 것일 뿐, 이러한 서류 등을 지참하지 아니하였다 하더라도 주주 또는 대리인이 다른 방법으로 위임장의 진정성 내지 위임의 사실을 증명할 수 있다면 회사는 그 대리권을 부정할 수 없다.

④ 상법 제368조 제2항의 규정은 주주의 대리인의 자격을 제한할 만한 합리적인 이유가 있는 경우 정관의 규정에 의하여 상당하다고 인정되는 정도의 제한을 가하는 것까지 금지하는 취지는 아니라고 해석되는바, 대리인의 자격을 주주로 한정하는 취지의 주식회사의 정관 규정은 주주총회가 주주 이외의 제3자에 의하여 교란되는 것을 방지하여 회사 이익을 보호하는 취지에서 마련된 것으로서 합리적인 이유에 의한 상당한 정도의 제한이라고 볼 수 있으므로 이를 무효라고 볼 수는 없다.

⑤ 상법 제368조의2 제1항은 "주주가 2 이상의 의결권을 가지고 있는 때에는 이를 통일하지 아니하고 행사할 수 있다. 이 경우 주주총회일의 3일 전에 회사에 대하여 서면 또는 전자문서로 그 뜻과 이유를 통지하여야 한다."고 규정하고 있는바, 여기서 3일의 기간이라 함은 의결권의 불통일행사가 행하여지는 경우에 회사 측에 그 불통일행사를 거부할 것인가를 판단할 수 있는 시간적 여유를 주고, 회사의 총회 사무운영에 지장을 주지 아니하도록 하기 위하여 부여된 기간으로시, 그 불통일행사의 통지는 원칙적으로 주주총회일의 3일 전에 회사에 도달할 것을 요한다.

....

[❶ ▸ ×] 주식회사의 주주는 상법 제368조 제2항에 따라 타인에게 의결권 행사를 위임하거나 대리행사하도록 할 수 있다. 이 경우 의결권의 행사를 구체적이고 개별적인 사항에 국한하여 위임해야 한다고 해석하여야 할 근거는 없고 포괄적으로 위임할 수도 있다(대판 2014.1.23. 2013다56839).

[❷ ▸ ○] 상법 제368조 제3항의 규정은 대리권의 존부에 관한 법률관계를 명확히 하여 주주총회 결의의 성립을 원활하게 하기 위한 데 그 목적이 있다고 할 것이므로 대리권을 증명하는 서면은 위조나 변조 여부를 쉽게 식별할 수 있는 원본이어야 하고, 특별한 사정이 없는 한 사본은 그 서면에 해당하지 아니하고, 팩스를 통하여 출력된 팩스본 위임장 역시 성질상 원본으로 볼 수 없다(대판 2004.4.27. 2003다29616).

[❸ ▸ ○] [❹ ▸ ○] [❺ ▸ ○]　[3] 상법 제368조 제3항이 규정하는 '대리권을 증명하는 서면'이라 함은 위임장을 일컫는 것으로서 회사가 위임장과 함께 인감증명서, 참석장 등을 제출하도록 요구하는 것은 대리인의 자격을 보다 확실하게 확인하기 위하여 요구하는 것일 뿐, 이러한 서류 등을 지참하지 아니하였다 하더라도 주주 또는 대리인이 다른 방법으로 위임장의 진정성 내지 위임의 사실을 증명할 수 있다면 회사는 그 대리권을 부정할 수 없다. 한편, 회사가 주주 본인에 대하여 주주총회 참석장을 지참할 것을 요구하는 것 역시 주주 본인임을 보다 확실하게 확인하기 위한 방편에 불과하므로, 다른 방법으로 주주 본인임을 확인할 수 있는 경우에는 회사는 주주 본인의 의결권 행사를 거부할 수 없다. [4] 상법 제368조 제3항의 규정은 주주의 대리인의 자격을 제한할 만한 합리적인 이유가 있는 경우 정관의 규정에 의하여 상당하다고 인정되는 정도의 제한을 가하는 것까지 금지하는 취지는 아니라고 해석되는바, 대리인의 자격을 주주로 한정하는 취지의 주식회사의 정관 규정은 주주총회가 주주 이외의 제3자에 의하여 교란되는 것을 방지하여 회사 이익을 보호하는 취지에서 마련된 것으로서 합리적인 이유에 의한 상당한 정도의 제한이라고 볼 수 있으므로 이를 무효라고 볼 수는 없다. [6] 상법 제368조의2 제1항은 "주주가 2 이상의 의결권을 가지고 있는 때에는 이를 통일하지 아니하고 행사할 수 있다. 이 경우 회일의 3일 전에 회사에 대하여 서면으로 그 뜻과 이유를 통지하여야 한다"고 규정하고 있는바, 여기서 3일의 기간이라 함은 의결권의 불통일행사가 행하여지는 경우에 회사 측에 그 불통일행사를 거부할 것인가를 판단할 수 있는 시간적 여유를 주고, 회사의 총회 사무운영에 지장을 주지 아니하도록 하기 위하여 부여된 기간으로서, 그 불통일행사의 통지는 주주총회 회일의 3일 전에 회사에 도달할 것을 요한다. 다만, 위와 같은 3일의 기간이 부여된 취지에 비추어 보면, 비록 불통일행사의 통지가 주주총회 회일의 3일 전이라는 시한보다 늦게 도착하였다고 하더라도 회사가 스스로 총회운영에 지장이 없다고 판단하여 이를 받아들이기로 하고 이에 따라 의결권의 불통일행사가 이루어진 것이라면, 그것이 주주평등의 원칙을 위반하거나 의결권 행사의 결과를 조작하기 위하여 자의적으로 이루어진 것이라는 등의 특별한 사정이 없는 한, 그와 같은 의결권의 불통일행사를 위법하다고 볼 수는 없다(대판 2009.4.23. 2005다22701).

답 ❶

32
☐☐☐

다음 설명 중 가장 옳지 않은 것은?   2022년 법무사시험 [문 31]

① 회사가 '영업의 전부 또는 중요한 일부의 양도', '영업 전부의 임대 또는 경영위임, 타인과 영업의 손익 전부를 같이 하는 계약, 그 밖에 이에 준하는 계약의 체결·변경 또는 해약', '회사의 영업에 중대한 영향을 미치는 다른 회사의 영업 전부 또는 일부의 양수'를 할 때에는 주주총회의 특별결의 가 있어야 한다.

② 회사의 영업 그 자체가 아닌 영업용재산의 처분이라고 하더라도 그로 인하여 회사의 영업의 전부 또는 중요한 일부를 양도하거나 폐지하는 것과 같은 결과를 가져오는 경우에는 그 처분행위를 함에 있어서 상법 제374조 제1항 제1호 소정의 주주총회의 특별결의를 요하는 것이고, 다만 회사가 위와 같은 회사존속의 기초가 되는 영업재산을 처분할 당시에 이미 영업을 폐지하거나 중단하고 있었던 경우에는 그 처분으로 인하여 비로소 영업의 전부 또는 일부가 폐지되거나 중단되기에 이른 것이라고 할 수 없으므로 주주총회의 특별결의를 요하지 않는 것이고, 위에서 '영업의 중단'이라고 함은 영업의 계속을 포기하고 일체의 영업활동을 중단한 것으로서 영업의 폐지에 준하는 상태를 말하고 단순히 회사의 자금사정 등 경영상태의 악화로 일시 영업활동을 중지한 경우는 여기에 해당하지 않는다.

③ 상법 제374조 제1항 제1호는 주식회사가 영업의 전부 또는 중요한 일부의 양도행위를 할 때에는 제434조에 따라 출석한 주주의 의결권의 3분의 2 이상의 수와 발행주식총수의 3분의 1 이상의 수로써 결의가 있어야 한다고 규정하고 있으나, 거래 상대방이 아닌 주식회사가 영업의 전부 또는 중요한 일부를 양도한 후 주주총회의 특별결의가 없었다는 이유를 들어 스스로 그 약정의 무효를 주장하는 것은 특별한 사정이 없는 한 신의성실 원칙에 반한다.

④ 영업양도에 반대하는 주주의 주식매수청구권은 이른바 형성권으로서 그 행사로 회사의 승낙 여부와 관계없이 주식에 관한 매매계약이 성립하고, 상법 제374조의2 제2항의 '매수 청구 기간이 종료하는 날부터 2개월'은 주식매매대금 지급의무의 이행기를 정한 것이라고 해석된다. 그리고 이러한 법리는 위 2개월 이내에 주식의 매수가액이 확정되지 아니하였다고 하더라도 다르지 아니하다.

⑤ 영업양도에 반대하는 주주의 주식매수청구권 행사에 따른 주식의 매수가액은 주주와 회사 간의 협의에 의하여 결정하고, 매수청구기간이 종료하는 날부터 30일 이내에 그 협의가 이루어지지 아니한 경우에는 회사 또는 주식의 매수를 청구한 주주는 법원에 대하여 매수가액의 결정을 청구할 수 있다.

··

[❶ ▶ O] 상법 제374조 제1항

> **상법 제374조(영업양도, 양수, 임대등)**
> ① 회사가 다음 각 호의 어느 하나에 해당하는 행위를 할 때에는 제434조(정관변경의 특별결의)에 따른 결의가 있어야 한다.
>   1. 영업의 전부 또는 중요한 일부의 양도
>   2. 영업 전부의 임대 또는 경영위임, 타인과 영업의 손익 전부를 같이 하는 계약, 그 밖에 이에 준하는 계약이 체결·변경 또는 해약
>   3. 회사의 영업에 중대한 영향을 미치는 다른 회사의 영업 전부 또는 일부의 양수

[❷ ▸ ○] 회사의 영업 그 자체가 아닌 영업용재산의 처분이라고 하더라도 그로 인하여 회사의 영업의 전부 또는 중요한 일부를 양도하거나 폐지하는 것과 같은 결과를 가져오는 경우에는 그 처분행위를 함에 있어서 상법 제374조 제1호 소정의 주주총회의 특별결의를 요하는 것이고, 다만 회사가 위와 같은 회사존속의 기초가 되는 영업재산을 처분할 당시에 이미 영업을 폐지하거나 중단하고 있었던 경우에는 그 처분으로 인하여 비로소 영업의 전부 또는 일부가 폐지되거나 중단되기에 이른 것이라고 할 수 없으므로 주주총회의 특별결의를 요하지 않는 것이고, 위에서 '영업의 중단'이라고 함은 영업의 계속을 포기하고 일체의 영업활동을 중단한 것으로서 영업의 폐지에 준하는 상태를 말하고 단순히 회사의 자금사정 등 경영상태의 악화로 일시 영업활동을 중지한 경우는 여기에 해당하지 않는다(대판 1992.8.18. 91다14369).

[❸ ▸ ✕] 상법 제374조 제1항 제1호는 주식회사가 영업의 전부 또는 중요한 일부의 양도행위를 할 때에는 제434조에 따라 출석한 주주의 의결권의 3분의 2 이상의 수와 발행주식총수의 3분의 1 이상의 수로써 결의가 있어야 한다고 규정하고 있는데 이는 주식회사가 주주의 이익에 중대한 영향을 미치는 계약을 체결할 때에는 주주총회의 특별결의를 얻도록 하여 그 결정에 주주의 의사를 반영하도록 함으로써 주주의 이익을 보호하려는 강행법규이므로, <u>주식회사가 영업의 전부 또는 중요한 일부를 양도한 후 주주총회의 특별결의가 없었다는 이유를 들어 스스로 그 약정의 무효를 주장하더라도 주주 전원이 그와 같은 약정에 동의한 것으로 볼 수 있는 등 특별한 사정이 인정되지 않는다면 위와 같은 무효 주장이 신의성실 원칙에 반한다고 할 수는 없다</u>(대판 2018.4.26. 2017다288757).

[❹ ▸ ○] 영업양도에 반대하는 주주의 주식매수청구권에 관하여 규율하고 있는 상법 제374조의2 제1항 내지 제4항의 규정 취지에 비추어 보면, 영업양도에 반대하는 주주의 주식매수청구권은 이른바 형성권으로서 그 행사로 회사의 승낙 여부와 관계없이 주식에 관한 매매계약이 성립하고, 상법 제374조의2 제2항의 '회사가 주식매수청구를 받은 날로부터 2월'은 주식매매대금 지급의무의 이행기를 정한 것이라고 해석된다. 그리고 이러한 법리는 위 2월 이내에 주식의 매수가액이 확정되지 아니하였다고 하더라도 다르지 아니하다(대판 2011.4.28. 2010다94953).

[❺ ▸ ○] 상법 제374조의2 제3항·제4항

상법 제374조의2(반대주주의 주식매수청구권)
③ 제2항의 규정에 의한 주식의 매수가액은 주주와 회사 간의 협의에 의하여 결정한다.
④ 매수청구기간이 종료하는 날부터 30일 이내에 제3항의 규정에 의한 협의가 이루어지지 아니한 경우에는 회사 또는 주식의 매수를 청구한 주주는 법원에 대하여 매수가액의 결정을 청구할 수 있다.

답 ❸

33 □□□ 주식회사의 주주총회에 관한 다음 설명 중 가장 옳지 않은 것은?(다툼이 있는 경우 판례에 따르고 전원합의체 판결의 경우 다수의견에 의함. 이하 같음) 2023년 법무사시험 [문 21]

① 주주총회는 상법 또는 정관이 정하는 사항에 한하여 결의할 수 있고, 총회의 소집은 상법에 다른 규정이 있는 경우 외에는 이사회가 결정한다.

② 주주총회 결의사항은 정관이나 주주총회의 결의에 의하더라도 이를 다른 기관이나 제3자에게 위임할 수 있으므로, 정관 또는 주주총회에서 임원의 보수 총액 내지 한도액만을 정하고 개별 이사에 대한 지급액 등 구체적인 사항을 이사회에 위임하는 것은 물론 이사의 보수에 관한 사항을 이사회에 포괄적으로 위임하는 것도 허용된다.

③ 주주총회를 소집할 권한이 없는 자가 이사회의 주주총회 소집결정도 없이 소집한 주주총회에서 이루어진 결의는 특별한 사정이 없는 한 총회 및 결의라고 볼 만한 것이 사실상 존재한다고 하더라도 그 성립과정에 중대한 하자가 있어 법률상 존재하지 않는다고 보아야 한다.

④ 주식회사가 영업의 전부 또는 중요한 일부를 양도한 후 주주총회의 특별결의가 없었다는 이유를 들어 스스로 그 약정의 무효를 주장하더라도 주주 전원이 그와 같은 약정에 동의한 것으로 볼 수 있는 등 특별한 사정이 인정되지 않는다면 위와 같은 무효 주장이 신의성실 원칙에 반한다고 할 수는 없다.

⑤ 1인회사가 아닌 주식회사에서는 특별한 사정이 없는 한, 주주총회의 의결정족수를 충족하는 주식을 가진 주주들이 동의하거나 승인하였다는 사정만으로 주주총회에서 그러한 내용의 결의가 이루어질 것이 명백하다거나 또는 그러한 내용의 주주총회 결의가 있었던 것과 마찬가지라고 볼 수는 없다.

⸺⸺⸺⸺⸺⸺⸺⸺⸺⸺⸺⸺⸺⸺⸺⸺⸺⸺⸺⸺⸺⸺⸺⸺⸺⸺⸺⸺⸺⸺⸺⸺⸺⸺

[❶ ▶ ○] 상법 제361조, 제362조

> **상법 제361조(총회의 권한)**
> 주주총회는 본법 또는 정관에 정하는 사항에 한하여 결의할 수 있다.
>
> **상법 제362조(소집의 결정)**
> 총회의 소집은 본법에 다른 규정이 있는 경우 외에는 이사회가 이를 결정한다.

[❷ ▶ ×] 상법 제361조는 "주주총회는 본법 또는 정관에 정하는 사항에 한하여 결의할 수 있다."라고 규정하고 있는데, 이러한 주주총회 결의사항은 반드시 주주총회가 정해야 하고 정관이나 주주총회의 결의에 의하더라도 이를 다른 기관이나 제3자에게 위임하지 못한다. 따라서 정관 또는 주주총회에서 임원의 보수 총액 내지 한도액만을 정하고 개별 이사에 대한 지급액 등 구체적인 사항을 이사회에 위임하는 것은 가능하지만, 이사의 보수에 관한 사항을 이사회에 포괄적으로 위임하는 것은 허용되지 아니한다. 그리고 주주총회에서 이사의 보수에 관한 구체적 사항을 이사회에 위임한 경우에도 이를 주주총회에서 직접 정하는 것도 상법이 규정한 권한의 범위에 속하는 것으로서 가능하다(대판 2020.6.4. 2016다241515).

[❸ ▶ ○] 주주총회를 소집할 권한이 없는 자가 이사회의 주주총회 소집결정도 없이 소집한 주주총회에서 이루어진 결의는 특별한 사정이 없는 한 총회 및 결의라고 볼 만한 것이 사실상 존재한다고 하더라도 그 성립과정에 중대한 하자가 있어 법률상 존재하지 않는다고 보아야 한다(대판 2022.11.10. 2021다271282).

[❹ ▸ O] 상법 제374조 제1항 제1호는 주식회사가 영업의 전부 또는 중요한 일부의 양도행위를 할 때에는 제434조에 따라 출석한 주주의 의결권의 3분의 2 이상의 수와 발행주식총수의 3분의 1 이상의 수로써 결의가 있어야 한다고 규정하고 있는데 이는 주식회사가 주주의 이익에 중대한 영향을 미치는 계약을 체결할 때에는 주주총회의 특별결의를 얻도록 하여 그 결정에 주주의 의사를 반영하도록 함으로써 주주의 이익을 보호하려는 강행법규이므로, 주식회사가 영업의 전부 또는 중요한 일부를 양도한 후 주주총회의 특별결의가 없었다는 이유를 들어 스스로 그 약정의 무효를 주장하더라도 주주 전원이 그와 같은 약정에 동의한 것으로 볼 수 있는 등 특별한 사정이 인정되지 않는다면 위와 같은 무효 주장이 신의성실 원칙에 반한다고 할 수는 없다(대판 2018.4.26. 2017다288757).

[❺ ▸ O] 주식회사의 총주식을 한 사람이 소유하는 이른바 1인회사의 경우에는 그 주주가 유일한 주주로서 주주총회에 출석하면 전원 총회로서 성립하고 그 주주의 의사대로 결의가 될 것이 명백하다. 이러한 이유로 주주총회 소집절차에 하자가 있거나 주주총회의사록이 작성되지 않았더라도, 1인주주의 의사가 주주총회의 결의내용과 일치한다면 증거에 의하여 그러한 내용의 결의가 있었던 것으로 볼 수 있다. 그러나 이는 주주가 1인인 1인회사에 한하여 가능한 법리이다. 1인회사가 아닌 주식회사에서는 특별한 사정이 없는 한, 주주총회의 의결정족수를 충족하는 주식을 가진 주주들이 동의하거나 승인하였다는 사정만으로 주주총회에서 그러한 내용의 결의가 이루어질 것이 명백하다거나 또는 그러한 내용의 주주총회 결의가 있었던 것과 마찬가지라고 볼 수 없다(대판 2020.6.4. 2016다241515).

답 ❷

<del>제4항</del> 반대주주의 주식매수청구권

34 □□□ 상법상 주식매수청구권에 관한 다음 설명 중 가장 옳지 않은 것은?(단, 상장회사에 관한 특례는 논외로 함)
2018년 법무사시험 [문 46]

① 소규모합병의 경우 존속회사의 주주는 합병에 반대하더라도 주식매수청구권을 행사할 수 없다.
② 영업양도에 반대하는 주주가 주식매수청구권을 행사하면 회사의 승낙 여부와 상관없이 주주와 회사 사이에 매매계약이 체결된다.
③ 의결권이 없는 종류주식을 보유한 주주는 영업양도에 반대하더라도 주식매수청구권을 행사할 수 없다.
④ 영업양도에 반대하는 주주는 주주총회의 결의일부터 20일 이내에 회사에 대해 주식매수청구를 할 수 있고, 회사는 위 통지를 받으면 위 매수청구기간이 종료하는 날부터 2개월 이내에 그 주식을 매수해야 한다.
⑤ 회사가 주식을 분할하기 위해 주주총회를 열어 이를 결의하는 경우, 주주가 주식분할에 반대하더라도 주식매수청구권이 인정되지 않는다.

PART 1

PART 2

PART 3

PART 4

PART 5

PART 6

PART 7

PART 8

[**❶ ▸ ○**] 상법 제527조의3 제5항

> **상법 제527조의3(소규모합병)**
> ① 합병 후 존속하는 회사가 합병으로 인하여 발행하는 신주 및 이전하는 자기주식의 총수가 그 회사의 발행주식 총수의 100분의 10을 초과하지 아니하는 경우에는 그 존속하는 회사의 주주총회의 승인은 이를 이사회의 승인으로 갈음할 수 있다. 다만, 합병으로 인하여 소멸하는 회사의 주주에게 제공할 금전이나 그 밖의 재산을 정한 경우에 그 금액 및 그 밖의 재산의 가액이 존속하는 회사의 최종 대차대조표상으로 현존하는 순자산액의 100분의 5를 초과하는 경우에는 그러하지 아니하다.
> ⑤ 제1항 본문의 경우에는 제522조의3의 규정(합병반대주주의 주식매수청구권)은 이를 적용하지 아니한다.

[**❷ ▸ ○**] 영업양도에 반대하는 주주의 주식매수청구권에 관하여 규율하고 있는 상법 제374조의2 제1항 내지 제4항의 규정 취지에 비추어 보면, 영업양도에 반대하는 주주의 주식매수청구권은 이른바 형성권으로서 그 행사로 회사의 승낙 여부와 관계없이 주식에 관한 매매계약이 성립하고, 상법 제374조의2 제2항의 '회사가 주식매수청구를 받은 날로부터 2월'은 주식매매대금지급의무의 이행기를 정한 것이라고 해석된다. 그리고 이러한 법리는 위 2월 이내에 주식의 매수가액이 확정되지 아니하였다고 하더라도 다르지 아니하다(대판 2011.4.28. 2010다94953).

[**❸ ▸ ✕**] [**❹ ▸ ○**] 상법 제374조의2 제1항·제2항

> **상법 제374조의2(반대주주의 주식매수청구권)**
> ① 제374조에 따른 결의사항에 반대하는 주주(의결권이 없거나 제한되는 주주를 포함한다)는 주주총회 전에 회사에 대하여 서면으로 그 결의에 반대하는 의사를 통지한 경우에는 그 총회의 결의일부터 20일 이내에 주식의 종류와 수를 기재한 서면으로 회사에 대하여 자기가 소유하고 있는 주식의 매수를 청구할 수 있다.
> ② 제1항의 청구를 받으면 해당 회사는 같은 항의 매수 청구 기간(이하 "매수청구기간"이라 한다)이 종료하는 날부터 2개월 이내에 그 주식을 매수하여야 한다.

[**❺ ▸ ○**] 주식분할은 회사의 재산이나 자본금의 변동이 없으므로 주주에게 불이익이 없다. 따라서 주주가 주식분할에 반대하더라도, 주식매수청구권은 인정되지 아니한다.

[결의반대주주의 수식매수청구권]	
인정되는 경우	**부정되는 경우**

• 주식의 포괄적 교환 및 이전
  (상법 제360조의5, 제360조의22)
• 영업의 전부 또는 중요한 일부의 양도
  (상법 제374조의2)
• 합병(상법 제522조의3)
• 간이합병(상법 제527조의2)
• 분할합병(상법 제530조의11)
	• 정관변경
	• 자본금 감소
	• 주식분할
	• 해 산
	• 분 할
	• 소규모 (흡수)합병(상법 제527조의3)
	• 소규모 분할(흡수)합병
	• 소규모 주식교환(상법 제360조의10)

답 ❸

35

주주총회 소집절차의 하자에 관한 다음 설명 중 가장 옳지 않은 것은?

2024년 법무사시험 [문 24]

① 대표이사 아닌 이사가 이사회의 소집 결의에 따라서 주주총회를 소집한 것이라면 위 주주총회에 있어서 소집절차상 하자는 주주총회결의의 취소사유에 불과하고 그것만으로 바로 주주총회결의가 무효이거나 부존재가 된다고 볼 수 없다.

② 정당한 소집권자에 의하여 소집된 주주총회에서 정족수가 넘는 주주의 출석으로 출석주주 전원의 찬성에 의하여 이루어진 결의라면, 설사 일부 주주에게 소집통지를 하지 아니하였거나 법정기간을 준수하지 아니한 서면통지에 의하여 주주총회가 소집되었다 하더라도 그와 같은 주주총회 소집절차상의 하자는 주주총회결의의 부존재 또는 무효사유가 아니라 취소사유에 불과하다.

③ 주주총회의 개회시각이 부득이한 사정으로 당초 소집통지된 시각보다 지연되는 경우에도 사회통념에 비추어 볼 때 정각에 출석한 주주들의 입장에서 변경된 개회시각까지 기다려 참석하는 것이 곤란하지 않을 정도라면 주주총회결의의 부존재 또는 무효사유가 아니라 단순한 취소사유에 불과하다.

④ 주주는 자신이 아닌 다른 주주에 대한 소집절차의 하자를 이유로 주주총회결의 취소의 소를 제기할 수 있다.

⑤ 주주총회에서 총회소집 당시 미리 주주에게 통지하지 아니한 회의의 목적사항 이외의 사항에 관한 결의에 가담한 주주가 주주총회 소집절차 또는 결의방법의 하자를 이유로 그 결의의 취소를 구한다고 하여 곧바로 신의성실의 원칙 및 금반언의 원칙에 반한다고 볼 수 없다.

....

[❶ ▶ ○] 대표이사 아닌 이사가 이사회의 소집 결의에 따라서 주주총회를 소집한 것이라면 위 주주총회에 있어서 소집절차상 하자는 주주총회결의의 취소사유에 불과하고 그것만으로 바로 주주총회결의가 무효이거나 부존재가 된다고 볼 수 없다(대판 1993.9.10. 93도698).

[❷ ▶ ○] 정당한 소집권자에 의하여 소집된 주주총회에서 정족수가 넘는 주주의 출석으로 출석주주 전원의 찬성에 의하여 이루어진 결의라면, 설사 일부 주주에게 소집통지를 하지 아니하였거나 법정기간을 준수하지 아니한 서면통지에 의하여 주주총회가 소집되었다 하더라도 그와 같은 주주총회소집절차상의 하자는 주주총회결의의 부존재 또는 무효사유가 아니라 단순한 취소사유에 불과하다(대판 1993.10.12. 92다21692).

[❸ ▶ ✕] 주주총회의 개회시각이 부득이한 사정으로 당초 소집통지된 시각보다 지연되는 경우에도 사회통념에 비추어 볼 때 정각에 출석한 주주들의 입장에서 변경된 개회시각까지 기다려 참석하는 것이 곤란하지 않을 정도라면 절차상의 하자가 되지 아니할 것이나, 그 정도를 넘어 개회시각을 사실상 부정확하게 만들고 소집통지된 시각에 출석한 주주들의 참석을 기대하기 어려워 그들의 참석권을 침해하기에 이르렀다면 주주총회의 소집절차가 현저히 불공정하다고 하지 않을 수 없고, 또한 소집통지 및 공고가 적법하게 이루어진 이후에 당초의 소집장소에서 개회를 하여 소집장소를 변경하기로 하는 결의조차 할 수 없는 부득이한 사정이 발생한 경우, 소집권자가 대체 장소를 정한 다음 당초의 소집장소에 출석한 주주들로 하여금 변경된 장소에 모일 수 있도록 상당한 방법으로 알리고 이동에 필요한 조치를 다한 때에 한하여 적법하게 소집장소가 변경되었다고 볼 수 있다(대판 2003.7.11. 2001다45584).

[**④ ▸ ○**] 주주는 다른 주주에 대한 소집절차의 하자를 이유로 주주총회결의 취소의 소를 제기할 수도 있다(대판 2003.7.11. 2001다45584).

[**⑤ ▸ ○**] 상법 제363조 제1항, 제2항의 규정에 의하면 주주총회를 소집함에 있어서는 회의의 목적사항을 기재하여 서면으로 그 통지를 발송하게 되어 있으므로 주주총회에 있어서는 원칙적으로 주주총회 소집을 함에 있어서 회의의 목적 사항으로 한 것 이외에는 결의할 수 없으며, 이에 위배된 결의는, 특별한 사정이 없는 한, 상법 제376조 소정의 총회의 소집절차 또는 결의방법이 법령에 위반하는 것으로 보아야 하고, 다만 회사 정관에 주주전원의 동의가 있으면 미리 주주에게 통지하지 아니한 목적 사항에 관하여도 결의할 수 있다고 되어 있는 때는 예외이나, 그 경우의 주주 전원이란 재적주주 전원을 의미한다고 보아야 할 것이며, 미리 주주에게 통지하지 아니한 사항에 관한 결의에 가담한 주주가 그 결의의 취소를 구함이 곧 신의성실의 원칙 및 금반언의 원칙에 반한다고 볼 수 없다(대판 1979.3.27. 79다19).

답 ❸

36
□□□

주주총회 등에 관한 다음 설명 중 옳지 않은 것을 모두 고른 것은? 2024년 법무사시험 [문 30]

ㄱ. 이사 선임의 주주총회 결의에 대한 취소판결이 확정된 경우 그 판결은 장래에 대하여 형성적 효력이 있으므로, 그 결의에 의하여 선임된 이사들로 구성된 이사회에서 선정된 대표이사가 취소판결 확정 전에 한 행위는 유효하다.

ㄴ. 대표이사의 직무집행정지 및 직무대행자선임 가처분이 이루어진 이후 새로운 대표이사가 선임되었다면 새로이 선임된 대표이사는 그 선임결의의 적법 여부에 관계없이 대표이사로서의 권한을 가진다.

ㄷ. 회사 설립무효의 판결 또는 주주총회결의 취소의 판결은 제3자에 대하여도 효력이 미친다.

ㄹ. 동일한 결의에 관하여 주주총회결의부존재확인의 소가 결의의 날로부터 2월 내에 제기되어 있다면, 동일한 하자를 원인으로 하여 결의의 날로부터 2월이 경과한 후 주주총회결의취소소송으로 소를 변경하거나 추가한 경우에도 제소기간을 준수한 것이다.

① ㄱ
② ㄱ, ㄴ
③ ㄴ, ㄷ
④ ㄷ, ㄹ
⑤ ㄱ, ㄴ, ㄹ

⋯⋯

[**ㄱ ▸ ✕**] 이사 선임의 주주총회결의에 대한 취소판결이 확정된 경우 그 결의에 의하여 이사로 선임된 이사들에 의하여 구성된 이사회에서 선정된 대표이사는 소급하여 그 자격을 상실하고, 그 대표이사가 이사 선임의 주주총회결의에 대한 취소판결이 확정되기 전에 한 행위는 대표권이 없는 자가 한 행위로서 무효가 된다(대판 2004.2.27. 2002다19797).

[**ㄴ ▸ ✕**] 대표이사의 직무집행정지 및 직무대행자선임의 가처분이 이루어진 이상, 그 후 대표이사가 해임되고 새로운 대표이사가 선임되었다 하더라도 가처분결정이 취소되지 아니하는 한 직무대행자의 권한은 유효하게 존속하는 반면 새로이 선임된 대표이사는 그 선임결의의 적법 여부에 관계없이 대표이사로서의 권한을 가지지 못한다(대판 1992.5.12. 92다5638).

[ㄷ ▸ ○] 회사 설립무효의 판결은 상법 제190조를 준용하므로 대세효와 장래효가 있다(상법 제328조 제1항·제2항, 제190조 참조). 반면에 주주총회결의 취소의 판결은 상법 제190조 본문을 준용하므로 대세효가 있지만, 상법 제190조 단서는 준용하지 아니하므로 장래효가 아닌 소급효가 있다(상법 제376조 제1항·제2항, 제190조 참조).

> **상법 제328조(설립무효의 소)**
> ① 회사설립의 무효는 주주·이사 또는 감사에 한하여 회사성립의 날로부터 2년 내에 소만으로 이를 주장할 수 있다.
> ② 제186조 내지 제193조의 규정은 제1항의 소에 준용한다.
>
> **상법 제376조(결의취소의 소)**
> ① 총회의 소집절차 또는 결의방법이 법령 또는 정관에 위반하거나 현저하게 불공정한 때 또는 그 결의의 내용이 정관에 위반한 때에는 주주·이사 또는 감사는 결의의 날로부터 2월 내에 결의취소의 소를 제기할 수 있다.
> ② 제186조 내지 제188조, 제190조 본문과 제191조의 규정은 제1항의 소에 준용한다.
>
> **상법 제190조(판결의 효력)**
> 설립무효의 판결 또는 설립취소의 판결은 제3자에 대하여도 그 효력이 있다. 그러나 판결확정 전에 생긴 회사와 사원 및 제3자 간의 권리의무에 영향을 미치지 아니한다.

[ㄹ ▸ ○] 주주총회결의 취소의 소는 상법 제376조에 따라 결의의 날로부터 2월 내에 제기하여야 할 것이나, 동일한 결의에 관하여 부존재확인의 소가 상법 제376조 소정의 제소기간 내에 제기되어 있다면, 동일한 하자를 원인으로 하여 결의의 날로부터 2월이 경과한 후 취소소송으로 소를 변경하거나 추가한 경우에도 부존재확인의 소 제기 시에 제기된 것과 동일하게 취급하여 제소기간을 준수한 것으로 보아야 한다(대판 2003.7.11. 2001다45584).

답 ❷

37
□□□ **상법상 주주총회결의의 하자에 관한 다음 설명 중 가장 옳지 않은 것은?**
2020년 법무사시험 [문 33]

① 상법은 주주총회결의 하자의 내용에 따라 결의취소의 소, 결의무효확인의 소, 결의부존재확인의 소, 부당결의의 취소·변경의 소를 규정하고 있다.
② 모든 결의하자의 소는 대세효, 소급효가 있다는 점에서 차이가 없다.
③ 모든 결의하자의 소에 있어서 피고는 회사로 한정된다.
④ 모든 결의하자의 소는 형성의 소이다.
⑤ 모든 결의하자의 소 중 이른바 법원의 재량기각이 인정되는 것은 결의취소의 소뿐이다.

[**❶ ▶ O**] 상법상 주주총회결의의 하자에 대한 소에는 결의취소의 소(상법 제376조), 결의무효확인의 소(상법 제380조), 결의부존재확인의 소(상법 제380조) 및 부당결의 취소·변경의 소(상법 제381조)가 있다.

[**❷ ▶ O**] 모든 주주총회결의의 하자에 대한 소는 상법 제190조 본문을 준용하므로 대세효가 있고, 상법 제190조 단서는 준용하지 아니하므로 소급효도 있다.

[**❸ ▶ O**] 주주총회결의 취소와 결의무효확인판결은 대세적 효력이 있으므로 그와 같은 소송의 피고가 될 수 있는 자는 그 성질상 회사로 한정된다. … 주주총회결의부존재확인의 소송에는 그 결의무효확인의 소송에 관한 상법 제380조의 규정이 준용된다 할 것이므로 그 결의부존재확인판결의 효력은 제3자에게 미치고 그 부존재확인소송에 있어서 피고가 될 수 있는 자도 회사로 한정된다(대판[전합] 1982.9.14. 80다2425).

[**❹ ▶ ✕**] 주주총회결의의 효력이 그 회사 아닌 제3자 사이의 소송에 있어 선결문제로 된 경우에는 당사자는 언제든지 당해 소송에서 주주총회결의가 처음부터 무효 또는 부존재하다고 다투어 주장할 수 있는 것이고, 반드시 먼저 회사를 상대로 제소하여야만 하는 것은 아니며, 이와 같이 제3자 간의 법률관계에 있어서는 상법 제380조, 제190조는 적용되지 아니한다(대판 1992.9.22. 91다5365). 즉, 결의취소의 소와 부당결의 취소·변경의 소는 형성의 소이나, 결의무효확인의 소와 결의부존재확인의 소는 확인의 소로 보는 것이 판례의 입장이다.

[**❺ ▶ O**] 결의취소의 소가 제기된 경우에 결의의 내용, 회사의 현황과 제반사정을 참작하여 그 취소가 부적당하다고 인정한 때에는 법원은 그 청구를 기각할 수 있다(상법 제379조).

[주주총회결의 하자의 소 비교]

소의 종류		취소의 소	무효확인의 소	부존재확인의 소	부당결의 취소·변경의 소
소의 원인	소집절차, 결의방법	법령·정관 위반 또는 현저한 불공정	✕	결의가 존재한다고 볼 수 없을 정도의 중대한 하자	✕
	결의내용	정관위반	법령위반	✕	특별이해관계가 있는 주주에게 현저히 부당한 결의
소의 성질		형성의 소	확인의 소(판례)		형성의 소
당사자	원고	주주·이사·감사	소의 이익이 있는 자		특별이해관계가 있는 주주
	피고	회 사			
제소기간		결의의 날로부터 2월	제한 없음		결의의 날로부터 2월
소의 절차		• 관할(회사의 본점소재지 지방법원) • 제소주주의 담보제공의무 • 결의취소의 본점과 지점의 소재지에서 등기			
재량기각		가 능	불가능		
판결의 효력		대세효·소급효			

PART 1
PART 2
PART 3
PART 4
PART 5
PART 6
PART 7
PART 8

답 ❹

 **제1항** **이 사**

38
□□□

다음 설명 중 가장 옳지 않은 것은?   2025년 법무사시험 [문 43]

① 법률 또는 정관에 정한 이사의 원수를 결한 경우에는 임기의 만료 또는 사임으로 인하여 퇴임한 이사는 새로 선임된 이사가 취임할 때까지 이사의 권리의무가 있다.

② 임기만료 후 이사로서의 권리의무를 행사하고 있는 퇴임이사는 새로 선임된 이사가 취임하거나 상법 제386조 제2항에 따라 일시 이사의 직무를 행할 자가 선임되면 별도의 주주총회 해임결의를 거치지 않더라도 이사로서의 권리의무를 상실한다.

③ 임기의 만료나 사임에 의하여 퇴임한 이사가 그 퇴임으로 법률 또는 정관에 정한 이사의 원수를 채우지 못하게 되어 후임이사의 취임시까지 이사로서의 권리의무를 유지하게 되는 경우에도, 이사의 퇴임으로 인한 변경등기기간의 기산일은 후임이사의 취임일이 아니라 퇴임한 이사의 퇴임일부터 기산하여야 한다.

④ 임기만료 후 이사로서의 권리의무를 행사하고 있는 퇴임이사는 상법 제385조 제1항의 해임대상이 되지 않는다.

⑤ 법인등기부에 이사 또는 감사로 등재되어 있는 경우에는 특단의 사정이 없는 한 정당한 절차에 의하여 선임된 적법한 이사 또는 감사로 추정된다.

....

[❶ ▸ ○] 법률 또는 정관에 정한 이사의 원수를 결한 경우에는 임기의 만료 또는 사임으로 인하여 퇴임한 이사는 새로 선임된 이사가 취임할 때까지 이사의 권리의무가 있다(상법 제386조 제1항).

[❷ ▸ ○] [❹ ▸ ○] 임기만료로 퇴임한 이사라 하더라도 상법 제386조 제1항 등에 따라 새로 선임된 이사의 취임 시까지 이사로서의 권리의무를 가지게 될 수 있으나(이하 '퇴임이사'라고 한다), 그와 같은 경우에도 새로 선임된 이사가 취임하거나 상법 제386조 제2항에 따라 일시 이사의 직무를 행할 자가 선임되면 별도의 주주총회 해임결의 없이 이사로서의 권리의무를 상실하게 된다. 이러한 상법 제385조 제1항의 입법 취지, 임기만료 후 이사로서의 권리의무를 행사하고 있는 퇴임이사의 지위 등을 종합하면, 상법 제385조 제1항에서 해임대상으로 정하고 있는 '이사'에는 '임기만료 후 이사로서의 권리의무를 행사하고 있는 퇴임이사'는 포함되지 않는다고 보아야 한다(대판 2021.8.19. 2020다285406).

[❸ ▸ ✕] 대표이사를 포함한 이사가 임기의 만료나 사임에 의하여 퇴임함으로 말미암아 법률 또는 정관에 정한 대표이사나 이사의 원수(최저인원수 또는 특정한 인원수)를 채우지 못하게 되는 결과가 일어나는 경우에, 그 퇴임한 이사는 새로 선임된 이사(후임이사)가 취임할 때까지 이사로서의 권리의무가 있는 것인바(상법 제386조 제1항, 제389조 제3항), 이러한 경우에는 이사의 퇴임등기를 하여야 하는 2주 또는 3주의 기간은 일반의 경우처럼 퇴임한 이사의 퇴임일부터 기산하는 것이 아니라 후임이사의 취임일부터 기산한다고 보아야 하며, 후임이사가 취임하기 전에는 퇴임한 이사의 퇴임등기만을 따로 신청할 수 없다(대결 2007.6.19. 2007마311).

[❺ ▸ ○] 법인등기부에 이사 또는 감사로 등재되어 있는 경우에는 특단의 사정이 없는 한 정당한 절차에 의하여 선임된 적법한 이사 또는 감사로 추정된다고 할 것이다(대판 1991.12.27. 91다4409).

답 ❸

39

주식회사의 이사의 보수에 관한 다음 설명 중 가장 옳지 않은 것은?

① 주주총회에서 선임된 이사가 회사와의 명시적 또는 묵시적 약정에 따라 업무를 다른 이사 등에게 포괄적으로 위임하고 이사로서의 실질적인 업무를 수행하지 않는 경우에는 회사를 상대로 주주총회 결의에서 정한 보수를 청구할 수 없다.

② 회사에 대한 경영권 상실 등으로 퇴직을 앞둔 이사가 회사에서 최대한 많은 보수를 받기 위하여 그에 동조하는 다른 이사와 함께 이사의 직무내용, 회사의 재무상황이나 영업실적 등에 비추어 지나치게 과다하여 합리적 수준을 현저히 벗어나는 보수 지급 기준을 마련하고 지위를 이용하여 주주총회에 영향력을 행사함으로써 소수주주의 반대에 불구하고 이에 관한 주주총회 결의가 성립되도록 하였다면, 이는 회사를 위하여 직무를 충실하게 수행하여야 하는 상법 제382조의3에서 정한 의무를 위반하여 회사재산의 부당한 유출을 야기함으로써 회사와 주주의 이익을 침해하는 것으로서 회사에 대한 배임행위에 해당하므로, 주주총회 결의를 거쳤다 하더라도 그러한 위법행위가 유효하다 할 수는 없다.

③ 정관 등에서 이사의 퇴직금에 관하여 주주총회의 결의로 정한다고 규정하면서 퇴직금의 액수에 관하여만 정하고 있다면, 퇴직금 중간정산에 관한 주주총회의 결의가 있었음을 인정할 증거가 없는 한 이사는 퇴직금 중간정산금 청구권을 행사할 수 없다.

④ 회사가 정관에서 이사의 퇴직금 지급에 관하여 주주총회의 결의를 거친 임원퇴직금 지급규정에 의한다고 규정하면서 그와 함께 퇴직하는 이사에 대한 퇴직금액의 하한을 구체적으로 정하고 있다면, 주주총회에서 이사의 퇴직금 지급에 관한 규정을 만들지 않거나 퇴직금에 관한 결의를 하지 않았다 하더라도 회사로서는 그와 같은 주주총회 결의 등이 없었음을 이유로 퇴직한 이사에 대하여 정관에 구체적으로 정한 하한의 범위 안에서의 퇴직금의 지급을 거절할 수는 없다.

⑤ 주식회사와 이사 사이에 체결된 고용계약에서 이사가 그 의사에 반하여 이사직에서 해임될 경우 퇴직위로금과는 별도로 일정한 금액의 해직보상금을 지급받기로 약정한 경우, 이사의 보수에 관한 상법 제388조를 준용 내지 유추적용하여 이사는 해직보상금에 관하여도 정관에서 그 액을 정하지 않는 한 주주총회 결의가 있어야만 회사에 대하여 이를 청구할 수 있다.

··

[**❶** ▸ ✕] 주식회사의 주주총회에서 이사·감사로 선임된 사람이 주식회사와 계약을 맺고 이사·감사로 취임한 경우에, 상법 제388조, 제415조에 따라 정관 또는 주주총회 결의에서 정한 금액·지급시기·지급방법에 의하여 보수를 받을 수 있다. 이에 비추어 보면, 주주총회에서 선임된 이사·감사가 회사와의 명시적 또는 묵시적 약정에 따라 업무를 다른 이사 등에게 포괄적으로 위임하고 이사·감사로서의 실질적인 업무를 수행하지 않는 경우라 하더라도 이사·감사로서 상법 제399조, 제401조, 제414조 등에서 정한 법적 책임을 지므로, 이사·감사를 선임하거나 보수를 정한 주주총회 결의의 효력이 무효이거나 또는 소극적인 직무 수행이 주주총회에서 이사·감사를 선임하면서 예정하였던 직무 내용과 달라 주주총회에서 한 선임 결의 및 보수지급 결의에 위배되는 배임적인 행위에 해당하는 등의 특별한 사정이 없다면, 소극적인 직무 수행 사유만을 가지고 이사·감사로서의 자격을 부정하거나 주주총회 결의에서 정한 보수청구권의 효력을 부정하기는 어렵다(대판 2015.9.10. 2015다213308).

[❷ ▸ ○] 상법이 정관 또는 주주총회의 결의로 이사의 보수를 정하도록 한 것은 이사들의 고용계약과 관련하여 사익 도모의 폐해를 방지함으로써 회사와 주주 및 회사채권자의 이익을 보호하기 위한 것이므로, 비록 보수와 직무의 상관관계가 상법에 명시되어 있지 않더라도 이사가 회사에 대하여 제공하는 직무와 지급받는 보수 사이에는 합리적 비례관계가 유지되어야 하며, 회사의 채무 상황이나 영업실적에 비추어 합리적인 수준을 벗어나서 현저히 균형성을 잃을 정도로 과다하여서는 아니 된다. 따라서 회사에 대한 경영권 상실 등으로 퇴직을 앞둔 이사가 회사에서 최대한 많은 보수를 받기 위하여 그에 동조하는 다른 이사와 함께 이사의 직무내용, 회사의 재무상황이나 영업실적 등에 비추어 지나치게 과다하여 합리적 수준을 현저히 벗어나는 보수 지급 기준을 마련하고 지위를 이용하여 주주총회에 영향력을 행사함으로써 소수주주의 반대에 불구하고 이에 관한 주주총회결의가 성립되도록 하였다면, 이는 회사를 위하여 직무를 충실하게 수행하여야 하는 상법 제382조의3에서 정한 의무를 위반하여 회사재산의 부당한 유출을 야기함으로써 회사와 주주의 이익을 침해하는 것으로서 회사에 대한 배임행위에 해당하므로, 주주총회결의를 거쳤다 하더라도 그러한 위법행위가 유효하다 할 수는 없다(대판 2016.1.28. 2014다11888).

[❸ ▸ ○] 이사의 퇴직금은 상법 제388조에 규정된 보수에 포함되고, 퇴직금을 미리 정산하여 지급받는 형식을 취하는 퇴직금 중간정산금도 퇴직금과 성격이 동일하다. 다만 이사에 대한 퇴직금은 성격상 퇴직한 이사에 대해 재직 중 직무집행의 대가로 지급되는 보수의 일종이므로, 이사가 재직하는 한 이사에 대한 퇴직금 지급의무가 발생할 여지가 없고 이사가 퇴직하는 때에 비로소 지급의무가 생긴다. 그런데 퇴직금 중간정산금은 지급시기가 일반적으로 정해져 있는 정기적 보수 또는 퇴직금과 달리 권리자인 이사의 신청을 전제로 이사의 퇴직 전에 지급의무가 발생하게 되므로, 이사가 중간정산의 형태로 퇴직금을 지급받을 수 있는지 여부는 퇴직금의 지급시기와 지급방법에 관한 매우 중요한 요소이다. 따라서 정관 등에서 이사의 퇴직금에 관하여 주주총회의 결의로 정한다고 규정하면서 퇴직금의 액수에 관하여만 정하고 있다면, 퇴직금 중간정산에 관한 주주총회의 결의가 있었음을 인정할 증거가 없는 한 이사는 퇴직금 중간정산금 청구권을 행사할 수 없다(대판 2019.7.4. 2017다17436).

[❹ ▸ ○] 회사가 정관에서 이사의 퇴직금 지급에 관하여 주주총회의 결의를 거친 임원퇴직금 지급규정에 의한다고 규정하면서 그와 함께 퇴직하는 이사에 대한 퇴직금액의 하한을 구체적으로 정하고 있다면, 주주총회에서는 정관에서 정한 퇴직금액을 하한으로 하여 임원퇴직금 지급에 관한 규정을 만들 수 있을 뿐, 퇴직금 청구권을 아예 박탈하는 결의를 하거나 그러한 내용의 규정을 만들 수는 없다고 보아야 한다. 따라서 주주총회에서 이사의 퇴직금 지급에 관한 규정을 만들지 않거나 퇴직금에 관한 결의를 하지 않았다 하더라도 회사로서는 그와 같은 주주총회 결의 등이 없었음을 이유로 퇴직한 이사에 대하여 정관에 구체적으로 정한 하한의 범위 안에서의 퇴직금의 지급을 거절할 수는 없다(대판 2022.7.28. 2022다223273).

[❺ ▸ ○] 주식회사와 이사 사이에 체결된 고용계약에서 이사가 그 의사에 반하여 이사직에서 해임될 경우 퇴직위로금과는 별도로 일정한 금액의 해직보상금을 지급받기로 약정한 경우, 그 해직보상금은 형식상으로는 보수에 해당하지 않는다 하여도 보수와 함께 같은 고용계약의 내용에 포함되어 그 고용계약과 관련하여 지급되는 것일 뿐 아니라, 의사에 반하여 해임된 이사에 대하여 정당한 이유의 유무와 관계없이 지급하도록 되어 있어 이사에게 유리하도록 회사에 추가적인 의무를 부과하는 것인바, 보수에 해당하지 않는다는 이유로 주주총회 결의를 요하지 않는다고 한다면, 이사들이 고용계약을 체결하는 과정에서 개인적인 이득을 취할 목적으로 과다한 해직보상금을 약정하는 것을 막을 수 없게 되어, 이사들의 고용계약과 관련하여 그 사익 도모의 폐해를 방지하여 회사와 주주의 이익을 보호하고자 하는 상법 제388조의 입법 취지가 잠탈되고, 나아가 해직보상금액이 특히 거액일 경우 회사의 자유로운 이사해임권 행사를 저해하는 기능을 하게 되어 이사선임기관인 주주총회의 권한을 사실상 제한함으로써 회사법이 규정하는 주주총회의 기능이 심히 왜곡되는 부당한 결과가 초래되므로, 이사의 보수에 관한 상법 제388조를 준용 내지 유추적용하여 이사는 해직보상금에 관하여도 정관에서 그 액을 정하지 않는 한 주주총회 결의가 있어야만 회사에 대하여 이를 청구할 수 있다(대판 2006.11.23. 2004다49570).

답 ❶

40

주식회사 이사에 대한 직무집행정지가처분 및 그 직무대행자에 관한 다음 설명 중 가장 옳지 않은 것은? 기출수정 2023년 법무사시험 [문 40]

① 이사직무집행정지가처분을 신청하기 위해서 이사의 지위를 다투는 본안소송이 반드시 제기되어 있어야 하는 것은 아니다.

② 이사직무집행정지가처분에 있어서 피신청인이 될 수 있는 자는 그 성질상 당해 이사이고, 회사에게 는 피신청인의 적격이 없다.

③ 이사직무집행정지가처분이 있는 때에는 본점의 소재지에서 그 등기를 하여야 한다.

④ 직무대행자가 이사회 구성을 변경하는 행위를 안건으로 하는 임시주주총회를 소집하기 위해서는 법원의 허가가 필요하지만, 이사회 구성을 변경하는 행위를 안건으로 하는 정기주주총회의 소집은 직무대행자가 법원의 허가 없이 할 수 있다.

⑤ 대표이사의 직무집행정지 및 직무대행자선임의 가처분이 이루어졌고, 그 후 대표이사가 해임되고 새로운 대표이사가 선임되었어도 그 가처분결정이 취소되지 아니하는 한 새로이 선임된 대표이사 는 대표이사로서의 권한을 가지지 못한다.

[**❶** ▸ ○] [**❸** ▸ ○]   상법 제407조 제1항, 제3항

> **상법 제407조(직무집행정지, 직무대행자선임)**
> ① 이사선임결의의 무효나 취소 또는 이사해임의 소가 제기된 경우에는 법원은 당사자의 신청에 의하여 가처분으로써 이사의 직무집행을 정지할 수 있고 또는 직무대행자를 선임할 수 있다. 급박한 사정이 있는 때에는 본안소송의 제기 전에도 그 처분을 할 수 있다.
> ③ 제1항과 제2항의 처분이 있는 때에는 본점의 소재지에서 그 등기를 하여야 한다.

[**❷** ▸ ○]   이사직무집행정지가처분에 있어서 피신청인이 될 수 있는 자는 그 성질상 당해 이사이고, 회사에게는 피신청인의 적격이 없다(대판 1982.2.9. 80다2424).

[**❹** ▸ ×]   상법 제408조 제1항이 규정하는 회사의 '상무'라 함은 일반적으로 회사에서 일상 행해져야 하는 사무, 회사가 영업을 계속함에 있어서 통상 행하는 영업범위 내의 사무 또는 회사경영에 중요한 영향을 주지 않는 통상의 업무 등을 의미하고, 어느 행위가 구체적으로 이 상무에 속하는가 하는 것은 당해 회사의 기구, 업무의 종류·성질, 기타 제반 사정을 고려하여 객관적으로 판단되어야 할 것인바, 직무대행자가 정기주주총회를 소집함에 있어서도 그 안건에 이사회의 구성 자체를 변경하는 행위나 상법 제374조의 특별결의사항에 해당하는 행위 등 회사의 경영 및 지배에 영향을 미칠 수 있는 것이 포함되어 있다면 그 안건의 범위에서 정기총회의 소집이 상무에 속하지 않는다고 할 것이고, 직무대행자 가 정기주주총회를 소집하는 행위가 상무에 속하지 아니함에도 법원의 허가 없이 이를 소집하여 결의한 때에는 소집절차상의 하자로 결의취소사유에 해당한다(대판 2007.6.28. 2006다62362).

[**❺** ▸ ○]   대표이사의 직무집행정지 및 직무대행자선임의 가처분이 이루어진 이상, 그 후 대표이사가 해임되고 새로운 대표이사가 선임되었다 하더라도 가처분결정이 취소되지 아니하는 한 직무대행자의 권한은 유효하게 존속하는 반면 새로이 선임된 대표이사는 그 선임결의의 적법 여부에 관계없이 대표이 사로서의 권한을 가지지 못한다(대판 1992.5.12. 92다5638).

답 ❹

41 □□□ **상법상 주식회사 이사의 선임에 관한 다음 설명 중 가장 옳은 것은?**

2022년 법무사시험 [문 34]

① 이사는 주주총회에서 특별결의로 선임된다.
② 2인 이상의 이사의 선임을 목적으로 하는 총회의 소집이 있는 때에는 발행주식총수의 100분의 3 이상에 해당하는 주식을 가진 주주는 회사에 대하여 집중투표의 방법으로 이사를 선임할 것을 청구할 수 있다. 이때 100분의 3에는 의결권 없는 주식도 포함한다.
③ 2인 이상의 이사 선임에 관한 집중투표를 배제하는 정관 규정은 효력이 없다.
④ 이사선임결의와 피선임자의 승낙만 있으면 대표이사와 별도의 임용계약을 체결하였는지와 관계없이 이사의 지위를 취득한다.
⑤ 이사의 임기는 3년을 초과하지 못하므로, 임기를 정하지 않은 경우에는 그 임기를 3년으로 본다.

[❶ ▸ ×] 이사는 주주총회에서 선임한다(상법 제382조 제1항). 이사의 선임은 주주총회의 보통결의사항이나 해임은 특별결의사항이다.

[❷ ▸ ×] [❸ ▸ ×] 2인 이상의 이사의 선임을 목적으로 하는 총회의 소집이 있는 때에는 의결권 없는 주식을 제외한 발행주식총수의 100분의 3 이상에 해당하는 주식을 가진 주주는 정관에서 달리 정하는 경우를 제외하고는 회사에 대하여 집중투표의 방법으로 이사를 선임할 것을 청구할 수 있다(상법 제382조의2 제1항).

[❹ ▸ ○] 주주총회에서 이사나 감사를 선임하는 경우 선임결의와 피선임자의 승낙만 있으면, 피선임자는 대표이사와 별도의 임용계약을 체결하였는지와 관계없이 이사나 감사의 지위를 취득한다(대판[전합] 2017.3.23. 2016다251215).

[❺ ▸ ×] 상법 제385조 제1항에 의하면 "이사는 언제든지 주주총회의 특별결의로 해임할 수 있으나, 이사의 임기를 정한 경우에 정당한 이유 없이 그 임기만료 전에 이를 해임한 때에는 그 이사는 회사에 대하여 해임으로 인한 손해의 배상을 청구할 수 있다"고 규정하고 있는바, 이때 이사의 임기를 정한 경우라 함은 정관 또는 주주총회의 결의로 임기를 정하고 있는 경우를 말하고, 이사의 임기를 정하지 않은 때에는 이사의 임기의 최장기인 3년을 경과하지 않는 동안에 해임되더라도 그로 인한 손해의 배상을 청구할 수 없다고 할 것이고, 회사의 정관에서 상법 제383조 제2항과 동일하게 "이사의 임기는 3년을 초과하지 못한다"고 규정한 것이 이사의 임기를 3년으로 정하는 취지라고 해석할 수는 없다(대판 2001.6.15. 2001다23928). 즉, 판례는 회사가 이사의 임기를 정하지 않은 경우에 이사의 임기가 3년이 된다는 의미는 아니라고 한다.

답 ❹

272 PART 2 상 법

다음 설명 중 가장 옳지 않은 것은?

① 상법 제388조는 "이사의 보수는 정관에 그 액을 정하지 아니한 때에는 주주총회의 결의로 이를 정한다"라고 규정하고 있고, 위 규정의 보수에는 연봉, 수당, 상여금 등 명칭을 불문하고 이사의 직무수행에 대한 보상으로 지급되는 모든 대가가 포함된다. 다만 주주총회에서 이사의 보수에 관한 구체적 사항을 이사회에 위임한 경우에는 주주총회에서 이를 직접 정할 수 없다.

② 주식회사의 총주식을 한 사람이 소유하는 이른바 1인회사의 경우, 주주총회 소집절차에 하자가 있거나 주주총회의사록이 작성되지 않았더라도, 1인 주주의 의사가 주주총회의 결의내용과 일치한다면 증거에 의하여 그러한 내용의 결의가 있었던 것으로 볼 수 있다.

③ 회사는 이사회의 결의로 회사를 대표할 이사를 선정하여야 한다. 그러나 정관으로 주주총회에서 이를 선정할 것을 정할 수 있다.

④ 이사회는 각 이사가 소집한다. 그러나 이사회의 결의로 소집할 이사를 정한 때에는 그러하지 아니하다.

⑤ 이사회의 결의는 이사 과반수의 출석과 출석이사의 과반수로 하여야 한다. 그러나 정관으로 그 비율을 높게 정할 수 있다.

....

[**❶** ▸ ✕] [1] 상법 제388조는 "이사의 보수는 정관에 그 액을 정하지 아니한 때에는 주주총회의 결의로 이를 정한다"라고 규정하고 있고, 위 규정의 보수에는 연봉, 수당, 상여금 등 명칭을 불문하고 이사의 직무수행에 대한 보상으로 지급되는 모든 대가가 포함된다. 이는 이사가 자신의 보수와 관련하여 개인적 이익을 도모하는 폐해를 방지하여 회사와 주주 및 회사채권자의 이익을 보호하기 위한 강행규정이다. [2] 상법 제361조는 "주주총회는 본법 또는 정관에 정하는 사항에 한하여 결의할 수 있다"라고 규정하고 있는데, 이러한 주주총회 결의사항은 반드시 주주총회가 정해야 하고 정관이나 주주총회의 결의에 의하더라도 이를 다른 기관이나 제3자에게 위임하지 못한다. 따라서 정관 또는 주주총회에서 임원의 보수 총액 내지 한도액만을 정하고 개별 이사에 대한 지급액 등 구체적인 사항을 이사회에 위임하는 것은 가능하지만, 이사의 보수에 관한 사항을 이사회에 포괄적으로 위임하는 것은 허용되지 아니한다. 그리고 <u>주주총회에서 이사의 보수에 관한 구체적 사항을 이사회에 위임한 경우에도 이를 주주총회에서 직접 정하는 것도 상법이 규정한 권한의 범위에 속하는 것으로서 가능하다</u>(대판 2020.6.4. 2016다241515).

[**❷** ▸ ○] 주식회사의 총주식을 한 사람이 소유하는 이른바 1인회사의 경우에는 그 주주가 유일한 주주로서 주주총회에 출석하면 전원 총회로서 성립하고 그 주주의 의사대로 결의가 될 것이 명백하다. 이러한 이유로 주주총회 소집절차에 하자가 있거나 주주총회의사록이 작성되지 않았더라도, 1인 주주의 의사가 주주총회의 결의내용과 일치한다면 증거에 의하여 그러한 내용의 결의가 있었던 것으로 볼 수 있다(대판 2020.6.4. 2016다241515).

[**❸** ▸ ○] 회사는 이사회의 결의로 회사를 대표할 이사를 선정하여야 한다. 그러나 정관으로 주주총회에서 이를 선정할 것을 정할 수 있다(상법 제389조 제1항).

[**❹** ▸ ○] 이사회는 각 이사가 소집한다. 그러나 이사회의 결의로 소집할 이사를 정한 때에는 그러하지 아니하다(상법 제390조 제1항).

[**❺** ▸ ○] 이사회의 결의는 이사 과반수의 출석과 출석이사의 과반수로 하여야 한다. 그러나 정관으로 그 비율을 높게 정할 수 있다(상법 제391조 제1항).

답 ❶

43
□□□

주식회사의 이사회 결의 등에 관한 다음 설명 중 옳지 않은 것을 모두 고른 것은?

2024년 법무사시험 [문 31]

> ㄱ. 이사 등이 자기 또는 제3자의 계산으로 회사와 거래를 하면서 사전에 상법 제398조에서 정한 이사회 승인을 받지 않은 경우 특별한 사정이 없는 한 그 거래는 무효라고 보아야 하지만, 사후에 그 거래행위에 대하여 이사회 승인을 받은 경우에는 무효인 거래행위가 유효로 된다.
> ㄴ. 주식회사의 대표이사가 이사회의 결의를 거쳐야 할 대외적 거래행위에 관하여 이를 거치지 아니한 경우라도, 그 거래 상대방이 그와 같은 이사회 결의가 없었음을 알았거나 알 수 있었을 경우가 아니라면 그 거래행위는 유효하다.
> ㄷ. 주식회사의 정관이나 이사회 규정 등에서 이사회 결의를 거치도록 대표이사의 대표권을 제한한 경우, 거래행위의 상대방인 제3자가 상법 제209조 제2항에 따라 보호받기 위하여는 선의 이외에 무과실까지 필요한 것은 아니지만 그 제3자에게 중대한 과실이 있는 경우에는 그 거래행위가 무효이다.
> ㄹ. 주식회사의 대표이사가 회사를 대표하여 파산신청을 할 경우 원칙적으로 이사회 결의가 필요하지 않다.
> ㅁ. 이사의 자기거래 행위에 대한 이사회의 승인은 이사 3분의 2 이상의 수로써 하여야 한다.

① ㄱ
② ㄱ, ㄴ
③ ㄴ, ㄹ
④ ㄱ, ㄹ
⑤ ㄱ, ㄹ, ㅁ

....

[ㄱ▶✕] 상법 제398조의 문언 내용을 그 입법 취지와 개정 연혁 등에 비추어 보면, 이사 등이 자기 또는 제3자의 계산으로 회사와 유효하게 거래를 하기 위하여는 미리 상법 제398조에서 정한 이사회 승인을 받아야 하므로 사전에 상법 제398조에서 정한 이사회 승인을 받지 않았다면 특별한 사정이 없는 한 그 거래는 무효라고 보아야 하고, <u>사후에 그 거래행위에 대하여 이사회 승인을 받았다고 하더라도 특별한 사정이 없는 한 무효인 거래행위가 유효로 되는 것은 아니다</u>(대판 2023.6.29. 2021다291712).

[ㄴ▶✕][ㄷ▶○] 회사 정관이나 이사회 규정 등에서 이사회 결의를 거치도록 대표이사의 대표권을 제한한 경우(이하 '내부적 제한'이라 한다)에도 선의의 제3자는 상법 제209조 제2항에 따라 보호된다. <u>거래행위의 상대방인 제3자가 상법 제209조 제2항에 따라 보호받기 위하여 선의 이외에 무과실까지 필요하지는 않지만, 중대한 과실이 있는 경우에는</u> 제3자의 신뢰를 보호할 만한 가치가 없다고 보아 거래행위가 무효라고 해석함이 타당하다. … 대표이사의 대표권을 제한하는 상법 제393조 제1항은 그 규정의 존재를 모르거나 제대로 이해하지 못한 사람에게도 일률적으로 적용된다. 법률의 부지나 법적 평가에 관한 착오를 이유로 그 적용을 피할 수는 없으므로, 이 조항에 따른 제한은 내부적 제한과 달리 볼 수도 있다. 그러나 <u>주식회사의 대표이사가 이 조항에 정한 '중요한 자산의 처분 및 양도, 대규모 재산의 차입 등의 행위'에 관하여 이사회의 결의를 거치지 않고 거래행위를 한 경우에도 거래행위의 효력에 관해서는 위 ㄷ.에서 본 내부적 제한의 경우와 마찬가지로 보아야 한다</u>(대판[전합] 2021.2.18. 2015다45451).

[ㄹ▸X] 주식회사 이사회의 역할, 파산이 주식회사에 미치는 영향, 회생절차 개시신청과의 균형, 파산신청권자에 대한 규정의 문언과 취지 등에 비추어 보면, <u>주식회사의 대표이사가 회사를 대표하여 파산신청을 할 경우 대표이사의 업무권한인 일상 업무에 속하지 않는 중요한 업무에 해당하여 이사회 결의가 필요하다고 보아야 하고</u>, 이사에게 별도의 파산신청권이 인정된다고 해서 달리 볼 수 없다(대결 2021.8.26. 2020마5520).

[ㅁ▸O] 상법 제398조

> **상법 제398조(이사 등과 회사 간의 거래)**
> 다음 각 호의 어느 하나에 해당하는 자가 자기 또는 제3자의 계산으로 회사와 거래를 하기 위하여는 미리 이사회에서 해당 거래에 관한 중요사실을 밝히고 이사회의 승인을 받아야 한다. 이 경우 이사회의 승인은 <u>이사 3분의 2 이상의 수로써 하여야 하고</u>, 그 거래의 내용과 절차는 공정하여야 한다.
> 1. 이사 또는 제542조의8 제2항 제6호에 따른 주요주주
> 2. 제1호의 자의 배우자 및 직계존비속
> 3. 제1호의 자의 배우자의 직계존비속
> 4. 제1호부터 제3호까지의 자가 단독 또는 공동으로 의결권 있는 발행주식 총수의 100분의 50 이상을 가진 회사 및 그 자회사
> 5. 제1호부터 제3호까지의 자가 제4호의 회사와 합하여 의결권 있는 발행주식총수의 100분의 50 이상을 가진 회사

답 정답 없음

 **제3항** **대표이사**

 44

표현대표이사에 관한 다음 설명 중 가장 옳지 않은 것은? 2021년 법무사시험 [문 37]

① 회사가 표현대표를 허용하였다고 하기 위하여는 진정한 대표이사가 표현대표를 허용하거나, 이사 전원이 아닐지라도 적어도 이사회결의의 성립을 위하여 회사의 정관에서 정한 이사의 수, ㄱ와 같은 정관의 규정이 없다면 최소한 이사 정원의 과반수 이사가 적극적 또는 묵시적으로 표현대표를 허용한 경우이어야 한다.

② 거래의 상대방인 제3자가 회사의 대표이사가 아닌 이사에게 그 거래행위를 함에 있어 회사를 대표할 권한이 있다고 믿었다 할지라도 그와 같이 믿음에 있어서 중대한 과실이 있는 경우에는 회사는 그 제3자에 대하여는 상법 제395조에 의한 책임을 지지 아니한다.

③ 회사를 대표할 권한이 없는 표현대표이사가 다른 대표이사의 명칭을 사용하여 어음행위를 한 경우, 회사가 책임을 지는 선의의 제3자는 표현대표이사로부터 직접 어음을 취득한 상대방에 한하고, 그로부터 어음을 다시 배서양도받은 제3취득자는 포함되지 않는다.

④ 상법 제395조는 표현대표이사가 자기의 명칭을 사용하여 법률행위를 한 경우뿐만 아니라 자기의 명칭을 사용하지 아니하고 다른 대표이사의 명칭을 사용하여 행위를 한 경우에도 유추적용된다.

⑤ 상법 제395조는 회사가 이사의 자격이 없는 자에게 표현대표이사의 명칭을 사용하게 허용한 경우는 물론, 이사의 자격도 없는 사람이 임의로 표현대표이사의 명칭을 사용하고 있는 것을 회사가 알면서도 아무런 조치를 취하지 아니한 채 그대로 방치하여 소극적으로 묵인한 경우에도 유추적용된다.

[**❶** ▸ ○] 상법 제395조에 의하여 회사가 표현대표이사의 행위에 대하여 책임을 지기 위하여는 표현대표이사의 행위에 대하여 그를 믿었던 제3자가 선의이었어야 하고 또한 회사가 적극적 또는 묵시적으로 표현대표를 허용한 경우에 한한다고 할 것이며, 이 경우 회사가 표현대표를 허용하였다고 하기 위하여는 진정한 대표이사가 이를 허용하거나, 이사 전원이 아닐지라도 적어도 이사회의 결의의 성립을 위하여 회사의 정관에서 정한 이사의 수, 그와 같은 정관의 규정이 없다면 최소한 이사 정원의 과반수의 이사가 적극적 또는 묵시적으로 표현대표를 허용한 경우이어야 할 것이므로, 대표이사로 선임등기된 자가 부적법한 대표이사로서 사실상의 대표이사에 불과한 경우에 있어서는 먼저 위 대표이사의 선임에 있어 회사에 귀책사유가 있는지를 살피고 이에 따라 회사에게 표현대표이사로 인한 책임이 있는지 여부를 가려야 할 것이다(대판 1992.9.22. 91다5365).

[**❷** ▸ ○] 상법 제395조가 규정하는 표현대표이사의 행위로 인한 주식회사의 책임이 성립하기 위하여 제3자의 선의 이외에 무과실까지도 필요로 하는 것은 아니지만, 그 규정의 취지는 회사의 대표이사가 아닌 이사가 외관상 회사의 대표권이 있는 것으로 인정될 만한 명칭을 사용하여 거래행위를 하고, 이러한 외관이 생겨난 데에 관하여 회사에 귀책사유가 있는 경우에 그 외관을 믿은 선의의 제3자를 보호함으로써 상거래의 신뢰와 안전을 도모하려는 데에 있다 할 것인바, 그와 같은 제3자의 신뢰는 보호할 만한 가치가 있는 정당한 것이어야 할 것이므로, 설령 제3자가 회사의 대표이사가 아닌 이사에게 그 거래행위를 함에 있어 회사를 대표할 권한이 있다고 믿었다 할지라도 그와 같이 믿음에 있어서 중대한 과실이 있는 경우에는 회사는 그 제3자에 대하여는 책임을 지지 아니하고, 여기서 제3자의 중대한 과실이라 함은 제3자가 조금만 주의를 기울였더라면 표현대표이사의 행위가 대표권에 기한 것이 아니라는 사정을 알 수 있었음에도 만연히 이를 대표권에 기한 행위라고 믿음으로써 거래통념상 요구되는 주의의무에 현저히 위반하는 것으로서, 공평의 관점에서 제3자를 구태여 보호할 필요가 없다고 봄이 상당하다고 인정되는 상태를 말한다(대판 2003.9.26. 2002다65073).

[**❸** ▸ ✕] 회사를 대표할 권한이 없는 표현대표이사가 다른 대표이사의 명칭을 사용하여 어음행위를 한 경우, 회사가 책임을 지는 선의의 제3자의 범위에는 표현대표이사로부터 직접 어음을 취득한 상대방 뿐만 아니라, 그로부터 <u>어음을 다시 배서양도받은 제3취득자도 포함된다</u>(대판 2003.9.26. 2002다65073).

[**❹** ▸ ○] 상법 제395조는 표현대표이사가 자기의 명칭을 사용하여 법률행위를 한 경우는 물론이고 자기의 명칭을 사용하지 아니하고 다른 대표이사의 명칭을 사용하여 행위를 한 경우에도 유추적용되고, 이와 같은 대표권 대행의 경우 제3자의 선의나 중과실은 표현대표이사의 대표권 존부에 대한 것이 아니라 대표이사를 대행하여 법률행위를 할 권한이 있느냐에 대한 것이다(대판 2003.7.22. 2002다40432).

[**❺** ▸ ○] 상법 제395조가 회사를 대표할 권한이 있는 것으로 인정될 만한 명칭을 사용한 이사의 행위에 대한 회사의 책임을 규정한 것이어서, 표현대표이사가 이사의 자격을 갖출 것을 요건으로 하고 있으나, 이 규정은 표시에 의한 금반언의 법리나 외관이론에 따라 대표이사로서의 외관을 신뢰한 제3자를 보호하기 위하여 그와 같은 외관의 존재에 대하여 귀책사유가 있는 회사로 하여금 선의의 제3자에 대하여 그들의 행위에 관한 책임을 지도록 하려는 것이므로, 회사가 이사의 자격이 없는 자에게 표현대표이사의 명칭을 사용하게 허용한 경우는 물론, 이사의 자격이 없는 사람이 임의로 표현대표이사의 명칭을 사용하고 있는 것을 회사가 알면서도 아무런 조치를 취하지 아니한 채 그대로 방치하여 소극적으로 묵인한 경우에도 위 규정이 유추적용되는 것으로 해석함이 상당하다(대판 1998.3.27. 97다34709).

답 **❸**

45

이사 등의 자기거래 및 그 승인에 관한 다음 설명 중 가장 옳지 않은 것은?

2025년 법무사시험 [문 44]

① 회사가 대표이사의 딸과 부동산에 관한 매매계약을 체결하기 위해서는 미리 이사회에서 해당 거래에 관한 중요사실을 밝히고 이사회의 승인을 받아야 한다.

② 이사 등과 회사 사이의 거래에 관하여 상법 제398조에 따라 이사회의 승인을 받아야 하는 경우 이사회의 승인은 이사 3분의 2 이상의 수로써 하여야 하고, 그 거래의 내용과 절차는 공정하여야 한다.

③ 이사 등이 자기 또는 제3자의 계산으로 회사와 거래를 하면서 사전에 상법 제398조에서 정한 이사회 승인을 받지 않은 경우라고 하더라도, 사후에 거래행위에 대하여 이사회 승인을 받은 경우라면 원칙적으로 무효인 거래행위가 유효가 된다.

④ 이사 등과 회사의 거래에 관하여 이사회의 승인이 있었더라도, 해당 거래에 관한 중요사실 등을 밝히지 아니한 채 그 거래가 이익상반거래로서 공정한 것인지에 관한 심의가 이루어진 것이 아니라 통상의 거래로서 이를 허용하는 이사회의 결의가 이루어진 것에 불과한 경우 등에는 상법 제398조가 정하는 이사회 승인이 있다고 할 수 없다.

⑤ 별개인 두 회사의 대표이사를 겸하고 있는 자가 두 회사 사이의 매매계약을 체결한 경우에도 이사의 자기거래에 해당한다.

....

[❶ ▶ ○] [❷ ▶ ○] 회사가 이사의 직계비속에 해당하는 대표이사의 딸과 부동산에 관한 매매계약을 체결하기 위해서는 미리 이사회에서 해당 거래에 관한 중요사실을 밝히고 이사 3분의 2 이상의 수로써 이사회의 승인을 받아야 하고, 그 거래의 내용과 절차는 공정하여야 한다(상법 제398조).

상법 제398조(이사 등과 회사 간의 거래)

다음 각 호의 어느 하나에 해당하는 자가 자기 또는 제3자의 계산으로 회사와 거래를 하기 위하여는 미리 이사회에서 해당 거래에 관한 중요사실을 밝히고 이사회의 승인을 받아야 한다. 이 경우 이사회의 승인은 이사 3분의 2 이상의 수로써 하여야 하고, 그 거래의 내용과 절차는 공정하여야 한다.

1. 이사 또는 제542조의8 제2항 제6호에 따른 주요주주
2. 제1호의 자의 배우자 및 직계존비속
3. 제1호의 자의 배우자의 직계존비속
4. 제1호부터 제3호까지의 자가 단독 또는 공동으로 의결권 있는 발행주식 총수의 100분의 50 이상을 가진 회사 및 그 자회사
5. 제1호부터 제3호까지의 자가 제4호의 회사와 합하여 의결권 있는 발행주식 총수의 100분의 50 이상을 가진 회사

[❸ ▶ ✕] [❹ ▶ ○] 상법 제398조의 문언 내용을 입법 취지와 개정 연혁 등에 비추어 보면, 이사 등이 자기 또는 제3자의 계산으로 회사와 유효하게 거래를 하기 위하여는 미리 상법 제398조에서 정한 이사회 승인을 받아야 하므로 사전에 상법 제398조에서 정한 이사회 승인을 받지 않았다면 특별한 사정이 없는 한 그 거래는 무효라고 보아야 하고, 사후에 그 거래행위에 대하여 이사회 승인을 받았다고 하더라도 특별한 사정이 없는 한 무효인 거래행위가 유효로 되는 것은 아니다. 나아가 상법 제398조는 이사 등이 회사와의 거래에 관하여 이사회 승인을 받기 위하여는 이사회에서 해당 거래에 관한 중요사실

을 밝히도록 정하고 있으므로, 만일 이러한 사항들을 밝히지 아니한 채 그 거래가 이익상반거래로서 공정한 것인지에 관한 심의가 이루어진 것이 아니라 통상의 거래로서 이를 허용하는 이사회의 결의가 이루어진 것에 불과한 경우 등에는 상법 제398조가 정하는 이사회 승인이 있다고 할 수 없다(대판 2023.6.29. 2021다291712).

[❺ ▶ ○] 갑, 을 두 회사의 대표이사를 겸하고 있던 자에 의하여 갑 회사와 을 회사 사이에 토지 및 건물에 대한 매매계약이 체결되고 을 회사 명의로 소유권이전등기가 경료된 경우, 그 매매계약은 이른바 '이사의 자기거래'에 해당하고, 달리 특별한 사정이 없는 한 이는 갑 회사와 그 이사와의 사이에 이해충돌의 염려 내지 갑 회사에 불이익을 생기게 할 염려가 있는 거래에 해당하는데, 그 거래에 대하여 갑 회사 이사회의 승인이 없었으므로 그 매매계약의 효력은 을 회사에 대한 관계에 있어서 무효라고 하여야 한다(대판 1996.5.28. 95다12101).

답 ❸

46
□□□

상법 제398조(이사 등과 회사 간의 거래)에 관한 다음 설명 중 가장 옳지 않은 것은?
2023년 법무사시험 [문 47]

① 상법 제398조는 이사 등이 회사와의 거래에 관하여 이사회 승인을 받기 위하여는 이사회에서 해당 거래에 관한 중요사실을 밝히도록 정하고 있으므로, 만일 이러한 사항들을 밝히지 아니한 채 그 거래가 이익상반거래로서 공정한 것인지에 관한 심의가 이루어진 것이 아니라 통상의 거래로서 이를 허용하는 이사회의 결의가 이루어진 것에 불과한 경우 등에는 상법 제398조가 정하는 이사회 승인이 있다고 할 수 없다.

② 甲이 타인의 명의로 乙 회사가 발행한 주식 총수의 10%(의결권 없는 주식 제외)를 소유한 실질주주인 경우에 甲의 시아버지인 丙이 乙 회사와 거래를 하고자 할 때에는 미리 이사회에서 해당 거래에 관한 중요사실을 밝히고 이사회의 승인을 받을 필요가 없다.

③ 자본금 총액이 10억원 미만으로 이사가 1명 또는 2명인 회사의 이사가 자기 또는 제3자의 계산으로 회사와 거래를 하기 전에 주주총회에서 해당 거래에 관한 중요사실을 밝히고 주주총회의 승인을 받지 않았다면, 특별한 사정이 없는 한 그 거래는 무효라고 보아야 한다.

④ 이사 등이 자기 또는 제3자의 계산으로 회사와 유효하게 거래를 하기 위하여는 미리 상법 제398조에서 정한 이사회 승인을 받아야 하므로 사전에 상법 제398조에서 정한 이사회 승인을 받지 않았다면 특별한 사정이 없는 한 그 거래는 무효라고 보아야 하고, 사후에 그 거래행위에 대하여 이사회 승인을 받았다고 하더라도 특별한 사정이 없는 한 무효인 거래행위가 유효로 되는 것은 아니다.

⑤ 이사가 회사에 대하여 담보 약정을 하는 경우에는 이사회의 승인을 거칠 필요가 없다.

···

[❶ ▶ ○] 상법 제398조는 이사 등이 회사와의 거래에 관하여 이사회 승인을 받기 위하여는 이사회에서 해당 거래에 관한 중요사실을 밝히도록 정하고 있으므로, 만일 이러한 사항들을 밝히지 아니한 채 그 거래가 이익상반거래로서 공정한 것인지에 관한 심의가 이루어진 것이 아니라 통상의 거래로서 이를 허용하는 이사회의 결의가 이루어진 것에 불과한 경우 등에는 상법 제398조가 정하는 이사회 승인이 있다고 할 수 없다(대판 2023.6.29. 2021다291712).

[❷ ▶ ×] 乙 회사의 의결권 없는 주식을 제외한 발행주식총수의 100분의 10을 소유한 甲은 주요주주에 해당하고 시아버지는 배우자의 직계존속에 해당하므로 상법 제398조 제3호에 의하여 시아버지 丙이 회사와 거래를 하는 경우에도 이사회의 승인이 필요하다.

[❸ ▸ ○]　상법 제398조는 이사 등이 그 지위를 이용하여 회사와 거래를 함으로써 자기 또는 제3자의 이익을 도모하고 회사와 주주에게 예기치 못한 손해를 끼치는 것을 방지하기 위한 것으로, 이사와 지배주주 등의 사익추구에 대한 통제력을 강화하고자 적용대상을 이사 외의 주요주주 등에게까지 확대하고 이사회 승인을 위한 결의요건도 가중하여 정하였다. 다만 상법 제383조에서 2인 이하의 이사만을 둔 소규모회사의 경우 이사회의 승인을 주주총회의 승인으로 대신하도록 하였다. 이 규정을 해석·적용하는 과정에서 이사 등의 자기거래를 제한하려는 입법 취지가 몰각되지 않도록 해야 한다. 일반적으로 주식회사에서 주주총회의 의결정족수를 충족하는 주식을 가진 주주들이 동의하거나 승인하였다는 사정만으로 주주총회에서 그러한 내용의 주주총회 결의가 있는 것과 마찬가지라고 볼 수 없다. 따라서 자본금 총액이 10억원 미만으로 이사가 1명 또는 2명인 회사의 이사가 자기 또는 제3자의 계산으로 회사와 거래를 하기 전에 주주총회에서 해당 거래에 관한 중요사실을 밝히고 주주총회의 승인을 받지 않았다면, 특별한 사정이 없는 한 그 거래는 무효라고 보아야 한다(대판 2020.7.9. 2019다205398).

[❹ ▸ ○]　상법 제398조의 문언 내용을 그 입법 취지와 개정 연혁 등에 비추어 보면, 이사 등이 자기 또는 제3자의 계산으로 회사와 유효하게 거래를 하기 위하여는 미리 상법 제398조에서 정한 이사회 승인을 받아야 하므로 사전에 상법 제398조에서 정한 이사회 승인을 받지 않았다면 특별한 사정이 없는 한 그 거래는 무효라고 보아야 하고, 사후에 그 거래행위에 대하여 이사회 승인을 받았다고 하더라도 특별한 사정이 없는 한 무효인 거래행위가 유효로 되는 것은 아니다(대판 2023.6.29. 2021다291712).

[❺ ▸ ○]　상법 제398조에서 이사와 회사 사이의 거래에 관하여 이사회의 승인을 얻도록 규정하고 있는 취지는, 이사가 그 지위를 이용하여 회사와 거래를 함으로써 자기 또는 제3자의 이익을 도모하고 회사 나아가 주주에게 불측의 손해를 입히는 것을 방지하고자 함에 있으므로, 회사와 이사 사이에 이해가 충돌될 염려가 있는 이사의 회사에 대한 금전대여행위는 상법 제398조 소정의 이사의 자기거래행위에 해당하여 이사회의 승인을 거쳐야 하고, 다만 이사가 회사에 대하여 담보 약정이나 이사 약성 없이 금전을 대여하는 행위와 같이 성질상 회사와 이사 사이의 이해충돌로 인하여 회사에 불이익이 생길 염려가 없는 경우에는 이사회의 승인을 거칠 필요가 없다(대판 2010.1.14. 2009다55808).

답 ❷

이사의 경업금지, 이사와 회사 간의 거래, 이사의 회사에 대한 책임에 관한 다음 설명 중 가장 옳지 않은 것은?
2022년 법무사시험 [문 39]

① 이사는 경업 대상 회사의 이사, 대표이사가 되는 경우뿐만 아니라 그 회사의 지배주주가 되어 그 회사의 의사결정과 업무집행에 관여할 수 있게 되는 경우에도 자신이 속한 회사 이사회의 승인을 얻어야 한다.

② 이사의 배우자의 직계존비속이 자기 또는 제3자의 계산으로 회사와 거래를 하기 위하여는 미리 이사회에서 해당 거래에 관한 중요사실을 밝히고 이사회의 승인을 받아야 한다. 이 경우 이사회의 승인은 이사 3분의 2 이상의 수로써 하여야 한다.

③ 이사가 고의 또는 과실로 법령 또는 정관에 위반한 행위를 하거나 그 임무를 게을리한 경우에 그 행위가 이사회의 결의에 의한 것인 때에는 그 결의에 찬성한 이사도 상법 제399조 제1항의 책임이 있다.

④ 위 ③의 이사회 결의에 참가한 이사로서 이의를 한 기재가 의사록에 없는 자는 상법 제399조 제3항에 따라 그 결의에 찬성한 것으로 추정한다.

⑤ 이사가 위 ③의 이사회에 출석하여 결의에 기권하였다고 의사록에 기재된 경우에는 그 결의에 이의하였다고 볼 수 없으므로 상법 제399조 제3항에 따라 그 결의에 찬성한 것으로 추정한다.

·····

[❶ ▶ ○] 이사는 경업 대상 회사의 이사, 대표이사가 되는 경우뿐만 아니라 그 회사의 지배주주가 되어 그 회사의 의사결정과 업무집행에 관여할 수 있게 되는 경우에도 자신이 속한 회사 이사회의 승인을 얻어야 하는 것으로 볼 것이다(대판 2013.9.12. 2011다57869).

[❷ ▶ ○] 상법 제398조 제3호

> **상법 제398조(이사 등과 회사 간의 거래)**
> 다음 각 호의 어느 하나에 해당하는 자가 자기 또는 제3자의 계산으로 회사와 거래를 하기 위하여는 미리 이사회에서 해당 거래에 관한 중요사실을 밝히고 이사회의 승인을 받아야 한다. 이 경우 이사회의 승인은 이사 3분의 2 이상의 수로써 하여야 하고, 그 거래의 내용과 절차는 공정하여야 한다.
> 1. 이사 또는 제542조의8 제2항 제6호에 따른 주요주주
> 2. 제1호의 자의 배우자 및 직계존비속
> 3. 제1호의 자의 배우자의 직계존비속
> 4. 제1호부터 제3호까지의 자가 단독 또는 공동으로 의결권 있는 발행주식 총수의 100분의 50 이상을 가진 회사 및 그 자회사
> 5. 제1호부터 제3호까지의 자가 제4호의 회사와 합하여 의결권 있는 발행주식총수의 100분의 50 이상을 가진 회사

[❸ ▶ ○] [❹ ▶ ○] 상법 제399조 제2항, 제3항

> **상법 제399조(회사에 대한 책임)**
> ① 이사가 고의 또는 과실로 법령 또는 정관에 위반한 행위를 하거나 그 임무를 게을리한 경우에는 그 이사는 회사에 대하여 연대하여 손해를 배상할 책임이 있다.
> ② 전항의 행위가 이사회의 결의에 의한 것인 때에는 그 결의에 찬성한 이사도 전항의 책임이 있다.
> ③ 전항의 결의에 참가한 이사로서 이의를 한 기재가 의사록에 없는 자는 그 결의에 찬성한 것으로 추정한다.

[**⑤** ▸ ×] 상법 제399조 제3항은 같은 조 제2항을 전제로 하면서, 이사의 책임을 추궁하는 자로서는 어떤 이사가 이사회 결의에 찬성하였는지를 알기 어려워 증명이 곤란한 경우가 있음을 고려하여 증명책임을 이사에게 전가하는 규정이다. 그렇다면 이사가 이사회에 출석하여 결의에 기권하였다고 의사록에 기재된 경우에 그 이사는 "이의를 한 기재가 의사록에 없는 자"라고 볼 수 없으므로, 상법 제399조 제3항에 따라 이사회 결의에 찬성한 것으로 추정할 수 없고, 따라서 같은 조 제2항의 책임을 부담하지 않는다고 보아야 한다(대판 2019.5.16, 2016다260455).

답 ⑤

48

주식회사의 이사 등과 회사 간의 거래에 관한 다음 설명 중 옳지 않은 것을 모두 고른 것은?

2021년 법무사시험 [문 23]

ⓐ 이사회의 승인을 받지 못한 이사와 회사 사이의 이익상반거래에 대하여는, 사전에 주주 전원의 동의가 있다거나 그 승인이 정관에 주주총회의 권한사항으로 정해져 있다는 등의 특별한 사정이 없는 한, 주주총회에서 사후적으로 추인 결의를 하였다 하여 그 거래가 유효하게 될 수는 없다.

ⓑ 이사와 회사 사이의 거래가 상법 제398조를 위반하였음을 이유로 무효임을 주장할 수 있는 자는 회사에 한정되고 특별한 사정이 없는 한 거래의 상대방인 당해 이사나 제3자는 그 무효를 주장할 이익이 없다.

ⓒ 회사에 대하여 개인적인 채권을 가지고 있는 대표이사가 회사를 위하여 보관하고 있는 회사 소유의 금전으로 자신의 채권 변제에 충당하는 행위는 회사와 이사의 이해가 충돌하는 자기거래 행위에 해당하므로 이사회의 승인을 필요로 한다.

ⓓ 甲, 乙 두 회사의 대표이사를 겸하고 있던 자에 의하여 甲 회사와 乙 회사 사이에 토지 및 건물에 대한 매매계약이 체결되고 乙 회사 명의로 소유권이전등기가 경료된 경우, 그 매매계약은 원칙적으로 이사회의 승인을 요하는 이사의 자기거래에 해당한다.

ⓔ 이사가 자기 또는 제3자의 계산으로 회사와 거래를 하기 위해서는 상법 제398조에 따라 미리 이사회의 승인을 받아야 하고, 이 경우 이사회 승인은 상법 제397조에 따른 경업금지의 해제에 대한 이사회 승인과 동일하게 이사 과반수의 출석과 출석이사의 과반수로 하여야 한다.

① ⓐ, ⓑ　　　　　　② ⓐ, ⓓ
③ ⓑ, ⓔ　　　　　　④ ⓒ, ⓓ
⑤ ⓒ, ⓔ

[㉠ ▸ O] 이사와 회사 사이의 이익상반거래에 대한 승인은 주주 전원의 동의가 있다거나 그 승인이 정관에 주주총회의 권한사항으로 정해져 있다는 등의 특별한 사정이 없는 한 이사회의 전결사항이라 할 것이므로, 이사회의 승인을 받지 못한 이익상반거래에 대하여 아무런 승인 권한이 없는 주주총회에서 사후적으로 추인 결의를 하였다 하여 그 거래가 유효하게 될 수는 없다(대판 2007.5.10. 2005다4284).

[㉡ ▸ O] 상법 제398조가 이사와 회사 사이의 거래에 관하여 이사회의 승인을 얻도록 한 것은, 이사가 그 지위를 이용하여 회사와 직접 거래를 하거나 이사 자신의 이익을 위하여 회사와 제3자 사이의 거래를 함으로써 이사 자신의 이익을 도모하고 회사 및 주주에게 손해를 입히는 것을 방지하고자 하는 것이므로, 그 규정 취지에 비추어 이사와 회사 사이의 거래가 상법 제398조를 위반하였음을 이유로 무효임을 주장할 수 있는 자는 회사에 한정되고 특별한 사정이 없는 한 거래의 상대방이나 제3자는 그 무효를 주장할 이익이 없다고 보아야 하므로, 거래의 상대방인 당해 이사 스스로가 위 규정 위반을 내세워 그 거래의 무효를 주장하는 것은 허용되지 않는다 할 것이다(대판 2012.12.27. 2011다67651).

[㉢ ▸ ×] 회사에 대하여 개인적인 채권을 가지고 있는 대표이사가 회사를 위하여 보관하고 있는 회사 소유의 금전으로 자신의 채권의 변제에 충당하는 행위는 회사와 이사의 이해가 충돌하는 자기거래행위에 해당하지 않는다고 할 것이므로, 대표이사가 이사회의 승인 등의 절차 없이 그와 같이 자신의 회사에 대한 채권을 변제하였더라도 이는 대표이사의 권한 내에서 한 회사채무의 이행행위로서 유효하다(대판 1999.2.23. 98도2296).

[㉣ ▸ O] 갑, 을 두 회사의 대표이사를 겸하고 있던 자에 의하여 갑 회사와 을 회사 사이에 토지 및 건물에 대한 매매계약이 체결되고 을 회사 명의로 소유권이전등기가 경료된 경우, 그 매매계약은 이른바 '이사의 자기거래'에 해당하고, 달리 특별한 사정이 없는 한 이는 갑 회사와 그 이사와의 사이에 이해충돌의 염려 내지 갑 회사에 불이익을 생기게 할 염려가 있는 거래에 해당하는데, 그 거래에 대하여 갑 회사 이사회의 승인이 없었으므로 그 매매계약의 효력은 을 회사에 대한 관계에 있어서 무효이다(대판 1996.5.28. 95다12101).

[㉤ ▸ ×] 이사 등과 회사 간의 거래에 대한 이사회의 승인에는 이사 3분의 2 이상의 수가 요구되나, 상법 제397조에 따른 경업금지의 해제에 대한 이사회의 승인에는 가중된 결의요건이 요구되지 아니한다.

상법 제398조(이사 등과 회사 간의 거래)
다음 각 호의 어느 하나에 해당하는 자가 자기 또는 제3자의 계산으로 회사와 거래를 하기 위하여는 미리 이사회에서 해당 거래에 관한 중요사실을 밝히고 이사회의 승인을 받아야 한다. 이 경우 이사회의 승인은 이사 3분의 2 이상의 수로써 하여야 하고, 그 거래의 내용과 절차는 공정하여야 한다.
  1. 이사 또는 제542조의8 제2항 제6호에 따른 주요주주

답 ❺

49 이사의 책임에 관한 다음 설명 중 가장 옳지 않은 것은?

① 이사는 회사의 위임에 따라 회사에 대하여 수임자로서 선량한 관리자의 주의의무를 지므로 제3자에게 손해배상책임을 지는 경우는 없다.

② 이사의 임무는 단지 이사회에 상정된 의안에 대하여 찬부의 의사표시를 하는 데에 그치지 않고 대표이사를 비롯한 업무담당이사의 전반적인 업무집행을 감시할 수 있는 것이다.

③ 이사가 대표이사나 다른 이사의 업무집행이 위법하거나 선관주의의무나 충실의무를 위반하였다고 의심할 만한 사유가 있음에도 감시의무를 위반하여 이를 방치한 때에는 이로 말미암아 회사가 입은 손해에 대하여 배상책임을 면할 수 없다.

④ 일정한 업무분장하에 회사의 일상적인 업무를 집행하는 업무집행이사는 회사의 업무집행을 전혀 담당하지 아니하는 평이사에 비하여 보다 높은 주의의무를 부담한다.

⑤ 이사의 감시의무의 구체적인 내용은 회사의 규모나 조직, 업종, 법령의 규제, 영업상황 및 재무상태에 따라 크게 다를 수 있으므로 고도로 분업화되고 전문화된 대규모의 회사라고 하더라도 다른 이사들의 업무집행에 관한 감시의무를 면할 수는 없다.

[❶ ▸ ×] 상법 제401조 제1항에 규정된 주식회사의 이사의 제3자에 대한 손해배상책임은 이사가 악의 또는 중대한 과실로 인하여 그 임무를 해태한 것을 요건으로 하는 것이어서 단순히 통상의 거래행위로 인하여 부담하는 회사의 채무를 이행하지 않는 것만으로는 악의 또는 중대한 과실로 그 임무를 해태한 것이라고 할 수 없지만, 이사의 직무상 충실 및 선관의무 위반의 행위로서 위법성이 있는 경우에는 악의 또는 중대한 과실로 그 임무를 해태한 경우에 해당한다 할 것이고, 대표이사가 대표이사로서의 업무 일체를 다른 이사 등에게 위임하고, 대표이사로서의 직무를 전혀 집행하지 않는 것은 그 자체가 이사의 직무상 충실 및 선관의무를 위반하는 행위에 해당한다 할 것이다(대판 2003.4.11. 2002다70044).

[❷ ▸ ○] [❹ ▸ ○] 이사의 임무는 단지 이사회에 상정된 의안에 대하여 찬부의 의사표시를 하는 데에 그치지 않으며 대표이사를 비롯한 업무담당이사의 전반적인 업무집행을 감시할 수 있는 것이므로, 대표이사나 다른 업무담당이사의 업무집행이 위법하다고 의심할 만한 사유가 있음에도 악의 또는 중대한 과실로 인하여 감시의무를 위반하여 이를 방치한 때에는 이로 말미암아 제3자가 입은 손해에 대하여 배상책임을 면할 수 없으며, 일정한 업무분장하에 회사의 일상적인 업무를 집행하는 업무집행이사는 회사의 업무집행을 전혀 담당하지 아니하는 평이사에 비하여 보다 높은 주의의무를 부담한다고 보아야 한다(대판 2008.9.11. 2007다31518).

[❸ ▸ ○] 이사는 대표이사나 다른 이사가 선량한 관리자의 주의로써 직무를 수행하는지, 법령과 정관의 규정에 따라 회사를 위하여 직무를 충실하게 수행하는지를 감시·감독하여야 할 의무를 부담한다. 특정 이사가 대표이사나 다른 이사의 업무집행으로 인해 이익을 얻게 될 가능성이 있는 경우에도 그 이사는 이러한 감시·감독의무를 부담한다. 따라서 이사가 대표이사나 다른 이사의 업무집행이 위법하거나 이들이 선관주의의무나 충실의무를 위반하였다고 의심할 만한 사유가 있음에도 고의 또는 과실로 감시의무를 위반하여 이를 방치한 때에는 이로 말미암아 회사가 입은 손해에 대하여 상법 제399조 제1항에 따른 배상책임을 진다(대판 2023.3.30. 2019다280481).

[**❺ ▸ ○**] 이사의 감시의무의 구체적인 내용은 회사의 규모나 조직, 업종, 법령의 규제, 영업상황 및 재무상태에 따라 크게 다를 수 있다. 특히 고도로 분업화되고 전문화된 대규모회사에서 대표이사나 일부 이사들만이 내부적인 사무분장에 따라 각자의 전문 분야를 전담하여 처리하는 것이 불가피한 경우에도, 모든 이사는 적어도 회사의 목적이나 규모, 영업의 성격 및 법령의 규제 등에 비추어 높은 법적 위험이 예상되는 업무와 관련해서는 제반 법규를 체계적으로 파악하여 그 준수 여부를 관리하고 위반사실을 발견한 경우 즉시 신고 또는 보고하여 시정조치를 강구할 수 있는 형태의 내부통제시스템을 구축하여 작동되도록 하는 방식으로 감시의무를 이행하여야 한다(대판 2025.6.26. 2024다316391).

답 ❶

50

업무집행지시자 등의 책임(상법 제401조의2)에 관한 다음 설명 중 가장 옳지 않은 것은?

2025년 법무사시험 [문 34]

① 상법 제401조의2에서 이사가 아니면서 명예회장·회장·사장·부사장·전무·상무·이사 기타 회사의 업무를 집행할 권한이 있는 것으로 인정될 만한 명칭을 사용하여 회사의 업무를 집행한 자 등에 대해서는 회사에 대한 책임이 있는 경우 이사로 보도록 하는 것은, 주식회사의 이사가 아니지만 이사에게 업무집행을 지시하거나 이사처럼 업무를 집행하는 등으로 회사의 업무에 관여한 자에 대하여 그에 상응하는 책임을 묻기 위한 것이다.

② 상법 제401조의2 제1항 각 호에 해당하는 자는 회사의 이사는 아니지만 상법 제399조에서 정한 손해배상책임을 적용함에 있어 그가 관여한 업무에 관하여 법령준수의무를 비롯하여 이사와 같은 선관주의의무와 충실의무를 부담하고, 이를 게을리하였을 경우 회사에 대하여 그로 인한 손해배상책임을 지게 된다.

③ 회사의 대주주 겸 회장으로서 회사의 실제 전반적인 운영을 담당한 자가 회사에 대한 업무상횡령범행을 저질러 유죄판결을 받았다면, 회사에 대하여 손해배상책임을 부담할 수 있다.

④ 상법 제401조의2 제1항이 정한 손해배상책임은 상법에 의하여 이사로 의제되는 데 따른 책임이므로 그에 따른 손해배상채권에도 일반 불법행위책임의 단기소멸시효를 규정한 민법 제766조 제1항이 적용된다.

⑤ 상법 제401조의2 제1항 제1호의 '회사에 대한 자신의 영향력을 이용하여 이사에게 업무집행을 지시한 자'에는 자연인뿐만 아니라 법인인 지배회사도 포함된다.

[**❶ ▸ ○**] [**❷ ▸ ○**] [**❹ ▸ ✕**] 상법 제401조의2 제1항은 회사에 대한 자신의 영향력을 이용하여 이사에게 업무집행을 지시한 자(제1호), 이사의 이름으로 직접 업무를 집행한 자(제2호) 또는 이사가 아니면서 명예회장·회장·사장·부사장·전무·상무·이사 기타 회사의 업무를 집행할 권한이 있는 것으로 인정될 만한 명칭을 사용하여 회사의 업무를 집행한 자(제3호)가 그 지시하거나 집행한 업무에 관하여 제399조, 제401조, 제403조 및 제406조의2를 적용하는 경우에는 그자를 "이사"로 본다고 규정하고 있다. 이는 주식회사의 이사가 아니지만 이사에게 업무집행을 지시하거나 이사처럼 업무를 집행하는 등으로 회사의 업무에 관여한 자에 대하여 그에 상응하는 책임을 묻기 위함이다. 이러한 법률 문언 내용과 입법 취지에 비추어 보면, 상법 제401조의2 제1항 각 호에 해당하는 자는 회사의 이사는 아니지만 상법 제399조에서 정한 손해배상책임을 적용함에 있어 그가 관여한 업무에 관하여 법령준수의무를 비롯하여 이사와 같은 선관주의의무와 충실의무를 부담하고, 이를 게을리하였을 경우 회사에 대하여 그로 인한 손해배상책임을 지게 되는 것이다. 이와 같이 상법 제401조의2 제1항이 정한 손해배상책임은 상법에 의하여 이사로 의제되는 데 따른 책임이므로 그에 따른 손해배상채권에는 일반 불법행위책임의 단기소멸시효를 규정한 민법 제766조 제1항이 적용되지 않는다(대판 2023.10.26. 2020다236848).

[❸ ▸ ○] 파산관재인이 회사에 대한 업무상 횡령범행을 저질러 유죄판결을 받은 자들인 파산회사의 대주주로서 공동대표이사를 역임한 파산회사의 회장으로, 실제 전반적인 운영을 담당한 자(피고 1), 파산회사의 대표이사(피고 2), 파산회사의 이사(피고 3)로 재직한 자들을 상대로, 주위적으로 민법상 일반 불법행위책임, 예비적으로 상법 제401조의2 제1항, 제399조에 기한 손해배상을 청구한 경우, 상법 제401조의2 제1항이 정한 손해배상책임은 상법이 업무집행지시자 등을 이사로 의제함에 따른 책임으로서 이에 따른 손해배상채권에는 일반 불법행위책임에 관한 단기소멸시효기간이 적용되지 않는 결과, 예비적 청구에 관한 소멸시효기간이 경과하지 않았으므로 상법 제401조의2 제1항, 제399조에 기한 손해배상책임이 인정된다(대판 2023.10.26. 2020다236848 참조).

[❺ ▸ ○] 상법 제401조의2 제1항 제1호의 '회사에 대한 자신의 영향력을 이용하여 이사에게 업무집행을 지시한 자'에는 자연인뿐만 아니라 법인인 지배회사도 포함된다(대판 2006.8.25. 2004다26119).

답 ❹

51

경영판단의 원칙과 이사의 책임에 관한 다음 설명 중 가장 옳지 않은 것은?

2025년 법무사시험 [문 46]

① 이사는 법령 또는 정관에 정해진 목적 범위 내에서 회사의 경영에 관한 판단을 할 재량권을 가지고 있고, 기업의 경영에는 위험이 수반될 수 있으므로, 이사가 법령에 위반됨이 없이 임무를 수행하는 과정에서 합리적으로 이용가능한 범위 내에서 필요한 정보를 충분히 수집·조사하고 검토하는 절차를 거친 다음, 이를 근거로 회사의 최대 이익에 부합한다고 합리적으로 신뢰하고 신의성실에 따라 경영상의 판단을 내렸고, 그 내용이 현저히 불합리하지 않은 것으로서 통상의 이사를 기준으로 할 때 합리적으로 선택할 수 있는 범위 안에 있는 것이라면, 비록 사후에 그 회사가 예상했던 이익을 얻지 못하고 손해를 입게 되는 결과가 발생하였다 하더라도 그 이사의 행위는 허용되는 경영판단의 재량 범위 내에 있는 것이어서 해당 회사에 대하여 손해배상책임을 부담한다고 할 수 없다.

② 이사의 경영판단을 정당화할 수 있는 이익은 원칙적으로 회사가 실제로 얻을 가능성이 있는 구체적인 것이어야 하고, 일반적이거나 막연한 기대에 불과하여 회사가 부담하는 비용이나 위험에 상응하지 않는 것이어서는 안 된다.

③ 이사가 임무를 수행하면서 검토한 사항은 거래를 하는 목적이나 동기, 거래의 종류와 내용, 상대방과의 관계, 소속 회사의 재무적 상황 등에 따라 달라지므로, 사안마다 개별적으로 판단되어야 한다.

④ 이사가 임무를 수행함에 있어서 법령을 위반한 행위를 한 때에는 그 행위 자체가 회사에 대하여 채무불이행에 해당한다고 볼 수 있으나, 이사가 회사의 자금으로 뇌물을 공여함으로써 회사가 결과적으로 상당한 이익을 얻은 경우와 같이 회사가 궁극적으로 이익을 얻었다고 볼 수 있는 경우라면, 경영판단의 원칙이 예외적으로 적용될 수 있다.

⑤ 이사가 합리적으로 이용가능한 범위 내에서 필요한 정보를 충분히 수집·조사하고 검토하는 절차를 거치지 않고 단순히 회사의 경영상의 부담에도 불구하고 관계회사의 부도 등을 방지하는 것이 회사의 신인도를 유지하고 회사의 영업에 이익이 될 것이라는 일반적·추상적인 기대하에 일방적으로 관계회사에 자금을 지원하게 하여 회사에 손해를 입게 한 경우에 불과하다면 이러한 이사의 행위는 허용되는 경영판단의 재량범위 내에 있는 것이라고 할 수 없다.

[❶▸○] [❷▸○] [❸▸○] 이사는 법령 또는 정관에 정해진 목적 범위 내에서 회사의 경영에 관한 판단을 할 재량권을 가지고 있다. 기업의 경영은 장래의 불확실한 상황을 전제로 이루어지는 경우가 많으므로 거기에는 다소의 모험과 그에 따른 위험이 수반될 수밖에 없다. 따라서 이사가 법령에 위반됨이 없이 임무를 수행하는 과정에서 합리적으로 이용가능한 범위 내에서 필요한 정보를 충분히 수집·조사하고 검토하는 절차를 거친 다음, 이를 근거로 회사의 최대 이익에 부합한다고 합리적으로 신뢰하고 신의성실에 따라 경영상의 판단을 내렸고, 그 내용이 현저히 불합리하지 않은 것으로서 통상의 이사를 기준으로 할 때 합리적으로 선택할 수 있는 범위 안에 있는 것이라면, 비록 사후에 회사가 예상했던 이익을 얻지 못하고 손해를 입게 되는 결과가 발생하였다 하더라도 이사의 행위는 허용되는 경영판단의 재량 범위 내에 있는 것이어서 해당 회사에 대하여 손해배상책임을 부담한다고 할 수 없다. 이사가 임무를 수행하면서 검토할 사항은 거래를 하는 목적이나 동기, 거래의 종류와 내용, 상대방과의 관계, 소속 회사의 재무적 상황 등에 따라 달라지므로, 사안마다 개별적으로 판단되어야 한다. 또한 이사의 경영판단을 정당화할 수 있는 이익은 원칙적으로 회사가 실제로 얻을 가능성이 있는 구체적인 것이어야 하고, 일반적이거나 막연한 기대에 불과하여 회사가 부담하는 비용이나 위험에 상응하지 않는 것이어서는 아니 된다(대판 2023.3.30. 2019다280481).

[❹▸✕] 이사가 임무를 수행함에 있어서 법령에 위반한 행위를 한 때에는 그 행위 자체가 회사에 대하여 채무불이행에 해당되므로 이로 인하여 회사에 손해가 발생한 이상, 특별한 사정이 없는 한 손해배상책임을 면할 수는 없다 할 것이며, 법령에 위반한 행위(뇌물을 공여한 행위)에 대하여는 이사가 임무를 수행함에 있어서 선관주의의무를 위반하여 임무해태로 인한 손해배상책임이 문제 되는 경우에 고려될 수 있는 경영판단의 원칙은 적용될 여지가 없다. 회사가 기업활동을 함에 있어서 형법상의 범죄를 수단으로 하여서는 안 되므로 뇌물 공여를 금지하는 형법규정은 회사가 기업활동을 함에 있어서 준수하여야 할 것으로서 이사가 회사의 업무를 집행하면서 회사의 자금으로서 뇌물을 공여하였다면 이는 상법 제399조에서 규정하고 있는 법령에 위반된 행위에 해당된다고 할 것이고 이로 인하여 회사가 입은 뇌물액 상당의 손해를 배상할 책임이 있다고 할 것이다(대판 2005.10.28. 2003다69638).

[❺▸○] 회사의 이사가 법령에 위반됨이 없이 합리적으로 이용가능한 범위 내에서 필요한 정보를 충분히 수집·조사하고 검토하는 절차를 거친 다음, 이를 근거로 회사의 최대 이익에 부합한다고 합리적으로 신뢰하고 신의성실에 따라 경영상의 판단을 내렸고, 그 내용이 현저히 불합리하지 않은 것으로서 통상의 이사를 기준으로 할 때 합리적으로 선택할 수 있는 범위 안에 있는 것이라면, 비록 사후에 회사가 손해를 입게 되는 결과가 발생하였다 하더라도 그 이사의 행위는 허용되는 경영판단의 재량범위 내에 있는 것이어서 회사에 대하여 손해배상책임을 부담한다고 할 수 없다. 그러나 회사의 이사가 이러한 과정을 거쳐 이사회 결의를 통하여 자금지원을 의결한 것이 아니라, 단순히 회사의 경영상의 부담에도 불구하고 관계회사의 부도 등을 방지하는 것이 회사의 신인도를 유지하고 회사의 영업에 이익이 될 것이라는 일반적·추상적인 기대하에 일방적으로 관계회사에 자금을 지원하게 하여 회사에 손해를 입게 한 경우 등에는, 그와 같은 이사의 행위는 허용되는 경영판단의 재량범위 내에 있는 것이라고 할 수 없다(대판 2007.10.11. 2006다33333).

답 ❹

주식회사에서 이사의 책임 등에 관한 다음 설명 중 가장 옳지 않은 것은?

2024년 법무사시험 [문 45]

① 상법 제399조 제1항에 따라 주식회사의 이사가 회사에 대한 임무를 게을리하여 발생한 손해배상책임은 위임관계로 인한 채무불이행책임이다.

② 주식회사의 이사가 회사에 대하여 상법 제399조 제1항에 따라 손해배상채무를 부담하는 경우 특별한 사정이 없는 한 임무해태로 인하여 손해가 발생한 시점부터 지체책임을 진다.

③ 이사가 임무를 수행하면서 법령을 위반하는 행위를 한 때는 원칙적으로 경영판단의 원칙이 적용되지 않는다.

④ 상법 제401조에 의한 이사의 제3자에 대한 손해배상책임의 소멸시효기간은 10년이다.

⑤ 이사의 고의 또는 과실에 의한 법령 또는 정관에 위반한 행위 또는 임무 해태가 이사회의 결의에 의한 것인 때에는 그 결의에 찬성한 이사도 연대하여 회사에 대하여 손해를 배상할 책임을 진다.

....

[❶ ▸ ○] [❷ ▸ ×] 채무이행의 기한이 없는 경우 채무자는 이행청구를 받은 때부터 지체책임이 있다(민법 제387조 제2항). 채무불이행으로 인한 손해배상채무는 특별한 사정이 없는 한 이행기한의 정함이 없는 채무이므로 채무자는 채권자로부터 이행청구를 받은 때부터 지체책임을 진다. 상법 제399조 제1항에 따라 주식회사의 이사가 회사에 대한 임무를 게을리하여 발생한 손해배상책임은 위임관계로 인한 채무불이행책임이다. 따라서 주식회사의 이사가 회사에 대하여 위 조항에 따라 손해배상채무를 부담하는 경우 특별한 사정이 없는 한 이행청구를 받은 때부터 지체책임을 진다(대판 2021.5.7. 2018다275888).

[❸ ▸ ○] 상법 제399조는 이사가 법령에 위반한 행위를 한 경우에 회사에 대하여 손해배상책임을 지도록 규정하고 있는데, 이사가 임무를 수행함에 있어서 위와 같이 법령에 위반한 행위를 한 때에는 그 행위 자체가 회사에 대하여 채무불이행에 해당하므로, 그로 인하여 회사에 손해가 발생한 이상 특별한 사정이 없는 한 손해배상책임을 면할 수 없다. 한편, 이사가 임무를 수행함에 있어서 선량한 관리자의 주의의무를 위반하여 임무위반으로 인한 손해배상책임이 문제되는 경우에도, 통상의 합리적인 금융기관의 임원이 그 당시의 상황에서 적합한 절차에 따라 회사의 최대이익을 위하여 신의성실에 따라 직무를 수행하였고 그 의사결정과정 및 내용이 현저하게 불합리하지 않다면, 그 임원의 행위는 경영판단이 허용되는 재량범위 내에 있다고 할 것이나, 위와 같이 이사가 법령에 위반한 행위에 대하여는 원칙적으로 경영판단의 원칙이 적용되지 않는다(대판 2007.7.26. 2006다33609).

[❹ ▸ ○] 상법 제401조에 기한 이사의 제3자에 대한 손해배상책임이 제3자를 보호하기 위하여 상법이 인정하는 특수한 책임이라는 점을 감안할 때, 일반 불법행위책임의 단기소멸시효를 규정한 민법 제766조 제1항은 적용될 여지가 없고, 일반 채권으로서 민법 제162조 제1항에 따라 그 소멸시효기간은 10년이다(대판 2006.12.22. 2004다63354).

[❺ ▸ ○] 상법 제399조 제1항, 제2항

상법 제399조(회사에 대한 책임)

① 이사가 고의 또는 과실로 법령 또는 정관에 위반한 행위를 하거나 그 임무를 게을리한 경우에는 그 이사는 회사에 대하여 연대하여 손해를 배상할 책임이 있다.

② 전항의 행위가 이사회의 결의에 의한 것인 때에는 그 결의에 찬성한 이사도 전항의 책임이 있다.

답 ❷

상법상 주식회사 이사의 회사에 대한 책임에 관한 다음 설명 중 가장 옳지 않은 것은?

2021년 법무사시험 [문 30]

① 이사가 고의 또는 과실로 법령 또는 정관에 위반한 행위를 하거나 그 임무를 게을리한 경우에는 회사에 대하여 손해배상책임을 진다.

② 법령 또는 정관 위반 행위가 이사회의 결의에 의한 경우 결의에 찬성한 이사도 손해배상책임을 지고, 나아가 이사회에 참석하지 아니한 경우에도 이사회 불출석 자체가 임무해태에 해당한다면 손해배상책임을 질 수 있다.

③ 이사회 결의에 참여한 이사로서 이의를 한 기재가 의사록에 없는 자는 그 결의에 찬성한 것으로 추정되므로, 당해 결의에 기권하였다고 의사록에 기재되었다면 찬성한 것으로 추정되어 그 이사는 손해배상책임을 진다.

④ 업무집행을 담당하지 않는 비상근이사·사외이사도 업무담당이사의 업무집행이 위법하다고 의심할 만한 사유가 있었음에도 불구하고 감시의무를 위반하여 방치한 때에는 손해배상책임을 진다.

⑤ 회사의 이사에 대한 책임은 총주주의 동의로 면제할 수 있는데, 다수의 주주가 면책에 동의한다 하더라도 총주주에 이르지 못하는 이상 면책되지 않는다.

[❶ ▸ ○] 이사가 고의 또는 과실로 법령 또는 정관에 위반한 행위를 하거나 그 임무를 게을리한 경우에는 그 이사는 회사에 대하여 연대하여 손해를 배상할 책임이 있다(상법 제399조 제1항).

[❷ ▸ ○] [❹ ▸ ○] 주식회사의 이사는 이사회의 일원으로서 이사회에 상정된 의안에 대하여 찬부의 의사표시를 하는 데 그치지 않고, 담당업무는 물론 다른 업무담당 이사의 업무집행을 전반적으로 감시할 의무가 있고 <u>이러한 의무는 비상근이사라고 하여 면할 수 있는 것은 아니므로 주식회사의 이사가 이사회에 참석하지도 않고 사후적으로 이사회의 결의를 추인하는 등으로 실질적으로 이사의 임무를 전혀 수행하지 않은 이상 그 자체로서 임무해태가 된다고 할 것이다.</u> 원심이 이러한 취지에서 피고 8, 9에 대하여 임무해태에 따른 손해배상책임을 면할 수 없다고 판단한 것은 수긍할 수 있고 이사책임에 관한 법리오해의 위법이 없다(대판 2008.12.11. 2005다51471).

> **상법 제399조(회사에 대한 책임)**
> ② 전항의 행위가 이사회의 결의에 의한 것인 때에는 그 결의에 찬성한 이사도 전항의 책임이 있다.

[❸ ▸ ×] 상법 제399조 제2항은 같은 조 제1항이 규정한 이사의 임무 위반행위가 이사회 결의에 의한 것일 때 결의에 찬성한 이사에 대하여도 손해배상책임을 지우고 있고, 상법 제399조 제3항은 같은 조 제2항을 전제로 하면서, 이사의 책임을 추궁하는 자로서는 어떤 이사가 이사회 결의에 찬성하였는지를 알기 어려워 증명이 곤란한 경우가 있음을 고려하여 증명책임을 이사에게 전가하는 규정이다. 그렇다면 <u>이사가 이사회에 출석하여 결의에 기권하였다고 의사록에 기재된 경우에 그 이사는 "이의를 한 기재가 의사록에 없는 자"라고 볼 수 없으므로, 상법 제399조 제3항에 따라 이사회 결의에 찬성한 것으로 추정할 수 없고, 따라서 같은 조 제2항의 책임을 부담하지 않는다고 보아야 한다</u>(대판 2019.5.16. 2016다260455).

[❺ ▸ ○] 이사의 회사에 대한 손해배상책임은 상법 제400조에 따라 총주주의 동의로만 면제할 수 있을 뿐인데, 피고들의 주장 자체에 의하더라도 총주주에 미달하는 주주 또는 면제할 권한 없는 파산자의 대표이사에 의하여 이루어졌을 뿐임이 명백하다고 하여 피고들의 위 주장을 배척하였는바, 위와 같은 원심의 판단도 옳고, 거기에 상고이유의 주장과 같은 이사에 대한 책임면제에 관한 법리오해의 위법이 있다고 할 수 없다(대판 2004.12.10. 2002다60467).

답 ❸

54 다음 설명 중 가장 옳지 않은 것은? 　　　　2022년 법무사시험 [문 26]

① 6개월 전부터 계속하여 상장회사인 모회사 발행주식총수의 1만분의 50 이상에 해당하는 주식을 보유한 주주는 자회사에 대하여 자회사 이사의 책임을 추궁할 소의 제기를 청구할 수 있다.

② 주주의 제소청구서에 책임추궁 대상 이사의 성명이 기재되어 있지 않거나 책임발생 원인사실이 다소 개략적으로 기재되어 있더라도, 회사가 그 서면에 기재된 내용, 이사회의사록 등 회사 보유 자료 등을 종합하여 책임추궁 대상 이사, 책임발생 원인사실을 구체적으로 특정할 수 있다면, 그 서면은 상법 제403조 제2항에서 정한 요건을 충족하였다고 보아야 한다.

③ 주주가 대표소송에서 주장한 이사의 손해배상책임이 제소청구서에 적시된 것과 차이가 있더라도 제소청구서의 책임발생 원인사실을 기초로 하면서 법적 평가만을 달리한 것에 불과하다면 그 대표 소송은 적법하다.

④ 모회사 발행주식총수의 100분의 1 이상에 해당하는 주식을 가진 주주는 다중대표소송의 제기를 위해 이유를 붙인 서면으로 자회사에 대해 회계의 장부와 서류의 열람 또는 등사를 청구할 수 있다.

⑤ 다중대표소송이 제기된 경우에 원고와 피고의 공모로 인하여 소송의 목적인 회사의 권리를 사해할 목적으로써 판결을 하게 한 때에는 회사 또는 주주는 확정한 종국판결에 대하여 재심의 소를 제기할 수 있다.

[❶ ▸ ○] 상법 제542조의6 제7항, 제406조의2 제1항

> **상법 제542조의6(소수주주권)**
> ⑦ 6개월 전부터 계속하여 상장회사 발행주식총수의 1만분의 50 이상에 해당하는 주식을 보유한 자는 제406조의2(제324조, 제408조의9, 제415조 및 제542조에서 준용하는 경우를 포함한다)에 따른 주주의 권리를 행사할 수 있다.

> **상법 제406조의2(다중대표소송)**
> ① 모회사 발행주식총수의 100분의 1 이상에 해당하는 주식을 가진 주주는 자회사에 대하여 자회사 이사의 책임을 추궁할 소의 제기를 청구할 수 있다.

[❷ ▸ ○] 제소청구서에 기재되어야 하는 '이유'에는 권리귀속주체인 회사가 제소 여부를 판단할 수 있도록 책임추궁 대상 이사, 책임발생 원인사실에 관한 내용이 포함되어야 한다. 다만 주주가 언제나 회사의 업무 등에 대해 정확한 지식과 적절한 정보를 가지고 있다고 할 수는 없으므로, 제소청구서에 책임추궁 대상 이사의 성명이 기재되어 있지 않거나 책임발생 원인사실이 다소 개략적으로 기재되어 있더라도, 회사가 제소청구서에 기재된 내용, 이사회의사록 등 회사 보유 자료 등을 종합하여 책임추궁 대상 이사, 책임발생 원인사실을 구체적으로 특정할 수 있다면, 그 제소청구서는 상법 제403조 제2항에서 정한 요건을 충족하였다고 보아야 한다(대판 2021.7.15. 2018다298744).

[**❸ ▸ ○**] 주주가 아예 상법 제403조 제2항에 따른 서면(이하 '제소청구서'라 한다)을 제출하지 않은 채 대표소송을 제기하거나 제소청구서를 제출하였더라도 대표소송에서 제소청구서에 기재된 책임발생 원인사실과 전혀 무관한 사실관계를 기초로 청구를 하였다면 그 대표소송은 상법 제403조 제4항의 사유가 있다는 등의 특별한 사정이 없는 한 부적법하다. 반면 주주가 대표소송에서 주장한 이사의 손해배상책임이 제소청구서에 적시된 것과 차이가 있더라도 제소청구서의 책임발생 원인사실을 기초로 하면서 법적 평가만을 달리한 것에 불과하다면 그 대표소송은 적법하다. 따라서 주주는 적법하게 제기된 대표소송 계속 중에 제소청구서의 책임발생 원인사실을 기초로 하면서 법적 평가만을 달리한 청구를 추가할 수도 있다(대판 2021.7.15. 2018다298744).

[**❹ ▸ ✕**] 우리 상법은 다중대표소송은 규정하고 있으나 모회사 주주의 자회사에 대한 회계장부열람권, 즉 다중회계장부열람권에 대해서는 규정하고 있지 않다. 발행주식의 총수의 100분의 3 이상에 해당하는 주식을 가진 주주는 이유를 붙인 서면으로 회계의 장부와 서류의 열람 또는 등사를 청구할 수 있으나(상법 제466조 제1항), 이 경우의 열람청구의 주체는 당해 회사의 주주를 의미한다. 판례는 상법 제466조 제1항에서 정하고 있는 소수주주의 열람·등사청구의 대상이 되는 '회계의 장부 및 서류'에는 소수주주가 열람·등사를 구하는 이유와 실질적으로 관련이 있는 회계장부와 그 근거자료가 되는 회계서류를 가리키는 것으로서, 그것이 회계서류인 경우에는 그 작성명의인이 반드시 열람·등사제공의무를 부담하는 회사로 국한되어야 하거나, 원본에 국한되는 것은 아니며, 열람·등사제공의무를 부담하는 회사의 출자 또는 투자로 성립한 자회사의 회계장부라 할지라도 그것이 모자관계에 있는 모회사에 보관되어 있고, 또한 모회사의 회계상황을 파악하기 위한 근거자료로서 실질적으로 필요한 경우에는 모회사의 회계서류로서 모회사 소수주주의 열람·등사청구의 대상이 될 수 있다(대판 2001.10.26. 99다58051)고 하였으나 이는 다중회계장부열람권이 아닌 모회사가 회계장부를 보관하고 있다면 모회사의 회계서류로서 모회사 주주의 열람청구권을 인정한 것이다.

[**❺ ▸ ○**] 상법 제406조의2 제3항, 제406조 제1항

상법 제406조의2(다중대표소송)
① 모회사 발행주식총수의 100분의 1 이상에 해당하는 주식을 가진 주주는 자회사에 대하여 자회사 이사의 책임을 추궁할 소의 제기를 청구할 수 있다.
③ 제1항 및 제2항의 소에 관하여는 제176조 제3항·제4항, 제403조 제2항, 같은 조 제4항부터 제6항까지 및 제404조부터 제406조까지의 규정을 준용한다.

상법 제406조(대표소송과 재심의 소)
① 제403조의 소가 제기된 경우에 원고와 피고의 공모로 인하여 소송의 목적인 회사의 권리를 사해할 목적으로써 판결을 하게 한 때에는 회사 또는 주주는 확정한 종국판결에 대하여 재심의 소를 제기할 수 있다.

답 ❹

상법상 주주의 대표소송에 관한 다음 설명 중 가장 옳은 것은? 2021년 법무사시험 [문 44]

① 주주의 대표소송은 주주가 타인인 회사의 이익을 위해서 스스로 원고가 되어 소송을 수행하는 것으로 주주가 승소한 경우 그 손해배상액은 주주에게 귀속된다.

② 주주 대표소송을 제기한 주주의 보유주식이 제소 후 발행주식 총수의 100분의 1 미만으로 감소하거나 발행주식을 보유하지 않게 된 경우에도 소가 부적법하게 되는 것은 아니다.

③ 모회사 발행주식 총수의 100분의 1 이상에 해당하는 주식을 가진 주주는 자회사에 대하여 자회사 이사의 책임을 추궁할 소의 제기를 청구할 수 있다.

④ 주주가 대표소송을 제기한 경우에는 법원의 허가 없이 소의 취하·청구의 포기·화해를 할 수 없지만 회사가 주주의 청구에 따라 이사의 책임을 추궁하는 소를 제기한 경우에는 법원의 허가 없이 할 수 있다.

⑤ 주주가 대표소송에서 패소한 경우 자신의 청구가 근거 없다는 것을 알면서 또는 과실로 알지 못하고 제소하였다면 손해배상책임을 진다.

....

[❶ ▸ ✕] 대표소송의 경우, 실질적으로는 주주가 회사 대표기관의 지위에서 제기하는 소이나, 형식적으로는 주주가 타인인 회사의 이익을 위하여 스스로 원고가 되어 제기하는 소로, 제3자의 소송담당에 해당한다. 따라서 주주인 원고가 받은 판결의 효력은 회사에 미쳐 주주가 승소한 경우, 그 손해배상액은 주주가 아닌 회사에 귀속된다.

[❷ ▸ ✕] [❹ ▸ ✕] 상법 제403조 제5항·제6항

상법 제403조(주주의 대표소송)

① 발행주식의 총수의 100분의 1 이상에 해당하는 주식을 가진 주주는 회사에 대하여 이사의 책임을 추궁할 소의 제기를 청구할 수 있다.

② 제1항의 청구는 그 이유를 기재한 서면으로 하여야 한다.

③ 회사가 전항의 청구를 받은 날로부터 30일 내에 소를 제기하지 아니한 때에는 제1항의 주주는 즉시 회사를 위하여 소를 제기할 수 있다.

④ 제3항의 기간의 경과로 인하여 회사에 회복할 수 없는 손해가 생길 염려가 있는 경우에는 전항의 규정에 불구하고 제1항의 주주는 즉시 소를 제기할 수 있다.

⑤ 제3항과 제4항의 소를 제기한 주주의 보유주식이 제소 후 발행주식 총수이 100분의 1 미만으로 감소한 경우(발행주식을 보유하지 아니하게 된 경우를 제외한다)에도 제소의 효력에는 영향이 없다.

⑥ 회사가 제1항의 청구에 따라 소를 제기하거나 주주가 제3항과 제4항의 소를 제기한 경우 당사자는 법원의 허가를 얻지 아니하고는 소의 취하, 청구의 포기·인락·화해를 할 수 없다.

[❸ ▸ ○] 모회사 발행주식 총수의 100분의 1 이상에 해당하는 주식을 가진 주주는 자회사에 대하여 자회사 이사의 책임을 추궁할 소의 제기를 청구할 수 있다(상법 제406조의2 제1항).

[❺ ▸ ✕] 제403조 제3항과 제4항의 규정에 의하여 소를 제기한 주주가 패소한 때에는 악의인 경우 외에는 회사에 대하여 손해를 배상할 책임이 없다(상법 제405조 제2항).

탭 ❸

PART 1
PART 2
PART 3
PART 4
PART 5
PART 6
PART 7
PART 8

56

□□□

주식회사의 감사에 관한 다음 설명 중 가장 옳지 않은 것은? 2023년 법무사시험 [문 41]

① 감사는 주주총회에서 선임하는데, 의결권 없는 주식을 제외한 발행주식의 총수의 100분의 3을 초과하는 수의 주식을 가진 주주는 그 초과하는 주식에 관하여 감사 선임에서의 의결권을 행사하지 못하는 것이 원칙이다.

② 주주총회에서 감사 선임결의가 있고, 선임된 사람의 동의가 있었다고 하여 바로 피선임자가 감사의 지위를 취득하게 되는 것은 아니고, 주주총회의 선임결의에 따라 회사의 대표기관이 임용계약의 청약을 하고 피선임자가 이에 승낙을 함으로써 비로소 피선임자가 감사의 지위에 취임하여 그 직무를 수행할 수 있게 된다.

③ 주식회사의 감사는 회사의 필요적 상설기관으로서 회계감사를 비롯하여 이사의 업무집행 전반을 감시할 권한을 갖는 등 상법 기타 법령이나 정관에서 정한 권한과 의무가 있다. 감사는 이러한 권한과 의무를 선량한 관리자의 주의의무를 다하여 이행하여야 하고, 이에 위반하여 그 임무를 해태한 때에는 그로 인하여 회사가 입은 손해를 배상할 책임이 있다.

④ 감사의 소극적인 직무 수행 사유만을 가지고 감사로서의 자격을 부정하거나 주주총회 결의에서 정한 보수청구권의 효력을 부정하기는 어렵다. 다만 보수가 합리적인 수준을 벗어나서 현저히 균형성을 잃을 정도로 과다하거나, 오로지 보수의 지급이라는 형식으로 회사의 자금을 개인에게 지급하기 위한 방편으로 감사로 선임하였다는 등의 특별한 사정이 있는 경우에는 보수청구권의 일부 또는 전부에 대한 행사가 제한되고 회사는 합리적이라고 인정되는 범위를 초과하여 지급된 보수의 반환을 구할 수 있다.

⑤ 감사는 필요하면 회의의 목적사항과 소집이유를 서면에 적어 이사 또는 소집권자에게 제출하여 이사회 소집을 청구할 수 있다. 이때 이사가 지체 없이 이사회를 소집하지 아니하면 그 청구한 감사가 이사회를 소집할 수 있다.

....

[**❶ ▶ ○**] 상법 제409조 제1항, 제2항

> **상법 제409조(선임)**
> ① 감사는 주주총회에서 선임한다.
> ② 의결권 없는 주식을 제외한 발행주식의 총수의 100분의 3(정관에서 더 낮은 주식 보유비율을 정할 수 있으며, 정관에서 더 낮은 주식 보유비율을 정한 경우에는 그 비율로 한다)을 초과하는 수의 주식을 가진 주주는 그 초과하는 주식에 관하여 제1항의 감사의 선임에 있어서는 의결권을 행사하지 못한다.

[**❷ ▶ ✕**] 주주총회에서 이사나 감사를 선임하는 경우, 선임결의와 피선임자의 승낙만 있으면, 피선임자는 대표이사와 별도의 임용계약을 체결하였는지와 관계없이 이사나 감사의 지위를 취득한다(대판[전합] 2017.3.23. 2016다251215).

[**❸ ▶ ○**] 주식회사의 감사는 회사의 필요적 상설기관으로서 회계감사를 비롯하여 이사의 업무집행 전반을 감시할 권한을 갖는 등 상법 기타 법령이나 정관에서 정한 권한과 의무가 있다. 감사는 이러한 권한과 의무를 선량한 관리자의 주의의무를 다하여 이행하여야 하고, 이에 위반하여 그 임무를 해태한 때에는 그로 인하여 회사가 입은 손해를 배상할 책임이 있다(대판 2019.11.28. 2017다244115).

[**④** ▸ O] 소극적인 직무 수행 사유만을 가지고 이사·감사로서의 자격을 부정하거나 주주총회 결의에서 정한 보수청구권의 효력을 부정하기는 어렵다. 다만 이사·감사의 소극적인 직무 수행에 대하여 보수청구권이 인정된다 하더라도, 이사·감사의 보수는 직무 수행에 대한 보상으로 지급되는 대가로서 이사·감사가 회사에 대하여 제공하는 반대급부와 지급받는 보수 사이에는 합리적 비례관계가 유지되어야 하므로 보수가 합리적인 수준을 벗어나서 현저히 균형성을 잃을 정도로 과다하거나, 오로지 보수의 지급이라는 형식으로 회사의 자금을 개인에게 지급하기 위한 방편으로 이사·감사로 선임하였다는 등의 특별한 사정이 있는 경우에는 보수청구권의 일부 또는 전부에 대한 행사가 제한되고 회사는 합리적이라고 인정되는 범위를 초과하여 지급된 보수의 반환을 구할 수 있다(대판 2015.9.10. 2015다213308).

[**⑤** ▸ O] 상법 제412조의4 제1항, 제2항

> **상법 제412조의4(감사의 이사회 소집 청구)**
> ① 감사는 필요하면 회의의 목적사항과 소집이유를 서면에 적어 이사(소집권자가 있는 경우에는 소집권자를 말한다. 이하 이 조에서 같다)에게 제출하여 이사회 소집을 청구할 수 있다.
> ② 제1항의 청구를 하였는데도 이사가 지체 없이 이사회를 소집하지 아니하면 그 청구한 감사가 이사회를 소집할 수 있다.

답 **②**

57
□□□

① 자본금의 총액이 10억원 미만인 회사의 경우에는 감사를 선임하지 않을 수 있다.
② 감사는 주주총회에서 감사의 해임에 관하여 의견을 진술할 수 있다.
③ 회사는 정관이 정한 바에 따라 감사에 갈음하여 제393조의2의 규정에 의한 위원회로서 감사위원회를 설치할 수 있고, 감사위원회를 설치한 경우에도 감사를 함께 둘 수 있다.
④ 감사위원회의 위원의 해임에 관한 이사회의 결의는 이사 총수의 3분의 2 이상의 결의로 하여야 한다.
⑤ 감사위원회는 그 결의로 위원회를 대표할 자를 선정하여야 하고, 이 경우 수인의 위원이 공동으로 위원회를 대표할 것을 정할 수 있다.

....

[**❶** ▸ O] 제1항, 제296조 제1항 및 제312조에도 불구하고 자본금의 총액이 10억원 미만인 회사의 경우에는 감사를 선임하지 아니할 수 있다(상법 제409조 제4항).

[**❷** ▸ O] 감사는 주주총회에서 감사의 해임에 관하여 의견을 진술할 수 있다(상법 제409조의2).

[**❸** ▸ ×] 회사는 정관이 정한 바에 따라 감사에 갈음하여 제393조의2의 규정에 의한 위원회로서 감사위원회를 설치할 수 있다. 감사위원회를 설치한 경우에는 감사를 둘 수 없다(상법 제415조의2 제1항).

[**❹** ▸ O] 감사위원회의 위원의 해임에 관한 이사회의 결의는 이사 총수의 3분의 2 이상의 결의로 하여야 한다(상법 제415조의2 제3항).

[**❺** ▸ O] 감사위원회는 그 결의로 위원회를 대표할 자를 선정하여야 한다. 이 경우 수인의 위원이 공동으로 위원회를 대표할 것을 정할 수 있다(상법 제415조의2 제4항).

답 **❸**

58
☐☐☐

상법 제542조의13에서 규정하고 있는 준법지원인에 관한 다음 설명 중 가장 옳지 않은 것은?

2017년 법무사시험 [문 26]

① 상법 시행령으로 정하는 상장회사는 준법지원인을 1명 이상 두어야 한다.
② 준법지원인은 준법통제기준의 준수 여부를 점검하여 그 결과를 이사회에 보고하여야 한다.
③ 준법지원인의 임기는 1년으로 하고, 준법지원인은 비상근으로 한다.
④ 준법지원인은 선량한 관리자의 주의로 그 직무를 수행하여야 한다.
⑤ 준법지원인은 재임 중뿐만 아니라 퇴임 후에도 직무상 알게 된 회사의 영업상 비밀을 누설하여서는
   아니 된다.

....

[❶ ▸ ○] 상법 제542조의13 제2항

> **상법 제542조의13(준법통제기준 및 준법지원인)**
> ① 자산 규모 등을 고려하여 대통령령으로 정하는 상장회사는 법령을 준수하고 회사경영을 적정하게 하기
>   위하여 임직원이 그 직무를 수행할 때 따라야 할 준법통제에 관한 기준 및 절차(이하 "준법통제기준"이라
>   한다)를 마련하여야 한다.
> ② 제1항의 상장회사는 준법통제기준의 준수에 관한 업무를 담당하는 사람(이하 "준법지원인"이라 한다)을
>   1명 이상 두어야 한다.

[❷ ▸ ○] 준법지원인은 준법통제기준의 준수 여부를 점검하여 그 결과를 이사회에 보고하여야 한다(상법 제542조의13 제3항).
[❸ ▸ ×] 준법지원인의 임기는 <u>3년</u>으로 하고, 준법지원인은 <u>상근</u>으로 한다(상법 제542조의13 제6항).
[❹ ▸ ○] 준법지원인은 선량한 관리자의 주의로 그 직무를 수행하여야 한다(상법 제542조의13 제7항).
[❺ ▸ ○] 준법지원인은 재임 중뿐만 아니라 퇴임 후에도 직무상 알게 된 회사의 영업상 비밀을 누설하여서는 아니 된다(상법 제542조의13 제8항).

답 ❸

제5장 기업재무

제1절 신주발행

59
□□□

비상장 주식회사의 신주발행에 관한 다음 설명 중 가장 옳지 않은 것은?

2024년 법무사시험 [문 44]

① 발행할 신주의 종류와 수에 관하여 정관에 규정이 없는 경우 이사회에서 이를 결정한다.
② 신주의 인수인이 납입기일에 납입 또는 현물출자를 이행하지 아니한 때에는 그 권리를 잃는다.
③ 신주의 인수인이 납입 또는 현물출자의 이행을 한 경우 주권을 교부받은 날부터 주주의 권리의무가 있다.
④ 신주인수권증서를 상실한 자는 주식청약서에 의하여 주식의 청약을 할 수 있지만 그 청약은 신주인수권증서에 의한 청약이 있는 때에는 그 효력을 잃는다.
⑤ 신주인수권증서가 발행되지 아니한 경우 신주인수권 양도의 제3자에 대한 대항요건으로는 지명채권의 양도와 마찬가지로 확정일자 있는 증서에 의한 양도통지 또는 회사의 승낙이라고 보는 것이 상당하다.

[**❶ ▶ ○**] 상법 제416조 제1호

> **상법 제416조(발행사항의 결정)**
> 회사가 그 성립 후에 주식을 발행하는 경우에는 다음의 사항으로서 정관에 규정이 없는 것은 이사회가 결정한다. 다만, 이 법에 다른 규정이 있거나 정관으로 주주총회에서 결정하기로 정한 경우에는 그러하지 아니하다.
> 1. 신주의 종류와 수
> 2. 신주의 발행가액과 납입기일
> 2의2. 무액면주식의 경우에는 신주의 발행가액 중 자본금으로 계상하는 금액
> 3. 신주의 인수방법
> 4. 현물출자를 하는 자의 성명과 그 목적인 재산의 종류, 수량, 가액과 이에 대하여 부여할 주식의 종류와 수
> 5. 주주가 가지는 신주인수권을 양도할 수 있는 것에 관한 사항
> 6. 주주의 청구가 있는 때에만 신주인수권증서를 발행한다는 것과 그 청구기간

[**❷ ▶ ○**] 신주의 인수인이 납입기일에 납입 또는 현물출자의 이행을 하지 아니한 때에는 그 권리를 잃는다(상법 제423조 제2항). 회사설립과 달리 신주발행에서는 납입이 이루어지지 않는 경우 따로 실권절차를 두지 않고 바로 실권시킨다.

[❸ ▸ ✕] 신주의 인수인은 납입 또는 현물출자의 이행을 한 때에는 <u>납입기일의 다음 날로부터</u> 주주의 권리의무가 있다(상법 제423조 제1항).

[❹ ▸ ○] 신주인수권증서를 상실한 자는 주식청약서에 의하여 주식의 청약을 할 수 있다. 그러나 그 청약은 신주인수권증서에 의한 청약이 있는 때에는 그 효력을 잃는다(상법 제420조의5 제2항).

[❺ ▸ ○] 주권발행 전의 주식의 양도는 지명채권 양도의 일반원칙에 따르고, 신주인수권증서가 발행되지 아니한 신주인수권의 양도 또한 주권발행 전의 주식양도에 준하여 지명채권 양도의 일반원칙에 따른다고 보아야 하므로, 주권발행 전의 주식양도나 신주인수권증서가 발행되지 아니한 신주인수권 양도의 제3자에 대한 대항요건으로는 지명채권의 양도와 마찬가지로 확정일자 있는 증서에 의한 양도통지 또는 회사의 승낙이라고 보는 것이 상당하고, 주주명부상의 명의개서는 주식 또는 신주인수권의 양수인들 상호 간의 대항요건이 아니라 적법한 양수인이 회사에 대한 관계에서 주주의 권리를 행사하기 위한 대항요건에 지나지 아니한다(대판 1995.5.23. 94다36421).

🔖 ❸

60
☐☐☐

주식회사의 신주발행에 관한 다음 설명 중 가장 옳지 않은 것은? 2023년 법무사시험 [문 25]

① 신주발행무효의 소에서 신주를 발행한 날부터 6월의 출소기간이 경과한 후에는 새로운 무효사유를 추가하여 주장할 수 없다.

② 주식회사가 회사의 경영권 분쟁이 현실화된 상황에서 대주주나 경영진 등의 경영권이나 지배권 방어라는 목적을 달성하기 위하여 제3자에게 신주를 배정하는 것은 상법 제418조 제2항을 위반하여 주주의 신주인수권을 침해하는 것이고, 그로 인하여 회사의 지배구조에 심대한 변화가 초래되고 기존 주주들의 회사에 대한 지배권이 현저하게 약화되는 중대한 결과가 발생하는 경우에는 그러한 신주발행은 무효이다.

③ 신주 등의 발행에서 주주배정방식과 제3자배정방식을 구별하는 기준은 회사가 신주 등을 발행하면서 주주들에게 그들의 지분비율에 따라 신주 등을 우선적으로 인수할 기회를 부여하였는지 여부에 따라 객관적으로 결정되어야 하고, 신주 등의 인수권을 부여받은 주주들이 실제로 인수권을 행사함으로써 신주 등을 배정받았는지 여부에 좌우되는 것은 아니다.

④ 회사가 주주배정방식에 의하여 신주를 발행하려는데 주주가 인수를 포기하거나 청약을 하지 아니함으로써 그 인수권을 잃은 때에는 회사가 이사회 결의로 인수가 없는 부분을 제3자에게 처분할 수 있으나, 이 경우에도 실권된 신주를 제3자에게 발행하는 것에 관하여 정관에 반드시 근거 규정 자체는 있어야 한다.

⑤ 주식회사가 액면미달의 가액으로 주식을 발행하기 위해서는 설립등기를 마친 날로부터 2년이 경과한 후여야 하고, 반드시 주식의 최저발행가액을 정한 주주총회의 특별결의와 법원의 인가가 있어야 한다.

[**❶ ▸ O**] 상법 제429조는 신주발행의 무효는 주주·이사 또는 감사에 한하여 신주를 발행한 날부터 6월 내에 소만으로 주장할 수 있다고 규정하고 있는데, 이는 신주발행에 수반되는 복잡한 법률관계를 조기에 확정하고자 하는 것으로서, 새로운 무효사유를 출소기간 경과 후에도 주장할 수 있도록 하면 법률관계가 불안정하게 되어 위 규정의 취지가 몰각된다는 점에 비추어, 위 규정은 무효사유의 주장시기도 제한하고 있는 것이라고 해석함이 타당하므로, 신주발행 무효의 소에서 신주를 발행한 날부터 6월의 출소기간이 경과한 후에는 새로운 무효사유를 추가하여 주장할 수 없다(대판 2012.11.15. 2010다49380).

[**❷ ▸ O**] 상법 제418조 제1항, 제2항은 회사가 신주를 발행하는 경우 원칙적으로 기존 주주에게 배정하되 정관에 정한 경우에만 제3자에게 신주배정을 할 수 있게 하면서 그 사유도 신기술의 도입이나 재무구조의 개선 등 경영상 목적을 달성하기 위하여 필요한 경우에 한정함으로써 기존 주주의 신주인수권을 보호하고 있다. 따라서 주식회사가 신주를 발행할 때 회사의 경영상 목적을 달성하기 위하여 필요한 범위 안에서 정관이 정한 사유가 없는데도, 회사의 경영권 분쟁이 현실화된 상황에서 대주주나 경영진 등의 경영권이나 지배권 방어라는 목적을 달성하기 위하여 제3자에게 신주를 배정하는 것은 상법 제418조 제2항을 위반하여 주주의 신주인수권을 침해하는 것이고, 그로 인하여 회사의 지배구조에 심대한 변화가 초래되고 기존 주주들의 회사에 대한 지배권이 현저하게 약화되는 중대한 결과가 발생하는 경우에는 그러한 신주발행은 무효이다. 이러한 법리는 신주인수권부사채를 제3자에게 발행하는 경우에도 마찬가지로 적용된다(대판 2022.10.27. 2021다201054).

[**❸ ▸ O**] 신주 등의 발행에서 주주배정방식과 제3자배정방식을 구별하는 기준은 회사가 신주 등을 발행하면서 주주들에게 그들의 지분비율에 따라 신주 등을 우선적으로 인수할 기회를 부여하였는지 여부에 따라 객관적으로 결정되어야 하고, 신주 등의 인수권을 부여받은 주주들이 실제로 인수권을 행사함으로써 신주 등을 배정받았는지 여부에 좌우되는 것은 아니다(대판 2012.11.15. 2010다49380).

[**❹ ▸ ✕**] 회사가 주주배정방식에 의하여 신주를 발행하려는데 주주가 인수를 포기하거나 청약을 하지 아니함으로써 그 인수권을 잃은 때에는 회사는 이사회 결의로 인수가 없는 부분에 대하여 자유로이 이를 제3자에게 처분할 수 있고, 이 경우 <u>실권된 신주를 제3자에게 발행하는 것에 관하여 정관에 반드시 근거 규정이 있어야 하는 것은 아니다</u>(대판 2012.11.15. 2010다49380).

[**❺ ▸ O**] 상법 제417조 제1항, 제2항

> **상법 제417조(액면미달의 발행)**
> ① 회사가 성립한 날로부터 2년을 경과한 후에 주식을 발행하는 경우에는 회사는 제434조의 규정에 의한 주주총회의 결의와 법원의 인가를 얻어서 주식을 액면미달의 가액으로 발행할 수 있다.
> ② 전항의 주주총회의 결의에서는 주식의 최저발행가액을 정하여야 한다.

 답 ❹

61
☐☐☐

자본금 감소에 관한 다음 설명 중 가장 옳지 않은 것은?   2024년 법무사시험 [문 25]

① 주식병합을 통한 자본금 감소에 이의가 있는 주주·이사·감사·청산인·파산관재인 또는 자본금의 감소를 승인하지 않은 채권자는 자본금감소로 인한 변경등기가 된 날부터 6개월 내에 감자무효의 소를 제기할 수 있다.

② 주주총회의 자본금 감소 결의에 취소 또는 무효의 하자가 있다고 하더라도 그 하자가 극히 중대하여 자본감소가 존재하지 아니하는 정도에 이르는 등의 특별한 사정이 없는 한 자본감소의 효력이 발생한 후에는 감자무효의 소에 의해서만 다툴 수 있다.

③ 상법은 자본금 감소의 무효와 관련하여 개별적인 무효사유를 열거하고 있지 않으므로, 자본금 감소의 방법 또는 기타 절차가 주주평등의 원칙에 반하는 경우, 기타 법령·정관에 위반하거나 민법상 일반원칙인 신의성실의 원칙에 반하여 현저히 불공정한 경우에 무효소송을 제기할 수 있다.

④ 만일 주주의 주식수에 따라 다른 비율로 주식병합을 하여 차등감자가 이루어진다면 이는 주주평등의 원칙에 반하여 자본금 감소 무효의 원인이 될 수 있다. 또한 주식병합을 통한 자본금 감소가 현저하게 불공정하게 이루어져 권리남용금지의 원칙이나 신의성실의 원칙에 반하는 경우에도 자본금 감소 무효의 원인이 될 수 있다.

⑤ 자본금 감소를 위한 주식소각 절차에 하자가 있다면, 주주 등은 자본금 감소로 인한 변경등기가 된 날부터 6개월 내에 소로써만 무효를 주장할 수 있으므로, 이사가 주식소각 과정에서 법령을 위반하여 회사에 손해를 끼친 사실이 인정될 때에는 감자무효의 판결이 확정되어야 상법 제399조 제1항에 따라 회사에 대하여 손해배상책임을 부담한다.

....

[❶▸O] [❸▸O] [❹▸O]   주식병합을 통한 자본금 감소에 이의가 있는 주주·이사·감사·청산인·파산관재인 또는 자본금의 감소를 승인하지 않은 채권자는 자본금 감소로 인한 변경등기가 된 날부터 6개월 내에 자본금 감소 무효의 소를 제기할 수 있다(상법 제445조). 상법은 자본금 감소의 무효와 관련하여 개별적인 무효사유를 열거하고 있지 않으므로, 자본금 감소의 방법 또는 기타 절차가 주주평등의 원칙에 반하는 경우, 기타 법령·정관에 위반하거나 민법상 일반원칙인 신의성실의 원칙에 반하여 현저히 불공정한 경우에 무효소송을 제기할 수 있다. 즉 주주평등의 원칙은 그가 가진 주식의 수에 따른 평등한 취급을 의미하는데, 만일 주주의 주식수에 따라 다른 비율로 주식병합을 하여 차등감자가 이루어진다면 이는 주주평등의 원칙에 반하여 자본금 감소 무효의 원인이 될 수 있다. 또한 주식병합을 통한 자본금 감소가 현저하게 불공정하게 이루어져 권리남용금지의 원칙이나 신의성실의 원칙에 반하는 경우에도 자본금 감소 무효의 원인이 될 수 있다(대판 2020.11.26. 2018다283315).

[❷▸O]   상법 제445조는 자본감소의 무효는 주주 등이 자본감소로 인한 변경등기가 있은 날로부터 6월 내에 소만으로 주장할 수 있다고 규정하고 있으므로, 설령 주주총회의 자본감소 결의에 취소 또는 무효의 하자가 있다고 하더라도 그 하자가 극히 중대하여 자본감소가 존재하지 아니하는 정도에 이르는 등의 특별한 사정이 없는 한 자본감소의 효력이 발생한 후에는 자본감소 무효의 소에 의해서만 다툴 수 있다(대판 2010.2.11. 2009다83599).

[**⑤** ▸ ×]   이사가 고의 또는 과실로 법령 또는 정관에 위반한 행위를 하거나 그 임무를 게을리한 경우에는 그 이사는 회사에 대하여 연대하여 손해를 배상할 책임이 있다(상법 제399조 제1항). 이사가 임무를 수행함에 있어서 법령을 위반한 행위를 한 때에는 그 행위 자체가 회사에 대하여 채무불이행에 해당하므로, 그로 인하여 회사에 손해가 발생한 이상 특별한 사정이 없는 한 손해배상책임을 면할 수 없다. 자본금 감소를 위한 주식소각 절차에 하자가 있다면, 주주 등은 자본금 감소로 인한 변경등기가 된 날부터 6개월 내에 소로써만 무효를 주장할 수 있다(상법 제445조). 그러나 이사가 주식소각 과정에서 법령을 위반하여 회사에 손해를 끼친 사실이 인정될 때에는 <u>감자무효의 판결이 확정되었는지 여부와 관계없이</u> 상법 제399조 제1항에 따라 회사에 대하여 손해배상책임을 부담한다(대판 2021.7.15. 2018다 298744).

답 **⑤**

PART 1
PART 2
PART 3
PART 4
PART 5
PART 6
PART 7
PART 8

제3절   사 채

62
□□□

전환사채에 관한 다음 설명 중 가장 옳지 않은 것은?   2025년 법무사시험 [문 24]

① 신주의 발행과 관련하여 특별법에서 달리 정한 경우를 제외하고 신주의 발행은 상법이 정하는 방법 및 절차에 의하여만 가능하다는 점에 비추어 볼 때, 상법이 정하고 있지 않은 전환권 부여조항은 효력이 없다.

② 전환사채는 전환권의 행사에 의하여 장차 주식으로 전환될 수 있는 권리가 부여된 사채로서 전환사채의 발행은 주식회사의 물적 기초와 기존 주주들의 이해관계에 영향을 미친다는 점에서 사실상 신주를 발행하는 것과 유사하므로 전환사채 발행의 경우에도 신주발행무효의 소에 관한 상법 제429조가 유추적용된다.

③ 전환사채 발행의 실체가 없음에도 전환사채 발행의 등기가 되어 있는 외관이 존재하는 경우 이를 제거하기 위하여 전환사채발행부존재 확인의 소를 제기할 수 있으므로 상법 제429조 소정의 6월의 제소기간의 제한이 적용된다.

④ 전환사채발행유지청구는 회사가 법령 또는 정관에 위반하거나 현저하게 불공정한 방법에 의하여 전환사채를 발행함으로써 주주가 불이익을 받을 염려가 있는 경우에 회사에 대하여 그 발행의 유지를 청구하는 것으로서, 전환사채 발행의 효력이 생기기 전, 즉 전환사채의 납입기일까지 이를 행사하여야 한다.

⑤ 전환사채권자가 전환청구를 하면 회사는 주식을 발행해 주어야 하는데, 전환권은 형성권이므로 전환을 청구한 때에 당연히 전환의 효력이 발생하여 전환사채권자는 그때부터 주주가 되고 사채권자로서의 지위를 상실하게 되므로 그 이후에는 주식전환의 금지를 구할 법률상 이익이 없게 된다.

[**❶ ▸ ○**]　주식회사가 타인으로부터 돈을 빌리는 소비대차계약을 체결하면서 "채권자는 만기까지 대여금액의 일부 또는 전부를 회사 주식으로 액면가에 따라 언제든지 전환할 수 있는 권한을 갖는다"는 내용의 계약조항을 둔 경우, 달리 특별한 사정이 없는 한 이는 전환의 청구를 한 때에 그 효력이 생기는 형성권으로서의 전환권을 부여하는 조항이라고 보아야 하는바, 신주의 발행과 관련하여 특별법에서 달리 정한 경우를 제외하고 신주의 발행은 상법이 정하는 방법 및 절차에 의하여만 가능하다는 점에 비추어 볼 때, 위와 같은 전환권 부여조항은 상법이 정한 방법과 절차에 의하지 아니한 신주발행 내지는 주식으로의 전환을 예정하는 것이어서 효력이 없다(대판 2007.2.22. 2005다73020).

[**❷ ▸ ○**] [**❸ ▸ ✕**]　[1] 상법은 제516조 제1항에서 신주발행의 유지청구권에 관한 제424조 및 불공정한 가액으로 주식을 인수한 자의 책임에 관한 제424조의2 등을 전환사채의 발행의 경우에 준용한다고 규정하면서도, 신주발행무효의 소에 관한 제429조의 준용 여부에 대해서는 아무런 규정을 두고 있지 않으나, 전환사채는 전환권의 행사에 의하여 장차 주식으로 전환될 수 있는 권리가 부여된 사채로서, 이러한 전환사채의 발행은 주식회사의 물적 기초와 기존 주주들의 이해관계에 영향을 미친다는 점에서 사실상 신주를 발행하는 것과 유사하므로, 전환사채 발행의 경우에도 신주발행무효의 소에 관한 상법 제429조가 유추적용된다. [2] 전환사채 발행의 경우에도 신주발행무효의 소에 관한 상법 제429조가 유추적용되므로 전환사채발행무효 확인의 소에 있어서도 상법 제429조 소정의 6월의 제소기간의 제한이 적용된다 할 것이나, 이와 달리 전환사채 발행의 실체가 없음에도 전환사채 발행의 등기가 되어 있는 외관이 존재하는 경우 이를 제거하기 위한 전환사채발행부존재 확인의 소에 있어서는 상법 제429조 소정의 6월의 제소기간의 제한이 적용되지 아니한다(대판 2004.8.16. 2003다9636).

[**❹ ▸ ○**] [**❺ ▸ ○**]　전환사채발행유지 청구는 회사가 법령 또는 정관에 위반하거나 현저하게 불공정한 방법에 의하여 전환사채를 발행함으로써 주주가 불이익을 받을 염려가 있는 경우에 회사에 대하여 그 발행의 유지를 청구하는 것으로서(상법 제516조 제1항, 제424조), 전환사채 발행의 효력이 생기기 전, 즉 전환사채의 납입기일까지 이를 행사하여야 할 것이고, 한편 전환사채권자가 전환 청구를 하면 회사는 주식을 발행해 주어야 하는데, 전환권은 형성권이므로 전환을 청구한 때에 당연히 전환의 효력이 발생하여 전환사채권자는 그때부터 주주가 되고 사채권자로서의 지위를 상실하게 되므로(상법 제516조, 제350조) 그 이후에는 주식전환의 금지를 구할 법률상 이익이 없게 될 것이다(대판 2004.8.16. 2003다9636).

답 ❸

63

신주인수권부사채에 관한 다음 설명 중 가장 옳지 않은 것은?

① 주주 외의 자에 대하여 신주인수권부사채를 발행하는 경우에 그 발행할 수 있는 신주인수권부사채의 액, 신주인수권의 내용과 신주인수권을 행사할 수 있는 기간에 관하여 정관에 규정이 없으면 주주총회에서 출석한 주주의 의결권의 3분의 2 이상의 수와 발행주식총수의 3분의 1 이상의 수로써 이를 정하여야 한다.

② 상법의 규정에 따르면 주주 외의 자에 대하여 신주인수권부사채를 발행하는 경우에 회사는 제516조 제2항에서 정한 신주인수권부사채에 관한 내용을 그 납입기일의 2주 전까지 주주에게 통지하거나 공고하여야 한다.

③ 회사가 법령 또는 정관에 위반하거나 현저하게 불공정한 방법에 의하여 신주인수권부사채를 발행함으로써 주주가 불이익을 받을 염려가 있는 경우에는 그 주주는 회사에 대하여 그 발행을 유지할 것을 청구할 수 있다.

④ 이사와 통모하여 현저하게 불공정한 발행가액으로 신주인수권부사채를 인수한 자는 회사에 대하여 공정한 발행가액과의 차액에 상당한 금액을 지급할 의무가 있다.

⑤ 신주인수권부사채 발행의 무효는 주주·이사 또는 감사에 한하여 신주인수권부사채를 발행한 날로부터 6월 내에 소만으로 이를 주장할 수 있다.

....

[❶ ▶ ○] 주주 외의 자에 대하여 신주인수권부사채를 발행하는 경우에 그 발행할 수 있는 신주인수권부사채의 액, 신주인수권의 내용과 신주인수권을 행사할 수 있는 기간에 관하여 정관에 규정이 없으면 제434조의 결의(출석한 주주의 의결권의 3분의 2 이상의 수와 발행주식총수의 3분의 1 이상의 수)로써 이를 정하여야 한다. 이 경우 제418조 제2항 단서의 규정을 준용한다(상법 제516조의2 제4항).

[❷ ▶ ✕] 신주의 제3자배정의 경우에는 신주의 종류와 수, 신주의 인수방법 등 신주의 발행에 관한 사항을 그 납입기일의 2주 전까지 주주에게 통지하거나 공고하여야 하나(상법 제418조 제4항), <u>전환사채와 신주인수권부사채의 경우에 이를 준용하고 있지 않다.</u>

[❸ ▶ ○] [❹ ▶ ○] 위법·불공정한 신주인수권부사채 발행에 대한 구제수단으로 유지청구권과 통모인수인의 책임이 인정된다(상법 제516조의11, 제516조 제1항, 제424조, 제424조의2).

> **상법 제516조의11(준용규정)**
> 제351조의 규정은 신주인수권의 행사가 있는 경우에, 제513조의2 및 제516조 제1항의 규정은 신주인수권부사채에 관하여 이를 준용한다.
>
> **상법 제516조(준용규정)**
> ① 제346조 제4항, 제424조 및 제424조의2의 규정은 전환사채의 발행의 경우에 이를 준용한다.
>
> **상법 제424조(유지청구권)**
> 회사가 법령 또는 정관에 위반하거나 현저하게 불공정한 방법에 의하여 주식을 발행함으로써 주주가 불이익을 받을 염려가 있는 경우에는 그 주주는 회사에 대하여 그 발행을 유지할 것을 청구할 수 있다.
>
> **상법 제424조의2(불공정한 가액으로 주식을 인수한 자의 책임)**
> ① 이사와 통모하여 현저하게 불공정한 발행가액으로 주식을 인수한 자는 회사에 대하여 공정한 발행가액과의 차액에 상당한 금액을 지급할 의무가 있다.

[**❺ ▸ ○**] 신주인수권부사채는 미리 확정된 가액으로 일정한 수의 신주 인수를 청구할 수 있는 신주인수권이 부여된 사채로서 신주인수권부사채 발행의 경우에도 주식회사의 물적 기초와 기존 주주들의 이해관계에 영향을 미친다는 점에서 사실상 신주를 발행하는 것과 유사하므로, <u>신주발행무효의 소에 관한 상법 제429조가 유추적용되고</u>, 신주발행의 무효원인에 관한 법리 또한 마찬가지로 적용된다(대판 2015.12.10. 2015다202919).

> **상법 제429조(신주발행무효의 소)**
> 신주발행의 무효는 주주·이사 또는 감사에 한하여 신주를 발행한 날로부터 6월 내에 소만으로 이를 주장할 수 있다.

답 ❷

64
□□□

전환사채에 관한 다음 설명 중 가장 옳지 않은 것은? 2023년 법무사시험 [문 24]

① 전환사채 발행일로부터 6월 내에 전환사채발행무효의 소가 제기되지 않거나 6월 내에 제기된 전환사채발행무효의 소가 적극적 당사자의 패소로 확정되었다면, 이후에는 더 이상 전환사채 발행의 무효를 주장할 수 없으나, 전환권의 행사로 인한 신주발행에 대해서는 상법 제429조를 적용하여 신주발행무효의 소로써 다툴 수 있다. 이때 신주발행무효의 소의 제소기간은 신주발행일로부터 기산하여야 하고, 전환사채 발행일부터 기산되는 것은 아니다.

② 전환사채 발행의 실체가 없음에도 전환사채 발행의 등기가 되어 있는 외관이 존재하는 경우 이를 제거하기 위한 전환사채발행부존재 확인의 소에 있어서는 상법 제429조에 따른 6월의 제소기간의 제한이 적용된다.

③ 전환사채발행유지 청구는 회사가 법령 또는 정관에 위반하거나 현저하게 불공정한 방법에 의하여 전환사채를 발행함으로써 주주가 불이익을 받을 염려가 있는 경우에 회사에 대하여 그 발행의 유지를 청구하는 것으로서, 전환사채 발행의 효력이 생기기 전, 즉 전환사채의 납입기일까지 이를 행사하여야 한다.

④ 전환사채권자가 전환 청구를 한 이후에는 주식전환의 금지를 구할 법률상 이익이 없다.

⑤ 회사가 경영상 목적 없이 대주주 등의 경영권이나 지배권 방어 목적으로 제3자에게 전환사채를 발행하였다면 전환사채의 발행은 무효가 될 수 있고, 전환사채 발행일로부터 6월 내에 위와 같은 사유를 들어 전환사채발행무효의 소로써 다툴 수 있다.

[**❶ ▸ ○**] 전환사채는 전환권의 행사로 장차 주식으로 전환될 수 있는 권리가 부여된 사채이다. 이러한 전환사채의 발행은 주식회사의 물적 기초와 기존 주주들의 이해관계에 영향을 미친다는 점에서 사실상 신주를 발행하는 것과 유사하므로 전환사채 발행의 경우에도 신주발행무효의 소에 관한 상법 제429조가 유추적용된다. 전환사채 발행의 무효는 주주 등이 전환사채를 발행한 날로부터 6월 내에 소만으로 주장할 수 있고, 6월의 출소기간이 지난 뒤에는 새로운 무효 사유를 추가하여 주장할 수 없다. 따라서 전환사채 발행일로부터 6월 내에 전환사채발행무효의 소가 제기되지 않거나 6월 내에 제기된 전환사채발행무효의 소가 적극적 당사자의 패소로 확정되었다면, 이후에는 더 이상 전환사채 발행의 무효를 주장할

수 없다. 다만 전환권의 행사로 인한 신주발행에 대해서는 상법 제429조를 적용하여 신주발행무효의 소로써 다툴 수 있겠지만, 이때에는 특별한 사정이 없는 한 전환사채 발행이 무효라거나 그를 전제로 한 주장은 제기될 수 없고 전환권 행사나 그에 따른 신주발행에 고유한 무효 사유가 있다면 이를 주장할 수 있을 뿐이다(대판 2022.11.17. 2021다205650). 위에서 본 경우 신주발행무효의 소의 제소기간은 신주발행일로부터 기산하여야 하고, 설령 신주발행이 신주인수권부사채에 부여된 신주인수권의 행사 결과에 따른 것이라 할지라도 신주인수권부사채 발행일부터 기산되는 것은 아니다(대판 2022.10.27. 2021다201054).

[❷ ▸ ×] 전환사채 발행의 경우에도 신주발행무효의 소에 관한 상법 제429조가 유추적용되므로 전환사채발행무효 확인의 소에 있어서도 상법 제429조 소정의 6월의 제소기간의 제한이 적용된다 할 것이나, 이와 달리 전환사채 발행의 실체가 없음에도 전환사채 발행의 등기가 되어 있는 외관이 존재하는 경우 이를 제거하기 위한 전환사채발행부존재 확인의 소에 있어서는 상법 제429조 소정의 6월의 제소기간의 제한이 적용되지 아니한다(대판 2004.8.16. 2003다9636).

[❸ ▸ ○] [❹ ▸ ○] 전환사채발행유지 청구는 회사가 법령 또는 정관에 위반하거나 현저하게 불공정한 방법에 의하여 전환사채를 발행함으로써 주주가 불이익을 받을 염려가 있는 경우에 회사에 대하여 그 발행의 유지를 청구하는 것으로서(상법 제516조 제1항, 제424조), 전환사채 발행의 효력이 생기기 전, 즉 전환사채의 납입기일까지 이를 행사하여야 할 것이고, 한편 전환사채권자가 전환 청구를 하면 회사는 주식을 발행해 주어야 하는데, 전환권은 형성권이므로 전환을 청구한 때에 당연히 전환의 효력이 발생하여 전환사채권자는 그때부터 주주가 되고 사채권자로서의 지위를 상실하게 되므로(상법 제516조, 제350조) 그 이후에는 주식전환의 금지를 구할 법률상 이익이 없게 될 것이다(대판 2004.8.16. 2003다9636).

[❺ ▸ ○] 회사가 경영상 목적 없이 대주주 등의 경영권이나 지배권 방어 목적으로 제3자에게 전환사채를 발행하였다면 전환사채의 발행은 무효가 될 수 있고, 전환사채 발행일로부터 6월 내에 위와 같은 사유를 들어 전환사채발행무효의 소로써 다툴 수 있다. 나아가 대주주 등이 위와 같은 경위로 발행된 전환사채를 양수한 다음 전환사채 발행일로부터 6월이 지난 후 전환권을 행사하여 신주를 취득하였다면, 이는 실질적으로 회사가 경영상 목적 없이 대주주 등에게 신주를 발행한 것과 동일하므로 전환권 행사나 그에 따른 신주발행에 고유한 무효 사유에 준하여 신주발행무효의 소로도 신주발행의 무효를 주장할 수 있다고 보아야 한다(대판 2022.11.17. 2021다205650).

답 ❷

65
□□□

상법상 전환사채 발행의 하자에 관한 다음 설명 중 가장 옳지 않은 것은?

2021년 법무사시험 [문 29]

① 상법상 전환사채의 발행 무효의 주장방법으로 전환사채발행무효의 소가 명문으로 인정되고 그 구체적인 내용에 관하여는 신주발행 무효의 소에 관한 규정을 준용하고 있다.

② 전환사채발행무효확인의 소에 있어서도 신주발행무효의 소와 마찬가지로 6월의 제소기간의 제한이 적용된다.

③ 전환사채발행무효확인의 소에 있어서 전환사채를 발행한 날로부터 6월의 출소기간이 경과한 후에는 새로운 무효사유를 추가할 수 없다.

④ 전환사채인수인이 회사의 지배주주와 특별한 관계에 있는 자라거나 그 전환가액이 발행시점의 주가 등에 비추어 다소 낮은 가격이라는 사유는 일반적으로 이미 발행된 전환사채를 무효화할 만한 원인이 되지 못한다.

⑤ 전환사채발행부존재확인의 소도 인정되고 이 경우 6월의 제소기간 제한은 적용되지 않는다.

[**❶** ▸ ✕] 상법은 제516조 제1항에서 신주발행의 유지청구권에 관한 제424조 및 불공정한 가액으로 주식을 인수한 자의 책임에 관한 제424조의2 등을 전환사채의 발행의 경우에 준용한다고 규정하면서도, 신주발행무효의 소에 관한 제429조의 준용 여부에 대해서는 아무런 규정을 두고 있지 않으나, 전환사채는 전환권의 행사에 의하여 장차 주식으로 전환될 수 있는 권리가 부여된 사채로서, 이러한 전환사채의 발행은 주식회사의 물적 기초와 기존 주주들의 이해관계에 영향을 미친다는 점에서 사실상 신주를 발행하는 것과 유사하므로, 전환사채 발행의 경우에도 신주발행무효의 소에 관한 상법 제429조가 유추적용된다(대판 2004.8.16. 2003다9636).

[**❷** ▸ ○] [**❺** ▸ ○] 전환사채 발행의 경우에도 신주발행무효의 소에 관한 상법 제429조가 유추적용되므로 전환사채발행무효확인의 소에 있어서도 상법 제429조 소정의 6월의 제소기간의 제한이 적용된다 할 것이나, 이와 달리 전환사채 발행의 실체가 없음에도 전환사채 발행의 등기가 되어 있는 외관이 존재하는 경우 이를 제거하기 위한 전환사채발행부존재확인의 소에 있어서는 상법 제429조 소정의 6월의 제소기간의 제한이 적용되지 아니한다(대판 2004.8.16. 2003다9636).

[**❸** ▸ ○] 상법 제429조는 신주발행의 무효는 주주·이사 또는 감사에 한하여 신주를 발행한 날로부터 6월 내에 소만으로 이를 주장할 수 있다고 규정하고 있는바, 이는 신주발행에 수반되는 복잡한 법률관계를 조기에 확정하고자 하는 것이므로, 새로운 무효사유를 출소시간의 경과 후에도 주장할 수 있도록 하면 법률관계가 불안정하게 되어 위 규정의 취지가 몰각된다는 점에 비추어 위 규정은 무효사유의 주장시기도 제한하고 있는 것이라고 해석함이 상당하고, 한편 상법 제429조의 유추적용에 의한 전환사채발행무효의 소에 있어서도 전환사채를 발행한 날로부터 6월의 출소기간이 경과한 후에는 새로운 무효사유를 추가하여 주장할 수 없다고 보아야 한다(대판 2004.6.25. 2000다37326).

[**❹** ▸ ○] 전환사채의 인수인이 회사의 지배주주와 특별한 관계에 있는 자라거나 그 전환가액이 발행시점의 주가 등에 비추어 다소 낮은 가격이라는 것과 같은 사유는 일반적으로 전환사채발행유지청구의 원인이 될 수 있음은 별론으로 하고 이미 발행된 전환사채 또는 그 전환권의 행사로 발행된 주식을 무효화할 만한 원인이 되지는 못한다(대판 2004.6.25. 2000다37326).

답 **❶**

66
☐☐☐

주주의 이익배당청구권에 관한 다음 설명 중 가장 옳지 않은 것은? 2023년 법무사시험 [문 33]

① 회사는 상법 제464조에 따른 이익배당을 원칙적으로 이익배당을 결의한 주주총회나 이사회의 결의를 한 날로부터 1개월 내에 하여야 하고, 주주의 배당금지급청구권은 5년간 이를 행사하지 아니하면 소멸시효가 완성된다.

② 이익잉여금처분계산서가 주주총회에서 승인됨으로써 이익배당이 확정될 때까지는 주주에게 구체적이고 확정적인 배당금지급청구권이 인정되지 아니한다.

③ 정관에서 회사에 배당의무를 부과하면서 배당금의 지급조건이나 배당금액을 산정하는 방식 등을 구체적으로 정하고 있어 그에 따라 개별 주주에게 배당할 금액이 일의적으로 산정되고, 대표이사나 이사회가 경영판단에 따라 배당금 지급 여부나 시기, 배당금액 등을 달리 정할 수 있도록 하는 규정이 없다면, 정관에서 정한 지급조건이 갖추어지는 때에 주주에게 구체적이고 확정적인 배당금지급청구권이 인정될 수 있다. 이러한 경우 회사는 주주총회에서 이익배당에 관한 결의가 이루어지지 않았더라도 주주에게 이익배당금의 지급을 거절할 수 없다.

④ 상법 제467조의2 제1항은 "회사는 누구에게든지 주주의 권리행사와 관련하여 재산상의 이익을 공여할 수 없다."라고 규정하고 있는데, 위 규정에서 정한 '주주의 권리'에 주주총회에서의 의결권, 대표소송 제기권, 주주총회결의에 관한 각종 소권 등과 같은 공익권은 포함되나, 이익배당청구권, 잔여재산분배청구권, 신주인수권 등과 같은 자익권은 포함되지 않는다.

⑤ 주주총회에서 특정 주주를 제외한 나머지 주주들에 대하여만 배당금을 지급하기로 하는 내용으로 이익배당 결의가 이루어졌을 경우 그와 같은 결의는 주주평등의 원칙에 반하는 것으로서 무효이다. 이 경우 이익배당에서 제외된 주주가 주주평등의 원칙을 내세워 회사를 상대로 다른 주주에게 지급된 이익배당금과 동일한 비율로 계산된 이익배당금의 지급을 구할 수는 없다.

....

[❶ ▶ ○] 상법 제464조의2 제1항, 제2항

> **상법 제464조의2(이익배당의 지급시기)**
> ① 회사는 제464조에 따른 이익배당을 제462조 제2항의 주주총회나 이사회의 결의 또는 제462조의3 제1항의 결의를 한 날부터 1개월 내에 하여야 한다. 다만, 주주총회 또는 이사회에서 배당금의 지급시기를 따로 정한 경우에는 그러하지 아니하다.
> ② 제1항의 배당금의 지급청구권은 5년간 이를 행사하지 아니하면 소멸시효가 완성한다.

[❷ ▶ ○] [❸ ▶ ○]   주주의 이익배당청구권은 장차 이익배당을 받을 수 있다는 의미의 권리에 지나지 아니하여 이익잉여금처분계산서가 주주총회에서 승인됨으로써 이익배당이 확정될 때까지는 주주에게 구체적이고 확정적인 배당금지급청구권이 인정되지 아니한다. 다만 정관에서 회사에 배당의무를 부과하면서 배당금의 지급조건이나 배당금액을 산정하는 방식 등을 구체적으로 정하고 있어 그에 따라 개별 주주에게 배당할 금액이 일의적으로 산정되고, 대표이사나 이사회가 경영판단에 따라 배당금 지급 여부나 시기, 배당금액 등을 달리 정할 수 있도록 하는 규정이 없다면, 예외적으로 정관에서 정한 지급조건이 갖추어지는 때에 주주에게 구체적이고 확정적인 배당금지급청구권이 인정될 수 있다. 그리고 이러한 경우 회사는 주주총회에서 이익배당에 관한 결의를 하지 않았다거나 정관과 달리 이익배당을 거부하는 결의를 하였다는 사정을 들어 주주에게 이익배당금의 지급을 거절할 수 없다(대판 2022.8.19. 2020다263574).

[**④** ▸ ✕] 상법 제467조의2 제1항에서 정한 '주주의 권리'란 법률과 정관에 따라 주주로서 행사할 수 있는 모든 권리를 의미하고, 주주총회에서의 의결권, 대표소송 제기권, 주주총회결의에 관한 각종 소권 등과 같은 공익권뿐만 아니라 이익배당청구권, 잔여재산분배청구권, 신주인수권 등과 같은 자익권도 포함하지만, 회사에 대한 계약상의 특수한 권리는 포함되지 아니한다. 그리고 '주주의 권리행사와 관련하여'란 주주의 권리행사에 영향을 미치기 위한 것을 의미한다(대판 2017.1.12. 2015다68355).

[**⑤** ▸ ○] 주주총회에서 특정 주주를 제외한 나머지 주주들에 대하여만 배당금을 지급하기로 하는 내용으로 이익배당 결의가 이루어졌을 경우 그와 같은 결의는 주주평등의 원칙에 반하는 것으로서 무효이다. 따라서 무효인 배당결의에 기해서는 이익배당청구권이 발생하지 않기 때문에 이익배당에서 제외된 주주는 주주평등에 근거하여 회사를 상대로 다른 주주에게 지급된 이익배당금과 동일한 비율로 계산된 이익배당금의 지급을 구할 수는 없다.

> 주주의 이익배당청구권은 주주의 고유권으로 이를 함부로 박탈하거나 제한할 수 없는 것이므로 주주평등의 원칙에 반하는 이익배당결의는 무효라 할 것이다. 그러나 이익배당의 결정은 주주총회의 권한에 전속하기 때문에 주주총회결의에 의하여 비로소 그 내용이 구체적으로 확정되는 것이고, 이익배당이 확정되기 전에는 주주의 이익배당청구권은 일종의 기대권을 내용으로 하는 추상적 권리에 지나지 않는다 할 것이므로 당연무효인 위 결의 이외에 10,000주 이상의 주주를 포함한 모든 주주에 대한 별도의 배당결의가 없음을 원고가 자인하는 이 사건에 있어서 원고의 권리는 추상적 권리에 지나지 않고, 현행상법상 법원이 주주총회에 가름하여 이사회에서 제출한 이익금 처분안을 수정하여 주주의 구체적 이익배당을 확정지을 길이 없고, 주주가 이익배당에 관한 주주총회의 결의를 강요할 수도 없는 것이므로 결국 원고에게는 확정적인 이익배당청구권이 없고, 또 적법한 이익배당에 관한 주주총회의 결의가 없다 하여 상법상의 채무불이행 또는 불법행위도 될 수 없다 할 것이고 보면, 원고에게 이익배당청구권이 있음을 전제로 한 위 청구 역시 이유 없다 할 것이다(서울고법 1976.6.11. 75나1555).

답 **④**

① 연 2회 이상의 결산기를 정한 회사는 상법 제462조의3에 따른 중간배당을 할 수 없다.
② 중간배당에 관한 이사회의 결의가 있는 경우, 같은 영업연도 중 다시 중간배당에 관한 이사회 결의를 하는 것은 허용되지 않으나, 같은 영업연도 중이라도 중간배당 지급청구권의 내용을 수정하는 이사회 결의는 허용된다.
③ 배당가능이익이 없는데도 중간배당이 실시된 경우, 위법배당에 따른 부당이득반환청구권은 민법 제162조 제1항이 적용되어 10년의 민사소멸시효에 걸린다.
④ 상법 제462조의3에 따른 중간배당의 횟수는 영업연도 중 1회로 제한된다.
⑤ 당해 결산기 대차대조표상의 순자산액이 상법 제462조 제1항에 규정된 이익배당의 법정한도에 미치지 못함에도 불구하고 중간배당을 한 경우 이사는 회사에 대하여 연대하여 그 차액(배당액이 그 차액보다 적을 경우에는 배당액)을 배상할 책임이 있다.

....

[❶ ▶ ○] [❹ ▶ ○] 상법 제462조의3 제1항은 중간배당에 관하여 '연 1회의 결산기를 정한 회사는 영업연도 중 1회에 한하여 이사회의 결의로 일정한 날을 정하여 그날의 주주에 대하여 이익을 배당할 수 있음을 정관으로 정할 수 있다.'고 규정하고 있다. 이에 따라 연 1회의 결산기를 정한 회사의 경우 정관에 정함이 있으면 이사회 결의로 중간배당을 실시할 수 있고 그 횟수는 영업연도 중 1회로 제한된다 (대판 2022.9.7. 2022다223778).

[❷ ▶ ✕] 중간배당에 관한 이사회의 결의가 성립하면 추상적으로 존재하던 중간배당청구권이 구체적인 중간배당금 지급청구권으로 확정되므로, 상법 제462조의3이 정하는 중간배당에 관한 이사회 결의가 있으면 중간배당금이 지급되기 전이라도 당해 영업연도 중 1회로 제한된 중간배당은 이미 결정된 것이고, 같은 영업연도 중 다시 중간배당에 관한 이사회 결의를 하는 것은 허용되지 않는다. <u>이사회 결의로 주주의 중간배당금 지급청구권이 구체적으로 확정된 이상 그 청구권의 내용을 수정 내지 변경하는 내용의 이사회 결의도 허용될 수 없다</u>(대판 2022.9.7. 2022다223778).

[❸ ▶ ○] 이익의 배당이나 중간배당은 회사가 획득한 이익을 내부적으로 주주에게 분배하는 행위로서 회사가 영업으로 또는 영업을 위하여 하는 상행위가 아니므로 배당금지급청구권은 상법 제64조가 적용되는 상행위로 인한 채권이라고 볼 수 없다. 이에 따라 위법배당에 따른 부당이득반환청구권 역시 근본적으로 상행위에 기초하여 발생한 것이라고 볼 수 없다. 특히 배당가능이익이 없는데도 이익의 배당이나 중간배당이 실시된 경우 회사나 채권자가 주주로부터 배당금을 회수하는 것은 회사의 자본충실을 도모하고 회사 채권자를 보호하는 데 필수적이므로, 회수를 위한 부당이득반환청구권 행사를 신속하게 확정할 필요성이 크다고 볼 수 없다. 따라서 위법배당에 따른 부당이득반환청구권은 민법 제162조 제1항이 적용되어 10년의 민사 소멸시효에 걸린다고 보아야 한다(대판 2021.6.24. 2020다208621).

[❺ ▶ ○] 당해 결산기 대차대조표상의 순자산액이 제462조 제1항 각 호의 금액의 합계액에 미치지 못함에도 불구하고 중간배당을 한 경우 이사는 회사에 대하여 연대하여 그 차액(배당액이 그 차액보다 적을 경우에는 배당액)을 배상할 책임이 있다. 다만, 이사가 제3항의 우려가 없다고 판단함에 있어 주의를 게을리하지 아니하였음을 증명한 때에는 그러하지 아니하다(상법 제462조의3 제4항).

답 ❷

상법상 주식회사의 배당에 관한 다음 설명 중 가장 옳은 것은?

① 이익배당을 할 수 있는 금액을 계산할 때에는 대통령령으로 정하는 미실현이익을 공제하지 않는다.

② 이익배당의 의사결정은 주주총회의 결의로만 정할 수 있다.

③ 배당가능이익에 관한 제한을 위반하여 이익을 배당한 경우에도 무효라고 할 수는 없으므로 회사채권자는 배당한 이익을 회사에 반환할 것을 청구할 수는 없다.

④ 이익의 배당은 새로이 발행하는 주식으로써 할 수도 있고 그 경우 이익배당총액 상당까지 할 수 있다.

⑤ 주식배당의 의사결정은 주주총회의 결의로만 정할 수 있다.

⋯⋯

[**❶ ▸ ×**] [**❷ ▸ ×**] [**❸ ▸ ×**] 상법 제462조 제1항 제4호, 제2항, 제3항

> **상법 제462조(이익의 배당)**
>
> ① 회사는 대차대조표의 순자산액으로부터 <u>다음의 금액을 공제한 액을 한도로 하여 이익배당을 할 수 있다.</u>
>   1. 자본금의 액
>   2. 그 결산기까지 적립된 자본준비금과 이익준비금의 합계액
>   3. 그 결산기에 적립하여야 할 이익준비금의 액
>   4. <u>대통령령으로 정하는 미실현이익</u>
> ② 이익배당은 주주총회의 결의로 정한다. 다만, <u>제449조의2 제1항에 따라 재무제표를 이사회가 승인하는 경우에는 이사회의 결의로 정한다.</u>
> ③ 제1항을 위반하여 이익을 배당한 경우에 <u>회사채권자는 배당한 이익을 회사에 반환할 것을 청구할 수 있다.</u>

[**❹ ▸ ×**] [**❺ ▸ ○**] 회사는 <u>주주총회의 결의</u>에 의하여 이익의 배당을 새로이 발행하는 <u>주식으로써 할 수 있다.</u> 그러나 <u>주식에 의한 배당은 이익배당총액의 2분의 1에 상당하는 금액을 초과하지 못한다</u>(상법 제462조의2 제1항).

답 ❺

주주의 회계장부 등에 대한 열람·등사권(상법 제466조)에 관한 다음 설명 중 가장 옳지 않은 것은?

① 회계장부의 열람 또는 등사를 청구할 수 있는 자는 발행주식총수의 100분의 3 이상에 해당하는 주식을 가진 주주이다.

② 회계장부열람·등사권은 이유를 붙인 서면에 의해 행사되어야 하고, 그 서면에는 특별한 사정이 없는 한 열람·등사청구를 하는 이유를 뒷받침하는 자료가 첨부되어야 한다.

③ 주식매수청구권을 행사한 주주도 회사로부터 주식의 매매대금을 지급받지 아니하고 있는 동안에는 특별한 사정이 없는 한 주주로서의 권리를 행사하기 위하여 필요한 경우에는 회계장부열람·등사권을 가진다.

④ 회계장부 열람·등사청구의 대상이 되는 '회계의 장부 및 서류'는 소수주주가 열람·등사를 구하는 이유와 실질적으로 관련이 있는 회계장부와 그 근거자료가 되는 회계서류이다.

⑤ 열람·등사제공의무를 부담하는 회사의 출자 또는 투자로 성립한 자회사의 회계장부가 모회사에 보관되어 있고, 모회사의 회계상황을 파악하기 위한 근거자료로서 실질적으로 필요한 경우에는 모회사 소수주주의 열람·등사청구의 대상이 될 수 있다.

....

[**❶ ▸ ○**] 발행주식의 총수의 100분의 3 이상에 해당하는 주식을 가진 주주는 이유를 붙인 서면으로 회계의 장부와 서류의 열람 또는 등사를 청구할 수 있다(상법 제466조 제1항).

[**❷ ▸ ✕**] 상법 제466조 제1항은 '이유를 붙인 서면'으로 열람·등사를 청구할 수 있다고 정한다. 그 이유는 주주가 회계장부와 서류를 열람·등사하는 것이 회사의 회계운영상 중대한 일이므로 그 절차가 신중하게 진행될 필요가 있고, 또 회사가 열람·등사에 응할 의무의 존부나 열람·등사 대상인 회계장부와 서류의 범위 등을 손쉽게 판단할 수 있도록 할 필요가 있기 때문이다. 주주가 제출하는 열람·등사청구서에 붙인 '이유'는 회사가 열람·등사에 응할 의무의 존부를 판단하거나 열람·등사에 제공할 회계장부와 서류의 범위 등을 확인할 수 있을 정도로 열람·등사청구권 행사에 이르게 된 경위와 행사의 목적 등이 구체적으로 기재되면 충분하고, 더 나아가 <u>그 이유가 사실일지도 모른다는 합리적 의심이 생기게 할 정도로 기재하거나 그 이유를 뒷받침하는 자료를 첨부할 필요는 없다.</u> 이와 달리 주주가 열람·등사청구서에 이유가 사실일지도 모른다는 합리적 의심이 생기게 할 정도로 기재해야 한다면, 회사의 업무 등에 관하여 적절한 정보를 가지고 있지 않은 주주에게 과중한 부담을 줌으로써 주주의 권리를 크게 제한하게 되고, 그에 따라 주주가 회사의 업무 등에 관한 정보를 확인할 수 있도록 열람·등사청구권을 부여한 상법의 취지에 반하는 결과가 초래되어 부당하다(대판 2022.5.13. 2019다270163).

[**❸ ▸ ○**] 주식매수청구권을 행사한 주주도 회사로부터 주식의 매매대금을 지급받지 아니하고 있는 동안에는 주주로서의 지위를 여전히 가지고 있으므로 특별한 사정이 없는 한 주주로서의 권리를 행사하기 위하여 필요한 경우에는 위와 같은 회계장부열람·등사권을 가진다(대판 2018.2.28. 2017다270916).

[**❹ ▸ ○**] [**❺ ▸ ○**] 상법 제466조 제1항에서 정하고 있는 소수주주의 열람·등사청구의 대상이 되는 '회계의 장부 및 서류'에는 소수주주가 열람·등사를 구하는 이유와 실질적으로 관련이 있는 회계장부와 그 근거자료가 되는 회계서류를 가리키는 것으로서, 그것이 회계서류인 경우에는 그 작성명의인이 반드시 열람·등사제공의무를 부담하는 회사로 국한되어야 하거나, 원본에 국한되는 것은 아니며, 열람·등사제공의무를 부담하는 회사의 출자 또는 투자로 성립한 자회사의 회계장부라 할지라도 그것이 모자관계에 있는 모회사에 보관되어 있고, 또한 모회사의 회계상황을 파악하기 위한 근거자료로서 실질적으로 필요한 경우에는 모회사의 회계서류로서 모회사 소수주주의 열람·등사청구의 대상이 될 수 있다(대판 2001.10.26. 99다58051).

답 ❷

70
☐☐☐

상법상 주식의 포괄적 교환(이 문제에서 '주식교환'이라고 한다)에 관한 다음 설명 중 가장 옳은
것은? **2021년 법무사시험 [문 40]**

① 회사의 채권자는 주식교환의 날로부터 6개월 내에 소만으로 주식교환의 무효를 주장할 수 있다.
② 주식교환에 의하여 완전자회사가 되는 회사의 주주는 완전모회사가 되는 회사가 주식교환을 위하여 발행하는 신주의 배정을 받거나 그 회사 자기주식의 이전을 받음으로써 그 회사의 주주가 된다.
③ 완전모회사가 되는 회사가 완전자회사가 되는 회사의 주주들에게 주식교환의 대가로 이전하기 위하여 취득한 그 모회사의 주식이 주식교환 후에도 남은 경우 완전모회사가 되는 회사는 이를 처분할 의무가 없다.
④ 주식교환에 의하여 완전모회사가 되는 회사의 이사로서 주식교환 이전에 취임한 자는 주식교환계약서에 다른 정함이 있는 경우를 제외하고는 주식교환이 이루어진 영업연도가 종료된 때 퇴임한다.
⑤ 완전자회사가 되는 회사의 총주주의 동의가 있거나 그 회사의 발행주식 총수의 100분의 90 이상을 완전모회사가 되는 회사가 소유하고 있는 때에는 완전자회사가 되는 회사의 주주총회의 승인이나 이사회의 승인은 필요하지 않다.

....

[**❶ ▸ ✕**] 주식교환의 무효는 각 회사의 <u>주주·이사·감사·감사위원회의 위원 또는 청산인</u>에 한하여 주식교환의 날부터 6월내에 소만으로 이를 주장할 수 있다(상법 제360조의14 제1항).
[**❷ ▸ ○**] 주식의 포괄적 교환(이하 "주식교환"이라 한다)에 의하여 완전자회사가 되는 회사의 주주가 가지는 그 회사의 주식은 주식을 교환하는 날에 주식교환에 의하여 완전모회사가 되는 회사에 이전하고, 그 완전자회사가 되는 회사의 주주는 그 완전모회사가 되는 회사가 주식교환을 위하여 발행하는 신주의 배정을 받거나 그 회사 자기주식의 이전을 받음으로써 그 회사의 주주가 된다(상법 제360조의2 제2항).
[**❸ ▸ ✕**] 상법 제360조의3 제7항

> **상법 제360조의3(주식교환계약서의 작성과 주주총회의 승인 및 주식교환대가가 모회사 주식인 경우의 특칙)**
> ⑥ 제342조의2 제1항에도 불구하고 제3항 제4호에 따라 완전자회사가 되는 회사의 주주에게 제공하는 재산이 완전모회사가 되는 회사의 모회사 주식을 포함하는 경우에는 완전모회사가 되는 회사는 그 지급을 위하여 그 모회사의 주식을 취득할 수 있다.
> ⑦ 완전모회사가 되는 회사는 제6항에 따라 취득한 그 회사의 모회사 주식을 주식교환 후에도 계속 보유하고 있는 경우 <u>주식교환의 효력이 발생하는 날부터 6개월 이내에 그 주식을 처분하여야 한다.</u>

[**❹ ▸ ✕**] 주식교환에 의하여 완전모회사가 되는 회사의 이사 및 감사로서 주식교환 전에 취임한 자는 주식교환계약서에 다른 정함이 있는 경우를 제외하고는 <u>주식교환 후 최초로 도래하는 결산기에 관한 정기총회가 종료하는 때에 퇴임한다</u>(상법 제360조의13).
[**❺ ▸ ✕**] 완전자회사가 되는 회사의 총주주의 동의가 있거나 그 회사의 발행주식 총수의 100분의 90 이상을 완전모회사가 되는 회사가 소유하고 있는 때에는 <u>완전자회사가 되는 회사의 주주총회의 승인은 이를 이사회의 승인으로 갈음할 수 있다</u>(상법 제360조의9).

답 ❷

상법상 간이합병·소규모합병에 관한 다음 설명 중 가장 옳지 않은 것은?

① 주식회사 간 흡수합병의 경우 소멸회사 총주주의 동의가 있거나 그 회사 발행주식총수의 90% 이상을 합병 후 존속회사가 소유하고 있는 때에는 소멸회사 주주총회 승인을 이사회 승인으로 갈음할 수 있다.

② 소규모합병의 경우 존속하는 회사의 합병계약서에는 주주총회의 승인을 얻지 아니하고 합병을 한다는 뜻을 기재하여야 한다.

③ 소규모합병의 경우 존속하는 회사는 합병계약서를 작성한 날부터 2주 내에 소멸하는 회사의 상호 및 본점의 소재지, 합병을 할 날, 주주총회의 승인을 얻지 아니하고 합병을 한다는 뜻을 공고하거나 주주에게 통지하여야 한다.

④ 소규모합병 및 간이합병의 경우 모두 합병에 반대하는 의사를 통지한 반대주주에게 주식매수청구권이 인정되지 아니한다.

⑤ 소멸회사의 주주에게 지급할 금액이나 그 밖의 재산을 정한 경우 그 금액 및 그 밖의 재산의 가액이 존속회사의 최종 대차대조표상으로 현존하는 순자산액의 100분의 5를 초과하는 때에는 주주총회의 특별결의를 거쳐야 한다.

[**❶ ▸ ○**] 상법 제527조의2 제1항

[**❷ ▸ ○**] 상법 제527조의3 제1항, 제2항

[**❸ ▸ ○**] 상법 제527조의3 제1항, 제3항

[**❹ ▸ ✕**] <u>간이합병의 경우 반대주주의 주식매수청구권이 인정되나</u>(상법 제522조의3 제2항, 제527조의2 제2항 참조), <u>소규모합병의 경우 존속회사의 주주는 합병에 반대하더라도 주식매수청구권을 행사할 수 없다</u>(상법 제527조의3 제5항 참조).

[**❺ ▸ ○**] 상법 제527조의3 제1항 후단

상법 제522조의3(합병반대주주의 주식매수청구권)

① 제522조 제항에 따른 결의사항에 관하여 이사회의 결의가 있는 때에 그 결의에 반대하는 주주(의결권이 없거나 제한되는 주주를 포함한다. 이하 이 조에서 같다)는 주주총회 전에 회사에 대하여 서면으로 그 결의에 반대하는 의사를 통지한 경우에는 그 총회의 결의일부터 20일 이내에 주식의 종류와 수를 기재한 서면으로 회사에 대하여 자기가 소유하고 있는 주식의 매수를 청구할 수 있다.

② 제527조의2 제2항의 공고 또는 통지를 한 날부터 2주 내에 회사에 대하여 서면으로 합병에 반대하는 의사를 통지한 주주는 그 기간이 경과한 날부터 20일 이내에 주식의 종류와 수를 기재한 서면으로 회사에 대하여 자기가 소유하고 있는 주식의 매수를 청구할 수 있다.

상법 제527조의2(간이합병)

① 합병할 회사의 일방이 합병 후 존속하는 경우에 합병으로 인하여 소멸하는 회사의 총주주의 동의가 있거나 그 회사의 발행주식총수의 100분의 90이상을 합병 후 존속하는 회사가 소유하고 있는 때에는 합병으로 인하여 소멸하는 회사의 주주총회의 승인은 이를 이사회의 승인으로 갈음할 수 있다.

② 제1항의 경우에 합병으로 인하여 소멸하는 회사는 합병계약서를 작성한 날부터 2주 내에 주주총회의 승인을 얻지 아니하고 합병을 한다는 뜻을 공고하거나 주주에게 통지하여야 한다. 다만, 총주주의 동의가 있는 때에는 그러하지 아니하다.

답 **④**

제7장 주식회사 외의 회사

제1절 합명회사

72 합명회사에 관한 다음 설명 중 가장 옳은 것은? 2023년 법무사시험 [문 46]

① 상법상 합명회사의 사원 또는 업무집행사원의 업무집행권한을 상실시키는 것은 상법 제205조 제1항에 따라 다른 사원의 청구에 의하여 법원의 선고로써 권한을 상실시키는 방법에 의해서만 가능하다.

② 합명회사의 사원은 회사채권자에 대하여 직접·연대·무한책임을 부담하지만, 업무집행권한 상실 제도를 통하여 업무집행에 현저히 부적합하거나 중대하게 의무를 위반한 사원이나 업무집행사원을 업무집행에서 배제함으로써 자신의 책임이 부당하게 발생·증대되는 것으로부터 자신을 보호할 수 있다.

③ 합명회사 사원의 책임은 '회사의 재산으로 회사의 채무를 완제할 수 없는 때' 또는 '회사재산에 대한 강제집행이 주효하지 못한 때'에 비로소 발생한다.

④ 합명회사의 청산 중에 사원의 퇴사가 허용된다.

⑤ 상법은 합명회사의 경우 표현책임에 관한 규정을 두고 있지 아니하므로, 합명회사의 사원이 아닌 자가 타인에게 자기를 사원이라고 오인시키는 행위를 하였더라도 오인으로 인하여 회사와 거래한 자에 대하여 사원과 책임을 부담하는 것은 아니다.

[**❶ ▸ ✕**] 상법상 합명회사의 사원 또는 업무집행사원의 업무집행권한을 상실시키는 방법으로는 다음의 두 가지를 상정할 수 있다. 첫째, 상법 제205조 제1항에 따라 다른 사원의 청구에 의하여 법원의 선고로써 권한을 상실시키는 방법이다. 둘째, 상법 제195조에 의하여 준용되는 민법 제708조에 따라 법원의 선고절차를 거치지 않고 총사원이 일치하여 업무집행사원을 해임함으로써 권한을 상실시키는 방법이다. 위 두 가지 방법은 요건과 절차가 서로 다르므로, 상법 제205조 제1항이 민법 제708조의 준용을 배제하고 있다고 보기 어렵다. 따라서 정관에서 달리 정하고 있지 않는 이상, 합명회사의 사원은 두 가지 방법 중 어느 하나의 방법으로 다른 사원 또는 업무집행사원의 업무집행권한을 상실시킬 수 있다(대판 2015.5.29. 2014다51541).

[**❷ ▸ ○**] 합명회사의 사원은 회사채권자에 대하여 직접·연대·무한책임을 진다. 만약 다른 사원 또는 업무집행사원이 업무집행에 현저히 부적합하거나 중대하게 의무를 위반하는 경우에는 그로 인하여 자신의 책임이 발생·증대될 우려가 있으므로, 다른 사원 또는 업무집행사원을 업무집행에서 배제할 수 있는지는 각 사원의 이해관계에 큰 영향을 미친다. 합명회사의 사원은 업무집행권한 상실제도를 통하여 업무집행에 현저히 부적합하거나 중대하게 의무를 위반한 사원이나 업무집행사원을 업무집행에서 배제함으로써 자신의 책임이 부당하게 발생·증대되는 것으로부터 자신을 보호할 수 있다. 따라서 업무집행권한 상실에 관한 정관이나 관련 법률 규정을 해석할 때에는 위와 같은 사원의 권리가 합리적 근거 없이 제한되지 않도록 신중하게 해석하여야 한다(대판 2015.5.29. 2014다51541).

[**❸ ▸ ✕**] 합명회사는 실질적으로 조합적 공동기업체여서 회사의 채무는 실질적으로 각 사원의 공동채무이므로, 합명회사 사원의 책임은 회사가 채무를 부담하면 법률의 규정에 기해 당연히 발생하는 것이고, '회사의 재산으로 회사의 채무를 완제할 수 없는 때' 또는 '회사재산에 대한 강제집행이 주효하지 못한 때'에 비로소 발생하는 것은 아니며, 이는 회사 채권자가 그와 같은 경우에 해당함을 증명하여 합명회사의 사원에게 보충적으로 책임의 이행을 청구할 수 있다는 책임이행의 요건을 정한 것으로 봄이 타당하다(대판 2009.5.28. 2006다65903).

[**❹ ▸ ✕**] 합명회사의 청산절차에서는 사원의 퇴사가 허용되지 아니하므로 소외 1의 위 퇴사는 효력이 없다(대판 2005.7.15. 2003다46963). 왜냐하면 청산 중인 합명회사는 청산의 목적범위 내에서만 존속하고 청산은 회사와 사원의 재산관계의 정리를 중심으로 하는 것이므로 회사의 해산 후 청산종결 전에 퇴사원인이 발생한 경우에는 원칙적으로 입사 또는 퇴사가 인정되지 않기 때문이다.

[**❺ ▸ ✕**] 사원이 아닌 자가 타인에게 자기를 사원이라고 오인시키는 행위를 하였을 때에는 오인으로 인하여 회사와 거래한 자에 대하여 사원과 동일한 책임을 진다(상법 제215조).

 ❷

73
☐☐☐

회사에 관한 다음 설명 중 가장 옳지 않은 것은?　　　　2020년 법무사시험 [문 30]

① 이른바 1인회사의 경우 1인 주주에 의하여 의결이 있었던 것으로 주주총회의사록이 작성되었다면 특별한 사정이 없는 한 그 내용의 결의가 있었던 것으로 볼 수 있고, 설령 그 주주총회의사록이 작성되지 아니한 경우라도 증거에 의하여 주주총회결의가 있었던 것으로 인정할 수 있다.

② 주식회사의 임시주주총회가 법령 및 정관상 요구되는 이사회의 결의 및 소집절차 없이 이루어졌다 하더라도, 주주명부상의 주주 전원이 참석하여 총회를 개최하는 데 동의하고 아무런 이의 없이 만장일치로 결의가 이루어졌다면 그 결의는 특별한 사정이 없는 한 유효하다.

③ 회사의 채무부담행위가 상법 제398조 소정의 이사의 자기거래에 해당하여 이사회의 승인을 요한다고 할지라도, 그 채무부담행위에 대하여 사전에 주주 전원의 동의가 있었다면 회사는 이사회의 승인이 없었음을 이유로 그 책임을 회피할 수 없다.

④ 합자회사의 경우 무한책임사원의 지분 양도는 유한책임사원을 포함한 모든 사원의 동의를 요하지만, 유한책임사원의 지분 양도는 유한책임사원 전원의 동의만 있으면 충분하고 다른 무한책임사원의 동의를 요하지 않는다.

⑤ 합명회사의 내부관계에 관한 상법 규정은 원칙적으로 임의규정이고 정관에서 상법 규정과 달리 정하는 것이 허용된다.

....

[❶ ▸ O] 주식회사에 있어서 회사가 설립된 이후 총주식을 한 사람이 소유하게 된 이른바 1인회사의 경우에는 그 주주가 유일한 주주로서 주주총회에 출석하면 전원 총회로서 성립하고 그 주주의 의사대로 결의가 될 것임이 명백하므로 따로 총회소집절차가 필요 없고, 실제로 총회를 개최한 사실이 없었다 하더라도 그 1인 주주에 의하여 의결이 있었던 것으로 주주총회의사록이 작성되었다면 특별한 사정이 없는 한 그 내용의 결의가 있었던 것으로 볼 수 있고, 이는 실질적으로 1인회사인 주식회사의 주주총회의 경우도 마찬가지이며, 그 주주총회의사록이 작성되지 아니한 경우라도 증거에 의하여 주주총회결의가 있었던 것으로 볼 수 있다(대판 2004.12.10. 2004다25123).

[❷ ▸ O] 주식회사의 임시주주총회가 법령 및 정관상 요구되는 이사회의 결의 및 소집절차 없이 이루어졌다 하더라도, 주주명부상의 주주 전원이 참석하여 총회를 개최하는 데 동의하고 아무런 이의 없이 만장일치로 결의가 이루어졌다면 그 결의는 특별한 사정이 없는 한 유효하다(대판 2002.12.24. 2000다69927).

[❸ ▸ O] 구 상법 제398조는 "이사는 이사회의 승인이 있는 때에 한하여 자기 또는 제3자의 계산으로 회사와 거래를 할 수 있다. 이 경우에는 민법 제124조의 규정을 적용하지 아니한다"라고 정하고 있다. 그러나 회사의 채무부담행위가 구 상법 제398조에서 정한 이사의 자기거래에 해당하여 이사회의 승인이 필요하다고 할지라도, 위 규정의 취지가 회사와 주주에게 예기치 못한 손해를 끼치는 것을 방지함에 있으므로, 그 채무부담행위에 대하여 주주 전원이 이미 동의하였다면 회사는 이사회의 승인이 없었음을 이유로 그 책임을 회피할 수 없다(대판 2017.8.18. 2015다5569).

[❹ ▸ ×] 합자회사에서 무한책임사원의 지분양도는 유한책임사원의 이해관계에도 영향을 미치므로, 총사원의 동의, 즉 무한책임사원뿐만 아니라 유한책임사원의 동의까지 요한다(상법 제269조, 제197조 참조). 반면, 유한책임사원의 지분양도는 <u>무한책임사원 전원의 동의만 있으면 된다</u>(상법 제276조 참조).

[❺ ▶ ○] 상법 제195조에 비추어 볼 때, 합명회사의 내부관계에 관한 상법 규정은 원칙적으로 임의규정이고, 정관에서 상법 규정과 달리 정하는 것이 허용된다. 이와 같이 합명회사의 정관에서 내부관계에 관하여 상법과 달리 정한 경우, 해당 정관 규정이 관련 상법 규정의 적용을 배제하는지는 해당 정관 규정의 내용, 관련 상법 규정의 목적, 합명회사의 특징 등 여러 사정을 종합적으로 고려하여 판단하여야 한다(대판 2015.5.29. 2014다51541).

답 ❹

제3절 **유한회사**

74
□□□

유한회사에 관한 다음 설명 중 가장 옳지 않은 것은?　　　　2023년 법무사시험 [문 43]

① 유한회사의 정관에서 특정 이사의 보수액을 구체적으로 정한 경우, 보수액은 임용계약의 내용이 되어 당사자인 회사와 이사 쌍방을 구속하므로, 특별한 사정이 없는 한 유한회사의 사원총회에서 임용계약의 내용으로 이미 편입된 이사의 보수를 감액하거나 박탈하는 결의를 하더라도, 이러한 사원총회 결의는 결의 자체의 효력과 관계없이 이사의 보수청구권에 아무런 영향을 미치지 못한다.

② 유한회사의 사원총회에서 선임된 이사가 회사와의 명시적 또는 묵시적 약정에 따라 그 업무를 다른 이사 등에게 포괄적으로 위임하고 이사로서의 실질적인 업무를 수행하지 않은 경우라 하더라도 특별한 사정이 없는 한 소극적인 직무 수행 사유만을 가지고 그 이사로서의 자격을 부정하거나 사원총회 결의에서 정한 보수청구권의 효력을 부정하기는 어렵다.

③ 유한회사 성립 후에 출자금액의 납입 또는 현물출자의 이행이 완료되지 아니하였음이 발견된 때에 회사성립 당시의 사원, 이사와 감사는 회사에 대하여 그 납입되지 아니한 금액 또는 이행되지 아니한 현물의 가액을 연대하여 지급할 책임이 있는데, 이때 사원의 책임은 면제하지 못하나, 이사와 감사의 책임은 총사원의 동의가 있으면 면제할 수 있다.

④ 유한회사 사원의 지분은 사원이 회사에 대하여 가지는 권리의무의 총체, 즉 사원권으로서 신분상의 권리와 아울러 재산상의 권리를 포함하고 있는 것이므로 재산상의 가치를 가지고 이를 현금화하는 것이 가능하므로 강제집행의 대상이 되고, 피전부채권으로서의 적격도 있다.

⑤ 유한회사의 사원권에 관한 명의신탁 해지로 명의신탁자가 사원권을 회복하기 위하여는 사원총회의 특별결의가 있는 때에 한하여 그 효력이 생기고, 해지의 의사표시만에 의하여 수탁된 지분이 바로 명의신탁자에게 복귀하는 것은 아니다.

[**❶ ▸ O**] 유한회사에서 상법 제567조, 제388조에 따라 정관 또는 사원총회 결의로 특정 이사의 보수액을 구체적으로 정하였다면, 보수액은 임용계약의 내용이 되어 당사자인 회사와 이사 쌍방을 구속하므로, 이사가 보수의 변경에 대하여 명시적으로 동의하였거나, 적어도 직무의 내용에 따라 보수를 달리 지급하거나 무보수로 하는 보수체계에 관한 내부규정이나 관행이 존재함을 알면서 이사직에 취임한 경우와 같이 직무내용의 변동에 따른 보수의 변경을 감수한다는 묵시적 동의가 있었다고 볼 만한 특별한 사정이 없는 한, 유한회사가 이사의 보수를 일방적으로 감액하거나 박탈할 수 없다. 따라서 유한회사의 사원총회에서 임용계약의 내용으로 이미 편입된 이사의 보수를 감액하거나 박탈하는 결의를 하더라도, 이러한 사원총회 결의는 결의 자체의 효력과 관계없이 이사의 보수청구권에 아무런 영향을 미치지 못한다(대판 2017.3.30. 2016다21643).

[**❷ ▸ O**] 유한회사의 사원총회에서 이사로 선임된 사람이 회사와 계약을 맺고 이사로 취임한 경우에, 상법 제388조, 제567조에 따라 정관 또는 사원총회에서 정한 금액·지급시기·지급방법에 의하여 보수를 받을 수 있다. 이에 비추어 보면, 비록 사원총회에서 선임된 이사가 회사와의 명시적 또는 묵시적 약정에 따라 그 업무를 다른 이사 등에게 포괄적으로 위임하고 이사로서의 실질적인 업무를 수행하지 않은 경우라 하더라도 이사로서 상법 제399조, 제401조, 제567조 등에서 정한 법적 책임을 지므로, 그 이사를 선임하거나 보수를 정한 사원총회 결의의 효력이 무효이거나 또한 위와 같은 소극적인 직무수행이 사원총회에서 그 이사를 선임하면서 예정하였던 직무 내용과 달라 사원총회에서 한 선임 결의 및 보수지급 결의에 위배되는 배임적인 행위에 해당하는 등의 특별한 사정이 없다면, 위와 같은 소극적인 직무 수행 사유만을 가지고 그 이사로서의 자격을 부정하거나 사원총회 결의에서 정한 보수청구권의 효력을 부정하기는 어렵다(대판 2015.8.27. 2015다200524).

[**❸ ▸ O**] 상법 제551조 제1항, 제2항, 제3항

상법 제551조(출자미필액에 대한 회사성립 시의 사원 등의 책임)

① 회사성립 후에 출자금액의 납입 또는 현물출자의 이행이 완료되지 아니하였음이 발견된 때에는 회사성립 당시의 사원, 이사와 감사는 회사에 대하여 그 납입되지 아니한 금액 또는 이행되지 아니한 현물의 가액을 연대하여 지급할 책임이 있다.

② 전항의 사원의 책임은 면제하지 못한다.

③ 제1항의 이사와 감사의 책임은 총사원의 동의가 없으면 면제하지 못한다.

[**❹ ▸ X**] 사원의 지분에 대한 압류는 사원의 장래 이익의 배당 및 지분환급청구권에도 그 효력이 미치고(상법 제223조, 제269조), 그 밖에 해산한 경우에 생기는 사원의 잔여재산분배청구권에도 미친다(상법 제260조, 제269조, 제287조의45). 이러한 청구권은 구체적으로 발생할 때까지 액수가 정해져 있지 않으므로 액수가 정해질 때까지 추심할 수 없고, 사원의 지분은 금전채권이 아니므로 전부명령의 방법도 취할 수 없다(대결 2004.7.5. 2004마463 참조).

전부명령은 압류된 채권을 지급에 갈음하여 압류채권자에게 이전시키고 그것으로 채무자가 변제를 한 것으로 간주하는 제도이므로 그 대상인 피압류채권은 금전채권이어야 하고, 또한 양도성이 있어야 하는데, 이 사건 피압류채권인 유한회사의 지분은 민사집행법 제229조 제1항이 정한 금전채권에 해당하지 아니하고, 사원총회의 결의가 있는 경우에 한하여 지분을 양도할 수 있으며 다만 사원 상호 간의 양도에 대하여는 정관으로 달리 정할 수 있을 뿐이어서(상법 제556조) 피전부채권으로서의 적격이 없고, 유한회사의 지분을 압류한 채권자로서는 총사원의 승낙서를 첨부하여 민사집행법 제241조가 정한 양도명령이나 매각명령의 방법으로 유한회사 지분을 현금화하여 채권의 만족을 얻거나, 사원의 이익배당청구권(상법 제580조)과 잔여재산분배청구권(상법 제612조)이 구체화되어 그 행사를 할 수 있는 시기가 도래할 경우 그 채권에 대하여 추심명령이나 전부명령 등의 현금화절차를 거쳐 채권의 만족을 얻을 수 있을 뿐이다(대결 2004.7.5. 2004마463).

PART 1

PART 2

PART 3

PART 4

PART 5

PART 6

PART 7

PART 8

[**⑤** ▶ ○] 상법 제556조 제1항의 규정 취지는 소수의 사원으로 구성되고 사원의 개성이 중시되며 사원 상호 간의 긴밀한 신뢰관계를 기초로 하는 유한회사에 있어서 사원이 그 지분을 자유롭게 양도할 수 있도록 허용하게 되면 회사에 우호적이지 않은 자가 사원이 될 수 있어 경영의 원활과 사원 상호 간의 신뢰관계를 저해하게 되는 결과 유한회사가 가지는 폐쇄성·비공개성에 반하게 되므로 이를 방지하기 위한 것이라 할 것인바, 유한회사의 지분(사원권)에 관한 명의신탁 해지의 경우에도 사원의 변경을 가져오므로 위 규정을 유추적용하여 사원총회의 특별결의가 있어야 그 효력이 생긴다고 보는 것이 법의 취지에 비추어 상당하다고 할 것이고, 따라서 해지의 의사표시만에 의하여 수탁된 지분이 바로 명의신탁자에게 복귀하는 것은 아니다(대판 1997.6.27. 95다20140).

답 **❹**

유한책임회사

75
□□□

유한책임회사에 관한 다음 설명 중 가장 옳지 않은 것은?   2022년 법무사시험 [문 35]

① 유한책임회사의 설립 시 사원은 신용이나 노무를 출자의 목적으로 하지 못한다.
② 유한책임회사의 사원은 다른 사원의 동의를 받지 아니하면 그 지분의 전부 또는 일부를 타인에게 양도하지 못한다.
③ 유한책임회사는 법인을 업무집행자로 선임할 수 있고, 이 경우 그 법인은 해당 업무집행자의 직무를 행할 자를 선임하여야 한다.
④ 유한책임회사는 총사원의 동의에 의하여 유한회사로 변경할 수 있다.
⑤ 유한책임회사의 업무집행자는 결산기마다 대차대조표, 손익계산서, 그 밖에 유한책임회사의 재무상태와 경영성과를 표시하는 것으로서 대통령령으로 정하는 서류를 작성하여야 한다.

....

[**❶** ▶ ○] (유한책임회사의) 사원은 신용이나 노무를 출자의 목적으로 하지 못한다(상법 제287조의4 제1항).
[**❷** ▶ ○] (유한책임회사의) 사원은 다른 사원의 동의를 받지 아니하면 그 지분의 전부 또는 일부를 타인에게 양도하지 못한다(상법 제287조의8 제1항).
[**❸** ▶ ○] 법인이 업무집행자인 경우에는 그 법인은 해당 업무집행자의 직무를 행할 자를 선임하고, 그자의 성명과 주소를 다른 사원에게 통지하여야 한다(상법 제287조의15 제1항).
[**❹** ▶ ✕] 유한책임회사는 총사원의 동의에 의하여 <u>주식회사</u>로 변경할 수 있다(상법 제287조의43 제2항). 회사의 조직변경은 성질이 비슷한 합명회사와 합자회사 **상호 간**(상법 제242조, 제286조), 주식회사와 유한회사 **상호 간**(상법 제604조 제1항, 제607조 제1항), **주식회사와 유한책임회사 상호 간**(상법 제287조의43)에만 허용된다.
[**❺** ▶ ○] (유한책임회사의) 업무집행자는 결산기마다 대차대조표, 손익계산서, 그 밖에 유한책임회사의 재무상태와 경영성과를 표시하는 것으로서 대통령령으로 정하는 서류를 작성하여야 한다(상법 제287조의33).

답 **❹**

76

다음 중 유한책임회사 설립등기사항을 모두 고른 것은?

> ㉠ 목적, 상호, 본점의 소재지, 지점을 둔 경우에는 그 소재지
> ㉡ 존립기간 기타 해산사유를 정한 때에는 그 기간 또는 사유
> ㉢ 자본금의 액
> ㉣ 사원의 성명・주민등록번호
> ㉤ 유한책임회사를 대표할 자를 정한 경우에는 그 성명 또는 명칭과 주소

① ㉠, ㉡, ㉤
② ㉠, ㉣, ㉤
③ ㉠, ㉡, ㉢, ㉣
④ ㉠, ㉡, ㉢, ㉤
⑤ ㉠, ㉡, ㉢, ㉣, ㉤

[㉠▸O] [㉡▸O] [㉢▸O] [㉣▸X] [㉤▸O] 업무집행자의 인적사항은 설립등기사항이나,
<u>사원의 인적사항은 설립등기사항이 아니다.</u>

> **상법 제287조의5(설립의 등기 등)**
> ① 유한책임회사는 본점의 소재지에서 다음 각 호의 사항을 등기함으로써 성립한다.
> 1. 제179조 제1호(<u>목적</u>)・제2호(<u>상호</u>) 및 제5호(<u>본점의 소재지</u>)에서 정한 사항과 <u>지점을 둔 경우에는</u>
>   <u>그 소재지</u>(㉠)
> 2. 제180조 제3호(<u>존립기간 기타 해산사유를 정한 때에는 그 기간 또는 사유</u>)에서 정한 사항(㉡)
> 3. <u>자본금의 액</u>(㉢)
> 4. 업무집행자의 성명, 주소 및 주민등록번호(법인인 경우에는 명칭, 주소 및 법인등록번호). 다만,
>   유한책임회사를 대표할 업무집행자를 정한 경우에는 그 외의 업무집행자의 주소는 제외한다.
> 5. <u>유한책임회사를 대표할 자를 정한 경우에는 그 성명 또는 명칭과 주소</u>(㉤)
> 6. 정관으로 공고방법을 정한 경우에는 그 공고방법
> 7. 둘 이상의 업무집행자가 공동으로 회사를 대표할 것을 정한 경우에는 그 규정

답 ❹

제4편 어음법·수표법

제1장 어음법·수표법 총론

제1절 개 관

01
□□□ **어음법 및 수표법상 환어음, 약속어음, 수표의 비교에 관한 다음 설명 중 가장 옳지 않은 것은?**
2022년 법무사시험 [문 47]

① 환어음은 조건 없이 일정한 금액을 지급할 것을 위탁하는 뜻을 적고, 약속어음은 조건 없이 일정한 금액을 지급할 것을 약속하는 뜻을 적는다.

② 약속어음은 지급인이 없고 따라서 지급지도 기재하지 않는다.

③ 수표에는 만기와 수취인을 기재할 필요가 없다.

④ 수표는 발행인이 처분할 수 있는 자금이 있는 은행을 지급인으로 한다. 그러나 이를 위반하는 경우에도 수표로서의 효력에 영향을 미치지 않는다.

⑤ 환어음과 달리 수표는 인수하지 못한다.

⋯⋯⋯

[❶ ▸ ○] 환어음은 지급위탁증권으로 지급위탁 문언을(어음법 제1조 제2호), 약속어음은 지급약속증권으로 지급약속의 문언을 기재하여야 한다(어음법 제75조 제2호).

[❷ ▸ ×] 약속어음은 환어음과 달리 지급인이 존재하지 않으나, <u>지급지는 발행인의 채무이행 지역으로 이를 기재하지 않으면 어음은 무효가 된다</u>(어음법 제75조 제4호).

> **어음법 제1조(어음의 요건)**
> 환어음(換어음)에는 다음 각 호의 사항을 적어야 한다.
> 1. 증권의 본문 중에 그 증권을 작성할 때 사용하는 국어로 환어음임을 표시하는 글자
> 2. 조건 없이 일정한 금액을 지급할 것을 위탁하는 뜻
> 3. 지급인의 명칭

4. 만기(滿期)

5. 지급지(支給地)

6. 지급받을 자 또는 지급받을 자를 지시할 자의 명칭

7. 발행일과 발행지(發行地)

8. 발행인의 기명날인(記名捺印) 또는 서명

어음법 제75조(어음의 요건)

약속어음에는 다음 각 호의 사항을 적어야 한다.

1. 증권의 본문 중에 그 증권을 작성할 때 사용하는 국어로 약속어음임을 표시하는 글자

2. 조건 없이 일정한 금액을 지급할 것을 약속하는 뜻

3. 만 기

4. 지급지

5. 지급받을 자 또는 지급받을 자를 지시할 자의 명칭

6. 발행일과 발행지

7. 발행인의 기명날인 또는 서명

[❸ ▸ ○] 환어음과 다르게 수표는 만기와 수취인이 필수적 기재사항이 아니다(수표법 제1조). 수표는 지급증권이므로 만기가 없고 언제나 일람출급이며, 이를 기재하더라도 무익적 기재사항이다(수표법 제28조 제1항). 또한 수표는 수취인을 기재하지 않고 소지인출급식으로 발행할 수도 있고(수표법 제5조 제1항 제3호), 이를 기재하여 기명식 또는 지시식으로 발행할 수도 있으므로(수표법 제5조 제1항 제1호) 수표에서 수취인은 유익적 기재사항이다.

수표법 제1조(수표의 요건)

수표에는 다음 각 호의 사항을 적어야 한다.

1. 증권의 본문 중에 그 증권을 작성할 때 사용하는 국어로 수표임을 표시하는 글자

2. 조건 없이 일정한 금액을 지급할 것을 위탁하는 뜻

3. 지급인의 명칭

4. 지급지(支給地)

5. 발행일과 발행지(發行地)

6. 발행인의 기명날인(記名捺印) 또는 서명

[❹ ▸ ○] 수표는 제시한 때에 발행인이 처분할 수 있는 자금이 있는 은행을 지급인으로 하고, 발행인이 그 자금을 수표에 의하여 처분할 수 있는 명시적 또는 묵시적 계약에 따라서만 발행할 수 있다. 그러나 이 규정을 위반하는 경우에도 수표로서의 효력에 영향을 미치지 아니한다(수표법 제3조).

[❺ ▸ ○] 수표는 인수하지 못한다. 수표에 적은 인수의 문구는 적지 아니한 것으로 본다(수표법 제4조).

 답 ❷

제1항 어음행위의 의의와 성립요건

02
어음·수표행위의 성립요건에 관한 다음 설명 중 가장 옳지 않은 것은?

① 무인 또는 지장을 찍는 것은 유효한 날인이 될 수 없다.
② 어음·수표행위자의 진정한 의사에 기하여 기명날인이 이루어진 이상 기명과 날인이 서로 일치하지 않더라도 유효한 것으로 본다.
③ 약속어음의 발행인 명의가 회사 대표이사인 개인으로만 되어 있고 별다른 뜻이 표시되어 있지 아니한 경우 날인된 인영에 법인의 명칭이 나타나 있더라도 이를 가지고 법인의 명칭이 기재되었다고 할 수 없다.
④ 'A 주식회사 甲'이라고 기명하고, 그 옆에 'A 주식회사 대표이사'라고 날인하여 그 인영에 대표이사라는 사실이 드러나더라도 법인의 어음·수표행위로는 볼 수 없다.
⑤ 대표기관의 기명날인이 없이 법인의 명칭만을 기재하고 대표기관의 날인만 있는 경우에는 무효이다.

....

[❶▸○] 약속어음의 서명에 갈음하는 기명날인을 함에는 날인은 인장을 압날하여야 하고 무인으로 한 발행행위는 무효이다(대판 1956.4.26. 4288민상424). 배서날인에는 기명무인은 포함되지 않으므로 기명무인으로서 한 어음행위는 무효라 할 것이어서 약속어음에 수차 배서가 될 경우에 시초에만 배서가 기명무인이 되었다면 그 어음에는 본조가 규정한 배서의 연속이 없고 위 무효인 배서 이후의 어음취득자는 배서의 연속에 의하여 그 권리를 증명한 자라 할 수 없다(대판 1962.11.1. 62다604). 즉, 무인 또는 지장은 유효한 날인이 될 수 없다는 것이 통설·판례의 입장이다.

[❷▸○] 어음법상의 기명날인이라는 것은 기명된 자와 여기에 압날된 인영이 반드시 합치됨을 요구한다고 볼 근거는 없으므로 약속어음에 기명이 되고 거기에 어떤 인장이 압날되어 있는 이상 외관상 날인이 전연 없는 경우와는 구별되어야 한다(대판 1978.2.28. 77다2489).

[❸▸○] 약속어음의 발행인 명의가 회사 대표이사인 개인 갑으로만 되어 있고, 동인이 회사를 위하여 발행하였다는 뜻이 표시되어 있지 아니한 이상, 그 명하에 날인된 인영이 회사의 대표이사 직인이라 할지라도 그 어음은 동인이 회사를 대표하여 발행한 것이라고 볼 수 없다(대판 1979.3.27. 78다2477).

[❹▸✕] 피고 회사의 대표이사인 소외 갑이 어음을 발행함에 있어 명의표시와 날인형식의 예에 따라 "피고 회사 갑"이라고 표시하고 등록된 "대표이사 갑인"이라고 된 회사 대표이사 직인을 날인하였다면 피고 회사는 어음상의 의무가 있다 할 것이다(대판 1969.9.23. 69다930).

[❺▸○] 은행 지점장이 수취인이 은행인 약속어음의 배서인란에 지점의 주소와 지점 명칭이 새겨진 명판을 찍고 기명을 생략한 채 자신의 사인(私印)을 날인하는 방법으로 배서한 경우, 그 배서는 행위자인 대리인의 기명이 누락되어 그 요건을 갖추지 못한 무효의 배서이므로 배서의 연속에 흠결이 있다 할 것이다(대판 1999.3.9. 97다7745).

답 ❹

03
☐☐☐

어음행위의 대리에 관한 다음 설명 중 가장 옳지 않은 것은? 2021년 법무사시험 [문 34]

① 어음상에 대리인 자신을 위한 어음행위가 아니고 본인을 위하여 어음행위를 한다는 취지를 인식할 수 있을 정도의 표시가 있으면 대리관계의 표시로 보아야 할 것이어서, "甲주식회사 이사 乙"이라는 표시는 甲주식회사의 대리관계의 표시로써 적법한 표시이다.

② 조합의 어음행위는 조합의 성질상 조합원 전원이 기명날인 또는 서명을 하여야 하고, 대표조합원이 그 대표자격을 밝히고 조합원 전원을 대리하여 서명한 경우라도 조합원 전원에 대한 유효한 어음행위가 될 수 없다.

③ 약속어음의 보증 부분이 위조된 경우, 해당 약속어음을 배서, 양도받는 제3취득자는 위 보증행위가 민법 제126조 소정의 표현대리행위로서 보증인에게 그 효력이 미친다고 주장할 수 있는 제3자에 해당하지 않는다.

④ 어음위조의 경우에도 제3자가 어음행위를 실제로 한 자에게 그와 같은 어음행위를 할 수 있는 권한이 있다고 믿을 만한 사유가 있고, 본인에게 책임을 질 만한 사유가 있는 때에는 대리방식에 의한 어음행위의 경우와 마찬가지로 민법상의 표현대리 규정을 유추적용하여 본인에게 그 책임을 물을 수 있다.

⑤ 어음행위의 대리 또는 대행권한을 수여받은 자가 그 수권의 범위를 넘어 어음행위를 한 경우에 본인은 그 수권의 범위 내에서는 대리 또는 대행자와 함께 어음상의 채무를 부담한다.

··

[❶ ▸ ○] 회사나 기타 법인이 어음행위를 하려면 대표기관이 그 법인을 위하여 하는 것임을 표시하고 자기성명을 기재하여야 하는 것은 대표기관 자신이 직접 어음행위를 하는 경우이고 대리인이 어음행위를 하려면 어음상에 대리관계를 표시하여야 하는바, 그 표시방법에 대하여 특별한 규정이 없으므로 어음상에 대리인 자신을 위한 어음행위가 아니고 본인을 위하여 어음행위를 한다는 취지를 인식할 수 있을 정도의 표시가 있으면 대리관계의 표시로 보아야 할 것인바, 본건에 있어 "연합실업주식회사 이사 소외 2"라는 표시는 동 회사의 대리관계의 표시로써 적법한 표시로 인정하여야 할 것이다(대판 1973.12.26. 73다1436).

[❷ ▸ ✕] 조합의 어음행위는 전 조합원의 어음상의 서명에 의한 것은 물론 <u>대표조합원이 그 대표자격을 밝히고 조합원 전원을 대리하여 서명하였을 경우에도 유효하다</u>(대판 1970.8.31. 70다1360).

[❸ ▸ ○] 표현대리에 관한 민법 제126조의 규정에서 제3자라 함은 당해 표현대리행위의 직접 상대방이 된 자만을 지칭하는 것이고, 약속어음의 보증은 발행인을 위하여 그 어음금채무를 담보할 목적으로 하는 보증인의 단독행위이므로 그 행위의 구체적, 실질적인 상대방은 어음의 제3취득자가 아니라 발행인이라 할 것이어서 약속어음의 보증 부분이 위조된 경우, 동 약속어음을 배서, 양도받는 제3취득자는 위 보증행위가 민법 제126조 소정의 표현대리행위로서 보증인에게 그 효력이 미친다고 주장할 수 있는 제3자에 해당하지 않는다(대판 2002.12.10. 2001다58443).

[❹ ▸ ○] 다른 사람이 본인을 위하여 한다는 대리문구를 어음상에 기재하지 않고 직접 본인 명의로 기명날인을 하여 어음행위를 하는 이른바 기관방식 또는 서명대리방식의 어음행위가 권한 없는 자에 의하여 행하여졌다면 이는 어음행위의 무권대리가 아니라 어음의 위조에 해당하는 것이기는 하나, 그 경우에도 제3자가 어음행위를 실제로 한 자에게 그와 같은 어음행위를 할 수 있는 권한이 있다고 믿을

만한 사유가 있고, 본인에게 책임을 질 만한 사유가 있는 때에는 대리방식에 의한 어음행위의 경우와 마찬가지로 민법상의 표현대리 규정을 유추적용하여 본인에게 그 책임을 물을 수 있다(대판 2000.3.23. 99다50385).

[❺▶○] 어음행위의 대리 또는 대행권한을 수여받은 자가 그 수권의 범위를 넘어 어음행위를 한 경우에 본인은 그 수권의 범위 내에서는 대리 또는 대행자와 함께 어음상의 채무를 부담한다(대판 2001.2.23. 2000다45303).

답

 제4항   어음의 위조와 변조

04 □□□ 　어음의 위·변조에 관한 다음 설명 중 가장 옳지 않은 것은?　　　　2020년 법무사시험 [문 25]

① 위조된 수표를 할인에 의하여 취득한 사람이 그로 인하여 입게 되는 손해액은 특별한 사정이 없는 한 그 수표가 진정한 것이었다면 그 소지인이 지급받았을 것으로 인정되는 그 수표의 액면에 상당하는 금액이지, 그 위조수표를 취득하기 위하여 현실적으로 출연한 할인금에 상당하는 금액이 아니라고 봄이 상당하다.

② 어음발행인이라 하더라도 어음상에 권리의무를 가진 자가 있는 경우에는 이러한 자의 동의를 받지 아니하고 어음의 기재내용에 변경을 가하였다면 이는 변조에 해당한다. 약속어음에 배서인이 있는 경우 배서인은 어음행위를 할 당시의 문언에 따라 어음상의 책임을 지는 것이지 그 변조된 문언에 의한 책임을 지울 수는 없다.

③ 약속어음의 배서가 위조된 경우에도 배서의 연속이 흠결된 것이라고 할 수 없으므로 피배서인은 배서가 위조되었는지의 여부에 관계없이 배서의 연속이 있는 약속어음의 적법한 소지인으로 추정되며 다만 발행인은 소지인이 악의 또는 중대한 과실로 취득한 사실을 주장·입증하여 발행인으로서의 어음채무를 면할 수 있을 뿐이다.

④ 어음이 위조된 경우 피위조자는 민법상 표현대리에 관한 규정이 유추적용될 수 있다는 등의 특별한 경우를 제외하고는 원칙적으로 어음상의 책임을 지지 아니한다.

⑤ 피위조자의 추인은 묵시적으로도 가능하나 피위조자가 묵시적으로 추인하였다고 인정하려면 추인의 의사가 표시되었다고 볼 만한 사유가 인정되어야 한다.

....

[❶▶×] 위조된 수표를 할인에 의하여 취득한 사람이 그로 인하여 입게 되는 손해액은 특별한 사정이 없는 한 그 위조수표를 취득하기 위하여 현실적으로 출연한 할인금에 상당하는 금액이지, 그 수표가 진정한 것이었더라면 그 수표의 소지인이 지급받았을 것으로 인정되는 그 수표의 액면에 상당하는 금액이 아니다(대판[전합] 1992.6.23. 91다43848).

[❷▶○] 어음발행인이라 하더라도 어음상에 권리의무를 가진 자가 있는 경우에는 이러한 자의 동의를 받지 아니하고 어음의 기재내용에 변경을 가하였다면 이는 변조에 해당할 것이고 약속어음에 배서인이 있는 경우 배서인은 어음행위를 할 당시의 문언에 따라 어음상의 책임을 지는 것이지 그 변조된 문언에 의한 책임을 지울 수는 없다(대판 1987.3.24. 86다카37).

[❸▶○] 약속어음의 배서가 위조된 경우에도 배서의 연속이 흠결된 것이라고 할 수 없으므로 피배서인은 배서가 위조되었는지의 여부에 관계없이 배서의 연속이 있는 약속어음의 적법한 소지인으로 추정되며 다만 발행인은 소지인이 악의 또는 중대한 과실로 취득한 사실을 주장·입증하여 발행인으로서의 어음채무를 면할 수 있을 뿐이다(대판 1974.9.24. 74다902).

[**❹** ▸ **O**] 어음이 위조된 경우에 피위조자는 민법상 표현대리에 관한 규정이 유추적용될 수 있다는 등의 특별한 경우를 제외하고는 원칙적으로 어음상의 책임을 지지 아니하나, 피용자가 어음위조로 인한 불법행위에 관여한 경우에 그것이 사용자의 업무집행과 관련한 위법한 행위로 인하여 이루어졌으면 그 사용자는 민법 제756조에 의한 손해배상책임을 지는 경우가 있다(대판[전합] 1994.11.8. 93다21514).

[**❺** ▸ **O**] 무권대리행위에 대한 추인은 무권대리행위로 인한 효과를 자기에게 귀속시키려는 의사표시 이니만큼 무권대리행위에 대한 추인이 있었다고 하려면 그러한 의사가 표시되었다고 볼 만한 사유가 있어야 하고, 무권대리행위가 범죄가 되는 경우에 대하여 그 사실을 알고도 장기간 형사고소를 하지 아니하였다 하더라도 그 사실만으로 묵시적인 추인이 있었다고 할 수는 없는바, 권한 없이 기명날인을 대행하는 방식에 의하여 약속어음을 위조한 경우에 피위조자가 이를 묵시적으로 추인하였다고 인정하려 면 추인의 의사가 표시되었다고 볼 만한 사유가 있어야 한다(대판 1998.2.10. 97다31113).

답 ❶

제3절 **어음의 선의취득**

제4절 **어음항변**

05
☐☐☐

다음 설명 중 가장 옳지 않은 것은?   2024년 법무사시험 [문 35]

① 약속어음의 소지인이 그 어음이 지급기일에 지급거절되자 자기의 전자에게 피배서인이 백지인 배서가 되어 있는 상태로 교부하여 전자가 그 어음발행인을 상대로 어음금청구의 소를 제기하였으 나 인적항변의 대항을 받아 패소하자 다시 그 어음을 교부받아 그 어음발행인을 상대로 어음금청구 의 소를 제기한 경우, 그 어음발행인은 전자에 대한 인적항변으로 그 어음소지인에게 대항할 수 없다.

② 어음면의 기재 자체로 보아 국내어음으로 인정되는 경우에 있어서는 그 어음면상 발행지의 기재가 없는 경우라고 할지라도 이를 무효의 어음으로 볼 수 없다.

③ 어음발행인이 지급기일에 피사취신고 등 사고신고를 하면서 어음액면금 상당의 사고신고담보금을 지급은행에 예치하였다 하더라도, 어음소지인에 대한 변제공탁으로서 효력을 갖는다고 볼 수 없다.

④ 어음발행인에 대한 법인회생절차에서 어음소지인의 어음상의 권리가 회생계획의 규정에 따라 변경 되었다고 하더라도 어음소지인이 지급은행에 대하여 갖는 사고신고담보금에 대한 권리에는 아무런 영향이 없다.

⑤ 어음발행인과 지급은행 사이에 체결된 사고신고담보금의 처리를 위한 약정서상에 지급은행이 어음 발행인에게 담보금을 지급하는 경우의 하나로 '당해 어음과 관련하여 이해관계인이 소송계속중임 을 입증하는 서면을 지급은행에 제출한 바가 없고 지급제시일로부터 6개월이 경과한 경우'를 정하 고 있고, 제3자가 배서인을 채무자, 지급은행을 제3채무자로 하여 사고신고담보금에 대하여 채권 압류 및 전부명령을 받은 경우, 제3자가 받은 위 압류 및 전부명령의 송달만으로는 사고신고담보금 의 처리를 위한 약정서상의 소송계속 중임을 증명하는 서면이 제출된 것으로 볼 수 없다.

[**❶** ▸ **×**] 약속어음의 소지인이 그 어음이 지급기일에 지급거절되자 자기의 전자에게 피배서인이 백지인 배서가 되어 있는 상태로 교부하여 전자가 그 어음발행인을 상대로 어음금청구의 소를 제기하였으나 인적항변의 대항을 받아 패소하자 다시 그 어음을 교부받아 그 어음발행인을 상대로 어음금청구의 소를 제기한 경우, <u>그 어음발행인은 전자에 대한 인적항변으로 그 어음소지인에게 대항할 수 있다</u>(대판 2002.4.26. 2000다42915).

[**❷** ▸ **○**] 어음에 있어서 발행지의 기재는 발행지와 지급지가 국토를 달리하거나 세력을 달리하는 어음 기타 국제어음에 있어서는 어음행위의 중요한 해석 기준이 되는 것이지만 국내에서 발행되고 지급되는 이른바 국내어음에 있어서는 별다른 의미를 가지지 못하고, 또한 일반의 어음거래에 있어서 발행지가 기재되지 아니한 국내어음도 어음요건을 갖춘 완전한 어음과 마찬가지로 당사자 간에 발행·양도 등의 유통이 널리 이루어지고 있으며, 어음교환소와 은행 등을 통한 결제 과정에서도 발행지의 기재가 없다는 이유로 지급거절됨이 없이 발행지가 기재된 어음과 마찬가지로 취급되고 있음은 관행에 이른 정도인 점에 비추어 볼 때, 발행지의 기재가 없는 어음의 유통에 관여한 당사자들은 완전한 어음에 의한 것과 같은 유효한 어음행위를 하려고 하였던 것으로 봄이 상당하므로, 어음면의 기재 자체로 보아 국내어음으로 인정되는 경우에 있어서는 그 어음면상 발행지의 기재가 없는 경우라고 할지라도 이를 무효의 어음으로 볼 수는 없다(대판[전합] 1998.4.23. 95다36466).

[**❸** ▸ **○**] 어음발행인이 지급기일에 피사취신고 등 사고신고를 하면서 어음액면금 상당의 사고신고담보금을 지급은행에 예치하였다 하더라도, 어음소지인에 대한 변제공탁으로서 효력을 갖는다고 볼 수는 없고, 지급기일부터의 이자나 지연손해금의 발생이 저지되는 효력이 생긴다고 볼 수도 없다. 그리고 이는 어음소지인이 나중에 지급은행으로부터 사고신고담보금을 지급받았다고 하여 달리 볼 것도 아니다 (대판 2017.2.3. 2016다41425).

[**❹** ▸ **○**] 어음발행인이 어음의 피사취 등을 이유로 지급은행에게 사고신고와 함께 어음금의 지급정지를 의뢰하면서 체결한 "어음소지인이 어음금지급청구소송에서 승소하고 판결확정증명 또는 확정판결과 동일한 효력이 있는 것으로 지급은행이 인정하는 증서를 제출한 경우 등에는 지급은행이 어음소지인에게 사고신고담보금을 지급한다."는 사고신고담보금의 처리에 관한 약정은 제3자를 위한 계약으로서, 어음소지인과 어음발행인 사이의 수익의 원인관계에 변경이 있다고 하더라도 특별한 사정이 없는 한 낙약자인 지급은행이 제3자인 어음소지인에 대하여 부담하는 급부의무에는 영향이 없다고 할 것이므로, 어음발행인에 대한 회사정리절차에서 어음소지인의 어음상의 권리가 정리계획의 규정에 따라 변경되었다고 하더라도 이는 정리채권인 어음소지인의 어음상의 권리에만 영향을 미치는 것에 불과하고 어음소지인이 지급은행에 대하여 갖는 사고신고담보금에 대한 권리에는 아무런 영향을 미칠 수 없다(대판 2005.3.24. 2004다71928).

[**❺** ▸ **○**] 어음발행인과 지급은행 사이에 체결된 사고신고담보금의 처리를 위한 약정서상에 지급은행이 어음발행인에게 담보금을 지급하는 경우의 하나로 '당해 어음과 관련하여 이해관계인이 소송계속 중임을 입증하는 서면을 지급은행에 제출한 바가 없고 지급제시일로부터 6개월이 경과한 경우'를 정하고 있다면, 이로써 사고신고담보금 예치계약의 당사자인 어음발행인에게 동 계약에 대한 해지권을 부여하는 데에 있다고 할 것이므로, 이러한 소정의 사유가 발생한 경우, 그로 인하여 사고신고담보금의 반환청구권이 곧바로 어음발행인에게 확정적으로 귀속하는 것은 아니라고 할지라도, 그 후 정당한 어음권리자로 판명된 어음소지인이 수익의 의사표시를 하여 오는 등의 특별한 사정이 없는 한, 지급은행으로서는 어음발행인의 지급청구에 따라 사고신고담보금을 반환할 의무가 있다. 제3자가 배서인을 채무자, 지급은행을 제3채무자로 하여 사고신고담보금에 대하여 채권압류 및 전부명령을 받은 경우, 제3자가 받은 위 압류 및 전부명령의 송달만으로는 사고신고담보금의 처리를 위한 약정서상의 소송계속 중임을 증명하는 서면이 제출된 것으로 볼 수 없다(대판 1998.11.24. 98다33154).

답 **❶**

06
□□□

어음관계와 원인관계에 관한 다음 설명 중 가장 옳지 않은 것은? 2021년 법무사시험 [문 27]

① 채무자가 기존 채무의 이행에 관하여 채권자에게 어음을 교부하는 경우에 어음상의 주채무자가 원인관계상의 채무자와 동일하지 아니한 때에는 제3인인 어음상의 주채무자에 의한 지급이 예정되어 있으므로 이는 '지급을 위하여' 교부된 것으로 추정되지만, '지급에 갈음하여' 교부된 것으로 볼 만한 특별한 사정이 있는 경우에는 그러한 추정은 깨진다.

② 원인채권의 지급을 확보하기 위한 방법으로 어음이 수수된 경우, 채권자가 어음채권에 기하여 청구를 하더라도 원인채권의 소멸시효를 중단시키는 효력은 없다.

③ 다른 사람이 발행 또는 배서양도하는 약속어음에 배서인이 된 사람은 그 배서로 인한 어음상의 채무만을 부담하는 것이 원칙이고, 특별히 채권자에 대하여 자기가 그 발행 또는 배서양도의 원인이 된 채무까지 보증하겠다는 뜻으로 배서한 경우에 한하여 그 원인채무에 대한 보증책임을 부담한다.

④ 어음에 의하여 청구를 받은 자는 종전의 소지인에 대한 인적 관계로 인한 항변으로써 소지인에게 대항하지 못하는 것이 원칙이지만, 자기에 대한 배서의 원인관계가 흠결됨으로써 어음소지인이 그 어음을 소지할 정당한 권원이 없어지고 어음금의 지급을 구할 경제적 이익이 없게 된 경우에는 인적항변 절단의 이익을 향유할 지위에 있지 않다고 보아야 한다.

⑤ 채무자가 채권자에게 기존 채무의 이행에 관하여 교부한 어음이 '지급을 위하여' 교부된 것으로 추정되는 경우, 채권자가 기존 채무의 변제기보다 후의 일자가 만기로 된 어음을 교부받은 때에는 특별한 사정이 없는 한 기존채무의 지급을 유예하는 의사가 있었다고 보아야 한다.

....

[❶ ▸ ○] 기존 채무의 이행에 관하여 채무자가 채권자에게 어음을 교부할 때의 당사자의 의사는 기존 원인채무의 '지급에 갈음하여', 즉 기존 원인채무를 소멸시키고 새로운 어음채무만을 존속시키려고 하는 경우와, 기존 원인채무를 존속시키면서 그에 대한 지급방법으로서 이른바 '지급을 위하여' 교부하는 경우 및 단지 기존 채무의 지급 담보의 목적으로 이루어지는 이른바 '담보를 위하여' 교부하는 경우로 나누어 볼 수 있는데, 어음상의 주채무자가 원인관계상의 채무자와 동일하지 아니한 때에는 제3인인 어음상의 주채무자에 의한 지급이 예정되어 있으므로 이는 '지급을 위하여' 교부된 것으로 추정되지만, '지급에 갈음하여' 교부된 것으로 볼 만한 특별한 사정이 있는 경우에는 그러한 추정은 깨진다(대판 2010.12.23. 2010다44019).

[❷ ▸ ×] 원인채권의 지급을 확보하기 위한 방법으로 어음이 수수된 경우, 이러한 어음은 경제적으로 동일한 급부를 위하여 원인채권의 지급수단으로 수수된 것으로서 그 어음채권의 행사는 원인채권을 실현하기 위한 것일 뿐만 아니라, 원인채권의 소멸시효는 어음금 청구소송에 있어서 채무자의 인적항변 사유에 해당하는 관계로 채권자가 어음채권의 소멸시효를 중단하여 두어도 채무자의 인적항변에 따라 그 권리를 실현할 수 없게 되는 불합리한 결과가 발생하게 되므로, <u>채권자가 원인채권에 기하여 청구를 한 것이 아니라 어음채권에 기하여 청구를 하는 반대의 경우에는 원인채권의 소멸시효를 중단시키는 효력이 있다고 봄이 상당하고</u>, 이러한 법리는 채권자가 어음채권을 피보전권리로 하여 채무자의 재산을 가압류함으로써 그 권리를 행사한 경우에도 마찬가지로 적용된다(대판 1999.6.11. 99다16378).

[❸ ▸ ○] 다른 사람이 발행하는 약속어음에 명시적으로 어음보증을 하는 사람은 그 어음보증으로 인한 어음상의 채무만을 부담하는 것이 원칙이고, 특별히 채권자에 대하여 자기가 그 약속어음 발행의 원인이 된 채무까지 보증하겠다는 뜻으로 어음보증을 한 경우에 한하여 그 원인채무에 대한 보증책임을

부담하게 되므로, 타인이 물품공급계약을 맺은 공급자에게 물품대금 채무의 담보를 위하여 발행·교부하는 약속어음에 어음보증을 한 경우에도 달리 민사상의 원인채무까지 보증하는 의미로 어음보증을 하였다고 볼 특별한 사정이 없는 한, 단지 어음보증인으로서 어음상의 채무를 부담하는 것에 의하여 신용을 부여하려는 데에 지나지 아니하는 것이고, 어음보증 당시 그 어음이 물품대금 채무의 담보를 위하여 발행·교부되는 것을 알고 있었다 하여도 이와 달리 볼 수가 없다(대판 1998.6.26. 98다2051).

[**❹ ▸ ○**]   어음에 의하여 청구를 받은 자는 종전의 소지인에 대한 인적 관계로 인한 항변으로써 소지인에게 대항하지 못하는 것이 원칙이지만, 이와 같이 인적항변을 제한하는 법의 취지는 어음거래의 안전을 위하여 어음취득자의 이익을 보호하기 위한 것이므로 자기에 대한 배서의 원인관계가 흠결됨으로써 어음소지인이 그 어음을 소지할 정당한 권원이 없어지고 어음금의 지급을 구할 경제적 이익이 없게 된 경우에는 인적항변 절단의 이익을 향유할 지위에 있지 아니하다고 보아야 할 것이다(대판 2003.1.10. 2002다46508).

[**❺ ▸ ○**]   어음이 '지급을 위하여' 교부된 것으로 추정되는 경우에는 채권자는 어음채권과 원인채권 중 어음채권을 먼저 행사하여 그로부터 만족을 얻을 것을 당사자가 예정하였다고 할 것이어서 채권자로서는 어음채권을 우선 행사하고 그에 의하여 만족을 얻을 수 없는 때 비로소 채무자에 대하여 기존의 원인채권을 행사할 수 있는 것이므로, 채권자가 기존채무의 변제기보다 후의 일자가 만기로 된 어음을 교부받은 때에는 특별한 사정이 없는 한 기존채무의 지급을 유예하는 의사가 있었다고 보아야 할 것이다(대판 2001.7.13. 2000다57771).

답 **❷**

PART 1
PART 2
PART 3
PART 4
PART 5
PART 6
PART 7
PART 8

제6절	이득상환청구권

07
☐☐☐   **어음 및 수표에 관한 다음 설명 중 가장 옳지 않은 것은?**   2024년 법무사시험 [문 28]

① 자기앞수표의 정당한 소지인이 수표법상의 보전절차를 취하지 않고 지급제시기간을 경과하여 수표상의 권리가 소멸됨으로써 수표법 제63조에 따라 취득하게 되는 이득상환청구권은 지명채권에 해당한다.

② 자기앞수표의 이득상환청구권의 경우 양도통지 또는 채무자의 승낙이 확정일자 있는 증서에 의하여 이루어지지 않더라도 채무자인 자기앞수표 발행 은행은 이득상환청구권의 양도, 그에 기한 채무의 변제라는 사정을 들어 양도인의 위 채권에 대한 압류채권자 등 양수인의 지위와 양립할 수 없는 법률상 지위를 취득한 사람에게 대항할 수 있다.

③ 지급제시기간이 경과한 자기앞수표는 이득상환청구권이 화체된 유가증권이 아니라 그 소지자가 이득상환청구권을 취득 또는 양수하였다는 점을 유력하게 뒷받침하는 증거증권으로서의 의미를 갖는다. 그러므로 자기앞수표를 소지하지 않은 상태에서 자기앞수표의 이득상환청구권을 행사하고자 하는 사람은 다른 증거에 의하여 자신이 이득상환청구권자임을 증명하여 이득상환청구권을 행사할 수 있다.

④ 만기는 기재되어 있으나 지급지, 지급을 받을 자 등과 같은 어음요건이 백지인 약속어음 소지인이 그 백지 부분을 보충하지 않은 상태에서 어음금을 청구한 경우 어음상의 청구권에 관한 소멸시효가 중단되는 효과가 있다.

⑤ 만기를 백지로 하여 발행된 약속어음의 백지보충권의 소멸시효기간은 백지보충권을 행사할 수 있는 때로부터 3년으로 보아야 한다.

[❶▸○] [❸▸○] 수표상의 권리가 절차의 흠결로 인하여 또는 소멸시효의 완성으로 말미암아 소멸될 당시 수표의 정당한 소지인으로서 그 수표상의 권리를 행사할 수 있었던 사람은 수표법 제63조에 따라 발행인 등에 대하여 그가 받은 이익의 한도에서 상환을 구할 수 있다. 이러한 이득상환청구권은 법률의 직접 규정에 의하여 수표의 효력 소멸 당시 정당한 소지인에게 부여된 지명채권에 속하고, 이러한 법리는 그 수표가 은행 등이 자신을 지급인으로 하여 발행한 자기앞수표(수표법 제6조 제3항)의 경우에도 마찬가지이다. 따라서 자기앞수표의 정당한 소지인이 수표법상의 보전절차를 취하지 않고 지급제시기간을 경과하여 수표상의 권리가 소멸됨으로써 수표법 제63조에 따라 취득하게 되는 이득상환청구권(이하 '자기앞수표의 이득상환청구권'이라고 한다) 역시 지명채권에 해당한다. 이때 지급제시기간이 경과한 자기앞수표는 이득상환청구권이 화체된 유가증권이 아니라 그 소지자가 이득상환청구권을 취득 또는 양수하였다는 점을 유력하게 뒷받침하는 증거증권으로서의 의미를 갖는다. 그러므로 자기앞수표를 소지하지 않은 상태에서 자기앞수표의 이득상환청구권을 행사하고자 하는 사람은 다른 증거에 의하여 자신이 이득상환청구권자임을 증명하여 이득상환청구권을 행사할 수 있다(대판 2023.11.30. 2019다203286).

[❷▸✕] 자기앞수표의 이득상환청구권 역시 일반 지명채권과 마찬가지로 그 양도에 관하여 양도통지 또는 채무자의 승낙이 확정일자 있는 증서에 의하여 이루어지지 않는 이상, <u>채무자인 자기앞수표 발행 은행 등은 이득상환청구권의 양도, 그에 기한 채무의 변제라는 사정을 들어 양도인의 위 채권에 대한 압류채권자 등 양수인의 지위와 양립할 수 없는 법률상 지위를 취득한 사람에게 대항할 수 없다</u>(대판 2023.11.30. 2019다203286).

[❹▸○] 만기는 기재되어 있으나 지급지, 지급을 받을 자 등과 같은 어음요건이 백지인 약속어음의 소지인이 그 백지 부분을 보충하지 않은 상태에서 어음금을 청구하는 것은 어음상의 청구권에 관하여 잠자는 자가 아님을 객관적으로 표명한 것이고 그 청구로써 어음상의 청구권에 관한 소멸시효는 중단된다. 이 경우 백지에 대한 보충권은 그 행사에 의하여 어음상의 청구권을 완성시키는 것에 불과하여 그 보충권이 어음상의 청구권과 별개로 독립하여 시효에 의하여 소멸한다고 볼 것은 아니므로 어음상의 청구권이 시효중단에 의하여 소멸하지 않고 존속하고 있는 한 이를 행사할 수 있다(대판[전합] 2010.5.20. 2009다48312).

[❺▸○] 만기를 백지로 한 약속어음을 발행한 경우, 그 보충권의 소멸시효는 다른 특별한 사정이 없는 한 그 어음발행의 원인관계에 비추어 어음상의 권리를 행사하는 것이 법률적으로 가능하게 된 때부터 진행하고, 백지약속어음의 보충권 행사에 의하여 생기는 채권은 어음금 채권이며 어음법 제77조 제1항 제8호, 제70조 제1항, 제78조 제1항에 의하면 약속어음의 발행인에 대한 어음금 채권은 만기의 날로부터 3년간 행사하지 아니하면 소멸시효가 완성되는 점 등을 고려하면, 만기를 백지로 하여 발행된 약속어음의 백지보충권의 소멸시효기간은 백지보충권을 행사할 수 있는 때로부터 3년으로 보아야 한다(대판 2003.5.30. 2003다16214).

 ❷

제2장 어음법·수표법 각론

제1절 어음상 권리의 발생

제1항 발행

08
□□□
다음 중 어음 또는 수표가 무효로 되는 경우를 모두 고른 것은? 2022년 법무사시험 [문 38]

> 가. 약속어음의 발행인이 어음면에 지급에 관한 조건을 기재한 경우
> 나. 수표의 발행인이 수표에 이자의 약정을 기재한 경우
> 다. 환어음의 발행인이 인수를 담보하지 않는다는 문구를 기재한 경우
> 라. 약속어음의 발행인이 발행일 이전의 날짜를 만기로 기재한 경우
> 마. 환어음의 발행인이 지급을 담보하지 않는다는 문구를 기재한 경우

① 가, 나   ② 가, 라
③ 나, 다   ④ 나, 라
⑤ 다, 마

....

임의적 기재사항은 어음·수표요건은 아니나 ㉠ 어음·수표에 기재하면 기재한 대로 효력이 생기는 유익적 기재사항, ㉡ 어음·수표에 기재하더라도 아무런 효력이 생기지 않는 무익적 기재사항, ㉢ 기재하면 그 부분만 무효가 되는 것이 아니라 어음·수표 전체를 무효로 만드는 유해적 기재사항으로 나뉜다. 설문은 유해적 기재사항을 고르는 문제이다.

[**가 ▶ 유해적 기재사항**] 약속어음의 지급약속문언은 단순하여야 하므로 그 어음면에 지급에 관한 어떤 조건을 붙였다면 그 어음자체가 무효라고 볼 것이고, 약속어음에 결합된 부전은 법률상 그 어음면의 연장으로서의 취급을 받는 지편이니만큼 이에 기재된 지급의 조건에 관한 문언도 그 어음의 발행을 무효로 하는 것이다(대판 1971.4.20. 71다418).
[**나 ▶ 무익적 기재사항**] 수표에 적은 이자의 약정은 적지 아니한 것으로 본다(수표법 제7조).
[**다 ▶ 유익적 기재사항**] [**마 ▶ 무익적 기재사항**] 환어음의 발행인은 최종적으로 지급담보책임을 지기 때문에 인수담보책임 면제문구는 유익적 기재사항이나, 지급담보책임 면제문구는 무익적 기재사항이다.

[라 ▸ 유해적 기재사항]　확정된 날을 만기로 하는 확정일출급 약속어음의 경우에 있어서 <u>만기의 일자가 발행일보다 앞선 일자로 기재되어 있다면 그 약속어음은 어음요건의 기재가 서로 모순되는 것으로서 무효</u>라고 해석하여야 한다(대판 2000.4.25. 98다59682).

답

　**백지어음**

09
□□□

어음과 수표의 백지보충에 관한 다음 설명 중 가장 옳지 않은 것은?
　　　　　　　　　　　　　　　　　　　　　　　　2025년 법무사시험 [문 38]

① 어음법 제10조가 규정하는 '악의로 어음을 취득한 때'라 함은 소지인이 백지어음이 부당 보충되었다는 사실과 이를 취득할 경우 어음채무자를 해하게 된다는 것을 알면서도 어음을 양수한 때를 말하고, '중대한 과실로 인하여 어음을 취득한 때'라 함은 소지인이 조금만 주의를 기울였더라면 백지어음이 부당 보충되었다는 사실을 알 수 있었음에도 불구하고 그와 같은 주의도 기울이지 아니하고 부당 보충된 어음을 양수한 때를 말한다. 소지인이 악의 또는 중과실로 부당 보충된 어음을 취득한 경우 발행인은 이에 대한 어음상의 책임을 당연히 지지 않게 된다.

② 만기는 기재되어 있으나 지급지, 지급을 받을 자 등과 같은 어음요건이 백지인 약속어음의 소지인이 그 백지 부분을 보충하지 않은 상태에서 어음금을 청구하는 것은 어음상의 청구권에 관하여 잠자는 자가 아님을 객관적으로 표명한 것이고 그 청구로써 어음상의 청구권에 관한 소멸시효는 중단된다.

③ 백지수표의 보충권 행사에 의하여 생기는 채권은 수표금 채권이고, 수표법 제51조에 의하면 수표의 발행인에 대한 상환청구권은 제시기간 경과 후 6개월간 행사하지 아니하면 소멸시효가 완성되는 점 등을 고려하면 발행일을 백지로 하여 발행된 수표의 백지보충권의 소멸시효기간은 백지보충권을 행사할 수 있는 때로부터 6개월로 봄이 상당하다.

④ 어음금액이 백지인 어음을 취득하면서 보충권한을 부여받은 자의 지시에 의하여 어음금액란을 보충하는 경우 보충권의 내용에 관하여 어음의 기명날인자(발행인)에게 직접 조회하지 않았다면 특별한 사정이 없는 한 취득자에게 중대한 과실이 있다.

⑤ 약속어음의 금액란이 부당보충된 경우에는 어음법상의 어음의 위조에 해당되지 않는다.

[❶ ▸ ✕] 어음법 제10조가 규정하는 '악의로 어음을 취득한 때'라 함은 소지인이 백지어음이 부당 보충되었다는 사실과 이를 취득할 경우 어음채무자를 해하게 된다는 것을 알면서도 어음을 양수한 때를 말하고, '중대한 과실로 인하여 어음을 취득한 때'라 함은 소지인이 조금만 주의를 기울였더라면 백지어음이 부당 보충되었다는 사실을 알 수 있었음에도 불구하고 그와 같은 주의도 기울이지 아니하고 부당 보충된 어음을 양수한 때를 말한다. 소지인이 악의 또는 중과실로 부당 보충된 어음을 취득한 경우에도 발행인은 자신이 유효하게 보충권을 수여한 범위 안에서는 당연히 어음상의 책임을 진다(대판 1999.2.9. 98다37736).

[❷ ▸ ○] 만기는 기재되어 있으나 지급지, 지급을 받을 자 등과 같은 어음요건이 백지인 약속어음의 소지인이 그 백지 부분을 보충하지 않은 상태에서 어음금을 청구하는 것은 어음상의 청구권에 관하여 잠자는 자가 아님을 객관적으로 표명한 것이고 그 청구로써 어음상의 청구권에 관한 소멸시효는 중단된다. 이 경우 백지에 대한 보충권은 그 행사에 의하여 어음상의 청구권을 완성시키는 것에 불과하여 그 보충권이 어음상의 청구권과 별개로 독립하여 시효에 의하여 소멸한다고 볼 것은 아니므로 어음상의 청구권이 시효중단에 의하여 소멸하지 않고 존속하고 있는 한 이를 행사할 수 있다(대판[전합] 2010.5.20. 2009다48312).

[❸ ▸ ○] 백지수표의 보충권 행사에 의하여 생기는 채권은 수표금 채권이고, 수표법 제51조에 의하면 수표의 발행인에 대한 소구권은 제시기간 경과 후 6개월간 행사하지 아니하면 소멸시효가 완성되는 점 등을 고려하면 발행일을 백지로 하여 발행된 수표의 백지보충권의 소멸시효기간은 백지보충권을 행사할 수 있는 때로부터 6개월로 봄이 상당하다(대판 2001.10.23. 99다64018).

[❹ ▸ ○] [❺ ▸ ○] [1] 약속어음의 금액란이 부당보충된 경우에는 어음법상의 어음의 위조에는 해당 되지 않는다. [2] 어음금액이 백지인 어음을 취득하면서 보충권한을 부여받은 자의 지시에 의하여 어음금 액란을 보충하는 경우 보충권의 내용에 관하여 어음의 기명날인자에게 직접 조회하지 않았다면 특별한 사정이 없는 한 취득자에게 중대한 과실이 있다(대판 1978.3.14. 77다2020).

답 ❶

PART 1

PART 2

PART 3

PART 4

PART 5

PART 6

PART 7

PART 8

10
☐☐☐

어음에 관한 다음 설명 중 가장 옳지 않은 것은?　　　　2023년 법무사시험 [문 49]

① 어음채무자는 어음채권을 지명채권양도의 방법으로 양수한 자에게 양도인에 대한 인적 항변으로 대항할 수 있고, 따라서 지명채권양도의 방법으로 양수한 어음채권의 행사는 어음채무자와 양도인 사이의 원인관계의 효력에 따라 제한될 수 있다.

② 발행인과 수취인이 통모하여 진정한 어음채무 부담이나 어음채권 취득에 관한 의사 없이 단지 발행인의 채권자에게서 채권 추심이나 강제집행을 받는 것을 회피하기 위하여 형식적으로만 약속어음의 발행을 가장한 경우 이러한 어음발행행위는 통정허위표시로서 무효이고, 어음발행행위 등 어떠한 의사표시가 통정허위표시로서 무효라고 주장하는 자에게 그 사유에 해당하는 사실을 증명할 책임이 있다.

③ 특정인의 채무를 담보하기 위하여 약속어음을 발행하거나 그 어음에 배서한 경우에는 어음의 발행이나 배서인과 채권자 사이에 민사상 보증계약이 성립하였다고 추정되므로, 약속어음의 발행인 또는 배서인은 어음금의 지급 또는 상환책임 등 어음상 채무뿐만 아니라 약속어음의 발행 또는 배서의 원인이 되는 채무에 대한 민사상 보증책임도 부담한다.

④ 매수인이 매도인으로부터 물품을 공급받은 다음 그들 사이의 물품대금 지급방법에 관한 약정에 따라 대금의 지급을 위하여 물품 매도인에게 지급기일이 물품공급일자 이후로 된 약속어음을 발행·교부한 경우, 물품대금 지급채무의 이행기는 다른 특별한 사정이 없는 한 약속어음의 지급기일이고, 위 약속어음이 발행인에게 발생한 지급정지사유로 지급기일이 도래하기 전에 지급거절 되었더라도 지급거절된 때에 물품대금 지급채무의 이행기가 도래하는 것은 아니다.

⑤ 표지어음은 약속어음임을 표시하는 문구를 비롯하여 만기, 발행일, 발행인의 기명날인 등을 비롯한 어음법 제75조 소정의 주요한 어음요건을 갖추고 있고, 하단에는 표지어음이 어음에 해당함을 다시 확인하여 주는 문구, 즉 "발행지, 발행일, 수취인 등이 누락된 상태에서 지급제시하는 경우 지급거절로 선의의 피해를 입을 수 있으니 누락됨이 없도록 주의하시기 바랍니다."라고 찍혀 있는 것이 보통이며, 그 기재가 계약서가 아닌 약속어음 표면에 존재하는 이상 이를 예문에 해당하는 것으로 볼 수 없다는 점에서 그 법적 성격은 어음법 소정의 약속어음에 해당한다. 따라서 수취인란이 기재되지 아니한 미완성의 표지어음을 가지고 한 지급제시만으로는 발행인을 이행지체에 빠뜨릴 수 없고 그 지연손해금은 이를 보충한 후 지급제시를 한 다음 날부터 기산한다.

⋯⋯⋯

[❶▸O] 어음채무자는 어음채권을 지명채권양도의 방법으로 양수한 자에게 양도인에 대한 인적 항변으로 대항할 수 있고, 따라서 지명채권양도의 방법으로 양수한 어음채권의 행사는 어음채무자와 양도인 사이의 원인관계의 효력에 따라 제한될 수 있다(대판 2015.3.20, 2014다83647).

[❷▸O] 발행인과 수취인이 통모하여 진정한 어음채무 부담이나 어음채권 취득에 관한 의사 없이 단지 발행인의 채권자에게서 채권 추심이나 강제집행을 받는 것을 회피하기 위하여 형식적으로만 약속어음의 발행을 가장한 경우 이러한 어음발행행위는 통정허위표시로서 무효이다. 이 경우에도 어음발행행위 등 어떠한 의사표시가 통정허위표시로서 무효라고 주장하는 자에게 그 사유에 해당하는 사실을 증명할 책임이 있다(대판 2017.8.18, 2014다87595).

[**❸** ▸ **×**] 특정인의 채무를 담보하기 위하여 약속어음을 발행하거나 그 어음에 배서하였다고 하더라도 그러한 사정만으로 어음의 발행인이나 배서인과 채권자 사이에 민사상 보증계약이 성립하였다고 추단할 수는 없고, 채권자에게는 약속어음의 발행 또는 배서의 원인이 되는 채무에 대한 민사상 보증책임을 부담할 것까지도 요구하는 의사가 있었고, 그 어음의 발행인이나 배서인도 채권자의 그러한 의사와 채무의 내용을 인식하면서 그에 응하여 어음을 발행 또는 배서하였다는 점, 즉 어음의 발행인 또는 배서인이 단순히 어음상의 채무를 부담하는 형태로 채권자에게 신용을 공여한 것이 아니라 민사상 보증의 형태로도 신용을 공여한 것이라는 점이 인정되어야 어음의 발행인 또는 배서인과 채권자 사이에 민사상 보증계약이 성립하였다고 볼 수 있다. 여기서 민사상 보증의 형태로도 신용을 공여한 것인지 여부는 채권자와 채무자 및 어음의 발행인 또는 배서인 사이의 관계, 어음의 발행인 또는 배서인이 그 어음을 발행 또는 배서하게 된 동기, 채권자와 사이의 교섭 과정 및 방법, 어음의 발행 또는 배서로 인한 실질적 이익의 귀속 등 어음의 발행 또는 배서를 전후한 제반 사정과 거래계의 실정 등을 종합하여 판단하여야 하고, 이와 같은 여러 사정을 고려한 결과 민사상 보증의 형태로도 신용을 공여하였다고 인정할 정도에 이르지 못한다면 약속어음의 발행인 또는 배서인은 원칙적으로 어음상 채무자로서 그 소지인에게 어음금의 지급 또는 상환책임 등 어음상 채무만을 부담한다고 할 것이다(대판 2015.5.14. 2013다 49152).

[**❹** ▸ **○**] 매수인이 매도인으로부터 물품을 공급받은 다음 그들 사이의 물품대금 지급방법에 관한 약정에 따라 대금의 지급을 위하여 물품 매도인에게 지급기일이 물품공급일자 이후로 된 약속어음을 발행·교부한 경우, 물품대금 지급채무의 이행기는 다른 특별한 사정이 없는 한 약속어음의 지급기일이 고, 위 약속어음이 발행인에게 발생한 지급정지사유로 지급기일이 도래하기 전에 지급거절되었더라도 지급거절된 때에 물품대금 지급채무의 이행기가 도래하는 것은 아니다(대판 2014.6.26. 2011다101599).

[**❺** ▸ **○**] 표지어음은 약속어음임을 표시하는 문구를 비롯하여 만기, 발행일, 발행인의 기명날인 등을 비롯한 어음법 제75조 소정의 주요한 어음요건을 갖추고 있고, 그 하단에는 표지어음이 어음에 해당함을 다시 확인하여 주는 문구, 즉 "발행지, 발행일, 수취인 등이 누락된 상태에서 지급제시하는 경우 지급거절로 선의의 피해를 입을 수 있으니 누락됨이 없도록 주의하시기 바랍니다."라고 찍혀 있는 것이 보통이며, 그 기재가 계약서가 아닌 약속어음 표면에 존재하는 이상 이를 예문에 해당하는 것으로 볼 수 없다는 점에서 그 법적 성격은 어음법 소정의 약속어음에 해당한다고 할 것이다. 같은 취지에서 원심이 제1심판결의 이유를 인용하여, 이 사건 각 표지어음은 무기명 예금증서가 아닌 어음법 소정의 약속어음에 해당한다는 이유로 원고가 수취인란이 기재되지 아니한 미완성의 이 사건 각 표지어음을 가지고 한 지급제시만으로는 발행인인 피고를 이행지체에 빠뜨릴 수 없고 그 시연손해금은 이를 보충한 후 시급세시를 한 다음 날부터 기산한다고 판단한 것은 정당하고, 거기에 판단을 유탈하거나 표지어음의 법적 성격에 관한 법리를 오해한 잘못이 없다(대판 2014.6.26. 2014다13167).

 ❸

제1항 교부

제2항 배서

11
□□□

어음의 배서에 관한 다음 설명 중 가장 옳지 않은 것은?   2020년 법무사시험 [문 34]

① 배서인은 자기의 배서 이후에 새로 하는 배서를 금지할 수 있다. 이 경우 배서인은 어음의 그후의 피배서인에 대하여 담보의 책임을 지지 아니한다.
② 배서는 환어음으로부터 생기는 모든 권리를 이전한다. 일부의 배서는 무효로 한다.
③ 어음에 있어서 배서의 연속은 형식상 존재함으로써 족하고 또 형식상 존재함을 요한다 할 것이나, 형식상 배서의 연속이 끊어진 경우에 다른 방법으로 그 중단된 부분에 관하여 실질적 관계가 있음을 증명한 소지인이 한 어음상의 권리행사는 적법하다.
④ 환어음의 점유자가 배서의 연속에 의하여 그 권리를 증명할 때에는 그를 적법한 소지인으로 추정한다. 최후의 배서가 백지식인 경우에도 같다.
⑤ 지급거절증서가 작성된 후에 한 배서 또는 지급거절증서 작성기간이 지난 후에 한 배서는 지명채권 양도의 효력만 있다. 따라서 이와 같은 배서가 있는 경우 어음 소지자가 어음상의 권리행사를 하기 위해서는 민법상 지명채권의 양도·양수절차인 채권양도인의 통지 또는 채무자의 승낙을 필요로 한다.

···

[❶▸○] 배서인은 자기의 배서 이후에 새로 하는 배서를 금지할 수 있다. 이 경우 그 배서인은 어음의 그 후의 피배서인에 대하여 담보의 책임을 지지 아니한다(어음법 제15조 제2항).
[❷▸○] 어음법 제14조 제1항, 제12조 제2항

> **어음법 제12조(배서의 요건)**
> ② 일부의 배서는 무효로 한다.
>
> **어음법 제14조(배서의 권리 이전적 효력)**
> ① 배서는 환어음으로부터 생기는 모든 권리를 이전(移轉)한다.

[❸▸○] 어음에 있어서의 배서의 연속은 형식상 존재함으로써 족하고 또 형식상 존재함을 요한다 할 것이나, 형식상 배서의 연속이 끊어진 경우에 딴 방법으로 그 중단된 부분에 관하여 실질적 관계가 있음을 증명한 소지인이 한 어음상의 권리행사는 적법하다(대판 1995.9.15. 95다7024).
[❹▸○] 환어음의 점유자가 배서의 연속에 의하여 그 권리를 증명할 때에는 그를 적법한 소지인으로 추정(推定)한다. 최후의 배서가 백지식인 경우에도 같다. 말소한 배서는 배서의 연속에 관하여는 배서를 하지 아니한 것으로 본다. 백지식 배서의 다음에 다른 배서가 있는 경우에는 그 배서를 한 자는 백지식 배서에 의하여 어음을 취득한 것으로 본다(어음법 제16조 제1항).

[❺ ▸ ×] 어음법 제20조 제1항은 "만기 후의 배서는 만기 전의 배서와 같은 효력이 있다. 그러나 지급거절증서가 작성된 후에 한 배서 또는 지급거절증서작성기간이 지난 후에 한 배서는 지명채권 양도의 효력만 있다"고 규정하고 있다. 여기서 어음법 제20조 제1항 후문의 지명채권 양도의 효력만 있다는 규정은 단지 그 효력이 지명채권 양도의 그것과 같다는 취지일 뿐이므로, 민법상 지명채권의 양도·양수 절차인 채권양도인의 통지 또는 채무자의 승낙을 필요로 하는 것은 아니다(대판 2012.3.29. 2010다106290).

답 ❺

제3절 어음상 권리의 행사(지급제시 · 지급 · 상환청구)

12
☐☐☐

어음행위 및 어음상 권리의 행사에 관한 다음 설명 중 가장 옳지 않은 것은?

2019년 법무사시험 [문 36]

① 원고가 배서가 연속된 이 사건 약속어음을 지급거절증서 작성기간이 지난 후에 백지식 배서의 방식으로 교부받았더라도 원고는 여전히 이 사건 약속어음의 적법한 소지인으로 추정된다.

② 어음은 제시증권, 상환증권이므로 어음을 소지하지 않으면 어음상의 권리를 행사할 수 없는 것이 원칙이다.

③ 어음이 어떤 이유로 이미 채무자의 점유에 귀속하는 경우에도, 어음의 소지는 채무자에 대한 권리행사의 요건이므로, 채무자는 상환이행의 항변을 할 수 있다.

④ 어음행위의 내용은 어디까지나 어음상의 기재에 의하여 객관적으로 해석하여야 하는 것이지, 어음 외의 사정에 의하여 어음상의 기재를 변경하는 방식으로 해석하여서는 아니 된다.

⑤ 어음을 유통시킬 의사로 어음상에 발행인으로 기명날인하여 외관을 갖춘 어음을 작성한 자는 그 어음이 도난·분실 등으로 인하여 그의 의사에 의하지 아니하고 유통되었다고 하더라도, 배서가 연속되어 있는 그 어음의 외관을 신뢰하고 취득한 소지인에 대하여는 그 소지인이 악의 내지 중과실에 의하여 그 어음을 취득하였음을 주장·입증하지 아니하는 한 발행인으로서의 어음상의 채무를 부담한다.

- -

[❶ ▸ ○] 어음법 제20조 제1항은 "만기 후의 배서는 만기 전의 배서와 같은 효력이 있다. 그러나 지급거절증서가 작성된 후에 한 배서 또는 지급거절증서작성기간이 지난 후에 한 배서는 지명채권 양도의 효력만 있다"고 규정하고 있다. 여기서 어음법 제20조 제1항 후문의 지명채권 양도의 효력만 있다는 규정은 단지 그 효력이 지명채권 양도의 그것과 같다는 취지일 뿐이므로, 민법상 지명채권의 양도·양수 절차인 채권양도인의 통지 또는 채무자의 승낙을 필요로 하는 것은 아니다. 위와 같은 규정과 법리 및 기록에 비추어 살펴보면, 원고가 배서가 연속된 이 사건 약속어음을 지급거절증서 작성기간이 지난 후에 백지식 배서의 방식으로 교부받았더라도 원고는 여전히 이 사건 약속어음의 적법한 소지인으로 추정되므로 특별한 사정이 없는 한 발행인인 피고에게 약속어음금의 지급을 구할 수 있다(대판 2012.3.29. 2010다106290).

[❷▸O][❸▸×] 어음은 제시증권, 상환증권이므로(어음법 제38조, 제39조) 어음을 소지하지 않으면 어음상의 권리를 행사할 수 없는 것이 원칙이지만, 이와 같이 어음상의 권리행사에 어음의 소지가 요구되는 것은 어음채무자에게 채권자를 확지시키고 또 채무자로 하여금 이중지급의 위험을 회피·저지할 수 있게 하는 데 그 취지가 있는 것이므로, 어음이 어떤 이유로 이미 채무자의 점유에 귀속하는 경우에는 위와 같은 점을 고려할 필요가 없어 어음의 소지는 채무자에 대한 권리행사의 요건이 되지 아니하고, 채무자는 상환이행의 항변을 하지 못한다(대판 2001.6.1. 99다60948).

[❹▸O] 어음행위의 내용은 어디까지나 어음상의 기재에 의하여 객관적으로 해석하여야 하는 것이지, 어음 외의 사정에 의하여 어음상의 기재를 변경하는 방식으로 해석하여서는 아니 된다(대판 2000.12.8. 2000다33737).

[❺▸O] 어음을 유통시킬 의사로 어음상에 발행인으로 기명날인하여 외관을 갖춘 어음을 작성한 자는 그 어음이 도난·분실 등으로 인하여 그의 의사에 의하지 아니하고 유통되었다고 하더라도, 배서가 연속되어 있는 그 어음을 외관을 신뢰하고 취득한 소지인에 대하여는 그 소지인이 악의 내지 중과실에 의하여 그 어음을 취득하였음을 주장·입증하지 아니하는 한 발행인으로서의 어음상의 채무를 부담한다(대판 1999.11.26. 99다34307).

 ❸

| 제4절 | **어음상 권리의 소멸** |

| 제5절 | **기타 제도** |

| 제6절 | **수 표** |

13
☐☐☐

수표에 관한 다음 설명 중 가장 옳지 않은 것은?(다툼이 있는 경우 판례에 의함)

2017년 법무사시험 [문 33]

① 수표는 발행인 자신을 지급인으로 하여 발행할 수 있다.
② 수표의 금액을 글자와 숫자로 적은 경우에 그 금액에 차이가 있으면 글자로 적은 금액을 수표금액으로 한다.
③ 발행일을 백지로 하여 발행된 수표의 백지보충권의 소멸시효기간은 백지보충권을 행사할 수 있는 때로부터 6개월로 봄이 상당하다.
④ 수표소지인이 수표의 발행일 도래 전에 지급제시를 하면 그 지급제시는 효력이 없다.
⑤ 지급보증인은 수표소지인이 지급제시기간 내에 수표를 지급제시한 경우에만 수표상의 채무를 부담한다.

[**❶** ▸ ○] 수표는 발행인 자신을 지급인으로 하여 발행할 수 있다(수표법 제6조 제3항).

[**❷** ▸ ○] 수표의 금액을 글자와 숫자로 적은 경우에 그 금액에 차이가 있으면 글자로 적은 금액을 수표금액으로 한다(수표법 제9조 제1항).

[**❸** ▸ ○] 발행일을 백지로 하여 발행된 수표의 백지보충권의 소멸시효는 다른 특별한 사정이 없는 한 그 수표발행의 원인관계에 비추어 발행 당사자 사이에 수표상의 권리를 행사할 수 있는 것이 법률적으로 가능하게 된 때부터 진행한다. 백지수표의 보충권 행사에 의하여 생기는 채권은 수표금채권이고, 수표법 제51조에 의하면 수표의 발행인에 대한 소구권은 제시기간 경과 후 6개월간 행사하지 아니하면 소멸시효가 완성되는 점 등을 고려하면 발행일을 백지로 하여 발행된 수표의 백지보충권의 소멸시효기간은 백지보충권을 행사할 수 있는 때로부터 6개월로 봄이 상당하다(대판 2001.10.23. 99다64018).

[**❹** ▸ ×] 기재된 발행일이 도래하기 전에 지급을 받기 위하여 제시된 수표는 <u>그 제시된 날에 이를 지급하여야 한다</u>(수표법 제28조 제2항).

[**❺** ▸ ○] 지급보증을 한 지급인은 제시기간이 지나기 전에 수표가 제시된 경우에만 지급할 의무를 부담한다(수표법 제55조 제1항).

답 ❹

제1장 / 보험계약

제1절   보험계약의 개념과 요소

제2절   보험계약의 성립

01
☐☐☐

보험계약에 관한 다음 설명 중 가장 옳지 않은 것은?   2024년 법무사시험 [문 47]

① 보험계약이 체결되기 전에 보험사고가 이미 발생하였을 경우라면, 보험계약의 당사자 쌍방 및
피보험자가 이를 알지 못하였다고 하더라도 그 보험계약은 보험사고가 불확정한 것이어야 한다는
보험의 본질에 비추어 무효이다.

② 상법 제652조 제2항에 따라 보험자가 피보험자 등으로부터 사고발생의 위험이 변경 또는 증가하였
다는 통지를 받고 이를 이유로 보험계약을 해지하는 경우, 보험약관에서 미경과기간에 대한 보험료
를 반환하도록 정하고 있다면 그 보험약관은 유효하다.

③ 보험회사 또는 보험모집종사자가 설명의무를 위반하여 고객이 보험계약의 중요사항에 관하여 제대
로 이해하지 못한 채 착오에 빠져 보험계약을 체결한 경우, 그러한 착오가 동기의 착오에 불과하다
고 하더라도 그러한 착오를 일으키지 않았더라면 보험계약을 체결하지 않았거나 아니면 적어도
동일한 내용으로 보험계약을 체결하지 않았을 것이 명백하다면, 위와 같은 착오는 보험계약의
내용의 중요부분에 관한 것에 해당하므로 이를 이유로 보험계약을 취소할 수 있다.

④ 약관에 정하여진 사항이라고 하더라도 거래상 일반적이고 공통된 것이어서 보험계약자가 별도의
설명 없이도 충분히 예상할 수 있었던 사항이거나, 이미 법령에 의하여 정하여진 것을 되풀이하거
나 부연하는 정도에 불과한 사항이라면, 그러한 사항까지 보험자에게 명시·설명의무가 있다고는
할 수 없다.

⑤ 통신판매 방식으로 체결된 상해보험계약에서 보험자가 약관 내용의 개요를 소개한 것이라는 내용
과 면책사고에 해당하는 경우를 확인하라는 내용이 기재된 안내문과 청약서를 보험계약자에게
우송한 것만으로는 보험자의 면책약관에 관한 설명의무를 다한 것으로 볼 수 없다.

[**❶ ▸ ×**] 보험계약 당시에 보험사고가 이미 발생하였거나 또는 발생할 수 없는 것인 때에는 그 계약은 무효로 한다. 그러나 당사자 쌍방과 피보험자가 이를 알지 못한 때에는 그러하지 아니하다(상법 제644조).

[**❷ ▸ ○**] 보험료불가분의 원칙에 관한 우리 상법의 태도를 고려하여 볼 때, 상법 제652조 제2항에 따라 보험자가 피보험자 등으로부터 사고발생의 위험이 변경 또는 증가하였다는 통지를 받고 이를 이유로 보험계약을 해지하는 경우, 보험약관에서 미경과기간에 대한 보험료를 반환하도록 정하고 있다면 그 보험약관은 유효하다. 이는 보험기간 중에 보험사고가 발생하여도 보험계약이 종료하지 않고 원래 약정된 보험금액에서 위 보험사고에 관하여 지급한 보험금액을 감액한 잔액을 나머지 보험기간에 대한 보험금액으로 하여 보험계약이 존속하는 경우에도 마찬가지이다(대판 2008.1.31. 2005다57806).

[**❸ ▸ ○**] 보험회사 또는 보험모집종사자가 설명의무를 위반하여 고객이 보험계약의 중요사항에 관하여 제대로 이해하지 못한 채 착오에 빠져 보험계약을 체결한 경우, 그러한 착오가 동기의 착오에 불과하다고 하더라도 그러한 착오를 일으키지 않았더라면 보험계약을 체결하지 않았거나 아니면 적어도 동일한 내용으로 보험계약을 체결하지 않았을 것이 명백하다면, 위와 같은 착오는 보험계약의 내용의 중요부분에 관한 것에 해당하므로 이를 이유로 보험계약을 취소할 수 있다(대판 2018.4.12. 2017다229536).

[**❹ ▸ ○**] 상법 제638조의3 제1항 및 약관의 규제에 관한 법률 제3조의 규정에 의하여 보험자 및 보험계약의 체결 또는 모집에 종사하는 자는 보험계약을 체결할 때 보험계약자 또는 피보험자에게 보험약관에 기재되어 있는 보험상품의 내용, 보험료율의 체계, 보험청약서상 기재사항의 변동 및 보험자의 면책사유 등 보험계약의 중요한 내용에 대하여 구체적이고 상세한 명시·설명의무를 지고 있으므로, 만일 보험자가 이러한 보험약관의 명시·설명의무에 위반하여 보험계약을 체결한 때에는 그 약관의 내용을 보험계약의 내용으로 주장할 수 없고, 다만 보험약관의 중요한 내용에 해당하는 사항이라 하더라도 보험계약자나 그 대리인이 그 내용을 충분히 잘 알고 있거나, 거래상 일반적이고 공통된 것이어서 보험계약자가 별도의 설명 없이도 충분히 예상할 수 있었거나, 이미 법령에 의하여 정하여진 것을 되풀이하거나 부연하는 정도에 불과한 사항이라면 그러한 사항에 대하여서까지 보험자에게 명시·설명의무가 인정된다고 할 수는 없다(대판 2006.1.26. 2005다60017).

[**❺ ▸ ○**] 통신판매 방식으로 체결된 상해보험계약에서 보험자가 약관 내용의 개요를 소개한 것이라는 내용과 면책사고에 해당하는 경우를 확인하라는 내용이 기재된 안내문과 청약서를 보험계약자에게 우송한 것만으로는 보험자의 면책약관에 관한 설명의무를 다한 것으로 볼 수 없다(대판 1999.3.9. 98다43342).

 ❶

PART 1

PART 2

PART 3

PART 4

PART 5

PART 6

PART 7

PART 8

보험에 관한 다음 설명 중 가장 옳지 않은 것은?　　

① 보험계약은 당사자 일방이 약정한 보험료를 지급하고, 상대방이 재산 또는 생명이나 신체에 관하여 불확정한 사고가 생길 경우에 일정한 보험금액 기타의 급여를 지급할 것을 약정함으로써 효력이 생기는 계약으로, 계약 내용은 미리 공인·심사된 보험약관의 규정에 국한되어 인정되고, 당사자가 특별히 보험약관과 다른 사항에 관하여 합의한 내용의 효력은 인정되지 아니한다.

② 보험계약의 존속 중에 당사자 일방의 부당한 행위 등으로 인하여 계약의 기초가 되는 신뢰관계가 파괴되어 계약의 존속을 기대할 수 없는 중대한 사유가 있는 때에는 상대방은 그 계약을 해지함으로써 장래에 향하여 그 효력을 소멸시킬 수 있다.

③ 보험계약이 당사자 일방의 부당한 행위로 계약의 기초가 되는 신뢰관계가 파괴되어 상대방이 그 계약을 해지하는 경우, 신뢰관계를 파괴하는 당사자의 부당한 행위가 해당 보험계약의 주계약이 아닌 특약에 관한 것이라 하더라도 그 행위가 중대하여 이로 인해 보험계약 전체가 영향을 받고 계약 자체를 유지할 것을 기대할 수 없다면, 특별한 사정이 없는 한 해지의 효력은 해당 보험계약 전부에 미친다.

④ 보험금청구권의 소멸시효는 특별한 다른 사정이 없는 한 보험사고가 발생한 때부터 진행하는 것이 원칙이지만, 객관적으로 보아 보험사고가 발생한 사실을 확인할 수 없는 사정이 있는 경우에는 보험금청구권자가 보험사고의 발생을 알았거나 알 수 있었던 때부터 보험금청구권의 소멸시효가 진행한다.

⑤ 보험사고란 보험계약에서 보험자의 보험금 지급책임을 구체화하는 불확정한 사고를 의미하는 것으로서, 계약이행보증보험에 있어서 보험사고가 구체적으로 무엇인지는 당사자 사이의 약정으로 계약내용에 편입된 보험약관과 보험약관이 인용하고 있는 보험증권 및 주계약의 구체적인 내용 등을 종합하여 결정하여야 한다.

....

[❶ ▸ ✕] 보험계약은 당사자 일방이 약정한 보험료를 지급하고 상대방이 재산 또는 생명이나 신체에 관하여 불확정한 사고가 생길 경우에 일정한 보험금액 기타의 급여를 지급할 것을 약정함으로써 효력이 생기는 불요식의 낙성계약이므로, <u>계약 내용이 반드시 보험약관의 규정에 국한되는 것은 아니고 당사자가 특별히 보험약관과 다른 사항에 관하여 합의한 때에는 그 효력이 인정된다</u>(대판 1997.9.5. 95다47398).

[❷ ▸ ○] 보험계약은 장기간의 보험기간 동안 존속하는 계속적 계약일 뿐만 아니라, 도덕적 위험의 우려가 있어 당사자의 윤리성과 선의성이 강하게 요구되는 특성이 있으므로 당사자 사이에 강한 신뢰관계가 있어야 한다. 따라서 보험계약의 존속 중에 당사자 일방의 부당한 행위 등으로 인하여 계약의 기초가 되는 신뢰관계가 파괴되어 계약의 존속을 기대할 수 없는 중대한 사유가 있는 때에는 상대방은 그 계약을 해지함으로써 장래에 향하여 그 효력을 소멸시킬 수 있다(대판 2020.10.29. 2019다267020).

[❸ ▸ ○] 보험계약은 당사자의 윤리성과 선의성이 강하게 요구되는 특성으로 인하여 당사자 사이에 강한 신뢰관계를 요구한다. 따라서 보험계약이 당사자 일방의 부당한 행위로 계약의 기초가 되는 신뢰관계가 파괴되어 상대방이 그 계약을 해지하는 경우, 신뢰관계를 파괴하는 당사자의 부당한 행위가 해당 보험계약의 주계약이 아닌 특약에 관한 것이라 하더라도 그 행위가 중대하여 이로 인해 보험계약 전체가 영향을 받고 계약 자체를 유지할 것을 기대할 수 없다면, 특별한 사정이 없는 한 해지의 효력은 해당 보험계약 전부에 미친다고 보아야 한다(대판 2020.10.29. 2019다267020).

[④ ▸ ○] 보험금청구권은 보험사고가 발생하기 전에는 추상적인 권리에 지나지 않고 보험사고의 발생으로 인하여 구체적인 권리로 확정되어 그때부터 권리를 행사할 수 있게 되는 것이므로, 보험금청구권의 소멸시효는 특별한 다른 사정이 없는 한 보험사고가 발생한 때부터 진행하는 것이 원칙이지만, 보험사고가 발생하였는지 여부가 객관적으로 분명하지 아니하여 보험금청구권자가 과실 없이 보험사고의 발생을 알 수 없었던 경우에도 보험사고가 발생한 때부터 보험금청구권의 소멸시효가 진행한다고 해석하는 것은 보험금청구권자에게 가혹한 결과를 초래하게 되어 정의와 형평의 이념에 반하고 소멸시효제도의 존재이유에도 부합하지 않는다. 따라서 객관적으로 보아 보험사고가 발생한 사실을 확인할 수 없는 사정이 있는 경우에는 보험금청구권자가 보험사고의 발생을 알았거나 알 수 있었던 때부터 보험금청구권의 소멸시효가 진행한다(대판 2008.11.13. 2007다19624).

[⑤ ▸ ○] 보험사고란 보험계약에서 보험자의 보험금 지급책임을 구체화하는 불확정한 사고를 의미하는 것으로서, 계약이행보증보험에 있어서 보험사고가 구체적으로 무엇인지는 당사자 사이의 약정으로 계약내용에 편입된 보험약관과 보험약관이 인용하고 있는 보험증권 및 주계약의 구체적인 내용 등을 종합하여 결정하여야 한다(대판 2006.4.28. 2004다16976).

답 ❶

03
☐☐☐

보험약관의 설명의무에 관한 다음 설명 중 가장 옳지 않은 것은?   2022년 법무사시험 [문 30]

① 약관조항에 관한 명시·설명의무가 제대로 이행되었더라도 그러한 사정이 보험계약의 체결 여부에 영향을 미치지 않은 경우, 약관조항이 명시·설명의무의 대상이 되는 보험계약의 중요한 내용이라고 할 수 없다.

② 보험자 또는 보험계약의 체결 또는 모집에 종사하는 자는 보험계약을 체결할 때에 보험계약자 또는 피보험자에게 보험약관에 기재되어 있는 보험상품의 내용, 보험료율의 체계 및 보험청약서상 기재사항의 변동사항 등 보험계약의 중요한 내용에 대하여 구체적이고 상세하게 설명할 의무를 지고, 보험자가 이러한 보험약관의 설명의무를 위반하여 보험계약을 체결한 때에는 약관의 내용을 보험계약의 내용으로 주장할 수 없다.

③ 보험회사 또는 보험모집종사자가 보험계약을 체결하거나 모집하면서 보험계약의 중요사항에 관한 설명의무를 위반한 경우, 이로 인해 발생한 고객의 손해를 배상할 책임을 부담한다.

④ 보험계약 체결에 설명의무 위반이 있는 경우에 이후 보험약관에 따른 해약환급금이 지급되었다면, 보험계약자가 설명의무 위반으로 입은 손해는 납입한 보험료 합계액에서 지급받은 해약환급금액을 공제한 금액 상당이다.

⑤ 약관에 정하여진 사항으로서 이미 법령에 의하여 정하여진 것을 되풀이하거나 부연하는 정도에 불과한 사항에 대해서도 고객이 이를 알고 있다고 단정할 수 없으므로 보험자는 명시·설명의무를 부담한다.

· ·

[❶ ▸ ○] 일반적으로 보험자 및 보험계약의 체결 또는 모집에 종사하는 사람은 보험계약의 체결에 있어서 보험계약의 중요한 내용에 대하여 구체적이고 상세한 명시·설명의무를 지고 있다. 그러나 명시·설명의무가 인정되는 것은 어디까지나 보험계약자가 알지 못하는 가운데 약관의 중요한 사항이 계약내용으로 되어 보험계약자가 예측하지 못한 불이익을 받게 되는 것을 피하고자 하는 데 근거가 있으므로, 만약 약관조항에 관한 명시·설명의무가 제대로 이행되었더라도 그러한 사정이 보험계약의 체결 여부에 영향을 미치지 아니하였다면 약관조항은 명시·설명의무의 대상이 되는 보험계약의 중요한 내용이라고 할 수 없다(대판 2016.9.23. 2016다221023).

[❷ ▸ O] 보험자 및 보험계약의 체결 또는 모집에 종사하는 자는 보험계약의 체결에 있어서 보험계약자 또는 피보험자에게 보험약관에 기재되어 있는 보험상품의 내용, 보험료율의 체계 및 보험청약서상 기재사항의 변동 등 보험계약의 중요한 내용에 대하여 구체적이고 상세한 명시 · 설명의무를 지고 있다고 할 것이어서 보험자가 이러한 보험약관의 명시 · 설명의무에 위반하여 보험계약을 체결한 때에는 그 약관의 내용을 보험계약의 내용으로 주장할 수 없다(대판 1998.6.23. 98다14191).

[❸ ▸ O] 보험회사 또는 보험모집종사자는 고객과 보험계약을 체결하거나 모집할 때 보험료의 납입, 보험금 · 해약환급금의 지급사유와 금액의 산출 기준은 물론이고, 변액보험계약인 경우 투자형태 및 구조 등 개별 보험상품의 특성과 위험성을 알 수 있는 보험계약의 중요사항을 명확히 설명함으로써 고객이 정보를 바탕으로 보험계약 체결 여부를 합리적으로 판단을 할 수 있도록 고객을 보호하여야 할 의무가 있고, 이러한 의무를 위반하면 민법 제750조 또는 구 보험업법 제102조 제1항에 따라 이로 인하여 발생한 고객의 손해를 배상할 책임을 부담한다(대판 2014.10.27. 2012다22242).

[❹ ▸ O] 보험계약 체결에 설명의무 위반이 있는 경우에 이후 보험약관에 따른 해약환급금이 지급되었다면, 보험계약자가 설명의무 위반으로 입은 손해는 납입한 보험료 합계액에서 지급받은 해약환급금 액을 공제한 금액 상당이다(대판 2014.10.27. 2012다22242).

[❺ ▸ ✕] 보험자에게 보험약관의 명시 · 설명의무가 인정되는 것은 어디까지나 보험계약자가 알지 못하는 가운데 약관에 정하여진 중요한 사항이 계약 내용으로 되어 보험계약자가 예측하지 못한 불이익을 받게 되는 것을 피하고자 하는 데 그 근거가 있다고 할 것이므로, <u>보험약관에 정하여진 사항이라고 하더라도 거래상 일반적이고 공통된 것이어서 보험계약자가 별도의 설명 없이도 충분히 예상할 수 있었던 사항이거나 이미 법령에 의하여 정하여진 것을 되풀이하거나 부연하는 정도에 불과한 사항이라면 그러한 사항에 대하여서까지 보험자에게 명시 · 설명의무가 인정된다고 할 수 없다</u>(대판 1998.11.27. 98다 32564).

답

04 □□□ **보험약관의 명시 · 설명의무에 관한 다음 설명 중 가장 옳지 않은 것은?**

2021년 법무사시험 [문 45]

① 상법의 일반조항과 다른 내용으로 보험자의 책임개시시기를 정한 경우, 그 약관내용은 명시 · 설명 의무의 대상에 해당한다.

② '보험약관에 정한 보험금에서 상대방 차량이 가입한 자동차보험 등의 대인배상으로 보상받을 수 있는 금액을 공제한 액수만을 자기신체사고 보험금으로 지급한다'는 약관조항은 명시 · 설명의무 의 대상에 해당한다.

③ 무보험자동차에 의한 상해보상특약에 있어서 보험금액의 산정기준이나 방법은 명시 · 설명의무의 대상에 해당하지 아니한다.

④ 보험계약자가 별도의 설명 없이도 충분히 예상할 수 있었던 사항이거나 보험계약자나 그 대리인이 그 내용을 충분히 잘 알고 있는 경우에는 보험자로서는 보험계약자 또는 그 대리인에게 약관의 내용을 따로 설명할 필요가 없다.

⑤ '계약자 또는 피보험자가 손해의 통지 또는 보험금청구에 관한 서류에 고의로 사실과 다른 것을 기재하였거나 그 서류 또는 증거를 위조하거나 변조한 경우'를 보험금청구권의 상실사유로 정한 보험약관은 명시 · 설명의무의 대상에 해당한다.

[**❶** ▸ **O**] 보험자의 책임은 당사자 간에 다른 약정이 없으면 최초의 보험료의 지급을 받은 때로부터 개시한다고 규정하고 있는 상법의 일반 조항과 다른 내용으로 보험자의 책임개시시기를 정한 경우, 그 약관내용은 보험자가 구체적이고 상세한 명시·설명의무를 지는 보험계약의 중요한 내용이라 할 것이고, 그 약관의 내용이 거래상 일반적이고 공통된 것이어서 보험계약자가 별도의 설명 없이도 충분히 예상할 수 있었던 내용이라 할 수 없다(대판 2005.12.9. 2004다26164).

[**❷** ▸ **O**] '보험약관에 정한 보험금에서 상대방 차량이 가입한 자동차보험 등의 대인배상으로 보상받을 수 있는 금액을 공제한 액수만을 자기신체사고 보험금으로 지급한다'는 약관조항은 자기신체사고보험에 있어서 구체적인 보험금 산정방식에 관한 사항이 아니라 다른 차량과의 보험사고에 있어서 보험금의 지급 여부 및 지급 내용에 관한 사항으로서, 그 다른 차량의 대인배상에서 지급받을 수 있는 보상금이 약정 보험금액을 초과하는 경우에는 피보험자의 실제 손해액이 잔존하고 있는 경우에도 보험금을 지급받지 못하는 것을 내용으로 하고 있으므로 이러한 사항은 보험계약의 체결 여부에 영향을 미칠 수 있는 보험계약의 중요한 내용이 되는 사항이고, 보험계약자가 별도의 설명이 없더라도 충분히 예상할 수 있었던 사항이라고는 볼 수 없으므로 보험자가 보험계약 체결 시에 위 약관조항에 관하여 설명하지 않았다면 보험자로서는 위 약관조항에 의한 보험금의 공제를 주장할 수 없다(대판 2004.11.25. 2004다28245).

[**❸** ▸ **O**] 무보험자동차에 의한 상해보상특약의 보험자는 피보험자의 실제 손해액을 기준으로 위험을 인수한 것이 아니라 보통약관에서 정한 보험금지급기준에 따라 산정된 금액만을 제한적으로 인수하였을 뿐이어서 그 특약에 따른 보험료도 대인배상Ⅱ에 비하여 현저히 저액으로 책정되어 있고 … 만약 원고 1이 이 사건 보험계약 체결 당시 그 구체적인 산정기준이나 방법에 관한 명시·설명을 받아서 알았다고 하더라도 이 사건 특약을 체결하지 않았을 것으로는 보이지 않고, 나아가 이러한 산정기준이 모든 자동차보험회사에서 일률적으로 적용되는 것이어서 거래상 일반인들이 보험자의 설명 없이도 충분히 예상할 수 있었던 사항이라고도 볼 수 있는 점 등에 비추어 보면, 위의 무보험자동차에 의한 상해보상특약에 있어서 그 보험금액의 산정기준이나 방법은 약관의 중요한 내용이 아니어서 명시·설명의무의 대상이 아니라고 보는 것이 옳다(대판 2004.4.27. 2003다7302).

[**❹** ▸ **O**] 보험자에게 보험약관의 명시·설명의무가 인정되는 것은 어디까지나 보험계약자가 알지 못하는 가운데 약관에 정하여진 중요한 사항이 계약내용으로 되어 보험계약자가 예측하지 못한 불이익을 받게 되는 것을 피하고자 하는 데 그 근거가 있으므로, 보험약관에 정하여진 사항이라고 하더라도 거래상 일반적이고 공통된 것이어서 보험계약자가 별도의 설명 없이도 충분히 예상할 수 있었던 사항이거나 이미 법령에 의하여 정하여진 것을 되풀이하거나 부연하는 정도에 불과한 사항에 대하여서는 보험자에게 명시·설명의무가 인정된다고 할 수 없고, 또 보험계약자나 그 대리인이 이미 약관의 내용을 충분히 잘 알고 있는 경우에는 보험자로서는 보험계약자 또는 그 대리인에게 약관의 내용을 따로이 설명할 필요가 없다(대판 2004.11.25. 2004다28245).

[**❺** ▸ **✕**] "계약자 또는 피보험자가 손해의 통지 또는 보험금청구에 관한 서류에 고의로 사실과 다른 것을 기재하였거나 그 서류 또는 증거를 위조하거나 변조한 경우"를 보험금청구권의 상실사유로 정한 보험약관은 설명의무의 대상이 아니다(대판 2003.5.30. 2003다15556).

답 ❺

보험계약자 또는 피보험자의 고지의무에 관한 다음 설명 중 가장 옳지 않은 것은?
2024년 법무사시험 [문 27]

① 일반적으로 보험모집인은 독자적으로 보험자를 대리하여 보험계약을 체결할 권한이 없을 뿐만 아니라 고지 내지 통지를 수령할 권한도 없다.

② 보험자가 생명보험계약을 체결함에 있어 다른 보험계약의 존재 여부를 청약서에 기재하여 질문하였다면 이는 그러한 사정을 보험계약을 체결할 것인지의 여부에 관한 판단자료로 삼겠다는 의사를 명백히 한 것으로 볼 수 있고, 그러한 경우에는 다른 보험계약의 존재 여부가 고지의무의 대상이 된다.

③ 보험자가 다른 보험계약의 존재 여부에 관한 고지의무 위반을 이유로 보험계약을 해지하려면 보험계약자 또는 피보험자가 다른 보험계약의 존재를 알고 있는 외에 그것이 고지를 요하는 중요한 사항에 해당한다는 사실을 알고도, 또는 중대한 과실로 알지 못하여 고지의무를 다하지 아니한 사실을 입증하여야 한다.

④ 상법 제672조 제2항에서 손해보험에 있어서 동일한 보험계약의 목적과 동일한 사고에 관하여 수개의 보험계약을 체결하는 경우에는 보험계약자는 각 보험자에 대하여 각 보험계약의 내용을 통지하도록 규정하고 있으므로, 중복보험을 체결한 사실은 상법 제651조의 고지의무의 대상이 되는 중요한 사항에 해당된다.

⑤ 보험자가 보험약관의 명시·설명의무에 위반하여 보험계약을 체결한 때에는 그 약관의 내용을 보험계약의 내용으로 주장할 수 없으므로, 보험계약자나 그 대리인이 그 약관에 규정된 고지의무를 위반하였다 하더라도 이를 이유로 보험계약을 해지할 수 없다.

⋯⋯

[❶ ▸ ○] 보험모집인은 특정 보험자를 위하여 보험계약의 체결을 중개하는 자일 뿐 보험자를 대리하여 보험계약을 체결할 권한이 없고 보험계약자 또는 피보험자가 보험자에 대하여 하는 고지나 통지를 수령할 권한도 없으므로, 보험모집인이 통지의무의 대상인 '보험사고발생의 위험이 현저하게 변경 또는 증가된 사실'을 알았다고 하더라도 이로써 곧 보험자가 위와 같은 사실을 알았다고 볼 수는 없다(대판 2006.6.30. 2006다19672).

[❷ ▸ ○] [❸ ▸ ○] 보험자가 생명보험계약을 체결함에 있어 다른 보험계약의 존재 여부를 청약서에 기재하여 질문하였다면 이는 그러한 사정을 보험계약을 체결할 것인지의 여부에 관한 판단자료로 삼겠다는 의사를 명백히 한 것으로 볼 수 있고, 그러한 경우에는 다른 보험계약의 존재 여부가 고지의무의 대상이 된다고 할 것이다. 그러나 그러한 경우에도 보험자가 다른 보험계약의 존재 여부에 관한 고지의무 위반을 이유로 보험계약을 해지하기 위하여는 보험계약자 또는 피보험자가 그러한 사항에 관한 고지의무의 존재와 다른 보험계약의 존재에 관하여 이를 알고도 고의로 또는 중대한 과실로 인하여 이를 알지 못하여 고지의무를 다하지 않은 사실이 입증되어야 할 것이다(대판 2001.11.27. 99다33311).

[❹ ▸ ✕] 상법 제672조 제2항에서 손해보험에 있어서 동일한 보험계약의 목적과 동일한 사고에 관하여 수개의 보험계약을 체결하는 경우에는 보험계약자는 각 보험자에 대하여 각 보험계약의 내용을 통지하도록 규정하고 있으므로, 이미 보험계약을 체결한 보험계약자가 동일한 보험목적 및 보험사고에 관하여 다른 보험계약을 체결하는 경우 기존의 보험계약에 관하여 고지할 의무가 있다고 할 것이나, <u>손해보험에 있어서 위와 같이 보험계약자에게 다수의 보험계약의 체결사실에 관하여 고지 및 통지하도록 규정하는 취지는, 손해보험에서 중복보험의 경우에 연대비례보상주의를 규정하고 있는 상법 제672조 제1항과 사기로 인한 중복보험을 무효로 규정하고 있는 상법 제672조 제3항, 제669조 제4항의 규정에 비추어 볼 때, 부당한 이득을 얻기 위한 사기에 의한 보험계약의 체결을 사전에 방지하고 보험자로 하여금 보험사고 발생 시 손해의 조사 또는 책임의 범위의 결정을 다른 보험자와 공동으로 할 수 있도록 하기</u>

위한 것일 뿐, 보험사고발생의 위험을 측정하여 계약을 체결할 것인지 또는 어떤 조건으로 체결할 것인지 판단할 수 있는 자료를 제공하기 위한 것이라고 볼 수는 없으므로 <u>중복보험을 체결한 사실은 상법 제651조의 고지의무의 대상이 되는 중요한 사항에 해당되지 아니한다</u>(대판 2003.11.13. 2001다49623).

[❺▶○] 보험자 및 보험계약의 체결 또는 모집에 종사하는 자는 보험계약의 체결에 있어서 보험계약자 또는 피보험자에게 보험약관에 기재되어 있는 보험상품의 내용, 보험료율의 체계 및 보험청약서상 기재 사항의 변동 사항 등 보험계약의 중요한 내용에 대하여 구체적이고 상세한 명시·설명의무를 지고 있다고 할 것이어서 보험자가 이러한 보험약관의 명시·설명의무에 위반하여 보험계약을 체결한 때에는 그 약관의 내용을 보험계약의 내용으로 주장할 수 없다 할 것이므로, 보험계약자나 그 대리인이 그 약관에 규정된 고지의무를 위반하였다 하더라도 이를 이유로 보험계약을 해지할 수는 없다(대판 1997.9.26. 97다4494).

답 ❹

상법상 보험계약의 해지에 관한 다음 설명 중 가장 옳은 것은? 2021년 법무사시험 [문 38]

① 계속보험료가 약정한 시기에 지급되지 아니한 때에는 보험자는 상당한 기간을 정하여 보험계약자에게 최고하고 그 기간 내에 지급되지 아니한 때에는 그 계약을 해지할 수 있다. 이 경우 연체 이전에 발생한 보험사고에 대해서도 보험금을 지급할 의무가 없다.

② 보험기간 중 보험계약자, 피보험자 또는 보험수익자의 고의 또는 중대한 과실로 인하여 사고발생의 위험이 현저하게 변경 또는 증가된 때에는 보험자는 그 사실을 안 날부터 1월 내에 보험료의 증액을 청구하거나 해지할 수 있다. 그 경우 보험모집인이 보험사고발생의 위험이 현저하게 변경 또는 증가된 사실을 알았다면 보험자가 이를 알았다고 본다.

③ 보험자가 보험약관의 교부·설명의무를 위반하여 보험계약을 체결하였다 하더라도 보험계약자가 그 약관에 규정된 고지의무를 위반하였다면 보험자는 이를 이유로 보험계약을 해지할 수 있다.

④ 보험계약의 존속 중에 당사자 일방의 부당한 행위 등으로 인하여 계약의 기초가 되는 신뢰관계가 파괴되어 계약의 존속을 기대할 수 없는 중대한 사유가 있는 때에는 상대방은 그 계약을 해지할 수 있다.

⑤ 고지의무를 위반한 사실 또는 위험이 현저하게 변경되거나 증가된 사실이 보험사고 발생에 영향을 미치지 아니한 경우라 하더라도 보험계약자가 사전에 올바로 고지하였다면 보험계약을 체결하지 않았거나 최소 동일한 내용으로 보험계약을 체결하지 않았을 것이므로, 보험금을 지급할 책임이 없다.

[❶▶×] 상법 제655조 본문은 보험사고가 발생한 후에도 보험자가 제650조의 규정에 의하여 계약을 해지한 때에는 이미 지급한 보험금액의 반환을 청구할 수 있다고 되어 있어, 법문의 외양상으로는 계속보험료(월납분담금) 미지급에 따른 상법 제650조 제2항의 규정에 의한 계약해지의 경우에도 이미 지급한 보험금액의 반환을 청구할 수 있는 것으로 되어 있으나, 상법 제650조 제2항이 보험계약자를 보호하기 위하여 계속보험료가 연체된 경우에 상당한 최고기간을 둔 다음 해지하도록 규정하고 있는 점 등에 비추어 볼 때, 계속보험료의 연체로 인하여 보험계약이 해지된 경우에는 보험자는 계약해지 시로부터 더 이상 보험금을 지급할 의무만을 면할 뿐, <u>계속보험료의 연체가 없었던 기간에 발생한 보험사고에 대하여 이미 보험계약자가 취득한 보험보호를 소급하여 사라지게 하는 것이 아니므로, 보험자는 보험계약자에 대하여 이미 지급한 보험금의 반환을 구할 수 없다 할 것이다</u>(대판 2001.4.10. 99다67413).

[❷ ▸ ✕] 구 보험업법상의 보험모집인은 특정 보험자를 위하여 보험계약의 체결을 중개하는 자일 뿐 보험자를 대리하여 보험계약을 체결할 권한이 없고 보험계약자 또는 피보험자가 보험자에 대하여 하는 고지나 통지를 수령할 권한도 없으므로, 보험모집인이 통지의무의 대상인 '보험사고발생의 위험이 현저하게 변경 또는 증가된 사실'을 알았다고 하더라도 이로써 곧 보험자가 위와 같은 사실을 알았다고 볼 수는 없다(대판 2006.6.30. 2006다19672).

[❸ ▸ ✕] 보험자 및 보험계약의 체결 또는 모집에 종사하는 자는 보험계약의 체결에 있어서 보험계약자 또는 피보험자에게 보험약관에 기재되어 있는 보험상품의 내용, 보험료율의 체계 및 보험청약서상 기재사항의 변동사항 등 보험계약의 중요한 내용에 대하여 구체적이고 상세한 명시 설명의무를 지고 있다고 할 것이어서 보험자가 이러한 보험약관의 명시 설명의무에 위반하여 보험계약을 체결한 때에는 그 약관의 내용을 보험계약의 내용으로 주장할 수 없다 할 것이므로 보험계약자나 그 대리인이 그 약관에 규정된 고지의무를 위반하였다 하더라도 이를 이유로 보험계약을 해지할 수는 없다(대판 1992.3.10. 91다31883).

[❹ ▸ ◯] 보험계약은 장기간의 보험기간 동안 존속하는 계속적 계약일 뿐만 아니라, 도덕적 위험의 우려가 있어 당사자의 윤리성과 선의성이 강하게 요구되는 특성이 있으므로 당사자 사이에 강한 신뢰관계가 있어야 한다. 따라서 보험계약의 존속 중에 당사자 일방의 부당한 행위 등으로 인하여 계약의 기초가 되는 신뢰관계가 파괴되어 계약의 존속을 기대할 수 없는 중대한 사유가 있는 때에는 상대방은 그 계약을 해지함으로써 장래에 향하여 그 효력을 소멸시킬 수 있다(대판 2020.10.29. 2019다267020).

[❺ ▸ ✕] 보험사고가 발생한 후라도 보험자가 제650조, 제651조, 제652조 및 제653조에 따라 계약을 해지하였을 때에는 보험금을 지급할 책임이 없고 이미 지급한 보험금의 반환을 청구할 수 있다. 다만, 고지의무(告知義務)를 위반한 사실 또는 위험이 현저하게 변경되거나 증가된 사실이 보험사고 발생에 영향을 미치지 아니하였음이 증명된 경우에는 보험금을 지급할 책임이 있다(상법 제655조).

답 ❹

07 □□□ 보험금청구에 관한 다음 설명 중 가장 옳지 않은 것은?

① 보험금청구권자는 손해보험의 경우 피보험자이고 인보험의 경우 보험수익자인데, 보험사고 발생 전 보험금청구권자가 사망하면 손해보험의 경우 피보험자의 상속인이 보험금청구권을 가지고 인보험의 경우 보험계약자가 보험수익자를 다시 지정할 수 있다.

② 보험금청구권의 소멸시효는 보험사고가 발생한 때로부터 진행하고, 피보험자와 보험자 사이의 보험금 지급기한 유예 합의는 보험금지급청구권에 관한 소멸시효의 이익을 미리 포기하는 것에 해당한다.

③ 보험자는 보험금액의 지급에 관하여 약정기간이 없는 경우에는 보험사고발생통지를 받은 후 지체 없이 지급할 보험금액을 정하고 그 정하여진 날부터 10일 내에 보험금을 지급하여야 한다.

④ 보험급여는 금전 외에도 채무면제, 현물급부, 용역제공 등으로 제공될 수 있고, 인보험의 경우 약정에 따라 분할지급할 수도 있다.

⑤ 자동차손해배상 보장법 제40조상의 압류·양도금지 규정은 강행규정이지만 피해자를 치료한 의료기관이 피해자에 대한 진료비 청구권에 기하여 피해자의 보험사업자 등에 대한 직접청구권을 압류하는 것까지 금지하는 것은 아니다.

....

[❶ ▶ ○] 보험계약에서 정한 보험사고가 발생한 경우, 보험자가 보험금 지급의무(상법 제658조)를 부담하는 보험금청구권자는 손해보험의 경우 피보험자이고 인보험의 경우 보험수익자인데, 보험사고 발생 전 보험금청구권자가 사망하면 손해보험의 경우 피보험자의 상속인이 보험금청구권을 가지고 인보험의 경우 보험계약자가 보험수익자를 다시 지정할 수 있다. 이 경우에 보험계약자가 지정권을 행사하지 아니하고 사망한 때에는 보험수익자의 상속인을 보험수익자로 한다(상법 제733조 제3항).

[❷ ▶ ×] 보험금청구권은 보험사고가 발생하기 전에는 추상적인 권리에 지나지 아니할 뿐 보험사고의 발생으로 인하여 구체적인 권리로 확정되어 그때부터 그 권리를 행사할 수 있게 되므로, 특별한 다른 사정이 없는 한 원칙적으로 보험금청구권의 소멸시효는 보험사고가 발생한 때로부터 진행한다고 해석해야 한다(대판 2012.9.27. 2010다101776). 한편 피보험자와 보험자 사이의 <u>보험금지급기한 유예의 합의는 보험금지급청구권에 관한 소멸시효의 이익을 미리 포기하는 것에 해당하지 아니한다</u>(대판 1981.10.6. 80다2699).

[❸ ▶ ○] 보험자는 보험금액의 지급에 관하여 약정기간이 있는 경우에는 그 기간 내에 약정기간이 없는 경우에는 보험사고발생통지를 받은 후 지체 없이 지급할 보험금액을 정하고 그 정하여진 날부터 10일 내에 피보험자 또는 보험수익자에게 보험금액을 지급하여야 한다(상법 제658조).

[❹ ▶ ○] 보험급여의 지급방법에 대하여 보험통칙(상법 제638조)에서는 '일정한 보험금이나 그 밖의 급여'를, 인보험통칙(상법 제727조)에서는 '보험계약으로 정하는 바에 따라 보험금이나 그 밖의 급여를 지급할 책임이 있고 이 보험금은 당사자 간의 약정에 따라 분할하여 지급할 수 있다.'고 규정하고 있으므로 보험급여를 반드시 금전으로 할 필요는 없고 금전 외에도 채무면제, 현물급부, 용역제공 등으로 제공할 수 있다고 이해하는 것이 학설의 일반적인 태도로 보인다.

[**❺ ▸ O**] 자동차손해배상 보장법 제40조는 교통사고 피해자의 보험가입자 등에 대한 직접청구권을 압류 또는 양도할 수 없도록 규정하고 있는바, 이는 자동차의 운행으로 사람이 사망하거나 부상한 경우에 있어서 인적 피해에 대한 손해배상을 보장하는 제도를 확립함으로써 피해자를 보호하려는 데에 그 목적이 있으므로, 교통사고 피해자를 치료한 의료기관이 피해자에 대한 진료비 청구권에 기하여 피해자의 보험사업자 등에 대한 직접청구권을 압류하는 것까지 금지하는 취지로 볼 것은 아니다(대판 2004.5.28. 2004다6542).

답 ❷

---

08 **상법상 보험료에 관한 다음 설명 중 가장 옳지 않은 것은?**   2023년 법무사시험 [문 36]

① 보험계약자는 계약체결 후 지체 없이 보험료의 전부 또는 제1회 보험료를 지급하여야 하며, 보험계약자가 이를 지급하지 아니하는 경우에는 다른 약정이 없는 한 계약성립 후 2월이 경과하면 보험자는 그 계약을 해지할 수 있다.

② 계속보험료가 약정한 시기에 지급되지 아니한 때에는 보험자는 상당한 기간을 정하여 보험계약자에게 최고하고 그 기간 내에 지급되지 아니한 때에는 그 계약을 해지할 수 있다.

③ 특정한 타인을 위한 보험의 경우에 보험계약자가 보험료의 지급을 지체한 때에는 보험자는 그 타인에게도 상당한 기간을 정하여 보험료의 지급을 최고한 후가 아니면 그 계약을 해제 또는 해지하지 못한다.

④ 보험자는 계속보험료 지급의 연체를 이유로 상법 제650조 제2항에 의하여 보험계약을 해지하였어도 계속보험료의 연체 이전에 발생한 보험사고에 대하여 지급한 보험금의 반환을 구할 수 없다.

⑤ 계속보험료가 약정한 시기에 지급되지 아니한 때 일정한 유예기간이 경과하면 보험자의 최고나 해지의 의사표시 없이 자동적으로 계약의 효력이 상실된다는 내용의 약관은 무효이다.

··

[**❶ ▸ ✕**] 보험계약자는 계약체결 후 지체 없이 보험료의 전부 또는 제1회 보험료를 지급하여야 하며, 보험계약자가 이를 지급하지 아니하는 경우에는 다른 약정이 없는 한 계약성립 후 2월이 경과하면 그 계약은 <u>해제된 것으로 본다</u>(상법 제650조 제1항).

[**❷ ▸ O**] 계속보험료가 약정한 시기에 지급되지 아니한 때에는 보험자는 상당한 기간을 정하여 보험계약자에게 최고하고 그 기간 내에 지급되지 아니한 때에는 그 계약을 해지할 수 있다(상법 제650조 제2항).

[**❸ ▸ O**] 특정한 타인을 위한 보험의 경우에 보험계약자가 보험료의 지급을 지체한 때에는 보험자는 그 타인에게도 상당한 기간을 정하여 보험료의 지급을 최고한 후가 아니면 그 계약을 해제 또는 해지하지 못한다(상법 제650조 제3항).

[**❹** ▸ **O**]　상법 제655조 본문은 보험사고가 발생한 후에도 보험자가 제650조의 규정에 의하여 계약을 해지한 때에는 이미 지급한 보험금액의 반환을 청구할 수 있다고 되어 있어, 법문의 외양상으로는 계속보험료(월납분담금) 미지급에 따른 상법 제650조 제2항의 규정에 의한 계약해지의 경우에도 이미 지급한 보험금액의 반환을 청구할 수 있는 것으로 되어 있으나, 상법 제650조 제2항이 보험계약자를 보호하기 위하여 계속보험료가 연체된 경우에 상당한 최고기간을 둔 다음 해지하도록 규정하고 있는 점 등에 비추어 볼 때, 계속보험료의 연체로 인하여 보험계약이 해지된 경우에는 보험자는 계약해지 시로부터 더 이상 보험금을 지급할 의무만을 면할 뿐, 계속보험료의 연체가 없었던 기간에 발생한 보험사고에 대하여 이미 보험계약자가 취득한 보험보호를 소급하여 사라지게 하는 것이 아니므로, 보험자는 보험계약자에 대하여 이미 지급한 보험금의 반환을 구할 수 없다 할 것이다(대판 2001.4.10. 99다67413).

[**❺** ▸ **O**]　상법 제650조는 보험료가 적당한 시기에 지급되지 아니한 때에는 보험자는 상당한 기간을 정하여 보험계약자에게 최고하고 그 기간 내에 지급하지 아니한 때에는 계약을 해지할 수 있도록 규정하고, 같은 법 제663조는 위 규정을 보험당사자 간의 특약으로 보험계약자 또는 보험수익자의 불이익으로 변경하지 못한다고 규정하고 있으므로, 분납 보험료가 소정의 시기에 납입되지 아니하였음을 이유로 그와 같은 절차를 거치지 아니하고 막바로 보험계약이 해지되거나 실효됨을 규정하고 보험자의 보험금지급 책임을 면하도록 규정한 보험약관은 위 상법의 규정에 위배되어 무효이다(대판[전합] 1995.11.16. 94다56852).

답 **❶**

09　□□□　보험에 관한 다음 설명 중 가장 옳지 않은 것은?　2022년 법무사시험 [문 27]

① 보험계약자는 위임을 받거나 위임을 받지 아니하고 특정 또는 불특정의 타인을 위하여 보험계약을 체결할 수 있으나 손해보험계약의 경우에 그 타인의 위임이 없는 때에는 보험계약자는 이를 보험자에게 고지하여야 하고, 그 고지가 없는 때에는 타인이 그 보험계약이 체결된 사실을 알지 못하였다는 사유로 보험자에게 대항하지 못한다.

② 보험사고가 발생하기 전에는 보험계약자는 언제든지 계약의 전부 또는 일부를 해지할 수 있다. 그러나 상법 제639조(타인을 위한 보험)의 보험계약의 경우에는 보험계약자는 그 타인의 동의를 얻지 아니하거나 보험증권을 소지하지 아니하면 그 계약을 해지하지 못한다.

③ 보험계약자 또는 피보험자나 보험수익자는 보험사고의 발생을 안 때에는 지체 없이 보험자에게 그 통지를 발송하여야 하고, 보험계약자 또는 피보험자나 보험수익자가 그 통지의무를 해태함으로 인하여 손해가 증가된 때에는 보험자는 그 증가된 손해를 보상할 책임이 없다.

④ 보험계약자가 다수의 계약을 통하여 보험금을 부정 취득할 목적으로 보험계약을 체결하여 그것이 민법 제103조에 따라 선량한 풍속 기타 사회질서에 반하여 무효인 경우 보험자의 보험금에 대한 부당이득반환청구권은 민법상 10년의 소멸시효기간이 적용된다.

⑤ 보험계약의 당사자 사이에 계약상 채무의 존부나 범위에 관하여 다툼이 있는 경우 그로 인한 법적 불안을 제거하기 위하여 보험회사는 먼저 보험수익자를 상대로 소극적 확인의 소를 제기할 확인의 이익이 있다.

[**❶** ▸ O] 보험계약자는 위임을 받거나 위임을 받지 아니하고 특정 또는 불특정의 타인을 위하여 보험계약을 체결할 수 있다. 그러나 손해보험계약의 경우에 그 타인의 위임이 없는 때에는 보험계약자는 이를 보험자에게 고지하여야 하고, 그 고지가 없는 때에는 타인이 그 보험계약이 체결된 사실을 알지 못하였다는 사유로 보험자에게 대항하지 못한다(상법 제639조 제1항).

[**❷** ▸ O] 보험사고가 발생하기 전에는 보험계약자는 언제든지 계약의 전부 또는 일부를 해지할 수 있다. 그러나 제639조의 보험계약의 경우에는 보험계약자는 그 타인의 동의를 얻지 아니하거나 보험증권을 소지하지 아니하면 그 계약을 해지하지 못한다(상법 제649조 제1항).

[**❸** ▸ O] 상법 제657조 제1항·제2항

> **상법 제657조(보험사고발생의 통지의무)**
> ① 보험계약자 또는 피보험자나 보험수익자는 보험사고의 발생을 안 때에는 지체 없이 보험자에게 그 통지를 발송하여야 한다.
> ② 보험계약자 또는 피보험자나 보험수익자가 제1항의 통지의무를 해태함으로 인하여 손해가 증가된 때에는 보험자는 그 증가된 손해를 보상할 책임이 없다.

[**❹** ▸ ×] 보험계약자가 다수의 계약을 통하여 보험금을 부정 취득할 목적으로 보험계약을 체결하여 그것이 민법 제103조에 따라 선량한 풍속 기타 사회질서에 반하여 무효인 경우 보험자의 보험금에 대한 부당이득반환청구권은 상법 제64조를 유추적용하여 5년의 상사소멸시효기간이 적용된다고 봄이 타당하다(대판[전합] 2021.7.22. 2019다277812).

[**❺** ▸ O] 보험계약의 당사자 사이에 계약상 채무의 존부나 범위에 관하여 다툼이 있는 경우 그로 인한 법적 불안을 제거하기 위하여 보험회사는 먼저 보험수익자를 상대로 소극적 확인의 소를 제기할 확인의 이익이 있다고 할 것이다(대판[전합] 2021.6.17. 2018다257958).

답 ❹

제4절 **타인을 위한 보험계약**

제2장 / 손해보험

제1절 총론

10
□□□

보험가액, 초과보험, 중복보험에 관한 다음 설명 중 가장 옳지 않은 것은?

2025년 법무사시험 [문 45]

① 손해보험에 있어서 보험사고의 발생에 의하여 피보험자가 불이익을 받게 될 이해관계의 평가액인 보험가액은 보험목적의 객관적인 기준에 따라 평가되어야 하나, 보험사고가 발생한 후 그 평가를 둘러싸고 보험자와 피보험자 사이에 분쟁이 발생하는 것을 미리 예방하고 신속한 보상을 할 수 있도록 하기 위하여 상법 제670조에서 기평가보험에 있어 보험가액에 관한 규정을 두고 있다.

② 상법 제669조 소정의 초과보험계약이라는 사유를 들어 보험가액의 제한 또는 보험계약의 무효를 주장하는 경우, 그 증명책임은 무효를 주장하는 보험자가 부담한다.

③ 상법 제672조 제2항에서 규정하는 통지의무의 해태로 인한 사기의 중복보험을 인정하기 위하여는 보험자가 통지의무가 있는 보험계약자 등이 통지의무를 이행하였다면 보험자가 그 청약을 거절하였거나 다른 조건으로 승낙할 것이라는 것을 알면서도 정당한 사유 없이 위법하게 재산상의 이익을 얻을 의사로 통지의무를 이행하지 않았음을 증명하여야 할 것이고, 단지 통지의무를 게을리하였다는 사유만으로 사기로 인한 중복보험계약이 체결되었다고 추정할 수는 없다. 다만 중복보험계약 체결이 인정되기만 한다면 그 고지의무 해태를 이유로 상법 제651조(고지의무위반으로 인한 계약 해지)에 따라 보험계약을 해지할 수 있는 것이다.

④ 수 개의 손해보험계약이 동시 또는 순차로 체결된 경우에 그 보험금액의 총액이 보험가액을 초과한 때에는 상법 제672조 제1항의 규정에 따라 보험자는 각자의 보험금액의 한도에서 연대책임을 지고 이 경우 각 보험자의 보상책임은 각자의 보험금액의 비율에 따르는 것이 원칙이라 할 것이나, 이러한 상법의 규정은 강행규정이라고 해석되지 아니하므로, 각 보험계약의 당사자는 각개의 보험계약이나 약관을 통하여 중복보험에 있어서의 피보험자에 대한 보험자의 보상책임 방식이나 보험자들 사이의 책임 분담방식에 대하여 상법의 규정과 다른 내용으로 규정할 수 있다.

⑤ 중복보험이라 함은 동일한 보험계약의 목적과 동일한 사고에 관하여 수 개의 보험계약이 동시에 또는 순차로 체결되고 그 보험금액의 총액이 보험가액을 초과하는 경우를 말하므로 보험계약의 목적, 즉 피보험이익이 다르면 중복보험으로 되지 않는다.

....

[**❶**▶○][**❷**▶○]　[1] 손해보험에 있어서 보험사고의 발생에 의하여 피보험자가 불이익을 받게 될 이해관계의 평가액인 보험가액은 보험목적의 객관적인 기준에 따라 평가되어야 하나, 보험사고가 발생한 후 그 평가를 둘러싸고 보험자와 피보험자 사이에 분쟁이 발생하는 것을 미리 예방하고 신속한 보상을 할 수 있도록 하기 위하여 <u>상법 제670조에서 기평가보험에 있어 보험가액에 관한 규정을 두고 있는바,</u> 이러한 기평가보험계약에 있어서도 당사자는 추가보험계약으로 평가액을 감액 또는 증액할 <u>수 있다.</u> [2] <u>상법 제669조 소정의 초과보험계약이라는 사유를 들어 보험가액의 제한 또는 보험계약의 무효를 주장하는 경우, 그 입증책임은 무효를 주장하는 보험자가 부담한다</u>(대판 1988.2.9. 86다카2933).

[❸ ▶ ✕]

- 사기로 인하여 체결된 중복보험계약이란 보험계약자가 보험가액을 넘어 위법하게 재산적 이익을 얻을 목적으로 중복보험계약을 체결한 경우를 말하는 것이므로, 통지의무의 해태로 인한 사기의 중복보험을 인정하기 위하여는 보험자가 통지의무가 있는 보험계약자 등이 통지의무를 이행하였다면 보험자가 그 청약을 거절하였거나 다른 조건으로 승낙할 것이라는 것을 알면서도 정당한 사유 없이 위법하게 재산상의 이익을 얻을 의사로 통지의무를 이행하지 않았음을 입증하여야 할 것이고, 단지 통지의무를 게을리하였다는 사유만으로 사기로 인한 중복보험계약이 체결되었다고 추정할 수는 없다(대판 2000.1.28. 99다50712).

- 손해보험에 있어서 보험계약자에게 다수의 보험계약의 체결사실에 관하여 고지 및 통지하도록 규정(상법 제672조 제2항)하는 취지는, 손해보험에서 중복보험의 경우에 연대비례보상주의를 규정하고 있는 상법 제672조 제1항과 사기로 인한 중복보험을 무효로 규정하고 있는 상법 제672조 제3항, 제669조 제4항의 규정에 비추어 볼 때, 부당한 이득을 얻기 위한 사기에 의한 보험계약의 체결을 사전에 방지하고 보험자로 하여금 보험사고 발생 시 손해의 조사 또는 책임의 범위의 결정을 다른 보험자와 공동으로 할 수 있도록 하기 위한 것일 뿐, 보험사고발생의 위험을 측정하여 계약을 체결할 것인지 또는 어떤 조건으로 체결할 것인지 판단할 수 있는 자료를 제공하기 위한 것이라고 볼 수는 없으므로 중복보험을 체결한 사실은 상법 제651조의 고지의무의 대상이 되는 중요한 사항에 해당되지 아니한다(대판 2003.11.13. 2001다49623). 판례의 취지를 고려할 때 중복보험계약 체결사실이 인정되더라도 그 고지의무 해태를 이유로 상법 제651조(고지의무위반으로 인한 계약해지)에 따라 보험계약을 해지할 수 없다고 판단된다.

[❹ ▶ ○] 수 개의 손해보험계약이 동시 또는 순차로 체결된 경우에 그 보험금액의 총액이 보험가액을 초과한 때에는 상법 제672조 제1항의 규정에 따라 보험자는 각자의 보험금액의 한도에서 연대책임을 지고 이 경우 각 보험자의 보상책임은 각자의 보험금액의 비율에 따르는 것이 원칙이라 할 것이나, 이러한 상법의 규정은 강행규정이라고 해석되지 아니하므로, 각 보험계약의 당사자는 각개의 보험계약이나 약관을 통하여 중복보험에 있어서의 피보험자에 대한 보험자의 보상책임 방식이나 보험자들 사이의 책임 분담방식에 대하여 상법의 규정과 다른 내용으로 규정할 수 있다(대판 2002.5.17. 2000다30127).

[❺ ▶ ○] 중복보험이라 함은 동일한 보험계약의 목적과 동일한 사고에 관하여 수 개의 보험계약이 동시에 또는 순차로 체결되고 그 보험금액의 총액이 보험가액을 초과하는 경우를 말하므로 보험계약의 목적, 즉 피보험이익이 다르면 중복보험으로 되지 않는다(대판 1997.9.5. 95다47398).

답 ❸

제3자에 대한 보험대위(상법 제682조)에 관한 다음 설명 중 옳지 않은 것을 모두 고른 것은?

2025년 법무사시험 [문 25]

ㄱ. 상법 제682조 제1항 본문은 "손해가 제3자의 행위로 인하여 발생한 경우에 보험금을 지급한 보험자는 그 지급한 금액의 한도에서 그 제3자에 대한 보험계약자 또는 피보험자의 권리를 취득한다."고 규정하고 있다. 여기서 말하는 '제3자의 행위'란 '피보험이익에 대하여 손해를 일으키는 행위'를 뜻하는 것으로서 고의 또는 과실에 의한 행위에 한하고 제3자에게 귀책사유가 없다면 위 조항이 적용되지 않는다.

ㄴ. 피보험자동차를 무면허로 운전할 경우 보험자를 면책시키는 약관조항이 부착된(무면허운전 면책약관부) 보험계약에서 무면허 운전자가 피보험자의 동거가족으로서 피보험자동차를 운전한 경우에는 특별한 사정이 없는 한 무면허 운전자는 상법 제682조 소정의 제3자의 범위에 포함되지 않는다. 따라서 피보험자의 아들이 무면허로 피보험자동차를 운전하여 피해자들을 들이받아 상해를 입게 한 후 보험자가 피해자들에게 손해배상하였다고 하더라도 보험자는 피보험자의 아들을 상대로 상법 제682조에 따른 보험자대위를 행사할 수 없다.

ㄷ. 타인을 위한 손해보험계약은 타인의 이익을 위한 계약으로서 그 타인(피보험계약자)의 이익이 보험의 목적이 되는 것이므로, 타인을 위하여 자신의 명의로 손해보험계약을 체결하여 보험자에게 보험료를 납입하는 보험계약자는 당연히 제3자의 범주에서 제외되는 것으로 해석하여야 한다.

ㄹ. 상법 제682조에서 정한 제3자에 대한 보험자대위가 인정되기 위하여는 보험자가 피보험자에게 보험금을 지급할 책임이 있는 경우이어야 한다. 보험자가 보험약관에 정하여져 있는 중요한 내용에 해당하는 면책약관에 대한 설명의무를 위반하여 약관의 규제에 관한 법률 제3조 제4항에 따라 해당 면책약관을 계약의 내용으로 주장하지 못하고 보험금을 지급하게 되었더라도, 이는 보험자가 피보험자에게 보험금을 지급할 책임이 있는 경우에 해당하므로 보험자는 보험자대위를 할 수 있다.

ㅁ. 공동불법행위자 중 1인의 보험자가 피해자에게 손해배상금을 보험금으로 모두 지급함으로써 공동면책되었다면, 피보험자인 공동불법행위자는 다른 공동불법행위자들을 상대로 그들의 부담 부분에 대하여 구상권을 행사할 수 있을 뿐만 아니라, 상법 제724조 제2항에 따라 다른 공동불법행위자들의 부담 부분에 대한 구상권을 그들의 보험자들에게 직접 행사할 수 있고, 손해배상금을 지급한 보험자는 상법 제682조의 보험자대위의 법리에 따라 자신의 피보험자가 다른 공동불법행위자들의 보험자들에 대하여 갖는 직접적인 구상권을 취득하여 그 보험자들에게 행사할 수 있다. 이같이 보험자대위의 법리에 따라 취득한 피보험자의 위 보험자들에 대한 구상권의 소멸시효기간은 상사채권과 같이 5년이고, 그 기산점은 구상권이 발생한 시점, 즉 구상권자가 현실로 피해자에게 손해배상금을 지급한 때이다.

① ㄱ, ㄷ, ㅁ   ② ㄱ, ㄴ, ㄷ

③ ㄴ, ㄷ, ㅁ   ④ ㄴ, ㄹ, ㅁ

⑤ ㄱ, ㄷ, ㄹ

[ㄱ▸×] 상법 제682조는 "손해가 제3자의 행위로 인하여 생긴 경우에 보험금액을 지급한 보험자는 그 지급한 금액의 한도에서 그 제3자에 대한 보험계약자 또는 피보험자의 권리를 취득한다."고 규정하여 보험자대위에 관하여 규정하고 있는바, … 그렇다면, 보험사고에 의하여 손해가 발생하고 피보험자가 그 손해에 관하여 제3자에게 손해배상 청구권을 갖게 되면 보험금을 지급한 보험자는 제3자에게 귀책사유가 있음을 입증할 필요가 없이 법률의 규정에 의하여 당연히 그 손해배상 청구권을 취득하게 된다고 할 것이므로, 상법 제682조 소정의 '제3자의 행위'란 '피보험이익에 대하여 손해를 일으키는 행위'를 뜻하는 것으로서 고의 또는 과실에 의한 행위만이 이에 해당하는 것은 아니라고 보아야 할 것이다(대판 1995.11.14. 95다33092).

[ㄴ▸○] 무면허운전 면책약관부 보험계약에서 무면허 운전자가 동거가족인 경우 특별한 사정이 없는 한 상법 제682조 소정의 제3자의 범위에 포함되지 않는다고 봄이 타당하므로, 피보험자의 아들이 무면허로 피보험자동차를 운전하여 피해자들을 들이받아 상해를 입게 한 후 보험자가 피해자들에게 손해배상하였다고 하더라도 보험자는 피보험자의 아들을 상대로 상법 제682조에 따른 보험자대위를 행사할 수 없다(대판 2002.9.6. 2002다32547).

[ㄷ▸×] 타인을 위한 손해보험계약은 타인의 이익을 위한 계약으로서 그 타인(피보험계약자)의 이익이 보험의 목적이 되는 것이지 여기에 당연히(특약 없이) 보험계약자의 보험이익이 포함되거나 예정되어 있는 것은 아니라 할 것이므로 피보험이익의 주체는 그 타인이 되는 것이고 보험계약자가 되는 것은 아닌 것이다. 그러므로 이러한 보험계약자는 비록 보험자와의 사이에서는 계약당사자이고 약정된 보험료를 지급할 의무자이지만 위와 같은 보험자대위 규정의 취지와 그가 피보험이익의 주체가 아니라는 그 지위의 성격에 비추어 보면 보험자 대위에 있어서 보험계약자와 보험계약자 아닌 제3자와 구별하여 취급하여야 할 법률상의 이유는 없는 것이라고 보아야 할 것이며 따라서 타인을 위한 손해보험계약자가 당연히 제3자의 범주에서 제외되는 것은 아니라고 보아야 할 것이다(대판 1990.2.9. 89다카21965).

[ㄹ▸○] 상법 제682조에서 정한 제3자에 대한 보험자대위가 인정되기 위하여는 보험자가 피보험자에게 보험금을 지급할 책임이 있는 경우이어야 한다. 보험자가 보험약관에 정하여져 있는 중요한 내용에 해당하는 면책약관에 대한 설명의무를 위반하여 약관의 규제에 관한 법률 제3조 제4항에 따라 해당 면책약관을 계약의 내용으로 주장하지 못하고 보험금을 지급하게 되었더라도, 이는 보험자가 피보험자에게 보험금을 지급할 책임이 있는 경우에 해당하므로 보험자는 보험자대위를 할 수 있다(대판 2014.11.27. 2012다14562).

[ㅁ▸×] 공동불법행위자 중 1인의 보험자가 피해자에게 손해배상금을 보험금으로 모두 지급함으로써 공동면책되었다면, 피보험자인 공동불법행위자는 다른 공동불법행위자들을 상대로 그들의 부담 부분에 대하여 구상권을 행사할 수 있을 뿐만 아니라, 상법 제724조 제2항에 따라 다른 공동불법행위자들의 부담 부분에 대한 구상권을 그들의 보험자들에게 직접 행사할 수 있고, 손해배상금을 지급한 보험자는 상법 제682조의 보험자대위의 법리에 따라 자신의 피보험자가 다른 공동불법행위자들의 보험자들에 대하여 갖는 직접적인 구상권을 취득하여 그 보험자들에게 행사할 수 있다. 이같이 보험자대위의 법리에 따라 취득한 피보험자의 다른 공동불법행위자들 및 그들의 보험자들에 대한 구상권의 소멸시효기간은 일반채권과 같이 10년이고, 그 기산점은 구상권이 발생한 시점, 즉 구상권자가 현실로 피해자에게 손해배상금을 지급한 때이다(대판 2024.9.27. 2024다249729).

답 ❶

손해보험 등에 관한 다음 설명 중 옳지 않은 것을 모두 고른 것은? 2024년 법무사시험 [문 41]

> ㄱ. 손해보험에 있어 당사자 간에 보험가액을 정하지 아니한 때에는 보험계약 체결 시의 가액을 보험가액으로 한다.
> ㄴ. 초과보험인지 여부는 원칙적으로 보험계약 당시의 가액을 기준으로 판단한다.
> ㄷ. 보험계약자의 사기로 인하여 초과보험계약이 체결된 경우에 그 보험계약은 무효가 되나, 보험자는 그 사실을 안 때까지의 보험료를 청구할 수 있다.
> ㄹ. 일부보험의 경우 보험자는 보험금액의 보험가액에 대한 비율에 따라 보상할 책임을 지는 것이 원칙이나, 당사자 간에 다른 약정이 있는 때에는 보험자는 보험금액의 한도 내에서 그 손해를 보상할 책임을 진다.

① ㄱ   ② ㄱ, ㄴ
③ ㄱ, ㄷ   ④ ㄷ, ㄹ
⑤ ㄱ, ㄷ, ㄹ

. . . .

[ㄱ ▸ ✕] 당사자 간에 보험가액을 정하지 아니한 때에는 <u>사고발생 시의 가액을 보험가액으로 한다</u>(상법 제671조).
[ㄴ ▸ ○] 상법 제669조 제1항, 제2항
[ㄷ ▸ ○] 상법 제669조 제1항, 제4항

> **상법 제669조(초과보험)**
> ① 보험금액이 보험계약의 목적의 가액을 현저하게 초과한 때에는 보험자 또는 보험계약자는 보험료와 보험금액의 감액을 청구할 수 있다. 그러나 보험료의 감액은 장래에 대하여서만 그 효력이 있다.
> ② 제1항의 가액은 계약 당시의 가액에 의하여 정한다.
> ④ 제1항의 경우에 계약이 보험계약자의 사기로 인하여 체결된 때에는 그 계약은 무효로 한다. 그러나 보험자는 그 사실을 안 때까지의 보험료를 청구할 수 있다.

[ㄹ ▸ ○] 보험가액의 일부를 보험에 붙인 경우에는 보험자는 보험금액의 보험가액에 대한 비율에 따라 보상할 책임을 진다. 그러나 당사자 간에 다른 약정이 있는 때에는 보험자는 보험금액의 한도 내에서 그 손해를 보상할 책임을 진다(상법 제674조).

 답 ❶

PART 1
PART 2
PART 3
PART 4
PART 5
PART 6
PART 7
PART 8

손해보험에 관한 다음 설명 중 가장 옳지 않은 것은?

① 손해보험은 피보험자의 '물건이나 재산'에 생기는 사고에 대비하는 것이라는 점에서, 피보험자의 '생명이나 신체'에 생기는 사고에 대비하는 인보험과 구별된다.

② 손해보험의 보험사고에 관하여 동시에 불법행위나 채무불이행에 기한 손해배상책임을 지는 제3자가 있어 피보험자가 그를 상대로 손해배상청구를 하는 경우에, 피보험자는 보험자로부터 수령한 보험금으로 전보되지 않고 남은 손해에 관하여 제3자를 상대로 그의 배상책임을 이행할 것을 청구할 수 있다.

③ 중복보험의 각 보험자는 각자의 보험금액의 한도에서 각자의 보험금액의 비율에 따라 연대책임을 지는데, 여기서 중복보험이라 함은 동일한 보험계약의 목적과 동일한 사고에 관하여 수개의 보험계약이 동시에 또는 순차로 체결되고 그 보험금액의 총액이 보험가액을 초과하는 경우를 말하므로 보험계약의 목적, 즉 피보험이익이 다르면 중복보험으로 되지 않는다.

④ 보험계약자와 피보험자는 손해의 방지와 경감을 위하여 노력하여야 한다(상법 제680조 제1항 전문). 보험계약자와 피보험자가 고의 또는 중대한 과실로 손해방지의무를 위반한 경우에는 보험자는 손해방지의무 위반과 상당인과관계가 있는 손해액에 대하여 배상을 청구하거나 지급할 보험금과 상계하여 이를 공제한 나머지 금액만을 보험금으로 지급할 수 있으나, 경과실로 위반한 경우에는 그러하지 아니하다.

⑤ 상법 제682조에 따르면 손해가 제3자의 행위로 인하여 발생한 경우에 보험금을 지급한 보험자는 그 지급한 금액의 한도에서 그 제3자에 대한 보험계약자 또는 피보험자의 권리를 취득하는데, 여기서 '제3자의 행위'란 '피보험이익에 대하여 손해를 일으키는 행위'를 뜻하는 것으로서 고의 또는 과실에 의한 행위만을 의미한다.

···

[**❶ ▶ ○**] 손해보험은 물건, 기타 재산을 보험의 목적으로 한 반면에 인보험의 목적은 사람이고, 사람의 생명·신체를 그 대상으로 하고 있다는 점이 다르다.

> **상법 제665조(손해보험자의 책임)**
> 손해보험계약의 보험자는 보험사고로 인하여 생길 피보험자의 재산상의 손해를 보상할 책임이 있다.
>
> **상법 제727조(인보험자의 책임)**
> ① 인보험계약의 보험자는 피보험자의 생명이나 신체에 관하여 보험사고가 발생할 경우에 보험계약으로 정하는 바에 따라 보험금이나 그 밖의 급여를 지급할 책임이 있다.

[**❷ ▶ ○**] 손해보험의 보험사고에 관하여 동시에 불법행위나 채무불이행에 기한 손해배상책임을 지는 제3자가 있어 피보험자가 그를 상대로 손해배상청구를 하는 경우에, 피보험자가 손해보험계약에 따라 보험자로부터 수령한 보험금은 보험계약자가 스스로 보험사고의 발생에 대비하여 그때까지 보험자에게 납입한 보험료의 대가적 성질을 지니는 것으로서 제3자의 손해배상책임과는 별개의 것이므로 이를 그의 손해배상책임액에서 공제할 것이 아니다. 따라서 위와 같은 피보험자는 보험자로부터 수령한 보험금으로 전보되지 않고 남은 손해에 관하여 제3자를 상대로 그의 배상책임(다만 과실상계 등에 의하여 제한된 범위 내의 책임이다)을 이행할 것을 청구할 수 있는바, 전체 손해액에서 보험금으로 전보되지 않고 남은 손해액이 제3자의 손해배상책임액보다 많을 경우에는 제3자에 대하여 그의 손해배상책임액 전부를 이행할 것을 청구할 수 있고, 위 남은 손해액이 제3자의 손해배상책임액보다 적을 경우에는 그 남은 손해액의 배상을 청구할 수 있다. 후자의 경우에 제3자의 손해배상책임액과 위 남은 손해액의 차액 상당액은 보험자대위에 의하여 보험자가 제3자에게 이를 청구할 수 있다(상법 제682조)(대판[전합] 2015.1.22. 2014다46211).

[**❸ ▶ O**] 중복보험이라 함은 동일한 보험계약의 목적과 동일한 사고에 관하여 수개의 보험계약이 동시에 또는 순차로 체결되고 그 보험금액의 총액이 보험가액을 초과하는 경우를 말하므로 보험계약의 목적, 즉 피보험이익이 다르면 중복보험으로 되지 않는다(대판 1997.9.5. 95다47398).

> **상법 제672조(중복보험)**
> ① 동일한 보험계약의 목적과 동일한 사고에 관하여 수개의 보험계약이 동시에 또는 순차로 체결된 경우에 그 보험금액의 총액이 보험가액을 초과한 때에는 보험자는 각자의 보험금액의 한도에서 연대책임을 진다. 이 경우에는 각 보험자의 보상책임은 각자의 보험금액의 비율에 따른다.

[**❹ ▶ O**] 보험계약자와 피보험자는 손해의 방지와 경감을 위하여 노력하여야 한다(상법 제680조 제1항 전문). 보험계약자와 피보험자가 고의 또는 중대한 과실로 손해방지의무를 위반한 경우에는 보험자는 손해방지의무 위반과 상당인과관계가 있는 손해, 즉 의무 위반이 없다면 방지 또는 경감할 수 있으리라고 인정되는 손해액에 대하여 배상을 청구하거나 지급할 보험금과 상계하여 이를 공제한 나머지 금액만을 보험금으로 지급할 수 있으나, 경과실로 위반한 경우에는 그러하지 아니하다(대판 2016.1.14. 2015다6302).

[**❺ ▶ ✕**] 상법 제682조는 "손해가 제3자의 행위로 인하여 생긴 경우에 보험금액을 지급한 보험자는 그 지급한 금액의 한도에서 그 제3자에 대한 보험계약자 또는 피보험자의 권리를 취득한다."고 규정하여 보험자대위에 관하여 규정하고 있는바, 상법이 위와 같이 제3자에 대한 보험자대위의 규정을 둔 이유는 피보험자가 보험자로부터 보험금액을 지급받은 후에도 제3자에 대한 청구권을 보유·행사하게 하는 것은 피보험자에게 손해의 전보를 넘어서 오히려 이득을 주게 되는 결과가 되어 손해보험 제도의 원칙에 반하게 되고, 또 배상의무자인 제3자가 피보험자의 보험금 수령으로 그 책임을 면하게 하는 것도 불합리하므로, 이를 제거하여 보험자에게 그 이익을 귀속시키려는 데 있다 할 것이다. 그렇다면, 보험사고에 의하여 손해가 발생하고 피보험자가 그 손해에 관하여 제3자에게 손해배상 청구권을 갖게 되면 보험금을 지급한 보험자는 제3자에게 귀책사유가 있음을 입증할 필요가 없이 법률의 규정에 의하여 당연히 그 손해배상 청구권을 취득하게 된다고 할 것이므로, 상법 제682조 소정의 '제3자의 행위'란 '피보험이익에 대하여 손해를 일으키는 행위'를 뜻하는 것으로서 고의 또는 과실에 의한 행위만이 이에 해당하는 것은 아니라고 보아야 할 것이다(대판 1995.11.14. 95다33092).

답 ❺

① 학교배상책임공제계약의 피공제자인 중학생 甲이 축구 동아리 활동을 위해 학교 밖 축구장으로 이동하던 중 인도를 지나가던 피해자 乙을 제대로 보지 못하고 부딪히는 사고가 발생하여 乙이 뒤로 넘어지면서 중증 뇌손상 등을 입고 치료 중 사망한 경우, 학교안전공제중앙회가 학교배상책임공제에 따라 피해자 乙에게 공제금을 지급하였다면, 가해자인 피공제자 甲의 책임보험자에게 피해자의 보험금 직접청구권을 대위행사할 수 있다.

② 건물의 임차인이 임차건물을 보험목적으로 하여 가입한 화재보험과 건물의 소유자가 건물을 보험목적으로 하여 가입한 화재보험이 소유자를 피보험자로 하는 중복보험의 관계에 있는 경우, 임차인의 책임 있는 사유로 임차건물에 화재가 발생하여 소유자에게 보험금을 지급한 소유자 화재보험의 보험자가 임차인 화재보험의 보험자로부터 중복보험 분담금을 지급받았더라도 임차인에 대하여 보험자대위에 의한 청구권을 행사할 수 있다.

③ 사용자의 보험자가 피해자인 제3자에게 사용자와 피용자의 공동불법행위로 인한 손해배상금을 보험금으로 모두 지급하여 피용자의 보험자가 면책됨으로써 사용자의 보험자가 피용자의 보험자에게 부담하여야 할 부분에 대하여 직접 구상권을 행사하는 경우, 피용자의 보험자는 사용자의 보험자에 대하여 신의칙상 상당하다고 인정되는 한도 내에서만 사용자의 구상권이 인정된다는 등의 구상권 제한의 법리를 주장할 수 없다.

④ 하나의 사고에 관하여 여러 개의 무보험자동차에 의한 상해담보특약이 체결되고 그 보험금액의 총액이 피보험자가 입은 손해액을 초과하는 때에는 손해보험에 관한 상법 제672조 제1항이 준용되어 보험자는 각자의 보험금액의 한도에서 연대책임을 지고, 이 경우 각 보험자 사이에서는 각자의 보험금액의 비율에 따른 보상책임을 진다. 이때 각 보험자는 특별한 사정이 없는 한 보험금 지급채무에 대하여 부진정연대관계에 있다.

⑤ 제1 책임보험계약과 제2 책임보험계약의 피보험자 甲과 제2 책임보험계약의 피보험자 乙의 공동불법행위로 피해자 丙이 사망하는 보험사고가 발생하여 제2 책임보험계약의 보험자가 丙에 대한 보험금 지급으로 甲, 乙 공동의 면책을 얻게 하였는데 지급한 보험금 전액이 중복보험에 해당하는 경우, 제2 책임보험계약의 보험자가 제1 책임보험계약의 보험자를 상대로 행사할 수 있는 구상권의 범위는 제1 책임보험계약 보험자의 중복보험 부담 부분 중 甲의 과실비율 상당액이다.

· ·

[**❶** ▸ ✕] 학교배상책임공제는 학교안전사고 예방 및 보상에 관한 법률(이하 '학교안전법'이라 한다)에서 직접 창설·규율하는 학교안전공제와는 법적 성격이 다른 점, 관련 법령의 규정 취지, 학교배상책임공제 사업의 근거와 내용, 공제계약 체결의 과정, 공제급여의 대상 등을 고려하여 볼 때 학교배상책임공제는 상법 제664조에 규정된 '공제'로서 상법의 보험편 규정이 준용된다고 보아야 한다. 따라서 <u>학교안전공제중앙회는 학교배상책임공제에 따라 피해자에게 공제금을 지급한 경우에 학교안전법에 따라 수급권자를 대위할 수 있는 학교안전공제회와 달리 가해자인 피공제자의 책임보험자에게 피해자의 보험금 직접청구권을 대위행사할 수 없고, 책임보험자와 중복보험의 보험자 관계에서(상법 제725조의2, 제672조) 자기의 부담 부분을 넘어 피해자에게 공제금을 지급하였을 때에 책임보험자의 부담 부분에 한하여 구상권을 행사할 수 있을 뿐이다</u>(대판 2022.5.26. 2020다301186).

[**❷** ▸ ○] 건물의 임차인이 임차건물을 보험목적으로 하여 가입한 화재보험(이하 '임차인 화재보험'이라고 한다)과 건물의 소유자가 건물을 보험목적으로 하여 가입한 화재보험(이하 '소유자 화재보험'이라고 한다)이 소유자를 피보험자로 하는 중복보험의 관계에 있는 경우, 임차인의 책임 있는 사유로 임차건물에 화재가 발생하여 소유자 화재보험의 보험자가 소유자에게 건물에 관한 보험금을 지급하였다면, 소유자 화재보험의 보험자로서는 임차인 화재보험의 보험자로부터 상법 제672조 제1항에 따라 중복보험

분담금을 지급받았다고 하더라도 상법 제682조에 따라 임차인에 대하여 보험자대위에 의한 청구권을 행사할 수 있고, 다만 그 범위가 소유자에게 지급한 보험금에서 임차인 화재보험의 보험자로부터 지급받은 중복보험 분담금을 공제한 금액 중 보험자대위에 의한 청구권의 상대방인 임차인의 책임비율에 따른 부담 부분으로 축소될 뿐이다. 한편 임차인 화재보험의 보험자가 위 화재에 대한 임차인의 손해배상책임을 보상하는 책임보험자의 지위도 겸하고 있다면, 소유자 화재보험의 보험자는 책임보험 직접청구권에 관한 상법 제724조 제2항에 따라 같은 금액을 임차인 화재보험의 보험자에게 청구할 수 있다(대판 2015.1.29. 2013다214529).

[❸ ▸ ○] 일반적으로 사용자가 피용자의 업무수행과 관련하여 행하여진 불법행위로 인하여 직접 손해를 입었거나 피해자인 제3자에게 사용자로서의 손해배상책임을 부담한 결과로 손해를 입게 된 경우에 사용자는 사업의 성격과 규모, 시설의 현황, 피용자의 업무내용과 근로조건 및 근무태도, 가해행위의 발생원인과 성격, 가해행위의 예방이나 손실의 분산에 관한 사용자의 배려의 정도, 기타 제반 사정에 비추어 손해의 공평한 분담이라는 견지에서 신의칙상 상당하다고 인정되는 한도 내에서만 피용자에 대하여 손해배상을 청구하거나 구상권을 행사할 수 있고, 이러한 구상권 제한의 법리는 사용자의 보험자가 피용자에 대하여 구상권을 행사하는 경우에도 다를 바 없다. 그러나 사용자의 보험자가 피해자인 제3자에게 사용자와 피용자의 공동불법행위로 인한 손해배상금을 보험금으로 모두 지급하여 피용자의 보험자가 면책됨으로써 사용자의 보험자가 피용자의 보험자에게 부담하여야 할 부분에 대하여 직접 구상권을 행사하는 경우에는, 그와 같은 구상권의 행사는 상법 제724조 제2항에 의한 피해자의 직접청구권을 대위하는 성격을 갖는 것이어서 피용자의 보험자는 사용자의 보험자에 대하여 구상권 제한의 법리를 주장할 수 없다(대판 2017.4.27. 2016다271226).

[❹ ▸ ○] 피보험자가 무보험자동차에 의한 교통사고로 인하여 상해를 입었을 때에 손해에 대하여 배상할 의무자가 있는 경우 보험자가 약관에 정한 바에 따라 피보험자에게 손해를 보상하는 것을 내용으로 하는 무보험자동차에 의한 상해담보특약(이하 '무보험자동차특약보험'이라 한다)은 상해보험의 성질과 함께 손해보험의 성질도 갖고 있는 손해보험형 상해보험이므로, 하나의 사고에 관하여 여러 개의 무보험자동차특약보험계약이 체결되고 보험금액의 총액이 피보험자가 입은 손해액을 초과하는 때에는 손해보험에 관한 상법 제672조 제1항이 준용되어 보험자는 각자의 보험금액의 한도에서 연대책임을 지고, 이 경우 각 보험자 사이에서는 각자의 보험금액의 비율에 따른 보상책임을 진다. 위와 같이 상법 제672조 제1항이 준용됨에 따라 여러 보험자가 각자의 보험금액의 한도에서 연대책임을 지는 경우 특별한 사정이 없는 한 보험금 지급책임의 부담에 관하여 각 보험자 사이에 주관적 공동관계가 있다고 보기 어려우므로, 각 보험자는 보험금 지급채무에 대하여 부진정연대관계에 있다(대판 2016.12.29. 2016다217178).

[❺ ▸ ○] 제1 책임보험계약과 제2 책임보험계약의 피보험자 갑과 제2 책임보험계약의 피보험자 을의 공동불법행위로 피해자 병이 사망하는 보험사고가 발생한 경우, 제2 책임보험계약의 보험자가 병에 대한 보험금의 지급으로 갑, 을 공동의 면책을 얻게 한 후 제1 책임보험계약의 보험자를 상대로 병에게 지급한 보험금 전액이 중복보험에 해당한다는 이유로 각자의 보험금액의 비율에 따라 산정한 중복보험 부담 부분 전액을 구상할 수 있다면, 중복보험 부담 부분을 구상당한 제1 책임보험계약의 보험자는 상법 제682조, 제724조 제2항에 의하여 다시 다른 공동불법행위자인 을과 그 보험자인 제2 책임보험계약의 보험자를 상대로 과실 비율에 따라 부담 부분의 재구상을 할 수 있는데, 그렇게 되면 순환소송이 되어 소송경제에도 반할 뿐만 아니라, 제2 책임보험계약의 보험자는 결국은 보험가입자에게 반환할 것을 청구하는 것이 되어 이를 허용함은 신의칙에 비추어 보더라도 상당하지 아니하므로, 제2 책임보험계약의 보험자는 제1 책임보험계약의 보험자를 상대로 을의 과실 비율 상당액은 구상할 수 없고, 구체적으로는 제1 책임보험계약의 보험자의 중복보험 부담 부분 중 재구상의 대상이 되지 않는 갑의 과실비율에 한하여 구상할 수 있다(대판 2015.7.23. 2014다42202).

답 ❶

① 상법 제680조 제1항의 피보험자의 손해방지의무 내용에는 손해를 직접적으로 방지하는 행위는 물론이고 간접적으로 방지하는 행위도 포함되고, 그 손해는 피보험이익에 대한 구체적인 침해의 결과로서 생기는 손해뿐만 아니라, 보험자의 구상권과 같이 보험자가 손해를 보상한 후에 취득하게 되는 이익을 상실함으로써 결과적으로 보험자에게 부담되는 손해까지 포함된다.

② 손해보험의 보험사고에 관하여 동시에 불법행위나 채무불이행에 기한 손해배상책임을 지는 제3자가 있어 피보험자가 그를 상대로 손해배상청구를 하는 경우에, 피보험자가 손해보험계약에 따라 보험자로부터 수령한 보험금은 제3자의 손해배상책임액에서 공제할 것이 아니고, 피보험자는 보험자로부터 수령한 보험금으로 전보되지 않고 남은 손해에 관하여 제3자를 상대로 그의 배상책임을 이행할 것을 청구할 수 있다.

③ 상법 제724조 제2항에 의하여 피해자에게 인정되는 직접청구권의 법적 성질은 보험자가 피보험자의 피해자에 대한 손해배상채무를 병존적으로 인수한 것으로서 피해자가 보험자에 대하여 가지는 손해배상청구권이고, 피보험자의 보험자에 대한 보험금청구권의 변형 내지는 이에 준하는 권리가 아니다.

④ 하나의 사고로 보험목적물과 보험목적물이 아닌 재산에 대하여 한꺼번에 손해가 발생한 경우, 보험목적물에 대한 부분으로 한정하여 보험자가 보험자대위에 의하여 제3자에게 청구할 수 있는 권리의 범위를 결정하여야 한다.

⑤ 상법 제724조 제2항에 의하여 피해자에게 인정되는 직접청구권에 대한 지연손해금에 관하여는 연 5%의 민사법정이율이 적용된다.

....

[❶ ▸ ✕] 상법 제680조 제1항 본문은 "보험계약자와 피보험자는 손해의 방지와 경감을 위하여 노력하여야 한다"라고 정하고 있다. 위와 같은 피보험자의 손해방지의무의 내용에는 손해를 직접적으로 방지하는 행위는 물론이고 간접적으로 방지하는 행위도 포함된다. 그러나 그 손해는 피보험이익에 대한 구체적인 침해의 결과로서 생기는 손해만을 뜻하는 것이고, <u>보험자의 구상권과 같이 보험자가 손해를 보상한 후에 취득하게 되는 이익을 상실함으로써 결과적으로 보험자에게 부담되는 손해까지 포함된다고 볼 수는 없다</u>(대판 2018.9.13. 2015다209347).

[❷ ▸ ○] 손해보험의 보험사고에 관하여 동시에 불법행위나 채무불이행에 기한 손해배상책임을 지는 제3자가 있어 피보험자가 그를 상대로 손해배상청구를 하는 경우에, 피보험자가 손해보험계약에 따라 보험자로부터 수령한 보험금은 보험계약자가 <u>스스로 보험사고의 발생에 대비하여 그때까지 보험자에게 납입한 보험료의 대가적 성질을 지니는 것으로서 제3자의 손해배상책임과는 별개의 것이므로 이를 그의 손해배상책임액에서 공제할 것이 아니다. 따라서 위와 같은 피보험자는 보험자로부터 수령한 보험금으로 전보되지 않고 남은 손해에 관하여 제3자를 상대로 그의 배상책임(다만 과실상계 등에 의하여 제한된 범위 내의 책임이다)을 이행할 것을 청구할 수 있는바, 전체 손해액에서 보험금으로 전보되지 않고 남은 손해액이 제3자의 손해배상책임액보다 많을 경우에는 제3자에 대하여 그의 손해배상책임액 전부를 이행할 것을 청구할 수 있고, 위 남은 손해액이 제3자의 손해배상책임액보다 적을 경우에는 그 남은 손해액의 배상을 청구할 수 있다. 후자의 경우에 제3자의 손해배상책임액과 위 남은 손해액의 차액 상당액은 보험자대위에 의하여 보험자가 제3자에게 이를 청구할 수 있다(상법 제682조)(대판[전합] 2015.1.22. 2014다46211).

[❸ ▸ ○] [❺ ▸ ○] 상법 제724조 제2항에 의하여 피해자에게 인정되는 직접청구권의 법적 성질은 보험자가 피보험자의 피해자에 대한 손해배상채무를 병존적으로 인수한 것으로서 피해자가 보험자에 대하여 가지는 손해배상청구권이고, 피보험자의 보험자에 대한 보험금청구권의 변형 내지는 이에 준하

는 권리가 아니므로, 이에 대한 지연손해금에 관하여는 연 6%의 상사법정이율이 아닌 연 5%의 민사법정이율이 적용된다(대판 2019.5.30. 2016다205243).

[❹ ▸ ○] 보험자대위에 관한 상법 제682조의 규정은 피보험자가 보험자로부터 보험금액을 지급받은 후에도 제3자에 대한 청구권을 보유, 행사하게 하는 것은 피보험자에게 손해의 전보를 넘어서 오히려 이득을 주게 되는 결과가 되어 손해보험제도의 원칙에 반하게 되고 또 배상의무자인 제3자가 피보험자의 보험금 수령으로 인하여 그 책임을 면하게 하는 것도 불합리하므로 이를 제거하여 보험자에게 그 이익을 귀속시키려는 데 있다. 그런데 하나의 사고로 보험목적물과 보험목적물이 아닌 재산에 대하여 한꺼번에 손해가 발생한 경우, 보험목적물이 아닌 재산에 발생한 손해에 대해서는 보험계약으로 인한 법률관계를 전제로 하는 상법 제682조의 보험자대위가 적용될 수 없으므로, 보험목적물에 대한 부분으로 한정하여 보험자가 보험자대위에 의하여 제3자에게 청구할 수 있는 권리의 범위를 결정하여야 한다(대판 2019.11.15. 2019다240629).

답 ❶

각종 손해보험

16
☐☐☐

보증보험에 관한 다음 설명 중 가장 옳지 않은 것은?　　　　　**2023년 법무사시험 [문 31]**

① 하자보수보증계약의 보증기간을 주계약의 하자담보책임기간과 동일하게 정하였는데, 하자담보책임기간 내에 발생한 하자에 대하여 보증기간이 종료된 후 보증사고가 발생한 경우, 보증금청구권의 소멸시효 기산점은 보증사고가 발생한 때이다.

② 보증보험은 보험계약자의 채무불이행으로 피보험자가 입게 될 손해의 전보를 보험자가 인수하는 손해보험으로서 형식적으로는 채무자의 채무불이행을 보험사고로 하는 보험계약이나 실질적으로는 보증의 성격을 가지고 보증계약과 같은 효과를 목적으로 한다. 따라서 보증보험은 보증의 성격과 보험의 성격을 함께 가지고 그 성질에 반하지 않는 범위에서 보험과 보증의 규정이 모두 적용된다.

③ 보증보험계약이 체결된 후 보험금이 아직 지급되지 않은 상태에서 주계약의 당사자인 보험계약자와 피보험자 사이에 주계약에 따른 채무의 존부와 범위에 관하여 다툼이 있는 경우, 보험계약자가 피보험자를 상대로 주계약에 따른 채무 부존재 확인을 구하는 소송을 제기하여 승소판결을 받더라도 그 승소판결의 기판력이 보험계약자와 보험자 사이의 법률관계 및 보험자와 피보험자 사이의 법률관계에 미치지 못하므로, 보험계약자는 피보험자를 상대로 주계약에 따른 채무부존재의 확인을 구할 이익이 없다.

④ 보증보험계약에서 이행을 담보하는 주계약상의 채무가 확정되기 전에 구상채무의 보증인이 적법하게 보증계약을 해지한 경우, 구체적인 보증채무가 발생하기 전에 보증계약관계가 종료되어 구상채무의 보증인이 보증책임을 면한다.

⑤ 보증보험회사는 보증보험계약을 체결함에 있어서 일반적으로 보증대상인 주계약의 부존재나 무효 여부 등에 관하여 조사·확인할 의무가 없으나, 보증보험청약서 등 보험계약자가 제출하는 서류에 보증대상인 주계약의 부존재나 무효 등을 의심할 만한 점이 발견되는 등의 특별한 사정이 있는 경우에는 위와 같은 조사·확인 의무가 면제되지 않는다.

[❶ ▸ ○] 보증보험증권에 보험기간이 정해져 있는 경우에는 보험사고가 그 기간 내에 발생한 때에 한하여 보험자가 보험계약상의 책임을 지는 것이 원칙이지만, 보증보험계약의 목적이 주계약의 하자담보책임기간 내에 발생한 하자에 대하여 보험계약자의 하자보수의무 불이행으로 인한 손해를 보상하기 위한 것임에도 불구하고 보험기간을 주계약의 하자담보책임기간과 동일하게 정한 경우 특별한 사정이 없으면 위 보증보험계약은 그 계약의 보험기간, 즉 하자담보책임기간 내에 발생한 하자에 대하여는 비록 보험기간이 종료된 후 보험사고가 발생하였다고 하더라도 보험자로서 책임을 지기로 하는 내용의 계약이라고 해석함이 상당하다. 이와 같은 법리는 보증기간을 주계약의 하자담보책임기간과 동일하게 정한 하자보수보증계약에서도 마찬가지로 적용되어야 하므로, 특별한 사정이 없는 한 그 계약의 보증기간, 즉 하자담보책임기간 내에 발생한 하자에 대하여 보증기간이 종료된 후 보증사고가 발생하였다면 그 보증사고가 발생한 때로부터 보증금청구권의 소멸시효가 진행한다(대판 2022.3.31. 2021다294902).

[❷ ▸ ○] 보증보험은 보험계약자의 채무불이행으로 피보험자가 입게 될 손해의 전보를 보험자가 인수하는 손해보험으로서 형식적으로는 채무자의 채무불이행을 보험사고로 하는 보험계약이나 실질적으로는 보증의 성격을 가지고 보증계약과 같은 효과를 목적으로 한다. 따라서 보증보험은 보증의 성격과 보험의 성격을 함께 가지고 그 성질에 반하지 않는 범위에서 보험과 보증의 규정이 모두 적용되며, 이는 성질상 보증보험과 유사한 주택분양보증계약에서도 마찬가지이다(대판 2018.10.25. 2014다232784).

[❸ ▸ ✕] 보증보험계약이 체결된 경우 보험자의 피보험자에 대한 보험금지급채무는 보험계약자가 피보험자에 대하여 보험약관이 정한 주계약 등에 따른 채무를 부담한다는 것을 전제로 하므로, 보험금이 아직 지급되지 않은 상태에서 주계약의 당사자인 보험계약자와 피보험자 사이에 주계약에 따른 채무의 존부와 범위에 관하여 다툼이 있는 경우, 이는 보험자의 피보험자에 대한 보험금지급채무 존부와 범위에도 영향을 미칠 수 있다. 따라서 그러한 경우 <u>주계약의 채무자이기도 한 보험계약자로서는 우선 그 계약상 채권자인 피보험자를 상대로 주계약에 따른 채무 부존재 확인을 구하는 것이 분쟁을 해결하는 가장 유효적절한 방법일 수 있다</u>(대판 2022.12.15. 2019다269156).

[❹ ▸ ○] 보증보험계약에서 이행을 담보하는 주계약상의 채무가 확정되기 전에 구상채무의 보증인이 적법하게 보증계약을 해지하면 구체적인 보증채무가 발생하기 전에 보증계약관계가 종료된다. 따라서 그 이후 보험사고가 발생하여 보험자의 보험금지급채무가 확정되고 나아가 보험계약자의 구상채무까지 확정되더라도 구상채무의 보증인은 그에 관하여 보증책임을 지지 않는다(대판 2018.3.27. 2015다12130).

[❺ ▸ ○] 보증보험회사는 보증보험계약을 체결함에 있어서 일반적으로 보증대상인 주계약의 부존재나 무효 여부 등에 관하여 조사・확인할 의무가 없다. 다만 보증보험청약서 등 보험계약자가 제출하는 서류에 보증대상인 주계약의 부존재나 무효 등을 의심할 만한 점이 발견되는 등의 특별한 사정이 있는 경우에는 위와 같은 조사・확인 의무가 면제되지 않는다(대판 2014.9.25. 2011다30949).

답 ❸

① 책임보험계약의 보험자는 피보험자가 보험기간 중의 사고로 인하여 제3자에게 배상할 책임을 진 경우에 이를 보상할 책임이 있고, 이때 피보험자가 제3자의 청구를 방어하기 위하여 지출한 재판상 또는 재판 외의 필요비용은 보험의 목적에 포함된 것으로 한다.

② 피보험자가 제3자로부터 배상청구를 받았을 때에는 지체 없이 보험자에게 그 통지를 발송하여야 하고, 피보험자가 상법 제722조 제1항의 통지를 게을리하여 손해가 증가된 경우 보험자는 그 증가 된 손해를 보상할 책임이 없다.

③ 피보험자가 동일한 사고로 제3자에게 배상책임을 짐으로써 입은 손해를 보상하는 수개의 책임보험 계약이 동시 또는 순차로 체결된 경우에 그 보험금액의 총액이 피보험자의 제3자에 대한 손해배상 액을 초과하는 때에는 중복보험의 규정을 준용한다.

④ 제3자는 피보험자가 책임을 질 사고로 입은 손해에 대하여 보험금액의 한도 내에서 보험자에게 직접 보상을 청구할 수 있고, 이러한 직접청구권에 대한 지연손해금에는 연 6%의 상사법정이율이 적용된다.

⑤ 피해자의 직접청구권에 따라 보험자가 부담하는 손해배상채무는 보험계약을 전제로 하는 것으로서 보험계약에 따른 보험자의 책임 한도액의 범위 내에서 인정되어야 한다.

....

[**❶** ▶ O] 상법 제719조, 제720조 제1항

> **상법 제719조(책임보험자의 책임)**
> 책임보험계약의 보험자는 피보험자가 보험기간 중의 사고로 인하여 제3자에게 배상할 책임을 진 경우에 이를 보상할 책임이 있다.
>
> **상법 제720조(피보험자가 지출한 방어비용의 부담)**
> ① 피보험자가 제3자의 청구를 방어하기 위하여 지출한 재판상 또는 재판 외의 필요비용은 보험의 목적에 포함된 것으로 한다. 피보험자는 보험자에 대하여 그 비용의 선급을 청구할 수 있다.

[**❷** ▶ O] 상법 제722조 제1항, 제2항

> **상법 제722조(피보험자의 배상청구 사실 통지의무)**
> ① 피보험자가 제3자로부터 배상청구를 받았을 때에는 지체 없이 보험자에게 그 통지를 발송하여야 한다.
> ② 피보험자가 제1항의 통지를 게을리하여 손해가 증가된 경우 보험자는 그 증가된 손해를 보상할 책임이 없다. 다만, 피보험자가 제657조 제1항의 통지를 발송한 경우에는 그러하지 아니하다.

[**❸** ▶ O] 피보험자가 동일한 사고로 제3자에게 배상책임을 짐으로써 입은 손해를 보상하는 수개의 책임보험계약이 동시 또는 순차로 체결된 경우에 그 보험금액의 총액이 피보험자의 제3자에 대한 손해배상액을 초과하는 때에는 제672조(중복보험)와 제673조(중복보험과 보험자 1인에 대한 권리포기)의 규정을 준용한다(상법 제725조의2).

[**❹** ▶ ✕] 상법 제724조 제2항에 의하여 피해자에게 인정되는 직접청구권의 법적 성질은 보험자가 피보험자의 피해자에 대한 손해배상채무를 병존적으로 인수한 것으로서 피해자가 보험자에 대하여 가지는 손해배상청구권이고, 피보험자의 보험자에 대한 보험금청구권의 변형 내지는 이에 준하는 권리가 아니므로, 이에 대한 지연손해금에 관하여는 연 6%의 상사법정이율이 아닌 연 5%의 민사법정이율이 적용된다(대판 2019.5.30. 2016다205243).

[❺ ▸ O] 피해자의 직접청구권에 따라 보험자가 부담하는 손해배상 채무는 보험계약을 전제로 하는 것으로서 보험계약에 따른 보험자의 책임 한도액의 범위 내에서 인정되어야 하므로, 자기부담금을 보험자가 지급할 보험금에서 공제하기로 보험약관에서 정하였다면 보험자는 손해배상금에서 자기부담금을 공제한 금액에 대하여 피해자에게 직접 지급의무를 부담한다(대판 2014.9.4. 2013다71951).

답 ④

제3장 / 인보험

18
□□□

생명보험에 관한 다음 설명 중 가장 옳지 않은 것은?　　　　　　2025년 법무사시험 [문 37]

① 상법 제731조 제1항을 위반하여 피보험자의 서면 동의 없이 타인의 사망을 보험사고로 하는 보험계약을 체결한 자가 스스로가 무효를 주장하는 것은 신의성실 또는 금반언의 원칙에 반한다.

② 타인의 사망을 보험사고로 하는 보험계약에는 피보험자의 동의를 얻어야 한다는 상법 제731조 제1항의 규정은 강행법규로 보아야 하므로 피보험자의 동의는 보험계약의 효력발생 요건이 된다.

③ 상법 제731조 제1항이 타인의 사망을 보험사고로 하는 보험계약의 체결 시 타인의 서면동의를 얻도록 규정한 것은 동의의 시기와 방식을 명확히 함으로써 분쟁의 소지를 없애려는 데 취지가 있으므로, 피보험자인 타인의 동의는 각 보험계약에 대하여 개별적으로 서면에 의하여 이루어져야 하고 포괄적인 동의 또는 묵시적이거나 추정적 동의만으로는 부족하다.

④ 상법 제731조 제1항에 의하면 타인의 생명보험에서 피보험자가 서면으로 동의의 의사표시를 하여야 하는 시점은 보험계약 체결 시까지이고, 이는 강행규정으로서 이에 위반한 보험계약은 무효이므로, 피보험자가 이미 무효로 된 보험계약을 추인하였다고 하더라도 보험계약이 유효로 될 수는 없다.

⑤ 보험수익자 변경권은 형성권으로서 보험계약자가 보험자나 보험수익자의 동의를 받지 않고 자유로이 행사할 수 있고, 보험수익자 변경의 의사표시가 보험자에게 도달하지 않더라도 보험수익자 변경의 효과가 발생한다. 다만 보험계약자는 보험수익자를 변경한 후 보험자에 대하여 이를 통지하지 않으면 보험자에게 대항할 수 없다.

....

[❶ ▸ ✕] [❸ ▸ O] [❹ ▸ O] 상법 제731조 제1항에서 타인의 사망을 보험사고로 하는 보험계약에 보험계약 체결 시 그 타인의 서면동의를 얻도록 규정한 것은 그 동의의 시기와 방식을 명확히 함으로써 분쟁의 소지를 없애려는 데 그 취지가 있으므로, 피보험자인 타인의 동의는 각 보험계약에 대하여 개별적으로 서면에 의하여 이루어져야 하고 포괄적인 동의 또는 묵시적이거나 추정적 동의만으로는 부족하다. 또한, 위 상법 규정에 의하면 타인의 생명보험에서 피보험자가 서면으로 동의의 의사표시를 하여야 하는 시점은 '보험계약 체결 시까지'이고, 이는 강행규정으로서 이에 위반한 보험계약은 무효이므로, 타인의 생명보험계약 성립 당시 피보험자의 서면동의가 없다면 그 보험계약은 확정적으로 무효가 되고,

보험계약의 당사자도 아닌 피보험자가 이미 무효가 된 보험계약을 추인하였다고 하더라도 그 보험계약이 유효로 될 수는 없다. … 상법 제731조 제1항의 입법 취지에는 도박보험의 위험성과 피보험자 살해의 위험성 외에도 피해자의 동의를 얻지 아니하고 타인의 사망을 이른바 사행계약상의 조건으로 삼는 데서 오는 공서양속의 침해의 위험성을 배제하기 위한 것도 들어 있다고 해석되므로, 이 조항을 위반하여 피보험자의 서면동의 없이 타인의 사망을 보험사고로 하는 보험계약을 체결한 자 스스로가 무효를 주장함이 신의성실의 원칙 또는 금반언의 원칙에 위배되는 권리 행사라는 이유로 이를 배척한다면, 그와 같은 입법 취지를 완전히 몰각시키는 결과가 초래되므로, 특단의 사정이 없는 한 그러한 주장이 신의성실 또는 금반언의 원칙에 반한다고 볼 수 없다(대판 2006.9.22. 2004다56677).

[❷ ▸ O] 타인의 사망을 보험사고로 하는 보험계약에는 피보험자의 동의를 얻어야 함은 상법 제731조 제1항에 의하여 명백한 바 이 규정은 강행법규로 보아야 하므로 피보험자의 동의는 방식이야 어떻든 당해 보험계약의 효력발생 요건이 되는 것이다(대판 1989.11.28. 88다카33367).

[❺ ▸ O] 보험수익자 변경권은 형성권으로서 보험계약자가 보험자나 보험수익자의 동의를 받지 않고 자유로이 행사할 수 있고 그 행사에 의해 변경의 효력이 즉시 발생한다. 다만 보험계약자는 보험수익자를 변경한 후 보험자에 대하여 이를 통지하지 않으면 보험자에게 대항할 수 없다(상법 제734조 제1항). 이와 같은 보험수익자 변경권의 법적 성질과 상법 규정의 해석에 비추어 보면, 보험수익자 변경은 상대방 없는 단독행위라고 봄이 타당하므로, 보험수익자 변경의 의사표시가 객관적으로 확인되는 이상 그러한 의사표시가 보험자나 보험수익자에게 도달하지 않았다고 하더라도 보험수익자 변경의 효과는 발생한다(대판 2020.2.27. 2019다204869).

 답 ❶

19

생명보험에 관한 다음 설명 중 가장 옳지 않은 것은?　　2022년 법무사시험 [문 29]

① 보험계약자가 피보험자의 상속인을 보험수익자로 하여 맺은 생명보험계약에 있어서 피보험자의 상속인은 피보험자의 사망이라는 보험사고가 발생한 때에는 보험사에 내하여 보험금 지급을 청구할 수 있고, 이 권리는 보험계약의 효력으로 당연히 생기는 것으로서 상속재산이다.

② 생명보험계약의 약관에 보험계약자는 보험계약의 해약환급금의 범위 내에서 보험회사가 정한 방법에 따라 대출을 받을 수 있고, 이에 따라 대출이 된 경우에 보험계약자는 그 대출 원리금을 언제든지 상환할 수 있으며, 만약 상환하지 아니한 동안에 보험금이나 해약환급금의 지급사유가 발생한 때에는 위 대출 원리금을 공제하고 나머지 금액만을 지급한다는 취지로 규정되어 있다면, 보험약관 대출금의 경제적 실질은 보험회사가 장차 지급하여야 할 보험금이나 해약환급금을 미리 지급하는 선급금과 같은 성격이고, 일반적인 대출과는 다르다.

③ 보험수익자가 보험존속 중에 사망한 때에는 보험계약자는 다시 보험수익자를 지정할 수 있다. 이 경우에 보험계약자가 지정권을 행사하지 아니하고 사망한 때에는 보험수익자의 상속인을 보험수익자로 한다.

④ 보험계약자가 계약체결 후에 보험수익자를 지정 또는 변경할 때에는 보험사에 내하여 그 통지를 하지 아니하면 이로써 보험자에게 대항하지 못한다.

⑤ 사망을 보험사고로 한 보험계약에서는 사고가 보험계약자 또는 피보험자나 보험수익자의 중대한 과실로 인하여 발생한 경우에도 보험자는 보험금을 지급할 책임을 면하지 못한다.

[❶ ▸ ✕] 보험계약자가 피보험자의 상속인을 보험수익자로 하여 맺은 생명보험계약이나 상해보험계약에서 피보험자의 상속인은 피보험자의 사망이라는 보험사고가 발생한 때에는 보험수익자의 지위에서 보험자에 대하여 보험금 지급을 청구할 수 있고, 이 권리는 보험계약의 효력으로 당연히 생기는 것으로서 상속재산이 아니라 상속인의 고유재산이다(대판 2020.2.6. 2017다215728).

[❷ ▸ ○] 생명보험계약의 약관에 보험계약자는 보험계약의 해약환급금의 범위 내에서 보험회사가 정한 방법에 따라 대출을 받을 수 있고, 이에 따라 대출이 된 경우에 보험계약자는 그 대출 원리금을 언제든지 상환할 수 있으며, 만약 상환하지 아니한 동안에 보험금이나 해약환급금의 지급사유가 발생한 때에는 위 대출 원리금을 공제하고 나머지 금액만을 지급한다는 취지로 규정되어 있다면, 그와 같은 약관에 따른 대출계약은 약관상의 의무의 이행으로 행하여지는 것으로서 보험계약과 별개의 독립된 계약이 아니라 보험계약과 일체를 이루는 하나의 계약이라고 보아야 하고, 보험약관대출금의 경제적 실질은 보험회사가 장차 지급하여야 할 보험금이나 해약환급금을 미리 지급하는 선급금과 같은 성격이라고 보아야 한다. 따라서 위와 같은 약관에서 비록 '대출'이라는 용어를 사용하고 있더라도 이는 일반적인 대출과는 달리 소비대차로서의 법적 성격을 가지는 것은 아니며, 보험금이나 해약환급금에서 대출 원리금을 공제하고 지급한다는 것은 보험금이나 해약환급금의 선급금의 성격을 가지는 위 대출 원리금을 제외한 나머지 금액만을 지급한다는 의미이므로 민법상의 상계와는 성격이 다르다(대판[전합] 2007.9.28. 2005다15598).

[❸ ▸ ○] 보험수익자가 보험존속 중에 사망한 때에는 보험계약자는 다시 보험수익자를 지정할 수 있다. 이 경우에 보험계약자가 지정권을 행사하지 아니하고 사망한 때에는 보험수익자의 상속인을 보험수익자로 한다(상법 제733조 제3항).

[❹ ▸ ○] 보험계약자가 계약체결 후에 보험수익자를 지정 또는 변경할 때에는 보험자에 대하여 그 통지를 하지 아니하면 이로써 보험자에게 대항하지 못한다(상법 제734조 제1항).

[❺ ▸ ○] 사망을 보험사고로 한 보험계약에서는 사고가 보험계약자 또는 피보험자나 보험수익자의 중대한 과실로 인하여 발생한 경우에도 보험자는 보험금을 지급할 책임을 면하지 못한다(상법 제732조의2 제1항).

답 ❶

20

단체보험에 관한 다음 설명 중 가장 옳지 않은 것은? 2022년 법무사시험 [문 50]

① 상법 제735조의3에 규정된 단체보험에 해당하려면 단체가 규약에 따라 보험계약을 체결하여야 하고, 단순히 다수의 회사 직원을 피보험자로 하여 보험계약이 체결되었다고 하여 위 조항상의 단체보험이 되는 것은 아니다.

② 상법 제735조의3에서 '규약'의 의미는 보험가입에 관하여 대표자가 구성원을 위하여 일괄하여 계약을 체결할 수 있다는 취지를 담고 있는 것만으로는 충분하지 않고 반드시 당해 보험가입과 관련한 상세한 사항까지 단체내부의 협정에 규정되어 있어야 한다.

③ 단체보험은 타인의 생명보험임에도 불구하고 계약체결 시 타인의 서면동의를 받지 않아도 된다.

④ 단체보험에서 보험계약자는 단체의 구성원인 피보험자를 보험수익자로 하여 타인을 위한 보험계약으로 체결할 수도 있고 보험계약자 자신을 보험수익자로 하여 자기를 위한 보험계약으로 체결할 수도 있다.

⑤ 보험계약에서 보험계약자가 피보험자 또는 그 상속인이 아닌 자를 보험수익자로 지정할 때에는 단체의 규약에서 명시적으로 정하는 경우 외에는 그 피보험자의 상법 제731조 제1항에 따른 서면동의를 받아야 한다.

PART 1

PART 2

PART 3

[**❶ ▸ ○**] 상법 제735조의3은 단체가 규약에 따라 구성원의 전부 또는 일부를 피보험자로 하는 생명보험계약을 체결하는 경우에는 제731조를 적용하지 아니한다고 규정하고 있으므로 위와 같은 단체보험에 해당하려면 위 법조 소정의 규약에 따라 보험계약을 체결한 경우이어야 하고, 그러한 규약이 갖추어지지 아니한 경우에는 강행법규인 상법 제731조의 규정에 따라 피보험자인 구성원들의 서면에 의한 동의를 갖추어야 보험계약으로서의 효력이 발생한다 할 것이다(대판 2006.4.27. 2003다60259).

PART 4

[**❷ ▸ ✕**] 상법 제735조의3에서 단체보험의 유효요건으로 요구하는 '규약'의 의미는 단체협약, 취업규칙, 정관 등 그 형식을 막론하고 단체보험의 가입에 관한 단체내부의 협정에 해당하는 것으로서, <u>반드시 당해 보험가입과 관련한 상세한 사항까지 규정하고 있을 필요는 없고 그러한 종류의 보험가입에 관하여 대표자가 구성원을 위하여 일괄하여 계약을 체결할 수 있다는 취지를 담고 있는 것이면 충분하다</u> 할 것이지만, 위 규약이 강행법규인 상법 제731조 소정의 피보험자의 서면동의에 갈음하는 것인 이상 취업규칙이나 단체협약에 근로자의 채용 및 해고, 재해부조 등에 관한 일반적 규정을 두고 있다는 것만으로는 이에 해당한다고 볼 수 없다(대판 2006.4.27. 2003다60259).

PART 5

[**❸ ▸ ○**] 단체가 규약에 따라 구성원의 전부 또는 일부를 피보험자로 하는 생명보험계약을 체결하는 경우에는 제731조(서면동의)를 적용하지 아니한다(상법 제735조의3 제1항). 이처럼 타인의 생명보험임에도 불구하고 단체보험에서는 타인의 서면동의를 받지 않아도 되도록 한 이유는 단체는 그 구성원의 생사에 이해관계를 갖고 있어서 일부러 피보험자의 생명이나 신체에 위해를 가할 염려가 적기 때문이다.

PART 6

[**❹ ▸ ○**] 단체보험의 경우 보험수익자의 지정에 관하여는 상법 등 관련 법령에 별다른 규정이 없으므로 보험계약자는 단체의 구성원인 피보험자를 보험수익자로 하여 '타인을 위한 보험계약'으로 체결할 수도 있고, 보험계약자 자신을 보험수익자로 하여 '자기를 위한 보험계약'으로 체결할 수도 있을 것이며, 단체보험이라고 하여 당연히 타인을 위한 보험계약이 되어야 하는 것은 아니므로 보험수익자를 보험계약자 자신으로 지정하는 것이 단체보험의 본질에 반하는 것이라고 할 수 없다(대판 2006.4.27. 2003다60259).

PART 7

[**❺ ▸ ○**] (단체)보험계약에서 보험계약자가 피보험자 또는 그 상속인이 아닌 자를 보험수익자로 지정할 때에는 단체의 규약에서 명시적으로 정하는 경우 외에는 그 피보험자의 제731조 제1항에 따른 서면동의를 받아야 한다(상법 제735조의3 제3항).

PART 8

답 **❷**

제6편 해상법 · 항공운송법

각 문항별로 회독수를 체크해 보세요. ☑□□

제1장 해상기업조직

제1절	물적 조직

제2절	인적 조직

제3절	해상기업주체의 책임제한

01
□□□

선박소유자의 책임제한에 관한 다음 설명 중 가장 옳지 않은 것은? 2022년 법무사시험 [문 48]

① 상법상 책임이 제한되는 주체는 선박소유자뿐만 아니라 선체용선자도 포함된다.

② 선박소유자의 책임제한은 계약책임에 대해서만 적용될 뿐이고 불법행위책임에는 적용이 없다.

③ 피용자에게 고의 또는 무모한 행위가 있었다고 하더라도 선박소유자 본인에게 그와 같은 고의 또는 무모한 행위가 없는 이상 선박소유자는 상법 제769조 본문에 의하여 책임을 제한할 수 있다.

④ 법인의 대표기관뿐만 아니라 적어도 법인의 내부적 업무분장에 따라 당해 법인의 관리 업무 전부 또는 특정 부분에 관하여 대표기관에 갈음하여 사실상 회사의 의사결정 등 권한을 행사하는 사람의 행위는 그가 이사회의 구성원 또는 임원이 아니더라도 선박소유자 등 책임제한 배제 규정을 적용할 때 책임제한 주체 자신의 행위로 보아야 한다.

⑤ 선박소유자 등에게 손해배상 등을 청구하는 소송이 제기된 경우 책임제한의 배제를 주장하는 채권 자가 책임제한 배제사유의 존재에 대한 증명책임을 부담하지만, 선박소유자 책임제한절차에서는 절차개시를 신청하는 신청인이 책임제한 배제사유의 부존재에 대하여 소명하여야 한다.

[**❶ ▸ O**]　선체용선자가 상행위나 그 밖의 영리를 목적으로 선박을 항해에 사용하는 경우에는 그 이용에 관한 사항에는 제3자에 대하여 선박소유자와 동일한 권리의무가 있으므로(상법 제850조 제1항), 선체용선자는 선박소유자로 보아 책임제한이 적용된다. 정기용선자와 항해용선자는 상법 제774조 제1항 제1호의 용선자로서 책임제한이 인정된다.

상법 제769조(선박소유자의 유한책임)

선박소유자는 청구원인의 여하에 불구하고 다음 각 호의 채권에 대하여 제770조에 따른 금액의 한도로 그 책임을 제한할 수 있다. 다만, 그 채권이 선박소유자 자신의 고의 또는 손해발생의 염려가 있음을 인식하면서 무모하게 한 작위 또는 부작위로 인하여 생긴 손해에 관한 것인 때에는 그러하지 아니하다.

상법 제774조(책임제한을 할 수 있는 자의 범위)

① 다음 각 호의 어느 하나에 해당하는 자는 이 절의 규정에 따라 선박소유자의 경우와 동일하게 책임을 제한할 수 있다.
   1. 용선자·선박관리인 및 선박운항자
   2. 법인인 선박소유자 및 제1호에 규정된 자의 무한책임사원
   3. 자기의 행위로 인하여 선박소유자 또는 제1호에 규정된 자에 대하여 제769조 각 호에 따른 채권이 성립하게 한 선장·해원·도선사, 그 밖의 선박소유자 또는 제1호에 규정된 자의 사용인 또는 대리인

[**❷ ▸ ✕**]　선박충돌 사고로 인한 손해배상채권은 상법 제746조[현 제769조(註)] 제1호가 규정하는 "선박의 운항에 직접 관련하여 발생한 그 선박 이외의 물건의 멸실 또는 훼손으로 인하여 생긴 손해에 관한 채권"에 해당하고, 그러한 채권은 불법행위를 원인으로 하는 것이라 하여도 "청구원인의 여하에 불구하고" 책임을 제한할 수 있는 것으로 규정하고 있는 같은 법 제746조[현 제769조(註)] 본문의 해석상 책임제한의 대상이 된다(대결 1995.6.5. 95마325).

[**❸ ▸ O**]　구 상법 제746조[현 제769조(註)] 단서는 '채권이 선박소유자 자신의 고의 또는 손해발생의 염려가 있음을 인식하면서 무모하게 한 작위 또는 부작위로 인하여 생긴 손해에 관한 것인 때'에는 선박소유자의 책임을 제한할 수 없도록 규정하고 있다. 따라서 위 규정에 의하여 책임제한이 배제되기 위하여는 책임제한 주체가 선박소유자인 경우에는 선박소유자 본인의 '고의 또는 손해발생의 염려가 있음을 인식하면서 무모하게 한 작위 또는 부작위'가 있어야 하고, 선장 등과 같은 선박소유자의 피용자에게 무모한 행위가 있었다는 이유만으로는 구 상법 제746조[현 제769조(註)] 본문에 의한 선박소유자의 책임제한이 배제된다고 할 수 없다(대결 2012.4.17. 2010마222).

[**❹ ▸ O**]　선박소유자 등 책임제한 주체가 법인인 경우에 대표기관의 무모한 행위만을 법인의 무모한 행위로 한정한다면 법인 규모가 클수록 선박의 관리·운항에 관한 실질적 권한이 하부구성원에게 이양된다는 점을 감안할 때 위 단서조항의 배제사유는 사실상 사문화되고 당해 법인이 책임제한의 이익을 부당하게 향유할 염려가 있다. 따라서 법인의 대표기관뿐만 아니라 적어도 법인의 내부적 업무분장에 따라 당해 법인의 관리 업무 전부 또는 특정 부분에 관하여 대표기관에 갈음하여 사실상 회사의 의사결정 등 권한을 행사하는 사람의 행위는 그가 이사회의 구성원 또는 임원이 아니더라도 선박소유자 등 책임제한 배제규정을 적용할 때 책임제한 주체 자신의 행위로 보아야 한다(대결 2012.4.17. 2010마222).

[**❺ ▶ ○**] 선박소유자책임제한절차와 별도로 선박소유자 등에게 손해배상 등을 청구하는 소송이 제기된 경우, 그 소송에서는 책임제한의 배제를 주장하는 채권자가 구 상법 제746조[현 제769조(註)] 단서에서 정한 책임제한 배제사유의 존재에 대한 증명책임을 부담한다. 그러나 선박소유자책임제한절차는 신청인이 사고를 특정함에 필요한 신청의 원인사실 및 이로 인하여 발생한 구 상법 제747조[현 제770조(註)] 제1항 각 호의 구별에 의한 제한채권의 각 총액이 이에 대응하는 각 책임한도액을 초과함을 소명하여야 개시되는데, 선박소유자책임제한절차가 주로 채무자의 이익을 위하여 채무자의 일방적인 주도 아래 개시되는 집단적 채무처리절차인 점 등에 비추어 보면, 제한채권에 대하여 신청인이 소명할 사항에는 당해 채권에 책임제한 배제사유가 없다는 점도 포함된다고 해석하여야 한다. 즉, 선박소유자책임제한절차에서는 절차개시를 신청하는 신청인이 구 상법 제746조[현 제769조(註)] 단서에서 정한 책임제한 배제사유의 부존재에 대하여도 소명하여야 한다(대결 2012.4.17. 2010마222).

답 ❷

제4절   선박금융(선박우선특권)

02
☐☐☐

선박우선특권에 관한 다음 설명 중 가장 옳지 않은 것은? 2025년 법무사시험 [문 33]

① 선박우선특권자는 그 우선특권 있는 채권에 대한 집행력 있는 집행권원을 요함이 없이 선박을 물적 담보로 하여 특별한 사정이 없는 한 언제든지 경매청구를 할 수 있고, 매각대금에 대하여 우선변제권을 행사할 수 있다.
② 선박에 대한 압류의 효력이 발생한 때부터 매각대금 지급 시까지의 기간 동안에 선박의 정박을 위하여 발생한 정박료는 상법 제777조 제1항 제1호 소정의 선박우선특권에 해당한다.
③ 선박우선특권자는 그 피담보채권이 변제기에 있는 한, 언제든지 우선특권의 목적물에 대하여 우선특권을 행사할 수 있고 반드시 채권의 발생과 동시에 행사하여야 한다거나 항해 종료 직후 곧바로 행사할 필요는 없다.
④ 수회의 항해에 관한 채권의 우선특권이 경합하는 때에는 후의 항해에 관한 채권이 전의 항해에 관한 채권에 우선한다.
⑤ 선박우선특권은 그 채권이 생긴 날부터 1년 이내에 실행하지 아니하면 소멸한다.

....

[**❶ ▶ ○**] 선박우선특권 있는 채권자는 선박소유자의 변동에 관계없이 그 선박에 대하여 채무명의(집행권원) 없이도 경매청구권을 행사할 수 있으므로 채권자는 채권을 보전하기 위하여 그 선박에 대한 가압류를 하여 둘 필요가 없다(대판 1988.11.22. 87다카1671). 따라서 선박에 대하여 경매청구권을 행사하여 매각대금에 대하여 우선변제권을 행사할 수 있다.
[**❷ ▶ ✕**] 선박경매에 있어서 선박을 압류항에 정박시켜 두지 아니하면 경매 절차를 속행할 수 없으므로, 선박에 대한 압류의 효력이 발생한 때부터 경락대금 지급 시까지의 기간 동안에 선박의 정박을 위하여 발생한 <u>정박료는</u> 선박경매를 수행하기 위한 것으로서 당해 집행사건의 집행비용에 해당한다고 보아야지 <u>상법 제777조 제1항 제1호 소정의 선박우선특권에 해당한다고 볼 수는 없다</u>(대판 1998.2.10. 97다10468).

[❸ ▸ ○] 법정담보물권으로서 선박우선특권에는 저당권에 적용되는 민법상 담보물권의 법리가 준용(상법 제777조 제2항)되므로, 선박우선특권자는 그 피담보채권의 변제기가 도래함에 따라 우선특권의 목적물에 대하여 경매청구권과 우선변제권을 행사할 수 있고 반드시 피담보채권의 발생과 동시에 행사하여야 한다거나 항해 종료 직후 곧바로 행사할 것을 요하지 아니한다.

[❹ ▸ ○] 수회의 항해에 관한 채권의 우선특권이 경합하는 때에는 후의 항해에 관한 채권이 전의 항해에 관한 채권에 우선한다(상법 제783조 제1항).

[❺ ▸ ○] 선박채권자의 우선특권은 그 채권이 생긴 날부터 1년 이내에 실행하지 아니하면 소멸한다(상법 제786조).

답 ❷

03 □□□

상법상 선박우선특권에 관한 다음 설명 중 가장 옳은 것은? 2021년 법무사시험 [문 39]

① 선박이 출항준비를 하다가 화재가 발생하였고 수리를 마친 후 항해를 계속한 경우 그 수리비는 선박의 상태 및 가치를 유지·보존하기 위한 비용으로 선박우선특권의 피담보채권에 해당한다.

② 목적하는 항해를 마치지 않고 항해 도중 경매 또는 양도처분으로 항해가 중지된 경우 항해를 폐지한 시기에 선박이 존재하는 항에서 수리한 비용은 피담보채권에 해당하지 않는다.

③ 선체용선에 관한 상법 제850조 제2항의 규정이 정기용선에 유추적용되어 정기용선된 선박의 이용에 관하여 생긴 우선특권을 가지는 채권자는 선박소유자의 선박에 대하여 경매청구를 할 수 있다.

④ 선박채권자의 우선특권은 그 선박소유권의 이전으로 인하여 영향을 받지 않으므로, 선박의 양수인에게도 채무의 변제를 청구할 수 있다.

⑤ 선박우선특권은 건조 중인 선박에는 준용되지 않는다.

···

[❶ ▸ ✕] 연근해를 운행하는 유류운송선이 출항준비 중에 발생한 화재로 인한 수리를 마친 후 항해를 계속한 경우, 그 수리비는 선박의 상태 및 가치를 유지·보존하기 위한 비용일지라도 최후의 입항 후에 발생한 것이 아니므로 그 수리비채권을 두고 상법 제777조 제1항 제호 소정의 선박보존비 등에 해당한다고 볼 수 없다(대결 1998.2.9. 97마2525).

[❷ ▸ ✕] 상법 제777조 제1항 제1호가 최후 입항 후의 선박보존비 등에 대하여 선박우선특권을 부여하는 것은, 이러한 채권이 없으면 다른 채권자들도 선박 경매대금으로부터 변제를 받기가 불가능하게 될 것이라는 점에서 이러한 비용은 경매에 관한 비용에 준하는 성질을 가지기 때문이고, 따라서 최후 입항 후라는 의미는 목적하는 항해가 종료되어 돌아온 항뿐만 아니라 선박이 항해 도중에 경매 또는 양도처분으로 항해가 중지되어 경매되는 경우의 선박보존비용도 달리 보아야 할 필요가 없으므로, 항해를 폐지한 시기에 있어서 선박이 존재하는 항도 포함하는 것으로 해석함이 상당하다(대판 1996.5.14. 96다3609).

[❸ ▸ ○] 정기용선의 경우 제3자에 대한 법률관계에 관하여 상법은 아무런 규정을 두지 않고 있다. 그러나 다음과 같은 이유로 선체용선에 관한 상법 제850조 제2항의 규정이 정기용선에 유추적용되어 정기용선된 선박의 이용에 관하여 생긴 우선특권을 가지는 채권자는 선박소유자의 선박에 대하여 경매청구를 할 수 있다고 봄이 타당하다. ㉠ 정기용선계약은 선체용선계약과 유사하게 용선자가 선박의 자유사용권을 취득하고 그에 선원의 노무공급계약적인 요소가 수반되는 특수한 계약관계로서 정기용선자는 다른 특별한 사정이 없는 한 화물의 선적, 보관 및 양하 등에 관련된 상사적인 사항의 대외적인 책임관계에 선체용선에 관한 상법 제850조 제1항이 유추적용되어 선박소유자와 동일한 책임을 부담한다. ㉡

… 선박채권자 보호의 필요성은 선체용선과 정기용선이 다르지 않다. … ⓒ 상법 제777조 제1항에서는 선박우선특권이 인정되는 채권을 한정적으로 열거하고 있으므로, 정기용선자에 대한 그와 같은 채권에 관하여 선박우선특권을 인정하더라도 선박소유자나 선박저당권자에게 예상치 못한 손해가 발생한다고 볼 수 없다(대결 2019.7.24. 2017마1442).

[**④** ▸ ×] 상법 제777조 소정의 선박우선특권을 가진 선박채권자는 선박을 양수한 사람에게 채무의 변제를 청구할 수 없고 다만 선박우선특권의 추급성에 의하여 선박이 우선특권의 목적물이 될 뿐이다(대판 1974.12.10. 74다176).

[**⑤** ▸ ×] 이 절(선박담보)의 규정은 건조 중의 선박에 준용한다(상법 제790조).

답 **❸**

제2장　해상기업활동(운송·용선)

제1절　운송계약

04

다음 설명 중 가장 옳지 않은 것은?　　　　2024년 법무사시험 [문 37]

① 해상운송사업을 영위하는 자를 위하여 그 사업에 속하는 거래의 대리를 업무로 하는 자로서 운송인과의 계약에 따라 화물의 교부와 관련한 일체의 업무를 수행하는 선박대리점이 운송물에 대한 점유를 이전받기 이전에 실제 운송인 및 터미널 운영업자의 과실로 인하여 화물이 소훼되었다면, 선박대리점에게 운송물의 멸실에 대한 불법행위책임을 물을 수는 없다.

② 운송인은 그 운송을 위한 화물의 적부(積付)에 있어 선장·선원 내지 하역업자로 하여금 화물이 서로 부딪치거나, 혼합되지 않도록 그리고 선박의 동요 등으로부터 손해를 입지 않도록 하는 적절한 조치와 함께 운송물을 적당하게 선창 내에 배치하여야 하나, 적부가 독립된 하역업자나 송하인의 지시에 의하여 이루어졌다면 운송인은 그러한 적부에 관하여 손해를 방지하기 위한 적절한 예방조치를 강구하여야 할 주의의무가 있다고 할 수 없다.

③ 운송주선인은 하주나 운송인의 대리인이 되기도 하고 위탁자의 이름으로 운송계약을 체결하는 경우에도 운송주선인임에는 변함이 없다.

④ 운송주선인이 운송인의 지위를 취득하지 않는 한, 운송인의 대리인으로서 운송계약을 체결하였더라도 운송의뢰인에 대한 관계에서는 여전히 운송주선인의 지위에 있다.

⑤ 운송주선업자가 운송의뢰인으로부터 운송관련 업무를 의뢰받은 경우 운송까지 의뢰받은 것인지, 운송주선만을 의뢰받은 것인지 여부가 명확하지 않은 때에는 당사자의 의사를 탐구하여 운송인의 지위도 함께 취득하였는지 여부를 확정하여야 할 것이지만, 그 의사가 명확하지 않으면 선하증권의 발행자 명의, 운임의 지급형태 등 제반 사정을 종합적으로 고려하여 논리와 경험칙에 따라 운송주선업자가 운송의뢰인으로부터 운송을 인수하였다고 볼 수 있는지 여부를 확정하여야 한다.

[**❶** ▸ ○] 선박대리점은 해상운송사업을 영위하는 자를 위하여 그 사업에 속하는 거래의 대리를 업무로 하는 자로서 운송인과의 계약에 따라 화물의 교부와 관련한 일체의 업무를 수행하는 것인데, 이러한 업무를 수행하는 선박대리점이 운송물에 대한 점유를 이전받기 이전에 실제 운송인 및 터미널 운영업자의 과실로 인하여 화물이 소훼되었다면, 선박대리점에게 운송물의 멸실에 대한 불법행위책임을 물을 수는 없다(대판 2007.4.27. 2007다4943).

[**❷** ▸ ×] 운송계약이 성립한 때 운송인은 일정한 장소에서 운송물을 수령하여 이를 목적지로 운송한 다음 약정한 시기에 운송물을 수하인에게 인도할 의무를 지는데, 운송인은 그 운송을 위한 화물의 적부에 있어 선장·선원 내지 하역업자로 하여금 화물이 서로 부딪치거나, 혼합되지 않도록 그리고 선박의 동요 등으로부터 손해를 입지 않도록 하는 적절한 조치와 함께 운송물을 적당하게 선창 내에 배치하여야 하고, 가사 적부가 독립된 하역업자나 송하인의 지시에 의하여 이루어졌다고 하더라도 운송인은 그러한 적부가 운송에 적합한지의 여부를 살펴보고, 운송을 위하여 인도 받은 화물의 성질을 알고 그 화물의 성격이 요구하는 바에 따라 적부를 하여야 하는 등의 방법으로 손해를 방지하기 위한 적절한 예방조치를 강구하여야 할 주의의무가 있다(대판 2003.1.10. 2000다70064).

[**❸** ▸ ○] 운송주선인은 자기의 이름으로 주선행위를 하는 것을 영업으로 하는 것이지만 하주나 운송인의 대리인이 되기도 하고 위탁자의 이름으로 운송계약을 체결하는 경우에도 운송주선인임에는 변함이 없다(대판 1987.10.13. 85다카1080).

[**❹** ▸ ○] 운송주선인이 상법 제116조에 따라 위탁자의 청구에 의하여 화물상환증을 작성하거나 같은 법 제119조 제2항에 따라 운송주선계약에서 운임의 액을 정한 경우에는 운송인으로서의 지위도 취득할 수 있지만, 운송주선인이 위 각 조항에 따라 운송인의 지위를 취득하지 않는 한, 운송인의 대리인으로서 운송계약을 체결하였더라도 운송의뢰인에 대한 관계에서는 여전히 운송주선인의 지위에 있다(대판 2007.4.27. 2007다4943).

[**❺** ▸ ○] 운송주선업자가 운송의뢰인으로부터 운송관련 업무를 의뢰받았다고 하더라도 운송을 의뢰받은 것인지, 운송주선만을 의뢰받은 것인지 여부가 명확하지 않은 경우에는 당사자의 의사를 탐구하여 운송인의 지위를 취득하였는지 여부를 확정하여야 할 것이지만, 당사자의 의사가 명확하지 않은 경우에는 하우스 선하증권의 발행자 명의, 운임의 지급형태 등 제반 사정을 종합적으로 고려하여 논리와 경험칙에 따라 운송주선업자가 운송의뢰인으로부터 운송을 인수하였다고 볼 수 있는지 여부를 확정하여야 한다(대판 2007.4.27. 2007다4943).

답 ❷

해상운송인에 관한 다음 설명 중 가장 옳은 것은?

① 해상운송인의 송하인 또는 수하인에 대한 채권 및 채무는 그 청구원인의 여하에 불구하고 운송인이 수하인에게 운송물을 인도한 날부터 또는 인도할 날부터 2년 이내에 재판상 청구가 없으면 소멸한다.

② 해상운송인의 송하인이나 수하인에 대한 권리·의무에 관한 소멸기간은 소멸시효에 해당하고, 그 기산일인 '운송물을 인도할 날'이란 통상 운송계약이 그 내용에 좇아 이행되었으면 인도가 행하여져야 했던 날을 의미한다. 이 경우 운송물이 물리적으로 멸실되는 경우뿐만 아니라 운송인이 운송물의 인도를 거절하거나 운송인의 사정으로 운송이 중단되는 등의 사유로 운송물이 인도되지 않은 경우에도 '운송물을 인도할 날'을 기준으로 하여 소멸기간이 도과하였는지를 판단하여야 한다.

③ 상법 제814조 제1항에 따른 해상운송인의 송하인이나 수하인에 대한 권리·의무에 관한 소멸기간은 해상운송인의 송하인 또는 수하인에 대한 채권 및 채무의 청구원인이 계약인 경우에 적용되고, 불법행위인 경우에는 적용되지 않는다.

④ 복합운송주선인인 甲 주식회사가 운송계약에 따라 해상운송인인 乙 외국회사에 운송을 의뢰한 화물은 폐기물처리업자가 수출 화물인 것처럼 가장하여 반출하려 한 폐기물이었는데, 이를 甲 회사 및 甲 회사가 지정한 수하인이 수령하지 않아 컨테이너 초과사용료, 터미널 보관료 등 손해가 계속 발생하자, 乙 회사가 화물 도착 후 2년이 지난 시점에 甲 회사를 상대로 손해배상청구소송을 제기한 경우, 위 소는 상법 제814조 제1항에서 정한 소멸기간이 지난 후에 제기된 것이어서 부적법하다.

⑤ 상법 제814조 제1항에서 정한 소멸기간이 지난 뒤에 그 기간 경과의 이익을 받는 당사자가 기간이 지난 사실을 알면서도 기간 경과로 인한 법적 이익을 받지 않겠다는 의사를 표시한 경우에는, 권리소멸의 이익을 포기하였다고 인정할 수 있다.

···

[**❶ ▶ ✕**] [**❷ ▶ ✕**] [**❸ ▶ ✕**] 해상운송인의 송하인 또는 수하인에 대한 채권 및 채무는 그 청구원인의 여하에 불구하고 운송인이 수하인에게 운송물을 인도한 날 또는 인도할 날부터 <u>1년</u> 이내에 재판상 청구가 없으면 소멸한다(상법 제814조 제1항). 이러한 해상운송인의 송하인이나 수하인에 대한 권리·의무에 관한 소멸기간은 <u>제척기간</u>에 해당하고, 그 기산일은 '운송물을 인도한 날 또는 인도할 날'인데, '운송물을 인도할 날'이란 통상 운송계약이 그 내용에 좇아 이행되었으면 인도가 행하여져야 했던 날을 의미한다. 해상운송인의 송하인 또는 수하인에 대한 채권 및 채무는 <u>그 청구원인이 계약인 경우뿐만 아니라 불법행위인 경우에도 위 제척기간이 적용된다</u>(대판 2022.12.1. 2020다280685). 여기서 '운송물을 인도할 날'이란 통상 운송계약이 그 내용에 좇아 이행되었으면 인도가 행하여져야 했던 날을 말한다. 운송물이 물리적으로 멸실되는 경우뿐만 아니라 운송인이 운송물의 인도를 거절하거나 운송인의 사정으로 운송이 중단되는 등의 사유로 운송물이 인도되지 않은 경우에도 '운송물을 인도할 날'을 기준으로 하여 <u>제소기간</u>이 도과하였는지를 판단하여야 한다(대판 2019.7.10. 2019다213009).

[**❹ ▶ ✕**] 복합운송주선인인 갑 주식회사가 운송계약에 따라 해상운송인인 을 외국회사에 운송을 의뢰한 화물은 폐기물처리업자가 수출 화물인 것처럼 가장하여 반출하려 한 폐기물이었는데, 이를 갑 회사 및 갑 회사가 지정한 수하인이 수령하지 않아 컨테이너 초과사용료, 터미널 보관료 등 손해가 계속 발생하자, 을 회사가 화물 도착 후 약 2년이 지난 시점에 갑 회사를 상대로 손해배상을 구한 경우, 컨테이너 초과사용료 및 터미널 보관료에 관한 을 회사의 손해배상채권은 '화물의 인도가 행하여져야 했던 날'을 지나서도 발생할 수 있으므로, 상법 제814조 제1항에서 정한 제척기간의 기산점으로서 '화물의 인도가 행하여져야 했던 날'을 지나서 발생하는 위 손해배상채권의 제척기간 기산일은 그 채권의

발생일이라고 해석함이 타당하고, 그날부터 상법 제814조 제1항에서 정한 권리의 존속기간인 1년의 제척기간이 적용된다고 보아야 하는데도, 위 손해배상청구 중 소제기 1년 안에 발생한 부분까지도 제척기간을 도과하여 부적법하다고 본 원심판단에 법리오해의 잘못이 있다(대판 2022.12.1. 2020다280685).

[❺ ▸ ○] 상법 제814조 제1항에서 정한 제척기간이 지난 뒤에 그 기간 경과의 이익을 받는 당사자가 기간이 지난 사실을 알면서도 기간 경과로 인한 법적 이익을 받지 않겠다는 의사를 명확히 표시한 경우에는, 소멸시효 완성 후 이익의 포기에 관한 민법 제184조 제1항을 유추적용하여 제척기간 경과로 인한 권리소멸의 이익을 포기하였다고 인정할 수 있다(대판 2022.6.9. 2017다247848).

답 ❺

06

선하증권에 관한 다음 설명 중 가장 옳지 않은 것은? 2021년 법무사시험 [문 31]

① 선하증권이 발행된 경우 운송인과 송하인 사이에 선하증권에 기재된 대로 개품운송계약이 체결되고 운송물을 수령 또는 선적한 것으로 추정한다.

② 재용선계약 등에 의하여 복수의 해상운송 주체가 있는 경우 운송의 최종 수요자인 운송의뢰인에 대한 관계에서도 선하증권의 발행사실만으로 당연히 운송인의 지위가 인정된다.

③ 운송인은 운송물을 수령한 후 송하인의 청구에 의하여 선하증권을 1통 또는 수통 교부하여야 한다.

④ 양륙항에서 수통의 선하증권 중 1통을 소지한 자가 운송물의 인도를 청구하는 경우에도 선장은 그 인도를 거부하지 못한다.

⑤ 선하증권은 운송물인도청구권을 표창하는 유가증권으로서 화물상환증과 같은 물권적 효력이 있다.

....

[❶ ▸ ○] 제853조 제1항에 따라 선하증권이 발행된 경우 운송인과 송하인 사이에 선하증권에 기재된 대로 개품운송계약이 체결되고 운송물을 수령 또는 선적한 것으로 추정한다(상법 제854조 제1항).

[❷ ▸ ✕] 재용선계약의 경우, 선주와 용선자 사이의 주된 용선계약과 용선자와 재용선자 사이의 재용선계약은 각각 독립된 운송계약으로서 선주와 재용선계약의 재용선자와는 아무런 직접적인 관계가 없다 할 것인바, 재용선계약 등에 의하여 복수의 해상운송 주체가 있는 경우 운송의 최종 수요자인 운송의뢰인에 대한 관계에서는, 용선계약에 의하여 그로부터 운송을 인수한 자가 누구인지에 따라 운송인이 확정되는 것이고, 선하증권의 발행자가 운송인으로 인정될 개연성이 높다 하겠지만, 그렇다고 하여 <u>선하증권의 발행사실만으로 당연히 운송인의 지위가 인정되는 것은 아니다</u>(대판 2004.10.27. 2004다7040).

[❸ ▸ ○] 운송인은 운송물을 수령한 후 송하인의 청구에 의하여 1통 또는 수통의 선하증권을 교부하여야 한다(상법 제852조 제1항).

[❹ ▸ ○] 양륙항에서 수통의 선하증권 중 1통을 소지한 자가 운송물의 인도를 청구하는 경우에도 선장은 그 인도를 거부하지 못한다(상법 제857조 제1항).

[❺ ▸ ○] 상법 제861조, 제133조

상법 제133조(화물상환증교부의 물권적 효력)
화물상환증에 의하여 운송물을 받을 수 있는 자에게 화물상환증을 교부한 때에는 운송물 위에 행사하는 권리의 취득에 관하여 운송물을 인도한 것과 동일한 효력이 있다.

상법 제861조(준용규정)
제129조·제130조·제132조 및 제133조는 제852조 및 제855조의 선하증권에 준용한다.

답 ❷

07
☐☐☐

① 정기용선계약은 선박소유자가 용선자에게 선원이 승무하고 항해장비를 갖춘 선박을 일정한 기간 동안 항해에 사용하게 할 것을 약정하고 용선자가 이에 대하여 기간으로 정한 용선료를 지급하기로 약정함으로써 그 효력이 생기는 계약을 말한다.

② 정기용선자는 약정한 범위 안의 선박의 사용을 위하여 선장을 지휘할 권리가 있다.

③ 선장·해원, 그 밖의 선박사용인이 정기용선자의 정당한 지시를 위반하여 정기용선자에게 손해가 발생한 경우에는 선장이 이를 배상할 책임이 있다.

④ 정기용선자가 용선료를 약정기일에 지급하지 아니한 때에는 선박소유자는 계약을 해제 또는 해지할 수 있다.

⑤ 정기용선자가 제3자와 운송계약을 체결하여 운송물을 선적한 후 선박의 항해 중에 선박소유자가 용선료의 연체를 이유로 계약을 해제 또는 해지한 때에는 선박소유자는 적하이해관계인에 대하여 정기용선자와 동일한 운송의무가 있다.

· ·

[❶ ▸ O] 정기용선계약은 선박소유자가 용선자에게 선원이 승무하고 항해장비를 갖춘 선박을 일정한 기간 동안 항해에 사용하게 할 것을 약정하고 용선자가 이에 대하여 기간으로 정한 용선료를 지급하기로 약정함으로써 그 효력이 생긴다(상법 제842조).

[❷ ▸ O] 정기용선자는 약정한 범위 안의 선박의 사용을 위하여 선장을 지휘할 권리가 있다(상법 제843조 제1항).

[❸ ▸ X] 선장·해원, 그 밖의 선박사용인이 정기용선자의 정당한 지시를 위반하여 정기용선자에게 손해가 발생한 경우에는 <u>선박소유자가</u> 이를 배상할 책임이 있다(상법 제843조 제2항).

[❹ ▸ O] [❺ ▸ O] 상법 제845조 제1항·제2항

> **상법 제845조(용선료의 연체와 계약해지 등)**
> ① 정기용선자가 용선료를 약정기일에 지급하지 아니한 때에는 선박소유자는 계약을 해제 또는 해지할 수 있다.
> ② 정기용선자가 제3자와 운송계약을 체결하여 운송물을 선적한 후 선박의 항해 중에 선박소유자가 제1항에 따라 계약을 해제 또는 해지한 때에는 선박소유자는 적하이해관계인에 대하여 정기용선자와 동일한 운송의무가 있다.

 ❸

제3장 / 해상위험

제1절 공동해손

08
☐☐☐

공동해손에 관한 다음 설명 중 가장 옳지 않은 것은?   2022년 법무사시험 [문 33]

① 선박과 적하의 공동위험을 면하기 위한 선장의 선박 또는 적하에 대한 처분으로 인하여 생긴 손해 또는 비용은 공동해손으로 하고, 공동해손은 그 위험을 면한 선박 또는 적하의 가액과 운임의 반액과 공동해손의 액과의 비율에 따라 각 이해관계인이 이를 분담한다.

② 공동해손의 분담액을 정함에 있어서는 선박의 가액은 도달의 때와 곳의 가액으로 하고, 적하의 가액은 양륙의 때와 곳의 가액으로 한다. 다만, 적하에 관하여는 그 가액 중에서 멸실로 인하여 지급을 면하게 된 운임과 그 밖의 비용을 공제하여야 한다.

③ 선박에 비치한 무기, 선원의 급료, 선원과 여객의 식량·의류는 보존된 경우에는 그 가액을 공동해손의 분담에 산입하지 아니하고, 손실된 경우에는 그 가액을 공동해손의 액에 산입한다.

④ 속구목록에 기재하지 아니한 속구, 선하증권이나 그 밖에 적하의 가격을 정할 수 있는 서류 없이 선적한 화물 또는 종류와 가액을 명시하지 아니한 화폐나 유가증권과 그 밖의 고가물은 보존된 경우에는 그 가액을 공동해손의 분담에 산입하고, 손실된 경우에는 그 가액을 공동해손의 액에 산입하지 아니한다.

⑤ 공동해손으로 인하여 생긴 채권 및 상법 제870조에 따른 구상채권은 그 계산이 종료한 날부터 2년 이내에 재판상 청구가 없으면 소멸한다.

....

[❶ ▸ ○] 상법 제865조, 제866조

> **상법 제865조(공동해손의 요건)**
> 선박과 적하의 공동위험을 면하기 위한 선장의 선박 또는 적하에 대한 처분으로 인하여 생긴 손해 또는 비용은 공동해손으로 한다.
>
> **상법 제866조(공동해손의 분담)**
> 공동해손은 그 위험을 면한 선박 또는 적하의 가액과 운임의 반액과 공동해손의 액과의 비율에 따라 각 이해관계인이 이를 분담한다.

[❷ ▸ ○] 공동해손의 분담액을 정함에 있어서는 선박의 가액은 도달의 때와 곳의 가액으로 하고, 적하의 가액은 양륙의 때와 곳의 가액으로 한다. 다만, 적하에 관하여는 그 가액 중에서 멸실로 인하여 지급을 면하게 된 운임과 그 밖의 비용을 공제하여야 한다(상법 제867조).

[**❸** ▶ O] 선박에 비치한 무기, 선원의 급료, 선원과 여객의 식량·의류는 <u>보존된 경우</u>에는 그 가액을 공동해손의 분담에 <u>산입하지 아니하고</u>, 손실된 경우에는 그 가액을 공동해손의 액에 <u>산입한다</u>(상법 제871조).

[**❹** ▶ O] 속구목록에 기재하지 아니한 속구, 선하증권이나 그 밖에 적하의 가격을 정할 수 있는 서류 없이 선적한 하물 또는 종류와 가액을 명시하지 아니한 화폐나 유가증권과 그 밖의 고가물은 <u>보존된 경우</u>에는 그 가액을 공동해손의 분담에 <u>산입하고</u>, 손실된 경우에는 그 가액을 공동해손의 액에 <u>산입하지 아니한다</u>(상법 제872조 제1항).

[**❺** ▶ ×] 공동해손으로 인하여 생긴 채권 및 제870조에 따른 구상채권은 그 계산이 종료한 날부터 <u>1년 이내</u>에 재판상 청구가 없으면 소멸한다. 이 경우 제814조 제1항 단서를 준용한다(상법 제875조).

답 ❺

제2절 | **선박충돌**

제3절 | **해난구조**

제4장 / 항공운송

실패하는 길은 여럿이나 성공하는 길은 오직 하나다.

– 아리스토텔레스 –

9.88%

*2025년 법무사 1차 합격률

CBT 모의고사로 최종 합격 점검!

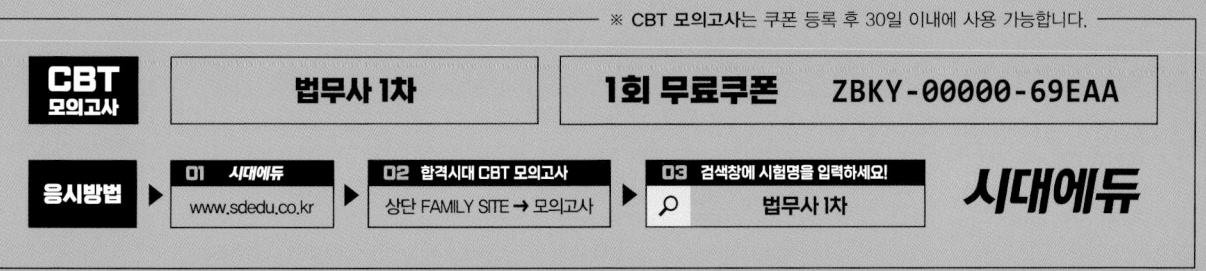

시대에듀

발행일 2025년 12월 5일 ㅣ **발행인** 박영일 ㅣ **책임편집** 이해욱

편저 시대법학연구소 ㅣ **발행처** (주)시대고시기획

등록번호 제10-1521호 ㅣ **대표전화** 1600-3600 ㅣ **팩스** (02)701-8823

주소 서울시 마포구 큰우물로 75 [도화동 538 성지B/D] 9F

학습문의 www.sdedu.co.kr

객관식 · 진도별

2026 개정판

법무사

5개년 기출문제해설
1차시험 전과목

편저 | 시대법학연구소

[2권] 민법 + 가족관계의 등록 등에 관한 법률

名將名品

2026년 제32회 법무사시험 대비!
2025~2021년 기출문제+상세해설!
최신 법령 · 예규 · 판례 · 선례 및 실무제요 반영!

온라인 동영상 강의
www.sdedu.co.kr

CBT 모의고사
1회 무료쿠폰 제공

시대에듀

법무사

5개년 기출문제해설
1차시험 전과목

[2권] 민법 + 가족관계의 등록 등에 관한 법률

시대에듀

PART 3 민 법

출제문항수 : ☆ = 1문 ★ = 5문

PART 4 가족관계의 등록 등에 관한 법률

PART

03

민법

제1장 법률관계와 권리·의무

제1절 **민법일반**

01
☐☐☐

관습법에 관한 다음 설명 중 가장 옳지 않은 것은?   2025년 법무사시험 [문 3]

① 토지 및 그 지상 건물 모두가 각 공유에 속한 상태에서 토지 및 건물공유자 중 1인이 그중 건물 지분만을 다른 사람에게 증여하여 토지와 건물의 소유자가 달라진 경우, 토지 전부에 관하여 건물의 소유를 위한 관습법상 법정지상권이 성립된 것으로 볼 수 없다.

② 사실인 관습은 법령으로서의 효력이 없는 단순한 관행으로서 법률행위의 당사자의 의사를 보충함에 그치는 것이다.

③ 사회를 지배하는 기본적 이념이나 사회질서의 변화로 인하여 관습법을 적용하여야 할 시점에 있어서의 전체 법질서에 부합하지 않게 되었다면 그러한 관습법은 법적 규범으로서의 효력이 부정될 수밖에 없다.

④ 외국적 요소가 있는 법률관계에 적용될 외국법규의 내용을 확정하고 그 의미를 해석할 때 외국관습법까지 고려할 수는 없다.

⑤ 일반적으로 볼 때 법령과 같은 효력을 갖는 관습법은 당사자의 주장·증명을 기다림이 없이 법원이 직권으로 이를 확정하여야 한다.

[❶ ▸ ○] 토지 및 그 지상 건물 모두가 각 공유에 속한 경우 토지 및 건물공유자 중 1인이 그중 건물 지분만을 타에 증여하여 토지와 건물의 소유자가 달라진 경우에도 해당 토지 전부에 관하여 건물의 소유를 위한 관습법상 법정지상권이 성립된 것으로 보게 된다면, 이는 토지공유자의 1인으로 하여금 다른 공유자의 의사에 기하지 아니한 채 자신의 지분을 제외한 다른 공유자의 지분에 대하여서까지 지상권설정의 처분행위를 허용하는 셈이 되어 부당하다(대판 1993.4.13. 92다55756, 대판 2014.9.4. 2011다 73038 참조). 따라서 이 사건 토지 및 건물공유자 중 1인인 원고가 피고 1에게 위 건물의 공유지분을 이전함으로써 토지와 건물의 소유자가 달라졌다고 하여 위 피고에게 이 사건 토지에 관한 관습법상 법정지상권의 성립을 인정할 수 없다(대판 2022.8.31. 2018다218601).

[❷ ▸ ○] 관습법이란 사회의 거듭된 관행으로 생성한 사회생활규범이 사회의 법적 확신과 인식에 의하여 법적 규범으로 승인·강행되기에 이르른 것을 말하고, 사실인 관습은 사회의 관행에 의하여 발생한 사회생활규범인 점에서 관습법과 같으나 사회의 법적 확신이나 인식에 의하여 법적 규범으로서 승인된 정도에 이르지 않은 것을 말하는바, 관습법은 바로 법원으로서 법령과 같은 효력을 갖는 관습으로서 법령에 저촉되지 않는 한 법칙으로서의 효력이 있는 것이며, 이에 반하여 사실인 관습은 법령으로서의 효력이 없는 단순한 관행으로서 법률행위의 당사자의 의사를 보충함에 그치는 것이다(대판 1983.6.14. 80다3231).

[❸ ▸ ○] 사회의 거듭된 관행으로 생성된 사회생활규범이 관습법으로 승인되었다고 하더라도 사회 구성원들이 그러한 관행의 법적 구속력에 대하여 확신을 갖지 않게 되었다거나, 사회를 지배하는 기본적 이념이나 사회질서의 변화로 인하여 그러한 관습법을 적용하여야 할 시점에 있어서의 전체 법질서에 부합하지 않게 되었다면 그러한 관습법은 법적 규범으로서의 효력이 부정될 수밖에 없다(대판[전합] 2005.7.21. 2002다1178).

[❹ ▸ ×] <u>외국적 요소가 있는 법률관계에 적용될 외국법규의 내용을 확정하고 그 의미를 해석할 때는 외국법이 그 본국에서 현실로 해석·적용되고 있는 의미와 내용에 따라 해석·적용하여야 하고, 소송과정에서 적용될 외국법규에 흠결이 있거나 그 존재에 관한 자료가 제출되지 아니하여 그 내용의 확인이 불가능한 경우 법원으로서는 법원에 관한 민사상의 대원칙에 따라 외국 관습법에 의할 것이며, 외국 관습법도 그 내용의 확인이 불가능하면 조리에 의하여 재판할 수밖에 없다</u>(대판 2021.7.8. 2017다218895).

[❺ ▸ ○] 법령과 같은 효력을 갖는 관습법은 당사자의 주장입증을 기다림이 없이 법원이 직권으로 이를 확정하여야 하고 사실인 관습은 그 존재를 당사자가 주장 입증하여야 하나, 관습은 그 존부자체도 명확하지 않을 뿐만 아니라 그 관습이 사회의 법적 확신이나 법적 인식에 의하여 법적 규범으로까지 승인되었는지의 여부를 가리기는 더욱 어려운 일이므로, 법원이 이를 알 수 없는 경우 결국은 당사자가 이를 주장입증할 필요가 있다(대판 1983.6.14. 80다3231).

답 ❹

02 신의칙과 권리남용에 관한 다음 설명 중 가장 옳지 않은 것은? 2024년 법무사시험 [문 28]

① 계속적 보증계약에서 보증인은 변제기에 있는 주채무 전액에 대하여 책임을 지는 것이 원칙이고, 다만 보증 당시 주채무의 액수를 보증인이 예상하였거나 예상할 수 있었을 경우에는 그 예상 범위로 보증책임을 제한할 수 있으나, 그 예상 범위를 상회하는 주채무 과다 발생의 원인이 채권자가 주채무자의 자산 상태가 현저히 악화된 사실을 잘 알거나 중대한 과실로 알지 못한 탓으로 이를 알지 못하는 보증인에게 아무런 통보나 의사 타진도 없이 고의로 거래 규모를 확대함에 연유하는 등 신의칙에 반하는 사정이 있는 경우에 한하여 보증인의 책임을 합리적인 범위 내로 제한할 수 있다.

② 위임계약에서 보수액에 관하여 약정한 경우에 수임인은 원칙적으로 약정보수액을 전부 청구할 수 있는 것이 원칙이지만, 위임의 경위, 위임업무 처리의 경과와 난이도, 투입한 노력의 정도, 위임인이 업무 처리로 인하여 얻게 되는 구체적 이익, 기타 변론에 나타난 제반 사정을 고려할 때 약정보수액이 부당하게 과다하여 신의성실의 원칙이나 형평의 원칙에 반한다고 볼 만한 특별한 사정이 있는 때에는 예외적으로 상당하다고 인정되는 범위 내의 보수액만을 청구할 수 있다.

③ 계약 성립의 기초가 된 사정이 현저히 변경되고 당사자가 계약의 성립 당시 이를 예견할 수 없었으며, 그로 인하여 계약을 그대로 유지하는 것이 당사자의 이해에 중대한 불균형을 초래하거나 계약을 체결한 목적을 달성할 수 없는 경우에는 계약준수 원칙의 예외로서 사정변경을 이유로 계약을 해제하거나 해지할 수 있다. 여기에서 말하는 사정이란 당사자들에게 계약 성립의 기초가 된 사정뿐만 아니라, 어느 일방당사자가 변경에 따른 불이익이나 위험을 떠안기로 한 사정도 모두 포함될 수 있다.

④ 점유자가 취득시효완성 후에 그 사실을 모르고 당해 토지에 관하여 어떠한 권리도 주장하지 않기로 하였다 하더라도 이에 반하여 시효주장을 하는 것은 특별한 사정이 없는 한 신의칙상 허용되지 않는다.

⑤ 상속인 중의 1인이 피상속인의 생존 시에 피상속인에 대하여 상속을 포기하기로 약정하였다고 하더라도, 상속개시 후 민법이 정하는 절차와 방식에 따라 상속포기를 하지 아니한 이상, 상속개시 후에 자신의 상속권을 주장하는 것은 정당한 권리행사로서 권리남용에 해당하거나 또는 신의칙에 반하는 권리의 행사라고 할 수 없다.

··

[❶ ▶ O] 계속적 보증계약에서 보증인은 변제기에 있는 주채무 전액에 대하여 책임을 지는 것이 원칙이고, 다만 보증 당시 주채무의 액수를 보증인이 예상하였거나 예상할 수 있었을 경우에는 그 예상 범위로 보증책임을 제한할 수 있으나, 그 예상 범위를 상회하는 주채무 과다 발생의 원인이 채권자가 주채무자의 자산 상태가 현저히 악화된 사실을 잘 알거나 중대한 과실로 알지 못한 탓으로 이를 알지 못하는 보증인에게 아무런 통보나 의사 타진도 없이 고의로 거래 규모를 확대함에 연유하는 등 신의칙에 반하는 사정이 있는 경우에 한하여 보증인의 책임을 합리적인 범위 내로 제한할 수 있다(대판 1998.6.12. 98다8776).

[❷▸O] 위임계약에서 보수액에 관하여 약정한 경우에 수임인은 원칙적으로 약정보수액을 전부 청구할 수 있는 것이 원칙이지만, 위임의 경위, 위임업무 처리의 경과와 난이도, 투입한 노력의 정도, 위임인이 업무 처리로 인하여 얻게 되는 구체적 이익, 기타 변론에 나타난 제반 사정을 고려할 때 약정보수액이 부당하게 과다하여 신의성실의 원칙이나 형평의 원칙에 반한다고 볼 만한 특별한 사정이 있는 때에는 예외적으로 상당하다고 인정되는 범위 내의 보수액만을 청구할 수 있다(대판 2016.2.18. 2015다35560).

[❸▸×] 계약 성립의 기초가 된 사정이 현저히 변경되고 당사자가 계약의 성립 당시 이를 예견할 수 없었으며, 그로 인하여 계약을 그대로 유지하는 것이 당사자의 이해에 중대한 불균형을 초래하거나 계약을 체결한 목적을 달성할 수 없는 경우에는 계약준수 원칙의 예외로서 사정변경을 이유로 계약을 해제하거나 해지할 수 있다. 여기에서 말하는 사정이란 당사자들에게 계약 성립의 기초가 된 사정을 가리키고, 당사자들이 계약의 기초로 삼지 않은 사정이나 어느 일방당사자가 변경에 따른 불이익이나 위험을 떠안기로 한 사정은 포함되지 않는다(대판 2017.6.8. 2016다249557).

[❹▸O] 취득시효완성 후에 그 사실을 모르고 당해 토지에 관하여 어떠한 권리도 주장하지 않기로 하였다 하더라도 이에 반하여 시효주장을 하는 것은 특별한 사정이 없는 한 신의칙상 허용되지 않는다(대판 1998.5.22. 96다24101).

[❺▸O] 상속인 중의 1인이 피상속인의 생존 시에 피상속인에 대하여 상속을 포기하기로 약정하였다고 하더라도, 상속개시 후 민법이 정하는 절차와 방식에 따라 상속포기를 하지 아니한 이상, 상속개시 후에 자신의 상속권을 주장하는 것은 정당한 권리행사로서 권리남용에 해당하거나 또는 신의칙에 반하는 권리의 행사라고 할 수 없다(대판 1998.7.24. 98다9021).

답 ❸

제1절 자연인

제1항 자연인의 권리능력 · 행위능력

03 **다음 설명 중 가장 옳지 않은 것은?** 2021년 법무사시험 [문 14]

① 미성년자가 토지매매행위를 부인하고 있는 이상, 미성년자가 그 법정대리인의 동의를 얻었다는 점에 관한 입증책임은 미성년자에게 없고 이를 주장하는 상대방에게 있다.

② 책임능력 있는 미성년자의 불법행위로 인하여 손해가 발생한 경우에 그 발생된 손해가 당해 미성년자의 감독의무자의 의무위반과 상당인과관계가 있을 경우에는 감독의무자는 일반불법행위자로서 손해배상의무가 있다.

③ 미성년자의 법률행위에 법정대리인의 동의를 요하도록 하는 것은 강행규정인데, 위 규정에 반하여 이루어진 신용구매계약을 미성년자 스스로 취소하는 것을 신의칙 위반을 이유로 배척한다면, 이는 오히려 위 규정에 의해 배제하려는 결과를 실현시키는 셈이 되어 미성년자 제도의 입법취지를 몰각시킬 우려가 있으므로, 법정대리인의 동의 없이 신용구매계약을 체결한 미성년자가 사후에 법정대리인의 동의 없음을 사유로 들어 이를 취소하는 것이 신의칙에 위배된 것이라고 할 수 없다.

④ 미성년자의 친권자인 모가 자기 오빠의 제3자에 대한 채무의 담보로 미성년자 소유의 부동산에 근저당권을 설정하는 행위는, 채무자를 위한 것으로서 미성년자에게는 불이익만을 주는 것이어서 민법 제921조 제1항에 규정된 "법정대리인인 친권자와 그 자 사이에 이해상반되는 행위"에 해당한다.

⑤ 미성년자가 법률행위를 함에 있어서 요구되는 법정대리인의 동의는 언제나 명시적이어야 하는 것은 아니고 묵시적으로도 가능한 것이며, 미성년자의 행위가 위와 같이 법정대리인의 묵시적 동의가 인정되거나 처분허락이 있는 재산의 처분 등에 해당하는 경우라면, 미성년자로서는 더 이상 행위무능력을 이유로 그 법률행위를 취소할 수 없다.

··

[❶ ▸ ○] 미성년자가 토지매매행위를 부인하고 있는 이상, 미성년자가 그 법정대리인의 동의를 얻었다는 점에 관한 입증책임은 미성년자에게 없고 이를 주장하는 상대방에게 있다(대판 1970.2.24. 69다1568).

[❷ ▸ ○] 책임능력 있는 미성년자의 불법행위로 인하여 손해가 발생한 경우 그 손해가 미성년자의 감독의무자의 의무위반과 상당인과관계가 있는 경우 감독의무자는 일반불법행위자로서 손해배상의무가 있다(대판 1993.8.27. 93다22357).

[❸ ▸ ○] 행위무능력자 제도는 사적 자치의 원칙이라는 민법의 기본이념, 특히 자기책임원칙의 구현을 가능케 하는 도구로서 인정되는 것이고, 거래의 안전을 희생시키더라도 행위무능력자를 보호하고자 함에 근본적인 입법취지가 있는바, 행위무능력자 제도의 이러한 성격과 입법취지 등에 비추어 볼 때,

신용카드 가맹점이 미성년자와 신용구매계약을 체결할 당시 향후 그 미성년자가 법정대리인의 동의가 없었음을 들어 스스로 위 계약을 취소하지는 않으리라고 신뢰하였다 하더라도 그 신뢰가 객관적으로 정당한 것이라고 할 수 있을지 의문일 뿐만 아니라, 그 미성년자가 가맹점의 이러한 신뢰에 반하여 취소권을 행사하는 것이 정의관념에 비추어 용인될 수 없는 정도의 상태라고 보기도 어려우며, 미성년자의 법률행위에 법정대리인의 동의를 요하도록 하는 것은 강행규정인데, 위 규정에 반하여 이루어진 신용구매계약을 미성년자 스스로 취소하는 것을 신의칙 위반을 이유로 배척한다면, 이는 오히려 위 규정에 의해 배제하려는 결과를 실현시키는 셈이 되어 미성년자 제도의 입법취지를 몰각시킬 우려가 있으므로, 법정대리인의 동의 없이 신용구매계약을 체결한 미성년자가 사후에 법정대리인의 동의 없음을 사유로 들어 이를 취소하는 것이 신의칙에 위배된 것이라고 할 수 없다(대판 2007.11.16. 2005다71659).

[❹▸✕] 미성년자의 친권자인 모가 자기 오빠의 제3자에 대한 채무의 담보로 미성년자 소유의 부동산에 근저당권을 설정하는 행위가, 채무자를 위한 것으로서 미성년자에게는 불이익만을 주는 것이라고 하더라도, 민법 제921조 제1항에 규정된 "법정대리인인 친권자와 그자 사이에 이해상반되는 행위"라고 볼 수는 없다(대판 1991.11.26. 91다32466).

[❺▸O] 미성년자가 법률행위를 함에 있어서 요구되는 법정대리인의 동의는 언제나 명시적이어야 하는 것은 아니고 묵시적으로도 가능한 것이며, 미성년자의 행위가 위와 같이 법정대리인의 묵시적 동의가 인정되거나 처분허락이 있는 재산의 처분 등에 해당하는 경우라면, 미성년자로서는 더 이상 행위무능력을 이유로 그 법률행위를 취소할 수 없다(대판 2007.11.16. 2005다71659).

답 ❹

　주소 및 부재·실종

04 실종선고에 관한 다음 설명 중 가장 옳지 않은 것은?　　2019년 법무사시험 [문 3]

① 부재자의 생사가 5년간 분명하지 아니한 때에는 법원은 이해관계인이나 검사의 청구에 의하여 실종선고를 하여야 한다.

② 부재자의 자매로서 제2순위 상속인에 불과한 자는 부재자에 대한 실종선고의 여부에 따라 상속지분에 차이가 생긴다고 하더라도 부재자에 대하여 실종선고를 청구할 이해관계인이 될 수 없다.

③ 잠수장비를 착용한 채 바다에 입수하였다가 부상하지 아니한 채 행방불명되었다 하더라도, 이는 민법 제27조 제2항의 '사망의 원인이 될 위난'이라고 할 수 없다.

④ 실종선고로 인하여 실종기간 만료 시를 기준으로 하여 상속이 개시된 이상 설사 이후 실종선고가 취소되어야 할 사유가 생겼다고 하더라도 실제로 실종선고가 취소되지 아니하는 한, 임의로 실종기간이 만료하여 사망한 때로 간주되는 시점과는 달리 사망시점을 정하여 이미 개시된 상속을 부정하고 다른 상속관계를 인정할 수는 없다.

⑤ 부재자의 재산관리인이 부재자의 대리인으로서 소를 제기하여 그 소송계속 중에 부재자에 대한 실종선고가 확정되어 그 소제기 이전에 부재자가 사망한 것으로 간주되는 경우에는 위 소제기 자체가 소급하여 당사자능력이 없는 사망한 자가 제기한 것으로 된다.

[**❶** ▸ O] 부재자의 생사가 5년간 분명하지 아니한 때에는 법원은 이해관계인이나 검사의 청구에 의하여 실종선고를 하여야 한다(민법 제27조 제1항).

[**❷** ▸ O] 민법 제27조의 실종선고를 청구할 수 있는 이해관계인이라 함은 부재자의 법률상 사망으로 인하여 직접적으로 신분상 또는 경제상의 권리를 취득하거나 의무를 면하게 되는 사람만을 뜻한다. 부재자의 자매로서 제2순위 상속인에 불과한 자는 부재자에 대한 실종선고의 여부에 따라 상속지분에 차이가 생긴다고 하더라도 이는 부재자의 사망 간주시기에 따른 간접적인 영향에 불과하고 부재자의 실종선고 자체를 원인으로 한 직접적인 결과는 아니므로 부재자에 대한 실종선고를 청구할 이해관계인이 될 수 없다(대결 1986.10.10. 86스20).

[**❸** ▸ O] 민법 제27조의 문언이나 규정의 체계 및 취지 등에 비추어, 그 제2항에서 정하는 "사망의 원인이 될 위난"이라고 함은 화재·홍수·지진·화산 폭발 등과 같이 일반적·객관적으로 사람의 생명에 명백한 위험을 야기하여 사망의 결과를 발생시킬 가능성이 현저히 높은 외부적 사태 또는 상황을 가리킨다. (따라서) 甲이 잠수장비를 착용한 채 바다에 입수하였다가 부상하지 아니한 채 행방불명되었다 하더라도, 이는 "사망의 원인이 될 위난"이라고 할 수 없다(대결 2011.1.31. 2010스165).

[**❹** ▸ O] 실종선고를 받은 자는 실종기간이 만료한 때에 사망한 것으로 간주되는 것이므로, 실종선고로 인하여 실종기간 만료 시를 기준으로 하여 상속이 개시된 이상 설사 이후 실종선고가 취소되어야 할 사유가 생겼다고 하더라도 실제로 실종선고가 취소되지 아니하는 한, 임의로 실종기간이 만료하여 사망한 때로 간주되는 시점과는 달리 사망시점을 정하여 이미 개시된 상속을 부정하고 이와 다른 상속관계를 인정할 수는 없다(대판 1994.9.27. 94다21542).

[**❺** ▸ ✕] 부재자의 생사가 분명하지 아니한 경우, 부재자는 법원의 실종선고가 없는 한 사망자로 간주되지 아니하며, 부재자의 재산관리인이 부재자의 대리인으로서 소를 제기하여 그 소송계속 중에 부재자에 대한 실종선고가 확정되어 그 소제기 이전에 부재자가 사망한 것으로 간주되는 경우에도, <u>실종선고의 효력이 발생하기 전에는 실종기간이 만료된 실종자라 하여도 소송상 당사자능력을 상실하는 것은 아니므로, 실종선고가 확정된 때에 소송절차가 중단되어 부재자의 상속인 등이 이를 수계할 수 있을 뿐이고, 위 소제기 자체가 소급하여 당사자능력이 없는 사망한 자가 제기한 것으로 되는 것은 아니다</u>(대판 2008.6.26. 2007다11057).

답 ❺

05

□□□

법인의 불법행위에 관한 다음 설명 중 가장 옳지 않은 것은?　　2025년 법무사시험 [문 15]

① 법인은 이사 기타 대표자가 그 직무에 관하여 타인에게 가한 손해를 배상할 책임이 있다. 이사 기타 대표자는 이로 인하여 자기의 손해배상책임을 면하지 못한다.

② 법인의 목적범위 외의 행위로 인하여 타인에게 손해를 가한 때에는 그 사항의 의결에 찬성하거나 그 의결을 집행한 사원, 이사 및 기타 대표자가 연대하여 배상하여야 한다.

③ 대표권이 없는 이사도 법인의 기관에 해당하므로, 그들의 행위로 인하여 법인의 불법행위가 성립한다.

④ 학교법인의 설립자로서 이사 겸 학교장인 자가 자기 개인의 사업자금으로 사용할 목적으로 학교법인의 명의로 금원을 차용하면서 그 차용을 위하여 학교법인의 이사회결의까지 있었다면 그 차용금의 사용목적이 무엇이든 간에 위 학교장의 차용행위는 학교법인의 사무집행 행위라 하지 않을 수 없다.

⑤ 이사회의 의결은 원칙적으로 법인의 내부행위에 불과하므로 특별한 사정이 없는 한 그 사항의 의결에 찬성하였다는 이유만으로 제3자의 채권을 침해한다거나 대표자의 행위에 가공 또는 방조한 자로서 제3자에 대하여 불법행위책임을 부담한다고 할 수는 없다.

[❶ ▸ ○] 민법 제35조 제1항

[❷ ▸ ○] 민법 제35조 제2항

> **민법 제35조(법인의 불법행위능력)**
> ① 법인은 이사 기타 대표자가 그 직무에 관하여 타인에게 가한 손해를 배상할 책임이 있다. 이사 기타 대표자는 이로 인하여 자기의 손해배상책임을 면하지 못한다.
> ② 법인의 목적범위 외의 행위로 인하여 타인에게 손해를 가한 때에는 그 사항의 의결에 찬성하거나 그 의결을 집행한 사원, 이사 및 기타 대표자가 연대하여 배상하여야 한다.

[❸ ▸ ✕] 민법 제35조에서 말하는 '이사 기타 대표자'는 법인의 대표기관을 의미하는 것이고 <u>대표권이 없는 이사는 법인의 기관이기는 하지만 대표기관은 아니기 때문에 그들의 행위로 인하여 법인의 불법행위가 성립하지 않는다</u>(대판 2005.12.23. 2003다30159).

[❹ ▸ ○] 학교법인의 설립자로서 이사 겸 학교장인 자가 자기 개인의 사업자금으로 사용할 목적으로 학교법인의 명의로 금원을 차용하면서 그 차용을 위하여 학교법인의 이사회결의까지 있었다면 그 차용금의 사용목적이 무엇이든 간에 위 학교장의 차용행위는 학교법인의 사무집행 행위라 하지 않을 수 없다(대판 1987.4.28. 86다카2534).

[**❺ ▶ ○**] 법인의 대표자가 그 직무에 관하여 타인에게 손해를 가함으로써 법인에 손해배상책임이 인정되는 경우에, 대표자의 행위가 제3자에 대한 불법행위를 구성한다면 그 대표자도 제3자에 대하여 손해배상책임을 면하지 못하며(민법 제35조 제1항), 또한 사원도 위 대표자와 공동으로 불법행위를 저질렀거나 이에 가담하였다고 볼 만한 사정이 있으면 제3자에 대하여 위 대표자와 연대하여 손해배상책임을 진다. 그러나 <u>사원총회, 대의원 총회, 이사회의 의결은 원칙적으로 법인의 내부행위에 불과하므로 특별한 사정이 없는 한 그 사항의 의결에 찬성하였다는 이유만으로 제3자의 채권을 침해한다거나 대표자의 행위에 가공 또는 방조한 자로서 제3자에 대하여 불법행위책임을 부담한다고 할 수는 없다</u>(대판 2009.1.30. 2006다37465).

답 ❸

06 □□□ 권리의 주체나 객체에 관한 다음 설명 중 가장 옳지 않은 것은? 2024년 법무사시험 [문 29]

① 종중이란 공동선조의 분묘수호와 제사 및 종원 상호 간의 친목 등을 목적으로 하여 구성되는 자연발생적인 종족집단이므로, 종중의 이러한 목적과 본질에 비추어 볼 때 공동선조와 성과 본을 같이 하는 후손은 성별의 구별 없이 성년이 되면 당연히 그 구성원이 된다. 민법 제781조 제6항에 따라 자녀의 복리를 위하여 자녀의 성과 본을 변경할 필요가 있어 자녀의 성과 본이 모의 성과 본으로 변경되었을 경우 성년인 그 자녀는 모가 속한 종중의 공동선조와 성과 본을 같이 하는 후손으로서 당연히 종중의 구성원이 된다.

② 사단법인의 사원총회의 결의는 민법 또는 정관에 다른 규정이 없으면 사원 과반수의 출석과 출석사원 결의권의 과반수로써 하는데, 이때 각 사원의 결의권 행사에 관한 의사의 진정성을 담보하기 위하여 결의권을 서면으로 행사하는 것은 금지되나, 대리인을 통해 결의권을 행사하는 것은 허용된다.

③ 의사능력이란 자기 행위의 의미나 결과를 정상적인 인식력과 예기력을 바탕으로 합리적으로 판단할 수 있는 정신적 능력이나 지능을 말한다. 의사능력 유무는 구체적인 법률행위와 관련하여 개별적으로 판단해야 하고, 특히 어떤 법률행위가 일상적인 의미만을 이해해서는 알기 어려운 특별한 법률적 의미나 효과가 부여되어 있는 경우 의사능력이 인정되기 위해서는 그 행위의 일상적인 의미뿐만 아니라 법률적인 의미나 효과에 대해서도 이해할 수 있어야 한다.

④ 법인의 불법행위능력을 규정한 민법 제35조에서 말하는 '이사 기타 대표자'는 법인의 대표기관을 의미하는 것이고 대표권이 없는 이사는 법인의 기관이기는 하지만 대표기관은 아니기 때문에 그들의 행위로 인하여 법인의 불법행위가 성립하지 않는다.

⑤ 구분건물의 전유부분에 대한 소유권보존등기만 경료되고 대지지분에 대한 등기가 경료되기 전에 전유부분만에 대해 내려진 가압류결정의 효력은, 대지사용권의 분리처분이 가능하도록 규약으로 정하였다는 등의 특별한 사정이 없는 한 종물 내지 종된 권리인 그 대지권에까지 미친다.

[**❶** ▸ O]   종중이란 공동선조의 분묘수호와 제사 및 종원 상호 간의 친목 등을 목적으로 하여 구성되는 자연발생적인 종족집단이므로, 종중의 이러한 목적과 본질에 비추어 볼 때 공동선조와 성과 본을 같이 하는 후손은 성별의 구별 없이 성년이 되면 당연히 그 구성원이 된다. 민법 제781조 제6항에 따라 자녀의 복리를 위하여 자녀의 성과 본을 변경할 필요가 있어 자녀의 성과 본이 모의 성과 본으로 변경되었을 경우 성년인 그 자녀는 모가 속한 종중의 공동선조와 성과 본을 같이 하는 후손으로서 당연히 종중의 구성원이 된다(대판 2022.5.26. 2017다260940).

[**❷** ▸ ×]   민법 제73조 제2항, 제75조 제1항

> **민법 제73조(사원의 결의권)**
> ② 사원은 서면이나 대리인으로 결의권을 행사할 수 있다.
>
> **민법 제75조(총회의 결의방법)**
> ① 총회의 결의는 본법 또는 정관에 다른 규정이 없으면 사원 과반수의 출석과 출석사원의 결의권의 과반수로써 한다.

[**❸** ▸ O]   의사능력이란 자기 행위의 의미나 결과를 정상적인 인식력과 예기력을 바탕으로 합리적으로 판단할 수 있는 정신적 능력이나 지능을 말한다. 의사능력 유무는 구체적인 법률행위와 관련하여 개별적으로 판단해야 하고, 특히 어떤 법률행위가 일상적인 의미만을 이해해서는 알기 어려운 특별한 법률적 의미나 효과가 부여되어 있는 경우 의사능력이 인정되기 위해서는 그 행위의 일상적인 의미뿐만 아니라 법률적인 의미나 효과에 대해서도 이해할 수 있어야 한다(대판 2022.5.26. 2019다213344).

[**❹** ▸ O]   민법 제35조에서 말하는 '이사 기타 대표자'는 법인의 대표기관을 의미하는 것이고 대표권이 없는 이사는 법인의 기관이기는 하지만 대표기관은 아니기 때문에 그들의 행위로 인하여 법인의 불법행위가 성립하지 않는다(대판 2005.12.23. 2003다30159).

[**❺** ▸ O]   민법 제100조 제2항의 종물과 주물의 관계에 관한 법리는 물건 상호 간의 관계뿐 아니라 권리 상호 간에도 적용되고, 위 규정에서의 처분은 처분행위에 의한 권리변동뿐 아니라 주물의 권리관계가 압류와 같은 공법상의 처분 등에 의하여 생긴 경우에도 적용되어야 하는 점, 저당권의 효력이 종물에 대하여도 미친다는 민법 제358조 본문 규정은 같은 법 제100조 제2항과 이론적 기초를 같이 하는 점, 집합건물의 소유 및 관리에 관한 법률 제20조 제1항, 제2항에 의하면 구분건물의 대지사용권은 전유부분과 종속적 일체불가분성이 인정되는 점 등에 비추어 볼 때, 구분건물의 전유부분에 대한 소유권보존등기만 경료되고 대지지분에 대한 등기가 경료되기 전에 전유부분만에 대해 내려진 가압류결정의 효력은, 대지사용권의 분리처분이 가능하도록 규약으로 정하였다는 등의 특별한 사정이 없는 한, 종물 내지 종된 권리인 그 대지권에까지 미친다(대판 2006.10.26. 2006다29020).

답 **❷**

① 법인은 법률의 규정에 좇아 정관으로 정한 목적범위 내에서 권리와 의무의 주체가 되는데, '목적범위 내'의 행위라 함은 정관에 명시된 목적 자체에 국한되는 것이 아니라, 그 목적을 수행하기 위한 직접 또는 간접으로 필요한 행위를 모두 포함한다. 목적수행에 필요한지 여부도 행위의 객관적 성질에 따라 추상적으로 판단해야 하므로, 행위자의 주관적·구체적 의사에 따라 판단하면 아니되고, 문제된 행위가 정관상 목적에 현실적으로 필요한 것인지 여부에 따라 판단하여야 한다.

② 법인은 이사 기타 대표자가 그 직무에 관하여 타인에게 가한 손해를 배상할 책임이 있는데, 법인의 목적범위 외의 행위로 인하여 타인에게 손해를 가한 때에는 그 사항의 의결에 찬성하거나 그 의결을 집행한 사원, 이사 및 기타 대표자가 연대하여 배상하여야 한다.

③ 민법 제35조 제1항에 의한 법인의 불법행위가 성립하는 경우, 사용자책임을 규정한 민법 제756조 제1항이 적용되지 않는다.

④ 민법 제35조 제1항의 '대표자'에는 그 명칭이나 직위 여하를 불문하고 당해 법인을 실질적으로 운영하면서 사실상 법인을 대표하여 법인의 사무를 집행하는 사람을 포함한다.

⑤ 법인의 대표자의 행위가 직무에 관한 행위에 해당하지 아니함을 피해자 자신이 알았거나 또는 중대한 과실로 인하여 알지 못한 경우에는 법인에게 손해배상책임을 물을 수 없다고 할 것이고, 여기서 중대한 과실이라 함은 거래의 상대방이 조금만 주의를 기울였더라면 대표자의 행위가 그 직무권한 내에서 적법하게 행하여진 것이 아니라는 사정을 알 수 있었음에도 만연히 이를 직무권한 내의 행위라고 믿음으로써 일반인에게 요구되는 주의의무에 현저히 위반하는 것으로 거의 고의에 가까운 정도의 주의를 결여하고, 공평의 관점에서 상대방을 구태여 보호할 필요가 없다고 봄이 상당하다고 인정되는 상태를 말한다.

....

[❶ ▸ ×] 법인의 권리능력은 법인의 설립근거가 된 법률과 정관상의 목적에 의하여 제한되나 그 목적범위 내의 행위라 함은 법률이나 정관에 명시된 목적 자체에 국한되는 것이 아니라 그 목적을 수행하는 데 있어 직접, 간접으로 필요한 행위는 모두 포함되는 것이다(대판 1991.11.22. 91다8821). 회사도 법인인 이상 그 권리능력이 정관으로 정한 목적에 의하여 제한됨은 당연하나 정관에 명시된 목적 자체에는 포함되지 않는 행위라 할지라도 목적수행에 필요한 행위는 회사의 목적범위 내의 행위라 할 것이고 그 목적수행에 필요한 행위인가의 여부는 <u>문제된 행위가 정관기재의 목적에 현실적으로 필요한 것이었던가 여부를 기준으로 판단할 것이 아니라</u> 그 행위의 객관적 성질에 비추어 추상적으로 판단할 것이다(대판 1987.10.13. 86다카1522).

[❷ ▸ ○] 민법 제35조 제1항·제2항

> **민법 제35조(법인의 불법행위능력)**
> ① 법인은 이사 기타 대표자가 그 직무에 관하여 타인에게 가한 손해를 배상할 책임이 있다. 이사 기타 대표자는 이로 인하여 자기의 손해배상책임을 면하지 못한다.
> ② 법인의 목적범위 외의 행위로 인하여 타인에게 손해를 가한 때에는 그 사항의 의결에 찬성하거나 그 의결을 집행한 사원, 이사 및 기타 대표자가 연대하여 배상하여야 한다.

[❸ ▸ ○] 민법 제35조 제1항은 "법인은 이사 기타 대표자가 그 직무에 관하여 개인에게 가한 손해를 배상할 책임이 있다"고 규정하고 있고, 민법 제756조 제1항은 "타인을 사용하여 어느 사무에 종사하게 한 자는 피용자가 그 사무집행에 관하여 제3자에게 가한 손해를 배상할 책임이 있다"고 규정하고 있다. 따라서 법인에 있어서 그 대표자가 직무에 관하여 불법행위를 한 경우에는 민법 제35조 제1항에 의하여, 법인의 피용자가 사무집행에 관하여 불법행위를 한 경우에는 민법 제756조 제1항에 의하여 각기 손해배상책임을 부담한다(대판 2009.11.26. 2009다57033). 즉, 법인의 대표자가 직무에 관한 불법행위를 하여 민법 제35조 제1항에 의한 법인의 불법행위가 성립하는 경우, 사용자책임을 규정한 민법 제756조 제1항이 적용되지 아니한다.

[❹ ▸ ○] 민법 제35조 제1항은 "법인은 이사 기타 대표자가 그 직무에 관하여 타인에게 가한 손해를 배상할 책임이 있다"라고 정한다. 여기서 '법인의 대표자'에는 그 명칭이나 직위 여하, 또는 대표자로 등기되었는지 여부를 불문하고 당해 법인을 실질적으로 운영하면서 법인을 사실상 대표하여 법인의 사무를 집행하는 사람을 포함한다고 해석함이 상당하다. 구체적인 사안에서 이러한 사람에 해당하는지는 법인과의 관계에서 그 지위와 역할, 법인의 사무 집행 절차와 방법, 대내적·대외적 명칭을 비롯하여 법인 내부자와 거래 상대방에게 법인의 대표행위로 인식되는지 여부, 공부상 대표자와의 관계 및 공부상 대표자가 법인의 사무를 집행하는지 여부 등 제반 사정을 종합적으로 고려하여 판단하여야 한다. 그리고 이러한 법리는 주택조합과 같은 비법인사단에도 마찬가지로 적용된다(대판 2011.4.28. 2008다15438).

[❺ ▸ ○] 법인의 대표자의 행위가 직무에 관한 행위에 해당하지 아니함을 피해자 자신이 알았거나 또는 중대한 과실로 인하여 알지 못한 경우에는 법인에게 손해배상책임을 물을 수 없다고 할 것이고, 여기서 중대한 과실이라 함은 거래의 상대방이 조금만 주의를 기울였더라면 대표자의 행위가 그 직무권한 내에서 적법하게 행하여진 것이 아니라는 사정을 알 수 있었음에도 만연히 이를 직무권한 내의 행위라고 믿음으로써 일반인에게 요구되는 주의의무에 현저히 위반하는 것으로 거의 고의에 가까운 정도의 주의를 결여하고, 공평의 관점에서 상대방을 구태여 보호할 필요가 없다고 봄이 상당하다고 인정되는 상태를 말한다(대판 2004.3.26. 2003다34045).

 답 ❶

  법인 아닌 사단과 재단

08
☐☐☐

법인 및 법인 아닌 사단에 관한 다음 설명 중 가장 옳지 않은 것은?

2025년 법무사시험 [문 31]

① 법인이거나 비법인 사단인 어느 단체가 상급단체에 가입되어 있는 경우, 가입단체의 조직과 운영에 관하여는 특별한 사정이 없는 한 상급단체가 제정한 규칙에 따라 규율된다.

② 법인 아닌 사단의 대표자가 당해 법인 아닌 사단이 채무를 부담하게 되는 보증계약을 체결하는 경우에도 이로 인해 총유물에 대한 관리·처분이 따르지 않는 이상 사원총회의 결의를 거치지 않았다는 이유로 그 계약이 무효가 되지는 않는다.

③ 법인이 피해자인 경우 법인의 업무에 관하여 포괄적 대리권을 가진 대리인이 가해자인 피용자의 행위가 사용자의 사무집행행위에 해당하지 않음을 안 때에는 피해자인 법인이 이를 알았다고 보아야 하고, 이러한 법리는 그 대리인이 본인인 법인에 대한 관계에서 이른바 배임적 대리행위를 하는 경우에도 마찬가지이다.

④ 설립 중의 회사의 개념과 법적 성격에 비추어, 법인 아닌 사단인 교회가 성립하기 전의 단계에서 설립 중의 회사의 법리를 유추적용할 수는 없다.

⑤ 재단법인에 관한 민법 규정이 준용되는 의료법인의 대표자가 그 법인의 재산을 처분함에 있어서 이사회의 결의를 거치도록 정관에 규정되어 있다면 그와 같은 규정은 법인 대표권의 제한에 관한 규정으로서 이러한 제한은 등기하지 아니하면 제3자에게 대항할 수 없는 것이고, 이 경우 제3자가 선의인지 악의인지는 묻지 아니한다.

∙∙

[❶ ▸ ✕] 법인이거나 비법인 사단인 어느 단체가 상급단체에 가입되어 있는 경우, 상급단체의 지위에서 가입단체에 대하여 업무상 지휘·감독할 수 있는 권한은 인정될 수 있지만 그 권한은 가입단체의 독립성을 침해하지 아니하는 범위 내로 제한되어야 하고, 같은 이치로 가입단체가 상급단체의 규칙이나 정관을 자신의 정관으로 받아들인다고 규정하고 있지 아니한 이상 가입단체의 조직과 운영에 관하여 상급단체가 제정한 규칙에 따라 규율된다고 볼 수 없다(대판 2010.5.27. 2006다72109).

[❷ ▸ ○] 민법 제275조, 제276조 제항에서 말하는 총유물의 관리 및 처분이라 함은 총유물 그 자체에 관한 이용·개량행위나 법률적·사실적 처분행위를 의미하는 것이므로, 비법인사단이 타인 간의 금전채무를 보증하는 행위는 총유물 그 자체의 관리·처분이 따르지 아니하는 단순한 채무부담행위에 불과하여 이를 총유물의 관리·처분행위라고 볼 수는 없다. 따라서 비법인사단인 재건축조합의 조합장이 채무보증계약을 체결하면서 조합규약에서 정한 조합 임원회의 결의를 거치지 아니하였다거나 조합원총회 결의를 거치지 않았다고 하더라도 그것만으로 바로 그 보증계약이 무효라고 할 수는 없다. 다만, 이와 같은 경우에 조합 임원회의의 결의 등을 거치도록 한 조합규약은 조합장의 대표권을 제한하는 규정에 해당하는 것이므로, 거래 상대방이 그와 같은 대표권 제한 및 그 위반 사실을 알았거나 과실로 인하여 이를 알지 못한 때에는 그 거래행위가 무효로 된다고 봄이 상당하며, 이 경우 그 거래 상대방이 대표권 제한 및 그 위반 사실을 알았거나 알지 못한 데에 과실이 있다는 사정은 그 거래의 무효를 주장하는 측이 이를 주장·입증하여야 한다(대판[전합] 2007.4.19. 2004다60072 참조).

[❸ ▸ ○] 법인이 피해자인 경우 법인의 업무에 관하여 포괄적 대리권을 가진 대리인이 가해자인 피용자의 행위가 사용자의 사무집행행위에 해당하지 않음을 안 때에는 피해자인 법인이 이를 알았다고 보아야 하고, 이러한 법리는 그 대리인이 본인인 법인에 대한 관계에서 이른바 배임적 대리행위를 하는 경우에도 마찬가지이다(대판 2007.9.20. 2004다43886).

[❹ ▸ O] 교회가 그 실체를 갖추어 법인 아닌 사단으로 성립한 경우에 교회의 대표자가 교회를 위하여 취득한 권리의무는 교회에 귀속되나, 교회가 아직 실체를 갖추지 못하여 법인 아닌 사단으로 성립하기 전에 설립의 주체인 개인이 취득한 권리의무는 그것이 앞으로 성립할 교회를 위한 것이라 하더라도 바로 법인 아닌 사단인 교회에 귀속될 수는 없고, 또한 설립 중의 회사의 개념과 법적 성격에 비추어, 법인 아닌 사단인 교회가 성립하기 전의 단계에서 설립 중의 회사의 법리를 유추적용할 수는 없다(대판 2008.2.28. 2007다37394).

[❺ ▸ O] 재단법인에 관한 민법 규정이 준용[의료법 제50조(註)]되는 의료법인의 대표자가 그 법인의 재산을 처분함에 있어서 이사회의 결의를 거치도록 정관에 규정되어 있다면 그와 같은 규정은 법인 대표권의 제한에 관한 규정으로서 이러한 제한은 등기하지 아니하면 제3자에게 대항할 수 없는 것이고, 이 경우 제3자가 선의인지 악의인지는 묻지 아니한다(대판 1992.2.14. 91다24564 참조).

답 ❶

09 사찰(寺刹)에 관한 다음 설명 중 가장 옳지 않은 것은? 2023년 법무사시험 [문 7]

① 법인격 없는 사단이나 재단으로서 권리의무의 주체가 되는 독립한 사찰은 독자적으로 존속할 수도 있지만 종교적 이념이나 교리 또는 종교적 이해관계를 같이 하는 사람과 단체로 구성된 상위 종단에 소속되어 존속하기도 하는데, 사찰의 종단소속관계는 사법상 계약의 영역으로서 사찰이 특정 종단에 소속하려면 이에 관한 사찰과 특정 종단 사이의 합의가 전제되어야 한다.

② 개인사찰로 관리·운영되어 오던 사찰이 종단 소속 사찰로 등록되어 종단으로부터 주지 임명을 받은 후 관할 관청에 종단 소속으로 사찰등록 및 주지등록을 하고 사찰 부지에 관하여 사찰 명의로 소유권이전등기를 경료한 경우, 특별한 사정이 없는 한 그 사찰은 종단 소속 불교단체 내지는 법인 아닌 사단 또는 재단으로서의 실체를 갖춘 독립된 사찰로 보아야 한다.

③ 개인사찰에 있어서 창건주에 의하여 건립되었던 사찰건물이 그와 무관하게 멸실된 후 동일 용도의 사찰건물을 새로 건립하거나 산신각 등 추가적인 사찰건물이 필요하게 되어 이를 건립한 경우, 창건주가 직접 그 건물들을 건립하지 아니하고 창건주에 의하여 임명된 주지가 주도하여 신노들의 시주를 주된 재원으로 하여 이를 건립하였다면, 특별한 사정이 없는 한 위와 같이 추가로 건립된 사찰건물들은 창건주가 아닌 주지와 신도들의 소유로 귀속된다.

④ 사찰이 특정 종단과 종단소속에 관한 합의를 하게 되면 그때부터는 그 종단의 소속 사찰이 되어 종단의 종헌이나 종법을 사찰의 자치법규로 삼아 따라야 하고 사찰의 주지임면권도 종단에 귀속되는 등 사찰 자체의 지위나 권한에 중대한 변화를 가져오게 되므로 어느 사찰이 특정 종단에 가입하거나 소속 종단을 변경하기 위해서는 사찰 자체의 자율적인 의사결정이 기본적인 전제가 되어야 한다.

⑤ 사찰이 소속 종단의 종헌에 따르지 아니하고 그 신도와 승려가 결합하여 그 소속 종단을 탈종하였다 하더라도 이는 그 신도와 승려 개인이 소속 종단에서 탈퇴하게 되는 데에 그치는 것일 뿐 그로써 이미 독립한 권리·의무의 귀속 주체로 성립한 사찰 자체의 종단 소속이 변경되게 되는 것은 아니고, 사찰이 일단 성립한 이상 사찰 그 자체의 분열도 인정되지 않는다.

제1편 민법총칙 **15**

[❶ ▸ ○] [❹ ▸ ○] 법인격 없는 사단이나 재단으로서 권리의무의 주체가 되는 독립한 사찰은 독자적으로 존속할 수도 있지만 종교적 이념이나 교리 또는 종교적 이해관계를 같이 하는 사람과 단체로 구성된 상위 종단에 소속되어 존속하기도 하는데, 사찰의 종단소속관계는 사법상 계약의 영역으로서 사찰이 특정 종단에 소속하려면 이에 관한 사찰과 특정 종단 사이의 합의가 전제되어야 한다. 또한 사찰이 특정 종단과 종단소속에 관한 합의를 하게 되면 그때부터는 그 종단의 소속 사찰이 되어 종단의 종헌이나 종법을 사찰의 자치법규로 삼아 따라야 하고 사찰의 주지임면권도 종단에 귀속되는 등 사찰 자체의 지위나 권한에 중대한 변화를 가져오게 되므로 어느 사찰이 특정 종단에 가입하거나 소속 종단을 변경하기 위해서는 사찰 자체의 자율적인 의사결정이 기본적인 전제가 되어야 한다. 한편 사찰의 자율적인 의사결정 방법은 사찰의 법적 성격이 법인격 없는 사단인지 아니면 법인격 없는 재단인지에 따라 달라질 수 있겠지만 적어도 사찰 자체의 규약에서 정하는 방법에 따라야 할 것이다(대판 2020.12.24. 2015다222920).

[❷ ▸ ○] 개인사찰로 관리·운영되어 오던 사찰이 종단 소속 사찰로 등록되어 종단으로부터 주지임명을 받은 후 관할 관청에 종단 소속으로 사찰등록 및 주지등록을 하고 사찰 부지에 관하여 사찰 명의로 소유권이전등기를 경료한 경우, 명목상으로만 그 사찰을 종단에 소속시키고 구 불교재산관리법에 의하여 관할 관청에 종단 소속 사찰로 사찰등록 및 주지등록을 한 것이라는 등의 특별한 사정이 없는 한, 그 사찰은 종단 소속 불교단체 내지는 법인 아닌 사단 또는 재단으로서의 실체를 갖춘 독립된 사찰로 보아야 한다(대판 1999.9.3. 98다13600).

[❸ ▸ ✕] 개인사찰에 있어서 창건주에 의하여 건립되었던 사찰건물이 그와 무관하게 멸실된 후 동일 용도의 사찰건물을 새로 건립하거나 산신각 등 추가적인 사찰건물이 필요하게 되어 이를 건립한 경우 창건주가 직접 그 건물들을 건립하지 아니하고 창건주에 의하여 임명된 주지가 주도하여 신도들의 시주를 주된 재원으로 하여 이를 건립하였다고 할지라도 특정 신도가 대부분의 자금을 출연하고 건물의 소유권을 보유하되 사찰의 건물로만 제공한다는 등의 특별한 사정이 존재하지 않는 이상 신도들의 시주와 건물 건립은 모두 그 사찰을 위하여 이루어진 것으로서 위 추가로 건립된 사찰건물들은 역시 창건주의 소유로 귀속된다(대판 2005.6.24. 2003다54971).

[❺ ▸ ○] 사찰이 소속 종단의 종헌에 따르지 아니하고 그 신도와 승려가 결합하여 그 소속 종단을 탈종하였다 하더라도 이는 그 신도와 승려 개인이 소속 종단에서 탈퇴하게 되는 데에 그치는 것일 뿐 그로써 이미 독립한 권리·의무의 귀속 주체로 성립한 사찰 자체의 종단 소속이 변경되게 되는 것은 아니고, 사찰이 일단 성립한 이상 사찰 그 자체의 분열도 인정되지 않는다(대판 2000.5.12. 99다69983).

답 ❸

다음 설명 중 가장 옳지 않은 것은?　　　　　　　　　

① 교회가 법인 아닌 사단으로서 존재하는 이상 그 법률관계를 둘러싼 분쟁을 소송적인 방법으로 해결함에 있어서는 법인 아닌 사단에 관한 민법의 일반 이론에 따라 교회의 실체를 파악하고 교회의 재산 귀속에 대하여 판단하여야 하고, 그 교인들은 교회 재산을 총유의 형태로 소유하면서 사용·수익하게 된다.

② 비법인사단인 교회의 대표자는 총유물인 교회 재산의 처분에 관하여 교인총회의 결의를 거치지 아니하고는 이를 대표하여 행할 권한이 없으나, 교회의 대표자가 권한 없이 행한 교회 재산의 처분행위에 대하여도 민법 제126조의 표현대리에 관한 규정이 준용될 수 있다.

③ 비법인사단이 타인 간의 금전채무를 보증하는 행위는 총유물 그 자체의 관리·처분이 따르지 아니하는 단순한 채무부담행위에 불과하여 이를 총유물의 관리·처분행위라고 볼 수는 없다.

④ 교회가 그 실체를 갖추어 법인 아닌 사단으로서 성립한 경우에 교회의 대표자가 교회를 위하여 취득한 권리의무는 교회에 귀속된다고 할 것이나, 교회가 아직 실체를 갖추지 못하여 법인 아닌 사단으로서 성립되기 이전에 설립의 주체인 개인이 취득한 권리의무는 그것이 앞으로 성립될 교회를 위한 것이라 하더라도 바로 법인 아닌 사단인 교회에 귀속될 수는 없다.

⑤ 일부 교인들이 교회를 탈퇴하여 그 교회 교인으로서의 지위를 상실하게 되면 탈퇴가 개별적인 것이든 집단적인 것이든 이와 더불어 종전 교회의 총유 재산의 관리처분에 관한 의결에 참가할 수 있는 지위나 그 재산에 대한 사용·수익권을 상실하고, 종전 교회는 잔존 교인들을 구성원으로 하여 실체의 동일성을 유지하면서 존속하며 종전 교회의 재산은 그 교회에 소속된 잔존 교인들의 총유로 귀속됨이 원칙이다.

···

[❶▶○] [❺▶○] 교회가 법인 아닌 사단으로서 존재하는 이상, 그 법률관계를 둘러싼 분쟁을 소송적인 방법으로 해결함에 있어서는 법인 아닌 사단에 관한 민법의 일반 이론에 따라 교회의 실체를 파악하고 교회의 재산 귀속에 대하여 판단하여야 하고, 이에 따라 법인 아닌 사단의 재산관계와 그 재산에 대한 구성원의 권리 및 구성원 탈퇴, 특히 집단적인 탈퇴의 효과 등에 관한 법리는 교회에 대하여도 동일하게 적용되어야 한다. 따라서 교인들은 교회 재산을 총유의 형태로 소유하면서 사용·수익할 것인데, 일부 교인들이 교회를 탈퇴하여 그 교회 교인으로서의 지위를 상실하게 되면 탈퇴가 개별적인 것이든 집단적인 것이든 이와 더불어 종전 교회의 총유 재산의 관리처분에 관한 의결에 참가할 수 있는 지위나 그 재산에 대한 사용·수익권을 상실하고, 종전 교회는 잔존 교인들을 구성원으로 하여 실체의 동일성을 유지하면서 존속하며 종전 교회의 재산은 그 교회에 소속된 잔존 교인들의 총유로 귀속됨이 원칙이다(대판[전합] 2006.4.20. 2004다37775).

[❷▶×] 비법인사단인 교회의 대표자는 총유물인 교회 재산의 처분에 관하여 교인총회의 결의를 거치지 아니하고는 이를 대표하여 행할 권한이 없다. 그리고 <u>교회의 대표자가 권한 없이 행한 교회 재산의 처분행위에 대하여는 민법 제126조의 표현대리에 관한 규정이 준용되지 아니한다</u>(대판 2009.2.12. 2006다23312).

[❸▶○] 민법 제275조, 제276조 제1항에서 말하는 총유물의 관리 및 처분이라 함은 총유물 그 자체에 관한 이용·개량행위나 법률적·사실적 처분행위를 의미하는 것이므로, 비법인사단이 타인 간의 금전채무를 보증하는 행위는 총유물 그 자체의 관리·처분이 따르지 아니하는 단순한 채무부담행위에 불과하여 이를 총유물의 관리·처분행위라고 볼 수는 없다(대판[전합] 2007.4.19. 2004다60072·60089).

[❹▶○] 교회가 그 실체를 갖추어 법인 아닌 사단으로 성립한 경우에 교회의 대표자가 교회를 위하여 취득한 권리의무는 교회에 귀속되나, 교회가 아직 실체를 갖추지 못하여 법인 아닌 사단으로 성립하기 전에 설립의 주체인 개인이 취득한 권리의무는 그것이 앞으로 성립할 교회를 위한 것이라 하더라도

바로 법인 아닌 사단인 교회에 귀속될 수는 없고, 또한 설립 중의 회사의 개념과 법적 성격에 비추어, 법인 아닌 사단인 교회가 성립하기 전의 단계에서 설립 중의 회사의 법리를 유추적용할 수는 없다(대판 2008.2.28. 2007다37394).

답 ❷

11

□□□

비법인사단에 관한 다음 설명 중 가장 옳지 않은 것은?

① 비법인사단의 경우에는 대표자의 대표권 제한에 관하여 등기할 방법이 없어 민법 제60조의 규정을 준용할 수 없고, 비법인사단의 대표자가 정관에서 사원총회의 결의를 거쳐야 하도록 규정한 대외적 거래행위에 관하여 이를 거치지 아니한 경우라도, 이와 같은 사원총회 결의사항은 비법인사단의 내부적 의사결정에 불과하다 할 것이므로, 그 거래 상대방이 그와 같은 대표권 제한 사실을 알았거나 알 수 있었을 경우가 아니라면 그 거래행위는 유효하다고 봄이 상당하고, 이 경우 거래의 상대방이 대표권 제한 사실을 알았거나 알 수 있었음은 이를 주장하는 비법인사단 측이 주장 및 증명하여야 한다.

② 임시이사의 선임에 관한 민법 제63조는 법인의 조직과 활동에 관한 것으로서 법인격을 전제로 하는 조항은 아니라 할 것이고, 법인 아닌 사단이나 재단의 경우에도 이사가 없거나 결원이 생길 수 있으며, 통상의 절차에 따른 새로운 이사의 선임이 극히 곤란하고 종전 이사의 긴급처리권도 인정되지 아니하는 경우에는 사단이나 재단 또는 타인에게 손해가 생길 염려가 있을 수 있으므로, 민법 제63조는 법인 아닌 사단이나 재단에도 유추적용할 수 있다.

③ 종중은 공동선조의 분묘수호와 제사 및 후손 상호 간의 친목을 목적으로 하여 형성되는 자연발생적인 종족단체로서 그 선조의 사망과 동시에 그 자손에 의하여 관습상 당연히 성립하는 것이므로 공동선조의 후손들 중 특정 지역 거주자나 특정 범위 내의 자들만으로 구성된 종중이란 있을 수 없고, 종중이 공동선조의 제사봉행을 주목적으로 하는 것과 구관습상의 양자제도의 목적에 비추어 타가에 출계한 자는 친가의 생부를 공동선조로 하여 자연발생적으로 형성되는 종중의 구성원이 될 수 없다.

④ 종중총회는 특별한 사정이 없는 한 족보에 의하여 소집통지 대상이 되는 종중원의 범위를 확정한 후 국내에 거주하고 소재가 분명하여 통지가 가능한 모든 종중원에게 개별적으로 소집통지를 함으로써 각자가 회의와 토의 및 의결에 참가할 수 있는 기회를 주어야 하고, 일부 종중원에게 소집통지를 결여한 채 개최된 종중총회의 결의는 효력이 없으나, 그 소집통지의 방법은 반드시 직접 서면으로 하여야만 하는 것은 아니고 구두 또는 전화로 하여도 되고 다른 종중원이나 세대주를 통하여 하여도 무방하며, 경우에 따라서는 소집권자가 지파 또는 거주지별 대표자에게 총회소집을 알리는 것만으로도 적법하게 통지할 수 있다.

⑤ 교회의 교인들은 교회 재산을 총유의 형태로 소유하면서 사용·수익할 것인데, 일부 교인들이 교회를 탈퇴하여 그 교회 교인으로서의 지위를 상실하게 되면 탈퇴가 개별적인 것이든 집단적인 것이든 이와 더불어 종전 교회의 총유 재산의 관리처분에 관한 의결에 참가할 수 있는 지위나 그 재산에 대한 사용·수익권을 상실하고, 종전 교회는 잔존 교인들을 구성원으로 하여 실체의 동일성을 유지하면서 존속하며 종전 교회의 재산은 그 교회에 소속된 잔존 교인들의 총유로 귀속됨이 원칙이다. 그리고 교단에 소속되어 있던 지교회의 교인들의 일부가 소속 교단을 탈퇴하기로 결의한 다음 종전 교회를 나가 별도의 교회를 설립하여 별도의 대표자를 선정하고 나아가 다른 교단에 가입한 경우, 그 교회는 종전 교회에서 집단적으로 이탈한 교인들에 의하여 새로이 법인 아닌 사단의 요건을 갖추어 설립된 신설 교회라 할 것이어서, 그 교회 소속 교인들은 더 이상 종전 교회의 재산에 대한 권리를 보유할 수 없게 된다.

[**❶ ▸ ○**] 비법인사단의 경우에는 대표자의 대표권 제한에 관하여 등기할 방법이 없어 민법 제60조의 규정을 준용할 수 없고, 비법인사단의 대표자가 정관에서 사원총회의 결의를 거쳐야 하도록 규정한 대외적 거래행위에 관하여 이를 거치지 아니한 경우라도, 이와 같은 사원총회 결의사항은 비법인사단의 내부적 의사결정에 불과하다 할 것이므로, 그 거래 상대방이 그와 같은 대표권 제한 사실을 알았거나 알 수 있었을 경우가 아니라면 그 거래행위는 유효하다고 봄이 상당하고, 이 경우 거래의 상대방이 대표권 제한 사실을 알았거나 알 수 있었음은 이를 주장하는 비법인사단 측이 주장·입증하여야 한다(대판 2003.7.22. 2002다64780).

[**❷ ▸ ○**] 민법 제63조는 법인의 조직과 활동에 관한 것으로서 법인격을 전제로 하는 조항이 아니고, 법인 아닌 사단이나 재단의 경우에도 이사가 없거나 결원이 생길 수 있으며, 통상의 절차에 따른 새로운 이사의 선임이 극히 곤란하고 종전 이사의 긴급처리권도 인정되지 아니하는 경우에는 사단이나 재단 또는 타인에게 손해가 생길 염려가 있을 수 있으므로, 민법 제63조는 법인 아닌 사단이나 재단에도 유추적용할 수 있다(대결[전합] 2009.11.19. 2008마699).

[**❸ ▸ ○**] 종중은 공동선조의 분묘 수호와 제사 및 후손 상호 간의 친목을 목적으로 하여 형성되는 자연발생적인 종족단체로서 그 선조의 사망과 동시에 그 자손에 의하여 관습상 당연히 성립되는 것이므로 후손 중 특정 지역 거주자나 특정 범위 내의 자들만으로 구성된 종중이란 있을 수 없고, 종중이 공동선조의 제사봉행을 주목적으로 하는 것과 구관습의 양자제도의 목적에 비추어 보면 타가에 출계한 자는 친가의 생부를 공동선조로 하여 자연발생적으로 형성되는 종중의 구성원이 될 수 없다(대판 1996.8.23. 96다12566).

[**❹ ▸ ✕**] 종중총회를 개최하려면 가능한 한 합리적 노력을 다하여 소집통지 대상이 되는 종원의 범위를 확정하고 종원들의 소재를 파악한 후 국내에 거주하고 소재가 분명하여 통지가 가능한 종원에게 소집권자가 개별적으로 소집통지를 하여야 한다. 그 소집통지의 방법은 반드시 서면으로 하여야만 하는 것은 아니고 말 또는 전화로 하거나 다른 종원이나 세대주를 통하여 하여도 무방하나, <u>지파 또는 거주지별 대표자에게 총회소집을 알리는 것만으로 적법한 통지를 하였다고 볼 수는 없다</u>(대판 2014.11.27. 2013다24382).

[**❺ ▸ ○**] 법인 아닌 사단의 재산관계와 그 재산에 대한 구성원의 권리 및 구성원 탈퇴, 특히 집단적인 탈퇴의 효과 등에 관한 법리는 교회에 대하여도 동일하게 적용되어야 한다. 따라서 교인들은 교회 재산을 총유의 형태로 소유하면서 사용·수익할 것인데, 일부 교인들이 교회를 탈퇴하여 그 교회 교인으로서의 지위를 상실하게 되면 탈퇴가 개별적인 것이든 집단적인 것이든 이와 더불어 종전 교회의 총유 재산이 관리처분에 관한 의결에 참가할 수 있는 지위나 그 재산에 대한 사용·수익권을 상실하고, 종전 교회는 잔존 교인들을 구성원으로 하여 실체의 동일성을 유지하면서 존속하며 종전 교회의 재산은 그 교회에 소속된 잔존 교인들의 총유로 귀속됨이 원칙이다. 그리고 교단에 소속되어 있던 지교회의 교인들의 일부가 소속 교단을 탈퇴하기로 결의한 다음 종전 교회를 나가 별도의 교회를 설립하여 별도의 대표자를 선정하고 나아가 다른 교단에 가입한 경우, 그 교회는 종전 교회에서 집단적으로 이탈한 교인들에 의하여 새로이 법인 아닌 사단의 요건을 갖추어 설립된 신설 교회라 할 것이어서, 그 교회 소속 교인들은 더 이상 종전 교회의 재산에 대한 권리를 보유할 수 없게 된다(대판[전합] 2006.4.20. 2004다37775).

답 ❹

종중에 관한 다음 설명 중 가장 옳지 않은 것은?　　

① 종중의 대표자는 종중의 규약이나 관례가 있으면 그에 따라 선임하고 그것이 없다면 종장 또는 문장이 그 종원 중 성년 이상의 사람을 소집하여 선출하며, 평소에 종중에 종장이나 문장이 선임되어 있지 아니하고 선임에 관한 규약이나 관례가 없으면 현존하는 연고항존자가 종장이나 문장이 되어 국내에 거주하고 소재가 분명한 종원에게 통지하여 종중총회를 소집하고 그 회의에서 종중 대표자를 선임하는 것이 일반 관습이다.

② 종중은 공동선조의 분묘수호와 제사 및 종원 상호 간의 친목 등을 목적으로 하여 구성되는 자연발생적인 종족집단으로 그 공동선조와 성과 본을 같이 하는 후손은 그 의사와 관계없이 성년이 되면 당연히 그 구성원이 된다.

③ 종중 규약의 내용이 선량한 풍속 기타 사회질서에 반하는 경우 또는 종원이 가지는 고유하고 기본적인 권리의 본질적인 내용을 침해하는 등 종중의 본질이나 설립 목적에 크게 위배되는 경우 그 종중 규약은 무효로 보아야 한다.

④ 종중이 종중원의 자격을 박탈하거나 종중원이 종중을 탈퇴할 수 없는 것이지만, 공동선조의 후손들은 종중을 양분하는 것과 같은 종중분열을 할 수 있다.

⑤ 종중이 자연발생적으로 성립한 후에 정관 등 종중규약을 작성하면서 일부 종원의 자격을 임의로 제한하거나 확장하더라도 그러한 규약은 종중의 본질에 반하여 무효이고, 그로 인하여 이미 성립한 종중의 실재 자체가 부인되는 것은 아니다.

··

[❶ ▸ ○] [❷ ▸ ○] [❸ ▸ ○]　　[1] 종중의 대표자는 종중의 규약이나 관례가 있으면 그에 따라 선임하고 그것이 없다면 종장 또는 문장이 그 종원 중 성년 이상의 사람을 소집하여 선출하며, 평소에 종중에 종장이나 문장이 선임되어 있지 아니하고 선임에 관한 규약이나 관례가 없으면 현존하는 연고항존자가 종장이나 문장이 되어 국내에 거주하고 소재가 분명한 종원에게 통지하여 종중총회를 소집하고 그 회의에서 종중 대표자를 선임하는 것이 일반 관습이다(①). [2] 종중은 공동선조의 분묘수호와 제사 및 종원 상호 간의 친목 등을 목적으로 하여 구성되는 자연발생적인 종족집단으로 그 공동선조와 성과 본을 같이 하는 후손은 그 의사와 관계없이 성년이 되면 당연히 그 구성원이 된다(②). 이와 같은 종중의 성격과 법적 성질에 비추어, 종중 규약의 내용이 선량한 풍속 기타 사회질서에 반하는 경우 또는 종원이 가지는 고유하고 기본적인 권리의 본질적인 내용을 침해하는 등 종중의 본질이나 설립 목적에 크게 위배되는 경우 그 종중 규약은 무효로 보아야 한다(③)(대판 2024.12.24. 2024다274398).

[❹ ▸ ✕] [❺ ▸ ○]　　고유 의미의 종중이란 공동선조의 후손 중 성년인 사람을 종원으로 하여 구성되는 자연발생적인 종족집단으로서 특별한 조직행위를 필요로 함이 없이 관습상 당연히 성립하는 것이고, 종중이 자연발생적으로 성립한 후에 정관 등 종중규약을 작성하면서 일부 종원의 자격을 임의로 제한하거나 확장하더라도 그러한 규약은 종중의 본질에 반하여 무효이고, 그로 인하여 이미 성립한 종중의 실재 자체가 부인되는 것은 아니다(⑤). 또한 <u>종중이 종중원의 자격을 박탈하거나 종중원이 종중을 탈퇴할 수 없는 것이어서 공동선조의 후손들은 종중을 양분하는 것과 같은 종중분열을 할 수 없다(④)</u>(대판 2023.12.28. 2023다278829).

답 ❹

제3장 권리의 객체

13 □□□ **물건에 관한 다음 설명 중 가장 옳지 않은 것은?** 2022년 법무사시험 [문 1]

① 종물이 타인의 소유라고 하더라도 그 타인의 권리를 해하지 아니하는 범위에서 민법 제100조가 적용된다고 할 것이고, 따라서 주물이 처분된 경우에 종물의 소유자가 동의 또는 추인하거나, 종물이 동산인 경우에 상대방이 선의취득의 요건을 갖추면 종물의 소유권을 취득하게 되는 것이며, 또한 동산의 선의취득을 주장하는 자는 점유취득 시에 무과실이었다는 점을 주장·입증하여야 한다.

② 토지의 개수는 지적법에 의한 지적공부상의 토지의 필수를 표준으로 하여 결정되는 것으로 1필지의 토지를 수필의 토지로 분할하여 등기하려면 먼저 위와 같이 지적법이 정하는 바에 따라 분할의 절차를 밟아 지적공부에 각 필지마다 등록이 되어야 하고 지적법상의 분할절차를 거치지 아니하는 한 1개의 토지로서 등기의 목적이 될 수 없는 것이며, 설사 등기기록에만 분필의 등기가 실행되었다 하여도 이러한 분필등기는 1부동산1등기기록의 원칙에 반하는 등기로서 무효라 할 것이다.

③ 민법 제201조 제1항에 의하면 선의의 점유자는 점유물의 과실을 취득한다고 규정하고 있고, 한편 건물을 사용함으로써 얻는 이득은 그 건물의 과실에 준하는 것이므로, 선의의 점유자는 비록 법률상 원인 없이 타인의 건물을 점유·사용하고 이로 말미암아 그에게 손해를 입혔다고 하더라도 그 점유·사용으로 인한 이득을 반환할 의무는 없다.

④ 구분건물의 전유부분에 대한 소유권보존등기만 경료되고 대지지분에 대한 등기가 경료되기 전에 전유부분만에 대해 내려진 가압류결정의 효력은, 대지사용권의 분리처분이 가능하도록 규약으로 정하였다는 등의 특별한 사정이 없는 한, 종물 내지 종된 권리인 그 대지권에까지 미친다.

⑤ 매매당사자가 토지의 실제 경계가 지적공부상의 경계와 상이한 것을 모르는 상태에서 실제의 경계를 대지의 경계로 알고 매매하였다면 매매당사자들이 지적공부상의 경계를 떠나 현실의 경계에 따라 매매목적물을 특정하여 매매한 것이라고 볼 수 있다.

....

[❶ ▸ O] 민법 제100조는 종물에 관하여 "자기 소유인 다른 물건"이라고 규정하고 있어 종물이 주물 소유자의 소유물인 것을 전제로 하고 있지만, 종물이 타인의 소유라고 하더라도 그 타인의 권리를 해하지 아니하는 범위에서 민법 제100조가 적용된다고 할 것이고, 따라서 주물이 처분된 경우에 종물의 소유자가 동의 또는 추인하거나, 종물이 동산인 경우에 상대방이 선의취득의 요건을 갖추면 종물의 소유권을 취득하게 되는 것이며, 또한 동산의 선의취득을 주장하는 자는 점유취득 시에 무과실이었다는 점을 주장·입증하여야 한다(대판 2002.2.5. 2000다38527).

[❷ ▸ O] 토지의 개수는 지적법에 의한 지적공부상의 토지의 필수를 표준으로 하여 결정되는 것으로 1필지의 토지를 수필의 토지로 분할하여 등기하려면 먼저 위와 같이 지적법이 정하는 바에 따라 분할의 절차를 밟아 지적공부에 각 필지마다 등록이 되어야 하고 지적법상의 분할절차를 거치지 아니하는 한 1개의 토지로서 등기의 목적이 될 수 없는 것이며 설사 등기부에만 분필의 등기가 실행되었다 하여도 이로써 분필의 효과가 발생할 수는 없는 것이므로 결국 이러한 분필등기는 1부동산1무능기용지의 원칙에 반하는 등기로서 무효라 할 것이다(대판 1990.12.7. 90다카25208).

[❸ ▸ O] 민법 제201조 제1항에 의하면 선의의 점유자는 점유물의 과실을 취득한다고 규정하고 있는 바, 건물을 사용함으로써 얻는 이득은 그 건물의 과실에 준하는 것이므로, 선의의 점유자는 비록 법률상 원인 없이 타인의 건물을 점유·사용하고 이로 말미암아 그에게 손해를 입혔다고 하더라도 그 점유·사용으로 인한 이득을 반환할 의무는 없다(대판 1996.1.26. 95다44290).

[❹ ▸ O] 민법 제100조 제2항의 종물과 주물의 관계에 관한 법리는 물건 상호 간의 관계뿐 아니라 권리 상호 간에도 적용되고, 위 규정에서의 처분은 처분행위에 의한 권리변동뿐 아니라 주물의 권리관계가 압류와 같은 공법상의 처분 등에 의하여 생긴 경우에도 적용되어야 하는 점, 저당권의 효력이 종물에 대하여도 미친다는 민법 제358조 본문 규정은 같은 법 제100조 제2항과 이론적 기초를 같이 하는 점, 집합건물의 소유 및 관리에 관한 법률 제20조 제1항, 제2항에 의하면 구분건물의 대지사용권은 전유부분과 종속적 일체불가분성이 인정되는 점 등에 비추어 볼 때, 구분건물의 전유부분에 대한 소유권보존등기만 경료되고 대지지분에 대한 등기가 경료되기 전에 전유부분만에 대해 내려진 가압류결정의 효력은, 대지사용권의 분리처분이 가능하도록 규약으로 정하였다는 등의 특별한 사정이 없는 한, 종물 내지 종된 권리인 그 대지권에까지 미친다(대판 2006.10.26. 2006다29020).

[❺ ▸ ×] 매매당사자가 토지의 실제 경계가 지적공부상의 경계와 상이한 것을 모르는 상태에서 실제의 경계를 대지의 경계로 알고 매매하였다고 하여 매매당사자들이 지적공부상의 경계를 떠나 현실의 경계에 따라 매매목적물을 특정하여 매매한 것이라고 볼 수 없다(대판 1993.5.11. 92다48918).

답 ❺

제4장 권리의 변동

제1절 법률행위의 목적과 해석

14
☐☐☐

법률행위의 목적에 관한 다음 설명 중 가장 옳지 않은 것은? 2025년 법무사시험 [문 27]

① 형사사건에서의 성공보수약정은 수사·재판의 결과를 금전적인 대가와 결부시킴으로써, 기본적 인권의 옹호와 사회정의의 실현을 사명으로 하는 변호사 직무의 공공성을 저해하고, 의뢰인과 일반 국민의 사법제도에 대한 신뢰를 현저히 떨어뜨릴 위험이 있으므로, 선량한 풍속 기타 사회질서에 위배되는 것으로 평가할 수 있다.

② 매매계약체결 당시에 정당한 대가를 지급하고 목적물을 매수하는 계약을 체결하였더라도, 그 후 목적물이 범죄행위로 취득된 것을 알게 되었다면 위 계약의 이행을 구하는 것은 선량한 풍속 기타 사회질서에 위반하는 것이 되므로 당초의 매매계약에 기하여 목적물에 대한 소유권이전등기를 구할 수 없다.

③ 영리를 목적으로 윤락행위를 하도록 권유·유인·알선 또는 강요하거나 이에 협력하는 것은 선량한 풍속 기타 사회질서에 위반되므로 그러한 행위를 하는 자가 영업상 관계있는 윤락행위를 하는 자에 대하여 가지는 채권은 계약의 형식에 관계없이 무효라고 보아야 한다.

④ 불공정 법률행위에 해당하는지는 법률행위가 이루어진 시점을 기준으로 약속된 급부와 반대급부 사이의 객관적 가치를 비교 평가하여 판단하여야 할 문제이고, 당초의 약정대로 계약이 이행되지 아니할 경우에 발생할 수 있는 문제는 달리 특별한 사정이 없는 한 채무의 불이행에 따른 효과로서 다루어지는 것이 원칙이다.

⑤ '궁박'이라 함은 '급박한 곤궁'을 의미하는 것으로서 경제적 원인에 기인할 수도 있고 정신적 또는 심리적 원인에 기인할 수도 있으며, 당사자가 궁박한 상태에 있었는지 여부는 그의 나이와 직업, 교육 및 사회경험의 정도, 재산 상태 및 그가 처한 상황의 절박성의 정도 등 여러 사정을 종합하여 구체적으로 판단하여야 한다. 한편 당사자가 계약을 지키지 않는 경우 얻을 이익이 이로 인해 입을 불이익보다 크다고 판단하여, 그 불이익의 발생을 예측하면서도 이를 감수할 생각으로 계약에 반하는 행위를 함으로써 계약 상대방과의 관계에서 그가 주장하는 급박한 곤궁 상태에 이르렀다면, 이와 같이 그가 자초한 상태를 민법 제104조의 궁박이라고 인정하는 것은 엄격하고 신중하게 이루어져야 한다.

....

[**❶ ▶ O**] 형사사건에 관하여 체결된 성공보수약정이 가져오는 여러 가지 사회적 폐단과 부작용 등을 고려하면, 구속영장청구 기각, 보석 석방, 집행유예나 무죄 판결 등과 같이 의뢰인에게 유리한 결과를 얻어내기 위한 변호사의 변론활동이나 직무수행 그 자체는 정당하다 하더라도, 형사사건에서의 성공보수약정은 수사·재판의 결과를 금전적인 대가와 결부시킴으로써, 기본적 인권의 옹호와 사회정의의 실현을 사명으로 하는 변호사 직무의 공공성을 저해하고, 의뢰인과 일반 국민의 사법제도에 대한 신뢰를 현저히 떨어뜨릴 위험이 있으므로, 선량한 풍속 기타 사회질서에 위배되는 것으로 평가할 수 있다(대판 [전합] 2015.7.23. 2015다200111).

[**❷** ▸ ✕]　매매계약체결 당시에 정당한 대가를 지급하고 목적물을 매수하는 계약을 체결하였다면, 비록 그 후 목적물이 범죄행위로 취득된 것을 알게 되었다고 하더라도, 계약의 이행을 구하는 것 자체가 선량한 풍속 기타 사회질서에 위반하는 것으로 볼 만한 특별한 사정이 없는 한, 그러한 사유만으로 당초의 매매계약에 기하여 목적물에 대한 소유권이전등기를 구하는 것이 민법 제103조의 공서양속에 반하는 행위라고 단정할 수 없다(대판 2001.11.9. 2001다44987).

[**❸** ▸ ○]　영리를 목적으로 윤락행위를 하도록 권유·유인·알선 또는 강요하거나 이에 협력하는 것은 선량한 풍속 기타 사회질서에 위반되므로 그러한 행위를 하는 자가 영업상 관계있는 윤락행위를 하는 자에 대하여 가지는 채권은 계약의 형식에 관계없이 무효라고 보아야 한다(대판 2004.9.3. 2004다27488).

[**❹** ▸ ○]　불공정 법률행위에 해당하는지는 법률행위가 이루어진 시점을 기준으로 약속된 급부와 반대급부 사이의 객관적 가치를 비교 평가하여 판단하여야 할 문제이고, 당초의 약정대로 계약이 이행되지 아니할 경우에 발생할 수 있는 문제는 달리 특별한 사정이 없는 한 채무의 불이행에 따른 효과로서 다루어지는 것이 원칙이다(대판 2013.9.26. 2010다42075).

[**❺** ▸ ○]　'궁박'이라 함은 '급박한 곤궁'을 의미하는 것으로서 경제적 원인에 기인할 수도 있고 정신적 또는 심리적 원인에 기인할 수도 있으며, 당사자가 궁박한 상태에 있었는지 여부는 그의 나이와 직업, 교육 및 사회경험의 정도, 재산 상태 및 그가 처한 상황의 절박성의 정도 등 여러 사정을 종합하여 구체적으로 판단하여야 한다. 한편 당사자가 계약을 지키지 않는 경우 얻을 이익이 이로 인해 입을 불이익보다 크다고 판단하여, 그 불이익의 발생을 예측하면서도 이를 감수할 생각으로 계약에 반하는 행위를 함으로써 계약 상대방과의 관계에서 그가 주장하는 급박한 곤궁 상태에 이르렀다면, 이와 같이 그가 자초한 상태를 민법 제104조의 궁박이라고 인정하는 것은 엄격하고 신중하게 이루어져야 한다(대판 2024.3.12. 2023다301712).

답 ❷

15

불능에 관한 다음 설명 중 가장 옳지 않은 것은?　　　

① 구분건물의 소유권 취득을 목적으로 하는 매매계약에서 매도인의 소유권이전의무가 원시적 불능이어서 계약이 무효라고 하기 위해서는 매매 목적물이 '매매계약 당시' 구분건물로서 구조상, 이용상 독립성을 구비하지 못했다는 정도에 이르면 되고, '그 후로도' 매매 목적물이 당사자 사이에 약정된 내용에 따른 구조상, 이용상 독립성을 갖추는 것이 사회통념상 불가능하다고 평가될 정도에 이를 것까지 요구되지는 않는다.

② 계약의 내용이 된 채무를 이행하는 것이 계약 당시부터 이미 사실상·법률상 불가능한 상태였다면 그 계약은 원시적으로 불능이어서 무효이다. 채무의 이행이 불가능하다는 것은 절대적·물리적으로 불가능한 경우만이 아니라 사회생활상 경험칙이나 거래상의 관념에 비추어 볼 때 채권자가 채무자의 이행 실현을 기대할 수 없는 경우도 포함한다.

③ 토지의 일부를 특정하여 매수하고 토지를 분할하여 그 특정부분에 대한 소유권이전등기를 넘겨받기로 약정하였으나 그 매수인이 불법증축한 부분으로 인하여 인근지번과의 인동거리가 건축법규상 제한거리에 미달하기 때문에 분할이전등기를 못한 경우 그러한 공법상 제한은 불법증축한 부분만 철거한다면 얼마든지 해제될 수 있는 것이어서 분할약정에 따른 상대방의 분할등기이전의무는 원시적 불능에 속하는 것이라고 할 수 없다.

④ 당사자 일방의 채무가 원시적 이행불능이면 계약은 무효이므로 상대방은 계약체결에 있어서의 과실을 이유로 하는 신뢰이익 손해배상을 구할 수 있을지언정 이행에 대신하는 전보배상을 구할 수는 없다. 한편, 후발적 이행불능의 경우 이행에 대신하는 전보배상은 이행불능이 된 시기의 손해액이다.

⑤ 목적이 불능한 계약을 체결할 때에 그 불능을 알았거나 알 수 있었을 자는 상대방이 그 계약의 유효를 믿었음으로 인하여 받은 손해를 배상하여야 한다. 그러나 그 배상액은 계약이 유효함으로 인하여 생길 이익액을 넘지 못한다.

....

[**❶**▸✕]　구분건물의 소유권 취득을 목적으로 하는 매매계약에서 매도인의 소유권이전의무가 원시적 <u>불능이어서 계약이 무효라고 하기 위해서는 단지 매매 목적물이 '매매계약 당시' 구분건물로서 구조상, 이용상 독립성을 구비하지 못했다는 정도를 넘어서 '그 후로도' 매매 목적물이 당사자 사이에 약정된 내용에 따른 구조상, 이용상 독립성을 갖추는 것이 사회통념상 불가능하다고 평가될 정도에 이르러야 한다</u>(대판 2017.12.22. 2017다225398).

[**❷**▸○]　계약의 내용이 된 채무를 이행하는 것이 계약 당시부터 이미 사실상·법률상 불가능한 상태였다면 그 계약은 원시적으로 불능이어서 무효이다. 채무의 이행이 불가능하다는 것은 절대적·물리적으로 불가능한 경우만이 아니라 사회생활상 경험칙이나 거래상의 관념에 비추어 볼 때 채권자가 채무자의 이행 실현을 기대할 수 없는 경우도 포함한다(대판 2020.12.10. 2019다201785).

[**❸**▸○]　토지의 일부를 특정하여 매수하고 토지를 분할하여 그 특정부분에 대한 소유권이전등기를 넘겨받기로 약정하였으나 그 매수인이 불법증축한 부분으로 인하여 인근지번과의 인동거리가 건축법규상 제한거리에 미달하기 때문에 분할이전등기를 못한 경우 <u>그러한 공법상 제한은 불법증축한 부분만 철거한다면 얼마든지 해제될 수 있는 것이어서 분할약정에 따른 상대방의 분할등기이전의무는 원시적 불능에 속하는 것이라고 할 수 없다</u>(대판 1992.7.24. 91다38341).

[**❹**▸○]　당사자 일반의 채무가 원시적 이행불능이면 계약은 무효이므로 상대방은 계약체결에 있어서의 과실을 이유로 하는 신뢰이익 손해배상을 구할 수 있을지언정 이행에 대신하는 전보배상을 구할 수는 없고 또 후발적 이행불능의 경우에 이행에 대신하는 전보배상은 이행불능이 된 시기의 손해액이다 (대판 1975.2.10. 74다584).

[**❺** ▶ ○] 민법 제535조 제1항

> **민법 제535조(계약체결상의 과실)**
> ① 목적이 불능한 계약을 체결할 때에 그 불능을 알았거나 알 수 있었을 자는 상대방이 그 계약의 유효를 믿었음으로 인하여 받은 손해를 배상하여야 한다. 그러나 그 배상액은 계약이 유효함으로 인하여 생길 이익액을 넘지 못한다.
> ② 전항의 규정은 상대방이 그 불능을 알았거나 알 수 있었을 경우에는 적용하지 아니한다.

답 ❶

16

법률행위의 해석에 관한 다음 설명 중 가장 옳지 않은 것은?　　2024년 법무사시험 [문 19]

① 하나의 법률관계를 둘러싸고 각기 다른 내용을 정한 여러 개의 계약서가 순차로 작성되어 있는 경우 당사자가 그러한 계약서에 따른 법률관계나 우열관계를 명확하게 정하고 있다면 그와 같은 내용대로 효력이 발생하지만, 여러 개의 계약서에 따른 법률관계 등이 명확히 정해져 있지 않다면 각각의 계약서에 정해져 있는 내용 중 서로 양립할 수 없는 부분에 관해서는 원칙적으로 나중에 작성된 계약서에서 정한 대로 계약 내용이 변경되었다고 해석하는 것이 합리적이다.

② 계약의 합의해지는 계속적 채권채무관계에서 당사자가 이미 체결한 계약의 효력을 장래에 향하여 소멸시킬 것을 내용으로 하는 새로운 계약으로서, 이를 인정하기 위해서는 계약이 성립하는 경우와 마찬가지로 기존 계약의 효력을 장래에 향하여 소멸시키기로 하는 내용의 청약과 승낙이라는 서로 대립하는 의사표시가 합치될 것을 요건으로 한다. 이와 같은 합의가 성립하기 위해서는 쌍방 당사자의 표시행위에 나타난 의사의 내용이 객관적으로 일치하여야 하지만 계약당사자 일방이 계약해지에 관한 조건을 제시한 경우 그 조건에 관한 합의까지 이루어질 필요는 없다.

③ 계약을 체결하는 행위자가 타인의 이름으로 법률행위를 한 경우에 행위자 또는 명의인 가운데 누구를 계약의 당사자로 볼 것인가에 관하여는, 우선 행위자와 상대방의 의사가 일치한 경우에는 그 일치한 의사대로 행위자 또는 명의인을 계약의 당사자로 확정해야 하고, 행위자와 상대방의 의사가 일치하지 않는 경우에는 그 계약의 성질·내용·목적·체결 경위 등 그 계약 체결 전후의 구체적인 제반 사정을 토대로 상대방이 합리적인 사람이라면 행위자와 명의자 중 누구를 계약 당사자로 이해할 것인가에 의하여 당사자를 결정하여야 한다.

④ 성립이 진정한 것으로 인정되는 처분문서(매매계약서)는 그 내용을 부정할 만한 분명하고 수긍할 수 있는 이유가 없는 한 그 내용되는 법률행위의 존재를 인정하여야 한다.

⑤ 계약이 성립하기 위하여는 당사자 사이에 의사의 합치가 있을 것이 요구되는데, 이러한 의사의 합치는 당해 계약의 내용을 이루는 모든 사항에 관하여 있어야 하는 것은 아니고 그 본질적 사항이나 중요사항에 관하여 구체적으로 의사의 합치가 있거나 적어도 장래 구체적으로 특정할 수 있는 기준과 방법 등에 관한 합의가 있으면 된다. 따라서 당사자 사이에 체결된 계약과 이에 따라 장래 체결할 본계약을 구별하고자 하는 의사가 명확하거나 일정한 형식을 갖춘 본계약 체결이 별도로 요구되는 경우 등의 특별한 사정이 없다면, 매매계약이 성립하였다고 보기에 충분한 합의가 있었음에도 법원이 매매계약 성립을 부정하고 별도의 본계약이 체결되어야 하는 매매예약에 불과하다고 단정할 것은 아니다.

[**❶ ▸ O**]　하나의 법률관계를 둘러싸고 각기 다른 내용을 정한 여러 개의 계약서가 순차로 작성되어 있는 경우 당사자가 그러한 계약서에 따른 법률관계나 우열관계를 명확하게 정하고 있다면 그와 같은 내용대로 효력이 발생한다. 그러나 여러 개의 계약서에 따른 법률관계 등이 명확히 정해져 있지 않다면 각각의 계약서에 정해져 있는 내용 중 서로 양립할 수 없는 부분에 관해서는 원칙적으로 나중에 작성된 계약서에서 정한 대로 계약 내용이 변경되었다고 해석하는 것이 합리적이다(대판 2020.12.30. 2017다17603).

[**❷ ▸ ✕**]　계약의 합의해지는 계속적 채권채무관계에서 당사자가 이미 체결한 계약의 효력을 장래에 향하여 소멸시킬 것을 내용으로 하는 새로운 계약으로서, 이를 인정하기 위해서는 계약이 성립하는 경우와 마찬가지로 기존 계약의 효력을 장래에 향하여 소멸시키기로 하는 내용의 청약과 승낙이라는 서로 대립하는 의사표시가 합치될 것을 요건으로 한다. 계약의 합의해지는 묵시적으로 이루어질 수도 있으나, 계약에 따른 채무의 이행이 시작된 다음에 당사자 쌍방이 계약실현 의사의 결여 또는 포기로 계약을 실현하지 않을 의사가 일치되어야만 한다. 이와 같은 합의가 성립하기 위해서는 쌍방 당사자의 표시행위에 나타난 의사의 내용이 객관적으로 일치하여야 하므로 <u>계약당사자 일방이 계약해지에 관한 조건을 제시한 경우 조건에 관한 합의까지 이루어져야 한다</u>(대판 2018.12.27. 2016다274270).

[**❸ ▸ O**]　계약을 체결하는 행위자가 타인의 이름으로 법률행위를 한 경우에 행위자 또는 명의인 가운데 누구를 계약의 당사자로 볼 것인가에 관하여는, 우선 행위자와 상대방의 의사가 일치하는 경우에는 그 일치한 의사대로 행위자 또는 명의인을 계약의 당사자로 확정하여야 하고, 행위자와 상대방의 의사가 일치하지 아니하는 경우에는 그 계약의 성질·내용·목적·체결 경위 등 그 계약 체결 전후의 구체적인 제반 사정을 토대로 상대방이 합리적인 사람이라면 행위자와 명의자 중 누구를 계약의 당사자로 이해할 것인가에 의하여 당사자를 결정하여야 한다(대판 1998.5.12. 97다36989).

[**❹ ▸ O**]　성립이 진정한 것으로 인정되는 처분문서(매매계약서)는 그 내용을 부정할 만한 분명하고 수긍할 수 있는 이유가 없는 한 그 내용되는 법률행위의 존재를 인정하여야 한다(대판 1981.6.9. 80다442).

[**❺ ▸ O**]　계약이 성립하기 위하여는 당사자 사이에 의사의 합치가 있을 것이 요구되는데 이러한 의사의 합치는 당해 계약의 내용을 이루는 모든 사항에 관하여 있어야 하는 것은 아니고 그 본질적 사항이나 중요 사항에 관하여 구체적으로 의사의 합치가 있거나 적어도 장래 구체적으로 특정할 수 있는 기준과 방법 등에 관한 합의가 있으면 된다. 따라서 당사자 사이에 체결된 계약과 이에 따라 장래 체결할 본계약을 구별하고자 하는 의사가 명확하거나 일정한 형식을 갖춘 본계약 체결이 별도로 요구되는 경우 등의 특별한 사정이 없다면, 매매계약이 성립하였다고 보기에 충분한 합의가 있었음에도 법원이 매매계약 성립을 부정하고 별도의 본계약이 체결되어야 하는 매매예약에 불과하다고 단정할 것은 아니다(대판 2022.7.14. 2022다225767).

답 **❷**

17

반사회질서 내지 불공정한 법률행위에 관한 다음 설명 중 가장 옳지 않은 것은?

① 대물변제예약이 불공정한 법률행위가 되는 요건의 하나인 대차의 목적물가격과 대물변제의 목적물가격에 있어서의 불균형이 있느냐 여부를 결정할 시점은 대물변제예약 시가 아니라 대물변제의 효력이 발생할 변제기 당시를 표준으로 하여야 할 것임이 원칙이므로, 채권액수도 역시 변제기까지의 원리액을 기준으로 하여야 할 것이다.

② 도박채무의 변제를 위하여 채무자로부터 부동산의 처분을 위임받은 채권자가 그 부동산을 제3자에게 매도한 경우, 도박채무 부담행위 및 그 변제약정이 민법 제103조의 선량한 풍속 기타 사회질서에 위반되어 무효이므로, 그 무효는 변제약정의 이행행위에 해당하는 위 부동산을 제3자에게 처분한 대금으로 도박채무의 변제에 충당한 부분뿐만 아니라 위 변제약정의 이행행위에 직접 해당하지 아니하는 부동산 처분에 관한 대리권을 도박 채권자에게 수여한 행위 부분까지 무효이다.

③ 소송사건에서 일방 당사자를 위하여 증인으로 출석하여 증언하였거나 증언할 것을 조건으로 어떤 대가를 받을 것을 약정한 경우, 증인은 법률에 의하여 증언거부권이 인정되지 않은 한 진실을 진술할 의무가 있는 것이므로 그 대가의 내용이 통상적으로 용인될 수 있는 수준(예컨대 증인에게 일당과 여비가 지급되기는 하지만 증인이 법원에 출석함으로써 입게 되는 손해에는 미치지 못하는 경우 그러한 손해를 전보해 주는 정도)을 초과하는 경우에는 그와 같은 약정은 금전적 대가가 결부됨으로써 선량한 풍속 기타 사회질서에 반하는 법률행위가 되어 민법 제103조에 따라 효력이 없다.

④ 금전 소비대차계약과 함께 이자의 약정을 하는 경우, 양쪽 당사자 사이의 경제력의 차이로 인하여 그 이율이 당시의 경제적·사회적 여건에 비추어 사회통념상 허용되는 한도를 초과하여 현저하게 고율로 정하여졌다면, 그와 같이 허용할 수 있는 한도를 초과하는 부분의 이자 약정은 대주가 그의 우월한 지위를 이용하여 부당한 이득을 얻고 차주에게는 과도한 반대급부 또는 기타의 부당한 부담을 지우는 것이므로 선량한 풍속 기타 사회질서에 위반한 사항을 내용으로 하는 법률행위로서 무효이다.

⑤ 제3자가 피상속인으로부터 토지를 전전매수하였다는 사실을 알면서도 그 정을 모르는 상속인을 기망하여 결과적으로 그로 하여금 토지를 이중매도하게 하였다면, 그 매수인의 적극적인 기망행위에 의하여 이루어진 상속인과 사이의 토지에 관한 양도계약은 반사회적 법률행위로서 무효이다.

....

[❶ ▶ O] 대물변제예약이 불공정한 법률행위가 되는 요건의 하나인 대차의 목적물가격과 대물변제의 목적물가격에 있어서의 불균형이 있느냐 여부를 결정할 시점은 대물변제의 효력이 발생할 변제기 당시를 표준으로 하여야 할 것임이 원칙이므로 채권액수도 역시 변제기까지의 원리액을 기준으로 하여야 할 것이다(대판 1965.6.15. 65다610).

[❷ ▶ ×] 도박채무의 변제를 위하여 채무자로부터 부동산의 처분을 위임받은 채권자가 그 부동산을 제3자에게 매도한 경우, 도박채무 부담행위 및 그 변제약정이 민법 제103조의 선량한 풍속 기타 사회질서에 위반되어 무효라 하더라도, <u>그 무효는 변제약정의 이행행위에 해당하는 위 부동산을 제3자에게 처분한 대금으로 도박채무의 변제에 충당한 부분에 한정되고, 위 변제약정의 이행행위에 직접 해당하지 아니하는 부동산 처분에 관한 대리권을 도박 채권자에게 수여한 행위 부분까지 무효라고 볼 수는 없으므로</u>, 위와 같은 사정을 알지 못하는 거래 상대방인 제3자가 도박 채무자부터 그 대리인인 도박 채권자를 통하여 위 부동산을 매수한 행위까지 무효가 된다고 할 수는 없다(대판 1995.7.14. 94다40147).

[**❸** ▸ **O**] 소송사건에서 일방 당사자를 위하여 증인으로 출석하여 증언하였거나 증언할 것을 조건으로 어떤 대가를 받을 것을 약정한 경우, 증인은 법률에 의하여 증언거부권이 인정되지 않은 한 진실을 진술할 의무가 있는 것이므로 그 대가의 내용이 통상적으로 용인될 수 있는 수준(예컨대 증인에게 일당과 여비가 지급되기는 하지만 증인이 법원에 출석함으로써 입게 되는 손해에는 미치지 못하는 경우 그러한 손해를 전보해 주는 정도)을 초과하는 경우에는 그와 같은 약정은 금전적 대가가 결부됨으로써 선량한 풍속 기타 사회질서에 반하는 법률행위가 되어 민법 제103조에 따라 효력이 없다고 할 것이고, 약정된 대가의 내용이 주로 위와 같은 증언을 하는 데 대한 반대급부의 의미를 갖는 경우에는 그 밖에 부수적으로 소송의 상대방 당사자를 만나 그의 동의 없이 대화내용을 몰래 녹취하여 일방 당사자로 하여금 그 녹취서를 법원에 증거로 제출하게 하는 등의 행위에 대한 대가가 이에 포함되어 있다고 하더라도 마찬가지이다 (대판 1999.4.13. 98다52483).

[**❹** ▸ **O**] 금전 소비대차계약과 함께 이자의 약정을 하는 경우, 양쪽 당사자 사이의 경제력의 차이로 인하여 그 이율이 당시의 경제적·사회적 여건에 비추어 사회통념상 허용되는 한도를 초과하여 현저하게 고율로 정하여졌다면, 그와 같이 허용할 수 있는 한도를 초과하는 부분의 이자 약정은 대주가 그의 우월한 지위를 이용하여 부당한 이득을 얻고 차주에게는 과도한 반대급부 또는 기타의 부당한 부담을 지우는 것이므로 선량한 풍속 기타 사회질서에 위반한 사항을 내용으로 하는 법률행위로서 무효이다(대판 [전합] 2007.2.15. 2004다50426).

[**❺** ▸ **O**] 제3자가 피상속인으로부터 토지를 전전매수하였다는 사실을 알면서도 그 정을 모르는 상속인을 기망하여 결과적으로 그로 하여금 토지를 이중매도하게 하였다면, 그 매수인의 적극적인 기망행위에 의하여 이루어진 상속인과 사이의 토지에 관한 양도계약은 반사회적 법률행위로서 무효이다(대판 1994.11.18. 94다37349).

답 **❷**

18

다음 설명 중 가장 옳지 않은 것은?　　　　　　　　　　　　　2021년 법무사시험 [문 37]

① 계약체결의 요건을 규정하고 있는 강행법규에 위반한 계약은 무효이므로 그 경우에 계약상대방이 선의·무과실이더라도 민법 제107조의 비진의표시의 법리 또는 표현대리 법리가 적용될 여지는 없다.

② 법률상 또는 사실상의 장애로 자기 명의로 대출받을 수 없는 자를 위하여 대출금채무자로서의 명의를 빌려준 자에게 그와 같은 채무부담의 의사가 없는 것이라고는 할 수 없을 것이어서 그러한 의사표시를 비진의표시에 해당한다고 볼 수 없다.

③ 비진의의사표시에 있어서의 진의란 특정한 내용의 의사표시를 하고자 하는 표의자의 생각을 말하는 것이지 표의자가 진정으로 마음속에서 바라는 사항을 뜻하는 것은 아니라고 할 것이므로, 비록 재산을 강제로 뺏긴다는 것이 표의자의 본심으로 잠재되어 있었다 하여도 표의자가 강박에 의하여서나마 증여를 하기로 하고 그에 따른 증여의 의사표시를 한 이상 증여의 내심의 효과의사가 결여된 것이라고 할 수는 없다.

④ 어떠한 의사표시가 비진의의사표시로서 무효라고 주장하는 경우에 그 입증책임은 그 주장자에게 있다.

⑤ 진의 아닌 의사표시인지의 여부는 효과의사에 대응하는 내심의 의사가 있는지 여부에 따라 결정되는 것인바, 근로자가 사용자의 지시에 좇아 일괄하여 사직서를 작성 제출할 당시 그 사직서에 기하여 의원면직처리될지 모른다는 점을 인식하였다면 내심에 사직의 의사가 있는 것으로 보아야 한다.

[❶▶○]　계약체결의 요건을 규정하고 있는 강행법규에 위반한 계약은 무효이므로 그 경우에 계약상대방이 선의·무과실이더라도 민법 제107조의 비진의표시의 법리 또는 표현대리 법리가 적용될 여지는 없다. 따라서 도시 및 주거환경정비법에 의한 주택재건축조합의 대표자가 그 법에 정한 강행규정에 위반하여 적법한 총회의 결의 없이 계약을 체결한 경우에는 상대방이 그러한 법적 제한이 있다는 사실을 몰랐다거나 총회결의가 유효하기 위한 정족수 또는 유효한 총회결의가 있었는지에 관하여 잘못 알았더라도 계약이 무효임에는 변함이 없다(대판 2016.5.12. 2013다49381).

[❷▶○]　법률상 또는 사실상의 장애로 자기 명의로 대출받을 수 없는 자를 위하여 대출금채무자로서의 명의를 빌려준 자에게 그와 같은 채무부담의 의사가 없는 것이라고는 할 수 없으므로 그 의사표시를 비진의표시에 해당한다고 볼 수 없고, 설령 명의대여자의 의사표시가 비진의표시에 해당한다고 하더라도 그 의사표시의 상대방인 상호신용금고로서는 명의대여자가 전혀 채무를 부담할 의사 없이 진의에 반한 의사표시를 하였다는 것까지 알았다거나 알 수 있었다고 볼 수도 없다고 보아, 그 명의대여자는 표시행위에 나타난 대로 대출금채무를 부담한다(대판 1996.9.10. 96다18182).

[❸▶○]　비진의의사표시에 있어서의 진의란 특정한 내용의 의사표시를 하고자 하는 표의자의 생각을 말하는 것이지 표의자가 진정으로 마음속에서 바라는 사항을 뜻하는 것은 아니라고 할 것이므로, 비록 재산을 강제로 뺏긴다는 것이 표의자의 본심으로 잠재되어 있었다 하여도 표의자가 강박에 의하여서나마 증여를 하기로 하고 그에 따른 증여의 의사표시를 한 이상 증여의 내심의 효과의사가 결여된 것이라고 할 수는 없다(대판 2002.12.27. 2000다47361).

[**④ ▸ ○**] 어떠한 의사표시가 비진의의사표시로서 무효라고 주장하는 경우에 그 입증책임은 그 주장자에게 있다(대판 1992.5.22. 92다2295).

[**⑤ ▸ ✕**] 진의 아닌 의사표시인지의 여부는 효과의사에 대응하는 내심의 의사가 있는지 여부에 따라 결정되는 것인바, 근로자가 사용자의 지시에 좇아 일괄하여 사직서를 작성 제출할 당시 그 사직서에 기하여 의원면직처리될지 모른다는 점을 인식하였다고 하더라도 이것만으로 그의 <u>내심에 사직의 의사가 있는 것이라고 할 수 없다</u>(대판 1991.7.12. 90다11554).

답 ⑤

19

다음 설명 중 가장 옳지 않은 것은? **2021년 법무사시험 [문 12]**

① 실제로는 전세권설정계약이 없으면서도 임대차계약에 기한 임차보증금반환채권을 담보할 목적 또는 금융기관으로부터 자금을 융통할 목적으로 임차인과 임대인 사이의 합의에 따라 임차인 명의로 전세권설정등기를 경료한 후 그 전세권에 대하여 근저당권이 설정된 경우, 가사 위 전세권설정계약만 놓고 보아 그것이 통정허위표시에 해당하여 무효라 하더라도 이로써 위 전세권설정계약에 의하여 형성된 법률관계를 토대로 별개의 법률원인에 의하여 새로운 법률상 이해관계를 갖게 된 근저당권자에 대하여는 그와 같은 사정을 알고 있었던 경우에만 그 무효를 주장할 수 있다.

② 대출절차상의 편의를 위하여 명의만을 대여한 것으로 인정되어 채무자로 볼 수 없는 경우라 하더라도, 실질적 주채무자에 대한 보증의 의사가 있는 것으로 볼 수 있다.

③ 통정한 허위표시에 의하여 외형상 형성된 법률관계로 생긴 채권을 가압류한 경우, 그 가압류권자는 허위표시에 기초하여 새로운 법률상 이해관계를 가지게 되므로 민법 제108조 제2항의 제3자에 해당한다고 봄이 상당하고, 또한 민법 제108조 제2항의 제3자는 선의이면 족하고 무과실은 요건이 아니다.

④ 불법원인급여를 규정한 민법 제746조 소정의 "불법의 원인"이라 함은 재산을 급여한 원인이 선량한 풍속 기타 사회질서에 위반하는 경우를 가리키는 것으로서, 강제집행을 면할 목적으로 부동산의 소유자 명의를 신탁하는 것이 위와 같은 불법원인급여에 해당한다고 볼 수는 없다.

⑤ 민법 제108조 제1항에서 상대방과 통정한 허위의 의사표시를 무효로 규정하고, 제2항에서 그 의사표시의 부효는 선의의 제3자에게 대항하지 못한다고 규정하고 있는데, 여기에서 제3자는 특별한 사정이 없는 한 선의로 추정할 것이므로, 제3자가 악의라는 사실에 관한 주장·입증책임은 그 허위표시의 무효를 주장하는 자에게 있다.

....

[**① ▸ ○**] 실제로는 전세권설정계약이 없으면서도 임대차계약에 기한 임차보증금반환채권을 담보할 목적으로 임차인과 임대인 사이의 합의에 따라 임차인 명의로 전세권설정등기를 경료한 후 그 전세권에 대하여 근저당권이 설정된 경우, 설령 위 전세권설정계약만 놓고 보아 그것이 통정허위표시에 해당하여 무효라 하더라도 이로써 위 전세권설정계약에 의하여 형성된 법률관계를 토대로 별개의 법률원인에 의하여 새로운 법률상 이해관계를 갖게 된 근저당권자에 대하여는 그와 같은 사정을 알고 있었던 경우에만 그 무효를 주장할 수 있다(대판 2008.3.13. 2006다29372).

[**② ▸ ✕**] 대출절차상의 편의를 위하여 명의만을 대여한 것으로 인정되어 채무자로 볼 수 없는 경우, <u>그 형식상 주채무자가 실질적인 주채무자를 위하여 보증인이 될 의사가 있었다는 등의 특별한 사정이 없는 한 그 형식상의 주채무자에게 실질적 주채무자에 대한 보증의 의사가 있는 것으로 볼 수는 없다</u>(대판 2005.5.12. 2004다68366).

[**❸** ▶ O] 통정한 허위표시에 의하여 외형상 형성된 법률관계로 생긴 채권을 가압류한 경우, 그 가압류 권자는 허위표시에 기초하여 새로운 법률상 이해관계를 가지게 되므로 민법 제108조 제2항의 제3자에 해당한다고 봄이 상당하고, 또한 민법 제108조 제2항의 제3자는 선의이면 족하고 무과실은 요건이 아니다(대판 2004.5.28. 2003다70041).

[**❹** ▶ O] 불법원인급여를 규정한 민법 제746조 소정의 "불법의 원인"이라 함은 재산을 급여한 원인이 선량한 풍속 기타 사회질서에 위반하는 경우를 가리키는 것으로서, 강제집행을 면할 목적으로 부동산의 소유자 명의를 신탁하는 것이 위와 같은 불법원인급여에 해당한다고 볼 수는 없다(대판 1994.4.15. 93다 61307).

[**❺** ▶ O] 민법 제108조 제1항에서 상대방과 통정한 허위의 의사표시를 무효로 규정하고, 제2항에서 그 의사표시의 무효는 선의의 제3자에게 대항하지 못한다고 규정하고 있는데, 여기에서 제3자는 특별한 사정이 없는 한 선의로 추정할 것이므로, 제3자가 악의라는 사실에 관한 주장·입증책임은 그 허위표시 의 무효를 주장하는 자에게 있다(대판 2006.3.10. 2002다1321).

답 ❷

20

다음 설명 중 가장 옳지 않은 것은? 2021년 법무사시험 [문 8]

① 채권양도의 통지와 같은 준법률행위의 도달은 의사표시와 마찬가지로 사회관념상 채무자가 통지의 내용을 알 수 있는 객관적 상태에 놓여졌을 때를 지칭하고, 그 통지를 채무자가 현실적으로 수령하 였거나 그 통지의 내용을 알았을 것까지는 필요하지 않다.

② 대리인이 본인을 위한 것임을 표시하지 아니한 때에는 그 의사표시는 본인에 대하여 효력이 생기지 않고, 원칙적으로 대리인 자기를 위한 것으로 보지도 않는다.

③ 의사표시의 상대방이 의사표시를 받은 때에 제한능력자인 경우에는 의사표시자는 그 의사표시로써 대항할 수 없다. 다만, 그 상대방의 법정대리인이 의사표시가 도달한 사실을 안 후에는 그러하지 아니하다.

④ 의사표시자가 그 통지를 발송한 후 사망하거나 제한능력자가 되어도 의사표시의 효력에 영향을 미치지 아니한다.

⑤ 표의자가 과실 없이 상대방을 알지 못하거나 상대방의 소재를 알지 못하는 경우에는 의사표시는 민사소송법 공시송달의 규정에 의하여 송달할 수 있다.

....

[**❶** ▶ O] 채권양도의 통지는 채무자에게 도달됨으로써 효력을 발생하는 것이고, 여기서 도달이라 함은 사회관념상 채무자가 통지의 내용을 알 수 있는 객관적 상태에 놓여졌다고 인정되는 상태를 지칭한 다고 해석되므로, 채무자가 이를 현실적으로 수령하였다거나 그 통지의 내용을 알았을 것까지는 필요로 하지 않는다(대판 1997.11.25. 97다31281).

[**❷** ▶ ✕] 대리인이 본인을 위한 것임을 표시하지 아니한 때에는 그 의사표시는 <u>자기를 위한 것으로</u> 본다. 그러나 상대방이 대리인으로서 한 것임을 알았거나 알 수 있었을 때에는 전조 제1항의 규정을 준용한다(민법 제115조).

[**❸** ▶ O] 의사표시의 상대방이 의사표시를 받은 때에 제한능력자인 경우에는 의사표시자는 그 의사표 시로써 대항할 수 없다. 다만, 그 상대방의 법정대리인이 의사표시가 도달한 사실을 안 후에는 그러하지 아니하다(민법 제112조).

[**④ ▸ ○**] 의사표시자가 그 통지를 발송한 후 사망하거나 제한능력자가 되어도 의사표시의 효력에 영향을 미치지 아니한다(민법 제111조 제2항).

[**⑤ ▸ ○**] 표의자가 과실 없이 상대방을 알지 못하거나 상대방의 소재를 알지 못하는 경우에는 의사표시는 민사소송법 공시송달의 규정에 의하여 송달할 수 있다(민법 제113조).

답 ❷

21 ▢▢▢ 착오로 인한 의사표시에 관한 다음 설명 중 가장 옳지 않은 것은? 2023년 법무사시험 [문 31]

① 동기의 착오가 법률행위의 내용의 중요 부분의 착오에 해당함을 이유로 표의자가 법률행위를 취소하려면 그 동기를 당해 의사표시의 내용으로 삼을 것을 상대방에게 표시하고 의사표시의 해석상 법률행위의 내용으로 되어 있다고 인정되면 충분하고 당사자들 사이에 별도로 그 동기를 의사표시의 내용으로 삼기로 하는 합의까지 이루어질 필요는 없다.

② 법률행위 내용의 중요 부분에 착오가 있는 때에는 그 의사표시를 취소할 수 있으나 그 착오가 표의자의 중대한 과실로 인한 때에는 취소하지 못한다. 여기서 '중대한 과실'이라 함은 표의자의 직업, 행위의 종류, 목적 등에 비추어 보통 요구되는 주의를 현저히 결여하는 것을 의미한다.

③ 상대방이 표의자의 착오를 알고 이를 이용한 경우에는 착오가 표의자의 중대한 과실로 인한 것이라고 하더라도 표의자는 의사표시를 취소할 수 있다.

④ 주채무자의 차용금반환채무를 보증할 의사로 공정증서에 연대보증인으로 서명·날인하였으나 그 공정증서가 주채무자의 기존의 구상금채무 등에 관한 준소비대차계약의 공정증서이었던 경우, 위와 같은 착오는 연대보증계약의 중요 부분의 착오에 해당한다.

⑤ 민사소송법상의 소송행위에는 특별한 규정이나 특별한 사정이 없는 한 민법상의 법률행위에 관한 규정이 적용될 수 없는 것이므로, 착오로 항소이유서를 제출하였다고 하여 의사표시의 하자를 이유로 그와 같은 소송행위의 취소를 주장할 수는 없다.

⋯⋯

[**❶ ▸ ○**] 동기의 착오가 법률행위의 내용의 중요 부분의 착오에 해당함을 이유로 표의자가 법률행위를 취소하려면 그 동기를 당해 의사표시의 내용으로 삼을 것을 상대방에게 표시하고 의사표시의 해석상 법률행위의 내용으로 되어 있다고 인정되면 충분하고 당사자들 사이에 별도로 그 동기를 의사표시의 내용으로 삼기로 하는 합의까지 이루어질 필요는 없지만, 그 법률행위의 내용의 착오는 보통 일반인이 표의자의 입장에 섰더라면 그와 같은 의사표시를 하지 아니하였으리라고 여겨질 정도로 그 착오가 중요한 부분에 관한 것이어야 한다(대판 2000.5.12. 2000다12259).

[**❷ ▸ ○**] 법률행위 내용의 중요 부분에 착오가 있는 때에는 그 의사표시를 취소할 수 있으나 그 착오가 표의자의 중대한 과실로 인한 때에는 취소하지 못한다. 여기서 '중대한 과실'이란 표의자의 직업, 행위의 종류, 목적 등에 비추어 보통 요구되는 주의를 현저히 게을리한 것을 의미한다(대판 2020.3.26. 2019다288232).

[**❸ ▸ ○**] 민법 제109조 제1항 단서는 의사표시의 착오가 표의자의 중대한 과실로 인한 때에는 그 의사표시를 취소하지 못한다고 규정하고 있는데, 위 단서 규정은 표의자의 상대방의 이익을 보호하기 위한 것이므로, 상대방이 표의자의 착오를 알고 이를 이용한 경우에는 착오가 표의자의 중대한 과실로 인한 것이라고 하더라도 표의자는 의사표시를 취소할 수 있다(대판 2014.11.27. 2013다49794).

[**❹ ▸ ✕**] 주채무자의 차용금반환채무를 보증할 의사로 공정증서에 연대보증인으로 서명·날인하였으나 그 공정증서가 주채무자의 기존의 구상금채무 등에 관한 준소비대차계약의 공정증서이었던 경우, 소비대차계약과 준소비대차계약의 법률효과는 동일하므로 공정증서가 연대보증인의 의사와 다른 법률효과를 발생시키는 내용의 서면이라고 할 수 없어 표시와 의사의 불일치가 객관적으로 현저한 경우에 해당하지 않을 뿐만 아니라, 연대보증인은 주채무자가 채권자에게 부담하는 차용금반환채무를 연대보증할 의사가 있었던 이상 착오로 인하여 경제적인 불이익을 입었거나 장차 불이익을 당할 염려도 없으므로 위와 같은 착오는 연대보증계약의 중요 부분의 착오가 아니다(대판 2006.12.7. 2006다41457).

[**❺ ▸ ○**] 민사소송법상의 소송행위에는 특별한 규정이나 특별한 사정이 없는 한 민법상의 법률행위에 관한 규정이 적용될 수 없는 것이므로 사기, 강박 또는 착오 등 의사표시의 하자를 이유로 그 무효나 취소를 주장할 수 없다(대판 1980.8.26. 80다76).

답 ❹

22
☐☐☐

의사표시에 관한 다음 설명 중 가장 옳지 않은 것은?

2022년 법무사시험 [문 16]

① 착오로 인한 취소 제도와 매도인의 하자담보책임 제도는 취지가 서로 다르고, 요건과 효과도 구별되므로, 매매계약 내용의 중요 부분에 착오가 있는 경우 매수인은 매도인의 하자담보책임이 성립하는지와 상관없이 착오를 이유로 매매계약을 취소할 수 있다.

② 소취하합의의 의사표시는 법률행위의 내용의 중요 부분에 착오가 있더라도 민법 제109조에 따라 취소할 수는 없다.

③ 장래에 발생할 막연한 사정을 예측하거나 기대하고 법률행위를 한 경우 그러한 예측이나 기대와 다른 사정이 발생하였다고 하더라도 그로 인한 위험은 원칙적으로 법률행위를 한 사람이 스스로 감수하여야 하고 상대방에게 전가해서는 안 되므로 착오를 이유로 취소를 구할 수 없다.

④ 하나의 법률행위의 일부분에만 취소사유가 있다고 하더라도 그 법률행위가 가분적이거나 그 목적물의 일부가 특정될 수 있다면, 그 나머지 부분이라도 이를 유지하려는 당사자의 가정적 의사가 인정되는 경우 그 일부만의 취소도 가능하다고 할 것이고, 그 일부의 취소는 법률행위의 일부에 관하여 효력이 생긴다.

⑤ 학교법인이 사립학교법상의 제한규정 때문에 그 학교의 교직원들인 소외인들의 명의를 빌려서 피고로부터 금원을 차용한 경우에 피고 역시 그러한 사정을 알고 있었다고 하더라도 위 소외인들의 의사는 위 금전의 대차에 관하여 그들이 주채무자로서 채무를 부담하겠다는 뜻이라고 해석함이 상당하므로 이를 진의 아닌 의사표시라고 볼 수 없다.

....

[**❶ ▸ ○**] 민법 제109조 제1항에 의하면 법률행위 내용의 중요 부분에 착오가 있는 경우 착오에 중대한 과실이 없는 표의자는 법률행위를 취소할 수 있고, 민법 제580조 제1항, 제575조 제1항에 의하면 매매의 목적물에 하자가 있는 경우 하자가 있는 사실을 과실 없이 알지 못한 매수인은 매도인에 대하여 하자담보책임을 물어 계약을 해제하거나 손해배상을 청구할 수 있다. 착오로 인한 취소 제도와 매도인의 하자담보책임 제도는 취지가 서로 다르고, 요건과 효과도 구별된다. 따라서 매매계약 내용의 중요 부분에 착오가 있는 경우 매수인은 매도인의 하자담보책임이 성립하는지와 상관없이 착오를 이유로 매매계약을 취소할 수 있다(대판 2018.9.13. 2015다78703).

[**❷ ▸ ✕**] 소취하합의의 의사표시 역시 민법 제109조에 따라 법률행위의 내용의 중요 부분에 착오가 있는 때에는 취소할 수 있을 것이다(대판 2020.10.15. 2020다227523).

[❸ ▸ O] 민법 제109조에 따라 의사표시에 착오가 있다고 하려면 법률행위를 할 당시에 실제로 없는 사실을 있는 사실로 잘못 깨닫거나 아니면 실제로 있는 사실을 없는 것으로 잘못 생각하듯이 의사표시자의 인식과 그러한 사실이 어긋나는 경우라야 한다. 의사표시자가 행위를 할 당시 장래에 있을 어떤 사항의 발생을 예측한 데 지나지 않는 경우는 의사표시자의 심리상태에 인식과 대조사실의 불일치가 있다고 할 수 없어 이를 착오로 다룰 수 없다. 장래에 발생할 막연한 사정을 예측하거나 기대하고 법률행위를 한 경우 그러한 예측이나 기대와 다른 사정이 발생하였다고 하더라도 그로 인한 위험은 원칙적으로 법률행위를 한 사람이 스스로 감수하여야 하고 상대방에게 전가해서는 안 되므로 착오를 이유로 취소를 구할 수 없다(대판 2020.5.14. 2016다12175).

[❹ ▸ O] 하나의 법률행위의 일부분에만 취소사유가 있다고 하더라도 그 법률행위가 가분적이거나 그 목적물의 일부가 특정될 수 있다면, 그 나머지 부분이라도 이를 유지하려는 당사자의 가정적 의사가 인정되는 경우 그 일부만의 취소도 가능하다 할 것이고, 그 일부의 취소는 법률행위의 일부에 관하여 효력이 생긴다(대판 1998.2.10. 97다44737).

[❺ ▸ O] 학교법인이 사립학교법상의 제한규정 때문에 그 학교의 교직원들인 소외인들의 명의를 빌려서 피고로부터 금원을 차용한 경우에 피고 역시 그러한 사정을 알고 있었다고 하더라도 위 소외인들의 의사는 위 금전의 대차에 관하여 그들이 주채무자로서 채무를 부담하겠다는 뜻이라고 해석함이 상당하므로 이를 진의 아닌 의사표시라고 볼 수 없다(대판 1980.7.8. 80다639).

답 ❷

PART 1 PART 2 PART 3 PART 4 PART 5 PART 6 PART 7 PART 8

23
☐☐☐

착오에 의한 의사표시에 관한 다음 설명 중 가장 옳지 않은 것은? 2020년 법무사시험 [문 14]

① 동기의 착오가 법률행위의 내용의 중요 부분의 착오에 해당함을 이유로 표의자가 법률행위를 취소하려면 그 동기를 당해 의사표시의 내용으로 삼을 것을 상대방에게 표시하고 의사표시의 해석상 법률행위의 내용으로 되어 있다고 인정되면 충분하고 당사자들 사이에 별도로 그 동기를 의사표시의 내용으로 삼기로 하는 합의까지 이루어질 필요는 없지만, 그 법률행위의 내용의 착오는 보통 일반인이 표의자의 입장에 섰더라면 그와 같은 의사표시를 하지 아니하였으리라고 여겨질 정도로 그 착오가 중요한 부분에 관한 것이어야 한다.

② 민법 제109조 제1항 단서는 의사표시의 착오가 표의자의 중대한 과실로 인한 때에는 그 의사표시를 취소하지 못한다고 규정하고 있으므로 상대방이 표의자의 착오를 알고 이를 이용한 경우에도 착오가 표의자의 중대한 과실로 인한 것이라면 표의자는 의사표시를 취소할 수 없다.

③ 원고 소송대리인으로부터 소송대리인 사임신고서 제출을 지시받은 사무원은 원고 소송대리인의 표시기관에 해당되어 그의 착오는 원고 소송대리인의 착오라고 보아야 하므로, 사무원의 착오로 원고 소송대리인의 의사에 반하여 소를 취하하였다고 하여도 이를 무효라고 볼 수는 없다.

④ 부동산 매매에 있어서 시가에 관한 착오는 부동산을 매매하려는 의사를 결정함에 있어 동기의 착오에 불과할 뿐 법률행위의 중요 부분에 관한 착오라고 할 수 없다.

⑤ 민법상 화해계약에 있어서 당사자는 착오를 이유로 취소하지 못하고 다만 화해 당사자의 자격 또는 화해의 목적인 분쟁 이외의 사항에 착오가 있는 때에 한하여 취소할 수 있는바, 여기서 화해의 목적인 분쟁 이외의 사항이라 함은 분쟁의 대상이 아니라 분쟁의 전제 또는 기초가 된 사항으로서, 쌍방당사자가 예정한 것이어서 상호 양보의 내용으로 되지 않고 다툼이 없는 사실로 양해된 사항을 말한다.

[**❶** ▸ O] 동기의 착오가 법률행위의 내용의 중요 부분의 착오에 해당함을 이유로 표의자가 법률행위를 취소하려면 그 동기를 당해 의사표시의 내용으로 삼을 것을 상대방에게 표시하고 의사표시의 해석상 법률행위의 내용으로 되어 있다고 인정되면 충분하고 당사자들 사이에 별도로 그 동기를 의사표시의 내용으로 삼기로 하는 합의까지 이루어질 필요는 없지만, 그 법률행위의 내용의 착오는 보통 일반인이 표의자의 입장에 섰더라면 그와 같은 의사표시를 하지 아니하였으리라고 여겨질 정도로 그 착오가 중요한 부분에 관한 것이어야 한다(대판 1998.2.10. 97다44737).

[**❷** ▸ ×] 민법 제109조 제1항 단서는 의사표시의 착오가 표의자의 중대한 과실로 인한 때에는 그 의사표시를 취소하지 못한다고 규정하고 있는데, 위 단서규정은 표의자의 상대방의 이익을 보호하기 위한 것이므로, 상대방이 표의자의 착오를 알고 이를 이용한 경우에는 착오가 표의자의 중대한 과실로 인한 것이라고 하더라도 표의자는 의사표시를 취소할 수 있다(대판 2014.11.27. 2013다49794).

[**❸** ▸ O] 소의 취하는 원고가 제기한 소를 철회하여 소송계속을 소멸시키는 원고의 법원에 대한 소송행위이고 소송행위는 일반 사법상의 행위와는 달리 내심의 의사보다 그 표시를 기준으로 하여 효력유무를 판정할 수밖에 없는 것인바, 원고 소송대리인으로부터 소송대리인 사임신고서 제출을 지시받은 사무원은 원고 소송대리인의 표시기관에 해당되어 그의 착오는 원고 소송대리인의 착오라고 보아야 하므로, 사무원의 착오로 원고 소송대리인의 의사에 반하여 소를 취하하였다고 하여도 이를 무효라고 볼 수는 없다(대판 1997.10.24. 95다11740).

[**❹** ▸ O] 부동산 매매에 있어서 시가에 관한 착오는 부동산을 매매하려는 의사를 결정함에 있어 동기의 착오에 불과할 뿐 법률행위의 중요 부분에 관한 착오라고 할 수 없다(대판 1992.10.23. 92다29337).

[**❺** ▸ O] 민법상 화해계약에 있어서는 당사자는 착오를 이유로 취소하지 못하고 다만 화해 당사자의 자격 또는 화해의 목적인 분쟁 이외의 사항에 착오가 있는 때에 한하여 취소할 수 있는바(민법 제733조), 여기서 '화해의 목적인 분쟁 이외의 사항'이라 함은 분쟁의 대상이 아니라 분쟁의 전제 또는 기초가 된 사항으로서, 쌍방당사자가 예정한 것이어서 상호 양보의 내용으로 되지 않고 다툼이 없는 사실로 양해된 사항을 말한다(대판 1995.12.12. 94다22453).

답 ❷

24
☐☐☐

표현대리에 관한 다음 설명 중 가장 옳지 않은 것은?　　　2025년 법무사시험 [문 20]

① 과거에 가졌던 대리권이 소멸되어 민법 제129조(대리권 소멸 후의 표현대리)에 의하여 표현대리로 인정되는 경우에 그 표현대리의 권한을 넘는 대리행위가 있을 때에는 민법 제126조(권한을 넘은 표현대리)에 의한 표현대리가 성립할 수 있다.

② 민법 제126조의 표현대리에서 자칭 대리인에게 대리권이 있다고 믿을 만한 정당한 이유가 있는지 여부는 대리행위인 매매계약 당시를 기준으로 결정하여야 하고 매매계약 성립 이후의 사정은 고려할 것이 아니다.

③ 교회의 대표자가 권한 없이 행한 교회 재산의 처분행위에 대하여는 민법 제126조의 표현대리에 관한 규정이 준용되지 아니한다.

④ 복대리인 선임권이 없는 대리인에 의하여 선임된 복대리인의 권한은 민법 제126조의 기본대리권이 될 수 없다.

⑤ 대리권의 소멸은 선의의 제3자에게 대항하지 못한다. 그러나 제3자가 과실로 인하여 그 사실을 알지 못한 때에는 그러하지 아니하다.

- -

[**❶ ▸ ○**] 과거에 가졌던 대리권이 소멸되어 민법 제129조에 의하여 표현대리로 인정되는 경우에 그 표현대리의 권한을 넘는 대리행위가 있을 때에는 민법 제126조에 의한 표현대리가 성립할 수 있다(대판 2008.1.31. 2007다74713).

[**❷ ▸ ○**] 민법 제126조의 표현대리에 있어서 무권대리인에게 그 권한이 있다고 믿을 만한 정당한 이유가 있는가의 여부는 대리행위인 매매계약 당시를 기준으로 결정하여야 하고 매매계약 성립 이후의 사정은 고려할 것이 아니므로, 무권대리인이 매매계약 후 그 이행단계에서야 비로소 본인의 인감증명과 위임장을 상대방에게 교부한 사정만으로는 상대방이 무권대리인에게 그 권한이 있다고 믿을 만한 정당한 이유가 있었다고 단정할 수 없다(대판 2018.7.24. 2017다2472).

[**❸ ▸ ○**] 비법인사단인 교회의 대표자는 총유물인 교회 재산의 처분에 관하여 교인총회의 결의를 거치지 아니하고는 이를 대표하여 행할 권한이 없다. 그리고 교회의 대표자가 권한 없이 행한 교회 재산의 처분행위에 대하여는 민법 제126조의 표견대리에 관한 규정이 준용되지 아니한다(대판 2009.2.12. 2006다23312).

[**❹ ▸ ✕**] 대리인이 사자 내지 임의로 선임한 복대리인을 통하여 권한 외의 법률행위를 한 경우, 상대방이 그 행위자를 대리권을 가진 대리인으로 믿었고 또한 그렇게 믿는 데에 정당한 이유가 있는 때에는, 복대리인 선임권이 없는 대리인에 의하여 선임된 복대리인의 권한도 기본대리권이 될 수 있을 뿐만 아니라, 그 행위자가 사자라고 하더라도 대리행위의 주체가 되는 대리인이 별도로 있고 그들에게 본인으로부터 기본대리권이 수여된 이상, 민법 제126조를 적용함에 있어서 기본대리권의 흠결 문제는 생기지 않는다(대판 1998.3.27. 97다48982).

[**❺ ▸ ○**] 대리권의 소멸은 선의의 제3자에게 대항하지 못한다. 그러나 제3자가 과실로 인하여 그 사실을 알지 못한 때에는 그러하지 아니하다(민법 제129조).

답 ❹

25

대리에 관한 다음 설명 중 옳은 것을 모두 고른 것은?

ㄱ. 대리권 남용 행위에 따라 외형상 형성된 법률관계를 기초로 하여 새로운 법률상 이해관계를 맺은 선의의 제3자에 대해서는 민법 제107조 제2항을 유추적용하여 누구도 그러한 사정을 들어 대항할 수 없는데, 제3자가 악의라는 사실에 관한 증명책임은 그 무효를 주장하는 자에게 있다.

ㄴ. 대부중개업자가 전주를 위하여 금전소비대차계약과 그 담보를 위한 담보권설정계약을 체결할 대리권을 수여받은 것으로 인정되는 경우에는 특별한 사정이 없는 한 금전소비대차계약과 그 담보를 위한 담보권설정계약이 체결된 후에 이를 해제할 권한까지 당연히 가지고 있다고 볼 수 있다.

ㄷ. 특정한 법률행위를 위임한 경우에 대리인이 본인의 지시에 좇아 그 행위를 한 때에는 본인은 자기가 안 사정 또는 과실로 인하여 알지 못한 사정에 관하여 대리인의 부지를 주장하지 못한다.

ㄹ. 부부의 일방이 의식불명의 상태에 있어 사회통념상 대리관계를 인정할 필요가 있다는 사정이 인정된다면 그 배우자로서는 당연히 채무의 부담행위를 포함한 모든 법률행위에 관하여 대리권을 갖는다고 보아야 한다.

ㅁ. 대리권 소멸 후의 표현대리에 관한 민법 제129조는 법정대리인의 대리권이 소멸된 경우에도 적용된다고 할 것이다.

① ㄱ, ㄴ, ㅁ   ② ㄱ, ㄷ, ㄹ
③ ㄱ, ㄷ, ㅁ   ④ ㄴ, ㄷ, ㅁ
⑤ ㄴ, ㄹ, ㅁ

[ㄱ ▸ O] 법정대리인인 친권자의 대리행위가 객관적으로 볼 때 미성년자 본인에게는 경제적인 손실만을 초래하는 반면, 친권자나 제3자에게는 경제적인 이익을 가져오는 행위이고 행위의 상대방이 이러한 사실을 알았거나 알 수 있었을 때에는 민법 제107조 제1항 단서의 규정을 유추적용하여 행위의 효과가 자에게는 미치지 않는다고 해석함이 타당하나, 그에 따라 외형상 형성된 법률관계를 기초로 하여 새로운 법률상 이해관계를 맺은 선의의 제3자에 대하여는 같은 조 제2항의 규정을 유추적용하여 누구도 그와 같은 사정을 들어 대항할 수 없으며, 제3자가 악의라는 사실에 관한 주장·증명책임은 무효를 주장하는 자에게 있다(대판 2018.4.26. 2016다3201).

[ㄴ ▸ X] 통상 대부중개업자가 전주를 위하여 금전소비대차계약과 그 담보를 위한 담보권설정계약을 체결할 대리권을 수여받은 것으로 인정되는 경우라 하더라도 특별한 사정이 없는 한 일단 금전소비대차계약과 그 담보를 위한 담보권설정계약이 체결된 후에 <u>이를 해제할 권한까지 당연히 가지고 있다고 볼 수는 없다</u>(대판 2021.10.14. 2021다243430).

[ㄷ ▸ O] 특정한 법률행위를 위임한 경우에 대리인이 본인의 지시에 좇아 그 행위를 한 때에는 본인은 자기가 안 사정 또는 과실로 인하여 알지 못한 사정에 관하여 대리인의 부지를 주장하지 못한다(민법 제116조 제2항).

[ㄹ ▸ X] 대리가 적법하게 성립하기 위하여는 대리행위를 한 자, 즉 대리인이 본인을 대리할 권한을 가지고 그 대리권의 범위 내에서 법률행위를 하였음을 요하며, 부부의 경우에도 일상의 가사가 아닌 법률행위를 배우자를 대리하여 행함에 있어서는 별도로 대리권을 수여하는 수권행위가 필요한 것이지,

부부의 일방이 의식불명의 상태에 있어 사회통념상 대리관계를 인정할 필요가 있다는 사정만으로 그 배우자가 당연히 채무의 부담행위를 포함한 모든 법률행위에 관하여 대리권을 갖는다고 볼 것은 아니다 (대판 2000.12.8. 99다37856).

[ㅁ ▸ ○] 대리권소멸 후의 표현대리에 관한 민법 제129조는 법정대리인의 대리권소멸에 관하여도 적용이 있다(대판 1975.1.28. 74다1199).

답 ❸

PART 1
PART 2
PART 3
PART 4
PART 5
PART 6
PART 7
PART 8

26 □□□ 임의대리권에 관한 다음 설명 중 가장 옳지 않은 것은?   2023년 법무사시험 [문 16]

① 매매계약의 체결과 이행에 관하여 포괄적으로 대리권을 수여받은 대리인이라도 특별한 다른 사정이 없는 한 상대방에 대하여 약정된 매매대금지급기일을 연기하여 줄 권한은 없다.

② 수권행위의 통상의 내용으로서의 임의대리권은 그 권한에 부수하여 필요한 한도에서 상대방의 의사표시를 수령하는 이른바 수령대리권을 포함한다.

③ 부동산의 소유자로부터 매매계약을 체결할 대리권을 수여받은 대리인은 특별한 사정이 없는 한 그 매매계약에서 약정한 바에 따라 중도금이나 잔금을 수령할 권한이 있다.

④ 예금계약의 체결을 위임받은 자가 가지는 대리권에 당연히 그 예금을 담보로 하여 대출을 받거나 이를 처분할 수 있는 대리권이 포함되어 있는 것은 아니다.

⑤ 소송상 화해나 청구의 포기에 관한 특별수권이 되어 있다면 특별한 사정이 없는 한 그러한 소송행위에 대한 수권만이 아니라 그러한 소송행위의 전제가 되는 당해 소송물인 권리의 처분이나 포기에 대한 권한도 수여되어 있다고 봄이 상당하다.

[❶ ▸ ✕] [❸ ▸ ○] 부동산의 소유자로부터 매매계약을 체결할 대리권을 수여받은 대리인은 특별한 다른 사정이 없는 한 그 매매계약에서 약정한 바에 따라 중도금이나 잔금을 수령할 수도 있다고 보아야 하고, 매매계약의 체결과 이행에 관하여 포괄적으로 대리권을 수여받은 대리인은 특별한 다른 사정이 없는 한 상대방에 대하여 약정된 매매대금지급기일을 연기하여 줄 권한도 가진다고 보아야 할 것이다(대판 1992.4.14. 91다43107).

[❷ ▸ ○] 임의대리에 있어서 대리권의 범위는 수권행위(대리권수여행위)에 의하여 정하여지는 것이므로 어느 행위가 대리권의 범위 내의 행위인지의 여부는 개별적인 수권행위의 내용이나 그 해석에 의하여 판단할 것이나, 일반적으로 말하면 수권행위의 통상의 내용으로서의 임의대리권은 그 권한에 부수하여 필요한 한도에서 상대방의 의사표시를 수령하는 이른바 수령대리권을 포함하는 것으로 보아야 한다(대판 1994.2.8. 93다39379).

[❹ ▸ ○] 예금계약의 체결을 위임받은 자가 가지는 대리권에 당연히 그 예금을 담보로 대출을 받거나 이를 처분할 수 있는 대리권이 포함되어 있는 것은 아니다(대판 2002.6.14. 2000다38992).

[❺ ▸ ○] 소송상 화해나 청구의 포기에 관한 특별수권이 되어 있다면, 특별한 사정이 없는 한 그러한 소송행위에 대한 수권만이 아니라 그러한 소송행위의 전제가 되는 당해 소송물인 권리의 처분이나 포기에 대한 권한도 수여되어 있다고 봄이 상당하다(대결 2000.1.31. 99마6205).

답 ❶

① 미성년자의 법정대리인인 친권자의 법률행위에 있어서 법정대리인인 친권자의 대리행위가 객관적으로 볼 때 미성년자 본인에게는 경제적인 손실만을 초래하는 반면, 친권자나 제3자에게는 경제적인 이익을 가져오는 행위이고, 그 행위의 상대방이 이러한 사실을 알았거나 알 수 있었을 때에는, 민법 제107조 제1항 단서의 규정을 유추적용하여 그 행위의 효과는 자(子)에게는 미치지 않는다고 해석함이 상당하다.

② 외형상 형성된 법률관계를 기초로 하여 새로운 법률상 이해관계를 맺은 선의의 제3자에 대하여는 민법 제107조 제2항의 규정을 유추적용하여 누구도 그와 같은 사정을 들어 대항할 수 없으며, 제3자가 악의라는 사실에 관한 주장·증명책임은 그 무효를 주장하는 자에게 있다.

③ 대리권이 법률행위에 의하여 부여된 경우에는 대리인은 본인의 승낙이 있거나 부득이한 사유 있는 때가 아니어도 필요에 따라 복대리인을 선임할 수 있다.

④ 의사표시의 효력이 의사의 흠결, 사기, 강박 또는 어느 사정을 알았거나 과실로 알지 못한 것으로 인하여 영향을 받을 경우에 그 사실의 유무는 대리인을 표준하여 결정한다.

⑤ 일반적으로 매매계약에서 매도인으로 나온 사람이 소유권자로부터 매매에 관한 권한을 위임받은 내용의 위임장을 제시하고 매매계약을 체결하였다면 특단의 사정이 없는 한 그는 소유권자를 대리하여 매매행위를 한 것으로 보아야 할 것이고, 매매계약서의 매도인란에 대리관계의 표시가 없이 그 자신의 이름을 기재하였다고 하여도 이것만으로 그 자신이 매도인으로서 타인물의 매매를 한 것이라고 볼 수는 없는 것이다.

[❶▸○] [❷▸○] 법정대리인인 친권자의 대리행위가 객관적으로 볼 때 미성년자 본인에게는 경제적인 손실만을 초래하는 반면, 친권자나 제3자에게는 경제적인 이익을 가져오는 행위이고 행위의 상대방이 이러한 사실을 알았거나 알 수 있었을 때에는 민법 제107조 제1항 단서의 규정을 유추적용하여 행위의 효과가 자(子)에게는 미치지 않는다고 해석함이 타당하나, 그에 따라 외형상 형성된 법률관계를 기초로 하여 새로운 법률상 이해관계를 맺은 선의의 제3자에 대하여는 같은 조 제2항의 규정을 유추적용하여 누구도 그와 같은 사정을 들어 대항할 수 없으며, 제3자가 악의라는 사실에 관한 주장·증명책임은 무효를 주장하는 자에게 있다(대판 2018.4.26. 2016다3201).

[❸▸✕] 대리권이 법률행위에 의하여 부여된 경우에는 대리인은 <u>본인의 승낙이 있거나 부득이한 사유 있는 때가 아니면 복대리인을 선임하지 못한다</u>(민법 제120조).

[❹▸○] 의사표시의 효력이 의사의 흠결, 사기, 강박 또는 어느 사정을 알았거나 과실로 알지 못한 것으로 인하여 영향을 받을 경우에 그 사실의 유무는 대리인을 표준하여 결정한다(민법 제116조 제1항).

[❺▸○] 일반적으로 매매계약에서 매도인으로 나온 사람이 위와 같은 소유권자로부터 매매에 관한 권한을 위임받은 내용의 위임장을 제시하고 매매계약을 체결하였다면 특단의 사정이 없는 한 그는 소유권자를 대리하여 매매행위를 한 것으로 보아야 할 것이고, 매매계약서의 매도인란에 대리관계의 표시가 없이 그 자신의 이름을 기재하였다고 하여도 이것만으로 그 자신이 매도인으로서 타인물의 매매를 한 것이라고 볼 수는 없는 것이다(대판 1982.5.25. 81다1349·81다카1209).

답 ❸

① 매매계약의 체결과 이행에 관하여 포괄적으로 대리권을 수여받은 대리인은 특별한 다른 사정이 없는 한 상대방에 대하여 약정된 매매대금지급기일을 연기하여 줄 권한도 가진다고 보아야 할 것이다.

② 대리권 없는 자가 타인의 대리인으로 계약을 한 경우에 상대방은 상당한 기간을 정하여 본인에게 그 추인 여부의 확답을 최고할 수 있고, 본인이 그 기간 내에 확답을 발하지 않은 때에는 추인을 거절한 것으로 본다.

③ 민법 제134조에서 정한 상대방의 철회권은, 무권대리행위가 본인의 추인에 따라 효력이 좌우되어 상대방이 불안정한 지위에 놓이게 됨을 고려하여 대리권이 없었음을 알지 못한 상대방을 보호하기 위하여 상대방에게 부여된 권리로서, 상대방이 유효한 철회를 하면 무권대리행위는 확정적으로 무효가 되어 그 후에는 본인이 무권대리행위를 추인할 수 없다.

④ 대리인이 대리권 소멸 후 복대리인을 선임하여 복대리인으로 하여금 상대방과 사이에 대리행위를 하도록 한 경우에도, 상대방이 대리권 소멸 사실을 알지 못하여 복대리인에게 적법한 대리권이 있는 것으로 믿었고 그와 같이 믿은 데 과실이 없다면 민법 제129조에 의한 표현대리가 성립할 수 있다.

⑤ 증권회사의 직원이 아니면서도 사실상 투자상담사의 역할을 하는 자가 고객의 유치, 투자상담 및 권유, 위탁매매약정실적의 제고 등의 업무를 위임받아 증권회사를 대리하여 예탁금을 수령하거나 위탁매매계약을 체결한 경우 권한초과의 표현대리가 성립한다.

⸺⸺⸺⸺⸺⸺⸺⸺⸺⸺⸺⸺⸺⸺⸺⸺⸺⸺⸺⸺⸺⸺⸺⸺⸺⸺⸺⸺⸺⸺⸺⸺⸺⸺⸺⸺

[❶▸O] 부동산의 소유자로부터 매매계약을 체결할 대리권을 수여받은 대리인은 특별한 다른 사정이 없는 한 그 매매계약에서 약정한 바에 따라 중도금이나 잔금을 수령할 수도 있다고 보아야 하고, 매매계약의 체결과 이행에 관하여 포괄적으로 대리권을 수여받은 대리인은 특별한 다른 사정이 없는 한 상대방에 대하여 약정된 매매대금지급기일을 연기하여 줄 권한도 가진다고 보아야 할 것이다(대판 1992.4.14. 91다43107).

[❷▸O] 대리권 없는 자가 타인의 대리인으로 계약을 한 경우에 상대방은 상당한 기간을 정하여 본인에게 그 추인 여부의 확답을 최고할 수 있다. 본인이 그 기간 내에 확답을 발하지 아니한 때에는 추인을 거절한 것으로 본다(민법 제131조).

[❸▸O] 민법 제134조에서 정한 상대방의 철회권은, 무권대리행위가 본인의 추인에 따라 효력이 좌우되어 상대방이 불안정한 지위에 놓이게 됨을 고려하여 대리권이 없었음을 알지 못한 상대방을 보호하기 위하여 상대방에게 부여된 권리로서, 상대방이 유효한 철회를 하면 무권대리행위는 확정적으로 무효가 되어 그 후에는 본인이 무권대리행위를 추인할 수 없다(대판 2017.6.29. 2017다213838).

[❹▸O] 표현대리의 법리는 거래의 안전을 위하여 어떠한 외관적 사실을 야기한 데 원인을 준 자는 그 외관적 사실을 믿음에 정당한 사유가 있다고 인정되는 자에 대하여는 책임이 있다는 일반적인 권리외관 이론에 그 기초를 두고 있는 것인 점에 비추어 볼 때, 대리인이 대리권 소멸 후 직접 상대방과 사이에 대리행위를 하는 경우는 물론 대리인이 대리권 소멸 후 복대리인을 선임하여 복대리인으로 하여금 상대방과 사이에 대리행위를 하도록 한 경우에도, 상대방이 대리권 소멸 사실을 알지 못하여 복대리인에게 적법한 대리권이 있는 것으로 믿었고 그와 같이 믿은 데 과실이 없다면 민법 제129조에 의한 표현대리가 성립할 수 있다(대판 1998.5.29. 97다55317).

[**❺ ▸ ✕**] 민법 제126조의 표현대리가 성립하기 위하여는 무권대리인에게 법률행위에 관한 기본대리권이 있어야 하는바, 증권회사로부터 위임받은 고객의 유치, 투자상담 및 권유, 위탁매매약정실적의 제고 등의 업무는 사실행위에 불과하므로 이를 기본대리권으로 하여서는 권한초과의 표현대리가 성립할 수 없다(대판 1992.5.26. 91다32190).

답 ❺

제4절 **법률행위의 무효와 취소**

29

무효행위의 추인에 관한 다음 설명 중 가장 옳지 않은 것은?　　　**2025년 법무사시험 [문 11]**

① 부동산 소유자가 취득시효 완성 사실을 알고서 그 부동산을 제3자에게 처분하여 소유권이전등기를 마쳐주었는데, 그 부동산을 취득한 제3자가 부동산 소유자의 이와 같은 불법행위에 적극 가담하여 위 처분행위 및 제3자 명의의 등기가 무효인 경우, 시효완성 당시의 소유자가 그 무효행위를 추인하여도 그 제3자 명의의 등기는 무효이다.

② 무효행위를 추인한 때에는 달리 소급효를 인정하는 법률규정이 없는 한 새로운 법률행위를 한 것으로 보아야 하지만, 주식회사의 이사회결의와 같이 단체법적 법률효과를 가지는 법률행위의 사후 추인의 경우에는 소급효를 가진다.

③ 무권대리행위의 추인은 무권대리인 또는 상대방의 동의나 승낙을 요하지 않는 단독행위로서 추인은 의사표시의 전부에 대하여 행하여져야 하고, 그 일부에 대하여 추인을 하거나 그 내용을 변경하여 추인을 하였을 경우에는 상대방의 동의를 얻지 못하는 한 무효이다.

④ 법인의 대표자가 한 매매계약이 법인에 대한 배임행위에 해당하고 그 매매계약 상대방이 배임행위를 유인·교사하거나 배임행위의 전 과정에 관여하는 등 배임행위에 적극 가담한 경우에는 그 매매계약이 반사회적 법률행위에 해당하여 무효로 될 수 있지만, 이때 매매계약을 무효로 한 이유는 본인인 법인의 이익을 보호하기 위한 데에 있는 것이어서, 무효의 원인이 소멸된 후 본인인 법인의 진정한 의사로 무효임을 알고 추인한 때에는 새로운 법률행위로 그 효력이 생길 수 있다.

⑤ 무권리자에 의한 처분행위를 권리자가 추인한 경우에 권리자는 무권리자에 대하여 무권리자가 처분행위로 인하여 얻은 이득의 반환을 청구할 수 있다.

[**❶ ▸ ○**] [3] 부동산 소유자가 취득시효가 완성된 사실을 알고 그 부동산을 제3자에게 처분하여 소유권이전등기를 넘겨줌으로써 취득시효 완성을 원인으로 한 소유권이전등기의무가 이행불능에 빠지게 되어 시효취득을 주장하는 자가 손해를 입었다면 불법행위를 구성한다고 할 것이고, <u>부동산을 취득한 제3자가 부동산 소유자의 이와 같은 불법행위에 적극 가담하였다면 이는 사회질서에 반하는 행위로서 무효라고 할 것이다.</u> [4] <u>취득시효 완성 후 경료된 무효인 제3자 명의의 등기에 대하여 시효완성 당시의 소유자가 무효행위를 추인하여도 그 제3자 명의의 등기는 그 소유자의 불법행위에 제3자가 적극 가담하여 경료된 것으로서 사회질서에 반하여 무효라고 한 사례이다</u>(대판 2002.3.15. 2001다77352).

[**❷ ▸ ✕**] 무효행위를 추인한 때에는 달리 소급효를 인정하는 법률규정이 없는 한 새로운 법률행위를 한 것으로 보아야 하고, <u>이는 무효인 결의를 사후에 적법하게 추인하는 경우에도 마찬가지이다</u>(대판 2011.6.24. 2009다35033). 따라서 주식회사의 이사회결의와 같이 단체법적 법률효과를 가지는 법률행위의 사후 추인의 경우에도 소급효가 인정되지 않는다.

[**❸ ▸ ○**] <u>무권대리행위의 추인은 무권대리인에 의하여 행하여진 불확정한 행위에 관하여 그 행위의 효과를 자기에게 직접 발생케 하는 것을 목적으로 하는 의사표시이며, 무권대리인 또는 상대방의 동의나 승낙을 요하지 않는 단독행위로서 추인은 의사표시의 전부에 대하여 행하여져야 하고, 그 일부에 대하여 추인을 하거나 그 내용을 변경하여 추인을 하였을 경우에는 상대방의 동의를 얻지 못하는 한 무효이다</u>(대판 1982.1.26. 81다카549).

[**❹ ▸ ○**] 법인의 대표자가 한 매매계약이 법인에 대한 배임행위에 해당하고 그 매매계약 상대방이 배임행위를 유인·교사하거나 배임행위의 전 과정에 관여하는 등 배임행위에 적극 가담한 경우에는 그 매매계약이 반사회적 법률행위에 해당하여 무효로 될 수 있지만, 이때 매매계약을 무효로 한 이유는 본인인 법인의 이익을 보호하기 위한 데에 있는 것이어서, 무효의 원인이 소멸된 후 본인인 법인의 진정한 의사로 무효임을 알고 추인한 때에는 새로운 법률행위로 그 효력이 생길 수 있다(대판 2013.11.28. 2010다91831).

[**❺ ▸ ○**] 무권리자에 의한 처분행위를 권리자가 추인한 경우에 권리자는 무권리자에 대하여 무권리자가 처분행위로 인하여 얻은 이득의 반환을 청구할 수 있다(대판 2022.6.30. 2020다210686).

답 ❷

30

법률행위 취소에 관한 다음 설명 중 옳지 않은 것을 모두 고른 것은?

2024년 법무사시험 [문 25]

ㄱ. 민법 제109조 제1항 단서는 의사표시의 착오가 표의자의 중대한 과실로 인한 때에는 그 의사표시를 취소하지 못한다고 규정하고 있는데, 위 단서 규정은 표의자의 상대방의 이익을 보호하기 위한 것이므로, 상대방이 표의자의 착오를 알고 이를 이용한 경우에도 착오가 표의자의 중대한 과실로 인한 것이라면 표의자는 의사표시를 취소할 수 없다.

ㄴ. 동기의 착오가 법률행위의 내용의 중요부분의 착오에 해당함을 이유로 표의자가 법률행위를 취소하려면 그 동기를 당해 의사표시의 내용으로 삼을 것을 상대방에게 표시하고 의사표시의 해석상 법률행위의 내용으로 되어 있다고 인정되면 충분하고 당사자들 사이에 별도로 그 동기를 의사표시의 내용으로 삼기로 하는 합의까지 이루어질 필요는 없지만, 그 법률행위의 내용의 착오는 보통 일반인이 표의자의 입장에 섰더라면 그와 같은 의사표시를 하지 아니하였으리라고 여겨질 정도로 그 착오가 중요한 부분에 관한 것이어야 한다.

ㄷ. 제한능력자의 법률행위는 취소할 수 있고, 취소된 법률행위는 처음부터 무효인 것으로 보므로 제한능력자가 취소된 법률행위로 수령한 급부는 상대방에게 부당이득으로 전부 반환되어야 한다.

ㄹ. 임대차 계약에서 임차목적물이 임대인의 소유라는 사실은 중요한 필요조건이므로 목적물이 반드시 임대인의 소유일 것을 특히 계약의 내용으로 삼지 않은 경우라도 타인소유의 부동산을 임대한 것이라면 임대차계약을 해지할 사유뿐 아니라 착오를 이유로 임차인이 임대차계약을 취소할 수도 있다.

ㅁ. 상품의 선전, 광고에 있어 다소의 과장이나 허위가 수반되는 것은 그것이 일반 상거래의 관행과 신의칙에 비추어 시인될 수 있는 한 기망성이 결여된다고 하겠으나, 거래에 있어서 중요한 사항에 관하여 구체적 사실을 신의성실의 의무에 비추어 비난받을 정도의 방법으로 허위로 고지한 경우에는 기망행위에 해당한다.

① ㄱ, ㄴ

② ㄱ, ㄷ

③ ㄱ, ㄷ, ㄹ

④ ㄴ, ㄷ, ㄹ

⑤ ㄴ, ㄹ, ㅁ

[ㄱ▸×] 민법 제109조 제1항 단서는 의사표시의 착오가 표의자의 중대한 과실로 인한 때에는 그 의사표시를 취소하지 못한다고 규정하고 있는데, 위 단서 규정은 표의자의 상대방의 이익을 보호하기 위한 것이므로, 상대방이 표의자의 착오를 알고 이를 이용한 경우에는 착오가 표의자의 중대한 과실로 인한 것이라고 하더라도 표의자는 의사표시를 취소할 수 있다(대판 2014.11.27. 2013다49794).

[ㄴ▸○] 동기의 착오가 법률행위의 내용의 중요부분의 착오에 해당함을 이유로 표의자가 법률행위를 취소하려면 그 동기를 당해 의사표시의 내용으로 삼을 것을 상대방에게 표시하고 의사표시의 해석상 법률행위의 내용으로 되어 있다고 인정되면 충분하고 당사자들 사이에 별도로 그 동기를 의사표시의 내용으로 삼기로 하는 합의까지 이루어질 필요는 없지만, 그 법률행위의 내용의 착오는 보통 일반인이 표의자의 입장에 섰더라면 그와 같은 의사표시를 하지 아니하였으리라고 여겨질 정도로 그 착오가 중요한 부분에 관한 것이어야 한다(대판 2000.5.12. 2000다12259).

[ㄷ▸×] 취소된 법률행위는 처음부터 무효인 것으로 본다. 다만, 제한능력자는 그 행위로 인하여 받은 이익이 현존하는 한도에서 상환(償還)할 책임이 있다(민법 제141조).

[ㄹ ▸ ✕] 타인소유의 부동산을 임대한 것이 임대차계약을 해지할 사유는 될 수 없고 목적물이 반드시 임대인의 소유일 것을 특히 계약의 내용으로 삼은 경우라야 착오를 이유로 임차인이 임대차계약을 취소할 수 있다(대판 1975.1.28. 74다2069).

[ㅁ ▸ ○] 상품의 선전·광고에 있어 다소의 과장이나 허위가 수반되는 것은 그것이 일반 상거래의 관행과 신의칙에 비추어 시인될 수 있는 한 기망성이 결여된다고 하겠으나, 거래에 있어서 중요한 사항에 관하여 구체적 사실을 신의성실의 의무에 비추어 비난받을 정도의 방법으로 허위로 고지한 경우에는 기망행위에 해당한다(대판 2009.4.23. 2009다1313).

답 ❸

31 □□□

법률행위의 유동적 무효에 관한 다음 설명 중 가장 옳지 않은 것은?

2022년 법무사시험 [문 38]

① 토지거래계약 허가구역 내의 토지에 관하여 관할관청의 허가를 받을 것을 전제로 한 매매계약에 기한 소유권이전등기청구권 또는 토지거래계약에 관한 허가를 받을 것을 조건으로 한 소유권이전등기청구권을 피보전권리로 한 부동산처분금지가처분신청은 허용되지 않는다.

② 매매당사자 일방이 계약 당시 상대방에게 계약금을 교부한 경우 당사자 사이에 다른 약정이 없는 한 당사자 일방이 계약 이행에 착수할 때까지 계약금 교부자는 이를 포기하고 계약을 해제할 수 있고, 그 상대방은 계약금의 배액을 상환하고 계약을 해제할 수 있음이 계약 일반의 법리인 이상, 특별한 사정이 없는 한 토지거래계약허가를 받지 않아 유동적 무효 상태인 매매계약에 있어서도 당사자 사이의 매매계약은 매도인이 계약금의 배액을 상환하고 계약을 해제함으로써 적법하게 해제된다.

③ 토지거래계약허가를 받지 않아 유동적 무효의 상태에 있는 계약을 체결한 당사자는 쌍방이 그 계약이 효력이 있는 것으로 완성될 수 있도록 서로 협력할 의무가 있다고 할 것이므로, 이러한 매매계약을 체결할 당시 당사자 사이에 그 일방이 토지거래계약허가를 받기 위한 협력 자체를 이행하지 아니하거나 허가신청에 이르기 전에 매매계약을 철회하는 경우 상대방에게 일정한 손해액을 배상하기로 하는 약정을 유효하게 할 수 있다.

④ 매도인의 토지거래계약허가 신청절차에 협력할 의무와 토지거래계약허가를 받으면 매매계약 내용에 따라 매수인이 이행하여야 할 매매대금 지급의무나 이에 부수하여 매수인이 부담하기로 특약한 양도소득세 상당 금원의 지급의무는 상호 이행상의 견련성이 있으므로 동시이행관계에 있다.

⑤ 유동적 무효의 상태에 있는 거래계약의 당사자는 상대방이 그 거래계약의 효력이 완성되도록 협력할 의무를 이행하지 아니하였음을 들어 일방적으로 유동적 무효의 상태에 있는 거래계약 자체를 해제할 수 없다.

[❶ ▶ ○] 국토의 계획 및 이용에 관한 법률상의 토지거래계약 허가구역 내의 토지에 관하여 관할관청의 허가를 받을 것을 전제로 한 매매계약은 법률상 미완성의 법률행위로서 허가받기 전의 상태에서는 아무런 효력이 없어, 그 매수인이 매도인을 상대로 하여 권리의 이전 또는 설정에 관한 어떠한 이행청구도 할 수 없고, 이행청구를 허용하지 않는 취지에 비추어 볼 때 그 매매계약에 기한 소유권이전등기청구권 또는 토지거래계약에 관한 허가를 받을 것을 조건으로 한 소유권이전등기청구권을 피보전권리로 한 부동산처분금지가처분신청 또한 허용되지 않는다(대결 2010.8.26. 2010마818).

[❷ ▶ ○] 매매당사자 일방이 계약 당시 상대방에게 계약금을 교부한 경우 당사자 사이에 다른 약정이 없는 한 당사자 일방이 계약 이행에 착수할 때까지 계약금 교부자는 이를 포기하고 계약을 해제할 수 있고, 그 상대방은 계약금의 배액을 상환하고 계약을 해제할 수 있음이 계약 일반의 법리인 이상, 특별한 사정이 없는 한 국토이용관리법상의 토지거래허가를 받지 않아 유동적 무효 상태인 매매계약에 있어서도 당사자 사이의 매매계약은 매도인이 계약금의 배액을 상환하고 계약을 해제함으로써 적법하게 해제된다(대판 1997.6.27. 97다9369).

[❸ ▶ ○] 토지거래허가 구역 내의 토지에 대하여 관할 관청의 허가를 받기 전 유동적 무효 상태에 있는 계약을 체결한 당사자는 쌍방이 그 계약이 효력이 있는 것으로 완성될 수 있도록 서로 협력할 의무가 있는 것이므로, 이러한 매매계약을 체결할 당시 당사자 사이에 당사자 일방이 토지거래허가를 받기 위한 협력 자체를 이행하지 아니하거나 허가신청에 이르기 전에 매매계약을 철회하는 경우 상대방에게 일정한 손해액을 배상하기로 하는 약정을 유효하게 할 수 있다(대판 1997.2.28. 96다49933).

[❹ ▶ ✕] 국토이용관리법상의 토지거래규제구역 내의 토지에 관하여 관할 관청의 토지거래허가 없이 매매계약이 체결됨에 따라 그 매수인이 그 계약을 효력이 있는 것으로 완성시키기 위하여 매도인에 대하여 그 매매계약에 관한 토지거래허가 신청절차에 협력할 의무의 이행을 청구하는 경우, <u>매도인의 토지거래계약허가 신청절차에 협력할 의무와 토지거래허가를 받으면 매매계약 내용에 따라 매수인이 이행하여야 할 매매대금 지급의무나 이에 부수하여 매수인이 부담하기로 특약한 양도소득세 상당 금원의 지급의무 사이에는 상호 이행상의 견련성이 있다고 할 수 없으므로, 매도인으로서는 그러한 의무이행의 제공이 있을 때까지 그 협력의무의 이행을 거절할 수 있는 것은 아니다</u>(대판 1996.10.25. 96다23825).

[❺ ▶ ○] 유동적 무효의 상태에 있는 거래계약의 당사자는 상대방이 그 거래계약의 효력이 완성되도록 협력할 의무를 이행하지 아니하였음을 들어 일방적으로 유동적 무효의 상태에 있는 거래계약 자체를 해제할 수 없다(대판[전합] 1999.6.17. 98다40459).

답 ❹

다음 설명 중 가장 옳지 않은 것은?

① 통정한 허위의 의사표시는 허위표시의 당사자와 포괄승계인 이외의 자로서 그 허위표시에 의하여 외형상 형성된 법률관계를 토대로 실질적으로 새로운 법률상 이해관계를 맺은 선의의 제3자를 제외한 누구에 대하여서나 무효이고, 또한 누구든지 그 무효를 주장할 수 있다. 그러나 비록 무효인 법률행위가 그 법률행위가 성립한 당초부터 당연히 효력이 발생하지 않는 것이라 하더라도, 무효인 법률행위에 따른 법률효과를 침해하는 것처럼 보이는 위법행위나 채무불이행이 있다면 그 손해가 없다고 할 수 없으므로 손해배상을 청구할 수 있다.

② 매매계약이 약정된 매매대금의 과다로 말미암아 민법 제104조에서 정하는 '불공정한 법률행위'에 해당하여 무효인 경우에도 무효행위의 전환에 관한 민법 제138조가 적용될 수 있다. 따라서 당사자 쌍방이 위와 같은 무효를 알았더라면 대금을 다른 액으로 정하여 매매계약에 합의하였을 것이라고 예외적으로 인정되는 경우에는, 그 대금액을 내용으로 하는 매매계약이 유효하게 성립한다고 할 것이다.

③ 무권리자가 타인의 권리를 자기의 이름으로 또는 자기의 권리로 처분한 경우에, 권리자는 후일 이를 추인함으로써 그 처분행위를 인정할 수 있고, 특별한 사정이 없는 한 이로써 권리자 본인에게 위 처분행위의 효력이 발생함은 사적 자치의 원칙에 비추어 당연하고, 이 경우 추인은 명시적으로뿐만 아니라 묵시적인 방법으로도 가능하며 그 의사표시는 무권대리인이나 그 상대방 어느 쪽에 하여도 무방하다.

④ 취소의 의사표시란 반드시 명시적이어야 하는 것은 아니고, 취소자가 그 착오를 이유로 자신의 법률행위의 효력을 처음부터 배제하려고 한다는 의사가 드러나면 족한 것이며, 취소원인의 진술 없이도 취소의 의사표시는 유효한 것이다.

⑤ 당사자가 이전의 법률행위가 존재함을 알고 그 유효함을 전제로 하여 이에 터 잡은 후속행위를 하였다고 해서 그것만으로 이전의 법률행위를 묵시적으로 추인하였다고 단정할 수는 없고, 묵시적 추인을 인정하기 위해서는 이전의 법률행위가 무효임을 알거나 적어도 무효임을 의심하면서도 그 행위의 효과를 자기에게 귀속시키도록 하는 의사로 후속행위를 하였음이 인정되어야 할 것이다.

....

[❶ ▸ ✕] 통정한 허위의 의사표시는 허위표시의 당사자와 포괄승계인 이외의 자로서 그 허위표시에 의하여 외형상 형성된 법률관계를 토대로 실질적으로 새로운 법률상 이해관계를 맺은 선의의 제3자를 제외한 누구에 대하여서나 무효이고, 또한 누구든지 그 무효를 주장할 수 있는 것이다. 그리고 무효인 법률행위는 그 법률행위가 성립한 당초부터 당연히 효력이 발생하지 않는 것이므로, <u>무효인 법률행위에 따른 법률효과를 침해하는 것처럼 보이는 위법행위나 채무불이행이 있다고 하여도 법률효과의 침해에 따른 손해는 없는 것이므로 그 손해배상을 청구할 수는 없다고 보아야 한다</u>(대판 2003.3.28, 2002다72125).

[❷ ▸ ○] 매매계약이 약정된 매매대금의 과다로 말미암아 민법 제104조에서 정하는 '불공정한 법률행위'에 해당하여 무효인 경우에도 무효행위의 전환에 관한 민법 제138조가 적용될 수 있다. 따라서 당사자 쌍방이 위와 같은 무효를 알았더라면 대금을 다른 액으로 정하여 매매계약에 합의하였을 것이라고 예외적으로 인정되는 경우에는, 그 대금액을 내용으로 하는 매매계약이 유효하게 성립한다. 이때 당사자의 의사는 매매계약이 무효임을 계약 당시에 알았다면 의욕하였을 가정적 효과의사로서, 당사자 본인이 계약체결 시와 같은 구체적 사정 아래 있다고 상정하는 경우에 거래관행을 고려하여 신의성실의 원칙에 비추어 결단하였을 바를 의미한다(대판 2010.7.15, 2009다50308).

[❸ ▶ ○] 무권리자가 타인의 권리를 자기의 이름으로 또는 자기의 권리로 처분한 경우에, 권리자는 후일 이를 추인함으로써 그 처분행위를 인정할 수 있고, 특별한 사정이 없는 한 이로써 권리자 본인에게 위 처분행위의 효력이 발생함은 사적 자치의 원칙에 비추어 당연하고, 이 경우 추인은 명시적으로뿐만 아니라 묵시적인 방법으로도 가능하며 그 의사표시는 무권대리인이나 그 상대방 어느 쪽에 하여도 무방하다(대판 2001.11.9. 2001다44291).

[❹ ▶ ○] 취소의 의사표시란 반드시 명시적이어야 하는 것은 아니고, 취소자가 그 착오를 이유로 자신의 법률행위의 효력을 처음부터 배제하려고 한다는 의사가 드러나면 족한 것이며, 취소원인의 진술 없이도 취소의 의사표시는 유효한 것이므로, 신원보증서류에 서명날인하는 것으로 잘못 알고 이행보증 보험약정서를 읽어보지 않은 채 서명날인한 것일 뿐 연대보증약정을 한 사실이 없다는 주장은 위 연대보증약정을 착오를 이유로 취소한다는 취지로 볼 수 있다(대판 2005.5.27. 2004다43824).

[❺ ▶ ○] 당사자가 이전의 법률행위가 존재함을 알고 그 유효함을 전제로 하여 이에 터 잡은 후속행위를 하였다고 해서 그것만으로 이전의 법률행위를 묵시적으로 추인하였다고 단정할 수는 없고, 묵시적 추인을 인정하기 위해서는 이전의 법률행위가 무효임을 알거나 적어도 무효임을 의심하면서도 그 행위의 효과를 자기에게 귀속시키도록 하는 의사로 후속행위를 하였음이 인정되어야 할 것이다(대판 2014.3.27. 2012다106607).

탑 ❶

제5절　**법률행위의 부관**

33

조건과 기한에 관한 다음 설명 중 가장 옳지 않은 것은?　　2025년 법무사시험 [문 29]

① 조건은 법률행위 효력의 발생 또는 소멸을 장래의 불확실한 사실의 성부에 의존하게 하는 법률행위의 부관이다. 반면 장래의 사실이더라도 그것이 장래 반드시 실현되는 사실이면 실현되는 시기가 비록 확정되지 않더라도 이는 기한으로 보아야 한다.

② 법률행위에 붙은 부관이 조건인지 기한인지가 명확하지 않은 경우 법률행위의 해석을 통해서 이를 결정해야 한다. 부관에 표시된 사실이 발생하지 않으면 채무를 이행하지 않아도 된다고 보는 것이 합리적인 경우에는 조건으로 보아야 하나, 부관에 표시된 사실이 발생한 때에는 물론이고 반대로 발생하지 않는 것이 확정된 때에도 채무를 이행하여야 한다고 보는 것이 합리적인 경우에는 표시된 사실의 발생 여부가 확정되는 것을 불확정기한으로 정한 것으로 보아야 한다.

③ 기한이익 상실의 특약이 정지조건부 기한이익 상실의 특약과 형성권적 기한이익 상실의 특약 중 어느 것에 해당하느냐는 당사자의 의사해석의 문제이지만 일반적으로 기한이익 상실의 특약이 채권자를 위하여 둔 것인 점에 비추어 명백히 형성권적 기한이익 상실의 특약이라고 볼 만한 특별한 사정이 없는 이상 정지조건부 기한이익 상실의 특약으로 추정하는 것이 타당하다.

④ 기한의 이익은 상대방의 이익을 해하지 않는 한 이를 포기할 수 있으므로, 가령 이자부 소비대차의 채무자는 이행기까지의 이자를 지급하여 기한 전에 변제를 할 수 있다.

⑤ 기한의 이익 포기의 효과는 상대적이기 때문에 주채무자가 기한의 이익을 포기하더라도 그것은 보증인에게 효력이 없다.

[**❶ ▸ O**] 조건은 법률행위 효력의 발생 또는 소멸을 장래의 불확실한 사실의 성부에 의존하게 하는 법률행위의 부관이다. 반면 장래의 사실이더라도 그것이 장래 반드시 실현되는 사실이면 실현되는 시기가 비록 확정되지 않더라도 이는 기한으로 보아야 한다(대판 2018.6.28. 2018다201702).

[**❷ ▸ O**] 법률행위에 붙은 부관이 조건인지 기한인지가 명확하지 않은 경우 법률행위의 해석을 통해서 이를 결정해야 한다. 부관에 표시된 사실이 발생하지 않으면 채무를 이행하지 않아도 된다고 보는 것이 합리적인 경우에는 조건으로 보아야 한다. 그러나 부관에 표시된 사실이 발생한 때에는 물론이고 반대로 발생하지 않는 것이 확정된 때에도 채무를 이행하여야 한다고 보는 것이 합리적인 경우에는 표시된 사실의 발생 여부가 확정되는 것을 불확정기한으로 정한 것으로 보아야 한다(대판 2018.6.28. 2018다201702).

[**❸ ▸ ✕**] 기한이익 상실의 특약은 그 내용에 의하여 일정한 사유가 발생하면 채권자의 청구 등을 요함이 없이 당연히 기한의 이익이 상실되어 이행기가 도래하는 것으로 하는 정지조건부 기한이익 상실의 특약과 일정한 사유가 발생한 후 채권자의 통지나 청구 등 채권자의 의사행위를 기다려 비로소 이행기가 도래하는 것으로 하는 형성권적 기한이익 상실의 특약의 두 가지로 대별할 수 있고, 기한이익 상실의 특약이 위의 양자 중 어느 것에 해당하느냐는 당사자의 의사해석의 문제이지만 일반적으로 기한이익 상실의 특약이 채권자를 위하여 둔 것인 점에 비추어 명백히 정지조건부 기한이익 상실의 특약이라고 볼 만한 특별한 사정이 없는 이상 형성권적 기한이익 상실의 특약으로 추정하는 것이 타당하다(대판 2002.9.4. 2002다28340).

[**❹ ▸ O**] 기한의 이익은 상대방의 이익을 해하지 않는 한 이를 포기할 수 있으므로(민법 제153조 제2항), 가령 이자부 소비대차의 채무자는 이행기까지의 이자를 지급하여 기한 전에 변제를 할 수 있다(민법 제468조 참조).

[**❺ ▸ O**] 기한의 이익 포기의 효과는 상대적이므로, 기한의 이익을 포기한 당사자에게만 그 효력이 미치고 다른 이해관계자에게는 영향을 미치지 않는다. 이에 따라 주채무자가 기한의 이익을 포기하더라도 보증인에게는 그 효력이 미치지 않는다(민법 제433조 제2항 참조).

탑 ❸

34
□□□

조건, 기한 및 기간에 관한 다음 설명 중 가장 옳은 것은?　　2024년 법무사시험 [문 10]

① 기한은 채권자의 이익을 위한 것으로 추정한다.
② 조건이 법률행위의 당시 이미 성취한 것인 경우에는 그 조건이 정지조건이면 조건 없는 법률행위로 하고 해제조건이면 그 법률행위는 무효로 한다.
③ 조건이 선량한 풍속 기타 사회질서에 위반한 것인 때에는 그 조건만 무효가 될 뿐 법률행위는 무효로 되지 않는다.
④ 연령계산에서 출생일은 산입하지 아니한다.
⑤ 제척기간에도 소멸시효 중단의 규정이 준용된다.

[**❶ ▶ ✕**] 기한은 <u>채무자의 이익</u>을 위한 것으로 추정한다(민법 제153조 제1항).

[**❷ ▶ ○**] 조건이 법률행위의 당시 이미 성취한 것인 경우에는 그 조건이 정지조건이면 조건 없는 법률행위로 하고 해제조건이면 그 법률행위는 무효로 한다(민법 제151조 제2항).

[**❸ ▶ ✕**] 조건이 선량한 풍속 기타 사회질서에 위반한 것인 때에는 <u>그 법률행위는 무효로 한다</u>(민법 제151조 제1항).

[**❹ ▶ ✕**] 나이는 <u>출생일을 산입하여</u> 만(滿) 나이로 계산하고, 연수(年數)로 표시한다. 다만, 1세에 이르지 아니한 경우에는 월수(月數)로 표시할 수 있다(민법 제158조).

[**❺ ▶ ✕**] 제척기간에 있어서는 소멸시효와 같이 <u>기간의 중단이 있을 수 없다</u>(대판 2003.1.10. 2000다 26425).

답 ❷

---

35 다음 설명 중 가장 옳지 않은 것은?

2023년 법무사시험 [문 30]

① 부관이 붙은 법률행위에 있어서 부관에 표시된 사실이 발생하지 아니하면 채무를 이행하지 아니하여도 된다고 보는 것이 상당한 경우에는 정지조건으로 보아야 하고, 표시된 사실이 발생한 때에는 물론이고 반대로 발생하지 아니하는 것이 확정된 때에도 그 채무를 이행하여야 한다고 보는 것이 상당한 경우에는 표시된 사실의 발생 여부가 확정되는 것을 불확정기한으로 정한 것으로 보아야 한다.

② 부부가 협의이혼을 전제로 재산분할의 약정을 한 경우, 특별한 사정이 없는 한 그 후 협의상 이혼이 이루어지지 아니하고 혼인관계가 존속하게 되거나 재판상 이혼이 이루어진 경우에는 그 재산분할 약정은 조건의 불성취로 인하여 효력이 발생하지 않는다.

③ 조건의 성취로 인하여 불이익을 받을 당사자가 신의성실에 반하여 조건의 성취를 방해한 경우, 조건이 성취된 것으로 의제되는 시점은 이러한 신의성실에 반하는 행위가 있었던 시점이다.

④ 조건부 법률행위에 있어 조건의 내용 자체가 불법적인 것이어서 무효일 경우 또는 조건을 붙이는 것이 허용되지 아니하는 법률행위에 조건을 붙인 경우 그 조건만을 분리하여 무효로 할 수는 없고 그 법률행위 전부가 무효로 된다고 보아야 한다.

⑤ 이미 부담하고 있는 채무의 변제에 관하여 일정한 사실이 부관으로 붙여진 경우에는 특별한 사정이 없는 한 그것은 변제기를 유예한 것으로서 그 사실이 발생한 때 또는 발생하지 아니하는 것으로 확정된 때에 기한이 도래한다.

[**❶ ▶ ○**] 부관이 붙은 법률행위에 있어서 부관에 표시된 사실이 발생하지 아니하면 채무를 이행하지 아니하여도 된다고 보는 것이 상당한 경우에는 조건으로 보아야 하고, 표시된 사실이 발생한 때에는 물론이고 반대로 발생하지 아니하는 것이 확정된 때에도 그 채무를 이행하여야 한다고 보는 것이 상당한 경우에는 표시된 사실의 발생 여부가 확정되는 것을 불확정기한으로 정한 것으로 보아야 한다(대판 2003.8.19. 2003다24215).

[**❷ ▶ O**] 재산분할에 관한 협의는 혼인 중 당사자 쌍방의 협력으로 이룩한 재산의 분할에 관하여 이미 이혼을 마친 당사자 또는 아직 이혼하지 않은 당사자 사이에 행하여지는 협의를 가리키는 것인바, 그중 아직 이혼하지 않은 당사자가 장차 협의상 이혼할 것을 약정하면서 이를 전제로 하여 위 재산분할에 관한 협의를 하는 경우에 있어서는, 특별한 사정이 없는 한, 장차 당사자 사이에 협의상 이혼이 이루어질 것을 조건으로 하여 조건부 의사표시가 행하여지는 것이라 할 것이므로, 그 협의 후 당사자가 약정한 대로 협의상 이혼이 이루어진 경우에 한하여 그 협의의 효력이 발생하는 것이지, 어떠한 원인으로든지 협의상 이혼이 이루어지지 아니하고 혼인관계가 존속하게 되거나 당사자 일방이 제기한 이혼청구의 소에 의하여 재판상 이혼(화해 또는 조정에 의한 이혼을 포함한다)이 이루어진 경우에는, 그 협의는 조건의 불성취로 인하여 효력이 발생하지 않는다(대판 1995.10.12. 95다23156).

[**❸ ▶ X**] 조건의 성취로 인하여 불이익을 받을 당사자가 신의성실에 반하여 조건의 성취를 방해한 경우, <u>조건이 성취된 것으로 의제되는 시점은 이러한 신의성실에 반하는 행위가 없었더라면 조건이 성취되었으리라고 추산되는 시점이다</u>(대판 1998.12.22. 98다42356).

[**❹ ▶ O**] 조건부 법률행위에 있어 조건의 내용 자체가 불법적인 것이어서 무효일 경우 또는 조건을 붙이는 것이 허용되지 아니하는 법률행위에 조건을 붙인 경우 그 조건만을 분리하여 무효로 할 수는 없고 그 법률행위 전부가 무효로 된다(대결 2005.11.8. 2005마541).

[**❺ ▶ O**] 이미 부담하고 있는 채무의 변제에 관하여 일정한 사실이 부관으로 붙여진 경우에는 특별한 사정이 없는 한 그것은 변제기를 유예한 것으로서 그 사실이 발생한 때 또는 발생하지 아니하는 것으로 확정된 때에 기한이 도래한다(대판 2003.8.19. 2003다24215).

답 ❸

36
☐☐☐

다음 설명 중 가장 옳지 않은 것은?   2021년 법무사시험 [문 18]

① 법률행위의 해석에 있어 당사자가 표시한 문언에 의하여 객관적인 의미가 명확하게 드러나지 않는 경우에는 문언의 형식과 내용, 법률행위가 이루어진 동기 및 경위, 당사자가 법률행위에 의하여 달성하려는 목적과 진정한 의사, 거래의 관행 등을 종합적으로 고려하여 사회정의와 형평의 이념에 맞도록 논리와 경험의 법칙, 그리고 사회일반의 상식과 거래의 통념에 따라 합리적으로 해석하여야 한다.

② 조건은 법률행위 효력의 발생 또는 소멸을 장래 불확실한 사실의 발생 여부에 따라 좌우되게 하는 법률행위의 부관이고, 법률행위에서 효과의사와 일체적인 내용을 이루는 의사표시 그 자체이다.

③ 조건을 붙이고자 하는 의사는 법률행위의 내용으로 외부에 표시될 필요가 없고, 조건을 붙이고자 하는 의사가 있는지는 의사표시에 관한 법리에 따라 판단하여야 한다.

④ 조건을 붙이고자 하는 의사가 외부에 표시되었다고 인정하려면, 그 법률행위가 이루어진 동기와 경위, 그 법률행위에 의하여 달성하려는 목적, 거래의 관행 등을 종합적으로 고려하여 그 법률행위 효력의 발생 또는 소멸을 장래의 불확실한 사실의 발생 여부에 따라 좌우되게 하려는 의사가 인정되어야 한다.

⑤ 법률행위에 붙은 부관이 조건인지 기한인지가 명확하지 않은 경우 법률행위의 해석을 통해서 이를 결정해야 한다. 부관에 표시된 사실이 발생하지 않으면 채무를 이행하지 않아도 된다고 보는 것이 합리적인 경우에는 조건으로 보아야 한다. 그러나 부관에 표시된 사실이 발생한 때에는 물론이고 반대로 발생하지 않는 것이 확정된 때에도 그 채무를 이행하여야 한다고 보는 것이 합리적인 경우에는 표시된 사실의 발생 여부가 확정되는 것을 불확정기한으로 정한 것으로 보아야 한다.

[**❶ ▸ ○**] 법률행위의 해석에 있어 당사자가 표시한 문언에 의하여 객관적인 의미가 명확하게 드러나지 않는 경우에는 문언의 형식과 내용, 법률행위가 이루어진 동기 및 경위, 당사자가 법률행위에 의하여 달성하려는 목적과 진정한 의사, 거래의 관행 등을 종합적으로 고려하여 사회정의와 형평의 이념에 맞도록 논리와 경험의 법칙, 그리고 사회일반의 상식과 거래의 통념에 따라 합리적으로 해석하여야 한다(대판 2020.7.9. 2020다202821).

[**❷ ▸ ○**] [**❸ ▸ ✕**] [**❹ ▸ ○**] 조건은 법률행위 효력의 발생 또는 소멸을 장래 불확실한 사실의 발생 여부에 따라 좌우되게 하는 법률행위의 부관이고, 법률행위에서 효과의사와 일체적인 내용을 이루는 의사표시 그 자체이다. 조건을 붙이고자 하는 의사는 법률행위의 내용으로 외부에 표시되어야 하고, 조건을 붙이고자 하는 의사가 있는지는 의사표시에 관한 법리에 따라 판단하여야 한다. 조건을 붙이고자 하는 의사가 외부에 표시되었다고 인정하려면, 법률행위가 이루어진 동기와 경위, 법률행위에 의하여 달성하려는 목적, 거래의 관행 등을 종합적으로 고려하여 법률행위 효력의 발생 또는 소멸을 장래의 불확실한 사실의 발생 여부에 따라 좌우되게 하려는 의사가 인정되어야 한다(대판 2020.7.9. 2020다202821).

[**❺ ▸ ○**] 부관이 붙은 법률행위에 있어서 부관에 표시된 사실이 발생하지 아니하면 채무를 이행하지 아니하여도 된다고 보는 것이 상당한 경우에는 조건으로 보아야 하고, 표시된 사실이 발생한 때에는 물론이고 반대로 발생하지 아니하는 것이 확정된 때에도 그 채무를 이행하여야 한다고 보는 것이 상당한 경우에는 표시된 사실의 발생 여부가 확정되는 것을 불확정기한으로 정한 것으로 보아야 한다(대판 2003.8.19. 2003다24215).

答 ❸

제5장 / 기간과 소멸시효

제1절 기 간

제2절 소멸시효

37 □□□ **소멸시효에 관한 다음 설명 중 가장 옳지 않은 것은?** 2025년 법무사시험 [문 26]

① 소멸시효의 기산일은 변론주의의 적용 대상이고, 따라서 본래의 소멸시효 기산일과 당사자가 주장하는 기산일이 서로 다른 경우에는 변론주의의 원칙상 법원은 당사자가 주장하는 기산일을 기준으로 소멸시효를 계산하여야 한다.

② 민법 제163조 제2호 소정의 '의사의 치료에 관한 채권'에 있어서는, 특약이 없는 한 그 개개의 진료가 종료될 때마다 각각의 당해 진료에 필요한 비용의 이행기가 도래하여 그에 대한 소멸시효가 진행된다고 해석함이 상당하고, 장기간 입원 치료를 받는 경우라 하더라도 다른 특약이 없는 한 입원 치료 중에 환자에 대하여 치료비를 청구함에 아무런 장애가 없으므로 퇴원 시부터 소멸시효가 진행된다고 볼 수는 없다.

③ 특별한 사정이 없는 한 임치계약 해지에 따른 임치물 반환청구권의 소멸시효는 임치인이 임치계약을 해지한 때부터 진행하는 것이지, 임치계약이 성립하여 임치물이 수치인에게 인도된 때부터 진행한다고 볼 수 없다.

④ 매도인에 대한 하자담보에 기한 매수인의 손해배상청구권은 권리의 내용·성질 및 취지에 비추어 민법 제162조 제1항의 채권 소멸시효의 규정이 적용되고, 다른 특별한 사정이 없는 한 매수인이 매매 목적물을 인도받은 때부터 소멸시효가 진행한다고 해석함이 타당하다.

⑤ 부당이득반환청구권은 그 발생과 동시에 행사할 수 있으므로, 부당이득채권이 발생한 때부터 소멸시효가 진행한다.

[❶ ▸ ○] 소멸시효의 기산일은 채무의 소멸이라고 하는 법률효과 발생의 요건에 해당하는 소멸시효 기간 계산의 시발점으로서 소멸시효 항변의 법률요건을 구성하는 구체적인 사실에 해당하므로 이는 변론주의의 적용 대상이고, 따라서 본래의 소멸시효 기산일과 당사자가 주장하는 기산일이 서로 다른 경우에는 변론주의의 원칙상 법원은 당사자가 주장하는 기산일을 기준으로 소멸시효를 계산하여야 하는데, 이는 당사자가 본래의 기산일보다 뒤의 날짜를 기산일로 하여 주장하는 경우는 물론이고 특별한 사정이 없는 한 그 반대의 경우에 있어서도 마찬가지이다(대판 1995.8.25. 94다35886).

[❷ ▸ ○] 민법 제163조 제2호 소정의 '의사의 치료에 관한 채권'에 있어서는, 특약이 없는 한 그 개개의 진료가 종료될 때마다 각각의 당해 진료에 필요한 비용의 이행기가 도래하여 그에 대한 소멸시효가 진행된다고 해석함이 상당하고, 장기간 입원 치료를 받는 경우라 하더라도 다른 특약이 없는 한 입원 치료 중에 환자에 대하여 치료비를 청구함에 아무런 장애가 없으므로 퇴원 시부터 소멸시효가 진행된다고 볼 수는 없다(대판 2001.11.9. 2001다52568).

[**❸ ▸ ✕**] 임치계약 해지에 따른 임치물 반환청구는 임치계약 성립 시부터 당연히 예정된 것이고, 임치계약에서 임치인은 언제든지 계약을 해지하고 임치물의 반환을 구할 수 있는 것이므로, <u>특별한 사정이 없는 한 임치물 반환청구권의 소멸시효는 임치계약이 성립하여 임치물이 수치인에게 인도된 때부터 진행하는 것이지, 임치인이 임치계약을 해지한 때부터 진행한다고 볼 수 없다</u>(대판 2022.8.19. 2020다220140).

[**❹ ▸ ○**] 매도인에 대한 하자담보에 기한 손해배상청구권에 대하여는 민법 제582조의 제척기간이 적용되고, 이는 법률관계의 조속한 안정을 도모하고자 하는 데에 취지가 있다. 그런데 <u>하자담보에 기한 매수인의 손해배상청구권은 권리의 내용·성질 및 취지에 비추어 민법 제162조 제1항의 채권 소멸시효의 규정이 적용되고, 민법 제582조의 제척기간 규정으로 인하여 소멸시효 규정의 적용이 배제된다고 볼 수 없으며, 이때 다른 특별한 사정이 없는 한 무엇보다도 매수인이 매매 목적물을 인도받은 때부터 소멸시효가 진행한다고</u> 해석함이 타당하다(대판 2011.10.13. 2011다10266).

[**❺ ▸ ○**] <u>부당이득반환청구권은 법률상 원인 없이 타인의 재산 또는 노무로 인하여 이익을 얻고 이로 인하여 타인에게 손해를 가한 경우에 성립하며, 그 성립과 동시에 권리를 행사할 수 있으므로 청구권이 성립한 때부터 소멸시효가 진행한다</u>(대판 2017.7.18. 2017다9039).

답 ❸

38

소멸시효에 관한 다음 설명 중 옳지 않은 것을 모두 고른 것은? 2024년 법무사시험 [문 7]

ㄱ. 연예인의 임금 채권은 1년간 행사하지 아니하면 소멸시효가 완성한다.

ㄴ. 채권자가 영업양도가 이루어진 뒤 영업양도인을 상대로 소를 제기하여 확정판결을 받아 영업양도인에 대한 관계에서 소멸시효가 중단되거나 소멸시효 기간이 연장되었다면 그와 같은 소멸시효 중단이나 소멸시효 연장의 효과는 상호를 속용하는 영업양수인에게도 미친다.

ㄷ. 부동산경매절차에서 채무자에게 교부할 잉여금이 공탁된 경우, 채무자의 공탁금지급청구권은 공탁일부터 소멸시효가 진행하고, 부동산경매절차에서 채무자에 대한 송달이 공시송달의 방법으로 이루어짐으로써 채무자가 경매진행 사실 및 잉여금의 존재에 관하여 사실상 알지 못하였다고 하더라도 소멸시효기간이 진행한다.

ㄹ. 채무불이행에 따른 해제의 의사표시 당시에 이미 채무불이행의 대상이 되는 본래 채권이 시효가 완성되어 소멸하였다고 하더라도, 특별한 사정이 없는 한 채권자는 채무불이행 시점이 본래 채권의 시효 완성 전이라면 그 채무불이행을 이유로 한 해제권 및 이에 기한 원상회복청구권을 행사할 수 있다.

ㅁ. 채무자가 제3채무자를 상대로 금전채권의 이행을 구하는 소를 제기한 후 채권자가 위 금전채권에 대하여 압류 및 추심명령을 받아 제3채무자를 상대로 추심의 소를 제기한 경우, 채무자가 권리주체의 지위에서 한 시효중단의 효력은 추심채권자에게도 미친다.

① ㄱ, ㄴ ② ㄱ, ㄷ
③ ㄱ, ㄹ ④ ㄴ, ㄹ
⑤ ㄴ, ㅁ

[ㄱ▸O] 민법 제164조 제3호

> **민법 제164조(1년의 단기소멸시효)**
> 다음 각 호의 채권은 1년간 행사하지 아니하면 소멸시효가 완성한다.
> 1. 여관, 음식점, 대석, 오락장의 숙박료, 음식료, 대석료, 입장료, 소비물의 대가 및 체당금의 채권
> 2. 의복, 침구, 장구 기타 동산의 사용료의 채권
> 3. 노역인, 연예인의 임금 및 그에 공급한 물건의 대금채권
> 4. 학생 및 수업자의 교육, 의식 및 유숙에 관한 교주, 숙주, 교사의 채권

[ㄴ▸X] 영업양도인의 영업으로 인한 채무와 상호를 속용하는 영업양수인의 상법 제42조 제1항에 따른 채무는 같은 경제적 목적을 가진 채무로서 서로 중첩되는 부분에 관하여는 일방의 채무가 변제 등으로 소멸하면 다른 일방의 채무도 소멸하는 이른바 부진정연대의 관계에 있다. 따라서 채권자가 영업양도인을 상대로 소를 제기하여 확정판결을 받아 소멸시효가 중단되거나 소멸시효 기간이 연장된 뒤 영업양도가 이루어졌다면 그와 같은 소멸시효 중단이나 소멸시효 연장의 효과는 상호를 속용하는 영업양수인에게 미치지만, 채권자가 영업양도가 이루어진 뒤 영업양도인을 상대로 소를 제기하여 확정 판결을 받았다면 영업양도인에 대한 관계에서 소멸시효가 중단되거나 소멸시효 기간이 연장된다고 하더라도 그와 같은 소멸시효 중단이나 소멸시효 연장의 효과는 상호를 속용하는 영업양수인에게 미치지 않는다(대판 2023.12.7. 2020다225138).

[ㄷ▸O] 공탁물이 금전인 경우 그 원금 또는 이자의 수령, 회수에 대한 권리는 그 권리를 행사할 수 있는 때부터 10년간 행사하지 아니하면 시효로 소멸하는데(공탁법 제9조 제3항), 경매절차에서 채무자에게 교부할 잉여금을 공탁한 경우에는 권리를 행사할 수 있는 공탁일부터 소멸시효기간이 진행한다[대법원 행정예규(제948호)인 '공탁금지급청구권의 소멸시효와 국고귀속절차' 2.의 다. (2)항]. 한편 소멸시효는 객관적으로 권리가 발생하고 그 권리를 행사할 수 있는 때부터 진행하고, 그 권리를 행사할 수 없는 동안에는 진행하지 아니한다. 여기서 '권리를 행사할 수 없다.'란 그 권리행사에 법률상의 장애사유, 예컨대 기간의 미도래나 조건불성취 등이 있는 경우를 말하는 것이고, 사실상 그 권리의 존부나 권리행사의 가능성을 알지 못하였거나 알지 못함에 과실이 없다고 하여도 이러한 사유는 법률상 장애사유에 해당한다고 할 수 없다. 따라서 부동산경매절차에서 채무자에 대한 송달이 공시송달의 방법으로 이루어짐으로써 채무자가 경매진행 사실 및 잉여금의 존재에 관하여 사실상 알지 못하였다고 하더라도 소멸시효기간이 진행한다(대결 2024.4.30. 2023그887).

[ㄹ▸X] 이행불능 또는 이행지체를 이유로 한 법정해제권은 채무자의 채무불이행에 대한 구제수단으로 인정되는 권리이다. 따라서 채무자가 이행해야 할 본래 채무가 이행불능이라는 이유로 계약을 해제하려면 그 이행불능의 대상이 되는 채무자의 본래 채무가 유효하게 존속하고 있어야 한다. 민법 제167조는 "소멸시효는 그 기산일에 소급하여 효력이 생긴다."라고 정한다. 본래 채권이 시효로 인하여 소멸하였다면 그 채권은 그 기산일에 소급하여 더는 존재하지 않는 것이 되어 채권자는 그 권리의 이행을 구할 수 없는 것이고, 이와 같이 본래 채권이 유효하게 존속하지 않는 이상 본래 채무의 불이행을 이유로 계약을 해제할 수 없다고 보아야 한다. 결국 채무불이행에 따른 해제의 의사표시 당시에 이미 채무불이행의 대상이 되는 본래 채권이 시효가 완성되어 소멸하였다면, 채무자가 소멸시효의 완성을 주장하는 것이 신의성실의 원칙에 반하여 허용될 수 없다는 등의 특별한 사정이 없는 한, 채권자는 채무불이행 시점이 본래 채권의 시효 완성 전인지 후인지를 불문하고 그 채무불이행을 이유로 한 해제권 및 이에 기한 원상회복청구권을 행사할 수 없다(대판 2022.9.29. 2019다204593).

[ㅁ▸O] 채무자의 제3채무자에 대한 금전채권에 대하여 압류 및 추심명령이 있더라도, 이는 추심채권자에게 피압류채권을 추심할 권능만을 부여하는 것이고, 이로 인하여 채무자가 제3채무자에게 가지는 채권이 추심채권자에게 이전되거나 귀속되는 것은 아니다. 따라서 채무자가 제3채무자를 상대로 금전채권의 이행을 구하는 소를 제기한 후 채권자가 위 금전채권에 대하여 압류 및 추심명령을 받아 제3채무자를 상대로 추심의 소를 제기한 경우, 채무자가 권리주체의 지위에서 한 시효중단의 효력은 집행법원의 수권에 따라 피압류채권에 대한 추심권능을 부여받아 일종의 추심기관으로서 그 채권을 추심하는 추심채권자에게도 미친다(대판 2019.7.25. 2019다212945).

답 ❹

39
소멸시효에 관한 다음 설명 중 가장 옳지 않은 것은?   2023년 법무사시험 [문 10]

① 부진정연대채무에서 채무자 1인에 대한 재판상 청구 또는 채무자 1인이 행한 채무의 승인 등 소멸시효의 중단사유나 시효이익의 포기는 다른 채무자에게 효력을 미치지 않는다.
② 후순위 담보권자는 선순위 담보권의 피담보채권이 소멸하면 담보권의 순위가 상승하고 이에 따라 피담보채권에 대한 배당액이 증가할 수 있으므로, 선순위 담보권의 피담보채권에 관한 소멸시효가 완성되었다고 주장할 수 있다.
③ 보증채무에 대한 소멸시효가 중단되는 등의 사유로 완성되지 아니하였다고 하더라도 주채무에 대한 소멸시효가 완성된 경우에는 시효완성 사실로써 주채무가 당연히 소멸되므로 보증채무의 부종성에 따라 보증채무 역시 당연히 소멸된다.
④ 특별한 사정이 없는 한 임치물 반환청구권의 소멸시효는 임치계약이 성립하여 임치물이 수치인에게 인도된 때부터 진행하는 것이지, 임치인이 임치계약을 해지한 때부터 진행한다고 볼 수 없다.
⑤ 주택임대차보호법에 따른 임대차에서 임차인이 임대차 종료 후 동시이행항변권을 근거로 임차목적물을 계속 점유하고 있는 경우에는 보증금반환채권에 대한 소멸시효가 진행하지 않는다.

....

[❶▸O] 부진정연대채무에서 채무자 1인에 대한 재판상 청구 또는 채무자 1인이 행한 채무의 승인 등 소멸시효의 중단사유나 시효이익의 포기는 다른 채무자에게 효력을 미치지 않는다(대판 2017.9.12. 2017다865).
[❷▸✕] 소멸시효가 완성된 경우 이를 주장할 수 있는 사람은 시효로 채무가 소멸되는 결과 직접적인 이익을 받는 사람에 한정된다. 후순위 담보권자는 선순위 담보권의 피담보채권이 소멸하면 담보권의 순위가 상승하고 이에 따라 피담보채권에 대한 배당액이 증가할 수 있지만, 이러한 배당액 증가에 대한 기대는 담보권의 순위 상승에 따른 반사적 이익에 지나지 않는다. <u>후순위 담보권자는 선순위 담보권의 피담보채권 소멸로 직접 이익을 받는 자에 해당하지 않아 선순위 담보권의 피담보채권에 관한 소멸시효가 완성되었다고 주장할 수 없다고 보아야 한다</u>(대판 2021.2.25. 2016다232597).
[❸▸O] 보증채무에 대한 소멸시효가 중단되는 등의 사유로 완성되지 아니하였다고 하더라도 주채무에 대한 소멸시효가 완성된 경우에는 시효완성 사실로써 주채무가 당연히 소멸되므로 보증채무의 부종성에 따라 보증채무 역시 당연히 소멸된다(대판 2012.7.12. 2010다51192).
[❹▸O] 임치계약 해지에 따른 임치물 반환청구는 임치계약 성립 시부터 당연히 예정된 것이고, 임치계약에서 임치인은 언제든지 계약을 해지하고 임치물의 반환을 구할 수 있는 것이므로, 특별한 사정이 없는 한 임치물 반환청구권의 소멸시효는 임치계약이 성립하여 임치물이 수치인에게 인도된 때부터 진행하는 것이지, 임치인이 임치계약을 해지한 때부터 진행한다고 볼 수 없다(대판 2022.8.19. 2020다220140).

[**❺ ▶ O**] 임대차가 종료함에 따라 발생한 임차인의 목적물반환의무와 임대인의 보증금반환의무는 동시이행관계에 있다. 임차인이 임대차 종료 후 동시이행항변권을 근거로 임차목적물을 계속 점유하는 것은 임대인에 대한 보증금반환채권에 기초한 권능을 행사한 것으로서 보증금을 반환받으려는 계속적인 권리행사의 모습이 분명하게 표시되었다고 볼 수 있다. 따라서 임대차 종료 후 임차인이 보증금을 반환받기 위해 목적물을 점유하는 경우 보증금반환채권에 대한 권리를 행사하는 것으로 보아야 하고, 임차인이 임대인에 대하여 직접적인 이행청구를 하지 않았다고 해서 권리의 불행사라는 상태가 계속되고 있다고 볼 수 없다. … 위와 같은 소멸시효 제도의 존재 이유와 취지, 임대차기간이 끝난 후 보증금반환채권에 관계되는 당사자 사이의 이익형량, 주택임대차보호법 제4조 제2항의 입법 취지 등을 종합하면, 주택임대차보호법에 따른 임대차에서 그 기간이 끝난 후 임차인이 보증금을 반환받기 위해 목적물을 점유하고 있는 경우 보증금반환채권에 대한 소멸시효는 진행하지 않는다고 보아야 한다(대판 2020.7.9. 2016다 244224).

답 ❷

40 다음 설명 중 가장 옳지 않은 것은?   2021년 법무사시험 [문 31]

① 소멸시효중단사유로서의 채무승인은 시효의 이익을 받는 이가 상대방의 권리 등의 존재를 인정하는 일방적 행위로서, 그 권리의 원인·내용이나 범위 등에 관한 구체적 사항을 확인하여야 하는 것은 아니고, 그에 있어서 채무자가 권리 등의 법적 성질까지 알고 있거나 권리 등의 발생원인을 특정하여야 할 필요는 없다고 할 것이다.

② 타인의 채무를 담보하기 위하여 자기의 물건에 담보권을 설정한 물상보증인은 채권자에 대하여 물적 유한책임을 지고 있어 그 피담보채권의 소멸에 의하여 직접 이익을 받는 관계에 있으므로 소멸시효의 완성을 주장할 수 있다. 또한 물상보증인이 그 피담보채무의 부존재 또는 소멸을 이유로 제기한 저당권설정등기말소등기절차이행청구소송에서 채권자 겸 저당권자가 청구기각의 판결을 구하고 피담보채권의 존재를 주장하였다면 민법 제168조 제1호 소정의 소멸시효중단사유인 '청구'에 해당한다.

③ 형사소송은 피고인에 대한 국가형벌권의 행사를 그 목적으로 하는 것이므로, 피해자가 형사소송에서 소송촉진 등에 관한 특례법에서 정한 배상명령을 신청한 경우를 제외하고는 단지 피해자가 가해자를 상대로 고소하거나 그 고소에 기하여 형사재판이 개시되어도 이를 가지고 소멸시효의 중단사유인 재판상의 청구로 볼 수는 없다. 또한 검사 작성의 피의자신문조서에서 피의자의 진술은 어디까지나 검사를 상대로 이루어지는 것이어서 그 진술기재 가운데 채무의 일부를 승인하는 의사가 표시되어 있다고 하더라도, 그 기재 부분만으로 곧바로 소멸시효중단사유로서 승인의 의사표시가 있는 것으로 볼 수도 없다.

④ 이행인수는 채무자와 인수인 사이의 계약에 따라 인수인이 채권자에 대한 채무를 변제하기로 약정하는 것을 말한다. 이 경우 인수인은 채무자의 채무를 변제하는 등으로 면책시킬 의무를 부담하지만 채권자에 대한 관계에서 직접 이행의무를 부담하게 되는 것은 아니다. 한편 소멸시효중단사유인 채무의 승인은 시효이익을 받을 당사자나 대리인만 할 수 있으므로 이행인수인이 채권자에 대하여 채무자의 채무를 승인하더라도 다른 특별한 사정이 없는 한 시효중단사유가 되는 채무승인의 효력은 발생하지 않는다.

⑤ 소멸시효의 중단사유로서의 승인은 소멸시효의 진행이 개시된 이후에만 가능하고 그 이전에 승인을 하더라도 시효가 중단되지는 않는다고 할 것이고, 또한 현존하지 아니하는 장래의 채권을 미리 승인하는 것은 채무자가 그 권리의 존재를 인식하고서 한 것이라고 볼 수 없어 허용되지 않는다고 할 것이다.

[❶ ▶ O] 소멸시효중단사유로서의 채무승인은 시효이익을 받는 당사자인 채무자가 소멸시효의 완성으로 채권을 상실하게 될 이 또는 그 대리인에 대하여 상대방의 권리 또는 자신의 채무가 있음을 알고 있다는 뜻을 표시함으로써 성립하며, 그 표시의 방법은 아무런 형식을 요구하지 아니하고 묵시적이건 명시적이건 묻지 아니한다. 또한 승인은 시효의 이익을 받는 이가 상대방의 권리 등의 존재를 인정하는 일방적 행위로서, 그 권리의 원인·내용이나 범위 등에 관한 구체적 사항을 확인하여야 하는 것은 아니고, 그에 있어서 채무자가 권리 등의 법적 성질까지 알고 있거나 권리 등의 발생원인을 특정하여야 할 필요는 없다고 할 것이다. 그리고 그와 같은 승인이 있는지 여부는 문제가 되는 표현행위의 내용·동기 및 경위, 당사자가 그 행위 등에 의하여 달성하려고 하는 목적과 진정한 의도 등을 종합적으로 고찰하여 사회정의와 형평의 이념에 맞도록 논리와 경험의 법칙, 그리고 사회일반의 상식에 따라 객관적이고 합리적으로 이루어져야 한다(대판 2012.10.25. 2012다45566).

[❷ ▶ X] 타인의 채무를 담보하기 위하여 자기의 물건에 담보권을 설정한 물상보증인은 채권자에 대하여 물적 유한책임을 지고 있어 그 피담보채권의 소멸에 의하여 직접 이익을 받는 관계에 있으므로 소멸시효의 완성을 주장할 수 있는 것이지만, 채권자에 대하여는 아무런 채무도 부담하고 있지 아니하므로, <u>물상보증인이 그 피담보채무의 부존재 또는 소멸을 이유로 제기한 저당권설정등기말소등기절차이행청구소송에서 채권자 겸 저당권자가 청구기각의 판결을 구하고 피담보채권의 존재를 주장하였다고 하더라도 이로써 직접 채무자에 대하여 재판상 청구를 한 것으로 볼 수는 없는 것이므로 피담보채권의 소멸시효에 관하여 규정한 민법 제168조 제1호 소정의 '청구'에 해당하지 아니한다</u>(대판 2004.1.16. 2003다30890).

[❸ ▶ O] 형사소송은 피고인에 대한 국가형벌권의 행사를 그 목적으로 하는 것이므로, 피해자가 형사소송에서 소송촉진 등에 관한 특례법에서 정한 배상명령을 신청한 경우를 제외하고는 단지 피해자가 가해자를 상대로 고소하거나 그 고소에 기하여 형사재판이 개시되어도 이를 가지고 소멸시효의 중단사유인 재판상의 청구로 볼 수는 없다. 또한 소멸시효중단사유로서 승인은 시효이익을 받을 당사자인 채무자가 소멸시효의 완성으로 권리를 상실하게 될 자 또는 그 대리인에 대하여 그 권리가 존재함을 인식하고 있다는 뜻을 표시함으로써 성립하는 것인바, 검사 작성의 피의자신문조서는 검사가 피의자를 신문하여 그 진술을 기재한 조서로서 그 작성형식은 원칙적으로 검사의 신문에 대하여 피의자가 응답하는 형태를 취하여 피의자의 진술은 어디까지나 검사를 상대로 이루어지는 것이어서 그 진술기재 가운데 채무의 일부를 승인하는 의사가 표시되어 있다고 하더라도, 그 기재 부분만으로 곧바로 소멸시효중단사유로서 승인의 의사표시가 있는 것으로는 볼 수 없다(대판 1999.3.12. 98다18124).

[❹ ▶ O] 이행인수는 채무자와 인수인 사이의 계약에 따라 인수인이 채권자에 대한 채무를 변제하기로 약정하는 것을 말한다. 이 경우 인수인은 채무자의 채무를 변제하는 등으로 면책시킬 의무를 부담하지만 채권자에 대한 관계에서 직접 이행의무를 부담하게 되는 것은 아니다. 한편 소멸시효중단사유인 채무의 승인은 시효이익을 받을 당사자나 대리인만 할 수 있으므로 이행인수인이 채권자에 대하여 채무자의 채무를 승인하더라도 다른 특별한 사정이 없는 한 시효중단사유가 되는 채무승인의 효력은 발생하지 않는다(대판 2016.10.27. 2015다239744).

[❺ ▶ O] 소멸시효의 중단사유로서의 승인은 시효이익을 받을 당사자인 채무자가 그 권리의 존재를 인식하고 있다는 뜻을 표시함으로써 성립하는 것이므로 이는 소멸시효의 진행이 개시된 이후에만 가능하고 그 이전에 승인을 하더라도 시효가 중단되지는 않는다고 할 것이고, 또한 현존하지 아니하는 장래의 채권을 미리 승인하는 것은 채무자가 그 권리의 존재를 인식하고서 한 것이라고 볼 수 없어 허용되지 않는다고 할 것이다(대판 2001.11.9. 2001다52568).

답 ❷

① 건물에 관한 소유권이전등기청구권에 있어서 그 목적물인 건물이 완공되지 아니하여 이를 행사할 수 없었다는 사유는 사실상의 장애사유에 불과하다.

② 체납처분에 의한 채권압류로 인하여 채권자의 채무자에 대한 채권의 시효가 중단된 경우에 압류에 의한 체납처분 절차가 채권추심 등으로 종료된 때뿐만 아니라, 피압류채권이 기본계약관계의 해지·실효 또는 소멸시효 완성 등으로 인하여 소멸함으로써 압류의 대상이 존재하지 않게 되어 압류 자체가 실효된 경우에도 체납처분 절차는 더 이상 진행될 수 없으므로 시효중단사유가 종료한 것으로 보아야 하고, 그때부터 시효가 새로이 진행한다.

③ 소멸시효중단사유로서의 채무승인은 시효이익을 받는 당사자인 채무자가 소멸시효의 완성으로 채권을 상실하게 될 자에 대하여 상대방의 권리 또는 자신의 채무가 있음을 알고 있다는 뜻을 표시함으로써 성립하는 이른바 관념의 통지로 여기에 어떠한 효과의사가 필요하지 않지만, 이에 반하여 시효완성 후 시효이익의 포기가 인정되려면 시효이익을 받는 채무자가 시효의 완성으로 인한 법적인 이익을 받지 않겠다는 효과의사가 필요하다.

④ 소멸시효의 기간만료 전 6개월 내에 제한능력자에게 법정대리인이 없는 경우에는 그가 능력자가 되거나 법정대리인이 취임한 때부터 6개월 내에는 시효가 완성되지 아니한다.

⑤ 진료계약을 체결하면서 "입원료 기타 제요금이 체납될 시는 병원의 법적 조치에 대하여 아무런 이의를 하지 않겠다"고 약정하였다 하더라도, 이로써 그 당시 아직 발생하지도 않은 치료비 채무의 존재를 미리 승인하였다고 볼 수는 없다.

....

[**❶** ▶ ✕] 소멸시효는 객관적으로 권리가 발생하여 그 권리를 행사할 수 있는 때로부터 진행하고 그 권리를 행사할 수 없는 동안만은 진행하지 않는바, '권리를 행사할 수 없는' 경우란, 권리자가 권리의 존재나 권리행사 가능성을 알지 못하였다는 등의 사실상 장애사유가 있는 경우가 아니라, 법률상의 장애사유, 예컨대 기간의 미도래나 조건불성취 등이 있는 경우를 말하는데, <u>건물에 관한 소유권이전등기청구권에 있어서 그 목적물인 건물이 완공되지 아니하여 이를 행사할 수 없었다는 사유는 법률상의 장애사유에 해당한다</u>(대판 2007.8.23. 2007다28024).

[**❷** ▶ ○] 체납처분에 의한 채권압류로 인하여 채권자의 채무자에 대한 채권의 시효가 중단된 경우에 압류에 의한 체납처분 절차가 채권추심 등으로 종료된 때뿐만 아니라, 피압류채권이 기본계약관계의 해시·실효 또는 소멸시효 완성 등으로 인하여 소멸함으로써 압류의 대상이 존재하지 않게 되어 압류 자체가 실효된 경우에도 체납처분 절차는 더 이상 진행될 수 없으므로 시효중단사유가 종료한 것으로 보아야 하고, 그때부터 시효가 새로이 진행한다(대판 2017.4.28. 2016다239840).

[**❸** ▶ ○] 소멸시효중단사유로서의 채무승인은 시효이익을 받는 당사자인 채무자가 소멸시효의 완성으로 채권을 상실하게 될 자에 대하여 상대방의 권리 또는 자신의 채무가 있음을 알고 있다는 뜻을 표시함으로써 성립하는 이른바 관념의 통지로 여기에 어떠한 효과의사가 필요하지 않다. 이에 반하여 시효완성 후 시효이익의 포기가 인정되려면 시효이익을 받는 채무자가 시효의 완성으로 인한 법적인 이익을 받지 않겠다는 효과의사가 필요하기 때문에 시효완성 후 소멸시효중단사유에 해당하는 채무의 승인이 있었다 하더라도 그것만으로는 곧바로 소멸시효 이익의 포기라는 의사표시가 있었다고 단정할 수 없다(대판 2013.2.28. 2011다21556).

[**❹ ▶ ○**] 소멸시효의 기간만료 전 6개월 내에 제한능력자에게 법정대리인이 없는 경우에는 그가 능력자가 되거나 법정대리인이 취임한 때부터 6개월 내에는 시효가 완성되지 아니한다(민법 제179조).

[**❺ ▶ ○**] 진료계약을 체결하면서 "입원료 기타 제요금이 체납될 시는 병원의 법적 조치에 대하여 아무런 이의를 하지 않겠다"고 약정하였다 하더라도, 이로써 그 당시 아직 발생하지도 않은 치료비 채무의 존재를 미리 승인하였다고 볼 수는 없다(대판 2001.11.9. 2001다52568).

답 ❶

42
☐☐☐

제척기간에 관한 다음 설명 중 가장 옳지 않은 것은?

2023년 법무사시험 [문 20]

① 제척기간에 있어서는 소멸시효와 같이 기간의 중단이 있을 수 없다.

② 제척기간이 도과하였는지 여부는 직권조사사항으로서 이에 대한 당사자의 주장이 없더라도 법원이 당연히 직권으로 조사하여 재판에 고려하여야 한다.

③ 소멸시효가 일정한 기간의 경과와 권리의 불행사라는 사정에 의하여 권리소멸의 효과를 가져오는 것과는 달리 제척기간은 그 기간의 경과 자체만으로 곧 권리소멸의 효과를 가져온다.

④ 제척기간 진행의 기산점은 특별한 사정이 없는 한 원칙적으로 권리가 발생한 때이나, 당사자 사이에 매매예약완결권을 행사할 수 있는 시기를 특별히 약정한 경우에는 그 제척기간은 그 약정에 따라 권리를 행사할 수 있는 때로부터 10년이 되는 날까지이다.

⑤ 채권양도의 통지는 양도인이 채권이 양도되었다는 사실을 채무자에게 알리는 것에 그치는 행위이므로, 그것만으로 제척기간의 준수에 필요한 권리의 재판 외 행사에 해당한다고 할 수 없다.

....

[**❶ ▶ ○**] 제척기간에 있어서는 소멸시효와 같이 기간의 중단이 있을 수 없다(대판 2003.1.10. 2000다26425).

[**❷ ▶ ○**] 예약완결권의 제척기간이 도과하였는지 여부는 직권조사사항으로서 이에 대한 당사자의 주장이 없더라도 법원이 당연히 직권으로 조사하여 재판에 고려하여야 한다(대판 2019.7.25. 2019다227817).

[**❸ ▶ ○**] [**❹ ▶ ✕**] 제척기간은 권리자로 하여금 당해 권리를 신속하게 행사하도록 함으로써 법률관계를 조속히 확정시키려는 데 그 제도의 취지가 있는 것으로서, 소멸시효가 일정한 기간의 경과와 권리의 불행사라는 사정에 의하여 권리소멸의 효과를 가져오는 것과는 달리 그 기간의 경과 자체만으로 곧 권리소멸의 효과를 가져오게 하는 것이므로 그 기간 진행의 기산점은 특별한 사정이 없는 한 원칙적으로 권리가 발생한 때이고, 당사자 사이에 매매예약완결권을 행사할 수 있는 시기를 특별히 약정한 경우에도 그 제척기간은 당초 권리의 발생일로부터 10년간의 기간이 경과되면 만료되는 것이지 그 기간을 넘어서 그 약정에 따라 권리를 행사할 수 있는 때로부터 10년이 되는 날까지로 연장된다고 볼 수 없다(대판 1995.11.10. 94다22682).

[**❺ ▶ ○**] 채권양도의 통지는 양도인이 채권이 양도되었다는 사실을 채무자에게 알리는 것에 그치는 행위이므로, 그것만으로 제척기간 준수에 필요한 권리의 재판 외 행사에 해당한다고 할 수 없다(대판[전합] 2012.3.22. 2010다28840).

답 ❹

제1장 서 론

제1절	물권법 일반

제2절	물권의 효력

PART 1

PART 2

PART 3

PART 4

PART 5

PART 6

PART 7

PART 8

제2장 / 물권의 변동

제1절 **총 설**

제2절 **부동산물권의 변동**

01
□□□

다음 설명 중 가장 옳지 않은 것은?

① 동일인 명의로 보존등기가 중복된 경우에 언제나 후(後)등기기록이 무효이다.

② 자기 앞으로 소유권의 등기가 되어 있지 않았고 법률에 의하여 소유권을 취득하지도 않은 사람이 소유권자를 대위하여 현재의 등기명의인을 상대로 그 등기의 말소를 청구할 수 있을 뿐인 경우에는 진정한 등기명의의 회복을 위한 소유권이전등기청구를 할 수 없다.

③ 멸실된 건물의 보존등기를 신축한 건물의 보존등기로 유용하는 것은 허용되지 않는다.

④ 멸실회복등기에 있어 전 등기의 접수연월일, 접수번호 및 원인일자가 각 불명이라고 기재되었다 하여도 별다른 사정이 없는 한 등기관에 의하여 적법하게 수리되고 처리된 것이라고 추정된다.

⑤ 근저당설정등기가 불법말소된 경우 그 회복등기를 구하는 본안소송에서 승소판결을 받으면 후순위 근저당권자가 있더라도 바로 회복등기를 할 수 있다.

....

[❶ ▶ ○] 동일 부동산에 관하여 등기명의인을 달리하여 중복하여 보존등기가 이루어진 경우와는 달리 동일인 명의로 소유권보존등기가 중복되어 있는 경우에는 먼저 경료된 등기가 유효하고 뒤에 경료된 중복등기는 그것이 실체관계에 부합하는 여부를 가릴 것 없이 무효이다(대판 1981.11.18. 81다1340).

[❷ ▶ ○] 진정한 등기명의 회복을 위한 소유권이전등기청구는 자기 명의로 소유권의 등기가 되어 있었거나 법률에 의하여 소유권을 취득한 진정한 소유자가 현재의 등기명의인을 상대로 그 등기의 말소를 구하는 것에 갈음하여 소유권에 기하여 진정한 등기명의의 회복을 구하는 것이므로, 자기 앞으로 소유권의 등기가 되어 있지 않았고 법률에 의하여 소유권을 취득하지도 않은 사람이 소유권자를 대위하여 현재의 등기명의인을 상대로 그 등기의 말소를 청구할 수 있을 뿐인 경우에는 진정한 등기명의의 회복을 위한 소유권이전등기청구를 할 수 없다(대판 2003.5.13. 2002다64148).

[❸ ▶ ○] 멸실된 건물과 신축된 건물이 위치나 기타 여러 가지 면에서 서로 같다고 하더라도 그 두 건물이 동일한 건물이라고는 할 수 없으므로 신축건물의 물권변동에 관한 등기를 멸실건물의 등기부에 등재하여도 그 등기는 무효이고 가사 신축건물의 소유자가 멸실건물의 등기를 신축건물의 등기로 전용할 의사로써 멸실건물의 등기부상 표시를 신축건물의 내용으로 표시 변경 등기를 하였다고 하더라도 그 등기가 무효임에는 변함이 없다(대판 1980.11.11. 80다441).

[❹ ▶ ○] 멸실회복등기에 있어 전 등기의 접수연월일, 접수번호 및 원인일자가 불명이라고 기재되어 있다 하더라도, 특별한 사정이 없는 한 이는 등기공무원에 의하여 적법하게 수리되고 처리된 것이라고 추정된다(대판 1997.11.25. 97다34723).

[**⑤** ▸ ×] 근저당권설정등기의 불법말소를 이유로 그 회복등기를 구하는 본안소송에서 원고가 승소판결을 받는다고 하더라도 그 후순위 근저당권자가 있는 경우에는 바로 회복등기를 할 수 있는 것은 아니고 부동산등기법 제75조에 의하여 이해관계 있는 제3자인 후순위 근저당권자의 승낙서 또는 이에 대항할 수 있는 재판의 등본을 첨부하여야 하므로 원고로서는 후순위 근저당권자를 상대로 승낙을 구하는 소송을 별도로 제기하여 승소판결을 받아야 한다(대판 2001.8.24. 2000다12785).

답 ⑤

---

02 □□□ **등기의 추정력에 관한 다음 설명 중 가장 옳지 않은 것은?** 2022년 법무사시험 [문 8]

① 부동산에 관하여 소유권이전등기가 마쳐져 있는 경우에는 그 등기명의자는 제3자에 대하여 뿐 아니라 그 전 소유자에 대하여서도 적법한 등기원인에 의하여 소유권을 취득한 것으로 추정되는 것이므로 이를 다투는 측에서 그 무효사유를 주장·입증하여야 한다.
② 등기명의자가 전 소유자로부터 부동산을 취득함에 있어 등기기록상 기재된 등기원인에 의하지 아니하고 다른 원인으로 적법하게 취득하였다고 하면서 등기원인행위의 태양이나 과정을 다소 다르게 주장한다면, 그 등기의 추정력은 깨어진다.
③ 소유권보존등기의 추정력은 그 보존등기 명의인 이외의 자가 당해 토지를 사정받은 것으로 밝혀지면 깨어지는 것이어서, 등기명의인이 그 구체적인 승계취득 사실을 주장·입증하지 못하는 한 그 등기는 원인무효로 된다.
④ 등기는 물권의 효력 발생 요건이고 존속 요건은 아니어서 등기가 원인 없이 말소된 경우에는 그 물권의 효력에 아무런 영향이 없고, 그 회복등기가 마쳐지기 전이라도 말소된 등기의 등기명의인은 적법한 권리자로 추정되므로 원인 없이 말소된 등기의 효력을 다투는 쪽에서 그 무효 사유를 주장·입증하여야 한다.
⑤ 부동산등기부에 소유권이전등기를 하면 그 절차와 원인이 정당한 것이라고 추정되고 절차와 원인이 부당하다고 주장하는 당사자에게 이를 증명할 책임이 있다. 그러나 등기 절차나 원인이 부당한 것으로 볼 만한 의심스러운 사정이 있음이 증명되면 그 추정력은 깨어진다.

....

[**①** ▸ ○] 부동산에 관하여 소유권이전등기가 마쳐져 있는 경우에는 그 등기명의자는 제3자에 대하여 뿐 아니라 그 전 소유자에 대하여서도 적법한 등기원인에 의하여 소유권을 취득한 것으로 추정되는 것이므로 이를 다투는 측에서 그 무효사유를 주장·입증하여야 한다(대판 1994.9.13. 94다10160).
[**②** ▸ ×] 부동산등기는 현재의 진실한 권리상태를 공시하면 그에 이른 과정이나 태양을 그대로 반영하지 아니하였어도 유효한 것으로서, 등기명의자가 전 소유자로부터 부동산을 취득함에 있어 등기부상 기재된 등기원인에 의하지 아니하고 다른 원인으로 적법하게 취득하였다고 하면서 등기원인행위의 태양이나 과정을 다소 다르게 주장한다고 하여 이러한 주장만 가지고 그 등기의 추정력이 깨어진다고 할 수는 없다(대판 1996.2.27. 95다42980).
[**③** ▸ ○] 소유권보존등기의 추정력은 그 보존등기 명의인 이외의 자가 당해 토지를 사정받은 것으로 밝혀지면 깨어지는 것이어서, 등기명의인이 그 구체적인 승계취득 사실을 주장·입증하지 못하는 한 그 등기는 원인무효로 된다(대판 1996.6.28. 96다16247).

[❹ ▸ O] 등기는 물권의 효력 발생 요건이고 존속 요건은 아니어서 등기가 원인 없이 말소된 경우에는 그 물권의 효력에 아무런 영향이 없고, 그 회복등기가 마쳐지기 전이라도 말소된 등기의 등기명의인은 적법한 권리자로 추정되므로 원인 없이 말소된 등기의 효력을 다투는 쪽에서 그 무효 사유를 주장·입증하여야 한다(대판 1997.9.30. 95다39526).

[❺ ▸ O] 부동산등기부에 소유권이전등기를 하면 그 절차와 원인이 정당한 것이라고 추정되고 절차와 원인이 부당하다고 주장하는 당사자에게 이를 증명할 책임이 있다. 그러나 등기 절차나 원인이 부당한 것으로 볼 만한 의심스러운 사정이 있음이 증명되면 그 추정력은 깨어진다(대판 2017.10.31. 2016다27825).

답 ❷

03

등기에 관한 다음 설명 중 가장 옳지 않은 것은?　　　　　2022년 법무사시험 [문 37]

① 부동산 명의신탁자가 명의신탁약정을 해지한 다음 제3자에게 '명의신탁 해지를 원인으로 한 소유권이전등기청구권'을 양도하였으나 명의수탁자가 양도에 대하여 동의하거나 승낙하지 않은 경우, 양수인은 명의수탁자에 대하여 직접 소유권이전등기청구를 할 수 있다.

② 최초 매도인과 중간 매수인, 중간 매수인과 최종 매수인 사이에 순차로 매매계약이 체결되고 이들 간에 중간생략등기의 합의가 있은 후에 최초 매도인과 중간 매수인 간에 매매대금을 인상하는 약정이 체결된 경우, 최초 매도인은 인상된 매매대금이 지급되지 않았음을 이유로 최종 매수인 명의로의 소유권이전등기의무의 이행을 거절할 수 있다.

③ 이미 자기 앞으로 소유권을 표상하는 등기가 되어 있었거나 법률에 의하여 소유권을 취득한 자가 진정한 등기명의를 회복하기 위한 방법으로는 현재의 등기명의인을 상대로 그 등기의 말소를 구하는 외에 "진정한 등기명의의 회복"을 원인으로 한 소유권이전등기절차의 이행을 직접 구하는 것도 허용된다. 이때 현재의 등기명의인을 상대로 하여야 하고 현재의 등기명의인이 아닌 자는 피고적격이 없다.

④ 미등기건물을 등기할 때에는 소유권을 원시취득한 자 앞으로 소유권보존등기를 한 다음 이를 양수한 자 앞으로 이전등기를 함이 원칙이라 할 것이나, 원시취득자와 승계취득자 사이의 합치된 의사에 따라 미등기건물에 관하여 승계취득자 앞으로 직접 소유권보존등기를 경료하게 되었다면, 그 소유권보존등기는 실체적 권리관계에 부합되어 적법한 등기로서의 효력을 가진다.

⑤ 부동산의 매매예약에 기하여 소유권이전등기청구권의 보전을 위한 가등기가 마쳐진 경우에 그 매매예약완결권이 소멸하였다면 그 가등기 또한 효력을 상실하여 말소되어야 할 것이나, 그 부동산의 소유자가 제3자와 사이에 새로운 매매계약을 체결하고 그에 기한 소유권이전등기청구권의 보전을 위하여 이미 효력이 상실된 가등기를 유용하기로 합의하고 실제로 그 가등기 이전의 부기등기를 마쳤다면, 그 가등기 이전의 부기등기를 마친 제3자로서는 언제든지 부동산의 소유자에 대하여 위 가등기 유용의 합의를 주장하여 가등기의 말소청구에 대항할 수 있고, 다만 그 가등기 이전의 부기등기 전에 등기부상 이해관계를 가지게 된 자에 대하여는 위 가등기 유용의 합의 사실을 들어 그 가등기의 유효를 주장할 수는 없다.

[❶ ▸ ✕] 부동산이 전전양도된 경우에 중간생략등기의 합의가 없는 한 최종 양수인은 최초 양도인에 대하여 직접 자기 명의로의 소유권이전등기를 청구할 수 없고, 부동산의 양도계약이 순차 이루어져 최종 양수인이 중간생략등기의 합의를 이유로 최초 양도인에게 직접 소유권이전등기청구권을 행사하기 위하여는 관계 당사자 전원의 의사 합치, 즉 중간생략등기에 대한 최초 양도인과 중간자의 동의가 있는 외에 최초 양도인과 최종 양수인 사이에도 중간등기 생략의 합의가 있었음이 요구된다. 그러므로 비록 최종 양수인이 중간자로부터 소유권이전등기청구권을 양도받았다 하더라도 최초 양도인이 양도에 대하여 동의하지 않고 있다면 최종 양수인은 최초 양도인에 대하여 채권양도를 원인으로 하여 소유권이전등기절차 이행을 청구할 수 없다. 이와 같은 법리는 명의신탁자가 부동산에 관한 유효한 명의신탁약정을 해지한 후 이를 원인으로 한 소유권이전등기청구권을 양도한 경우에도 적용된다. 따라서 비록 부동산 명의신탁자가 명의신탁약정을 해지한 다음 제3자에게 '명의신탁 해지를 원인으로 한 소유권이전등기청구권'을 양도하였다고 하더라도 <u>명의수탁자가 양도에 대하여 동의하거나 승낙하지 않고 있다면 양수인은 위와 같은 소유권이전등기청구권을 양수하였다는 이유로 명의수탁자에 대하여 직접 소유권이전등기 청구를 할 수 없다</u>(대판 2021.6.3. 2018다280316).

[❷ ▸ ○] 최초 매도인과 중간 매수인, 중간 매수인과 최종 매수인 사이에 순차로 매매계약이 체결되고 이들 간에 중간생략등기의 합의가 있은 후에 최초 매도인과 중간 매수인 간에 매매대금을 인상하는 약정이 체결된 경우, 최초 매도인은 인상된 매매대금이 지급되지 않았음을 이유로 최종 매수인 명의로의 소유권이전등기의무의 이행을 거절할 수 있다(대판 2005.4.29. 2003다66431).

[❸ ▸ ○] 진정한 등기명의의 회복을 위한 소유권이전등기청구는 이미 자기 앞으로 소유권을 표상하는 등기가 되어 있었거나 법률에 따라 소유권을 취득한 자가 진정한 등기명의를 회복하기 위한 방법으로서, 현재의 등기명의인을 상대로 하여야 하고 현재의 등기명의인이 아닌 자는 피고적격이 없다(대판 2017.12.5. 2015다240645).

[❹ ▸ ○] 미등기건물을 등기할 때에는 소유권을 원시취득한 자 앞으로 소유권보존등기를 한 다음 이를 양수한 자 앞으로 이전등기를 함이 원칙이라 할 것이나, 원시취득자와 승계취득자 사이의 합치된 의사에 따라 그 주차장에 관하여 승계취득자 앞으로 직접 소유권보존등기를 경료하게 되었다면, 그 소유권보존등기는 실체적 권리관계에 부합되어 적법한 등기로서의 효력을 가진다(대판 1995.12.26. 94다44675).

[❺ ▸ ○] 부동산의 매매예약에 기하여 소유권이전등기청구권의 보전을 위한 가등기가 마쳐진 경우에 그 매매예약완결권이 소멸하였다면 그 가등기 또한 효력을 상실하여 말소되어야 할 것이나, 그 부동산의 소유자가 제3자와 사이에 새로운 매매예약을 체결하고 그에 기한 소유권이전등기청구권의 보전을 위하여 이미 효력이 상실된 가등기를 유용하기로 합의하고 실제로 그 가등기 이전의 부기등기를 마쳤다면, 그 가등기 이전의 부기등기를 마친 제3자로서는 언제든지 부동산의 소유자에 대하여 위 가등기 유용의 합의를 주장하여 가등기의 말소청구에 대항할 수 있고, 다만 그 가등기 이전의 부기등기 전에 등기부상 이해관계를 가지게 된 자에 대하여는 위 가등기 유용의 합의 사실을 들어 그 가등기의 유효를 주장할 수는 없다(대판 2009.5.28. 2009다4787).

답 ❶

① 등기는 물권의 효력발생요건이고 존속요건은 아니므로 물권에 관한 등기가 원인 없이 말소된 경우에는 그 물권의 효력에 아무런 변동이 없다.

② 근저당권 설정 후 부동산 소유권이 제3자에게 이전된 경우 근저당권을 설정한 종전의 소유자는 근저당권자에게 피담보채무의 소멸을 이유로 하여 그 근저당권설정등기의 말소를 청구할 수 있다.

③ 가등기는 그 성질상 본등기의 순위보전의 효력만이 있고 후일 본등기가 마쳐지면 본등기의 순위가 가등기한 때로 소급함으로써 가등기 후 본등기 전에 이루어진 중간처분이 본등기보다 후순위로 되어 실효될 뿐이고 본등기에 의한 물권변동의 효력이 가등기한 때로 소급하여 발생하는 것은 아니다.

④ 가등기에 기하여 본등기가 마쳐진 경우 가등기의 원인인 법률행위와 본등기의 원인인 법률행위가 명백히 다른 것이 아니면 사해행위요건의 구비 여부는 가등기의 원인된 법률 행위 당시를 기준으로 판단하여야 한다.

⑤ 매수인 甲이 매도인 乙에 대한 소유권이전등기청구권을 丙에게 양도한 경우 甲이 乙에게 이러한 사실을 통지하였다면 丙은 乙에 대하여 대항력을 취득한다.

....

[**❶** ▸ O] 등기는 물권의 효력발생요건이고 존속요건은 아니어서 등기가 원인 없이 말소된 경우에는 그 물권의 효력에 아무런 영향이 없고, 그 회복등기가 마쳐지기 전이라도 말소된 등기의 등기명의인은 적법한 권리자로 추정된다(대판 2002.10.22. 2000다59678).

[**❷** ▸ O] 근저당권이 설정된 후에 그 부동산의 소유권이 제3자에게 이전된 경우에는 현재의 소유자가 자신의 소유권에 기하여 피담보채무의 소멸을 원인으로 그 근저당권설정등기의 말소를 청구할 수 있음은 물론이지만, 근저당권설정자인 종전의 소유자도 근저당권설정계약의 당사자로서 근저당권 소멸에 따른 원상회복으로 근저당권자에게 근저당권설정등기의 말소를 구할 수 있는 계약상 권리가 있으므로 이러한 계약상 권리에 터 잡아 근저당권자에게 피담보채무의 소멸을 이유로 하여 그 근저당권설정등기의 말소를 청구할 수 있다고 봄이 상당하고, 목적물의 소유권을 상실하였다는 이유만으로 그러한 권리를 행사할 수 없다고 볼 것은 아니다(대판[전합] 1994.1.25. 93다16338).

[**❸** ▸ O] 가등기는 그 성질상 본등기의 순위보전에 효력만이 있고 후일 본등기가 경료된 때에는 본등기의 순위가 가등기한 때로 소급함으로써 가등기 후 본등기 전에 이루어진 중간처분이 본등기보다 후순위로 되어 실효될 뿐이고 본등기에 의한 물권변동의 효력이 가등기한 때로 소급하여 발생하는 것은 아니다(대판 1982.6.22. 81다1298·1299).

[**❹** ▸ O] 가등기에 기하여 본등기가 경료된 경우 가등기의 원인인 법률행위와 본등기의 원인인 법률행위가 명백히 다른 것이 아닌 한 사해행위요건의 구비 여부는 가등기의 원인된 법률행위 당시를 기준으로 하여 판단하여야 한다(대판 2001.7.27. 2000다73377).

[**❺** ▸ X] 부동산의 매매로 인한 소유권이전등기청구권은 물권의 이전을 목적으로 하는 매매의 효과로서 매도인이 부담하는 재산권이전의무의 한 내용을 이루는 것이고, 매도인이 물권행위의 성립요건을 갖추도록 의무를 부담하는 경우에 발생하는 채권적 청구권으로 그 이행과정에 신뢰관계가 따르므로, 소유권이전등기청구권을 매수인으로부터 양도받은 양수인은 매도인이 그 양도에 대하여 동의하지 않고 있다면 매도인에 대하여 채권양도를 원인으로 하여 소유권이전등기절차의 이행을 청구할 수 없고, 따라서 매매로 인한 <u>소유권이전등기청구권은 특별한 사정이 없는 이상 그 권리의 성질상 양도가 제한되고 그 양도에 채무자의 승낙이나 동의를 요한다고 할 것이므로 통상의 채권양도와 달리 양도인의 채무자에 대한 통지만으로는 채무자에 대한 대항력이 생기지 않으며 반드시 채무자의 동의나 승낙을 받아야 대항력이 생긴다</u>(대판 2005.3.10. 2004다67653).

답 ❺

① 민법 제187조에 따라 '판결'에 의한 부동산에 관한 물권의 취득은 등기를 요하지 아니하는바, '피고 는 원고에게 X토지에 관하여 2015.4.2. 매매를 원인으로 한 소유권이전등기절차를 이행하라'는 판결이 확정되었다면, 원고는 X토지에 관하여 소유권이전등기를 마치지 않고도 소유권을 취득한 다.

② 甲 소유의 토지에 관하여 乙이 서류를 위조하여 자신의 이름으로 소유권이전등기를 마치고 이를 丙에게 매도한 경우 丙이 乙의 소유권등기를 진실한 것으로 믿었고 믿은 데에 과실이 없었다면 丙은 乙로부터 소유권이전등기를 마침으로써 소유권을 취득한다.

③ 선행 보존등기로부터 경료된 원고 명의의 소유권이전등기가 원인무효의 등기인 이상 특단의 사정 이 없는 한 원고로서는 피고 명의의 후행 보존등기에 대하여 그 말소를 청구할 권원이 없다고 할 것이므로, 아무리 후행 보존등기가 무효라고 하여도 아무런 권원이 없는 원고의 말소등기청구를 받아들여 그 말소를 명할 수는 없다.

④ 무효인 소유권이전등기에 터 잡아 가압류등기를 마친 채권자가 존재하는 경우 진정한 소유자는 소유명의인에 대하여 소유권이전등기의 말소등기절차만을 구하면 족하고, 그 소유권이전등기를 말소하기 위하여 가압류채권자에 대한 승낙의 의사표시를 구할 필요는 없다.

⑤ 공유물 분할의 소에서 공유부동산의 특정한 일부씩을 각각의 공유자에게 귀속시키는 것으로 현물 분할하는 내용의 조정이 성립하였다면, 그 조정조서는 공유물분할판결과 동일한 효력을 가지는 것으로서 민법 제187조 소정의 '판결'에 해당하는 것이므로 조정이 성립할 때 물권변동의 효력이 발생한다.

⸻

[❶ ▸ ✕] 매매등 법률행위를 원인으로 한 소유권이전등기절차 이행의 소에서의 원고 승소판결은 부동 산물권취득이라는 형성적 효력이 없어 민법 제187조 소정의 판결에 해당하지 않으므로 승소판결에 따른 소유권이전등기 경료 시까지는 부동산의 소유권을 취득한다고 볼 수 없다(대판 1982.10.12. 82다129).

[❷ ▸ ✕] 부동산등기에는 공신력이 인정되지 아니하므로, 부동산의 소유권이전등기가 불실등기인 경우 그 불실등기를 믿고 부동산을 매수하여 소유권이전등기를 경료하였다 하더라도 그 소유권을 취득한 것으로 될 수 없다(대판 2009.2.26. 2006다72802).

[❸ ▸ ○] 선행 보존등기로부터 경료된 원고 명의의 소유권이전등기가 원인무효의 등기인 이상 특단의 사성이 없는 한 원고로서는 피고 명의의 후행 보존등기에 대하여 그 말소를 청구할 권원이 없다고 할 것이므로, 아무리 후행 보존등기가 무효라고 하여도 아무런 권원이 없는 원고의 말소등기청구를 받아들 여 그 말소를 명할 수는 없다(대판 2007.5.10. 2007다3612).

[❹ ▸ ✕] 원인무효인 소유권이전등기명의인을 채무자로 한 가압류등기와 그에 터 잡은 경매신청기입 등기가 경료된 경우, 그 부동산의 소유자는 원인무효인 소유권이전등기의 말소를 위하여 이해관계에 있는 제3자인 가압류채권자를 상대로 하여 원인무효등기의 말소에 대한 승낙을 청구할 수 있고, 그 승낙이나 이에 갈음하는 재판이 있으면 등기공무원은 신청에 따른 원인무효등기를 말소하면서 직권으로 가압류등기와 경매신청기입등기를 말소하여야 할 것인바, 소유자가 원인무효인 소유권이전등기의 말소 와 함께 가압류등기 등의 말소를 구하는 경우, 그 청구의 취지는 소유권이전등기의 말소에 대한 승낙을 구하는 것으로 해석할 여지가 있다(대판 1998.11.27. 97다41103).

[❺ ▸ ✕] 공유물 분할의 소송절차 또는 조정절차에서 공유자 사이에 공유토지에 관한 현물분할의 협의가 성립하여 그 합의사항을 조서에 기재함으로써 조정이 성립하였다고 하더라도, 그와 같은 사정만으로 재판에 의한 공유물 분할의 경우와 마찬가지로 그 즉시 공유관계가 소멸하고 각 공유자에게 그 협의에 따른 새로운 법률관계가 창설되는 것은 아니고, 공유자들이 협의한 바에 따라 토지의 분필절차를 마친 후 각 단독소유로 하기로 한 부분에 관하여 다른 공유자의 공유지분을 이전받아 등기를 마침으로써 비로소 그 부분에 대한 대세적 권리로서의 소유권을 취득하게 된다고 보아야 한다(대판[전합] 2013.11.21. 2011두191).

답 ❸

06 물권변동에 관한 다음 설명 중 가장 옳지 않은 것은? 2020년 법무사시험 [문 32]

① 공유물 분할의 소송절차 또는 조정절차에서 공유자 사이에 공유토지에 관한 현물분할의 협의가 성립하여 그 합의사항을 조서에 기재함으로써 조정이 성립하였다면, 재판에 의한 공유물 분할의 경우와 마찬가지로 그 즉시 공유관계가 소멸하고 각 공유자에게 그 협의에 따른 새로운 법률관계가 창설된다.

② 건물신축도급계약에 있어서는 수급인이 자기의 노력과 재료를 들여 건물을 완성하더라도 도급인과 수급인 사이에 도급인 명의로 건축허가를 받아 소유권보존등기를 하기로 하는 등 완성된 건물의 소유권을 도급인에게 귀속시키기로 합의한 경우에는 그 건물의 소유권은 도급인에게 원시적으로 귀속된다.

③ 유언으로 재단법인을 설립하는 경우 재단법인이 출연재산인 부동산에 관하여 소유권이전등기를 마치지 아니하였다면 유언자의 상속인의 한 사람으로부터 부동산의 지분을 취득하여 이전등기를 마친 선의의 제3자에 대하여 대항할 수 없다.

④ 신축건물의 보존등기를 건물완성 전에 하였더라도 그 후 건물이 완성되었다면 그 등기는 유효하다.

⑤ 채무자 이외의 자의 소유에 속하는 동산을 경매한 경우에도 경매절차에서 그 동산을 경락받아 경락대금을 납부하고 이를 인도받은 경락인은 특별한 사정이 없는 한 소유권을 선의취득한다.

....

[❶ ▸ ✕] 공유물 분할의 소송절차 또는 조정절차에서 공유자 사이에 공유토지에 관한 현물분할의 협의가 성립하여 그 합의사항을 조서에 기재함으로써 조정이 성립하였다고 하더라도, 그와 같은 사정만으로 재판에 의한 공유물 분할의 경우와 마찬가지로 그 즉시 공유관계가 소멸하고 각 공유자에게 그 협의에 따른 새로운 법률관계가 창설되는 것은 아니고, 공유자들이 협의한 바에 따라 토지의 분필절차를 마친 후 각 단독소유로 하기로 한 부분에 관하여 다른 공유자의 공유지분을 이전받아 등기를 마침으로써 비로소 그 부분에 대한 대세적 권리로서의 소유권을 취득하게 된다고 보아야 한다(대판[전합] 2013.11.21. 2011두1917).

[❷ ▸ ○] 일반적으로 자기의 노력과 재료를 들여 건물을 건축한 사람은 그 건물의 소유권을 원시취득하는 것이고, 다만 도급계약에 있어서는 수급인이 자기의 노력과 재료를 들여 건물을 완성하더라도 도급인과 수급인 사이에 도급인 명의로 건축허가를 받아 소유권보존등기를 하기로 하는 등 완성된 건물의 소유권을 도급인에게 귀속시키기로 합의한 것으로 보여질 경우에는 그 건물의 소유권은 도급인에게 원시적으로 귀속된다(대판 1997.5.30. 97다8601).

[❸ ▸ O] 유언으로 재단법인을 설립하는 경우에도 제3자에 대한 관계에서는 출연재산이 부동산인 경우는 그 법인에의 귀속에는 법인의 설립 외에 등기를 필요로 하는 것이므로, 재단법인이 그와 같은 등기를 마치지 아니하였다면 유언자의 상속인의 한 사람으로부터 부동산의 지분을 취득하여 이전등기를 마친 선의의 제3자에 대하여 대항할 수 없다(대판 1993.9.14. 93다8054).

[❹ ▸ O] 신축건물의 보존등기를 건물완성 전에 하였다 하더라도 그 후 건물이 곧 완성된 이상 그 등기는 무효라고 볼 수 없다(대판 1970.4.14. 70다260).

[❺ ▸ O] 채무자 이외의 자의 소유에 속하는 동산을 경매한 경우에도 경매절차에서 그 동산을 경락받아 경락대금을 납부하고 이를 인도받은 경락인은 특별한 사정이 없는 한 소유권을 선의취득한다고 할 것이지만, 그 동산의 매득금은 채무자의 것이 아니어서 채권자가 이를 배당받았다고 하더라도 채권은 소멸하지 않고 계속 존속한다고 할 것이므로, 배당을 받은 채권자는 이로 인하여 법률상 원인 없는 이득을 얻고 소유자는 경매에 의하여 소유권을 상실하는 손해를 입게 되었다고 할 것이니, 그 동산의 소유자는 배당을 받은 채권자에 대하여 부당이득으로서 배당받은 금원의 반환을 청구할 수 있다(대판 1998.3.27. 97다32680).

답 ❶

07 등기의 추정력에 관한 다음 설명 중 가장 옳지 않은 것은?   2020년 법무사시험 [문 28]

① 구 임야소유권 이전등기등에 관한 특별조치법에 따라 경료된 소유권보존등기는 그 등기명의자가 임야대장의 명의변경을 함에 있어 첨부한 원인증서인 위 특별조치법 소정의 보증서와 확인서가 허위임이 입증되었다면 그 추정력은 깨어진다.

② 소유권이전등기의 원인으로 주장된 계약서가 진정하지 않은 것으로 증명되었다면 그 소유권이전등기의 적법추정은 깨어진다.

③ 신축된 건물의 소유권은 이를 건축한 사람이 원시취득하는 것이므로, 건물소유권보존등기의 명의자가 이를 신축한 것이 아니라면 그 등기의 권리 추정력은 깨어지고, 등기명의자가 스스로 적법하게 그 소유권을 취득한 사실을 입증하여야 한다.

④ 등기공무원이 관할 지방법원의 명령에 의하여 소유권이전등기를 직권으로 말소하였으나 그 후 위 명령이 취소확정된 경우에는 위 말소등기는 결국 원인 없이 경료된 등기와 같이 되어 말소된 소유권이전등기는 회복되어야 하고, 회복등기를 마치기 전이라도 등기명의인으로서의 권리를 그대로 보유하고 있다고 할 것이므로 그는 말소된 소유권이전등기의 최종명의인으로서 적법한 권리자로 추정된다.

⑤ 전 등기명의인이 미성년자이고 당해 부동산을 친권자에게 증여하는 행위가 이해상반행위라면 친권자에게 마쳐진 소유권이전등기에 관하여 필요한 절차를 적법하게 거친 것으로 추정되지 않는다.

[❶ ▸ O] 임야소유권 이전등기등에 관한 특별조치법이나 부동산소유권 이전등기등에 관한 특별조치법에 의하여 경료된 소유권보존등기나 소유권이전등기는 위 법 소정의 적법한 절차에 의하여 경료된 것으로서 실체적 권리관계에 부합하는 유효한 등기로 추정되지만, 허위이거나 위조된 보증서 및 확인서에 의하여 경료되었다고 인정되는 경우에는 위와 같은 추정은 복멸된다(대판 1990.10.30. 90다카9985).

[**❷ ▸ O**] 소유권이전등기의 원인으로 주장된 계약서가 진정하지 않은 것으로 증명된 이상 그 등기의 적법추정은 복멸되는 것이고 계속 다른 적법한 등기원인이 있을 것으로 추정할 수는 없다(대판 1998.9.22. 98다29568).

[**❸ ▸ O**] 신축된 건물의 소유권은 이를 건축한 사람이 원시취득하는 것이므로, 건물소유권보존등기의 명의자가 이를 신축한 것이 아니라면 그 등기의 권리추정력은 깨어지고, 등기명의자가 스스로 적법하게 그 소유권을 취득한 사실을 입증하여야 한다(대판 1996.7.30. 95다30734).

[**❹ ▸ O**] 등기는 물권의 효력발생요건이고 그 존속요건은 아니므로 물권에 관한 등기가 원인 없이 말소된 경우에는 그 물권의 효력에는 아무런 변동이 없는 것이므로, 등기공무원이 관할 지방법원의 명령에 의하여 소유권이전등기를 직권으로 말소하였으나 그 후 동 명령이 취소확정된 경우에는 위 말소등기는 결국 원인 없이 경료된 등기와 같이 되어 말소된 소유권이전등기는 회복되어야 하고, 회복등기를 마치기 전이라도 등기명의인으로서의 권리를 그대로 보유하고 있다고 할 것이므로 그는 말소된 소유권이전등기의 최종명의인으로서 적법한 권리자로 추정된다(대판 1982.12.28. 81다카870).

[**❺ ▸ ✕**] 전 등기명의인이 미성년자이고 당해 부동산을 친권자에게 증여하는 행위가 <u>이해상반행위라 하더라도</u> 일단 친권자에게 이전등기가 경료된 이상, 특별한 사정이 없는 한, <u>그 이전등기에 관하여 필요한 절차를 적법하게 거친 것으로 추정된다</u>(대판 2002.2.5. 2001다72029).

답 ❺

제3절 **동산물권의 변동**

08
□□□   **선의취득에 관한 다음 설명 중 가장 옳지 않은 것은?**   **2018년 법무사시험 [문 17]**

① 양도인이 소유자로부터 보관을 위탁받은 동산을 제3자에게 보관시킨 경우에 양도인이 그 제3자에 대한 반환청구권을 양수인에게 양도하고 지명채권 양도의 대항요건을 갖추었을 때에는 동산 선의취득에 필요한 점유의 취득요건을 충족한다.

② 민법 제251조는 "양수인이 도품 또는 유실물을 경매나 공개시장에서 또는 동종류의 물건을 판매하는 상인에게서 선의로 매수한 때에는 피해자 또는 유실자는 양수인이 지급한 대가를 변상하고 그 물건의 반환을 청구할 수 있다"라고 규정하고 있으므로 위 규정이 적용되기 위하여 양수인이 무과실일 필요는 없으나, 양수인에게 중과실이 있어서는 아니 된다.

③ 채무자 이외의 자 소유에 속하는 동산을 경매한 경우에도, 경매절차에서 그 동산을 매수하여 매각대금을 납부하고 이를 인도받은 매수인이 선의취득요건을 갖추었다면 특별한 사정이 없는 한 그 소유권을 선의취득한다.

④ 위탁물 횡령에 있어 그 객체가 된 물건은 물론, 형법상으로는 절도죄가 성립하는 점유보조자의 횡령의 객체가 된 물건도 민법 제250조에 정한 도품, 유실물에는 포함되지 않는다.

⑤ 자동차관리법이 적용되는 자동차의 소유권 취득에 관해서는 민법 제249조의 선의취득 규정은 적용되지 않는 것이 원칙이다.

[**❶ ▸ ○**] 양도인이 소유자로부터 보관을 위탁받은 동산을 제3자에게 보관시킨 경우에 양도인이 그 제3자에 대한 반환청구권을 양수인에게 양도하고 지명채권 양도의 대항요건을 갖추었을 때에는 동산의 선의취득에 필요한 점유의 취득요건을 충족한다(대판 1999.1.26. 97다48906).

[**❷ ▸ ✕**] 민법 제251조는 민법 제249조와 제250조를 전제로 하고 있는 규정이므로 <u>무과실도 당연한 요건이라고 해석하여야 한다</u>(대판 1991.3.22. 91다70).

[**❸ ▸ ○**] 채무자 이외의 자의 소유에 속하는 동산을 경매한 경우에도 경매절차에서 그 동산을 경락받아 경락대금을 납부하고 이를 인도받은 경락인은 특별한 사정이 없는 한 소유권을 선의취득한다(대판 1998.3.27. 97다32680).

[**❹ ▸ ○**] 민법 제250조, 제251조 소정의 도품, 유실물이란 원권리자로부터 점유를 수탁한 사람이 적극적으로 제3자에게 부정처분한 경우와 같은 위탁물 횡령의 경우는 포함되지 아니하고 또한 점유보조자 내지 소지기관의 횡령처럼 형사법상 절도죄가 되는 경우도 형사법과 민사법의 경우를 동일시해야 하는 것은 아닐 뿐만 아니라 진정한 권리자와 선의의 거래 상대방 간의 이익형량의 필요성에 있어서 위탁물 횡령의 경우와 다를 바 없으므로 이 역시 민법 제250조의 도품·유실물에 해당되지 않는다(대판 1991.3.22. 91다70).

[**❺ ▸ ○**] 자동차관리법 제6조는 "자동차 소유권의 득실변경은 등록을 하여야 그 효력이 생긴다"라고 규정하고 있다. 이는 현대사회에서 자동차의 경제적 효용과 재산적 가치가 크므로 민법상 불완전한 공시방법인 '인도'가 아니라 공적 장부에 의한 체계적인 공시방법인 '등록'에 의하여 소유권 변동을 공시함으로써 자동차 소유권과 이에 관한 거래의 안전을 한층 더 보호하려는 데 취지가 있다. 따라서 자동차관리법이 적용되는 자동차의 소유권을 취득함에는 민법상 공시방법인 '인도'에 의할 수 없고 나아가 이를 전제로 하는 민법 제249조의 선의취득 규정은 적용되지 아니함이 원칙이다(대판 2016.12.15. 2016다205373).

답 ❷

제4절 　**명인방법**

제5절 　**물권의 소멸**

제1절 점유권

09
□□□

점유에 관한 다음 설명 중 가장 옳지 않은 것은?　2025년 법무사시험 [문 33]

① 점유자가 점유물을 보존하거나 개량하기 위하여 지출한 필요비나 유익비에 관하여 민법 제203조 제1항, 제2항은 점유자가 '점유물을 반환할 때'에 상환을 청구할 수 있도록 규정하고 있으므로, 그 상환청구권은 점유자가 회복자로부터 점유물 반환을 청구받거나 회복자에게 점유물을 반환한 때에 비로소 발생하여 점유자가 이를 행사할 수 있는 상태가 되고 이행기가 도래한다.

② 민법 제203조는 정당한 법률관계가 없는 물건 점유자와 회복자 사이에서 점유물을 반환하는 경우 점유자가 지출한 필요비 또는 유익비의 상환청구 범위와 상환시기에 관하여 규정한 특별규정이다.

③ 민법 제758조 제1항 소정의 공작물 점유자란 공작물을 사실상 지배하면서 그 설치 또는 보존상의 하자로 인하여 발생할 수 있는 각종 사고를 방지하기 위하여 공작물을 보수·관리할 권한 및 책임이 있는 자를 말한다.

④ 물건에 대한 점유란 사회관념상 어떤 사람의 사실적 지배에 있다고 보이는 객관적 관계를 말하는 것으로서, 사실상의 지배가 있다고 하기 위하여는 반드시 물건을 물리적, 현실적으로 지배하여야만 하는 것이 아니고, 물건과 사람 사이의 시간적, 공간적 관계와 본권관계, 타인지배의 배제 가능성 등을 고려하여 사회통념에 따라 합목적적으로 판단하여야 한다.

⑤ 물건의 소유자가 적법한 점유 권원 없는 점유자를 상대로 민법 제213조에 따른 물권적 청구권을 행사하여 물건의 반환을 구할 수 있는 경우, 점유자는 물건의 소유자를 상대로 민법 제741조에 따라 해당 비용의 반환을 구할 수 있다.

···

[❶▸○] [❷▸○] [❺▸×]　[1] 점유자가 점유물을 보존하거나 개량하기 위하여 지출한 필요비나 유익비에 관하여 민법 제203조 제1항, 제2항은 점유자가 '점유물을 반환할 때'에 상환을 청구할 수 있도록 규정하고 있으므로, 그 상환청구권은 점유자가 회복자로부터 점유물 반환을 청구받거나 회복자에게 점유물을 반환한 때에 비로소 발생하여 점유자가 이를 행사할 수 있는 상태가 되고 이행기가 도래한다(①). [2] 민법 제203조는 정당한 법률관계가 없는 물건 점유자와 회복자 사이에서 점유물을 반환하는 경우 점유자가 지출한 필요비 또는 유익비의 상환청구 범위와 상환시기에 관하여 규정한 특별규정이므로(②), 물건의 소유자가 적법한 점유 권원 없는 점유자를 상대로 민법 제213조에 따른 물권적 청구권을 행사하여 물건의 반환을 구할 수 있는 경우 점유자는 물건의 소유자를 상대로 민법 제741조에 따라 해당 비용의 반환을 구할 수는 없고(⑤) 민법 제203조에 따라 '점유물을 반환할 때' 비로소 비용상환청구권을 행사할 수 있을 뿐이다(대판 2024.12.24. 2020다275744).

[**❸ ▸ ○**] 민법 제758조 제1항 소정의 공작물 점유자라 함은 공작물을 사실상 지배하면서 그 설치 또는 보존상의 하자로 인하여 발생할 수 있는 각종 사고를 방지하기 위하여 공작물을 보수·관리할 권한 및 책임이 있는 자를 말한다(대판 2000.4.21. 2000다386).

[**❹ ▸ ○**] 물건에 대한 점유란 사회관념상 어떤 사람의 사실적 지배에 있다고 보이는 객관적 관계를 말하는 것으로서 사실상 지배가 있다고 하기 위하여는 반드시 물건을 물리적, 현실적으로 지배하는 것만을 의미하는 것이 아니고, 물건과 사람과의 시간적, 공간적 관계와 본권관계, 타인지배의 가능성 등을 고려하여 사회관념에 따라 합목적적으로 판단하여야 한다(대판 1999.6.11. 99다2553).

📖 ❺

10
☐☐☐

점유에 관한 다음 설명 중 가장 옳지 않은 것은? 2023년 법무사시험 [문 3]

① 특별한 사정이 없는 한 소유의 의사 유무는 점유개시시를 기준으로 판단하며, 나중에 매도자에게 처분권이 없었다는 등의 사유로 그 매매가 무효인 것이 밝혀지더라도 원칙적으로 점유의 성질은 변하지 않는다.

② 점유자의 점유가 소유의 의사 있는 자주점유인지 아니면 소유의 의사 없는 타주점유인지의 여부는 점유자의 내심의 의사에 의하여 결정되는 것이 아니라 점유 취득의 원인이 된 권원의 성질이나 점유와 관계가 있는 모든 사정에 의하여 외형적·객관적으로 결정된다.

③ 점유란 물건이 사회통념상 그 사람의 사실적 지배에 속한다고 보이는 객관적 관계에 있는 것을 말하고 사실상의 지배가 있다고 하기 위해서는 반드시 물건을 물리적·현실적으로 지배하는 것만을 의미하는 것이 아니고 물건과 사람과의 시간적·공간적 관계와 본권관계, 타인지배의 배제가능성 등을 고려하여 사회관념에 따라 합목적적으로 판단하여야 한다.

④ 점유자가 스스로 매매 또는 증여와 같이 자주점유의 권원을 주장하였으나 이것이 인정되지 않는 경우에는 점유권원의 성질상 타주점유라고 볼 수 있다.

⑤ 선대의 점유가 타주점유인 경우 선대로부터 상속에 의하여 점유를 승계한 자의 점유도 특단의 사정이 없는 한 자주점유로는 될 수 없고, 그 점유가 자주점유가 되기 위해서는 점유자가 소유자에 대하여 소유의 의사가 있는 것을 표시하거나 새로운 권원에 의하여 다시 소유의 의사로써 점유를 시작하여야 한다.

···

[**❶ ▸ ○**] 부동산을 매수하여 이를 점유하게 된 자는 그 매매가 무효가 된다는 사정이 있음을 알았다는 등의 특단의 사정이 없는 한 그 점유의 시초에 소유의 의사로 점유한 것이며, 나중에 매도자에게 처분권이 없었다는 등의 사유로 그 매매가 무효인 것이 밝혀졌다 하더라도 그와 같은 점유의 성질이 변하는 것은 아니다(대판 1996.5.28. 95다40328).

[**❷ ▸ ○**] 점유자의 점유가 소유의 의사 있는 자주점유인지 아니면 소유의 의사 없는 타주점유인지의 여부는 점유자의 내심의 의사에 의하여 결정되는 것이 아니라 점유 취득의 원인이 된 권원의 성질이나 점유와 관계가 있는 모든 사정에 의하여 외형적·객관적으로 결정되어야 하는 것이기 때문에 점유자가 성질상 소유의 의사가 없는 것으로 보이는 권원에 바탕을 두고 점유를 취득한 사실이 증명되었거나,

점유자가 타인의 소유권을 배제하여 자기의 소유물처럼 배타적 지배를 행사하는 의사를 가지고 점유하는 것으로 볼 수 없는 객관적 사정, 즉 점유자가 진정한 소유자라면 통상 취하지 아니할 태도를 나타내거나 소유자라면 당연히 취했을 것으로 보이는 행동을 취하지 아니한 경우 등 외형적·객관적으로 보아 점유자가 타인의 소유권을 배척하고 점유할 의사를 갖고 있지 아니하였던 것이라고 볼 만한 사정이 증명된 경우에는 그 추정은 깨어지고, 점유자가 점유 개시 당시에 소유권 취득의 원인이 될 수 있는 법률행위 기타 법률요건이 없이 그와 같은 법률요건이 없다는 사실을 잘 알면서 타인 소유의 부동산을 무단점유한 것임이 입증되었다면, 특별한 사정이 없는 한 점유자는 타인의 소유권을 배척하고 점유할 의사를 갖고 있지 않다고 보아야 하므로 그 경우에도 소유의 의사가 있는 점유라는 추정은 깨어진다(대판 2011.1.13. 2010다66699).

[❸ ▶ ○] 점유자가 점유의 침탈을 당한 때에는 그 물건의 반환 등을 청구할 수 있고 이러한 점유회수의 청구에 있어서는 점유를 침탈당하였다고 주장하는 당시에 점유하고 있었는지의 여부만을 살피면 된다(민법 제204조 제1항). 여기서 점유란 물건이 사회통념상 그 사람의 사실적 지배에 속한다고 보여지는 객관적 관계에 있는 것을 말하고 사실상의 지배가 있다고 하기 위하여는 반드시 물건을 물리적, 현실적으로 지배하는 것만을 의미하는 것이 아니고 물건과 사람과의 시간적, 공간적 관계와 본권관계, 타인지배의 배제가능성 등을 고려하여 사회관념에 따라 합목적적으로 판단하여야 한다(대판 2021.2.4. 2019다202795).

[❹ ▶ ✕] 점유자가 스스로 매매 또는 증여와 같이 자주점유의 권원을 주장하였으나 이것이 인정되지 않는 경우에도, 원래 자주점유의 권원에 관한 입증책임이 점유자에게 있지 아니한 이상 그 주장의 점유권원이 인정되지 않는다는 사유만으로 자주점유의 추정이 번복된다거나 또는 점유권원의 성질상 타주점유라고 볼 수 없다(대판 2002.2.26. 99다72743).

[❺ ▶ ○] 상속에 의하여 점유권을 취득한 경우에는 상속인이 새로운 권원에 의하여 자기 고유의 점유를 시작하지 않는 한 피상속인의 점유를 떠나 자기만의 점유를 주장할 수 없고, 또 선대의 점유가 타주점유인 경우 선대로부터 상속에 의하여 점유를 승계한 자의 점유도 그 성질 내지 태양을 달리하는 것이 아니어서 특별한 사정이 없는 한 그 점유가 자주점유로 될 수 없고, 그 점유가 자주점유가 되기 위하여는 점유자가 소유자에 대하여 소유의 의사가 있는 것을 표시하거나 새로운 권원에 의하여 다시 소유의 의사로써 점유를 시작하여야 한다(대판 1997.12.12. 97다40100).

답 ❹

11

다음 설명 중 가장 옳지 않은 것은?

① 민법 제211조는 "소유자는 법률의 범위 내에서 그 소유물을 사용, 수익, 처분할 권리가 있다"고 규정하고 있으므로, 소유자가 채권적으로 상대방에 대하여 사용·수익의 권능을 포기하거나 사용·수익권 행사에 제한을 설정하는 것 외에 소유권의 핵심적 권능에 속하는 배타적인 사용·수익 권능이 소유자에게 존재하지 아니한다고 하는 것은 물권법정주의에 반하여 특별한 사정이 없는 한 허용될 수 없다.

② 토지소유자가 그 소유의 토지를 도로, 수도시설의 매설 부지 등 일반공중을 위한 용도로 제공한 경우에, 소유자가 토지를 소유하게 된 경위와 보유기간, 소유자가 토지를 공공의 사용에 제공한 경위와 그 규모, 토지의 제공에 따른 소유자의 이익 또는 편익의 유무, 해당 토지 부분의 위치나 형태, 인근의 다른 토지들과의 관계, 주위 환경 등 여러 사정을 종합적으로 고찰하고, 토지소유자의 소유권 보장과 공공의 이익 사이의 비교형량을 한 결과, 소유자가 그 토지에 대한 독점적·배타적인 사용·수익권을 포기한 것으로 볼 수 있는 경우에, 타인[사인(私人)뿐만 아니라 국가, 지방자치단체도 이에 해당할 수 있다]이 그 토지를 점유·사용하고 있다면 특별한 사정이 없는 한 토지소유자에게 어떠한 손해가 생긴다고 볼 수 없어 손해배상청구를 할 수는 없으나, 토지소유자는 그 타인을 상대로 부당이득 반환을 청구할 수 있다.

③ 점유권에 기인한 소와 본권에 기인한 소는 서로 영향을 미치지 아니하고, 점유권에 기인한 소는 본권에 관한 이유로 재판하지 못하므로 점유회수의 청구에 대하여 점유침탈자가 점유물에 대한 본권이 있다는 주장으로 점유회수를 배척할 수 없다(민법 제208조). 그러므로 점유권에 기한 본소에 대하여 본권자가 본소청구 인용에 대비하여 본권에 기한 예비적 반소를 제기하고 양 청구가 모두 이유 있는 경우, 법원은 점유권에 기한 본소와 본권에 기한 예비적 반소를 모두 인용해야 하고 점유권에 기한 본소를 본권에 관한 이유로 배척할 수 없다.

④ 타인 소유의 토지에 분묘를 설치한 경우에 20년간 평온, 공연하게 분묘의 기지를 점유하면 지상권과 유사한 관습상의 물권인 분묘기지권을 시효로 취득한다는 점은 오랜 세월 동안 지속되어 온 관습 또는 관행으로서 법적 규범으로 승인되어 왔고, 이러한 법적 규범이 장사 등에 관한 법률(법률 제6158호) 시행일인 2001.1.13. 이전에 설치된 분묘에 관하여 현재까지 유지되고 있다고 보아야 한다.

⑤ 미등기무허가건물의 양수인이라도 소유권이전등기를 마치지 않는 한 건물의 소유권을 취득할 수 없고, 소유권에 준하는 관습상의 물권이 있다고도 할 수 없으므로, 미등기무허가건물의 양수인은 소유권에 기한 방해제거청구를 할 수 없다.

[**❶ ▸ O**] 민법 제211조는 "소유자는 법률의 범위 내에서 그 소유물을 사용, 수익, 처분할 권리가 있다"고 규정하고 있으므로, 소유자가 채권적으로 상대방에 대하여 사용·수익의 권능을 포기하거나 사용·수익권 행사에 제한을 설정하는 것 외에 소유권의 핵심적 권능에 속하는 배타적인 사용·수익 권능이 소유자에게 존재하지 아니한다고 하는 것은 물권법정주의에 반하여 특별한 사정이 없는 한 허용될 수 없다(대판 2012.6.28. 2010다81049).

[**❷ ▸ ✕**] 토지소유자가 그 소유의 토지를 도로, 수도시설의 매설 부지 등 일반공중을 위한 용도로 제공한 경우에, 소유자가 토지를 소유하게 된 경위와 보유기간, 소유자가 토지를 공공의 사용에 제공한 경위와 그 규모, 토지의 제공에 따른 소유자의 이익 또는 편익의 유무, 해당 토지 부분의 위치나 형태, 인근의 다른 토지들과의 관계, 주위 환경 등 여러 사정을 종합적으로 고찰하고, 토지소유자의 소유권 보장과 공공의 이익 사이의 비교형량을 한 결과, 소유자가 그 토지에 대한 독점적·배타적인 사용·수익권을 포기한 것으로 볼 수 있다면, 타인[사인(私人)뿐만 아니라 국가, 지방자치단체도 이에 해당할 수 있다]이 그 토지를 점유·사용하고 있다 하더라도 특별한 사정이 없는 한 그로 인해 토지소유자에게 어떤 손해가 생긴다고 볼 수 없으므로, <u>토지소유자는 그 타인을 상대로 부당이득 반환을 청구할 수 없고, 토지의 인도 등을 구할 수도 없다.</u> 다만 소유권의 핵심적 권능에 속하는 사용·수익 권능의 대세적·영구적인 포기는 물권법정주의에 반하여 허용할 수 없으므로, 토지소유자의 독점적·배타적인 사용·수익권의 행사가 제한되는 것으로 보는 경우에도, 일반공중의 무상이용이라는 토지이용현황과 양립 또는 병존하기 어려운 토지소유자의 독점적이고 배타적인 사용·수익만이 제한될 뿐이고, 토지소유자는 일반공중의 통행 등 이용을 방해하지 않는 범위 내에서는 그 토지를 처분하거나 사용·수익할 권능을 상실하지 않는다(대판[전합] 2019.1.24. 2016다264556).

[**❸ ▸ O**] 점유권에 기인한 소와 본권에 기인한 소는 서로 영향을 미치지 아니하고, 점유권에 기인한 소는 본권에 관한 이유로 재판하지 못하므로 점유회수의 청구에 대하여 점유침탈자가 점유물에 대한 본권이 있다는 주장으로 점유회수를 배척할 수 없다(민법 제208조). 그러므로 점유권에 기한 본소에 대하여 본권자가 본소청구 인용에 대비하여 본권에 기한 예비적 반소를 제기하고 양 청구가 모두 이유 있는 경우, 법원은 점유권에 기한 본소와 본권에 기한 예비적 반소를 모두 인용해야 하고 점유권에 기한 본소를 본권에 관한 이유로 배척할 수 없다(대판 2021.2.4. 2019다202795).

[**❹ ▸ O**] 타인 소유의 토지에 분묘를 설치한 경우에 20년간 평온, 공연하게 분묘의 기지를 점유하면 지상권과 유사한 관습상의 물권인 분묘기지권을 시효로 취득한다는 점은 오랜 세월 동안 지속되어 온 관습 또는 관행으로서 법적 규범으로 승인되어 왔고, 이러한 법적 규범이 장사법(법률 제6158호) 시행일인 2001.1.13. 이전에 설치된 분묘에 관하여 현재까지 유지되고 있다고 보아야 한다(대판[전합] 2017.1.19. 2013다17292).

[**❺ ▸ O**] 미등기무허가건물의 양수인이라도 소유권이전등기를 마치지 않는 한 건물의 소유권을 취득할 수 없고, 소유권에 준하는 관습상의 물권이 있다고도 할 수 없으므로, 미등기무허가건물의 양수인은 소유권에 기한 방해제거청구를 할 수 없다(대판 2016.7.29. 2016다214483).

답 ❷

12 주위토지통행권에 관한 다음 설명 중 가장 옳지 않은 것은? 2022년 법무사시험 [문 21]

① 주위토지통행권자가 민법 제219조 제1항 본문에 따라 통로를 개설하는 경우 통행지 소유자는 원칙적으로 통행권자의 통행을 수인할 소극적 의무를 부담할 뿐 통로개설 등 적극적인 작위의무를 부담하는 것은 아니고, 다만 통행지 소유자가 주위토지통행권에 기한 통행에 방해가 되는 담장 등 축조물을 설치한 경우에는 주위토지통행권의 본래적 기능발휘를 위하여 통행지 소유자가 그 철거의무를 부담한다.

② 포위된 토지가 사정변경에 의하여 공로에 접하게 되거나 포위된 토지의 소유자가 주위의 토지를 취득함으로써 주위토지통행권을 인정할 필요성이 없어지게 되었더라도, 통행지 소유자가 주위토지통행권자에게 그와 같은 사실을 통지하고 통지한 때로부터 상당한 기간이 경과한 뒤에야 주위토지통행권은 소멸한다.

③ 주위토지통행권은 그 소유 토지와 공로 사이에 그 토지의 용도에 필요한 통로가 없는 경우에 한하여 인정되는 것이므로, 이미 그 소유 토지의 용도에 필요한 통로가 있는 경우에는 그 통로를 사용하는 것보다 더 편리하다는 이유만으로 다른 장소로 통행할 권리를 인정할 수 없다.

④ 주위토지통행권이 인정된다고 하더라도 통로를 상시적으로 개방하여 제한 없이 이용할 수 있도록 하거나 통행지 소유자의 관리권이 배제되어야만 하는 것은 아니므로, 쌍방 토지의 용도 및 이용 상황, 통행로 이용의 목적 등에 비추어 토지의 용도에 적합한 범위에서 통행 시기나 횟수, 통행방법 등을 제한하여 인정할 수도 있다.

⑤ 통행지의 소유자 이외의 제3자가 일정한 지위나 이해관계에서 통행권을 부인하고 그 행사를 방해할 때에는 그 제3자를 상대로 통행권의 확인 및 방해금지 청구를 하는 것이 통행권자의 지위나 권리를 보전하는 데에 유효·적절한 수단이 될 수 있다.

....

[❶ ▶ O] 주위토지통행권자가 민법 제219조 제1항 본문에 따라 통로를 개설하는 경우 통행지 소유자는 원칙적으로 통행권자의 통행을 수인할 소극적 의무를 부담할 뿐 통로개설 등 적극적인 작위의무를 부담하는 것은 아니고, 다만 통행지 소유자가 주위토지통행권에 기한 통행에 방해가 되는 담장 등 축조물을 설치한 경우에는 주위토지통행권의 본래적 기능발휘를 위하여 통행지 소유자가 그 철거의무를 부담한다. 그리고 주위토지통행권자는 주위토지통행권이 인정되는 때에도 그 통로개설이나 유지비용을 부담하여야 하고, 민법 제219조 제1항 후문 및 제2항에 따라 그 통로개설로 인한 손해가 가장 적은 장소와 방법을 선택하여야 하며, 통행지 소유자의 손해를 보상하여야 한다(대판 2006.10.26. 2005다30993).

[❷ ▶ ✕] 주위토지통행권은 법정의 요건을 충족하면 당연히 성립하고 요건이 없어지게 되면 당연히 소멸한다. 따라서 포위된 토지가 사정변경에 의하여 공로에 접하게 되거나 포위된 토지의 소유자가 주위의 토지를 취득함으로써 주위토지통행권을 인정할 필요성이 없어지게 된 경우에는 통행권은 소멸한다(대판 2014.12.24. 2013다11669).

[❸ ▶ O] 주위토지통행권은 그 소유 토지와 공로 사이에 그 토지의 용도에 필요한 통로가 없는 경우에 한하여 인정되는 것이므로, 이미 그 소유 토지의 용도에 필요한 통로가 있는 경우에는 그 통로를 사용하는 것보다 더 편리하다는 이유만으로 다른 장소로 통행할 권리를 인정할 수 없다(대판 1995.6.13. 95다1088).

[**④ ▸ ○**]　주위토지통행권은 공로와 사이에 토지의 용도에 필요한 통로가 없는 경우에 피통행지 소유자의 손해를 무릅쓰고 특별히 인정하는 것이므로, 통행로의 폭이나 위치, 통행방법 등은 피통행지 소유자에게 손해가 가장 적게 되도록 하여야 하고, 이는 구체적 사안에서 쌍방 토지의 지형적·위치적 형상과 이용관계, 부근의 지리 상황, 인접 토지 이용자의 이해관계 기타 관련 사정을 두루 살펴 사회통념에 따라 판단하여야 한다. 그리고 주위토지통행권이 인정된다고 하더라도 통로를 상시적으로 개방하여 제한 없이 이용할 수 있도록 하거나 피통행지 소유자의 관리권이 배제되어야만 하는 것은 아니므로, 쌍방 토지의 용도 및 이용 상황, 통행로 이용의 목적 등에 비추어 토지의 용도에 적합한 범위에서 통행 시기나 횟수, 통행방법 등을 제한하여 인정할 수도 있다(대판 2017.1.12. 2016다39422).

[**⑤ ▸ ○**]　통상 주위토지통행권에 관한 분쟁은 통행권자와 피통행지의 소유자 사이에 발생하나, 피통행지의 소유자 이외의 제3자가 일정한 지위나 이해관계에서 통행권을 부인하고 그 행사를 방해할 때에는 그 제3자를 상대로 통행권의 확인 및 방해금지 청구를 하는 것이 통행권자의 지위나 권리를 보전하는 데에 유효·적절한 수단이 될 수 있다(대판 2005.7.14. 2003다18661).

답 ②

13

구분건물에 관한 다음 설명 중 가장 옳지 않은 것은?　　2020년 법무사시험 [문 7]

① 다세대주택의 지하층은 구분소유자들이 공동으로 사용하는 경우가 적지 않은데, 다세대주택인 1동의 건물을 신축하면서 건축허가를 받지 않고 위법하게 지하층을 건축하였다면 처분권자의 구분 의사가 명확하게 표시되지 않은 이상 공용부분으로 추정하는 것이 사회관념이나 거래관행에 부합한다.

② 1동 건물의 구분소유자들이 당초 건물을 분양받을 당시 대지공유지분비율대로 건물의 대지를 공유하고 있는 경우 특별한 사정이 없는 한 구분소유자들 사이에서는 대지공유지분비율의 차이를 이유로 부당이득 반환을 구할 수 없다.

③ 구분소유권은 원칙적으로 건물 전체가 완성되어 당해 건물에 관한 건축물대장에 구분건물로 등록된 시점에 성립하고, 예외적으로 건축물대장에 등록되기 전에 등기관이 집행법원의 등기촉탁에 의하여 미등기건물에 관하여 소유권 처분제한의 등기를 하면서 구분건물의 표시에 관한 등기를 하는 경우에는 등기된 시점에 구분소유권이 성립한다.

④ 집합건물에 있어 전유부분에 대한 대지사용권을 분리처분할 수 있도록 정한 규약이 존재한다는 등의 특별한 사정이 없는 한, 집합건물을 신축하였으나 그 대지 소유권을 취득하지 못한 상태에서 전유부분의 소유권을 경매로 상실한 자는 장래 취득할 대지지분을 전유부분의 소유권을 취득한 경락인이 아닌 제3자에게 분리처분하지 못하고, 이를 위반한 대지지분의 처분행위는 무효이다.

⑤ 1동 건물의 일부분이 구분소유권의 객체로서 적합한 구조상 독립성을 갖추지 못한 상태에서 구분소유권의 목적으로 등기되고 이에 기초하여 근저당권설정등기나 소유권이전등기 등이 순차로 마쳐진 다음 구분소유권의 객체가 된 경우 그 등기는 유효하다.

[**❶** ▸ O] 집합건물 중에서 전유부분 소유자들이 함께 사용하는 것이 일반적인 건물부분의 경우에는 구분소유권의 성립 여부가 전유부분 소유자들의 권리관계나 거래의 안전에 미치는 영향을 고려하여 구분의사의 표시행위가 있었는지를 신중하게 판단하여야 한다. 다세대주택의 지하층은 구분소유자들이 공동으로 사용하는 경우가 적지 않은데, 다세대주택인 1동의 건물을 신축하면서 건축허가를 받지 않고 위법하게 지하층을 건축하였다면 처분권자의 구분의사가 명확하게 표시되지 않은 이상 공용부분으로 추정하는 것이 사회관념이나 거래관행에 부합한다(대판 2018.2.13. 2016다245289).

[**❷** ▸ O] 1동 건물의 구분소유자들이 당초 건물을 분양받을 당시 대지공유지분비율대로 건물의 대지를 공유하고 있는 경우에는 별도의 규약이 존재하는 등 특별한 사정이 없는 한 구분소유자들이 대지에 대하여 가지는 공유지분의 비율과 상관없이 대지 전부를 용도에 따라 사용할 수 있는 적법한 권원이 있으므로, 구분소유자들 사이에서는 대지공유지분비율의 차이를 이유로 부당이득 반환을 구할 수 없다. 그러나 그 대지에 관하여 구분소유자 외의 다른 공유자가 있는 경우에는 공유물에 관한 일반 법리에 따라 대지를 사용·수익·관리할 수 있다고 보아야 하므로, 특별한 사정이 없으면 구분소유자들이 무상으로 대지를 전부 사용·수익할 수 있는 권원을 가진다고 할 수 없고 다른 공유자는 대지공유지분권에 기초하여 부당이득의 반환을 청구할 수 있다(대판 2018.6.28. 2016다219419).

[**❸** ▸ ×] 1동의 건물에 대하여 구분소유가 성립하기 위해서는 객관적·물리적인 측면에서 1동의 건물이 존재하고, 구분된 건물부분이 구조상·이용상 독립성을 갖추어야 할 뿐 아니라, 1동의 건물 중 물리적으로 구획된 건물부분을 각각 구분소유권의 객체로 하려는 구분행위가 있어야 한다. 여기서 구분행위는 건물의 물리적 형질에 변경을 가함이 없이 법률관념상 건물의 특정 부분을 구분하여 별개의 소유권의 객체로 하려는 일종의 법률행위로서, 그 시기나 방식에 특별한 제한이 있는 것은 아니고 처분권자의 구분의사가 객관적으로 외부에 표시되면 인정된다. 따라서 <u>구분건물이 물리적으로 완성되기 전에도 건축허가신청이나 분양계약 등을 통하여 장래 신축되는 건물을 구분건물로 하겠다는 구분의사가 객관적으로 표시되면 구분행위의 존재를 인정할 수 있고, 이후 1동의 건물 및 그 구분행위에 상응하는 구분건물이 객관적·물리적으로 완성되면 아직 그 건물이 집합건축물대장에 등록되거나 구분건물로서 등기부에 등기되지 않았더라도 그 시점에서 구분소유가 성립한다</u>(대판[전합] 2013.1.17. 2010다71578).
　　　　　　　　　　　　　　 ※ 변경 전 판례의 견해를 지지하는 반대의견의 내용이다.

[**❹** ▸ O] 집합건물의 소유 및 관리에 관한 법률 제20조의 취지는 집합건물의 전유부분과 대지사용권이 분리되는 것을 최대한 억제하여 대지사용권 없는 구분소유권의 발생을 방지함으로써 집합건물에 관한 법률관계의 안정과 합리적 규율을 도모하려는 데 있으므로, 전유부분에 대한 대지사용권을 분리처분할 수 있도록 정한 규약이 존재한다는 등의 특별한 사정이 없는 한, 집합건물을 신축하였으나 그 대지 소유권을 취득하지 못한 상태에서 전유부분의 소유권을 경매로 상실한 자는 장래 취득할 대지지분을 전유부분의 소유권을 취득한 경락인이 아닌 제3자에게 분리처분하지 못하고, 이를 위반한 대지지분의 처분행위는 무효이다(대판 2008.9.11. 2007다45777).

[**❺** ▸ O] 신축건물의 보존등기를 건물완성 전에 하였더라도 그 후 건물이 완성된 이상 등기를 무효라고 볼 수 없다. 이러한 법리는 1동 건물의 일부분이 구분소유권의 객체로서 적합한 구조상 독립성을 갖추지 못한 상태에서 구분소유권의 목적으로 등기되고 이에 기초하여 근저당권설정등기나 소유권이전등기 등이 순차로 마쳐진 다음 집합건물의 소유 및 관리에 관한 법률 제1조의2, '집합건물의 소유 및 관리에 관한 법률 제1조의2 제1항의 경계표지 및 건물번호표지에 관한 규정'에 따라 경계를 명확하게 식별할 수 있는 표지가 바닥에 견고하게 설치되고 구분점포별로 부여된 건물번호표지도 견고하게 부착되는 등으로 구분소유권의 객체가 된 경우에도 마찬가지이다(대판 2016.1.28. 2013다59876).

답 ❸

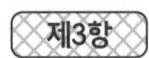 

14
□□□

부동산 점유취득시효에 관한 다음 설명 중 가장 옳은 것은?　　　　2025년 법무사시험 [문 25]

① 민법 제247조 제2항은 "소멸시효의 중단에 관한 규정은 점유로 인한 부동산소유권의 시효취득기간에 준용한다."고 규정하고, 민법 제168조 제2호는 소멸시효 중단사유로 '압류 또는 가압류, 가처분'을 규정하고 있으므로, 취득시효기간의 완성 전에 부동산에 압류 또는 가압류 조치가 이루어지면 취득시효의 진행이 중단된다.

② 토지 매수인이 매매계약에 의하여 목적 토지의 점유를 취득한 경우 설사 그것이 타인의 토지의 매매에 해당하여 그에 의하여 곧바로 소유권을 취득할 수 없다고 하더라도, 그 사실만으로 바로 그 매수인의 점유가 소유의 의사가 있는 점유라는 추정이 깨어진다고 할 수 없다.

③ 부동산점유취득시효는 원시취득에 해당하므로, 양도담보권설정자가 양도담보부동산을 20년간 소유의 의사로 평온, 공연하게 점유한 경우, 양도담보권자를 상대로 점유취득시효를 원인으로 하여 담보 목적으로 경료된 소유권이전등기의 말소를 구하거나 또는 이와 같은 효과가 있는 양도담보권설정자 명의로의 소유권이전등기를 구할 수도 있다.

④ 부동산 점유권원의 성질이 분명하지 않을 때에는 민법 제197조 제1항에 따라 점유자는 소유의 의사로 선의, 평온 및 공연하게 점유한 것으로 추정되는데, 이러한 추정은 지적공부 등의 관리주체인 국가나 지방자치단체가 점유하는 경우에는 적용되지 아니한다.

⑤ 취득시효의 대상이 미등기 부동산인 경우, 취득시효 기간이 완성되면 점유자는 등기 없이도 그 부동산의 소유권을 취득한다.

....

[❶ ▸ ✕] 민법 제247조 제2항은 '소멸시효의 중단에 관한 규정은 점유로 인한 부동산소유권의 시효취득기간에 준용한다.'고 규정하고, 민법 제168조 제2호는 소멸시효 중단사유로 '압류 또는 가압류, 가처분'을 규정하고 있다. 점유로 인한 부동산소유권의 시효취득에 있어 취득시효의 중단사유는 종래의 점유상태의 계속을 파괴하는 것으로 인정될 수 있는 사유이어야 하는데, <u>민법 제168조 제2호에서 정하는 '압류 또는 가압류'는 금전채권의 강제집행을 위한 수단이거나 그 보전수단에 불과하여 취득시효기간의 완성 전에 부동산에 압류 또는 가압류 조치가 이루어졌다고 하더라도 이로써 종래의 점유상태의 계속이 파괴되었다고는 할 수 없으므로 이는 취득시효의 중단사유가 될 수 없다</u>(대판 2019.4.3. 2018다296878).

[❷ ▸ ○] <u>토지의 매수인이 매매계약에 의하여 목적 토지의 점유를 취득한 경우 설사 그것이 타인의 토지의 매매에 해당하여 그에 의하여 곧바로 소유권을 취득할 수 없다고 하더라도</u> 그것만으로 매수인이 점유권원의 성질상 소유의 의사가 없는 것으로 보이는 권원에 바탕을 두고 점유를 취득한 사실이 증명되었다고 단정할 수 없을 뿐만 아니라, 매도인에게 처분권한이 없다는 것을 잘 알면서 이를 매수하였다는 등의 다른 특별한 사정이 입증되지 않는 한, <u>그 사실만으로 바로 그 매수인의 점유가 소유의 의사가 있는 점유라는 추정이 깨어지는 것이라고 할 수 없다</u>(대판 2006.12.8. 2006다49512).

[❸ ▸ ✕] <u>부동산점유취득시효는 원시취득에 해당하므로 특별한 사정이 없는 한 원소유자의 소유권에 가하여진 각종 제한에 의하여 영향을 받지 아니하는 완전한 내용의 소유권을 취득하는 것이지만</u>, 진정한 권리자가 아니었던 채무자 또는 물상보증인이 채무담보의 목적으로 채권자에게 부동산에 관하여 저당권설정등기를 경료해 준 후 그 부동산을 시효취득하는 경우에는, 채무자 또는 물상보증인은 피담보채권의 변제의무 내지 책임이 있는 사람으로서 이미 저당권의 존재를 용인하고 점유하여 온 것이므로, 저당목적물의 시효취득으로 저당권자의 권리는 소멸하지 않는다. 이러한 법리는 부동산 양도담보의 경우에도 마찬가지이므로, 양도담보권설정자가 양도담보부동산을 20년간 소유의 의사로 평온, 공연하게 점유하

였다고 하더라도, 양도담보권자를 상대로 피담보채권의 시효소멸을 주장하면서 담보 목적으로 경료된 소유권이전등기의 말소를 구하는 것은 별론으로 하고, 점유취득시효를 원인으로 하여 담보 목적으로 경료된 소유권이전등기의 말소를 구할 수 없고, 이와 같은 효과가 있는 양도담보권설정자 명의로의 소유권이전등기를 구할 수도 없다(대판 2015.2.26. 2014다21649).

[❹ ▸ ✕] 부동산의 점유권원의 성질이 분명하지 않을 때에는 민법 제197조 제1항에 의하여 점유자는 소유의 의사로 선의, 평온 및 공연하게 점유한 것으로 추정되는 것이며, 이러한 추정은 지적공부 등의 관리주체인 국가나 지방자치단체가 점유하는 경우에도 마찬가지로 적용된다(대판 2009.11.26. 2009다 50421).

[❺ ▸ ✕] 민법 제245조 제1항의 취득시효기간의 완성만으로는 소유권취득의 효력이 바로 생기는 것이 아니라, 다만 이를 원인으로 하여 소유권취득을 위한 등기청구권이 발생할 뿐이고, 미등기 부동산의 경우라고 하여 취득시효기간의 완성만으로 등기 없이도 점유자가 소유권을 취득한다고 볼 수 없다(대판 2006.9.28. 2006다22074).

답 ❷

15

□□□

부동산에 관한 취득시효에 관한 다음 설명 중 가장 옳지 않은 것은?

2024년 법무사시험 [문 31]

① 취득시효완성 당시 그 부동산의 등기부상 소유명의자는 취득시효완성으로 인한 권리변동의 당사자이나 그 등기가 실체관계와 부합하지 않는 무효의 등기인 때에는 권리변동의 당사자가 될 수 없는 것이므로, 소유권이전등기가 그 경료 당시에는 실체관계와 부합하지 아니하여 무효의 등기였다가 취득시효완성 후에 적법한 권리자로부터 권리를 양수하여 실체관계에 부합하게 된 것이라면, 그 등기명의자는 취득시효완성 후에 소유권을 취득한 자에 해당하지는 않으므로 그에 대하여 취득시효완성을 주장할 수 있다.

② 진정한 권리자가 아니었던 채무자 또는 물상보증인이 채무담보의 목적으로 채권자에게 부동산에 관하여 저당권설정등기를 경료해 준 후 그 부동산을 시효취득하는 경우에는, 채무자 또는 물상보증인은 피담보채권의 변제의무 내지 책임이 있는 사람으로서 이미 저당권의 존재를 용인하고 점유하여 온 것이므로, 저당목적물의 시효취득으로 저당권자의 권리는 소멸하지 않는다.

③ 양도담보권설정자가 양도담보부동산을 20년간 소유의 의사로 평온, 공연하게 점유하였다고 하더라도, 점유취득시효를 원인으로 하여 담보 목적으로 경료된 소유권이전등기의 말소를 구할 수 없다.

④ 점유자의 취득시효 완성 후 소유자가 토지에 대한 권리를 주장하는 소를 제기하여 승소판결을 받은 사실이 있다고 하더라도 그 판결에 의하여 시효중단의 효력이 발생할 여지는 없고, 점유자가 그 소송에서 그 토지에 대한 시효취득을 주장하지 않았다고 하여 시효이익을 포기한 것이라고도 볼 수 없다.

⑤ 등기부취득시효의 요건으로서의 소유자로 등기한 자 함은 적법·유효한 등기를 마친 자일 필요는 없고 무효의 등기를 마친 자라도 상관없으며, 등기부취득시효에서의 선의·무과실은 등기에 관한 것이 아니고 점유 취득에 관한 것이다.

[**❶ ▸ ✕**] 취득시효완성 당시 그 부동산의 등기부상 소유명의자는 취득시효완성으로 인한 권리변동의 당사자이나 그 등기가 실체관계와 부합하지 않는 무효의 등기인 때에는 권리변동의 당사자가 될 수 없는 것이므로, 소유권이전등기가 그 경료 당시에는 실체관계와 부합하지 아니하여 무효의 등기였다가 취득시효완성 후에 적법한 권리자로부터 권리를 양수하여 실체관계에 부합하게 된 것이라면, 그 등기명의자는 취득시효완성 후에 소유권을 취득한 자에 해당하므로 그에 대하여 취득시효완성을 주장할 수 없다(대판 1992.3.10. 91다43329).

[**❷ ▸ ○**] [**❸ ▸ ○**] 부동산점유취득시효는 원시취득에 해당하므로 특별한 사정이 없는 한 원소유자의 소유권에 가하여진 각종 제한에 의하여 영향을 받지 아니하는 완전한 내용의 소유권을 취득하는 것이지만, 진정한 권리자가 아니었던 채무자 또는 물상보증인이 채무담보의 목적으로 채권자에게 부동산에 관하여 저당권설정등기를 경료해 준 후 그 부동산을 시효취득하는 경우에는, 채무자 또는 물상보증인은 피담보채권의 변제의무 내지 책임이 있는 사람으로서 이미 저당권의 존재를 용인하고 점유하여 온 것이므로, 저당목적물의 시효취득으로 저당권자의 권리는 소멸하지 않는다. 이러한 법리는 부동산 양도담보의 경우에도 마찬가지이므로, 양도담보권설정자가 양도담보부동산을 20년간 소유의 의사로 평온, 공연하게 점유하였다고 하더라도, 양도담보권자를 상대로 피담보채권의 시효소멸을 주장하면서 담보 목적으로 경료된 소유권이전등기의 말소를 구하는 것은 별론으로 하고, 점유취득시효를 원인으로 하여 담보 목적으로 경료된 소유권이전등기의 말소를 구할 수 없고, 이와 같은 효과가 있는 양도담보권설정자 명의로의 소유권이전등기를 구할 수도 없다(대판 2015.2.26. 2014다21649).

[**❹ ▸ ○**] 점유자의 취득시효 완성 후 소유자가 토지에 대한 권리를 주장하는 소를 제기하여 승소판결을 받은 사실이 있다고 하더라도 그 판결에 의하여 시효중단의 효력이 발생할 여지는 없고, 점유자가 그 소송에서 그 토지에 대한 시효취득을 주장하지 않았다고 하여 시효이익을 포기한 것이라고도 볼 수 없으며 그 토지에 대한 점유자의 점유가 평온, 공연한 점유가 아니게 되는 것도 아니다(대판 1996.10.29. 96다23573).

[**❺ ▸ ○**] 등기부취득시효의 요건으로서의 소유자로 등기한 자라 함은 적법·유효한 등기를 마친 자일 필요는 없고 무효의 등기를 마친 자라도 상관없으며, 등기부취득시효에서의 선의·무과실은 등기에 관한 것이 아니고 점유 취득에 관한 것이다(대판 1998.1.20. 96다48527).

답 ❶

16 | **부동산 점유취득시효에 관한 다음 설명 중 가장 옳지 않은 것은?** 2023년 법무사시험 [문 9]

① 구분소유적 공유관계에 있는 토지 중 공유자 1인의 특정 구분소유 부분에 관한 점유취득시효가 완성된 경우라면, 다른 공유자의 특정 구분소유 부분이 타에 양도되고 그에 따라 토지 전체에 대한 공유지분에 관한 지분이전등기가 경료되었다 하더라도, 점유자는 취득시효의 기산점을 임의로 선택하여 주장할 수 있다.

② 시효완성 당시의 소유권보존등기 또는 이전등기가 무효라면 원칙적으로 그 등기명의인은 시효취득을 원인으로 한 소유권이전등기청구의 상대방이 될 수 없고, 이 경우 시효취득자는 소유자를 대위하여 위 무효등기의 말소를 구하고 다시 위 소유자를 상대로 취득시효완성을 이유로 한 소유권이전등기를 구하여야 한다.

③ 점유로 인한 소유권취득시효 완성 당시 미등기로 남아 있던 토지에 관하여 소유권을 가지고 있던 자가 취득시효 완성 후에 그 명의로 소유권보존등기를 마쳤다 하더라도 이는 소유권의 변경에 관한 등기가 아니므로 그러한 자를 그 취득시효 완성 후의 새로운 이해관계인으로 볼 수 없다.

④ 타인 소유의 토지에 분묘를 설치한 경우에 20년간 평온, 공연하게 분묘의 기지를 점유하면 지상권과 유사한 관습상의 물권인 분묘기지권을 시효로 취득한다는 점은 오랜 세월 동안 지속되어 온 관습 또는 관행으로서 법적 규범으로 승인되어 왔고, 이러한 법적 규범이 장사 등에 관한 법률(법률 제6158호) 시행일인 2001.1.13. 이전에 설치된 분묘에 관하여 현재까지 유지되고 있다고 보아야 한다.

⑤ 점유자가 소유자를 상대로 소유권이전등기 청구소송을 제기하면서 그 청구원인으로 '취득시효완성'이 아닌 '매매'를 주장함에 대하여, 소유자가 이에 응소하여 원고 청구기각의 판결을 구하면서 원고의 주장 사실을 부인하는 경우에는, 시효중단사유의 하나인 재판상의 청구에 해당한다고 할 수 없다.

[**❶** ▸ **×**] 구분소유적 공유관계에 있는 토지 중 공유자 1인의 특정 구분소유 부분에 관한 점유취득시효가 완성된 경우 다른 공유자의 특정 구분소유 부분이 다른 사람에게 양도되고 그에 따라 토지 전체의 공유지분에 관한 지분이전등기가 경료되었다면 <u>대외적인 관계에서는 점유취득시효가 완성된 특정 구분소유 부분 중 다른 공유자 명의의 지분에 관하여는 소유 명의자가 변동된 경우에 해당하므로, 점유자는 취득시효의 기산점을 임의로 선택하여 주장할 수 없다</u>(대판 2006.10.12. 2006다44753).

[**❷** ▸ **O**] 점유취득시효완성을 원인으로 한 소유권이전등기청구는 시효완성 당시의 소유자를 상대로 하여야 하므로 시효완성 당시의 소유권보존등기 또는 이전등기가 무효라면 원칙적으로 그 등기명의인은 시효취득을 원인으로 한 소유권이전등기청구의 상대방이 될 수 없고, 이 경우 시효취득자는 소유자를 대위하여 위 무효등기의 말소를 구하고 다시 위 소유자를 상대로 취득시효완성을 이유로 한 소유권이전등기를 구하여야 한다(대판 2005.5.26. 2002다43417).

[**❸** ▸ **O**] 점유로 인한 소유권취득시효 완성 당시 미등기로 남아 있던 토지에 관하여 소유권을 가지고 있던 자가 취득시효 완성 후에 그 명의로 소유권보존등기를 마쳤다 하더라도 이는 소유권의 변경에 관한 등기가 아니므로 그러한 자를 그 취득시효 완성 후의 새로운 이해관계인으로 볼 수 없고, 또 그 미등기 토지에 대하여 소유자의 상속인 명의로 소유권보존등기를 마친 것도 시효취득에 영향을 미치는 소유자의 변경에 해당하지 않으므로, 이러한 경우에는 그 등기명의인에게 취득시효 완성을 주장할 수 있다(대판 2007.6.14. 2006다84423).

[④ ▸ ○] 타인 소유의 토지에 분묘를 설치한 경우에 20년간 평온, 공연하게 분묘의 기지를 점유하면 지상권과 유사한 관습상의 물권인 분묘기지권을 시효로 취득한다는 점은 오랜 세월 동안 지속되어 온 관습 또는 관행으로서 법적 규범으로 승인되어 왔고, 이러한 법적 규범이 장사법(법률 제6158호) 시행일인 2001.1.13. 이전에 설치된 분묘에 관하여 현재까지 유지되고 있다고 보아야 한다(대판[전합] 2017.1.19. 2013다17292).

[⑤ ▸ ○] 권리자가 시효를 주장하는 자로부터 제소당하여 직접 응소행위로서 상대방의 청구를 적극적으로 다투면서 자신의 권리를 주장하여 그것이 받아들여진 경우에는 민법 제247조 제2항에 의하여 취득시효기간에 준용되는 민법 제168조 제1호, 제170조 제1항에서 시효중단사유의 하나로 규정하고 있는 재판상의 청구에 포함되는 것으로 해석함이 상당하다 할 것이나, 점유자가 소유자를 상대로 소유권이전등기 청구소송을 제기하면서 그 청구원인으로 '취득시효 완성'이 아닌 '매매'를 주장함에 대하여, 소유자가 이에 응소하여 원고 청구기각의 판결을 구하면서 원고의 주장 사실을 부인하는 경우에는, 이는 원고 주장의 매매 사실을 부인하여 원고에게 그 매매로 인한 소유권이전등기청구권이 없음을 주장함에 불과한 것이고 소유자가 자신의 소유권을 적극적으로 주장한 것이라 볼 수 없으므로 시효중단사유의 하나인 재판상의 청구에 해당한다고 할 수 없다(대판 1997.12.12. 97다30288).

답 ❶

---

17 점유취득시효에 관한 다음 설명 중 가장 옳지 않은 것은? 2021년 법무사시험 [문 36]

① 부동산에 대한 점유취득시효가 완성된 후 취득시효 완성을 원인으로 한 소유권이전등기를 하지 않고 있는 사이에 그 부동산에 관하여 제3자 명의의 소유권이전등기가 경료된 경우라 하더라도 당초의 점유자가 계속 점유하고 있고 소유자가 변동된 시점을 기산점으로 삼아도 다시 취득시효의 점유기간이 경과한 경우에는 점유자로서는 제3자 앞으로의 소유권 변동시를 새로운 점유취득시효의 기산점으로 삼아 2차의 취득시효의 완성을 주장할 수 있다.

② 부동산에 관하여 적법·유효한 등기를 마치고 그 소유권을 취득한 사람이 자기 소유의 부동산을 점유하는 경우 특별한 사정이 없는 한 그 점유는 취득시효의 기초가 되는 점유라고 할 수 없다.

③ 토지소유자가 토지의 특정한 일부분을 타인에게 매도하면서 등기부상으로는 전체 토지의 일부 지분에 관한 소유권이전등기를 경료해 준 경우에 매도대상에서 제외된 나머지 특정 부분을 계속 점유한다고 하더라도 이는 자기 소유의 토지를 점유하는 것이어서 취득시효의 기초가 되는 점유라고 할 수 없다.

④ 취득시효기간이 완성되었다고 하더라도 바로 소유권 취득의 효력이 생기는 것이 아니라 이를 원인으로 하여 소유권 취득을 위한 등기청구권이 발생하는 것에 불과하지만, 미등기부동산이라는 특별한 사정이 있는 경우에는 등기 없이도 소유권을 취득한다.

⑤ 취득시효가 완성된 점유자는 소유권이전등기를 마치기 전이라도 점유권에 기하여 등기부상의 명의인을 상대로 점유방해의 배제를 청구할 수 있다.

[❶ ▸ ○] 부동산에 대한 점유취득시효가 완성된 후 취득시효 완성을 원인으로 한 소유권이전등기를 하지 않고 있는 사이에 그 부동산에 관하여 제3자 명의의 소유권이전등기가 경료된 경우라 하더라도 당초의 점유자가 계속 점유하고 있고 소유자가 변동된 시점을 기산점으로 삼아도 다시 취득시효의 점유 기간이 경과한 경우에는 점유자로서는 제3자 앞으로의 소유권 변동시를 새로운 점유취득시효의 기산점으로 삼아 2차의 취득시효의 완성을 주장할 수 있다(대판[전합] 2009.7.16. 2007다15172).

[❷ ▸ ○] 부동산에 대한 취득시효 제도의 존재이유는 부동산을 점유하는 상태가 오랫동안 계속된 경우 권리자로서의 외형을 지닌 사실상태를 존중하여 이를 진실한 권리관계로 높여 보호함으로써 법질서의 안정을 기하고, 장기간 지속된 사실상태는 진실한 권리관계와 일치될 개연성이 높다는 점을 고려하여 권리관계에 관한 분쟁이 생긴 경우 점유자의 증명곤란을 구제하려는 데에 있다. 그런데 부동산에 관하여 적법·유효한 등기를 마치고 소유권을 취득한 사람이 자기 소유의 부동산을 점유하는 경우에는 특별한 사정이 없는 한 사실상태를 권리관계로 높여 보호할 필요가 없고, 부동산의 소유명의자는 부동산에 대한 소유권을 적법하게 보유하는 것으로 추정되어 소유권에 대한 증명의 곤란을 구제할 필요 역시 없으므로, 그러한 점유는 취득시효의 기초가 되는 점유라고 할 수 없다. 다만 그 상태에서 다른 사람 명의로 소유권이전등기가 되는 등으로 소유권의 변동이 있는 때에 비로소 취득시효의 요건인 점유가 개시된다고 볼 수 있을 뿐이다(대판 2016.10.27. 2016다224596).

[❸ ▸ ○] 토지소유자가 토지의 특정한 일부분을 타인에게 매도하면서 등기부상으로는 전체 토지의 일부 지분에 관한 소유권이전등기를 경료해 준 경우에 매도대상에서 제외된 나머지 특정 부분을 계속 점유한다고 하더라도 이는 자기 소유의 토지를 점유하는 것이어서 취득시효의 기초가 되는 점유라고 할 수 없고, 이는 토지의 특정한 일부분을 매수한 자가 등기부상으로는 전체 토지의 일부 지분에 관한 소유권이전등기를 경료받고 매수대상인 그 특정 부분을 점유하는 경우에도 마찬가지일 것이다(대판 2009.10.15. 2007다83632).

[❹ ▸ ×] 취득시효기간이 완성되었다고 하더라도 그것만으로 바로 소유권 취득의 효력이 생기는 것이 아니라, 이를 원인으로 하여 소유권 취득을 위한 등기청구권이 발생하는 것에 불과하고, 미등기부동산의 경우라 하여 취득시효기간의 완성만으로 등기 없이도 점유자가 소유권을 취득한다고 볼 수 없다(대판 2013.9.13. 2012다5834).

[❺ ▸ ○] 취득시효가 완성된 점유자는 점유권에 기하여 등기부상의 명의인을 상대로 점유방해의 배제를 청구할 수 있다 할 것인데, 시효취득자가 점유취득시효의 완성을 원인으로 하여 소유권이전등기를 청구하면서, 그와 동시에 시효 완성 후에 토지소유자가 멋대로 설치한 담장 등이 철거를 구하고 있을 뿐, 소유권에 기한 방해배제청구권에 기하여 위 담장 등의 철거를 구한 바 없고, 오히려 "토지소유자가 기존의 담장을 허물고 새로운 담장을 쌓은 것은 시효취득자의 점유를 침탈한 행위에 해당한다"고 주장하였으며, 원심의 변론종결 직전에는 소유권에 기한 주장은 하지 아니하고 담장 등 철거 청구도 시효취득에 의하여서만 구하는 것이라고 진술하였는바, 그렇다면 시효취득자는 점유권에 기한 방해배제청구권의 행사로서 토지소유자를 상대로 담장 등의 철거를 청구하고 있는 것으로 보아야 한다(대판 2005.3.25. 2004다23899).

답 ❹

① 부동산에 부합된 물건이 사실상 분리복구가 불가능하여 거래상 독립된 권리의 객체성을 상실하고 그 부동산과 일체를 이루는 부동산의 구성부분이 된 경우에는 타인의 권원에 의하여 이를 부합시킨 경우에도 그 물건의 소유권은 부동산의 소유자에게 귀속된다.

② 토지의 지상에 별개의 부동산인 건축물이 건축된 경우, 토지의 지하에 시공된 시설이 토지에 부합되었는지 아니면 지상 건축물의 기초 등을 구성하여 건축물의 일부분이 되었는지 여부는, 그 시설과 토지 및 건축물 사이의 각 결합 정도나 그 물리적 구조뿐만 아니라 당해 시설의 객관적, 사회경제적인 기능과 용도, 일반 거래관념, 토지의 당초 조성상태, 건축물의 종류와 규모 등 제반 사정을 종합하여 합리적으로 판단하여야 한다.

③ 종물은 물건의 소유자가 그 물건의 상용에 공하기 위하여 자기 소유인 다른 물건을 이에 부속하게 한 것을 말하므로 주물과 다른 사람의 소유에 속하는 물건은 종물이 될 수 없다.

④ 종물은 주물의 처분에 수반된다는 민법 제100조 제2항은 임의규정이므로, 당사자는 주물을 처분할 때에 특약으로 종물을 제외할 수 있고 종물만을 별도로 처분할 수도 있다.

⑤ 부동산에 부합된 물건이 사실상 분리복구가 불가능하여 거래상 독립한 권리의 객체성을 상실하고 그 부동산과 일체를 이루는 부동산의 구성부분이 된 경우에는 타인이 권원에 의하여 이를 부합시켰더라도 그 물건의 소유권은 부동산의 소유자에게 귀속되어 부동산의 소유자는 방해배제청구권에 기하여 부합물의 철거를 청구할 수 없고, 부합물이 위와 같은 요건을 충족하지 못해 그 물건의 소유권이 부동산의 소유자에게 귀속되었다고 볼 수 없는 경우에도 부동산의 소유자는 방해배제청구권에 기하여 부합물의 철거를 청구할 수 없다.

....

[❶ ▶ ○] [❷ ▶ ○] 부동산에 부합된 물건이 사실상 분리복구가 불가능하여 거래상 독립된 권리의 객체성을 상실하고 그 부동산과 일체를 이루는 부동산의 구성부분이 된 경우에는 타인의 권원에 의하여 이를 부합시킨 경우에도 그 물건의 소유권은 부동산의 소유자에게 귀속된다. 그러나 토지의 지상에 별개의 부동산인 건축물이 건축된 경우, 토지의 지하에 시공된 시설이 토지에 부합되었는지 아니면 지상 건축물의 기초 등을 구성하여 건축물의 일부분이 되었는지 여부는, 그 시설과 토지 및 건축물 사이의 각 결합 정도나 그 물리적 구조뿐만 아니라 당해 시설의 객관적, 사회경제적인 기능과 용도, 일반 거래관념, 토지의 당초 조성상태, 건축물의 종류와 규모 등 제반 사정을 종합하여 합리적으로 판단하여야 한다(대판 2009.8.20. 2008두8727).

[❸ ▶ ○] 종물은 물건의 소유자가 그 물건의 상용에 공하기 위하여 자기 소유인 다른 물건을 이에 부속하게 한 것을 말하므로(민법 제100조 제1항) 주물과 다른 사람의 소유에 속하는 물건은 종물이 될 수 없다(대판 2008.5.8. 2007다36933).

[❹ ▶ ○] 종물은 주물의 처분에 수반된다는 민법 제100조 제2항은 임의규정이므로, 당사자는 주물을 처분할 때에 특약으로 종물을 제외할 수 있고 종물만을 별도로 처분할 수도 있다(대판 2012.1.26. 2009다76546).

[❺ ▶ ✕] 부동산에 부합된 물건이 사실상 분리복구가 불가능하여 거래상 독립한 권리의 객체성을 상실하고 그 부동산과 일체를 이루는 부동산의 구성부분이 된 경우에는 타인이 권원에 의하여 이를 부합시켰더라도 그 물건의 소유권은 부동산의 소유자에게 귀속되어 부동산의 소유자는 방해배제청구권에 기하여 부합물의 철거를 청구할 수 없지만, <u>부합물이 위와 같은 요건을 충족하지 못해 그 물건의 소유권이 부동산의 소유자에게 귀속되었다고 볼 수 없는 경우에는 부동산의 소유자는 방해배제청구권에 기하여 부합물의 철거를 청구할 수 있다</u>(대판 2020.4.9. 2018다264307).

답 ❺

부합에 관한 다음 설명 중 가장 옳지 않은 것은?

① 양도담보권의 목적인 주된 동산에 다른 동산이 부합되어 부합된 동산에 관한 권리자가 권리를 상실하는 손해를 입은 경우 주된 동산이 담보물로서 가치가 증가된 데 따른 실질적 이익은 주된 동산에 관한 양도담보권설정자뿐만 아니라 양도담보권자에게도 귀속되는 것이므로, 이 경우 부합으로 인하여 권리를 상실하는 자는 양도담보권자를 상대로 민법 제261조에 따라 보상을 청구할 수 있다.

② 건물의 증축 부분이 기존건물에 부합하여 기존건물과 분리하여서는 별개의 독립물로서의 효용을 갖지 못하는 이상 기존건물에 대한 근저당권은 민법 제358조에 의하여 부합된 증축 부분에도 효력이 미치는 것이므로 기존건물에 대한 경매절차에서 경매목적물로 평가되지 아니하였다고 할지라도 경락인은 부합된 증축 부분의 소유권을 취득한다.

③ 부동산에 부합된 물건이 사실상 분리복구가 불가능하여 거래상 독립된 권리의 객체성을 상실하고 그 부동산과 일체를 이루는 부동산의 구성부분이 된 경우에는 타인의 권원에 의하여 이를 부합시킨 경우에도 그 물건의 소유권은 부동산의 소유자에게 귀속된다.

④ 매도인에게 소유권이 유보된 자재가 제3자와 매수인 사이에 이루어진 도급계약의 이행으로 제3자소유 건물의 건축에 사용되어 부합된 경우 보상청구를 거부할 법률상 원인이 있다고 할 수 없지만, 제3자가 도급계약에 의하여 제공된 자재의 소유권이 유보된 사실에 관하여 과실 없이 알지 못한 경우라면 선의취득의 경우와 마찬가지로 제3자가 그 자재의 귀속으로 인한 이익을 보유할 수 있는 법률상 원인이 있다고 봄이 상당하므로, 매도인으로서는 그에 관한 보상청구를 할 수 없다.

⑤ 토지 위에 식재된 입목은 토지의 구성부분으로 토지의 일부일 뿐 독립한 물건으로 볼 수 없으므로 특별한 사정이 없는 한 토지에 부합하고, 토지의 소유자는 식재된 입목의 소유권을 취득한다.

....

[❶ ▸ ✕] 부당이득반환청구에서 이득이란 실질적인 이익을 의미하는데, 동산에 대하여 양도담보권을 설정하면서 양도담보권설정자가 양도담보권자에게 담보목적인 동산의 소유권을 이전하는 이유는 양도담보권자가 양도담보권을 실행할 때까지 스스로 담보물의 가치를 보존할 수 있게 함으로써 만약 채무자가 채무를 이행하지 않더라도 채권자인 양도담보권자가 양도받은 담보물을 환가하여 우선변제받는 데에 지장이 없도록 하기 위한 것이고, 동산양도담보권은 담보물의 교환가치 취득을 목적으로 하는 것이다. 이러한 양도담보권이 성격에 비추어 보면, 양도담보권의 목적인 주된 동산에 다른 동산이 부합되어 부합된 동산에 관한 권리자가 권리를 상실하는 손해를 입은 경우 주된 동산이 담보물로서 가치가 증가된 데 따른 실질적 이익은 주된 동산에 관한 양도담보권설정자에게 귀속되는 것이므로, <u>이 경우 부합으로 인하여 권리를 상실하는 자는 양도담보권설정자를 상대로 민법 제261조에 따라 보상을 청구할 수 있을 뿐 양도담보권자를 상대로 보상을 청구할 수는 없다</u>(대판 2016.4.28. 2012다19659).

[❷ ▸ ○] 건물의 증축 부분이 기존건물에 부합하여 기존건물과 분리하여서는 별개의 독립물로서의 효용을 갖지 못하는 이상 기존건물에 대한 근저당권은 민법 제358조에 의하여 부합된 증축 부분에도 효력이 미치는 것이므로 기존건물에 대한 경매절차에서 경매목적물로 평가되지 아니하였다고 할지라도 경락인은 부합된 증축 부분의 소유권을 취득한다(대판 2002.10.25. 2000다63110).

[**❸** ▶ O] 부동산에 부합된 물건이 사실상 분리복구가 불가능하여 거래상 독립된 권리의 객체성을 상실하고 그 부동산과 일체를 이루는 부동산의 구성부분이 된 경우에는 타인의 권원에 의하여 이를 부합시킨 경우에도 그 물건의 소유권은 부동산의 소유자에게 귀속된다. 그러나 토지의 지상에 별개의 부동산인 건축물이 건축된 경우, 토지의 지하에 시공된 시설이 토지에 부합되었는지 아니면 지상 건축물의 기초 등을 구성하여 건축물의 일부분이 되었는지 여부는, 그 시설과 토지 및 건축물 사이의 각 결합 정도나 그 물리적 구조뿐만 아니라 당해 시설의 객관적, 사회경제적인 기능과 용도, 일반 거래관념, 토지의 당초 조성상태, 건축물의 종류와 규모 등 제반 사정을 종합하여 합리적으로 판단하여야 한다(대판 2009.8.20. 2008두8727).

[**❹** ▶ O] 민법 제261조에서 첨부로 법률규정에 의한 소유권 취득(민법 제256조 내지 제260조)이 인정된 경우에 "손해를 받은 자는 부당이득에 관한 규정에 의하여 보상을 청구할 수 있다"라고 규정하고 있는바, 이러한 보상청구가 인정되기 위해서는 민법 제261조 자체의 요건만이 아니라, 부당이득 법리에 따른 판단에 의하여 부당이득의 요건이 모두 충족되었음이 인정되어야 한다. 매도인에게 소유권이 유보된 자재가 제3자와 매수인 사이에 이루어진 도급계약의 이행으로 제3자 소유 건물의 건축에 사용되어 부합된 경우 보상청구를 거부할 법률상 원인이 있다고 할 수 없지만, 제3자가 도급계약에 의하여 제공된 자재의 소유권이 유보된 사실에 관하여 과실 없이 알지 못한 경우라면 선의취득의 경우와 마찬가지로 제3자가 그 자재의 귀속으로 인한 이익을 보유할 수 있는 법률상 원인이 있다고 봄이 상당하므로, 매도인으로서는 그에 관한 보상청구를 할 수 없다(대판 2009.9.24. 2009다15602).

[**❺** ▶ O] 토지 위에 식재된 입목은 토지의 구성부분으로 토지의 일부일 뿐 독립한 물건으로 볼 수 없으므로 특별한 사정이 없는 한 토지에 부합하고, 토지의 소유자는 식재된 입목의 소유권을 취득한다(대판 2021.8.19. 2020다266375).

답 **❶**

20 □□□ **물권적 청구권에 관한 다음 설명 중 가장 옳지 않은 것은?** 2024년 법무사시험 [문 18]

① 토지의 매수인이 아직 소유권이전등기를 경료받지 아니하였다 하여도 매매계약의 이행으로 그 토지를 인도받은 때에는 매매계약의 효력으로서 이를 점유·사용할 권리가 생기게 된 것으로 보아야 하고, 또 매수인으로부터 위 토지를 다시 매수한 자는 위와 같은 토지의 점유사용권을 취득한 것으로 봄이 상당하므로 매도인은 매수인으로부터 다시 위 토지를 매수한 자에 대하여 토지 소유권에 기한 물권적 청구권을 행사하거나 그 점유·사용을 법률상 원인이 없는 이익이라고 하여 부당이득반환청구를 할 수는 없다.

② 소유권을 양도함에 있어 소유권에 의하여 발생되는 물상청구권을 소유권과 분리, 소유권 없는 전소유자에게 유보하여 제3자에게 대하여 이를 행사케 한다는 것은 소유권의 절대적 권리인 점에 비추어 허용될 수 없는 것이라 할 것으로서, 이는 양도인인 전소유자가 그 목적물을 양수인에게 인도할 의무 있고 그 의무이행이 매매대금 잔액의 지급과 동시이행관계에 있다거나 그 소유권의 양도가 소송계속 중에 있었다 하여 다를 리 없고, 일단 소유권을 상실한 전소유자는 제3자인 불법점유자에 대하여 물권적청구권에 의한 방해배제를 청구할 수 없다.

③ 부동산의 양도담보권설정자는 그 부동산의 등기명의가 양도담보권자 앞으로 되어 있다 할지라도 그 부동산의 불법점유자인 제3자에 대하여는 그 실질적 소유자임을 주장하여 불법점유의 상태의 배제권을 행사할 수 있다.

④ 건물이 그 존립을 위한 토지사용권을 갖추지 못하여 토지의 소유자가 건물의 소유자에 대하여 당해 건물의 철거 및 그 대지의 인도를 청구할 수 있는 경우에 건물소유자가 아닌 사람이 건물을 점유하고 있다면 토지소유자는 자신의 소유권에 기한 방해배제로서 건물점유자에 대하여 건물로부터의 퇴거를 청구할 수 있다. 다만 그 건물점유자가 건물소유자로부터의 임차인으로서 그 건물임차권이 이른바 대항력을 가지고 있다면 위 퇴거청구에 대항할 수 있게 된다.

⑤ 말소등기에 갈음하여 허용되는 진정명의회복을 원인으로 한 소유권이전등기청구권과 무효등기의 말소청구권은 어느 것이나 진정한 소유자의 등기명의를 회복하기 위한 것으로서 실질적으로 그 목적이 동일하고, 두 청구권 모두 소유권에 기한 방해배제청구권으로서 그 법적 근거와 성질이 동일하다.

···

[❶ ▶ O] 토지의 매수인이 아직 소유권이전등기를 경료받지 아니하였다 하여도 매매계약의 이행으로 그 토지를 인도받은 때에는 매매계약의 효력으로서 이를 점유·사용할 권리가 생기게 된 것으로 보아야 하고, 또 매수인으로부터 위 토지를 다시 매수한 자는 위와 같은 토지의 점유사용권을 취득한 것으로 봄이 상당하므로 매도인은 매수인으로부터 다시 위 토지를 매수한 자에 대하여 토지 소유권에 기한 물권적 청구권을 행사하거나 그 점유·사용을 법률상 원인이 없는 이익이라고 하여 부당이득반환청구를 할 수는 없다고 할 것인바, 이러한 법리는 대물변제 약정에 의하여 매매와 같이 부동산의 소유권을 이전받게 되는 자가 이미 당해 부동산을 점유·사용하고 있거나, 그로부터 다시 이를 임차하여 점유·사용하고 있는 경우에도 마찬가지로 적용된다(대판 2001.12.11. 2001다45355).

[❷ ▸ ○] 소유권을 양도함에 있어 소유권에 의하여 발생되는 물상청구권을 소유권과 분리, 소유권 없는 전소유자에게 유보하여 제3자에게 대하여 이를 행사케 한다는 것은 소유권의 절대적 권리인 점에 비추어 허용될 수 없는 것이라 할 것으로서, 이는 양도인인 전소유자가 그 목적물을 양수인에게 인도할 의무 있고 그 의무이행이 매매대금 잔액의 지급과 동시이행관계에 있다거나 그 소유권의 양도가 소송계속 중에 있었다 하여 다를 리 없고 일단 소유권을 상실한 전소유자는 제3자인 불법점유자에 대하여 물권적청구권에 의한 방해배제를 청구할 수 없다(대판[전합] 1969.5.27. 68다725).

[❸ ▸ ○] 부동산의 양도담보권설정자는 그 부동산의 등기명의가 양도담보권자 앞으로 되어 있다 할지라도 그 부동산의 불법점유자인 제3자에 대하여는 그 실질적 소유자임을 주장하여 불법점유의 상태의 배제권을 행사할 수 있다(대판 1988.4.25. 87다카2696).

[❹ ▸ ✕] 건물이 그 존립을 위한 토지사용권을 갖추지 못하여 토지의 소유자가 건물의 소유자에 대하여 당해 건물의 철거 및 그 대지의 인도를 청구할 수 있는 경우에라도 건물소유자가 아닌 사람이 건물을 점유하고 있다면 토지소유자는 그 건물 점유를 제거하지 아니하는 한 위의 건물 철거 등을 실행할 수 없다. 따라서 그때 토지소유권은 위와 같은 점유에 의하여 그 원만한 실현을 방해당하고 있다고 할 것이므로, 토지소유자는 자신의 소유권에 기한 방해배제로서 건물점유자에 대하여 건물로부터의 퇴출을 청구할 수 있다. 그리고 이는 건물점유자가 건물소유자로부터의 임차인으로서 그 건물임차권이 이른바 대항력을 가진다고 해서 달라지지 아니한다. 건물임차권의 대항력은 기본적으로 건물에 관한 것이고 토지를 목적으로 하는 것이 아니므로 이로써 토지소유권을 제약할 수 없고, 토지에 있는 건물에 대하여 대항력 있는 임차권이 존재한다고 하여도 이를 토지소유자에 대하여 대항할 수 있는 토지사용권이라고 할 수는 없다. 바꾸어 말하면, 건물에 관한 임차권이 대항력을 갖춘 후에 그 대지의 소유권을 취득한 사람은 민법 제622조 제1항이나 주택임대차보호법 제3조 제1항 등에서 그 임차권의 대항을 받는 것으로 정하여진 '제3자'에 해당한다고 할 수 없다(대판 2010.8.19. 2010다43801).

[❺ ▸ ○] 진정한 등기명의 회복을 위한 소유권이전등기청구는 이미 자기 앞으로 소유권을 표상하는 등기가 되어 있었거나 법률에 의하여 소유권을 취득한 자가 진정한 등기명의를 회복하기 위한 방법으로 현재의 등기명의인을 상대로 그 등기의 말소를 구하는 것에 갈음하여 허용되는 것인데, 말소등기에 갈음하여 허용되는 진정명의회복을 원인으로 한 소유권이전등기청구권과 무효등기의 말소청구권은 어느 것이나 진정한 소유자의 등기명의를 회복하기 위한 것으로서 실질적으로 그 목적이 동일하고, 두 청구권 모두 소유권에 기한 방해배제청구권으로서 그 법적 근거와 성질이 동일하므로, 비록 전자는 이전등기, 후자는 말소등기의 형식을 취하고 있다고 하더라도 그 소송물은 실질상 동일한 것으로 보아야 하고, 따라서 소유권이전등기말소청구소송에서 패소확정판결을 받았다면 그 기판력은 그 후 제기된 진정명의회복을 원인으로 한 소유권이전등기청구소송에도 미친다(대판[전합] 2001.9.20. 99다37894).

답 ❹

21 물권적 청구권에 관한 다음 설명 중 가장 옳지 않은 것은?

① 소유자가 제3자에 대하여 목적물의 소유권을 이전하기로 하는 매매·증여·교환 기타의 채권계약을 체결하는 것만에 의하여서는 자신의 소유권에 어떠한 물권적 제한을 받지 아니하여서, 그는 다른 특별한 사정이 없는 한 자신의 소유물을 여전히 유효하게 달리 처분할 수 있고, 또한 소유권에 기하여 소유물에 대한 방해 등을 배제할 수 있는 민법 제213조, 제214조의 물권적 청구권을 가진다.

② 자신의 토지에 폐기물을 매립하거나 토양을 오염시켜 토지를 유통시킨 경우는 물론 타인의 토지에 그러한 행위를 하여 토지가 유통된 경우라 하더라도, 행위자가 폐기물을 매립한 자 또는 토양오염을 유발시킨 자라는 이유만으로 자신과 직접적인 거래관계가 없는 토지의 전전 매수인에 대한 관계에서 폐기물 처리비용이나 오염정화비용 상당의 손해에 관한 불법행위책임을 부담한다고 볼 수는 없다.

③ 소유자가 자신의 소유권에 기하여 실체관계에 부합하지 아니하는 등기의 명의인을 상대로 그 등기말소나 진정명의회복 등을 청구하는 경우에, 그 권리는 물권적 청구권으로서의 방해배제청구권(민법 제214조)의 성질을 가진다. 그러므로 소유자가 그 후에 소유권을 상실하면 이제 그 발생의 기반이 아예 없게 되어 더 이상 그 존재 자체가 인정되지 아니하므로, 등기말소 등 의무자에 대하여 그 권리의 이행불능을 이유로 민법 제390조의 손해배상청구권을 가진다고 말할 수 없다.

④ 토지소유권에 기한 물권적 청구권을 원인으로 하는 토지인도소송의 소송물은 토지소유권이 아니라 그 물권적 청구권인 토지인도청구권이므로, 그 소송에서 청구기각된 확정판결의 기판력은 토지인도청구권의 존부 그 자체에만 미치는 것이고 소송물이 되지 아니한 토지소유권의 존부에 관하여는 미치지 않는다. 그러므로 그 토지인도소송의 사실심변론종결 후에 그 패소자인 토지소유자로부터 토지를 매수하고 소유권이전등기를 마침으로써 그 소유권을 승계한 제3자의 토지소유권의 존부에 관하여는 위 확정판결의 기판력이 미치지 않는다.

⑤ 상속인은 피상속인의 일신에 전속한 것이 아닌 한 상속이 개시된 때로부터 피상속인의 재산에 관한 포괄적 권리·의무를 승계하므로(민법 제1005조), 피상속인이 사망 전에 그 소유 토지를 일반 공중의 이용에 제공하여 독점적·배타적인 사용·수익권을 포기한 것으로 볼 수 있고 그 토지가 상속재산에 해당하는 경우에는, 피상속인의 사망 후 그 토지에 대한 상속인의 독점적·배타적인 사용·수익권의 행사 역시 제한된다고 보아야 한다.

··

[❶ ▶ ○] 소유권은 물건을 배타적으로 지배하는 권리로서 대세적 효력이 있으므로, 그에 관한 법률관계는 이해관계인들이 이를 쉽사리 인식할 수 있도록 명확하게 정하여져야 한다. 그런데 소유자에게 소유권의 핵심적 내용에 속하는 처분권능이 없다고 하면(민법 제211조 참조), 이는 결국 민법이 알지 못하는 새로운 유형의 소유권 내지 물권을 창출하는 것으로서, 객체에 대한 전면적 지배권인 소유권을 핵심으로 하여 구축되어 있고 또한 물권의 존재 및 내용에 관하여 일정한 공시수단을 요구하는 물권법의 체계를 현저히 교란하게 된다. 따라서 소유자가 제3자에 대하여 목적물의 소유권을 이전하기로 하는 매매·증여·교환 기타의 채권계약을 체결하는 것만에 의하여서는 자신의 소유권에 어떠한 물권적 제한을 받지 아니하여서, 그는 다른 특별한 사정이 없는 한 자신의 소유물을 여전히 유효하게 달리 처분할 수 있고, 또한 소유권에 기하여 소유물에 대한 방해 등을 배제할 수 있는 민법 제213조, 제214조의 물권적 청구권을 가진다(대판 2014.3.13. 2009다105215).

[❷ ▸ ×] 헌법 제35조 제1항, 구 환경정책기본법, 구 토양환경보전법 및 구 폐기물관리법의 취지와 아울러 토양오염원인자의 피해배상의무 및 오염토양 정화의무, 폐기물 처리의무 등에 관한 관련 규정들과 법리에 비추어 보면, 토지의 소유자라 하더라도 토양오염물질을 토양에 누출·유출하거나 투기·방치함으로써 토양오염을 유발하였음에도 오염토양을 정화하지 않은 상태에서 오염토양이 포함된 토지를 거래에 제공함으로써 유통되게 하거나, 토지에 폐기물을 불법으로 매립하였음에도 처리하지 않은 상태에서 토지를 거래에 제공하는 등으로 유통되게 하였다면, <u>다른 특별한 사정이 없는 한 이는 거래의 상대방 및 토지를 전전취득한 현재의 토지 소유자에 대한 위법행위로서 불법행위가 성립할 수 있다.</u> 그리고 토지를 매수한 현재의 토지 소유자가 오염토양 또는 폐기물이 매립되어 있는 지하까지 토지를 개발·사용하게 된 경우 등과 같이 자신의 토지소유권을 완전하게 행사하기 위하여 오염토양 정화비용이나 폐기물 처리비용을 지출하였거나 지출해야만 하는 상황에 이르렀다거나 구 토양환경보전법에 의하여 관할 행정관청으로부터 조치명령 등을 받음에 따라 마찬가지의 상황에 이르렀다면 위법행위로 인하여 오염토양 정화비용 또는 폐기물 처리비용의 지출이라는 손해의 결과가 현실적으로 발생하였으므로, <u>토양오염을 유발하거나 폐기물을 매립한 종전 토지 소유자는 오염토양 정화비용 또는 폐기물 처리비용 상당의 손해에 대하여 불법행위자로서 손해배상책임을 진다</u>(대판[전합] 2016.5.19. 2009다66549).

[❸ ▸ ○] 소유자가 자신의 소유권에 기하여 실체관계에 부합하지 아니하는 등기의 명의인을 상대로 그 등기말소나 진정명의회복 등을 청구하는 경우에, 그 권리는 물권적 청구권으로서의 방해배제청구권(민법 제214조)의 성질을 가진다. 그러므로 소유자가 그 후에 소유권을 상실함으로써 이제 등기말소 등을 청구할 수 없게 되었다면, 이를 위와 같은 청구권의 실현이 객관적으로 불능이 되었다고 파악하여 등기말소 등 의무자에 대하여 그 권리의 이행불능을 이유로 민법 제390조상의 손해배상청구권을 가진다고 말할 수 없다. 위 법규정에서 정하는 채무불이행을 이유로 하는 손해배상청구권은 계약 또는 법률에 기하여 이미 성립하여 있는 채권관계에서 본래의 채권이 동일성을 유지하면서 그 내용이 확장되거나 변경된 것으로서 발생한다. 그러나 위와 같은 등기말소청구권 등의 물권적 청구권은 그 권리자인 소유자가 소유권을 상실하면 이제 그 발생의 기반이 아예 없게 되어 더 이상 그 존재 자체가 인정되지 아니하는 것이다. 이러한 법리는 선행소송에서 소유권보존등기의 말소등기청구가 확정되었다고 하더라도 그 청구권의 법적 성질이 채권적 청구권으로 바뀌지 아니하므로 마찬가지이다(대판[전합] 2012.5.17. 2010다28604).

[❹ ▸ ○] 토지소유권에 기한 물권적 청구권을 원인으로 하는 토지인도소송의 소송물은 토지소유권이 아니라 그 물권적 청구권인 토지인도청구권이므로 그 소송에서 청구기각된 확정판결의 기판력은 토지인도청구권의 존부 그 자체에만 미치는 것이고 소송물이 되지 아니한 토지소유권의 존부에 관하여는 미치지 아니한다 할 것이므로 그 토지인도소송의 사실심변론종결 후에 그 패소자인 토지소유자로부터 토지를 매수하고 소유권이전등기를 마침으로써 그 소유권을 승계한 제3자의 토지소유권의 존부에 관하여는 위 확정판결의 기판력이 미치지 않는다(대판 1984.9.25. 84다카148).

[❺ ▸ ○] 상속인은 피상속인의 일신에 전속한 것이 아닌 한 상속이 개시된 때로부터 피상속인의 재산에 관한 포괄적 권리·의무를 승계하므로(민법 제1005조), 피상속인이 사망 전에 그 소유 토지를 일반 공중의 이용에 제공하여 독점적·배타적인 사용·수익권을 포기한 것으로 볼 수 있고 그 토지가 상속재산에 해당하는 경우에는, 피상속인의 사망 후 그 토지에 대한 상속인의 독점적·배타적인 사용·수익권의 행사 역시 제한된다고 보아야 한다(대판[전합] 2019.1.24. 2016다264556).

답 ❷

22

말소등기청구에 관한 다음 설명 중 가장 옳지 않은 것은?

① 부동산의 진정한 소유자가 원인무효등기의 말소를 청구하는 것은 소유권 그 자체에 터잡아서 방해의 배제나 소유물의 반환을 청구하는 것으로서 소유권이 있는 한 항상 행사할 수 있는 것이므로, 그 소유권을 취득하게 된 원인이 상속이고 그 상대방이 상속인을 참칭하여 등기를 한 사람이라고 하더라도 상속회복의 소라는 이름을 붙이고 그 권리의 행사를 제한하여야 할 이유가 없어, 이러한 경우 상속회복청구에 관한 민법규정은 적용되지 않는다.

② 피고로부터 매매 등의 방법으로 부동산에 대한 권리가 순차적으로 이전되어 최종적으로 소유권이 전등기를 마친 제3자가 시효취득을 원인으로 부동산에 대한 소유권을 취득함에 따라 당초 부동산의 소유자인 원고가 소유권을 상실하게 되면, 비록 피고 명의의 소유권이전등기가 원인무효라고 하더라도 원고에게 피고 명의의 소유권이전등기의 말소를 청구할 수 있는 권원이 없으므로, 원고는 피고에 대하여 소유권에 기한 등기말소청구를 할 수 없다.

③ 1필지의 토지의 특정된 일부에 대하여 소유권이전등기의 말소를 명하는 판결을 받은 등기권자는 그 판결에 따로 토지의 분할을 명하는 주문기재가 없더라도 그 판결에 기하여 등기의무자를 대위하여 그 특정된 일부에 대한 분필등기절차를 마친 후 소유권이전등기를 말소할 수 있으므로, 토지의 분할을 명함이 없이 1필지의 토지의 일부에 관하여 소유권이전등기의 말소를 명한 판결을 집행불능의 판결이라 할 수 없다.

④ 채무자와 수익자 사이의 소송절차에서 확정판결 등을 통해 마쳐진 소유권이전등기가 사해행위취소로 인한 원상회복으로써 말소된다고 하더라도, 그것이 확정판결 등의 효력에 반하거나 모순되는 것이라고는 할 수 없다.

⑤ 실체관계상 공유인 부동산에 관하여 단독소유로 소유권보존등기가 마쳐졌거나 단독소유인 부동산에 관하여 공유로 소유권보존등기가 마쳐진 경우에 소유권보존등기 중 진정한 권리자의 소유부분에 해당하는 일부 지분에 관한 등기명의인의 소유권보존등기는 무효이므로 이를 말소하고 그 부분에 관한 진정한 권리자의 소유권보존등기를 하여야 한다. 이 경우 진정한 권리자는 소유권보존등기의 일부말소를 소로써 구하고 법원은 그 지분에 한하여만 말소를 명할 수 있으나, 그 판결의 집행은 단독소유를 공유로 또는 공유를 단독소유로 하는 경정등기의 방식으로 이루어진다.

··

[❶ ▸ ✕] 재산상속에 관하여 진정한 상속인임을 전제로 ㄱ 상속으로 인한 소유권 또는 지분권 등 재산권의 귀속을 주장하고, 참칭상속인 또는 자기들만이 재산상속을 하였다는 일부 공동상속인들을 상대로 상속재산인 부동산에 관한 등기의 말소 등을 청구하는 경우에도, <u>그 소유권 또는 지분권이 귀속되었다는 주장이 상속을 원인으로 하는 것인 이상 그 청구원인 여하에 불구하고 이는 민법 제999조 소정의 상속회복청구의 소라고 해석함이 상당하다</u>(대판[전합] 1991.12.24. 90다5740).

[❷ ▸ ○] 원고가 피고에 대하여 피고 명의로 마쳐진 소유권이전등기의 말소를 구하려면 먼저 원고에게 말소를 청구할 수 있는 권원이 있음을 적극적으로 주장·증명하여야 하고, 만일 원고에게 그러한 권원이 있음이 인정되지 않는다면 설령 피고 명의의 소유권이전등기가 말소되어야 할 무효의 등기라고 하더라도 원고의 청구를 인용할 수는 없다. 피고로부터 매매 등의 방법으로 부동산에 대한 권리가 순차적으로 이전되어 최종적으로 소유권이전등기를 마친 제3자가 시효취득을 원인으로 부동산에 대한 소유권을 취득함에 따라 당초 부동산의 소유자인 원고가 소유권을 상실하게 되면, 비록 피고 명의의 소유권이전등기가 원인무효라고 하더라도 원고에게 피고 명의의 소유권이전등기이 말소를 청구할 수 있는 권원이 없으므로, 원고는 피고에 대하여 소유권에 기한 등기말소청구를 할 수 없다(대판 2019.7.10. 2015다249352).

[❸ ▸ O] 1필지의 토지의 특정된 일부에 대하여 소유권이전등기의 말소를 명하는 판결을 받은 등기권자는 그 판결에 따로 토지의 분할을 명하는 주문기재가 없더라도 그 판결에 기하여 등기의무자를 대위하여 그 특정된 일부에 대한 분필등기절차를 마친 후 소유권이전등기를 말소할 수 있으므로 토지의 분할을 명함이 없이 1필지의 토지의 일부에 관하여 소유권이전등기의 말소를 명한 판결을 집행불능의 판결이라 할 수 없다(대판 1987.10.13. 87다카1093).

[❹ ▸ O] 채권자가 사해행위의 취소와 함께 수익자 또는 전득자로부터 책임재산의 회복을 명하는 사해행위취소의 판결을 받은 경우 수익자 또는 전득자가 채권자에 대하여 사해행위의 취소로 인한 원상회복 의무를 부담하게 될 뿐, 채권자와 채무자 사이에서 취소로 인한 법률관계가 형성되는 것은 아니다. 따라서 위와 같이 채무자와 수익자 사이의 소송절차에서 확정판결 등을 통해 마쳐진 소유권이전등기가 사해행위취소로 인한 원상회복으로써 말소된다고 하더라도, 그것이 확정판결 등의 효력에 반하거나 모순되는 것이라고는 할 수 없다(대판 2017.4.7. 2016다204783).

[❺ ▸ O] 실체관계상 공유인 부동산에 관하여 단독소유로 소유권보존등기가 마쳐졌거나 단독소유인 부동산에 관하여 공유로 소유권보존등기가 마쳐진 경우에 소유권보존등기 중 진정한 권리자의 소유부분에 해당하는 일부 지분에 관한 등기명의인의 소유권보존등기는 무효이므로 이를 말소하고 그 부분에 관한 진정한 권리자의 소유권보존등기를 하여야 한다. 이 경우 진정한 권리자는 소유권보존등기의 일부 말소를 소로써 구하고 법원은 그 지분에 한하여만 말소를 명할 수 있으나, 등기기술상 소유권보존등기의 일부말소는 허용되지 않으므로, 그 판결의 집행은 단독소유를 공유로 또는 공유를 단독소유로 하는 경정등기의 방식으로 이루어진다. 이와 같이 일부말소 의미의 경정등기는 등기절차 내에서만 허용될 뿐 소송절차에서는 일부말소를 구하는 외에 경정등기를 소로써 구하는 것은 허용될 수 없다(대판 2017.8.18. 2016다6309).

답 ❶

23
□□□

공유물에 관한 다음 설명 중 가장 옳지 않은 것은?

① 부동산의 공유자의 1인은 당해 부동산에 관하여 제3자 명의로 원인무효의 소유권이전등기가 마쳐져 있는 경우 공유물에 관한 보존행위로서 제3자에 대하여 그 등기 전부의 말소를 구할 수 있다.

② 공유자가 다른 공유자의 지분권을 대외적으로 주장하는 것을 공유물의 멸실·훼손을 방지하고 공유물의 현상을 유지하는 사실적·법률적 행위인 공유물의 보존행위에 속한다고 할 수는 없으므로, 자신의 소유지분 범위를 초과하는 부분에 관하여 마쳐진 등기에 대하여 공유물에 관한 보존행위로서 무효라고 주장하면서 말소를 구할 수는 없다.

③ 공유물에 관한 원인무효의 등기에 대하여 모든 공유자가 항상 공유물의 보존행위로서 말소를 구할 수 있는 것은 아니고, 원인무효의 등기로 인하여 자신의 지분이 침해된 공유자에 한하여 공유물의 보존행위로서 그 등기의 말소를 구할 수 있을 뿐이다.

④ 과반수 지분의 공유자는 다른 공유자와 사이에 미리 공유물의 관리방법에 관한 협의가 없었다면, 공유물의 관리에 관한 사항을 단독으로 결정할 수는 없다.

⑤ 과반수 지분의 공유자가 그 공유물의 특정 부분을 배타적으로 사용·수익하기로 정하는 것은 공유물의 관리방법으로서 적법하다.

....

[❶▸O] [❷▸O] [❸▸O]　부동산의 공유자의 1인은 당해 부동산에 관하여 제3자 명의로 원인무효의 소유권이전등기가 마쳐져 있는 경우 공유물에 관한 보존행위로서 제3자에 대하여 그 등기 전부의 말소를 구할 수 있으나(①), 공유자가 다른 공유자의 지분권을 대외적으로 주장하는 것을 공유물의 멸실·훼손을 방지하고 공유물의 현상을 유지하는 사실적·법률적 행위인 공유물의 보존행위에 속한다고 할 수는 없으므로, 자신의 소유지분 범위를 초과하는 부분에 관하여 마쳐진 등기에 대하여 공유물에 관한 보존행위로서 무효라고 주장하면서 말소를 구할 수는 없다(②). 결국 공유물에 관한 원인무효의 등기에 대하여 모든 공유자가 항상 공유물의 보존행위로서 말소를 구할 수 있는 것은 아니고, 원인무효의 등기로 인하여 자신의 지분이 침해된 공유자에 한하여 공유물의 보존행위로서 그 등기의 말소를 구할 수 있을 뿐이므로(③), 원인무효의 등기가 특정 공유자의 지분에만 한정하여 마쳐진 경우에는 그로 인하여 지분을 침해받게 된 특정 공유자를 제외한 나머지 공유자들은 공유물의 보존행위로서 위 등기의 말소를 구할 수는 없다(대판 2023.12.7. 2023다273206).

[❹▸✕] [❺▸O]　부동산에 관하여 과반수 공유지분을 가진 자는 공유자 사이에 공유물의 관리방법에 관하여 협의가 미리 없었다 하더라도 공유물의 관리에 관한 사항을 단독으로 결정할 수 있으므로(④) 공유토지에 관하여 과반수지분권을 가진 자가 그 공유토지의 특정된 한 부분을 배타적으로 사용수익할 것을 정하는 것은 공유물의 관리방법으로서 적법하다(⑤)(대판 1991.9.24. 88다카33855).

답 ❹

24
☐☐☐

공유물의 소수지분권자인 피고가 다른 공유자와 협의하지 않고 공유물의 전부 또는 일부를 독점적으로 점유하는 경우, 다른 소수지분권자인 원고가 피고를 상대로 공유물의 인도를 청구하는 사안과 관련하여 다음 설명 중 옳은 것을 모두 고른 것은? **2024년 법무사시험 [문 11]**

ㄱ. 공유물의 소수지분권자인 피고가 다른 공유자와 협의하지 않고 공유물의 전부 또는 일부를 독점적으로 점유하는 경우 다른 소수지분권자인 원고가 피고를 상대로 공유물의 보존행위로서 공유물의 인도를 청구할 수는 없다.

ㄴ. 원고도 피고와 마찬가지로 소수지분권자에 지나지 않으므로 원고가 공유자인 피고를 전면적으로 배제하고 자신만이 단독으로 공유물을 점유하도록 인도해 달라고 청구할 권원은 없다.

ㄷ. 피고가 다른 공유자를 배제하고 단독 소유자인 것처럼 공유물을 독점하는 것은 위법하므로, 피고의 점유는 지분비율과 무관하게 공유물 전체의 범위에서 위법하다.

ㄹ. 원고는 위와 같이 공유물의 보존행위로서 그 인도를 청구할 수는 없을 뿐만 아니라 자신의 지분권에 기초하여 공유물에 대한 방해 상태를 제거하거나 공동 점유를 방해하는 행위의 금지 등을 청구할 수도 없다.

① ㄱ   ② ㄱ, ㄴ
③ ㄱ, ㄴ, ㄷ   ④ ㄱ, ㄴ, ㄹ
⑤ ㄴ, ㄷ, ㄹ

....

[ㄱ▸○] [ㄴ▸○] [ㄷ▸✕] 공유물의 소수지분권자인 피고가 다른 공유자와 협의하지 않고 공유물의 전부 또는 일부를 독점적으로 점유하는 경우 다른 소수지분권자인 원고가 피고를 상대로 공유물의 인도를 청구할 수는 없다고 보아야 한다. 상세한 이유는 다음과 같다. ① 공유자 중 1인인 피고가 공유물을 독점적으로 점유하고 있어 다른 공유자인 원고가 피고를 상대로 공유물의 인도를 청구하는 경우, 그러한 행위는 공유물을 점유하는 피고의 이해와 충돌한다. 애초에 보존행위를 공유자 중 1인이 단독으로 할 수 있도록 한 것은 보존행위가 다른 공유자에게도 이익이 되기 때문이라는 점을 고려하면, 이러한 행위는 민법 제265조 단서에서 정한 보존행위라고 보기 어렵다. ② 피고가 다른 공유자를 배제하고 단독 소유자인 것처럼 공유물을 독점하는 것은 위법하지만, <u>피고는 적어도 자신의 지분 범위에서는 공유물 전부를 점유하여 사용·수익할 권한이 있으므로 피고의 점유는 지분비율을 초과하는 한도에서만 위법하다고 보아야 한다.</u> ③ 원고의 피고에 대한 물건 인도청구가 인정되려면 먼저 원고에게 인도를 청구할 수 있는 권원이 인정되어야 한다. 원고에게 그러한 권원이 없다면 피고의 점유가 위법하더라도 원고의 청구를 받아들일 수 없다. 그런데 원고 역시 피고와 마찬가지로 소수지분권자에 지나지 않으므로 원고가 공유자인 피고를 전면적으로 배제하고 자신만이 단독으로 공유물을 점유하도록 인도해 달라고 청구할 권원은 없다(대판[전합] 2020.5.21. 2018다287522).

[ㄹ▸✕] 이와 같이 공유물의 소수지분권자가 다른 공유자와 협의 없이 공유물의 전부 또는 일부를 독점적으로 점유·사용하고 있는 경우 다른 소수지분권자는 공유물의 보존행위로서 그 인도를 청구할 수는 없고, 다만 <u>자신의 지분권에 기초하여 공유물에 대한 방해 상태를 제거하거나 공동 점유를 방해하는 행위의 금지 등을 청구할 수 있다고 보아야 한다</u>(대판[전합] 2020.5.21. 2018다287522).

답 ②

① 민법 제265조 단서가 공유물의 보존행위를 각 공유자가 단독으로 할 수 있도록 한 취지는 그 보존행위가 긴급을 요하는 경우가 많고 다른 공유자에게도 이익이 되는 것이 보통이기 때문이므로, 어느 공유자가 보존권을 행사하는 때에 그 행사의 결과가 다른 공유자의 이해와 충돌될 때에는 그 행사는 보존행위로 될 수 없다고 보아야 한다.

② 집합건물의 대지를 집합건물의 구분소유자인 공유자와 구분소유자가 아닌 공유자가 공유하고 있고, 당해 대지를 집합건물의 구분소유자인 공유자에게 취득시키고 구분소유자가 아닌 다른 공유자에게는 그 지분의 가격을 취득시키는 것이 공유자 간의 실질적인 공평을 해치지 않는다고 인정되는 특별한 사정이 있어 그와 같이 공유물을 분할하는 것이 허용되는 경우에는, 그러한 공유물에 대한 분할청구는 집합건물의 소유 및 관리에 관한 법률 제8조의 입법 취지에 비추어 허용된다고 보는 것이 타당하다.

③ 합유물 가운데서도 조합재산의 경우 그 처분·변경에 관한 행위는 조합의 특별사무에 해당하는 업무집행으로서, 이에 대하여는 특별한 사정이 없는 한 민법 제706조 제2항이 민법 제272조에 우선하여 적용되므로, 조합재산의 처분·변경은 업무집행자가 없는 경우에는 조합원의 과반수로 결정하고, 업무집행자가 수인 있는 경우에는 그 업무집행자의 과반수로써 결정하며, 업무집행자가 1인만 있는 경우에는 그 업무집행자가 단독으로 결정한다.

④ 여러 채권자가 같은 기회에 어느 부동산에 관하여 하나의 근저당권을 설정받아 이를 준공유하는 경우 피담보채권이 확정되기 전에는 근저당권에 대한 준공유비율을 정할 수 없으나 피담보채권액이 확정되면 각자 그 확정된 채권액의 비율에 따라 근저당권을 준공유하는 것이 되므로, 준공유자는 각기 그 채권액의 비율에 따라 변제받는 것이 원칙이고, 설령 준공유자 전원의 합의로 피담보채권의 확정 전에 위와 다른 비율을 정하거나 준공유자 중 일부가 먼저 변제받기로 약정하더라도 이는 외관을 신뢰한 제3자의 이익을 해할 수 있으므로, 준공유자들은 위와 같은 약정에 구속되지 않는다.

⑤ 총유물의 보존에 있어서는 공유물의 보존에 관한 민법 제265조의 규정이 적용될 수 없고, 민법 제276조 제1항의 규정에 따른 사원총회의 결의를 거치거나 정관이 정하는 바에 따른 절차를 거쳐야 하므로, 법인 아닌 사단인 교회가 그 총유재산에 대한 보존행위로서 소송을 하는 경우에도 교인 총회의 결의를 거치거나 그 정관이 정하는 바에 따른 절차를 거쳐야 한다.

．．．

[❶ ▸ O] 공유물의 보존행위는 공유물의 멸실·훼손을 방지하고 그 현상을 유지하기 위하여 하는 사실적·법률적 행위이다. 민법 제265조 단서가 이러한 공유물의 보존행위를 각 공유자가 단독으로 할 수 있도록 한 취지는 그 보존행위가 긴급을 요하는 경우가 많고 다른 공유자에게도 이익이 되는 것이 보통이기 때문이므로, 어느 공유자가 보존권을 행사하는 때에 그 행사의 결과가 다른 공유자의 이해와 충돌될 때에는 그 행사는 보존행위로 될 수 없다고 보아야 한다(대판 2024.3.12. 2023다240879).

[❷ ▸ O] 집합건물의 소유 및 관리에 관한 법률(이하 '집합건물법'이라고 한다) 제8조는 "대지 위에 구분소유권의 목적인 건물이 속하는 1동의 건물이 있을 때에는 그 대지의 공유자는 그 건물 사용에 필요한 범위의 대지에 대하여는 분할을 청구하지 못한다."라고 규정하고 있다. 위 법률 규정의 입법 취지는 1동의 건물로서 개개의 구성부분이 독립한 구분소유권의 대상이 되는 집합건물의 존립 기초를 확보하려는 데 있는바, 집합건물의 대지는 그 지상의 구분소유권과 일체성 내지 불가분성을 가지는데 일반의 공유와 같이 공유지분권에 기한 공유물분할을 인정한다면 그 집합건물의 대지사용관계는 파탄에 이르게 되므로 집합건물의 공동생활관계의 보호를 위하여 분할청구가 금지된다. 따라서 집합건물 대지의 공유자가 청구한 대지의 분할청구가 허용되는지 여부를 판단함에 있어서는 집합건물법 제8조의 입법 취지가 우선 고려되어야 하는바, 집합건물의 대지를 집합건물의 구분소유자인 공유자와 구분소유자가

아닌 공유자가 공유하고 있고, 당해 대지를 집합건물의 구분소유자인 공유자에게 취득시키고 구분소유자가 아닌 다른 공유자에게는 그 지분의 가격을 취득시키는 것이 공유자 간의 실질적인 공평을 해치지 않는다고 인정되는 특별한 사정이 있어 그와 같이 공유물을 분할하는 것이 허용되는 경우에는, 그러한 공유물에 대한 분할청구는 집합건물법 제8조의 입법 취지에 비추어 허용된다고 보는 것이 타당하다(대판 2023.9.14. 2022다271753).

[❸ ▸ O] 민법 제272조에 따르면 합유물을 처분 또는 변경함에는 합유자 전원의 동의가 있어야 하나, 합유물 가운데서도 조합재산의 경우 그 처분·변경에 관한 행위는 조합의 특별사무에 해당하는 업무집행으로서, 이에 대하여는 특별한 사정이 없는 한 민법 제706조 제2항이 민법 제272조에 우선하여 적용되므로, 조합재산의 처분·변경은 업무집행자가 없는 경우에는 조합원의 과반수로 결정하고, 업무집행자가 수인 있는 경우에는 그 업무집행자의 과반수로써 결정하며, 업무집행자가 1인만 있는 경우에는 그 업무집행자가 단독으로 결정한다(대판 2010.4.29. 2007다18911).

[❹ ▸ X] 여러 채권자가 같은 기회에 어느 부동산에 관하여 하나의 근저당권을 설정받아 이를 준공유하는 경우 그 근저당권은 준공유자들의 피담보채권액을 모두 합쳐서 채권최고액까지 담보하게 되고, 피담보채권이 확정되기 전에는 근저당권에 대한 준공유비율을 정할 수 없으나 피담보채권액이 확정되면 각자 그 확정된 채권액의 비율에 따라 근저당권을 준공유하는 것이 되므로, 준공유자는 각기 그 채권액의 비율에 따라 변제받는 것이 원칙이다. 그러나 <u>준공유자 전원의 합의로 피담보채권의 확정 전에 위와 다른 비율을 정하거나 준공유자 중 일부가 먼저 변제받기로 약정하는 것을 금할 이유가 없으므로 그와 같은 약정이 있으면 그 약정에 따라야 하며, 이와 같은 별도의 약정을 등기하게 되면 제3자에 대하여도 효력이 있다</u>(대판 2008.3.13. 2006다31887).

[❺ ▸ O] 총유물의 보존에 있어서는 공유물의 보존에 관한 민법 제265조의 규정이 적용될 수 없고, 민법 제276조 제1항의 규정에 따른 사원총회의 결의를 거치거나 정관이 정하는 바에 따른 절차를 거쳐야 하므로, 법인 아닌 사단인 교회가 총유재산에 대한 보존행위로서 소송을 하는 경우에도 교인 총회의 결의를 거치거나 정관이 정하는 바에 따른 절차를 거쳐야 한다(대판 2014.2.13. 2012다112299).

답 ❹

26

다음 설명 중 가장 옳지 않은 것은?   2023년 법무사시험 [문 24]

① 동업을 목적으로 한 조합이 조합체로서 또는 조합재산으로서 부동산의 소유권을 취득하였다면 당연히 그 조합체의 합유물이 되고, 다만 그 조합체가 합유등기를 하지 아니하고 그 대신 조합원들 명의로 각 지분에 관하여 공유등기를 하였다면 이는 그 조합체가 조합원들에게 각 지분에 관하여 명의신탁한 것으로 보아야 한다.

② 부동산의 합유자 중 일부가 사망한 경우 합유자 사이에 특별한 약정이 없는 한 사망한 합유자의 상속인이 그 지분을 승계한다.

③ 은행에 공동명의로 예금을 하고 은행에 대하여 그 권리를 함께 행사하기로 한 경우에 만일 동업 자금을 공동명의로 예금한 경우라면 채권의 준합유관계에 있다고 볼 것이다.

④ 민법상 조합인 공동수급체가 경쟁입찰에 참가하였다가 다른 경쟁업체가 낙찰자로 선정된 경우, 그 공동수급체의 구성원 중 1인이 그 낙찰자 선정이 무효임을 주장하며 무효확인의 소를 제기하는 것은 합유재산의 보존행위에 해당한다.

⑤ 합유재산을 합유자 1인의 단독소유로 소유권보존등기를 한 경우에는 소유권보존등기가 실질관계에 부합하지 않는 원인무효의 등기이므로, 다른 합유자는 등기명의인인 합유자를 상대로 소유권보존등기 말소청구의 소를 제기하는 등의 방법으로 원인무효의 등기를 말소시킨 다음 새로이 합유의 소유권보존등기를 신청할 수 있다.

[**❶** ▸ O] 민법 제271조 제1항은 "법률의 규정 또는 계약에 의하여 수인이 조합체로서 물건을 소유하는 때에는 합유로 한다. 합유자의 권리는 합유물 전부에 미친다."고 규정하고(이는 물권법상의 규정으로서 강행규정이고, 따라서 조합체의 구성원인 조합원들이 공유하는 경우에는 조합체로서 물건을 소유하는 것으로 볼 수 없다), 민법 제704조는 "조합원의 출자 기타 조합재산은 조합원의 합유로 한다."고 규정하고 있으므로, 동업을 목적으로 한 조합이 조합체로서 또는 조합재산으로서 부동산의 소유권을 취득하였다면, 민법 제271조 제1항의 규정에 의하여 당연히 그 조합체의 합유물이 되고(이는 민법 제187조에 규정된 '법률의 규정에 의한 물권의 취득'과는 아무 관계가 없다. 따라서 조합체가 부동산을 법률행위에 의하여 취득한 경우에는 물론 소유권이전등기를 요한다), 다만, 그 조합체가 합유등기를 하지 아니하고 그 대신 조합원들 명의로 각 지분에 관하여 공유등기를 하였다면, 이는 그 조합체가 조합원들에게 각 지분에 관하여 명의신탁한 것으로 보아야 한다(대판 2002.6.14. 2000다30622).

[**❷** ▸ ×] 부동산의 합유자 중 일부가 사망한 경우 합유자 사이에 특별한 약정이 없는 한 사망한 합유자의 상속인은 합유자로서의 지위를 승계하지 못하므로, 해당 부동산은 잔존 합유자가 2인 이상일 경우에는 잔존 합유자의 합유로 귀속되고 잔존 합유자가 1인인 경우에는 잔존 합유자의 단독소유로 귀속된다(대판 1996.12.10. 96다23238).

[**❸** ▸ O] 은행에 공동명의로 예금을 하고 은행에 대하여 그 권리를 함께 행사하기로 한 경우에 만일 동업자금을 공동명의로 예금한 경우라면 채권의 준합유관계에 있다고 볼 것이나, 공동명의 예금채권자들 각자가 분담하여 출연한 돈을 동업 이외의 특정 목적을 위하여 공동명의로 예치해 둠으로써 그 목적이 달성되기 전에는 공동명의 예금채권자가 단독으로 예금을 인출할 수 없도록 방지·감시하고자 하는 목적으로 공동명의로 예금을 개설한 경우라면, 하나의 예금채권이 분량적으로 분할되어 각 공동명의 예금채권자들에게 공동으로 귀속되고, 각 공동명의 예금채권자들이 예금채권에 대하여 갖는 각자의 지분에 대한 관리처분권은 각자에게 귀속된다(대판 2004.10.14. 2002다55908).

[**❹** ▸ O] 합유재산의 보존행위는 합유재산의 멸실·훼손을 방지하고 그 현상을 유지하기 위하여 하는 사실적·법률적 행위로서 이러한 합유재산의 보존행위를 각 합유자 단독으로 할 수 있도록 한 취지는 그 보존행위가 긴급을 요하는 경우가 많고 다른 합유자에게도 이익이 되는 것이 보통이기 때문이다. 민법상 조합인 공동수급체가 경쟁입찰에 참가하였다가 다른 경쟁업체가 낙찰자로 선정된 경우, 그 공동수급체의 구성원 중 1인이 그 낙찰자 선정이 무효임을 주장하며 무효확인의 소를 제기하는 것은 그 공동수급체가 경쟁입찰과 관련하여 갖는 법적 지위 내지 법률상 보호받는 이익이 침해될 우려가 있어 그 현상을 유지하기 위하여 하는 소송행위이므로 이는 합유재산의 보존행위에 해당한다(대판 2013.11.28. 2011다80449).

[**❺** ▸ O] 합유재산을 합유자 1인의 단독소유로 소유권보존등기를 한 경우에는 소유권보존등기가 실질관계에 부합하지 않는 원인무효의 등기이므로, 다른 합유자는 등기명의인인 합유자를 상대로 소유권보존등기 말소청구의 소를 제기하는 등의 방법으로 원인무효의 등기를 말소시킨 다음 새로이 합유의 소유권보존등기를 신청할 수 있다(대판 2017.8.18. 2016다6309).

답 ❷

PART 1 PART 2 **PART 3** PART 4 PART 5 PART 6 FAR 7 PART 8

① 공유지분의 포기는 법률행위로서 상대방 있는 단독행위에 해당하므로, 부동산 공유자의 공유지분 포기의 의사표시가 다른 공유자에게 도달하더라도 이로써 곧바로 공유지분 포기에 따른 물권변동의 효력이 발생하는 것은 아니고, 다른 공유자는 자신에게 귀속될 공유지분에 관하여 소유권이전등기청구권을 취득하며, 이후 민법 제186조에 의하여 등기를 하여야 공유지분 포기에 따른 물권변동의 효력이 발생한다.

② 수인이 공동으로 소유하는 부동산에 관한 멸실회복등기는 공유자 중 1인이 공유자 전원의 이름으로 그 회복등기신청을 할 수 있다.

③ 공유자 사이에 이미 분할에 관한 협의가 성립되었더라도 일부 공유자가 분할에 따른 이전등기에 협조하지 않거나 분할에 관하여 다툼이 있다면 다시 소로써 그 분할을 청구하거나 이미 제기한 공유물분할의 소를 유지함이 허용된다.

④ 공유자는 다른 공유자가 분할로 인하여 취득한 물건에 대하여 그 지분의 비율로 매도인과 동일한 담보책임이 있다.

⑤ 공유자 중 1인이 다른 공유자의 동의 없이 그 공유 토지의 특정부분을 매도하여 타인 명의로 소유권이전등기가 마쳐졌다면, 그 매도 부분 토지에 관한 소유권이전등기는 처분공유자의 공유지분 범위 내에서는 실체관계에 부합하는 유효한 등기라고 보아야 한다.

⋯⋯⋯

[❶ ▶ O] 민법 제267조는 "공유자가 그 지분을 포기하거나 상속인 없이 사망한 때에는 그 지분은 다른 공유자에게 각 지분의 비율로 귀속한다"라고 규정하고 있다. 여기서 공유지분의 포기는 법률행위로서 상대방 있는 단독행위에 해당하므로, 부동산 공유자의 공유지분 포기의 의사표시가 다른 공유자에게 도달하더라도 이로써 곧바로 공유지분 포기에 따른 물권변동의 효력이 발생하는 것은 아니고, 다른 공유자는 자신에게 귀속될 공유지분에 관하여 소유권이전등기청구권을 취득하며, 이후 민법 제186조에 의하여 등기를 하여야 공유지분 포기에 따른 물권변동의 효력이 발생한다. 그리고 부동산 공유자의 공유지분 포기에 따른 등기는 해당 지분에 관하여 다른 공유자 앞으로 소유권이전등기를 하는 형태가 되어야 한다(대판 2016.10.27. 2015다52978).

[❷ ▶ O] 수인이 공동으로 소유하는 부동산에 관한 멸실회복등기는 공유자 중 1인이 공유자 전원의 명의로 그 회복등기신청을 할 수 있다(대판 1993.7.27. 92다50072).

[❸ ▶ ✕] 공유물분할은 협의분할을 원칙으로 하고 협의가 성립되지 아니한 때에는 재판상 분할을 청구할 수 있으므로 공유자 사이에 이미 분할에 관한 협의가 성립된 경우에는 일부 공유자가 분할에 따른 이전등기에 협조하지 않거나 분할에 관하여 다툼이 있더라도 <u>그 분할된 부분에 대한 소유권이전등기를 청구하든가 소유권확인을 구함은 별문제이나 또다시 소로써 그 분할을 청구하거나 이미 제기한 공유물분할의 소를 유지함은 허용되지 않는다</u>(대판 1995.1.12. 94다30348).

[❹ ▶ O] 공유자는 다른 공유자가 분할로 인하여 취득한 물건에 대하여 그 지분의 비율로 매도인과 동일한 담보책임이 있다(민법 제270조).

[❺ ▶ O] 공유자 중 1인이 다른 공유자의 동의 없이 그 공유 토지의 특정 부분을 매도하여 타인 명의로 소유권이전등기가 마쳐졌다면, 그 매도 부분 토지에 관한 소유권이전등기는 처분공유자의 공유지분 범위 내에서는 실체관계에 부합하는 유효한 등기라고 보아야 한다(대판 1994.12.2. 93다1596).

답 ❸

X토지에 대하여 甲은 4/6 지분을, 乙, 丙은 1/6 지분씩을 각 공유하고 있는데, 乙이 다른 공유자들과 협의 없이 X토지의 일부에 소나무를 식재하고 이를 독점적으로 점유하고 있다. 이에 대한 다음 설명 중 옳은 것을 모두 고른 것은? 2021년 법무사시험 [문 19]

ㄱ. 丙은 공유물의 보존행위로서 乙을 상대로 乙이 점유하는 부분에 대한 인도를 청구할 수 있다.
ㄴ. 丙은 자신의 공유지분권에 기하여 乙을 상대로 공유물에 대한 방해상태를 제거하거나 방해하는 행위의 금지를 청구할 수 있다.
ㄷ. 만일 乙이 아닌 甲이 소나무를 식재하고 독점적으로 점유하는 경우라면 다른 공유자들은 보존행위로서 甲을 상대로 공유물의 인도를 청구할 수 있다.
ㄹ. 만일 乙이 아닌 甲이 소나무를 식재하고 독점적으로 점유하는 경우라면 다른 공유자들은 甲에 대하여 방해상태를 제거하거나 방해하는 행위의 금지를 청구할 수 있다.

① ㄴ
② ㄱ, ㄴ
③ ㄴ, ㄹ
④ ㄱ, ㄴ, ㄹ
⑤ ㄱ, ㄴ, ㄷ, ㄹ

[ㄱ▸X][ㄴ▸O] 공유물의 소수지분권자가 다른 공유자와 협의 없이 공유물의 전부 또는 일부를 독점적으로 점유·사용하고 있는 경우 <u>다른 소수지분권자는 공유물의 보존행위로서 그 인도를 청구할 수는 없고</u>, 다만 자신의 지분권에 기초하여 공유물에 대한 방해 상태를 제거하거나 공동 점유를 방해하는 행위의 금지 등을 청구할 수 있다고 보아야 한다(대판[전합] 2020.5.21. 2018다287522).

[ㄷ▸X][ㄹ▸X] 공유자 사이에 공유물을 사용·수익할 구체적인 방법을 정하는 것은 공유물의 관리에 관한 사항으로서 공유자의 지분의 과반수로써 결정하여야 할 것이고, 과반수 지분의 공유자는 다른 공유자와 사이에 미리 공유물의 관리방법에 관한 협의가 없었다 하더라도 공유물의 관리에 관한 사항을 단독으로 결정할 수 있으므로, <u>과반수 지분의 공유자가 그 공유물의 특정 부분을 배타적으로 사용·수익하기로 정하는 것은 공유물의 관리방법으로서 적법하다고 할 것이므로, 과반수 지분의 공유자로부터 사용·수익을 허락받은 점유자에 대하여 소수 지분의 공유자는 그 점유자가 사용·수익하는 건물의 철거나 퇴거 등 점유배제를 구할 수 없다</u>(대판 2002.5.14. 2002다9738).

🔑 ❶

29
□□□ 부동산 실권리자명의 등기에 관한 법률(이하 '부동산실명법'이라 한다)의 시행 후에 이루어진 명의신탁에 관한 다음 설명 중 옳지 않은 것을 모두 고른 것은? 2024년 법무사시험 [문 20]

⊙ 부동산실명법은 부동산등기제도를 악용한 투기·탈세·탈법행위 등 반사회적 행위를 방지하는 것 등을 목적으로 제정되었으므로 위 법률에 위반되어 무효인 명의신탁약정에 기하여 타인 명의의 등기가 마쳐졌다면 그것은 불법원인급여에 해당한다.

ⓛ 이른바 3자 간 등기명의신탁의 경우 명의신탁약정과 그에 의한 등기가 무효로 되고 그 결과 명의신탁된 부동산은 여전히 매도인의 소유이므로, 매도인은 명의수탁자에게 무효인 그 명의 등기의 말소를 구할 수 있게 되고, 한편 매도인과 명의신탁자 사이의 매매계약은 여전히 유효하므로, 명의신탁자는 매도인에 대하여 매매계약에 기한 소유권이전등기를 청구할 수 있고, 그 소유권이전등기청구권을 보전하기 위하여 매도인을 대위하여 명의수탁자에게 무효인 그 명의 등기의 말소를 구할 수도 있다.

ⓒ 양자 간 등기명의신탁에서 명의수탁자가 신탁부동산을 처분하여 제3취득자가 유효하게 소유권을 취득하고 이로써 명의신탁자가 신탁부동산에 대한 소유권을 상실하였다면, 명의신탁자의 소유권에 기한 물권적 청구권, 즉 소유권말소등기청구권이나 진정명의회복을 원인으로 한 소유권이전등기청구권도 더 이상 그 존재 자체가 인정되지 않지만, 그 후 명의수탁자가 우연히 신탁부동산의 소유권을 다시 취득하였다면 물권적 청구권도 인정되게 된다.

ⓔ 이른바 계약명의신탁약정을 맺고 명의수탁자가 당사자가 되어 명의신탁약정을 알지 못하는 소유자와 부동산에 관한 매매계약을 체결한 뒤 수탁자 명의로 소유권이전등기를 마친 경우, 명의수탁자는 명의신탁자에 대하여 부당이득반환의무를 부담하게 되는데 이때 명의수탁자는 당해 부동산 자체를 부당이득으로 반환해야 한다.

ⓜ 위 ⓛ의 경우, 명의신탁약정의 목적물인 부동산을 인도받아 점유하고 있는 명의신탁자의 매도인에 대한 소유권이전등기청구권은 소멸시효가 진행되지 않는다.

① ⊙, ⓒ, ⓔ
② ⓛ, ⓒ, ⓔ
③ ⊙, ⓜ
④ ⓛ, ⓔ, ⓜ
⑤ ⓒ, ⓔ, ⓜ

[⊙ ▶ ✕] 부동산 실권리자명의 등기에 관한 법률이 규정하는 명의신탁약정은 부동산에 관한 물권의 실권리자가 타인과의 사이에서 대내적으로는 실권리자가 부동산에 관한 물권을 보유하거나 보유하기로 하고 그에 관한 등기는 그 타인의 명의로 하기로 하는 약정을 말하는 것일 뿐이므로, 그 자체로 선량한 풍속 기타 사회질서에 위반하는 경우에 해당한다고 단정할 수 없을 뿐만 아니라, 위 법률은 원칙적으로 명의신탁약정과 그 등기에 기한 물권변동만을 무효로 하고 명의신탁자가 다른 법률관계에 기하여 등기회복 등의 권리행사를 하는 것까지 금지하지는 않는 대신, 명의신탁자에 대하여 행정적 제재나 형벌을 부과함으로써 사적자치 및 재산권보장의 본질을 침해하지 않도록 규정하고 있으므로, 위 법률이 비록 부동산등기제도를 악용한 투기·탈세·탈법행위 등 반사회적 행위를 방지하는 것 등을 목적으로 제정되었다고 하더라도, <u>무효인 명의신탁약정에 기하여 타인 명의의 등기가 마쳐졌다는 이유만으로 그것이 당연히 불법원인급여에 해당한다고 볼 수 없다</u>(대판 2003.11.27, 2003다41722).

[ⓛ ▸ O] 부동산 실권리자명의 등기에 관한 법률에 의하면, 이른바 3자 간 등기명의신탁의 경우 같은 법에서 정한 유예기간 경과에 의하여 기존 명의신탁약정과 그에 의한 등기가 무효로 되고 그 결과 명의신탁된 부동산은 매도인 소유로 복귀하므로, 매도인은 명의수탁자에게 무효인 그 명의 등기의 말소를 구할 수 있게 되고, 한편 같은 법은 매도인과 명의신탁자 사이의 매매계약의 효력을 부정하는 규정을 두고 있지 아니하여 유예기간 경과 후로도 매도인과 명의신탁자 사이의 매매계약은 여전히 유효하므로, 명의신탁자는 매도인에 대하여 매매계약에 기한 소유권이전등기를 청구할 수 있고, 그 소유권이전등기 청구권을 보전하기 위하여 매도인을 대위하여 명의수탁자에게 무효인 그 명의 등기의 말소를 구할 수도 있다(대판 2002.3.15. 2001다61654).

[ⓒ ▸ ×] 양자 간 등기명의신탁에서 명의수탁자가 신탁부동산을 처분하여 제3취득자가 유효하게 소유권을 취득하고 이로써 명의신탁자가 신탁부동산에 대한 소유권을 상실하였다면, 명의신탁자의 소유권에 기한 물권적 청구권, 즉 말소등기청구권이나 진정명의회복을 원인으로 한 이전등기청구권도 더 이상 그 존재 자체가 인정되지 않는다. 그 후 명의수탁자가 우연히 신탁부동산의 소유권을 다시 취득하였다고 하더라도 명의신탁자가 신탁부동산의 소유권을 상실한 사실에는 변함이 없으므로, 여전히 물권적 청구권은 그 존재 자체가 인정되지 않는다(대판 2013.2.28. 2010다89814).

[ⓔ ▸ ×] 부동산 실권리자명의 등기에 관한 법률(이하 '부동산실명법'이라고 한다) 제4조 제1항, 제2항에 의하면, 명의신탁자와 명의수탁자가 이른바 계약명의신탁 약정을 맺고 명의수탁자가 당사자가 되어 명의신탁약정이 있다는 사실을 알지 못하는 소유자와의 사이에 부동산에 관한 매매계약을 체결한 후 매매계약에 따라 당해 부동산의 소유권이전등기를 수탁자 명의로 마친 경우에는 명의신탁자와 명의수탁자 사이의 명의신탁약정의 무효에도 불구하고 명의수탁자는 당해 부동산의 완전한 소유권을 취득하게 되고, 다만 명의수탁자는 명의신탁자에 대하여 부당이득반환의무를 부담하게 될 뿐이다. 그런데 계약명의신탁약정이 부동산실명법 시행 후에 이루어진 경우에는 명의신탁자는 애초부터 당해 부동산의 소유권을 취득할 수 없었으므로 위 명의신탁약정의 무효로 명의신탁자가 입은 손해는 당해 부동산 자체가 아니라 명의수탁자에게 제공한 매수자금이고, 따라서 명의수탁자는 당해 부동산 자체가 아니라 명의신탁자로부터 제공받은 매수자금만을 부당이득한다(대판 2014.8.20. 2014다30483).

[ⓜ ▸ O] 부동산의 매수인이 목적물을 인도받아 계속 점유하는 경우에는 매도인에 대한 소유권이전등기청구권은 소멸시효가 진행되지 않고, 이러한 법리는 3자 간 등기명의신탁에 의한 등기가 유효기간의 경과로 무효로 된 경우에도 마찬가지로 적용된다. 따라서 그 경우 목적 부동산을 인도받아 점유하고 있는 명의신탁자의 매도인에 대한 소유권이전등기청구권 역시 소멸시효가 진행되지 않는다(대판 2013.12.12. 2013다26647).

답 ❶

30 ☐☐☐ 부동산 실권리자명의 등기에 관한 법률(이하 '부동산실명법'이라 한다) 제4조 제3항에 의하면 명의신탁약정 및 이에 따른 등기로 이루어진 부동산에 관한 물권변동의 무효는 제3자에게 대항하지 못한다. 위 조항에 관한 다음 설명 중 가장 옳지 않은 것은? 2025년 법무사시험 [문 37]

① 명의수탁자가 신탁부동산을 임의로 처분하거나 강제수용이나 공공용지 협의취득 등을 원인으로 제3취득자 명의로 이전등기가 마쳐진 경우, 특별한 사정이 없는 한 제3취득자는 유효하게 소유권을 취득하고 이 경우 명의신탁관계는 당사자의 의사표시 등을 기다릴 필요 없이 당연히 종료되었다고 볼 것이다.

② 여기서 '제3자'는 명의신탁약정의 당사자 및 포괄승계인 이외의 자로서 명의수탁자가 물권자임을 기초로 그와 사이에 직접 새로운 이해관계를 맺은 사람으로서 소유권이나 저당권 등 물권을 취득한 자뿐만 아니라 압류 또는 가압류채권자도 포함하고 그의 선의·악의를 묻지 않는다.

③ 위 ②의 법리는 특별한 사정이 없는 한 명의신탁약정에 따라 형성된 외관을 토대로 다시 명의신탁이 이루어지는 등 연속된 명의신탁관계에서 최후의 명의수탁자가 물권자임을 기초로 그와 사이에 직접 새로운 이해관계를 맺은 사람에게도 적용된다.

④ 사립학교법 제28조 제1항은 학교법인이 기본재산에 대한 처분행위를 하고자 할 때에는 관할청의 허가를 받아야 한다고 규정하고 있다. 부동산실명법 소정의 유예기간 내에 실명등기 등을 하지 아니함으로써 종전의 명의신탁약정 및 그에 따른 등기에 의한 부동산의 물권변동이 무효가 되는 경우 명의신탁자는 명의수탁자를 상대로 원인무효를 이유로 직접 또는 대위하여 등기 말소를 구할 수 있고, 명의신탁자 명의로 소유권을 표상하는 등기가 되어 있었거나 명의신탁자가 법률에 의하여 소유권을 취득한 진정한 소유자라는 사정이 있다면 등기명의를 회복하기 위한 방법으로 진정명의회복을 원인으로 한 소유권이전등기절차이행을 구할 수도 있는바, 명의신탁자가 학교법인의 기본재산으로 등기되어 있는 부동산에 관하여 그와 같은 이유로 등기 말소 또는 진정명의회복을 원인으로 한 소유권이전등기절차이행을 구하는 경우에 이는 사립학교법 제28조 제1항에 근거하여 관할청 허가가 필요하다고 보아야 한다.

⑤ 오로지 명의신탁자와 부동산에 관한 물권을 취득하기 위한 계약을 맺고 단지 등기명의만을 명의수탁자로부터 경료받은 것 같은 외관을 갖춘 자는 위 법률조항의 제3자에 해당되지 아니한다고 할 것이므로 이러한 자로서는 자신의 등기가 실체관계에 부합하여 유효라고 주장하는 것은 별론으로 하더라도 부동산실명법 제4조 제3항의 규정을 들어 무효인 명의신탁등기에 터 잡아 경료된 자신의 등기의 유효를 주장할 수는 없다.

....

[❶▶○] 부동산 실권리자명의 등기에 관한 법률 제4조 제3항에 따르면 명의수탁자가 신탁부동산을 임의로 처분하거나 강제수용이나 공공용지 협의취득 등을 원인으로 제3취득자 명의로 이전등기가 마쳐진 경우, 특별한 사정이 없는 한 제3취득자는 유효하게 소유권을 취득한다. 그리고 이 경우 명의신탁관계는 당사자의 의사표시 등을 기다릴 필요 없이 당연히 종료되었다고 볼 것이다(대판 2021.7.8. 2021다209225).

[❷▶○] [❸▶○] 부동산 실권리자명의 등기에 관한 법률 제4조 제3항에 의하면 명의신탁약정 및 이에 따른 등기로 이루어진 부동산에 관한 물권변동의 무효는 제3자에게 대항하지 못한다. 여기서 '제3자'는 명의신탁약정의 당사자 및 포괄승계인 이외의 자로서 명의수탁자가 물권자임을 기초로 그와 사이에 직접 새로운 이해관계를 맺은 사람으로서 소유권이나 저당권 등 물권을 취득한 자뿐만 아니라 압류 또는 가압류채권자도 포함하고 그의 선의·악의를 묻지 않는다(②). 이러한 법리는 특별한 사정이 없는 한 명의신탁약정에 따라 형성된 외관을 토대로 다시 명의신탁이 이루어지는 등 연속된 명의신탁관계에서 최후의 명의수탁자가 물권자임을 기초로 그와 사이에 직접 새로운 이해관계를 맺은 사람에게도 적용된다(③)(대판 2021.11.11. 2019다272725).

[**❹ ▸ ✕**] 부동산 실권리자명의 등기에 관한 법률 소정의 유예기간 내에 실명등기 등을 하지 아니함으로써 종전의 명의신탁약정 및 그에 따른 등기에 의한 부동산의 물권변동이 무효가 되는 경우 명의신탁자는 명의수탁자를 상대로 원인무효를 이유로 직접 또는 대위하여 등기 말소를 구할 수 있고, 명의신탁자 명의로 소유권을 표상하는 등기가 되어 있었거나 명의신탁자가 법률에 의하여 소유권을 취득한 진정한 소유자라는 사정이 있다면 등기명의를 회복하기 위한 방법으로 진정명의회복을 원인으로 한 소유권이전 등기절차이행을 구할 수도 있는바, 명의신탁자가 학교법인의 기본재산으로 등기되어 있는 부동산에 관하여 그와 같은 이유로 등기 말소 또는 진정명의회복을 원인으로 한 소유권이전등기절차이행을 구하는 경우에 이를 사립학교법 제28조 제1항에서 규정하고 있는 학교법인의 기본재산 처분행위가 있는 경우라고 볼 수 없으므로 관할청 허가가 필요하다고 할 수 없다(대판 2013.8.22. 2013다31403).

[**❺ ▸ ○**] 부동산 실권리자명의 등기에 관한 법률 제4조 제3항의 입법 취지 등을 고려해 볼 때, 여기에서 말하는 제3자라 함은 명의수탁자가 물권자임을 기초로 그와의 사이에 새로운 이해관계를 맺은 사람을 말한다고 할 것이고, 이와 달리 오로지 명의신탁자와 부동산에 관한 물권을 취득하기 위한 계약을 맺고 단지 등기명의만을 명의수탁자로부터 경료받은 것 같은 외관을 갖춘 자는 위 법률조항의 제3자에 해당되지 아니한다고 할 것이므로 이러한 자로서는 자신의 등기가 실체관계에 부합하여 유효라고 주장하는 것은 별론으로 하더라도 같은 법 제4조 제3항의 규정을 들어 무효인 명의신탁등기에 터 잡아 경료된 자신의 등기의 유효를 주장할 수는 없다(대판 2004.8.30. 2002다48771).

🖐 **❹**

31 □□□ 부동산 명의신탁에 관한 다음 설명 중 가장 옳지 않은 것은? 2022년 법무사시험 [문 27]

① 부동산 실권리자명의 등기에 관한 법률(이하 '부동산실명법'이라 한다)을 위반하여 무효인 양자 간 명의신탁약정에 따라 명의수탁자 명의로 등기를 한 경우 명의신탁자는 부동산 소유자로서 명의수탁자를 상대로 등기말소를 청구할 수 있다.

② 부동산실명법이 시행되기 전에 명의신탁자와 명의수탁자가 명의신탁약정을 맺고 이에 따라 명의수탁자가 당사자가 되어 명의신탁약정이 있다는 사실을 알지 못하는 소유자와 부동산에 관한 매매계약을 체결한 후 그 매매계약에 기하여 당해 부동산의 소유권이전등기를 자신의 명의로 마치는 한편, 장차 위 부동산의 처분대가를 명의신탁자에게 지급하기로 하는 정산약정을 한 경우, 그러한 약정 이후에 부동산실명법이 시행되었거나 그 부동산의 처분이 부동산실명법 시행 이후에 이루어졌다면 위 정산약정도 당연히 무효가 된다.

③ 명의신탁자와 명의수탁자의 명의신탁약정에 기하여 명의수탁자 앞으로 부동산소유권이전등기가 마쳐진 후 명의수탁자가 이를 새로운 이해관계를 가진 제3자에게 처분한 경우에는 그 제3자에 대하여 명의신탁약정의 무효를 이유로 대항하지 못한다.

④ 부동산실명법 시행 이후 부동산을 매수하면서 매수대금의 실질적 부담자와 명의인 간에 명의신탁관계가 성립한 경우, 그들 사이에 매수대금의 실질적 부담자의 요구에 따라 부동산의 소유 명의를 이전하기로 하는 등의 약정을 하였다고 하더라도, 이는 무효인 명의신탁약정을 전제로 명의신탁 부동산 자체 또는 처분대금의 반환을 구하는 범주에 속하는 것이어서 역시 무효이다.

⑤ 계약냉의의사가 냉의수탁자로 되어 있다 하더라도 계약당사자를 명의신탁자로 볼 수 있다면 이는 3자 간 등기명의신탁이 되므로, 계약명의자인 명의수탁자가 아니라 명의신탁자에게 계약에 따른 법률효과를 직접 귀속시킬 의도로 매매계약을 체결한 사정이 인정되는 경우, 그 명의신탁관계는 3자 간 등기명의신탁으로 보아야 한다.

[❶ ▸ ○] 부동산실명법은 명의신탁약정(제4조 제1항)과 명의신탁약정에 따른 등기로 이루어진 부동산에 관한 물권변동(제4조 제2항 본문)을 무효라고 명시하고 있다. 명의신탁약정에 따라 명의수탁자 앞으로 등기를 하더라도 부동산에 관한 물권변동의 효력이 발생하지 않는다. 이것은 명의신탁약정에 따라 명의신탁자로부터 명의수탁자에게 소유권이전등기가 이루어지는 등기명의신탁의 경우 부동산 소유권은 그 등기와 상관없이 명의신탁자에게 그대로 남아 있다는 것을 뜻한다. 그 결과 명의신탁자는 부동산 소유자로서 소유물방해배제청구권에 기초하여 명의수탁자를 상대로 그 등기의 말소를 청구할 수 있다(대판[전합] 2019.6.20. 2013다218156).

[❷ ▸ ✕] 부동산 실권리자명의 등기에 관한 법률(이하 '부동산실명법'이라 한다)이 시행되기 전에 명의신탁자와 명의수탁자가 명의신탁약정을 맺고 이에 따라 명의수탁자가 당사자가 되어 명의신탁약정이 있다는 사실을 알지 못하는 소유자와 부동산에 관한 매매계약을 체결한 후 그 매매계약에 기하여 당해 부동산의 소유권이전등기를 자신의 명의로 마치는 한편, 장차 위 부동산의 처분대가를 명의신탁자에게 지급하기로 하는 정산약정을 한 경우, 그러한 약정 이후에 부동산실명법이 시행되었다거나 그 부동산의 처분이 부동산실명법 시행 이후에 이루어졌다고 하더라도 그러한 사정만으로 위 정산약정까지 당연히 무효로 된다고 볼 수 없다(대판 2021.7.21. 2019다266751).

[❸ ▸ ○] 명의신탁자와 명의수탁자 사이의 명의신탁약정에 기하여 명의수탁자 앞으로 부동산소유권이전등기가 마쳐진 후 명의수탁자가 이를 새로운 이해관계를 가진 제3자에게 처분한 경우에는 그 제3자에 대하여 명의신탁약정의 무효를 이유로 대항하지 못한다(대판 2009.6.23. 2008다1132).

[❹ ▸ ○] 부동산 실권리자명의 등기에 관한 법률(이하 '부동산실명법'이라 한다) 시행 이후 부동산을 매수하면서 매수대금의 실질적 부담자와 명의인 간에 명의신탁관계가 성립한 경우, 그들 사이에 매수대금의 실질적 부담자의 요구에 따라 부동산의 소유 명의를 이전하기로 하는 등의 약정을 하였다고 하더라도, 이는 부동산실명법에 의하여 무효인 명의신탁약정을 전제로 명의신탁 부동산 자체 또는 처분대금의 반환을 구하는 범주에 속하는 것이어서 역시 무효라고 보아야 한다(대판 2015.2.26. 2014다63315).

[❺ ▸ ○] 명의신탁약정이 3자 간 등기명의신탁인지 아니면 계약명의신탁인지의 구별은 계약당사자가 누구인가를 확정하는 문제로 귀결되는데, 계약명의자가 명의수탁자로 되어 있다 하더라도 계약당사자를 명의신탁자로 볼 수 있다면 이는 3자 간 등기명의신탁이 된다. 따라서 계약명의자인 명의수탁자가 아니라 명의신탁자에게 계약에 따른 법률효과를 직접 귀속시킬 의도로 계약을 체결한 사정이 인정된다면 명의신탁자가 계약당사자라고 할 것이므로, 이 경우의 명의신탁관계는 3자 간 등기명의신탁으로 보아야 한다(대판 2010.10.28. 2010다52799).

답 ❷

32

다음 설명 중 가장 옳지 않은 것은?

① 부동산 실권리자명의 등기에 관한 법률(이하 '부동산실명법'이라 한다)은 부동산에 관한 소유권과 그 밖의 물권을 실체적 권리관계와 일치하도록 실권리자 명의로 등기하게 함으로써 부동산등기제 도를 악용한 투기·탈세·탈법행위 등 반사회적 행위를 방지하고 부동산 거래의 정상화와 부동산 가격의 안정을 도모하여 국민경제의 건전한 발전에 이바지함을 목적으로 하고 있다(제1조). 부동산 실명법에 의하면, 누구든지 부동산에 관한 물권을 명의신탁약정에 따라 명의수탁자의 명의로 등기 하여서는 아니 되고(제3조 제1항), 명의신탁약정과 그에 따른 등기로 이루어진 부동산에 관한 물권 변동은 무효가 되며(제4조 제1항, 제2항 본문), 명의신탁약정에 따른 명의수탁자 명의의 등기를 금지하도록 규정한 부동산실명법 제3조 제1항을 위반한 경우 명의신탁자와 명의수탁자 쌍방은 형사처벌된다(제7조).

② 부동산실명법에 의해 양자 간 등기명의신탁의 경우 목적부동산에 관한 명의수탁자 명의의 소유권 이전등기에도 불구하고 그 소유권은 처음부터 이전되지 아니하는 것이어서 원래 그 부동산의 소유 권을 취득하였던 명의신탁자가 그 소유권을 여전히 보유하는 것이 되는 이상, 침해부당이득의 성립 여부와 관련하여 명의수탁자 명의로의 소유권이전등기로 인하여 명의신탁자가 어떠한 '손해' 를 입게 되거나 명의수탁자가 어떠한 이익을 얻게 된다고 할 수 없다. 결국 양자 간 등기명의신탁에 있어서 그 명의신탁자로서는 명의수탁자를 상대로 소유권에 기하여 원인무효인 소유권이전등기의 말소를 구하거나 진정한 등기명의의 회복을 원인으로 한 소유권이전등기절차의 이행을 구할 수 있다.

③ 甲이 乙과 직접 부동산에 관한 매매계약을 체결하고 그 대금을 모두 지급하였으나 丙에게 명의를 신탁하여 그 앞으로 소유권이전등기를 경료한 경우, 부동산에 관하여 乙로부터 丙 앞으로 이루어진 소유권이전등기의 원인이 된 명의신탁약정은 명의신탁자인 甲이 매매계약의 당사자로 되었으나 등기명의만을 명의수탁자인 丙에게 신탁한 것으로서 명의수탁자가 계약당사자가 된 경우가 아니 어서 부동산실명법 제4조 제2항 단서의 규정을 적용할 여지 없이 무효라고 봄이 상당하고, 甲으로 서는 여전히 乙에 대하여 부동산에 관한 소유권이전등기절차의 이행을 구할 수 있다고 할 것이므 로, 乙을 대위하여 丙에게 말소등기절차의 이행을 구할 수 있다.

④ 명의신탁자와 명의수탁자가 이른바 계약명의신탁약정을 맺고 매매계약을 체결한 소유자도 명의신 탁자와 명의수탁자 사이의 명의신탁약정을 알면서 그 매매계약에 따라 명의수탁자 앞으로 당해 부동산의 소유권이전등기를 마친 경우 부동산실명법 제4조 제2항 본문에 의하여 명의수탁자 명의 의 소유권이전등기는 무효이므로, 당해 부동산의 소유권은 매매계약을 체결한 소유자에게 그대로 남아 있게 된다.

⑤ 부동산실명법 규정의 문언, 내용, 체계와 입법목적 등을 종합하면, 부동산실명법을 위반하여 무효 인 명의신탁약정에 따라 명의수탁자 명의로 등기를 하였다면 이는 불법원인급여에 해당한다. 이는 농지법에 따른 제한을 회피하고자 명의신탁을 한 경우에도 마찬가지이다.

....

[**❶ ▸ ○**] 부동산실명법 제1조, 제3조 제1항, 제4조 제1항·제2항, 제7조

> **부동산실명법 제1조(목적)**
> 이 법은 부동산에 관한 소유권과 그 밖의 물권을 실체적 권리관계와 일치하도록 실권리자 명의(名義)로 등기하게 함으로써 부동산등기제도를 악용한 투기·탈세·탈법행위 등 반사회적 행위를 방지하고 부동산 거래의 정상화와 부동산 가격의 안정을 도모하여 국민경제의 건전한 발전에 이바지함을 목적으로 한다.

[**❷ ▸ O**] 양자 간 등기명의신탁의 경우 '부동산 실권리자명의 등기에 관한 법률'(이하 '부동산실명법'이라고 한다)에 의하여 명의신탁약정과 그에 의한 등기가 무효이므로 목적부동산에 관한 명의수탁자 명의의 소유권이전등기에도 불구하고 그 소유권은 처음부터 이전되지 아니하는 것이어서 원래 그 부동산의 소유권을 취득하였던 명의신탁자가 그 소유권을 여전히 보유하는 것이 되는 이상, 침해부당이득의 성립 여부와 관련하여 명의수탁자 명의로의 소유권이전등기로 인하여 명의신탁자가 어떠한 '손해'를 입게 되거나 명의수탁자가 어떠한 이익을 얻게 된다고 할 수 없다. 결국 양자 간 등기명의신탁에 있어서 그 명의신탁자로서는 명의수탁자를 상대로 소유권에 기하여 원인무효인 소유권이전등기의 말소를 구하거나 진정한 등기명의 회복을 원인으로 한 소유권이전등기절차의 이행을 구할 수 있음은 별론으로 하고 침해부당이득 반환을 원인으로 하여 소유권이전등기절차의 이행을 구할 수는 없다고 할 것이다(대판 2014.2.13. 2012다97864).

[**❸ ▸ O**] 갑이 을과 직접 부동산에 관한 매매계약을 체결하고 그 대금을 모두 지급하였으나 병에게 명의를 신탁하여 그 앞으로 소유권이전등기를 경료한 경우, 부동산에 관하여 을로부터 병 앞으로 이루어진 소유권이전등기의 원인이 된 명의신탁약정은 명의신탁자인 갑이 매매계약의 당사자로 되었으나 등기명의만을 명의수탁자인 병에게 신탁한 것으로서 명의수탁자가 계약당사자가 된 경우가 아니어서 부동산 실권리자명의 등기에 관한 법률 제4조 제2항 단서의 규정을 적용할 여지 없이 무효라고 봄이 상당하고, 갑으로서는 여전히 을에 대하여 부동산에 관한 소유권이전등기절차의 이행을 구할 수 있다고 할 것이므로, 을을 대위하여 병에게 말소등기절차의 이행을 구할 수 있다(대판 2002.11.22. 2002다11496).

[**❹ ▸ O**] 명의신탁자와 명의수탁자가 이른바 계약명의신탁약정을 맺고 매매계약을 체결한 소유자도 명의신탁자와 명의수탁자 사이의 명의신탁약정을 알면서 그 매매계약에 따라 명의수탁자 앞으로 당해 부동산의 소유권이전등기를 마친 경우 부동산 실권리자명의 등기에 관한 법률 제4조 제2항 본문에 의하여 명의수탁자 명의의 소유권이전등기는 무효이므로, 당해 부동산의 소유권은 매매계약을 체결한 소유자에게 그대로 남아 있게 되고, 명의수탁자가 자신의 명의로 소유권이전등기를 마친 부동산을 제3자에게 처분하면 이는 매도인의 소유권 침해행위로서 불법행위가 된다(대판 2013.9.12. 2010다95185).

[**❺ ▸ X**] 부동산 실권리자명의 등기에 관한 법률(이하 '부동산실명법'이라 한다) 규정의 문언, 내용, 체계와 입법목적 등을 종합하면, 부동산실명법을 위반하여 무효인 명의신탁약정에 따라 명의수탁자 명의로 등기를 하였다는 이유만으로 그것이 당연히 불법원인급여에 해당한다고 단정할 수는 없다. 이는 농지법에 따른 제한을 회피하고자 명의신탁을 한 경우에도 마찬가지이다(대판[전합] 2019.6.20. 2013다218156).

답 ❺

제4장 / 용익물권

33
□□□

지상권에 관한 다음 설명 중 가장 옳은 것은? **2025년 법무사시험 [문 13]**

① 지상권의 존속기간과 관련하여 민법 제280조에서 석조, 석회조, 연와조 또는 이와 유사한 견고한 건물이나 수목의 소유를 목적으로 하는 때에는 최장 30년의 제한규정을 두고 있다.

② 토지의 공유자 중의 1인이 공유토지 위에 건물을 소유하고 있다가 토지지분만을 전매한 경우 당해 토지에 관하여 건물의 소유를 위한 관습법상의 법정지상권이 성립될 수 있다.

③ 동일인의 소유에 속하고 있던 토지와 지상 건물이 함께 양도되었다가 채권자취소권의 행사에 따라 그중 건물에 관하여만 양도가 취소되고 수익자와 전득자 명의의 소유권이전등기가 말소된 경우, 관습법상 법정지상권의 성립요건인 '동일인의 소유에 속하고 있던 토지와 지상 건물이 매매 등으로 인하여 소유자가 다르게 된 경우'에 해당한다.

④ 동일인의 소유에 속하는 토지 및 그 지상 건물에 관하여 공동저당권이 설정된 후 그 지상 건물이 철거되고 새로 건물이 신축된 경우에는 그 신축건물의 소유자가 토지의 소유자와 동일하고 토지의 저당권자에게 신축건물에 관하여 토지의 저당권과 동일한 순위의 공동저당권을 설정해 주는 등 특별한 사정이 없는 한 저당물의 경매로 인하여 토지와 그 신축건물이 다른 소유자에 속하게 되더라도 그 신축건물을 위한 법정지상권은 성립하지 않는다.

⑤ 수목의 소유를 목적으로 하는 지상권은 수목이 멸실되면 소멸한다.

....

[❶ ▸ ×] 석조, 석회조, 연와조 또는 이와 유사한 견고한 건물이나 수목의 소유를 목적으로 하는 지상권의 존속기간과 관련하여 민법 제280조는 <u>30년의 최단존속기간을 규정하고 있다.</u>

> **민법 제280조(존속기간을 약정한 지상권)**
> ① 계약으로 지상권의 존속기간을 정하는 경우에는 그 기간은 다음 연한보다 단축하지 못한다.
>   1. 석조, 석회조, 연와조 또는 이와 유사한 견고한 건물이나 수목의 소유를 목적으로 하는 때에는 30년
>   2. 전호 이외의 건물의 소유를 목적으로 하는 때에는 15년
>   3. 건물 이외의 공작물의 소유를 목적으로 하는 때에는 5년
> ② 전항의 기간보다 단축한 기간을 정한 때에는 전항의 기간까지 연장한다.

[❷ ▸ ×] 토지의 공유자 중의 1인이 공유토지 위에 건물을 소유하고 있다가 토지지분만을 전매함으로써 단순히 토지공유자의 1인에 대하여 관습상의 법정지상권이 성립된 것으로 볼 사유가 발생하였다고 하더라도 당해 토지 자체에 관하여 건물의 소유를 위한 관습상의 법정지상권이 성립된 것으로 보게된다면 이는 마치 토지공유자의 1인으로 하여금 다른 공유자의 지분에 대하여서까지 지상권설정의 <u>처분행위를 허용하는 셈이 되어 부당하다 할 것이므로 위와 같은 경우에 있어서는 당해 토지에 관하여 건물의소유를 위한 관습상의 법정지상권이 성립될 수 없다</u>(대판 1987.6.23. 86다카2188).

[❸ ▸ ×] 동일인의 소유에 속하고 있던 토지와 지상 건물이 매매 등으로 인하여 소유자가 다르게 된 경우에 건물을 철거한다는 특약이 없는 한 건물소유자는 건물의 소유를 위한 관습상 법정지상권을 취득한다. 그런데 민법 제406조의 채권자취소권의 행사로 인한 사해행위의 취소와 일탈재산의 원상회복은 채권자와 수익자 또는 전득자에 대한 관계에 있어서만 효력이 발생할 뿐이고 채무자가 직접 권리를 취득하는 것이 아니므로, 토지와 지상 건물이 함께 양도되었다가 채권자취소권의 행사에 따라 그중 건물에 관하여만 양도가 취소되고 수익자와 전득자 명의의 소유권이전등기가 말소되었다고 하더라도, 이는 관습상 법정지상권의 성립요건인 '동일인의 소유에 속하고 있던 토지와 지상 건물이 매매 등으로 인하여 소유자가 다르게 된 경우'에 해당한다고 할 수 없다(대판 2014.12.24. 2012다73158).

[❹ ▸ ○] 동일인의 소유에 속하는 토지 및 그 지상 건물에 관하여 공동저당권이 설정된 후 그 지상 건물이 철거되고 새로 건물이 신축된 경우에는 그 신축건물의 소유자가 토지의 소유자와 동일하고 토지의 저당권자에게 신축건물에 관하여 토지의 저당권과 동일한 순위의 공동저당권을 설정해 주는 등 특별한 사정이 없는 한 저당물의 경매로 인하여 토지와 그 신축건물이 다른 소유자에 속하게 되더라도 그 신축건물을 위한 법정지상권은 성립하지 않는다(대판[전합] 2003.12.18. 98다43601).

[❺ ▸ ×] 지상권은 타인의 토지에서 건물 기타의 공작물이나 수목을 소유하는 것을 본질적 내용으로 하는 것이 아니라 타인의 토지를 사용하는 것을 본질적 내용으로 하고 있으므로 지상권 설정계약 당시 건물 기타의 공작물이나 수목이 없더라도 지상권은 유효하게 성립할 수 있고, 또한 기존의 건물 기타의 공작물이나 수목이 멸실되더라도 존속기간이 만료되지 않는 한 지상권이 소멸되지 아니한다(대판 1996.3.22. 95다49318).

답 ❹

34

분묘기지권에 관한 다음 설명 중 가장 옳지 않은 것은?

① 분묘의 기지인 토지가 분묘소유권자 아닌 다른 사람의 소유인 경우에 그 토지 소유자가 분묘소유자에 대하여 분묘의 설치를 승낙한 때에는 그 분묘의 기지에 대하여 분묘소유자를 위한 지상권 유사의 물권(분묘기지권)을 설정한 것으로 보아야 한다.

② 토지 소유자의 승낙이 없음에도 20년간 평온, 공연한 점유가 있었다는 사실만으로 사실상 영구적이고 무상인 분묘기지권의 시효취득을 인정하는 종전의 관습은 적어도 2001.1.13. 장사 등에 관한 법률이 시행될 무렵에는 법적 규범으로서 효력을 상실하였다고 할 것이므로, 2001.1.13. 당시 아직 20년의 시효기간이 경과하지 아니한 분묘의 경우에는 법적 규범의 효력을 상실한 분묘기지권의 시효취득에 관한 종전의 관습을 가지고 분묘기지권의 시효취득을 주장할 수 없다.

③ 분묘의 부속시설인 비석 등 제구를 설치·관리할 권한은 분묘의 수호·관리권에 포함되어 원칙적으로 제사를 주재하는 자에게 있고, 만약 제사주재자 아닌 다른 후손들이 비석 등 시설물을 설치하였고 그것이 제사주재자의 의사에 반하는 것이라 하더라도, 그 시설물의 규모나 범위가 분묘기지권의 허용범위를 넘지 아니하는 한, 분묘가 위치한 토지의 소유권자가 토지소유권에 기하여 방해배제청구로서 그 철거를 구할 수는 없다.

④ 자기 소유 토지에 분묘를 설치한 사람이 그 토지를 양도하면서 분묘를 이장하겠다는 특약을 하지 않음으로써 분묘기지권을 취득한 경우, 특별한 사정이 없는 한 분묘기지권자는 분묘기지권이 성립한 때부터 토지 소유자에게 그 분묘의 기지에 대한 토지사용의 대가로서 지료를 지급할 의무가 있다.

⑤ 甲이 乙과, 乙 소유의 분묘지 중 일부분에 관하여 분묘기지사용계약을 체결하였고 이에 따라 토지를 인도받아 수기의 분묘를 설치하고 20년이 넘도록 평온·공연하게 점유함으로써 분묘기지 중 계약면적을 초과하는 부분의 토지에 관하여 지상권 유사의 관습상 물권인 분묘기지권을 시효취득한 경우, 甲이 초과 토지에 관한 관리비 상당의 이익을 얻은 부분은 부당이득으로서 乙에게 반환되어야 한다.

....

[**❶ ▸ ○**] 분묘의 기지인 토지가 분묘소유권자 아닌 다른 사람의 소유인 경우에 그 토지 소유자가 분묘소유자에 대하여 분묘의 설치를 승낙한 때에는 그 분묘의 기지에 대하여 분묘소유자를 위한 지상권 유사의 물권(분묘기지권)을 설정한 것으로 보아야 하므로, 이러한 경우 그 토지소유자는 분묘의 수호·관리에 필요한, 상당한 범위 내에서는 분묘기지가 된 토지부분에 대한 소유권의 행사가 제한될 수밖에 없다(대판 2000.9.26. 99다14006).

[**❷ ▸ ✕**] 타인 소유의 토지에 분묘를 설치한 경우에 20년간 평온, 공연하게 분묘의 기지를 점유하면 지상권과 유사한 관습상의 물권인 분묘기지권을 시효로 취득한다는 점은 오랜 세월 동안 지속되어 온 관습 또는 관행으로서 법적 규범으로 승인되어 왔고, <u>이러한 법적 규범이 장사법 시행일인 2001.1.13. 이전에 설치된 분묘에 관하여 현재까지 유지되고 있다고 보아야 한다</u>(대판[전합] 2017.1.19. 2013다17292).

[**❸ ▸ ○**] 분묘의 부속시설인 비석 등 제구를 설치·관리할 권한은 분묘의 수호·관리권에 포함되어 원칙적으로 제사를 주재하는 자에게 있고, 따라서 만약 제사주재자 아닌 다른 후손들이 비석 등 시설물을 설치하였고 그것이 제사주재자의 의사에 반하는 것이라 하더라도, 제사주재자가 분묘의 수호·관리권에 기하여 철거를 구하는 것은 별론으로 하고, 그 시설물의 규모나 범위가 분묘기지권의 허용범위를 넘지 아니하는 한, 분묘가 위치한 토지의 소유권자가 토지소유권에 기하여 방해배제청구로서 그 철거를 구할 수는 없다(대판 2000.9.26. 99다14006).

[**❹** ▸ O] 자기 소유 토지에 분묘를 설치한 사람이 그 토지를 양도하면서 분묘를 이장하겠다는 특약을 하지 않음으로써 분묘기지권을 취득한 경우, 특별한 사정이 없는 한 분묘기지권자는 분묘기지권이 성립한 때부터 토지 소유자에게 그 분묘의 기지에 대한 토지사용의 대가로서 지료를 지급할 의무가 있다(대판 2021.5.27. 2020다295892).

[**❺** ▸ O] 갑이 을과, 을 소유의 분묘지 중 일부분에 관하여 분묘기지사용계약을 체결하였고 이에 따라 토지를 인도받아 수기의 분묘를 설치하고 20년이 넘도록 평온·공연하게 점유함으로써 분묘기지 중 계약면적을 초과하는 부분의 토지에 관하여 지상권 유사의 관습상 물권인 분묘기지권을 시효취득한 경우, 을이 갑에게 위 계약에 따른 관리채무의 내용을 초과하여 초과 토지에 대하여도 급부를 행하였으므로, 이는 갑이 법률상 원인 없이 을의 급부로 인하여 초과 토지에 관한 관리비 상당의 이익을 얻고 이로 인하여 을에게 동액 상당의 손해를 가한 것이어서, 갑이 얻은 이익은 부당이득으로서 을에게 반환되어야 할 것이고, 이러한 결과는 비록 갑이 초과 토지에 관하여 분묘기지권을 시효취득하였다고 하더라도 달라지지 아니함에도, 이와 달리 본 원심판결에는 법리오해의 위법이 있다(대판 2011.11.10. 2011다63017).

답 ❷

35
☐☐☐

관습법상 법정지상권에 관한 다음 설명 중 가장 옳지 않은 것은? *2023년 법무사시험 [문 26]*

① 대지 소유자가 그 지상 건물을 다른 사람과 공유하면서 대지만을 타인에게 매도한 경우 건물 공유자들은 대지에 관하여 관습법상 법정지상권을 취득한다.

② 관습법상 법정지상권이 성립된 토지에 대하여는 법정지상권자가 지상건물의 유지 및 사용에 필요한 범위를 벗어나지 않은 한 그 토지를 자유로이 사용할 수 있는 것이므로, 지상건물이 증축되었다 하더라도 관습법상 법정지상권자가 점유·사용할 권한이 있는 토지 위에 있는 이상 이를 철거할 의무는 없다.

③ 원소유자로부터 대지와 건물이 한 사람에게 매도되었으나 대지에 관하여만 그 소유권이전등기가 경료되고 건물의 소유 명의가 매도인 명의로 남아 있게 되어 형식적으로 대지와 건물이 그 소유 명의자를 달리하게 된 경우에 있어서는, 그 대지의 점유·사용 문제는 매매계약 당사자 사이의 계약에 따라 해결할 수 있는 것이므로 양자 사이에 관습법상 법정지상권을 인정할 필요는 없다.

④ 토지와 건물이 동일한 소유자에게 속하였다가 건물 또는 토지가 매매 기타 원인으로 인하여 양자의 소유자가 다르게 되었더라도, 당사자 사이에 그 건물을 철거하기로 하는 합의가 있었던 경우에는 건물 소유자는 토지 소유자에 대하여 그 건물을 위한 관습법상의 법정지상권을 취득할 수 없다.

⑤ 토지공유자의 한 사람이 다른 공유자의 지분 과반수의 동의를 얻어 건물을 건축한 후 토지와 건물의 소유자가 달라진 경우 그와 같은 건물은 공유물인 토지의 관리방법으로서 적법한 사용·수익권에 기초하여 건축된 것이므로, 토지에 관하여 관습법상 법정지상권이 성립한다.

[**❶ ▸ ○**] 대지소유자가 그 지상건물을 타인과 함께 공유하면서 그 단독소유의 대지만을 건물철거의 조건 없이 타에 매도한 경우에는 건물공유자들은 각기 건물을 위하여 대지 전부에 대하여 관습에 의한 법정지상권을 취득한다(대판 1977.7.26. 76다388).

[**❷ ▸ ○**] 관습법상의 법정지상권이 성립된 토지에 대하여는 법정지상권자가 건물의 유지 및 사용에 필요한 범위를 벗어나지 않은 한 그 토지를 자유로이 사용할 수 있는 것이므로, 지상건물이 법정지상권이 성립한 이후에 증축되었다 하더라도 그 건물이 관습법상의 법정지상권이 성립하여 법정지상권자에게 점유·사용할 권한이 있는 토지 위에 있는 이상 이를 철거할 의무는 없다(대판 1995.7.28. 95다9075).

[**❸ ▸ ○**] 원소유자로부터 대지와 건물이 한 사람에게 매도되었으나 대지에 관하여만 그 소유권이전등기가 경료되고 건물의 소유 명의가 매도인 명의로 남아 있게 되어 형식적으로 대지와 건물이 그 소유 명의자를 달리하게 된 경우에 있어서는, 그 대지의 점유·사용 문제는 매매계약 당사자 사이의 계약에 따라 해결할 수 있는 것이므로 양자 사이에 관습에 의한 법정지상권을 인정할 필요는 없다(대판 1998.4.24. 98다4798).

[**❹ ▸ ○**] 토지와 건물이 동일한 소유자에게 속하였다가 건물 또는 토지가 매매 기타 원인으로 인하여 양자의 소유자가 다르게 되었더라도, 당사자 사이에 그 건물을 철거하기로 하는 합의가 있었던 경우에는 건물 소유자는 토지 소유자에 대하여 그 건물을 위한 관습상의 법정지상권을 취득할 수 없다(대판 1999.12.10. 98다58467).

[**❺ ▸ ×**] 토지공유자의 한 사람이 다른 공유자의 지분 과반수의 동의를 얻어 건물을 건축한 후 토지와 건물의 소유자가 달라진 경우 <u>토지에 관하여 관습법상의 법정지상권이 성립되는 것으로 보게 되면 이는 토지공유자의 1인으로 하여금 자신의 지분을 제외한 다른 공유자의 지분에 대하여서까지 지상권설정의 처분행위를 허용하는 셈이 되어 부당하다</u>(대판 1993.4.13. 92다55756).

답 ❺

① 일반적으로 자기의 노력과 재료를 들여 건물을 건축한 사람이 그 건물의 소유권을 원시취득하는 것이지만, 도급계약에 있어서는 수급인이 자기의 노력과 재료를 들여 건물을 완성하더라도 도급인과 수급인 사이에 도급인 명의로 건축허가를 받아 소유권보존등기를 하기로 하는 등 완성된 건물의 소유권을 도급인에게 귀속시키기로 합의한 것으로 보일 경우에는 그 건물의 소유권은 도급인에게 원시적으로 귀속된다.

② 동일한 소유자에 속하는 대지와 그 지상건물이 매매에 의하여 각기 소유자가 달라지게 된 경우에는 특히 건물을 철거한다는 조건이 없는 한 건물소유자는 대지 위에 건물을 위한 관습상의 법정지상권을 취득하는 것이고, 한편 건물소유를 위하여 법정지상권을 취득한 자로부터 경매에 의하여 건물의 소유권을 이전받은 경락인은 경락 후 건물을 철거한다는 등의 매각조건하에서 경매되는 경우 등 특별한 사정이 없는 한 건물의 경락취득과 함께 위 지상권도 당연히 취득한다. 이러한 법리는 압류, 가압류나 체납처분압류 등 처분제한의 등기가 된 건물에 관하여 그에 저촉되는 소유권이전등기를 마친 사람이 건물의 소유자로서 관습상의 법정지상권을 취득한 후 경매 또는 공매절차에서 건물이 매각되는 경우에도 마찬가지로 적용된다.

③ 동일인의 소유에 속하고 있던 토지와 지상건물이 매매 등으로 인하여 소유자가 다르게 된 경우에 건물을 철거한다는 특약이 없는 한 건물소유자는 건물의 소유를 위한 관습상 법정지상권을 취득한다. 나아가 토지와 지상건물이 함께 양도되었다가 채권자취소권의 행사에 따라 그중 건물에 관하여만 양도가 취소되고 수익자와 전득자 명의의 소유권이전등기가 말소되었다면, 이는 관습상 법정지상권의 성립요건인 '동일인의 소유에 속하고 있던 토지와 지상건물이 매매 등으로 인하여 소유자가 다르게 된 경우'에 해낭한나고 봄이 상당하다.

④ 법정지상권을 취득한 건물소유자가 법정지상권의 설정등기를 경료함이 없이 건물을 양도하는 경우에는 특별한 사정이 없는 한 건물과 함께 지상권도 양도하기로 하는 채권적 계약이 있었다고 할 것이므로 법정지상권자는 지상권설정등기를 한 후에 건물양수인에게 이의 양도등기절차를 이행하여 줄 의무가 있는 것이고 따라서 건물양수인은 건물양도인을 순차 내위하여 토지소유자에 대하여 건물소유자였던 최초의 법정지상권자에의 법정지상권설정등기절차 이행을 청구할 수 있다. 그리고 법정지상권을 가진 건물소유자로부터 건물을 양수하면서 지상권까지 양도받기로 한 사람에 대하여 대지소유자가 소유권에 기하여 건물철거 및 대지의 인도를 구하는 것은 지상권의 부담을 용인하고 그 설정등기절차를 이행할 의무 있는 자가 그 권리자를 상대로 한 청구라 할 것이어서 신의성실의 원칙상 허용될 수 없다.

⑤ 동일인의 소유에 속하는 토지 및 그 지상건물에 관하여 공동저당권이 설정된 후 그 지상건물이 철거되고 새로 건물이 신축된 경우에는 그 신축건물의 소유자가 토지의 소유자와 동일하고 토지의 저당권자에게 신축건물에 관하여 토지의 저당권과 동일한 순위의 공동저당권을 설정해 주는 등 특별한 사정이 없는 한 저당물의 경매로 인하여 토지와 그 신축건물이 다른 소유자에 속하게 되더라도 그 신축건물을 위한 법정지상권은 성립하지 않는다.

[**❶ ▶ ○**] 일반적으로 자기의 노력과 재료를 들여 건물을 건축한 사람이 그 건물의 소유권을 원시취득하는 것이지만, 도급계약에 있어서는 수급인이 자기의 노력과 재료를 들여 건물을 완성하더라도 도급인과 수급인 사이에 도급인 명의로 건축허가를 받아 소유권보존등기를 하기로 하는 등 완성된 건물의 소유권을 도급인에게 귀속시키기로 합의한 것으로 보일 경우에는 그 건물의 소유권은 도급인에게 원시적으로 귀속된다(대판[전합] 2003.12.18. 98다43601).

[❷ ▸ O] 동일한 소유자에 속하는 대지와 그 지상건물이 매매에 의하여 각기 소유자가 달라지게 된 경우에는 특히 건물을 철거한다는 조건이 없는 한 건물소유자는 대지 위에 건물을 위한 관습상의 법정지상권을 취득하는 것이고, 한편 건물소유를 위하여 법정지상권을 취득한 자로부터 경매에 의하여 건물의 소유권을 이전받은 경락인은 경락 후 건물을 철거한다는 등의 매각조건하에서 경매되는 경우 등 특별한 사정이 없는 한 건물의 경락취득과 함께 위 지상권도 당연히 취득한다. 이러한 법리는 압류, 가압류나 체납처분압류 등 처분제한의 등기가 된 건물에 관하여 그에 저촉되는 소유권이전등기를 마친 사람이 건물의 소유자로서 관습상의 법정지상권을 취득한 후 경매 또는 공매절차에서 건물이 매각되는 경우에도 마찬가지로 적용된다(대판 2014.9.4. 2011다13463).

[❸ ▸ ×] 동일인의 소유에 속하고 있던 토지와 지상건물이 매매 등으로 인하여 소유자가 다르게 된 경우에 건물을 철거한다는 특약이 없는 한 건물소유자는 건물의 소유를 위한 관습상 법정지상권을 취득한다. 그런데 민법 제406조의 채권자취소권의 행사로 인한 사해행위의 취소와 일탈재산의 원상회복은 채권자와 수익자 또는 전득자에 대한 관계에 있어서만 효력이 발생할 뿐이고 채무자가 직접 권리를 취득하는 것이 아니므로, 토지와 지상건물이 함께 양도되었다가 채권자취소권의 행사에 따라 그중 건물에 관하여만 양도가 취소되고 수익자와 전득자 명의의 소유권이전등기가 말소되었다고 하더라도, 이는 관습상 법정지상권의 성립요건인 '동일인의 소유에 속하고 있던 토지와 지상건물이 매매 등으로 인하여 소유자가 다르게 된 경우'에 해당한다고 할 수 없다(대판 2014.12.24. 2012다73158).

[❹ ▸ O] 법정지상권을 취득한 건물소유자가 법정지상권의 설정등기를 경료함이 없이 건물을 양도하는 경우에는 특별한 사정이 없는 한 건물과 함께 지상권도 양도하기로 하는 채권적 계약이 있었다고 할 것이므로 법정지상권자는 지상권설정등기를 한 후에 건물양수인에게 이의 양도등기절차를 이행하여 줄 의무가 있는 것이고 따라서 건물양수인은 건물양도인을 순차 대위하여 토지소유자에 대하여 건물소유자였던 최초의 법정지상권자에의 법정지상권설정등기절차 이행을 청구할 수 있는 것이고 아울러 종전의 건물소유자들에 대하여도 차례로 지상권이전등기절차이행을 구할 수 있다 할 것이며 위의 어느 경우나 건물을 철거하기로 하는 합의가 있었다는 등의 특별한 사정의 존재에 관한 주장입증은 그러한 사정의 존재를 주장하는 쪽에 있다 할 것이다. 그리고 법정지상권을 가진 건물소유자로부터 건물을 양수하면서 지상권까지 양도받기로 한 사람에 대하여 대지소유자가 소유권에 기하여 건물철거 및 대지의 인도를 구하는 것은 지상권의 부담을 용인하고 그 설정등기절차를 이행할 의무 있는 자가 그 권리자를 상대로 한 청구라 할 것이어서 신의성실의 원칙상 허용될 수 없다(대판 1988.9.27. 87다카279).

[❺ ▸ O] 동일인의 소유에 속하는 토지 및 그 지상건물에 관하여 공동저당권이 설정된 후 그 지상건물이 철거되고 새로 건물이 신축된 경우에는 그 신축건물의 소유자가 토지의 소유자와 동일하고 토지의 저당권자에게 신축건물에 관하여 토지의 서낭권과 농일한 순위의 공동저당권을 설정해 주는 등 특별한 사정이 없는 한 저당물의 경매로 인하여 토지와 그 신축건물이 다른 소유자에 속하게 되더라도 그 신축건물을 위한 법정지상권은 성립하지 않는다고 해석하여야 하는바, 그 이유는 동일인의 소유에 속하는 토지 및 그 지상건물에 관하여 공동저당권이 설정된 경우에는, 처음부터 지상건물로 인하여 토지의 이용이 제한받는 것을 용인하고 토지에 대하여만 저당권을 설정하여 법정지상권의 가치만큼 감소된 토지의 교환가치를 담보로 취득한 경우와는 달리, 공동저당권자는 토지 및 건물 각각의 교환가치 전부를 담보로 취득한 것으로서, 저당권의 목적이 된 건물이 그대로 존속하는 이상은 건물을 위한 법정지상권이 성립해도 그로 인하여 토지의 교환가치에서 제외된 법정지상권의 가액 상당 가치는 법정지상권이 성립하는 건물의 교환가치에서 되찾을 수 있어 궁극적으로 토지에 관하여 아무런 제한이 없는 나대지로서의 교환가치 전체를 실현시킬 수 있다고 기대하지만, 건물이 철거된 후 신축된 건물에 토지와 동순위의 공동저당권이 설정되지 아니하였는데도 그 신축건물을 위한 법정지상권이 성립한다고 해석하게 되면, 공동저당권자가 법정지상권이 성립하는 신축건물의 교환가치를 취득할 수 없게 되는 결과 법정지상권의 가액 상당 가치를 되찾을 길이 막혀 위와 같이 당초 나대지로서의 토지의 교환가치 전체를 기대하여 담보를 취득한 공동저당권자에게 불측의 손해를 입게 하기 때문이다(대판[전합] 2003.12.18. 98다43601). **답 ❸**

37
□□□

지역권, 주위토지통행권에 관한 다음 설명 중 가장 옳지 않은 것은? 2024년 법무사시험 [문 8]

① 요역지가 분필되어 그 부분의 소유권이 타인에게 이전되었다 하여도 요역지의 소유자가 아직 지역권설정등기를 이행받지 못하고 있는 이상, 타인소유로 된 대지부분까지를 요역지로 하여 지역권설정등기의 이행을 청구할 수 있다.

② 주위토지통행권은 통행을 위한 지역권과는 달리 그 통행로가 항상 특정한 장소로 고정되어 있는 것은 아니고, 주위토지통행권확인청구는 변론종결 시에 있어서의 민법 제219조에 정해진 요건에 해당하는 토지가 어느 토지인가를 확정하는 것이므로, 주위토지 소유자가 그 용법에 따라 기존 통행로로 이용되던 토지의 사용방법을 바꾸었을 때에는 대지 소유자는 그 주위토지 소유자를 위하여 보다 손해가 적은 다른 장소로 옮겨 통행할 수밖에 없는 경우도 있다.

③ 주위토지통행권의 범위는 현재의 토지의 용법에 따른 이용의 범위뿐만 아니라 장래의 이용상황까지 미리 대비하여 정하여야 한다.

④ 지역권은 계속되고 표현된 것에 한하여 민법 제245조의 규정을 준용하도록 되어 있으므로, 통행지역권은 요역지의 소유자가 승역지 위에 도로를 설치하여 승역지를 사용하는 객관적 상태가 민법 제245조에 규정된 기간 계속된 경우에 한하여 그 시효취득을 인정할 수 있다.

⑤ 지역권은 일정한 목적을 위하여 타인의 토지를 자기의 토지의 편익에 이용하는 용익물권으로서 요역지와 승역지 사이의 권리관계에 터 잡은 것이므로, 어느 토지에 대하여 통행지역권을 주장하려면 그 토지의 통행으로 편익을 얻는 요역지가 있음을 주장·증명하여야 한다.

....

[**❶▸○**] 요역지가 분필되어 그 부분의 소유권이 타인에게 이전되었다 하여도 요역지의 소유자가 아직 지역권설정등기를 이행받지 못하고 있는 이상, 타인소유로 된 대지부분까지를 요역지로 하여 지역권설정등기의 이행을 청구할 수 있다(대판 1971.4.6. 71다249).

[**❷▸○**] 주위토지통행권은 통행을 위한 지역권과는 달리 그 통행로가 항상 특정한 장소로 고정되어 있는 것은 아니고, 주위토지통행권확인청구는 변론종결 시에 있어서의 민법 제219조에 정해진 요건에 해당하는 토지가 어느 토지인가를 확정하는 것이므로, 주위토지 소유자가 그 용법에 따라 기존 통행로로 이용되던 토지의 사용방법을 바꾸었을 때에는 대지 소유자는 그 주위토지 소유자를 위하여 보다 손해가 적은 다른 장소로 옮겨 통행할 수밖에 없는 경우도 있다(대판 2009.6.11. 2008다75300).

[**❸▸✕**] 주위토지통행권의 범위는 <u>현재의 토지의 용법에 따른 이용의 범위에서 인정되는 것이지 더 나아가 장차의 이용상황까지 미리 대비하여 통행로를 정할 것은 아니다</u>(대판 2017.9.12. 2014다236304).

[**❹▸○**] 지역권은 계속되고 표현된 것에 한하여 민법 제245조의 규정을 준용하도록 되어 있으므로, 통행지역권은 요역지의 소유자가 승역지 위에 도로를 설치하여 승역지를 사용하는 객관적 상태가 민법 제245조에 규정된 기간 계속된 경우에 한하여 그 시효취득을 인정할 수 있다(대판 1995.6.13. 95다1088).

[**❺▸○**] 지역권은 일정한 목적을 위하여 타인의 토지를 자기의 토지의 편익에 이용하는 용익물권으로서 요역지와 승역지 사이의 권리관계에 터잡은 것이므로 어느 토지에 대하여 통행지역권을 주장하려면 그 토지의 통행으로 편익을 얻는 요역지가 있음을 주장 입증하여야 한다(대판 1992.12.8. 92다22725).

답 ❸

38
□□□

전세권에 관한 다음 설명 중 가장 옳지 않은 것은? 2025년 법무사시험 [문 23]

① 전세권이 소멸한 때에는 전세권설정자는 전세권자로부터 그 목적물의 인도 및 전세권설정등기의 말소등기에 필요한 서류의 교부를 받는 동시에 전세금을 반환하여야 한다.

② 대지와 건물이 동일한 소유자에 속한 경우에 건물에 전세권을 설정한 때에는 그 대지소유권의 특별승계인은 전세권자에 대하여 지상권을 설정한 것으로 본다.

③ 전세권이 담보물권적 성격도 가지는 이상 부종성과 수반성이 있는 것이므로 전세권을 그 담보하는 전세금반환채권과 분리하여 양도하는 것은 허용되지 않는다고 할 것이나, 전세권이 존속기간의 만료로 소멸한 경우이거나 전세계약의 합의해지 또는 당사자 간의 특약에 의하여 전세권반환채권의 처분에도 불구하고, 전세권의 처분이 따르지 않는 경우 등의 특별한 사정이 있는 때에는 채권양수인은 담보물권이 없는 무담보의 채권을 양수한 것이 된다.

④ 건물의 일부에 대하여 전세권이 설정되어 있는 경우 그 전세권자는 민법 제303조 제1항, 제318조의 규정에 의하여 그 건물 전부에 대하여 후순위 권리자 기타 채권자보다 전세금의 우선변제를 받을 권리가 있고, 전세권설정자가 전세금의 반환을 지체한 때에는 전세권의 목적물의 경매를 청구할 수 있다 할 것이나, 전세권의 목적물이 아닌 나머지 건물부분에 대하여는 우선변제권은 별론으로 하고 경매신청권은 없다.

⑤ 전세권의 존속기간은 10년을 넘지 못한다. 당사자의 약정기간이 10년을 넘는 때에는 이를 10년으로 단축한다.

[❶ ▶ ○] 전세권설정자는 전세권이 소멸한 경우 전세권자로부터 그 목적물의 인도 및 전세권설정등기의 말소등기에 필요한 서류의 교부를 받는 동시에 전세금을 반환할 의무가 있을 뿐이므로, 전세권자가 그 목적물을 인도하였다고 하더라도 전세권설정등기의 말소등기에 필요한 서류를 교부하거나 그 이행의 제공을 하지 아니하는 이상, 전세권설정자는 전세금의 반환을 거부할 수 있고, 이 경우 다른 특별한 사정이 없는 한 그가 전세금에 대한 이자 상당액의 이득을 법률상 원인 없이 얻는다고 볼 수 없다(대판 2002.2.5. 2001다62091).

[❷ ▶ ×] 대지와 건물이 동일한 소유자에 속한 경우에 건물에 전세권을 설정한 때에는 그 대지소유권의 특별승계인은 전세권설정자에 대하여 지상권을 설정한 것으로 본다(민법 제305조 제1항 본문).

[❸ ▶ ○] 전세권이 담보물권적 성격도 가지는 이상 부종성과 수반성이 있는 것이므로 전세권을 그 담보하는 전세금반환채권과 분리하여 양도하는 것은 허용되지 않는다고 할 것이나, 한편 담보물권의 수반성이란 피담보채권의 처분이 있으면 언제나 담보물권도 함께 처분된다는 것이 아니라, 채권 담보라고 하는 담보물권 제도의 존재 목적에 비추어 볼 때 특별한 사정이 없는 한 피담보채권의 처분에는 담보물권의 처분도 포함된다고 보는 것이 합리적이라는 것일 뿐이므로, 전세권이 존속기간의 만료로 소멸한 경우이거나 전세계약의 합의해지 또는 당사자 간의 특약에 의하여 전세권반환채권의 처분에도 불구하고, 전세권의 처분이 따르지 않는 경우 등의 특별한 사정이 있는 때에는 채권양수인은 담보물권이 없는 무담보의 채권을 양수한 것이 된다(대판 1997.11.25. 97다29790).

PART 1 PART 2 **PART 3** PART 4 PART 5 PART 6 PART 7 PART 8

[**❹** ▸ O] 건물의 일부에 대하여 전세권이 설정되어 있는 경우 그 전세권자는 민법 제303조 제1항, 제318조의 규정에 의하여 그 건물 전부에 대하여 후순위 권리자 기타 채권자보다 전세금의 우선변제를 받을 권리가 있고, 전세권설정자가 전세금의 반환을 지체한 때에는 전세권의 목적물의 경매를 청구할 수 있다 할 것이나, 전세권의 목적물이 아닌 나머지 건물부분에 대하여는 우선변제권은 별론으로 하고 경매신청권은 없다(대결 1992.3.10. 91마256).

[**❺** ▸ O] 민법 제312조 제1항

민법 제312조(전세권의 존속기간)

① 전세권의 존속기간은 10년을 넘지 못한다. 당사자의 약정기간이 10년을 넘는 때에는 이를 10년으로 단축한다.

② 건물에 대한 전세권의 존속기간을 1년 미만으로 정한 때에는 이를 1년으로 한다.

③ 전세권의 설정은 이를 갱신할 수 있다. 그 기간은 갱신한 날로부터 10년을 넘지 못한다.

④ 건물의 전세권설정자가 전세권의 존속기간 만료 전 6월부터 1월까지 사이에 전세권자에 대하여 갱신거절의 통지 또는 조건을 변경하지 아니하면 갱신하지 아니한다는 뜻의 통지를 하지 아니한 경우에는 그 기간이 만료된 때에 전전세권과 동일한 조건으로 다시 전세권을 설정한 것으로 본다. 이 경우 전세권의 존속기간은 그 정함이 없는 것으로 본다.

답 **❷**

39

□□□

다음 설명 중 가장 옳지 않은 것은?　　　　　2023년 법무사시험 [문 12]

① 전세권 소멸 시 목적부동산의 인도 및 전세권설정등기의 말소등기에 필요한 서류의 교부의무와 전세금반환의무는 동시이행의 관계에 있다.

② 전세권자에게 책임 있는 사유로 전세권의 목적인 부동산이 일부 멸실된 경우 전세권설정자는 멸실된 부분만이 아니라 전세권 전부의 소멸을 청구할 수 있다.

③ 건물의 일부에 대하여 전세권이 설정되어 있는 경우 그 전세권자는 전세권의 목적이 아닌 나머지 건물부분에 대하여는 경매신청을 할 수 없다.

④ 전세기간 만료 이후 전세권양도계약 및 전세권이전의 부기등기가 이루어진 경우 전세권이 담보물권적 성격도 가지는 이상 부종성과 수반성이 있는 것이므로 이로써 당연히 전세금반환채권 또한 이전되었다고 할 것이어서 확정일자 있는 증서에 의한 채권양도절차를 거치지 않더라도 전세금반환채권의 압류·전부채권자 등 제3자에게 대항할 수 있다.

⑤ 당사자가 주로 채권담보의 목적으로 전세권을 설정하였고, 그 설정과 동시에 목적물을 인도하지 아니한 경우라 하더라도, 장차 전세권자가 목적물을 사용·수익하는 것을 완전히 배제하는 것이 아니라면 그 전세권의 효력을 부인할 수는 없다.

[❶ ▸ ○] 전세권이 소멸한 때에는 전세권설정자는 전세권자로부터 그 목적물의 인도 및 전세권설정등기의 말소등기에 필요한 서류의 교부를 받는 동시에 전세금을 반환하여야 한다(민법 제317조).

[❷ ▸ ○] 전세권의 목적물인 부동산의 일부가 전세권자의 귀책사유로 멸실된 때에는 전세권설정자는 전세권자의 부동산 용법 위반을 이유로 전세권의 소멸을 청구할 수 있다(민법 제311조 제1항 참조).

> **민법 제311조(전세권의 소멸청구)**
> ① 전세권자가 전세권설정계약 또는 그 목적물의 성질에 의하여 정하여진 용법으로 이를 사용, 수익하지 아니한 경우에는 전세권설정자는 전세권의 소멸을 청구할 수 있다.

[❸ ▸ ○] 건물의 일부에 대하여 전세권이 설정되어 있는 경우 그 전세권자는 민법 제303조 제1항의 규정에 의하여 그 건물 전부에 대하여 후순위권리자 기타 채권자보다 전세금의 우선변제를 받을 권리가 있고, 민법 제318조의 규정에 의하여 전세권설정자가 전세금의 반환을 지체한 때에는 전세권의 목적물의 경매를 청구할 수 있는 것이나, 전세권의 목적물이 아닌 나머지 건물부분에 대하여는 우선변제권은 별론으로 하고 경매신청권은 없으므로, 위와 같은 경우 전세권자는 전세권의 목적이 된 부분을 초과하여 건물 전부의 경매를 청구할 수 없다고 할 것이고, 그 전세권의 목적이 된 부분이 구조상 또는 이용상 독립성이 없어 독립한 소유권의 객체로 분할할 수 없고 따라서 그 부분만의 경매신청이 불가능하다고 하여 달리 볼 것은 아니다(대결 2001.7.2. 2001마212).

[❹ ▸ ✕] 전세권설정등기를 마친 민법상의 전세권은 그 성질상 용익물권적 성격과 담보물권적 성격을 겸비한 것으로서, 전세권의 존속기간이 만료되면 전세권의 용익물권적 권능은 전세권설정등기의 말소 없이도 당연히 소멸하고 단지 전세금반환채권을 담보하는 담보물권적 권능의 범위 내에서 전세금의 반환시까지 그 전세권설정등기의 효력이 존속하고 있다 할 것인데, 이와 같이 존속기간의 경과로서 본래의 용익물권적 권능이 소멸하고 담보물권적 권능만 남은 전세권에 대해서도 그 피담보채권인 전세금반환채권과 함께 제3자에게 이를 양도할 수 있다 할 것이지만 이 경우에는 민법 제450조 제2항 소정의 확정일자 있는 증서에 의한 채권양도절차를 거치지 않는 한 위 전세금반환채권의 압류·전부 채권자 등 제3자에게 위 전세보증금반환채권의 양도사실로써 대항할 수 없다. 전세기간 만료 이후 전세권양도계약 및 전세권이전의 부기등기가 이루어진 것만으로는 전세금반환채권의 양도에 관하여 확정일자 있는 통지나 승낙이 있었다고 볼 수 없어 이로써 제3자인 전세금반환채권의 압류·전부 채권자에게 대항할 수 없다(대판 2005.3.25. 2003다35659).

[❺ ▸ ○] 전세권이 용익물권적 성격과 담보물권적 성격을 겸비하고 있다는 점 및 목적물의 인도는 전세권의 성립요건이 아닌 점 등에 비추어 볼 때, 당사자가 주로 채권담보의 목적으로 전세권을 설정하였고, 그 설정과 동시에 목적물을 인도하지 아니한 경우라 하더라도, 장차 전세권자가 목적물을 사용·수익하는 것을 완전히 배제하는 것이 아니라면, 그 전세권의 효력을 부인할 수는 없다(대판 1995.2.10. 94다18508).

답 ❹

제5장 담보물권

제1절 유치권

40 **점유와 유치권에 관한 다음 설명 중 가장 옳지 않은 것은?** 2024년 법무사시험 [문 21]
□□□

① 乙의 점유침탈로 甲이 해당 상가에 대한 점유를 상실한 이상 甲의 유치권은 소멸하고, 甲이 점유회수의 소를 제기하여 승소판결을 받아 점유를 회복하면 점유를 상실하지 않았던 것으로 되어 유치권이 되살아나지만, 위와 같은 방법으로 점유를 회복하기 전에는 유치권이 되살아나는 것이 아니므로, 점유회수의 소를 제기하여 점유를 회복할 수 있다는 사정만으로 甲의 유치권이 소멸하지 않았다고 판단하여서는 아니 된다.

② 민법 제321조는 "유치권자는 채권 전부의 변제를 받을 때까지 유치물 전부에 대하여 그 권리를 행사할 수 있다."라고 규정하고 있으므로, 유치물은 그 각 부분으로써 피담보채권의 전부를 담보하며, 이와 같은 유치권의 불가분성은 그 목적물이 분할 가능하거나 수개의 물건인 경우에도 적용된다.

③ "점유물이 침탈되었을 경우에 부동산일 때에는 점유자는 침탈 후 직시 가해자를 배제하여 이를 탈환할 수 있다"고 정한 민법 제209조 제2항에서의 점유자의 자력탈환권은 점유가 침탈되었을 때 시간적으로 좁게 제한된 범위 내에서 자력으로 점유를 회복할 수 있다는 것으로서, 위 규정에서 말하는 "직시"란 '객관적으로 가능한 한 신속히' 또는 '사회관념상 가해자를 배제하여 점유를 회복하는 데 필요하다고 인정되는 범위 안에서 되도록 속히'라는 뜻으로 해석할 것이므로, 섬유자가 침탈 사실을 알고 모르고와는 관계없이 침탈을 당한 후 상당한 시간이 흘렀다면 자력탈환권을 행사할 수 없다.

④ 민법 제320조 제1항에서 '그 물건에 관하여 생긴 채권'은 유치권 제도 본래의 취지인 공평의 원칙에 특별히 반하지 않는 한 채권이 목적물 자체로부터 발생한 경우는 물론이고 채권이 목적물의 반환청구권과 동일한 법률관계나 사실관계로부터 발생한 경우도 포함하므로, 이른바 계약명의신탁에서 명의신탁자의 명의수탁자에 대하여 가지는 부동산 매수자금액 상당의 부당이득반환청구권은 부동산 자체로부터 발생한 채권은 아니더라도 소유권 등에 기한 부동산의 반환청구권과 동일한 법률관계나 사실관계로부터 발생한 채권이라고 볼 수는 있으므로, 위 부당이득반환청구권은 민법 제320조 제1항의 '그 물건에 관하여 생긴 채권'이라고 볼 것이다.

⑤ 유치권은 타물권인 점에 비추어 볼 때 수급인의 재료와 노력으로 건축되었고 독립한 건물에 해당되는 기성부분은 수급인의 소유라 할 것이므로 수급인은 공사대금을 지급받을 때까지 이에 대하여 유치권을 가질 수 없다.

[❶ ▶ ○] 갑 주식회사가 건물신축 공사대금 일부를 지급받지 못하자 건물을 점유하면서 유치권을 행사해 왔는데, 그 후 을이 경매절차에서 건물 중 일부 상가를 매수하여 소유권이전등기를 마친 다음 갑 회사의 점유를 침탈하여 병에게 임대한 사안에서, 을의 점유침탈로 갑 회사가 점유를 상실한 이상 유치권은 소멸하고, 갑 회사가 점유회수의 소를 제기하여 승소판결을 받아 점유를 회복하면 점유를 상실하지 않았던 것으로 되어 유치권이 되살아나지만, 위와 같은 방법으로 점유를 회복하기 전에는 유치권이 되살아나는 것이 아님에도, 갑 회사가 상가에 대한 점유를 회복하였는지를 심리하지 아니한 채 점유회수의 소를 제기하여 점유를 회복할 수 있다는 사정만으로 갑 회사의 유치권이 소멸하지 않았다고 본 원심판결에 점유상실로 인한 유치권 소멸에 관한 법리오해의 위법이 있다(대판 2012.2.9. 2011다72189).

[❷ ▶ ○] 민법 제321조는 "유치권자는 채권 전부의 변제를 받을 때까지 유치물 전부에 대하여 그 권리를 행사할 수 있다"고 규정하고 있으므로, 유치물은 그 각 부분으로써 피담보채권의 전부를 담보하며, 이와 같은 유치권의 불가분성은 그 목적물이 분할 가능하거나 수개의 물건인 경우에도 적용된다(대판 2007.9.7. 2005다16942).

[❸ ▶ ○] 민법 제209조 제1항에 규정된 점유자의 자력방위권은 점유의 침탈 또는 방해의 위험이 있는 때에 인정되는 것인 한편, 제2항에 규정된 점유자의 자력탈환권은 점유가 침탈되었을 때 시간적으로 좁게 제한된 범위 내에서 자력으로 점유를 회복할 수 있다는 것으로서, 위 규정에서 말하는 "직시"란 "객관적으로 가능한 한 신속히" 또는 "사회관념상 가해자를 배제하여 점유를 회복하는 데 필요하다고 인정되는 범위 안에서 되도록 속히"라는 뜻으로 해석할 것이므로 점유자가 침탈사실을 알고 모르고와는 관계없이 침탈을 당한 후 상당한 시간이 흘렀다면 자력탈환권을 행사할 수 없다(대판 1993.3.26. 91다14116).

[❹ ▶ ✕] 명의신탁자와 명의수탁자가 이른바 계약명의신탁약정을 맺고 명의수탁자가 당사자가 되어 명의신탁약정이 있다는 사실을 알지 못하는 소유자와 부동산에 관한 매매계약을 체결한 뒤 수탁자 명의로 소유권이전등기를 마친 경우에는, 명의신탁자와 명의수탁자 사이의 명의신탁약정은 무효이지만 그 명의수탁자는 당해 부동산의 완전한 소유권을 취득하게 되고(부동산 실권리자명의 등기에 관한 법률 제4조 제1항, 제2항 참조), 반면 명의신탁자는 애초부터 당해 부동산의 소유권을 취득할 수 없고 다만 그가 명의수탁자에게 제공한 부동산 매수자금이 무효의 명의신탁약정에 의한 법률상 원인 없는 것이 되는 관계로 명의수탁자에 대하여 동액 상당의 부당이득반환청구권을 가질 수 있을 뿐이다. <u>명의신탁자의 이와 같은 부당이득반환청구권은 부동산 자체로부터 발생한 채권이 아닐 뿐만 아니라 소유권 등에 기한 부동산의 반환청구권과 동일한 법률관계나 사실관계로부터 발생한 채권이라고 보기도 어려우므로, 결국 민법 제320조 제1항에서 정한 유치권 성립요건으로서의 목적물과 채권 사이의 견련관계를 인정할 수 없다</u>(대판 2009.3.26. 2008다34828).

[❺ ▶ ○] 유치권은 타물권인 점에 비추어 볼 때 수급인의 재료와 노력으로 건축되었고 독립한 건물에 해당되는 기성부분은 수급인의 소유라 할 것이므로 수급인은 공사대금을 지급받을 때까지 이에 대하여 유치권을 가질 수 없다(대판 1993.3.26. 91다14116).

답 ❹

유치권에 관한 다음 설명 중 가장 옳지 않은 것은?

① 공사대금채권에 기하여 유치권을 행사하는 자가 스스로 유치물인 주택에 거주하며 사용하는 것은 유치물인 주택의 보존에 도움이 되는 행위로서 유치물의 보존에 필요한 사용에 해당하므로, 차임 상당의 이득을 소유자에게 반환할 의무가 없다.

② 유치권의 성립요건인 유치권자의 점유는 간접점유도 포함한다.

③ 유치권 배제 특약이 있는 경우 다른 법정요건이 모두 충족되더라도 유치권은 발생하지 않는데, 특약에 따른 효력은 특약의 상대방뿐 아니라 그 밖의 사람도 주장할 수 있다.

④ 근저당권자는 유치권 신고를 한 사람을 상대로 유치권 전부의 부존재뿐만 아니라 경매절차에서 유치권을 내세워 대항할 수 있는 범위를 초과하는 유치권의 부존재 확인을 구할 법률상 이익이 있다.

⑤ 甲이 건물 신축공사 수급인인 乙 주식회사와 체결한 약정에 따라 공사현장에 시멘트와 모래 등의 건축자재를 공급한 경우, 甲의 건축자재대금채권은 매매계약에 따른 매매대금채권에 불과할 뿐 건물 자체에 관하여 생긴 채권이라고 할 수 없으므로 건물에 관한 유치권의 피담보채권이 되지 않는다.

[**❶ ▸ ✕**] 민법 제324조에 의하면, 유치권자는 선량한 관리자의 주의로 유치물을 점유하여야 하고, 소유자의 승낙 없이 유치물을 보존에 필요한 범위를 넘어 사용하거나 대여 또는 담보제공을 할 수 없으며, 소유자는 유치권자가 위 의무를 위반한 때에는 유치권의 소멸을 청구할 수 있다고 할 것인바, 공사대금채 권에 기하여 유치권을 행사하는 자가 스스로 유치물인 주택에 거주하며 사용하는 것은 특별한 사정이 없는 한 유치물인 주택의 보존에 도움이 되는 행위로서 유치물의 보존에 필요한 사용에 해당한다고 할 것이다. 그리고 유치권자가 유치물의 보존에 필요한 사용을 한 경우에도 특별한 사정이 없는 한 차임에 상당한 이득을 소유자에게 반환할 의무가 있다(대판 2009.9.24. 2009다40684).

[**❷ ▸ ○**] 유치권의 성립요건인 유치권자의 점유는 직접점유이든 간접점유이든 관계없다(대판 2019.8.14. 2019다205329).

[**❸ ▸ ○**] 제한물권은 이해관계인의 이익을 부당하게 침해하지 않는 한 자유로이 포기할 수 있는 것이 원칙이다. 유치권은 채권자의 이익을 보호하기 위한 법정담보물권으로서, 당사자는 미리 유치권의 발생 을 막는 특약을 할 수 있고 이러한 특약은 유효하다. 유치권 배제 특약이 있는 경우 다른 법정요건이 모두 충족되더라도 유치권은 발생하지 않는데, 특약에 따른 효력은 특약의 상대방뿐 아니라 그 밖의 사람도 주장할 수 있다(대판 2018.1.24. 2016다234043).

[**❹ ▸ ○**] 민사집행법 제268조에 의하여 담보권의 실행을 위한 경매절차에 준용되는 같은 법 제91조 제5항에 의하면 유치권자는 경락인에 대하여 피담보채권의 변제를 청구할 수는 없지만 자신의 피담보채 권이 변제될 때까지 유치목적물인 부동산의 인도를 거절할 수 있어 경매절차의 입찰인들은 낙찰 후 유치권자로부터 경매목적물을 쉽게 인도받을 수 없다는 점을 고려하여 입찰하게 되고 그에 따라 경매목 적 부동산이 그만큼 낮은 가격에 낙찰될 우려가 있다. 이와 같이 저가낙찰로 인해 경매를 신청한 근저당권 자의 배당액이 줄어들거나 경매목적물 가액과 비교하여 거액의 유치권 신고로 매각 자체가 불가능하게 될 위험은 경매절차에서 근저당권자의 법률상 지위를 불안정하게 하는 것이므로 위 불안을 제거하는 근저당권자의 이익을 단순한 사실상·경제상의 이익이라고 볼 수는 없다. 따라서 근저당권자는 유치권 신고를 한 사람을 상대로 유치권 전부의 부존재뿐만 아니라 경매절차에서 유치권을 내세워 대항할 수 있는 범위를 초과하는 유치권의 부존재 확인을 구할 법률상 이익이 있고, 심리 결과 유치권 신고를 한 사람이 유치권의 피담보채권으로 주장하는 금액의 일부만이 경매절차에서 유치권으로 대항할 수 있는 것으로 인정되는 경우에는 법원은 특별한 사정이 없는 한 그 유치권 부분에 대하여 일부패소의 판결을 하여야 한다(대판 2016.3.10. 2013다99409).

[**❺ ▸ O**] 갑이 건물 신축공사 수급인인 을 주식회사와 체결한 약정에 따라 공사현장에 시멘트와 모래 등의 건축자재를 공급한 경우, 갑의 건축자재대금채권은 매매계약에 따른 매매대금채권에 불과할 뿐 건물 자체에 관하여 생긴 채권이라고 할 수는 없음에도 건물에 관한 유치권의 피담보채권이 된다고 본 원심판결은 유치권의 성립요건인 채권과 물건 간의 견련관계에 관한 법리오해의 위법이 있다(대판 2012.1.26. 2011다96208).

답 ❶

42 □□□ 다음 설명 중 가장 옳지 않은 것은?

2021년 법무사시험 [문 29]

① 근저당권자에게 담보목적물에 관하여 각 유치권의 부존재 확인을 구할 법률상 이익이 있다고 보는 것은 경매절차에서 유치권이 주장됨으로써 낮은 가격에 입찰이 이루어져 근저당권자의 배당액이 줄어들 위험이 있다는 데에 근거가 있고, 이는 소유자가 그 소유의 부동산에 관한 경매절차에서 유치권의 부존재 확인을 구하는 경우에도 마찬가지이다. 위와 같이 경매절차에서 유치권이 주장되었으나 소유부동산 또는 담보목적물이 매각되어 그 소유권이 이전되어 소유권을 상실하거나 근저당권이 소멸하였다면, 소유자와 근저당권자는 유치권의 부존재 확인을 구할 법률상 이익이 없다.

② 甲 주식회사가 건물신축 공사대금 일부를 지급받지 못하자 건물을 점유하면서 유치권을 행사해 왔는데, 그 후 乙이 경매절차에서 건물 중 일부 상가를 매수하여 소유권이전등기를 마친 다음 甲 회사의 점유를 침탈하여 丙에게 임대한 사안에서, 乙의 점유침탈로 甲 회사가 점유를 상실한 이상 유치권은 소멸하고, 甲 회사가 점유회수의 소를 제기하여 승소판결을 받아 점유를 회복하면 점유를 상실하지 않았던 것으로 되어 유치권이 되살아난다.

③ 유치권은 법정담보물권이기는 하나 채권자의 이익보호를 위한 채권담보의 수단에 불과하므로 이를 포기하는 특약은 유효하고, 유치권을 사전에 포기한 경우 다른 법정요건이 모두 충족되더라도 유치권이 발생하지 않는 것과 마찬가지로 유치권을 사후에 포기한 경우 곧바로 유치권은 소멸한다. 다만, 유치권 포기로 인한 유치권의 소멸은 유치권 포기 의사표시의 상대방 이외의 사람은 주장할 수 있다.

④ 민법 제320조 제1항에서 '그 물건에 관하여 생긴 채권'은 유치권제도 본래의 취지인 공평의 원칙에 특별히 반하지 않는 한 채권이 목적물 자체로부터 발생한 경우는 물론이고 채권이 목적물의 반환청구권과 동일한 법률관계나 사실관계로부터 발생한 경우도 포함하고, 한편 민법 제321조는 "유치권자는 채권 전부의 변제를 받을 때까지 유치물 전부에 대하여 그 권리를 행사할 수 있다"고 규정하고 있으므로, 유치물은 그 각 부분으로써 피담보채권의 전부를 담보하며, 이와 같은 유치권의 불가분성은 그 목적물이 분할 가능하거나 수개의 물건인 경우에도 적용된다.

⑤ 채무자가 채무초과의 상태에 이미 빠졌거나 그러한 상태가 임박함으로써 채권자가 원래라면 자기 채권의 충분한 만족을 얻을 가능성이 현저히 낮아진 상태에서 이미 채무자 소유의 목적물에 저당권 기타 담보물권이 설정되어 있어서 유치권의 성립에 의하여 저당권자 등이 그 채권 만족상의 불이익을 입을 것을 잘 알면서 자기 채권의 우선적 만족을 위하여 위와 같이 취약한 재정적 지위에 있는 채무자와의 사이에 의도적으로 유치권의 성립요건을 충족하는 내용의 거래를 일으키고 그에 기하여 목적물을 점유하게 됨으로써 유치권이 성립하였다면, 유치권자가 그 유치권을 저당권자 등에 대하여 주장하는 것은 다른 특별한 사정이 없는 한 신의칙에 반하는 권리행사 또는 권리남용으로서 허용되지 아니한다. 그리고 저당권자 등은 경매절차 기타 채권실행절차에서 위와 같은 유치권을 배제하기 위하여 그 부존재의 확인 등을 소로써 청구할 수 있다고 할 것이다.

[**❶ ▸ O**] 근저당권자에게 담보목적물에 관하여 각 유치권의 부존재 확인을 구할 법률상 이익이 있다고 보는 것은 경매절차에서 유치권이 주장됨으로써 낮은 가격에 입찰이 이루어져 근저당권자의 배당액이 줄어들 위험이 있다는 데에 근거가 있고, 이는 소유자가 그 소유의 부동산에 관한 경매절차에서 유치권의 부존재 확인을 구하는 경우에도 마찬가지이다. 위와 같이 경매절차에서 유치권이 주장되었으나 소유부동산 또는 담보목적물이 매각되어 그 소유권이 이전되어 소유권을 상실하거나 근저당권이 소멸하였다면, 소유자와 근저당권자는 유치권의 부존재 확인을 구할 법률상 이익이 없다(대판 2020.1.16. 2019다247385).

[**❷ ▸ O**] 갑 주식회사가 건물신축 공사대금 일부를 지급받지 못하자 건물을 점유하면서 유치권을 행사해 왔는데, 그 후 을이 경매절차에서 건물 중 일부 상가를 매수하여 소유권이전등기를 마친 다음 갑 회사의 점유를 침탈하여 병에게 임대한 경우, 을의 점유침탈로 갑 회사가 점유를 상실한 이상 유치권은 소멸하고, 갑 회사가 점유회수의 소를 제기하여 승소판결을 받아 점유를 회복하면 점유를 상실하지 않았던 것으로 되어 유치권이 되살아나지만, 위와 같은 방법으로 점유를 회복하기 전에는 유치권이 되살아나는 것이 아님에도, 갑 회사가 상가에 대한 점유를 회복하였는지를 심리하지 아니한 채 점유회수의 소를 제기하여 점유를 회복할 수 있다는 사정만으로 갑 회사의 유치권이 소멸하지 않았다고 본 원심판결에 점유상실로 인한 유치권 소멸에 관한 법리오해의 위법이 있다(대판 2012.2.9. 2011다72189).

[**❸ ▸ ✕**] 제한물권은 이해관계인의 이익을 부당하게 침해하지 않는 한 자유로이 포기할 수 있는 것이 원칙이다. 유치권은 채권자의 이익을 보호하기 위한 법정담보물권으로서, 당사자는 미리 유치권의 발생을 막는 특약을 할 수 있고 이러한 특약은 유효하다. <u>유치권배제특약이 있는 경우</u> 다른 법정요건이 모두 충족되더라도 유치권은 발생하지 않는데, <u>특약에 따른 효력은 특약의 상대방뿐 아니라 그 밖의 사람도 주장할 수 있다</u>(대판 2018.1.24. 2016다234043).

[**❹ ▸ O**] 민법 제320조 제1항에서 '그 물건에 관하여 생긴 채권'은 유치권제도 본래의 취지인 공평의 원칙에 특별히 반하지 않는 한 채권이 목적물 자체로부터 발생한 경우는 물론이고 채권이 목적물의 반환청구권과 동일한 법률관계나 사실관계로부터 발생한 경우도 포함하고, 한편 민법 제321조는 "유치권자는 채권 전부의 변제를 받을 때까지 유치물 전부에 대하여 그 권리를 행사할 수 있다"고 규정하고 있으므로, 유치물은 그 각 부분으로써 피담보채권의 전부를 담보하며, 이와 같은 유치권의 불가분성은 그 목적물이 분할 가능하거나 수개의 물건인 경우에도 적용된다(대판 2007.9.7. 2005다16942).

[**❺ ▸ O**] 채무자가 채무초과의 상태에 이미 빠졌거나 그러한 상태가 임박함으로써 채권자가 원래라면 자기 채권의 충분한 만족을 얻을 가능성이 현저히 낮아진 상태에서 이미 채무자 소유의 목적물에 저당권 기타 담보물권이 설정되어 있어서 유치권의 성립에 의하여 저당권자 등이 그 채권 만족상의 불이익을 입을 것을 잘 알면서 자기 채권의 우선적 만족을 위하여 위와 같이 취약한 재정적 지위에 있는 채무자와의 사이에 의도적으로 유치권의 성립요건을 충족하는 내용의 거래를 일으키고 그에 기하여 목적물을 점유하게 됨으로써 유치권이 성립하였다면, 유치권자가 그 유치권을 저당권자 등에 대하여 주장하는 것은 다른 특별한 사정이 없는 한 신의칙에 반하는 권리행사 또는 권리남용으로서 허용되지 아니한다. 그리고 저당권자 등은 경매절차 기타 채권실행절차에서 위와 같은 유치권을 배제하기 위하여 그 부존재의 확인 등을 소로써 청구할 수 있다고 할 것이다(대판 2011.12.22. 2011다84298).

답 ❸

43
☐☐☐　다음 설명 중 가장 옳지 않은 것은?　　　　　　　　　　　　2021년 법무사시험 [문 7]

① 민법 제361조는 "저당권은 그 담보한 채권과 분리하여 타인에게 양도하거나 다른 채권의 담보로 하지 못한다"라고 정하고 있을 뿐 피담보채권을 저당권과 분리해서 양도하거나 다른 채권의 담보로 하지 못한다고 정하고 있지 않다. 채권담보라고 하는 저당권제도의 목적에 비추어 특별한 사정이 없는 한 피담보채권의 처분에는 저당권의 처분도 당연히 포함된다고 볼 것이지만, 피담보채권의 처분이 있으면 언제나 저당권도 함께 처분된다고는 할 수 없다.

② 민법 제352조가 질권설정자는 질권자의 동의 없이 질권의 목적된 권리를 소멸하게 하거나 질권자의 이익을 해하는 변경을 할 수 없다고 규정한 것은 질권자가 질권의 목적인 채권의 교환가치에 대하여 가지는 배타적 지배권능을 보호하기 위한 것이므로, 질권설정자와 제3채무자가 질권의 목적된 권리를 소멸하게 하는 행위를 하였다고 하더라도 이는 질권자에 대한 관계에 있어 무효일 뿐이어서 특별한 사정이 없는 한 질권자 아닌 제3자가 그 무효의 주장을 할 수는 없다.

③ 금전채권의 질권자가 민법 제353조 제1항, 제2항에 의하여 자기채권의 범위 내에서 직접청구권을 행사하는 경우 질권자는 질권설정자의 대리인과 같은 지위에서 입질채권을 추심하여 자기채권의 변제에 충당하고 그 한도에서 질권설정자에 의한 변제가 있었던 것으로 보므로, 위 범위 내에서는 제3채무자의 질권자에 대한 금전지급으로써 제3채무자의 질권설정자에 대한 급부가 이루어질 뿐만 아니라 질권설정자의 질권자에 대한 급부도 이루어진다.

④ 제3채무자가 질권자의 동의 없이 질권설정자와 상계합의를 함으로써 질권의 목적인 채무를 소멸하게 한 경우에는 질권자에게 대항할 수 없고, 질권자는 여전히 제3채무자에 대하여 직접 채무의 변제를 청구할 수 있다고 보아야 한다.

⑤ 질권자가 피담보채권을 초과하여 질권의 목적이 된 금전채권을 추심하였다고 하더라도 그중 피담보채권을 초과하는 부분이 법률상 원인이 없는 것으로서 질권설정자에 대한 관계에서 부당이득이 된다고 할 수 없다.

....

[❶ ▸ O]　민법 제361조는 "저당권은 그 담보한 채권과 분리하여 타인에게 양도하거나 다른 채권의 담보로 하지 못한다"라고 정하고 있을 뿐 피담보채권을 저당권과 분리해서 양도하거나 다른 채권의 담보로 하지 못한다고 정하고 있지 않다. 채권담보라고 하는 저당권제도의 목적에 비추어 특별한 사정이 없는 한 피담보채권의 처분에는 저당권의 처분도 당연히 포함된다고 볼 것이지만, 피담보채권의 처분이 있으면 언제나 저당권도 함께 처분된다고는 할 수 없다(대판 2020.4.29. 2016다235411).

[❷ ▸ O]　민법 제352조가 질권설정자는 질권자의 동의 없이 질권의 목적된 권리를 소멸하게 하거나 질권자의 이익을 해하는 변경을 할 수 없다고 규정한 것은 질권자가 질권의 목적인 채권의 교환가치에 대하여 가지는 배타적 지배권능을 보호하기 위한 것이므로, 질권설정자와 제3채무자가 질권의 목적된 권리를 소멸하게 하는 행위를 하였다고 하더라도 이는 질권자에 대한 관계에 있어 무효일 뿐이어서 특별한 사정이 없는 한 질권자 아닌 제3자가 그 무효의 주장을 할 수는 없다(대판 1997.11.11. 97다35375).

[❸ ▸ O] 금전채권의 질권자가 민법 제353조 제1항, 제2항에 의하여 자기채권의 범위 내에서 직접청구권을 행사하는 경우 질권자는 질권설정자의 대리인과 같은 지위에서 입질채권을 추심하여 자기채권의 변제에 충당하고 그 한도에서 질권설정자에 의한 변제가 있었던 것으로 보므로, 위 범위 내에서는 제3채무자의 질권자에 대한 금전지급으로써 제3채무자의 질권설정자에 대한 급부가 이루어질 뿐만 아니라 질권설정자의 질권자에 대한 급부도 이루어진다(대판 2015.5.29. 2012다92258).

[❹ ▸ O] 타인에 대한 채무의 담보로 제3채무자에 대한 채권에 대하여 권리질권을 설정한 경우 질권설정자는 질권자의 동의 없이 질권의 목적된 권리를 소멸하게 하거나 질권자의 이익을 해하는 변경을 할 수 없다(민법 제352조). 이는 질권자가 질권의 목적인 채권의 교환가치에 대하여 가지는 배타적 지배권능을 보호하기 위한 것이다. 따라서 질권설정자가 제3채무자에게 질권설정의 사실을 통지하거나 제3채무자가 이를 승낙한 때에는 제3채무자가 질권자의 동의 없이 질권의 목적인 채무를 변제하더라도 이로써 질권자에게 대항할 수 없고, 질권자는 민법 제353조 제2항에 따라 여전히 제3채무자에 대하여 직접 채무의 변제를 청구할 수 있다. 제3채무자가 질권자의 동의 없이 질권설정자와 상계합의를 함으로써 질권의 목적인 채무를 소멸하게 한 경우에도 마찬가지로 질권자에게 대항할 수 없고, 질권자는 여전히 제3채무자에 대하여 직접 채무의 변제를 청구할 수 있다(대판 2018.12.27. 2016다265689).

[❺ ▸ ✕] 질권자가 피담보채권을 초과하여 질권의 목적이 된 금전채권을 추심하였다면 그중 피담보채권을 초과하는 부분은 특별한 사정이 없는 한 법률상 원인이 없는 것으로서 <u>질권설정자에 대한 관계에서 부당이득이 되고, 이러한 법리는 채무담보목적으로 채권이 양도된 경우에서도 마찬가지이다</u>(대판 2011.4.14. 2010다5694).

답 ❺

44

질권에 관한 다음 설명 중 가장 옳지 않은 것은? 2022년 법무사시험 [문 29]

① 질권의 목적인 채권의 양도행위는 민법 제352조 소정의 질권자의 이익을 해하는 변경에 해당하므로 질권자의 동의를 요한다.

② 근질권이 설정된 금전채권에 대하여 제3자의 압류로 강제집행절차가 개시된 경우 근질권의 피담보채권은 근질권자가 위와 같은 강제집행이 개시된 사실을 알게 된 때에 확정된다고 봄이 타당하다.

③ 질권은 원본, 이자, 위약금, 질권실행의 비용, 질물보존의 비용 및 채무불이행 또는 질물의 하자로 인한 손해배상의 채권을 담보한다. 그러나 다른 약정이 있는 때에는 그 약정에 의한다.

④ 민법 제347조는 채권을 질권의 목적으로 하는 경우에 채권증서가 있는 때에는 질권의 설정은 그 증서를 질권자에게 교부함으로써 효력이 생긴다고 규정하고 있는데, 임대차계약서와 같이 계약 당사자 쌍방의 권리의무관계의 내용을 정한 서면은 그 계약에 의한 권리의 존속을 표상하기 위한 것이라고 할 수는 없으므로 위 채권증서에 해당하지 않는다고 할 것이다.

⑤ 보험금청구권의 양도 또는 질권설정에 대한 채무자의 승낙은 별도로 면책사유가 있으면 보험금을 지급하지 않겠다는 취지를 명시하지 않아도 당연히 그것을 전제로 하고 있다고 보아야 하고 그 양수인 또는 질권자도 그러한 사실을 알고 있었다고 보아야 할 것이다.

[❶ ▸ ✕] 질권의 목적인 채권의 양도행위는 <u>민법 제352조 소정의 질권자의 이익을 해하는 변경에 해당되지 않으므로 질권자의 동의를 요하지 아니한다</u>(대판 2005.12.22. 2003다55059).

[❷ ▸ ○] 근질권자가 제3자의 압류 사실을 알고서도 채무자와 거래를 계속하여 추가로 발생시킨 채권까지 근질권의 피담보채권에 포함시킨다고 하면 그로 인하여 근질권자가 얻을 수 있는 실익은 별다른 것이 없는 반면 제3자가 입게 되는 손해는 위 추가된 채권액만큼 확대되고 이는 사실상 채무자의 이익으로 귀속될 개연성이 높아 부당할 뿐 아니라, 경우에 따라서는 근질권자와 채무자가 그러한 점을 남용하여 제3자 등 다른 채권자의 채권 회수를 의도적으로 침해할 수 있는 여지도 제공하게 된다. 따라서 이러한 여러 사정을 적정·공평이란 관점에 비추어 보면, 근질권이 설정된 금전채권에 대하여 제3자의 압류로 강제집행절차가 개시된 경우 근질권의 피담보채권은 근질권자가 위와 같은 강제집행이 개시된 사실을 알게 된 때에 확정된다고 봄이 타당하다(대판 2009.10.15. 2009다43621).

[❸ ▸ ○] 질권은 원본, 이자, 위약금, 질권실행의 비용, 질물보존의 비용 및 채무불이행 또는 질물의 하자로 인한 손해배상의 채권을 담보한다. 그러나 다른 약정이 있는 때에는 그 약정에 의한다(민법 제334조).

[❹ ▸ ○] 민법 제347조는 채권을 질권의 목적으로 하는 경우에 채권증서가 있는 때에는 질권의 설정은 그 증서를 질권자에게 교부함으로써 효력이 생긴다고 규정하고 있다. 여기에서 말하는 '채권증서'는 채권의 존재를 증명하기 위하여 채권자에게 제공된 문서로서 특정한 이름이나 형식을 따라야 하는 것은 아니지만, 장차 변제 등으로 채권이 소멸하는 경우에는 민법 제475조에 따라 채무자가 채권자에게 그 반환을 청구할 수 있는 것이어야 한다. 이에 비추어 임대차계약서와 같이 계약 당사자 쌍방의 권리의무관계의 내용을 정한 서면은 그 계약에 의한 권리의 존속을 표상하기 위한 것이라고 할 수는 없으므로 위 채권증서에 해당하지 않는다(대판 2013.8.22. 2013다32574).

[❺ ▸ ○] 보험금청구권은 보험자의 면책사유 없는 보험사고에 의하여 피보험자에게 손해가 발생한 경우에 비로소 권리로서 구체화되는 정지조건부권리이고, 그 조건부권리도 보험사고가 면책사유에 해당하는 경우에는 그에 의하여 조건불성취로 확정되어 소멸하는 것이라 할 것이므로, 위와 같은 보험금청구권의 양도 또는 질권설정에 대한 채무자의 승낙은 별도로 면책사유가 있으면 보험금을 지급하지 않겠다는 취지를 명시하지 않아도 당연히 그것을 전제로 하고 있다고 보아야 하고, 그 양수인 또는 질권자도 그러한 사실을 알고 있었다고 보아야 할 것이며, 더구나 보험사고 발생 전의 보험금청구권 양도 또는 질권설정을 승낙함에 있어서 보험자가 위 항변사유가 상당한 정도로 발생할 가능성이 있음을 인식하였다는 등의 사정이 없는 한 존재하지도 아니하는 면책사유 항변을 보류하고 이의하여야 한다고 할 수는 없으므로, 보험자가 비록 위 보험금청구권 양도 승낙 시나 질권설정 승낙 시에 면책사유에 대한 이의를 보류하지 않았다 하더라도 보험계약상의 면책사유를 양수인 또는 질권자에게 주장할 수 있다(대판 2002.3.29. 2000다13887).

답 ❶

45
☐☐☐

저당권에 관한 다음 설명 중 가장 옳지 않은 것은?　　　　2024년 법무사시험 [문 39]

① 민법 제365조에 기한 일괄경매청구권은 토지의 저당권자가 토지에 대하여 경매를 신청한 후에도 그 토지상의 건물에 대하여 토지에 관한 경매기일 공고 시까지는 일괄경매의 추가신청을 할 수 있고, 이 경우에 집행법원은 두 개의 경매사건을 병합하여 일괄경매절차를 진행함이 상당하다.

② 공동근저당의 목적 부동산 중 일부에 대한 경매절차에서, 공동근저당권자가 선순위근저당권자로 서의 자신의 채권 전액을 청구하였다면 선순위근저당권자가 경매대가로부터 우선하여 변제받고, 후순위근저당권자는 잔액으로부터 변제를 받는 것이며, 이는 선순위근저당권자와 후순위근저당권 자가 동일인이라고 하여 달라지는 것은 아니다.

③ 근저당권설정등기상 근저당권자가 다른 사람과 함께 채무자로부터 유효하게 채권을 변제받을 수 있고 채무자도 그들 중 누구에게든 채무를 유효하게 변제할 수 있는 관계, 가령 채권자와 근저당권 자가 불가분적 채권자의 관계에 있다고 볼 수 있는 경우에는 그러한 근저당권설정등기도 유효하다 고 볼 것이다.

④ 건물에 대한 저당권의 효력은 그 건물에 종된 권리인 건물의 소유를 목적으로 하는 지상권에도 미치게 되므로, 건물에 대한 저당권이 실행되어 경락인이 그 건물의 소유권을 취득하였다면 특별한 사정이 없는 한 경락인은 건물 소유를 위한 지상권도 민법 제187조의 규정에 따라 등기 없이 당연히 취득하게 되나, 이 경우에 경락인이 건물을 제3자에게 양도한 때에는, 별도의 합의가 없는 한 지상권도 양도하기로 한 것으로 볼 수는 없다.

⑤ 공동저당권이 설정되어 있는 수개의 부동산 중 일부는 채무자 소유이고 일부는 물상보증인 소유인 경우 각 부동산의 경매대가를 동시에 배당하는 때에는 민법 제368조 제1항은 적용되지 아니한다.

....

[❶ ▶ ○] 민법 제365조에 기한 일괄경매청구권은 토지의 저당권자가 토지에 대하여 경매를 신청한 후에도 그 토지상의 건물에 대하여 토지에 관한 경매기일 공고 시까지는 일괄경매의 추가신청을 할 수 있고, 이 경우에 집행법원은 두 개의 경매사건을 병합하여 일괄경매절차를 진행함이 상당하다(대결 2001.6.13. 2001마1632).

[❷ ▶ ○] 공동근저당의 목적 부동산 중 일부에 대한 경매절차에서, 공동근저당권자가 선순위근저당권 자로서의 자신의 채권 전액을 청구하였다면, 민법 제370조, 제333조, 제368조 제1항 전문의 규정에 따라 선순위근저당권자가 경매대가로부터 우선하여 변제받고, 후순위근저당권자는 잔액으로부터 변제 를 받는 것이며, 이는 선순위근저당권자와 후순위근저당권자가 동일인이라고 하여 달라지는 것은 아니 다(대판 2018.7.11. 2017다292756).

[❸ ▶ ○] 채권자와 근저당권자 사이에 형성된 법률관계의 실체를 밝히는 것은 단순한 사실인정의 문제가 아니라 의사표시 해석의 영역에 속하는 것일 수밖에 없고, 따라서 그 행위가 가지는 법률적 의미는 채권자와 근저당권자의 관계, 근저당권설정의 동기 및 경위, 당사자들의 진정한 의사와 목적 등을 종합적으로 고찰하여 논리와 경험칙에 따라 합리적으로 해석하여야 한다. 그리고 근저당권설정등 기상 근저당권자가 다른 사람과 함께 채무자로부터 유효하게 채권을 변제받을 수 있고 채무자도 그들 중 누구에게든 채무를 유효하게 변제할 수 있는 관계, 가령 채권자와 근저당권자가 불가분적 채권자의 관계에 있다고 볼 수 있는 경우에는 그러한 근저당권설정등기도 유효하다고 볼 것이다(대판 2020.7.9. 2019다212594).

[❹ ▸ ✕] 저당권의 효력이 저당부동산에 부합된 물건과 종물에 미친다는 민법 제358조 본문을 유추하여 보면 건물에 대한 저당권의 효력은 그 건물에 종된 권리인 건물의 소유를 목적으로 하는 지상권에도 미치게 되므로, 건물에 대한 저당권이 실행되어 경락인이 그 건물의 소유권을 취득하였다면 경락 후 건물을 철거한다는 등의 매각조건에서 경매되었다는 등 특별한 사정이 없는 한, 경락인은 건물 소유를 위한 지상권도 민법 제187조의 규정에 따라 등기 없이 당연히 취득하게 되고, 한편 <u>이 경우에 경락인이 건물을 제3자에게 양도한 때에는, 특별한 사정이 없는 한 민법 제100조 제2항의 유추적용에 의하여 건물과 함께 종된 권리인 지상권도 양도하기로 한 것으로 봄이 상당하다</u>(대판 1996.4.26. 95다52864).

[❺ ▸ ○] 공동저당권이 설정되어 있는 수개의 부동산 중 일부는 채무자 소유이고 일부는 물상보증인의 소유인 경우 위 각 부동산의 경매대가를 동시에 배당하는 때에는, 물상보증인이 민법 제481조, 제482조의 규정에 의한 변제자대위에 의하여 채무자 소유 부동산에 대하여 담보권을 행사할 수 있는 지위에 있는 점 등을 고려할 때, "동일한 채권의 담보로 수개의 부동산에 저당권을 설정한 경우에 그 부동산의 경매대가를 동시에 배당하는 때에는 각 부동산의 경매대가에 비례하여 그 채권의 분담을 정한다"고 규정하고 있는 민법 제368조 제1항은 적용되지 아니한다고 봄이 상당하다. 따라서 이러한 경우 경매법원으로서는 채무자 소유 부동산의 경매대가에서 공동저당권자에게 우선적으로 배당을 하고, 부족분이 있는 경우에 한하여 물상보증인 소유 부동산의 경매대가에서 추가로 배당을 하여야 한다(대판 2010.4.15. 2008다41475).

답 ❹

46 □□□

물상보증인에 관한 다음 설명 중 가장 옳지 않은 것은? 2023년 법무사시험 [문 11]

① 물상보증인이 담보부동산을 제3취득자에게 매도하고 제3취득자가 담보부동산에 설정된 근저당권의 피담보채무의 이행을 인수한 경우, 이후 담보부동산에 대한 담보권이 실행되면 제3취득자가 채무자에 대하여 구상권을 취득한다.

② 공동저당에 제공된 채무자 소유의 부동산과 물상보증인 소유의 부동산 가운데 물상보증인 소유의 부동산이 먼저 경매되어 매각대금에서 선순위공동저당권자가 변제를 받은 때에는 물상보증인은 채무자에 대하여 구상권을 취득함과 동시에 변제자대위에 의하여 채무자 소유의 부동산에 대한 선순위공동저당권을 대위취득한다. 이 경우 물상보증인 소유의 부동산에 대한 후순위저당권자는 물상보증인이 대위취득한 채무자 소유의 부동산에 대한 선순위공동저당권에 대하여 물상대위를 할 수 있다.

③ 공동저당이 설정된 복수의 부동산이 같은 물상보증인의 소유에 속하고 그중 하나의 부동산에 후순위저당권이 설정되어 있는데 그 부동산의 대가만 배당되는 경우, 후순위저당권자는 선순위 공동저당권자가 민법 제368조 제1항에 따라 공동저당이 설정된 다른 부동산으로부터 변제를 받을 수 있었던 금액에 이르기까지 공동저당이 설정된 다른 부동산에 대한 선순위 공동저당권자의 저당권을 대위 행사할 수 있고, 공동저당이 설정된 부동산이 제3자에게 양도되어 소유자가 다르게 되더라도 마찬가지이다.

④ 물상보증인의 채무자에 대한 구상권은 그들 사이의 물상보증위탁계약의 법적 성질과 관계없이 민법에 의하여 인정된 별개의 독립한 권리이고, 그 소멸시효에 있어서는 민법상 일반채권에 관한 규정이 적용된다.

⑤ 물상보증인이 담보권의 실행으로 타인의 채무를 담보하기 위하여 제공한 부동산의 소유권을 잃은 경우 물상보증인이 채무자에게 구상할 수 있는 범위는 특별한 사정이 없는 한 담보권의 실행으로 부동산의 소유권을 잃게 된 때(매수인이 매각대금을 다 낸 때)의 부동산 시가를 기준으로 하여야 하고, 매각대금을 기준으로 할 것이 아니다.

[❶ ▸ ✕] 물상보증인이 담보부동산을 제3취득자에게 매도하고 제3취득자가 담보부동산에 설정된 근저당권의 피담보채무의 이행을 인수한 경우, 그 이행인수는 매매당사자 사이의 내부적인 계약에 불과하여 이로써 물상보증인의 책임이 소멸하지 않는 것이고, 따라서 <u>담보부동산에 대한 담보권이 실행된 경우에도 제3취득자가 아닌 원래의 물상보증인이 채무자에 대한 구상권을 취득한다</u>(대판 1997.5.30. 97다1556).

[❷ ▸ ○] 공동저당에 제공된 채무자 소유의 부동산과 물상보증인 소유의 부동산 가운데 물상보증인 소유의 부동산이 먼저 경매되어 매각대금에서 선순위공동저당권자가 변제를 받은 때에는 물상보증인은 채무자에 대하여 구상권을 취득함과 동시에 변제자대위에 의하여 채무자 소유의 부동산에 대한 선순위공동저당권을 대위취득한다. 물상보증인 소유의 부동산에 대한 후순위저당권자는 물상보증인이 대위취득한 채무자 소유의 부동산에 대한 선순위공동저당권에 대하여 물상대위를 할 수 있다. 이 경우에 채무자는 물상보증인에 대한 반대채권이 있더라도 특별한 사정이 없는 한 물상보증인의 구상금 채권과 상계함으로써 물상보증인 소유의 부동산에 대한 후순위저당권자에게 대항할 수 없다(대판 2017.4.26. 2014다221777).

[❸ ▸ ○] 공동저당이 설정된 복수의 부동산이 같은 물상보증인의 소유에 속하고 그중 하나의 부동산에 후순위저당권이 설정되어 있는 경우에, 그 부동산의 대가만이 배당되는 때에는 후순위저당권자는 민법 제368조 제2항에 따라 선순위 공동저당권자가 같은 조 제1항에 따라 공동저당이 설정된 다른 부동산으로부터 변제를 받을 수 있었던 금액에 이르기까지 선순위 공동저당권자를 대위하여 그 부동산에 대한 저당권을 행사할 수 있다. 이 경우 공동저당이 설정된 부동산이 제3자에게 양도되어 그 소유자가 다르게 되더라도 민법 제482조 제2항 제3호, 제4호에 따라 각 부동산의 소유자는 그 부동산의 가액에 비례해서만 변제자대위를 할 수 있으므로 후순위저당권자의 지위는 영향을 받지 않는다(대판 2021.12.16. 2021다247258).

[❹ ▸ ○] 물상보증은 채무자 아닌 사람이 채무자를 위하여 담보물권을 설정하는 행위이고 채무자를 대신해서 채무를 이행하는 사무의 처리를 위탁받는 것이 아니므로, 물상보증인이 변제 등에 의하여 채무자를 면책시키는 것은 위임사무의 처리가 아니고 법적 의미에서는 의무 없이 채무자를 위하여 사무를 관리한 것에 유사하다. 따라서 물상보증인의 채무자에 대한 구상권은 그들 사이의 물상보증위탁계약의 법적 성질과 관계없이 민법에 의하여 인정된 별개의 독립한 권리이고, 그 소멸시효에 있어서는 민법상 일반채권에 관한 규정이 적용된다(대판 2001.4.24. 2001다6237).

[❺ ▸ ○] 물상보증인이 담보권의 실행으로 타인의 채무를 담보하기 위하여 제공한 부동산의 소유권을 잃은 경우 물상보증인이 채무자에게 구상할 수 있는 범위는 특별한 사정이 없는 한 담보권의 실행으로 부동산의 소유권을 잃게 된 때, 즉 매수인이 매각대금을 다 낸 때의 부동산 시가를 기준으로 하여야 하고, 매각대금을 기준으로 할 것이 아니다. 경매절차에서 유찰 등의 사유로 소유권 상실 당시의 시가에 비하여 낮은 가격으로 매각되는 경우가 있는데, 이 경우 소유권 상실로 인한 부동산 시가와 매각대금의 차액에 해당하는 손해는 채무자가 채무를 변제하지 못한 데 따른 담보권의 실행으로 물상보증인에게 발생한 손해이므로, 이를 채무자에게 구상할 수 있어야 하기 때문이다(대판 2018.4.10. 2017다283028).

답 ❶

① 근저당권은 계속되는 거래관계로부터 발생하고 소멸하는 불특정 다수의 장래 채권을 결산기에 계산하여 잔존하는 채무를 일정한 한도액의 범위 내에서 담보하는 저당권이어서 그 거래가 종료하기까지 채권은 계속적으로 증감 변동하나, 근저당권자가 피담보채무의 불이행을 이유로 스스로 담보권의 실행을 위한 경매를 신청한 때에는 그때까지 발생되어 있는 채권으로 피담보채권액이 확정된다.

② 이미 소멸한 근저당권에 기하여 제2차 경매를 신청하여 경매가 개시되고 부동산이 매각되어 매수인이 매각대금을 지급하였더라도 경매가 무효이므로 매수인은 소유권을 취득할 수 없다.

③ 근저당권을 설정한 후에 근저당권설정자와 근저당권자의 합의로 채무의 범위 또는 채무자를 추가하거나 교체하는 등으로 피담보채무를 변경할 수 있다.

④ 근저당권의 피담보채권 중 지연손해금도 근저당권의 채권최고액 한도에서 전액 담보된다.

⑤ 근저당권은 채권담보를 위한 것이므로 채권자와 근저당권자는 동일인이어야 한다. 따라서 근저당권설정등기상 근저당권자가 다른 사람과 함께 채무자로부터 유효하게 채권을 변제받을 수 있고 채무자도 그들 중 누구에게든 채무를 유효하게 변제할 수 있는 관계, 가령 채권자와 근저당권자가 불가분적 채권자의 관계에 있다고 볼 수 있는 경우라도 그러한 근저당권설정등기는 유효하다고 볼 수 없다.

──────────────────────────────────

[**❶ ▸ ○**] 근저당권은 계속되는 거래관계로부터 발생하고 소멸하는 불특정 다수의 장래 채권을 결산기에 계산하여 잔존하는 채무를 일정한 한도액의 범위 내에서 담보하는 저당권이어서 그 거래가 종료하기까지 채권은 계속적으로 증감 변동하나, 근저당권자가 피담보채무의 불이행을 이유로 스스로 담보권의 실행을 위한 경매를 신청한 때에는 그때까지 발생되어 있는 채권으로 피담보채권액이 확정된다(대판 2023.6.29. 2022다300248).

[**❷ ▸ ○**] 이미 소멸한 근저당권에 기하여 제2차 경매를 신청하여 경매가 개시되고 부동산이 매각되어 매수인이 매각대금을 지급하였더라도 경매가 무효이므로 매수인은 소유권을 취득할 수 없다(대판[전합] 2022.8.25. 2018다205209 참조).

[**❸ ▸ ○**] 근저당권은 피담보채무의 최고액만을 정하고 채무의 확정을 장래에 보류하여 설정하는 저당권이다(민법 제357조 제1항 본문 참조). 근저당권을 설정한 후에 근저당설정자와 근저당권자의 합의로 채무의 범위 또는 채무자를 추가하거나 교체하는 등으로 피담보채무를 변경할 수 있다. 이러한 경우 위와 같이 변경된 채무가 근저당권에 의하여 담보된다(대판 2021.12.16. 2021다264161).

[**❹ ▸ ○**] 저당권의 피담보채권 범위에 관한 민법 제360조 단서는 근저당권에 적용되지 않으므로 근저당권의 피담보채권 중 지연손해금도 근저당권의 채권최고액 한도에서 전액 담보된다. 이는 근저당권의 피담보채권이 회생담보권인 경우라고 해서 달리 볼 이유가 없다(대판 2021.10.14. 2021다240851).

[**❺ ▸ ✕**] 채권담보를 목적으로 근저당권설정등기를 하는 경우에는 원칙적으로 채권자와 근저당권자가 동일인이 되어야 하지만, 채권자 아닌 제3자를 근저당권자로 한 근저당권설정등기를 하는 데 대하여 채권자와 채무자 및 제3자 사이에 합의가 있었고, 나아가 제3자에게 그 채권이 실질적으로 귀속되었다고 볼 수 있는 특별한 사정이 있거나, 거래경위에 비추어 제3자를 근저당권자로 한 근저당권설정등기가 한낱 명목에 그치는 것이 아니라 그 제3자도 채무자로부터 유효하게 채권을 변제받을 수 있고 채무자도 채권자나 근저당권자인 제3자 중 누구에게든 채무를 유효하게 변제할 수 있는 관계 즉, 채권자와 제3자가 불가분적 채권자의 관계에 있다고 볼 수 있는 경우에는, 그 제3자를 근저당권자로 한 근저당권설정등기도 유효하다고 볼 것이고, 이와 같이 제3자를 근저당권자로 한 근저당권설정등기를 유효하게 볼 수 있는 경우에는 그 근저당권설정등기를 부동산 실권리자명의 등기에 관한 법률이 금지하고 있는 실권리자 아닌 자 명의의 등기라고 할 수 없다(대판 2008.5.15. 2007다23807).

답 ❺

다음 설명 중 가장 옳지 않은 것은?

① 근저당권자의 경매신청 등의 사유로 인하여 근저당권의 피담보채권이 확정되었을 경우, 확정 이후에 새로운 거래관계에서 발생한 원본채권은 그 근저당권에 의하여 담보되지 않지만, 확정 전에 발생한 원본채권에 관하여 확정 후에 발생하는 이자나 지연손해금 채권은 채권최고액의 범위 내에서 근저당권에 의하여 여전히 담보된다.

② 근저당권은 그 담보할 채무의 최고액만을 정하고, 채무의 확정을 장래에 보류하여 설정하는 저당권으로서, 계속적인 거래관계로부터 발생하는 다수의 불특정채권을 장래의 결산기에서 일정한 한도까지 담보하기 위한 목적으로 설정되는 담보권이므로, 근저당권설정행위와는 별도로 근저당권의 피담보채권을 성립시키는 법률행위가 있어야 한다.

③ 저당권은 원본, 이자, 위약금, 채무불이행으로 인한 손해배상 및 저당권의 실행비용을 담보하는 것이며, 채권최고액의 정함이 있는 근저당권에 있어서 이러한 채권의 총액이 그 채권최고액을 초과하는 경우, 적어도 근저당권자와 채무자 겸 근저당권설정자와의 관계에 있어서는 위 채권 전액의 변제가 있을 때까지 근저당권의 효력은 채권최고액과는 관계없이 잔존채무에 여전히 미친다.

④ 구분건물의 전유부분만에 관하여 설정된 저당권의 효력은 특별한 사정이 없는 한 그 전유부분의 소유자가 사후에 취득한 대지사용권에까지 미친다고 할 수 없다.

⑤ 공장건물이나 토지에 대하여 공장저당법에 의한 공장저당이 아니라 민법상의 일반저당권이 설정된 경우에 그 저당권의 효력은 민법 제358조에 의하여 당연히 그 공장건물이나 토지의 종물 또는 부합물에까지 미친다.

··

[❶▸O] 근저당권자의 경매신청 등의 사유로 인하여 근저당권의 피담보채권이 확정되었을 경우, 확정 이후에 새로운 거래관계에서 발생한 원본채권은 그 근저당권에 의하여 담보되지 아니하지만, 확정 전에 발생한 원본채권에 관하여 확정 후에 발생하는 이자나 지연손해금 채권은 채권최고액의 범위 내에서 근저당권에 의하여 여전히 담보되는 것이다(대판 2007.4.26. 2005다38300).

[❷▸O] 근저당권은 그 담보할 채무의 최고액만을 정하고, 채무의 확정을 장래에 보류하여 설정하는 저당권으로서, 계속적인 거래관계로부터 발생하는 다수의 불특정채권을 장래의 결산기에서 일정한 한도까지 담보하기 위한 목적으로 설정되는 담보권이므로 근저당권설정행위와는 별도로 근저당권의 피담보채권을 성립시키는 법률행위가 있어야 한다(대판 2004.5.28. 2003다70041).

[❸▸O] 원래 저당권은 원본, 이자, 위약금, 채무불이행으로 인한 손해배상 및 저당권의 실행비용을 담보하는 것이며, 채권최고액의 정함이 있는 근저당권에 있어서 이러한 채권의 총액이 그 채권최고액을 초과하는 경우, 적어도 근저당권자와 채무자 겸 근저당권설정자와의 관계에 있어서는 위 채권 전액의 변제가 있을 때까지 근저당권의 효력은 채권최고액과는 관계없이 잔존채무에 여전히 미친다(대판 2001.10.12. 2000다59081).

[❹▸✕] 구분건물의 전유부분만에 관하여 설정된 저당권의 효력은 대지사용권의 분리처분이 가능하도록 규약으로 정하는 등의 특별한 사정이 없는 한 그 <u>전유부분의 소유자가 사후에라도 대지사용권을 취득함으로써 전유부분과 대지권이 동일 소유자의 소유에 속하게 되었다면, 그 대지사용권에까지 미치</u>고 여기의 대지사용권에는 지상권 등 용익권 이외에 대지소유권도 포함된다(대판 1995.8.22. 94다12722).

[❺▸O] 공장저당법에 의한 공장저당을 설정함에 있어서는 공장의 토지, 건물에 설치된 기계, 기구 등은 같은 법 제7조 소정의 기계, 기구 목록에 기재하여야만 공장저당의 효력이 생기나, 이와는 달리 공장건물이나 토지에 대하여 민법상의 일반저당권이 설정된 경우에는 공장저당법과는 상관이 없으므로 같은 법 제7조에 의한 목록의 작성이 없더라도 그 저당권의 효력은 민법 제358조에 의하여 당연히 그 공장건물이나 토지의 종물 또는 부합물에까지 미친다(대판 1995.6.29. 94다6345).

답 ❹

① 근저당권에 있어서 채권의 총액이 채권최고액을 초과하는 경우, 적어도 근저당권자와 채무자 겸 근저당권설정자와의 관계에서는 위 채권 전액의 변제가 있을 때까지 근저당권의 효력은 채권최고액과는 관계없이 잔존채무에 여전히 미치는 것이므로 채무자 겸 근저당권설정자는 채무의 일부인 채권최고액과 지연손해금, 집행비용만의 변제공탁으로는 근저당권설정등기의 말소를 청구할 수 없다.

② 공동근저당권자가 목적 부동산 중 일부 부동산에 대하여 제3자가 신청한 경매절차에 소극적으로 참가하여 우선배당을 받은 경우에, 해당 부동산에 관한 근저당권의 피담보채권은 그 근저당권이 소멸하는 시기, 즉 매수인이 매각대금을 지급한 때에 확정되지만, 나머지 목적 부동산에 관한 근저당권의 피담보채권은 기본거래가 종료하거나 채무자나 물상보증인에 대하여 파산이 선고되는 등의 다른 확정사유가 발생하지 아니하는 한 확정되지 아니한다.

③ 근저당권에 의하여 담보되는 피담보채무는 근저당권설정계약에서 근저당권의 존속기간을 정하거나 근저당권으로 담보되는 기본적인 거래계약에서 결산기를 정한 경우에는 원칙적으로 존속기간이나 결산기가 도래한 때에 확정되지만, 이 경우에도 근저당권에 의하여 담보되는 채권이 전부 소멸하고 채무자가 채권자로부터 새로이 금원을 차용하는 등 거래를 계속할 의사가 없는 경우에는, 그 존속기간 또는 결산기가 경과하기 전이라 하더라도 근저당권설정자는 계약을 해제하고 근저당권설정등기의 말소를 구할 수 있고, 존속기간이나 결산기의 정함이 없는 때에는 근저당권설정자가 근저당권자를 상대로 언제든지 해지의 의사표시를 함으로써 피담보채무를 확정시킬 수 있으나, 이러한 계약의 해제 또는 해지에 관한 권한은 계약당사자의 권능이라고 할 것이어서 근저당부동산의 소유권을 취득한 제3자는 원용할 수 없다.

④ 민사집행법 제148조에 따라 배당받을 채권자나 제3취득자가 없는 한 근저당권자의 채권액이 근저당권의 채권최고액을 초과하는 경우에 매각대금 중 그 최고액을 초과하는 금액이 있더라도 이는 근저당권설정자에게 반환할 것은 아니고 근저당권자의 채권최고액을 초과하는 채무의 변제에 충당하여야 한다.

⑤ 근저당권의 피담보채권이 확정되기 전에 그 채권의 일부를 양도하거나 대위변제한 경우 근저당권이 양수인이나 대위변제자에게 이전할 여지는 없으나, 그 근저당권에 의하여 담보되는 피담보채권이 확정되게 되면, 그 피담보채권액이 그 근저당권의 채권최고액을 초과하지 않는 한 그 근저당권 내지 그 실행으로 인한 경락대금에 대한 권리 중 그 피담보채권액을 담보하고 남는 부분은 저당권의 일부이전의 부기등기의 경료 여부와 관계없이 대위변제자에게 법률상 당연히 이전된다.

[**❶**▶**○**] 채무자의 채무액이 근저당 채권최고액을 초과하는 경우에 채무자 겸 근저당권설정자가 그 채무의 일부인 채권최고액과 지연손해금 및 집행비용만을 변제하였다면 채권전액의 변제가 있을 때까지 근저당권의 효력은 잔존채무에 미치는 것이므로 위 채무일부의 변제로써 위 근저당권의 말소를 청구할 수 없다(대판 1981.11.10. 80다2712).

[**❷**▶**○**] 공동근저당권자가 목적 부동산 중 일부 부동산에 대하여 제3자가 신청한 경매절차에 소극적으로 참가하여 우선배당을 받은 경우, 해당 부동산에 관한 근저당권의 피담보채권은 그 근저당권이 소멸하는 시기, 즉 매수인이 매각대금을 지급한 때에 확정되지만, 나머지 목적 부동산에 관한 근저당권의 피담보채권은 기본거래가 종료하거나 채무자나 물상보증인에 대하여 파산이 선고되는 등의 다른 확정사유가 발생하지 아니하는 한 확정되지 아니한다. 공동근저당권자가 제3자가 신청한 경매절차에 소극적으로 참가하여 우선배당을 받았다는 사정만으로는 당연히 채권자와 채무자 사이의 기본거래가 종료된다고

볼 수 없고, 기본거래가 계속되는 동안에는 공동근저당권자가 나머지 목적 부동산에 관한 근저당권의 담보가치를 최대한 활용할 수 있도록 피담보채권의 증감·교체를 허용할 필요가 있으며, 위와 같이 우선배당을 받은 금액은 나머지 목적 부동산에 대한 경매절차에서 다시 공동근저당권자로서 우선변제권을 행사할 수 없어 이후에 피담보채권액이 증가하더라도 나머지 목적 부동산에 관한 공동근저당권자의 우선변제권 범위는 우선배당액을 공제한 채권최고액으로 제한되므로 후순위 근저당권자나 기타 채권자들이 예측하지 못한 손해를 입게 된다고 볼 수 없기 때문이다(대판 2017.9.21. 2015다50637).

[❸ ▶ ✕] 근저당권에 의하여 담보되는 피담보채무는 근저당권설정계약에서 근저당권의 존속기간을 정하거나 근저당권으로 담보되는 기본적인 거래계약에서 결산기를 정한 경우에는 원칙적으로 존속기간이나 결산기가 도래한 때에 확정되지만, 이 경우에도 근저당권에 의하여 담보되는 채권이 전부 소멸하고 채무자가 채권자로부터 새로이 금원을 차용하는 등 거래를 계속할 의사가 없는 경우에는, 그 존속기간 또는 결산기가 경과하기 전이라 하더라도 근저당권설정자는 계약을 해제하고 근저당권설정등기의 말소를 구할 수 있고, 존속기간이나 결산기의 정함이 없는 때에는 근저당권설정자가 근저당권자를 상대로 언제든지 해지의 의사표시를 함으로써 피담보채무를 확정시킬 수 있으며, <u>이러한 계약의 해제 또는 해지에 관한 권한은 근저당부동산의 소유권을 취득한 제3자도 원용할 수 있다</u>(대판 2006.4.28. 2005다74108).

[❹ ▶ O] 민사집행법상 경매절차에 있어 근저당권설정자와 채무자가 동일한 경우에 근저당권의 채권최고액은 민사집행법 제148조에 따라 배당받을 채권자나 저당목적 부동산의 제3취득자에 대한 우선변제권의 한도로서의 의미를 갖는 것에 불과하고, 그 부동산으로써는 그 최고액 범위 내의 채권에 한하여서만 변제를 받을 수 있다는 이른바 책임의 한도라고까지는 볼 수 없다. 그러므로 민사집행법 제148조에 따라 배당받을 채권자나 제3취득자가 없는 한 근저당권자의 채권액이 근저당권의 채권최고액을 초과하는 경우에 매각대금 중 그 최고액을 초과하는 금액이 있더라도 이는 근저당권설정자에게 반환할 것은 아니고 근저당권자의 채권최고액을 초과하는 채무의 변제에 충당하여야 한다(대판 2009.2.26. 2008다4001).

[❺ ▶ O] 변제할 정당한 이익이 있는 자가 채무자를 위하여 채권의 일부를 대위변제할 경우에 대위변제자는 변제한 가액의 범위 내에서 종래 채권자가 가지고 있던 채권 및 담보에 관한 권리를 법률상 당연히 취득하게 되는 것이므로, 채권자가 부동산에 대하여 근저당권을 가지고 있는 경우에는, 채권자는 대위변제자에게 일부 대위변제에 따른 저당권의 일부 이전의 부기등기를 경료해 주어야 할 의무가 있다 할 것이나, 이 경우에도 채권자는 일부 변제자에 대하여 우선변제권을 가지고 있다 할 것이고, 근저당권이라고 함은 계속적인 거래관계로부터 발생하고 소멸하는 불특정다수의 장래채권을 결산기에 계산하여 잔존하는 채무를 일정한 한도액의 범위 내에서 담보하는 저당권이어서, 거래가 종료하기까지 채권은 계속적으로 증감변동하는 것이므로, 근저당 거래관계가 계속 중인 경우, 즉 근저당권의 피담보채권이 확정되기 전에 그 채권의 일부를 양도하거나 대위변제한 경우 근저당권이 양수인이나 대위변제자에게 이전할 여지는 없다 할 것이나, 그 근저당권에 의하여 담보되는 피담보채권이 확정되게 되면, 그 피담보채권액이 그 근저당권의 채권최고액을 초과하지 않는 한 그 근저당권 내지 그 실행으로 인한 경락대금에 대한 권리 중 그 피담보채권액을 담보하고 남는 부분은 저당권의 일부이전의 부기등기의 경료 여부와 관계없이 대위변제자에게 법률상 당연히 이전된다(대판 2002.7.26. 2001다53929).

답 ❸

① 당사자 사이에 하나의 기본계약에서 발생하는 동일한 채권을 담보하기 위하여 여러 개의 부동산에 근저당권을 설정하면서 각각의 근저당권 채권최고액을 합한 금액을 우선변제받기 위하여 공동근저당권의 형식이 아닌 개별 근저당권의 형식을 취한 경우, 이러한 근저당권은 민법 제368조가 적용되는 공동근저당권이 아니라 피담보채권을 누적적으로 담보하는 근저당권에 해당한다. 이와 같은 누적적 근저당권은 공동근저당권과 달리 담보의 범위가 중첩되지 않으므로, 누적적 근저당권을 설정받은 채권자는 여러 개의 근저당권을 동시에 실행할 수도 있고, 여러 개의 근저당권 중 어느 것이라도 먼저 실행하여 그 채권최고액의 범위에서 피담보채권의 전부나 일부를 우선변제받은 다음 피담보채권이 소멸할 때까지 나머지 근저당권을 실행하여 그 근저당권의 채권최고액 범위에서 반복하여 우선변제를 받을 수 있다.

② 부동산의 소유자 겸 채무자가 채권자인 저당권자에게 당해 저당권설정등기에 의하여 담보되는 채무를 모두 변제함으로써 저당권이 소멸된 경우 그 저당권설정등기 또한 효력을 상실하여 말소되어야 하고, 부동산의 소유자가 새로운 제3의 채권자로부터 금원을 차용함에 있어 그 제3자와 사이에 새로운 차용금 채무를 담보하기 위하여 잔존하는 종전 채권자 명의의 저당권설정등기를 이용하여 이에 터 잡아 새로운 제3의 채권자에게 저당권 이전의 부기등기를 경료하기로 하는 내용의 저당권등기 유용의 합의를 하고 실제로 그 부기등기를 경료하였다고 하더라도, 새로운 제3의 채권자는 부동산의 소유자에 대하여 그 등기 유용의 합의를 주장하여 저당권설정등기의 말소청구에 대항할 수 없다.

③ 근저당권자는 근저당권의 목적이 된 토지의 공용징수 등으로 토지의 소유자가 받을 금전이나 그 밖의 물건에 대하여 물상대위권을 행사할 수 있으나, 다만 그 지급이나 인도 전에 압류하여야 하고(민법 제370조, 제342조), 근저당권자가 금전이나 물건의 인도청구권을 압류하기 전에 토지의 소유자가 인도청구권에 기하여 금전 등을 수령한 경우 근저당권자는 더 이상 물상대위권을 행사할 수 없다.

④ 민법 제365조가 토지를 목적으로 한 저당권을 설정한 후 그 저당권설정자가 그 토지에 건물을 축조한 때에는 저당권자가 토지와 건물을 일괄하여 경매를 청구할 수 있도록 규정한 취지는, 저당권은 담보물의 교환가치의 취득을 목적으로 할 뿐 담보물의 이용을 제한하지 아니하여 저당권설정자로서는 저당권 설정 후에도 그 지상에 건물을 신축할 수 있는데, 후에 그 저당권의 실행으로 토지가 제3자에게 경락될 경우에 건물을 철거하여야 한다면 사회경제적으로 현저한 불이익이 생기게 되어 이를 방지할 필요가 있으므로 이러한 이해관계를 조절하고, 저당권자에게도 저당토지상의 건물의 존재로 인하여 생기게 되는 경매의 어려움을 해소하여 저당권의 실행을 쉽게 할 수 있도록 한 데에 있다는 점에 비추어 볼 때, 저당지상의 건물에 대한 일괄경매청구권은 저당권설정자가 건물을 축조한 경우뿐만 아니라 저당권설정자로부터 저당토지에 대한 용익권을 설정받은 자가 그 토지에 건물을 축조한 경우라도 그 후 저당권설정자가 그 건물의 소유권을 취득한 경우에는 저당권자는 토지와 함께 그 건물에 대하여 경매를 청구할 수 있다.

⑤ 저당권자는 저당권 설정 이후 환가에 이르기까지 저당물의 교환가치에 대한 지배권능을 보유하고 있으므로 저당목적물의 소유자 또는 제3자가 저당목적물을 물리적으로 멸실·훼손하는 경우는 물론 그 밖의 행위로 저당부동산의 교환가치가 하락할 우려가 있는 등 저당권자의 우선변제청구권의 행사가 방해되는 결과가 발생한다면 저당권자는 저당권에 기한 방해배제청구권을 행사하여 방해행위의 제거를 청구할 수 있다.

[**❶** ▸ O] 당사자 사이에 하나의 기본계약에서 발생하는 동일한 채권을 담보하기 위하여 여러 개의 부동산에 근저당권을 설정하면서 각각의 근저당권 채권최고액을 합한 금액을 우선변제받기 위하여 공동근저당권의 형식이 아닌 개별 근저당권의 형식을 취한 경우, 이러한 근저당권은 민법 제368조가 적용되는 공동근저당권이 아니라 피담보채권을 누적적으로 담보하는 근저당권에 해당한다. 이와 같은 누적적 근저당권은 공동근저당권과 달리 담보의 범위가 중첩되지 않으므로, 누적적 근저당권을 설정받은 채권자는 여러 개의 근저당권을 동시에 실행할 수도 있고, 여러 개의 근저당권 중 어느 것이라도 먼저 실행하여 그 채권최고액의 범위에서 피담보채권의 전부나 일부를 우선변제받은 다음 피담보채권이 소멸할 때까지 나머지 근저당권을 실행하여 그 근저당권의 채권최고액 범위에서 반복하여 우선변제를 받을 수 있다(대판 2020.4.9. 2014다51756).

[**❷** ▸ X] 부동산의 소유자 겸 채무자가 채권자인 저당권자에게 당해 저당권설정등기에 의하여 담보되는 채무를 모두 변제함으로써 저당권이 소멸된 경우 그 저당권설정등기 또한 효력을 상실하여 말소되어야 할 것이나, 그 부동산의 소유자가 새로운 제3의 채권자로부터 금원을 차용함에 있어 그 제3자와 사이에 새로운 차용금 채무를 담보하기 위하여 잔존하는 종전 채권자 명의의 저당권설정등기를 이용하여 이에 터 잡아 새로운 제3의 채권자에게 저당권 이전의 부기등기를 경료하기로 하는 내용의 저당권등기 유용의 합의를 하고 실제로 그 부기등기를 경료하였다면, <u>그 저당권이전등기를 경료받은 새로운 제3의 채권자로서는 언제든지 부동산의 소유자에 대하여 그 등기 유용의 합의를 주장하여 저당권설정등기의 말소청구에 대항할 수 있다고 할 것이고</u>, 다만 그 저당권 이전의 부기등기 이전에 등기부상 이해관계를 가지게 된 자에 대하여는 위 등기 유용의 합의사실을 들어 위 저당권설정등기 및 그 저당권 이전의 부기등기의 유효를 주장할 수는 없다(대판 1998.3.24. 97다56242).

[**❸** ▸ O] 근저당권자는 근저당권의 목적이 된 토지의 공용징수 등으로 토지의 소유자가 받을 금전이나 그 밖의 물건에 대하여 물상대위권을 행사할 수 있으나, 다만 그 지급이나 인도 전에 압류하여야 하고(민법 제370조, 제342조), 근저당권자가 금전이나 물건의 인도청구권을 압류하기 전에 토지의 소유자가 인도청구권에 기하여 금전 등을 수령한 경우 근저당권자는 더 이상 물상대위권을 행사할 수 없다(대판 2015.9.10. 2013다216273).

[**❹** ▸ O] 민법 제365조가 토지를 목적으로 한 저당권을 설정한 후 그 저당권설정자가 그 토지에 건물을 축조한 때에는 저당권자가 토지와 건물을 일괄하여 경매를 청구할 수 있도록 규정한 취지는, 저당권은 담보물의 교환가치의 취득을 목적으로 할 뿐 담보물의 이용을 제한하지 아니하여 저당권설정자로서는 저당권 설정 후에도 그 지상에 건물을 신축할 수 있는데, 후에 그 저당권의 실행으로 토지가 제3자에게 경락될 경우에 건물을 철거하여야 한다면 사회경제적으로 현저한 불이익이 생기게 되어 이를 방지할 필요가 있으므로 이러한 이해관계를 조절하고, 저당권자에게도 저당토지상의 건물의 존재로 인하여 생기게 되는 경매의 어려움을 해소하여 저당권의 실행을 쉽게 할 수 있도록 한 데에 있다는 점에 비추어 볼 때, 저당지상의 건물에 대한 일괄경매청구권은 저당권설정자가 건물을 축조한 경우뿐만 아니라 저당권설정자로부터 저당토지에 대한 용익권을 설정받은 자가 그 토지에 건물을 축조한 경우라도 그 후 저당권설정자가 그 건물의 소유권을 취득한 경우에는 저당권자는 토지와 함께 그 건물에 대하여 경매를 청구할 수 있다(대판 2003.4.11. 2003다3850).

[**❺** ▸ O] 저당권자는 저당권 설정 이후 환가에 이르기까지 저당물의 교환가치에 대한 지배권능을 보유하고 있으므로 저당목적물의 소유자 또는 제3자가 저당목적물을 물리적으로 멸실·훼손하는 경우는 물론 그 밖의 행위로 저당부동산의 교환가치가 하락할 우려가 있는 등 저당권자의 우선변제청구권의 행사가 방해되는 결과가 발생한다면 저당권자는 저당권에 기한 방해배제청구권을 행사하여 방해행위의 제거를 청구할 수 있다(대판 2006.1.27. 2003다58454).

답 **❷**

51
☐☐☐

가등기담보에 관한 설명으로 가장 옳지 않은 것은?　　　　　2022년 법무사시험 [문 12]

① 가등기담보권 설정 후에 후순위권리자나 제3취득자 등 이해관계 있는 제3자가 생긴 상태에서 새로운 약정으로 기존 가등기담보권에 피담보채권을 추가하거나 피담보채권의 내용을 변경, 확장하는 경우에는 이해관계 있는 제3자의 이익을 침해하게 되므로, 이러한 경우에는 피담보채권으로 추가, 확장한 부분은 이해관계 있는 제3자에 대한 관계에서는 우선변제권 있는 피담보채권에 포함되지 않는다고 보아야 한다.

② 가등기담보부동산에 대한 예약 당시의 시가가 그 피담보채무액에 미치지 못하는 경우에 있어서는 가등기담보 등에 관한 법률이 정하는 청산금평가액의 통지 및 청산금지급 등의 절차를 이행할 여지가 없다.

③ 공동명의로 담보가등기를 마친 수인의 채권자가 각자의 지분별로 별개의 독립적인 매매예약완결권을 가지는 경우, 채권자 중 1인은 단독으로 자신의 지분에 관하여 가등기담보 등에 관한 법률이 정한 청산절차를 이행한 후 소유권이전의 본등기절차 이행청구를 할 수 있다.

④ 가등기담보 등에 관한 법률이 정한 청산절차를 거치지 않고 이루어진 담보가등기에 기한 본등기는 무효이고, 그 본등기는 약한 의미의 양도담보로서의 효력이 있다고 할 수 없다. 나아가 이 경우 나중에 가등기권자가 가등기담보 등에 관한 법률이 정한 청산절차를 마치더라도 무효인 본등기가 실체적 법률관계에 부합하는 유효한 등기로 된다고 할 수도 없다.

⑤ 목적부동산의 가액이 채권액을 넘는 경우에는 가등기담보권자는 그 차액을 청산금으로서 채무자 등에게 지급하여야 하고, 여기의 채권액을 계산함에는 선순위담보권이 있는 때에는 그것에 의하여 담보된 채권액도 합산하여야 한다.

[❶▸O]　채권자와 채무자가 가등기담보권설정계약을 체결하면서 가등기 이후에 발생할 채권도 후순위권리자에 대하여 우선변제권을 가지는 가등기담보권의 피담보채권에 포함시키기로 약정할 수 있고, 가등기담보권을 설정한 후에 채권자와 채무자의 약정으로 새로 발생한 채권을 기존 가등기담보권의 피담보채권에 추가할 수도 있으나, 가등기담보권 설정 후에 후순위권리자나 제3취득자 등 이해관계 있는 제3자가 생긴 상태에서 새로운 약정으로 기존 가등기담보권에 피담보채권을 추가하거나 피담보채권의 내용을 변경, 확장하는 경우에는 이해관계 있는 제3자의 이익을 침해하게 되므로, 이러한 경우에는 피담보채권으로 추가, 확장한 부분은 이해관계 있는 제3자에 대한 관계에서는 우선변제권 있는 피담보채권에 포함되지 않는다고 보아야 한다(대판 2011.7.14. 2011다28090).

[❷▸O]　가등기담보 등에 관한 법률은 재산권 이전의 예약에 의한 가등기담보에 있어서 그 재산의 예약 당시의 가액이 차용액 및 이에 붙인 이자의 합산액을 초과하는 경우에 한하여 그 적용이 있다 할 것이므로, 가등기담보부동산에 대한 예약 당시의 시가가 그 피담보채무액에 미치지 못하는 경우에 있어서는 같은 법 제3조, 제4조가 정하는 청산금평가액의 통지 및 청산금지급 등의 절차를 이행할 여지가 없다(대판 1993.10.26. 93다27611).

[❸▸O]　공동명의로 담보가등기를 마친 수인의 채권자가 각자의 지분별로 별개의 독립적인 매매예약완결권을 가지는 경우, 채권자 중 1인은 단독으로 자신의 지분에 관하여 가등기담보 등에 관한 법률이 정한 청산절차를 이행한 후 소유권이전의 본등기절차 이행청구를 할 수 있다(대판[전합] 2012.2.16. 2010다82530).

[❹ ▸ ✕] 가등기담보 등에 관한 법률 제3조, 제4조의 각 규정에 비추어 볼 때 위 각 규정을 위반하여 담보가등기에 기한 본등기가 이루어진 경우에는 그 본등기는 무효라고 할 것이고, 설령 그와 같은 본등기가 가등기권리자와 채무자 사이에 이루어진 특약에 의하여 이루어졌다고 할지라도 만일 그 특약이 채무자에게 불리한 것으로서 무효라고 한다면 그 본등기는 여전히 무효일 뿐, 이른바 약한 의미의 양도담보로서 담보의 목적 내에서는 유효하다고 할 것이 아니고, 다만 가등기권리자가 가등기담보 등에 관한 법률 제3조, 제4조에 정한 절차에 따라 청산금의 평가액을 채무자 등에게 통지한 후 채무자에게 정당한 청산금을 지급하거나 지급할 청산금이 없는 경우에는 채무자가 그 통지를 받은 날로부터 2월의 청산기간이 경과하면 위 무효인 본등기는 실체적 법률관계에 부합하는 유효한 등기가 될 수 있을 뿐이다(대판 2002.6.11. 99다41657).

[❺ ▸ ○] 채권자는 제3조 제1항에 따른 통지 당시의 담보목적부동산의 가액에서 그 채권액을 뺀 금액(이하 "청산금"이라 한다)을 채무자등에게 지급하여야 한다. 이 경우 담보목적부동산에 선순위담보권 등의 권리가 있을 때에는 그 채권액을 계산할 때에 선순위담보 등에 의하여 담보된 채권액을 포함한다(가등기담보 등에 관한 법률 제4조 제1항).

답 ❹

52

양도담보에 관한 다음 설명 중 옳지 않은 것을 모두 고른 것은? 　2025년 법무사시험 [문 28]

ㄱ. 양도담보설정자에게 목적물에 대한 소유권이나 처분권 등 양도담보를 설정할 권한이 없어도 양도담보를 설정할 수 있다.
ㄴ. 동산 양도담보권자는 양도담보 목적물이 소실되어 양도담보설정자가 보험회사에 대하여 화재보험계약에 따른 보험금청구권을 취득한 경우에도 담보물 가치의 변형물인 위 화재보험금청구권에 대하여 양도담보권에 기한 물상대위권을 행사할 수 있다.
ㄷ. 동산 양도담보설정자는 여전히 그 물건에 대한 사용·수익권을 가지고, 변제기에 이르러서는 채무 전액을 변제하고 소유권을 되돌려 받을 수 있다.
ㄹ. 동산 양도담보권자는 양도담보권설정자를 제외한 제3자에 대한 관계에 있어서 자신이 그 동산의 소유자임을 주장하여 권리를 행사할 수는 없다.

① ㄱ, ㄴ
② ㄱ, ㄷ
③ ㄱ, ㄹ
④ ㄴ, ㄷ
⑤ ㄷ, ㄹ

···

[ㄱ ▸ ✕] 양도담보를 설정하려면 양도담보설정자에게 목적물에 대한 소유권이나 처분권 등 양도담보를 설정할 권한이 있어야 한다. 양도담보설정자에게 이러한 권한이 없는데도 양도담보설정계약을 체결한 경우에는 특별한 사정이 없는 한 양도담보가 유효하게 성립할 수 없다(대판 2022.1.27. 2019다295568).

[ㄴ ▸ ○] 동산 양도담보권자는 양도담보 목적물이 소실되어 양도담보설정자가 보험회사에 대하여 화재보험계약에 따른 보험금청구권을 취득한 경우 담보물 가치의 변형물인 화재보험금청구권에 대하여 양도담보권에 기한 물상대위권을 행사할 수 있다(대판 2014.9.25. 2012다58609).

[ㄷ▸O] 동산 양도담보설정자는 담보목적물인 동산의 소유권을 채권자에게 이전해 주지만 이는 채권자의 우선변제권을 확보해 주기 위한 목적에 따른 것으로, 양도담보설정자는 여전히 그 물건에 대한 사용, 수익권을 가지고 변제기에 이르러서는 채무 전액을 변제하고 소유권을 되돌려 받을 수 있다(대판 2009.11.26. 2006다37106).

[ㄹ▸×] 동산에 대하여 양도담보권설정계약이 이루어진 경우에 양도담보권자는 양도담보권설정자를 제외한 제3자에 대한 관계에 있어서는 자신이 그 동산의 소유자임을 주장하여 권리를 행사할 수 있다(대판 1999.9.7. 98다47283).

답 ❸

53

다음 설명 중 가장 옳지 않은 것은?　　　2021년 법무사시험 [문 34]

① 하천에 인접한 토지가 홍수로 인한 하천류수의 범람으로 침수되어 토지가 황폐화되거나 물밑에 잠기거나 항시 물이 흐르고 있는 상태가 계속되고 원상복구가 사회통념상 불가능하게 되면 소위 포락으로 인하여 소유권은 영구히 소멸되는 것이고, 이와 같은 사정은 사권의 소멸을 주장하는 자가 입증하여야 한다.

② 일단의 증감변동하는 동산을 하나의 물건으로 보아 이를 채권담보의 목적으로 삼으려는 이른바 집합물에 대한 양도담보설정계약체결은 허용되지 않는다.

③ 1동의 건물에 대하여 구분소유가 성립하기 위해서는 객관적·물리적인 측면에서 1동의 건물이 존재하고, 구분된 건물부분이 구조상·이용상 독립성을 갖추어야 할 뿐 아니라, 1동의 건물 중 물리적으로 구획된 건물부분을 각각 구분소유권의 객체로 하려는 구분행위가 있어야 한다. 여기서 구분행위는 건물의 물리적 형질에 변경을 가함이 없이 법률관념상 건물의 특정 부분을 구분하여 별개의 소유권의 객체로 하려는 일종의 법률행위로서, 그 시기나 방식에 특별한 제한이 있는 것은 아니고 처분권자의 구분의사가 객관적으로 외부에 표시되면 인정된다.

④ 독립된 부동산으로서의 건물이라고 하기 위하여는 최소한의 기둥과 지붕 그리고 주벽이 이루어지면 된다. 신축건물의 경락대금 납부 당시 이미 지하 1층부터 지하 3층까지 기둥, 주벽 및 천장 슬라브공사가 완료된 상태였을 뿐만 아니라 지하 1층의 일부 점포가 일반에 분양되기까지 하였다면, 비록 토지가 경락될 당시 신축건물의 지상층부분이 골조공사만 이루어진 채 벽이나 지붕 등이 설치된 바가 없다 하더라도, 지하층부분만으로도 구분소유권의 대상이 될 수 있는 구조라는 점에서 신축건물은 경락 당시 미완성상태이기는 하지만 독립된 건물로서의 요건을 갖추었다고 봄이 상당하다.

⑤ 건축주의 사정으로 건축공사가 중단되었던 미완성의 건물을 인도받아 나머지 공사를 마치고 완공한 경우, 그 건물이 공사가 중단된 시점에서 이미 사회통념상 독립한 건물이라고 볼 수 있는 형태와 구조를 갖추고 있었다면 원래의 건축주가 그 건물의 소유권을 원시취득한다.

[❶ ▸ O] 하천에 인접한 토지가 홍수로 인한 하천류수의 범람으로 침수되어 토지가 황폐화되거나 물밑에 잠기거나 항시 물이 흐르고 있는 상태가 계속되고 원상복구가 사회통념상 불가능하게 되면 소위 포락으로 인하여 소유권은 영구히 소멸되는 것이고, 이와 같은 사정은 사권의 소멸을 주장하는 자가 입증하여야 한다(대판 1992.11.24. 92다11176).

[❷ ▸ ×] 일반적으로 일단의 증감변동하는 동산을 하나의 물건으로 보아 이를 채권담보의 목적으로 삼으려는 이른바 집합물에 대한 양도담보설정계약체결도 가능하며 이 경우 그 목적 동산이 담보설정자의 다른 물건과 구별될 수 있도록 그 종류, 장소 또는 수량지정 등의 방법에 의하여 특정되어 있으면 그 전부를 하나의 재산권으로 보아 이에 유효한 담보권의 설정이 된 것으로 볼 수 있다(대판 1990.12.26. 88다카20224).

[❸ ▸ O] 1동의 건물에 대하여 구분소유가 성립하기 위해서는 객관적·물리적인 측면에서 1동의 건물이 존재하고, 구분된 건물부분이 구조상·이용상 독립성을 갖추어야 할 뿐 아니라, 1동의 건물 중 물리적으로 구획된 건물부분을 각각 구분소유권의 객체로 하려는 구분행위가 있어야 한다. 여기서 구분행위는 건물의 물리적 형질에 변경을 가함이 없이 법률관념상 건물의 특정 부분을 구분하여 별개의 소유권의 객체로 하려는 일종의 법률행위로서, 그 시기나 방식에 특별한 제한이 있는 것은 아니고 처분권자의 구분의사가 객관적으로 외부에 표시되면 인정된다. 따라서 구분건물이 물리적으로 완성되기 전에도 건축허가신청이나 분양계약 등을 통하여 장래 신축되는 건물을 구분건물로 하겠다는 구분의사가 객관적으로 표시되면 구분행위의 존재를 인정할 수 있고, 이후 1동의 건물 및 그 구분행위에 상응하는 구분건물이 객관적·물리적으로 완성되면 아직 그 건물이 집합건축물대장에 등록되거나 구분건물로서 등기부에 등기되지 않았더라도 그 시점에서 구분소유가 성립한다(대판[전합] 2013.1.17. 2010다71578).

[❹ ▸ O] 독립된 부동산으로서의 건물이라고 하기 위하여는 최소한의 기둥과 지붕 그리고 주벽이 이루어지면 된다고 할 것이다. 기록에 의하면, 신축건물은 경락대금 납부 당시 이미 지하 1층부터 지하 3층까지 기둥, 주벽 및 천장 슬라브공사가 완료된 상태이었을 뿐만 아니라 지하 1층의 일부 점포가 일반에 분양되기까지 한 사정을 엿볼 수 있는바, 비록 피고 등이 경락을 원인으로 이 사건 토지의 소유권을 취득할 당시 신축건물의 지상층부분이 골조공사만 이루어진 채 벽이나 지붕 등이 설치된 바가 없다 하더라도, 지하층부분만으로도 구분소유권의 대상이 될 수 있는 구조라는 점에서 신축건물은 경락 당시 미완성상태이기는 하지만 독립된 건물로서의 요건을 갖추었다고 봄이 상당하다(대판 2003.5.30. 2002다 21592·21608).

[❺ ▸ O] 건축주의 사정으로 건축공사가 중단되었던 미완성의 건물을 인도받아 나머지 공사를 마치고 완공한 경우, 건물이 공사가 중단된 시점에서 사회통념상 독립한 건물이라고 볼 수 있는 형태와 구조를 갖추고 있었다면 원래의 건축주가 그 건물의 소유권을 원시취득한다(대판 1997.5.9. 96다54867).

답 ❷

채권총론

제1장 / 채권의 발생과 목적

제1절 채권의 발생

제2절 채권의 목적

01 채권의 목적에 관한 다음 설명 중 가장 옳지 않은 것은? 2024년 법무사시험 [문 4]
☐☐☐

① 특정물의 인도가 채권의 목적인 때에는 채무자는 그 물건을 인도하기까지 선량한 관리자의 주의로 보존하여야 하므로, 보수 없이 임치를 받은 자의 경우에도 선량한 관리자의 주의로 임치물을 보관해야 한다.

② 원본채권의 소멸시효가 지분적 이자채권의 소멸시효에 앞서 완성되면 지분적 이자채권은 그 자체의 소멸시효가 완성되지 않더라도 소멸한다.

③ 채권액이 외국통화로 지정된 금전채권인 외화채권을 채무자가 우리나라 통화로 변제함에 있어서 현실이행 시의 외국환시세에 의하여 환산한 우리나라 통화로 변제하여야 하므로, 채권자가 위와 같은 외화채권을 대용급부의 권리를 행사하여 우리나라 통화로 환산하여 청구하는 경우에도 법원이 채무자에게 그 이행을 명함에 있어서는 채무자가 현실로 이행할 때에 가장 가까운 사실심 변론종결 당시의 외국환 시세를 우리나라 통화로 환산하는 기준 시로 삼아야 한다.

④ 금전채무의 지연손해금채무는 금전채무의 이행지체로 인한 손해배상채무로서 이행기의 정함이 없는 채무에 해당하므로, 채무자는 확정된 지연손해금채무에 대하여 채권자로부터 이행청구를 받은 때부터 지체책임을 부담하게 된다.

⑤ 금전으로 가액을 산정할 수 없는 것이라도 채권의 목적으로 할 수 있다.

[**❶** ▶ ×] 민법 제374조, 제695조

> **민법 제374조(특정물인도채무자의 선관의무)**
> 특정물의 인도가 채권의 목적인 때에는 채무자는 그 물건을 인도하기까지 선량한 관리자의 주의로 보존하여야 한다.
>
> **민법 제695조(무상수치인의 주의의무)**
> 보수 없이 임치를 받은 자는 임치물을 자기 재산과 동일한 주의로 보관하여야 한다.

[**❷** ▶ ○] 지분적 이자채권은 원본채권과 별도로 소멸시효에 걸린다. 단, 주된 권리의 소멸시효가 완성한 때에는 종속된 권리에 그 효력이 미치므로(민법 제183조 참조), 원본채권이 먼저 시효소멸하면 지분적 이자채권은 당연히 소멸한다.

[**❸** ▶ ○] 채권액이 외국통화로 지정된 금전채권인 외화채권을 채무자가 우리나라 통화로 변제함에 있어서는 민법 제378조가 그 환산시기에 관하여 외화채권에 관한 같은 법 제376조, 제377조 제2항의 "변제기"라는 표현과는 다르게 "지급할 때"라고 규정한 취지에서 새겨 볼 때 그 환산시기는 이행기가 아니라 현실로 이행하는 때, 즉 현실이행 시의 외국환시세에 의하여 환산한 우리나라 통화로 변제하여야 한다고 풀이함이 상당하므로 채권자가 위와 같은 외화채권을 대용급부의 권리를 행사하여 우리나라 통화로 환산하여 청구하는 경우에도 법원이 채무자에게 그 이행을 명함에 있어서는 채무자가 현실로 이행할 때에 가장 가까운 사실심 변론종결 당시의 외국환 시세를 우리나라 통화로 환산하는 기준 시로 삼아야 한다(대판[전합] 1991.3.12. 90다2147).

[**❹** ▶ ○] 금전채무의 지연손해금채무는 금전채무의 이행지체로 인한 손해배상채무로서 이행기의 정함이 없는 채무에 해당하므로, 채무자는 확정된 지연손해금채무에 대하여 채권자로부터 이행청구를 받은 때로부터 지체책임을 부담하게 된다(대판 2004.7.9. 2004다11582).

[**❺** ▶ ○] 금전으로 가액을 산정할 수 없는 것이라도 채권의 목적으로 할 수 있다(민법 제373조).

답 ❶

제2장 채권관계의 장애

제1절 채무불이행의 유형과 요건

02 금전채무의 이행지체에 관한 다음 설명 중 가장 옳은 것은? 2021년 법무사시험 [문 4]

① 이행기를 정하지 않은 채권의 양수인이 2021.1.3. 채무자에게 이행을 청구한 후에 2021.1.13. 채권양도사실의 통지가 채무자에게 도달하였다면 채무자는 2021.1.14.부터 이행지체의 책임을 진다.

② 불법행위로 인한 손해배상채무는 기한의 정함이 없는 채무이므로 가해자는 피해자의 이행청구를 받은 때로부터 이행지체의 책임을 진다.

③ 甲이 乙에게 변제기를 정하지 않고 1억원을 대여한 후 2021.5.15. 대여금의 반환을 청구하였다면 乙은 2021.5.16.부터 이행지체의 책임을 진다.

④ 부당이득반환채무의 경우 부당이득한 날부터 지체책임을 부담한다.

⑤ 甲이 乙에게 공사대금채무의 지급을 확보하기 위한 수단으로 약속어음을 발행한 경우 공사대금채무의 변제기가 도래하더라도 乙이 위 약속어음을 반환하지 않는 이상 지체책임을 부담하지 않는다.

....

[❶ ▸ ○] 채무에 이행기의 정함이 없는 경우에는 채무자가 이행의 청구를 받은 다음 날부터 이행지체의 책임을 지는 것이나, 한편 지명채권이 양도된 경우 채무자에 대한 대항요건이 갖추어질 때까지 채권양수인은 채무자에게 대항할 수 없으므로, 이행기의 정함이 없는 채권을 양수한 채권양수인이 채무자를 상대로 그 이행을 구하는 소를 제기하고 소송계속 중 채무자에 대한 채권양도통지가 이루어진 경우에는 특별한 사정이 없는 한 채무자는 채권양도통지가 도달된 다음 날부터 이행지체의 책임을 진다(대판 2014.4.10. 2012다29557).

[❷ ▸ ✕] 불법행위로 인한 손해배상채무의 지연손해금의 기산일은 불법행위 성립일임이 원칙이고, 불법행위에 있어 위법행위시점과 손해발생시점 사이에 시간적 간격이 있는 경우에는 손해발생시점이 기산일이 된다(대판 2012.2.23. 2010다97426).

[❸ ▸ ✕] 소비대차에서 반환시기의 약정이 없는 때에는 대주는 상당한 기간을 정하여 반환을 최고하여야 하는데(민법 제603조 제2항 본문 참조), 그 상당한 기간 동안 차주의 이행이 없으면 차주는 반환의무의 지체책임을 지게 된다. 만약 상당한 기간의 정함이 없이 최고하였다면, 최고 후 상당한 기간이 경과한 때에 지체책임이 발생한다.

[❹ ▸ ✕] 타인의 토지를 점유함으로 인한 부당이득반환채무는 이행의 기한이 없는 채무로서 이행청구를 받은 때로부터 지체책임이 있다(대판 2008.2.1. 2007다8914).

채무자가 어음의 반환이 없음을 이유로 원인채무의 변제를 거절할 수 있는 것은 채무자로 하여금 무조건적인 원인채무의 이행으로 인한 이중지급의 위험을 면하게 하려는 데에 그 목적이 있는 것이지, 기존의 원인채권에 터 잡은 이행청구권과 상대방의 어음 반환청구권이 민법 제536조에 정하는 쌍무계약상의 채권채무관계나 그와 유사한 대가관계가 있어서 그러는 것은 아니므로, 원인채무이행의무와 어음반환의무가 동시이행의 관계에 있다 하더라도 이는 어음의 반환과 상환으로 하지 아니하면 지급을 할 필요가 없으므로 이를 거절할 수 있다는 것을 의미하는 것에 지나지 아니하는 것이며, 따라서 채무자가 어음의 반환이 없음을 이유로 원인채무의 변제를 거절할 수 있는 권능을 가진다고 하여 채권자가 어음의 반환을 제공하지 아니하면 채무자에게 적법한 이행의 최고를 할 수 없다고 할 수는 없고, 채무자는 원인채무의 이행기를 도과하면 원칙적으로 이행지체의 책임을 진다(대판 1999.7.9. 98다47542.).

답 ❶

03

다음 설명 중 가장 옳지 않은 것은? 2021년 법무사시험 [문 30]

① 乙이 甲을 강박하여 그에 따른 하자 있는 의사표시에 의하여 부동산에 관한 소유권이전등기를 마친 다음 타인에게 매도하여 소유권이전등기까지 마친 경우, 그 소유권이전등기는 소송 기타 방법에 따라 말소 환원 여부가 결정될 특별한 사정이 있으므로 乙의 甲에 대한 소유권이전등기의 말소등기의무는 아직 이행불능이 되었다고 할 수 없으나, 甲이 그 부동산의 전득자들을 상대로 제기한 소유권이전등기말소등기청구소송에서 패소로 확정되면 그때에 乙의 소유권이전등기말소등기의무가 이행불능상태에 이른다고 할 것이다.

② 계약당사자 일방이 자신이 부담하는 계약상 채무를 이행하는 데 장애가 될 수 있는 사유를 계약을 체결할 당시에 알았거나 예견할 수 있었음에도 이를 상대방에게 고지하지 아니한 경우에는, 비록 그 사유로 말미암아 후에 채무불이행이 되는 것 자체에 대하여는 그에게 어떠한 잘못이 없다고 하더라도, 상대방이 그 장애사유를 인식하고 이에 관한 위험을 인수하여 계약을 체결하였다거나 채무불이행이 상대방의 책임 있는 사유로 인한 것으로 평가되어야 하는 등의 특별한 사정이 없는 한, 그 채무가 불이행된 것에 대하여 귀책사유가 없다고 할 수 없다. 그것이 계약의 원만한 실현과 관련하여 각각의 당사자가 부담하여야 할 위험을 적절하게 분배한다는 계약법의 기본적 요구에 부합한다.

③ 채무의 이행이 불능이라는 것은 단순히 절대적·물리적으로 불능인 경우가 아니라 사회생활에 있어서의 경험법칙 또는 거래상의 관념에 비추어 볼 때 채권자가 채무자의 이행의 실현을 기대할 수 없는 경우를 말하는 것인바, 매매목적물에 대하여 가압류 또는 처분금지가처분 집행이 되어 있다고 하여 매매에 따른 소유권이전등기가 불가능한 것은 아니며, 이러한 법리는 가압류 또는 가처분집행의 대상이 매매목적물 자체가 아니라 매도인이 매매목적물의 원소유자에 대하여 가지는 소유권이전등기청구권 또는 분양권인 경우에도 마찬가지이다.

④ 계약의 이행불능 여부는 사회통념에 의하여 이를 판정하여야 할 것인바, 임대차계약상의 임대인의 의무는 목적물을 사용수익케 할 의무로서, 목적물에 대한 소유권 있음을 성립요건으로 하고 있지 아니하여 임대인이 소유권을 상실하였다는 이유만으로 그 의무가 불능하게 된 것이라고 단정할 수 없다.

⑤ 부동산소유권이전등기의무자가 그 부동산에 관하여 채무담보를 위하여 제3자 앞으로 소유권이전등기를 마친 것이라면, 그 의무자가 채무를 변제할 자력이 없다는 사정이 있다고 하더라도 그 소유권이전등기의무가 이행불능이 되었다고 볼 수 없다.

[**❶ ▸ ○**] 부동산소유권이전등기말소등기의무가 이행불능이 됨으로 말미암아 그 권리자가 입는 손해액은 원칙적으로 그 이행불능이 될 당시의 목적물의 시가 상당액이고, 피고가 원고를 강박하여 그에 따른 하자 있는 의사표시에 의하여 부동산에 관한 소유권이전등기를 마친 다음 타인에게 매도하여 소유권이전등기까지 마친 경우, 그 소유권이전등기는 소송 기타 방법에 따라 말소 환원 여부가 결정될 특별한 사정이 있으므로 피고의 원고에 대한 소유권이전등기의 말소등기의무는 아직 이행불능이 되었다고 할 수 없으나, 원고가 그 부동산의 전득자들을 상대로 제기한 소유권이전등기말소등기청구소송에서 패소로 확정되면 그때에 피고의 소유권이전등기말소등기의무가 이행불능상태에 이른다고 할 것이다(대판 2009.1.15. 2007다51703).

[**❷ ▸ ○**] 계약당사자 일방이 자신이 부담하는 계약상 채무를 이행하는 데 장애가 될 수 있는 사유를 계약을 체결할 당시에 알았거나 예견할 수 있었음에도 이를 상대방에게 고지하지 아니한 경우에는, 비록 그 사유로 말미암아 후에 채무불이행이 되는 것 자체에 대하여는 그에게 어떠한 잘못이 없다고 하더라도, 상대방이 그 장애사유를 인식하고 이에 관한 위험을 인수하여 계약을 체결하였거나 채무불이행이 상대방의 책임 있는 사유로 인한 것으로 평가되어야 하는 등의 특별한 사정이 없는 한, 그 채무가 불이행된 것에 대하여 귀책사유가 없다고 할 수 없다. 그것이 계약의 원만한 실현과 관련하여 각각의 당사자가 부담하여야 할 위험을 적절하게 분배한다는 계약법의 기본적 요구에 부합한다(대판 2011.8.25. 2011다43778).

[**❸ ▸ ○**] 채무의 이행이 불능이라는 것은 단순히 절대적·물리적으로 불능인 경우가 아니라 사회생활에 있어서의 경험법칙 또는 거래상의 관념에 비추어 볼 때 채권자가 채무자의 이행의 실현을 기대할 수 없는 경우를 말하는 것인바, 매매목적물에 대하여 가압류 또는 처분금지가처분 집행이 되어 있다고 하여 매매에 따른 소유권이전등기가 불가능한 것은 아니며, 이러한 법리는 가압류 또는 가처분집행의 대상이 매매목적물 자체가 아니라 매도인이 매매목적물의 원소유자에 대하여 가지는 소유권이전등기청구권 또는 분양권인 경우에도 마찬가지이다(대판 2006.6.16. 2005다39211).

[**❹ ▸ ○**] 계약의 이행불능 여부는 사회통념에 의하여 이를 판정하여야 할 것인바, 임대차계약상의 임대인의 의무는 목적물을 사용수익케 할 의무로서, 목적물에 대한 소유권 있음을 성립요건으로 하고 있지 아니하여 임대인이 소유권을 상실하였다는 이유만으로 그 의무가 불능하게 된 것이라고 단정할 수 없다(대판 1994.5.10. 93다37977).

[**❺ ▸ ✕**] 부동산소유권이전등기의무자가 그 부동산에 관하여 제3자 앞으로 비록 채무담보를 위하여 소유권이전등기를 경료하였다고 할지라도 <u>그 의무자가 채무를 변제할 자력이 없는 경우에는 특단의 사정이 없는 한 그 소유권이전등기의무는 이행불능이 된다</u>(대판 1991.7.26. 91다8104).

답 ❺

① 유류분반환청구권의 행사로 인하여 생기는 원물반환의무 또는 가액반환의무는 이행기한의 정함이 없는 채무이므로, 반환의무자는 그 의무에 대한 이행청구를 받은 때에 비로소 지체책임을 진다.

② 추심명령은 압류채권자에게 채무자의 제3채무자에 대한 채권을 추심할 권능을 수여함에 그치고, 제3채무자로 하여금 압류채권자에게 압류된 채권액 상당을 지급할 것을 명하거나 그 지급기한을 정하는 것이 아니므로, 제3채무자가 압류채권자에게 압류된 채권액 상당에 관하여 지체책임을 지는 것은 집행법원으로부터 추심명령을 송달받은 때부터가 아니라 추심명령이 발령된 후 압류채권자로부터 추심금청구를 받은 다음 날부터라고 하여야 한다.

③ 부당이득반환의무는 이행기한의 정함이 없는 채무이므로 그 채무자는 이행청구를 받은 때에 비로소 지체책임을 진다.

④ 금전채무의 이행지체로 인하여 발생하는 지연손해금은 그 성질이 손해배상금이지 이자가 아니며, 민법 제163조 제1호가 규정한 1년 이내의 기간으로 정한 채권도 아니므로 3년간의 단기소멸시효의 대상이 되지 아니한다.

⑤ 이행지체에 빠져 원본과 지연이자를 지급할 의무가 있는 금전채무자가 원본과 지연이자를 합한 전액에 부족한 이행제공을 하면서 이를 원본에 대한 변제로 지정하였다면 그 지정은 변제충당의 법리에 따라서 채권자에 대한 효력이 있으므로 채권자는 그 수령을 거절할 수 없다.

....

[❶ ▸ ○] 유류분반환청구권의 행사로 인하여 생기는 원물반환의무 또는 가액반환의무는 이행기한의 정함이 없는 채무이므로, 반환의무자는 그 의무에 대한 이행청구를 받은 때에 비로소 지체책임을 진다(대판 2013.3.14. 2010다42624).

[❷ ▸ ○] 추심명령은 압류채권자에게 채무자의 제3채무자에 대한 채권을 추심할 권능을 수여함에 그치고, 제3채무자로 하여금 압류채권자에게 압류된 채권액 상당을 지급할 것을 명하거나 그 지급기한을 정하는 것이 아니므로, 제3채무자가 압류채권자에게 압류된 채권액 상당에 관하여 지체책임을 지는 것은 집행법원으로부터 추심명령을 송달받은 때부터가 아니라 추심명령이 발령된 후 압류채권자로부터 추심금청구를 받은 다음 날부터라고 하여야 한다(대판 2012.10.25. 2010다47117).

[❸ ▸ ○] 부당이득반환의무는 이행기한의 정함이 없는 채무이므로 그 채무자는 이행청구를 받은 때에 비로소 지체책임을 진다(대판 2010.1.28. 2009다24187).

[❹ ▸ ○] 금전채무의 이행지체로 인하여 발생하는 지연손해금은 그 성질이 손해배상금이지 이자가 아니며, 민법 제163조 제호가 규정한 '1년 이내의 기간으로 정한 채권'도 아니므로 3년간의 단기소멸시효의 대상이 되지 아니한다(대판 1998.11.10. 98다42141).

[❺ ▸ ✕] 채무자가 이행지체에 빠진 이상, 채무자의 이행제공이 이행지체를 종료시키려면 완전한 이행을 제공하여야 하므로, 채무자가 원본뿐 아니라 지연이자도 지급할 의무가 있는 때에는 <u>원본과 지연이자를 합한 전액에 대하여 이행의 제공을 하여야 할 것이고, 그에 미치지 못하는 이행제공을 하면서 이를 원본에 대한 변제로 지정하였더라도, 그 지정은 민법 제479조 제1항에 반하여 채권자에 대하여 효력이 없으므로, 채권자는 그 수령을 거절할 수 있다</u>(대판 2005.8.19. 2003다22042).

답 ⑤

다음 설명 중 가장 옳지 않은 것은?

① 매수인이 매도인과 사이의 매매계약에 의한 잔대금지급기일에 잔대금을 지급하지 못한 것은 물론 그 지급의 연기를 수차 요청하였다면 그 채무를 이행하지 아니할 의사를 명백히 한 것으로 볼 수 있다.

② 채무불이행에 의한 계약해제에 있어 미리 이행하지 아니할 의사를 표시한 경우로서 이른바 '이행거절'로 인한 계약해제의 경우에는 상대방의 최고 및 동시이행관계에 있는 자기 채무의 이행제공을 요하지 아니하여 이행지체 시의 계약해제와 비교할 때 계약해제의 요건이 완화되어 있는바, 명시적으로 이행거절의사를 표명하는 경우 외에 계약 당시나 계약 후의 여러 사정을 종합하여 묵시적 이행거절의사를 인정하기 위하여는 그 거절의사가 정황상 분명하게 인정되어야 한다.

③ 계약의 합의해제는 명시적으로뿐만 아니라 당사자 쌍방의 묵시적인 합의에 의하여도 할 수 있으나, 묵시적인 합의해제를 한 것으로 인정되려면 계약이 체결되어 그 일부가 이행된 상태에서 당사자 쌍방이 장기간에 걸쳐 나머지 의무를 이행하지 아니함으로써 이를 방치한 것만으로는 부족하고, 당사자 쌍방에게 계약을 실현할 의사가 없거나 계약을 포기할 의사가 있다고 볼 수 있을 정도에 이르러야 한다. 이 경우에 당사자 쌍방이 계약을 실현할 의사가 없거나 포기할 의사가 있었는지 여부는 계약이 체결된 후의 여러 가지 사정을 종합적으로 고려하여 판단하여야 한다.

④ 계약의 합의해제 또는 해제계약은 해제권의 유무를 불문하고 계약당사자 쌍방이 합의에 의하여 기존의 계약의 효력을 소멸시켜 당초부터 계약이 체결되지 않았던 것과 같은 상태로 복귀시킬 것을 내용으로 하는 새로운 계약으로서, 계약이 합의해제되기 위하여는 계약의 성립과 마찬가지로 계약의 청약과 승낙이라는 서로 대립하는 의사표시가 합치될 것을 요건으로 하는바, 이와 같은 합의가 성립하기 위하여는 쌍방당사자의 표시행위에 나타난 의사의 내용이 객관적으로 일치하여야 한다.

⑤ 쌍무계약에서 서로 대가관계에 있는 당사자 쌍방의 의무는 원칙적으로 동시이행의 관계에 있고, 나아가 하나의 계약으로 둘 이상의 민법상의 전형계약을 포괄하는 내용의 계약을 체결한 경우에 당사자 일방의 여러 의무가 포괄하여 상대방의 여러 의무와 대가관계에 있다고 인정되면, 이러한 당사자 일방의 여러 의무와 상대방의 여러 의무는 동시이행의 관계에 있다.

⋯⋯⋯

[❶ ▸ ✕] 매수인이 매도인과 사이의 매매계약에 의한 잔대금지급기일에 잔대금을 지급하지 못하여 그 지급의 연기를 수차 요청하였다는 것만으로는 그 채무를 이행하지 아니할 의사를 명백히 한 것으로는 볼 수 없다(대판 1990.11.13. 90다카23882).

[❷ ▸ ○] 채무불이행에 의한 계약해제에서 미리 이행하지 아니할 의사를 표시한 경우로서 이른바 '이행거절'로 인한 계약해제의 경우에는 상대방의 최고 및 동시이행관계에 있는 자기 채무의 이행제공을 요하지 아니하여 이행지체 시의 계약해제와 비교할 때 계약해제의 요건이 완화되어 있는바, 명시적으로 이행거절의사를 표명하는 경우 외에 계약 당시나 계약 후의 여러 사정을 종합하여 묵시적 이행거절의사를 인정하기 위하여는 그 거절의사가 정황상 분명하게 인정되어야 한다(대판 2011.2.10. 2010다77385).

[❸ ▸ ○] 계약의 합의해제는 명시적으로뿐만 아니라 당사자 쌍방의 묵시적인 합의에 의하여도 할 수 있으나, 묵시적인 합의해제를 한 것으로 인정되려면 계약이 체결되어 그 일부가 이행된 상태에서 당사자 쌍방이 장기간에 걸쳐 나머지 의무를 이행하지 아니함으로써 이를 방치한 것만으로는 부족하고, 당사자 쌍방에게 계약을 실현할 의사가 없거나 계약을 포기할 의사가 있다고 볼 수 있을 정도에 이르러야 한다. 이 경우에 당사자 쌍방이 계약을 실현할 의사가 없거나 포기할 의사가 있었는지 여부는 계약이 체결된 후의 여러 가지 사정을 종합적으로 고려하여 판단하여야 한다(대판 2011.2.10. 2010다77385).

[**④ ▶ ○**] 계약의 합의해제 또는 해제계약은 해제권의 유무를 불문하고 계약당사자 쌍방이 합의에 의하여 기존계약의 효력을 소멸시켜 당초부터 계약이 체결되지 않았던 것과 같은 상태로 복귀시킬 것을 내용으로 하는 새로운 계약으로서, 계약이 합의해제되기 위하여는 계약의 성립과 마찬가지로 계약의 청약과 승낙이라는 서로 대립하는 의사표시가 합치될 것(합의)을 요건으로 하는바, 이와 같은 합의가 성립하기 위하여는 쌍방당사자의 표시행위에 나타난 의사의 내용이 객관적으로 일치하여야 한다(대판 2011.2.10. 2010다77385).

[**⑤ ▶ ○**] 쌍무계약에서 서로 대가관계에 있는 당사자 쌍방의 의무는 원칙적으로 동시이행의 관계에 있고, 나아가 하나의 계약으로 둘 이상의 민법상의 전형계약을 포괄하는 내용의 계약을 체결한 경우에 당사자 일방의 여러 의무가 포괄하여 상대방의 여러 의무와 대가관계에 있다고 인정되면, 이러한 당사자 일방의 여러 의무와 상대방의 여러 의무는 동시이행의 관계에 있다(대판 2011.2.10. 2010다77385).

답 ❶

제2절　채무불이행의 효과

제1항　손해배상

06
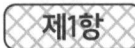

채무불이행에 관한 다음 설명 중 가장 옳은 것은?　　2024년 법무사시험 [문 33]

① 금전채무의 이행지체로 인하여 발생하는 지연이자는 단기소멸시효에 관한 민법 제163조 제1호가 규정한 '1년 이내의 기간으로 정한 채권'에 해당하여 3년의 단기소멸시효의 대상이 된다.

② 매도인이 매수인으로부터 중도금을 지급받아 원매도인에게 매매잔대금을 지급하지 아니하고서는 토지의 소유권이전등기서류를 갖추어 매수인에게 제공하기 어려운 특별한 사정이 있었고, 매수인도 그러한 사정을 알고 매매계약을 체결하였던 경우라도 매수인의 중도금 지급의무는 당초 계약상의 잔금지급기일을 도과하였다면 매도인의 소유권이전등기서류의 제공과 동시이행의 관계에 있게 된다.

③ 이행기의 정함이 없는 채권을 양수한 채권양수인이 채무자를 상대로 그 이행을 구하는 소를 제기하고 소송 계속 중 채무자에 대한 채권양도통지가 이루어진 경우 특별한 사정이 없는 한 채무자는 소장 부본을 송달받은 다음 날부터 이행지체의 책임을 진다.

④ 소유자가 자신의 소유권에 기하여 실체관계에 부합하지 아니하는 등기의 명의인을 상대로 그 등기 말소를 청구하는 경우 그 권리는 물권적 청구권으로서의 방해배제청구권의 성질을 가지므로 소유자가 그 후에 소유권을 상실함으로써 등기말소를 청구할 수 없게 되었다면, 소유자는 등기말소 의무자에 대하여 그 권리의 이행불능을 이유로 한 민법 제390조상의 손해배상청구권을 가진다.

⑤ 채무불이행으로 인한 손해배상청구소송에서 재산적 손해의 발생사실이 인정되나 구체적인 손해의 액수를 증명하는 것이 사안의 성질상 곤란한 경우, 법원은 증거조사의 결과와 변론 전체의 취지에 의하여 밝혀진 당사자들 사이의 관계, 채무불이행과 그로 인한 재산적 손해가 발생하게 된 경위, 손해의 성격, 손해가 발생한 이후의 제반 정황 등의 관련된 모든 간접사실들을 종합하여 적당하다고 인정되는 금액을 손해의 액수로 정할 수 있다.

[**❶** ▸ ✕] 금전채무의 이행지체로 인하여 발생하는 지연손해금은 그 성질이 손해배상금이지 이자가 아니며, 민법 제163조 제1호의 1년 이내의 기간으로 정한 채권도 아니므로 3년간의 단기소멸시효의 대상이 되지 아니한다(대판 1995.10.13. 94다57800).

[**❷** ▸ ✕] 매도인이 매수인으로부터 중도금을 지급받아 원매도인에게 매매잔대금을 지급하지 아니하고서는 토지의 소유권이전등기서류를 갖추어 매수인에게 제공하기 어려운 특별한 사정이 있었고, 매수인도 그러한 사정을 알고 매매계약을 체결하였던 경우, 매도인의 소유권이전등기절차 서류의 제공의무는 매수인의 중도금 지급이 선행되었을 때에 매수인의 잔대금의 지급과 동시에 이를 이행하기로 약정한 것이라고 할 것이므로, 매수인의 중도금 지급의무는 당초 계약상의 잔금지급기일을 도과하였다고 하여도 매도인의 소유권이전등기서류의 제공과 동시이행의 관계에 있다고 할 수 없다(대판 1997.4.11. 96다31109).

[**❸** ▸ ✕] 채무에 이행기의 정함이 없는 경우에는 채무자가 이행의 청구를 받은 다음 날부터 이행지체의 책임을 지는 것이나, 한편 지명채권이 양도된 경우 채무자에 대한 대항요건이 갖추어질 때까지 채권양수인은 채무자에게 대항할 수 없으므로, 이행기의 정함이 없는 채권을 양수한 채권양수인이 채무자를 상대로 그 이행을 구하는 소를 제기하고 소송 계속 중 채무자에 대한 채권양도통지가 이루어진 경우에는 특별한 사정이 없는 한 채무자는 채권양도통지가 도달된 다음 날부터 이행지체의 책임을 진다(대판 2014.4.10. 2012다29557).

[**❹** ▸ ✕] 소유자가 자신의 소유권에 기하여 실체관계에 부합하지 아니하는 등기의 명의인을 상대로 그 등기말소나 진정명의회복 등을 청구하는 경우에, 그 권리는 물권적 청구권으로서의 방해배제청구권(민법 제214조)의 성질을 가진다. 그러므로 소유자가 그 후에 소유권을 상실함으로써 이제 등기말소 등을 청구할 수 없게 되었다면, 이를 위와 같은 청구권의 실현이 객관적으로 불능이 되었다고 파악하여 등기말소 등 의무자에 대하여 그 권리의 이행불능을 이유로 민법 제390조상의 손해배상청구권을 가진다고 말할 수 없다. 위 법규정에서 정하는 채무불이행을 이유로 하는 손해배상청구권은 계약 또는 법률에 기하여 이미 성립하여 있는 채권관계에서 본래의 채권이 동일성을 유지하면서 그 내용이 확장되거나 변경된 것으로서 발생한다. 그러나 위와 같은 등기말소청구권 등의 물권적 청구권은 그 권리자인 소유자가 소유권을 상실하면 이제 그 발생의 기반이 아예 없게 되어 더 이상 그 존재 자체가 인정되지 아니하는 것이다. 이러한 법리는 선행소송에서 소유권보존등기의 말소등기청구가 확정되었다고 하더라도 그 청구권의 법적 성질이 채권적 청구권으로 바뀌지 아니하므로 마찬가지이다(대판[전합] 2012.5.17. 2010다28604).

[**❺** ▸ ○] 채무불이행이나 불법행위로 인한 손해배상청구소송에서 재산적 손해의 발생사실이 인정되나 구체적인 손해의 액수를 증명하는 것이 사안의 성질상 곤란한 경우, 법원은 증거조사의 결과와 변론 전체의 취지에 의하여 밝혀진 당사자들 사이의 관계, 채무불이행이나 불법행위와 그로 인한 재산적 손해가 발생하게 된 경위, 손해의 성격, 손해가 발생한 이후의 제반 정황 등 관련된 모든 간접사실들을 종합하여 적당하다고 인정되는 금액을 손해의 액수로 정할 수 있다(대판 2020.3.26. 2018다301336).

답 ❺

손해배상에 관한 다음 설명 중 옳지 않은 것을 모두 고른 것은? 2023년 법무사시험 [문 4]

> ㄱ. 손해배상액의 예정과 위약벌은 그 기능이 유사하므로, 약정의 형식이나 해석 결과에 따라 감액 여부를 달리 취급할 것이 아니라, 위약벌도 손해배상액의 예정과 함께 위약금의 일종으로서 손해배상액의 예정에 관한 민법 제398조 제2항을 유추하여 감액할 수 있다고 해석하는 것이 공평의 관념에 부합한다.
>
> ㄴ. 금전채무 불이행에 관한 특칙을 규정한 민법 제397조는 그 이행지체가 있으면 지연이자 부분만큼의 손해가 있는 것으로 의제하려는 데에 그 취지가 있는 것이므로 지연이자를 청구하는 채권자는 그만큼의 손해가 있었다는 것을 주장 및 증명할 필요가 없다.
>
> ㄷ. 계약 당시 당사자 사이에 손해배상액을 예정하는 내용의 약정이 있는 경우에는 그것은 계약상의 채무불이행으로 인한 손해액에 관한 것이고 이를 그 계약과 관련된 불법행위상의 손해까지 예정한 것이라고는 볼 수 없다.
>
> ㄹ. 채무불이행자 또는 불법행위자는 특별한 사정의 존재를 알았거나 알 수 있었으면 그러한 특별사정으로 인한 손해를 배상하여야 할 의무가 있는 것이고, 그러한 특별한 사정에 의하여 발생한 손해의 액수까지 알았거나 알 수 있었어야 하는 것은 아니다.
>
> ㅁ. 도급인이 그가 분양한 아파트의 하자와 관련하여 구분소유자들로부터 손해배상청구를 당하여 그 하자에 대한 손해배상금 및 이에 대한 지연손해금을 지급한 경우, 그 지연손해금은 수급인의 도급계약상의 채무불이행과 상당인과관계가 있는 손해라고 볼 수 있으므로, 도급인으로서는 수급인을 상대로 위 하자에 대한 손해배상금 및 이에 대한 지연손해금의 지급을 청구할 수 있다.

① ㄱ, ㄴ, ㄷ　　　　　　　　　② ㄴ, ㄷ, ㄹ
③ ㄷ, ㄹ, ㅁ　　　　　　　　　④ ㄱ, ㄴ, ㄹ
⑤ ㄱ, ㄴ, ㅁ

....

[ㄱ▸✕] 위약벌의 약정은 채무의 이행을 확보하기 위하여 정하는 것으로서 손해배상의 예정과 다르므로 손해배상의 예정에 관한 민법 제398조 제2항을 유추적용하여 그 액을 감액할 수 없고, 다만 의무의 강제로 얻는 채권자의 이익에 비하여 약정된 벌이 과도하게 무거울 때에는 일부 또는 전부가 공서양속에 반하여 무효로 된다. 그런데 당사자가 약정한 위약벌의 액수가 과다하다는 이유로 법원이 계약의 구체적 내용에 개입하여 약정의 전부 또는 일부를 무효로 하는 것은, 사적 자치의 원칙에 대한 중대한 제약이 될 수 있고, 스스로가 한 약정을 이행하지 않겠다며 계약의 구속력에서 이탈하고자 하는 당사자를 보호하는 결과가 될 수 있으므로, 가급적 자제하여야 한다(대판 2016.1.28. 2015다239324).

[ㄴ▸✕] 금전채무 불이행에 관한 특칙을 규정한 민법 제397조는 그 이행지체가 있으면 지연이자 부분만큼의 손해가 있는 것으로 의제하려는 데에 그 취지가 있는 것이므로 지연이자를 청구하는 채권자는 그만큼의 손해가 있었다는 것을 증명할 필요가 없는 것이나, 그렇다고 하더라도 채권자가 금전채무의 불이행을 원인으로 손해배상을 구할 때에 지연이자 상당의 손해가 발생하였다는 취지의 주장은 하여야 하는 것이지 주장조차 하지 아니하여 그 손해를 청구하고 있다고 볼 수 없는 경우까지 지연이자 부분만큼의 손해를 인용해 줄 수는 없는 것이다(대판 2000.2.11. 99다49644).

[ㄷ▸○] 계약 당시 당사자 사이에 손해배상액을 예정하는 내용의 약정이 있는 경우에는 그것은 계약상의 채무불이행으로 인한 손해액에 관한 것이고 이를 그 계약과 관련된 불법행위상의 손해까지 예정한 것이라고는 볼 수 없다(대판 1999.1.15. 98다48033).

[ㄹ▸O] 채무불이행자 또는 불법행위자는 특별한 사정의 존재를 알았거나 알 수 있었으면 그러한 특별사정으로 인한 손해를 배상하여야 할 의무가 있는 것이고, 그러한 특별한 사정에 의하여 발생한 손해의 액수까지 알았거나 알 수 있었어야 하는 것은 아니다(대판 2002.10.25. 2002다23598).

[ㅁ▸X] 도급인이 그가 분양한 아파트의 하자와 관련하여 구분소유자들로부터 손해배상청구를 당하여 그 하자에 대한 손해배상금 및 이에 대한 지연손해금을 지급한 경우, 그 지연손해금은 도급인이 자신의 채무의 이행을 지체함에 따라 발생한 것에 불과하므로 특별한 사정이 없는 한 수급인의 도급계약상의 채무불이행과 상당인과관계가 있는 손해라고 볼 수는 없다. 이러한 경우 도급인으로서는 구분소유자들의 손해배상청구와 상관없이 수급인을 상대로 위 하자에 대한 손해배상금(원금)의 지급을 청구하여 그 이행지체에 따른 지연손해금을 청구할 수 있을 뿐이다(대판 2013.11.28. 2011다67323).

답 ❺

08

다음 설명 중 옳지 않은 것을 모두 고른 것은? 2023년 법무사시험 [문 40]

ㄱ. 민법 제400조 소정의 채권자지체가 성립하기 위해서는 민법 제460조 소정의 채무자의 변제 제공이 있어야 하고, 변제 제공은 원칙적으로 현실 제공으로 하여야 하며, 다만 구두의 제공으로 하더라도 무방한 경우 또는 구두의 제공조차 필요하지 않은 경우도 있지만, 민법 제538조 제1항 제2문 소정의 '채권자의 수령지체 중에 당사자 쌍방의 책임 없는 사유로 이행할 수 없게 된 때'에 해당하기 위해서는 현실 제공이나 구두 제공이 필요하다.

ㄴ. 채무불이행으로 인한 손해배상 예정액의 청구와 채무불이행으로 인한 손해배상액의 청구는 그 청구원인을 달리하는 별개의 청구이므로 손해배상 예정액의 청구 가운데 채무불이행으로 인한 손해배상액의 청구가 포함되어 있다고 볼 수 없다. 따라서 채무불이행으로 인한 손해배상액의 청구에 있어서 채권자가 손해배상책임의 발생 원인 사실에 관하여는 주장·입증을 하였더라도 손해의 발생 사실에 관한 주장·입증을 하지 아니하였다면 변론주의의 원칙상 법원은 당사자가 주장하지 아니한 손해의 발생 사실을 기초로 하여 손해액을 산정할 수는 없다.

ㄷ. 매수인의 잔금지급 지체로 인하여 계약을 해제하지 아니한 매도인이 지체된 기간 동안 입은 손해 중 그 미지급 잔금에 대한 법정이율에 따른 이자 상당의 금액은 통상손해라고 할 것이고, 그 사이에 매매대상 토지의 개별공시지가가 급등하여 매도인의 양도소득세 부담이 늘었다면 그 손해 또한 사회일반의 관념상 매매계약에서의 잔금지급의 이행지체의 경우 통상 발생하는 것으로 생각되는 범위의 통상손해라고 할 수 있다.

ㄹ. 공동불법행위로 인한 손해배상책임의 범위는 피해자에 대한 관계에서 가해자들 전원의 행위를 전체적으로 함께 평가하여 정하여야 하나, 이는 과실상계를 위한 피해자의 과실을 평가함에 있어서 공동불법행위자 전원에 대한 과실을 전체적으로 평가하여야 한다는 것이지, 공동불법행위자 중에 고의로 불법행위를 행한 자가 있는 경우에는 피해자에게 과실이 없는 것으로 보아야 한다거나 모든 불법행위자가 과실상계의 주장을 할 수 없게 된다는 의미는 아니다.

ㅁ. 실화가 중과실로 인한 것이 아닌 경우 배상의무자는 법원에 손해배상액의 경감을 청구할 수 있고, 이러한 청구가 있을 경우 법원은 배상의무자 및 피해자의 경제 상태 등을 고려하여 그 손해배상액을 경감하여야 한다.

① ㄱ, ㄴ   ② ㄷ, ㄹ

③ ㄱ, ㅁ   ④ ㄴ, ㄹ

⑤ ㄷ, ㅁ

[ㄱ ▶ O] 민법 제400조 소정의 채권자지체가 성립하기 위해서는 민법 제460조 소정의 채무자의 변제제공이 있어야 하고, 변제 제공은 원칙적으로 현실 제공으로 하여야 하며 다만 채권자가 미리 변제받기를 거절하거나 채무의 이행에 채권자의 행위를 요하는 경우에는 구두의 제공으로 하더라도 무방하고, 채권자가 변제를 받지 아니할 의사가 확고한 경우(이른바, 채권자의 영구적 불수령)에는 구두의 제공을 한다는 것조차 무의미하므로 그러한 경우에는 구두의 제공조차 필요 없다고 할 것이지만, 그러한 구두의 제공조차 필요 없는 경우라고 하더라도, 이는 그로써 채무자가 채무불이행책임을 면한다는 것에 불과하고, 민법 제538조 제1항 제2문 소정의 '채권자의 수령지체 중에 당사자 쌍방의 책임 없는 사유로 이행할 수 없게 된 때'에 해당하기 위해서는 현실 제공이나 구두 제공이 필요하다(다만, 그 제공의 정도는 그 시기와 구체적인 상황에 따라 신의성실의 원칙에 어긋나지 않게 합리적으로 정하여야 한다)(대판 2004.3.12. 2001다79013).

[ㄴ ▶ O] 채무불이행으로 인한 손해배상 예정액의 청구와 채무불이행으로 인한 손해배상액의 청구는 그 청구원인을 달리하는 별개의 청구이므로 손해배상 예정액의 청구 가운데 채무불이행으로 인한 손해배상액의 청구가 포함되어 있다고 볼 수 없고, 채무불이행으로 인한 손해배상액의 청구에 있어서 손해의 발생 사실과 그 손해를 금전적으로 평가한 배상액에 관하여는 손해배상을 구하는 채권자가 주장·입증하여야 하는 것이므로, 채권자가 손해배상책임의 발생 원인 사실에 관하여는 주장·입증을 하였더라도 손해의 발생 사실에 관한 주장·입증을 하지 아니하였다면 변론주의의 원칙상 법원은 당사자가 주장하지 아니한 손해의 발생 사실을 기초로 하여 손해액을 산정할 수는 없다(대판 2000.2.11. 99다49644).

[ㄷ ▶ X] 매수인의 잔금지급 지체로 인하여 계약을 해제하지 아니한 매도인이 지체된 기간 동안 입은 손해 중 그 미지급 잔금에 대한 법정이율에 따른 이자 상당의 금액은 통상손해라고 할 것이지만, 그 <u>사이에 매매대상 토지의 개별공시지가가 급등하여 매도인의 양도소득세 부담이 늘었다고 하더라도 그 손해는</u> 사회일반의 관념상 매매계약에서의 잔금지급의 이행지체의 경우 통상 발생하는 것으로 생각되는 범위의 통상손해라고 할 수는 없고, <u>이는 특별한 사정에 의하여 발생한 손해에 해당한다</u>(대판 2006.4.13. 2005다75897).

[ㄹ ▶ O] 공동불법행위책임은 가해자 각 개인의 행위에 대하여 개별적으로 그로 인한 손해를 구하는 것이 아니라 가해자들이 공동으로 가한 불법행위에 대하여 그 책임을 추궁하는 것이므로, 공동불법행위로 인한 손해배상책임의 범위는 피해자에 대한 관계에서 가해자들 전원의 행위를 전체적으로 함께 평가하여 정하여야 하나, 이는 과실상계를 위한 피해자의 과실을 평가함에 있어서 공동불법행위자 전원에 대한 과실을 전체적으로 평가하여야 한다는 것이지, 공동불법행위자 중에 고의로 불법행위를 행한 자가 있는 경우에는 피해자에게 과실이 없는 것으로 보아야 한다거나 모든 불법행위자가 과실상계의 주장을 할 수 없게 된다는 의미는 아니다(대판 2020.2.27. 2019다223747).

[ㅁ ▶ X] 실화책임에 관한 법률 제3조 제1항, 제2항

> **실화책임에 관한 법률 제3조(손해배상액의 경감)**
> ① 실화가 중대한 과실로 인한 것이 아닌 경우 그로 인한 손해의 배상의무자(이하 "배상의무자"라 한다)는 법원에 손해배상액의 경감을 청구할 수 있다.
> ② 법원은 제1항의 청구가 있을 경우에는 다음 각 호의 사정을 고려하여 그 손해배상액을 경감할 수 있다.
>   1. 화재의 원인과 규모
>   2. 피해의 대상과 정도
>   3. 연소(延燒) 및 피해 확대의 원인
>   4. 피해 확대를 방지하기 위한 실화자의 노력
>   5. 배상의무자 및 피해자의 경제상태
>   6. 그 밖에 손해배상액을 결정할 때 고려할 사정

답 ❺

채무불이행에 관한 다음 설명 중 가장 옳지 않은 것은?

① 이행보조자의 행위가 채무자에 의하여 그에게 맡겨진 이행업무와 객관적, 외형적으로 관련을 가지는 경우에는 채무자는 그 행위에 대하여 책임을 져야 하고, 채무의 이행에 관련된 행위이면 가사 이행보조자의 행위가 채권자에 대한 불법행위가 된다고 하더라도 채무자가 면책될 수는 없다.

② 매매나 증여의 대상인 권리가 타인에게 귀속되어 있다는 이유만으로는 채무자의 계약에 따른 이행이 불능이라고 할 수 없고, 매매목적물에 관하여 이중으로 제3자와 매매계약을 체결하였다는 사실만으로 매매계약이 이행불능으로 되었다고 할 수 없다.

③ 소유권이전등기의무의 목적 부동산이 수용되어 그 소유권이전등기의무가 이행불능이 된 경우, 등기청구권자는 대상청구권의 행사로써 등기의무자가 지급받은 수용보상금의 반환을 구하거나 또는 등기의무자가 취득한 수용보상금청구권의 양도를 구할 수 있을 뿐 그 수용보상금청구권 자체가 등기청구권자에게 귀속되는 것은 아니다.

④ 채무불이행에 따른 손해배상청구권의 소멸시효의 기산점은 채무불이행이 생긴 때로부터 진행하고, 소멸시효기간은 불법행위에 관한 민법 제766조가 준용된다.

⑤ 일반적으로 계약상 채무불이행으로 인하여 재산적 손해가 발생한 경우, 그로 인하여 계약 당사자가 받은 정신적인 고통은 재산적 손해에 대한 배상이 이루어짐으로써 회복된다고 보아야 할 것이므로, 재산적 손해의 배상만으로는 회복될 수 없는 정신적 고통을 입었다는 특별한 사정이 있고, 상대방이 이와 같은 사정을 알았거나 알 수 있었을 경우에 한하여 정신적 고통에 대한 위자료를 인정할 수 있다.

⋯⋯⋯

[**❶ ▸ ○**] 민법 제391조의 이행보조자로서의 피용자라 함은 일반적으로 채무자의 의사관여 아래 그 채무의 이행행위에 속하는 활동을 하는 사람이면 족하고, 반드시 채무자의 지시 또는 감독을 받는 관계에 있어야 하는 것은 아니므로 채무자에 대하여 종속적인가 또는 독립적인 지위에 있는가는 문제되지 않는다. 다만, 이행보조자의 행위가 채무자에 의하여 그에게 맡겨진 이행업무와 객관적, 외형적으로 관련을 가지는 경우에는 채무자는 그 행위에 대하여 책임을 져야 하고, 채무의 이행에 관련된 행위이면 가사 이행보조자의 행위가 채권자에 대한 불법행위가 된다고 하더라도 채무자가 면책될 수는 없다(대판 2008.2.15. 2005다69458).

[**❷ ▸ ○**]

• 민법이 타인의 권리의 매매를 인정하고 있는 것처럼 타인의 권리의 증여도 가능하며, 이 경우 채무자는 권리를 취득하여 채권자에게 이전하여야 하고, 이같은 사정은 계약 당시부터 예정되어 있으므로, 매매나 증여의 대상인 권리가 타인에게 귀속되어 있다는 이유만으로 채무자의 계약에 따른 이행이 불능이라고 할 수는 없다(대판 2016.5.12. 2016다200729).

• 매매목적물에 관하여 이중으로 제3자와 매매계약을 체결하였다는 사실만 가지고는 매매계약이 법률상 이행불능이라고 할 수 없고, 채무의 이행이 불능이라는 것은 단순히 절대적, 물리적으로 불능인 경우가 아니라 사회생활에 있어서의 경험법칙 또는 거래상의 관념에 비추어 볼 때 채권자가 채무자의 이행의 실현을 기대할 수 없는 경우를 말한다(대판 1996.7.26. 96다14616).

[**❸ ▸ ○**] 소유권이전등기의무의 목적 부동산이 수용되어 그 소유권이전등기의무가 이행불능이 된 경우, 등기청구권자는 등기의무자에게 대상청구권의 행사로써 등기의무자가 지급받은 수용보상금의 반환을 구하거나 또는 등기의무자가 취득한 수용보상금청구권의 양도를 구할 수 있을 뿐 그 수용보상금청구권 자체가 등기청구권자에게 귀속되는 것은 아니다(대판 1996.10.29. 95다56910).

[❹ ▸ ✕] 우수현상광고의 광고자로서 당선자에게 일정한 계약을 체결할 의무가 있는 자가 그 의무를 위반함으로써 계약의 종국적인 체결에 이르지 않게 되어 상대방이 그러한 계약체결의무의 <u>채무불이행을 원인으로 하는 손해배상을 청구한 경우</u> 그 손해배상청구권은 계약이 체결되었을 경우에 취득하게 될 계약상의 이행청구권과 실질적이고 경제적으로 밀접한 관계가 형성되어 있기 때문에, <u>그 손해배상청구권의 소멸시효기간은 계약이 체결되었을 때 취득하게 될 이행청구권에 적용되는 소멸시효기간에 따른다</u>. … 채무불이행으로 인한 손해배상청구권의 소멸시효는 채무불이행 시로부터 진행한다(대판 2005.1.14. 2002다57119).

[❺ ▸ ○] 일반적으로 계약상 채무불이행으로 인하여 재산적 손해가 발생한 경우, 그로 인하여 계약 당사자가 받은 정신적인 고통은 재산적 손해에 대한 배상이 이루어짐으로써 회복된다고 보아야 할 것이므로, 재산적 손해의 배상만으로는 회복될 수 없는 정신적 고통을 입었다는 특별한 사정이 있고, 상대방이 이와 같은 사정을 알았거나 알 수 있었을 경우에 한하여 정신적 고통에 대한 위자료를 인정할 수 있다(대판 2004.11.12. 2002다53865).

답 ❹

 **강제이행**

제3절 채권자지체

제3장 책임재산의 보전

제1절 채권자대위권

10
□□□

채권자대위에 관한 다음 설명 중 가장 옳은 것은? 2024년 법무사시험 [문 40]

① 채권자대위권은 채무자의 제3채무자에 대한 권리를 행사하는 것이므로, 제3채무자는 채무자에 대해 가지는 모든 항변사유로 채권자에게 대항할 수 있고, 공평의 원칙상 채권자도 채무자 자신이 주장할 수 있는 사유의 범위뿐만 아니라 채권자 자신과 제3채무자 사이의 독자적인 사정에 기한 사유도 함께 주장할 수 있다.

② 채권자대위권은 채무자가 제3채무자에 대한 권리를 행사하지 아니하는 경우에 한하여 채권자가 자기의 채권을 보전하기 위하여 행사할 수 있는 것이기는 하나, 채권자가 대위권을 행사할 당시 이미 채무자가 그 권리를 재판상 행사하였으나 이후 불성실한 소송수행 등으로 패소의 확정판결을 받은 경우라면, 채권자는 채무자를 대위하여 채무자의 권리를 행사할 당사자적격이 있다.

③ 임대인의 임대차계약 해지권은 오로지 임대인의 의사에 행사의 자유가 맡겨져 있어 민법 제404조 제1항 후단에서 정하는 채권자대위권의 소극적 요건 중 하나인 '행사상의 일신전속권'에 해당하는 것으로 볼 수 있으므로, 채권자대위권의 대상이 되지 아니한다.

④ 부동산의 소유자에 대하여 소유권이전등기를 청구할 지위에 있기는 하지만 아직 그 소유권이전등기를 경료하지 않은 상태에서, 제3자가 부동산의 소유자를 상대로 그 부동산에 관한 소유권이전등기절차 이행의 확정판결을 받아 소유권이전등기를 경료한 경우, 그 확정판결이 당연무효이거나 재심의 소에 의하여 취소되지 않았더라도, 종전의 소유권이전등기청구권을 가지는 자가 부동산의 소유자에 대한 소유권이전등기청구권을 보전하기 위하여 부동산의 소유자를 대위하여 제3자 명의의 소유권이전등기가 원인무효임을 내세워 그 등기의 말소를 구할 수 있다.

⑤ 채무자 소유의 부동산을 시효취득한 채권자의 공동상속인이 채무자에 대한 소유권이전등기청구권을 피보전채권으로 하여 제3채무자를 상대로 채무자의 제3채무자에 대한 소유권이전등기의 말소등기청구권을 대위행사하는 경우, 공동상속인은 자신의 지분 범위 내에서만 채무자의 제3채무자에 대한 소유권이전등기의 말소등기청구권을 대위행사할 수 있고, 지분을 초과하는 부분에 관하여는 채무자를 대위할 보전의 필요성이 없다.

....

[❶ ▸ ✕] 채권자대위권은 채무자의 제3채무자에 대한 권리를 행사하는 것이므로, 제3채무자는 채무자에 대해 가지는 모든 항변사유로 채권자에게 대항할 수 있으나, <u>채권자는 채무자 자신이 주장할 수 있는 사유의 범위 내에서 주장할 수 있을 뿐 자기와 제3채무자 사이의 독자적인 사정에 기한 사유를 주장할 수는 없다</u>(대판 2009.5.28. 2009다4787).

[❷ ▸ ✕] 채권자대위권은 채무자가 제3채무자에 대한 권리를 행사하지 아니하는 경우에 한하여 채권자가 자기의 채권을 보전하기 위하여 행사할 수 있는 것이어서, <u>채권자가 대위권을 행사할 당시에 이미 채무자가 그 권리를 재판상 행사하였을 때에는 채권자는 채무자를 대위하여 채무자의 권리를 행사할 수 없다</u>(대판 2009.3.12. 2008다65839).

[**❸** ▶ ✕] 임대인의 임대차계약 해지권은 오로지 임대인의 의사에 행사의 자유가 맡겨져 있는 행사상의 일신전속권에 해당하는 것으로 볼 수 없다(대판 2007.5.10. 2006다82700).

[**❹** ▶ ✕] 부동산의 소유자에 대하여 소유권이전등기를 청구할 지위에 있기는 하지만 아직 그 소유권이전등기를 경료하지 않은 상태에서, 제3자가 부동산의 소유자를 상대로 그 부동산에 관한 소유권이전등기절차 이행의 확정판결을 받아 소유권이전등기를 경료한 경우, 그 확정판결이 당연무효이거나 재심의 소에 의하여 취소되지 않는 한, 종전의 소유권이전등기청구권을 가지는 자가 부동산의 소유자에 대한 소유권이전등기청구권을 보전하기 위하여 부동산의 소유자를 대위하여 제3자 명의의 소유권이전등기가 원인무효임을 내세워 그 등기의 말소를 구하는 것은 확정판결의 기판력에 저촉되므로 허용될 수 없다(대판 1999.2.24. 97다46955).

[**❺** ▶ ○] 채무자 소유의 부동산을 시효취득한 채권자의 공동상속인이 채무자에 대한 소유권이전등기청구권을 피보전채권으로 하여 제3채무자를 상대로 채무자의 제3채무자에 대한 소유권이전등기의 말소등기청구권을 대위행사하는 경우, 공동상속인은 자신의 지분 범위 내에서만 채무자의 제3채무자에 대한 소유권이전등기의 말소등기청구권을 대위행사할 수 있고, 지분을 초과하는 부분에 관하여는 채무자를 대위할 보전의 필요성이 없다(대판 2014.10.27. 2013다25217).

답 ❺

---

11 □□□ 채권자대위권에 관한 다음 설명 중 가장 옳지 않은 것은? 2025년 법무사시험 [문 10]

① 채권자가 채무자를 대위하여 제3채무자에 대하여 보전행위 이외의 권리를 행사한 때에는 채무자에게 통지하여야 하고, 채무자가 그 통지를 받은 후에는 그 권리를 처분하여도 이로써 채권자에게 대항하지 못한다.

② 민법상 조합원의 조합탈퇴권은 그 성질상 조합계약의 해지권으로서 그의 일반재산을 구성하는 재산권의 일종이라 할 것이고 채권자대위가 허용되지 않는 일신전속적 권리라고는 할 수 없다.

③ 이혼으로 인한 재산분할청구권은 이혼을 한 당사자의 일방이 다른 일방에 대하여 재산분할을 청구할 수 있는 권리로서 청구인의 재산에 영향을 미치는 재산법적 행위이므로 채권자대위권의 목적이 될 수 있다.

④ 채권자대위소송에서 피대위자인 채무자가 실존인물이 아니거나 사망한 사람인 경우 피보전채권인 채권자의 채무자에 대한 권리를 인정할 수 없는 경우에 해당하므로 그러한 채권자대위소송은 당사자적격이 없어 부적법하다.

⑤ 피보전채권이 특정채권이라 하여 반드시 순차매도 또는 임대차에 있어 소유권이전등기청구권이나 인도청구권 등의 보전을 위한 경우에만 한하여 채권자대위권이 인정되는 것은 아니며, 물권적 청구권에 대하여도 채권자대위권에 관한 규정과 법리가 적용될 수 있다.

[**❶** ▸ **○**] 민법 제405조 제1항·제2항

> **민법 제405조(채권자대위권행사의 통지)**
> ① 채권자가 전조 제1항의 규정에 의하여 보전행위 이외의 권리를 행사한 때에는 채무자에게 통지하여야 한다.
> ② 채무자가 전항의 통지를 받은 후에는 그 권리를 처분하여도 이로써 채권자에게 대항하지 못한다.

[**❷** ▸ **○**] 민법상 조합원은 조합의 존속기간이 정해져 있는 경우 등을 제외하고는 원칙적으로 언제든지 조합에서 탈퇴할 수 있고(민법 제716조 참조), 조합원이 탈퇴하면 그 당시의 조합재산상태에 따라 다른 조합원과 사이에 지분의 계산을 하여 지분환급청구권을 가지게 되는바(민법 제719조 참조), <u>조합원이 조합을 탈퇴할 권리는 그 성질상 조합계약의 해지권으로서 그의 일반재산을 구성하는 재산권의 일종이라 할 것이고 채권자대위가 허용되지 않는 일신전속적 권리라고는 할 수 없다</u>(대결 2007.11.30. 2005마1130).

[**❸** ▸ **×**] <u>이혼으로 인한 재산분할청구권은 이혼을 한 당사자의 일방이 다른 일방에 대하여 재산분할을 청구할 수 있는 권리로서 청구인의 재산에 영향을 미치지만, 순전한 재산법적 행위와 같이 볼 수는 없다.</u> 오히려 이혼을 한 경우 당사자는 배우자, 자녀 등과의 관계 등을 종합적으로 고려하여 재산분할청구권 행사 여부를 결정하게 되고, 법원은 청산적 요소뿐만 아니라 이혼 후의 부양적 요소, 정신적 손해(위자료)를 배상하기 위한 급부로서의 성질 등도 고려하여 재산을 분할하게 된다. 또한 재산분할청구권은 협의 또는 심판에 의하여 구체적 내용이 형성되기까지는 그 범위 및 내용이 불명확·불확정하기 때문에 구체적으로 권리가 발생하였다고 할 수 없어 채무자의 책임재산에 해당한다고 보기 어렵고, 채권자의 입장에서는 채무자의 재산분할청구권 불행사가 그의 기대를 저버리는 측면이 있다고 하더라도 채무자의 재산을 현재의 상태보다 악화시키지 아니한다. 이러한 사정을 종합하면, <u>이혼으로 인한 재산분할청구권은 그 행사 여부가 청구인의 인격적 이익을 위하여 그의 자유로운 의사결정에 전적으로 맡겨진 권리로서 행사상의 일신전속성을 가지므로, 채권자대위권의 목적이 될 수 없고 파산재단에도 속하지 않는다고 보아야 한다</u>(대결 2022.7.28. 2022스613).

[**❹** ▸ **○**] <u>채권자대위소송에서 대위에 의하여 보전될 채권자의 채무자에 대한 권리가 인정되지 아니할 경우에는 채권자가 스스로 원고가 되어 채무자의 제3채무자에 대한 권리를 행사할 당사자적격이 없게 되므로 그 대위소송은 부적법하여 각하할 것인바, 피대위자인 채무자가 실존인물이 아니거나 사망한 사람인 경우 역시 피보전채권인 채권자의 채무자에 대한 권리를 인정할 수 없는 경우에 해당하므로 그러한 채권자대위소송은 당사자적격이 없어 부적법하다</u>(대판 2021.7.21. 2020다300893).

[**❺** ▸ **○**] 피보전채권이 특정채권이라 하여 반드시 순차매도 또는 임대차에 있어 소유권이전등기청구권이나 인도청구권 등의 보전을 위한 경우에만 한하여 채권자대위권이 인정되는 것은 아니며, 물권적 청구권에 대하여도 채권자대위권에 관한 민법 제404조의 규정과 위와 같은 법리가 적용될 수 있다(대판 2007.5.10. 2006다82700).

답 ❸

12 □□□ 채권자대위권에 관한 다음 설명 중 가장 옳지 않은 것은? 2022년 법무사시험 [문 10]

① 채무자의 적극재산인 부동산에 이미 제3자 명의로 소유권이전청구권보전의 가등기가 경료되어 있는 경우에는 위 가등기가 가등기담보 등에 관한 법률에 정한 담보가등기로서 강제집행을 통한 매각이 가능하다는 등의 특별한 사정이 없는 한 위 부동산은 실질적으로 재산적 가치가 없어 적극재산을 산정함에 있어서 이를 제외하여야 할 것이다.

② 임대인의 동의 없는 임차권의 양도는 당사자 사이에서는 유효하다 하더라도 다른 특약이 없는 한 임대인에게는 대항할 수 없는 것이고, 임대인에 대항할 수 없는 임차권의 양수인으로서는 임대인의 권한을 대위행사할 수 없다.

③ 민사집행법 제301조에 의하여 가처분절차에도 준용되는 같은 법 제287조 제1항에 따라 가압류·가처분결정에 대한 본안의 제소명령을 신청할 수 있는 권리나 같은 조 제2항 및 제3항에 따라 제소기간의 도과에 의한 가압류·가처분의 취소를 신청할 수 있는 권리는 채권자대위권의 목적이 될 수 있는 권리로 볼 수 없다.

④ 피대위자인 채무자가 실존인물이 아니거나 사망한 사람인 경우 피보전채권인 채권자의 채무자에 대한 권리를 인정할 수 없는 경우에 해당하므로 그러한 채권자대위소송은 당사자적격이 없어 부적법하다.

⑤ 채권자대위권에 기해 청구를 하다가 당해 피대위채권 자체를 양수하여 양수금청구로 소를 변경하더라도 당초의 채권자대위소송으로 인한 시효중단의 효력은 소멸하지 않는다.

[❶ ▶ O] 채무자의 적극재산인 부동산에 이미 제3자 명의로 소유권이전청구권보전의 가등기가 마쳐져 있는 경우에는 강제집행을 통한 변제가 사실상 불가능하므로, 그 가등기가 가등기담보 등에 관한 법률에 정한 담보가등기로서 강제집행을 통한 매각이 가능하다는 등의 특별한 사정이 없는 한, 위 부동산은 실질적으로 재산적 가치가 없어 적극재산을 산정할 때 제외하여야 한다(대판 2009.2.26. 2008다76556).

[❷ ▶ O] 임대인의 동의 없는 임차권의 양도는 당사자 사이에서는 유효하다 하더라도 다른 특약이 없는 한 임대인에게는 대항할 수 없는 것이고 임대인에 대항할 수 없는 임차권의 양수인으로서는 임대인의 권한을 대위행사할 수 없다(대판 1985.2.8. 84다카188).

[❸ ▶ ✕] 민사집행법 제301조에 의하여 가처분절차에도 준용되는 같은 법 제287조 제1항에 따라 <u>가압류·가처분결정에 대한 본안의 제소명령을 신청할 수 있는 권리</u>나 같은 조 제2항 및 제3항에 따라 <u>제소기간의 도과에 의한 가압류·가처분의 취소를 신청할 수 있는 권리</u> 또는 같은 법 제288조 제1항에 따라 사정변경에 따른 가압류·가처분의 취소를 신청할 수 있는 권리는 가압류·가처분신청에 기한 소송을 수행하기 위한 소송절차상의 개개의 권리가 아니라 <u>가압류·가처분신청에 기한 소송절차와는 별개의 독립된 소송절차를 개시하게 하는 권리라고 할 것이므로, 이는 채권자대위권의 목적이 될 수 있는 권리라고 봄이 상당하다</u>(대결 2011.9.21. 2011마1258).

[❹ ▶ O] 채권자대위소송에서 대위에 의하여 보전될 채권자의 채무자에 대한 권리가 인정되지 아니할 경우에는 채권자가 스스로 원고가 되어 채무자의 제3채무자에 대한 권리를 행사할 당사자적격이 없게 되므로 그 대위소송은 부적법하여 각하할 것인바, 피대위자인 채무자가 실존인물이 아니거나 사망한 사람인 경우 역시 피보전채권인 채권자의 채무자에 대한 권리를 인정할 수 없는 경우에 해당하므로 그러한 채권자대위소송은 당사자적격이 없어 부적법하다(대판 2021.7.21. 2020다300893).

[❺ ▶ O] <u>원고가 채권자대위권에 기해 청구를 하다가 당해 피대위채권 자체를 양수하여 양수금청구로 소를 변경한 경우,</u> 이는 청구원인의 교환적 변경으로서 채권자대위권에 기한 구 청구는 취하된 것으로 보아야 하나, 그 채권자대위소송의 소송물은 채무자의 제3채무자에 대한 계약금반환청구권인데 위 양수금청구는 원고가 위 계약금반환청구권 자체를 양수하였다는 것이어서 양 청구는 동일한 소송물에 관한

권리의무의 특정승계가 있을 뿐 그 소송물은 동일한 점, 시효중단의 효력은 특정승계인에게도 미치는 점, 계속 중인 소송에 소송목적인 권리 또는 의무의 전부나 일부를 승계한 특정승계인이 소송참가하거나 소송인수한 경우에는 소송이 법원에 처음 계속된 때에 소급하여 시효중단의 효력이 생기는 점, 원고는 위 계약금반환채권을 채권자대위권에 기해 행사하다 다시 이를 양수받아 직접 행사한 것이어서 위 계약금반환채권과 관련하여 원고를 '권리 위에 잠자는 자'로 볼 수 없는 점 등에 비추어 볼 때, <u>당초의 채권자대위소송으로 인한 시효중단의 효력이 소멸하지 않는다</u>(대판 2010,6,24. 2010다17284).

답 ❸

---

13 채권자취소권에 관한 다음 설명 중 옳은 것을 모두 고른 것은?(다툼이 있는 경우 판례에 따르고 전원합의체 판결의 경우 다수의견에 의함. 이하 같음) **2025년 법무사시험 [문 1]**

ㄱ. 사해행위가 채권자에 의하여 취소되기 전에 이미 수익자 또는 전득자가 배당금을 현실로 지급받은 경우, 채권자는 원상회복방법으로 수익자 또는 전득자를 상대로 배당으로 수령한 금원 중 자신의 채권액 상당의 지급을 가액배상의 방법으로 청구할 수 있다.

ㄴ. 수익자가 채무초과 상태에 있는 채무자의 부동산에 관하여 설정된 선순위 근저당권의 피담보채무를 변제하여 근저당권설정등기를 말소하는 대신 동일한 금액을 피담보채무로 하는 새로운 근저당권설정등기를 설정하면 사해행위가 성립한다.

ㄷ. 채권자가 전득자를 상대로 하여 사해행위취소의 소를 제기하는 경우, 취소의 대상이 되는 사해행위는 채무자와 수익자 사이에서 행하여진 법률행위에 국한될 뿐 수익자와 전득자 사이의 법률행위는 그 대상이 되지 않는다.

ㄹ. 원고의 피고에 대한 청구의 원인행위가 사해행위라는 이유로 원고에 대하여 사해행위취소를 청구하면서 독립당사자참가신청을 하는 경우, 독립당사자참가인의 청구가 그대로 받아들여진다 하더라도 원고와 피고 사이의 법률관계에는 아무런 영향이 없고, 따라서 그러한 참가신청은 사해방지참가의 목적을 달성할 수 없으므로 부적법하다.

ㅁ. 가등기에 기하여 본등기가 경료된 경우 가등기의 원인인 법률행위와 본등기의 원인인 법률행위가 명백히 다른 경우가 아닌 한 사해행위 요건의 구비 여부는 본등기 경료 당시를 기준으로 하여 판단하여야 한다.

① ㄱ, ㄷ, ㄹ   ② ㄱ, ㄷ, ㅁ

③ ㄱ, ㄹ, ㅁ   ④ ㄴ, ㄷ, ㅁ

⑤ ㄴ, ㄷ, ㄹ

[ㄱ ▶ O] 사해행위가 채권자에 의하여 취소되기 전에 이미 수익자가 배당금을 현실로 지급받은 경우에는, 수익자가 경매절차에서 채무자와의 사해행위로 취득한 근저당권부 채권에 기하여 배당에 참가하여 배당표는 확정되었으나 채권자의 배당금지급금지가처분 등으로 인하여 배당금을 현실적으로 지급받지 못한 경우와 달리, 채권자는 원상회복방법으로 수익자 또는 전득자를 상대로 배당 또는 변제로 수령한 금원 중 자신의 채권액 상당의 지급을 가액배상의 방법으로 청구할 수 있다 할 것이나, 채권에 대한 압류가 경합하여 제3채무자가 금전채권을 집행공탁한 경우 비록 제3채무자의 채무가 소멸되는 것이기는 하지만, 제3채무자의 채권자는 현실적으로 채권을 추심한 것이 아니라 공탁금출급청구권을 취득한 것에 불과하고 압류의 효력이 채무자의 공탁금출급청구권에 대하여 존속하게 되는 것이므로 사해행위의 취소에 따른 원상회복은 금전지급에 의한 가액배상이 아니라 공탁금출급청구권을 채권자에게 양도하는 방법으로 하여야 한다(대판 2004.6.25. 2004다9398).

[ㄴ ▶ X] 저당권이 설정되어 있는 목적물의 경우 목적물 중에서 일반채권자들의 공동담보에 제공되는 책임재산은 피담보채권액을 공제한 나머지 부분만이므로, 수익자가 채무초과 상태에 있는 채무자의 부동산에 관하여 설정된 선순위 근저당권의 피담보채무를 변제하여 근저당권설정등기를 말소하는 대신 동일한 금액을 피담보채무로 하는 새로운 근저당권설정등기를 설정하는 것은 채무자의 공동담보를 부족하게 하는 것이라고 볼 수 없어 사해행위가 성립하지 아니한다(대판 2012.1.12. 2010다64792).

[ㄷ ▶ O] 채권자가 전득자를 상대로 하여 사해행위의 취소와 함께 책임재산의 회복을 구하는 사해행위취소의 소를 제기한 경우에 그 취소의 효과는 채권자와 전득자 사이의 상대적인 관계에서만 생기는 것이고 채무자 또는 채무자와 수익자 사이의 법률관계에는 미치지 않는 것이므로, 이 경우 취소의 대상이 되는 사해행위는 채무자와 수익자 사이에서 행하여진 법률행위에 국한되고, 수익자와 전득자 사이의 법률행위는 취소의 대상이 되지 않는다(대판 2004.8.30. 2004다21923).

[ㄹ ▶ O] 사해행위취소의 상대적 효력에 의하면, 원고의 피고에 대한 청구의 원인행위가 사해행위라는 이유로 원고에 대하여 사해행위취소를 청구하면서 독립당사자참가신청을 하는 경우, 독립당사자참가인의 청구가 그대로 받아들여진다 하더라도 원고와 피고 사이의 법률관계에는 아무런 영향이 없고, 따라서 그러한 참가신청은 사해방지참가의 목적을 달성할 수 없으므로 부적법하다(대판 2014.6.12. 2012다47548).

[ㅁ ▶ X] 가등기에 기하여 본등기가 경료된 경우, 가등기의 원인인 법률행위와 본등기의 원인인 법률행위가 명백히 다른 것이 아닌 한 사해행위의 요건의 구비 여부는 가등기의 원인된 법률행위 당시를 기준으로 하여 판단하여야 한다(대판 1998.3.10. 97다51919).

답 ❶

① 채권자의 채권이 사해행위 이전에 성립되어 있는 이상 그 채권이 양도된 경우에도 그 양수인이 채권자취소권을 행사할 수 있으나, 이 경우 채권양도의 대항요건을 사해행위 이후에 갖추었다면, 채권양수인으로서는 채무자에게 채권양도로 대항할 수 없는 만큼 채권자취소권을 행사할 수 없다.

② 채권자취소권 행사는 채무 이행을 구하는 것이 아니라 총채권자를 위하여 채무자의 자력 감소를 방지하고, 일탈된 채무자의 책임재산을 회수하여 채권의 실효성을 확보하는 데 목적이 있으나, 채무자의 법률행위를 취소하는 법률효과를 부여하는 채권자취소권의 내용에 비추어 볼 때 피보전채권이 사해행위 이전에 이미 성립되어 있다면, 그 액수나 범위가 구체적으로 확정되어야 할 것이다.

③ 어느 부동산에 관한 법률행위가 사해행위에 해당하는 경우에 그 부동산에 관하여 주택임대차보호법 제3조 제1항이 정한 대항력을 갖추고 임대차계약서에 확정일자를 받아 임대차보증금 우선변제권을 가진 임차인 또는 같은 법 제8조에 의하여 임대차보증금 중 일정액을 우선하여 변제받을 수 있는 소액임차인이 있는 때에는 수익자가 배상하여야 할 부동산의 가액에서 그 우선변제권 있는 임차보증금 반환채권 금액을 공제하여서는 아니 된다.

④ 저당권이 이미 설정되어 있는 부동산에 관하여 사해행위가 이루어진 경우에 그 사해행위는 부동산의 가액에서 저당권의 피담보채권액을 공제한 잔액의 범위 내에서만 성립한다고 보아야 하므로, 사해행위 후 변제 등에 의하여 저당권설정등기가 말소된 경우, 사해행위를 취소하여 그 부동산 자체의 회복을 명하는 것은 당초 일반 채권자들의 공동담보로 되어 있지 아니하던 부분까지 회복을 명하는 것이 되어 공평에 반하는 결과가 되므로, 그 부동산의 가액에서 저당권의 피담보채무액을 공제한 잔액의 한도에서 사해행위를 취소하고 그 가액의 배상을 구할 수 있을 뿐이고, 그와 같은 가액 산정은 변제 등에 의하여 저당권설정등기가 말소될 당시를 기준으로 하여야 한다.

⑤ 처분행위 당시에는 채권자를 해하는 것이었다고 하더라도 그 후 채무자가 자력을 회복하여 사해행위취소권을 행사하는 사실심의 변론종결 시에는 채권자를 해하지 않게 된 경우에는 책임재산 보전의 필요성이 없어지게 되어 채권자취소권이 소멸하는 것으로 보아야 할 것인바, 그러한 사정변경이 있다는 사실은 채권자취소소송의 상대방이 증명하여야 한다.

···

[❶ ▶ ×] 채권자의 채권이 사해행위 이전에 성립되어 있는 이상 그 채권이 양도된 경우에도 그 양수인이 채권자취소권을 행사할 수 있고, <u>이 경우 채권양도의 대항요건을 사해행위 이후에 갖추었더라도 채권양수인이 채권자취소권을 행사하는 데 아무런 장애사유가 될 수 없다</u> 할 것이다(대판 2006.6.29. 2004다5822).

[❷ ▶ ×] 채권자취소권 행사는 채무 이행을 구하는 것이 아니라 총채권자를 위하여 채무자의 자력 감소를 방지하고, 일탈된 채무자의 책임재산을 회수하여 채권의 실효성을 확보하는 데 목적이 있으므로, <u>피보전채권이 사해행위 이전에 성립되어 있는 이상 액수나 범위가 구체적으로 확정되지 않은 경우라고 하더라도 채권자취소권의 피보전채권이 된다</u>(대판 2018.6.28. 2016다1045).

[❸ ▶ ×] 어느 부동산에 관한 법률행위가 사해행위에 해당하는 경우에는 원칙적으로 그 사해행위를 취소하고 소유권이전등기의 말소 등 부동산 자체의 회복을 명하여야 하는 것이나, 다만 원물반환이 불가능하거나 현저히 곤란한 경우에는 원상회복의무의 이행으로서 사해행위 목적물 가액 상당의 배상을 명하여야 하는 것이고, 이러한 가액배상에 있어서는 일반 채권자들의 공동담보로 되어 있어 사해행위가 성립하는 범위 내의 가액배상을 명하여야 하는 것이므로, <u>그 부동산에 관하여 주택임대차보호법 제3조 제1항이 정한 대항력을 갖추고 임대차계약서에 확정일자를 받아 임대차보증금 우선변제권을 가진 임차인 또는 같은 법 제8조에 의하여 임대차보증금 중 일정액을 우선하여 변제받을 수 있는 소액임차인이 있는 때에는 수익자가 배상하여야 할 부동산의 가액에서 그 우선변제권 있는 임차보증금 반환채권 금액을 공제하여야 한다</u>(대판 2007.7.26. 2007다29119).

[**❹** ▸ ✕] 부동산에 관한 법률행위가 사해행위에 해당하는 경우에는 원칙적으로 그 사해행위를 취소하고 소유권이전등기의 말소 등 부동산 자체의 회복을 명하는 것이 원칙이지만, 저당권이 설정되어 있는 부동산에 관하여 사해행위가 이루어진 경우에 그 사해행위는 부동산의 가액에서 저당권의 피담보채권액을 공제한 잔액의 범위 내에서만 성립한다고 보아야 하므로, 사해행위 후 변제 등에 의하여 저당권설정등기가 말소된 경우, 사해행위를 취소하여 그 부동산의 자체의 회복을 명하는 것은 당초 일반 채권자들의 공동담보로 되어 있지 아니하던 부분까지 회복을 명하는 것이 되어 공평에 반하는 결과가 되므로, 그 부동산의 가액에서 저당권의 피담보채무액을 공제한 잔액의 한도에서 사해행위를 취소하고 그 가액의 배상을 구할 수 있을 뿐이고, <u>그와 같은 가액 산정은 사실심변론 종결 시를 기준으로 하여야 한다</u>(대판 1999.9.7. 98다41490).

[**❺** ▸ ○] 처분행위 당시에는 채권자를 해하는 것이었다고 하더라도 그 후 채무자가 자력을 회복하여 사해행위취소권을 행사하는 사실심의 변론종결 시에는 채권자를 해하지 않게 된 경우에는 책임재산 보전의 필요성이 없어지게 되어 채권자취소권이 소멸하는 것으로 보아야 할 것인바, 그러한 사정변경이 있다는 사실은 채권자취소소송의 상대방이 증명하여야 한다(대판 2007.11.29. 2007다54849).

답 ❺

---

15 ☐☐☐ 채권자취소권에 관한 다음 설명 중 옳은 것을 모두 고른 것은? 　2023년 법무사시험 [문 39]

> ㄱ. 채권자취소권의 요건을 갖춘 각 채권자는 고유의 권리로서 채무자의 재산처분 행위를 취소하고 그 원상회복을 구할 수 있는 것이므로 각 채권자가 동시 또는 이시에 채권자취소 및 원상회복소송을 제기한 경우 이들 소송은 중복제소에 해당하지 않는다.
> ㄴ. 사해행위 당시에 이미 채권 성립의 기초가 되는 법률관계가 발생되어 있고 가까운 장래에 그 법률관계에 기하여 채권이 성립될 고도의 개연성이 있으며 실제로 가까운 장래에 그 개연성이 현실화되어 채권이 성립된 경우에는 그 채권도 채권자취소권의 피보전채권이 될 수 있으므로, 사해행위 당시 계속적인 물품거래관계가 존재하였다는 사정만으로도 채권 성립의 기초가 되는 법률관계가 발생하여 있었다고 할 수 있다.
> ㄷ. 채권자취소소송에서 피보전채권의 존재가 인정되어 사해행위 취소 및 원상회복을 명하는 판결이 확정되었다고 하더라도, 그에 기하여 재산이나 가액의 회복을 마치기 전에 피보전채권이 소멸하여 채권자가 더 이상 채무자의 책임재산에 대하여 강제집행을 할 수 없게 되었다면, 이는 위 판결의 집행력을 배제하는 적법한 청구이의 이유가 된다.
> ㄹ. 채권자가 채무자 소유의 부동산에 대한 가압류신청 시 첨부한 등기부등본에 수익자 명의의 근저당권설정등기가 경료되어 있었다면 채권자가 가압류신청 당시 사해행위 취소원인을 알았다고 인정할 수 있다.
> ㅁ. 수익자가 채권자취소에 따른 원상회복으로서 가액배상을 할 경우, 수익자 자신도 채무자에 대한 채권자라는 이유로 채무자에 대하여 가지는 자기의 채권과의 상계를 주장할 수는 없다.

① ㄱ, ㄴ, ㄹ　　　　　　　　② ㄱ, ㄴ, ㅁ
③ ㄱ, ㄷ, ㅁ　　　　　　　　④ ㄴ, ㄷ, ㅁ
⑤ ㄷ, ㄹ, ㅁ

[ㄱ ▸ O] 채권자취소권의 요건을 갖춘 각 채권자는 고유의 권리로서 채무자의 재산처분행위를 취소하고 그 원상회복을 구할 수 있는 것이므로 각 채권자가 동시 또는 이시에 사해행위의 취소 및 원상회복을 구하는 소송을 제기하였다 하여도 그중 어느 소송에서 승소판결이 선고·확정되고 그에 기하여 재산이나 가액의 회복을 마치기 전에는 각 소송이 중복제소에 해당한다거나 권리보호의 이익이 없게 되는 것은 아니다(대판 2005.5.27. 2004다67806).

[ㄴ ▸ ×] 채권자취소권에 의하여 보호될 수 있는 채권은 원칙적으로 사해행위라고 볼 수 있는 행위가 행하여지기 전에 발생된 것임을 요하지만, 사해행위 당시에 이미 채권 성립의 기초가 되는 법률관계가 발생되어 있고, 가까운 장래에 그 법률관계에 터 잡아 채권이 성립되리라는 점에 대한 고도의 개연성이 있으며, 실제로 가까운 장래에 개연성이 현실화되어 채권이 성립된 경우에는, 그 채권도 채권자취소권의 피보전채권이 될 수 있다. … 계속적인 물품공급계약에서 대상이 되는 물품의 구체적인 수량, 거래단가, 거래시기 등에 관하여까지 구체적으로 미리 정하고 있다거나, 일정한 한도에서 공급자가 외상으로 물품을 공급할 의무를 규정하고 있지 않은 이상, 계속적 물품공급계약 그 자체에 기하여 거래당사자의 채권이 바로 성립하지는 아니하며, 주문자가 상대방에게 구체적으로 물품의 공급을 의뢰하고 그에 따라 상대방이 물품을 공급하는 별개의 법률관계가 성립하여야만 채권이 성립한다. 따라서 <u>특별한 사정이 없는 한 사해행위 당시 계속적인 물품거래관계가 존재하였다는 사정만으로 채권 성립의 기초가 되는 법률관계가 발생하여 있었다고 할 수 없다</u>(대판 2023.3.16. 2022다272046).

[ㄷ ▸ O] 채권자취소권은 채무자의 사해행위를 채권자와 수익자 또는 전득자 사이에서 상대적으로 취소하고 채무자의 책임재산에서 일탈한 재산을 회복하여 채권자의 강제집행이 가능하도록 하는 것을 본질로 하는 권리이므로, 채권자취소권에 의하여 책임재산을 보전할 필요성이 없어지면 채권자취소권은 소멸한다. 따라서 채권자취소소송에서 피보전채권의 존재가 인정되어 사해행위 취소 및 원상회복을 명하는 판결이 확정되었다고 하더라도, 그에 기하여 재산이나 가액의 회복을 마치기 전에 피보전채권이 소멸하여 채권자가 더 이상 채무자의 책임재산에 대하여 강제집행을 할 수 없게 되었다면, 이는 위 판결의 집행력을 배제하는 적법한 청구이의 이유가 된다(대판 2017.10.26. 2015다224469).

[ㄹ ▸ ×] 채권자취소의 소는 채권자가 취소원인을 안 날로부터 1년 내에 제기하여야 하는 것인바, 여기에서 취소원인을 안다고 하기 위하여서는 단순히 채무자의 법률행위가 있었다는 사실을 아는 것만으로는 부족하고, 그 법률행위가 채권자를 해하는 행위라는 것, 즉 그에 의하여 채권의 공동담보에 부족이 생기거나 이미 부족상태에 있는 공동담보가 한층 더 부족하게 되어 채권을 완전히 만족시킬 수 없게 된다는 것까지 알아야 한다. … <u>채권자가 채무자 소유의 부동산에 대한 가압류신청시 첨부한 등기부등본에 수익자 명의의 근저당권설정등기가 경료되어 있었다는 사실만으로는 채권자가 가압류신청 당시 취소원인을 알았다고 인정할 수 없다</u>(대판 2000.6.13. 2000다15265).

[ㅁ ▸ O] 채권자취소권은 채권의 공동담보인 채무자의 책임재산을 보전하기 위하여 채무자와 수익자 사이의 사해행위를 취소하고 채무자의 일반재산으로부터 일탈된 재산을 모든 채권자를 위하여 수익자 또는 전득자로부터 환원시키는 제도로서, 수익자로 하여금 자기의 채무자에 대한 반대채권으로써 상계를 허용하는 것은 사해행위에 의하여 이익을 받은 수익자를 보호하고 다른 채권자의 이익을 무시하는 결과가 되어 위 제도의 취지에 반하므로, 수익자가 채권자취소에 따른 원상회복으로서 가액배상을 할 때에 채무자에 대한 채권자라는 이유로 채무자에 대하여 가지는 자기의 채권과의 상계를 주장할 수는 없다(대판 2001.6.1. 99다63183).

답 ❸

16

□□□ **다음 설명 중 가장 옳지 않은 것은?**

① 채권자가 사해행위의 취소로서 수익자를 상대로 채무자와의 법률행위의 취소를 구함과 아울러 전득자를 상대로도 전득행위의 취소를 구함에 있어서, 전득자의 악의는 전득행위 당시 채무자와 수익자 사이의 법률행위가 채권자를 해한다는 사실, 즉 사해행위의 객관적 요건을 구비하였다는 것에 대한 인식을 의미한다. 한편 사해행위취소소송에서 채무자의 악의의 점에 대하여는 취소를 주장하는 채권자에게 증명책임이 있으나 수익자 또는 전득자가 악의라는 점에 관하여는 증명책임이 채권자에게 있는 것이 아니고 수익자 또는 전득자 자신에게 선의라는 사실을 증명할 책임이 있으며, 채무자의 재산처분행위가 사해행위에 해당할 경우에 사해행위 또는 전득행위 당시 수익자 또는 전득자가 선의였음을 인정함에 있어서는 객관적이고도 납득할 만한 증거자료 등에 의하여야 하고, 채무자나 수익자의 일방적인 진술이나 제3자의 추측에 불과한 진술 등에만 터 잡아 사해행위 또는 전득행위 당시 수익자 또는 전득자가 선의였다고 선뜻 단정하여서는 아니 된다.

② 상속재산의 분할협의는 상속이 개시되어 공동상속인 사이에 잠정적 공유가 된 상속재산에 대하여 그 전부 또는 일부를 각 상속인의 단독소유로 하거나 새로운 공유관계로 이행시킴으로써 상속재산의 귀속을 확정시키는 것에 불과하므로 사해행위취소권 행사의 대상이 될 수 없다. 따라서 채무자가 자기의 유일한 재산인 부동산을 매각하여 소비하기 쉬운 금전으로 바꾸거나 타인에게 무상으로 이전하여 주는 행위가 채권자에 대하여 사해행위가 되는 것과 달리, 이미 채무초과상태에 있는 채무자가 상속재산의 분할협의를 하면서 자신의 상속분에 관한 권리를 포기하였다고 하더라도 채권자에 대한 사해행위에 해당한다고 할 수는 없다.

③ 근저당권이 설정되어 있는 부동산에 관하여 사해행위가 이루어진 후 근저당권이 말소되어 그 부동산의 가액에서 근저당권 피담보채무액을 공제한 나머지 금액의 한도에서 사해행위를 취소하고 가액의 배상을 명하는 경우 그 가액의 산정은 사실심 변론종결 시를 기준으로 하여야 하고, 이 경우 사해행위가 있은 후 그 부동산에 관한 권리를 취득한 전득자에 대하여는 사실심 변론종결 시의 부동산 가액에서 말소된 근저당권 피담보채무액을 공제한 금액과 사실심 변론종결 시를 기준으로 한 취소채권자의 채권액 중 적은 금액의 한도 내에서 그가 취득한 이익에 대해서만 가액배상을 명할 수 있다.

④ 부동산에 관한 법률행위가 사해행위에 해당하는 경우에는 채무자의 책임재산을 보전하기 위하여 사해행위를 취소하고 원상회복을 명하여야 한다. 수익자는 채무자로부터 받은 재산을 반환하는 것이 원칙이지만, 그 반환이 불가능하거나 곤란한 사정이 있는 때에는 그 가액을 반환하여야 한다. 사해행위를 취소하여 부동산 자체의 회복을 명하게 되면 당초 일반 채권자들의 공동담보로 되어 있지 않던 부분까지 회복을 명하는 것이 되어 공평에 반하는 결과가 되는 경우에는 그 부동산의 가액에서 공동담보로 되어 있지 않던 부분의 가액을 뺀 나머지 금액한도에서 가액반환을 명할 수 있다.

⑤ 채권자 취소의 소는 채권자가 취소원인을 안 날로부터 1년 내에 제기하여야 한다(민법 제406조 제2항). 여기에서 취소원인을 안다는 것은 단순히 채무자의 법률행위가 있었다는 사실을 아는 것만으로는 부족하고, 그 법률행위가 채권자를 불리하게 하는 행위라는 것, 즉 그 행위에 의하여 채권의 공동담보에 부족이 생기거나 이미 부족상태에 있는 공동담보가 한층 더 부족하게 되어 채권을 완전하게 만족시킬 수 없게 된다는 것까지 알아야 한다.

[**❶ ▸ O**] 채권자가 사해행위의 취소로서 수익자를 상대로 채무자와의 법률행위의 취소를 구함과 아울러 전득자를 상대로도 전득행위의 취소를 구함에 있어서, 전득자의 악의는 전득행위 당시 채무자와 수익자 사이의 법률행위가 채권자를 해한다는 사실, 즉 사해행위의 객관적 요건을 구비하였다는 것에 대한 인식을 의미한다. 한편 사해행위취소소송에서 채무자의 악의의 점에 대하여는 취소를 주장하는 채권자에게 증명책임이 있으나 수익자 또는 전득자가 악의라는 점에 관하여는 증명책임이 채권자에게 있는 것이 아니고 수익자 또는 전득자 자신에게 선의라는 사실을 증명할 책임이 있으며, 채무자의 재산처분행위가 사해행위에 해당할 경우에 사해행위 또는 전득행위 당시 수익자 또는 전득자가 선의였음을 인정함에 있어서는 객관적이고도 납득할 만한 증거자료 등에 의하여야 하고, 채무자나 수익자의 일방적인 진술이나 제3자의 추측에 불과한 진술 등에만 터 잡아 사해행위 또는 전득행위 당시 수익자 또는 전득자가 선의였다고 선뜻 단정하여서는 아니 된다(대판 2015.6.11. 2014다237192).

[**❷ ▸ ×**] 상속재산의 분할협의는 상속이 개시되어 공동상속인 사이에 잠정적 공유가 된 상속재산에 대하여 그 전부 또는 일부를 각 상속인의 단독소유로 하거나 새로운 공유관계로 이행시킴으로써 상속재산의 귀속을 확정시키는 것으로 그 성질상 재산권을 목적으로 하는 법률행위이므로 사해행위취소권 행사의 대상이 될 수 있고, 한편 채무자가 자기의 유일한 재산인 부동산을 매각하여 소비하기 쉬운 금전으로 바꾸거나 타인에게 무상으로 이전하여 주는 행위는 특별한 사정이 없는 한 채권자에 대하여 사해행위가 되는 것이므로, 이미 채무초과상태에 있는 채무자가 상속재산의 분할협의를 하면서 자신의 상속분에 관한 권리를 포기함으로써 일반 채권자에 대한 공동담보가 감소한 경우에도 원칙적으로 채권자에 대한 사해행위에 해당한다(대판 2007.7.26. 2007다29119).

[**❸ ▸ O**] 근저당권이 설정되어 있는 부동산에 관하여 사해행위가 이루어진 후 근저당권이 말소되어 그 부동산의 가액에서 근저당권 피담보채무액을 공제한 나머지 금액의 한도에서 사해행위를 취소하고 가액의 배상을 명하는 경우 그 가액의 산정은 사실심 변론종결 시를 기준으로 하여야 하고, 이 경우 사해행위가 있은 후 그 부동산에 관한 권리를 취득한 전득자에 대하여는 사실심 변론종결 시의 부동산 가액에서 말소된 근저당권 피담보채무액을 공제한 금액과 사실심 변론종결 시를 기준으로 한 취소채권자의 채권액 중 적은 금액의 한도 내에서 그가 취득한 이익에 대해서만 가액배상을 명할 수 있다(대판 2019.4.11. 2018다203715).

[**❹ ▸ O**] 부동산에 관한 법률행위가 사해행위에 해당하는 경우에는 채무자의 책임재산을 보전하기 위하여 사해행위를 취소하고 원상회복을 명하여야 한다. 수익자는 채무자로부터 받은 재산을 반환하는 것이 원칙이지만, 그 반환이 불가능하거나 곤란한 사정이 있는 때에는 그 가액을 반환하여야 한다. 사해행위를 취소하여 부동산 자체의 회복을 명하게 되면 당초 일반 채권자들의 공동담보로 되어 있지 않던 부분까지 회복을 명하는 것이 되어 공평에 반하는 결과가 되는 경우에는 그 부동산의 가액에서 공동담보로 되어 있지 않던 부분의 가액을 뺀 나머지 금액한도에서 가액반환을 명할 수 있다(대판 2018.9.13. 2018다215756).

[**❺ ▸ O**] 채권자 취소의 소는 채권자가 취소원인을 안 날로부터 1년 내에 제기하여야 하는 것인바, 여기에서 취소원인을 안다고 하기 위하여서는 단순히 채무자의 법률행위가 있었다는 사실을 아는 것만으로는 부족하고, 그 법률행위가 채권자를 해하는 행위라는 것, 즉 그에 의하여 채권의 공동담보에 부족이 생기거나 이미 부족상태에 있는 공동담보가 한층 더 부족하게 되어 채권을 완전하게 만족시킬 수 없게 된다는 것까지 알아야 한다(대판 2000.6.13. 2000다15265).

답 ❷

17
□□□

수인의 채권자 및 채무자에 관한 다음 설명 중 가장 옳지 않은 것은?

2024년 법무사시험 [문 37]

① 공유물 무단 점유자에 대한 차임 상당 부당이득반환청구권은 특별한 사정이 없는 한 각 공유자에게 지분 비율만큼 귀속된다.

② 민법 제428조의2 제1항 전문은 "보증은 그 의사가 보증인의 기명날인 또는 서명이 있는 서면으로 표시되어야 효력이 발생한다."라고 규정하고 있는데, '보증인의 서명'은 원칙적으로 보증인이 직접 자신의 이름을 쓰는 것을 의미하므로 타인이 보증인의 이름을 대신 쓰는 것은 이에 해당하지 않지만, '보증인의 기명날인'은 타인이 이를 대행하는 방법으로 하여도 무방하다.

③ 부진정연대채무자 중 1인이 자신의 채권자에 대한 반대채권으로 상계를 한 경우, 채권자가 상계 내지 상계계약이 이루어질 당시 다른 부진정연대채무자의 존재를 알았던 경우에 한하여 그 상계로 인한 채무소멸의 효력이 소멸한 채무 전액에 관하여 다른 부진정연대채무자에 대하여도 미친다고 보아야 한다.

④ 여러 사람이 공동임대인으로서 임차인과 하나의 임대차계약을 체결한 경우에는 민법 제547조 제1항의 적용을 배제하는 특약이 있다는 등의 특별한 사정이 없는 한 공동임대인 전원의 해지의 의사표시에 따라 임대차계약 전부를 해지하여야 하고, 이러한 법리는 임대차계약의 체결 당시부터 공동임대인이었던 경우뿐만 아니라 임대차목적물 중 일부가 양도되어 그에 관한 임대인의 지위가 승계됨으로써 공동임대인으로 되는 경우에도 마찬가지로 적용된다.

⑤ 어느 연대채무자가 다른 연대채무자에게 통지하지 아니하고 변제 기타 자기의 출재로 공동면책이 된 경우에 다른 연대채무자가 채권자에게 대항할 수 있는 사유가 있었을 때에는 그 부담부분에 한하여 이 사유로 면책행위를 한 연대채무자에게 대항할 수 있고, 그 대항사유가 상계인 때에는 상계로 소멸할 채권은 그 연대채무자에게 이전된다.

┈┈

[❶ ▶ ○] 불가분채권이 되려면 그 성질이나 당사자의 의사표시에 의해 급부를 나눌 수 없어야 한다(민법 제409조). 공유물 무단 점유자에 대한 차임 상당 부당이득반환청구권은 특별한 사정이 없는 한 각 공유자에게 지분 비율만큼 귀속된다(대판 2021.12.16. 2021다257255).

[**❷ ▸ O**] 민법 제428조의2 제1항 전문은 "보증은 그 의사가 보증인의 기명날인 또는 서명이 있는 서면으로 표시되어야 효력이 발생한다."라고 규정하고 있는데, '보증인의 서명'은 원칙적으로 보증인이 직접 자신의 이름을 쓰는 것을 의미하므로 타인이 보증인의 이름을 대신 쓰는 것은 이에 해당하지 않지만, '보증인의 기명날인'은 타인이 이를 대행하는 방법으로 하여도 무방하다(대판 2019.3.14. 2018다282473).

[**❸ ▸ ✕**] 부진정연대채무자 중 1인이 자신의 채권자에 대한 반대채권으로 상계를 한 경우에도 채권은 변제, 대물변제, 또는 공탁이 행하여진 경우와 동일하게 현실적으로 만족을 얻어 그 목적을 달성하는 것이므로, <u>그 상계로 인한 채무소멸의 효력은 소멸한 채무 전액에 관하여 다른 부진정연대채무자에 대하여도 미친다고 보아야 한다.</u> 이는 부진정연대채무자 중 1인이 채권자와 상계계약을 체결한 경우에도 마찬가지이다. 나아가 <u>이러한 법리는 채권자가 상계 내지 상계계약이 이루어질 당시 다른 부진정연대채무자의 존재를 알았는지 여부에 의하여 좌우되지 아니한다</u>(대판[전합] 2010.9.16. 2008다97218).

[**❹ ▸ O**] 민법 제547조 제1항은 "당사자의 일방 또는 쌍방이 수인인 경우에는 계약의 해지나 해제는 그 전원으로부터 또는 전원에 대하여 하여야 한다."라고 규정하고 있으므로, 여러 사람이 공동임대인으로서 임차인과 하나의 임대차계약을 체결한 경우에는 민법 제547조 제1항의 적용을 배제하는 특약이 있다는 등의 특별한 사정이 없는 한 공동임대인 전원의 해지의 의사표시에 따라 임대차계약 전부를 해지하여야 한다. 이러한 법리는 임대차계약의 체결 당시부터 공동임대인이었던 경우뿐만 아니라 임대차목적물 중 일부가 양도되어 그에 관한 임대인의 지위가 승계됨으로써 공동임대인으로 되는 경우에도 마찬가지로 적용된다(대판 2015.10.29. 2012다5537).

[**❺ ▸ O**] 어느 연대채무자가 다른 연대채무자에게 통지하지 아니하고 변제 기타 자기의 출재로 공동면책이 된 경우에 다른 연대채무자가 채권자에게 대항할 수 있는 사유가 있었을 때에는 그 부담부분에 한하여 이 사유로 면책행위를 한 연대채무자에게 대항할 수 있고 그 대항사유가 상계인 때에는 상계로 소멸할 채권은 그 연대채무자에게 이전된다(민법 제426조 제1항).

답 ❸

18

다수당사자의 채권관계에 관한 다음 설명 중 가장 옳지 않은 것은? 2022년 법무사시험 [문 30]

① 공동불법행위자 중 1인에 대하여 구상의무를 부담하는 다른 공동불법행위자가 수인인 경우, 구상권자인 공동불법행위자 측에 과실이 있든 없든 그에 대한 수인의 구상의무 사이의 관계를 부진정연대관계로 봄이 상당하다.

② 채권자의 신청에 의한 경매개시결정에 따라 연대채무자 1인의 소유 부동산이 압류된 경우, 이로써 위 채무자에 대한 채권의 소멸시효는 중단되지만, 압류에 의한 시효중단의 효력은 다른 연대채무자에게 미치지 않는다.

③ 금융기관이 회사 임직원의 대규모 분식회계로 인하여 회사의 재무구조를 잘못 파악하고 회사에 대출을 해 준 경우, 회사의 금융기관에 대한 대출금채무와 회사 임직원의 분식회계 행위로 인한 금융기관에 대한 손해배상채무는 부진정연대의 관계에 있다.

④ 부진정연대채무의 관계에 있는 채무자들을 공동피고로 하여 이행의 소가 제기된 경우 공동피고에 대한 각 청구는 법률상 양립할 수 없는 것이 아니므로 그 소송은 민사소송법 제70조 제1항에 규정한 본래 의미의 예비적·선택적 공동소송이라고 할 수 없다.

⑤ 4인의 매도인이 4인의 매수인에게 임야를 매도하기로 하는 계약을 체결한 후 매매계약의 무효를 원인으로 부당이득으로서 계약금의 반환을 구하는 경우, 특별한 사정이 없으면 매도인 중의 1인이 매수인 중의 1인에게 위 계약금 전액을 반환할 의무가 있다고 할 수 없다.

[**❶ ▸ ✕**] 공동불법행위자 중 1인에 대하여 구상의무를 부담하는 다른 공동불법행위자가 수인인 경우에는 <u>특별한 사정이 없는 이상 그들의 구상권자에 대한 채무는 각자의 부담 부분에 따른 분할채무로 봄이 상당하지만, 구상권자인 공동불법행위자 측에 과실이 없는 경우, 즉 내부적인 부담 부분이 전혀 없는 경우에는 이와 달리 그에 대한 수인의 구상의무 사이의 관계를 부진정연대관계로 봄이 상당하다</u>(대판 2005.10.13. 2003다24147).

[**❷ ▸ ○**] 채권자의 신청에 의한 경매개시결정에 따라 연대채무자 1인의 소유 부동산이 압류된 경우, 이로써 위 채무자에 대한 채권의 소멸시효는 중단되지만, 압류에 의한 시효중단의 효력은 다른 연대채무자에게 미치지 아니하므로, 경매개시결정에 의한 시효중단의 효력을 다른 연대채무자에 대하여 주장할 수 없다(대판 2001.8.21. 2001다22840).

[**❸ ▸ ○**] 금융기관이 회사 임직원의 대규모 분식회계로 인하여 회사의 재무구조를 잘못 파악하고 회사에 대출을 해 준 경우, 회사의 금융기관에 대한 대출금채무와 회사 임직원의 분식회계 행위로 인한 금융기관에 대한 손해배상채무는 서로 동일한 경제적 목적을 가진 채무로서 서로 중첩되는 부분에 관하여는 일방의 채무가 변제 등으로 소멸하면 타방의 채무도 소멸하는 이른바 부진정연대의 관계에 있다(대판 2008.1.18. 2005다65579).

[**❹ ▸ ○**] 부진정연대채무의 관계에 있는 채무자들을 공동피고로 하여 이행의 소가 제기된 경우 공동피고에 대한 각 청구는 법률상 양립할 수 없는 것이 아니므로 그 소송은 민사소송법 제70조 제1항에 규정한 본래 의미의 예비적·선택적 공동소송이라고 할 수 없고, 따라서 거기에 필수적 공동소송에 관한 민사소송법 제67조는 준용되지 않는다고 할 것이어서 상소로 인한 확정차단의 효력도 상소인과 그 상대방에 대해서만 생기고 다른 공동소송인에 대한 관계에는 미치지 않는다(대판 2012.9.27. 2011다76747).

[**❺ ▸ ○**] 채권자나 채무자가 여러 사람인 경우에 특별한 의사표시가 없으면 각 채권자 또는 각 채무자는 균등한 비율로 권리가 있고 의무를 부담한다고 할 것이므로, 피고를 포함한 4인의 매도인이 원고를 포함한 4인의 매수인에게 임야를 매도하기로 하는 계약을 체결한 경우 매매계약의 무효를 원인으로 부당이득으로서 계약금의 반환을 구하는 채권은 특별한 사정이 없으면 불가분채권채무관계가 될 수 없으므로 매도인 중의 1인에 불과한 피고가 매수인 중의 1인에 불과한 원고에게 위 계약금 전액을 반환할 의무가 있다고 할 수 없다(대판 1993.8.14. 91다41316).

답 ❶

19 □□□　보증에 관한 다음 설명 중 가장 옳지 않은 것은?　**2024년 법무사시험 [문 30]**

① 주채무에 대한 소멸시효가 완성되어 보증채무가 소멸된 상태에서 보증인이 보증채무를 이행하거나 승인하였다고 하더라도, 주채무자가 아닌 보증인의 행위에 의하여 주채무에 대한 소멸시효 이익의 포기 효과가 발생된다고 할 수 없다.

② 채권자와 주채무자 사이의 확정판결에 의하여 주채무가 확정되어 그 소멸시효기간이 10년으로 연장되었다면, 그 보증채무까지도 당연히 단기소멸시효의 적용이 배제되어 10년의 소멸시효기간이 적용된다고 보는 것이 보증채무의 성질에 부합한다.

③ 민법 제440조는 "주채무자에 대한 시효의 중단은 보증인에 대하여 그 효력이 있다."라고 규정하고 있는바, 민법 제440조는 시효중단에 관한 민법 제169조의 예외 규정으로서 이는 채권자 보호 내지 채권담보의 확보를 위하여 주채무자에 대한 시효중단의 사유가 발생하였을 때는 그 보증인에 대한 별도의 중단조치가 이루어지지 아니하여도 동시에 시효중단의 효력이 생기도록 한 것이고, 그 시효중단사유가 압류, 가압류 및 가처분이라고 하더라도 이를 보증인에게 통지하여야 비로소 시효중단의 효력이 발생하는 것은 아니다.

④ 수탁보증인의 사전구상권과 사후구상권은 종국적 목적과 사회적 효용을 같이 하는 공통성을 가지고 있으나, 그 발생원인을 달리하고 법적성질도 달리하는 별개의 독립된 권리이므로, 사후구상권이 발생한 이후에도 사전구상권은 소멸하지 아니하고 병존하며, 다만 목적달성으로 일방이 소멸하면 타방도 소멸하는 관계에 있을 뿐이다.

⑤ 어느 연대채무자나 어느 불가분채무자를 위하여 보증인이 된 자의 다른 연대채무자나 다른 불가분 채무자에 대한 구상권에 관한 규정인 민법 제447조는 연대채무자 모두를 위하여 물상보증인이 된 자가 그 연대채무자의 1인에 대하여 구상권을 행사하는 경우에는 적용될 여지가 없다.

⋯⋯

[❶ ▸ ○]　보증채무에 대한 소멸시효가 중단되는 등의 사유로 완성되지 아니하였다고 하더라도 주채무에 대한 소멸시효가 완성된 경우에는 시효완성 사실로써 주채무가 당연히 소멸되므로 보증채무의 부종성에 따라 보증채무 역시 당연히 소멸된다. 그리고 주채무에 대한 소멸시효가 완성되어 보증채무가 소멸된 상태에서 보증인이 보증채무를 이행하거나 승인하였다고 하더라도, 주채무자가 아닌 보증인의 행위에 의하여 주채무에 대한 소멸시효 이익의 포기 효과가 발생된다고 할 수 없으며, 주채무의 시효소멸에도 불구하고 보증채무를 이행하겠다는 의사를 표시한 경우 등과 같이 부종성을 부정하여야 할 다른 특별한 사정이 없는 한 보증인은 여전히 주채무의 시효소멸을 이유로 보증채무의 소멸을 주장할 수 있다고 보아야 한다(대판 2012.7.12. 2010다51192).

[❷ ▸ ×]　채권자와 주채무자 사이의 확정판결에 의하여 주채무가 확정되어 그 소멸시효기간이 10년으로 연장되었다 할지라도 <u>그 보증채무까지 당연히 단기소멸시효의 적용이 배제되어 10년의 소멸시효기간이 적용되는 것은 아니고, 채권자와 연대보증인 사이에 있어서 연대보증채무의 소멸시효기간은 여전히 종전의 소멸시효기간에 따른다</u>(대판 2006.8.24. 2004다26287).

[❸ ▸ ○] 민법 제169조는 '시효의 중단은 당사자 및 그 승계인 간에만 효력이 있다.'고 규정하고 있고, 한편 민법 제440조는 '주채무자에 대한 시효의 중단은 보증인에 대하여 그 효력이 있다.'라고 규정하고 있는바, 민법 제440조는 민법 제169조의 예외 규정으로서 이는 채권자 보호 내지 채권담보의 확보를 위하여 주채무자에 대한 시효중단의 사유가 발생하였을 때는 그 보증인에 대한 별도의 중단조치가 이루어지지 아니하여도 동시에 시효중단의 효력이 생기도록 한 것이고, 그 시효중단사유가 압류, 가압류 및 가처분이라고 하더라도 이를 보증인에게 통지하여야 비로소 시효중단의 효력이 발생하는 것은 아니다 (대판 2005.10.27. 2005다35554).

[❹ ▸ ○] 수탁보증인의 사전구상권과 사후구상권은 종국적 목적과 사회적 효용을 같이 하는 공통성을 가지고 있으나, 사후구상권은 보증인이 채무자에 갈음하여 변제 등 자신의 출연으로 채무를 소멸시켰다고 하는 사실에 의하여 발생하는 것이고, 이에 대하여 사전구상권은 그 외의 민법 제442조 제1항 소정의 사유나 약정으로 정한 일정한 사실에 의하여 발생하는 등 발생원인을 달리하고 법적 성질도 달리하는 별개의 독립된 권리이므로, 사후구상권이 발생한 이후에도 사전구상권은 소멸하지 아니하고 병존하며, 다만 목적달성으로 일방이 소멸하면 타방도 소멸하는 관계에 있을 뿐이다(대판 2019.2.14. 2017다274703).

[❺ ▸ ○] 민법 제447조는 어느 연대채무자나 어느 불가분채무자를 위하여 보증인이 된 자의 다른 연대채무자나 다른 불가분채무자에 대한 구상권에 관한 규정에 불과하므로 연대채무자 모두를 위하여 물상보증인이 된 자가 그 연대채무자의 1인에 대하여 구상권을 행사하는 경우에는 적용될 여지가 없다(대판 1990.11.13. 90다카26065).

답 ❷

20
☐☐☐

甲에 대한 乙의 3,000만원의 금전채무에 대하여 丙과 丁이 연대보증인(각 전액보증, 내부적 부담부분 각 1,500만원)이 된 경우에 관한 다음 설명 중 가장 옳은 것은?

2022년 법무사시험 [문 2]

① 甲의 丙에 대한 채권포기는 乙에게는 그 효력이 미치지 않지만 丁에게는 미친다.

② 丙이 甲으로부터 청구를 받은 경우, 丙이 乙에게 변제자력이 있는 사실 및 그 집행이 용이할 것을 증명하면 甲은 우선 乙에게 청구하여야 한다.

③ 丙이 3,000만원을 甲에게 변제한 경우 丙은 乙에 대하여는 구상할 수 있지만 丁에 대하여 구상할 수는 없다.

④ 甲이 丙에 대한 연대보증채권을 피보전권리로 하여 丙 소유의 부동산에 가압류를 하더라도 乙에 대한 채권의 소멸시효는 중단되지 않는다.

⑤ 丙은 乙이 甲에 대하여 가지는 채권에 의한 상계를 가지고 甲에게 대항할 수 없다.

....

[❶ ▸ ×] 연대보증인 1인에 대한 채권포기는 주채무자나 다른 연대보증인에게는 효력이 미치지 아니한다(대판 1994.11.8. 94다37202).

[❷ ▸ ×] 채권자가 보증인에게 채무의 이행을 청구한 때에는 보증인은 주채무자의 변제자력이 있는 사실 및 그 집행이 용이할 것을 증명하여 먼저 주채무자에게 청구할 것과 그 재산에 대하여 집행할 것을 항변할 수 있다. 그러나 보증인이 주채무자와 연대하여 채무를 부담한 때에는 그러하지 아니하다(민법 제437조). 즉, 연대보증인은 주채무자와 연대하여 보증하므로 보충성이 없어 채권자의 청구에 대해 최고·검색의 항변권이 없다.

[❸ ▸ ✕] 연대보증인이 채무의 전액이나 자기의 부담부분을 넘는 변제를 한 때에는 <u>다른 연대보증인</u>에게 구상할 수 있다(민법 제448조 제2항, 제425조 제1항).

> **민법 제448조(공동보증인 간의 구상권)**
> ② 주채무가 불가분이거나 각 보증인이 상호연대로 또는 주채무자와 연대로 채무를 부담한 경우에 어느 보증인이 자기의 부담부분을 넘은 변제를 한 때에는 제425조 내지 제427조의 규정을 준용한다.
>
> **민법 제425조(출재채무자의 구상권)**
> ① 어느 연대채무자가 변제 기타 자기의 출재로 공동면책이 된 때에는 다른 연대채무자의 부담부분에 대하여 구상권을 행사할 수 있다.

[❹ ▸ ○] 연대보증도 보증에 해당하므로 주채무자와 연대보증인에게 생긴 사유의 효력은 보증에서와 같다. 판례는 보증채무에 대한 소멸시효가 중단되었다고 하더라도 이로써 주채무에 대한 소멸시효가 중단되는 것은 아니고, 주채무가 소멸시효 완성으로 소멸된 경우에는 보증채무도 그 채무 자체의 시효중단에 불구하고 부종성에 따라 당연히 소멸된다(대판 2002.5.14. 2000다62476)고 하므로 甲이 연대보증채권을 피보전권리로 하여 연대보증인 丙 소유 부동산에 가압류를 하였더라도 그로 인한 소멸시효중단의 효력은 주채무자 乙에게는 미치지 않는다.

[❺ ▸ ✕] 보증인은 주채무자의 채권에 의한 상계로 채권자에게 대항할 수 있다(민법 제434조).

답 ❹

21
☐☐☐

보증에 관한 다음 설명 중 가장 옳은 것은?　　　　　　　2021년 법무사시험 [문 16]

① 보증은 그 의사가 보증인의 기명날인 또는 서명이 있는 서면으로 표시되어야 효력이 발생하므로 작성된 서면에 최소한 '보증인' 또는 '보증한다'라는 문언의 기재가 있어야 한다.

② 보증서의 보증금액은 보증인이 보증책임을 지게 될 주채무에 관한 한도액을 정한 것으로서 그 한도액에는 주채무의 원금 및 이에 대한 이자, 지연손해금과 보증채무 자체의 이행지체로 인한 지연손해금이 모두 포함되므로 그 합계액이 보증의 한도액을 초과해서는 안 된다.

③ 채권자와 주채무자 사이의 확정판결에 의하여 상사채무인 주채무가 확정되어 그 소멸시효기간이 10년으로 연장되었다면 채권자와 연대보증인 사이에 있어서 연대보증채무의 소멸시효기간도 10년으로 연장된다.

④ 채권자가 보증인에게 채무의 이행을 청구한 때에는 보증인은 주채무자의 변제자력이 있다는 점 및 그 집행이 용이하다는 짐을 증명하여 먼저 주채무자에게 청구할 것과 그 재산에 대하여 집행할 것을 항변할 수 있고, 단순히 주채무자에게 먼저 청구할 것을 항변할 수는 없다.

⑤ 보증채무의 연체이율에 관하여 특별한 약정이 없으면 주채무에 관하여 약정된 연체이율이 적용된다.

[**❶** ▸ ×] '보증인 보호를 위한 특별법' 제3조 제1항은 "보증은 그 의사가 보증인의 기명날인 또는 서명이 있는 서면으로 표시되어야 효력이 발생한다"고 정한다. 이와 같이 보증의 의사표시에 보증인의 기명날인 또는 서명이 있는 서면을 요구하는 것은, 한편으로 그 의사가 명확하게 표시되어서 보증의 존부 및 내용에 관하여 보다 분명한 확인수단이 보장되고, 다른 한편으로 보증인으로 하여금 가능한 한 경솔하게 보증에 이르지 아니하고 숙고의 결과로 보증을 하도록 하려는 취지에서 나온 것이다. 따라서 보증의 의사표시에 관하여 법률행위의 해석에 관한 일반 법리가 적용됨은 물론이나, 거기에서 더 나아가 위의 법규정이 정하는 방식이 준수되었는지 여부는 위와 같은 취지를 충족하는지 여부에 좇아 판단할 것이다. 그리고 이를 판단함에 있어서는 작성된 서면의 내용 및 그 체제 또는 형식, 보증에 이르게 된 경위, 주채무의 종류 또는 내용, 당사자 사이의 관계, 종전 거래의 내용이나 양상 등을 종합적으로 고려할 것이다. 그렇다면 위 법규정이 '보증의 의사'가 일정한 서면으로 표시되는 것을 정할 뿐이라는 점 등을 고려할 때, 작성된 서면에 반드시 '보증인' 또는 '보증한다'라는 문언의 기재가 있을 것이 요구되지는 아니한다고 봄이 상당하다(대판 2013.6.27. 2013다23372).

[**❷** ▸ ×] [**❺** ▸ ×] 보증한도액을 정한 근보증에 있어 보증채무는 특별한 사정이 없는 한 보증한도 범위 안에서 확정된 주채무 및 그 이자, 위약금, 손해배상 기타 주채무에 종속한 채무를 모두 포함하는 것이고, 한편 보증채무는 주채무와는 별개의 채무이기 때문에 보증채무 자체의 이행지체로 인한 지연손해금은 보증한도액과는 별도로 부담하고 이 경우 보증채무의 연체이율에 관하여 특별한 약정이 없는 경우라면 그 거래행위의 성질에 따라 상법 또는 민법에서 정한 법정이율에 따라야 하며, 주채무에 관하여 약정된 연체이율이 당연히 여기에 적용되는 것은 아니지만, 특별한 약정이 있다면 이에 따라야 할 것이다(대판 2005.6.23. 2005다18955).

[**❸** ▸ ×] 채권자와 주채무자 사이의 확정판결에 의하여 주채무가 확정되어 그 소멸시효기간이 10년으로 연장되었다 할지라도 그 보증채무까지 당연히 단기소멸시효의 적용이 배제되어 10년의 소멸시효기간이 적용되는 것은 아니고, 채권자와 연대보증인 사이에 있어서 연대보증채무의 소멸시효기간은 여전히 종전의 소멸시효기간에 따른다(대판 2006.8.24. 2004다26287).

[**❹** ▸ ○] 민법 제437조 본문에 의하면 채권자가 보증인에게 채무의 이행을 청구한 때에는 보증인은 주채무자의 변제자력이 있는 사실 및 그 집행이 용이할 것을 증명하여 먼저 주채무자에게 청구할 것과 그 재산에 대하여 집행할 것을 항변할 수 있다고 규정하므로 보증인의 최고와 검색의 항변권은 보증인이 주채무자에게 변제자력이 있고 집행이 용이한 사실을 입증할 때에 성립될 수 있고, 단순히 주채무자에게 먼저 청구할 것을 항변할 수 없다(대판 1968.9.24. 68다1271).

답 **❹**

제5장 채권양도와 채무인수

22
□□□

채권양도에 관한 다음 설명 중 가장 옳지 않은 것은?
2024년 법무사시험 [문 14]

① 양도인이 지명채권을 제1양수인에게 1차로 양도한 다음 제1양수인이 그에 따라 확정일자 있는 증서에 의한 대항요건을 적법하게 갖추었다면 이로써 채권이 제1양수인에게 이전하고 양도인은 채권에 대한 처분권한을 상실하므로, 그 후 양도인이 동일한 채권을 제2양수인에게 양도하였더라도 제2양수인은 채권을 취득할 수 없다. 다만, 제2차 양도계약 후 양도인과 제1양수인이 제1차 양도계약을 합의해지한 다음 제1양수인이 그 사실을 채무자에게 통지함으로써 채권이 다시 양도인에게 귀속하게 되었다면, 양도인이 처분권한 없이 한 제2차 양도계약이 채권양도로서 유효하게 될 수 있다.

② 당사자의 의사표시에 의한 채권양도금지 특약은 제3자가 악의인 경우는 물론 제3자가 채권양도금지 특약을 알지 못한 데에 중대한 과실이 있는 경우에도 채권양도금지 특약으로써 대항할 수 있고, 제3자의 악의 내지 중과실은 채권양도금지 특약으로 양수인에게 대항하려는 자가 이를 주장·증명하여야 한다.

③ 민법 제449조 제2항 단서는 채권양도금지 특약으로써 대항할 수 없는 자를 '선의의 제3자'라고만 규정하고 있어 채권자로부터 직접 양수한 자만을 가리키는 것으로 해석할 이유는 없으므로, 악의의 양수인으로부터 다시 선의로 양수한 전득자도 위 조항에서의 선의의 제3자에 해당한다.

④ 지명채권양도에 있어서 확정일자 있는 증서에 의한 통지나 승낙은 제3자에 대한 대항요건에 불과하고 채권양도의 유효요건은 아니며, 여기서 채무자 이외의 제3자라 함은 당해 채권에 관하여 양수인의 지위와 양립할 수 없는 법률상 지위를 취득한 자를 말하는 것이므로, 당해 채권을 양수한 양수인에게까지 확정일자 있는 증서에 의한 통지나 승낙이 대항요건으로 필요한 것은 아니라고 할 것이다.

⑤ 채권양도의 통지는 채무자에게 도달됨으로써 효력이 발생하는 것이고, 여기서 도달이라 함은 사회통념상 상대방이 통지의 내용을 알 수 있는 객관적 상태에 놓여졌다고 인정되는 상태를 가리킨다. 이와 같이 도달은 보다 탄력적인 개념으로서 송달장소나 수송달자 등의 면에서 민사소송법상의 송달에서와 같은 엄격함은 요구되지 아니하며, 이에 따라 송달장소 등에 관한 민사소송법의 규정을 유추적용할 것이 아니다.

....

[❶ ▶ ✕] 양도인이 지명채권을 제1양수인에게 1차로 양도한 다음 제1양수인이 그에 따라 확정일자 있는 증서에 의한 대항요건을 적법하게 갖추었다면 이로써 채권이 제1양수인에게 이전하고 양도인은 채권에 대한 처분권한을 상실하므로, 그 후 양도인이 동일한 채권을 제2양수인에게 양도하였더라도 제2양수인은 채권을 취득할 수 없다. 이 경우 양도인이 다른 채무를 담보하기 위하여 제1차 양도계약을 하였더라도 대외적으로 채권이 제1양수인에게 이전되어 제1양수인이 채권을 취득하게 되므로 그 후에 이루어진 제2차 양도계약에 따라 제2양수인이 채권을 취득하지 못하게 됨은 마찬가지이다. 또한 <u>제2차 양도계약 후 양도인과 제1양수인이 제1차 양도계약을 합의해지한 다음 제1양수인이 그 사실을 채무자에게 통지함으로써 채권이 다시 양도인에게 귀속하게 되었더라도 특별한 사정이 없는 한 양도인이 처분권한</u>

없이 한 제2차 양도계약이 채권양도로서 유효하게 될 수는 없으므로, 그로 인하여 제2양수인이 당연히 채권을 취득하게 된다고 볼 수는 없다(대판 2016.7.14. 2015다46119).

[❷ ▶ ○] [❸ ▶ ○] 당사자의 의사표시에 의한 채권양도금지 특약은 제3자가 악의인 경우는 물론 제3자가 채권양도금지 특약을 알지 못한 데에 중대한 과실이 있는 경우에도 채권양도금지 특약으로써 대항할 수 있고, 제3자의 악의 내지 중과실은 채권양도금지 특약으로 양수인에게 대항하려는 자가 이를 주장·증명하여야 한다. 그리고 민법 제449조 제2항 단서는 채권양도금지 특약으로써 대항할 수 없는 자를 '선의의 제3자'라고만 규정하고 있어 채권자로부터 직접 양수한 자만을 가리키는 것으로 해석할 이유는 없으므로, 악의의 양수인으로부터 다시 선의로 양수한 전득자도 위 조항에서의 선의의 제3자에 해당한다. 또한 선의의 양수인을 보호하고자 하는 위 조항의 입법 취지에 비추어 볼 때, 이러한 선의의 양수인으로부터 다시 채권을 양수한 전득자는 선의·악의를 불문하고 채권을 유효하게 취득한다(대판 2015.4.9. 2012다118020).

[❹ ▶ ○] 지명채권양도에 있어서 확정일자 있는 증서에 의한 통지나 승낙은 제3자에 대한 대항요건에 불과하고 채권양도의 유효요건은 아니며, 여기서 채무자 이외의 제3자라 함은 당해 채권에 관하여 양수인의 지위와 양립할 수 없는 법률상 지위를 취득한 자를 말하는 것이므로 당해 채권을 양수한 양수인에게까지 확정일자 있는 증서에 의한 통지나 승낙이 대항요건으로 필요한 것은 아니라고 할 것이다(대판 1983.2.22. 81다134).

[❺ ▶ ○] 채권양도의 통지는 채무자에게 도달됨으로써 효력이 발생하는 것이고, 여기서 도달이라 함은 사회통념상 상대방이 통지의 내용을 알 수 있는 객관적 상태에 놓여졌다고 인정되는 상태를 가리킨다. 이와 같이 도달은 보다 탄력적인 개념으로서 송달장소나 수송달자 등의 면에서 위에서 본 송달에서와 같은 엄격함은 요구되지 아니하며, 이에 송달장소 등에 관한 민사소송법의 규정을 유추적용할 것이 아니다. 따라서 채권양도의 통지는 민사소송법상의 송달에 관한 규정에서 송달장소로 정하는 채무자의 주소·거소·영업소 또는 사무소 등에 해당하지 아니하는 장소에서라도 채무자가 사회통념상 그 통지의 내용을 알 수 있는 객관적 상태에 놓여졌다고 인정됨으로써 족하다(대판 2011.1.13. 2010다77477).

답 ❶

23

채권양도에 관한 다음 설명 중 가장 옳은 것은?

① 채권의 양수인이 채권양도의 대항요건을 갖추지 못하여 채무자에게 대항하지 못하는 상태에서 채무자를 상대로 재판상의 청구를 하였다면 이는 소멸시효 중단사유인 재판상의 청구에 해당한다고 볼 수 없다.

② 주채무자에 대한 채권이 이전되면 당사자 사이에 별도의 특약이 없는 한 보증인에 대한 채권도 함께 이전하지만, 채권양도의 대항요건은 주채무자와 별도로 보증인에 대하여도 구비하여야 보증인에게 대항할 수 있게 된다.

③ 매매로 인한 소유권이전등기청구권 같은 지명채권의 양도는 양도인이 채무자에게 통지하거나 채무자가 승낙하지 아니하면 채무자 기타 제3자에게 대항하지 못한다.

④ 양도금지의 특약이 붙은 채권이 양도된 경우에 양수인의 악의 또는 중과실에 관한 증명책임은 채무자가 부담하므로 채무자는 특별한 사정이 없는 한 민법 제487조 후단의 채권자 불확지를 원인으로 하여 변제공탁을 할 수 없다.

⑤ 계약인수는 개별 채권·채무의 이전을 목적으로 하는 것이 아니라 다수의 채권·채무를 포함한 계약당사자로서의 지위의 포괄적 이전을 목적으로 하는 것으로서, 채무자 보호를 위해 개별 채권양도에서 요구되는 대항요건은 계약인수에서는 별도로 요구되지 않는다.

··

[❶ ▸ ✕] 채권양도는 구 채권자인 양도인과 신 채권자인 양수인 사이에 채권을 그 동일성을 유지하면서 전자로부터 후자에게로 이전시킬 것을 목적으로 하는 계약을 말한다 할 것이고, 채권양도에 의하여 채권은 그 동일성을 잃지 않고 양도인으로부터 양수인에게 이전되며, 이러한 법리는 채권양도의 대항요건을 갖추지 못하였다고 하더라도 마찬가지인 점, 민법 제149조의 "조건의 성취가 미정한 권리의무는 일반규정에 의하여 처분, 상속, 보존 또는 담보로 할 수 있다."는 규정은 대항요건을 갖추지 못하여 채무자에게 대항하지 못한다고 하더라도 채권양도에 의하여 채권을 이전받은 양수인의 경우에도 그대로 준용될 수 있는 점, 채무자를 상대로 재판상의 청구를 한 채권의 양수인을 '권리 위에 잠자는 자'라고 할 수 없는 점 등에 비추어 보면, <u>비록 대항요건을 갖추지 못하여 채무자에게 대항하지 못한다고 하더라도 채권의 양수인이 채무자를 상대로 재판상의 청구를 하였다면 이는 소멸시효 중단사유인 재판상의 청구에 해당한다고 보아야 한다</u>(대판 2005.11.10. 2005다41818).

[❷ ▸ ✕] <u>보증채무는 주채무에 대한 부종성 또는 수반성이 있어서 주채무자에 대한 채권이 이전되면 당사자 사이에 별도의 특약이 없는 한 보증인에 대한 채권도 함께 이전하고, 이 경우 채권양도의 대항요건도 주채권의 이전에 관하여 구비하면 족하고, 별도로 보증채권에 관하여 대항요건을 갖출 필요는 없다</u>(대판 2002.9.10. 2002다21509).

[❸ ▸ ✕] <u>매매로 인한 소유권이전등기청구권은 특별한 사정이 없는 이상 그 권리의 성질상 양도가 제한되고 그 양도에 채무자의 승낙이나 동의를 요한다고 할 것이므로 통상의 채권양도와 달리 양도인의 채무자에 대한 통지만으로는 채무자에 대한 대항력이 생기지 않으며 반드시 채무자의 동의나 승낙을 받아야 대항력이 생긴다</u>(대판 2001.10.9. 2000다51216).

[❹ ▸ ✕] 채권양도금지특약에 반하여 채권양도가 이루어진 경우, 그 양수인이 양도금지특약이 있음을 알았거나 중대한 과실로 알지 못하였던 경우에는 채권양도는 효력이 없게 되고, 반대로 양수인이 중대한 과실 없이 양도금지특약의 존재를 알지 못하였다면 채권양도는 유효하게 되어 채무자로서는 양수인에게 양도금지특약을 가지고 그 채무이행을 거절할 수 없게 되어 양수인의 선의, 악의 등에 따라 양수채권의 채권자가 결정되는바, 이와 같이 <u>양도금지의 특약이 붙은 채권이 양도된 경우에 양수인의 악의 또는 중과실에 관한 입증책임은 채무자가 부담하지만, 그러한 경우에도 채무자로서는 양수인의 선의 등의 여부를 알 수 없어 과연 채권이 적법하게 양도된 것인지에 관하여 의문이 제기될 여지가 충분히 있으므로 특별한 사정이 없는 한 민법 제487조 후단의 채권자 불확지를 원인으로 하여 변제공탁을 할 수 있다</u>(대판 2000.12.22. 2000다55904).

[**❺ ▸ O**] 계약인수가 이루어지면 계약관계에서 이미 발생한 채권·채무도 이를 인수 대상에서 배제하기로 하는 특약이 있는 등 특별한 사정이 없는 한 인수인에게 이전된다. 계약인수는 개별 채권·채무의 이전을 목적으로 하는 것이 아니라 다수의 채권·채무를 포함한 계약당사자로서의 지위의 포괄적 이전을 목적으로 하는 것으로서 계약당사자 3인의 관여에 의해 비로소 효력을 발생하는 반면, 개별 채권의 양도는 채권양도인과 양수인 2인만의 관여로 성립하고 효력을 발생하는 등 양자가 법적인 성질과 요건을 달리하므로, 채무자 보호를 위해 개별 채권양도에서 요구되는 대항요건은 계약인수에서는 별도로 요구되지 않는다. 그리고 이러한 법리는 상법상 영업양도에 수반된 계약인수에 대해서도 마찬가지로 적용된다(대판 2020.12.10. 2020다245958).

답 ❺

24

채권양도에 관한 다음 설명 중 가장 옳지 않은 것은?   2023년 법무사시험 [문 13]

① 민법 제666조에서 정한 수급인의 저당권설정청구권은 공사대금채권을 담보하기 위하여 인정되는 채권적 청구권으로서 공사대금채권에 부수하여 인정되는 권리이므로, 당사자 사이에 공사대금채권만을 양도하고 저당권설정청구권은 이와 함께 양도하지 않기로 약정하였다는 등의 특별한 사정이 없는 한, 공사대금채권이 양도되는 경우 저당권설정청구권도 이에 수반하여 함께 이전된다고 봄이 타당하다.

② 채무자가 양도되는 채권의 성립이나 소멸에 영향을 미치는 사정에 관하여 양수인에게 알려야 할 신의칙상 주의의무가 있다고 볼 만한 특별한 사정이 없는 한, 채무자가 그러한 사정을 알리지 아니하였다고 하여 불법행위가 성립한다고 볼 수 없다.

③ 제3채무자가 질권설정 사실을 승낙한 후 질권설정계약이 합의해지된 경우에, 만일 질권자가 제3채무자에게 질권설정계약의 해지 사실을 통지하였다면, 설사 아직 해지가 되지 아니하였다고 하더라도 선의인 제3채무자는 질권설정자에게 대항할 수 있는 사유로 질권자에게 대항할 수 있다고 봄이 타당하다.

④ 채무자의 채권양도인에 대한 자동채권이 발생하는 기초가 되는 원인이 양도 전에 이미 성립하여 존재하고 그 자동채권이 수동채권인 양도채권과 동시이행의 관계에 있다 하더라도, 양도통지가 채무자에게 도달하여 채권양도의 대항요건이 갖추어진 후에 자동채권이 발생하였다면, 채무자는 동시이행의 항변권을 주장할 수 없고, 따라서 그 채권에 의한 상계로 양수인에게 대항할 수도 없다.

⑤ 양도금지특약부 채권에 대한 전부명령이 유효한 이상, 그 전부채권자로부터 다시 그 채권을 양수한 자가 그 특약의 존재를 알았거나 중대한 과실로 알지 못하였다 하더라도 채무자는 위 특약을 근거로 삼아 채권양도의 무효를 주장할 수 없다.

[**❶ ▸ ○**] 민법 제666조에서 정한 수급인의 저당권설정청구권은 공사대금채권을 담보하기 위하여 인정되는 채권적 청구권으로서 공사대금채권에 부수하여 인정되는 권리이므로, 당사자 사이에 공사대금채권만을 양도하고 저당권설정청구권은 이와 함께 양도하지 않기로 약정하였다는 등의 특별한 사정이 없는 한, 공사대금채권이 양도되는 경우 저당권설정청구권도 이에 수반하여 함께 이전된다고 봄이 타당하다. 따라서 신축건물의 수급인으로부터 공사대금채권을 양수받은 자의 저당권설정청구에 의하여 신축건물의 도급인이 그 건물에 저당권을 설정하는 행위 역시 다른 특별한 사정이 없는 한 사해행위에 해당하지 아니한다(대판 2018.11.29. 2015다19827).

[**❷ ▸ ○**] 채무자가 채권양도에 대하여 이의를 보류하지 아니하는 승낙을 하였더라도 양도인에게 대항할 수 있는 사유로서 양수인에게 대항하지 못할 뿐이고(민법 제451조), 채권의 내용이나 양수인의 권리확보에 위험을 초래할 만한 사정을 조사, 확인할 책임은 원칙적으로 양수인 자신에게 있으므로, 채무자는 양수인이 대상 채권의 내용이나 원인이 되는 법률관계에 대하여 잘 알고 있음을 전제로 채권양도를 승낙할지를 결정하면 되고 양수인이 채권의 내용 등을 실제와 다르게 인식하고 있는지까지 확인하여 위험을 경고할 의무는 없다. 따라서 채무자가 양도되는 채권의 성립이나 소멸에 영향을 미치는 사정에 관하여 양수인에게 알려야 할 신의칙상 주의의무가 있다고 볼 만한 특별한 사정이 없는 한 채무자가 그러한 사정을 알리지 아니하였다고 하여 불법행위가 성립한다고 볼 수 없다(대판 2015.12.24. 2014다49241).

[**❸ ▸ ○**] 제3채무자가 질권설정 사실을 승낙한 후 질권설정계약이 합의해지된 경우 질권설정자가 해지를 이유로 제3채무자에게 원래의 채권으로 대항하려면 질권자가 제3채무자에게 해지 사실을 통지하여야 하고, 만일 질권자가 제3채무자에게 질권설정계약의 해지 사실을 통지하였다면, 설사 아직 해지가 되지 아니하였다고 하더라도 선의인 제3채무자는 질권설정자에게 대항할 수 있는 사유로 질권자에게 대항할 수 있다고 봄이 타당하다. 그리고 위와 같은 해지 통지가 있었다면 해지 사실은 추정되고, 그렇다면 해지 통지를 믿은 제3채무자의 선의 또한 추정된다고 볼 것이어서 제3채무자가 악의라는 점은 선의를 다투는 질권자가 증명할 책임이 있다(대판 2014.4.10. 2013다76192).

[**❹ ▸ ✕**] 채권양도에 의하여 채권은 그 동일성을 유지하면서 양수인에게 이전되고, 채무자는 양도통지를 받은 때까지 양도인에 대하여 생긴 사유로써 양수인에게 대항할 수 있다(민법 제451조 제2항). 따라서 채무자의 채권양도인에 대한 자동채권이 발생하는 기초가 되는 원인이 양도 전에 이미 성립하여 존재하고 자동채권이 수동채권인 양도채권과 동시이행의 관계에 있는 경우에는, 양도통지가 채무자에게 도달하여 채권양도의 대항요건이 갖추어진 후에 자동채권이 발생하였다고 하더라도 채무자는 동시이행의 항변권을 주장할 수 있고, 따라서 그 채권에 의한 상계로 양수인에게 대항할 수 있다(대판 2015.4.9. 2014다80945).

[**❺ ▸ ○**] 당사자 사이에 양도금지의 특약이 있는 채권이더라도 전부명령에 의하여 전부되는 데에는 지장이 없고, 양도금지의 특약이 있는 사실에 관하여 집행채권자가 선의인가 악의인가는 전부명령의 효력에 영향을 미치지 못하는 것인바, 이와 같이 양도금지특약부 채권에 대한 전부명령이 유효한 이상, 그 전부채권자로부터 다시 그 채권을 양수한 자가 그 특약의 존재를 알았거나 중대한 과실로 알지 못하였다고 하더라도 채무자는 위 특약을 근거로 삼아 채권양도의 무효를 주장할 수 없다(대판 2003.12.11. 2001다3771).

답 ❹

① 지명채권의 양도통지를 한 후 그 양도계약이 해제된 경우에, 양도인이 그 해제를 이유로 다시 원래의 채무자에 대하여 양도채권으로 대항하려면 양도인이 채무자에게 위와 같은 해제사실을 통지하여야 한다.

② 채권양도에 관한 채무자의 승낙이라 함은 채무자가 채권양도 사실에 관한 인식을 표명하는 것으로서 이른바 관념의 통지에 해당하고, 대리인에 의하여도 위와 같은 승낙을 할 수 있다.

③ 채권가압류의 처분금지의 효력은 본안소송에서 가압류채권자가 승소하여 집행권원을 얻는 등으로 피보전권리의 존재가 확정되는 것을 조건으로 하여 발생하는 것이므로 채권가압류결정의 채권자가 본안소송에서 승소하는 등으로 집행권원을 취득하는 경우에는 가압류에 의하여 권리가 제한된 상태의 채권을 양수받는 양수인에 대한 채권양도는 무효가 된다.

④ 집합채권의 양도가 양도금지특약에 위반해서 무효인 경우 채무자는 일부 개별 채권을 특정하여 추인하는 것이 가능하고, 이 경우 다른 약정이 없는 한 소급효가 인정되지 않고 양도의 효과는 추인 시부터 발생한다고 할 것이다.

⑤ 소송행위를 하게 하는 것을 주된 목적으로 채권양도가 이루어진 경우 그 채권양도가 신탁법상의 신탁에 해당하지 않는다고 하여도 신탁법 제6조가 유추적용되므로 이는 무효이다.

⋯⋯⋯

[❶ ▶ ✕] 지명채권의 양도통지를 한 후 그 양도계약이 해제된 경우에, 양도인이 그 해제를 이유로 다시 원래의 채무자에 대하여 양도채권으로 대항하려면 양수인이 채무자에게 위와 같은 해제사실을 통지하여야 한다(대판 1993.8.27. 93다17379).

[❷ ▶ ○] 민법 제451조 제1항 전문은 "채무자가 이의를 보류하지 아니하고 전조의 승낙을 한 때에는 양도인에게 대항할 수 있는 사유로써 양수인에게 대항하지 못한다"고 규정하고 있는데, 이는 채무자의 승낙이라는 사실에 공신력을 주어 양수인을 보호하고 거래의 안전을 꾀하기 위한 규정이다. 여기서 '승낙'이라 함은 채무자가 채권양도 사실에 관한 인식을 표명하는 것으로서 이른바 관념의 통지에 해당하고, 대리인에 의하여도 위와 같은 승낙을 할 수 있다(대판 2013.6.28. 2011다83110).

[❸ ▶ ○] 채권가압류의 처분금지의 효력은 본안소송에서 가압류채권자가 승소하여 채무명의를 얻는 등으로 피보전권리의 존재가 확정되는 것을 조건으로 하여 발생하는 것이므로 채권가압류결정의 채권자가 본안소송에서 승소하는 등으로 채무명의를 취득하는 경우에는 가압류에 의하여 권리가 제한된 상태의 채권을 양수받는 양수인에 대한 채권양도는 무효가 된다(대판 2002.4.26. 2001다59033).

[❹ ▶ ○] 당사자의 양도금지의 의사표시로써 채권은 양도성을 상실하며 양도금지의 특약에 위반해서 채권을 제3자에게 양도한 경우에 악의 또는 중과실의 채권양수인에 대하여는 채권 이전의 효과가 생기지 아니하나, 악의 또는 중과실로 채권양수를 받은 후 채무자가 그 양도에 대하여 승낙을 한 때에는 채무자의 사후승낙에 의하여 무효인 채권양도행위가 추인되어 유효하게 되며 이 경우 다른 약정이 없는 한 소급효가 인정되지 않고 양도의 효과는 승낙 시부터 발생한다. 이른바 집합채권의 양도가 양도금지특약을 위반하여 무효인 경우 채무자는 일부 개별 채권을 특정하여 추인하는 것이 가능하다(대판 2009.10.29. 2009다47685).

[❺ ▶ ○] 소송행위를 하게 하는 것을 주된 목적으로 채권양도가 이루어진 경우 그 채권양도가 신탁법상의 신탁에 해당하지 않는다고 하여도 신탁법 제6조가 유추적용되므로 이는 무효이다. 소송행위를 하게 하는 것이 주된 목적인지는 채권양도계약이 체결된 경위와 방식, 양도계약이 이루어진 후 제소에 이르기까지의 시간적 간격, 양도인과 양수인의 신분관계 등 제반 상황에 비추어 판단하여야 한다(대판 2018.10.25. 2017다272103).

답 ❶

다음 설명 중 가장 옳은 것은?

① 채권은 양도할 수 있는 것이 원칙이나, 채권의 성질이 양도를 허용하지 않는 경우 및 당사자가 양도반대의 의사표시를 한 경우에는 양도할 수 없다.

② 당사자가 양도반대의 의사표시를 한 경우에, 선의 및 중과실이 아닌 제3자에게는 대항하지 못한다.

③ 지명채권의 양도는 양도인이 채무자에게 통지하여야 하고, 채무자가 승낙하지 아니하면 채무자 기타 선의의 제3자에게 대항하지 못한다.

④ 채무자가 이의를 보류하고 승낙을 한 때에도 양도인에게 대항할 수 있는 사유로써 양수인에게 대항하지 못한다.

⑤ 채무자가 채무를 소멸하게 하기 위하여 양도인에게 급여한 것이 있으면 이를 회수할 수 있으나, 양도인에 대하여 부담한 채무가 있으면 그 성립되지 아니함을 주장할 수 없다.

......

[❶ ▶ ○] [❷ ▶ ×] 민법 제449조 제1항 · 제2항

> **민법 제449조(채권의 양도성)**
> ① 채권은 양도할 수 있다. 그러나 채권의 성질이 양도를 허용하지 아니하는 때에는 그러하지 아니하다.
> ② 채권은 당사자가 반대의 의사를 표시한 경우에는 양도하지 못한다. 그러나 그 의사표시로써 <u>선의의 제3자에게 대항하지 못한다.</u>

[❸ ▶ ×] 지명채권의 양도는 양도인이 <u>채무자에게 통지하거나 채무자가 승낙하지 아니하면</u> 채무자 기타 제3자에게 대항하지 **못한다**(민법 제450조 제1항).

[❹ ▶ ×] [❺ ▶ ×] 채무자가 <u>이의를 보류하지 아니하고 전조의 승낙을 한 때에는</u> 양도인에게 대항할 수 있는 사유로써 양수인에게 대항하지 못한다. 그러나 채무자가 채무를 소멸하게 하기 위하여 양도인에게 급여한 것이 있으면 이를 회수할 수 있고 <u>양도인에 대하여 부담한 채무가 있으면 그 성립되지 아니함을 주장할 수 있다</u>(민법 제451조 제1항).

답 ❶

27 □□□ 채무인수에 관한 다음 설명 중 가장 옳지 않은 것은? 2021년 법무사시험 [문 5]

① 면책적 채무인수는 채무자와 인수인 사이의 계약으로도 할 수 있으며, 이 경우 채권자의 승낙이 있어야 그 효력이 발생한다.

② 면책적 채무인수에서 채권자가 승낙을 거절하면 그 이후에는 채권자가 다시 승낙하여도 채무인수로서의 효력이 생기지 않는다.

③ 채무자와 인수인 사이의 면책적 채무인수약정에 대해 채권자의 승낙이 있는 경우 채무자가 자신의 채무를 담보하기 위해 설정하였던 저당권은 원칙적으로 소멸한다.

④ 부동산의 매수인이 매매목적물에 관한 임대차보증금반환채무를 인수하는 한편 그 채무액을 매매대금에서 공제하기로 약정한 경우 이에 대해 채권자인 임차인의 승낙이 있다면 면책적 채무인수로 볼 수 있다.

⑤ 중첩적 채무인수에서 인수인이 채무자의 부탁 없이 채권자와의 계약으로 채무를 인수하는 것은 매우 드문 일이므로 채무자와 인수인은 원칙적으로 주관적 공동관계가 있는 연대채무관계에 있고, 인수인이 채무자의 부탁을 받지 아니하여 주관적 공동관계가 없는 경우에는 부진정연대관계에 있는 것으로 보아야 한다.

··

[❶ ▶ ○] 채무인수의 효력이 생기기 위하여 채권자의 승낙을 요하는 것은 면책적 채무인수의 경우에 한한다(대판 1998.11.24. 98다33765).

> **민법 제454조(채무자와의 계약에 의한 채무인수)**
> ① 제3자가 채무자와의 계약으로 채무를 인수한 경우에는 채권자의 승낙에 의하여 그 효력이 생긴다.

[❷ ▶ ○] 채권자의 승낙에 의하여 채무인수의 효력이 생기는 경우, 채권자가 승낙을 거절하면 그 이후에는 채권자가 다시 승낙하여도 채무인수로서의 효력이 생기지 않는다(대판 1998.11.24. 98다33765).

[❸ ▶ ✕] 채무자가 설정한 담보는 채권자와 인수인 사이의 채무인수인 경우에는 소멸하나, 채무자와 인수인 사이의 채무인수인 경우에는 민법 제459조 단서를 유추하여 존속한다고 보는 것이 통설의 견해이다. 이와 관련하여 판례는, 면책적 채무인수라 함은 채무의 동일성을 유지하면서 이를 종래의 채무자로부터 제3자인 인수인에게 이전하는 것을 목적으로 하는 계약을 말하는바, 채무인수로 인하여 인수인은 종래의 채무자와 지위를 교체하여 새로이 당사자로서 채무관계에 들어서서 종래의 채무자와 동일한 채무를 부담하고 동시에 종래의 채무자는 채무관계에서 탈퇴하여 면책되는 것일 뿐 종래의 채무가 소멸하는 것이 아니므로, 채무인수로 종래의 채무가 소멸하였으니 저당권의 부종성으로 인하여 당연히 소멸한 채무를 담보하는 저당권도 소멸한다는 법리는 성립하지 않는다고 판시하고 있다(대판 1996.10.11. 96다 27476).

[❹ ▶ ○] 부동산의 매수인이 매매목적물에 관한 임대차보증금반환채무 등을 인수하는 한편 그 채무액을 매매대금에서 공제하기로 약정한 경우, 그 인수는 특별한 사정이 없는 이상 매도인을 면책시키는 면책적 채무인수가 아니라 이행인수로 보아야 하고, 면책적 채무인수로 보기 위해서는 이에 대한 채권자, 즉 임차인의 승낙이 있어야 한다(대판 2015.5.29. 2012다84370).

[**❺ ▸ O**] 중첩적 채무인수에서 인수인이 채무자의 부탁 없이 채권자와의 계약으로 채무를 인수하는 것은 매우 드문 일이므로 채무자와 인수인은 원칙적으로 주관적 공동관계가 있는 연대채무관계에 있고, 인수인이 채무자의 부탁을 받지 아니하여 주관적 공동관계가 없는 경우에는 부진정연대관계에 있는 것으로 보아야 한다(대판 2009.8.20. 2009다32409).

답 ❸

제6장 채권의 소멸

제1절 변제

28
□□□

변제자대위에 관한 다음 설명 중 가장 옳지 않은 것은? 2025년 법무사시험 [문 6]

① 채권의 일부에 대하여 대위변제가 있는 때에는 대위자는 그 변제한 가액에 비례하여 채권자와 함께 그 권리를 행사한다.

② 변제할 정당한 이익이 있는 사람이 채무자를 위하여 채권의 일부를 대위변제할 경우에 대위변제자는 변제한 가액의 범위 내에서 종래 채권자가 가지고 있던 채권 및 담보에 관한 권리를 취득하므로, 채권자가 부동산에 대하여 저당권을 가지고 있는 경우에는 채권자는 대위변제자에게 일부 대위변제에 따른 저당권 일부 이전의 부기등기를 할 의무를 진다.

③ 변제로 채권자를 대위하는 경우에 채권 및 그 담보에 관한 권리가 변제자에게 이전될 뿐 계약당사자의 지위가 이전되는 것은 아니다.

④ 대위변제자와 채무자 사이에 구상금에 관한 지연손해금 약정이 있으면 이 약정은 변제자대위권을 행사하는 경우에도 적용된다.

⑤ 채무자를 위하여 변제한 자는 변제와 동시에 채권자의 승낙을 얻어 채권자를 대위할 수 있는바(민법 제480조 제1항), 여기에서 채권자의 승낙은 반드시 명시적일 필요가 없고, 변제의 동기 내지 이유와 그 과정, 변제받음에 있어 채권자가 보인 태도, 변제 후의 사정 등 여러 사정을 두루 참작하여 그 승낙이 있은 것으로 추단될 수 있으면 된다.

[**❶ ▸ ○**] 채권의 일부에 대하여 대위변제가 있는 때에는 대위자는 그 변제한 가액에 비례하여 채권자와 함께 그 권리를 행사한다(민법 제483조 제1항).

[**❷ ▸ ○**] 변제할 정당한 이익이 있는 사람이 채무자를 위하여 채권의 일부를 대위변제할 경우에 대위변제자는 변제한 가액의 범위 내에서 종래 채권자가 가지고 있던 채권 및 담보에 관한 권리를 취득하므로, 채권자가 부동산에 대하여 저당권을 가지고 있는 경우에는 채권자는 대위변제자에게 일부 대위변제에 따른 저당권 일부 이전의 부기등기를 할 의무를 진다(대판 2017.7.18. 2015다206973).

[**❸ ▸ ○**] 변제로 채권자를 대위하는 경우에 '채권 및 그 담보에 관한 권리'가 변제자에게 이전될 뿐 계약당사자의 지위가 이전되는 것은 아니다(대판 2017.7.18. 2015다206973).

[**❹ ▸ ✕**] 채무를 변제할 이익이 있는 자가 채무를 대위변제한 경우에 통상 채무자에 대하여 구상권을 가짐과 동시에 민법 제481조에 의하여 당연히 채권자를 대위하나, <u>위 구상권과 변제자 대위권은 그 원본, 변제기, 이자, 지연손해금의 유무 등에 있어서 그 내용이 다른 별개의 권리이므로, 대위변제자와 채무자 사이에 구상금에 관한 지연손해금 약정이 있더라도 이 약정은 구상금을 청구하는 경우에 적용될 뿐, 변제자대위권을 행사하는 경우에는 적용될 수 없다</u>(대판 2009.2.26. 2005다32418).

[**❺ ▸ ○**] 채무자를 위하여 변제한 자는 변제와 동시에 채권자의 승낙을 얻어 채권자를 대위할 수 있는바(민법 제480조 제1항), 여기에서 채권자의 승낙은 반드시 명시적일 필요가 없고, 변제의 동기 내지 이유와 그 과정, 변제받음에 있어 채권자가 보인 태도, 변제 후의 사정 등 여러 사정을 두루 참작하여 그 승낙이 있은 것으로 추단될 수 있으면 된다(대결 2011.4.15. 2010마1447).

답 ❹

29

채권의 소멸에 관한 다음 설명 중 가장 옳지 않은 것은?　　　2025년 법무사시험 [문 9]

① 부진정연대채무자 중 1인이 자신의 채권자에 대한 반대채권으로 상계를 한 경우 그 상계로 인한 채무소멸의 효력은 소멸한 채무 전액에 관하여 다른 부진정연대채무자에 대하여도 미친다.

② 법정변제충당과 관련하여 특별한 사정이 없는 한 변제자가 타인의 채무에 대한 연대보증인으로서 부담하는 채무는 변제자 자신의 채무에 비하여 변제 이익이 적다.

③ 검사 작성의 피의자신문조서는 검사가 피의자를 신문하여 그 진술을 기재한 조서로서 당해 신문과정에서 다른 피의자나 참고인과 대질이 이루어진 경우라고 할지라도 피의자 진술은 어디까지나 검사를 상대로 이루어지는 것이므로 그 진술기재 가운데 채무면제의 의사가 표시되어 있다고 하더라도 그 부분이 곧바로 채무면제의 처분문서에 해당한다고 보기 어렵다.

④ 변제할 정당한 이익이 있는 자가 채무자를 위하여 채권의 일부를 대위변제할 경우에 대위변제자는 변제한 가액의 범위 내에서 종래 채권자가 가지고 있던 채권 및 담보에 관한 권리를 취득하게 되고 따라서 채권자가 부동산에 대하여 저당권을 가지고 있는 경우에는 채권자는 대위변제자에게 일부 대위변제에 따른 저당권의 일부이전의 부기등기를 경료해 주어야 할 의무가 있으므로 일부 대위변제자는 채권자에 대하여 우선변제권을 가지게 된다.

⑤ 변제공탁이 유효하려면 채무 전부에 대한 변제의 제공 및 채무 전액에 대한 공탁이 있어야 하고, 채무 전액이 아닌 일부에 대한 공탁은 일부의 제공이 유효한 제공이라고 볼 수 있거나 변제자의 공탁금액이 채무의 총액에 비하여 아주 근소하게 부족하여 해당 변제공탁을 신의칙상 유효한 것이라고 볼 수 있는 등의 특별한 사정이 있는 경우를 제외하고는 채권자가 이를 수락하지 않는 한 그 공탁 부분에 관하여서도 채무소멸의 효과가 발생하지 않는다.

[**❶ ▸ ○**] 부진정연대채무자 중 1인이 자신의 채권자에 대한 반대채권으로 상계를 한 경우에도 채권은 변제, 대물변제, 또는 공탁이 행하여진 경우와 동일하게 현실적으로 만족을 얻어 그 목적을 달성하는 것이므로, 그 상계로 인한 채무소멸의 효력은 소멸한 채무 전액에 관하여 다른 부진정연대채무자에 대하여도 미친다고 보아야 한다. 이는 부진정연대채무자 중 1인이 채권자와 상계계약을 체결한 경우에도 마찬가지이다. 나아가 이러한 법리는 채권자가 상계 내지 상계계약이 이루어질 당시 다른 부진정연대채무자의 존재를 알았는지 여부에 의하여 좌우되지 아니한다(대판[전합] 2010.9.16. 2008다97218).

[**❷ ▸ ○**] 특별한 사정이 없는 한, 변제자가 타인의 채무에 대한 보증인으로서 부담하는 보증채무(연대보증채무도 포함)는 변제자 자신의 채무에 비하여, 연대채무는 단순채무에 비하여, 각각 변제자에게 그 변제의 이익이 적다(대판 1999.7.9. 98다55543).

[**❸ ▸ ○**] 민법상 채무면제는 채권을 무상으로 소멸시키는 채권자의 채무자에 대한 단독행위이고 다만 계약에 의하여도 동일한 법률효과를 발생시킬 수 있는 것인 반면, 검사 작성의 피의자신문조서는 검사가 피의자를 신문하여 그 진술을 기재한 조서로서 그 작성형식은 원칙적으로 검사의 신문에 대하여 피의자가 응답하는 형태를 취하므로, 비록 당해 신문과정에서 다른 피의자나 참고인과 대질이 이루어진 경우라고 할지라도 피의자 진술은 어디까지나 검사를 상대로 이루어지는 것이므로 그 진술기재 가운데 채무면제의 의사가 표시되어 있다고 하더라도 그 부분이 곧바로 채무면제의 처분문서에 해당한다고 보기 어렵다(대판 1998.10.13. 98다17046).

[**❹ ▸ ✕**] 변제할 정당한 이익이 있는 자가 채무자를 위하여 채권의 일부를 대위변제할 경우에 대위변제자는 변제한 가액의 범위 내에서 종래 채권자가 가지고 있던 채권 및 담보에 관한 권리를 취득하게 되고 따라서 채권자가 부동산에 대하여 저당권을 가지고 있는 경우에는 채권자는 대위변제자에게 일부 대위변제에 따른 저당권의 일부이전의 부기등기를 경료해 주어야 할 의무가 있으나 이 경우에도 채권자는 일부 대위변제자에 대하여 우선변제권을 가진다(대판 2009.11.26. 2009다57545).

[**❺ ▸ ○**] 변제공탁이 유효하려면 채무 전부에 대한 변제의 제공 및 채무 전액에 대한 공탁이 있어야 하고, 채무 전액이 아닌 일부에 대한 공탁은 일부의 제공이 유효한 제공이라고 볼 수 있거나 변제자의 공탁금액이 채무의 총액에 비하여 아주 근소하게 부족하여 해당 변제공탁을 신의칙상 유효한 것이라고 볼 수 있는 등의 특별한 사정이 있는 경우를 제외하고는 채권자가 이를 수락하지 않는 한 그 공탁 부분에 관하여서도 채무소멸의 효과가 발생하지 않는다(대판 2022.11.30. 2017다232167).

답 ❹

① 담보권 실행을 위한 경매에서 배당된 배당금이 담보권자가 가지는 수 개의 피담보채권 전부를 소멸시키기에 부족한 경우에는 민법 제477조의 규정에 의한 법정변제충당의 방법에 따라 충당하여야 하나, 채권자와 채무자 사이에 변제충당에 관한 합의가 있었다면 그 합의에 따른 변제충당은 허용된다.

② 변제자가 주채무자인 경우 보증인이 있는 채무와 보증인이 없는 채무 사이에 전자가 후자에 비하여 변제이익이 더 많고, 물상보증인이 제공한 물적 담보가 있는 채무와 그러한 담보가 없는 채무 사이에는 전자가 후자에 비하여 변제이익이 더 많다.

③ 변제자와 변제수령자는 변제로 소멸한 채무에 관한 보증인 등 이해관계 있는 제3자의 이익을 해하지 않는 이상 이미 급부를 마친 뒤에도 기존의 충당방법을 배제하고 제공된 급부를 어느 채무에 어떤 방법으로 다시 충당할 것인가를 약정할 수 있다.

④ 가집행선고로 인한 강제집행을 면하기 위하여 채무자가 채권자에게 금원을 지급하였으나 그 가지급금의 액수가 채무자가 채권자에게 지급하여야 할 정당한 금원(최종적으로 확정된 금원)인 원본 및 지연손해금 합계액에 미치지 못하였다면, 그 가지급금으로는 특별한 사정이 없는 한, 민법 소정의 변제충당의 법리에 따라 채무자가 채권자에게 지급하여야 할 정당한 금원에 관하여 지연손해금, 원본의 순서로 변제에 충당되어야 하나, 이러한 법리는 가집행의 근거가 된 판결의 소송물이 복수의 금전청구가 객관적으로 병합된 경우에는 적용되지 아니한다.

⑤ 비용, 이자, 원본에 대한 변제충당에 있어서는 민법 제479조에 그 충당 순서가 법정되어 있고 지정 변제충당에 관한 민법 제476조는 준용되지 않으므로 원칙적으로 비용, 이자, 원본의 순서로 충당하여야 하고, 채무자는 물론 채권자라 할지라도 위 법정 순서와 다르게 일방적으로 충당의 순서를 지정할 수는 없으며, 당사자 간 합의로도 법정충당의 순서와 달리 충당의 순서를 정할 수 없다.

....

[**❶** ▸ ✕] 담보권 실행을 위한 경매에서 배당된 배당금이 담보권자가 가지는 수 개의 피담보채권 전부를 소멸시키기에 부족한 경우에는 채권자와 채무자 사이에 변제충당에 관한 합의가 있었다고 하더라도 그 합의에 따른 변제충당은 허용될 수 없고, 획일적으로 가장 공평타당한 충당방법인 민법 제477조의 규정에 의한 법정변제충당의 방법에 따라 충당하여야 한다(대판 1997.7.25. 96다52649).

[**❷** ▸ ✕] 변제자가 주채무자인 경우 보증인이 있는 채무와 보증인이 없는 채무 사이에 전자가 후자에 비하여 변제이익이 더 많다고 볼 근거는 전혀 없으므로 양자는 변제이익의 점에서 차이가 없다고 보아야 한다. 마찬가지로 변제자가 채무자인 경우 물상보증인이 제공한 물적 담보가 있는 채무와 그러한 담보가 없는 채무 사이에도 변제이익의 점에서 차이가 없다(대판 2014.4.30. 2013다8250).

[**❸** ▸ ○] 변제자(채무자)와 변제수령자(채권자)는 변제로 소멸한 채무에 관한 보증인 등 이해관계 있는 제3자의 이익을 해하지 않는 이상 이미 급부를 마친 뒤에도 기존의 충당방법을 배제하고 제공된 급부를 어느 채무에 어떤 방법으로 다시 충당할 것인가를 약정할 수 있다(대판 2013.9.12. 2012다118044).

[**❹** ▸ ✕] 가집행선고로 인한 강제집행을 면하기 위하여 채무자가 채권자에게 금원을 지급하였으나 그 가지급금의 액수가 채무자가 채권자에게 지급하여야 할 정당한 금원(최종적으로 확정된 금원)인 원본 및 지연손해금 합계액에 미치지 못하였다면, 그 가지급금으로는 특별한 사정이 없는 한, 민법 소정의 변제충당의 법리에 따라 채무자가 채권자에게 지급하여야 할 정당한 금원에 관하여 지연손해금, 원본의 순서로 변제에 충당되어야 한다. 이러한 법리는 가집행의 근거가 된 판결의 소송물이 복수의 금전청구가 객관적으로 병합된 것인 경우에도 마찬가지로 적용된다(대판 2024.10.31. 2024다257812).

[❺ ▸ ×] 비용, 이자, 원본에 대한 변제충당에 있어서는 민법 제479조에 그 충당 순서가 법정되어 있고 지정 변제충당에 관한 민법 제476조는 준용되지 않으므로 원칙적으로 비용, 이자, 원본의 순서로 충당하여야 하고, 채무자는 물론 채권자라 할지라도 위 법정 순서와 다르게 일방적으로 충당의 순서를 지정할 수는 없다. 그러나 당사자 사이에 특별한 합의가 있는 경우이거나 당사자의 일방적인 지정에 대하여 상대방이 지체 없이 이의를 제기하지 아니함으로써 묵시적인 합의가 되었다고 보이는 경우에는 그 법정충당의 순서와는 달리 충당의 순서를 인정할 수 있다(대판 2009.6.11. 2009다12399).

답 ❸

31

변제에 관한 다음 설명 중 가장 옳지 않은 것은? 2023년 법무사시험 [문 33]

① 채무담보 목적의 가등기가 경료되어 있는 부동산을 시효취득하여 소유권이전등기청구권을 취득한 자가 그 등기를 경료하지 못하던 중에 채권자가 청산절차를 거치지 아니하고 위 가등기에 기하여 본등기를 경료하였다면 그는 부동산 소유자에 대한 소유권이전등기청구권을 보전하기 위하여 위 소유자를 대위하여 그의 채권자에게 위 채무를 변제할 법률상의 권한이 있어 이해관계 있는 제3자에 해당한다.

② 확정판결에 대한 청구이의 사유는 그 확정판결의 변론 종결 후에 생긴 것이어야 하므로, 확정판결의 변론 종결 전에 이루어진 일부이행을 채권자가 변론 종결 후 수령함으로써 변제의 효력이 발생한 경우 그 한도 내에서도 청구이의 사유가 될 수는 없다.

③ 효력규정인 강행법규에 위반되는 계약을 체결한 자가 그 약정의 효력이 부인된다는 사실을 알지 못한 탓에 그 약정에 따라 변제수령권을 갖는 것처럼 외관을 갖게 된 자에게 변제를 한 경우에는, 특별한 사정이 없는 한 과실에 기인한 변제이므로 채권의 준점유자에 대한 변제로서 유효하다고 볼 수 없다.

④ 채무자(乙)가 제3채무자(丙)에 대하여 가지고 있던 채권에 관하여 제3자(丁) 앞으로 대항력 있는 채권양도가 이루어진 후 乙이 丁의 승낙 없이 임의로 丙에게 채권양도철회의 통지를 한 상태에서 乙에 대한 채권자(甲)가 위 채권에 대하여 채권압류 및 전부명령을 받고 이어 甲이 제기한 전부금소송에서 丙이 패소판결을 받고 甲에게 그 금원을 지급한 경우, 법률전문가가 아닌 丙이 甲이 유효하게 채권을 전부받은 채권자인 것으로 오인한 데 대하여 과실이 있다고 볼 수 없으므로 丙의 甲에 대한 변제는 채권의 준점유자에 대한 변제로서 유효하다.

⑤ 채무자는 변제의 제공이 있는 때로부터 채무불이행의 책임을 면하지만, 금전채무의 경우 현실제공은 특별한 사정이 없는 한 채권자가 급부를 즉시 수령할 수 있는 상태에 있어야만 인정될 수 있다. 따라서 채무자가 채무내용에 좇은 급부를 제공하면서도 채권자가 그 급부를 즉시 수령하기 어려운 장애요인을 형성·유지한 경우에는 현실제공이 있다고 할 수 없다.

[❶ ▸ O] 채무담보 목적의 가등기가 경료되어 있는 부동산을 시효취득하여 소유권이전등기청구권을 취득한 자가 그 등기를 경료하지 못하던 중에 채권자가 청산절차를 거치지 아니하고 위 가등기에 기하여 본등기를 경료하였다면 그는 부동산 소유자에 대한 소유권이전등기청구권을 보전하기 위하여 위 소유자를 대위하여 그의 채권자에게 위 채무를 변제할 법률상의 권한이 있어 이해관계 있는 제3자에 해당한다 (대판 1991.7.12. 90다17774).

[❷ ▸ ×] 확정판결에 대한 청구이의 사유는 그 확정판결의 변론 종결 후에 생긴 것이어야 한다. 그러나 확정판결의 변론 종결 전에 이루어진 일부이행을 채권자가 변론 종결 후 수령함으로써 변제의 효력이 발생한 경우에는 그 한도 내에서 청구이의 사유가 될 수 있다고 보아야 한다(대판 2009.10.29. 2008다51359).

[**❸ ▶ O**] 효력규정인 강행법규에 위반되는 계약을 체결한 자가 그 약정의 효력이 부인된다는 사실을 알지 못한 탓에 그 약정에 따라 변제수령권을 갖는 것처럼 외관을 갖게 된 자에게 변제를 한 경우에는, 특별한 사정이 없는 한 그 변제자가 채권의 준점유자에게 변제수령권이 있는 것으로 오해한 것은 법률적인 검토를 제대로 하지 않은 과실에 기인한 것이라고 할 것이다(대판 2004.6.11. 2003다1601).

[**❹ ▶ O**] 채무자(乙)가 제3채무자(丙)에 대하여 가지고 있던 채권에 관하여 제3자(丁) 앞으로 대항력 있는 채권양도가 이루어진 후 乙이 丁의 승낙 없이 임의로 丙에게 채권양도철회의 통지를 한 상태에서 乙에 대한 채권자(甲)가 위 채권에 대하여 채권압류 및 전부명령을 받고 이어 甲이 제기한 전부금소송에서 丙이 패소판결을 받고 甲에게 그 금원을 지급한 경우, 법률전문가가 아닌 丙으로서는 乙의 채권양도 철회통지로 인하여 채권양도가 없었던 것과 같이 되었다고 믿을 수밖에 없었고, 더욱이 甲이 제기한 전부금청구의 소에서 전부명령의 효력을 적극 다투었다가 패소판결을 선고받았다면, 丙이 甲이 유효하게 임대보증금반환채권을 전부받은 채권자인 것으로 오인한 데 대하여 과실이 있다고 볼 수 없고, 따라서 丙의 甲에 대한 변제는 유효하다(대판 1997.3.11. 96다44747).

[**❺ ▶ O**] 변제의 제공은 채무내용에 좇은 현실제공으로 이를 하여야 하고, 채무자는 변제의 제공이 있는 때로부터 채무불이행의 책임을 면하지만(민법 제460조, 제461조), 금전채무의 경우 현실제공은 특별한 사정이 없는 한 채권자가 급부를 즉시 수령할 수 있는 상태에 있어야만 인정될 수 있다. 따라서 채무자가 채무내용에 좇은 급부를 제공하면서도 채권자가 그 급부를 즉시 수령하기 어려운 장애요인을 형성·유지한 경우에는 현실제공이 있다고 할 수 없다(대판 2012.10.11. 2011다17403).

답 ❷

32

대위변제에 관한 다음 설명 중 가장 옳지 않은 것은? 2022년 법무사시험 [문 3]

① 보증인은 피보증인의 채무를 변제할 정당한 이익이 있는 자로서 그 변제로 인하여 당연히 채권자를 대위할 법정대위권이 있는 것이므로 다른 특단의 사정이 없는 한 채권자가 고의나 과실로 담보를 상실하게 하거나 감소되게 한 때에는 보증인의 대위권을 침해한 것이 되어 보증인은 민법 제485조에 의하여 그 상실 또는 감소로 인하여 상환을 받을 수 없는 한도에서 그 면책주장을 할 수 있다.

② 변제할 정당한 이익이 있는 사람이 채무자를 위하여 채권의 일부를 대위변제할 경우에 대위변제자는 변제한 가액의 범위 내에서 종래 채권자가 가지고 있던 채권 및 담보에 관한 권리를 취득하므로, 채권자가 부동산에 대하여 저당권을 가지고 있는 경우에는 채권자는 대위변제자에게 일부 대위변제에 따른 저당권 일부 이전의 부기등기를 할 의무를 진다.

③ 제3자가 유효하게 채무자가 부담하는 채무를 변제한 경우에 채무자와 계약관계가 있으면 그에 따라 구상권을 취득하고, 그러한 계약관계가 없으면 특별한 사정이 없는 한 민법 제734조 제1항에서 정한 사무관리가 성립하여 민법 제739조에 정한 사무관리비용의 상환청구권에 따라 구상권을 취득한다.

④ 변제할 정당한 이익이 있는 수인이 시기를 달리하여 근저당권의 피담보채권의 일부씩을 대위변제한 경우 그들은 각 일부 대위변제자로서 그 변제한 가액에 비례하여 근저당권을 준공유하고 있다고 보아야 하고, 그 근저당권을 실행하여 배당함에 있어서는 다른 특별한 사정이 없는 한 먼저 대위변제한 순서대로 배당하여야 한다.

⑤ 근저당권은 계속적인 거래관계로부터 발생·소멸하는 불특정다수의 채권 중 그 결산기에 잔존하는 채권을 일정한 한도액의 범위 내에서 담보하는 것으로서 그 거래가 종료하기까지 그 피담보채권은 계속적으로 증감·변동하는 것이므로, 근저당 거래관계가 계속되는 관계로 근저당권의 피담보채권이 확정되지 아니하는 동안에는 그 채권의 일부가 대위변제되었다 하더라도 그 근저당권이 대위변제자에게 이전될 수 없다.

[❶ ▸ O] 보증인은 피보증인의 채무를 변제할 정당한 이익이 있는 자로서 그 변제로 인하여 당연히 채권자를 대위할 법정대위권이 있는 것이므로 다른 특단의 사정이 없는 한 채권자가 고의나 과실로 담보를 상실하게 하거나 감소되게 한 때에는 보증인의 대위권을 침해한 것이 되어 보증인은 민법 제485조에 의하여 그 상실 또는 감소로 인하여 상환을 받을 수 없는 한도에서 그 면책주장을 할 수 있다(대판 1996.12.6. 96다35774).

[❷ ▸ O] 변제할 정당한 이익이 있는 자가 채무자를 위하여 채권의 일부를 대위변제할 경우에 대위변제자는 변제한 가액의 범위 내에서 종래의 채권자가 가지고 있던 채권 및 담보에 관한 권리를 취득하게 되고 따라서 채권자가 부동산에 대하여 저당권을 가지고 있는 경우에는 채권자는 대위변제자에게 일부 대위변제에 따른 저당권의 일부 이전의 부기등기를 해 주어야 할 의무가 있다(대판 1996.12.6. 96다35774).

[❸ ▸ O] 제3자가 유효하게 채무자가 부담하는 채무를 변제한 경우에 채무자와 계약관계가 있으면 그에 따라 구상권을 취득하고, 그러한 계약관계가 없으면 특별한 사정이 없는 한 민법 제734조 제1항에서 정한 사무관리가 성립하여 민법 제739조에 정한 사무관리비용의 상환청구권에 따라 구상권을 취득한다(대판 2022.3.17. 2021다276539).

[❹ ▸ X] 채권의 일부에 대하여 대위변제가 있는 때에는 대위자는 민법 제483조 제1항에 의하여 그 변제한 가액에 비례하여 채권자의 권리를 행사할 수 있으므로, 수인이 시기를 달리하여 채권의 일부씩을 대위변제하고 근저당권 일부이전의 부기등기를 각 경료한 경우 그들은 각 일부대위자로서 그 변제한 가액에 비례하여 근저당권을 준공유하고 있다고 보아야 하고, 그 근저당권을 실행하여 배당함에 있어서는 다른 특별한 사정이 없는 한 각 변제채권액에 비례하여 안분배당하여야 한다(대판 2001.1.19. 2000다37319).

[❺ ▸ O] 근저당권은 계속적인 거래관계로부터 발생·소멸하는 불특정다수의 채권 중 그 결산기에 잔존하는 채권을 일정한 한도액의 범위 내에서 담보하는 것으로서 그 거래가 종료하기까지 그 피담보채권은 계속적으로 증감·변동하는 것이므로, 근저당 거래관계가 계속되는 관계로 근저당권의 피담보채권이 확정되지 아니하는 동안에는 그 채권의 일부가 대위변제되었다 하더라도 그 근저당권이 대위변제자에게 이전될 수 없다(대판 2000.12.26. 2000다54451).

답 ❹

33   변제공탁에 관한 다음 설명 중 가장 옳지 않은 것은?   2023년 법무사시험 [문 22]

① 변제공탁의 목적인 채무는 현존하는 확정채무여야 하지만, 그 의미는 장래의 채무나 불확정채무는 원칙적으로 변제공탁의 목적이 되지 못한다는 것일 뿐, 채무자에 대한 각 채권자의 채권이 동일한 채권이어야 한다는 의미는 아니다.

② 변제공탁이 적법한 경우에는 채권자가 공탁물 출급청구를 하였는지 여부와는 관계없이 공탁을 한 때에 변제의 효력이 발생하나, 피공탁자를 포함한 제3자가 공탁자에 대하여 가지는 별도 채권의 집행권원으로써 공탁자의 공탁물 회수청구권에 대하여 압류 및 추심명령을 받아 그 집행으로 공탁물을 회수한 경우 채권소멸의 효력은 소급하여 없어진다.

③ 채권자에게 반대급부 기타 조건의 이행의무가 없음에도 불구하고 채무자가 그와 같은 조건으로 변제공탁을 한 때에는 채권자가 이를 수락하였다고 하더라도 그 변제공탁은 무효이다.

④ 채권자의 태도로 보아 채무자가 설령 채무의 이행제공을 하였더라도 그 수령을 거절하였을 것이 명백한 경우에는 채무자는 이행의 제공을 하지 않고 바로 변제공탁할 수 있다.

⑤ 채무자가 채무액의 일부만을 변제공탁하였으나 그 후 부족분을 추가로 공탁하였다면 그때부터는 전 채무액에 대하여 유효한 공탁이 이루어진 것으로 볼 수 있고, 이 경우 채권자가 공탁물수령의 의사표시를 하기 전이라면 추가공탁을 하면서 제1차 공탁 시에 지정된 공탁의 목적인 채무의 내용을 변경하는 것도 허용될 수 있다.

....

[❶ ▸ ○] 변제공탁의 목적인 채무는 현존하는 확정채무여야 하지만, 그 의미는 장래의 채무나 불확정채무는 원칙적으로 변제공탁의 목적이 되지 못한다는 것일 뿐, 채무자에 대한 각 채권자의 채권이 동일한 채권이어야 한다는 의미는 아니다(대판 2014.12.24. 2014다207245).

[❷ ▸ ○] 변제공탁이 적법한 경우에는 채권자가 공탁물 출급청구를 하였는지 여부와는 관계없이 공탁을 한 때에 변제의 효력이 발생하나, 피공탁자를 포함한 제3자가 공탁자에 대하여 가지는 별도 채권의 집행권원으로써 공탁자의 공탁물 회수청구권에 대하여 압류 및 추심명령을 받아 그 집행으로 공탁물을 회수한 경우 채권소멸의 효력은 소급하여 없어진다(대결 2020.5.22. 2018마5697).

[❸ ▸ ✕] 변제공탁에 있어서 채권자에게 반대급부 기타조건의 이행의무가 없음에도 불구하고 채무자가 이를 조건으로 공탁한 때에는 <u>채권자가 이를 수락하지 않는 한</u> 그 변제공탁은 무효이다(대판 1984.4.10. 84다77).

[❹ ▸ ○] 채권자의 태도로 보아 채무자가 설사 채무의 이행제공을 하였더라도 그 수령을 거절하였을 것이 명백한 경우에는 채무자는 이행의 제공을 하지 않고 바로 변제공탁할 수 있다(대판 1981.9.8. 80다2851).

[❺ ▸ ○] 채무자가 채무액의 일부만을 변제공탁 하였으나 그 후 부족분을 추가로 공탁하였다면 그때부터는 전 채무액에 대하여 유효한 공탁이 이루어진 것으로 볼 수 있는 것이고, 이 경우 채권자가 공탁물수령의 의사표시를 하기 전이라면 추가공탁을 하면서 제1차 공탁 시에 지정된 공탁의 목적인 채무의 내용을 변경하는 것도 허용될 수 있다 할 것이다(대판 1991.12.27. 91다35670).

답 ❸

34
☐☐☐

상계에 관한 다음 설명 중 가장 옳지 않은 것은?　　　　　2025년 법무사시험 [문 5]

① 주채무자가 수탁보증인에 대해 사전에 민법 제443조의 담보제공청구권 등의 항변권을 포기한 경우, 그 수탁보증인은 주채무자에 대하여 가지는 민법 제442조의 사전구상권을 자동채권으로 하여 주채무자가 수탁보증인에 대하여 가지는 채권과 상계할 수 있다.

② 근로자가 일정 기간 동안의 미지급 법정수당을 청구하는 경우에 사용자가 같은 기간 동안 법정수당의 초과 지급 부분이 있음을 이유로 상계나 그 충당을 주장하는 것은 허용된다.

③ 임대인인 甲이 임차인인 乙을 상대로 임대차계약 종료 후에도 임대목적물인 건물 부분을 불법점유하고 있다며 건물 부분의 인도와 함께 임대차계약에서 정한 손해배상 예정액의 지급을 구하자, 乙이 준비서면의 송달로 부속물매수청구권을 행사한다는 의사표시를 하고, 甲도 준비서면의 송달로 乙의 불법점유로 인한 甲의 손해배상채권을 자동채권으로 하여 乙의 부속물 매매대금 채권과 대등액에서 상계한다는 의사표시를 한 사안에서, 甲의 상계 의사표시로 그 의사표시 이전까지 존재하였던 甲의 부속물 매매대금 지급의무와 乙의 건물 부분 인도의무 사이의 동시이행관계는 상계적상이 있었던 시기로 소급하여 소멸하고 이로 인해 乙의 점유는 소급하여 불법점유가 된다.

④ 유치권이 인정되는 아파트를 경매로 매수한 자가 아파트 일부를 점유·사용하고 있는 유치권자에 대한 임료 상당의 부당이득금 반환채권을 자동채권으로 하고 유치권자가 종전 소유자에 대하여 가지는 유익비상환채권을 수동채권으로 하여 상계할 수는 없다.

⑤ 제3채무자의 압류채무자에 대한 자동채권이 수동채권인 피압류채권과 동시이행의 관계에 있는 경우에는, 압류명령이 제3채무자에게 송달되어 압류의 효력이 생긴 후에 자동채권이 발생하였다고 하더라도, 제3채무자는 그 채권에 의한 상계로 압류채권자에게 대항할 수 있다.

....

[❶▸O] 항변권이 붙어 있는 채권을 자동채권으로 하여 다른 채무(수동채권)와의 상계를 허용한다면 상계자 일방의 의사표시에 의하여 상대방의 항변권 행사의 기회를 상실시키는 결과가 되므로 그러한 상계는 허용될 수 없고, 특히 <u>수탁보증인이 주채무자에 대하여 가지는 민법 제442조의 사전구상권에는 민법 제443조의 담보제공청구권이 항변으로 부착되어 있는 만큼 이를 자동채권으로 하는 상계는 허용될 수 없으며, 다만 민법 제443조는 임의규정으로서 주채무자가 사전에 담보제공청구권의 항변권을 포기한 경우에는 보증인은 사전구상권을 자동채권으로 하여 주채무자에 대한 채무와 상계할 수 있다</u>(대판 2004.5.28. 2001다81245).

[❷▸O] 일반적으로 임금은 직접 근로자에게 전액을 지급하여야 하므로 사용자가 근로자에 대하여 가지는 채권으로서 근로자의 임금채권과 상계를 하지 못하는 것이 원칙이나, 계산의 착오 등으로 임금이 초과 지급되었을 때 그 행사의 시기가 초과 지급된 시기와 임금의 정산, 조정의 실질을 잃지 않을 만큼 합리적으로 밀접되어 있고 금액과 방법이 미리 예고되는 등 근로자의 경제생활의 안정을 해할 염려가 없는 경우나, 근로자가 퇴직한 후에 그 재직 중 지급되지 아니한 임금이나 퇴직금을 청구하는 경우에는 초과 지급된 임금의 반환청구권을 자동채권으로 하여 상계하는 것은 무방하다. 따라서 <u>근로자가 일정 기간 동안의 미지급 법정수당을 청구하는 경우에 사용자가 같은 기간 동안 법정수당의 초과 지급 부분이 있음을 이유로 상계나 그 충당을 주장하는 것도 허용된다</u>(대판[전합] 1995.12.21. 94다26721).

[**❸ ▶ ✕**] 甲 시설관리공단[임대인(註)]이 乙 주식회사[임차인(註)]를 상대로 임대차계약이 종료 후에도 임대목적물인 건물 부분을 불법점유하고 있다며 건물 부분의 인도와 함께 임대차계약에서 월 차임의 1.3배로 정한 손해배상 예정액의 지급을 구하자, 乙 회사가 준비서면의 송달로 부속물매수청구권을 행사한다는 의사표시를 하고, 甲 공단도 준비서면의 송달로 乙 회사의 불법점유로 인한 甲 공단의 손해배상채권을 자동채권으로 하여 乙 회사의 부속물 매매대금 채권과 대등액에서 상계한다는 의사표시를 한 사안에서, 甲 공단의 상계 의사표시로 그 의사표시 이전까지 존재하였던 甲 공단의 부속물 매매대금 지급의무와 乙 회사의 건물 부분 인도의무 사이의 동시이행관계가 상계적상이 있었던 시기로 소급하여 소멸한다거나 이로 인해 乙 회사의 점유가 소급하여 불법점유가 된다고 할 수 없는데도, 상계의 소급효에 의해 동시이행관계 내지 점유권원이 소급하여 상실됨을 전제로 乙 회사의 부속물매수청구권 행사 의사가 표시된 준비서면이 甲 공단에 송달된 날부터 甲 공단의 상계의 의사가 표시된 준비서면이 乙 회사에 송달된 날까지 乙 회사의 건물 부분에 대한 점유를 불법점유로 보아 乙 회사는 甲 공단에 위 기간에 대하여 손해배상 예정액을 지급할 의무가 있다고 본 원심판단에 법리오해의 잘못이 있다고 한 사례이다(대판 2025.5.15. 2024다317332).

[**❹ ▶ ○**] 유치권이 인정되는 아파트를 경락·취득한 자가 아파트 일부를 점유·사용하고 있는 유치권자에 대한 임료 상당의 부당이득금 반환채권을 자동채권으로 하고 유치권자의 종전 소유자에 대한 유익비상환채권을 수동채권으로 하여 상계의 의사표시를 한 사안에서, 상대방이 제3자에 대하여 가지는 채권을 수동채권으로 하여 상계할 수 없음에도, 그러한 상계가 허용됨을 전제로 위 상계의 의사표시로 부당이득금 반환채권과 유익비상환채권이 대등액의 범위 내에서 소멸하였다고 본 원심판결에 법리오해의 위법이 있다고 한 사례이다(대판 2011.4.28. 2010다101394).

[**❺ ▶ ○**] 금전채권에 대한 압류 및 전부명령이 있는 때에는 압류된 채권은 동일성을 유지한 채로 압류채무자로부터 압류채권자에게 이전되고, 제3채무자는 채권이 압류되기 전에 압류채무자에게 대항할 수 있는 사유로써 압류채권자에게 대항할 수 있는 것이므로 제3채무자의 압류채무자에 대한 자동채권이 수동채권인 피압류채권과 동시이행의 관계에 있는 경우에는, 압류명령이 제3채무자에게 송달되어 압류의 효력이 생긴 후에 자동채권이 발생하였다고 하더라도 제3채무자는 동시이행의 항변권을 주장할 수 있고 따라서 그 채권에 의한 상계로 압류채권자에게 대항할 수 있는 것으로서, 이 경우에 자동채권이 발생한 기초가 되는 원인은 수동채권이 압류되기 전에 이미 성립하여 존재하고 있었던 것이므로, 그 자동채권은 민법 제498조 소정의 "지급을 금지하는 명령을 받은 제3채무자가 그 후에 취득한 채권"에 해당하지 않는다고 봄이 상당하다(대판 1993.9.28. 92다55794).

답 ❸

지연손해금에 관한 다음 설명 중 가장 옳지 않은 것은?

① 불법행위로 인한 손해배상채무는 손해발생과 동시에 이행기에 있는 것으로, 공평의 관념상 별도의 이행최고가 없더라도 불법행위 당시부터 지연손해금이 발생하는 것이 원칙이다.

② 매매계약이 해제되면 그 효력이 소급적으로 소멸함에 따라 각 당사자는 상대방에 대하여 원상회복의무가 있으므로 이미 그 계약상 의무에 기하여 이행된 급부는 원상회복을 위하여 부당이득으로 반환되어야 하고, 그 원상회복의 대상에는 매매대금은 물론 이와 관련하여 그 매매계약의 존속을 전제로 수령한 지연손해금도 포함된다.

③ 금전채무의 지연손해금채무는 금전채무의 이행지체로 인한 손해배상채무로서 이행기의 정함이 없는 채무에 해당하므로, 채무자는 확정된 지연손해금채무에 대하여 채권자로부터 이행청구를 받은 때부터 지체책임을 부담하게 된다.

④ 금전채무에 관하여 이행지체에 대비한 지연손해금 비율을 따로 약정한 경우에 이는 일종의 손해배상액의 예정으로서 민법 제398조 제2항에 의한 감액의 대상이 된다.

⑤ 상계적상 시점 이전에 수동채권에 대하여 이자나 지연손해금이 발생한 경우 상계적상 시점까지 수동채권의 이자나 지연손해금을 계산한 다음 자동채권으로써 먼저 수동채권의 원본을 소각하고 잔액을 가지고 이자나 지연손해금을 소각하여야 한다.

....

[**❶ ▸ ○**] 불법행위로 인한 손해배상채무는 손해발생과 동시에 이행기에 있는 것으로, 공평의 관념상 별도의 이행최고가 없더라도 불법행위 당시부터 지연손해금이 발생하는 것이 원칙이고, 불법행위 시점과 손해발생 시점 사이에 시간적 간격이 있는 경우에는 불법행위로 인한 손해배상채권의 지연손해금은 손해발생 시점을 기산일로 하여 발생한다(대판 2022.6.16. 2017다289538).

[**❷ ▸ ○**] 매매계약이 해제되면 그 효력이 소급적으로 소멸함에 따라 각 당사자는 상대방에 대하여 원상회복의무가 있으므로 이미 그 계약상 의무에 기하여 이행된 급부는 원상회복을 위하여 부당이득으로 반환되어야 하고, 그 원상회복의 대상에는 매매대금은 물론 이와 관련하여 그 매매계약의 존속을 전제로 수령한 지연손해금도 포함된다 할 것이다(대판 2022.4.28. 2017다284236).

[**❸ ▸ ○**] 금전채무의 지연손해금채무는 금전채무의 이행지체로 인한 손해배상채무로서 이행기의 정함이 없는 채무에 해당하므로, 채무자는 확정된 지연손해금채무에 대하여 채권자로부터 이행청구를 받은 때로부터 지체책임을 부담하게 된다(대판 2004.7.9. 2004다11582).

[**❹ ▸ ○**] 금전채무에 관하여 이행지체에 대비한 지연손해금 비율을 따로 약정한 경우에 이는 일종의 손해배상액의 예정으로서 민법 제398조에 의한 감액의 대상이 된다(대판 2000.7.28. 99다38637).

[**❺ ▸ ✕**] 상계의 의사표시가 있는 경우, 채무는 상계적상 시에 소급하여 대등액에 관하여 소멸한 것으로 보게 되므로, 상계에 의한 양 채권의 차액 계산 또는 상계 충당은 상계적상의 시점을 기준으로 하게 되고, 따라서 그 시점 이전에 수동채권의 변제기가 이미 도래하여 지체가 발생한 경우에는 상계적상 시점까지의 수동채권의 약정이자 및 지연손해금을 계산한 다음 자동채권으로써 먼저 수동채권의 약정이자 및 지연손해금을 소각하고 잔액을 가지고 원본을 소각하여야 한다(대판 2005.7.8. 2005다8125).

답 ❺

상계에 관한 다음 설명 중 가장 옳지 않은 것은?

① 상계의 의사표시에 의하여 각 채무는 상계할 수 있는 때에 대등액에 관하여 소멸한 것으로 보게 되지만, 이러한 상계의 소급효는 양 채권 및 이에 관한 이자나 지연손해금 등을 정산하는 기준시기를 소급하는 것일 뿐이고 특별한 사정이 없는 한 상계의 의사표시 전에 이미 발생한 사실을 복멸시키지는 아니한다.

② 어느 연대채무자가 채권자에 대하여 채권이 있는 경우에 그 채무자가 상계한 때에는 채권은 모든 연대채무자의 이익을 위하여 소멸한다.

③ 상계는 상대방에 대한 의사표시로 한다. 이 의사표시에는 조건 또는 기한을 붙이지 못한다.

④ 부당이득반환채권은 이행기의 정함이 없는 채권으로서 그 이행 청구일에 상계적상에서 의미하는 이행기가 도래한 것으로 볼 수 있다.

⑤ 채권양수인이 양수채권을 자동채권으로 하여 그 채무자가 채권양수인에 대해 가지고 있던 기존 채권과 상계한 경우, 채권양수인은 채권양도의 대항요건이 갖추어진 때 비로소 자동채권을 행사할 수 있으므로 채권양도 전에 이미 양 채권의 변제기가 도래하였다고 하더라도 상계의 효력은 변제기로 소급하는 것이 아니라 채권양도의 대항요건이 갖추어진 시점으로 소급한다.

···

[**❶** ▸ ○] 상계의 의사표시에 의하여 각 채무는 상계할 수 있는 때에 대등액에 관하여 소멸한 것으로 보게 되지만(민법 제493조 제2항), 이러한 상계의 소급효는 양 채권 및 이에 관한 이자나 지연손해금 등을 정산하는 기준시기를 소급하는 것일 뿐이고 특별한 사정이 없는 한 상계의 의사표시 전에 이미 발생한 사실을 복멸시키지는 아니한다(대판 2025.5.15. 2024다317332).

[**❷** ▸ ○] 민법 제418조 제1항

민법 제418조(상계의 절대적 효력)
① 어느 연대채무자가 채권자에 대하여 채권이 있는 경우에 그 채무자가 상계한 때에는 채권은 모든 연대채무자의 이익을 위하여 소멸한다.
② 상계할 채권이 있는 연대채무자가 상계하지 아니한 때에는 그 채무자의 부담부분에 한하여 다른 연대채무자가 상계할 수 있다.

[**❸** ▸ ○] 민법 제493조 제1항

민법 제493조(상계의 방법, 효과)
① 상계는 상대방에 대한 의사표시로 한다. 이 의사표시에는 조건 또는 기한을 붙이지 못한다.
② 상계의 의사표시는 각 채무가 상계할 수 있는 때에 대등액에 관하여 소멸한 것으로 본다.

[**❹** ▸ ✕] 이행기의 정함이 없는 채권의 경우 그 성립과 동시에 이행기에 놓이게 되고, 부당이득반환채권은 이행기의 정함이 없는 채권으로서 채권의 성립과 동시에 언제든지 이행을 청구할 수 있으므로, 그 채권의 성립일에 상계적상에서 의미하는 이행기가 도래한 것으로 볼 수 있다(대판 2022.3.17. 2021다287515).

[**❺** ▸ ○] 민법 제493조 제2항은 "상계의 의사표시는 각 채무가 상계할 수 있는 때에 대등액에 관하여 소멸한 것으로 본다."라고 정하고 있으므로 상계의 효력은 상계적상 시로 소급하여 발생한다. 상계적상은 자동채권과 수동채권이 상호 대립하는 때에 비로소 생긴다. 채권양수인이 양수채권을 자동채권으로 하여 그 채무자가 채권양수인에 대해 가지고 있던 기존 채권과 상계한 경우, 채권양수인은 채권양도의 대항요건이 갖추어진 때 비로소 자동채권을 행사할 수 있으므로 채권양도 전에 이미 양 채권의 변제기가

도래하였다고 하더라도 상계의 효력은 변제기로 소급하는 것이 아니라 채권양도의 대항요건이 갖추어진 시점으로 소급한다(대판 2022.6.30. 2022다200089).

답 ❹

37 □□□ **상계에 관한 다음 설명 중 가장 옳지 않은 것은?** 2024년 법무사시험 [문 3]

① 상속채권자가 상속이 개시된 후 한정승인 이전에 피상속인에 대한 채권을 자동채권으로 하여 상속인에 대한 채무에 대하여 상계하였더라도, 그 이후 상속인이 한정승인을 하는 경우에는 민법 제1031조의 취지에 따라 상계가 소급하여 효력을 상실하고, 상계의 자동채권인 상속채권자의 피상속인에 대한 채권과 수동채권인 상속인에 대한 채무는 모두 부활한다.

② 채권양도가 사해행위에 해당하는 경우 불법행위로 인한 손해배상채권의 채무자가 채권양도인에 대한 별도의 채권자 지위에서 채권양수인에게 채권자취소권을 행사하여 채권양도의 취소를 구함과 아울러 취소에 따른 원상회복 방법으로 직접 자신 앞으로 가액배상의 지급을 구하는 것 자체는 민법 제496조에 반하지 않으므로 허용된다.

③ 수탁보증인이 주채무자에 대하여 가지는 민법 제442조의 사전구상권에는 민법 제443조의 담보제공청구권이 항변권으로 부착되어 있으므로 이를 자동채권으로 하는 상계는 원칙적으로 허용될 수 없다.

④ 대항요건을 갖춘 채권양수인이 양수채권을 자동채권으로 하여 그 채무자가 채권양수인에 대해 가지고 있던 기존 채권과 상계한 경우, 채권양도 전에 이미 양 채권의 변제기가 도래하였다면 상계의 효력은 변제기로 소급한다.

⑤ 민법 제492조 제1항에 따르면 쌍방이 서로 같은 종류를 목적으로 한 채무를 부담한 경우 쌍방 채무의 이행기가 도래한 때에는 각 채무자는 대등액에 관하여 상계할 수 있는데, 위 조항에서 정한 '채무의 이행기가 도래한 때'는 채권자가 채무자에게 이행의 청구를 할 수 있는 시기가 도래하였음을 의미하고 채무자가 이행지체에 빠지는 시기를 말하는 것이 아니다.

⋯⋯⋯⋯⋯⋯⋯⋯⋯⋯⋯⋯⋯⋯⋯⋯⋯⋯⋯⋯⋯⋯⋯⋯⋯⋯⋯⋯⋯⋯⋯⋯⋯⋯⋯⋯⋯⋯

[❶ ▶ O] 상속인이 한정승인을 하는 경우에도, 피상속인의 채무와 유증에 대한 책임 범위가 한정될 뿐 상속인은 상속이 개시된 때부터 피상속인의 일신에 전속한 것을 제외한 피상속인의 재산에 관한 포괄적인 권리·의무를 승계하지만(민법 제1005조), 피상속인의 상속재산을 상속인의 고유재산으로부터 분리하여 청산하려는 한정승인 제도의 취지에 따라 상속인의 피상속인에 대한 재산상 권리·의무는 소멸하지 아니한다(민법 제1031조). 그러므로 상속채권자가 피상속인에 대하여는 채권을 보유하면서 상속인에 대하여는 채무를 부담하는 경우, 상속이 개시되면 위 채권 및 채무가 모두 상속인에게 귀속되어 상계적상이 생기지만, 상속인이 한정승인을 하면 상속이 개시된 때부터 민법 제1031조에 따라 피상속인의 상속재산과 상속인의 고유재산이 분리되는 결과가 발생하므로, 상속채권자의 피상속인에 대한 채권과 상속인에 대한 채무 사이의 상계는 제3자의 상계에 해당하여 허용될 수 없다. 즉, 상속채권자가 상속이 개시된 후 한정승인 이전에 피상속인에 대한 채권을 자동채권으로 하여 상속인에 대한 채무에 대하여 상계하였더라도, 그 이후 상속인이 한정승인을 하는 경우에는 민법 제1031조의 취지에 따라 상계가 소급하여 효력을 상실하고, 상계의 자동채권인 상속채권자의 피상속인에 대한 채권과 수동채권인 상속인에 대한 채무는 모두 부활한다(대판 2022.10.27. 2022다254154).

[❷ ▶ O] 고의의 불법행위로 인한 손해배상채권의 채무자는 그 채권을 수동채권으로 한 상계로 채권자에게 대항하지 못하고(민법 제496조), 그 결과 채권이 양도된 경우에 양수인에게도 상계로 대항할 수 없게 되나(민법 제451조 제2항 참조), 채권양도가 사해행위에 해당하는 경우 불법행위로 인한 손해

배상채권의 채무자가 채권양도인에 대한 별도의 채권자 지위에서 채권양수인에게 채권자취소권을 행사하여 채권양도의 취소를 구함과 아울러 취소에 따른 원상회복 방법으로 직접 자신 앞으로 가액배상의 지급을 구하는 것 자체는 민법 제496조에 반하지 않으므로 허용된다(대판 2011.6.10. 2011다8980).

[❸ ▸ O] 항변권이 붙어 있는 채권을 자동채권으로 하여 다른 채무(수동채권)와의 상계를 허용한다면 상계자 일방의 의사표시에 의하여 상대방의 항변권 행사의 기회를 상실시키는 결과가 되므로 그러한 상계는 허용될 수 없고, 특히 수탁보증인이 주채무자에 대하여 가지는 민법 제442조의 사전구상권에는 민법 제443조의 담보제공청구권이 항변권으로 부착되어 있는 만큼 이를 자동채권으로 하는 상계는 원칙적으로 허용될 수 없다(대판 2019.2.14. 2017다274703).

[❹ ▸ ✕] 민법 제493조 제2항은 "상계의 의사표시는 각 채무가 상계할 수 있는 때에 대등액에 관하여 소멸한 것으로 본다."라고 정하고 있으므로 상계의 효력은 상계적상 시로 소급하여 발생한다. 상계적상은 자동채권과 수동채권이 상호 대립하는 때에 비로소 생긴다. 채권양수인이 양수채권을 자동채권으로 하여 그 채무자가 채권양수인에 대해 가지고 있던 기존 채권과 상계한 경우, 채권양수인은 채권양도의 대항요건이 갖추어진 때 비로소 자동채권을 행사할 수 있으므로 채권양도 전에 이미 양 채권의 변제기가 도래하였다고 하더라도 상계의 효력은 변제기로 소급하는 것이 아니라 <u>채권양도의 대항요건이 갖추어진 시점으로 소급한다</u>(대판 2022.6.30. 2022다200089).

[❺ ▸ O] 쌍방이 서로 같은 종류를 목적으로 한 채무를 부담한 경우 쌍방 채무의 이행기가 도래한 때에는 각 채무자는 대등액에 관하여 상계할 수 있다(민법 제492조 제1항). 민법 제492조 제1항에서 정한 '채무의 이행기가 도래한 때'는 채권자가 채무자에게 이행의 청구를 할 수 있는 시기가 도래하였음을 의미하고 채무자가 이행지체에 빠지는 시기를 말하는 것이 아니다(대판 2021.5.7. 2018다25946).

답 ❹

38

□□□

상계에 관한 다음 설명 중 가장 옳지 않은 것은? 2022년 법무사시험 [문 7]

① 상계에 따른 양 채권의 차액 계산 또는 상계 충당은 상계적상의 시점을 기준으로 하므로, 그 시점 이전에 수동채권에 대하여 이자나 지연손해금이 발생한 경우 상계적상 시점까지 수동채권의 이자나 지연손해금을 계산한 다음 자동채권으로써 먼저 수동채권의 이자나 지연손해금을 소각하고 잔액을 가지고 원본을 소각하여야 한다.

② 채권압류명령을 받은 제3채무자가 압류채무자에 대한 반대채권을 가지고 있는 경우에 상계로써 압류채권자에게 대항하기 위하여는, 압류의 효력 발생 당시에 대립하는 양 채권이 상계적상에 있거나, 그 당시 반대채권(자동채권)의 변제기가 도래하지 아니한 경우에는 그것이 피압류채권(수동채권)의 변제기와 동시에 또는 그보다 먼저 도래하여야 한다.

③ 채무자가 채권양도 통지를 받은 경우 채무자는 그때까지 양도인에 대하여 생긴 사유로써 양수인에게 대항할 수 있고, 당시 이미 상계할 수 있는 원인이 있었던 경우에는 아직 상계적상에 있지 않더라도 그 후에 상계적상에 이르면 채무자는 양수인에 대하여 상계로 대항할 수 있다.

④ 채권자가 주채무자에 대하여 상계적상에 있는 자동채권을 상계하지 않았다고 하여 이를 이유로 보증채무자가 보증한 채무의 이행을 거부할 수 없으며 나아가 보증채무자의 책임이 면책되는 것도 아니다.

⑤ 소멸시효가 완성된 채권이 그 완성 전에 상계할 수 있었던 것이면 그 채권자는 상계할 수 있으나, 매도인이나 수급인의 담보책임을 기초로 한 매수인이나 도급인의 손해배상채권의 제척기간이 지난 경우에는 위 법리가 적용되지 않으므로 매수인이나 도급인은 위 손해배상채권을 자동채권으로 하여 상대방의 채권과 상계할 수 없다.

[❶ ▸ ○] 상계의 의사표시가 있는 경우, 채무는 상계적상 시에 소급하여 대등액에 관하여 소멸한 것으로 보게 되므로, 상계에 의한 양 채권의 차액 계산 또는 상계 충당은 상계적상의 시점을 기준으로 하게 되고, 따라서 그 시점 이전에 수동채권의 변제기가 이미 도래하여 지체가 발생한 경우에는 상계적상 시점까지의 수동채권의 약정이자 및 지연손해금을 계산한 다음 자동채권으로써 먼저 수동채권의 약정이자 및 지연손해금을 소각하고 잔액을 가지고 원본을 소각하여야 한다(대판 2005.7.8. 2005다8125).

[❷ ▸ ○] 민법 제498조는 "지급을 금지하는 명령을 받은 제3채무자는 그 후에 취득한 채권에 의한 상계로 그 명령을 신청한 채권자에게 대항하지 못한다"라고 규정하고 있다. 위 규정의 취지, 상계제도의 목적 및 기능, 채무자의 채권이 압류된 경우 관련 당사자들의 이익상황 등에 비추어 보면, 채권압류명령 또는 채권가압류명령(이하 채권압류명령의 경우만을 두고 논의하기로 한다)을 받은 제3채무자가 압류채무자에 대한 반대채권을 가지고 있는 경우에 상계로써 압류채권자에게 대항하기 위하여는, 압류의 효력 발생 당시에 대립하는 양 채권이 상계적상에 있거나, 그 당시 반대채권(자동채권)의 변제기가 도래하지 아니한 경우에는 그것이 피압류채권(수동채권)의 변제기와 동시에 또는 그보다 먼저 도래하여야 한다(대판[전합] 2012.2.16. 2011다45521).

[❸ ▸ ○] 지명채권의 양도는 양도인이 채무자에게 통지하거나 채무자가 승낙하지 않으면 채무자에게 대항하지 못한다(민법 제450조 제1항). 채무자가 채권양도 통지를 받은 경우 채무자는 그때까지 양도인에 대하여 생긴 사유로써 양수인에게 대항할 수 있고(제451조 제2항), 당시 이미 상계할 수 있는 원인이 있었던 경우에는 아직 상계적상에 있지 않더라도 그 후에 상계적상에 이르면 채무자는 양수인에 대하여 상계로 대항할 수 있다(대판 2019.6.27. 2017다222962).

[❹ ▸ ○] 상계는 단독행위로서 상계를 할지는 채권자의 의사에 따른 것이고 상계적상에 있는 자동채권이 있다고 하여 반드시 상계를 해야 할 것은 아니다. 채권자가 주채무자에 대하여 상계적상에 있는 자동채권을 상계하지 않았다고 하여 이를 이유로 보증채무자가 보증한 채무의 이행을 거부할 수 없으며 나아가 보증채무자의 책임이 면책되는 것도 아니다(대판 2018.9.13. 2015다209347).

[❺ ▸ ✕] 매도인의 담보책임을 기초로 한 매수인의 손해배상채권 또는 수급인의 담보책임을 기초로 한 도급인의 손해배상채권이 각각 상대방의 채권과 상계적상에 있는 경우에 당사자들은 채권·채무관계가 이미 정산되었거나 정산될 것으로 기대하는 것이 일반적이므로, 그 신뢰를 보호할 필요가 있다. 이러한 손해배상채권의 제척기간이 지난 경우에도 그 기간이 지나기 전에 상대방에 대한 채권·채무관계의 정산 소멸에 대한 신뢰를 보호할 필요성이 있다는 점은 소멸시효가 완성된 채권의 경우와 아무런 차이가 없다. 따라서 매도인이나 수급인의 담보책임을 기초로 한 손해배상채권의 제척기간이 지난 경우에도 제척기간이 지나기 전 상대방의 채권과 상계할 수 있었던 경우에는 매수인이나 도급인은 민법 제495조를 유추적용해서 위 손해배상채권을 자동채권으로 해서 상대방의 채권과 상계할 수 있다고 봄이 타당하다(대판 2019.3.14. 2018다255648).

답 ❺

① 상계는 당사자 쌍방이 서로 같은 종류를 목적으로 한 채무를 부담한 경우에 서로 같은 종류의 급부를 현실로 이행하는 대신 어느 일방당사자의 의사표시로 그 대등액에 관하여 채권과 채무를 동시에 소멸시키는 것이고, 이러한 상계제도의 취지는 서로 대립하는 두 당사자 사이의 채권·채무를 간이한 방법으로 원활하고 공평하게 처리하려는 데 있다. 따라서 수동채권으로 될 수 있는 채권은 상대방이 상계자에 대하여 가지는 채권에 한정되지 않고, 상대방이 제3자에 대하여 가지는 채권과도 상계할 수 있다고 보아야 한다.

② 타인의 채무를 담보하기 위하여 그 소유의 부동산에 저당권을 설정한 물상보증인이 타인의 채무를 변제하거나 저당권의 실행으로 저당물의 소유권을 잃은 때에는 채무자에 대하여 구상권을 취득한다(민법 제370조, 제341조). 그런데 구상권 취득의 요건인 '채무의 변제'라 함은 채무의 내용인 급부가 실현되고 이로써 채권이 그 목적을 달성하여 소멸하는 것을 의미하므로, 기존채무가 동일성을 유지하면서 인수 당시의 상태로 종래의 채무자로부터 인수인에게 이전할 뿐 기존채무를 소멸시키는 효력이 없는 면책적 채무인수는 설령 이로 인하여 기존 채무자가 채무를 면한다고 하더라도 이를 가리켜 채무가 변제된 경우에 해당한다고 할 수 없다. 따라서 채무인수의 대가로 기존 채무자가 물상보증인에게 어떤 급부를 하기로 약정하였다는 등의 사정이 없는 한 물상보증인이 기존 채무자의 채무를 면책적으로 인수하였다는 것만으로 물상보증인이 기존 채무자에 대하여 구상권 등의 권리를 가진다고 할 수 없다.

③ 일반적으로 당사자 사이에 상계적상이 있는 채권이 병존하고 있는 경우에는 이를 상계할 수 있는 것이 원칙이고, 이러한 상계의 대상이 되는 채권은 상대방과 사이에서 직접 발생한 채권에 한하는 것이 아니라 제3자로부터 양수 등을 원인으로 하여 취득한 채권도 포함한다. 또한 당사자가 상계의 대상이 되는 채권이나 채무를 취득하게 된 목적과 경위, 상계권을 행사함에 이른 구체적·개별적 사정에 비추어, 그것이 상계 제도의 목적이나 기능을 일탈하고, 법적으로 보호받을 만한 가치가 없는 경우에는, 그 상계권의 행사는 신의칙에 반하거나 상계에 관한 권리를 남용하는 것으로서 허용되지 않는다고 함이 상당하고, 상계권 행사를 제한하는 위와 같은 근거에 비추어 볼 때 일반적인 권리남용의 경우에 요구되는 주관적 요건을 필요로 하는 것은 아니다.

④ 민법 제496조는 "채무가 고의의 불법행위로 인한 것인 때에는 그 채무자는 상계로 채권자에게 대항하지 못한다"라고 정하고 있다. 고의에 의한 불법행위의 발생을 방지함과 아울러 고의의 불법행위로 인한 피해자에게 현실의 변제를 받게 하려는 데 이 규정의 취지가 있다. 이 규정은 고의의 불법행위로 인한 손해배상채권을 수동채권으로 한 상계에 관한 것이고 고의의 채무불이행으로 인한 손해배상채권에는 적용되지 않는다. 다만 고의에 의한 행위가 불법행위를 구성함과 동시에 채무불이행을 구성하여 불법행위로 인한 손해배상채권과 채무불이행으로 인한 손해배상채권이 경합하는 경우에는 이 규정을 유추적용할 필요가 있다.

⑤ 당사자 쌍방의 채무가 서로 상계적상에 있다 하더라도, 별도의 의사표시 없이도 상계된 것으로 한다는 특약이 없는 한, 그 자체만으로 상계로 인한 채무소멸의 효력이 생기는 것은 아니고 상계의 의사표시를 기다려 비로소 상계로 인한 채무소멸의 효력이 생긴다.

[**❶ ▸ ✕**] 상계는 당사자 쌍방이 서로 같은 종류를 목적으로 한 채무를 부담한 경우에 서로 같은 종류의 급부를 현실로 이행하는 대신 어느 일방당사자의 의사표시로 그 대등액에 관하여 채권과 채무를 동시에 소멸시키는 것이고, 이러한 상계제도의 취지는 서로 대립하는 두 당사자 사이의 채권·채무를 간이한 방법으로 원활하고 공평하게 처리하려는 데 있으므로, 수동채권으로 될 수 있는 채권은 상대방이 상계자에 대하여 가지는 채권이어야 하고, 상대방이 제3자에 대하여 가지는 채권과는 상계할 수 없다고 보아야 한다. 그렇지 않고 만약 상대방이 제3자에 대하여 가지는 채권을 수동채권으로 하여 상계할 수 있다고 한다면, 이는 상계의 당사자가 아닌 상대방과 제3자 사이의 채권채무관계에서 상대방이 제3자에게서 채무의 본지에 따른 현실급부를 받을 이익을 침해하게 될 뿐 아니라, 상대방의 채권자들 사이에서 상계자만 독점적인 만족을 얻게 되는 불합리한 결과를 초래하게 되므로, 상계의 담보적 기능과 관련하여 법적으로 보호받을 수 있는 당사자의 합리적 기대가 이러한 경우에까지 미친다고 볼 수는 없다(대판 2011.4.28. 2010다101394).

[**❷ ▸ ○**] 타인의 채무를 담보하기 위하여 그 소유의 부동산에 저당권을 설정한 물상보증인이 타인의 채무를 변제하거나 저당권의 실행으로 저당물의 소유권을 잃은 때에는 채무자에 대하여 구상권을 취득한다(민법 제370조, 제341조). 그런데 구상권 취득의 요건인 '채무의 변제'라 함은 채무의 내용인 급부가 실현되고 이로써 채권이 그 목적을 달성하여 소멸하는 것을 의미하므로, 기존채무가 동일성을 유지하면서 인수 당시의 상태로 종래의 채무자로부터 인수인에게 이전할 뿐 기존채무를 소멸시키는 효력이 없는 면책적 채무인수는 설령 이로 인하여 기존 채무자가 채무를 면한다고 하더라도 이를 가리켜 채무가 변제된 경우에 해당한다고 할 수 없다. 따라서 채무인수의 대가로 기존 채무자가 물상보증인에게 어떤 급부를 하기로 약정하였다는 등의 사정이 없는 한 물상보증인이 기존 채무자의 채무를 면책적으로 인수하였다는 것만으로 물상보증인이 기존 채무자에 대하여 구상권 등의 권리를 가진다고 할 수 없다(대판 2019.2.14. 2017다274703).

[**❸ ▸ ○**] 일반적으로 당사자 사이에 상계적상이 있는 채권이 병존하고 있는 경우에는 이를 상계할 수 있는 것이 원칙이고, 이러한 상계의 대상이 되는 채권은 상대방과 사이에서 직접 발생한 채권에 한하는 것이 아니라, 제3자로부터 양수 등을 원인으로 하여 취득한 채권도 포함한다 할 것인바, 이러한 상계권자의 지위가 법률상 보호를 받는 것은, 원래 상계제도가 서로 대립하는 채권, 채무를 간이한 방법에 의하여 결제함으로써 양자의 채권채무관계를 원활하고 공평하게 처리함을 목적으로 하고 있고, 상계권을 행사하려고 하는 자에 대하여는 수동채권의 존재가 사실상 자동채권에 대한 담보로서의 기능을 하는 것이어서 그 담보적 기능에 대한 당사자의 합리적 기대가 법적으로 보호받을 만한 가치가 있음에 근거하는 것이므로 당사자가 상계의 대상이 되는 채권이나 채무를 취득하게 된 목적과 경위, 상계권을 행사함에 이른 구체적·개별적 사정에 비추어, 그것이 위와 같은 상계 제도의 목적이나 기능을 일탈하고, 법적으로 보호받을 만한 가치가 없는 경우에는, 그 상계권의 행사는 신의칙에 반하거나 상계에 관한 권리를 남용하는 것으로서 허용되지 않는다고 함이 상당하고, 상계권 행사를 제한하는 위와 같은 근거에 비추어 볼 때 일반적인 권리남용의 경우에 요구되는 주관적 요건을 필요로 하는 것은 아니다(대판 2003.4.11. 2002다59481).

[**❹ ▸ ○**] 민법 제496조는 "채무가 고의의 불법행위로 인한 것인 때에는 그 채무자는 상계로 채권자에게 대항하지 못한다"라고 정하고 있다. … 고의에 의한 불법행위의 발생을 방지함과 아울러 고의의 불법행위로 인한 피해자에게 현실의 변제를 받게 하려는 데 이 규정의 취지가 있다. 이 규정은 고의의 불법행위로 인한 손해배상채권을 수동채권으로 한 상계에 관한 것이고 고의의 채무불이행으로 인한 손해배상채권에는 적용되지 않는다. 다만 고의에 의한 행위가 불법행위를 구성함과 동시에 채무불이행을 구성하여 불법행위로 인한 손해배상채권과 채무불이행으로 인한 손해배상채권이 경합하는 경우에는

이 규정을 유추적용할 필요가 있다. 이러한 경우에 고의의 채무불이행으로 인한 손해배상채권을 수동채권으로 한 상계를 허용하면 이로써 고의의 불법행위로 인한 손해배상채권까지 소멸하게 되어 고의의 불법행위에 의한 손해배상채권은 현실적으로 만족을 받아야 한다는 이 규정의 입법취지가 몰각될 우려가 있기 때문이다. 따라서 이러한 예외적인 경우에는 민법 제496조를 유추적용하여 고의의 채무불이행으로 인한 손해배상채권을 수동채권으로 하는 상계를 한 경우에도 채무자가 상계로 채권자에게 대항할 수 없다고 보아야 한다(대판 2017.2.15. 2014다19776).

[❺ ▶ ○] 당사자 쌍방의 채무가 서로 상계적상에 있다 하더라도, 별도의 의사표시 없이도 상계된 것으로 한다는 특약이 없는 한, 그 자체만으로 상계로 인한 채무소멸의 효력이 생기는 것은 아니고 상계의 의사표시를 기다려 비로소 상계로 인한 채무소멸의 효력이 생긴다(대판 2000.9.8. 99다6524).

답 ❶

제5절 **경개 · 면제 · 혼동**

40
☐☐☐

다음 설명 중 가장 옳지 않은 것은?(다툼이 있는 경우 판례에 따르고 전원합의체 판결의 경우 다수의견에 의함. 이하 같음)   **2023년 법무사시험 [문 1]**

① 경개계약은 신채권을 성립시키고 구채권을 소멸시키는 처분행위로서 신채권이 성립되면 그 효과는 완결되고 경개계약 자체의 이행의 문제는 발생할 여지가 없으므로 경개에 의하여 성립된 신채무의 불이행을 이유로 경개계약을 해제할 수는 없다.

② 기존의 채권이 제3자에게 이전된 경우 이를 채권의 양도로 볼 것인가 또는 경개로 볼 것인가는 일차적으로 당사자의 의사에 의하여 결정되고, 만약 당사자의 의사가 명백하지 아니할 때에는 일반적으로 채권의 양도로 볼 것이다.

③ 기존채무와 관련하여 새로운 약정을 체결한 경우에 그러한 약정이 경개에 해당하는 것인지 아니면 단순히 기존채무의 변제기나 변제방법 등을 변경한 것인지는 당사자의 의사에 의하여 결정되고, 만약 당사자의 의사가 명백하지 아니할 때에는 의사해석의 문제로 귀착되는 것으로서, 이러한 당사자의 의사를 해석함에 있어서는 새로운 약정이 이루어지게 된 동기 및 경위, 당사자가 그 약정에 의하여 달성하려고 하는 목적과 진정한 의사 등을 종합적으로 고찰하여 사회정의와 형평의 이념에 맞도록 논리와 경험의 법칙, 그리고 사회일반의 상식과 거래의 통념에 따라 합리적으로 해석하여야 한다.

④ 채무자가 부담한 구채무의 일부가 이자제한법 위반으로 무효라고 하더라도 경개계약을 체결한 경우 그 부분에 관하여 효력이 발생하지 않는다고 할 수 없다.

⑤ 현실적인 자금의 수수 없이 형식적으로만 신규대출을 하여 기존채무를 변제하는 이른바 대환은 특별한 사정이 없는 한 형식적으로는 별도의 대출에 해당하나 실질적으로는 기존채무의 변제기의 연장에 불과하여 경개라고 할 수 없다.

[❶▸○] 경개계약은 신채권을 성립시키고 구채권을 소멸시키는 처분행위로서 신채권이 성립되면 그 효과는 완결되고 경개계약 자체의 이행의 문제는 발생할 여지가 없으므로 경개에 의하여 성립된 신채무의 불이행을 이유로 경개계약을 해제할 수는 없다(대판 2003.2.11. 2002다62333).

[❷▸○] 기존의 채권이 제3자에게 이전된 경우 이를 채권의 양도로 볼 것인가 또는 경개로 볼 것인가는 일차적으로 당사자의 의사에 의하여 결정되고, 만약 당사자의 의사가 명백하지 아니할 때에는 특별한 사정이 없는 한 동일성을 상실함으로써 채권자가 담보를 잃고 채무자가 항변권을 잃게 되는 것과 같이 스스로 불이익을 초래하는 의사를 표시하였다고는 볼 수 없으므로 일반적으로 채권의 양도로 볼 것이다(대판 1996.7.9. 96다16612).

[❸▸○] 민법 제500조의 경개는 기존채무의 중요부분을 변경하여 기존채무를 소멸시키고 이와 동일성이 없는 새로운 채무를 성립시키는 계약이다. 기존채무와 관련하여 새로운 약정을 체결한 경우 그러한 약정이 경개에 해당하는지 아니면 단순히 기존채무의 변제기나 변제방법 등을 변경한 것인지는 당사자의 의사에 의하여 결정되고, 만약 당사자의 의사가 명백하지 않을 때에는 의사해석의 문제로 귀착된다. 이러한 당사자의 의사를 해석할 때에는 새로운 약정이 이루어지게 된 동기와 경위, 당사자가 그 약정에 의하여 달성하려고 하는 목적과 진정한 의사 등을 종합적으로 고찰하여 사회정의와 형평의 이념에 맞도록 논리와 경험칙, 그리고 사회일반의 상식과 거래 통념에 따라 합리적으로 해석하여야 한다(대판[전합] 2019.10.23. 2012다46170).

[❹▸×] 계약상의 이자로서 이자제한법 소정의 제한이율을 초과하는 부분은 무효이고 이러한 제한초과의 이자에 대하여 준소비대차계약 또는 경개계약을 체결하더라도 그 초과 부분에 대하여는 효력이 생기지 아니한다(대판 1998.10.13. 98다17046).

[❺▸○] 현실적인 자금의 수수 없이 형식적으로만 신규 대출을 하여 기존 채무를 변제하는 이른바 대환은 특별한 사정이 없는 한 형식적으로는 별도의 대출에 해당하나 실질적으로는 기존 채무의 변제기 연장에 불과하므로, 그 법률적 성질은 기존 채무가 여전히 동일성을 유지한 채 존속하는 준소비대차로 보아야 하고, 이러한 경우 채권자와 보증인 사이에 사전에 신규 대출 형식에 의한 대환을 하는 경우 보증책임을 면하기로 약정하는 등의 특별한 사정이 없는 한 기존 채무에 대한 보증책임이 존속된다(대판 2012.2.23. 2011다76426).

답 ❹

① 채권의 일부에 대한 대위변제가 있는 때에는 채권자는 채권증서에 그 대위를 기입한 후 그 채권증서 및 점유한 담보물을 대위자에게 교부하여야 한다.

② 변제공탁은 제3자를 위한 계약의 일종이므로, 채권자의 수익의 의사표시가 있는 때에 공탁의 효력이 발생한다.

③ 경개로 인한 신채무가 원인의 불법 또는 당사자가 알지 못한 사유로 인하여 성립되지 아니하거나 취소된 때에는 구채무는 소멸되지 아니한다.

④ 경개계약은 신채권을 성립시키고 구채권을 소멸시키는 처분행위로서 신채권이 성립되면 그 효과는 완결되고 경개계약 자체의 이행의 문제는 발생할 여지가 없으므로 경개에 의하여 성립된 신채무의 불이행을 이유로 경개계약을 해제할 수는 없고, 경개계약의 성립 후에 그 계약을 합의해제하여 구채권을 부활시키는 것은 당사자 사이에서도 불가능하다.

⑤ 부적법한 변제공탁으로 변제의 효력이 발생하지 않았다면 피공탁자는 이를 수락하여 공탁물 출급 청구를 할 수도 없고, 공탁자에 대한 다른 채권에 기하여 공탁자의 공탁물 회수청구권에 대하여 압류 및 추심명령을 받아 그 집행으로 공탁물을 회수할 수도 없다.

┄┄

[❶ ▶ ✕] 민법 제484조 제2항

> **민법 제484조(대위변제와 채권증서, 담보물)**
> ① 채권 전부의 대위변제를 받은 채권자는 그 채권에 관한 증서 및 점유한 담보물을 대위자에게 교부하여야 한다.
> ② 채권의 일부에 대한 대위변제가 있는 때에는 채권자는 채권증서에 그 대위를 기입하고 <u>자기가 점유한 담보물의 보존에 관하여 대위자의 감독을 받아야 한다.</u>

[❷ ▶ ✕] 변제공탁은 <u>공탁공무원의 수탁처분과 공탁물보관자의 공탁물수령으로 그 효력이 발생하여 채무소멸의 효과를 가져오는 것이고 채권자에 대한 공탁통지나 채권자의 수익의 의사표시가 있는 때에 공탁의 효력이 생기는 것이 아니다</u>(대결 1972.5.15. 72마401).

[❸ ▶ ○] 경개로 인한 신채무가 원인의 불법 또는 당사자가 알지 못한 사유로 인하여 성립되지 아니하거나 취소된 때에는 구채무는 소멸되지 아니한다(민법 제504조).

[❹ ▶ ✕] 경개계약은 신채권을 성립시키고 구채권을 소멸시키는 처분행위로서 신채권이 성립되면 그 효과는 완결되고 경개계약 자체의 이행의 문제는 발생할 여지가 없으므로 경개에 의하여 성립된 신채무의 불이행을 이유로 경개계약을 해제할 수는 없다 할 것이나, <u>계약자유의 원칙상 경개계약의 성립 후에 그 계약을 합의해제하여 구채권을 부활시키는 것은 적어도 당사자 사이에서는 가능하다</u>(대판 2003.2.11. 2002다62333).

[❺ ▶ ✕] 변제공탁이 적법한 경우에는 채권자가 공탁물 출급청구를 하였는지 여부와는 관계없이 공탁을 한 때에 변제의 효력이 발생하나, 피공탁자를 포함한 제3자가 공탁자에 대하여 가지는 별도 채권의 집행권원으로써 공탁자의 공탁물 회수청구권에 대하여 압류 및 추심명령을 받아 그 집행으로 공탁물을 회수한 경우 채권소멸의 효력은 소급하여 없어진다. 나아가 부적법한 변제공탁으로 변제의 효력이 발생하지 않았다고 하더라도, <u>피공탁자는 이를 수락하여 공탁물 출급청구를 하는 대신 공탁자에 대한 다른 채권에 기하여 공탁자의 공탁물 회수청구권에 대하여 압류 및 추심명령을 받아 그 집행으로 공탁물을 회수할 수 있다</u>(대결 2020.5.22. 2018마5697).

답 ❸

제4편 채권각론

제1장 계약총론

제1절 계약의 성립

01 다음 설명 중 가장 옳지 않은 것은?

① 계약이 의사의 불합치로 성립하지 아니한 경우 그로 인하여 손해를 입은 당사자는 상대방이 계약이 성립되지 아니할 수 있다는 것을 알았거나 알 수 있었음을 이유로 민법 제535조를 유추적용하여 계약체결상의 과실로 인한 손해배상청구를 할 수 있다.

② 당사자 간에 동일한 내용의 청약이 상호교차된 경우에는 양청약이 상대방에게 도달한 때에 계약이 성립하고, 승낙자가 청약에 대하여 조건을 붙이거나 변경을 가하여 승낙한 때에는 그 청약의 거절과 동시에 새로 청약한 것으로 본다.

③ 명예퇴직의 신청은 근로계약에 대한 합의해지의 청약에 불과하여 이에 대한 사용자의 승낙이 있어 근로계약이 합의해지되기 전에는 근로자가 임의로 그 청약의 의사표시를 철회할 수 있다.

④ 무효인 약관조항에 의거하여 계약이 체결되었다면 그 후 상대방이 계약의 이행을 지체하는 과정에서 약관작성자로부터 채무의 이행을 독촉받고 종전 약관에 따른 계약내용의 이행 및 약정내용을 재차 확인하는 취지의 각서를 작성하여 교부하였다 하여 무효인 약관의 조항이 유효한 것으로 된다고 할 수 없다.

⑤ 약관상 매매계약 해제 시 매도인을 위한 손해배상액의 예정조항은 있는 반면 매수인을 위한 손해배상액의 예정조항은 없는 경우, 매도인 일방만을 위한 손해배상액의 예정조항을 두었다는 사정만으로는 약관의 규제에 관한 법률에 위배되어 무효라 할 수는 없다.

[**❶ ▸ ✕**] 계약이 의사의 불합치로 성립하지 아니한 경우 그로 인하여 손해를 입은 당사자가 상대방에게 부당이득반환청구 또는 불법행위로 인한 손해배상청구를 할 수 있는지는 별론으로 하고, 상대방이 계약이 성립되지 아니할 수 있다는 것을 알았거나 알 수 있었음을 이유로 민법 제535조를 유추적용하여 계약체결상의 과실로 인한 손해배상청구를 할 수는 없다(대판 2017.11.14. 2015다10929).

[**❷ ▸ ○**] 민법 제533조, 제534조

> **민법 제533조(교차청약)**
> 당사자 간에 동일한 내용의 청약이 상호교차된 경우에는 양청약이 상대방에게 도달한 때에 계약이 성립한다.
>
> **민법 제534조(변경을 가한 승낙)**
> 승낙자가 청약에 대하여 조건을 붙이거나 변경을 가하여 승낙한 때에는 그 청약의 거절과 동시에 새로 청약한 것으로 본다.

[**❸ ▸ ○**] 명예퇴직은 근로자가 명예퇴직의 신청(청약)을 하면 사용자가 요건을 심사한 후 이를 승인(승낙)함으로써 합의에 의하여 근로관계를 종료시키는 것으로, 명예퇴직의 신청은 근로계약에 대한 합의해지의 청약에 불과하여 이에 대한 사용자의 승낙이 있어 근로계약이 합의해지되기 전에는 근로자가 임의로 그 청약의 의사표시를 철회할 수 있다(대판 2003.4.25. 2002다11458).

[**❹ ▸ ○**] 무효인 약관조항에 의거하여 계약이 체결되었다면 그 후 상대방이 계약의 이행을 지체하는 과정에서 약관작성자로부터 채무의 이행을 독촉받고 종전 약관에 따른 계약내용의 이행 및 약정내용을 재차 확인하는 취지의 각서를 작성하여 교부하였다 하여 무효인 약관의 조항이 유효한 것으로 된다거나, 위 각서의 내용을 새로운 개별약정으로 보아 약관의 유·무효와는 상관없이 위 각서에 따라 채무의 이행 및 원상회복의 범위 등이 정하여진다고 할 수 없다(대판 2000.1.18. 98다18506).

[**❺ ▸ ○**] 약관상 매매계약 해제 시 매도인을 위한 손해배상액의 예정조항은 있는 반면 매수인을 위한 손해배상액의 예정조항은 없는 경우, 매도인 일방만을 위한 손해배상액의 예정조항을 두었다고 하여 곧 그 조항이 약관의 규제에 관한 법률에 위배되어 무효라 할 수는 없다(대판 2000.9.22. 99다53759).

답 ❶

계약교섭의 부당파기에 관한 다음 설명 중 가장 옳지 않은 것은?(다툼이 있는 경우 판례에 따르고 전원합의체 판결의 경우 다수의견에 의함. 이하 같음) 2021년 법무사시험 [문 1]

① 어느 일방이 교섭단계에서 계약이 확실하게 체결되리라는 정당한 기대 내지 신뢰를 부여하여 상대방이 그 신뢰에 따라 행동하였음에도 상당한 이유 없이 계약의 체결을 거부하여 손해를 입혔다면 이는 신의성실의 원칙에 비추어 볼 때 계약자유원칙의 한계를 넘는 위법한 행위로서 불법행위를 구성한다.

② 계약교섭의 부당한 중도파기가 불법행위를 구성하는 경우 그러한 불법행위로 인한 손해는 일방이 신의에 반하여 상당한 이유 없이 계약교섭을 파기함으로써 계약체결을 신뢰한 상대방이 입게 된 상당인과관계 있는 손해로서 계약이 유효하게 체결된다고 믿었던 것에 의하여 입었던 손해, 즉 신뢰손해에 한정된다.

③ 아직 계약체결에 관한 확고한 신뢰가 부여되기 이전 상태에서 계약교섭의 당사자가 계약체결이 좌절되더라도 어쩔 수 없다고 생각하고 지출한 비용, 예컨대 경쟁입찰에 참가하기 위하여 지출한 제안서, 견적서 작성비용 등도 원칙적으로 민법상 손해배상의 범위에 포함된다.

④ 침해행위와 피해법익의 유형에 따라서 계약교섭의 파기로 인한 불법행위가 인격적 법익을 침해함으로써 상대방에게 정신적 고통을 초래하였다고 인정되는 경우라면 그러한 정신적 고통에 대한 손해에 대하여는 별도로 배상을 구할 수 있다.

⑤ 계약교섭단계에서 당사자 중 일방이 이행에 착수하는 것은 이례적이라고 할 것이므로 설령 이행에 착수하였다고 하더라도 이는 자기의 위험판단과 책임에 의한 것이라고 평가할 수 있지만 만일 이행의 착수가 상대방의 적극적인 요구에 따른 것이고, 그 이행에 들인 비용의 지급에 관하여 이미 계약교섭이 진행되고 있었다는 등의 특별한 사정이 있는 경우에는 당사자 중 일방이 계약의 성립을 기대하고 이행을 위하여 지출한 비용 상당의 손해가 상당인과관계 있는 손해에 해당한다.

··

[❶ ▶ ○] 어느 일방이 교섭단계에서 계약이 확실하게 체결되리라는 정당한 기대 내지 신뢰를 부여하여 상대방이 그 신뢰에 따라 행동하였음에도 상당한 이유 없이 계약의 체결을 거부하여 손해를 입혔다면 이는 신의성실의 원칙에 비추어 볼 때 계약자유원칙의 한계를 넘는 위법한 행위로서 불법행위를 구성한다(대판 2003.4.11. 2001다53059).

[❷ ▶ ○] [❸ ▶ ✕] 계약교섭의 부당한 중도파기가 불법행위를 구성하는 경우 그러한 불법행위로 인한 손해는 일방이 신의에 반하여 상당한 이유 없이 계약교섭을 파기함으로써 계약체결을 신뢰한 상대방이 입게 된 상당인과관계 있는 손해로서 계약이 유효하게 체결된다고 믿었던 것에 의하여 입었던 손해, 즉 신뢰손해에 한정된다고 할 것이고, 이러한 신뢰손해란 예컨대, 그 계약의 성립을 기대하고 지출한 계약준비비용과 같이 그러한 신뢰가 없었더라면 통상 지출하지 아니하였을 비용 상당의 손해라고 할 것이며, <u>아직 계약체결에 관한 확고한 신뢰가 부여되기 이전 상태에서 계약교섭의 당사자가 계약체결이 좌절되더라도 어쩔 수 없다고 생각하고 지출한 비용, 예컨대 경쟁입찰에 참가하기 위하여 지출한 제안서, 견적서 작성비용 등은 여기에 포함되지 아니한다</u>(대판 2003.4.11. 2001다53059).

[❹ ▶ ○] 침해행위와 피해법익의 유형에 따라서는 계약교섭의 파기로 인한 불법행위가 인격적 법익을 침해함으로써 상대방에게 정신적 고통을 초래하였다고 인정되는 경우라면 그러한 정신적 고통에 대한 손해에 대하여는 별도로 배상을 구할 수 있다(대판 2003.4.11. 2001다53059).

[❺ ▸ ○] 계약교섭의 부당한 중도파기가 불법행위를 구성하는 경우, 상대방에게 배상책임을 지는 것은 계약체결을 신뢰한 상대방이 입게 된 상당인과관계 있는 손해이고, 한편 계약교섭단계에서는 아직 계약이 성립된 것이 아니므로 당사자 중 일방이 계약의 이행행위를 준비하거나 이를 착수하는 것은 이례적이라고 할 것이므로 설령 이행에 착수하였다고 하더라도 이는 자기의 위험판단과 책임에 의한 것이라고 평가할 수 있지만 만일 이행의 착수가 상대방의 적극적인 요구에 따른 것이고, 바로 위와 같은 이행에 들인 비용의 지급에 관하여 이미 계약교섭이 진행되고 있었다는 등의 특별한 사정이 있는 경우에는 당사자 중 일방이 계약의 성립을 기대하고 이행을 위하여 지출한 비용 상당의 손해가 상당인과 관계 있는 손해에 해당한다(대판 2004.5.28. 2002다32301).

답 ❸

03
동시이행에 관한 다음 설명 중 가장 옳지 않은 것은?　　2025년 법무사시험 [문 22]

① 임차인이 불이행한 원상회복의무가 사소한 부분이고 그로 인한 손해배상액 역시 근소한 금액인 경우에까지 임대인이 그를 이유로, 임차인이 그 원상회복의무를 이행할 때까지 혹은 임대인이 현실로 목적물의 명도를 받을 때까지 원상회복의무 불이행으로 인한 손해배상액 부분을 넘어서서 거액의 잔존 임대차보증금 전액에 대하여 그 반환을 거부할 수 있다고 하는 것은 오히려 공평의 관념에 반하는 것이 되어 부당하고, 그와 같은 임대인의 동시이행의 항변은 신의칙에 반하는 것이 되어 허용할 수 없다.

② 가압류등기 등이 있는 부동산의 매매계약에 있어 매도인의 소유권이전등기 의무와 아울러 가압류 등기의 말소의무도 매수인의 대금지급의무와 동시이행 관계에 있다.

③ 양 채무가 동일한 법률요건으로부터 생겨서 공평의 관점에서 보아 견련적으로 이행시킴이 마땅한 경우에는 동시이행관계가 인정되므로, 채무담보를 위하여 경료된 근저당권설정등기의 말소와 채무의 변제는 동시이행의 관계에 있다.

④ 매도인의 매매계약상의 소유권이전등기의무가 이행불능이 되어 이를 이유로 매매계약을 해제함에 있어서는 상대방의 잔대금지급의무가 매도인의 소유권이전등기의무와 동시이행관계에 있다고 하더라도 그 이행의 제공을 필요로 하는 것이 아니다.

⑤ 임대인과 임차인이 임대차계약을 체결하면서 임대차보증금을 전세금으로 하는 전세권설정등기를 경료한 경우 임대차보증금은 전세금의 성질을 겸하게 되므로, 당사자 사이에 다른 약정이 없는 한 임대차보증금 반환의무는 민법 제317조에 따라 전세권설정등기의 말소의무와도 동시이행관계에 있다.

[❶ ▶ ○] 동시이행의 항변권은 근본적으로 공평의 관념에 따라 인정되는 것인데, 임차인이 불이행한 원상회복의무가 사소한 부분이고 그로 인한 손해배상액 역시 근소한 금액인 경우에까지 임대인이 그를 이유로, 임차인이 그 원상회복의무를 이행할 때까지, 혹은 임대인이 현실로 목적물의 명도를 받을 때까지 원상회복의무 불이행으로 인한 손해배상액 부분을 넘어서서 거액의 잔존 임대차보증금 전액에 대하여 그 반환을 거부할 수 있다고 하는 것은 오히려 공평의 관념에 반하는 것이 되어 부당하고, 그와 같은 임대인의 동시이행의 항변은 신의칙에 반하는 것이 되어 허용할 수 없다(대판 1999.11.12. 99다34697).

[❷ ▶ ○] 부동산의 매매계약이 체결된 경우에는 매도인의 소유권이전등기의무, 인도의무와 매수인의 잔대금지급의무는 동시이행의 관계에 있는 것이 원칙이고, 이 경우 매도인은 특별한 사정이 없는 한 제한이나 부담이 없는 완전한 소유권이전등기의무를 지는 것이므로 매매목적 부동산에 가압류등기 등이 되어 있는 경우에는 매도인은 이와 같은 등기도 말소하여 완전한 소유권이전등기를 해 주어야 하는 것이고, 따라서 가압류등기 등이 있는 부동산의 매매계약에 있어서는 매도인의 소유권이전등기 의무와 아울러 가압류등기의 말소의무도 매수인의 대금지급의무와 동시이행 관계에 있다고 할 것이다(대판 2000.11.28. 2000다8533).

[❸ ▶ ✕] 양 채무가 동일한 법률요건으로부터 생겨서 공평의 관점에서 보아 견련적으로 이행시킴이 마땅한 경우에는 동시이행관계가 인정되나(대판 1992.10.9. 92다25656 참조), 채무담보를 위하여 근저당권설정등기, 가등기 등이 경료되어 있는 경우 그 채무의 변제의무는 그 등기의 말소의무보다 선행되어야 한다(대판 1991.4.12. 90다9872 참조).

[❹ ▶ ○] 매도인의 매매계약상의 소유권이전등기의무가 이행불능이 되어 이를 이유로 매매계약을 해제함에 있어서는 상대방의 잔대금지급의무가 매도인의 소유권이전등기의무와 동시이행관계에 있다고 하더라도 그 이행의 제공을 필요로 하는 것이 아니다(대판 2003.1.24. 2000다22850).

[❺ ▶ ○] 임대인과 임차인이 임대차계약을 체결하면서 임대차보증금을 전세금으로 하는 전세권설정등기를 경료한 경우 임대차보증금은 전세금의 성질을 겸하게 되므로, 당사자 사이에 다른 약정이 없는 한 임대차보증금 반환의무는 민법 제317조에 따라 전세권설정등기의 말소의무와도 동시이행관계에 있다(대판 2011.3.24. 2010다95062).

답 ❸

동시이행항변에 관한 다음 설명 중 가장 옳지 않은 것은?

① 기존의 원인채권과 어음채권이 병존하는 경우에 채권자가 원인채권을 행사함에 있어서 채무자는 원칙적으로 어음과 상환으로 지급하겠다고 하는 항변으로 채권자에게 대항할 수 있다. 따라서 어음상 권리가 시효완성으로 소멸하여 채무자에게 이중지급의 위험이 없고 채무자가 다른 어음상 채무자에 대하여 권리를 행사할 수도 없는 경우이더라도 채권자의 원인채권 행사에 대하여 채무자에게 어음상환의 동시이행항변을 인정할 필요가 있다.

② 토지 임차인의 매수청구권 행사로 지상 건물에 대하여 시가에 의한 매매 유사의 법률관계가 성립된 경우에는 임차인의 건물명도 및 그 소유권이전등기의무와 토지 임대인의 건물대금지급의무는 서로 대가관계에 있는 채무가 되므로, 임차인이 임대인에게 매수청구권이 행사된 건물들에 대한 명도와 소유권이전등기를 마쳐주지 아니하였다면 임대인에게 그 매매대금에 대한 지연손해금을 구할 수 없다.

③ 매수인이 매매의 목적이 된 부동산을 명도받기 전에 잔대금을 먼저 지급하기로 약정한 매매의 경우에, 매수인이 잔대금지급채무를 이행하지 아니하였다고 하더라도 매매계약이 해제되지 아니한 상태에서 부동산의 명도기일이 지날 때까지 부동산이 명도되지 아니하였다면, 그때부터는 매수인의 잔대금지급채무와 매도인의 부동산명도의무는 동시이행의 관계에 있게 된다.

④ 동시이행의 항변권은 상대방의 채무이행이 있기까지 자신의 채무이행을 거절할 수 있는 권리이므로, 매수인이 매도인을 상대로 매매목적 부동산 중 일부에 대해서만 소유권이전등기의무의 이행을 구하고 있는 경우에도 매도인은 특별한 사정이 없는 한 그 매매잔대금 전부에 대하여 동시이행의 항변권을 행사할 수 있다고 할 것이다.

⑤ 항변권이 부착되어 있는 채권을 자동채권으로 하여 타의 채무와의 상계를 허용한다면 상계가 일방의 의사표시에 의하여 상대방의 항변권행사의 기회를 상실케 하는 결과가 되므로 이와 같은 상계는 그 성질상 허용할 수 없다.

....

[❶ ▸ ×] 기존의 원인채권과 어음채권이 병존하는 경우에 채권자가 원인채권을 행사함에 있어서 채무자는 원칙적으로 어음과 상환으로 지급하겠다고 하는 항변으로 채권자에게 대항할 수 있다. 그러나 채무자가 어음의 반환이 없음을 이유로 원인채무의 변제를 거절할 수 있는 것은 채무자로 하여금 무조건적인 원인채무의 이행으로 인한 이중지급의 위험을 면하게 하려는 데 그 목적이 있고, 기존의 원인채권에 터잡은 이행청구권과 상대방의 어음반환청구권 사이에 민법 제536조에 정하는 쌍무계약상의 채권채무관계나 그와 유사한 대가관계가 있기 때문은 아니다. 따라서 어음상 권리가 시효완성으로 소멸하여 채무자에게 이중지급의 위험이 없고 채무자가 다른 어음상 채무자에 대하여 권리를 행사할 수도 없는 경우에는 채권자의 원인채권 행사에 대하여 채무자에게 어음상환의 동시이행항변을 인정할 필요가 없으므로 결국 채무자의 동시이행항변권은 부인된다(대판 2010.7.29. 2009다69692).

[❷ ▸ ○] 토지 임차인의 매수청구권 행사로 지상 건물에 대하여 시가에 의한 매매 유사의 법률관계가 성립된 경우에는 임차인의 건물명도 및 그 소유권이전등기의무와 토지 임대인의 건물대금지급의무는 서로 대가관계에 있는 채무가 되므로, 임차인이 임대인에게 매수청구권이 행사된 건물들에 대한 명도와 소유권이전등기를 마쳐주지 아니하였다면 임대인에게 그 매매대금에 대한 지연손해금을 구할 수 없다(대판 1998.5.8. 98다2389).

[❸ ▸ ○] 매수인이 매매의 목적이 된 부동산을 명도받기 전에 잔대금을 먼저 지급하기로 약정한 매매의 경우에, 매수인이 잔대금지급채무를 이행하지 아니하였다고 하더라도 매매계약이 해제되지 아니한 상태에서 부동산의 명도기일이 지날 때까지 부동산이 명도되지 아니하였다면, 그때부터는 매수인의 잔대금지급채무와 매도인의 부동산명도의무는 동시이행의 관계에 있게 된다(대판 1991.8.13. 91다13144).

[❹ ▸ O] 부동산매매계약에서 발생하는 매도인의 소유권이전등기의무와 매수인의 매매잔대금지급의무는 동시이행관계에 있고, 동시이행의 항변권은 상대방의 채무이행이 있기까지 자신의 채무이행을 거절할 수 있는 권리이므로, 매수인이 매도인을 상대로 매매목적 부동산 중 일부에 대해서만 소유권이전등기의무의 이행을 구하고 있는 경우에도 매도인은 특별한 사정이 없는 한 그 매매잔대금 전부에 대하여 동시이행의 항변권을 행사할 수 있다고 할 것이다(대판 2006.2.23. 2005다53187).

[❺ ▸ O] 항변권이 붙어 있는 채권을 자동채권으로 하여 타의 채무와의 상계를 허용한다면 상계자 일방의 의사표시에 의하여 상대방의 항변권행사의 기회를 상실케 하는 결과가 되므로 이와 같은 상계는 그 성질상 허용될 수 없다(대판 2002.8.23. 2002다25242).

답 ❶

05

동시이행항변에 관한 다음 설명 중 가장 옳지 않은 것은?　　　2023년 법무사시험 [문 21]

① 완성된 목적물에 하자가 있어 도급인이 하자의 보수에 갈음하여 손해배상을 청구한 경우에 도급인의 손해배상 채권과 동시이행관계에 있는 수급인의 공사대금 채권은 공사잔대금 채권 중 위 손해배상 채권액과 동액의 채권에 한한다.

② 제3채무자의 압류채무자에 대한 자동채권이 수동채권인 피압류채권과 동시이행의 관계에 있다 하더라도, 압류명령이 제3채무자에게 송달되어 압류의 효력이 생긴 후에 자동채권이 발생하였다면 그 자동채권은 민법 제498조의 '지급을 금지하는 명령을 받은 제3채무자가 그 후에 취득한 채권'에 해당하므로, 제3채무자는 동시이행의 항변권을 주장할 수 없다.

③ 계속적 거래관계에 있어서 재화나 용역을 먼저 공급한 후 일정기간마다 거래대금을 정산하여 일정기일 후에 지급받기로 약정한 경우에, 공급자가 선이행의 자기 채무를 이행하였으나 이미 정산이 완료되어 이행기가 지난 전기의 대금을 지급받지 못한 경우에는, 공급자는 이미 이행기가 지난 전기의 대금을 지급받을 때까지 선이행의무가 있는 다음 기간의 자기 채무의 이행을 거절할 수 있다고 해석할 것이다.

④ 부동산 매매계약에 있어 매수인이 부가가치세를 부담하기로 약정한 경우, 부가가치세를 매매대금과 별도로 지급하기로 했다는 등의 특별한 사정이 없는 한 부가가치세를 포함한 매매대금 전부와 부동산의 소유권이전등기의무가 동시이행의 관계에 있다고 봄이 상당하다.

⑤ 근저당권설정등기가 되어 있는 부동산을 매매하는 경우, 매수인이 근저당권의 피담보채무를 인수하여 그 채무금 상당을 매매잔대금에서 공제하기로 하는 특약을 하는 등 특별한 사정이 없는 한, 매도인의 근저당권말소 및 소유권이전등기의무와 매수인의 잔대금지급의무는 동시이행의 관계에 있는 것이다.

···

[❶ ▸ O] 완성된 목적물에 하자가 있어 도급인이 하자의 보수에 갈음하여 손해배상을 청구한 경우에, 도급인은 수급인이 그 손해배상청구에 관하여 채무이행을 제공할 때까지 그 손해배상액에 상응하는 보수액에 관하여만 자기의 채무이행을 거절할 수 있을 뿐이고 그 나머지 보수액은 지급을 거절할 수 없다고 할 것이므로, 도급인의 손해배상 채권과 동시이행관계에 있는 수급인의 공사대금 채권은 공사잔대금 채권 중 위 손해배상 채권액과 동액의 채권에 한하고, 그 나머지 공사잔대금 채권은 위 손해배상 채권과 동시이행관계에 있다고 할 수 없다(대판 1996.6.11. 95다12798).

[❷ ▸ X] 제3채무자의 압류채무자에 대한 자동채권이 수동채권인 피압류채권과 동시이행의 관계에 있는 경우에는, 비록 압류명령이 제3채무자에게 송달되어 압류의 효력이 생긴 후에 비로소 자동채권이 발생하였다고 하더라도 동시이행의 항변권을 주장할 수 있는 제3채무자로서는 그 채권에 의한 상계로써 압류채권자에게 대항할 수 있는 것으로서, 이 경우 자동채권이 발생한 기초가 되는 원인은 수동채권이 압류되기 전에 이미 성립하여 존재하고 있었던 것이므로 그 자동채권은 민법 제498조에 규정된 '지급을 금지하는 명령을 받은 제3채무자가 그 후 취득한 채권'에 해당하지 않는다(대판 2005.11.10. 2004다37676).

[❸ ▸ O] 계속적 거래관계에 있어서 재화나 용역을 먼저 공급한 후 일정기간마다 거래대금을 정산하여 일정기일 후에 지급받기로 약정한 경우에 공급자가 선이행의 자기 채무를 이행하고, 이미 정산이 완료되어 이행기가 지난 전기의 대금을 지급받지 못하였거나 정산은 완료되었으나 후이행의 상대방의 채무는 아직 이행기가 되지 아니하였지만 이행기의 이행이 현저히 불안한 사유가 있는 경우에는 민법 제536조 제2항 및 신의성실의 원칙에 비추어 볼 때 공급자는 이미 이행기가 지난 전기의 대금을 지급받을 때 또는 전기에 대한 상대방의 이행기 미도래채무의 이행불안사유가 해소될 때까지 선이행의무가 있는 다음 기간의 자기 채무의 이행을 거절할 수 있다고 해석할 것이다(대판 1995.2.28. 93다53887).

[❹ ▸ O] 부동산 매매계약에 있어 매수인이 부가가치세를 부담하기로 약정한 경우, 부가가치세를 매매대금과 별도로 지급하기로 했다는 등의 특별한 사정이 없는 한 부가가치세를 포함한 매매대금 전부와 부동산의 소유권이전등기의무가 동시이행의 관계에 있다고 봄이 상당하다(대판 2006.2.24. 2005다58656).

[❺ ▸ O] 근저당권설정등기가 되어 있는 부동산을 매매하는 경우 매수인이 근저당권의 피담보채무를 인수하여 그 채무금 상당을 매매잔대금에서 공제하기로 하는 특약을 하는 등 특별한 사정이 없는 한 매도인의 근저당권말소 및 소유권이전등기의무와 매수인의 잔대금지급의무는 동시이행의 관계에 있는 것이다(대판 1991.11.26. 91다23103).

탑 ❷

06 ☐☐☐ **동시이행의 항변권에 관한 다음 설명 중 가장 옳지 않은 것은?** 2022년 법무사시험 [문 14]

① 동시이행의 관계에 있는 쌍방의 채무 중 어느 한 채무가 이행불능이 됨으로 인하여 발생한 손해배상채무도 여전히 다른 채무와 동시이행의 관계에 있다.

② 매매계약에서 대가적 의미가 있는 매도인의 소유권이전의무와 매수인의 대금지급의무는 다른 약정이 없는 한 동시이행의 관계에 있다. 설령 어느 의무가 선이행의무라고 하더라도 이행기가 지난 때에는 이행기가 지난 후에도 여전히 선이행하기로 약정하는 등의 특별한 사정이 없는 한 그 의무를 포함하여 매도인과 매수인 쌍방의 의무는 동시이행관계에 놓이게 된다.

③ 매수인이 매도인을 상대로 매매목적 부동산 중 일부에 대해서만 소유권이전등기의무의 이행을 구하고 있는 경우에는, 매도인은 특별한 사정이 없는 한 그 매매잔대금 일부에 대하여 동시이행의 항변권을 행사할 수 있다.

④ 일반적으로 동시이행의 관계가 인정되는 경우에 그러한 항변권을 행사하는 자의 상대방이 그 동시이행의 의무를 이행하기 위하여 과다한 비용이 소요되거나 또는 그 의무의 이행이 실제적으로 어려운 반면 그 의무의 이행으로 인하여 항변권자가 얻는 이득은 별달리 크지 아니하여 동시이행의 항변권의 행사가 주로 자기 채무의 이행만을 회피하기 위한 수단이라고 보여지는 경우에는 그 항변권의 행사는 권리남용으로서 배척되어야 할 것이다.

⑤ 동시이행의 항변권은 당사자가 행사하지 않는 이상 법원으로서는 이를 고려할 필요가 없지만, 이행지체책임은 동시이행의 항변권을 행사하지 않아도 발생하지 않는다.

[**❶ ▸ ○**] 동시이행의 관계에 있는 쌍방의 채무 중 어느 한 채무가 이행불능이 됨으로 인하여 발생한 손해배상채무도 여전히 다른 채무와 동시이행의 관계에 있다(대판 2000.2.25. 97다30066).

[**❷ ▸ ○**] 매매계약에서 대가적 의미가 있는 매도인의 소유권이전의무와 매수인의 대금지급의무는 다른 약정이 없는 한 동시이행의 관계에 있으며, 또한 설령 어느 의무가 선이행의무라고 하더라도 이행기가 도과된 경우에는 이행기 도과에 불구하고 여전히 선이행하기로 약정하는 등의 특별한 사정이 없는 한 그 의무를 포함하여 매도인과 매수인 쌍방의 의무는 동시이행관계에 놓이게 된다. 이러한 법률관계는 매매목적물에 대하여 가압류 또는 처분금지가처분 집행 등이 되어 있거나 매도인의 소유권이전등기청구권에 대하여 가압류나 처분금지가처분 등이 되어 있어, 매매계약에 따른 소유권이전의무를 이행하기 위하여 그 가압류·가처분 집행 등을 해제할 필요가 있는 경우에, 그 집행 등의 해제의무에 관하여도 마찬가지로 적용된다(대판 2013.6.13. 2011다73472).

[**❸ ▸ ✕**] 부동산매매계약에서 발생하는 매도인의 소유권이전등기의무와 매수인의 매매잔대금지급의무는 동시이행관계에 있고, 동시이행의 항변권은 상대방의 채무이행이 있기까지 자신의 채무이행을 거절할 수 있는 권리이므로, 매수인이 매도인을 상대로 매매목적 부동산 중 일부에 대해서만 소유권이전등기의무의 이행을 구하고 있는 경우에도 <u>매도인은 특별한 사정이 없는 한 그 매매잔대금 전부에 대하여 동시이행의 항변권을 행사할 수 있다</u>(대판 2006.2.23. 2005다53187).

[**❹ ▸ ○**] 일반적으로 동시이행의 관계가 인정되는 경우에 그러한 항변권을 행사하는 자의 상대방이 그 동시이행의 의무를 이행하기 위하여 과다한 비용이 소요되거나 또는 그 의무의 이행이 실제적으로 어려운 반면 그 의무의 이행으로 인하여 항변권자가 얻는 이득은 별달리 크지 아니하여 동시이행의 항변권의 행사가 주로 자기 채무의 이행만을 회피하기 위한 수단이라고 보여지는 경우에는 그 항변권의 행사는 권리남용으로서 배척되어야 할 것이다(대판 2001.9.18. 2001다9304).

[**❺ ▸ ○**]

• 매매를 원인으로 한 소유권이전등기청구에 있어 매수인은 매매계약 사실을 주장, 입증하면 특별한 사정이 없는 한 매도인은 소유권이전등기의무가 있는 것이며, 매도인이 매매대금의 일부를 수령한 바 없다면 동시이행의 항변을 제기하여야 하는 것이고, <u>법원은 매도인의 이와 같은 항변이 있을 때에 비로소 대금지급 사실의 유무를 심리할 수 있는 것이다</u>(대판 1990.11.27. 90다카25222).

• 쌍무계약에서 쌍방의 채무가 동시이행관계에 있는 경우 일방의 채무의 이행기가 도래하더라도 상대방 채무의 이행제공이 있을 때까지는 그 채무를 이행하지 않아도 이행지체의 책임을 지지 않는 것이고, <u>이와 같은 효과는 이행지체의 책임이 없다고 주장하는 자가 반드시 동시이행의 항변권을 행사하여야만 발생하는 것은 아니다</u>(대판 1998.3.13. 97다54604).

 ❸

07 □□□ 다음 설명 중 옳지 않은 것은?

① 쌍무계약에서 계약체결 후에 당사자 쌍방의 귀책사유 없이 채무의 이행이 불가능하게 된 경우, 당사자 일방이 이미 이행한 급부는 법률상 원인 없는 급부가 되어 상대방에게 부당이득의 법리에 따라 반환청구할 수 있다.

② 쌍무계약의 당사자 일방의 채무가 채권자의 수령지체 중에 당사자 쌍방의 책임 없는 사유로 이행할 수 없게 된 때에는, 채무자는 상대방의 이행을 청구할 수 있다. 다만, 채무자가 자기의 채무를 면함으로써 이익을 얻은 때에는 이를 채권자에게 상환하여야 한다.

③ 민법 제400조에 정한 채권자지체가 성립하기 위해서는 민법 제460조 소정의 채무자의 변제 제공이 있어야 하지만, 채권자가 변제를 받지 아니할 의사가 확고한 경우(이른바 채권자의 영구적 불수령)에는 구두의 제공조차 필요 없다. 따라서 쌍무계약에서 당사자 일방이 이른바 영구적 불수령의사를 표시한 이상, 상대방이 현실제공이나 구두제공을 하지 않더라도 민법 제538조 제1항 제2문에 정한 '채권자의 수령지체 중에 당사자 쌍방의 책임 없는 사유로 이행할 수 없게 된 때'에 해당할 수 있다.

④ 매매계약이 무효로 되는 때에는 매도인이 악의의 수익자인 경우 특별한 사정이 없는 한 매도인은 반환할 매매대금에 대하여 민법이 정한 연 5%의 법정이율에 의한 이자를 붙여 반환하여야 한다. 그리고 이는 매도인의 매매대금 반환의무와 매수인의 소유권이전등기말소등기절차이행의무가 동시이행관계에 있는 경우에도 마찬가지이다.

⑤ 제3자를 위한 계약관계에서 낙약자와 요약자 사이의 법률관계(이른바 기본관계)를 이루는 계약이 무효이거나 해제된 경우, 특별한 사정이 없는 한 낙약자가 이미 제3자에게 급부한 것이 있더라도 낙약자는 계약해제 등에 기한 원상회복 또는 부당이득을 원인으로 제3자를 상대로 그 반환을 구할 수 없다.

⋯⋯⋯

[❶ ▸ ○] 민법 제537조는 채무자위험부담주의를 채택하고 있는바, 쌍무계약에서 당사자 쌍방의 귀책사유 없이 채무가 이행불능된 경우 채무자는 급부의무를 면함과 더불어 반대급부도 청구하지 못하므로, 쌍방급부가 없었던 경우에는 계약관계는 소멸하고 이미 이행한 급부는 법률상 원인 없는 급부가 되어 부당이득의 법리에 따라 반환청구할 수 있다(대판 2009.5.28. 2008다98655).

[❷ ▸ ○] 민법 제538조 제1항·제2항

> **민법 제538조(채권자귀책사유로 인한 이행불능)**
> ① 쌍무계약의 당사자 일방의 채무가 채권자의 책임 있는 사유로 이행할 수 없게 된 때에는 채무자는 상대방의 이행을 청구할 수 있다. 채권자의 수령지체 중에 당사자 쌍방의 책임 없는 사유로 이행할 수 없게 된 때에도 같다.
> ② 전항의 경우에 채무자는 자기의 채무를 면함으로써 이익을 얻은 때에는 이를 채권자에게 상환하여야 한다.

[❸ ▸ ✕] 민법 제400조 소정의 채권자지체가 성립하기 위해서는 민법 제460조 소정의 채무자의 변제 제공이 있어야 하고, 변제제공은 원칙적으로 현실제공으로 하여야 하며 다만 채권자가 미리 변제받기를 거절하거나 채무의 이행에 채권자의 행위를 요하는 경우에는 구두의 제공으로 하더라도 무방하고, 채권자가 변제를 받지 아니할 의사가 확고한 경우(이른바, 채권자의 영구적 불수령)에는 구두의 제공을 한다는 것조차 무의미하므로 그러한 경우에는 구두의 제공조차 필요 없다고 할 것이지만, 그러한 <u>구두의</u>

제공조차 필요 없는 경우라고 하더라도, 이는 그로써 채무자가 채무불이행책임을 면한다는 것에 불과하고, 민법 제538조 제1항 제2문 소정의 '채권자의 수령지체 중에 당사자 쌍방의 책임 없는 사유로 이행할 수 없게 된 때'에 해당하기 위해서는 현실제공이나 구두제공이 필요하다(다만, 그 제공의 정도는 그 시기와 구체적인 상황에 따라 신의성실의 원칙에 어긋나지 않게 합리적으로 정하여야 한다)(대판 2004.3.12. 2001다79013).

[❹ ▶ O] 계약무효의 경우 각 당사자가 상대방에 대하여 부담하는 반환의무는 성질상 부당이득반환의무로서 악의의 수익자는 그 받은 이익에 법정이자를 붙여 반환하여야 하므로(민법 제748조 제2항), 매매계약이 무효로 되는 때에는 매도인이 악의의 수익자인 경우 특별한 사정이 없는 한 매도인은 반환할 매매대금에 대하여 민법이 정한 연 5%의 법정이율에 의한 이자를 붙여 반환하여야 한다. 그리고 위와 같은 법정이자의 지급은 부당이득 반환의 성질을 가지는 것이지 반환의무의 이행지체로 인한 손해배상이 아니므로, 매도인의 매매대금 반환의무와 매수인의 소유권이전등기말소등기절차이행의무가 동시이행의 관계에 있는지 여부와는 관계가 없다(대판 2017.3.9. 2016다47478).

[❺ ▶ O] 제3자를 위한 계약관계에서 낙약자와 요약자 사이의 법률관계(이른바 기본관계)를 이루는 계약이 무효이거나 해제된 경우 그 계약관계의 청산은 계약의 당사자인 낙약자와 요약자 사이에 이루어져야 하므로, 특별한 사정이 없는 한 낙약자가 이미 제3자에게 급부한 것이 있더라도 낙약자는 계약해제 등에 기한 원상회복 또는 부당이득을 원인으로 제3자를 상대로 그 반환을 구할 수 없다(대판 2010.8.19. 2010다31860).

답 ❸

〈제3항〉 **제3자를 위한 계약**

08 □□□ **제3자를 위한 계약에 관한 다음 설명 중 가장 옳지 않은 것은?** 2023년 법무사시험 [문 32]

① 어떤 계약이 제3자를 위한 계약에 해당하는지 여부는 당사자의 의사가 그 계약에 의하여 제3자에게 직접 권리를 취득하게 하려는 것인지에 관한 의사 해석의 문제로서, 이는 계약 체결의 목적, 계약에 있어서의 당사자의 행위의 성질, 계약으로 인하여 당사자 사이 또는 당사자와 제3자 사이에 생기는 이해득실, 거래 관행, 제3자를 위한 계약 제도가 갖는 사회적 기능 등 제반 사정을 종합하여 계약 당사자의 합리적 의사를 해석함으로써 판별할 수 있다.

② 제3자를 위한 계약이 성립하기 위하여는 일반적으로 그 계약의 당사자가 아닌 제3자로 하여금 직접 권리를 취득하게 하는 조항이 있어야 할 것이지만, 계약의 당사자가 제3자에 대하여 가진 채권에 관하여 그 채무를 면제하는 계약도 제3자를 위한 계약에 준하는 것으로서 유효하다.

③ 낙약자는 요약자와 수익자 사이의 법률관계에 기한 항변으로 수익자에게 대항하지 못하고, 요약자도 요약자와 제3자(수익자) 사이의 법률관계의 부존재나 효력의 상실을 이유로 자신이 낙약자 사이의 법률관계에 기하여 낙약자에게 부담하는 채무의 이행을 거부할 수 없다.

④ 채무자와 인수인의 계약으로 체결되는 병존적 채무인수는 채권자로 하여금 인수인에 대하여 새로운 권리를 취득하게 하는 것으로 제3자를 위한 계약에 해당한다.

⑤ 제3자를 위한 계약에 있어서 수익의 의사표시를 한 수익자는 낙약자에게 직접 그 이행을 청구할 수 있으나, 요약자가 낙약자와의 계약을 해제한 경우에는 수익자는 낙약자에게 자기가 입은 손해의 배상을 청구할 수는 없다.

[❶ ▸ O] 제3자를 위한 계약이라 함은 통상의 계약이 그 효력을 당사자 사이에서만 발생시킬 의사로 체결되는 것과는 달리 계약 당사자가 자기들 명의로 체결한 계약에 의하여 제3자로 하여금 직접 계약 당사자의 일방에 대하여 권리를 취득하게 하는 것을 목적으로 하는 계약인바, 어떤 계약이 제3자를 위한 계약에 해당하는지 여부는 당사자의 의사가 그 계약에 의하여 제3자에게 직접 권리를 취득하게 하려는 것인지에 관한 의사해석의 문제로서 이는 계약 체결의 목적, 계약에 있어서의 당사자의 행위의 성질, 계약으로 인하여 당사자 사이 또는 당사자와 제3자 사이에 생기는 이해득실, 거래 관행, 제3자를 위한 계약제도가 갖는 사회적 기능 등 제반 사정을 종합하여 계약 당사자의 합리적 의사를 해석함으로써 판별할 수 있다(대판 1997.10.24. 97다28698).

[❷ ▸ O] 제3자를 위한 계약이 성립하기 위하여는 일반적으로 그 계약의 당사자가 아닌 제3자로 하여금 직접 권리를 취득하게 하는 조항이 있어야 할 것이지만, 계약의 당사자가 제3자에 대하여 가진 채권에 관하여 그 채무를 면제하는 계약도 제3자를 위한 계약에 준하는 것으로서 유효하다(대판 2004.9.3. 2002다 37405).

[❸ ▸ O] 제3자를 위한 계약의 체결 원인이 된 요약자와 제3자(수익자) 사이의 법률관계(이른바 대가 관계)의 효력은 제3자를 위한 계약 자체는 물론 그에 기한 요약자와 낙약자 사이의 법률관계(이른바 기본관계)의 성립이나 효력에 영향을 미치지 아니하므로 낙약자는 요약자와 수익자 사이의 법률관계에 기한 항변으로 수익자에게 대항하지 못하고, 요약자도 대가관계의 부존재나 효력의 상실을 이유로 자신이 기본관계에 기하여 낙약자에게 부담하는 채무의 이행을 거부할 수 없다(대판 2003.12.11. 2003다49771).

[❹ ▸ O] 채무자와 인수인의 계약으로 체결되는 병존적 채무인수는 채권자로 하여금 인수인에 대하여 새로운 권리를 취득하게 하는 것으로 제3자를 위한 계약의 하나로 볼 수 있고, 이와 비교하여 이행인수는 채무자와 인수인 사이의 계약으로 인수인이 변제 등에 의하여 채무를 소멸케 하여 채무자의 책임을 면하게 할 것을 약정하는 것으로 인수인이 채무자에 대한 관계에서 채무자를 면책케 하는 채무를 부담하게 될 뿐 채권자로 하여금 직접 인수인에 대한 채권을 취득케 하는 것이 아니므로 결국 제3자를 위한 계약과 이행인수의 판별 기준은 계약 당사자에게 제3자 또는 채권자가 계약 당사자 일방 또는 인수인에 대하여 직접 채권을 취득케 할 의사가 있는지 여부에 달려 있다 할 것이고, 구체적으로는 계약 체결의 동기, 경위 및 목적, 계약에 있어서의 당사자의 지위, 당사자 사이 및 당사자와 제3자 사이의 이해관계, 거래 관행 등을 종합적으로 고려하여 그 의사를 해석하여야 한다(대판 1997.10.24. 97다28698).

[❺ ▸ ×] 제3자를 위한 계약에 있어서 수익의 의사표시를 한 수익자는 낙약자에게 직접 그 이행을 청구할 수 있을 뿐만 아니라 요약자가 계약을 해제한 경우에는 낙약자에게 자기가 입은 손해의 배상을 청구할 수 있는 것이므로, 수익자가 완성된 목적물의 하자로 인하여 손해를 입었다면 수급인은 그 손해를 배상할 의무가 있다(대판 1994.8.12. 92다41559).

답 ❺

09 **해제에 관한 다음 설명 중 가장 옳지 않은 것은?**

① 계약이 합의에 따라 해제되거나 해지된 경우에는 상대방에게 손해배상을 하기로 특약하거나 손해 배상청구를 유보하는 의사표시를 하는 등 다른 사정이 없는 한 채무불이행으로 인한 손해배상을 청구할 수 없다.

② 계약의 합의해제는 묵시적으로 이루어질 수도 있으나, 계약이 묵시적으로 합의해제되었다고 하려 면 계약의 성립 후에 당사자 쌍방의 계약실현의사의 결여 또는 포기로 인하여 당사자 쌍방의 계약을 실현하지 아니할 의사가 일치되어야 한다.

③ 해제권자의 고의나 과실로 인하여 계약의 목적물이 현저히 훼손되거나 이를 반환할 수 없게 된 때 또는 가공이나 개조로 인하여 다른 종류의 물건으로 변경된 때에는 해제권은 소멸한다.

④ 채무자가 이행해야 할 본래 채무가 이행불능이라는 이유로 계약을 해제하려고 할 때, 그 이행불능의 대상이 되는 채무자의 본래 채무가 유효하게 존속할 필요는 없다.

⑤ 민법 제548조 제2항은 계약해제로 인한 원상회복의무의 이행으로서 반환하는 금전에는 그 받은 날로부터 이자를 가산하여야 한다고 하고 있는바, 위 이자의 반환은 원상회복의무의 범위에 속하는 것으로 일종의 부당이득반환의 성질을 가지는 것이지 반환의무의 이행지체로 인한 손해배상은 아니라고 할 것이다.

....

[**❶ ▸ ○**] 계약이 합의에 의하여 해제 또는 해지된 경우에는 상대방에게 손해배상을 하기로 특약하거 나 손해배상 청구를 유보하는 의사표시를 하는 등 다른 사정이 없는 한 채무불이행으로 인한 손해배상을 청구할 수 없다. 그와 같은 손해배상의 특약이 있었다거나 손해배상 청구를 유보하였다는 점은 이를 주장하는 당사자가 증명할 책임이 있다(대판 2021.5.7. 2017다220416).

[**❷ ▸ ○**] 계약의 합의해제는 묵시적으로 이루어질 수도 있으나, 계약이 묵시적으로 합의해제되었다고 하려면 계약의 성립 후에 당사자 쌍방의 계약실현의사의 결여 또는 포기로 인하여 당사자 쌍방의 계약을 실현하지 아니할 의사가 일치되어야만 한다(대판 1998.8.21. 98다17602).

[**❸ ▸ ○**] 해제권자의 고의나 과실로 인하여 계약의 목적물이 현저히 훼손되거나 이를 반환할 수 없게 된 때 또는 가공이나 개조로 인하여 다른 종류의 물건으로 변경된 때에는 해제권은 소멸한다(민법 제553조).

[**❹ ▸ ✕**] 이행불능 또는 이행지체를 이유로 한 법정해제권은 채무자의 채무불이행에 대한 구제수단으 로 인정되는 권리이다. 따라서 채무자가 이행해야 할 본래 채무가 이행불능이라는 이유로 계약을 해제하 려면 그 이행불능이 대상이 되는 채무자의 본래 채무가 유효하게 존속하고 있어야 한다(대판 2022.9.29. 2019다204593).

[**❺ ▸ ○**] 민법 제548조 제2항은 계약해제로 인한 원상회복의무의 이행으로서 반환하는 금전에는 그 받은 날로부터 이자를 가산하여야 한다고 하고 있는바, 위 이자의 반환은 원상회복의무의 범위에 속하는 것으로 일종의 부당이득반환의 성질을 가지는 것이지 반환의무의 이행지체로 인한 손해배상은 아니라고 할 것이고, 소송촉진 등에 관한 특례법 제3조 제1항은 금전채무의 전부 또는 일부의 이행을 명하는 판결을 선고할 경우에 있어서 금전채무불이행으로 인한 손해배상액 산정의 기준이 되는 법정이율 에 관한 특별규정이므로, 위 이자에는 소송촉진 등에 관한 특례법 제3조 제1항에 의한 이율을 적용할 수 없다(대판 2000.6.23. 2000다16275).

답 ❹

계약의 해제에 관한 다음 설명 중 가장 옳지 않은 것은?

① 매매계약의 일방 당사자가 사망하였고 그에게 여러 명의 상속인이 있는 경우에 그 상속인들이 위 계약을 해제하려면, 상대방과 사이에 다른 내용의 특약이 있다는 등의 특별한 사정이 없는 한 상속인들 전원이 해제의 의사표시를 하여야 한다.

② 매매계약이 해제된 후에도 매도인이 별다른 이의 없이 일부 변제를 수령한 경우 특별한 사정이 없는 한 당사자 사이에 해제된 계약을 부활시키는 약정이 있었다고 해석함이 상당하고, 이러한 경우 매도인으로서는 새로운 이행의 최고 없이 바로 해제권을 행사할 수 없다.

③ 민법 제548조 제1항 단서에서 규정하는 해제의 효과에도 보호받는 제3자는 일반적으로 그 해제된 계약으로부터 생긴 법률효과를 기초로 하여 해제 전에 새로운 이해관계를 가졌을 뿐 아니라 등기·인도 등으로 완전한 권리를 취득한 자를 의미하므로, 계약이 해제되기 이전에 계약상의 채권을 양수하여 이를 피보전권리로 하여 처분금지가처분결정을 받은 경우 그 채권자는 민법 제548조 제1항 단서 소정의 해제의 소급효가 미치지 아니하는 '제3자'에 해당한다.

④ 계약 해제의 효과로서 원상회복의무를 규정하는 민법 제548조 제1항 본문은 부당이득에 관한 특별규정의 성격을 가지는 것으로서, 그 이익 반환의 범위는 이익의 현존 여부나 청구인의 선의·악의를 불문하고 특단의 사유가 없는 한 받은 이익의 전부이다.

⑤ 계약의 해제로 인한 원상회복청구권에 대하여 해제자가 해제의 원인이 된 채무불이행에 관하여 '원인'의 일부를 제공하였다는 등의 사유를 내세워 신의칙 또는 공평의 원칙에 기하여 일반적으로 손해배상에 있어서의 과실상계에 준하여 권리의 내용이 제한될 수 있다고 하는 것은 허용되지 않는다.

....

[❶ ▸ O] 민법 제547조 제1항은 '당사자의 일방 또는 쌍방이 수인인 경우에는 계약의 해지나 해제는 그 전원으로부터 또는 전원에 대하여 하여야 한다'고 규정하고 있다. 따라서 매매계약의 일방 당사자가 사망하였고 그에게 여러 명의 상속인이 있는 경우에 그 상속인들이 위 계약을 해제하려면, 상대방과 사이에 다른 내용의 특약이 있다는 등의 특별한 사정이 없는 한, 상속인들 전원이 해제의 의사표시를 하여야 한다(대판 2013.11.28. 2013다22812).

[❷ ▸ O] 매매계약이 해제된 후에도 매도인이 별다른 이의 없이 일부 변제를 수령한 경우 특별한 사정이 없는 한 당사자 사이에 해제된 계약을 부활시키는 약정이 있었다고 해석함이 상당하고, 이러한 경우 매도인으로서는 새로운 이행의 최고 없이 바로 해제권을 행사할 수 없다(대판 1992.10.27. 91다483).

[❸ ▸ X] 계약이 해제되기 이전에 계약상의 채권을 양수하여 이를 피보전권리로 하여 처분금지가처분결정을 받은 경우, <u>그 권리는 채권에 불과하고 대세적 효력을 갖는 완전한 권리가 아니라는 이유로 그 채권자는 민법 제548조 제1항 단서 소정의 해제의 소급효가 미치지 아니하는 '제3자'에 해당하지 아니한다</u>(대판 2000.8.22. 2000다23433).

[❹ ▸ O] 계약 해제의 효과로서 원상회복의무를 규정하는 민법 제548조 제1항 본문은 부당이득에 관한 특별규정의 성격을 가지는 것으로서, 그 이익 반환의 범위는 이익의 현존 여부나 청구인의 선의·악의를 불문하고 특단의 사유가 없는 한 받은 이익의 전부이다(대판 2014.3.13. 2013다34143).

[❺ ▸ O] 계약의 해제로 인한 원상회복청구권에 대하여 해제자가 해제의 원인이 된 채무불이행에 관하여 '원인'의 일부를 제공하였다는 등의 사유를 내세워 신의칙 또는 공평의 원칙에 기하여 일반적으로 손해배상에 있어서의 과실상계에 준하여 권리의 내용이 제한될 수 있다고 하는 것은 허용되어서는 아니 된다(대판 2014.3.13. 2013다34143).

답 ❸

계약의 해제에 관한 다음 설명 중 가장 옳지 않은 것은?

① 계약이 합의에 따라 해제되거나 해지된 경우에는 상대방에게 손해배상을 하기로 특약하거나 손해배상청구를 유보하는 의사표시를 하는 등 다른 사정이 없는 한 채무불이행으로 인한 손해배상을 청구할 수 없다.

② 계약의 해제는 제3자의 권리를 해하지 못하는데, 여기에서 제3자란 일반적으로 계약이 해제되는 경우 그 해제된 계약으로부터 생긴 법률효과를 기초로 하여 해제 전에 새로운 이해관계를 가지게 된 자로서, 계약상 채권을 양수한 자와 등기·인도 등으로 완전한 권리를 취득한 자를 말한다.

③ 매도인의 매매계약상의 소유권이전등기의무가 이행불능이 되어 이를 이유로 매매계약을 해제함에 있어서는 상대방의 잔대금지급의무가 매도인의 소유권이전등기의무와 동시이행관계에 있다고 하더라도 그 이행의 제공을 필요로 하는 것이 아니다.

④ 일방 당사자의 계약위반을 이유로 한 상대방의 계약해제 의사표시에 의하여 계약이 해제되었음에도 상대방이 계약이 존속함을 전제로 계약상 의무의 이행을 구하는 경우 계약을 위반한 당사자도 당해 계약이 상대방의 해제로 소멸되었음을 들어 그 이행을 거절할 수 있다.

⑤ 매수인이 계약의 이행에 착수하기 전에는 매도인이 계약금의 배액을 상환하고 계약을 해제할 수 있으나, 이때 계약 해제 통고로서 바로 해제 효과가 발생하는 것이 아니라 매도인이 수령한 계약금의 배액을 매수인에게 상환하거나 적어도 그 이행제공을 하지 않으면 계약을 해제할 수 없다.

....

[❶ ▸ ○] 계약이 합의에 의하여 해제 또는 해지된 경우에는 상대방에게 손해배상을 하기로 특약하거나 손해배상청구를 유보하는 의사표시를 하는 등 다른 사정이 없는 한 채무불이행으로 인한 손해배상을 청구할 수 없다. 그리고 그와 같은 손해배상의 특약이 있었다거나 손해배상청구를 유보하였다는 점은 이를 주장하는 당사자가 증명할 책임이 있다(대판 2013.11.28. 2013다8755).

[❷ ▸ ✕] 민법 제548조 제1항 단서에서 규정하는 제3자라 함은 그 해제된 계약으로부터 생긴 법률적 효과를 기초로 하여 새로운 이해관계를 가졌을 뿐 아니라 등기·인도 등으로 완전한 권리를 취득한 자를 지칭하는 것이고, <u>계약상의 채권을 양도받은 양수인은 특별한 사정이 없는 이상 이에 포함되지 않는다</u>(대판 1996.4.12. 95다49882).

[❸ ▸ ○] 매도인의 매매계약상의 소유권이전등기의무가 이행불능이 되어 이를 이유로 매매계약을 해제함에 있어서는 상대방의 잔대금지급의무가 매도인의 소유권이전등기의무와 동시이행관계에 있다고 하더라도 그 이행의 제공을 필요로 하는 것이 아니다(대판 2003.1.24. 2000다22850).

[❹ ▸ ○] 계약의 해제권은 일종의 형성권으로서 당사자의 일방에 의한 계약해제의 의사표시가 있으면 그 효과로서 새로운 법률관계가 발생하고 각 당사자는 그에 구속되는 것이므로, 일방 당사자의 계약위반을 이유로 한 상대방의 계약해제 의사표시에 의하여 계약이 해제되었음에도 상대방이 계약이 존속함을 전제로 계약상 의무의 이행을 구하는 경우 계약을 위반한 당사자도 당해 계약이 상대방의 해제로 소멸되었음을 들어 그 이행을 거절할 수 있다(대판 2001.6.29. 2001다21441).

[❺ ▸ ○] 매수인이 계약의 이행에 착수하기 전에는 매도인이 계약금의 배액을 상환하고 계약을 해제할 수 있으나, 이 해제는 통고로써 즉시 효력을 발생하고 나중에 계약금 배액의 상환의무만 지는 것이 아니라 매도인이 수령한 계약금의 배액을 매수인에게 상환하거나 적어도 그 이행제공을 하지 않으면 계약을 해제할 수 없다(대판 1992.7.28. 91다33612).

답 ❷

제2장 / 계약각론

제1절 증 여

12
□□□ 증여에 관한 다음 설명 중 가장 옳지 않은 것은?   **2025년 법무사시험 [문 19]**

① 송금 등 금전지급행위가 증여에 해당하기 위해서는 객관적으로 채무자와 수익자 사이에 금전을 무상으로 수익자에게 종국적으로 귀속시키는 데에 의사의 합치가 있어야 한다. 다른 사람의 예금계좌에 금전을 이체하는 등으로 송금하는 경우 다양한 원인이 있을 수 있는데, 과세 당국 등의 추적을 피하기 위하여 일정한 인적 관계에 있는 사람이 그 소유의 금전을 자신의 예금계좌로 송금한다는 사실을 알면서 그에게 자신의 예금계좌로 송금할 것을 승낙 또는 양해하였다거나 그러한 목적으로 자신의 예금계좌를 사실상 지배하도록 용인하였다는 것만으로는 특별한 사정이 없는 한 송금인과 계좌명의인 사이에 송금액을 계좌명의인에게 무상으로 증여한다는 의사의 합치가 있었다고 쉽사리 추단할 수 없다.

② 민법 제555조는 "증여의 의사가 서면으로 표시되지 아니한 경우에는 각 당사자는 이를 해제할 수 있다."고 함으로써 서면에 의한 증여의 해제를 제한하고 있는바, 법적 안정성을 추구하고자 하는 위 규정의 취지상 서면에 의한 증여가 이루어졌다면 증여자가 착오에 기한 의사표시라는 이유로 민법 총칙규정에 따라 증여의 의사표시를 취소할 수도 없다.

③ 상대부담 있는 증여에 대하여는 민법 제561조에 의하여 쌍무계약에 관한 규정이 준용되어 부담의무 있는 상대방이 자신의 의무를 이행하지 아니할 때에는 비록 증여계약이 이미 이행되어 있다 하더라도 증여자는 계약을 해제할 수 있다.

④ 민법 제562조는 사인증여에 관하여는 유증에 관한 규정을 준용하도록 규정하고 있지만, 유증의 방식에 관한 민법 제1065조 내지 제1072조는 그것이 단독행위임을 전제로 하는 것이어서 계약인 사인증여에는 적용되지 아니한다.

⑤ 민법 제562조가 사인증여에 관하여 유증에 관한 규정을 준용하도록 규정하고 있다고 하여, 이를 근거로 포괄적 유증을 받은 자는 상속인과 동일한 권리의무가 있다고 규정하고 있는 민법 제1078조가 포괄적 사인증여에도 준용된다고 해석할 수는 없다.

· ·

[❶ ▸ O] 송금 등 금전지급행위가 증여에 해당하기 위해서는 객관적으로 채무자와 수익자 사이에 금전을 무상으로 수익자에게 종국적으로 귀속시키는 데에 의사의 합치가 있어야 한다. 다른 사람의 예금계좌에 금전을 이체하는 등으로 송금하는 경우 다양한 원인이 있을 수 있는데, 과세 당국 등의 추적을 피하기 위하여 일정한 인적 관계에 있는 사람이 그 소유의 금전을 자신의 예금계좌로 송금한다는 사실을 알면서 그에게 자신의 예금계좌로 송금할 것을 승낙 또는 양해하였다거나 그러한 목적으로 자신의 예금계좌를 사실상 지배하도록 용인하였다는 것만으로는 특별한 사정이 없는 한 송금인과 계좌명의인 사이에 송금액을 계좌명의인에게 무상으로 증여한다는 의사의 합치가 있었다고 쉽사리 추단할 수 없다. 이는 금융실명제 아래에서 실명확인절차를 거쳐 개설된 예금계좌의 경우에 특별한 사정이 없는 한 명의인이 예금계약의 당사자로서 예금반환청구권을 가진다고 해도, 이는 계좌가 개설된 금융회사에 대한 관계에 관한 것으로서 그 점을 들어 곧바로 송금인과 계좌명의인 사이의 법률관계를 달리 볼 것이 아니다(대판 2018.12.27. 2017다290057).

[❷ ▸ ×] 민법 제47조 제1항에 의하여 생전처분으로 재단법인을 설립하는 때에 준용되는 민법 제555조는 "증여의 의사가 서면으로 표시되지 아니한 경우에는 각 당사자는 이를 해제할 수 있다."고 함으로써 서면에 의한 증여(출연)의 해제를 제한하고 있으나, 그 해제는 민법 총칙상의 취소와는 요건과 효과가 다르므로 서면에 의한 출연이더라도 민법 총칙규정에 따라 출연자가 착오에 기한 의사표시라는 이유로 출연의 의사표시를 취소할 수 있고, 상대방 없는 단독행위인 재단법인에 대한 출연행위라고 하여 달리 볼 것은 아니다(대판 1999.7.9. 98다9045).

[❸ ▸ ○] 상대부담 있는 증여에 대하여는 민법 제561조에 의하여 쌍무계약에 관한 규정이 준용되어 부담의무 있는 상대방이 자신의 의무를 이행하지 아니할 때에는 비록 증여계약이 이미 이행되어 있다 하더라도 증여자는 계약을 해제할 수 있고, 그 경우 민법 제555조와 제558조는 적용되지 아니한다(대판 1997.7.8. 97다2177).

[❹ ▸ ○] 민법 제562조는 사인증여에 관하여는 유증에 관한 규정을 준용하도록 규정하고 있지만, 유증의 방식에 관한 민법 제1065조 내지 제1072조는 그것이 단독행위임을 전제로 하는 것이어서 계약인 사인증여에는 적용되지 아니한다(대판 1996.4.12. 94다37714).

[❺ ▸ ○] 민법 제562조가 사인증여에 관하여 유증에 관한 규정을 준용하도록 규정하고 있다고 하여, 이를 근거로 포괄적 유증을 받은 자는 상속인과 동일한 권리의무가 있다고 규정하고 있는 민법 제1078조가 포괄적 사인증여에도 준용된다고 해석하면 포괄적 사인증여에도 상속과 같은 효과가 발생하게 된다. 그러나 포괄적 사인증여는 낙성·불요식의 증여계약의 일종이고, 포괄적 유증은 엄격한 방식을 요하는 단독행위이며, 방식을 위배한 포괄적 유증은 대부분 포괄적 사인증여로 보여질 것인바, 포괄적 사인증여에 민법 제1078조가 준용된다면 양자의 효과는 같게 되므로, 결과적으로 포괄적 유증에 엄격한 방식을 요하는 요식행위로 규정한 조항들은 무의미하게 된다. 따라서 민법 제1078조가 포괄적 사인증여에 준용된다고 하는 것은 사인증여의 성질에 반하므로 준용되지 아니한다고 해석함이 상당하다(대판 1996.4.12. 94다37714).

답 ❷

13

증여에 관한 다음 설명 중 가장 옳지 않은 것은?

① 상대부담 있는 증여에 대하여는 증여자는 그 전체 부분에 대해 매도인과 같은 담보의 책임이 있다.
② 증여의 의사가 서면으로 표시되지 아니한 경우에는 각 당사자는 이를 해제할 수 있으나, 이미 이행한 부분에 대하여는 영향을 미치지 아니한다.
③ 증여계약이 서면에 의하지 아니하였음을 이유로 한 해제에 대하여는 10년의 제척기간이 적용되지 아니한다.
④ 정기의 급여를 목적으로 한 증여는 증여자 또는 수증자의 사망으로 인하여 그 효력을 잃는다.
⑤ 민법 제104조가 규정하는 현저히 공정을 잃은 법률행위라 함은 자기의 급부에 비하여 현저하게 균형을 잃은 반대급부를 하게 하여 부당한 재산적 이익을 얻는 행위를 의미하는 것이므로, 증여계약과 같이 아무런 대가관계 없이 당사자 일방이 상대방에게 일방적인 급부를 하는 법률행위는 그 공정성 여부를 논의할 수 있는 성질의 법률행위가 아니다.

- -

[❶ ▸ ✕] 상대부담 있는 증여에 대하여는 증여자는 <u>그 부담의 한도에서</u> 매도인과 같은 담보의 책임이 있다(민법 제559조 제2항).

[❷ ▸ ○] 민법 제555조, 제558조

> **민법 제555조(서면에 의하지 아니한 증여와 해제)**
> 증여의 의사가 서면으로 표시되지 아니한 경우에는 각 당사자는 이를 해제할 수 있다.
>
> **민법 제558조(해제와 이행완료부분)**
> 전3조의 규정에 의한 계약의 해제는 이미 이행한 부분에 대하여는 영향을 미치지 아니한다.

[❸ ▸ ○] 민법 제555조에서 말하는 증여계약의 해제는 민법 제543조 이하에서 규정한 본래 의미의 해제와는 달리 형성권의 제척기간의 적용을 받지 않는 특수한 철회로서, 10년이 경과한 후에 이루어졌다 하더라도 원칙적으로 적법하다(대판 2009.9.24. 2009다37831).

[❹ ▸ ○] 정기의 급여를 목적으로 한 증여는 증여자 또는 수증자의 사망으로 인하여 그 효력을 잃는다(민법 제560조).

[❺ ▸ ○] 민법 제104조가 규정하는 현저히 공정을 잃은 법률행위라 함은 자기의 급부에 비하여 현저하게 균형을 잃은 반대급부를 하게 하여 부당한 재산적 이익을 얻는 행위를 의미하는 것이므로, 증여계약과 같이 아무런 대가관계 없이 당사자 일방이 상대방에게 일방적인 급부를 하는 법률행위는 그 공정성 여부를 논의할 수 있는 성질의 법률행위가 아니다(대판 2000.2.11. 99다56833).

답 ❶

14 ☐☐☐ **매매에 관한 다음 설명 중 가장 옳지 않은 것은?**

① 민법 제564조가 정하고 있는 매매예약에서 예약자의 상대방이 매매예약 완결의 의사표시를 하여 매매의 효력을 생기게 하는 권리, 즉 매매예약의 완결권은 일종의 형성권으로서 당사자 사이에 행사기간을 약정한 때에는 그 기간 내에, 약정이 없는 때에는 예약이 성립한 때부터 10년 내에 이를 행사하여야 하고, 그 기간이 지난 때에는 예약완결권은 제척기간의 경과로 소멸한다.

② 상대방인 매도인이 매매계약의 이행에는 전혀 착수한 바가 없는 경우에는 매수인이 중도금을 지급하여 이미 이행에 착수하였더라도 상대방인 매도인으로서는 필요한 비용을 지출하는 등 예측하지 못한 손해를 입게 될 우려가 없다고 할 것이므로, 매수인은 민법 제565조에 의하여 계약금을 포기하고 매매계약을 해제할 수 있다.

③ 매매예약이 성립한 이후 상대방의 매매예약 완결의 의사표시 전에 목적물이 멸실 기타의 사유로 이전할 수 없게 되어 예약 완결권의 행사가 이행불능이 된 경우에는 예약 완결권을 행사할 수 없고, 이행불능 이후에 상대방이 매매예약 완결의 의사표시를 하여도 매매의 효력이 생기지 아니한다.

④ 매매계약에서 계약금의 일부만 지급된 경우 수령자가 매매계약을 해제할 수 있다고 하더라도 해약금의 기준이 되는 금원은 '실제 교부받은 계약금'이 아니라 '약정 계약금'이라고 봄이 타당하므로, 매도인이 계약금의 일부로서 지급받은 금원의 배액을 상환하는 것으로는 매매계약을 해제할 수 없다.

⑤ 민법 제565조가 해제권 행사의 시기를 당사자의 일방이 이행에 착수할 때까지로 제한한 것은 당사자의 일방이 이미 이행에 착수한 때에는 그 당사자는 그에 필요한 비용을 지출하였을 것이고, 또 그 당사자는 계약이 이행될 것으로 기대하고 있는데 만일 이러한 단계에서 상대방으로부터 계약이 해제된다면 예측하지 못한 손해를 입게 될 우려가 있으므로 이를 방지하고자 함에 있고, 이행기의 약정이 있는 경우라 하더라도 당사자가 채무의 이행기 전에는 착수하지 아니하기로 하는 특약을 하는 등 특별한 사정이 없는 한 이행기 전에 이행에 착수할 수 있다.

....

[❶ ▸ O] 민법 제564조가 정하고 있는 매매의 일방예약에서 예약자의 상대방이 매매예약 완결의 의사표시를 하여 매매의 효력을 생기게 하는 권리, 즉 매매예약의 완결권은 일종의 형성권으로서 당사자 사이에 행사기간을 약정한 때에는 그 기간 내에, 약정이 없는 때에는 예약이 성립한 때로부터 10년 내에 이를 행사하여야 하고, 그 기간을 지난 때에는 예약 완결권은 제척기간의 경과로 인하여 소멸한다. 한편 당사자 사이에 약정하는 예약 완결권의 행사기간에 특별한 제한은 없다(대판 2017.1.25. 2016다42077).

[❷ ▸ X] 민법 제565조 제1항에서 말하는 당사자의 일방이라는 것은 매매 쌍방 중 어느 일방을 지칭하는 것이고, 상대방이라 국한하여 해석할 것이 아니므로, 비록 상대방인 매도인이 매매계약의 이행에는 전혀 착수한 바가 없다 하더라도 매수인이 중도금을 지급하여 이미 이행에 착수한 이상 매수인은 민법 제565조에 의하여 계약금을 포기하고 매매계약을 해제할 수 없다(대판 2000.2.11. 99다62074).

[❸ ▸ O] 매매예약이 성립한 이후 상대방의 매매예약 완결의 의사표시 전에 목적물이 멸실 기타의 사유로 이전할 수 없게 되어 예약 완결권의 행사가 이행불능이 된 경우에는 예약 완결권을 행사할 수 없고, 이행불능 이후에 상대방이 매매예약 완결의 의사표시를 하여도 매매의 효력이 생기지 아니한다. 그리고 채무의 이행이 불능이라는 것은 단순히 절대적·물리적으로 불능인 경우가 아니라 사회생활의 경험법칙 또는 거래상의 관념에 비추어 볼 때 채권자가 채무자의 이행의 실현을 기대할 수 없는 경우를 말한다(대판 2015.8.27. 2013다28247).

[**❹ ▸ O**] 매도인이 '계약금 일부만 지급된 경우 지급받은 금원의 배액을 상환하고 매매계약을 해제할 수 있다'고 주장한 사안에서, '실제 교부받은 계약금'의 배액만을 상환하여 매매계약을 해제할 수 있다면 이는 당사자가 일정한 금액을 계약금으로 정한 의사에 반하게 될 뿐 아니라, 교부받은 금원이 소액일 경우에는 사실상 계약을 자유로이 해제할 수 있어 계약의 구속력이 약화되는 결과가 되어 부당하기 때문에, 계약금 일부만 지급된 경우 수령자가 매매계약을 해제할 수 있다고 하더라도 해약금의 기준이 되는 금원은 '실제 교부받은 계약금'이 아니라 '약정 계약금'이라고 봄이 타당하므로, 매도인이 계약금의 일부로서 지급받은 금원의 배액을 상환하는 것으로는 매매계약을 해제할 수 없다(대판 2015.4.23. 2014다 231378).

[**❺ ▸ O**] 민법 제565조가 해제권 행사의 시기를 당사자의 일방이 이행에 착수할 때까지로 제한한 것은 당사자의 일방이 이미 이행에 착수한 때에는 그 당사자는 그에 필요한 비용을 지출하였을 것이고, 또 그 당사자는 계약이 이행될 것으로 기대하고 있는데 만일 이러한 단계에서 상대방으로부터 계약이 해제된다면 예측하지 못한 손해를 입게 될 우려가 있으므로 이를 방지하고자 함에 있고, 이행기의 약정이 있는 경우라 하더라도 당사자가 채무의 이행기 전에는 착수하지 아니하기로 하는 특약을 하는 등 특별한 사정이 없는 한 이행기 전에 이행에 착수할 수 있다(대판 2006.2.10. 2004다11599).

답 ❷

15

매매에 관한 다음 설명 중 가장 옳지 않은 것은?　　　2023년 법무사시험 [문 17]

① 자동차관리법령의 문언·내용과 체계 등에 비추어 보면, 자동차 양수인이 양도인으로부터 자동차를 인도받고서도 등록명의의 이전을 하지 않는 경우 양도인은 자동차관리법 제12조 제4항에 따라 양수인을 상대로 소유권이전등록의 인수절차 이행을 구할 수 있다.

② 상가집합건물의 구분점포에 대한 매매는 특별한 사정이 없다면 원칙적으로 실제 이용현황과 관계없이 집합건축물대장 등 공부에 따라 구조, 위치, 면적이 확정된 구분점포를 매매의 대상으로 삼았다고 보아야 할 것이다.

③ 선시공·후분양의 방식으로 분양되는 아파트 등의 경우에는 완공된 아파트 등 그 자체가 분양계약의 목적물로 된다고 봄이 상당하고, 완공된 아파트 등의 현황과 달리 분양광고 등에만 표현되어 있는 아파트 등의 외형·재질 등에 관한 사항은 특별한 사정이 없는 한 이를 분양계약의 내용으로 하기로 하는 묵시적 합의가 있었다고 보기는 어렵다.

④ 부동산매도인이 매매대금을 다 지급받지 아니한 상태에서 매수인에게 소유권이전등기를 경료하여 목적물의 소유권을 매수인에게 이전한 경우에는, 매도인의 목적물인도의무에 관하여 위와 같은 동시이행의 항변권과 물권적 권리인 유치권이 인정된다.

⑤ 계약 체결 후에 채무의 이행이 불가능하게 된 경우에는 채권자가 이행을 청구하지 못하고 채무불이행을 이유로 손해배상을 청구하거나 계약을 해제할 수 있다. 그러나 계약 당시에 이미 채무의 이행이 불가능했다면 특별한 사정이 없는 한 채권자가 이행을 구하는 것은 허용되지 않고, 민법 제535조에서 정한 계약체결상의 과실책임을 추궁하는 등으로 권리를 구제받을 수밖에 없다.

[**①** ▸ O] 구 자동차관리법 제12조, 구 자동차등록령 제27조 제1항, 구 자동차등록규칙 제33조 제1항의 문언·내용과 체계 등에 비추어 보면, 자동차 양수인이 양도인으로부터 자동차를 인도받고서도 등록명의 이전을 하지 않는 경우 양도인은 자동차관리법 제12조 제4항에 따라 양수인을 상대로 소유권이전등록의 인수절차 이행을 구할 수 있다. 그러나 자동차가 전전양도된 경우 중간생략등록의 합의가 없는 한 양도인은 전전양수인에 대하여 직접 양수인 명의로 소유권이전등록의 인수절차 이행을 구할 수 없다 (대판 2020.12.10. 2020다9244).

[**②** ▸ O] 상가집합건물의 구분점포에 대한 매매는 원칙적으로 실제 이용현황과 관계없이 집합건축물 대장 등 공부에 따라 구조, 위치, 면적이 확정된 구분점포를 매매의 대상으로 삼았다고 보아야 할 것이다. 그러나 1동의 상가집합건물의 점포들이 구분소유 등기가 되어 있기는 하나 실제로는 위 상가건물의 각 점포들에 관한 집합건축물대장 등 공부상 호수와 구조, 위치 및 면적이 실제 이용현황과 일치하지 아니할 뿐만 아니라 그 복원조차 용이하지 아니하여 단지 공부가 위 상가건물에서 각 점포들이 차지하는 면적비율에 관하여 공유지분을 표시하는 정도의 역할만을 하고 있고, 위 점포들이 전전매도되면서 매매 당사자들이 실제 이용현황대로의 점포를 매매할 의사를 가지고 거래한 경우 등과 같이 특별한 사정이 있는 경우에는 그 점포의 구조, 위치, 면적은 실제 이용현황에 의할 수밖에 없을 것이다(대판 2021.6.24. 2021다220666).

[**③** ▸ O] 선시공·후분양의 방식으로 분양되거나, 당초 선분양·후시공의 방식으로 분양하기로 계획 되었으나 계획과 달리 준공 전에 분양이 이루어지지 아니하여 준공 후에 분양이 되는 아파트 등의 경우에는 수분양자는 실제로 완성된 아파트 등의 외형·재질 등에 관한 시공 상태를 직접 확인하고 분양계약 체결 여부를 결정할 수 있어 완성된 아파트 등 그 자체가 분양계약의 목적물로 된다고 봄이 상당하다. 따라서 비록 준공 전에 분양안내서 등을 통해 분양광고를 하거나 견본주택 등을 설치한 적이 있고, 그러한 광고내용과 달리 아파트 등이 시공되었다고 하더라도, 완성된 아파트 등의 현황과 달리 분양광고 등에만 표현되어 있는 아파트 등의 외형·재질 등에 관한 사항은 분양계약 시에 아파트 등의 현황과는 별도로 다시 시공해 주기로 약정하였다는 등의 특별한 사정이 없는 한 이를 분양계약의 내용으로 하기로 하는 묵시적 합의가 있었다고 보기는 어렵다(대판 2014.11.13. 2012다29601).

[**④** ▸ ✕] 부동산 매도인이 매매대금을 다 지급받지 아니한 상태에서 매수인에게 소유권이전등기를 마쳐주어 목적물의 소유권을 매수인에게 이전한 경우에는, <u>매도인의 목적물인도의무에 관하여 동시이행 의 항변권 외에 물권적 권리인 유치권까지 인정할 것은 아니다</u>. 왜냐하면 법률행위로 인한 부동산물권변 동의 요건으로 등기를 요구함으로써 물권간계의 명확화 및 거래의 안전·원활을 꾀하는 우리 민법의 기본정신에 비추어 볼 때, 만일 이를 인정한다면 매도인은 등기에 의하여 매수인에게 소유권을 이전하였 음에도 매수인 또는 그의 처분에 기하여 소유권을 취득한 제3자에 대하여 소유권에 속하는 대세적인 점유의 권능을 여전히 보유하게 되는 결과가 되어 부당하기 때문이다. 또한 매도인으로서는 자신이 원래 가지는 동시이행의 항변권을 행사하지 아니하고 자신의 소유권이전의무를 선이행함으로써 매수인 에게 소유권을 넘겨 준 것이므로 그에 필연적으로 부수하는 위험은 스스로 감수하여야 한다. 따라서 매도인이 부동산을 점유하고 있고 소유권을 이전받은 매수인에게서 매매대금 일부를 지급받지 못하고 있다고 하여 매매대금채권을 피담보채권으로 매수인이나 그에게서 부동산 소유권을 취득한 제3자를 상대로 유치권을 주장할 수 없다(대결 2012.1.12. 2011마2380).

[**⑤** ▸ O] 계약 체결 후에 채무의 이행이 불가능하게 된 경우에는 채권자가 이행을 청구하지 못하고 채무불이행을 이유로 손해배상을 청구하거나 계약을 해제할 수 있다. 그러나 계약 당시에 이미 채무의 이행이 불가능했다면 특별한 사정이 없는 한 채권자가 이행을 구하는 것은 허용되지 않고, 민법 제535조 에서 정한 계약체결상의 과실책임을 추궁하는 등으로 권리를 구제받을 수밖에 없다(대판 2017.8.29. 2016다 212524).

답 **④**

16

매매에 관한 다음 설명 중 가장 옳지 않은 것은?

① 이행기의 약정이 있는 경우라 하더라도 당사자가 채무의 이행기 전에는 착수하지 아니하기로 하는 특약을 하는 등 특별한 사정이 없는 한 이행기 전에 이행에 착수할 수 있다.

② 유상계약을 체결함에 있어서 계약금 등 금원이 수수되었다고 하더라도 이를 위약금으로 하기로 하는 특약이 있는 경우에 한하여 민법 제398조 제4항에 의하여 손해배상액의 예정으로서의 성질을 가진 것으로 볼 수 있을 뿐이고, 그와 같은 특약이 없는 경우에는 그 계약금 등을 손해배상액의 예정으로 볼 수 없다.

③ 매수인은 민법 제565조 제1항에 따라 본인 또는 매도인이 이행에 착수할 때까지는 계약금을 포기하고 계약을 해제할 수 있는바, 매도인이 매수인에 대하여 매매계약의 이행을 최고하고 매매잔대금의 지급을 구하는 소송을 제기하였다면 이행에 착수하였다고 볼 수 있다.

④ 매매계약 있은 후에도 인도하지 아니한 목적물로부터 생긴 과실은 매도인에게 속한다. 매수인은 목적물의 인도를 받은 날로부터 대금의 이자를 지급하여야 한다. 그러나 대금의 지급에 대하여 기한이 있는 때에는 그러하지 아니하다.

⑤ 매매의 목적물을 종류로 지정한 경우에도 그 후 특정된 목적물에 하자가 있는 때에는 매수인은 계약의 해제 또는 손해배상의 청구를 하지 아니하고 하자 없는 물건을 청구할 수도 있다.

....

[❶ ▶ O] 민법 제565조가 해제권 행사의 시기를 당사자의 일방이 이행에 착수할 때까지로 제한한 것은 당사자의 일방이 이미 이행에 착수한 때에는 그 당사자는 그에 필요한 비용을 지출하였을 것이고, 또 그 당사자는 계약이 이행될 것으로 기대하고 있는데 만일 이러한 단계에서 상대방으로부터 계약이 해제된다면 예측하지 못한 손해를 입게 될 우려가 있으므로 이를 방지하고자 함에 있고, 이행기의 약정이 있는 경우라 하더라도 당사자가 채무의 이행기 전에는 착수하지 아니하기로 하는 특약을 하는 등 특별한 사정이 없는 한 이행기 전에 이행에 착수할 수 있다(대판 1993.1.19. 92다31323).

[❷ ▶ O] 유상계약을 체결함에 있어서 계약금 등 금원이 수수되었다고 하더라도 이를 위약금으로 하기로 하는 특약이 있는 경우에 한하여 민법 제398조 제4항에 의하여 손해배상액의 예정으로서의 성질을 가진 것으로 볼 수 있을 뿐이고, 그와 같은 특약이 없는 경우에는 그 계약금 등을 손해배상액의 예정으로 볼 수 없다(대판 1996.6.14. 95다11429).

[❸ ▶ ✕] 매수인은 민법 제565조 제1항에 따라 본인 또는 매도인이 이행에 착수할 때까지는 계약금을 포기하고 계약을 해제할 수 있는바, 여기에서 이행에 착수한다는 것은 객관적으로 외부에서 인식할 수 있는 정도로 채무의 이행행위의 일부를 하거나 또는 이행을 하기 위하여 필요한 전제행위를 하는 경우를 말하는 것으로서 단순히 이행의 준비를 하는 것만으로는 부족하고, 그렇다고 반드시 계약내용에 들어맞는 이행제공의 정도에까지 이르러야 하는 것은 아니지만, <u>매도인이 매수인에 대하여 매매계약의 이행을 최고하고 매매잔대금의 지급을 구하는 소송을 제기한 것만으로는 이행에 착수하였다고 볼 수 없다</u>(대판 2008.10.23. 2007다72274).

[❹ ▶ O] 매매계약 있은 후에도 인도하지 아니한 목적물로부터 생긴 과실은 매도인에게 속한다. 매수인은 목적물의 인도를 받은 날로부터 대금의 이자를 지급하여야 한다. 그러나 대금의 지급에 대하여 기한이 있는 때에는 그러하지 아니하다(민법 제587조).

[❺ ▸ ○] 민법 제581조 제2항

> **민법 제581조(종류매매와 매도인의 담보책임)**
> ① 매매의 목적물을 종류로 지정한 경우에도 그 후 특정된 목적물에 하자가 있는 때에는 전조의 규정을 준용한다.
> ② 전항의 경우에 매수인은 계약의 해제 또는 손해배상의 청구를 하지 아니하고 하자 없는 물건을 청구할 수 있다.

답 ❸

17

계약금에 관한 다음 설명 중 가장 옳지 않은 것은?　　2020년 법무사시험 [문 27]

① 매매계약 체결 당시 계약금을 약정하였지만 아직 계약금의 교부는 없었다면 계약의 당사자는 민법 제565조 해약금 규정을 근거로 주계약을 해제할 수 없다.

② 매매계약 체결 시 수수된 계약금에 대하여 매수인이 위약하였을 때에는 계약금을 매도인이 취득하고, 매도인이 위약하였을 때에는 매수인에게 계약금의 배액을 변상한다는 특약을 한 경우 계약금은 더 이상 해약금으로서 기능할 수 없으므로 매도인이 이행에 착수하기 전이라 하더라도 매수인은 계약금을 포기하고 임의로 계약을 해제할 수 없다.

③ 매매계약을 체결함에 있어서 계약금이 수수된 경우 계약금은 해약금의 성질을 가지고 있어서 이를 위약금으로 하기로 하는 특약이 없는 이상 계약이 당사자 일방의 귀책사유로 인하여 해제되었다 하더라도 상대방은 계약불이행으로 입은 실제 손해만을 배상받을 수 있을 뿐 계약금이 위약금으로서 상대방에게 당연히 귀속되는 것은 아니다.

④ 매도인이 해약금에 기한 해제의 의사표시를 하면서 일정한 기한까지 해약금을 수령하라고 최고하고 그 기한을 넘기면 공탁하겠다고 통지한 후, 중도금 납부기일이 도래하기 전에 매수인이 중도금을 지급하였더라도 매도인의 계약해제권 행사에 영향을 미칠 수 없다.

⑤ 매매계약 체결 시 수수된 계약금에 대하여 매수인이 위약하였을 때에는 계약금을 매도인이 취득하고, 매도인이 위약하였을 때에는 매수인에게 계약금의 배액을 변상한다는 특약을 한 경우 이 약정이 손해배상액의 예정인지 위약벌의 성격인지 불분명할 때에는 손해배상액의 예정으로 추정된다.

....

[❶ ▸ ○] 계약이 일단 성립한 후에는 당사자의 일방이 이를 마음대로 해제할 수 없는 것이 원칙이고, 다만 주된 계약과 더불어 계약금계약을 한 경우에는 민법 제565조 제1항의 규정에 따라 임의해제를 할 수 있기는 하나, 계약금계약은 금전 기타 유가물의 교부를 요건으로 하므로 단지 계약금을 지급하기로 약정만 한 단계에서는 아직 계약금으로서의 효력, 즉 위 민법 규정에 의해 계약해제를 할 수 있는 권리는 발생하지 않는다고 할 것이다. 따라서 당사자가 계약금의 일부만을 먼저 지급하고 잔액은 나중에 지급하기로 약정하거나 계약금 전부를 나중에 지급하기로 약정한 경우, 교부자가 계약금의 잔금이나 전부를 약정대로 지급하지 않으면 상대방은 계약금지급의무의 이행을 청구하거나 채무불이행을 이유로 계약금약정을 해제할 수 있고, 나아가 위 약정이 없었더라면 주계약을 체결하지 않았을 것이라는 사정이 인정된다면 주계약도 해제할 수도 있을 것이나, 교부자가 계약금의 잔금 또는 전부를 지급하지 아니하는 한 계약금계약은 성립하지 아니하므로 당사자가 임의로 주계약을 해제할 수는 없다 할 것이다(대판 2008.3.13. 2007다73611).

[**❷ ▶ ✕**] 매매당사자 사이에 수수된 계약금에 대하여 매수인이 위약하였을 때에는 이를 무효로 하고 매도인이 위약하였을 때에는 그 배액을 상환할 뜻의 약정이 있는 경우에는 특별한 사정이 없는 한 <u>그 계약금은 민법 제398조 제1항 소정의 손해배상액의 예정의 성질을 가질 뿐 아니라 민법 제565조 소정의 해약금의 성질도 가진 것으로 볼 것이다</u>(대판 1992.5.12. 91다2151).

[**❸ ▶ O**] 유상계약을 체결함에 있어서 계약금이 수수된 경우 계약금은 해약금의 성질을 가지고 있어서, 이를 위약금으로 하기로 하는 특약이 없는 이상 계약이 당사자 일방의 귀책사유로 인하여 해제되었다 하더라도 상대방은 계약불이행으로 입은 실제 손해만을 배상받을 수 있을 뿐 계약금이 위약금으로서 상대방에게 당연히 귀속되는 것은 아니다(대판 1996.6.14. 95다54693).

[**❹ ▶ O**] 매도인이 민법 제565조에 의하여 계약을 해제한다는 의사표시를 하고 일정한 기한까지 해약금의 수령을 최고하며 기한을 넘기면 공탁하겠다고 통지를 한 이상 중도금지급기일은 매도인을 위하여서도 기한의 이익이 있다고 보는 것이 옳고, 따라서 이 경우에는 매수인이 이행기 전에 이행에 착수할 수 없는 특별한 사정이 있는 경우에 해당하여 매수인은 매도인의 의사에 반하여 이행할 수 없다고 보는 것이 옳으며, 매수인이 이행기 전에, 더욱이 매도인이 정한 해약금 수령기한 이전에 일방적으로 이행에 착수하였다고 하여도 매도인의 계약해제권 행사에 영향을 미칠 수 없다(대판 1993.1.19. 92다31323).

[**❺ ▶ O**] 매매계약을 체결함에 있어 당사자 사이에 계약금을 수수하면서 매도인이 위 계약을 위반할 때에는 매수인에게 계약금의 배액을 지급하고 매수인이 이를 위반할 때에는 계약금의 반환청구권을 상실하기로 약정하였다면 이는 위 매매계약에 따른 채무불이행에 대한 위약금의 약정을 한 것으로 보아야 할 것이고 이러한 약정은 특단의 사정이 없는 한 손해배상액 예정의 성질을 지닌다(대판 1989.12.12. 89다카10811).

답 ❷

18
□□□

매도인의 담보책임에 관한 다음 설명 중 가장 옳지 않은 것은? 2022년 법무사시험 [문 23]

① 타인의 권리를 매매의 목적으로 한 경우에 있어서 그 권리를 취득하여 매수인에게 이전하여야 할 매도인의 의무가 매도인의 귀책사유로 인하여 이행불능이 되었다면 매수인이 매도인의 담보책임에 관한 민법 제570조 단서의 규정에 의해 손해배상을 청구할 수 없더라도 채무불이행 일반의 규정에 좇아서 계약을 해제하고 손해배상을 청구할 수 있다.

② 매매의 목적물이 지상권, 지역권, 전세권, 질권 또는 유치권의 목적이 된 경우에 매수인이 이를 알지 못한 때에는 이로 인하여 계약의 목적을 달성할 수 없는 경우에 한하여 매수인은 계약을 해제할 수 있고, 그렇지 않은 경우에는 손해배상만을 청구할 수 있는데, 그와 같은 권리는 매수인이 그 사실을 안 날로부터 1년 또는 매매계약이 있었던 날로부터 3년 내에 행사하여야 한다.

③ 성토작업을 기화로 다량의 폐기물을 은밀히 매립한 토지의 매도인이 정상적인 토지임을 전제로 협의취득절차를 통하여 공공사업시행자에게 이를 매도함으로써 매수인에게 토지의 폐기물처리비용 상당의 손해를 입게 한 경우, 채무불이행책임과 하자담보책임이 경합적으로 인정된다.

④ 매매의 목적이 된 권리의 일부가 타인에게 속함으로 인하여 매도인이 그 권리를 취득하여 매수인에게 이전할 수 없게 된 때에는 선의의 매수인은 매도인에게 담보책임을 물어 이로 인한 손해배상을 청구할 수 있는바, 이 경우에 매도인이 매수인에 대하여 배상하여야 할 손해액은 원칙적으로 매도인이 매매의 목적이 된 권리의 일부를 취득하여 매수인에게 이전할 수 없게 된 때의 이행불능이 된 권리의 시가, 즉 이행이익 상당액이다.

⑤ 매매의 목적이 된 권리의 전부가 타인에게 속하는 경우 매도인이 그 권리를 취득하여 매수인에게 이전할 수 없는 때에는 매수인은 매도인의 귀책사유를 불문하고 계약을 해제할 수 있고, 선의의 매수인은 해제와 동시에 손해배상도 청구할 수 있다.

[**❶** ▸ O] 타인의 권리를 매매의 목적으로 한 경우에 있어서 그 권리를 취득하여 매수인에게 이전하여야 할 매도인의 의무가 매도인의 귀책사유로 인하여 이행불능이 되었다면 매수인이 매도인의 담보책임에 관한 민법 제570조 단서의 규정에 의해 손해배상을 청구할 수 없다 하더라도 채무불이행 일반의 규정(민법 제546조, 제390조)에 좇아서 계약을 해제하고 손해배상을 청구할 수 있다(대판 1993.11.23. 93다37328).

[**❷** ▸ ×] 민법 제575조 제1항, 제3항

민법 제575조(제한물권 있는 경우와 매도인의 담보책임)

① 매매의 목적물이 지상권, 지역권, 전세권, 질권 또는 유치권의 목적이 된 경우에 매수인이 이를 알지 못한 때에는 이로 인하여 계약의 목적을 달성할 수 없는 경우에 한하여 매수인은 계약을 해제할 수 있다. 기타의 경우에는 손해배상만을 청구할 수 있다.

③ 전2항의 권리는 <u>매수인이 그 사실을 안 날로부터 1년 내에 행사하여야 한다.</u>

[**❸** ▸ O] 토지 매도인이 성토작업을 기화로 다량의 폐기물을 은밀히 매립하고 그 위에 토사를 덮은 다음 도시계획사업을 시행하는 공공사업시행자와 사이에서 정상적인 토지임을 전제로 협의취득절차를 진행하여 이를 매도함으로써 매수자로 하여금 그 토지의 폐기물처리비용 상당의 손해를 입게 하였다면 매도인은 이른바 불완전이행으로서 채무불이행으로 인한 손해배상책임을 부담하고, 이는 하자 있는 토지의 매매로 인한 민법 제580조 소정의 하자담보책임과 경합적으로 인정된다(대판 2004.7.22. 2002다51586).

[**❹** ▸ O] 매매의 목적이 된 권리의 일부가 타인에게 속함으로 인하여 매도인이 그 권리를 취득하여 매수인에게 이전할 수 없게 된 때에는 선의의 매수인은 매도인에게 담보책임을 물어 이로 인한 손해배상을 청구할 수 있는바, 이 경우에 매도인이 매수인에 대하여 배상하여야 할 손해액은 원칙적으로 매도인이 매매의 목적이 된 권리의 일부를 취득하여 매수인에게 이전할 수 없게 된 때의 이행불능이 된 권리의 시가, 즉 이행이익 상당액이라고 할 것이어서, 불법등기에 대한 불법행위책임을 물어 손해배상청구를 할 경우의 손해의 범위와 같이 볼 수 없다(대판 1993.1.19. 92다37727).

[**❺** ▸ O] 전부타인권리 매매의 경우 매수인의 해제권은 계약목적의 달성이 불가능하여 인정되는 것이므로, 매도인의 귀책사유 유무나 매수인의 선·악의를 불문한다. 그리고 매수인의 손해배상청구권은 선의의 매수인에게 인정되는데 계약의 해제와 동시에 청구할 수 있다.

민법 제569조(타인의 권리의 매매)

매매의 목적이 된 권리가 타인에게 속한 경우에는 매도인은 그 권리를 취득하여 매수인에게 이전하여야 한다.

민법 제570조(동전-매도인의 담보책임)

전조의 경우에 매도인이 그 권리를 취득하여 매수인에게 이전할 수 없는 때에는 매수인은 계약을 해제할 수 있다. 그러나 매수인이 계약 당시 그 권리가 매도인에게 속하지 아니함을 안 때에는 손해배상을 청구하지 못한다.

답 **❷**

19 □□□ 소비대차, 준소비대차에 관한 다음 설명 중 가장 옳지 않은 것은? 2024년 법무사시험 [문 32]

① 준소비대차계약이 성립하려면 당사자 사이에 금전 기타의 대체물의 급부를 목적으로 하는 기존 채무가 존재하여야 하고, 기존 채무가 존재하지 않거나 또는 존재하고 있더라도 그것이 무효가 된 때에는 준소비대차계약은 효력이 없으며, 준소비대차계약의 채무자가 기존 채무의 부존재를 주장하는 이상 채권자로서는 기존 채무의 존재를 증명할 책임이 있다.

② 민법상 소비대차는 이른바 낙성계약이므로, 차주가 현실로 금전 등을 수수하거나 현실의 수수가 있은 것과 같은 경제적 이익을 취득하여야만 소비대차가 성립하는 것은 아니고, 반대로 당사자 일방이 상대방에게 현실로 금전 기타 대체물의 소유권을 이전하였다고 하더라도 상대방이 같은 종류, 품질 및 수량으로 반환할 것을 약정한 경우가 아니라면 이들 사이의 법률행위를 소비대차라 할 수 없다.

③ 반환시기에 관하여 약정이 없는 소비대차에 있어서 반환의 최고는 소장의 송달로도 할 수 있다.

④ 당사자 사이에 부동산에 관한 대물반환의 예약 내지는 양도담보의 약정을 맺은 경우, 채무자는 채권자에게 그 피담보채무를 변제함으로써 약정에 따른 소유권이전등기절차 이행의무 자체를 소멸시킬 수 있고, 나아가 채권자 앞으로 소유권이전등기가 경료된 후에는 채권자로부터 청산금 채권을 변제받을 때까지 채권자 앞으로 경료된 소유권이전등기의 말소를 청구할 수는 있으나, 한편 채무자는 채권자에게 소유권이전등기절차 이행의무를 부담하므로 채무자의 그 부동산에 관한 근저당권설정등기 말소청구가 허용될 수는 없다.

⑤ 금전소비대차계약이 성립된 이후에 차주의 신용불안이나 재산상태의 현저한 변경이 생겨 장차 대주의 대여금반환청구권 행사가 위태롭게 되는 등 사정변경이 생기고 이로 인하여 당초의 계약내용에 따른 대여의무를 이행케 하는 것이 공평과 신의칙에 반하게 되는 경우에 대주는 대여의무의 이행을 거절할 수 있다고 보아야 한다.

[❶▸○] 준소비대차계약이 성립하려면 당사자 사이에 금전 기타의 대체물의 급부를 목적으로 하는 기존 채무가 존재하여야 하고, 기존 채무가 존재하지 않거나 또는 존재하고 있더라도 그것이 무효가 된 때에는 준소비대차계약은 효력이 없다. 준소비대차계약의 채무자가 기존 채무의 부존재를 주장하는 이상 채권자로서는 기존 채무의 존재를 증명할 책임이 있다(대판 2024.4.25. 2022다254024).

[❷▸○] 민법상 소비대차는 당사자 일방이 금전 기타 대체물의 소유권을 상대방에게 이전할 것을 약정하고 상대방은 그와 같은 종류, 품질 및 수량으로 반환할 것을 약정함으로써 효력이 생기는 이른바 낙성계약이므로, 차주가 현실로 금전 등을 수수하거나 현실의 수수가 있은 것과 같은 경제적 이익을 취득하여야만 소비대차가 성립하는 것은 아니다. 반대로 당사자 일방이 상대방에게 현실로 금전 기타 대체물의 소유권을 이전하였다고 하더라도 상대방이 같은 종류, 품질 및 수량으로 반환할 것을 약정한 경우가 아니라면 이들 사이의 법률행위를 소비대차라 할 수 없다(대판 2018.12.27. 2015다73098).

[❸ ▸ O] 반환시기에 관하여 약정이 없는 소비대차에 있어서 반환의 최고는 소장의 송달로서도 이를 할 수 있다(대판 1969.1.28. 68다2313).

[❹ ▸ X] 당사자 사이에 부동산에 관한 대물반환의 예약 내지는 양도담보의 약정을 맺은 경우, 채무자는 채권자에게 그 피담보채무를 변제함으로써 약정에 따른 소유권이전등기절차 이행의무 자체를 소멸시킬 수도 있고, 나아가 채권자 앞으로 소유권이전등기가 경료된 후에는 채권자로부터 청산금 채권을 변제받을 때까지 채권자 앞으로 경료된 소유권이전등기의 말소를 청구할 수 있으므로(가등기담보 등에 관한 법률 제11조), 채무자가 채권자에게 소유권이전등기절차 이행의무를 부담한다는 이유만으로 채무자의 그 부동산에 관한 근저당권설정등기 말소청구가 허용될 수 없다고 단정할 수는 없다(대판 1996.5.10. 94다35565).

[❺ ▸ O] 민법 제2조 제1항은 신의성실의 원칙에 관하여 "권리의 행사와 의무의 이행은 신의에 좇아 성실히 하여야 한다."라고 정한다. 이 원칙은 법률관계의 당사자가 상대방의 이익을 배려하여 형평에 어긋나거나 신의를 저버리는 내용 또는 방법으로 권리를 행사하거나 의무를 이행해서는 안 된다는 추상적 규범으로서 법질서 전체를 관통하는 일반 원칙으로 작용하고 있다. 한편 민법 제536조 제2항에 정한 '선이행의무를 지고 있는 당사자가 상대방의 이행이 곤란한 현저한 사유가 있는 때에 자기의 채무이행을 거절할 수 있는 경우'란 선이행채무를 지게 된 채권자가 계약 성립 후 채무자의 신용불안이나 재산상태의 악화 등의 사정으로 반대급부를 이행받을 수 없는 사정변경이 생기고 이로 인하여 당초의 계약내용에 따른 선이행의무를 이행케 하는 것이 공평과 신의칙에 반하게 되는 경우를 말하는 것이고, 이와 같은 사유는 당사자 쌍방의 사정을 종합하여 판단하여야 한다. 나아가 민법 제599조는 "대주가 목적물을 차주에게 인도하기 전에 당사자 일방이 파산선고를 받은 때에는 소비대차는 그 효력을 잃는다."라고 정한다. 위 규정의 취지는 소비대차계약의 목적물이 인도되기 전에 당사자의 일방이 파산한 경우에는 당사자 사이의 신뢰관계가 깨어져 당초의 계약관계를 유지하는 것이 타당하지 아니한 사정변경을 반영한 것이다. 위와 같은 규정의 내용과 그 입법 취지에 비추어 보면, 금전소비대차계약이 성립된 이후에 차주의 신용불안이나 재산상태의 현저한 변경이 생겨 장차 대주의 대여금반환청구권 행사가 위태롭게 되는 등 사정변경이 생기고 이로 인하여 당초의 계약내용에 따른 대여의무를 이행케 하는 것이 공평과 신의칙에 반하게 되는 경우에 대주는 대여의무의 이행을 거절할 수 있다고 보아야 한다(대판 2021.10.28. 2017다224302).

답 ❹

다음 설명 중 옳지 않은 것을 모두 고른 것은?

> ㄱ. 준소비대차는 소비대차에 의하지 아니하고 금전 기타의 대체물을 지급할 의무가 있는 경우에 당사자가 그 목적물을 소비대차의 목적물로 할 것을 약정함으로써 당사자 사이에 소비대차의 효력이 생기는 것을 말하는 것이므로, 준소비대차계약의 당사자는 반드시 기초가 되는 기존 채무의 당사자일 필요는 없다.
>
> ㄴ. 임대차종료로 인한 임차인의 원상회복의무에는 임차인이 사용하고 있던 부동산의 점유를 임대인에게 이전하는 것은 물론 임대인이 임대 당시의 부동산 용도에 맞게 다시 사용할 수 있도록 협력할 의무도 포함한다고 할 것이므로, 임대인 또는 그 승낙을 받은 제3자가 임차건물 부분에서 다시 영업허가를 받는 데에 방해되지 않도록 임차인은 임차건물 부분에서의 영업허가에 관하여 폐업신고절차를 이행할 의무가 있다.
>
> ㄷ. 임차인이 임차물을 전대하여 그 임대차 기간 및 전대차 기간이 모두 만료된 경우에는 그 전대차가 임대인의 동의를 얻은 여부와 상관없이 임대인으로서는 전차인에 대하여 소유권에 기한 반환청구권에 터잡아 목적물을 자신에게 직접 반환해 줄 것을 요구할 수 있고, 전차인으로서도 목적물을 임대인에게 직접 명도함으로써 임차인(전대인)에 대한 목적물 명도의무를 면한다.
>
> ㄹ. 제작물공급계약의 당사자들이 보수의 지급시기에 관하여 "수급인이 공급한 목적물을 도급인이 검사하여 합격하면, 도급인은 수급인에게 그 보수를 지급한다"는 내용으로 한 약정은 법률행위의 효력 발생을 장래의 불확실한 사실의 성부에 의존하게 하는 법률행위의 부관인 조건이며 그중에서도 순수수의조건에 해당한다.
>
> ㅁ. 공사도급계약에서 선급금을 지급한 후 계약이 해제 또는 해지되는 등의 사유로 수급인이 도중에 선급금을 반환하여야 할 사유가 발생하였다면, 특별한 사정이 없는 한 별도의 상계 의사표시 없이도 그때까지의 기성고에 해당하는 공사대금 중 미지급액은 선급금으로 충당되고 도급인은 나머지 공사대금이 있는 경우 그 금액에 한하여 지급할 의무를 부담하게 된다.

① ㄱ, ㄴ 　　　　　　　　　② ㄱ, ㄷ
③ ㄱ, ㄹ 　　　　　　　　　④ ㄱ, ㄴ, ㄹ
⑤ ㄴ, ㄷ, ㅁ

....

[ㄱ▸✕] 준소비대차는 소비대차에 의하지 아니하고 금전 기타의 대체물을 지급할 의무가 있는 경우에 당사자가 그 목적물을 소비대차의 목적물로 할 것을 약정함으로써 당사자 사이에 소비대차의 효력이 생기는 것을 말하는 것으로서 기존 채무의 당사자가 그 채무의 목적물을 소비대차의 목적물로 한다는 합의를 할 것을 요건으로 하므로 <u>준소비대차계약의 당사자는 기초가 되는 기존 채무의 당사자이어야 한다</u>(대판 2002.12.6. 2001다2846).

[ㄴ▸○] 임대차종료로 인한 임차인의 원상회복의무에는 임차인이 사용하고 있던 부동산의 점유를 임대인에게 이전하는 것은 물론 임대인이 임대 당시의 부동산 용도에 맞게 다시 사용할 수 있도록 협력할 의무도 포함한다. 따라서 임대인 또는 그 승낙을 받은 제3자가 임차건물 부분에서 다시 영업허가를 받는 데 방해가 되지 않도록 임차인은 임차건물 부분에서의 영업허가에 대하여 폐업신고절차를 이행할 의무가 있다(대판 2008.10.9. 2008다34903).

[ㄷ ▸ O] 임차인이 임차물을 전대하여 그 임대차 기간 및 전대차 기간이 모두 만료된 경우에는, 그 전대차가 임대인의 동의를 얻은 여부와 상관없이 임대인으로서는 전차인에 대하여 소유권에 기한 반환청구권에 터잡아 목적물을 자신에게 직접 반환해 줄 것을 요구할 수 있고, 전차인으로서도 목적물을 임대인에게 직접 명도함으로써 임차인(전대인)에 대한 목적물 명도의무를 면한다(대판 1995.12.12. 95다23996).

[ㄹ ▸ ×] 제작물공급계약의 당사자들이 보수의 지급시기에 관하여 "수급인이 공급한 목적물을 도급인이 검사하여 합격하면, 도급인은 수급인에게 그 보수를 지급한다"는 내용으로 한 약정은 <u>도급인의 수급인에 대한 보수지급의무와 동시이행관계에 있는 수급인의 목적물 인도의무를 확인한 것에 불과하므로, 법률행위의 효력 발생을 장래의 불확실한 사실의 성부에 의존하게 하는 법률행위의 부관인 조건에 해당하지 아니할 뿐만 아니라, 조건에 해당한다</u> 하더라도 검사에의 합격 여부는 도급인의 일방적인 의사에만 의존하지 않고 그 목적물이 계약내용대로 제작된 것인지 여부에 따라 객관적으로 결정되므로 <u>순수수의조건에 해당하지 않는다</u>(대판 2006.10.13. 2004다21862).

[ㅁ ▸ O] 공사도급계약에 있어서 수수되는 이른바 선급금은 수급인으로 하여금 공사를 원활하게 진행할 수 있도록 하기 위하여 도급인이 수급인에게 미리 지급하는 공사대금의 일부로서 구체적인 기성고와 관련하여 지급하는 것이 아니라 전체 공사와 관련하여 지급하는 것이지만 선급 공사대금의 성질을 갖는다는 점에 비추어 선급금을 지급한 후 도급계약이 해제 또는 해지되거나 선급금 지급조건을 위반하는 등의 사유로 수급인이 도중에 선급금을 반환하여야 할 사유가 발생하였다면, 특별한 사정이 없는 한 별도의 상계의 의사표시 없이도 그때까지의 기성고에 해당하는 공사대금 중 미지급액은 당연히 선급금으로 충당되고 도급인은 나머지 공사대금이 있는 경우 그 금액에 한하여 지급할 의무를 부담하게 된다(대판 1999.12.7. 99다55519).

답 ❸

21 　임대차에 관한 다음 설명 중 가장 옳지 않은 것은? 　　　2025년 법무사시험 [문 38]

① 임대차계약에 있어서 임대인은 목적물을 계약 존속 중 그 사용·수익에 필요한 상태를 유지하게 할 의무를 부담하는 것이므로, 목적물에 파손 또는 장해가 생긴 경우 그것이 임차인이 별 비용을 들이지 아니하고도 손쉽게 고칠 수 있을 정도의 사소한 것이어서 임차인의 사용·수익을 방해할 정도의 것이 아니라면 임대인은 수선의무를 부담하지 않지만, 그것을 수선하지 아니하면 임차인이 계약에 의하여 정해진 목적에 따라 사용·수익할 수 없는 상태로 될 정도의 것이라면 임대인은 그 수선의무를 부담한다.

② 임대차는 당사자 일방이 상대방에게 목적물을 사용·수익하게 할 것을 약정하고 상대방이 이에 대하여 차임을 지급할 것을 약정함으로써 성립하는 것으로, 임대인이 임대차 목적물에 대한 소유권 기타 이를 임대할 권한이 없다고 하더라도 임대차계약은 유효하게 성립한다.

③ 주택임대차보호법이 적용되는 임대차가 되기 위해서는 임차인과 주택의 소유자인 임대인 사이에 임대차계약이 체결된 경우로 한정되는 것도 아니고, 그 주택에 관하여 적법하게 임대차계약을 체결할 수 있는 권한을 가진 임대인이 임대차계약을 체결할 것이 요구되지도 않는다.

④ 임차인의 임차목적물 반환의무는 임대차계약의 종료에 의하여 발생하나, 임대인의 권리금 회수 방해로 인한 손해배상의무는 상가건물 임대차보호법에서 정한 권리금 회수기회 보호의무 위반을 원인으로 하고 있으므로 양 채무는 동일한 법률요건이 아닌 별개의 원인에 기하여 발생한 것일 뿐 아니라 공평의 관점에서 보더라도 그 사이에 이행상 견련관계를 인정하기 어렵다.

⑤ 건물의 소유를 목적으로 한 토지임대차계약의 기간이 만료함에 따라 지상건물 소유자가 임대인에 대하여 행사하는 민법 제643조 소정의 매수청구권은 매수청구의 대상이 되는 건물에 근저당권이 설정되어 있는 경우에도 인정된다. 이 경우에 그 건물의 매수가격은 건물 자체의 가격 외에 건물의 위치, 주변 토지의 여러 사정 등을 종합적으로 고려하여 매수청구권 행사 당시 건물이 현존하는 대로의 상태에서 평가된 시가 상당액을 의미하고, 여기에서 근저당권의 채권최고액이나 피담보채무액을 공제한 금액을 매수가격으로 정할 것은 아니다.

- -

[**❶** ▸ O] 임대차계약에 있어서 임대인은 목적물을 계약 존속 중 사용·수익에 필요한 상태를 유지하게 할 의무를 부담하는 것이므로, 목적물에 파손 또는 장해가 생긴 경우 그것이 임차인이 별 비용을 들이지 아니하고도 손쉽게 고칠 수 있을 정도의 사소한 것이어서 임차인의 사용·수익을 방해할 정도의 것이 아니라면 임대인은 수선의무를 부담하지 않지만, 그것을 수선하지 아니하면 임차인이 계약에 의하여 정해진 목적에 따라 사용·수익할 수 없는 상태로 될 정도의 것이라면 임대인은 그 수선의무를 부담하며, 이와 같은 임대인의 수선의무는 특약에 의하여 이를 면제하거나 임차인의 부담으로 돌릴 수 있다(대판 2004.6.10. 2004다2151).

[**❷** ▸ O] 임대차는 당사자 일방이 상대방에게 목적물을 사용·수익하게 할 것을 약정하고 상대방이 이에 대하여 차임을 지급할 것을 약정함으로써 성립하는 것으로서(민법 제618조 참조), 임대인이 그 목적물에 대한 소유권 기타 이를 임대할 권한이 없다고 하더라도 임대차계약은 유효하게 성립한다(대판 2009.9.24. 2008다38325).

[**❸ ▸ ✕**] 주택임대차보호법이 적용되는 임대차는 반드시 임차인과 주택 소유자인 임대인 사이에 임대차계약이 체결된 경우에 한정되는 것은 아니고, 주택 소유자는 아니더라도 주택에 관하여 적법하게 임대차계약을 체결할 수 있는 권한을 가진 임대인과 임대차계약이 체결된 경우도 포함된다(대판 2012.7.26. 2012다45689).

[**❹ ▸ ○**] 임차인의 임차목적물 반환의무는 임대차계약의 종료에 의하여 발생하나, 임대인의 권리금 회수 방해로 인한 손해배상의무는 상가건물 임대차보호법에서 정한 권리금 회수기회 보호의무 위반을 원인으로 하고 있으므로 양 채무는 동일한 법률요건이 아닌 별개의 원인에 기하여 발생한 것일 뿐 아니라 공평의 관점에서 보더라도 그 사이에 이행상 견련관계를 인정하기 어렵다(대판 2019.7.10. 2018다242727).

[**❺ ▸ ○**] 건물의 소유를 목적으로 한 토지임대차계약의 기간이 만료함에 따라 지상건물 소유자가 임대인에 대하여 행사하는 민법 제643조 소정의 매수청구권은 매수청구의 대상이 되는 건물에 근저당권이 설정되어 있는 경우에도 인정된다. 이 경우에 그 건물의 매수가격은 건물 자체의 가격 외에 건물의 위치, 주변 토지의 여러 사정 등을 종합적으로 고려하여 매수청구권 행사 당시 건물이 현존하는 대로의 상태에서 평가된 시가 상당액을 의미하고, 여기에서 근저당권의 채권최고액이나 피담보채무액을 공제한 금액을 매수가격으로 정할 것은 아니다. 다만, 매수청구권을 행사한 지상건물 소유자가 위와 같은 근저당권을 말소하지 않는 경우 토지소유자는 민법 제588조에 의하여 위 근저당권의 말소등기가 될 때까지 그 채권최고액에 상당한 대금의 지급을 거절할 수 있다(대판 2008.5.29. 2007다4356).

답 ❸

22 □□□

임대차에 관한 다음 설명 중 가장 옳지 않은 것은? 2023년 법무사시험 [문 5]

① 상가건물 임대차보호법이 적용되는 상가건물에 해당하는지는 공부상 표시가 아닌 건물의 현황·용도 등에 비추어 영업용으로 사용하느냐에 따라 실질적으로 판단하여야 하고, 단순히 상품의 보관·제조·가공 등 사실행위만이 이루어지는 공장·창고 등은 영업용으로 사용하는 경우라고 할 수 없다.

② 건물 내구연한 등에 따른 철거·재건축의 필요성이 객관적으로 인정되지 않거나 그 계획·단계가 구체화되지 않았음에도 임대인이 신규 임차인이 되려는 사람에게 짧은 임대 가능기간만 확정적으로 제시·고수하는 경우 또는 임대인이 신규 임차인이 되려는 사람에게 고지한 내용과 모순되는 정황이 드러나는 등 특별한 사정이 없는 한, 임대인이 신규 임차인이 되려는 사람과 임대차계약 체결을 위한 협의 과정에서 철거·재건축 계획 및 그 시점을 고지하였다는 사정만으로는 상가건물 임대차보호법 제10조의4 제1항 제4호에서 정한 '권리금 회수 방해행위'에 해당한다고 볼 수 없다.

③ 차임지급채무는 그 지급에 확정된 기일이 있는 경우에는 그 지급기일 다음 날부터 지체책임이 발생하고 보증금에서 공제되었을 때 비로소 그 채무 및 그에 따른 지체책임이 소멸되는 것이므로, 연체차임에 대한 지연손해금의 발생종기는 다른 특별한 사정이 없는 한 목적물이 반환되는 때가 아니라 임대차계약의 해지 시라고 할 것이다.

④ 임차인이 임대인의 동의를 받지 않고 제3자에게 임차권을 양도하거나 전대하는 등의 방법으로 임차물을 사용·수익하게 하더라도, 임대인이 이를 이유로 임대차계약을 해지하거나 그 밖의 다른 사유로 임대차계약이 적법하게 종료되지 않는 한 임대인은 임차인에 대하여 여전히 차임청구권을 가지므로, 임대차계약이 존속하는 한도 내에서는 제3자에게 불법점유를 이유로 한 차임상당 손해배상청구나 부당이득반환청구를 할 수 없다 할 것이다.

⑤ 상가건물의 임대차에 이해관계가 있는 자는 관할 세무서장에게 해당 상가건물의 확정일자 부여일, 차임 및 보증금 등 정보의 제공을 요청할 수 있고, 이 경우 요청을 받은 관할 세무서장은 정당한 사유 없이 이를 거부할 수 없다.

[**❶** ▸ **○**] 상가건물 임대차보호법의 목적과 같은 법 제2조 제1항 본문, 제3조 제1항에 비추어 보면, 상가건물 임대차보호법이 적용되는 상가건물 임대차는 사업자등록 대상이 되는 건물로서 임대차 목적물인 건물을 영리를 목적으로 하는 영업용으로 사용하는 임대차를 가리킨다. 그리고 상가건물 임대차보호법이 적용되는 상가건물에 해당하는지는 공부상 표시가 아닌 건물의 현황·용도 등에 비추어 영업용으로 사용하느냐에 따라 실질적으로 판단하여야 하고, 단순히 상품의 보관·제조·가공 등 사실행위만이 이루어지는 공장·창고 등은 영업용으로 사용하는 경우라고 할 수 없으나 그곳에서 그러한 사실행위와 더불어 영리를 목적으로 하는 활동이 함께 이루어진다면 상가건물 임대차보호법 적용대상인 상가건물에 해당한다(대판 2011.7.28. 2009다40967).

[**❷** ▸ **○**] 건물 내구연한 등에 따른 철거·재건축의 필요성이 객관적으로 인정되지 않거나 그 계획·단계가 구체화되지 않았음에도 임대인이 신규 임차인이 되려는 사람에게 짧은 임대 가능기간만 확정적으로 제시·고수하는 경우 또는 임대인이 신규 임차인이 되려는 사람에게 고지한 내용과 모순되는 정황이 드러나는 등의 특별한 사정이 없는 한, 임대인이 신규 임차인이 되려는 사람과 임대차계약 체결을 위한 협의 과정에서 철거·재건축 계획 및 그 시점을 고지하였다는 사정만으로는 상가건물 임대차보호법 제10조의4 제1항 제4호에서 정한 '권리금 회수 방해행위'에 해당한다고 볼 수 없다. 임대차계약의 갱신에 관한 상가임대차법 제10조 제1항과 권리금의 회수에 관한 상가임대차법 제10조의3, 제10조의4의 각 규정의 내용·취지가 같지 아니한 이상, 후자의 규정이 적용되는 임대인의 고지 내용에 상가임대차법 제10조 제1항 제7호 각 목의 요건이 충족되지 않더라도 마찬가지이다(대판 2022.8.11. 2022다202498).

[**❸** ▸ **✕**] 차임지급채무는 그 지급에 확정된 기일이 있는 경우에는 그 지급기일 다음 날부터 지체책임이 발생하고 보증금에서 공제되었을 때 비로소 그 채무 및 그에 따른 지체책임이 소멸되는 것이므로, 연체차임에 대한 지연손해금의 발생종기는 다른 특별한 사정이 없는 한 임대차계약의 해지 시가 아니라 목적물이 반환되는 때라고 할 것이다(대판 2014.2.27. 2009다39233).

[**❹** ▸ **○**] 임차인이 임대인의 동의를 받지 않고 제3자에게 임차권을 양도하거나 전대하는 등의 방법으로 임차물을 사용·수익하게 하더라도, 임대인이 이를 이유로 임대차계약을 해지하거나 그 밖의 다른 사유로 임대차계약이 적법하게 종료되지 않는 한 임대인은 임차인에 대하여 여전히 차임청구권을 가지므로, 임대차계약이 존속하는 한도 내에서는 제3자에게 불법점유를 이유로 한 차임상당 손해배상청구나 부당이득반환청구를 할 수 없다(대판 2008.2.28. 2006다10323).

[**❺** ▸ **○**] 상가건물의 임대차에 이해관계가 있는 자는 관할 세무서장에게 해당 상가건물의 확정일자 부여일, 차임 및 보증금 등 정보의 제공을 요청할 수 있다. 이 경우 요청을 받은 관할 세무서장은 정당한 사유 없이 이를 거부할 수 없다(상가건물 임대차보호법 제4조 제3항).

답 ❸

다음 설명 중 가장 옳지 않은 것은?

① 채권자와 채무자 모두가 기한의 이익을 갖는 이자부 금전소비대차계약 등에 있어서, 채무자가 변제기로 인한 기한의 이익을 포기하고 변제기 전에 변제하는 경우 변제기까지의 약정이자 등 채권자의 손해를 배상하여야 하고, 이러한 약정이자 등 손해액을 함께 제공하지 않으면 채무의 내용에 따른 변제제공이라고 볼 수 없으므로, 채권자는 수령을 거절할 수 있다.

② 공동상속인들 사이에 협의가 이루어지지 않는 경우에는 제사주재자의 지위를 인정할 수 없는 특별한 사정이 있지 않는 한 피상속인의 직계비속 중 남녀, 적서를 불문하고 최근친의 연장자가 제사주재자로 우선한다.

③ 유언증서가 성립한 후에 멸실되거나 분실되었다는 사유만으로 유언이 실효되는 것은 아니고 이해관계인은 유언증서의 내용을 증명하여 유언의 유효를 주장할 수 있다. 이는 녹음에 의한 유언이 성립한 후에 녹음테이프나 녹음파일 등이 멸실 또는 분실된 경우에도 마찬가지이다.

④ 지상권의 존속기간 만료 후 지체 없이 지상권갱신청구권을 행사하지 아니하여 지상권갱신청구권이 소멸한 경우에는, 지상권자의 적법한 갱신청구권의 행사와 지상권설정자의 갱신 거절을 요건으로 하는 지상물매수청구권은 발생하지 않는다.

⑤ 임대차계약에서 임대차기간을 영구로 설정한 것은 채권인 임차권의 성질로 보아 허용되지 않고, 사용·수익 권능을 영구적으로 포기함으로써 처분 권능만이 남는 새로운 유형의 소유권을 창출하는 것이어서 무효이다.

⸺⸺⸺⸺⸺⸺⸺⸺⸺⸺⸺⸺⸺⸺⸺⸺⸺⸺⸺⸺⸺⸺⸺⸺⸺⸺⸺⸺⸺⸺⸺⸺

[**❶▶ ○**] 채권자와 채무자 모두가 기한의 이익을 갖는 이자부 금전소비대차계약 등에 있어서, 채무자가 변제기로 인한 기한의 이익을 포기하고 변제기 전에 변제하는 경우 변제기까지의 약정이자 등 채권자의 손해를 배상하여야 하고, 이러한 약정이자 등 손해액을 함께 제공하지 않으면 채무의 내용에 따른 변제제공이라고 볼 수 없으므로, 채권자는 수령을 거절할 수 있다. 이는 제3자가 변제하는 경우에도 마찬가지이다(대판 2023.4.13. 2021다305338).

[**❷▶ ○**] '2008년 전원합의체 판결'은 제사주재자는 우선적으로 망인의 공동상속인들 사이의 협의에 의해 정하되, 협의가 이루어지지 않는 경우에는 제사주재자의 지위를 유지할 수 없는 특별한 사정이 있지 않는 한 망인의 장남(장남이 이미 사망한 경우에는 장손자)이 제사주재자가 되고, 공동상속인들 중 아들이 없는 경우에는 망인의 장녀가 제사주재자가 된다고 판시하였다. 그러나 공동상속인들 사이에 협의가 이루어지지 않는 경우 제사주재자 결정방법에 관한 2008년 전원합의체 판결의 법리는 더 이상 조리에 부합한다고 보기 어려워 유지될 수 없다. 공동상속인들 사이에 협의가 이루어지지 않는 경우에는 제사주재자의 지위를 인정할 수 없는 특별한 사정이 있지 않는 한 피상속인의 직계비속 중 남녀, 적서를 불문하고 최근친의 연장자가 제사주재자로 우선한다고 보는 것이 가장 조리에 부합한다(대판[전합] 2023.5.11. 2018다248626).

[**❸▶ ○**] 유언증서가 성립한 후에 멸실되거나 분실되었다는 사유만으로 유언이 실효되는 것은 아니고 이해관계인은 유언증서의 내용을 증명하여 유언의 유효를 주장할 수 있다. 이는 녹음에 의한 유언이 성립한 후에 녹음테이프나 녹음파일 등이 멸실 또는 분실된 경우에도 마찬가지이다(대판 2023.6.1. 2023다217534).

[**❹▶ ○**] 민법 제283조 제2항에서 정한 지상물매수청구권은 지상권이 존속기간의 만료로 인하여 소멸하는 때에 지상권자에게 갱신청구권이 있어 갱신청구를 하였으나 지상권설정자가 계약갱신을 원하지 아니힐 때 비로소 행사할 수 있는 권리이다. 한편 지상권갱신청구권의 행사는 지상권의 존속기간 만료 후 지체 없이 하여야 한다. 따라서 지상권의 존속기간 만료 후 지체 없이 행사하지 아니하여 지상권갱신청구권이 소멸한 경우에는, 지상권자의 적법한 갱신청구권의 행사와 지상권설정자의 갱신 거절을 요건으로 하는 지상물매수청구권은 발생하지 않는다(대판 2023.4.27. 2022다306642).

[**❺ ▸ ✕**] 소유자가 소유권의 핵심적 권능에 속하는 사용·수익의 권능을 대세적으로 포기하는 것은 특별한 사정이 없는 한 허용되지 않으나, 특정인에 대한 관계에서 채권적으로 사용·수익권을 포기하는 것까지 금지되는 것은 아니다. 따라서 임대차기간이 영구인 임대차계약을 인정할 실제의 필요성도 있고, 이러한 임대차계약을 인정한다고 하더라도 사정변경에 의한 차임증감청구권이나 계약 해지 등으로 당사자들의 이해관계를 조정할 수 있는 방법이 있을 뿐만 아니라, 임차인에 대한 관계에서만 사용·수익권이 제한되는 외에 임대인의 소유권을 전면적으로 제한하는 것도 아닌 점 등에 비추어 보면, <u>당사자들이 자유로운 의사에 따라 임대차기간을 영구로 정한 약정은 이를 무효로 볼 만한 특별한 사정이 없는 한 계약자유의 원칙에 의하여 허용된다고 보아야 한다</u>(대판 2023.6.1. 2023다209045).

답 **❺**

24 ☐☐☐ 임차인의 매수청구권에 관한 다음 설명 중 가장 옳지 않은 것은? 2024년 법무사시험 [문 1]

① 건물매수청구권의 대상이 되는 건물은 그것이 토지의 임대 목적에 반하여 축조되고 임대인이 예상할 수 없을 정도의 고가의 것이라는 등의 특별한 사정이 없는 한, 비록 행정관청의 허가를 받은 적법한 건물이 아니더라도 임차인의 건물매수청구권의 대상이 될 수 있다.
② 건물매수청구권 행사로 인하여 토지 소유자가 임차인에게 지급하여야 할 건물의 시가를 산정함에 있어서 그 건물에서 임차인이 영업을 하면서 얻고 있었던 수익까지 고려하여야 할 것은 아니다.
③ 건물임차인의 채무불이행으로 인하여 임대차가 해지된 경우 건물임차인은 민법 제646조에 의한 부속물매수청구권이 없으나, 민법 제643조에 의한 건물매수청구권은 국민경제적 관점에서 건물의 잔존가치를 보호하고 토지소유자의 배타적 소유권 행사로 인하여 희생당하기 쉬운 임차인을 보호하기 위한 제도이므로, 토지임차인의 채무불이행을 이유로 임대차계약이 해지되는 경우라면 토지임차인으로서는 토지임대인에 대하여 지상건물의 매수를 청구할 수 있다.
④ 일시사용을 위한 임대차인 것이 명백한 경우에는 부속물매수청구권의 규정이 적용되지 않는다.
⑤ 건물자체의 수선 내지 증·개축부분이 건물자체의 구성부분을 이루고 독립된 물건이라고 보이지 않는 경우 임차인의 부속물 매수청구권의 대상이 될 수 없다.

‥‥‥

[**❶ ▸ ○**] 민법 제643조가 정하는 건물 소유를 목적으로 하는 토지 임대차에 있어서 임차인이 가지는 건물매수청구권은 건물의 소유를 목적으로 하는 토지 임대차계약이 종료되었음에도 그 지상 건물이 현존하는 경우에 임대차계약을 성실하게 지켜온 임차인이 임대인에게 상당한 가액으로 그 지상 건물의 매수를 청구할 수 있는 권리로서 국민경제적 관점에서 지상 건물의 잔존 가치를 보존하고, 토지 소유자의 배타적 소유권 행사로 인하여 희생당하기 쉬운 임차인을 보호하기 위한 제도이므로, 임대차계약 종료 시에 경제적 가치가 잔존하고 있는 건물은 그것이 토지의 임대 목적에 반하여 축조되고 임대인이 예상할 수 있을 정도의 고가의 것이라는 등의 특별한 사정이 없는 한, 비록 행정관청의 허가를 받은 적법한 건물이 아니더라도 임차인의 건물매수청구권의 대상이 될 수 있다(대판 1997.12.23. 97다37753).
[**❷ ▸ ○**] 건물매수청구권 행사로 인하여 토지 소유자가 임차인에게 지급하여야 할 건물의 시가를 산정함에 있어서 그 건물에서 임차인이 영업을 하면서 얻고 있었던 수익까지 고려하여야 할 것은 아니다 (대판 1997.12.23. 97다37753).
[**❸ ▸ ✕**]
• 임대차계약이 임차인의 채무불이행으로 인하여 해지된 경우에는 임차인은 민법 제646조에 의한 부속물매수청구권이 없다(대판 1990.1.23. 88다카7245).
• 토지임차인의 차임연체 등 채무불이행을 이유로 임대차계약이 해지되는 경우 <u>토지임차인으로서는 토지임대인에 대하여 지상건물의 매수를 청구할 수 없다</u>(대판 1997.4.8. 96다54249).

[**④ ▸ O**] 민법 제646조 제1항, 제653조

> **민법 제646조(임차인의 부속물매수청구권)**
> ① 건물 기타 공작물의 임차인이 그 사용의 편익을 위하여 임대인의 동의를 얻어 이에 부속한 물건이 있는 때에는 임대차의 종료 시에 임대인에 대하여 그 부속물의 매수를 청구할 수 있다.
>
> **민법 제653조(일시사용을 위한 임대차의 특례)**
> 제628조, 제638조, 제640조, 제646조 내지 제648조, 제650조 및 전조의 규정은 일시사용하기 위한 임대차 또는 전대차인 것이 명백한 경우에는 적용하지 아니한다.

[**⑤ ▸ O**] 건물자체의 수선 내지 증·개축부분은 특별한 사정이 없는 한 건물자체의 구성부분을 이루고 독립된 물건이라고 보이지 않으므로 임차인의 부속물 매수청구권의 대상이 될 수 없다(대판 1983.2.22. 80다589).

📖 **❸**

25
☐☐☐

지상물매수청구권 및 부속물매수청구권에 관한 다음 설명 중 가장 옳지 않은 것은?
2023년 법무사시험 [문 27]

① 국가로부터 국유 토지의 관리를 위탁받은 甲 주식회사와 사용수익계약을 체결하여 그 토지 위에 건물을 건축한 乙 주식회사가 계약기간 만료 후 甲 회사를 상대로 지상물매수청구권을 행사한 경우에, 甲 회사는 국유 토지의 관리를 위탁받아 乙 회사와 사용수익계약을 체결한 자일 뿐 토지 소유자가 아니므로 지상물매수청구권의 상대방이 될 수 없다고 보아야 한다.

② 건물 기타 공작물의 임차인이 적법하게 전대한 경우에 전차인이 그 사용의 편익을 위하여 임대인의 동의를 얻어 임차인으로부터 매수한 부속물이 있는 때에는 전대차의 종료 시에 임대인에 대하여 그 부속물의 매수를 청구할 수 있다.

③ 임야 상태의 토지를 임차하여 대지로 조성한 후 건물을 건축하여 음식점을 경영할 목적으로 임대차계약을 체결한 경우, 비록 임대차계약서에서는 필요비 및 유익비의 상환청구권은 그 비용의 용도를 묻지 않고 이를 전부 포기하는 것으로 기재되었다고 하더라도 대지조성비는 그 상환청구권 포기의 대상으로 삼지 아니한 취지로 약정한 것이라고 해석하는 것이 합리적이다.

④ 건물의 소유를 목적으로 한 토지의 임대차에 있어서 임차인의 차임연체로 임대차계약이 해지되었을 때에는 임차인에게 그 지상건물에 관한 매수청구권이 발생하지 아니한다.

⑤ 기간의 정함이 없는 건물의 소유를 목적으로 하는 토지 임대차에 있어서 임대인에 의한 해지통고에 의하여 그 임차권이 소멸한 경우에도 토지 임차인이 지상물매수청구권을 행사하기 위해서는 계약 갱신 청구가 선행되어야 한다.

⋯⋯⋯

[**❶ ▸ O**] 건물의 소유를 목적으로 하는 토지 임차인의 지상물매수청구권 행사의 상대방은 원칙적으로 임차권 소멸 당시의 토지 소유자인 임대인이다. 토지 소유자가 아닌 제3자가 토지를 임대한 경우에 임대인은 특별한 사정이 없는 한 지상물매수청구권의 상대방이 될 수 없다. … 국가로부터 국유 토지의 관리를 위탁받은 갑 주식회사와 사용수익계약을 체결하여 그 토지 위에 건물을 건축한 을 주식회사가 계약기간 만료 후 갑 회사를 상대로 지상물매수청구권을 행사한 경우, 갑 회사는 국유 토지의 관리를 위탁받아 을 회사와 사용수익계약을 체결한 자일 뿐 토지 소유자가 아니므로 지상물매수청구권의 상대방이 될 수 없다고 본 원심판단에 법리오해의 잘못이 없다(대판 2022.4.14. 2020다254228).

[**❷ ▸ ○**] 건물 기타 공작물의 임차인이 적법하게 전대한 경우에 전차인이 그 사용의 편익을 위하여 임대인의 동의를 얻어 이에 부속한 물건이 있는 때에는 전대차의 종료 시에 임대인에 대하여 그 부속물의 매수를 청구할 수 있다(민법 제647조 제1항).

[**❸ ▸ ○**] 임야 상태의 토지를 임차하여 대지로 조성한 후 건물을 건축하여 음식점을 경영할 목적으로 임대차계약을 체결한 경우, 비록 임대차계약서에서는 필요비 및 유익비의 상환청구권은 그 비용의 용도를 묻지 않고 이를 전부 포기하는 것으로 기재되었다고 하더라도 계약 당사자의 의사는 임대차 목적 토지를 대지로 조성한 후 이를 임차 목적에 따라 사용할 수 있는 상태에서 새로이 투입한 비용만에 한정하여 임차인이 그 상환청구권을 포기한 것이고 대지조성비는 그 상환청구권 포기의 대상으로 삼지 아니한 취지로 약정한 것이라고 해석하는 것이 합리적이다(대판 1998.10.20. 98다31462).

[**❹ ▸ ○**] 건물의 소유를 목적으로 한 토지의 임대차에 있어서 임차인의 차임연체로 임대차계약이 해지되었을 때에는 임차인에게 그 지상건물에 관한 매수청구권이 발생하지 아니한다(대판 1994.2.22. 93다 44104).

[**❺ ▸ ✕**] 건물의 소유를 목적으로 하는 토지 임대차에 있어서, 토지 임차인의 지상물매수청구권은 기간의 정함이 없는 임대차에 있어서 임대인에 의한 해지통고에 의하여 그 임차권이 소멸한 경우에도, <u>임차인의 계약갱신 청구의 유무에 불구하고 인정된다</u>(대판 1995.12.26. 95다42195).

답 **❺**

---

26 □□□ **임대차계약에 관한 다음 설명 중 가장 옳지 않은 것은?** 2022년 법무사시험 [문 17]

① 임대차계약에 있어 임대차보증금은 임대차계약 종료 후 목적물을 임대인에게 인도할 때까지 발생하는, 임대차에 따른 임차인의 모든 채무를 담보하는 것으로서, 그 피담보채무 상당액은 임대차관계의 종료 후 목적물이 반환될 때에, 특별한 사정이 없는 한, 별도의 의사표시 없이 보증금에서 당연히 공제된다.

② 건물 소유를 목적으로 하는 토지임대차계약을 체결한 임차인이 그 지상건물을 등기하기 전에 제3자가 그 토지에 관하여 물권취득의 등기를 한 때에는 임차인이 그 지상건물을 등기하더라도 그 제3자에 대하여 임대차의 효력이 생기지 않는다.

③ 임대차계약 종료 후에도 임차인이 동시이행의 항변권을 행사하여 임차목적물을 계속 점유하여 온 것이라면 임차인의 그 건물에 대한 점유는 불법점유라고 할 수 없으므로, 임차인이 임차목적물을 계속 점유하였다고 하여 바로 불법점유로 인한 손해배상책임이 발생하는 것은 아니다.

④ 임차인이 임대차계약종료 이후에도 동시이행의 항변권을 행사하는 방법으로 목적물의 반환을 거부하기 위하여 임차건물부분을 계속 점유하기는 하였으나 이를 본래의 임대차계약상의 목적에 따라 사용·수익하지 아니하여 실질적인 이득을 얻은 바 없는 경우에는 그로 인하여 임대인에게 손해가 발생하였다 하더라도 임차인의 부당이득반환의무는 성립되지 않는다.

⑤ 임차인이 임대인의 동의를 얻어 임차물을 전대한 경우 임차인과 전차인 사이에는 별개의 새로운 전대차계약이 성립하며, 임대인과 전차인 사이에는 직접적인 법률관계가 형성되지 않으므로 전차인은 임대인에 대하여 직접 의무를 부담하지 않는다.

[**❶** ▸ **○**] 임대차계약에 있어 임대차보증금은 임대차계약 종료 후 목적물을 임대인에게 명도할 때까지 발생하는, 임대차에 따른 임차인의 모든 채무를 담보하는 것으로서, 그 피담보채무 상당액은 임대차관계의 종료 후 목적물이 반환될 때에, 특별한 사정이 없는 한, 별도의 의사표시 없이 보증금에서 당연히 공제되는 것이므로, 임대인은 임대차보증금에서 그 피담보채무를 공제한 나머지만을 임차인에게 반환할 의무가 있다(대판 2005.9.28. 2005다8323).

[**❷** ▸ **○**] 민법 제622조 제1항은 '건물의 소유를 목적으로 하는 토지임대차는 이를 등기하지 아니한 경우에도 임차인이 그 지상건물을 등기한 때에는 제3자에 대하여 임대차의 효력이 생긴다'고 규정하고 있는바, 이는 건물을 소유하는 토지임차인의 보호를 위하여 건물의 등기로써 토지임대차 등기에 갈음하는 효력을 부여하는 것일 뿐이므로 임차인이 그 지상건물을 등기하기 전에 제3자가 그 토지에 관하여 물권취득의 등기를 한 때에는 임차인이 그 지상건물을 등기하더라도 그 제3자에 대하여 임대차의 효력이 생기지 아니한다(대판 2003.2.28. 2000다65802).

[**❸** ▸ **○**] 임대차계약의 종료에 의하여 발생된 임차인의 목적물반환의무와 임대인의 연체차임을 공제한 나머지 보증금의 반환의무는 동시이행의 관계에 있으므로, 임대차계약 종료 후에도 임차인이 동시이행의 항변권을 행사하여 임차건물을 계속 점유하여 온 것이라면, 임대인이 임차인에게 보증금반환의무를 이행하였다거나 현실적인 이행의 제공을 하여 임차인의 건물명도의무가 지체에 빠지는 등의 사유로 동시이행의 항변권을 상실하지 않는 이상, 임차인의 건물에 대한 점유는 불법점유라고 할 수 없으며, 따라서 임차인으로서는 이에 대한 손해배상의무도 없다(대판 1998.5.29. 98다6497).

[**❹** ▸ **○**] 법률상의 원인 없이 이득하였음을 이유로 한 부당이득의 반환에 있어 이득이라 함은 실질적인 이익을 의미하므로, 임차인이 임대차계약관계가 소멸된 이후에도 임차목적물을 계속 점유하기는 하였으나 이를 본래의 임대차계약상의 목적에 따라 사용·수익하지 아니하여 실질적인 이득을 얻은 바 없는 경우에는 그로 인하여 임대인에게 손해가 발생하였다 하더라도 임차인의 부당이득반환의무는 성립되지 않는다(대판 1998.5.29. 98다6497).

[**❺** ▸ **×**] 임차인이 임대인의 동의를 얻어 임차물을 전대한 경우, 임대인과 임차인 사이의 종전 임대차계약은 계속 유지되고(민법 제630조 제2항), 임차인과 전차인 사이에는 별개의 새로운 전대차계약이 성립한다. 한편 임대인과 전차인 사이에는 직접적인 법률관계가 형성되지 않지만, <u>임대인의 보호를 위하여 전차인이 임대인에 대하여 직접 의무를 부담한다</u>(민법 제630조 제1항). 이 경우 전차인은 전대차계약으로 전대인에 대하여 부담하는 의무 이상으로 임대인에게 의무를 지지 않고 동시에 임대차계약으로 임차인이 임대인에 대하여 부담하는 의무 이상으로 임대인에게 의무를 지지 않는다(대판 2018.7.11. 2018다 200518).

답 **❺**

① 등기된 임차권에는 용익권적 권능 외에 임차보증금반환채권에 대한 담보권적 권능이 있고, 임대차 기간이 종료되면 용익권적 권능은 임차권등기의 말소등기 없이도 곧바로 소멸하나 담보권적 권능은 곧바로 소멸하지 않는다고 할 것이어서, 임차권자는 임대차기간이 종료한 후에도 임차보증금을 반환받기까지는 임대인이나 그 승계인에 대하여 임차권등기의 말소를 거부할 수 있다고 할 것이고, 따라서 임차권등기가 원인 없이 말소된 때에는 그 방해를 배제하기 위한 청구를 할 수 있다.

② 임대차계약에 있어서 목적물을 사용·수익하게 할 임대인의 의무와 임차인의 차임지급의무는 상호 대응관계에 있으므로 임대인이 목적물을 사용·수익하게 할 의무를 불이행하여 임차인이 목적물을 전혀 사용할 수 없을 경우에는 임차인은 차임 전부의 지급을 거절할 수 있으나, 목적물의 사용·수익이 부분적으로 지장이 있는 상태인 경우에는 그 지장의 한도 내에서 차임의 지급을 거절할 수 있을 뿐 그 전부의 지급을 거절할 수는 없다.

③ 임대차계약이 중도에 해지되어 종료하면 임차인은 목적물을 원상으로 회복하여 반환하여야 하는 것이나, 임대인의 귀책사유로 임대차계약이 해지되었다면 임차인은 원상회복의무를 부담하지 않는다.

④ 임대차계약의 종료에 의하여 발생된 임차인의 임차목적물 반환의무와 임대인의 연체차임 등을 공제한 나머지 임대차보증금의 반환의무는 동시이행관계에 있으므로, 임대인이 나머지 임대차보증금의 반환의무를 이행하거나 적법한 이행제공을 하여 임차인의 동시이행항변권을 상실시키지 아니한 이상, 임차인이 임차목적물반환의무를 이행하지 아니하고 임차목적물을 계속 점유하고 있다고 하더라도, 임차인은 임대인에 대하여 임차목적물반환의무의 이행지체로 인한 손해배상책임을 지지 아니한다.

⑤ 임대차는 당사자 일방이 상대방에게 목적물을 사용·수익하게 할 것을 약정하고 상대방이 이에 대하여 차임을 지급할 것을 약정함으로써 성립하는 것으로서 임대인이 그 목적물에 대한 소유권 기타 이를 임대할 권한이 있을 것을 성립요건으로 하고 있지 아니하므로, 임대차계약이 성립된 후 그 존속기간 중에 임대인이 임대차목적물에 대한 소유권을 상실한 사실 그 자체만으로 바로 임대차에 직접적인 영향을 미친다고 볼 수는 없지만, 임대인이 임대차목적물의 소유권을 제3자에게 양도하고 그 소유권을 취득한 제3자가 임차인에게 그 임대차목적물의 인도를 요구하여 이를 인도하였다면 임대인이 임차인에게 임대차목적물을 사용·수익케 할 의무는 이행불능이 되었다고 할 것이고, 이러한 이행불능이 일시적이라고 볼 만한 특별한 사정이 없다면 임대차는 당사자의 해지 의사표시를 기다릴 필요 없이 당연히 종료되었다고 볼 것이지, 임대인의 채무가 손해배상채무로 변환된 상태로 채권·채무관계가 존속한다고 볼 수 없다.

....

[**❶** ▶ **O**] 등기된 임차권에는 용익권적 권능 외에 임차보증금반환채권에 대한 담보권적 권능이 있고, 임대차기간이 종료되면 용익권적 권능은 임차권등기의 말소등기 없이도 곧바로 소멸하나 담보권적 권능은 곧바로 소멸하지 않는다고 할 것이어서, 임차권자는 임대차기간이 종료한 후에도 임차보증금을 반환받기까지는 임대인이나 그 승계인에 대하여 임차권등기의 말소를 거부할 수 있다고 할 것이고, 따라서 임차권등기가 원인 없이 말소된 때에는 그 방해를 배제하기 위한 청구를 할 수 있다(대판 2002.2.26. 99다67079).

[**❷** ▶ **O**] 임대차계약에 있어서 목적물을 사용·수익하게 할 임대인의 의무와 임차인의 차임지급의무는 상호 대응관계에 있으므로 임대인이 목적물을 사용·수익하게 할 의무를 불이행하여 임차인이 목적물을 전혀 사용할 수 없을 경우에는 임차인은 차임 전부의 지급을 거절할 수 있으나, 목적물의 사용·수익이 부분적으로 지장이 있는 상태인 경우에는 그 지장의 한도 내에서 차임의 지급을 거절할 수 있을 뿐 그 전부의 지급을 거절할 수는 없다(대판 1997.4.25. 96다44778·44785).

[❸ ▸ ✕]　임대차계약이 중도에 해지되어 종료하면 임차인은 목적물을 원상으로 회복하여 반환하여야 하는 것이고, <u>임대인의 귀책사유로 임대차계약이 해지되었다고 하더라도 임차인은 그로 인한 손해배상을 청구할 수 있음은 별론으로 하고 원상회복의무를 부담하지 않는다고 할 수는 없다</u>(대판 2002.12.6. 2002다42278).

[❹ ▸ ○]　임대차계약의 종료에 의하여 발생된 임차인의 임차목적물 반환의무와 임대인의 연체차임 등을 공제한 나머지 임대차보증금의 반환의무는 동시이행관계에 있으므로, 임대인이 나머지 임대차보증금의 반환의무를 이행하거나 적법한 이행제공을 하여 임차인의 동시이행항변권을 상실시키지 아니한 이상, 임차인이 임차목적물반환의무를 이행하지 아니하고 임차목적물을 계속 점유하고 있다고 하더라도, 임차인은 임대인에 대하여 임차목적물반환의무의 이행지체로 인한 손해배상책임을 지지 아니한다(대판 2006.10.13. 2006다39720).

[❺ ▸ ○]　임대차는 당사자 일방이 상대방에게 목적물을 사용·수익하게 할 것을 약정하고 상대방이 이에 대하여 차임을 지급할 것을 약정함으로써 성립하는 것으로서 임대인이 그 목적물에 대한 소유권 기타 이를 임대할 권한이 있을 것을 성립요건으로 하고 있지 아니하므로, 임대차계약이 성립된 후 그 존속기간 중에 임대인이 임대차목적물에 대한 소유권을 상실한 사실 그 자체만으로 바로 임대차에 직접적인 영향을 미친다고 볼 수는 없지만, 임대인이 임대차목적물의 소유권을 제3자에게 양도하고 그 소유권을 취득한 제3자가 임차인에게 그 임대차목적물의 인도를 요구하여 이를 인도하였다면 임대인이 임차인에게 임대차목적물을 사용·수익케 할 의무는 이행불능이 되었다고 할 것이고, 이러한 이행불능이 일시적이라고 볼 만한 특별한 사정이 없다면 임대차는 당사자의 해지 의사표시를 기다릴 필요 없이 당연히 종료되었다고 볼 것이지, 임대인의 채무가 손해배상채무로 변환된 상태로 채권·채무관계가 존속한다고 볼 수 없다(대판 1996.3.8. 95다15087). 따라서 임차보증금반환채권의 소멸시효 또한 임대차종료시점부터 기산한다.

답 ❸

28
☐☐☐

미등기 건물에 관한 다음 설명 중 가장 옳지 않은 것은?　　2025년 법무사시험 [문 30]

① 미등기 무허가건물에 관한 매매계약이 해제되기 전에 매수인으로부터 해당 무허가건물을 다시 매수하고 무허가건물관리대장에 소유자로 등재되었다고 하더라도 건물에 관하여 완전한 권리를 취득한 것으로 볼 수 없으므로 민법 제548조 제1항 단서에서 규정하는 제3자에 해당한다고 할 수 없다.

② 건물 소유를 목적으로 하는 토지 임대차에서 종전 임차인으로부터 미등기 무허가건물을 매수하여 점유하고 있는 임차인은 특별한 사정이 없는 한 비록 소유자로서의 등기명의가 없어 소유권을 취득하지 못하였다 하더라도 임대인에 대하여 지상물매수청구권을 행사할 수 있는 지위에 있다.

③ 소액임차인의 우선변제권에 관한 주택임대차보호법 제8조 제1항은 그 후문에서 '임차인은 주택에 대한 경매신청의 등기 전에' 대항요건을 갖추어야 한다고 규정하고 있으므로, 위 규정에 의해 건물이나 토지의 매각대금에서 우선변제를 받기 위해서는 그 임대차의 목적물인 주택에 관하여 임대차 후에라도 소유권등기가 거쳐져 경매신청의 등기가 되는 경우이어야 한다.

④ 미등기 무허가건물의 양수인이라 할지라도 그 소유권이전등기를 경료받지 않는 한 건물에 대한 소유권을 취득할 수 없고, 그러한 건물의 취득자에게 소유권에 준하는 관습상의 물권이 있다고 볼 수 없다.

⑤ 건축허가나 신고 없이 건축된 미등기 건물에 대하여는 경매에 의한 공유물분할이 허용되지 않는다.

[**❶** ▸ **O**] 민법 제548조 제1항 단서에서 규정하는 제3자라 함은 해제된 계약으로부터 생긴 법률적 효과를 기초로 하여 새로운 이해관계를 가졌을 뿐 아니라 등기·인도 등으로 완전한 권리를 취득한 사람을 지칭하는 것이다. 그런데 미등기 무허가건물의 매수인은 소유권이전등기를 마치지 않는 한 건물의 소유권을 취득할 수 없고, 소유권에 준하는 관습상의 물권이 있다고도 할 수 없으며, 현행법상 사실상의 소유권이라고 하는 포괄적인 권리 또는 법률상의 지위를 인정하기도 어렵다. 또한, 무허가건물관리대장은 무허가건물에 관한 관리의 편의를 위하여 작성된 것일 뿐 그에 관한 권리관계를 공시할 목적으로 작성된 것이 아니므로 무허가건물관리대장에 소유자로 등재되었다는 사실만으로는 무허가건물에 관한 소유권 기타의 권리를 취득하는 효력이 없다. 따라서 <u>미등기 무허가건물에 관한 매매계약이 해제되기 전에 매수인으로부터 해당 무허가건물을 다시 매수하고 무허가건물관리대장에 소유자로 등재되었다고 하더라도 건물에 관하여 완전한 권리를 취득한 것으로 볼 수 없으므로 민법 제548조 제1항 단서에서 규정하는 제3자에 해당한다고 할 수 없다</u>(대판 2014.2.13. 2011다64782).

[**❷** ▸ **O**] 민법 제643조가 정하는 건물 소유를 목적으로 하는 토지 임대차에서 임차인이 가지는 지상물매수청구권은 건물의 소유를 목적으로 하는 토지 임대차계약이 종료되었음에도 그 지상 건물이 현존하는 경우에 임대차계약을 성실하게 지켜온 임차인이 임대인에게 상당한 가액으로 그 지상 건물의 매수를 청구할 수 있는 권리로서 국민경제적 관점에서 지상 건물의 잔존 가치를 보존하고, 토지 소유자의 배타적 소유권 행사로 인하여 희생당하기 쉬운 임차인을 보호하기 위한 제도이므로, 특별한 사정이 없는 한 행정관청의 허가를 받은 적법한 건물이 아니더라도 임차인의 지상물매수청구권의 대상이 될 수 있다. 그리고 건물을 매수하여 점유하고 있는 사람은 소유자로서의 등기명의가 없다 하더라도 그 권리의 범위 내에서는 그 점유 중인 건물에 대하여 법률상 또는 사실상의 처분권을 가지고 있다. <u>위와 같은 지상물매수청구청구권 제도의 목적, 미등기 매수인의 법적 지위 등에 비추어 볼 때, 종전 임차인으로부터 미등기 무허가건물을 매수하여 점유하고 있는 임차인은 특별한 사정이 없는 한 비록 소유자로서의 등기명의가 없어 소유권을 취득하지 못하였다 하더라도 임대인에 대하여 지상물매수청구권을 행사할 수 있는 지위에 있다</u>(대판 2013.11.28. 2013다48364).

[**❸** ▸ **✕**] 대항요건 및 확정일자를 갖춘 임차인과 소액임차인에게 우선변제권을 인정한 주택임대차보호법 제3조의2 및 제8조가 미등기 주택을 달리 취급하는 특별한 규정을 두고 있지 아니하므로, 대항요건 및 확정일자를 갖춘 임차인과 소액임차인의 임차주택 대지에 대한 우선변제권에 관한 법리는 임차주택이 미등기인 경우에도 그대로 적용된다. 이와 달리 임차주택의 등기 여부에 따라 그 우선변제권의 인정 여부를 달리 해석하는 것은 합리적 이유나 근거 없이 그 적용대상을 축소하거나 제한하는 것이 되어 부당하고, 민법과 달리 임차권의 등기 없이도 대항력과 우선변제권을 인정하는 같은 법의 취지에 비추어 타당하지 아니하다. 다만, 소액임차인의 우선변제권에 관한 같은 법 제8조 제1항이 그 후문에서 '이 경우 임차인은 주택에 대한 경매신청의 등기 전에' 대항요건을 갖추어야 한다고 규정하고 있으나, 이는 소액보증금을 배당받을 목적으로 배당절차에 임박하여 가장 임차인을 급조하는 등의 폐단을 방지하기 위하여 소액임차인의 대항요건의 구비시기를 제한하는 취지이지, 반드시 임차주택과 대지를 함께 경매하여 임차주택 자체에 경매신청의 등기가 되어야 한다거나 임차주택에 경매신청의 등기가 가능한 경우로 제한하는 취지는 아니라 할 것이다. 대지에 대한 경매신청의 등기 전에 위 대항요건을 갖추도록 하면 입법 취지를 충분히 달성할 수 있으므로, 위 규정이 미등기 주택의 경우에 소액임차인의 대지에 관한 우선변제권을 배제하는 규정에 해당한다고 볼 수 없다(대판[전합] 2007.6.21. 2004다26133).

[**❹** ▸ **O**] 미등기 무허가건물의 양수인이라 할지라도 그 소유권이전등기를 경료받지 않는 한 건물에 대한 소유권을 취득할 수 없고, 그러한 건물의 취득자에게 소유권에 준하는 관습상의 물권이 있다고 볼 수 없다(대판 1999.3.23. 98다59118).

[**⑤ ▶ ○**] 민사집행법 제81조 제1항 제2호 단서는 등기되지 아니한 건물에 대한 강제경매신청서에는 그 건물에 관한 건축허가 또는 건축신고를 증명할 서류를 첨부하여야 한다고 규정함으로써 적법하게 건축허가나 건축신고를 마친 건물이 사용승인을 받지 못한 경우에 한하여 부동산 집행을 위한 보존등기를 할 수 있게 하였고, 같은 법 제274조 제1항은 공유물분할을 위한 경매와 같은 형식적 경매는 담보권 실행을 위한 경매의 예에 따라 실시한다고 규정하며, 같은 법 제268조는 부동산을 목적으로 하는 담보권 실행을 위한 경매절차에는 같은 법 제79조 내지 제162조의 규정을 준용한다고 규정하고 있으므로, 건축 허가나 신고 없이 건축된 미등기 건물에 대하여는 경매에 의한 공유물분할이 허용되지 않는다(대판 2013.9.13. 2011다69190).

답 **❸**

29

임대차에 관한 다음 설명 중 가장 옳지 않은 것은?   2024년 법무사시험 [문 35]

① 임대차기간을 2019.3.10.부터 2021.3.9.까지로 정한 주택임대차보호법 적용 사안에서, 임차인의 갱신요구 통지가 2021.1.5. 임대인에게 도달하였고, 그 후 임차인의 갱신된 임대차계약에 대한 해지 취지가 기재된 통지서가 2021.1.29. 임대인에게 도달하였다면, 그로부터 3개월이 지난 2021.4.29. 갱신된 임대차계약의 해지 효력이 발생하였다고 보아야 한다.

② 주택임대차보호법 제3조의3에서 정한 임차권등기명령에 따른 임차권등기에는 민법 제168조 제2호에서 정하는 소멸시효 중단사유인 압류 또는 가압류, 가처분에 준하는 효력이 있다고 볼 수 없다.

③ 주택임대차보호법 제6조의3 제1항 제8호에서 정한 "임대인(임대인의 직계존속·직계비속을 포함한다)이 목적 주택에 실제 거주하려는 경우"에 해당한다는 점에 대한 증명책임은 임대인에게 있고, '실제 거주하려는 의사'의 존재는 임대인이 단순히 그러한 의사를 표명하였다는 사정이 있다고 하여 곧바로 인정될 수는 없다.

④ 주택임대차보호법 제3조 제3항에서 말하는 '직원'은, 해당 법인이 주식회사라면 그 법인에서 근무하는 사람 중 법인등기사항증명서에 대표이사 또는 사내이사로 등기된 사람을 제외한 사람을 의미한다고 보아야 한다. 다만 위와 같은 범위의 임원을 제외한 직원이 법인이 임차한 해당 주택을 인도받아 주민등록을 마치고 그곳에서 거주하고 있다고 하더라도 업무관련성, 임대료의 액수, 지리적 근접성 등 제반 사정을 고려하여 위 조항에서 정한 대항력을 갖추었는지 여부를 판단하여야 한다.

⑤ 임대인의 필요비상환의무는 특별한 사정이 없는 한 임차인의 차임지급의무와 서로 대응하는 관계에 있으므로, 임차인은 지출한 필요비 금액의 한도에서 차임의 지급을 거절할 수 있다.

....

[**❶ ▶ ○**] 주택임대차보호법 제6조의3 제1항은 "임대인은 임차인이 제6조 제1항 전단의 기간 이내에 계약갱신을 요구할 경우 정당한 사유 없이 거절하지 못한다."라고 하여 임차인의 계약갱신요구권을 규정하고, 같은 조 제4항은 "제1항에 따라 갱신되는 임대차의 해지에 관하여는 제6조의2를 준용한다."라고 규정한다. 한편 주택임대차보호법 제6조의2 제1항은 "제6조 제1항에 따라 계약이 갱신된 경우 같은 조 제2항에도 불구하고 임차인은 언제든지 임대인에게 계약해지를 통지할 수 있다."라고 규정하고, 제2항은 "제1항에 따른 해지는 임대인이 그 통지를 받은 날부터 3개월이 지나면 그 효력이 발생한다."라고 규정한다. 이러한 주택임대차보후법 규정을 종합하여 보면, 임차인이 주택임대차부호법 제6주의3 제1항에 따라 임대차계약의 갱신을 요구하면 임대인에게 갱신거절 사유가 존재하지 않는 한 임대인에게 갱신요구가 도달한 때 갱신의 효력이 발생한다. 갱신요구에 따라 임대차계약에 갱신의 효력이 발생한 경우 임차인은 제6조의2 제1항에 따라 언제든지 계약의 해지통지를 할 수 있고, 해지통지 후 3개월이

지나면 그 효력이 발생하며, 이는 계약해지의 통지가 갱신된 임대차계약 기간이 개시되기 전에 임대인에게 도달하였더라도 마찬가지이다(대판 2024.1.11. 2023다258672). 즉, 임대차계약해지의 효력은 갱신된 임대차계약 기간이 개시되는 2021.3.10.부터 3개월 후인 2021.6.9.이 아니라 해지통지가 도달된 2021.1.29.부터 3개월 후인 2021.4.29.부터 발생한다.

[❷ ▶ O] 주택임대차보호법 제3조의3에서 정한 임차권등기명령에 따른 임차권등기는 특정 목적물에 대한 구체적 집행행위나 보전처분의 실행을 내용으로 하는 압류 또는 가압류, 가처분과 달리 어디까지나 주택임차인이 주택임대차보호법에 따른 대항력이나 우선변제권을 취득하거나 이미 취득한 대항력이나 우선변제권을 유지하도록 해 주는 담보적 기능을 주목적으로 한다. 비록 주택임대차보호법이 임차권등기명령의 신청에 대한 재판절차와 임차권등기명령의 집행 등에 관하여 민사집행법상 가압류에 관한 절차규정을 일부 준용하고 있지만, 이는 일방 당사자의 신청에 따라 법원이 심리·결정한 다음 등기를 촉탁하는 일련의 절차가 서로 비슷한 데서 비롯된 것일 뿐 이를 이유로 임차권등기명령에 따른 임차권등기가 본래의 담보적 기능을 넘어서 채무자의 일반재산에 대한 강제집행을 보전하기 위한 처분의 성질을 가진다고 볼 수는 없다. 그렇다면 임차권등기명령에 따른 임차권등기에는 민법 제168조 제2호에서 정하는 소멸시효 중단사유인 압류 또는 가압류, 가처분에 준하는 효력이 있다고 볼 수 없다(대판 2019.5.16. 2017다226629).

[❸ ▶ O] 임대인(임대인의 직계존속·직계비속을 포함한다. 이하 같다)이 목적 주택에 실제 거주하려는 경우에 해당한다는 점에 대한 증명책임은 임대인에게 있다. '실제 거주하려는 의사'의 존재는 임대인이 단순히 그러한 의사를 표명하였다는 사정이 있다고 하여 곧바로 인정될 수는 없지만, 임대인의 내심에 있는 장래에 대한 계획이라는 위 거절사유의 특성을 고려할 때 임대인의 의사가 가공된 것이 아니라 진정하다는 것을 통상적으로 수긍할 수 있을 정도의 사정이 인정된다면 그러한 의사의 존재를 추인할 수 있을 것이다(대판 2023.12.7. 2022다279795).

[❹ ▶ ×] 주택임대차보호법 제3조 제3항은 중소기업기본법 제2조에 따른 중소기업에 해당하는 법인이 소속 직원의 주거용으로 주택을 임차한 후 그 법인이 선정한 직원이 해당 주택을 인도받고 주민등록을 마쳤을 때에는 그 다음 날부터 제3자에 대하여 효력이 생기고, 임대차가 끝나기 전에 그 직원이 변경된 경우에는 그 법인이 선정한 새로운 직원이 주택을 인도받고 주민등록을 마친 다음 날부터 제3자에 대하여 효력이 생긴다고 정하고 있다. 그리고 주택임대차보호법 제3조의2 제1항은 임차인의 범위에 '제3조 제3항의 법인을 포함한다. 이하 같다.'라고 정하고 있으며, 주택임대차보호법 제6조의3은 계약갱신 요구 등에 관하여 정하고 있다. 주택임대차보호법 제3조 제3항에 따라 법인인 임차인이 주택임대차보호법이 정한 임차인에 해당된다고 보려면, 임차인인 법인의 직원인 사람이 법인이 임차한 주택을 인도받고 주민등록을 마쳐야 한다. 여기에서 말하는 '직원'은, 해당 법인이 주식회사라면 그 법인에서 근무하는 사람 중 법인등기사항증명서에 대표이사 또는 사내이사로 등기된 사람을 제외한 사람을 의미한다고 보아야 한다. 다만 <u>위와 같은 범위의 임원을 제외한 직원이 법인이 임차한 해당 주택을 인도받아 주민등록을 마치고 그곳에서 거주하고 있다면 이로써 위 조항에서 정한 대항력을 갖추었다고 보아야 하고, 그 밖에 업무관련성, 임대료의 액수, 지리적 근접성 등 다른 사정을 고려하여 그 요건을 갖추었는지를 판단할 것은 아니다</u>(대판 2023.12.14. 2023다226866).

[❺ ▶ O] 임차인이 임차물의 보존에 관한 필요비를 지출한 때에는 임대인에게 상환을 청구할 수 있다(민법 제626조 제1항). 여기에서 '필요비'란 임차인이 임차물의 보존을 위하여 지출한 비용을 말한다. 임대차계약에서 임대인은 목적물을 계약존속 중 사용·수익에 필요한 상태를 유지하게 할 의무를 부담하고, 이러한 의무와 관련한 임차물의 보존을 위한 비용도 임대인이 부담해야 하므로, 임차인이 필요비를 지출하면, 임대인은 이를 상환할 의무가 있다. 임대인의 필요비상환의무는 특별한 사정이 없는 한 임차인의 차임지급의무와 서로 대응하는 관계에 있으므로, 임차인은 지출한 필요비 금액의 한도에서 차임의 지급을 거절할 수 있다(대판 2019.11.14. 2016다227694).

답 ❹

30

주택임대차에 관한 다음 설명 중 가장 옳지 않은 것은?

① 주택의 소유자는 아니지만 주택에 관하여 적법하게 임대차계약을 체결할 수 있는 권한을 가진 명의신탁자와 임대차계약이 체결된 경우, 임차인은 등기기록상 주택의 소유자인 명의수탁자에 대한 관계에서도 적법한 임대차임을 주장할 수 있다.

② 주택임대차보호법에 의하면 임대인이 임대차가 끝나기 6개월 전부터 2개월 전까지의 기간에 임차인에게 갱신거절의 통지를 하지 않거나 계약조건을 변경하지 않으면 갱신하지 않겠다는 뜻의 통지를 하지 않은 경우에는, 그 기간이 끝난 때에 전(前) 임대차와 동일한 조건으로 다시 임차한 것으로 본다. 이때 임차인은 임대인에 대하여 언제든지 계약해지를 통지할 수 있고, 임대인이 그 통지를 받은 날로부터 2개월이 지나면 효력이 발생한다.

③ 임대인은 임차인이 임대차기간이 끝나기 6개월 전부터 2개월 전까지의 기간 이내에 계약갱신을 요구하면 정당한 사유 없이 거절하지 못하는데, 임차인은 이 계약갱신요구권을 1회에 한하여 행사할 수 있다.

④ 임대인이 목적 주택에서의 실거주를 이유로 임차인의 계약갱신요구를 거절하였음에도 그 계약갱신 요구가 거절되지 아니하였더라면 갱신되었을 기간이 만료되기 전에 정당한 사유 없이 제3자에게 목적 주택을 임대한 경우 임대인은 갱신거절로 인하여 임차인이 입은 손해를 배상하여야 한다.

⑤ 주택임대차보호법 제3조 제1항에 의한 대항력 취득의 요건인 주민등록은 임차인 본인뿐 아니라 배우자나 자녀 등 가족의 주민등록도 포함되고, 이는 재외국민이 임차인인 경우에도 마찬가지로 적용되므로, 재외국민이 임대차계약을 체결하고 동거가족인 외국인 또는 외국국적동포가 외국인 등록이나 국내거소신고 등을 한 경우에도 대항력을 취득한다.

....

[❶▸O] 주택임대차보호법이 적용되는 임대차는 반드시 임차인과 주택의 소유자인 임대인 사이에 임대차계약이 체결된 경우에 한정된다고 할 수는 없고, 주택의 소유자는 아니지만 주택에 관하여 적법하게 임대차계약을 체결할 수 있는 권한(적법한 임대권한)을 가진 명의신탁자 사이에 임대차계약이 체결된 경우도 포함된다고 할 것이고, 이 경우 임차인은 등기부상 주택의 소유자인 명의수탁자에 대한 관계에서도 적법한 임대차임을 주장할 수 있는 반면 명의수탁자는 임차인에 대하여 그 소유자임을 내세워 명도를 구할 수 없다(대판 1999.4.23. 98다49753).

[❷▸×] 주택임대차보호법 제6조 제1항, 제6조의2 제1항·제2항

주택임대차보호법 제6조(계약의 갱신)

① 임대인이 임대차기간이 끝나기 6개월 전부터 2개월 전까지의 기간에 임차인에게 갱신거절(更新拒絶)의 통지를 하지 아니하거나 계약조건을 변경하지 아니하면 갱신하지 아니한다는 뜻의 통지를 하지 아니한 경우에는 그 기간이 끝난 때에 전 임대차와 동일한 조건으로 다시 임대차한 것으로 본다. 임차인이 임대차기간이 끝나기 2개월 전까지 통지하지 아니한 경우에도 또한 같다.

주택임대차보호법 제6조의2(묵시적 갱신의 경우 계약의 해지)

① 제6조 제1항에 따라 계약이 갱신된 경우 같은 조 제2항에도 불구하고 임차인은 언제든지 임대인에게 계약해지(契約解止)를 통지할 수 있다.

② 제1항에 따른 해지는 <u>임대인이 그 통지를 받은 날부터 3개월이 지나면 그 효력이 발생한다.</u>

[**❸** ▸ ○] [**❹** ▸ ○] 주택임대차보호법 제6조의3 제1항, 제2항, 제5항

주택임대차보호법 제6조의3(계약갱신 요구 등)

① 제6조에도 불구하고 임대인은 임차인이 제6조 제1항 전단의 기간(임대차기간이 끝나기 6개월 전부터 2개월 전까지의 기간) 이내에 계약갱신을 요구할 경우 정당한 사유 없이 거절하지 못한다. 다만, 다음 각 호의 어느 하나에 해당하는 경우에는 그러하지 아니하다.

   1. 임차인이 2기의 차임액에 해당하는 금액에 이르도록 차임을 연체한 사실이 있는 경우
   2. 임차인이 거짓이나 그 밖의 부정한 방법으로 임차한 경우
   3. 서로 합의하여 임대인이 임차인에게 상당한 보상을 제공한 경우
   4. 임차인이 임대인의 동의 없이 목적 주택의 전부 또는 일부를 전대(轉貸)한 경우
   5. 임차인이 임차한 주택의 전부 또는 일부를 고의나 중대한 과실로 파손한 경우
   6. 임차한 주택의 전부 또는 일부가 멸실되어 임대차의 목적을 달성하지 못할 경우
   7. 임대인이 다음 각 목의 어느 하나에 해당하는 사유로 목적 주택의 전부 또는 대부분을 철거하거나 재건축하기 위하여 목적 주택의 점유를 회복할 필요가 있는 경우
      가. 임대차계약 체결 당시 공사시기 및 소요기간 등을 포함한 철거 또는 재건축 계획을 임차인에게 구체적으로 고지하고 그 계획에 따르는 경우
      나. 건물이 노후·훼손 또는 일부 멸실되는 등 안전사고의 우려가 있는 경우
      다. 다른 법령에 따라 철거 또는 재건축이 이루어지는 경우
   8. 임대인(임대인의 직계존속·직계비속을 포함한다)이 목적 주택에 실제 거주하려는 경우
   9. 그 밖에 임차인이 임차인으로서의 의무를 현저히 위반하거나 임대차를 계속하기 어려운 중대한 사유가 있는 경우

② 임차인은 제1항에 따른 <u>계약갱신요구권을 1회에 한하여 행사할 수 있다.</u> 이 경우 갱신되는 임대차의 존속기간은 2년으로 본다.

⑤ 임대인이 제1항 제8호의 사유로 갱신을 거절하였음에도 불구하고 갱신요구가 거절되지 아니하였더라면 갱신되었을 기간이 만료되기 전에 정당한 사유 없이 제3자에게 목적 주택을 임대한 경우 임대인은 갱신거절로 인하여 임차인이 입은 손해를 배상하여야 한다.

[**❺** ▸ ○] 주택임대차보호법 제3조 제1항에 의한 대항력 취득의 요건인 주민등록은 임차인 본인뿐 아니라 배우자나 자녀 등 가족의 주민등록도 포함되고, 이러한 법리는 구 재외동포의 출입국과 법적 지위에 관한 법률에 의한 재외국민이 임차인인 경우에도 마찬가지로 적용된다. 2015.1.22. 시행된 개정 주민등록법에 따라 재외국민도 주민등록을 할 수 있게 되기 전까지는 재외국민은 주민등록을 할 수도 없고 또한 외국인이 아니어서 구 출입국관리법 등에 의한 외국인등록 등도 할 수 없어 주택임대차보호법에 의한 대항력을 취득할 방도가 없었던 점을 감안하면, 재외국민이 임대차계약을 체결하고 동거가족인 외국인 또는 외국국적동포가 외국인등록이나 국내거소신고 등을 한 경우와 재외국민의 동거 가족인 외국인 또는 외국국적동포가 스스로 임대차계약을 체결하고 외국인등록이나 국내거소신고 등을 한 경우와 사이에 법적 보호의 차이를 둘 이유가 없기 때문이다(대판 2016.10.13. 2014다218030).

답 **❷**

31 도급에 대한 다음 설명 중 가장 옳지 않은 것은? 2024년 법무사시험 [문 2]

① 완성된 목적물 또는 완성 전의 성취된 부분에 하자가 있는 때에는 도급인은 수급인에 대하여 상당한 기간을 정하여 그 하자의 보수를 청구할 수 있다. 그러나 하자가 중요하지 아니한 경우에 그 보수에 과다한 비용을 요할 때에는 그러하지 아니하다.

② 신축건물의 수급인으로부터 공사대금채권을 양수받은 자의 저당권설정청구에 의하여 신축건물의 도급인이 그 건물에 저당권을 설정하는 행위는 다른 특별한 사정이 없는 한 사해행위에 해당하지 아니한다.

③ 제작물공급계약은 그 제작의 측면에서는 도급의 성질이 있고 공급의 측면에서는 매매의 성질이 있어 대체로 매매와 도급의 성질을 함께 가지고 있으므로, 그 적용 법률은 계약에 의하여 제작 공급하여야 할 물건이 대체물인 경우에는 매매에 관한 규정이 적용되지만, 부대체물인 경우에는 도급의 성질을 띠게 된다.

④ 수급인의 담보책임에 관한 민법 제667조는 법이 특별히 인정한 무과실책임으로서 민법 제396조의 과실상계 규정이 준용될 수는 없다 하더라도 담보책임이 민법의 지도이념인 공평의 원칙에 입각한 것인 이상 하자발생 및 그 확대에 가공한 도급인의 잘못을 참작하여 손해배상의 범위를 정함이 상당하다.

⑤ 민법 제666조에 따른 수급인의 목적부동산에 대한 저당권설정청구권은 10년간 행사하지 않으면 소멸시효가 완성된다.

....

[**❶ ▶ O**] 완성된 목적물 또는 완성 전의 성취된 부분에 하자가 있는 때에는 도급인은 수급인에 대하여 상당한 기간을 정하여 그 하자의 보수를 청구할 수 있다. 그러나 하자가 중요하지 아니한 경우에 그 보수에 과다한 비용을 요할 때에는 그러하지 아니하다(민법 제667조 제1항).

[**❷ ▶ O**] 민법 제666조에서 정한 수급인의 저당권설정청구권은 공사대금채권을 담보하기 위하여 인정되는 채권적 청구권으로서 공사대금채권에 부수하여 인정되는 권리이므로, 당사자 사이에 공사대금채권만을 양도하고 저당권설정청구권은 이와 함께 양도하지 않기로 약정하였다는 등의 특별한 사정이 없는 한, 공사대금채권이 양도되는 경우 저당권설정청구권도 이에 수반하여 함께 이전된다고 봄이 타당하다. 따라서 신축건물의 수급인으로부터 공사대금채권을 양수받은 자의 저당권설정청구에 의하여 신축건물의 도급인이 그 건물에 저당권을 설정하는 행위 역시 다른 특별한 사정이 없는 한 사해행위에 해당하지 아니한다(대판 2018.11.29. 2015다19827).

[**❸ ▶ O**] 당사자의 일방이 상대방의 주문에 따라 자기 소유의 재료를 사용하여 만든 물건을 공급하기로 하고 상대방이 대가를 지급하기로 약정하는 이른바 제작물공급계약은 그 제작의 측면에서는 도급의 성질이 있고 공급의 측면에서는 매매의 성질이 있어 대체로 매매와 도급의 성질을 함께 가지고 있으므로, 그 적용 법률은 계약에 의하여 제작 공급하여야 할 물건이 대체물인 경우에는 매매에 관한 규정이 적용되지만, 물건이 특정의 주문자의 수요를 만족시키기 위한 부대체물인 경우에는 당해 물건의 공급과 함께 그 제작이 계약의 주목적이 되어 도급의 성질을 띠게 된다(대판 2010.11.25. 2010다56685).

[④ ▶ O] 수급인의 하자담보책임에 관한 민법 제667조는 법이 특별히 인정한 무과실책임으로서 여기에 민법 제396조의 과실상계 규정이 준용될 수는 없다 하더라도 담보책임이 민법의 지도이념인 공평의 원칙에 입각한 것인 이상 하자발생 및 그 확대에 가공한 도급인의 잘못을 참작하여 손해배상의 범위를 정함이 상당하다(대판 1990.3.9. 88다카31866).

[⑤ ▶ ×] 도급받은 공사의 공사대금채권은 민법 제163조 제3호에 따라 3년의 단기소멸시효가 적용되고, 공사에 부수되는 채권도 마찬가지인데, 민법 제666조에 따른 저당권설정청구권은 공사대금채권을 담보하기 위하여 저당권설정등기절차의 이행을 구하는 채권적 청구권으로서 공사에 부수되는 채권에 해당하므로 소멸시효기간 역시 3년이다(대판 2016.10.27. 2014다211978).

답 ⑤

---

32 ☐☐☐ **도급에 관한 다음 설명 중 옳은 것을 모두 고른 것은?** 2022년 법무사시험 [문 25]

> 가. 도급계약에서 수급인이 자기의 노력과 재료를 들여 건물을 완성하더라도 도급인과 수급인 사이에 도급인 명의로 건축허가를 받아 소유권보존등기를 하기로 하는 등 완성된 건물의 소유권을 도급인에게 귀속시키기로 합의한 것으로 보여질 경우에는 그 건물의 소유권은 도급인에게 원시적으로 귀속된다.
>
> 나. 민법 제673조에 따라 수급인이 일을 완성하기 전에는 도급인은 손해를 배상하고 계약을 해제할 수 있고 특별한 사정이 없는 한 도급인은 이러한 해제로 인한 손해배상에 대하여 과실상계나 손해배상예정액 감액을 주장할 수 있다.
>
> 다. 도급계약에서 목적물의 주요구조부분이 약정된 대로 시공되어 사회통념상 일반적으로 요구되는 성능을 갖추었고 당초 예정된 최후의 공정까지 마쳤다면 일이 완성되었다고 보아야 하고, 목적물이 완성되었다면 목적물의 하자는 하자담보책임에 관한 민법 규정에 따라 처리하도록 하는 것이 당사자의 의사와 법률의 취지에 부합하는 해석이다.
>
> 라. 완성된 목적물 또는 완성 전의 성취된 부분에 하자가 있는 때에는 도급인은 수급인에 대하여 상당한 기간을 정하여 그 하자의 보수를 청구할 수 있고, 하자보수에 갈음하여 또는 보수와 함께 손해배상을 청구할 수 있다.
>
> 마. 수급인이 도급인에 대하여 가지는 공사대금채권은 상사채권이므로 특별한 사정이 없는 한 5년의 소멸시효가 적용된다.

① 가, 나, 라   ② 가, 다, 마
③ 나, 라, 마   ④ 가, 다, 라
⑤ 나, 다, 마

[가 ▶ O] 일반적으로 자기의 노력과 재료를 들여 건물을 건축한 사람은 그 건물의 소유권을 원시취득하는 것이고, 다만 도급계약에 있어서는 수급인이 자기의 노력과 재료를 들여 건물을 완성하더라도 도급인과 수급인 사이에 도급인 명의로 건축허가를 받아 소유권보존등기를 하기로 하는 등 완성된 건물의 소유권을 도급인에게 귀속시키기로 합의한 것으로 보여질 경우에는 그 건물의 소유권은 도급인에게 원시적으로 귀속된다(대판 1997.5.30. 97다8601).

[나 ▶ X] 민법 제673조에서 도급인으로 하여금 자유로운 해제권을 행사할 수 있도록 하는 대신 수급인이 입은 손해를 배상하도록 규정하고 있는 것은 도급인의 일방적인 의사에 기한 도급계약 해제를 인정하는 대신, 도급인의 일방적인 계약해제로 인하여 수급인이 입게 될 손해, 즉 수급인이 이미 지출한 비용과 일을 완성하였더라면 얻었을 이익을 합한 금액을 전부 배상하게 하는 것이라 할 것이므로, 위 규정에 의하여 도급계약을 해제한 이상은 특별한 사정이 없는 한 도급인은 수급인에 대한 손해배상에 있어서 과실상계나 손해배상예정액 감액을 주장할 수는 없다(대판 2002.5.10. 2000다37296).

[다 ▶ O] 도급계약에서 목적물의 주요구조부분이 약정된 대로 시공되어 사회통념상 일반적으로 요구되는 성능을 갖추었고 당초 예정된 최후의 공정까지 마쳤다면 일이 완성되었다고 보아야 한다. 목적물이 완성되었다면 목적물의 하자는 하자담보책임에 관한 민법 규정에 따라 처리하도록 하는 것이 당사자의 의사와 법률의 취지에 부합하는 해석이다. 개별 사건에서 예정된 최후의 공정을 마쳤는지는 당사자의 주장에 구애받지 않고 계약의 구체적 내용과 신의성실의 원칙에 비추어 객관적으로 판단해야 한다(대판 2019.9.10. 2017다272486).

[라 ▶ O] 민법 제667조 제1항, 제2항

> **민법 제667조(수급인의 담보책임)**
> ① 완성된 목적물 또는 완성 전의 성취된 부분에 하자가 있는 때에는 도급인은 수급인에 대하여 상당한 기간을 정하여 그 하자의 보수를 청구할 수 있다. 그러나 하자가 중요하지 아니한 경우에 그 보수에 과다한 비용을 요할 때에는 그러하지 아니하다.
> ② 도급인은 하자의 보수에 갈음하여 또는 보수와 함께 손해배상을 청구할 수 있다.

[마 ▶ X] 민법 제163조 제3호가 3년의 단기소멸시효에 걸리는 채권으로 들고 있는 "도급을 받은 자의 공사에 관한 채권"에서, 그 "채권"이라 함은 도급받은 공사의 공사대금채권뿐만 아니라 그 공사에 부수되는 채권도 포함하는 것이다(대판 1994.10.14. 94다17185).

답 ❹

33
□□□

여행계약에 관한 다음 설명 중 가장 옳지 않은 것은?　　　　2024년 법무사시험 [문 36]

① 여행자는 여행을 시작하기 전에는 언제든지 계약을 해제할 수 있다. 다만, 여행자는 상대방에게 발생한 손해를 배상하여야 한다.

② 여행자가 해외 여행계약에 따라 여행하는 도중 여행업자의 고의 또는 과실로 상해를 입은 경우 계약상 여행업자의 여행자에 대한 국내로의 귀환운송의무가 예정되어 있고, 현지에서 당초 예정한 여행기간 내에 치료를 완료하기 어렵거나, 계속적·전문적 치료가 요구되어 사회통념상 여행자가 국내로 귀환할 필요성이 있었다고 인정된다면, 이로 인하여 발생하는 귀환운송비 등 추가적인 비용은 여행업자의 고의 또는 과실로 인하여 발생한 통상손해의 범위에 포함된다.

③ 민법 제674조의6(여행주최자의 담보책임)과 민법 제674조의7(여행주최자의 담보책임과 여행자의 해지권)에 따른 권리는 여행 기간 중에도 행사할 수 있으며, 계약에서 정한 여행 종료일부터 1년 내에 행사하여야 한다.

④ 기획여행업자는 통상 여행 일반은 물론 목적지의 자연적·사회적 조건에 관하여 전문적 지식을 가진 자로서 우월적 지위에서 행선지나 여행시설 이용 등에 관한 계약 내용을 일방적으로 결정하는 반면, 여행자는 안전성을 신뢰하고 기획여행업자가 제시하는 조건에 따라 여행계약을 체결하는 것이 일반적이므로, 기획여행업자는 여행자에게 여행계약 내용의 실시 도중에 여행자가 부딪칠지 모르는 위험을 고지함으로써 여행자 스스로 위험을 수용할지에 관하여 선택할 기회를 주는 등 합리적 조치를 취할 신의칙상 안전배려의무를 부담한다.

⑤ 부득이한 사유가 있는 경우에는 각 당사자는 여행계약을 해지할 수 있고, 그 해지로 인하여 발생하는 추가 비용은 그 해지 사유가 어느 당사자의 사정에 속하는 경우에는 그 당사자가 부담하고, 누구의 사정에도 속하지 아니하는 경우에는 각 당사자가 절반씩 부담한다.

....

[❶ ▸ ○] 여행자는 여행을 시작하기 전에는 언제든지 계약을 해제할 수 있다. 다만, 여행자는 상대방에게 발생한 손해를 배상하여야 한다(민법 제674조의3).

[❷ ▸ ○] 여행자가 해외 여행계약에 따라 여행하는 도중 여행업자의 고의 또는 과실로 상해를 입은 경우 계약상 여행업자의 여행자에 대한 국내로의 귀환운송의무가 예정되어 있고, 여행자가 입은 상해의 내용과 정도, 치료행위의 필요성과 치료기간은 물론 해외의 의료 기술수준이나 의료제도, 치료과정에서 발생할 수 있는 언어적 장애 및 의료비용의 문제 등에 비추어 현지에서 당초 예정한 여행기간 내에 치료를 완료하기 어렵거나, 계속적, 전문적 치료가 요구되어 사회통념상 여행자가 국내로 귀환할 필요성이 있었다고 인정된다면, 이로 인하여 발생하는 귀환운송비 등 추가적인 비용은 여행업자의 고의 또는 과실로 인하여 발생한 통상손해의 범위에 포함되고, 이 손해가 특별한 사정으로 인한 손해라고 하더라도 예견가능성이 있었다고 보아야 한다(대판 2019.4.3. 2018다286550).

[❸ ▸ ✕] 제674조의6(여행주최자의 담보책임)과 제674조의7(여행주최자의 담보책임과 여행자의 해지권)에 따른 권리는 여행 기간 중에도 행사할 수 있으며, 계약에서 정한 여행 종료일부터 6개월 내에 행사하여야 한다(민법 제674조의8).

[❹ ▶ ○] 기획여행업자는 통상 여행 일반은 물론 목적지의 자연적·사회적 조건에 관하여 전문적 지식을 가진 자로서 우월적 지위에서 행선지나 여행시설 이용 등에 관한 계약 내용을 일방적으로 결정하는 반면, 여행자는 안전성을 신뢰하고 기획여행업자가 제시하는 조건에 따라 여행계약을 체결하는 것이 일반적이다. 이러한 점을 감안할 때, 기획여행업자는 여행자의 생명·신체·재산 등의 안전을 확보하기 위하여 여행목적지·여행일정·여행행정·여행서비스기관의 선택 등에 관하여 미리 충분히 조사·검토하여 여행계약 내용의 실시 도중에 여행자가 부딪칠지 모르는 위험을 미리 제거할 수단을 강구하거나, 여행자에게 그 뜻을 고지함으로써 여행자 스스로 위험을 수용할지에 관하여 선택할 기회를 주는 등 합리적 조치를 취할 신의칙상 안전배려의무를 부담하며, 기획여행업자가 사용한 여행약관에서 여행업자의 여행자에 대한 책임의 내용 및 범위 등에 관하여 규정하고 있다면 이는 위와 같은 안전배려의무를 구체적으로 명시한 것으로 보아야 한다(대판 2011.5.26. 2011다1330).

[❺ ▶ ○] 민법 제674조의4 제1항, 제3항

> **민법 제674조의4(부득이한 사유로 인한 계약 해지)**
> ① 부득이한 사유가 있는 경우에는 각 당사자는 계약을 해지할 수 있다. 다만, 그 사유가 당사자 한쪽의 과실로 인하여 생긴 경우에는 상대방에게 손해를 배상하여야 한다.
> ③ 제1항의 해지로 인하여 발생하는 추가 비용은 그 해지 사유가 어느 당사자의 사정에 속하는 경우에는 그 당사자가 부담하고, 누구의 사정에도 속하지 아니하는 경우에는 각 당사자가 절반씩 부담한다.

답 ❸

34
□□□

위임에 관한 다음 설명 중 가장 옳지 않은 것은?　　　　　2023년 법무사시험 [문 15]

① 민법 제684조 제2항은 "수임인이 위임인을 위하여 자기의 명의로 취득한 권리는 위임인에게 이전하여야 한다."라고 규정하고 있는데, 이때 그 이전 시기는 당사자 간에 특약이 있거나 위임의 본뜻에 반하는 경우 등과 같은 특별한 사정이 없는 한 위임계약이 종료된 때이다. 따라서 위임사무로 수임인 명의로 취득한 권리에 관한 위임인의 이전청구권의 소멸시효는 위임계약이 종료된 때부터 진행한다.

② 위임계약에서 보수액에 관하여 약정한 경우에 수임인은 원칙적으로 약정보수액을 전부 청구할 수 있는 것이 원칙이지만, 위임업무 처리의 경과와 난이도, 투입한 노력의 정도 등 제반 사정을 고려할 때 약정보수액이 부당하게 과다하여 신의성실의 원칙이나 형평의 원칙에 반한다고 볼 만한 특별한 사정이 있는 때에는 예외적으로 상당하다고 인정되는 범위 내의 보수액만을 청구할 수 있다.

③ 소송위임계약으로 성공보수를 약정하였을 경우 심급대리의 원칙에 따라 수임한 소송사무가 종료하는 시기인 해당 심급의 판결을 송달받은 때로부터 그 소멸시효기간이 진행되나, 당사자 사이에 보수금의 지급시기에 관한 특약이 있다면 그에 따라 보수채권을 행사할 수 있는 때로부터 소멸시효가 진행한다.

④ 위임계약의 각 당사자는 민법 제689조 제1항에 따라 특별한 이유 없이도 언제든지 위임계약을 해지할 수 있다. 그러나 위임계약의 일방 당사자가 타방 당사자의 채무불이행을 이유로 위임계약을 해지한다는 의사표시를 하였으나 실제로는 채무불이행을 이유로 한 계약 해지의 요건을 갖추지 못한 경우에는, 특별한 사정이 없는 한 그와 같은 의사표시에 민법 제689조 제1항에 따른 임의해지로서의 효력을 인정할 수는 없다.

⑤ 민법상 위임계약의 당사자는 언제든지 계약을 해지할 수 있고 그로 말미암아 상대방이 손해를 입는 일이 있어도 그것을 배상할 의무를 부담하지 않는 것이 원칙이다. 다만 상대방이 불리한 시기에 해지한 때에는 해지가 부득이한 사유에 의한 것이 아닌 한 그로 인한 손해를 배상하여야 하나, 배상의 범위는 위임이 해지되었다는 사실로부터 생기는 손해가 아니라 적당한 시기에 해지되었더라면 입지 아니하였을 손해에 한한다.

⋯⋯⋯

[**❶** ▸ O]　민법 제684조 제2항은 "수임인이 위임인을 위하여 자기의 명의로 취득한 권리는 위임인에게 이전하여야 한다."라고 규정하고 있는데, 이때 그 이전 시기는 당사자 간에 특약이 있거나 위임의 본뜻에 반하는 경우 등과 같은 특별한 사정이 없는 한 위임계약이 종료된 때이다. 따라서 위임사무로 수임인 명의로 취득한 권리에 관한 위임인의 이전청구권의 소멸시효는 위임계약이 종료된 때부터 진행하게 된다(대판 2022.9.7. 2022다217117).

[❷ ▸ ○] 위임계약에서 보수액에 관하여 약정한 경우에 수임인은 원칙적으로 약정보수액을 전부 청구할 수 있는 것이 원칙이지만, 위임의 경위, 위임업무 처리의 경과와 난이도, 투입한 노력의 정도, 위임인이 업무 처리로 인하여 얻게 되는 구체적 이익, 기타 변론에 나타난 제반 사정을 고려할 때 약정보수액이 부당하게 과다하여 신의성실의 원칙이나 형평의 원칙에 반한다고 볼 만한 특별한 사정이 있는 때에는 예외적으로 상당하다고 인정되는 범위 내의 보수액만을 청구할 수 있다(대판 2016.2.18. 2015다35560).

[❸ ▸ ○] 민법 제686조 제2항에 의하면 수임인은 위임사무를 완료하여야 보수를 청구할 수 있다. 따라서 소송위임계약으로 성공보수를 약정하였을 경우 심급대리의 원칙에 따라 수임한 소송사무가 종료하는 시기인 해당 심급의 판결을 송달받은 때로부터 그 소멸시효기간이 진행되나, 당사자 사이에 보수금의 지급시기에 관한 특약이 있다면 그에 따라 보수채권을 행사할 수 있는 때로부터 소멸시효가 진행한다고 보아야 한다(대판 2023.2.2. 2022다276307).

[❹ ▸ ✕] 위임계약의 각 당사자는 민법 제689조 제1항에 따라 특별한 이유 없이도 언제든지 위임계약을 해지할 수 있다. 따라서 <u>위임계약의 일방 당사자가 타방 당사자의 채무불이행을 이유로 위임계약을 해지한다는 의사표시를 하였으나 실제로는 채무불이행을 이유로 한 계약 해지의 요건을 갖추지 못한 경우라도, 특별한 사정이 없는 한 의사표시에는 민법 제689조 제1항에 따른 임의해지로서의 효력이 인정된다</u>(대판 2015.12.23. 2012다71411).

[❺ ▸ ○] 민법상의 위임계약은 그것이 유상계약이든 무상계약이든 당사자 쌍방의 특별한 대인적 신뢰관계를 기초로 하는 위임계약의 본질상 각 당사자는 언제든지 이를 해지할 수 있고 그로 말미암아 상대방이 손해를 입는 일이 있어도 그것을 배상할 의무를 부담하지 않는 것이 원칙이며, 다만 상대방이 불리한 시기에 해지한 때에는 그 해지가 부득이한 사유에 의한 것이 아닌 한 그로 인한 손해를 배상하여야 하나 그 배상의 범위는 위임이 해지되었다는 사실로부터 생기는 손해가 아니라 적당한 시기에 해지되었더라면 입지 아니하였을 손해에 한한다고 볼 것이다(대판 1991.4.9. 90다18968).

답 ❹

35

다음 설명 중 가장 옳지 않은 것은?　　　

① 수임인은 위임인의 승낙이나 부득이한 사유 없이 제3자로 하여금 자기에 갈음하여 위임사무를 처리하게 하지 못한다.

② 위임계약의 각 당사자는 민법 제689조 제1항에 의하여 특별한 이유 없이도 언제든지 위임계약을 해지할 수 있다.

③ 위임계약의 일방당사자가 타방당사자의 채무불이행을 이유로 위임계약을 해지한다는 의사표시를 하였으나 실제로는 채무불이행을 이유로 한 계약해지의 요건을 갖추지 못한 경우에는, 특별한 사정이 없는 한 위 의사표시에는 민법 제689조 제1항에 기한 임의해지로서의 효력도 인정되지 아니한다.

④ 수임인이 위임받은 사무를 처리하던 중 사무처리를 완료하지 못한 상태에서 위임계약을 해지함으로써 위임인이 그 사무처리의 완료에 따른 성과를 이전받거나 이익을 얻지 못하게 되었다 하더라도, 별도로 특약을 하는 등 특별한 사정이 없는 한 위임계약에서는 시기 여하를 불문하고 사무처리 완료 이전에 계약이 해지되면 당연히 위임인이 그 사무처리의 완료에 따른 성과를 이전받거나 이익을 얻지 못하는 것으로 계약 당시에 예정되어 있으므로, 수임인이 사무처리를 완료하기 전에 위임계약을 해지한 것만으로 위임인에게 불리한 시기에 해지한 것이라고 볼 수는 없다.

⑤ 민법상의 위임계약은 유상계약이든 무상계약이든 당사자 쌍방의 특별한 대인적 신뢰관계를 기초로 하는 위임계약의 본질상 각 당사자는 언제든지 해지할 수 있고 그로 말미암아 상대방이 손해를 입는 일이 있어도 그것을 배상할 의무를 부담하지 않는 것이 원칙이며, 다만 상대방이 불리한 시기에 해지한 때에는 해지가 부득이한 사유에 의한 것이 아닌 한 그로 인한 손해를 배상하여야 하나, 배상의 범위는 위임이 해지되었다는 사실로부터 생기는 손해가 아니라 적당한 시기에 해지되었더라면 입지 아니하였을 손해에 한한다.

··

[❶▸○]　수임인은 위임인의 승낙이나 부득이한 사유 없이 제3자로 하여금 자기에 갈음하여 위임사무를 처리하게 하지 못한다(민법 제682조 제1항).

[❷▸○] [❸▸✕]　위임계약의 각 당사자는 민법 제689조 제1항에 따라 특별한 이유 없이도 언제든지 위임계약을 해지할 수 있다. 따라서 <u>위임계약의 일방당사자가 타방당사자의 채무불이행을 이유로 위임계약을 해지한다는 의사표시를 하였으나 실제로는 채무불이행을 이유로 한 계약해지의 요건을 갖추지 못한 경우라도, 특별한 사정이 없는 한 의사표시에는 민법 제689조 제1항에 따른 임의해지로서의 효력이 인정된다</u>(대판 2015.12.23. 2012다71411).

[❹▸○] [❺▸○]　민법상의 위임계약은 유상계약이든 무상계약이든 당사자 쌍방의 특별한 대인적 신뢰관계를 기초로 하는 위임계약의 본질상 각 당사자는 언제든지 해지할 수 있고 그로 말미암아 상대방이 손해를 입는 일이 있어도 그것을 배상할 의무를 부담하지 않는 것이 원칙이며, 다만 상대방이 불리한 시기에 해지한 때에는 해지가 부득이한 사유에 의한 것이 아닌 한 그로 인한 손해를 배상하여야 하나, <u>배상의 범위는 위임이 해지되었다는 사실로부터 생기는 손해가 아니라 적당한 시기에 해지되었더라면 입지 아니하였을 손해에 한한다.</u> 그리고 수임인이 위임받은 사무를 처리하던 중 사무처리를 완료하지 못한 상태에서 위임계약을 해지함으로써 위임인이 사무처리의 완료에 따른 성과를 이전받거나 이익을 얻지 못하게 되더라도, 별도로 특약을 하는 등 특별한 사정이 없는 한 위임계약에서는 시기를 불문하고 사무처리 완료 전에 계약이 해지되면 당연히 위임인이 사무처리의 완료에 따른 성과를 이전받거나 이익을 얻지 못하는 것으로 계약 당시에 예정되어 있으므로, <u>수임인이 사무처리를 완료하기 전에 위임계약을 해지한 것만으로 위임인에게 불리한 시기에 해지한 것이라고 볼 수는 없다</u>(대판 2015.12.23. 2012다71411).

답 ❸

36

예금계약에 관한 다음 설명 중 가장 옳지 않은 것은? 　2024년 법무사시험 [문 26]

① 예금계약은 예금자가 예금의 의사를 표시하면서 금융기관에 돈을 제공하고 금융기관이 그 의사에 따라서 그 돈을 받아 확인을 하면 그로써 성립하며, 금융기관의 직원이 그 받은 돈을 금융기관에 입금하지 아니하고 이를 횡령하였다고 하더라도 예금계약의 성립에는 아무런 영향이 없다.

② 예금거래기본약관에 따라 송금의뢰인이 수취인의 예금계좌에 자금이체를 하여 예금원장에 입금의 기록이 된 때에는 특별한 사정이 없는 한 송금의뢰인과 수취인 사이에 자금이체의 원인인 법률관계가 존재하는지에 관계없이 수취인과 수취은행 사이에는 입금액 상당의 예금계약이 성립하고, 수취인은 수취은행에 대하여 입금액 상당의 예금채권을 취득한다.

③ 출금계좌의 예금주가 수취인 앞으로의 계좌이체에 대하여 지급지시를 하거나 수취인의 추심이체에 관하여 출금 동의 등을 한 바가 없는데도, 은행이 그와 같은 지급지시나 출금 동의가 있는 것으로 착오를 일으켜 출금계좌에서 예금을 인출한 다음 이를 수취인의 예금계좌에 입금하여 그 기록이 완료된 때에도 수취인과 수취은행 사이에는 입금액 상당의 예금계약이 성립하고, 수취인은 수취은행에 대하여 입금액 상당의 예금채권을 취득한다.

④ 송금의뢰인이 착오송금임을 이유로 거래은행을 통하여 혹은 수취은행에 직접 송금액의 반환을 요청하고 수취인도 송금의뢰인의 착오송금에 의하여 수취인의 계좌에 금원이 입금된 사실을 인정하고 수취은행에 그 반환을 승낙하고 있는 경우, 수취은행이 수취인에 대한 대출채권 등을 자동채권으로 하여 수취인의 계좌에 착오로 입금된 금원 상당의 예금채권과 상계하는 것은 원칙적으로 가능하다.

⑤ 만기가 정해진 예금계약에 따른 금융기관의 예금 반환채무는 만기가 도래하더라도 임치인이 미리 만기 후 예금 수령방법을 지정한 경우와 같은 특별한 사정이 없는 한 임치인의 적법한 지급 청구가 있어야 비로소 이행할 수 있으므로, 예금계약의 만기가 도래한 것만으로 금융기관인 수치인이 임치인에 대하여 예금 반환 지연으로 인한 지체책임을 부담한다고 볼 수는 없다.

....

[❶ ▸ ○] 　예금계약은 예금자가 예금의 의사를 표시하면서 금융기관에 돈을 제공하고 금융기관이 그 의사에 따라 그 돈을 받아 확인을 하면 그로써 성립하며, 금융기관의 직원이 그 받은 돈을 금융기관에 실제로 입금하였는지 여부는 예금계약의 성립에는 아무런 영향을 미치지 아니한다(대판 2005.12.23. 2003다 30159).

[❷ ▸ ○] [❸ ▸ ○] 　자금이체는 은행 간 및 은행점포 간의 송금절차를 통하여 저렴한 비용으로 안전하고 신속하게 자금을 이동시키는 수단이고, 다수인 사이에 다액의 자금이동을 원활하게 처리하기 위하여 그 중개역할을 하는 은행이 각 자금이동의 원인인 법률관계의 존부, 내용 등에 관여함이 없이 이를 수행하는 체제로 되어 있다. 따라서 예금거래기본약관에 따라 송금의뢰인이 수취인의 예금계좌에 자금이체를 하여 예금원장에 입금의 기록이 된 때에는 특별한 사정이 없는 한 송금의뢰인과 수취인 사이에 자금이체의 원인인 법률관계가 존재하는지에 관계없이 수취인과 수취은행 사이에는 입금액 상당의 예금계약이 성립하고, 수취인은 수취은행에 대하여 입금액 상당의 예금채권을 취득한다. 이와 같은 법리는 출금계좌의 예금주가 수취인 앞으로의 계좌이체에 대하여 지급지시를 하거나 수취인의 추심이체에 관하여 출금 동의 등을 한 바가 없는데도, 은행이 그와 같은 지급지시나 출금 동의가 있는 것으로 착오를

일으켜 출금계좌에서 예금을 인출한 다음 이를 수취인의 예금계좌에 입금하여 그 기록이 완료된 때에도 동일하게 적용된다고 봄이 타당하므로, 수취인은 이러한 은행의 착오에 의한 자금이체의 경우에도 입금액 상당의 예금채권을 취득한다(대판 2012.10.25. 2010다47117).

[❹▶✕] 송금의뢰인이 착오송금임을 이유로 거래은행을 통하여 혹은 수취은행에 직접 송금액의 반환을 요청하고, 수취인도 송금의뢰인의 착오송금에 의하여 수취인의 계좌에 금원이 입금된 사실을 인정하여 수취은행에 그 반환을 승낙하고 있는 경우, 수취은행이 수취인에 대한 대출채권 등을 자동채권으로 하여 수취인의 계좌에 착오로 입금된 금원 상당의 예금채권과 상계하는 것은 수취은행이 선의인 상태에서 수취인의 예금채권을 담보로 대출을 하여 그 자동채권을 취득한 것이라거나 그 예금채권이 이미 제3자에 의하여 압류되었다는 등의 특별한 사정이 없는 한, 공공성을 지닌 자금이체시스템의 운영자가 그 이용자인 송금의뢰인의 실수를 기화로 그의 희생하에 당초 기대하지 않았던 채권회수의 이익을 취하는 행위로서 상계제도의 목적이나 기능을 일탈하고 법적으로 보호받을 만한 가치가 없으므로, 송금의뢰인에 대한 관계에서 신의칙에 반하거나 상계에 관한 권리를 남용하는 것이다. 수취인의 계좌에 착오로 입금된 금원 상당의 예금채권이 이미 제3자에 의하여 압류되었다는 특별한 사정이 있어 수취은행이 수취인에 대한 대출채권 등을 자동채권으로 하여 수취인의 그 예금채권과 상계하는 것이 허용되더라도 이는 피압류채권액의 범위 내에서만 가능하고, 그 범위를 벗어나는 상계는 신의칙에 반하거나 권리를 남용하는 것으로서 허용되지 않는다(대판 2022.7.14. 2020다212958).

[❺▶○] 만기가 정해진 예금계약에 따른 금융기관의 예금 반환채무는 만기가 도래하더라도 임치인이 미리 만기 후 예금 수령방법을 지정한 경우와 같은 특별한 사정이 없는 한 임치인의 적법한 지급 청구가 있어야 비로소 이행할 수 있으므로, 예금계약의 만기가 도래한 것만으로 금융기관인 수치인이 임치인에 대하여 예금 반환 지연으로 인한 지체책임을 부담한다고 볼 수는 없고, 정당한 권한이 있는 임치인의 지급 청구에도 불구하고 수치인이 예금 반환을 지체한 경우에 지체책임을 물을 수 있다고 보아야 한다(대판 2023.6.29. 2023다218353).

답 ❹

37

예금계약에 관한 다음 설명 중 가장 옳지 않은 것은?　

① 예금계약은 예금자가 예금의 의사를 표시하면서 금융기관에 돈을 제공하고 금융기관이 그 의사에 따라 돈을 받아 확인하면 그로써 성립하며, 금융기관의 직원이 그 돈을 금융기관에 입금하지 아니하고 이를 횡령하였다고 하더라도 예금계약의 성립 여부에 아무런 영향이 없다.

② '계좌이체가 되는 경우에는 예금원장에 입금의 기록이 된 때에 예금이 된다'고 예금거래기본약관에 정하여져 있더라도 송금의뢰인과 수취인 사이에 계좌이체의 원인인 법률관계가 존재하지 아니함에도 착오로 수취인의 예금계좌에 이체를 하였다면 수취인이 수취은행에 대하여 이체된 금액 상당의 예금채권을 취득하는 것은 아니다.

③ 송금의뢰인과 수취인 사이에 계좌이체의 원인인 법률관계가 존재하지 아니함에도 착오로 수취인의 예금계좌에 이체를 한 위와 같은 경우에는 수취인이 법률상 원인 없이 예금채권을 취득하는 이익을 얻은 것이므로 송금의뢰인은 수취인에 대하여 부당이득반환청구권을 가지게 된다.

④ 甲이 배우자인 乙을 대리하여 금융기관과 乙의 실명확인절차를 거쳐 乙 명의의 예금계약을 체결한 경우에 명의자인 乙이 아닌 실제로 자금을 출연한 甲을 예금계약의 당사자라고 보기 위해서는, 甲과 금융기관과의 사이에 예금명의인 乙의 예금반환청구권을 배제하고 출연자인 甲과 예금계약을 체결하여 甲에게 예금반환청구권을 귀속시키겠다는 명확한 의사의 합치가 있는 극히 예외적인 경우여야 한다.

⑤ 은행에 공동명의로 예금을 하고 은행에 대하여 그 권리를 함께 행사하기로 한 경우에 만일 동업자금을 공동명의로 예금한 경우라면 채권의 준합유관계에 있지만, 공동명의예금채권자들 각자가 분담하여 출연한 돈을 동업 이외의 특정 목적을 위하여 공동명의로 예치해 둠으로써 그 목적이 달성되기 전에는 공동명의예금채권자가 단독으로 예금을 인출할 수 없도록 방지·감시하고자 하는 등의 목적으로 공동명의로 예금을 개설한 경우라면 하나의 예금채권이 분량적으로 분할되어 각 공동명의예금채권자들에게 귀속된다.

....

[❶ ▸ ○]　예금계약은 예금자가 예금의 의사를 표시하면서 금융기관에 돈을 제공하고 금융기관이 그 의사에 따라 그 돈을 받아 확인을 하면 그로써 성립하며, 금융기관의 직원이 그 받은 돈을 금융기관에 입금하지 아니하고 이를 횡령하였다고 하더라도 예금계약의 성립에는 아무런 소장이 없다(대판 1996.1.26. 95다26919).

[❷ ▸ ✕] [❸ ▸ ○]　예금거래기본약관에 따라 송금의뢰인이 수취인의 예금계좌에 자금이체를 하여 예금원장에 입금의 기록이 된 때에는 특별한 사정이 없는 한 송금의뢰인과 수취인 사이에 자금이체의 원인인 법률관계가 존재하는지 여부에 관계없이 수취인과 수취은행 사이에는 위 입금액 상당의 예금계약이 성립하고, 수취인이 수취은행에 대하여 위 입금액 상당의 예금채권을 취득한다. 그리고 이때 송금의뢰인과 수취인 사이에 계좌이체의 원인이 되는 법률관계가 존재하지 않음에도 불구하고, 계좌이체에 의하여 수취인이 계좌이체금액 상당의 예금채권을 취득한 경우에는, 송금의뢰인은 수취인에 대하여 위 금액 상당의 부당이득반환청구권을 가지게 된다(대판 2010.11.11. 2010다41263).

[❹ ▸ ○]　금융실명거래 및 비밀보장에 관한 법률에 따라 실명확인절차를 거쳐 예금계약을 체결하고 그 실명확인 사실이 예금계약서 등에 명확히 기재되어 있는 경우에는, 일반적으로 그 예금계약서에 예금주로 기재된 예금명의자나 그를 대리한 행위자 및 금융기관의 의사는 예금명의자를 예금계약의 당사자로 보려는 것이라고 해석하는 것이 경험법칙에 합당하고, 예금계약의 당사자에 관한 법률관계를 명확히 할 수 있어 합리적이다. 그리고 이와 같은 예금계약당사자의 해석에 관한 법리는, 예금명의자 본인이 금융기관에 출석하여 예금계약을 체결한 경우나 예금명의자의 위임에 의하여 자금 출연자 등의 제3자(이하 '출연자 등'이라 한다)가 대리인으로서 예금계약을 체결한 경우 모두 마찬가지로 적용된다고 보아야 한다. 따라서 본인인 예금명의자의 의사에 따라 예금명의자의 실명확인 절차가 이루어지고 예금

명의자를 예금주로 하여 예금계약서를 작성하였음에도 불구하고, 예금명의자가 아닌 출연자 등을 예금 계약의 당사자라고 볼 수 있으려면, 금융기관과 출연자 등과 사이에서 실명확인절차를 거쳐 서면으로 이루어진 예금명의자와의 예금계약을 부정하여 예금명의자의 예금반환청구권을 배제하고 출연자 등과 예금계약을 체결하여 출연자 등에게 예금반환청구권을 귀속시키겠다는 명확한 의사의 합치가 있는 극히 예외적인 경우로 제한되어야 한다(대판[전합] 2009.3.19. 2008다45828).

[❺ ▸ O] 은행에 공동명의로 예금을 하고 은행에 대하여 그 권리를 함께 행사하기로 한 경우에 만일 동업자금을 공동명의로 예금한 경우라면 채권의 준합유관계에 있지만, 공동명의예금채권자들 각자가 분담하여 출연한 돈을 동업 이외의 특정 목적을 위하여 공동명의로 예치해 둠으로써 그 목적이 달성되기 전에는 공동명의예금채권자가 단독으로 예금을 인출할 수 없도록 방지·감시하고자 하는 등의 목적으로 공동명의로 예금을 개설한 경우라면 하나의 예금채권이 분량적으로 분할되어 각 공동명의예금채권자들 에게 귀속된다. 다만 은행과 공동명의예금채권자들 사이에 공동반환의 특약이 존재하는 경우 은행에 대한 지급 청구만을 공동명의예금채권자들 모두가 공동으로 하여야 하는 부담이 남는다(대판 2008.10.9. 2005다72430).

답 ❷

38
☐☐☐

다음 중 민법상 조합에 관한 설명으로 가장 옳지 않은 것은?   2024년 법무사시험 [문 5]

① 동업계약과 같은 조합계약에 있어서는 조합의 해산청구를 하거나 조합으로부터 탈퇴를 하거나 또는 다른 조합원을 제명할 수 있을 뿐이지 일반계약에 있어서처럼 조합계약을 해제하고 상대방에 게 그로 인한 원상회복의 의무를 부담지울 수는 없는 것이다.

② 일부 조합원이 동업계약에 따라 동업자금을 출자하였는데 업무집행 조합원이 본연의 임무에 위배 되거나 혹은 권한을 넘어선 행위를 자행함으로써 끝내 동업체의 동업 목적을 달성할 수 없게끔 만들고, 조합원이 출자한 동업자금을 모두 허비한 경우에 그로 인하여 손해를 입은 주체는 동업자 금을 상실하여 버린 조합, 즉 조합원들로 구성된 동업체라 할 것이고, 이로 인하여 결과적으로 동업자금을 출자한 조합원에게 손해가 발생하였다 하더라도 이는 조합과 무관하게 개인으로서 입은 손해가 아니므로, 결국 피해자인 조합원으로서는 조합관계를 벗어난 개인의 지위에서 그 손해의 배상을 구할 수는 없다.

③ 민법 제706조에서는 조합원 3분의 2 이상의 찬성으로 조합의 업무집행자를 선임하고 조합원 과반 수의 찬성으로 조합의 업무집행방법을 결정하도록 규정하고 있는바, 여기서 말하는 조합원은 조합 원의 인원수가 아닌 조합원의 출자가액이나 지분을 뜻한다.

④ 조합원은 다른 조합원 전원의 동의가 있으면 그 지분을 처분할 수 있으나 조합의 목적과 단체성에 비추어 조합원으로서의 자격과 분리하여 그 지분권만을 처분할 수는 없다고 할 것이므로, 조합원이 지분을 양도하면 그로써 조합원의 지위를 상실하게 되며 이와 같은 조합원 지위의 변동은 조합지분 의 양도양수에 관한 약정으로써 바로 효력이 생긴다.

⑤ 조합계약에 '동업지분은 제3자에게 양도할 수 있다'는 약정을 두고 있는 것과 같이 조합계약에서 개괄적으로 조합원 지분의 양도를 인정하고 있는 경우 조합원은 다른 조합원 전원의 동의가 없더라 도 자신의 지분 전부를 일체로써 제3자에게 양도할 수 있으나, 그 지분의 일부를 제3자에게 양도하 는 경우까지 당연히 허용되는 것은 아니다.

[**❶ ▸ ○**] 동업계약과 같은 조합계약에 있어서는 조합의 해산청구를 하거나 조합으로부터 탈퇴를 하거나 또는 다른 조합원을 제명할 수 있을 뿐이지 일반계약에 있어서처럼 조합계약을 해제하고 상대방에게 그로 인한 원상회복의 의무를 부담지울 수는 없다(대판 1994.5.13. 94다7157).

[**❷ ▸ ○**] 일부 조합원이 동업계약에 따라 동업자금을 출자하였는데 업무집행 조합원이 본연의 임무에 위배되거나 혹은 권한을 넘어선 행위를 자행함으로써 끝내 동업체의 동업 목적을 달성할 수 없게끔 만들고, 조합원이 출자한 동업자금을 모두 허비한 경우에 그로 인하여 손해를 입은 주체는 동업자금을 상실하여 버린 조합, 즉 조합원들로 구성된 동업체라 할 것이고, 이로 인하여 결과적으로 동업자금을 출자한 조합원에게 손해가 발생하였다 하더라도 이는 조합과 무관하게 개인으로서 입은 손해가 아니고, 조합체를 구성하는 조합원의 지위에서 입은 손해에 지나지 아니하는 것이므로, 결국 피해자인 조합원으로서는 조합관계를 벗어난 개인의 지위에서 그 손해의 배상을 구할 수는 없다(대판 1999.6.8. 98다60484).

[**❸ ▸ ✕**] 민법 제706조에서는 조합원 3분의 2 이상의 찬성으로 조합의 업무집행자를 선임하고 조합원 과반수의 찬성으로 조합의 업무집행방법을 결정하도록 규정하고 있는바, <u>여기서 말하는 조합원은 조합원의 출자가액이나 지분이 아닌 조합원의 인원수를 뜻한다.</u> 다만, 위와 같은 민법의 규정은 임의규정이므로, 당사자 사이의 약정으로 업무집행자의 선임이나 업무집행방법의 결정을 조합원의 인원수가 아닌 그 출자가액 내지 지분의 비율에 의하도록 하는 등 그 내용을 달리 정할 수 있고, 그와 같은 약정이 있는 경우에는 그 정한 바에 따라 업무집행자를 선임하거나 업무집행방법을 결정하여야만 유효하다(대판 2009.4.23. 2008다4247).

[**❹ ▸ ○**] 조합원은 다른 조합원 전원의 동의가 있으면 그 지분을 처분할 수 있으나 조합의 목적과 단체성에 비추어 조합원으로서의 자격과 분리하여 그 지분권만을 처분할 수는 없으므로, 조합원이 지분을 양도하면 그로써 조합원의 지위를 상실하게 되며, 이와 같은 조합원 지위의 변동은 조합지분의 양도양수에 관한 약정으로써 바로 효력이 생긴다(대판 2009.3.12. 2006다28454).

[**❺ ▸ ○**] 조합계약에 '동업지분은 제3자에게 양도할 수 있다'는 약정을 두고 있는 것과 같이 조합계약에서 개괄적으로 조합원 지분의 양도를 인정하고 있는 경우 조합원은 다른 조합원 전원의 동의가 없더라도 자신의 지분 전부를 일체로써 제3자에게 양도할 수 있으나, 그 지분의 일부를 제3자에게 양도하는 경우까지 당연히 허용되는 것은 아니다. 왜냐하면, 민법 제706조에 따라 조합원 수의 다수결로 업무집행자를 선임하고 업무집행방법을 결정하게 되어 있는 조합에 있어서는 조합원 지분의 일부가 제3자에게 양도되면 조합원 수가 증가하게 되어 당초의 조합원 수를 전제로 한 조합의 의사결정구조에 변경이 생기고, 나아가 소수의 조합원이 그 지분을 다수의 제3자들에게 분할·양도함으로써 의도적으로 그 의사결정구조에 왜곡을 가져올 가능성도 있으므로, 조합원 지분의 일부 양도를 명시적으로 허용한 것이 아니라 단지 조합원 지분의 양도가능성을 개괄적으로 인정하고 있을 뿐인 위 약정만으로 조합계약 당시 조합원들이 위와 같은 의사결정구조의 변경 또는 왜곡의 가능성을 충분히 인식하고 이를 용인할 의사로써 그 지분 일부의 양도까지 허용하였다고 볼 수는 없기 때문이다(대판 2009.4.23. 2008다4247).

답 ❸

① 민법상의 조합계약은 2인 이상이 상호 출자하여 공동으로 사업을 경영할 것을 약정하는 계약으로서 특정한 사업을 공동 경영하는 약정에 한하여 이를 조합계약이라고 할 수 있고, 공동의 목적달성이라는 정도만으로는 조합의 성립요건을 갖추었다고 할 수 없다.

② 동업계약과 같은 조합계약에 있어서는 조합의 해산청구를 하거나 조합으로부터 탈퇴를 하거나 또는 다른 조합원을 제명할 수 있을 뿐이지 일반계약에 있어서처럼 조합계약을 해제하고 상대방에게 그로 인한 원상회복의 의무를 부담지울 수는 없다.

③ 조합계약으로 조합원 중 일부 또는 제3자를 업무집행자로 정하지 않은 경우에는 모든 조합원이 원칙적으로 업무집행권을 가진다.

④ 2인으로 구성된 조합에서 한 사람이 탈퇴하면 조합관계는 종료되고 특별한 사정이 없는 한 조합 역시 해산 및 청산이 된다.

⑤ 조합에서 조합원이 탈퇴하는 경우, 탈퇴자와 잔존자 사이의 탈퇴로 인한 계산은 특별한 사정이 없는 한 민법 제719조 제1항, 제2항에 따라 '탈퇴 당시의 조합재산상태'를 기준으로 평가한 조합재산 중 탈퇴자의 지분에 해당하는 금액을 금전으로 반환하여야 한다.

───────────────────────────

[❶ ▸ ○] 민법상의 조합계약은 2인 이상이 상호 출자하여 공동으로 사업을 경영할 것을 약정하는 계약으로서 특정한 사업을 공동 경영하는 약정에 한하여 이를 조합계약이라고 할 수 있고, 공동의 목적달성이라는 정도만으로는 조합의 성립요건을 갖추었다고 할 수 없다(대판 2010.2.11. 2009다79729).

[❷ ▸ ○] 동업계약과 같은 조합계약에 있어서는 조합의 해산청구를 하거나 조합으로부터 탈퇴를 하거나 또는 다른 조합원을 제명할 수 있을 뿐이지 일반계약에 있어서처럼 조합계약을 해제하고 상대방에게 그로 인한 원상회복의 의무를 부담지울 수는 없다(대판 1994.5.13. 94다7157).

[❸ ▸ ○] 조합계약으로 조합원 중 일부 또는 제3자를 업무집행자로 정하지 않은 경우에는 모든 조합원이 원칙적으로 업무집행권을 가진다(대판 2018.8.30. 2016다46338).

[❹ ▸ ✕] 2인으로 구성된 조합에서 한 사람이 탈퇴하면 <u>조합관계는 종료되나 특별한 사정이 없는 한 조합은 해산이나 청산이 되지 않고</u>, 다만 조합원의 합유에 속한 조합재산은 남은 조합원의 단독소유에 속하여 탈퇴 조합원과 남은 조합원 사이에는 탈퇴로 인한 계산을 해야 한다(대판 2018.12.13. 2015다72385).

[❺ ▸ ○] 조합에서 조합원이 탈퇴하는 경우, 탈퇴자와 잔존자 사이의 탈퇴로 인한 계산은 특별한 사정이 없는 한 민법 제719조 제1항, 제2항에 따라 '탈퇴 당시의 조합재산상태'를 기준으로 평가한 조합재산 중 탈퇴자의 지분에 해당하는 금액을 금전으로 반환하여야 하고, 조합원의 지분비율은 '조합 내부의 손익분배 비율'을 기준으로 계산하여야 하나, 당사자가 손익분배의 비율을 정하지 아니한 때에는 민법 제711조에 따라 각 조합원의 출자가액에 비례하여 이를 정하여야 한다(대판 2008.9.25. 2008다41529).

답 ❹

40
□□□

각종 계약에 관한 다음 설명 중 가장 옳지 않은 것은? **2019년 법무사시험 [문 18]**

① 기존채무에 대하여 채권가압류가 마쳐진 후 채무자와 제3채무자 사이에 준소비대차약정이 체결된 경우, 가압류의 처분제한의 효력에 따라 채무자와 제3채무자는 준소비대차의 성립을 가압류채권자에게 주장할 수 없고, 다만 채무자와 제3채무자 사이에서는 준소비대차가 유효하다.

② 수인의 채권자가 그 채권을 담보하기 위하여 수인의 채권자 전원을 공동매수인으로 하여 채무자 소유의 부동산에 관하여 매매예약을 체결하고 이에 따라 가등기를 마친 경우, 그 가등기에 기한 본등기절차의 이행을 구하는 소는 반드시 그 수인의 채권자 전원이 제기하여야 한다.

③ 화해계약이 사기로 인하여 이루어진 경우에는 화해의 목적인 분쟁에 관한 사항에 착오가 있더라도 민법 제110조에 따라 이를 취소할 수 있다.

④ 위임계약의 수임인이 위임인에게 가지는 대변제청구권을 보전하기 위하여 채무자인 위임인의 채권을 대위행사하는 경우에는 채무자의 무자력을 요하지 않는다.

⑤ 민법상 조합계약은 2인 이상이 상호 출자하여 공동으로 사업을 경영할 것을 약정하는 계약이므로, 특정한 사업을 공동경영하는 약정에 한하여 이를 조합계약이라 할 수 있고, 공동의 목적달성이라는 정도만으로는 조합의 성립요건을 갖추었다고 할 수 없다.

[❶ ▸ ○] 기존채무에 대하여 채권가압류가 마쳐진 후 채무자와 제3채무자 사이에 준소비대차약정이 체결된 경우, 준소비대차약정은 가압류된 채권을 소멸하게 하는 것으로서 채권가압류의 효력에 반하므로, 가압류의 처분제한의 효력에 따라 채무자와 제3채무자는 준소비대차의 성립을 가압류채권자에게 주장할 수 없고, 다만 채무자와 제3채무자 사이에서는 준소비대차가 유효하다(대판 2007.1.11. 2005다47175).

[❷ ▸ ×] 수인의 채권자가 각기 채권을 담보하기 위하여 채무자와 채무자 소유의 부동산에 관하여 수인의 채권자를 공동매수인으로 하는 1개의 매매예약을 체결하고 그에 따라 수인의 채권자 공동명의로 그 부동산에 가등기를 마친 경우, 수인의 채권자가 공동으로 매매예약완결권을 가지는 관계인지 아니면 채권자 각자의 지분별로 별개의 독립적인 매매예약완결권을 가지는 관계인지는 매매예약의 내용에 따라야 하고, … 공동명의로 담보가등기를 마친 수인의 채권자가 각자의 지분별로 별개의 독립적인 매매예약완결권을 가지는 경우, 채권자 중 1인은 단독으로 자신의 지분에 관하여 가등기담보 등에 관한 법률이 정한 청산절차를 이행한 후 소유권 이전의 본등기절차이행청구를 할 수 있다(대판[전합] 2012.2.16. 2010다82530).

[❸ ▸ ○] 민법 제733조의 규정에 의하면, 화해계약은 화해당사자의 자격 또는 화해의 목적인 분쟁 이외의 사항에 착오가 있는 경우를 제외하고는 착오를 이유로 취소하지 못하지만, 화해계약이 사기로 인하여 이루어진 경우에는 화해의 목적인 분쟁에 관한 사항에 착오가 있는 때에도 민법 제110조에 따라 이를 취소할 수 있다고 할 것이다(대판 2008.9.11. 2008다15278).

[**④ ▸ ○**] 수임인이 가지는 민법 제688조 제2항 전단 소정의 대변제청구권은 통상의 금전채권과는 다른 목적을 갖는 것이므로, 수임인이 이 대변제청구권을 보전하기 위하여 채무자인 위임인의 채권을 대위행사하는 경우에는 채무자의 무자력을 요건으로 하지 아니한다(대판 2002.1.25. 2001다52506).

[**⑤ ▸ ○**] 민법상의 조합계약은 2인 이상이 상호 출자하여 공동으로 사업을 경영할 것을 약정하는 계약으로서, 특정한 사업을 공동경영하는 약정에 한하여 이를 조합계약이라고 할 수 있고, 공동의 목적달성이라는 정도만으로는 조합의 성립요건을 갖추지 못하였다고 할 것이다(대판 2010.10.28. 2010다51369).

탑 ❷

제3장 / 법정채권관계

제1절 **사무관리**

41
☐☐☐

사무관리, 부당이득에 관한 다음 설명 중 가장 옳지 않은 것은? 2024년 법무사시험 [문 34]

① 임차인이 임대차계약관계가 소멸한 다음에도 임대차 목적물을 계속 점유하기는 하였지만 이를 본래의 임대차계약상 목적에 따라 사용·수익하지 않아 이익을 얻은 적이 없는 경우에는 그로 말미암아 임대인에게 손해가 발생하였더라도 임차인의 부당이득반환의무는 성립하지 않는다.

② 부당이득제도는 이득자의 재산상 이득이 법률상 원인을 갖지 못한 경우에 공평·정의의 이념에 근거하여 이득자에게 반환의무를 부담시키는 것이므로, 이득자에게 실질적으로 이득이 귀속된 바 없다면 반환의무를 부담시킬 수 없다.

③ 사무관리가 성립하기 위하여는 우선 그 사무가 타인의 사무이고 타인을 위하여 사무를 처리하는 의사, 즉 관리의 사실상의 이익을 타인에게 귀속시키려는 의사가 있어야 하며, 나아가 그 사무의 처리가 본인에게 불리하거나 본인의 의사에 반한다는 것이 명백하지 아니할 것을 요한다. 여기에서 '타인을 위하여 사무를 처리하는 의사'는 관리자 자신의 이익을 위한 의사와 병존할 수 있으나, 외부적으로 표시되어야 하며 사무를 관리할 당시에 확정되어 있어야 한다.

④ 의무 없이 타인의 사무를 처리한 자는 그 타인에 대하여 민법상 사무관리 규정에 따라 비용상환 등을 청구할 수 있으나, 제3자와의 약정에 따라 타인의 사무를 처리한 경우에는 의무 없이 타인의 사무를 처리한 것이 아니므로 이는 원칙적으로 그 타인과의 관계에서는 사무관리가 된다고 볼 수 없다.

⑤ 민법 제742조 소정의 비채변제에 관한 규정은 변제자가 채무 없음을 알면서도 변제를 한 경우에 적용되는 것이고, 채무 없음을 알지 못한 경우에는 그 과실 유무를 불문하고 적용되지 아니하며, 변제자가 채무 없음을 알았다는 점에 대한 입증책임은 반환청구권을 부인하는 측에 있다고 할 것이다.

[**❶ ▶ ○**] 민법 제741조는 "법률상 원인 없이 타인의 재산 또는 노무로 인하여 이익을 얻고 이로 인하여 타인에게 손해를 가한 자는 그 이익을 반환하여야 한다."라고 정하고 있다. 임차인이 임대차계약관계가 소멸한 다음에도 임대차 목적물을 계속 점유하기는 하였지만 이를 본래의 임대차계약상 목적에 따라 사용·수익하지 않아 이익을 얻은 적이 없는 경우에는 그로 말미암아 임대인에게 손해가 발생하였더라도 임차인의 부당이득반환의무는 성립하지 않는다(대판 2019.4.11. 2018다291347).

[**❷ ▶ ○**] 계약상 채무의 이행으로 당사자가 상대방에게 급부를 행하였는데 계약이 무효이거나 취소되는 등으로 효력을 가지지 못하는 경우에 당사자들은 각기 상대방에 대하여 계약이 없었던 상태의 회복으로 자신이 행한 급부의 반환을 청구할 수 있는데, 이러한 경우의 원상회복의무를 법적으로 뒷받침하는 것이 민법 제741조 이하에서 정하는 부당이득법이 수행하는 핵심적인 기능의 하나이다. 이러한 부당이득 제도는 이득자의 재산상 이득이 법률상 원인을 갖지 못한 경우에 공평·정의의 이념에 근거하여 이득자에게 반환의무를 부담시키는 것이므로, 이득자에게 실질적으로 이득이 귀속된 바 없다면 반환의무를 부담시킬 수 없다(대판 2017.6.29. 2017다213838).

[**❸ ▶ ✕**] 사무관리가 성립하기 위하여는 우선 그 사무가 타인의 사무이고 타인을 위하여 사무를 처리하는 의사, 즉 관리의 사실상의 이익을 타인에게 귀속시키려는 의사가 있어야 하며, 나아가 그 사무의 처리가 본인에게 불리하거나 본인의 의사에 반한다는 것이 명백하지 아니할 것을 요한다. 여기에서 '타인을 위하여 사무를 처리하는 의사'는 관리자 자신의 이익을 위한 의사와 병존할 수 있고, 반드시 외부적으로 표시될 필요가 없으며, 사무를 관리할 당시에 확정되어 있을 필요가 없다(대판 2013.8.22. 2013다30882).

[**❹ ▶ ○**] 의무 없이 타인의 사무를 처리한 자는 그 타인에 대하여 민법상 사무관리 규정에 따라 비용상환 등을 청구할 수 있으나, 제3자와의 약정에 따라 타인의 사무를 처리한 경우에는 의무 없이 타인의 사무를 처리한 것이 아니므로 이는 원칙적으로 그 타인과의 관계에서는 사무관리가 된다고 볼 수 없다(대판 2013.9.26. 2012다43539).

[**❺ ▶ ○**] 민법 제742조 소정의 비채변제에 관한 규정은 변제자가 채무 없음을 알면서도 변제를 한 경우에 적용되는 것이어서 채무 없음을 알지 못한 경우에는 그 과실 유무를 불문하고 적용되지 아니하며, 변제자가 채무 없음을 알았다는 점에 대한 입증책임은 반환청구권을 부인하는 측에 있다고 할 것이다(대판 2012.11.15. 2010다68237).

답 ❸

42

사무관리에 관한 다음 설명 중 가장 옳지 않은 것은?

① 본인의 의사나 이익에 적합하지 아니한 사무관리를 한 경우에는 과실이 없는 때에도 이로 인한 손해를 배상해야 하나 그 관리행위가 공공의 이익에 적합한 때에는 중대한 과실이 없으면 배상할 책임이 없다.

② 사무관리가 성립하기 위하여는 우선 그 사무가 타인의 사무이고 타인을 위하여 사무를 처리하는 의사, 즉 관리의 사실상의 이익을 타인에게 귀속시키려는 의사가 있어야 하며, 나아가 그 사무의 처리가 본인에게 불리하거나 본인의 의사에 반한다는 것이 명백하지 아니할 것을 요한다. 여기에서 타인을 위하여 사무를 처리하는 의사는 관리자 자신의 이익을 위한 의사와 병존할 수 있고, 반드시 외부적으로 표시될 필요가 없으며, 사무를 관리할 당시에 확정되어 있을 필요가 없다.

③ 관리자가 타인의 생명, 신체, 명예 또는 재산에 대한 급박한 위해를 면하게 하기 위하여 그 사무를 관리한 때라 하더라도 경과실로 인하여 본인에게 손해가 발생한 때에는 이를 배상하여야 한다.

④ 의무 없이 타인을 위하여 사무를 관리한 자는 타인에 대하여 민법상 사무관리규정에 따라 비용상환 등을 청구할 수 있는 외에 사무관리에 의하여 결과적으로 사실상 이익을 얻은 다른 제3자에 대하여 직접 부당이득 반환을 청구할 수는 없다.

⑤ 의무 없이 타인의 사무를 처리한 자는 그 타인에 대하여 민법상 사무관리규정에 따라 비용상환 등을 청구할 수 있으나, 제3자와의 약정에 따라 타인의 사무를 처리한 경우에는 의무 없이 타인의 사무를 처리한 것이 아니므로 이는 원칙적으로 그 타인과의 관계에서는 사무관리가 된다고 볼 수 없다.

....

[❶ ▸ ○] 민법 제734조 제3항

민법 제734조(사무관리의 내용)

① 의무 없이 타인을 위하여 사무를 관리하는 자는 그 사무의 성질에 좇아 가장 본인에게 이익되는 방법으로 이를 관리하여야 한다.

② 관리자가 본인의 의사를 알거나 알 수 있는 때에는 그 의사에 적합하도록 관리하여야 한다.

③ 관리자가 전2항의 규정에 위반하여 사무를 관리한 경우에는 과실 없는 때에도 이로 인한 손해를 배상할 책임이 있다. 그러나 그 관리행위가 공공의 이익에 적합한 때에는 중대한 과실이 없으면 배상할 책임이 없다.

[❷ ▸ ○] 사무관리가 성립하기 위하여는 우선 그 사무가 타인의 사무이고 타인을 위하여 사무를 처리하는 의사, 즉 관리의 사실상의 이익을 타인에게 귀속시키려는 의사가 있어야 하며, 나아가 그 사무의 처리가 본인에게 불리하거나 본인의 의사에 반한다는 것이 명백하지 아니할 것을 요한다. 여기에서 '타인을 위하여 사무를 처리하는 의사'는 관리자 자신의 이익을 위한 의사와 병존할 수 있고, 반드시 외부적으로 표시될 필요가 없으며, 사무를 관리할 당시에 확정되어 있을 필요가 없다(대판 2013.8.22. 2013다30882).

[❸ ▸ ×] 관리자가 타인의 생명, 신체, 명예 또는 재산에 대한 급박한 위해를 면하게 하기 위하여 그 사무를 관리한 때에는 <u>고의나 중대한 과실이 없으면 이로 인한 손해를 배상할 책임이 없다</u>(민법 제735조).

[❹ ▸ ○] 계약상 급부가 계약상대방뿐 아니라 제3자에게 이익이 된 경우에 급부를 한 계약당사자는 계약상대방에 대하여 계약상 반대급부를 청구할 수 있는 이외에 제3자에 대하여 직접 부당이득반환청구를 할 수는 없다고 보아야 하고, 이러한 법리는 급부가 사무관리에 의하여 이루어진 경우에도 마찬가지이다. 따라서 의무 없이 타인을 위하여 사무를 관리한 자는 타인에 대하여 민법상 사무관리규정에 따라 비용상환 등을 청구할 수 있는 외에 사무관리에 의하여 결과적으로 사실상 이익을 얻은 다른 제3자에 대하여 직접 부당이득 반환을 청구할 수는 없다(대판 2013.6.27. 2011다17106).

[❺ ▸ ○] 의무 없이 타인의 사무를 처리한 자는 그 타인에 대하여 민법상 사무관리규정에 따라 비용상환 등을 청구할 수 있으나, 제3자와의 약정에 따라 타인의 사무를 처리한 경우에는 의무 없이 타인의 사무를 처리한 것이 아니므로 이는 원칙적으로 그 타인과의 관계에서는 사무관리가 된다고 볼 수 없다(대판 2013.9.26. 2012다43539).

답 ❸

제2절 부당이득

43
□□□

부당이득에 관한 다음 설명 중 가장 옳지 않은 것은?　　　　2025년 법무사시험 [문 7]

① 계약의 일방당사자가 상대방의 지시 등으로 상대방과 또 다른 계약관계를 맺고 있는 제3자에게 직접 급부한 경우(이른바 삼각관계에서의 급부가 이루어진 경우), 계약의 일방당사자는 제3자를 상대로 법률상 원인 없이 급부를 수령하였다는 이유로 부당이득반환청구를 할 수 없다.

② 이른바 삼각관계에서의 급부가 이루어진 경우, 제3자가 급부를 수령함에 있어 계약의 일방당사자가 상대방에 대하여 급부를 한 원인관계인 법률관계에 무효 등의 흠이 있었다는 사실을 알고 있었다면 계약의 일방당사자는 제3자를 상대로 법률상 원인 없이 급부를 수령하였다는 이유로 부당이득반환청구를 할 수 있다.

③ 계약상 금전채무를 지는 이가 채권자 甲의 지시에 좇아 甲에 대한 채권자에게 직접 금전을 지급하였는데 계약의 효력이 불발생하였으면, 그와 같이 적법한 이행을 한 계약당사자는 다른 특별한 사정이 없는 한 그 제3자가 아니라 계약의 상대방당사자에 대하여 계약의 효력불발생으로 인한 부당이득을 이유로 자신의 급부 또는 그 가액의 반환을 청구하여야 한다.

④ 제3자를 위한 계약관계에서 낙약자와 요약자 사이의 법률관계(이른바 기본관계)를 이루는 계약이 해제된 경우 그 계약관계의 청산은 계약의 당사자인 낙약자와 요약자 사이에 이루어져야 하므로, 특별한 사정이 없는 한 낙약자가 이미 제3자에게 급부한 것이 있더라도 낙약자는 계약해제에 기한 원상회복 또는 부당이득을 원인으로 제3자를 상대로 그 반환을 구할 수 없다.

⑤ 회사가 임원이나 근로자를 피보험자 및 수익자로 하여 퇴직보험에 가입한 경우, 임원이나 근로자가 퇴직보험에 의하여 수령한 금원 중에서 위 퇴직금을 초과하는 금원은 회사가 출연한 보험료를 기초로 하여 법률상 원인 없이 이득을 얻은 것이 되어 회사에게 반환할 의무가 있다.

[❶▸○] [❷▸×] 계약의 일방당사자가 상대방의 지시 등으로 상대방과 또 다른 계약관계를 맺고 있는 제3자에게 직접 급부한 경우(이른바 삼각관계에서의 급부가 이루어진 경우), 그 급부로써 급부를 한 당사자의 상대방에 대한 급부가 이루어질 뿐 아니라 그 상대방의 제3자에 대한 급부도 이루어지는 것이므로 계약의 일방당사자는 제3자를 상대로 법률상 원인 없이 급부를 수령하였다는 이유로 부당이득 반환청구를 할 수 없다(①). 이러한 경우에 계약의 일방당사자가 상대방에 대하여 급부를 한 원인관계인 법률관계에 무효 등의 흠이 있다는 이유로 제3자를 상대로 직접 부당이득반환청구를 할 수 있다고 보면 자기 책임하에 체결된 계약에 따른 위험부담을 제3자에게 전가하는 것이 되어 계약법의 원리에 반하는 결과를 초래할 뿐만 아니라 수익자인 제3자가 상대방에 대하여 가지는 항변권 등을 침해하게 되어 부당하기 때문이다. 이와 같이 <u>삼각관계에서의 급부가 이루어진 경우에, 제3자가 급부를 수령함에 있어 계약의 일방당사자가 상대방에 대하여 급부를 한 원인관계인 법률관계에 무효 등의 흠이 있었다는 사실을 알고 있었다 할지라도 계약의 일방당사자는 제3자를 상대로 법률상 원인 없이 급부를 수령하였다는 이유로 부당이득반환청구를 할 수 없다(②)</u>(대판 2008.9.11, 2006다46278).

[❸▸○] 계약상 금전채무를 지는 이가 채권자 甲의 지시에 좇아 甲에 대한 채권자 또는 甲이 증여하고자 하는 이에게 직접 금전을 지급한 경우 또는 남의 경사를 축하하기 위하여 꽃을 산 사람이 경사의 당사자에게 직접 배달시킨 경우와 같이, 계약상 급부가 실제적으로는 제3자에게 행하여졌다고 하여도 그것은 계약상 채무의 적법한 이행(이른바 '제3자방 이행')이라고 할 것이다. 이때 계약의 효력이 불발생 하였으면, 그와 같이 적법한 이행을 한 계약당사자는 다른 특별한 사정이 없는 한 그 제3자가 아니라 계약의 상대방당사자에 대하여 계약의 효력불발생으로 인한 부당이득을 이유로 자신의 급부 또는 그 가액의 반환을 청구하여야 한다(대판 2010.3.11, 2009다98706).

[❹▸○] 제3자를 위한 계약관계에서 낙약자와 요약자 사이의 법률관계(이른바 기본관계)를 이루는 계약이 해제된 경우 그 계약관계의 청산은 계약의 당사자인 낙약자와 요약자 사이에 이루어져야 하므로, 특별한 사정이 없는 한 낙약자가 이미 제3자에게 급부한 것이 있더라도 낙약자는 계약해제에 기한 원상회복 또는 부당이득을 원인으로 제3자를 상대로 그 반환을 구할 수 없다(대판 2005.7.22, 2005다7566).

[❺▸○] 회사가 임원이나 근로자를 피보험자 및 수익자로 하여 퇴직보험에 가입하였더라도, 이는 임원이나 근로자가 퇴직할 경우 회사가 퇴직금 관련 규정에 따라 지급하여야 할 퇴직금을 보험금 또는 해약환급금에서 직접 지급받도록 함으로써 회사의 재무 사정에 영향을 받지 않고 퇴직금 지급이 보장되도록 하기 위한 것일 뿐 그 퇴직금을 넘는 금원을 임원이나 근로자에게 지급하기 위한 것은 아니다. 따라서 비록 임원이나 근로자가 퇴직보험에서 정한 바에 따라 직접 보험금 또는 해약환급금을 수령하였다고 하더라도, 회사에 대한 관계에서는 회사가 지급하여야 하는 퇴직금의 범위 내에서만 보험금 또는 해약환급금을 보유할 수 있는 권리를 가질 뿐이며, 임원이나 근로자가 퇴직보험에 의하여 수령한 금원 중에서 위 퇴직금을 초과하는 금원은 회사가 출연한 보험료를 기초로 하여 법률상 원인 없이 이득을 얻은 것이 되어 회사에게 반환할 의무가 있다(대판 2010.3.11, 2007다71271).

정답 ❷

44

불법원인급여에 관한 다음 설명 중 옳지 않은 것을 모두 고른 것은?

ㄱ. 급여자와 수익자의 불법성을 비교하여 수익자의 불법성이 급여자의 그것에 비하여 현저히 큰 경우에는 급여자는 수익자에 대하여 이익의 반환을 청구할 수 있다.

ㄴ. 불법원인급여가 성립한 경우, 수익자가 그 불법의 원인에 가공하였다면 특별한 사정이 없는 한 급여자는 수익자의 불법행위를 이유로 그 재산의 급여로 말미암아 발생한 자신의 손해의 배상을 구할 수 있다.

ㄷ. 구 수산업법 제33조에서 정한 어업권 임대차 금지를 위반하는 행위는 그 금지의 취지 등에 비추어 선량한 풍속 기타 사회질서에 반하는 행위에 해당하므로, 어업권을 임대한 어업권자로서는 임차인이 양식어장을 점유·사용함으로써 얻은 이익을 부당이득으로 반환을 구할 수 없다.

ㄹ. 불법의 원인으로 소유권을 이전한 경우에 급여자는 부당이득을 이유로 하여 그 반환을 청구할 수는 없으나 특별한 사정이 없는 한 소유권에 기한 반환청구는 가능하다.

ㅁ. 부동산 실권리자명의 등기에 관한 법률을 위반하여 무효인 명의신탁약정에 따라 명의수탁자 명의로 등기를 한 경우, 명의신탁자가 명의수탁자를 상대로 그 등기의 말소를 구하는 것이 불법 원인급여를 이유로 금지된다고 할 수 없고, 이는 해당 명의신탁약정이 농지법에 따른 제한을 회피하고자 체결된 경우에도 마찬가지이다.

① ㄱ, ㄷ, ㄹ   ② ㄱ, ㄷ, ㅁ
③ ㄴ, ㄷ, ㅁ   ④ ㄴ, ㄷ, ㄹ
⑤ ㄴ, ㄹ, ㅁ

[ㄱ ▸ O] 선량한 풍속 기타 사회질서에 위반하여 무효인 부분의 이자 약정을 원인으로 차주가 대주에게 임의로 이자를 지급하는 것은 통상 불법의 원인으로 인한 재산 급여라고 볼 수 있을 것이나, 불법원인급여에 있어서도 그 불법원인이 수익자에게만 있는 경우이거나 수익자의 불법성이 급여자의 그것보다 현저히 커서 급여자의 반환청구를 허용하지 않는 것이 오히려 공평과 신의칙에 반하게 되는 경우에는 급여자의 반환청구가 허용되므로, 대주가 사회통념상 허용되는 한도를 초과하는 이율의 이자를 약정하여 지급받은 것은 그이 우월한 지위를 이용하여 부당한 이득을 얻고 차주에게는 과도한 반대급부 또는 기타의 부당한 부담을 지우는 것으로서 그 불법의 원인이 수익자인 대주에게만 있거나 또는 적어도 대주의 불법성이 차주의 불법성에 비하여 현저히 크다고 할 것이어서 차주는 그 이자의 반환을 청구할 수 있다(대판[전합] 2007.2.15. 2004다50426).

[ㄴ ▸ ×] 불법의 원인으로 재산을 급여한 사람은 상대방 수령자가 그 '불법의 원인'에 가공하였다고 하더라도 상대방에게만 불법의 원인이 있거나 그의 불법성이 급여자의 불법성보다 현저히 크다고 평가되는 등으로 제반 사정에 비추어 급여자의 손해배상청구를 인정하지 아니하는 것이 오히려 사회상규에 명백히 반한다고 평가될 수 있는 특별한 사정이 없는 한 상대방의 불법행위를 이유로 그 재산의 급여로 말미암아 발생한 자신의 손해를 배상할 것을 주장할 수 없다고 할 것이다. 그와 같은 경우에 급여자의 위와 같은 손해배상청구를 인용한다면, 이는 급여자는 결국 자신이 행한 급부 자체 또는 그 경제적 동일물을 환수하는 것과 다름없는 결과가 되어, 민법 제746조에서 실정법적으로 구체화된 법이념에 반하게 되는 것이다(대판 2013.8.22. 2013다35412).

[ㄷ ▸ ✕] 구 수산업법(2007.4.11. 법률 제8377호로 전부 개정되기 전의 것) 제33조가 어업권의 임대차를 금지하고 있는 취지 등에 비추어 보면, 위 규정에 위반하는 행위가 무효라고 하더라도 그것이 선량한 풍속 기타 사회질서에 반하는 행위라고 볼 수는 없다. 따라서 어업권의 임대차를 내용으로 하는 임대차계약이 구 수산업법 제33조에 위반되어 무효라고 하더라도 그것이 부당이득의 반환이 배제되는 '불법의 원인'에 해당하는 것으로 볼 수는 없으므로, 어업권을 임대한 어업권자로서는 그 임대차계약에 기해 임차인에게 한 급부로 인하여 임차인이 얻은 이익, 즉 임차인이 양식어장(어업권)을 점유·사용함으로써 얻은 이익을 부당이득으로 반환을 구할 수 있다(대판 2010.12.9. 2010다57626).

[ㄹ ▸ ✕] 민법 제746조는 단지 부당이득제도만을 제한하는 것이 아니라 동법 제103조와 함께 사법의 기본이념으로서, 결국 사회적 타당성이 없는 행위를 한 사람은 스스로 불법한 행위를 주장하여 복구를 그 형식 여하에 불구하고 소구할 수 없다는 이상을 표현한 것이므로, 급여를 한 사람은 그 원인행위가 법률상 무효라 하여 상대방에게 부당이득반환청구를 할 수 없음은 물론 급여한 물건의 소유권은 여전히 자기에게 있다고 하여 소유권에 기한 반환청구도 할 수 없고 따라서 급여한 물건의 소유권은 급여를 받은 상대방에게 귀속된다(대판[전합] 1979.11.13. 79다483).

[ㅁ ▸ ○] 부동산 실권리자명의 등기에 관한 법률(이하 '부동산실명법'이라 한다) 규정의 문언, 내용, 체계와 입법 목적 등을 종합하면, 부동산실명법을 위반하여 무효인 명의신탁약정에 따라 명의수탁자 명의로 등기를 하였다는 이유만으로 그것이 당연히 불법원인급여에 해당한다고 단정할 수는 없다. 이는 농지법에 따른 제한을 회피하고자 명의신탁을 한 경우에도 마찬가지이다(대판[전합] 2019.6.20. 2013다218156).

답 ❹

45

2022년 법무사시험 [문 34]

부당이득에 관한 다음 설명 중 가장 옳지 않은 것은?

① 채무자 아닌 자가 착오로 인하여 타인의 채무를 변제한 경우에 채권자가 선의로 증서를 훼멸하거나 담보를 포기하거나 시효로 인하여 그 채권을 잃은 때에는 변제자는 그 반환을 청구하지 못한다.

② 불법행위로 인한 인신손해에 대한 손해배상청구소송에서 판결이 확정된 후 피해자가 그 판결에서 손해배상액 산정의 기초로 인정된 기대여명보다 일찍 사망한 경우라도 그 판결이 재심의 소 등으로 취소되지 않는 한 그 판결에 기하여 지급받은 손해배상금 중 일부를 법률상 원인 없는 이득이라 하여 반환을 구하는 것은 그 판결의 기판력에 저촉되어 허용될 수 없다.

③ 불법원인급여 후 급부를 이행받은 자가 급부의 원인행위와 별도의 약정으로 급부 그 자체 또는 그에 갈음한 대가물의 반환을 특약하는 것은 불법원인급여를 한 자가 그 부당이득의 반환을 청구하는 경우와는 달리 그 반환약정 자체가 사회질서에 반하여 무효가 되지 않는 한 유효하다.

④ 토지의 매수인이 매매계약의 이행으로 그 토지를 인도받았으나 아직 소유권이전등기를 경료받지 아니하였다면 그 매수인으로부터 위 토지를 다시 매수한 자에 대하여 매도인은 그 점유·사용을 법률상 원인이 없는 이익이라고 하여 부당이득반환청구를 할 수 있다.

⑤ 무권한자의 변제수령을 채권자가 추인한 경우에 채권자는 무권한자에게 부당이득으로서 그 변제받은 것의 반환을 청구할 수 있다.

[**❶ ▸ ○**] 채무자 아닌 자가 착오로 인하여 타인의 채무를 변제한 경우에 채권자가 선의로 증서를 훼멸하거나 담보를 포기하거나 시효로 인하여 그 채권을 잃은 때에는 변제자는 그 반환을 청구하지 못한다(민법 제745조 제1항).

[**❷ ▸ ○**] 확정판결이 실체적 권리관계와 다르다 하더라도 그 판결이 재심의 소 등으로 취소되지 않는 한 그 판결의 기판력에 저촉되는 주장을 할 수 없어 그 판결의 집행으로 교부받은 금원을 법률상 원인 없는 이득이라 할 수 없는 것이므로, 불법행위로 인한 인신손해에 대한 손해배상청구소송에서 판결이 확정된 후 피해자가 그 판결에서 손해배상액 산정의 기초로 인정된 기대여명보다 일찍 사망한 경우라도 그 판결이 재심의 소 등으로 취소되지 않는 한 그 판결에 기하여 지급받은 손해배상금 중 일부를 법률상 원인 없는 이득이라 하여 반환을 구하는 것은 그 판결의 기판력에 저촉되어 허용될 수 없다(대판 2009.11.12. 2009다56665).

[**❸ ▸ ○**] 불법원인급여 후 급부를 이행받은 자가 급부의 원인행위와 별도의 약정으로 급부 그 자체 또는 그에 갈음한 대가물의 반환을 특약하는 것은 불법원인급여를 한 자가 그 부당이득의 반환을 청구하는 경우와는 달리 그 반환약정 자체가 사회질서에 반하여 무효가 되지 않는 한 유효하다. 여기서 반환약정 자체의 무효 여부는 반환약정 그 자체의 목적뿐만 아니라 당초의 불법원인급여가 이루어진 경위, 쌍방당사자의 불법성의 정도, 반환약정의 체결과정 등 민법 제103조 위반 여부를 판단하기 위한 제반 요소를 종합적으로 고려하여 결정하여야 하고, 한편 반환약정이 사회질서에 반하여 무효라는 점은 수익자가 이를 입증하여야 한다(대판 2010.5.27. 2009다12580).

[**❹ ▸ ✕**] 토지의 매수인이 아직 소유권이전등기를 경료받지 아니하였다 하여도 매매계약의 이행으로 그 토지를 인도받은 때에는 매매계약의 효력으로서 이를 점유·사용할 권리가 생기게 된 것으로 보아야 하고, 또 매수인으로부터 위 토지를 다시 매수한 자는 위와 같은 토지의 점유사용권을 취득한 것으로 봄이 상당하므로 <u>매도인은 매수인으로부터 다시 위 토지를 매수한 자에 대하여 토지 소유권에 기한 물권적 청구권을 행사하거나 그 점유·사용을 법률상 원인이 없는 이익이라고 하여 부당이득반환청구를 할 수는 없다</u>고 할 것인바, 이러한 법리는 대물변제 약정에 의하여 매매와 같이 부동산의 소유권을 이전받게 되는 자가 이미 당해 부동산을 점유·사용하고 있거나, 그로부터 다시 이를 임차하여 점유·사용하고 있는 경우에도 마찬가지로 적용된다(대판 2001.12.11. 2001다45355).

[**❺ ▸ ○**] 민법 제472조는 불필요한 연쇄적 부당이득반환의 법률관계가 형성되는 것을 피하기 위하여 변제받을 권한 없는 자에 대한 변제의 경우에도 채권자가 이익을 받은 한도에서 효력이 있다고 규정하고 있는데, 여기에서 말하는 '채권자가 이익을 받은' 경우에는 변제의 수령자가 진정한 채권자에게 채무자의 변제로 받은 급부를 전달한 경우는 물론이고, 그렇지 않더라도 무권한자의 변제수령을 채권자가 사후에 추인한 때와 같이 무권한자의 변제수령을 채권자의 이익으로 돌릴 만한 실질적 관련성이 인정되는 경우도 포함된다. 그리고 무권한자의 변제수령을 채권자가 추인한 경우에 채권자는 무권한자에게 부당이득으로서 변제받은 것의 반환을 청구할 수 있다(대판 2016.7.14. 2015다71856).

답 ❹

PART 1 PART 2 PART 3 PART 4 PART 5 PART 6 PART 7 PART 8

46 □□□ 부당이득반환청구에 관한 다음 설명 중 가장 옳지 <u>않은</u> 것은?

① 부동산에 관하여 과반수 공유지분을 가진 자는 공유자 사이에 공유물의 관리방법에 관하여 협의가 미리 없었다 하더라도 공유물의 관리에 관한 사항을 단독으로 결정할 수 있으므로 공유토지에 관하여 과반수지분권을 가진 자가 그 공유토지의 특정된 한 부분을 배타적으로 사용수익하더라도 다른 공유자와의 관계에서 부당이득이 성립하지 않는다.

② 토지의 매수인이 아직 소유권이전등기를 마치지 않았더라도 매매계약의 이행으로 토지를 인도받은 때에는 매매계약의 효력으로서 이를 점유·사용할 권리가 있으므로, 매도인이 매수인에 대하여 그 점유·사용을 법률상 원인이 없는 이익이라고 하여 부당이득반환청구를 할 수는 없다.

③ 부동산에 대한 취득시효가 완성되면 점유자는 소유명의자에 대하여 취득시효 완성을 원인으로 한 소유권이전등기절차의 이행을 청구할 수 있고 소유명의자는 이에 응할 의무가 있으므로 점유자가 그 명의로 소유권이전등기를 경료하지 아니하여 아직 소유권을 취득하지 못하였다고 하더라도 소유명의자는 점유자에 대하여 점유로 인한 부당이득반환청구를 할 수 없다.

④ 법률상 원인 없이 타인의 재산 또는 노무로 인하여 이익을 얻고 그로 인하여 타인에게 손해를 가한 경우, 그 취득한 것이 금전상의 이득인 때에는 그 금전은 이를 취득한 자가 소비하였는가의 여부를 불문하고 현존하는 것으로 추정된다.

⑤ 타인 소유의 토지 위에 권한 없이 건물을 소유하는 자는 그 자체로써 건물부지가 된 토지를 점유하고 있는 것이므로 특별한 사정이 없는 한 법률상 원인 없이 타인의 재산으로 인하여 토지의 차임에 상당하는 이익을 얻고 이로 인하여 타인에게 동액 상당의 손해를 주고 있는 것이다.

[❶▸×] 부동산에 관하여 과반수 공유지분을 가진 자는 공유자 사이에 공유물의 관리방법에 관하여 협의가 미리 없었다 하더라도 공유물의 관리에 관한 사항을 단독으로 결정할 수 있으므로 공유토지에 관하여 과반수지분권을 가진 자가 그 공유토지의 특정된 한 부분을 배타적으로 사용수익할 것을 정하는 것은 공유물의 관리방법으로서 적법하다고 할 것이며 다만 이 경우에 비록 <u>그 특정한 부분이 자기의 지분비율에 상당하는 면적의 범위 내라 할지라도 다른 공유자들 중 지분은 있으나 사용수익은 전혀 하고 있지 아니함으로써 손해를 입고 있는 자에 대하여는 과반수 지분권자를 포함한 모든 사용수익을 하고 있는 공유자는 그자의 지분에 상응하는 부당이득을 하고 있다고 보아야 할 것이다.</u> 왜냐하면 모든 공유자는 공유물 전부를 지분의 비율로 사용 수익할 수 있기 때문이다(대판 1991.9.24. 88다카33855).

[❷▸○] 토지의 매수인이 아직 소유권이전등기를 마치지 않았더라도 매매계약의 이행으로 토지를 인도받은 때에는 매매계약의 효력으로서 이를 점유·사용할 권리가 있으므로, 매도인이 매수인에 대하여 그 점유·사용을 법률상 원인이 없는 이익이라고 하여 부당이득반환청구를 할 수는 없다. 이러한 법리는 대물변제약정 등에 의하여 매매와 같이 부동산의 소유권을 이전받게 되는 사람이 이미 부동산을 점유·사용하고 있는 경우에도 마찬가지로 적용된다(대판 2016.7.7. 2014다2662).

[❸▸○] 부동산에 대한 취득시효가 완성되면 점유자는 소유명의자에 대하여 취득시효 완성을 원인으로 한 소유권이전등기절차의 이행을 청구할 수 있고 소유명의자는 이에 응할 의무가 있으므로 점유자가 그 명의로 소유권이전등기를 경료하지 아니하여 아직 소유권을 취득하지 못하였다고 하더라도 소유명의자는 점유자에 대하여 점유로 인한 부당이득반환청구를 할 수 없다(대판 1993.5.25. 92다51280).

[❹▸○] 법률상 원인 없이 타인의 재산 또는 노무로 인하여 이익을 얻고 그로 인하여 타인에게 손해를 가한 경우, 그 취득한 것이 금전상의 이득인 때에는 그 금전은 이를 취득한 자가 소비하였는가의 여부를 불문하고 현존하는 것으로 추정된다(대판 1996.12.10. 96다32881).

[❺ ▸ O] 타인 소유의 토지 위에 권한 없이 건물을 소유하는 자는 그 자체로써 건물부지가 된 토지를 점유하고 있는 것이므로 특별한 사정이 없는 한 법률상 원인 없이 타인의 재산으로 인하여 토지의 차임에 상당하는 이익을 얻고 이로 인하여 타인에게 동액 상당의 손해를 주고 있다고 할 것이고, 이는 건물소유자가 미등기건물의 원시취득자로서 그 건물에 관하여 사실상의 처분권을 보유하게 된 양수인이 따로 존재하는 경우에도 다르지 아니하다(대판 2011.7.14. 2009다76522·76539).

답 ❶

제3절 불법행위

47
□□□

제3자의 채권침해에 관한 다음 설명 중 가장 옳지 않은 것은? 2025년 법무사시험 [문 40]

① 제3자가 채권자를 해한다는 사정을 알면서도 법규에 위반하거나 선량한 풍속 또는 사회질서에 위반하는 등 위법한 행위를 함으로써 채권자의 이익을 침해하였다면 이로써 불법행위가 성립한다고 하지 않을 수 없다.

② 제3자가 위법한 행위를 함으로써 다른 사람 사이의 계약체결을 방해하거나 유효하게 존속하던 계약의 갱신을 하지 못하게 하여 그 다른 사람의 정당한 법률상 이익이 침해되기에 이른 경우에도 제3자의 채권침해에 의한 불법행위가 성립한다.

③ 채권침해의 위법성은 침해되는 채권의 내용, 침해행위의 태양, 침해자의 고의 내지 해의의 유무 등을 참작하여 구체적, 개별적으로 판단하되, 거래자유 보장의 필요성, 경제·사회정책적 요인을 포함한 공공의 이익, 당사자 사이의 이익균형 등을 종합적으로 고려하여야 한다.

④ 채무자가 다른 채권자들에게 채무를 변제한 행위가 정당한 법률행위인 이상 이를 요청한 행위 또한 위법성이 없어서 제3자의 채권침해에 의한 불법행위가 될 수 없다.

⑤ 일반적으로 채권에 대하여는 배타적 효력이 부인되고 채권자 상호 간 및 채권자와 제3자 사이에 자유경쟁이 허용되는 것이지만 제3자에 의하여 채권이 침해되었으면 그 자체로 곧바로 불법행위가 성립한다고 볼 것이다.

⋯⋯

[❶ ▸ O] [❷ ▸ O] [❸ ▸ O] [❺ ▸ ✕] 일반적으로 채권에 대하여는 배타적 효력이 부인되고 채권자 상호 간 및 채권자와 제3자 사이에 자유경쟁이 허용되는 것이어서 제3자에 의하여 채권이 침해되었다는 사실만으로 바로 불법행위로 되지는 않는 것이지만(⑤), 거래에 있어서의 자유경쟁의 원칙은 법질서가 허용하는 범위 내에서의 공정하고 건전한 경쟁을 전제로 하는 것이므로, 제3자가 채권자를 해한다는 사정을 알면서도 법규를 위반하거나 선량한 풍속 또는 사회질서를 위반하는 등 위법한 행위를 함으로써 채권자의 이익을 침해하였다면 이로써 불법행위가 성립하고(①), 여기에서 채권침해의 위법성은 침해되는 채권의 내용, 침해행위의 태양, 침해자의 고의 내지 해의의 유무 등을 참작하여 구체적, 개별적으로 판단하되, 거래자유 보장의 필요성, 경제·사회정책적 요인을 포함한 공공의 이익, 당사자 사이의 이익균형 등을 종합적으로 고려하여야 하는바(③), 이러한 법리는 제3자가 위법한 행위를 함으로써 다른 사람 사이의 계약체결을 방해하거나 유효하게 존속하던 계약의 갱신을 하지 못하게 하여 그 다른 사람의 정당한 법률상 이익이 침해되기에 이른 경우에도 적용된다(②)(대판 2007.5.11. 2004다11162).

[④ ▸ ○] 채무자로 하여금 채권자 甲에게 지급하여야 할 물품대금을 자금사정이 어려운 군소협력업체인 다른 채권자들에게 우선 결제하도록 지시하고 채무자가 이에 따라 그 물품대금을 채권자 甲이 아닌 다른 채권자들에게 지급함으로써 결과적으로 채무자가 채권자 甲에게 물품대금을 지급하지 못하게 된 사안에서, 채무자가 다른 채권자들에게 채무를 변제한 행위가 정당한 법률행위인 이상 이를 요청한 행위 또한 위법성이 없어서 제3자의 채권침해에 의한 불법행위가 될 수 없다고 한 원심의 판단을 수긍한 사례이다(대판 2006.6.15. 2006다13117).

답 ❺

48 □□□

다음 설명 중 가장 옳지 않은 것은? 2023년 법무사시험 [문 28]

① 교통사고의 피해자가 사고로 상해를 입은 후에도 계속하여 종전과 같이 직장에 근무하여 종전과 같은 보수를 지급받고 있다 하더라도 이를 손해배상액에서 공제할 수 없다.
② 아파트 건축으로 인근 토지 소유자의 일조권을 침해하여 불법행위로 인한 손해배상책임이 성립한 경우 아파트 건축으로 인하여 그 토지의 지가가 상승하였다고 하더라도 그 이익을 손해배상액에서 공제할 수 없다.
③ 교통사고를 일으켜 개인택시를 운전하는 사람을 사망하게 한 경우 그 망인의 가족들이 망인의 가동연한이 도래하기 전에 미리 개인택시운송사업면허를 다른 사람에게 처분하고 받은 돈에 대한 망인의 가동연한까지의 법정이자 상당 이익을 망인에 대한 손해배상액에서 공제할 수 있다.
④ 공무원연금법상의 퇴직연금을 받던 사람이 다른 사람의 불법행위로 인하여 사망한 경우에 그 유족이 퇴직연금 상당의 손해배상청구권을 상속함과 동시에 유족연금을 지급받게 되었다면, 유족에게 지급할 손해배상액을 산정함에 있어서는 위 망인의 일실퇴직연금액에서 유족연금액을 공제하여야 한다.
⑤ 피해자가 수령한 산업재해보상보험법에 따른 휴업급여금이나 장해급여금이 법원에서 인정된 소극적 손해액을 초과하더라도 그 초과부분을 기간과 성질을 달리하는 손해배상액에서 공제할 것은 아니며, 휴업급여는 휴업기간 중의 일실수입에 대응하는 것이므로 그것이 지급된 휴업기간 중의 일실수입 상당의 손해액에서만 공제되어야 한다.

···

[❶ ▸ ○] 교통사고의 피해자가 사고로 상해를 입은 후에도 계속하여 종전과 같이 직장에 근무하여 종전과 같은 보수를 지급받고 있다 하더라도 그와 같은 보수가 사고와 상당인과관계가 있는 이익이라고 볼 수 없으므로 이를 손해배상액에서 공제할 수 없다(대판 1992.12.22. 92다31361).

[❷ ▸ ○] 이 사건 아파트의 건축으로 인하여 이 사건 토지의 지가가 상승하였다고 하더라도 그것은 이 사건 손해배상책임의 원인이 되는 피고의 일조방해와는 아무런 관계가 없는 이익으로서 손익상계에 의하여 공제하여야 할 이익으로 볼 수 없다(대판 2011.4.28. 2009다98652).

[❸ ▸ ✕] 불법행위로 사망한 피해자 명의의 개인택시운송사업면허를 유족들이 다른 사람에게 매도함으로써 발생한 <u>그 처분가액에 대한 가동연한까지의 중간이자 상당의 이익은 직접적으로 불법행위로 인하여 발생한 이익이라고는 보기 어려울 뿐 아니라</u>, 위 망인의 가동연한이 도래한 때에 있어서의 위 개인택시의 처분가액이 유족들의 처분가액과 반드시 같은 것이라고 예측할 수도 없는 것이어서 <u>불법행위와 상당인과관계가 있는 이익이라고 보기도 어렵다고 할 것이므로 손익상계에 의하여 손해에서 공제할 수 있는 이득이라고 할 수 없다</u>(대판[전합] 1989.12.26. 88다카16867).

[**④** ▶ O] 공무원연금법상의 퇴직연금과 유족연금은 모두 수급권자의 생활안정과 복지향상을 도모하기 위한 동일한 목적과 성격을 지닌 급부로서, 공무원연금법상의 퇴직연금을 받던 사람이 다른 사람의 불법행위로 인하여 사망한 경우에 그 유족이 퇴직연금 상당의 손해배상청구권을 상속함과 동시에 유족연금을 지급받게 되었다면, 그 유족은 같은 목적의 급부를 이중으로 받게 되므로 유족에게 지급할 손해배상액을 산정함에 있어서는 위 망인의 일실퇴직연금액에서 유족연금액을 공제하여야 한다. 그리고 유족이 지급받을 손해액을 산정할 때 일실퇴직연금액에서 유족연금액을 공제하는 취지가 동일한 목적과 내용의 급부가 이중으로 지급되는 것을 막는 데 있는 이상, 사망한 사람의 일실퇴직연금액에서 공제하여야 하는 유족연금액의 범위는 사망한 사람의 기대여명기간이 끝날 때까지 그 유족이 받을 금액에 한정되고, 그 후 유족이 불법행위로 인한 사망과 관계없이 받을 수 있는 유족연금액은 이에 포함되지 아니한다(대판 2007.12.13. 2007다54481).

[**⑤** ▶ O] 손해배상은 손해의 전보를 목적으로 하는 것이므로 피해자로 하여금 근로기준법이나 산업재해보상보험법에 따라 휴업급여나 장해급여 등을 이미 지급받은 경우에 그 급여액을 일실수입의 배상액에서 공제하는 것은 그 손해의 성질이 동일하여 상호보완적 관계에 있는 것 사이에서만 가능하다. 따라서 피해자가 수령한 휴업급여금이나 장해급여금이 법원에서 인정된 소극적 손해액을 초과하더라도 그 초과부분을 기간과 성질을 달리하는 손해배상액에서 공제할 것은 아니며, 휴업급여는 휴업기간 중의 일실수입에 대응하는 것이므로 그것이 지급된 휴업기간 중의 일실수입 상당의 손해액에서만 공제되어야 한다(대판 2020.6.25. 2020다216240).

답 **③**

49 □□□ 불법행위에 관한 다음 설명 중 가장 옳지 않은 것은? 2023년 법무사시험 [문 38]

① 위법행위가 있었다 하더라도 그로 인한 재산상태와 그 위법행위가 없었더라면 존재하였을 재산상태 사이에 차이가 없다면 다른 특별한 사정이 없는 한 위법행위로 인한 손해가 발생하였다고 할 수 없다.

② 배우자 있는 부녀와 간통행위를 하고, 이로 인하여 그 부녀가 배우자와 별거하거나 이혼하는 등으로 혼인관계를 파탄에 이르게 한 경우 그 부녀와 간통행위를 한 제3자(상간자)는 그 부녀의 자녀에 대한 관계에서 불법행위책임을 부담하므로 그가 입은 정신상의 고통을 위자할 의무가 있다고 할 것이다.

③ 손해배상의무자는 그 손해가 고의 또는 중대한 과실에 의한 것이 아니고 그 배상으로 인하여 배상자의 생계에 중대한 영향을 미치게 될 경우에는 법원에 그 배상액의 경감을 청구할 수 있다.

④ 불법행위로 상해를 입었지만 후유증 등으로 인하여 불법행위 당시에는 전혀 예상할 수 없었던 후발손해가 새로이 발생한 경우와 같이, 사회통념상 후발손해가 판명된 때에 현실적으로 손해가 발생한 것으로 볼 수 있는 경우에는 후발손해 판명 시점에 불법행위로 인한 손해배상채권이 성립하고, 지연손해금 역시 그때부터 발생한다고 봄이 상당하다. 이 경우 후발손해가 판명된 때가 불법행위 시이자 그로부터 장래의 구체적인 소극적·적극적 손해에 대한 중간이자를 공제하는 현가산정의 원칙적인 기준시기가 된다고 보아야 하고, 그보다 앞선 시점이 현가산정의 기준시기나 지연손해금의 기산일이 될 수는 없다.

⑤ 환자가 병원에 입원하여 치료를 받는 경우에 있어서, 병원은 진료뿐만 아니라 환자에 대한 숙식의 제공을 비롯하여 간호, 보호 등 입원에 따른 포괄적 채무를 지므로, 병원은 병실에의 출입자를 통제·감독하든가 그것이 불가능하다면 최소한 입원환자에게 휴대품을 안전하게 보관할 수 있는 시정장치가 있는 사물함을 제공하는 등으로 입원환자의 휴대품 등의 도난을 방지함에 필요한 적절한 조치를 강구하여 줄 신의칙상의 보호의무가 있다고 할 것이다.

[**❶ ▸ ○**] 불법행위로 인한 재산상 손해는 위법한 가해행위로 인하여 발생한 재산상 불이익, 즉 그 위법행위가 없었더라면 존재하였을 재산상태와 그 위법행위가 가해진 현재의 재산상태의 차이를 말하는 것이므로, 위법행위가 있었다 하더라도 그로 인한 재산상태와 그 위법행위가 없었더라면 존재하였을 재산상태 사이에 차이가 없다면 다른 특별한 사정이 없는 한 위법행위로 인한 손해가 발생하였다고 할 수 없다(대판 2009.9.10. 2009다30762).

[**❷ ▸ ✕**] 배우자 있는 부녀와 간통행위를 하고, 이로 인하여 그 부녀가 배우자와 별거하거나 이혼하는 등으로 혼인관계를 파탄에 이르게 한 경우 그 부녀와 간통행위를 한 제3자(상간자)는 그 부녀의 배우자에 대하여 불법행위를 구성하고, 따라서 그로 인하여 그 부녀의 배우자가 입은 정신상의 고통을 위자할 의무가 있다고 할 것이나, 이러한 경우라도 간통행위를 한 부녀 자체가 그 자녀에 대하여 불법행위책임을 부담한다고 할 수는 없고, 또한 간통행위를 한 제3자(상간자) 역시 해의(害意)를 가지고 부녀의 그 자녀에 대한 양육이나 보호 내지 교양을 적극적으로 저지하는 등의 특별한 사정이 없는 한 그 자녀에 대한 관계에서 불법행위책임을 부담한다고 할 수는 없다(대판 2005.5.13. 2004다1899).

[**❸ ▸ ○**] 본장의 규정에 의한 배상의무자는 그 손해가 고의 또는 중대한 과실에 의한 것이 아니고 그 배상으로 인하여 배상자의 생계에 중대한 영향을 미치게 될 경우에는 법원에 그 배상액의 경감을 청구할 수 있다(민법 제765조 제1항).

[**❹ ▸ ○**] 불법행위로 상해를 입었지만 후유증 등으로 인하여 불법행위 당시에는 전혀 예상할 수 없었던 후발손해가 새로이 발생한 경우와 같이, 사회통념상 후발손해가 판명된 때에 현실적으로 손해가 발생한 것으로 볼 수 있는 경우에는 후발손해 판명 시점에 불법행위로 인한 손해배상채권이 성립하고, 지연손해금 역시 그때부터 발생한다고 봄이 상당하다. 이 경우 후발손해가 판명된 때가 불법행위 시이자 그로부터 장래의 구체적인 소극적·적극적 손해에 대한 중간이자를 공제하는 현가산정의 원칙적인 기준 시기가 된다고 보아야 하고, 그보다 앞선 시점이 현가산정의 기준시기나 지연손해금의 기산일이 될 수는 없다(대판 2022.6.16. 2017다289538).

[**❺ ▸ ○**] 환자가 병원에 입원하여 치료를 받는 경우에 있어서, 병원은 진료뿐만 아니라 환자에 대한 숙식의 제공을 비롯하여 간호, 보호 등 입원에 따른 포괄적 채무를 지는 것인 만큼, 병원은 병실에의 출입자를 통제·감독하든가 그것이 불가능하다면 최소한 입원환자에게 휴대품을 안전하게 보관할 수 있는 시정장치가 있는 사물함을 제공하는 등으로 입원환자의 휴대품 등의 도난을 방지함에 필요한 적절한 조치를 강구하여 줄 신의칙상의 보호의무가 있다고 할 것이고, 이를 소홀히 하여 입원환자와는 아무런 관련이 없는 자가 입원환자의 병실에 무단출입하여 입원환자의 휴대품 등을 절취하였다면 병원은 그로 인한 손해배상책임을 면하지 못한다(대판 2003.4.11. 2002다63275).

답 ❷

다음 설명 중 옳은 것(○)과 옳지 않은 것(×)을 올바르게 조합한 것은?

2023년 법무사시험 [문 36]

ㄱ. 어떤 토지가 개설경위를 불문하고 일반 공중의 통행에 공용되는 도로, 즉 공로가 되면 그 부지의 소유권 행사는 제약을 받게 되며, 이는 소유자가 수인하여야 하는 재산권의 사회적 제약에 해당한다. 따라서 공로 부지의 소유자가 이를 점유·관리하는 지방자치단체를 상대로 공로로 제공된 도로의 철거, 점유 이전 또는 통행금지를 청구하는 것은 법질서상 원칙적으로 허용될 수 없는 '권리남용'이라고 보아야 한다.

ㄴ. 매수인이 매도인 등의 기망행위로 인하여 부동산을 고가에 매수하게 됨으로써 입게 된 손해는 그 부동산의 매수 당시 시가와 매수가격과의 차액이지만, 그 후 매수인이 그 부동산 중 일부에 대하여 보상금을 수령하였다거나 부동산 시가가 상승하여 매수가격을 상회하게 되었다면 매수인에게 손해가 발생하지 않았다고 볼 수 있다.

ㄷ. 채무불이행으로 인한 손해배상을 규정하고 있는 민법 제394조는 다른 의사표시가 없는 한 금전으로 배상하여야 한다고 규정하고 있는바, 위 법조 소정의 금전이라 함은 우리나라의 통화를 가리키는 것이어서, 채무불이행으로 인한 손해배상을 구하는 채권은 당사자가 외국통화로 지급하기로 약정하였다는 등의 특별한 사정이 없는 한 채권액이 외국통화로 지정된 외화채권이라고 할 수 없다.

ㄹ. 판결이 확정되면 기판력에 의하여 그 대상이 된 청구권의 존재가 확정되고 그 내용에 따라 집행력이 발생하는 것이므로, 확정판결의 내용이 실체적 권리관계에 배치되어 부당하고 또한 그 확정판결에 기한 집행채권자가 이를 알고 있었다면 그 집행행위에 대하여 불법행위가 성립한다고 할 수 있다.

ㅁ. 어떠한 건물 신축이 건축 당시의 건축법 등 관계 법령의 일조방해에 관한 직접적인 단속법규에 위반하지 않는다면 현실적인 일조방해의 정도가 현저하게 커 사회통념상 수인한도를 넘은 경우라도 위법행위로 평가될 수는 없다.

① ㄱ(○), ㄴ(×), ㄷ(○), ㄹ(×), ㅁ(×)
② ㄱ(○), ㄴ(○), ㄷ(○), ㄹ(×), ㅁ(×)
③ ㄱ(○), ㄴ(×), ㄷ(×), ㄹ(○), ㅁ(○)
④ ㄱ(×), ㄴ(○), ㄷ(×), ㄹ(×), ㅁ(○)
⑤ ㄱ(×), ㄴ(×), ㄷ(○), ㄹ(○), ㅁ(×)

[ㄱ ▸ ○] 어떤 토지가 개설경위를 불문하고 일반 공중의 통행에 공용되는 도로, 즉 공로가 되면 그 부지의 소유권 행사는 제약을 받게 되며, 이는 소유자가 수인하여야 하는 재산권의 사회적 제약에 해당한다. 따라서 공로 부지의 소유자가 이를 점유·관리하는 지방자치단체를 상대로 공로로 제공된 도로의 철거, 점유 이전 또는 통행금지를 청구하는 것은 법질서상 원칙적으로 허용될 수 없는 '권리남용'이라고 보아야 한다(대판 2021.3.11. 2020다229239).

[ㄴ ▸ ×] 매수인이 매도인의 기망행위로 인하여 부동산을 고가에 매수하게 됨으로써 입게 된 손해는 부동산의 매수 당시 시가와 매수가격과의 차액이고, 그 후 매수인이 위 부동산 중 일부에 대하여 보상금을 수령하였다거나 부동산 시기가 상승하여 매수가격을 상회하게 되었다고 하여 매수인에게 손해가 발생하지 않았다고 할 수 없다(대판 2010.4.29. 2009다91828).

[ㄷ ▸ ○] 채무불이행으로 인한 손해배상을 규정하고 있는 민법 제394조는 다른 의사표시가 없는 한 손해는 금전으로 배상하여야 한다고 규정하고 있는바, 위 법조 소정의 금전이라 함은 우리나라의 통화를 가리키는 것이어서 채무불이행으로 인한 손해배상을 구하는 채권은 당사자가 외국통화로 지급하기로 약정하였다는 등의 특별한 사정이 없는 한 채권액이 외국통화로 지정된 외화채권이라고 할 수 없다(대판 2005.7.28. 2003다12083).

[ㄹ ▸ ✕] 판결이 확정되면 기판력에 의하여 대상이 된 청구권의 존재가 확정되고 그 내용에 따라 집행력이 발생하는 것이므로, 그에 따른 집행이 불법행위를 구성하기 위하여는 소송당사자가 상대방의 권리를 해할 의사로 상대방의 소송 관여를 방해하거나 허위의 주장으로 법원을 기망하는 등 부정한 방법으로 실체의 권리관계와 다른 내용의 확정판결을 취득하여 집행을 하는 것과 같은 특별한 사정이 있어야 하고, 그와 같은 사정이 없이 확정판결의 내용이 단순히 실체적 권리관계에 배치되어 부당하고 또한 확정판결에 기한 집행 채권자가 이를 알고 있었다는 것만으로는 그 집행행위가 불법행위를 구성한다고 할 수 없는바, 편취된 판결에 기한 강제집행이 불법행위로 되는 경우가 있다고 하더라도 당사자의 법적 안정성을 위해 확정판결에 기판력을 인정한 취지나 확정판결의 효력을 배제하기 위하여는 그 확정판결에 재심사유가 존재하는 경우에 재심의 소에 의하여 그 취소를 구하는 것이 원칙적인 방법인 점에 비추어 볼 때 불법행위의 성립을 쉽게 인정하여서는 아니 되고, 확정판결에 기한 강제집행이 불법행위로 되는 것은 당사자의 절차적 기본권이 근본적으로 침해된 상태에서 판결이 선고되었거나 확정판결에 재심사유가 존재하는 등 확정판결의 효력을 존중하는 것이 정의에 반함이 명백하여 이를 묵과할 수 없는 경우로 한정하여야 한다(대판 2001.11.13. 99다32899).

[ㅁ ▸ ✕] 건축법 등 관계 법령에 일조방해에 관한 직접적인 단속법규가 있다면 그 법규에 적합한지 여부가 사법상 위법성을 판단함에 있어서 중요한 판단자료가 될 것이지만, 이러한 공법적 규제에 의하여 확보하고자 하는 일조는 원래 사법상 보호되는 일조권을 공법적인 면에서도 가능한 한 보증하려는 것으로서 특별한 사정이 없는 한 일조권 보호를 위한 최소한도의 기준으로 봄이 상당하고, 구체적인 경우에 있어서는 어떠한 건물 신축이 건축 당시의 공법적 규제에 형식적으로 적합하다고 하더라도 현실적인 일조방해의 정도가 현저하게 커 사회통념상 수인한도를 넘은 경우에는 위법행위로 평가될 수 있다(대판 2000.5.16. 98다56997).

답 ❶

다음 설명 중 가장 옳지 않은 것은?

① 계약 해제의 효과로서 원상회복의무를 규정하는 민법 제548조 제1항 본문은 부당이득에 관한 특별 규정의 성격을 가지는 것으로서, 그 이익 반환의 범위는 이익의 현존 여부나 청구인의 선의·악의를 불문하고 특단의 사유가 없는 한 받은 이익의 전부이다.

② 과실상계는 본래 채무불이행 또는 불법행위로 인한 손해배상책임에 대하여 인정되는 것이고, 매매계약이 해제되어 소급적으로 효력을 잃은 결과 매매당사자에게 당해 계약에 기한 급부가 없었던 것과 동일한 재산상태를 회복시키기 위한 원상회복의무의 이행으로서 이미 지급한 매매대금 기타의 급부의 반환을 구하는 경우에는 적용되지 아니한다.

③ 계약의 해제로 인한 원상회복청구권에 대하여 해제자가 해제의 원인이 된 채무불이행에 관하여 '원인'의 일부를 제공하였다는 등의 사유를 내세워 신의칙 또는 공평의 원칙에 기하여 일반적으로 손해배상에 있어서의 과실상계에 준하여 권리의 내용이 제한될 수 있다고 하는 것은 허용되어서는 아니 된다.

④ 사용자가 피용자의 과실에 의한 불법행위로 인한 사용자책임을 부담하는 경우, 피해자에게 그 손해의 발생과 확대에 기여한 과실이 있다 하더라도 사용자책임의 범위를 정함에 있어서 이러한 피해자의 과실을 고려하여 그 책임을 제한할 수는 없다.

⑤ 불법행위로 인하여 건물이 훼손된 경우 그 손해는 수리가 가능하다면 그 수리비, 수리가 불가능하다면 그 교환가치(시가)가 통상의 손해이고, 사용 및 수리가 불가능한 경우 통상 불법행위로 인한 손해배상액의 기준이 되는 건물의 시가에는 건물의 철거비용은 포함되지 않는다.

....

[**❶** ▸ ○] 계약 해제의 효과로서 원상회복의무를 규정하는 민법 제548조 제1항 본문은 부당이득에 관한 특별규정의 성격을 가지는 것으로서, 그 이익 반환의 범위는 이익의 현존 여부나 청구인의 선의·악의를 불문하고 특단의 사유가 없는 한 받은 이익의 전부이다(대판 2014.3.13. 2013다34143).

[**❷** ▸ ○] 과실상계는 본래 채무불이행 또는 불법행위로 인한 손해배상책임에 대하여 인정되는 것이고, 매매계약이 해제되어 소급적으로 효력을 잃은 결과 매매당사자에게 당해 계약에 기한 급부가 없었던 것과 동일한 재산상태를 회복시키기 위한 원상회복의무의 이행으로서 이미 지급한 매매대금 기타의 급부의 반환을 구하는 경우에는 적용되지 아니한다(대판 2014.3.13. 2013다34143).

[**❸** ▸ ○] 계약의 해제로 인한 원상회복청구권에 대하여 해제자가 해제의 원인이 된 채무불이행에 관하여 '원인'의 일부를 제공하였다는 등의 사유를 내세워 신의칙 또는 공평의 원칙에 기하여 일반적으로 손해배상에 있어서의 과실상계에 준하여 권리의 내용이 제한될 수 있다고 하는 것은 허용되어서는 아니 된다(대판 2014.3.13. 2013다34143).

[**❹** ▸ ✕] 사용자가 피용자의 과실에 의한 불법행위로 인한 사용자책임을 부담하는 경우와 마찬가지로 피용자의 고의에 의한 불법행위로 인하여 사용자책임을 부담하는 경우에도 피해자에게 그 손해의 발생과 확대에 기여한 과실이 있다면 사용자책임의 범위를 정함에 있어서 이러한 <u>피해자의 과실을 고려하여 그 책임을 제한할 수 있다</u>(대판 2002.12.26. 2000다56952).

[**❺** ▸ ○] 불법행위로 인하여 건물이 훼손된 경우 그 손해는 수리가 가능하다면 그 수리비, 수리가 불가능하다면 그 교환가치(시가)가 통상의 손해이고, 사용 및 수리가 불가능한 경우 통상 불법행위로 인한 손해배상액의 기준이 되는 건물의 시가에는 건물의 철거비용은 포함되지 않는다(대판 1995.7.28. 94다19129).

답 **❹**

공동불법행위책임에 관한 다음 설명 중 가장 옳지 않은 것은?　　2025년 법무사시험 [문 4]

① 공동불법행위자 중의 1인과 보험계약을 체결한 보험자가 피해자에게 손해배상금을 보험금으로 모두 지급한 경우 다른 공동불법행위자들의 보험자들에 대하여 직접 구상권을 가짐과 동시에 상법 제682조에 따라 피보험자의 다른 공동불법행위자들의 보험자들에 대한 구상권을 대위 취득하게 되나, 이러한 '구상권'과 '보험자대위권'은 내용이 전혀 다른 별개의 권리이다.

② 제3자가 부부의 일방과 부정행위를 함으로써 그 배우자에게 부담하는 불법행위책임은 부정행위를 한 부부의 일방이 배우자에 대하여 부담하는 불법행위책임과 공동불법행위책임으로서 부진정연대채무 관계에 있지만, 부정행위를 한 부부의 일방이 이혼과정에서 배우자에게 금원을 지급하였으나 그 금원에 위자료뿐만 아니라 재산분할금이나 양육비 등 다른 성격의 금원이 포함되어 있어 공동불법행위로 인한 위자료를 구분·특정하기 어려운 특별한 경우에는, 그러한 금원 지급으로 인한 변제의 효과가 부진정연대채무자인 제3자에게 미치지 아니한다.

③ 공동불법행위책임은 가해자 각 개인의 행위에 대하여 개별적으로 그로 인한 손해를 구하는 것이 아니라 가해자들이 공동으로 가한 불법행위에 대하여 그 책임을 추궁하는 것이므로, 법원이 피해자의 과실을 들어 과실상계를 함에 있어서는 피해자의 공동불법행위자 각인에 대한 과실비율이 서로 다르더라도 피해자의 과실을 공동불법행위자 각인에 대한 과실로 개별적으로 평가할 것이 아니고 그들 전원에 대한 과실로 전체적으로 평가하여야 한다.

④ 공동불법행위자 중 1인이 피해자에게 전부 변제하여 면책된 경우 그 공동불법행위자에게 과실이 없다면, 그에 대한 다른 공동불법행위자들의 구상의무는 부진정연대관계에 있다.

⑤ 환자가 수혈로 인하여 에이즈에 감염된 경우, 에이즈에 감염된 혈액을 수혈한 대한적십자사의 과실과 수혈로 인한 에이즈 바이러스 감염 위험 등의 설명의무를 다하지 아니한 의사들의 과실은 공동불법행위를 구성하지 아니한다.

┄┄

[❶▸O] 공동불법행위자 중의 1인과 보험계약을 체결한 보험자가 피해자에게 손해배상금을 보험금으로 모두 지급한 경우 다른 공동불법행위자들의 보험자들에 대하여 직접 구상권을 가짐과 동시에 상법 제682조에 따라 피보험자의 다른 공동불법행위자들의 보험자들에 대한 구상권을 대위 취득하게 되나, 이러한 '구상권'과 '보험자대위권'은 내용이 전혀 다른 별개의 권리이다(대판 2024.9.27. 2024다249729).

[❷▸×] 제3자가 부부의 일방과 부정행위를 함으로써 혼인의 본질에 해당하는 부부공동생활을 침해하거나 그 유지를 방해하고 그에 대한 배우자로서의 권리를 침해하여 배우자에게 정신적 고통을 가하는 행위는 원칙적으로 불법행위를 구성한다. 그리고 이에 따라 제3자가 부담하는 불법행위책임은 부정행위를 한 부부의 일방이 배우자에 대하여 부담하는 불법행위책임과 공동불법행위책임으로서 부진정연대채무 관계에 있다. 부진정연대채무자 상호 간에 채권의 목적을 달성시키는 변제와 같은 사유는 채무자 전원에 대하여 절대적 효력을 발생하므로, 부정행위를 한 부부의 일방이 배우자에게 공동불법행위로 인한 손해배상금을 지급한 경우 그 변제의 효과는 부진정연대채무자인 제3자에 대하여도 효력이 있다. 다만, 부정행위를 한 부부의 일방이 이혼과정에서 배우자에게 위자료 등의 명목으로 금원을 지급하였는데 그 금원에 위자료뿐만 아니라 재산분할금이나 양육비 등 다른 성격의 금원이 포함되어 있고, 그러한 이유로 그 금원 중 공동불법행위로 인한 위자료를 구분·특정하기 어려운 경우가 있다. 이러한 경우 법원은 부부의 일방이 배우자에게 위자료의 일부로서 금원을 지급한 사정을 제3자가 부담하는 위자료 액수를 산정할 때 참작할 수 있다(대판 2024.6.27. 2023므12782).

[**❸** ▶ O] 공동불법행위책임은 가해자 각 개인의 행위에 대하여 개별적으로 그로 인한 손해를 구하는 것이 아니라 가해자들이 공동으로 가한 불법행위에 대하여 그 책임을 추궁하는 것으로, 법원이 피해자의 과실을 들어 과실상계를 함에 있어서는 피해자의 공동불법행위자 각인에 대한 과실비율이 서로 다르더라도 피해자의 과실을 공동불법행위자 각인에 대한 과실로 개별적으로 평가할 것이 아니고 그들 전원에 대한 과실로 전체적으로 평가하여야 한다(대판 1998.6.12. 96다55631).

[**❹** ▶ O] 공동불법행위자 중 1인에 대하여 구상의무를 부담하는 다른 공동불법행위자가 수인인 경우에는 특별한 사정이 없는 이상 그들의 구상권자에 대한 채무는 각자의 부담 부분에 따른 분할채무로 보는 것이 타당하지만, 구상권자인 공동불법행위자 측에 과실이 없는 경우, 즉 내부적인 부담 부분이 전혀 없는 경우에는 이와 달리 그에 대한 수인의 구상의무를 부진정연대관계로 보는 것이 타당하다(대판 2012.3.15. 2011다52727).

[**❺** ▶ O] 에이즈 바이러스에 감염된 혈액을 환자가 수혈받음으로써 에이즈에 감염될 위험을 배제할 의무 및 그와 같은 결과를 회피할 의무를 다하지 아니하여 감염된 혈액을 수혈받은 환자로 하여금 에이즈 바이러스 감염이라는 치명적인 건강 침해를 입게 한 대한적십자사의 과실 및 위법행위는 신체상해 자체에 대한 것인 데 비하여, 수혈로 인한 에이즈 바이러스 감염 위험 등의 설명의무를 다하지 아니한 의사들의 과실 및 위법행위는 신체상해의 결과 발생 여부를 묻지 아니하는 수혈 여부와 수혈 혈액에 대한 환자의 자기결정권이라는 인격권의 침해에 대한 것이므로, 대한적십자사와 의사의 양 행위가 경합하여 단일한 결과를 발생시킨 것이 아니고 각 행위의 결과 발생을 구별할 수 있으니, 이와 같은 경우에는 공동불법행위가 성립한다고 할 수 없다(대판 1998.2.13. 96다7854).

답 **❷**

친족 · 상속법

제1장 친족법

제1절 총칙 · 가족의 범위와 자의 성과 본

제2절 혼인과 이혼

01 혼인에 관한 다음 설명 중 가장 옳지 않은 것은? 2025년 법무사시험 [문 35]

① 사실혼이란 당사자 사이에 주관적으로 혼인의 의사가 있고, 객관적으로도 사회관념상 가족질서적인 면에서 부부공동생활을 인정할 만한 혼인생활의 실체가 있는 경우라야 하고, 법률상 혼인을 한 부부가 별거하고 있는 상태에서 그 다른 한쪽이 제3자와 혼인의 의사로 실질적인 부부생활을 하고 있다고 하더라도, 특별한 사정이 없는 한, 이를 사실혼으로 인정하여 법률혼에 준하는 보호를 할 수는 없는 것이다.

② 중혼적 사실혼관계에 해당한다면, 법률혼인 전 혼인이 사실상 이혼상태에 있다는 등의 특별한 사정이 있더라도, 법률혼에 준하는 보호를 할 필요는 없다.

③ 약혼예물의 수수는 약혼의 성립을 증명하고 혼인이 성립한 경우 당사자 내지 양가의 정리를 두텁게 할 목적으로 수수되는 것으로 혼인의 불성립을 해제조건으로 하는 증여와 유사한 성질을 가진다.

④ 현행 부부재산제도는 부부별산제를 기본으로 하고 있어 부부 각자의 채무는 각자가 부담하는 것이 원칙이므로 부부가 이혼하는 경우 일방이 혼인 중 제3자에게 부담한 채무는 일상가사에 관한 것 이외에는 원칙적으로 그 개인의 채무로서 청산의 대상이 되지 않으나 그것이 공동재산의 형성 · 유지에 수반하여 부담한 채무인 때에는 청산의 대상이 된다.

⑤ 재산분할에 관한 협의는 혼인 중 당사자 쌍방의 협력으로 이룩한 재산의 분할에 관하여 이미 이혼을 마친 당사자 또는 아직 이혼하지 않은 당사자 사이에 행하여지는 협의를 가리키는 것이다.

[**❶** ▸ ○] 사실혼이란 당사자 사이에 주관적으로 혼인의 의사가 있고, 객관적으로도 사회관념상 가족질서적인 면에서 부부공동생활을 인정할 만한 혼인생활의 실체가 있는 경우라야 하고, 법률상 혼인을 한 부부가 별거하고 있는 상태에서 그 다른 한 쪽이 제3자와 혼인의 의사로 실질적인 부부생활을 하고 있다고 하더라도, 특별한 사정이 없는 한, 이를 사실혼으로 인정하여 법률혼에 준하는 보호를 할 수는 없다(대판 2001.4.13. 2000다52943).

[**❷** ▸ ×] 사실혼은 당사자 사이에 주관적으로 혼인의 의사가 있고, 객관적으로도 사회관념상 가족질서적인 면에서 부부공동생활을 인정할 만한 혼인생활의 실체가 있으면 일단 성립하는 것이고, 비록 우리 법제가 일부일처주의를 채택하여 중혼을 금지하는 규정을 두고 있다 하더라도 이를 위반한 때를 혼인 무효의 사유로 규정하지 않고 단지 혼인 취소의 사유로만 규정하고 있는 까닭에(민법 제816조) 중혼에 해당하는 혼인이라도 취소되기 전까지는 유효하게 존속하는 것이고, 이는 중혼적 사실혼이라 하여 달리 볼 것이 아니다. 또한 비록 중혼적 사실혼관계일지라도 법률혼 전 혼인이 사실상 이혼상태에 있다는 등의 특별한 사정이 있다면 법률혼에 준하는 보호를 할 필요가 있을 수 있다(대판 2009.12.24. 2009다64161).

[**❸** ▸ ○] 약혼예물의 수수는 약혼의 성립을 증명하고 혼인이 성립한 경우 당사자 내지 양가의 정리를 두텁게 할 목적으로 수수되는 것으로 혼인의 불성립을 해제조건으로 하는 증여와 유사한 성질을 가진다(대판 1996.5.14. 96다5506).

[**❹** ▸ ○] 현행 부부재산제도는 부부별산제를 기본으로 하고 있어 부부 각자의 채무는 각자가 부담하는 것이 원칙이므로 부부가 이혼하는 경우 일방이 혼인 중 제3자에게 부담한 채무는 일상가사에 관한 것 이외에는 원칙적으로 그 개인의 채무로서 청산의 대상이 되지 않으나 그것이 공동재산의 형성·유지에 수반하여 부담한 채무인 때에는 청산의 대상이 되며, 그 채무로 인하여 취득한 특정 적극재산이 남아 있지 않더라도 그 채무부담행위가 부부 공동의 이익을 위한 것으로 인정될 때에는 혼인 중의 공동재산의 형성·유지에 수반하는 것으로 보아 청산의 대상이 된다(대판 2006.9.14. 2005다74900).

[**❺** ▸ ○] 재산분할에 관한 협의는 혼인 중 당사자 쌍방의 협력으로 이룩한 재산의 분할에 관하여 이미 이혼을 마친 당사자 또는 아직 이혼하지 않은 당사자 사이에 행하여지는 협의를 가리키는 것이다(대판 2000.10.24. 99다33458).

답 ❷

다음 설명 중 가장 옳지 않은 것은?

① 일반적으로 약혼은 특별한 형식을 거칠 필요 없이 장차 혼인을 체결하려는 당사자 사이에 합의가 있으면 성립한다.

② 약혼을 하는 당사자 일방은 자신의 학력, 경력 및 직업과 같은 혼인의사를 결정하는 데 있어 중대한 영향을 미치는 사항에 관하여 이를 상대방에게 사실대로 고지할 신의성실의 원칙상의 의무가 있다.

③ 약혼예물이 수수된 경우 특별한 사정이 없는 한 일단 부부관계가 성립하고 그 혼인이 상당 기간 지속된 이상 후일 부부 일방의 귀책사유로 혼인이 해소되어도 약혼예물의 반환을 구할 수는 없다.

④ 약혼의 해제에 관하여 과실이 있는 유책자는 상대방에게 자신이 제공한 약혼예물의 반환을 구할 수는 없다.

⑤ 사실혼관계가 단기간에 해소된 경우, 혼인생활에 사용하기 위하여 부부 일방이 자신의 비용으로 구입한 가재도구 등을 상대방이 점유하고 있다면 그 상대방에 대하여 그 구입비용 상당액의 손해배상을 청구할 수 있다.

....

[**❶**▸○] 일반적으로 약혼은 특별한 형식을 거칠 필요 없이 장차 혼인을 체결하려는 당사자 사이에 합의가 있으면 성립하는 데 비하여, 사실혼은 주관적으로는 혼인의 의사가 있고, 또 객관적으로는 사회통념상 가족질서의 면에서 부부공동생활을 인정할 만한 실체가 있는 경우에 성립한다(대판 1998.12.8. 98므961).

[**❷**▸○] 약혼은 혼인할 것을 목적으로 하는 혼인의 예약이므로 당사자 일방은 자신의 학력, 경력 및 직업과 같은 혼인의사를 결정하는 데 있어 중대한 영향을 미치는 사항에 관하여 이를 상대방에게 사실대로 고지할 신의성실의 원칙상의 의무가 있다(대판 1995.12.8. 94므1676).

[**❸**▸○] 약혼예물의 수수는 약혼의 성립을 증명하고 혼인이 성립한 경우 당사자 내지 양가의 정리를 두텁게 할 목적으로 수수되는 것으로 혼인의 불성립을 해제조건으로 하는 증여와 유사한 성질을 가지므로, 예물의 수령자 측이 혼인 당초부터 성실히 혼인을 계속할 의사가 없고 그로 인하여 혼인의 파국을 초래하였다고 인정되는 등 특별한 사정이 있는 경우에는 신의칙 내지 형평의 원칙에 비추어 혼인 불성립의 경우에 준하여 예물반환의무를 인정함이 상당하나, 그러한 특별한 사정이 없는 한 일단 부부관계가 성립하고 그 혼인이 상당 기간 지속된 이상 후일 혼인이 해소되어도 그 반환을 구할 수는 없으므로, 비록 혼인 파탄의 원인이 며느리에게 있더라도 혼인이 상당 기간 계속된 이상 약혼예물의 소유권은 며느리에게 있다(대판 1996.5.14. 96다5506).

[**❹**▸○] 약혼예물의 수수는 혼인 불성립을 해제조건으로 하는 증여와 유사한 성질의 것이나 약혼의 해제에 관하여 과실이 있는 유책자로서는 그가 제공한 약혼예물을 적극적으로 반환청구할 권리가 없다(대판 1976.12.28. 76므41).

[**❺**▸✕] 원·피고 사이의 사실혼관계가 불과 1개월 만에 파탄된 경우, 혼인생활에 사용하기 위하여 결혼 전후에 원고 자신의 비용으로 구입한 가재도구 등을 피고가 점유하고 있다고 하더라도 이는 여전히 원고의 소유에 속한다고 할 것이어서, <u>원고가 소유권에 기하여 그 반환을 구하거나 원상회복으로 반환을 구하는 것은 별론으로 하고, 이로 인하여 원고에게 어떠한 손해가 발생하였다고 할 수 없다는 이유로 그 구입비용 상당액의 손해배상청구를 배척하였다</u>(대판 2003.11.14. 2000므1257).

답 **❺**

03 □□□ **이혼 내지 사실혼관계의 해소에 따른 재산분할청구에 관한 다음 설명 중 가장 옳지 않은 것은?**

2024년 법무사시험 [문 22]

① 법률상 혼인관계가 일방 당사자의 사망으로 인하여 종료된 경우에도 생존 배우자에게 재산분할청구권이 인정되지 아니하고 단지 상속에 관한 법률 규정에 따라서 망인의 재산에 대한 상속권만이 인정된다는 점 등에 비추어 보면, 사실혼관계가 일방 당사자의 사망으로 인하여 종료된 경우에는 그 상대방에게 재산분할청구권이 인정된다고 할 수 없다.

② 이혼으로 인한 재산분할청구권은 협의 또는 심판에 의하여 그 구체적 내용이 형성되기까지는 그 범위 및 내용이 불명확·불확정하더라도 협의나 심판절차가 개시된 이상 재산분할청구권의 존재 자체는 분명하다고 할 것이므로 이를 보전하기 위하여 채권자대위권을 행사할 수 있다.

③ 협의이혼을 예정하고 미리 재산분할 협의를 한 경우 협의이혼에 따른 재산분할에 있어 분할의 대상이 되는 재산과 액수는 협의이혼이 성립한 날(이혼신고일)을 기준으로 정하여야 한다. 따라서 재산분할 협의를 한 후 협의이혼 성립일까지의 기간 동안 재산분할 대상인 채무의 일부가 변제된 경우 그 변제된 금액은 원칙적으로 채무액에서 공제되어야 한다.

④ 이혼 당사자 각자가 보유한 적극재산에서 소극재산을 공제하는 등으로 재산상태를 따져 본 결과 재산분할 청구의 상대방이 그에게 귀속되어야 할 몫보다 더 많은 적극재산을 보유하고 있거나 소극재산의 부담이 더 적은 경우에는 적극재산을 분배하거나 소극재산을 분담하도록 하는 재산분할은 어느 것이나 가능하다고 보아야 하고, 후자의 경우라고 하여 당연히 재산분할 청구가 배척되어야 한다고 할 것은 아니다.

⑤ 이혼하지 않은 당사자가 장차 협의상 이혼할 것을 합의하는 과정에서 이를 전제로 재산분할청구권을 포기하는 서면을 작성한 경우, 부부 쌍방의 협력으로 형성된 공동재산 전부를 청산·분배하려는 의도로 재산분할의 대상이 되는 재산액, 이에 대한 쌍방의 기여도와 재산분할 방법 등에 관하여 협의한 결과 부부 일방이 재산분할청구권을 포기하기에 이르렀다는 등의 사정이 없는 한 성질상 허용되지 아니하는 '재산분할청구권의 사전포기'에 불과할 뿐이므로 쉽사리 '재산분할에 관한 협의'로서의 '포기약정'이라고 보아서는 아니 된다.

．．．

[❶ ▶ ○] 사실혼이란 당사자 사이에 혼인의 의사가 있고 객관적으로 사회관념상으로 가족질서적인 면에서 부부공동생활을 인정할 만한 혼인생활의 실체가 있는 경우이고, 부부재산에 관한 청산의 의미를 갖는 재산분할에 관한 법률 규정은 부부의 생활공동체라는 실질에 비추어 인정되는 것으로서 사실혼관계에도 이를 준용 또는 유추적용할 수 있기 때문에, 사실혼관계에 있었던 당사자들이 생전에 사실혼관계를 해소한 경우 재산분할청구권을 인정할 수 있으나, 법률상 혼인관계가 일방 당사자의 사망으로 인하여 종료된 경우에도 생존 배우자에게 재산분할청구권이 인정되지 아니하고 단지 상속에 관한 법률 규정에 따라서 망인의 재산에 대한 상속권만이 인정된다는 점 등에 비추어 보면, 사실혼관계가 일방 당사자의 사망으로 인하여 종료된 경우에는 그 상대방에게 재산분할청구권이 인정된다고 할 수 없다(대판 2006.3.24. 2005두15595).

[❷ ▶ ✕] 이혼으로 인한 재산분할청구권은 협의 또는 심판에 의하여 그 구체적 내용이 형성되기까지는 그 범위 및 내용이 불명확·불확정하기 때문에 <u>구체적으로 권리가 발생하였다고 할 수 없으므로 이를 보전하기 위하여 채권자대위권을 행사할 수 없다</u>(대판 1999.4.9. 98다58016).

[❸ ▶ ○] 협의이혼을 예정하고 미리 재산분할 협의를 한 경우 협의이혼에 따른 재산분할에 있어 분할의 대상이 되는 재산과 액수는 협의이혼이 성립한 날(이혼신고일)을 기준으로 정하여야 한다. 따라서 재산분할 협의를 한 후 협의이혼 성립일까지의 기간 동안 재산분할 대상인 채무의 일부가 변제된 경우 그 변제된 금액은 원칙적으로 채무액에서 공제되어야 한다. 그런데 채무자가 자금을 제3자로부터 증여받

아 위 채무를 변제한 경우에는 전체적으로 감소된 채무액만큼 분할대상 재산액이 외형상 증가하지만 그 수증의 경위를 기여도를 산정함에 있어 참작하여야 하고, 채무자가 기존의 적극재산으로 위 채무를 변제하거나 채무자가 위 채무를 변제하기 위하여 새로운 채무를 부담하게 된 경우에는 어느 경우에도 전체 분할대상 재산액은 변동이 없다(대판 2006.9.14. 2005다74900).

[❹ ▸ O] 이혼 당사자 각자가 보유한 적극재산에서 소극재산을 공제하는 등으로 재산상태를 따져 본 결과 재산분할 청구의 상대방이 그에게 귀속되어야 할 몫보다 더 많은 적극재산을 보유하고 있거나 소극재산의 부담이 더 적은 경우에는 적극재산을 분배하거나 소극재산을 분담하도록 하는 재산분할은 어느 것이나 가능하다고 보아야 하고, 후자의 경우라고 하여 당연히 재산분할 청구가 배척되어야 한다고 할 것은 아니다. 그러므로 소극재산의 총액이 적극재산의 총액을 초과하여 재산분할을 한 결과가 결국 채무의 분담을 정하는 것이 되는 경우에도 법원은 채무의 성질, 채권자와의 관계, 물적 담보의 존부 등 일체의 사정을 참작하여 이를 분담하게 하는 것이 적합하다고 인정되면 구체적인 분담의 방법 등을 정하여 재산분할 청구를 받아들일 수 있다 할 것이다(대판[전합] 2013.6.20. 2010므4071).

[❺ ▸ O] 민법 제839조의2에 규정된 재산분할제도는 혼인 중에 부부 쌍방의 협력으로 이룩한 실질적인 공동재산을 청산·분배하는 것을 주된 목적으로 하는 것이고, 이혼으로 인한 재산분할청구권은 이혼이 성립한 때에 법적 효과로서 비로소 발생하는 것일 뿐만 아니라 협의 또는 심판에 따라 구체적 내용이 형성되기까지는 범위 및 내용이 불명확·불확정하기 때문에 구체적으로 권리가 발생하였다고 할 수 없으므로, 협의 또는 심판에 따라 구체화되지 않은 재산분할청구권을 혼인이 해소되기 전에 미리 포기하는 것은 성질상 허용되지 아니한다. 아직 이혼하지 않은 당사자가 장차 협의상 이혼할 것을 합의하는 과정에서 이를 전제로 재산분할청구권을 포기하는 서면을 작성한 경우, 부부 쌍방의 협력으로 형성된 공동재산 전부를 청산·분배하려는 의도로 재산분할의 대상이 되는 재산액, 이에 대한 쌍방의 기여도와 재산분할 방법 등에 관하여 협의한 결과 부부 일방이 재산분할청구권을 포기하기에 이르렀다는 등의 사정이 없는 한 성질상 허용되지 아니하는 '재산분할청구권의 사전포기'에 불과할 뿐이므로 쉽사리 '재산분할에 관한 협의'로서의 '포기약정'이라고 보아서는 아니 된다(대결 2016.1.25. 2015스451).

정답 ❷

04 □□□ 甲男과 乙女는 혼인하여 현재 미성년자인 아들 丙을 두고 있었는데, 최근 이혼하기로 협의하였다. 이에 관한 다음 설명 중 가장 옳지 않은 것은? 2022년 법무사시험 [문 28]

① 甲과 乙은 가정법원이 제공하는 이혼에 관한 안내를 받아야 하고, 가정법원은 필요한 경우 당사자에게 상담에 관하여 전문적인 지식과 경험을 갖춘 전문상담인의 상담을 받을 것을 권고할 수 있다.

② 이혼 후 미성년인 자에 대한 친권을 가지는 사람 및 양육자를 정함에 있어서는 모든 요소를 종합적으로 고려하여 미성년인 자의 성장과 복지에 가장 도움이 되고 적합한 방향으로 판단하여야 하므로, 丙에 대한 친권과 양육권이 항상 같은 사람에게 돌아가도록 하여야 한다.

③ 甲과 乙 중 丙을 직접 양육하지 않는 일방과 丙은 상호 면접교섭할 수 있는 권리를 가진다.

④ 가정법원은 丙의 복리를 위하여 필요하다고 인정하는 경우에는 甲·乙·丙 및 검사의 청구 또는 직권으로 丙의 양육에 관한 사항을 변경하거나 다른 적당한 처분을 할 수 있다.

⑤ 가정법원은 甲과 乙이 협의한 양육비부담에 관한 내용을 확인하는 양육비부담조서를 작성하여야 한다. 이 경우 양육비부담조서는 양육비 이행에 관한 집행권원이 된다.

[**❶** ▸ **O**] 협의상 이혼을 하려는 자는 가정법원이 제공하는 이혼에 관한 안내를 받아야 하고, 가정법원은 필요한 경우 당사자에게 상담에 관하여 전문적인 지식과 경험을 갖춘 전문상담인의 상담을 받을 것을 권고할 수 있다(민법 제836조의2 제1항).

[**❷** ▸ **✕**] [1] 자의 양육을 포함한 친권은 부모의 권리이자 의무로서 미성년인 자의 복지에 직접적인 영향을 미친다. 그러므로 부모가 이혼하는 경우에 부모 중에서 미성년인 자의 친권을 가지는 사람 및 양육자를 정함에 있어서는, 미성년인 자의 성별과 연령, 그에 대한 부모의 애정과 양육의사의 유무는 물론, 양육에 필요한 경제적 능력의 유무, 부 또는 모와 미성년인 자 사이의 친밀도, 미성년인 자의 의사 등의 모든 요소를 종합적으로 고려하여 미성년인 자의 성장과 복지에 가장 도움이 되고 적합한 방향으로 판단하여야 한다. [2] 민법 제837조, 제909조 제4항, 가사소송법 제2조 제1항 제2호 나목의 3) 및 5) 등이 부부의 이혼 후 그자의 친권자와 그 양육에 관한 사항을 각기 다른 조항에서 규정하고 있는 점 등에 비추어 보면, <u>이혼 후 부모와 자녀의 관계에 있어서 친권과 양육권이 항상 같은 사람에게 돌아가야 하는 것은 아니며, 이혼 후 자에 대한 양육권이 부모 중 어느 일방에, 친권이 다른 일방 또는 부모에 공동으로 귀속되는 것으로 정하는 것은, 비록 신중한 판단이 필요하다고 하더라도, 일정한 기준을 충족하는 한 허용된다고 할 것이다</u>(대판 2012.4.13. 2011므4719).

[**❸** ▸ **O**] 자(子)를 직접 양육하지 아니하는 부모의 일방과 자(子)는 상호 면접교섭할 수 있는 권리를 가진다(민법 제837조의2 제1항).

[**❹** ▸ **O**] 가정법원은 자(子)의 복리를 위하여 필요하다고 인정하는 경우에는 부·모·자(子) 및 검사의 청구 또는 직권으로 자(子)의 양육에 관한 사항을 변경하거나 다른 적당한 처분을 할 수 있다(민법 제837조 제5항).

[**❺** ▸ **O**] 민법 제836조의2 제5항

민법 제836조의2(이혼의 절차)

⑤ 가정법원은 당사자가 협의한 양육비부담에 관한 내용을 확인하는 양육비부담조서를 작성하여야 한다. 이 경우 양육비부담조서의 효력에 대하여는 가사소송법 제41조를 준용한다.

가사소송법 제41조(심판의 집행력)

금전의 지급, 물건의 인도(引渡), 등기, 그 밖에 의무의 이행을 명하는 심판은 집행권원(執行權原)이 된다.

답 **❷**

① 협의이혼하는 경우 부모의 협의로 친권자를 정하되, 협의를 할 수 없거나 협의가 이루어지지 않는 때에는 가정법원은 직권 또는 당사자의 청구에 따라 친권자를 지정하여야 한다. 다만 부모의 협의가 있는 경우에 가정법원은 그에 따라 친권자를 지정하여야 한다.

② 부모 중 어느 한쪽만이 자녀를 양육하게 된 경우에, 양육하는 일방은 상대방에 대하여 현재 및 장래에 있어서의 양육비 중 적정 금액의 분담을 청구할 수 있음은 물론이고, 부모의 자녀양육의무는 특별한 사정이 없는 한 자녀의 출생과 동시에 발생하는 것이므로 과거의 양육비에 대하여도 상대방이 분담함이 상당하다고 인정되는 경우에는 그 비용의 상환을 청구할 수 있으나, 반드시 이행청구 이후의 양육비와 동일한 기준에서 정할 필요는 없고 여러 사정을 고려하여 적절하다고 인정되는 분담의 범위를 정할 수 있다.

③ 재판상 이혼사유에 관한 민법 제840조는 동조가 규정하고 있는 각 호 사유마다 각 별개의 독립된 이혼사유를 구성하는 것이고, 이혼청구를 구하면서 위 각 호 소정의 수개의 사유를 주장하는 경우 법원은 그중 어느 하나를 받아들여 청구를 인용할 수 있다.

④ 상대방 배우자도 혼인을 계속할 의사가 없어 일방의 의사에 따른 이혼 내지 축출이혼의 염려가 없는 경우는 물론, 나아가 이혼을 청구하는 배우자의 유책성을 상쇄할 정도로 상대방 배우자 및 자녀에 대한 보호와 배려가 이루어진 경우, 세월의 경과에 따라 혼인파탄 당시 현저하였던 유책배우자의 유책성과 상대방 배우자가 받은 정신적 고통이 점차 약화되어 쌍방의 책임의 경중을 엄밀히 따지는 것이 더 이상 무의미할 정도가 된 경우 등과 같이 혼인생활의 파탄에 대한 유책성이 이혼청구를 배척해야 할 정도로 남아 있지 아니한 특별한 사정이 있는 경우에는 예외적으로 유책배우자의 이혼청구를 허용할 수 있다.

⑤ 협의이혼에 있어서 이혼의사는 법률상 부부관계를 해소하려는 의사를 말하므로 일시적으로나마 법률상 부부관계를 해소하려는 당사자 간의 합의하에 협의이혼신고가 된 이상 협의이혼에 다른 목적이 있더라도 양자 간에 이혼의사가 없다고는 말할 수 없고 따라서 이와 같은 협의이혼은 무효로 되지 않는다.

⋯⋯

[❶ ▸ ×] 혼인 외의 자가 인지된 경우와 부모가 (협의)이혼하는 경우에는 부모의 협의로 친권자를 정하여야 하고, 협의할 수 없거나 협의가 이루어지지 아니하는 경우에는 가정법원은 직권으로 또는 당사자의 청구에 따라 친권자를 지정하여야 한다. 다만, <u>부모의 협의가 자(子)의 복리에 반하는 경우에는 가정법원은 보정을 명하거나 직권으로 친권자를 정한다</u>(민법 제909조 제4항).

[❷ ▸ ○] [1] 어떠한 사정으로 인하여 부모 중 어느 한쪽만이 자녀를 양육하게 된 경우에, 그와 같은 일방에 의한 양육이 그 양육자의 일방적이고 이기적인 목적이나 동기에서 비롯한 것이라거나 자녀의 이익을 위하여 도움이 되지 아니하거나 그 양육비를 상대방에게 부담시키는 것이 오히려 형평에 어긋나게 되는 등 특별한 사정이 있는 경우를 제외하고는, 양육하는 일방은 상대방에 대하여 현재 및 장래에 있어서의 양육비 중 적정 금액의 분담을 청구할 수 있음은 물론이고, <u>부모의 자녀양육의무는 특별한 사정이 없는 한 자녀의 출생과 동시에 발생하는 것이므로 과거의 양육비에 대하여도 상대방이 분담함이 상당하다고 인정되는 경우에는 그 비용의 상환을 청구할 수 있다.</u> [2] 한쪽의 양육자가 양육비를 청구하기 이전의 과거의 양육비 모두를 상대방에게 부담시키게 되면 상대방은 예상하지 못하였던 양육비를 일시에 부담하게 되어 지나치고 가혹하며 신의성실의 원칙이나 형평의 원칙에 어긋날 수도 있으므로,

이와 같은 경우에는 <u>반드시 이행청구 이후의 양육비와 동일한 기준에서 정할 필요는 없고</u>, 부모 중 한쪽이 자녀를 양육하게 된 경위와 그에 소요된 비용의 액수, 그 상대방이 부양의무를 인식한 것인지 여부와 그 시기, 그것이 양육에 소요된 통상의 생활비인지 아니면 이례적이고 불가피하게 소요된 다액의 특별한 비용(치료비 등)인지 여부와 당사자들의 재산 상황이나 경제적 능력과 부담의 형평성 등 여러 사정을 고려하여 적절하다고 인정되는 <u>분담의 범위를 정할 수 있다</u>(대결[전합] 1994.5.13. 92스21).

[❸ ▸ O] 재판상 이혼사유에 관한 민법 제840조는 동조가 규정하고 있는 각 호 사유마다 각 별개의 독립된 이혼사유를 구성하는 것이고, 이혼청구를 구하면서 위 각 호 소정의 수개의 사유를 주장하는 경우 법원은 그중 어느 하나를 받아들여 청구를 인용할 수 있다(대판 2000.9.5. 99므1886).

[❹ ▸ O] 상대방 배우자도 혼인을 계속할 의사가 없어 일방의 의사에 따른 이혼 내지 축출이혼의 염려가 없는 경우는 물론, 나아가 이혼을 청구하는 배우자의 유책성을 상쇄할 정도로 상대방 배우자 및 자녀에 대한 보호와 배려가 이루어진 경우, 세월의 경과에 따라 혼인파탄 당시 현저하였던 유책배우자의 유책성과 상대방 배우자가 받은 정신적 고통이 점차 약화되어 쌍방의 책임의 경중을 엄밀히 따지는 것이 더 이상 무의미할 정도가 된 경우 등과 같이 혼인생활의 파탄에 대한 유책성이 이혼청구를 배척해야 할 정도로 남아 있지 아니한 특별한 사정이 있는 경우에는 예외적으로 유책배우자의 이혼청구를 허용할 수 있다(대판[전합] 2015.9.15. 2013므568).

[❺ ▸ O] 협의이혼에 있어서 이혼의사는 법률상 부부관계를 해소하려는 의사를 말하므로 일시적으로나마 법률상 부부관계를 해소하려는 당사자 간의 합의하에 협의이혼신고가 된 이상 협의이혼에 다른 목적이 있더라도 양자 간에 이혼의사가 없다고는 말할 수 없고 따라서 이와 같은 협의이혼은 무효로 되지 아니한다(대판 1993.6.11. 93므171).

답 ❶

06

□□□

다음 설명 중 가장 옳지 않은 것은?
2021년 법무사시험 [문 17]

① 협의상 이혼을 하려는 자는 가정법원이 제공하는 이혼에 관한 안내를 받아야 하고, 가정법원은 필요한 경우 당사자에게 상담에 관하여 전문적인 지식과 경험을 갖춘 전문상담인의 상담을 받을 것을 권고할 수 있다.

② 가정법원에 이혼의사의 확인을 신청한 당사자는 위 ①항의 안내를 받은 날부터 다음 각 호의 기간이 지난 후에 이혼의사의 확인을 받을 수 있다.

　1. 양육하여야 할 자(포태 중인 자를 포함한다)가 있는 경우에는 3개월

　2. 제1호에 해당하지 아니하는 경우에는 1개월

③ 가정법원은 폭력으로 인하여 당사자 일방에게 참을 수 없는 고통이 예상되는 등 이혼을 하여야 할 급박한 사정이 있는 경우에 위 ②항의 기간을 단축할 수 있으나, 면제할 수는 없다.

④ 당사자는 그 자의 양육에 관한 사항을 협의에 의하여 정하여야 하는데, 양육자의 결정, 양육비용의 부담, 면접교섭권의 행사 여부 및 그 방법에 관한 사항을 포함하여야 한다.

⑤ 가정법원은 당사자가 협의한 양육비 부담에 관한 내용을 확인하는 양육비부담조서를 작성하여야 한다. 이 경우 양육비부담조서의 효력에 대하여는 가사소송법 제41조를 준용한다.

[**❶** ▸ ○] [**❷** ▸ ○] [**❸** ▸ ✕] 민법 제836조의2 제1항·제2항·제3항

> **민법 제836조의2(이혼의 절차)**
> ① 협의상 이혼을 하려는 자는 가정법원이 제공하는 이혼에 관한 안내를 받아야 하고, 가정법원은 필요한 경우 당사자에게 상담에 관하여 전문적인 지식과 경험을 갖춘 전문상담인의 상담을 받을 것을 권고할 수 있다.
> ② 가정법원에 이혼의사의 확인을 신청한 당사자는 제1항의 안내를 받은 날부터 다음 각 호의 기간이 지난 후에 이혼의사의 확인을 받을 수 있다.
>   1. 양육하여야 할 재(포태 중인 자를 포함한다)가 있는 경우에는 3개월
>   2. 제1호에 해당하지 아니하는 경우에는 1개월
> ③ 가정법원은 폭력으로 인하여 당사자 일방에게 참을 수 없는 고통이 예상되는 등 이혼을 하여야 할 급박한 사정이 있는 경우에는 제2항의 기간을 단축 또는 면제할 수 있다.

[**❹** ▸ ○] 민법 제837조 제1항·제2항

> **민법 제837조(이혼과 자의 양육책임)**
> ① 당사자는 그자의 양육에 관한 사항을 협의에 의하여 정한다.
> ② 제1항의 협의는 다음의 사항을 포함하여야 한다.
>   1. 양육자의 결정
>   2. 양육비용의 부담
>   3. 면접교섭권의 행사 여부 및 그 방법

[**❺** ▸ ○] 가정법원은 당사자가 협의한 양육비 부담에 관한 내용을 확인하는 양육비부담조서를 작성하여야 한다. 이 경우 양육비부담조서의 효력에 대하여는 가사소송법 제41조를 준용한다(민법 제836조의2 제5항).

답 ❸

07
□□□

이혼에 관한 다음 설명 중 가장 옳지 않은 것은?   2020년 법무사시험 [문 5]

① 이혼에 따른 위자료청구권은 일신전속적 권리이므로 청구권자가 위자료의 지급을 구하는 소송을 제기함으로써 청구권을 행사할 의사가 외부적·객관적으로 명백하게 되었다고 하더라도 타인에게 양도하거나 상속할 수 없다.

② 부부의 혼인관계가 돌이킬 수 없을 정도로 파탄되었다고 인정된다면 그 파탄의 원인에 대한 원고의 책임이 피고의 책임보다 더 무겁다고 인정되지 않는 한 이혼청구는 인용되어야 한다.

③ 공무원이 착오로 협의이혼의사 철회신고서가 제출된 사실을 간과한 나머지 그 후에 제출된 협의이혼신고서를 수리하였다고 하더라도 협의상 이혼의 효력이 생길 수 없다.

④ 가정법원의 심판에 의하여 구체적인 청구권의 내용과 범위가 확정된 후의 양육비채권 중 이미 이행기에 도달한 후의 양육비채권은 완전한 재산권으로서 친족법상의 신분으로부터 독립하여 처분이 가능하다.

⑤ 상대방에게도 이혼의사가 있다고 인정되지만 단지 오기나 보복적인 감정 등의 이유에서 표면적으로만 이혼을 거부하고 있을 뿐 실제로는 혼인생활을 계속할 의사가 없다는 사실이 객관적으로 명백히 드러나는 경우에는 유책배우자라도 이혼을 청구할 수 있다.

[**❶ ▸ ✕**] 이혼위자료청구권의 양도 내지 승계의 가능 여부에 관하여 민법 제806조 제3항은 약혼해제로 인한 손해배상청구권에 관하여 정신상 고통에 대한 손해배상청구권은 양도 또는 승계하지 못하지만 당사자 간에 배상에 관한 계약이 성립되거나 소를 제기한 후에는 그러하지 아니하다고 규정하고 같은 법 제843조가 위 규정을 재판상 이혼의 경우에 준용하고 있으므로 이혼위자료청구권은 원칙적으로 일신전속적 권리로서 양도나 상속 등 승계가 되지 아니하나 이는 행사상 일신전속권이고 귀속상 일신전속권은 아니라 할 것인바, <u>그 청구권자가 위자료의 지급을 구하는 소송을 제기함으로써 청구권을 행사할 의사가 외부적 객관적으로 명백하게 된 이상 양도나 상속 등 승계가 가능하다</u>(대판 1993.5.27. 92므143).

[**❷ ▸ ○**] 민법 제840조 제6호에 정한 이혼사유인 '혼인을 계속하기 어려운 중대한 사유가 있을 때'라 함은 부부간의 애정과 신뢰가 바탕이 되어야 할 혼인의 본질에 상응하는 부부공동생활관계가 회복할 수 없을 정도로 파탄되고 그 혼인생활의 계속을 강제하는 것이 일방배우자에게 참을 수 없는 고통이 되는 경우를 말하며, 이를 판단함에 있어서는 혼인계속의사의 유무, 파탄의 원인에 관한 당사자의 책임 유무, 혼인생활의 기간, 자녀의 유무, 당사자의 연령, 이혼 후의 생활보장, 기타 혼인관계의 여러 사정을 두루 고려하여야 한다. 그리고 이와 같은 여러 사정을 고려하여 보아 부부의 혼인관계가 돌이킬 수 없을 정도로 파탄되었다고 인정된다면 그 파탄의 원인에 대한 원고의 책임이 피고의 책임보다 더 무겁다고 인정되지 않는 한 이혼청구는 인용되어야 한다(대판 2010.7.15. 2010므1140).

[**❸ ▸ ○**] 부부가 이혼하기로 협의하고 가정법원의 협의이혼의사 확인을 받았다고 하더라도 호적법에 정한 바에 의하여 신고함으로써 협의이혼의 효력이 생기기 전에는 부부의 일방이 언제든지 협의이혼의사를 철회할 수 있는 것이어서, 협의이혼신고서가 수리되기 전에 협의이혼의사의 철회신고서가 제출되면 협의이혼신고서는 수리할 수 없는 것이므로, 설사 호적공무원이 착오로 협의이혼의사 철회신고서가 제출된 사실을 간과한 나머지 그 후에 제출된 협의이혼신고서를 수리하였다고 하더라도 협의상 이혼의 효력이 생길 수 없다(대판 1994.2.8. 93드2869).

[**❹ ▸ ○**] 이혼한 부부 사이에서 자(子)에 대한 양육비의 지급을 구할 권리는 당사자의 협의 또는 가정법원의 심판에 의하여 구체적인 청구권의 내용과 범위가 확정되기 전에는 '상대방에 대하여 양육비의 분담액을 구할 권리를 가진다'라는 추상적인 청구권에 불과하고 당사자의 협의나 가정법원이 당해 양육비의 범위 등을 재량적·형성적으로 정하는 심판에 의하여 비로소 구체적인 액수만큼의 지급청구권이 발생한다고 보아야 하므로, 당사자의 협의 또는 가정법원의 심판에 의하여 구체적인 청구권의 내용과 범위가 확정되기 전에는 그 내용이 극히 불확정하여 상계할 수 없지만, 가정법원의 심판에 의하여 구체적인 청구권의 내용과 범위가 확정된 후의 양육비채권 중 이미 이행기에 도달한 후의 양육비채권은 완전한 재산권(손해배상청구권)으로서 친족법상의 신분으로부터 독립하여 처분이 가능하고, 권리자의 의사에 따라 포기, 양도 또는 상계의 자동채권으로 하는 것도 가능하다(대판 2006.7.4. 2006므751).

[**❺ ▸ ○**] 혼인생활의 파탄에 대하여 주된 책임이 있는 배우자는 그 파탄을 사유로 하여 이혼을 청구할 수 없는 것이 원칙이고, 다만 상대방도 그 파탄 이후 혼인을 계속할 의사가 없음이 객관적으로 명백하고 다만 오기나 보복적 감정에서 이혼에 응하지 않고 있을 뿐이라는 등 특별한 사정이 있는 경우에만 예외적으로 유책배우자의 이혼청구권이 인정된다(대판 1997.5.16. 97므155).

[답] ❶

① 이혼소송 계속 중 배우자의 일방이 사망한 때에는 이혼소송은 종료된다.

② 부모 중 어느 한쪽만이 자녀를 양육하게 된 경우에 양육하는 일방은 상대방에 대하여 현재 및 장래에 있어서의 양육비 중 적정금액의 분담을 청구할 수 있음은 물론이고, 부모의 자녀양육의무는 특별한 사정이 없는 한 자녀의 출생과 동시에 발생하는 것이므로 과거의 양육비에 대하여도 상대방이 분담함이 상당하다고 인정되는 경우에는 그 비용의 상환을 청구할 수 있다.

③ 소극재산의 총액이 적극재산의 총액을 초과하여 재산분할을 한 결과가 결국 채무의 분담을 정하는 것이 되는 경우에도 법원은 채무의 성질, 채권자와의 관계, 물적 담보의 존부 등 일체의 사정을 참작하여 이를 분담하게 하는 것이 적합하다고 인정되면 구체적인 분담의 방법 등을 정하여 재산분할청구를 받아들일 수 있다.

④ 당사자가 이혼소송과 병합하여 재산분할청구를 한 경우에는 법원이 이혼과 동시에 재산분할로서 금전의 지급을 명하는 판결이 확정되기 전이라도 재산분할청구권을 양도할 수 있다.

⑤ 이혼에 따른 재산분할청구권에 의하여 재산을 취득하는 것이 상당한 정도를 벗어나서 사해행위로서 채권자취소권의 대상이 되는 경우 취소되는 범위는 그 상당한 부분을 초과하는 부분에 한정된다.

⋯⋯

[❶▸○] 재판상 이혼청구권은 부부의 일신전속적 권리이므로 이혼소송 계속 중 배우자 일방이 사망한 때에는 상속인이 수계할 수 없음은 물론 검사가 수계할 수 있는 특별한 규정도 없으므로 이혼소송은 종료된다(대판 1993.5.27. 92므143).

[❷▸○] 어떠한 사정으로 인하여 부모 중 어느 한쪽만이 자녀를 양육하게 된 경우에, 그와 같은 일방에 의한 양육이 그 양육자의 일방적이고 이기적인 목적이나 동기에서 비롯한 것이라거나 자녀의 이익을 위하여 도움이 되지 아니하거나 그 양육비를 상대방에게 부담시키는 것이 오히려 형평에 어긋나게 되는 등 특별한 사정이 있는 경우를 제외하고는, 양육하는 일방은 상대방에 대하여 현재 및 장래에 있어서의 양육비 중 적정금액의 분담을 청구할 수 있음은 물론이고, 부모의 자녀양육의무는 특별한 사정이 없는 한 자녀의 출생과 동시에 발생하는 것이므로 과거의 양육비에 대하여도 상대방이 분담함이 상당하다고 인정되는 경우에는 그 비용의 상환을 청구할 수 있다(대결[전합] 1994.5.13. 92스21).

[❸▸○] 이혼당사자 각자가 보유한 적극재산에서 소극재산을 공제하는 등으로 재산상태를 따져 본 결과 재산분할청구의 상대방이 그에게 귀속되어야 할 몫보다 더 많은 적극재산을 보유하고 있거나 소극재산의 부담이 더 적은 경우에는 적극재산을 분배하거나 소극재산을 분담하도록 하는 재산분할은 어느 것이나 가능하다고 보아야 하고, 후자의 경우라고 하여 당연히 재산분할청구가 배척되어야 한다고 할 것은 아니다. 그러므로 소극재산의 총액이 적극재산의 총액을 초과하여 재산분할을 한 결과가 결국 채무의 분담을 정하는 것이 되는 경우에도 법원은 채무의 성질, 채권자와의 관계, 물적 담보의 존부 등 일체의 사정을 참작하여 이를 분담하게 하는 것이 적합하다고 인정되면 구체적인 분담의 방법 등을 정하여 재산분할청구를 받아들일 수 있다 할 것이다(대판[전합] 2013.6.20. 2010므4071).

[❹▸✗] 이혼으로 인한 재산분할청구권은 이혼을 한 당사자의 일방이 다른 일방에 대하여 재산분할을 청구할 수 있는 권리로서, 이혼이 성립한 때에 법적 효과로서 비로소 발생하며, 또한 협의 또는 심판에 의하여 구체적 내용이 형성되기 전까지는 범위 및 내용이 불명확·불확정하기 때문에 구체적으로 권리가 발생하였다고 할 수 없다. 따라서 당사자가 이혼이 성립하기 전에 이혼소송과 병합하여 재산분할의 청구를 한 경우에, 아직 발생하지 아니하였고 구체적 내용이 형성되지 아니한 재산분할청구권을 미리 양도하는 것은 성질상 허용되지 아니하며, 법원이 이혼과 동시에 재산분할로서 금전의 지급을 명하는 판결이 확정된 이후부터 채권양도의 대상이 될 수 있다(대판 2017.9.21. 2015다61286).

[**❺ ▸ ○**] 이혼 시의 재산분할이 민법 제839조의2 제2항의 규정 취지에 반하여 상당하다고 할 수 없을 정도로 과대하고, 재산분할을 구실로 이루어진 재산처분이라고 인정할 만한 특별한 사정이 없는 한 사해행위로서 채권자취소권의 대상이 되지 아니하고, 위와 같은 특별한 사정이 있어 사해행위로서 채권자취소권의 대상이 되는 경우에도 취소되는 범위는 그 상당한 부분을 초과하는 부분에 한정된다고 할 것이며, 이때 상당한 정도를 벗어나는 과대한 재산분할이라고 볼 만한 특별한 사정이 있다는 점에 관한 입증책임은 채권자에게 있다고 할 것이다(대판 2006.6.29. 2005다73105).

답 ❹

제3절 **부모와 자**

제1항 **친생자**

09 **다음 설명 중 옳은 것을 모두 고른 것은?**  **2024년 법무사시험 [문 13]**

> ㄱ. 인지청구권은 본인의 일신전속적인 신분관계상의 권리로서 포기할 수도 없으며 포기하였더라도 그 효력이 발생할 수 없는 것이고, 이와 같이 인지청구권의 포기가 허용되지 않는 이상 거기에 실효의 법리가 적용될 여지도 없다.
>
> ㄴ. 혼인 외의 출생자가 부의 사망 후에 인지의 소에 의하여 친생자로 인지받은 경우 피인지자보다 후순위 상속인인 피상속인의 직계존속 또는 형제자매 등은 피인지자의 출현과 함께 자신이 취득한 상속권을 잃게 되므로, 이들은 민법 제860조 단서의 규정에 따라 인지의 소급효 제한에 의하여 보호받게 되는 제3자에 포함된다.
>
> ㄷ. 민법 제865조의 규정에 의하여 이해관계 있는 제3자가 친생자관계 부존재확인을 청구하는 경우 친자 쌍방이 다 생존하고 있는 경우는 친자 쌍방을 피고로 삼아야 하고, 친자 중 어느 한편이 사망하였을 때에는 생존자만을 피고로 삼아야 하며, 친자가 모두 사망하였을 경우에는 검사를 상대로 소를 제기할 수 있다. 친생자관계존부확인소송은 소송물이 일신전속적인 것이기는 하나, 제3자가 친자 쌍방을 상대로 제기한 친생자관계부존재확인소송이 계속되던 중 친자 중 어느 한편이 사망하였을 때에는 생존한 사람만 피고가 됨과 동시에 공익적 지위를 갖는 검사가 망인의 소송절차를 수계할 수 있다.
>
> ㄹ. 전 등기명의인이 미성년자이고 당해 부동산을 친권자에게 증여하는 행위가 이해상반행위라 하더라도 일단 친권자에게 이전등기가 경료된 이상, 특별한 사정이 없는 한 그 이전등기에 관하여 필요한 절차를 적법하게 거친 것으로 추정된다.
>
> ㅁ. 친권자가 수인의 미성년자의 법정대리인으로서 상속재산분할협의를 한 것이라면 이는 민법 제921조에 위반된 것으로서 이러한 대리행위에 의하여 성립된 상속재산분할협의는 피대리자 전원에 의한 추인이 없는 한 무효이다.

① ㄱ, ㄹ, ㅁ 　　　　② ㄱ, ㄷ, ㅁ
③ ㄱ, ㄴ, ㄷ 　　　　④ ㄴ, ㄷ, ㄹ
⑤ ㄴ, ㄹ, ㅁ

[ㄱ▸O] 인지청구권은 본인의 일신전속적인 신분관계상의 권리로서 포기할 수도 없으며 포기하였더라도 그 효력이 발생할 수 없는 것이고, 이와 같이 인지청구권의 포기가 허용되지 않는 이상 거기에 실효의 법리가 적용될 여지도 없다(대판 2001.11.27. 2001므1353).

[ㄴ▸X] 민법 제860조는 인지의 소급효는 제3자가 이미 취득한 권리에 의하여 제한받는다는 취지를 규정하면서 민법 제1014조는 상속개시 후의 인지 또는 재판의 확정에 의하여 공동상속인이 된 자는 그 상속분에 상응한 가액의 지급을 청구할 권리가 있다고 규정하여 제860조 소정의 제3자의 범위를 제한하고 있는 취지에 비추어 볼 때, 혼인 외의 출생자가 부의 사망 후에 인지의 소에 의하여 친생자로 인지받은 경우 피인지자보다 후순위 상속인인 피상속인의 직계존속 또는 형제자매 등은 피인지자의 출현과 함께 자신이 취득한 상속권을 소급하여 잃게 되는 것으로 보아야 하고, 그것이 민법 제860조 단서의 규정에 따라 인지의 소급효 제한에 의하여 보호받게 되는 제3자의 기득권에 포함된다고는 볼 수 없다(대판 1993.3.12. 92다48512).

[ㄷ▸X] 민법 제865조의 규정에 의하여 이해관계 있는 제3자가 친생자관계 부존재확인을 청구하는 경우 친자 쌍방이 다 생존하고 있는 경우는 친자 쌍방을 피고로 삼아야 하고, 친자 중 어느 한편이 사망하였을 때에는 생존자만을 피고로 삼아야 하며, 친자가 모두 사망하였을 경우에는 검사를 상대로 소를 제기할 수 있다. 친생자관계존부 확인소송은 소송물이 일신전속적인 것이므로, 제3자가 친자 쌍방을 상대로 제기한 친생자관계 부존재확인소송이 계속되던 중 친자 중 어느 한편이 사망하였을 때에는 생존한 사람만 피고가 되고, 사망한 사람의 상속인이나 검사가 절차를 수계할 수 없다. 이 경우 사망한 사람에 대한 소송은 종료된다(대판 2018.5.15. 2014므4963).

[ㄹ▸O] 전 등기명의인이 미성년자이고 당해 부동산을 친권자에게 증여하는 행위가 이해상반행위라 하더라도 일단 친권자에게 이전등기가 경료된 이상, 특별한 사정이 없는 한, 그 이전등기에 관하여 필요한 절차를 적법하게 거친 것으로 추정된다(대판 2002.2.5. 2001다72029).

[ㅁ▸O] 친권자가 수인의 미성년자의 법정대리인으로서 상속재산분할협의를 한 것이라면 이는 민법 제921조에 위반된 것으로서 이러한 대리행위에 의하여 성립된 상속재산분할협의는 피대리자 전원에 의한 추인이 없는 한 무효이다(대판 1993.4.13. 92다54524).

답 ❶

10 친생부인의 소에 관한 다음 설명 중 가장 옳은 것은? 2021년 법무사시험 [문 35]

① 친생부인의 소는 남편 또는 아내가 다른 일방 또는 자(子)를 상대로 하여 그 사유가 있은 날로부터 2년 내에 제기하여야 한다.

② 남편이나 아내가 피성년후견인인 경우에는 남편이나 아내가 성년후견감독인의 동의를 받아 친생부인의 소를 제기할 수 있다. 성년후견감독인이 없거나 동의할 수 없을 때에는 가정법원에 그 동의를 갈음하는 허가를 청구할 수 있다.

③ 친생부인의 소의 원고적격이 있는 처(妻)는 자(子)의 생모뿐만 아니라 부(父)와 재혼한 처(妻)도 포함한다.

④ 부(夫)가 자(子)의 출생 전에 사망하거나 부(夫) 또는 처(妻)가 민법 제847조 제1항의 기간 내에 사망한 때에는 부(夫) 또는 처(妻)의 직계존속이나 직계비속에 한하여 그 사망을 안 날부터 2년 내에 친생부인의 소를 제기할 수 있다.

⑤ 친생부인의 조정이 성립되면 친생부인의 효력이 발생한다.

[**❶ ▸ ✕**] 친생부인(親生否認)의 소(訴)는 부(夫) 또는 처(妻)가 다른 일방 또는 자(子)를 상대로 하여 그 사유가 있음을 <u>안 날부터</u> 2년 내에 이를 제기하여야 한다(민법 제847조 제1항).

[**❷ ▸ ✕**] 남편이나 아내가 피성년후견인인 경우에는 <u>그의 성년후견인이</u> 성년후견감독인의 동의를 받아 친생부인의 소를 제기할 수 있다. 성년후견감독인이 없거나 동의할 수 없을 때에는 가정법원에 그 동의를 갈음하는 허가를 청구할 수 있다(민법 제848조 제1항).

[**❸ ▸ ✕**] 민법 규정의 입법취지, 개정연혁과 체계 등에 비추어 보면, 민법 제846조, 제847조 제1항에서 정한 친생부인의 소의 원고적격이 있는 '부(婦), 처(妻)'는 자의 생모에 한정되고, 여기에 친생부인이 주장되는 대상자의 <u>법률상 부(父)</u>와 '<u>재혼한 처(妻)</u>'는 포함되지 않는다(대판 2014.12.11. 2013므4591).

[**❹ ▸ ○**] 부(夫)가 자(子)의 출생 전에 사망하거나 부(夫) 또는 처(妻)가 제847조 제1항의 기간 내에 사망한 때에는 부(夫) 또는 처(妻)의 직계존속이나 직계비속에 한하여 그 사망을 안 날부터 2년 내에 친생부인의 소를 제기할 수 있다(민법 제851조).

[**❺ ▸ ✕**] <u>친생부인조정조서는 당사자가 임의로 처분할 수 없는 사항에 관한 것이어서 그 효력이 없다</u>(대판 1968.2.27. 67므34).

답 ❹

11 ☐☐☐
친자관계 등에 관한 다음 설명 중 가장 옳지 않은 것은? 2023년 법무사시험 [문 2]

① 민법은 입양의 요건으로 동의와 허가 등에 관하여 규정하고 있을 뿐이고 존속을 제외하고는 혈족의 입양을 금지하고 있지 않으므로, 조부모가 손자녀를 입양하여 부모 · 자녀 관계를 맺는 것도 가능하다.

② 인지의 소의 확정판결에 의하여 일단 부와 자 사이에 친자관계가 창설된 이상, 확정판결에 반하여 친생자관계부존재확인의 소로써 당사자 사이에 친자관계가 존재하지 않는다고 다툴 수는 없다.

③ 아내가 혼인 중 남편이 아닌 제3자의 정자를 제공받아 인공수정으로 자녀를 출산한 경우에도 친생 추정 규정을 적용하여 인공수정으로 출생한 자녀는 남편의 자녀로 추정된다.

④ 인지청구권은 본인의 일신전속적인 신분관계상의 권리로서 포기할 수 없고, 포기하였더라도 그 효력이 발생할 수 없으며, 이와 같이 인지청구권의 포기가 허용되지 않는 이상 거기에 실효의 법리가 적용될 여지도 없다.

⑤ 성전환자가 미성년자인 자녀가 있는 경우에는, 가족관계등록부에 기재된 성별을 정정하여 미성년 자인 자녀의 법적 지위와 그에 대한 사회적 인식에 곤란을 초래하는 것까지 허용할 수는 없으므로, 미성년자인 자녀를 둔 성전환자의 성별정정은 허용되지 않는다.

[**❶ ▸ ○**] 입양은 출생이 아니라 법에 정한 절차에 따라 원래는 부모 · 자녀가 아닌 사람 사이에 부모 · 자녀 관계를 형성하는 제도이다. 조부모와 손자녀 사이에는 이미 혈족관계가 존재하지만 부모 · 자녀 관계에 있는 것은 아니다. 민법은 입양의 요건으로 동의와 허가 등에 관하여 규정하고 있을 뿐이고 존속을 제외하고는 혈족의 입양을 금지하고 있지 않다(민법 제877조 참조). 따라서 조부모가 손자녀를 입양하여 부모 · 자녀 관계를 맺는 것이 입양의 의미와 본질에 부합하지 않거나 불가능하다고 볼 이유가 없다(대결[전합] 2021.12.23. 2018스5).

[**❷ ▸ ○**] 인지청구의 소는 부와 자 사이에 사실상의 친자관계의 존재를 확정하고 법률상의 친자관계를 창설함을 목적으로 하는 소송으로서, 당사자의 증명이 충분하지 못할 때에는 법원이 직권으로 사실조사와 증거조사를 하여야 하고, 친자관계를 증명할 때는 부와 자 사이의 혈액형검사, 유전자검사 등 과학적 증명방법이 유력하게 사용되며, 이러한 증명에 의하여 혈연상 친생자관계가 인정되어 확정판결을 받으면 당사자 사이에 친자관계가 창설된다. 이와 같은 인지청구의 소의 목적, 심리절차와 증명방법 및 법률적 효과 등을 고려할 때, 인지의 소의 확정판결에 의하여 일단 부와 자 사이에 친자관계가 창설된 이상, 재심의 소로 다투는 것은 별론으로 하고, 확정판결에 반하여 친생자관계부존재확인의 소로써 당사자 사이에 친자관계가 존재하지 않는다고 다툴 수는 없다(대판 2015.6.11. 2014므8217).

[**❸ ▸ ○**] 친생자와 관련된 민법 규정, 특히 민법 제844조 제1항(이하 '친생추정 규정'이라 한다)의 문언과 체계, 민법이 혼인 중 출생한 자녀의 법적 지위에 관하여 친생추정 규정을 두고 있는 기본적인 입법 취지와 연혁, 헌법이 보장하고 있는 혼인과 가족제도 등에 비추어 보면, 아내가 혼인 중 남편이 아닌 제3자의 정자를 제공받아 인공수정으로 자녀를 출산한 경우에도 친생추정 규정을 적용하여 인공수정으로 출생한 자녀가 남편의 자녀로 추정된다고 보는 것이 타당하다(대판[전합] 2019.10.23. 2016므2510).

[**❹ ▸ ○**] 인지청구권은 본인의 일신전속적인 신분관계상의 권리로서 포기할 수도 없으며 포기하였더라도 그 효력이 발생할 수 없는 것이고, 이와 같이 인지청구권의 포기가 허용되지 않는 이상 거기에 실효의 법리가 적용될 여지도 없다(대판 2001.11.27. 2001므1353).

[**❺ ▸ ✕**] 미성년 자녀를 둔 성전환자도 부모로서 자녀를 보호하고 교양하며(민법 제913조), 친권을 행사할 때에도 자녀의 복리를 우선해야 할 의무가 있으므로(민법 제912조), 미성년 자녀가 있는 성전환자의 성별정정 허가 여부를 판단할 때에는 성전환자의 기본권의 보호와 미성년 자녀의 보호 및 복리와의 조화를 이룰 수 있도록 법익의 균형을 위한 여러 사정들을 종합적으로 고려하여 실질적으로 판단하여야 한다. 따라서 위와 같은 사정들을 고려하여 실질적으로 판단하지 아니한 채 <u>단지 성전환자에게 미성년 자녀가 있다는 사정만을 이유로 성별정정을 불허하여서는 아니 된다</u>(대결[전합] 2022.11.24. 2020스616).

답 ❺

12

☐☐☐

친양자 입양에 관한 다음 설명 중 옳은 것을 모두 고른 것은? 2025년 법무사시험 [문 34]

ㄱ. 친양자가 될 사람이 15세 이상인 경우에는 법정대리인의 동의를 받아 입양을 승낙하고, 15세 미만인 경우에는 법정대리인이 그를 갈음하여 입양을 승낙하여야 한다.

ㄴ. 친양자를 입양하려는 사람은 2년 이상 혼인 중인 부부로서 공동으로 입양하여야 하고, 다만 1년 이상 혼인 중인 부부의 한쪽이 그 배우자의 친생자를 친양자로 하는 경우에는 그러하지 않다.

ㄷ. 친생부모가 자신에게 책임이 있는 사유로 3년 이상 자녀에 대한 부양의무를 이행하지 아니하고 면접교섭을 하지 아니한 경우에는 동의권자 또는 승낙권자의 동의나 승낙이 없더라도 가정법원은 친양자 입양청구를 인용할 수 있다.

ㄹ. 친양자 입양이 취소된 때에는 친양자 관계는 입양한 때로 소급하여 소멸하고 입양 전의 친족관계는 부활한다.

ㅁ. 친양자 입양에는 친양자가 될 사람의 친생부모의 동의가 필요하지만, 친생부모의 소재를 알 수 없는 경우에는 그의 동의 없이도 친양자 입양이 가능하다.

① ㄱ, ㄷ   ② ㄱ, ㅁ
③ ㄴ, ㄹ   ④ ㄷ, ㄹ
⑤ ㄷ, ㅁ

....

[ㄱ ▸ ✕] 친양자가 될 사람이 13세 이상인 경우에는 법정대리인의 동의를 받아 입양을 승낙하고(민법 제908조의2 제1항 제4호), 13세 미만인 경우에는 법정대리인이 그를 갈음하여 입양을 승낙하여야 한다(동항 제5호).

[ㄴ ▸ ✕] 친양자를 입양하려는 사람은 3년 이상 혼인 중인 부부로서 공동으로 입양하여야 하고, 다만 1년 이상 혼인 중인 부부의 한쪽이 그 배우자의 친생자를 친양자로 하는 경우에는 그러하지 아니하다(민법 제908조의2 제1항 제1호).

[ㄷ ▸ ○] 친생부모가 자신에게 책임이 있는 사유로 3년 이상 자녀에 대한 부양의무를 이행하지 아니하고 면접교섭을 하지 아니한 경우에는 동의권자 또는 승낙권자의 동의나 승낙이 없더라도 가정법원은 친양자 입양청구를 인용할 수 있다(민법 제908조의2 제2항 제2호).

[ㄹ ▸ ✕] 친양자 입양이 취소되면 친양자 관계는 소멸하고 입양 전의 친족관계는 부활하나(민법 제908조의7 제1항), 친양자 입양의 취소의 효력은 소급하지는 않는다(민법 제908조의7 제2항).

[ㅁ ▸ ○] 친양자 입양에는 친양자가 될 사람의 친생부모의 동의가 필요하지만, 친생부모의 소재를 알 수 없는 경우에는 그의 동의 없이도 친양자 입양이 가능하다(민법 제908조의2 제1항 제3호 참조).

민법 제908조의2(친양자 입양의 요건 등)

① 친양자(親養子)를 입양하려는 사람은 다음 각 호의 요건을 갖추어 가정법원에 친양자 입양을 청구하여야 한다.

  1. 3년 이상 혼인 중인 부부로서 공동으로 입양할 것. 다만, 1년 이상 혼인 중인 부부의 한쪽이 그 배우자의 친생자를 친양자로 하는 경우에는 그러하지 아니하다.

  2. 친양자가 될 사람이 미성년자일 것

3. 친양자가 될 사람의 친생부모가 친양자 입양에 동의할 것. 다만, 부모가 친권상실의 선고를 받거나 소재를 알 수 없거나 그 밖의 사유로 동의할 수 없는 경우에는 그러하지 아니하다.
4. 친양자가 될 사람이 13세 이상인 경우에는 법정대리인의 동의를 받아 입양을 승낙할 것
5. 친양자가 될 사람이 13세 미만인 경우에는 법정대리인이 그를 갈음하여 입양을 승낙할 것
② 가정법원은 다음 각 호의 어느 하나에 해당하는 경우에는 제1항 제3호·제4호에 따른 동의 또는 같은 항 제5호에 따른 승낙이 없어도 제1항의 청구를 인용할 수 있다. 이 경우 가정법원은 동의권자 또는 승낙권자를 심문하여야 한다.
1. 법정대리인이 정당한 이유 없이 동의 또는 승낙을 거부하는 경우. 다만, 법정대리인이 친권자인 경우에는 제2호 또는 제3호의 사유가 있어야 한다.
2. 친생부모가 자신에게 책임이 있는 사유로 3년 이상 자녀에 대한 부양의무를 이행하지 아니하고 면접교섭을 하지 아니한 경우
3. 친생부모가 자녀를 학대 또는 유기하거나 그 밖에 자녀의 복리를 현저히 해친 경우
③ 가정법원은 친양자가 될 사람의 복리를 위하여 그 양육상황, 친양자 입양의 동기, 양부모의 양육능력, 그 밖의 사정을 고려하여 친양자 입양이 적당하지 아니하다고 인정하는 경우에는 제1항의 청구를 기각할 수 있다.

답 ⑤

13

입양에 관한 다음 설명 중 가장 옳지 않은 것은?　　　　　　2022년 법무사시험 [문 31]

① 친생자 출생신고 당시 입양의 실질적 요건을 갖추지 못하여 입양신고로서의 효력이 생기지 않았더라도 그 후에 입양의 실질적 요건을 갖추게 된 경우에는 무효인 친생자 출생신고는 소급적으로 입양신고로서의 효력을 갖게 된다고 할 것이나, 당사자 간에 무효인 신고행위에 상응하는 신분관계가 실질적으로 형성되어 있지 아니한 경우에는 무효인 신분행위에 대한 추인의 의사표시만으로 그 무효행위의 효력을 인정할 수 없다.
② 조부모가 자녀의 입양허가를 청구하는 경우에 입양의 요건을 갖추고 입양이 자녀의 복리에 부합한다면 이를 허가할 수 있다.
③ 입양으로 인한 친족관계는 입양의 취소 또는 파양으로 인하여 종료하므로, 양부모가 이혼하였을 경우에는 양부자관계는 존속하지만 양모자관계는 소멸한다.
④ 친생자 출생신고가 입양의 효력을 갖는 경우, 양친 부부 중 일방이 사망한 후 생존하는 다른 일방이 사망한 일방과 양자 사이의 양친자관계의 해소를 위하여 재판상 파양에 갈음하는 친생자관계부존재확인청구를 할 수는 없다.
⑤ 입양신고가 형식적으로만 입양한 것처럼 가장하기로 하여 이루어진 것일 뿐 당사자 사이에 실제로 양친자로서의 신분적 생활관계를 형성한다는 의사의 합치가 없었던 것이라면 이는 당사자 간에 입양의 합의가 없는 때에 해당하여 무효이다.

[**❶** ▸ O] 친생자 출생신고 당시 입양의 실질적 요건을 갖추지 못하여 입양신고로서의 효력이 생기지 아니하였더라도 그 후에 입양의 실질적 요건을 갖추게 된 경우에는 무효인 친생자 출생신고는 소급적으로 입양신고로서의 효력을 갖게 된다고 할 것이나, 민법 제139조 본문이 무효인 법률행위는 추인하여도 그 효력이 생기지 않는다고 규정하고 있음에도 불구하고, 입양 등의 신분행위에 관하여 이 규정을 적용하지 아니하고 추인에 의하여 소급적 효력을 인정하는 것은 무효인 신분행위 후 그 내용에 맞는 신분관계가 실질적으로 형성되어 쌍방 당사자가 이의 없이 그 신분관계를 계속하여 왔다면, 그 신고가 부적법하다는 이유로 이미 형성되어 있는 신분관계의 효력을 부인하는 것은 당사자의 의사에 반하고 그 이익을 해칠 뿐만 아니라, 그 실질적 신분관계의 외형과 호적의 기재를 믿은 제3자의 이익도 침해할 우려가 있기 때문에 추인에 의하여 소급적으로 신분행위의 효력을 인정함으로써 신분관계의 형성이라는 신분관계의 본질적 요소를 보호하는 것이 타당하다는 데에 그 근거가 있다고 할 것이므로, 당사자 간에 무효인 신고행위에 상응하는 신분관계가 실질적으로 형성되어 있지 아니한 경우에는 무효인 신분행위에 대한 추인의 의사표시만으로 그 무효행위의 효력을 인정할 수 없는 것이다(대판 2004.11.11. 2004므1484).

[**❷** ▸ O] 조부모와 손자녀 사이에는 이미 혈족관계가 존재하지만 부모·자녀 관계에 있는 것은 아니다. 민법은 입양의 요건으로 동의와 허가 등에 관하여 규정하고 있을 뿐이고 존속을 제외하고는 혈족의 입양을 금지하고 있지 않다(민법 제877조 참조). 따라서 조부모가 손자녀를 입양하여 부모·자녀 관계를 맺는 것이 입양의 의미와 본질에 부합하지 않거나 불가능하다고 볼 이유가 없다. <u>조부모가 자녀의 입양허가를 청구하는 경우에 입양의 요건을 갖추고 입양이 자녀의 복리에 부합한다면 이를 허가할 수 있다.</u> 다만 조부모가 자녀를 입양하는 경우에는, 양부모가 될 사람과 자녀 사이에 이미 조손관계가 존재하고 있고 입양 후에도 양부모가 여전히 자녀의 친생부 또는 친생모에 대하여 부모의 지위에 있다는 특수성이 있으므로, 이러한 사정이 자녀의 복리에 미칠 영향에 관하여 세심하게 살필 필요가 있다(대결[전합] 2021.12.23. 2018스5).

[**❸** ▸ ×] 처를 부와 함께 입양당사자로 하는 현행 민법 아래에서는(1990.1.13. 개정 전 민법 제874조 제1항은 "처가 있는 자는 공동으로 함이 아니면 양자를 할 수 없고 양자가 되지 못한다"고 규정하였고, 개정 후 현행 민법 제874조 제1항은 "배우자 있는 자가 양자를 할 때에는 배우자와 공동으로 하여야 한다"고 규정하고 있다) 부부공동입양제가 되어 <u>처도 부와 마찬가지로 입양당사자가 되기 때문에 양부모가 이혼하였다고 하여 양모를 양부와 다르게 취급하여 양모자관계만 소멸한다고 볼 수는 없는 것이다</u>(대판[전합] 2001.5.24. 2000므1493).

[**❹** ▸ O] 양부가 사망한 때에는 양모는 단독으로 양자와 협의상 또는 재판상 파양을 할 수 있으되 이는 양부와 양자 사이의 양친자관계에 영향을 미칠 수 없는 것이고, 또 <u>양모가 사망한 양부에 갈음하거나 또는 양부를 위하여 파양을 할 수는 없다</u>고 할 것이며, 이는 친생자부존재확인을 구하는 청구에 있어서 입양의 효력은 있으나 재판상 파양 사유가 있어 양친자관계를 해소할 필요성이 있는 이른바 <u>재판상 피양에 갈음하는 친생자관계부존재확인청구에 관하여도 마찬가지라고 할 것이나.</u> 왜냐하면 양친자관계는 파양에 의하여 해소될 수 있는 점을 제외하고는 친생자관계와 똑같은 내용을 갖게 되는데, 진실에 부합하지 않는 친생자로서의 호적기재가 법률상의 친자관계인 양친자관계를 공시하는 효력을 갖게 되었고 사망한 양부와 양자 사이의 이러한 양친자관계는 해소할 방법이 없으므로 그 호적기재 자체를 말소하여 법률상 친자관계를 부인하게 하는 친생자관계존부확인청구는 허용될 수 없는 것이기 때문이다(대판 2001.8.21. 99므2230).

[**❺** ▸ O] 입양신고가 고소사건으로 인한 처벌 등을 모면하게 할 목적으로 호적상 형식적으로만 입양한 것처럼 가장하기로 하여 이루어진 것일 뿐 당사자 사이에 실제로 양친자로서의 신분적 생활관계를 형성한다는 의사의 합치는 없었던 것이라면, 이는 당사자 간에 입양의 합의가 없는 때에 해당하여 무효라고 보아야 할 것이다(대판 1995.9.29. 94므1553).

답 ❸

14
☐☐☐

양육에 관한 다음 설명 중 가장 옳지 않은 것은?   2024년 법무사시험 [문 38]

① 양육자는 인지판결의 확정 전에 발생한 과거의 양육비에 대하여도 상대방이 부담함이 상당한 범위 내에서 그 비용의 상환을 청구할 수 있다고 보아야 한다.

② 가정법원이 민법 제924조의2에 따라 부모의 친권 중 양육권만을 제한하여 미성년후견인으로 하여금 자녀에 대한 양육권을 행사하도록 결정한 경우에 민법 제837조를 유추적용하여 미성년후견인은 비양육친을 상대로 가사소송법 제2조 제1항 제2호 (나)목 3)에 따른 양육비심판을 청구할 수 있다고 봄이 타당하다.

③ 양육자로 지정된 양육친이 비양육친을 상대로 제기한 양육비 청구 사건에서 제1심 가정법원이 자녀가 성년에 이르기 전날을 종기로 삼아 장래양육비의 분담을 정한 경우, 항고심법원이 양육에 관한 사항을 심리한 결과 일정 시점 이후에는 양육자로 지정된 자가 자녀를 양육하지 않고 있는 사실이 확인된다고 하더라도 이를 반영하여 장래양육비의 지급을 명하는 기간을 다시 정할 수는 없다.

④ 종전에 정해진 양육비의 분담이 과다하게 되었다고 주장하며 감액을 청구하는 경우 법원은 자녀들의 성장에도 불구하고 양육비의 감액이 필요할 정도로 청구인의 소득과 재산이 실질적으로 감소하였는지를 심리·판단하여야 한다.

⑤ 대한민국 국민과 혼인을 한 후 입국하여 체류자격을 취득하고 거주하다가 한국어를 습득하기 충분하지 않은 기간에 이혼에 이르게 된 외국인이 당사자인 경우, 미성년 자녀의 양육에 있어 한국어 소통능력이 부족한 외국인보다는 대한민국 국민인 상대방에게 양육되는 것이 더 적합할 것이라는 추상적이고 막연한 판단으로 해당 외국인 배우자가 미성년 자녀의 양육자로 지정되기에 부적합하다고 평가하는 것은 옳지 않다.

....

[**❶** ▸ O] 민법 제860조는 "인지는 그자의 출생 시에 소급하여 효력이 생긴다."라고 규정하고 있다. 따라서 인지판결 확정으로 법률상 부양의무가 현실화되는 것이기는 하지만 부모의 법률상 부양의무는 인지판결이 확정되면 그자의 출생 시로 소급하여 효력이 생기는 것이므로, 양육자는 인지판결의 확정 전에 발생한 과거의 양육비에 대하여도 상대방이 부담함이 상당한 범위 내에서 그 비용의 상환을 청구할 수 있다고 보아야 한다(대결 2023.10.31. 2023스643).

[**❷** ▸ O] 가정법원이 민법 제924조의2에 따라 부모의 친권 중 양육권만을 제한하여 미성년후견인으로 하여금 자녀에 대한 양육권을 행사하도록 결정한 경우에 민법 제837조를 유추적용하여 미성년후견인은 비양육친을 상대로 가사소송법 제2조 제1항 제2호 (나)목 3)에 따른 양육비심판을 청구할 수 있다고 봄이 타당하다(대결 2021.5.27. 2019스621).

[**❸** ▸ ✕] 양육자로 지정된 양육친이 비양육친을 상대로 제기한 양육비 청구 사건에서 제1심 가정법원이 자녀가 성년에 이르기 전날을 종기로 삼아 장래양육비의 분담을 정한 경우, 항고심법원이 양육에 관한 사항을 심리한 결과 일정 시점 이후에는 양육자로 지정된 자가 자녀를 양육하지 않고 있는 사실이 확인된다면 이를 반영하여 장래양육비의 지급을 명하는 기간을 다시 정하여야 한다(대결 2022.11.10. 2021스766).

[**❹ ▸ O**] 가정법원이 '재판 또는 당사자의 협의로 정해진 양육비 부담 내용이 제반 사정에 비추어 부당하게 되었다.'고 인정하는 때에는 그 내용을 변경할 수 있지만, 종전 양육비 부담이 '부당'한지 여부는 친자법을 지배하는 기본이념인 '자녀의 복리를 위하여 필요한지'를 기준으로 판단하여야 한다. 양육비의 감액은 일반적으로 자녀의 복리를 위하여 필요한 조치라고 보기 어려우므로, 양육비 감액이 자녀에게 미치는 영향을 우선적으로 고려하되 종전 양육비가 정해진 경위와 액수, 줄어드는 양육비 액수, 당초 결정된 양육비 부담 외에 혼인관계 해소에 수반하여 정해진 위자료, 재산분할 등 재산상 합의의 유무와 내용, 그러한 재산상 합의와 양육비 부담과의 관계, 쌍방 재산상태가 변경된 경우 그 변경이 당사자의 책임으로 돌릴 사정이 있는지 유무, 자녀의 수, 연령 및 교육 정도, 부모의 직업, 건강, 소득, 자금 능력, 신분관계의 변동, 물가의 동향 등 여러 사정을 종합적으로 참작하여 양육비 감액이 불가피하고 그러한 조치가 궁극적으로 자녀의 복리에 필요한 것인지에 따라 판단하여야 한다. 또한 통상적으로 자녀가 성장함에 따라 양육에 소요되는 비용 또한 증가한다고 봄이 타당하다. 따라서 종전에 정해진 양육비의 분담이 과다하게 되었다고 주장하며 감액을 청구하는 경우 법원은 자녀들의 성장에도 불구하고 양육비의 감액이 필요할 정도로 청구인의 소득과 재산이 실질적으로 감소하였는지 심리·판단하여야 한다(대결 2022.9.29. 2022스646).

[**❺ ▸ O**] 대한민국 국민과 혼인을 한 후 입국하여 체류자격을 취득하고 거주하다가 한국어를 습득하기 충분하지 않은 기간에 이혼에 이르게 된 외국인이 당사자인 경우, 미성년 자녀의 양육에 있어 한국어 소통능력이 부족한 외국인보다는 대한민국 국민인 상대방에게 양육되는 것이 더 적합할 것이라는 추상적이고 막연한 판단으로 해당 외국인 배우자가 미성년 자녀의 양육자로 지정되기에 부적합하다고 평가하는 것은 옳지 않다(대판 2021.9.30. 2021므12320).

답 ❸

제4절 **후 견**

15
☐☐☐

다음 설명 중 가장 옳지 않은 것은? **2023년 법무사시험 [문 14]**

① 한정후견의 개시를 청구한 사건에서 의사의 감정 결과 등에 비추어 성년후견 개시의 요건을 충족하고 본인도 성년후견의 개시를 희망한다면 법원이 성년후견을 개시할 수 있고, 성년후견 개시를 청구하고 있더라도 필요하다면 한정후견을 개시할 수 있다.

② 피성년후견인 또는 피한정후견인은 의사능력이 있는 한 성년후견인 또는 한정후견인의 동의 없이도 유언을 할 수 있다.

③ 후견심판 사건에서 사전처분으로 후견심판이 확정될 때까지 임시후견인이 선임된 경우, 아직 성년후견이 개시되기 전이라면 의사가 유언서에 심신 회복 상태를 부기하고 서명날인하도록 요구한 민법 제1063조 제2항은 적용되지 않는다.

④ 후견계약이 등기된 경우 본인의 이익을 위한 특별한 필요성이 인정되어 민법 제9조 제1항 등에서 정한 법정후견 청구권자, 임의후견인이나 임의후견감독인의 청구에 따라 법정후견 심판을 한 경우 후견계약은 임의후견감독인의 선임과 관계없이 본인이 성년후견 또는 한정후견 개시의 심판을 받은 때 종료한다.

⑤ 후견계약이 등기되어 있는 경우에는 본인의 이익을 위하여 특별히 필요할 때에만 한정후견 등의 심판을 할 수 있도록 규정한 민법 제959조의20 제1항은 본인에 대해 한정후견개시심판 청구가 제기된 후 심판이 확정되기 전에 후견계약이 등기된 경우에는 적용되지 않는다.

[**❶** ▸ O] 성년후견이든 한정후견이든 본인의 의사를 고려하여 개시 여부를 결정한다는 점은 마찬가지이다(민법 제9조 제2항, 제12조 제2항). 위와 같은 규정 내용이나 입법 목적 등을 종합하면, 성년후견이나 한정후견 개시의 청구가 있는 경우 가정법원은 청구 취지와 원인, 본인의 의사, 성년후견 제도와 한정후견 제도의 목적 등을 고려하여 어느 쪽의 보호를 주는 것이 적절한지를 결정하고, 그에 따라 필요하다고 판단하는 절차를 결정해야 한다. 따라서 한정후견의 개시를 청구한 사건에서 의사의 감정 결과 등에 비추어 성년후견 개시의 요건을 충족하고 본인도 성년후견의 개시를 희망한다면 법원이 성년후견을 개시할 수 있고, 성년후견 개시를 청구하고 있더라도 필요하다면 한정후견을 개시할 수 있다고 보아야 한다(대결 2021.6.10. 2020스596).

[**❷** ▸ O] [**❸** ▸ O] 민법 제1060조는 '유언은 본법의 정한 방식에 의하지 아니하면 효력이 발생하지 아니한다.'고 정하여 유언에 관하여 엄격한 요식성을 요구하고 있으나, 피성년후견인과 피한정후견인의 유언에 관하여는 행위능력에 관한 민법 제10조 및 제13조가 적용되지 않으므로(민법 제1062조), 피성년후견인 또는 피한정후견인은 의사능력이 있는 한 성년후견인 또는 한정후견인의 동의 없이도 유언을 할 수 있다. 위와 같은 규정의 내용과 체계 및 취지에 비추어 보면, 후견심판 사건에서 가사소송법 제62조 제1항에 따른 사전처분으로 후견심판이 확정될 때까지 임시후견인이 선임된 경우, 사건본인은 의사능력이 있는 한 임시후견인의 동의가 없이도 유언을 할 수 있다고 보아야 하고, 아직 성년후견이 개시되기 전이라면 의사가 유언서에 심신 회복 상태를 부기하고 서명날인하도록 요구한 민법 제1063조 제2항은 적용되지 않는다고 보아야 한다(대판 2022.12.1. 2022다261237).

[**❹** ▸ O] 민법 제959조의20 제1항 전문은 후견계약이 등기된 경우에는 본인의 이익을 위하여 특별히 필요한 때에만 법정후견 심판을 할 수 있다고 정하고 있을 뿐이고 임의후견감독인이 선임되어 있을 것을 요구하고 있지 않다. 또한 법정후견 청구권자로 '임의후견인 또는 임의후견감독인'을 정한 것은 임의후견에서 법정후견으로 원활하게 이행할 수 있도록 민법 제9조 제1항, 제12조 제1항, 제14조의2 제1항에서 정한 법정후견 청구권자 외에 임의후견인 또는 임의후견감독인을 추가한 것이다. 민법 제959조의20 제1항 후문은 "이 경우 후견계약은 성년후견 또는 한정후견 개시의 심판을 받은 때 종료된다."고 정하고 있고, '이 경우'는 같은 항 전문에 따라 법정후견 심판을 한 경우를 가리킨다. 이러한 규정의 문언, 체제와 목적 등에 비추어 보면, 후견계약이 등기된 경우 본인의 이익을 위한 특별한 필요성이 인정되어 민법 제9조 제1항 등에서 정한 법정후견 청구권자, 임의후견인이나 임의후견감독인의 청구에 따라 법정후견 심판을 한 경우 후견계약은 임의후견감독인의 선임과 관계없이 본인이 성년후견 또는 한정후견 개시의 심판을 받은 때 종료한다고 보아야 한다(대결 2021.7.15. 2020으547).

[**❺** ▸ ×] 민법 규정은 후견계약이 등기된 경우에는 사적 자치의 원칙에 따라 본인의 의사를 존중하여 후견계약을 우선하도록 하고, 예외적으로 본인의 이익을 위하여 특별히 필요할 때에 한하여 법정후견(성년후견, 한정후견 또는 특정후견을 가리킨다)을 개시할 수 있도록 하고 있다. 민법 제959조의20 제1항에서 후견계약의 등기 시점을 특별히 제한하지 않고 제2항 본문에서 본인에 대해 이미 법정후견이 개시된 경우에는 임의후견감독인을 선임하면서 종전 법정후견의 종료 심판을 하도록 한 점 등에 비추어 보면, 위 제1항은 본인에 대해 법정후견 개시심판 청구가 제기된 후 심판이 확정되기 전에 후견계약이 등기된 경우에도 적용된다고 보아야 하고, 그 경우 가정법원은 본인의 이익을 위하여 특별히 필요하다고 인정할 때에만 법정후견 개시심판을 할 수 있다(대결 2021.7.15. 2020으547).

답 **❺**

16

다음 설명 중 가장 옳은 것은? 기출수정

① 성년후견제도의 도입 취지 및 목적, 성년후견인의 임무와 범위, 가정법원의 감독권한 등을 종합하면 성년후견인의 변경사유인 '피성년후견인의 복리를 위하여 후견인을 변경할 필요가 있다고 인정되는 경우'는 가정법원이 성년후견인의 임무수행을 전체적으로 살펴보았을 때 선량한 관리자로서의 주의의무를 게을리하여 후견인으로서 그 임무를 수행하는 데 적당하지 않은 사유가 있는 경우로서 그 부적당한 점으로 피후견인의 복리에 영향이 있는 경우라고 봄이 상당하다. 또한 성년후견인의 임무에는 피성년후견인의 재산관리 임무뿐 아니라 신상보호임무가 포함되어 있고, 신상보호임무 역시 재산관리 임무 못지않게 피성년후견인의 복리를 위하여 중요한 의미를 가지기 때문에, 특별한 사정이 없는 한 성년후견인 변경사유를 판단함에 있어서는 재산관리와 신상보호의 양 업무의 측면을 모두 고려하여야 한다.

② 민법 제959조의20 제1항은 "후견계약이 등기되어 있는 경우에는 가정법원은 본인의 이익을 위하여 특별히 필요할 때에만 임의후견인 또는 임의후견감독인의 청구에 의하여 성년후견, 한정후견 또는 특정후견의 심판을 할 수 있다. 이 경우 후견계약은 본인이 성년후견 또는 한정후견 개시의 심판을 받은 때 종료된다"라고 규정하고, 같은 조 제2항은 "본인이 피성년후견인, 피한정후견인 또는 피특정후견인인 경우에 가정법원은 임의후견감독인을 선임함에 있어서 종전의 성년후견, 한정후견 또는 특정후견의 종료심판을 하여야 한다. 다만 성년후견 또는 한정후견조치의 계속이 본인의 이익을 위하여 특별히 필요하다고 인정하면 가정법원은 임의후견감독인을 선임하지 아니한다"라고 규정하고 있다. 민법 제959조의20 제1항은 본인에 대해 한정후견개시심판청구가 제기된 후 심판이 확정되기 전에 후견계약이 등기된 경우에는 적용되지 않는다고 보아야 한다.

③ 민법 제865조 제1항은 "제845조, 제846조, 제848조, 제850조, 제851조, 제862조, 제863조의 규정에 의하여 소를 제기할 수 있는 자는 다른 사유를 원인으로 하여 친생자관계존부확인의 소를 제기할 수 있다"라고 정하고 있으나, 친생자관계존부확인의 소를 제기할 수 있는 자는 민법 제865조 제1항에서 정한 제소권자로 한정된다고 볼 수 없다고 봄이 타당하다.

④ 친족의 범위에 관하여 규정한 민법 제777조에서 정한 친족에 해당하기만 하면 당연히 친생자관계존부확인의 소를 제기할 수 있다.

⑤ 제사주재자는 우선적으로 망인의 공동상속인들 사이의 협의에 의해 정하되, 협의가 이루어지지 않는 경우에는 제사주재자의 지위를 유지할 수 없는 특별한 사정이 있지 않은 한 망인의 장남(장남이 이미 사망한 경우에는 장남의 아들, 즉 장손자)이 제사주재자가 되고, 공동상속인들 중 아늘이 없는 경우에는 망인의 장녀기 제사주재자가 된다.

··

[❶ ▶ ○] 가정법원은 직권 또는 친족 등의 청구에 의하여 성년후견인을 변경할 수 있는데(민법 제940조), 그 변경의 요건은 '피성년후견인의 복리를 위하여 후견인을 변경할 필요가 있다고 인정되는 경우'이다. 성년후견제도의 도입 취지 및 목적, 성년후견인의 임무와 범위, 가정법원의 감독권한 등을 종합하면 성년후견인의 변경사유인 '피성년후견인의 복리를 위하여 후견인을 변경할 필요가 있다고 인정되는 경우'는 가정법원이 성년후견인의 임무수행을 전체적으로 살펴보았을 때 선량한 관리자로서의 주의의무를 게을리하여 후견인으로서 그 임무를 수행하는 데 적당하지 않은 사유가 있는 경우로서 그 부적당한 점으로 피후견인의 복리에 영향이 있는 경우라고 봄이 상당하다. 또한 성년후견인의 임무에는 피성년후견인의 재산관리 임무뿐 아니라 신상보호임무가 포함되어 있고, 신상보호임무 역시 재산관리 임무 못지않게 피성년후견인의 복리를 위하여 중요한 의미를 가지기 때문에, 특별한 사정이 없는 한 성년후견인 변경사유를 판단함에 있어서는 재산관리와 신상보호의 양 업무의 측면을 모두 고려하여야 한다(대결 2021.2.4. 2020스647).

[**❷ ▸ ✕**] 민법 제959조의20 제1항은 "후견계약이 등기되어 있는 경우에는 가정법원은 본인의 이익을 위하여 특별히 필요할 때에만 임의후견인 또는 임의후견감독인의 청구에 의하여 성년후견, 한정후견 또는 특정후견의 심판을 할 수 있다. 이 경우 후견계약은 본인이 성년후견 또는 한정후견 개시의 심판을 받은 때 종료된다"라고 규정하고, 같은 조 제2항은 "본인이 피성년후견인, 피한정후견인 또는 피특정후견인인 경우에 가정법원은 임의후견감독인을 선임함에 있어서 종전의 성년후견, 한정후견 또는 특정후견의 종료심판을 하여야 한다. 다만 성년후견 또는 한정후견조치의 계속이 본인의 이익을 위하여 특별히 필요하다고 인정하면 가정법원은 임의후견감독인을 선임하지 아니한다"라고 규정하고 있다. 이와 같은 민법 규정은 후견계약이 등기된 경우에는 사적 자치의 원칙에 따라 본인의 의사를 존중하여 후견계약을 우선하도록 하고, 예외적으로 본인의 이익을 위하여 특별히 필요할 때에 한하여 법정후견에 의할 수 있도록 한 것으로서, 민법 제959조의20 제1항에서 후견계약의 등기시점에 특별한 제한을 두지 않고 있고, 같은 조 제2항 본문이 본인에 대해 이미 한정후견이 개시된 경우에는 임의후견감독인을 선임하면서 종전 한정후견의 종료심판을 하도록 한 점 등에 비추어 보면, <u>위 제1항은 본인에 대해 한정후견개시심판청구가 제기된 후 심판이 확정되기 전에 후견계약이 등기된 경우에도 적용이 있다고 보아야 하므로, 그와 같은 경우 가정법원은 본인의 이익을 위하여 특별히 필요하다고 인정할 때에만 한정후견개시심판을 할 수 있다</u>(대결 2017.6.1. 2017스515).

[**❸ ▸ ✕**] 민법 제865조 제1항은 "제845조, 제846조, 제848조, 제850조, 제851조, 제862조, 제863조의 규정에 의하여 소를 제기할 수 있는 자는 다른 사유를 원인으로 하여 친생자관계존부확인의 소를 제기할 수 있다"라고 정한다. 이는 법적 친자관계와 가족관계등록부에 표시된 친자관계가 일치하지 않을 때 이를 바로잡기 위하여 친생자관계존부확인의 소를 제기할 수 있도록 한 것이다. 민법 제865조 제1항이 친생자관계존부확인의 소를 제기할 수 있는 자를 구체적으로 특정하여 직접 규정하는 대신 소송목적이 유사한 다른 소송절차에 관한 규정들을 인용하면서 각 소의 제기권자에게 원고적격을 부여하고 그 사유만을 달리하게 한 점에 비추어 보면, 민법 제865조 제1항이 정한 친생자관계존부확인의 소는 법적 친생자관계의 성립과 해소에 관한 다른 소송절차에 대하여 보충성을 가진다. 이처럼 민법 제865조 제1항의 규정 형식과 문언 및 체계, 위 각 규정들이 정한 소송절차의 특성, 친생자관계존부확인의 소의 보충성 등을 고려하면, <u>친생자관계존부확인의 소를 제기할 수 있는 자는 민법 제865조 제1항에서 정한 제소권자로 한정된다고 봄이 타당하다</u>(대판[전합] 2020.6.18. 2015므8351).

[**❹ ▸ ✕**] 구 인사소송법 등의 폐지와 가사소송법의 제정·시행, 호주제 폐지 등 가족제도의 변화, 신분관계소송의 특수성, 가족관계구성의 다양화와 그에 대한 당사자 의사의 존중, 법적 친생자관계의 성립이나 해소를 목적으로 하는 다른 소송절차와의 균형 등을 고려할 때, <u>민법 제777조에서 정한 친족이라는 사실만으로 당연히 친생자관계존부확인의 소를 제기할 수 있다고 한 종전 대법원 판례는 더 이상 유지될 수 없게 되었다고 보아야 한다</u>(대판[전합] 2020.6.18. 2015므8351).

[**❺ ▸ ✕**] 대법원 2008.11.20. 선고 2007다27670 전원합의체 판결(이하 '2008년 전원합의체 판결'이라 한다)은 제사주재자는 우선적으로 망인의 공동상속인들 사이의 협의에 의해 정하되, 협의가 이루어지지 않는 경우에는 제사주재자의 지위를 유지할 수 없는 특별한 사정이 있지 않는 한 망인의 장남(장남이 이미 사망한 경우에는 장손자)이 제사주재자가 되고, 공동상속인들 중 아들이 없는 경우에는 망인의 장녀가 제사주재자가 된다고 판시하였다. 그러나 공동상속인들 사이에 협의가 이루어지지 않는 경우 제사주재자 결정방법에 관한 2008년 전원합의체 판결의 법리는 더 이상 조리에 부합한다고 보기 어려워 유지될 수 없다. <u>공동상속인들 사이에 협의가 이루어지지 않는 경우에는 제사주재자의 지위를 인정할 수 없는 특별한 사정이 있지 않는 한 피상속인의 직계비속 중 남녀, 적서를 불문하고 최근친의 연장자가 제사주재자로 우선한다고 보는 것이 가장 조리에 부합한다</u>(대판[전합] 2023.5.11. 2018다248626).

답 ❶

17

다음 설명 중 가장 옳지 않은 것은?

① 양친이 되는 자는 성년이어야 하며, 기혼 또는 미혼을 불문한다.
② 미성년자를 입양하려는 사람은 가정법원의 허가를 받아야 하며, 피성년후견인이 입양을 하거나 양자가 되는 경우에도 가정법원의 허가가 필요하다.
③ 배우자가 있는 사람은 그 배우자의 동의를 받아야만 양자가 될 수 있다.
④ 피성년후견인은 성년후견인의 동의를 얻더라도 입양을 할 수 없다.
⑤ 친양자입양이 취소되거나 파양된 때에는 친양자관계는 소멸하고 입양 전의 친족관계는 부활하는데, 이 경우 친양자입양의 취소의 효력은 소급하지 않는다.

⋯⋯⋯

[❶ ▸ ○] 성년이 된 사람은 입양(入養)을 할 수 있다(민법 제866조). 즉, 양친이 되는 자는 성년이어야 하고, 성년이라면 기혼이든 미혼이든 관계없다.
[❷ ▸ ○] 민법 제867조 제1항, 제873조 제2항

> **민법 제867조(미성년자의 입양에 대한 가정법원의 허가)**
> ① 미성년자를 입양하려는 사람은 가정법원의 허가를 받아야 한다.
>
> **민법 제873조(피성년후견인의 입양)**
> ② 피성년후견인이 입양을 하거나 양자가 되는 경우에는 제867조를 준용한다.

[❸ ▸ ○] 배우자가 있는 사람은 그 배우자의 동의를 받아야만 양자가 될 수 있다(민법 제874조 제2항).
[❹ ▸ ✕] 피성년후견인은 성년후견인의 동의를 받아 입양을 할 수 있고 양자가 될 수 있다(민법 제873조 제1항).
[❺ ▸ ○] 민법 제908조의7

> **민법 제908조의7(친양자입양의 취소 · 파양의 효력)**
> ① 친양자입양이 취소되거나 파양된 때에는 친양자관계는 소멸하고 입양 전의 친족관계는 부활한다.
> ② 제1항의 경우에 친양자입양의 취소의 효력은 소급하지 아니한다.

답 ❹

18
□□□　양육 및 부양의무에 관한 다음 설명 중 가장 옳지 않은 것은?　　　2018년 법무사시험 [문 10]

① 부모가 성년의 자녀에 대하여 직계혈족으로서 민법 제974조 제1호, 제975조에 따라 부담하는 부양의무는 부양의무자가 자기의 사회적 지위에 상응하는 생활을 하면서 생활에 여유가 있음을 전제로 하여 부양을 받을 자가 자력 또는 근로에 의하여 생활을 유지할 수 없는 경우에 한하여 그의 생활을 지원하는 것을 내용으로 하는 제2차 부양의무이다.

② 부부간의 부양의무 중 과거의 부양료에 관하여는 특별한 사정이 없는 한 부양을 받을 사람이 부양의무자에게 부양의무의 이행을 청구하였음에도 불구하고 부양의무자가 부양의무를 이행하지 아니함으로써 이행지체에 빠진 후의 것에 관하여만 부양료의 지급을 청구할 수 있을 뿐이다.

③ 부부의 일방이 정당한 이유 없이 동거를 거부함으로써 자신의 협력의무를 스스로 저버리고 있다면, 상대방의 동거청구가 권리의 남용에 해당하는 등의 특별한 사정이 없는 한, 상대방에게 부양료의 지급을 청구할 수 없다.

④ 부양료청구권의 침해를 이유로 채권자취소권을 행사하는 경우의 제척기간은 부양료청구권이 구체적인 권리로서 성립한 시기가 아니라 민법 제406조 제2항이 정한 '취소원인을 안 날' 또는 '법률행위가 있은 날'로부터 진행한다.

⑤ 증여자가 증여를 해제할 수 있는 민법 제556조 제1항 제2호의 '부양의무'에는 민법 제974조에 규정되어 있는 직계혈족 및 그 배우자 또는 생계를 같이 하는 친족 간의 부양의무뿐만 아니라 친족 간이 아닌 당사자 사이의 약정에 의한 부양의무도 포함되어, 그 경우에도 민법 제558조(전3조의 규정에 의한 계약의 해제는 이미 이행한 부분에 대하여는 영향을 미치지 아니한다)가 적용된다.

⋯⋯⋯

[❶▸O] 민법 제826조 제1항에 규정된 부부간 상호부양의무는 혼인관계의 본질적 의무로서 부양을 받을 자의 생활을 부양의무자의 생활과 같은 정도로 보장하여 부부공동생활의 유지를 가능하게 하는 것을 내용으로 하는 제1차 부양의무이고, 반면 부모가 성년의 자녀에 대하여 직계혈족으로서 민법 제974조 제1호, 제975조에 따라 부담하는 부양의무는 부양의무자가 자기의 사회적 지위에 상응하는 생활을 하면서 생활에 여유가 있음을 전제로 하여 부양을 받을 자가 자력 또는 근로에 의하여 생활을 유지할 수 없는 경우에 한하여 그의 생활을 지원하는 것을 내용으로 하는 제2차 부양의무이다(대판 2012.12.27. 2011다96932).

[❷▸O] 부부간의 부양의무 중 과거의 부양료에 관하여는 특별한 사정이 없는 한 부양을 받을 사람이 부양의무자에게 부양의무의 이행을 청구하였음에도 불구하고 부양의무자가 부양의무를 이행하지 아니함으로써 이행지체에 빠진 후의 것에 관하여만 부양료의 지급을 청구할 수 있을 뿐이므로, 부양의무자인 부부의 일방에 대한 부양의무 이행청구에도 불구하고 배우자가 부양의무를 이행하지 아니함으로써 이행지체에 빠진 후의 것이거나, 그렇지 않은 경우에는 부양의무의 성질이나 형평의 관념상 이를 허용해야 할 특별한 사정이 있는 경우에 한하여 이행청구 이전의 과거 부양료를 지급하여야 한다(대판 2012.12.27. 2011다96932).

[**❸ ▸ ○**] 민법 제826조 제1항이 규정하고 있는 부부간의 동거·부양·협조의무는 정상적이고 원만한 부부관계의 유지를 위한 광범위한 협력의무를 구체적으로 표현한 것으로서 서로 독립된 별개의 의무가 아니라고 할 것이므로, 부부의 일방이 정당한 이유 없이 동거를 거부함으로써 자신의 협력의무를 스스로 저버리고 있다면, 상대방의 동거청구가 권리의 남용에 해당하는 등의 특별한 사정이 없는 한, 상대방에게 부양료의 지급을 청구할 수 없다(대판 1991.12.10. 91므245).

[**❹ ▸ ○**] 민법 제974조, 제975조에 의하여 부양의 의무 있는 사람이 여러 사람인 경우에 그중 부양의무를 이행한 1인이 다른 부양의무자에 대하여 이미 지출한 과거 부양료의 지급을 구하는 권리는 당사자의 협의 또는 가정법원의 심판확정에 의하여 비로소 구체적이고 독립한 재산적 권리로 성립하게 되지만, 그러한 부양료청구권의 침해를 이유로 채권자취소권을 행사하는 경우의 제척기간은 부양료청구권이 구체적인 권리로서 성립한 시기가 아니라 민법 제406조 제2항이 정한 '취소원인을 안 날' 또는 '법률행위가 있은 날'로부터 진행한다(대판 2015.1.29. 2013다79870).

[**❺ ▸ ✕**] 민법 제556조 제1항 제2호에 규정되어 있는 '부양의무'라 함은 민법 제974조에 규정되어 있는 직계혈족 및 그 배우자 또는 생계를 같이 하는 친족 간의 부양의무를 가리키는 것으로서, 친족 간이 아닌 당사자 사이의 약정에 의한 부양의무는 이에 해당하지 아니하여 민법 제556조 제2항이나 민법 제558조가 적용되지 않는다(대판 1996.1.26. 95다43358).

답 **❺**

제2장 / 상속법

제1절 상 속

제1항 상속의 개시 · 상속인

19
□□□

상속에 관한 다음 설명 중 가장 옳지 않은 것은?

2023년 법무사시험 [문 18]

① 피상속인의 배우자는 피상속인에게 직계비속이 있는 경우 직계비속과 공동상속인이 되고, 직계비속인 손자녀가 있는 경우 자녀 모두가 상속을 포기하더라도 상속포기의 소급효에 따라 자녀는 처음부터 상속인이 아니었던 것이 되어 피상속인의 배우자는 손자녀와 공동상속인이 된다.

② 상속재산의 협의분할은 공동상속인 간의 일종의 계약으로서 공동상속인 전원이 참여하여야 하고 일부 상속인만으로 한 협의분할은 무효이나, 반드시 한 자리에서 이루어질 필요는 없고 순차적으로 이루어질 수도 있으며, 상속인 중 한 사람이 만든 분할 원안을 다른 상속인이 후에 돌아가며 승인하여도 무방하다.

③ 상속개시 당시에는 상속재산을 구성하던 재산이 그 후 처분되거나 멸실·훼손되는 등으로 상속재산분할 당시 상속재산을 구성하지 아니하게 되었다면 그 재산은 상속재산분할의 대상이 될 수 없다. 다만 상속인이 그 대가로 대상재산을 취득하게 된 경우, 그 대상재산이 상속재산분할의 대상이 될 수 있다.

④ 상속의 포기는 사해행위취소의 대상이 될 수 없으나, 상속재산의 분할협의는 사해행위취소의 대상이 될 수 있다.

⑤ 상속에 관한 비용은 상속재산 중에서 지급하는 것으로 상속재산의 관리 및 청산에 필요한 비용을 의미하므로, 장례비용도 피상속인이나 상속인의 사회적 지위와 그 지역의 풍속 등에 비추어 합리적인 금액 범위 내라면 이를 상속비용으로 보아야 한다.

[❶ ▶ ✕] 공동상속인인 배우자와 자녀들 중 자녀 일부만 상속을 포기한 경우에는 민법 제1043조에 따라 상속포기자인 자녀의 상속분이 배우자와 상속을 포기하지 않은 다른 자녀에게 귀속된다. 이와 동일하게 공동상속인인 배우자와 자녀들 중 자녀 전부가 상속을 포기한 경우 민법 제1043조에 따라 상속을 포기한 자녀의 상속분은 남아 있는 '다른 상속인'인 배우자에게 귀속되고, 따라서 배우자가 단독상속인이 된다. 이에 비하여 피상속인의 배우자와 자녀 모두 상속을 포기한 경우 민법 제1043조는 적용되지 않는다. 민법 제1043조는 공동상속인 중 일부가 상속을 포기한 경우만 규율하고 있음이 문언상 명백하기 때문이다. … 상속을 포기한 피상속인의 자녀들은 피상속인의 채무가 자신은 물론 자신의 자녀에게도 승계되는 효과를 원천적으로 막을 목적으로 상속을 포기한 것이라고 보는 것이 자연스럽다. … 이상에서 살펴본 바와 같이 상속에 관한 입법례와 민법의 입법 연혁, 민법 조문의 문언 및 체계적·논리적 해석, 채무상속에서 상속포기자의 의사, 실무상 문제 등을 종합하여 보면, <u>피상속인의 배우자와 자녀 중 자녀 전부 상속을 포기한 경우에는 배우자가 단독상속인이 된다고 봄이 타당하다.</u> 이와 달리 피상속인의 배우자와 자녀 중 자녀 전부가 상속을 포기한 경우 배우자와 피상속인의 손자녀 또는 직계존속이 공동상

속인이 된다는 취지의 종래 판례는 이 판결의 견해에 배치되는 범위 내에서 변경하기로 한다(대결[전합] 2023.3.23. 2020그42).

[**❷** ▸ O]   상속재산의 협의분할은 공동상속인 간의 일종의 계약으로서 공동상속인 전원이 참여하여야 하고 일부 상속인만으로 한 협의분할은 무효라고 할 것이나, 반드시 한 자리에서 이루어질 필요는 없고 순차적으로 이루어질 수도 있으며, 상속인 중 한 사람이 만든 분할 원안을 다른 상속인이 후에 돌아가며 승인하여도 무방하다(대판 2010.2.25. 2008다96963).

[**❸** ▸ O]   상속개시 당시에는 상속재산을 구성하던 재산이 그 후 처분되거나 멸실·훼손되는 등으로 상속재산분할 당시 상속재산을 구성하지 아니하게 되었다면 그 재산은 상속재산분할의 대상이 될 수 없다. 다만 상속인이 그 대가로 처분대금, 보험금, 보상금 등 대상재산을 취득하게 된 경우에는, 대상재산은 종래의 상속재산이 동일성을 유지하면서 형태가 변경된 것에 불과할 뿐만 아니라 상속재산분할의 본질이 상속재산이 가지는 경제적 가치를 포괄적·종합적으로 파악하여 공동상속인에게 공평하고 합리적으로 배분하는 데에 있는 점에 비추어, 대상재산이 상속재산분할의 대상으로 될 수는 있다(대결 2016.5.4. 2014스122).

[**❹** ▸ O]   상속의 포기는 민법 제406조 제1항에서 정하는 "재산권에 관한 법률행위"에 해당하지 아니하여 사해행위취소의 대상이 되지 못한다(대판 2011.6.9. 2011다29307). 상속재산의 분할협의는 상속이 개시되어 공동상속인 사이에 잠정적 공유가 된 상속재산에 대하여 그 전부 또는 일부를 각 상속인의 단독소유로 하거나 새로운 공유관계로 이행시킴으로써 상속재산의 귀속을 확정시키는 것으로 그 성질상 재산권을 목적으로 하는 법률행위이므로 사해행위취소권 행사의 대상이 될 수 있다(대판 2007.7.26. 2007다29119).

[**❺** ▸ O]   상속에 관한 비용은 상속재산 중에서 지급하는 것이고, 상속에 관한 비용이라 함은 상속재산의 관리 및 청산에 필요한 비용을 의미하는바, 장례비용도 피상속인이나 상속인의 사회적 지위와 그 지역의 풍속 등에 비추어 합리적인 금액 범위 내라면 이를 상속비용으로 보아야 한다(대판 2003.11.14. 2003다30968).

답 **❶**

20
☐☐☐

상속회복청구의 행사기간에 관한 다음 설명 중 가장 옳지 않은 것은?

2025년 법무사시험 [문 2]

① 상속회복청구권은 그 침해를 안 날부터 3년, 상속권의 침해행위가 있는 날부터 10년을 경과하면 소멸된다.
② 위 ①의 기간은 제소기간이 아니므로, 재판 외에서도 위 기간 내에 상속회복청구를 하였다면 상속회복청구권은 소멸하지 않는다.
③ 상속회복청구권의 제척기간 기산점이 되는 '상속권의 침해를 안 날'이라 함은 자기가 진정한 상속인임을 알고 또 자기가 상속에서 제외된 사실을 안 때를 가리키는 것으로서, 단순히 상속권 침해의 추정이나 의문만으로는 충분하지 않다.
④ 상속회복청구권의 제척기간의 기산점이 되는 '상속권의 침해행위가 있는 날'이라 함은 참칭상속인이 상속재산의 전부 또는 일부를 점유하거나 상속재산인 부동산에 관하여 소유권이전등기를 마치는 등의 방법에 의하여 진정한 상속인의 상속권을 침해하는 행위를 한 날을 의미한다.
⑤ 상속재산의 일부에 대한 상속회복청구의 제소기간을 준수하였다고 하여 그로써 다른 상속재산에 대한 소송에 그 기간준수의 효력이 생기지 아니한다.

．．．

[❶ ▸ ○] 상속회복청구권은 그 침해를 안 날부터 3년, 상속권의 침해행위가 있는 날부터 10년을 경과하면 소멸된다(민법 제999조 제2항).

[❷ ▸ ✕] 상속회복의 소는 상속권의 침해를 안 날로부터 3년, 상속개시된 날로부터 10년 내에 제기하도록 제척기간을 정하고 있는바, <u>이 기간은 제소기간으로 볼 것이므로</u>(대판 1993.2.26. 92다3083), <u>제척기간의 불이익을 받지 않으려면 반드시 상속회복청구의 소를 제척기간 내에 제기해야 한다.</u>

[❸ ▸ ○] 상속회복청구권의 제척기간 기산점이 되는 민법 제999조 제2항 소정의 '상속권의 침해를 안 날'이라 함은 자기가 진정한 상속인임을 알고 또 자기가 상속에서 제외된 사실을 안 때를 가리키는 것으로서, 단순히 상속권 침해의 추정이나 의문만으로는 충분하지 않으며, 언제 상속권의 침해를 알았다고 볼 것인지는 개별적 사건에 있어서 여러 객관적 사정을 참작하고 상속회복청구가 사실상 가능하게 된 상황을 고려하여 합리적으로 인정하여야 한다(대판 2007.10.25. 2007다36223).

[❹ ▸ ○] 민법 제999조 제2항은 "상속회복청구권은 그 침해를 안 날부터 3년, 상속권의 침해행위가 있는 날부터 10년을 경과하면 소멸한다."고 규정하고 있는바, 여기서 그 제척기간의 기산점이 되는 '상속권의 침해행위가 있는 날'이라 함은 참칭상속인이 상속재산의 전부 또는 일부를 점유하거나 상속재산인 부동산에 관하여 소유권이전등기를 마치는 등의 방법에 의하여 진정한 상속인의 상속권을 침해하는 행위를 한 날을 의미한다(대판 2009.10.15. 2009다42321).

[❺ ▸ ○] 상속재산의 일부에 대한 상속회복청구의 제소기간을 준수하였다고 하여 그로써 다른 상속재산에 대한 소송에 그 기간준수의 효력이 생기지 아니한다(대판 1981.6.9. 80므84).

답 ❷

① 포괄적 유증을 받은 자도 상속회복청구를 할 수 있다.

② 상속회복청구의 소에 있어 상대방이 되는 참칭상속인이라 함은, 재산상속인인 것을 신뢰케 하는 외관을 갖추고 있는 자나 상속인이라고 참칭하여 상속재산의 전부 또는 일부를 점유하는 자 등을 가리키는 것이므로 상속인으로 오인될 만한 외관을 갖추고 있지 않거나 상속재산을 점유하고 있지도 않은 자가 스스로 상속인이라는 주장만을 하였다 하여 이를 상속회복청구의 소에서 말하는 참칭상속인이라고는 할 수 없다.

③ 진정상속인이 참칭상속인으로부터 상속재산을 양수한 제3자를 상대로 등기말소청구를 하는 경우에는 상속회복청구권의 단기의 제척기간이 적용되지 않는다.

④ 상속회복청구의 소는 진정상속인과 참칭상속인이 주장하는 피상속인이 동일인임을 전제로 하는 것이므로 진정상속인이 주장하는 피상속인과 참칭상속인이 주장하는 피상속인이 다른 사람인 경우에는 진정상속인의 청구원인이 상속에 의하여 소유권을 취득하였음을 전제로 한다고 하더라도 이를 상속회복청구의 소라고 할 수 없다.

⑤ 상속회복청구권이 제척기간의 경과로 소멸하게 되면 상속인은 상속인으로서의 지위, 즉 상속에 따라 승계한 개개의 권리의무 또한 총괄적으로 상실하게 되고, 그 반사적 효과로서 참칭상속인의 지위는 확정되어 참칭상속인이 상속개시 시로 소급하여 상속인으로서의 지위를 취득한 것으로 봄이 상당하므로, 상속재산은 상속개시일로 소급하여 참칭상속인의 소유로 된다.

......

[❶ ▶ O] 상속인의 상속회복청구권 및 그 제척기간에 관하여 규정한 민법 제999조는 포괄적 유증의 경우에도 유추 적용된다(대판 2001.10.12. 2000다22942).

[❷ ▶ O] 상속회복청구의 소에 있어 상대방이 되는 참칭상속인이라 함은, 재산상속인인 것을 신뢰케 하는 외관을 갖추고 있는 자나 상속인이라고 참칭하여 상속재산의 전부 또는 일부를 점유하는 자 등을 가리키는 것이므로 상속인으로 오인될 만한 외관을 갖추고 있지 않거나 상속재산을 점유하고 있지도 않은 자가 스스로 상속인이라는 주장만을 하였다 하여 이를 상속회복청구의 소에서 말하는 참칭상속인이라고는 할 수 없다(대판 1992.5.22. 92다7955).

[❸ ▶ ✕] 진정상속인이 참칭상속인으로 부터 상속재산을 양수한 제3자를 상대로 등기말소청구를 하는 경우에도 <u>상속회복청구권의 단기의 제척기간이 적용된다</u>(대판[전합] 1981.1.27. 79다854).

[❹ ▶ O] 상속회복청구의 소는 진정상속인과 참칭상속인이 주장하는 그 피상속인이 동일인임을 요하는 것이므로, 진정상속인이 주장하는 피상속인과 참칭상속인이 주장하는 피상속인이 다른 사람인 경우에는 진정상속인의 청구원인이 상속에 의하여 소유권을 취득하였음을 전제로 한다고 하더라도 이를 상속회복청구의 소라고 할 수 없다(대판 1995.7.11. 95다9945).

[❺ ▶ O] 상속회복청구권이 제척기간의 경과로 소멸하게 되면 상속인은 상속인으로서의 지위, 즉 상속에 따라 승계한 개개의 권리의무도 또한 총괄적으로 상실하게 되고, 그 반사적 효과로서 참칭상속인의 지위는 확정되어 참칭상속인이 상속개시의 시로부터 소급하여 상속인으로서의 지위를 취득한 것으로 봄이 상당하다(대판 1994.3.25. 93다57155).

답 ❸

민법 제999조의 상속회복청구권에 관한 다음 설명 중 가장 옳지 않은 것은?

① 재산상속에 관하여 진정한 상속인임을 전제로 상속으로 인한 재산권의 귀속을 주장하며 참칭상속인 또는 자기들만이 재산상속을 하였다는 일부 공동상속인들을 상대로 상속재산인 부동산에 관한 등기의 말소 등을 청구하는 것이라면 그 청구원인 여하에 불구하고 민법 제999조 소정의 상속회복청구의 소에 해당하여 10년의 제척기간의 적용을 받는다.

② 동일한 부동산에 관하여 등기명의인을 달리하여 중복된 소유권보존등기가 마쳐져, 선행 보존등기로부터 소유권이전등기를 한 소유자의 상속인이 후행 보존등기나 그에 기하여 순차로 이루어진 소유권이전등기 등 후속등기가 모두 무효라는 이유로 등기의 말소를 구하는 경우 이는 무효인 후행 보존등기로부터 이루어진 소유권이전등기가 참칭상속인에 의한 것이어서 무효이고 따라서 후속등기도 무효임을 이유로 하는 것이 아니라 후행 보존등기 자체가 무효임을 이유로 하는 것이므로 상속회복청구의 소에 해당하지 않는다.

③ 甲의 사망 후 乙이 단독상속인이 되었으나 참칭상속인 丙이 乙의 상속권을 침해한 경우, 상속회복청구권의 행사기간이 경과한 때에는 그 행사기간이 만료한 때로 소급하여 乙은 상속인으로서의 지위를 상실하게 되는 반면, 丙은 상속인으로서 지위를 취득하게 된다.

④ 상속회복청구권은 그 침해를 안 날부터 3년, 상속권의 침해행위가 있는 날부터 10년을 경과하면 소멸하는데, 피상속인의 사망 후 인지되어 공동상속인이 된 혼외자가 '상속권의 침해를 안 날'이라 함은 그 인지판결이 확정된 날을 말한다.

⑤ 제3자가 특정한 공동상속인의 의사와 아무런 상관없이 서류를 위조하여 그 특정상속인의 명의로 상속등기를 마쳤다고 하더라도 그 등기명의인이 참칭상속인이 되는 것은 아니다.

⋯⋯⋯

[❶ ▶ ○] 민법이 규정하는 상속회복의 소는 호주상속권이나 재산상속권이 참칭호주나 참칭재산상속인으로 인하여 침해된 때에 진정한 상속권자가 그 회복을 청구하는 소를 가리키는 것이나, 재산상속에 관하여 진정한 상속인임을 전제로 그 상속으로 인한 소유권 또는 지분권 등 재산권의 귀속을 주장하고, 참칭상속인 또는 자기들만이 재산상속을 하였다는 일부 공동상속인들을 상대로 상속재산인 부동산에 관한 등기의 말소 등을 청구하는 경우에도, 그 소유권 또는 지분권이 귀속되었다는 주장이 상속을 원인으로 하는 것인 이상 그 청구원인 여하에 불구하고 이는 민법 제999조 소정의 상속회복청구의 소라고 해석함이 상당하다(대판[전합] 1991.12.24. 90다5740).

[❷ ▶ ○] 동일한 부동산에 관하여 등기명의인을 달리하여 중복된 소유권보존등기가 마쳐진 경우 먼저 이루어진 소유권보존등기가 원인무효로 되지 않는 한 뒤에 된 소유권보존등기는 그것이 실체관계에 부합하는지를 가릴 것 없이 1부동산 1등기용지주의의 법리에 비추어 무효이므로, 선행 보존등기로부터 소유권이전등기를 한 소유자의 상속인이 후행 보존등기나 그에 기하여 순차로 이루어진 소유권이전등기 등의 후속등기가 모두 무효라는 이유로 등기의 말소를 구하는 소는, 후행 보존등기로부터 이루어진 소유권이전등기가 참칭상속인에 의한 것이어서 무효이고 따라서 후속등기도 무효임을 이유로 하는 것이 아니라 후행 보존등기 자체가 무효임을 이유로 하는 것이므로 상속회복청구의 소에 해당하지 않는다(대판 2011.7.14. 2010다107064).

[❸ ▶ ✕] 상속회복청구권이 제척기간의 경과로 소멸하게 되면 상속인은 상속인으로서의 지위, 즉 상속에 따라 승계한 개개의 권리의무 또한 총괄적으로 상실하게 되고, 그 반사적 효과로서 참칭상속인의 지위는 확정되어 참칭상속인이 <u>상속개시의 시로부터 소급하여</u> 상속인으로서의 지위를 취득한 것으로 봄이 상당하므로, 상속재산은 상속개시일로 소급하여 참칭상속인의 소유로 된다(대판 1998.3.27. 96다37398).

[**④** ▸ O] 민법 제1014조에 의한 피인지자 등의 상속분상당가액지급청구권은 그 성질상 상속회복청구권의 일종이므로 같은 법 제999조 제2항에 정한 제척기간이 적용되고, 같은 항에서 3년의 제척기간의 기산일로 규정한 '그 침해를 안 날'이라 함은 피인지자가 자신이 진정상속인인 사실과 자신이 상속에서 제외된 사실을 안 때를 가리키는 것으로 혼인 외의 자가 법원의 인지판결 확정으로 공동상속인이 된 때에는 그 인지판결이 확정된 날에 상속권이 침해되었음을 알았다고 할 것이다(대판 2007.7.26. 2006므2757).

[**⑤** ▸ O] 상속회복청구의 상대방이 되는 참칭상속인이란 정당한 상속권이 없음에도 재산상속인인 것을 신뢰케 하는 외관을 갖추고 있는 자나 상속인이라고 참칭하여 상속재산의 전부 또는 일부를 점유하는 자를 가리키는 것으로서, 공동상속인의 한 사람이 다른 상속인의 상속권을 부정하고 자기만이 상속권이 있다고 참칭하여 상속재산인 부동산에 관하여 단독 명의로 소유권이전등기를 한 경우는 물론이고, 상속을 유효하게 포기한 공동상속인 중 한 사람이 그 사실을 숨기고 여전히 공동상속인의 지위에 남아 있는 것처럼 참칭하여 상속지분에 따른 소유권이전등기를 한 경우에도 참칭상속인에 해당할 수 있으나, 이러한 상속을 원인으로 하는 등기가 명의인의 의사에 기하지 않고 제3자에 의하여 상속 참칭의 의도와 무관하게 이루어진 것일 때에는 위 등기명의인을 상속회복청구의 소에서 말하는 참칭상속인이라고 할 수 없다(대판 2012.5.24. 2010다33392).

답 ❸

23

다음 설명 중 가장 옳지 않은 것은?　　　　　2020년 법무사시험 [문 35]

① 공동상속인 중 1인이 협의분할에 의한 상속을 원인으로 하여 상속부동산에 관한 소유권이전등기를 마친 경우에, 협의분할이 다른 공동상속인의 동의 없이 이루어진 것이어서 무효라는 이유로 다른 공동상속인이 위 등기의 말소를 청구하는 소는 상속회복청구의 소에 해당한다.

② 진정상속인이 참칭상속인으로부터 상속재산을 양수한 제3자를 상대로 상속재산인 부동산에 관한 등기의 말소 등을 청구하는 경우에도 상속회복청구권의 단기의 제척기간이 적용된다.

③ 상속회복청구권이 제척기간의 경과로 소멸하게 되면 상속인은 상속인으로서의 지위, 즉 상속에 따라 승계한 개개의 권리의무 또한 총괄적으로 상실하게 되고, 그 반사적 효과로서 참칭상속인의 지위는 확정되어 참칭상속인이 상속개시의 시로부터 소급하여 상속인으로서의 지위를 취득한 것으로 봄이 상당하므로, 상속재산은 상속개시일로 소급하여 참칭상속인의 소유로 된다.

④ 피상속인이 부담하던 금전채무가 공동상속인들에게 상속된 경우 공동상속인들은 그와 같은 채무를 상속재산 분할의 대상으로 삼을 수 있고 이때 상속재산 분할의 효력은 상속개시시점으로 소급한다.

⑤ 상속의 포기는 비록 포기자의 재산에 영향을 미치는 바가 없지 아니하나, 상속인으로서의 지위 자체를 소멸하게 하는 행위로서 순전한 재산법적 행위와 같이 볼 것이 아니다. 상속의 포기는 민법 제406조 제1항에서 정하는 재산권에 관한 법률행위에 해당하지 아니하여 사해행위 취소의 대상이 되지 못한다.

[**❶** ▸ **○**] 공동상속인 중 1인이 협의분할에 의한 상속을 원인으로 하여 상속부동산에 관한 소유권이전 등기를 마친 경우에, 협의분할이 다른 공동상속인의 동의 없이 이루어진 것이어서 무효라는 이유로 다른 공동상속인이 위 등기의 말소를 청구하는 소는 상속회복청구의 소에 해당한다(대판 2011.3.10. 2007다 17482).

[**❷** ▸ **○**] 진정상속인이 참칭상속인으로부터 상속재산을 양수한 제3자를 상대로 등기말소청구를 하는 경우에도 상속회복청구권의 단기의 제척기간이 적용된다(대판[전합] 1981.1.27. 79다854).

[**❸** ▸ **○**] 상속회복청구권이 제척기간의 경과로 소멸하게 되면 상속인은 상속인으로서의 지위, 즉 상속에 따라 승계한 개개의 권리의무 또한 총괄적으로 상실하게 되고, 그 반사적 효과로서 참칭상속인의 지위는 확정되어 참칭상속인이 상속개시의 시로부터 소급하여 상속인으로서의 지위를 취득한 것으로 봄이 상당하므로, 상속재산은 상속개시일로 소급하여 참칭상속인의 소유로 된다(대판 1998.3.27. 96다 37398).

[**❹** ▸ **✕**] 금전채무와 같이 급부의 내용이 가분인 채무가 공동상속된 경우, 이는 상속개시와 동시에 당연히 법정상속분에 따라 공동상속인에게 분할되어 귀속되는 것이므로, 상속재산 분할의 대상이 될 여지가 없다. 상속재산 분할의 대상이 될 수 없는 상속채무에 관하여 공동상속인들 사이에 분할의 협의가 있는 경우라면 이러한 협의는 민법 제1013조에서 말하는 상속재산의 협의분할에 해당하는 것은 아니지만, 위 분할의 협의에 따라 공동상속인 중의 1인이 법정상속분을 초과하여 채무를 부담하기로 하는 약정은 면책적 채무인수의 실질을 가진다고 할 것이어서, 채권자에 대한 관계에서 위 약정에 의하여 다른 공동상속인이 법정상속분에 따른 채무의 일부 또는 전부를 면하기 위하여는 민법 제454조의 규정에 따른 채권자의 승낙을 필요로 하고, 여기에 상속재산 분할의 소급효를 규정하고 있는 민법 제1015조가 적용될 여지는 전혀 없다(대판 1997.6.24. 97다8809).

[**❺** ▸ **○**] 상속의 포기는 비록 포기자의 재산에 영향을 미치는 바가 없지 아니하나(그러한 측면과 관련하여서는 '채무자 회생 및 파산에 관한 법률' 제386조도 참조) 상속인으로서의 지위 자체를 소멸하게 하는 행위로서 순전한 재산법적 행위와 같이 볼 것이 아니다. 오히려 상속의 포기는 1차적으로 피상속인 또는 후순위 상속인을 포함하여 다른 상속인 등과의 인격적 관계를 전체적으로 판단하여 행하여지는 '인적 결단'으로서의 성질을 가진다. 그러한 행위에 대하여 비록 상속인인 채무자가 무자력상태에 있다고 하여서 그로 하여금 상속포기를 하지 못하게 하는 결과가 될 수 있는 채권자의 사해행위 취소를 쉽사리 인정할 것이 아니다. 그리고 상속은 피상속인이 사망 당시에 가지던 모든 재산적 권리 및 의무·부담을 포함하는 총체재산이 한꺼번에 포괄적으로 승계되는 것으로서 다수의 관련자가 이해관계를 가지는데, 위와 같이 상속인으로서의 자격 자체를 좌우하는 상속포기의 의사표시에 사해행위에 해당하는 법률행위에 대하여 채권자 자신과 수익자 또는 전득자 사이에서만 상대적으로 그 효력이 없는 것으로 하는 채권자 취소권의 적용이 있다고 하면, 상속을 둘러싼 법률관계는 그 법적 처리의 출발점이 되는 상속인 확정의 단계에서부터 복잡하게 얽히게 되는 것을 면할 수 없다. 또한 상속인의 채권자의 입장에서는 상속의 포기가 그의 기대를 저버리는 측면이 있다고 하더라도 채무자인 상속인의 재산을 현재의 상태보다 악화 시키지 아니한다. 이러한 점들을 종합적으로 고려하여 보면, 상속의 포기는 민법 제406조 제1항에서 정하는 '재산권에 관한 법률행위'에 해당하지 아니하여 사해행위 취소의 대상이 되지 못한다(대판 2011.6.9. 2011다29307).

답 ❹

24

이혼 당사자의 재산분할청구에 관한 다음 설명 중 가장 옳은 것은?

2025년 법무사시험 [문 24]

① 아직 이혼하지 않은 당사자가 장차 협의상 이혼할 것을 합의하는 과정에서 이를 전제로 재산분할청구권을 포기하는 서면을 작성한 경우, 특별한 사정이 없는 한 '재산분할에 관한 협의'로서의 '포기약정'에 해당한다.

② 재산분할재판에서 분할대상인지 여부가 전혀 심리된 바 없는 재산이 재판확정 후 추가로 발견된 경우에는 이에 대하여 추가로 재산분할청구를 할 수 있지만, 그러한 추가 재산분할청구 역시 이혼한 날부터 2년 이내라는 제척기간을 준수하여야 한다.

③ 협의이혼에 따른 재산분할에서 분할의 대상이 되는 재산과 액수는 협의이혼이 성립한 날(이혼신고일)을 기준으로 정하여야 하지만, 협의이혼을 예정하고 미리 재산분할 협의를 한 경우에는 해당 재산분할 협의 시점을 기준으로 정하여야 한다.

④ 공무원 퇴직연금은 수급권자의 사망으로 그 지급이 종료되는데 수급권자의 여명을 확정할 수 없으므로 그 자체를 재산분할의 대상으로 할 수 없고, 다만 이를 분할액수와 방법을 정함에 있어서 참작되는 '기타의 사정'으로 삼는 것으로 족하다.

⑤ 재산분할재판에서 법원이 적극재산과 소극재산을 구별하거나, 분할대상 재산들을 개별적으로 구분하여 분할비율을 달리 정하는 것도 원칙적으로 허용된다.

....

[❶ ▸ ×] 아직 이혼하지 않은 당사자가 장차 협의상 이혼할 것을 합의하는 과정에서 이를 전제로 재산분할청구권을 포기하는 서면을 작성한 경우, 부부 쌍방의 협력으로 형성된 공동재산 전부를 청산·분배하려는 의도로 재산분할의 대상이 되는 재산액, 이에 대한 쌍방의 기여도와 재산분할 방법 등에 관하여 협의한 결과 부부 일방이 재산분할청구권을 포기하기에 이르렀다는 등의 사정이 없는 한 성질상 허용되지 아니하는 '재산분할청구권의 사전포기'에 불과할 뿐이므로 쉽사리 '재산분할에 관한 협의'로서의 '포기약정'이라고 보아서는 아니 된다(대결 2016.1.25. 2015스451).

[❷ ▸ O] 재산분할재판에서 분할대상인지 여부가 전혀 심리된 바 없는 재산이 재판확정 후 추가로 발견된 경우에는 이에 대하여 추가로 재산분할청구를 할 수 있다. 다만 추가 재산분할청구 역시 이혼한 날부터 2년 이내라는 제척기간을 준수하여야 한다(대결 2018.6.22. 2018스18).

[❸ ▸ ×] 협의이혼에 따른 재산분할에 있어 분할의 대상이 되는 재산과 액수는 협의이혼이 성립한 날(이혼신고일)을 기준으로 정하여야 하고, 협의이혼을 예정하고 미리 재산분할 협의를 한 경우에도 그 기준일에 관하여 달리 볼 것은 아니다(대판 2006.9.14. 2005다74900 참조).

[❹ ▸ ×] 이혼소송의 사실심 변론종결 당시에 부부 중 일방이 공무원 퇴직연금을 실제로 수령하고 있는 경우에, 위 공무원 퇴직연금에는 사회보장적 급여로서의 성격 외에 임금의 후불적 성격이 불가분적으로 혼재되어 있으므로, 혼인기간 중의 근무에 대하여 상대방 배우자의 협력이 인정되는 이상 공무원 퇴직연금수급권 중 적어도 그 기간에 해당하는 부분은 부부 쌍방의 협력으로 이룩한 재산으로 볼 수 있다. 따라서 재산분할제도의 취지에 비추어 허용될 수 없는 경우가 아니라면, 이미 발생한 공무원 퇴직연금수급권도 부동산 등과 마찬가지로 재산분할의 대상에 포함될 수 있다고 봄이 상당하다(대판[전합] 2014.7.16. 2012므2888). ④의 내용은 2012므2888 전합 판결에 배치되어 폐기된 법리이다.

[❺ ▸ ✕] 법원이 합리적인 근거 없이 적극재산과 소극재산을 구별하여 분담비율을 달리 정한다거나, 분할대상 재산들을 개별적으로 구분하여 분할비율을 달리 정함으로써 분할할 적극재산의 가액을 임의로 조정하는 것은 허용될 수 없다(대판 2002.9.4. 2001므718).

답 ❷

25 □□□ 상속재산의 분할에 관한 다음 설명 중 가장 옳은 것은?

① 피상속인으로부터 상속받은 금전채무에 관하여 상속인 중 1인이 법정상속분을 초과하여 채무를 부담하기로 하는 상속재산에 대한 분할협의가 이루어진 경우 이는 상속이 개시된 때에 소급하여 그 효력이 있다.

② 상속재산의 분할협의는 공동상속인 사이에 잠정적 공유가 된 상속재산의 귀속을 확정시키는 것이므로, 그 협의를 통하여 공동상속인 중 무자력인 자가 자신의 상속에 관한 권리를 포기하는 내용으로 분할협의를 하였다고 하더라도 이러한 분할협의가 사해행위취소권 행사의 대상이 될 수는 없다.

③ 상속재산의 분할에 관하여 공동상속인 사이에 협의가 성립되지 아니하거나 협의할 수 없는 경우에는 상속재산에 속하는 개별재산에 관하여 가정법원에 민법 제268조의 규정에 의한 공유물분할청구의 소를 제기할 수 있다.

④ 상속재산 분할협의는 공동상속인들 사이에 이루어지는 일종의 계약으로서, 공동상속인들은 이미 이루어진 상속재산 분할협의의 전부 또는 일부를 전원의 합의에 의하여 해제한 다음 다시 새로운 분할협의를 할 수 있고, 이는 이미 상속등기를 마친 경우에도 마찬가지이다.

⑤ 공동상속인 중 1인이 신청한 한정승인에 따른 청산절차가 종료되지 않은 경우 다른 상속인들은 상속재산분할청구를 할 수 없다.

....

[❶ ▸ ✕] 금전채무와 같이 급부의 내용이 가분인 채무가 공동상속된 경우, 이는 상속개시와 동시에 당연히 법정상속분에 따라 공동상속인에게 분할되어 귀속되는 것이므로, 상속재산 분할의 대상이 될 여지가 없다고 할 것이다. 따라서 위와 같이 상속재산 분할의 대상이 될 수 없는 상속채무에 관하여 공동상속인들 사이에 분할의 협의가 있는 경우라면 이러한 협의는 민법 제1013조에서 말하는 상속재산의 협의분할에 해당하는 것은 아니지만, 위 분할의 협의에 따라 공동상속인 중의 1인이 법정상속분을 초과하여 채무를 부담하기로 하는 약정은 면책적 채무인수의 실질을 가진다고 할 것이어서, 채권자에 대한 관계에서 위 약정에 의하여 다른 공동상속인이 법정상속분에 따른 채무의 일부 또는 전부를 면하기 위하여는 민법 제454조의 규정에 따른 채권자의 승낙을 필요로 한다고 할 것이다. 여기에 상속재산 분할의 소급효를 규정하고 있는 민법 제1015조가 적용될 여지는 전혀 없다(대판 1997.6.24. 97다8809).

[❷ ▸ ✕] 상속재산의 분할협의는 상속이 개시되어 공동상속인 사이에 잠정적 공유가 된 상속재산에 대하여 그 전부 또는 일부를 각 상속인의 단독소유로 하거나 새로운 공유관계로 이행시킴으로써 상속재산의 귀속을 확정시키는 것으로 그 성질상 재산권을 목적으로 하는 법률행위이므로 사해행위취소권 행사의 대상이 될 수 있고, 한편 채무자가 자기의 유일한 재산인 부동산을 매각하여 소비하기 쉬운 금전으로 바꾸거나 타인에게 무상으로 이전하여 주는 행위는 특별한 사정이 없는 한 채권자에 대하여 사해행위가 되는 것이므로, 이미 채무초과상태에 있는 채무자가 상속재산의 분할협의를 하면서 자신의 상속분에 관한 권리를 포기함으로써 일반 채권자에 대한 공동담보가 감소한 경우에도 원칙적으로 채권자에 대한 사해행위에 해당한다(대판 2007.7.26. 2007다29119).

[❸ ▸ ✕] 공동상속인은 상속재산의 분할에 관하여 공동상속인 사이에 협의가 성립되지 아니하거나 협의할 수 없는 경우에 가사소송법이 정하는 바에 따라 가정법원에 상속재산분할심판을 청구할 수 있을 뿐이고, 상속재산에 속하는 개별재산에 관하여 민법 제268조의 규정에 따라 공유물분할청구의 소를 제기하는 것은 허용되지 않는다(대판 2015.8.13. 2015다18367).

[❹ ▸ ○] 상속재산 분할협의는 공동상속인들 사이에 이루어지는 일종의 계약으로서, 공동상속인들은 이미 이루어진 상속재산 분할협의의 전부 또는 일부를 전원의 합의에 의하여 해제한 다음 다시 새로운 분할협의를 할 수 있고, 상속재산 분할협의가 합의해제되면 그 협의에 따른 이행으로 변동이 생겼던 물권은 당연히 그 분할협의가 없었던 원상태로 복귀하지만, 민법 제548조 제1항 단서의 규정상 이러한 합의해제를 가지고서는, 그 해제 전의 분할협의로부터 생긴 법률효과를 기초로 하여 새로운 이해관계를 가지게 되고 등기·인도 등으로 완전한 권리를 취득한 제3자의 권리를 해하지 못한다(대판 2004.7.8. 2002다73203).

[❺ ▸ ✕] 우리 민법이 한정승인절차가 상속재산분할절차보다 선행하여야 한다는 명문의 규정을 두고 있지 않고, 공동상속인들 중 일부가 한정승인을 하였다고 하여 상속재산 분할이 불가능하다거나 분할로 인하여 공동상속인들 사이에 불공평이 발생한다고 보기 어려우며, 상속재산 분할의 대상이 되는 상속재산의 범위에 관하여 공동상속인들 사이에 분쟁이 있을 경우에는 한정승인에 따른 청산절차가 제대로 이루어지지 못할 우려가 있는데 그럴 때에는 상속재산분할청구절차를 통하여 분할의 대상이 되는 상속재산의 범위를 한꺼번에 확정하는 것이 상속채권자의 보호나 청산절차의 신속한 진행을 위하여 필요하다는 점 등을 고려하면, 한정승인에 따른 청산절차가 종료되지 않은 경우에도 상속재산분할청구가 가능하다(대결 2014.7.25. 2011스226).

답 ❹

26

상속재산 분할에 관한 다음 설명 중 가장 옳지 않은 것은? 2020년 법무사시험 [문 29]

① 상속포기의 신고가 아직 행하여지지 아니하거나 법원에 의하여 아직 수리되지 아니하고 있는 동안에 포기자를 제외한 나머지 공동상속인들 사이에 이루어진 상속재산분할협의는 후에 상속포기의 신고가 적법하게 수리되어 상속포기의 효력이 발생하게 됨으로써 공동상속인의 자격을 가지는 사람들 전원이 행한 것이 되어 소급적으로 유효하게 된다.

② 피상속인은 유언으로 상속재산의 분할방법을 정할 수는 있지만, 생전행위에 의한 분할방법의 지정도 그 효력이 있어 상속인들이 피상속인의 의사에 구속된다.

③ 공동상속인인 친권자와 미성년인 수인의 자 사이에 상속재산 분할협의를 하게 되는 경우에는 미성년자 각자마다 특별대리인을 선임하여 그 각 특별대리인이 각 미성년자인 자를 대리하여 상속재산 분할의 협의를 하여야 한다.

④ 상속재산을 공동상속인 1인에게 상속시킬 방편으로 나머지 상속인들이 한 상속포기신고가 신고기간을 경과한 후에 신고된 것이어서 상속포기로서의 효력이 없다고 하더라도, 공동상속인들 사이에서는 1인이 고유의 상속분을 초과하여 상속재산 전부를 취득하고 나머지 상속인들은 이를 전혀 취득하지 않기로 하는 내용의 상속재산에 관한 협의분할이 이루어진 것으로 보아야 한다.

⑤ 상속재산의 분할협의는 상속이 개시되어 공동상속인 사이에 잠정적 공유가 된 상속재산에 대하여 그 전부 또는 일부를 각 상속인의 단독소유로 하거나 새로운 공유관계로 이행시킴으로써 상속재산의 귀속을 확정시키는 것으로 그 성질상 재산권을 목적으로 하는 법률행위이므로 사해행위취소권 행사의 대상이 될 수 있다.

[**❶ ▸ ○**] 상속의 포기는 상속이 개시된 때에 소급하여 그 효력이 있고(민법 제1042조), 포기자는 처음부터 상속인이 아니었던 것이 된다. 따라서 상속포기의 신고가 아직 행하여지지 아니하거나 법원에 의하여 아직 수리되지 아니하고 있는 동안에 포기자를 제외한 나머지 공동상속인들 사이에 이루어진 상속재산분할협의는 후에 상속포기의 신고가 적법하게 수리되어 상속포기의 효력이 발생하게 됨으로써 공동상속인의 자격을 가지는 사람들 전원이 행한 것이 되어 소급적으로 유효하게 된다. 이는 설사 포기자가 상속재산분할협의에 참여하여 그 당사자가 되었다고 하더라도 그 협의가 그의 상속포기를 전제로 하여서 포기자에게 상속재산에 대한 권리를 인정하지 아니하는 내용인 경우에는 마찬가지이다(대판 2011.6.9. 2011다29307).

[**❷ ▸ ✕**] 피상속인은 유언으로 상속재산의 분할방법을 정할 수는 있지만, <u>생전행위에 의한 분할방법의 지정은 그 효력이 없어 상속인들이 피상속인의 의사에 구속되지는 않는다</u>(대판 2001.6.29. 2001다28299).

[**❸ ▸ ○**] 공동상속재산분할협의는 행위의 객관적 성질상 상속인 상호 간에 이해의 대립이 생길 우려가 있는 행위라고 할 것이므로 공동상속인인 친권자와 미성년인 수인의 자 사이에 상속재산분할협의를 하게 되는 경우에는 미성년자 각자마다 특별대리인을 선임하여 각 특별대리인이 각 미성년인 자를 대리하여 상속재산 분할의 협의를 하여야 한다(대판 1993.4.13. 92다54524).

[**❹ ▸ ○**] 상속재산을 공동상속인 1인에게 상속시킬 방편으로 나머지 상속인들이 한 상속포기신고가 민법 제1019조 제1항 소정의 기간을 경과한 후에 신고된 것이어서 상속포기로서의 효력이 없다고 하더라도, 공동상속인들 사이에서는 1인이 고유의 상속분을 초과하여 상속재산 전부를 취득하고 나머지 상속인들은 이를 전혀 취득하지 않기로 하는 내용의 상속재산에 관한 협의분할이 이루어진 것으로 보아야한다(대판 1996.3.26. 95다45545).

[**❺ ▸ ○**] 상속재산의 분할협의는 상속이 개시되어 공동상속인 사이에 잠정적 공유가 된 상속재산에 대하여 그 전부 또는 일부를 각 상속인의 단독소유로 하거나 새로운 공유관계로 이행시킴으로써 상속재산의 귀속을 확정시키는 것으로 그 성질상 재산권을 목적으로 하는 법률행위이므로 사해행위취소권 행사의 대상이 될 수 있다. 한편 이미 채무초과상태에 있는 채무자가 상속재산의 분할협의를 하면서 자신의 상속분에 관한 권리를 포기함으로써 일반채권자에 대한 공동담보가 감소된 경우에는 원칙적으로 채권자에 대한 사해행위에 해당하고, 이는 상속개시 전에 채권을 취득한 채권자가 채무자의 상속재산분할협의를 대상으로 사해행위취소권을 행사하는 경우에도 마찬가지이다(대판 2013.6.13. 2013다2788).

답 ❷

27
☐☐☐

상속인의 한정승인 및 단순승인에 관한 다음 설명 중 가장 옳지 않은 것은?

2022년 법무사시험 [문 19]

① 상속인은 상속개시 있음을 안 날로부터 3월 내에 단순승인이나 한정승인 또는 포기를 할 수 있는데, 그 기간은 이해관계인 또는 검사의 청구에 의하여 가정법원이 이를 연장할 수 있다.

② 상속인이 미성년인 경우 특별한정승인에 관한 민법 제1019조 제3항이나 그 소급 적용에 관한 민법 부칙(2002.1.14. 개정 법률 부칙 중 2005.12.29. 법률 제7765호로 개정된 것) 제3항, 제4항에서 정한 '상속채무 초과사실을 중대한 과실 없이 제1019조 제1항의 기간 내에 알지 못하였는지'와 '상속채무 초과사실을 안 날이 언제인지'를 판단할 때에는 법정대리인의 인식을 기준으로 삼아야 한다.

③ 특별한정승인에 관한 민법 제1019조 제3항이 규정한 '상속인이 상속채무가 상속재산을 초과하는 사실을 중대한 과실 없이 민법 제1019조 제1항의 기간 내에 알지 못하였다는 점'에 대한 증명책임은 상속인에게 있다.

④ 민법은 한정승인자가 상속재산으로 상속채권자 등에게 변제하는 절차를 규정하고 있으므로, 한정 승인에 의하여 상속채권자는 상속재산에 관하여 한정승인자로부터 물권을 취득한 제3자에 대하여 우선적 지위를 부여받는다.

⑤ '상속인이 상속재산에 대한 처분행위를 한 때' 단순승인으로 의제하는 규정인 민법 제1026조 제1호는 상속인이 한정승인 또는 포기를 하기 이전에 상속재산을 처분한 때에만 적용되는 것이고, 상속인이 한정승인 또는 포기를 한 후에 상속재산을 처분한 때에는 그것이 같은 조 제3호에 정한 상속재산의 부정소비에 해당되는 경우에만 상속인이 단순승인을 한 것으로 보아야 하는 것이지, 같은 조 제1호에 의한 단순승인 의제가 되는 것이 아니다.

·····

[❶ ▸ O] 상속인은 상속개시 있음을 안 날로부터 3월 내에 단순승인이나 한정승인 또는 포기를 할 수 있다. 그러나 그 기간은 이해관계인 또는 검사의 청구에 의하여 가정법원이 이를 연장할 수 있다(민법 제1019조 제1항).

[❷ ▸ O] 민법 제1019조 제1항, 제3항의 각 기간은 상속에 관한 법률관계를 조기에 안정시켜 법적 불안 상태를 막기 위한 제척기간인 점, 미성년자를 보호하기 위해 마련된 법정대리인 제도와 민법 제1020 조의 내용 및 취지 등을 종합하면, 상속인이 미성년인 경우 민법 제1019조 제3항이나 그 소급 적용에 관한 민법 부칙(2002.1.14. 개정 법률 부칙 중 2005.12.29. 법률 제7765호로 개정된 것, 이하 같다) 제3항, 제4항에서 정한 '상속채무 초과사실을 중대한 과실 없이 제1019조 제1항의 기간 내에 알지 못하였는지'와 '상속채무 초과사실을 안 날이 언제인지'를 판단할 때에는 법정대리인의 인식을 기준으로 삼아야 한다(대판[전합] 2020.11.19. 2019다232918).

[❸ ▸ O] 민법 제1019조 제3항은 민법 제1026조 제2호에 대한 헌법재판소의 헌법불합치 결정 이후에 신설된 조항으로, 위 조항에서 말하는 상속채무가 상속재산을 초과하는 사실을 중대한 과실로 알지 못한다 함은 '상속인이 조금만 주의를 기울였다면 상속채무가 상속재산을 초과한다는 사실을 알 수 있었음에도 이를 게을리함으로써 그러한 사실을 알지 못한 것'을 의미하고, 상속인이 상속채무가 상속재산을 초과하는 사실을 중대한 과실 없이 민법 제1019조 제1항의 기간 내에 알지 못하였다는 점에 대한 증명책임은 상속인에게 있다(대판 2010.6.10. 2010다7904).

PART 1 PART 2 **PART 3** PART 4 PART 5 PART 6 PART 7 PART 8

[**④** ▸ ×] 민법은 한정승인자가 상속재산으로 상속채권자 등에게 변제하는 절차는 규정하고 있으나(제1032조 이하), 한정승인만으로 상속채권자에게 상속재산에 관하여 한정승인자로부터 물권을 취득한 제3자에 대하여 우선적 지위를 부여하는 규정은 두고 있지 않으며, 민법 제1045조 이하의 재산분리 제도와 달리 한정승인이 이루어진 상속재산임을 등기하여 제3자에 대항할 수 있게 하는 규정도 마련하고 있지 않다. 따라서 한정승인자로부터 상속재산에 관하여 저당권 등의 담보권을 취득한 사람과 상속채권자 사이의 우열관계는 민법상의 일반원칙에 따라야 하고, 상속채권자가 한정승인의 사유만으로 우선적 지위를 주장할 수는 없다. 그리고 이러한 이치는 한정승인자가 그 저당권 등의 피담보채무를 상속개시 전부터 부담하고 있었다고 하여 달리 볼 것이 아니다(대판[전합] 2010.3.18. 2007다77781).

[**⑤** ▸ ○] 민법 제1026조 제1호는 상속인이 한정승인 또는 포기를 하기 이전에 상속재산을 처분한 때에만 적용되는 것이고, 상속인이 한정승인 또는 포기를 한 후에 상속재산을 처분한 때에는 그로 인하여 상속채권자나 다른 상속인에 대하여 손해배상책임을 지게 될 경우가 있음은 별론으로 하고, 그것이 같은 조 제3호에 정한 상속재산의 부정소비에 해당하는 경우에만 상속인이 단순승인을 한 것으로 보아야 한다(대판 2004.3.12. 2003다63586).

답 **④**

28

다음 설명 중 가장 옳지 않은 것은?　　　　　2021년 법무사시험 [문 11]

① 태아는 상속순위에 관하여 이미 출생한 것으로 보므로 대습상속 및 유류분권이 인정된다.

② 상속포기의 효력은 피상속인의 사망으로 개시된 상속에 미칠 뿐만 아니라, 그 후 피상속인을 피대습자로 하여 개시된 대습상속에까지 미친다.

③ 공동상속인 중에 상당한 기간 동거·간호 그 밖의 방법으로 피상속인을 특별히 부양하거나 피상속인의 재산의 유지 또는 증가에 특별히 기여한 사람이 있을지라도 공동상속인의 협의 또는 가정법원의 심판으로 기여분이 결정되지 않은 이상 유류분반환청구소송에서 기여분을 주장할 수 없다.

④ 공동상속인의 협의 또는 가정법원의 심판으로 기여분이 결정되었다고 하더라도 유류분을 산정함에 있어 기여분을 공제할 수 없고, 기여분으로 유류분에 부족이 생겼다고 하여 기여분에 대하여 반환을 청구할 수도 없다.

⑤ 유류분반환청구권은 그 행사 여부가 유류분권리자의 인격적 이익을 위하여 그의 자유로운 의사결정에 전적으로 맡겨진 권리로서 행사상의 일신전속성을 가진다고 보아야 하므로, 유류분권리자에게 그 권리행사의 확정적 의사가 있다고 인정되는 경우가 아니라면 채권자대위권의 목적이 될 수 없다.

[**❶** ▸ ○] 태아는 상속순위에 관하여는 이미 출생한 것으로 본다(민법 제1000조 제3항). 대습상속과 유류분에 대한 명문의 규정은 없으나, 태아의 재산상속권을 인정하고 있으므로, 대습상속(민법 제1001조)과 유류분(민법 제1118조)에 관하여도 태아의 권리능력은 당연히 인정된다. 이에 대하여 민법 제1000조 제3항을 유추하여 긍정하는 견해도 있으나, 결과적으로는 마찬가지이다.

[**❷** ▸ ×] 피상속인의 사망으로 상속이 개시된 후 상속인이 상속을 포기하면 상속이 개시된 때에 소급하여 그 효력이 생긴다(민법 제1042조). 따라서 제1순위 상속권자인 배우자와 자녀들이 상속을 포기하면 제2순위에 있는 사람이 상속인이 된다. 상속포기의 효력은 피상속인의 사망으로 개시된 상속에만 미치고, 그 후 피상속인을 피대습자로 하여 개시된 대습상속에까지 미치지는 않는다. 대습상속은 상속과는 별개의 원인으로 발생하는 것인 데다가 대습상속이 개시되기 전에는 이를 포기하는 것이 허용되지 않기 때문이다(대판 2017.1.12. 2014다39824).

[**❸** ▸ ○] [**❹** ▸ ○] 민법 제1008조의2, 제1112조, 제1113조 제1항, 제1118조에 비추어 보면, 기여분은 상속재산 분할의 전제 문제로서의 성격을 가지는 것으로서, 상속인들의 상속분을 일정 부분 보장하기 위하여 피상속인의 재산처분의 자유를 제한하는 유류분과는 서로 관계가 없다. 따라서 공동상속인 중에 상당한 기간 동거·간호 그 밖의 방법으로 피상속인을 특별히 부양하거나 피상속인의 재산의 유지 또는 증가에 특별히 기여한 사람이 있을지라도 공동상속인의 협의 또는 가정법원의 심판으로 기여분이 결정되지 않은 이상 유류분반환청구소송에서 기여분을 주장할 수 없음은 물론이거니와, 설령 공동상속인의 협의 또는 가정법원의 심판으로 기여분이 결정되었다고 하더라도 유류분을 산정함에 있어 기여분을 공제할 수 없고, 기여분으로 유류분에 부족이 생겼다고 하여 기여분에 대하여 반환을 청구할 수도 없다(대판 2015.10.29. 2013다60753).

[**❺** ▸ ○] 유류분반환청구권은 그 행사 여부가 유류분권리자의 인격적 이익을 위하여 그의 자유로운 의사결정에 전적으로 맡겨진 권리로서 행사상의 일신전속성을 가진다고 보아야 하므로, 유류분권리자에게 그 권리행사의 확정적 의사가 있다고 인정되는 경우가 아니라면 채권자대위권의 목적이 될 수 없다(대판 2010.5.27. 2009다93992).

답 **❷**

⬳ 제6항 ⬴ 재산의 분리

⬳ 제7항 ⬴ 상속인의 부존재

29
□□□

유류분에 관한 다음 설명 중 가장 옳지 않은 것은? 2022년 법무사시험 [문 15]

① 유류분반환의 범위는 상속개시 당시 피상속인의 순재산과 문제된 증여재산을 합한 재산을 평가하여 그 재산액에 유류분청구권자의 유류분비율을 곱하여 얻은 유류분액을 기준으로 산정하는데, 그 유류분액을 산정함에 있어 반환의무자가 증여받은 재산의 시가는 상속개시 당시가 아닌 유류분반환청구권 행사 당시를 기준으로 산정한다.

② 유류분권리자가 유류분반환청구권을 행사한 경우 그의 유류분을 침해하는 범위 내에서 유증 또는 증여는 소급적으로 효력을 상실하고, 상대방은 그와 같이 실효된 범위 내에서 유증 또는 증여의 목적물을 반환할 의무를 부담한다.

③ 유류분반환청구권의 단기소멸시효기간의 기산점인 '유류분권리자가 상속의 개시와 반환하여야 할 증여 또는 유증을 한 사실을 안 때'는 유류분권리자가 상속이 개시되었다는 사실과 증여 또는 유증이 있었다는 사실 및 그것이 반환하여야 할 것임을 안 때를 뜻한다.

④ 유류분 제도가 생기기 전에 피상속인이 상속인이나 제3자에게 재산을 증여하고 그 이행을 완료하여 소유권이 수증자에게 이전된 때에는 피상속인이 1977.12.31. 법률 제3051호로 개정된 민법 시행 이후에 사망하여 상속이 개시되더라도 소급하여 그 증여재산이 유류분 제도에 의한 반환청구의 대상이 되지는 않는다.

⑤ 유류분반환청구권의 행사는 재판상 또는 재판 외에서 상대방에 대한 의사표시의 방법으로 할 수 있고, 이 경우 그 의사표시는 침해를 받은 유증 또는 증여행위를 지정하여 이에 대한 반환청구의 의사를 표시하면 그것으로 족하며, 그 반환목적물을 구체적으로 특정하여야 하는 것은 아니다.

....

[❶ ▶ ✕] 유류분 반환범위는 상속개시 당시 피상속인의 순재산과 문제된 증여재산을 합한 재산을 평가하여 그 재산액에 유류분청구권자의 유류분비율을 곱하여 얻은 유류분액을 기준으로 하는 것인바, 그 유류분액을 산정함에 있어 반환의무자가 <u>증여받은 재산의 시가는 상속개시 당시를 기준으로 하여 산정하여야 한다</u>(대판 2011.4.28. 2010다29409).

[❷ ▶ ○] 유류분권리자가 유류분반환청구권을 행사한 경우 그의 유류분을 침해하는 범위 내에서 유증 또는 증여는 소급적으로 효력을 상실하고, 상대방은 그와 같이 실효된 범위 내에서 유증 또는 증여의 목적물을 반환할 의무를 부담한다(대판 2015.11.12. 2011다55092).

[❸ ▶ ○] 민법 제1117조가 규정하는 유류분반환청구권의 단기소멸시효기간의 기산점인 '유류분권리자가 상속의 개시와 반환하여야 할 증여 또는 유증을 한 사실을 안 때'는 유류분권리자가 상속이 개시되었다는 사실과 증여 또는 유증이 있었다는 사실 및 그것이 반환하여야 할 것임을 안 때를 뜻한다(대판 2006.11.10. 2006다46346).

[❹ ▶ ○] 유류분 제도가 생기기 전에 피상속인이 상속인이나 제3자에게 재산을 증여하고 이행을 완료하여 소유권이 수증자에게 이전된 때에는 피상속인이 1977.12.31. 법률 제3051호로 개정된 민법(이하 '개정 민법'이라 한다) 시행 이후에 사망하여 상속이 개시되더라도 소급하여 증여재산이 유류분 제도에 의한 반환청구의 대상이 되지는 않는다. 개정 민법의 유류분 규정을 개정 민법 시행 전에 이루어지고 이행이 완료된 증여에까지 적용한다면 수증자의 기득권을 소급입법에 의하여 제한 또는 침해하는 것이 되어 개정 민법 부칙 제2항의 취지에 반하기 때문이다(대판 2012.12.13. 2010다78722).

[❺ ▸ ○] 유류분반환청구권의 행사는 재판상 또는 재판 외에서 상대방에 대한 의사표시의 방법으로 할 수 있고, 이 경우 그 의사표시는 침해를 받은 유증 또는 증여행위를 지정하여 이에 대한 반환청구의 의사를 표시하면 그것으로 족하고 그로 인하여 생긴 목적물의 이전등기청구권이나 인도청구권 등을 행사하는 것과는 달리 그 목적물을 구체적으로 특정하여야 하는 것은 아니며, 민법 제1117조 소정의 소멸시효의 진행도 위 의사표시로 중단된다(대판 1995.6.30. 93다11715).

답 ❶

30 □□□ 유류분 및 기여분에 관한 다음 설명 중 가장 옳지 않은 것은?   **2020년 법무사시험 [문 2]**

① 기여분은 상속이 개시된 때의 피상속인의 재산가액에서 유증의 가액을 공제한 액을 넘지 못한다.

② 유류분 반환의 범위는 상속개시 당시 피상속인의 순재산과 문제된 증여재산을 합한 재산을 평가하여 그 재산액에 유류분청구권자의 유류분비율을 곱하여 얻은 유류분액을 기준으로 산정하는데, 증여받은 재산의 시가는 상속개시 당시를 기준으로 하여 산정하여야 한다.

③ 공동상속인 중에 피상속인으로부터 재산의 생전 증여에 의하여 특별수익을 한 자가 있는 경우에는 민법 제1114조의 규정은 그 적용이 배제되고, 그 증여는 수증자가 손해를 가할 것을 알고서 한 경우에 한하여 상속개시 1년 이전의 것인지 여부에 관계없이 유류분 산정을 위한 기초재산에 산입된다.

④ 상속개시 후에 인지판결이 확정되어 공동상속인이 된 자가 있더라도 그 인지판결 확정 전에 상속재산을 분할한 다른 공동상속인들이 그 분할받은 상속재산으로부터 발생한 과실을 취득하는 것은 피인지자에 대한 관계에서 부당이득이 되지 않는다.

⑤ 유류분반환청구권의 행사에 의하여 반환되어야 할 유증 또는 증여의 목적이 된 재산이 타인에게 양도된 경우 그 양수인이 양도 당시 유류분권리자를 해함을 안 때에는 양수인에 대하여도 그 재산의 반환을 청구할 수 있다.

....

[❶ ▸ ○] 기여분은 상속이 개시된 때의 피상속인의 재산가액에서 유증의 가액을 공제한 액을 넘지 못한다(민법 제1008조의2 제3항).

[❷ ▸ ○] 유류분 반환의 범위는 상속개시 당시 피상속인의 순재산과 문제된 증여재산을 합한 재산을 평가하여 그 재산액에 유류분청구권자의 유류분비율을 곱하여 얻은 유류분액을 기준으로 산정하는데, 증여받은 재산의 시가는 상속개시 당시를 기준으로 하여 산정하여야 한다. 다만 증여 이후 수증자나 수증자에게서 증여재산을 양수한 사람이 자기 비용으로 증여재산의 성상(性狀)등을 변경하여 상속개시 당시 가액이 증가되어 있는 경우, 변경된 성상 등을 기준으로 상속개시 당시의 가액을 산정하면 유류분권리자에게 부당한 이익을 주게 되므로, 이러한 경우에는 그와 같은 변경을 고려하지 않고 증여 당시의 성상 등을 기준으로 상속개시 당시의 가액을 산정하여야 한다(대판 2015.11.12. 2010다104768).

[❸ ▸ ✕] 공동상속인 중에 피상속인으로부터 재산의 생전 증여에 의하여 특별수익을 한 자가 있는 경우에는 민법 제1114조의 규정은 그 적용이 배제되고, 따라서 그 증여는 상속개시 1년 이전의 것인지 여부, 당사자 쌍방이 손해를 가할 것을 알고서 하였는지 여부에 관계없이 유류분 산정을 위한 기초재산에 산입된다(대판 1996.2.9. 95다17885).

[**④** ▸ ○] 상속개시 후에 인지되거나 재판이 확정되어 공동상속인이 된 자도 그 상속재산이 아직 분할되거나 처분되지 아니한 경우에는 당연히 다른 공동상속인들과 함께 분할에 참여할 수 있을 것이나, 인지 이전에 다른 공동상속인이 이미 상속재산을 분할 내지 처분한 경우에는 인지의 소급효를 제한하는 민법 제860조 단서가 적용되어 사후의 피인지자는 다른 공동상속인들의 분할 기타 처분의 효력을 부인하지 못하게 되는바, 민법 제1014조는 그와 같은 경우에 피인지자가 다른 공동상속인들에 대하여 그의 상속분에 상당한 가액의 지급을 청구할 수 있도록 하여 상속재산의 새로운 분할에 갈음하는 권리를 인정함으로써 피인지자의 이익과 기존의 권리관계를 합리적으로 조정하는 데 그 목적이 있는 것이다. 따라서 인지 이전에 공동상속인들에 의해 이미 분할되거나 처분된 상속재산은 민법 제860조 단서가 규정한 인지의 소급효 제한에 따라 이를 분할받은 공동상속인이나 공동상속인들의 처분행위에 의해 이를 양수한 자에게 그 소유권이 확정적으로 귀속되는 것이며, 상속재산의 소유권을 취득한 자는 민법 제102조에 따라 그 과실을 수취할 권능도 보유한다고 할 것이므로, 피인지자에 대한 인지 이전에 상속재산을 분할한 공동상속인이 그 분할받은 상속재산으로부터 발생한 과실을 취득하는 것은 피인지자에 대한 관계에서 부당이득이 된다고 할 수 없다(대판 2007.7.26. 2006다83796).

[**⑤** ▸ ○] 유류분반환청구권의 행사에 의하여 반환되어야 할 유증 또는 증여의 목적이 된 재산이 타인에게 양도된 경우 그 양수인이 양도 당시 유류분권리자를 해함을 안 때에는 양수인에 대하여도 그 재산의 반환을 청구할 수 있다고 보아야 한다(대판 2002.4.26. 2000다8878).

답 ❸

PART

04

가족관계의 등록 등에 관한 법률

제1장 / 등록사무의 준거법규 및 그 처리자

01
□□□

가족관계의 등록 등에 관한 법률 제21조 제1항에 따라 동장에게 신고된 출생, 사망신고서의 처리 방법에 관한 다음 설명 중 가장 옳지 않은 것은?(다툼이 있는 경우 판례·예규 및 선례에 의함)

2017년 법무사시험 [문 47]

① 동장이 접수하여 수리한 신고서를 동이 속하는 시(구)의 장에게 송부할 때에는 '가족관계등록사무의 문서 양식에 관한 예규' 별지 제33호 서식의 발송인을 찍는다.
② 발송명의는 '○○시장 또는 ○○구청장 대행자 ○○동장'으로 표시하고 동장 직인을 찍어 송부한다.
③ 신고서가 부적법하여 가족관계의 등록 등에 관한 법률 제43조에 따라 통지하는 경우에는 '가족관계등록사무의 문서 양식에 관한 예규' 별지 제21호 서식에 의하되, '○○시장 또는 ○○구청장 대행자 ○○동장' 이름으로 하고, 불수리한 신고서는 불수리신고서류편철장에 편철하여 보존한다.
④ 동장으로부터 신고서를 송부받은 소속 시(구)의 장은 그 신고서를 다시 접수하되, 접수장의 접수연월일란에는 신고서를 송부받은 날을 기록하고 수리사항란에는 동으로부터 송부받은 일자를 소속 시(구)에서 수리한 일자로 기록한다.
⑤ 동장으로부터 신고서를 송부받은 소속 시(구)의 장은 신고일은 해당 동에서 출생·사망신고서를 접수한 날을, 송부일은 소속 시(구)에서 다시 접수한 날을 가족관계등록부에 각 기록하되, 송부자는 동장이 송부한 것으로 한다.

··

[❶ ▸ ○] [❷ ▸ ○] 가족관계등록예규 제433호 2. 가.
[❸ ▸ ○] 가족관계등록예규 제433호 2. 나.
[❹ ▸ ×] 가족관계등록예규 제433호 3. 가.

[**⑤** ▸ ○] 가족관계등록예규 제433호 3. 나.

> ❏ **가족관계등록예규 제433호[동장에게 신고된 출생 · 사망신고서의 처리방법]**
> 2. 동장의 처리방법
>   가. 동장이 접수하여 수리한 신고서를 동이 속하는 시(구)의 장에게 송부할 때에는 가족관계등록사무의 문서 양식에 관한 예규 별지 제33호 서식의 발송인을 찍되, 발송명의는 "○○시장 또는 ○○구청장 대행자 ○○동장"으로 표시하고 동장 직인을 찍어 송부한다.
>   나. 신고서가 부적법하여 가족관계의 등록 등에 관한 법률 제43조에 따라 통지하는 경우에는 가족관계 등록사무의 문서 양식에 관한 예규 별지 제21호 서식에 의하되, "○○시장 또는 ○○구청장 대행자 ○○동장" 이름으로 하고, 불수리한 신고서는 불수리신고서류편철장에 편철하여 보존한다.
> 3. 시(구)의 장의 처리방법
>   가. 신고서의 접수 : 동장으로부터 신고서를 송부받은 소속 시(구)의 장은 그 신고서를 다시 접수하되, 접수장의 접수연월일란에는 신고서를 송부받은 날을 기록하고 수리사항란에는 <u>동에서 수리한 일자를 소속 시(구)에서 수리한 일자로 기록</u>한다.
>   나. 가족관계등록부에 기록하는 방법 : 신고일은 해당 동에서 출생 · 사망신고서를 접수한 날을, 송부일은 소속 시(구)에서 다시 접수한 날을 각 기록하되, 송부자는 동장이 송부한 것으로 한다.

답 **④**

제2장 각종 부책과 서류

02
☐☐☐

동장 및 동사무소에 관한 다음 설명 중 가장 옳은 것은?   2025년 법무사시험 [문 47]

① 동사무소에는 가족관계등록신고서류편철장을 비치하여야 하고, 그 보존기간은 3년으로 한다.
② 동장은 신고를 게을리한 사람을 안 때에는 상당한 기간을 정하여 신고의무자에 대하여 그 기간 내에 신고할 것을 최고하여야 한다.
③ 증서의 등본은 신분행위 당사자 1명이 동장에게 우편의 방법을 이용하거나 직접 제출할 수 있나.
④ 사망장소의 동장은 사망신고를 할 수 없다.
⑤ 동장은 수리한 신고서류의 부본을 접수순서에 따라 편철한 후 각 장마다 장수를 기재하고 3개월마다 목록을 붙여 보존한다.

[**❶** ▶ ○] 동사무소에는 가족관계등록신고서류편철장을 비치하여야 하고, 그 보존기간은 3년으로 한다(가족관계의 등록 등에 관한 규칙 제82조 제4항 제10호).

> **가족관계의 등록 등에 관한 규칙 제82조(시ㆍ읍ㆍ면의 부책과 서류)**
> ④ 재외공관 및 동사무소에는 다음과 같은 장부를 비치하여야 하고, 그 보존기간에 관하여는 제1항을 준용한다. 다만, 제10호 장부의 보존기간은 3년으로 하고, 제8호의 장부는 동사무소에 비치하지 아니한다.
>   1. 가족관계등록사건접수장
>   2. 고지부
>   3. 가족관계등록문서건명부
>   4. 왕복문서편철장
>   5. 불수리신고서류편철장
>   6. 가족관계등록민원청구서편철장
>   7. 가족관계등록부책보존부
>   8. 가족관계등록예규집관리대장
>   9. 열람 및 증명청구접수부
>   10. 가족관계등록신고서류편철장

[**❷** ▶ ×] 시ㆍ읍ㆍ면의 장은 신고를 게을리한 사람을 안 때에는 상당한 기간을 정하여 신고의무자에 대하여 그 기간 내에 신고할 것을 최고(催告)하여야 한다(가족관계등록법 제38조 제1항).

[**❸** ▶ ×] 증서의 등본은 신분행위 당사자 1명이 그 지역을 관할하는 재외공관의 장이나 사건본인인 한국인의 등록기준지 시(구)ㆍ읍ㆍ면의 장 또는 가족관계등록관에게 우편의 방법을 이용하거나 직접 제출할 수 있다[가족관계등록예규 제486호 2. 나. (4)].

[**❹** ▶ ×] 사망장소의 동장도 사망의 신고를 할 수 있다(가족관계등록법 제85조 제2항).

> **가족관계등록법 제85조(사망신고의무자)**
> ① 사망의 신고는 동거하는 친족이 하여야 한다.
> ② 친족ㆍ동거자 또는 사망장소를 관리하는 사람, 사망장소의 동장 또는 통ㆍ이장도 사망의 신고를 할 수 있다.

[**❺** ▶ ×] 동사무소 또는 재외공관에서 수리한 신고서류는 그 부본을 접수순서에 따라 편철한 후 각 장마다 장수를 기재하고 1개월마다 목록을 붙여 연도별로 제82조 제4항 제10호의 장부(가족관계등록신고서류편철장)에 편철하여 보존한다(가족관계의 등록 등에 관한 규칙 제68조 제4항 본문).

답 ❶

03
☐☐☐

다음 중 특종신고서류 등 접수장에 접수에 관한 기록을 해야 하는 신고나 경우가 아닌 것은?

2022년 법무사시험 [문 44]

① 태아인지신고
② 이혼의사 철회신고
③ 부 미정의 출생신고
④ 혼인신고를 하는 때에 자녀의 성과 본을 모의 성과 본으로 따르기로 한 협의서를 제출하는 경우
⑤ 혼인신고수리불가신고

··

[**❸** ▸ **✕**] 태아인지신고, 이혼의사 철회신고, 혼인신고수리불가신고 및 혼인신고를 하는 때에 자녀의 성과 본을 모의 성과 본으로 따르기로 한 협의서를 제출하는 경우에는 특종신고서류 등 접수장에도 접수에 관한 기록을 하여야 한다(가족관계의 등록 등에 관한 규칙 제69조 제3항). 부 미정의 출생신고가 접수된 때에는, 부가 확정될 때까지 가족관계등록부에 기록을 할 수 없는 신고로 보아 이를 특종신고서류편철장에 편철하여 두었다가, 부를 정하는 판결의 확정 후, 추후보완신고에 의하여 부 또는 모의 성과 본을 따라 가족관계등록부를 작성하여야 한다(가족관계등록예규 제412호 제10조).

답 **❸**

04
☐☐☐

특종신고에 관한 다음 설명 중 가장 옳지 않은 것은?

2021년 법무사시험 [문 48]

① 부(父)이 추정이 경합하여 부 미정의 출생신고가 접수된 때에는 이를 특종신고서류편철장에 편철하어 두었다가, 부를 정하는 판결의 확정 후, 추후보완신고에 의하여 부 또는 모의 성과 본을 따라 가족관계등록부를 작성하여야 한다.
② 출생신고를 한 부 또는 모와 친생자관계부존재확인판결이 확정되어 가족관계등록부가 폐쇄된 사건본인에 대하여, 이후 그 판결 확정 전 국적상실을 이유로 한 국적상실신고 또는 국적상실 통보가 있다고 하더라도 사건본인의 폐쇄된 가족관계등록부에 국적상실과 관련된 어떠한 기록도 할 수 없으며, 그 신고서류 또는 통보서류는 특종신고서류편철장에 편철하여 보존해야 한다.
③ 한국인과 외국인 사이의 가족관계등록신고 중 혼인, 입양, 인지신고는 한국인의 가족관계등록부에 기록한 후 신고서류의 원본을 감독법원에 송부하고, 그 등본을 별도로 특종신고서류편철장에 편철하여 보존하지 아니한다.
④ 인지된 태아의 사산신고가 제출되는 경우 그 신고서는 특종신고서류편철장에 편철하여 보존하고, 특종신고서류 등 접수장에도 접수에 관한 기록을 하여야 한다.
⑤ 외국인 부모가 대한민국에서 자녀를 출산한 경우 외국인 부모는 그 외국인 자녀에 대하여 출생증명서를 첨부하여 출생신고를 할 수 있으며, 그 출생신고서류는 특종신고서류편철장에 편철하여 보존한다.

[❶ ▸ ○] 부 미정의 출생신고란, 부를 알 수 없는 경우가 아니고 부의 추정이 경합된 경우이므로, 여자가 혼인관계종료의 날로부터 100일 내에 재혼하였고, 재혼 성립의 날로부터 200일 후, 전혼관계종료의 날로부터 300일 내에 자녀가 출생하여, 부 미정의 출생신고가 접수된 때에는, 부가 확정될 때까지 가족관계등록부에 기록을 할 수 없는 신고로 보아 이를 특종신고서류편철장에 편철하여 두었다가, 부를 정하는 판결의 확정 후, 추후보완신고에 의하여 부 또는 모의 성과 본을 따라 가족관계등록부를 작성하여야 한다(가족관계등록예규 제412호 제10조).

[❷ ▸ ○] 가족관계등록선례 제201602-2호

> □ **가족관계등록선례 제201602-2호**
> 1. 출생신고를 한 부 또는 모와 친생자관계부존재확인판결이 확정된 경우, 시(구)·읍·면의 장은 사건본인의 등록부를 폐쇄하고 그의 제적을 말소하게 되는데, 이후 그 판결 확정 전 국적상실을 이유로 한 국적상실신고 또는 국적상실통보가 있다고 하더라도 사건본인 병남의 등록부는 처음부터 위법하게 작성된 것이므로 사건본인 병남의 폐쇄등록부(제적부)에 국적상실과 관련된 어떠한 기록(기재)도 할 수 없다.
> 2. 한편, 이때의 국적상실신고 또는 국적상실통보는 가족관계등록이 되어 있지 아니한 사람에 대한 신고서류 그 밖의 가족관계등록을 할 수 없는 신고서류로 보아 시(구)·읍·면의 장이 접수순서에 따라 특종신고서류편철장에 편철하여 보존해야 할 것이다.

[❸ ▸ ○] 한국인과 외국인 사이의 가족관계등록신고 중 혼인, 입양, 인지신고는 한국인의 가족관계등록부에 기록한 후 신고서류의 원본을 감독법원에 송부하고, 그 등본을 별도로 특종신고서류편철장에 편철하여 보존하지 아니한다. 다만, 외국인 사이의 신고서류 원본은 특종신고서류편철장에 보존한다(가족관계등록예규 제303호 제2조).

[❹ ▸ ✕] 인지된 태아의 사산신고가 제출되는 경우에 그 신고서는 특종신고서류편철장에 편철하여 보존하여야 하나(가족관계등록예규 제125호 참조), 특종신고서류 등 접수장에 접수에 관한 기록을 하여야 하는 것은 아니다(가족관계의 등록 등에 관한 규칙 제69조 제3항 참조).

> □ **가족관계등록예규 제125호[인지신고된 태아가 사산한 경우의 사무처리지침]**
> 인지신고를 한 태아의 사산에 대하여는 가족관계의 등록 등에 관한 법률 제60조에 따라 출생신고의무자로부터 사산신고를 하게 하여야 한다. 이 경우 시(구)·읍·면의 장은 이 사산신고를 수리할지라도 가족관계등록부에 기록을 요하지 아니하므로 특종신고서류편철장에 편철하여야 한다.

> **가족관계의 등록 등에 관한 규칙 제69조(가족관계등록을 할 수 없는 신고서류의 보존)**
> ③ 태아인지신고, 이혼의사 철회신고, 혼인신고수리불가신고 및 혼인신고를 하는 때에 자녀의 성과 본을 모의 성과 본으로 따르기로 한 협의서를 제출하는 경우에는 특종신고서류 등 접수장에도 접수에 관한 기록을 하여야 한다.

[❺ ▸ ○] 가족관계등록이 되어 있지 아니한 사람에 대한 신고서류 그 밖의 가족관계등록을 할 수 없는 신고서류는 시·읍·면의 장이 접수순서에 따라 특종신고서류편철장에 편철하여 보존한다(가족관계의 등록 등에 관한 규칙 제69조 제1항). 즉, 외국인 부모가 대한민국에서 출생한 자녀에 대하여 출생증명서를 첨부하여 출생신고를 할 수는 있으나, 그 부모에게는 가족관계등록부가 없으므로, 가족관계등록부에 자녀의 출생사실이 기재될 수 없다.

답 ❹

05

가족관계등록부의 폐쇄에 관한 다음 설명 중 가장 옳지 않은 것은? 2023년 법무사시험 [문 45]

① 본인이 사망하거나 실종선고·부재선고를 받은 때, 국적을 이탈하거나 상실한 때, 가족관계등록부가 이중으로 작성된 경우, 가족관계등록부가 착오 또는 부적법하게 작성된 경우, 정정된 가족관계등록부가 이해관계인에게 현저히 부당하다고 인정되어 재작성하는 경우에는 가족관계등록부를 폐쇄한다.

② 동일한 사람이 성명이나 출생연월일의 일부 또는 전부를 달리하여 2개 이상의 가족관계등록부가 있음이 명백히 밝혀진 경우에는 시(구)·읍·면의 장은 가족관계의 등록 등에 관한 법률 제18조에 따른 감독법원의 허가를 받아 직권으로 그 등록부를 폐쇄할 수 있다.

③ 가족관계등록부가 이중으로 작성되어 폐쇄하는 경우에는 착오로 작성된 가족관계등록부를 폐쇄하여야 하고, 폐쇄할 가족관계등록부를 당사자가 임의로 선택할 수 없다.

④ 적법한 출생신고에 의하여 가족관계등록부가 작성된 사람이 가족관계등록창설을 하여 이중으로 가족관계등록부가 작성된 경우, 가족관계등록창설에 의하여 작성된 가족관계등록부에 그 기록사항이 적법하게 기록된 경우에는 등록부정정에 의하여 가족관계등록창설에 의하여 작성된 가족관계등록부를 폐쇄함과 동시에 적법한 가족관계등록부에 그 기록사항을 이기하는 정정절차를 거쳐 정리할 수 있다.

⑤ 시(구)·읍·면의 장이 가족관계등록부를 폐쇄하는 때에는 가족관계등록부사항란 및 특정등록사항란에 그 취지와 사유를 기록하고, 등록사항별 증명서를 발급하는 경우에는 증명서의 우측상단에 "폐쇄"라고 표시한다.

[❶ ▶ ○] 가족관계등록법 제11조 제2항, 동 규칙 제17조 제2항

> **가족관계등록법 제11조(전산정보처리조직에 의한 등록사무의 처리 등)**
> ② 본인이 사망하거나 실종선고·부재선고를 받은 때, 국적을 이탈하거나 상실한 때 또는 그 밖에 대법원규칙으로 정한 사유가 발생한 때에는 등록부를 폐쇄한다.
>
> **가족관계의 등록 등에 관한 규칙 제17조(등록부의 작성과 폐쇄)**
> ② 등록부가 법 제11조 제2항에 규정된 사유 이외에 다음 각 호의 어느 하나에 해당하는 경우에는 이를 폐쇄한다.
>   1. 이중으로 작성된 경우
>   2. 착오 또는 부적법하게 작성된 경우
>   3. 정정된 등록부가 이해관계인에게 현저히 부당하다고 인정되어 재작성하는 경우

[❷ ▶ ○] 동일한 사람이 성명이나 출생연월일의 일부 또는 전부를 달리하여 2개 이상의 등록부가 있음이 명백히 밝혀진 경우에는 시·읍·면의 장은 법 제18조에 따른 감독법원의 허가를 받아 직권으로 그 등록부를 폐쇄할 수 있다(가족관계의 등록 등에 관한 규칙 제59조).

[**❸ ▸ ○**] 이중가족관계등록부의 폐쇄는 착오된 가족관계등록부를 폐쇄하여야 하고 당사자가 임의로 택일할 수 없다(가족관계등록예규 제425호 1.).

[**❹ ▸ ○**] 적법한 출생신고에 의하여 가족관계등록부가 작성된 사람이 가족관계등록창설을 하여 이중으로 가족관계등록부가 작성된 경우, 가족관계등록창설에 의하여 작성된 가족관계등록부에 그 기록사항이 적법하게 기록된 경우에는 등록부정정에 의하여 가족관계등록창설에 의하여 작성된 가족관계등록부를 폐쇄함과 동시에 적법한 가족관계등록부에 그 기록사항을 이기하는 정정절차를 거쳐 정리할 수 있다(가족관계등록예규 제247호).

[**❺ ▸ ✕**] 시·읍·면의 장이 제17조 제2항에 따라 등록부를 폐쇄하는 때에는 가족관계등록부사항란 및 일반등록사항란에 그 취지와 사유를 기록하고, 등록사항별 증명서를 발급하는 경우에는 증명서의 우측상단에 "폐쇄"라고 표시한다(가족관계의 등록 등에 관한 규칙 제65조).

답 **❺**

제4장 / 등록부 등의 공개

06
☐☐☐

등록사항별 증명서의 발급 등에 관한 다음 설명 중 가장 옳지 않은 것은?
2024년 법무사시험 [문 42]

① 인터넷에 의한 등록사항별 증명서의 발급은 본인 또는 배우자, 부모, 자녀가 신청할 수 있다. 다만, 친양자입양관계증명서의 발급은 친양자가 성년이 되어 신청하는 경우에 한한다.
② 가정폭력범죄의 처벌 등에 관한 특례법 제2조 제5호에 따른 가정폭력피해자 또는 그 대리인은 그 피해자의 배우자 또는 직계혈족을 교부제한대상자로 지정하여 시(구)·읍·면의 장에게 그 피해자 본인의 등록사항별 증명서의 교부를 제한하도록 신청할 수 있다. 이 경우 교부제한대상자는 가정폭력피해자의 배우자, 부모 또는 자녀에 해당하더라도 인터넷에 의한 가정폭력피해자 본인의 등록사항별 증명서를 발급받을 수 없다.
③ 인터넷에 의한 등록사항별 증명서의 발급 수수료는 무료로 한다.
④ 무인증명서발급기에 의한 등록사항별 증명서의 발급은 본인 또는 배우자, 부모, 자녀가 신청할 수 있다.
⑤ 우편으로 등록사항별 증명서의 송부를 청구하는 경우에는, 신청서에 정해진 사항을 기재하고 법률상 정당한 청구권자의 신분증명서 사본을 첨부하여야 하며, 본인이 신청하는 경우에도 신청대상자의 성명과 등록기준지를 기재하여야 한다.

··

[**❶ ▸ ○**] 인터넷에 의한 등록부등의 기록사항 열람 및 등록사항별 증명서의 발급은 본인 또는 배우자, 부모, 자녀(제적부 열람 및 제적 등·초본의 발급은 본인)가 신청할 수 있다. 다만 친양자입양관계에 관한 기록사항 열람 및 증명서의 발급은 친양자가 성년이 되어 신청하는 경우에 한한다(가족관계등록예규 제636호 제5조 제1항).

[**❷** ▸ ○] 가족관계등록법 제14조 제8항·제9항, 제14조의2 제1항·제2항·제3항

> **가족관계등록법 제14조(증명서의 교부 등)**
> ⑧ 「가정폭력범죄의 처벌 등에 관한 특례법」 제2조 제5호에 따른 피해자(이하 "가정폭력피해자"라 한다)
> 또는 그 대리인은 가정폭력피해자의 배우자 또는 직계혈족을 지정(이하 "교부제한대상자"라 한다)하여
> 시·읍·면의 장에게 제1항 및 제2항에 따른 가정폭력피해자 본인의 등록사항별 증명서의 교부를 제한
> 하거나 그 제한을 해지하도록 신청할 수 있다.
> ⑨ 시·읍·면의 장은 제8항에 따른 신청을 받은 때에는 제1항 및 제2항에도 불구하고 교부제한대상자
> 또는 그 대리인에게 가정폭력피해자 본인의 등록사항별 증명서를 교부하지 아니할 수 있다.
>
> **가족관계등록법 제14조의2(인터넷에 의한 증명서 발급)**
> ① 등록사항별 증명서의 발급사무는 인터넷을 이용하여 처리할 수 있다.
> ② 제1항에 따른 발급은 본인 또는 배우자, 부모, 자녀가 신청할 수 있다.
> ③ 제1항 및 제2항에도 불구하고 제14조 제9항에 따른 교부제한대상자에게는 가정폭력피해자 본인의 등록
> 사항별 증명서를 발급하지 아니한다.

[**❸** ▸ ○] 등록사항별 증명서 및 제적등본의 수수료는 통당 1,000원으로 하고, 제적초본의 수수료는
통당 500원으로 한다. 다만, 무인증명서발급기를 이용하여 발급되는 등록사항별 증명서 및 제적등본의
수수료는 통당 500원, 제적초본의 수수료는 통당 300원으로 하고, 인터넷에 의한 등록부등의 기록사항
열람, 등록사항별 증명서 발급, 제적부의 열람 및 제적 등·초본 발급 수수료는 무료로 한다(가족관계의
등록 등에 관한 규칙 제28조 제2항).

[**❹** ▸ ×] 가족관계의 등록 등에 관한 규칙 제25조 제1항, 제2항

> **가족관계의 등록 등에 관한 규칙 제25조(무인증명서발급기에 의한 증명서 발급)**
> ① 시·읍·면의 장은 신청인 스스로 입력하여 등록사항별 증명서를 발급받을 수 있는 장치(이하 "무인증명
> 서발급기"라 한다)를 이용하여 증명서의 발급사무를 처리할 수 있다.
> ② 제1항에 따른 등록사항별 증명서 발급은 <u>본인에게만</u> 할 수 있으며, 이 경우 그 본인임을 확인하는 절차를
> 거쳐야 한다. 다만, 교부제한대상자 또는 공시제한대상자 본인등의 경우에는 제25조의3에 따라 발급의
> 범위가 제한된다.

[**❺** ▸ ○] 가족관계등록예규 제641호 제2조 제4항, 제8조 제1항

> □ **가족관계등록예규 제641호[등록사항별 증명서의 발급 등에 관한 사무처리지침]**
> **제2조(등록사항별 증명서의 교부청구 등)**
> ④ 등록사항별 증명서의 교부를 청구하는 경우에는 대상자의 성명과 등록기준지를 정확하게 기재하여야
> 한다. 다만, 본인 등과 그 대리인의 경우에는 대상자의 성명과 주민등록번호로도 교부를 청구할 수
> 있다.
>
> **제8조(우편에 의한 청구 등)**
> ① 우편으로 등록사항별 증명서의 송부를 청구하는 경우에는, 신청서에 정해진 사항을 기재하고 법률상
> 정당한 청구권자의 신분증명서 사본을 첨부하여야 하며, 제2조 제4항 단서에도 불구하고 대상자의
> 등록기준지를 기재하여야 한다.

답 **❹**

가족관계등록사항별 증명서의 종류와 기록사항에 관한 다음 설명 중 가장 옳은 것은?

2023년 법무사시험 [문 46]

① 기본증명서와 마찬가지로 다른 증명서에도 등록기준지의 지정, 변경 또는 정정에 관한 사항이나 등록부의 작성, 폐쇄에 관한 사항을 기재하기 위하여 가족관계등록부 사항란을 두었다.

② 입양의 경우 양자인 본인의 가족관계증명서에는 부모란에 친생부모와 양부모를 모두 기록한다. 다만, 단독입양한 양부가 친생모와 혼인관계에 있는 때에는 양부와 친생모를, 단독입양한 양모가 친생부와 혼인관계에 있는 때에는 양모와 친생부를 각각 부모로 기록한다.

③ 영문증명서에는 본인, 부모, 배우자 및 자녀의 성명·성별·출생연월일 및 주민등록번호가 기재된다.

④ 가족관계등록부에 가족으로 기록될 자가 외국인인 경우에는 성명·성별·출생연월일·국적 및 외국인등록번호가 기재된다.

⑤ 혼인관계증명서의 특정증명서에는 신청인이 선택한 현재 및 과거의 혼인사항이 기재된다.

....

[**❶ ▸ ✕**] 기본증명서에는 다른 증명서에는 없는 가족관계등록부사항란이 있다. 등록기준지란 아래에 있으며 등록기준지의 지정 또는 변경, 정정에 관한 사항, 가족관계등록부작성 또는 폐쇄에 관한 사항이 기록된다(가족관계의 등록 등에 관한 규칙 제2조 제3호 참조). 다만, 기본증명서에 대한 특정증명서에는 가족관계등록사항란이 없다.

[**❷ ▸ ✕**] 가족관계등록법 제15조 제2항 제1호 나목

> **가족관계등록법 제15조(증명서의 종류 및 기록사항)**
> ② 제1항 각 호의 증명서에 대한 일반증명서의 기재사항은 다음 각 호와 같다.
>   1. 가족관계증명서
>   가. 본인의 등록기준지·성명·성별·본·출생연월일 및 주민등록번호
>   나. 부모의 성명·성별·본·출생연월일 및 주민등록번호(입양의 경우 양부모를 부모로 기록한다. 다만, 단독입양한 양부가 친생모와 혼인관계에 있는 때에는 양부와 친생모를, 단독입양한 양모가 친생부와 혼인관계에 있는 때에는 양모와 친생부를 각각 부모로 기록한다)
>   다. 배우자, 생존한 현재의 혼인 중의 자녀의 성명·성별·본·출생연월일 및 주민등록번호

[**❸ ▸ ✕**] 영문증명서에는 자녀의 성명·성별·출생연월일 및 주민등록번호는 기록되지 않는다.

> **가족관계의 등록 등에 관한 규칙 제21조의3(영문증명서의 발급)**
> ② 영문증명서의 기록사항은 다음 각 호와 같다.
>   1. 본인, 부모 및 배우자의 성명·성별·출생연월일 및 주민등록번호
>   2. 본인의 출생과 현재의 혼인에 관한 사항

[**❹ ▸ ○**] 가족관계등록법 제9조 제2항 제4호

> **가족관계등록법 제9조(가족관계등록부의 작성 및 기록사항)**
> ② 등록부에는 다음 사항을 기록하여야 한다.
>   1. 등록기준지
>   2. 성명·본·성별·출생연월일 및 주민등록번호
>   3. 출생·혼인·사망 등 가족관계의 발생 및 변동에 관한 사항

4. <u>가족으로 기록할 자가 대한민국 국민이 아닌 사람(이하 "외국인"이라 한다)인 경우에는 성명·성별·</u>
   <u>출생연월일·국적 및 외국인등록번호</u>(외국인등록을 하지 아니한 외국인의 경우에는 대법원규칙으
   로 정하는 바에 따른 국내거소신고번호 등을 말한다. 이하 같다)
5. 그 밖에 가족관계에 관한 사항으로서 대법원규칙으로 정하는 사항

[❺ ▸ ×] 혼인관계증명서에 대한 특정증명서는 일반등록사항란의 기록 중에서 신청인이 선택한 과거
의 배우자 한 사람과의 혼인에 관한 사항을 현출하고, <u>현재의 혼인에 관한 사항은 현출하지 아니한다</u>(가족
관계등록예규 제561호 제4조 제1항).

답 ❹

08

등록사항별 증명서 발급 등에 관한 다음 설명 중 가장 옳지 않은 것은?

2022년 법무사시험 [문 45]

① 본인 또는 배우자, 직계혈족(이하 '본인등'이라 함)은 수수료를 납부하고 등록사항별 증명서의
   교부를 청구할 수 있다.
② 본인이 등록사항별 증명서 발급(영문증명서는 제외한다)을 신청하는 경우에는 신청서를 작성하지
   아니할 수 있다.
③ 본인등의 대리인이 증명서 발급을 청구하는 경우에는 신청서에 본인등이 서명 또는 날인한 위임장
   과 신분증명서 사본을 제출하여야 하며, 여기서 위임장은 원본이어야 하므로 변호사가 등록사항별
   증명서의 교부청구의 위임취지가 명확하게 기재된 소송위임장의 사본을 제출하더라도 증명서를
   교부할 수 없다.
④ 등록사항별 증명서의 교부를 청구하는 경우에는 대상자의 성명과 등록기준지를 정확하게 기재하여
   야 한다. 다만, 본인등과 그 대리인의 경우에는 대상자의 성명과 주민등록번호로도 교부를 청구할
   수 있다.
⑤ 국가 또는 지방자치단체, 공공기관이 전자정부법에 따라 전자문서를 이용하여 근거법령과 사유를
   기재한 공문을 송부한 경우에는 신청서 작성과 신분증 제출을 생략할 수 있다.

[❶ ▸ ○] 법 제14조와 규칙 제19조에 따라 본인 또는 배우자, 직계혈족(다음부터 "본인등"이라 한다)은
수수료를 납부하고 등록사항별 증명서의 교부를 청구할 수 있다(가족관계등록예규 제641호 제2조 제1항).
[❷ ▸ ○] 신청인은 가족관계등록사무의 문서 양식에 관한 예규 별지 제11호 또는 제11-1호 서식의
등록부 등의 기록사항 등에 관한 증명신청서(다음부터 "신청서"라 한다)에 그 사유를 기재하여 제출하여
야 한다. 다만, 본인이 등록사항별 증명서(영문증명서는 제외한다) 발급을 신청하는 경우에는 신청서를
작성하지 아니할 수 있다(가족관계등록예규 제641호 제2조 제2항).
[❸ ▸ ×] 본인등의 대리인이 청구하는 경우에는 신청서에 가족관계등록사무의 문서 양식에 관한 예규
별지 제12호 서식에 따라 본인등이 서명 또는 날인한 위임장과 신분증명서(주민등록증, 운전면허증,
여권, 외국인등록증, 국내거소신고증, 주민등록번호 및 주소가 기재된 장애인등록증 등을 말한다. 다음
부터 이 예규에서 같다) 사본을 제출하여야 한다. 위임장은 원본을 제출하되, <u>변호사의 경우 등록사항별</u>
<u>증명서의 교부청구의 위임취지가 명확하게 기재된 소송위임장의 사본을 제출할 수 있다</u>(가족관계등록예규
제641호 제2조 제3항).

[**④ ▸ ○**] 등록사항별 증명서의 교부를 청구하는 경우에는 대상자의 성명과 등록기준지를 정확하게 기재하여야 한다. 다만, 본인등과 그 대리인의 경우에는 대상자의 성명과 주민등록번호로도 교부를 청구할 수 있다(가족관계등록예규 제641호 제2조 제4항).

[**⑤ ▸ ○**] 국가, 지방자치단체, 공공기관이 전자정부법에 따라 전자문서를 이용하여 근거법령과 사유를 기재한 공문을 송부한 경우에는 신청서 작성과 신분증 제출을 생략할 수 있다(가족관계등록예규 제641호 제7조 제5항).

답 ❸

09
☐☐☐

친양자입양관계증명서 교부청구의 특례에 관한 다음 설명 중 가장 옳지 않은 것은?
2022년 법무사시험 [문 48]

① 친양자입양관계증명서는 친양자가 성년이 되어 신청하는 경우에 교부를 청구할 수 있다.
② 혼인당사자가 민법 제809조(근친혼 등의 금지)에 관한 친족관계를 파악하고자 하는 경우에 친양자입양관계증명서의 교부를 청구할 수 있다.
③ 법원의 사실조회촉탁이 있거나 수사기관이 수사상 필요에 따라 문서로 신청하는 경우에 친양자입양관계증명서의 교부를 청구할 수 있다.
④ 친양자입양관계증명서 교부청구에 대한 제한은 교부청구 대상 가족관계등록부의 본인이 친양자로 입양된 경우에 한하여 적용된다.
⑤ 채권·채무 등 재산권의 상속과 관련하여 상속인의 범위를 확인하기 위해서 사망한 사람의 친양자입양관계증명서가 필요한 경우 소명자료를 첨부하면 교부청구가 가능하다.

....

[**❶ ▸ ○**] 가족관계등록예규 제641호 제3조 제1항 제1호
[**❷ ▸ ○**] 가족관계등록예규 제641호 제3조 제1항 제3호
[**❸ ▸ ○**] 가족관계등록예규 제641호 제3조 제1항 제4호
[**❹ ▸ ✕**] 가족관계등록예규 제641호 제3조 제2항
[**❺ ▸ ○**] 가족관계등록예규 제641호 제3조 제1항 제9호

> ❏ **가족관계등록예규 제641호[등록사항별 증명서의 발급 등에 관한 사무처리지침]**
> **제3조(친양자입양관계증명서 교부청구의 특례)**
> ① 제2조 제1항 및 제5항에도 불구하고 친양자입양관계증명서는 다음 각 호의 어느 하나에 해당하는 경우에 한하여 교부를 청구할 수 있다.
>   1. 성년자가 본인의 친양자 입양관계증명서를 신청하는 경우로서 성년자임을 신분증명서에 의하여 소명하는 경우
>   2. 친양자의 친생부모·양부모가 본인의 친양자입양관계증명서를 신청하는 경우에는 친양자가 성년자임을 소명하는 경우
>   3. 혼인당사자가 민법 제809조의 친족관계를 파악하고자 하는 경우로서 출석한 양 당사자 및 그 신분증명서에 의하여 가족관계등록사무담당 공무원이 혼인의사 및 혼인적령임을 확인한 경우
>   4. 법원의 사실조회촉탁이 있거나 수사기관이 규칙 제23조 제5항에 따라 문서로 신청하는 경우
>   5. 민법 제908조의4에 따라 친양자 입양의 취소를 하거나 같은 법 제908조의5에 따라 친양자의 파양을 할 경우로서 이에 관한 법원의 접수증명원이 첨부된 경우

6. 국내입양에 관한 특별법 제28조 제1항 또는 국제입양에 관한 법률 제25조 제1항 본문에 따라 입양의 취소를 할 경우로서 이에 관한 법원의 접수증명원이 첨부된 경우

7. 친양자의 양부모가 친양자입양관계증명서를 신청하는 다음 각 목의 경우

　가. 친양자입양으로 인하여 친양자의 인적사항(예금·보험계약 등의 명의)을 변경하고자 하는 경우로서 다음 중 하나의 소명자료를 첨부하여 친양자입양 전후 친양자의 동일성을 주민등록번호 등으로 증명하는 경우

　　1) 은행·보험회사 등 그 기관 명의로 작성된 변경의 필요성을 소명하는 자료

　　2) 친양자입양 전 친양자의 인적사항이 기록된 통장·보험증서 등 변경의 필요성을 소명하는 자료

　나. 그 밖에 친양자의 복리를 위하여 필요함을 구체적으로 소명자료를 첨부하여 신청하는 경우

8. 친양자입양관계증명서가 소송, 비송, 민사집행·보전의 각 절차에서 필요한 경우로서 소명자료를 첨부하여 신청하는 경우

9. 채권·채무 등 재산권의 상속과 관련하여 상속인의 범위를 확인하기 위해서 사망한 사람의 친양자입양관계증명서가 필요한 경우로서 소명자료를 첨부하여 신청하는 경우

10. 가족관계등록부가 작성되지 않은 채로 사망한 사람의 상속인의 친양자입양관계증명서가 필요한 경우로서 법률상의 이해관계에 대한 소명자료를 첨부하여 신청하는 경우

11. 법률상의 이해관계를 소명하기 위하여 친양자의 친생부모·양부모의 친양자입양관계증명서를 신청하는 경우로서 그 해당 법령과 그에 따른 구체적인 소명자료 및 필요이유를 제시하여 신청하는 경우

② 제1항의 친양자입양관계증명서 교부청구에 대한 제한은 교부청구 대상 가족관계등록부의 본인이 친양자로 입양되었는지에 관계없이 적용한다.

답 ❹

10 등록사항별 증명서에 관한 다음 설명 중 가장 옳지 않은 것은?　　2021년 법무사시험 [문 42]

① 특정증명서는 가족관계증명서, 기본증명서, 혼인관계증명서 및 친양자입양관계증명서에 대하여 발급한다.

② 가족관계증명서에 대한 특정증명서는 부모, 배우자 및 자녀 중 신청인이 선택한 사람의 성명, 성별, 출생연월일 및 주민등록번호를 기재하며, 신청인은 사람을 복수로 선택할 수 있다.

③ 혼인관계증명서에 대한 특정증명서는 일반등록사항란의 기록 중에서 신청인이 선택한 과거의 배우자 한 사람과의 혼인에 관한 사항을 현출하고, 현재의 혼인에 관한 사항은 현출하지 아니한다. 한편 같은 배우자와 두 번 이상 혼인한 기록이 있는 때에는 신청인이 선택한 하나의 혼인에 관한 사항을 현출한다.

④ 가족관계증명서에 대한 일반증명서는 특정등록사항란 중 혼인 외의 자녀, 전혼 중의 자녀, 사망한 자녀를 제외하고 작성한다.

⑤ 영문으로 작성되는 등록사항별 증명서의 경우 본인의 등록부가 폐쇄되거나 본인이 여권을 발급받은 사실이 없는 경우 그 발급이 제한될 수 있다.

[**❶** ▸ ×] [**❷** ▸ ○] 가족관계의 등록 등에 관한 규칙 제21조의2 제1항·제2항 제2호

> **가족관계의 등록 등에 관한 규칙 제21조의2(특정증명서의 발급)**
> ① 법 제15조 제4항에 따라 다음 각 호의 등록사항별 증명서를 특정증명서로 발급한다.
>   1. 가족관계증명서
>   2. 기본증명서
>   3. 혼인관계증명서
> ② 가족관계증명서에 대한 특정증명서의 기재사항은 다음 각 호와 같다. 다만, 제3호, 제4호는 신청인이 기재사항으로 선택한 경우에 한한다.
>   1. 본인의 성명·성별·출생연월일 및 주민등록번호
>   2. 부모, 배우자 및 자녀 중 신청인이 선택한 사람의 성명·성별·출생연월일 및 주민등록번호(사람을 복수로 선택할 수 있다)
>   3. 본인의 등록기준지
>   4. 본인 및 제2호에 따라 신청인이 선택한 사람 전부의 본

[**❸** ▸ ○] 가족관계등록예규 제561호 제4조 제1항·제2항

> ❑ **가족관계등록예규 제561호[특정증명서의 작성과 발급에 관한 업무처리지침]**
> **제4조(혼인관계증명서)**
> ① 혼인관계증명서에 대한 특정증명서는 일반등록사항란의 기록 중에서 신청인이 선택한 과거의 배우자 한 사람과의 혼인에 관한 사항을 현출하고, 현재의 혼인에 관한 사항은 현출하지 아니한다.
> ② 제1항의 경우에 같은 배우자와 두 번 이상 혼인한 기록이 있는 때에는 신청인이 선택한 하나의 혼인에 관한 사항을 현출한다.

[**❹** ▸ ○] 가족관계등록예규 제498호 제3조

> ❑ **가족관계등록예규 제498호[일반증명서의 작성 및 등록부의 정정방법에 관한 업무처리지침]**
> **제3조(가족관계증명서 중 제외사항)**
> 가족관계증명서(일반)는 다음의 기록사항을 제외하고 작성한다.
>   1. 특정등록사항란의 혼인 외의 자녀 또는 전혼 중의 자녀
>   2. 특정등록사항란의 사망한 자녀

[**❺** ▸ ○] 가족관계등록예규 제541호 제5조 제1호·제3호

> ❑ **가족관계등록예규 제541호[영문증명서의 작성과 발급에 관한 업무처리지침]**
> **제5조(발급제한)**
> 다음 각 호의 어느 하나에 해당하는 사유가 있으면 영문증명서 발급이 제한될 수 있다.
>   1. 본인이 여권을 발급받은 사실이 없는 경우
>   2. 본인이 혼인신고특례법에 따른 혼인신고를 한 경우
>   3. 본인의 등록부가 폐쇄된 경우
>   4. 부, 모 또는 배우자의 등록부가 폐쇄된 경우[다만, 사망(실종선고 및 부재선고를 포함한다)하거나 국적을 상실(이탈을 포함한다)하여 등록부가 폐쇄된 경우는 예외로 한다]

5. 등록부에 부, 모 또는 배우자가 2명 이상 기록된 경우
6. 외국인인 부, 모 또는 배우자의 외국여권상 로마자성명이 소명되지 아니한 경우
7. 등록부의 기록이 법률상 무효인 것이거나 그 기록에 착오 또는 누락이 있는 경우

답 ❶

11 □□□

다음에 열거한 기록사항 중 가족관계의 등록 등에 관한 규칙 제21조의3에 따라 영문으로 작성된 등록사항별 증명서에 기록될 수 있는 사항은 모두 몇 개인가? 2020년 법무사시험 [문 49]

ㄱ. 배우자의 성명·성별·출생연월일 및 주민등록번호
ㄴ. 본인의 출생에 관한 사항
ㄷ. 자녀의 성명·성별·출생연월일 및 주민등록번호
ㄹ. 본인의 현재의 혼인에 관한 사항

① 없 음   ② 1개
③ 2개   ④ 3개
⑤ 전 부

[ㄱ▸○] [ㄴ▸○] [ㄷ▸×] [ㄹ▸○] 영문증명서에는 본인, 부모 및 배우자에 관한 사항만이 기록될 뿐, 자녀에 관한 사항은 기록되지 아니한다.

가족관계의 등록 등에 관한 규칙 제21조의3(영문증명서의 발급)
② 영문증명서의 기록사항은 다음 각 호와 같다.
   1. 본인, 부모 및 배우자의 성명·성별·출생연월일 및 주민등록번호
   2. 본인의 출생과 현재의 혼인에 관한 사항

답 ❹

각 문항별로 회독수를 체크해 보세요. ☑□□

제1장 총칙

01 □□□ 다음은 가족관계의 등록 등에 관한 법률 중 일부 조문들을 열거한 것이다. 다음 괄호 안에 들어갈 내용이 '그 사실을 안 날'인 경우를 모두 고른 것은? 2025년 법무사시험 [문 46]

ㄱ. 국적상실의 신고는 배우자 또는 4촌 이내의 친족이 (   )부터 1개월 이내에 하여야 한다.

ㄴ. 인지된 태아가 사체로 분만된 경우에 출생의 신고의무자는 (   )부터 1개월 이내에 그 사실을 신고하여야 한다. 다만, 유언집행자가 제59조의 신고를 하였을 경우에는 유언집행자가 그 신고를 하여야 한다.

ㄷ. 등록되어 있는지가 분명하지 아니한 사람 또는 등록되어 있지 아니하거나 등록할 수 없는 사람에 관한 신고가 수리된 후 그 사람에 관하여 등록되어 있음이 판명된 때 또는 등록할 수 있게 된 때에는 신고인 또는 신고사건의 본인은 (   )부터 1개월 이내에 수리된 신고사건을 표시하여 처음 그 신고를 수리한 시·읍·면의 장에게 그 사실을 신고하여야 한다.

ㄹ. 유언에 의한 인지의 경우에는 유언집행자는 (   )부터 1개월 이내에 인지에 관한 유언서등본 또는 유언녹음을 기재한 서면을 첨부하여 제55조 또는 제56조에 따라 신고를 하여야 한다.

---

① ㄱ, ㄹ   ② ㄴ, ㄷ

③ ㄷ, ㄹ   ④ ㄱ, ㄴ, ㄷ

⑤ ㄱ, ㄴ, ㄹ

[ㄱ ▸ O] 국적상실의 신고는 배우자 또는 4촌 이내의 친족이 <u>그 사실을 안 날부터</u> 1개월 이내에 하여야 한다(가족관계등록법 제97조 제1항).

[ㄴ ▸ O] 인지된 태아가 사체로 분만된 경우에 출생의 신고의무자는 <u>그 사실을 안 날부터</u> 1개월 이내에 그 사실을 신고하여야 한다. 다만, 유언집행자가 제59조의 신고를 하였을 경우에는 유언집행자가 그 신고를 하여야 한다(가족관계등록법 제60조).

[ㄷ ▸ O] 등록되어 있는지가 분명하지 아니한 사람 또는 등록되어 있지 아니하거나 등록할 수 없는 사람에 관한 신고가 수리된 후 그 사람에 관하여 등록되어 있음이 판명된 때 또는 등록할 수 있게 된 때에는 신고인 또는 신고사건의 본인은 <u>그 사실을 안 날부터</u> 1개월 이내에 수리된 신고사건을 표시하여 처음 그 신고를 수리한 시·읍·면의 장에게 그 사실을 신고하여야 한다(가족관계등록법 제22조).

[ㄹ ▸ X] 유언에 의한 인지의 경우에는 유언집행자는 <u>그 취임일부터</u> 1개월 이내에 인지에 관한 유언서 등본 또는 유언녹음을 기재한 서면을 첨부하여 제55조 또는 제56조에 따라 신고를 하여야 한다(가족관계 등록법 제59조).

답 ❹

02
☐☐☐

증인이 필요한 가족관계등록신고에 관한 다음 설명 중 가장 옳지 않은 것은?

2024년 법무사시험 [문 41]

① 혼인은 가족관계의 등록 등에 관한 법률에 정한 바에 의하여 신고함으로써 그 효력이 생기며, 그 신고는 당사자 쌍방과 성년자인 증인 2인의 연서한 서면으로 하여야 한다.

② 협의상 이혼은 가정법원의 확인을 받아 가족관계의 등록 등에 관한 법률의 정한 바에 의하여 신고함으로써 그 효력이 생기며, 그 신고는 당사자 쌍방과 성년자인 증인 2인의 연서한 서면으로 하여야 하나, 그 신고서에 가정법원의 이혼의사확인서등본을 첨부한 경우에는 증인 2인의 연서가 있는 것으로 본다.

③ 입양은 가족관계의 등록 등에 관한 법률에서 정한 바에 따라 신고함으로써 그 효력이 생기며, 그 신고는 당사자 쌍방과 성년자인 증인 2인의 연서한 서면으로 하여야 한다.

④ 증인을 필요로 하는 사건의 신고에 있어서는 증인은 신고서에 주민등록번호 및 주소를 기재하고 서명하거나 기명날인하여야 한다. 다만, 증인은 신고서에 서명 또는 기명날인을 할 수 없을 때에는 무인할 수 있고, 이 경우 담당공무원은 본인의 무인임을 증명한다는 문구를 기재하고 기명날인하여야 한다.

⑤ 혼인신고는 성년자인 증인 2인의 연서가 있어야 수리할 수 있는바, 이에 위반하였다 하더라도 민법상 혼인무효 또는 취소사유에 해당하지 아니하므로 혼인은 유효하게 성립된 것이나, 수리 당시에 발견하였다면 민법 제813조에 따라 수리를 거부하여야 한다.

[**❶** ▸ ○] 민법 제812조 제1항, 제2항

> **민법 제812조(혼인의 성립)**
> ① 혼인은 「가족관계의 등록 등에 관한 법률」에 정한 바에 의하여 신고함으로써 그 효력이 생긴다.
> ② 전항의 신고는 당사자 쌍방과 성년자인 증인 2인의 연서한 서면으로 하여야 한다.

[**❷** ▸ ○] 민법 제836조 제1항·제2항, 가족관계등록법 제76조

> **민법 제836조(이혼의 성립과 신고방식)**
> ① 협의상 이혼은 가정법원의 확인을 받아 「가족관계의 등록 등에 관한 법률」의 정한 바에 의하여 신고함으로써 그 효력이 생긴다.
> ② 전항의 신고는 당사자 쌍방과 성년자인 증인 2인의 연서한 서면으로 하여야 한다.
>
> **가족관계등록법 제76조(간주규정)**
> 협의이혼신고서에 가정법원의 이혼의사확인서등본을 첨부한 경우에는 「민법」 제836조 제2항에서 정한 증인 2인의 연서가 있는 것으로 본다.

[**❸** ▸ ✕] 입양은 「가족관계의 등록 등에 관한 법률」에서 정한 바에 따라 신고함으로써 그 효력이 생긴다(민법 제878조). 즉, <u>입양은 증인을 요하지 않는 신고</u>이다. 증인을 필요로 하는 사건은 혼인, 협의상 이혼 등이다.

[**❹** ▸ ○] 가족관계등록법 제28조, 가족관계의 등록 등에 관한 규칙 제33조

> **가족관계등록법 제28조(증인을 필요로 하는 신고)**
> 증인을 필요로 하는 사건의 신고에 있어서는 증인은 신고서에 주민등록번호 및 주소를 기재하고 서명하거나 기명날인하여야 한다.
>
> **가족관계의 등록 등에 관한 규칙 제33조(서명 또는 기명날인을 갈음하는 방법)**
> 신고인, 증인, 동의자 등은 신고서에 서명하거나 기명날인할 수 있고, 서명 또는 기명날인을 할 수 없을 때에는 무인할 수 있다. 이 경우 담당공무원은 본인의 무인임을 증명한다는 문구를 기재하고 기명날인하여야 한다.

[**❺** ▸ ○] 혼인신고서에 「민법」 제812조 제2항 및 제813조에 따라 성년증인 2명의 연서가 있어야 수리할 수 있는바 이에 위반하였다 하더라도 민법상 혼인무효 또는 취소사유에 해당하지 아니하므로 혼인은 유효하게 성립된 것이다. 그러나 수리 당시에 발견했으면 같은 법 제813조에 따라 수리를 거부해야 한다(가족관계등록예규 제144호).

답 ❸

다음 중 가족관계의 등록 등에 관한 법률에 따라 소의 상대방도 신고할 수 있는 경우는 모두 몇 개인가?

2025년 법무사시험 [문 50]

> ㄱ. 친양자 파양의 재판이 확정된 경우
> ㄴ. 사실상 혼인관계 존재확인의 재판이 확정된 경우
> ㄷ. 혼인취소의 재판이 확정된 경우
> ㄹ. 입양취소의 재판이 확정된 경우
> ㅁ. 미성년후견인의 선임재판이 확정된 경우

① 1개   ② 2개
③ 3개   ④ 4개
⑤ 5개

....

[ㄱ ▸ O] 친양자 파양의 재판이 확정된 경우 <u>그 소의 상대방도</u> 재판서의 등본 및 확정증명서를 첨부하여 친양자 파양의 재판이 확정된 취지를 신고할 수 있다(가족관계등록법 제69조 제3항).

> **가족관계등록법 제69조(친양자의 파양신고)**
> ① 「민법」 제908조의5에 따라 친양자 파양의 재판이 확정된 경우 <u>소를 제기한 사람은</u> 재판의 확정일부터 1개월 이내에 재판서의 등본 및 확정증명서를 첨부하여 제63조의 <u>신고를 하여야 한다.</u>
> ② 제1항의 신고서에는 재판확정일을 기재하여야 한다.
> ③ <u>제1항의 경우에는</u> <u>그 소의 상대방도</u> 재판서의 등본 및 확정증명서를 첨부하여 친양자 파양의 재판이 확정된 취지를 신고할 수 있다. 이 경우 제2항을 준용한다.

[ㄴ ▸ X] <u>사실상 혼인관계 존재확인의 재판이 확정된 경우에는</u> <u>소를 제기한 사람은</u> 재판의 확정일부터 1개월 이내에 재판서의 등본 및 확정증명서를 첨부하여 제71조의 신고를 하여야 한다(가족관계등록법 제72조). 반면 <u>사실상혼인관계존재확인판결에 의한 혼인신고에는</u> 제58조가 준용되지 않으므로 소를 제기한 사람의 상대방은 이에 의한 혼인신고를 할 수 없다.

[ㄷ ▸ O] 혼인취소의 재판이 확정된 경우 제58조가 준용되므로 <u>소의 상대방도</u> 혼인취소의 재판이 확정된 취지를 <u>신고할 수 있다</u>(가족관계등록법 제73조, 제58조 제3항).

> **가족관계등록법 제73조(준용규정)**
> 제58조는 혼인취소의 재판이 확정된 경우에 준용한다.
>
> **가족관계등록법 제58조(재판에 의한 인지)**
> ① <u>인지의 재판이 확정된 경우에</u> <u>소를 제기한 사람은</u> 재판의 확정일부터 1개월 이내에 재판서의 등본 및 확정증명서를 첨부하여 그 취지를 신고하여야 한다.
> ② 제1항의 신고서에는 재판확정일을 기재하여야 한다.
> ③ 제1항의 경우에는 <u>그 소의 상대방도</u> 재판서의 등본 및 확정증명서를 첨부하여 인지의 재판이 확정된 취지를 신고할 수 있다. 이 경우 제2항을 준용한다.

[ㄹ ▸ O] 제58조는 입양취소의 재판이 확정된 경우에 준용되므로(가족관계등록법 제65조 제2항) 입양취소의 재판이 확정된 경우 소의 상대방도 입양취소의 재판이 확정된 취지를 신고할 수 있다.

[ㅁ ▸ X] 미성년후견인 선임의 재판이 있는 경우 재판서의 등본을 신고서에 첨부하여 미성년후견인이 그 취임일부터 1개월 이내 미성년후견 개시의 신고를 하여야 한다(가족관계등록법 제82조 제2항, 제80조 제1항).

답 ❸

04

다음 중 가족관계등록신고와 그 신고의무자에 대한 연결이 잘못된 것은 모두 몇 개인가?

2023년 법무사시험 [문 47]

가. 사망신고 – 친족
나. (강제)인지신고 – 인지청구의 소를 제기한 사람의 상대방
다. 혼인 중 출생자 출생신고 – 부 또는 모
라. 혼인 외 출생자 출생신고 – 모
마. (재판상)이혼신고 – 이혼소송을 제기하거나 조정을 신청한 자

① 1개
② 2개
③ 3개
④ 4개
⑤ 5개

....

[가 ▸ X] 사망신고의 경우 사망신고의무자는 동거하는 친족이고 동거하지 않는 친족은 신고적격자이다.

가족관계등록법 제85조(사망신고의무자)
① 사망의 신고는 동거하는 친족이 하여야 한다.
② 친족·동거자 또는 사망장소를 관리하는 사람, 사망장소의 동장 또는 통·이장도 사망의 신고를 할 수 있다.

[나 ▸ X] 강제인지의 경우 인지청구의 소를 제기한 사람이 신고의무자이며, 그 상대방은 신고적격자이다.

가족관계등록법 제58조(재판에 의한 인지)
① 인지의 재판이 확정된 경우에 소를 제기한 사람은 재판의 확정일부터 1개월 이내에 재판서의 등본 및 확정증명서를 첨부하여 그 취지를 신고하여야 한다.
③ 제1항의 경우에는 그 소의 상대방도 재판서의 등본 및 확정증명서를 첨부하여 인지의 재판이 확정된 취지를 신고할 수 있다. 이 경우 제2항을 준용한다.

[다▸O] 혼인 중 출생자의 출생의 신고는 부 또는 모가 하여야 한다(가족관계등록법 제46조 제1항).

[라▸O] 혼인 외 출생자의 신고는 모가 하여야 한다(가족관계등록법 제46조 제2항).

[마▸O] 이혼의 재판이 확정된 경우에 소를 제기한 사람은 재판의 확정일부터 1개월 이내에 재판서의 등본 및 확정증명서를 첨부하여 그 취지를 신고하여야 하고(가족관계등록법 제78조, 제58조 제1항 참조), 여기서의 재판에는 가사소송법에 따른 조정의 성립도 포함하므로 조정을 신청한 자도 신고의무자에 해당한다(가족관계등록예규 제309호 1. 참조).

> **가족관계등록법 제78조(준용규정)**
> 제58조는 이혼의 재판이 확정된 경우에 준용한다.
>
> **가족관계등록법 제58조(재판에 의한 인지)**
> ① 인지의 재판이 확정된 경우에 소를 제기한 사람은 재판의 확정일부터 1개월 이내에 재판서의 등본 및 확정증명서를 첨부하여 그 취지를 신고하여야 한다.

> ❑ **가족관계등록예규 제309호[확정판결(조정)에 의한 신고 등]**
> 1. 가족관계의 등록 등에 관한 법률 제58조(같은 조가 준용되는 경우를 포함한다)의 재판에는 가사소송법에 따른 조정의 성립(조정조서 작성의 경우)도 포함되며 조정성립일부터 1개월 경과 시 조정조서 송달증명을 첨부하게 한다.

답 ❷

05 □□□ **가족관계등록신고에 관한 다음 설명 중 가장 옳지 않은 것은?** 2020년 법무사시험 [문 47]

① 가족관계등록공무원은 가족관계등록부에 기록을 함에 있어서 그 신고가 형식상 요건을 갖추고 있는 경우에는 그에 따른 기록절차를 밟고, 신고사항이 허위임을 공적으로 확인할 수 있거나 허위인 것이 명백한 경우에는 그 기록을 거부할 수 있다.

② 혼인신고는 원칙적으로 양 당사자가 생존한 경우에 한하여 할 수 있으므로 사실혼관계에 있던 자가 사망한 후에 사실상혼인관계존재확인의 판결이 확정된 경우에는 그 판결에 기한 혼인신고는 할 수 없다.

③ 인지의 재판이 확정된 경우 소 제기자가 사망한 때에는 그 사람의 배우자 또는 4촌 이내의 친족이 인지신고를 할 수 있으나 신고의무자는 아니다.

④ 부(父) 미정의 출생신고가 있는 경우에는 일단 가족관계등록부에 출생신고를 기록한 후에 부(父)를 정하는 판결이 확정 후, 추후보완신고에 의하여 부(父)를 기록하여야 한다.

⑤ 국적취득자의 성과 본의 창설신고, 개명신고, 가족관계등록창설신고 및 가족관계의 등록 등에 관한 법률 제104조 및 제105조에 따른 등록부정정신청, 동법 제44조 제4항 및 제46조 제1항, 제2항에 따른 부 또는 모의 출생신고는 전자신고로 할 수 있다.

[**❶** ▸ ○] 가족관계등록예규 제633호 제14조 제3항

[**❷** ▸ ○] 사실상혼인관계존재확인판결이 확정되었다 하더라도 그에 따른 신고가 있어야 혼인이 성립하는 것이며 혼인신고는 원칙적으로 양 당사자가 생존한 경우에 할 수 있으므로, 사실혼관계에 있던 자가 사망한 후에 사실상혼인관계존재확인판결이 확정된 경우에는 그 판결에 기한 혼인신고는 할 수 없다(호적선례 제3-254호).

[**❸** ▸ ○] 가족관계의 등록 등에 관한 법률 제58조(재판에 의한 인지) 또는 같은 조 규정이 준용되는 경우(같은 법 제65조, 제66조, 제73조, 제78조와 제92조 제3항 등) 및 제107조의 경우에 소 제기자가 사망한 때에 그 사람의 배우자 또는 4촌 이내의 친족이 신고를 할 수 있다(가족관계등록예규 제85호).

[**❹** ▸ ✕] 부 미정의 출생신고란, 부를 알 수 없는 경우가 아니고 부의 추정이 경합된 경우이므로, 여자가 혼인관계종료의 날로부터 100일 내에 재혼하였고, 재혼 성립의 날로부터 200일 후, 전혼관계종료의 날로부터 300일 내에 자녀가 출생하여, 부 미정의 출생신고가 접수된 때에는, 부가 확정될 때까지 <u>가족관계등록부에 기록을 할 수 없는 신고로 보아 이를 특종신고서류편철장에 편철하여 두었다가, 부를 정하는 판결의 확정 후, 추후보완신고에 의하여 부 또는 모의 성과 본을 따라 가족관계등록부를 작성하여야 한다</u>(가족관계등록예규 제412호 제10조).

[**❺** ▸ ○] 가족관계의 등록 등에 관한 규칙 제36조의2 제1항

가족관계의 등록 등에 관한 규칙 제36조의2(전자문서를 이용한 신고)

① 법 제23조의2에 따라 전산정보처리조직을 이용하여 전자문서로 할 수 있는 신고는 다음 각 호와 같다.

    1. 법 제10조 제2항에 따른 등록기준지변경신고

    2. 법 제44조 제4항 본문 및 제46조 제1항, 제2항에 따른 부 또는 모의 출생신고

    3. 법 제96조에 따른 국적취득자의 성과 본의 창설신고

    4. 법 제99조에 따른 개명신고

    5. 법 제101조에 따른 가족관계등록창설신고

    6. 법 제104조 및 제105조에 따른 등록부정정신청

답 **❹**

06

다음 중 시(구)·읍·면의 장이 감독법원의 허가 없이 가족관계등록부의 기록을 직권으로 정정 또는 기록할 수 있는 경우에 해당하는 것을 모두 고른 것은?　**2024년 법무사시험 [문 44]**

> ㄱ. 한쪽 배우자의 가족관계등록부에 혼인의 기록이 있으나 다른 배우자의 가족관계등록부에는 혼인의 기록이 누락된 때
> ㄴ. 신고서류에 의하여 이루어진 가족관계등록부의 기록에 오기나 누락된 부분이 있음이 해당 신고서류에 비추어 명백한 때
> ㄷ. 도로명 또는 건물번호에 관한 가족관계등록부의 기록이 잘못 기재되었거나 빠뜨리게 된 것이 명백한 때
> ㄹ. 외국의 국호와 지명에 관한 가족관계등록부의 기록이 외래어 표기법에 맞지 않는 때
> ㅁ. 귀화 또는 국적회복한 외국인의 인명이 우리나라 방식의 성명 배열이 아닌 해당 외국 방식에 의하여 가족관계등록부에 기록된 때

① ㄱ, ㄴ, ㄷ
② ㄱ, ㄴ, ㄹ
③ ㄱ, ㄴ, ㄷ, ㄹ
④ ㄱ, ㄴ, ㄹ, ㅁ
⑤ ㄱ, ㄴ, ㄷ, ㄹ, ㅁ

- -

[ㄱ ▶ O] 가족관계의 등록 등에 관한 규칙 제60조 제2항 제3호
[ㄴ ▶ O] 가족관계의 등록 등에 관한 규칙 제60조 제2항 제5호

> **가족관계의 등록 등에 관한 규칙 제60조(등록부의 정정)**
> ② 시·읍·면의 장이 법 제18조 제2항 단서에 따라 감독법원의 허가 없이 직권으로 정정 또는 기록할 수 있는 사항은 다음 각 호와 같다.
> 1. 등록부의 기록이 오기되었거나 누락되었음이 법 시행 전의 호적(제적)이나 그 등본에 의하여 명백한 때
> 2. 제54조 또는 제55조에 의한 기록이 누락되었음이 신고서류 등에 의하여 명백한 때
> 3. 한쪽 배우자의 등록부에 혼인 또는 이혼의 기록이 있으나 다른 배우자의 등록부에는 혼인 또는 이혼의 기록이 누락된 때
> 4. 부 또는 모의 본이 정정되거나 변경되었음이 등록사항별 증명서에 의하여 명백함에도 그 자녀의 본란이 정정되거나 변경되지 아니한 때
> 5. 신고서류에 의하여 이루어진 등록부의 기록에 오기나 누락된 부분이 있음이 해당 신고서류에 비추어 명백한 때
> 6. 그 밖의 정정 또는 기록할 사유가 있음이 명백하여 대법원예규로 정한 경우

[ㄷ ▸ ○] 행정구역, 토지의 명칭, 지번, 도로명 또는 건물번호에 관한 가족관계등록부의 기록이 잘못 기재되었거나 빠뜨리게 된 것이 명백한 때에는 시(구)·읍·면장이 「가족관계의 등록 등에 관한 규칙」 제60조에 따라 직권정정으로 기록한다(가족관계등록예규 제567호 5.).

[ㄹ ▸ ○] 외국의 국호와 지명에 관한 가족관계등록부의 기록이 외래어 표기법에 맞지 아니하는 경우에, 이해관계인은 외래어 표기법에 맞는 한글표기를 기재하여 시(구)·읍·면의 장에게 직권정정을 신청할 수 있고, 시(구)·읍·면의 장은 「가족관계의 등록 등에 관한 규칙」 제60조를 준용하여 간이직권 정정절차에 의하여 이를 정정하여야 한다(가족관계등록예규 제621호 제11조).

[ㅁ ▸ ○] 귀화 또는 국적회복한 외국인의 인명이 해당 외국 방식에 의하여 가족관계등록부에 기록된 경우(우리나라 방식의 성명 배열이 아닌 경우)에, 이해관계인은 우리나라 방식의 성명 배열에 맞는 한글 표기를 기재하여 시(구)·읍·면의 장에게 직권정정을 신청할 수 있고, 시(구)·읍·면의 장은 「가족관계의 등록 등에 관한 규칙」 제60조 제2항 제5호를 준용하여 간이직권정정절차에 의하여 정정하여야 한다(가족관계등록예규 제621호 제12조).

답 ⑤

07

□□□

가족관계등록부 기록 및 제적부 기재의 정정 등에 관한 다음 설명 중 가장 옳지 않은 것은?

2022년 법무사시험 [문 49]

① 폐쇄된 가족관계등록부를 정정할 때에는 부활 없이 정정하나, 그 가족관계등록부가 위법한 것이어서 폐쇄된 경우에는 기록을 정정할 수 없다.

② 가족관계등록부를 정정할 때는 그 사항이 기재된 제적부를 정정하되, 가족관계등록부의 정정허가 결정만으로 제적부를 정정할 수는 없다.

③ 제적부의 정정은 본적지 관할 가족관계등록관서에서 한다.

④ 가족관계등록부에 기록된 외국인 가족에 관한 기록사항 중 출생연월일, 외국인등록번호, 국적 또는 성별이 기록되지 않은 경우 이해관계인은 해당 가족관계등록부의 등록기준지의 시(구)·읍·면의 장에게 직권기록을 신청하여야 하고, 등록기준지의 시(구)·읍·면의 장은 간이직권절차에 의하여 기록한다.

⑤ 가족관계등록부에 기록된 외국인인 가족이 외국에서 사망한 경우 이해관계인은 해당 가족관계등록부의 등록기준지와 무관하게 전국 시(구)·읍·면의 장에게 사망사실을 증명하는 서면을 제출하여 직권기록을 신청할 수 있고, 시(구)·읍·면의 장은 간이직권절차에 의하여 기록한다.

[❶ ▸ ○] 폐쇄된 가족관계등록부를 정정할 때에는 부활 없이 정정한다. 그러나, 그 가족관계등록부가 위법한 것이어서 폐쇄된 경우에는 기록을 정정할 수 없다(가족관계등록예규 제304호 제1조).

[❷ ▸ ○] 가족관계등록부를 정정할 때는 그 사항이 기재된 제적부를 정정하되, 가족관계등록부가 현재의 공부이므로 제적부의 정정은 필요최소한으로 하며, 가족관계등록부 정정허가결정만으로 제적부를 정정할 수는 없다(가족관계등록예규 제297호 제2조 제1항).

[**❸ ▸ ○**] 제적부의 정정은 본적지 관할 등록관서에서 한다(가족관계등록예규 제297호 제9조 제1항).

[**❹ ▸ ✕**] 가족관계등록부에 기록된 외국인인 가족에 관한 기록사항 중 출생연월일, 외국인등록번호, 국적 또는 성별이 기록되지 않은 경우 이해관계인은 해당 등록부의 <u>등록기준지와 무관하게 전국 시(구)·읍·면의 장</u>에게 별지 양식 신청서를 작성하여 직권기록을 신청할 수 있고, 시(구)·읍·면의 장은 간이직권절차에 의하여 기록한다(가족관계등록예규 제618호 제7조 제1항).

[**❺ ▸ ○**] 가족관계등록예규 제618호 제10조 제2항

□ **가족관계등록예규 제618호[기록대상자가 외국인인 경우의 기록방법에 관한 예규]**

제10조(외국인인 가족의 사망기록)

① 가족관계등록부에 기록된 외국인인 가족이 <u>국내에서 사망한 경우</u> 법 제85조에 기재된 사람의 사망신고에 따라 가족관계등록부에 사망사실을 기록하고, 그 신고서류는 특종신고서류편철장에 편철한다.

② 가족관계등록부에 기록된 외국인인 가족이 <u>외국에서 사망한 경우</u> 이해관계인은 해당 등록부의 등록기준지와 무관하게 전국 시(구)·읍·면의 장에게 사망사실을 증명하는 서면을 제출하여 직권기록을 신청할 수 있고, 시(구)·읍·면의 장은 간이직권절차에 의하여 기록한다.

답 ❹

08
□□□

직권 정정·기록 등에 관한 다음 설명 중 가장 옳지 않은 것은? 2020년 법무사시험 [문 45]

① 등록부의 기록에 착오 또는 누락이 시(구)·읍·면의 장의 잘못으로 인한 것인 때에는 지체 없이 신고인 또는 신고사건의 본인에게 그 사실을 통지하여야 한다.

② 시(구)·읍·면의 장이 출생신고를 게을리한 사람을 안 때에는 신고의무자에게 가족관계의 등록 등에 관한 법률 제38조에 따른 최고를 하여야 한다. 신고의무자가 그 최고기간 내에 신고를 하지 않거나 최고할 수 없는 경우에는 시(구)·읍·면의 장은 감독법원의 허가를 받아 직권으로 출생기록을 하여야 한다.

③ 가족관계등록부의 성명란에 한글과 한자를 함께 기록하는 방법으로는 "김철수(金哲秀)", "김철수(金哲수)", "김철수(金철秀)", "김철수(金철수)"와 같이 할 수 있다.

④ 특정등록사항란의 성명란이 아닌 곳에 성명을 기록할 경우에는 모두 한글로 기록한다. 그러나 개명 또는 능복부 정정의 경우에는 일반능복사항란에 한글과 한자를 함께 기록하여 그 사유를 기록한다.

⑤ 한쪽 배우자에 대하여 개명신고가 있는 때에는 다른 배우자의 등록부에도 그 취지를 기록하여야 한다.

[**❶** ▸ ✕] 등록부의 기록이 법률상 무효인 것이거나 그 기록에 착오 또는 누락이 있음을 안 때에는 시·읍·면의 장은 지체 없이 신고인 또는 신고사건의 본인에게 그 사실을 통지하여야 한다. 다만, 그 착오 또는 누락이 시·읍·면의 장의 잘못으로 인한 것인 때에는 그러하지 아니하다(가족관계등록법 제18조 제1항).

[**❷** ▸ ○] 가족관계등록예규 제117호 1. 가.·나.

□ **가족관계등록예규 제117호[가족관계의 등록 등에 관한 법률 제38조 제3항에 따른 출생의 기록에 대한 사무처리지침]**
1. 가족관계의 등록 등에 관한 법률 제38조 제3항에 따른 시(구)·읍·면의 장의 처리
    가. 시(구)·읍·면의 장이 출생신고를 게을리한 사람을 안 때에는 신고 의무자(부, 모)에게 가족관계의 등록 등에 관한 법률 제38조에 따른 최고를 하여야 한다.
    나. 신고의무자가 위 "가"의 최고기간 내에 신고를 하지 않거나 최고 할 수 없는 경우에는 시(구)·읍·면의 장은 감독법원의 허가를 받아 직권으로 출생기록을 하여야 한다.

[**❸** ▸ ○] [**❹** ▸ ○] 가족관계등록예규 제510호 3. 가, 4.

□ **가족관계등록예규 제510호[가족관계등록부에 성명을 기록하는 방법]**
3. 성명란의 기록방법
    가. "성명란"은 다음과 같이 기록한다.
        (1) 성명의 전부나 일부를 한자로 기록할 수 있는 경우에는 한글과 한자를 함께 기록한다.
            [기재례] 김철수(金哲秀), 김하늘(金하늘), 스미스철수(스미스哲秀), 김철수(金哲수), 김철수(金철秀)
        (2) 성명 전부를 한자로 기록할 수 없는 경우에는 한글만 기록한다.
            [기재례] 김찰스
4. 성명란 이외의 곳에 성명을 기록하는 방법
    특정등록사항란의 "성명란"이 아닌 곳에 성명을 기록하는 경우에는 모두 한글로 기록한다. 그러나 개명 또는 등록부정정의 경우에는 일반등록사항란에 한글과 한자를 함께 기록하여 그 사유를 기록한다.

[**❺** ▸ ○] 가족관계의 등록 등에 관한 규칙 제54조 제3호

가족관계의 등록 등에 관한 규칙 제54조(배우자의 가족관계등록사항 등의 변동사유)
한쪽 배우자에 대하여 다음의 신고가 있는 때에는 다른 배우자의 등록부에도 그 취지를 기록하여야 한다.
    1. 사망, 실종선고·부재선고 및 그 취소
    2. 국적취득과 그 상실
    3. 성명의 정정 또는 개명

답 ❶

09
□□□

다음 중 이해관계인이 신청 또는 청구할 수 있는 것을 모두 고른 것은?

2023년 법무사시험 [문 50]

> 가. 신고의 수리 또는 불수리의 증명서
> 나. 법원에 보관되어 있는 신고서류에 대한 열람
> 다. 가족관계등록부의 기록이 법률상 허가될 수 없는 것 또는 그 기재에 착오나 누락이 있다고 인정한 때에 사건 본인의 등록기준지를 관할하는 가정법원의 허가를 받아 가족관계등록부의 정정을 신청하는 절차
> 라. 가족관계등록사건에 관하여 시(구) · 읍 · 면의 장의 위법 또는 부당한 처분이 있는 경우 관할 가정법원에 불복을 신청하는 절차

① 가, 나, 다, 라　　　　　　② 나, 다
③ 나, 라　　　　　　　　　　④ 나, 다, 라
⑤ 다, 라

....

[가 ▶ ✕]　신고인은 신고의 수리 또는 불수리의 증명서를 청구할 수 있다(가족관계등록법 제42조 제1항).
[나 ▶ ○]　이해관계인은 법원에 보관되어 있는 신고서류에 대한 열람을 청구할 수 있다(가족관계등록법 제42조 제4항).
[다 ▶ ○]　등록부의 기록이 법률상 허가될 수 없는 것 또는 그 기재에 착오나 누락이 있다고 인정한 때에는 이해관계인은 사건 본인의 등록기준지를 관할하는 가정법원의 허가를 받아 등록부의 정정을 신청할 수 있다(가족관계등록법 제104조 제1항).
[라 ▶ ○]　등록사건에 관하여 이해관계인은 시 · 읍 · 면의 장의 위법 또는 부당한 처분에 대하여 관할 가정법원에 불복의 신청을 할 수 있다(가족관계등록법 제109조 제1항).

답 ❹

PART 1　PART 2　PART 3　**PART 4**　PART 5　PART 6　PART 7　PART 8

10
☐☐☐

다음은 가족관계의 등록 등에 관한 법률 제39조이다. 다음 괄호 안에 들어갈 내용으로 옳은 것은?   **2025년 법무사시험 [문 45]**

> 제39조(신고의 추후 보완)
> 시·읍·면의 장은 신고를 수리한 경우에 흠이 있어 등록부에 기록을 할 수 없을 때에는 (   ) 하여금 보완하게 하여야 한다. 이 경우 제38조를 준용한다.

① 신고인으로
② 신고사건의 본인으로
③ 신고의무자로
④ 신고인 또는 신고의무자로
⑤ 신고인 또는 신고사건의 본인으로

[❹▸○] 제시된 조문의 (   ) 안에 들어갈 내용은 '신고인 또는 신고의무자로'이다.

가족관계등록법 제39조(신고의 추후 보완)
시·읍·면의 장은 신고를 수리한 경우에 흠이 있어 등록부에 기록을 할 수 없을 때에는 <u>신고인 또는</u> <u>신고의무자로</u> 하여금 보완하게 하여야 한다. 이 경우 제38조를 준용한다.

가족관계등록법 제38조(신고의 최고)
① 시·읍·면의 장은 신고를 게을리한 사람을 안 때에는 상당한 기간을 정하여 신고의무자에 대하여 그 기간 내에 신고할 것을 최고(催告)하여야 한다.
② 신고의무자가 제1항의 기간 내에 신고를 하지 아니한 때에는 시·읍·면의 장은 다시 상당한 기간을 정하여 최고할 수 있다.
③ 제18조 제2항은 제2항의 최고를 할 수 없는 때 및 최고를 하여도 신고를 하지 아니한 때에, 같은 조 제3항은 국가 또는 지방자치단체의 공무원이 신고를 게을리한 사람이 있음을 안 때에 준용한다.

답 ❹

① 부 미정의 출생신고를 한 후 부를 정하는 판결이 확정되어 출생신고를 하는 경우
② 신고에 필요한 부모 기타의 사실상 동의가 있었으나 이를 증명하는 서면의 첨부 또는 신고서의 기재만 유탈한 데 지나지 않는 경우
③ 신고서에 가족관계등록부의 기록사항인 '성과 본'이 누락된 경우
④ 외국인 부의 성을 따라 외국식 이름으로 기록된 가족관계등록부를 후에 한국인 모의 성과 한국식 이름으로 변경하고자 하는 경우
⑤ 인명용 한자 추가에 따라 이름에 한자를 기재하고자 하는 경우

....

[❶ ▸ ○] 부 미정의 출생신고란, 부를 알 수 없는 경우가 아니고 부의 추정이 경합된 경우이므로, 여자가 혼인관계종료의 날로부터 100일 내에 재혼하였고, 재혼 성립의 날로부터 200일 후, 전혼관계종료의 날로부터 300일 내에 자녀가 출생하여, 부 미정의 출생신고가 접수된 때에는, 부가 확정될 때까지 가족관계등록부에 기록을 할 수 없는 신고로 보아 이를 특종신고서류편철장에 편철하여 두었다가, 부를 정하는 판결의 확정 후, 추후보완신고에 의하여 부 또는 모의 성과 본을 따라 가족관계등록부를 작성하여야 한다(가족관계등록예규 제412호 제10조).

[❷ ▸ ○] 가족관계등록사건의 신고에 부모 그 밖의 사람의 동의를 필요로 하는 경우, 신고서에 그 동의가 흠결이 있음에도 불구하고 이를 수리한 것을 발견하였을 때에도 그 신고사건에 사실상 동의하였으나 이를 증명하는 서면의 첨부 또는 신고서의 기재만을 빠뜨린 데 지나지 아니하는 경우에는 법 제39조에 따라 이를 추후보완하게 할 수 있다(가족관계등록예규 제633호 제10조).

[❸ ▸ ○] 가족관계등록사건의 신고에 의하여 가족관계등록부를 작성할 경우, 신고서에 가족관계등록부의 기록사항인 성과 본 또는 출생사유 등의 기재가 없거나 가족관계등록부에 기록하여야 할 사항을 명확하게 함에 특히 필요한 것은 법 제30조에 따라 신고서에 이를 기재하게 하여 가족관계등록부에 기록하여야 한다. 만일 이것을 신고서에 빠뜨린 때에는 추후보완신고를 하게 하여 기록하여야 한다(가족관계등록예규 제633호 제9조).

[❹ ▸ ✕] 외국인 부의 성을 따라 외국식 이름으로 기록된 가족관계등록부를 후에 한국인 모의 성과 한국식 이름으로 변경하기 위해서는, 성·본 변경절차와 개명절차를 거쳐야 하고, 추후보완신고 또는 등록부의 정정절차를 통해서는 이를 할 수 없다(가족관계등록예규 제573호 4. 바.). 외국식 이름으로 신고한 것은 신고 당시 흠결이 있는 것이 아니어서 신고의 흠결을 시정·보완하는 절차인 추후보완신고의 대상에 해당되지 않는다.

[❺ ▸ ○] 1991.4.1. 이후에 출생신고된 자녀의 이름이 출생신고 시에는 인명용 한자가 아닌 한자로 신고된 관계로 가족관계등록부의 성명란에 출생자의 이름이 한글로 기록되었으나 그 신고된 한자가 종전 호적법 시행규칙 및 가족관계의 등록 등에 관한 규칙의 개정으로 추가된 인명용 한자에 포함된 경우에는 출생신고인(신고인에게 사고가 있을 때에는 다른 출생신고의무자)의 추후보완신고에 의해 종전에 한글로 기록된 이름을 한글과 한자로 함께 기록한다(가족관계등록예규 제322호 1.).

답 ❹

12
☐☐☐
다음 중 가족관계의 등록 등에 관한 법률 제16조에 따른 등록부의 기록절차가 아닌 것끼리 고른 것은?

2025년 법무사시험 [문 43]

ㄱ. 통 보
ㄴ. 재판서
ㄷ. 촉 탁
ㄹ. 항해일지의 등본
ㅁ. 보 고

① ㄱ, ㄴ   ② ㄴ, ㄹ
③ ㄴ, ㅁ   ④ ㄷ, ㄹ
⑤ ㄷ, ㅁ

[ㄷ ▸ ✕] [ㅁ ▸ ✕] 제시된 내용 중 촉탁과 보고는 가족관계등록법 제16조에 따른 등록부의 기록절차에 해당하지 않는다(가족관계등록법 제16조 참조).

가족관계등록법 제16조(등록부의 기록절차)
등록부는 신고, 통보, 신청, 증서의 등본, 항해일지의 등본 또는 재판서에 의하여 기록한다.

답 ⑤

다음 설명 중 가장 옳지 않은 것은?(다툼이 있는 경우 판례·예규 및 선례에 의함. 이하 같음)

2025년 법무사시험 [문 41]

① 가족관계의 등록 등에 관한 법률에 따른 신고는 신고사건 본인의 등록기준지 또는 신고인의 주소지나 현재지에서 할 수 있으므로, 당사자가 등록기준지를 새롭게 변경하고자 하는 경우 현재지 시·읍·면의 장에게 변경신고를 할 수 있다.

② 가족관계등록창설허가의 재판을 얻은 사람이 등록창설의 신고를 하지 아니한 때에는 배우자 또는 직계혈족이 할 수 있으며, 가족관계등록창설허가를 받았으나 그 신고 전에 사망한 사람에 대한 가족관계등록창설신고는 배우자 또는 직계혈족이 이를 하여야 한다.

③ 이혼이 무효이거나 취소된 경우에 그 이혼당사자 사이에서 출생한 미성년의 자녀에 대하여 친권자가 지정·신고되어 있다면 그에 관한 가족관계등록부의 기록도 따로 정정허가를 받을 필요 없이 이혼무효 또는 이혼취소의 판결(심판)에 의하여 말소할 수 있다.

④ 가족관계등록부상 한자 성의 한글표기 정정의 효력은 사건본인에게만 미친다. 다만, 직계비속이 있음에도 사건본인만이 한자 성의 한글표기 정정 신청을 하여 가족관계등록부상 한자 성의 한글표기가 정정된 경우에는 가족관계의 등록 등에 관한 규칙 제55조 제3항, 제60조 제2항 제4호를 준용하여 시(구)·읍·면의 장은 그 직계비속의 가족관계등록부상 한자 성의 한글표기도 직권으로 정정한다.

⑤ 가족관계등록부를 정정할 때는 그 사항이 기재된 제적부를 정정하되, 가족관계등록부가 현재의 공부이므로 제적부의 정정은 필요최소한으로 하며, 가족관계등록부 정정허가결정만으로 제적부를 정정할 수는 없다.

⋯⋯

[❶ ▸ ×] 가족관계의 등록 등에 관한 법률에 따른 신고는 신고사건 본인의 등록기준지 또는 신고인의 주소지나 현재지에서 할 수 있으나(가족관계등록법 제20조 제1항 본문), 당사자가 등록기준지를 새롭게 변경하고자 하는 경우 <u>새롭게 변경하고자 하는 등록기준지</u> 시·읍·면의 장에게 <u>변경신고를 하여야 한다</u>(가족관계의 등록 등에 관한 규칙 제4조 제3항).

[❷ ▸ ○] 가족관계등록창설허가의 재판을 얻은 사람이 등록창설의 신고를 하지 아니한 때에는 <u>배우자 또는 직계혈족</u>이 할 수 있으며(가족관계등록법 제102조), 가족관계등록창설허가(가족관계등록부정정허가)를 받았으나 그 신고 전에 사망한 사람에 대한 가족관계등록창설신고(가족관계등록부정정신고)는 <u>배우자 또는 직계혈족</u>이 이를 하여야 한다(가족관계등록예규 제213호).

[❸ ▸ ○] 가족관계등록예규 제254호 3.

> ☐ **가족관계등록예규 제254호[이혼이 무효이거나 취소된 경우의 가족관계등록부정정방법]**
>
> 1. 1990.12.31. 이전에 이혼이 무효이거나 취소된 경우에도 1991.1.1. 이후에는 이혼무효 또는 이혼취소의 신고를 할 수 없고 등록부정정의 방법으로 가족관계등록부를 정리하여야 한다.
> 2. 이혼이 무효이거나 취소된 경우에는 양 당사자의 가족관계등록부 중 이혼에 관한 사항의 기록을 모두 말소한다.
> 3. 이혼이 무효이거나 취소된 경우에 그 이혼당사자 사이에서 출생한 미성년의 자녀에 대하여 친권자가 지정·신고되어 있다면 그에 관한 가족관계등록부의 기록도 따로 정정허가를 받을 필요 없이 이혼무효 또는 이혼취소의 판결(심판)에 의하여 말소할 수 있다.

[❹ ▸ ○] 가족관계등록부상 한자 성의 한글표기 정정의 효력은 사건본인에게만 미친다. 다만, 직계비속이 있음에도 사건본인만이 한자 성의 한글표기 정정 신청을 하여 가족관계등록부상 한자 성의 한글표기가 정정된 경우에는 가족관계의 등록 등에 관한 규칙 제55조 제3항, 제60조 제2항 제4호를 준용하여 시(구)·읍·면의 장은 그 직계비속의 가족관계등록부상 한자 성의 한글표기도 직권으로 정정한다(가족관계등록예규 제257호 제6조).

[❺ ▸ ○] 가족관계등록부를 정정할 때는 그 사항이 기재된 제적부를 정정하되, 가족관계등록부가 현재의 공부이므로 제적부의 정정은 필요최소한으로 하며, 가족관계등록부 정정허가결정만으로 제적부를 정정할 수는 없다(가족관계등록예규 제297호 제2조 제1항).

답 ❶

14 □□□ 다음 중 가족관계등록부에 기록될 수 없는 것끼리 고른 것은? 2024년 법무사시험 [문 48]

> ㄱ. 등록사건을 처리한 시·읍·면의 명칭
> ㄴ. 통보자의 성명
> ㄷ. 가족관계등록에 관한 촉탁을 한 법원
> ㄹ. 신고인이 사건본인과 다른 때에는 신고인의 자격
> ㅁ. 협의이혼의사의 확인일

① ㄱ, ㄴ
③ ㄴ, ㄹ
⑤ ㄴ, ㅁ

② ㄱ, ㄷ
④ ㄷ, ㅁ

....

[ㄱ ▸ ○] 가족관계의 등록 등에 관한 규칙 제51조 제1항 제7호

[ㄴ ▸ ✕] 통보자의 직명을 기록한다(가족관계의 등록 등에 관한 규칙 제51조 제1항 제4호 참조).

[ㄷ ▸ ○] 가족관계의 등록 등에 관한 규칙 제51조 제1항 제6호

[ㄹ ▸ ○] 가족관계의 등록 등에 관한 규칙 제51조 제1항 제2호

[ㅁ ▸ ✕] 이혼신고연월일은 가족관계등록부 기록사항이지만(가족관계의 등록 등에 관한 규칙 제51조 제1항 제1호 참조), 협의이혼의사의 확인일은 기록사항이 아니다.

가족관계등록법 제9조(가족관계등록부의 작성 및 기록사항)
② 등록부에는 다음 사항을 기록하여야 한다.
  1. 등록기준지
  2. 성명·본·성별·출생연월일 및 주민등록번호
  3. 출생·혼인·사망 등 가족관계의 발생 및 변동에 관한 사항
  4. 가족으로 기록할 자가 대한민국 국민이 아닌 사람(이하 "외국인"이라 한다)인 경우에는 성명·성별·출생연월일·국적 및 외국인등록번호(외국인등록을 하지 아니한 외국인의 경우에는 대법원규칙으로 정하는 바에 따른 국내거소신고번호 등을 말한다. 이하 같다)
  5. 그 밖에 가족관계에 관한 사항으로서 대법원규칙으로 정하는 사항

답 ❺

15

가족관계등록부상 주민등록번호의 기록, 정정 및 공시제한 등에 관한 다음 설명 중 가장 옳지 않은 것은? *2022년 법무사시험 [문 41]*

① 가족관계등록부의 주민등록번호의 기록은 주민등록법 제7조의2 및 제15조에 따른 주민등록번호 부여 통보에 의하여야 한다.

② 가족관계등록부상 주민등록번호의 기록이 누락되었을 경우 본인 또는 동거하는 친족이 주민등록표 등·초본을 첨부하여 그 기록을 신청하는 때에는 가족관계등록공무원은 감독법원의 허가 없이 직권으로 이를 기록한다. 다만, 본인이 신청하는 경우에는 주민등록표 등·초본의 첨부 없이 주민등록증을 제시받아 가족관계등록공무원이 그 내용을 확인한 후 주민등록증을 복사하여 신청서에 첨부하고 기록의 절차를 취하여야 한다.

③ 주민등록법에 따른 신고사항과 가족관계의 등록 등에 관한 법률에 따른 신고사항이 같으면 가족관계의 등록 등에 관한 법률에 따른 신고로써 주민등록법에 따른 신고를 갈음하는데, 주민등록신고사항 중 출생, 사망 또는 실종, 등록기준지의 변경, 성명·생년월일 또는 성별의 변경이 이에 해당한다.

④ 주민등록 신고대상자의 가족관계등록 신고지와 주민등록지가 다를 경우에 가족관계등록 신고지의 시(구)·읍·면의 장이 가족관계등록신고를 받아 가족관계등록부의 기록사항을 변경하면 지체 없이 그 신고사항을 주민등록지의 시장·군수 또는 구청장에게 통보하여야 한다.

⑤ 주민등록법 제7조의4에 따라 주민등록번호를 변경한 사람 또는 변경하고자 하는 사람은 변경되었거나 변경될 주민등록번호의 공시가 제한될 대상자를 지정하여 공시제한을 신청할 수 있고, 신청인은 공시제한 신청서를 신청사건 본인의 등록기준지 또는 신청인의 주소지나 현재지의 시(구)·읍·면의 사무소에 출석하여 제출하여야 하고, 신청인의 주소지나 현재지의 동사무소에는 제출할 수 없다.

[**❶ ▸ ○**] 가족관계등록부의 주민등록번호의 기록은 주민등록법 제7조의2 및 제15조에 따른 주민등록 번호 부여 통보에 의하여야 한다(가족관계등록예규 제508호 제1조 제1항).

[**❷ ▸ ○**] 가족관계등록부상 주민등록번호의 기록이 누락되었을 경우 본인 또는 동거하는 친족이 주민 등록표 등·초본을 첨부하여 그 기록을 신청하는 때에는 가족관계등록공무원은 감독법원의 허가 없이 직권으로 이를 기록한다. 다만, 본인이 신청하는 경우에는 주민등록표 등·초본의 첨부 없이 주민등록증 을 제시받아 가족관계등록공무원이 그 내용을 확인한 후 주민등록증을 복사하여 신청서에 첨부하고 기록의 절차를 취하여야 한다(가족관계등록예규 제508호 제1조 제2항).

[**❸ ▸ ○**] 주민등록법 제14조 제1항·제4항, 동법 시행령 제21조 제2항

주민등록법 제14조(가족관계등록신고 등에 따른 주민등록의 정리)
① 이 법에 따른 신고사항과 가족관계의 등록 등에 관한 법률에 따른 신고사항이 같으면 가족관계의 등록 등에 관한 법률에 따른 신고로써 이 법에 따른 신고를 갈음한다.
④ 제1항에 따라 가족관계의 등록 등에 관한 법률에 따른 신고로써 이 법에 따른 신고에 갈음되는 신고사항 은 대통령령으로 정한다.

> **주민등록법 시행령 제21조(가족관계등록신고 등에 따른 주민등록표의 정리)**
> ② 법 제14조 제4항에 따라 가족관계의 등록 등에 관한 법률에 따른 신고로써 갈음되는 주민등록신고 사항은 다음 각 호와 같다.
> 1. 출 생
> 2. 사망 또는 실종
> 3. 등록기준지의 변경
> 4. 성명·생년월일 또는 성별의 변경

[**❹ ▸ ○**] 신고대상자의 가족관계의 등록 등에 관한 법률 제4조 및 제4조의2에 따른 신고지(이하 "가족 관계등록 신고지"라 한다)와 주민등록지가 다를 경우에 가족관계등록 신고지의 시장·구청장 또는 읍· 면장(같은 법 제4조의2 제1항에 따른 가족관계등록관을 포함한다. 이하 같다)이 같은 법에 따른 신고를 받아 가족관계등록부의 기록사항을 변경하면 지체 없이 그 신고사항을 주민등록지의 시장·군수 또는 구청장에게 통보하여야 하며, 그 통보를 받은 주민등록지의 시장·군수 또는 구청장은 이에 따라 주민등 록을 하거나 등록사항을 정정 또는 말소하여야 한다(주민등록법 제14조 제3항).

[**❺ ▸ ✕**] 가족관계등록예규 제612호 제2조 제1항, 제4조 제1항·제2항

□ **가족관계등록예규 제612호[변경된 주민등록번호의 공시제한에 관한 사무처리지침]**
제2조(공시제한 등 신청)
① 주민등록법 제7조의4에 따라 주민등록번호를 변경한 사람 또는 변경하고자 하는 사람은 변경되었거나 변경될 주민등록번호의 공시가 제한될 대상자(이하 "비공시 대상자"라 한다)를 지정하여 공시제한을 신청할 수 있다.

제4조(신청서의 제출)
① 신청인은 다음 각 호의 신청서를 신청사건 본인의 등록기준지 또는 신청인의 주소지나 현재지의 시(구) ·읍·면의 사무소에 출석하여 제출하여야 한다.
1. 공시제한 또는 비공시 대상자 추가를 신청할 경우에는 별지 제1호 서식
2. 공시제한 해지를 신청할 경우에는 별지 제2호 서식
② 신청인은 전항 각 호의 신청서를 신청인의 주소지나 현재지의 동사무소에 출석하여 제출할 수 있다.

답 **❺**

16

가족관계등록사무의 처리에 관한 다음 설명 중 가장 옳지 않은 것은?

2022년 법무사시험 [문 43]

① 등록사건 처리에 관하여 시(구)·읍·면의 장을 대리하는 사람은 등록에 관한 증명서 발급사무를 제외하고 자기 또는 자기가 4촌 이내의 친족에 관한 등록사건에 관하여는 그 직무를 행할 수 없다.

② 등록사건 처리에 관하여 시(구)·읍·면의 장을 대리하는 사람이 자기 또는 자기와 4촌 이내의 친족에 관한 등록사건에 대하여 직무를 행한 경우라도 기록사항에 잘못이 없으면 가족관계등록부의 정정을 할 필요가 없다.

③ 시(구)·읍·면의 장이 신고를 수리하지 아니한 때에는 그 사유를 지체 없이 신고인에게 서면으로 통지하여야 하나, 대법원규칙으로 정하는 가족관계등록에 관한 신고는 전산정보처리조직을 이용하여 전자문서로 할 수 있고 그에 따른 신고의 불수리 통지는 전산정보처리조직을 이용하여 전자문서로 할 수 있다.

④ 시(구)·읍·면을 달리하여 동일한 사건에 수개의 신고가 수리된 경우에, 뒤에 수리된 신고에 따라 가족관계등록부에 기록한 때에는 먼저 수리한 시(구)·읍·면의 장이 먼저 수리된 신고에 맞추어 가족관계등록부의 기록을 정정하여야 한다.

⑤ 시(구)에 있어서 출생·사망의 신고는 그 신고의 장소가 신고사건 본인의 주민등록지 또는 주민등록을 할 지역과 같은 경우에는 신고사건 본인의 주민등록지 또는 주민등록을 할 지역을 관할하는 동을 거쳐 할 수 있고, 이 경우 동장은 소속 시장 또는 구청장을 대행하여 신고서를 수리한다.

[❶ ▸ ○] 가족관계등록법 제5조

> **가족관계등록법 제5조(직무의 제한)**
> ① 시·읍·면의 장은 등록에 관한 증명서 발급사무를 제외하고 자기 또는 자기와 4촌 이내의 친족에 관한 등록사건에 관하여는 그 직무를 행할 수 없다.
> ② 등록사건 처리에 관하여 시·읍·면의 장을 대리하는 사람도 제1항과 같다.

[❷ ▸ ○] 시(구)·읍·면의 장 또는 이를 대리하는 사람이 자기 또는 자기와 4촌 이내의 친족에 관한 가족관계등록사건에 대하여 직무를 행한 경우라도 기록사항에 잘못이 없으면 가족관계등록부의 정정을 할 필요가 없다(가족관계등록예규 제405호 제2조).

[❸ ▸ ○] 가족관계등록법 제23조의2 제1항·제6항, 제43조

> **가족관계등록법 제23조의2(전자문서를 이용한 신고)**
> ① 제23조에도 불구하고 대법원규칙으로 정하는 등록에 관한 신고는 전산정보처리조직을 이용하여 전자문서로 할 수 있다.
> ⑥ 제1항에 따른 신고의 불수리 통지는 제43조에도 불구하고 전산정보처리조직을 이용하여 전자문서로 할 수 있다.
>
> **가족관계등록법 제43조(신고불수리의 통지)**
> 시·읍·면의 장이 신고를 수리하지 아니한 때에는 그 사유를 지체 없이 신고인에게 서면으로 통지하여야 한다.

> **가족관계의 등록 등에 관한 규칙 제57조(신고가 경합된 경우)**
> ① 동일한 사건에 수개의 신고가 수리된 경우에는 먼저 수리된 신고에 따라 등록부에 기록하여야 한다.
> ② 제1항의 경우에 뒤에 수리된 신고에 따라 등록부에 기록한 때에는 먼저 수리된 신고에 맞추어 등록부의 기록을 정정하여야 한다.
> ③ 제2항의 신고가 시·읍·면을 달리하여 수리된 때에는 <u>뒤에 수리한 시·읍·면의 장이</u> 이를 정정하되, 먼저 수리된 신고서류사본을 팩시밀리 등의 방법으로 받아서 직권정정서에 첨부한 후 가족관계등록신고 서류편철장에 편철하여야 한다.

> **가족관계등록법 제21조(출생·사망의 동 경유 신고 등)**
> ① 시에 있어서 출생·사망의 신고는 그 신고의 장소가 신고사건 본인의 주민등록지 또는 주민등록을 할 지역과 같은 경우에는 신고사건 본인의 주민등록지 또는 주민등록을 할 지역을 관할하는 동을 거쳐 할 수 있다.
> ② 제1항의 경우 동장은 소속 시장을 대행하여 신고서를 수리하고, 동이 속하는 시의 장에게 신고서를 송부하며, 그 밖에 대법원규칙으로 정하는 등록사무를 처리한다.

🖐 **④**

---

17 □□□

> **등록기준지에 관한 다음 설명 중 가장 옳지 않은 것은?(다툼이 있는 경우 판례·예규 및 선례에 의함. 이하 같음)** 2023년 법무사시험 [문 41]

① 등록기준지 변경신고는 가족관계의 등록 등에 관한 법률 제23조의2에 따라 전산정보처리조직을 이용하여 전자문서로 할 수 있다.

② 가족관계등록부의 등록기준지란에 도로명주소가 기록되어 있는 경우, 신고서의 등록기준지가 지번방식의 주소로 기재된 때에도 가족관계등록정보시스템의 검색화면을 통하여 해당 도로명주소에 대한 지번방식의 주소임이 인정되면, 그 신고를 수리한다.

③ 가족관계등록부의 등록기준지란에 지번방식의 주소가 기록되어 있는 경우, 신고서의 등록기준지가 도로명주소로 기재된 때에도 가족관계등록정보시스템의 검색화면을 통하여 해당 지번방식의 주소에 대한 도로명주소임이 인정되면, 그 신고를 수리한다.

④ 등록기준지를 새로 지정하거나 변경하는 신고의 경우 도로명주소로 기재된 신고를 수리한다. 다만, 해당 등록기준지에 대한 도로명주소가 없는 때에는 지번방식의 주소로 등록기준지를 지정하거나 변경하는 신고도 이를 수리한다.

⑤ 행정구역, 토지의 명칭, 지번, 도로명 또는 건물번호의 부여·변경이 있는 경우, 시(구)·읍·면의 장은 가족관계등록부의 등록기준지란과 일반등록사항란에 기록된 해당 행정구역, 토지의 명칭, 지번, 도로명 또는 건물번호를 경정하여야 하고, 등록기준지란의 경정사유는 일반등록사항란에 기록한다.

[**❶** ▸ ○] 가족관계의 등록 등에 관한 규칙 제36조의2 제1항 제1호

가족관계의 등록 등에 관한 규칙 제36조의2(전자문서를 이용한 신고)

① 법 제23조의2에 따라 전산정보처리조직을 이용하여 전자문서로 할 수 있는 신고는 다음 각 호와 같다.

  1. 법 제10조 제2항에 따른 등록기준지 변경신고

  2. 법 제44조 제4항 본문 및 제46조 제1항, 제2항에 따른 부 또는 모의 출생신고

  3. 법 제96조에 따른 국적취득자의 성과 본의 창설 신고

  4. 법 제99조에 따른 개명 신고

  5. 법 제101조에 따른 가족관계등록 창설 신고

  6. 법 제104조 및 제105조에 따른 등록부정정 신청

[**❷** ▸ ○] 가족관계등록예규 제566호 3. 가. (2)

[**❸** ▸ ○] 가족관계등록예규 제566호 3. 나. (2)

☐ **가족관계등록예규 제566호[도로명주소 도입에 따른 등록기준지란의 기록을 위한 업무처리지침]**

3. 각종 신고의 수리 여부

  가. 가족관계등록부의 등록기준지란에 도로명주소가 기록되어 있는 경우

    (1) 가족관계등록사무에 관한 각종 신고서(이하 '신고서'라 한다)의 등록기준지가 도로명주소로 기재된 경우 그 신고를 수리한다.

    (2) 신고서의 등록기준지가 지번방식의 주소로 기재된 때에도 가족관계등록정보시스템의 검색화면을 통하여 해당 도로명주소에 대한 지번방식의 주소임이 인정되면, 그 신고를 수리한다.

  나. 가족관계등록부의 등록기준지란에 지번방식의 주소가 기록되어 있는 경우

    (1) 신고서의 등록기준지가 지번방식의 주소로 기재된 경우 그 신고를 수리한다.

    (2) 신고서의 등록기준지가 도로명주소로 기재된 때에도 가족관계등록정보시스템의 검색화면을 통하여 해당 지번방식의 주소에 대한 도로명주소임이 인정되면, 그 신고를 수리한다.

[**❹** ▸ ○] 등록기준지를 새로 지정하거나 변경하는 신고의 경우 도로명주소로 기재된 신고를 수리한다. 다만 해당 등록기준지에 대한 도로명주소가 없는 때에는 지번방식의 주소로 등록기준지를 지정하거나 변경하는 신고도 이를 수리한다(가족관계등록예규 제566호 4.).

[**❺** ▸ ✕] 행정구역, 토지의 명칭, 지번, 도로명 또는 건물번호의 부여·변경이 있는 경우, 가족관계의 등록 등에 관한 법률 제19조에 따라 가족관계등록부의 기록을 경정할 때에는 <u>등록기준지란에 한하여 경정하여야 하고, 일반등록사항란의 기록은 경정을 하지 않는다</u>(가족관계등록예규 제567호 1.).

답 ❺

제2장 / 출생신고

다음은 가족관계의 등록 등에 관한 법률조항의 내용이다. 다음 괄호 안에 들어갈 내용이 알맞게 열거된 것은?
2024년 법무사시험 [문 47]

> ㄱ. 의료기관의 장은 출생일부터 (A) 이내에 출생정보를 국민건강보험법 제62조에 따른 건강보험심사평가원에 제출하여야 한다.
>
> ㄴ. 시·읍·면의 장은 제44조 제1항에 따른 신고기간이 지나도록 제44조의3 제3항에 따라 통보받은 출생자에 대한 출생신고가 되지 아니한 경우에는 즉시 제46조 제1항 및 제2항에 따른 신고의무자에게 (B) 이내에 출생신고를 할 것을 최고하여야 한다.
>
> ㄷ. 시·읍·면의 장이 제38조 또는 제108조에 따라 기간을 정하여 신고 또는 신청의 최고를 한 경우에 정당한 사유 없이 그 기간 내에 신고 또는 신청을 하지 아니한 사람에게는 (C)의 과태료를 부과한다.

	A	B	C
①	10일	5일	5만원 이하
②	10일	5일	10만원 이하
③	10일	7일	5만원 이하
④	14일	5일	5만원 이하
⑤	14일	7일	10만원 이하

[A ▶ 14일] 의료기관의 장은 출생일부터 (14일) 이내에 출생정보를 「국민건강보험법」 제62조에 따른 건강보험심사평가원(이하 "심사평가원"이라 한다)에 제출하여야 한다. 이 경우 보건복지부장관이 출생사실의 통보 및 관리를 목적으로 구축하여 심사평가원에 위탁 운영하는 전산정보시스템을 이용하여 제출하여야 한다(가족관계등록법 제44조의3 제2항).

[B ▶ 7일] 시·읍·면의 장은 제44조 제1항에 따른 신고기간이 지나도록 제44조의3 제3항에 따라 통보받은 출생자에 대한 출생신고가 되지 아니한 경우에는 즉시 제46조 제1항 및 제2항에 따른 신고의무자에게 (7일) 이내에 출생신고를 할 것을 최고하여야 한다(가족관계등록법 제44조의4 제2항).

[C ▶ 10만원 이하] 시·읍·면의 장이 제38조 또는 제108조에 따라 기간을 정하여 신고 또는 신청의 최고를 한 경우에 정당한 사유 없이 그 기간 내에 신고 또는 신청을 하지 아니한 사람에게는 (10만원 이하)의 과태료를 부과한다(가족관계등록법 제121조).

답 ⑤

출생신고에 관한 다음 설명 중 가장 옳은 것은?

① 친생부인의 소를 제기한 때에는 그 재판의 확정일부터 1개월 이내에 출생신고를 하여야 한다.
② 출생신고 전에 자녀가 사망한 때에는 출생신고 없이 사망신고를 하여야 한다.
③ 부 또는 모가 기아를 찾은 때에는 3개월 이내에 출생의 신고를 하고 등록부의 정정을 신청하여야
한다.
④ 시·읍·면의 장이 출생신고서류를 수리한 때에는 그 신고사건에 무효사유가 있더라도 즉시 등록
부에 기록을 하여야 한다.
⑤ 출생신고의 수리 증명서를 청구할 때에는 수수료를 납부하여야 한다.

....

[❶ ▸ ✕] 친생부인의 소를 제기한 때에도 <u>출생 후 1개월 이내에 출생신고를 하여야 한다</u>(가족관계등록법
제44조 제1항, 제47조 참조).

> **가족관계등록법 제44조(출생신고의 기재사항)**
> ① 출생의 신고는 <u>출생 후 1개월 이내에</u> 하여야 한다.
>
> **가족관계등록법 제47조(친생부인의 소를 제기한 때)**
> 친생부인의 소를 제기한 때에도 출생신고를 하여야 한다.

[❷ ▸ ✕] 출생의 신고 전에 자녀가 사망한 때에는 <u>출생의 신고와 동시에 사망의 신고를 하여야 한다</u>(가
족관계등록법 제51조).
[❸ ▸ ✕] 부 또는 모가 기아를 찾은 때에는 <u>1개월 이내에</u> 출생의 신고를 하고 등록부의 정정을 신청하
여야 한다(가족관계등록법 제53조 제1항).
[❹ ▸ ✕] 시·읍·면의 장이 신고서류 등을 수리한 때에는 그 신고사건에 <u>무효사유가 없으면</u>, 즉시
등록부에 기록을 하여야 한다(가족관계의 등록 등에 관한 규칙 제45조 제1항).
[❺ ▸ ○] 가족관계등록법 제42조 제1항, 제3항

> **가족관계등록법 제42조(수리, 불수리증명서와 서류의 열람)**
> ① 신고인은 신고의 수리 또는 불수리의 증명서를 청구할 수 있다.
> ③ 증명서를 청구할 때에는 수수료를 납부하여야 한다.

답 ❺

① 출생자에 대한 부와 모의 가족관계증명서에 드러나는 사람과 동일한 이름을 기재한 출생신고도 수리하여야 한다.

② 모가 특정됨에도 불구하고 부가 혼인 외의 자녀에 대하여 친생자 출생신고를 할 때 모의 소재불명 또는 모가 정당한 사유 없이 출생신고에 필요한 서류 제출에 협조하지 아니하는 등의 장애가 있는 경우에는 부의 등록기준지 또는 주소지를 관할하는 가정법원의 확인을 받아 신고할 수 있다.

③ 부 또는 모가 기아를 찾아 출생신고와 더불어 시(구) · 읍 · 면의 장에게 종전 기아의 등록부를 폐쇄하기 위해서는 반드시 법원의 허가를 받아 등록부의 정정을 신청해야 한다.

④ 중혼으로 취소할 수 있는 혼인당사자 사이에서의 출생한 자녀는 혼인 외의 자로 출생신고해야 한다.

⑤ 외국에서 출생한 우리나라 국민으로서 가족관계등록부상 특정등록사항란의 출생연월일이 한국시 각으로 환산된 일자로 기록된 자가 현지 출생연월일로 정정하고자 하는 때에는 간이직권정정을 통해 정정할 수 있다.

....

[❶ ▸ ✕] 출생자에 대한 부와 모의 가족관계증명서에 드러나는 사람과 동일한 이름을 기재한 출생신 고는 이름을 특정하기 곤란한 것이므로 이를 수리해서는 안 된다(가족관계등록예규 제638호 2. 가.).

[❷ ▸ ○] 부가 혼인 외의 자녀에 대하여 친생자출생의 신고를 한 때에는 그 신고는 인지의 효력이 있다. 다만, 모가 특정됨에도 불구하고 부가 본문에 따른 신고를 함에 있어 모의 소재불명 또는 모가 정당한 사유 없이 출생신고에 필요한 서류 제출에 협조하지 아니하는 등의 장애가 있는 경우에는 부의 등록기준지 또는 주소지를 관할하는 가정법원의 확인을 받아 신고를 할 수 있다(가족관계등록법 제57조 제1항).

[❸ ▸ ✕] 가족관계등록예규 제413호 제5조 제1항, 제2항, 제3항

☐ **가족관계등록예규 제413호[기아에 관한 가족관계등록사무 처리지침]**

제5조(부모가 기아를 찾은 때)

① 부 또는 모가 기아를 찾아 법 제44조 제2항에 따라 출생신고를 할 때에는 기아발견조서에 따라 작성된 가족관계등록부의 등록사항별 증명서를 첨부하게 하고, 출생신고서 양식(가족관계등록사무의 문서 양 식에 관한 예규 별지양식 제1호) 중 "기타사항란"에 부 또는 모가 기아를 찾아 법 제53조 제1항에 따라 기아의 출생신고를 한다는 뜻을 기재하게 하여 수리한다.

② 기아의 출생신고를 수리한 시(구) · 읍 · 면의 장이 법 제53조 제1항에 따른 등록부정정신청을 받은 때에 는, 가족관계의 등록 등에 관한 규칙 제58조에 따라 동일인 여부를 확인한 후 동일인이 틀림없으면 기아발견조서에 따른 가족관계등록부를 폐쇄한다.

③ 제2항의 등록부정정신청을 할 때에는 법원의 허가를 요하지 아니한다.

[❹ ▸ ✕] 중혼은 취소원인이나 그 취소의 효력은 이전으로 소급하지 아니하므로, 중혼으로 취소할 수 있는 혼인당사자 사이에서의 출생한 자녀는 혼인 중의 자로 출생신고를 하여야 한다(가족관계등록예규 제412호 제5조).

[❺ ▸ ✕] 외국에서 출생한 우리나라 국민으로서 가족관계등록부상 특정등록사항란의 출생연월일이 한국시각으로 환산된 일자로 기록된 자가 현지 출생연월일로 정정하고자 하는 때에는 가족관계의 등록 등에 관한 법률 제104조에 따라 사건 본인의 등록기준지를 관할하는 가정법원에 등록부정정허가신청을 하여 그 허가를 받아야 한다. 일반등록사항란의 출생시각이 한국시각으로 기록된 자가 현지시각으로 정정하고자 하는 때에도 또한 같다(가족관계등록예규 제538호 4.).

답 ❷

친생자관계존부확인의 소에 관한 다음 설명 중 가장 옳지 않은 것은?(다툼이 있는 경우 판례·예규 및 선례에 의함. 이하 같음)

① 부부의 일방이 장기간에 걸쳐 해외에 나가 있거나 사실상의 이혼으로 부부가 별거하고 있는 경우 등 부부의 동거가 없어 모가 법률상 남편의 자를 포태할 수 없는 외관상 명백한 사정이 있는 경우에는 친생자 추정이 미치지 않고 부자관계(父子關係) 다툼은 친생자관계부존재확인의 소에 의하여 가능하다.

② 혼인 외 출생자와 사망한 부 사이에 친생자관계존재확인판결이 확정되면 그들 사이에 친생자관계가 형성되므로, 혼인 외 출생자가 자신과 사망한 부의 사이에 친생자관계존재확인판결의 등본과 그 확정증명원을 첨부하여 자신의 가족관계등록부상 부란에 사망한 부의 성명을 기재하여 달라는 취지의 등록부정정신청을 하는 경우 시(구)·읍·면의 장은 이를 수리하여야 한다.

③ 민법 제844조의 친생추정을 번복하기 위하여는 친생부인의 소를 제기하여 그 확정판결을 받아야 하고, 이러한 친생부인의 소가 아닌 민법 제865조 소정의 친생자관계부존재확인의 소에 의하여 그 친생자관계의 부존재확인을 구하는 것은 부적법하다.

④ 부가 출생신고한 자녀가 가족관계등록부상 모와 친생자관계부존재확인판결이 확정된 경우 소를 제기한 자 또는 상대방이 판결등본과 확정증명서를 첨부하여 가족관계등록부정정신청을 하면 자녀의 가족관계등록부에 모의 특정등록사항을 말소한다.

⑤ 허위의 친생자출생신고를 한 것이 입양신고로서의 기능을 발휘하여 입양의 효력이 발생하였다면 파양에 의하여 양친자관계를 해소할 필요가 있는 등의 특별한 사정이 없는 한, 친생자관계부존재확인의 소는 확인의 이익이 없는 것으로서 부적법하다.

[❶▸O] 민법 제844조는 부부가 동거하여 처가 부의 자를 포태할 수 있는 상태에서 자를 포태한 경우에 적용되는 것이고 부부의 한쪽이 장기간에 걸쳐 해외에 나가 있거나 사실상의 이혼으로 부부가 별거하고 있는 경우 등 동서의 결여로 처가 부의 자를 포태할 수 없는 것이 외관상 명백한 사정이 있는 경우에는 그 추정이 미치지 아니하므로 이 사건에 있어서 처가 가출하여 부와 별거한 지 약 2년 2개월 후에 자를 출산하였다면 이에는 동조의 추정이 미치지 아니하여 부는 친생부인의 소에 의하지 않고 친자관계부존재확인소송을 제기할 수 있다(대판[전합] 1983.7.12. 82므59).

[❷▸×] 혼인 외 출생자가 사망한 부의 친생자 신분을 취득하려면 사망한 부가 생전에 혼인 외 출생자를 인지하였거나 그 사망을 안 날로부터 2년 이내에 검사를 상대로 인지청구의 소를 제기하여야 하고 이와 같은 인지가 없는 한 비록 혼인 외 출생자와 사망한 부 사이에 친생자관계존재확인판결이 확정되었다고 하여도 그들 사이에 친생자관계가 형성될 수는 없으므로, 혼인 외 출생자가 자신과 사망한 부의 사이에 친생자관계존재확인판결의 등본과 그 확정증명원을 첨부하여 자신의 가족관계등록부상 부란에 사망한 부의 성명을 기재하여 달라는 취지의 등록부정정신청을 하거나, 나아가 친생자관계존재확인판결의 등본과 그 확정증명원에 기하여 가족관계의 등록 등에 관한 법률 제104조의 절차에 따른 등록부정정허가결정을 받아 그 허가결정의 등본을 첨부하여 자신의 가족관계등록부상 부란에 사망한 부의 성명을 기재하여 달라는 취지의 등록부정정신청을 하더라도 시(구)·읍·면의 장이 이를 수리할 수는 없다(가족관계등록선례 제201111-1호).

[**❸ ▸ ○**] 민법 제844조 제1항의 친생추정은 다른 반증을 허용하지 않는 강한 추정이므로, 처가 혼인 중에 포태한 이상 그 부부의 한쪽이 장기간에 걸쳐 해외에 나가 있거나 사실상의 이혼으로 부부가 별거하고 있는 경우 등 동서의 결여로 처가 부의 자를 포태할 수 없는 것이 외관상 명백한 사정이 있는 경우에만 그러한 추정이 미치지 않을 뿐이고 이러한 예외적인 사유가 없는 한 아무도 그자가 부의 친생자가 아님을 주장할 수 없는 것이어서, 이와 같은 추정을 번복하기 위하여는 부가 민법 제846조, 제847조에서 규정하는 친생부인의 소를 제기하여 그 확정판결을 받아야 하고, 이러한 친생부인의 소의 방법이 아닌 민법 제865조 소정의 친생자관계부존재확인의 소의 방법에 의하여 그 친생자관계의 부존재확인을 소구하는 것은 부적법하다(대판 1997.2.25. 96므1663).

[**❹ ▸ ○**] 부가 출생신고한 자녀가 등록부상 모와 친생자관계부존재 확인판결이 확정된 경우 소를 제기한 자 또는 상대방이 판결등본과 확정증명서를 첨부하여 가족관계등록부정정신청을 하면 자녀의 가족관계등록부에 모의 특정등록사항을 말소한다. 친생자관계가 부존재하는 모의 가족관계등록부에는 사건본인에 관한 특정등록사항을 말소한다(가족관계등록예규 제605호 제4조 제1항).

[**❺ ▸ ○**] 친생자로 출생신고를 한 것이 입양신고로서의 기능을 발휘하여 입양의 효력이 발생하였다면 파양에 의하여 양친자관계를 해소할 필요가 있는 등의 특별한 사정이 없는 한, 호적의 기재를 말소하여 법률상 친자관계의 존재를 부정하게 되는 친생자관계부존재확인의 소는 확인의 이익이 없는 것으로서 부적법하다(대판[전합] 1994.5.24. 93므119).

답 ❷

---

22 □□□ 출생신고에 관한 다음 설명 중 가장 옳은 것은? 2020년 법무사시험 [문 46]

① 부가 혼인 전의 출생자를 혼인 후에 혼인 중의 출생자로 출생신고를 할 때에는 혼인 외의 출생자로 출생신고한 것이므로 이를 수리할 수 없다.

② 성명란의 한자란에 한글과 한자(인명용 한자의 제한범위 내의 것)를 혼합하여 표기한 출생신고 등은 수리할 수 없다.

③ 중혼은 취소원인이나 그 취소의 효력은 이전으로 소급하지 아니하므로, 중혼으로 취소할 수 있는 혼인당사자 사이에서의 출생한 자녀는 혼인 중의 자로 출생신고를 하여야 한다.

④ 부 또는 모의 출생신고는 전산정보처리조직을 이용하여 전자문서로 할 수 없다.

⑤ 한국인 생부와 일본인 모 사이의 혼인 외의 자가 일본에서 출생한 경우, 한국인 생부가 가족관계의 등록 등에 관한 법률 제57조의 친생자 출생신고를 할 수 있다.

....

[**❶ ▸ ✕**] 부가 혼인 전의 출생자를 혼인 후에 혼인 중의 출생자로 출생신고를 할 때에는 법 제57조에 따라 인지신고의 효력과 부모의 혼인에 의한 혼인 중의 자의 신분취득의 효력이 동시에 있으므로 이를 수리하여야 한다(가족관계등록예규 제412호 제6조).

[**❷ ▸ ✕**] 성명란의 한자란에 한글과 한자(인명용 한자의 제한범위 내의 것)를 혼합하여 표기한 출생신고 등은 수리할 수 있다(가족관계등록예규 제638호 5.).

[**❸ ▸ ○**] 중혼은 취소원인이나 그 취소의 효력은 이전으로 소급하지 아니하므로, 중혼으로 취소할 수 있는 혼인당사자 사이에서의 출생한 자녀는 혼인 중의 자로 출생신고를 하여야 한다(가족관계등록예규 제412호 제5조).

[**❹** ▸ ✕] 가족관계의 등록 등에 관한 규칙 제36조의2 제1항 제2호

> **가족관계의 등록 등에 관한 규칙 제36조의2(전자문서를 이용한 신고)**
> ① 법 제23조의2에 따라 전산정보처리조직을 이용하여 전자문서로 할 수 있는 신고는 다음 각 호와 같다.
>   1. 법 제10조 제2항에 따른 등록기준지변경신고
>   2. 법 제44조 제4항 본문 및 제46조 제1항, 제2항에 따른 <u>부 또는 모의 출생신고</u>
>   3. 법 제96조에 따른 국적취득자의 성과 본의 창설신고
>   4. 법 제99조에 따른 개명신고
>   5. 법 제101조에 따른 가족관계등록창설신고
>   6. 법 제104조 및 제105조에 따른 등록부정정신청

[**❺** ▸ ✕] 한국인 생부와 일본인 모 사이의 혼인 외의 자가, 1) 국내에서 출생한 경우에는 대한민국 영토 내에서 출생한 외국인이므로, 한국인 생부는 인지의 방식으로 인지신고나 친생자 출생신고 중 하나를 선택할 수 있다. 그러나 2) <u>일본에서 출생한 경우에는 외국에서 출생한 외국인에 해당하므로, 한국인 생부는 인지신고를 하여야 하며 친생자 출생신고를 할 수는 없다</u>(가족관계등록선례 제201806-3호 4.).

🖐 답 ❸

---

23 □□□　자녀의 성과 본에 관한 다음 설명 중 가장 옳지 않은 것은? **2023년 법무사시험 [문 42]**

① 부모가 혼인신고 시 민법 제781조 제1항 단서에 따라 자가 모의 성과 본을 따르기로 협의한 경우에 자녀는 모의 성과 본을 따르며, 혼인신고 시 협의하지 아니하였던 부부가 이혼 후 동일한 당사자끼리 다시 혼인하는 경우에도 민법 제781조 제1항 단서에 따른 협의를 할 수 있다.

② 혼인 외의 자가 인지된 경우에는 부의 성과 본을 따른다. 다만, 인지신고 시 부모의 협의에 의하여 종전의 성과 본을 계속 사용하기로 하는 협의서를 제출한 경우에는 종전의 성과 본을 그대로 사용할 수 있으며, 이 경우 자녀의 가족관계등록부에는 종전 성과 본을 유지한다는 취지를 기록하여야 한다.

③ 부가 인지하지 아니한 혼인 외의 출생자라도 부의 성과 본을 알 수 있는 경우에는 부의 성과 본을 따를 수 있으며, 부의 성명을 그 자녀의 일반등록사항란 및 특정등록사항란의 부란에 기록한다.

④ 혼인 중 출생자의 부가 외국인이고 모가 대한민국 국민인 경우 민법 제781조 제2항에 따라 그 자녀는 모의 성과 본을 따를 수 있으며, 혼인 외 출생자의 부가 외국인이고 모가 대한민국 국민인 경우 그 자녀는 모의 성과 본을 따른다.

⑤ 외국인인 부가 한국인인 혼인 외의 자를 인지하는 경우에 혼인 외의 자가 부의 성을 따를 때 외국인 부의 성이 외국어로서 한자인 경우, 그 자녀의 성 표기에 대하여는 그 한자에 대한 한국식 발음의 한글 및 한자를 병기하는 방법으로도 이를 표기할 수 있다. 다만, 그 한자는 그에 대응하는 한국통용의 한자가 소명되어야 하며 외국인 부가 그의 나라에서 발행한 공문서에 의하여 이를 소명하여야 한다.

[**❶** ▸ ○] 부모(부 또는 모가 외국인인 경우를 포함한다)가 혼인신고 시 민법 제781조 제1항 단서에 따라 자가 모의 성과 본을 따르기로 협의한 경우에는, 제2조 제1항에도 불구하고 자녀는 모의 성과 본을 따른다. 혼인신고 시 협의하지 아니하였던 부부가 이혼 후 동일한 당사자끼리 다시 혼인하는 경우에도 민법 제781조 제1항 단서에 따른 협의를 할 수 있다(가족관계등록예규 제616호 제3조 제1항).

[**❷** ▸ ○] 혼인 외의 자가 인지된 경우에는 부의 성과 본을 따른다. 다만, 인지신고 시 부모의 협의에 의하여 종전의 성과 본을 계속 사용하기로 하는 별지 2 양식의 협의서를 제출한 경우에는 종전의 성과 본을 그대로 사용할 수 있으며, 이 경우, 자녀의 가족관계등록부에는 종전 성과 본을 유지한다는 취지를 기록하여야 한다(가족관계등록예규 제616호 제8조 제1항).

[**❸** ▸ ×] 제2항의 부를 알 수 없는 자녀란 모가 부라고 인정할 사람을 알 수 없는 자녀를 말하므로, 혼인 외의 자라도 부의 성과 본을 알 수 있는 경우에는 부의 성과 본을 따라 가족관계등록을 할 수 있다. 그러나 그 자녀가 인지되기 전에는 가족관계등록부상 부란에 부의 성명을 기록할 수 없다(가족관계등록예규 제616호 제2조 제3항).

[**❹** ▸ ○] 가족관계등록예규 제616호 제11조 제1항, 제3항

> □ **가족관계등록예규 제616호[자녀의 성과 본에 관한 가족관계등록사무 처리지침]**
> **제11조(부가 외국인인 경우)**
> ① 혼인 외 출생자의 부가 외국인이고 모가 대한민국 국민인 경우, 그 자녀는 모의 성과 본을 따른다.
> ③ 혼인 중 출생자의 부가 외국인이고 모가 대한민국 국민인 경우, 제2조 제1항에도 불구하고 제3조에 따르지 아니하고, 민법 제781조 제2항에 따라 그 자녀는 모의 성과 본을 따를 수 있다.

[**❺** ▸ ○] 가족관계등록예규 제616호 제12조 제1항, 제2항

> □ **가족관계등록예규 제616호[자녀의 성과 본에 관한 가족관계등록사무 처리지침]**
> **제12조(외국인 부가 혼인 외 자를 인지한 경우)**
> ① 외국인인 부가 한국인인 혼인 외의 자를 인지한 경우에 그 자녀의 성과 본에 관하여는 제8조부터 제10조까지의 규정을 준용한다.
> ② 제1항에 의하여 혼인 외의 자가 부의 성을 따를 때 외국인 부의 성이 외국어로서 한자인 경우, 그 자녀의 성 표기에 대하여는 다음 각 호의 방법 중 하나를 선택할 수 있다. 다만 제2호의 방법을 선택할 경우 그 한자는 그에 대응하는 한국통용의 한자가 소명되어야 하고, 외국인 부가 그의 나라에서 발행한 공문서에 의하여 이를 소명하여야 한다.
> 1. 외국식 발음의 성을 원지음대로 한글로만 표기하는 방법
> 2. 그 한자에 대한 한국식 발음의 한글 및 한자를 병기하는 방법

답 **❸**

제3장 / 인지신고

24 □□□
다음 신고 중 가족관계의 등록 등에 관한 법률상 유언녹음을 기재한 서면 첨부가 가능한 경우는?
2024년 법무사시험 [문 43]

① 친권자 지정 신고
② 인지신고
③ 친양자의 입양신고
④ 사망신고
⑤ 입양신고

[❷ ▶ ○] 유언에 의한 인지의 경우에는 유언집행자는 그 취임일부터 1개월 이내에 인지에 관한 유언서 등본 또는 유언녹음을 기재한 서면을 첨부하여 제55조 또는 제56조에 따라 신고를 하여야 한다(가족관계 등록법 제59조).

답 ❷

25 □□□
인지(신고)에 관한 다음 설명 중 가장 옳지 않은 것은?
2023년 법무사시험 [문 49]

① 부가 혼인 외의 자녀에 대하여 친생자출생의 신고를 한 때에는 그 신고는 인지의 효력이 있다. 다만, 모가 특정됨에도 불구하고 부가 본문에 따른 신고를 함에 있어 모의 소재불명 또는 모가 정당한 사유 없이 출생신고에 필요한 서류 제출에 협조하지 아니하는 등의 장애가 있는 경우에는 부의 등록기준지 또는 주소지를 관할하는 가정법원의 확인을 받아 신고를 할 수 있다.

② 인지의 재판이 확정된 경우에 소를 제기한 사람은 재판의 확정일부터 1개월 이내에 재판서의 등본 및 확정증명서를 첨부하여 그 취지를 신고하여야 하고, 그 소의 상대방도 위 서류를 첨부하여 인지의 재판이 확정된 취지를 신고할 수 있다.

③ 혼인 외 출생자와 그 부의 법률상의 친자관계는 부의 인지에 의하여서만 발생하는 것이므로 부가 사망한 경우에는 그 사망을 안 날로부터 2년 이내에 검사를 상대로 인지청구의 소를 제기하여야 하고, 생모가 혼인 외 출생자를 상대로 혼인 외 출생자와 사망한 부 사이의 친생자관계존재확인을 구하는 소는 허용될 수 없다.

④ 부가 혼인 외의 자녀에 대하여 친생자출생의 신고를 할 때, 모의 성명·등록기준지 및 주민등록번호의 전부 또는 일부를 알 수 없어 모를 특정할 수 없는 경우 또는 모가 공적 서류·증명서·장부 등에 의하여 특정될 수 없는 경우에는 부의 등록기준지 또는 주소지를 관할하는 가정법원의 확인을 받아 위 신고를 할 수 있다.

⑤ 부가 혼인 외의 자에 대하여 친생자 출생신고를 한 때에는 그 신고는 인지의 효력이 있으므로, 이와 같은 신고로 인한 친자관계의 외관을 배제하는 때에는 인지에 대한 이의의 소 또는 인지무효의 소를 제기하여야 한다.

[**❶** ▸ ○] [**❹** ▸ ○] 가족관계등록법 제57조 제1항, 제2항

> **가족관계등록법 제57조(친생자출생의 신고에 의한 인지)**
> ① 부가 혼인 외의 자녀에 대하여 친생자출생의 신고를 한 때에는 그 신고는 인지의 효력이 있다. 다만, 모가 특정됨에도 불구하고 부가 본문에 따른 신고를 함에 있어 모의 소재불명 또는 모가 정당한 사유 없이 출생신고에 필요한 서류 제출에 협조하지 아니하는 등의 장애가 있는 경우에는 부의 등록기준지 또는 주소지를 관할하는 가정법원의 확인을 받아 신고를 할 수 있다.
> ② 모의 성명·등록기준지 및 주민등록번호의 전부 또는 일부를 알 수 없어 모를 특정할 수 없는 경우 또는 모가 공적 서류·증명서·장부 등에 의하여 특정될 수 없는 경우에는 부의 등록기준지 또는 주소지를 관할하는 가정법원의 확인을 받아 제1항에 따른 신고를 할 수 있다.

[**❷** ▸ ○] 가족관계등록법 제58조 제1항, 제3항

> **가족관계등록법 제58조(재판에 의한 인지)**
> ① 인지의 재판이 확정된 경우에 소를 제기한 사람은 재판의 확정일부터 1개월 이내에 재판서의 등본 및 확정증명서를 첨부하여 그 취지를 신고하여야 한다.
> ③ 제1항의 경우에는 그 소의 상대방도 재판서의 등본 및 확정증명서를 첨부하여 인지의 재판이 확정된 취지를 신고할 수 있다. 이 경우 제2항을 준용한다.

[**❸** ▸ ○] 혼인 외 출생자의 경우에 모자관계는 인지를 요하지 아니하고 법률상 친자관계가 인정될 수 있지만, 부자관계는 부의 인지에 의하여서만 발생하는 것이므로, 부가 사망한 경우에는 그 사망을 안 날로부터 2년 이내에 검사를 상대로 인지청구의 소를 제기하여야 하고, 생모나 친족 등 이해관계인이 혼인 외 출생자를 상대로 혼인 외 출생자와 사망한 부 사이의 친생자관계존재확인을 구하는 소는 허용될 수 없다(대판 2022.1.27. 2018므11273).

[**❺** ▸ ✕] 인지에 대한 이의의 소 또는 인지무효의 소는 민법 제855조 제1항, 호적법 제60조의 규정에 의하여 생부 또는 생모가 인지신고를 함으로써 혼인 외의 자를 인지한 경우에 그 효력을 다투기 위한 소송이며, 위 각 법조에 의한 인지신고에 의함이 없이 일반 출생신고에 의하여 호적부상 등재된 친자관계를 다투기 위하여는 위의 각 소송과는 별도로 민법 제865조가 규정하고 있는 친생자관계부존재확인의 소에 의하여야 할 것인바, 호적법 제62조에 부가 혼인 외의 자에 대하여 친생자 출생신고를 한 때에는 그 신고는 인지의 효력이 있는 것으로 규정되어 있으나, <u>그 신고가 인지신고가 아니라 출생신고인 이상 그와 같은 신고로 인한 친자관계의 외관을 배제하고자 하는 때에도 인지에 관련된 소송이 아니라 친생자관계부존재확인의 소를 제기하여야 한다</u>(대판 1993.7.27. 91므306).

답 **❺**

① 혼인신고가 위법하여 무효인 경우에도 그 무효의 혼인 중의 출생자를 부가 출생신고하여 그 등록부를 작성한 이상 그 사람에 대한 인지의 효력이 있다.

② 외국인 부와 한국인 모 사이에서 출생한 혼인 외의 자, 즉 한국인 자녀에 대해서 모가 출생신고한 후 혼인 외 자의 생모와 외국인 부가 혼인을 하더라도 그것만으로는 외국인 부와 혼인 외의 자 사이에 친자관계가 발생하는 것은 아니다.

③ 한국인 생부와 일본인 모 사이의 혼인 외의 자가 일본에서 출생한 경우에는 한국인의 생부는 인지신고 또는 친생자 출생신고(가족관계의 등록 등에 관한 법률 제57조)를 할 수 있다.

④ 혼인 중의 여자가 다른 남자와의 사이에서 출생한 자녀는 친자관계에 관한 재판을 거치지 않고 다른 남자의 자녀로 출생신고를 할 수 없다.

⑤ 모의 혼인 외의 자로 등록부가 작성된 자가 가족관계등록이 되어 있지 않은 채 사망한 부를 상대(검사를 피고로 한다)로 인지재판을 청구하여 그 판결이 확정된 경우에는 피인지자의 등록부 일반등록사항란에 인지사유를 기록하고 부란에 부의 성명을 기록하여야 한다.

....

[**❶ ▸ O**] 혼인신고가 위법하여 무효인 경우에도 그 무효의 혼인 중 출생한 자녀를 부가 출생신고하여 그 가족관계등록부를 작성한 이상 그 사람에 대한 인지의 효력이 있다(가족관계등록예규 제122호).

[**❷ ▸ O**] 가족관계등록예규 제592호 4.

> ❑ **가족관계등록예규 제592호[한국인 모와 외국인 부 사이에 출생한 혼인 외 자에 대한 인지 및 부모의 혼인에 따른 가족관계등록사무 처리지침]**
> 한국인 모와 외국인 부 사이에 출생한 혼인 외 자는 한국의 국적을 취득(국적법 제2조 제1항 제1호)한 자녀이므로 혼인 외 자에 대한 출생신고의무자인 생모의 출생신고에 의하여 그 자녀의 가족관계등록부를 작성하고, 그 후 외국인인 부가 인지한 경우의 가족관계등록사무처리 절차는 아래와 같다.
> 　4. 유의사항
> 　　혼인 외 자의 생모와 외국인 부가 후에 혼인을 하더라도 그것만으로는 외국인 부와 혼인 외 자 사이에 친자관계가 발생하는 것은 아니다.

[**❸ ▸ ✕**] 한국인 생부와 일본인 모 사이이 혼인 외의 자가, ㉠ 국내에서 출생한 경우에는 대한민국 영토 내에서 출생한 외국인이므로, 한국인 생부는 인지의 방식으로 인지신고나 친생자 출생신고 중 하나를 선택할 수 있다. 그러나 ㉡ 일본에서 출생한 경우에는 외국에서 출생한 외국인에 해당하므로, 한국인 생부는 인지신고를 하여야 하며 친생자 출생신고를 할 수는 없다(가족관계등록선례 제201806-3호 4.).

[**❹ ▸ O**] 혼인 숭의 여자가 다른 남자와의 사이에서 출생한 자녀는 친자관계에 관한 재판을 거치지 않고 다른 남자의 자녀로 출생신고를 할 수 없다(가족관계등록예규 제412호 제7조).

[**❺ ▸ O**] 모의 혼인 외 출생자로 가족관계등록부가 작성된 사람이 가족관계등록이 되어 있지 아니한 채 사망한 부를 상대(검사를 피고로 한다)로 인지재판을 청구하여 그 판결이 확정된 경우에는 피인지자의 가족관계등록부 일반등록사항란에 인지사유를 기록하고 부란에 부의 성명을 기록하여야 한다(가족관계등록예규 제123호 1.).

답 **❸**

27 다음 신고 중 유언집행자가 신고하여야 하는 경우는?　　　　　**2020년 법무사시험 [문 48]**

① 입양신고
② 개명신고
③ 미성년후견 종료신고
④ 인지신고
⑤ 친권자 지정 신고

....

[**❶ ▸ ✕**][**❷ ▸ ✕**][**❸ ▸ ✕**][**❹ ▸ O**][**❺ ▸ ✕**]　유언에 의한 인지의 경우에는 유언집행자는 그 취임일부터 1개월 이내에 인지에 관한 유언서등본 또는 유언녹음을 기재한 서면을 첨부하여 제55조 또는 제56조에 따라 신고를 하여야 한다(가족관계등록법 제59조).

답 ❹

제4장　입양신고

---

28 입양신고 및 가족관계증명서에 관한 다음 설명 중 가장 옳지 않은 것은?

2020년 법무사시험 [문 44]

① 민법 제871조 제2항에 따라 부모의 동의를 갈음하는 심판이 있는 경우에는 가정법원의 심판서를 첨부하여야 한다.
② 양자가 13세 미만인 경우에는 민법 제869조 제2항에 따라 입양을 승낙한 법정대리인이 신고하여야 한다. 다만, 양자 본인이 신고를 하여도 된다.
③ 양부모의 가족관계증명서에는 친생자와 양자 모두 자녀로 기재된다.
④ 외국인이 양부 또는 양모로 기재된 입양신고도 수리될 수 있다.
⑤ 단독입양한 양부가 친생모와 혼인관계에 있는 때라면, 양자의 가족관계증명서에는 양부와 친생모가 부모로 기재된다.

....

[**❶ ▸ O**]　민법 제871조 제2항에 따라 부모의 동의를 갈음하는 심판이 있는 경우에는 가정법원의 심판서를 첨부하여야 한다(가족관계등록법 제62조 제3항).

[**❷ ▸ ✕**]　양자가 13세 미만인 경우에는 민법 제869조 제2항에 따라 입양을 승낙한 법정대리인이 신고하여야 한다(가족관계등록법 제62조 제1항).

□ **가족관계등록예규 제415호[입양 및 파양신고에 관한 사무처리지침]**

제6조(입양신고인 등)

① 입양신고는 입양당사자인 양친과 양자가 함께 신고함으로써 그 효력이 생긴다. 다만, 양자가 13세 미만인 때에는 민법 제869조 제2항에 따라 입양을 승낙한 법정대리인과 양친이 신고하여야 한다.

② 제1항에도 불구하고 민법 제869조 제3항에 따라 가정법원이 법정대리인의 승낙 없이 입양을 허가한 경우에는 그 사유를 소명하는 자료를 첨부하여 양친이 신고할 수 있다.

[❸ ▸ ○] 가족관계증명서는 본인을 기준으로 하여 부모, 배우자 및 자녀(친생자와 양자를 구별하지 아니하고 모두 자녀로 기재된다) 등을 나타내는 증명서이다.

[❹ ▸ ○] 입양신고서에 당사자가 외국인인 때에는 그 성명·출생연월일·국적 및 외국인등록번호를 기재하여야 하므로 국제입양의 성립요건을 갖추면 외국인이 양부 또는 양모로 기재된 입양신고도 수리될 수 있다(가족관계등록법 제61조 제1호 참조).

가족관계등록법 제61조(입양신고의 기재사항)

입양의 신고서에는 다음 사항을 기재하여야 한다.

   1. 당사자의 성명·본·출생연월일·주민등록번호·등록기준지(당사자가 외국인인 때에는 그 성명·출생연월일·국적 및 외국인등록번호) 및 양자의 성별
   2. 양자의 친생부모의 성명·주민등록번호 및 등록기준지

[❺ ▸ ○] 가족관계등록법 제15조 제2항 제1호 나목

가족관계등록법 제15조(증명서의 종류 및 기록사항)

② 제1항 각 호의 증명서에 대한 일반증명서의 기재사항은 다음 각 호와 같다.

   1. 가족관계증명서
      가. 본인의 등록기준지·성명·성별·본·출생연월일 및 주민등록번호
      나. 부모의 성명·성별·본·출생연월일 및 주민등록번호(입양의 경우 양부모를 부모로 기록한다. 다만, 단독입양한 양부가 친생모와 혼인관계에 있는 때에는 양부와 친생모를, 단독입양한 양모가 친생부와 혼인관계에 있는 때에는 양모와 친생부를 각각 부모로 기록한다)
      다. 배우자, 생존한 현재의 혼인 중의 자녀의 성명·성별·본·출생연월일 및 주민등록번호

답 ❷

PART 1 PART 2 PART 3 **PART 4** PART 5 PART 6 PART 7 PART 8

제5장 / 친양자입양신고

29
☐☐☐

친양자입양에 관한 다음 설명 중 가장 옳지 않은 것은? 2018년 법무사시험 [문 44]

① 종전 일반입양이 된 상태에서 친양자입양이 이루어지고 친양자입양이 파양된 경우에 친양자입양 전의 양부모와 친양자입양의 양부모가 동일인인 경우에는 친생부모와의 친족관계만을 부활기록하고 일반입양관계는 부활기록하지 아니한다.

② 사망을 원인으로 가족관계등록부가 폐쇄된 사람의 자녀가 친양자입양되었을 경우에는, 그 폐쇄등록부에 친양자입양으로 자녀가 말소된 사유를 기록하여야 한다.

③ 甲남이 乙녀를 친양자입양하였으나 甲남과 乙녀 간 친양자파양 없이 丙남이 乙녀에 대하여 새로이 친양자입양을 허가하는 재판을 받아 확정된 후 해당 친양자입양신고를 하여 그 신고가 수리된 경우, 친양자 乙녀의 가족관계증명서상 부로 새로운 양부 丙남만 기재되어야 하고 종전 양부 甲남은 말소되어야 한다.

④ 일반입양된 양자가 친양자로 입양이 되는 경우에 친양자의 가족관계등록부는 재작성하여야 하고, 재작성 시 일반입양에 관한 기록을 이기하여야 한다.

⑤ 친양자입양신고가 있는 경우 친양자입양을 한 양부모의 가족관계증명서에는 친양자가 자녀로, 친양자입양관계증명서에는 친양자로 현출되도록 하여야 한다.

....

[❶ ▶ ○] 가족관계등록예규 제373호 제13조 제1항·제3항

> □ **가족관계등록예규 제373호[친양자입양재판에 따른 사무처리지침]**
> **제13조(친양자의 파양과 일반입양 부활의 경우 등)**
> ① 종전 일반입양이 된 상태에서 친양자입양이 이루어지고 친양자입양이 파양된 경우 파양한 친양자의 가족관계등록부의 양부모란에 일반입양의 양부모의 성명 등 특정등록사항을 부활 기록하여야 하며, 그 사유를 일반등록사항란에 기록하되 입양관계증명서에 현출되도록 하여야 한다.
> ③ 제1항과 제2항에도 불구하고 친양자파양의 경우에 친양자입양 전의 양부모와 친양자입양의 양부모가 동일인인 경우에는 친생부모와의 친족관계만을 부활기록하고 일반입양관계는 부활기록하지 아니한다.

[❷ ▶ ○] 사망, 부재(실종)선고의 사유로 등록부가 폐쇄되었고 그 이후 등록부가 폐쇄된 사람의 자녀가 친양자입양되었을 경우에는, 그 폐쇄등록부에 친양자입양으로 자녀가 말소된 사유를 기록하여야 한다(가족관계등록예규 제373호 제16조).

[❸ ▶ ○] 현행 민법상 친양자입양 전의 친족관계는 친양자입양이 확정된 때에 종료하게 되는바, 이는 사안의 경우처럼 병남과 정녀 간 친양자파양 없이 무남이 정녀에 대하여 새로이 친양자입양을 허가하는 재판을 받아 그 재판만 확정된 때에도 마찬가지라고 할 것이다. 따라서 무남이 해당 친양자입양신고를 하여 그 신고가 수리된 이상, 친양자 정녀의 가족관계증명서상 부로 새로운 양부 무남만 기재되어야 하고, 종전 양부 병남은 말소되어야 할 것이다(가족관계등록선례 제201706-1호).

[**④ ▸ ✕**]　일반입양된 양자가 친양자로 입양이 되는 경우에 친양자의 가족관계등록부는 제3조와 제4조에 따라 재작성하여야 하고, 재작성 시 일반입양에 관한 기록도 이기하지 아니한다(가족관계등록예규 제373호 제7조 제4항).

[**⑤ ▸ ○**]　시(구)·읍·면의 장은 친양자입양을 한 양부모의 가족관계등록부에 친양자입양사유를 기록하고, 친양자의 성명 등 특정등록사항을 기록하여 가족관계증명서에는 친양자가 자녀로, 친양자입양관계증명서에는 친양자로 현출되도록 하여야 한다(가족관계등록예규 제373호 제6조 제1항).

답 ❹

제6장　혼인신고

30
□□□

혼인신고 및 혼인신고수리불가신고에 관한 다음 설명 중 가장 옳지 않은 것은?

2021년 법무사시험 [문 45]

① 혼인신고인이 생존 중에 혼인신고서를 우송하였으나 그 혼인신고인 일방이 사망한 후에 혼인신고서가 도착한 경우라도 시(구)·읍·면의 장은 이를 수리하여야 한다.

② 혼인신고서와 혼인신고수리불가신고서의 접수일이 같고, 그 선·후의 판명을 할 수 없을 때에는 혼인신고서가 먼저 접수된 것으로 처리한다.

③ 한국에서 한국인 남자와 외국인 여자 사이에 혼인한 경우 혼인신고를 수리한 시(구)·읍·면의 장은 남편의 가족관계등록부 일반등록사항란에 혼인사유만을 기록하였다가 나중에 귀화통보가 있을 때에 처의 가족관계등록부를 작성한다.

④ 미성년자가 혼인하는 경우에는 부모의 동의를 받아야 하며, 부모 중 한쪽의 동의권을 행사할 수 없는 때에는 다른 한쪽의 동의를 받아야 한다. 부모가 모두 동의권을 행사할 수 없는 때에는 미성년후견인의 동의를 얻어야 한다.

⑤ 혼인신고수리불가신고서의 제출횟수는 제한이 없으며 6개월의 범위 내에서 취급기간을 정하여야 한다. 또한, 취급 상대방은 특정된 1인이어야 하며 불특정 다수를 상대로 한 수리불가신고서는 제출할 수 없다.

[**❶ ▸ ○**]　가족관계등록법 제41조 제1항

가족관계등록법 제41조(사망 후에 도달한 신고)
① 신고인의 생존 중에 우송한 신고서는 그 사망 후라도 시·읍·면의 장은 수리하여야 한다.
② 제1항에 따라 신고서가 수리된 때에는 신고인의 사망 시에 신고한 것으로 본다.

[**❷** ▸ ×] 가족관계등록예규 제626호 8. 다.

> ❑ **가족관계등록예규 제626호[혼인신고수리불가신고서가 제출된 경우 등에 관한 사무처리지침]**
> 8. 동일 당사자에 대하여 수리불가신고서와 혼인신고수리불가기간 내에 혼인신고서가 제출된 경우에는 다음 구분에 의하여 처리한다.
> 　가. 수리불가신고서가 먼저 접수된 경우 : 혼인신고서가 접수된 가족관계등록사건접수장 비고란에 "혼인신고수리불가신고서(연 월 일 접수)"라고 기록한 후 혼인신고서를 불수리신고서류편철장에 편철하여 보존하고 혼인신고인에게 불수리통지를 한다.
> 　나. 혼인신고서가 먼저 접수된 경우 : 혼인신고서에 의하여 가족관계등록부를 정리한 후 빠른 시간 내에 그 정리한 등록사항별 증명서를 첨부하여 수리불가신고서를 제출한 당사자에게 그 뜻을 통지한다.
> 　다. 혼인신고서와 수리불가신고서의 접수일이 같은 경우 : 접수 선·후를 비교하여 위 "가", "나"에서 정한 절차에 따라 처리하되, <u>그 선·후의 판명을 할 수 없을 때에는 수리불가신고서가 먼저 접수된 것으로 처리한다.</u>
> 　라. 혼인신고수리불가신고서를 접수한 시(구)·읍·면의 장과 혼인신고서를 접수한 시(구)·읍·면의 장이 서로 다른 경우에는 혼인신고서를 접수한 시(구)·읍·면의 장은 수리불가신고서를 접수한 시(구)·읍·면의 장에게 혼인신고서가 접수되었음을 알리고 수리불가신고서를 팩시밀리로 보내줄 것을 요청한 다음 위 "가", "나", "다"의 방법에 따라 처리하며, 수리불가신고서송부요청을 받은 시(구)·읍·면의 장은 즉시 수리불가신고서를 팩시밀리로 송부하여야 한다.

[**❸** ▸ ○] 가족관계등록예규 제635호 1. 나. (1)

> ❑ **가족관계등록예규 제635호[한국인과 외국인 사이의 국제혼인 사무처리지침]**
> 1. 한국에서 혼인신고를 하는 경우
> 　나. 혼인신고의 절차 및 기록방법
> 　　(1) 한국인이 남자인 경우 : 외국인인 처의 위 1. 가.의 증명서면을 첨부하여 가족관계의 등록 등에 관한 법률 제71조에 따라 혼인신고를 하면, 이를 수리한 시(구)·읍·면의 장은 처가 혼인신고에 의하여 한국의 국적을 취득하는 것이 아니므로 남편의 가족관계등록부 일반등록사항란에 혼인사유만을 기록하였다가 나중에 귀화통보가 있을 때에 처의 가족관계등록부를 작성한다.

[**❹** ▸ ○] 미성년자가 혼인을 하는 경우에는 부모의 동의를 받아야 하며, 부모 중 한쪽이 동의권을 행사할 수 없을 때에는 다른 한쪽의 동의를 받아야 하고, 부모가 모두 동의권을 행사할 수 없을 때에는 미성년후견인의 동의를 받아야 한다(민법 제808조 제1항).

[**❺** ▸ ○] 가족관계등록예규 제626호 1.·2.·5.

> ❑ **가족관계등록예규 제626호[혼인신고수리불가신고서가 제출된 경우 등에 관한 사무처리지침]**
> 1. 혼인신고수리불가신고를 하려는 자는 별지 제1호 서식에 의한 신고서(이하 "수리불가신고서"라 한다)를 신고인 본인이 신고인의 등록기준지, 주소지 또는 현재지의 시(구)·읍·면에 출석하여 제출하여야 하며, <u>신고서의 제출횟수에는 제한이 없다.</u>
> 2. 혼인수리불가신고인은 <u>6개월 이내의 범위</u>(접수일부터 기산)에서 혼인신고수리불가 취급을 요하는 기간을 정하여 수리불가신고서를 제출할 수 있으며, 그 기간을 명확히 하여야 한다.
> 5. 혼인신고수리불가 취급 상대방은 <u>특정된 1명이어야 하며</u>, 불특정 다수를 상대로 한 수리불가신고서는 제출할 수 없다.

🖪 ❷

31
□□□

협의이혼의사확인신청 및 이혼신고 등에 관한 다음 설명 중 가장 옳지 않은 것은?

2025년 법무사시험 [문 44]

① 확인기일, 보정명령, 불확인결과는 전화, 팩시밀리 등 간이한 방법으로 통지할 수 있다.
② 협의이혼의사확인서등본을 분실한 경우 당사자 쌍방은 언제든지 관할 가정법원에 다시 협의이혼의
사확인신청을 할 수 있다.
③ 양육비부담조서의 집행문은 그 양육비부담조서가 작성된 협의이혼의사확인사건의 확인서에 따라
이혼신고를 하였음을 소명한 때에만 내어 준다.
④ 부부 양쪽이 재외국민인 경우에는 두 사람이 함께 그 현재지를 관할하는 재외공관의 장에게 협의이
혼의사확인신청을 할 수 있다.
⑤ 협의이혼의사확인을 받은 재외국민이 협의이혼의사를 철회하고자 하는 경우에는 이혼신고가 접수
되기 전에 등록기준지 시·읍·면의 장 또는 가족관계등록관에게 협의이혼의사확인서등본을 첨부
한 협의이혼의사철회서를 제출하여야 한다.

┈┈

[**❶ ▸ O**] 확인기일, 보정명령, 불확인결과는 전화, 팩시밀리 등 간이한 방법으로 통지할 수 있다(가족관
계등록예규 제613호 제5조 제4항 참조).

> ❏ **가족관계등록예규 제613호[협의이혼의 의사확인사무 및 가족관계등록사무 처리지침]**
> **제5조(기일의 고지 등)**
> ④ 확인기일, 보정명령, 불확인결과를 전화, 팩시밀리 등을 이용하여 간이한 방법으로 통지할 경우에는
> 신청서의 적당한 여백에 다음과 같이 고무인을 찍은 후 그 통지사실을 기재하여야 한다.

[**❷ ▸ O**] 협의이혼의사확인서등본을 분실한 경우 당사자 쌍방은 언제든지 관할 가정법원에 다시 협의
이혼의사확인신청을 할 수 있다(가족관계등록예규 제613호 제19조 제1항).

[**❸ ▸ O**] 양육비부담조서의 집행문은 그 양육비부담조서가 작성된 협의이혼의사확인사건의 확인서
에 따라 이혼신고를 하였음을 소명한 때에만 내어 준다(가족관계의 등록 등에 관한 규칙 제78조 제5항).

[**❹ ▸ X**] 부부 양쪽이 재외국민인 경우에는 두 사람이 함께 그 거주지를 관할하는 재외공관의 장에게
협의이혼의사확인신청을 할 수 있다(가족관계의 등록 등에 관한 규칙 제75조 제1항 본문).

> **가족관계의 등록 등에 관한 규칙 제75조(재외국민의 이혼의사 확인신청의 특례)**
> ① 부부 양쪽이 재외국민인 경우에는 두 사람이 함께 그 거주지를 관할하는 재외공관의 장에게 이혼의사확
> 인신청을 할 수 있다. 다만, 그 지역을 관할하는 재외공관이 없는 때에는 인접하는 지역을 관할하는
> 재외공관의 장에게 이를 할 수 있다.

[**❺ ▸ O**] 협의이혼의사확인을 받은 재외국민이 협의이혼의사를 철회하고자 하는 경우에는 이혼신고
가 접수되기 전에 등록기준지 시·읍·면의 장 또는 가족관계등록관에게 협의이혼의사확인서등본을
첨부한 협의이혼의사철회서를 제출하여야 한다(가족관계의 등록 등에 관한 규칙 제80조 제1항).

답 ❹

32
☐☐☐

다음 중 주소지 관할 가정법원이 처리하는 경우가 있는 것끼리 연결된 것은?(여기서 등록부의 정정허가는 가족관계의 등록 등에 관한 법률 제104조에 의함) 2024년 법무사시험 [문 46]

① 가족관계 등록 창설 허가 – 등록부의 정정 허가
② 개명 허가 – 귀화 허가
③ 국적취득자의 성과 본 창설 허가 – 등록부의 정정 허가
④ 협의상 이혼의 확인 – 개명 허가
⑤ 개명 허가 – 등록부의 정정 허가

....

[**❹** ▸ O] 협의상 이혼의 확인은 등록기준지 또는 주소지를 관할하는 가정법원이 처리하고, 개명 허가는 주소지(재외국민의 경우 등록기준지)를 관할하는 가정법원이 처리한다.

• 가족관계 등록 창설 허가 : 등록이 되어 있지 아니한 사람은 등록을 하려는 곳을 관할하는 가정법원의 허가를 받고 그 등본을 받은 날부터 1개월 이내에 가족관계 등록 창설(이하 "등록창설"이라 한다)의 신고를 하여야 한다(가족관계등록법 제101조 제1항).

• 등록부의 정정 허가 : 등록기준지를 관할하는 가정법원의 허가(가족관계등록법 제104조 제1항, 제105조 제1항 참조)

가족관계등록법 제104조(위법한 가족관계등록기록의 정정)

① 등록부의 기록이 법률상 허가될 수 없는 것 또는 그 기재에 착오나 누락이 있다고 인정한 때에는 이해관계인은 사건 본인의 등록기준지를 관할하는 가정법원의 허가를 받아 등록부의 정정을 신청할 수 있다.

가족관계등록법 제105조(무효인 행위의 가족관계등록기록의 정정)

① 신고로 인하여 효력이 발생하는 행위에 관하여 등록부에 기록하였으나 그 행위가 무효임이 명백한 때에는 신고인 또는 신고사건의 본인은 사건 본인의 등록기준지를 관할하는 가정법원의 허가를 받아 등록부의 정정을 신청할 수 있다.

• 개명 허가 : 개명하고자 하는 사람은 주소지(재외국민의 경우 등록기준지)를 관할하는 가정법원의 허가를 받고 그 허가서의 등본을 받은 날부터 1개월 이내에 신고를 하여야 한다(가족관계등록법 제99조 제1항).

• 귀화 허가 : 대한민국 국적을 취득한 사실이 없는 외국인은 법무부장관의 귀화허가(歸化許可)를 받아 대한민국 국적을 취득할 수 있다(국적법 제4조 제1항).

- 국적취득자의 성과 본 창설 허가 : 외국의 성을 쓰는 국적취득자가 그 성을 쓰지 아니하고 새로이 성(姓)·본(本)을 정하고자 하는 경우에는 그 등록기준지·주소지 또는 등록기준지로 하고자 하는 곳을 관할하는 가정법원의 허가를 받고 그 등본을 받은 날부터 1개월 이내에 그 성과 본을 신고하여야 한다(가족관계등록법 제96조 제1항).
- 협의상 이혼의 확인 : 협의상 이혼을 하고자 하는 사람은 등록기준지 또는 주소지를 관할하는 가정법원의 확인을 받아 신고하여야 한다. 다만, 국내에 거주하지 아니하는 경우에 그 확인은 서울가정법원의 관할로 한다(가족관계등록법 제75조 제1항).

답 ❹

33
□□□

협의이혼의사확인절차 등에 관한 다음 설명 중 가장 옳은 것은?　　2020년 법무사시험 [문 42]

① 협의이혼의사확인절차에서 작성되는 양육비부담조서가 그 자체로 집행권원이 되는 것은 아니므로, 이혼 후 자녀의 양육비에 관하여 강제집행을 하기 위해서는 별도의 재판이 필요하다.
② 양육비부담조서는 협의이혼 신고일부터 미성년인 자녀가 각 성년에 이르는 날까지의 기간에 해당하는 양육비에 한하여 작성하므로, 양육비부담조서의 집행문은 그 양육비부담조서가 작성된 협의이혼의사확인 사건의 확인서에 따라 이혼신고를 하였음이 소명된 경우 내어 준다.
③ 가정법원은 양육비를 정기적으로 지급할 의무가 있는 사람이 정당한 사유 없이 2회 이상 양육비를 지급하지 아니한 경우에 정기금 양육비 채권에 관한 집행권원을 가진 채권자의 신청에 따라 양육비 채무자에 대하여 정기적 급여채무를 부담하는 소득세원천징수의무자에게 양육비채무자의 급여에서 정기적으로 양육비를 공제하여 양육비채권자에게 직접 지급하도록 명할 수 있다.
④ 재외공관의 장이 당사자 쌍방으로부터 협의이혼의사확인신청을 받은 경우 쌍방을 출석시켜 그 진술을 듣고 이혼의사확인서를 작성한 후 이혼의사확인서등본을 교부한다.
⑤ 협의이혼신고서는 협의상 이혼을 하려는 부부가 등록기준지, 주소지 또는 현재지의 시·읍·면에 함께 출석하여 가정법원의 확인서가 첨부된 협의이혼신고서를 제출하여야 한다.

··

[❶ ▸ ✕]　양육비부담조서가 그 자체로 집행권원이 되므로, 강제집행을 하기 위한 별도의 재판은 필요치 아니하다(민법 제836조의2 제5항, 가사소송법 제41조 참조).

> **민법 제836조의2(이혼의 절차)**
> ⑤ 가정법원은 당사자가 협의한 양육비부담에 관한 내용을 확인하는 양육비부담조서를 작성하여야 한다. 이 경우 양육비부담조서의 효력에 대하여는 가사소송법 제41조를 준용한다.
>
> **가사소송법 제41조(심판의 집행력)**
> 금전의 지급, 물건의 인도(引渡), 등기, 그 밖에 의무의 이행을 명하는 심판은 집행권원(執行權原)이 된다.

[❷ ▸ ✕]　가족관계등록예규 제613호 제9조 제3항, 가족관계의 등록 등에 관한 규칙 제78조 제5항

> □ **가족관계등록예규 제613호[협의이혼의 의사확인사무 및 가족관계등록사무 처리지침]**
> **제9조(조서의 작성)**
> ③ 담당 판사가 미성년인 자녀에 관한 양육비부담의 협의를 확인한 후 이혼의사확인서를 작성하면 법원사무관 등은 그에 따라 협의이혼신고 다음 날부터 미성년인 자녀가 각 성년에 이르기 전날까지의 기간에 해당하는 양육비에 한하여 양육비부담조서(별지 제19호 서식)를 작성하여야 한다.

[❸ ▸ ○] 가정법원은 양육비를 정기적으로 지급할 의무가 있는 사람(이하 "양육비채무자"라 한다)이 정당한 사유 없이 2회 이상 양육비를 지급하지 아니한 경우에 정기금 양육비 채권에 관한 집행권원을 가진 채권자(이하 "양육비채권자"라 한다)의 신청에 따라 양육비채무자에 대하여 정기적 급여채무를 부담하는 소득세원천징수의무자(이하 "소득세원천징수의무자"라 한다)에게 양육비채무자의 급여에서 정기적으로 양육비를 공제하여 양육비채권자에게 직접 지급하도록 명할 수 있다(가사소송법 제63조의2 제1항).

[❹ ▸ ×] 재외공관의 장이 당사자 쌍방으로부터 협의이혼의사확인신청을 받은 경우, 쌍방을 출석시켜 그 진술을 듣고 진술요지서를 작성한 후 협의이혼의사확인신청서, 진술요지서 및 첨부서류를 서울가정법원으로 송부하면(가족관계등록예규 제613호 제17조 제1항·제2항 참조), 재외공관의 장으로부터 협의이혼의 사확인신청서, 진술요지서 및 첨부서류를 송부받은 서울가정법원은 이혼의사 등을 확인한 때에 확인서를 작성하고, 확인서등본을 즉시 당사자 거주지 재외공관의 장에게 송부한다(가족관계등록예규 제613호 제18조 제1항·제6항).

[❺ ▸ ×] 가정법원의 확인서가 첨부된 협의이혼신고서는 부부 중 한쪽이 제출할 수 있다(가족관계의 등록 등에 관한 규칙 제79조).

답 ❸

제8장 친권·미성년후견에 관한 신고

34 □□□ 친권 및 친권자 지정·변경 등에 관한 다음 설명 중 가장 옳은 것은?

2021년 법무사시험 [문 49]

① 친권은 부모가 혼인 중인 때에는 부모가 공동으로 이를 행사하고, 부모의 일방이 친권을 행사할 수 없을 때에는 당사자의 청구에 의하여 가정법원이 이를 정한다.
② 친권자는 그자를 보호 또는 교양하기 위하여 법원의 허가를 얻어 감화 또는 교정기관에 위탁할 수 있다.
③ 미성년자를 인지한 때 하는 친권자 지정신고의 경우에는 인지신고 또는 인지의 효력이 있는 출생신고가 수리되기 전에는 친권자 지정신고를 수리할 수 없다.
④ 협의이혼을 하는 부부에게 포태 중인 자가 있는 경우에는 시(구)·읍·면의 장은 그자에 대한 친권자지정 신고를 협의이혼신고 시 함께 수리하여야 한다.
⑤ 이혼 후 미성년인 자녀에 대한 양육권이 부모 중 어느 일방에, 친권이 다른 일방에 귀속되는 것으로 정하는 것은 미성년자인 자녀의 복리에 현저하게 부정적인 영향을 미치므로 허용되지 않는다.

··

[❶ ▶ ×] 민법 제909조 제2항·제3항

> **민법 제909조(친권자)**
> ② 친권은 부모가 혼인 중인 때에는 부모가 공동으로 이를 행사한다. 그러나 부모의 의견이 일치하지 아니하는 경우에는 당사자의 청구에 의하여 가정법원이 이를 정한다.
> ③ 부모의 일방이 친권을 행사할 수 없을 때에는 다른 일방이 이를 행사한다.

[❷ ▶ ×] 친권자의 징계권을 규정한 민법 제915조는 아동학대를 정당화하는 데 악용될 소지가 있다는 이유로 2021.1.26. 삭제되었나.

[❸ ▶ ○] 가족관계등록예규 제374호 제1조 제1항 제3호, 제5조 제1항

> □ **가족관계등록예규 제374호[친권자의 지정 또는 변경에 관한 가족관계등록사무 처리지침]**
> **제1조(친권자 지정신고를 할 수 있는 경우)**
> ① 친권자 지정(변경을 포함한다)의 신고는 다음 각 호의 어느 하나에 해당하는 경우에 할 수 있다.
>   1. 미성년자의 부모가 이혼한 때
>   2. 미성년자의 부모 혼인이 취소된 때
>   3. 미성년자를 인지한 때
>   4. 부모의 혼인이 무효인 경우에 그 사이의 출생자에 대하여 부가 출생신고를 함으로써 인지의 효력이 생긴 때
>   5. 민법 제909조의2(같은 법 제927조의2 제1항에 따라 준용되는 경우를 포함한다), 제927조의2 제2항 및 제931조 제2항에 따라 친권자를 지정하는 재판이 확정된 때

제5조(인지신고와 친권자 지정신고)

① 제1조 제1항 제3호 및 제4호의 경우에는 인지신고 또는 인지의 효력이 있는 출생신고가 수리되기 전에는 친권자 지정신고를 수리할 수 없다.

[❹ ▸ ×] 가족관계등록예규 제613호 제23조 제4항

❑ **가족관계등록예규 제613호[협의이혼의 의사확인사무 및 가족관계등록사무 처리지침]**

제23조(협의이혼신고의 수리)

③ 이혼하는 부부에게 미성년인 자녀(포태 중인 자 제외)가 있는 경우에는 시(구)·읍·면의 장은 친권자지정 신고를 함께 수리하여야 한다. 시(구)·읍·면의 장은 이 경우 이혼신고서와 가정법원의 확인서등본과 친권자결정에 관한 협의서등본 또는 가정법원의 심판정본 및 확정증명서의 일치 여부를 확인하여야 한다.

④ 포태 중인 자에 대한 친권자지정 신고는 이혼신고 시 수리하지 않고, 포태 중인 자의 출생신고 시 수리한다. 이 경우 친권자결정에 관한 협의서등본 또는 가정법원의 심판정본 및 확정증명서를 확인하여야 한다. 포태 중인 자의 친권자지정 신고기간은 출생 시부터 기산한다.

[❺ ▸ ×] 민법 제837조, 제909조 제4항, 가사소송법 제2조 제1항 제2호 나목의 3) 및 5) 등이 부부의 이혼 후 그자의 친권자와 그 양육에 관한 사항을 각기 다른 조항에서 규정하고 있는 점 등에 비추어 보면, 이혼 후 부모와 자녀의 관계에 있어서 친권과 양육권이 항상 같은 사람에게 돌아가야 하는 것은 아니며, 이혼 후 자에 대한 양육권이 부모 중 어느 일방에, 친권이 다른 일방에 또는 부모에 공동으로 귀속되는 것으로 정하는 것은, 비록 신중한 판단이 필요하다고 하더라도, 일정한 기준을 충족하는 한 허용된다고 할 것이다(대판 2012.4.13. 2011므4719).

🔲 ❸

미성년후견인 및 미성년후견감독인에 관한 다음 설명 중 가장 옳은 것은?

① 미성년후견인이 경질된 경우, 전임자는 경질일부터 1개월 이내에 그 취지를 신고하여야 한다.
② 미성년자가 성년이 되어 미성년후견감독이 종료된 경우, 미성년후견감독인이 1개월 이내에 그 종료신고를 하여야 한다.
③ 미성년후견에 관한 사항은 미성년자 및 미성년후견인의 가족관계등록부 일반등록사항란에 각 기록한다.
④ 신고하여야 할 사람이 미성년후견인인 경우에는 미성년자가 신고를 하여도 된다.
⑤ 미성년후견인이 개명한 경우에는 미성년자의 가족관계등록부 일반등록사항란에 기록되어 있는 미성년후견인의 성명을 정정할 필요가 없다.

....

[**❶** ▸ ✕] 미성년후견인이 경질된 경우에는 <u>후임자</u>는 <u>취임일부터</u> 1개월 이내에 그 취지를 신고하여야 한다(가족관계등록법 제81조 제1항).
[**❷** ▸ ✕] 미성년후견감독 종료의 신고는 미성년후견감독인이 1개월 이내에 하여야 한다. <u>다만, 미성년자가 성년이 되어 미성년후견감독이 종료된 경우에는 그러하지 아니하다</u>(가족관계등록법 제83조의5 제1항).
[**❸** ▸ ✕] 친권·관리권·미성년후견에 관한 사항은 <u>미성년자의</u> 가족관계등록부의 일반등록사항란에 각 기록한다(가족관계의 등록 등에 관한 규칙 제53조).
[**❹** ▸ ✕] <u>신고하여야 할 사람이 미성년자인 경우에는 친권자, 미성년후견인을 신고의무자로 한다.</u> 다만, 미성년자 본인이 신고를 하여도 된다(가족관계등록법 제26조 제1항).

가족관계등록법 제26조(신고하여야 할 사람이 미성년자 또는 피성년후견인인 경우)
① 신고하여야 할 사람이 미성년자 또는 피성년후견인인 경우에는 친권자, 미성년후견인 또는 성년후견인을 신고의무자로 한다. 다만, 미성년자 또는 피성년후견인 본인이 신고를 하여도 된다.
② 제1항 본문에 따라 친권자, 미성년후견인 또는 성년후견인이 신고하는 경우에는 신고서에 다음 각 호의 사항을 적어야 한다.
  1. 신고하여야 할 미성년자 또는 피성년후견인의 성명·출생연월일·주민등록번호 및 등록기준지
  2. 신고하여야 할 사람이 미성년자 또는 피성년후견인이라는 사실
  3. 신고인이 친권자, 미성년후견인 또는 성년후견인이라는 사실

[**❺** ▸ ○] <u>미성년후견인·후견감독인이 개명한 경우에는 미성년자의 가족관계등록부 일반등록사항란에 기록되어 있는 미성년후견인·후견감독인의 성명을 정정할 필요가 없다</u>(가족관계등록예규 제369호).

답 **❺**

제9장 / 사망신고

다음은 가족관계의 등록 등에 관한 법률 제90조이다. 다음 괄호 안에 들어갈 내용으로 옳은 것은?
2025년 법무사시험 [문 48]

제90조(등록불명자 등의 사망)
① 사망자에 대하여 등록이 되어 있는지 여부가 분명하지 아니하거나 사망자를 인식할 수 없는 때에는 경찰공무원은 검시조서를 작성·첨부하여 지체 없이 사망지의 시·읍·면의 장에게 사망의 통보를 하여야 한다.
② 사망자가 등록이 되어 있음이 판명되었거나 사망자의 신원을 알 수 있게 된 때에는 경찰공무원은 지체 없이 사망지의 시·읍·면의 장에게 그 취지를 통보하여야 한다.
③ 제1항의 통보가 있은 후에 제85조에서 정한 사람이 사망자의 신원을 안 때에는 그날부터 (   ) 이내에 사망의 신고를 하여야 한다.

① 1개월　　　　　　　　　　② 20일
③ 10일　　　　　　　　　　④ 7일
⑤ 5일

[❸ ▶ ○] 제시된 조문의 (   ) 안에 들어갈 내용은 10일이다.

가족관계등록법 제90조(등록불명자 등의 사망)
① 사망자에 대하여 등록이 되어 있는지 여부가 분명하지 아니하거나 사망자를 인식할 수 없는 때에는 경찰공무원은 검시조서를 작성·첨부하여 지체 없이 사망지의 시·읍·면의 장에게 사망의 통보를 하여야 한다.
② 사망자가 등록이 되어 있음이 판명되었거나 사망자의 신원을 알 수 있게 된 때에는 경찰공무원은 지체 없이 사망지의 시·읍·면의 장에게 그 취지를 통보하여야 한다.
③ 제1항의 통보가 있은 후에 제85조에서 정한 사람이 사망자의 신원을 안 때에는 그날부터 10일 이내에 사망의 신고를 하여야 한다.

가족관계등록법 제85조(사망신고의무자)
① 사망의 신고는 동거하는 친족이 하여야 한다.
② 친족·동거자 또는 사망장소를 관리하는 사람, 사망장소의 동장 또는 통·이장도 사망의 신고를 할 수 있다.

답 ❸

37 ☐☐☐

다음 중 사망신고서에 진단서나 검안서를 첨부할 수 없는 부득이한 사유가 있는 때에 첨부할 수 있는 사망의 사실을 증명할 만한 서면에 해당하는 것을 모두 고른 것은?

2024년 법무사시험 [문 45]

ㄱ. 관공서의 사망증명서 또는 매장인허증
ㄴ. 진실화해위원회의 진실규명결정문
ㄷ. 정부기록보관소에 보존 중인 재무부 작성의 피수용자사망자연명부
ㄹ. 외국 관공서 등에서 발행한 그 나라 방식에 의해 사망신고한 사실을 증명하는 서면
ㅁ. 군인이 전투 그 밖의 사변으로 사망한 경우에 부대장 등이 사망 사실을 확인하여 그 명의로 작성한 전사확인서
ㅂ. 동(리)장 및 통장 또는 인우인 2명 이상의 증명서
ㅅ. 6·25사변으로 인한 사망을 목격한 사람 또는 사망을 확인한 사람 2명 이상의 증명서

① ㄱ, ㄴ, ㄹ, ㅁ, ㅅ
② ㄱ, ㄷ, ㄹ, ㅁ, ㅂ
③ ㄱ, ㄴ, ㄷ, ㄹ, ㅁ, ㅂ
④ ㄱ, ㄴ, ㄷ, ㄹ, ㅂ, ㅅ
⑤ ㄱ, ㄴ, ㄷ, ㄹ, ㅁ, ㅂ, ㅅ

[ㄱ ▸ O] 가족관계등록예규 제611호 제2조 제1항 제1호
[ㄴ ▸ O] 가족관계등록예규 제611호 제2조 제1항 제2호
[ㄷ ▸ O] 가족관계등록예규 제611호 제2조 제1항 제3호
[ㄹ ▸ O] 가족관계등록예규 제611호 제2조 제1항 제4호
[ㅁ ▸ O] 가족관계의 등록 등에 관한 규칙 제38조의6 제2호
[ㅂ ▸ O] 가족관계등록예규 제611호 제2조 제2항 제1호
[ㅅ ▸ O] 가족관계등록예규 제611호 제2조 제2항 제2호

가족관계의 등록 등에 관한 규칙 제38조의6(진단서 등을 대신하여 첨부할 수 있는 서면)
법 제84조 제3항의 사망의 사실을 증명할 만한 서면은 다음 각 호와 같다.
1. 국내 또는 외국의 권한 있는 기관에서 발행한 사망사실을 증명하는 서면
2. 군인이 전투 그 밖의 사변으로 사망한 경우에 부대장 등이 사망 사실을 확인하여 그 명의로 작성한 전사확인서
3. 그 밖에 대법원예규로 정하는 사망의 사실을 증명할 만한 서면

❑ **가족관계등록예규 제611호[사망신고서에 첨부할 사망의 사실을 증명할 만한 서면에 관한 처리지침]**
제2조(사망의 사실을 증명할 만한 서면)
① 「가족관계의 등록 등에 관한 규칙」 제38조의3[현 제38조의6(註)] 제1호의 국내 또는 외국의 권한 있는 기관에서 발행한 사망사실을 증명하는 서면의 예는 다음 각 호와 같다.
1. 관공서의 사망증명서 또는 매장인허증
2. 진실화해위원회의 진실규명결정문

답 ❺

제10장 국적의 득상에 관한 신고(통보)

38
☐☐☐

국적의 취득과 상실에 관한 가족관계등록사무 처리에 대한 다음 설명 중 가장 옳은 것은?

2022년 법무사시험 [문 42]

① 대한민국 국민인 부 또는 모가 외국인을 인지한 경우에는 인지자 또는 피인지자의 국적취득신고에 따라 피인지자의 가족관계등록부를 작성한다.
② 국적상실의 신고는 배우자 또는 4촌 이내의 친족이 그 국적을 상실한 날부터 1개월 이내에 하여야 한다.
③ 대한민국의 국민으로서 자진하여 외국 국적을 취득한 자는 그 외국 국적을 취득한 때에 대한민국 국적을 상실하므로, 국적상실자 본인은 국적상실의 신고를 할 수 없다.
④ 한쪽 배우자에 대하여 국적취득과 그 상실의 신고가 있는 때에는 다른 배우자의 가족관계등록부에도 그 취지를 기록하여야 한다.
⑤ 국적상실로 가족관계등록부가 폐쇄된 경우에 폐쇄 전에 효력이 발생한 법률관계 또는 사실에 관하여 폐쇄 후에 신고적격자가 신고를 하면, 해당 가족관계등록부의 등록기준지의 시(구)·읍·면의 장이 감독법원의 허가를 받아 부활 없이 폐쇄등록부에 직권기록한다.

[❶ ▸ ✕] 대한민국 국민인 부 또는 모가 외국인을 인지하는 경우 피인지자는 인지신고에 의하여 대한민국의 국적을 취득하는 것이 아니므로 인지자의 일반등록사항란에 인지사유와 피인지자의 성명 및 출생연월일을 기록하여 두었다가 나중에 국적취득통보(피인지자가 미성년자인 경우) 또는 귀화허가통보(피인지자가 성년자인 경우)가 있을 때에 피인지자의 가족관계등록부를 작성하여야 한다(가족관계등록 예규 제430호 1.).
[❷ ▸ ✕] 국적상실의 신고는 배우자 또는 4촌 이내의 친족이 그 사실을 안 날부터 1개월 이내에 하여야 한다(가족관계등록법 제97조 제1항).

[**❸** ▸ ✕] 국적상실자 본인도 국적상실의 신고를 할 수 있다(가족관계등록법 제97조 제4항).
[**❹** ▸ ◯] 가족관계의 등록 등에 관한 규칙 제54조 제2호

> **가족관계의 등록 등에 관한 규칙 제54조(배우자의 가족관계등록사항 등의 변동사유)**
> 한쪽 배우자에 대하여 다음의 신고가 있는 때에는 다른 배우자의 등록부에도 그 취지를 기록하여야 한다.
>   1. 사망, 실종선고·부재선고 및 그 취소
>   2. 국적취득과 그 상실
>   3. 성명의 정정 또는 개명

[**❺** ▸ ✕] 가족관계등록예규 제304호 제2조 제1항

> ❑ **가족관계등록예규 제304호[폐쇄된 가족관계등록부 기록의 정정]**
> **제2조(직권기록)**
> ① 사망, 국적상실 등으로 가족관계등록부가 폐쇄된 경우에 폐쇄 전에 효력이 발생한 법률관계 또는 사실에 관하여 폐쇄 후에 신고적격자가 신고를 하면, 그 신고를 접수한 가족관계등록관서가 부활 없이 폐쇄등록부에 간이직권기록한다.
> ② 신고적격자가 아닌 이해관계인이 소명자료를 제출하여 직권기록을 신청하면, 접수한 등록관서는 가족관계의 등록 등에 관한 법률 제38조와 제18조 제2항에 따라 접수한 등록관서의 감독법원의 허가를 받아 부활 없이 폐쇄등록부에 직권기록한다.

답 **❹**

39 □□□

국적의 취득 및 상실, 국적취득자의 성과 본의 창설신고 등에 관한 다음 설명 중 가장 옳지 않은 것은? 2021년 법무사시험 [문 50]

① 한국인 남자와 외국인 여자 사이의 출생자가 혼인 외의 자인 경우 부의 출생신고만으로는 가족관계등록부를 작성할 수 없다.

② 외국의 성을 쓰는 국적취득자가 그 성을 쓰지 아니하고 새로이 성·본을 정하고자 하는 경우에는 그 등록기준지·주소지 또는 등록기준지로 하고자 하는 곳을 관할하는 가정법원의 허가를 받아야 한다.

③ 외국인의 자로서 대한민국의 민법상 미성년인 사람은 부 또는 모가 귀화허가를 신청하여 대한민국 국적을 취득하게 되면, 신청 없이도 함께 대한민국 국적을 취득하게 된다.

④ 법무부장관은 국적법에 따라 대한민국의 국적을 취득한 사람이 있는 경우 지체 없이 국적을 취득한 사람이 정한 등록기준지의 시(구)·읍·면의 장에게 대법원규칙으로 정하는 사항을 통보하여야 하며, 통보를 받은 시(구)·읍·면의 장은 국적을 취득한 사람의 등록부를 작성한다.

⑤ 대한민국의 국민이었던 외국인은 법무부장관의 국적회복허가를 받아 대한민국 국적을 취득할 수 있다.

[**❶** ▸ ○] 가족관계등록예규 제429호 1. 나.

> ❑ **가족관계등록예규 제429호[한국인과 외국인 사이에서 출생한 자녀에 대한 출생신고 처리방법]**
> 한국인과 외국인 사이에서 출생한 자녀에 대한 출생신고는 아래 예에 따라 처리해야 한다.
> 1. 한국인 남자와 외국인 여자 사이의 출생자
>   가. 혼인 중의 자인 경우 : 부 또는 기타 출생신고 의무자(국내에 거주하는 외국인 모를 포함한다)의
>   신고로써 가족관계등록부를 작성한다(특정등록사항란에 부모의 성명을 기록하여야 한다).
>   나. 혼인 외의 자인 경우 : 부의 출생신고만으로 가족관계등록부를 작성할 수 없으며 따로 외국인(대
>   한민국 국민이 아닌 사람)에 대한 인지절차에 따라 부가 인지신고를 한 다음 자녀가 국적법에
>   따라 법무부장관에게 신고함으로써 국적을 취득하거나(미성년인 경우) 법무부장관으로부터 귀
>   화허가를 받은 후(성년인 경우), 국적취득 또는 귀화허가통보가 된 때 가족관계등록부를 작성할
>   수 있다. 따라서 외국의 국적을 취득하지 않은 출생자에 대한 출생신고를 수리하여 특종신고서류
>   편철장에 편철한 후 자녀가 우리나라 국적을 취득하여 그 가족관계등록부를 작성할 때 출생사유
>   를 기록한다. 다만, 태아인지 신고된 피인지자는 그 부의 출생신고로써 가족관계등록부를 작성할
>   수 있다.

[**❷** ▸ ○] 외국의 성을 쓰는 국적취득자가 그 성을 쓰지 아니하고 새로이 성(姓)·본(本)을 정하고자
하는 경우에는 그 등록기준지·주소지 또는 등록기준지로 하고자 하는 곳을 관할하는 가정법원의 허가
를 받고 그 등본을 받은 날부터 1개월 이내에 그 성과 본을 신고하여야 한다(가족관계등록법 제96조 제1항).

[**❸** ▸ ✕] 외국인의 자로서 대한민국의 민법상 미성년인 사람은, 부 또는 모의 귀화허가신청 시 함께
국적취득을 신청하여야 부 또는 모가 대한민국 국적을 취득한 때에 함께 대한민국 국적을 취득한다.

> **국적법 제8조(수반취득)**
> ① 외국인의 자(子)로서 대한민국의 민법상 미성년인 사람은 부 또는 모가 귀화허가를 신청할 때 함께
>   국적취득을 <u>신청할 수 있다.</u>
> ② 제1항에 따라 국적취득을 <u>신청한 사람</u>은 부 또는 모가 대한민국 국적을 취득한 때에 함께 <u>대한민국</u>
>   <u>국적을 취득한다.</u>

[**❹** ▸ ○] 가족관계등록법 제93조 제1항·제2항

> **가족관계등록법 제93조(인지 등에 따른 국적취득의 통보 등)**
> ① 법무부장관은 국적법 제3조 제1항 또는 같은 법 제11조 제1항에 따라 대한민국의 국적을 취득한 사람이
>   있는 경우 지체 없이 국적을 취득한 사람이 정한 등록기준지의 시·읍·면의 장에게 대법원규칙으로
>   정하는 사항을 통보하여야 한다.
> ② 제1항의 통보를 받은 시·읍·면의 장은 국적을 취득한 사람의 등록부를 작성한다.

[**❺** ▸ ○] 대한민국의 국민이었던 외국인은 법무부장관의 국적회복허가를 받아 대한민국 국적을 취득
할 수 있다(국적법 제9조 제1항).

답 ❸

제3편 국제등록사무

제1장 / 국제등록사무 총론

01
□□□

국제가족관계등록사무의 처리에 관한 다음 설명 중 가장 옳지 않은 것은?

2023년 법무사시험 [문 44]

① 외국에 거주하고 있는 한국인은 한국에 거주하고 있는 사람과 동일하게 보고적 신고사항에 대하여 가족관계의 등록 등에 관한 법률에 따른 가족관계등록신고의 의무를 지며, 보고적 신고대상인 신분변동사실에 대하여 거주지 나라의 법에 따라 그 나라 관공서 등에 신고를 한 경우에도 위 신고의무가 면제되는 것은 아니다.

② 증서의 등본 제출방식에 의하여 가족관계등록부에 기록을 할 수 있는 경우는 외국에 거주하고 있는 한국인이 그 거주지 나라 방식에 의하여 실체적인 창설적 신분행위(혼인, 입양, 인지, 이혼과 파양 등)를 하여 신분행위가 성립된 경우에만 가능하다.

③ 외국에 거주하고 있는 한국인이 출생, 사망 등과 같은 보고적 신고를 하는 경우에는, 가족관계등록 신고서에 첨부하여야 할 출생증명서나 사망증명서 등을 갈음하여 그 거주지 나라의 방식에 의해 신고한 사실을 증명하는 서면을 첨부할 수 있다.

④ 대한민국 국적을 회복한 사람에 대하여 국적회복통보를 하는 경우에, 국적회복자가 종전에 우리나라에서 사용하던 성명(한자를 포함한다)을 국적회복통보서에 기재한 때에는 이를 수리하여야 한다. 이 경우 국적회복자가 종전에 우리나라에서 사용하던 성명을 등록사항별 증명서에 의하여 소명하여야 하며, 이때에도 인명용 한자의 제한을 받는다.

⑤ 외국인의 인명은 신고인이 가족관계등록신고서에 한글로 표기한 해당 외국의 원지음대로 가족관계 등록부에 기록하여야 하며 이 경우 한자는 함께 기록할 수 없다. 다만, 중국에서 발행한 공문서에 의하여 조선족임을 소명한 중국 국적자에 대하여 가족관계등록신고를 하는 경우에, 신고인이 해당 중국국적자의 인명에 대하여 그에 대응하는 한국통용의 한자를 소명한 때에는 그 한국통용의 한자에 대한 한국식 발음의 한글을 그 원지음을 갈음하여 위 신고서에 표기할 수 있으나, 이 경우에도 한자는 함께 기록할 수 없다.

[❶ ▸ ○] 가족관계등록예규 제486호 1. 가·나.

> ❑ **가족관계등록예규 제486호[외국에 거주하고 있는 한국인의 가족관계등록신고절차 등에 관한 사무처리지침]**
> 1. 가족관계등록신고의 의무 및 신고 가부
>   가. 외국에 거주하고 있는 한국인은 한국에 거주하고 있는 사람과 동일하게 보고적 신고사항에 대하여 가족관계의 등록 등에 관한 법률에 따른 가족관계등록신고의 의무를 진다.
>   나. 보고적 신고대상인 신분변동사실에 대하여 거주지 나라의 법에 따라 그 나라 관공서 등에 가족관계 등록신고를 한 경우에도 동일한 신고사항에 대한 가족관계의 등록 등에 관한 법률상의 신고의무가 면제되는 것은 아니다.

[❷ ▸ ○] 증서의 등본 제출방식에 의하여 가족관계등록부에 기록을 할 수 있는 경우는 외국에 거주하고 있는 한국인이 그 거주지 나라 방식에 의하여 실체적인 창설적 신분행위(혼인, 입양, 인지, 이혼과 파양 등)를 하여 신분행위가 성립된 경우에만 가능하다[가족관계등록예규 제486호 2. 나. (1)].

[❸ ▸ ○] 외국에 거주하고 있는 한국인이 출생, 사망 등과 같은 보고적 신고(고유의 의미)를 하는 경우에는, 가족관계등록신고서에 첨부하여야 할 출생증명서나 사망증명서 등을 갈음하여 그 거주지 나라의 방식에 의해 신고한 사실을 증명하는 서면(예 수리증명서 등)을 첨부할 수 있다[가족관계등록예규 제486호 2. 다. (3)].

[❹ ▸ ✕] 대한민국 국적을 회복한 사람(이하 "국적회복자"라 한다)에 대하여 국적회복통보를 하는 경우에, 국적회복자가 종전에 우리나라에서 사용하던 성명(한자를 포함한다)을 국적회복통보서에 기재한 때에는 이를 수리하여야 한다. 이 경우 국적회복자가 종전에 우리나라에서 사용하던 성명(한자를 포함한다)을 등록사항별 증명서에 의하여 소명하여야 하며, 이때에는 인명용 한자의 제한을 받지 아니한다(가족관계등록예규 제621호 제8조 제1항).

[❺ ▸ ○] 가족관계등록예규 제621호 제3조 제3항, 제4항

> ❑ **가족관계등록예규 제621호[외국의 국호, 지명 및 인명의 표기에 관한 사무처리지침]**
> **제3조(시(구)·읍·면에서의 사무처리 등)**
> ③ 외국인의 인명은 신고인(통보자를 포함한다. 다음부터 같다)이 가족관계등록신고서에 한글로 표기한 해당 외국의 원지음대로 가족관계등록부에 기록하여야 하며, 이 경우 한자는 함께 기록할 수 없다.
> ④ 제3항에도 불구하고, 중화인민공화국(이하 "중국"이라 한다)에서 발행한 공문서(예 거민신분증, 호구부 등. 이하 같다)에 의하여 조선족임을 소명한 중국 국적자에 대하여 가족관계등록신고(법무부장관의 국적관련통보를 포함한다. 다음부터 같다)를 하는 경우에, 신고인이 해당 중국국적자의 인명에 대하여 그에 대응하는 한국통용의 한자를 소명한 때에는, 그 한국통용의 한자에 대한 한국식 발음의 한글(한자는 함께 기록할 수 없다)을 그 원지음을 갈음하여 가족관계등록신고서에 표기할 수 있으며, 시(구)·읍·면의 장은 가족관계등록신고서에 표기된 한국식 발음의 한글을 그 원지음을 갈음하여 가족관계등록부에 기록하여야 하고, 한자는 함께 기록할 수 없다.

🔳답 ❹

외국인 기록대상자에 관한 다음 설명 중 가장 옳지 않은 것은? 기출수정

① 외국인인 배우자의 특정등록사항은 국민인 상대방 배우자의 가족관계증명서 및 혼인관계증명서에 기록한다.
② 귀화에 의하여 대한민국 국적을 취득한 사람에 대하여 귀화통보를 하는 경우, 그 인명은 해당 외국의 원지음을 귀화통보서에 한글과 한자로 표기하여야 하고, 가족관계등록부에는 귀화통보서에 표기한 원지음대로 한글과 한자로 기록하여야 한다.
③ 가족관계등록신고서에 기재된 국호와 지명에 대한 해당 외국 원지음의 한글표기가 외래어 표기법에 맞지 아니하는 경우, 시(구)·읍·면의 장은 외래어 표기법에 맞는 표기를 부전지에 적어 그 가족관계등록신고서에 붙이고, 가족관계등록부에는 외래어 표기법에 맞추어 기록하여야 한다.
④ 한국인 부가 외국인인 자녀를 인지하는 경우 종전 성(姓) 계속 사용에 관한 부모의 협의가 없는 한, 인지의 효력으로 외국인 자녀의 성은 한국인 부의 성본으로 변경된다.
⑤ 국제가족관계등록사건에서 외국증서와 가족관계등록부에 각 기재된 당사자의 성명이 불일치하는 경우, 신고인은 원칙적으로 우리나라 또는 외국 관공서가 발행한 동일성을 증명하는 서면을 신고서류와 함께 제출하여야 한다. 다만, 신고서류만으로 동일인임이 명백하거나 사소한 착오나 유루가 있는 것에 불과한 때에는 동일성을 증명하는 서면 없이 신고서류를 수리할 수 있다.

··

[❶ ▶ ○] 가족관계등록예규 제618호 제3조

> □ **가족관계등록예규 제618호[기록대상자가 외국인인 경우의 기록방법에 관한 예규]**
> **제3조(외국인인 배우자)**
> 외국인인 배우자의 특정등록사항은 국민인 상대방 배우자의 가족관계증명서 및 혼인관계증명서에 기록한다.

[❷ ▶ ✕] 귀화에 의하여 대한민국 국적을 취득한 사람(이하 "귀화자"라 한다)에 대하여 귀화통보를 하는 경우, 그 인명은 해당 외국의 원지음(한자는 함께 기록할 수 없다)을 귀화통보서에 한글로 표기하여야 하고, 가족관계등록부에는 귀화통보서에 한글로 표기한 원지음대로 기록하여야 한다(가족관계등록예규 제621호 제4조 제1항).

[❸ ▶ ○] 가족관계등록신고서에 기재된 국호와 지명에 대한 해당 외국 원지음의 한글표기가 외래어 표기법에 맞지 아니하는 경우, 시(구)·읍·면의 장은 외래어 표기법에 맞는 표기를 부전지에 적어 그 가족관계등록신고서에 붙이고, 가족관계등록부에는 외래어 표기법에 맞추어 기록하여야 한다(가족관계등록예규 제621호 제3조 제2항).

[❹ ▶ ○] 혼인 외의 자가 인지된 경우에는 부의 성과 본을 따른다. 다만, 인지신고 시 부모의 협의에 의하여 종전의 성과 본을 계속 사용하기로 하는 별지 2 양식의 협의서를 제출한 경우에는 종전의 성과 본을 그대로 사용할 수 있으며, 이 경우, 자녀의 가족관계등록부에는 종전 성과 본을 유지한다는 취지를 기록하여야 한다(가족관계등록예규 제616호 제8조 제1항).

[❺ ▶ ○] 국제가족관계등록사건에서 외국증서와 가족관계등록부에 각 기재된 당사자의 성명이 불일치하는 경우, 신고인은 원칙적으로 우리나라 또는 외국 관공서가 발행한 동일성을 증명하는 서면을 신고서류와 함께 제출하여야 한다. 다만, 신고서류만으로 동일인임이 명백하거나(예 미국 시민권증서 뒷면에 'name change' 확인내용이 기재되는 경우, 혼인으로 성이 변경된 때 가족관계증명서나 혼인관계증명서 등에 의하여 배우자의 성이 확인되는 경우 등) 사소한 착오나 유루가 있는 것에 불과한 때에는

동일성을 증명하는 서면 없이 신고서류를 수리할 수 있다. 동일성을 증명하는 서면의 예로는 우리나라 재외공관이 발행하는 동일인증명서, 한국주재 캐나다 재외공관이 발행하는 법정확인서(또는 캐나다 통계국이 발행하는 성명변경증명서), 한국주재 미국 재외공관이 공증한 사건본인의 선서서 등이 있다(가족관계등록선례 제201110-1호).

답 ❷

03

다음 중 가족관계등록관이 처리할 수 있는 업무끼리 나열된 것은? 2020년 법무사시험 [문 50]

① 직권에 의한 가족관계등록부의 정정 – 무연고자 등의 사망통보 수리
② 과태료 부과·징수 – 무연고자 등의 사망통보 수리
③ 직권에 의한 가족관계등록부의 정정 – 신고불수리의 통지
④ 과태료 부과·징수 – 국적취득의 통보 수리
⑤ 과태료 부과·징수 – 신고서류의 조사 및 시정지시

....

[❶▸×] [❷▸×] [❸▸○] [❹▸×] [❺▸×] 가족관계등록관이 처리할 수 있는 업무는 직권에 의한 가족관계등록부의 정정(가족관계등록법 제18조), 신고불수리의 통지(가족관계등록법 제43조), 신고서류의 조사 및 시정지시(가족관계등록법 제115조)이다(가족관계등록법 제4조의2 제3항 참조).

> **가족관계등록법 제4조의2(재외국민 등록사무처리에 관한 특례)**
> ① 제3조 및 제4조에도 불구하고, 대법원장은 외국에 거주하거나 체류하는 대한민국 국민(이하 "재외국민"이라 한다)에 관한 등록사무를 법원서기관, 법원사무관, 법원주사 또는 법원주사보(이하 "가족관계등록관"이라 한다)로 하여금 처리하게 할 수 있다.
> ③ 재외국민 가족관계등록사무소 가족관계등록관의 등록사무처리에 관하여는 시·읍·면의 장의 등록사무처리에 관한 규정 중 제3조 제3항, 제5조, 제11조, 제14조, 제18조, 제22조, 제23조의3, 제29조, 제31조, 제38조부터 제43조까지, 제109조부터 제111조까지, 제114조부터 제116조까지를 준용한다.
>
> **가족관계등록법 제18조(등록부의 정정)**
> ① 등록부의 기록이 법률상 무효인 것이거나 그 기록에 착오 또는 누락이 있음을 안 때에는 시·읍·면의 장은 지체 없이 신고인 또는 신고사건의 본인에게 그 사실을 통지하여야 한다. 다만, 그 착오 또는 누락이 시·읍·면의 장의 잘못으로 인한 것인 때에는 그러하지 아니하다.
>
> **가족관계등록법 제43조(신고불수리의 통지)**
> 시·읍·면의 장이 신고를 수리하지 아니한 때에는 그 사유를 지체 없이 신고인에게 서면으로 통지하여야 한다.
>
> **가족관계등록법 제115조(신고서류 등의 조사 및 시정지시)**
> ① 법원은 시·읍·면의 장으로부터 신고서류 등을 송부받은 때에는 지체 없이 등록부의 기록사항과 대조하고 조사하여야 한다.

답 ❸

제2장 국제등록사무 각론

국제출생신고와 관련한 다음 설명 중 가장 옳지 않은 것은?　

① 외국인 부와 한국인 모 사이에 출생한 혼인 외의 자녀는 그 외국인 부가 인지하기 전에는 외국인 부의 성을 아는 경우라도 외국인 부의 성을 따라 가족관계등록부에 기록을 할 수 없다.

② 외국에 거주하는 한국인이 외국 관공서 등으로부터 교부받은 증서의 등본을 출생증명서에 갈음하여 출생신고서에 첨부하는 경우 그 사본을 첨부하고 원본의 환부를 청구할 수 있다.

③ 외국인 부와 한국인 모 사이에 출생한 혼인 외의 자녀에 대하여 모가 출생신고한 후 한국인 모와 외국인 부가 혼인을 하더라도 그것만으로는 외국인 부와 혼인 외의 자녀 사이에 친자관계가 발생하는 것은 아니다.

④ 외국인 부와 한국인 모 사이에 출생한 혼인 중의 자녀가 외국인 부의 성을 따라 외국식 이름으로 기록된 후에 한국인 모의 성과 한국식 이름으로 변경하려면 성·본변경절차와 개명절차를 거쳐야 한다.

⑤ 외국인 부와 한국인 모 사이에 출생한 혼인 중의 자녀는 한국인 모의 성과 본을 따를 수 있다.

[❶ ▸ ○] [❺ ▸ ○]　가족관계등록예규 제616호 제11조 제2항·제3항

> □ **가족관계등록예규 제616호[자녀의 성과 본에 관한 가족관계등록사무 처리지침]**
> **제11조(부가 외국인인 경우)**
> ① 혼인 외 출생자의 부가 외국인이고 모가 대한민국 국민인 경우, 그 자녀는 모의 성과 본을 따른다.
> ② 제1항의 대한민국 국민인 모의 혼인 외의 자는 대한민국 국민이므로 그 모가 부라고 인정하는 사람이 외국인인 경우, 그 부가 인지하기 전에는 외국인의 성을 따르게 하여 가족관계등록부에 기록을 하게 할 수는 없고 모의 성과 본을 따라 기록하여야 한다.
> ③ 혼인 중 출생자의 **부가 외국인이고 모가 대한민국 국민인 경우**, 제7조 제1항에도 불구하고 제3조에 따르지 아니하고, 민법 제781조 제2항에 따라 그 자녀는 모의 성과 본을 따를 수 있다.

[❷ ▸ ✕]　가족관계의 등록 등에 관한 법률과 가족관계의 등록 등에 관한 규칙은 사본 첨부를 허용하는 명시적인 규정을 두고 있지 않으며, 가족관계등록예규 제520호[현 610호(註)] 4.는 출생신고서에 출생증명서의 사본을 첨부하여도 되는 경우를 '출생증명서를 의사나 조산사가 작성한 경우'로 한정하여 규정하고 있으므로, 외국 관공서 등으로부터 교부받은 증서의 등본을 첨부하여 가족관계등록관서에 출생신고를 하는 경우, 그 사본을 첨부하고 원본의 환부를 청구할 수 없다(가족관계등록선례 제201102-1호).

[❸ ▸ ○] 가족관계등록예규 제592호 4.

> ❏ **가족관계등록예규 제592호[한국인 모와 외국인 부 사이에 출생한 혼인 외 자에 대한 인지 및 부모의 혼인에 따른 가족관계등록사무 처리지침]**
> 한국인 모와 외국인 부 사이에 출생한 혼인 외 자는 한국의 국적을 취득(국적법 제2조 제1항 제1호)한 자녀이므로 혼인 외 자에 대한 출생신고의무자인 생모의 출생신고에 의하여 그 자녀의 가족관계등록부를 작성하고, 그 후 외국인인 부가 인지한 경우의 가족관계등록사무처리 절차는 아래와 같다.
> 　4. 유의사항
> 　　혼인 외 자의 생모와 외국인 부가 후에 혼인을 하더라도 그것만으로는 외국인 부와 혼인 외 자 사이에 친자관계가 발생하는 것은 아니다.

[❹ ▸ ○] 외국인 부의 성을 따라 외국식 이름으로 기록된 가족관계등록부를 후에 한국인 모의 성과 한국식 이름으로 변경하기 위해서는, 성·본변경절차와 개명절차를 거쳐야 하고, 추후보완신고 또는 등록부의 정정절차를 통해서는 이를 할 수 없다(가족관계등록예규 제573호 4. 바.).

답 ❷

제4편

등록부의 정정

✔️ 각 문항별로 회독수를 체크해 보세요. ☑☐☐

제1장 / 총 설

01
☐☐☐

가족관계등록부 또는 제적부의 정정에 관한 다음 설명 중 가장 옳은 것은?

2025년 법무사시험 [문 49]

① 제적부를 정정할 때는 제적부를 부활한 후 정정한다.

② 혼인 등 신고로 인하여 효력이 발생하는 행위는 가족관계등록부에 기록한 후에 실체상의 흠결이 있음을 발견하여도 가족관계의 등록 등에 관한 법률 제18조 제2항에 따라 이를 정정할 수 없다.

③ 판결에 의해서만 할 수 있는 가족관계등록부의 정정을 가정법원의 허가를 받아 가족관계등록부를 정정한 경우에도 그 허가를 받은 이상 적법한 정정의 효력이 발생한다.

④ 가족관계등록부의 정정은 재판의 주문 및 이유에 나타난 사항에 한하여 허용된다.

⑤ 일반등록사항란의 기록을 정정하는 경우에는 정정할 부분에 하나의 선을 긋고, 해당 사항란에 정정내용과 그 사유를 기록한다.

[❶ ▸ ✕] 제적부를 정정할 때는 <u>제적부를 부활하지 않고 정정한다</u>(가족관계의 등록 등에 관한 규칙 제66조의2 제2항 전문).

[❷ ▸ ○] 「가족관계의 등록 등에 관한 법률」 제18조와 동법 제104조의 정정사유는 그 절차가 간이함에 비추어 정정할 사항이 경미한 경우에 한하는 것이고, 정정할 사항이 친족법상 또는 상속법상 중대한 영향을 미치는 사항이라면 동법 제107조의 확정판결에 의해서만 정정할 수 있으며, <u>혼인 등 신고로 인하여 효력이 발생하는 행위는 가족관계등록부에 기록한 후에 실체상의 흠결이 있음을 발견하여도 동법 제18조 제1항 및 제2항의 절차에 따라 이를 직권으로 정정할 수 없음이 원칙이다</u>(가족관계등록선례 제200904-1호 가.).

[❸ ▸ ✕] 판결에 의해서만 할 수 있는 가족관계등록부 기록의 정정을 법원의 가족관계등록부의 정정 허가만으로 정정한 경우에는 <u>위법한 것으로서 그 정정의 효력이 발생하지 않는다</u>(가족관계등록예규 제423호 3.).

[❹ ▸ ×] 가족관계등록부의 정정은 직권정정절차와 신청에 의한 정정절차로 구분할 수 있다. 우선, 직권정정절차는 다시 감독법원의 허가 없이 정정하는 간이직권정정절차(가족관계등록법 제18조 제2항 단서, 동 규칙 제60조 제2항)와 감독법원의 허가를 얻어 정정하는 통상의 직권정정절차(가족관계등록법 제18조 제2항 본문)로 나뉜다. 다음으로 신청에 의한 정정절차는 법원 허가에 의한 정정신청절차(가족관계등록법 제104조, 제105조)와 판결에 의한 정정신청절차(가족관계등록법 제107조)로 구분할 수 있다. 이에 따라 가족관계등록부의 정정은 재판의 주문 및 이유에 나타난 사항에 한하여 허용된다는 것은 옳지 않다.

[❺ ▸ ×] 일반등록사항란의 사건 자체를 말소하는 경우에는 그 기록사항 전체에 하나의 선을 긋고, 말소내용과 사유를 각 해당 사항란에 기록한다(가족관계의 등록 등에 관한 규칙 제66조 제2항).

> **가족관계의 등록 등에 관한 규칙 제66조(등록부의 정정방법)**
> ① 등록부의 기록사항을 정정하는 경우에는 정정할 부분에 새로운 사항을 기록하고, 정정내용과 사유를 가족관계등록부사항란이나 일반등록사항란에 기록한다.
> ② 가족관계등록부사항란이나 일반등록사항란의 사건 자체를 말소하는 경우에는 그 기록사항 전체에 하나의 선을 긋고, 말소내용과 사유를 각 해당 사항란에 기록한다.

답 ❷

제2장 │ 신청에 의한 등록부의 정정

02
☐☐☐

성전환자의 성별정정허가신청에 관한 다음 설명 중 가장 옳지 않은 것은?(다툼이 있는 경우 판례·예규 및 선례에 의함. 이하 같음) 2020년 법무사시험 [문 41]

① 성전환자의 성별정정허가신청이 있으면 법원은 반드시 신청인을 비공개로 심문하여야 하나 상당하다고 인정하는 자에게 방청을 허가할 수 있다.
② 법원은 신청인이 대한민국 국적자로서 19세 이상의 행위능력자인지, 현재 혼인 중인지, 신청인에게 미성년인 자녀가 있는지 여부를 조사할 수 있다.
③ 신청인이 성별정정허가신청을 하기 위하여는 부모의 동의서를 첨부하여야 한다.
④ 신청인이 성별정정허가신청과 함께 개명허가신청을 한 경우, 개명허가신청사건에 관해서는 원칙적으로 개명허가신청사건 사무처리지침에 따르되, 지침에 따른 사실조회는 실시하지 아니할 수 있다.
⑤ 성전환증을 이유로 성별정정허가결정을 받은 신청인의 등록부정정신청을 접수한 시(구)·읍·면의 장은 신청인의 성별란을 정정하고, 일반등록사항란에 정정사유를 기록한다.

[**❶ ▶ ○**] 심문은 공개하지 아니한다. 그러나 법원은 상당하다고 인정하는 자에게 방청을 허가할 수 있다(가족관계등록예규 제550호 제5조 제3항).

[**❷ ▶ ○**] 가족관계등록예규 제550호 제6조 제1호

❑ **가족관계등록예규 제550호[성전환자의 성별정정허가신청사건 등 사무처리지침]**

제6조(참고사항)

법원은 성별정정허가신청사건의 심리를 위하여 신청인에 대한 다음 각 호의 사유를 조사할 수 있다.

1. 신청인이 대한민국 국적자로서 19세 이상의 행위능력자인지, 현재 혼인 중인지, 신청인에게 미성년인 자녀가 있는지 여부
2. 신청인이 성전환증으로 인하여 성장기부터 지속적으로 선천적인 생물학적 성과 자기의식의 불일치로 인하여 고통을 받고 오히려 반대의 성에 대하여 귀속감을 느껴왔는지 여부
3. 신청인에게 상당기간 정신과적 치료나 호르몬요법에 의한 치료 등을 실시하였으나 신청인이 여전히 수술적 처치를 희망하여, 자격 있는 의사의 판단과 책임 아래 성전환수술을 받아 외부성기를 포함한 신체외관이 반대의 성으로 바뀌었는지 여부
4. 성전환수술의 결과 신청인이 생식능력을 상실하였고, 향후 종전의 성으로 재전환할 개연성이 없거나 극히 희박한지 여부
5. 신청인에게 범죄 또는 탈법행위에 이용할 의도나 목적으로 성별정정허가신청을 하였다는 등의 특별한 사정이 있는지 여부

[**❸ ▶ ✕**] 종전에는 부모의 동의서를 첨부하게 하였으나, 2019년 개정으로 해당 규정은 삭제되었다(가족관계등록예규 제550호 제3조 제1항 제6호 참조).

❑ **가족관계등록예규 제550호[성전환자의 성별정정허가신청사건 등 사무처리지침]**

제3조(참고서면)

① 법원은 심리를 위하여 필요한 경우에는 신청인에게 다음 각 호의 서면을 제출하게 할 수 있다.

1. 가족관계등록부의 기본증명서, 가족관계증명서 및 주민등록표등(초)본
2. 신청인이 성전환증 환자임을 진단한 정신과 전문의사의 진단서나 감정서
3. 신청인이 성전환수술을 받아 현재 생물학적인 성과 반대되는 성에 관한 신체의 성기와 흡사한 외관을 구비하고 있음을 확인하는 성전환시술 의사의 소견서
4. 신청인에게 현재 생식능력이 없고, 향후에도 생식능력이 발생하거나 회복될 가능성이 없음을 확인하는 전문의사 명의의 진단서나 감정서
5. 신청인의 성장환경진술서 및 인우인의 보증서
6. 부모의 동의서(삭제 2019.8.19. 제537호)

[**❹ ▶ ○**] 신청인이 성별정정허가신청과 함께 개명허가신청을 하거나 성별정정허가신청사건의 심리 중에 개명허가신청을 한 경우, 개명허가신청사건의 심리와 사무처리에 관해서는 원칙적으로 대법원 가족관계등록예규 제211호(개명허가신청사건 사무처리지침)에 따르되, 같은 예규 제3조 제1항의 사실조회는 실시하지 아니할 수 있으며, 성별정정을 허가한 경우에는 개명도 허가할 수 있다(가족관계등록예규 제550호 제8조).

[**❺ ▶ ○**] 성전환증을 이유로 성별정정허가결정을 받은 신청인의 등록부정정신청을 접수한 시(구)·읍·면의 장은 신청인의 성별란을 정정하고, 일반등록사항란에 정정사유를 기록한다(가족관계등록예규 제550호 제9조).

답 ❸

제1장 국적취득자의 성과 본 창설

01
□□□

가족관계의 등록 등에 관한 법률 제96조에 따른 국적취득자의 성과 본의 창설신고에 관한 다음 설명 중 가장 옳지 않은 것은?
2023년 법무사시험 [문 43]

① 외국의 성을 쓰는 국적취득자가 그 성을 쓰지 않고 새로이 성과 본을 정하고자 하는 경우에는 그 등록기준지·주소지 또는 등록기준지로 하고자 하는 곳을 관할하는 가정법원의 허가를 받고 그 등본을 받은 날부터 1개월 이내에 그 성과 본을 신고하여야 한다.

② 국적취득자의 성과 본의 창설신고서에는 종전의 성, 창설한 성·본, 허가의 연월일을 기재하여야 한다.

③ 가족관계등록 창설신고와 달리, 국적취득자의 성과 본의 창설신고는 가족관계의 등록 등에 관한 법률 제23조의2에 따라 전산정보처리조직을 이용하여 전자문서로 할 수 없다.

④ 시(구)·읍·면의 장은 한쪽 배우자에 대한 성과 본의 창설신고가 수리되면, 다른 배우자의 가족관계등록부 일반등록사항란에 그 취지를 직권으로 기록하여야 한다.

⑤ 시(구)·읍·면의 장은 국적취득자의 성과 본의 창설신고에 따라 부 또는 모의 성과 본이 변경된 경우, 그 부 또는 모의 성을 따르는 자녀의 성과 본을 직권으로 변경기록하고 그 사유를 자녀의 가족관계등록부 일반등록사항란에 기록하여야 한다.

[❶ ▶ ○]　외국의 성을 쓰는 국적취득자가 그 성을 쓰지 아니하고 새로이 성(姓)·본(本)을 정하고자 하는 경우에는 그 등록기준지·주소지 또는 등록기준지로 하고자 하는 곳을 관할하는 가정법원의 허가를 받고 그 등본을 받은 날부터 1개월 이내에 그 성과 본을 신고하여야 한다(가족관계등록법 제96조 제1항).

[❷ ▶ ○]　가족관계등록법 제96조 제4항

> **가족관계등록법 제96조(국적취득자의 성과 본의 창설 신고)**
> ④ 신고서에는 다음 사항을 기재하여야 한다.
>   1. 종전의 성
>   2. 창설한 성·본
>   3. 허가의 연월일

[❸ ▶ ×]　전자문서로 할 수 있는 신고는 등록기준지 변경신고, 출생신고, 가족관계등록비송사건(국적취득자의 성과 본의 창설 신고, 개명 신고, 가족관계등록 창설 신고, 등록부정정 신청)이다.

> **가족관계의 등록 등에 관한 규칙 제36조의2(전자문서를 이용한 신고)**
> ① 법 제23조의2에 따라 전산정보처리조직을 이용하여 전자문서로 할 수 있는 신고는 다음 각 호와 같다.
>   1. 법 제10조 제2항에 따른 등록기준지 변경신고
>   2. 법 제44조 제4항 본문 및 제46조 제1항, 제2항에 따른 부 또는 모의 출생신고
>   3. 법 제96조에 따른 국적취득자의 성과 본의 창설 신고
>   4. 법 제99조에 따른 개명 신고
>   5. 법 제101조에 따른 가족관계등록 창설 신고
>   6. 법 제104조 및 제105조에 따른 등록부정정 신청

[❹ ▶ ○]　가족관계의 등록 등에 관한 규칙 제54조 제2호

> **가족관계의 등록 등에 관한 규칙 제54조(배우자의 가족관계등록사항 등의 변동사유)**
> 한쪽 배우자에 대하여 다음의 신고가 있는 때에는 다른 배우자의 등록부에도 그 취지를 기록하여야 한다.
>   1. 사망, 실종선고·부재선고 및 그 취소
>   2. 국적취득과 그 상실
>   3. 성명의 정정 또는 개명

[❺ ▶ ○]　시·읍·면의 장은 부 또는 모의 성과 본이 정정되거나 변경된 경우 그 부 또는 모의 성을 따르는 자녀의 성과 본을 직권으로 정정 또는 변경기록하고 그 사유를 등록부에 기록하여야 한다(가족관계의 등록 등에 관한 규칙 제55조 제3항).

답 ❸

다음에 열거한 비송사건 중에서 가족관계등록비송사건을 모두 고른 것은?

2022년 법무사시험 [문 46]

가. 자의 복리를 위한 자의 성과 본의 변경 허가 사건
나. 등록이 되어 있지 아니한 사람에 대한 가족관계등록창설허가 사건
다. 개명허가 사건
라. 부모를 알 수 없는 사람에 대한 성과 본의 창설 허가 사건
마. 외국의 성을 쓰는 국적취득자의 성과 본의 창설 허가 사건
바. 미성년자의 입양에 대한 허가 사건
사. 위법한 가족관계 등록기록의 정정 허가 사건
아. 출생증명서 또는 서면을 첨부할 수 없는 경우의 가정법원의 확인 사건

① 나, 다, 라, 마
② 가, 다, 라, 바
③ 나, 다, 라, 마, 사
④ 나, 다, 마, 사, 아
⑤ 나, 다, 라, 마, 사, 아

....

[가 ▸ X] [나 ▸ O] [다 ▸ O] [라 ▸ X] [마 ▸ O] [바 ▸ X] [사 ▸ O] [아 ▸ O]

가족관계의 등록 등에 관한 규칙 제87조(허가사건의 처리절차)
① 다음 각 호의 사건의 처리절차에 관하여는 비송사건절차법을 준용한다.
  1. 법 제96조에 따른 국적취득자의 성과 본의 창설 허가(마)
  2. 법 제99조에 따른 개명허가(다)
  3. 법 제101조에 따른 가족관계등록창설허가(나)
  4. 법 제104조(위법한 가족관계 등록기록의 정정) 및 제105조(무효인 행위의 가족관계등록기록의 정정)
    에 따른 등록기록정정허가(사)

가족관계의 등록 등에 관한 규칙 제87조의2(확인사건의 처리절차)
① 다음 각 호의 사건의 처리절차에 관하여는 비송사건절차법을 준용한다.
  1. 법 제44조의2 제1항에 따른 가정법원의 확인(아)

    가족관계등록법 제44조의2(출생증명서가 없는 경우의 출생신고)
    ① 제44조 제4항에 따른 출생증명서 또는 서면을 첨부할 수 없는 경우에는 가정법원의 출생확인
    을 받고 그 확인서를 받은 날부터 1개월 이내에 출생의 신고를 하여야 한다.

2. 법 제57조 제1항 단서 및 같은 조 제2항에 따른 가정법원의 확인

> **가족관계등록법 제57조(친생자출생의 신고에 의한 인지)**
> ① 부가 혼인 외의 자녀에 대하여 친생자출생의 신고를 한 때에는 그 신고는 인지의 효력이 있다. 다만, 모가 특정됨에도 불구하고 부가 본문에 따른 신고를 함에 있어 모의 소재불명 또는 모가 정당한 사유 없이 출생신고에 필요한 서류 제출에 협조하지 아니하는 등의 장애가 있는 경우에는 부의 등록기준지 또는 주소지를 관할하는 가정법원의 확인을 받아 신고를 할 수 있다.
> ② 모의 성명·등록기준지 및 주민등록번호의 전부 또는 일부를 알 수 없어 모를 특정할 수 없는 경우 또는 모가 공적 서류·증명서·장부 등에 의하여 특정될 수 없는 경우에는 부의 등록기준지 또는 주소지를 관할하는 가정법원의 확인을 받아 제1항에 따른 신고를 할 수 있다.

답 ❹

---

03 □□□ 가족관계등록비송사건에 관한 다음 설명 중 가장 옳지 않은 것은? 2021년 법무사시험 [문 46]

① 국적취득자의 성본창설허가, 개명허가, 가족관계등록창설허가 및 등록기록정정허가는 비송사건절차법을 준용하므로 심문은 비공개가 원칙이고 직권에 의한 탐지와 증거조사가 인정된다.

② 가족관계등록공무원이 가족관계등록부의 정정허가결정에 의한 가족관계등록부의 정정신청을 수리하여 가족관계등록부에 기록을 한 후에는 그 허가결정을 한 법원은 비송사건절차법 제19조 제1항에 따라 재판의 취소 또는 변경을 할 수는 없다.

③ 비송사건절차법이 민사소송법 개별 규정을 준용하고 있고, 가족관계등록비송사건에는 비송사건절차법이 준용되므로 가족관계등록비송사건을 대상으로 하는 소송구조 신청은 적법하다.

④ 일반 민사비송사건이나 가사비송사건에 있어서는 공익의 대표자인 검사에게 청구인적격이 부여되는 경우가 있으나 가족관계등록비송사건에 관하여는 이러한 규정이 없다.

⑤ 가족관계등록비송사건의 신청서나 재판서에는 당사자에 준하여 사건본인을 기재할 필요가 있으므로 허가신청서에는 사건본인의 성명·출생연월일·등록기준지 및 주소를 기재하여야 한다.

· ·

[❶ ▶ ○] [❺ ▶ ○] 가족관계의 등록 등에 관한 규칙 제87조 제1항·제3항, 비송사건절차법 제11조, 제13조

> **가족관계의 등록 등에 관한 규칙 제87조(허가사건의 처리절차)**
> ① 다음 각 호의 사건의 처리절차에 관하여는 비송사건절차법을 준용한다.
>   1. 법 제96조에 따른 국적취득자의 성과 본의 창설허가
>   2. 법 제99조에 따른 개명허가
>   3. 법 제101조에 따른 가족관계등록창설허가
>   4. 법 제104조 및 제105조에 따른 등록기록정정허가
> ③ 제1항 각 호의 허가신청서에는 사건본인의 성명·출생연월일·등록기준지 및 주소를 기재하여야 한다.

비송사건절차법 제11조(직권에 의한 탐지 및 증거조사)
법원은 직권으로 사실의 탐지와 필요하다고 인정하는 증거의 조사를 하여야 한다.

비송사건절차법 제13조(심문의 비공개)
심문(審問)은 공개하지 아니한다. 다만, 법원은 심문을 공개함이 적정하다고 인정하는 자에게는 방청을 허가할 수 있다.

[❷ ▸ ○] 가족관계등록공무원이 가족관계등록부의 정정허가결정에 의한 가족관계등록부의 정정신청을 수리하여 가족관계등록부에 기록을 한 후에는 그 허가결정을 한 법원은 비송사건절차법 제19조 제1항에 따라 재판의 취소 또는 변경을 할 수는 없다(가족관계등록예규 제422호 7.).

[❸ ▸ ×] 비송사건절차법에서 민사소송법의 개별규정을 준용하고 있으나 소송구조에 관한 규정은 준용하지 않고 있으므로(비송사건절차법 제8조, 제10조 참조), 비송사건절차법이 적용 또는 준용되는 비송사건은 소송구조의 대상이 되지 아니하고, 이러한 비송사건을 대상으로 하는 소송구조 신청은 부적법하다(대결 2009.9.10. 2009스89).

[❹ ▸ ○] 가족관계등록비송사건인 국적취득자의 성본창설허가, 개명허가, 가족관계등록창설허가 및 등록기록정정허가에는 검사에게 청구인 적격이 부여되는 규정이 없으므로 당사자만이 신청인이 될 수 있다.

답 ❸

04

다음 중 가족관계등록비송사건에 해당하는 것은?   2020년 법무사시험 [문 43]

① 부모를 알 수 없는 자의 성·본창설허가사건
② 자의 복리를 위한 자녀의 성·본변경허가사건
③ 협의상 이혼에 따른 자녀의 양육에 관한 처분과 그 변경, 면접교섭권의 처분 또는 제한·배제·변경사건
④ 외국의 성을 쓰는 국적취득자의 성·본창설허가사건
⑤ 혼인관계가 종료된 날부터 300일 이내에 출생한 자녀에 대한 인지의 허가사건

....

[❶ ▸ ×] [❷ ▸ ×] [❸ ▸ ×] [❹ ▸ ○] [❺ ▸ ×]   가족관계의 등록 등에 관한 규칙 제87조 제1항

가족관계의 등록 등에 관한 규칙 제87조(허가사건의 처리절차)
① 다음 각 호의 사건의 처리절차에 관하여는 비송사건절차법을 준용한다.
  1. 법 제96조에 따른 국적취득자의 성과 본의 창설허가
  2. 법 제99조에 따른 개명허가
  3. 법 제101조에 따른 가족관계등록창설허가
  4. 법 제104조 및 제105조에 따른 등록기록정정허가

답 ❹

제2장 / 개 명

개명에 관한 다음 설명 중 가장 옳지 않은 것은? 2021년 법무사시험 [문 43]

① 외국인과의 신분행위(예 외국인에게 입양된 경우 등) 등으로 그 외국인과 일정한 신분관계가 형성이 되어 그 외국의 법에 따라 개명을 한 경우라 하더라도, 가족관계의 등록 등에 관한 법률 제99조에 따라 한국법원에서 개명허가결정을 받은 경우가 아닌 한 그 외국에서 개명한 이름을 개명신고에 의해서 한국 가족관계등록부에 기록할 수 없다.

② 개명허가신청인의 개인적인 입장을 고려하여 개명을 허가할 만한 상당한 이유가 있고, 달리 개명신청권의 남용으로 볼 사정이 없는 한, 미성년자시절 한 차례 개명허가결정을 받은 사실만으로는 개명신청권의 남용이라고 보기 어렵다.

③ 개명하고자 하는 사람은 주소지를 관할하는 가정법원의 허가를 받아야 하고, 주소지가 없는 사람은 등록기준지를 관할하는 가정법원에 개명허가신청을 할 수 있다.

④ 재외국민이 개명허가신청서를 재외공관에 제출할 때에는 신청서에 정해진 인지를 붙이거나 그 액면상당의 현지화를 재외공관장에게 납부하여도 된다.

⑤ 개명신청을 허가한 재판이 효력을 발생한 때에는 가정법원의 법원사무관등은 지체 없이 사건본인의 주소지의 시(구)·읍·면의 장에게 그 뜻을 통지하여야 하고, 통지를 받은 시(구)·읍·면의 장은 법정기간 내 신고의무자의 신고가 없으면 지체 없이 가족관계의 등록 등에 관한 법률 제38조 제1항 및 제2항에 따라 신고의무자에게 신고할 것을 최고하여야 한다.

⋯⋯⋯

[**❶** ▸ ○] 외국인과의 신분행위(예 외국인에게 입양된 경우 등) 등으로 그 외국인과 일정한 신분관계가 형성이 되어 그 외국의 법에 따라 개명을 한 경우라 하더라도, 가족관계의 등록 등에 관한 법률 제99조에 따라 한국법원에서 개명허가결정을 받은 경우가 아닌 한 그 외국에서 개명한 이름을 한국 가족관계등록부에 기록할 수 없다(가족관계등록예규 제619호 제11조 제1항).

[**❷** ▸ ○] 신청인의 개인적인 입장을 고려하여 개명을 허가할 만한 상당한 이유가 있고, 달리 개명신청권의 남용으로 볼 사정이 없는 한, 미성년자시절 한 차례 개명허가결정을 받은 사실만으로는 개명신청권의 남용이라고 보기 어렵다(대결 2009.8.13. 2009스65).

[**❸** ▸ ○] 가족관계등록법 제99조 제1항, 가족관계의 등록 등에 관한 규칙 제87조 제4항

가족관계등록법 제99조(개명신고)
① 개명하고자 하는 사람은 주소지(재외국민의 경우 등록기준지)를 관할하는 가정법원의 허가를 받고 그 허가서의 등본을 받은 날부터 1개월 이내에 신고를 하여야 한다.

가족관계의 등록 등에 관한 규칙 제87조(허가사건의 처리절차)
④ 주소지가 없는 사람은 법 제99조에 따른 개명허가신청을 등록기준지를 관할하는 가정법원에 할 수 있다.

[**④ ▶ ○**] 재외국민이 개명허가신청서를 재외공관에 제출할 때에는 신청서에 정해진 인지를 붙이거나 그 액면상당의 현지화를 재외공관장에게 납부하여도 된다(가족관계등록예규 제619호 제10조 제1항).

[**⑤ ▶ ×**] 가족관계등록예규 제504호 제2조 제1항, 제3조 제1항

❑ **가족관계등록예규 제504호[가족관계등록비송사건 및 가사사건 통지의 처리에 관한 업무지침]**

제2조(가족관계등록비송사건 통지의 방법)
① 규칙 제87조 제1항 각 호의 신청을 허가한 재판이 효력을 발생한 때에는 가정법원의 법원사무관등은 지체 없이 <u>사건본인의 등록기준지</u>의 시(구) · 읍 · 면의 장에게 재판서의 등본을 첨부하여 별지 제1호 서식에 의하여 통지하여야 한다.
② 규칙 제87조의2 제1항 제1호의 확인이 효력을 발생한 때에는 가정법원의 법원사무관등은 지체 없이 사건본인의 부 또는 모의 등록기준지의 시(구) · 읍 · 면의 장에게 확인서의 등본을 첨부하여 별지 제2호 서식에 의하여 통지하여야 한다.

제3조(신고의 최고 및 기록)
① 전조의 통지를 받은 시(구) · 읍 · 면의 장은 법정기간 내에 신고의무자의 신고가 없으면 지체 없이 가족관계의 등록 등에 관한 법률(이하 "법"이라 한다) 제38조 제1항 및 제2항에 따라 신고의무자에게 신고할 것을 최고한다.
② 신고의무자에게 전 항의 최고를 할 수 없거나 최고를 하여도 신고의무자가 신고를 하지 아니한 때에는 시(구) · 읍 · 면의 장은 법 제38조 제3항 및 제18조 제2항에 따라 직권정정(기록)을 하여야 한다.

답 **⑤**

제3장 가족관계등록 창설

06
☐☐☐

가족관계등록비송에 관한 다음 설명 중 가장 옳은 것은?(다툼이 있는 경우 판례 · 예규 및 선례에 의함. 이하 같음)
2018년 법무사시험 [문 41]

① 독립유공자예우에 관한 법률에 의한 가족관계등록 사무처리규칙에 따라 가족관계등록을 창설할 때 독립유공자의 가족관계등록부 특정등록사항란에 배우자 및 자녀를 기록하지 아니한다.
② 친생자관계부존재확인판결에 의하여 폐쇄된 등록부상의 성명과 새로운 출생신고에 의하여 작성되는 등록부에 기록된 성명이 서로 다른 경우 개명절차를 거쳐야 한다.
③ 자의 복리를 위한 자의 성 · 본변경허가 사건은 가족관계등록비송사건에 해당한다.
④ 부모를 알 수 없는 자로서 기아인 경우에는 성 · 본창설허가와 가족관계등록창설허가를 받아 가족관계등록부를 작성한다.
⑤ 가족관계등록창설허가신청은 사건본인의 주소지를 관할하는 가정법원의 허가를 받아야 한다.

[**❶** ▸ ○] 가족관계등록예규 제294호 제2조 제3항

> ❏ **가족관계등록예규 제294호[독립유공자예우에 관한 법률에 의한 가족관계등록 사무처리규칙에 따른 사무처리지침]**
>
> **제2조(가족관계등록 창설의 방식)**
> ① 독립유공자예우에 관한 법률에 의한 가족관계등록 사무처리규칙에 따라 가족관계등록을 창설할 때 독립유공자 본인에 대해서만 가족관계등록부를 작성한다.
> ② 독립유공자의 부모가 소명된 경우에는 독립유공자의 가족관계등록부 특정등록사항란에 부모의 성명, 출생연월일, 성별, 본을 기록한다.
> ③ 독립유공자의 가족관계등록부 특정등록사항란에 배우자 및 자녀를 기록하지 아니한다.

[**❷** ▸ ×] 친생자관계부존재확인판결에 의하여 호적에서 말소된 자는 그에 대한 출생신고의무자가 있을 때에는 그의 출생신고로 부의 호적에 입적되므로 사건본인의 호적이 친생자관계부존재확인판결의 확정으로 말소되어 호적이 없는 상태에서 생부의 출생신고로 부의 가에 입적하는 경우 말소된 호적상의 성명과 생부의 호적에 입적되는 성명이 서로 다르다 해도 개명절차는 필요하지 않으며 동일인인지 여부를 입증하는 자료로는 위 말소된 호적등본과 판결 및 출생신고서 등이 될 수 있다(호적선례 제3-468호).

[**❸** ▸ ×] 자의 복리를 위한 자의 성·본변경허가사건(민법 제781조 제6항)은 가사비송 라류 사건에 해당한다[가사소송법 제2조 제1항 제2호 가목 6) 참조]. 가족관계등록비송사건은 국적취득자의 성과 본의 창설허가, 개명허가, 가족관계등록창설허가 및 가족관계등록기록정정허가 등이다(가족관계의 등록 등에 관한 규칙 제87조 제1항).

[**❹** ▸ ×] 가족관계등록예규 제214호 1. 가. (2)

> ❏ **가족관계등록예규 제214호[가족관계등록이 되어 있지 않은 사람의 가족관계등록절차]**
> 1. 대한민국의 국적을 가진 자로서 가족관계등록이 되어 있지 않은 사람에 대하여는 다음과 같은 방법에 따라 가족관계등록부를 작성하여야 한다.
>   가. 부모를 알 수 없는 자로서 등록이 되어 있지 않은 사람
>   (1) 기아가 아닌 경우 : 성·본창설허가와 가족관계등록창설허가를 받아 가족관계등록창설신고를 하게 하여 새로 가족관계등록부를 작성한다.
>   (2) 기아인 경우 : 가족관계의 등록 등에 관한 법률 제52조에 따라 기아발견조서와 성·본창설허가에 의하여 새로 가족관계등록부를 작성한다.

[**❺** ▸ ×] 등록이 되어 있지 아니한 사람은 등록을 하려는 곳을 관할하는 가정법원의 허가를 받고 그 등본을 받은 날부터 1개월 이내에 가족관계등록 창설(이하 "등록창설"이라 한다)의 신고를 하여야 한다(가족관계등록법 제101조 제1항).

답 ❶

제 6 편 가족관계등록사무의 처분에 대한 불복

✔ 각 문항별로 회독수를 체크해 보세요. ☑☐☐

01 ☐☐☐

시·읍·면의 장의 처분에 대한 불복절차에 관한 다음 설명 중 가장 옳지 않은 것은?

2017년 법무사시험 [문 44]

① 등록사건에 관한 시·읍·면의 장의 위법 또는 부당한 처분에 대하여 이해관계인은 관할 가정법원에 불복의 신청을 할 수 있다.

② 불복신청서는 관할 가정법원에 직접 제출하면 되고, 처분을 한 시·읍·면의 장을 경유할 필요는 없다.

③ 불복신청을 받은 가정법원은 신청에 관한 서류를 시·읍·면의 장에게 송부하며 그 의견을 구할 수 있다.

④ 위 ③항의 경우 시·읍·면의 장은 불복신청이 이유 있다고 인정되는 때에는 의견을 붙여 지체 없이 그 서류를 법원에 반환하여야 한다.

⑤ 가정법원은 신청이 이유 없는 때에는 각하하고, 이유 있는 때에는 시·읍·면의 장에게 상당한 처분을 명하여야 한다.

[❶ ▸ O] [❷ ▸ O] [❸ ▸ O] 가족관계등록법 제109조

가족관계등록법 제109조(불복의 신청)

① 등록사건에 관하여 이해관계인은 시·읍·면의 장의 위법 또는 부당한 처분에 대하여 관할 가정법원에 불복의 신청을 할 수 있다.

② 제1항의 신청을 받은 가정법원은 신청에 관한 서류를 시·읍·면의 장에게 송부하며 그 의견을 구할 수 있다.

[❹ ▸ X] 시·읍·면의 장은 그 신청이 이유 있다고 인정하는 때에는 지체 없이 처분을 변경하고 그 취지를 법원과 신청인에게 통지하여야 한다(가족관계등록법 제110조 제1항).

[❺ ▸ O] 가정법원은 신청이 이유 없는 때에는 각하하고 이유 있는 때에는 시·읍·면의 장에게 상당한 처분을 명하여야 한다(가족관계등록법 제111조 제1항).

답 ❹

제 7 편

벌칙·과태료

✅ 각 문항별로 회독수를 체크해 보세요. ☑☐☐

01
☐☐☐

가족관계의 등록 등에 관한 법률에 따른 과태료에 관한 다음 설명 중 가장 옳은 것은?
2021년 법무사시험 [문 47]

① 국적상실의 신고는 본인 또는 4촌 이내의 친족이 그 사실을 안 날부터 1개월 이내에 하여야 하며, 그 신고를 게을리한 때에 가족관계의 등록 등에 관한 법률 제122조에 따라 과태료가 부과될 수 있다.

② 甲이 乙의 자로 출생신고되었다가 甲·乙 간의 친생자관계부존재확인판결이 확정되어 甲의 가족관계등록부가 폐쇄됨으로 인하여 甲에 대한 출생신고의무자가 다시 출생신고를 하는 경우, 과태료 부과의 기산점인 출생신고기간은 친생자관계부존재확인의 판결이 확정된 때로부터 기산하여야 한다.

③ 과태료처분에 불복하는 사람은 60일 이내에 과태료처분한 시(구)·읍·면의 장에게 이의를 제기할 수 있다.

④ 시(구)·읍·면의 장으로부터 과태료처분을 받은 사람이 이의를 제기한 때에는 당해 시(구)·읍·면의 장은 지체 없이 과태료처분을 받은 사람의 주소 또는 거소를 관할하는 가정법원에 그 사실을 통보하여야 한다.

⑤ 재외국민 가족관계등록사무소의 가족관계등록관이 과태료 부과대상이 있음을 안 때에는 신고의무자인 재외국민이 있는 지역을 관할하는 재외공관의 장에게 그 사실을 통지하고, 통지를 받은 재외공관의 장이 과태료를 부과·징수한다.

....

[❶ ▶ ✕] 가족관계등록법 제97조 제1항, 제122조

> **가족관계등록법 제97조(국적상실신고의 기재사항)**
> ① 국적상실의 신고는 <u>배우자 또는 4촌 이내의 친족</u>이 그 사실을 안 날부터 1개월 이내에 하여야 한다.
>
> **가족관계등록법 제122조(과태료)**
> 이 법에 따른 신고의 의무가 있는 사람이 정당한 사유 없이 기간 내에 하여야 할 신고 또는 신청을 하지 아니한 때에는 5만원 이하의 과태료를 부과한다.

[❷ ▶ ✕] 갑이 을의 자로 출생신고되었다가 갑·을 간의 친생자관계부존재확인판결이 확정되어 갑의 호적이 말소됨으로 인하여 갑에 대한 출생신고의무자가 다시 출생신고를 하는 경우에도 출생신고기간은 친생자관계부존재확인의 판결이 확정된 때로부터 기산할 것이 아니고 <u>출생 시로부터 기산</u>하여야 한다(호적선례 제2-470호).

[❸ ▸ ✕] [❹ ▸ ○] [❺ ▸ ✕]   가족관계등록법 제124조

> **가족관계등록법 제124조(과태료 부과·징수)**
> ① 제121조 및 제122조에 따른 과태료는 대법원규칙으로 정하는 바에 따라 시·읍·면의 장(제21조 제2항에 해당하는 때에는 출생·사망의 신고를 받는 동의 관할 시장·구청장을 말한다)이 부과·징수한다. 다만, 재외국민 가족관계등록사무소의 가족관계등록관이 과태료 부과대상이 있음을 안 때에는 <u>신고의무자의 등록기준지 시·읍·면의 장에게 그 사실을 통지하고, 통지를 받은 시·읍·면의 장이 과태료를 부과·징수한다.</u>
> ② 제1항에 따른 과태료처분에 불복하는 사람은 <u>30일 이내</u>에 해당 시·읍·면의 장에게 이의를 제기할 수 있다.
> ③ 제1항에 따라 시·읍·면의 장으로부터 과태료처분을 받은 사람이 제2항에 따라 이의를 제기한 때에는 당해 시·읍·면의 장은 지체 없이 과태료처분을 받은 사람의 주소 또는 거소를 관할하는 가정법원에 그 사실을 통보하여야 하며, 그 통보를 받은 가정법원은 비송사건절차법에 따른 과태료 재판을 한다.

답 ❹

---

02 **가족관계의 등록 등에 관한 법률 또는 규칙상 불복절차 및 과태료에 관한 다음 설명 중 가장 옳은 것은?**   *2024년 법무사시험 [문 50]*

① 불복신청의 비용에 관하여는 민사소송법의 규정을 준용한다.
② 가정법원은 신청이 이유 없는 때에는 기각하고 이유 있는 때에는 시·읍·면의 장에게 상당한 처분을 명하여야 한다.
③ 위 ②항의 처분을 명하는 재판은 명령으로써 하고, 시·읍·면의 장 및 신청인에게 송달하여야 한다.
④ 과태료를 부과하는 경우에는 위반사실과 과태료금액을 명시한 과태료납부통지서를 과태료처분 대상자에게 송부하여야 한다. 그러나 신고서 제출과 동시에 자진하여 과태료를 납부하는 경우에는 그러하지 아니하다.
⑤ 과태료의 부과는 신고를 수리한 가족관계등록관이 한다.

....

[❶ ▸ ✕] 불복신청의 비용에 관하여는 「<u>비송사건절차법</u>」의 규정을 준용한다(가족관계등록법 제113조).
[❷ ▸ ✕] 가정법원은 신청이 <u>이유 없는</u> 때에는 <u>각하</u>하고 이유 있는 때에는 시·읍·면의 장에게 상당한 처분을 명하여야 한다(가족관계등록법 제111조 제1항).
[❸ ▸ ✕] 신청의 각하 또는 처분을 명하는 재판은 <u>결정</u>으로써 하고, 시·읍·면의 장 및 신청인에게 송달하여야 한다(가족관계등록법 제111조 제2항).
[❹ ▸ ○] 과태료를 부과하는 경우에는 위반사실과 과태료금액을 명시한 과태료납부통지서를 과태료처분 대상자에게 송부하여야 한다. 그러나 신고서 제출과 동시에 자진하여 과태료를 납부하는 경우에는 그러하지 아니하다(가족관계의 등록 등에 관한 규칙 제50조 제3항).
[❺ ▸ ✕] 법 제124조 제1항에 따른 과태료의 부과는 신고 또는 신청을 수리하거나 이를 최고한 시·읍·면의 장이 한다. 다만, 가족관계등록관이 과태료 부과 대상이 있음을 통지한 경우에는 통지를 받은 시·읍·면의 장이 과태료를 부과한다(가족관계의 등록 등에 관한 규칙 제50조 제1항).

답 ❹

MEMO

의심은 실패보다 더 많은 꿈을 죽인다.

- 카림 세디키 -

9.88%

*2025년 법무사 1차 합격률

CBT 모의고사로 최종 합격 점검!

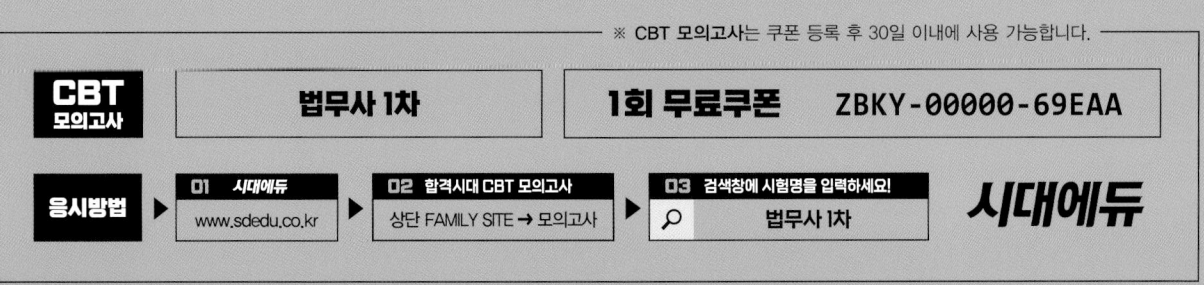

법무사 1차시험 대비 시리즈

1 헌법 + 상법

2 민법 + 가족관계의 등록 등에 관한 법률

3 민사집행법 + 상업등기법 및 비송사건절차법

4 부동산등기법 + 공탁법

5 5개년 기출문제해설

6 전과목 주요 최신판례 한권으로 끝내기

시대에듀

발행일 2025년 12월 5일 | **발행인** 박영일 | **책임편집** 이해욱

편저 시대법학연구소 | **발행처** (주)시대고시기획

등록번호 제10-1521호 | **대표전화** 1600-3600 | **팩스** (02)701-8823

주소 서울시 마포구 큰우물로 75 [도화동 538 성지B/D] 9F

학습문의 www.sdedu.co.kr

평균 99.9% 안심도서

법무사

5개년 기출문제해설
1차시험 전과목

[3권] 민사집행법 + 상업등기법 및 비송사건절차법

시대에듀

" PART 5 민사집행법

PART 6 상업등기법 및 비송사건절차법

민사집행법

제1장 / 민사집행·집행권원

01
☐☐☐

부동산경매절차상 집행권원 및 집행문에 관한 다음 설명 중 가장 옳지 않은 것은?

2025년 법무사시험 [문 9]

① 청구이의의 소는 채무자가 확정된 종국판결 등 집행권원에 표시된 청구권에 관하여 실체상 사유를 주장하여 그 집행력의 배제를 구하는 것이므로 유효한 집행권원을 그 대상으로 한다.

② 소유권이전등기절차의 이행을 명하는 판결은 등기신청 의사의 진술을 명하는 것으로서 그 판결이 확정되면 확정 시에 채무자의 의사표시가 있는 것으로 본다. 의사표시를 명하는 집행권원의 집행이 채권자의 반대의무와 동시이행관계에 있는 때와 같이 반대의무가 이행된 뒤에 의사를 진술할 것인 경우에는 집행문을 내어 준 때에 그 효력이 생긴다.

③ 집행권원상의 청구권이 양도되어 대항요건을 갖춘 경우 집행당사자적격이 양수인으로 변경되고, 양수인이 승계집행문을 부여받음에 따라 집행채권자는 양수인으로 확정되는 것이므로, 승계집행문의 부여로 인하여 양도인에 대한 기존 집행권원의 집행력은 소멸한다. 따라서 그 후 양도인을 상대로 제기한 청구이의의 소는 피고적격이 없는 자를 상대로 한 소이거나 이미 집행력이 소멸한 집행권원의 집행력 배제를 구하는 것으로 권리보호의 이익이 없어 부적법하다.

④ 제1심판결이 공시송달의 방법으로 송달되어 확정된 후 추완항소가 제기되고, 항소심이 추완항소를 각하하지 않은 채 제1심판결 선고 후의 사정으로 판결로써 소송종료선언을 하여 그 판결이 확정되었다면, 선행소송인 제1심판결에 대하여 집행력의 배제를 구하는 청구이의의 소를 제기할 수 있다.

⑤ 집행권원인 동시이행판결의 반대의무 이행 또는 이행제공은 집행개시의 요건으로서 집행개시와 관련된 집행에 관한 이의신청 절차에서 주장·심리되어야 할 사항이지, 집행권원에 표시되어 있는 청구권에 관하여 생긴 이의를 내세워 그 집행권원이 가지는 집행력의 배제를 구하는 청구이의의 소에서 심리되어야 할 사항은 아니다. 따라서 동시이행판결의 채무자로서는 그 집행력의 배제를 구하는 청구이의의 소에서 채권자가 반대의무의 이행 또는 이행제공을 하지 않았다는 주장을 청구이의의 사유로 내세울 수 없다.

[**❶ ▸ ○**] [**❹ ▸ ✕**] 청구이의의 소는 채무자가 확정된 종국판결 등 집행권원에 표시된 청구권에 관하여 실체상 사유를 주장하여 그 집행력의 배제를 구하는 것이므로 유효한 집행권원을 그 대상으로 한다. 그런데 제1심판결이 공시송달의 방법으로 송달되어 확정된 후 추완항소가 제기되고, 항소심이 추완항소를 각하하지 않은 채 제1심판결 선고 후의 사정으로 판결로써 소송종료선언을 하여 그 판결이 확정되었다면, 이로써 제1심판결의 형식적 확정력은 소멸된다(대판 2024.12.12. 2024다273869). ☞ [판결이유] 선행소송 1심판결은 공시송달의 방법으로 송달되어 일응 확정되었으나, 원고가 제기한 추완항소에 따라 항소심이 판결로써 소송종료선언을 하여 그 판결이 확정되었으므로, 이로써 선행소송 1심판결의 형식적 확정력은 소멸되었다고 할 것이다. 따라서 <u>선행소송 1심판결은 유효한 집행권원이라 할 수 없으므로 이에 대하여 집행력의 배제를 구하는 청구이의의 소를 제기할 수 없다.</u>

[**❷ ▸ ○**] 소유권이전등기절차의 이행을 명하는 판결은 등기신청 의사의 진술을 명하는 것으로서 그 판결이 확정되면 확정 시에 채무자의 의사표시가 있는 것으로 본다(민사집행법 제263조 제1항). 의사표시를 명하는 집행권원의 집행이 채권자의 반대의무와 동시이행관계에 있는 때와 같이 반대의무가 이행된 뒤에 의사를 진술할 것인 경우에는 집행문을 내어 준 때에 그 효력이 생긴다(같은 조 제2항)(대판 2024.10.31. 2024다232523).

> **민사집행법 제263조(의사표시의무의 집행)**
> ① 채무자가 권리관계의 성립을 인낙한 때에는 그 조서로, <u>의사의 진술을 명한 판결이 확정된 때에는 그 판결로 권리관계의 성립을 인낙하거나 의사를 진술한 것으로 본다.</u>
> ② <u>반대의무가 이행된 뒤에 권리관계의 성립을 인낙하거나 의사를 진술할 것인 경우에는 제30조와 제32조의 규정에 따라 집행문을 내어 준 때에 그 효력이 생긴다.</u>

[**❸ ▸ ○**] <u>집행권원상의 청구권이 양도되어 대항요건을 갖춘 경우 집행당사자적격이 양수인으로 변경되고, 양수인이 승계집행문을 부여받음에 따라 집행채권자는 양수인으로 확정되는 것이므로, 승계집행문의 부여로 인하여 양도인에 대한 기존 집행권원의 집행력은 소멸한다. 따라서 그 후 양도인을 상대로 제기한 청구이의의 소는 피고적격이 없는 자를 상대로 한 소이거나 이미 집행력이 소멸한 집행권원의 집행력 배제를 구하는 것으로 권리보호의 이익이 없어 부적법하고,</u> 이러한 법리는 소액사건심판법상의 확정된 이행권고결정과 같이 위 법 제5조의8 제1항에 의하여 집행문을 별도로 부여받을 필요 없이 이행권고결정서의 정본에 의하여 강제집행이 가능한 경우에도 마찬가지이다(집행권원상의 청구권을 양도한 채권자가 집행력이 소멸한 이행권고결정서의 전본에 기하여 강제집행절차에 나아간 경우에 채무자는 민사집행법 제16조의 집행이의의 방법으로 이를 다툴 수 있다)(대판 2008.2.1. 2005다23889).

[**❺ ▸ ○**] 집행권원인 동시이행판결의 반대의무 이행 또는 이행제공은 집행개시의 요건으로서 집행개시와 관련된 집행에 관한 이의신청 절차에서 주장·심리되어야 할 사항이지, 집행권원에 표시되어 있는 청구권에 관하여 생긴 이의를 내세워 그 집행권원이 가지는 집행력의 배제를 구하는 청구이의의 소에서 심리되어야 할 사항은 아니다. 따라서 <u>동시이행판결의 채무자로서는 그 집행력의 배제를 구하는 청구이의의 소에서 채권자가 반대의무의 이행 또는 이행제공을 하지 않았다는 주장을 청구이의의 사유로 내세울 수 없다</u>(대판 2024.6.13. 2024다231391).

답 ❹

집행권원에 관한 다음 설명 중 가장 옳지 않은 것은?

① 제1심에서 가집행선고부 승소판결을 받아 그 판결에 기해 강제경매를 신청한 다음 항소심에서 조정(조정에 갈음하는 결정 포함) 내지 화해가 성립한 경우, 제1심판결 및 가집행선고의 효력은 조정 내지 화해에서 제1심판결보다 인용 범위가 줄어든 부분에 한하여 실효되고 나머지 부분에 대하여는 여전히 효력이 미친다.

② 공증인이 작성한 공정증서가 집행권원으로서 집행력을 가질 수 있도록 하는 집행인낙 표시는 공증인에 대한 소송행위로서 이러한 소송행위에는 민법상의 표현대리규정이 적용 또는 준용될 수 없다.

③ 공증인이 작성한 공정증서가 집행권원으로서 집행력을 가질 수 있도록 하는 집행인낙의 표시는 공증인에 대한 소송행위이므로, 무권대리인의 촉탁에 의하여 공정증서가 작성된 때에는 집행권원으로서의 효력이 없고, 이러한 공정증서에 기초하여 채권압류 및 전부명령이 발령되어 확정되었더라도 채권압류 및 전부명령은 무효인 집행권원에 기초한 것으로서 강제집행의 요건을 갖추지 못하여 실체법상 효력이 없다. 따라서 제3채무자는 채권자의 전부금 지급청구에 대하여 그러한 실체법상의 무효를 들어 항변할 수 있다.

④ 민사집행법 제26조 제1항 소정의 집행판결을 청구하는 소는 채권자의 보통재판적이 있는 곳의 지방법원이 관할하며, 보통재판적이 없는 때에는 민사소송법 제11조의 규정에 따라 청구의 목적 또는 담보의 목적이나 압류할 수 있는 채무자의 재산이 있는 곳의 지방법원이 관할한다.

⑤ 확정된 종국판결에 터 잡아 부동산 강제경매절차가 진행된 경우 그 뒤 그 확정판결이 재심소송에서 취소되었다고 하더라도 그 경매절차를 미리 정지시키거나 취소시키지 못한 채 경매절차가 계속 진행된 이상 매각대금을 완납한 매수인은 매각목적물의 소유권을 적법하게 취득한다.

......

[❶ ▶ ○] 제1심에서 가집행선고부 승소판결을 받아 그 판결에 기해 강제경매를 신청한 다음 항소심에서 조정(조정에 갈음하는 결정 포함) 내지 화해가 성립한 경우, 제1심판결 및 가집행선고의 효력은 조정 내지 화해에서 제1심판결보다 인용 범위가 줄어든 부분에 한하여 실효되고 나머지 부분에 대하여는 여전히 효력이 미친다(대결 2011.11.10. 2011마1482).

[❷ ▶ ○] 공정증서가 채무명의로서 집행력을 가질 수 있도록 하는 집행인낙 표시는 공증인에 대한 소송행위로서 이러한 소송행위에는 민법상의 표현대리규정이 적용 또는 준용될 수 없다(대판 1994.2.22. 93다42047).

[❸ ▶ ○] 공정증서가 집행권원으로서 집행력을 가질 수 있도록 하는 집행인낙의 표시는 공증인에 대한 소송행위이므로, 무권대리인의 촉탁에 의하여 공정증서가 작성된 때에는 집행권원으로서의 효력이 없고, 이러한 공정증서에 기초하여 채권압류 및 전부명령이 발령되어 확정되었더라도 채권압류 및 전부명령은 무효인 집행권원에 기초한 것으로서 강제집행의 요건을 갖추지 못하여 실체법상 효력이 없다. 따라서 제3채무자는 채권자의 전부금 지급청구에 대하여 그러한 실체법상의 무효를 들어 항변할 수 있다(대판 2016.12.29. 2016다22837).

[**❹** ▸ ×] 민사집행법 제26조 제2항

> **민사집행법 제26조(외국재판의 강제집행)**
> ② 집행판결을 청구하는 소(訴)는 채무자의 보통재판적이 있는 곳의 지방법원이 관할하며, 보통재판적이 없는 때에는 민사소송법 제11조의 규정에 따라 채무자에 대한 소를 관할하는 법원이 관할한다.
>
> > **민사소송법 제11조(재산이 있는 곳의 특별재판적)**
> > 대한민국에 주소가 없는 사람 또는 주소를 알 수 없는 사람에 대하여 재산권에 관한 소를 제기하는 경우에는 청구의 목적 또는 담보의 목적이나 압류할 수 있는 피고의 재산이 있는 곳의 법원에 제기할 수 있다.

[**❺** ▸ ○] 확정된 종국판결에 터 잡아 경매절차가 진행된 경우 그 뒤 그 확정판결이 재심소송에서 취소되었다고 하더라도 그 경매절차를 미리 정지시키거나 취소시키지 못한 채 경매절차가 계속 진행된 이상 경락대금을 완납한 경락인은 경매 목적물의 소유권을 적법히 취득한다(대판 1996.12.20. 96다42628).

답 ❹

03 □□□ 집행판결에 관한 다음 설명 중 가장 옳지 않은 것은? 2021년 법무사시험 [문 18]

① 집행판결은 외국중재판정에 대하여 집행력을 부여하여 우리나라 법률상 강제집행절차로 나아갈 수 있도록 허용하는 것으로서 판결선고 시를 기준으로 집행력의 유무를 판단하는 재판이다.
② 외국법원의 확정판결 또는 이와 동일한 효력이 인정되는 재판에 기초한 강제집행은 대한민국 법원에서 집행판결로 그 강제집행을 허가하여야 할 수 있다.
③ 집행판결은 재판의 옳고 그름을 조사하지 아니하고 하여야 한다.
④ 외국 중재판정은 확정판결과 동일한 효력이 있어 기판력이 있으므로 대상이 된 청구권의 존재가 확정되고, 집행판결을 통하여 집행력을 부여받으면 우리나라 법률상의 강제집행절차로 나아갈 수 있게 된다.
⑤ 집행판결을 청구하는 소도 소의 일종이므로 통상의 소송에서와 마찬가지로 당사자능력 등 소송요건을 갖추어야 한다.

[**❶** ▸ ×] 집행판결은 외국중재판정에 대하여 집행력을 부여하여 우리나라 법률상 강제집행절차로 나아갈 수 있도록 허용하는 것으로서 변론종결 시를 기준으로 집행력의 유무를 판단하는 재판이다(대판 2018.11.29. 2016다18753).
[**❷** ▸ ○] 외국법원의 확정판결 또는 이와 동일한 효력이 인정되는 재판(이하 "확정재판등"이라 한다)에 기초한 강제집행은 대한민국 법원에서 집행판결로 그 강제집행을 허가하여야 할 수 있다(민사집행법 제26조 제1항).
[**❸** ▸ ○] 집행판결은 재판의 옳고 그름을 조사하지 아니하고 하여야 한다(민사집행법 제27조 제1항).
[**❹** ▸ ○] 외국 중재판정은 확정판결과 동일한 효력이 있어 기판력이 있으므로 대상이 된 청구권의 존재가 확정되고, 집행판결을 통하여 집행력을 부여받으면 우리나라 법률상의 강제집행절차로 나아갈 수 있게 된다(대판 2018.12.13. 2016다49931).
[**❺** ▸ ○] 집행판결을 청구하는 소도 소의 일종이므로 통상의 소송에서와 마찬가지로 당사자능력 등 소송요건을 갖추어야 한다(대판 2015.2.26. 2013다87055).

답 ❶

04
☐☐☐

집행력 및 집행문에 관한 다음 설명 중 가장 옳지 않은 것은? **2025년 법무사시험 [문 10]**

① 확정판결의 기판력은 변론을 종결한 뒤의 승계인 또는 그를 위하여 청구의 목적물을 소지한 사람 등 법률에 따로 규정되어 있는 경우 외에는 특별한 사정이 없는 한 당해 판결에 표시된 당사자 사이에만 미치고, 집행력의 범위도 원칙적으로 기판력의 범위에 준한다.

② 판결이 그 판결에 표시된 당사자 외의 사람에게 효력이 미치는 때 그 사람에 대하여 강제집행을 하기 위해서는 승계집행문을 부여받아야 한다.

③ 외국법원의 확정판결 또는 이와 동일한 효력이 있는 재판에 기초한 강제집행은 대한민국 법원에서 집행판결로 그 강제집행을 허가하여야 할 수 있다.

④ 확정된 지급명령에 기한 강제집행의 경우 조건이 붙어 있더라도 집행문을 부여받을 필요 없이 강제집행을 할 수 있다.

⑤ 강제집행을 위하여 집행문이 필요한데도 집행문을 부여받지 않은 집행권원에 기초하여 이루어진 강제집행은 무효이다.

┈┈

[**❶** ▸ **O**] 확정판결의 기판력은 변론을 종결한 뒤의 승계인(변론 없이 한 판결의 경우에는 판결을 선고한 뒤의 승계인) 또는 그를 위하여 청구의 목적물을 소지한 사람 등 법률에 따로 규정되어 있는 경우 외에는 특별한 사정이 없는 한 당해 판결에 표시된 당사자 사이에만 미치고(민사소송법 제218조 참조), 집행력의 범위도 원칙적으로 기판력의 범위에 준한다. 따라서 지부·분회·지회 등 어떤 법인의 하부조직을 상대로 일정한 의무의 이행을 구하는 소를 제기하여 승소 확정판결을 받은 경우 판결의 집행력이 해당 지부·분회·지회 등을 넘어서 소송의 당사자도 아닌 법인에까지 미친다고 볼 수는 없으므로 그 판결을 집행권원으로 하여 법인의 재산에 대해 강제집행을 할 수는 없고, 법인의 재산에 대한 강제집행을 위해서는 법인 자체에 대한 별도의 집행권원이 필요하다(대판 2018.9.13. 2018다231031).

[**❷ ▸ ○**] 민사집행법 제25조, 제31조

> **민사집행법 제25조(집행력의 주관적 범위)**
> ① 판결이 그 판결에 표시된 당사자 외의 사람에게 효력이 미치는 때에는 그 사람에 대하여 집행하거나
> 그 사람을 위하여 집행할 수 있다. 다만, 민사소송법 제71조의 규정에 따른 참가인에 대하여는 그러하지
> 아니하다.
> ② 제1항의 집행을 위한 집행문(執行文)을 내어 주는 데 대하여는 제31조 내지 제33조의 규정을 준용한다.
>
> **민사집행법 제31조(승계집행문)**
> ① 집행문은 판결에 표시된 채권자의 승계인을 위하여 내어 주거나 판결에 표시된 채무자의 승계인에
> 대한 집행을 위하여 내어 줄 수 있다. 다만, 그 승계가 법원에 명백한 사실이거나, 증명서로 승계를
> 증명한 때에 한한다.
> ② 제1항의 승계가 법원에 명백한 사실인 때에는 이를 집행문에 적어야 한다.

[**❸ ▸ ○**] 민사집행법 제26조 제1항은 "외국법원의 확정판결 또는 이와 동일한 효력이 인정되는 재판
(이하 '확정재판 등'이라고 한다)에 기초한 강제집행은 대한민국 법원에서 집행판결로 그 강제집행을
허가하여야 할 수 있다."라고 규정하고 있다. 여기서 정하여진 집행판결제도는, 재판권이 있는 외국의
법원에서 행하여진 판결에서 확인된 당사자의 권리를 우리나라에서 강제적으로 실현하고자 하는 경우에
다시 소를 제기하는 등 이중의 절차를 강요할 필요 없이 외국의 판결을 기초로 하되 단지 우리나라에서
판결의 강제실현이 허용되는지만을 심사하여 이를 승인하는 집행판결을 얻도록 함으로써 권리가 원활하
게 실현되기를 원하는 당사자의 요구를 국가의 독점적·배타적 강제집행권 행사와 조화시켜 그 사이에
적절한 균형을 도모하려는 취지에서 나온 것이다. 이러한 취지에 비추어 보면, 위 규정에서 정하는
'외국법원의 확정재판 등'이라고 함은 재판권을 가지는 외국의 사법기관이 그 권한에 기하여 사법상의
법률관계에 관하여 대립적 당사자에 대한 상호 간의 심문이 보장된 절차에서 종국적으로 한 재판으로서
구체적 급부의 이행 등 강제적 실현에 적합한 내용을 가지는 것을 의미한다(대판 2017.5.30. 2012다23832).

> **민사집행법 제26조(외국재판의 강제집행)**
> ① 외국법원의 확정판결 또는 이와 동일한 효력이 인정되는 재판(이하 "확정재판등"이라 한다)에 기초한
> 강제집행은 대한민국 법원에서 집행판결로 그 강제집행을 허가하여야 할 수 있다.
> ② 집행판결을 청구하는 소(訴)는 채무자의 보통재판적이 있는 곳의 지방법원이 관할하며, 보통재판적이
> 없는 때에는 민사소송법 제11조의 규정에 따라 채무자에 대한 소를 관할하는 법원이 관할한다.

[**❹ ▸ ✕**] 민사집행법 제58조 제1항

> **민사집행법 제58조(지급명령과 집행)**
> ① 확정된 지급명령에 기한 강제집행은 집행문을 부여받을 필요 없이 지급명령 정본에 의하여 행한다.
> 다만, 다음 각 호 가운데 어느 하나에 해당하는 경우에는 그러하지 아니하다.
> 1. 지급명령의 집행에 조건을 붙인 경우
> 2. 당사자의 승계인을 위하여 강제집행을 하는 경우
> 3. 당사자의 승계인에 대하여 강제집행을 하는 경우

[**❺ ▸ ○**] 판례는 집행문이 필요한데도 집행문의 부여 없이 집행권원에 의해서만 이루어진 강제집행은
무효라는 취지이고(대판 1978.6.27. 78다446 참조), 집행개시 요건인 판결정본의 송달이 적법하게 이루어지
지 않은 채 진행된 강제집행은 무효라는 취지이다(대판 1987.5.12. 86다카2070 참조).

답 ❹

① 집행권원의 채무자와 동일성이 없는 사람 등 집행의 채무자적격을 가지지 아니한 사람이라도 그에 대하여 집행문을 내어 주었으면 집행문부여에 대한 이의신청 등에 의하여 취소될 때까지는 집행문에 의한 집행의 채무자가 되므로, 제3자이의의 소를 제기할 수 있는 제3자에 해당하지 않는다.

② 민사집행법 제248조에 따라 공탁이 이루어져 배당절차가 개시된 다음 집행채권이 양도되고 채무자에게 양도 통지를 했더라도, 양수인이 승계집행문을 부여받아 집행법원에 제출하지 않은 이상 양수인의 채권자가 위 배당금채권에 대하여 받은 압류 및 전부명령은 무효이다.

③ 의사표시 간주의 효과가 생긴 후에 등기권리자의 지위가 승계된 경우에는 부동산등기법의 규정에 따라 등기절차를 이행할 수 있을 뿐이고 원칙적으로 승계집행문이 부여될 수 없다.

④ 소송비용부담의 재판이 있은 후에 비용부담 의무자가 사망하자 승계집행문을 부여받지 않고 그 상속인들을 상대로 한 소송비용액확정 신청은 부적법하다.

⑤ 채무명의에 표시된 채무자의 상속인이 상속을 포기한 후 집행채권자가 상속인에 대한 승계집행문을 부여받아 압류 및 전부명령을 받아 확정되었다면, 집행채무자가 상속포기 사실을 들어 집행문 부여에 대한 이의신청 등으로 집행문의 효력을 다투어 그 효력이 부정되지 않은 이상 피전부채권은 전부채권자에게 이전한다.

···

[❶ ▶ ○] 제3자이의의 소의 원고적격은 강제집행의 목적물에 대하여 양도 또는 인도를 막을 권리가 있다고 주장하는 제3자에게 있고, 여기서 제3자는 집행권원 또는 집행문에 채권자, 채무자 또는 그 승계인으로 표시된 사람 이외의 사람을 말한다. 그리고 집행의 채무자가 누구인지는 집행문을 누구에 대하여 내어 주었는지에 의하여 정하여지고, 집행권원의 채무자와 동일성이 없는 사람 등 집행의 채무자적격을 가지지 아니한 사람이라도 그에 대하여 집행문을 내어 주었으면 집행문부여에 대한 이의신청 등에 의하여 취소될 때까지는 집행문에 의한 집행의 채무자가 된다(대판 2016.8.18. 2014다225038).

[❷ ▶ ○] 승계집행문은 판결에 표시된 채권자의 포괄승계인이나 그 판결에 기한 채권을 특정하여 승계한 자가 강제집행을 신청하거나 그 속행을 신청할 수 있도록 부여하는 것이다. 강제집행절차에서는 권리관계의 공권적인 확정과 그 신속·확실한 실현을 도모하기 위하여 절차의 명확·안정을 중시하는데, 승계집행문에 관한 규정도 이러한 취지에 따라 운용되어야 한다. … 이러한 법리에 비추어 보면, 민사집행법 제248조에 따라 공탁이 이루어져 배당절차가 개시된 다음 집행채권이 양도되고 채무자에게 양도 통지를 했더라도, 양수인이 승계집행문을 부여받아 집행법원에 제출하지 않은 이상, 집행법원은 여전히 배당절차에서 양도인을 배당금채권자로 취급할 수밖에 없다. 이러한 상태에서는 양수인이 집행법원을 상대로 자신에게 배당금을 지급하여 달라고 청구할 수 없다. 양수인이 집행채권 양수 사실을 집행법원에 소명하였다고 하더라도 마찬가지이다. 집행채권의 양도와 채무자에 대한 양도 통지가 있었더라도, 승계집행문의 부여·제출 전에는 배당금채권은 여전히 양도인의 책임재산으로 남아 있게 된다. 따라서 승계집행문의 부여·제출 전에 양수인의 채권자가 위 배당금채권에 대한 압류 및 전부명령을 받았다고 하더라도, 이는 무효라고 보아야 한다(대판 2019.1.31. 2015다26009).

[❸ ▶ ○] 민사집행법 제263조 제1항은 의사표시의무의 집행에 관하여 '의사의 진술을 명한 판결이 확정된 때에는 그 판결로 의사를 진술한 것으로 본다.'고 정하고 있다. 민사집행법 제263조 제2항과 같이 반대의무의 이행 등과 같은 조건이 부가된 것이 아니라 단순하게 의사의 표시를 명하는 경우에 판결 확정 시에 의사표시가 있는 것으로 간주된다. 의사표시 간주의 효과가 생긴 후에 등기권리자의 지위가 승계된 경우에는 부동산등기법의 규정에 따라 등기절차를 이행할 수 있을 뿐이고 원칙적으로 승계집행문이 부여될 수 없다(대결 2017.12.28. 2017그100).

[**❹ ▸ ○**] 소송비용부담의 재판이 있은 후에 비용부담 의무자가 사망하자 승계집행문을 부여받지 않고 그 상속인들을 상대로 소송비용액 확정신청을 한 경우, 그 신청은 소송비용부담 재판의 당사자가 아닌 자들에 대하여 한 것으로 부적법하다(대결 2009.8.6. 2009마897).

[**❺ ▸ ✕**] 채무명의에 표시된 채무자의 상속인이 상속을 포기하였음에도 불구하고, 집행채권자가 동인에 대하여 상속을 원인으로 한 승계집행문을 부여받아 동인의 채권에 대한 압류 및 전부명령을 신청하고, 이에 따라 집행법원이 채권압류 및 전부명령을 하여 그 명령이 확정되었다고 하더라도, <u>채권압류 및 전부명령이 집행채무자 적격이 없는 자를 집행채무자로 하여 이루어진 이상, 피전부채권의 전부채권자에게의 이전이라는 실체법상의 효력은 발생하지 않는다고 할 것이고, 이는 집행채무자가 상속포기 사실을 들어 집행문 부여에 대한 이의신청 등으로 집행문의 효력을 다투어 그 효력이 부정되기 이전에 채권압류 및 전부명령이 이루어져 확정된 경우에도 그러하다고 할 것이다</u>(대판 2002.11.13. 2002다41602).

📋 답 ❺

06
□□□

집행문에 관한 다음 설명 중 가장 옳은 것은?(다툼이 있는 경우 판례·예규에 따르고 전원합의체 판결의 경우 다수의견에 의함) **2020년 법무사시험 [문 26]**

① 판결을 집행하는 데에 조건이 붙어 있는 경우 그 조건이 성취되었음을 채권자가 증명하는 때에 집행문을 부여할 수 있으므로 판결의 집행이 담보의 제공을 조건으로 하는 때에는 그 담보제공을 증명하는 서류를 제출하여야만 집행문을 내어 줄 수 있다.

② 집행문은 신청에 따라 제1심법원 법원사무관등이 내어 주어야 하므로, 항소심에 소송이 계속 중인 경우 가집행선고부 제1심판결에 기하여 강제집행을 하고자 하는 경우에도 제1심법원의 법원사무관등에게 집행문부여신청을 하여야 한다.

③ 집행문을 내어 달라는 신청은 말로는 할 수 없고 반드시 서면으로 하여야 한다.

④ 집행문을 내어 달라는 신청에 관한 법원사무관등의 처분에 대하여 이의신청이 있는 경우에는 그 법원사무관등이 속한 법원이 결정으로 재판한다.

⑤ 채권자가 여러 통의 집행문을 신청하거나 재도부여신청을 한 경우 재판장(사법보좌관)의 명령이 있어야 집행문을 부여할 수 있으며, 확정된 지급명령의 경우에도 수통 또는 재도부여신청을 한 경우 재판장(사법보좌관)의 명령이 있어야 한다.

··

[**❶ ▸ ✕**] 판결을 집행하는 데에 조건이 붙어 있어 그 조건이 성취되었음을 채권자가 증명하여야 하는 때에는 이를 증명하는 서류를 제출하여야만 집행문을 내어 준다. 다만, <u>판결의 집행이 담보의 제공을 조건으로 하는 때에는 그러하지 아니하다</u>(민사집행법 제30조 제2항). 즉, 담보제공을 증명하는 서류를 제출하지 아니하여도 집행문을 부여받을 수 있으나, 집행이 채권자의 담보제공에 매인 때에 집행개시를 하기 위하여는, 채권자는 담보제공을 증명하는 서류를 제출하여야 한다(민사집행법 제40조 제2항 참조).

[**❷ ▸ ✕**] 집행문은 신청에 따라 제1심법원의 법원서기관·법원사무관·법원주사 또는 법원주사보(이하 "법원사무관등"이라 한다)가 내어 주며, <u>소송기록이 상급심에 있는 때에는 그 법원의 법원사무관등이 내어 준다</u>(민사집행법 제28조 제2항).

[**❸ ▸ ✕**] 집행문을 내어 달라는 신청은 <u>말로 할 수 있다</u>(민사집행법 제28조 제3항).

[**❹ ▸ ○**] 집행문을 내어 달라는 신청에 관한 법원사무관등의 처분에 대하여 이의신청이 있는 경우에는 그 법원사무관등이 속한 법원이 결정으로 재판한다(민사집행법 제34조 제1항).

> **민사집행법 제35조(여러 통의 집행문의 부여)**
> ① 채권자가 여러 통의 집행문을 신청하거나 전에 내어 준 집행문을 돌려주지 아니하고 다시 집행문을 신청한 때에는 재판장의 명령이 있어야만 이를 내어 준다.
>
> **민사집행법 제58조(지급명령과 집행)**
> ② 채권자가 여러 통의 지급명령 정본을 신청하거나, 전에 내어 준 지급명령 정본을 돌려주지 아니하고 다시 지급명령 정본을 신청한 때에는 <u>법원사무관등이 이를 부여한다</u>. 이 경우 그 사유를 원본과 정본에 적어야 한다.

답 ❹

제2절 집행문 부여에 대한 구제절차

07 집행문부여의 소에 관한 다음 설명 중 가장 옳지 않은 것은? 2025년 법무사시험 [문 32]

① 집행문부여의 소에서 청구이의의 소의 이의 사유를 주장하는 것이 금지된다고 볼 근거는 없으므로, 승계집행문 부여의 소에서 집행채무자가 청구이의 사유를 항변으로 주장하는 것도 허용된다.
② 간접강제결정을 집행하는 데에 조건이 붙어 있지 않은 경우 그 간접강제결정에 대하여 집행문부여를 구하는 소는 부적법하다.
③ 집행력이 발생하지 않는 당연무효의 판결에 대하여는 집행문을 부여할 수 없고, 이러한 법리는 집행문부여의 소를 제기한 경우에도 마찬가지로 적용된다.
④ 집행문부여의 소에서 원고의 청구범위 중 일부에 대하여만 집행력의 존재가 인정되는 경우 법원은 집행문부여기관이 그 집행력이 인정되는 일부에 대하여만 집행문을 내어 줄 수 있도록 강제집행할 수 있는 범위를 특정하여 집행문부여를 명하여야 한다.
⑤ 집행문부여의 소는 원칙적으로 제1심법원의 관할에 속하므로, 집행권원이 항소심 판결이라 하더라도 이에 대한 집행문부여의 소는 해당 사건의 제1심을 담당한 법원의 관할에 속한다.

....

[❶ ▸ ×] 민사집행법 제33조에 규정된 집행문부여의 소는 채권자가 집행문을 부여받기 위하여 증명서로써 증명하여야 할 사항에 대하여 그 증명을 할 수 없는 경우에 증명방법의 제한을 받지 않고 그러한 사유에 터 잡은 집행력이 현존하고 있다는 점을 주장·증명하여 판결로써 집행문을 부여받기 위한 소이고, 민사집행법 제44조에 규정된 청구이의의 소는 채무자가 집행권원에 표시되어 있는 청구권에 관하여 생긴 이의를 내세워 집행권원이 가지는 집행력을 배제하는 소이다. 위와 같이 민사집행법이 집행문부여의 소와 청구이의의 소를 각각 인정한 취지에 비추어 보면 집행문부여의 소의 심리 대상은 조건 성취 또는 승계 사실을 비롯하여 집행문부여 요건에 한하는 것으로 보아야 한다. 따라서 채무자가 민사집행법 제44조에 규정된 청구에 관한 이의의 소의 이의 사유를 집행문 부여의 소에서 주장하는 것은 허용되지 <u>아니한다</u>(대결 2012.4.13. 2011다93087).

[❷ ▸ ○] 채권자가 부대체적 작위채무에 대한 간접강제결정을 집행권원으로 하여 강제집행을 하기 위해서는 집행문을 받아야 한다. 부대체적 작위채무에 대한 간접강제결정의 경우, 그 주문의 형식과 내용에 비추어 간접강제결정에서 명한 배상금 지급의무의 발생 여부나 발생 시기 및 범위를 확정할 수 있다면 간접강제결정을 집행하기 위한 조건이 붙어 있다고 볼 수 없으므로, 민사집행법 제30조 제2항에 따른 조건의 성취를 증명할 필요 없이 집행문을 부여받을 수 있다. 반면 그러한 간접강제결정에서 명한 배상금 지급의무의 발생 여부나 시기 및 범위가 불확정적인 것이라면 간접강제결정을 집행하는 데에 민사집행법 제30조 제2항의 조건이 붙어 있다고 보아야 하므로, 민사집행법 제30조 제2항에 따라 그 조건이 성취되었음을 증명하여야 집행문을 부여받을 수 있다(대판 2022.2.11. 2020다229987). ☞ [판결이유] 이 사건 가처분결정 주문 제3항은 그 주문의 내용과 형식에 비추어 볼 때 배상금 지급의무의 발생 여부와 발생 시기 및 범위를 확정할 수 있는 경우로서 민사집행법 제30조 제2항에 따른 조건의 성취를 증명할 필요 없이 민사집행법 제30조 제1항에 따라 집행문을 부여받을 수 있는 간접강제결정에 해당하고, 그 집행에 조건이 붙은 경우라고 볼 수 없다. 이 사건 가처분결정 주문 제3항의 간접강제결정에 대한 집행문부여에는 조건의 성취에 관한 증명이 필요하지 아니하므로 민사집행법 제33조가 정하는 집행문부여의 소로써 주문 제3항에 대한 집행문부여를 구할 수 없다. 그럼에도 원고가 이 사건 가처분결정 주문 제3항의 집행에 조건이 붙어 있다고 주장하거나 조건이 붙어 있지 않다고 하더라도 집행문부여에 관한 이의신청 재판에 대한 불복으로 민사집행법 제33조의 소(집행문부여의 소)를 제기할 수 있다고 주장하면서 제기한 이 사건 소는 부적법하다.

[❸ ▸ ○] 판결에 대하여 집행문을 부여하기 위해서는 판결의 집행력이 유효하게 발생하고 존재할 것을 요건으로 한다. 따라서 집행력이 발생하지 않는 당연무효의 판결에 대하여는 집행문을 부여할 수 없고, 이러한 법리는 민사집행법 제33조에 의하여 집행문부여의 소를 제기한 경우에도 마찬가지로 적용된다(대결 2012.4.13. 2011다93087).

[❹ ▸ ○] 집행문부여기관은 집행권원에 표시된 청구권의 일부에 대하여 집행문을 내어 주는 경우 강제집행을 할 수 있는 범위를 특정하여 집행문에 적어야 하고(민사집행규칙 제20조 제1항 참조), 한편 채권자가 집행문부여의 소에서 승소한 판결을 제출하여 집행문을 내어 달라고 신청하는 경우에는 집행문부여의 요건에 대한 조사·판단 없이 그 판결에 의하여 집행문을 부여하여야 하므로, 집행문부여의 소에서 집행문부여를 구하는 원고의 청구 범위 중 일부에 대하여만 집행력의 존재가 인정되는 경우, 법원은 집행문부여기관이 집행권원에 표시된 청구권 중 그 집행력이 인정되는 일부에 대하여만 집행문을 내어 줄 수 있도록 강제집행을 할 수 있는 범위를 특정하여 집행문부여를 명하여야 한다(대판 2009.6.11. 2009다18045).

[❺ ▸ ○] 민사집행법 제33조는 "제30조 제2항 및 제31조의 규정에 따라 필요한 증명을 할 수 없는 때에는 채권자는 집행문을 내어 달라는 소를 제1심 법원에 제기할 수 있다."라고 정하고 있다. 여기서 '제1심 법원'은 집행권원인 판결에 표시된 청구권, 즉 그 판결에 기초한 강제집행에 의하여 실현될 청구권에 대하여 재판을 한 법원을 가리키고, 이는 직분관할로서 성질상 전속관할에 속하므로 집행문부여의 소의 토지관할뿐만 아니라 사물관할도 전속관할이라고 할 것이다(서울중앙지법 2021.2.16. 2020나47702).

> **민사집행법 제33조(집행문부여의 소)**
> 제30조 제2항(조건) 및 제31조(승계)의 규정에 따라 필요한 증명을 할 수 없는 때에는 채권자는 집행문을 내어 달라는 소를 제1심 법원에 제기할 수 있다.

답 ❶

집행문 부여 여부와 관련된 구제수단에 관한 다음 설명 중 가장 옳지 않은 것은?

2023년 법무사시험 [문 24]

① 승계집행문부여의 소를 제기한 원고가 기존 확정판결상의 원고와 동일인인지 여부가 명백하지 아니하고, 확정판결상의 피고들 역시 그 동일성 여부를 다투고 있는 경우에는 원고가 피고들을 상대로 별도의 소송으로 피고들 명의의 등기의 말소를 구할 권리보호의 이익을 부정할 수 없다.

② 채무자가 채무자 지위의 승계를 부인하여 다투는 경우에는 승계집행문 부여에 대한 이의의 소를 제기할 수 있고, 이때 승계사실에 대한 증명책임은 승계를 주장하는 채권자에게 있다.

③ 채권자의 승계인에 대하여 승계집행문을 내어 준 경우에 채무자만이 그 승계사실을 다투어 집행문 부여에 대한 이의의 소를 제기할 수 있고, 채권자가 그 승계사실을 다투어 집행문부여에 대한 이의의 소를 제기할 수는 없다.

④ 제1심법원의 법원사무관등이 집행문 부여 거절처분을 한 후 상소에 따라 소송기록을 상급심법원에 송부한 경우에는 제1심법원의 법원사무관등이 한 집행문 부여 거절처분에 대한 이의신청은 특별한 사정이 없는 한 신청의 이익이 없어 부적법하다.

⑤ 양자의 목적이 동일한 이상 채무자는 집행문 부여의 소에서 청구이의의 소의 이의사유를 주장할 수 있다.

....

[**❶ ▸ ○**] 피고들이 시종 원고가 등기말소를 명한 확정판결의 원고와는 동일성이 인정되지 않는다고 다투고 있을 뿐만 아니라 기록상 원고가 위 확정판결의 원고와 동일성이 명확하다고 보이지 아니하여 민사소송법 제481조의 규정에 의하여 법원사무관 등으로부터 승계집행문을 부여받기는 어려운 것으로 보이고 또 승계집행문부여의 소를 제기하더라도 패소될 경우도 생길 수 있고 그와 같은 경우라면 원고가 피고들을 상대로 한 별도의 소송으로 피고들 명의 등기의 말소를 구할 권리보호의 이익을 부정할 수 없다(대판 1994.5.10. 93다53955).

[**❷ ▸ ○**] 판결에 표시된 채무자의 승계가 법원에 명백한 사실이거나 증명서로 승계를 증명한 때에는 채무자의 승계인에 대한 집행을 위하여 재판장의 명령에 따라 승계집행문을 내어 줄 수 있는데(민사집행법 제31조, 제32조), 승계집행문 부여의 요건은 집행권원에 표시된 당사자에 관하여 실체법적인 승계가 있었는지이다. 채무자가 채무자 지위의 승계를 부인하여 다투는 경우에는 승계집행문 부여에 대한 이의의 소를 제기할 수 있고(민사집행법 제45조), 이때 승계사실에 대한 증명책임은 승계를 주장하는 채권자에게 있다(대판 2016.6.23. 2015다52190).

[**❸ ▸ ○**] 채권자의 승계인에 대하여 승계집행문을 부여하였을 때에는 오직 채무자만이 승계가 없음을 주장하면서 그 집행문 부여에 대한 이의의 소를 제기할 수 있을 뿐이고, 채권자나 승계채권자는 이사건 집행문 부여에 대한 이의의 소를 제기할 수 없다(대판 1973.5.22. 70다1090).

[**❹ ▸ ○**] 집행문은 제1심법원의 법원사무관 등이 부여하되 소송기록이 상급심에 있는 때에는 그 법원의 법원사무관 등이 부여하는 것이므로, 제1심법원의 법원사무관 등은 그 법원에서의 소송절차가 종료되고 상소에 의하여 소송기록을 상급심법원에 송부한 후에는 집행문 부여의 권한을 잃게 되고, 따라서 제1심법원의 법원사무관 등이 한 집행문 부여 거절처분에 대한 이의신청은 이와 같이 그 거절처분을 한 법원의 법원사무관 등이 집행문 부여의 권한을 잃은 뒤에는 특별한 사정이 없는 한 신청의 이익이 없어 부적법하다(대결 2000.3.13. 99마7096).

[**❺** ▸ ✕] 민사집행법 제33조에 규정된 집행문부여의 소는 채권자가 집행문을 부여받기 위하여 증명서로써 증명하여야 할 사항에 대하여 그 증명을 할 수 없는 경우에 증명방법의 제한을 받지 않고 그러한 사유에 터 잡은 집행력이 현존하고 있다는 점을 주장·증명하여 판결로써 집행문을 부여받기 위한 소이고, 민사집행법 제44조에 규정된 청구이의의 소는 채무자가 집행권원에 표시되어 있는 청구권에 관하여 생긴 이의를 내세워 집행권원이 가지는 집행력을 배제하는 소이다. 위와 같이 민사집행법이 집행문부여의 소와 청구이의의 소를 각각 인정한 취지에 비추어 보면 집행문부여의 소의 심리 대상은 조건 성취 또는 승계 사실을 비롯하여 집행문부여 요건에 한하는 것으로 보아야 한다. 따라서 채무자가 민사집행법 제44조에 규정된 청구에 관한 이의의 소의 이의 사유를 집행문 부여의 소에서 주장하는 것은 허용되지 아니한다(대판 2012.4.13. 2011다93087).

답 **❺**

09 □□□ **다음 설명 중 가장 옳지 않은 것은?** 2023년 법무사시험 [문 28]

① 회생채권자표에 대한 청구이의의 소가 계속 중인 법원이 회생계속법원이 아니라면 법원은 관할법원인 회생계속법원에 사건을 이송하여야 한다.

② 집행권원의 채무자와 동일성이 없는 사람 등 집행의 채무자적격을 가지지 아니한 사람이라도 그에 대하여 집행문을 내어 주었으면 집행문부여에 대한 이의신청 등에 의하여 취소될 때까지는 집행문에 의한 집행의 채무자가 된다.

③ 상속채권자가 아닌 한정승인자의 고유채권자가 상속재산에 관하여 저당권 등의 담보권을 취득한 경우, 담보권을 취득한 채권자와 상속채권자 사이의 우열관계는 민법상 일반원칙에 따라야 하고 상속채권자가 우선적 지위를 주장할 수 없다.

④ 집행권원상의 채무자가 집행권원에 대한 강제집행정지를 위하여 공탁한 담보는 강제집행정지로 인하여 채권자(피공탁자)에게 생긴 손해를 담보하기 위한 것이므로, 강제집행정지의 대상인 집행권원에 기한 기본채권 자체를 담보하지 않는다.

⑤ 반대급부 이행 등 조건이 성취되지 않았는데도 등기신청의 의사표시를 명하는 판결 등 집행권원에 집행문이 잘못 부여된 경우에는 채무자로서는 집행문부여에 대한 이의신청이나 집행문부여에 대한 이의의 소로 다투어야 한다.

[**❶ ▸ ○**] 채무자가 판결에 따라 확정된 청구에 관하여 이의하려면 제1심 판결법원에 청구에 관한 이의의 소를 제기하여야 하지만(민사집행법 제44조 제1항), 회생채권자표에 대한 청구이의의 소는 회생계속법원의 관할에 전속한다[채무자 회생 및 파산에 관한 법률(이하 '채무자회생법'이라 한다) 제255조 제3항]. 여기에서 회생계속법원이란 회생사건이 계속되어 있는 회생법원을 말하는데(채무자회생법 제60조 제1항), 회생절차가 종결되거나 폐지된 후에는 회생절차가 계속되었던 회생법원을 가리킨다. 따라서 회생채권자표에 대한 청구이의의 소가 계속 중인 법원이 회생계속법원이 아니라면 법원은 관할법원인 회생계속법원에 사건을 이송하여야 한다(대판 2019.10.17. 2019다238305).

[**❷ ▸ ○**] 집행의 채무자가 누구인지는 집행문을 누구에 대하여 내어 주었는지에 의하여 정하여지고, 집행권원의 채무자와 동일성이 없는 사람 등 집행의 채무자적격을 가지지 아니한 사람이라도 그에 대하여 집행문을 내어 주었으면 집행문부여에 대한 이의신청 등에 의하여 취소될 때까지는 집행문에 의한 집행의 채무자가 된다(대판 2016.8.18. 2014다225038).

[**❸ ▸ ○**] 상속채권자가 아닌 한정승인자의 고유채권자가 상속재산에 관하여 저당권 등의 담보권을 취득한 경우, 담보권을 취득한 채권자와 상속채권자 사이의 우열관계는 민법상 일반원칙에 따라야 하고 상속채권자가 우선적 지위를 주장할 수 없다(대판 2016.5.24. 2015다250574).

[**❹ ▸ ○**] 집행권원상의 채무자가 집행권원에 대한 강제집행정지를 위하여 공탁한 담보는 강제집행정지로 인하여 채권자(피공탁자)에게 생길 손해를 담보하기 위한 것이므로, 강제집행정지의 대상인 집행권원에 기한 기본채권 자체를 담보하지 않는다(대판 2017.4.28. 2016다277798).

[**❺ ▸ ✕**] 집행권원상의 의사표시를 하여야 하는 채무가 반대급부 이행 등 조건이 붙은 경우에는 채권자가 조건 등의 성취를 증명하여 재판장의 명령에 의하여 집행문을 받아야만 의사표시 의제의 효과가 발생한다. 따라서 반대급부 이행 등 조건이 성취되지 않았는데도 등기신청의 의사표시를 명하는 판결 등 집행권원에 집행문이 잘못 부여된 경우에는 그 집행문부여는 무효이나, 이러한 집행문부여로써 강제집행이 종료되고 더 이상의 집행 문제는 남지 않는다는 점을 고려하면 집행문부여에 대한 이의신청이나 집행문부여에 대한 이의의 소를 제기할 이익이 없으므로, 채무자로서는 집행문부여에 의하여 의제되는 등기신청에 관한 의사표시가 무효라는 것을 주장하거나 그에 기초하여 이루어진 등기의 말소 또는 회복을 구하는 소를 제기하여야 한다(대판 2012.3.15. 2011다73021).

 답 ❺

10 **집행기관에 관한 다음 설명 중 가장 옳지 않은 것은?** 2023년 법무사시험 [문 23]

① 민사집행의 실시는 원칙적으로 집행관이 하나, 비교적 복잡한 법률판단을 필요로 하는 집행행위라든가 관념적인 명령으로 족한 집행처분 등은 민사집행법상 특별히 규정을 두어 집행법원이 담당하도록 하고 있고, 또 집행관이 실시하는 집행에 관하여도 신중을 기할 필요가 있는 경우에는 집행법원의 협력이나 간섭이 필요하도록 하고 있다.

② 집행관은 법령에서 정하는 바에 따라 재판의 집행, 서류의 송달, 그 밖의 사무에 종사하는 독립된 단독제의 사법기관이고, 국가로부터 봉급을 받지는 아니한다. 따라서 그 직무상 당연히 알아야 할 관계 법규를 알지 못하거나 필요한 지식을 갖추지 못하였고 또한 조사를 게을리하여 법규의 해석을 그르쳤고 이로 인하여 타인에게 손해를 가한 경우 국가는 손해배상의무가 배제된다.

③ 집행법원은 법률에 특별히 지정되어 있지 아니하면 집행절차를 실시할 곳이나 실시한 곳을 관할하는 지방법원이다. 다만 부동산과 채권에 대한 가압류·가처분 명령의 집행은 신속을 요하기 때문에 그 집행법원은 가압류·가처분 명령을 한 법원으로 한다.

④ 집행법원은 원칙적으로 단독판사로 구성되고, 2005.7.1.부터는 법원조직법 제54조에 의하여 신설된 '사법보좌관'이 집행법원의 사무 중 상당 부분을 처리하고 있다.

⑤ 청구의 내용과 관련하여 구체적인 집행방법을 판정하는 것이 필요한 경우로서 대체집행과 간접강제는 제1심 법원이 집행기관이 되고, 외국에서 강제집행을 할 경우에 그 외국 공공기관의 법률상 공조를 받을 수 있는 때 또는 외국에 머물고 있는 대한민국 영사에 의하여 강제집행을 할 수 있는 때에는 제1심 법원이 그 외국 공공기관에 또는 영사에게 촉탁하여야 한다.

[❶▶ㅇ] 집행법원이라 함은 민사집행법에서 규정한 집행행위에 관한 법원의 처분이나 그 행위에 관한 법원의 협력사항을 관할하는 법원을 말한다(민사집행법 제3조). 민사집행의 실시는 원칙적으로 집행관이 하나(민사집행법 제2조), 비교적 곤란한 법률적 판단을 요하는 집행행위라든가 관념적인 명령으로 족한 집행처분에 관하여는 민사집행법상 특별히 규정을 두어 법원으로 하여금 이를 담당하도록 하고 있고, 또 집행관이 실시하는 집행에 관하여도 신중을 기할 필요가 있는 경우에는 법원의 협력 내지 간섭을 필요로 하도록 하고 있는바, 이러한 행위를 하는 법원이 곧 집행법원이다. 제요 집행 1

[**❷ ▶ ×**] 집행관은 법률이 정하는 바에 의하여 재판의 집행, 서류의 송달 기타 법령에 의한 사무에 종사하는 독립적·단독제의 사법기관이다(법원조직법 제55조, 집행관법 제2조). 집행관은 자기의 판단과 책임하에 독립적으로 국가의 권한을 행사하는 기관이며 법원 또는 법관의 단순한 보조기관이 아니다. 기관인 집행관을 구성하는 <u>자연인인 집행관은 실질적 의미에 있어서 국가공무원이다.</u> 따라서 집행관은 영리업무의 겸직금지 및 기타의 겸직제한에 관한 국가공무원법 제64조 및 법원공무원규칙 제88조의 각 적용을 받는다(행정예규 제270호). 또한 <u>집행관이 그 직무를 수행함에 있어 주의의무를 위배함으로써 손해를 가한 경우 국가는 그 피해자에게 국가배상법 제2조에 의하여 손해를 배상할 의무가 있다</u>(대판 1966.7.26. 66다854, 대판 1968.5.7. 68다326). 판례는 <u>집행관으로서 당연히 알아야 할 관계 법규를 알지 못하고 필요한 지식을 갖추지 못하거나 조사를 게을리하여 법규의 해석을 그르치는 등으로 인하여 타인에게 손해를 가하였다면 불법행위가 성립한다고 한다</u>(대판 2003.9.26. 2001다52773). 제요 집행 1

[**❸ ▶ ○**] 법률에 특별히 집행법원이 지정되어 있지 아니하면 집행절차를 실시할 곳이나 실시한 곳을 관할하는 지방법원이 당해 집행절차에 관한 집행법원이 된다(민사집행법 제3조 제1항). 다만 부동산과 채권에 대한 가압류·가처분 명령의 집행은 신속을 요하기 때문에 그 집행법원은 가압류·가처분 명령을 한 법원으로 한다(민사집행법 제293조 제2항, 제296조 제2항, 제301조). 그리고 예외적으로 집행하여야 할 청구권의 존부를 확정하는 소송이 계속된 수소법원이 집행기관으로 되는 경우도 있다. 제요 집행 1

[**❹ ▶ ○**] 집행법원은 원칙적으로 집행절차를 실시할 곳이나 실시한 곳을 관할하는 지방법원이며(민사집행법 제3조 제1항), 단독판사가 담당한다(법원조직법 제7조 제4항). 다만 2005.3.24. 법률 제7402호로 법원조직법 제54조를 개정하면서 사법보좌관제도를 도입하여 2005.7.1.부터 시행하고 있다. 사법보좌관제도가 도입됨으로써 종전에 판사가 수행하던 대부분의 집행법원의 사무는 사법보좌관이 처리하고 있고, 이에 따라 집행절차에 있어서의 불복방법 중 즉시항고 등에 많은 변화가 일어나게 되었다. 제요 집행 1

[**❺ ▶ ○**] 판결절차와 집행절차를 분리하고 있는 현행법하에서는 수소법원이 집행기관으로 되는 것은 예외이나, 제1심 수소법원이 집행기관 또는 집행공조기관이 되는 것이 있다. 즉 청구의 내용과 관련하여 구체적인 집행방법을 판정하는 것이 필요한 경우로서 ㉠ 대체집행(민사집행법 제260조, 민법 제389조)과 ㉡ 간접강제(민사집행법 제261조)는 제1심 수소법원이 집행기관이 된다. 그리고 외국에서 강제집행을 할 경우에 그 외국 공공기관의 법률상 공조를 받을 수 있는 때 또는 외국에 머물고 있는 대한민국 영사에 의하여 강제집행을 할 수 있는 때에는 제1심 법원이 그 외국 공공기관에 또는 영사에게 촉탁하여야 한다(집행공조기관)(민사집행법 제55조). 제요 집행 1

 답 ❷

11

다음 설명 중 가장 옳지 않은 것은?

① 집행관은 집행을 하기 위하여 필요한 경우에는 채무자의 주거·창고 그 밖의 장소를 수색하고, 잠근 문과 기구를 여는 등 적절한 조치를 할 수 있고, 이 경우에 저항을 받으면 집행관은 경찰 또는 국군의 원조를 요청할 수 있다.

② 집행관 외의 사람으로서 법원의 명령에 의하여 민사집행에 관한 직무를 행하는 사람은 그 신분 또는 자격을 증명하는 문서를 지니고 있다가 관계인이 신청할 때에는 이를 내보여야 하고, 그 사람이 그 직무를 집행하는 데 저항을 받으면 집행관에게 원조를 요구할 수 있다.

③ 공휴일과 야간에는 법원의 허가가 있어야 집행행위를 할 수 있고, 이때 허가명령은 민사집행을 실시할 때에 내보여야 한다.

④ 민사집행의 신청은 구두 또는 서면으로 한다.

⑤ 집행관은 집행조서를 작성하여야 하고, 조서에는 '집행한 날짜와 장소, 집행의 목적물과 그 중요한 사정의 개요, 집행참여자의 표시, 집행참여자의 서명날인, 집행참여자에게 조서를 읽어 주거나 보여 주고 그가 이를 승인하고 서명날인한 사실, 집행관의 기명날인 또는 서명'에 관한 사항을 밝혀야 한다.

......

[**❶ ▸ ○**] 민사집행법 제5조 제1항·제2항

> **민사집행법 제5조(집행관의 강제력 사용)**
> ① 집행관은 집행을 하기 위하여 필요한 경우에는 채무자의 주거·창고 그 밖의 장소를 수색하고, 잠근 문과 기구를 여는 등 적절한 조치를 할 수 있다.
> ② 제1항의 경우에 저항을 받으면 집행관은 경찰 또는 국군의 원조를 요청할 수 있다.

[**❷ ▸ ○**] 민사집행법 제7조 제1항·제2항

> **민사집행법 제7조(집행관에 대한 원조요구)**
> ① 집행관 외의 사람으로서 법원의 명령에 의하여 민사집행에 관한 직무를 행하는 사람은 그 신분 또는 자격을 증명하는 문서를 지니고 있다가 관계인이 신청할 때에는 이를 내보여야 한다.
> ② 제1항의 사람이 그 직무를 집행하는 데 저항을 받으면 집행관에게 원조를 요구할 수 있다.

[**❸ ▸ ○**] 민사집행법 제8조

> **민사집행법 제8조(공휴일·야간의 집행)**
> ① 공휴일과 야간에는 법원의 허가가 있어야 집행행위를 할 수 있다.
> ② 제1항의 허가명령은 민사집행을 실시할 때에 내보여야 한다.

[**❹ ▸ ✕**] 민사집행의 신청은 <u>서면으로</u> 하여야 한다(민사집행법 제4조).

[**⑤ ▸ ○**] 민사집행법 제10조 제1항·제2항

민사집행법 제10조(집행조서)
① 집행관은 집행조서를 작성하여야 한다.
② 제1항의 조서에는 다음 각 호의 사항을 밝혀야 한다.
   1. 집행한 날짜와 장소
   2. 집행의 목적물과 그 중요한 사정의 개요
   3. 집행참여자의 표시
   4. 집행참여자의 서명날인
   5. 집행참여자에게 조서를 읽어 주거나 보여 주고, 그가 이를 승인하고 서명날인한 사실
   6. 집행관의 기명날인 또는 서명

답 ❹

제2절 **집행당사자 등**

12
□□□

집행당사자에 관한 다음 설명 중 가장 옳지 않은 것은? 2022년 법무사시험 [문 9]

① 집행의 채무자가 누구인지는 집행문을 누구에 대하여 내어 주었는지에 의하여 정하여지고, 집행권원의 채무자와 동일성이 없는 사람 등 집행의 채무자적격을 가지지 아니한 사람이라도 그에 대하여 집행문을 내어 주었으면 집행문부여에 대한 이의신청 등에 의하여 취소될 때까지는 집행문에 의한 집행의 채무자가 된다.
② 상속포기로 인하여 집행채무자 적격이 없는 자를 집행채무자로 하여 이루어진 채권압류 및 전부명령이라도 그 명령이 확정되면 피전부채권은 집행채권의 범위 내에서 당연히 집행채권자에게 이전하는 것이므로 채권압류 및 전부명령의 효력에는 아무런 영향이 없다.
③ 다른 사람을 위하여 원고나 피고가 된 사람에 대한 확정판결은 그 다른 사람에 대하여도 효력이 미치고 그 판결의 집행력도 그 다른 사람에게 미치므로, 별도의 집행권원을 얻을 필요가 없고 승계집행문을 부여받아 집행을 개시 또는 속행을 할 수 있다.
④ 채권자가 집행권원에 기하여 채권압류 및 추심명령을 받은 후 그 집행권원상의 채권을 양도하였다고 하더라도 양수인은 승계집행문을 부여받음으로써 비로소 집행채권자로 확정되는 것이므로, 양수인이 기존 집행권원에 대하여 승계집행문을 부여받지 않았다면, 양도인이 여전히 집행채권자의 지위에서 압류채권을 추심하거나 압류명령 신청을 취하할 수 있다.
⑤ 당사자 또는 그 승계인을 위하여 청구의 목적물을 소지한 사람에 대하여도 기판력이 미치는데, 법인이 당사자일 때의 그 직원이나 당사자 본인의 동거가족과 같은 점유보조자의 경우에는 독립의 점유가 인정되지 않고 본인이 직접 소지, 점유하는 경우와 같기 때문에 여기에 해당하지 않고, 이 경우의 집행에는 별도의 집행권원이 필요 없음은 물론 승계집행문도 필요 없다.

··

[**❶ ▸ ○**] 집행의 채무자가 누구인지는 집행문을 누구에 대하여 내어 주었는지에 의하여 정하여지고, 집행권원의 채무자와 동일성이 없는 사람 등 집행의 채무자적격을 가지지 아니한 사람이라도 그에 대하여 집행문을 내어 주었으면 집행문부여에 대한 이의신청 등에 의하여 취소될 때까지는 집행문에 의한 **집행의 채무자가 된다**(대판 2016.8.18. 2014다225038).

[**❷** ▶ **✕**] 채무명의에 표시된 채무자의 상속인이 상속을 포기하였음에도 불구하고, 집행채권자가 동인에 대하여 상속을 원인으로 한 승계집행문을 부여받아 동인의 채권에 대한 압류 및 전부명령을 신청하고, 이에 따라 집행법원이 채권압류 및 전부명령을 하여 그 명령이 확정되었다고 하더라도, 채권압류 및 전부명령이 집행채무자 적격이 없는 자를 집행채무자로 하여 이루어진 이상, <u>피전부채권의 전부채권자에게의 이전이라는 실체법상의 효력은 발생하지 않는다</u>고 할 것이고, 이는 집행채무자가 상속포기 사실을 들어 집행문부여에 대한 이의신청 등으로 집행문의 효력을 다투어 그 효력이 부정되기 이전에 채권압류 및 전부명령이 이루어져 확정된 경우에도 그러하다고 할 것이다(대판 2002.11.13. 2002다41602).

[**❸** ▶ **◯**] 다른 사람을 위하여 원고나 피고가 된 사람에 대한 확정판결은 그 다른 사람에 대하여도 효력이 미친다(민사소송법 제218조 제3항). 이 경우 판결의 집행력은 제3자에게 미치므로 그 제3자에게 집행당사자적격이 있다(민사집행법 제25조 제1항). 이 경우 실체상으로는 권리의무의 승계가 아니나 강제집행에 있어서는 승계집행문부여의 절차와 같은 방법으로 집행문을 받아야 한다(민사집행법 제25조 제2항).

> **민사집행법 제25조(집행력의 주관적 범위)**
> ① 판결이 그 판결에 표시된 당사자 외의 사람에게 효력이 미치는 때에는 그 사람에 대하여 집행하거나 그 사람을 위하여 집행할 수 있다. 다만, 민사소송법 제71조의 규정에 따른 참가인에 대하여는 그러하지 아니하다.
> ② 제1항의 집행을 위한 집행문(執行文)을 내어 주는 데 대하여는 제31조(승계집행문) 내지 제33조의 규정을 준용한다.

[**❹** ▶ **◯**] 강제집행절차에서는 권리관계의 공권적인 확정 및 그 신속·확실한 실현을 도모하기 위하여 절차의 명확·안정을 중시하여야 하므로, 집행권원을 가진 채권자의 지위를 승계한 자라고 하더라도 기존 집행권원에 기하여 강제집행을 신청하려면 민사집행법 제31조 제1항(같은 법 제57조의 규정에 따라 준용되는 경우를 포함한다)에 의하여 승계집행문을 부여받아야 하고, 집행권원에 의한 강제집행이 개시된 후 신청채권자의 지위를 승계한 경우라도 승계인이 자기를 위하여 강제집행 속행을 신청하기 위하여는 민사집행규칙 제23조가 정한 바와 같이 승계집행문이 붙은 집행권원의 정본을 제출하여야 하며 그 경우 법원사무관등 또는 집행관은 그 취지를 채무자에게 통지하도록 하고 있다. 따라서 채권자가 집행권원에 기하여 채권압류 및 추심명령을 받은 후 그 집행권원상의 채권을 양도하였다고 하더라도 양수인은 승계집행문을 부여받음으로써 비로소 집행채권자로 확정되는 것이므로, 양수인이 기존 집행권원에 대하여 승계집행문을 부여받지 않았다면, 양도인이 여전히 집행채권자의 지위에서 압류채권을 추심하거나 압류명령 신청을 취하할 수 있다고 할 것이다(대판 2014.11.13. 2010다63591).

[**❺** ▶ **◯**] 당사자 또는 그 승계인을 위하여 청구의 목적물을 소지한 사람에 대하여도 기판력이 미친다(민사소송법 제218조 제1항 단서). … 한편 법인이 당사자일 때의 그 직원이나 당사자 본인의 동거가족과 같은 점유보조자(민법 제195조)의 경우에는 독립의 점유가 인정되지 않고 본인이 직접 소지, 점유하는 경우와 같기 때문에 여기에 해당하지 않고, 이 경우의 집행에는 별도의 집행권원이 필요 없음은 물론 승계집행문도 필요 없다(대판 2001.4.27. 2001다13983 참조). **제요 집행 1** 이와 관련하여 판례는, 소유물반환청구의 상대방은 현재 그 물건을 점유하는 자이고 그 점유보조자에 불과한 자는 이에 해당하지 아니하므로, 주식회사의 직원으로서 회사의 사무실로 사용하고 있는 건물부분에 대한 점유보조자에 불과할 뿐 독립한 점유주체가 아닌 피고들은, 회사를 상대로 한 명도소송의 확정판결에 따른 집행력이 미치는 것은 별론으로 하고, 소유물반환청구의 성질을 가지는 퇴거청구의 독립한 상대방이 될 수는 없는 것이라고 판시하고 있다(대판 2001.4.27. 2001다13983).

답 ❷

제1장 / 강제집행 개시의 요건

01
☐☐☐ **강제집행의 개시요건에 관한 다음 설명 중 가장 옳지 않은 것은?** 2022년 법무사시험 [문 17]

① 강제집행을 하기 위해서는 원칙적으로 집행할 집행권원을 집행개시 전에 또는 늦어도 집행개시와 동시에 채무자에게 송달하여야 하나, 예외적으로 가압류·가처분명령의 집행의 경우에는 집행권원의 송달은 집행개시의 요건이 아니다.

② 판결의 집행이 그 취지에 따라 채권자가 증명할 사실에 매인 때 또는 판결에 표시된 채권자의 승계인을 위하여 하는 것이거나 판결에 표시된 채무자의 승계인에 대하여 하는 것일 때에는 집행할 판결 외에, 이에 덧붙여 적은 집행문을 강제집행을 개시하기 전에 채무자의 승계인에게 송달하여야 한다.

③ 반대의무의 이행과 상환으로 이행을 명한 판결의 경우에는 집행문부여 시 그 요건 성취 여부를 심사할 필요 없이 집행문을 부여하면 되고, 집행을 개시할 때 그 요건 성취 여부를 조사하면 된다. 또한 반대의무의 이행과 상환으로 부동산소유권이전등기절차 이행을 명한 판결의 경우에도 그 반대의무의 이행 또는 이행의 제공 여부는 등기 신청이 접수되면 등기관이 조사하면 된다.

④ 대상판결(代償判決)과 같이 본래 의무의 집행이 불가능한 때에 그에 갈음하여 집행할 수 있는 것을 내용으로 하는 집행권원의 경우, 본래의 의무가 집행불능으로 밝혀진 후 대상청구(代償請求)에 대한 집행을 하기 위해서는 다시 집행문을 부여받을 필요가 없다.

⑤ 집행을 받을 사람이 일정한 시일에 이르러야 그 채무를 이행하게 되어 있는 때에는 그 시일이 지난 뒤에 강제집행을 개시할 수 있는데, 이러한 채무 이행기의 도래는 집행기관이 조사할 사항이고, 불확정기한의 도래는 집행문부여 시에 조사할 사항이다.

[❶▸○] 강제집행을 하기 위해서는 원칙적으로 집행할 집행권원을 집행개시 전 또는 늦어도 집행개시와 동시에 채무자에게 송달하여야 한다(민사집행법 제39조 제3항 참조). 그러나 예외적으로 ㉠ 가압류·가처분명령의 집행(민사집행법 제292조 제3항, 제301조), ㉡ 비송사건절차법상의 비용에 관한 재판의 집행(비송사건절차법 제29조 제2항 단서), ㉢ 과태료 재판에 대한 검사의 명령의 집행(비송사건절차법 제249조 제2항 단서), ㉣ 벌금, 과료, 몰수, 추징, 과태료, 소송비용, 비용배상 또는 가납의 형사재판에 대한 검사의 명령의 집행(형사소송법 제477조 제3항)의 경우에는 집행권원의 송달은 집행개시의 요건이 아니다.

[❷▸○] 판결의 집행이 그 취지에 따라 채권자가 증명할 사실에 매인 때 또는 판결에 표시된 채권자의 승계인을 위하여 하는 것이거나 판결에 표시된 채무자의 승계인에 대하여 하는 것일 때에는 집행할 판결 외에, 이에 덧붙여 적은 집행문을 강제집행을 개시하기 전에 채무자의 승계인에게 송달하여야 한다(민사집행법 제39조 제2항).

[❸▸×] 반대의무의 이행과 상환으로 이행을 명하는 재판을 집행권원으로 하는 집행에 관하여는 집행문부여 시에 채권자가 반대의무를 이행한 것을 증명하도록 하면 이는 채권자로부터 동시이행의 이익을 박탈하여 선이행을 하도록 하는 결과가 되므로 집행문부여 시에는 반대의무의 이행을 증명할 필요가 없고 집행 전에 집행기관에 반대의무의 이행 또는 이행의 제공을 증명하면 충분하다(대결 1961.7.31. 4294민재항437, 대판 1962.2.15. 4294민상108). 즉, 동시이행관계에 있는 반대의무의 이행은 집행문부여의 요건이 아니고 집행개시의 요건이다(민사집행법 제41조 제1항). … 한편 <u>예외적으로 반대의무의 이행과 상환으로 권리관계 인낙이나 의사를 진술할 의무에 대하여는</u> 그 판결확정 후에 채권자가 그 반대의무를 이행한 사실을 증명하고 재판장(사법보좌관)의 명령에 의하여 집행문을 내어 준 때에 의사표시의 효력이 생기므로(민사집행법 제263조 제2항), 이 경우에는 <u>반대의무의 이행 또는 이행의 제공은 집행문부여의 요건이 된다.</u> 제요 집행 1

[❹▸○] 다른 의무의 집행이 불가능한 때에 그에 갈음하여 집행할 수 있다는 것을 내용으로 하는 집행권원의 집행은 채권자가 그 집행이 불가능하다는 것을 증명하여야만 개시할 수 있다(민사집행법 제41조 제2항). 즉, 대상청구권을 내용으로 하는 집행권원의 경우에 본래의 급부청구권에 관한 집행불능은 집행문부여의 요건이 아니라 집행개시의 요건이다.

[❺▸○] 집행을 받을 사람이 일정한 시일에 이르러야 그 채무를 이행하게 되어 있는 때에는 그 시일이 지난 뒤에 강제집행을 개시할 수 있다(민사집행법 제40조 제1항). 확정기한의 도래는 집행기관이 역일(曆日)에 의하여 쉽게 조사할 수 있으므로 집행개시의 요건으로 하고 있다. 그러나 불확정기한의 도래는 조건의 경우와 마찬가지로 집행문부여 시에 조사할 사항이다.

 ❸

PART 1 PART 2 PART 3 PART 4 **PART 5** PART 6 PART 7 PART 8

다음 설명 중 가장 옳지 않은 것은?　　　　　

① 부동산경매절차에서 채무자 소유 부동산이 매각되고 매수인이 매각대금을 다 납부하여 매각부동산 위의 저당권이 소멸하였더라도 배당절차에 이르기 전에 채무자에 대해 회생절차개시결정이 있었다면, 저당권자는 회생절차 개시 당시 저당권으로 담보되는 채권 또는 청구권을 가진 채무자 회생 및 파산에 관한 법률 제141조에 따른 회생담보권자라고 봄이 타당하다.

② 채무자 소유 부동산에 관하여 경매절차가 진행되어 부동산이 매각되고 매각대금이 납부되었으나 배당기일이 열리기 전에 채무자에 대하여 회생절차가 개시되었다면, 집행절차는 중지되고, 만약 이에 반하여 집행이 이루어졌다면 이는 무효이다. 이후 채무자에 대한 회생계획인가결정이 있은 때에 중지된 집행절차는 효력을 잃게 된다.

③ 강제집행에 의한 채권의 만족은 변제자의 의사에 기하지 아니하고 행하여지는 것이나, 예외적으로 비채변제가 성립할 수 있다.

④ 금전채권에 대한 압류·추심명령이 있더라도 압류채권자에게 채무자의 제3채무자에 대한 채권이 이전되거나 귀속되는 것이 아니라 채권을 추심할 권능만 부여될 뿐이고 이러한 추심권능은 압류의 대상이 될 수 없다.

⑤ 집행권원상의 청구권이 양도되어 대항요건을 갖춘 경우에는 집행당사자적격이 양수인으로 변경되며, 양수인이 승계집행문을 부여받음에 따라 집행채권자가 양수인으로 확정된다. 승계집행문의 부여로 인하여 양도인에 대한 기존 집행권원의 집행력은 소멸한다.

．．

[**❶ ▶ O**] 민사집행법 제135조, 제91조 제2항에 따라 매수인이 매각부동산의 소유권을 취득하고 매각부동산 위의 저당권이 소멸하더라도, 저당권자는 이후 배당절차에서 저당권의 순위와 내용에 따라 저당부동산의 교환가치에 해당하는 매각대금으로부터 피담보채권에 대한 우선변제를 받게 된다. 따라서 부동산경매절차에서 채무자 소유 부동산이 매각되고 매수인이 매각대금을 다 납부하여 매각부동산 위의 저당권이 소멸하였더라도 배당절차에 이르기 전에 채무자에 대해 회생절차개시결정이 있었다면, 저당권자는 회생절차 개시 당시 저당권으로 담보되는 채권 또는 청구권을 가진 채무자 회생 및 파산에 관한 법률 제141조에 따른 회생담보권자라고 봄이 타당하다(대판 2018.11.29. 2017다286577).

[**❷ ▶ O**] 개개의 강제집행절차가 종료된 후에는 그 절차가 중지될 수 없는데, 부동산에 대한 금전집행은 매각대금이 채권자에게 교부 또는 배당된 때에 비로소 종료한다. 따라서 채무자 소유 부동산에 관하여 경매절차가 진행되어 부동산이 매각되고 매각대금이 납부되었으나 배당기일이 열리기 전에 채무자에 대하여 회생절차가 개시되었다면, 집행절차는 중지되고, 만약 이에 반하여 집행이 이루어졌다면 이는 무효이다. 이후 채무자에 대한 회생계획인가결정이 있은 때에 중지된 집행절차는 효력을 잃게 된다(대판 2018.11.29. 2017다286577).

[**❸ ▶ ✕**] 강제집행에 의한 채권의 만족은 변제자의 의사에 기하지 아니하고 행하여지는 것으로서 <u>비채변제가 성립되지 아니한다</u>(대판 2018.11.29. 2017다286577).

[**❹ ▶ O**] 금전채권에 대하여 압류 및 추심명령이 있었다고 하더라도 이는 강제집행 절차에서 압류채권자에게 채무자의 제3채무자에 대한 채권을 추심할 권능만을 부여하는 것으로서 강제집행절차상의 환가처분의 실현행위에 지나지 아니한 것이며, 이로 인하여 채무자가 제3채무자에 대하여 가지는 채권이 압류채권자에게 이전되거나 귀속되는 것이 아니다. 따라서 이와 같은 추심권능은 그 자체로 독립적으로 처분하여 환가할 수 있는 것이 아니어서 압류할 수 없는 성질의 것이고, 이에 대한 압류명령은 무효라고 보아야 한다(대판 2019.12.12. 2019다256471).

[**❺ ▸ ○**] 승계집행문은 판결에 표시된 채권자의 포괄승계인이나 그 판결에 기한 채권을 특정하여 승계한 자가 강제집행을 신청하거나 그 속행을 신청할 수 있도록 부여하는 것이다. 강제집행절차에서는 권리관계의 공권적인 확정과 그 신속·확실한 실현을 도모하기 위하여 절차의 명확·안정을 중시하는데, 승계집행문에 관한 규정도 이러한 취지에 따라 운용되어야 한다. 집행권원상의 청구권(이하 '집행채권'이라 한다)이 양도되어 대항요건을 갖춘 경우에는 집행당사자적격이 양수인으로 변경되며, 양수인이 승계집행문을 부여받음에 따라 집행채권자가 양수인으로 확정된다. 승계집행문의 부여로 인하여 양도인에 대한 기존 집행권원의 집행력은 소멸한다(대판 2019.1.31. 2015다26009).

답 ❸

---

03 강제집행 또는 보전처분과 채무자의 회생·개인회생·파산 절차에 관한 다음 설명 중 가장 옳지 않은 것은? 2023년 법무사시험 [문 18]

① 면책결정이 확정된 때에는 채무자 회생 및 파산에 관한 법률 제557조 제1항의 규정에 의하여 중지한 절차는 법원의 별도 재판 없이도 그 효력을 잃는다.
② 변제계획인가 후 개인회생절차가 폐지된 때에는 변제계획인가결정에 의한 개인회생채권에 기한 가압류 등의 실효는 번복되지 않는다.
③ 파산채권과 달리 재단채권에 기하여는 파산재단에 속하는 재산에 대하여 개별적인 강제집행을 할 수 있다.
④ 개인회생절차개시결정이 있는 때에도 개인회생채권에 기하여 개인회생재단에 속하는 재산에 대하여 한 보전처분은 중지 또는 금지된다.
⑤ 강제집행중지가처분이 발령되면 보전처분 신청인 등 이해관계인은 그 가처분결정 정본을 집행법원에 제출함으로써 해당 강제집행절차를 파산선고 시까지 정지시킬 수 있다.

- -

[**❶ ▸ ○**] 면책결정이 확정된 때에는 채무자 회생 및 파산에 관한 법률 제557조 제1항의 규정에 의하여 중지한 절차는 법원의 별도 재판 없이도 그 효력을 잃고(채무자회생법 제557조 제2항), 면책신청이 각하 또는 기각되거나, 면책불허가결정이 확정된 때에는 다시 강제집행 등을 할 수 있고, 중지된 강제집행 등은 속행된다. 제요 집행 5

> **채무자회생법 제557조(강제집행의 정지)**
> ① 면책신청이 있고, 파산폐지결정의 확정 또는 파산종결결정이 있는 때에는 면책신청에 관한 재판이 확정될 때까지 채무자의 재산에 대하여 파산채권에 기한 강제집행·가압류 또는 가처분을 할 수 없고, 채무자의 재산에 대하여 파산선고 전에 이미 행하여지고 있던 강제집행·가압류 또는 가처분은 중지된다.
> ② 면책결정이 확정된 때에는 제1항의 규정에 의하여 중지한 절차는 그 효력을 잃는다.

[**❷ ▸ ○**] 개인회생절차의 폐지에는 변제계획인가 전 개인회생절차의 폐지(채무자회생법 제620조)와 변제계획인가 후 개인회생절차의 폐지(채무자회생법 제621조)가 있다. 변제계획인가 전 개인회생절차가 폐지된 때에는 개인회생채권자목록에 기재된 개인회생채권에 기하여 개인회생재단에 속하는 재산에 대하여 한 강제집행, 가압류, 가처분도 그 중지 또는 금지에서 풀려 속행되거나 가능하게 된다. 그러나 변제계획인가 후 개인회생절차의 폐지는 이미 행한 변제와 채무자 회생 및 파산에 관한 법률의 규정에 의하여 생긴 효력에 영향을 미치지 아니하므로(채무자회생법 제621조 제2항), 변제계획인가결정에 의한 개인회생채권에 기한 가압류 등의 실효는 번복되지 않아 절차 속행의 문제가 발생하지 않는다.
제요 집행 5

> **채무자회생법 제621조(변제계획인가 후 개인회생절차의 폐지)**
> ① 법원은 다음 각 호의 어느 하나에 해당하는 때에는 이해관계인의 신청에 의하거나 직권으로 개인회생절차폐지의 결정을 하여야 한다.
>   1. 면책불허가결정이 확정된 때
>   2. 채무자가 인가된 변제계획을 이행할 수 없음이 명백할 때. 다만, 채무자가 제624조 제2항의 규정에 의한 면책결정을 받은 때에는 그러하지 아니하다.
>   3. 채무자가 재산 및 소득의 은닉 그 밖의 부정한 방법으로 인가된 변제계획을 수행하지 아니하는 때
> ② 제1항의 규정에 의한 개인회생절차의 폐지는 이미 행한 변제와 이 법의 규정에 의하여 생긴 효력에 영향을 미치지 아니한다.

[**❸ ▸ ✕**] 파산절차는 모든 채권자를 위한 포괄적인 강제집행절차로서 이와 별도의 강제집행절차는 원칙적으로 필요하지 않은 것인바, 구 파산법에 강제집행을 허용하는 특별한 규정이 있다거나 구 파산법의 해석상 강제집행을 허용하여야 할 특별한 사정이 있다고 인정되지 아니하는 한 파산재단에 속하는 재산에 대한 별도의 강제집행은 허용되지 않고, 이는 재단채권에 기한 강제집행에 있어서도 마찬가지이다(대결 2007.7.12. 2006마1277).

[**❹ ▸ ○**] 회생절차개시결정이 있는 때에는 회생채권 또는 회생담보권에 기한 보전처분을 할 수 없고(채무자회생법 제58조 제1항 제2호), 채무자의 재산에 대하여 이미 행한 회생채권 또는 회생담보권에 기한 보전처분은 중지된다(채무자회생법 제58조 제2항 제2호). 개인회생절차개시결정이 있는 때에도 개인회생채권에 기하여 개인회생재단에 속하는 재산에 대하여 한 보전처분은 중지 또는 금지된다(채무자회생법 제600조 제1항 제2호). 제요 집행 5

> **채무자회생법 제600조(다른 절차의 중지 등)**
> ① 개인회생절차개시의 결정이 있는 때에는 다음 각 호의 절차 또는 행위는 중지 또는 금지된다. 다만, 제2호 내지 제4호의 절차 또는 행위는 채권자목록에 기재된 채권에 의한 경우에 한한다.
>   1. 채무자에 대한 회생절차 또는 파산절차
>   2. 개인회생채권에 기하여 개인회생재단에 속하는 재산에 대하여 한 강제집행·가압류 또는 가처분
>   3. 개인회생채권을 변제받거나 변제를 요구하는 일체의 행위. 다만, 소송행위를 제외한다.
>   4. 국세징수법 또는 지방세징수법에 의한 체납처분, 국세징수의 예(국세 또는 지방세 체납처분의 예를 포함한다. 이하 같다)에 의한 체납처분 또는 조세채무담보를 위하여 제공된 물건의 처분

[**❺ ▸ ○**] 강제집행중지가처분이 발령되면 보전처분 신청인 등 이해관계인은 그 가처분결정 정본을 집행법원에 제출함으로써 해당 강제집행절차를 파산선고 시까지 정지시킬 수 있다(민사집행법 제49조 제2호). 제요 집행 5

답 ❸

04 강제집행정지에 관한 다음 설명 중 가장 옳지 않은 것은?　　　2025년 법무사시험 [문 30]

① 강제집행정지결정 즉시 당연히 집행정지의 효력이 있는 것은 아니고, 그 결정 정본을 집행기관에 제출함으로써 집행정지의 효력이 발생한다.

② 가집행선고 있는 제1심판결 중 항소심판결에 의하여 취소된 부분의 가집행선고는 항소심판결의 선고로 인하여 그 효력을 잃고, 항소심판결의 정본을 집행법원에 제출함으로써 이 부분에 관한 강제집행을 정지할 수 있으므로, 별도로 강제집행정지신청을 할 이익이 없다.

③ 강제집행을 허가하지 않는 취지를 적은 집행력 있는 재판의 정본이 제출된 경우에는 이미 실시한 집행처분을 취소하여야 하나, 강제집행의 일시정지를 명한 취지를 적은 재판의 정본이 제출된 경우에는 이미 실시한 집행처분을 일시적으로 유지하게 하여야 한다.

④ 집행할 판결이 소의 취하로 효력을 잃었다는 것을 증명하는 조서등본이 제출된 경우 강제집행을 정지하고 이미 실시한 집행처분을 취소하여야 한다.

⑤ 간접점유자가 직접점유자를 통하여 부동산을 간접적으로 점유하는 경우, 간접점유자 및 직접점유자에 대한 집행권원을 가진 채권자가 직접점유자에 대하여 부동산에 대한 인도집행을 마쳤더라도 간접점유자에 대한 집행을 종료한 것으로 볼 수는 없으므로, 강제집행정지가 허용된다.

⋯⋯

[**❶** ▸ O] 강제집행의 정지결정이 있으면 결정즉시로 당연히 집행정지의 효력이 있는 것이 아니고 그 정지결정 정본을 집행기관에 제출함으로써 집행정지의 효력이 발생한다(대결 1966.8.12. 65마1059).

[**❷** ▸ O] 가집행선고부 제1심판결 중 항소심판결에 의하여 취소된 부분의 가집행선고는 항소심판결의 선고로 인하여 그 효력을 잃고(민사소송법 제215조 제1항 참조), 항소심판결의 정본을 집행법원에 제출함으로써 이 부분에 관한 강제집행을 정지할 수 있으므로, 별도로 강제집행정지신청을 할 이익이 없어 이 부분 신청은 부적법하다(대결 2006.4.14. 2006카기62).

[**❸** ▸ O] 강제집행을 허가하지 않는 취지를 적은 집행력 있는 재판의 정본이 제출된 경우에는 이미 실시한 집행처분을 취소하여야 하나, 강제집행의 일시정지를 명한 취지를 적은 재판의 정본이 제출된 경우에는 이미 실시한 집행처분을 일시적으로 유지하게 하여야 한다(민사집행법 제50조 제1항).

[**❹** ▸ O] 민사집행법 제50조 제1항, 제49조 제5호

> **민사집행법 제50조(집행처분의 취소·일시유지)**
> ① 제49조 제1호·제3호·제5호 및 제6호의 경우에는 <u>이미 실시한 집행처분을 취소하여야</u> 하며, 같은 조 제2호 및 제4호의 경우에는 이미 실시한 집행처분을 일시적으로 유지하게 하여야 한다.
> ② 제1항에 따라 집행처분을 취소하는 경우에는 제17조의 규정을 적용하지 아니한다.
>
> **민사집행법 제49조(집행의 필수적 정지·제한)**
> <u>강제집행</u>은 다음 각 호 가운데 이느 하나에 해당하는 서류를 제출한 경우에 <u>정시하거나 제한하여야 한다.</u>
> 1. 집행할 판결 또는 그 가집행을 취소하는 취지나, 강제집행을 허가하지 아니하거나 그 정지를 명하는 취지 또는 집행처분의 취소를 명한 취지를 적은 집행력 있는 재판의 정본
> 2. 강제집행의 일시정지를 명한 취지를 적은 재판의 정본

PART 1　PART 2　PART 3　PART 4　**PART 5**　PART 6　PART 7　PART 8

3. 집행을 면하기 위하여 담보를 제공한 증명서류
4. 집행할 판결이 있은 뒤에 채권자가 변제를 받았거나, 의무이행을 미루도록 승낙한 취지를 적은 증서
5. 집행할 판결, 그 밖의 재판이 소의 취하 등의 사유로 효력을 잃었다는 것을 증명하는 조서등본 또는 법원사무관등이 작성한 증서
6. 강제집행을 하지 아니한다거나 강제집행의 신청이나 위임을 취하한다는 취지를 적은 화해조서(和解調書)의 정본 또는 공정증서(公正證書)의 정본

[❺ ▶ ×] 간접점유자가 직접점유자를 통하여 부동산을 간접적으로 점유하고 있는 경우 간접점유자 및 직접점유자에 대한 채무명의를 가지고 부동산에 대한 인도청구권을 집행하는 채권자로서는 현실적으로 직접점유자에 대하여 인도집행을 함으로써 간접점유자에 대한 인도집행을 한꺼번에 할 수밖에 없으므로, 직접점유자에 대하여 부동산에 대한 인도집행을 마치면 간접점유자에 대하여도 집행을 종료한 것으로 보아야 할 것이고, 또한 강제집행정지는 집행 종료 후에는 허용되지 아니한다(대결 2000.2.11. 99그92).

답 ❺

05
☐☐☐

부동산경매절차에서 매수인에 관한 다음 설명 중 가장 옳지 않은 것은?

2024년 법무사시험 [문 2]

① 매각허가에 정당한 이유가 없거나 결정에 적은 것 외의 조건으로 허가하여야 한다고 주장하는 매수인 또는 매각허가를 주장하는 매수신고인도 즉시항고를 할 수 있다.
② 천재지변, 그 밖에 자기가 책임을 질 수 없는 사유로 부동산이 현저하게 훼손된 사실이 매각허가결정의 확정 뒤에 밝혀진 경우에 매수인은 대금을 낼 때까지 매각허가결정의 취소신청을 할 수 있다.
③ 매수인이 매각대금을 낸 뒤에 강제집행의 일시정지를 명한 취지를 적은 재판의 정본이 제출된 경우에는 집행절차를 계속 진행하여야 한다. 이 경우 배당절차가 실시되는 때에는 그 채권자를 배당에서 제외하여야 한다.
④ 매각기일에 매수신고가 있은 뒤, 매각대금을 내기 전에 강제집행을 하지 아니한다거나 강제집행의 신청이나 위임을 취하한다는 취지를 적은 화해조서의 정본 또는 공정증서의 정본이 제출된 경우, 최고가매수신고인 또는 매수인과 민사집행법 제114조의 차순위매수신고인의 동의를 받아야 그 효력이 생긴다.
⑤ 매수인이 재매각기일의 3일 이전까지 대금, 그 지급기한이 지난 뒤부터 지급일까지의 대금에 대한 대법원규칙이 정하는 이율에 따른 지연이자와 절차비용을 지급한 때에는 재매각절차를 취소하여야 한다. 이 경우 차순위매수신고인이 매각허가결정을 받았던 때에는 위 금액을 먼저 지급한 매수인이 매매목적물의 권리를 취득한다.

.....

[❶ ▶ ○] 매각허가에 정당한 이유가 없거나 결정에 적은 것 외의 조건으로 허가하여야 한다고 주장하는 매수인 또는 매각허가를 주장하는 매수신고인도 즉시항고를 할 수 있다(민사집행법 제129조 제2항).

[❷ ▸ ○] 민사집행법 제121조 제6호, 제127조 제1항

> **민사집행법 제121조(매각허가에 대한 이의신청사유)**
>
> 매각허가에 관한 이의는 다음 각 호 가운데 어느 하나에 해당하는 이유가 있어야 신청할 수 있다.
>   1. 강제집행을 허가할 수 없거나 집행을 계속 진행할 수 없을 때
>   2. 최고가매수신고인이 부동산을 매수할 능력이나 자격이 없는 때
>   3. 부동산을 매수할 자격이 없는 사람이 최고가매수신고인을 내세워 매수신고를 한 때
>   4. 최고가매수신고인, 그 대리인 또는 최고가매수신고인을 내세워 매수신고를 한 사람이 제108조 각 호 가운데 어느 하나에 해당되는 때
>   5. 최저매각가격의 결정, 일괄매각의 결정 또는 매각물건명세서의 작성에 중대한 흠이 있는 때
>   6. 천재지변, 그 밖에 자기가 책임을 질 수 없는 사유로 부동산이 현저하게 훼손된 사실 또는 부동산에 관한 중대한 권리관계가 변동된 사실이 경매절차의 진행 중에 밝혀진 때
>   7. 경매절차에 그 밖의 중대한 잘못이 있는 때
>
> **민사집행법 제127조(매각허가결정의 취소신청)**
> ① 제121조 제6호에서 규정한 사실이 매각허가결정의 확정 뒤에 밝혀진 경우에는 매수인은 대금을 낼 때까지 매각허가결정의 취소신청을 할 수 있다.

[❸ ▸ ×] 매수인이 매각대금을 낸 뒤에 강제집행의 일시정지를 명한 취지를 적은 재판의 정본이 제출된 경우에는 집행절차를 계속 진행하여야 한다. <u>이 경우 배당절차가 실시되는 때에는 그 채권자에 대한 배당액을 공탁한다</u>(민사집행법 제49조 제2호, 민사집행규칙 제50조 제3항 제2호 참조).

> **민사집행법 제49조(집행의 필수적 정지·제한)**
>
> 강제집행은 다음 각 호 가운데 어느 하나에 해당하는 서류를 제출한 경우에 정지하거나 제한하여야 한다.
>   1. 집행할 판결 또는 그 가집행을 취소하는 취지나, 강제집행을 허가하지 아니하거나 그 정지를 명하는 취지 또는 집행처분의 취소를 명한 취지를 적은 집행력 있는 재판의 정본
>   2. <u>강제집행의 일시정지를 명한 취지를 적은 재판의 정본</u>
>   3. 집행을 면하기 위하여 담보를 제공한 증명서류
>   4. 집행할 판결이 있은 뒤에 채권자가 변제를 받았거나, 의무이행을 미루도록 승낙한 취지를 적은 증서
>   5. 집행할 판결, 그 밖의 재판이 소의 취하 등의 사유로 효력을 잃었다는 것을 증명하는 조서등본 또는 법원사무관등이 작성한 증서
>   6. 강제집행을 하지 아니한다거나 강제집행의 신청이나 위임을 취하한다는 취지를 적은 화해조서(和解調書)의 정본 또는 공정증서(公正證書)의 정본
>
> **민사집행규칙 제50조(집행정지서류 등의 제출시기)**
> ③ 매수인이 매각대금을 낸 뒤에 법 제49조 각 호 가운데 어느 서류가 제출된 때에는 절차를 계속하여 진행하여야 한다. 이 경우 배당절차가 실시되는 때에는 그 채권자에 대하여 다음 각 호의 구분에 따라 처리하여야 한다.
>   1. 제1호·제3호·제5호 또는 제6호의 서류가 제출된 때에는 그 채권자를 배당에서 제외한다.
>   2. <u>제2호의 서류가 제출된 때에는 그 채권자에 대한 배당액을 공탁한다.</u>
>   3. 제4호의 서류가 제출된 때에는 그 채권자에 대한 배당액을 지급한다.

[**④** ▸ O]　민사집행법 제49조 제6호, 제93조 제2항·제3항

> **민사집행법 제93조(경매신청의 취하)**
> ① 경매신청이 취하되면 압류의 효력은 소멸된다.
> ② 매수신고가 있은 뒤 경매신청을 취하하는 경우에는 최고가매수신고인 또는 매수인과 제114조의 차순위 매수신고인의 동의를 받아야 그 효력이 생긴다.
> ③ 제49조 제3호 또는 제6호의 서류를 제출하는 경우에는 제1항 및 제2항의 규정을, 제49조 제4호의 서류를 제출하는 경우에는 제2항의 규정을 준용한다.

[**⑤** ▸ O]　매수인이 재매각기일의 3일 이전까지 대금, 그 지급기한이 지난 뒤부터 지급일까지의 대금에 대한 대법원규칙이 정하는 이율에 따른 지연이자와 절차비용을 지급한 때에는 재매각절차를 취소하여야 한다. 이 경우 차순위매수신고인이 매각허가결정을 받았던 때에는 위 금액을 먼저 지급한 매수인이 매매목적물의 권리를 취득한다(민사집행법 제138조 제3항).

답

06
☐☐☐

부동산경매절차 진행 중에 민사집행법 제49조 각 호에 해당하는 서류를 채무자가 확보하여 집행법원에 제출한 경우에 관한 다음 설명 중 가장 옳지 않은 것은? **2023년 법무사시험 [문 16]**

① 경매개시결정 후 매각기일에 매수신고가 있기 전에 법정서류(의무이행을 미루도록 승낙한 취지를 적은 증서)가 제출된 경우에는 집행법원은 경매절차를 정지한다.
② 매각기일에 매수신고가 있은 뒤, 매각대금을 내기 전에 법정서류(의무이행을 미루도록 승낙한 취지를 적은 증서)가 제출된 경우에는 최고가매수신고인 또는 매수인과 민사집행법 제114조의 차순위매수신고인의 동의를 받아야 그 효력이 생긴다.
③ 매각기일에 매수신고가 있은 뒤, 매각대금을 내기 전에 법정서류(강제집행의 일시정지를 명한 취지를 적은 재판의 정본)가 제출된 경우에는 최고가매수신고인 또는 매수인과 민사집행법 제114조의 차순위매수신고인의 동의를 받을 필요 없이 그 효력이 생긴다.
④ 매각기일에 매수신고가 있은 뒤, 매각대금을 내기 전에 법정서류(강제집행을 하지 아니한다는 취지를 적은 화해조서의 정본)가 제출된 경우에는 최고가매수신고인 또는 매수인과 민사집행법 제114조의 차순위매수신고인의 동의를 받을 필요 없이 그 효력이 생긴다.
⑤ 매수인이 매각대금을 낸 뒤에 법정서류(집행할 판결 또는 그 가집행을 취소하는 취지를 적은 집행력 있는 재판의 정본)가 제출된 경우에는 절차를 계속하여 진행하여야 하고, 이 경우 배당절차가 실시되는 때에는 그 채권자를 배당에서 제외한다.

. . . .

[**①** ▸ O]　경매개시결정 후 매각기일에 매수신고가 있기 전에 민사집행법 제49조 제4호(의무이행을 미루도록 승낙한 취지를 적은 증서)가 제출된 경우에는 집행법원은 경매절차를 정지한다(민사집행법 제49조 제4호, 제50조 제1항).

> **민사집행법 제49조(집행의 필수적 정지ㆍ제한)**
>
> 강제집행은 다음 각 호 가운데 어느 하나에 해당하는 서류를 제출한 경우에 정지하거나 제한하여야 한다.
>   1. 집행할 판결 또는 그 가집행을 취소하는 취지나, 강제집행을 허가하지 아니하거나 그 정지를 명하는 취지 또는 집행처분의 취소를 명한 취지를 적은 집행력 있는 재판의 정본
>   2. 강제집행의 일시정지를 명한 취지를 적은 재판의 정본
>   3. 집행을 면하기 위하여 담보를 제공한 증명서류
>   4. 집행할 판결이 있은 뒤에 채권자가 변제를 받았거나, 의무이행을 미루도록 승낙한 취지를 적은 증서
>   5. 집행할 판결, 그 밖의 재판이 소의 취하 등의 사유로 효력을 잃었다는 것을 증명하는 조서등본 또는 법원사무관등이 작성한 증서
>   6. 강제집행을 하지 아니한다거나 강제집행의 신청이나 위임을 취하한다는 취지를 적은 화해조서(和解調書)의 정본 또는 공정증서(公正證書)의 정본
>
> **민사집행법 제50조(집행처분의 취소ㆍ일시유지)**
>
> ① 제49조 제1호ㆍ제3호ㆍ제5호 및 제6호의 경우에는 이미 실시한 집행처분을 취소하여야 하며, 같은 조 제2호 및 제4호의 경우에는 이미 실시한 집행처분을 일시적으로 유지하게 하여야 한다.

[❷ ▶ ○] 민사집행법 제49조 제4호의 서류(의무이행을 미루도록 승낙한 취지를 적은 증서)는 매수인이 매각대금을 내기 전까지만 제출하면 집행이 정지되지만, 매수신고가 있은 뒤에 위 서류를 제출하는 경우에는 최고가매수신고인 또는 매수인과 민사집행법 제114조의 차순위 매수신고인의 동의를 받아야 그 효력이 생긴다(민사집행법 제93조 제3항).

> **민사집행법 제93조(경매신청의 취하)**
>
> ① 경매신청이 취하되면 압류의 효력은 소멸된다.
> ② 매수신고가 있은 뒤 경매신청을 취하하는 경우에는 최고가매수신고인 또는 매수인과 제114조의 차순위 매수신고인의 동의를 받아야 그 효력이 생긴다.
> ③ 제49조 제3호 또는 제6호의 서류를 제출하는 경우에는 제1항 및 제2항의 규정을, 제49조 제4호(집행할 판결이 있은 뒤에 채권자가 변제를 받았거나, 의무이행을 미루도록 승낙한 취지를 적은 증서)의 서류를 제출하는 경우에는 제2항의 규정을 준용한다.

[❸ ▶ ○] 민사집행법 제49조 제1호, 제2호(강제집행의 일시정지를 명한 취지를 적은 재판의 정본) 또는 제5호의 서류는 매수인이 매각대금을 내기 전까지 제출하면 집행이 정지 또는 취소된다(민사집행법 제50조 제1항, 민사집행규칙 제50조 제1항). 매각기일에 매수신고가 있은 뒤, 매각대금을 내기 전에 위 서류를 제출하는 경우라도 최고가매수신고인 또는 매수인과 민사집행법 제114조의 차순위매수신고인의 동의를 받을 필요 없이 그 효력이 생긴다(민사집행법 제93조 제3항 참조).

[❹ ▶ ✕] 매수신고가 있은 뒤, 매각대금을 내기 전에 민사집행법 제49조 제6호(강제집행을 하지 아니한다거나 강제집행의 신청이나 위임을 취하한다는 취지를 적은 화해조서의 정본 또는 공정증서의 정본)의 서류가 제출된 경우, 최고가매수신고인 또는 매수인과 제114조의 차순위매수신고인의 동의를 받아야 그 이후 절차의 진행을 정지하고 경매절차 취소의 효력이 생긴다(민사집행법 제93조 제3항). 최고가매수신고인 등의 동의가 없으면 절차를 속행하여야 한다.

> **민사집행법 제93조(경매신청의 취하)**
> ① 경매신청이 취하되면 압류의 효력은 소멸된다.
> ② 매수신고가 있은 뒤 경매신청을 취하하는 경우에는 최고가매수신고인 또는 매수인과 제114조의 차순위 매수신고인의 동의를 받아야 그 효력이 생긴다.
> ③ 제49조 제3호 또는 제6호(강제집행을 하지 아니한다거나 강제집행의 신청이나 위임을 취하한다는 취지를 적은 화해조서의 정본 또는 공정증서의 정본)의 서류를 제출하는 경우에는 제1항 및 제2항의 규정을, 제49조 제4호의 서류를 제출하는 경우에는 제2항의 규정을 준용한다.

[❺ ▸ O] 매수인이 매각대금을 낸 뒤에 민사집행법 제49조 각 호의 서류가 제출된 때에는 절차를 계속하여 진행하여야 한다(민사집행규칙 제50조 제3항 전문). 배당절차가 실시되는 때에는 제1호(집행할 판결 또는 그 가집행을 취소하는 취지를 적은 집행력 있는 재판의 정본)·제3호·제5호 또는 제6호의 서류가 제출된 때 그 채권자를 배당에서 제외한다(민사집행규칙 제50조 제3항 후문 제1호).

> **민사집행규칙 제50조(집행정지서류 등의 제출시기)**
> ③ 매수인이 매각대금을 낸 뒤에 법 제49조 각 호 가운데 어느 서류가 제출된 때에는 절차를 계속하여 진행하여야 한다. 이 경우 배당절차가 실시되는 때에는 그 채권자에 대하여 다음 각 호의 구분에 따라 처리하여야 한다.
> 1. 제1호(집행할 판결 또는 그 가집행을 취소하는 취지를 적은 집행력 있는 재판의 정본)·제3호·제5호 또는 제6호의 서류가 제출된 때에는 그 채권자를 배당에서 제외한다.

답 ❹

07
☐☐☐

부동산경매절차 중에 민사집행법 제49조 또는 제266조 소정의 서류가 제출된 경우에 관한 다음 설명 중 가장 옳은 것은? **2022년 법무사시험 [문 25]**

① 매수신고 후 매각대금 납부 전에 변제기한의 일시적 유예를 이유로 청구이의의 소를 인용한 종국판결이 제출되면 경매절차가 일시정지되고 취소되지는 않는다.

② 매각허가결정 이후에 '이 사건 집행권원에 기한 강제집행을 불허한다'는 내용의 확정된 화해권고결정이 제출된 경우에는 민사집행법 제93조 제3항에 따라 매수인 등의 동의가 있어야 경매절차를 취소할 수 있다.

③ 매각대금 납부 후에 청구이의의 소 제기 시에 하는 잠정처분으로 강제집행정지결정이 제출되면 이후 절차의 진행을 정지해야 한다.

④ 담보권 실행을 위한 경매 절차에서 매각대금 납부 후에 근저당의 등기가 말소된 등기사항증명서가 제출되더라도 경매절차는 정지되지 않는다. 다만 배당이 실시될 경우, 위 근저당권자에 대한 배당액은 공탁하여야 한다.

⑤ 강제집행정지결정이 있으면 결정 즉시 당연히 집행정지의 효력이 있는 것이 아니고 그 정지결정 정본을 집행기관에 제출함으로써 집행정지의 효력이 발생한다. 따라서 경매개시결정에 대한 이의 신청에 따른 매각절차의 일시정지결정을 집행법원이 재판기관이 되어 정지결정을 발한 경우에도 그 결정정본이 당사자로부터 제출되어야만 집행정지의 효력이 발생한다.

[**❶** ▸ **×**] 강제집행의 정지를 명하는 재판이란 강제집행을 허가하지 아니하는 재판 중 집행의 일시적 불허를 선언한 재판을 말하며, 변제기한의 일시적 유예를 이유로 청구이의의 소를 인용한 판결, 기한도래 전의 집행개시를 이유로 집행에 관한 이의신청을 인용한 결정 등이 이에 해당한다. 강제집행의 정지를 명하는 재판의 정본이 제출되면 이미 실시한 집행처분을 취소하여야 한다.

민사집행법 제49조(집행의 필수적 정지 · 제한)

강제집행은 다음 각 호 가운데 어느 하나에 해당하는 서류를 제출한 경우에 정지하거나 제한하여야 한다.
1. 집행할 판결 또는 그 가집행을 취소하는 취지나, 강제집행을 허가하지 아니하거나 그 정지를 명하는 취지 또는 집행처분의 취소를 명한 취지를 적은 집행력 있는 재판의 정본
2. 강제집행의 일시정지를 명한 취지를 적은 재판의 정본
3. 집행을 면하기 위하여 담보를 제공한 증명서류
4. 집행할 판결이 있은 뒤에 채권자가 변제를 받았거나, 의무이행을 미루도록 승낙한 취지를 적은 증서
5. 집행할 판결, 그 밖의 재판이 소의 취하 등의 사유로 효력을 잃었다는 것을 증명하는 조서등본 또는 법원사무관등이 작성한 증서
6. 강제집행을 하지 아니한다거나 강제집행의 신청이나 위임을 취하한다는 취지를 적은 화해조서(和解調書)의 정본 또는 공정증서(公正證書)의 정본

민사집행법 제50조(집행처분의 취소 · 일시유지)

① 제49조 제1호 · 제3호 · 제5호 및 제6호의 경우에는 이미 실시한 집행처분을 취소하여야 하며, 같은 조 제2호 및 제4호의 경우에는 이미 실시한 집행처분을 일시적으로 유지하게 하여야 한다.

[**❷** ▸ **○**] 채권자 갑이 신청한 부동산 강제경매절차에서 을이 최고가 매수신고를 하여 매각허가결정을 받았는데, 그 후 채무자 병이 채권자 갑을 상대로 제기한 집행권원인 확정판결에 대한 청구이의의 소에서 법원이 강제집행정지결정을 한 다음 '집행권원에 기한 강제집행을 불허한다'는 화해권고결정을 하여 그 결정이 확정되자, 사법보좌관이 위 화해권고결정 정본이 민사집행법 제49조 제1호, 제50조 제1항에서 정한 집행취소서류라는 이유로 을에 대한 매각허가결정을 취소하고 강제경매신청을 기각한다는 결정을 한 경우, 위 화해권고결정의 '집행권원에 기한 강제집행을 불허한다'는 내용은 형성소송인 청구이의의 소의 재판 대상으로 당사자가 자유롭게 처분할 수 있는 사항이 아니어서, 그 문구 그대로 확정되더라도 집행권원에 기한 강제집행을 허가하지 않는 효력은 생기지 않고, 집행권원이 확정판결로서 갖는 집행력은 여전히 남아 있게 되므로, 위 화해권고결정 정본은 민사집행법 제49조 제1호에서 정한 '강제집행을 허가하지 아니하는 취지를 적은 집행력 있는 재판의 정본'에 해당하지 않고, 다만 화해권고결정의 문구를 부집행 합의가 이루어졌다는 뜻으로 새길 여지가 있고, 당사자 사이에 강제집행을 하지 않기로 하는 합의를 담은 화해조서 정본도 집행취소서류가 되나(민사집행법 제49조 제6호), 그 서류를 매각허가결정이 있은 뒤에 제출한 경우에는 매수인의 동의를 받아야 집행취소의 효력이 생기는 것인데도(민사집행법 제93조), 위 화해권고결정 정본이 민사집행법 제49조 제1호에서 정한 집행취소서류임을 전제로 한 사법보좌관의 처분이 정당하다고 본 원심결정은 수긍하기 어렵다(대결 2022.6.7. 2022그534).

[**❸** ▸ **×**] 매각대금 납부 후에 민사집행법 제49조의 서류가 제출된 경우에는 집행절차를 정지하거나 취소하지 않고 절차를 속행하여야 하는데 청구이의의 소 제기 시에 잠정처분으로 하는 강제집행정지결정의 정본은 민사집행법 제49조 제2호의 강제집행의 일시정지를 명한 취지를 적은 재판의 정본에 해당한다.

[❹ ▸ ×] 담보권 실행을 위한 경매 절차에서 매각대금 납부 후에는 매각부동산의 소유권은 매수인에게 이전되므로(민사집행법 제135조, 제268조), 매각대금 납부 후에 정지, 취소문서가 제출되더라도 경매절차는 정지되지 않는다. 따라서 민사집행법 제49조 제1호·제5호의 서류와 민사집행법 제266조 제1항 제1호·제2호·제3호의 서류가 제출된 경우에는 당해 채권자를 제외하고 나머지 채권자들에 대하여 배당을 실시하면 되고(민사집행규칙 제194조 본문, 제50조 제3항 제1호), 민사집행법 제49조 제2호, 제266조 제1항 제5호 서류가 제출된 경우에는 그 서류의 제출만으로는 배당의 실시가 저지되지 아니하므로 그 채권자에 대한 배당액은 공탁하여야 한다(민사집행법 제160조 제1항 제3호, 제268조, 민사집행규칙 제194조, 제50조 제3항 제2호).

> **민사집행규칙 제194조(부동산에 대한 경매)**
> 부동산을 목적으로 하는 담보권 실행을 위한 경매에는 제40조 내지 제82조의 규정을 준용한다. 다만,
> 매수인이 매각대금을 낸 뒤에 화해조서의 정본 또는 공정증서의 정본인 법 제266조 제1항 제4호의 서류가
> 제출된 때에는 그 채권자를 배당에서 제외한다.
>
> **민사집행규칙 제50조(집행정지서류 등의 제출시기)**
> ③ 매수인이 매각대금을 낸 뒤에 법 제49조 각 호 가운데 어느 서류가 제출된 때에는 절차를 계속하여
> 진행하여야 한다. 이 경우 배당절차가 실시되는 때에는 그 채권자에 대하여 다음 각 호의 구분에 따라
> 처리하여야 한다.
> 1. 제1호·제3호·제5호 또는 제6호의 서류가 제출된 때에는 그 채권자를 <u>배당에서 제외한다</u>.
> 2. 제2호의 서류가 제출된 때에는 그 채권자에 대한 배당액을 공탁한다.
> 3. 제4호의 서류가 제출된 때에는 그 채권자에 대한 배당액을 지급한다.
>
> **민사집행법 제266조(경매절차의 정지)**
> ① 다음 각 호 가운데 어느 하나에 해당하는 문서가 경매법원에 제출되면 경매절차를 정지하여야 한다.
> 1. <u>담보권의 등기가 말소된 등기사항증명서</u>
> 2. 담보권 등기를 말소하도록 명한 확정판결의 정본
> 3. 담보권이 없거나 소멸되었다는 취지의 확정판결의 정본
> 4. 채권자가 담보권을 실행하지 아니하기로 하거나 경매신청을 취하하겠다는 취지 또는 피담보채권을
>   변제받았거나 그 변제를 미루도록 승낙한다는 취지를 적은 서류
> 5. 담보권 실행을 일시정지하도록 명한 재판의 정본

[**❺** ▸ **×**]　경매개시결정에 대한 이의신청에 따른 매각절차의 일시정지결정과 같이 집행법원이 재판기관이 되어 정지결정을 발한 경우에는 그 결정이 당사자에게 고지되기 전이라도 이후의 절차를 진행할 수 없으며(대결 1971.5.27. 70마4 참조), 이러한 경우에도 매각절차의 정지에 관하여 당사자로부터 정지결정 정본의 제출이 요구되는 것은 아니다. 강제집행정지결정이 있으면 결정 즉시 당연히 집행정지의 효력이 있는 것이 아니고 그 정지결정 정본을 집행기관에 제출함으로써 집행정지의 효력이 발생함은 민사집행법 제49조 규정취지에 비추어 명백하다(대판 1963.9.12. 63다213, 대결 1966.8.12. 65마1059, 대결 2008.3.3. 2007마868). **제요 집행 3**　이와 관련하여 판례는, 강제집행의 정지결정이 있으면 결정 즉시로 당연히 집행정지의 효력이 있는 것이 아니고 그 정지결정 정본을 집행기관에 제출함으로써 집행정지의 효력이 발생한다고 판시하였고(대결 1966.8.12. 65마1059), 부동산의 임의경매에서 경락허가결정이 있었고 그 경매대금의 지급기일과 배당기일이 지정되었다고 하더라도 이해관계인의 경매개시결정에 대한 이의신청이 있어서 경매법원이 경락대금 납부기일 전일에 경매개시결정을 취소하고 경매신청을 각하한다는 결정을 함과 동시에 그 경매절차의 정지결정을 하여 그 각 결정이 성립되었다면 그 각 결정이 아직 당사자에게 고지되지 아니하였다 하여도 경매법원은 경락대금을 받을 수 없다고 판시하였다(대결 1971.5.27. 70마4).

답 **❷**

08
☐☐☐

강제집행의 정지 및 취소에 관한 다음 설명 중 가장 옳지 않은 것은?

2021년 법무사시험 [문 24]

① 집행할 판결이 있은 뒤에 의무이행을 미루도록 승낙하였다는 취지를 적은 증서의 제출에 따른 강제집행의 정지는 2회에 한하며 통산하여 6월을 넘길 수 없는데, 여기에서 통산하여 6월이란 해당 경매절차에 있어서 통산하여 6월이란 뜻이고 그 기간이 연속해야 하는 것이 아니다.

② 민사집행법 제49조 제1호, 제3호, 제5호, 제6호의 서류가 제출되어 이미 실시한 집행처분이 취소된 후에 이들 서류에 관계된 재판이 취소되거나, 소취하 등의 사유로 효력이 없게 되었고 그 사실이 증명되면 종전의 집행절차를 재개하여 속행하여야 한다.

③ 확정판결 또는 이와 동일한 효력이 있는 집행권원에 기한 강제집행의 정지는 오직 강제집행에 관한 법규 중에 그에 관한 규정이 있는 경우에 한하여 가능한 것이고, 이와 같은 규정에 의함이 없이 일반적인 가처분의 방법으로 강제집행을 정지시킨다는 것은 허용할 수 없다.

④ 강제집행의 일시정지를 명한 취지를 적은 재판의 정본이 제출된 경우 집행법원은 이미 실시한 집행처분을 일시 유지하여야 한다는 취지를 규정하고 있는 민사집행법 제50조 제1항의 규정은 간접강제에는 적용되지 않으므로, 본래의 집행권원에 대한 강제집행정지결정 정본이 제출되었다는 사유는 간접강제결정의 취소사유에 해당하는 것으로 보아야 한다.

⑤ 집행력 있는 판결 정본에 기하여 압류 및 추심명령이 발령된 경우 채무자가 강제집행정지결정의 정본을 집행기관에 제출하면 이로써 집행정지의 효력이 발생하고, 압류채권자에 대한 강제집행정지결정 정본의 송달 여부나 제3채무자에 대한 집행정지통보의 송달 여부는 집행정지의 효력 발생과 무관하다.

[**❶ ▸ O**] 의무이행을 미루도록 승낙하였다는 취지를 적은 증서를 제출하여 강제집행이 정지되는 경우 그 정지는 2회에 한하며 통산하여 6월을 넘길 수 없다(민사집행법 제51조 제2항). 통산하여 6월이란 해당 경매절차에 있어서 통산하여 6개월이란 뜻이고 그 기간이 연속해야 하는 것은 아니다.

제요 집행 1

[**❷ ▸ ×**] 집행처분의 취소에 의하여 그 집행절차 또는 집행처분은 종료하므로, 집행정지의 경우처럼 집행의 속행을 구할 여지도 없다. 그러므로 채권자는 취소사유가 없어진 경우, 예를 들어 취소를 명한 재판 또는 취소를 수반하는 재판이 불복신청에 의하여 취소되더라도 원상회복이 되는 것이 아니고 다시 집행신청을 하여 집행을 개시할 수밖에 없다. 제요 집행 1

[**❸ ▸ O**] 확정판결 또는 이와 동일한 효력이 있는 채무명의에 기한 강제집행의 정지는 오직 강제집행에 관한 법규 중에 그에 관한 규정이 있는 경우에 한하여 가능한 것이고, 이와 같은 규정에 의함이 없이 일반적인 가처분의 방법으로 강제집행을 정지시킨다는 것은 허용할 수 없다(대결 1986.5.30. 86그76).

[**❹ ▸ O**] 강제집행의 일시정지를 명한 취지를 기재한 재판의 정본이 제출된 경우 집행법원은 이미 실시한 집행처분을 일시 유지하여야 한다는 취지를 규정하고 있는 민사집행법 제50조 제1항의 규정은 간접강제에는 적용되지 않으므로, 본래의 채무명의에 대한 강제집행정지결정 정본이 제출되었다는 사유는 간접강제결정의 취소사유에 해당하는 것으로 보아야 하고, 나아가 그와 같은 사유는 간접강제결정에 대한 즉시항고이유로도 주장할 수 있는 것으로 보아야 한다(대결 1997.1.16. 96마774).

[**❺ ▸ O**] 집행력이 있는 판결 정본에 기하여 압류·추심명령이 발령된 경우 채무자가 강제집행정지결정의 정본을 집행기관에 제출하면 이로써 집행정지의 효력이 발생하고 그 집행정지가 효력을 잃기 전까지 압류채권자에 의한 채권의 추심이 금지된다(민사집행법 제49조 제2호). 여기서 강제집행정지결정의 정본이 압류채권자에게 송달되었는지 여부나 민사집행규칙 제161조가 규정하는 집행정지통보가 제3채무자에게 송달되었는지 여부는 집행정지의 효력 발생과 무관하다(대판 2012.10.25. 2010다47117).

답 ❷

09

☐☐☐

민사집행절차에서 집행비용(민사집행법 제53조)에 관한 다음 설명 중 가장 옳지 않은 것은?

2025년 법무사시험 [문 24]

① 강제집행에 필요한 비용은 채무자가 부담하고 그 집행에 의하여 우선적으로 변상을 받는데 이러한 집행비용은 집행권원 없이도 배당재단으로부터 각 채권액에 우선하여 배당받을 수 있다.

② 집행비용이란 각 채권자가 지출한 비용의 전부가 포함되는 것이 아니라 배당재단으로부터 우선변제를 받을 집행비용만을 의미한다.

③ 집행비용에 해당하려면 강제집행을 직접 목적으로 하여 지출된 비용으로서 강제집행의 준비 및 실시를 위하여 필요한 비용이어야 하고, 나아가 집행절차에서 모든 채권자를 위해 체당한 공익비용이어야 한다. 따라서 채권자가 현실적으로 지출한 비용이어도 당해 집행과 무관하거나 필요가 없는 것은 집행비용에 해당하지 않는다.

④ 강제집행의 기초가 된 판결이 파기된 때에는 채권자는 채무자가 부담한 집행비용을 채무자에게 변상하여야 하고, 그 변상하여야 할 금액은 채무자의 신청을 받아 집행법원이 결정으로 정한다.

⑤ 부동산을 목적으로 하는 담보권 실행을 위한 경매절차에서 그 경매신청 전에 부동산의 소유자가 사망하였으나 그 상속인이 상속등기를 마치지 않아 경매신청인이 경매절차의 진행을 위하여 부득이 상속인을 대위하여 상속등기를 마친 경우, 그 상속등기를 마치기 위해 지출한 비용은 담보권 실행을 위한 경매를 직접 목적으로 하여 지출된 비용으로서 그 경매절차의 준비 또는 실시를 위하여 필요한 비용이라고 볼 수 없고, 나아가 그 경매절차에서 모든 채권자를 위해 체당한 공익비용으로서 집행비용에 해당한다고 할 수 없다.

[❶ ▶ ○] [❷ ▶ ○] 강제집행에 필요한 비용은 채무자가 부담하고 그 집행에 의하여 우선적으로 변상을 받는다(민사집행법 제53조 제1항). 집행비용은 집행권원 없이도 배당재단으로부터 각 채권액에 우선하여 배당받을 수 있다. 여기서 집행비용이란 각 채권자가 지출한 비용의 전부가 아니라 배당재단으로부터 우선변제를 받을 집행비용만을 의미하며, 이에 해당하는 것으로서는 당해 경매절차를 통하여 모든 채권자를 위하여 체당한 비용으로서의 성질을 띤 집행비용(공익비용)에 한한다. 집행비용에는 민사집행의 준비 및 실시를 위하여 필요한 비용이 포함된다(대판 2011.2.10. 2010다79565).

[❸ ▶ ○] 집행비용에 해당하려면 강제집행을 직접 목적으로 하여 지출된 비용으로서 강제집행의 준비 및 실시를 위하여 필요한 비용이어야 하고, 나아가 집행절차에서 모든 채권자를 위해 체당한 공익비용이어야 한다. 채권자가 현실적으로 지출한 비용이어도 당해 집행과 무관하거나 필요가 없는 것은 집행비용에 해당하지 않는다(대판 2021.10.14. 2016다201197).

[❹ ▶ ○] 강제집행의 기초가 된 판결이 파기된 때에는 채권자는 채무자가 부담한 집행비용을 채무자에게 변상하여야 하나(민사집행법 제53조 제2항 참조), 그 변상하여야 할 금액은 채무자의 신청을 받아 집행법원이 결정으로 정하는 것으로서(민사집행규칙 제24조 제1항 참조), 집행비용액 확정절차와는 별개의 절차에서 이루어지는 것이다(대결 2009.3.2. 2008마1778).

[**⑤ ▸ ×**] 집행비용에 관한 민사집행법 제53조 제1항은 담보권 실행을 위한 경매절차에도 준용된다(민사집행법 제275조). 부동산을 목적으로 하는 담보권 실행을 위한 경매절차에서 그 경매신청 전에 부동산의 소유자가 사망하였으나 그 상속인이 상속등기를 마치지 않아 경매신청인이 경매절차의 진행을 위하여 부득이 상속인을 대위하여 상속등기를 마쳤다면 그 상속등기를 마치기 위해 지출한 비용은 담보권 실행을 위한 경매를 직접 목적으로 하여 지출된 비용으로서 그 경매절차의 준비 또는 실시를 위하여 필요한 비용이고, 나아가 그 경매절차에서 모든 채권자를 위해 체당한 공익비용이므로 집행비용에 해당한다고 봄이 타당하다(대판 2021.10.14. 2016다201197).

답 ⑤

---

10 □□□ **집행비용에 관한 다음 설명 중 가장 옳지 않은 것은?**　　　　2024년 법무사시험 [문 23]

① 배당재단으로부터 집행권원 없이도 우선변제받을 집행비용에 해당하려면 강제집행을 직접 목적으로 하여 지출된 비용으로서 강제집행의 준비 및 실시를 위하여 필요한 비용이어야 하고, 나아가 집행절차에서 모든 채권자를 위해 대지급한 공익비용이어야 한다.

② 가등기담보권자는 귀속정산 과정에서 담보목적물의 교환가치를 파악하기 위하여 쓴 감정평가비용 등을 실행비용으로서 청산금에서 공제할 수 있을 뿐, 청산의 결과로서 본등기를 마치기 위해 지출한 절차비용과 취득세 등은 스스로 부담해야 한다.

③ 부동산 인도 및 차임 상당의 부당이득반환청구가 하나의 판결로 확정된 경우 부동산 인도 강제집행의 집행비용에 대한 집행법원의 집행비용액확정 결정이 없다면, 그 집행비용을 위 부동산 인도 강제집행의 집행권원인 부당이득반환청구사건의 확정판결에 기한 강제경매절차에서 추심할 수 없다.

④ 강제집행이 신청의 취하 또는 집행처분의 취소 등으로 인하여 그 목적을 달성하지 못하고 끝난 경우 당사자는 집행이 끝날 당시에 집행이 계속된 법원에 집행비용의 부담 및 집행비용액확정 재판을 신청할 수 있고, 법원은 당사자의 신청에 따라 해당 비용이 지출된 시기, 채권자가 이를 지출할 필요성, 강제집행과의 관련성 및 강제집행이 끝나게 된 원인이나 경위 등 여러 사정을 종합하여 집행비용을 부담할 당사자와 그 부담액을 정할 수 있다.

⑤ 단체 임원 등의 직무대행자를 선임하는 가처분의 경우, 채권자가 예납한 금전에서 지급된 직무대행자의 보수는 가처분의 집행에 소요되는 비용에 해당한다고 볼 수 없으므로 민사집행법 제53조 제1항에서 정해진 집행비용에 해당하지 않는다.

[**① ▸ ○**] 강제집행에 필요한 비용은 채무자가 부담하고 그 집행에 의하여 우선적으로 변상을 받는다(민사집행법 제53조 제1항). 집행비용은 집행권원 없이도 배당재단으로부터 각 채권액에 우선하여 배당받을 수 있다. 여기서 집행비용이란 각 채권자가 지출한 비용의 전부가 포함되는 것이 아니라 배당재단으로부터 우선변제를 받을 집행비용만을 의미한다. 이러한 집행비용에 해당하려면 강제집행을 직접 목적으로 하여 지출된 비용으로서 강제집행의 준비 및 실시를 위하여 필요한 비용이어야 하고, 나아가 집행절차에서 모든 채권자를 위해 체당한 공익비용이어야 한다. 채권자가 현실적으로 지출한 비용이어도 당해 집행과 무관하거나 필요가 없는 것은 집행비용에 해당하지 않는다(대판 2021.10.14. 2016다201197).

[❷ ▸ O] 귀속정산에 의한 가등기담보권 실행도 민사집행법에 따라 담보물을 매각하지 않을 뿐 담보로 파악한 교환가치만큼을 채권자에게 이전한다는 점에서 경매에 의한 실행과 본질이 같으므로, 청산금에서 공제할 수 있는 가등기담보권 실행비용은 경매절차의 집행비용에 상응하는 것이어야 한다. 그러므로 가등기담보권자는 귀속정산 과정에서 담보목적물의 교환가치를 파악하기 위하여 쓴 감정평가비용 등을 실행비용으로서 청산금에서 공제할 수 있을 뿐, 청산의 결과로서 본등기를 마치기 위해 지출한 절차비용과 취득세 등은 스스로 부담해야 한다(대판 2022.4.14. 2017다266177).

[❸ ▸ O] 강제집행에 필요한 비용은 채무자가 부담하고 그 강제집행절차에서 우선적으로 변상받을 수 있으나 당해 강제집행절차에서 변상을 받지 못한 비용은 집행법원의 집행비용액확정결정을 받아 이를 집행권원으로 하는 별도의 금전집행을 하여야 하므로, 부동산 명도 강제집행의 집행비용에 대한 집행법원의 집행비용액확정결정이 없는 경우, 그 집행비용을 위 부동산 명도 강제집행의 집행권원인 확정판결에 기한 강제경매절차에서 추심할 수 없다(대판 2006.10.12. 2004재다818).

[❹ ▸ O] 민사집행법 제53조 제1항은 "강제집행에 필요한 비용은 채무자가 부담하고 그 집행에 의하여 우선적으로 변상을 받는다."라고 정하는바, 강제집행이 그 목적을 달성하여 끝난 경우에는 위 규정에 따라 그 집행에 필요한 비용은 채무자가 부담한다. 반면 강제집행이 신청의 취하 또는 집행처분의 취소 등으로 인하여 그 목적을 달성하지 못하고 끝난 경우 그때까지의 절차와 그 준비에 든 비용이 민사집행법 제53조 제1항에서 정한 집행비용에 해당한다고 볼 수는 없다. 그러나 이러한 경우에도 해당 강제집행이 그 목적을 달성하지 못하고 끝나게 된 사정을 고려하지 아니한 채 그 비용을 일률적으로 채권자에게 부담시키는 것은 형평에 반하여 부당하다. 따라서 이때는 민사집행법 제23조가 준용하는 민사소송법 제114조에 근거하여 당사자는 집행이 끝날 당시에 집행이 계속된 법원에 집행비용의 부담 및 집행비용액 확정 재판을 신청할 수 있고, 법원은 당사자의 신청에 따라 해당 비용이 지출된 시기, 채권자가 이를 지출할 필요성, 강제집행과의 관련성 및 강제집행이 끝나게 된 원인이나 경위 등 여러 사정을 종합하여 집행비용을 부담할 당사자와 그 부담액을 정할 수 있다고 보아야 한다(대결 2023.9.1. 2022마5860).

[❺ ▸ ✕] 민사집행법 제53조 제1항은 강제집행에 필요한 비용은 채무자가 부담하고 그 집행에 의하여 우선적으로 변상을 받도록 규정하고 있고, 민사집행규칙 제24조 제1항은 민사집행법 제53조 제1항의 규정에 따라 채무자가 부담하여야 할 집행비용으로서 그 집행절차에서 변상받지 못한 비용은 당사자의 신청을 받아 집행법원이 결정으로 정하도록 규정하고 있다. 그리고 가압류·가처분의 집행에 관하여는 강제집행에 관한 규정이 준용되므로(민사집행법 제291조, 제301조) 가압류·가처분의 집행에 소요되는 비용은 집행비용에 해당하고, 단체 임원 등의 직무대행자를 선임하는 가처분의 경우, 채권자가 예납한 금전에서 지급된 직무대행자의 보수는 가처분의 집행에 소요되는 비용에 해당하므로 민사집행법 제53조 제1항에 정해진 집행비용으로 보아야 한다(대결 2011.4.28. 2011마197).

답 ❺

제4장 강제집행에서의 구제

제1절 위법집행에 대한 구제

제1항 즉시항고

11 □□□ **즉시항고에 관한 다음 설명 중 가장 옳지 않은 것은?** 2024년 법무사시험 [문 32]

① 집행비용액확정 결정은 집행종료 후의 재판으로서 집행비용액확정 결정에 대한 즉시항고에는 항고이유서 제출에 관한 민사집행법 제15조 제3항 및 제5항이 적용될 수 없다.

② 집행정지서류가 제출되었음에도 집행기관이 집행을 정지하지 아니하고 집행처분을 하였으나 집행에 관한 이의신청 또는 즉시항고 없이 강제집행절차가 그대로 완결된 경우, 집행행위에 따라 발생된 법률효과를 부인할 수 없다.

③ 자신에게 주식양도명령이 송달되기 전에 제기한 주식양도명령에 대한 즉시항고는 아직 명령의 효력이 발생하기 전에 제기된 것으로서 항고권 발생 전에 한 항고에 해당하므로 부적법 각하하여야 한다.

④ 민사집행법상 즉시항고를 할 수 있는 사람이 재판을 고지받아야 할 사람이 아닌 경우 즉시항고의 제기기간은 그 재판을 고지받아야 할 사람 모두에게 고지된 날부터 진행한다.

⑤ 민사집행법상 즉시항고는 1주일 내에 제기하여야 하고 10일 이내에 항고이유서를 제출하여야 하며, 집행에 관한 이의신청의 경우에는 이러한 제한이 없다.

....

[❶ ▶ ○] 집행비용액확정 결정은 집행종료 후의 재판으로서 민사집행법 제15조 제1항의 '집행절차에 관한 집행법원의 재판'에 해당하지 아니하고, 그 결정에 대하여는 민사집행규칙 제24조 제2항에 의하여 준용되는 민사소송법 제110조 제3항에 따라 민사소송법상의 즉시항고가 허용될 뿐이다. 따라서 집행비용액확정 결정에 대한 즉시항고에는 항고이유서 제출에 관한 민사집행법 제15조 제3항, 제5항이 적용될 수 없다(대결 2011.10.13. 2010마1586).

[❷ ▶ ○] 집행정지서류가 제출되었음에도 집행기관이 집행을 정지하지 아니하고 집행처분을 한 경우에 이해관계인은 집행에 관한 이의신청 또는 즉시항고로 그 시정을 구할 수 있다. 그러나 이러한 불복의 절차 없이 강제집행절차가 그대로 완결되면 그 집행행위에 따라 발생된 법률효과를 부인할 수 없다(대판 2022.7.28. 2022다218509).

[❸ ▸ ✕] 판결과 달리 선고가 필요하지 않은 결정이나 명령(이하 '결정'이라고만 한다)과 같은 재판은 원본이 법원사무관등에게 교부되었을 때 성립한 것으로 보아야 하고, 일단 성립한 결정은 취소 또는 변경을 허용하는 별도의 규정이 있는 등의 특별한 사정이 없는 한 결정법원이라도 이를 취소·변경할 수 없다. … 일단 결정이 성립하면 당사자가 법원으로부터 결정서를 송달받는 등의 방법으로 결정을 직접 고지받지 못한 경우라도 결정을 고지받은 다른 당사자로부터 전해 듣거나 기타 방법에 의하여 결론을 아는 것이 가능하여 본인에 대해 결정이 고지되기 전에 불복 여부를 결정할 수 있다. 그럼에도 이미 성립한 결정에 불복하여 제기한 즉시항고가 항고인에 대한 결정의 고지 전에 이루어졌다는 이유만으로 부적법하다고 한다면, 항고인에게 결정의 고지 후에 동일한 즉시항고를 다시 제기하도록 하는 부담을 지우는 것이 될 뿐만 아니라 이미 즉시항고를 한 당사자는 그 후 법원으로부터 결정서를 송달받아도 다시 항고할 필요가 없다고 생각하는 것이 통상의 경우이므로 다시 즉시항고를 제기하여야 한다는 것을 알게 되는 시점에서는 이미 즉시항고기간이 경과하여 회복할 수 없는 불이익을 입게 된다. 이와 같은 사정을 종합적으로 고려하면, 이미 성립한 결정에 대하여는 결정이 고지되어 효력을 발생하기 전에도 결정에 불복하여 항고할 수 있다(대결[전합] 2014.10.8. 2014마667).

[❹ ▸ ○] 즉시항고를 할 수 있는 사람이 재판을 고지받아야 할 사람이 아닌 경우 즉시항고의 제기기간은 그 재판을 고지받아야 할 사람 모두에게 고지된 날부터 진행한다(민사집행규칙 제12조).

[❺ ▸ ○] 민사집행법 제15조 제2항·제3항, 제16조

> **민사집행법 제15조(즉시항고)**
> ② 항고인(抗告人)은 재판을 고지받은 날부터 1주의 불변기간 이내에 항고장(抗告狀)을 원심법원에 제출하여야 한다.
> ③ 항고장에 항고이유를 적지 아니한 때에는 항고인은 항고장을 제출한 날부터 10일 이내에 항고이유서를 원심법원에 제출하여야 한다.
>
> **민사집행법 제16조(집행에 관한 이의신청)**
> ① 집행법원의 집행절차에 관한 재판으로서 즉시항고를 할 수 없는 것과, 집행관의 집행처분, 그 밖에 집행관이 지킬 집행절차에 대하여서는 법원에 이의를 신청할 수 있다.
> ② 법원은 제1항의 이의신청에 대한 재판에 앞서, 채무자에게 담보를 제공하게 하거나 제공하게 하지 아니하고 집행을 일시정지하도록 명하거나, 채권자에게 담보를 제공하게 하고 그 집행을 계속하도록 명하는 등 잠정처분(暫定處分)을 할 수 있다.
> ③ 집행관이 집행을 위임받기를 거부하거나 집행행위를 지체하는 경우 또는 집행관이 계산한 수수료에 대하여 다툼이 있는 경우에는 법원에 이의를 신청할 수 있다.

 답 ❸

12
☐☐☐

집행에 관한 이의에 관한 다음 설명 중 가장 옳지 않은 것은? 2024년 법무사시험 [문 28]

① 경매절차의 진행에 관한 경매법원의 결정에 대하여 집행에 관한 이의를 신청하려면, 원칙적으로 그와 같은 경매법원의 결정에 대하여 법률상의 이해관계를 가져야만 할 것인바, 장차 경매절차에서 응찰할 예정이라는 사유만으로는 그 경매절차에 관하여 법률상 이해관계를 가진다고 할 수 없어 집행에 관한 이의를 신청할 적격이 없다.

② 집행관의 집행처분 기타 집행관이 지킬 집행절차에 대한 이의신청은 감독기관인 집행법원에 의한 심사를 거침으로써 감독권 발동을 구하는 신청으로서 의미가 있고, 집행법원은 그 심리에 있어 이의재판 당시까지 제출된 이의사유 주장과 모든 자료를 종합하여 이의사유의 당부를 판단할 수 있다.

③ 경매개시결정에 대한 이의신청을 받아들여 집행절차를 취소하는 결정을 제외하고 경매개시결정에 대한 이의신청에 관한 재판은 확정되어야 효력을 가진다.

④ 부동산 등의 인도집행에서 강제집행의 목적물이 아닌 동산이 있는 경우, 집행관이 이를 제거하여 보관 혹은 매각하는 것이 다소 곤란하다는 사유만으로 목적물의 인도집행을 불능으로 처리하였다면 집행에 관한 이의신청을 할 수 있다.

⑤ 집행에 관한 이의신청에 대한 재판이 집행절차를 취소하는 결정, 집행절차를 취소한 집행관의 처분에 대한 이의신청을 기각·각하하는 결정 또는 집행관에게 집행절차의 취소를 명하는 결정에 해당하는 경우에는 즉시항고를 제기할 수 있다.

- -

[❶▸O] 경매절차의 진행에 관한 경매법원의 결정에 대하여 집행에 관한 이의를 신청하려면, 원칙적으로 그와 같은 경매법원의 결정에 대하여 법률상의 이해관계를 가져야만 할 것인바, 장차 경매절차에서 응찰할 예정이라는 사유만으로는 그 경매절차에 관하여 법률상 이해관계를 가진다고 할 수 없어 집행에 관한 이의를 신청할 적격이 없다(대결 1999.11.17. 99마2551).

[❷▸O] 집행관의 집행처분 기타 집행관이 지킬 집행절차에 대한 이의신청(민사집행법 제16조)은 감독기관인 집행법원(집행관법 제7조 참조)에 의한 심사를 거침으로써 감독권 발동을 구하는 신청으로서 의미가 있고, 집행법원은 그 심리에 있어 이의재판 당시까지 제출된 이의사유 주장과 모든 자료를 종합하여 이의사유의 당부를 판단할 수 있다(대결 2022.6.30. 2022그505).

[❸▸X] 집행에 관한 이의신청에 대한 재판 중 집행절차를 취소하는 결정(경매개시결정에 대한 이의신청을 받아들여 집행절차를 취소하는 결정 포함), 집행절차를 취소한 집행관의 처분에 대한 이의신청을 기각·각하하는 결정, 집행관에게 집행절차의 취소를 명하는 결정의 재판은 확정되어야 효력을 가지지만(민사집행법 제17조 제2항 참조), 경매개시결정에 대한 이의신청에 대한 재판이나 나머지 재판은 즉시 효력을 가진다.

[❹▸O] 부동산 등의 인도집행에서 강제집행의 목적물이 아닌 동산이 있는 경우에 집행관에게는 강제집행의 목적물이 아닌 동산을 제거하여 인도집행을 할 책무가 있으므로, 이를 제거하여 보관 혹은 매각하는 것이 다소 곤란하다는 사유만으로는 목적물의 인도집행을 불능으로 처리할 수는 없다(대결 2022.4.14. 2021그796). 따라서 이러한 경우에는 집행에 관한 이의신청을 할 수 있다.

[**❺** ▸ **O**] 민사집행법 제17조 제1항

> **민사집행법 제17조(취소결정의 효력)**
> ① 집행절차를 취소하는 결정, 집행절차를 취소한 집행관의 처분에 대한 이의신청을 기각·각하하는 결정 또는 집행관에게 집행절차의 취소를 명하는 결정에 대하여는 즉시항고를 할 수 있다.
> ② 제1항의 결정은 확정되어야 효력을 가진다.
>
> **민사집행법 제86조(경매개시결정에 대한 이의신청)**
> ① 이해관계인은 매각대금이 모두 지급될 때까지 법원에 경매개시결정에 대한 이의신청을 할 수 있다.
> ③ 제1항의 신청에 관한 재판에 대하여 이해관계인은 즉시항고를 할 수 있다.

답

13
□□□ 집행에 관한 이의신청에 대한 다음 설명 중 가장 옳지 않은 것은? 2022년 법무사시험 [문 19]

① 집행법원의 집행절차에 관한 재판으로서 즉시항고를 할 수 없는 것과, 집행관의 집행처분, 그 밖에 집행관이 지킬 집행절차에 대하여서는 법원에 이의를 신청할 수 있다.

② 부동산경매절차에서 집행법원은 매각기일의 최고가매수신고인에 대하여 매각을 허가하거나 허가하지 아니하는 결정을 하여야 하는 것이므로, 집행법원이 최고가매수신고인임이 명백한 자에 대하여 특별한 사정 없이 매각허가 여부의 결정을 하지 아니하는 때에는 최고가매수신고인은 민사집행법 제16조에 정한 '집행에 관한 이의'에 의하여 불복할 수 있다.

③ 법원은 민사집행법 제16조 제1항의 이의신청에 대한 재판에 앞서, 채무자에게 담보를 제공하게 하거나 제공하게 하지 아니하고 집행을 일시정지하도록 명하거나, 채권자에게 담보를 제공하게 하고 그 집행을 계속하도록 명하는 등 잠정처분을 할 수 있다.

④ 경매절차의 신행에 관한 경매법원의 결정에 대하여 집행에 관한 이의를 신청하려면, 원칙적으로 그와 같은 경매법원의 결정에 대하여 법률상의 이해관계를 가져야만 할 것인바, 장차 경매절차에서 응찰할 예정이라는 사유만으로는 그 경매절차에 관하여 법률상 이해관계를 가진다고 할 수 없어 집행에 관한 이의를 신청할 적격이 없다 할 것이다.

⑤ 집행에 관한 이의신청은 집행관이 실시하는 기일에 출석하여 하는 경우가 아니면 서면으로 하여야 한다.

....

[**❶** ▸ **O**] [**❸** ▸ **O**] 민사집행법 제16조 제1항, 제2항

> **민사집행법 제16조(집행에 관한 이의신청)**
> ① 집행법원의 집행절차에 관한 재판으로서 즉시항고를 할 수 없는 것과, 집행관의 집행처분, 그 밖에 집행관이 지킬 집행절차에 대하여서는 법원에 이의를 신청할 수 있다.
> ② 법원은 제1항의 이의신청에 대한 재판에 앞서, 채무자에게 담보를 제공하게 하거나 제공하게 하지 아니하고 집행을 일시정지하도록 명하거나, 채권자에게 담보를 제공하게 하고 그 집행을 계속하도록 명하는 등 잠정처분(暫定處分)을 할 수 있다.

[**❷ ▸ ○**] 집행법원은 매각기일의 최고가매수신고인에 대하여 매각을 허가하거나 허가하지 아니하는 결정을 하여야 하는 것이므로(민사집행법 제126조), 집행법원이 최고가매수신고인임이 명백한 자에 대하여 특별한 사정 없이 매각허가 여부의 결정을 하지 아니하는 때에는 최고가매수신고인은 민사집행법 제16조에 정한 '집행에 관한 이의'에 의하여 불복할 수 있다(대결 2008.12.29. 2008그205).

[**❹ ▸ ○**] 경매절차의 진행에 관한 경매법원의 결정에 대하여 집행에 관한 이의를 신청하려면, 원칙적으로 그와 같은 경매법원의 결정에 대하여 법률상의 이해관계를 가져야만 할 것인바, 장차 경매절차에서 응찰할 예정이라는 사유만으로는 그 경매절차에 관하여 법률상 이해관계를 가진다고 할 수 없어 집행에 관한 이의를 신청할 적격이 없다(대결 1999.11.17. 99마2551).

[**❺ ▸ ✕**] 법 제16조 제1항·제3항의 규정에 따른 이의신청은 <u>집행법원</u>이 실시하는 기일에 출석하여 하는 경우가 아니면 서면으로 하여야 한다(민사집행규칙 제15조 제1항).

답 ❺

제2절 **부당집행에 대한 구제**

제1항 **청구이의의 소**

14
□□□   **청구이의의 소에 관한 다음 설명 중 가장 옳지 않은 것은?**   **2025년 법무사시험 [문 8]**

① 확정판결에 의한 권리라 하더라도 신의에 좇아 성실히 행사되어야 하고 판결에 기한 집행이 권리남용이 되는 경우에는 허용되지 않으므로, 집행채무자는 청구이의의 소에 의하여 집행의 배제를 구할 수 있다.

② 청구이의의 소로 집행권원의 집행력 자체의 배제를 구하는 것이 아니라 이미 집행된 개개의 구체적인 집행행위의 배제를 구하는 것은 허용되지 않는다.

③ 채권자가 다른 채권자에 대한 배당에 대하여 이의를 한 경우에는 그 다른 채권자가 집행력 있는 집행권원의 정본을 가지고 있다면 청구이의의 소를 제기하여 그 다른 채권자에 대한 배당을 다투어야 한다.

④ 아직 확정되지 않은 가집행선고 있는 판결에 대하여는 청구이의의 소를 제기할 수 없다.

⑤ 채무자의 의사의 진술을 명하는 판결의 경우 그 확정판결에 대하여는 특별한 사정이 없는 한 청구이의의 소가 허용되지 않는다.

....

[**❶ ▸ ○**] 확정판결에 의한 권리라 하더라도 신의에 좇아 성실히 행사되어야 하고 그 판결에 기한 집행이 권리남용이 되는 경우에는 허용되지 않으므로 집행채무자는 청구이의의 소에 의하여 그 집행의 배제를 구할 수 있다(대판 2001.11.13. 99다32899).

[**❷ ▸ ○**] 청구이의의 소는 채무명의의 집행력 자체의 배제를 구하는 것이므로 이미 집행된 개개의 집행행위의 불허를 구하는 것은 부적법하다(대판 1971.12.28. 71다1008).

[❸ ▸ ✕] 민사집행법 제151조 제3항은 "기일에 출석한 채권자는 자기의 이해에 관계되는 범위 안에서는 다른 채권자를 상대로 그의 채권 또는 그 채권의 순위에 대하여 이의할 수 있다."라고 규정하여 채무자의 배당이의와 별도로 채권자가 독자적으로 배당표에 이의할 수 있도록 규정하고 있다. 그리고 민사집행법 제154조는 제1항에서 "집행력 있는 집행권원의 정본을 가지지 아니한 채권자(가압류채권자를 제외한다)에 대하여 이의한 채무자와 다른 채권자에 대하여 이의한 채권자는 배당이의의 소를 제기하여야 한다.", 제2항에서 "집행력 있는 집행권원의 정본을 가진 채권자에 대하여 이의한 채무자는 청구이의의 소를 제기하여야 한다."라고 규정하고 있다. 따라서 '채무자'는 집행력 있는 집행권원의 정본을 가지지 아니한 채권자에 대하여는 배당이의의 소를, 집행력 있는 집행권원의 정본을 가진 채권자에 대하여는 청구이의의 소를 제기하여야 한다. 그러나 채무자가 아니라 '채권자'가 다른 채권자에 대한 배당에 대하여 이의를 한 경우에는 그 다른 채권자가 집행력 있는 집행권원의 정본을 가지고 있는지 여부에 상관없이 배당이의의 소를 제기하여야 하고, 이는 채권자가 배당이의를 하면서 배당이의 사유로 채무자를 대위하여 집행권원의 정본을 가진 다른 채권자의 채권의 소멸시효가 완성되었다는 등의 주장을 한 경우에도 마찬가지이다(대판 2023.8.18. 2023다234102).

[❹ ▸ ○] 배당절차에서 작성된 배당표에 대하여 채무자가 이의하는 경우, 집행력 있는 집행권원의 정본을 가지지 않은 채권자에 대하여 이의한 채무자는 배당이의의 소를 제기해야 하고(민사집행법 제154조 제1항), 집행력 있는 집행권원의 정본을 가진 채권자에 대하여 이의한 채무자는 집행권원의 집행력을 배제시켜야 하므로 청구이의의 소를 제기해야 한다(같은 조 제2항). 다만 확정되지 않은 가집행선고 있는 판결에 대해서는 청구이의의 소를 제기할 수 없고(같은 법 제44조 제1항), 이에 대해 상소를 제기하거나 집행정지결정을 받을 수 있는 채무자가 채권의 존재 여부나 범위를 다투기 위해 배당이의의 소를 제기할 수 있는 것도 아니다(대판 2020.10.15. 2017다228441).

[❺ ▸ ○] 채무자의 의사의 진술을 구하는 소송에서 그 청구를 인용하는 판결이 선고되고 확정되었다면, 그와 동시에 확정판결의 피고로 된 채무자가 의사를 진술한 것과 동일한 효력이 발생하는 것이므로 위 확정판결의 강제집행은 이로써 완료되는 것이고, 집행기관에 의한 별도의 집행절차가 필요한 것이 아니므로, 특별한 사정이 없는 한 위 확정판결 이후에 집행절차가 계속됨을 전제로 하여 그 채무명의가 가지는 집행력의 배제를 구하는 청구이의의 소는 허용될 수 없다(대판 1995.11.10. 95다37568 참조).

답 ❸

15

□□□

민사집행법상 불복절차에 관한 다음 설명 중 가장 옳지 않은 것은? 2025년 법무사시험 [문 11]

① 담보권실행경매에서 집행법원이 매각대금납부기한을 지정하거나 그 지정을 취소하는 결정에 대하여는 집행에 관한 이의신청으로 불복할 수 있다.

② 채권자 甲이 신청한 부동산 강제경매절차에서 乙이 최고가 매수신고를 하여 매각허가결정을 받았는데, 그 후 채무자 丙이 채권자 甲을 상대로 제기한 집행권원인 확정판결에 대한 청구이의의 소에서 법원이 강제집행정지결정을 한 다음 "집행권원에 기한 강제집행을 불허한다"는 화해권고결정을 하여 그 결정이 확정된 경우, 이러한 화해권고결정 정본은 민사집행법 제49조 제1호에서 정한 '강제집행을 허가하지 아니하는 취지를 적은 집행력 있는 재판의 정본'에 해당한다.

③ 경매절차의 진행에 관한 집행법원의 결정에 대하여 집행에 관한 이의를 신청하려면, 원칙적으로 그와 같은 집행법원의 결정에 대하여 법률상의 이해관계를 가져야만 할 것인바, 장차 경매절차에서 매수신고할 예정이라는 사유만으로는 그 경매절차에 관하여 법률상 이해관계를 가진다고 할 수 없어 집행에 관한 이의를 신청할 적격이 없다.

④ 즉시항고는 집행정지의 효력이 없다. 확정되어야 효력이 발생하는 재판에 대하여 즉시항고가 제기된 경우에는 즉시항고로 인하여 재판의 확정이 차단되므로 따로 집행정지처분이 필요 없다.

⑤ 항고절차는 편면적 불복절차이므로 항고장에 반드시 피항고인의 표시가 있어야 하는 것은 아니며, 항고장을 상대방에게 송달하여야 하는 것도 아니다.

....

[❶ ▶ O] 부동산임의경매(담보권실행경매)에서 집행법원이 매각대금납부기한을 지정하거나 그 지정을 취소하는 결정은 집행의 절차에 관한 사항으로서, 그와 같은 결정에 대하여 이의가 있는 사람은 집행에 관한 이의신청으로 불복할 수 있는 것이므로 위와 같은 결정에 대하여는 대법원에 특별항고를 할 수 없다(대결 1990.3.27. 90그1 참조).

[❷ ▶ ✕] [1] 법률관계의 변경·형성을 목적으로 하는 형성의 소는 법률에 명문의 규정이 있어야 제기할 수 있고 그 판결이 확정됨에 따라 효력이 생긴다. 이러한 형성판결의 효력을 개인 사이의 합의로 창설할 수는 없으므로, 형성소송의 판결과 같은 내용으로 재판상 화해를 하더라도 판결을 받은 것과 같은 효력은 생기지 않는다. [2] 채권자 甲이 신청한 부동산 강제경매절차에서 乙이 최고가 매수신고를 하여 매각허가결정을 받았는데, 그 후 채무자 丙이 채권자 甲을 상대로 제기한 집행권원인 확정판결에 대한 청구이의의 소에서 법원이 강제집행정지결정을 한 다음 '집행권원에 기한 강제집행을 불허한다.'는 화해권고결정을 하여 그 결정이 확정되자, 사법보좌관이 위 화해권고결정 정본이 민사집행법 제49조 제1호, 제50조 제1항에서 정한 집행취소서류라는 이유로 乙에 대한 매각허가결정을 취소하고 강제경매신청을 기각한다는 결정을 한 사안에서, 위 화해권고결정의 '집행권원에 기한 강제집행을 불허한다.'는 내용은 형성소송인 청구이의의 소의 재판 대상으로 당사자가 자유롭게 처분할 수 있는 사항이 아니어서, 그 문구 그대로 확정되더라도 집행권원에 기한 강제집행을 허가하지 않는 효력은 생기지 않고, 집행권원이 확정판결로서 갖는 집행력은 여전히 남아 있게 되므로, 위 화해권고결정 정본은 민사집행법 제49조 제1호에서 정한 '강제집행을 허가하지 아니하는 취지를 적은 집행력 있는 재판의 정본'에 해당하지 않고, 다만 화해권고결정의 문구를 부집행 합의가 이루어졌다는 뜻으로 새길 여지가 있고, 당사자 사이에 강제집행을 하지 않기로 하는 합의를 담은 화해조서 정본도 집행취소서류가 되나, 그 서류를 매각허가결정이 있은 뒤에 제출한 경우에는 매수인의 동의를 받아야 집행취소의 효력이 생기는 것인데도, 위 화해권고결정 정본이 민사집행법 제49조 제1호에서 정한 집행취소서류임을 전제로 한 사법보좌관의 처분이 정당하다고 본 원심결정은 수긍하기 어렵다고 한 사례이다(대결 2022.6.7. 2022그534).

[**❸ ▶ O**] 경매절차의 진행에 관한 경매법원의 결정에 대하여 집행에 관한 이의를 신청하려면, 원칙적으로 그와 같은 경매법원의 결정에 대하여 법률상의 이해관계를 가져야만 할 것인바, 장차 경매절차에서 응찰할 예정이라는 사유만으로는 그 경매절차에 관하여 법률상 이해관계를 가진다고 할 수 없어 집행에 관한 이의를 신청할 적격이 없다(대결 1999.11.17. 99마2551).

[**❹ ▶ O**] 집행절차에 관한 집행법원의 재판에 대하여는 특별한 규정이 있어야만 즉시항고(卽時抗告)를 할 수 있는데(민사집행법 제15조 제1항), 이러한 즉시항고는 집행정지의 효력을 가지지 아니한다. 다만, 항고법원(재판기록이 원심법원에 남아 있는 때에는 원심법원)은 즉시항고에 대한 결정이 있을 때까지 담보를 제공하게 하거나 담보를 제공하게 하지 아니하고 원심재판의 집행을 정지하거나 집행절차의 전부 또는 일부를 정지하도록 명할 수 있고, 담보를 제공하게 하고 그 집행을 계속하도록 명할 수 있다(민사집행법 제15조 제6항). 그러나 확정되어야 효력이 발생하는 재판에 대하여 즉시항고가 제기된 경우에는 즉시항고로 인하여 재판의 확정이 차단되므로 따로 집행정지처분이 필요 없다.

[**❺ ▶ O**] 항고는 편면적 불복절차이므로 항고장에 반드시 피항고인의 표시가 있어야 하는 것은 아니고, 또 항고장을 반드시 상대방에게 송달하여야 하는 것은 아니다(대결 1966.8.12. 65마473).

 답 **❷**

16

청구이의의 소에 관한 다음 설명 중 가장 옳지 않은 것은? 2022년 법무사시험 [문 27]

① 채무자가 1심 판결에 붙은 가집행선고에 의하여 채권자에게 해당 금원을 변제한 뒤 항소심에서 항소가 기각되어 판결이 확정된 경우 위 변제는 사실심 변론종결 전에 생긴 사유이므로 적법한 청구이의사유가 아니다.

② 채무자가 한정승인을 하였으나 채권자가 제기한 소송의 사실심 변론종결 시까지 이를 주장하지 아니하는 바람에 책임의 범위에 관하여 아무런 유보 없는 판결이 선고·확정된 경우라 하더라도 채무자가 그 후 위 한정승인 사실을 내세워 청구에 관한 이의의 소를 제기할 수 있다.

③ 채무자가 상속포기를 하였으나 채권자가 제기한 소송의 사실심 변론종결 시까지 이를 주장하지 않은 경우 채무자는 그 후 위 상속포기 사실을 내세워 청구에 관한 이의의 소를 제기할 수 없다.

④ 부작위채무에 대한 간접강제결정의 집행력 배제를 구하는 청구이의의 소에서 채무자에게 부작위의무위반이 없었다는 주장을 청구이의사유로 내세울 수 없다.

⑤ 집행권원상의 청구권을 양도한 채권자가 집행력이 소멸한 이행권고결정서의 정본에 기하여 강제집행절차에 나아간 경우 그러한 양도인을 상대로 한 청구이의의 소는 부적법하고, 민사집행법 제16조의 집행이의의 방법으로 다툴 수 있다.

[**❶ ▶ X**] 제1심 판결에 붙은 가집행선고에 의하여 지급된 금원은 확정적으로 변제의 효과가 발생하는 것이 아니어서 채무자가 그 금원의 지급 사실을 항소심에서 주장하더라도 항소심은 그러한 사유를 참작하지 않으므로, <u>그 금원 지급에 의한 채권 소멸의 효과는 그 판결이 확정된 때에 비로소 발생한다고 할 것이며, 따라서 채무자가 그와 같이 금원을 지급하였다는 사유는 본래의 소송의 확정판결의 집행력을 배제하는 적법한 청구이의사유가 된다</u>(대판 1995.6.30. 95다15827).

[❷ ▸ ○]   채권자가 피상속인의 금전채무를 상속한 상속인을 상대로 그 상속채무의 이행을 구하여 제기한 소송에서 채무자가 한정승인 사실을 주장하지 않으면 책임의 범위는 현실적인 심판대상으로 등장하지 아니하여 주문에서는 물론 이유에서도 판단되지 않으므로 그에 관하여 기판력이 미치지 않는 다. 그러므로 채무자가 한정승인을 하고도 채권자가 제기한 소송의 사실심 변론종결 시까지 그 사실을 주장하지 아니하여 책임의 범위에 관한 유보가 없는 판결이 선고되어 확정되었다고 하더라도, 채무자는 그 후 위 한정승인 사실을 내세워 청구에 관한 이의의 소를 제기할 수 있다(대판 2006.10.13. 2006다23138).

[❸ ▸ ○]   채무자가 한정승인을 하였으나 채권자가 제기한 소송의 사실심 변론종결 시까지 이를 주장하지 아니하는 바람에 책임의 범위에 관하여 아무런 유보 없는 판결이 선고·확정된 경우라 하더라도 채무자가 그 후 위 한정승인 사실을 내세워 청구에 관한 이의의 소를 제기하는 것이 허용되는 것은, 한정승인에 의한 책임의 제한은 상속채무의 존재 및 범위의 확정과는 관계없이 다만 판결의 집행 대상을 상속재산의 한도로 한정함으로써 판결의 집행력을 제한할 뿐으로, 채권자가 피상속인의 금전채무를 상속한 상속인을 상대로 그 상속채무의 이행을 구하여 제기한 소송에서 채무자가 한정승인 사실을 주장하지 않으면 책임의 범위는 현실적인 심판대상으로 등장하지 아니하여 주문에서는 물론 이유에서도 판단되지 않는 관계로 그에 관하여는 기판력이 미치지 않기 때문이다. 위와 같은 기판력에 의한 실권효 제한의 법리는 채무의 상속에 따른 책임의 제한 여부만이 문제되는 한정승인과 달리 상속에 의한 채무의 존재 자체가 문제되어 그에 관한 확정판결의 주문에 당연히 기판력이 미치게 되는 상속포기의 경우에는 적용될 수 없다(대판 2009.5.28. 2008다79876).

[❹ ▸ ○]   채권자가 부작위채무에 대한 간접강제결정을 집행권원으로 하여 강제집행을 하기 위하여는 집행문을 받아야 하는데, 채무자의 부작위의무위반은 부작위채무에 대한 간접강제결정의 집행을 위한 조건에 해당하므로 민사집행법 제30조 제2항에 의하여 채권자가 조건의 성취를 증명하여야 집행문을 받을 수 있다. 그리고 집행문부여 요건인 조건의 성취 여부는 집행문부여와 관련된 집행문부여의 소 또는 집행문부여에 대한 이의의 소에서 주장·심리되어야 할 사항이지, 집행권원에 표시되어 있는 청구권에 관하여 생긴 이의를 내세워 집행권원이 가지는 집행력의 배제를 구하는 청구이의의 소에서 심리되어야 할 사항은 아니다. 따라서 부작위채무에 대한 간접강제결정의 집행력 배제를 구하는 청구이의의 소에서 채무자에게 부작위의무위반이 없었다는 주장을 청구이의사유로 내세울 수 없다(대판 2012.4.13. 2011다92916).

[❺ ▸ ○]   집행권원상의 청구권이 양도되어 대항요건을 갖춘 경우 집행당사자적격이 양수인으로 변경되고, 양수인이 승계집행문을 부여받음에 따라 집행채권자는 양수인으로 확정되는 것이므로, 승계집행문의 부여로 인하여 양도인에 대한 기존 집행권원의 집행력은 소멸한다. 따라서 그 후 양도인을 상대로 제기한 청구이의의 소는 피고적격이 없는 자를 상대로 한 소이거나 이미 집행력이 소멸한 집행권원의 집행력 배제를 구하는 것으로 권리보호의 이익이 없어 부적법하고, 이러한 법리는 소액사건심판법상의 확정된 이행권고결정과 같이 위 법 제5조의8 제1항에 의하여 집행문을 별도로 부여받을 필요 없이 이행권고결정서의 정본에 의하여 강제집행이 가능한 경우에도 마찬가지이다(집행권원상의 청구권을 양도한 채권자가 집행력이 소멸한 이행권고결정서의 정본에 기하여 강제집행절차에 나아간 경우에 채무자는 민사집행법 제16조의 집행이의의 방법으로 이를 다툴 수 있다)(대판 2008.2.1. 2005다23889).

답 ❶

잠정처분(민사집행법 제46조)에 관한 다음 설명 중 가장 옳지 않은 것은?

① 잠정처분은 청구이의의 소 등이 계속 중인 경우 신청할 수 있고, 이러한 소가 제기되지 않았는데도 신청한 경우 그 신청은 부적법하다.

② 법원이 담보를 제공하게 하고 강제집행을 정지하도록 명하는 잠정처분을 하였는데 그 담보금액이 과다하여 부당한 경우, 강제집행정지를 원하는 신청인은 담보제공명령에 대하여만 독립하여 불복할 수 있다.

③ 집행권원상의 채무자가 집행권원에 대한 강제집행정지를 위하여 공탁한 담보는 강제집행정지로 인하여 채권자에게 생길 손해를 담보하기 위한 것이므로, 강제집행정지의 대상인 집행권원에 기한 기본채권 자체를 담보하지 않는다.

④ 채무부존재확인의 소를 제기한 것만으로는 잠정처분을 할 요건이 갖추어졌다고 할 수 없다.

⑤ 잠정처분은 특별한 사정이 없는 한 본안소송인 이의의 소에 대한 판결 선고 시까지 효력이 있고, 인가의 재판이 없으면 판결 선고와 함께 실효된다. 다만 법원의 재량에 의하여 판결 확정 시까지로 그 시한을 정하는 것은 가능하다.

....

[❶ ▶ ○] 확정판결 또는 이와 동일한 효력이 있는 채무명의에 기한 강제집행의 정지는 오직 강제집행에 관한 법규 중에 그에 관한 규정이 있는 경우에 한하여 가능하고, 이와 같은 규정에 의함이 없이 일반적인 가처분의 방법으로 강제집행을 정지시킨다는 것은 허용되지 아니하며, 민사집행법 제46조 제2항 소정의 강제집행에 관한 잠정처분은 청구이의 소송이 계속 중임을 요하고, 이러한 집행정지요건이 결여되었음에도 불구하고 제기된 집행정지신청은 부적법하다(대결 2003.9.8. 2003그74).

[❷ ▶ ✕] 수소법원이 민사집행법 제48조 제2항 소정의 강제집행정지결정 등을 명하기 위하여 담보제공명령을 내렸다면 이러한 담보제공명령은 나중에 있을 강제집행을 정지하는 재판에 대한 중간적 재판에 해당하는바, 위 명령에서 정한 공탁금액이 너무 과다하여 부당하다고 하더라도 이는 강제집행정지의 재판에 대한 불복절차에서 그 당부를 다툴 수 있을 뿐, 중간적 재판에 해당하는 담보제공명령에 대하여는 독립하여 불복할 수 없다(대결 2001.9.3. 2001그85 참조).

[❸ ▶ ○] 집행권원상의 채무자가 집행권원에 대한 강제집행정지를 위하여 공탁(이하 '재판상 담보공탁'이라고 한다)한 담보는 강제집행정지로 인하여 채권자(피공탁자)에게 생길 손해를 담보하기 위한 것이므로, 강제집행정지의 대상인 집행권원에 기한 기본채권 자체를 담보하지 않는다(대판 2017.4.28. 2016다277798).

[❹ ▶ ○] 민사집행법 제46조 제2항의 잠정처분은 확정판결 또는 이와 동일한 효력이 있는 집행권원의 실효를 구하거나 집행력 있는 정본의 효력을 다투거나 목적물의 소유권을 다투는 구제절차 등에서 수소법원이 종국판결을 선고할 때까지 잠정적인 처분을 하도록 하는 것으로서, 청구이의 판결 등의 종국재판이 해당 물건에 대한 강제집행을 최종적으로 불허할 수 있음을 전제로 강제집행을 일시정지시키는 것이다. 따라서 승소하더라도 그와 같은 효력이 인정되지 않는 채무부존재확인의 소를 제기한 것만으로는 위 조항에 의한 잠정처분을 할 요건이 갖추어졌다고 할 수 없다(대결 2015.1.30. 2014그553).

[❺ ▶ ○] 잠정처분은 특별한 사정이 없는 한 본안소송인 이의의 소에 대한 "판결 선고 시"까지 효력이 있고, 인가의 재판이 없으면 판결 선고와 함께 실효된다. 다만, 판례는 법원의 재량에 의하여 "판결 확정 시"까지로 그 시한을 정하여도 위법이 아니라고 해석하고 있다(대결 1977.12.21. 77그6 참조).

답 ❷

① 채무자가 판결에 따라 확정된 청구에 관하여 이의하려면 제1심 판결법원에 청구에 관한 이의의 소를 제기하여야 하지만, 회생채권자표에 대한 청구이의의 소는 회생계속법원의 관할에 전속한다. 여기에서 회생계속법원이란 회생사건이 계속되어 있는 회생법원을 말하는데, 회생절차가 종결되거나 폐지된 후에는 회생절차가 계속되었던 회생법원을 가리킨다.

② 파산선고를 받은 자가 채권자를 상대로 채무의 존재를 다투는 소송은 파산재단에 속하는 재산에 관한 소송에 해당하므로 파산채무자에 대한 파산선고가 있는 때에는 채무자 회생 및 파산에 관한 법률 제347조에 따라 파산관재인 또는 상대방이 수계할 때까지 이에 관한 소송절차는 당연히 중단된다.

③ 환경분쟁 조정법에 의하면 재정위원회가 재정을 한 경우 재정문서의 정본이 당사자에게 송달된 것을 전제로 그날부터 60일 이내에 당사자가 재정의 대상인 환경피해를 원인으로 하는 소송을 제기하지 아니하는 등의 경우에 재정문서는 재판상 화해와 동일한 효력이 있으므로, 재정문서의 정본이 당사자에게 송달조차 되지 않은 경우에는 유효한 집행권원이 될 수 없고, 따라서 이에 대하여 집행력의 배제를 구하는 청구이의의 소를 제기할 수 없다.

④ 확정판결에 의한 권리라 하더라도 신의에 좇아 성실히 행사되어야 하고 그 판결에 기한 집행이 권리남용이 되는 경우에는 허용되지 않으므로 집행채무자는 청구이의의 소에 의하여 그 집행의 배제를 구할 수 있다.

⑤ 채권자취소소송에서 피보전채권의 존재가 인정되어 사해행위 취소 및 원상회복을 명하는 판결이 확정되었다면, 그에 기하여 재산이나 가액의 회복을 마치기 전에 피보전채권이 소멸하여 채권자가 더 이상 채무자의 책임재산에 대하여 강제집행을 할 수 없게 되었더라도, 이는 위 판결의 집행력을 배제하는 적법한 청구이의 이유가 될 수 없다.

────────────────────────

[❶▸○] 채무자가 판결에 따라 확정된 청구에 관하여 이의하려면 제1심 판결법원에 청구에 관한 이의의 소를 제기하여야 하지만(민사집행법 제44조 제1항), 회생채권자표에 대한 청구이의의 소는 회생계속법원의 관할에 전속한다[채무자 회생 및 파산에 관한 법률(이하 '채무자회생법'이라 한다) 제255조 제3항]. 여기에서 회생계속법원이란 회생사건이 계속되어 있는 회생법원을 말하는데(채무자회생법 제60조 제1항), 회생절차가 종결되거나 폐지된 후에는 회생절차가 계속되었던 회생법원을 가리킨다(대판 2019.10.17. 2019다238305).

[❷▸○] 파산선고를 받은 자가 채권자를 상대로 채무의 존재를 다투는 소송은 파산재단에 속하는 재산에 관한 소송에 해당하므로 파산채무자에 대한 파산선고가 있는 때에는 채무자 회생 및 파산에 관한 법률 제347조에 따라 파산관재인 또는 상대방이 수계할 때까지 이에 관한 소송절차는 당연히 중단된다. 한편 이와 같은 소송절차의 중단사유를 간과하고 변론이 종결되어 판결이 선고된 경우 그 판결은 소송에 관여할 수 있는 적법한 수계인의 권한을 배제한 결과가 되어 절차상 위법하나 이를 당연무효라고 할 수는 없고, 대리인에 의하여 적법하게 대리되지 않았던 경우와 마찬가지로 대리권 흠결을 이유로 한 상소 또는 재심에 의하여 그 취소를 구할 수 있으며, 상소심에서 수계절차를 밟은 경우에는 위와 같은 절차상의 하자는 치유되고 그 수계와 상소는 적법한 것으로 된다(대판 2020.6.25. 2019다246399).

[❸▸○] 청구이의의 소는 채무자가 확정된 종국판결 등 집행권원에 표시된 청구권에 관하여 실체상 사유를 주장하여 집행력의 배제를 구하는 것이므로 유효한 집행권원을 대상으로 한다. 그런데 환경분쟁 조정법에 의하면 재정위원회가 재정을 한 경우 재정문서의 정본이 당사자에게 송달된 것을 전제로 그날부터 60일 이내에 당사자가 재정의 대상인 환경피해를 원인으로 하는 소송을 제기하지 아니하는 등의 경우에 재정문서는 재판상 화해와 동일한 효력이 있으므로, 재정문서의 정본이 당사자에게 송달조차 되지 않은 경우에는 유효한 집행권원이 될 수 없고, 따라서 이에 대하여 집행력의 배제를 구하는 청구이의의 소를 제기할 수 없다(대판 2016.4.15. 2015다201510).

[**④ ▸ ○**] 판결이 확정되면 기판력에 의하여 대상이 된 청구권의 존재가 확정되고 그 내용에 따라 집행력이 발생한다. 다만 확정판결에 의한 권리라 하더라도 신의에 좇아 성실히 행사되어야 하고 판결에 기한 집행이 권리남용이 되는 경우에는 허용되지 않으므로 집행채무자는 청구이의의 소에 의하여 집행의 배제를 구할 수 있다(대판 2014.2.21. 2013다75717).

[**⑤ ▸ ✕**] 채권자취소권은 채무자의 사해행위를 채권자와 수익자 또는 전득자 사이에서 상대적으로 취소하고 채무자의 책임재산에서 일탈한 재산을 회복하여 채권자의 강제집행이 가능하도록 하는 것을 본질로 하는 권리이므로, 채권자취소권에 의하여 책임재산을 보전할 필요성이 없어지면 채권자취소권은 소멸한다. 따라서 채권자취소소송에서 피보전채권의 존재가 인정되어 사해행위 취소 및 원상회복을 명하는 판결이 확정되었다고 하더라도, 그에 기하여 재산이나 가액의 회복을 마치기 전에 피보전채권이 소멸하여 채권자가 더 이상 채무자의 책임재산에 대하여 강제집행을 할 수 없게 되었다면, 이는 위 판결의 집행력을 배제하는 적법한 청구이의 이유가 된다(대판 2017.10.26. 2015다224469).

답 ⑤

제2항　제3자이의의 소

19

제3자이의의 소에 관한 다음 설명 중 가장 옳지 않은 것은? **2023년 법무사시험 [문 5]**

① 제3자이의의 소는 등기청구권을 포함하여 모든 재산권을 대상으로 하는 집행에 대하여 적용되는 것이므로, 등기청구권에 대하여 압류명령이 있는 경우에 집행채무자 아닌 제3자가 자신이 진정한 등기청구권의 귀속자로서 자신의 등기청구권의 행사에 있어 위 압류로 인하여 장애를 받는 경우에는 그 등기청구권이 자기에게 귀속함을 주장하여 집행채권자에 대하여 제3자이의의 소를 제기할 수 있다.

② 가압류부동산을 양수한 제3취득자의 변제로 인하여 피보전채권이 소멸되면 그 제3취득자는 가압류채권자에 대한 관계에 있어서도 소유권 취득을 대항할 수 있게 되어 가압류채권자에 의한 강제집행은 결국 채무자 이외의 제3자의 소유물에 대하여 시행된 것이 되어 허용될 수 없다.

③ 제3자이의의 소의 이의원인은 소유권에 한정되는 것이 아니고 집행목적물의 양도나 인도를 막을 수 있는 권리이면 족하나, 집행목적물이 집행채무자의 소유에 속하지 아니한 경우에 집행채무자와 사이의 계약관계에 의거하여 집행채무자에 대하여 목적물의 반환을 구할 채권적 청구권을 가지고 있는 제3자는 그 채권적 청구권으로 제3자이의의 소를 제기할 수는 없다.

④ 물건에 대한 매각절차는 종료되었으나 배당절차는 아직 종료되지 아니한 경우, 경매목적물의 경락인이 유효하게 소유권을 취득한다면 경매절차에서 집행관이 영수한 매득금은 경매목적물의 대상물로서 제3자이의의 소에서 승소한 자가 그 대상물에 대하여 권리를 주장할 수 있다고 할 것이므로, 매각절차가 종료되었다고 하더라도 배당절차가 종료되지 않은 이상 제3자이의의 소는 여전히 소의 이익이 있다.

⑤ 제3자이의의 소의 원고적격은 집행의 목적물에 대하여 양도 또는 인도를 저지할 권리가 있음을 주장하는 제3자에게 있고, 제3자란 집행권원 또는 집행문에 채권자, 채무자 또는 그 승계인으로 표시된 자 이외의 자를 말하며, 승계집행문으로 인하여 피고의 승계인으로 표시된 자가 그 집행권원의 집행력의 배제를 구하는 소는 제3자이의의 소라 할 수 없다.

[**❶** ▸ ○] 제3자이의의 소는 등기청구권을 포함하여 모든 재산권을 대상으로 하는 집행에 대하여 적용되는 것이므로, 등기청구권에 대하여 압류명령이 있은 경우에 집행채무자 아닌 제3자가 자신이 진정한 등기청구권의 귀속자로서 자신의 등기청구권의 행사에 있어 위 압류로 인하여 장애를 받는 경우에는 그 등기청구권이 자기에게 귀속함을 주장하여 집행채권자에 대하여 제3자이의의 소를 제기할 수 있다(대판 1999.6.11. 98다52995).

[**❷** ▸ ○] 가압류부동산을 양수한 제3취득자의 변제로 인하여 피보전채권이 소멸되면 그 제3취득자는 가압류채권자에 대한 관계에 있어서도 소유권 취득을 대항할 수 있게 되어 가압류채권자에 의한 강제집행은 결국 채무자 이외의 제3자의 소유물에 대하여 시행된 것이 되어 허용될 수 없다(대판 1982.9.14. 81다527).

[**❸** ▸ ×] 제3자이의의 소의 이의원인은 소유권에 한정되는 것이 아니고 집행목적물의 양도나 인도를 막을 수 있는 권리이면 족하며, 집행목적물이 집행채무자의 소유에 속하지 아니한 경우에는 집행채무자와 사이의 계약관계에 의거하여 집행채무자에 대하여 목적물의 반환을 구할 채권적 청구권을 가지고 있는 제3자는 집행에 의한 양도나 인도를 막을 이익이 있으므로 그 채권적 청구권도 제3자이의의 소의 이의원인이 될 수 있다(대판 2003.6.13. 2002다16576).

[**❹** ▸ ○] 물건에 대한 매각절차는 종료되었으나 배당절차는 아직 종료되지 아니한 경우, 경매목적물의 경락인이 유효하게 소유권을 취득한다면 경매절차에서 집행관이 영수한 매득금은 경매목적물의 대상물로서 제3자이의의 소에서 승소한 자가 그 대상물에 대하여 권리를 주장할 수 있다고 할 것이므로, 매각절차가 종료되었다고 하더라도 배당절차가 종료되지 않은 이상 제3자이의의 소는 여전히 소의 이익이 있다(대판 1997.10.10. 96다49049).

[**❺** ▸ ○] 제3자이의의 소의 원고적격은 집행의 목적물에 대하여 양도 또는 인도를 저지할 권리가 있음을 주장하는 제3자에게 있고, 제3자란 채무명의 또는 집행문에 채권자, 채무자 또는 그 승계인으로 표시된 자 이외의 자를 말하며, 승계집행문으로 인하여 피고의 승계인으로 표시된 자가 그 채무명의의 집행력의 배제를 구하는 소는 제3자이의의 소라 할 수 없다(대판 1992.10.27. 92다10883).

답 **❸**

제1항 재산명시절차

20 □□□ **재산명시, 채무불이행자명부 등재, 재산조회절차 등에 관한 다음 설명 중 가장 옳지 않은 것은?**

2025년 법무사시험 [문 16]

① 금전의 지급을 목적으로 하는 집행권원에 기초하여 강제집행을 개시할 수 있는 채권자는 채무자의 보통재판적이 있는 곳의 법원에 채무자의 재산명시를 요구하는 신청을 할 수 있다. 다만, 민사소송법 제213조에 따른 가집행의 선고가 붙은 판결 또는 같은 조의 준용에 따른 가집행의 선고가 붙어 집행력을 가지는 집행권원의 경우에는 그러하지 아니하다.

② 변제, 그 밖의 사유로 채무가 소멸되었다는 것이 증명되거나 채무불이행자명부에 오른 다음 해부터 10년이 지난 때에는 법원은 직권으로 채무불이행자명부에서 그 이름을 말소하는 결정을 하여야 한다.

③ 채무자가 재산명시명령을 송달받은 날부터 1주 이내에 이의신청을 한 때에는 법원은 이의신청사유를 조사할 기일을 정하고 채권자와 채무자에게 이를 통지하여야 한다.

④ 재산명시절차의 관할 법원은 재산명시절차에서 채무자가 제출한 재산목록의 재산만으로는 집행채권의 만족을 얻기에 부족한 경우, 그 재산명시를 신청한 채권자의 신청에 따라 개인의 재산 및 신용에 관한 전산망을 관리하는 공공기관·금융기관·단체 등에 채무자명의의 재산에 관하여 조회할 수 있다.

⑤ 재산명시신청에 정당한 이유가 없거나, 채무자의 재산을 쉽게 찾을 수 있다고 인정한 때에는 법원은 결정으로 이를 기각하여야 한다. 이 재판은 채무자를 심문하지 아니하고 한다.

[**❶ ▶ O**] 민사집행법 제61조 제1항

> **민사집행법 제61조(재산명시신청)**
> ① 금전의 지급을 목적으로 하는 집행권원에 기초하여 강제집행을 개시할 수 있는 채권자는 채무자의 보통재판적이 있는 곳의 법원에 채무자의 재산명시를 요구하는 신청을 할 수 있다. 다만, 민사소송법 제213조에 따른 가집행의 선고가 붙은 판결 또는 같은 조의 준용에 따른 가집행의 선고가 붙어 집행력을 가지는 집행권원의 경우에는 그러하지 아니하다.
> ② 제1항의 신청에는 집행력 있는 정본과 강제집행을 개시하는데 필요한 문서를 붙여야 한다.

[❷ ▸ ✕] 민사집행법 제73조 제1항, 제3항

> **민사집행법 제73조(명부등재의 말소)**
> ① 변제, 그 밖의 사유로 채무가 소멸되었다는 것이 증명된 때에는 법원은 채무자의 신청에 따라 채무불이행
> 자명부에서 그 이름을 말소하는 결정을 하여야 한다.
> ② 채권자는 제1항의 결정에 대하여 즉시항고를 할 수 있다. 이 경우 민사소송법 제447조의 규정은 준용하
> 지 아니한다.
> ③ 채무불이행자명부에 오른 다음 해부터 10년이 지난 때에는 법원은 직권으로 그 명부에 오른 이름을
> 말소하는 결정을 하여야 한다.

[❸ ▸ ○] 민사집행법 제63조 제1항, 제2항

> **민사집행법 제63조(재산명시명령에 대한 이의신청)**
> ① 채무자는 재산명시명령을 송달받은 날부터 1주 이내에 이의신청을 할 수 있다.
> ② 채무자가 제1항에 따라 이의신청을 한 때에는 법원은 이의신청사유를 조사할 기일을 정하고 채권자와
> 채무자에게 이를 통지하여야 한다.
> ③ 이의신청에 정당한 이유가 있는 때에는 법원은 결정으로 재산명시명령을 취소하여야 한다.
> ④ 이의신청에 정당한 이유가 없거나 채무자가 정당한 사유 없이 기일에 출석하지 아니한 때에는 법원은
> 결정으로 이의신청을 기각하여야 한다.
> ⑤ 제3항 및 제4항의 결정에 대하여는 즉시항고를 할 수 있다.

[❹ ▸ ○] 민사집행법 제74조 제1항 제2호

> **민사집행법 제74조(재산조회)**
> ① 재산명시절차의 관할 법원은 다음 각 호의 어느 하나에 해당하는 경우에는 그 재산명시를 신청한 채권자
> 의 신청에 따라 개인의 재산 및 신용에 관한 전산망을 관리하는 공공기관·금융기관·단체 등에 채무자
> 명의의 재산에 관하여 조회할 수 있다.
> 　1. 재산명시절차에서 채권자가 제62조 제6항의 규정에 의한 주소보정명령을 받고도 민사소송법 제194
> 　　조 제1항의 규정에 의한 사유로 인하여 채권자가 이를 이행할 수 없었던 것으로 인정되는 경우
> 　2. 재산명시절차에서 채무자가 제출한 재산목록의 재산만으로는 집행채권의 만족을 얻기에 부족한
> 　　경우
> 　3. 재산명시절차에서 제68조 제1항 각 호의 사유 또는 동조 제9항의 사유가 있는 경우
> ② 채권자가 제1항의 신청을 할 경우에는 조회할 기관·단체를 특정하여야 하며 조회에 드는 비용을 미리
> 내야 한다.

[❺ ▸ ○] 민사집행법 제62조 제2항, 제3항

> **민사집행법 제62조(재산명시신청에 대한 재판)**
> ① 재산명시신청에 정당한 이유가 있는 때에는 법원은 채무자에게 재산상태를 명시한 재산목록을 제출하도
> 록 명할 수 있다.
> ② 재산명시신청에 정당한 이유가 없거나, 채무자의 재산을 쉽게 찾을 수 있다고 인정한 때에는 법원은
> 결정으로 이를 기각하여야 한다.
> ③ 제1항 및 제2항의 재판은 채무자를 심문하지 아니하고 한다.

답 ❷

재산명시절차에 관한 다음 설명 중 가장 옳지 않은 것은?

① 재산명시절차는 다른 강제집행절차에 선행하거나 부수하는 절차가 아니라 그 자체가 독립적인 절차이고, 그 절차를 개시하기 위해서는 다른 강제집행의 경우와 마찬가지로 집행력 있는 정본과 집행개시의 요건을 갖추어야 한다.

② 가집행의 선고가 붙어 집행력을 가지는 집행권원을 제외한 금전의 지급을 목적으로 하는 집행권원이기만 하면 재산명시신청을 할 수 있으나, 채무자 회생 및 파산에 관한 법률상의 개인회생채권자표, 회생채권자표, 파산채권자표 등의 집행권원에 기초한 재산명시신청은 허용되지 아니한다.

③ 채무자에 대한 재산명시명령의 송달은 민사소송법 제187조의 우편송달이나 민사소송법 제194조의 공시송달의 방법에 의할 수 없지만, 채무자가 재산명시명령을 송달받은 뒤 송달장소를 바꾸고도 그 취지를 법원에 신고하지 아니하여 달리 송달할 장소를 알 수 없는 경우에는 종전에 송달받던 장소에 등기우편 발송의 방법으로 송달할 수 있고, 이 경우 서류를 발송한 때에 송달된 것으로 본다.

④ 재산명시신청을 각하·기각하는 결정에 대하여 채권자는 즉시항고를 할 수 있으나, 재산명시명령에 대하여 채무자는 즉시항고가 허용되지 아니하고 재산명시명령을 송달받은 날부터 1주일 이내에 이의신청을 할 수 있다.

⑤ 채무자가 재산명시기일에 불출석한 경우에 그 기일이 연기되지 않는 한 새로운 명시기일을 열지 않고 감치재판절차로 넘어가지만, 채무자가 감치의 집행 중에 재산명시명령을 이행하겠다고 신청한 때에는 법원은 바로 명시기일을 열어야 한다.

....

[❶ ▸ ○] 재산명시절차는 일정한 집행권원에 기한 금전채무를 이행하지 아니하는 경우에 법원이 그 채무자로 하여금 강제집행의 대상이 되는 재산상태를 명시한 재산목록을 제출하게 하여 재산관계를 공개하고 그 재산목록의 진실함을 선서하게 하는 법적 절차를 말한다(민사집행법 제61조 제1항). 재산명시절차는 다른 강제집행절차에 선행하거나 부수하는 절차가 아니라 그 자체가 독립적인 절차이고, 그 절차를 개시하기 위해서는 다른 강제집행의 경우와 마찬가지로 집행력 있는 정본과 집행개시의 요건을 갖추어야 한다(민사집행법 제61조 제2항). 제요 집행 1

[❷ ▸ ×] 민사집행법 제61조는 "금전의 지급을 목적으로 하는 집행권원" 중 '가집행의 선고가 붙어 집행력을 가지는 집행권원'을 제외한 모든 집행권원에 기초한 재산명시신청을 허용하고 있다. 따라서 금전의 지급을 목적으로 하는 집행권원이기만 하면, 확정판결, 화해·인낙조서, 확정된 지급명령, 확정된 이행권고결정, 확정된 화해권고결정, 민사조정조서, 조정을 갈음하는 결정, 가사소송법에 의한 확정판결·심판·조정조서는 물론 항고로만 불복할 수 있는 재판(민사집행법 제56조 제1항)과 집행증서(민사집행법 제56조 제4호)도 재산명시신청을 할 수 있는 집행권원이 된다. 또한 채무자 회생 및 파산에 관한 법률상의 개인회생채권자표, 회생채권자표, 파산채권자표 등의 집행권원에 기초한 재산명시신청도 허용된다. 제요 집행 1

[❸ ▸ ○] 채무자에 대한 재산명시명령의 송달은 등기우편 발송 또는 공시송달의 방법에 의할 수 없지만(민사집행법 제62조 제5항), 채무자가 재산명시명령을 송달받은 뒤 송달장소를 바꾸고도 그 취지를 법원에 신고하지 아니하여 달리 송달할 장소를 알 수 없는 경우에는 종전에 송달받던 장소에 등기우편 발송의 방법으로 송달할 수 있고, 이 경우 서류를 발송한 때에 송달된 것으로 본다(민사집행법 제62조 제9항, 민사소송법 제185조 제2항 및 제189조). 제요 집행 1

[❹ ▸ O] 재산명시신청을 각하·기각하는 결정에 대하여는 채권자는 즉시항고를 할 수 있다(민사집행법 제62조 제8항). 재산명시명령에 대하여 채무자는 재산명시명령을 송달받은 날부터 1주 이내에 이의신청을 할 수 있다(민사집행법 제63조). 재산명시명령에 대한 즉시항고는 허용되지 않는다.

제요 집행 1

[❺ ▸ O] 채무자가 재산명시기일에 불출석한 경우에 그 기일이 연기되지 않는 한 새로운 명시기일을 열지 않고 감치재판절차로 넘어가지만, 채무자가 감치의 집행 중에 재산명시명령을 이행하겠다고 신청한 때에는 법원은 바로 명시기일을 열어야 한다. 제요 집행 1

답 ❷

① 민사집행법의 재산명시절차에 따라 채무자가 법원에 제출할 재산목록에는 실질적인 가치가 있는지 여부와 상관없이 강제집행의 대상이 되는 재산을 모두 기재하여야 한다. 따라서 재산명시절차에서 채무자가 특정 채권을 실질적 재산가치가 없다고 보아 재산목록에 기재하지 않은 채 제출한 행위는 민사집행법상 거짓의 재산목록 제출죄에 해당한다.

② 채권자가 확정판결에 기한 채권의 실현을 위하여 채무자에 대하여 민사집행법이 정한 재산명시신청을 하고 그 결정이 채무자에게 송달되었다면 거기에 소멸시효의 중단사유인 '최고'로서의 효력만이 인정되므로, 재산명시결정에 의한 소멸시효 중단의 효력은 그로부터 6개월 내에 다시 소를 제기하거나 압류 또는 가압류, 가처분을 하는 등 민법 제174조에 규정된 절차를 속행하지 아니하는 한 상실된다.

③ 채무자는 재산명시명령을 송달받은 날부터 10일 이내에 이의신청을 할 수 있고, 채무자가 위 기간 내에 이의신청을 한 때에는 법원은 이의신청사유를 조사할 기일을 정하고 채권자와 채무자에게 이를 통지하여야 한다.

④ 채무자에 대하여 강제집행을 개시할 수 있는 채권자는 재산목록을 보거나 복사할 것을 신청할 수 있다.

⑤ 재산명시신청이 기각·각하된 경우에는 그 명시신청을 한 채권자는 기각·각하사유를 보완하지 아니하고서는 같은 집행권원으로 다시 재산명시신청을 할 수 없다.

....

[❶ ▸ ○] 민사집행법의 재산명시절차에 따라 채무자가 법원에 제출할 재산목록에는 실질적인 가치가 있는지 여부와 상관없이 강제집행의 대상이 되는 재산을 모두 기재하여야 한다. (따라서) 재산명시절차에서 채무자가 특정 채권을 실질적 재산가치가 없다고 보아 재산목록에 기재하지 않은 채 제출한 행위는 민사집행법상 거짓의 재산목록 제출죄에 해당한다(대판 2007.11.29. 2007도8153).

[❷ ▸ ○] 채권자가 확정판결에 기한 채권의 실현을 위하여 채무자에 대하여 민사집행법상 재산명시신청을 하고 그 결정이 채무자에게 송달되었다면 거기에 소멸시효중단사유인 '최고'로서의 효력만이 인정되므로, 재산명시결정에 의한 소멸시효 중단의 효력은, 그로부터 6월 내에 다시 소를 제기하거나 압류 또는 가압류, 가처분을 하는 등 민법 제174조에 규정된 절차를 속행하지 아니하는 한 상실된다(대판 2012.1.12. 2011다78606).

[❸ ▸ ✕] 민사집행법 제63조 제1항·제2항

> **민사집행법 제63조(재산명시명령에 대한 이의신청)**
> ① 채무자는 재산명시명령을 송달받은 날부터 1주 이내에 이의신청을 할 수 있다.
> ② 채무자가 제1항에 따라 이의신청을 한 때에는 법원은 이의신청사유를 조사할 기일을 정하고 채권자와 채무자에게 이를 통지하여야 한다.

[❹ ▸ ○] 채무자에 대하여 강제집행을 개시할 수 있는 채권자는 재산목록을 보거나 복사할 것을 신청할 수 있다(민사집행법 제67조).

[❺ ▸ ○] 재산명시신청이 기각·각하된 경우에는 그 명시신청을 한 채권자는 기각·각하사유를 보완하지 아니하고서는 같은 집행권원으로 다시 재산명시신청을 할 수 없다(민사집행법 제69조).

답 ❸

제3항   채무불이행자명부제도

23
□□□   채무불이행자명부 등재에 관한 다음 설명 중 가장 옳지 않은 것은? 2022년 법무사시험 [문 30]

① 채무불이행자명부 등재제도는 채무를 이행하지 아니하는 불성실한 채무자의 인적 사항을 공개함으로써 명예와 신용의 훼손과 같은 불이익을 가하고 이를 통하여 채무의 이행에 노력하게 하는 간접강제의 효과를 거둠과 아울러 일반인으로 하여금 거래상대방에 대한 신용조사를 용이하게 하여 거래의 안전을 도모하게 함을 목적으로 하는 제도이다.

② 채무자가 금전의 지급을 명한 집행권원이 확정된 후 6월 이내에 채무를 이행하지 아니하는 때 등에는 채권자는 그 채무자를 채무불이행자명부에 올리도록 신청할 수 있고, 법원은 위 신청에 정당한 이유가 있는 때에는 채무자를 채무불이행자명부에 올리는 결정을 하여야 하나, 등재신청에 정당한 이유가 없거나 쉽게 강제집행할 수 있다고 인정할 만한 명백한 사유가 있는 때에는 결정으로 이를 기각하여야 한다.

③ 채무불이행자명부 등재의 소극적 요건인 '쉽게 강제집행할 수 있다고 인정할 만한 명백한 사유'라 함은 채무자가 보유하고 있는 재산에 대하여 많은 시간과 비용을 투입하지 아니하고서도 강제집행을 통하여 채권의 만족을 얻을 수 있다는 점이 특별한 노력이나 조사 없이 확인 가능하다는 것을 의미하고, 그 사유의 존재에 관하여는 채권자가 이를 증명한다.

④ 채무불이행자명부 등재결정이 확정된 후라도 변제, 그 밖의 사유로 채무가 소멸되었다는 것이 증명된 때에 법원은 채무자의 신청에 따라 채무불이행자명부에서 그 이름을 말소하는 결정을 한다.

⑤ 채무불이행자명부 등재결정 또는 신청기각결정에 대하여는 즉시항고를 할 수 있으나, 집행정지의 효력은 없으므로 채무자가 즉시항고를 하더라도 명부등재 및 비치는 집행된다.

[❶▶○][❸▶×] 채무불이행자명부 등재제도는 채무를 이행하지 아니하는 불성실한 채무자의 인적 사항을 공개함으로써 명예와 신용의 훼손과 같은 불이익을 가하고 이를 통하여 채무의 이행에 노력하게 하는 간접강제의 효과를 거둠과 아울러 일반인으로 하여금 거래상대방에 대한 신용조사를 용이하게 하여 거래의 안전을 도모하게 함을 목적으로 하는 제도로서, 그 소극적 요건인 '쉽게 강제집행할 수 있다고 인정할 만한 명백한 사유'라 함은 채무자가 보유하고 있는 재산에 대하여 많은 시간과 비용을 투입하지 아니하고서도 강제집행을 통하여 채권의 만족을 얻을 수 있다는 점이 특별한 노력이나 조사 없이 확인 가능하다는 것을 의미하고, 그 사유의 존재에 관하여는 <u>채무자가 이를 증명한다</u>(대결 2010.9.9. 2010마779).

[❷ ▸ ○] 민사집행법 제70조 제1항, 제71조 제1항·제2항

> **민사집행법 제70조(채무불이행자명부 등재신청)**
> ① 채무자가 다음 각 호 가운데 어느 하나에 해당하면 채권자는 그 채무자를 채무불이행자명부(債務不履行者名簿)에 올리도록 신청할 수 있다.
>   1. 금전의 지급을 명한 집행권원이 확정된 후 또는 집행권원을 작성한 후 6월 이내에 채무를 이행하지 아니하는 때. 다만, 제61조 제1항 단서에 규정된 집행권원의 경우를 제외한다.
>   2. 제68조 제1항 각 호의 사유 또는 같은 조 제9항의 사유 가운데 어느 하나에 해당하는 때
>
> **민사집행법 제71조(등재신청에 대한 재판)**
> ① 제70조의 신청에 정당한 이유가 있는 때에는 법원은 채무자를 채무불이행자명부에 올리는 결정을 하여야 한다.
> ② 등재신청에 정당한 이유가 없거나 쉽게 강제집행할 수 있다고 인정할 만한 명백한 사유가 있는 때에는 법원은 결정으로 이를 기각하여야 한다.

[❹ ▸ ○] 변제, 그 밖의 사유로 채무가 소멸되었다는 것이 증명된 때에는 법원은 채무자의 신청에 따라 채무불이행자명부에서 그 이름을 말소하는 결정을 하여야 한다(민사집행법 제73조 제1항).

[❺ ▸ ○] 채무불이행자명부 등재결정 또는 신청기각결정에 대하여는 즉시항고를 할 수 있으나(민사집행법 제71조 제3항 전문), 이 경우 민사소송법 제447조의 규정을 준용하지 아니하여(민사집행법 제71조 제3항 후문) 집행정지의 효력이 없으므로 즉시항고를 하더라도 명부등재 및 비치는 집행된다.

답 ❸

24
□□□

미등기 부동산에 대한 경매에 관한 다음 설명 중 가장 옳지 않은 것은?

2023년 법무사시험 [문 6]

① 건물이 완성되었더라도 준공검사를 받지 아니하여 그 보존등기를 경료하지 못한 상태에 있다면 이는 유체동산집행의 대상이 된다.

② 토지에 관한 저당권자가 민법 제365조에 따라 그 지상의 미등기건물에 관하여 토지와 함께 경매를 신청하는 경우에는 지상 건물이 채무자 또는 저당권설정자의 소유임을 증명하는 서류를 첨부하여 야 한다.

③ 지하 4층, 지상 12층으로 건축허가를 받았으나 지상 8층까지 골조공사가 완료된 채 공사가 중단된 건물은 민사집행법상 강제집행이나 보전처분의 대상이 될 수 있다고 단정하기 어렵다.

④ 법원이 집행관에 의한 현황조사를 거쳐 경매신청이 된 미등기 건물이 경매의 대상이 되는 건물이라 고 판단하여 강제경매개시결정을 하고 등기관에게 강제경매개시결정등기를 촉탁한 경우라도 등기 관으로서는 그 심사 결과 등기요건에 합당하지 아니하면 강제경매개시결정등기의 촉탁을 각하하여 야 한다.

⑤ 채무자가 아직 소유권을 취득하지 못하고 소유권이전등기청구권만 가지고 있는 부동산에 관하여는 채무자의 명의로 등기를 하기 전에는 강제집행을 신청할 수 없다.

[**❶ ▶ ✕**] 　 건물이 이미 완성되었으나 단지 준공검사만을 받지 아니하여 그 보존등기를 경료하지 못한 상태에 있다면 위와 같이 완성된 건물은 부동산등기법상 당연히 등기적격이 있는 것이고, 비록 준공검사 를 마치지 아니함으로써 부동산등기법상 보존등기 신청 시에 필요한 서류를 교부받지 못하여 아직 등기 를 하지 못하고 있는 경우라고 하더라도 그와 같은 사정만으로 위 완성된 건물이 민사소송법 제527조 제2항 제1호(현행 민사집행법 제189조 제2항 제1호)의 "등기할 수 없는 토지의 정착물로서 독립하여 거래의 객체가 될 수 있는 것"에 해당하여 유체동산집행의 대상이 되는 것이라고 할 수 없다(대결 1994.4.12. 93마1933).

[**❷ ▶ ○**] 　 등기부에 채무자의 소유로 등기되지 아니한 부동산에 대하여 경매신청을 할 때에는 즉시 채무자의 명의로 등기할 수 있음을 증명할 서류를 첨부하여야 하고(민사집행법 제81조, 제268조), 미등 기건물의 소유권보존등기는 가옥대장등본에 의하여 자기 또는 피상속인이 가옥대장에 소유자로서 등록 되어 있는 것을 증명하는 자나 판결 또는 기타 시·구·읍·면의 장의 서면에 의하여 자기의 소유권을 증명하는 자 및 수용으로 인하여 소유권을 취득하였음을 증명하는 자만이 이를 신청할 수 있는 것이므로 (부동산등기법 제65조), 토지에 대한 저당권자가 민법 제365조에 의하여 그 지상의 미등기건물에 대하여 토지와 함께 경매를 청구하는 경우에는 지상 건물이 채무자 또는 저당권설정자의 소유임을 증명하는 서류로서 부동산등기법 제65조 소정의 서면을 첨부하여야 한다(대결 1995.12.11. 95마1262).

[❸ ▸ O] 甲 주식회사 대표이사 등인 피고인들이 공모하여 회사 채권자들의 강제집행을 면탈할 목적으로 甲 회사가 시공 중인 건물의 건축주 명의를 甲 회사에서 乙 주식회사로 변경하였다는 내용으로 기소된 경우, 위 건물은 지하 4층, 지상 12층으로 건축허가를 받았으나 명의 변경 당시 지상 8층까지 골조공사가 완료된 채 공사가 중단되었던 사정에 비추어 민사집행법상 강제집행이나 보전처분의 대상이 될 수 있다고 단정하기 어렵다(대판 2014.10.27. 2014도9442).

[❹ ▸ O] 등기관은 실체법상의 권리관계와 일치하는지 여부를 심사할 실질적 심사권한은 없으나 신청서 및 그 첨부서류와 등기부에 의하여 등기요건에 합당한지 여부를 심사할 형식적 심사권한이 있으므로, 법원이 집행관에 의한 현황조사를 거쳐 경매 신청이 된 미등기건물이 경매의 대상이 되는 건물이라고 판단하여 강제경매개시결정을 하고 등기관에게 강제경매개시결정등기를 촉탁한 경우라도, 등기관으로서는 그 촉탁서 및 첨부서류에 의하여 등기요건에 합당한지 여부를 심사할 권한이 있고, 그 심사 결과 등기요건에 합당하지 아니하면 강제경매개시결정등기의 촉탁을 각하하여야 한다(대결 2008.3.27. 2006마920).

[❺ ▸ O] 미등기 부동산이라도 채무자의 소유이면 민사집행법 제81조 제1항 제2호 본문에 따라 즉시 채무자 명의로 등기할 수 있다는 것을 증명할 서류를 붙여서 강제경매신청을 할 수 있다. 민사집행법 제81조 제1항 제2호에서 말하는 '채무자의 소유로 등기되지 아니한 부동산'이란 미등기 부동산을 말하는 것으로서 제3자 명의로 등기가 마쳐진 부동산은 이에 해당하지 않으므로, 채무자가 아직 소유권을 취득하지 못하고 소유권이전등기청구권만 가지고 있는 부동산에 관하여는 채무자의 명의로 등기를 하기 전에는 강제집행을 신청할 수 없다. 또한 제3자 명의로 등기되어 있는 부동산에 관하여는 사실상 그 부동산이 채무자의 소유라고 하더라도 채무자 명의로 등기가 회복되지 않는 한 경매신청을 할 수 없는 것이고, 채권자가 그 부동산에 관하여 채무자의 제3채무자에 대한 소유권이전등기청구권을 압류하고 민사집행법 제244조 제2항에 정한 권리이전명령을 받았다고 하더라도 그에 따라 제3채무자로부터 채무자 명의로 소유권이전등기가 마쳐지지 아니한 이상 이와 달리 볼 수 없다(대결 2007.5.22. 2007마200).

답 ❶

강제집행의 대상에 관한 다음 설명 중 가장 옳지 않은 것은?　　　　2023년 법무사시험 [문 13]

① 미분리 천연과실은 토지의 구성부분이므로 통상은 그 토지에 대한 압류의 효력이 미친다. 다만 천연과실은 원물로부터 분리하는 때에 이를 수취할 권리자에게 속하고, 토지에서 분리하기 전의 과실로서 1개월 이내에 수확할 수 있는 것은 유체동산 집행의 대상이 된다.

② 집합건물에서 구분소유자의 대지사용권은 규약으로써 달리 정하는 등 특별한 사정이 없는 한 전유부분과 종속적 일체불가분성이 인정되어 전유부분에 대한 가압류결정의 효력은 종물 또는 종된 권리인 대지사용권에도 미치는 것이므로, 건축자의 대지소유권에 관하여 부동산등기법에 따른 구분건물의 대지권등기가 마쳐지지 않았다 하더라도 전유부분에 관한 경매절차가 진행되어 그 경매절차에서 전유부분을 매수한 매수인은 전유부분과 함께 대지사용권을 취득한다.

③ 공장재단, 광업재단을 구성하는 기계·기구 등은 동산이라 하더라도 유체동산집행의 대상이 될 수 없고 그 저당권의 목적물인 토지, 건물, 광업권 등과 함께 부동산에 대한 강제집행의 방법에 의하여 경매를 할 수 있을 뿐이다.

④ 채권담보를 목적으로 하는 가등기상의 권리, 부동산환매권 등은 모두 그 밖의 재산권에 대한 강제집행의 대상이 될 수 있을 뿐이고 부동산집행의 목적은 되지 않는다.

⑤ 구분소유권의 객체로서 적합한 물리적 요건을 갖추지 못한 건물의 일부는 그에 관한 구분소유권이 성립할 수 없는 것이나, 건축물관리대장상 독립한 별개의 구분건물로 등재되고 등기부상에도 구분소유권의 목적으로 등기되어 있어 이러한 등기에 기초하여 경매절차가 진행되어 매각허가를 받고 매각대금이 납부되었다면 매수인은 소유권을 취득한다.

· ·

[❶▶○] 미분리 천연과실은 토지의 구성부분이므로 통상은 그 토지에 대한 압류의 효력이 이에 미친다. 다만 천연과실은 원물로부터 분리하는 때에 이를 수취할 권리자에게 속하고(민법 제102조 제1항), 토지에서 분리하기 전의 과실로서 1개월 이내에 수확할 수 있는 것은 유체동산으로 취급되므로(민사집행법 제189조 제2항 제2호), 이에 대하여는 유체동산에 대한 강제집행을 할 수 있다. 제요 집행 2

[❷▶○] 집합건물의 건축자가 그 소유의 대지 위에 집합건물을 건축하고 전유부분에 관하여 건축자 명의의 소유권보존등기가 마쳐진 경우, 건축자의 대지소유권은 집합건물의 소유 및 관리에 관한 법률(이하 '집합건물법'이라고 한다) 제2조 제6호 소정의 구분소유자가 전유부분을 소유하기 위하여 건물의 대지에 대하여 가지는 권리인 대지사용권에 해당한다. 그리고 집합건물에서 구분소유자의 대지사용권은 규약으로써 달리 정하는 등의 특별한 사정이 없는 한 전유부분과 종속적 일체불가분성이 인정되어 전유부분에 대한 경매개시결정과 압류의 효력은 종물 또는 종된 권리인 대지사용권에도 미치는 것이므로(집합건물법 제20조 제1항, 제2항), 건축자의 대지소유권에 관하여 부동산등기법에 따른 구분건물의 대지권등기가 마쳐지지 않았다 하더라도 전유부분에 관한 경매절차가 진행되어 그 경매절차에서 전유부분을 매수한 매수인은 전유부분과 함께 대지사용권을 취득한다(대판 2012.3.29. 2011다79210).

[❸▶○] 공장 및 광업재단 저당법에 의한 공장재단 및 광업재단은 1개의 부동산으로 취급되어 강제경매의 대상이 된다(공장 및 광업재단 저당법 제12조 제1항, 제54조). 즉 공장재단, 광업재단을 구성하는 기계·기구 등은 동산이라 하더라도 유체동산집행의 대상이 될 수 없고 그 저당권의 목적물인 토지, 건물, 광업권 등과 함께 부동산에 대한 강제집행의 방법에 의하여 경매를 할 수 있을 뿐이다. 매각부동산이 공장재단, 광업재단의 일부를 구성하고 있을 때에는 이에 대한 개별집행은 금지되므로 재단의 일부에 속함이 드러난 경우에는 매각절차를 취소하여야 한다(공장 및 광업재단 저당법 제14조, 제54조). 제요 집행 2

[❹▶○] 채권담보를 목적으로 하는 가등기상의 권리, 부동산환매권 등은 모두 그 밖의 재산권에 대한 강제집행의 대상이 될 수 있을 뿐이고 부동산집행의 목적은 되지 않는다. 제요 집행 2

[**❺** ▸ ×] 1동의 건물의 일부분이 구분소유권의 객체가 될 수 있으려면 그 부분이 이용상은 물론 구조상으로도 다른 부분과 구분되는 독립성이 있어야 하고, 그 이용 상황 내지 이용 형태에 따라 구조상의 독립성 판단의 엄격성에 차이가 있을 수 있으나, 구조상의 독립성은 주로 소유권의 목적이 되는 객체에 대한 물적 지배의 범위를 명확히 할 필요성 때문에 요구된다고 할 것이므로, 구조상의 구분에 의하여 구분소유권의 객체 범위를 확정할 수 없는 경우에는 구조상의 독립성이 있다고 할 수 없다. 그리고 구분소유권의 객체로서 적합한 물리적 요건을 갖추지 못한 건물의 일부는 그에 관한 구분소유권이 성립할 수 없는 것이어서, 건축물관리대장상 독립한 별개의 구분건물로 등재되고 등기부상에도 구분소유권의 목적으로 등기되어 있어 이러한 등기에 기초하여 경매절차가 진행되어 매각허가를 받고 매수대금을 납부하였다 하더라도, 그 등기는 그 자체로 무효이므로 매수인은 소유권을 취득할 수 없다(대결 2010.1.14. 2009마1449).

답 **❺**

---

26 □□□

다음 설명 중 가장 옳지 않은 것은?   2022년 법무사시험 [문 11]

① 경매의 대상이 아닌 부동산이 경매절차에서 경매신청된 다른 부동산과 함께 감정평가되어 매각기일에 공고되고 경매된 결과 매수인에게 매각되고 그 후 매수인에 대한 매각허가결정이 확정되었다면 채권자가 경매신청지도 않았고 경매법원이 경매개시결정을 한 적도 없는 독립된 부동산이더라도 매수인은 그 부동산에 대한 소유권을 취득한다.

② 입목에 관한 법률에 의하여 소유권보존등기가 된 입목은 토지로부터 독립하여 부동산으로 취급되므로 독립하여 강제경매의 대상이 된다.

③ 금전채권에 기초한 강제집행에서 지상권 및 그 공유지분은 부동산으로 본다.

④ 인접한 구분건물 사이에 설치된 경계벽이 일정한 사유로 제거됨으로써 각 구분건물이 구분건물로서의 구조상 및 이용상의 독립성을 상실하게 되었다고 하더라도, 각 구분건물의 위치와 면적 등을 특정할 수 있고 사회통념상 그것이 구분건물로서의 복원을 전제로 한 일시적인 것일 뿐만 아니라 그 복원이 용이한 것이라면, 각 구분건물은 구분건물로서의 실체를 상실한다고 쉽게 단정할 수는 없고, 아직도 그 등기는 구분건물을 표상하는 등기로서 유효하다고 해석해야 할 것이다.

⑤ 민법 제1028조는 "상속인은 상속으로 인하여 취득할 재산의 한도에서 피상속인의 채무와 유증을 변제할 것을 조건으로 상속을 승인할 수 있다"라고 규정하고 있다. 상속인이 위 규정에 따라 한정승인의 신고를 하게 되면 피상속인의 채무에 대한 한정승인자의 책임은 상속재산으로 한정되고, 그 결과 상속채권자는 특별한 사정이 없는 한 상속인의 고유재산에 대하여 강제집행을 할 수 없으며 상속재산으로부터만 채권의 만족을 받을 수 있다.

....

[**❶** ▸ ×] 경매의 대상이 아닌 부동산이 경매절차에서 경매신청된 다른 부동산과 함께 감정평가되어 경매기일에 공고되고 경매된 결과 경락인에게 경락되고 그 후 경락인에 대한 경락허가결정이 확정되었다고 하더라고 채권자에 의하여 경매신청되지도 아니하였고 경매법원으로부터 경매개시결정을 받은 바도 없는 독립된 부동산에 대한 경락은 당연무효이므로 경락인은 그 부동산에 대한 소유권을 취득할 수 없다(대판 1991.12.10. 91다20722).

[**❷** ▸ ○] 입목에 관한 법률에 의하여 소유권보존등기가 된 입목은 토지로부터 독립하여 부동산으로 취급되므로(입목에 관한 법률 제2조, 제3조 제1항), 독립하여 강제경매의 대상이 된다.

[**❸** ▸ ○] 금전채권에 기초한 강제집행에서 지상권과 그 공유지분은 부동산으로 본다(민사집행규칙 제40조).

[**❹ ▸ ○**] 인접한 구분건물 사이에 설치된 경계벽이 일정한 사유로 제거됨으로써 각 구분건물이 구분건물로서의 구조상 및 이용상의 독립성을 상실하게 되었다고 하더라도, 각 구분건물의 위치와 면적 등을 특정할 수 있고 사회통념상 그것이 구분건물로서의 복원을 전제로 한 일시적인 것일 뿐만 아니라 그 복원이 용이한 것이라면, 각 구분건물은 구분건물로서의 실체를 상실한다고 쉽게 단정할 수는 없고, 아직도 그 등기는 구분건물을 표상하는 등기로서 유효하다고 해석해야 한다(대결 1999.6.2. 98마1438).

[**❺ ▸ ○**] 민법 제1028조는 "상속인은 상속으로 인하여 취득할 재산의 한도에서 피상속인의 채무와 유증을 변제할 것을 조건으로 상속을 승인할 수 있다"고 규정하고 있다. 이에 따라 법원이 한정승인신고를 수리하게 되면 피상속인의 채무에 대한 상속인의 책임은 상속재산으로 한정되고, 그 결과 상속채권자는 특별한 사정이 없는 한 상속인의 고유재산에 대하여 강제집행을 할 수 없다(대판[전합] 2010.3.18. 2007다77781).

답 ❶

27

집행관에 의한 현황조사에 관한 다음 설명 중 가장 옳지 않은 것은?

2025년 법무사시험 [문 19]

① 법원은 경매개시결정을 한 뒤에 바로 집행관에게 부동산의 현상, 점유관계, 차임 또는 보증금의 액수, 그 밖의 현황에 관하여 조사하도록 명하여야 한다.

② 채무자 소유의 부동산이 등기되지 아니한 건물인 경우에는 그 건물이 채무자의 소유임을 증명할 서류, 그 건물의 지번·구조·면적을 증명할 서류 및 그 건물에 관한 건축허가 또는 건축신고를 증명할 서류를 강제경매신청서에 첨부하여야 하나, 이 건물의 지번·구조·면적을 증명하지 못한 때에는 집행법원에 경매신청과 동시에 그 조사를 집행법원에 신청할 수 있다. 이 경우 법원은 집행관에게 그 조사를 하게 하여야 한다.

③ 집행관은 건물의 지번·구조·면적의 증명을 위한 조사를 위하여 건물에 출입할 수 있고, 채무자 또는 건물을 점유하는 제3자에게 질문하거나 문서를 제시하도록 요구할 수 있고, 건물에 출입하기 위하여 필요한 때에는 잠긴 문을 여는 등 적절한 처분을 할 수 있다.

④ 집행관은 집행을 하기 위하여 필요한 경우에는 채무자의 주거·창고 그 밖의 장소를 수색하고, 잠근 문과 기구를 여는 등 적절한 조치를 할 수 있다. 이 경우에 저항을 받으면 집행관은 경찰 또는 국군의 원조를 요청할 수 있다.

⑤ 법원의 현황조사명령에 따라 현황조사를 하려는 집행관은 주민등록법상 전입세대확인서의 열람이나 교부신청을 할 수 있는 자에는 해당하나 현행 법령상 외국인체류확인서의 열람이나 교부신청을 할 수 있는 자에는 해당하지 아니한다.

[**❶ ▸ ○**] 민사집행법 제85조 제1항

> **민사집행법 제85조(현황조사)**
> ① 법원은 경매개시결정을 한 뒤에 바로 집행관에게 부동산의 현상, 점유관계, 차임(借賃) 또는 보증금의 액수, 그 밖의 현황에 관하여 조사하도록 명하여야 한다.
> ② 집행관이 제1항의 규정에 따라 부동산을 조사할 때에는 그 부동산에 대하여 제82조에 규정된 조치를 할 수 있다.

[❷ ▸ O] 민사집행법 제81조 제1항 제2호 단서, 제3항 및 제4항

> **민사집행법 제81조(첨부서류)**
> ① 강제경매신청서에는 집행력 있는 정본 외에 다음 각 호 가운데 어느 하나에 해당하는 서류를 붙여야 한다.
>   1. 채무자의 소유로 등기된 부동산에 대하여는 등기사항증명서
>   2. 채무자의 소유로 등기되지 아니한 부동산에 대하여는 즉시 채무자명의로 등기할 수 있다는 것을 증명할 서류. 다만, 그 부동산이 등기되지 아니한 건물인 경우에는 그 건물이 채무자의 소유임을 증명할 서류, 그 건물의 지번·구조·면적을 증명할 서류 및 그 건물에 관한 건축허가 또는 건축신고 를 증명할 서류
> ② 채권자는 공적 장부를 주관하는 공공기관에 제1항 제2호 단서의 사항들을 증명하여 줄 것을 청구할 수 있다.
> ③ 제1항 제2호 단서의 경우에 건물의 지번·구조·면적을 증명하지 못한 때에는, 채권자는 경매신청과 동시에 그 조사를 집행법원에 신청할 수 있다.
> ④ 제3항의 경우에 법원은 집행관에게 그 조사를 하게 하여야 한다.
> ⑤ 강제관리를 하기 위하여 이미 부동산을 압류한 경우에 그 집행기록에 제1항 각 호 가운데 어느 하나에 해당하는 서류가 붙어 있으면 다시 그 서류를 붙이지 아니할 수 있다.

[❸ ▸ O] 민사집행법 제82조

> **민사집행법 제82조(집행관의 권한)**
> ① 집행관은 제81조 제4항의 조사를 위하여 건물에 출입할 수 있고, 채무자 또는 건물을 점유하는 제3자에게 질문하거나 문서를 제시하도록 요구할 수 있다.
> ② 집행관은 제1항의 규정에 따라 건물에 출입하기 위하여 필요한 때에는 잠긴 문을 여는 등 적절한 처분을 할 수 있다.

[❹ ▸ O] 민사집행법 제5조 제1항 및 제2항

> **민사집행법 제5조(집행관의 강제력 사용)**
> ① 집행관은 집행을 하기 위하여 필요한 경우에는 채무자의 주거·창고 그 밖의 장소를 수색하고, 잠근 문과 기구를 여는 등 적절한 조치를 할 수 있다.
> ② 제1항의 경우에 저항을 받으면 집행관은 경찰 또는 국군의 원조를 요청할 수 있다.
> ③ 제2항의 국군의 원조는 법원에 신청하여야 하며, 법원이 국군의 원조를 요청하는 절차는 대법원규칙으로 정한다.

[❺ ▸ ✕] 법원의 현황조사명령에 따라 현황조사를 하려는 집행관은 주민등록법상 전입세대확인서의 열람이나 교부신청을 할 수 있는 자에 해당하고(주민등록법 제29조의2 제2항 제3호 라목), 출입국관리법상 외국인체류확인서의 열람이나 교부신청을 할 수 있는 자에도 해당한다(출입국관리법 제88조의3 제2항 제3호 라목).

답 ❺

PART 1
PART 2
PART 3
PART 4
PART 5
PART 6
PART 7
PART 8

28
□□□

민사집행절차에서 일부청구와 청구금액의 확장에 관한 다음 설명 중 가장 옳지 않은 것은?

2024년 법무사시험 [문 29]

① 담보권 실행을 위한 경매절차에서 신청채권자가 경매신청서에 피담보채권의 일부만을 청구금액으로 하여 경매를 신청하였을 경우에는 다른 특별한 사정이 없는 한 신청채권자의 청구금액은 그 기재된 채권액을 한도로 확정되고 그 후 신청채권자가 채권계산서에 청구금액을 확장하여 제출하는 등의 방법으로 청구금액을 확장할 수 없다.

② 담보권 실행을 위한 경매절차에서 경매신청서에 청구채권으로 원금 외에 이자, 지연손해금 등의 부대채권을 개괄적으로나마 표시하였다가 나중에 채권계산서에 의하여 그 부대채권의 구체적인 금액을 특정하는 것은 경매신청서에 개괄적으로 기재하였던 청구금액의 산출 근거와 범위를 밝히는 것이므로 허용된다.

③ 법원사무관등은 민사집행법 제148조 제3호 및 제4호의 채권자에 대하여 채권의 유무, 그 원인 및 액수(원금·이자·비용, 그 밖의 부대채권을 포함한다)를 배당요구의 종기까지 법원에 신고하도록 최고하여야 하는데, 이 최고를 받은 채권자가 이러한 신고를 하지 아니한 때에는 그 채권자의 채권액은 등기사항증명서 등 집행기록에 있는 서류와 증빙에 따라 계산하며, 이 경우 다시 채권액을 추가하지 못한다.

④ 강제경매에 있어서 채권의 일부청구를 한 경우에 그 경매절차 개시를 한 후에는 청구금액의 확장은 허용되지 않고 그 후에 청구금액을 확장하여 잔액의 청구를 하였다 하여도 민사집행법 제88조에 의한 배당요구의 효력밖에는 없다.

⑤ 담보권 실행을 위한 경매절차에서 신청채권자가 경매신청서에 청구채권 중 이자, 지연손해금 등의 부대채권을 확정액으로 표시한 경우에는 나중에 배당요구 종기까지 채권계산서를 제출하는 등으로 부대채권을 증액하여 청구금액을 확장하는 것은 허용되지 아니한다.

....

[❶▶○] [❷▶○] [❺▶✕]　담보권 실행을 위한 경매절차에서 신청채권자가 경매신청서에 피담보채권의 일부만을 청구금액으로 하여 경매를 신청하였을 경우에는 다른 특별한 사정이 없는 한 신청채권자의 청구금액은 그 기재된 채권액을 한도로 확정되고 그 후 신청채권자가 채권계산서에 청구금액을 확장하여 제출하는 등의 방법으로 청구금액을 확장할 수 없다. 그러나 경매신청서에 청구채권으로 원금 외에 이자, 지연손해금 등의 부대채권을 개괄적으로나마 표시하였다가 나중에 채권계산서에 의하여 그 부대채권의 구체적인 금액을 특정하는 것은 경매신청서에 개괄적으로 기재하였던 청구금액의 산출 근거와 범위를 밝히는 것이므로 허용된다. 또한 신청채권자가 경매신청서에 청구채권 중 이자, 지연손해금 등의 부대채권을 확정액으로 표시한 경우에는 나중에 배당요구 종기까지 채권계산서를 제출하는 등으로 부대채권을 증액하여 청구금액을 확장하는 것은 허용된다(대판 2022.8.11. 2017다225619).

[**❸** ▸ ○] 민사집행법 제84조 제4항, 제5항

> **민사집행법 제84조(배당요구의 종기결정 및 공고)**
> ④ 법원사무관등은 제148조 제3호 및 제4호의 채권자 및 조세, 그 밖의 공과금을 주관하는 공공기관에 대하여 채권의 유무, 그 원인 및 액수(원금·이자·비용, 그 밖의 부대채권(附帶債權)을 포함한다)를 배당요구의 종기까지 법원에 신고하도록 최고하여야 한다.
> ⑤ 제148조 제3호 및 제4호의 채권자가 제4항의 최고에 대한 신고를 하지 아니한 때에는 그 채권자의 채권액은 등기사항증명서 등 집행기록에 있는 서류와 증빙(證憑)에 따라 계산한다. 이 경우 다시 채권액을 추가하지 못한다.

[**❹** ▸ ○] 강제경매에 있어서 채권의 일부청구를 한 경우에 그 경매절차 개시를 한 후에는 청구금액의 확장은 허용되지 않고 그 후에 청구금액을 확장하여 잔액의 청구를 하였다 하여도 배당요구의 효력밖에는 없는 것이므로 강제경매 개시결정에 의하여 압류의 효력이 발생한 후에 채무자가 경매부동산을 처분하여 그 등기를 경료하였고 그 후에 청구금액 확장신청이 있고 먼저한 강제경매 사건이 강제경매 절차에 의하지 않고 종료하였다면 청구금액 확장신청 이전에 소유권이전등기를 경료한 제3취득자는 그 소유권 취득을 확장신청인에게 대항할 수 있다(대결 1983.10.15. 83마393).

 답 ❺

29 □□□ **부동산경매신청에 관한 다음 설명 중 가장 옳지 않은 것은?**   2021년 법무사시험 [문 22]

① 신청서는 서면으로 작성하여야 하며, 첨부할 인지는 정액으로 강제경매인 경우 집행권원의 수에 따른 인지를, 담보권 실행을 위한 경매인 경우 경매대상부동산의 수에 따른 인지를 붙여야 한다.

② 신청서에는 채권자·채무자와 법원의 표시, 부동산의 표시를 기재하여야 하며 강제경매는 경매의 이유가 된 일정한 채권과 집행할 수 있는 일정한 집행권원을, 담보권 실행을 위한 경매는 담보권과 피담보채권의 표시 등을 기재하여야 한다.

③ 임차인이 임차주택에 대하여 보증금반환청구소송의 확정판결이나 그 밖에 이에 준하는 집행권원에 따라서 경매를 신청하는 경우에는 집행개시요건에 관한 민사집행법 제41조에도 불구하고 반대의무의 이행이나 이행의 제공을 집행개시의 요건으로 하지 아니한다.

④ 미등기토지인 경우에도 즉시 채무자의 소유로 등기할 수 있다는 것을 증명하는 서류를 첨부하면 경매신청을 할 수 있는데, 그에 해당하는 서류는 토지·임야대장, 소유권을 증명하는 확정판결, 수용증명서 등이다.

⑤ 부동산경매의 신청을 하는 때에는 채권자는 집행에 필요한 비용으로서 집행법원이 정하는 금액을 미리 내야 하고, 채권자가 비용을 미리 내지 아니한 때에는 집행법원은 결정으로 경매신청을 각하하거나 집행절차를 취소할 수 있다.

[**❶** ▸ **✕**] 부동산경매신청서는 서면으로 작성하여야 하고(민사집행법 제4조), 강제경매인 경우 집행권원의 수에 따른 인지를(재민 제87-9호), 담보권 실행을 위한 경매인 경우 <u>저당권마다</u> 정해진 인지를 붙여야 한다(재민 제69-1호).

❑ **재민 제87-9호[수개의 집행권원에 기하여 1건으로 채권압류 및 추심(전부)명령을 신청할 경우 붙일 인지액]**
수개의 집행권원에 기하여 1건의 신청으로 채권압류 및 추심(또는 전부)명령을 신청한 경우, 압류명령과 추심(또는 전부)명령은 수개의 신청을 편의상 1건으로 신청한 것이므로 각 <u>집행권원의 수에 상응하는</u> 인지를 붙여야 함을 유념하여 주시기 바랍니다.

❑ **재민 제69-1호[수개의 저당권에 기하여 1개의 경매신청을 하는 경우의 첩부인지액]**
동일채권자가 동일의 채무자 또는 수인의 채무자에 대한 각별 수개의 채권에 관하여 저당권이 설정된 1개 또는 수개의 부동산에 대하여 경매의 신청을 1건으로 1통의 신청서로써 할 경우에 동 신청서에 첩용할 인지액의 기준이 각 법원마다 구구한바, 위와 같은 경우는 본래 수개의 독립된 신청으로 할 것을 편의상 1건으로 신청한 데 불과한 것이니 첩용인지는 <u>저당권마다 소정의 인지를 첩용하도록</u> 하여 동 사무처리에 착오 없도록 하여 주시기 바랍니다.

[**❷** ▸ **○**] 민사집행법 제80조, 제268조, 민사집행규칙 제192조

민사집행법 제80조(강제경매신청서)
강제경매신청서에는 다음 각 호의 사항을 적어야 한다.
　　1. <u>채권자・채무자와 법원의 표시</u>
　　2. <u>부동산의 표시</u>
　　3. <u>경매의 이유가 된 일정한 채권과 집행할 수 있는 일정한 집행권원</u>

민사집행법 제268조(준용규정)
부동산을 목적으로 하는 담보권 실행을 위한 경매절차에는 제79조 내지 제162조의 규정을 준용한다.

민사집행규칙 제192조(신청서의 기재사항)
담보권 실행을 위한 경매, 법 제273조의 규정에 따른 담보권 실행이나 권리행사 제201조에 규정된 예탁유가증권에 대한 담보권 실행 또는 제201조의2에 규정된 전자등록주식등에 대한 담보권 실행(다음부터 "경매등"이라 한다)을 위한 신청서에는 다음 각 호의 사항을 적어야 한다.
　　1. 채권자・채무자・소유자(광업권・어업권, 그 밖에 부동산에 관한 규정이 준용되는 권리를 목적으로 하는 경매의 신청, 법 제273조의 규정에 따른 담보권 실행 또는 권리행사의 신청 제201조에 규정된 예탁유가증권에 대한 담보권실행신청 및 제201조의2에 규정된 전자등록주식등에 대한 담보권실행 신청의 경우에는 그 목적인 권리의 권리자를 말한다)와 그 대리인의 표시
　　2. <u>담보권과 피담보채권의 표시</u>
　　3. 담보권 실행 또는 권리행사의 대상인 재산의 표시
　　4. 피담보채권의 일부에 대하여 담보권 실행 또는 권리행사를 하는 때에는 그 취지와 범위

[**❸** ▸ **○**] 임차인(제3조 제2항 및 제3항의 법인을 포함한다)이 임차주택에 대하여 보증금반환청구소송의 확정판결이나 그 밖에 이에 준하는 집행권원에 따라서 경매를 신청하는 경우에는 집행개시요건에 관한 민사집행법 제41조에도 불구하고 반대의무의 이행이나 이행의 제공을 집행개시의 요건으로 하지 아니한다(주택임대차보호법 제3조의2 제1항).

[**❹** ▸ O] 미등기토지라 하더라도 채무자의 소유이면 민사집행법 제81조 제1항 제2호 본문에 따라 즉시 채무자 명의로 등기할 수 있었다는 것을 증명할 서류를 붙여서 강제경매신청을 할 수 있다. 미등기토지에 관하여 경매개시결정을 하여 등기촉탁을 하면 등기관이 직권으로 소유권보존등기를 하고 경매개시결정등기를 하게 된다. 채무자의 명의로 등기할 수 있음을 증명할 서류는 토지대장, 임야대장, 확정판결, 수용증명서(재결서등본과 보상금수령증 원본 또는 공탁서 원본) 등이다(부동산등기법 제65조).

제요 집행 2

민사집행법 제81조(첨부서류)
① 강제경매신청서에는 집행력 있는 정본 외에 다음 각 호 가운데 어느 하나에 해당하는 서류를 붙여야 한다.
　　2. 채무자의 소유로 등기되지 아니한 부동산에 대하여는 즉시 채무자 명의로 등기할 수 있다는 것을 증명할 서류. 다만, 그 부동산이 등기되지 아니한 건물인 경우에는 그 건물이 채무자의 소유임을 증명할 서류, 그 건물의 지번·구조·면적을 증명할 서류 및 그 건물에 관한 건축허가 또는 건축신고를 증명할 서류

부동산등기법 제65조(소유권보존등기의 신청인)
미등기의 토지 또는 건물에 관한 소유권보존등기는 다음 각 호의 어느 하나에 해당하는 자가 신청할 수 있다.
　　1. 토지대장, 임야대장 또는 건축물대장에 최초의 소유자로 등록되어 있는 자 또는 그 상속인, 그 밖의 포괄승계인
　　2. 확정판결에 의하여 자기의 소유권을 증명하는 자
　　3. 수용으로 인하여 소유권을 취득하였음을 증명하는 자
　　4. 특별자치도지사, 시장, 군수 또는 구청장(자치구의 구청장을 말한다)의 확인에 의하여 자기의 소유권을 증명하는 자(건물의 경우로 한정한다)

[**❺** ▸ O] 민사집행법 제18조 제1항·제2항

민사집행법 제18조(집행비용의 예납 등)
① 민사집행의 신청을 하는 때에는 채권자는 민사집행에 필요한 비용으로서 법원이 정하는 금액을 미리 내야 한다. 법원이 부족한 비용을 미리 내라고 명하는 때에도 또한 같다.
② 채권자가 제1항의 비용을 미리 내지 아니한 때에는 법원은 결정으로 신청을 각하하거나 집행절차를 취소할 수 있다.

답 **❶**

30

경매개시결정에 관한 다음 설명 중 가장 옳지 않은 것은?   2024년 법무사시험 [문 8]

① 경매개시결정은 채무자에게 고지되어야만 효력이 생기고, 경매개시결정의 고지 없이는 유효하게 경매절차를 속행할 수 없다.

② 집행절차의 법적 안정성을 보장할 목적으로 부동산에 관하여 경매개시결정등기가 된 뒤에 비로소 부동산의 점유를 이전받거나 피담보채권이 발생하여 유치권을 취득한 경우에는 경매절차의 매수인에 대하여 유치권을 행사할 수 없다.

③ 부동산에 관하여 이중경매개시결정이 내려진 후에 선행 경매신청이 취하되거나 그 절차가 취소 또는 정지된 경우, 그때까지 진행된 선행 경매절차의 결과는 후행 매각절차에서 유효한 범위에서 후행 경매절차에 그대로 승계되어 이용된다.

④ 체납처분압류가 되어 있는 부동산에 대하여 경매절차가 개시되기 전에 민사유치권을 취득한 유치권자는 경매절차의 매수인에게 유치권을 행사할 수 없다.

⑤ 경매로 인한 압류의 효력이 발생하기 전에 유치권을 취득한 경우, 유치권 취득시기가 근저당권설정 후라거나 유치권 취득 전에 설정된 근저당권에 기하여 경매절차가 개시되었더라도 유치권으로 경매절차의 매수인에게 대항할 수 있다.

....

[❶ ▶ O] 경매개시결정은 비단 압류의 효력을 발생시키는 것일 뿐만 아니라 경매절차의 기초가 되는 재판이어서 그것이 당사자에게 고지되지 않으면 효력이 있다고 할 수 없고 따라서 따로 압류의 효력이 발생하였는지 여부에 관계없이 경매개시결정의 고지 없이는 유효하게 경매절차를 속행할 수 없다(대결 1991.12.16. 91마239).

[❷ ▶ O] 민사집행법 제91조 제3항이 "지상권·지역권·전세권 및 등기된 임차권은 저당권·압류채권·가압류채권에 대항할 수 없는 경우에는 매각으로 소멸된다."라고 규정하고 있는 것과는 달리, 같은 조 제5항은 "매수인은 유치권자에게 그 유치권으로 담보하는 채권을 변제할 책임이 있다."라고 규정하고 있으므로, 유치권은 특별한 사정이 없는 한 그 성립시기에 관계없이 경매절차에서 매각으로 인하여 소멸하지 않는다. 다만 부동산에 관하여 이미 경매절차가 개시되어 진행되고 있는 상태에서 비로소 그 부동산에 유치권을 취득한 경우에도 아무런 제한 없이 경매절차의 매수인에 대한 유치권의 행사를 허용하면 경매절차에 대한 신뢰와 절차적 안정성이 크게 위협받게 됨으로써 경매 목적 부동산을 신속하고 적정하게 환가하기가 매우 어렵게 되고 경매절차의 이해관계인에게 예상하지 못한 손해를 줄 수도 있으므로, 그러한 경우에까지 압류채권자를 비롯한 다른 이해관계인들의 희생 아래 유치권자만을 우선 보호하는 것은 집행절차의 법적 안정성이라는 측면에서 받아들일 수 없다. 그리하여 대법원은 집행절차의 법적 안정성을 보장할 목적으로 부동산에 관하여 경매개시결정등기가 된 뒤에 비로소 부동산의 점유를 이전받거나 피담보채권이 발생하여 유치권을 취득한 경우에는 경매절차의 매수인에 대하여 유치권을 행사할 수 없다고 본 것이다(대판 2022.12.29. 2021다253710).

[**❸ ▶ ○**] 강제경매 또는 담보권실행을 위한 경매개시결정이 이루어진 부동산에 대하여 다른 채권자로부터 또다시 경매신청이 있어 이중경매개시결정을 하는 경우에 먼저 개시결정한 경매신청이 취하되거나 그 절차가 취소 또는 정지되지 아니하는 이상 뒤의 경매개시결정에 의하여 경매절차를 진행할 수는 없는 것이지만, 선행한 경매신청이 취하되거나 그 절차가 취소 또는 정지된 경우에는 후행의 경매신청인을 위하여 그때까지 진행되어 온 선행의 경매절차를 인계하여 당연하게 경매절차를 속행하여야 하는 것이고, 이 경우에 선행한 경매절차의 결과는 후행한 경매절차에서 유효한 범위에서 그대로 승계되어 이용된다(대판 2022.7.14. 2019다271685).

[**❹ ▶ ×**] 부동산에 관한 민사집행절차에서는 경매개시결정과 함께 압류를 명하므로 압류가 행하여짐과 동시에 매각절차인 경매절차가 개시되는 반면, 국세징수법에 의한 체납처분절차에서는 그와 달리 체납처분에 의한 압류(이하 '체납처분압류'라고 한다)와 동시에 매각절차인 공매절차가 개시되는 것이 아닐 뿐만 아니라, 체납처분압류가 반드시 공매절차로 이어지는 것도 아니다. 또한 체납처분절차와 민사집행절차는 서로 별개의 절차로서 공매절차와 경매절차가 별도로 진행되는 것이므로, 부동산에 관하여 체납처분압류가 되어 있다고 하여 경매절차에서 이를 그 부동산에 관하여 경매개시결정에 따른 압류가 행하여진 경우와 마찬가지로 볼 수는 없다. 따라서 <u>체납처분압류가 되어 있는 부동산이라고 하더라도 그러한 사정만으로 경매절차가 개시되어 경매개시결정등기가 되기 전에 부동산에 관하여 민사유치권을 취득한 유치권자가 경매절차의 매수인에게 유치권을 행사할 수 없다고 볼 것은 아니다</u>(대판[전합] 2014.3.20. 2009다60336).

[**❺ ▶ ○**] 부동산 경매절차에서의 매수인은 민사집행법 제91조 제5항에 따라 유치권자에게 그 유치권으로 담보하는 채권을 변제할 책임이 있는 것이 원칙이나, 채무자 소유의 건물 등 부동산에 경매개시결정의 기입등기가 경료되어 압류의 효력이 발생한 후에 채무자가 위 부동산에 관한 공사대금 채권자에게 그 점유를 이전함으로써 그로 하여금 유치권을 취득하게 한 경우, 그와 같은 점유의 이전은 목적물의 교환가치를 감소시킬 우려가 있는 처분행위에 해당하여 민사집행법 제92조 제1항, 제83조 제4항에 따른 압류의 처분금지효에 저촉되므로 점유자로서는 위 유치권을 내세워 그 부동산에 관한 경매절차의 매수인에게 대항할 수 없다. 그러나 이러한 법리는 경매로 인한 압류의 효력이 발생하기 전에 유치권을 취득한 경우에는 적용되지 아니하고, 유치권 취득시기가 근저당권설정 후라거나 유치권 취득 전에 설정된 근저당권에 기하여 경매절차가 개시되었다고 하여 달리 볼 것은 아니다(대판 2009.1.15. 2008다70763).

답 **❹**

31 □□□ 부동산에 대한 경매개시절차에 관한 다음 설명 중 가장 옳은 것은? 2023년 법무사시험 [문 11]

① 유치원교육에 직접 사용되는 교지 등 사립학교법 시행령 제12조에 정한 재산이라고 하더라도 유치원 설립자가 유치원 설립허가를 얻기 전에 담보권을 설정한 경우, 담보권자의 담보권 실행이 금지되는 것은 아니나 감독청의 처분허가를 필요로 한다. 이러한 감독청의 허가는 경매개시요건이 아니고 매수인의 소유권취득요건에 불과하므로 경매신청 시에 그 처분허가서를 제출하지 않았다 하더라도 일단 경매개시결정을 하여야 한다.

② 신탁법상의 신탁재산에 대하여는 수탁자 개인의 채권자뿐만 아니라 위탁자의 채권자도 강제집행을 할 수 없다. 다만, 신탁 전의 원인으로 발생한 권리 또는 신탁사무의 처리상 발생한 권리에 기한 경우에는 강제집행이 가능하고, '신탁 전의 원인으로 발생한 권리'라 함은 신탁 전에 이미 신탁부동산에 저당권이 설정된 경우 등 신탁재산 그 자체를 목적으로 하는 채권이 발생된 경우를 말하는 것이고 신탁 전에 위탁자에 관하여 생긴 모든 채권이 이에 포함되는 것은 아니다.

③ 최선순위의 소유권이전등기청구권의 보전을 위한 가등기가 있는 부동산에 대한 경매신청에 따라 경매절차를 진행할 경우, 경매절차 진행 중에 최선순위 가등기권자가 본등기를 마치면 경매 대상물이 채무자의 소유가 아니라 제3자인 가등기권자의 소유로 귀속되어 민사집행법 제96조 제1항에 따라 매각절차를 취소하여야 하는 위험이 발생할 수 있으므로, 최선순위의 소유권이전등기청구권의 보전을 위한 가등기가 있는 부동산에 대한 경매신청은 기각하여야 한다.

④ 국세체납절차와 민사집행절차는 별개의 절차로서 그 절차 상호 간의 관계를 조정하는 법률의 규정이 없으므로 한쪽의 절차가 다른 쪽의 절차에 간섭을 할 수 없는 반면, 쌍방 절차에서의 각 채권자는 서로 다른 절차에서 정한 방법으로 그 다른 절차에 참여할 수밖에 없고, 다만 국세체납처분에 의한 공매절차가 진행 중에 있는 경우에는 법원은 그 부동산에 대하여 강제경매나 임의경매 절차를 별도로 진행할 수 없다.

⑤ 경매개시결정을 하는 경우에는 동시에 그 부동산의 압류를 명하여야 하는데, 그러한 압류는 채무자에게 그 결정이 송달된 때 또는 등기가 된 때에 효력이 발생하고, 경매개시결정의 송달에 위법이 있는 경우에는 경매개시결정의 등기가 기입되었다 하더라도 압류의 효력이 발생하지 않는다.

[❶ ▸ ×] 학교교육에 직접 사용되는 학교법인의 재산 중 대통령령으로 정하는 것은 매도하거나 담보로 제공할 수 없다(사립학교법 제28조 제2항). 이와 관련하여 대법원 판례는, "사립학교법상의 사립학교에 해당하는 유치원 설립자 겸 경영자 소유의 재산으로서, 유치원교육에 직접 사용되는 교지 등 사립학교법 시행령 제12조 소정의 재산의 경우에는 관할관청의 처분허가 유무에 관계없이 처분할 수 없는 것이지만, 위에 해당하는 재산이라고 하더라도 유치원 설립자가 유치원 설립허가를 얻기 전에 담보권을 설정한 경우에는 담보권 성립 당시 담보제공자가 사립학교의 경영자라고 볼 수 없으므로 학교재산은 적법하게 설정된 피담보채무를 부담한 것이라 할 것이고, 적법하게 담보권이 성립한 이상 그 후에 담보제공자가 유치원 설립자의 지위를 얻었고, 그 재산이 유치원교육에 직접 사용하게 되었다고 하여 담보권자가 그 담보권을 실행하는 것이 금지된다거나 새삼스럽게 감독청의 처분허가를 필요로 한다고 볼 것은 아니다"라고 판시한 바 있다(대결 2004.7.5. 2004마97). 이와 달리, 주무관청의 허가가 없으면 처분할 수 없는 재산, 예를 들어 학교법인의 기본재산(사립학교법 제28조 제1항), 민법의 적용을 받는 재단법인의 기본재산, 전통사찰 소유의 부동산(전통사찰의 보존 및 지원에 관한 법률 제9조) 등에 대한 주무관청의 허가는 경매개시의 요건이 아니고 매수인의 소유권 취득의 요건에 불과하므로, 경매신청 시에 그 처분허가서를 제출하지 않았다 하더라도 그 허가 등을 받을 수 없는 사정이 확실하다고 인정되는 등의 특별한 사정이 없는 한 경매신청을 각하할 것이 아니라 일단 경매개시결정을 하여야 한다(대판 2003.5.16. 2002두3669, 대결 2004.9.8. 2004마408, 대결 2014.10.17. 2014마1631, 대결 2018.7.20. 2017마1565 등). 집행법원으로서는 그 허가를 얻어 제출할 것을 특별매각조건으로 경매절차를 진행하고, 매각허가결정 시까지 이를 제출하지 못하면 매각불허가결정을 할 수밖에 없다(대결 2014.10.17. 2014마1631, 대결 2018.7.20. 2017마1565).

[**❷ ▸ O**] 신탁법상의 신탁재산은 수탁자의 고유재산으로부터 분리되어 독립성을 갖게 되므로, 수탁자 개인의 채권자가 신탁재산에 대하여 강제집행을 할 수 없을 뿐만 아니라(대결 2002.12.6. 2002마2754), 위탁자의 채권자도 강제집행을 할 수 없다(신탁법 제22조 제1항 본문). 다만 신탁 전의 원인으로 발생한 권리 또는 신탁사무의 처리상 발생한 권리에 기한 경우에는 강제집행이 가능하다(신탁법 제22조 제1항 단서). 제요 집행 2 신탁법 제22조 제1항 단서 소정의 신탁 전의 원인으로 발생한 권리라 함은 신탁 전에 이미 신탁부동산에 저당권이 설정된 경우 등 신탁재산 그 자체를 목적으로 하는 채권이 발생된 경우를 말하는 것이고 신탁 전에 위탁자에 관하여 생긴 모든 채권이 이에 포함되는 것은 아니다(대판 1987.5.12. 86다545).

[**❸ ▸ X**] 최선순위 가등기가 있음에도 다른 채권자들의 경매신청에 따라 매각절차를 진행하였다가 경매절차 진행 후에 최선순위 가등기권자가 본등기를 마치면 경매 대상물이 채무자의 소유가 아니라 제3자인 가등기권자의 소유로 귀속되어 민사집행법 제96조 제1항에 따라 매각절차를 취소하여야 하는 위험이 발생한다는 이유로, 종래에는 실무상 최선순위의 가등기가 있는 경우에는 경매개시결정을 마친 단계에서 매각절차를 사실상 중지하였다. 하지만 그 후 <u>최선순위의 소유권이전등기청구권의 순위보전을 위한 가등기가 있는 경우라 하더라도 매수인에게 부담이 인수될 수 있다는 취지를 매각물건명세서에 기재한 후 그에 기하여 경매절차를 진행하면 충분한 것이지, 반드시 그 가등기가 담보가등기인지 순위보전의 가등기인지 밝혀질 때까지 경매절차를 중지하여야 하는 것은 아니라는 대법원 결정(대결 2003.10.6. 2003마1438)이 있은 이후로는 매각절차를 진행하는 것이 다수의 실무례이다.</u> 즉, 위와 같이 최선순위의 소유권이전등기청구권 보전을 위한 가등기가 마쳐져 있는 부동산에 대하여도 그 가등기는 순위보전의 효력밖에 없으므로 그 부동산에 대하여 압류의 등기를 하고 강제경매절차를 속행할 수 있다. 그런데 강제경매절차 진행 중에 최선순위 가등기에 기한 본등기가 마쳐진 때에는 가등기의 순위보전의 효력에 의하여 결국 압류 이전에 소유권이 제3자에게 이전된 경우와 마찬가지로 그 매각절차를 속행할 수 없게 되므로, 집행법원은 민사집행법 제96조 제1항에 의하여 매각절차를 취소하여야 하고, 등기관은 부동산등기규칙 제147조 제1항 각 호에 규정된 등기를 제외한 경매개시결정등기를 비롯한 나머지 등기를 직권으로 말소하고 집행법원에 이를 통지하여야 한다. 제요 집행 2

[**❹ ▸ X**] 국세체납절차와 민사집행절차는 별개의 절차로서 그 절차 상호 간의 관계를 조정하는 법률의 규정이 없으므로 한쪽의 절차가 다른 쪽의 절차에 간섭을 할 수 없는 반면 쌍방 절차에서의 각 채권자는 서로 다른 절차에서 정한 방법으로 그 다른 절차에 참여할 수밖에 없고(대판 1989.1.31. 88다카42), <u>국세체납처분에 의한 공매절차가 진행 중에 있는 경우에도 법원은 그 부동산에 대하여 강제경매나 임의경매의 절차를 별도로 진행할 수 있으며,</u> 이 경우 양 매수인 중 먼저 그 소유권을 취득한 자가 진정한 소유자로 확정된다. 체납처분에 의한 공매절차는 매각절차와 그 집행기관이 다를 뿐 아니라 그 적용할 법규가 다르므로 강제집행절차를 준용할 수 없다(대판 1998.12.11. 98두10578, 대판 2001.12.11. 2001두7329). 제요 집행 2

[**❺ ▸ X**] 경매개시결정을 하는 경우에는 동시에 부동산의 압류를 명하여야 하는데(민사집행법 제83조 제1항), 그러한 압류는 채무자에게 송달되거나 등기가 된 때에 효력이 발생하므로(같은 조 제4항), 경매개시결정이 송달되는 시기와 기입등기가 이루어지는 시기 중 먼저 도래하는 때에 압류의 효력이 발생한다. 또한 경매개시결정의 송달에 위법이 있다 하더라도 경매개시결정의 등기가 기입되면 그로써 경매개시결정에 의한 압류의 효력은 이미 생기므로 그 후 경매개시결정 송달에 위법이 있다 하여 이미 생긴 압류의 효력에는 영향이 없다(대판 2003.6.24. 2003다13116). 제요 집행 2 이와 관련하여 판례는, 임의경매개시결정정본이 소유자의 등기부상 주소로 발송되기 전에 경매개시결정의 등기가 기입되었다면 위 경매개시결정에 의한 압류의 효력은 이때 생겼다고 할 것이어서 경매법원이 당초 경매개시결정을 하면서 채무자의 상호를 잘못 표시하였다가 이를 경정하는 결정을 하고는 이 경정결정정본을 소유자의 등기부상 주소로 발송하지 않았다고 하더라도 이미 생긴 경매개시결정에 의한 압류의 효력에는 영향이 없다고 판시하고 있다(대판 2003.6.24. 2003다13116).

답 ❷

부동산에 대한 경매개시결정에 관한 다음 설명 중 가장 옳지 않은 것은?

2021년 법무사시험 [문 10]

① 경매신청서에 청구금액으로서 원리금의 기재가 있는데 경매개시결정에는 원금만이 기재되어 있다고 하여 매각대금에서 채권자가 변제받을 수 있는 금액이 원금에 한정된다고 할 수는 없다.

② 강제경매절차 또는 담보권 실행을 위한 경매절차를 개시하는 결정을 한 부동산에 대하여 다른 강제경매의 신청이 있는 때에는 법원은 다시 경매개시결정을 하고, 먼저 경매개시결정을 한 집행절차에 따라 경매한다.

③ 피담보채권을 저당권과 함께 양수한 자가 저당권 이전의 부기등기를 마치고 저당권 실행을 위한 경매를 신청한 경우 경매개시결정을 할 때에 양수인이 채무자에 대한 채권양도의 대항요건을 갖추었다는 점을 증명하여야 한다.

④ 담보권 실행을 위한 경매에 있어서 피담보채무가 일부라도 잔존하는 한 법원은 저당목적물 전부에 관하여 경매개시결정을 하여야 하고 그 개시결정에 표시된 채권액이 현존 채권액과 상위하다 하여 이를 이유로 경매개시결정에 대한 이의를 할 수 없다.

⑤ 담보권자가 피담보채권의 조건이 성취되기 전에 담보권을 실행하여 경매절차가 개시되었더라도 그 경매신청이나 경매개시결정이 무효로 되는 것은 아니고, 이러한 경우 채무자나 소유자는 경매개시결정에 대한 이의신청 등으로 경매절차의 진행을 저지할 수 있을 뿐이다.

‥‥

[**❶** ▸ **○**] 경매신청서에 청구금액으로서 원리금의 기재가 있는데 경매개시결정서에는 원금만이 기재되어 있다고 하여서 매득금에서 채권자가 변제받을 수 있는 금액이 원금에 한정된다고 할 수는 없다(대결 1968.6.3. 68마378).

[**❷** ▸ **○**] 강제경매절차 또는 담보권 실행을 위한 경매절차를 개시하는 결정을 한 부동산에 대하여 다른 강제경매의 신청이 있는 때에는 법원은 다시 경매개시결정을 하고, 먼저 경매개시결정을 한 집행절차에 따라 경매한다(민사집행법 제87조 제1항).

[**❸** ▸ **✕**] 피담보채권을 저당권과 함께 양수한 자는 저당권 이전의 부기등기를 마치고 저당권 실행의 요건을 갖추고 있는 한 채권양도의 대항요건을 갖추고 있지 아니하더라도 경매신청을 할 수 있으며, 이 경우에 <u>경매개시결정을 할 때에 피담보채권의 양수인이 채무자에 대한 채권양도의 대항요건을 갖추었다는 점을 증명할 필요는 없지만</u>, 적어도 그와 같은 사유는 경매개시결정에 대한 이의나 항고절차에서는 신청채권자가 증명하여야 한다(대결 2014.12.2. 2014마1412).

[**❹** ▸ **○**] 임의경매에 있어서 저당채무가 일부라도 잔존하는 한 법원은 저당목적물 전부에 관하여 경매개시결정을 하여야 하고 그 개시결정에 표시된 채권액이 현존 채권액과 상위하다 하여 채권액이 확정되는 것도 아니므로 이를 이유로서 그 결정에 대한 이의를 할 수 없다(대결 1971.3.31. 71마96).

[**❺** ▸ **○**] 담보권자가 피담보채권의 조건이 성취되기 전에 담보권을 실행하여 경매절차가 개시되었더라도 그 경매신청이나 경매개시결정이 무효로 되는 것은 아니고, 이러한 경우 채무자나 소유자는 경매개시결정에 대한 이의신청 등으로 경매절차의 진행을 저지할 수 있을 뿐이다. 따라서 이러한 조치를 취하지 아니한 채 경매절차가 진행되어 매각허가결정에 따라 매각대금이 납입되었다면, 이로써 매수인은 유효하게 매각부동산의 소유권을 취득하고 신청채권자의 담보권은 소멸하므로, 장래에 발생할 조건부 채권을 피담보채권으로 하여 임의경매를 신청한 담보권자도 배당을 받을 수 있다(대판 2015.12.24. 2015다200531).

답 **❸**

부동산 경매개시결정에 대한 이의에 관한 다음 설명 중 가장 옳지 않은 것은?

2023년 법무사시험 [문 25]

① 강제경매개시결정에 대하여는 경매개시결정에 대한 이의로 불복신청을 할 수 있고, 이의신청은 개시결정을 한 집행법원에 한다. 매각허가여부에 대한 즉시항고로 인하여 기록이 항고심에 있는 경우에도 이의신청은 개시결정을 한 집행법원에 제기하여야 한다.

② 강제경매개시결정에 대한 이의신청은 민사집행법 제16조의 집행에 관한 이의의 성질을 가지고 있으므로, 가집행선고 있는 종국 판결이 집행권원으로 된 집행절차에서 집행채권이 소멸되었다는 실체상의 사유를 경매개시결정에 대한 이의사유로 할 수 없다.

③ 강제경매개시결정에 대한 이의의 재판절차에서는 민사소송법상 재판상 자백이나 의제자백에 관한 규정은 준용되지 아니하고, 이는 민사집행법 제268조에 의하여 담보권실행을 위한 경매절차에도 준용되므로 경매개시결정에 대한 형식적인 절차상의 하자를 이유로 한 임의경매개시결정에 대한 이의의 재판절차에서도 민사소송법상 재판상 자백이나 의제자백에 관한 규정은 준용되지 아니한다.

④ 신청채권자로부터 변제유예를 받았음을 원인으로 한 임의경매개시결정에 대한 이의신청의 기한은 매각대금 완납 시이며 매수의 신고가 있은 후에는 그 이의신청에 최고가매수인 등의 동의가 필요하다.

⑤ 사법보좌관규칙 제2조 제1항 제7호 가목에서는 민사집행법 제86조의 규정에 따른 경매개시결정에 대한 이의신청에 대한 재판을 사법보좌관의 업무범위에서 제외하고 있다. 따라서 사법보좌관이 행한 경매개시결정에 대하여 이의신청이 있는 경우 이에 대한 재판은 판사가 담당한다.

[❶▸ O] 강제경매개시결정에 대하여는 경매개시결정에 대한 이의로 불복신청을 할 수 있고, 이의신청은 개시결정을 한 집행법원에 한다(민사집행법 제86조 제1항). 매각허가여부에 대한 즉시항고로 인하여 기록이 항고심에 있는 경우에도 이의신청은 개시결정을 한 집행법원에 제기하여야 한다. 제요 집행 2

[❷▸ O] 경매개시결정에 대한 이의신청은 민사집행법 제16조의 집행에 관한 이의의 성질을 가지고 있으므로, 임의경매의 경우와 달리 경매신청요건의 흠, 경매개시요건의 흠 등 경매개시결정에 관한 형식적인 절차상의 하자에 대한 불복방법이기 때문에 실체적 권리관계에 관한 사유를 경매개시결정에 대한 이의의 원인으로 주장할 수는 없다(대결 1994.8.27. 94마147, 대결 2010.5.14. 2010마124). 따라서 가집행선고 있는 종국 판결이 집행권원으로 된 집행절차에서 집행채권이 소멸되었다는 실체상의 사유를 경매개시결정에 대한 이의사유로 할 수 없다(대결[전합] 1978.9.30. 77마263). 제요 집행 2

[❸▸ O] 민사집행법 제23조 제1항은 "이 법에 특별한 규정이 있는 경우를 제외하고는 민사집행 및 보전처분의 절차에 관하여는 민사소송법의 규정을 준용한다."고 규정하고 있고, 민사소송법 제288조는 "법원에서 당사자가 자백한 사실과 현저한 사실은 증명을 필요로 하지 아니한다. 다만, 진실에 어긋나는 자백은 그것이 착오로 말미암은 것임을 증명한 때에는 취소할 수 있다."고 규정하고 있다. 그러나 위 민사집행법 제23조 제1항은 민사집행절차에 관하여 민사집행법에 특별한 규정이 없으면 성질에 반하지 않는 범위 내에서 민사소송법의 규정을 준용한다는 취지라 할 것인데, 집행절차상 즉시항고 재판에 관하여 변론주의의 적용이 제한됨을 규정한 민사집행법 제15조 제7항 단서 등과 같이 직권주의가 강화되어 있는 민사집행법하에서 민사집행법 제16조의 집행에 관한 이의의 성질을 가지는 강제경매 개시결정에 대한 이의의 재판절차에 있어서는 민사소송법상 재판상 자백이나 의제자백에 관한 규정은 준용되지 아니한다고 할 것이고, 이는 민사집행법 제268조에 의하여 담보권실행을 위한 경매절차에도 준용되므로 경매개시결정에 대한 형식적인 절차상의 하자를 이유로 한 임의경매 개시결정에 대한 이의의 재판절차에서도 민사소송법상 재판상 자백이나 의제자백에 관한 규정은 준용되지 아니한다고 할 것이다(대결 2015.9.14. 2015마813).

[**❹** ▸ ✕]   신청채권자로부터 변제유예를 받았음을 원인으로 한 임의경매개시결정에 대한 이의신청의 경우, … 이해관계인인 채무자로서는 민사소송법 제728조, 제725조, 제603조의3[현 민사집행법 제86조 (註)]에 의하여 경락대금 완납 시까지는 그 이의를 신청할 수 있고, 매수의 신고가 있은 후에도 그 이의신청에 최고가매수신고인 등의 동의를 필요로 하지는 않는다 할 것이므로, 변제유예 사실이 인정된다면 그 이의신청이 신의칙에 반하거나 권리남용에 해당하는 경우와 같은 특별한 사정이 없는 한 이를 인용하여야 한다(대결 2000.6.28. 99마7385).

[**❺** ▸ ○]   사법보좌관규칙 제2조 제1항 제7호 가목에서는 민사집행법 제86조의 규정에 따른 경매개시결정에 대한 이의신청에 대한 재판을 사법보좌관의 업무범위에서 제외하고 있으므로, <u>사법보좌관이 행한 경매개시결정에 대하여 이의신청이 있는 경우 이에 대한 재판은 판사가 담당한다.</u>   제요 집행 3

답 **❹**

제3항   경매신청의 취하 · 경매절차의 취소

부동산경매신청 취하에 관한 다음 설명 중 가장 옳지 않은 것은?   2025년 법무사시험 [문 21]

① 민사집행법 제87조의 적용을 받는 이중경매개시결정이 있는 때에는 선행사건의 경매신청이 매수신고가 있은 뒤에 취하될 경우 민사집행법 제105조 제1항 제3호의 기재사항(등기된 부동산에 대한 권리 또는 가처분으로서 매각으로 효력을 잃지 아니하는 것)이 바뀌는 경우에는 선행사건의 취하에 최고가매수신고인 등의 동의를 받아야 하고, 반대로 선행사건이 취하되더라도 동법 제105조 제1항 제3호의 기재사항이 바뀌지 아니하는 경우에는 최고가매수신고인 등의 동의를 받을 필요가 없지만, 후행사건이 배당요구의 종기가 지난 후의 신청에 의한 것인 경우에는 선행사건의 취하에 최고가매수신고인 등의 동의를 받아야 한다.

② 매수인의 대금미납으로 재매각명령이 내려진 상태에서 경매신청인이 경매신청을 취하할 경우, 대금 미납으로 재매각절차를 야기한 전 매수인도 경매신청 취하에 대한 동의권자에 해당한다.

③ 임의경매절차가 개시된 후 경매신청의 기초가 된 담보물권이 대위변제에 의하여 이전된 경우에는 경매절차의 진행에는 아무런 영향이 없고, 대위변제자가 경매신청인의 지위를 승계하므로, 종전의 경매신청인이 한 취하는 효력이 없다.

④ 매수인이 대금을 납부한 후에는 경매신청의 취하는 허용되지 아니하고 배당절차를 속행하면 된다.

⑤ 매수신고가 있은 뒤 경매신청을 취하하는 경우에는 최고가매수신고인 또는 매수인과 민사집행법 제114조의 차순위매수신고인의 동의를 받아야 그 효력이 생긴다.

[**❶** ▸ **○**] 민사집행법 제87조의 적용을 받는 이중경매개시결정이 있는 때에는 선행사건의 경매신청이 매수신고가 있은 뒤에 취하될 경우 ㉠ 민사집행법 제105조 제1항 제3호의 기재사항(등기된 부동산에 대한 권리 또는 가처분으로서 매각으로 효력을 잃지 아니하는 것)이 바뀌는 경우에는 선행사건의 취하에 최고가매수신고인 등의 동의를 받아야 하고, ㉡ 반대로 선행사건이 취하되더라도 동법 제105조 제1항 제3호의 기재사항이 바뀌지 아니하는 경우에는 최고가매수신고인 등의 동의를 받을 필요가 없지만, ㉢ 후행사건이 배당요구의 종기가 지난 후의 신청에 의한 것인 경우에는 선행사건의 취하에 최고가매수신고인 등의 동의를 받아야 한다(민사집행규칙 제49조 제1항, 민사집행법 제93조 제2항 참조).

> **민사집행규칙 제49조(경매신청의 취하 등)**
> ① 법 제87조 제1항의 신청(배당요구의 종기가 지난 뒤에 한 신청을 제외한다. 다음부터 이 조문 안에서 같다)이 있는 경우 매수신고가 있은 뒤 압류채권자가 경매신청을 취하하더라도 법 제105조 제1항 제3호 의 기재사항[매각으로 효력을 잃지 아니하는 등기된 부동산에 대한 권리 또는 가처분에 대한 기재사항 (註)]이 바뀌지 아니하는 때에는 법 제93조 제2항의 규정을 적용하지 아니한다.
>
> **민사집행법 제87조(압류의 경합)**
> ① 강제경매절차 또는 담보권 실행을 위한 경매절차를 개시하는 결정을 한 부동산에 대하여 다른 강제경매 의 신청이 있는 때에는 법원은 다시 경매개시결정을 하고, 먼저 경매개시결정을 한 집행절차에 따라 경매한다.
>
> **민사집행법 제93조(경매신청의 취하)**
> ② 매수신고가 있은 뒤 경매신청을 취하하는 경우에는 최고가매수신고인 또는 매수인과 제114조의 차순위 매수신고인의 동의를 받아야 그 효력이 생긴다.

[**❷** ▸ **✕**] 재매각명령이 내려진 이후 전 매수인이 법정의 대금 등을 지급하지 아니한 상태에서 경매신 청인이 경매신청 자체의 취하로써 경매절차를 종결시키고자 하는 경우, <u>원래의 대금지급기일에 그 의무 를 이행하지 아니하여 재매각절차를 야기한 전 매수인은 민사집행법 제93조 제2항이 규정하는 경매신청 취하에 대한 동의권자에 해당하지 아니한다</u>(대결 1999.5.31. 99마468 참조).

[**❸** ▸ **○**] 임의경매절차가 개시된 후 경매신청의 기초가 된 담보물권이 대위변제에 의하여 이전된 경우에는 경매절차의 진행에는 아무런 영향이 없고, 대위변제자가 경매신청인의 지위를 승계하므로, 종전의 경매신청자가 한 취하는 효력이 없다(대결 2001.12.28. 2001마2004).

[**❹** ▸ **○**] 매수인이 대금을 납부한 때에는 목적 부동산의 소유권이 매수인에게 이전하기 때문에, 그 후의 취하는 허용되지 않고, 배당절차를 속행하면 된다.

[**❺** ▸ **○**] 민사집행법 제93조 제2항

> **민사집행법 제93조(경매신청의 취하)**
> ① 경매신청이 취하되면 압류의 효력은 소멸된다.
> ② 매수신고가 있은 뒤 경매신청을 취하하는 경우에는 최고가매수신고인 또는 매수인과 제114조의 차순위 매수신고인의 동의를 받아야 그 효력이 생긴다.
> ③ 제49조 제3호 또는 제6호의 서류를 제출하는 경우에는 제1항 및 제2항의 규정을, 제49조 제4호의 서류를 제출하는 경우에는 제2항의 규정을 준용한다.

답 ❷

부동산에 대한 경매신청의 취하에 관한 다음 설명 중 가장 옳지 않은 것은?(다툼이 있는 경우 판례·예규에 따르고 전원합의체 판결의 경우 다수의견에 의함) **2020년 법무사시험 [문 2]**

① 매수신고가 있은 뒤 경매신청을 취하하는 경우에는 최고가매수신고인 또는 매수인과 민사집행법 제114조의 차순위매수신고인의 동의를 받아야 그 효력이 생긴다.

② 경매신청이 취하되면 법원사무관등은 경매개시결정을 송달받은 채무자와 경매절차의 이해관계인에게 그 취지를 통지하여야 한다.

③ 매수인의 대금 미납으로 재매각명령이 내려진 상태에서 경매신청인이 경매신청을 취하할 경우, 대금 미납으로 재매각절차를 야기한 전 매수인은 경매신청 취하에 대한 동의권자에 해당하지 아니한다.

④ 임의경매절차가 개시된 후 경매신청의 기초가 된 담보물권이 대위변제에 의하여 이전된 경우에는 경매절차의 진행에는 아무런 영향이 없고, 대위변제자가 경매신청인의 지위를 승계하므로, 종전의 경매신청인이 한 취하는 효력이 없다.

⑤ 경매신청이 취하된 경우에는 특별한 사정이 없는 한 압류로 인한 소멸시효 중단의 효력은 물론, 첫 경매개시결정등기 전에 등기되었고 매각으로 소멸하는 저당권을 가진 채권자의 채권신고로 인한 소멸시효 중단의 효력도 소멸한다.

···

[❶ ▸ ○] 매수신고가 있은 뒤 경매신청을 취하하는 경우에는 최고가매수신고인 또는 매수인과 제114조의 차순위매수신고인의 동의를 받아야 그 효력이 생긴다(민사집행법 제93조 제2항).

[❷ ▸ ✕] 민사집행을 개시하는 결정이 상대방에게 송달된 후 민사집행의 신청이 취하된 때에는 법원사무관등은 <u>상대방에게</u> 그 취지를 통지하여야 한다(민사집행규칙 제16조). 즉, 상대방인 채무자에게는 그 취지를 통지하여야 하나, 이해관계인에게는 통지하지 아니한다.

[❸ ▸ ○] 재매각명령이 내려진 이후 전 매수인이 법정의 대금 등을 지급하지 아니한 상태에서 경매신청인이 경매신청 자체의 취하로써 경매절차를 종결시키고자 하는 경우, 원래의 대금지급기일에 그 의무를 이행하지 아니하여 재매각절차를 야기한 전 매수인은 같은 법 제93조 제2항이 규정하는 경매신청 취하에 대한 동의권자에 해당하지 아니한다(대결 1999.5.31. 99마468).

[❹ ▸ ○] 임의경매절차가 개시된 후 경매신청의 기초가 된 담보물권이 대위변제에 의하여 이전된 경우에는 경매절차의 진행에는 아무런 영향이 없고, 대위변제자가 경매신청인의 지위를 승계하므로, 종전의 경매신청인이 한 취하는 효력이 없다(대결 2001.12.28. 2001마2094).

[❺ ▸ ○] 저당권으로서 첫 경매개시결정등기 전에 등기되었고 매각으로 소멸하는 것을 가진 채권자는 담보권을 실행하기 위한 경매신청을 할 수 있을뿐더러 다른 채권자의 신청에 의하여 개시된 경매절차에서 배당요구를 하지 않아도 당연히 배당에 참가할 수 있는데, 이러한 채권자가 채권의 유무, 그 원인 및 액수를 법원에 신고하여 권리를 행사하였다면 그 채권신고는 민법 제168조 제2호의 압류에 준하는 것으로서 신고된 채권에 관하여 소멸시효를 중단하는 효력이 생긴다. 그러나 민법 제175조에 "압류, 가압류 및 가처분은 권리자의 청구에 의하여 또는 법률의 규정에 따르지 아니함으로 인하여 취소된 때에는 시효중단의 효력이 없다"고 규정하고, 민사집행법 제93조 제1항에 "경매신청이 취하되면 압류의 효력은 소멸된다"고 규정하고 있으므로 경매신청이 취하되면 특별한 사정이 없는 한 압류로 인한 소멸시효 중단의 효력이 소멸하는 것과 마찬가지로 위와 같이 첫 경매개시결정등기 전에 등기되었고 매각으로 소멸하는 저당권을 가진 채권자의 채권신고로 인한 소멸시효 중단의 효력도 소멸한다(대판 2010.9.9. 2010다28031).

답 ❷

36
□□□

① 乙, 丙, 丁 사이의 배당관계에 있어서 丙은 乙에 대하여는 우선변제권을 주장할 수 없으므로 1차로 채권액에 따른 안분비례에 의하여 평등배당을 받은 다음, 丁에 대하여는 우선변제권이 인정되므로 丁이 받을 배당액으로부터 자기의 채권액을 만족시킬 때까지 이를 흡수하여 배당받을 수 있다.

② 甲의 소유권이전등기청구권가등기는 매각으로 효력을 잃지 아니한다.

③ 매수인이 위 부동산에 대한 매각허가결정을 받아 매각대금을 내고 소유권을 취득한 후에 甲이 가등기에 기한 본등기를 함으로써 그 취득한 소유권을 상실한 경우에는 부동산의 매각 등으로 말미암아 권리를 이전할 수 없는 사정이 명백하게 되었음을 이유로 경매절차의 취소결정을 받을 수 있다.

④ 매각물건명세서의 최선순위 설정에는 乙의 가압류의 등기일자를 기재한다.

⑤ 만일 사안에서 甲의 소유권이전등기청구권가등기에 대하여 권리신고가 되지 않아 담보가등기인지 순위보전의 가등기인지 알 수 없는 경우라면 집행법원으로서는 일단 이를 순위보전을 위한 가등기로 보아 매수인에게 그 부담이 인수될 수 있다는 취지를 매각물건명세서에 기재한 후 그에 기하여 경매절차를 진행하면 족한 것이지, 반드시 그 가등기가 담보가등기인지 순위보전의 가등기인지 밝혀질 때까지 경매절차를 중지하여야 하는 것은 아니다.

··

[❶▸○] 부동산에 대하여 가압류등기가 먼저 되고 나서 근저당권설정등기가 마쳐진 경우에 그 근저당권등기는 가압류에 의한 처분금지의 효력 때문에 그 집행보전의 목적을 달성하는 데 필요한 범위 안에서 가압류채권자에 대한 관계에서만 상대적으로 무효이다. 위의 경우 가압류채권자와 근저당권자 및 근저당권설정등기 후 강제경매신청을 한 압류채권자 사이의 배당관계에 있어서, 근저당권자는 선순위 가압류채권자에 대하여는 우선변제권을 주장할 수 없으므로 1차로 채권액에 따른 안분비례에 의하여 평등배당을 받은 다음, 후순위 경매신청압류채권자에 대하여는 우선변제권이 인정되므로 경매신청압류채권사가 받을 배당액으로부터 자기의 채권액을 만족시킬 때까지 이를 흡수하여 배당받을 수 있다(대결 1994.11.29. 94마417).

[❷▸○] 담보목적이 아닌 소유권이전등기청구권 보전의 가등기가 최선순위일 경우에는, 매각으로 소멸되지 아니한다.

[❸▸✕] 소유권에 관한 가등기의 목적이 된 부동산을 낙찰받아 낙찰대금까지 납부하여 그 소유권을 취득한 매수인이 그 뒤 가등기에 기한 본등기가 경료됨으로써 일단 취득한 소유권을 상실하게 된 때에는 매각으로 인하여 소유권의 이전이 불가능하였던 것이 아니므로, 민사집행법 제96조에 따라 집행법원으로부터 그 경매절차의 취소결정을 받아 납부한 낙찰대금을 반환받을 수는 없다(대결 1997.11.11. 96그64). 매수인이 경매절차에서 부동산에 대한 매각허가결정을 받아 매각대금까지 내고 소유권을 취득하였으면, 그 후 매매의 목적물의 권리가 타인에게 속하게 되거나 매매의 목적이 된 부동산에 설정된 담보권이 실행되는 등의 사유로 소유권을 상실하게 되더라도 부동산의 매각 등으로 소유권의 이전이 불가능하였던 것은 아니다. 따라서 이러한 사유는 민사집행법 제268조, 제96조 제1항에서 정한 경매절차의 취소사유에 해당하지 않는다(대결 2017.4.19. 2016그172).

[④ ▸ ○] 매각으로 소멸되는 가등기담보권, 가압류, 전세권의 등기일자가 최선순위 저당권등기일자 보다 빠른 경우에는 그 등기일자를 기재한다(매각물건명세서 [전산양식-A3340]).

[⑤ ▸ ○] 부동산의 강제경매절차에서 경매목적부동산이 낙찰된 때에도 소유권이전등기청구권의 순위보전을 위한 가등기는 그보다 선순위의 담보권이나 가압류가 없는 이상 담보목적의 가등기와는 달리 말소되지 아니한 채 매수인에게 인수되는 것인바, 권리신고가 되지 않아 담보가등기인지 순위보전의 가등기인지 알 수 없는 경우에도 그 가등기가 등기부상 최선순위이면 집행법원으로서는 일단 이를 순위보전을 위한 가등기로 보아 매수인에게 그 부담이 인수될 수 있다는 취지를 입찰물건명세서에 기재한 후 그에 기하여 경매절차를 진행하면 족한 것이지, 반드시 그 가등기가 담보가등기인지 순위보전의 가등기인지 밝혀질 때까지 경매절차를 중지하여야 하는 것은 아니다(대결 2003.10.6. 2003마1438).

답 ❸

제4항 ▸ 매각절차에서 당사자의 승계

37

채무자의 사망과 집행절차에 관한 다음 설명 중 가장 옳지 않은 것은?
2022년 법무사시험 [문 35]

① 강제집행개시 전에 사망한 채무자에 대한 채권자가 상속재산에 대하여 강제집행을 하기 위해서는 승계집행문을 부여받아 경매신청을 하여야 한다.

② 사망자를 상대로 부동산에 관한 강제경매를 신청해서 개시결정이 난 다음 사망사실이 밝혀진 경우 경매절차를 중지하고 신청채권자로 하여금 대위상속등기를 하게 한 뒤 경매절차를 진행할 수 있다.

③ 담보권 실행을 위한 경매절차에서 채무자나 소유자가 이미 사망하였음에도 경매신청인이 사망자를 채무자(소유자)로 표시해 경매신청하여 경매개시결정을 하였다면, 경정결정에 의하여 채무자(소유자)의 표시를 고칠 수 있다.

④ 강제집행을 개시한 다음 채무자가 사망한 경우에는 상속재산에 대하여 강제집행을 계속하여 진행하며, 이는 담보권 실행을 위한 경매절차도 마찬가지이다.

⑤ 담보권 실행을 위한 경매절차에서 그 경매신청 전에 부동산 소유자가 사망하여 경매신청인이 상속인을 대위하여 상속등기를 마친 경우 그 상속등기비용은 집행비용에 해당하므로, 이를 배당할 금액에서 공제한 후 배당표를 작성하여야 한다.

....

[❶ ▸ ○] 경매개시결정 전에 이미 채무자가 사망한 경우 상속인에 대하여 강제집행의 요건을 구비한 후에 강제집행을 하여야 하므로 채권자는 승계집행문을 부여받아 경매신청을 하여야 한다.
제요 집행 2

[❷ ▸ ✕] 경매개시결정 당시에 이미 소유자, 채무자가 사망하였음에도 이를 간과하고 강제경매신청을 하여 개시결정이 난 후 사망사실이 밝혀지면 <u>개시결정을 취소하고 강제경매신청을 각하한다.</u>
제요 집행 2

[❸ ▸ ○] 저당권 실행의 경매신청에는 판결절차에 있어서와 같은 상대방은 없는 것이므로 경매개시결정 당시 이미 채무자나 소유자가 사망하였었다 하여도 후에 이를 경정하여 채무자나 소유자의 표시를 고칠 수 있을 뿐 경매개시결정의 효력 자체에는 영향이 없다(대결 1964.5.16. 64마258).

[**④** ▶ **○**] 민사집행법 제52조 제1항, 제275조

> **민사집행법 제52조(집행을 개시한 뒤 채무자가 죽은 경우)**
> ① 강제집행을 개시한 뒤에 채무자가 죽은 때에는 상속재산에 대하여 강제집행을 계속하여 진행한다.
>
> **민사집행법 제275조(준용규정)**
> 이 편에 규정한 경매 등 절차에는 제42조 내지 제44조 및 제46조 내지 제53조의 규정을 준용한다.

[**⑤** ▶ **○**] 집행비용에 관한 민사집행법 제53조 제1항은 담보권 실행을 위한 경매절차에도 준용된다(민사집행법 제275조). 부동산을 목적으로 하는 담보권 실행을 위한 경매절차에서 그 경매신청 전에 부동산의 소유자가 사망하였으나 그 상속인이 상속등기를 마치지 않아 경매신청인이 경매절차의 진행을 위하여 부득이 상속인을 대위하여 상속등기를 마쳤다면 그 상속등기를 마치기 위해 지출한 비용은 담보권 실행을 위한 경매를 직접 목적으로 하여 지출된 비용으로서 그 경매절차의 준비 또는 실시를 위하여 필요한 비용이고, 나아가 그 경매절차에서 모든 채권자를 위해 체당한 공익비용이므로 집행비용에 해당한다(대판 2021.10.14. 2016다201197). 따라서 이를 배당할 금액에서 공제한 후 배당표를 작성하여야 한다.

답 ❷

---

38 □□□ 부동산경매절차에서 당사자의 승계에 관한 다음 설명 중 가장 옳은 것은?

2021년 법무사시험 [문 31]

① 강제경매절차에서 경매개시 전 채무자가 사망한 사실이 경매 개시결정 후에 밝혀지면 채권자는 상속인들에 대한 승계집행문과 승계집행문 송달증명원을 발급받아 경매개시결정경정신청을 하여야 한다.

② 담보권 실행을 위한 경매는 그 근저당권설정등기에 표시된 채무자 및 저당 부동산의 소유자와의 관계에서 그 절차가 진행되는 것이므로, 그 절차의 개시 전 또는 진행 중에 채무자나 소유자가 사망하였다면 그 재산상속인들이 그 사망 사실을 밝히고 자신을 이해관계인으로 취급하여 줄 것을 신청하여야만 속행할 수 있다.

③ 담보권 실행을 위한 경매절차에서 경매개시결정 당시 이미 채무자나 소유자가 사망하였다면 후에 이를 경정하여 채무자나 소유자의 표시를 고쳤다고 하더라도 경매개시결정의 효력은 인정될 수 없다.

④ 강제경매를 개시한 후 신청채권자가 승계된 경우에 승계인이 자기를 위하여 강제집행의 속행을 신청하는 때에는 민사집행법 제31조(승계집행문)에 규정된 집행문이 붙은 집행권원의 정본을 제출하여야 한다.

⑤ 강제집행을 개시한 뒤에 채무자가 죽은 때에 상속재산에 대하여 강제집행을 계속하여 진행하기 위하여 신청채권자는 승계집행문을 발급받아 집행법원에 제출하여야 한다.

....

[**❶** ▶ **✕**] 경매개시결정 전에 이미 채무자가 사망한 경우 상속인에 대하여 강제집행의 요건을 구비한 후에 강제집행을 하여야 하므로 채권자는 승계집행문을 부여받아 경매신청을 하여야 하고, 경매개시결정 당시에 이미 소유자, 채무자가 사망하였음에도 이를 간과하고 강제경매신청을 하여 개시결정이 난 후 사망사실이 밝혀지면 개시결정을 취소하고 강제경매신청을 각하한다. 제요 집행 2

[❷▸✕] 부동산에 대한 근저당권의 실행을 위한 경매는 그 근저당권설정등기에 표시된 채무자 및 저당 부동산의 소유자와의 관계에서 그 절차가 진행되는 것이므로, 그 절차의 개시 전 또는 진행 중에 채무자나 소유자가 사망하였다고 하더라도 그 재산상속인들이 경매법원에 대하여 그 사망 사실을 밝히고 자신을 이해관계인으로 취급하여 줄 것을 신청하지 아니한 이상 그 절차를 속행하여 저당 부동산의 낙찰을 허가하였다고 하더라도 그 허가결정에 위법이 있다고 할 수 없다(대결 1998.12.23. 98마2509).

[❸▸✕] 저당권 실행의 경매신청에는 판결절차에 있어서와 같은 상대방은 없는 것이므로 경매개시결정 당시 이미 채무자나 소유자가 사망하였었다 하여도 후에 이를 경정하여 채무자나 소유자의 표시를 고칠 수 있을 뿐 경매개시결정의 효력 자체에는 영향이 없다(대결 1964.5.16. 64마258).

[❹▸○] 강제집행을 개시한 후 신청채권자가 승계된 경우에 승계인이 자기를 위하여 강제집행의 속행을 신청하는 때에는 법 제31조(법 제57조의 규정에 따라 준용되는 경우를 포함한다)에 규정된 집행문이 붙은 집행권원의 정본을 제출하여야 한다(민사집행규칙 제23조 제1항).

[❺▸✕] 강제집행을 개시한 뒤에 채무자가 죽은 때에는 상속재산에 대하여 강제집행을 계속하여 진행하므로(민사집행법 제52조 제1항), 이 경우 상속인에 대한 승계집행문을 요하지 않는다.

 제요 집행 2

답 ❹

제5항 **이중경매(압류의 경합)**

39
□□□ **이중경매에 관한 다음 설명 중 가장 옳지 않은 것은?**   **2025년 법무사시험 [문 13]**

① 법원이 이중경매 신청에 기한 경매개시결정을 하면서 그 결정을 채무자에게 송달함이 없이 경매절차를 진행하였더라도, 매각대금납부의 효력이 부정되는 것은 아니다.

② 강제경매절차를 개시하는 결정을 한 부동산에 대하여 다른 강제경매의 신청이 있는 때에는 법원은 다시 경매개시결정을 하고, 먼저 경매개시결정을 한 집행절차에 따라 경매한다.

③ 이중경매개시결정을 하는 경우, 선행 경매신청이 취하되거나 그 절차가 취소 또는 정지된 경우 선행한 경매절차의 결과는 후행한 경매절차에서 유효한 범위에서 그대로 승계되어 이용된다. 따라서 선행 경매절차에서 경매채무자가 주소변경신고를 하였다면 선행절차가 취소되더라도 그 주소변경신고는 후행절차에 의하여 속행된 경매절차에서 효력이 있다.

④ 먼저 경매개시결정을 한 경매절차가 정지된 경우 법원은 신청에 따라 결정으로 뒤의 경매개시결정(배당요구의 종기까지 행하여진 신청에 의한 것에 한함)에 기초하여 절차를 계속하여 진행할 수 있다.

⑤ 강제경매개시 후 압류채권자에 우선하는 저당권자 등이 경매신청을 하여 이중경매개시결정이 되어 있는 경우, 경매취소사유인 '남을 가망이 없을 경우'의 해당 여부와 관련하여 최저매각가격과 비교해야 할 우선채권의 범위를 정하는 기준이 되는 권리는 그 절차에서 경매개시결정을 받은 채권자 중 최우선순위권리자의 권리로 보아야 한다.

[**❶ ▸ ✕**] 집행법원이 이중경매 신청에 기한 경매개시결정을 하면서 그 결정을 채무자에게 송달함이 없이 경매절차를 진행하였다면 그 경매는 경매개시결정이 효력을 발생하지 아니한 상태에서 이루어진 것이어서 당연히 무효라고 보아야 하므로, 그 개시결정이 채무자에게 송달되기 전에 매각대금의 납부를 명하고 이에 따라 매각대금을 납부한 것은 경매절차를 속행할 수 없는 상태에서의 대금납부로서 부적법 하여 대금납부의 효력을 인정할 수 없다(대결 1995.7.11. 95마147).

[**❷ ▸ ○**] 민사집행법 제87조 제1항

> **민사집행법 제87조(압류의 경합)**
> ① 강제경매절차 또는 담보권 실행을 위한 경매절차를 개시하는 결정을 한 부동산에 대하여 다른 강제경매의 신청이 있는 때에는 법원은 다시 경매개시결정을 하고, 먼저 경매개시결정을 한 집행절차에 따라 경매한다.
> ② 먼저 경매개시결정을 한 경매신청이 취하되거나 그 절차가 취소된 때에는 법원은 제91조 제1항의 규정에 어긋나지 아니하는 한도 안에서 뒤의 경매개시결정에 따라 절차를 계속 진행하여야 한다.
> ③ 제2항의 경우에 뒤의 경매개시결정이 배당요구의 종기 이후의 신청에 의한 것인 때에는 집행법원은 새로이 배당요구를 할 수 있는 종기를 정하여야 한다. 이 경우 이미 제84조 제2항 또는 제4항의 규정에 따라 배당요구 또는 채권신고를 한 사람에 대하여는 같은 항의 고지 또는 최고를 하지 아니한다.

[**❸ ▸ ○**] 강제경매 또는 담보권실행을 위한 경매개시결정이 이루어진 부동산에 대하여 다른 채권자로부터 또다시 경매신청이 있어 이중경매개시결정을 하는 경우에 먼저 개시결정한 경매신청이 취하되거나 그 절차가 취소 또는 정지되지 아니하는 이상 뒤의 경매개시결정에 의하여 경매절차를 진행할 수는 없는 것이지만, 선행한 경매신청이 취하되거나 그 절차가 취소 또는 정지된 경우에는 후행의 경매신청인을 위하여 그때까지 진행되어 온 선행의 경매절차를 인계하여 당연하게 경매절차를 속행하여야 하는 것이고, 이 경우에 선행한 경매절차의 결과는 후행한 경매절차에서 유효한 범위에서 그대로 승계되어 이용되는 것이므로, 선행한 경매절차에서 경매채무자가 주소변경신고를 하였다면 선행절차가 취소되었다고 하더라도 그 주소변경신고는 후행절차에 의하여 속행된 경매절차에서 당연하게 효력이 있다(대판 2001.7.10. 2000다66010).

[**❹ ▸ ○**] 민사집행법 제87조 제4항

> **민사집행법 제87조(압류의 경합)**
> ④ 먼저 경매개시결정을 한 경매절차가 정지된 때에는 법원은 신청에 따라 결정으로 뒤의 경매개시결정(배당요구의 종기까지 행하여진 신청에 의한 것에 한한다)에 기초하여 절차를 계속하여 진행할 수 있다. 다만, 먼저 경매개시결정을 한 경매절차가 취소되는 경우 제105조 제1항 제3호의 기재사항이 바뀔 때에는 그러하지 아니하다.
> ⑤ 제4항의 신청에 대한 재판에 대하여는 즉시항고를 할 수 있다.

[**❺ ▸ ○**] 강제경매개시 후 압류채권자에 우선하는 저당권자 등이 경매신청을 하여 이중경매개시결정이 되어 있는 경우에는 절차의 불필요한 지연을 막기 위해서라도 민사집행법 제102조가 규정한 최저경매가격과 비교하여야 할 우선채권의 범위를 정하는 기준이 되는 권리는 그 절차에서 경매개시결정을 받은 채권자 중 최우선순위권리자의 권리로 봄이 옳다(대결 2012.12.21. 2012마379).

답 ❶

40

이중경매에 관한 다음 설명 중 가장 옳지 않은 것은?

① 이중경매신청이 선행사건의 배당요구종기 전에 있는 경우, 선행사건의 경매신청취하가 매수신고가 있은 뒤 있더라도 매각으로 효력을 잃지 아니하는 등기된 부동산에 대한 권리 또는 가처분에 대한 기재사항이 바뀌지 아니하는 때에는 최고가매수신고인 등의 동의를 받을 필요가 없다.

② 이중경매신청은 매각대금 납부 시까지 할 수 있으나 배당요구의 종기까지 이중경매신청을 하지 않으면 압류채권자의 자격으로 배당받을 채권자가 될 수 없다.

③ 선행 경매신청 채권자를 기준으로 하여서는 잉여의 가망이 없더라도, 후행 경매신청 채권자가 저당권자 등으로서 선행 경매신청 채권자보다 우선하는 권리를 가진 자라면 후행 경매신청 채권자의 채권을 기준으로 잉여의 가망 여부를 판단하고 잉여의 가능성이 있으면 선행 경매절차를 그대로 진행하여야 한다.

④ 선행한 경매신청이 취하되어 후행사건에 기한 절차 진행을 하는 경우, 선행한 경매절차의 결과는 후행한 경매절차에서 유효한 범위에서 그대로 승계되어 이용되는 것이나, 선행한 경매절차에서 한 경매채무자의 주소변경신고의 효력은 후행경매절차에 당연하게 효력이 있는 것은 아니다.

⑤ 이중경매개시결정이 있고 선행사건의 집행절차에 따라 경매가 진행되는 경우, 이해관계인의 범위도 선행의 경매사건을 기준으로 정하여야 한다.

....

[**❶** ▸ ○] 이중경매개시결정이 된 때에는 선행사건의 압류채권자가 신청을 취하하여도 후행사건에 따라 절차가 계속 진행된다(민사집행법 제87조 제2항 참조). 따라서 민사집행법 제105조 제1항 제3호의 기재사항이 바뀌지 아니하는 경우에는 매각조건에 변동이 없어 최고가매수신고인 등은 취하에 의하여 아무런 영향을 받지 않으므로 최고가매수신고인 등의 동의를 받을 필요가 없다(민사집행법 제93조 제2항, 민사집행규칙 제49조 제1항 참조).

민사집행규칙 제49조(경매신청의 취하 등)

① 법 제87조 제1항의 신청(배당요구의 종기가 지난 뒤에 한 신청을 제외한다. 다음부터 이 조문 안에서 같다)이 있는 경우 매수신고가 있은 뒤 압류채권자가 경매신청을 취하하더라도 법 제105조 제1항 제3호의 기재사항(등기된 부동산에 대한 권리 또는 가처분으로서 매각으로 효력을 잃지 아니하는 것)이 바뀌지 아니하는 때에는 법 제93조 제2항의 규정을 적용하지 아니한다.

민사집행법 제87조(압류의 경합)

① 강제경매절차 또는 담보권 실행을 위한 경매절차를 개시하는 결정을 한 부동산에 대하여 다른 강제경매의 신청이 있는 때에는 법원은 다시 경매개시결정을 하고, 먼저 경매개시결정을 한 집행절차에 따라 경매한다.

민사집행법 제93조(경매신청의 취하)

② 매수신고가 있은 뒤 경매신청을 취하하는 경우에는 최고가매수신고인 또는 매수인과 제114조의 차순위매수신고인의 동의를 받아야 그 효력이 생긴다.

[**❷ ▸ ○**] 매각허가결정선고 후에도 먼저 한 경매신청이 취하되거나 그 절차가 취소되는 경우도 있으므로 매수인이 대금을 완납하여 그 부동산의 소유권이 채무자로부터 매수인에게 이전될 때까지는 이중경매신청을 할 수 있다고 봄이 상당하다(대결 1972.6.21. 72마507, 대결 1978.11.15. 78마285 등 참조). 다만 배당요구의 종기 이후에 이중경매신청을 한 자는 선행의 경매사건으로 절차가 진행되는 한 매각대금의 배당에 참가할 수 없다(민사집행법 제148조 제1호). `제요 집행 2` 이와 관련하여 판례는, 임의경매에 있어서 매수인은 경락허가결정확정 후 경락대금의 완납을 정지조건으로 경매의 목적인 권리를 취득하므로 매수인이 경락대금을 납부할 때까지는 다른 경매신청을 할 수 있고 따라서 대금납부 전까지는 기록첨부를 할 수 있다고 보아야 할 것이라고 판시하고 있다(대판 1972.6.21. 72마507).

[**❸ ▸ ○**] 강제경매개시 후 압류채권자에 우선하는 저당권자 등이 경매신청을 하여 이중경매개시결정이 되어 있는 경우에는 절차의 불필요한 지연을 막기 위해서라도 민사집행법 제102조가 규정한 최저경매가격과 비교하여야 할 우선채권의 범위를 정하는 기준이 되는 권리는 그 절차에서 경매개시결정을 받은 채권자 중 최우선순위권리자의 권리로 봄이 옳다(대결 2012.12.21. 2012마379).

[**❹ ▸ ✕**] 강제경매 또는 담보권실행을 위한 경매개시결정이 이루어진 부동산에 대하여 다른 채권자로부터 또다시 경매신청이 있어 이중경매개시결정을 하는 경우에 먼저 개시결정한 경매신청이 취하되거나 그 절차가 취소 또는 정지되지 아니하는 이상 뒤의 경매개시결정에 의하여 경매절차를 진행할 수는 없는 것이지만, 선행한 경매신청이 취하되거나 그 절차가 취소 또는 정지된 경우에는 후행의 경매신청인을 위하여 그때까지 진행되어 온 선행의 경매절차를 인계하여 당연하게 경매절차를 속행하여야 하는 것이고, 이 경우에 선행한 경매절차의 결과는 후행한 경매절차에서 유효한 범위에서 그대로 승계되어 이용되는 것이므로, <u>선행한 경매절차에서 경매채무자가 주소변경신고를 하였다면 선행절차가 취소되었다고 하더라도 그 주소변경신고는 후행절차에 의하여 속행된 경매절차에서 당연하게 효력이 있다</u>(대판 2001.7.10. 2000다66010).

[**❺ ▸ ○**] 이중경매개시결정이 있더라도 선행 개시결정의 효력이 유지되는 한 매각절차는 먼저 개시결정한 선행사건의 집행절차에 따라 진행하여야 한다. 따라서 이해관계인의 범위, 매각기일의 통지, 이의, 항고 등의 적법 여부 등도 선행의 경매사건을 기준으로 정한다. `제요 집행 2`

답 ❹

41 □□□

체납처분에 의한 압류와 민사집행법에 따른 압류가 경합하는 경우에 관한 다음 설명 중 가장 옳지 않은 것은?

2021년 법무사시험 [문 17]

① 현행법상 체납처분절차와 민사집행절차는 별개의 절차이고 두 절차 상호 간의 관계를 조정하는 법률의 규정이 없어 한쪽의 절차가 다른 쪽의 절차에 간섭할 수 없으므로, 체납처분에 의하여 압류된 채권에 대하여도 민사집행법에 따라 압류 및 추심명령을 할 수 있고, 그 반대로 민사집행법에 따른 압류 및 추심명령의 대상이 된 채권에 대하여도 체납처분에 의한 압류를 할 수 있다.

② 제3채무자는 체납처분에 따른 압류채권자와 민사집행절차에서 압류 및 추심명령을 받은 채권자 중 어느 한쪽의 청구에 응하여 그에게 채무를 변제하고 변제부분에 대한 채무의 소멸을 주장할 수 있으며, 또한 민사집행법 제248조 제1항에 따른 집행공탁을 하여 면책될 수도 있다.

③ 우선권 있는 채권에 기한 체납처분에 의한 압류에 관하여서는 피압류채권의 일부를 특정하여 압류한 경우 그 특정한 채권부분에 한하여 압류의 효력이 미치는 것이며 그 후 강제집행에 의한 압류가 있고 그 압류된 금액의 합계가 피압류채권의 총액을 초과한다고 하더라도 그 압류의 효력이 피압류채권 전액으로 확장되지 아니하므로 나머지 부분에 대하여는 압류경합이 되는 것은 아니다.

④ 민사집행법에 따른 압류 및 추심명령과 체납처분에 의한 압류가 경합한 후 제3채무자가 민사집행절차에서 압류 및 추심명령을 받은 채권자의 추심청구에 응하거나 민사집행법 제248조 제1항에 따른 집행공탁을 하게 되면, 피압류채권은 소멸하게 되고 이러한 효력은 체납처분에 의한 압류채권자에 대하여도 미치므로 체납처분에 의한 압류는 그 목적을 달성하여 효력을 상실한다.

⑤ 체납처분에 의한 압류는, 비록 민사집행절차에서 압류명령을 받은 채권자의 전속적인 만족을 배제하고 배당절차를 거쳐야만 하게 하는 민사집행법 제229조 제5항의 '다른 채권자의 압류'나 민사집행법 제236조 제2항의 '다른 압류'에는 해당하지 않지만, 제3채무자에게 채무자에 대한 지급을 금지하고 채무자에게 채권의 처분과 영수를 금지하는 효력을 가지는 것으로서 그 자체만을 이유로 집행공탁을 할 수 있는 민사집행법 제248조 제1항의 '압류'에는 포함된다.

· ·

[**❶ ▸ O**] 현행법상 체납처분절차와 민사집행절차는 별개의 절차이고 두 절차 상호 간의 관계를 조정하는 법률의 규정이 없으므로, 한쪽의 절차가 다른 쪽의 절차에 간섭할 수 없는 반면, 쌍방 절차에서 각 채권자는 서로 다른 절차에 정한 방법으로 다른 절차에 참여하게 된다. 따라서 체납처분에 따라 압류된 채권에 대하여도 민사집행법에 따라 압류 및 추심명령을 할 수 있고, 민사집행절차에서 압류 및 추심명령을 받은 채권자는 제3채무자를 상대로 추심의 소를 제기할 수 있다. 제3채무자는 압류 및 추심명령에 선행하는 체납처분에 의한 압류가 있어 서로 경합된다는 사정만을 내세워 민사집행절차에서 압류 및 추심명령을 받은 채권자의 추심청구를 거절할 수 없고, 또한 민사집행절차에 따른 압류가 근로기준법에 따라 우선변제권을 가지는 임금 등 채권에 기한 것이라는 등의 사정을 내세워 체납처분에 의한 압류채권자의 추심청구를 거절할 수도 없다(대판 2015.7.9. 2013다60982).

[**❷ ▸ O**] 제3채무자는 체납처분에 따른 압류채권자와 민사집행절차에서 압류 및 추심명령을 받은 채권자 중 어느 한쪽의 청구에 응하여 그에게 채무를 변제하고 변제부분에 대한 채무의 소멸을 주장할 수 있으며, 또한 민사집행법 제248조 제1항에 따른 집행공탁을 하여 면책될 수도 있다. 그리고 체납처분에 의한 압류채권자가 제3채무자에게서 압류채권을 추심하면 국세징수법에 따른 배분절차를 진행하는 것과 마찬가지로, 민사집행절차에서 압류 및 추심명령을 받은 채권자가 제3채무자에게서 압류채권을 추심한 경우에는 민사집행법 제236조 제2항에 따라 추심한 금액을 바로 공탁하고 사유를 신고하여야 한다(대판 2015.7.9. 2013다60982).

84 PART 5 민사집행법

[❸ ▸ ○] 체납처분에 의한 채권압류에 관한 국세징수법 제43조의 규정취지에 비추어 보면 이는 채권의 일부가 압류된 후에 그 나머지 부분을 초과하여 다시 압류명령이 발하여진 때에는 각 압류의 효력은 그 채권의 전부에 미친다고 하는 일반채권에 기한 강제집행에 있어서의 압류경합의 경우와 다르다고 할 것으로서 우선권 있는 채권에 기한 체납처분에 의한 압류에 관하여서는 피압류채권의 일부를 특정하여 압류한 경우 그 특정한 채권부분에 한하여 압류의 효력이 미치는 것이며 그 후 강제집행에 의한 압류가 있고 그 압류된 금액의 합계가 피압류채권의 총액을 초과한다고 하더라도 그 압류의 효력이 피압류채권 전액으로 확장되지 아니한다고 할 것이므로 나머지 부분에 대하여는 압류경합이 되는 것은 아니라고 할 것이다(대판 1991.10.11. 91다12233).

[❹ ▸ ○] 민사집행법에 따른 압류 및 추심명령과 체납처분에 의한 압류가 경합한 후 제3채무자가 민사집행절차에서 압류 및 추심명령을 받은 채권자의 추심청구에 응하거나 민사집행법 제248조 제1항에 따른 집행공탁을 하게 되면, 피압류채권은 소멸하게 되고 이러한 효력은 민사집행절차에서 압류 및 추심명령을 받은 채권자에 대하여는 물론 체납처분에 의한 압류채권자에 대하여도 미치므로, 민사집행법에 따른 압류 및 추심명령과 함께 체납처분에 의한 압류도 목적을 달성하여 효력을 상실한다. 따라서 민사집행절차에서 압류 및 추심명령을 받은 채권자뿐만 아니라 체납처분에 의한 압류채권자의 지위도 민사집행법상의 배당절차에서 배당을 받을 채권자의 지위로 전환되므로, 체납처분에 의한 압류채권자가 공탁사유신고 시나 추심신고 시까지 민사집행법 제247조에 의한 배당요구를 따로 하지 않았다고 하더라도 배당절차에 참가할 수 있다(대판 2015.8.27. 2013다203833).

[❺ ▸ ×] 체납처분에 의한 압류는, 비록 그 자체만을 이유로 집행공탁을 할 수 있는 민사집행법 제248조 제1항의 '압류'에는 포함되지 않지만, 제3채무자에게 채무자에 대한 지급을 금지하고 채무자에게 채권의 처분과 영수를 금지하는 효력을 가지는 것으로서 민사집행절차에서 압류명령을 받은 채권자의 전속적인 만족을 배제하고 배당절차를 거쳐야만 하게 하는 민사집행법 제229조 제5항의 '다른 채권자의 압류'나 민사집행법 제236조 제2항의 '다른 압류'에는 해당한다(대판 2015.8.27. 2013다203833).

답 ❺

42 ☐☐☐ 배당요구 등에 관한 다음 설명 중 가장 옳지 않은 것은?　　　2025년 법무사시험 [문 5]

① 집행력 있는 정본을 가진 배당요구채권자는 압류채권자가 제기하는 추심소송에 공동소송참가를 할 수 있고, 압류채권자가 추심절차를 게을리한 때에는 일정한 기간 내에 추심하도록 최고한 후 이에 따르지 아니한 경우에는 법원의 허가를 얻어 직접 추심할 수도 있다.

② 사업시행자가 국세징수법상의 체납처분에 의한 압류만을 이유로 민사집행법 제248조 제1항에 따라 공탁하고, 같은 법 제248조 제4항에 따라 법원에 사유신고를 한 이후에는 채무자의 공탁금출급청구권에 관하여 채권압류 및 전부명령을 받는 등의 방법으로 물상대위권을 행사하여 위 공탁금으로부터 우선변제를 받을 수 없다.

③ 민법·상법, 그 밖의 법률에 의하여 우선변제청구권이 있는 채권자와 집행력 있는 정본을 가진 채권자는 스스로 압류신청을 하지 않고 다른 채권자에 의하여 개시된 집행절차에서 배당요구를 할 수 있다. 이와 달리 배당요구종기 전에 미리 가압류를 한 가압류채권자는 이중압류 채권자로 취급되어 배당에 참가하게 되므로 배당요구를 할 필요가 없고, 배당요구를 할 자격도 없다.

④ 수익자에 대한 사해행위취소(소유권이전등기말소)소송에서 승소하고 그 목적물인 부동산의 경매절차에서 발생한 수익자의 배당잔금지급청구권에 대하여 지급정지가처분(위 사해행위취소소송을 본안으로 한 가처분)을 하여 두었을 뿐인 채권자는 위 배당잔금지급청구권에 대한 압류경합에 따라 개시된 배당절차에서 배당요구를 할 수 있는 채권자에 해당하지 않는다.

⑤ 저당권자가 물상대위권을 행사하여 채권압류 및 추심명령 또는 전부명령을 신청하면서 그 청구채권 중 이자·지연손해금 등 부대채권의 범위를 신청일 무렵까지의 확정금액으로 기재한 경우, 저당권자가 부대채권에 관하여는 신청일까지의 액수만 배당받겠다는 의사를 명확하게 표시하였다고 볼 수 있는 등의 특별한 사정이 없는 한, 그 배당절차에서는 채권계산서를 제출하였는지 여부에 관계없이 배당기일까지의 부대채권을 포함하여 원래 우선변제권을 행사할 수 있는 범위에서 우선 배당을 받을 수 있다.

....

[**❶** ▶ O] 민사집행법 제249조 제2항, 제250조

> **민사집행법 제249조(추심의 소)**
> ① 제3채무자가 추심절차에 대하여 의무를 이행하지 아니하는 때에는 압류채권자는 소로써 그 이행을 청구할 수 있다.
> ② <u>집행력 있는 정본을 가진 모든 채권자는 공동소송인으로 원고 쪽에 참가할 권리가 있다.</u>
> ③ 소를 제기당한 제3채무자는 제2항의 채권자를 공동소송인으로 원고 쪽에 참가하도록 명할 것을 첫 변론기일까지 신청할 수 있다.
> ④ 소에 대한 재판은 제3항의 명령을 받은 채권자에 대하여 효력이 미친다.
>
> **민사집행법 제250조(채권자의 추심최고)**
> 압류채권자가 추심절차를 게을리한 때에는 <u>집행력 있는 정본으로 배당을 요구한 채권자는 일정한 기간 내에 추심하도록 최고하고, 최고에 따르지 아니한 때에는 법원의 허가를 얻어 직접 추심할 수 있다.</u>

[❷ ▸ ✕] 국세징수법상의 압류와 민사집행법상의 압류의 효력의 차이 및 체납처분절차와 강제집행절차의 차이 등에 비추어 볼 때, 민사집행법 제248조 제1항 및 공익사업을 위한 토지 등의 취득 및 보상에 관한 법률 제40조 제2항 제4호 소정의 공탁의 전제가 되는 '압류'에는 국세징수법에 의한 채권의 압류는 포함되지 않는다고 보아야 한다. 따라서 국세징수법상의 체납처분에 의한 압류만을 이유로 집행공탁이 이루어진 경우에는 사업시행자가 민사집행법 제248조 제4항에 따라 법원에 공탁사유를 신고하였다고 하더라도 민사집행법 제247조 제1항에 의한 배당요구 종기가 도래한다고 할 수는 없다(대판 2007.4.12. 2004다20326). ☞ [판결이유] 그러므로 이 사건 부동산의 소외인 지분에 대한 근저당권자인 피고는 위 공탁금에 대한 법률적 권리가 이미 위 각 지분의 소유자인 소외인 외의 제3자에게 속하게 되었다거나 위 공탁금이 이미 출급되어 제3자에게 귀속되었다는 등의 특별한 사정이 없는 한, 강북구청장(사업시행자)이 공탁사유신고를 한 2003.4.15. 이후에도 소외인의 위 공탁금에 대한 출급청구권에 관하여 채권압류 및 전부명령을 받는 등의 방법으로 물상대위권을 행사하여 위 공탁금으로부터 우선변제를 받을 수 있다.

[❸ ▸ ○] 집행력 있는 정본을 가진 채권자, 경매개시결정이 등기된 뒤에 가압류를 한 채권자, 민법·상법, 그 밖의 법률에 의하여 우선변제청구권이 있는 채권자는 배당요구종기까지 배당요구를 한 경우에 한하여 비로소 배당을 받을 수 있고, 적법한 배당요구를 하지 아니한 경우에는 실체법상 우선변제청구권이 있는 채권자라 하더라도 매각대금으로부터 배당을 받을 수 없다(대판 2012.5.10. 2011다44160). 반면, 가압류채권자 중 첫 경매개시결정 등기 전에 가압류를 한 채권자는 배당요구를 하지 않더라도 당연히 배당받을 수 있다(민사집행법 제148조 제3호). 첫 경매개시결정이 등기되기 전에 가압류집행을 한 채권자가 있는 경우 그 채권자에 대한 배당액을 공탁하도록 되어 있으므로(민사집행법 제160조 제1항 제2호), 이러한 가압류채권자는 배당요구의 신청이 없더라도 당연히 배당요구의 신청을 한 것과 동일하게 취급된다(민사집행법 제148조 제3호). 따라서 이러한 가압류권자가 채권계산서를 제출하지 않았다 하여도 배당에서 제외하여서는 아니 된다(대판 1995.7.28. 94다57718).

민사집행법 제247조(배당요구)

① 민법·상법, 그 밖의 법률에 의하여 우선변제청구권이 있는 채권자와 집행력 있는 정본을 가진 채권자는 다음 각 호의 시기까지 법원에 배당요구를 할 수 있다.
  1. 제3채무자가 제248조 제4항에 따른 공탁의 신고를 한 때
  2. 채권자가 제236조에 따른 추심의 신고를 한 때
  3. 집행관이 현금화한 금전을 법원에 제출한 때
② 전부명령이 제3채무자에게 송달된 뒤에는 배당요구를 하지 못한다.
③ 제1항의 배당요구에는 제218조 및 제219조의 규정을 준용한다.
④ 제1항의 배당요구는 제3채무자에게 통지하여야 한다.

민사집행법 제148조(배당받을 채권자의 범위)

제147조 제1항에 규정한 금액을 배당받을 채권자는 다음 각 호에 규정된 사람으로 한다.
  1. 배당요구의 종기까지 경매신청을 한 압류채권자
  2. 배당요구의 종기까지 배당요구를 한 채권자
  3. 첫 경매개시결정등기 전에 등기된 가압류채권자
  4. 저당권·전세권, 그 밖의 우선변제청구권으로서 첫 경매개시결정등기 전에 등기되었고 매각으로 소멸하는 것을 가진 채권자

[**❹ ▸ ㅇ**] [1] 민사집행법 제247조 제1항은 금전채권에 대한 강제집행에 있어서 배당요구를 할 수 있는 채권자의 범위를 '민법·상법 기타 법률에 의하여 우선변제청구권이 있는 채권자'와 '집행력 있는 정본을 가진 채권자'로 제한하여 규정하고 있으므로, 그 어느 것에도 해당하지 않는 채권자는, 위 조항 각 호의 사유 발생 전에 미리 가압류를 하여 이른바 경합압류채권자로서 배당에 참가하게 되는 것은 별론으로 하고, 별도의 배당요구를 할 자격이 없다. [2] 수익자에 대한 사해행위취소(소유권이전등기말소)소송에서 승소하고 그 목적물인 부동산의 경매절차에서 발생한 수익자의 배당잔금지급청구권에 대하여 지급정지가처분(위 사해행위취소소송을 본안으로 한 가처분)을 하여 두었을 뿐인 채권자는 위 배당잔금지급청구권에 대한 압류경합에 따라 개시된 배당절차에서 배당요구를 할 수 있는 채권자에 해당하지 않는다고 한 사례이다(대판 2003.12.11. 2003다47638).

[**❺ ▸ ㅇ**] 저당권자가 물상대위권을 행사하여 채권압류 및 추심명령 또는 전부명령(이하 '채권압류명령 등'이라 한다)을 신청하면서 그 청구채권 중 이자·지연손해금 등 부대채권(이하 '부대채권'이라 한다)의 범위를 신청일 무렵까지의 확정금액으로 기재한 경우, 그 신청 취지와 원인 및 집행 실무 등에 비추어 저당권자가 부대채권에 관하여는 신청일까지의 액수만 배당받겠다는 의사를 명확하게 표시하였다고 볼 수 있는 등의 특별한 사정이 없는 한, 그 배당절차에서는 채권계산서를 제출하였는지 여부에 관계없이 배당기일까지의 부대채권을 포함하여 원래 우선변제권을 행사할 수 있는 범위에서 우선배당을 받을 수 있다고 봄이 타당하다. 그 이유는 아래와 같다. ⊙ 금전채권에 대하여 채권압류명령 등이 신청된 경우 제3채무자는 순전히 타의에 의하여 다른 사람들 사이의 법률분쟁에 편입된 것이므로, 제3채무자가 압류된 채권이나 범위를 파악할 때 과도한 부담을 가지지 않도록 보호할 필요가 있다. 이에 현행 민사집행 실무에서는 금전채권에 대한 압류명령신청서에 기재하여야 하는 청구채권 중 부대채권의 범위를 신청일까지의 확정금액으로 기재하도록 요구하고 있다. 이러한 실무는 법령상 근거가 있는 것은 아니나, 제3채무자가 압류 범위를 파악하는 데 과도한 부담을 가지지 않도록 압류채권자에게 협조를 구하는 한도에서 합리적인 측면이 있다. ⓒ 그러나 본래 저당권자는 물상대위권을 행사할 때 청구채권인 저당권의 피담보채권 중 부대채권의 범위를 원금의 지급일까지로 하는 채권압류명령 등을 신청할 수 있다. 따라서 물상대위권을 행사하는 저당권자가 민사집행 실무에서 요구하는 바에 따라 부대채권의 범위를 신청일 무렵까지의 확정금액으로 기재한 것은 다른 특별한 사정이 없는 한, 위와 같이 제3채무자를 배려하기 위한 것일 뿐 나머지 부대채권에 관한 우선변제권을 확정적으로 포기하려는 의사에 기한 것이라고 추단할 수 없다. ⓒ 게다가 제3채무자의 공탁(민사집행법 제248조) 등의 이유로 배당절차가 개시된 경우에는 제3채무자의 보호가 처음부터 문제되지 않으므로, 물상대위권을 행사하는 저당권자는 원래 배당절차에서 우선변제권을 행사할 수 있는 범위에서 우선배당을 받고자 하는 것이 통상적인 의사라고 볼 수 있다(대판 2022.8.11. 2017다256668).

답 ❷

부동산경매절차에서 배당요구에 관한 다음 설명 중 가장 옳지 않은 것은?

2024년 법무사시험 [문 1]

① 근로기준법 및 근로자퇴직급여 보장법에 의하여 우선변제청구권을 갖는 임금 및 퇴직금 채권자가 배당요구를 하는 경우, 배당요구 종기까지 그 자격을 소명하는 소명자료를 제출하지 않았더라도 배당표가 확정되기 전까지 이를 보완하였다면 우선배당을 받을 수 있다.

② 적법한 배당요구가 필요함에도 이를 하지 않아 배당에서 제외된 선순위 채권자는 대신 배당받은 후순위 채권자를 상대로 부당이득반환을 청구할 수 없다.

③ 부동산에 관한 경매개시결정이 등기된 뒤에 체납처분에 의한 압류등기가 마쳐진 경우, 조세채권자인 국가가 경매법원에 배당요구의 종기까지 배당요구로써 교부청구를 하여야만 배당을 받을 수 있다.

④ 저당부동산의 소유권을 취득한 자가 민법 제367조에 의하여 우선상환을 받으려면 저당부동산의 경매절차에서 배당요구의 종기까지 배당요구를 할 필요는 없다.

⑤ 주택임대차보호법에서 정한 대항력과 우선변제권 두 가지 권리를 겸유하고 있는 임차인이 먼저 우선변제권을 선택하여 임차주택에 대하여 진행되고 있는 경매절차에서 배당요구를 하였으나 보증금 전액을 배당받지 못한 경우 임차인은 여전히 대항요건을 유지함으로써 임대차관계의 존속을 주장할 수 있으므로, 임차인이 대항력을 구비한 후 임차주택을 양수한 자는 그와 같이 존속되는 임대차의 임대인 지위를 당연히 승계한다.

[❶ ▶ O] 집행력 있는 정본을 가진 채권자, 경매개시결정이 등기된 뒤에 가압류를 한 채권자, 민법·상법, 그 밖의 법률에 의하여 우선변제청구권이 있는 채권자는 배당요구를 할 수 있고(민사집행법 제88조 제1항), 이에 따른 배당요구는 채권(이자, 비용, 그 밖의 부대채권을 포함한다)의 원인과 액수를 적은 서면으로 하여야 하며(민사집행규칙 제48조 제1항), 배당요구서에는 집행력 있는 정본 또는 사본, 그 밖에 배당요구의 자격을 소명하는 서면을 붙여야 한다(민사집행규칙 제48조 제2항). 이러한 민사집행법과 민사집행규칙의 규정에 의하면, 근로기준법 및 근로자퇴직급여 보장법에 의하여 우선변제청구권을 갖는 임금 및 퇴직금 채권자는 그 자격을 소명하는 서면을 붙인 배당요구서에 의하여 배당요구를 해야 한다. 다만 민사집행절차의 안정성을 보장하여야 하는 절차법적 요청과 근로자의 임금채권을 보호하여야 하는 실체법적 요청을 형량하여 보면 우선변제청구권이 있는 임금 및 퇴직금 채권자가 배당요구 종기까지 위와 같은 소명자료를 제출하지 않았다고 하더라도 배당표가 확정되기 전까지 이를 보완하였다면 우선배당을 받을 수 있다고 해석하여야 한다(대판 2022.4.28. 2020다299955).

[❷ ▶ O] 민사소송법 제728조에 의하여 담보권의 실행을 위한 경매절차에 준용되는 같은 법 제605조 제1항에서 규정하는 배당요구 채권자는 경락기일까지 배당요구를 한 경우에 한하여 비로소 배당을 받을 수 있고, 적법한 배당요구를 하지 아니한 경우에는 실체법상 우선변제청구권이 있는 채권자라 하더라도 배당을 받을 수 없으므로, 이러한 배당요구 채권자가 적법한 배당요구를 하지 아니하여 그를 배당에서 제외하는 것으로 배당표가 작성·확정되고 그 확정된 배당표에 따라 배당이 실시되었다면, 그가 적법한 배당요구를 한 경우에 배당받을 수 있었던 금액 상당의 금원이 후순위 채권자에게 배당되었다 하여 이를 법률상 원인이 없는 것이라고 볼 수 없다(대판 1997.2.25. 96다10263).

[❸ ▶ O] 부동산에 관한 경매개시결정이 등기된 뒤에 체납처분에 의한 압류등기가 마쳐진 경우에는 조세채권자인 국가로서는 경매법원에 배당요구의 종기까지 배당요구로써 교부청구를 하여야만 배당을 받을 수 있다(대결 2021.4.9. 2020마7695).

[**❹** ▸ ✕]　민법 제367조는 저당물의 제3취득자가 그 부동산의 보존, 개량을 위하여 필요비 또는 유익비를 지출한 때에는 제203조 제1항, 제2항의 규정에 의하여 저당물의 경매대가에서 우선상환을 받을 수 있다고 규정하고 있다. 이는 저당권이 설정되어 있는 부동산의 제3취득자가 저당부동산에 관하여 지출한 필요비, 유익비는 부동산 가치의 유지·증가를 위하여 지출된 일종의 공익비용이므로 저당부동산의 환가대금에서 부담하여야 할 성질의 비용이고 더욱이 제3취득자는 경매의 결과 그 권리를 상실하게 되므로 특별히 경매로 인한 매각대금에서 우선적으로 상환을 받도록 한 것이다. <u>저당부동산의 소유권을 취득한 자도 민법 제367조의 제3취득자에 해당한다. 제3취득자가 민법 제367조에 의하여 우선상환을 받으려면 저당부동산의 경매절차에서 배당요구의 종기까지 배당요구를 하여야 한다</u>(민사집행법 제268조, 제88조). 위와 같이 민법 제367조에 의한 우선상환은 제3취득자가 경매절차에서 배당받는 방법으로 민법 제203조 제1항, 제2항에서 규정한 비용에 관하여 경매절차의 매각대금에서 우선변제받을 수 있다는 것이지 이를 근거로 제3취득자가 직접 저당권설정자, 저당권자 또는 경매절차 매수인 등에 대하여 비용상환을 청구할 수 있는 권리가 인정될 수 없다. 따라서 제3취득자는 민법 제367조에 의한 비용상환청구권을 피담보채권으로 주장하면서 유치권을 행사할 수 없다(대판 2023.7.13. 2022다265093).

[**❺** ▸ ○]　주택임대차보호법상의 대항력과 우선변제권의 두 가지 권리를 인정하고 있는 취지가 보증금을 반환받을 수 있도록 보장하기 위한 데에 있는 점, 경매절차의 안정성, 경매 이해관계인들의 예측가능성 등을 아울러 고려하여 볼 때, 두 가지 권리를 겸유하고 있는 임차인이 먼저 우선변제권을 선택하여 임차주택에 대하여 진행되고 있는 경매절차에서 보증금 전액에 대하여 배당요구를 하였다고 하더라도, 그 순위에 따른 배당이 실시될 경우 보증금 전액을 배당받을 수 없었던 때에는 보증금 중 경매절차에서 배당받을 수 있었던 금액을 공제한 잔액에 관하여 경락인에게 대항하여 이를 반환받을 때까지 임대차관계의 존속을 주장할 수 있다고 봄이 상당하며, 이 경우 임차인의 배당요구에 의하여 임대차는 해지되어 종료되고, 다만 같은 법 제4조 제2항에 의하여 임차인이 보증금의 잔액을 반환받을 때까지 임대차관계가 존속하는 것으로 의제될 뿐이므로, 경락인은 같은 법 제3조 제2항에 의하여 임대차가 종료된 상태에서의 임대인의 지위를 승계한다(대판 1997.8.22. 96다53628).

답 ❹

① 권리신고는 배당요구와 구별되는 것으로 권리신고를 한 것만으로 당연히 배당을 받게 되는 것은 아니다. 따라서 채권자가 경매목적 부동산에 관하여 경매개시결정 후 가압류결정을 받은 다음 채권의 수액을 기재한 서면에 그 가압류결정을 첨부하여 제출하면서 제목을 '권리신고'라고 하여 제출하였다면 이는 적법한 배당요구라고 볼 수 없다.

② 주택임대차보호법상 임차인으로서의 지위와 전세권자로서의 지위를 함께 가지고 있는 자가 그중 임차인으로서의 지위에 기하여 경매법원에 배당요구를 하면 전세권에 관하여도 배당요구가 있다고 볼 수 있다.

③ 주택임대차보호법상의 대항력과 우선변제권을 모두 가지고 있는 임차인이 보증금을 반환받기 위하여 보증금반환청구 소송의 확정판결 등 집행권원을 얻어 임차주택에 대하여 스스로 강제경매를 신청하였다면 특별한 사정이 없는 한 대항력과 우선변제권 중 우선변제권을 선택하여 행사한 것으로 보아야 하고, 이 경우 우선변제권을 인정받기 위하여 배당요구의 종기까지 별도로 배당요구를 하여야 하는 것은 아니다.

④ 전세권이 존속기간의 만료 등으로 종료되기 전이라도 최선순위 전세권자의 채권자는 전세권이 설정된 부동산에 대한 경매절차에서 채권자대위권에 기하거나 전세금반환채권에 대하여 압류 및 추심명령을 받은 다음 추심권한에 기하여 자기 이름으로 전세권에 대한 배당요구를 할 수 있다.

⑤ 경매개시결정 전에 체납처분에 의한 압류등기가 된 경우라도 별도의 교부청구를 해야만 배당요구를 한 효력이 발생한다.

....

[❶ ▸ ✕] 배당요구는 채권의 원인과 수액을 기재한 서면에 의하여 집행법원에 배당을 요구하는 취지가 표시되면 되므로, 채권자가 경매목적 부동산에 관하여 가압류결정을 받은 다음 채권의 수액을 기재한 서면에 그 가압류결정을 첨부하여 경매법원에 제출하였다면 채권의 원인과 수액을 기재하여 배당을 요구하는 취지가 표시된 것으로 보아야 하고, 그 서면의 제목이 권리신고라고 되어 있다 하여 달리 볼 것이 아니다(대판 1999.2.9. 98다53547).

[❷ ▸ ✕] 주택임차인이 그 지위를 강화하고자 별도로 전세권설정등기를 마치더라도 주택임대차보호법상 임차인으로서 우선변제를 받을 수 있는 권리와 전세권자로서 우선변제를 받을 수 있는 권리는 근거규정 및 성립요건을 달리하는 별개의 권리라고 할 것인 점 등에 비추어 보면, 주택임대차보호법상 임차인으로서의 지위와 선세권자로서의 지위를 함께 가지고 있는 자가 그중 임차인으로서의 지위에 기하여 경매법원에 배당요구를 하였다면 배당요구를 하지 아니한 전세권에 관하여는 배당요구가 있는 것으로 볼 수 없다(대판 2010.6.24. 2009다40790).

[❸ ▸ ○] 주택임대차보호법상이 대항력과 우선변제권을 모두 가시고 있는 임차인이 보증금을 반환받기 위하여 보증금반환청구 소송의 확정판결 등 집행권원을 얻어 임차주택에 대하여 스스로 강제경매를 신청하였다면 특별한 사정이 없는 한 대항력과 우선변제권 중 우선변제권을 선택하여 행사한 것으로 보아야 하고, 이 경우 우선변제권을 인정받기 위하여 배당요구의 종기까지 별도로 배당요구를 하여야 하는 것은 아니다(대판 2013.11.14. 2013다27831).

[**❹ ▶ ✕**] 전세권이 존속기간의 만료나 합의해지 등으로 종료하면 전세권의 용익물권적 권능은 소멸하고 단지 전세금반환채권을 담보하는 담보물권적 권능의 범위 내에서 전세금의 반환 시까지 전세권설정등기의 효력이 존속하므로, 전세권이 존속기간의 만료 등으로 종료한 경우라면 최선순위 전세권자의 채권자는 전세권이 설정된 부동산에 대한 경매절차에서 채권자대위권에 기하거나 전세금반환채권에 대하여 압류 및 추심명령을 받은 다음 추심권한에 기하여 자기 이름으로 전세권에 대한 배당요구를 할 수 있다. 다만 경매의 매각절차에서 집행법원은 원래 전세권의 존속기간 만료 여부 등을 직접 조사하지는 아니하는 점, 또 건물에 대한 전세권이 법정갱신된 경우에는 등기된 존속기간의 경과 여부만 보고 실제 존속기간의 만료 여부를 판단할 수는 없는 점 및 민사집행규칙 제48조 제2항은 "배당요구서에는 배당요구의 자격을 소명하는 서면을 붙여야 한다"라고 규정하고 있는 점 등에 비추어 보면, 최선순위 전세권자의 채권자가 채권자대위권이나 추심권한에 기하여 전세권에 대한 배당요구를 할 때에는 채권자대위권 행사의 요건을 갖추었다거나 전세금반환채권에 대하여 압류 및 추심명령을 받았다는 점과 아울러 전세권이 존속기간의 만료 등으로 종료하였다는 점에 관한 소명자료를 배당요구의 종기까지 제출하여야 한다(대판 2015.11.17. 2014다10694).

[**❺ ▶ ✕**] 부동산에 관한 경매개시결정기입등기 이전에 체납처분에 의한 압류등기가 마쳐진 경우 국가는 국세징수법 제59조에 의한 교부청구를 하지 않더라도 당연히 그 등기로써 민사소송법에 규정된 배당요구와 같은 효력이 발생한다(대판 2002.1.25. 2001다11055). 그러나 경매개시결정 기입등기 후에 체납처분에 의한 압류등기가 마쳐지게 된 경우에는 조세채권자인 국가로서는 경매법원에 배당요구종기까지 배당요구로서 교부청구를 하여야만 배당을 받을 수 있다(대판 2001.5.8. 2000다21154).

답 ❸

 **제7항** **매각절차의 이해관계인**

45
□□□

경매절차의 이해관계인(민사집행법 제90조)에 관한 다음 설명 중 가장 옳지 않은 것은?
2025년 법무사시험 [문 6]

① 가압류채권자는 민사집행법 제90조에서 말하는 경매절차의 이해관계인에 해당한다.
② 집행력 있는 정본을 가진 채권자라도 배당을 요구하지 않은 경우에는 경매절차의 이해관계인이 아니다.
③ 민사집행법 제90조 제3호의 '등기부에 기입된 부동산 위의 권리자'란 경매개시결정 등기 시점을 기준으로 그 당시에 이미 등기가 되어 등기부에 나타난 자를 말한다.
④ 경매부동산에 대한 가처분권자는 매각허가 여부의 결정에 대하여 즉시항고를 제기할 수 있는 민사집행법 제90조의 이해관계인에 해당하지 않는다.
⑤ 민사집행법 제90조 제4호의 '부동산 위의 권리자로서 그 권리를 증명한 사람'으로서 매각허가결정에 대한 항고를 제기하기 위해서는 매각허가결정 전까지 그러한 사실을 증명하여야 한다.

[**❶ ▸ ✕**] [**❷ ▸ ○**]　경매절차의 '이해관계인'이라 함은 압류채권자와 집행력 있는 정본에 의하여 배당을 요구한 채권자, 채무자 및 소유자, 등기부에 기입된 부동산 위의 권리자, 부동산 위의 권리자로서 그 권리를 증명한 자(같은 법 제90조)를 말하는 것이고, 경매절차에 관하여 사실상의 이해관계를 가진 자라 하더라도 민사집행법 제90조에서 열거한 자에 해당하지 아니한 경우에는 경매절차에 있어서의 이해관계인이라고 할 수 없으므로, '가압류를 한 자'는 위 조항에서 말하는 이해관계인이라고 할 수 없고, '배당을 요구하지 않은 집행력 있는 정본을 가진 채권자'도 역시 위 조항에서 말하는 이해관계인이 아님은 문언상 명백하다(대판 1999.4.9. 98다53240).

[**❸ ▸ ○**]　민사집행법 제90조 제3호는 '등기부에 기입된 부동산 위의 권리자'를 경매절차의 이해관계인으로 규정하고 있는바, '등기부에 기입된 부동산 위의 권리자'라 함은 '경매개시결정 시점'이 아닌 '경매개시결정 등기 시점'을 기준으로 그 당시에 이미 등기가 되어 등기부에 나타난 자를 말하며 용익권자(전세권자, 지상권자, 임대차등기를 한 임차권자), 담보권자 등이 이에 해당한다(대결 1999.11.10. 99마5901).

[**❹ ▸ ○**]　경매부동산에 대한 가처분권자는 매각허가 여부의 결정에 대하여 즉시항고를 제기할 수 있는 이해관계인에 해당하지 아니하고, 이해관계인, 매수인, 매수신고인에 해당하지 않는 자가 한 즉시항고는 부적법하다(대결 2008.9.18. 2008마1154).

[**❺ ▸ ○**]　민사집행법 제90조 제4호의 이해관계인인 '부동산 위의 권리자로서 그 권리를 증명한 사람'은 부동산 위에 위와 같은 권리가 있다는 것만으로 당연히 이해관계인이 되는 것이 아니고 집행법원에 스스로 그 권리를 증명한 때에 비로소 이해관계인이 되고(대결 1994.9.14. 94마1455 참조), 설사 권리가 있다고 하더라도 권리를 증명하여 신고하지 아니하면 이해관계인이 될 수 없다(대결 2005.5.19. 2005마59 참조).

> [**참고**] [1] 매각허가결정에 대한 항고는 민사집행법 제121조에서 정한 매각허가에 대한 이의신청사유가 있거나 그 결정절차에 중대한 잘못이 있다는 것을 이유로 드는 때에만 할 수 있다(민사집행법 제130조 제1항). 위 이의신청사유 중 민사집행법 제121조 제5호의 '매각물건명세서의 작성에 중대한 흠이 있는 때'에 해당하는지 여부는 그 흠이 일반 매수희망자가 매수의사나 매수신고가격을 결정함에 있어 어떠한 영향을 받을 정도의 것이었는지를 중심으로 하여 부동산 경매와 매각물건명세서 제도의 취지에 비추어 구체적인 사안에 따라 합리적으로 판단하여야 한다. 또한 민사집행법 제121조 제7호의 이의신청사유인 '경매절차에 중대한 잘못이 있는 때'란 이해관계인의 이익이 침해되거나 매각절차의 공정성을 해칠 우려가 있는 중대한 절차위반의 사유가 있는 때를 말한다. [2] 집행법원은 민사집행법 제104조 제2항에 따라 매각기일과 매각결정기일을 민사집행법 제90조 각 호에서 정한 이해관계인에게 통지하여야 하는데, 이때 유치권 신고자가 민사집행법 제90조 제4호의 이해관계인인 '부동산 위의 권리자로서 그 권리를 증명한 사람'에 해당하기 위해서는 신고서 접수 이후 매각허가결정이 있을 때까지 유치권의 취득·존속에 관한 사실을 집행법원에 증명하여야 한다(대결 2024.4.5. 2023마7896).

답 ❶

46 □□□ 민사집행법 제90조에 규정된 경매절차의 이해관계인에 관한 다음 설명 중 가장 옳지 않은 것은?

2023년 법무사시험 [문 27]

① 임의경매에서 경매신청이 되지 않은 저당권의 피담보채권의 채무자는 민사집행법 제90조에 규정된 경매절차의 이해관계인 중에 포함되지 않는다.

② 이해관계인은 강제집행절차와 관련하여, 집행에 관한 이의신청권, 경매개시결정에 대한 이의신청권, 배당요구 또는 이중경매신청이 있으면 법원으로부터 그 통지를 받을 수 있는 권리, 여러 개의 부동산을 일괄매각하도록 신청할 수 있는 권리, 매각기일과 매각결정기일을 통지받을 수 있는 권리, 매각허가여부의 결정에 대하여 즉시항고를 할 수 있는 권리, 배당기일의 통지를 받을 권리 등이 인정된다.

③ 민사집행법 제87조 제1항에 의하여 이중경매개시결정이 있고 선행사건의 집행절차에 따라 경매가 진행되는 경우 이해관계인의 범위도 선행의 경매사건을 기준으로 정하여야 하는바, 선행사건의 배당요구의 종기 이후에 설정된 후순위 근저당권자로서 위 배당요구의 종기까지 아무런 권리신고를 하지 아니한 위 배당요구의 종기 이후의 이중경매신청인은 이해관계인이 아니다.

④ 주택임대차보호법상의 대항요건을 갖춘 임차인은 매각허가결정 이전에 경매법원에 스스로 그 권리를 증명하여 신고하거나, 집행관의 현황조사결과 임차인으로 조사·보고되어 집행법원이 부동산 위의 권리자임을 알게 된 경우에는 이해관계인이 될 수 있다.

⑤ 집행력 있는 정본 또는 그 사본에 의하지 않고 재판예규(재민 제97-11호)에 따라 체불 임금등·사업주 확인서와 근로자라는 소명자료를 붙여 배당요구를 한 임금채권자는 경매절차에 관하여 사실상의 이해관계를 가진 자일 뿐 민사집행법 제90조에서 정한 이해관계인이 아니다.

[**❶ ▶ ○**] 대법원 판례는 경매절차의 이해관계인을 규정하고 있는 민사집행법 제90조를 제한적 열거규정으로 보고 있으므로(대판 1999.4.9. 98마53240), 위 조항에 열거된 이해관계인의 범위에 속하지 않는 사람은 그 매각절차에 어떠한 이해관계가 있는 사람이라도 매각절차에서 이해관계인으로서 취급받지 못하게 된다. 민사집행법 제90조 제2호의 채무자는 집행채무자를 가리키며, 소유자는 경매개시결정등기 당시의 매각부동산의 소유자를 말한다. 임의경매에서 경매신청이 되지 않은 저당권의 피담보채권의 채무자는 민사집행법 제90조 제2호에서 말하는 채무자에 해당하지 않는다(대결 1968.7.31. 68마716). 또 저당권설정등기에 채무자로 표시되지 않은 다른 공동채무자도 여기의 채무자에 포함되지 않는다.

> **민사집행법 제90조(경매절차의 이해관계인)**
> 경매절차의 이해관계인은 다음 각 호의 사람으로 한다.
> 1. 압류채권자와 집행력 있는 정본에 의하여 배당을 요구한 채권자
> 2. 채무자 및 소유자
> 3. 등기부에 기입된 부동산 위의 권리자
> 4. 부동산 위의 권리자로서 그 권리를 증명한 사람

[❷ ▸ ○] 민사집행법 제90조에 규정된 경매절차의 이해관계인은 강제집행절차와 관련하여, ㉠ 집행에 관한 이의신청권(민사집행법 제16조), ㉡ 경매개시결정에 대한 이의신청권(민사집행법 제86조 제1항), ㉢ 배당요구 신청 또는 이중경매 신청이 있으면 법원으로부터 그 통지를 받을 수 있는 권리(민사집행법 제89조), ㉣ 여러 개의 부동산을 일괄매각하도록 신청할 수 있는 권리(민사집행법 제98조), ㉤ 매각기일과 매각결정기일을 통지받을 수 있는 권리(민사집행법 제104조 제2항), ㉥ 매각결정기일에 매각허가에 관한 의견을 진술할 수 있는 권리(민사집행법 제120조), ㉦ 매각허가 여부의 결정에 대하여 즉시항고를 할 수 있는 권리(민사집행법 제129조), ㉧ 배당기일의 통지를 받을 권리(민사집행법 제146조), ㉨ 배당기일에 출석하여 배당표에 관한 의견을 진술할 수 있는 권리(민사집행법 제149조) 등이 인정된다.

제요 집행 2

[❸ ▸ ○] 민사집행법 제87조 제1항은 강제경매절차 또는 담보권실행을 위한 경매절차를 개시하는 결정을 한 부동산에 대하여 다른 강제경매의 신청이 있는 때에는 법원은 다시 경매개시결정을 하고, 먼저 경매개시결정을 한 집행절차에 따라 경매한다고 규정하고 있으므로, 이러한 경우 이해관계인의 범위도 선행의 경매사건을 기준으로 정하여야 하는바, 선행사건의 배당요구의 종기 이후에 설정된 후순위 근저당권자로서 위 배당요구의 종기까지 아무런 권리신고를 하지 아니한 위 배당요구의 종기 이후의 이중경매신청인은 선행사건에서 이루어진 낙찰허가결정에 대하여 즉시항고를 제기할 수 있는 이해관계인이 아니다(대결 2005.5.19. 2005마59).

[❹ ▸ ×] 민사집행법 제90조 제4호의 '부동산 위의 권리자'란 경매개시결정등기 이전에 매각부동산에 대하여 등기 없이도 제3자에게 대항할 수 있는 물권 또는 채권을 가진 자를 말한다. … 부동산 위에 위와 같은 권리를 가지고 있다는 것만으로 당연히 이해관계인이 되는 것은 아니고 집행법원에 스스로 그 권리를 증명한 자만이 비로소 이해관계인이 된다(대결 1994.9.14. 94마455). 따라서 주택임대차보호법상의 대항요건을 갖춘 임차인이라 하더라도 권리신고를 하지 않은 사람은 집행관의 현황조사결과 임차인으로 조사·보고되어 있는지 여부와 관계없이 이해관계인에 해당하지 않으므로(대결 1999.8.26. 99마3792, 대판 2008.11.13. 2008다43976). 주택임대차보호법상의 대항요건을 갖춘 임차인이 민사집행법 제90조 제4호에서 정한 이해관계인에 해당하기 위해서는 집행법원에 그 권리를 증명하여 신고하여야 한다(대결 2004.2.13. 2003마44). 제요 집행 2

[❺ ▸ ○] 집행력 있는 정본 또는 그 사본에 의하지 않고 재판예규(재민 제97-11호)에 따라 체불 임금등·사업주 확인서와 근로자라는 소명자료를 붙여 배당요구를 한 임금채권자는 경매절차에 관하여 사실상의 이해관계를 가진 자일 뿐 민사집행법 제90조에서 정한 이해관계인이 아니다(대결 2003.2.19. 2001마785). 제요 집행 2 이와 관련하여 판례는, 법원은 경매기일과 경락기일을 이해관계인에게 통지하여야 하는바, 여기서 이해관계인이라 함은 압류채권자와 집행력 있는 징본에 의하여 배당을 요구한 채권자, 채무자 및 소유자, 등기부에 기입된 부동산 위의 권리자, 부동산 위의 권리자로서 그 권리를 증명한 자를 말하는 것이고, 경매절차에 관하여 사실상의 이해관계를 가진 자라 하더라도, 동 조항에서 열거한 자에 해당하지 아니한 경우에는 경매절차에 있어서의 이해관계인이라고 할 수 없으므로, 배당요구를 한 임금채권자는 위 조항에서 말하는 이해관계인이라 할 수 없다고 판시하였다(대결 2003.2.19. 2001마785).

답 ❹

부동산경매절차에 관한 다음 설명 중 가장 옳지 않은 것은?

① 부동산을 목적으로 하는 담보권 실행을 위한 경매절차에서 그 경매신청 전에 부동산의 소유자가 사망하였으나 그 상속인이 상속등기를 마치지 않아 경매신청인이 경매절차의 진행을 위하여 부득이 상속인을 대위하여 상속등기를 마쳤다면 그 상속등기를 마치기 위해 지출한 비용은 담보권 실행을 위한 경매를 직접 목적으로 하여 지출된 비용으로서 그 경매절차의 준비 또는 실시를 위하여 필요한 비용이고, 나아가 그 경매절차에서 모든 채권자를 위해 체당한 공익비용이므로 집행비용에 해당한다고 봄이 타당하다.

② 부동산 강제경매절차에서 매각을 허가하거나 허가하지 아니하는 결정은 선고하여야 한다.

③ 부동산 강제경매절차에서 매각허가결정은 확정되어야 효력을 가진다.

④ 주택임대차보호법상의 대항요건을 갖춘 임차인은 경매법원에 스스로 그 권리를 증명하여 신고하지 않더라도 당연히 민사집행법 제90조 제4호의 경매절차의 이해관계인이 된다.

⑤ 집행법원이 부동산 경매절차에서 외화채권자에 대하여 배당을 할 때에는 특별한 사정이 없는 한 배당기일 당시의 외국환시세를 우리나라 통화로 환산하는 기준으로 삼아야 한다.

....

[❶ ▶ O] 집행비용에 관한 민사집행법 제53조 제1항은 담보권 실행을 위한 경매절차에도 준용된다(민사집행법 제275조). 부동산을 목적으로 하는 담보권 실행을 위한 경매절차에서 그 경매신청 전에 부동산의 소유자가 사망하였으나 그 상속인이 상속등기를 마치지 않아 경매신청인이 경매절차의 진행을 위하여 부득이 상속인을 대위하여 상속등기를 마쳤다면 그 상속등기를 마치기 위해 지출한 비용은 담보권 실행을 위한 경매를 직접 목적으로 하여 지출된 비용으로서 그 경매절차의 준비 또는 실시를 위하여 필요한 비용이고, 나아가 그 경매절차에서 모든 채권자를 위해 체당한 공익비용이므로 집행비용에 해당한다고 봄이 타당하다(대판 2021.10.14. 2016다201197).

[❷ ▶ O] 매각을 허가하거나 허가하지 아니하는 결정은 선고하여야 한다(민사집행법 제126조 제1항).

[❸ ▶ O] 제1항의 결정(매각을 허가하거나 허가하지 아니하는 결정)은 확정되어야 효력을 가진다(민사집행법 제126조 제3항).

[❹ ▶ ✕] 경매절차에서 부동산 현황조사는 매각대상 부동산의 현황을 정확히 파악하여 일반인에게 그 부동산의 현황과 권리관계를 공시함으로써 매수 희망자가 필요한 정보를 쉽게 얻을 수 있게 하여 예상 밖의 손해를 입는 것을 방지하고자 함에 있는 것이고, 매각절차의 법령상 이해관계인에게는 매각기일에 출석하여 의견진술을 할 수 있는 권리의 행사를 위해 매각기일 등 절차의 진행을 통지하여 주도록 되어 있는 반면, 주택임대차보호법상의 대항요건을 갖춘 임차인이라고 하더라도 매각허가결정 이전에 경매법원에 스스로 그 권리를 증명하여 신고하지 않는 한 집행관의 현황조사결과 임차인으로 조사·보고되어 있는지 여부와 관계없이 이해관계인이 될 수 없으며, 대법원예규에 따른 경매절차 진행사실의 주택임차인에 대한 통지는 법률상 규정된 의무가 아니라 당사자의 편의를 위하여 경매절차와 배당제도에 관한 내용을 안내하여 주는 것에 불과하므로, 이해관계인 아닌 임차인은 위와 같은 통지를 받지 못하였다고 하여 경매절차가 위법하다고 다툴 수 없다(대판 2008.11.13. 2008다43976).

[❺ ▶ O] 채권액이 외국통화로 정해진 금전채권인 외화채권을 채무자가 우리나라 통화로 변제하는 경우에 그 환산시기는 이행기가 아니라 현실로 이행하는 때, 즉 현실이행 시의 외국환시세에 의하여 환산한 우리나라 통화로 변제하여야 하고, 이와 같은 법리는 외화채권자가 경매절차를 통하여 변제를 받는 경우에도 동일하게 적용되어야 할 것이므로, 집행법원이 경매절차에서 외화채권자에 대하여 배당을 할 때에는 특별한 사정이 없는 한 배당기일 당시의 외국환시세를 우리나라 통화로 환산하는 기준으로 삼아야 한다(대판 2011.4.14. 2010다103642).

답 ❹

다음 중 민사집행법 제90조에서 정한 경매절차의 이해관계인을 모두 고른 것은?

2021년 법무사시험 [문 16]

가. 압류채권자와 집행력 있는 정본에 의하여 배당을 요구한 채권자
나. 채무자 및 소유자
다. 등기부에 기입된 부동산 위의 권리자
라. 부동산 위의 권리자

---

① 가, 나, 다, 라
② 가, 나, 다
③ 가, 다, 라
④ 가, 나, 라
⑤ 나, 다, 라

··

[가▸O] [나▸O] [다▸O] [라▸×] 민사집행법 제90조

민사집행법 제90조(경매절차의 이해관계인)
경매절차의 이해관계인은 다음 각 호의 사람으로 한다.
  1. 압류채권자와 집행력 있는 정본에 의하여 배당을 요구한 채권자
  2. 채무자 및 소유자
  3. 등기부에 기입된 부동산 위의 권리자
  4. 부동산 위의 권리자로서 그 권리를 증명한 사람

답

제1항 매각의 준비

49
□□□

배당요구의 종기결정 및 공고에 관한 다음 설명 중 가장 옳지 않은 것은?

2024년 법무사시험 [문 10]

① 배당요구의 종기가 정해지면 법원은 경매개시결정 전에 등기된 최선순위의 전세권자에게 배당요구의 종기를 고지하여야 한다.

② 배당요구의 종기결정 및 공고는 경매개시결정에 따른 압류의 효력이 생긴 때부터 1주 이내에 하여야 한다.

③ 소유권이전에 관한 가등기가 되어 있는 부동산에 대하여 경매개시결정이 있는 경우에는 법원은 가등기권리자에 대하여 그 가등기가 담보가등기인 때에는 그 내용 및 채권의 존부, 원인 및 금액을, 담보가등기가 아닌 경우에는 그 내용을 법원에 신고할 것을 적당한 기간을 정하여 최고하여야 한다.

④ 이미 배당요구 또는 채권신고를 한 자에 대하여도 배당요구의 종기를 연기한 경우에는 다시 고지 및 최고를 하여야 한다.

⑤ 법원사무관등은 첫 경매개시결정등기 전에 등기된 가압류채권자 및 저당권·전세권, 그 밖의 우선변제청구권으로서 첫 경매개시결정등기 전에 등기되었고 매각으로 소멸하는 것을 가진 채권자 및 조세, 그 밖의 공과금을 주관하는 공공기관에 대하여 채권의 유무, 그 원인 및 액수(원금·이자·비용, 그 밖의 부대채권을 포함한다)를 배당요구의 종기까지 법원에 신고하도록 최고하여야 한다.

··········

[❶▶ O] 저당권·압류채권·가압류채권에 대항할 수 있는 최선순위 전세권은 매각으로 소멸되지 않고 매수인이 인수하지만 전세권자가 민사집행법 제88조에 따라 배당요구를 하면 매각으로 소멸된다(민사집행법 제91조 제3항, 제4항). 이처럼 최우선순위의 전세권자에게는 '매수인에 의한 전세권의 인수'와 '배당요구'의 선택권을 부여하고 그 전세권자에게는 배당요구의 종기를 고지하여 그 기간 안에 선택권을 행사할 수 있는 기회를 보장할 필요가 있으므로, 법원은 배당요구의 종기를 공고하는 외에 최우선순위의 전세권자에게 이를 고지하여야 한다(민사집행법 제84조 제2항 후단). 제요 집행 2

> **민사집행법 제84조(배당요구의 종기결정 및 공고)**
> ② 배당요구의 종기가 정하여진 때에는 법원은 경매개시결정을 한 취지 및 배당요구의 종기를 공고하고, 제91조 제4항 단서의 전세권자 및 법원에 알려진 제88조 제1항의 채권자에게 이를 고지하여야 한다.
>
> **민사집행법 제91조(인수주의와 잉여주의의 선택 등)**
> ③ 지상권·지역권·전세권 및 등기된 임차권은 저당권·압류채권·가압류채권에 대항할 수 없는 경우에는 매각으로 소멸된다.
> ④ 제3항의 경우 외의 지상권·지역권·전세권 및 등기된 임차권은 매수인이 인수한다. 다만, 그중 전세권의 경우에는 전세권자가 제88조에 따라 배당요구를 하면 매각으로 소멸된다.

[**❷** ▸ **○**] 민사집행법 제84조 제1항, 제3항

> **민사집행법 제84조(배당요구의 종기결정 및 공고)**
> ① 경매개시결정에 따른 압류의 효력이 생긴 때(그 경매개시결정 전에 다른 경매개시결정이 있는 경우를 제외한다)에는 집행법원은 절차에 필요한 기간을 고려하여 배당요구를 할 수 있는 종기(終期)를 첫 매각기일 이전으로 정한다.
> ③ 제1항의 배당요구의 종기결정 및 제2항의 공고는 경매개시결정에 따른 압류의 효력이 생긴 때부터 1주 이내에 하여야 한다.

[**❸** ▸ **○**] 가등기담보법 제16조 제1항

> **가등기담보법 제16조(강제경매등에 관한 특칙)**
> ① 법원은 소유권의 이전에 관한 가등기가 되어 있는 부동산에 대한 강제경매등의 개시결정(開始決定)이 있는 경우에는 가등기권리자에게 다음 각 호의 구분에 따른 사항을 법원에 신고하도록 적당한 기간을 정하여 최고(催告)하여야 한다.
> 　1. 해당 가등기가 담보가등기인 경우 : 그 내용과 채권[이자나 그 밖의 부수채권(附隨債權)을 포함한다]의 존부(存否)·원인 및 금액
> 　2. 해당 가등기가 담보가등기가 아닌 경우 : 해당 내용

[**❹** ▸ **✕**] 민사집행법 제84조 제6항, 제7항

> **민사집행법 제84조(배당요구의 종기결정 및 공고)**
> ⑥ 법원은 특별히 필요하다고 인정하는 경우에는 배당요구의 종기를 연기할 수 있다.
> ⑦ 제6항의 경우에는 제2항 및 제4항의 규정을 준용한다. 다만, <u>이미 배당요구 또는 채권신고를 한 사람에 대하여는 같은 항의 고지 또는 최고를 하지 아니한다.</u>

[**❺** ▸ **○**] 민사집행법 제84조 제4항, 제148조 제3호·제4호

> **민사집행법 제84조(배당요구의 종기결정 및 공고)**
> ④ 법원사무관등은 제148조 제3호 및 제4호의 채권자 및 조세, 그 밖의 공과금을 주관하는 공공기관에 대하여 채권의 유무, 그 원인 및 액수(원금·이자·비용, 그 밖의 부대채권(附帶債權)을 포함한다)를 배당요구의 종기까지 법원에 신고하도록 최고하여야 한다.
>
> **민사집행법 제148조(배당받을 채권자의 범위)**
> 제147조 제1항에 규정한 금액을 배당받을 채권자는 다음 각 호에 규정된 사람으로 한다.
> 　1. 배당요구의 종기까지 경매신청을 한 압류채권자
> 　2. 배당요구의 종기까지 배당요구를 한 채권자
> 　3. 첫 경매개시결정등기 전에 등기된 가압류채권자
> 　4. 저당권·전세권, 그 밖의 우선변제청구권으로서 첫 경매개시결정등기 전에 등기되었고 매각으로 소멸하는 것을 가진 채권자

답 ❹

부동산경매절차에서 매각물건명세서에 관한 다음 설명 중 가장 옳지 않은 것은?

2022년 법무사시험 [문 12]

① 민사집행법이 제105조에서 집행법원은 매각물건명세서를 작성하여 현황조사보고서 및 평가서의 사본과 함께 법원에 비치하여 누구든지 볼 수 있도록 하여야 한다고 규정하고 있는 취지는 경매절차에 있어서 매각대상 부동산의 현황을 되도록 정확히 파악하여 일반인에게 그 현황과 권리관계를 공시함으로써 매수 희망자가 매각대상 부동산에 필요한 정보를 쉽게 얻을 수 있도록 하여 예측하지 못한 손해를 입는 것을 방지하고자 함에 있다.

② 매각물건명세서에는 매각에 따라 설정된 것으로 보게 되는 지상권의 개요를 적어야 한다.

③ 매각물건명세서의 작성에 중대한 흠이 있는 때는 매각허가에 대한 이의신청사유에 해당한다.

④ 기일입찰의 방법으로 진행하는 경우 매각물건명세서의 사본은 매각기일마다 그 1주 전까지 법원에 비치하여야 한다. 다만, 법원은 상당하다고 인정하는 때에는 매각물건명세서의 기재내용을 전자통신매체로 공시함으로써 그 사본의 비치에 갈음할 수 있다.

⑤ 매각물건명세서상 부동산의 표시로 등기기록상 표시 외에 미등기건물이 있음을 표시한 경우에는 그것이 경매목적물에서 제외됨을 전제로 한 것으로 보게 되므로 미등기건물을 목적물에 포함할 경우에는 그 취지를 명확히 하여 매수희망자들로 하여금 그 취지를 알 수 있도록 하여야 할 것이다.

....

[**❶** ▸ ○] 민사집행법이 제105조에서 집행법원은 매각물건명세서를 작성하여 현황조사보고서 및 평가서의 사본과 함께 법원에 비치하여 누구든지 볼 수 있도록 하여야 한다고 규정하고 있는 취지는 경매절차에 있어서 매각대상 부동산의 현황을 되도록 정확히 파악하여 일반인에게 그 현황과 권리관계를 공시함으로써 매수 희망자가 매각대상 부동산에 필요한 정보를 쉽게 얻을 수 있도록 하여 예측하지 못한 손해를 입는 것을 방지하고자 함에 있다(대판 2008.1.31. 2006다913).

[**❷** ▸ ○] 민사집행법 제105조 제1항 제4호

> **민사집행법 제105조(매각물건명세서 등)**
> ① 법원은 다음 각 호의 사항을 적은 매각물건명세서를 작성하여야 한다.
>   1. 부동산의 표시
>   2. 부동산의 점유자와 점유의 권원, 점유할 수 있는 기간, 차임 또는 보증금에 관한 관계인의 진술
>   3. 등기된 부동산에 대한 권리 또는 가처분으로서 매각으로 효력을 잃지 아니하는 것
>   4. 매각에 따라 설정된 것으로 보게 되는 지상권의 개요

[**❸** ▸ ○] 민사집행법 제121조 제5호

> **민사집행법 제121조(매각허가에 대한 이의신청사유)**
> 매각허가에 관한 이의는 다음 각 호 가운데 어느 하나에 해당하는 이유가 있어야 신청할 수 있다.
>   1. 강제집행을 허가할 수 없거나 집행을 계속 진행할 수 없을 때
>   2. 최고가매수신고인이 부동산을 매수할 능력이나 자격이 없는 때
>   3. 부동산을 매수할 자격이 없는 사람이 최고가매수신고인을 내세워 매수신고를 한 때
>   4. 최고가매수신고인, 그 대리인 또는 최고가매수신고인을 내세워 매수신고를 한 사람이 제108조 각 호 가운데 어느 하나에 해당되는 때
>   5. 최저매각가격의 결정, 일괄매각의 결정 또는 매각물건명세서의 작성에 중대한 흠이 있는 때
>   6. 천재지변, 그 밖에 자기가 책임을 질 수 없는 사유로 부동산이 현저하게 훼손된 사실 또는 부동산에 관한 중대한 권리관계가 변동된 사실이 경매절차의 진행 중에 밝혀진 때
>   7. 경매절차에 그 밖의 중대한 잘못이 있는 때

[**❹ ▶ ○**] 매각물건명세서 · 현황조사보고서 및 평가서의 사본은 매각기일(기간입찰의 방법으로 진행하는 경우에는 입찰기간의 개시일)마다 그 1주 전까지 법원에 비치하여야 한다. 다만, 법원은 상당하다고 인정하는 때에는 매각물건명세서 · 현황조사보고서 및 평가서의 기재내용을 전자통신매체로 공시함으로써 그 사본의 비치에 갈음할 수 있다(민사집행규칙 제55조).

[**❺ ▶ ✕**] 경매물건명세서 중 부동산의 표시는 목적물의 동일성을 인식할 정도의 기재이면 되고 그 이상 자세히 기재할 필요는 없으나 등기부상 표시 외에 미등기건물이 있음을 표시한 경우에는 <u>그것이 경매목적물에 포함됨을 전제로 한 것으로 보게 되므로 미등기건물을 목적물에서 제외할 경우에는 그 취지를 명확히 하여 매수희망자들로 하여금 그 취지를 알 수 있도록 하여야 할 것이고</u>, 그 경우에는 지상권의 개요를 기재하는 난에 경락으로 인하여 미등기건물을 위한 법정지상권이 생길 여지가 있음을 기재하여야 하며, 그 사본의 비치 후에도 오류가 발견된 경우에는 이를 정정하여야 한다(대결 1991.12.27. 91마608).

답 ❺

51
□□□

부동산의 평가와 최저매각가격의 결정에 관한 다음 설명 중 가장 옳지 않은 것은?
2023년 법무사시험 [문 17]

① 최저매각가격제도를 채택하고 있는 이유는 부동산이 그 시세보다 훨씬 저가로 매각되게 되면 이해관계인의 이익을 해치게 되므로 공정 · 타당한 가격을 유지하여, 부당하게 염가로 매각되는 것을 방지함과 동시에 매수신고를 하려는 사람에게 기준을 제시함으로써 매각이 공정하게 이루어지도록 함에 있다.

② 경매의 대상이 된 토지 위에 생립하고 있는 채무자 소유의 미등기 수목은 토지의 구성 부분으로서 토지의 일부로 간주되어 특별한 사정이 없는 한 토지와 함께 경매되는 것이므로 그 수목의 가액을 포함하여 경매 대상 토지를 평가하여 이를 최저매각가격으로 공고하여야 하고, 다만 입목에 관한 법률에 따라 등기된 입목이나 명인방법을 갖춘 수목의 경우에는 독립하여 거래의 객체가 되므로 토지 평가에 포함되지 아니한다.

③ 건물이 증축되어 증축부분에 관하여 별도로 보존등기가 경료되었고 증축부분이 본래의 건물에 부합되어 본래의 건물과 분리하여서는 전혀 별개의 독립물로서의 효용을 갖지 않는다 하더라도, 본래의 건물에 대한 경매절차에서 증축부분에 대한 평가를 누락한 평가액을 최저매각가격으로 정한 것은 잘못이다. 따라서 매수인은 증축부분의 소유권을 취득할 수 없다.

④ 구분건물에 대한 경매에서 비록 경매신청서에 대지사용권에 대한 아무런 표시가 없는 경우에도 집행법원으로서는 대지사용권이 있는지, 그 전유부분 및 공용부분과 분리처분이 가능한 규약이나 공정증서가 있는지 등에 관하여 집행관에게 현황조사명령을 하는 때에 이를 조사하도록 지시하는 한편, 그 스스로도 관련자를 심문하는 등의 가능한 방법으로 필요한 자료를 수집하여야 하고, 그 결과 전유부분과 불가분적인 일체로서 경매의 대상이 되어야 할 대지사용권의 존재가 밝혀진 때에는 이를 매각 목적물의 일부로서 경매 평가에 포함시켜 최저매각가격을 정하여야 한다.

⑤ 건물에 관한 구분소유적 공유지분에 대한 매각을 실시하는 집행법원으로서는 감정인에게 위 건물의 지분에 대한 평가가 아닌 특정 구분소유 목적물에 대한 평가를 하게 하고 그 평가액을 참작하여 최저매각가격을 정한 후 매각을 실시하여야 한다.

[**❶** ▶ **O**] 집행법원은 감정인에게 매각부동산을 평가하게 하고 그 평가액을 참작하여 최저매각가격을 정하여야 한다(민사집행법 제97조 제1항). 최저매각가격이란 그 사건의 매각기일에서 당해 부동산을 그 가격보다 저가로 매각할 수 없고 그 액 또는 그 이상으로 매각함을 요하는 기준매각가격을 말한다. 최저매각가격은 경매에 있어 매각허가를 허가하는 최저의 가격으로 그 액에 미달하는 매수신고에 대하여는 매각허가가 허가되지 않는다(대결 1967.9.26. 67마796). 이는 법정의 매각조건이며 이해관계인 전원의 합의에 의하여도 바꿀 수 없다(민사집행법 제110조 제1항). 이러한 최저매각가격제도를 채택하고 있는 이유는 부동산이 그 실거래보다 훨씬 저가로 매각되게 되면 이해관계인의 이익을 해치게 되므로 공정·타당한 가격을 유지하여, 부당하게 염가로 매각되는 것을 방지함과 동시에 매수신고를 하려는 사람에게 기준을 제시함으로써 매각이 공정하게 이루어지도록 함에 있다(대결 2003.8.21. 2003마352).

제요 집행 2

[**❷** ▶ **O**] 경매의 대상이 된 토지 위에 생립하고 있는 채무자 소유의 미등기 수목은 토지의 구성 부분으로서 토지의 일부로 간주되어 특별한 사정이 없는 한 토지와 함께 경매되는 것이므로 그 수목의 가액을 포함하여 경매 대상 토지를 평가하여 이를 최저경매가격으로 공고하여야 하고, 다만 입목에 관한 법률에 따라 등기된 입목이나 명인방법을 갖춘 수목의 경우에는 독립하여 거래의 객체가 되므로 토지 평가에 포함되지 아니한다(대결 1998.10.28. 98마1817).

[**❸** ▶ **✕**] 건물이 증축된 경우에 증축부분이 본래의 건물에 부합되어 본래의 건물과 분리하여서는 전혀 별개의 독립물로서의 효용을 갖지 않는다면, 위 증축부분에 관하여 별도로 보존등기가 경료되었고 본래의 건물에 대한 경매절차에서 경매목적물로 평가되지 아니하였다고 할지라도 경락인(매수인)은 그 부합된 증축부분의 소유권을 취득한다(대판 1981.11.10. 80다2757).

[**❹** ▶ **O**] 구분건물에 대한 경매에 있어서 비록 경매신청서에 대지사용권에 대한 아무런 표시가 없는 경우에도 집행법원으로서는 대지사용권이 있는지, 그 전유부분 및 공용부분과 분리처분이 가능한 규약이나 공정증서가 있는지 등에 관하여 집달관에게 현황조사명령을 하는 때에 이를 조사하도록 지시하는 한편, 그 스스로도 관련자를 심문하는 등의 가능한 방법으로 필요한 자료를 수집하여야 하고, 그 결과 전유부분과 불가분적인 일체로서 경매의 대상이 되어야 할 대지사용권의 존재가 밝혀진 때에는 이를 경매 목적물의 일부로서 경매 평가에 포함시켜 최저입찰가격을 정하여야 할 뿐만 아니라, 입찰기일의 공고와 입찰물건명세서의 작성에 있어서도 그 존재를 표시하여야 할 것이나, 그렇지 않고 대지사용권이 존재하지 아니하거나 존재하더라도 규약이나 공정증서로써 전유부분에 대한 처분상의 일체성이 배제되어 있는 경우에는 특별한 사정이 없는 한 전유부분 및 공용부분에 대하여만 경매절차를 진행하여야 한다(대결 1997.6.10. 97마814).

[**❺** ▶ **O**] 1동의 건물 중 위치 및 면적이 특정되고 구조상 및 이용상 독립성이 있는 일부분씩을 2인 이상이 구분소유하기로 하는 약정을 하고 등기만은 편의상 각 구분소유의 면적에 해당하는 비율로 공유지분등기를 하여 놓은 경우 공유자들 사이에 상호 명의신탁관계에 있는 이른바 구분소유적 공유관계에 해당하고, 낙찰에 의한 소유권취득은 성질상 승계취득이어서 1동의 건물 중 특정부분에 대한 구분소유적 공유관계를 표상하는 공유지분을 목적으로 하는 근저당권이 설정된 후 그 근저당권의 실행에 의하여 위 공유지분을 취득한 낙찰자는 구분소유적 공유지분을 그대로 취득하는 것이므로, 건물에 관한 구분소유적 공유지분에 대한 입찰을 실시하는 집행법원으로서는 감정인에게 위 건물의 지분에 대한 평가가 아닌 특정 구분소유 목적물에 대한 평가를 하게 하고 그 평가액을 참작하여 최저입찰가격을 정한 후 입찰을 실시하여야 한다(대결 2001.6.15. 2000마2633).

답 **❸**

52

부동산 강제경매절차에서 경매 목적 부동산의 평가와 최저매각가격의 결정에 관한 다음 설명 중 가장 옳지 않은 것은? 2022년 법무사시험 [문 22]

① 감정인은 민사집행법 제97조 제1항의 평가를 위하여 필요하면 건물에 출입할 수 있고, 채무자 또는 건물을 점유하는 제3자에게 질문하거나 문서를 제시하도록 요구할 수 있다.

② 평가서에는 부동산의 모습과 그 주변의 환경을 알 수 있는 도면·사진 등을 붙여야 한다.

③ 공유물지분을 경매하는 경우에는 최저매각가격은 공유물 전부의 평가액을 기본으로 채무자의 지분에 관하여 정하여야 한다. 다만, 그와 같은 방법으로 정확한 가치를 평가하기 어렵거나 그 평가에 부당하게 많은 비용이 드는 등 특별한 사정이 있는 경우에는 그러하지 아니하다.

④ 매각 부동산을 평가한 감정인(감정평가법인이 감정인인 때에는 그 감정평가법인 또는 소속 감정평가사)은 매수신청을 할 수 없다.

⑤ 경매의 대상이 된 토지 위에 생립하고 있는 채무자 소유의 미등기 수목은 항상 토지와 별개로 경매되는 것이므로 그 수목의 가액을 제외하여 경매 대상 토지를 평가하여 이를 최저매각가격으로 공고하여야 한다.

[**❶** ▸ O] 민사집행법 제97조 제2항, 제82조 제1항

민사집행법 제97조(부동산의 평가와 최저매각가격의 결정)
② 감정인은 제1항의 평가를 위하여 필요하면 제82조 제1항에 규정된 조치를 할 수 있다.

민사집행법 제82조(집행관의 권한)
① 집행관은 제81조 제4항의 조사를 위하여 건물에 출입할 수 있고, 채무자 또는 건물을 점유하는 제3자에게 질문하거나 문서를 제시하도록 요구할 수 있다.

[**❷** ▸ O] 평가서에는 부동산의 모습과 그 주변의 환경을 알 수 있는 도면·사진 등을 붙여야 한다(민사집행규칙 제51조 제2항).

[**❸** ▸ O] 최저매각가격은 공유물 전부의 평가액을 기본으로 채무자의 지분에 관하여 정하여야 한다. 다만, 그와 같은 방법으로 정확한 가치를 평가하기 어렵거나 그 평가에 부당하게 많은 비용이 드는 등 특별한 사정이 있는 경우에는 그러하지 아니하다(민사집행법 제139조 제2항).

[**❹** ▸ O] 민사집행규칙 제59조 제3호

민사집행규칙 제59조(채무자 등의 매수신청금지)
다음 각 호의 사람은 매수신청을 할 수 없다.
1. 채무자
2. 매각절차에 관여한 집행관
3. 매각 부동산을 평가한 감정인(감정평가법인이 감정인인 때에는 그 감정평가법인 또는 소속 감정평가사)

[**❺** ▸ ×] 경매의 대상이 된 토지 위에 생립하고 있는 채무자 소유의 미등기 수목은 토지의 구성 부분으로서 토지의 일부로 간주되어 특별한 사정이 없는 한 토지와 함께 경매되는 것이므로 그 수목의 가액을 포함하여 경매 대상 토지를 평가하여 이를 최저경매가격으로 공고하여야 하고, 다만 입목에 관한 법률에 따라 등기된 입목이나 명인방법을 갖춘 수목의 경우에는 독립하여 거래의 객체가 되므로 토지 평가에 포함되지 아니한다(대결 1998.10.28. 98마1817).

답 ❺

53
□□□

부동산경매에서의 인수주의와 잉여주의에 관한 다음 설명 중 가장 옳지 않은 것은?

2025년 법무사시험 [문 25]

① 근저당권설정등기와 강제경매신청 사이에 대항력을 갖춘 주택임차인이 있는 경우 그 임차인은 매수인에게 대항할 수 없다.

② 저당권·압류채권·가압류채권에 대항할 수 있는 전세권은 매각으로 소멸하지 않고 매수인이 인수하나, 전세권의 경우 전세권자가 적법한 배당요구를 하면 매각으로 소멸한다.

③ 경매부동산에 가압류등기, 소유권이전등기청구권 보전의 가등기, 근저당권설정등기가 순차적으로 마쳐진 경우 가압류등기는 근저당권의 실행을 위한 경매절차에서 매각으로 인하여 소멸하지만, 근저당권보다 선순위인 가등기는 말소하지 않고 존속한다.

④ 유치권에 의한 경매도 강제경매나 담보권 실행을 위한 경매와 마찬가지로 목적부동산 위의 부담을 소멸시키는 것을 법정매각조건으로 하여 실시되고 우선채권자뿐만 아니라 일반채권자의 배당요구도 허용되며, 유치권자는 일반채권자와 동일한 순위로 배당을 받을 수 있다.

⑤ 부동산 경매절차에서의 매수인은 유치권자에게 그 유치권으로 담보하는 채권을 변제할 책임이 있는 것이 원칙이다. 그러나 경매개시결정 등기가 마쳐져 압류의 효력이 발생한 후에 유치권을 취득한 경우 그러한 유치권으로는 매수인에게 대항할 수 없다.

··

[❶▸O] 강제집행이나 후순위 저당권의 실행으로 임차주택이 매각되어 선순위 저당권이 소멸하면 비록 후순위 저당권자에게는 대항할 수 있는 임차권이라 하더라도 선순위 저당권보다 뒤에 대항력을 갖춘 임차권은 함께 소멸하므로 이런 경우 매수인에게는 임대차를 가지고 대항할 수 없다(대판 1987.2.24. 86다카1936). 그리고 첫 경매개시결정등기 전에 설정된 매각부동산 위의 권리 중 '담보권'이나 '최선순위가 아닌 용익권'(저당권·압류·가압류에 대항할 수 없는 임차권 등)은 매각으로 인하여 당연히 소멸하는 대신(소멸주의, 민사집행법 제91조 제2항·제3항), 법률상 당연히 배당요구한 것과 같은 효력이 있으므로, 별도의 배당요구가 없더라도 순위에 따라 배당을 받을 수 있다(민사집행법 제148조 제4호).

[❷▸O] 민사집행법 제91조 제4항

> **민사집행법 제91조(인수주의와 잉여주의의 선택 등)**
> ① 압류채권자의 채권에 우선하는 채권에 관한 부동산의 부담을 매수인에게 인수하게 하거나, 매각대금으로 그 부담을 변제하는 데 부족하지 아니하다는 것이 인정된 경우가 아니면 그 부동산을 매각하지 못한다.
> ② 매각부동산 위의 모든 저당권은 매각으로 소멸된다.
> ③ 지상권·지역권·전세권 및 등기된 임차권은 저당권·압류채권·가압류채권에 대항할 수 없는 경우에는 매각으로 소멸된다.
> ④ 제3항의 경우 외의 지상권·지역권·전세권 및 등기된 임차권은 매수인이 인수한다. 다만, 그중 전세권의 경우에는 전세권자가 제88조에 따라 배당요구를 하면 매각으로 소멸된다.
> ⑤ 매수인은 유치권자에게 그 유치권으로 담보하는 채권을 변제할 책임이 있다.

[**❸ ▸ ✗**] 소유권이전등기청구권 보전의 가등기보다 후순위로 마쳐진 근저당권의 실행을 위한 경매절차에서 매각허가결정에 따라 매각대금이 완납된 경우에도, 선순위인 가등기는 소멸하지 않고 존속하는 것이 원칙이다. <u>다만 그 가등기보다 선순위로 기입된 가압류등기는 근저당권의 실행을 위한 경매절차에서 매각으로 인하여 소멸하고, 이러한 경우에는 가압류등기보다 후순위인 가등기 역시 민사집행법 제144조 제1항 제2호에 따라 매수인이 인수하지 아니한 부동산의 부담에 관한 기입에 해당하여 말소촉탁의 대상이 된다</u>(대판 2022.5.12. 2019다265376).

[**❹ ▸ ○**] 민법 제322조 제1항에 의하여 실시되는 유치권에 의한 경매도 강제경매나 담보권 실행을 위한 경매와 마찬가지로 목적부동산 위의 부담을 소멸시키는 것을 법정매각조건으로 하여 실시되고 우선채권자뿐만 아니라 일반채권자의 배당요구도 허용되며, 유치권자는 일반채권자와 동일한 순위로 배당을 받을 수 있다고 봄이 상당하다. 다만 집행법원은 부동산 위의 이해관계를 살펴 위와 같은 법정매각조건과는 달리 매각조건 변경결정을 통하여 목적부동산 위의 부담을 소멸시키지 않고 매수인으로 하여금 인수하도록 정할 수 있다(대판 2011.8.18. 2011다35593).

[**❺ ▸ ○**] 부동산 경매절차에서의 매수인은 민사집행법 제91조 제5항에 따라 유치권자에게 그 유치권으로 담보하는 채권을 변제할 책임이 있는 것이 원칙이나, 채무자 소유의 건물 등 부동산에 경매개시결정의 기입등기가 경료되어 압류의 효력이 발생한 후에 채무자가 위 부동산에 관한 공사대금 채권자에게 그 점유를 이전함으로써 그로 하여금 유치권을 취득하게 한 경우, 그와 같은 점유의 이전은 목적물의 교환가치를 감소시킬 우려가 있는 처분행위에 해당하여 민사집행법 제92조 제1항, 제83조 제4항에 따른 압류의 처분금지효에 저촉되므로 점유자로서는 위 유치권을 내세워 그 부동산에 관한 경매절차의 매수인에게 대항할 수 없다. 그러나 이러한 법리는 경매로 인한 압류의 효력이 발생하기 전에 유치권을 취득한 경우에는 적용되지 아니하고, 유치권 취득시기가 근저당권설정 후라거나 유치권 취득 전에 설정된 근저당권에 기하여 경매절차가 개시되었다고 하여 달리 볼 것은 아니다(대판 2009.1.15. 2008다70763).

답 ❸

54 □□□ 부동산에 대한 경매절차에서 남을 가망이 없을 경우의 경매취소에 관한 다음 설명 중 가장 옳지 않은 것은?

2023년 법무사시험 [문 33]

① 압류채권자가 남을 가망이 없다는 통지를 받고 1주 이내에 적법한 매수신청 및 보증제공이 없는 때에는 법원은 결정으로 경매절차를 취소하여야 하나, 남을 가망이 없음에도 매각허가결정을 한 경우 압류채권자 및 우선채권자는 물론 민사집행법 제90조에 규정된 경매절차의 이해관계인은 매각허가결정에 대하여 즉시항고를 할 수 있다.

② 집행채무자가 수개의 공유지분을 순차로 취득하고, 압류채권자가 집행채무자의 공유지분 전부에 관하여 강제집행을 하는 경우에는 그 수개의 공유지분 각각에 대한 권리관계가 다르다고 하더라도 이는 하나의 목적물에 대한 강제집행이므로, 공유지분 전부 중 일부 지분만을 매각한다면 남을 가망이 없는 때에도 압류채권자가 나머지 지분의 매각대금에서 일부라도 배당받을 가능성이 있다면 공유지분 전부에 대한 경매가 남을 가망이 있는 경매에 해당한다.

③ 부동산임의경매 신청채권자가 경매절차 진행 중에 신청채권과 별개의 선순위 채권 및 근저당권을 양수받은 경우에도 선순위 근저당권의 피담보채권액을 선순위 채권액의 계산에 포함시켜 민사집행법 제102조에 따른 잉여 여부를 계산하여야 한다.

④ 필요비, 유익비를 지출한 제3취득자는 그 상환청구권에 관하여 우선권이 있고 그에 의하여 우선배당을 받을 수 있다. 따라서 제3취득자가 지출한 필요비, 유익비는 선순위 채권액의 계산에 포함시켜 민사집행법 제102조에 따른 잉여 여부를 계산하여야 한다.

⑤ 경매신청 채권자에게 우선하는 주택임차인의 보증금반환채권이 있음을 간과하고 선순위 근저당권의 피담보채권만이 있음을 통지하여 경매신청 채권자가 위 선순위 근저당권의 피담보채권과 절차비용을 변제하고 잉여 있을 가격을 정하여 매수신고를 한 때에도 경매법원이 그 후 위 보증금반환채권이 누락되었음을 발견하였을 때에는 경매신청 채권자에게 새로이 위 통지를 하여야 하고, 경매신청 채권자가 위 통지를 받은 날로부터 1주일 이내에 위 보증금반환채권까지 변제하고 잉여있을 가격을 정하여 매수신고를 하지 않으면 경매법원으로서는 경매절차를 취소하는 결정을 하여야 한다.

....

[❶ ▸ ✕] 압류채권자가 남을 가망이 없다는 통지를 받고 1주 이내(또는 연장된 기간 내)에 적법한 매수신청 및 보증제공이 없는 때에는 법원은 결정으로 경매절차를 취소한다(민사집행법 제102조 제2항). 다만 위 기간경과 후라 할지라도 취소결정 전에 적법한 매수신청 및 보증제공이 있으면 경매절차를 속행하여야 한다. … 민사집행법 제102조는 압류채권자가 집행에 의하여 받을 가망이 전혀 없는데도 무익한 경매가 행해지는 것을 막고 또 우선채권자가 그 의사에 반한 시기에 투자의 회수를 강요당하는 것과 같은 부당한 결과를 피하기 위한 것으로서 우선채권자나 압류채권자를 보호하기 위한 규정일 뿐, 결코 채무자나 그 목적부동산 소유자의 법률상 이익이나 권리를 위한 것이 아니므로, 남을 가망이 없음에도 매각허가결정을 한 경우 즉시항고를 할 수 있는 자는 압류채권자와 우선채권자에 한하고, 채무자와 소유자는 매각절차에서 위 규정에 어긋난 잘못이 있음을 다툴 수 있는 이해관계인에 해당하지 않는다(대결 2005.11.29, 2004마485). 제요 집행 2

[❷ ▸ ○]　집행채무자가 수개의 공유지분을 순차로 취득하고, 압류채권자가 집행채무자의 공유지분 전부에 관하여 강제집행을 하는 경우에는 그 수개의 공유지분 각각에 대한 권리관계가 다르다고 하더라도 이는 하나의 목적물에 대한 강제집행이므로, 공유지분 전부 중 일부 지분만을 매각한다면 남을 가망이 없는 때에도 압류채권자가 나머지 지분의 매각대금에서 일부라도 배당받을 가능성이 있다면 공유지분 전부에 대한 경매가 남을 가망이 있는 경매라고 보아야 한다(대결 2013.11.19. 2012마745).

[❸ ▸ ○]　민사집행법 제102조는 우선채권자가 압류채권자와 동일인인 경우를 제외하고 있지 않으며, 우선채권자의 지위에 기하여 이중경매신청을 함으로써 선행 경매절차의 계속적인 진행을 구하는 의사를 적극적으로 표시하지 않은 경우에는 민사집행법 제102조에 우선채권자에 대한 보호기능이 없다고 할 수 없으므로, 부동산임의경매 신청채권자가 경매절차 진행 중에 신청채권과 별개의 선순위 채권 및 근저당권을 양수받은 경우에도 선순위 근저당권의 피담보채권액을 선순위 채권액의 계산에 포함시켜 민사집행법 제102조에 따른 잉여 여부를 계산하여야 한다(대결 2010.11.26. 2010마1650).

[❹ ▸ ○]　저당권설정등기 후에 목적부동산의 제3취득자가 그 부동산의 보존, 개량을 위하여 필요비나 유익비를 지출한 때에 가지는 비용상환청구권은 저당물의 매각대금에서 우선상환을 받을 수 있는데(민법 제367조), 이러한 규정은 저당권이 설정된 부동산을 강제경매하는 경우에도 적용되므로, 필요비, 유익비를 지출한 제3취득자는 그 상환청구권에 관하여 우선권이 있고 그에 의하여 우선배당을 받을 수 있다. 따라서 제3취득자의 그러한 비용상환청구권도 이 조항(민사집행법 제102조)에서 정한 우선채권에 해당한다. 다만 제3취득자가 실제로 배당을 받으려면 배당요구의 신청을 하여야 할 것이기 때문에 우선채권의 인정도 제3취득자의 배당요구신청이 있어야 가능하다. 제요 집행 2 　따라서 제3취득자가 지출한 필요비, 유익비는 선순위 채권액(우선채권)의 계산에 포함시켜 민사집행법 제102조에 따른 잉여 여부를 계산하여야 한다.

[❺ ▸ ○]　경매법원이 경매신청 채권자에게 남을 가망이 없다는 취지의 통지를 함에 있어 경매신청 채권자에게 우선하는 주택임차인의 보증금반환채권이 있음을 간과하고 선순위 근저당권의 피담보채권만이 있음을 통지하여 경매신청 채권자가 위 선순위 근저당권의 피담보채권과 절차비용을 변제하고 잉여 있을 가격을 정하여 매수신고를 한 때에도 경매법원이 그 후 위 보증금반환채권이 누락되었음을 발견하였을 때에는 경매신청 채권자에게 새로이 위 통지를 하여야 하고, 경매신청 채권자가 위 통지를 받은 날로부터 7일(1주일) 이내에 위 보증금반환채권까지 변제하고 잉여 있을 가격을 정하여 매수신고를 하지 않으면 경매법원으로서는 경매절차를 취소하는 결정을 하여야 한다(대결 1994.9.5. 94마1205).

답 ❶

55 부동산경매절차의 잉여주의에 관한 다음 설명 중 가장 옳지 않은 것은?

2021년 법무사시험 [문 26]

① 압류채권자의 채권에 우선하는 채권에 관한 부동산의 부담을 매수인에게 인수하게 하거나, 매각대금으로 그 부담을 변제하는 데 부족하지 아니하다는 것이 인정된 경우가 아니면 그 부동산을 매각하지 못한다.

② 강제경매개시 후 압류채권자에 우선하는 저당권자 등이 경매신청을 하여 이중경매개시결정이 되어 있는 경우에는 절차의 불필요한 지연을 막기 위해서라도 민사집행법 제102조 소정의 최저경매가격과 비교하여야 할 우선채권의 범위를 정하는 기준이 되는 권리는 그 절차에서 경매개시결정을 받은 채권자 중 최우선순위 권리자의 권리로 봄이 옳다.

③ 남을 가망이 없을 경우의 경매취소절차는 압류채권자에 의한 무익·무용한 집행을 방지하기 위한 것으로서, 여러 개의 부동산에 관하여 일괄매각의 결정을 한 경우에는 여러 개의 부동산 중 일부에 관하여 그 부동산만을 매각한다면 남을 가망이 없는 경우라도 전체로서 판단하여 배당을 받을 가능성이 있으면 남을 가망이 있다고 볼 수 있으므로, 집행법원으로서는 그 매각절차를 진행할 수 있다.

④ 경매신청인이 집행법원으로부터 남을 가망이 없다는 통지를 받은 날로부터 7일의 기간이 경과한 뒤에 부동산의 부담과 비용을 변제하고 잉여 있을 가격을 정하여 그 가격에 응하는 매수인이 없는 때에는 그 가격으로 매수할 것을 신청하고 담보를 제공하였다면, 집행법원으로서는 위 기간이 경과된 뒤에 한 것이므로 경매절차를 취소하여야 한다.

⑤ 집행법원이 매각허가 여부의 결정단계에서 남을 가망이 없음을 알게 된 경우에는 직권으로 매각불허가결정을 하여야 한다.

....

[**❶ ▸ ○**] 압류채권자의 채권에 우선하는 채권에 관한 부동산의 부담을 매수인에게 인수하게 하거나, 매각대금으로 그 부담을 변제하는 데 부족하지 아니하다는 것이 인정된 경우가 아니면 그 부동산을 매각하지 못한다(민사집행법 제91조 제1항).

[**❷ ▸ ○**] 강제경매개시 후 압류채권자에 우선하는 저당권자 등이 경매신청을 하여 이중경매개시결정이 되어 있는 경우에는 절차의 불필요한 지연을 막기 위해서라도 민사집행법 제102조 소정의 최저경매가격과 비교하여야 할 우선채권의 범위를 정하는 기준이 되는 권리는 그 절차에서 경매개시결정을 받은 채권자 중 최우선순위 권리자의 권리로 봄이 옳다(대결 2001.12.28. 2001마2094).

[**❸ ▸ ○**] 민사집행법 제102조의 규정에 의한 남을 가망이 없을 경우의 경매취소절차는 압류채권자에 의한 무익·무용한 집행을 방지하기 위한 것으로서, 여러 개의 부동산에 관하여 일괄매각의 결정을 한 경우에는 여러 개의 부동산 중 일부에 관하여 그 부동산만을 매각한다면 남을 가망이 없는 경우라도 전체로서 판단하여 배당을 받을 가능성이 있으면 남을 가망이 있다고 볼 수 있으므로, 집행법원으로서는 그 매각절차를 진행할 수 있다(대결 2012.12.21. 2012마379).

[**❹ ▸ ✕**] 민사집행법 제102조 제2항 소정 7일 내의 기간이라 함은 성질상 일종의 재정기간에 지나지 않으므로 경매신청인이 경매법원으로부터 같은 법 제102조 제1항 소정의 잉여의 가망이 없다는 통지를 받은 날로부터 7일의 기간이 경과한 뒤에 압류채권자의 채권에 우선하는 부동산상의 모든 부담과 비용을 변제하고 잉여 있을 가격을 정하여 그 가격에 응하는 경매인이 없는 때에는 그 가격으로 매수할 것을 신청하고 담보를 제공하였다 하더라도 <u>경매법원으로서는 위 기간이 경과된 뒤에 한 것이라는 사유로 경매절차를 취소할 수 없다</u>(대결 1975.3.28. 75마64).

[**❺ ▸ ○**] 집행법원이 매각허가 여부의 결정단계에서 남을 가망이 없음을 알게 된 경우에는 직권으로 매각불허가결정을 하여야 한다. 민사집행법 제121조 제1호(잉여주의에 반하여 집행을 계속 진행할 수 없을 때) 또는 제7호(경매절차에 그 밖의 중대한 잘못이 있을 때)에 해당하기 때문이다. 제요 집행 2

답 ❹

56
☐☐☐ 　부동산경매절차의 개별매각과 일괄매각에 관한 다음 설명 중 가장 옳지 않은 것은?

2022년 법무사시험 [문 2]

① 여러 개의 부동산을 동시에 매각하는 집행법원이 일괄매각결정을 한 바 없었다면 그 부동산들은 개별매각되는 것이다.
② 법원은 여러 개의 부동산의 위치 · 형태 · 이용관계 등을 고려하여 이를 일괄매수하게 하는 것이 알맞다고 인정하는 경우에는 직권으로 또는 이해관계인의 신청에 따라 일괄매각하도록 결정할 수 있다.
③ 경매목적물인 부동산에 신청근저당권자 이외의 근저당권자의 공장저당이 있을 때에는 집행법원으로서는 그 근저당권자의 공장저당의 목적이 된 기계, 기구 등도 함께 일괄매각하여야 한다.
④ 일괄매각절차에서 서로 다른 별개의 부동산에 대한 매각대금의 배당 순서를 달리하여야 한다면, 각 부동산에 대한 최저매각가격의 비율을 정하여야 하며, 각 부동산의 대금액은 총대금액을 각 부동산의 최저매각가격비율에 따라 나눈 금액으로 한다.
⑤ 수개의 부동산을 일괄하여 매각하는 경우 그중 일부에 매각불허가 사유가 있다면 그 일부에 대하여 불허가하면 되고, 그 전부를 불허가하여야 하는 것은 아니다.

[❶ ▸ O] 민사집행법 제124조 제1항에서, 여러 개의 부동산을 매각하는 경우에 한 개의 부동산의 매각대금으로 모든 채권자의 채권액과 강제집행비용을 변제하기에 충분하면 다른 부동산의 매각을 허가하지 않는다고 규정하고 있기 때문에 이에 비추어 보면, 민사집행법은 개별매각을 원칙으로 하고 있는 것이다. 따라서 여러 개의 부동산을 동시에 매각하는 집행법원이 일괄매각결정을 한 바 없었다면 그 부동산들은 개별매각되는 것이다(대결 1994.8.8. 94마1150). 제요 집행 2

[❷ ▸ O] 법원은 여러 개의 부동산의 위치 · 형태 · 이용관계 등을 고려하여 이를 일괄매수하게 하는 것이 알맞다고 인정하는 경우에는 직권으로 또는 이해관계인의 신청에 따라 일괄매각하도록 결정할 수 있다(민사집행법 제98조 제1항).

[❸ ▸ O] 공장저당법 제4조, 제5조, 제7조 제1항에 의하면, 공장저당의 목적이 된 토지 또는 건물과 거기에 설치된 기계, 기구 등은 이를 분할하여 경매할 수 없으므로, 그 부동산에 신청근저당권자 이외의 근저당권자의 공장저당이 있을 때에는 경매법원으로서는 그 근저당권자의 공장저당의 목적이 된 기계, 기구 등도 함께 일괄경매하여야 한다(대결 2003.2.19. 2001마785).

[❹ ▸ O] 일괄매각의 경우에는 원칙적으로 평가를 함에 있어서도 여러 개의 매각목적물을 일괄평가하고 최저매각가격도 일괄하여 결정해야 한다. 하지만 매각절차에서 각 재산의 대금액과 각 재산이 부담할 집행비용액을 특정할 필요가 있는 경우에는 각 재산에 대한 최저매각가격의 비율을 정해야 하고(민사집행법 제101조 제2항), 각 재산의 대금액은 총대금액을 각 재산의 최저매각가격비율에 따라 나눈 금액으로 한다. 서로 다른 별개의 부동산에 대한 매각대금의 배당순서를 달리해야 한다면, 각 부동산에 대한 매각대금을 별도로 특정할 필요가 있으므로, 일괄매각의 각 부동산별로 그 최저매각가격을 정하여 매각절차를 진행해야 하고(대판 1999.7.27. 98다35020), 각 부동산별로 따로 최저매각가격을 정하지 않은 경우에는 매각허가결정에 대한 항고사유가 된다(대결 1995.3.2. 94마1729). 제요 집행 2

① 제98조 및 제99조의 일괄매각결정에 따른 매각절차는 이 관의 규정에 따라 행한다. 다만, 부동산 외의 재산의 압류는 그 재산의 종류에 따라 해당되는 규정에서 정하는 방법으로 행하고, 그중에서 집행관의 압류에 따르는 재산의 압류는 집행법원이 집행관에게 이를 압류하도록 명하는 방법으로 행한다.

② 제1항의 매각절차에서 각 재산의 대금액을 특정할 필요가 있는 경우에는 각 재산에 대한 최저매각가격의 비율을 정하여야 하며, 각 재산의 대금액은 총대금액을 각 재산의 최저매각가격비율에 따라 나눈 금액으로 한다. 각 재산이 부담할 집행비용액을 특정할 필요가 있는 경우에도 또한 같다.

[❺ ▸ ×] 수개의 부동산을 일괄하여 경매하는 경우 그중 일부에 경락불허가사유가 있다면 그 <u>전부를 불허가하여야 한다</u>(대결 1985.2.8. 84마카31).

답 ❺

57 일괄매각에 관한 다음 설명 중 가장 옳지 않은 것은? 2025년 법무사시험 [문 2]

① 경매목적 부동산이 2개 이상 있는 경우 분할매각보다 일괄매각을 하는 것이 물건 전체의 효용을 높이고 가액도 현저히 고가로 될 것이 명백한 경우, 일괄매각을 하는 것이 부당하다고 인정할 특별한 사유가 없는 한 일괄매각의 방법에 의하는 것이 타당하다.

② 토지와 그 지상 건물을 일괄매각하는 경우, 지상 건물의 매각대금으로 모든 채권자의 채권액과 강제집행비용을 변제하기에 충분하다면 토지에 대한 매각은 허가할 수 없다.

③ 일괄매각결정은 법원이 직권으로 할 수 있을 뿐 아니라, 이해관계인의 신청에 의하여도 가능하다.

④ 일괄매각결정의 중대한 흠을 간과하고 매각허가결정을 한 경우, 당사자들은 매각허가에 대한 이의 또는 매각허가결정에 대한 항고로 다툴 수 있다.

⑤ 부동산의 일괄매각의 경우에 서로 다른 별개의 부동산에 대한 매각대금의 배당순서를 달리하여야 한다면, 각 부동산에 대한 매각대금을 별도로 특정할 필요가 있고, 일괄매각 대상인 각 부동산별로 그 최저매각가격을 정하여 매각절차를 진행하여야 한다.

[❶ ▸ ○] 경매목적 부동산이 2개 이상 있는 경우 분할경매를 할 것인지 일괄경매를 할 것인지 여부는 집행법원의 자유재량에 의하여 결정할 성질의 것이나, 토지와 그 지상건물이 동시에 매각되는 경우, 토지와 건물이 하나의 기업시설을 구성하고 있는 경우, 2필지 이상의 토지를 매각하면서 분할경매에 의하여 일부 토지만 매각되면 나머지 토지가 맹지 등이 되어 값이 현저히 하락하게 될 경우 등 분할경매를 하는 것보다 일괄경매를 하는 것이 당해 물건 전체의 효용을 높이고 그 가액도 현저히 고가로 될 것이 명백히 예측되는 경우 등에는 일괄경매를 하는 것이 부당하다고 인정할 특별한 사유가 없는 한 일괄경매의 방법에 의하는 것이 타당하고, 이러한 경우에도 이를 분할경매하는 것은 그 부동산이 유기적 관계에서 갖는 가치를 무시하는 것으로써 집행법원의 재량권의 범위를 넘어 위법한 것이 된다(대결 2004.11.9. 2004마94).

[❷ ▸ ✕] 민사집행법 제101조 제3항 단서

> **민사집행법 제101조(일괄매각절차)**
> ③ 여러 개의 재산을 일괄매각하는 경우에 그 가운데 일부의 매각대금으로 모든 채권자의 채권액과 강제집행비용을 변제하기에 충분하면 다른 재산의 매각을 허가하지 아니한다. 다만, <u>토지와 그 위의 건물을 일괄매각하는 경우나 재산을 분리하여 매각하면 그 경제적 효용이 현저하게 떨어지는 경우 또는 채무자의 동의가 있는 경우에는 그러하지 아니하다.</u>

[❸ ▸ ○] 민사집행법 제98조 제1항, 제2항

> **민사집행법 제98조(일괄매각결정)**
> ① 법원은 여러 개의 부동산의 위치·형태·이용관계 등을 고려하여 이를 일괄매수하게 하는 것이 알맞다고 인정하는 경우에는 <u>직권으로 또는 이해관계인의 신청에 따라</u> 일괄매각하도록 결정할 수 있다.
> ② 법원은 부동산을 매각할 경우에 그 위치·형태·이용관계 등을 고려하여 다른 종류의 재산(금전채권을 제외한다)을 그 부동산과 함께 일괄매수하게 하는 것이 알맞다고 인정하는 때에는 <u>직권으로 또는 이해관계인의 신청에 따라</u> 일괄매각하도록 결정할 수 있다.
> ③ 제1항 및 제2항의 결정은 그 목적물에 대한 매각기일 이전까지 할 수 있다.

[❹ ▸ ○] 일괄매각의 결정에 중대한 흠이 있는 경우 매각허가에 대한 이의신청을 할 수 있다(민사집행법 제121조 제5호). 그리고 매각허가결정에 대한 (즉시)항고는 민사집행법 제121조에서 규정한 매각허가에 대한 이의신청사유가 있다거나, 그 결정 절차에 중대한 잘못이 있다는 것을 이유로 드는 때에만 할 수 있다(민사집행법 제130조 제1항).

[❺ ▸ ○] 어느 부동산에 대하여 저당권의 효력이 미친다는 것은 그 부동산이 저당권 실행의 대상이 된다는 것과 그 부동산의 처분대가가 피담보채권의 우선변제에 충당되고 그 결과 매수인은 그 부동산에 대한 소유권을 취득하게 된다는 것을 의미하므로, <u>서로 다른 별개의 부동산에 대한 매각대금의 배당순서를 달리하여야 한다면, 각 부동산에 대한 매각대금을 별도로 특정할 필요가 있다고 할 것이고,</u> 민사집행법 제101조 제2항은 "매각절차에서 각 재산의 대금액을 특정할 필요가 있는 경우에는 각 재산에 대한 최저매각가격의 비율을 정하여야 하며, 각 재산의 대금액은 총대금액을 각 재산의 최저매각가격비율에 따라 나눈 금액으로 한다."라고 규정하고 있으므로, <u>일괄매각의 각 부동산별로 그 최저매각가격을 정하여 매각절차를 진행하여야 한다</u>(대판 1999.7.27. 98다35020 참조).

 ❷

58
☐☐☐

부동산경매절차에서 통지에 관한 다음 설명 중 가장 옳지 않은 것은?

2024년 법무사시험 [문 3]

① 집행법원이 이해관계인 등에게 매각기일 등의 통지를 하지 아니하여 그가 매각허가결정에 대한 항고기간을 준수하지 못하였다면 특별한 사정이 없는 한 그 이해관계인은 자기책임에 돌릴 수 없는 사유로 항고기간을 준수하지 못한 것으로 보아야 하며, 그러한 경우에는 형평의 원칙으로부터 인정된 구제방법으로서의 추후보완이 허용된다.

② 공유물의 지분을 매각할 때에는 다른 공유자에게 매각기일 등을 통지하여야 하므로 이를 통지받지 못한 공유자도 이해관계인으로서 그 절차상의 흠을 들어 항고할 수 있다.

③ 이해관계인이 기일 통지를 받지 못하였더라도 매각기일을 스스로 알고 그 기일에 출석하여 입찰에 참가함으로써 자신의 권리보호에 필요한 조치를 취할 수 있었다면, 특별한 사정이 없는 한 이러한 통지 누락은 매각허가결정의 이의사유에 해당한다고 볼 수 없다.

④ 매각기일의 공고 및 다른 이해관계인에 대한 매각기일 및 매각결정기일에 대한 통지절차가 완료된 후에 권리신고가 있더라도 그 신고가 매각기일 전에 행하여졌다면 당해 이해관계인에게 매각기일 및 매각결정기일을 통지하지 아니한 것은 위법하다.

⑤ 권리신고절차를 취하지 아니한 주택임대차보호법상의 대항요건을 갖춘 임차인에 대하여 경매절차 진행사실의 통지를 하지 않았더라도 경매절차에 위법이 있다고 할 수 없다.

···

[❶ ▸ ○] 경매법원이 이해관계인 등에게 경매기일 등의 통지를 하지 아니하여 그가 경락허가결정에 대한 항고기간을 준수하지 못하였다면 특단의 사정이 없는 한 그 이해관계인은 자기책임에 돌릴 수 없는 사유로 항고기간을 준수하지 못한 것으로 보아야 하며, 그러한 경우에는 형평의 원칙으로부터 인정된 구제방법으로서의 추완이 허용되어야 할 것이다(대결[전합] 2002.12.24. 2001마1047).

[❷ ▸ ○] 경매법원은 공유물의 지분을 경매함에 있어 다른 공유자에게 경매기일과 경락기일을 통지하여야 하므로 경매부동산의 다른 공유자들이 그 경매기일을 통지받지 못한 경우에는 이해관계인으로서 그 절차상의 하자를 들어 항고를 할 수 있다(대결 1998.3.4. 97마962).

[❸ ▸ ○] 민사소송법 제617조 제2항이 이해관계인에게 입찰기일과 낙찰기일을 통지하도록 규정하고 있는 취지에 비추어 볼 때, 이해관계인이 기일 통지를 받지 못하였더라도 그 이해관계인이 입찰기일을 스스로 알고 그 기일에 출석하여 입찰에 참가함으로써 자신의 권리보호에 필요한 조치를 취할 수 있었다면, 그 이해관계인에 대한 입찰 및 낙찰기일 통지의 누락은 특별한 사정이 없는 한 같은 법 제633조 제1호 소정의 경락이의사유인 '집행을 속행할 수 없을 때'에 해당한다고 볼 수 없다(대결 1999.11.15. 99마 5256).

[❹ ▸ ✕] 입찰기일의 공고 및 다른 이해관계인에 대한 입찰기일 및 낙찰기일에 대한 통지절차가 완료된 후에 비로소 권리신고가 있는 경우에는 비록 그 신고가 입찰기일 전에 행하여졌다고 할지라도 당해 이해관계인에게 입찰기일 및 낙찰기일을 통지하지 않았다고 하여 위법하다고 할 수 없으므로 이를 낙찰에 대한 이의 내지 항고사유로 삼을 수 없다(대결 1998.3.12. 98마206).

[**❺** ▶ O] 경매절차에서 부동산 현황조사는 매각대상 부동산의 현황을 정확히 파악하여 일반인에게 그 부동산의 현황과 권리관계를 공시함으로써 매수 희망자가 필요한 정보를 쉽게 얻을 수 있게 하여 예상 밖의 손해를 입는 것을 방지하고자 함에 있는 것이고, 매각절차의 법령상 이해관계인에게는 매각기일에 출석하여 의견진술을 할 수 있는 권리의 행사를 위해 매각기일 등 절차의 진행을 통지하여 주도록 되어 있는 반면, 주택임대차보호법상의 대항요건을 갖춘 임차인이라고 하더라도 매각허가결정 이전에 경매법원에 스스로 그 권리를 증명하여 신고하지 않는 한 집행관의 현황조사결과 임차인으로 조사·보고되어 있는지 여부와 관계없이 이해관계인이 될 수 없으며, 대법원예규에 따른 경매절차 진행사실의 주택임차인에 대한 통지는 법률상 규정된 의무가 아니라 당사자의 편의를 위하여 경매절차와 배당제도에 관한 내용을 안내하여 주는 것에 불과하므로, 이해관계인 아닌 임차인은 위와 같은 통지를 받지 못하였다고 하여 경매절차가 위법하다고 다툴 수 없다(대판 2008.11.13. 2008다43976).

답 **❹**

---

59 매각기일에 관한 다음 설명 중 가장 옳지 않은 것은?

① 매각기일을 이해관계인에게 통지하였다면 이해관계인이 출석하지 않은 경우 그 불출석 사실을 매각기일조서에 기재하여야 한다.

② 입찰기일에 최고가매수신고인이 한 사람이어서 추가입찰의 요건에 해당하지 않는데도 집행관이 추가입찰을 실시하였다면 비록 그 추가입찰에서 최고가 매수신고인이 나왔다고 하더라도 직권으로 매각을 불허하여야 한다.

③ 1기일 2회 매각을 실시하는 경우에 1회에는 입찰을 실시하다가 2회에는 호가경매를 실시하는 것은 허용되지 않는다.

④ 매각기일 종결 시까지 적법한 차순위매수신고를 한 사람이 없는 경우에는 집행관이 최고가매수신고인의 성명과 그 입찰가격만을 불렀다고 하여 매각 허가결정이 위법하다고 할 수 없다.

⑤ 기일입찰 또는 호가경매의 방법에 의한 매각기일에서 매각기일을 마감할 때까지 허가할 매수가격의 신고가 없는 때에는 집행관은 즉시 매각기일의 마감을 취소하고 같은 방법으로 매수가격을 신고하도록 최고할 수 있다.

[**❶** ▶ X] 법원은 매각기일과 매각결정기일을 이해관계인에게 통지하여야 한다(민사집행법 제104조 제2항). 그러나 <u>이해관계인이 출석하지 않은 경우 그 불출석 사실을 기일조서에 기재하여야 하는 것은 아니다</u>(민사집행법 제116조 제1항 참조). 한편 매각기일조서에는 작성자인 집행관이 기명날인 또는 서명하고(민사집행법 제10조 제2항 제6호), 그 밖에 최고가매수신고인 및 차순위매수신고인과 출석한 <u>이해관계인은 조서에 서명날인하여야 하며</u>, 그들이 서명날인할 수 없을 때에는 집행관이 그 사유를 적어야 한다(민사집행법 제116조 제2항).

[❷ ▸ ○] 민사소송법 제627조[현 민사집행법 제115조(註)]의 규정에 의하면 집행관은 입찰기일에서 최고가매수신고인이 있으면 그의 성명과 가격을 호창하고 경매의 종결을 고지하여야 하는바, 입찰기일에 최고가매수신고인이 한 사람임에도 불구하고 집행관이 그의 성명과 가격을 호창하고 경매의 종결을 고지하는 절차를 취함이 없이 추가입찰을 실시하였다면, 그 일련의 절차는 같은 법 제627조[현 민사집행법 제115조(註)]의 규정에 위반한 것이고, 비록 그 추가입찰에서 최고가매수신고인이 나왔다고 하더라도 이러한 경우는 같은 법 제633조 제7호[현 민사집행법 제121조 제7호(註)]에 해당하므로 같은 법 제635조 제2항[현 민사집행법 제123조 제2항(註)] 본문의 규정에 의하여 직권으로 경락을 불허할 사유가 된다(대결 2000.3.28. 2000마724).

[❸ ▸ ○] [❺ ▸ ○] 부동산의 매각은 ㉠ 매각기일에 하는 호가경매, ㉡ 개각기일에 입찰 및 개찰하게 하는 기일입찰, ㉢ 입찰기간 내에 입찰하게 하여 매각기일에 개찰하는 기간입찰의 3가지 방법으로 한다(민사집행법 제103조 제2항). 어느 방법으로 하는지는 집행법원이 정한다(민사집행법 제103조 제1항). 기입입찰이나 호가경매의 경우, 매각기일에 유찰되는 부동산에 대하여는 최저매각가격의 저감 없이 1기일에 즉시 제2회의 경매를 실시할 수 있다(민사집행법 제115조 제4항). 이때에는 1기일 2회 경매를 하였다는 취지를 조서에 적어야 한다(민사집행법 제116조 제1항 제7호). 기간입찰의 경우에는 이러한 방법을 사용할 수 없다. 제요 집행 2 1기일 2회 경매를 실시하는 경우에 "같은 방법"으로 하여야 하므로(민사집행법 제115조 제4항), 1회에는 입찰을 실시하다가 2회에는 호가경매를 실시하는 것은 허용되지 않는다.

[❹ ▸ ○] 민사소송법 제626조의2[현 민사집행법 제114조 제1항(註)] 및 제627조 제1항[현 민사집행법 제115조 제1항(註)]의 각 규정을 종합하여 보면 차순위 매수신고인의 성명과 입찰가격은 입찰의 종결 시까지 적법한 차순위 매수신고를 한 자가 있는 경우에 한하여 호창하면 되므로, 그때까지 적법한 차순위 매수신고를 한 자가 없는 경우에는 집행관이 최고가 매수신고인의 성명과 입찰가격만을 호창하였다고 하여 낙찰허가결정이 위법하다고 할 수 없다(대결 1996.8.19. 96마1174).

> **민사집행법 제114조(차순위매수신고)**
> ① 최고가매수신고인 외의 매수신고인은 매각기일을 마칠 때까지 집행관에게 최고가매수신고인이 대금지급기한까지 그 의무를 이행하지 아니하면 자기의 매수신고에 대하여 매각을 허가하여 달라는 취지의 신고(이하 "차순위매수신고"라 한다)를 할 수 있다.
>
> **민사집행법 제115조(매각기일의 종결)**
> ① 집행관은 최고가매수신고인의 성명과 그 가격을 부르고 차순위매수신고를 최고한 뒤, 적법한 차순위매수신고가 있으면 차순위매수신고인을 정하여 그 성명과 가격을 부른 다음 매각기일을 종결한다고 고지하여야 한다.

답 ❶

60

부동산경매절차의 특별매각조건에 관한 다음 설명 중 가장 옳지 않은 것은?

2021년 법무사시험 [문 20]

① 최저입찰가격은 입찰법원이 직권으로 변경할 수 있지만, 그 변경은 수긍할 만한 합리적인 이유가 있는 경우에 한하여 허용된다.

② 거래의 실상을 반영하거나 경매절차를 효율적으로 진행하기 위하여 필요한 경우에 법원은 배당요구의 종기까지 매각조건을 바꾸거나 새로운 매각조건을 설정할 수 있다.

③ 특별매각조건이 있는 경우 집행관은 매각기일을 개시할 때에 그 내용을 고지하며, 특별매각조건으로 매각한 때에는 집행법원은 매각허가결정에 그 조건을 적어야 한다.

④ 집행법원의 특별매각조건결정에 대하여 이해관계인은 즉시항고할 수 있다.

⑤ 재단법인의 기본재산에 대하여 강제집행을 실시하는 경우 재단법인의 정관변경에 대한 주무관청의 허가는 경매개시요건이지 매수인의 소유권 취득에 관한 요건은 아니므로, 집행법원으로서는 그 허가를 얻어 제출한 후 경매개시결정을 하여야 하는 것이지 주무관청의 허가를 특별매각조건으로 경매절차를 진행할 수 있는 것은 아니다.

[**❶ ▸ ○**] 최저입찰가격은 입찰법원이 직권으로 변경할 수 있지만, 그 변경은 수긍할 만한 합리적인 이유가 있는 경우에 한하여 허용된다(대결 1994.11.30. 94마1673).

[**❷ ▸ ○**] 거래의 실상을 반영하거나 경매절차를 효율적으로 진행하기 위하여 필요한 경우에 법원은 배당요구의 종기까지 매각조건을 바꾸거나 새로운 매각조건을 설정할 수 있다(민사집행법 제111조 제1항).

[**❸ ▸ ○**] 민사집행법 제112조, 제128조 제1항

> **민사집행법 제112조(매각기일의 진행)**
> 집행관은 기일입찰 또는 호가경매의 방법에 의한 매각기일에는 매각물건명세서·현황조사보고서 및 평가서의 사본을 볼 수 있게 하고, 특별한 매각조건이 있는 때에는 이를 고지하며, 법원이 정한 매각방법에 따라 매수가격을 신고하도록 최고하여야 한다.
>
> **민사집행법 제128조(매각허가결정)**
> ① 매각허가결정에는 매각한 부동산, 매수인과 매각가격을 적고 특별한 매각조건으로 매각한 때에는 그 조건을 적어야 한다.

[**❹ ▸ ○**] 민사집행법 제111조 제2항

> **민사집행법 제111조(직권에 의한 매각조건의 변경)**
> ① 거래의 실상을 반영하거나 경매절차를 효율적으로 진행하기 위하여 필요한 경우에 법원은 배당요구의 종기까지 매각조건을 바꾸거나 새로운 매각조건을 설정할 수 있다.
> ② 이해관계인은 제1항의 재판에 대하여 즉시항고를 할 수 있다.

[**❺ ▸ ✕**] 민법 제32조, 제40조 제4호, 제42조 제2항, 제43조, 제45조 제3항, 제1항에 의하면, 재단법인은 정관에 재단법인의 자산에 관한 규정을 두어야 하고, 재단법인의 설립과 정관의 변경에는 주무관청의 허가를 얻어야 한다. 따라서 주무관청의 허가를 얻은 정관에 기재된 기본재산의 처분행위로 인하여 재단법인의 정관 기재사항을 변경하여야 하는 경우에는, 그에 관하여 주무관청의 허가를 얻어야 한다. 이는 재단법인의 기본재산에 대하여 강제집행을 실시하는 경우에도 동일하나, 주무관청의 허가는 반드시 사전에 얻어야 하는 것은 아니므로, 재단법인의 정관변경에 대한 주무관청의 허가는 경매개시요건은 아니고, 경락인의 소유권 취득에 관한 요건이다. 그러므로 집행법원으로서는 그 허가를 얻어 제출할 것을 특별매각조건으로 경매절차를 진행하고, 매각허가결정 시까지 이를 제출하지 못하면 매각불허가결정을 하면 된다(대결 2018.7.20. 2017마1565).

답 ❺

61
☐☐☐

부동산경매절차상 매각조건에 관한 다음 설명 중 가장 옳지 않은 것은?

2025년 법무사시험 [문 34]

① 매수신청의 보증은 진지한 매수의사가 없는 사람의 매수신청을 배제하여 매각의 적정성을 보장하는 한편 매수인이 대금을 지급하지 않는 경우에는 보증금을 몰취하게 된다. 매수신청의 보증금액은 매각기일의 공고에 명시되어야 하고 집행관은 매각기일에 입찰을 개시하기 전에 참가자들에게 매수신청보증의 제공방법 등에 관하여 고지하여야 한다.

② 법원은 재매각의 경우는 물론 일반의 매각절차에서도 최저매각가격의 10분의 1이 아닌 다른 금액으로 보증금액을 정함으로써 매수신청인의 보증 제공의무에 관한 법정매각조건을 변경할 수 있으나, 법원이 최저매각가격의 10분의 1이 아닌 다른 금액으로 보증금액을 정하려면 이러한 내용의 결정을 해야 한다.

③ 최저매각가격의 10분의 1이 아닌 다른 금액으로 보증금액을 정하는 결정 없이 다른 금액으로 한 매각기일공고는 위법한 공고이고, 이를 간과한 채 매각을 실시한 경우 이해관계인의 이익이 침해되거나 매각절차의 공정성을 해칠 우려가 있으므로 특별한 사정이 없는 한 '경매절차에 그 밖의 중대한 잘못이 있는 때'로서 매각허가에 대한 이의신청사유 및 매각불허가사유가 된다. 따라서 법원은 위와 같은 위법한 공고를 간과하고 매각기일을 진행하였을 경우 형식상 유효한 최고가매수가격의 신고가 있었더라도 매각결정기일에 그 매각을 불허하는 결정을 하고 새 매각기일을 정하여 적법한 매각기일공고를 한 후에 매각을 실시하여야 한다.

④ 재단법인은 정관에 재단법인의 자산에 관한 규정을 두어야 하고, 재단법인의 설립과 정관의 변경에는 주무관청의 허가를 얻어야 한다. 따라서 주무관청의 허가를 얻은 정관에 기재된 기본재산의 처분행위로 인하여 재단법인의 정관 기재사항을 변경하여야 하는 경우에는, 그에 관하여 주무관청의 허가를 얻어야 한다. 이는 재단법인의 기본재산에 대하여 강제집행을 실시하는 경우에도 동일하나, 주무관청의 허가는 반드시 사전에 얻어야 하는 것은 아니므로, 재단법인의 정관변경에 대한 주무관청의 허가는 경매개시요건은 아니고 경락인의 소유권취득에 관한 요건이다.

⑤ 민법상 재단법인의 정관에 기본재산은 담보설정 등을 할 수 없으나 주무관청의 허가 · 승인을 받은 경우에는 이를 할 수 있다는 취지로 정해져 있고, 정관 규정에 따라 수무관청의 허가 · 승인을 받아 민법상 재단법인의 기본재산에 관하여 근저당권을 설정한 경우라도, 그와 같이 설정된 근저당권을 실행하여 기본재산을 매각할 경우에는 주무관청의 허가를 다시 받아야 한다.

···

[❶ ▸ O]   경매절차에서 매수신청인은 대법원규칙이 정하는 바에 따라 집행법원이 정하는 금액과 방법에 맞는 보증을 집행관에게 제공하여야 하고(민사집행법 제113조), 기일입찰에서 매수신청의 보증금액은 최저매각가격의 10분의 1로 하되(민사집행규칙 제63조 제1항), 법원은 상당하다고 인정하는 때에는 보증금액을 그와 달리 정할 수 있다(제63조 제2항). 매수신청의 보증은 진지한 매수의사가 없는 사람의 매수신청을 배제하여 매각의 적정성을 보장하는 한편 매수인이 대금을 지급하지 않는 경우에는 보증금을 몰취하게 된다. 매수신청의 보증금액은 최저매각가격의 10분의 1로 정하는 경우는 물론, 이를 변경하는 경우에도 매각기일의 공고에 명시되어야 한다(민사집행규칙 제56조 제3호). 집행관은 매각기일에 입찰을 개시하기 전에 참가자들에게 매수신청보증의 제공방법(법원이 달리 정하지 아니한 이상 최저매각가격의 10분의 1에 해당하는 금전 등이어야 한다는 것 포함) 등에 관하여 고지하여야 한다[부동산 등에 대한 경매절차 처리지침(재민 제2004-3호, 재판예규 제1728호) 제31조](대결 2023.3.10. 2022마6559).

[**❷ ▸ O**] 매수신청인이 최저매각가격의 10분의 1에 해당하는 금액으로 보증을 집행관에게 제공해야 하는 의무는 민사집행법령에 의하여 미리 정해진 법정매각조건이다. 법원은 재매각(민사집행법 제138조)의 경우는 물론 일반의 매각절차에서도 최저매각가격의 10분의 1이 아닌 다른 금액으로 보증금액을 정함으로써 매수신청인의 보증 제공의무에 관한 법정매각조건을 변경할 수 있으나(민사집행법 제111조 제1항, 민사집행규칙 제63조 제2항), 법원이 최저매각가격의 10분의 1이 아닌 다른 금액으로 보증금액을 정하려면 이러한 내용의 '결정'을 해야 한다(대결 2023.3.10. 2022마6559).

[**❸ ▸ O**] 최저매각가격의 10분의 1이 아닌 다른 금액으로 보증금액을 정하는 '결정' 없이 다른 금액으로 한 매각기일공고는 위법한 공고이고, 이를 간과한 채 매각을 실시한 경우 이해관계인의 이익이 침해되거나 매각절차의 공정성을 해칠 우려가 있으므로 특별한 사정이 없는 한 '경매절차에 그 밖의 중대한 잘못이 있는 때'로서 매각허가에 대한 이의신청사유 및 매각불허가사유(민사집행법 제121조 제7호, 제123조 제2항)가 된다. 따라서 법원은 위와 같은 위법한 공고를 간과하고 매각기일을 진행하였을 경우 형식상 유효한 최고가매수가격의 신고가 있었더라도 매각결정기일에 매각을 불허하는 결정을 하고 새 매각기일을 정하여 적법한 매각기일공고를 한 후에 매각을 실시하여야 한다(대결 2023.3.10. 2022마6559).

[**❹ ▸ O**] 민법 제32조, 제40조 제4호, 제42조 제2항, 제43조, 제45조 제3항, 제1항에 의하면, 재단법인은 정관에 재단법인의 자산에 관한 규정을 두어야 하고, 재단법인의 설립과 정관의 변경에는 주무관청의 허가를 얻어야 한다. 따라서 <u>주무관청의 허가를 얻은 정관에 기재된 기본재산의 처분행위로 인하여 재단법인의 정관 기재사항을 변경하여야 하는 경우에는, 그에 관하여 주무관청의 허가를 얻어야 한다. 이는 재단법인의 기본재산에 대하여 강제집행을 실시하는 경우에도 동일하나, 주무관청의 허가는 반드시 사전에 얻어야 하는 것은 아니므로, 재단법인의 정관변경에 대한 주무관청의 허가는, 경매개시요건은 아니고, 경락인의 소유권취득에 관한 요건이다.</u> 그러므로 집행법원으로서는 그 허가를 얻어 제출할 것을 특별매각조건으로 경매절차를 진행하고, 매각허가결정 시까지 이를 제출하지 못하면 매각불허가결정을 하면 된다(대결 2018.7.20. 2017마1565).

[**❺ ▸ ✕**] 민법상 재단법인의 정관에 기본재산은 담보설정 등을 할 수 없으나 주무관청의 허가·승인을 받은 경우에는 이를 할 수 있다는 취지로 정해져 있고, <u>정관 규정에 따라 주무관청의 허가·승인을 받아 민법상 재단법인의 기본재산에 관하여 근저당권을 설정한 경우, 그와 같이 설정된 근저당권을 실행하여 기본재산을 매각할 때에는 주무관청의 허가를 다시 받을 필요는 없다</u>(대결 2019.2.28. 2018마800).

답 ❺

62

민사집행절차에서 공유자에 관한 다음 설명 중 가장 옳지 않은 것은?

① 공유자가 매각기일까지 민사집행법 제113조에 따른 보증을 제공하고 최고매수신고가격과 같은 가격으로 채무자의 지분을 우선매수하겠다는 신고를 하면 집행법원은 최고가매수신고가 있더라도 그 공유자에게 매각을 허가하여야 한다.

② 공유물지분을 경매하는 경우에는 채권자의 채권을 위하여 채무자의 지분에 대한 경매개시결정이 있음을 등기부에 기입하고 다른 공유자에게 그 경매개시결정이 있다는 것을 원칙적으로 통지하여야 하나, 이 통지는 채무자에 대한 경매개시결정의 송달과는 성질을 달리하는 것이므로 이러한 통지가 누락된 경우라도 경매개시결정의 효력에는 영향이 없다. 그러나 공유자에게 매각기일과 매각결정기일을 통지하지 않으면 매각허가결정에 대한 즉시항고 사유가 된다.

③ 공유자가 우선매수신고를 한 경우에는 최고가매수신고인을 민사집행법 제114조의 차순위매수신고인으로 본다. 이 경우 그 매수신고인은 집행관이 매각기일을 종결한다는 고지를 하기 전까지 차순위매수신고인의 지위를 포기할 수 있다.

④ 공유물분할판결에 기하여 공유물 전부를 경매에 붙여 그 매각대금을 분배하기 위한 현금화의 경우에도 공유물의 지분경매에 있어 다른 공유자에 대한 통지를 규정한 민사집행법 제139조가 적용된다.

⑤ 집행법원이 일괄매각결정을 하는 경우, 매각대상인 여러 개의 부동산 중 일부에 대한 공유자는 특별한 사정이 없는 한 일괄매각된 부동산 전체에 대하여 공유자의 우선매수권을 행사할 수 없다.

[❶ ▸ ○] 민사집행법 제140조 제1항, 제2항

[❷ ▸ ○] 공유부동산의 지분에 관하여 경매개시결정을 하였을 때에는 다른 공유자에게 그 경매개시결정이 있다는 것을 통지하여야 한다(민사집행법 제139조 제1항 본문). 각 공유자는 누가 공유자의 1인으로 되는가에 관하여 이해관계를 가지기 때문이다. … 이 통지는 채무자에 대한 경매개시결정의 송달과는 성질을 달리하는 것이므로 이 통지가 없었다 하더라도 경매개시결정의 효력에는 영향이 없다. 그러나 공유자에게 매각기일과 매각결정기일을 통지하지 않으면 매각허가결정에 대한 즉시항고사유가 된다(대결 1998.3.4. 97마962). 제요 집행 2 이와 관련하여 판례는, 경매법원은 공유물의 지분을 경매함에 있어 다른 공유자에게 경매기일과 경락기일을 통지하여야 하므로 경매부동산의 다른 공유자들이 그 경매기일을 통지받지 못한 경우에는 이해관계인으로서 그 절차상의 하자를 들어 항고를 할 수 있다고 판시하고 있다(대결 1998.3.4. 97마962).

> **민사집행법 제139조(공유물지분에 대한 경매)**
> ① 공유물지분을 경매하는 경우에는 채권자의 채권을 위하여 채무자의 지분에 대한 경매개시결정이 있음을 등기부에 기입하고 다른 공유자에게 그 경매개시결정이 있다는 것을 통지하여야 한다. 다만, 상당한 이유가 있는 때에는 통지하지 아니할 수 있다.

[❸ ▸ ○] 민사집행법 제140조 제1항·제4항, 민사집행규칙 제76조 제3항

> **민사집행법 제140조(공유자의 우선매수권)**
> ① 공유자는 매각기일까지 제113조에 따른 보증을 제공하고 최고매수신고가격과 같은 가격으로 채무자의 지분을 우선매수하겠다는 신고를 할 수 있다.
> ② 제1항의 경우에 법원은 최고가매수신고가 있더라도 그 공유자에게 매각을 허가하여야 한다.
> ④ 제1항의 규정에 따라 공유자가 우선매수신고를 한 경우에는 최고가매수신고인을 제114조의 차순위매수신고인으로 본다.
>
> **민사집행규칙 제76조(공유자의 우선매수권 행사절차 등)**
> ③ 최고가매수신고인을 법 제140조 제4항의 규정에 따라 차순위매수신고인으로 보게 되는 경우 그 매수신고인은 집행관이 매각기일을 종결한다는 고지를 하기 전까지 차순위매수신고인의 지위를 포기할 수 있다.

[❹ ▶ ✕] 공유물분할판결에 기하여 공유물 전부를 경매에 붙여 그 매득금을 분배하기 위한 환가의 경우에는 공유물의 지분경매에 있어 <u>다른 공유자에 대한 경매신청통지와 다른 공유자의 우선매수권을 규정한 민사소송법 제649조, 제650조[현 민사집행법 제139조, 제140조(註)]는 적용이 없다</u>(대결 1991.12.16. 91마239).

[❺ ▶ ○] 집행법원이 여러 개의 부동산을 일괄매각하기로 결정한 경우, 집행법원이 일괄매각결정을 유지하는 이상 매각대상 부동산 중 일부에 대한 공유자는 특별한 사정이 없는 한 매각대상 부동산 전체에 대하여 공유자의 우선매수권을 행사할 수 없다고 봄이 상당하다(대결 2006.3.13. 2005마1078).

답 ❹

63
□□□ **매수신청의 보증에 관한 다음 설명 중 가장 옳지 않은 것은?** 2023년 법무사시험 [문 30]

① 기일입찰에서 매수신청의 보증금액은 최저매각가격의 10분의 1로 한다.
② 매수신청의 보증금액을 변경하는 경우에도 매각기일의 공고에 명시되어야 한다.
③ 매수신청 보증의 경우에는 남을 가망이 없는 경우의 보증과 달리 보증의 변경은 인정되지 않는다.
④ 공유자가 우선매수권을 행사하는 경우 입찰표를 제출한 후에는 매수신청의 보증을 제공하는 것이 허용되지 않는다.
⑤ 차순위매수신고인은 매수인이 대금을 모두 지급한 때 즉시 매수신청의 보증을 돌려줄 것을 요구할 수 있다.

....

[❶ ▶ ○] 기일입찰에서 매수신청의 보증금액은 최저매각가격의 10분의 1로 한다(민사집행규칙 제63조 제1항).

[❷ ▶ ○] 매수신청의 보증은 진지한 매수의사가 없는 사람의 매수신청을 배제하여 매각의 적정성을 보장하는 한편 매수인이 대금을 지급하지 않는 경우에는 보증금을 몰취하게 된다. 매수신청의 보증금액은 최저매각가격의 10분의 1로 정하는 경우는 물론, 이를 변경하는 경우에도 매각기일의 공고에 명시되어야 한다(민사집행규칙 제56조 제3호)(대결 2023.3.10. 2022마6559).

120 PART 5 민사집행법

[❸ ▸ O] 매수신청 보증의 경우에는 남을 가망이 없는 경우의 보증(민사집행규칙 제54조 제2항, 민사소송법 제126조 본문)과 달리, 보증의 변경은 인정되지 않는다. 매수신청의 보증은 최고가매수신고인과 차순위매수신고인 외의 사람에 대하여는 매각실시 후 바로 반환되고, 최고가매수신고인 등에 대하여도 매각결정기일까지는 보증이 반환되는지 혹은 대금에 충당되는지 여부가 판명되므로, 그 사이에 굳이 보증의 변경을 인정하여야 할 필요가 없기 때문이다. 제요 집행 2

[❹ ▸ ×] 공유자는 매각기일까지 민사집행법 제113조에 따른 보증을 제공하고 최고매수신고가격과 같은 가격으로 채무자의 지분을 우선매수할 것을 신고할 수 있는데, <u>공유자의 우선매수의 신고는 집행관이 매각기일을 종결한다는 고지를 하기 전까지 할 수 있다</u>(민사집행규칙 제76조 제1항). 따라서 공유자는 집행관이 민사집행법 제115조 제1항에 따라 최고가매수신고인의 이름과 가격을 호창하고 매각의 종결을 고지하기 전까지 최고매수신고가격과 동일가격으로 매수할 것을 신고하고 즉시 보증을 제공하면 적법한 우선매수권의 행사가 될 수 있다(대결 2000.1.28. 99마5871). <u>우선매수권을 행사할 수 있는 시한을 입찰마감 시각까지로 제한할 것은 아니다</u>(대결 2004.10.14. 2004마581). 제요 집행 2 이와 관련하여 판례는, 공유자의 우선매수권은 일단 최고가매수신고인이 결정된 후에 공유자에게 그 가격으로 경락 내지 낙찰을 받을 수 있는 기회를 부여하는 제도이므로, 입찰의 경우에도 공유자의 우선매수신고 및 보증의 제공은 집행관이 입찰의 종결을 선언하기 전까지이면 되고 입찰마감시각까지로 제한할 것은 아니다라고 판시하였다(대결 2004.10.14. 2004마581).

[❺ ▸ O] 매각기일의 종결이 고지되면 최고가매수신고인과 차순위매수신고인을 제외한 다른 매수신고인은 매수의 책임에서 벗어나게 되고, 즉시 매수신청의 보증을 돌려줄 것을 신청할 수 있다(민사집행법 제115조 제3항). 최고가매수신고인은 보증의 반환을 청구하지 못하고, 차순위매수신고인은 매수인이 대금을 모두 지급한 때에 매수의 책임을 벗어나게 되고, 즉시 매수신청의 보증을 돌려줄 것을 요구할 수 있다(민사집행법 제142조 제6항).

답 ❹

PART 1 PART 2 PART 3 PART 4 **PART 5** PART 6 PART 7 PART 8

부동산경매의 기일입찰절차에 관한 다음 설명 중 가장 옳지 않은 것은?

2021년 법무사시험 [문 6]

① 매수신청 보증에 관한 원칙은 입찰절차에서 요구되는 신속성, 명확성 등을 감안할 때 획일적으로 적용되어야 하나 입찰자가 제공한 보증의 미달액이 극히 근소한 20원에 불과하다면 그 입찰표는 유효한 것으로 처리하여야 한다.

② 기일입찰의 입찰장소에는 입찰자가 다른 사람이 알지 못하게 입찰표를 적을 수 있도록 설비를 갖추어야 한다.

③ 채무자, 매각절차에 관여한 집행관, 매각부동산을 평가한 감정인(감정평가법인이 감정인인 때에는 그 감정평가법인 또는 소속 감정평가사)은 입찰기일 매수신청을 할 수 없다.

④ 미성년자는 경매부동산을 매수할 수 없고, 설사 매수인이 되었다 할지라도 이러한 매수행위는 무효라 할 것이다.

⑤ 민법 제124조는 "대리인은 본인의 허락이 없으면 본인을 위하여 자기와 법률행위를 하거나 동일한 법률행위에 관하여 당사자 쌍방을 대리하지 못한다"고 규정하고 있으므로 부동산입찰절차에서 동일물건에 관하여 이해관계가 다른 2인 이상의 대리인이 된 경우에는 그 대리인이 한 입찰은 무효라고 할 것이다.

┈┈

[❶ ▸ ✕] 임의경매절차에서의 입찰자가 기일입찰표의 보증금액란에 정해진 액수에 미치지 못하는 금액을 기재하고 이를 매수신청의 보증으로 제공하여 집행관이 차순위매수신고인을 최고가매수신고인으로 결정한 사안에서, 매수신청 보증에 관한 원칙은 입찰절차에서 요구되는 신속성, 명확성 등을 감안할 때 획일적으로 적용되어야 하고 <u>입찰자가 제공한 보증의 미달액이 극히 근소하다고 하여 그 적용을 달리할 것은 아니다</u>(대결 2008.7.11. 2007마911).

[❷ ▸ ○] 기일입찰의 입찰장소에는 입찰자가 다른 사람이 알지 못하게 입찰표를 적을 수 있도록 설비를 갖추어야 한다(민사집행규칙 제61조 제1항).

[❸ ▸ ○] 민사집행규칙 제59조

> **민사집행규칙 제59조(채무자 등의 매수신청 금지)**
> 다음 각 호의 사람은 매수신청을 할 수 없다.
>   1. 채무자
>   2. 매각절차에 관여한 집행관
>   3. 매각부동산을 평가한 감정인(감정평가법인이 감정인인 때에는 그 감정평가법인 또는 소속 감정평가사)

[❹ ▸ ○] 미성년자는 경매목적물을 경락할 수 없고 가사 경락이 되었다 할지라도 이러한 경락행위는 무효이다(대결 1967.7.12. 67마507).

[❺ ▸ ○] 민법 제124조는 "대리인은 본인의 허락이 없으면 본인을 위하여 자기와 법률행위를 하거나 동일한 법률행위에 관하여 당사자 쌍방을 대리하지 못한다"고 규정하고 있으므로 부동산 입찰절차에서 동일물건에 관하여 이해관계가 다른 2인 이상의 대리인이 된 경우에는 그 대리인이 한 입찰은 무효이다(대결 2004.2.13. 2003마44).

답 ❶

부동산경매에서의 매각절차에 관한 다음 설명 중 가장 옳지 않은 것은?

① 최고가매수신고인에 대한 매각이 불허된 경우에 차순위매수신고인이 있으면 그에 대하여 매각허부결정을 하여야 하고, 새로 매각을 실시하여서는 아니 된다.

② 매각기일을 직권으로 변경한 경우에 최저매각가격을 저감할 수 없음에도 착오로 가격 저감을 하였다면 최저매각가격의 저감 자체가 잘못된 이상 비록 저감 전의 최저매각가격 이상의 매수신고가 있더라도 그 매각절차는 위법하다.

③ 매수인이 대금지급기한까지 매수대금지급의무를 완전히 이행하지 아니하여 재매각절차가 진행되는 경우, 부동산 중 일부에 관한 권리관계가 변동되어 법원이 직권으로 최저매각가격을 변경하였더라도 전의 매수인은 매수신청보증의 반환을 요구하지 못한다.

④ 매수인이 재매각기일의 3일 이전까지 대금, 그 지급기한이 지난 뒤부터 지급일까지의 대금에 대한 대법원규칙이 정하는 이율에 따른 지연이자와 절차비용을 지급한 때에는 재매각절차를 취소하여야 하는데, 이때 재매각기일은 재매각명령 후 첫 매각기일만을 의미하는 것이 아니라 유찰·변경 등의 사유로 다시 정한 매각기일도 포함된다.

⑤ 매각기일의 공고내용에 흠결사항이 있는 등 매각기일이 적법하게 열릴 수 없는 경우라면 그 매각기일에 허가할 매수신고가 없더라도 최저매각가격을 저감할 수는 없으며, 따라서 매각기일공고 등의 위법으로 매각을 불허하고 다시 매각을 하는 경우에 있어서 최저매각가격은 당초의 최저매각가격에 의하여야 하고 위법한 절차에 의하여 저감된 가격에 의할 수는 없다.

[❶ ▶ ×] 부동산에 대한 강제경매절차에 있어서 <u>최고가매수신고인에 대한 매각이 불허된 경우에는</u> 민사집행법 제114조 소정의 차순위매수신고제도에 의한 <u>차순위매수신고인이 있다고 하더라도 그에 대하여 매각허가결정을 하여서는 안 되고, 새로 매각을 실시하여야 한다.</u> 매수인이 대금을 지급하지 아니한 경우에 차순위매수신고인에 대하여 매각을 허가할 것인지를 결정하도록 규정한 같은 법 제137조 제1항의 취지는, 매수인이 대금을 지급하지 않음으로써 매각대금의 일부가 되는 매수신청의 보증금과 차순위매수신고인의 매수신고액의 합이 최고가매수신고인의 매수신고액을 초과하므로(같은 법 제114조 제2항 참조) 재매각을 실시하지 아니하고 당해 매각절차를 속행할 수 있도록 한다는 데 있다고 볼 것이다. 그런데 최고가매수신고인에 대한 매각불허가가 있는 경우에는 그 매수신청의 보증금이 매각대금에 포함되지 아니하므로, 그와 같은 취지를 여기에 적용할 수 없는 것이다(대결 2011.2.15. 2010마1793).

[❷ ▶ ○] 경매기일은 직권으로 변경하였을 때에는 최저경매가격을 저감할 수 없다. 최저경매가격의 저감 자체가 잘못된 이상 비록 경매가격이 저감되기 전의 최저경매가격 이상이었다 하더라도 그 경매절차는 위법이다(대결 1969.9.23. 69마544).

[❸ ▶ ○] 매수신청의 보증제도는 진지한 매수의사가 없는 사람의 매수신청을 배제하여 매각의 적정성을 보장하기 위한 것이라는 점에 비추어 볼 때, 매수인이 대금지급기한까지 그 의무를 완전히 이행하지 아니하여 진행되는 재매각절차에서는 전의 매수인은 매수신청의 보증을 돌려줄 것을 요구하지 못하며, 이는 재매각절차의 진행 중에 부동산 중 일부에 관한 권리관계가 변동되어 법원이 직권으로 최저매각가격을 변경하였더라도 마찬가지라고 할 것이다(대결 2008.9.12. 2008마1112).

[❹ ▶ ○] 재매각기일이 변경되어 새 매각기일이 지정된 경우에 그 새 매각기일은 물론, 재매각기일에 허가할 매수가격의 신고가 없어 민사집행법 제119조의 규정에 의하여 새 매각기일이 정해진 경우, 재매각기일에서 최고가매수신고가 있지만 매각물허가결정이 확정되어 새 매각기일이 정해진 경우에 그 새 매각기일도 종전의 매각절차에 대한 관계에서는 재매각기일이므로 매수인이 그 기일의 3일 이전까지 그 대금 등을 지급하면 재매각절차를 취소하여야 한다. 제요 집행 2

[**❺** ▸ O]　최저입찰가격은 입찰법원이 직권으로 변경할 수 있지만, 그 변경은 수긍할 만한 합리적인 이유가 있는 경우에 한하여 허용되고, 한편 입찰기일에 허가할 입찰신고가 없으면 입찰법원은 신 기일을 정하면서 최저입찰가격을 상당히 저감할 수 있으나, 이는 어디까지나 그 입찰기일이 적법하게 열린 입찰기일이어야 하는 것이므로 입찰기일의 공고내용에 흠결사항이 있는 등 입찰기일이 적법하게 열릴 수 없는 경우라면 그 입찰기일에 허가할 입찰신고가 없더라도 최저입찰가격을 저감할 수는 없으며, 따라서 입찰기일공고 등의 위법으로 낙찰을 불허하고 다시 입찰을 하는 경우에 있어서 최저입찰가격은 당초의 최저가격에 의하여야 하고 위법한 절차에 의하여 저감된 가격에 의할 수는 없다(대결 1994.11.30. 94마1673).

답 **❶**

66　**새 매각과 재매각에 관한 다음 설명 중 가장 옳지 않은 것은?**　2023년 법무사시험 [문 12]

① 수인이 공동매수인이 되어 그중 일부가 자기 몫에 해당하는 매각대금을 냈다고 하더라도 나머지 사람이 대금을 내지 않으면 전부에 대하여 재매각을 실시하여야 한다.
② 여러 개의 부동산을 동시에 매각하는 경우에 일괄매각하는 경우를 제외하고는 일부의 부동산에 대하여서만 매수가격의 신고가 없는 경우에는 그 부동산에 대하여서만 새 매각을 실시하고 모든 부동산에 대하여 새 매각을 실시할 것은 아니다.
③ 경매법원은 상당한 기간을 두고 매수인에게 대금지급기한을 통지하여야 하고, 통지를 하지 않거나 통지서가 송달불능된 것을 간과하고 지정된 대금지급기한까지 대금을 지급하지 않았다고 하여 재매각을 명하게 되면 위법하다.
④ 새 매각에서의 가격저감에 대하여는 즉시항고로 다툴 수 있다.
⑤ 매수인은 재매각명령이 난 이후에는 매각허가결정의 취소신청을 할 수 없다.

....

[**❶** ▸ O]　매각대금지급의무를 완전히 이행하지 않으면 재매각이 실시되므로 일괄매각된 여러 개의 부동산 중 일부 부동산의 매각대금에 상당하는 대금지급만이 있을 때에는 의무를 완전히 이행한 것이라고 볼 수 없고, 또 여러 사람이 동일 부동산을 매각허가받은 경우에 공동매수인 내부 관계에서는 부담부분이 정하여져 있더라도 법원에 대하여는 연대하여 전액을 지급할 의무가 있으므로 그중 1인만이 그 부담액만을 납부하고 그 나머지는 납부하지 않은 경우에는 매수인들은 그 의무를 완전히 이행한 것이라고 볼 수 없다. 판례도 민사집행법 제140조 제3항에 따라 각자 우선매수신고를 한 여러 사람의 공유자에게 공유지분의 비율에 따라 공동으로 채무자의 지분을 매수하게 한 경우 그 공유자들이 대금지급기한까지 매각대금을 전액 납부하지 않은 때에는 민사집행법 제138조에 따라 채무자의 지분 전부의 재매각을 명하여야 한다는 입장이다(대결 2012.3.9. 2011그316). 제요 집행 2

[❷ ▸ ○] '새 매각'이란 매각을 실시하였으나 매수인이 결정되지 않았기 때문에 다시 기일을 지정하여 실시하는 경매를 말한다. ㉠ 매각기일에 허가할 매수가격의 신고가 없는 경우(민사집행법 제119조), ㉡ 매각기일에 법원이 최고가매수신고인에 대하여 매각을 허가할 수 없는 사유가 있어 매각을 불허하거나 매각허가결정이 항고심에서 취소된 경우(민사집행법 제125조) 또는 ㉢ 매수가격 신고 후에 천재지변, 그 밖에 자기가 책임을 질 수 없는 사유로 부동산이 현저하게 훼손된 사실 또는 부동산에 관한 중대한 권리관계가 변동되어 최고가매수신고인이나 매수인의 신청에 의하여 매각불허가결정을 하거나 매각허가결정을 취소한 경우(민사집행법 제121조 제6호, 제127조 제1항)에 새 매각을 하게 된다. 여러 개의 부동산을 동시에 매각하는 경우에 일괄매각하는 경우를 제외하고는 일부의 부동산에 대하여서만 매수가격의 신고가 없는 경우에는 그 부동산에 대하여서만 새 매각을 실시하고 모든 부동산에 대하여 새 매각을 실시할 것은 아니다. 제요 집행 2

[❸ ▸ ○] 법원은 대금지급기한을 정하면 이를 매수인과 차순위매수신고인에게 통지하여야 한다(민사집행법 제142조 제1항). 이해관계인이나 배당을 요구한 채권자에게는 통지할 필요가 없다(대결 1992.11.11. 92마719). 이와 관련하여 판례는, 경락인에 대한 대금지급기일통지서의 송달이 적법하지 아니하다면 경락인이 대금지급기일에 대금을 납부하지 아니하였다는 이유로 경매법원이 재경매를 명하여 경매절차를 진행한 것은 위법하다고 판시하고 있다(대결 1994.9.22. 94마759).

[❹ ▸ ✕] 새 매각을 할 경우 법원은 민사집행법 제91조 제1항의 잉여주의 원칙을 해하지 않는 한도에서 최저매각가격을 상당히 낮출 수 있다(민사집행법 제119조). <u>이러한 새 매각에서의 가격저감에 대하여는 독립된 불복방법이 없다</u>(대결 1971.7.19. 71마215). 다만 매각결정기일에서 '매각허가에 대한 이의' 또는 '매각허가결정에 대한 즉시항고'로 불복할 수는 있다. 제요 집행 2

[❺ ▸ ○] 민사집행법 제127조 제1항, 제121조 제6호의 취지는 매수인에게 매각허가결정의 취소신청을 할 수 있도록 허용함으로써 매수인의 불이익을 구제하려는 데 있는 점, 민사집행법 제138조 제1항에 의하면 재매각명령이 나면 확정된 매각허가결정의 효력이 상실되는 점, 민사집행법 제138조 제3항의 취지는 재매각절차가 전 매수인의 대금지급의무 불이행에 기인하는 것이어서 전 매수인이 법정의 대금 등을 완전히 지급하려고 하는 이상 구태여 번잡하고 시일을 요하는 재매각절차를 반복하는 것보다는 최초의 매각절차를 되살려서 그 대금 등을 수령하는 것이 경매의 목적에 합당하다는 데에 있는 점 등을 종합하여 보면, 매수인은 재매각명령이 난 이후에는 매각허가결정의 취소신청을 할 수 없다고 봄이 상당하다(대결 2009.5.6. 2008마1270).

답 ❹

제6항 매각결정절차

67 □□□ **부동산의 매각결정절차에 관한 다음 설명 중 가장 옳지 않은 것은?** 2022년 법무사시험 [문 24]

① 여러 차례의 매각기일에서 매수가격의 신고가 없어 매각불능으로 된 후 그 다음 기일에서 매수가격의 신고가 이루어진 경우, 당해 매각기일의 공고에 법규 위반이 없는 이상 이전의 매각기일의 공고가 법률의 규정에 위반되었다고 하더라도 이는 민사집행법 제121조 제7호의 매각불허가사유에 해당하지 않는다.

② 매각물건명세서 및 매각기일공고가 농지법에서 정한 농지취득자격증명이 필요하지 않음에도 불구하고 이와 반대의 취지로 작성된 경우, 일반 매수희망자가 매수의사나 매수신고가격을 결정함에 있어 심대한 영향을 끼쳤다고 할 것이므로 매각불허가사유에 해당한다.

③ 매각허가에 대한 이의가 받아들여지지 아니한 경우에 이의를 진술한 이해관계인은 매각허가결정에 대한 즉시항고를 할 수 있을 뿐 별도로 매각에 관한 이의가 받아들여지지 아니한 데 대한 불복항고를 할 수 없다.

④ 채무자 및 소유자가 한 매각허가결정에 대한 항고가 기각된 때에는 항고인은 보증으로 제공한 금전이나 유가증권을 돌려줄 것을 요구하지 못하지만, 채무자 및 소유자가 항고를 취하한 경우에는 보증으로 제공한 금전이나 유가증권을 돌려줄 것을 요구할 수 있다.

⑤ 매각을 허가하거나 허가하지 아니하는 결정은 선고한 때에 고지의 효력이 생기므로 이에 대한 즉시항고의 제기기간은 선고일로부터 진행한다.

....

[❶▸○] 여러 차례의 매각기일에서 매수가격의 신고 없이 매각불능으로 된 후 그 다음 기일에서 비로소 매수가격의 신고가 이루어진 경우에는 매수가격의 신고가 된 당해 매각기일의 공고가 법률의 규정에 위반되었는지 여부만을 따져 민사집행법(이하 '법'이라 한다) 제121조 제7호에 의하여 매각을 허가 또는 불허하여야 할 것이어서 당해 매각기일의 공고에 법규 위반이 없는 이상 이전의 매각기일의 공고가 법률의 규정에 위반되었다고 하더라도 이를 법 제121조 제7호 소정의 매각불허가사유에 해당한다고 보아 매각을 불허할 것은 아니다(대결 2008.5.20. 2008마463).

[❷▸○] 입찰물건명세서 및 입찰기일공고가 입찰 목적물의 취득에 농지법 소정의 농지취득자격증명이 필요하지 않음에도 불구하고 이와 반대의 취지로 작성되어, 일반인에게 입찰대상 물건에 대한 필요한 정보를 제공하는 역할을 할 부동산 표시를 그르친 하자가 있는 경우, 이와 같은 하자는 일반 매수희망자가 매수의사나 매수신고가격을 결정함에 있어 심대한 영향을 끼쳤다고 할 것이므로, 이는 구 민사소송법 제633조 제5호, 제6호에 정한 낙찰불허가사유에 해당한다(대결 2003.12.30. 2002마1208).

[❸▸○] 경락에 관한 이의는 독립된 청구나 신청이 아니어서 경매법원이 이를 참고로 하여 경락허부의 결정을 선고하면 되는 것이고, 따로 그 이의에 대하여 인용한다거나 기각한다는 재판을 할 필요는 없는 것이며 이의가 받아들여지지 아니한 경우에도 이의를 진술한 이해관계인은 경락허가결정에 대한 즉시항고를 할 수 있을 뿐 별도로 경락에 관한 이의가 받아들여지지 아니한 데 대한 불복항고를 할 수 없다(대결 1983.7.1. 83그18).

[**❹** ▸ **✕**] 항고인이 항고를 취하한 경우에도 항고가 기각된 경우와 같이 취급하므로 보증의 반환이 제한된다(민사집행법 제130조 제6항, 제8항 참조).

> **민사집행법 제130조(매각허가여부에 대한 항고)**
> ⑥ 채무자 및 소유자가 한 제3항의 항고가 기각된 때에는 항고인은 보증으로 제공한 금전이나 유가증권을 돌려줄 것을 요구하지 못한다.
> ⑧ 항고인이 항고를 취하한 경우에는 제6항 또는 제7항의 규정을 준용한다.

[**❺** ▸ **○**] 민사집행법 제15조 제2항, 민사집행규칙 제74조

> **민사집행법 제15조(즉시항고)**
> ② 항고인(抗告人)은 재판을 고지받은 날부터 1주의 불변기간 이내에 항고장(抗告狀)을 원심법원에 제출하여야 한다.
>
> **민사집행규칙 제74조(매각허부결정 고지의 효력발생시기)**
> 매각을 허가하거나 허가하지 아니하는 결정은 선고한 때에 고지의 효력이 생긴다.

 답 **❹**

제7항 대금납부

68
□□□

부동산경매절차상 매수인에 관한 다음 설명 중 가장 옳지 않은 것은?

2025년 법무사시험 [문 18]

① 천재지변, 그 밖에 자기가 책임을 질 수 없는 사유로 부동산이 현저하게 훼손된 사실 또는 부동산에 관한 중대한 권리관계가 변동된 사실이 매각허가결정의 확정 뒤에 밝혀진 경우에는 매수인은 대금을 낼 때까지 매각허가결정의 취소신청을 할 수 있으나, 재매각명령이 난 이후에는 매각허가결정의 취소신청을 할 수 없다.

② 재매각절차에서는 전의 매수인은 매수신청을 할 수 없으며 매수신청의 보증을 돌려 줄 것을 요구하지 못한다.

③ 법원은 매수인이 대금을 낸 뒤 6월 이내에 신청하면 채무자·소유자 또는 부동산 점유자에 대하여 부동산을 매수인에게 인도하도록 명할 수 있다. 다만, 점유자가 매수인에게 대항할 수 있는 권원에 의하여 점유하고 있는 것으로 인정되는 경우에는 그러하지 아니하다.

④ 매수인이 재매각기일의 3일 이전까지 대금, 그 지급기한이 지난 뒤부터 지급일까지의 대금에 대한 대법원규칙이 정하는 이율에 따른 지연이자와 절차비용을 지급한 때에는 재매각절차를 취소하여야 한다. 이 경우 차순위매수신고인이 매각허가결정을 받았던 때에는 위 금액을 먼저 지급한 매수인이 매매목적물의 권리를 취득한다.

⑤ 채권자가 매수인인 경우에는 배당기일 전까지 법원에 신고하고 배당받아야 할 금액을 제외한 대금을 배당기일에 낼 수 있다.

[**❶** ▸ ○] 민사집행법 제127조 제1항, 제121조 제6호가 "천재지변 그 밖에 자기가 책임을 질 수 없는 사유로 부동산이 현저하게 훼손된 사실 또는 부동산에 관한 중대한 권리관계가 변동된 사실이 매각허가 결정의 확정 뒤에 밝혀진 경우에는 매수인은 대금을 낼 때까지 매각허가결정의 취소신청을 할 수 있다." 고 규정한 취지는, 위와 같은 경우에 매수인으로 하여금 매각허가결정의 취소신청을 할 수 있도록 허용함 으로써 매수인의 불이익을 구제하려는 데 있는 점, 민사집행법 제138조 제1항은 "매수인이 대금지급기한 또는 제142조 제4항의 다시 정한 기한까지 그 의무를 완전히 이행하지 아니하였고, 차순위매수신고인이 없는 때에는 법원은 직권으로 부동산의 재매각을 명하여야 한다."고 규정하고 있는데, 재매각명령이 나면 확정된 매각허가결정의 효력이 상실되는 점, 민사집행법 제138조 제3항이 "매수인이 재매각기일의 3일 이전까지 대금, 그 지급기한이 지난 뒤부터 지급일까지의 대금에 대한 대법원규칙이 정하는 이율에 따른 지연이자와 절차비용을 지급한 때에는 재매각절차를 취소하여야 한다."고 규정한 취지는, 재매각절 차가 전 매수인의 대금지급의무의 불이행에 기인하는 것이어서 그 전 매수인이 법정의 대금 등을 완전히 지급하려고 하는 이상 구태여 번잡하고 시일을 요하는 재매각절차를 반복하는 것보다는 최초의 매각절차 를 되살려서 그 대금 등을 수령하는 것이 경매의 목적에 합당하다는 데에 있는 점 등을 종합하여 보면, 매수인은 재매각명령이 난 이후에는 매각허가결정의 취소신청을 할 수 없다고 봄이 상당하다(대결 2009.5.6. 2008마1270).

[**❷** ▸ ○] 민사집행법 제138조 제4항

> **민사집행법 제138조(재매각)**
> ① 매수인이 대금지급기한 또는 제142조 제4항의 다시 정한 기한까지 그 의무를 완전히 이행하지 아니하였
>   고, 차순위매수신고인이 없는 때에는 법원은 직권으로 부동산의 재매각을 명하여야 한다.
> ② 재매각절차에도 종전에 정한 최저매각가격, 그 밖의 매각조건을 적용한다.
> ④ 재매각절차에서는 전의 매수인은 매수신청을 할 수 없으며 매수신청의 보증을 돌려 줄 것을 요구하지
>   못한다.

[**❸** ▸ ○] 민사집행법 제136조 제1항

> **민사집행법 제136조(부동산의 인도명령 등)**
> ① 법원은 매수인이 대금을 낸 뒤 6월 이내에 신청하면 채무자·소유자 또는 부동산 점유자에 대하여
>   부동산을 매수인에게 인도하도록 명할 수 있다. 다만, 점유자가 매수인에게 대항할 수 있는 권원에
>   의하여 점유하고 있는 것으로 인정되는 경우에는 그러하지 아니하다.

[**❹** ▸ ○] 민사집행법 제138조 제3항

> **민사집행법 제138조(재매각)**
> ③ 매수인이 재매각기일의 3일 이전까지 대금, 그 지급기한이 지난 뒤부터 지급일까지의 대금에 대한 대법
>   원규칙이 정하는 이율에 따른 지연이자와 절차비용을 지급한 때에는 재매각절차를 취소하여야 한다.
>   이 경우 차순위매수신고인이 매각허가결정을 받았던 때에는 위 금액을 먼저 지급한 매수인이 매매목적
>   물의 권리를 취득한다.

> **민사집행법 제143조(특별한 지급방법)**
> ① 매수인은 매각조건에 따라 부동산의 부담을 인수하는 외에 배당표(配當表)의 실시에 관하여 매각대금의 한도에서 관계채권자의 승낙이 있으면 대금의 지급에 갈음하여 채무를 인수할 수 있다.
> ② 채권자가 매수인인 경우에는 <u>매각결정기일이 끝날 때까지 법원에 신고하고</u> 배당받아야 할 금액을 제외한 대금을 배당기일에 낼 수 있다.
> ③ 제1항 및 제2항의 경우에 매수인이 인수한 채무나 배당받아야 할 금액에 대하여 이의가 제기된 때에는 매수인은 배당기일이 끝날 때까지 이에 해당하는 대금을 내야 한다.

답 ❺

69
☐☐☐

매수인의 대금지급의무불이행과 법원의 조치에 관한 다음 설명 중 가장 옳지 않은 것은?

2022년 법무사시험 [문 3]

① 최고가매수신고인에 대한 매각허가결정이 항고심이나 재항고심에서 취소된 경우에는 차순위매수신고인이 있더라도 차순위매수신고인에 대한 매각허가여부결정을 하여서는 안 되고 집행법원은 새 매각기일을 정하여 매각절차를 진행한다.

② 민사집행법 제138조 제2항에 의하면 재매각절차에도 종전에 정한 최저매각가격, 그 밖의 매각조건을 적용한다고 규정하고 있는데, 위 규정은 재매각절차가 종전의 경매절차를 속행하는 것이고 또 전 매수인의 책임을 분명하게 하기 위한 것이므로 재매각명령 후 최초의 재매각기일의 최저매각가격은 전의 매수인이 최고가매수인으로 호명받은 매각기일에서의 최저매각가격을 저감한 금액을 최저매각가격으로 하여야 한다.

③ 매수인이 대금지급기한 또는 민사집행법 제142조 제4항의 다시 정한 기한까지 그 의무를 완전히 이행하지 아니하였고, 차순위매수신고인이 없는 때에는 법원은 직권으로 부동산의 재매각을 명하여야 한다.

④ 재매각절차에서는 전의 매수인은 매수신청을 할 수 없고 매수신청의 보증을 돌려줄 것을 요구하지 못하며, 이 규정에 의하여 매수인이 돌려줄 것을 요구할 수 없는 보증은 배당할 금액에 포함된다.

⑤ 매수인 또는 매각허가결정을 받은 차순위매수신고인 중 재매각기일의 3일 이전까지 대금, 그 지급기한이 지난 뒤부터 지급일까지의 대금에 대한 연 100분의 12의 비율에 의한 지연이자와 절차비용을 먼저 지급한 사람이 매매목적물의 권리를 취득하고, 이때 법원은 재매각절차를 취소하여야 한다.

[**❶** ▶ **O**] 부동산에 대한 강제경매절차에 있어서 최고가매수신고인에 대한 매각이 불허된 경우에는 민사집행법 제114조 소정의 차순위매수신고제도에 의한 차순위매수신고인이 있다고 하더라도 그에 대하여 매각허가결정을 하여서는 안 되고, 새로 매각을 실시하여야 한다. 매수인이 대금을 지급하지 아니한 경우에 차순위매수신고인에 대하여 매각을 허가할 것인지를 결정하도록 규정한 같은 법 제137조 제1항의 취지는, 매수인이 대금을 지급하지 않음으로써 매각대금의 일부가 되는 매수신청의 보증금과 차순위매수신고인의 매수신고액의 합이 최고가매수신고인의 매수신청액을 초과하므로(같은 법 제114조 제2항 참조) 재매각을 실시하지 아니하고 당해 매각절차를 속행할 수 있도록 한다는 데 있다고 볼 것이다. 그런데 최고가매수신고인에 대한 매각불허가가 있는 경우에는 그 매수신청의 보증금이 매각대금에 포함되지 아니하므로, 그와 같은 취지를 여기에 적용할 수 없는 것이다(대결 2011.2.15. 2010마1793).

[**❷** ▶ **✕**] 재매각절차에도 종전에 정한 최저매각가격, 그 밖의 매각조건을 적용한다(민사집행법 제138조 제2항). 즉, 재매각은 전의 매수인이 최고가매수신고인으로 호명받은 매각기일부터 재개·속행되는 것이므로 재매각명령 후 최초의 재매각기일의 최저매각가격 그 밖의 매각조건에 대하여는 <u>전의 매수인이 최고가매수신고인으로 호명받은 매각기일에 정하여졌던 최저매각가격 그 밖의 매각조건이 그대로 적용</u>되어 재매각기일에서는 그 매각조건에 따라 매각을 실시하여야 한다. 따라서 민사집행법 제97조 제1항에 의하여 감정인이 처음 평가한 금액이나 전의 매수인이 매수신고한 가격을 최저매각가격으로 하여 재매각을 실시하여서는 안 된다(대결 1975.5.31. 75마172). 또한 <u>재매각 직전의 매각기일에서의 최저매각가격을 저감하여 이를 재매각에서의 최저매각가격으로 하여서도 안 된다.</u> 제요 집행 2

[**❸** ▶ **O**] 매수인이 대금지급기한 또는 제142조 제4항의 다시 정한 기한까지 그 의무를 완전히 이행하지 아니하였고, 차순위매수신고인이 없는 때에는 법원은 직권으로 부동산의 재매각을 명하여야 한다(민사집행법 제138조 제1항).

[**❹** ▶ **O**] 민사집행법 제138조 제4항, 제147조 제1항 제5호

민사집행법 제138조(재매각)

④ 재매각절차에서는 전의 매수인은 매수신청을 할 수 없으며 매수신청의 보증을 돌려줄 것을 요구하지 못한다.

민사집행법 제147조(배당할 금액 등)

① 배당할 금액은 다음 각 호에 규정한 금액으로 한다.

1. 대 금
2. 제138조 제3항 및 제142조 제4항의 경우에는 대금지급기한이 지난 뒤부터 대금의 지급·충당까지의 지연이자
3. 제130조 제6항의 보증(제130조 제8항에 따라 준용되는 경우를 포함한다)
4. 제130조 제7항 본문의 보증 가운데 항고인이 돌려줄 것을 요구하지 못하는 금액 또는 제130조 제7항 단서의 규정에 따라 항고인이 낸 금액(각각 제130조 제8항에 따라 준용되는 경우를 포함한다)
5. 제138조 제4항의 규정에 의하여 매수인이 돌려줄 것을 요구할 수 없는 보증(보증이 금전 외의 방법으로 제공되어 있는 때에는 보증을 현금화하여 그 대금에서 비용을 뺀 금액)

[**❺** ▶ **O**] 매수인이 재매각기일의 3일 이전까지 대금, 그 지급기한이 지난 뒤부터 지급일까지의 대금에 대한 대법원규칙이 정하는 이율(연 100분의 12)에 따른 지연이자와 절차비용을 지급한 때에는 재매각절차를 취소하여야 한다. 이 경우 차순위매수신고인이 매각허가결정을 받았던 때에는 위 금액을 먼저 지급한 매수인이 매매목적물의 권리를 취득한다(민사집행법 제138조 제3항).

답 ❷

70
□□□

부동산경매절차에서 부동산인도명령에 관한 다음 설명 중 가장 옳은 것은?

2021년 법무사시험 [문 30]

① 甲과 乙 명의로 각 2분의 1 지분씩 소유권이전등기가 마쳐진 부동산의 甲 공유지분에 관하여 강제경매절차가 진행되어 위 공유지분을 취득한 매수인은 공유물의 보존행위로서 위 부동산 전부를 점유하고 있는 乙을 상대로 부동산의 인도를 청구할 수 있다.

② 부동산경매절차에서 대금을 납부한 매수인이 채무자·소유자 또는 부동산점유자를 상대로 인도를 청구하는 소를 제기하여 그 인도청구를 인용하는 판결이 확정되어 기판력 있는 집행권원을 얻게 된 경우라 하더라도 부동산인도명령을 신청할 이익이 있다.

③ 매수인이 매각대금을 납부한 후에 채무자로부터 민사집행법 제49조 소정의 집행정지서류가 제출되었다면 부동산인도명령을 발령할 수 없다.

④ 부동산인도명령에 대한 불복사유는 인도명령 발령의 전제가 되는 절차적 요건의 흠, 인도명령심리절차의 흠, 인도명령 자체의 형식적 흠, 인도명령의 상대방이 매수인에 대하여 부동산의 인도를 거부할 수 있는 점유권원의 존재에 한정되며, 경매절차 고유의 절차적 흠은 인도명령에 대한 불복사유가 될 수 없다.

⑤ 매수인이 부동산인도명령집행에 의한 인도로 일단 부동산을 인도받은 후라도 제3자가 불법으로 점유를 침탈한 경우에는 그자를 상대방으로 하여 다시 부동산인도명령을 신청할 수 있다.

··

[❶▸×] 부동산을 공유자 甲, 乙이 각 2분의 1 지분씩 공유하고 있는데, 甲의 공유지분(2분의 1 지분)이 경매로 매각되어 매수인이 부동산 전부를 점유하고 있는 공유자 乙을 상대로 부동산인도명령을 신청한 경우 법원은 그 신청을 기각해야 한다(대결 2020.6.12. 2020마5186 참조). 제요 집행 2 이와 관련하여 판례는, 공유물의 소수지분권자가 다른 공유자와 협의 없이 공유물의 전부 또는 일부를 독점적으로 점유·사용하고 있는 경우 다른 소수지분권자는 공유물의 보존행위로서 그 인도를 청구할 수는 없고, 다만 자신의 지분권에 기초하여 공유물에 대한 방해상태를 제거하거나 공동점유를 방해하는 행위의 금지 등을 청구할 수 있다. 원심결정 이유 및 기록에 의하면, 이 사건 아파트에 관하여 천○○ 및 그 배우자인 피신청인 명의로 각 2분의 1 지분씩 소유권이전등기가 마쳐진 사실, 이후 이 사건 아파트 중 천○○ 소유의 2분의 1 지분에 관하여 이 사건 강제경매절차가 진행된 사실, 신청인은 이 사건 강제경매절차에서 위 천○○ 소유 지분에 관하여 최고가 매수인으로서 매각허가결정을 받아 매각대금을 모두 납부한 사실을 … 알 수 있다. 위와 같은 사실관계를 위에서 본 법리에 비추어 살펴보면, 신청인은 이 사건 아파트에 관한 보유지분이 과반수에 달하지 못하는 소수지분권자로서, 이 사건 아파트를 독점적으로 점유하는 또 다른 소수지분권자인 피신청인을 상대로 이 사건 아파트의 인도를 청구할 수 없다. 그런데도 신청인이 공유물의 보존행위로서 피신청인을 상대로 이 사건 아파트의 인도를 청구할 수 있다고 본 원심결정에는 공유물의 보존행위에 관한 법리를 오해하여 재판에 영향을 미친 잘못이 있다고 판시하고 있다(대결 2020.6.12. 2020마5186).

[❷▸×] 부동산인도명령은 부동산경매절차에서 대금을 납부한 매수인의 신청에 의하여 채무자·소유자 또는 부동산점유자에 대하여 부동산을 매수인에게 인도할 것을 명하는 재판으로서 간이신속한 절차에 의하여 매수인으로 하여금 부동산을 인도받을 수 있도록 기판력이 없는 집행권원을 부여하는 것이므로(민사집행법 제136조 제1항, 제5항, 제56조 제1호), 만약 매수인이 소로써 같은 부동산에 관하여 채무자·소유자 또는 부동산점유자를 상대로 인도를 청구하는 소를 제기하여 그 인도청구를 인용하는 판결이 확정되어 기판력 있는 집행권원을 얻게 된 경우에는 더 이상 부동산인도명령을 신청할 이익이 없게 된다(대결 2013.12.27. 2011마1204).

[**❸** ▸ ✕]   매수인이 대금을 낸 뒤에 채무자로부터 민사집행법 제49조의 집행정지서면이 제출되더라도 매수인의 권리에 영향을 주지 못하므로 인도명령을 발하는 데 아무런 지장이 없다. 제요 집행 2

[**❹** ▸ ○]   부동산인도명령은 부동산경매절차에서 대금을 납부한 매수인의 신청에 의하여 채무자·소유자 또는 부동산점유자에 대하여 부동산을 매수인에게 인도할 것을 명하는 재판으로서 간이·신속한 절차에 의하여 매수인으로 하여금 부동산을 인도받을 수 있도록 기판력이 없는 집행권원을 부여하는 것이고(민사집행법 제136조 제1항, 제5항, 제56조 제1호), 인도명령에 대한 불복사유는 인도명령 발령의 전제가 되는 절차적 요건의 흠, 인도명령심리절차의 흠, 인도명령 자체의 형식적 흠, 인도명령의 상대방이 매수인에 대하여 부동산의 인도를 거부할 수 있는 점유권원의 존재에 한정되며, 경매절차 고유의 절차적 흠은 인도명령에 대한 불복사유가 될 수 없다(대결 2015.4.10. 2015마19).

[**❺** ▸ ✕]   임의인도이든 인도명령집행에 의한 인도이든 매수인이 일단 부동산을 인도(점유개정 또는 반환청구권의 양도에 의한 점유이전의 경우도 포함한다)받은 후에는 제3자가 불법으로 이를 점유하여도 그자를 상대방으로 하여 더 이상 인도명령을 신청할 수 없다. 다만 인도명령을 신청한 바 없이 점유자에 대하여 잠시 인도유예기간을 준 것에 불과한 경우에는 인도명령신청권을 상실하지 않고, 단지 유예기간이 지난 뒤에야 행사할 수 있을 뿐이다. 제요 집행 2

답 **❹**

제4관   **배당절차**

제1항   **배당실시절차 · 배당채권자 · 배당순위**

배당받을 채권자에 관한 다음 설명 중 가장 옳지 않은 것은?   2024년 법무사시험 [문 6]

① 집행력 있는 정본을 가진 채권자, 경매개시결정이 등기된 후에 가압류를 한 채권자, 민법·상법 기타 법률에 의하여 우선변제청구권이 있는 채권자는 배당요구의 종기까지 배당요구를 하지 않으면 배당을 받지 못한다.

② 첫 경매개시결정등기 전에 등기한 전세권자는 배당요구를 한 경우에 매각으로 인하여 전세권이 소멸하기 때문에 배당을 받게 된다.

③ 첫 경매개시결정등기 전에 등기한 전세권자는 그보다 앞서는 저당권이나 가압류가 되어 있는 경우에 그 저당권이나 가압류가 매각으로 인하여 소멸하는 결과 전세권 역시 소멸하기 때문에 배당을 받게 된다.

④ 압류, 참가압류, 교부청구를 한 국세, 지방세 등 공과금채권자는 압류, 참가압류의 등기가 첫 경매개시결정등기 전에 행하여진 경우 다시 별도의 교부청구를 하지 않더라도 배당을 받는다.

⑤ 조세채권자인 과세관청이 파산선고 전 체납처분으로 부동산을 압류하고 이후 체납자가 파산선고를 받은 경우, 별제권(담보물권 등) 행사에 따른 부동산경매절차에서 채무자 회생 및 파산에 관한 법률 제349조 제1항에 따라 위 체납처분에 배당할 금원은 채권자인 과세관청이 아닌 파산관재인이 배당받게 된다.

[**❶** ▸ O] 집행력 있는 정본을 가진 채권자, 경매개시결정이 등기된 뒤에 가압류를 한 채권자, 민법·상법 그 밖의 법률에 의하여 우선변제청구권이 있는 채권자는 배당요구의 종기까지 배당요구를 한 경우에 한하여 배당을 받을 수 있고, 적법한 배당요구를 하지 아니한 경우에는 실체법상 우선변제청구권이 있는 채권자라 하더라도 그 매각대금으로부터 배당을 받을 수 없다(대판 2015.6.11. 2015다203660).

> **민사집행법 제88조(배당요구)**
> ① 집행력 있는 정본을 가진 채권자, 경매개시결정이 등기된 뒤에 가압류를 한 채권자, 민법·상법, 그 밖의 법률에 의하여 우선변제청구권이 있는 채권자는 배당요구를 할 수 있다.

[**❷** ▸ O] 민사집행법 제91조 제4항 단서, 제148조 제4호
[**❸** ▸ O] 민사집행법 제91조 제3항, 제148조 제4호

> **민사집행법 제91조(인수주의와 잉여주의의 선택 등)**
> ③ 지상권·지역권·전세권 및 등기된 임차권은 저당권·압류채권·가압류채권에 대항할 수 없는 경우에는 매각으로 소멸된다.
> ④ 제3항의 경우 외의 지상권·지역권·전세권 및 등기된 임차권은 매수인이 인수한다. 다만, 그중 전세권의 경우에는 전세권자가 제88조에 따라 배당요구를 하면 매각으로 소멸된다.
>
> **민사집행법 제148조(배당받을 채권자의 범위)**
> 제147조 제1항에 규정한 금액을 배당받을 채권자는 다음 각 호에 규정된 사람으로 한다.
> 1. 배당요구의 종기까지 경매신청을 한 압류채권자
> 2. 배당요구의 종기까지 배당요구를 한 채권자
> 3. 첫 경매개시결정등기 전에 등기된 가압류채권자
> 4. 저당권·전세권, 그 밖의 우선변제청구권으로서 첫 경매개시결정등기 전에 등기되었고 매각으로 소멸하는 것을 가진 채권자

[**❹** ▸ O] 조세의 체납에 의한 압류등기가 되어 있는 경우에는 그 등기로써 교부청구의 효력이 있는 것이다(대판 1993.9.14. 93다22210).
[**❺** ▸ ×] 채무자회생법 제349조 제1항은 파산선고 전에 파산재단에 속하는 재산에 대하여 조세채권에 기한 체납처분을 한 때에는 파산선고는 그 처분의 속행을 방해하지 아니한다고 규정하고 있고, 이에 따라 조세채권자인 과세관청이 파산선고 전 체납처분으로 부동산을 압류(참가압류를 포함한다)한 경우에는 이후 체납자가 파산선고를 받더라도 선착수한 체납처분의 우선성에 따라 별제권(담보물권 등) 행사에 따른 부동산경매절차에서 조세채권자가 매각대금으로부터 직접 배당받을 수 있다(대판 2023.10.12. 2018다294162).

 ❺

부동산경매절차에서 배당받을 채권자에 관한 다음 설명 중 가장 옳지 않은 것은?

2023년 법무사시험 [문 3]

① 공동근저당권자가 스스로 근저당권을 실행하거나 타인에 의하여 개시된 경매 등의 환가절차를 통하여 공동담보의 목적 부동산 중 일부에 대한 환가대금 등으로부터 다른 권리자에 우선하여 피담보채권의 일부에 대하여 배당받은 경우에, 그와 같이 우선변제받은 금액에 관하여는 공동담보의 나머지 목적 부동산에 대한 경매 등의 환가절차에서 다시 공동근저당권자로서 우선변제권을 행사할 수 없다고 보아야 하며, 공동담보의 나머지 목적 부동산에 대하여 공동근저당권자로서 행사할 수 있는 우선변제권의 범위는 피담보채권의 확정 여부와 상관없이 최초의 채권최고액에서 위와 같이 우선변제받은 금액을 공제한 나머지 채권최고액으로 제한된다.

② 근저당권거래계약의 결산기에 이미 발생한 채권이 그 채권최고액을 초과하고 있고 근저당권자가 경매신청서에 그 초과액까지 청구하고 있을 경우에, 근저당권설정자와 채무자가 동일하고 민사집행법 제148조에 따라 배당받을 채권자나 제3취득자가 없는 경우 매각대금 중 그 채권최고액을 초과하는 금액이 있으면 이는 근저당권설정자에게 반환하여야 한다.

③ 가압류가 된 후 제3자 앞으로 소유권이 변동된 경우에 집행권원을 얻은 가압류채권자의 신청에 의하여 제3자의 소유권 취득 후 당해 부동산에 대하여 개시된 경매절차에서 가압류채무자에 대한 다른 채권자는 당해 부동산의 매각대금의 배당에 참가할 수 없다.

④ 임금 등에 대한 지연손해금에 대하여는 우선변제권을 인정할 수 없으므로 임금채권자들이 집행력 있는 정본으로써 배당요구를 하는 경우에 원금만을 우선배당하고, 지연손해금은 일반채권자와 안분배당한다.

⑤ 주택임차인이 소액임차인으로서 최우선변제를 받기 위해서는 첫 경매개시결정등기 전에 주택의 인도와 주민등록이라는 우선변제의 요건을 갖추어야 하고 배당요구의 종기까지 위 요건을 유지하여야 한다.

[**❶ ▶ O**] 공동근저당권자가 스스로 근저당권을 실행하거나 타인에 의하여 개시된 경매 등의 환가절차를 통하여 공동담보의 목적 부동산 중 일부에 대한 환가대금 등으로부터 다른 권리자에 우선하여 피담보채권의 일부에 대하여 배당받은 경우에, 그와 같이 우선변제받은 금액에 관하여는 공동담보의 나머지 목적 부동산에 대한 경매 등의 환가절차에서 다시 공동근저당권자로서 우선변제권을 행사할 수 없다고 보아야 하며, 공동담보의 나머지 목적 부동산에 대하여 공동근저당권자로서 행사할 수 있는 우선변제권의 범위는 피담보채권의 확정 여부와 상관없이 최초의 채권최고액에서 위와 같이 우선변제받은 금액을 공제한 나머지 채권최고액으로 제한된다고 해석함이 타당하다. 그리고 이러한 법리는 채권최고액을 넘는 피담보채권이 원금이 아니라 이자·지연손해금인 경우에도 마찬가지로 적용된다(대판[전합] 2017.12.21. 2013다16992).

[**❷ ▶ ✕**] 근저당권거래계약의 결산기에, 이미 발생한 채권이 그 채권최고액을 초과하고 있고 근저당권자가 경매신청서 또는 채권계산서에 의하여 그 초과액까지도 청구하고 있을 경우에 목적부동산의 매각대금에 그 최고액을 변제하고도 잔액이 있으면 그 잔액 그 잔액으로부터 변제받을 후순위권자도 없는 때에는 그 잔액에서 위 초과액을 변제받을 수 있는가에 관하여는 다음과 같이 경우를 나누어 처리할 것이다. ㉠ 근저당권설정자가 물상보증인이거나 또는 목적부동산에 관하여 제3취득자가 생긴 경우에는 위 잔액은 근저당권설정자(물상보증인)나 제3취득자에게 교부되어야 한다(대결 1971.5.15. 71마251, 대판 1974.12.10. 74다998 참조). 그러나 ㉡ 근저당권설정자와 채무자가 동일하고, 제3취득자가 생기지 않은 경우 매각대금 중 그 채권최고액을 초과하는 금액이 있더라도 이는 근저당권설정자에게 반환할 것은 아니고 근저당권자의 채권최고액을 초과하는 채무의 변제에 충당하여야 한다(대판 1992.5.26. 92다1896, 대판 2009.2.26. 2008다4001 등). 제요 집행 3

민사집행법상 경매절차에 있어 근저당권설정자와 채무자가 동일한 경우에 근저당권의 채권최고액은 민사집행법 제148조에 따라 배당받을 채권자나 저당목적 부동산의 제3취득자에 대한 우선변제권의 한도로서의 의미를 갖는 것에 불과하고, 그 부동산으로서는 그 최고액 범위 내의 채권에 한하여서만 변제를 받을 수 있다는 이른바 책임의 한도라고까지는 볼 수 없다. 그러므로 민사집행법 제148조에 따라 배당받을 채권자나 제3취득자가 없는 한 근저당권자의 채권액이 근저당권의 채권최고액을 초과하는 경우에 매각대금 중 그 최고액을 초과하는 금액이 있더라도 이는 근저당권설정자에게 반환할 것은 아니고 근저당권자의 채권최고액을 초과하는 채무의 변제에 충당하여야 한다(대판 2009.2.26. 2008다4001).

[**❸** ▸ O] 가압류가 된 후 제3자 앞으로 소유권이 변동된 경우에 집행권원을 얻은 가압류채권자의 신청에 의하여 제3자의 소유권 취득 후 당해 부동산에 대하여 개시된 경매절차에서 가압류채무자에 대한 다른 채권자는 당해 부동산의 매각대금의 배당에 참가할 수 없다(대판 1998.11.13. 97다57337).
제요 집행 3

중기관리법에 의하여 등록된 중기에 대하여 가압류등록이 먼저 되고 나서 제3자 앞으로 소유권이전등록이 된 경우에 그 제3자의 소유권 취득은 가압류에 의한 처분금지의 효력 때문에 그 집행 보전의 목적을 달성하는 데 필요한 범위 안에서 가압류채권자에 대한 관계에서만 상대적으로 무효일 뿐이고 가압류채무자의 다른 채권자 등에 대한 관계에서는 유효하다 할 것이므로, 위와 같은 경우 채무명의를 얻은 가압류채권자의 신청에 의하여 제3자의 소유권 취득 후 당해 중기에 대하여 개시된 강제경매절차에서 가압류채무자에 대한 다른 채권자는 당해 중기의 경락대금의 배당에 참가할 수 없다(대판 1998.11.13. 97다57337).

[**❹** ▸ O] 임금 등에 대한 지연손해금에 대하여는 우선변제권을 인정할 수 없으므로, 임금채권자들이 집행력 있는 정본으로써 배당요구를 하는 경우에 원금만 우선배당하고, 지연손해금은 일반채권자와 안분배당한다(대결 2000.2.12. 99마5143). 제요 집행 3

근로기준법 제37조 제2항에 의하면, 근로관계로 인한 채권 중 최종 3월분의 임금, 최종 3년간의 퇴직금, 재해보상금의 채권은 사용자의 총재산에 대하여 질권 또는 저당권에 의하여 담보된 채권, 조세·공과금 및 다른 채권에 우선하여 변제되어야 한다고 규정하고 있는바, 위와 같은 임금 등 채권의 최우선변제권은 근로자의 생활안정을 위한 사회정책적 고려에서 담보물권자 등의 희생 아래 인정되고 있는 점, 민법 제334조, 제360조 등에 의하면 공시방법이 있는 민법상의 담보물권의 경우에도 우선변제권이 있는 피담보채권에 포함되는 이자 등 부대채권 및 그 범위에 관하여 별도로 규정하고 있음에 반하여, 위 근로기준법의 규정에는 최우선변제권이 있는 채권으로 원본채권만을 열거하고 있는 점 등에 비추어 볼 때, 임금 등에 대한 지연손해금 채권에 대하여는 최우선변제권이 인정되지 않는다고 봄이 상당하다(대결 2000.2.12. 99마5143).

[**❺** ▸ O] 주택임대차보호법상 주택임차인이 소액보증금을 최우선변제를 받기 위해서는 ㉠ 배당요구의 종기까지 배당요구를 하여야 하고, ㉡ 보증금 액수가 소액보증금(주택임대차보호법 시행령 제11조)에 해당하여야 하고, ㉢ 첫 경매개시기결정 등기 전에 소액임차인의 우선변제권의 요건(주택의 인도 및 주민등록)을 갖추어야 하며(주택임대차보호법 제8조 제1항), ㉣ 주택의 인도와 주민등록이라는 우선변제의 요건을 배당요구의 종기까지 유지하여야 한다(대판 1997.10.10. 95다44597). 제요 집행 3

주택임대차보호법 제8조에서 임차인에게 같은 법 제3조 제1항 소정의 주택의 인도와 주민등록을 요건으로 명시하여 그 보증금 중 일정액의 한도 내에서는 등기된 담보물권자에게도 우선하여 변제받을 권리를 부여하고 있는 점, 위 임차인은 배당요구의 방법으로 우선변제권을 행사하는 점, 배당요구시까지만 위 요건을 구비하면 족하다고 한다면 동일한 임차주택에 대하여 주택임대차보호법 제8조 소정의 임차인 이외에 같은 법 제3조의2 소정의 임차인이 출현하여 배당요구를 하는 등 경매절차상의 다른 이해관계인들에게 피해를 입힐 수도 있는 점 등에 비추어 볼 때, 공시방법이 없는 주택임대차에 있어서 주택의 인도와 주민등록이라는 우선변제의 요건은 그 우선변제권 취득시에만 구비하면 족한 것이 아니고, 배당요구의 종기인 경락기일까지 계속 존속하고 있어야 한다(대판 1997.10.10. 95다44597).

답 ❷

73

다음 설명 중 가장 옳지 않은 것은? 2023년 법무사시험 [문 9]

① 특별한 사정이 없는 한 배당액에 대한 이의가 있었던 채권은 공탁된 배당액으로 충당되는 범위에서 배당표의 확정 시에 소멸한다고 보아야 하고, 다만 위와 같은 배당표의 확정 전에 어떤 경위로든 채권자가 공탁된 배당금을 지급받아 수령하고 그 후 같은 내용으로 배당표가 확정된 경우에는, 채권자가 현실적으로 채권의 만족을 얻은 시점인 공탁금 수령 시에 변제의 효력이 발생한다고 보아야 한다.

② 민법상 재단법인의 정관 규정에 따라 주무관청의 허가·승인을 받아 민법상 재단법인의 기본재산에 관하여 근저당권을 설정한 경우, 그와 같이 설정된 근저당권을 실행하여 기본재산을 매각할 때에는 주무관청의 허가를 다시 받을 필요는 없다.

③ 부동산을 목적으로 하는 담보권 실행을 위한 경매절차에서 그 경매신청 전에 부동산의 소유자가 사망하였으나 그 상속인이 상속등기를 마치지 않아 경매신청인이 경매절차의 진행을 위하여 부득이 상속인을 대위하여 상속등기를 마친 경우 그 상속등기를 마치기 위해 지출한 비용은 그 경매절차에서 모든 채권자를 위해 체당한 공익비용이므로 집행비용에 해당한다.

④ 납세의무자가 신고납세방식인 국세의 과세표준과 세액을 신고한 다음 매각 재산에 저당권 등의 설정등기를 마쳤는데, 이후에 과세관청이 당초 신고한 세액을 증액하는 경정을 하여 당초보다 증액된 세액을 고지한 경우, 당초 처분은 증액경정처분에 흡수되므로, 저당권 등에 의하여 담보되는 채권은 위 국세 전액에 대하여 우선한다.

⑤ 상속채권자는 상속인이 아직 상속 승인, 포기 등으로 상속관계가 확정되지 않은 동안에도 상속인을 상대로 상속재산에 관한 가압류결정을 받아 이를 집행할 수 있고, 그 후 상속인이 상속포기로 인하여 상속인의 지위를 소급하여 상실한다고 하더라도 이미 발생한 가압류의 효력에 영향을 미치지 않는다. 따라서 위 상속채권자는 종국적으로 상속인이 된 사람 또는 민법 제1053조에 따라 선임된 상속재산관리인을 채무자로 한 상속재산에 대한 경매절차에서 가압류채권자로서 적법하게 배당을 받을 수 있다.

[**❶ ▸ ○**] 배당표가 확정되어야 비로소 채권자가 공탁된 배당금의 지급을 신청할 수 있으므로, 배당표 확정 이전에 채권자가 배당금을 수령하지 않았는데도 채권에 대해 변제의 효력이 발생한다고 볼 수는 없다. 한편 배당표가 일단 확정되면 채권자는 공탁금을 즉시 지급받아 수령할 수 있는 지위에 있는데, 배당표 확정 이후의 어느 시점(가령 배당액 지급증 교부 시 또는 공탁금 출급 시)을 기준으로 변제의 효력이 발생한다고 보게 되면, 채권자의 의사에 따라 채무의 소멸 시점이 늦추어질 수 있고, 그때까지 채무자는 지연손해금을 추가로 부담하게 되어 불합리하다. 따라서 채무자가 공탁금 출급을 곤란하게 하는 장애요인을 스스로 형성·유지하는 등의 특별한 사정이 없는 한 배당액에 대한 이의가 있었던 채권은 공탁된 배당액으로 충당되는 범위에서 배당표의 확정 시에 소멸한다고 보아야 한다. 다만 위와 같은 배당표의 확정 전에 어떤 경위로든 채권자가 공탁된 배당금을 지급받아 수령하고 그 후 같은 내용으로 배당표가 확정된 경우에는, 채권자가 현실적으로 채권의 만족을 얻은 시점인 공탁금 수령 시에 변제의 효력이 발생한다고 봄이 타당하다(대판 2018.3.27. 2015다70822).

[**❷ ▸ ○**] 민법상 재단법인의 정관에 기본재산은 담보설정 등을 할 수 없으나 주무관청의 허가·승인을 받은 경우에는 이를 할 수 있다는 취지로 정해져 있고, 정관 규정에 따라 주무관청의 허가·승인을 받아 민법상 재단법인의 기본재산에 관하여 근저당권을 설정한 경우, 그와 같이 설정된 근저당권을 실행하여 기본재산을 매각할 때에는 주무관청의 허가를 다시 받을 필요는 없다(대결 2019.2.28. 2018마800).

[**❸ ▸ ○**] 집행비용에 관한 민사집행법 제53조 제1항은 담보권 실행을 위한 경매절차에도 준용된다(민사집행법 제275조). 부동산을 목적으로 하는 담보권 실행을 위한 경매절차에서 그 경매신청 전에 부동산의 소유자가 사망하였으나 그 상속인이 상속등기를 마치지 않아 경매신청인이 경매절차의 진행을 위하여 부득이 상속인을 대위하여 상속등기를 마쳤다면 그 상속등기를 마치기 위해 지출한 비용은 담보권 실행을 위한 경매를 직접 목적으로 하여 지출된 비용으로서 그 경매절차의 준비 또는 실시를 위하여 필요한 비용이고, 나아가 그 경매절차에서 모든 채권자를 위해 체당한 공익비용이므로 집행비용에 해당한다고 봄이 타당하다(대판 2021.10.14. 2016다201197).

[**❹ ▸ ✕**] 구 국세기본법 제35조 제1항 제3호의 입법 취지와 관련 규정의 내용 및 체계 등에 비추어 보면, <u>납세의무자가 신고납세방식인 국세의 과세표준과 세액을 신고한 다음 매각재산에 저당권 등의 설정등기를 마친 경우라면, 이후에 과세관청이 당초 신고한 세액을 증액하는 경정을 하여 당초보다 증액된 세액을 고지하였더라도, 당초 신고한 세액에 대해서는 구 국세기본법 제35조 제1항 제3호 (가)목에 따라 당초의 신고일이 법정기일이 되어 저당권 등에 의하여 담보되는 채권보다 우선하여 징수할 수 있다고 보아야 한다. 이러한 경우 원칙적으로 증액경정처분만이 항고소송의 심판대상이 된다는 사정</u>등이 있다고 하여 달리 보기도 어렵다(대판 2018.6.28. 2017다236978).

[**❺ ▸ ○**] 상속인은 아직 상속 승인, 포기 등으로 상속관계가 확정되지 않은 동안에도 잠정적으로나마 피상속인의 재산을 당연 취득하고 상속재산을 관리할 의무가 있으므로, 상속채권자는 그 기간 동안 상속인을 상대로 상속재산에 관한 가압류결정을 받아 이를 집행할 수 있다. 그 후 상속인이 상속포기로 인하여 상속인의 지위를 소급하여 상실한다고 하더라도 이미 발생한 가압류의 효력에 영향을 미치지 않는다. 따라서 위 상속채권자는 종국적으로 상속인이 된 사람 또는 민법 제1053조에 따라 선임된 상속재산관리인을 채무자로 한 상속재산에 대한 경매절차에서 가압류채권자로서 적법하게 배당을 받을 수 있다(대판 2021.9.15. 2021다224446).

답 **❹**

74

다음 중 부동산경매절차 및 배당에 관한 다음 설명 중 옳지 않은 것을 모두 고른 것은?

2023년 법무사시험 [문 31]

가. 압류선착주의는 조세채권과 공시를 수반하는 담보물권 사이의 우선순위를 정하는 데 적용할 수는 없다.

나. 국세기본법 제35조 제3항에도 불구하고 주택임대차보호법 제3조의2 제2항에 따라 대항요건과 확정일자를 갖춘 임차권에 의하여 담보된 임대차보증금반환채권 또는 같은 법 제2조에 따른 주거용 건물에 설정된 전세권에 의하여 담보된 채권은 해당 임차권 또는 전세권이 설정된 재산이 국세의 강제징수 또는 경매 절차를 통하여 매각되어 그 매각금액에서 국세를 징수하는 경우 그 확정일자 또는 설정일보다 법정기일이 빠른 해당 재산에 대하여 부과된 상속세, 증여세 및 종합부동산세의 우선 징수 순서에 대신하여 변제될 수 있다.

다. 공시를 수반하는 담보물권이 설정된 부동산에 관하여 담보물권 설정일 이전에 법정기일이 도래한 조세채권과 담보물권 설정일 이후에 법정기일이 도래한 조세채권에 기한 압류가 모두 이루어진 경우, 당해세를 제외한 조세채권과 담보물권 사이의 우선순위는 그 법정기일과 담보물권 설정일의 선후에 의하여 결정하고, 이와 같은 순서에 의하여 매각대금을 배분한 후, 압류선착주의에 따라 각 조세채권 사이의 우선순위를 결정하여야 한다.

라. 주택임대차보호법상 임차인이 대항요건을 미리 갖추었다면 확정일자를 부여받은 날짜가 비록 가압류일자보다 늦은 경우라도 가압류채권자를 선순위라고 볼 수는 없다.

마. 한정승인자의 고유채권자가 상속재산에 관하여 담보권을 취득하였다는 등의 사정이 없는 이상, 한정승인자의 고유채권자는 상속채권자가 상속재산으로부터 채권의 만족을 받지 못한 상태에서 상속재산을 고유채권에 대한 책임재산으로 삼아 이에 대하여 강제집행을 할 수 없다고 보는 것이 형평의 원칙이나 한정승인제도의 취지에 부합하며, 이는 한정승인자의 고유채무가 조세채무인 경우에도 그것이 상속재산 자체에 대하여 부과된 조세나 가산금, 즉 당해세에 관한 것이 아니라면 마찬가지이다.

① 가, 나   ② 가, 다
③ 나, 다   ④ 나, 라
⑤ 라, 마

[가 ▸ O] 압류선착주의는 조세채권 사이의 우선순위를 정하는 데 적용할 수 있을 뿐 조세채권과 공시를 수반하는 담보물권 사이의 우선순위를 정하는 데 적용할 수는 없다(대판 2005.11.24. 2005두9088).

[나 ▸ ×] 전세사기 피해 방지 등 주택임차인 보호를 위하여 주택임대차보증금에 대해 국세 우선원칙의 예외에 관한 국세기본법 제35조 제7항을 신설하였다.

[**다 ▸ O**] 공시를 수반하는 담보물권이 설정된 부동산에 관하여 담보권 설정일 이전에 법정기일이 도래한 조세채권과 담보물권 설정일 이후에 법정기일이 도래한 조세채권에 기한 압류가 모두 이루어진 경우, 당해세를 제외한 조세채권과 담보물권 사이의 우선순위는 그 법정기일과 담보물권 설정일의 선후에 의하여 결정하고, 이와 같은 순서에 의하여 매각대금을 배분한 후, 압류선착주의에 따라 각 조세채권 사이의 우선순위를 결정하여야 한다(대판 2005.11.24. 2005두9088).

[**라 ▸ X**] 가압류채권자가 주택임차인보다 선순위인지 여부는, 주택임대차보호법 제3조의2의 법문상 임차인이 확정일자 부여에 의하여 비로소 우선변제권을 가지는 것으로 규정하고 있음에 비추어, 임대차계약증서상의 확정일자 부여일을 기준으로 삼는 것으로 해석함이 타당하므로, 대항요건을 미리 갖추었다고 하더라도 확정일자를 부여받은 날짜가 가압류일자보다 늦은 경우에는 가압류채권자가 선순위라고 볼 수밖에 없다(대판 1992.10.13. 92다30597).

[**마 ▸ O**] 상속채권자가 아닌 한정승인자의 고유채권자가 상속재산에 관하여 저당권 등의 담보권을 취득한 경우, 담보권을 취득한 채권자와 상속채권자 사이의 우열관계는 민법상 일반원칙에 따라야 하고 상속채권자가 우선적 지위를 주장할 수 없다. 그러나 상속재산에 관하여 담보권을 취득하였다는 등 사정이 없는 이상, 한정승인자의 고유채권자는 상속채권자가 상속재산으로부터 채권의 만족을 받지 못한 상태에서 상속재산을 고유채권에 대한 책임재산으로 삼아 이에 대하여 강제집행을 할 수 없다고 보는 것이 형평의 원칙이나 한정승인제도의 취지에 부합하며, 이는 한정승인자의 고유채무가 조세채무인 경우에도 그것이 상속재산 자체에 대하여 부과된 조세나 가산금, 즉 당해세에 관한 것이 아니라면 마찬가지이다(대판 2016.5.24. 2015다250574).

답 ❹

75

다음 설명 중 가장 옳지 않은 것은?(다툼이 있는 경우 판례·예규에 따르고 전원합의체 판결의 경우 다수의견에 의함. 이하 같음)

2022년 법무사시험 [문 1]

① 주택임대차보호법 제8조에 규정된 소액보증금에 대하여 주택임차인이 대지와 건물 모두로부터 배당을 받는 경우에는 마치 그 대지와 건물 전부에 대한 공동저당권자와 유사한 지위에 서게 되므로 대지와 건물이 동시에 매각되어 주택임차인에게 그 경매대가를 동시에 배당하는 때에는 대지와 건물의 경매대가에 비례하여 그 채권의 분담을 정하여야 한다.

② 대항요건과 확정일자를 갖춘 임차인이 주택임대차보호법 제8조 제1항에 의하여 보증금 중 일정액의 보호를 받는 소액임차인의 지위를 겸하는 경우, 먼저 소액임차인으로서 보호받는 일정액을 우선배당하고 난 후의 나머지 임차보증금채권액에 대하여는 대항요건과 확정일자를 갖춘 임차인으로서의 순위에 따라 배당을 하여야 하는 것이다.

③ 가압류등기 후 근당권설정등기가 마쳐지고 이후 강제경매신청이 이루어진 경우, 배당관계에 있어서 근저당권자는 선순위 가압류채권자에 대하여 우선변제권을 주장할 수 없으므로 가압류권자와 근저당권자, 경매신청채권자는 각 채권액에 따른 안분비례에 의하여 평등배당을 받을 수 있다.

④ 1개 부동산에 대하여 체납처분의 일환으로 압류가 행하여졌을 때 그 압류에 관계되는 조세는 국세나 지방세를 막론하고 교부청구한 다른 조세보다 우선하고 이는 선행압류 조세와 후행압류 조세 사이에도 적용되지만(압류선착주의 원칙), 이러한 압류선착주의 원칙은 공매 대상 부동산 자체에 대하여 부과된 조세와 가산금(당해세)에 대하여는 적용되지 않는다.

⑤ 강제경매의 목적 부동산에 설정된 근저당권의 피담보채권이 경매신청채권자의 임금 채권에 대한 지연손해금 채권에 우선한다.

....

[❶ ▶ O] 주택임대차보호법 제8조에 규정된 소액보증금반환청구권은 임차목적 주택에 대하여 저당권에 의하여 담보된 채권, 조세 등에 우선하여 변제받을 수 있는 이른바 법정담보물권으로서, 주택임차인이 대지와 건물 모두로부터 배당을 받는 경우에는 마치 그 대지와 건물 전부에 대한 공동저당권자와 유사한 지위에 서게 되므로 대지와 건물이 동시에 매각되어 주택임차인에게 그 경매대가를 동시에 배당하는 때에는 민법 제368조 제1항을 유추적용하여 대지와 건물의 경매대가에 비례하여 그 채권의 분담을 정하여야 한다(대판 2003.9.5. 2001다66291).

[❷ ▸ ○] 주택임대차보호법 제3조의2 제2항은 대항요건(주택인도와 주민등록전입신고)과 임대차계약증서상의 확정일자를 갖춘 주택임차인에게 부동산 담보권에 유사한 권리를 인정한다는 취지로서, 이에 따라 대항요건과 확정일자를 갖춘 임차인들 상호 간에는 대항요건과 확정일자를 최종적으로 갖춘 순서대로 우선변제받을 순위를 정하게 되므로, 만일 대항요건과 확정일자를 갖춘 임차인들이 주택임대차보호법 제8조 제1항에 의하여 보증금 중 일정액의 보호를 받는 소액임차인의 지위를 겸하는 경우, 먼저 소액임차인으로서 보호받는 일정액을 우선배당하고 난 후의 나머지 임차보증금채권액에 대하여는 대항요건과 확정일자를 갖춘 임차인으로서의 순위에 따라 배당을 하여야 하는 것이다(대판 2007.11.15. 2007다45562).

[❸ ▸ ✕] [가] 부동산에 대하여 가압류등기가 먼저 되고 나서 근저당권설정등기가 마쳐진 경우에 그 근저당권등기는 가압류에 의한 처분금지의 효력 때문에 그 집행보전의 목적을 달성하는 데 필요한 범위 안에서 가압류채권자에 대한 관계에서만 상대적으로 무효이다. [나] '가'항의 경우 가압류채권자와 근저당권자 및 근저당권설정등기 후 강제경매신청을 한 압류채권자 사이의 배당관계에 있어서, 근저당권자는 선순위 가압류채권자에 대하여는 우선변제권을 주장할 수 없으므로 1차로 채권액에 따른 안분비례에 의하여 평등배당을 받은 다음, 후순위 경매신청압류채권자에 대하여는 우선변제권이 인정되므로 경매신청 압류채권자가 받을 배당액으로부터 자기의 채권액을 만족시킬 때까지 이를 흡수하여 배당받을 수 있다(대결 1994.11.29. 94마417).

[❹ ▸ ○] 1개 부동산에 대하여 체납처분의 일환으로 압류가 행하여졌을 때 그 압류에 관계되는 조세는 국세나 지방세를 막론하고 교부청구한 다른 조세보다 우선하고 이는 선행압류 조세와 후행압류 조세 사이에도 적용되지만(압류선착주의 원칙), 이러한 압류선착주의 원칙은 공매대상 부동산 자체에 대하여 부과된 조세와 가산금(당해세)에 대하여는 적용되지 않는다(대판 2007.5.10. 2007두2197).

[❺ ▸ ○] 근로기준법 제37조 제2항에 의하면, 근로관계로 인한 채권 중 최종 3월분의 임금, 최종 3년간의 퇴직금, 재해보상금의 채권은 사용자의 총재산에 대하여 질권 또는 저당권에 의하여 담보된 채권, 조세·공과금 및 다른 채권에 우선하여 변제되어야 한다고 규정하고 있는바, 위와 같은 임금 등 채권의 최우선변제권은 근로자의 생활안정을 위한 사회정책적 고려에서 담보물권자 등의 희생 아래 인정되고 있는 점, 민법 제334조, 제360조 등에 의하면 공시방법이 있는 민법상의 담보물권의 경우에도 우선변제권이 있는 피담보채권에 포함되는 이자 등 부대채권 및 그 범위에 관하여 별도로 규정하고 있음에 반하여, 위 근로기준법의 규정에는 최우선변제권이 있는 채권으로 원본채권만을 열거하고 있는 점 등에 비추어 볼 때, 임금 등에 대한 지연손해금 채권에 대하여는 최우선변제권이 인정되지 않는다고 봄이 상당하다(대결 2000.2.12. 00마5143).

답 ❸

76
□□□

'乙' 소유 부동산에 대하여 '甲'이 가압류를 한 상태에서 '戊'에게로 소유권이 이전되었고, 그 후 '丙'이 근저당권에 기하여 담보권 실행을 위한 경매를 신청하여 경매절차가 개시되었다. 등기기록상 기재와 배당요구 내지 채권신고가 아래와 같고 배당할 금액이 7천만원일 때, 위 담보권 실행을 위한 경매절차에서 '甲', '丙', '丁'에게 배당되어야 할 금액을 바르게 기재한 것을 고르시오 (다툼이 있는 경우 판례·예규에 따르고 전원합의체 판결의 경우 다수의견에 의함. 이하 같음).

2021년 법무사시험 [문 1]

1. 2020.2.7. 채권자 '甲' 가압류(청구금액 3천만원)
2. 2020.4.8. '戊'에게로 소유권 이전
3. 2020.4.9. 채권자 '丙' 근저당권 설정(채무자 '戊', 채권최고액 5천만원)
4. 2020.11.6. 임의경매개시결정(채권자 '丙', 청구금액 5천만원)
5. 2020.12.30. 채권자 '丁' 지급명령 정본 첨부하여 배당요구종기 이내에 배당요구(채무자 '乙'에 대한 물품대금채권 6천만원)

① '甲' 1천 5백만원, '丙' 2천 5백만원, '丁' 3천만원
② '甲' 0원, '丙' 5천만원, '丁' 2천만원
③ '甲' 3천만원, '丙' 0원, '丁' 4천만원
④ '甲' 3천만원, '丙' 4천만원, '丁' 0원
⑤ '甲' 1천만원, '丙' 5천만원, '丁' 1천만원

[❶▶×] [❷▶×] [❸▶×] [❹▶O] [❺▶×] 부동산에 대한 가압류집행 후 가압류목적물의 소유권이 제3자에게 이전된 경우 가압류의 처분금지적 효력이 미치는 것은 가압류결정 당시의 청구금액의 한도 안에서 가압류목적물의 교환가치이고, 위와 같은 처분금지적 효력은 가압류채권자와 제3취득자 사이에서만 있는 것이므로 제3취득자의 채권자가 신청한 경매절차에서 매각 및 경락인이 취득하게 되는 대상은 가압류목적물 전체라고 할 것이지만, 가압류의 처분금지적 효력이 미치는 매각대금 부분은 가압류채권자가 우선적인 권리를 행사할 수 있고 제3취득자의 채권자들은 이를 수인하여야 하므로, 가압류채권자는 그 매각절차에서 당해 가압류목적물의 매각대금에서 가압류결정 당시의 청구금액을 한도로 하여 배당을 받을 수 있고, 제3취득자의 채권자는 위 매각대금 중 가압류의 처분금지적 효력이 미치는 범위의 금액에 대하여는 배당을 받을 수 없다(대판 2006.7.28. 2006다19986). 즉, 가압류의 처분금지적 효력에 의하여 가압류채권자인 甲이 제3취득자의 채권자보다 우선하여 3천만원을 배당받고, 제3취득자의 채권자인 丙과 丁 사이에서는 저당권자인 丙이 우선하여 나머지 금액 4천만원을 배당받는다.

답 ❹

㉠ 가압류의 효력은 가압류를 청구한 피보전채권액에 한하여 미치므로, 가압류결정에 피보전채권 액으로서 기재된 액(이하 '가압류청구금액'이라 한다)이 가압류채권자에 대한 배당액의 산정기 준이 되며, 배당법원이 배당을 실시할 때에 가압류채권자의 피보전채권은 공탁하여야 하고, 그 후 피보전채권의 존재가 본안의 확정판결 등에 의하여 확정될 때 가압류채권자가 확정판결 등을 제출하면 배당법원은 가압류채권자에게 배당액을 지급하게 된다.

㉡ 이 경우 확정된 피보전채권액이 가압류청구금액 이상인 경우에는 가압류채권자에 대한 배당액 전부를 가압류채권자에게 지급하지만, 반대로 확정된 피보전채권액이 가압류청구금액에 미치지 못하는 경우에는 집행법원은 그 확정된 피보전채권액을 기준으로 하여 다른 동순위 배당채권자 들과 사이에서의 배당비율을 다시 계산하여 배당액을 감액조정한 후 공탁금 중에서 그 감액조정 된 금액만을 가압류채권자에게 지급하고 나머지는 다른 배당채권자들에게 추가로 배당하여야 한다.

㉢ 가압류에 대한 본안의 확정판결에서 그 피보전채권의 원금 중 일부만이 남아 있는 것으로 확정된 경우라도, 특별한 사정이 없는 한 가압류청구금액범위 내에서는 그 나머지 원금과 청구기초의 동일성이 인정되는 지연손해금도 피보전채권의 범위에 포함되므로, 이를 가산한 금액이 가압류 청구금액을 넘는지 여부를 가리고 만약 가압류청구금액에 미치지 못하는 경우에는 그 금액을 기초로 배당액을 조정하여야 한다.

㉣ 그리고 위와 같이 배당채권자들과 사이에서 배당비율을 다시 계산하여 공탁되었던 배당액을 감액조정하여 지급하는 것은 그 범위 내에서 잠정적으로 보류되었던 배당절차를 마무리 짓는 취지이고, 동순위 채권자들 사이에서는 배당채권으로 산입될 수 있는 채권원리금액 산정에 형평 을 기하여야 할 터인데 가압류채권자에 대한 배당금 조정 시에 다른 배당채권자들의 잔존 채권원 리금액을 모두 다시 확인하기 쉽지 아니함을 고려하면, 배당금 조정 시에 다른 배당채권자들의 채권액은 종전 배당기일의 채권원리금액을 기준으로 하고 가압류채권자의 경우에도 종전 배당 기일까지의 지연손해금을 가산한 채권원리금액을 기준으로 하여 조정한 후 공탁금 중에서 그 감액조정된 금액을 가압류채권자에게 지급하며, 나머지 공탁금은 특별한 사정이 없는 한 종전 배당기일의 채권액을 기준으로 하여 다른 배당채권자들에게 추가로 배당함이 타당하나.

① ㉠   ② ㉡

③ ㉢   ④ ㉣

⑤ 없 음

[㉠ ▸ O] [㉡ ▸ O] [㉢ ▸ O] [㉣ ▸ O] ㉠ 가압류의 효력은 가압류를 청구한 피보전채권액에 한 하여 미치므로, 가압류결정에 피보전채권액으로서 기재된 액(이하 '가압류청구금액'이라 한다)이 가압류 채권자에 대한 배당액의 산정기준이 되며, 배당법원이 배당을 실시할 때에 가압류채권자의 피보전채권 은 공탁하여야 하고, 그 후 피보전채권의 존재가 본안의 확정판결 등에 의하여 확정될 때 가압류채권자가 확정판결 등을 제출하면 배당법원은 가압류채권자에게 배당액을 지급하게 된다(민사집행법 제160조 제1항 제2호, 제161조 제1항). ㉡ 이 경우 확정된 피보전채권액이 가압류청구금액 이상인 경우에는 가압 류채권자에 대한 배당액 전부를 가압류채권자에게 지급하지만, 반대로 확정된 피보전채권액이 가압류청 구금액에 미치지 못하는 경우에는 집행법원은 그 확정된 피보전채권액을 기준으로 하여 다른 동순위 배당채권자들과 사이에서의 배당비율을 다시 계산하여 배당액을 감액조정한 후 공탁금 중에서 그 감액조

정된 금액만을 가압류채권자에게 지급하고 나머지는 다른 배당채권자들에게 추가로 배당하여야 한다. ⓒ 가압류에 대한 본안의 확정판결에서 그 피보전채권의 원금 중 일부만이 남아 있는 것으로 확정된 경우라도, 특별한 사정이 없는 한 가압류청구금액범위 내에서는 그 나머지 원금과 청구기초의 동일성이 인정되는 지연손해금도 피보전채권의 범위에 포함되므로, 이를 가산한 금액이 가압류청구금액을 넘는지 여부를 가리고 만약 가압류청구금액에 미치지 못하는 경우에는 그 금액을 기초로 배당액을 조정하여야 한다. ⓓ 그리고 위와 같이 배당채권자들과 사이에서 배당비율을 다시 계산하여 공탁되었던 배당액을 감액조정하여 지급하는 것은 그 범위 내에서 잠정적으로 보류되었던 배당절차를 마무리 짓는 취지이고, 동순위 채권자들 사이에서는 배당채권으로 산입될 수 있는 채권원리금액 산정에 형평을 기하여야 할 터인데 가압류채권자에 대한 배당금 조정 시에 다른 배당채권자들의 잔존 채권원리금액을 모두 다시 확인하기 쉽지 아니함을 고려하면, 배당금 조정 시에 다른 배당채권자들의 채권액은 종전 배당기일의 채권원리금액을 기준으로 하고 가압류채권자의 경우에도 종전 배당기일까지의 지연손해금을 가산한 채권원리금액을 기준으로 하여 조정한 후 공탁금 중에서 그 감액조정된 금액을 가압류채권자에게 지급하며, 나머지 공탁금은 특별한 사정이 없는 한 종전 배당기일의 채권액을 기준으로 하여 다른 배당채권자들에게 추가로 배당함이 타당하다(대판 2013.6.13. 2011다75478).

답 ❺

부동산 경매절차에서 임금채권자에 관한 다음 설명 중 가장 옳지 않은 것은?

① 사용사업주가 파견근로자 보호 등에 관한 법률 제34조 제2항에 따라 근로자에 대하여 임금지급의무를 부담하고 그에 따라 파견근로자가 사용사업주에 대하여 임금채권을 가지는 경우, 파견근로자의 사용사업주에 대한 임금채권에 관하여도 근로기준법 제38조 제2항이 정하는 최우선변제권이 인정된다고 봄이 타당하다.

② 임금, 재해보상금, 그 밖에 근로관계로 인한 채권은 사용자의 총재산에 대하여 질권·저당권 또는 「동산·채권 등의 담보에 관한 법률」에 따른 담보권에 따라 담보된 채권 외에는 조세·공과금 및 다른 채권에 우선하여 변제되어야 한다. 다만, 질권·저당권 또는 「동산·채권 등의 담보에 관한 법률」에 따른 담보권에 우선하는 조세·공과금에 대하여는 그러하지 아니하다.

③ 최종 3개월분의 임금은 배당요구 이전에 이미 근로관계가 종료된 근로자의 경우에는 근로관계 종료일부터 소급하여 3개월 사이에 지급사유가 발생한 임금 중 미지급분, 배당요구 당시에도 근로관계가 종료되지 않은 근로자의 경우에는 배당요구 시점부터 소급하여 3개월 사이에 지급사유가 발생한 임금 중 미지급분을 말한다. 그리고 최종 3년간의 퇴직금도 이와 같이 보아야 하므로, 배당요구 종기일 이전에 퇴직금 지급사유가 발생하여야 한다.

④ 근로기준법에 의하면 근로관계로 인한 채권 중 최종 3개월분의 임금, 재해보상금의 채권은 사용자의 총재산에 대하여 질권 또는 저당권에 의하여 담보된 채권, 조세·공과금 및 다른 채권에 우선하여 변제되어야 한다고 규정하고 있는바, 위와 같은 임금 등 채권의 최우선변제권은 근로자의 생활안정을 위한 사회정책적 고려에서 담보물권자 등의 희생 아래 인정되고 있는 점, 민법 제334조, 제360조 등에 의하면 공시방법이 있는 민법상의 담보물권의 경우에도 우선변제권이 있는 피담보채권에 포함되는 이자 등 부대채권 및 그 범위에 관하여 별도로 규정하고 있음에 비추어 볼 때, 임금 등에 대한 지연손해금 채권에 대하여도 최우선변제권이 인정된다고 봄이 상당하다 할 것이다.

⑤ 근로복지공단이 임금채권보장법에 따라 어느 근로자에게 최우선변제권이 있는 임금과 퇴직금 중 일부를 대지급금으로 지급하고 그에 해당하는 근로자의 임금 등 채권을 대위행사하는 경우, 근로복지공단이 대위하는 채권은 대지급금을 지급받지 아니한 다른 근로자의 최우선변제권이 있는 임금 등 채권과 서로 같은 순위로 배당받아야 하고, 단순히 근로복지공단의 대위채권이 근로자의 생활안정을 위한 공익적 성격을 갖는다는 등의 이유만으로 대지급금을 지급받지 아니한 다른 근로자의 최우선변제권 있는 임금 등 채권보다 후순위로 배당받게 된다고 볼 수는 없다.

··

[**❶ ▸ O**] 파견근로자 보호 등에 관한 법률(이하 '파견법'이라 한다) 제1조, 제34조 제2항, 같은 법 시행령 제5조, 근로기준법 제38조 제2항 제1호의 내용에 의하면, 사용사업주가 정당한 사유 없이 근로자파견의 대가를 지급하지 아니하고 그로 인하여 파견사업주가 근로자에게 임금을 지급하지 못한 경우 사용사업주는 근로자에 대하여 파견사업주와 연대하여 임금지급의무를 부담하게 된다. 이와 같이 사용사업주가 파견법 제34조 제2항에 따라 근로자에 대하여 임금지급의무를 부담하고 그에 따라 파견근로자가 사용사업주에 대하여 임금채권을 가지는 경우, 파견근로자의 복지증진에 관한 파견법의 입법 취지와 더불어 사용사업주가 파견사업주와 연대하여 임금지급의무를 부담하는 경우 임금 지급에 관하여 사용자로 본다는 파견법 제34조 제2항 후문 및 근로자의 최저생활을 보장하려는 근로기준법 제38조 제2항의 규정 취지를 고려하여 보면, 파견근로자의 사용사업주에 대한 임금채권에 관하여도 근로기준법 제38조 제2항이 정하는 최우선변제권이 인정된다고 봄이 타당하다(대판 2022.12.1. 2018다300586).

[**❷** ▸ ○] 임금, 재해보상금, 그 밖에 근로관계로 인한 채권은 사용자의 총재산에 대하여 질권(質權)·저당권 또는 「동산·채권 등의 담보에 관한 법률」에 따른 담보권에 따라 담보된 채권 외에는 조세·공과금 및 다른 채권에 우선하여 변제되어야 한다. 다만, 질권·저당권 또는 「동산·채권 등의 담보에 관한 법률」에 따른 담보권에 우선하는 조세·공과금에 대하여는 그러하지 아니하다(근로기준법 제38조 제1항).

[**❸** ▸ ○] 근로기준법 제38조 제2항에 따른 최종 3개월분의 임금, 재해보상금과 구 근로자퇴직급여 보장법 제11조 제2항에 따른 최종 3년간의 퇴직금에 해당하는 채권은 사용자의 총재산에 대하여 질권·저당권 또는 동산·채권 등의 담보에 관한 법률에 따른 담보권에 따라 담보된 채권, 조세·공과금 및 다른 채권에 우선하여 변제되어야 한다. 이는 근로자의 최저생활을 보장하고자 하는 공익적 요청에서 일반 담보물권의 효력을 일부 제한하고 임금채권의 우선변제권을 규정한 것으로서 규정의 취지는 최종 3개월분의 임금 등에 관한 채권은 다른 채권과 동시에 사용자의 동일재산에서 경합하여 변제받는 경우에 성립의 선후나 질권이나 저당권의 설정 여부에 관계없이 우선적으로 변제받을 수 있는 권리가 있을 뿐이므로, 근로기준법 등에 따라 우선변제청구권을 갖는 임금채권자라고 하더라도 강제집행절차나 임의 경매절차에서 배당요구의 종기까지 적법하게 배당요구를 하여야만 우선배당을 받을 수 있는 것이 원칙이다. 여기서 최종 3개월분의 임금은 배당요구 이전에 이미 근로관계가 종료된 근로자의 경우에는 근로관계 종료일부터 소급하여 3개월 사이에 지급사유가 발생한 임금 중 미지급분, 배당요구 당시에도 근로관계가 종료되지 않은 근로자의 경우에는 배당요구 시점부터 소급하여 3개월 사이에 지급사유가 발생한 임금 중 미지급분을 말한다. 그리고 최종 3년간의 퇴직금도 이와 같이 보아야 하므로, 배당요구 종기일 이전에 퇴직금 지급사유가 발생하여야 한다(대판 2015.8.19. 2015다204762).

[**❹** ▸ ✕] 근로기준법 제37조 제2항에 의하면, 근로관계로 인한 채권 중 최종 3월분의 임금, 최종 3년간의 퇴직금, 재해보상금의 채권은 사용자의 총재산에 대하여 질권 또는 저당권에 의하여 담보된 채권, 조세·공과금 및 다른 채권에 우선하여 변제되어야 한다고 규정하고 있는바, 위와 같은 임금 등 채권의 최우선변제권은 근로자의 생활안정을 위한 사회정책적 고려에서 담보물권자 등의 희생 아래 인정되고 있는 점, 민법 제334조, 제360조 등에 의하면 공시방법이 있는 민법상의 담보물권의 경우에도 우선변제권이 있는 피담보채권에 포함되는 이자 등 부대채권 및 그 범위에 관하여 별도로 규정하고 있음에 반하여, <u>위 근로기준법의 규정에는 최우선변제권이 있는 채권으로 원본채권만을 열거하고 있는 점 등에 비추어 볼 때, 임금 등에 대한 지연손해금 채권에 대하여는 최우선변제권이 인정되지 않는다고 봄이 상당하다</u>(대결 2000.2.12. 99마5143).

[**❺** ▸ ○] 원고(근로복지공단)가 법에 따라 어느 근로자에게 최우선변제권이 있는 임금과 퇴직금 중 일부를 체당금으로 지급하고 그에 해당하는 근로자의 임금 등 채권을 대위행사하는 경우 원고가 대위하는 채권은 체당금을 지급받지 아니한 다른 근로자의 최우선변제권이 있는 임금 등 채권과 서로 같은 순위로 배당받아야 하고, 단순히 원고의 대위채권이 근로자의 생활안정을 위한 공익적 성격을 갖는다는 등의 이유만으로 체당금을 지급받지 아니한 다른 근로자의 최우선변제권 있는 임금 등 채권보다 후순위로 배당받게 된다고 볼 수는 없다(대판 2015.11.27. 2014다208378).

답 **❹**

근로기준법상 최종 3개월분의 임금에 관한 다음 설명 중 가장 옳지 않은 것은?

① 최종 3개월분의 임금채권은 사용자의 총재산에 대하여 사용자가 사용자 지위를 취득하기 전에 설정한 질권 또는 저당권에 따라 담보된 채권에 대하여까지 우선권을 인정할 수는 없다.

② 최종 3개월분의 임금채권자가 경매절차 개시 전에 경매목적부동산을 가압류한 경우에는 배당요구의 종기까지 우선권 있는 임금채권임을 소명하지 않았다고 하더라도 배당표가 확정되기 전까지 그 가압류의 청구채권이 우선변제권 있는 임금채권임을 소명하면 우선배당을 받을 수 있다.

③ 근로복지공단이 임금채권보장법에 따라 근로자에게 최종 3개월분의 임금 중 일부를 체당금으로 지급하고 그에 해당하는 근로자의 임금채권을 대위하여 행사하는 경우에는 근로자의 나머지 임금채권이 공단이 대위하는 채권에 대하여 우선변제권을 갖는다.

④ 최종 3개월분의 임금채권의 우선변제권의 적용대상이 되는 '사용자의 총재산'이라 함은 근로계약의 당사자로서 임금채무를 1차적으로 부담하는 사업주인 사용자의 총재산을 의미하고, 따라서 사용자가 법인인 경우에는 법인 자체의 재산만을 가리키며 법인의 대표자 등 사업경영 담당자의 개인재산은 이에 포함되지 않는다.

⑤ 최종 3개월분의 임금은 배당요구종기에 이미 근로관계가 종료된 근로자의 경우에는 근로관계 종료일부터 소급하여 3개월 사이에 지급사유가 발생한 임금 중 미지급분, 배당요구의 종기 당시에도 근로관계가 종료되지 않은 근로자의 경우에는 배당요구의 종기부터 소급하여 3개월 사이에 지급사유가 발생한 임금 중 미지급분을 말한다.

......

[❶ ▸ ✕] 근로기준법 제38조 제2항은 근로자의 최저생활을 보장하고자 하는 공익적 요청에서 일반 담보물권의 효력을 일부 제한하고 최종 3개월분의 임금과 재해보상금에 해당하는 채권의 우선변제권을 규정한 것이므로, 합리적 이유나 근거 없이 적용대상을 축소하거나 제한하는 것은 허용되지 않는다. 그런데 근로기준법 제38조 제2항은 최종 3개월분의 임금채권이 같은 조 제1항에도 불구하고 사용자의 총재산에 대하여 질권 또는 저당권에 따라 담보된 채권에 우선하여 변제되어야 한다고 규정하고 있을 뿐, 사용자가 사용자 지위를 취득하기 전에 설정한 질권 또는 저당권에 따라 담보된 채권에는 우선하여 변제받을 수 없는 것으로 규정하고 있지 않으므로, <u>최종 3개월분의 임금채권은 사용자의 총재산에 대하여 사용자가 사용자 지위를 취득하기 전에 설정한 질권 또는 저당권에 따라 담보된 채권에도 우선하여 변제되어야 한다</u>(대판 2011.12.8. 2011다68777).

[❷ ▸ ○] 근로기준법에 의하여 우선변제청구권을 갖는 임금채권자라고 하더라도 임의경매절차에서 배당요구의 종기까지 배당요구를 하여야만 우선배당을 받을 수 있는 것이 원칙이나, 경매절차 개시 전의 부동산가압류권자는 배당요구를 하지 않았더라도 당연히 배당요구를 한 것과 동일하게 취급하여 설사 그가 별도로 채권계산서를 제출하지 아니하였다 하여도 배당에서 제외하여서는 아니 되므로, 민사집행절차의 안정성을 보장하여야 하는 절차법적 요청과 근로자의 임금채권을 보호하여야 하는 실체법적 요청을 형량하여 보면 <u>근로기준법상 우선변제권이 있는 임금채권자가 경매절차 개시 전에 경매목적부동산을 가압류한 경우에는 배당요구의 종기까지 우선권 있는 임금채권임을 소명하지 않았다고 하더라도 배당표가 확정되기 전까지 그 가압류의 청구채권이 우선변제권 있는 임금채권임을 소명하면 우선배당을 받을 수 있다</u>(대판 2004.7.22. 2002다52312).

[❸ ▸ ○] 변제할 정당한 이익이 있는 자가 채무자를 위하여 근저당권이 피담보채무의 일부를 대위변제한 경우, 대위변제자는 변제한 가액의 범위 내에서 종래 채권자가 가지고 있던 채권 및 담보에 관한 권리를 법률상 당연히 취득하게 되지만 이때에도 채권자는 대위변제자에 대하여 우선변제권을 가진다. 이러한 법리는 근로복지공단이 최우선변제권이 있는 최종 3개월분의 임금과 최종 3년분의 퇴직금 중

일부를 체당금으로 지급하고 그에 해당하는 근로자의 임금 등 채권을 대위하여 행사하는 경우에도 그대로 적용되어 <u>최우선변제권이 있는 근로자의 나머지 임금 등 채권이 공단이 대위하는 채권에 대하여 우선변제권을 갖는다고 보아야 한다.</u> 만일 이와 달리 근로자의 나머지 임금 등 채권과 공단이 대위하는 채권이 그 법률적 성질이 동일하다는 이유로 같은 순위로 배당받아야 한다고 해석한다면, 근로자가 공단으로부터 최우선변제권이 있는 임금 등 채권의 일부를 체당금으로 먼저 지급받은 후 배당금을 지급받는 경우에는 공단도 같은 순위로 배당받는 결과 공단이 근로자에게 지급한 체당금의 일부를 근로자로부터 다시 회수하는 셈이 되어 배당금을 먼저 지급받은 후 공단으로부터 체당금을 지급받는 경우에 비하여 근로자가 수령하는 총금액이 적게 되어 체당금의 지급시기에 따라 근로자에 대한 보호의 범위가 달라지는 불합리가 발생할 뿐만 아니라 근로자로 하여금 신속한 체당금 수령을 기피하게 하여 체당금의 지급을 통하여 근로자의 생활안정에 이바지하고자 하는 임금채권보장법의 취지를 몰각시키게 된다(대판 2011.1.27. 2008다13623).

[❹ ▸ O] 근로기준법 제30조의2 제2항의 규정은 근로자의 최저생활을 보장하고자 하는 공익적 요청에서 예외적으로 일반 담보물권의 효력을 일부 제한하고 임금채권의 우선변제권을 규정한 것으로서, 그 입법취지에 비추어 보면 여기서 임금우선변제권의 적용대상이 되는 '사용자의 총재산'이라 함은 근로계약의 당사자로서 임금채무를 1차적으로 부담하는 사업주인 사용자의 총재산을 의미하고, 따라서 사용자가 법인인 경우에는 법인 자체의 재산만을 가리키며 법인의 대표자 등 사업경영 담당자의 개인재산은 이에 포함되지 않는다고 봄이 상당하다(대판 1996.2.9. 95다719).

[❺ ▸ O] 최종 3개월분의 임금은 배당요구 이전에 이미 근로관계가 종료된 근로자의 경우에는 근로관계 종료일부터 소급하여 3개월 사이에 지급사유가 발생한 임금 중 미지급분, 배당요구 당시에도 근로관계가 종료되지 않은 근로자의 경우에는 배당요구시점부터 소급하여 3개월 사이에 지급사유가 발생한 임금 중 미지급분을 말한다(대판 2015.8.19. 2015다204762).

답 ❶

저당권이 설정된 부동산에 임차권이 설정된 경우와 차임채권에 관하여 압류 및 추심명령이 있거나 차임채권이 양도된 경우에 관한 다음 설명 중 가장 옳지 않은 것은?

2022년 법무사시험 [문 31]

① 저당부동산에 대한 압류가 있으면 그 압류 이후의 저당권설정자의 저당부동산에 관한 차임채권 등에도 저당권의 효력이 미친다.

② 저당권자는 위 ①의 차임채권 등에 대한 저당권의 실행을 저당부동산에 대한 경매절차에서 할 수는 없고, 채권집행의 방법으로 실행시킬 수 있다.

③ 보증금이 수수된 저당부동산에 관한 임대차계약이 저당부동산에 대한 경매로 종료된 경우, 임차인이 연체한 차임이 있다면 연체차임 중 저당부동산의 압류 이전 부분에 한하여 보증금에서 당연히 공제된다.

④ 임대보증금이 수수된 임대차계약에서 차임채권에 관하여 압류 및 추심명령이 있었다 하더라도, 당해 임대차계약이 종료되어 목적물이 반환될 때에는 그때까지 추심되지 아니한 채 잔존하는 차임채권 상당액도 임대보증금에서 당연히 공제된다.

⑤ 보증금이 수수된 임대차계약에서 차임채권이 양도되어 임차인이 그 양도 통지를 받았다고 하더라도, 임차인은 임대차계약이 종료되어 목적물을 반환할 때까지 연체한 차임 상당액을 보증금에서 공제할 것을 주장할 수 있다.

[**❶ ▸ ○**] [**❷ ▸ ○**] 민법 제359조 전문은 "저당권의 효력은 저당부동산에 대한 압류가 있은 후에 저당권설정자가 그 부동산으로부터 수취한 과실 또는 수취할 수 있는 과실에 미친다"라고 규정하고 있는데, 위 규정상 '과실'에는 천연과실뿐만 아니라 법정과실도 포함되므로, 저당부동산에 대한 압류가 있으면 압류 이후의 저당권설정자의 저당부동산에 관한 차임채권 등에도 저당권의 효력이 미친다. 다만 저당부동산에 대한 경매절차에서 저당부동산에 관한 차임채권 등을 관리하면서 이를 추심하거나 저당부동산과 함께 매각할 수 있는 제도가 마련되어 있지 아니하므로, 저당권의 효력이 미치는 차임채권 등에 대한 저당권의 실행이 저당부동산에 대한 경매절차에 의하여 이루어질 수는 없고, 그 저당권의 실행은 저당권의 효력이 존속하는 동안에 채권에 대한 담보권의 실행에 관하여 규정하고 있는 민사집행법 제273조에 따른 채권집행의 방법으로 저당부동산에 대한 경매절차와 별개로 이루어질 수 있을 뿐이다(대판 2016.7.27. 2015다230020).

[**❸ ▸ ✕**] 보증금이 수수된 저당부동산에 관한 임대차계약이 저당부동산에 대한 경매로 종료되었는데, 저당권자가 차임채권 등에 대하여는 민사집행법 제273조에 따른 채권집행의 방법으로 별개로 저당권을 실행하지 아니한 경우에 저당부동산에 대한 <u>압류의 전후와 관계없이</u> 임차인이 연체한 차임 등의 상당액이 <u>임차인이 배당받을 보증금에서 당연히 공제됨은</u> 물론, 저당권자가 차임채권 등에 대하여 위와 같은 방법으로 별개로 저당권을 실행한 경우에도 채권집행 절차에서 임차인이 실제로 차임 등을 지급하거나 공탁하지 아니하였다면 잔존하는 차임채권 등의 상당액은 임차인이 배당받을 보증금에서 당연히 공제된다(대판 2016.7.27. 2015다230020).

[**❹ ▸ ○**] 부동산 임대차에 있어서 수수된 보증금은 차임채무, 목적물의 멸실·훼손 등으로 인한 손해배상채무 등 임대차에 따른 임차인의 모든 채무를 담보하는 것으로서 그 피담보채무 상당액은 임대차관계의 종료 후 목적물이 반환될 때에 특별한 사정이 없는 한 별도의 의사표시 없이 보증금에서 당연히 공제되는 것이므로, 임대보증금이 수수된 임대차계약에서 차임채권에 관하여 압류 및 추심명령이 있었다 하더라도, 당해 임대차계약이 종료되어 목적물이 반환될 때에는 그때까지 추심되지 아니한 채 잔존하는 차임채권 상당액도 임대보증금에서 당연히 공제된다(대판 2004.12.23. 2004다56554).

[**❺ ▸ ○**] 부동산 임대차에서 수수된 보증금은 차임채무, 목적물의 멸실·훼손 등으로 인한 손해배상채무 등 임대차에 따른 임차인의 모든 채무를 담보하는 것으로서 피담보채무 상당액은 임대차관계의 종료 후 목적물이 반환될 때에 특별한 사정이 없는 한 별도의 의사표시 없이 보증금에서 당연히 공제되므로, 보증금이 수수된 임대차계약에서 차임채권이 양도되었다고 하더라도, 임차인은 임대차계약이 종료되어 목적물을 반환할 때까지 연체한 차임 상당액을 보증금에서 공제할 것을 주장할 수 있다(대판 2015.3.26. 2013다77225).

 답 ❸

81

부동산경매절차에서 임차인에 관한 다음 설명 중 가장 옳지 않은 것은?

① 주택임대차보호법상의 대항요건을 갖춘 임차인이 집행관의 현황조사 결과 임차인으로 조사·보고 되었다 하여도 매각허가결정 이전에 경매법원에 스스로 그 권리를 증명하여 신고하지 않았다면 경매절차의 이해관계인이 될 수 없다.

② 대법원예규에 의한 경매절차 진행사실의 주택임차인에 대한 통지는 법률상 규정된 의무가 아니라 당사자의 편의를 위하여 주택임차인에게 임차 목적물에 대하여 경매절차가 진행 중인 사실과 소액 임차권자나 확정일자부 임차권자라도 배당요구를 하여야 우선변제를 받을 수 있다는 내용을 안내 하여 주는 것일 뿐이므로, 임차인이 그 권리신고를 하기 전에 임차 목적물에 대한 경매절차의 진행 사실에 관한 통지를 받지 못하였다고 하더라도 이는 매각허가결정에 대한 불복사유가 될 수 없다.

③ 매각허가결정이 확정되어 대금지급기일이 정해진 상태에서 임차인이 자기보다 선순위 저당권의 피담보채무를 대위변제한 경우, 매각으로 인하여 저당권이 소멸하고 경매절차의 매수인이 소유권 을 취득하는 시점인 매각대금 납부 전에 선순위의 저당권이 다른 사유로 소멸한 경우에는 대항력 있는 임차권의 존재로 인하여 담보가치의 손상을 받을 선순위 저당권이 없게 되므로 임차권의 대항력이 소멸하지 않는다.

④ 주택임대차보호법상의 대항력과 임대차계약서상의 확정일자를 갖춘 임차인은 경매절차의 매각대 금에서 후순위권리자나 그 밖의 채권자보다 우선하여 보증금을 변제받을 권리가 있고, 이는 배당절 차에 있어서 확정일자를 갖춘 임차인은 담보물권자와 유사한 지위를 갖는다는 의미이다. 따라서 확정일자를 갖춘 임차인이 여러 명 있고 이들이 모두 저당권자에 우선하는 경우에는 각 임차인별로 우선변제권을 인정하되, 그들 상호 간에는 대항력 및 확정일자를 최종적으로 갖춘 순서대로 우열관 계를 정하고, 선순위 가압류권자가 있는 경우에는 확정일자를 갖춘 임차인은 가압류권자에게 우선 권을 주장할 수 없고 평등배당을 받는다.

⑤ 임차인이 임대인에게 임차보증금의 일부만을 지급하고 주택임대차보호법 제3조 제1항에서 정한 대항요건과 임대차계약증서상의 확정일자를 갖춘 다음 나머지 보증금을 나중에 지급하였다면 특별 한 사정이 없는 한 대항요건과 확정일자를 갖춘 때를 기준으로 임차보증금 전액에 대해서 후순위권 리자나 그 밖의 채권자보다 우선하여 변제를 받을 권리를 가지지는 못한다.

⋯⋯

[**❶ ▸ ○**] 경매절차에서 부동산 현황조사는 매각대상 부동산의 현황을 정확히 파악하여 일반인에게 그 부동산의 현황과 권리관계를 공시함으로써 매수 희망자가 필요한 정보를 쉽게 얻을 수 있게 하여 예상 밖의 손해를 입는 것을 방지하고자 함에 있는 것이고, 매각절차의 법령상 이해관계인에게는 매각기 일에 출석하여 의견진술을 할 수 있는 권리의 행사를 위해 매각기일 등 절차의 진행을 통지하여 주도록 되어 있는 반면, 주택임대차보호법상의 대항요건을 갖춘 임차인이라고 하더라도 매각허가결정 이전에 경매법원에 스스로 그 권리를 증명하여 신고하지 않는 한 집행관의 현황조사결과 임차인으로 조사·보 고되어 있는지 여부와 관계없이 이해관계인이 될 수 없다(대판 2008.11.13, 2008다43976).

[**❷ ▸ ○**] 대법원예규에 의한 경매절차 진행 사실의 주택임차인에 대한 통지는 법률상 규정된 의무가 아니라 당사자의 편의를 위하여 주택임차인에게 임차 목적물에 대하여 경매절차가 진행중인 사실과 소액임차권자나 확정일자부 임차권자라도 배당요구를 하여야 우선변제를 받을 수 있다는 내용을 안내하 여 주는 것일 뿐이므로, 임차인이 그 권리신고를 하기 전에 임차 목적물에 대한 경매절차의 진행 사실에 관한 통지를 받지 못하였다고 하더라도 이는 낙찰허가결정에 대한 불복사유가 될 수 없다(대결 2000.1.31, 99마7663).

[**❸** ▸ ○] 부동산의 경매절차에 있어서 주택임대차보호법 제3조에 정한 대항요건을 갖춘 임차권보다 선순위의 근저당권이 있는 경우에는, 낙찰로 인하여 선순위 근저당권이 소멸하면 그보다 후순위의 임차권도 선순위 근저당권이 확보한 담보가치의 보장을 위하여 그 대항력을 상실하는 것이지만, 낙찰로 인하여 근저당권이 소멸하고 낙찰인이 소유권을 취득하게 되는 시점인 낙찰대금지급기일 이전에 선순위 근저당권이 다른 사유로 소멸한 경우에는, 대항력이 있는 임차권의 존재로 인하여 담보가치의 손상을 받을 선순위 근저당권이 없게 되므로 임차권의 대항력이 소멸하지 아니한다(대판 2003.4.25. 2002다70075).

[**❹** ▸ ○] 주택의 경우 확정일자를 갖춘 임차인은 후순위 권리자 기타 채권자보다 우선하여 보증금을 변제받을 권리가 있는바, 이는 배당절차에서의 확정일자를 갖춘 임차인은 담보물권자와 유사한 지위를 갖는다는 의미이다(대판 1992.10.13. 92다30597, 대판 2007.11.15. 2007다45562 참조). 따라서 확정일자를 갖춘 임차인이 여러 명 있고 이들이 모두 저당권자에 우선하는 경우에는 각 임차인별로 우선변제권을 인정하되, 그들 상호 간에는 대항력 및 확정일자를 최종적으로 갖춘 순서대로 우열관계를 정하고, 선순위 가압류권자가 있는 경우에는 확정일자를 갖춘 임차인은 가압류권자에게 우선권을 주장할 수 없고 평등배당을 받는다(대판 1992.10.13. 92다30597). **제요 집행 3** 이와 관련하여 판례는, 주택임대차보호법 제3조의2 제2항은 대항요건(주택인도와 주민등록전입신고)과 임대차계약증서상의 확정일자를 갖춘 주택임차인에게 부동산 담보권에 유사한 권리를 인정한다는 취지로서, 이에 따라 대항요건과 확정일자를 갖춘 임차인들 상호 간에는 대항요건과 확정일자를 최종적으로 갖춘 순서대로 우선변제받을 순위를 정하게 되며(대판 2007.11.15. 2007다45562), 주택임대차보호법 제3조의2 제1항은 대항요건(주택인도와 주민등록전입신고)과 임대차계약증서상의 확정일자를 갖춘 주택임차인은 후순위권리자 기타 일반 채권자보다 우선하여 보증금을 변제받을 권리가 있음을 규정하고 있는바, 이는 임대차계약증서에 확정일자를 갖춘 경우에는 부동산 담보권에 유사한 권리를 인정한다는 취지이므로, 부동산 담보권자보다 선순위의 가압류채권자가 있는 경우에 그 담보권자가 선순위의 가압류채권자와 채권액에 비례한 평등배당을 받을 수 있는 것과 마찬가지로 위 규정에 의하여 우선변제권을 갖게 되는 임차보증금채권자도 선순위의 가압류채권자와는 평등배당의 관계에 있게 된다고 판시하고 있다(대판 1992.10.13. 92다30597).

[**❺** ▸ ×] 주택임대차보호법은 임차인에게 우선변제권이 인정되기 위하여 대항요건과 임대차계약증서상의 확정일자를 갖추는 것 외에 계약 당시 임차보증금이 전액 지급되어 있을 것을 요구하지는 않는다. 따라서 임차인이 임대인에게 임차보증금의 일부만을 지급하고 주택임대차보호법 제3조 제1항에서 정한 대항요건과 임대차계약증서상의 확정일자를 갖춘 다음 나머지 보증금을 나중에 지급하였다고 하더라도 특별한 사정이 없는 한 대항요건과 확정일자를 갖춘 때를 기준으로 임차보증금 전액에 대해서 후순위권리자나 그 밖의 채권자보다 우선하여 변제를 받을 권리를 갖는다고 보아야 한다(대판 2017.8.29. 2017다212194).

답 ❺

① 가압류채권자에 대한 배당액이 공탁된 후 가압류집행이 취소되거나 가압류채권자가 본안소송에서 패소확정판결을 받는 등의 경우, 그 공탁금은 채무자에게 교부할 것이 아니라 다른 채권자들에게 추가로 배당하여야 하고, 이는 가압류채권자가 본안에서 승소확정판결을 받은 금액이 가압류채권자에게 공탁된 배당액을 초과한다고 하여도 마찬가지다.

② 가압류채권자의 확정된 피보전채권액이 가압류 청구금액에 미치지 못하는 경우에는 집행법원은 그 확정된 피보전채권액을 기준으로 하여 다른 동순위 배당채권자들과 사이에서의 배당비율을 다시 계산하여 배당액을 감액 조정한 후 공탁금 중에서 그 감액 조정된 금액만을 가압류채권자에게 지급하고 나머지는 다른 배당채권자들에게 추가로 배당하여야 한다.

③ 가압류에 대한 본안의 확정판결에서 그 피보전채권의 원금 중 일부만이 남아 있는 것으로 확정된 경우라도, 특별한 사정이 없는 한 가압류 청구금액 범위 내에서는 그 나머지 원금과 청구기초의 동일성이 인정되는 지연손해금도 피보전채권의 범위에 포함되므로, 이를 가산한 금액이 가압류 청구금액을 넘는지 여부를 가리고 만약 가압류 청구금액에 미치지 못하는 경우에는 그 금액을 기초로 배당액을 조정하여야 한다.

④ 위 ③의 경우, 다른 배당채권자들의 채권액은 종전 배당기일의 채권원리금액을 기준으로 하고 가압류채권자의 경우에는 추가 배당기일까지의 지연손해금을 가산한 채권원리금액을 기준으로 하여 조정한 후 공탁금 중에서 그 감액 조정된 금액을 가압류채권자에게 지급하여야 한다.

⑤ 가압류채권자의 채권에 대하여는 그에 대한 배당액을 공탁하여야 하고, 그 후 그 채권에 관하여 채권자 승소의 본안판결이 확정됨에 따라 공탁의 사유가 소멸한 때에는 가압류채권자에게 공탁금을 지급하여야 하므로, 가압류채권자가 본안판결이 확정되었음에도 공탁된 배당금의 수령을 지체하던 중 채무자에 대하여 파산이 선고된 경우에도 가압류채권자는 적법하게 공탁금을 수령할 수 있다.

....

[❶▸○] 가압류채권자에 대한 배당액이 공탁된 후 가압류집행이 취소되거나 가압류채권자가 본안소송에서 패소확정판결을 받는 등의 경우에는, 그 공탁금은 채무자에게 교부할 것이 아니라 다른 채권자들에게 추가로 배당하여야 하는 것으로 해석하여야 할 것이고, 이는 가압류채권자가 본안에서 승소확정판결을 받은 금액이 공탁된 배당액을 초과한다고 하여도 마찬가지라 할 것이다(대판 2004.4.9. 2003다32681).

[❷▸○] 가압류의 효력은 가압류를 청구한 피보전채권액에 한하여 미치므로, 가압류결정에 피보전채권액으로서 기재된 액(이하 '가압류 청구금액'이라 한다)이 가압류채권자에 대한 배당액의 산정 기준이 되며, 배당법원이 배당을 실시할 때에 가압류채권자의 피보전채권은 공탁하여야 하고, 그 후 피보전채권의 존재가 본안의 확정판결 등에 의하여 확정된 때 가압류채권자가 확정판결 등을 제출하면 배당법원은 가압류채권자에게 배당액을 지급하게 된다(민사집행법 제160조 제1항 제2호, 제161조 제1항). 이 경우 확정된 피보전채권액이 가압류 청구금액 이상인 경우에는 가압류채권자에 대한 배당액 전부를 가압류채권자에게 지급하지만, 반대로 <u>확정된 피보전채권액이 가압류 청구금액에 미치지 못하는 경우에는 집행법원은 그 확정된 피보전채권액을 기준으로 하여 다른 동순위 배당채권자들과 사이에서의 배당비율을 다시 계산하여 배당액을 감액 조정한 후 공탁금 중에서 그 감액 조정된 금액만을 가압류채권자에게 지급하고 나머지는 다른 배당채권자들에게 추가로 배당하여야 한다</u>(대판 2013.6.13. 2011다75478).

[❸▸○] 가압류에 대한 본안의 확정판결에서 그 피보전채권의 원금 중 일부만이 남아 있는 것으로 확정된 경우라도, 특별한 사정이 없는 한 가압류 청구금액 범위 내에서는 그 나머지 원금과 청구기초의 동일성이 인정되는 지연손해금도 피보전채권의 범위에 포함되므로, 이를 가산한 금액이 가압류 청구금액을 넘는지 여부를 가리고 만약 가압류 청구금액에 미치지 못하는 경우에는 그 금액을 기초로 배당액을 조정하여야 한다(대판 2013.6.13. 2011다75478).

[❹ ▸ ×] 배당채권자들과 사이에서 배당비율을 다시 계산하여 공탁되었던 배당액을 감액 조정하여 지급하는 것은 그 범위 내에서 잠정적으로 보류되었던 배당절차를 마무리 짓는 취지이고, 동순위 채권자들 사이에서는 배당채권으로 산입될 수 있는 채권원리금액 산정에 형평을 기하여야 할 터인데 가압류채권자에 대한 배당금 조정 시에 다른 배당채권자들의 잔존 채권원리금액을 모두 다시 확인하기 쉽지 아니함을 고려하면, 배당금 조정 시에 다른 배당채권자들의 채권액은 종전 배당기일의 채권원리금액을 기준으로 하고 가압류채권자의 경우에도 종전 배당기일까지의 지연손해금을 가산한 채권원리금액을 기준으로 하여 조정한 후 공탁금 중에서 그 감액 조정된 금액을 가압류채권자에게 지급하며, 나머지 공탁금은 특별한 사정이 없는 한 종전 배당기일의 채권액을 기준으로 하여 다른 배당채권자들에게 추가로 배당함이 타당하다(대판 2013.6.13. 2011다75478).

[❺ ▸ ○] 부동산에 대한 경매절차에서 배당법원은 배당을 실시할 때에 가압류채권자의 채권에 대하여는 그에 대한 배당액을 공탁하여야 하고, 그 후 그 채권에 관하여 채권자 승소의 본안판결이 확정됨에 따라 공탁의 사유가 소멸한 때에는 가압류채권자에게 공탁금을 지급하여야 한다(민사집행법 제160조 제1항 제2호, 제161조 제1항). 따라서 특별한 사정이 없는 한 본안의 확정판결에서 지급을 명한 가압류채권자의 채권은 위와 같이 공탁된 배당액으로 충당되는 범위에서 본안판결의 확정 시에 소멸한다. 이러한 법리는 위와 같은 본안판결 확정 이후에 채무자에 대하여 파산이 선고되었다 하더라도 마찬가지로 적용되므로, 본안판결 확정 시에 이미 발생한 채권 소멸의 효력은 채무자회생법 제348조 제1항에도 불구하고 그대로 유지된다고 보아야 한다. 이러한 경우에 가압류채권자가 공탁된 배당금을 채무자의 파산선고 후에 수령하더라도 이는 본안판결 확정 시에 이미 가압류채권의 소멸에 충당된 공탁금에 관하여 단지 수령만이 본안판결 확정 이후의 별도의 시점에 이루어지는 것에 지나지 않는다. 따라서 가압류채권자가 위와 같이 수령한 공탁금은 파산관재인과의 관계에서 민법상의 부당이득에 해당하지 않는다고 보아야 한다(대판 2018.7.24. 2016다227014).

답 ❹

제2항

83

□□□ **배당이의의 소에 관한 다음 설명 중 가장 옳지 않은 것은?** 2024년 법무사시험 [문 14]

① 채권자인 원고가 배당이의의 소에서 승소하기 위해서는 피고로 된 채권자에 대한 배당액 자체만이 심리대상이어서, 원고는 피고의 채권이 존재하지 아니함을 주장·증명하는 것으로 충분하고, 자신이 피고에게 배당된 금원을 배당받을 권리가 있다는 점까지 주장·증명할 필요는 없다.

② 배당이의의 소는 배당을 실시한 집행법원이 속한 지방법원이 관할하며, 이는 전속관할이다.

③ 채권자가 배당이의를 하면서 배당이의 사유로 채무자를 대위하여 집행권원의 정본을 가진 다른 채권자의 채권의 소멸시효가 완성되었다는 등의 주장을 하는 경우 그 다른 채권자가 집행력 있는 집행권원의 정본을 가지고 있는지 여부에 상관없이 배당이의의 소를 제기하여야 한다.

④ 채무자나 소유자가 배당이의의 소를 제기한 경우의 소송목적물은 피고로 된 채권자가 경매절차에서 배당받을 권리의 존부·범위·순위에 한정되는 것이므로, 제3자가 채무자나 소유자로부터 위와 같이 배당받을 권리를 양수하였더라도 배당이의의 소가 계속되어 있는 동안에 소송목적인 권리 또는 의무의 전부 또는 일부를 승계한 경우에 해당된다고 볼 수는 없다.

⑤ 배당이의의 소에서 원고가 변론준비기일에 출석한 적이 있더라도 첫 변론기일에 불출석하면 소를 취하한 것으로 간주된다.

....

[❶ ▸ ×] 채권자는 자기의 이해에 관계되는 범위 안에서만 다른 채권자를 상대로 그의 채권 또는 그 채권의 순위에 대하여 이의할 수 있으므로(민사집행법 제151조 제3항), 채권자가 제기한 배당이의의 소에서 승소하기 위하여는 피고의 채권이 존재하지 아니함을 주장·증명하는 것만으로 충분하지 아니하고 원고 자신이 피고에게 배당된 금원을 배당받을 권리가 있다는 점까지 주장·증명하여야 한다(대판 2015.4.23. 2014다53790).

[❷ ▸ O] 배당이의의 소는 배당을 실시한 집행법원이 속한 지방법원의 관할에 전속한다(민사집행법 제21조, 제156조 제1항)(대결 2021.2.16. 2019마6102).

> **민사집행법 제21조(재판적)**
> 이 법에 정한 재판적(裁判籍)은 전속관할(專屬管轄)로 한다.
>
> **민사집행법 제156조(배당이의의 소의 관할)**
> ① 제154조 제1항의 배당이의의 소는 배당을 실시한 집행법원이 속한 지방법원의 관할로 한다. 다만, 소송물이 단독판사의 관할에 속하지 아니할 경우에는 지방법원의 합의부가 이를 관할한다.

[❸ ▸ O] 민사집행법 제154조는 제1항에서 "집행력 있는 집행권원의 정본을 가지지 아니한 채권자(가압류채권자를 제외한다)에 대하여 이의한 채무자와 다른 채권자에 대하여 이의한 채권자는 배당이의의 소를 제기하여야 한다", 제2항에서 "집행력 있는 집행권원의 정본을 가진 채권자에 대하여 이의한 채무자는 청구이의의 소를 제기하여야 한다"라고 규정하고 있다. 따라서 채무자는 집행력 있는 집행권원의 정본을 가지지 아니한 채권자에 대하여는 배당이의의 소를, 집행력 있는 집행권원의 정본을 가진 채권자에 대하여는 청구이의의 소를 제기하여야 한다. 그러나 채무자가 아니라 채권자가 다른 채권자에 대한 배당에 대하여 이의를 한 경우에는 그 다른 채권자가 집행력 있는 집행권원의 정본을 가지고 있는지 여부에 상관없이 배당이의의 소를 제기하여야 하고, 이는 채권자가 배당이의를 하면서 배당이의 사유로 채무자를 대위하여 집행권원의 정본을 가진 다른 채권자의 채권의 소멸시효가 완성되었다는 등의 주장을 한 경우에도 마찬가지이다(대판 2023.8.18. 2023다234102).

[**④ ▸ ○**] 배당이의의 소의 원고적격은 채무자 또는 배당기일에 출석하여 배당표에 대하여 이의를 진술한 채권자에 한하여 인정되나, 담보권 실행을 위한 경매에서 경매목적물의 소유자는 위 채무자에 포함된다. 이때 채권자는 자기의 이해에 관계되는 범위 안에서만 다른 채권자를 상대로 채권의 존부·범위·순위에 대하여 이의할 수 있으나(민사집행법 제151조 제3항), 채무자나 소유자는 이러한 제한이 없으며(민사집행법 제151조 제1항), 채무자나 소유자가 배당이의의 소에서 승소하면 집행법원은 그 부분에 대하여 배당이의를 하지 아니한 채권자를 위하여서도 배당표를 바꾸어야 하므로(민사집행법 제161조 제2항 제2호), 채무자나 소유자가 제기한 배당이의의 소는 피고로 된 채권자에 대한 배당액 자체만이 심리대상이어서, 원고인 채무자나 소유자는 피고의 채권이 존재하지 아니함을 주장·증명하는 것으로 충분하고, 자신이 피고에게 배당된 금원을 배당받을 권리가 있다는 점까지 주장·증명할 필요는 없다. 따라서 채무자나 소유자가 배당이의의 소를 제기한 경우의 소송목적물은 피고로 된 채권자가 경매절차에서 배당받을 권리의 존부·범위·순위에 한정되는 것이지, 원고인 채무자나 소유자가 경매절차에서 배당받을 권리까지 포함하는 것은 아니므로, 제3자가 채무자나 소유자로부터 위와 같이 배당받을 권리를 양수하였더라도 배당이의 소송이 계속되어 있는 동안에 소송목적인 권리 또는 의무의 전부 또는 일부를 승계한 경우에 해당된다고 볼 수는 없다(대판 2023.2.23. 2022다285288).

[**⑤ ▸ ○**] 민사집행법 제158조의 문언이 '첫 변론기일'이라고 명시하고 있을 뿐만 아니라, 변론준비절차는 변론이 효율적이고 집중적으로 실시될 수 있도록 당사자의 주장과 증거를 정리하여 소송관계를 뚜렷이 하기 위하여(민사소송법 제279조 제1항) 마련된 제도로서 당사자는 변론준비기일을 마친 뒤의 변론기일에서 변론준비기일의 결과를 진술하여야 하는 등(민사소송법 제287조 제2항) 변론준비기일의 제도적 취지, 그 진행방법과 효과, 규정의 형식 등에 비추어 볼 때, 민사집행법 제158조에서 말하는 '첫 변론기일'에 '첫 변론준비기일'은 포함되지 않는다. 따라서 배당이의의 소송에서 첫 변론준비기일에 출석한 원고라고 하더라도 첫 변론기일에 불출석하면 민사집행법 제158조에 따라서 소를 취하한 것으로 볼 수밖에 없다(대판 2007.10.25. 2007다34876).

답 **❶**

PART 1
PART 2
PART 3
PART 4
PART 5
PART 6
PART 7
PART 8

84

□□□

부동산 매각대금의 배당절차에 관한 다음 설명 중 가장 옳지 않은 것은?

2023년 법무사시험 [문 2]

① 매수인이 매각대금을 지급하면 법원은 배당에 관한 진술 및 배당을 실시할 기일을 정하고 이해관계인과 배당을 요구한 채권자에게 이를 통지하여야 한다. 다만, 채무자가 외국에 있거나 있는 곳이 분명하지 아니한 때에는 통지하지 아니한다.

② 법원은 채권자와 채무자에게 보여 주기 위하여 배당기일의 3일 전에 배당표원안을 작성하여 법원에 비치하여야 한다.

③ 집행력 있는 집행권원의 정본을 가진 채권자에 대하여 배당기일에 이의한 채무자는 배당이의의 소를 제기하여야 한다.

④ 배당이의한 채권자가 배당기일부터 1주 이내에 집행법원에 대하여 배당이의의 소를 제기한 사실을 증명하는 서류를 제출하지 아니한 때에는 이의가 취하된 것으로 본다.

⑤ 배당기일에 출석한 이해관계인과 배당을 요구한 채권자가 합의한 때에는 이에 따라 배당표를 작성하여야 한다.

[❶ ▸ ○] 매수인이 매각대금을 지급하면 법원은 배당에 관한 진술 및 배당을 실시할 기일을 정하고 이해관계인과 배당을 요구한 채권자에게 이를 통지하여야 한다. 다만, 채무자가 외국에 있거나 있는 곳이 분명하지 아니한 때에는 통지하지 아니한다(민사집행법 제146조).

[❷ ▸ ○] 법원은 채권자와 채무자에게 보여 주기 위하여 배당기일의 3일 전에 배당표원안을 작성하여 법원에 비치하여야 한다(민사집행법 제149조 제1항).

[❸ ▸ ✕] 집행력 있는 집행권원의 정본을 가진 채권자에 대하여 이의한 채무자는 <u>청구이의의 소를 제기하여야</u> 한다(민사집행법 제154조 제2항).

[❹ ▸ ○] 이의한 채권자나 채무자가 배당기일부터 1주 이내에 집행법원에 대하여 제1항의 소를 제기한 사실을 증명하는 서류를 제출하지 아니한 때 또는 제2항의 소를 제기한 사실을 증명하는 서류와 그 소에 관한 집행정지재판의 정본을 제출하지 아니한 때에는 이의가 취하된 것으로 본다(민사집행법 제154조 제3항).

[❺ ▸ ○] 출석한 이해관계인과 배당을 요구한 채권자가 합의한 때에는 이에 따라 배당표를 작성하여야 한다(민사집행법 제150조 제2항).

답 ❸

85
□□□
배당이의의 소에 관한 다음 설명 중 가장 옳지 않은 것은?
2023년 법무사시험 [문 22]

① 채권자가 제기한 배당이의소송에서 원고의 청구가 인용되어 피고에 대한 애초 배당표상 배당액을 원고의 채권이 전부 만족을 받을 때까지 추가로 배당하고도 남는 돈이 있는 경우에는 이를 채무자에게 교부하여야 한다.

② 채무자나 소유자가 제기한 배당이의의 소에서는 피고로 된 채권자에 대한 배당액 자체만 심리대상이고, 원고인 채무자나 소유자로서도 피고의 채권이 존재하지 아니함을 주장·증명하는 것으로 충분하다.

③ 배당이의의 소송에서 첫 변론준비기일에 출석한 원고라고 하더라도 첫 변론기일에 불출석하면 소를 취하한 것으로 볼 수밖에 없다.

④ 가등기담보 등에 관한 법률 제16조 제2항에 해당하는 담보가등기권자가 집행법원이 정한 배당요구 종기까지 적법한 배당요구를 한 바 없다면 배당이의의 소를 제기할 원고적격이 없다.

⑤ 채권자가 제기한 배당이의의 소에서 피고의 채권이 존재하지 않는 것으로 인정되는 경우 계쟁 배당부분 가운데 원고에게 귀속시키는 배당액을 계산함에 있어서 이의신청을 하지 아니한 다른 채권자의 채권을 참작할 필요가 없고, 이는 이의신청을 하지 아니한 다른 채권자 가운데 원고보다 선순위의 채권자가 있다고 하더라도 마찬가지이다.

[❶ ▸ ✕] 채권자가 제기한 배당이의소송은 대립하는 당사자인 채권자들 사이의 배당액을 둘러싼 분쟁을 상대적으로 해결하는 것에 지나지 아니하고 그 판결의 효력은 오직 소송당사자인 채권자들 사이에만 미칠 뿐이므로, 배당이의소송의 판결에서 계쟁 배당 부분에 관하여 배당을 받을 채권자와 그 수액을 정함에 있어서는 피고의 채권이 존재하지 않는 것으로 인정되는 경우에도, 이의신청을 하지 아니한 다른 채권자의 채권을 참작함이 없이 그 계쟁 배당 부분을 원고가 가지는 채권액의 한도 내에서 구하는 바에 따라 원고의 배당액으로 하고, 그 나머지는 피고의 배당액으로 유지함이 상당하다(대판 1998.5.22. 98다3818). 따라서 나머지 금액을 다른 채권자에게 배당하는 것으로 하거나 채무자에게 교부하도록 하는 것은 위법하다.

[**❷** ▶ **○**] 채권자는 자기의 이해에 관계되는 범위 안에서만 다른 채권자를 상대로 그의 채권 또는 그 채권의 순위에 대하여 이의할 수 있으므로(민사집행법 제151조 제3항), 채권자가 제기한 배당이의의 소에서 승소하기 위하여는 피고의 채권이 존재하지 아니함을 주장·증명하는 것만으로 충분하지 아니하고 원고 자신이 피고에게 배당된 금원을 배당받을 권리가 있다는 점까지 주장·증명하여야 한다. 그러나 채무자나 소유자에게는 위와 같은 제한이 없을 뿐만 아니라(민사집행법 제151조 제1항), 채무자나 소유자가 배당이의의 소에서 승소하면 집행법원은 그 부분에 대하여 배당이의를 하지 아니한 채권자를 위하여서도 배당표를 바꾸어야 하므로(민사집행법 제161조 제2항 제2호), 채무자나 소유자가 제기한 배당이의의 소에서는 피고로 된 채권자에 대한 배당액 자체만 심리대상이고, 원고인 채무자나 소유자로서도 피고의 채권이 존재하지 아니함을 주장·증명하는 것으로 충분하다(대판 2015.4.23. 2014다53790).

[**❸** ▶ **○**] 민사집행법 제158조의 문언이 '첫 변론기일'이라고 명시하고 있을 뿐만 아니라, 변론준비절차는 변론이 효율적이고 집중적으로 실시될 수 있도록 당사자의 주장과 증거를 정리하여 소송관계를 뚜렷이 하기 위하여(민사소송법 제279조 제1항) 마련된 제도로서 당사자는 변론준비기일을 마친 뒤의 변론기일에서 변론준비기일의 결과를 진술하여야 하는 등(민사소송법 제287조 제2항) 변론준비기일의 제도적 취지, 그 진행방법과 효과, 규정의 형식 등에 비추어 볼 때, 민사집행법 제158조에서 말하는 '첫 변론기일'에 '첫 변론준비기일'은 포함되지 않는다. 따라서 배당이의의 소송에서 첫 변론준비기일에 출석한 원고라고 하더라도 첫 변론기일에 불출석하면 민사집행법 제158조에 따라서 소를 취하한 것으로 볼 수밖에 없다(대판 2007.10.25. 2007다34876).

[**❹** ▶ **○**] 가등기담보 등에 관한 법률 제16조 제2항에 해당하는 담보가등기권자가 집행법원이 정한 배당요구 종기까지 적법한 배당요구를 한 바 없다면 배당이의를 할 수 없으므로 배당이의의 소를 제기할 원고적격이 없다(대판 2009.9.11. 2007다25278, 대판 2022.3.31. 2021다203760). 제요 집행 3

> 집행력 있는 정본을 가진 채권자, 경매개시결정이 등기된 뒤에 가압류를 한 채권자, 민법·상법, 그 밖의 법률에 따라 우선변제청구권이 있는 채권자는 배당요구의 종기까지 배당요구를 한 경우에 한하여 비로소 배당을 받을 수 있다(민사집행법 제88조 제1항, 제148조 제2호). 가등기담보 등에 관한 법률 제16조는 소유권의 이전에 관한 가등기가 되어 있는 부동산에 대한 경매 등의 개시결정이 있는 경우 법원은 가등기권리자에 대하여 그 가등기가 담보가등기인 때에는 그 내용 및 채권의 존부·원인 및 수액을, 담보가등기가 아닌 경우에는 그 내용을 법원에 신고할 것을 상당한 기간을 정하여 최고하여야 하고(제1항), 압류등기 전에 경료된 담보가등기권리가 매각에 의하여 소멸하는 때에는 제1항의 채권신고를 한 경우에 한하여 그 채권자는 매각대금의 배당 또는 변제금의 교부를 받을 수 있다고 규정하고 있다(제2항). 한편 채권자는 자기의 이해에 관계되는 범위 안에서만 다른 채권자를 상대로 그의 채권 또는 그 채권의 순위에 대하여 이의할 수 있으므로(민사집행법 제151조 제3항), 채권자가 제기한 배당이의의 소에서 승소하기 위하여는 피고의 채권이 존재하지 아니함을 주장·증명하는 것만으로 충분하지 아니하고 원고 자신이 피고에게 배당된 금원을 배당받을 권리가 있다는 점까지 주장·증명하여야 한다. 배당이의의 소에서 원고적격이 있는 사람은 배당기일에 출석하여 배당표에 대한 실체상 이의를 신청한 채권자나 채무자에 한정되고, 채권자로서 배당기일에 출석하여 배당표에 대한 실체상 이의를 신청하려면 실체법상 집행채무자에 대한 채권자라는 것만으로 부족하고 배당요구의 종기까지 적법하게 배당요구를 했어야 한다. 적법하게 배당요구를 하지 않은 채권자는 배당기일에 출석하여 배당표에 대한 실체상 이의를 신청할 권한이 없으므로 배당기일에 출석하여 배당표에 대한 이의를 신청하였더라도 부적법한 이의신청에 불과하고, 배당이의의 소를 제기할 원고적격이 없다(대판 2022.3.31. 2021다203760).

[❺▸O] 채권자가 제기하는 배당이의의 소는 대립하는 당사자인 채권자들 사이의 배당액을 둘러싼 분쟁을 해결하는 것이므로, 그 소송의 판결은 원·피고로 되어 있는 채권자들 사이에서 상대적으로 계쟁 배당부분의 귀속을 변경하는 것이어야 하고, 따라서 피고의 채권이 존재하지 않는 것으로 인정되는 경우 계쟁 배당부분 가운데 원고에게 귀속시키는 배당액을 계산함에 있어서 이의신청을 하지 아니한 다른 채권자의 채권을 참작할 필요가 없으며, 이는 이의신청을 하지 아니한 다른 채권자 가운데 원고보다 선순위의 채권자가 있다 하더라도 마찬가지이다(대판 2001.2.9. 2000다41844).

답 ❶

86

민사집행법이 정하고 있는 불복절차의 관할에 관한 다음 설명 중 가장 옳지 않은 것은?
2021년 법무사시험 [문 7]

① 채무자가 판결에 따라 확정된 청구에 관하여 이의하려면 제1심 판결법원에 청구에 관한 이의의 소를 제기하여야 한다.
② 집행문을 내어 달라는 신청에 관한 법원사무관등의 처분에 대하여 이의신청이 있는 경우에는 그 법원사무관등이 속한 법원이 결정으로 재판한다.
③ 제3자가 강제집행의 목적물에 대하여 소유권이 있다고 주장하거나 목적물의 양도나 인도를 막을 수 있는 권리가 있다고 주장하는 때에는 채권자를 상대로 그 강제집행에 대한 이의의 소를 제기할 수 있으며 이 소는 집행법원이 관할한다. 다만, 소송물이 단독판사의 관할에 속하지 아니할 때에는 집행법원이 있는 곳을 관할하는 지방법원의 합의부가 이를 관할한다.
④ 집행법원의 집행절차에 관한 재판으로서 즉시항고를 할 수 없는 것과, 집행관의 집행처분, 그 밖에 집행관이 지킬 집행절차에 대하여서는 법원에 이의를 신청할 수 있다.
⑤ 배당이의의 소는 배당을 실시한 집행법원이 속한 지방법원의 관할에 전속하고, 파산관재인이 제기한 부인의 소와 부인의 청구사건은 파산계속법원의 관할에 전속한다. 파산관재인이 부인권을 행사하면서 원상회복으로서 배당이의의 소를 제기한 경우 채무자 회생 및 파산에 관한 법률이 민사집행법의 특별법 지위에 있으므로 파산법원이 배당이의소송의 관할법원이 된다.

⋯⋯⋯⋯⋯⋯⋯⋯⋯⋯⋯⋯⋯⋯⋯⋯⋯⋯⋯⋯⋯⋯⋯⋯⋯⋯⋯⋯⋯⋯⋯⋯⋯⋯⋯

[❶▸O] 채무자가 판결에 따라 확정된 청구에 관하여 이의하려면 제1심 판결법원에 청구에 관한 이의의 소를 제기하여야 한다(민사집행법 제44조 제1항).
[❷▸O] 집행문을 내어 달라는 신청에 관한 법원사무관등의 처분에 대하여 이의신청이 있는 경우에는 그 법원사무관등이 속한 법원이 결정으로 재판한다(민사집행법 제34조 제1항).
[❸▸O] 민사집행법 제48조 제1항·제2항

> **민사집행법 제48조(제3자이의의 소)**
> ① 제3자가 강제집행의 목적물에 대하여 소유권이 있다고 주장하거나 목적물의 양도나 인도를 막을 수 있는 권리가 있다고 주장하는 때에는 채권자를 상대로 그 강제집행에 대한 이의의 소를 제기할 수 있다. 다만, 채무자가 그 이의를 다투는 때에는 채무자를 공동피고로 할 수 있다.
> ② 제1항의 소는 집행법원이 관할한다. 다만, 소송물이 단독판사의 관할에 속하지 아니할 때에는 집행법원이 있는 곳을 관할하는 지방법원의 합의부가 이를 관할한다.

[**❹** ▸ ○] 집행법원의 집행절차에 관한 재판으로서 즉시항고를 할 수 없는 것과, 집행관의 집행처분, 그 밖에 집행관이 지킬 집행절차에 대하여서는 법원에 이의를 신청할 수 있다(민사집행법 제16조 제1항).

[**❺** ▸ ×] 배당이의의 소는 배당을 실시한 집행법원이 속한 지방법원의 관할에 전속한다(민사집행법 제21조, 제156조 제1항). 한편 파산관재인은 소, 부인의 청구 또는 항변의 방법으로 부인권을 행사할 수 있는데, 부인의 소와 부인의 청구사건은 파산계속법원의 관할에 전속한다[채무자 회생 및 파산에 관한 법률(이하 '채무자회생법'이라 한다) 제396조 제3항, 제1항]. 민사집행법과 채무자회생법의 위 관할 규정의 문언과 취지, 배당이의의 소와 부인의 소의 본질과 관계, 당사자 간의 공평이나 편의, 예측가능성, 배당이의의 소와 부인의 소가 배당을 실시한 집행법원이 속한 지방법원이나 파산계속법원에서 진행될 때 기대 가능한 재판의 적정, 신속, 판결의 실효성 등을 고려하면, <u>파산관재인이 부인권을 행사하면서 원상회복으로서 배당이의의 소를 제기한 경우에는 채무자회생법 제396조 제3항이 적용되지 않고, 민사 집행법 제156조 제1항, 제21조에 따라 배당을 실시한 집행법원이 속한 지방법원에 전속관할이 있다고 보는 것이 타당하다</u>(대결 2021.2.16. 2019마6102).

답 **❺**

PART 1 PART 2 PART 3 PART 4 **PART 5** PART 6 PART 7 PART 8

대법원 2018.3.27. 선고 2015다70822 판결에 관한 다음 설명 중 가장 옳지 않은 것은?

2021년 법무사시험 [문 14]

부동산경매절차에서 배당기일에 출석한 채권자는 자기의 이해에 관계되는 범위 안에서 다른 채권자를 상대로 그의 채권 또는 그 채권의 순위에 대하여 이의할 수 있고, 이 경우 이의한 채권자는 배당이의의 소를 제기하여야 한다. 배당표에 대한 이의가 있는 채권에 관하여 적법한 배당이의의 소가 제기된 때에는 그에 대한 배당액을 공탁하여야 하고, 이의된 부분에 대해서는 배당표가 확정되지 않는다.

㉠ 위와 같이 배당액이 공탁된 뒤 배당이의의 소에서 이의된 채권에 관한 전부 또는 일부승소의 판결이 확정되면 이의된 부분에 대한 배당표가 확정된다. 이때 공탁의 사유가 소멸하게 되므로, 그러한 승소확정판결을 받은 채권자가 집행법원에 그 사실 등을 증명하여 배당금의 지급을 신청하면, 집행법원은 판결의 내용에 따라 종전의 배당표를 경정하고 공탁금에 관하여 다시 배당을 실시하여야 한다. 이 경우 집행법원의 법원사무관등은 지급할 배당액을 적은 지급위탁서를 공탁관에게 송부하고, 지급받을 자에게는 배당액지급증을 교부하여야 한다.

㉡ 이때 공탁관은 집행법원의 보조자로서 공탁금 출급사유 등을 심리함이 없이 집행법원의 공탁금 지급위탁서에 따라 채권자에게 공탁금을 출급하게 된다.

㉢ 위와 같은 절차에 비추어 보면, 배당표가 확정되어야 비로소 채권자가 공탁된 배당금의 지급을 신청할 수 있으므로, 배당표 확정 이전에 채권자가 배당금을 수령하지 않았는데도 채권에 대해 변제의 효력이 발생한다고 볼 수는 없다. 한편 배당표가 일단 확정되면 채권자는 공탁금을 즉시 지급받아 수령할 수 있는 지위에 있는데, 배당표 확정 이후의 어느 시점(가령 배당액지급증 교부 시 또는 공탁금 출급 시)을 기준으로 변제의 효력이 발생한다고 보게 되면, 채권자의 의사에 따라 채무의 소멸시점이 늦추어질 수 있고, 그때까지 채무자는 지연손해금을 추가로 부담하게 되어 불합리하다.

㉣ 따라서 채무자가 공탁금 출급을 곤란하게 하는 장애요인을 스스로 형성·유지하는 등의 특별한 사정이 없는 한 배당액에 대한 이의가 있었던 채권은 공탁된 배당으로 충당되는 범위에서 배당표의 확정 시에 소멸한다고 보아야 한다.

㉤ 그러므로 위와 같은 배당표의 확정 전에 어떤 경위로든 채권자가 공탁된 배당금을 지급받아 수령하고 그 후 같은 내용으로 배당표가 확정된 경우라면 채권자가 현실적으로 채권의 만족을 얻은 시점인 공탁금 수령 시가 아니라 배당표의 확정 시에 변제의 효력이 발생한다.

① ㉠

② ㉡

③ ㉢

④ ㉣

⑤ ㉤

....

[㉠▸O] [㉡▸O] [㉢▸O] [㉣▸O] [㉤▸X] 부동산경매절차에서 배당기일에 출석한 채권자는 자기의 이해에 관계되는 범위 안에서 다른 채권자를 상대로 그의 채권 또는 그 채권의 순위에 대하여 이의할 수 있고(민사집행법 제151조 제3항), 이 경우 이의한 채권자는 배당이의의 소를 제기하여야 한다(민사집행법 제154조 제1항). 배당표에 대한 이의가 있는 채권에 관하여 적법한 배당이의의 소가 제기된 때에는 그에 대한 배당액을 공탁하여야 하고(민사집행법 제160조 제1항 제5호), 이의된 부분에 대해서는 배당표가 확정되지 않는다(민사집행법 제152조 제3항).

㉠ 위와 같이 배당액이 공탁된 뒤 배당이의의 소에서 이의된 채권에 관한 전부 또는 일부승소의 판결이 확정되면 이의된 부분에 대한 배당표가 확정된다. 이때 공탁의 사유가 소멸하게 되므로, 그러한 승소 확정판결을 받은 채권자가 집행법원에 그 사실 등을 증명하여 배당금의 지급을 신청하면, 집행법원은 판결의 내용에 따라 종전의 배당표를 경정하고 공탁금에 관하여 다시 배당을 실시하여야 한다(민사집행법 제161조 제1항). 이 경우 집행법원의 법원사무관 등은 지급할 배당금액을 적은 지급위탁서를 공탁관에게 송부하고, 지급받을 자에게는 배당액지급증을 교부하여야 한다(민사집행법 제159조 제2항, 제3항, 민사집행규칙 제82조 제1항, 공탁규칙 제43조 제1항).

㉡ 이때 공탁관은 집행법원의 보조자로서 공탁금 출급사유 등을 심리함이 없이 집행법원의 공탁금지급위탁서에 따라 채권자에게 공탁금을 출급하게 된다.

㉢ 위와 같은 절차에 비추어 보면, 배당표가 확정되어야 비로소 채권자가 공탁된 배당금의 지급을 신청할 수 있으므로, 배당표 확정 이전에 채권자가 배당금을 수령하지 않았는데도 채권에 대해 변제의 효력이 발생한다고 볼 수는 없다. 한편 배당표가 일단 확정되면 채권자는 공탁금을 즉시 지급받아 수령할 수 있는 지위에 있는데, 배당표 확정 이후의 어느 시점(가령 배당액지급증 교부 시 또는 공탁금 출급 시)을 기준으로 변제의 효력이 발생한다고 보게 되면, 채권자의 의사에 따라 채무의 소멸시점이 늦추어질 수 있고, 그때까지 채무자는 지연손해금을 추가로 부담하게 되어 불합리하다.

㉣ 따라서 채무자가 공탁금 출급을 곤란하게 하는 장애요인을 스스로 형성·유지하는 등의 특별한 사정이 없는 한 배당액에 대한 이의가 있었던 채권은 공탁된 배당액으로 충당되는 범위에서 배당표의 확정 시에 소멸한다고 보아야 한다.

㉤ 다만 위와 같은 배당표의 확정 전에 어떤 경위로든 채권자가 공탁된 배당금을 지급받아 수령하고 그 후 같은 내용으로 배당표가 확정된 경우에는, 채권자가 현실적으로 채권의 만족을 얻은 시점인 공탁금 수령 시에 변제의 효력이 발생한다고 봄이 타당하다. 이러한 법리는 근저당권자의 피담보채권에 대하여 다른 채권자가 이의함으로써 해당 배당액이 공탁되었다가 배당이의소송을 거쳐 배당표가 확정됨에 따라 공탁된 배당금이 지급되는 경우에도 마찬가지로 적용된다(대판 2018.3.27, 2015다70822).

 답 ❺

제3항 부당이득반환청구

88
□□□

배당에 관한 다음 설명 중 가장 옳지 않은 것은? 2025년 법무사시험 [문 27]

① 경매개시결정이 등기된 뒤에 가압류를 한 채권자는 배당요구의 종기까지 배당요구를 한 경우에 한하여 비로소 배당을 받을 수 있다.

② 배당받을 권리 있는 채권자가 자신이 배당받을 몫을 받지 못하고 그로 인해 권리 없는 다른 채권자가 그 몫을 배당받은 경우에는 배당이의 여부 또는 배당표의 확정 여부와 관계없이 배당받을 수 있었던 채권자가 배당금을 수령한 다른 채권자를 상대로 부당이득반환청구를 할 수 있다.

③ 집행력 있는 정본을 가진 채권자가 적법한 배당요구를 하지 않아 배당에서 제외되는 것으로 배당표가 작성되어 배당이 실시된 경우, 그 채권자는 자신이 적법한 배당요구를 했다면 배당받을 수 있었던 금액에 해당하는 돈을 배당받은 다른 채권자를 상대로 부당이득반환을 청구할 수 있다.

④ 배당이의의 소에서 원고적격이 있는 사람은 배당기일에 출석하여 배당표에 대한 실체상 이의를 신청한 채권자나 채무자에 한정된다.

⑤ 배당기일에 이의한 채권자나 채무자는 배당기일부터 1주일 이내에 배당이의의 소를 제기해야 하는데, 소송 도중 배당이의의 소로 청구취지를 변경한 경우 제소기간을 준수하였는지는 청구취지 변경신청서를 법원에 제출한 때를 기준으로 판단해야 한다.

[**❶** ▸ ○] 집행력 있는 정본을 가진 채권자, 경매개시결정이 등기된 뒤에 가압류를 한 채권자, 민법·상법, 그 밖의 법률에 따라 우선변제청구권이 있는 채권자는 배당요구의 종기까지 배당요구를 한 경우에 한하여 비로소 배당을 받을 수 있다(민사집행법 제88조 제1항, 제148조 제2호)(대판 2020.10.15. 2017다216523).

[**❷** ▸ ○] 배당받을 권리 있는 채권자가 자신이 배당받을 몫을 받지 못하고 그로 말미암아 권리 없는 다른 채권자가 그 몫을 배당받은 경우에는 배당이의 여부 또는 배당표의 확정 여부와 관계없이 배당받을 수 있었던 채권자가 배당금을 수령한 다른 채권자를 상대로 부당이득반환청구를 할 수 있다(대판 2020.10.15. 2017다216523).

[**❸** ▸ ×] 집행력 있는 정본을 가진 채권자 등은 배당요구의 종기까지 배당요구를 한 경우에 한하여 비로소 배당을 받을 수 있고, 적법한 배당요구를 하지 않은 경우에는 매각대금으로부터 배당을 받을 수는 없다. 집행력 있는 정본을 가진 채권자가 적법한 배당요구를 하지 않아 배당에서 제외되는 것으로 배당표가 작성되어 배당이 실시되었다면, 그가 적법한 배당요구를 한 경우에 배당받을 수 있었던 금액에 해당하는 돈이 다른 채권자에게 배당되었다고 해서 법률상 원인이 없는 것이라고 할 수 없다(대판 2020.10.15. 2017다216523). ☞ 따라서 그 채권자는 자신이 적법한 배당요구를 했다면 배당받을 수 있었던 금액에 해당하는 돈을 배당받은 다른 채권자를 상대로 부당이득반환을 청구할 수 없다.

[**❹** ▸ ○] 배당이의의 소에서 원고적격이 있는 사람은 배당기일에 출석하여 배당표에 대한 실체상 이의를 신청한 채권자나 채무자에 한정된다. 채권자로서 배당기일에 출석하여 배당표에 대한 실체상 이의를 신청하려면 실체법상 집행채무자에 대한 채권자라는 것만으로 부족하고 배당요구의 종기까지 적법하게 배당요구를 했어야 한다. 적법하게 배당요구를 하지 않은 채권자는 배당기일에 출석하여 배당표에 대한 실체상 이의를 신청할 권한이 없으므로 배당기일에 출석하여 배당표에 대한 이의를 신청하였더라도 부적법한 이의신청에 불과하고, 배당이의의 소를 제기할 원고적격이 없다(대판 2020.10.15. 2017다216523).

[**❺ ▸ ○**] 민사집행법 제154조 제1항, 제3항, 민사소송법 제262조 제1항 본문, 제2항, 제265조의 규정을 종합하면, 배당기일에 이의한 채권자나 채무자는 배당기일부터 1주일 이내에 배당이의의 소를 제기해야 하는데, 소송 도중에 배당이의의 소로 청구취지를 변경한 경우 제소기간을 준수하였는지는 청구취지 변경신청서를 법원에 제출한 때를 기준으로 판단해야 한다(대판 2020.10.15. 2017다216523).

 답 ❸

제5관   **매매대금 지급 후의 처리**

89
□□□

부동산경매절차에서 매수인의 소유권 취득에 관한 다음 설명 중 가장 옳지 않은 것은?

2021년 법무사시험 [문 15]

① 학교법인이 해산명령을 받아 해산되고 학교폐쇄처분을 받아 사실상 학교법인으로서 실체를 상실하는 등 학교법인이 학교로서의 기능을 제대로 유지하지 못하는 경우라 하더라도 학교법인의 기본재산이 주무관청의 허가 없이 강제경매절차에 의하여 매각되어 매수인 명의의 소유권이전등기가 마쳐졌다면 그 등기는 적법한 원인을 결여한 등기로서 말소된다.

② 구분소유권이 이미 성립한 집합건물이 증축되어 새로운 전유부분이 생긴 경우에는 건축자의 대지소유권은 기존 전유부분을 소유하기 위한 대지사용권으로 이미 성립하여 기존 전유부분과 일체불가분성을 가지게 되었으므로 규약 또는 공정증서로써 달리 정하는 등의 특별한 사정이 없는 상태에서 부동산경매절차가 진행되었다면 위 경매절차에서 새로운 전유부분을 취득한 매수인은 대지사용권이 없는 전유부분만을 취득하게 된다.

③ 의료법인의 기본재산에 대하여 주무관청의 허가를 받아 근저당권이 설정되었으나 근저당권자의 근저당권 실행에 의하여 임의경매가 실시된 것이 아니라 강제경매절차가 진행되어 매각되었다면 비록 그 강제경매절차의 매각대금이 모두 위 근저당권자에게 배당되어 그 근저당권이 소멸되었다 하더라도 담보제공에 관한 허가의 효력이 강제경매절차에는 미치지 않으므로 강제경매절차의 매수인은 별도의 주무관청의 허가를 받아야만 매각부동산의 소유권을 취득할 수 있다.

④ 집합건물의 소유 및 관리에 관한 법률 제20조 제2항에 의하면 구분소유자는 특별한 사정이 없는 한 대지사용권을 전유부분과 분리하여 처분할 수 없고, 이를 위반한 대지사용권의 처분은 법원의 공유물분할경매절차에 의한 것이라 하더라도 무효이므로, 구분소유의 목적물인 건물 각 층과 분리하여 그 대지만에 대하여 경매분할을 명한 확정판결에 기하여 진행되는 공유물분할경매절차에서 그 대지만을 매수하더라도 매수인은 원칙적으로 그 대지의 소유권을 취득할 수 없다.

⑤ 피담보채권의 소멸로 저당권이 소멸하였는데도 이를 간과하고 경매개시결정이 되고 그 경매절차가 진행되어 매각허가결정이 확정되었다면 이는 소멸한 저당권을 바탕으로 하여 이루어진 무효의 절차와 결정으로서 비록 매수인이 매각대금을 완납하였다고 하더라도 그 부동산의 소유권을 취득할 수 없다.

[❶ ▸ ○] 학교법인이 사립학교법 제47조 제1항에 의한 해산명령을 받아 해산되고 고등교육법 제62조 제1항에 의한 학교폐쇄처분을 받아 사실상 학교법인으로서 실체를 상실하고 기능을 수행할 수 없게 된 경우에도 사립학교법 제28조 제1항이 여전히 적용되어 그 기본재산을 처분하고자 할 때에는 관할청의 허가를 받아야 한다고 해석함이 상당하다(대판 2010.4.8. 2009다93329). 구 사립학교법 제28조 제1항은 학교법인이 그 기본재산을 매도, 증여, 임대, 교환 또는 용도변경하거나 담보에 제공하고자 할 때 또는 의무의 부담이나 권리의 포기를 하고자 할 때에는 감독청의 허가를 받아야 한다고 규정하고 있으므로, 학교법인이 그 의사에 의하여 기본재산을 양도하는 경우뿐만 아니라 강제경매절차에 의하여 양도되는 경우에도 감독청의 허가가 없다면 그 양도행위가 금지된다고 할 것이고, 따라서 학교법인의 기본재산이 감독청의 허가 없이 강제경매절차에 의하여 경락되어 이에 관하여 경락을 원인으로 하여 경락인 명의의 소유권이전등기가 경료되었다 하더라도 그 등기는 적법한 원인을 결여한 등기이다(대판 1994.1.25. 93다42993).

[❷ ▸ ○] 집합건물의 소유 및 관리에 관한 법률(이하 '집합건물법'이라고 한다)은 제20조에서, 구분소유자의 대지사용권은 그가 가지는 전유부분의 처분에 따르고(제1항), 구분소유자는 규약 또는 공정증서로써 달리 정하지 않는 한 그가 가지는 전유부분과 분리하여 대지사용권을 처분할 수 없다(제2항, 제4항)고 규정하고 있다. 집합건물의 건축자가 그 소유인 대지 위에 집합건물을 건축하고 전유부분에 관하여 건축자 명의로 소유권보존등기를 마친 경우, 건축자의 대지소유권은 집합건물법 제2조 제6호에서 정한 구분소유자가 전유부분을 소유하기 위하여 건물의 대지에 대하여 가지는 권리인 대지사용권에 해당한다. 따라서 전유부분에 대한 대지사용권을 분리처분할 수 있도록 정한 규약이 존재한다는 등의 특별한 사정이 인정되지 않는 한 전유부분과 분리하여 대지사용권을 처분할 수 없고, 이를 위반한 대지지분의 처분행위는 효력이 없다. 그러므로 구분소유권이 이미 성립한 집합건물이 증축되어 새로운 전유부분이 생긴 경우에는, 건축자의 대지소유권은 기존 전유부분을 소유하기 위한 대지사용권으로 이미 성립하여 기존 전유부분과 일체불가분성을 가지게 되었으므로 규약 또는 공정증서로써 달리 정하는 등의 특별한 사정이 없는 한 새로운 전유부분을 위한 대지사용권이 될 수 없다(대판 2017.5.31. 2014다236809).

[❸ ▸ ×] 의료법 제41조 제3항의 규정에 의한 보건사회부장관의 허가는 강제경매의 경우에도 그 효력 요건으로 보아야 할 것이지만, 강제경매의 대상이 된 부동산에 보건사회부장관의 허가를 받아 소외 은행을 근저당권자로 한 근저당이 설정되었고, <u>그 경락대금이 모두 위 은행에 배당되어 그 근저당권이 소멸되었다면 이는 위 은행의 근저당권 실행에 의하여 임의경매가 실시된 것</u>과 구별할 이유가 없다고 하겠고, 담보제공에 관한 보건사회부장관의 허가를 받았을 경우에 저당권의 실행으로 경락될 때에 다시 그 허가를 필요로 한다고 해석되지 아니하는 이치에서 <u>위와 같은 경락의 경우에도 별도의 허가를 필요로 하지 아니한다고 할 것이다</u>(대판 1993.7.16. 93다2094).

[❹ ▸ ○] 집합건물의 소유 및 관리에 관한 법률 제20조 제2항에 의하면 구분소유자는 특별한 사정이 없는 한 대지사용권을 전유부분과 분리하여 처분할 수 없고, 이를 위반한 대지사용권의 처분은 법원의 공유물분할경매절차에 의한 것이라 하더라도 무효이므로, 구분소유의 목적물인 건물 각 층과 분리하여 그 대지만에 대하여 경매분할을 명한 확정판결에 기하여 진행되는 공유물분할경매절차에서 그 대지만을 매수하더라도 매수인은 원칙적으로 그 대지의 소유권을 취득할 수 없다(대판 2010.5.27. 2006다84171).

[❺ ▸ ○] 피담보채권의 소멸로 저당권이 소멸하였는데도 이를 간과하고 경매개시결정이 되고 그 경매절차가 진행되어 매각허가결정이 확정되었다면 이는 소멸한 저당권을 바탕으로 하여 이루어진 무효의 절차와 결정으로서 비록 매수인이 매각대금을 완납하였다고 하더라도 그 부동산의 소유권을 취득할 수 없다(대판 2012.1.12. 2011다68012).

답 ❸

90 배당에 관한 다음 설명 중 가장 옳지 않은 것은? 2021년 법무사시험 [문 35]

① 민사집행법 제91조 제3항은 "전세권은 저당권·압류채권·가압류채권에 대항할 수 없는 경우에는 매각으로 소멸된다"라고 규정하고, 같은 조 제4항은 "제3항의 경우 외의 전세권은 매수인이 인수한다. 다만 전세권자가 배당요구를 하면 매각으로 소멸된다"라고 규정하고 있는데, 이는 저당권 등에 대항할 수 없는 전세권과 달리, 최선순위의 전세권은 존속기간에 상관없이 오로지 전세권자의 배당요구에 의하여만 소멸하고, 전세권자가 배당요구를 하지 않는 한 매수인에게 인수된다는 취지이다. 따라서 최선순위의 전세권은 전세권자 스스로 배당요구를 하여야만 매각으로 소멸함이 원칙이다.

② 전세권이 존속기간의 만료 등으로 종료한 경우라면 최선순위 전세권자의 채권자는 그 전세권이 설정된 부동산에 대한 경매절차에서 채권자대위권에 기하거나 전세금반환채권에 대하여 압류 및 추심명령을 받은 다음 그 추심권한에 기하여 자기 이름으로 전세권에 대한 배당요구를 할 수 있다.

③ 배당요구에 따라 매수인이 인수하여야 할 부담이 바뀌는 경우 배당요구를 한 채권자는 배당요구의 종기가 지난 뒤에 이를 철회하지 못한다.

④ 주채무자 소유 부동산에 대한 강제경매절차에서 집행법원이 배당요구의 종기를 결정하였는데, 보증인이 채무를 대위변제한 후 주채무자에 대한 구상권을 행사하는 과정에서 위 종기를 준수하지 못하여 그 연기를 구하여 온 경우에, 집행법원은 경매절차의 진행 경과, 보증인이 위 종기를 준수하지 못한 데에 귀책사유가 있는지 여부, 위 종기를 준수하지 못한 기간의 크기, 채권자 등 이해관계인이나 경매절차에 미치는 영향 등을 고려하여 특별히 필요하다고 인정하는 경우에 한하여 배당요구의 종기를 연기할 수 있고, 위와 같은 사유로 배당요구종기연기신청을 인용하거나 기각하는 집행법원의 결정은 민사집행법 제84조 제6항에 따른 재량에 의한 것이다.

⑤ 주택임대차보호법에 따른 주택임차인의 대항력 발생일과 임대차계약서상 확정일자가 모두 당해 주택에 관한 1순위 근저당권 설정일보다 앞서는 경우, 주택임차인은 특별한 사정이 없는 한 대항력뿐 아니라 1순위 근저당권자보다 선순위의 우선변제권도 가지므로, 그 주택에 관하여 개시된 경매절차에서 배당요구종기 이전에 배당요구를 하지 않더라도 1순위 근저당권자보다 우선하는 배당순위를 가진다.

⋯⋯⋯⋯⋯⋯⋯⋯⋯⋯⋯⋯⋯⋯⋯⋯⋯⋯⋯⋯⋯⋯⋯⋯⋯⋯⋯⋯⋯⋯⋯⋯⋯⋯

[❶▶○] [❷▶○] 민사집행법 제91조 제3항은 "전세권은 저당권·압류채권·가압류채권에 대항할 수 없는 경우에는 매각으로 소멸된다"라고 규정하고, 같은 조 제4항은 "제3항의 경우 외의 전세권은 매수인이 인수한다. 다만 전세권자가 배당요구를 하면 매각으로 소멸된다"라고 규정하고 있는데, 이는 저당권 등에 대항할 수 없는 전세권과 달리, 최선순위의 전세권은 존속기간에 상관없이 오로지 전세권자의 배당요구에 의하여만 소멸하고, 전세권자가 배당요구를 하지 않는 한 매수인에게 인수된다는 취지이다. 따라서 최선순위의 전세권은 전세권자 스스로 배당요구를 하여야만 매각으로 소멸함이 원칙이다. 그러나 전세권이 존속기간의 만료나 합의해지 등으로 종료하면 전세권의 용익물권적 권능은 소멸하고 단지 전세금반환채권을 담보하는 담보물권적 권능의 범위 내에서 전세금의 반환 시까지 전세권설정등기의 효력이 존속하므로, 전세권이 존속기간의 만료 등으로 종료한 경우라면 최선순위 전세권자의 채권자는 전세권이 설정된 부동산에 대한 경매절차에서 채권자대위권에 기하거나 전세금반환채권에 대하여 압류 및 추심명령을 받은 다음 추심권한에 기하여 자기 이름으로 전세권에 대한 배당요구를 할 수 있다(대판 2015.11.17. 2014다10694).

[❸▶○] 배당요구에 따라 매수인이 인수하여야 할 부담이 바뀌는 경우 배당요구를 한 채권자는 배당요구의 종기가 지난 뒤에 이를 철회하지 못한다(민사집행법 제88조 제2항).

[④ ▸ ○] 민사집행법 제84조 제6항은 법원이 특별히 필요하다고 인정하는 경우에는 배당요구의 종기를 연기할 수 있다고 규정하고 있는바, 주채무자 소유 부동산에 대한 강제경매절차에서 집행법원이 배당요구의 종기를 결정하였는데, 보증인이 채무를 대위변제한 후 주채무자에 대한 구상권을 행사하는 과정에서 위 종기를 준수하지 못하여 그 연기를 구하여 온 경우에, 집행법원은 경매절차의 진행 경과, 보증인이 위 종기를 준수하지 못한 데에 귀책사유가 있는지 여부, 위 종기를 준수하지 못한 기간의 크기, 채권자 등 이해관계인이나 경매절차에 미치는 영향 등을 고려하여 특별히 필요하다고 인정하는 경우에 한하여 배당요구의 종기를 연기할 수 있고, 위와 같은 사유로 배당요구종기연기신청을 인용하거나 기각하는 집행법원의 결정은 위 조항에 따른 재량에 의한 것이다(대판 2013.7.25. 2013다204324).

[⑤ ▸ ×] 주택임대차보호법에 따른 주택임차인의 대항력 발생일과 임대차계약서상 확정일자가 모두 당해 주택에 관한 1순위 근저당권 설정일보다 앞서는 경우, 주택임차인은 특별한 사정이 없는 한 대항력 뿐 아니라 1순위 근저당권자보다 선순위의 우선변제권도 가지므로, 그 주택에 관하여 개시된 경매절차에서 배당요구종기 이전에 배당요구를 하였다면 1순위 근저당권자보다 우선하는 배당순위를 가진다(대판 2017.4.7. 2016다248431).

답 ⑤

제3절 **강제관리**

제4절 **선박·자동차 등에 대한 강제집행(준부동산집행)**

91
☐☐☐ **자동차에 대한 강제집행에 관한 다음 설명 중 가장 옳지 않은 것은?**
2024년 법무사시험 [문 31]

① 법원은 영업상의 필요, 그 밖의 상당한 이유가 있다고 인정하는 때에는 이해관계를 가진 사람의 신청에 따라 자동차의 운행을 허가할 수 있다.

② 강제경매개시결정에 기초한 인도집행은 그 개시결정이 채무자에게 송달되기 전에도 할 수 있다.

③ 강제경매개시결정이 송달되거나 등록되기 전에 집행관이 자동차를 인도받은 경우에는 그때에 압류의 효력이 생긴다.

④ 자동차집행의 신청이 취하된 때 또는 강제경매절차를 취소하는 결정의 효력이 생긴 때에는 법원사무관등은 집행관에게 그 취지를 통지하여야 하고, 집행관이 이 통지를 받은 경우 자동차를 수취할 권리를 갖는 사람이 채무자 외의 사람인 때에는 집행관은 그 사람에게 자동차집행의 신청이 취하되었다거나 또는 강제경매절차가 취소되었다는 취지를 통지하여야 한다.

⑤ 법원사무관등으로부터 자동차집행의 신청이 취하된 사실 또는 강제경매절차를 취소하는 결정의 효력이 생긴 사실에 대한 통지를 받은 집행관은 자동차를 수취할 권리를 갖는 사람에게 자동차가 있는 곳에서 이를 인도하여야 하지만, 자동차를 수취할 권리를 갖는 사람이 자동차를 보관하고 있는 경우에는 그러하지 아니하다. 집행관이 이러한 인도를 할 수 없는 때에는 법원은 직권으로 자동차집행의 절차에 따라 자동차를 매각한다는 결정을 하여야 한다.

[❶ ▸ O] 법원은 영업상의 필요, 그 밖의 상당한 이유가 있다고 인정하는 때에는 이해관계를 가진 사람의 신청에 따라 자동차의 운행을 허가할 수 있다(민사집행규칙 제117조 제1항).

[❷ ▸ O] 민사집행규칙 제111조 제1항, 제2항

> **민사집행규칙 제111조(강제경매개시결정)**
> ① 법원은 강제경매개시결정을 하는 때에는 법 제83조 제1항에 규정된 사항을 명하는 외에 채무자에 대하여 자동차를 집행관에게 인도할 것을 명하여야 한다. 다만, 그 자동차에 대하여 제114조 제1항의 규정에 따른 신고가 되어 있는 때에는 채무자에 대하여 자동차 인도명령을 할 필요가 없다.
> ② 제1항의 개시결정에 기초한 인도집행은 그 개시결정이 채무자에게 송달되기 전에도 할 수 있다.

[❸ ▸ O] 강제경매개시결정이 송달되거나 등록되기 전에 집행관이 자동차를 인도받은 경우에는 그때에 압류의 효력이 생긴다(민사집행규칙 제111조 제3항).

[❹ ▸ O] 민사집행규칙 제127조 제1항, 제2항

[❺ ▸ ×] 민사집행규칙 제127조 제3항, 제4항

> **민사집행규칙 제127조(자동차집행의 신청이 취하된 경우 등의 조치)**
> ① 자동차집행의 신청이 취하된 때 또는 강제경매절차를 취소하는 결정의 효력이 생긴 때에는 법원사무관 등은 집행관에게 그 취지를 통지하여야 한다.
> ② 집행관이 제1항의 규정에 따른 통지를 받은 경우 자동차를 수취할 권리를 갖는 사람이 채무자 외의 사람인 때에는 집행관은 그 사람에게 자동차집행의 신청이 취하되었다거나 또는 강제경매절차가 취소되었다는 취지를 통지하여야 한다.
> ③ 집행관은 제1항의 규정에 따른 통지를 받은 때에는 자동차를 수취할 권리를 갖는 사람에게 자동차가 있는 곳에서 이를 인도하여야 한다. 다만, 자동차를 수취할 권리를 갖는 사람이 자동차를 보관하고 있는 경우에는 그러하지 아니하다.
> ④ 집행관이 제3항의 규정에 따라 인도를 할 수 없는 때에는 법원은 집행관의 신청을 받아 자동차집행의 절차에 따라 자동차를 매각한다는 결정을 할 수 있다.

답 ❺

92 유체동산 집행에 관한 다음 설명 중 가장 옳지 않은 것은?　　　**2025년 법무사시험 [문 33]**

① 집행관이 독립·단독의 사법기관으로서 스스로 법령을 해석하고 집행할 권한이 있고, 특히 유체동산집행은 개시부터 종료까지 집행관의 고유권한으로서 무잉여인지 여부도 스스로 판단하는 것이라고 하더라도, 집행관은 유체동산집행에 관한 법률전문가로서 집행의 근거로 삼는 법령에 대한 해석이 복잡, 미묘하여 워낙 어렵고, 이에 대한 학설, 판례조차 귀일되어 있지 않는 등의 특별한 사정이 있는 경우가 아니라면 유체동산집행에 관한 관계 법규나 필요한 지식을 충분히 갖출 것이 요구되는 한편, 압류하려는 물건이 환가가능성이 있는지 여부는 통상적인 거래관행과 사례를 기초로 합리적으로 판단하여야 할 것이며, 만일 집행관으로서 당연히 알아야 할 관계 법규를 알지 못하거나 필요한 지식을 갖추지 못하였고 또한 조사를 게을리하여 법규의 해석을 그르쳤고 이로 인하여 타인에게 손해를 가하였다면 불법행위가 성립한다.

② 공장저당의 목적인 동산은 공장저당법에 의하여 유체동산집행의 대상이 되지 아니하는 이른바 압류금지물에 해당하므로 집행관은 압류하여서는 아니 되지만, 금지규정을 어겨 압류한 경우에는 집행관은 집행에 관한 이의에 의한 법원의 결정이나 채권자의 신청에 의하지 아니하고도 스스로 압류를 해제할 수 있다.

③ 동산·채권 등의 담보에 관한 법률에 따라 동산을 담보로 제공하기로 하는 담보약정을 하고 담보등기를 마치면 동산담보권이 성립한다. 동산담보권자는 담보목적물에 대하여 다른 채권자보다 자기 채권을 우선변제받을 권리가 있다.

④ 등기를 통해 공시되는 동산담보권을 창설한 동산·채권 등의 담보에 관한 법률의 입법 취지, 부동산 집행절차에서 등기된 담보권자를 당연히 배당받을 채권자로 정하는 민사집행법 제148조 제4호의 취지, 동산담보권자와 경매채권자 사이의 이익형량 등을 고려하면, 동산담보권이 설정된 유체동산에 대하여 다른 채권자의 신청에 의한 강제집행절차가 진행되는 경우 민사집행법 제148조 제4호를 유추적용하여 집행관의 압류 전에 등기된 동산담보권을 가진 채권자는 배당요구를 하지 않아도 당연히 배당에 참가할 수 있다.

⑤ 유치권에 의한 경매절차가 개시된 유체동산에 대하여 유치권자의 승낙 없이 민사집행법 제215조에 따라 다른 채권자가 강제집행을 위하여 압류를 한 다음 민사집행법 제274조 제2항에 따라 유치권에 의한 경매절차를 정지하고 채권자를 위한 강제경매절차를 진행하였다면, 그 강제경매절차에서 목적물이 매각되더라도 유치권자의 지위에는 영향을 미칠 수 없고 유치권자는 그 목적물을 계속하여 유치할 권리가 있다.

....

[❶ ▶ ○] 집행관이 독립·단독의 사법기관으로서 스스로 법령을 해석하고 집행할 권한이 있고, 특히 유체동산집행은 개시부터 종료까지 집행관의 고유권한으로서 무잉여인지 여부도 스스로 판단하는 것이라고 하더라도, 집행관은 유체동산집행에 관한 법률전문가로서 집행의 근거로 삼는 법령에 대한 해석이 복잡, 미묘하여 워낙 어렵고, 이에 대한 학설, 판례조차 귀일되어 있지 않는 등의 특별한 사정이 있는 경우가 아니라면 유체동산집행에 관한 관계 법규나 필요한 지식을 충분히 갖출 것이 요구되는 한편, 압류하려는 물건이 환가가능성이 있는지 여부는 통상적인 거래관행과 사례를 기초로 합리적으로 판단하여야 할 것이며, 만일 집행관으로서 당연히 알아야 할 관계 법규를 알지 못하거나 필요한 지식을 갖추지 못하였고 또한 조사를 게을리하여 법규의 해석을 그르쳤고 이로 인하여 타인에게 손해를 가하였다면 불법행위가 성립한다(대판 2003.9.26. 2001다52773).

[**❷ ▸ ×**]　공장저당의 목적인 동산은 공장저당법에 의하여 유체동산집행의 대상이 되지 아니하는 이른바 압류금지물에 해당하므로 집행관은 압류하여서는 아니 되지만, 금지규정을 어겨 압류한 경우에는 집행관은 집행에 관한 이의에 의한 법원의 결정이나 채권자의 신청에 의하지 아니하고는 스스로 압류를 해제할 수 없는 것이고, 압류의 부당해제의 경우 집행관의 처분에 대한 이의로서 구제받을 것을 예정하고 있다고 하더라도, 그러한 구제절차를 취하였더라면 부당한 압류해제로 인한 손해를 방지할 수 있었다고 단정할 수 없는 이상 구제절차를 취하지 아니하였다는 사유만으로 부당한 압류해제로 인한 손해발생을 부정할 수는 없다(대판 2003.9.26. 2001다52773).

[**❸ ▸ ○**]　동산·채권 등의 담보에 관한 법률(이하 '동산채권담보법'이라 한다)에 따라 동산을 담보로 제공하기로 하는 담보약정을 하고 담보등기를 마치면 동산담보권이 성립한다(제7조). 동산담보권자는 담보목적물에 대하여 다른 채권자보다 자기채권을 우선변제받을 권리가 있다(제8조)(대판 2022.3.31. 2017 다263901).

[**❹ ▸ ○**]　등기를 통해 공시되는 동산담보권을 창설한 동산채권담보법의 입법 취지, 부동산 집행절차에서 등기된 담보권자를 당연히 배당받을 채권자로 정하는 민사집행법 제148조 제4호의 취지, 동산담보권자와 경매채권자 사이의 이익형량 등을 고려하면, 동산담보권이 설정된 유체동산에 대하여 다른 채권자의 신청에 의한 강제집행절차가 진행되는 경우 민사집행법 제148조 제4호를 유추적용하여 집행관의 압류 전에 등기된 동산담보권을 가진 채권자는 배당요구를 하지 않아도 당연히 배당에 참가할 수 있다고 보아야 한다(대판 2022.3.31. 2017다263901).

[**❺ ▸ ○**]　민사집행법 제189조 제1항은 채무자가 점유하고 있는 유체동산의 압류는 집행관이 그 물건을 점유함으로써 한다고 규정하고, 제191조는 채권자 또는 물건의 제출을 거부하지 아니하는 제3자가 점유하고 있는 물건은 제189조의 규정을 준용하여 압류할 수 있다고 규정하고 있으므로, 유치권자가 점유하고 있는 채무자의 유체동산에 대한 강제집행은 유치권자가 채권자의 강제집행을 위하여 집행관에게 그 물건을 제출한 경우에 한하여 허용된다. 또한 유체동산의 유치권자가 민사집행법 제274조 제1항, 제271조에 따라 유치권에 의한 경매를 신청하고 집행관에게 그 목적물을 제출하여 유치권에 의한 경매절차가 개시된 때에도 그 목적물에 대한 유치권자의 유치권능은 유지되고 있다고 보아야 하므로, 유치권에 의한 경매절차가 개시된 유체동산에 대하여 다른 채권자가 민사집행법 제215조에 정한 이중압류의 방법으로 강제집행을 하기 위해서는 채권자의 압류에 대한 유치권자의 승낙이 있어야 한다. 그런데도 유치권에 의한 경매절차가 개시된 유체동산에 대하여 유치권자의 승낙 없이 민사집행법 제215조에 따라 다른 채권자가 강제집행을 위하여 압류를 한 다음 민사집행법 제274조 제2항에 따라 유치권에 의한 경매절차를 징지하고 채권자를 위한 강제경매절차를 진행하였다면, 그 강제경매절차에서 목적물이 매각되었더라도 유치권자의 지위에는 영향을 미칠 수 없고 유치권자는 그 목적물을 계속하여 유치할 권리가 있다고 보아야 한다(대결 2012.9.13. 2011그213).

답 ❷

① 부부공유 유체동산의 압류에 관한 민사집행법 제190조의 규정은 체납처분의 경우에 유추적용을 배제할 만한 특수성이 없으므로 이를 체납처분의 경우에도 유추적용할 수 있다.

② 채무자와 그 배우자의 공유로서 채무자가 그 배우자와 공동으로 점유하고 있는 유체동산은 배우자가 제출을 거부하지 아니한 때에 한하여 압류할 수 있다.

③ 부부공유재산을 제외한 유체동산의 공유지분은 유체동산집행의 대상이 아니므로 민사집행법 제251조의 그 밖의 재산권에 대한 집행의 방법에 따라 압류한다.

④ 부부공동생활의 실체를 갖추고 있으면서 혼인신고만을 하지 아니한 사실혼관계에 있는 부부의 공유 유체동산에 대하여도 민사집행법 제190조의 규정은 유추적용된다.

⑤ 채무자가 점유하고 있는 유체동산의 압류는 집행관이 그 물건을 점유함으로써 한다. 다만, 채권자의 승낙이 있거나 운반이 곤란한 때에는 봉인, 그 밖의 방법으로 압류물임을 명확히 하여 채무자에게 보관시킬 수 있다.

[**❶ ▸ ○**] 부부공유 유체동산의 압류에 관한 민사집행법 제190조의 규정은 체납처분의 경우에 유추적용을 배제할 만한 특수성이 없으므로 이를 체납처분의 경우에도 유추적용할 수 있다(대판 2006.4.13. 2005두15151).

[**❷ ▸ ✕**] 채무자와 그 배우자의 공유로서 채무자가 점유하거나 그 배우자와 공동으로 점유하고 있는 유체동산은 제189조(채무자가 점유하고 있는 물건의 압류)의 규정에 따라 압류할 수 있다(민사집행법 제190조). 즉, 이를 압류함에 있어서 배우자의 승낙이나 제출을 거부하지 아니하는 의사표시가 필요 없다.

[**❸ ▸ ○**] 부부공유재산을 제외한 유체동산의 공유지분은 유체동산집행의 대상이 아니므로 그 밖의 재산권에 대한 집행(민사집행법 제251조)의 방법에 따라 압류한다.   제요 집행 4

[**❹ ▸ ○**] 민사소송법 제527조의2[현 민사집행법 제190조(註)]는 채무자와 그 배우자의 공유에 속하는 유체동산은 채무자가 점유하거나 그 배우자와 공동점유하는 때에는 같은 법 제527조[현 민사집행법 제189조(註)]의 규정에 의하여 압류할 수 있다고 규정하고 있는바, 위와 같은 규정은 부부공동생활의 실체를 갖추고 있으면서 혼인신고만을 하지 아니한 사실혼관계에 있는 부부의 공유 유체동산에 대하여도 유추적용된다(대판 1997.11.11. 97다34273).

[**❺ ▸ ○**] 채무자가 점유하고 있는 유체동산의 압류는 집행관이 그 물건을 점유함으로써 한다. 다만, 채권자의 승낙이 있거나 운반이 곤란한 때에는 봉인(封印), 그 밖의 방법으로 압류물임을 명확히 하여 채무자에게 보관시킬 수 있다(민사집행법 제189조 제1항).

 답 ❷

동산담보권에 관한 다음 설명 중 가장 옳지 않은 것은?

① 동산담보권자는 채무자 또는 제3자가 제공한 담보목적물에 대하여 다른 채권자보다 자기 채권을 우선변제받을 권리가 있다.

② 여러 개의 동산을 종류와 보관장소로 특정하여 집합동산에 관한 담보권, 즉 집합동산 담보권을 설정한 경우 같은 보관장소에 있는 같은 종류의 동산 전부가 동산담보권의 목적물이다. 등기기록에 종류와 보관장소 외에 중량이 기록되었다고 하더라도 당사자가 중량을 지정하여 목적물을 제한하기로 약정하였다는 등 특별한 사정이 없는 한 목적물이 그 중량으로 한정된다고 볼 수 없다.

③ 동산담보등기부는 담보목적물인 동산 또는 채권의 등기사항에 관한 전산정보자료를 담보목적물별로 구분하여 작성한다.

④ 동산담보권자는 자기 채권을 변제받기 위해 담보목적물의 경매를 청구할 수 있고, 정당한 이유가 있는 경우 담보권자는 담보목적물로써 직접 변제에 충당하거나 담보목적물을 매각하여 그 대금을 변제에 충당할 수 있는데, 이때에도 동산담보등기부에 선순위권리자가 있다면 그의 동의를 받아야 한다.

⑤ 동산·채권 등의 담보에 관한 법률에 따라 동산담보권이 설정된 유체동산에 대하여 다른 채권자의 신청에 의한 강제집행절차가 진행되는 경우, 집행관의 압류 전에 등기된 동산담보권을 가진 채권자는 배당요구를 하지 않아도 당연히 배당에 참가할 수 있다.

[❶▸○] 담보권자는 채무자 또는 제3자가 제공한 담보목적물에 대하여 다른 채권자보다 자기채권을 우선변제받을 권리가 있다(동산·채권 등의 담보에 관한 법률 제8조).

[❷▸○] 동산·채권 등의 담보에 관한 법률 제3조 제2항, 동산·채권의 담보등기 등에 관한 규칙 제35조 제1항 제1호 (가)목, (나)목, 제2항, 동산·채권의 담보등기 신청에 관한 업무처리지침(대법원 등기예규 제1710호) 제6조 제1항 제1호 (가)목, (나)목, 제3항의 규정 내용, 체계와 입법 취지를 종합하면, 여러 개의 동산을 종류와 보관장소로 특정하여 집합동산에 관한 담보권, 즉 집합동산 담보권을 설정한 경우 같은 보관장소에 있는 같은 종류의 동산 전부가 동산담보권의 목적물이다. 등기기록에 종류와 보관장소 외에 중량이 기록되었다고 하더라도 당사자가 중량을 지정하여 목적물을 제한하기로 약정하였다는 등 특별한 사정이 없는 한 목적물이 그 중량으로 한정된다고 볼 수 없고 중량은 목적물을 표시하는 데 참고사항으로 기록된 것에 불과하다고 보아야 한다(대결 2021.4.8. 2020그872).

[❸▸✕] 담보등기부는 담보목적물인 동산 또는 채권의 등기사항에 관한 전산정보자료를 전산정보처리조직에 의하여 <u>담보권설정자별로</u> 구분하여 작성한다(동산·채권 등의 담보에 관한 법률 제47조 제1항).

[❹▸○] 동산·채권 등의 담보에 관한 법률 제21조 제1항·제2항

> **동산·채권 등의 담보에 관한 법률 제21조(동산담보권의 실행방법)**
> ① 담보권자는 자기의 채권을 변제받기 위하여 담보목적물의 경매를 청구할 수 있다.
> ② 정당한 이유가 있는 경우 담보권자는 담보목적물로써 직접 변제에 충당하거나 담보목적물을 매각하여 그 대금을 변제에 충당할 수 있다. 다만, 선순위권리자(담보등기부에 등기되어 있거나 담보권자가 알고 있는 경우로 한정한다)가 있는 경우에는 그의 동의를 받아야 한다.

[❺▸○] 등기를 통해 공시되는 동산담보권을 창설한 동산채권담보법의 입법 취지, 부동산 집행절차에서 등기된 담보권자를 당연히 배당받을 채권자로 정하는 민사집행법 제148조 제4호의 취지, 동산담보권자와 경매채권자 사이의 이익형량 등을 고려하면, 동산담보권이 설정된 유체동산에 대하여 다른 채권자의 신청에 의한 강제집행절차가 진행되는 경우 민사집행법 제148조 제4호를 유추적용하여 집행관의 압류 전에 등기된 동산담보권을 가진 채권자는 배당요구를 하지 않아도 당연히 배당에 참가할 수 있다고 보아야 한다(대판 2022.3.31. 2017다263901).

답 ❸

제1항　집행의 대상 및 압류절차

95 **피압류채권의 특정에 관한 다음 설명 중 가장 옳지 않은 것은?** **2024년 법무사시험 [문 5]**

① 피압류채권의 내용이 특정되지 않은 압류명령은 무효이고, 나중에 채권자가 이를 보완하더라도 압류명령이 소급하여 유효로 되는 것은 아니다.

② 가압류명령의 가압류할 채권의 표시에 '채무자가 각 제3채무자들에게 대하여 가지는 다음의 예금채권 중 다음에서 기재한 순서에 따라 위 청구금액에 이를 때까지의 금액'이라고 기재된 사안에서, 위 문언의 기재로써 가압류명령의 송달 이후에 새로 입금되는 예금채권까지 포함하여 가압류되었다고 보는 것은 통상의 주의력을 가진 사회평균인을 기준으로 할 때 의문을 품을 여지가 충분하다고 보이므로, 이 부분 예금채권까지 가압류의 대상이 되었다고 해석할 수는 없고, 이는 압류 및 추심명령에서 '압류 및 추심할 채권의 표시'에 대하여도 마찬가지이다.

③ 채무자가 수인이거나 제3채무자가 수인인 경우 또는 채무자가 제3채무자에 대하여 여러 채권을 가지고 있는 경우에는 집행채권액을 한도로 하여 각 채무자나 제3채무자별로 얼마씩의 전부를 명하는 것인지 또는 채무자의 어느 채권에 대하여 얼마씩의 전부를 명하는 것인지를 특정하여야 하고, 이를 특정하지 아니한 경우에는 그 전부명령은 무효이다.

④ 채무자나 제3채무자가 수인인 경우, 압류의 대상인 수인의 채무자들의 채권 합계액이나 수인의 제3채무자들에 대한 채권의 집행의 범위가 명확하지 않더라도 그 채권 합계액이 집행채권액을 초과하지 않는 경우에는 특별한 경우가 아니라면 압류명령이 무효로 되는 것은 아니다.

⑤ 채무자가 제3채무자에 대하여 여러 개의 채권을 가지고 있고, 압류의 대상인 여러 채권의 합계액이 집행채권보다 오히려 적다거나 복수의 채권이 모두 하나의 계약에 기하여 발생하였거나 제3채무자가 채무자에게 그 채무를 일괄 이행하기로 약정하였다는 등 특별한 사정이 있는 경우에는 압류할 대상인 채권별로 압류될 부분을 따로 특정하지 아니하였더라도 그 압류 등 결정은 유효한 것으로 볼 수 있다.

....

[❶▸ O] 압류할 채권의 내용이 특정되지 아니하고 또 압류 통지서의 필요적 기재사항인 제3채무자에 대한 채무이행 금지명령의 기재가 누락되므로서 채권압류가 무효로 될 경우에는 뒤에 그러한 보완조치를 하였다 하여 소급적으로 유효하게 치유될 수는 없는 것이다(대판 1973.1.30. 72다2151).

[❷▸ O]

• 가압류명령의 가압류할 채권의 표시에 '채무자가 각 제3채무자들에게 대하여 가지는 다음의 예금채권 중 다음에서 기재한 순서에 따라 위 청구금액에 이를 때까지의 금액'이라고 기재된 사안에서, 위 문언의 기재로써 가압류명령의 송달 이후에 새로 입금되는 예금채권까지 포함하여 가압류되었다고 보는 것은 통상의 주의력을 가진 사회평균인을 기준으로 할 때 의문을 품을 여지가 충분하다고 보이므로, 이 부분 예금채권까지 가압류의 대상이 되었다고 해석할 수는 없다(대판 2011.2.10. 2008다9952).

• 채권압류 · 추심명령의 '압류할 채권의 표시'에 기재된 문언은 그 문언 자체의 내용에 따라 객관적으로 엄격하게 해석하여야 하고, 문언의 의미가 불명확한 경우 그로 인한 불이익은 압류 등 신청채권자에게 부담시키는 것이 타당하다. 따라서 제3채무자가 통상의 주의력을 가진 사회평균인을 기준으로 그 문언을 이해할 때 포함 여부에 의문을 가질 수 있는 채권은 특별한 사정이 없는 한 압류 등의 대상에 포함되었다고 보아서는 아니 된다(대판 2018.5.30. 2015다51968).

[❸ ▶ ○] 압류명령의 신청서에는 압류할 채권의 종류와 액수를 밝혀야 하고(민사집행법 제225조), 전부명령이 확정된 경우에는 전부명령이 제3채무자에게 송달된 때에 채무자가 채무를 변제한 것으로 보게 되므로, 채무자가 수인이거나 제3채무자가 수인인 경우 또는 채무자가 제3채무자에 대하여 여러 채권을 가지고 있는 경우에는 집행채권액을 한도로 하여 각 채무자나 제3채무자별로 얼마씩의 전부를 명하는 것인지 또는 채무자의 어느 채권에 대하여 얼마씩의 전부를 명하는 것인지를 특정하여야 하고, 이를 특정하지 아니한 경우에는 집행의 범위가 명확하지 아니하여 그 전부명령은 무효라고 보아야 한다 (대판 2010.6.24. 2007다63997).

[❹ ▶ ×] 채권에 대한 가압류 또는 압류를 신청하는 채권자는 신청서에 압류할 채권의 종류와 액수를 밝혀야 하고(민사집행법 제225조, 제291조), 채무자가 수인이거나 제3채무자가 수인인 경우에는 집행채 권액을 한도로 하여 가압류 또는 압류로써 각 채무자나 제3채무자별로 어느 범위에서 지급이나 처분의 금지를 명하는 것인지를 가압류 또는 압류할 채권의 표시 자체로 명확하게 인식할 수 있도록 특정하여야 하며, 이를 특정하지 아니한 경우에는 집행의 범위가 명확하지 아니하여 특별한 사정이 없는 한 그 <u>가압류결정이나 압류명령은 무효라고 보아야 한다.</u> 각 채무자나 제3채무자별로 얼마씩의 압류를 명하는 것인지를 개별적으로 특정하지 않고 단순히 채무자들의 채권이나 제3채무자들에 대한 채권을 포괄하여 압류할 채권으로 표시하고 그중 집행채권액과 동등한 금액에 이르기까지의 채권을 압류하는 등으로 금액만을 한정한 경우에, 각 채무자나 제3채무자는 자신의 채권 혹은 채무 중 어느 금액 범위 내에서 압류의 대상이 되는지를 명확히 구분할 수 없고, 그 결과 각 채무자나 제3채무자가 압류의 대상이 아닌 부분에 대하여 권리를 행사하거나 압류된 부분만을 구분하여 공탁을 하는 등으로 부담을 면하는 것이 불가능하기 때문이다. 그리고 <u>압류의 대상인 수인의 채무자들의 채권 합계액이나 수인의 제3채무자들에 대한 채권 합계액이 집행채권액을 초과하지 않는다 하더라도, 개별 채무자 및 제3채무자로서는 자신을 제외한 다른 모든 채무자들의 채권액이나 모든 제3채무자들의 채무액을 구체적으로 알고 있는 특별한 경우가 아니라면 자신에 대한 집행의 범위를 알 수 없음은 마찬가지이므로 달리 볼 것은 아니다</u>(대판 2014.5.16. 2013다52547).

[❺ ▶ ○] 채권에 대한 가압류 또는 압류명령을 신청하는 채권자는 신청서에 압류할 채권의 종류와 액수를 밝혀야 하고(민사집행법 제225조, 제291조), 특히 압류할 채권 중 일부에 대하여만 압류명령을 신청하는 때에는 그 범위를 밝혀 적어야 한다(민사집행규칙 제159조 제1항 제3호, 제218조). 그럼에도 채권자가 가압류나 압류를 신청하면서 압류할 채권의 대상과 범위를 특정하지 않음으로 인해 가압류결정 및 압류명령(이하 '압류 등 결정'이라 한다)에서도 피압류채권이 특정되지 아니한 경우에는 그 압류 등 결정에 의해서는 압류 등의 효력이 발생하지 않는다 할 것이다. 이러한 법리는 채무자가 제3채무자에 대하여 여러 개의 채권을 가지고 있고, 채권자가 그 각 채권 전부를 대상으로 하여 압류 등의 신청을 할 때에도 마찬가지로 적용되므로, 그 경우 채권자는 여러 개의 채권 중 어느 채권에 대하여 어느 범위에서 압류 등을 신청하는지 신청취지 자체로 명확하게 인식할 수 있도록 특정하여야 한다. 다만 압류의 대상인 여러 채권의 합계액이 집행채권액보다 오히려 적다거나 복수의 채권이 모두 하나의 계약에 기하여 발생하였거나 제3채무자가 채무자에게 그 채무를 일괄 이행하기로 약정하였다는 등 특별한 사정이 있는 경우에는 압류할 대상인 채권별로 압류될 부분을 따로 특정하지 아니하였더라도 그 압류 등 결정은 유효한 것으로 볼 수 있다(대판 2013.12.26. 2013다26296).

🔖 ❹

96

압류명령의 효력에 관한 다음 설명 중 가장 옳지 않은 것은?

① 채권에 대한 압류가 행하여지면 그 효력으로 채무자나 제3채무자가 압류된 채권 그 자체를 처분하더라도 채권자에게 대항하지 못하므로, 차임채권을 압류하였는데 그 후 임대차가 종료하여 차임채권이 불법행위로 인한 손해배상채권으로 바뀐 경우에도 압류의 효력은 유지된다.

② 양도인의 제3채무자에 대한 채권이 압류된 후 채권의 발생원인인 계약의 당사자 지위를 이전하는 계약인수가 이루어진 경우 양수인은 압류에 의하여 권리가 제한된 상태의 채권을 이전받게 되므로, 제3채무자는 계약인수에 의하여 그와 양도인 사이의 계약관계가 소멸하였음을 내세워 압류채권자에 대항할 수 없다.

③ 채권의 압류는 집행채권의 소멸시효를 중단시키는 효력을 가지며, 집행채권에 관한 시효중단의 효력은 압류명령 신청 시에 발생한다. 이는 채권자가 채무자의 제3채무자에 대한 채권을 압류할 당시 그 피압류채권이 이미 소멸하였다는 등으로 부존재하는 경우에도 특별한 사정이 없는 한 압류집행을 함으로써 그 집행채권의 소멸시효는 중단된다고 할 것이다.

④ 채권자는 추심명령에 따라 얻은 권리를 포기할 수 있지만 추심권의 포기는 압류의 효력에는 영향을 미치지 아니하므로, 추심권의 포기만으로는 압류로 인한 소멸시효 중단의 효력은 상실되지 아니하고 압류명령의 신청을 취하하면 비로소 소멸시효 중단의 효력이 소급하여 상실된다.

⑤ 압류의 효력은 소극적으로 압류된 채권의 처분행위를 금지하는 것뿐이므로 그 압류된 채권의 소멸시효는 압류만으로 중단되지 아니한다. 다만 채무자의 제3채무자에 대한 채권에 관하여 압류 및 추심명령을 받아 그 결정이 제3채무자에게 송달되었다면 거기에 채무자의 제3채무자에 대한 채권에 대한 민법 제174조 소정의 소멸시효 중단사유인 '최고'로서의 효력은 인정된다.

....

[❶▶×] **기본적인 법률관계가 바뀌면 압류의 효력은 소멸한다.** 채권에 대한 압류가 행하여지면 그 효력으로 채무자나 제3채무자가 압류된 채권 그 자체를 처분하더라도 채권자에게 대항하지는 못하지만, 그 압류로써 압류채권의 발생 원인인 기본적인 법률관계의 처분까지 금지되는 것은 아니기 때문이다. 따라서 채무자나 제3채무자는 기본적 계약관계 자체를 해지할 수 있고, 채무자와 제3채무자 사이의 기본적 계약관계가 해지된 이상 그 계약에 의하여 발생한 채권은 소멸하게 되므로 이를 대상으로 한 압류명령 또한 실효될 수밖에 없다(대판 2006.1.26. 2003다29456 등 참조). 또한 예를 들어 차임채권을 압류하였는데 그 후 임대차가 종료하여 차임채권이 불법행위로 인한 손해배상채권으로 바뀐 경우, 종업원인 채무자가 퇴직하였다가 제3채무자와 새로운 고용계약을 맺은 경우, 도급계약이 해지되기 전에 수급인의 보수채권을 압류한 경우 등에는 그 압류의 효력이 손해배상채권이나 새로운 고용계약상의 임금채권 또는 도급계약 해지 후 제3채무자와 제3자 사이에 새로 체결한 공사계약에서 발생한 공사대금채권(대판 2006.1.26. 2003다29456) 등에는 미치지 않는다. 물론 이러한 법률관계의 변경이 강제집행을 면탈하기 위한 것으로 평가될 때에는 달리 취급할 여지가 있다. <u>제요 집행 4</u>

[❷▶○] 채권의 압류는 제3채무자에 대하여 채무자에게 지급 금지를 명하는 것이므로 채무자는 채권을 소멸 또는 감소시키는 등의 행위를 할 수 없고 그와 같은 행위로 채권자에게 대항할 수 없는 것이지만, 채권의 발생원인인 법률관계에 대한 채무자의 처분까지도 구속하는 효력은 없다. 그런데 계약 당사자로서의 지위 승계를 목적으로 하는 계약인수의 경우에는 양도인이 계약관계에서 탈퇴하는 까닭에 양도인과 상대방 당사자 사이의 계약관계가 소멸하지만, 양도인이 계약관계에 기하여 가지던 권리의무가 동일성을 유지한 채 양수인에게 그대로 승계된다. 따라서 양도인의 제3채무자에 대한 채권이 압류된 후 채권의 발생원인인 계약의 당사자 지위를 이전하는 계약인수가 이루어진 경우 양수인은 압류에 의하여 권리가 제한된 상태의 채권을 이전받게 되므로, 제3채무자는 계약인수에 의하여 그와 양도인 사이의 계약관계가 소멸하였음을 내세워 압류채권자에 대항할 수 없다(대판 2015.5.14. 2012다41359).

[❸ ▶ ㅇ] 채권자가 채무자의 제3채무자에 대한 채권을 압류할 당시 그 피압류채권이 이미 소멸하였다는 등으로 부존재하는 경우에도 특별한 사정이 없는 한 압류집행을 함으로써 그 집행채권의 소멸시효는 중단된다(대판 2014.1.29. 2013다47330).

[❹ ▶ ㅇ] 금전채권에 대한 압류명령과 그 현금화 방법인 추심명령을 동시에 신청하더라도 압류명령과 추심명령은 별개로서 그 적부는 각각 판단하여야 하고, 그 신청의 취하 역시 별도로 판단하여야 한다. 채권자는 추심명령에 따라 얻은 권리를 포기할 수 있지만(민사집행법 제240조 제1항) 추심권의 포기는 압류의 효력에는 영향을 미치지 아니하므로, 추심권의 포기만으로는 압류로 인한 소멸시효 중단의 효력은 상실되지 아니하고 압류명령의 신청을 취하하면 비로소 소멸시효 중단의 효력이 소급하여 상실된다(대판 2014.11.13. 2010다63591).

[❺ ▶ ㅇ] 압류의 효력은 소극적으로 압류된 채권의 처분행위를 금지하는 것뿐인 이상 '그 압류된 채권'의 소멸시효는 압류만으로 중단되지 않는다. 다만 채무자의 제3채무자에 대한 채권에 관하여 압류 및 추심명령을 받아 그 결정이 제3채무자에게 송달되었다면 거기에 채무자의 제3채무자에 대한 채권(피압류채권)에 대한 민법 제174조 소정의 소멸시효 중단사유인 최고로서의 효력은 인정된다(대판 2003.5.13. 2003다16238 참조). 제요 집행 4 이와 관련하여 판례는, 소멸시효 중단사유의 하나로서 민법 제174조가 규정하고 있는 최고는 채무자에 대하여 채무이행을 구한다는 채권자의 의사통지(준법률행위)로서, 이에는 특별한 형식이 요구되지 아니할 뿐 아니라 행위 당시 당사자가 시효중단의 효과를 발생시킨다는 점을 알거나 의욕하지 않았다 하더라도 이로써 권리 행사의 주장을 하는 취지임이 명백하다면 최고에 해당하는 것으로 보아야 할 것이므로, 채권자가 확정판결에 기한 채권의 실현을 위하여 채무자의 제3채무자에 대한 채권에 관하여 압류 및 추심명령을 받아 그 결정이 제3채무자에게 송달이 되었다면 거기에 소멸시효 중단사유인 최고로서의 효력을 인정하여야 한다고 판시하고 있다(대판 2003.5.13. 2003다16238).

답 ❶

97

압류금지채권에 관한 다음 설명 중 가장 옳지 않은 것은? 　2025년 법무사시험 [문 22]

① 민사집행법 제246조 제1항 제8호에 따라 압류가 금지되는 '채무자의 1월간 생계유지에 필요한 예금'은 채무자 명의의 어느 한 계좌에 예치되어 있는 금액이 아니라 개인별 잔액, 즉 각 금융기관에 예치되어 있는 채무자 명의의 예금을 합산한 금액 중 일정 금액을 의미한다.

② 예금채권에 대하여 채권압류 및 추심명령이 있음에도 채무자가 제3채무자인 금융기관을 상대로 해당 예금이 채무자의 1월간 생계유지에 필요한 예금으로서 압류금지채권에 해당한다고 주장하며 예금의 반환을 구하는 경우, 그러한 압류금지채권에 해당한다는 사실은 예금주인 채무자가 증명하여야 한다.

③ 민사집행법은 제246조 제1항 제4호에서 퇴직연금, 그 밖에 이와 비슷한 성질을 가진 급여채권은 그 1/2에 해당하는 금액만 압류하지 못하는 것으로 규정하고 있으나, 근로자퇴직급여 보장법상 퇴직연금채권은 압류가 전액 금지된다.

④ 민사집행법 제246조 제1항 제7호가 생명, 상해, 질병, 사고 등을 원인으로 채무자가 지급받는 보장성보험의 보험금 채권을 압류금지채권으로 규정한 입법 취지는 생계유지나 치료 및 장애 회복 등 보험계약자의 기본적인 생활을 보장하기 위한 최소한의 수단을 마련하기 위함이다.

⑤ 채권자가 스스로를 제3채무자로 하여 채무자의 자신에 대한 채권을 압류하는 것은 허용되지 않는다.

[❶ ▸ ○] 민사집행법 제246조 제1항 제8호는 채무자의 1월간 생계유지에 필요한 예금을 압류금지채권으로 정하고, 구 민사집행법 시행령 제7조는 '민사집행법 제246조 제1항 제8호에 따라 압류하지 못하는 예금 등의 금액은 개인별 잔액이 150만원[현행법상 250만원(註)] 이하인 예금 등으로 한다.'고 정하였다. 위 규정에 따라 압류가 금지되는 '채무자의 1월간 생계유지에 필요한 예금'은 채무자 명의의 어느 한 계좌에 예치되어 있는 금액이 아니라 개인별 잔액, 즉 각 금융기관에 예치되어 있는 채무자 명의의 예금을 합산한 금액 중 일정 금액을 의미한다(대판 2024.2.8. 2021다206356).

[❷ ▸ ○] 채무자의 제3채무자에 대한 예금채권에 대하여 채권압류 및 추심명령이 있음에도 채무자가 제3채무자인 금융기관을 상대로 해당 예금이 위 규정에서 정한 채무자의 1월간 생계유지에 필요한 예금으로서 압류금지채권에 해당한다고 주장하며 예금의 반환을 구하는 경우, 해당 소송에서 지급을 구하는 예금이 압류 당시 채무자의 개인별 예금 잔액 중 위 규정에서 정한 금액 이하로서 압류금지채권에 해당한다는 사실은 예금주인 채무자가 증명하여야 한다. 이때 채무자가 금융결제원 등 관련기관이 제공하는 계좌정보통합조회 내역과 압류 및 추심명령의 대상이 된 각 예금계좌에 대한 입출금 내역 등 상당한 방법으로 해당 소송에서 지급을 구하는 예금이 압류 당시 자신이 보유하고 있는 각 예금계좌의 예금 잔액 중 위 규정에서 정한 금액 이하임을 알 수 있는 자료를 제출하였다면, 특별한 사정이 없는 한 해당 소송에서 지급을 구하는 예금채권이 압류금지채권에 해당한다는 사실이 증명되었다고 볼 수 있고, 이에 관하여 반드시 사전에 채무자가 민사집행법 제246조 제3항에서 정한 압류금지채권 범위변경 신청에 따른 압류명령 취소 결정을 받아야만 하는 것은 아니다(대판 2024.2.8. 2021다206356).

[❸ ▸ ○] 민사집행법은 제246조 제1항 제4호에서 퇴직연금 그 밖에 이와 비슷한 성질을 가진 급여채권은 그 1/2에 해당하는 금액만 압류하지 못하는 것으로 규정하고 있으나, 이는 '근로자퇴직급여 보장법'상 양도금지 규정과의 사이에서 일반법과 특별법의 관계에 있으므로, '근로자퇴직급여 보장법'상 퇴직연금채권은 그 '전액'에 관하여 압류가 금지된다고 보아야 한다(대판 2014.1.23. 2013다71180).

[❹ ▸ ○] 민사집행법 제246조 제1항 제7호는 '생명, 상해, 질병, 사고 등을 원인으로 채무자가 지급받는 보장성보험의 보험금(해약환급 및 만기환급금을 포함한다) 채권은 압류하지 못하되, 압류금지의 범위는 생계유지, 치료 및 장애 회복에 소요될 것으로 예상되는 비용 등을 고려하여 대통령령으로 정한다'고 규정하고 있다. 민사집행법 시행령 제6조 제1항 제3호 가목은 '민법 제404조에 따라 채권자가 채무자의 보험계약 해지권을 대위행사하거나 추심명령 또는 전부명령을 받은 채권자가 보장성보험에 관한 해지권을 행사하여 발생하는 해약환급금은 (금액의 제한 없이) 압류하지 못한다'고 규정하고 있다. 이처럼 민사집행법이 보장성보험의 보험금 채권을 압류금지채권으로 규정하는 입법 취지는 생계유지나 치료 및 장애 회복 등 보험계약자의 기본적인 생활을 보장하기 위한 최소한의 수단을 마련하기 위함이다(대판 2018.12.27. 2015다50286).

[❺ ▸ ✕] 사해행위취소의 소에서 수익자가 원상회복으로서 채권자취소권을 행사하는 채권자에게 가액배상을 할 경우, 수익자 자신이 사해행위취소소송의 채무자에 대한 채권자라는 이유로 채무자에 대하여 가지는 자기의 채권과 상계하거나 채무자에게 가액배상금 명목의 돈을 지급하였다는 점을 들어 채권자취소권을 행사하는 채권자에 대해 이를 가액배상에서 공제할 것을 주장할 수 없다. 그러나 수익자가 채권자취소권을 행사하는 채권자에 대해 가지는 별개의 다른 채권을 집행하기 위하여 그에 대한 집행권원을 가지고 채권자의 수익자에 대한 가액배상채권을 압류하고 전부명령을 받는 것은 허용된다. 이는 수익자의 채무자에 대한 채권을 기초로 한 상계나 임의적인 공제와는 내용과 성질이 다르다. 또한 채권자가 채무자의 제3채무자에 대한 채권을 압류하는 경우 제3채무자가 채권자 자신인 경우에도 이를 압류하는 것이 금지되지 않으므로 단지 채권자와 제3채무자가 같다고 하여 채권압류 및 전부명령이 위법하다고 볼 수 없다(대결 2017.8.21. 2017마499).

답 ❺

재판에 의한 압류금지채권의 범위변경에 관한 다음 설명 중 가장 옳지 않은 것은?

2024년 법무사시험 [문 15]

① 법원은 당사자가 신청하면 채권자와 채무자의 생활형편, 그 밖의 사정을 고려하여 압류명령의 전부 또는 일부를 취소하거나 위 압류금지채권에 대하여 압류명령을 할 수 있다. 이 재판은 직권으로 할 수는 없고, 채권자가 압류금지채권에 대한 압류명령을 신청하거나 채무자가 압류명령의 취소를 신청하여야 한다.

② 법원은 압류금지채권의 범위변경의 재판 또는 그 변경의 재판에 앞서 채무자에게 담보를 제공하게 하거나 담보를 제공하게 하지 않고 강제집행을 일시정지하도록 명하거나, 채권자에게 담보를 제공하게 하고 그 집행을 계속하도록 명하는 등의 잠정처분을 할 수 있다.

③ 법원은 압류금지채권의 목적물이 금융기관에 개설된 채무자의 계좌에 이체되는 경우 채무자의 신청에 따라 그에 해당하는 부분의 압류명령을 취소하여야 하고, 압류명령이 취소된 경우 채권자가 집행행위로 취득한 금전을 채무자에게 부당이득으로 반환하여야 한다.

④ 사용자인 법인이 민사집행법 제246조 제1항 제5호가 정하는 압류금지채권인 근로자의 퇴직금 2분의 1 상당액을 민법 제487조의 규정에 의하여 근로자의 수령거절을 원인으로 변제공탁한 경우, 그 공탁금은 임금채권의 성질을 유지하므로, 이를 집행대상으로 한 압류 및 전부명령은 무효다.

⑤ 채무자가 압류금지채권의 목적물이 입금된 예금채권을 압류당한 다음에 압류명령의 전부 또는 일부의 취소를 구하는 내용의 서면을 집행법원에 제출한 경우에 집행법원으로서는 위와 같은 서면에 즉시항고나 이의신청 등의 다른 제목이 붙어 있다 하더라도 특별한 사정이 없는 한 이를 민사집행법 제246조 제2항에서 정한 압류명령의 취소 신청으로 보아야 한다.

....

[**❶** ▸ ○] 민사집행법 제246조 제3항
[**❷** ▸ ○] 민사집행법 제246조 제4항, 제196조 제3항, 제16조 제2항

민사집행법 제246조(압류금지채권)
③ 법원은 당사자가 신청하면 채권자와 채무자의 생활형편, 그 밖의 사정을 고려하여 압류명령의 전부 또는 일부를 취소하거나 제1항의 압류금지채권에 대하여 압류명령을 할 수 있다.
④ 제3항의 경우에는 제196조 제2항 내지 제5항의 규정을 준용한다.

민사집행법 제196조(압류금지 물건을 정하는 재판)
① 법원은 당사자가 신청하면 채권자와 채무자의 생활형편, 그 밖의 사정을 고려하여 유체동산의 전부 또는 일부에 대한 압류를 취소하도록 명하거나 제195조의 유체동산을 압류하도록 명할 수 있다.
② 제1항의 결정이 있은 뒤에 그 이유가 소멸되거나 사정이 바뀐 때에는 법원은 직권으로 또는 당사자의 신청에 따라 그 결정을 취소하거나 바꿀 수 있다.
③ 제1항 및 제2항의 경우에 법원은 제16조 제2항에 준하는 결정을 할 수 있다.

민사집행법 제16조(집행에 관한 이의신청)
① 집행법원의 집행절차에 관한 재판으로서 즉시항고를 할 수 없는 것과, 집행관의 집행처분, 그 밖에 집행관이 지킬 집행절차에 대하여서는 법원에 이의를 신청할 수 있다.
② 법원은 제1항의 이의신청에 대한 재판에 앞서, 채무자에게 담보를 제공하게 하거나 제공하게 하지 아니하고 집행을 일시정지하도록 명하거나, 채권자에게 담보를 제공하게 하고 그 집행을 계속하도록 명하는 등 잠정처분(暫定處分)을 할 수 있다.

[**❸** ▸ ×] 2011.4.5. 법률 제10539호로 개정된 민사집행법(이하 '개정 민사집행법'이라 한다)에서 신설된 제246조 제2항은, 압류금지채권이 금융기관에 개설된 채무자의 계좌에 이체되는 경우 더 이상 압류금지의 효력이 미치지 아니하므로 그 예금에 대한 압류명령은 유효하지만, 원래의 압류금지의 취지는 참작되어야 하므로 채무자의 신청에 의하여 압류명령을 취소하도록 한 것으로서 개정 민사집행법 제246조 제3항과 같은 압류금지채권의 범위변경에 해당하고, <u>위 조항에 따라 압류명령이 취소되었다 하더라도 압류명령은 장래에 대하여만 효력이 상실할 뿐 이미 완결된 집행행위에는 영향이 없고, 채권자가 집행행위로 취득한 금전을 채무자에게 부당이득으로 반환하여야 하는 것도 아니다</u>(대판 2014.7.10. 2013다25552).

[**❹** ▸ ○] 사용자인 법인이 「민사소송법」 제579조 제4호 소정의 압류금지채권인 근로자의 퇴직금 2분의 1 상당액을 「민법」 제487조의 규정에 의하여 근로자의 수령거절을 원인으로 변제공탁한 경우, 그 공탁금은 임금채권의 성질을 유지한다고 보아야 하므로 이를 집행대상으로 한 압류 및 전부명령은 비록 그 방식이 적법하더라도 그 내용은 무효라 할 것이나 형식적 심사권밖에 없는 공탁공무원으로서는 그 압류 및 전부명령의 유·무효를 심사할 수는 없는 것이므로 피공탁자 또는 전부채권자가 공탁금의 출급을 청구하는 어느 경우라도 그 출급을 인가할 수 없을 것이다(공탁선례 제2-89호).

[**❺** ▸ ○] 채무자가 압류금지채권의 목적물이 입금된 예금채권을 압류당한 다음에 압류명령의 전부 또는 일부의 취소를 구하는 내용의 서면을 집행법원에 제출한 경우에 집행법원으로서는 위와 같은 서면에 즉시항고나 이의신청 등의 다른 제목이 붙어 있다 하더라도 특별한 사정이 없는 한 이를 민사집행법 제246조 제2항에 정한 압류명령의 취소 신청으로 보고 이에 대한 판단을 하여야 한다(대결 2008.12.12. 2008마1774).

답 ❸

금전채권에 대한 강제집행절차의 제3채무자에 관한 다음 설명 중 가장 옳지 않은 것은?

2024년 법무사시험 [문 34]

① 원인채권에 대한 압류의 효력이 발생하기 전에 제3채무자가 원인채권의 지급을 위하여 어음이나 수표를 발행한 경우 원인채권에 대한 압류의 효력은 어음이나 수표채권에는 미치지 아니하므로 제3채무자는 어음이나 수표의 소지인에 대하여 지급할 의무가 있고, 압류명령이 송달된 뒤에 지급 하더라도 그 지급으로써 압류된 원인채권이 소멸하였다는 것을 압류채권자에게도 대항할 수 있다.

② 원인채권인 물품대금 채권에 대한 가압류나 압류의 효력이 발생하기 전에 물품대금의 지급을 위하여 신용장이 발행된 경우에는 그 가압류나 압류의 효력이 발생한 후에 신용장 대금의 지급이 이루어 졌다 하더라도 수입업자는 그 신용장 대금의 지급으로 물품대금 채권이 소멸하였다는 것을 가압류 채권자나 압류채권자에게 대항할 수 있다.

③ 동산 양도담보권자가 물상대위권 행사로 양도담보 설정자의 화재보험금청구권에 대하여 압류 및 추심명령을 얻어 추심권을 행사하는 경우 특별한 사정이 없는 한 제3채무자인 보험회사는 그 양도 담보 설정 후 취득한 양도담보 설정자에 대한 별개의 채권을 가지고 상계로써 양도담보권자에게 대항할 수 없다.

④ 압류명령이 송달될 당시 제3채무자가 채무자에 대하여 가지는 채권(자동채권)과 압류된 채권(수동 채권)이 모두 변제기에 도래하여 상계적상에 있었던 경우는 물론 상계적상에 있지 아니한 경우에도 자동채권만이 변제기가 지났거나, 또는 두 채권 모두 변제기가 지나지 않았더라도 자동채권이 먼저 또는 압류된 채권과 동시에 변제기에 도달할 경우에는 제3채무자의 상계를 허용하고 있다. 그러나 이러한 법리는 피압류채권이 장래 발생할 채권으로서 압류의 효력 발생 당시 아직 발생하지 않은 경우에는 적용되지 않는다.

⑤ 은행 등 금융기관은 통상 대출금 등 채권과 관련하여 채무자의 변제자력에 의심이 가는 상황이 발생한 때에는 채무자의 그 대출금 등 채권에 관한 기한의 이익이 상실되도록 함으로써 예금 등 채권에 대한 압류가 있어도 그 대출금 등 채권으로 피압류채권인 예금 등의 채권과 상계를 할 수 있도록 특약을 하고 있는데, 판례는 이러한 기한의 이익 상실 등 특약의 유효성을 인정하면서 그러한 특약에 따라 대출금 등 채권과 피압류채권인 예금채권이 곧바로 상계적상에 이르기 때문에 제3채무자인 은행 등은 제한 없이 상계권을 행사할 수 있다고 보고 있다.

[❶ ▶ ○] 원인채권에 대한 압류의 효력이 발생하기 전에 원인채권의 지급을 위하여 약속어음을 발행 하거나 배서·양도하고 그것이 다시 제3자에게 양도된 경우에는 그 어음의 소지인에 대한 어음금의 지급이 원인채권에 대한 압류의 효력이 발생한 후에 이루어졌다 하더라도 그 어음을 발행하거나 배서· 양도한 원인채무자는 그 어음금의 지급에 의하여 원인채권이 소멸하였다는 것을 압류채권자에게 대항할 수 있다(대판 2000.3.24. 99다1154).

[❷ ▶ ○] 수입업자가 물품대금 지급을 위하여 은행에 신용장 개설을 의뢰하고 그 은행이 수출업자를 수익자로 하여 신용장을 개설한 경우, 수출업자와 개설은행 사이의 신용장 거래는 직접적 상품의 거래가 아니라 서류에 의한 거래로서 원칙적으로 수입업자와 수출업자 사이의 원인관계로부터는 물론이고 수입 업자와 개설은행 사이의 관계로부터도 독립하여 규율된다. 따라서 원인채권인 물품대금 채권에 대한 가압류나 압류의 효력이 발생하기 전에 물품대금의 지급을 위하여 신용장이 발행된 경우에는 그 가압류 나 압류의 효력이 발생한 후에 신용장 대금의 지급이 이루어졌다 하더라도 수입업자는 그 신용장 대금의 지급으로 물품대금 채권이 소멸하였다는 것을 가압류채권자나 압류채권자에게 대항할 수 있다. 반면 원인채권인 물품대금 채권에 대한 가압류나 압류의 효력이 발생한 후에 물품대금의 지급을 위하여 신용 장이 발행된 경우에는 수입업자는 가압류채권자나 압류채권자에게 신용장 대금의 지급으로써 물품대금 채권이 소멸하였다는 것을 대항할 수 없다(대판 2022.11.17. 2017다235036).

[❸ ▸ O] 동산 양도담보권자는 양도담보 목적물이 소실되어 양도담보 설정자가 보험회사에 대하여 화재보험계약에 따른 보험금청구권을 취득한 경우 담보물 가치의 변형물인 화재보험금청구권에 대하여 양도담보권에 기한 물상대위권을 행사할 수 있는데, 동산 양도담보권자가 물상대위권 행사로 양도담보 설정자의 화재보험금청구권에 대하여 압류 및 추심명령을 얻어 추심권을 행사하는 경우 특별한 사정이 없는 한 제3채무자인 보험회사는 양도담보 설정 후 취득한 양도담보 설정자에 대한 별개의 채권을 가지고 상계로써 양도담보권자에게 대항할 수 없다(대판 2014.9.25. 2012다58609).

[❹ ▸ ×]

• 채권가압류명령을 받은 제3채무자가 가압류채무자에 대한 반대채권을 가지고 상계로써 가압류채권자에게 대항하기 위해서는 가압류의 효력 발생 당시에 대립하는 양 채권이 상계적상에 있거나, 당시 반대채권(자동채권)의 변제기가 도래하지 아니한 경우에는 그것이 피압류채권(수동채권)의 변제기와 동시에 또는 그보다 먼저 도래하여야 하고, 이러한 법리는 가압류의 효력 발생 당시 기초가 되는 법률관계(예금계약)가 존재하여 권리의 특정이 가능하고, 가까운 장래에 구체적 예금채권의 발생까지 상당 정도 예측할 수 있으나, 당장은 잔고가 없어 구체적 피압류채권이 존재하지는 않은 경우에도 그대로 적용할 수 있다(서울고법 2022.1.28. 2021나2033716).

• 채권가압류결정을 받은 제3채무자는 그 후에 취득한 채권에 의한 상계로 그 가압류채권자에게 대항하지 못하지만 수동채권이 가압류될 당시 자동채권과 수동채권이 상계적상에 있거나 자동채권의 변제기가 수동채권의 그것과 동시에 또는 그보다 먼저 도래하는 경우에는 제3채무자는 자동채권에 의한 상계로 가압류채권자에게 대항할 수 있다. 그리고 이러한 법리는 압류된 채권이 장래 발생할 채권으로서 압류의 효력발생 당시 피압류채권이 아직 발생하지 않은 경우에도 그대로 적용되는 것으로 보아야 한다(대판 2011.2.24. 2010다76870).

[❺ ▸ O] 은행 등 금융기관은 통상 대출금 등 채권과 관련하여 채무자의 변제자력에 의심이 가는 상황이 발생한 때에는 채무자의 그 대출금 등 채권에 관한 기한의 이익이 상실되도록 함으로써 예금 등 채권에 대한 압류가 있어도 그 대출금 등 채권으로 피압류채권인 예금 등의 채권과 상계를 할 수 있도록 특약을 하고 있고, 이 사건 은행여신거래약관(기업용) 제7조 제4항 제6호, 제10조 제1항이 바로 이러한 특약에 해당한다. 그리고 대법원은 이러한 기한의 이익 상실 등 특약의 유효성을 인정하면서 그러한 특약에 따라 대출금 등 채권과 피압류채권인 예금채권이 곧바로 상계적상에 이르기 때문에 제3채무자인 은행 등은 제한 없이 상계권을 행사할 수 있다고 보고 있다(대판 2015.4.23. 2012다79750).

답 ❹

100

압류금지채권에 관한 다음 설명 중 가장 옳지 않은 것은?

① 채권자가 채권압류 및 추심명령에 기하여 채무자의 제3채무자에 대한 예금채권의 추심을 구하는 소를 제기한 경우 추심 대상 채권이 압류금지채권에 해당하지 않는다는 점은 채권자가 증명하여야 한다.

② 상계가 금지되는 채권이라면 설령 압류금지채권에 해당하지 않더라도 전부명령의 대상이 될 수 없다.

③ 원칙적으로 보험가입 당시 예정된 해당 보험의 만기환급금이 보험계약자의 납입보험료 총액을 초과하지 않으면 민사집행법 제246조 제1항 제7호에서 압류금지채권의 하나로 규정하는 '보장성보험'에 해당한다고 보아야 한다.

④ 주식회사의 이사, 대표이사의 보수청구권(퇴직금 등의 청구권을 포함한다)은 특별한 사정이 없는 이상 민사집행법 제246조 제1항 제4호 또는 제5호가 정하는 압류금지채권에 해당한다고 보아야 한다.

⑤ 압류금지채권의 목적물이 채무자의 예금계좌에 입금된 경우에 그 예금은 압류금지채권에 해당하지 않는다.

....

[❶ ▸ O]   채권압류 및 추심명령에 기한 추심의 소에서 피압류채권의 존재는 채권자가 증명하여야 하는 점, 민사집행법 제195조 제3호, 제246조 제1항 제8호, 민사집행법 시행령 제7조의 취지와 형식 등을 종합적으로 고려하여 보면, 채권자가 채권압류 및 추심명령에 기하여 채무자의 제3채무자에 대한 예금채권의 추심을 구하는 소를 제기한 경우 추심 대상 채권이 압류금지채권에 해당하지 않는다는 점, 즉 채무자의 개인별 예금 잔액과 민사집행법 제195조 제3호에 의하여 압류하지 못한 금전의 합계액이 150만원[현재는 250만원(註)]을 초과한다는 사실은 채권자가 증명하여야 한다(대판 2015.6.11. 2013다 40476).

> **민사집행법 시행령 제7조(압류금지 예금등의 범위)**
> 법 제246조 제1항 제9호에 따라 압류하지 못하는 예금등의 금액은 개인별 잔액이 250만원 이하인 예금등으로 한다. 다만, 법 제195조 제3호에 따라 압류하지 못한 금전이나 법 제246조의2에 따른 생계비계좌에 예치된 예금이 있으면 250만원에서 그 금액을 뺀 금액으로 한다.

[❷ ▸ ✕]   상계가 금지되는 채권이라고 하더라도 압류금지채권에 해당하지 않는 한 강제집행에 의한 전부명령의 대상이 될 수 있다(대결 2017.8.21. 2017마499).

[❸ ▸ O]   하나의 보험계약에 보장성보험과 저축성보험의 성격이 모두 있는 경우에 저축성보험의 성격을 갖는 계약 부분만을 분리하여 해지할 수 없다면, 해당 보험 전체를 두고 민사집행법 제246조 제1항 제7호에서 규정하는 '보장성보험'에 해당하는지를 결정하여야 한다. 원칙적으로 보험가입 당시 예정된 해당 보험의 만기환급금이 보험계약자의 납입보험료 총액을 초과하는지를 기준으로 하여, 만기환급금이 납입보험료 총액을 초과하지 않으면 민사집행법 제246조 제1항 제7호에서 규정하는 '보장성보험'에 해당한다고 보아야 한다. 그러나 만기환급금이 납입보험료 총액을 초과하더라도, 해당 보험이 예정하는 보험사고의 성질과 보험가입 목적, 납입보험료의 규모와 보험료의 구성, 지급받는 보험료의 내용 등을 종합적으로 고려하였을 때 보장성보험도 해당 보험의 주된 성격과 목적으로 인정할 수 있다면 이를 민사집행법이 압류금지채권으로 규정하고 있는 보장성보험으로 보아야 한다(대판 2018.12.27. 2015다 50286).

[**④ ▸ ○**] 상법 제388조가 정하는 '이사의 보수'에는 월급·상여금 등 명칭을 불문하고 이사의 직무수행에 대한 보상으로 지급되는 대가가 모두 포함되고, 퇴직금 또는 퇴직위로금도 그 재직 중의 직무수행에 대한 대가로 지급되는 급여로서 상법 제388조의 '이사의 보수'에 해당한다. 주식회사의 이사, 대표이사(이하 '이사 등'이라고 한다)의 보수청구권(퇴직금 등의 청구권을 포함한다)은, 그 보수가 합리적인 수준을 벗어나서 현저히 균형을 잃을 정도로 과다하거나, 이를 행사하는 사람이 법적으로는 주식회사 이사 등의 지위에 있으나 이사 등으로서의 실질적인 직무를 수행하지 않는 이른바 명목상 이사 등에 해당한다는 등의 특별한 사정이 없는 이상 민사집행법 제246조 제1항 제4호 또는 제5호가 정하는 압류금지채권에 해당한다고 보아야 한다(대판 2018.5.30. 2015다51968).

[**⑤ ▸ ○**] 압류금지채권의 목적물이 채무자의 예금계좌에 입금된 경우에는 그 예금채권에 대하여 더 이상 압류금지의 효력이 미치지 아니하므로, 그 예금은 압류금지채권에 해당하지 아니한다(대결 1999.10.6. 99마4857).

답 ②

101
☐☐☐

금전채권의 압류에 관한 다음 설명 중 가장 옳지 않은 것은?　　2025년 법무사시험 [문 4]

① 금전채권에 대한 압류명령이 있으면 채무자는 채권을 소멸 또는 감소시키는 등의 행위를 할 수 없고 그 행위로 채권자에게 대항할 수 없다. 다만 채권의 발생원인인 법률관계에 대한 채무자의 처분까지도 구속하는 효력은 없다.

② 압류의 처분금지 효력은 절대적인 것이 아니고, 채무자의 처분행위 또는 제3채무자의 변제로써 처분 또는 변제 전에 집행절차에 참가한 압류채권자나 배당요구채권자에게 대항하지 못한다는 의미로서 상대적 효력을 가진다.

③ 압류한 채권이 추심명령이나 전부명령에 의하여 현금화하기 곤란한 경우 법원은 채권자의 신청에 의하여 양도명령 등 특별현금화방법을 명할 수 있다.

④ 집행채권에 대한 압류는 집행채권자가 그 채무자를 상대로 한 채권압류명령의 집행장애사유가 될 수 없다.

⑤ 장래의 예금채권에 대한 압류의 경우 그 압류명령 정본이 제3채무자에게 송달될 당시 채무자의 제3채무자에 대한 예금계좌가 개설되어 있지 않더라도 일단 제3채무자 및 금액이 특정되어 있기만 하다면 그러한 채권압류도 효력이 있다.

....

[**❶ ▸ ○**] 채권의 압류는 제3채무자에 대하여 채무자에게 지급 금지를 명하는 것이므로 채무자는 채권을 소멸 또는 감소시키는 등의 행위를 할 수 없고 그와 같은 행위로 채권자에게 대항할 수 없는 것이지만, 채권의 발생원인인 법률관계에 대한 채무자의 처분까지도 구속하는 효력은 없다(대판 2015.5.14. 2012다41359).

[**❷ ▸ ○**] 압류의 처분금지 효력은 절대적인 것이 아니고, 이에 저촉되는 채무자의 처분행위도 그 압류채권자와 처분 전에 집행절차에 참가한 압류채권자나 배당요구채권자에게 대항하지 못한다는 의미에서의 상대적 효력을 가지는 데 그치므로 압류의 효력발생 전에 채무자가 처분한 경우에는 그보다 먼저 압류한 채권자가 있어 그 채권자에게는 대항할 수 없는 사정이 있더라도 그 처분 후에 집행에 참가하는 채권자에 대하여는 처분의 효력을 대항할 수 있는 것이고, 이는 가압류의 경우에도 마찬가지이므로 동일한 채권에 관하여 가압류명령의 송달과 확정일자 있는 양도통지가 동시에 제3채무자에게 도달함으로써 채무자가 가압류의 대상인 채권을 양도하고 채권양수인이 채권양도의 대항요건을 갖추었다면 다른 채권자는 더 이상 그 가압류에 따른 집행절차에 참가할 수는 없다(대판 2004.9.3. 2003다22561).

[❸ ▸ ○] 압류된 금전채권은 추심명령이나 전부명령을 통해 현금화하는 것이 원칙이다(민사집행법 제229조 제1항 참조). 그러나 압류된 채권이 추심명령이나 전부명령을 통해 현금화하기 어렵다고 판단될 경우 법원은 채권자의 신청을 받아 '양도명령'이나 '매각명령' 등의 특별현금화방법을 명할 수 있다(민사집행법 제241조 제1항).

> **민사집행법 제241조(특별한 현금화방법)**
> ① 압류된 채권이 조건 또는 기한이 있거나, 반대의무의 이행과 관련되어 있거나 그 밖의 이유로 추심하기 곤란할 때에는 법원은 채권자의 신청에 따라 다음 각 호의 명령을 할 수 있다.
>   1. 채권을 법원이 정한 값으로 지급함에 갈음하여 압류채권자에게 양도하는 양도명령
>   2. 추심에 갈음하여 법원이 정한 방법으로 그 채권을 매각하도록 집행관에게 명하는 매각명령
>   3. 관리인을 선임하여 그 채권의 관리를 명하는 관리명령
>   4. 그 밖에 적당한 방법으로 현금화하도록 하는 명령

[❹ ▸ ○] 채권압류명령은 집행채권의 현금화나 만족적 단계에 이르지 아니하는 보전적 처분으로서 집행채권에 대한 압류의 효력에 반하지 않으므로, 집행채권에 대한 압류는 집행채권자가 그 채무자를 상대로 한 채권압류명령의 집행장애사유가 될 수 없고, 이는 국가가 국세징수법에 의한 체납처분으로 체납자의 채무자에 대한 집행채권을 압류한 경우에도 마찬가지이다(대결 2023.1.12. 2022마6107).

> **[참고]** 집행채권자의 채권자가 채무명의에 표시된 집행채권을 압류 또는 가압류, 처분금지가처분을 한 경우에는 압류 등의 효력으로 집행채권자의 추심, 양도 등의 처분행위와 채무자의 변제가 금지되고 이에 위반되는 행위는 집행채권자의 채권자에게 대항할 수 없게 되므로 집행기관은 압류 등이 해제되지 않는 한 집행할 수 없으니 이는 집행장애사유에 해당한다. 다만 채권압류명령은 비록 강제집행절차에 나아간 것이기는 하나 채권추심명령이나 채권전부명령과는 달리 집행채권의 현금화나 만족적 단계에 이르지 아니하는 보전적 처분으로서 집행채권을 압류한 채권자를 해하는 것이 아니기 때문에 집행채권에 대한 압류의 효력에 반하는 것은 아니므로, 집행채권에 대한 압류는 집행채권자가 채무자를 상대로 한 채권압류명령에는 집행장애사유가 될 수 없다(대판 2016.9.28. 2016다205915).

[❺ ▸ ×] 압류명령의 송달 이후에 채무자의 계좌에 입금될 예금채권도 그 발생의 기초가 되는 법률관계가 존재하여 현재 그 권리의 특정이 가능하고 가까운 장래에 예금채권이 발생할 것이 상당한 정도로 기대된다고 볼 만한 예금계좌가 개설되어 있는 경우 등에는 압류의 대상이 될 수 있다. 그러나 장래의 예금채권에 대한 압류명령 정본이 제3채무자에게 송달되었을 때 채무자의 제3채무자에 대한 예금계좌가 개설되어 있지 않는 등 그 피압류채권 발생의 기초가 되는 법률관계가 없거나, 예금계좌가 개설되어 있다 하더라도 가까운 장래에 예금채권이 발생할 것이 상당한 정도로 기대된다고 보기 어려운 경우에는 그러한 채권압류는 효력이 없다. 여기서 가까운 장래에 예금채권이 발생할 것이 상당한 정도로 기대되는지 여부는, 채무자와 제3채무자 사이의 예금계약의 내용, 예금계좌의 잔액 및 입출금 내역 등 예금계약을 통해 이루어진 거래의 실태, 채무자가 해당 예금계좌를 사용한 목적 또는 용도, 이에 대한 일반인의 인식 정도 등 여러 가지 사정을 종합하여 객관적으로 판단하여야 한다(대판 2025.5.15. 2024다310980).

답 ❺

금전채권에 대한 강제집행절차에 관한 다음 설명 중 가장 옳지 않은 것은?

① 근저당권에 기한 물상대위권을 갖는 채권자가 그 물상대위권을 행사하기 위하여 채권의 압류 및 전부명령을 신청하는 경우 담보권의 존재를 증명하는 서류를 제출하여 개시하면 되는 것이고, 집행권원을 필요로 하지 않는다.

② 임차인의 임대차보증금 반환채권이 가압류된 상태에서 임차주택이 양도되면 가압류채권자는 가압류에서 이전하는 본압류를 신청할 때 임차주택의 양수인을 제3채무자로 하여 신청하여야 한다.

③ 압류명령신청 시 압류할 채권의 표시는 이해관계인 특히 제3채무자로 하여금 다른 채권과 구별할 수 있을 정도로 기재되어 동일성 인식을 저해할 정도에 이르지 않아야 한다.

④ 채권자가 채무자의 제3채무자에 대한 채권을 압류하는 경우 제3채무자가 채권자 자신인 경우에도 이를 압류하는 것이 금지되지 않으므로 단지 채권자와 제3채무자가 같다고 하여 채권압류 및 전부명령이 위법하다고 볼 수 없다.

⑤ 추심명령에 의한 추심권능은 그 자체로서 독립적으로 처분하여 현금화할 수 있는 것이 아니므로 이러한 추심권능을 압류할 수는 없으나, 추심권능을 소송상 행사하여 받은 승소확정판결에 기하여 지급받을 채권에 대하여 한 압류는 유효하다.

....

[❶ ▸ O] 근저당권에 기한 물상대위권을 갖는 채권자가 그 물상대위권을 행사하여 우선변제를 받음에 있어, 그 권리실행방법은 민사소송법 제733조에 의하여 채권에 대한 강제집행절차를 준용하여 채권의 압류 및 전부명령을 신청할 수 있다고 할 것이나, 이는 어디까지나 담보권의 실행절차이므로 그 요건으로서 담보권의 존재를 증명하는 서류를 제출하여 개시하면 되는 것이고, 일반채권자로서 강제집행을 하는 것이 아니므로 채무명의를 필요로 하지 않는다(대결 1992.7.10. 92마380).

[❷ ▸ O] 주택임대차보호법상 임대주택의 양도에 양수인의 임대차보증금반환채무의 면책적 인수를 인정하는 이유는 임대주택에 관한 임대인의 의무 대부분이 그 주택의 소유이기만 하면 이행가능하고 임차인이 같은 법에서 규정하는 대항요건을 구비하면 임대주택의 매각대금에서 임대차보증금을 우선변제받을 수 있기 때문인데, 임대주택이 양도되었음에도 양수인이 채권가압류의 제3채무자의 지위를 승계하지 않는다면 가압류권자는 장차 본집행절차에서 주택의 매각대금으로부터 우선변제를 받을 수 있는 권리를 상실하는 중대한 불이익을 입게 된다. 이러한 사정들을 고려하면, 임차인의 임대차보증금반환채권이 가압류된 상태에서 임대주택이 양도되면 양수인이 채권가압류의 제3채무자의 지위도 승계하고, 가압류권자 또한 임대주택의 양도인이 아니라 양수인에 대하여만 위 가압류의 효력을 주장할 수 있다고 보아야 한다(대판[전합] 2013.1.17. 2011다49523).

[❸ ▸ O] 압류 및 전부명령의 목적인 채권의 표시가 이해관계인 특히 제3채무자로 하여금 다른 채권과 구별할 수 있을 정도로 기재되어 동일성 인식을 저해할 정도에 이르지 아니하였다면, 그 압류 및 전부명령은 유효하다고 보아야 한다(대판 2011.4.28. 2010다89036).

[❹ ▸ O] 채권자가 채무자의 제3채무자에 대한 채권을 압류하는 경우 제3채무자가 채권자 자신인 경우에도 이를 압류하는 것이 금지되지 않으므로 단지 채권자와 제3채무자가 같다고 하여 채권압류 및 전부명령이 위법하다고 볼 수 없다(대결 2017.8.21. 2017마499).

[**❺** ▸ ✕] 금전채권에 대하여 압류 및 추심명령이 있었다고 하더라도 이는 강제집행절차에서 압류채권자에게 채무자의 제3채무자에 대한 채권을 추심할 권능만을 부여하는 것으로서 강제집행절차상의 환가처분의 실현행위에 지나지 아니한 것이며, 이로 인하여 채무자가 제3채무자에 대하여 가지는 채권이 압류채권자에게 이전되거나 귀속되는 것이 아니므로, 이와 같은 추심권능은 그 자체로서 독립적으로 처분하여 환가할 수 있는 것이 아니어서 압류할 수 없는 성질의 것이고, 따라서 이러한 추심권능에 대한 가압류결정은 무효이며, <u>추심권능을 소송상 행사하여 승소확정판결을 받았다 하더라도 그 판결에 기하여 금원을 지급받는 것 역시 추심권능에 속하는 것이므로, 이러한 판결에 기하여 지급받을 채권에 대한 가압류결정도 무효라고 보아야 한다</u>(대판 1997.3.14. 96다54300).

답 ❺

---

103 □□□ | 채권집행의 대상에 관한 다음 설명 중 가장 옳지 않은 것은?　　2022년 법무사시험 [문 16]

① 강제집행정지의 담보를 위하여 공동명의로 공탁한 경우, 제3자가 다른 공동공탁자의 공탁금회수청구권에 대하여 압류 및 추심명령을 한 경우에 그 압류 및 추심명령은 공탁자 간 균등한 비율에 의한 공탁금액의 한도 내에서 효력이 있으므로 담보공탁금을 전액 출연한 공탁자는 그 압류채권자에 대하여 자금 부담의 실질관계를 이유로 대항할 수 없다.

② 주택임대차보호법 제8조, 같은 법 시행령 및 상가건물 임대차보호법 제14조, 같은 법 시행령의 각 규정에 따라 임차인의 보증금 중 일정액을 다른 담보물권자보다 우선변제받을 수 있는 금액은 압류할 수 없다.

③ 당사자가 이혼이 성립하기 전에 이혼소송과 병합하여 재산분할의 청구를 한 경우에, 아직 발생하지 아니하였고 구체적 내용이 형성되지 아니한 재산분할청구권을 미리 양도하는 것은 성질상 허용되지 아니하며, 이혼과 동시에 재산분할로서 금전의 지급을 명하는 판결이 확정된 이후부터 채권집행의 대상이 될 수 있다.

④ 장래 발생할 채권이나 조건부 채권도 현재 그 권리의 특정이 가능하고 가까운 장래에 발생할 것이 상당 정도 기대되는 경우에는 이를 압류할 수 있으므로 20년 이상 근속한 지방공무원이 명예퇴직수당 지급대상자로 확정되기 전의 명예퇴직수당 채권도 압류할 수 있다.

⑤ 압류금지채권의 목적물이 채무자의 예금계좌에 입금된 경우에는 그 예금채권에 대하여 더 이상 압류금지의 효력이 미치지 아니하므로, 그 예금은 압류금지채권에 해당하지 아니하여 압류할 수 있다.

[**❶** ▸ ○] 공탁자가 공탁한 내용은 공탁의 기재에 의하여 형식적으로 결정되므로 수인의 공탁자가 공탁하면서 각자의 공탁금액을 나누어 기재하지 않고 공동으로 하나의 공탁금액을 기재한 경우에 공탁자들은 균등한 비율로 공탁한 것으로 보아야 하고, 공탁자들 내부의 실질적인 분담금액이 다르다고 하더라도 이는 공탁자들 내부 사이에 별도로 해결하여야 할 문제이다. 이러한 법리는 강제집행정지의 담보를 위하여 공동명의로 공탁한 경우 담보취소에 따른 공탁금회수청구권의 귀속과 비율에 관하여도 마찬가지로 적용된다. 따라서 제3자가 다른 공동공탁자의 공탁금회수청구권에 대하여 압류 및 추심명령을 한 경우에 압류 및 추심명령은 공탁자 간 균등한 비율에 의한 공탁금액의 한도 내에서 효력이 있고, 공동공탁자들 중 실제로 담보공탁금을 전액 출연한 공탁자가 있다 하더라도 이는 공동공탁자들 사이의 내부관계에서만 주장할 수 있는 사유에 불과하여 담보공탁금을 전액 출연한 공탁자는 압류채권자에 대하여 자금 부담의 실질관계를 이유로 대항할 수 없다(대판 2015.9.10. 2014다29971).

[**❷** ▸ **✕**] 민사집행법 제246조 제1항 제6호는 주택임대차보호법상의 소액임차보증금을 압류금지채권으로 규정하고 있으나 상가건물 임대차보호법상의 소액임차보증금에 대해서는 규정하고 있지 않다.

> **민사집행법 제246조(압류금지채권)**
> ① 다음 각 호의 채권은 압류하지 못한다.
>   1. 법령에 규정된 부양료 및 유족부조료(遺族扶助料)
>   2. 채무자가 구호사업이나 제3자의 도움으로 계속 받는 수입
>   3. 병사의 급료
>   4. 급료·연금·봉급·상여금·퇴직연금, 그 밖에 이와 비슷한 성질을 가진 급여채권의 2분의 1에 해당하는 금액. 다만, 그 금액이 국민기초생활보장법에 의한 최저생계비를 고려하여 대통령령이 정하는 금액에 미치지 못하는 경우 또는 표준적인 가구의 생계비를 고려하여 대통령령이 정하는 금액을 초과하는 경우에는 각각 당해 대통령령이 정하는 금액으로 한다.
>   5. 퇴직금 그 밖에 이와 비슷한 성질을 가진 급여채권의 2분의 1에 해당하는 금액
>   6. 주택임대차보호법 제8조, 같은 법 시행령의 규정에 따라 우선변제를 받을 수 있는 금액
>   7. 생명, 상해, 질병, 사고 등을 원인으로 채무자가 지급받는 보장성보험의 보험금(해약환급 및 만기환급금을 포함한다). 다만, 압류금지의 범위는 생계유지, 치료 및 장애 회복에 소요될 것으로 예상되는 비용 등을 고려하여 대통령령으로 정한다.
>   8. 제246조의2에 따른 생계비계좌에 예치된 예금
>   9. 제8호에 따른 예금 외에 채무자의 1월간 생계유지에 필요한 예금(적금·부금·예탁금과 우편대체를 포함한다). 다만, 그 금액은 「국민기초생활 보장법」에 따른 최저생계비, 제195조 제3호에서 정한 금액 및 제8호에 따른 생계비계좌에 예치된 금액 등을 고려하여 대통령령으로 정한다.

[**❸** ▸ **○**] 이혼으로 인한 재산분할청구권은 이혼을 한 당사자의 일방이 다른 일방에 대하여 재산분할을 청구할 수 있는 권리로서, 이혼이 성립한 때에 법적 효과로서 비로소 발생하며, 또한 협의 또는 심판에 의하여 구체적 내용이 형성되기 전까지는 범위 및 내용이 불명확·불확정하기 때문에 구체적으로 권리가 발생하였다고 할 수 없다. 따라서 당사자가 이혼이 성립하기 전에 이혼소송과 병합하여 재산분할의 청구를 한 경우에, 아직 발생하지 아니하였고 구체적 내용이 형성되지 아니한 재산분할청구권을 미리 양도하는 것은 성질상 허용되지 아니하며, 법원이 이혼과 동시에 재산분할로서 금전의 지급을 명하는 판결이 확정된 이후부터 채권양도의 대상이 될 수 있다(대판 2017.9.21. 2015다61286).

[**❹** ▸ **○**] [1] 장래 발생할 채권이나 조건부 채권도 현재 그 권리의 특정이 가능하고 가까운 장래에 발생할 것이 상당 정도 기대되는 경우에는 이를 압류할 수 있다. [2] 지방공무원법 제66조의2 제1항, 지방공무원 명예퇴직수당 등 지급 규정 제3조, 제4조, 제5조, 제7조 등의 규정에 비추어 보면, 20년 이상 근속한 공무원이 그 정년퇴직일 전 1년 이상의 기간 중 자진 퇴직하는 때에는 예산상 부득이하여 그 지급대상범위와 인원이 제한되는 경우 및 위 지급규정 제3조 제3항에 정해진 결격사유가 없는 한 명예퇴직수당 지급신청을 하여 그 지급을 받을 수 있으므로, 20년 이상 근속한 지방공무원의 경우에는 명예퇴직수당의 기초가 되는 법률관계가 존재하고 그 발생근거와 제3채무자를 특정할 수 있어 그 권리의 특정도 가능하며 가까운 장래에 발생할 것이 상당 정도 기대된다고 할 것이어서, 그 공무원이 명예퇴직수당 지급대상자로 확정되기 전에도 그 명예퇴직수당 채권에 대한 압류가 가능하다고 할 것이고, 그 공무원이 명예퇴직 및 명예퇴직수당 지급신청을 할지 여부가 불확실하다거나 예산상 부득이한 경우 그 지급대상범위가 제한될 수 있다는 것 때문에 그것이 가까운 장래에 발생할 것이 상당 정도 확실하지 않다고 볼 것은 아니다(대결 2001.9.18. 2000마5252).

[**❺** ▸ **○**] 압류금지채권의 목적물이 채무자의 예금계좌에 입금된 경우에는 그 예금채권에 대하여 더 이상 압류금지의 효력이 미치지 아니하므로, 그 예금은 압류금지채권에 해당하지 아니한다(대결 1999.10.6. 99마4857).

답 ❷

104

금전채권에 대한 압류명령에 관한 다음 설명 중 가장 옳은 것은?

① 채권압류에 있어서 제3채무자는 순전히 타의에 의하여 다른 사람들 사이의 법률분쟁에 편입되어 압류명령에서 정한 의무를 부담하는 것이므로 이러한 제3채무자는 압류된 채권이나 그 범위를 파악함에 있어서 과도한 부담을 가지지 아니하도록 보호할 필요가 있다. 따라서 그에 있어서 '압류할 채권의 표시'에 기재된 문언은 그 문언 자체의 내용에 따라 객관적으로 엄격하게 해석하여야 하고, 문언의 의미가 불명확한 경우 그로 인한 불이익은 압류 신청채권자에게 부담시키는 것이 타당하므로, 제3채무자가 통상의 주의력을 가진 사회평균인을 기준으로 그 문언을 이해할 때 포함 여부에 의문을 가질 수 있는 채권은 특별한 사정이 없는 한 압류의 대상에 포함되었다고 보아서는 아니 된다.

② 가압류한 지명채권에 대하여 가압류에서 본압류로 전이하는 내용의 주문이 누락된 채 압류 및 추심명령이 발령되었다면, 어떠한 경우에도 해당 가압류는 본압류로 이전되는 효력이 생기지 않는다. 이는 가압류 및 압류·추심의 당사자 사이에 서로 동일성이 인정되고, 가압류의 피보전채권과 압류·추심의 집행채권 사이 및 가압류 대상 채권과 압류·추심 대상 채권 사이에 서로 동일성이 인정되는 경우라 하더라도 마찬가지이다.

③ 가압류에서 이전되는 채권압류의 경우 압류명령을 할 집행법원은 가압류를 명한 법원이 있는 곳을 관할하는 지방법원이 아니라 채권자의 보통재판적이 있는 곳의 지방법원이다.

④ 압류명령은 제3채무자에게만 송달하면 되며 채무자에게도 송달하여야 하는 것은 아니다.

⑤ 채권압류명령의 경정결정이 확정된 경우에는 처음부터 경정된 내용의 압류명령이 있었던 것과 같은 효력이 있으므로 당초의 결정정본이 제3채무자에게 송달된 때에 소급하여 경정된 내용의 압류결정의 효력이 발생하는 것이 원칙이다. 따라서 채권압류명령의 채무자를 변경하는 경정결정은 그 결정정본이 제3채무자에게 송달된 때에 비로소 경정된 내용의 결정의 효력이 발생하는 것이 아니라 당초의 결정정본이 제3채무자에게 송달된 때에 소급하여 경정된 내용의 압류결정의 효력이 발생한다고 보아야 한다.

[**❶ ▶ ○**] 채권압류에 있어서 제3채무자는 순전히 타의에 의하여 다른 사람들 사이의 법률분쟁에 편입되어 압류명령에서 정한 의무를 부담하는 것이므로 이러한 제3채무자는 압류된 채권이나 그 범위를 파악함에 있어서 과도한 부담을 가지지 아니하도록 보호할 필요가 있다. 따라서 그에 있어서 '압류할 채권의 표시'에 기재된 문언은 그 문언 자체의 내용에 따라 객관적으로 엄격하게 해석하여야 하고, 문언의 의미가 불명확한 경우 그로 인한 불이익은 압류 신청채권자에게 부담시키는 것이 타당하므로, 제3채무자가 통상의 주의력을 가진 사회평균인을 기준으로 그 문언을 이해할 때 포함 여부에 의문을 가질 수 있는 채권은 특별한 사정이 없는 한 압류의 대상에 포함되었다고 보아서는 아니 된다(대판 2013.6.13. 2013다10628).

[**❷ ▶ ✕**] 가압류한 지명채권에 대하여 가압류에서 본압류로 전이하는 내용의 주문이 누락된 채 압류 및 추심명령이 발령되었다 하더라도, <u>가압류 및 압류·추심의 당사자 사이에 서로 동일성이 인정되고, 가압류의 피보전채권과 압류·추심의 집행채권 사이 및 가압류 대상 채권과 압류·추심 대상 채권 사이에 서로 동일성이 인정되는 경우에는, 해당 가압류는 특별한 사정이 없는 한 당연히 본압류로 이전되는 효력이 생긴다</u>(대판 2010.10.14. 2010다48455).

[**❸ ▶ ✕**] 가압류에서 이전되는 채권압류의 경우에 제223조(채권의 압류명령)의 집행법원은 <u>가압류를 명한 법원이 있는 곳을 관할하는 지방법원으로 한다</u>(민사집행법 제224조 제3항).

[**❹ ▶ ✕**] 압류명령은 <u>제3채무자와 채무자에게 송달하여야 한다</u>(민사집행법 제227조 제2항).

[**❺ ▸ ✕**] 채권압류명령의 경정결정이 확정된 경우에는 처음부터 경정된 내용의 압류명령이 있었던 것과 같은 효력이 있으므로 당초의 결정정본이 제3채무자에게 송달된 때에 소급하여 경정된 내용의 압류결정의 효력이 발생하는 것이 원칙이나, 경정결정이 그 허용한계 내의 적법한 것인 경우에 있어서도 제3채무자의 입장에서 볼 때에 객관적으로 경정결정이 당초의 결정의 동일성에 실질적으로 변경을 가하는 것이라고 인정되는 경우에는 경정결정이 제3채무자에게 송달된 때에 비로소 경정된 내용의 결정의 효력이 발생한다고 보는 것이 제3채무자 보호의 견지에서 타당하다 할 것이고, 경정결정이 재판의 내용을 실질적으로 변경하여 위법하나 당연무효로 볼 수 없는 경우에는 더욱 그 소급효를 제한할 필요성이 크다고 할 것이므로 채권압류명령의 채무자를 변경하는 경정결정은 그 결정정본이 제3채무자에게 송달된 때에 비로소 경정된 내용의 결정의 효력이 발생한다고 보아야 하고, 이러한 채권압류명령의 효력 및 경정에 관한 법리는 채권가압류의 경우에도 마찬가지이다(대판 2005.1.13. 2003다29937).

답 ❶

105
□□□

대법원 2017.1.12. 선고 2016다38658 판결 요지에 관한 다음 설명 중 옳지 않은 것은?

2021년 법무사시험 [문 19]

ⓐ 채권압류 및 추심명령은 제3채무자를 심문하지 않은 채 이루어지고 제3채무자에게 송달함으로써 효력이 생긴다.

ⓑ 그 후 채권압류 및 추심명령의 경정결정이 확정되는 경우 당초의 채권압류 및 추심명령은 경정결정과 일체가 되어 처음부터 경정된 내용의 채권압류 및 추심명령이 있었던 것과 같은 효력이 있으므로, 원칙적으로 당초의 결정이 제3채무자에게 송달된 때에 소급하여 경정된 내용으로 결정의 효력이 있다.

ⓒ 그런데 직접당사자가 아닌 제3채무자는 피보전권리의 존재와 내용을 모르고 있다가 결정을 송달받고 비로소 이를 알게 되는 것이 일반적이기 때문에 당초의 결정에 잘못된 계산이나 기재, 그 밖에 이와 비슷한 잘못이 있음이 객관적으로는 명백하더라도 제3채무자의 입장에서는 당초의 결정 자체만으로 잘못된 계산이나 기재, 그 밖에 이와 비슷한 잘못이 있다는 것을 알 수 없는 경우가 있다.

ⓓ 이러한 경우에도 일률적으로 채권압류 및 추심명령의 경정결정이 확정되면 당초의 채권압류 및 추심명령이 송달되었을 때에 소급하여 경정된 내용의 채권압류 및 추심명령이 있었던 것과 같은 효력이 있다고 하게 되면 순전히 타의에 의하여 다른 사람들 사이의 분쟁에 편입된 제3채무자를 보호한다는 견지에서 타당하지 않다.

ⓔ 그러나 채권압류 및 추심명령의 통일적 기능을 위해서는 제3채무자의 입장에서 볼 때 객관적으로 경정결정이 당초의 채권압류 및 추심명령의 동일성을 실질적으로 변경한 것이라고 인정되는 경우라도 당초의 결정이 제3채무자에게 송달된 때에 소급하여 경정된 내용으로 결정의 효력이 있다고 해석해야 한다.

① ⓐ 　　　　　　　　　　　　　② ⓑ

③ ⓒ 　　　　　　　　　　　　　④ ⓓ

⑤ ⓔ

[㉠▸O] [㉡▸O] [㉢▸O] [㉣▸O] [㉤▸X] ㉠ 채권압류 및 추심명령은 제3채무자를 심문하지 않은 채 이루어지고 제3채무자에게 송달함으로써 효력이 생긴다. ㉡ 그 후 채권압류 및 추심명령의 경정결정이 확정되는 경우 당초의 채권압류 및 추심명령은 경정결정과 일체가 되어 처음부터 경정된 내용의 채권압류 및 추심명령이 있었던 것과 같은 효력이 있으므로, 원칙적으로 당초의 결정이 제3채무자에게 송달된 때에 소급하여 경정된 내용으로 결정의 효력이 있다. ㉢ 그런데 직접당사자가 아닌 제3채무자는 피보전권리의 존재와 내용을 모르고 있다가 결정을 송달받고 비로소 이를 알게 되는 것이 일반적이기 때문에 당초의 결정에 잘못된 계산이나 기재, 그 밖에 이와 비슷한 잘못이 있음이 객관적으로는 명백하더라도 제3채무자의 입장에서는 당초의 결정 자체만으로 잘못된 계산이나 기재, 그 밖에 이와 비슷한 잘못이 있다는 것을 알 수 없는 경우가 있다. ㉣ 이러한 경우에도 일률적으로 채권압류 및 추심명령의 경정결정이 확정되면 당초의 채권압류 및 추심명령이 송달되었을 때에 소급하여 경정된 내용의 채권압류 및 추심명령이 있었던 것과 같은 효력이 있다고 하게 되면 순전히 타의에 의하여 다른 사람들 사이의 분쟁에 편입된 제3채무자를 보호한다는 견지에서 타당하지 않다. ㉤ 그러므로 제3채무자의 입장에서 볼 때 객관적으로 경정결정이 당초의 채권압류 및 추심명령의 동일성을 실질적으로 변경한 것이라고 인정되는 경우에는 경정결정이 제3채무자에게 송달된 때에 비로소 경정된 내용의 채권압류 및 추심명령의 효력이 생긴다(대판 2017.1.12. 2016다38658).

답 ❺

106

다음 중 압류금지채권은 모두 몇 개인가?　　　　2021년 법무사시험 [문 25]

> 가. 법령에 규정된 부양료 및 유족부조료
> 나. 채무자가 구호사업이나 제3자의 도움으로 계속 받는 수입
> 다. 병사의 급료
> 라. 급료·연금·봉급·상여금·퇴직연금, 그 밖에 이와 비슷한 성질을 가진 급여채권의 2분의 1에 해당하는 금액
> 마. 퇴직금 그 밖에 이와 비슷한 성질을 가진 급여채권의 2분의 1에 해당하는 금액
> 바. 주택임대차보호법 제8조, 같은 법 시행령의 규정에 따라 우선변제를 받을 수 있는 금액
> 사. 생명, 상해, 질병, 사고 등을 원인으로 채무자가 지급받는 보장성보험의 보험금(해약환급 및 만기환급금을 포함한다)
> 아. 채무자의 1월간 생계유지에 필요한 예금(적금·부금·예탁금과 우편대체를 포함한다)

① 4개　　　　　　　② 5개
③ 6개　　　　　　　④ 7개
⑤ 8개

민사집행법 제246조(압류금지채권)

① 다음 각 호의 채권은 압류하지 못한다.

1. 법령에 규정된 부양료 및 유족부조료
2. 채무자가 구호사업이나 제3자의 도움으로 계속 받는 수입
3. 병사의 급료
4. 급료·연금·봉급·상여금·퇴직연금, 그 밖에 이와 비슷한 성질을 가진 급여채권의 2분의 1에 해당하는 금액. 다만, 그 금액이 국민기초생활 보장법에 의한 최저생계비를 고려하여 대통령령이 정하는 금액에 미치지 못하는 경우 또는 표준적인 가구의 생계비를 고려하여 대통령령이 정하는 금액을 초과하는 경우에는 각각 당해 대통령령이 정하는 금액으로 한다.
5. 퇴직금 그 밖에 이와 비슷한 성질을 가진 급여채권의 2분의 1에 해당하는 금액
6. 주택임대차보호법 제8조, 같은 법 시행령의 규정에 따라 우선변제를 받을 수 있는 금액
7. 생명, 상해, 질병, 사고 등을 원인으로 채무자가 지급받는 보장성보험의 보험금(해약환급 및 만기환급금을 포함한다). 다만, 압류금지의 범위는 생계유지, 치료 및 장애회복에 소요될 것으로 예상되는 비용 등을 고려하여 대통령령으로 정한다.
8. 제246조의2에 따른 생계비계좌에 예치된 예금
9. 제8호에 따른 예금 외에 채무자의 1월간 생계유지에 필요한 예금(적금·부금·예탁금과 우편대체를 포함한다). 다만, 그 금액은 「국민기초생활 보장법」에 따른 최저생계비, 제195조 제3호에서 정한 금액 및 제8호에 따른 생계비계좌에 예치된 금액 등을 고려하여 대통령령으로 정한다.

답 ❺

107

금전채권에 대한 강제집행에 관한 다음 설명 중 가장 옳지 않은 것은?

2021년 법무사시험 [문 33]

① 압류된 금전채권에 대한 전부명령이 절차상 적법하게 발부되어 확정되었다고 하더라도, 전부명령이 제3채무자에게 송달될 때에 피압류채권이 존재하지 않으면 전부명령은 무효이므로, 피압류채권이 전부채권자에게 이전되거나 집행채권이 변제되어 소멸하는 효과는 발생할 수 없다.

② 판결결과에 따라 제3채무자가 채무자에게 지급하여야 하는 금액을 피압류채권으로 표시한 경우 해당 소송의 소송물인 실체법상의 채권이 채권압류 및 추심명령의 대상이 된다고 볼 수밖에 없고, 결국 채권자가 받은 채권압류 및 추심명령의 효력은 거기에서 지시하는 소송의 소송물인 청구원인 채권에 미친다고 보아야 한다.

③ 사해행위 취소의 소에서 수익자가 원상회복으로서 채권자취소권을 행사하는 채권자에게 가액배상을 할 경우, 수익자 자신이 사해행위취소소송의 채무자에 대한 채권자라는 이유로 채무자에 대하여 가지는 자기의 채권과 상계하거나 채무자에게 가액배상금 명목의 돈을 지급하였다는 점을 들어 채권자취소권을 행사하는 채권자에 대해 이를 가액배상에서 공제할 것을 주장할 수 없으므로 수익자가 채권자취소권을 행사하는 채권자에 대해 가지는 별개의 다른 채권을 집행하기 위하여 그에 대한 집행권원을 가지고 채권자의 수익자에 대한 가액배상채권을 압류하고 전부명령을 받는 것도 허용되지 않는다.

④ 근저당권피담보채권에 관한 압류명령(별지 부동산목록 첨부)이 내려진 이후 압류명령에 부동산 일부가 누락되었다며 누락된 부동산을 추가한 부동산목록으로 압류명령의 부동산 표시를 고치는 것은 결정 주문의 내용을 실질적으로 변경하는 경우에 해당하여 허용할 수 없다.

⑤ 재산적 가치가 있는 것이라도 독립성이 없어 그 자체로 처분하여 현금화할 수 없는 권리는 집행의 목적으로 할 수 없다. 채권압류 및 추심명령의 채무자가 유치권 행사 과정에서 제3채무자로부터 공사대금을 변제받을 수 있다 하더라도, 이는 유치권에 의한 목적물의 유치 및 인도 거절권능에서 비롯된 것에 불과하므로, 이러한 변제에 관한 채무자의 권한은 유치권 내지는 그 피담보채권인 공사대금채권과 분리하여 독립적으로 처분하거나 환가할 수 없는 것으로서, 결국 압류할 수 없는 성질의 것이라고 봄이 타당하다.

....

[**❶ ▶ O**] 압류된 금전채권에 대한 전부명령이 절차상 적법하게 발부되어 확정되었다고 하더라도, 전부명령이 제3채무자에게 송달될 때에 피압류채권이 존재하지 않으면 전부명령은 무효이므로, 피압류채권이 전부채권자에게 이전되거나 집행채권이 변제되어 소멸하는 효과는 발생할 수 없다(대판 2007.4.12, 2005다1407).

[**❷ ▶ O**] 판결결과에 따라 제3채무자가 채무자에게 지급하여야 하는 금액을 피압류채권으로 표시한 경우 해당 소송의 소송물인 실체법상의 채권이 채권압류 및 추심명령의 대상이 된다고 볼 수밖에 없고, 결국 채권자가 받은 채권압류 및 추심명령의 효력은 거기에서 지시하는 소송의 소송물인 청구원인채권에 미친다고 보아야 한다(대판 2018.6.28, 2016다203056).

[**❸ ▶ ✕**] 사해행위 취소의 소에서 수익자가 원상회복으로서 채권자취소권을 행사하는 채권자에게 가액배상을 할 경우, 수익자 자신이 사해행위취소소송의 채무자에 대한 채권자라는 이유로 채무자에 대하여 가지는 자기의 채권과 상계하거나 채무자에게 가액배상금 명목의 돈을 지급하였다는 점을 들어 채권자취소권을 행사하는 채권자에 대해 이를 가액배상에서 공제할 것을 주장할 수 없다. 그러니 <u>수익자가 채권자취소권을 행사하는 채권자에 대해 가지는 별개의 다른 채권을 집행하기 위하여 그에 대한 집행권원을 가지고 채권자의 수익자에 대한 가액배상채권을 압류하고 전부명령을 받는 것은 허용된다.</u> 이는 수익자의 채무자에 대한 채권을 기초로 한 상계나 임의적인 공제와는 내용과 성질이 다르다. 또한

PART 1 PART 2 PART 3 PART 4 PART 5 PART 6 PART 7 PART 8

채권자가 채무자의 제3채무자에 대한 채권을 압류하는 경우 제3채무자가 채권자 자신인 경우에도 이를 압류하는 것이 금지되지 않으므로 단지 채권자와 제3채무자가 같다고 하여 채권압류 및 전부명령이 위법하다고 볼 수 없다(대결 2017.8.21. 2017마499).

[❹ ▸ ○] '별지목록' 부동산의 근저당권피담보채권에 관한 이 사건 압류명령이 내려진 이후 신청인의 착오로 위 압류명령에 부동산 일부가 누락되었다며 누락된 부동산을 추가한 부동산목록으로 압류명령의 부동산 표시를 고치는 것은 결정 주문의 내용을 실질적으로 변경하는 경우에 해당하여 허용할 수 없다(대결 2018.9.7. 2018마535).

[❺ ▸ ○] 재산적 가치가 있는 것이라도 독립성이 없어 그 자체로 처분하여 현금화할 수 없는 권리는 집행의 목적으로 할 수 없다. … 채무자가 이 사건 부동산에 대한 진정한 유치권자라 하여도, 채무자로서는 매수인인 제3채무자에 대하여 적극적으로 이 사건 공사대금의 변제를 청구할 수 있는 채권은 없고, 매수인인 제3채무자에 대하여 이 사건 공사대금의 변제가 있을 때까지 이 사건 부동산의 인도를 거절할 수 있을 뿐이며, 비록 이와 같이 채무자가 유치권 행사 과정에서 제3채무자로부터 이 사건 공사대금을 변제받을 수 있다 하더라도, 이는 이 사건 공사대금에 관한 채권을 소멸시키는 것이고 또한 이 사건 유치권에 의한 목적물의 유치 및 인도 거절권능에서 비롯된 것에 불과하므로, 이러한 변제에 관한 채무자의 권한은 이 사건 유치권 내지는 그 피담보채권인 이 사건 공사대금채권과 분리하여 독립적으로 처분하거나 환가할 수 없는 것으로서, 결국 압류할 수 없는 성질의 것이라고 봄이 타당하다(대결 2014.12.30. 2014마1407).

답 ❸

108 □□□ 다음 설명 중 가장 옳지 않은 것은?   2025년 법무사시험 [문 17]

① 소유권이전등기청구권이 가압류된 후 채무자가 제3채무자를 상대로 소유권이전등기청구의 소를 제기한 경우에는 법원은 가압류 해제를 조건으로 하여서만 청구를 인용할 수 있다.

② 집행채권자의 채권자가 집행권원에 표시된 집행채권을 가압류한 경우에는 가압류의 효력으로 집행채권자의 추심, 양도 등의 처분행위와 채무자의 변제가 금지되고 이에 위반되는 행위는 집행채권자의 채권자에게 대항할 수 없게 되므로 집행채권자는 채무자를 상대로 채권압류 및 전부명령이나 채권압류 및 추심명령을 신청할 수 없다.

③ 부동산소유권이전등기청구권의 가압류는 채무자 명의로 소유권을 이전하여 이에 대하여 강제집행을 할 것을 전제로 하고 있으므로 소유권이전등기청구권을 가압류하였다 하더라도 어떠한 경로로 제3채무자로부터 채무자 명의로 소유권이전등기가 마쳐졌다면 채권자는 부동산 자체를 가압류하거나 압류하면 될 것이지 등기를 말소할 필요는 없다.

④ 채권자가 채무자를 상대로 처분금지가처분결정을 받았다고 하더라도 가처분등기가 마쳐지기 전에 채무자가 그 가처분의 내용에 위반되는 처분행위를 하여 제3자 명의로 소유권이전등기 등이 마쳐졌다면 그 등기는 완전히 유효하고 위 가처분결정은 집행불능이 된다.

⑤ 가등기된 부동산소유권이전등기청구권에 대한 가압류의 기입등기가 마쳐진 후라면 가등기에 기한 본등기와 이에 터잡아 제3자 명의의 소유권이전등기가 경료되었다 하더라도 가압류채권자는 위 제3자에 대하여 위 가압류의 처분금지적 효력을 주장할 수 있다.

[❶ ▸ ○] 소유권이전등기청구권에 대한 압류나 가압류는 채권에 대한 것이지 등기청구권의 목적물인 부동산에 대한 것이 아니고, 채무자와 제3채무자에게 그 결정을 송달하는 외에 현행법상 등기부에 이를 공시하는 방법이 없는 것으로서, 당해 채권자와 채무자 및 제3채무자 사이에만 효력이 있을 뿐 압류나 가압류와 관계가 없는 제3자에 대하여는 압류나 가압류의 처분금지적 효력을 주장할 수 없게 되므로, 소유권이전등기청구권의 압류나 가압류는 청구권의 목적물인 부동산 자체의 처분을 금지하는 대물적 효력은 없고, 또한 채권에 대한 가압류가 있더라도 이는 채무자가 제3채무자로부터 현실로 급부를 추심하는 것만을 금지하는 것이므로 채무자는 제3채무자를 상대로 그 이행을 구하는 소송을 제기할 수 있고 법원은 가압류가 되어 있음을 이유로 이를 배척할 수는 없는 것이지만, 소유권이전등기를 명하는 판결은 의사의 진술을 명하는 판결로서 이것이 확정되면 채무자는 일방적으로 이전등기를 신청할 수 있고 제3채무자는 이를 저지할 방법이 없게 되므로 위와 같이 볼 수는 없고 이와 같은 경우에는 가압류의 해제를 조건으로 하지 않는 한 법원은 이를 인용하여서는 안 되는 것이며, 가처분이 있는 경우도 이와 마찬가지로 그 가처분의 해제를 조건으로 하여야만 소유권이전등기절차의 이행을 명할 수 있다(대판 1999.2.9. 98다42615).

[❷ ▸ ×] 집행채권자의 채권자가 채무명의에 표시된 집행채권을 압류 또는 가압류, 처분금지가처분을 한 경우에는 압류 등의 효력으로 집행채권자의 추심, 양도 등의 처분행위와 채무자의 변제가 금지되고 이에 위반되는 행위는 집행채권자의 채권자에게 대항할 수 없게 되므로 집행기관은 압류 등이 해제되지 않는 한 집행할 수 없으니 이는 집행장애사유에 해당한다. 다만 채권압류명령은 비록 강제집행절차에 나아간 것이기는 하나 채권추심명령이나 채권전부명령과는 달리 집행채권의 현금화나 만족적 단계에 이르지 아니하는 보전적 처분으로서 집행채권을 압류한 채권자를 해하는 것이 아니기 때문에 집행채권에 대한 압류의 효력에 반하는 것은 아니므로, 집행채권에 대한 압류는 집행채권자가 채무자를 상대로 한 채권압류명령에는 집행장애사유가 될 수 없다(대판 2016.9.28. 2016다205915). ☞ 따라서 집행채권자는 채무자를 상대로 채권압류 및 전부명령이나 채권압류 및 추심명령을 신청할 수 있다.

[❸ ▸ ○] [1] 소유권이전등기청구권에 대한 압류나 가압류는 채권에 대한 것이지 등기청구권의 목적물인 부동산에 대한 것이 아니고, 채무자와 제3채무자에게 결정을 송달하는 외에 현행법상 등기부에 이를 공시하는 방법이 없는 것으로서 당해 채권자와 채무자 및 제3채무자 사이에만 효력을 가지며, 압류나 가압류와 관계가 없는 제3자에 대하여는 압류나 가압류의 처분금지적 효력을 주장할 수 없으므로 소유권이전등기청구권의 압류나 가압류는 청구권의 목적물인 부동산 자체의 처분을 금지하는 대물적 효력은 없다 할 것이고, 제3채무자나 채무자로부터 소유권이전등기를 넘겨받은 제3자에 대하여는 취득한 등기가 원인무효라고 주장하여 말소를 청구할 수 없다. [2] 부동산소유권이전등기청구권의 가압류는 채무자 명의로 소유권을 이전하여 이에 대하여 강제집행을 할 것을 전제로 하고 있으므로 소유권이전등기청구권을 가압류하였다 하더라도 어떠한 경로로 제3채무자로부터 채무자 명의로 소유권이전등기가 마쳐졌다면 채권자는 부동산 자체를 가압류하거나 압류하면 될 것이지 등기를 말소할 필요는 없다(대판[전합] 1992.11.10. 92다4680).

[❹ ▸ ○] 부동산에 관하여 처분금지가처분의 등기가 마쳐진 후에 가처분권자가 본안소송에서 승소판결을 받아 확정되면 그 피보전권리의 범위 내에서 그 가처분에 저촉되는 처분행위의 효력을 부정할 수 있고, 이때 그 처분행위가 가처분에 저촉되는 것인지의 여부는 그 처분행위에 따른 등기와 가처분등기의 선후에 의하여 정해진다(대판 2003.2.28. 2000다65802). 따라서 채권자가 채무자를 상대로 처분금지가처분결정을 받았다고 하더라도 '가처분등기가 마쳐지기 전에' 채무자가 그 가처분의 내용에 위반되는 처분행위를 하여 제3자 명의로 소유권이전등기 등이 마쳐졌다면 그 등기는 완전히 유효하고 위 가처분결정은 집행불능이 된다(대판 1997.7.11. 97다15012 참조).

[❺ ▸ ○] 가등기된 부동산소유권이전등기청구권에 대한 가압류의 기입등기가 마쳐진 후 가등기에 기한 본등기와 이에 터잡아 제3자 명의의 소유권이전등기가 경료된 경우, 가압류채권자는 제3자에 대하여 위 가압류의 처분금지적 효력을 주장할 수 있다 할 것이어서, 제3자 명의의 소유권이전등기는 등기된 가압류의 채권자와의 관계에서는 무효이다(대판 1998.8.21. 96다29564).

답 ❷

제2항 제3채무자의 공탁

109 집행공탁에 관한 다음 설명 중 가장 옳지 않은 것은? **2025년 법무사시험 [문 29]**

① 금전채권에 대한 압류를 원인으로 제3채무자가 집행공탁을 하면 피압류채권이 소멸하고, 압류명령은 그 목적을 달성하여 효력을 상실하며, 압류채권자의 지위는 집행공탁금에 대하여 배당을 받을 채권자의 지위로 전환된다.

② 제3채무자의 집행공탁 전 동일한 피압류채권에 대하여 다른 채권자의 신청에 따라 압류·가압류명령이 발령되었더라도 집행공탁 후에야 제3채무자에게 송달된 경우, 그 압류·가압류명령은 집행공탁으로 이미 소멸한 피압류채권에 대한 것이므로 효력이 생기지 않는다.

③ 금전채권의 일부만이 압류되었음에도 채권 전액을 한꺼번에 공탁한 경우 그 공탁금 전부가 집행공탁으로 취급된다.

④ 집행공탁은 공탁 후 행해질 배당 등 절차의 진행을 전제로 한 것인데, 처분금지가처분은 그것이 설령 금전채권을 목적으로 하더라도 이러한 배당 등 절차와는 관계가 없으므로 제3채무자로서는 이를 이유로 집행공탁을 할 수는 없다.

⑤ 제3채무자가 압류를 이유로 집행공탁한 경우, 압류채권자 이외의 다른 채권자는 제3채무자가 공탁사유를 법원에 신고하기 전까지 배당요구를 하여야 해당 채권에 대한 강제집행절차에 참가할 수 있다.

....

[① ▸ ○] 민사집행법 제248조에 따라 집행공탁이 이루어지면 피압류채권이 소멸하고, 압류명령은 그 목적을 달성하여 효력을 상실하며, 압류채권자의 지위는 집행공탁금에 대하여 배당을 받을 채권자의 지위로 전환된다. 이러한 법리는 민사집행법 제291조, 제248조 제1항에 따른 공탁이 위에서 본 법리에 따라 민사집행법 제248조에 따른 집행공탁으로 바뀌는 경우에도 마찬가지로 적용된다. 따라서 금전채권에 대한 가압류를 원인으로 한 제3채무자의 공탁에 의해 채무자가 취득한 공탁금출급청구권에 대하여 압류·추심명령을 받은 채권자는, 그러한 공탁이 위에서 본 법리에 따라 민사집행법 제248조에 따른 집행공탁으로 바뀌는 경우에는 더 이상 추심권능이 아닌 구체적으로 배당액을 수령할 권리, 즉 배당금채권을 가지게 된다(대판 2019.1.31. 2015다26009).

[② ▸ ○] 제3채무자가 압류나 가압류를 이유로 민사집행법 제248조 제1항이나 민사집행법 제291조, 제248조 제1항에 따라 집행공탁을 하면 제3채무자에 대한 피압류채권은 소멸하고, 한편 채권에 대한 압류·가압류명령은 그 명령이 제3채무자에게 송달됨으로써 효력이 생기므로(민사집행법 제227조 제3항, 제291조), 제3채무자의 집행공탁 전에 동일한 피압류채권에 대하여 다른 채권자의 신청에 따라 압류·가압류명령이 발령되었더라도, 제3채무자의 집행공탁 후에야 그에게 송달된 경우, 압류·가압류명령은 집행공탁으로 이미 소멸한 피압류채권에 대한 것이어서 압류·가압류의 효력이 생기지 아니한다 (대판 2015.7.23. 2014다87502).

[③ ▸ ✕] 민사집행법 제248조 제1항은 "제3채무자는 압류에 관련된 금전채권의 전액을 공탁할 수 있다"고 규정하여 채권자의 공탁청구, 추심청구, 경합 여부 등을 따질 필요 없이 당해 압류에 관련된 채권 전액을 공탁할 수 있도록 규정하고 있는바, 이에 따라 금전채권의 일부만이 압류되었음에도 그 채권 전액을 공탁한 경우에는 그 공탁금 중 압류의 효력이 미치는 금전채권액은 그 성질상 당연히 집행공탁으로 보아야 하나, 압류금액을 초과하는 부분은 압류의 효력이 미치지 않으므로 집행공탁이 아니라 변제공탁으로 보아야 한다(대판 2008.5.15. 2006다74693).

[**❹** ▸ **○**] 집행공탁은 공탁 이후 행해질 배당 등 절차의 진행을 전제로 한 것인데, 처분금지가처분은 그것이 설령 금전채권을 목적으로 하더라도 이러한 배당 등 절차와는 관계가 없으므로 제3채무자로서는 이를 이유로 집행공탁을 할 수는 없고, 다만 채권자불확지에 의한 변제공탁을 할 수 있다(대판 2008.5.15. 2006다74693).

[**❺** ▸ **○**] 민사집행법 제248조 제1항에 따라 금전채권에 관하여 압류명령을 송달받은 제3채무자는 압류명령을 받은 채무액을 공탁할 수 있는바, 집행공탁이 성립하면 무효가 아닌 한 제3채무자는 바로 채무를 면하게 되고, 공탁금은 이후 배당재단에 포함되어 집행법원의 관리하에 놓이게 된다. 제3채무자가 채무액을 공탁한 때에는 그 사유를 법원에 신고하여야 하는데(민사집행법 제248조 제4항 본문), 민법·상법, 그 밖의 법률에 의하여 우선변제청구권이 있는 채권자와 집행력 있는 정본을 가진 채권자는 제3채무자가 제248조 제4항에 따른 공탁의 신고를 한 때까지 법원에 배당요구를 할 수 있다(민사집행법 제247조 제1항 제1호). ☞ 민사집행법 제247조 제1항 제1호가 압류채권자 이외의 채권자가 배당요구의 방법으로 채권에 대한 강제집행절차에 참가하여 압류채권자와 평등하게 자신의 채권의 변제를 받는 것을 허용하면서도, 다른 한편으로 그 배당요구의 종기를 제3채무자의 공탁사유 신고 시까지로 제한하고 있는 이유는 제3채무자가 채무액을 (집행)공탁하고 그 사유 신고를 마치면 배당할 금액이 판명되어 배당절차를 개시할 수 있는 만큼 늦어도 그때까지는 배당요구가 마쳐져야 배당절차의 혼란과 지연을 막을 수 있다고 본 때문이다(대판 2008.5.15. 2006다74693).

 답 ③

110
□□□

금전채권에 대한 집행절차에서 제3채무자의 공탁에 관한 다음 설명 중 가장 옳지 않은 것은?

① 채권가압류를 이유로 한 제3채무자의 공탁은 압류를 이유로 한 제3채무자의 공탁과 달리 그 공탁금으로부터 배당을 받을 수 있는 채권자의 범위를 확정하는 효력이 없고, 가압류의 제3채무자가 공탁을 하고 공탁사유를 법원에 신고하더라도 배당절차를 실시할 수 없다.

② 금전채권에 관하여 배당요구서를 송달받은 제3채무자는 배당에 참가한 채권자의 청구가 있으면 압류된 부분에 해당하는 금액을 공탁하여야 한다.

③ 제3채무자가 금전채권의 일부만이 압류되었음에도 그 채권 전액을 공탁한 경우에는 그 공탁금 중 압류의 효력이 미치는 금전채권액은 그 성질상 당연히 집행공탁으로 보아야 하나, 압류금액을 초과하는 부분은 압류의 효력이 미치지 않으므로 집행공탁이 아니라 변제공탁으로 보아야 한다.

④ 금전채권에 대한 압류를 이유로 제3채무자가 민사집행법 제248조 제1항에 의하여 공탁한 후에 압류채권자가 압류명령신청을 취하하였다면, 채무자는 압류된 채권액에 대하여 압류명령 실효를 이유로 직접 공탁관에게 공탁금의 출급을 청구할 수 있다.

⑤ 민사집행법 제248조가 정하는 제3채무자의 공탁은 채무자의 제3채무자에 대한 금전채권의 전부 또는 일부가 압류된 경우에 허용되므로, 그러한 공탁에 따른 변제의 효과 역시 압류의 대상에 포함된 채권에 대해서만 발생한다고 보아야 한다.

[❶ ▶ ○] 채권가압류를 이유로 한 제3채무자의 공탁은 압류를 이유로 한 제3채무자의 공탁과 달리 그 공탁금으로부터 배당을 받을 수 있는 채권자의 범위를 확정하는 효력이 없고, 가압류의 제3채무자가 공탁을 하고 공탁사유를 법원에 신고하더라도 배당절차를 실시할 수 없으며, 공탁금에 대한 채무자의 출급청구권에 대하여 압류 및 공탁사유신고가 있을 때 비로소 배당절차를 실시할 수 있다(대판 2006.3.10. 2005다15765).

[❷ ▶ ○] 금전채권에 관하여 배당요구서를 송달받은 제3채무자는 배당에 참가한 채권자의 청구가 있으면 압류된 부분에 해당하는 금액을 공탁하여야 한다(민사집행법 제248조 제2항).

[❸ ▶ ○] 민사집행법 제248조 제1항은 "제3채무자는 압류에 관련된 금전채권의 전액을 공탁할 수 있다"고 규정하여 채권자의 공탁청구, 추심청구, 경합 여부 등을 따질 필요 없이 당해 압류에 관련된 채권 전액을 공탁할 수 있도록 규정하고 있는바, 이에 따라 금전채권의 일부만이 압류되었음에도 그 채권 전액을 공탁한 경우에는 그 공탁금 중 압류의 효력이 미치는 금전채권액은 그 성질상 당연히 집행공탁으로 보아야 하나, 압류금액을 초과하는 부분은 압류의 효력이 미치지 않으므로 집행공탁이 아니라 변제공탁으로 보아야 한다(대판 2008.5.15. 2006다74693).

[❹ ▶ ✕] 금전채권에 대한 압류를 이유로 제3채무자가 민사집행법 제248조 제1항에 의하여 공탁한 후에, 압류명령이 취소되거나 신청의 취하 등으로 인하여 압류가 실효된 경우, 채무자는 압류된 채권액에 대하여 <u>집행법원의 지급위탁에 의하여</u> 공탁금의 출급을 청구할 수 있다(행정예규 제1018호 5. 가.).

[❺ ▶ ○] 민사집행법 제248조가 정하는 제3채무자의 공탁은 채무자의 제3채무자에 대한 금전채권의 전부 또는 일부가 압류된 경우에 허용되므로, 그러한 공탁에 따른 변제의 효과 역시 압류의 대상에 포함된 채권에 대해서만 발생한다고 보아야 한다(대판 2018.5.30. 2015다51968).

답 ❹

 제3항 ┃ 추심명령

111
☐☐☐

추심명령에 관한 다음 설명 중 가장 옳지 않은 것은?   2025년 법무사시험 [문 28]

① 추심명령이 있으면 압류채권자는 대위절차 없이 압류채권을 추심할 수 있고, 제3채무자가 추심절차에 대하여 의무를 이행하지 아니하는 때에는 압류채권자는 소로써 그 이행을 청구할 수 있다.

② 압류 및 추심명령의 제3채무자는 추심의 소를 제기당한 경우 집행력 있는 정본을 가진 다른 채권자를 공동소송인으로 원고 쪽에 참가하도록 명할 것을 첫 변론기일까지 신청할 수 있다.

③ 압류 및 추심명령이 있는 경우 추심집행이 종료될 때까지 채무자가 제3채무자에게 가지는 채권이 추심채권자에게 이전되므로, 만약 채권자가 추심할 채권의 행사를 게을리한 때에는 이로써 생긴 채무자의 손해를 부담한다.

④ 금전채권에 대하여 압류 및 추심명령이 있더라도 그 추심권능은 그 자체로서 독립적으로 처분하여 환가할 수 있는 것이 아니므로 압류할 수 없는 성질의 것이다.

⑤ 추심채권자가 집행법원에 추심신고를 하기 전에 다른 압류·가압류 또는 배당요구가 있었을 때에는 추심채권자는 추심한 금액을 바로 공탁하고 그 사유를 신고하여야 하며 이에 따라 배당절차가 개시된다.

[**❶ ▶ ○**] 추심명령이 있는 때에는 압류채권자는 <u>대위절차(代位節次) 없이 압류채권을 추심할 수 있다</u>(민사집행법 제229조 제2항). 제3채무자가 추심절차에 대하여 의무를 이행하지 아니하는 때에는 압류채권자는 <u>소로써 그 이행을 청구할 수 있다</u>(민사집행법 제249조 제1항).

[**❷ ▶ ○**] 민사집행법 제249조 제2항·제3항

> **민사집행법 제249조(추심의 소)**
> ① 제3채무자가 추심절차에 대하여 의무를 이행하지 아니하는 때에는 압류채권자는 소로써 그 이행을 청구할 수 있다.
> ② 집행력 있는 정본을 가진 모든 채권자는 공동소송인으로 원고 쪽에 참가할 권리가 있다.
> ③ 소를 제기당한 제3채무자는 제2항의 채권자를 공동소송인으로 원고 쪽에 참가하도록 명할 것을 첫 변론기일까지 신청할 수 있다.
> ④ 소에 대한 재판은 제3항의 명령을 받은 채권자에 대하여 효력이 미친다.

[**❸ ▶ ✕**] 채권자가 추심할 채권의 행사를 게을리한 때에는 이로써 생긴 채무자의 손해를 부담한다(민사집행법 제239조). 그러나 <u>금전채권에 대하여 압류 및 추심명령이 있었다고 하더라도 이는 강제집행절차에서 압류채권자에게 채무자의 제3채무자에 대한 채권을 추심할 권능만을 부여하는 것으로서 강제집행절차상의 환가처분의 실현행위에 지나지 아니한 것이며, 이로 인하여 채무자가 제3채무자에 대하여 가지는 채권이 압류채권자에게 이전되거나 귀속되는 것이 아니다</u>(대판 1997.3.14. 96다54300).

[**❹ ▶ ○**] 금전채권에 대하여 압류 및 추심명령이 있었다고 하더라도 이는 강제집행 절차에서 압류채권자에게 채무자의 제3채무자에 대한 채권을 추심할 권능만을 부여하는 것으로서 강제집행절차상의 환가처분의 실현행위에 지나지 아니한 것이며, 이로 인하여 채무자가 제3채무자에 대하여 가지는 채권이 압류채권자에게 이전되거나 귀속되는 것이 아니다. 따라서 이와 같은 추심권능은 그 자체로 독립적으로 처분하여 환가할 수 있는 것이 아니어서 압류할 수 없는 성질의 것이고, 이에 대한 압류명령은 무효라고 보아야 한다(대판 2019.12.12. 2019다256471).

[**❺ ▶ ○**] 채권자는 추심한 채권액을 법원에 신고하여야 한다. 추심채권자가 집행법원에 추심신고를 하기 전에 다른 압류·가압류 또는 배당요구가 있었을 때에는 추심채권자는 추심한 금액을 바로 공탁하고 그 사유를 신고하여야 한다(민사집행법 제236조 참조). 추심채권자가 추심금을 공탁한 때에는 배당절차를 개시한다(민사집행법 제252조 제2호).

 답 ❸

112 □□□ 추심권의 재판상청구에 관한 다음 설명 중 가장 옳지 않은 것은? 2024년 법무사시험 [문 17]

① 추심의 소의 원고는 압류한 채권에 대하여 추심명령을 얻어 추심권을 취득한 채권자로서 추심소송에서 추심명령이 유효하지 않은 것으로 인정되는 경우 또는 추심소송 계속 중에 추심명령이 취소된 경우에는 당사자적격 흠결을 이유로 소를 각하하여야 한다.

② 압류가 경합하고 있는 경우에도 압류채권자 중 1인은 추심명령을 얻어 단독으로 추심의 소를 제기할 수 있고, 다른 추심채권자가 먼저 추심의 소를 제기한 경우에 그와 별개의 소송으로 추심의 소를 제기하는 것은 중복제소 금지의 원칙에 위배되어 부적법하나, 민사소송법 제83조나 민사집행법 제249조 제2항에 따라 기존의 추심소송에 공동소송참가를 하는 것은 적법하다.

③ 채무자가 제3채무자를 상대로 제기한 이행의 소가 법원에 계속되어 있는 경우에도 압류채권자는 제3채무자를 상대로 압류된 채권의 이행을 청구하는 추심의 소를 제기할 수 있고, 제3채무자를 상대로 압류채권자가 제기한 추심의 소는 채무자가 제기한 이행의 소에 대한 관계에서 민사소송법 제259조가 금지하는 중복된 소제기에 해당하지 않는다.

④ 채권자가 추심금청구소송을 제기하여 확정판결을 받은 경우라도 그 집행에 의한 변제를 받기 전에 압류명령의 신청을 취하하여 추심권이 소멸하면 추심권능과 소송수행권이 모두 채무자에게 복귀한다. 이는 국가가 국세징수법에 의한 체납처분으로 채무자의 제3채무자에 대한 채권을 압류하였다가 압류를 해제한 경우에도 마찬가지이다.

⑤ 동일한 채권에 대해 복수의 채권자들이 압류·추심명령을 받은 경우 어느 한 채권자가 제기한 추심금소송에서 확정된 판결의 기판력은 그 소송의 변론종결일 이전에 압류·추심명령을 받았던 다른 추심채권자에게도 미친다.

....

[**❶▸○**] 추심의 소의 원고는 압류한 채권에 대하여 추심명령을 얻어 추심권을 취득한 채권자이다. 추심의 소는 법정소송담당에 해당하므로 추심명령이 유효하여야 원고에게 추심권 및 소송수행권이 있어 당사자적격이 인정된다. 추심소송에서 추심명령이 유효하지 않은 것으로 인정되는 경우에는 당사자적격 흠결을 이유로 소를 각하하여야 한다(대판 2016.11.10. 2014다54366). 제요 집행 4 이와 관련하여 판례는, 이 사건 채권압류 및 추심명령 결정정본이 제3채무자인 피고에게 적법하게 송달되지 아니하여 이 사건 채권압류 및 추심명령의 효력이 발생하지 아니한 이상, 채권자인 원고는 피고를 상대로 직접 이 사건 추심금청구의 소를 제기할 권능이 없다. 그렇다면 이 사건 소는 당사자 적격이 없는 자에 의하여 제기된 것으로서 부적법하므로 각하되어야 한다고 판시하고 있으며(대판 2016.11.10. 2014다54366), 추심채권자의 제3채무자에 대한 추심소송 계속 중에 채권압류 및 추심명령이 취소되어 추심채권자가 추심권능을 상실하게 되면 추심소송을 제기할 당사자적격도 상실한다고 판시하고 있다(대판 2021.9.15. 2020다297843).

[**❷▸○**] 압류가 경합하고 있는 경우에도 압류채권자 중 1인은 추심명령을 얻어 단독으로 소를 제기할 수 있다. 다른 추심채권자가 먼저 추심의 소를 제기한 경우에 그와 별개의 소송으로 추심의 소를 제기하는 것은 중복된 소제기 금지(민사소송법 제259조)의 원칙에 위배되어 부적법하나(대판 1994.2.8. 93다53092 등 참조), 민사소송법 제83조나 민사집행법 제249조 제2항에 따라 기존의 추심소송에 공동소송참가를 하는 것은 적법하다고 보아야 한다(대판 2015.7.23. 2013다30301 참조). 제요 집행 4

[**❸▸○**] 채무자가 제3채무자를 상대로 제기한 이행의 소가 법원에 계속되어 있는 경우에도 압류채권자는 제3채무자를 상대로 압류된 채권의 이행을 청구하는 추심의 소를 제기할 수 있고, 제3채무자를 상대로 압류채권자가 제기한 추심의 소는 채무자가 제기한 이행의 소에 대한 관계에서 민사소송법 제259조가 금지하는 중복된 소제기에 해당하지 않는다고 봄이 타당하다(대판[전합] 2013.12.18. 2013다202120).

[❹▸O] 채권에 대한 압류 및 추심명령이 있으면 제3채무자에 대한 이행의 소는 추심채권자만이 제기할 수 있고 채무자는 피압류채권에 대한 이행소송을 제기할 당사자적격을 상실한다. 그러나 채권자는 현금화절차가 끝나기 전까지 압류명령의 신청을 취하할 수 있고, 이 경우 채권자의 추심권도 당연히 소멸하게 되며, 추심금청구소송을 제기하여 확정판결을 받은 경우라도 그 집행에 의한 변제를 받기 전에 압류명령의 신청을 취하하여 추심권이 소멸하면 추심권능과 소송수행권이 모두 채무자에게 복귀하며, 이는 국가가 국세징수법에 의한 체납처분으로 채무자의 제3채무자에 대한 채권을 압류하였다가 압류를 해제한 경우에도 마찬가지이다(대판 2009.11.12, 2009다48879).

[❺▸X] 동일한 채권에 대해 복수의 채권자들이 압류·추심명령을 받은 경우 어느 한 채권자가 제기한 추심금소송에서 확정된 판결의 기판력은 그 소송의 변론종결일 이전에 압류·추심명령을 받았던 다른 추심채권자에게 미치지 않는다. 그 이유는 다음과 같다. 확정판결의 기판력이 미치는 주관적 범위는 신분관계소송이나 회사관계소송과 같이 법률에 특별한 규정이 있는 경우를 제외하고는 원칙적으로 당사자, 변론을 종결한 뒤의 승계인 또는 그를 위하여 청구의 목적물을 소지한 사람과 다른 사람을 위하여 원고나 피고가 된 사람이 확정판결을 받은 경우의 그 다른 사람에 국한되고(민사소송법 제218조 제1항, 제3항) 그 밖의 제3자에게는 미치지 않는다. 따라서 추심채권자들이 제기하는 추심금소송의 소송물이 채무자의 제3채무자에 대한 피압류채권의 존부로서 서로 같더라도 소송당사자가 다른 이상 그 확정판결의 기판력이 서로에게 미친다고 할 수 없다(대판 2020.10.29, 2016다35390).

답 ❺

채권압류 및 추심·전부명령의 효력에 관한 다음 설명 중 가장 옳지 않은 것은?

① 민법 제450조 제2항 소정의 지명채권양도의 제3자에 대한 대항요건은, 양도된 채권이 존속하는 동안에 그 채권에 관하여 양수인의 지위와 양립할 수 없는 법률상의 지위를 취득한 제3자가 있는 경우에 적용되는 것이므로, 양도된 채권이 이미 변제 등으로 소멸한 경우에는 그 후에 그 채권에 관한 채권압류 및 추심명령이 송달되더라도 그 채권압류 및 추심명령은 존재하지 아니하는 채권에 대한 것으로서 무효이고, 위와 같은 대항요건의 문제는 발생될 여지가 없다.

② 채권가압류와 채권압류의 집행이 경합된 상태에서 발령된 전부명령은 무효이고, 한 번 무효로 된 전부명령은 일단 경합된 가압류 및 압류가 그 후 채권가압류의 집행해제로 경합상태를 벗어났다고 하여 되살아나는 것은 아니다.

③ 채권압류 및 추심명령 또는 전부명령 당시 피압류채권이 이미 제3자에 대한 대항요건을 갖추어 양도되어 그 명령이 효력이 없는 것이 되었더라도, 그 후의 사해행위취소소송에서 위 채권양도계약이 취소되어 채권이 원채권자에게 복귀하였다면 일단 무효로 된 채권압류 및 추심명령 또는 전부명령은 유효로 된다.

④ 다른 채권자가 제3채무자의 변제 전에 동일한 피압류채권에 대하여 압류·가압류명령을 신청하고 나아가 압류·가압류명령을 얻었다고 하더라도 제3채무자가 추심권자에게 지급한 후에 그 압류·가압류명령이 제3채무자에게 송달된 경우에는 추심권자가 추심한 금원에 그 압류·가압류의 효력이 미친다고 볼 수 없고, 추심채권자가 추심의 신고를 하기 전에 다른 채권자가 동일한 피압류채권에 대하여 압류·가압류명령을 신청하였다고 하더라도 이를 당해 채권추심사건에 관한 적법한 배당요구로 볼 수도 없다.

⑤ 같은 채권에 관하여 추심명령이 여러 번 발령되더라도 그 사이에는 순위의 우열이 없고, 추심명령을 받아 채권을 추심하는 채권자는 자기채권의 만족을 위하여서뿐만 아니라 압류가 경합되거나 배당요구가 있는 경우에는 집행법원의 수권에 따라 일종의 추심기관으로서 압류나 배당에 참가한 모든 채권자를 위하여 제3채무자로부터 추심을 하는 것이므로 그 추심권능은 압류된 채권 전액에 미치며, 제3채무자로서도 정당한 추심권자에게 변제하면 그 효력은 위 모든 채권자에게 미치므로 압류된 채권을 경합된 압류채권자 및 또 다른 추심권자의 집행채권액에 안분하여 변제하여야 하는 것도 아니다.

·······

[❶▸○] 민법 제450조 제2항 소정의 지명채권양도의 제3자에 대한 대항요건은 양도된 채권이 존속하는 동안에 그 채권에 관하여 양수인의 지위와 양립할 수 없는 법률상의 지위를 취득한 제3자가 있는 경우에 적용되는 것이므로, 양도된 채권이 이미 변제 등으로 소멸한 경우에는 그 후에 그 채권에 관한 채권압류 및 추심명령이 송달되더라도 그 채권압류 및 추심명령은 존재하지 아니하는 채권에 대한 것으로서 무효이고, 위와 같은 대항요건의 문제는 발생할 여지가 없다(대판 2011.7.28. 2010다63690).

[❷▸○] 채권가압류와 채권압류의 집행이 경합된 상태에서 발령된 전부명령은 무효이고, 한 번 무효로 된 전부명령은 일단 경합된 가압류 및 압류가 그 후 채권가압류의 집행해제로 경합상태를 벗어났다고 하여 되살아나는 것은 아니다(대판 2001.10.12. 2000다19373).

[**❸** ▸ **×**] 채권자가 사해행위의 취소와 함께 수익자 또는 전득자로부터 책임재산의 회복을 명하는 사해행위취소의 판결을 받은 경우 그 취소의 효과는 채권자와 수익자 또는 전득자 사이에만 미치므로, 수익자 또는 전득자가 채권자에 대하여 사해행위의 취소로 인한 원상회복 의무를 부담하게 될 뿐, 채무자와 사이에서 그 취소로 인한 법률관계가 형성되거나 취소의 효력이 소급하여 채무자의 책임재산으로 회복되는 것은 아니다. 따라서 채권압류명령 등 당시 피압류채권이 이미 제3자에 대한 대항요건을 갖추어 양도되어 그 명령이 효력이 없는 것이 되었다면, 그 후의 사해행위취소소송에서 위 채권양도계약이 취소되어 채권이 원채권자에게 복귀하였다고 하더라도 이미 무효로 된 채권압류명령 등이 다시 유효로 되는 것은 아니다(대판 2022.12.1. 2022다247521).

[**❹** ▸ **○**] [1] 추심명령을 얻어 채권을 추심하는 채권자는 집행법원의 수권에 따라 일종의 추심기관으로서 제3채무자로부터 추심을 하는 것이므로 제3채무자로서도 정당한 추심권자에게 지급하면 피압류채권은 소멸한다. [2] 채권에 대한 압류·가압류명령은 그 명령이 제3채무자에게 송달됨으로써 효력이 생기는 것이므로(민사집행법 제227조 제3항, 제291조), 제3채무자의 지급으로 인하여 피압류채권이 소멸한 이상 설령 다른 채권자가 그 변제 전에 동일한 피압류채권에 대하여 압류·가압류명령을 신청하고 나아가 압류·가압류명령을 얻었다고 하더라도 제3채무자가 추심권자에게 지급한 후에 그 압류·가압류명령이 제3채무자에게 송달된 경우에는 추심권자가 추심한 금원에 그 압류·가압류의 효력이 미친다고 볼 수 없다. [3] 추심채권자가 추심의 신고를 하기 전에 다른 채권자가 동일한 피압류채권에 대하여 압류·가압류명령을 신청하였다고 하더라도 이를 당해 채권추심사건에 관한 적법한 배당요구로 볼 수 없다(대판 2008.11.27. 2008다59391).

[**❺** ▸ **○**] 같은 채권에 관하여 추심명령이 여러 번 발부되더라도 그 사이에는 순위의 우열이 없고, 추심명령을 받아 채권을 추심하는 채권자는 자기채권의 만족을 위하여서뿐만 아니라 압류가 경합되거나 배당요구가 있는 경우에는 집행법원의 수권에 따라 일종의 추심기관으로서 압류나 배당에 참가한 모든 채권자를 위하여 제3채무자로부터 추심을 하는 것이므로 그 추심권능은 압류된 채권 전액에 미치며, 제3채무자로서도 정당한 추심권자에게 변제하면 그 효력은 위 모든 채권자에게 미치므로 압류된 채권을 경합된 압류채권자 및 또 다른 추심권자의 집행채권액에 안분하여 변제하여야 하는 것도 아니다(대판 2001.3.27. 2000다43819).

 ❸

① 채권 일부가 압류된 뒤에 그 나머지 부분을 초과하여 다시 압류명령이 내려진 때에는 각 압류의 효력은 그 채권 전부에 미친다.

② 장래의 불확정채권에 대하여 압류가 중복된 상태에서 전부명령이 있는 경우 그 압류의 경합으로 인하여 전부명령이 무효가 되는지의 여부는 나중에 확정된 피압류채권액을 기준으로 판단할 것이 아니라 전부명령이 제3채무자에게 송달된 당시의 계약상의 피압류채권액을 기준으로 판단하여야 한다.

③ 전부명령 송달 당시 피압류채권의 발생원인이 되는 계약에 그 채권액이 정해지지 아니하여 그 채권액을 알 수 없는 경우에는 그 계약의 체결경위와 내용 및 그 이행경과, 그 계약에 기하여 가까운 장래에 채권이 발생할 가능성 및 그 채권의 성격과 내용 등 제반 사정을 종합하여 그 계약에 의하여 장래 발생할 것이 상당히 기대되는 채권액을 산정한 후 이를 그 계약상의 피압류채권액으로 봄이 상당하다.

④ 채권자는 추심명령에 따라 얻은 권리를 포기할 수 있고, 이 경우 기본채권은 소멸한다.

⑤ 저당권이 있는 채권을 압류할 경우 채권자는 채권압류사실을 등기부에 기입하여 줄 것을 법원사무관등에게 신청할 수 있다. 이 신청은 채무자의 승낙 없이 법원에 대한 압류명령의 신청과 함께 할 수 있다.

....

[❶ ▸ O] 채권 일부가 압류된 뒤에 그 나머지 부분을 초과하여 다시 압류명령이 내려진 때에는 각 압류의 효력은 그 채권 전부에 미친다(민사집행법 제235조 제1항).

[❷ ▸ O] [❸ ▸ O] 장래의 불확정채권에 대하여 압류가 중복된 상태에서 전부명령이 있는 경우 그 압류의 경합으로 인하여 전부명령이 무효가 되는지의 여부는 나중에 확정된 피압류채권액을 기준으로 판단할 것이 아니라 전부명령이 제3채무자에게 송달된 당시의 계약상의 피압류채권액을 기준으로 판단하여야 하고, 장래의 불확정채권에 대한 전부명령을 허용하는 것은 가까운 장래에 채권이 발생할 것이 상당한 정도로 기대되기 때문이므로, 전부명령 송달 당시 피압류채권의 발생원인이 되는 계약에 그 채권액이 정해지지 아니하여 그 채권액을 알 수 없는 경우에는 그 계약의 체결경위와 내용 및 그 이행경과, 그 계약에 기하여 가까운 장래에 채권이 발생할 가능성 및 그 채권의 성격과 내용 등 제반 사정을 종합하여 그 계약에 의하여 장래 발생할 것이 상당히 기대되는 채권액을 산정한 후 이를 그 계약상의 피압류채권액으로 봄이 상당하다(대판 2010.5.13. 2009다98980).

[❹ ▸ ✕] 채권자는 추심명령에 따라 얻은 권리를 포기할 수 있다. 다만, <u>기본채권에는 영향이 없다</u>(민사집행법 제240조 제1항).

[❺ ▸ O] 저당권이 있는 채권을 압류할 경우 채권자는 채권압류사실을 등기부에 기입하여 줄 것을 법원사무관등에게 신청할 수 있다. 이 신청은 채무자의 승낙 없이 법원에 대한 압류명령의 신청과 함께 할 수 있다(민사집행법 제228조 제1항).

답 ❹

115 채권압류명령 및 추심명령 또는 전부명령에 관한 다음 설명 중 가장 옳지 않은 것은?
2025년 법무사시험 [문 35]

① 채무자가 압류 또는 가압류의 대상인 채권을 양도하고 확정일자 있는 통지 등에 의한 채권양도의 대항요건을 갖추었다면, 그 후 채무자의 다른 채권자가 그 양도된 채권에 대하여 압류 또는 가압류를 하더라도 그 압류 또는 가압류 당시에 피압류채권은 이미 존재하지 않는 것과 같아 압류 또는 가압류로서의 효력이 없고, 그에 기한 추심명령 또한 무효이므로, 그 다른 채권자는 압류 등에 따른 집행절차에 참여할 수 없다.

② 압류된 금전채권에 대한 전부명령이 절차상 적법하게 발부되어 확정되었다고 하더라도 전부명령이 제3채무자에게 송달될 때에 피압류채권이 존재하지 않으면 전부명령도 무효이므로, 피압류채권이 전부채권자에게 이전되거나 집행채권이 변제되어 소멸하는 효과는 발생할 수 없다.

③ 채권자가 사해행위의 취소와 함께 수익자 또는 전득자로부터 책임재산의 회복을 명하는 사해행위 취소의 판결을 받은 경우 그 취소의 효과는 채권자와 수익자 또는 전득자 사이에만 미치므로, 수익자 또는 전득자가 채권자에 대하여 사해행위의 취소로 인한 원상회복 의무를 부담하게 될 뿐, 채무자와 사이에서 그 취소로 인한 법률관계가 형성되거나 취소의 효력이 소급하여 채무자의 책임재산으로 회복되는 것은 아니다. 따라서 채권압류명령 등 당시 피압류채권이 이미 제3자에 대한 대항요건을 갖추어 양도되어 그 명령이 효력이 없는 것이 되었다면, 그 후의 사해행위취소소송에서 위 채권양도계약이 취소되어 채권이 원채권자에게 복귀하였다고 하더라도 이미 무효로 된 채권압류명령 등이 다시 유효로 되는 것은 아니다.

④ 채권에 대한 압류명령은 압류목적채권이 현실로 존재하는 경우에 그 한도에서 효력을 발생할 수 있는 것이고 그 효력이 발생된 후 새로 발생한 채권에 대하여는 압류의 효력이 미치지 아니한다.

⑤ 장래의 불확정채권에 대하여 압류가 중복된 상태에서 전부명령이 있는 경우 그 압류의 경합으로 인하여 전부명령이 무효가 되는지의 여부는 나중에 확정된 피압류채권액을 기준으로 판단할 것이지, 전부명령이 제3채무자에게 송달된 당시의 계약상의 피압류채권액을 기준으로 판단할 것은 아니다.

──────────

[❶ ▸ ○] [❷ ▸ ○] 채무자가 압류 또는 가압류의 대상인 채권을 양도하고 확정일자 있는 통지 등에 의한 채권양도의 대항요건을 갖추었다면, 그 후 채무자의 다른 채권자가 그 양도된 채권에 대하여 압류 또는 가압류를 하더라도 그 압류 또는 가압류 당시에 피압류채권은 이미 존재하지 않는 것과 같아 압류 또는 가압류로서의 효력이 없고, 그에 기한 추심명령 또한 무효이므로, 그 다른 채권자는 압류 등에 따른 집행절차에 참여할 수 없다. 또한 압류된 금전채권에 대한 전부명령이 절차상 적법하게 발부되어 확정되었다고 하더라도 전부명령이 제3채무자에게 송달될 때에 피압류채권이 존재하지 않으면 전부명령도 무효이므로, 피압류채권이 전부채권자에게 이전되거나 집행채권이 변제되어 소멸하는 효과는 발생할 수 없다(대판 2022.12.1. 2022다247521).

[❸ ▸ ○] 채권자가 사해행위의 취소와 함께 수익자 또는 전득자로부터 책임재산의 회복을 명하는 사해행위취소의 판결을 받은 경우 그 취소의 효과는 채권자와 수익자 또는 전득자 사이에만 미치므로, 수익자 또는 전득자가 채권자에 대하여 사해행위의 취소로 인한 원상회복 의무를 부담하게 될 뿐, 채무자와 사이에서 그 취소로 인한 법률관계가 형성되거나 취소의 효력이 소급하여 채무자의 책임재산으로 회복되는 것은 아니다. 따라서 채권압류명령 등 당시 피압류채권이 이미 제3자에 대한 대항요건을 갖추

어 양도되어 그 명령이 효력이 없는 것이 되었다면, 그 후의 사해행위취소소송에서 위 채권양도계약이 취소되어 채권이 원채권자에게 복귀하였다고 하더라도 이미 무효로 된 채권압류명령 등이 다시 유효로 되는 것은 아니다(대판 2022.12.1. 2022다247521).

[❹ ▸ ○] 채권에 대한 압류명령은 압류목적채권이 현실로 존재하는 경우에 그 한도에서 효력을 발생할 수 있는 것이고 그 효력이 발생된 후 새로 발생한 채권에 대하여는 압류의 효력이 미치지 아니한다(대판 1989.2.28. 88다카13394).

[❺ ▸ ✕] 장래의 불확정채권에 대하여 압류가 중복된 상태에서 전부명령이 있는 경우 그 압류의 경합으로 인하여 전부명령이 무효가 되는지의 여부는 나중에 확정된 피압류채권액을 기준으로 판단할 것이 아니라 전부명령이 제3채무자에게 송달된 당시의 계약상의 피압류채권액을 기준으로 판단하여야 하고, 장래의 불확정채권에 대한 전부명령을 허용하는 것은 가까운 장래에 채권이 발생할 것이 상당한 정도로 기대되기 때문이므로, 전부명령 송달 당시 피압류채권의 발생 원인이 되는 계약에 그 채권액이 정해지지 아니하여 그 채권액을 알 수 없는 경우에는 그 계약의 체결 경위와 내용 및 그 이행 경과, 그 계약에 기하여 가까운 장래에 채권이 발생할 가능성 및 그 채권의 성격과 내용 등 제반 사정을 종합하여 그 계약에 의하여 장래 발생할 것이 상당히 기대되는 채권액을 산정한 후 이를 그 계약상의 피압류채권액으로 봄이 상당하다(대판 2010.5.13. 2009다98980).

답 ❺

---

116 □□□ **금전채권의 강제집행에 관한 다음 설명 중 가장 옳지 않은 것은?** 2024년 법무사시험 [문 11]

① 금전채권에 대하여 채권압류 및 전부명령이 있는 때에는 피전부채권이 동일성을 유지한 채로 집행채무자로부터 집행채권자에게 이전되므로 제3채무자는 채권압류 전 피전부채권자에 대하여 가지고 있었던 항변사유로 전부채권자에게 대항할 수 있다.

② 수인의 채권자에게 금전채권이 불가분적으로 귀속되는 경우에, 불가분채권자들 중 1인을 집행채무자로 한 압류 및 전부명령이 이루어지면 그 불가분채권자의 채권은 전부채권자에게 이전되므로, 피전부채권자가 아닌 다른 불가분채권자는 모든 채권자를 위하여 채무자에게 불가분채권 전부의 이행을 청구할 수 없다.

③ 전부명령이 제3채무자에게 송달되었으나 확정되기 전 즉시항고 절차 단계에서 국가가 국세징수법에 의한 체납처분으로 체납자의 채무자에 대한 집행채권을 압류한 경우 특별한 사정이 없는 한 항고법원은 전부명령을 직권으로 취소하여야 한다.

④ 채무자가 압류 또는 가압류의 대상인 채권을 양도하고 확정일자 있는 통지 등에 의한 채권양도의 대항요건을 갖추었다면, 그 후 채무자의 다른 채권자가 그 양도된 채권에 대하여 압류 또는 가압류를 하더라도 그 압류 또는 가압류 당시에 피압류채권은 이미 존재하지 않는 것과 같아 압류 또는 가압류로서의 효력이 없고, 그에 기한 추심명령 또한 무효이므로, 그 다른 채권자는 압류 등에 따른 집행절차에 참여할 수 없다.

⑤ 위 ④의 경우 압류된 금전채권에 대한 전부명령이 절차상 적법하게 발부되어 확정되었다고 하더라도 전부명령이 제3채무자에게 송달될 때에 피압류채권이 존재하지 않으면 전부명령도 무효이므로, 피압류채권이 전부채권자에게 이전되거나 집행채권이 변제되어 소멸하는 효과는 발생할 수 없다.

[**❶** ▸ **O**] 금전채권에 대하여 채권압류 및 추심명령이 있는 때에는 제3채무자는 채권이 압류되기 전에 압류채무자에게 대항할 수 있는 사유로 압류채권자에게 대항할 수 있고, 전부명령이 있는 때에는 피전부채권이 동일성을 유지한 채로 집행채무자로부터 집행채권자에게 이전되므로 제3채무자는 채권압류 전 피전부채권자에 대하여 가지고 있었던 항변사유로 전부채권자에게 대항할 수 있다(대판 2023.4.13. 2022다293272).

[**❷** ▸ **×**] 수인의 채권자에게 금전채권이 불가분적으로 귀속되는 경우에, 불가분채권자들 중 1인을 집행채무자로 한 압류 및 전부명령이 이루어지면 그 불가분채권자의 채권은 전부채권자에게 이전되지만, 그 압류 및 전부명령은 집행채무자가 아닌 다른 불가분채권자에게 효력이 없으므로, 다른 불가분채권자의 채권의 귀속에 변경이 생기는 것은 아니다. 따라서 다른 불가분채권자는 모든 채권자를 위하여 채무자에게 불가분채권 전부의 이행을 청구할 수 있고, 채무자는 모든 채권자를 위하여 다른 불가분채권자에게 전부를 이행할 수 있다. 이러한 법리는 불가분채권의 목적이 금전채권인 경우 그 일부에 대하여만 압류 및 전부명령이 이루어진 경우에도 마찬가지이다(대판 2023.3.30. 2021다264253).

[**❸** ▸ **O**] 집행법원은 강제집행의 개시나 속행에 있어서 집행장애사유에 대하여 직권으로 그 존부를 조사하여야 한다. 집행개시 전부터 그 사유가 있는 경우에는 집행의 신청을 각하 또는 기각하여야 하고, 만일 집행장애사유가 존재함에도 간과하고 강제집행을 개시한 다음 이를 발견한 때에는 이미 한 집행절차를 직권으로 취소하여야 한다. 그리고 집행개시 당시에는 집행장애사유가 없었더라도 집행 종료 전 집행장애사유가 발생한 때에는 만족적 단계에 해당하는 집행절차를 진행할 수 없으므로, 전부명령이 제3채무자에게 송달되었으나 확정되기 전 즉시항고 절차 단계에서 집행채권이 압류되는 등으로 집행장애사유가 발생한 경우 특별한 사정이 없는 한 항고법원은 전부명령을 직권으로 취소하여야 한다(대결 2023.1.12. 2022마6107).

[**❹** ▸ **O**] [**❺** ▸ **O**] 채무자가 압류 또는 가압류의 대상인 채권을 양도하고 확정일자 있는 통지 등에 의한 채권양도의 대항요건을 갖추었다면, 그 후 채무자의 다른 채권자가 그 양도된 채권에 대하여 압류 또는 가압류를 하더라도 그 압류 또는 가압류 당시에 피압류채권은 이미 존재하지 않는 것과 같아 압류 또는 가압류로서의 효력이 없고, 그에 기한 추심명령 또한 무효이므로, 그 다른 채권자는 압류 등에 따른 집행절차에 참여할 수 없다. 또한 압류된 금전채권에 대한 전부명령이 절차상 적법하게 발부되어 확정되었다고 하더라도 전부명령이 제3채무자에게 송달될 때에 피압류채권이 존재하지 않으면 전부명령도 무효이므로, 피압류채권이 전부채권자에게 이전되거나 집행채권이 변제되어 소멸하는 효과는 발생할 수 없다(대판 2022.12.1. 2022다247521).

답 **❷**

117

금전채권에 대한 전부명령에 관한 다음 설명 중 가장 옳지 않은 것은?

① 채권압류 및 전부명령이 적법하게 이루어진 이상 피압류채권은 집행채권의 범위 내에서 당연히 집행채권자에게 이전하는 것이므로, 비록 집행채권이 이미 소멸하였거나 실제 채무액을 초과하더라도 채권압류 및 전부명령의 효력에는 아무런 영향이 없다.

② 전부명령이 제3채무자에게 송달될 때까지 그 금전채권에 관하여 압류 등이 경합하면 전부명령은 무효이지만, 압류 경합이 전부명령 송달 뒤에 발생하였다면 전부명령이 확정되기 전이었다 하더라도 전부명령의 효력에는 영향이 없고, 이는 피전부채권이 존재하지 않는 경우에도 마찬가지다.

③ 사용자가 근로자에 대한 집행권원을 가지고 근로자의 자신에 대한 임금채권 중 압류가 가능한 부분에 관하여 압류 및 전부명령을 받는 것은 가능하다.

④ 임차인의 임대인에 대한 보증금반환채권이 전부된 경우에도 임차인의 건물인도의무와 임대인의 보증금반환의무 사이의 동시이행관계는 존속하므로, 임대인이 임차인에게 보증금반환의무를 이행하거나 그 현실적인 이행의 제공을 하지 않는 한 임차인의 건물인도의무는 이행지체에 빠지지 않는다.

⑤ 전부명령이 확정된 후 그 집행권원인 집행증서의 기초가 된 법률행위 중 전부 또는 일부에 무효사유가 있는 것으로 판명된 경우에는 그 무효 부분에 관하여는 집행채권자가 부당이득을 한 셈이 되므로 그 집행채권자는 집행채무자에게, 위 전부명령에 따라 전부받은 채권 중 실제로 추심한 금전 부분에 관하여는 그 상당액을 반환하여야 하고, 추심하지 않은 나머지 부분에 관하여는 그 채권 자체를 양도하는 방법에 의하여 반환하여야 한다. 이는 전부명령이 확정된 후 그 집행권원상의 집행채권이 소멸한 것으로 판명된 경우에도 동일하다.

. . . .

[**❶ ▸ O**] 집행력 있는 집행권원에 기하여 채권압류 및 전부명령이 적법하게 이루어진 이상 피압류채권은 집행채권의 범위 내에서 당연히 집행채권자에게 이전한다 할 것이어서 그 집행채권이 이미 소멸하였거나 실제 채무액을 초과하더라도 그 채권압류 및 전부명령에는 아무런 영향이 없고, 제3채무자로서는 채무자에 대하여 부담하고 있는 채무액의 한도 내에서 집행채권자에게 변제하면 완전히 면책된다(대판 2004.5.28. 2004다6542).

[**❷ ▸ ×**] 전부명령이 제3채무자에게 송달된 때에 채무자는 채무를 변제한 것으로 볼 뿐만 아니라(민사집행법 제231조), 전부명령이 제3채무자에게 송달될 때까지 그 금전채권에 관하여 압류 등이 경합하면 전부명령은 무효이지만 압류의 경합이 전부명령 송달 뒤에 발생하였다면 비록 그 전부명령이 확정되기 전이었다 하더라도 이는 전부명령의 효력에 영향을 미치지 않는다(민사집행법 제229조 제5항). … 피전부채권이 존재하지 않는 경우에는 전부명령은 실체법상 무효이므로 집행채권 소멸의 효력은 발생하지 않는다(민사집행법 제231조 단서). 제요 집행 4

> **민사집행법 제229조(금전채권의 현금화방법)**
> ⑤ 전부명령이 제3채무자에게 송달될 때까지 그 금전채권에 관하여 다른 채권자가 압류·가압류 또는 배당요구를 한 경우에는 전부명령은 효력을 가지지 아니한다.
>
> **민사집행법 제231조(전부명령의 효과)**
> 전부명령이 확정된 경우에는 전부명령이 제3채무자에게 송달된 때에 채무자가 채무를 변제한 것으로 본다. 다만, 이전된 채권이 존재하지 아니한 때에는 그러하지 아니하다.

[**❸** ▸ **O**] 근로기준법 제36조 제1항 본문에 규정된 임금의 전액지급의 원칙에 비추어 사용자가 근로자의 급료나 퇴직금 등 임금채권을 수동채권으로 하여 사용자의 근로자에 대한 다른 채권으로 상계할 수 없지만, 그렇다고 하여 사용자가 근로자에 대한 채무명의 집행을 위하여 근로자의 자신에 대한 임금채권 중 2분의 1 상당액에 관하여 압류 및 전부명령을 받는 것까지 금지하는 취지는 아니고, 같은 법 제25조는 사용자가 전차금 기타 근로할 것을 조건으로 하는 전대채권과 임금을 서로 상계하지 못한다는 취지를 규정한 데 불과하므로 이를 근거로 하여 위와 같은 사용자의 임금채권에 관한 압류 및 전부명령이 허용되지 않는다고 풀이할 수도 없다(대결 1994.3.16. 93마1822).

[**❹** ▸ **O**] 임차인의 임차보증금반환청구채권이 전부된 경우에도 채권의 동일성은 그대로 유지되는 것이어서 동시이행관계도 당연히 그대로 존속한다고 해석할 것이므로 임대차계약이 해지된 후에 임대인이 잔존임차보증금반환청구 채권을 전부받은 자에게 그 채무를 현실적으로 이행하였거나 그 채무이행을 제공하였음에도 불구하고 임차인이 목적물을 명도하지 않음으로써 임차목적물반환채무가 이행지체에 빠지는 등의 사유로 동시이행의 항변권을 상실하게 되었다는 점에 관하여 임대인이 주장, 입증을 하지 않은 이상, 임차인의 목적물에 대한 점유는 동시이행의 항변권에 기한 것이어서 불법점유라고 볼 수 없다(대판 1989.10.27. 89다카4298).

[**❺** ▸ **O**] 채무자 또는 그 대리인의 유효한 작성촉탁과 집행인낙의 의사표시에 터잡아 작성된 공정증서를 집행권원으로 하는 금전채권에 대한 강제집행절차에서, 비록 그 공정증서에 표시된 청구권의 기초가 되는 법률행위에 무효사유가 있다고 하더라도 그 강제집행절차가 청구이의의 소 등을 통하여 적법하게 취소·정지되지 아니한 채 계속 진행되어 채권압류 및 전부명령이 적법하게 확정되었다면, 그 강제집행절차가 반사회적 법률행위의 수단으로 이용되었다는 등의 특별한 사정이 없는 한, 단지 이러한 법률행위의 무효사유를 내세워 확정된 전부명령에 따라 전부채권자에게 피전부채권이 이전되는 효력 자체를 부정할 수는 없고, 다만 위와 같이 전부명령이 확정된 후 그 집행권원인 집행증서의 기초가 된 법률행위 중 전부 또는 일부에 무효사유가 있는 것으로 판명된 경우에는 그 무효 부분에 관하여는 집행채권자가 부당이득을 한 셈이 되므로, 그 집행채권자는 집행채무자에게, 위 전부명령에 따라 전부받은 채권 중 실제로 추심한 금전 부분에 관하여는 그 상당액을 반환하여야 하고, 추심하지 아니한 나머지 부분에 관하여는 그 채권 자체를 양도하는 방법에 의하여 반환하여야 한다(대판 2005.4.15. 2004다70024).

답 ❷

118

전부명령에 관한 다음 설명 중 가장 옳지 않은 것은?

① 개인회생재단에 속하는 채권에 대한 전부명령이 확정되지 않은 상태에서 개인회생절차가 개시되고 이를 이유로 전부명령에 대하여 즉시항고가 제기된 경우 항고법원은 다른 이유로 전부명령을 취소하는 경우를 제외하고는 항고에 관한 재판을 정지하여야 한다.

② 압류 및 전부명령에 대한 항고재판 진행 중 채무자가 신청하였던 개인회생절차가 채무자의 개인회생신청 취하 등을 이유로 폐지되었다면 항고법원은 다른 사유가 없는 한 항고심을 진행하여 그 항고를 기각하여야 하고, 그 채무자가 새롭게 신청한 개인회생절차가 다시 개시되었더라도 마찬가지이다.

③ 채권압류 및 전부명령에 대한 항고심에서 항고인이 가집행의 선고가 있는 판결을 취소한 항소심 판결의 정본을 제출하였다면 항고심으로서는 즉시항고를 받아들여 채권압류 및 전부명령을 취소한다.

④ 저당권에 기한 물상대위권의 행사를 위해 압류 및 전부명령을 발령받은 때 그 기초가 된 저당권의 피담보채권의 부존재를 확인하는 취지의 확정판결정본이 항고심 또는 재항고심 계류 중에 제출된 경우에도 채권압류 및 전부명령을 취소하여야 한다.

⑤ 전부명령이 제3채무자에게 송달될 당시에 압류 등의 경합이 있으면 그 전부명령은 무효이고 후에 경합된 압류나 가압류 또는 배당요구 등의 효력이 소멸된다고 하더라도 그 전부명령의 효력이 되살아나는 것은 아니다.

···

[**❶ ▸ ○**] 채권자목록에 기재된 개인회생채권에 기하여 개인회생재단에 속하는 재산에 대하여 이미 계속 중인 강제집행·가압류 또는 가처분절차는 개인회생절차가 개시되면 일시적으로 중지되었다가, 변제계획이 인가되면 변제계획 또는 변제계획인가결정에서 다르게 정하지 아니하는 한 그 효력을 잃는다. 따라서 채권자목록에 기재된 개인회생채권에 기하여 개인회생재단에 속하는 채권에 대하여 내려진 전부명령이 확정되지 아니하여 아직 효력이 없는 상태에서, 채무자에 대하여 개인회생절차가 개시되고 이를 이유로 위 전부명령에 대하여 즉시항고가 제기되었다면, 항고법원은 다른 이유로 전부명령을 취소하는 경우를 제외하고는 항고에 관한 재판을 정지하였다가 변제계획이 인가된 경우 전부명령의 효력이 발생하지 않게 되었음을 이유로 전부명령을 취소하고 전부명령신청을 기각하여야 한다(대결 2008.1.31. 2007마1679).

[**❷ ▸ ✕**] 채권자목록에 기재된 개인회생채권에 기하여 개인회생재단에 속하는 채권에 대하여 내려진 압류 및 전부명령이 아직 확정되지 않은 상태에서, 채무자에 대하여 개인회생절차가 개시되고 이를 이유로 위 압류 및 전부명령에 대하여 즉시항고가 제기되었다면, 항고법원은 다른 이유로 압류 및 전부명령을 취소하는 경우를 제외하고는 항고에 관한 재판을 정지하였다가 변제계획이 인가된 경우 압류 및 전부명령이 효력이 발생하지 않게 되었거나 그 효력이 상실되었음을 이유로 압류 및 전부명령을 취소하고 압류 및 전부명령신청을 기각하여야 한다. 그리고 <u>애초에 신청한 개인회생절차가 채무자의 개인회생신청 취하 등을 이유로 폐지되었다고 하더라도, 그 압류 및 전부명령에 대한 항고재판 진행 중에 채무자가 새롭게 신청한 개인회생절차가 다시 개시되었다면 변제계획이 인가 시까지 그 항고재판을 정지하여야 하는 것은 마찬가지이다</u>(대결 2009.9.24. 2009마1300).

[**❸ ▸ ○**] 채권압류 및 전부명령의 기초가 된 가집행의 선고가 있는 판결을 취소한 상소심 판결의 정본은 민사집행법 제49조 제1호 소정의 집행취소서류에 해당하는 것이므로, 채권압류 및 전부명령에 대한 항고심에서 항고인이 가집행의 선고가 있는 판결을 취소한 항소심 판결의 사본을 제출하였다면 항고심으로서는 항고인으로 하여금 그 정본을 제출하도록 한 후, 즉시항고를 받아들여 채권압류 및 전부명령을 취소하여야 한다(대결 2004.7.9. 2003마1806).

[**❹ ▶ O**] 별도의 집행권원 없이 민사집행법 제273조 제1항에서 정한 저당권 증빙서류의 제출로써 저당물에 갈음하는 채권의 압류 및 전부명령을 발령받는 저당권에 기한 물상대위권의 행사절차는, 저당권의 실행과 마찬가지로 채권 및 기타 재산권에 대한 강제집행에 준하여 절차가 진행되는 관계로 민사집행법 제49조 제1호, 제50조의 규정이 준용될 뿐만 아니라 민사집행법 제266조 제항 제3호, 제2항에서 정한 담보권실행절차 취소규정의 적용도 받게 되므로, 그 실질에 있어서 위 각 규정에서 정한 취소서류에 준하는, 채권압류 및 전부명령의 기초가 된 저당권의 피담보채권의 부존재를 확인하는 취지의 확정판결 정본이 채권압류 및 전부명령에 대한 항고심 혹은 재항고심 계류 중 제출된 경우에는 그 항고를 받아들여 채권압류 및 전부명령을 취소하여야 한다(대결 2008.10.9. 2006마914).

[**❺ ▶ O**] 채권가압류와 채권압류의 집행이 경합된 상태에서 발령된 전부명령은 무효이고, 한 번 무효로 된 전부명령은 일단 경합된 가압류 및 압류가 그 후 채권가압류의 집행해제로 경합상태를 벗어났다고 하여 되살아나는 것은 아니다(대판 2001.10.12. 2000다19373).

답 ❷

PART 1

PART 2

PART 3

PART 4

PART 5

PART 6

PART 7

PART 8

119
□□□

금전채권에 대한 전부명령에 관한 다음 설명 중 가장 옳지 않은 것은?

2022년 법무사시험 [문 33]

① 당사자 사이에 양도금지의 특약이 있는 채권이라도 압류 및 전부명령에 따라 이전될 수 있고, 양도금지의 특약이 있는 사실에 관하여 압류채권자가 선의인가 악의인가는 전부명령의 효력에 영향이 없다.

② 동일한 채권에 대하여 두 개 이상의 채권압류 및 전부명령이 발령되어 제3채무자에게 동시에 송달된 경우 당해 전부명령이 채권압류가 경합된 상태에서 발령된 것으로서 무효인지의 여부는 그 각 채권압류명령의 압류액을 합한 금액이 피압류채권액을 초과하는지를 기준으로 판단하여야 하므로 전자가 후자를 초과하는 경우에는 당해 전부명령은 모두 채권의 압류가 경합된 상태에서 발령된 것으로서 무효로 될 것이지만 그렇지 않은 경우에는 채권의 압류가 경합된 경우에 해당하지 아니하여 당해 전부명령은 모두 유효하게 된다고 할 것이다.

③ 채권자가 약속어음금 채권을 집행채권으로 하여 약속어음 채무자가 제3채무자에 대하여 가지는 채권의 압류 및 전부명령을 받아 확정되었다면 위 전부명령이 제3채무자에게 송달된 때에 소급하여 피전부채권이 채권자에게 이전하는 것이나, 이는 집행채무자가 채무의 이행에 갈음하여 현실적인 출연을 한 것과 법률상 동일하게 취급되지 않으므로 집행채권인 약속어음금 채권은 변제된 것으로 보아 소멸하는 것은 아니다.

④ 가분적인 금전채권의 일부에 대한 전부명령이 확정되면 특별한 사정이 없는 한 전부명령이 제3채무자에 송달된 때에 소급하여 전부된 채권 부분과 전부되지 않은 채권 부분에 대하여 각기 독립한 분할채권이 성립하게 되므로, 그 채권에 대하여 압류채무자에 대한 반대채권으로 상계하고자 하는 제3채무자로서는 전부채권자 혹은 압류채무자 중 어느 누구도 상계의 상대방으로 지정하여 상계하거나 상계로 대항할 수 있고, 그러한 제3채무자의 상계 의사표시를 수령한 전부채권자는 압류채무자에 잔존한 채권 부분이 먼저 상계되어야 한다거나 각 분할채권액의 채권 총액에 대한 비율에 따라 상계되어야 한다는 이의를 할 수 없다.

⑤ 전부명령은 확정되어야 효력을 가진다.

[**❶** ▸ O] 당사자 사이에 양도금지의 특약이 있는 채권이라도 압류 및 전부명령에 따라 이전될 수 있고, 양도금지의 특약이 있는 사실에 관하여 압류채권자가 선의인가 악의인가는 전부명령의 효력에 영향이 없다(대판 2002.8.27. 2001다71699).

[**❷** ▸ O] 동일한 채권에 대하여 두 개 이상의 채권압류 및 전부명령이 발령되어 제3채무자에게 동시에 송달된 경우 당해 전부명령이 채권압류가 경합된 상태에서 발령된 것으로서 무효인지의 여부는 그 각 채권압류명령의 압류액을 합한 금액이 피압류채권액을 초과하는지를 기준으로 판단하여야 하므로 전자가 후자를 초과하는 경우에는 당해 전부명령은 모두 채권의 압류가 경합된 상태에서 발령된 것으로서 무효로 될 것이지만 그렇지 않은 경우에는 채권의 압류가 경합된 경우에 해당하지 아니하여 당해 전부명령은 모두 유효하게 된다고 할 것이며, 그때 동일한 채권에 관하여 확정일자 있는 채권양도통지가 그 각 채권압류 및 전부명령 정본과 함께 제3채무자에게 동시에 송달되어 채권양수인과 전부채권자들 상호 간에 우열이 없게 되는 경우에도 마찬가지라고 할 것이다(대판 2002.7.26. 2001다68839).

[**❸** ▸ X] 민사집행법 제231조 본문은 "전부명령이 확정된 경우에는 전부명령이 제3채무자에게 송달된 때에 채무자가 채무를 변제한 것으로 본다"고 규정하고 있는바, 이는 집행채권자가 전부명령에 의하여 피전부채권에 대하여 독점적인 권리를 취득하는 것에 상응하여 전부명령으로 집행채권이 변제되는 것과 동일한 효과가 발생한다는 취지를 정하고 있는 것으로 해석된다. 그러므로 채권자가 약속어음금 채권을 집행채권으로 하여 약속어음 채무자가 제3채무자에 대하여 가지는 채권의 압류 및 전부명령을 받아 확정되었다면 위 전부명령이 제3채무자에게 송달된 때에 소급하여 피전부채권이 채권자에게 이전하고, <u>이는 집행채무자가 채무의 이행에 갈음하여 현실적인 출연을 한 것과 법률상 동일하게 취급되어 집행채권인 약속어음금 채권은 변제된 것으로 보아 소멸한다</u>(대판 2009.2.12. 2006다88234).

[**❹** ▸ O] 가분적인 금전채권의 일부에 대한 전부명령이 확정되면 특별한 사정이 없는 한 전부명령이 제3채무자에 송달된 때에 소급하여 전부된 채권 부분과 전부되지 않은 채권 부분에 대하여 각기 독립한 분할채권이 성립하게 되므로, 그 채권에 대하여 압류채무자에 대한 반대채권으로 상계하고자 하는 제3채무자로서는 전부채권자 혹은 압류채무자 중 어느 누구도 상계의 상대방으로 지정하여 상계하거나 상계로 대항할 수 있고, 그러한 제3채무자의 상계 의사표시를 수령한 전부채권자는 압류채무자에 잔존한 채권 부분이 먼저 상계되어야 한다거나 각 분할채권액의 채권 총액에 대한 비율에 따라 상계되어야 한다는 이의를 할 수 없다(대판 2010.3.25. 2007다35152).

[**❺** ▸ O] 전부명령은 확정되어야 효력을 가진다(민사집행법 제229조 제7항).

답 **❸**

120 □□□

압류된 채권에 대한 특별현금화방법에 관한 다음 설명 중 가장 옳지 않은 것은?

2023년 법무사시험 [문 29]

① 부동산 권리이전청구권에 대한 강제집행은 금전채권에 관한 강제집행의 선행적 절차에 해당하는 것으로서, 그 절차 내에 환가절차가 예정되어 있지 않아 그 청구권 자체를 환가·처분하여 그 대금으로 채권자를 만족시키는 방법은 인정되지 않으므로 민사집행법 제241조 소정의 특별현금화 방법을 적용할 수 없다.

② 압류된 채권을 매각한 경우에는 집행관은 채무자를 대신하여 제3채무자에게 서면으로 양도의 통지를 하여야 하는데, 집행관은 대금을 지급받은 후가 아니면 매수인에게 채권증서를 인도하거나 제3채무자에게 위 통지를 하여서는 아니 된다.

③ 압류된 채권을 집행법원의 매각명령에 따라 집행관이 매각절차를 마친 때에는 스스로 배당할 수 없고, 바로 매각대금을 공탁하고 사유신고를 하여야 하고 집행관이 매각대금을 공탁한 때에는 집행법원에 의한 배당절차가 개시되고 집행법원의 사법보좌관이 채권 등 배당절차로 진행한다.

④ 압류된 채권에 대한 양도명령은 압류채권자에게 우선적 지위를 주는 것이므로 양도명령이 제3채무자에게 송달될 때까지 피압류채권에 관하여 다른 채권자가 압류·가압류 또는 배당요구를 한 경우에는 양도명령을 발할 수 없고, 발령하더라도 그 양도명령은 효력이 없다.

⑤ 민사집행법 제241조 제1항에 의한 채권자의 특별현금화명령 신청에 대하여 특별현금화를 명할 것인지 여부나 그 방법의 선택은 법원의 재량에 맡겨져 있으므로 같은 조 제3항에서 즉시항고의 대상으로 규정하고 있는 "제1항의 결정"에는 특별현금화명령 신청을 받아들이는 결정뿐만 아니라 신청을 기각하는 결정도 포함된다고 볼 수 있으므로 특별현금화명령 신청에 대한 법원의 기각결정에 대해서도 채권자는 민사집행법 제241조 제3항에 의하여 즉시항고로써 다툴 수 있다.

⋯⋯⋯

[❶ ▶ ○] 부동산 권리이전청구권에 대한 강제집행은 금전채권에 관한 강제집행의 선행적 절차에 해당하는 것으로서, 그 절차 내에 환가절차가 예정되어 있지 않아 그 청구권 자체를 환가·처분하여 그 대금으로 채권자를 만족시키는 방법은 인정되지 아니하고, 채무자 명의의 권리이전절차를 보관인에게 이행하게 하는 등으로 청구권의 내용을 실현시킴으로써 그 절차가 종료되며, 그 집행채권의 만족은 위와 같이 권리이전절차가 실현된 채무자 명의의 목적 부동산에 대하여 강제경매신청 등 별도의 신청에 의한 강제집행을 함으로써 이루어지는 것이므로, 부동산 권리이전청구권을 집행의 대상으로 하는 강제집행에 관하여 같은 법 제574조[현 민사집행법 제241조(특별한 현금화방법)(註)]를 유추적용할 것도 아니다(대결 1999.12.9. 98마2934).

[❷ ▶ ○] 민사집행법 제241조 제5항, 민사집행규칙 제165조 제3항

민사집행법 제241조(특별한 현금화방법)
⑤ 압류된 채권을 매각한 경우에는 집행관은 채무자를 대신하여 제3채무자에게 서면으로 양도의 통지를 하여야 한다.

민사집행규칙 제165조(매각명령에 따른 매각)
③ 집행관은 대금을 지급받은 후가 아니면 매수인에게 채권증서를 인도하거나 법 제241조 제5항의 통지를 하여서는 아니 된다.

[❸ ▸ ✕] 압류된 채권을 집행법원의 매각명령에 따라 집행관이 매각절차를 마친 때에는 스스로 배당할 수 없고, 바로 매각대금과 매각에 관한 조서를 집행법원에 제출하여야 하는데(민사집행규칙 제165조 제4항), 현금화를 마친 집행관이 그 현금화한 금전을 법원에 제출하는 절차는 법원보관금취급규칙 제9조 내지 제11조에 따른다. 매각대금이 제출된 때에는 집행법원에 의한 배당절차가 개시되고(민사집행법 제252조 제3호), 집행법원의 사법보좌관이 채권 등 배당절차('타배' 사건)로 진행한다. 제요 집행 4 즉, 매각대금을 공탁하고 사유신고를 하여야 하는 것이 아니다.

[❹ ▸ ○] 압류된 채권에 대한 양도명령은 압류채권자에게 우선적 지위를 주는 것이므로 채권자가 경합되어 있는 때에는 허용되지 않는다. 즉 양도명령이 제3채무자에게 송달될 때까지 피압류채권에 관하여 다른 채권자가 압류·가압류 또는 배당요구를 한 경우에는 양도명령을 발할 수 없고, 발령하더라도 그 양도명령은 효력이 없다(민사집행법 제241조 제6항, 제229조 제5항). 제요 집행 4

> **민사집행법 제241조(특별한 현금화방법)**
> ⑥ 양도명령에는 제227조 제2항·제229조 제5항·제230조 및 제231조의 규정을, 매각명령에 의한 집행관의 매각에는 제108조의 규정을, 관리명령에는 제227조 제2항의 규정을, 관리명령에 의한 관리에는 제167조, 제169조 내지 제171조, 제222조 제2항·제3항의 규정을 각각 준용한다.
>
> **민사집행법 제229조(금전채권의 현금화방법)**
> ⑤ 전부명령이 제3채무자에게 송달될 때까지 그 금전채권에 관하여 다른 채권자가 압류·가압류 또는 배당요구를 한 경우에는 전부명령은 효력을 가지지 아니한다.

[❺ ▸ ○] 민사집행법 제241조 제1항에 의한 채권자의 특별현금화명령 신청에 대하여 특별현금화를 명할 것인지 여부나 그 방법의 선택은 법원의 재량에 맡겨져 있으므로 같은 조 제3항에서 즉시항고의 대상으로 규정하고 있는 "제1항의 결정"에는 특별현금화명령 신청을 받아들이는 결정뿐만 아니라 신청을 기각하는 결정도 포함된다고 볼 수 있다. 또한 추심명령 또는 전부명령의 신청을 기각한 결정에 대하여는 민사집행법 제229조 제6항에 따라 즉시항고를 할 수 있는데, 추심명령이나 전부명령과 특별현금화명령은 압류된 채권의 종류 및 성질에 따라 적용 범위와 대상, 그리고 현금화의 구체적 방법을 달리할 뿐 압류된 채권에 대한 강제집행이라는 제도의 취지는 같고, 신청이 기각됨으로 인한 당사자의 이해관계 등도 본질적으로 다르지 않다. 따라서 특별현금화명령 신청에 대한 법원의 기각결정에 대해서도 채권자는 민사집행법 제241조 제3항에 의하여 즉시항고로써 다툴 수 있다(대결 2012.3.15. 2011그224).

답 ❸

121
□□□

대법원 2022.9.29. 선고 2019다278785 판결에 관한 다음 설명 중 가장 옳지 않은 것은?

2023년 법무사시험 [문 32]

가. 집행채권이 압류 또는 가압류된 상태에서 집행채무자에 대한 강제집행절차가 진행되어 집행채권자에게 적법하게 배당이 이루어진 경우, 집행채권에 대한 압류 또는 가압류의 효력은 집행채권자의 배당금지급청구권에 미친다고 할 것이다.

나. 한편 집행채권자의 다른 채권자들은 집행채권자의 배당금지급청구권을 압류 또는 가압류할 수 있다. 이러한 압류 등으로 인하여 집행채권자의 배당금지급청구권에 대하여 민사집행법 제235조의 압류경합이 발생하고 채무자에 해당하는 집행법원 등이 압류경합을 이유로 민사집행법 제248조 제1항에 따라 집행공탁을 하였다면, 그 집행공탁으로써 배당금지급의무는 소멸하고 특별한 사정이 없는 한 집행채무자는 집행채권의 압류 또는 가압류권자에 대하여 집행채권 소멸의 효력을 대항할 수 있다.

다. 위와 같이 배당금지급청구권에 관한 압류경합에 따른 적법한 공탁사유신고에 의하여 채권배당절차가 개시되면 집행채권을 압류 또는 가압류하였던 채권자는 그 채권배당절차에서 배당금지급청구권에 대한 압류 또는 가압류권자의 지위에서 배당을 받아야 하므로, 집행법원 등이 집행채권자의 배당금지급청구권에 대한 압류의 경합을 이유로 사유신고를 할 때 사유신고서에 집행채권자에 대한 압류 또는 가압류명령도 기재하여야 한다.

라. 만약 이 경우 집행채권자에 대한 압류 또는 가압류명령이 사유신고서에 기재되지 않는 등의 이유로 그 후에 이루어진 배당절차에서 집행채권자의 채권자가 배당을 받지 못하였다고 하더라도 과다배당을 받은 다른 채권자를 상대로 자신이 배당받을 수 있었던 금액만큼 부당이득반환청구를 할 수는 없다.

① 가 ② 나
③ 다 ④ 라
⑤ 없음

[가 ▶ O] 집행채권이 압류 또는 가압류된 상태에서 집행채무자에 대한 강제집행절차가 진행되어 집행채권자에게 적법하게 배당이 이루어진 경우, 집행채권에 대한 압류 또는 가압류의 효력은 집행채권자의 배당금지급청구권(만약 민사집행법 제160조 제1항 각 호에서 정한 배당유보공탁사유로 인하여 공탁이 이루어진 경우에는 공탁사유가 소멸하면 집행채권자에게 발생할 공탁금출급청구권도 포함한다. 이하 '배당금지급청구권'이라고만 한다)에 미친다고 할 것이다(대판 2022.9.29. 2019다278785).

[나 ▶ O] 집행채권자의 다른 채권자들은 집행채권자의 배당금지급청구권을 압류 또는 가압류할 수 있다. 이러한 압류 등으로 인하여 집행채권자의 배당금지급청구권에 대하여 민사집행법 제235조의 압류경합이 발생하고 채무자에 해당하는 집행법원 등이 압류경합을 이유로 민사집행법 제248조 제1항에 따라 집행공탁을 하였다면, 그 집행공탁으로써 배당금지급의무는 소멸하고 특별한 사정이 없는 한 집행채무자는 집행채권의 압류 또는 가압류권자에 대하여 집행채권 소멸의 효력을 대항할 수 있다(대판 2022.9.29. 2019다278785).

[**다 ▸ O**] [**라 ▸ X**] 위와 같이 배당금지급청구권에 관한 압류경합에 따른 적법한 공탁사유신고에 의하여 채권배당절차가 개시되면 집행채권을 압류 또는 가압류하였던 채권자는 그 채권배당절차에서 배당금지급청구권에 대한 압류 또는 가압류권자의 지위에서 배당을 받아야 하므로, 집행법원 등이 집행채권자의 배당금지급청구권에 대한 압류의 경합을 이유로 사유신고를 할 때 사유신고서에 집행채권자에 대한 압류 또는 가압류명령도 기재하여야 한다. 만약 이 경우 집행채권자에 대한 압류 또는 가압류명령이 사유신고서에 기재되지 않는 등의 이유로 그 후에 이루어진 배당절차에서 집행채권자의 채권자가 배당을 받지 못한 경우에는 과다배당을 받은 다른 채권자를 상대로 자신이 배당받을 수 있었던 금액만큼 부당이득반환청구를 할 수 있다(대판 2022.9.29. 2019다278785).

답 ❹

122

아래와 같은 원심의 판단에 대한 대법원의 판단으로 가장 옳지 않은 것은?

2021년 법무사시험 [문 34]

> 원심은, ㉠ 재항고인은 2018.2.6. 채무자에 대한 대여금 원금 9천 5백만원과 그에 대한 지연손해금 등(이하 '이 사건 대여금채권'이라고 한다)을 청구채권으로 하여 채무자가 제3채무자로부터 매월 수령하는 급여 중 1백 5십만원을 초과하는 채권(이하 '이 사건 급여채권'이라고 한다)에 관하여 이 사건 채권압류 및 전부명령을 신청하였고, 제1심법원이 이를 인용하여 이 사건 전부명령이 2018.2.19. 제3채무자에게 송달되었는데, ㉡ 강○○는 2017.8.9. 채무자에 대한 8천만원의 어음채권 등을 청구채권으로 하여 이 사건 급여채권에 관하여 압류 및 전부명령(원심은 이를 압류 및 추심명령으로 잘못 기재하였다)을 받았고, ㉢ 재항고인 역시 2017.8.28. 이 사건 대여금채권을 청구채권으로 하여 이 사건 급여채권에 관하여 압류 및 추심명령을 받은 사실을 인정한 다음 위 각 청구채권의 합계액이 이 사건 급여채권의 액수를 초과함이 명백하므로, 이 사건 전부명령이 제3채무자에게 송달될 당시에는 이미 압류의 경합이 발생하였다는 이유로 이 사건 전부명령신청을 기각하였다.

① 장래의 채권에 관하여 압류 및 전부명령이 확정되면 그 부분 피압류채권은 이미 전부채권자에게 이전된다.
② 그러므로 그 이후 동일한 장래의 채권에 관하여 다시 압류 및 전부명령이 발하여졌다고 하더라도 압류의 경합은 생기지 않는다.
③ 다만 장래의 채권 중 선행 전부채권자에게 이전된 부분을 제외한 나머지 중 해당 부분 피압류채권이 후행 전부채권자에게 이전될 뿐이다.
④ 이에 의하면, 이 사건 급여채권에 관하여 ㉡ 강○○ 앞으로 발하여진 채권압류 및 전부명령이 확정된 다음 ㉠ 재항고인 앞으로 다시 채권압류 및 전부명령이 발하여진다고 하더라도 압류의 경합이 발생하지는 아니한다.
⑤ 그러나 재항고인의 ㉢ 2017.8.28.자 압류와 ㉠ 2018.2.6.자 압류는 동일한 채권자의 동일한 채권에 기한 압류라 할 것이므로 압류의 경합에 해당한다.

[❶▸○] [❷▸○] [❸▸○] [❹▸○] 장래의 채권에 관하여 압류 및 전부명령이 확정되면 그 부분 피압류채권은 이미 전부채권자에게 이전된 것이므로 그 이후 동일한 장래의 채권에 관하여 다시 압류 및 전부명령이 발하여졌다고 하더라도 압류의 경합은 생기지 않고, 다만 장래의 채권 중 선행 전부채권자에게 이전된 부분을 제외한 나머지 중 해당 부분 피압류채권이 후행 전부채권자에게 이전된다 (대판 2004.9.23. 2004다29354).

[❺▸✕] 동일한 채권자의 서로 다른 채권에 기한 압류는 압류의 경합에 해당하나, <u>동일한 채권에 기한 압류는 그러하지 아니하다.</u>

답 ❺

제2관 **유체물인도청구권 등에 대한 집행**

123
□□□

부동산의 인도 또는 권리이전청구권에 대한 집행에 관한 다음 설명 중 가장 옳지 않은 것은?
2022년 법무사시험 [문 34]

① 부동산의 인도나 권리이전의 청구권에 대한 압류명령이 제3채무자에게 송달되면 압류의 효력이 생긴다.
② 부동산의 인도나 권리이전의 청구권에 대하여도 전부명령을 할 수 있다.
③ 부동산에 관한 인도청구권의 압류에 대하여는 그 부동산소재지의 지방법원은 채권자 또는 제3채무자의 신청에 의하여 보관인을 정하고 제3채무자에 대하여 그 부동산을 보관인에게 인도할 것을 명하여야 한다.
④ 부동산에 관한 권리이전청구권의 압류에 대하여는 그 부동산소재지의 지방법원은 채권자 또는 제3채무자의 신청에 의하여 보관인을 정하고 제3채무자에 대하여 그 부동산에 관한 채무자명의의 권리이전등기절차를 보관인에게 이행할 것을 명하여야 한다.
⑤ 부동산의 인도나 권리이전의 청구권에 대한 압류명령의 신청에 관한 재판에 대하여는 즉시항고를 할 수 있다.

[❶▸○] [❺▸○] 민사집행법 제242조, 제227조 제3항·제4항

민사집행법 제242조(유체물인도청구권 등에 대한 집행)
부동산·유체동산·선박·자동차·건설기계·항공기·경량항공기 등 유체물의 인도나 권리이전의 청구권에 대한 강제집행에 대하여는 제243조부터 제245조까지의 규정을 우선적용하는 것을 제외하고는 제227조부터 제240조까지의 규정을 준용한다.

민사집행법 제227조(금전채권의 압류)
③ 압류명령이 제3채무자에게 송달되면 압류의 효력이 생긴다.
④ 압류명령의 신청에 관한 재판에 대하여는 즉시항고를 할 수 있다.

[**❷** ▸ **✕**] 유체물의 인도나 권리이전의 청구권에 대하여는 <u>전부명령을 하지 못한다</u>(민사집행법 제245조).

[**❸** ▸ **○**] 부동산에 관한 인도청구권의 압류에 대하여는 그 부동산소재지의 지방법원은 채권자 또는 제3채무자의 신청에 의하여 보관인을 정하고 제3채무자에 대하여 그 부동산을 보관인에게 인도할 것을 명하여야 한다(민사집행법 제244조 제1항).

[**❹** ▸ **○**] 부동산에 관한 권리이전청구권의 압류에 대하여는 그 부동산소재지의 지방법원은 채권자 또는 제3채무자의 신청에 의하여 보관인을 정하고 제3채무자에 대하여 그 부동산에 관한 채무자명의의 권리이전등기절차를 보관인에게 이행할 것을 명하여야 한다(민사집행법 제244조 제2항).

답 ❷

제3관 그 밖의 재산권에 대한 집행

제4관 채권 그 밖의 재산권에 대한 담보권의 실행

124

물상대위권 행사에 관한 다음 설명 중 가장 옳지 않은 것은?　　2024년 법무사시험 [문 7]

① 근저당권자가 공탁금에 대하여 물상대위권 행사를 위한 압류를 하지 아니하고 일반채권에 기하여 가압류만 하고 있던 중에 다른 채권자가 압류를 하게 되면 공탁관은 압류와 가압류의 경합을 사유로 하여 압류법원에 사유신고를 하게 되므로, 그 이후에는 근저당권자는 물상대위권 행사를 위한 압류나 배당요구를 할 수 없으므로 근저당권자는 위 배당절차에서 근저당권자가 아닌 단순한 가압류채권자로서 다른 채권자들과 안분배당을 받을 수 있을 뿐이다.

② 저당권에 기한 물상대위권을 갖는 채권자가 동시에 집행권원을 가지고 있으면서 집행권원에 의한 강제집행의 방법을 선택하여 채권의 압류 및 전부명령을 얻은 경우에는, 비록 그가 물상대위권을 갖는 실체법상의 우선권자라 하더라도 압류가 경합된 상태에서 발부된 전부명령은 무효로 볼 수밖에 없다.

③ 수용보상금채권에 물상대위권을 행사하기 위해서는 대상물인 금전 그 밖의 물건이 지급 또는 인도되기 전에 압류하여야 하고, 담보물권자가 물상대위권을 행사하기 전에 양도 또는 전부명령 등에 의하여 보상금 채권이 타인에게 이전된 경우에는 담보물권자는 물상대위권을 행사하여 다른 일반 채권자보다 우선적으로 보상금을 지급받을 수 없다.

④ 수용보상금에 대하여 다른 일반채권자가 먼저 가압류나 압류의 집행을 하였다고 하더라도 담보물권자는 물상대위권을 행사하여 우선변제를 받을 수 있으나, 일단 사업시행자가 집행공탁하고 공탁사유신고를 한 때 또는 추심채권자가 추심하고 추심신고를 한 때에는 배당요구의 종기가 지난 후이므로 물상대위권을 행사할 수 없다.

⑤ 수용되는 토지에 가압류가 집행되어 있더라도 토지수용으로 사업시행자가 그 소유권을 원시취득하게 됨에 따라 그 토지 가압류의 효력은 절대적으로 소멸하는 것이고, 이 경우 법률에 특별한 규정이 없는 이상 토지에 대한 가압류가 그 수용보상금채권에 당연히 이전되어 효력이 미치게 된다거나 수용보상금채권에 대하여도 토지 가압류의 처분금지적 효력이 미친다고 볼 수는 없다.

[❶ ▸ ○] 근저당권자 '갑'이 근저당권설정자 '을'이 받을 토지수용보상의 공탁금에 대하여 물상대위권을 행사하려면 그 지불 전에 이를 압류하여야 하고(토지수용법 제69조 단서), 공탁금출급청구권에 대하여 가압류의 경합만이 있는 상태에서는 공탁공무원의 사유신고에 기한 배당절차가 개시될 수는 없는 것이며, '갑'이 위 공탁금에 대하여 물상대위권을 행사하기 위하여 근저당권의 존재를 증명하는 서류(등기부등본)를 제출하여 채권에 대한 강제집행절차에 준하는 채권압류 및 전부명령을 받은 경우에는 그 공탁금에 대하여 다른 일반 채권자가 먼저 가압류나 압류의 집행을 하였다 하더라도 그에 우선하여 변제를 받을 수 있을 것이나, '갑'이 위 공탁금에 대하여 물상대위권 행사를 위한 압류를 하지 아니하고 일반채권에 기하여 가압류만 하고 있던 중에 다른 채권자가 압류를 하게 되면 공탁공무원은 압류와 가압류의 경합을 사유로 하여 압류법원에 사유신고를 하게 되므로(공탁사무처리규칙 제52조), 그 이후에는 '갑'은 물상대위권 행사를 위한 압류나 배당요구를 할 수 없으므로(민사소송법 제580조 참조) '갑'은 위 배당절차에서근저당권자가 아닌 단순한 가압류채권자로서 다른 채권자들과 안분배분을 받을 수 있을 뿐이며, 이 경우 '갑'이 다른 집행법원으로부터 근저당권의 피보전채권의 잔존채권에 대한 부기문을 받았다 하더라도 그 부기문 자체로서는 집행력이 없고, 단지 부동산임의경매절차에서 지급받은 배당액을 입증하는 것에 불과하다고 보아야 할 것이다(공탁선례 제1-232호).

[❷ ▸ ○] 저당권에 기한 물상대위권을 갖는 채권자가 동시에 채무명의를 가지고 있으면서 채무명의에 의한 강제집행의 방법을 선택하여 채권의 압류 및 전부명령을 얻은 경우에는 비록 그가 물상대위권을 갖는 실체법상의 우선권자라 하더라도 원래 일반 채무명의에 의한 강제집행절차와 담보권의 실행절차와는 그 개시요건이 다를 뿐만 아니라 다수의 이해관계인이 관여하는 집행절차의 안정과 평등배당을 기대한 다른 일반 채권자의 신뢰를 보호할 필요가 있는 점에 비추어 압류가 경합된 상태에서 발부된 전부명령은 무효로 볼 수밖에 없다(대판 1990.12.26. 90다카24816).

[❸ ▸ ×] 물상대위권자의 압류 전에 양도 또는 전부명령 등에 의하여 보상금 채권이 타인에게 이전된 경우라도 보상금이 직접 지급되거나 보상금지급청구권에 관한 강제집행절차에 있어서 배당요구의 종기에 이르기 전에는 여전히 그 청구권에 대한 추급이 가능하다(대판 2000.6.23. 98다31899).

[❹ ▸ ○] 물상대위권은 늦어도 민사집행법 제247조 제1항 각 호에서 정하고 있는 배당요구의 종기까지 행사하여야 하므로 저당권자로서는 제3채무자가 민사집행법 제248조 제4항 소정의 공탁사유신고를 하기 이전에 스스로 담보권의 존재를 증명하는 서류를 제출하여 물상대위권의 목적채권을 압류하거나 법원에 배당요구를 하여야 하는 것이고, 그 이후에는 물상대위권자로서의 우선변제권을 행사할 수 없게 된다. 실무편람

민사집행법 제247조(배당요구)

① 민법·상법, 그 밖의 법률에 의하여 우선변제청구권이 있는 채권자와 집행력 있는 정본을 가진 채권자는 다음 각 호의 시기까지 법원에 배당요구를 할 수 있다.
  1. 제3채무자가 제248조 제4항에 따른 공탁의 신고를 한 때
  2. 채권자가 제236조에 따른 추심의 신고를 한 때
  3. 집행관이 현금화한 금전을 법원에 제출한 때

민사집행법 제248조(제3채무자의 채무액의 공탁)

④ 제3채무자가 채무액을 공탁한 때에는 그 사유를 법원에 신고하여야 한다. 다만, 상당한 기간 이내에 신고가 없는 때에는 압류채권자, 가압류채권자, 배당에 참가한 채권자, 채무자, 그 밖의 이해관계인이 그 사유를 법원에 신고할 수 있다.

[**❺** ▸ ○] '공익사업을 위한 토지 등의 취득 및 보상에 관한 법률' 제45조 제1항에 의하면, 토지 수용의 경우 사업시행자는 수용의 개시일에 토지의 소유권을 취득하고 그 토지에 관한 다른 권리는 소멸하는 것인바, 수용되는 토지에 대하여 가압류가 집행되어 있더라도 토지 수용으로 사업시행자가 그 소유권을 원시취득하게 됨에 따라 그 토지 가압류의 효력은 절대적으로 소멸하는 것이고, 이 경우 법률에 특별한 규정이 없는 이상 토지에 대한 가압류가 그 수용보상금채권에 당연히 전이되어 효력이 미치게 된다거나 수용보상금채권에 대하여도 토지 가압류의 처분금지적 효력이 미친다고 볼 수는 없으며, 또 가압류는 담보물권과는 달리 목적물의 교환가치를 지배하는 권리가 아니고, 담보물권의 경우에 인정되는 물상대위의 법리가 여기에 적용된다고 볼 수도 없다. 그러므로 토지에 대하여 가압류가 집행된 후에 제3자가 그 토지의 소유권을 취득함으로써 가압류의 처분금지 효력을 받고 있던 중 그 토지가 공익사업법에 따라 수용됨으로 인하여 기존 가압류의 효력이 소멸되는 한편 제3취득자인 토지소유자는 위 가압류의 부담에서 벗어나 토지수용보상금을 온전히 지급받게 되었다고 하더라도, 이는 위 법에 따른 토지 수용의 효과일 뿐이지 이를 두고 법률상 원인 없는 부당이득이라고 할 것은 아니다(대판 2009.9.10. 2006다61536).

답 ❸

125
□□□

채권배당절차에 관한 다음 설명 중 가장 옳지 않은 것은?　　　2022년 법무사시험 [문 6]

① 동일한 채권에 대하여 두 개 이상의 채권압류 및 전부명령이 발령되어 제3채무자에게 동시에 송달된 경우, 각 채권압류명령의 압류액을 합한 금액이 피압류채권액을 초과하면 당해 전부명령은 모두 무효이나, 각 압류명령까지 무효가 되는 것은 아니므로 각 압류채권자의 지위에서 배당에 참여할 수 있다.

② 제3채무자가 일부 압류를 원인으로 금전채권 전액을 집행공탁을 하고 사유신고를 한 후 변제공탁의 성질을 갖는 부분에 관한 피공탁자(압류채무자)의 공탁금출급청구권에 대하여 압류경합이 발생하면 공탁관이 사유신고를 하여야 하는데, 이때 개시되는 배당절차는 제3채무자의 공탁사유신고로 인해 진행되는 배당절차사건과는 별개이다.

③ 집행력 있는 집행권원의 정본을 가지지 아니한 채권자 및 가압류채권자에 대하여 이의한 채무자와 다른 채권자에 대하여 이의한 채권자는 배당이의의 소를 제기하여야 하고, 집행력 있는 집행권원의 정본을 가진 채권자에 대하여 이의한 채무자는 청구이의의 소를 제기하여야 한다.

④ 동일한 피압류채권에 대한 다른 채권자의 압류명령이 추심권자의 추심 종료 후에 제3채무자에게 송달된 경우, 그 압류의 효력은 추심금에 미치지 아니하며 이를 배당요구로도 볼 수 없다.

⑤ 국세징수법상의 체납처분에 의한 압류만을 이유로 집행공탁이 이루어진 경우에 제3채무자가 민사집행법 제248조 제4항에 따라 법원에 공탁사유를 신고하였다고 하더라도 민사집행법 제247조 제1항에 의한 배당요구 종기가 도래한다고 할 수는 없다.

[❶ ▸ O] 동일한 채권에 대하여 두 개 이상의 채권압류 및 전부명령이 발령되어 제3채무자에게 동시에 송달된 경우 당해 전부명령이 채권압류가 경합된 상태에서 발령된 것으로서 무효인지의 여부는 그 각 채권압류명령의 압류액을 합한 금액이 피압류채권액을 초과하는지를 기준으로 판단하여야 하므로 전자가 후자를 초과하는 경우에는 당해 전부명령은 모두 채권의 압류가 경합된 상태에서 발령된 것으로서 무효로 될 것이지만(대판 2002.7.26. 2001다68839), 전부명령이 압류의 경합 등으로 인하여 무효라 할지라도 채권압류의 효력은 유효히 지속되므로(대판 1976.9.28. 76다1145 참조) 각 압류채권자의 지위에서 배당에 참여할 수 있다.

[❷ ▸ O] 제3채무자가 일부 압류를 원인으로 금전채권 전액을 집행공탁을 하고 사유신고를 한 후 변제공탁의 성질을 갖는 부분에 관한 피공탁자(압류채무자)의 공탁금출급청구권에 대하여 압류경합이 발생하면 공탁관이 사유신고를 하여야 하는데, 제3채무자의 공탁사유신고로 인해 진행되는 배당절차사건과는 별개의 배당절차가 개시된다. 제요 집행 4

[❸ ▸ ×] 민사집행법 제154조 제1항, 제2항

> **민사집행법 제154조(배당이의의 소 등)**
> ① 집행력 있는 집행권원의 정본을 가지지 아니한 채권자(가압류채권자를 제외한다)에 대하여 이의한 채무자와 다른 채권자에 대하여 이의한 채권자는 배당이의의 소를 제기하여야 한다.
> ② 집행력 있는 집행권원의 정본을 가진 채권자에 대하여 이의한 채무자는 청구이의의 소를 제기하여야 한다.

[❹ ▸ O] [2] 채권에 대한 압류·가압류명령은 그 명령이 제3채무자에게 송달됨으로써 효력이 생기는 것이므로(민사집행법 제227조 제3항, 제291조), 제3채무자의 지급으로 인하여 피압류채권이 소멸한 이상 설령 다른 채권자가 그 변제 전에 동일한 피압류채권에 대하여 압류·가압류명령을 신청하고 나아가 압류·가압류명령을 얻었다고 하더라도 제3채무자가 추심권자에게 지급한 후에 그 압류·가압류명령이 제3채무자에게 송달된 경우에는 추심권자가 추심한 금원에 그 압류·가압류의 효력이 미친다고 볼 수 없다. [3] 추심채권자가 추심의 신고를 하기 전에 다른 채권자가 동일한 피압류채권에 대하여 압류·가압류명령을 신청하였다고 하더라도 이를 당해 채권추심사건에 관한 적법한 배당요구로 볼 수 없다(대판 2008.11.27. 2008다59391).

[❺ ▸ O] 국세징수법 제41조, 같은 법 시행령 제44조 제1항 제4호, 같은 법 시행규칙 제25조 제1항 및 민사집행법 제227조, 제229조에 의하면, 국세징수법상의 금전채권의 압류와 민사집행법상의 금전채권의 압류는 그 효력을 달리 규정하고 있고, 국세징수법 제56조, 제14조 제1항 및 민사집행법 제235조에 의하면 복수의 압류가 있는 경우의 효력에 관하여도 달리 규정하고 있다. 이와 같은 차이는 강제집행절차가 경합하는 일반채권에 대한 할당 변세에 의한 사법적 해결을 그 본지로 힘에 비하여, 체납처분절차는 행정기관에 의한 조세채권의 신속한 만족을 위한 절차라는 점에서 비롯된 것이다. 이와 같은 국세징수법상의 압류와 민사집행법상의 압류의 효력의 차이 및 체납처분절차와 강제집행절차의 차이 등에 비추어 볼 때, 민사집행법 제248조 제1항 및 공익사업을 위한 토지 등의 취득 및 보상에 관한 법률 제40조 제2항 제4호 소정의 공탁의 전제가 되는 '압류'에는 국세징수법에 의한 채권의 압류는 포함되지 않는다고 보아야 한다. 따라서 국세징수법상의 체납처분에 의한 압류만을 이유로 집행공탁이 이루어진 경우에는 사업시행자가 민사집행법 제248조 제4항에 따라 법원에 공탁사유를 신고하였다고 하더라도 민사집행법 제247조 제1항에 의한 배당요구 종기가 도래한다고 할 수는 없다(대판 2007.4.12. 2004다20326).

답 ❸

126

간접강제에 관한 다음 설명 중 가장 옳지 않은 것은?   2025년 법무사시험 [문 12]

① 특정물의 인도를 내용으로 하는 채무는 원칙적으로 집행관이 특정물을 채무자로부터 빼앗아 채권자에게 인도하는 방법으로 집행해야 한다. 다만 채권자가 인도집행을 시도하였으나 한 차례 불능에 이른 사정이 있다면 그러한 특정물 인도채무에 관하여도 간접강제를 명할 수 있다.

② 계속적 부작위의무를 명한 가처분에 기한 간접강제결정이 발령된 상태에서 의무위반행위가 계속되던 중 채무자가 그 행위를 중지하고 장래의 의무위반행위를 방지하기 위한 적당한 조치를 취했다거나 가처분에서 정한 금지기간이 경과하였다고 하더라도, 채무자는 간접강제결정 발령 후에 행한 의무위반행위에 대하여 배상금의 지급의무를 면하지 못한다.

③ 채무자가 간접강제결정에서 명한 이행기간이 지난 후 채무를 이행하였다면, 채권자는 특별한 사정이 없는 한 채무의 이행이 지연된 기간에 상응하는 배상금의 추심을 위한 강제집행을 할 수 있다.

④ 간접강제 배상금은 채무자로부터 추심된 후 국고로 귀속되는 것이 아니라 채권자에게 지급하여 채무자의 의무 불이행으로 인한 손해의 전보에 충당된다.

⑤ 부작위채무에 관하여 판결절차의 변론종결 당시에 보아 부작위채무를 명하는 집행권원이 성립하더라도 채무자가 이를 단기간 내에 위반할 개연성이 있고, 또한 판결절차에서 명할 적정한 배상액을 산정할 수 있는 경우에는 판결절차에서도 채무불이행에 대한 간접강제를 할 수 있다.

···

[❶ ▸ ×] 채무자가 특정한 동산이나 대체물의 일정한 수량을 인도하여야 할 때에는 집행관은 이를 채무자로부터 빼앗아 채권자에게 인도하여야 한다(민사집행법 제257조). 채권자가 인도집행을 시도하였으나 한 차례 불능에 이른 사정이 있다고 하더라도 그러한 특정물 인도채무에 관하여 간접강제를 명할 수 없다(대결 2012.1.27. 2010마1850 참조).

[참고] 민사집행법 제261조 제1항은 채무의 성질이 간접강제를 할 수 있는 경우에 법원이 채권자의 신청에 따라 간접강제를 명할 수 있다고 규정하고 있다. 여기서 '간접강제를 할 수 있는 경우'에 해당하는 간접강제의 대상이 되는 채무는 일반적으로 부대체적 작위채무나 부작위채무에 한정되고, 특정물의 인도를 내용으로 하는 채무는 원칙적으로 민사집행법 제257조의 방법에 따른 집행의 대상이 될 뿐이어서 특별한 사정이 없는 한 간접강제의 대상이 되지 아니하며, 단순히 민사집행법 제257조의 방법에 따른 강제집행이 실효를 거두지 못하였다는 사유만으로 간접강제의 대상이 된다고 볼 수도 없다. 원심이 이러한 법리에 따라 단지 채권자가 이 사건 판결에 기하여 시도한 인도집행이 불능에 이른 적이 있다는 등의 사정만으로 이 사건 인도채무에 대하여 간접강제를 명할 수 없다고 보아 재항고인의 이 사건 신청을 기각한 것은 정당하고, 거기에 재항고이유로 주장하는 바와 같이 간접강제의 법리를 오해함으로써 필요한 심리를 다하지 않아 재판에 영향을 미친 위법이 있다고 볼 수 없다(대결 2012.1.27. 2010마1850).

[❷ ▸ O]   계속적 부작위의무를 명한 가처분에 기한 간접강제결정이 발령된 상태에서 의무위반행위가 계속되던 중 채무자가 그 행위를 중지하고 장래의 의무위반행위를 방지하기 위한 적당한 조치를 취했다거나 가처분에서 정한 금지기간이 경과하였다고 하더라도, 그러한 사정만으로는 처음부터 가처분위반행위를 하지 않은 것과 같이 볼 수 없고 간접강제결정 발령 후에 행해진 가처분위반행위의 효과가 소급적으로 소멸하는 것도 아니므로, 채무자는 간접강제결정 발령 후에 행한 의무위반행위에 대하여 배상금의 지급의무를 면하지 못하고 채권자는 위반행위에 상응하는 배상금의 추심을 위한 강제집행을 할 수 있다(대판 2012.4.13. 2011다92916).

[❸ ▸ O]   민사집행법 제261조 제1항의 간접강제결정에 기한 배상금은 채무자에게 이행기간 이내에 이행을 하도록 하는 심리적 강제수단이라는 성격뿐만 아니라 채무자의 채무불이행에 대한 법정 제재금이라는 성격도 가진다고 보아야 한다. 따라서 채무자가 간접강제결정에서 명한 이행기간이 지난 후에 채무를 이행하였다면, 채권자는 특별한 사정이 없는 한 채무의 이행이 지연된 기간에 상응하는 배상금의 추심을 위한 강제집행을 할 수 있다(대판 2013.2.14. 2012다26398).

[❹ ▸ O]   간접강제 배상금은 채무자로부터 추심된 후 국고로 귀속되는 것이 아니라 채권자에게 지급하여 채무자의 작위의무 불이행으로 인한 손해의 전보에 충당되는 것이다(대판 2014.7.24. 2012다49933).

[❺ ▸ O]   부작위채무에 관하여 판결절차의 변론종결 당시에 보아 부작위채무를 명하는 집행권원이 성립하더라도 채무자가 이를 단기간 내에 위반할 개연성이 있고, 또한 판결절차에서 민사집행법 제261조에 의하여 명할 적정한 배상액을 산정할 수 있는 경우에는 판결절차에서도 채무불이행에 대한 간접강제를 할 수 있다. 또한 부대체적 작위채무에 관하여서도 판결절차의 변론종결 당시에 보아 집행권원이 성립하더라도 채무자가 부대체적 작위채무를 임의로 이행할 가능성이 없음이 명백하고, 판결절차에서 채무자에게 간접강제결정의 당부에 관하여 충분히 변론할 기회가 부여되었으며, 민사집행법 제261조에 의하여 명할 적정한 배상액을 산정할 수 있는 경우에는 판결절차에서도 채무불이행에 대한 간접강제를 할 수 있다. 그 이유는 다음과 같다. ㉠ 본안판결에서 동시에 민사집행법 제261조 제1항의 간접강제에 관한 판결을 할 수 있는지 여부에 관하여 이를 명시적으로 금지하는 법 규정은 없다. 입법자는 채권에 대한 강제이행의 원칙과 집행권원에 기초한 강제집행의 원칙을 규정하였을 뿐 판결절차에서는 어떠한 경우에도 간접강제를 명할 수 없도록 법률을 제정하였다고 볼 수 없다. ㉡ 판결절차에서 간접강제를 명할 수 있도록 한 이유는 부작위채무와 부대체적 작위채무(이하 '부작위채무 등'이라 한다)를 이행하지 않는 경우에 집행의 실효성을 확보하고 집행공백을 막으려는 데 있다. ㉢ 판결절차에서 간접강제를 명하더라도 채무자에게 크게 불리하다고 볼 수 없다. 판결절차에서도 채권자인 원고가 간접강제를 청구해야만 법원이 간접강제를 명할 수 있으므로, 변론 과정에서 채무자인 피고가 간접강제에 관하여 충분히 의견을 진술할 수 있기 때문이다. ㉣ 판례가 제시하는 요건에 따라 판결절차에서 간접강제를 명하는 것은 분쟁의 종국적인 해결에도 이바지한다(대판[전합] 2021.7.22. 2020다248124).

답 ❶

금전채권 외의 채권에 기초한 강제집행에 관한 다음 설명 중 가장 옳지 않은 것은?

2024년 법무사시험 [문 25]

① 채무의 성질이 간접강제를 할 수 있는 경우에 제1심 법원은 채권자의 신청에 따라 간접강제를 명하는 결정을 한다.

② 부대체적 작위채무로서 장부 또는 서류의 열람·등사를 허용할 것을 명하는 집행권원에 대한 간접강제결정의 주문에서 채무자가 열람·등사 허용의무를 위반하는 경우 민사집행법 제261조 제1항의 배상금을 지급하도록 명한 경우, 이러한 간접강제결정에서 명한 배상금 지급의무는 그 발생 여부나 시기 및 범위가 불확정적이라고 봄이 타당하므로, 그 간접강제결정은 이를 집행하는 데 민사집행법 제30조 제2항의 조건이 붙어 있다고 보아야 한다.

③ 부대체적 작위의무의 이행으로서 장부 또는 서류의 열람·복사를 허용하라는 판결 등의 집행을 위한 간접강제결정에서 채무자로 하여금 의무위반 시 배상금을 지급하도록 명한 경우, 채권자는 특정 장부 또는 서류의 열람·복사를 요구한 사실, 그것이 본래의 집행권원에서 열람·복사 허용을 명한 장부 또는 서류에 해당한다는 사실 등을 증명함으로써 간접강제결정에 집행문을 받을 수 있다. 한편 채무자는 위와 같은 조건이 성취되지 않았음을 다투는 집행문부여에 대한 이의의 소를 통해 간접강제결정에 기초한 배상금채권의 집행을 저지할 수 있을 뿐 부대체적 작위의무를 이행하였음을 내세워 청구이의의 소로써 본래의 집행권원인 판결 등의 집행력 자체를 배제해 달라고 할 수 없고, 그 판결 등을 집행권원으로 하여 발령된 간접강제결정에 대하여도 청구이의의 소를 제기할 수 없다.

④ 채무자가 간접강제결정에서 명한 이행기간이 지난 후에 채무를 이행하였다면, 채권자는 특별한 사정이 없는 한 채무의 이행이 지연된 기간에 상응하는 배상금의 추심을 위한 강제집행을 할 수 있다.

⑤ 채권자가 부대체적 작위채무에 대한 간접강제결정을 집행권원으로 하여 강제집행을 하기 위해서는 집행문을 받아야 한다.

....

[**❶ ▶ O**] 채무의 성질이 간접강제를 할 수 있는 경우에 제1심 법원은 채권자의 신청에 따라 간접강제를 명하는 결정을 한다. 그 결정에는 채무의 이행의무 및 상당한 이행기간을 밝히고, 채무자가 그 기간 이내에 이행을 하지 아니하는 때에는 늦어진 기간에 따라 일정한 배상을 하도록 명하거나 즉시 손해배상을 하도록 명할 수 있다(민사집행법 제261조 제1항).

[**❷ ▶ O**] 부대체적 작위채무로서 장부 또는 서류의 열람·등사를 허용할 것을 명하는 집행권원에 대한 간접강제결정의 주문에서 채무자가 열람·등사 허용의무를 위반하는 경우 민사집행법 제261조 제1항의 배상금을 지급하도록 명하였다면, 그 문언상 채무자는 채권자가 특정 장부 또는 서류의 열람·등사를 요구할 경우에 한하여 이를 허용할 의무를 부담하는 것이지 채권자의 요구가 없어도 먼저 채권자에게 특정 장부 또는 서류를 제공할 의무를 부담하는 것은 아니다. 따라서 그러한 간접강제결정에서 명한 배상금 지급의무는 그 발생 여부나 시기 및 범위가 불확정적이라고 봄이 타당하므로, 그 간접강제결정은 이를 집행하는 데 민사집행법 제30조 제2항의 조건이 붙어 있다고 보아야 한다(대판 2021.6.24. 2016다 268695).

[❸ ▸ ✕] 부대체적 작위의무의 이행으로서 장부 또는 서류의 열람·복사를 허용하라는 판결 등의 집행을 위한 간접강제결정에서 채무자로 하여금 의무위반 시 배상금을 지급하도록 명한 경우, 채권자는 특정 장부 또는 서류의 열람·복사를 요구한 사실, 그것이 본래의 집행권원에서 열람·복사 허용을 명한 장부 또는 서류에 해당한다는 사실 등을 증명함으로써 간접강제결정에 집행문을 받을 수 있다. 한편 채무자는 위와 같은 조건이 성취되지 않았음을 다투는 집행문부여에 대한 이의의 소를 통해 간접강제결정에 기초한 배상금채권의 집행을 저지할 수 있다. <u>아울러 채무자는 부대체적 작위의무를 이행하였음을 내세워 청구이의의 소로써 본래의 집행권원인 판결 등의 집행력 자체를 배제해 달라고 할 수 있고, 그 판결 등을 집행권원으로 하여 발령된 간접강제결정에 대하여도 청구이의의 소를 제기할 수 있다.</u> 부대체적 작위의무는 채무자의 의무이행으로 소멸하므로 이 경우 채무자는 판결 등 본래의 집행권원에 기한 강제집행을 당할 위험에서 종국적으로 벗어날 수 있어야 하고, 또한 간접강제결정은 부대체적 작위의무의 집행방법이면서 그 자체로 배상의 지급을 명하는 독립한 집행권원이기도 하므로, 본래의 집행권원에 따른 의무를 이행한 채무자는 그 의무이행 시점 이후로는 간접강제결정을 집행권원으로 한 금전의 강제집행을 당하는 것까지 면할 수 있어야 하기 때문이다(대판 2023.2.23. 2022다277874).

[❹ ▸ ○] 민사집행법 제261조 제1항의 간접강제결정에 기한 배상금은 채무자에게 이행기간 이내에 이행을 하도록 하는 심리적 강제수단이라는 성격뿐만 아니라 채무자의 채무불이행에 대한 법정 제재금이라는 성격도 가진다고 보아야 한다. 따라서 채무자가 간접강제결정에서 명한 이행기간이 지난 후에 채무를 이행하였다면, 채권자는 특별한 사정이 없는 한 채무의 이행이 지연된 기간에 상응하는 배상금의 추심을 위한 강제집행을 할 수 있다(대판 2013.2.14. 2012다26398).

[❺ ▸ ○] 채권자가 부대체적 작위채무에 대한 간접강제결정을 집행권원으로 하여 강제집행을 하기 위해서는 집행문을 받아야 한다(대판 2022.2.11. 2020다229987).

답 ❸

128
□□□

간접강제에 관한 다음 설명 중 가장 옳지 않은 것은?　　　　**2023년 법무사시험 [문 20]**

① 부대체적 작위채무로서 장부 또는 서류의 열람·등사를 허용할 것을 명하는 집행권원에 대한 간접강제결정의 주문에서 채무자가 열람·등사 허용의무를 위반하는 경우 배상금을 지급하도록 명하였다면, 위 간접강제결정에 부여되는 집행문은 단순집행문이므로 위의 경우에 특별한 사정이 없는 한 집행문부여에 대한 이의의 소의 대상이 되지 않는다.

② 부작위채무의 위반행위는 원칙적으로 집행권원 성립 후에 생긴 것이어야 하지만, 위반상태가 집행권원 성립 전부터 있었어도 집행권원 성립 후의 행위에 의하여 침해상태가 계속되는 경우에는 부작위채무에 대한 집행의 대상이 된다고 보아야 한다.

③ 지방법원 합의부가 재판한 간접강제결정을 대상으로 한 청구이의의 소나 집행문부여에 대한 이의의 소는 그 재판을 한 지방법원 합의부의 전속관할에 속한다.

④ 부대체적 작위채무의 이행을 명하는 가처분결정과 함께 그 의무위반에 대한 간접강제결정이 동시에 이루어진 경우에는 그 간접강제결정에 기한 강제집행을 반드시 가처분결정이 송달된 날로부터 2주 이내에 할 필요는 없다.

⑤ 간접강제결정 발령 후에 채무자가 부대체적 작위채무를 이행하였다고 하더라도 이미 발생한 강제금 지급의무는 소멸하지 않고, 다만 간접강제결정에 대하여 부대체적 작위채무의 이행을 이유로 하는 청구이의의 소를 제기할 수 있다.

[❶▸×] [1] 민사집행법 제45조, 제30조 제2항, 제31조에 의하면, 집행문부여에 대한 이의의 소는 판결을 집행하는 데에 조건이 붙어 있어 그 조건이 성취되었음을 채권자가 증명하여야 하는 때에 이를 증명하는 서류를 제출하여 집행문을 내어 준 경우와 판결에 표시된 채권자의 승계인을 위하여 내어 주거나 판결에 표시된 채무자의 승계인에 대한 집행을 위하여 집행문을 내어 준 경우에, 채무자가 집행문 부여에 관하여 증명된 사실에 의한 판결의 집행력을 다투거나 인정된 승계에 의한 판결의 집행력을 다투는 때에 제기할 수 있다. [2] 채권자가 부대체적 작위채무에 대한 간접강제결정을 집행권원으로 하여 강제집행을 하기 위해서는 집행문을 받아야 한다. 부대체적 작위채무로서 장부 또는 서류의 열람·등사를 허용할 것을 명하는 집행권원에 대한 간접강제결정의 주문에서 채무자가 열람·등사 허용의무를 위반하는 경우 민사집행법 제261조 제1항의 배상금을 지급하도록 명하였다면, 그 문언상 채무자는 채권자가 특정 장부 또는 서류의 열람·등사를 요구할 경우에 한하여 이를 허용할 의무를 부담하는 것이지 채권자의 요구가 없어도 먼저 채권자에게 특정 장부 또는 서류를 제공할 의무를 부담하는 것은 아니다. 따라서 그러한 간접강제결정에서 명한 배상금 지급의무는 그 발생 여부나 시기 및 범위가 불확정적이라고 봄이 타당하므로, 그 간접강제결정은 이를 집행하는 데 민사집행법 제30조 제2항의 조건이 붙어 있다고 보아야 한다. 채권자가 그 조건이 성취되었음을 증명하기 위해서는 채무자에게 특정 장부 또는 서류의 열람·등사를 요구한 사실, 그 특정 장부 또는 서류가 본래의 집행권원에서 열람·등사의 허용을 명한 장부 또는 서류에 해당한다는 사실 등을 증명하여야 한다. 이 경우 집행문은 민사집행법 제32조 제1항에 따라 재판장의 명령에 의해 부여하되 강제집행을 할 수 있는 범위를 집행문에 기재하여야 한다(대판 2021.6.24. 2016다268695). ☞ 피고가 원고를 상대로 한 회계장부 등 열람·등사 가처분신청 사건에서, "원고는 결정 송달일로부터 공휴일을 제외한 30일 동안 피고에게 이 사건 장부 및 서류를 열람·등사하는 것을 허용하여야 하고, 이에 위반하는 경우 위반행위 1일당 100만원을 지급하라"는 가처분결정이 내려졌고, 피고는 이 가처분결정에 대하여 집행문을 부여받았는데, 원고는 열람·등사 허용의무를 위반하지 않았다는 등의 이유로 이 사건 집행문부여에 대한 이의의 소를 제기하였다. 대법원은 위와 같은 간접강제결정은 그 배상금 지급의무의 발생 여부와 시기 및 범위가 불확정적이므로 민사집행법 제30조 제2항의 조건이 붙어 있는 경우에 해당한다는 이유로, 원고가 그 조건의 성취를 다투는 취지에서 이 사건 집행문부여에 대한 이의의 소를 제기한 것은 적법하다고 판단하였다.

[❷▸○] 부작위채무의 위반행위는 원칙적으로 집행권원이 성립한 후에 생긴 것이어야 하지만 위반상태가 집행권원이 성립하기 전부터 있었어도 집행권원이 성립한 후의 행위에 의하여 침해상태가 계속되는 경우에는 부작위 집행의 대상이 된다고 보아야 한다. 실무상 주로 문제되는 부작위채무의 예는 영업방해 금지의무, 접근금지의무, 명예훼손금지의무, 방송금지 또는 영화상영 금지의무, 특허권 등 지식재산권 침해금지의무, 공사방해금지의무 등이 있다. 제요 집행 4

[❸▸○] 민사집행법 제44조 제1항은 "채무자가 판결에 따라 확정된 청구에 관하여 이의하려면 제1심 판결법원에 청구에 관한 이의의 소를 제기하여야 한다."라고 규정하고, 제45조 본문은 위 규정을 집행문부여에 대한 이의의 소에 준용하도록 하고 있다. 여기서 '제1심 판결법원'이란 집행권원인 판결에 표시된 청구권, 즉 그 판결에 기초한 강제집행에 의하여 실현될 청구권에 대하여 재판을 한 법원을 가리키고, 이는 직분관할로서 성질상 전속관할에 속한다. 한편 민사집행법 제56조 제1호는 '항고로만 불복할 수 있는 재판'을 집행권원의 하나로 규정하고, 제57조는 이러한 집행권원에 기초한 강제집행에 대하여 제44조, 제45조 등을 준용하도록 규정하고 있다. 따라서 지방법원 합의부가 재판한 간접강제결정을 대상으로 한 청구이의의 소나 집행문부여에 대한 이의의 소는 그 재판을 한 지방법원 합의부의 전속관할에 속한다(대판 2017.4.7. 2013다80627).

[❹▸○] 부대체적 작위채무의 이행을 명하는 가처분결정과 함께 그 의무위반에 대한 간접강제결정이 동시에 이루어진 경우에는 간접강제결정 자체가 독립된 집행권원이 되고 간접강제결정에 기초하여 배상금을 현실적으로 집행하는 절차는 간접강제절차와 독립된 별개의 금전채권에 기초한 집행절차이므로, 그 간접강제결정에 기한 강제집행을 반드시 가처분결정이 송달된 날로부터 2주 이내에 할 필요는 없다. 다만, 그 집행을 위해서는 당해 간접강제결정의 정본에 집행문을 받아야 한다(대결 2008.12.24. 2008마1608).

[**❺** ▸ **○**] 간접강제결정에서 부대체적 작위의무를 위반한 때부터 의무이행 완료 시까지 위반일수에 비례하여 배상금 지급을 명한 경우, 그에 대한 청구이의의 소에서 채무자는 간접강제의 대상인 작위의무를 이행했음을 증명하여 의무이행일 이후 발생할 배상금에 관한 집행력 배제를 구할 수 있지만, 이미 작위의무를 위반한 기간에 해당하는 배상금 지급의무는 소멸하지 아니하므로 그 범위 내에서 간접강제결정의 집행력은 소멸하지 않는다(대판 2023.2.23. 2022다277874).

> 채무자가 이행기간 경과 후에 뒤늦게 채무를 이행한 경우에 관하여, ㉠ 간접강제의 절차와 배상금의 집행절차는 별개라는 점을 근거로 채무자가 임의로 작위채무를 이행하더라도 이미 발생한 배상금 지급의무를 면하는 것은 아니라는 견해(추심가능설)와 ㉡ 간접강제결정에 기초한 배상금의 추심은 과거의 지연에 대한 제재나 손해배상이 아니고 작위의무의 이행에 관한 심리적 강제수단에 불과하므로 작위의무의 이행이 있으면 배상금을 추심함으로써 심리적 강제를 꾀할 목적이 상실되어 버리므로 채권자가 더 이상 배상금을 추심할 수 없다는 견해(추심불능설)가 대립한다. 판례는 민사집행법상의 부대체적 작위채무에 대한 간접강제결정에 기한 배상금의 추심에 관하여 간접강제결정에서 명한 이행기간이 지난 후에 채무를 이행하였다면 채권자가 특별한 사정이 없는 한 채무의 이행이 지연된 기간에 상응하는 배상금의 추심을 위한 강제집행을 할 수 있다고 하여 추심가능설의 입장을 분명히 하였다(대판 2013.2.14. 2012다26398). 만약 작위의무를 이행하여 그 의무가 소멸된 이후의 부분에 대해서까지 채권자가 배상금의 강제집행을 계속하려고 할 때에는 채무자는 작위를 명하는 본래의 집행권원에 대한 청구이의의 소(민사집행법 제44조)를 제기하여 구제를 받아야 한다(대판 2013.2.14. 2012다26398). 제요 집행 4

답 ❶

129 □□□

금전채권 외의 채권에 기초한 강제집행에 관한 다음 설명 중 가장 옳지 않은 것은?

2023년 법무사시험 [문 21]

① 부동산의 인도명령의 상대방이 채무자인 경우에 그 인도명령의 집행력은 당해 채무자는 물론 채무자와 한 세대를 구성하며 독립된 생계를 영위하지 아니하는 가족과 같이 그 채무자와 동일시되는 자에게도 미친다.

② 부동산 인도청구의 집행을 할 때 강제집행의 목적물이 아닌 동산이 있어 이를 인도하려고 하나 인도받을 채무자나 채무자의 친족 등이 없는 경우, 집행관이 동산을 스스로 보관하거나 채권자 또는 제3자를 보관인으로 선임하여 보관하게 할 수 있으며, 이때 집행관이나 채권자 등은 발생한 보관비용에 관하여 동산에 유치권을 행사할 수 있다.

③ 대체집행을 위한 수권결정은 즉시 집행력이 생기고 수권결정 그 자체는 집행권원이 아니므로 수권결정에 대하여 별도의 집행문을 부여받을 필요가 없다. 다만 1개의 결정으로 수권결정과 대체집행비용선지급결정을 하는 경우에는 대체집행선지급결정 부분은 집행권원이 되고, 대체집행비용선지급결정을 집행하는 때에는 집행문을 부여받아야 한다.

④ 조건부 의사진술을 명하는 화해조서에 대하여 집행문이 부여된 후 등기의무자가 집행문부여에 대하여 이의신청을 하여 위 이의신청에 대한 결정이 있을 때까지 집행력 있는 화해조서에 의한 강제집행을 정지한다는 결정문을 제출한 경우 등기관은 등기의 기입을 해서는 안 된다.

⑤ 채무자가 민사집행법 제261조 제1항의 간접강제결정에서 명한 이행기간이 지난 후에 채무를 이행하였다면, 채권자는 특별한 사정이 없는 한 채무의 이행이 지연된 기간에 상응하는 배상금의 추심을 위한 강제집행을 할 수 있다.

[**❶** ▸ **O**] 부동산의 인도명령의 상대방이 채무자인 경우에 그 인도명령의 집행력은 당해 채무자는 물론 채무자와 한 세대를 구성하며 독립된 생계를 영위하지 아니하는 가족과 같이 그 채무자와 동일시되는 자에게도 미친다(대판 1998.4.24. 96다30786).

[**❷** ▸ **O**] 민사집행법 제258조는 부동산 등 인도청구의 집행에 관하여 다음과 같이 정하고 있다. 부동산 인도청구의 집행을 할 때 강제집행의 목적물이 아닌 동산이 있는 경우 그 동산을 제거하여 채무자나 채무자의 친족 등(이하 '채무자 등'이라 한다)에게 인도하여야 한다(제3항, 제4항). 채무자 등이 없는 때에는 집행관은 그 동산을 채무자의 비용으로 보관하여야 한다(제5항). 채무자 등이 없는 때 집행관은 동산을 스스로 보관할 수도 있고 채권자나 제3자를 보관인으로 선임하여 보관하게 할 수도 있다. 이때 집행관이나 채권자 등은 보관비용이 생긴 경우 동산의 수취를 청구하는 채무자 등에게 보관비용을 변제받을 때까지 유치권을 행사할 수 있다(대판 2020.9.3. 2018다288044).

[**❸** ▸ **O**] 대체집행은 채무자의 행위가 채무자 이외의 사람에 의하여 대체될 수 있는 경우에 집행법원의 수권결정에 따라 채무자에 갈음하여 채무자 이외의 사람으로 하여금 그 행위를 하도록 하고, 그 비용을 채무자로부터 강제로 추심하는 것을 말한다(민사집행법 제260조). 대체집행의 절차는 우선 법원이 대체집행의 권한을 채권자에게 부여하는 수권결정의 단계와 이 수권결정에 의한 채권자의 실제 집행의 2단계로 나눌 수 있다. 대체집행을 위한 수권결정은 즉시 집행력이 생긴다. 수권결정 그 자체는 집행권원이 아니므로 수권결정에 대하여 별도의 집행문을 부여받을 필요는 없다. 그러나 수권결정을 한 후 채무자의 승계가 있는 때에는 본래의 집행권원에 대하여 승계집행문을 부여받아 다시 승계인에 대하여 수권결정을 받아야 한다. 다만, 1개의 결정으로 수권결정과 대체집행비용선지급결정을 하는 경우에는 대체집행비용선지급결정 부분은 집행권원이 되고, 대체집행비용선지급결정을 집행하는 때에 집행문을 부여받아야 한다. 제요 집행 4

[**❹** ▸ **X**] 조건부 의사진술을 명하는 재판은, 그 조건이 성취되어 집행문이 부여될 때 의사를 진술한 것과 동일한 효력이 발생하고, 집행기관이 관여하는 현실적인 강제집행절차가 존재할 수 없어 강제집행의 정지도 있을 수 없으니, 설령 법원이 집행문을 부여한 후 집행문부여에 대한 이의신청절차에서 강제집행정지결정을 하였더라도, 등기관은 강제집행정지결정에 구애됨이 없이 등기신청을 받아들여 등기기입을 할 수 있다(대결 1979.5.22. 77마427). 제요 집행 4

[**❺** ▸ **O**] 민사집행법 제261조 제1항의 간접강제결정에 기한 배상금은 채무자에게 이행기간 이내에 이행을 하도록 하는 심리적 강제수단이라는 성격뿐만 아니라 채무자의 채무불이행에 대한 법정 제재금이라는 성격도 가진다고 보아야 한다. 따라서 채무자가 간접강제결정에서 명한 이행기간이 지난 후에 채무를 이행하였다면, 채권자는 특별한 사정이 없는 한 채무의 이행이 지연된 기간에 상응하는 배상금의 추심을 위한 강제집행을 할 수 있다(대판 2013.2.14. 2012다26398).

답 **❹**

담보권 실행 등을 위한 경매

✔ 각 문항별로 회독수를 체크해 보세요. ☑□□

제1장 실질적 경매절차

01
□□□

저당권이 설정 당시부터 부존재하거나 또는 경매개시결정 이전에 피담보채권이 소멸함에 따라 저당권이 소멸하였는데도 이를 간과하고 경매개시결정이 된 경우에 관한 다음 설명 중 가장 옳지 않은 것은? **2024년 법무사시험 [문 12]**

① 경매개시결정에 대한 이의신청을 하였으나 집행정지결정을 받지 아니하여 경매가 계속 진행되어 매각허가결정이 확정되고 매수인이 매각대금을 납부하였다면 경매개시결정을 취소할 수 없다.

② 채무자는 피담보채무부존재확인의 소 또는 저당권설정등기말소청구의 소를 제기하면서 수소법원으로부터 경매절차의 일시정지를 명하는 잠정처분을 받아 경매절차를 정지할 수 있다.

③ 채무자는 담보권실행을 위한 경매의 불허를 구하는 소를 제기하면서 수소법원으로부터 경매절차의 일시정지를 명하는 잠정처분을 받아 경매절차를 정지할 수 있다.

④ 담보권실행을 위한 경매는 담보권의 부존재·무효, 피담보채권의 불성립·소멸 또는 변제와 같은 실체상의 흠도 경매절차에 영향을 미치므로, 이해관계인은 이러한 실체상의 흠을 이유로 경매개시결정에 대한 이의를 할 수 있고, 매각허가결정에 대한 항고를 할 수 있다.

⑤ 채무자는 경매신청채권자의 저당권을 말소한 다음 저당권이 말소된 등기사항증명서를 제출하여 경매절차취소결정을 받을 수 있다.

....

[❶ ▸ O] 경매개시결정에 대한 이의신청이 계속 중이라 하더라도 그 경매절차의 집행이 정지되지 않은 탓으로 경매절차가 진행되어 경락인이 경락대금을 지급하였다면 경매개시결정은 취소할 수 없음에 이르렀다 할 것이다(대결 1971.6.30. 71마422).

[❷ ▸ O] 부동산을 목적으로 하는 담보권을 실행하기 위한 경매절차를 정지하려면 ① 민사집행법 제268조에 의하여 준용되는 같은 법 제86조 제1항에 따라 경매개시결정에 대한 이의신청을 하고 같은 조 제2항에 따라 같은 법 제16조 제2항에 준하는 매각절차의 일시정지를 명하는 가처분(잠정처분) 결정을 받거나, ② 담보권의 효력을 다투는 소(통상 채무부존재확인이나 저당권설정등기말소청구의 소)를 먼저 제기하고 같은 법 제46조 제2항에 의하여 정지를 명하는 잠정처분 결정을 받아 집행법원에 제출하여야 한다. 제요 집행 3

[**❸ ▸ ✕**] 부동산을 목적으로 하는 담보권을 실행하기 위한 경매절차를 정지하려면 경매개시결정에 대한 이의신청을 하고 집행정지명령을 받거나 그 담보권의 효력을 다투는 소를 제기하고 집행정지명령을 받아 그 절차의 진행을 정지시킬 수 있을 뿐이고, <u>직접 경매의 불허를 구하는 소를 제기할 수는 없다</u>(대판 2002.9.24. 2002다43684).

[**❹ ▸ ○**] 임의경매개시결정에 대한 이의는 강제경매개시결정에 대한 이의와는 달리 절차상 하자뿐만 아니라 실체상 하자도 이의사유로 주장할 수 있다(민사집행법 제265조). … 실체상 이의사유로는 경매의 기본이 되는 저당권의 부존재 · 무효(저당권설정등기의 원인무효), 피담보채권의 불성립, 무효 또는 변제, 변제공탁 등에 의한 소멸, 피담보채권의 이행기 미도래(대결 1968.4.24. 68마300) 또는 이행기의 유예(연기) 등이 있다(다만 이행기 미도래는 절차상 이의사유라는 견해도 있다). 제요 집행 3

[**❺ ▸ ○**] 민사집행법 제266조 제1항 제1호, 제2항

민사집행법 제266조(경매절차의 정지)

① 다음 각 호 가운데 어느 하나에 해당하는 문서가 경매법원에 제출되면 경매절차를 정지하여야 한다.
  1. 담보권의 등기가 말소된 등기사항증명서
  2. 담보권 등기를 말소하도록 명한 확정판결의 정본
  3. 담보권이 없거나 소멸되었다는 취지의 확정판결의 정본
  4. 채권자가 담보권을 실행하지 아니하기로 하거나 경매신청을 취하하겠다는 취지 또는 피담보채권을 변제받았거나 그 변제를 미루도록 승낙한다는 취지를 적은 서류
  5. 담보권 실행을 일시정지하도록 명한 재판의 정본
② 제1항 제1호 내지 제3호의 경우와 제4호의 서류가 화해조서의 정본 또는 공정증서의 정본인 경우에는 경매법원은 이미 실시한 경매절차를 취소하여야 하며, 제5호의 경우에는 그 재판에 따라 경매절차를 취소하지 아니한 때에만 이미 실시한 경매절차를 일시적으로 유지하게 하여야 한다.

답 ❸

02 □□□ 담보권실행경매절차에 관한 다음 설명 중 가장 옳지 않은 것은? **2023년 법무사시험 [문 35]**

① 피담보채권을 저당권과 함께 양수한 자는 저당권이전의 부기등기를 마치고 저당권실행의 요건을 갖추고 있는 한 채권양도의 대항요건을 갖추고 있지 아니하더라도 경매신청을 할 수 있으며, 이 경우에 경매개시결정을 할 때에 피담보채권의 양수인이 채무자에 대한 채권양도의 대항요건을 갖추었다는 점을 증명할 필요는 없으므로, 그와 같은 사유가 구비되지 않았다는 사실을 경매개시결정에 대한 이의나 항고절차에서 채무자가 증명하여야 한다.

② 공동저당권이 설정되어 있는 수개의 부동산 중 일부는 채무자 소유이고 일부는 물상보증인 소유인 경우 위 각 부동산의 경매대가를 동시에 배당하는 때에는 민법 제368조 제1항은 적용되지 아니하고, 채무자 소유 부동산의 경매대가에서 공동저당권자에게 우선적으로 배당을 하고, 부족분이 있는 경우에 한하여 물상보증인 소유 부동산의 경매대가에서 추가로 배당을 하여야 한다.

③ 근저당권자가 피담보채무의 불이행을 이유로 경매신청을 한 경우에는 경매신청 시에 근저당 채무액이 확정되고, 그 이후부터 근저당권은 부종성을 가지게 되어 보통의 저당권과 같은 취급을 받게 되는바, 위와 같이 경매신청을 하여 경매개시결정이 있은 후에 경매신청이 취하되었다고 하더라도 채무확정의 효과가 번복되는 것은 아니다.

④ 신청채권자로서는 피담보채권의 표시로서 채권발생의 원인 및 그 일자, 채권액, 원본채권 이외에 지연손해금에 대하여 배당을 받으려고 하는 때에는 그 금액 또는 이율 및 기산일을 신청서에 기재할 필요가 있으나, 이를 증명하는 문서를 제출할 필요까지는 없고, 집행법원은 담보권실행을 위한 경매절차를 개시함에 있어서 단지 담보권의 형식적 존재를 증명하는 서류를 조사함으로써 충분하다.

⑤ 피담보채권과 근저당권을 함께 양도하는 경우에 채권양도는 당사자 사이의 의사표시만으로 양도의 효력이 발생하지만 근저당권이전은 이전등기를 하여야 하므로 채권양도와 근저당권이전등기 사이에 어느 정도 시차가 불가피한 이상 피담보채권이 먼저 양도되어 일시적으로 피담보채권과 근저당권의 귀속이 달라진다고 하여 근저당권이 무효로 된다고 볼 수는 없으나, 위 근저당권은 그 피담보채권의 양수인에게 이전되어야 할 것에 불과하고, 근저당권의 명의인은 피담보채권을 양도하여 결국 피담보채권을 상실한 셈이므로 집행채무자로부터 변제를 받기 위하여 배당표에 자신에게 배당하는 것으로 배당표의 경정을 구할 수 있는 지위에 있다고 볼 수 없다.

....

[❶ ▸ ✕] 부동산에 대한 저당권 등의 담보권을 실행하기 위해서는 실체법상 담보권이 존재하고, 그 담보권의 피담보채권이 존재하며, 그 피담보채권의 변제기가 도래하여야 하는 것이지만, 민사집행법은 부동산에 대한 담보권실행을 위한 경매의 개시 요건으로서 민사집행규칙 제192조에 정해진 채권자·채무자 및 소유자(제1호), 담보권과 피담보채권의 표시(제2호), 담보권의 실행 대상이 될 자산의 표시(제3호), 피담보채권의 일부에 대하여 담보권을 실행하는 때에는 그 취지와 범위(제4호)를 기재한 신청서와 민사집행법 제264조에 정해진 담보권의 존재를 증명하는 서류를 제출하면 된다. 집행법원은 담보권의 존재에 관해서 위 서류의 한도에서 심사를 하며, 그 밖의 실체법상의 요건은 신청서에 기재하도록 하는데 그치고, 담보권실행을 위한 경매절차의 개시요건으로서 이를 증명하도록 요구하고 있지 않다. 따라서 피담보채권을 저당권과 함께 양수한 자는 저당권이전의 부기등기를 마치고 저당권실행의 요건을 갖추고 있는 한 채권양도의 대항요건을 갖추고 있지 아니하더라도 경매신청을 할 수 있으며, <u>이 경우에 경매개시결정을 할 때에 피담보채권의 양수인이 채무자에 대한 채권양도의 대항요건을 갖추었다는 점을 증명할 필요는 없지만, 적어도 그와 같은 사유는 경매개시결정에 대한 이의나 항고절차에서는 신청채권자가 증명하여야 한다</u>(대결 2014.12.2. 2014마1412).

제3편 담보권 실행 등을 위한 경매 **229**

[❷ ▸ ○] 공동저당권이 설정되어 있는 수개의 부동산 중 일부는 채무자 소유이고 일부는 물상보증인 소유인 경우 각 부동산의 경매대가를 동시에 배당하는 때에는 민법 제368조 제1항은 적용되지 아니하고, 채무자 소유 부동산의 경매대가에서 공동저당권자에게 우선적으로 배당을 하고, 부족분이 있는 경우에 한하여 물상보증인 소유 부동산의 경매대가에서 추가로 배당을 하여야 한다. 그리고 이러한 이치는 물상보증인이 채무자를 위한 연대보증인의 지위를 겸하고 있는 경우에도 마찬가지이다(대판 2016.3.10. 2014다231965).

[❸ ▸ ○] 근저당권자가 피담보채무의 불이행을 이유로 경매신청을 한 경우에는 경매신청 시에 근저당 채무액이 확정되고, 그 이후부터 근저당권은 부종성을 가지게 되어 보통의 저당권과 같은 취급을 받게 되는바, 위와 같이 경매신청을 하여 경매개시결정이 있은 후에 경매신청이 취하되었다고 하더라도 채무 확정의 효과가 번복되는 것은 아니다(대판 2002.11.26. 2001다73022).

[❹ ▸ ○] 민사집행법은 부동산에 대한 담보권실행을 위한 경매의 개시요건으로서 민사집행규칙 제 192조에 정해진 채권자·채무자 및 소유자와 그 대리인의 표시(제1호), 담보권과 피담보채권의 표시(제2호), 담보권의 실행 또는 권리행사의 대상인 재산의 표시(제3호), 피담보채권의 일부에 대하여 담보권 실행 또는 권리행사를 하는 때에는 그 취지 및 범위(제4호)를 기재한 신청서와 민사집행법 제264조에 정해진 담보권의 존재를 증명하는 서류를 제출하면 되는 것이고, 집행법원은 담보권의 존재에 관해서 위 서류의 한도에서 심사를 하지만, 그 밖의 실체법상 요건인 피담보채권의 존재 등에 관해서는 신청서에 기재하도록 하는 데 그치고, 담보권실행을 위한 경매절차의 개시요건으로서 피담보채권의 존재를 증명 하도록 요구하고 있는 것은 아니므로 경매개시결정을 함에 있어서 채권자에게 피담보채권의 존부를 입증하게 할 것은 아니다. 따라서 신청채권자로서는 피담보채권의 표시로서 채권발생의 원인 및 그 일자, 채권액, 원본채권 이외에 지연손해금에 대하여 배당을 받으려고 하는 때에는 그 금액 또는 이율 및 기산일을 기재할 필요가 있으나, 이를 증명하는 문서를 제출할 필요까지는 없고, 집행법원은 담보권실 행을 위한 경매절차를 개시함에 있어서 단지 담보권의 형식적 존재를 증명하는 서류를 조사함으로써 충분하다고 할 것이다(대결 2000.10.25. 2000마5110 참조).

[❺ ▸ ○] 피담보채권과 근저당권을 함께 양도하는 경우에 채권양도는 당사자 사이의 의사표시만으로 양도의 효력이 발생하지만 근저당권이전은 이전등기를 하여야 하므로 채권양도와 근저당권이전등기 사이에 어느 정도 시차가 불가피한 이상 피담보채권이 먼저 양도되어 일시적으로 피담보채권과 근저당권 의 귀속이 달라진다고 하여 근저당권이 무효로 된다고 볼 수는 없으나, 위 근저당권은 그 피담보채권의 양수인에게 이전되어야 할 것에 불과하고, 근저당권의 명의인은 피담보채권을 양도하여 결국 피담보채 권을 상실한 셈이므로 집행채무자로부터 변제를 받기 위하여 배당표에 자신에게 배당하는 것으로 배당표 의 경정을 구할 수 있는 지위에 있다고 볼 수 없다(대판 2003.10.10. 2001다77888).

답 ❶

강제경매와 담보권 실행을 위한 경매에 관한 다음 설명 중 가장 옳지 않은 것은?

2022년 법무사시험 [문 15]

① 담보권 실행을 위한 경매신청을 함에는 집행권원이 필요하지 않고 담보권의 존재를 증명하는 서류를 내어야 하며, 담보권을 승계한 경우에는 승계를 증명하는 서류를 내야 한다.

② 가집행선고 있는 판결에 기한 강제집행은 확정판결에 기한 경우와 같이 본집행이므로 상소심의 판결에 의하여 가집행선고의 효력이 소멸되거나 집행채권의 존재가 부정된다고 할지라도 그에 앞서 이미 완료된 집행절차나 이에 기한 매수인의 소유권취득의 효력에는 아무런 영향을 미치지 아니한다.

③ 채무자에 대하여 파산이 선고되거나 회생절차개시결정이 있는 때에는 강제경매나 담보권 실행을 위한 경매신청을 할 수 없고, 이미 경매절차가 진행 중인 경우에는 모두 중지된다.

④ 담보권실행을 위한 경매 신청을 위하여는 채권자·채무자 및 소유자, 담보권과 피담보채권의 표시, 담보권의 실행 대상이 될 재산의 표시, 피담보채권의 일부에 대하여 담보권을 실행하는 때에는 그 취지 및 범위를 기재한 신청서와 담보권의 존재를 증명하는 서류를 제출하면 되는 것이고, 집행법원은 담보권의 존재에 관해서 위 서류의 한도에서 심사를 하고 채권자에게 피담보채권의 존부를 입증하게 할 것은 아니다.

⑤ 강제경매에서는 집행채권의 부존재나 소멸 등과 같은 실체상 하자를 경매개시결정에 대한 이의의 원인으로 주장할 수 없으나, 담보권 실행을 위한 경매에서는 담보권의 부존재나 소멸 등과 같은 실체상의 이유도 개시결정에 대한 이의사유로 할 수 있다.

┈┈

[**❶ ▶ ○**] 민사집행법 제264조 제1항, 제2항

> **민사집행법 제264조(부동산에 대한 경매신청)**
> ① 부동산을 목적으로 하는 담보권을 실행하기 위한 경매신청을 함에는 담보권이 있다는 것을 증명하는 서류를 내야 한다.
> ② 담보권을 승계한 경우에는 승계를 증명하는 서류를 내야 한다.

[**❷ ▶ ○**] 가집행선고 있는 판결에 기한 강제집행은 확정판결에 기한 경우와 같이 본집행이므로 상소심의 판결에 의하여 가집행선고의 효력이 소멸되거나 집행채권의 존재가 부정된다 하더라도 그에 앞서 이미 완료된 집행절차나 이에 기한 경락인의 소유권취득의 효력에는 아무런 영향을 미치지 아니한다 할 것이고, 다만 강제경매가 반사회적 법률행위의 수단으로 이용된 경우에는 그러한 강제경매의 결과를 용인할 수 없다(대판 1993.4.23. 93다3165).

[**❸ ▶ ✕**] 채무자에 대하여 파산선고가 있으면 강제집행, 보전처분은 중지되고, 새로운 강제집행 등의 신청이 금지되지만 담보권 실행을 위한 경매절차는 중지되지도 금지되지도 않는다. 반면에 회생절차개시결정이 있으면 채무자의 재산에 대한 강제집행, 보전처분, 담보권 실행을 위한 경매는 중지되고, 새로운 강제집행 등의 신청이 금지된다.

채무자가 파산선고를 받으면 파산채권은 파산절차에 의하지 아니하고는 행사할 수 없게 되므로(채무자회생법 제424조), 파산채권에 기하여 파산재단에 속하는 재산에 대하여 행하여진 강제집행·가압류 또는 가처분은 파산재단에 대하여는 그 효력을 잃고(채무자회생법 제348조 제1항 본문), 새로운 강제집행 등도 개시할 수 없다. … 한편 파산재단에 속하는 재산상에 존재하는 유치권, 질권, 저당권, '동산·채권 등의 담보에 관한 법률'에 따른 담보권 또는 전세권을 가진 사람은 그 목적인 재산에 관하여 별제권을 가지고, 별제권은 파산절차에 의하지 아니하고 행사하므로(채무자회생법 제411조, 제412조), 파산재단에 속하는 재산에 대한 담보권의 실행을 위한 경매절차는 파산선고가 있어도 실효되지 않고, 채무자의 지위가 파산관재인에게로 승계되어 계속 진행된다. … 회생절차개시결정이 있으면 회생채권 또는 회생담보권에 기한 채무자의 재산에 대한 강제집행의 개시나 가압류·가처분을 할 수 없고, 또한 채무자의 재산에 대하여 이미 행한 회생채권 또는 회생담보권에 기한 강제집행 등의 절차는 중지된다(채무자회생법 제58조 제1항, 제2항).

제요 집행 1

[❹ ▸ ○] 민사소송법(현 : 민사집행법)은 부동산에 대한 담보권실행을 위한 경매의 개시요건으로서 민사소송규칙 제204조(현 : 민사집행규칙 제192조)에 정해진 채권자·채무자 및 소유자(제1호), 담보권과 피담보채권의 표시(제2호), 담보권의 실행 대상이 될 재산의 표시(제3호), 피담보채권의 일부에 대하여 담보권을 실행하는 때에는 그 취지 및 범위(제4호)를 기재한 신청서와 민사소송법 제724조(현 : 민사집행법 제264조)에 정해진 담보권의 존재를 증명하는 서류를 제출하면 되는 것이고, 집행법원은 담보권의 존재에 관해서 위 서류의 한도에서 심사를 하지만, 그 밖의 실체법상 요건인 피담보채권의 존재 등에 관해서는 신청서에 기재하도록 하는 데 그치고, 담보권실행을 위한 경매절차의 개시요건으로서 피담보채권의 존재를 증명하도록 요구하고 있는 것은 아니므로 경매개시결정을 함에 있어서 채권자에게 피담보채권의 존부를 입증하게 할 것은 아니다(대결 2000.10.25. 2000마5110).

[❺ ▸ ○] 강제경매에서는 집행채권의 존재가 소송절차를 통해서 집행권원이라는 형식으로 확정되어 있으므로 집행권원의 효력을 부인하려면 집행절차 밖에서 청구이의의 소를 제기해서 승소판결을 얻어 집행법원에 제출해야 한다. 따라서 집행채권의 부존재와 소멸, 이행기 유예 등 실체상 하자는 경매절차 안에서 개시결정에 대한 이의로는 다툴 수 없고 절차상 하자만을 이의의 원인으로 주장할 수 있다. 반면에 임의경매는 집행권원을 필요로 하지 않고 절차의 안정을 위해서 '담보권이 있다는 것을 증명하는 서류'를 제출하면 되는 것으로 정하고 있고 담보권의 존재는 절차의 개시 또는 속행의 필수적 요건에 해당하므로 이해관계인은 경매절차에서 실체상 하자를 이유로 언제든지 개시결정에 대한 이의를 제기할 수 있다(민사집행법 제265조).

 답 ❸

부동산경매절차에 관한 다음 설명 중 가장 옳지 않은 것은?

① 배당요구의 종기가 정하여진 때에는 법원은 경매개시결정을 한 취지 및 배당요구의 종기를 공고하여야 한다.

② 민사집행법 제143조 제1항에 따라 매수인이 관계채권자의 승낙을 얻어 매각대금의 지급을 갈음하여 채무를 인수한 경우 매수인이 현금으로 매각대금을 내는 것과 효과가 같다. 이러한 채무인수를 승낙한 관계채권자는 인수된 채무액 범위에서 채권의 만족을 얻은 것으로 보아야 하므로, 그 범위에서 채무자의 채무도 소멸하게 된다. 따라서 위 규정에서 정하고 있는 채무인수는 면책적 채무인수로 보아야 한다.

③ 부동산에 대한 근저당권의 실행을 위한 경매는 그 근저당권 설정등기에 표시된 채무자 및 저당부동산의 소유자와의 관계에서 그 절차가 진행되는 것이므로, 그 절차의 개시 전 또는 진행 중에 채무자나 소유자가 사망하였다고 하더라도 그 재산상속인들이 경매법원에 대하여 그 사망 사실을 밝히고 자신을 이해관계인으로 취급하여 줄 것을 신청하지 아니한 이상 그 절차를 속행하여 저당부동산의 매각을 허가하였다고 하더라도 그 허가결정에 위법이 있다고 할 수 없다.

④ 집행법원은 매각대상 부동산에 관한 이해관계인이나 그 현황조사를 실시한 집행관 등으로부터 제출된 자료를 기초로 매각대상 부동산의 현황과 권리관계를 되도록 정확히 파악하여 이를 매각물건명세서에 기재하여야 하고, 만일 경매절차의 특성이나 집행법원이 가지는 기능의 한계 등으로 인하여 매각대상 부동산의 현황이나 권리관계를 정확히 파악하는 것이 곤란한 경우에는 그 부동산의 현황이나 권리관계가 불분명하다는 취지를 매각물건명세서에 그대로 기재함으로써 매수신청인 스스로의 판단과 책임하에 매각대상 부동산의 매수신고가격이 결정될 수 있도록 하여야 한다.

⑤ 공동저당권이 설정되어 있는 수개의 부동산 중 일부는 채무자 소유이고 일부는 물상보증인의 소유인 경우 위 각 부동산의 경매대가를 동시에 배당하는 때에도, "동일한 채권의 담보로 수개의 부동산에 저당권을 설정한 경우에 그 부동산의 경매대가를 동시에 배당하는 때에는 각 부동산의 경매대가에 비례하여 그 채권의 분담을 정한다"고 규정하고 있는 민법 제368조 제1항은 적용된다고 봄이 상당하다. 따라서 이러한 경우 경매법원으로서는 채무자 소유 부동산의 경매대가에서 공동저당권자에게 우선적으로 배당을 하고, 부족분이 있는 경우에 한하여 물상보증인 소유 부동산의 경매대가에서 추가로 배당을 하는 것이 아니라 각 부동산의 경매대가에 비례하여 그 채권의 분담을 정하여야 한다.

....

[**❶** ▸ **○**] 배당요구의 종기가 정하여진 때에는 법원은 경매개시결정을 한 취지 및 배당요구의 종기를 공고하고, 제91조 제4항 단서의 전세권자 및 법원에 알려진 제88조 제1항의 채권자에게 이를 고지하여야 한다(민사집행법 제84조 제2항).

[**❷** ▸ **○**] 민사집행법 제143조 제1항에 따라 매수인이 관계채권자의 승낙을 얻어 매각대금의 지급을 갈음하여 채무를 인수한 경우 매수인이 현금으로 매각대금을 내는 것과 효과가 같다. 이러한 채무인수를 승낙한 관계채권자는 인수된 채무액 범위에서 채권의 만족을 얻은 것으로 보아야 하므로, 그 범위에서 채무자의 채무도 소멸하게 된다. 따라서 위 규정에서 정하고 있는 채무인수는 면책적 채무인수로 보아야 한다(대판 2018.5.30. 2017다241901).

[**❸** ▸ **○**] 부동산에 대한 근저당권의 실행을 위한 경매는 그 근저당권 설정등기에 표시된 채무자 및 서당 부동산의 소유자와의 관계에서 그 절차가 진행되는 것이므로, 그 절차의 개시 전 또는 진행 중에 채무자나 소유자가 사망하였다고 하더라도 그 재산상속인들이 경매법원에 대하여 그 사망 사실을 밝히고 자신을 이해관계인으로 취급하여 줄 것을 신청하지 아니한 이상 그 절차를 속행하여 저당 부동산의 낙찰을 허가하였다고 하더라도 그 허가결정에 위법이 있다고 할 수 없다(대결 1998.12.23. 98마2509).

[**❹ ▶ ○**] 집행법원은 매각대상 부동산에 관한 이해관계인이나 그 현황조사를 실시한 집행관 등으로부터 제출된 자료를 기초로 매각대상 부동산의 현황과 권리관계를 되도록 정확히 파악하여 이를 매각물건명세서에 기재하여야 하고, 만일 경매절차의 특성이나 집행법원이 가지는 기능의 한계 등으로 인하여 매각대상 부동산의 현황이나 관리관계를 정확히 파악하는 것이 곤란한 경우에는 그 부동산의 현황이나 권리관계가 불분명하다는 취지를 매각물건명세서에 그대로 기재함으로써 매수신청인 스스로의 판단과 책임하에 매각대상 부동산의 매수신고가격이 결정될 수 있도록 하여야 한다. 그럼에도 집행법원이나 경매담당 공무원이 위와 같은 직무상의 의무를 위반하여 매각물건명세서에 매각대상 부동산의 현황과 권리관계에 관한 사항을 제출된 자료와 다르게 작성하거나 불분명한 사항에 관하여 잘못된 정보를 제공함으로써 매수인의 매수신고가격 결정에 영향을 미쳐 매수인으로 하여금 불측의 손해를 입게 하였다면, 국가는 이로 인하여 매수인에게 발생한 손해에 대한 배상책임을 진다(대판 2010.6.24. 2009다40790).

[**❺ ▶ ✕**] 공동저당권이 설정되어 있는 수개의 부동산 중 일부는 채무자 소유이고 일부는 물상보증인의 소유인 경우 위 각 부동산의 경매대가를 동시에 배당하는 때에는, 물상보증인이 민법 제481조, 제482조의 규정에 의한 변제자대위에 의하여 채무자 소유 부동산에 대하여 담보권을 행사할 수 있는 지위에 있는 점 등을 고려할 때, "동일한 채권의 담보로 수개의 부동산에 저당권을 설정한 경우에 그 부동산의 경매대가를 동시에 배당하는 때에는 각 부동산의 경매대가에 비례하여 그 채권의 분담을 정한다"고 규정하고 있는 민법 제368조 제1항은 적용되지 아니한다고 봄이 상당하다. 따라서 이러한 경우 경매법원으로서는 채무자 소유 부동산의 경매대가에서 공동저당권자에게 우선적으로 배당을 하고, 부족분이 있는 경우에 한하여 물상보증인 소유 부동산의 경매대가에서 추가로 배당을 하여야 한다(대판 2010.4.15. 2008다41475).

답 ❺

05
☐☐☐

한국자산관리공사 등 일정한 금융기관의 담보권 실행을 위한 경매신청 시 송달특례에 관한 다음 설명 중 가장 옳지 않은 것은?　　　**2021년 법무사시험 [문 4]**

① 경매신청 당시 당해 부동산등기부상에 기재되어 있는 주소(주민등록표 주소와 다른 경우 주민등록표에 적힌 주소 포함, 주소를 법원에 신고한 때에는 그 주소)에 발송함으로써 송달의 효력이 발생하고, 발송된 송달서류가 실제로 송달되었는지 아니면 송달불능이 되었는지 여부는 위와 같은 효력에 영향이 없다.

② 발송송달특례는 담보권 실행을 위한 경매의 경우에 한하고, 강제경매의 경우에는 적용이 없다.

③ 발송송달의 특례를 인정받기 위해서는 경매신청 전에 채무자 및 소유자에게 경매실행예정사실통지를 하였다는 확인서를 경매신청서에 첨부하여야 하므로 경매사건을 접수한 이후에 비로소 경매예정사실을 통지한 경우에는 송달특례를 인정할 수 없다.

④ 채무자 및 소유자에게 모두 경매실행예정사실통지를 한 경우만 송달특례를 적용받을 수 있으므로, 채무자 또는 소유자 중 1인에게만 경매실행예정사실을 통지한 경우에는 채무자와 소유자 모두에게 송달특례를 적용할 수 없다.

⑤ 발송송달은 통상의 우편에 의한 송달방법으로 발송하더라도 그 효력이 발생하는 것이나, 반드시 민사소송법 제187조 소정의 우편송달의 경우와 같이 별도의 형식을 갖춘 송달보고서가 작성되어야만 송달의 효력이 발생한다.

[**❶ ▸ ○**] [**❺ ▸ ✕**] 구 금융기관의 연체대출금에 관한 특별조치법 제3조의 규정에 의한 통지 또는 송달은 경매신청 당시 당해 부동산등기부상에 기재되어 있는 주소(주소를 법원에 신고한 때에는 그 주소)에 발송함으로써 송달의 효력이 발생하고, 발송된 송달서류가 실제로 송달되었는지 아니면 송달불능이 되었는지 여부는 위와 같은 효력에 영향이 없는바, 여기에서의 송달은 통상의 우편에 의한 송달방법으로 발송하더라도 그 효력이 발생하는 것이고, 반드시 민사소송법 제187조 소정의 우편송달의 경우와 같이 별도의 형식을 갖춘 송달보고서가 작성되어야만 송달의 효력이 발생한다고 볼 것은 아니다(대판 2003.6.24. 2003다13116).

[**❷ ▸ ○**] 제26조 제1항 또는 제2항의 업무를 수행할 때 채권자 또는 채권회수수임인으로서의 공사의 신청에 의하여 법원이 진행하는 민사집행법에 따른 경매절차(담보권 실행을 위한 경매절차만 해당한다)에서의 통지 또는 송달은 경매신청 당시 해당 부동산의 등기부에 적혀 있는 주소(주민등록법에 따른 주민등록표에 적혀 있는 주소와 다른 경우에는 주민등록표에 적혀 있는 주소를 포함하며, 주소를 법원에 신고한 경우에는 그 주소로 한다)에 발송함으로써 송달된 것으로 본다. 다만, 등기부 및 주민등록표에 주소가 적혀 있지 아니하고 주소를 법원에 신고하지 아니한 경우에는 공시송달의 방법으로 하여야 한다(한국자산관리공사 설립 등에 관한 법률 제45조의2 제1항).

[**❸ ▸ ○**] 다음 각 호의 하나에 해당하는 자가 임의경매를 신청하는 경우에 한국자산관리공사 설립 등에 관한 법률 제45조의2 제1항에 규정된 것과 같은 발송송달의 특례를 인정받기 위해서는 경매신청 전에 채무자 및 소유자에게 경매실행예정사실을 통지하였다는 뜻의 확인서(전산양식 A3503)를 임의경매신청서에 첨부하여야 한다(재민 제99-4호). 따라서 경매사건을 접수한 이후에 비로소 경매예정사실을 통지하여 그 서류를 제출한 경우에는, 송달특례를 인정할 수 없다.

[**❹ ▸ ○**] 채무자 및 소유자에게 모두 경매실행예정사실통지를 한 경우만 송달특례를 적용받을 수 있으므로, 채무자 또는 소유자 중 1인에게만 경매실행예정사실을 통지한 경우에는 채무자와 소유자 모두에게 송달특례를 적용할 수 없다. 제요 집행 3

한국자산관리공사 설립 등에 관한 법률 제45조의2(경매에 대한 통지 또는 송달의 특례)

② 제1항에 따른 경매절차에서 제26조 제1항 또는 제2항의 업무를 수행할 때 채권자 또는 채권회수수임인으로서의 공사는 경매신청 전에 경매실행예정사실을 해당 채무자 및 소유자에게 부동산의 등기부에 적혀 있는 주소(주민등록법에 따른 주민등록표에 적혀 있는 주소와 다른 경우에는 주민등록표에 적혀 있는 주소를 포함한다)로 통지하여야 한다. 이 경우 발송함으로써 송달된 것으로 본다.

---

 ❺

06 □□□ **형식적 경매에 관한 다음 설명 중 가장 옳지 않은 것은?** **2022년 법무사시험 [문 13]**

① 유치권에 의한 경매절차가 개시된 유체동산에 대하여 유치권자의 승낙 없이 민사집행법 제215조에 따라 다른 채권자의 강제집행을 위하여 압류를 한 다음 민사집행법 제274조 제2항에 따라 유치권에 의한 경매절차를 정지하고 채권자를 위한 강제경매절차를 진행하였다면, 그 강제경매절차에서 목적물이 매각되었더라도 유치권자의 지위에는 영향을 미칠 수 없고 유치권자는 그 목적물을 계속하여 유치할 권리가 있다고 보아야 한다.

② 공유물분할소송에서 민법 제269조 제2항에 의하여 공유물을 경매에 부쳐 그 매각대금을 분배할 것을 명한 판결은 공유자 전원에 대하여 획일적으로 공유관계의 해소를 목적으로 하는 것이므로 그 판결의 당사자는 원고이든 피고이든 동 판결에 기하여 그 공유물에 대한 경매를 신청할 권리가 있다고 봄이 상당하다.

③ 민법 제1037조에 근거하여 민사집행법 제274조에 따라 행하여지는 상속재산에 대한 형식적 경매는 한정승인자가 상속재산을 한도로 상속채권자나 유증받은 자에 대하여 일괄하여 변제하기 위하여 청산을 목적으로 당해 재산을 현금화하는 절차이므로, 그 제도의 취지와 목적, 관련 민법 규정의 내용, 한정승인자와 상속채권자 등 관련자들의 이해관계 등을 고려할 때 일반채권자인 상속채권자로서는 민사집행법이 아닌 민법 제1034조, 제1035조, 제1036조 등의 규정에 따라 변제받아야 한다고 볼 것은 아니고, 따라서 그 경매에서는 일반채권자의 배당요구가 허용된다고 할 것이다.

④ 유치권에 의한 경매절차는 목적물에 대하여 강제경매 또는 담보권 실행을 위한 경매절차가 개시된 경우에는 이를 정지하고, 채권자 또는 담보권자를 위하여 그 절차를 계속하여 진행한다. 이 경우에 강제경매 또는 담보권 실행을 위한 경매가 취소되면 유치권에 의한 경매절차를 계속하여 진행하여야 한다.

⑤ 유치권에 의한 경매는 담보권 실행을 위한 경매의 예에 따라 실시한다.

....

[**❶ ▸ O**] 민사집행법 제189조 제1항은 채무자가 점유하고 있는 유체동산의 압류는 집행관이 그 물건을 점유함으로써 한다고 규정하고, 제191조는 채권자 또는 물건의 제출을 거부하지 아니하는 제3자가 점유하고 있는 물건은 제189조의 규정을 준용하여 압류할 수 있다고 규정하고 있으므로, 유치권자가 점유하고 있는 채무자의 유체동산에 대한 강제집행은 유치권자가 채권자의 강제집행을 위하여 집행관에게 그 물건을 제출한 경우에 한하여 허용된다. 또한 유체동산의 유치권자가 민사집행법 제274조 제1항, 제271조에 따라 유치권에 의한 경매를 신청하고 집행관에게 그 목적물을 제출하여 유치권에 의한 경매절차가 개시된 때에도 그 목적물에 대한 유치권자의 유치권능은 유지되고 있다고 보아야 하므로, 유치권에 의한 경매절차가 개시된 유체동산에 대하여 다른 채권자가 민사집행법 제215조에 정한 이중압류의 방법으로 강제집행을 하기 위해서는 채권자의 압류에 대한 유치권자의 승낙이 있어야 한다. 그런데도 유치권에 의한 경매절차가 개시된 유체동산에 대하여 유치권자의 승낙 없이 민사집행법 제215조에 따라 다른 채권자가 강제집행을 위하여 압류를 한 다음 민사집행법 제274조 제2항에 따라 유치권에 의한 경매절차를 정지하고 채권자를 위한 강제경매절차를 진행하였다면, 그 강제경매절차에서 목적물이 매각되었더라도 유치권자의 지위에는 영향을 미칠 수 없고 유치권자는 그 목적물을 계속하여 유치할 권리가 있다고 보아야 한다(대결 2012.9.13. 2011그213).

[**❷**▸O] 공유물을 경매에 부쳐 그 매득금을 분배할 것을 명한 판결은 경매를 조건으로 하는 특수한 형성판결로서 공유자 전원에 대하여 획일적으로 공유관계의 해소를 목적으로 하는 것이므로 그 판결의 당사자는 원고·피고의 구별 없이 동 판결에 기한 그 공유물의 경매를 신청할 권리가 있다(대결 1979.3.8. 79마5).

[**❸**▸×] 민법 제1037조에 근거하여 민사집행법 제274조에 따라 행하여지는 상속재산에 대한 형식적 경매는 한정승인자가 상속재산을 한도로 상속채권자나 유증받은 자에 대하여 일괄하여 변제하기 위하여 청산을 목적으로 당해 재산을 현금화하는 절차이므로, 제도의 취지와 목적, 관련 민법 규정의 내용, 한정승인자와 상속채권자 등 관련자들의 이해관계 등을 고려할 때 <u>일반채권자인 상속채권자로서는 민사집행법이 아닌 민법 제1034조, 제1035조, 제1036조 등의 규정에 따라 변제받아야 한다고 볼 것이고, 따라서 그 경매에서는 일반채권자의 배당요구가 허용되지 아니한다</u>(대판 2013.9.12. 2012다33709).

[**❹**▸O] [**❺**▸O] 민사집행법 제274조

> **민사집행법 제274조(유치권 등에 의한 경매)**
> ① 유치권에 의한 경매와 민법·상법, 그 밖의 법률이 규정하는 바에 따른 경매(이하 "유치권 등에 의한 경매"라 한다)는 담보권 실행을 위한 경매의 예에 따라 실시한다.
> ② 유치권 등에 의한 경매절차는 목적물에 대하여 강제경매 또는 담보권 실행을 위한 경매절차가 개시된 경우에는 이를 정지하고, 채권자 또는 담보권자를 위하여 그 절차를 계속하여 진행한다.
> ③ 제2항의 경우에 강제경매 또는 담보권 실행을 위한 경매가 취소되면 유치권 등에 의한 경매절차를 계속하여 진행하여야 한다.

답 ❸

제4편 보전처분

제1장 총 설

제1절 보전처분(소송)의 당사자

01
☐☐☐

보전처분에서 제3채무자의 지위에 관한 다음 설명 중 가장 옳지 않은 것은?

2023년 법무사시험 [문 7]

① 채권압류명령을 받을 당시에 반대채권과 피압류채권 모두의 이행기가 도래한 때에는 제3채무자가 당연히 반대채권으로써 상계할 수 있고, 반대채권과 피압류채권 모두 또는 그중 어느 하나의 이행기가 아직 도래하지 아니하여 상계적상에 놓이지 아니하였더라도 그 이후 제3채무자가 피압류채권을 채무자에게 지급하지 아니하고 있는 동안에 반대채권과 피압류채권 모두의 이행기가 도래한 때에도 제3채무자는 반대채권으로써 상계할 수 있고, 이로써 지급을 금지하는 명령을 신청한 채권자에게 대항할 수 있다.

② 소유권이전등기청구권에 대한 처분금지가처분의 제3채무자가 채권자를 상대로 한 본안제소명령 신청은 부적법하다.

③ 제3채무자가 압류나 가압류를 이유로 집행공탁을 하면 제3채무자에 대한 피압류채권은 소멸하고, 채권에 대한 압류·가압류명령은 그 명령이 제3채무자에게 송달됨으로써 효력이 생기므로, 제3채무자의 집행공탁 전에 동일한 피압류채권에 대하여 다른 채권자의 신청에 따라 압류·가압류명령이 발령되었더라도, 제3채무자의 집행공탁 후에야 그에게 송달된 경우, 압류·가압류명령은 집행공탁으로 이미 소멸한 피압류채권에 대한 것이어서 압류·가압류의 효력이 생기지 아니한다.

④ 기존의 임대차계약에 따른 임대차보증금 반환채권에 대하여 채권가압류명령, 채권압류 및 추심명령 등을 받은 채권자 등 그 임대차보증금 반환채권에 관하여 양수인의 지위와 양립할 수 없는 법률상의 지위를 취득한 제3자에 대하여 임대차계약상의 지위 양도 등 그 권리의무의 포괄적 양도에 포함된 임대차보증금 반환채권의 양도로써 대항할 수 있는 경우가 있을 수도 있다.

⑤ 주택임대차보호법 제3조 제1항이 정한 대항요건을 갖춘 임대주택의 임차인이 임대인에 대하여 가지는 임대차보증금반환채권이 가압류된 상태에서 그 임대주택이 양도되면 양수인은 채권가압류의 제3채무자 지위를 승계하고, 가압류권자 또한 임대주택의 양도인이 아니라 양수인에 대하여만 위 가압류의 효력을 주장할 수 있다.

[❶ ▸ ✕] [다수의견] 민법 제498조는 "지급을 금지하는 명령을 받은 제3채무자는 그 후에 취득한 채권에 의한 상계로 그 명령을 신청한 채권자에게 대항하지 못한다"라고 규정하고 있다. 위 규정의 취지, 상계제도의 목적 및 기능, 채무자의 채권이 압류된 경우 관련 당사자들의 이익상황 등에 비추어 보면, 채권압류명령 또는 채권가압류명령(이하 채권압류명령의 경우만을 두고 논의하기로 한다)을 받은 제3채무자가 압류채무자에 대한 반대채권을 가지고 있는 경우에 상계로써 압류채권자에게 대항하기 위하여는, 압류의 효력 발생 당시에 대립하는 양 채권이 상계적상에 있거나, 그 당시 반대채권(자동채권)의 변제기가 도래하지 아니한 경우에는 그것이 피압류채권(수동채권)의 변제기와 동시에 또는 그보다 먼저 도래하여야 한다(대판[전합] 2012.2.16. 2011다45521). ☞ 지문은 [반대의견]의 내용이다.

> [반대의견] 지급을 금지하는 명령을 받을 당시에 반대채권과 피압류채권 모두의 이행기가 도래한 때에는 제3채무자가 당연히 반대채권으로써 상계할 수 있고, 반대채권과 피압류채권 모두 또는 그중 어느 하나의 이행기가 아직 도래하지 아니하여 상계적상에 놓이지 아니하였더라도 그 이후 제3채무자가 피압류채권을 채무자에게 지급하지 아니하고 있는 동안에 반대채권과 피압류채권 모두의 이행기가 도래한 때에도 제3채무자는 반대채권으로써 상계할 수 있고, 이로써 지급을 금지하는 명령을 신청한 채권자에게 대항할 수 있다(대판[전합] 2012.2.16. 2011다45521).

[❷ ▸ ○] 소유권이전등기청구권에 대한 처분금지가처분의 제3채무자는 가처분에 대한 본안제소명령의 신청권이 없으므로 제3채무자가 채권자를 상대로 한 본안제소명령신청은 부적법하다(대결 1993.10.15. 93마1435).

[❸ ▸ ○] 제3채무자가 압류나 가압류를 이유로 민사집행법 제248조 제1항이나 민사집행법 제291조, 제248조 제1항에 따라 집행공탁을 하면 그 제3채무자에 대한 피압류채권은 소멸한다. 채권에 대한 압류·가압류명령은 그 명령이 제3채무자에게 송달됨으로써 효력이 생기므로(민사집행법 제227조 제3항, 제291조), 제3채무자의 집행공탁 전에 동일한 피압류채권에 대하여 다른 채권자의 신청에 의하여 압류·가압류명령이 발령되었더라도, 제3채무자의 집행공탁 후에야 그에게 송달되었다면 그 압류·가압류명령은 집행공탁으로 인하여 이미 소멸한 피압류채권에 대한 것이어서 효력이 생기지 아니한다(대판 2015.7.23. 2014다87502, 대판 2021.12.16. 2018다226428).

[❹ ▸ ○] 임대차보증금 반환채권을 양도하는 경우에 확정일자 있는 증서로 이를 채무자에게 통지하거나 채무자가 확정일자 있는 증서로 이를 승낙하지 아니한 이상 양도로써 채무자 이외의 제3자에게 대항할 수 없으며(민법 제450조 참조), 이러한 법리는 임대차계약상의 지위를 양도하는 등 임대차계약상의 권리의무를 포괄적으로 양도하는 경우에 권리의무의 내용을 이루고 있는 임대차보증금 반환채권의 양도 부분에 관하여도 마찬가지로 적용된다. 따라서 위 경우에 기존 임차인과 새로운 임차인 및 임대인 사이에 임대차계약상의 지위 양도 등 권리의무의 포괄적 양도에 관한 계약이 확정일자 있는 증서에 의하여 체결되거나, 임대차보증금 반환채권의 양도에 대한 통지·승낙이 확정일자 있는 증서에 의하여 이루어지는 등의 절차를 거치지 아니하는 한, 기존의 임대차계약에 따른 임대차보증금 반환채권에 대하여 채권가압류명령, 채권압류 및 추심명령 등을 받은 채권자 등 임대차보증금 반환채권에 관하여 양수인의 지위와 양립할 수 없는 법률상의 지위를 취득한 제3자에 대하여는 임대차계약상의 지위 양도 등 권리의무의 포괄적 양도에 포함된 임대차보증금 반환채권의 양도로써 대항할 수 없다(대판 2017.1.25. 2014다52933).

[**❺** ▸ **O**] 주택임대차보호법상 임대주택의 양도에 양수인의 임대차보증금반환채무의 면책적 인수를 인정하는 이유는 임대주택에 관한 임대인의 의무 대부분이 그 주택의 소유자이기만 하면 이행가능하고 임차인이 같은 법에서 규정하는 대항요건을 구비하면 임대주택의 매각대금에서 임대차보증금을 우선변제받을 수 있기 때문인데, 임대주택이 양도되었음에도 양수인이 채권가압류의 제3채무자의 지위를 승계하지 않는다면 가압류권자는 장차 본집행절차에서 주택의 매각대금으로부터 우선변제를 받을 수 있는 권리를 상실하는 중대한 불이익을 입게 된다. 이러한 사정들을 고려하면, <u>임차인의 임대차보증금반환채권이 가압류된 상태에서 임대주택이 양도되면 양수인이 채권가압류의 제3채무자의 지위도 승계하고, 가압류권자 또한 임대주택의 양도인이 아니라 양수인에 대하여만 위 가압류의 효력을 주장할 수 있다고 보아야</u> 한다(대판[전합] 2013.1.17. 2011다49523).

답 ❶

제2절 **보전처분(소송)의 관할**

제1절 보전처분의 요건

02
□□□

보전처분의 요건에 관한 다음 설명 중 가장 옳지 않은 것은? 2025년 법무사시험 [문 20]

① 부동산의 공유지분권자가 공유물 분할의 소를 본안으로 제기하기에 앞서 그 승소판결이 확정됨으로써 취득할 특정부분에 대한 소유권을 피보전권리로 하여 부동산 전부에 대한 처분금지가처분은 할 수 있지만, 다른 공유자의 공유지분에 대하여는 처분금지가처분을 할 수 없다.

② 채무자의 차용금채무를 담보하기 위하여 부동산에 관하여 채권자 명의의 가등기 및 본등기가 마쳐진 경우에 채무자가 아직 그 차용금채무를 변제하지 아니한 상태라 할지라도, 채무변제를 조건으로 한 말소등기청구권을 보전하기 위하여 그 담보목적부동산에 관하여 처분금지가처분을 신청할 수 있다.

③ 가압류결정의 피보전권리와 본안의 소송물인 권리는 엄격하게 일치될 필요는 없으며, 청구의 기초의 동일성이 인정되는 한 그 가압류의 효력은 본안소송의 권리에 미친다.

④ 가등기와 관련된 가처분 중 소유권이전등기청구권 보전을 위한 가등기상의 권리의 양도 그 밖의 일체의 처분을 금지하는 가처분은 가등기권리 자체에 대한 처분의 금지이므로 부동산등기법 제3조의 처분의 제한에 해당하여 허용된다.

⑤ 확정판결 또는 이와 동일한 효력이 있는 집행권원에 기한 강제집행의 정지는 오직 강제집행에 관한 법규 중에 그에 관한 규정이 있는 경우에 한하여 가능한 것이고, 이와 같은 규정에 의함이 없이 일반적인 가처분의 방법으로 강제집행을 정지시킨다는 것은 허용되지 않는다.

....

[**❶ ▸ ×**] 가처분의 피보전권리는 가처분 신청 당시 확정적으로 발생한 것이어야 하는 것은 아니고 이미 그 발생의 기초가 존재하는 한 장래에 발생할 권리도 가처분의 피보전권리가 될 수 있다. 따라서 부동산의 공유자는 공유물분할청구의 소를 본안으로 제기하기에 앞서 장래에 그 판결이 확정됨으로써 취득할 부동산의 전부 또는 특정 부분에 대한 소유권 등의 권리를 피보전권리로 하여 '다른 공유자의 공유지분'에 대한 처분금지가처분도 할 수 있다(대결 2013.6.14. 2013마396).

[**❷ ▸ ○**] 채무자들의 차용금채무를 담보하기 위하여 부동산에 관하여 채권자 명의의 가등기 및 본등기가 경료된 경우에 채무자들이 아직 그 차용금채무를 변제하지 아니한 상태라 할지라도, 채무변제를 조건으로 한 말소등기청구권을 보전하기 위하여 그 담보목적 부동산에 관하여 처분금지가처분을 신청할 수도 있다 할 것이며, 그 경우 채권자가 담보목적 부동산에 대한 담보권 행사가 아닌 다른 처분행위를 하거나, 피담보채무를 변제받고서도 담보목적 부동산을 처분하는 것을 방지하는 목적 범위 내에서는 보전의 필요성도 있다고 할 것이다(다만, 이러한 가처분을 허용한다고 하여도 피담보채무가 변제되지 아니한 경우에는 채권자가 담보권 행사로서 담보목적 부동산의 처분행위를 방지하는 효력이 없어 위 가처분으로서는 채권자의 저분행위의 효력을 다툴 수 없게 될 뿐이다)(대판 2002.8.23. 2002다1567).

[**❸ ▸ ○**] 가압류결정의 피보전권리와 본안의 소송물인 권리는 엄격히 일치함을 요하지 않으며 청구의 기초의 동일성이 인정되는 한 그 가압류의 효력은 본안소송의 권리에 미치고, 가압류의 신청은 긴급한 필요에 따른 것으로서 피보전권리의 법률적 구성과 증거관계를 충분하게 검토·확정할 만한 시간적 여유가 없이 이루어지는 사정에 비추어 보면, 당사자가 권리 없음이 명백한 피보전권리를 내세워 가압류를 신청한 것이라는 등의 특별한 사정이 없는 한, 청구의 기초에 변경이 없는 범위 내에서는 가압류의 이의 절차에서도 신청이유의 피보전권리를 변경할 수 있다(대판 1996.2.27. 95다45224).

[**❹ ▸ ○**] 소유권이전청구권을 보전하기 위한 가등기는 부동산등기법 제3조에 의하여 등기사항임이 명백하므로 그 가등기상의 권리 자체의 처분을 금지하는 가처분은 같은 법 제3조에서 말하는 처분의 제한에 해당되어 등기사항에 해당되지만, 가등기에 터잡아 본등기를 하는 것은 그 가등기에 기하여 순위보전된 권리의 취득(권리의 증대 내지 부가)이지 가등기상의 권리 자체의 처분(권리의 감소 내지 소멸)이라고는 볼 수 없으므로 가등기에 기한 본등기절차의 이행을 금지하는 취지의 가처분은 등기사항이 아니어서 허용되지 아니한다고 봄이 상당하다(대판 2007.2.22. 2004다59546).

[**❺ ▸ ○**] 확정판결 또는 이와 동일한 효력이 있는 집행권원에 기초한 강제집행의 정지는 오직 강제집행에 관한 법규 중에 그에 관한 규정이 있는 경우에 한하여 가능하고, 이와 같은 규정에 의함이 없이 일반적인 가처분의 방법으로 강제집행을 정지시키는 것은 허용되지 아니한다(대결 2024.2.15. 2023그828).

답 ❶

03
□□□
보전의 필요성에 관한 다음 설명 중 가장 옳지 않은 것은?　　2024년 법무사시험 [문 21]

① 가처분채권자가 본안소송에서 승소판결을 받은 그 집행채권이 정지조건부인 경우라 할지라도 그 조건이 집행채권자의 의사에 따라 즉시 이행할 수 있는 의무의 이행인 경우 정당한 이유 없이 그 의무의 이행을 게을리하고 집행에 착수하지 않고 있다면 보전의 필요성은 소멸되었다고 보아야 한다.

② 동일한 피보전권리에 관하여 다른 채권자에 의하여 동종의 가처분집행이 이미 마쳐졌다거나, 선행의 가처분에 따른 본안소송에 공동피고로 관여할 수 있다거나 또는 나아가 장차 후행 가처분신청에 따른 본안소송이 중복소송에 해당될 여지가 있다는 등의 사정이 있다고 하더라도 그러한 사정만으로 곧바로 보전의 필요성이 없다고 단정할 수는 없다.

③ 채권자의 금전채권에 관하여 충분한 물적 담보가 설정되어 있거나 채무자에게 재산이 충분히 있음이 소명된 경우, 동시이행관계에 있는 반대급부가 이행불능이 된 경우에는 가압류의 필요성이 부인된다.

④ 임시의 지위를 정하기 위한 가처분신청을 인용하는 결정에 따라 권리의 침해가 중단되었다고 하더라도 가처분채무자들이 그 가처분의 적법 여부에 대하여 다투고 있는 이상, 권리침해의 중단이라는 사정만으로 종래의 가처분이 보전의 필요성을 잃게 되는 것은 아니다.

⑤ 임시의 지위를 정하기 위한 가처분이 필요한지 여부를 결정함에 있어 본안소송에 있어서의 장래의 승패의 예상은 고려할 필요가 없으므로, 특허권 등 침해금지 가처분 신청 당시에 실체법상의 권리를 가지고 있다면 가까운 장래에 본안소송에서 채권자가 패소하여 특허권 등이 무효로 될 것이 충분히 예상되는 경우에도 보전의 필요성은 있다고 보는 것이 판례의 태도이다.

[**❶** ▸ O] 가처분채권자가 본안소송에서 승소판결을 받은 그 집행채권이 정지조건부인 경우라 할지라도 그 조건이 집행채권자의 의사에 따라 즉시 이행할 수 있는 의무의 이행인 경우 정당한 이유 없이 그 의무의 이행을 게을리하고 집행에 착수하지 않고 있다면 보전의 필요성은 소멸되었다고 보아야 한다(대판 2000.11.14. 2000다40773).

[**❷** ▸ O] 다툼의 대상에 관한 가처분은 현상이 바뀌면 당사자가 권리를 실행하지 못하거나 이를 실행하는 것이 매우 곤란할 염려가 있을 경우에 허용되는 것으로서(민사집행법 제300조 제1항), 이른바 만족적 가처분의 경우와는 달리 보전처분의 잠정성·신속성 등에 비추어 피보전권리에 관한 소명이 인정된다면 다른 특별한 사정이 없는 한 보전의 필요성도 인정되는 것으로 보아야 하고, 비록 동일한 피보전권리에 관하여 다른 채권자에 의하여 동종의 가처분집행이 이미 마쳐졌다거나, 선행 가처분에 따른 본안소송에 공동피고로 관여할 수 있다거나 또는 나아가 장차 후행 가처분신청에 따른 본안소송이 중복소송에 해당될 여지가 있다는 등의 사정이 있다고 하더라도 그러한 사정만으로 곧바로 보전의 필요성이 없다고 단정하여서는 아니 된다(대결 2005.10.17. 2005마814).

[**❸** ▸ O] 채권자의 금전채권에 관하여 충분한 물적 담보가 설정되어 있거나(대판 1967.12.29. 67다2289) 채무자에게 재산이 충분히 있음이 소명된 경우(대결 2009.5.15. 2009마136), 동시이행관계에 있는 반대급부가 이행불능이 된 경우(대판 1992.1.21. 91다33032) 등에는 가압류의 필요성이 부인된다.

제요 집행 5

[**❹** ▸ O] 임시의 지위를 정하기 위한 가처분은 다툼 있는 권리관계에 관하여 그것이 본안소송에 의하여 확정되기까지 가처분권리자가 현재의 현저한 손해를 피하거나 급박한 위험을 막기 위하여, 또는 그 밖의 필요한 이유가 있는 경우에 허용되는 응급적·잠정적인 처분이므로, 이러한 가처분이 필요한지 여부는 당해 가처분신청의 인용 여부에 따른 당사자 쌍방의 이해득실관계, 본안소송의 승패의 예상, 기타 여러 사정을 고려하여 법원의 재량에 따라 합목적적으로 결정하여야 할 것인바, 가처분신청을 인용하는 결정에 따라 권리의 침해가 중단되었다고 하더라도 가처분 채무자들이 그 가처분의 적법 여부에 대하여 다투고 있는 이상 권리 침해의 중단이라는 사정만으로 종래의 가처분이 보전의 필요성을 잃게 되는 것이라고는 할 수 없다(대판 2007.1.25. 2005다11626).

[**❺** ▸ X] 임시의 지위를 정하기 위한 가처분을 필요로 하는지 여부는 가처분신청의 인용 여부에 따른 당사자 쌍방의 이해득실관계, 본안소송에 있어서의 장래의 승패의 예상, 기타의 제반 사정을 고려하여 법원의 재량에 따라 합목적적으로 결정하여야 할 것이므로 가처분채권자가 신청 당시에 실체법상의 권리를 가지고 있다 하더라도 그 권리가 가까운 장래에 소멸하여 본안소송에서 패소판결을 받으리라는 점이 현재에 있어 충분히 예상되는 경우에는 필요성이 없다고 풀이하는 것이 상당하고, 더구나 특허권침해의 금지라는 부작위의무를 부담시키는 이른바 만족적 가처분일 경우에 있어서는 보전의 필요성 유무를 더욱 신중하게 결정하여야 할 것으로서 만일 가처분신청 당시 채무자가 특허청에 별도로 제기한 심판절차에 의하여 그 특허권이 무효라고 하는 취지의 심결이 있는 경우나, 무효심판이 청구되고 그 청구의 이유나 증거관계로부터 장래 그 특허가 무효로 될 개연성이 높다고 인정되는 등의 특별한 사정이 있는 경우에는 당사자 간의 형평을 고려하여 보전의 필요성을 결한 것으로 보는 것이 합리적이라 할 것이다(대판 1993.2.12. 92다40563).

답 **❺**

① 등기부상 진실한 소유자의 소유권에 방해가 되는 부실등기가 존재하는 경우에 그 등기명의인이 허무인 또는 실체가 없는 단체인 때에는 소유자는 그와 같은 허무인 또는 실체가 없는 단체 명의로 실제 등기행위를 한 사람에 대하여 소유권에 기한 방해배제로서 등기행위자를 표상하는 허무인 또는 실체가 없는 단체 명의의 등기의 말소를 구할 수 있고, 이와 같은 말소청구권을 보전하기 위하여 실제 등기행위를 한 사람을 상대로 처분금지가처분을 할 수 있다.

② 어느 피보전권리에 관하여 본안소송에서 패소확정이 되더라도 그 피보전권리와 청구의 기초가 동일한 다른 권리의 보전을 위하여 앞서 받은 보전처분을 유용할 수 있다.

③ 선박우선특권이 있는 채권자는 선박소유자의 변동에 관계없이 그 선박에 대하여 집행권원 없이도 경매청구권을 행사할 수 있으므로 채권자는 채권을 보전하기 위하여 그 선박에 대한 가압류를 하여 둘 필요가 없다 할 것이다.

④ 채권자가 채무자들이 업종제한약정에 위반하여 동종영업을 하고 있음을 알고도 그러한 상태를 장기간 아무런 조치를 취하지 아니한 채 방치하고 있었다면 보전의 필요성이 있다고 보기는 어렵다.

⑤ 주식을 매수하여 주주로서의 권리를 가진다는 것만으로 회사 소유의 부동산에 관하여 어떠한 청구권을 가진다고 할 수는 없으므로, 주주로서의 권리를 보전하기 위하여 회사소유 부동산에 대한 처분금지가처분을 구하는 것은 허용되지 않는다.

....

[❶ ▸ ○] 등기부상 진실한 소유자의 소유권에 방해가 되는 불실등기가 존재하는 경우에 그 등기명의인이 허무인 또는 실체가 없는 단체인 때에는 소유자는 그와 같은 허무인 또는 실체가 없는 단체 명의로 실제 등기행위를 한 사람에 대하여 소유권에 기한 방해배제로서 등기행위자를 표상하는 허무인 또는 실체가 없는 단체 명의 등기의 말소를 구할 수 있다. 또한, 소유자는 이와 같은 말소청구권을 보전하기 위하여 실제 등기행위를 한 사람을 상대로 처분금지가처분을 할 수도 있다(대결 2008.7.11. 2008마615).

[❷ ▸ ✕] 가압류의 피보전권리가 소멸되었거나 또는 존재하지 아니함이 본안소송에서 확정된 경우에는 민사집행법 제288조 소정의 사정변경에 따른 가압류 취소사유가 되는 것이며, 이 경우 <u>그 가압류를 그 피보전권리와 다른 권리의 보전을 위하여 유용할 수 없는 것이다</u>(대판 2004.12.24. 2004다53715). 즉, 판례의 태도에 따르면 어느 피보전권리에 관하여 본안소송에서 패소확정이 되면 위의 피보전권리와 <u>청구의 기초를 달리하는 경우는 물론 청구의 기초를 같이 하는 다른 권리의 보전을 위하여도 앞서 받은 보전처분을 유용할 수 없다.</u>

[❸ ▸ ○] 선박우선특권 있는 채권자는 선박소유자의 변동에 관계없이 그 선박에 대하여 채무명의 없이도 경매청구권을 행사할 수 있으므로 채권자는 채권을 보전하기 위하여 그 선박에 대한 가압류를 하여둘 필요가 없다(대판 1988.11.22. 87다카1671).

[❹ ▸ ○] 보전처분에 의하여 제거되어야 할 상태가 채권자에 의하여 오랫동안 방임되어 온 때에는 보전처분을 구할 필요성이 인정되기 어렵다고 할 것인바, 신청인이 피신청인들의 업종제한약정 위반을 알고도 그러한 상태를 장기간 아무런 조치를 취하지 아니한 채 방치하고 있었다면, 현재의 상태가 더 지속됨으로써 신청인에게 비로소 현저한 손해가 발생할 우려가 있다는 등 임시의 지위를 정하는 가처분을 하여야 할 긴급한 보전의 필요성이 없다(대결 2005.8.19. 2003마482).

[❺ ▸ ○] 계쟁물에 관한 가처분은 특정물의 인도 또는 특정의 급여를 목적으로 하는 청구권을 보전하기 위한 경우에 허용되는 것인바, 주식을 매수하여 주주로서의 권리를 가진다는 것만으로 회사 소유의 부동산에 관하여 어떠한 청구권을 가진다고 할 수는 없으므로, 주주로서의 권리를 보전하기 위하여 회사 소유 부동산에 대한 처분금지가처분을 구하는 것은 허용되지 아니한다(대판 1998.9.18. 96다44136).

답 ❷

보전처분의 요건에 관한 다음 설명 중 가장 옳지 않은 것은?

① 배당절차에서 작성된 배당표가 잘못되어 배당을 받아야 할 채권자가 배당을 받지 못하고 배당을 받을 수 없는 사람이 배당받는 것으로 되어 있으나 아직 배당금이 지급되지 않은 경우 채권자는 배당금지급청구권의 양도에 의한 부당이득의 반환을 구하여야 하므로 그 집행의 보전은 배당금지급금지가처분의 방법으로 하여야 한다.

② 부집행의 특약이 있거나 파산에 의하여 면책된 채권이나 이른바 자연채무의 이행을 구하는 것 등은 가압류의 피보전권리가 될 수 없으나, 단지 본안의 소를 제기할 수 없다는 사유만으로 반드시 그 청구권이 가압류에 부적합하다고는 할 수 없다.

③ 다툼의 대상에 관한 가처분의 피보전권리는 청구권의 이행기가 현실적으로 도래할 필요는 없으므로 기한부·조건부 청구권이라도 피보전권리가 될 수 있다.

④ 목적물의 점유자인 가처분채권자가 그 소유권을 갖지 아니하여 결국에는 불법점유자로 된다 하더라도 그 목적물을 인도할 때까지는 점유권을 가지므로 가처분으로 그 방해의 예방이나 그 밖의 조치를 청구할 수 있다.

⑤ 국유재산의 임차인이 연고자로서 우선매수권이 있는 경우 이를 피보전권리로 하여 그 부동산에 대한 처분금지가처분을 청구할 수 있다.

....

[**❶ ▸ ○**] 부당이득의 반환은 법률상 원인 없이 취득한 이익을 반환하여 원상으로 회복하는 것을 말하므로, 배당절차에서 작성된 배당표가 잘못되어 배당을 받아야 할 채권자가 배당을 받지 못하고 배당을 받을 수 없는 사람이 배당받는 것으로 되어 있을 경우, 배당금이 실제 지급되었다면 배당금 상당의 금전지급을 구하는 부당이득반환청구를 할 수 있지만 아직 배당금이 지급되지 아니한 때에는 배당금지급청구권의 양도에 의한 부당이득의 반환을 구하여야지 그 채권 가액에 해당하는 금전의 지급을 구할 수는 없고, 그 경우 집행의 보전은 가압류에 의할 것이 아니라 배당금지급금지가처분의 방법으로 하여야 한다(대결 2013.4.26. 2009마1932).

[**❷ ▸ ○**] 보전처분은 민사집행법상의 강제집행을 보전하기 위한 제도이므로 그 피보전권리는 통상의 강제집행방법에 의하여 집행이 가능한 권리이어야 한다. 따라서 특수한 절차에 의하여 집행되는 청구권, 예를 들면 국세징수절차에 의하여 집행할 수 있는 조세채권이나 그 밖의 공법상의 청구권, 통상은 강제집행이 가능하나 특별한 사유로 인하여 집행할 수 없는 청구권(부집행의 특약이 있거나 파산에 의하여 면책된 채권이나 이른바 자연채무의 이행을 구하는 것 등)은 가압류의 피보전권리가 될 수 없다. 그러나 단지 본안의 소를 제기할 수 없다는 사유만으로 반드시 그 청구권이 가압류에 부적합하다고는 할 수 없다. 예를 들면 중재합의가 있는 청구권은 본안의 소를 제기할 수는 없어도 중재판정에 법원의 집행결정이나 집행판결(중재법 제37조 제2항, 제39조 제2항)을 얻어 강제집행을 할 수 있으므로 가압류할 수 있다(중재법 제10조). 제요 집행 5

[**❸ ▸ ○**] 다툼의 대상에 관한 가처분의 피보전권리는 가압류의 경우와 마찬가지로 청구권의 이행기가 현실적으로 도래할 필요는 없으므로 기한부·조건부 청구권이라도 좋다(대판 2002.8.23. 2002다1567, 대결 2002.9.27. 2000마6135). 제요 집행 5 이와 관련하여 판례는, 가처분이란 장래의 집행불능 또는 곤란을 예방하기 위한 것이므로, 그 피보전권리는 가처분 신청 당시 확정적으로 발생되어 있어야 하는 것은 아니고 이미 그 발생의 기초가 존재하고 그 내용이나 주체 등을 특정할 수 있을 정도의 요건만 갖추어져 있으면, 조건부·부담부 청구권이라 할지라도 그 피보전권리로 될 수 있다고 판시하였고(대판 2002.8.23. 2002다1567), 가처분의 피보전권리는 가처분 신청 당시 확정적으로 발생되어 있어야 하는 것은 아니고 이미 그 발생의 기초가 존재하는 한 장래에 발생할 채권도 가처분의 피보전권리가 될 수 있다고 판시하였다(대결 2002.9.27. 2000마6135).

[❹ ▸ O] 다툼의 대상에 관한 가처분은 다툼의 대상의 현상이 변경되는 불안을 제거하는 것을 목적으로 한다. 민법 제208조에 의하면 점유권에 기인한 소는 본권에 관한 이유로 재판하지 못하므로 점유권을 피보전권리로 하는 때에는 본권이 존재하지 아니하더라도 피보전권리는 존재한다고 본다. 판례는 목적물의 점유자인 가처분채권자가 그 소유권을 갖지 아니하여 결국에는 불법점유자로 된다 하더라도 그 목적물을 인도할 때까지는 점유권을 가지므로 가처분으로 그 방해의 예방이나 그 밖의 조치를 청구할 수 있다고 한다(대판 1967.2.21. 66다2635). 제요 집행 5

[❺ ▸ X] 국유재산의 임차인이 연고자로서 우선매수권이 있다고 하더라도 <u>위 연고권을 법률상의 권리라고 볼 수는 없는 것이므로 이를 피보전권리로 하여 그 부동산에 대한 처분금지가처분을 청구할 수 없다</u>(대판 1971.10.11. 71다1826).

답 ❺

---

06 □□□ 보전처분의 피보전권리에 관한 다음 설명 중 가장 옳지 않은 것은? 2021년 법무사시험 [문 28]

① 가압류는 금전채권이나 금전으로 환산할 수 있는 채권에 의한 강제집행을 보전하기 위한 것이므로, 가압류의 피보전채권과 본안소송의 권리 사이에 청구의 기초의 동일성이 인정된다 하더라도 본안소송의 권리가 금전채권이 아닌 경우에는 가압류의 효력이 그 본안소송의 권리에 미친다고 할 수 없다.

② 처분금지가처분은 특정물의 인도 또는 특정의 급여를 목적으로 하는 청구권을 보전하기 위한 것이므로, 그 청구권의 목적인 다툼의 대상은 가처분에 의하여 보전될 강제집행이 될 수 있는 것이어야 하고, 따라서 그것이 제3자 소유라면 가처분의 대상으로 될 수 없다.

③ 주식을 매수하여 주주로서의 권리를 가진다는 것만으로 회사 소유의 부동산에 관하여 어떠한 청구권을 가진다고 할 수는 없으므로, 주주로서의 권리를 보전하기 위하여 회사 소유 부동산에 대한 처분금지가처분을 구하는 것은 허용되지 않는다.

④ 학교법인의 이사장이나 조합의 이사 등에 대하여 불법행위를 이유로 그 해임을 청구하는 소송을 제기하기에 앞서 이를 피보전권리로 하는 직무집행 정지 및 직무집행대행자 선임의 가처분은 허용될 수 있다.

⑤ 다툼의 대상에 관한 가처분은 그 피보전권리가 특정물에 관한 이행청구권이므로 가처분의 결정 및 집행에서 그 대상목적물인 다툼의 대상이 명확히 특정되어야 하나, 대체물이라도 채권자나 집행관이 집행의 목적물을 특정할 수 있는 경우에는 예외이다.

....

[❶ ▸ O] 가압류의 피보전채권과 본안의 소송물인 권리는 엄격하게 일치될 필요는 없고 청구의 기초의 동일성이 인정되면 가압류의 효력은 본안소송의 권리에 미친다고 할 것이지만, 가압류는 금전채권이나 금전으로 환산할 수 있는 채권에 의한 강제집행을 보전하기 위한 것이므로(민사집행법 제276조 제1항), 가압류의 피보전채권과 본안소송의 권리 사이에 청구의 기초의 동일성이 인정된다 하더라도 본안소송의 권리가 금전채권이 아닌 경우에는 가압류의 효력이 그 본안소송의 권리에 미친다고 할 수 없다(대결 2013.4.26. 2009마1932).

[❷ ▸ O] 처분금지가처분은 특정물의 인도 또는 특정의 급여를 목적으로 하는 청구권을 보전하기 위한 것이므로, 그 청구권의 목적인 계쟁물은 가처분에 의하여 보전될 강제집행이 될 수 있는 것이어야 하고, 따라서 그것이 제3자 소유라면 가처분의 대상으로 될 수 없다(대판 1996.1.26. 95다39410).

[❸ ▸ ○] 계쟁물에 관한 가처분은 특정물의 인도 또는 특정의 급여를 목적으로 하는 청구권을 보전하기 위한 경우에 허용되는 것인바, 주식을 매수하여 주주로서의 권리를 가진다는 것만으로 회사 소유의 부동산에 관하여 어떠한 청구권을 가진다고 할 수는 없으므로, 주주로서의 권리를 보전하기 위하여 회사 소유 부동산에 대한 처분금지가처분을 구하는 것은 허용되지 아니한다(대판 1998.9.18. 96다44136).

[❹ ▸ ×] 임시의 지위를 정하기 위한 가처분은 가처분에 의하여 보전될 권리관계의 존재를 그 요건으로 한다(대결 1966.12.19. 66마516, 대결 1993.1.14. 92마916). 기존 법률관계의 변경·형성을 목적으로 하는 형성의 소는 법률에 명문의 규정이 있는 경우에 한하여 제소할 수 있는데, 학교법인의 이사장이나 조합의 이사 등에 대하여 불법행위를 이유로 그 해임을 청구하는 소는 형성의 소로서 이를 허용하는 법적 근거가 없으므로 이를 피보전권리로 하는 직무집행 정지 및 직무집행대행자 선임의 가처분은 허용되지 않는다는 것이 판례이다(대결 1997.10.27. 97마2269, 대판 2001.1.16. 2000다45020).

> 제요 집행 5

[❺ ▸ ○] 다툼의 대상에 관한 가처분은 그 피보전권리가 특정물에 관한 이행청구권이므로 이러한 가처분의 결정 및 집행에 있어서는 그 대상목적물인 계쟁물이 명확히 특정되어야 하나(대결 1999.5.13. 99마230), 대체물이라도 채권자나 집행관이 집행의 목적물을 특정할 수 있는 경우에는 예외이다.

> 제요 집행 5

답 ❹

제2절 보전처분의 신청·심리

07
☐☐☐ 보전처분신청에 관한 다음 설명 중 가장 옳지 않은 것은?   **2024년 법무사시험 [문 20]**

① 채권자가 가압류를 신청하면서 가압류신청 진술서를 첨부하지 아니하거나, 고의로 진술사항을 누락하거나 허위로 진술한 내용이 발견된 경우에는 특별한 사정이 없는 한 보정명령 없이 신청을 기각할 수 있다.

② 가처분이 집행된 뒤에 3년간 본안의 소를 제기하지 아니한 때에 해당하여 취소사유가 발생한 이후 채권자가 다시 동일한 내용의 가처분을 신청한 경우 보전의 필요성 유무는 최초의 가처분 신청과 동일한 기준으로 판단하여야 한다.

③ 확정일자 없는 증서에 의한 지명채권의 양도승낙 후에 채권양수인이 그 증서를 첨부하여 법원에 양수금채권을 피보전권리로 하여 채무자의 재산에 대한 가압류를 신청하고, 법원공무원이 가압류신청서를 접수하면서 이에 접수일자를 표시하는 접수인을 찍은 경우, 가압류신청서에 찍힌 접수일자는 그 첨부서류인 승낙서에 대하여 확정일자에 해당한다.

④ 다툼의 대상에 관한 가처분은 그 피보전권리가 특정물에 관한 이행청구권이므로 신청서에 그 목적물을 명확하게 표시하여야 하나, 유체동산가압류의 경우에는 가압류할 유체동산이 있는 장소를 기재하면 된다.

⑤ 보전처분이 발령된 후에 채권자가 보전처분신청을 취하하면 보전처분을 취소하는 결정이 없어도 보전처분의 효력은 당연히 상실되므로 채무자로서는 보전처분 이의신청을 할 이익이 없다.

[**❶ ▸ ○**] 가압류를 신청하는 경우에 제2조 제5호의 가압류신청 진술서를 첨부하지 아니하거나, 고의로 진술 사항을 누락하거나 허위로 진술한 내용이 발견된 경우에는 특별한 사정이 없는 한 보정명령 없이 신청을 기각할 수 있다(재민 제2003-4호 제3조).

[**❷ ▸ ✕**] 민사집행법 제288조 제1항은 제1호에서 '가압류이유가 소멸되거나 그 밖에 사정이 바뀐 때'에 가압류를 취소할 수 있도록 규정하면서, 제3호에서 '가압류가 집행된 뒤에 3년간 본안의 소를 제기하지 아니한 때'(이하 '제3호 사유'라고 한다)에도 가압류를 취소할 수 있도록 규정하고 있고, 이 규정은 같은 법 제301조에 의해 가처분 절차에도 준용된다. 채권자가 가처분결정이 있은 후 보전의사를 포기하였거나 상실하였다고 볼 만한 사정이 있는 경우에는 제1호 사유인 '사정이 바뀐 때'에 해당하여 가처분을 취소할 수 있는데, 제3호 사유는 채권자가 보전의사를 포기 또는 상실하였다고 볼 수 있는 전형적인 경우로 보아 이를 가처분취소 사유로 규정한 것이다. … 이와 같은 민사집행법 규정의 내용과 취지에 비추어 보면, 가처분이 제3호 사유에 해당하여 취소사유가 발생한 이후 채권자가 다시 동일한 내용의 가처분을 신청한 경우, 그 보전의 필요성 유무는 최초의 가처분 신청과 동일한 기준으로 판단하여서는 아니 되고, 채권자와 채무자의 관계, 선행 가처분의 집행 후 발생한 사정의 변경 기타 제반 사정을 종합하여, 채권자가 선행 가처분의 집행 후 3년이 지나도록 본안소송을 제기하지 아니하였음에도 불구하고 채권자가 보전의사를 포기 또는 상실하였다고 볼 수 없는 특별한 사정이 인정되는 경우에 한하여 보전의 필요성을 인정할 수 있다. 그렇지 않으면 제3호 사유가 발생한 경우를 채권자가 보전의사를 포기 또는 상실한 전형적인 사정으로 보아 채무자로 하여금 가처분취소를 통해 가처분으로 인한 제약으로부터 벗어날 수 있도록 하려는 법의 취지를 형해화시키기 때문이다(대결 2018.10.4. 2017마6308).

[**❸ ▸ ○**] 채무자의 채권양도에 관한 승낙이 확정일자 없는 승낙서에 의하여 이루어진 후에 채권양수인이 채무자로부터 교부받은 승낙서를 첨부하여 법원에 양수금채권을 피보전권리로 하여 채무자의 재산에 대한 가압류를 신청하고, 법원공무원이 가압류신청서를 접수하면서 이에 접수일자를 표시하는 접수인을 찍었다면 위 승낙서는 가압류신청서의 첨부서류로서 위 신청서와 함께 법원에 접수되고 위 신청서에 접수인까지 날인되어 있으므로 당사자들이 나중에 그 작성일자를 변경하는 것이 불가능하다고 할 것인 점에 비추어, 가압류신청서에 찍힌 접수일자는 그 첨부서류인 승낙서에 대하여 민법 부칙 제3조 제4항 소정의 확정일자에 해당한다고 볼 것이다(대판 2004.7.8. 2004다17481).

[**❹ ▸ ○**] 유체동산가압류의 경우에는 가압류할 유체동산이 있는 장소도 기재하여야 한다(민사집행법 제296조 제1항, 민사집행규칙 제131조 제3호). 다툼의 대상에 관한 가처분은 그 피보전권리가 특정물에 관한 이행청구권이므로 가처분신청서에 그 목적물을 명확하게 표시하여야 한다(대결 1999.5.13. 99마230). 제요 집행 5

민사집행법 제296조(동산가압류집행)
① 동산에 대한 가압류의 집행은 압류와 같은 원칙에 따라야 한다.

민사집행규칙 제131조(유체동산 집행신청의 방식)
유체동산에 대한 강제집행신청서에는 다음 각 호의 사항을 적고 집행력 있는 정본을 붙여야 한다.
   1. 채권자·채무자와 그 대리인의 표시
   2. 집행권원의 표시
   3. 강제집행 목적물인 유체동산이 있는 장소
   4. 집행권원에 표시된 청구권의 일부에 관하여 강제집행을 구하는 때에는 그 범위

[**❺ ▸ ○**] 채권자는 보전처분이 발령된 이후라도 상대방의 동의를 받을 필요 없이 보전처분신청을 취하할 수 있고, 보전처분신청이 취하되면 소 취하에 준하여 보전처분신청사건은 처음부터 계속되지 아니한 것으로 보게 되므로(민사소송법 제267조 제1항, 민사집행법 제23조 제1항) 보전처분신청이 취하

된 후에는 채무자는 이의를 신청할 수 없다. 이 경우 이미 발령된 보전처분결정은 당연히 효력을 상실하고, 채무자는 신청취하증명원을 집행기관에 제출하여 집행취소를 받을 수 있다.

> **민사소송법 제267조(소취하의 효과)**
> ① 취하된 부분에 대하여는 소가 처음부터 계속되지 아니한 것으로 본다.
>
> **민사집행법 제23조(민사소송법의 준용 등)**
> ① 이 법에 특별한 규정이 있는 경우를 제외하고는 민사집행 및 보전처분의 절차에 관하여는 민사소송법의 규정을 준용한다.

답 ②

---

08 □□□ 가압류에 관한 다음 설명 중 가장 옳지 않은 것은? 2024년 법무사시험 [문 26]

① 채권에 대한 가압류명령을 신청하는 채권자는 신청서에 압류할 채권의 종류와 액수를 밝혀야 하고, 특히 가압류할 채권 중 일부에 대하여만 가압류명령을 신청하는 때에는 그 범위를 밝혀 적어야 한다.

② 채권자가 채무자의 제3채무자에 대한 여러 개의 채권 전부를 대상으로 하여 가압류를 신청하는 경우 가압류할 채권의 대상과 범위를 특정하지 않음으로 인해 가압류결정에서도 피압류채권이 특정되지 않은 경우 여러 채권 전부에 대하여 가압류의 효력이 발생한다.

③ 유체동산에 대한 가압류 집행절차에 착수하지 않은 경우에는 시효중단 효력이 없고, 집행절차를 개시하였으나 가압류할 동산이 없기 때문에 집행불능이 된 경우에는 집행절차가 종료된 때로부터 시효가 새로이 진행된다.

④ 가압류신청의 취하는 서면으로 하여야 하고, 다만 심문기일 또는 변론기일에서는 말로 할 수 있다.

⑤ 채권자가 가압류신청을 취하하면 가압류명령의 효력은 소멸하고 가압류로 인한 시효중단의 효력도 소급적으로 소멸한다.

....

[**❶ ▶ ○**] [**❷ ▶ ×**] 채권에 대한 가압류 또는 압류명령을 신청하는 채권자는 신청서에 압류할 채권의 종류와 액수를 밝혀야 하고(민사집행법 제225조, 제291조), 특히 압류할 채권 중 일부에 대하여만 압류명령을 신청하는 때에는 그 범위를 밝혀 적어야 한다(민사집행규칙 제159조 제1항 제3호, 제218조). 그럼에도 <u>채권자가 가압류나 압류를 신청하면서 압류할 채권의 대상과 범위를 특정하지 않음으로 인해 가압류결정 및 압류명령(이하 '압류 등 결정'이라 한다)에서도 피압류채권이 특정되지 않은 경우에는 그 압류 등 결정에 의해서는 압류 등의 효력이 발생하지 않는다.</u> 이러한 법리는 채무자가 제3채무자에 대하여 <u>여러 개의 채권을 가지고 있고, 채권자가 그 각 채권 전부를 대상으로 하여 압류 등의 신청을 할 때에도 마찬가지로 적용되므로, 그 경우 채권자는 여러 개의 채권 중 어느 채권에 대해 어느 범위에서 압류 등을 신청하는지 신청취지 자체로 명확하게 인식할 수 있도록 특정하여야 한다.</u> 압류의 대상과 범위를 특정하지 않고 단지 그 여러 개의 채권 전부를 압류의 대상인 채권으로 나열하고 그중 집행채권액과 동등액에 대한 압류를 구하는 등으로 금액만을 한정하여 압류 등 결정을 받게 되면, 채무자 및 제3채무자는 그 압류 등 결정에 의하여 지급이나 처분이 금지된 대상이 무엇인지를 명확하게 구분할 수가 없고, 그 결과 채무자가 압류 등의 대상이 아닌 부분에 대한 권리 행사를 하거나 제3채무자가 압류된 부분만을 구분하여 공탁을 하는 등으로 부담을 면하는 것이 불가능하기 때문이다(대판 2012.11.15. 2011다38394).

> **민사집행법 제225조(압류명령의 신청)**
>
> 채권자는 압류명령신청에 압류할 채권의 종류와 액수를 밝혀야 한다.
>
> **민사집행법 제291조(가압류집행에 대한 본집행의 준용)**
>
> 가압류의 집행에 대하여는 강제집행에 관한 규정을 준용한다. 다만, 아래의 여러 조문과 같이 차이가 나는 경우에는 그러하지 아니하다.
>
> **민사집행규칙 제159조(압류명령신청의 방식)**
>
> ① 채권에 대한 압류명령신청서에는 법 제225조에 규정된 사항 외에 다음 각 호의 사항을 적고 집행력 있는 정본을 붙여야 한다.
>
> 　1. 채권자·채무자·제3채무자와 그 대리인의 표시
>
> 　2. 집행권원의 표시
>
> 　3. 집행권원에 표시된 청구권의 일부에 관하여만 압류명령을 신청하거나 목적채권의 일부에 대하여만 압류명령을 신청하는 때에는 그 범위
>
> **민사집행규칙 제218조(보전처분집행에 대한 본집행의 준용)**
>
> 보전처분의 집행에 관하여는 특별한 규정이 없으면 강제집행에 관한 규정을 준용한다.

[❸ ▸ ○]　민법 제168조에서 가압류를 시효중단사유로 정하고 있는 것은 가압류에 의하여 채권자가 권리를 행사하였다고 할 수 있기 때문인데 가압류에 의한 집행보전의 효력이 존속하는 동안은 가압류채권자에 의한 권리행사가 계속되고 있다고 보아야 할 것이므로 가압류에 의한 시효중단의 효력은 가압류 집행보전의 효력이 존속하는 동안은 계속된다. 따라서 유체동산에 대한 가압류결정을 집행한 경우 가압류에 의한 시효중단 효력은 가압류 집행보전의 효력이 존속하는 동안 계속된다. 그러나 유체동산에 대한 가압류 집행절차에 착수하지 않은 경우에는 시효중단 효력이 없고, 집행절차를 개시하였으나 가압류할 동산이 없기 때문에 집행불능이 된 경우에는 집행절차가 종료된 때로부터 시효가 새로이 진행된다 (대판 2011.5.13. 2011다10044).

[❹ ▸ ○]　민사집행규칙 제203조 제1항 제1호, 제203조의2 제1항

> **민사집행규칙 제203조(신청의 방식)**
>
> ① 다음 각 호의 신청은 서면으로 하여야 한다.
>
> 　1. 보전처분의 신청
>
> 　2. 보전처분의 신청을 기각 또는 각하한 결정에 대한 즉시항고
>
> 　3. 보전처분에 대한 이의신청
>
> 　4. 본안의 제소명령신청
>
> 　5. 보전처분의 취소신청
>
> 　6. 보전처분의 집행신청(다만, 등기나 등록의 방법 또는 제3채무자나 이에 준하는 사람에게 송달하는 방법으로 집행하는 경우는 제외한다)
>
> 　7. 제3호·제5호의 신청에 관한 결정에 대한 즉시항고
>
> **민사집행규칙 제203조의2(신청취하)**
>
> ① 제203조 제1항 제1호·제2호·제6호·제7호 신청의 취하는 서면으로 하여야 한다. 다만, 변론기일 또는 심문기일에서는 말로 할 수 있다.

[❺ ▸ ○] 보전처분신청의 취하에 의하여 보전처분은 실효되므로, 보전처분신청에 의하여 발생한 소송법상의 효과와 실체법상의 효과는 소멸한다. 즉 소송계속은 신청의 취하와 동시에 당연히 소멸하고, 실체법적으로 시효중단의 효과는 소급적으로 소멸한다(민법 제175조). 제요 집행 5

> **민법 제175조(압류, 가압류, 가처분과 시효중단)**
> 압류, 가압류 및 가처분은 권리자의 청구에 의하여 또는 법률의 규정에 따르지 아니함으로 인하여 취소된 때에는 시효중단의 효력이 없다.

답 ❷

09 집행채권의 시효중단에 관한 다음 설명 중 가장 옳지 않은 것은? 2024년 법무사시험 [문 22]

① 채권자가 채무자의 제3채무자에 대한 채권을 가압류할 당시 그 피압류채권이 부존재하는 경우에도 집행채권에 대한 권리 행사로 볼 수 있어 특별한 사정이 없는 한 가압류집행으로써 그 집행채권의 소멸시효는 중단된다.

② 채무자가 건설공제조합에 대하여 갖는 출자증권의 인도청구권을 가압류한 경우에는 법원의 가압류명령이 제3채무자인 건설공제조합에 송달되면 가압류의 효력이 생기고, 이 경우 가압류로 인한 소멸시효 중단의 효력은 가압류명령이 제3채무자에게 송달된 때부터 발생한다.

③ 체납처분에 의한 채권압류로 채권자의 채무자에 대한 채권의 시효가 중단된 후, 피압류채권이 기본계약관계의 해지·실효 또는 소멸시효 완성 등으로 소멸함으로써 압류의 대상이 존재하지 않게 되어 압류 자체가 실효된 경우 체납처분 절차는 더 이상 진행될 수 없으므로 시효중단사유가 종료한 것으로 보아야 하고, 그때부터 시효가 새로이 진행한다.

④ 채무자가 제3채무자를 상대로 금전채권의 이행을 구하는 소를 제기한 후 채권자가 위 금전채권에 대하여 압류 및 추심명령을 받아 제3채무자를 상대로 추심의 소를 제기한 경우, 채무자가 권리주체의 지위에서 한 시효중단의 효력은 그 채권을 추심하는 추심채권자에게도 미친다.

⑤ 추심권의 포기는 압류의 효력에는 영향을 미치지 아니하므로, 추심권의 포기만으로는 압류로 인한 소멸시효 중단의 효력은 상실되지 아니하고 압류명령의 신청을 취하하면 비로소 소멸시효 중단의 효력이 소급하여 상실된다.

....

[❶ ▸ ○] 채권자가 채무자의 제3채무자에 대한 채권을 가압류할 당시 그 피압류채권이 부존재하는 경우에도 집행채권에 대한 권리 행사로 볼 수 있어 특별한 사정이 없는 한 가압류집행으로써 그 집행채권의 소멸시효는 중단된다. 다만 가압류결정 정본이 제3채무자에게 송달될 당시 피압류채권 발생의 기초가 되는 법률관계가 없어 가압류의 대상이 되는 피압류채권이 존재하지 않는 경우에는 가압류의 집행보전 효력이 없으므로, 특별한 사정이 없는 한 가압류결정의 송달로써 개시된 집행절차는 곧바로 종료되고, 이로써 시효중단사유도 종료되어 집행채권의 소멸시효는 그때부터 새로이 진행한다고 보아야 한다(대판 2023.12.14. 2022다210093).

[❷ ▸ ×] '가압류'는 법원의 가압류명령을 얻기 위한 재판절차와 가압류명령의 집행절차를 포함하는데, 가압류도 재판상의 청구와 마찬가지로 법원에 신청을 함으로써 이루어지고(민사집행법 제279조), 가압류명령에 따른 집행이나 가압류명령의 송달을 통해서 채무자에게 고지가 이루어지기 때문이다. 가압류를 시효중단사유로 규정한 이유는 가압류에 의하여 채권자가 권리를 행사하였다고 할 수 있기 때문이다. 가압류채권자의 권리행사는 가압류를 신청한 때에 시작되므로, 이 점에서도 <u>가압류에 의한 시효중단의 효력은 가압류신청을 한 때에 소급한다</u>. … 위 출자증권을 채무자가 아닌 제3자가 점유하고 있는 경우에는 채권자는 채무자가 제3자에 대하여 가지는 유체동산인 출자증권의 인도청구권을 가압류하는 방법으로 가압류집행을 할 수 있다(민사집행법 제242조, 제243조). 이 경우 유체동산에 관한 인도청구권의 가압류는 원칙적으로 금전채권의 가압류에 준해서 집행법원의 가압류명령과 그 송달로써 하는 것이므로(민사집행법 제223조, 제227조, 제242조, 제243조, 제291조), 가압류명령이 제3채무자에게 송달됨으로써 유체동산에 관한 인도청구권 자체에 대한 가압류집행은 끝나고 효력이 생긴다. 따라서 채무자가 건설공제조합에 대하여 갖는 출자증권의 인도청구권을 가압류한 경우에는 법원의 가압류명령이 제3채무자인 건설공제조합에 송달되면 가압류의 효력이 생기고, <u>이 경우 가압류로 인한 소멸시효 중단의 효력은 가압류 신청 시에 소급하여 생긴다</u>(대판 2017.4.7. 2016다35451).

[❸ ▸ ○] 체납처분에 의한 채권압류로 인하여 채권자의 채무자에 대한 채권의 시효가 중단된 경우에 압류에 의한 체납처분 절차가 채권추심 등으로 종료된 때뿐만 아니라, 피압류채권이 기본계약관계의 해지·실효 또는 소멸시효 완성 등으로 인하여 소멸함으로써 압류의 대상이 존재하지 않게 되어 압류 자체가 실효된 경우에도 체납처분 절차는 더 이상 진행될 수 없으므로 시효중단사유가 종료한 것으로 보아야 하고, 그때부터 시효가 새로이 진행한다(대판 2017.4.28. 2016다239840).

[❹ ▸ ○] 채무자의 제3채무자에 대한 금전채권에 대하여 압류 및 추심명령이 있더라도, 이는 추심채권자에게 피압류채권을 추심할 권능만을 부여하는 것이고, 이로 인하여 채무자가 제3채무자에게 가지는 채권이 추심채권자에게 이전되거나 귀속되는 것은 아니다. 따라서 채무자가 제3채무자를 상대로 금전채권의 이행을 구하는 소를 제기한 후 채권자가 위 금전채권에 대하여 압류 및 추심명령을 받아 제3채무자를 상대로 추심의 소를 제기한 경우, 채무자가 권리주체의 지위에서 한 시효중단의 효력은 집행법원의 수권에 따라 피압류채권에 대한 추심권능을 부여받아 일종의 추심기관으로서 그 채권을 추심하는 추심채권자에게도 미친다(대판 2019.7.25. 2019다212945).

[❺ ▸ ○] 금전채권에 대한 압류명령과 그 현금화 방법인 추심명령을 동시에 신청하더라도 압류명령과 추심명령은 별개로서 그 적부는 각각 판단하여야 하고, 그 신청의 취하 역시 별도로 판단하여야 한다. 채권자는 추심명령에 따라 얻은 권리를 포기할 수 있지만(민사집행법 제240조 제1항) 추심권의 포기는 압류의 효력에는 영향을 미치지 아니하므로, 추심권의 포기만으로는 압류로 인한 소멸시효 중단의 효력은 상실되지 아니하고 압류명령의 신청을 취하하면 비로소 소멸시효 중단의 효력이 소급하여 상실된다(대판 2014.11.13. 2010다63591).

답 ❷

보전처분의 시효중단의 효과에 관한 다음 설명 중 가장 옳지 않은 것은?

2022년 법무사시험 [문 29]

① 채권자가 채무자의 제3채무자에 대한 채권을 압류 또는 가압류한 경우에 채무자에 대한 채권자의 채권에 관하여 시효중단의 효력이 생기지만, 압류 또는 가압류된 채무자의 제3채무자에 대한 채권에 대하여는 제3채무자에 대하여 위 가압류결정이 송달되면 민법 제168조 제2호 소정의 확정적인 시효중단의 효력이 생긴다.

② 민법 제169조는 '시효의 중단은 당사자 및 그 승계인 간에만 효력이 있다'고 규정하고 있고, 한편 민법 제440조는 '주채무자에 대한 시효의 중단은 보증인에 대하여 그 효력이 있다'라고 규정하고 있는바, 민법 제440조는 민법 제169조의 예외 규정으로서 이는 채권자 보호 내지 채권담보의 확보를 위하여 주채무자에 대한 시효중단의 사유가 발생하였을 때는 그 보증인에 대한 별도의 중단조치가 이루어지지 아니하여도 동시에 시효중단의 효력이 생기도록 한 것이고, 그 시효중단사유가 압류, 가압류 및 가처분이라고 하더라도 이를 보증인에게 통지하여야 비로소 시효중단의 효력이 발생하는 것은 아니다.

③ 민법 제168조에서 가압류를 시효중단사유로 정하고 있는 것은 가압류에 의하여 채권자가 권리를 행사하였다고 할 수 있기 때문인데 가압류에 의한 집행보전의 효력이 존속하는 동안은 가압류채권자에 의한 권리행사가 계속되고 있다고 보아야 할 것이므로 가압류에 의한 시효중단의 효력은 가압류 집행보전의 효력이 존속하는 동안은 계속된다. 따라서 유체동산에 대한 가압류결정을 집행한 경우 가압류에 의한 시효중단 효력은 가압류 집행보전의 효력이 존속하는 동안 계속된다. 그러나 유체동산에 대한 가압류 집행절차에 착수하지 않은 경우에는 시효중단 효력이 없고, 집행절차를 개시하였으나 가압류할 동산이 없기 때문에 집행불능이 된 경우에는 집행절차가 종료된 때로부터 시효가 새로이 진행된다.

④ 금전채권의 보전을 위하여 채무자의 금전채권에 대하여 가압류가 행하여진 경우에 그 후 채권자의 신청에 의하여 그 집행이 취소되었다면, 다른 특별한 사정이 없는 한 가압류에 의한 소멸시효 중단의 효과는 소급적으로 소멸된다.

⑤ 가압류에 의한 시효중단은 경매절차에서 부동산이 매각되어 가압류등기가 말소되기 전에 배당절차가 진행되어 가압류채권자에 대한 배당표가 확정되는 등의 특별한 사정이 없는 한, 채권자가 가압류집행에 의하여 권리행사를 계속하고 있다고 볼 수 있는 가압류등기가 말소된 때 그 중단사유가 종료되어, 그때부터 새로 소멸시효가 진행한다고 봄이 타당하다. 나아가 매각대금 납부 후의 배당절차에서 가압류채권자의 채권에 대하여 배당이 이루어지고 배당액이 공탁되었다고 하여 가압류채권자가 그 공탁금에 대하여 채권자로서 권리행사를 계속하고 있다고 볼 수는 없으므로 그로 인하여 가압류에 의한 시효중단의 효력이 계속된다고 할 수 없다.

[❶ ▶ ×] 채권자가 채무자의 제3채무자에 대한 채권을 압류 또는 가압류한 경우에 채무자에 대한 채권자의 채권에 관하여 시효중단의 효력이 생긴다고 할 것이나, <u>압류 또는 가압류된 채무자의 제3채무자에 대한 채권에 대하여는 민법 제168조 제2호 소정의 소멸시효 중단사유에 준하는 확정적인 시효중단의 효력이 생긴다고 할 수 없다</u>(대판 2003.5.13. 2003다16238).

[❷ ▶ ○] 민법 제169조는 '시효의 중단은 당사자 및 그 승계인 간에만 효력이 있다'고 규정하고 있고, 한편 민법 제440조는 '주채무자에 대한 시효의 중단은 보증인에 대하여 그 효력이 있다'라고 규정하고 있는바, 민법 제440조는 민법 제169조의 예외 규정으로서 이는 채권자 보호 내지 채권담보의 확보를 위하여 주채무자에 대한 시효중단의 사유가 발생하였을 때는 그 보증인에 대한 별도의 중단조치가 이루어지지 아니하여도 동시에 시효중단의 효력이 생기도록 한 것이고, 그 시효중단사유가 압류, 가압류 및 가처분이라고 하더라도 이를 보증인에게 통지하여야 비로소 시효중단의 효력이 발생하는 것은 아니다(대판 2005.10.27. 2005다35554).

[❸ ▶ ○] 민법 제168조에서 가압류를 시효중단사유로 정하고 있는 것은 가압류에 의하여 채권자가 권리를 행사하였다고 할 수 있기 때문인데 가압류에 의한 집행보전의 효력이 존속하는 동안은 가압류채권자에 의한 권리행사가 계속되고 있다고 보아야 할 것이므로 가압류에 의한 시효중단의 효력은 가압류 집행보전의 효력이 존속하는 동안은 계속된다. 따라서 유체동산에 대한 가압류결정을 집행한 경우 가압류에 의한 시효중단 효력은 가압류 집행보전의 효력이 존속하는 동안 계속된다. 그러나 유체동산에 대한 가압류 집행절차에 착수하지 않은 경우에는 시효중단 효력이 없고, 집행절차를 개시하였으나 가압류할 동산이 없기 때문에 집행불능이 된 경우에는 집행절차가 종료된 때로부터 시효가 새로이 진행된다(대판 2011.5.13. 2011다10044).

[❹ ▶ ○] 금전채권의 보전을 위하여 채무자의 금전채권에 대하여 가압류가 행하여진 경우에 그 후 채권자의 신청에 의하여 그 집행이 취소되었다면, 다른 특별한 사정이 없는 한 가압류에 의한 소멸시효 중단의 효과는 소급적으로 소멸된다. 민법 제175조는 가압류가 '권리자의 청구에 의하여 취소된 때에는' 소멸시효 중단의 효력이 없다고 정한다. 가압류의 집행 후에 행하여진 채권자의 집행취소 또는 집행해제의 신청은 실질적으로 집행신청의 취하에 해당하고, 이는 다른 특별한 사정이 없는 한 가압류 자체의 신청을 취하하는 것과 마찬가지로 그에게 권리행사의 의사가 없음을 객관적으로 표명하는 행위로서 위 법 규정에 의하여 시효중단의 효력이 소멸한다고 봄이 상당하다. 이러한 점은 위와 같은 집행취소의 경우 그 취소의 효력이 단지 장래에 대하여만 발생한다는 것에 의하여 달라지지 아니한다(대판 2010.10.14. 2010다53273).

[❺ ▶ ○] 가압류는 강제집행을 보전하기 위한 것으로서 경매절차에서 부동산이 매각되면 그 부동산에 대한 집행보전의 목적을 다하여 효력을 잃고 말소되며, 가압류채권자에게는 집행법원이 그 지위에 상응하는 배당을 하고 배당액을 공탁함으로써 가압류채권자가 장차 채무자에 대하여 권리행사를 하여 집행권원을 얻었을 때 배당액을 지급받을 수 있도록 하면 족한 것이다. 따라서 이러한 경우 가압류에 의한 시효중단은 경매절차에서 부동산이 매각되어 가압류등기가 말소되기 전에 배당절차가 진행되어 가압류채권자에 대한 배당표가 확정되는 등의 특별한 사정이 없는 한, 채권자가 가압류집행에 의하여 권리행사를 계속하고 있다고 볼 수 있는 가압류등기가 말소된 때 그 중단사유가 종료되어, 그때부터 새로 소멸시효가 진행한다고 봄이 타당하다(매각대금 납부 후의 배당절차에서 가압류채권자의 채권에 대하여 배당이 이루어지고 배당액이 공탁되었다고 하여 가압류채권자가 그 공탁금에 대하여 채권자로서 권리행사를 계속하고 있다고 볼 수는 없으므로 그로 인하여 가압류에 의한 시효중단의 효력이 계속된다고 할 수 없다)(대판 2013.11.14. 2013다18622).

답 ❶

다음 설명 중 가장 옳지 않은 것은?

① 금전채권의 보전을 위하여 채무자의 금전채권에 대하여 가압류가 행하여진 경우에 그 후 채권자의 신청에 의하여 그 집행이 취소되었다면, 다른 특별한 사정이 없는 한 가압류에 의한 소멸시효 중단의 효과는 소급적으로 소멸된다.

② 가압류의 집행 후에 행하여진 채권자의 집행취소 또는 집행해제의 신청은 실질적으로 집행신청의 취하에 해당하고, 이는 다른 특별한 사정이 없는 한 가압류 자체의 신청을 취하하는 것과 마찬가지로 그에게 권리행사의 의사가 없음을 객관적으로 표명하는 행위로서 시효중단의 효력이 소멸한다.

③ 채권가압류취소결정의 집행으로서 집행법원이 제3채무자에게 가압류집행취소통지서를 송달한 경우 그 효력은 확정적이므로, 채권가압류결정이 제3채무자에게 송달된 상태에서 그 채권을 양수하여 확정일자 있는 통지 등에 의한 대항요건을 갖춘 채권양수인은 위와 같이 가압류집행취소통지서가 제3채무자에게 송달된 이후에는 더 이상 처분금지효의 제한을 받지 않고 아무런 부담이 없는 채권 취득의 효력을 가압류채권자에게 대항할 수 있다.

④ 가압류취소결정의 집행이 완료되었다 하더라도 이후 항고심에서 가압류취소결정을 취소하여 가압류결정을 인가하였다면 이미 취소된 가압류집행은 소급하여 부활하게 된다.

⑤ 채권압류의 효력발생 전에 채무자가 채권을 처분한 경우에는 그보다 먼저 압류한 채권자가 있어 그 채권자에게는 대항할 수 없는 사정이 있더라도 처분 후에 집행에 참가하는 채권자에 대하여는 처분의 효력을 대항할 수 있는 것이므로, 채무자가 압류 또는 가압류의 대상인 채권을 양도하고 확정일자 있는 통지 등에 의한 채권양도의 대항요건을 갖추었다면, 그 후 채무자의 다른 채권자가 양도된 채권에 대하여 압류 또는 가압류를 하더라도 압류 또는 가압류 당시에 피압류채권은 이미 존재하지 않는 것과 같아 압류 또는 가압류로서의 효력이 없다.

....

[❶ ▶ ○] [❷ ▶ ○] 금전채권의 보전을 위하여 채무자의 금전채권에 대하여 가압류가 행하여진 경우에 그 후 채권자의 신청에 의하여 그 집행이 취소되었다면, 다른 특별한 사정이 없는 한 가압류에 의한 소멸시효 중단의 효과는 소급적으로 소멸된다. 민법 제175조는 가압류가 '권리자의 청구에 의하여 취소된 때에는' 소멸시효 중단의 효력이 없다고 정한다. 가압류의 집행 후에 행하여진 채권자의 집행취소 또는 집행해제의 신청은 실질적으로 집행신청의 취하에 해당하고, 이는 다른 특별한 사정이 없는 한 가압류 자체의 신청을 취하하는 것과 마찬가지로 그에게 권리행사의 의사가 없음을 객관적으로 표명하는 행위로서 위 법 규정에 의하여 시효중단의 효력이 소멸한다고 봄이 상당하다. 이러한 점은 위와 같은 집행취소의 경우 그 취소의 효력이 단지 장래에 대하여만 발생한다는 것에 의하여 달라지지 아니한디(대판 2010.10.14. 2010다53273).

[❸ ▶ ○] [❹ ▶ ✕] 채권가압류취소결정의 집행으로서 집행법원이 제3채무자에게 가압류집행취소통지서를 송달한 경우 그 효력은 확정적이므로, 채권가압류결정이 제3채무자에게 송달된 상태에서 그 채권을 양수하여 확정일자 있는 통지 등에 의한 대항요건을 갖춘 채권양수인은 위와 같이 가압류집행취소통지서가 제3채무자에게 송달된 이후에는 더 이상 처분금지효의 제한을 받지 않고 아무런 부담이 없는 채권 취득의 효력을 가압류채권자에게 대항할 수 있게 된다. 위와 같이 <u>가압류취소결정의 집행이 완료된 이상 이후 항고심에서 가압류취소결정을 취소하여 가압류결정을 인가하였다고 하더라도, 이미 취소된 가압류집행이 소급하여 부활하는 것은 아니므로</u>, 채권양수인이 아무런 부담이 없는 채권 취득의 효력을 가압류채권자에게 대항할 수 있음은 마찬가지이다(대판 2022.1.27. 2017다256378).

[❺ ▶ ○] 채권압류의 효력발생 전에 채무자가 채권을 처분한 경우에는 그보다 먼저 압류한 채권자가 있어 그 채권자에게는 대항할 수 없는 사정이 있더라도 처분 후에 집행에 참가하는 채권자에 대하여는 <u>처분의 효력을 대항할 수 있는 것이므로</u>, 채무자가 압류 또는 가압류의 대상인 채권을 양도하고 확정일자 있는 통지 등에 의한 채권양도의 대항요건을 갖추었다면, 그 후 채무자의 다른 채권자가 양도된 채권에 대하여 압류 또는 가압류를 하더라도 압류 또는 가압류 당시에 피압류채권은 이미 존재하지 않는 것과 같아 압류 또는 가압류로서의 효력이 없다(대판 2022.1.27. 2017다256378).

답 ❹

보전처분의 신청 및 그 효과에 관한 다음 설명 중 가장 옳지 않은 것은?

2021년 법무사시험 [문 3]

① 채권자는 채무자를 대위하여 그의 제3채무자에 대한 채권을 행사할 수 있으므로 보전처분신청도 대위하여 할 수 있다. 다만, 채권자는 자기의 채권의 기한이 도래하기 전에는 법원의 허가 없이 채권자대위권을 행사할 수 없으므로, 이 경우 채권자는 법원의 허가를 얻어야만 채무자를 대위하여 제3채무자에 대한 보전처분신청을 할 수 있다.

② 채권자가 가압류를 신청하면서 가압류할 채권의 대상과 범위를 특정하지 않음으로 인해 가압류명령에서도 피압류채권이 특정되지 않은 경우에는 그 가압류명령에 의해서는 가압류의 효력이 발생하지 않는다.

③ 부동산가압류에 의한 시효중단은 경매절차에서 부동산이 매각되어 가압류등기가 말소되기 전에 배당절차가 진행되어 가압류채권자에 대한 배당표가 확정되는 등의 특별한 사정이 없는 한, 채권자가 가압류집행에 의하여 권리행사를 계속하고 있다고 볼 수 있는 가압류등기가 말소된 때 그 중단사유가 종료되어, 그때부터 새로 소멸시효가 진행한다.

④ 채권가압류에서 채권자가 가압류신청을 취하하면 가압류결정은 그로써 효력이 소멸되지만, 채권가압류명령 정본이 제3채무자에게 이미 송달되어 가압류명령이 집행되었다면 그 취하통지서가 제3채무자에게 송달되었을 때 가압류집행의 효력이 장래를 향하여 소멸된다. 이는 그 취하통지서가 제3채무자에게 송달되기 전에 제3채무자가 집행법원 법원사무관등의 통지에 의하지 아니한 다른 방법으로 가압류신청취하사실을 알게 된 경우에도 마찬가지이다.

⑤ 보전처분신청이 중복신청에 해당하는지 여부는 후행 보전처분신청의 심리종결 시를 기준으로 판단하여야 하고, 보전명령에 대한 이의신청이 제기된 경우에는 이의소송의 심리종결 시가 기준이 된다.

．．

[**❶** ▸ **×**]　보전처분신청은 보전행위에 해당하므로, 채권자는 법원의 허가를 얻지 아니하고 채무자를 대위하여 제3채무자에 대한 보전처분신청을 할 수 있다(민법 제404조 단서 참조).

> **민법 제404조(채권자대위권)**
> ① 채권자는 자기의 채권을 보전하기 위하여 채무자의 권리를 행사할 수 있다. 그러나 일신에 전속한 권리는 그러하지 아니하다.
> ② 채권자는 그 채권의 기한이 도래하기 전에는 법원의 허가 없이 전항의 권리를 행사하지 못한다. 그러나 보전행위는 그러하지 아니하다.

[**❷** ▸ **O**]　채권에 대한 가압류 또는 압류명령을 신청하는 채권자는 신청서에 압류할 채권의 종류와 액수를 밝혀야 하고(민사집행법 제225조, 제291조), 특히 압류할 채권 중 일부에 대하여만 압류명령을 신청하는 때에는 그 범위를 밝혀 적어야 한다(민사집행규칙 제159조 제1항 제3호, 제218조). 그럼에도 채권자가 가압류나 압류를 신청하면서 압류할 채권의 대상과 범위를 특정하지 않음으로 인해 가압류결정 및 압류명령(이하 '압류 등 결정'이라 한다)에서도 피압류채권이 특정되지 않은 경우에는 그 압류 등 결정에 의해서는 압류 등의 효력이 발생하지 않는다(대판 2012.11.15. 2011다38394).

[**❸** ▸ **O**]　가압류는 강제집행을 보전하기 위한 것으로서 경매절차에서 부동산이 매각되면 그 부동산에 대한 집행보전의 목적을 다하여 효력을 잃고 말소되며, 가압류채권자에게는 집행법원이 그 지위에 상응하는 배당을 하고 배당액을 공탁함으로써 가압류채권자가 장차 채무자에 대하여 권리행사를 하여 집행권원을 얻었을 때 배당액을 지급받을 수 있도록 하면 족한 것이다. 따라서 이러한 경우 가압류에 의한 시효중단은 경매절차에서 부동산이 매각되어 가압류등기가 말소되기 전에 배당절차가 진행되어 가압류

채권자에 대한 배당표가 확정되는 등의 특별한 사정이 없는 한, 채권자가 가압류집행에 의하여 권리행사를 계속하고 있다고 볼 수 있는 가압류등기가 말소된 때 그 중단사유가 종료되어, 그때부터 새로 소멸시효가 진행한다고 봄이 타당하다(매각대금 납부 후의 배당절차에서 가압류채권자의 채권에 대하여 배당이 이루어지고 배당액이 공탁되었다고 하여 가압류채권자가 그 공탁금에 대하여 채권자로서 권리행사를 계속하고 있다고 볼 수는 없으므로 그로 인하여 가압류에 의한 시효중단의 효력이 계속된다고 할 수 없다)(대판 2013.11.14. 2013다18622,18639).

[**❹ ▸ ○**] 채권가압류에 있어서 채권자가 가압류신청을 취하하면 가압류결정은 그로써 효력이 소멸되지만, 채권가압류결정 정본이 제3채무자에게 이미 송달되어 가압류결정이 집행되었다면 그 취하통지서가 제3채무자에게 송달되었을 때 비로소 가압류집행의 효력이 장래를 향하여 소멸되는 것인바, 이러한 법리는 그 취하통지서가 제3채무자에게 송달되기 전에 제3채무자가 집행법원 법원사무관등의 통지에 의하지 아니한 다른 방법으로 가압류신청취하사실을 알게 된 경우에도 마찬가지라고 할 것이다(대판 2008.1.17. 2007다73826).

[**❺ ▸ ○**] 보전처분신청에 관하여도 중복된 소제기에 관한 민사소송법 제259조의 규정이 준용되어 중복신청이 금지된다. 이 경우 보전처분신청이 중복신청에 해당하는지 여부는 후행 보전처분신청의 심리종결 시를 기준으로 판단하여야 하고, 보전명령에 대한 이의신청이 제기된 경우에는 이의소송의 심리종결 시가 기준이 된다(대결 2018.10.4. 2017마6308).

답 ❶

보전처분신청에 대한 재판

13
□□□ 　**보전항고에 관한 다음 설명 중 가장 옳은 것은?**　　　2023년 법무사시험 [문 26]

① 보전처분취소결정의 효력정지재판은 보전처분취소결정에 대한 즉시항고가 제기된 이후에 할 수 있으며, 효력정지의 요건에 관한 소명은 보증금을 공탁하는 방법으로 대신할 수 있으나 당사자는 효력정지결정에 대하여 불복할 수 없다.

② 가처분결정에 직무집행을 정지하는 기간이 정하여져 있는 경우 그 기간 경과 후에는 가처분결정이 외형상 잔존함으로 인하여 어떠한 법률상 이익이 침해되었다고 볼 만한 특별한 사정이 없는 한 그 취소를 구할 법률상 이익이 없다.

③ 무담보의 가압류결정을 구하는 신청에 대하여 법원이 일정한 액수의 담보를 제공하는 것을 조건으로 가압류를 명하는 경우 채권자는 즉시항고로 불복할 수 없다.

④ 보전이의·취소에 대한 항고사건이 항고인의 항고취하에 따라 재판에 의하지 아니하고 완결된 경우에는 피항고인이 항고인의 항고취하 전에 변호사를 선임하여 그 변호사가 사건 검토 후 주장서면을 제출하고 이와 관련하여 지급한 변호사보수는 소송비용에 산입할 수 없다.

⑤ 보전처분이의·취소신청에 관한 재판에 있어서는 항고인이 즉시항고이유서를 제출하지 아니하거나 항고장을 제출한 날로부터 10일 이내에 대법원규칙이 정하는 바에 따라 항고이유를 적지 않았다는 이유로 즉시항고를 각하할 수 있다.

[❶ ▸ ×] 보전처분(가압류·가처분) 취소결정에 대하여는 즉시항고를 할 수 있으나, 이 경우 즉시항고에 집행정지의 효력은 발생하지 않는다(민사집행법 제288조 제3항, 제286조 제7항, 제301조 및 민사소송법 제447조). 보전처분(가압류·가처분)을 취소하는 결정에 대하여 즉시항고가 제기된 경우, 채권자는 일정한 요건(㉠ 불복의 이유로 주장한 사유가 법률상 정당한 사유가 있다고 인정되고 그 사실에 대한 소명 및 ㉡ 보전처분을 취소함으로 인하여 회복할 수 없는 손해가 생길 위험이 있다는 사정에 대한 소명이 있을 것)을 갖추어 법원에 가처분취소결정의 효력정지신청을 할 수 있다(민사집행법 제289조 제1항 및 제301조). 이러한 효력정지재판은 보전처분취소결정에 대한 즉시항고가 제기된 이후에 할 수 있다. 효력정지의 요건에 관한 소명은 보증금을 공탁하거나 주장이 진실함을 선서하는 방법으로 대신할 수 없고(민사집행법 제289조 제2항 및 제301조), 당사자는 효력정지결정에 대하여 불복할 수 없다(민사집행법 제289조 제5항 및 제301조).

> **민사집행법 제289조(가압류취소결정의 효력정지)**
> ① 가압류를 취소하는 결정에 대하여 즉시항고가 있는 경우에, 불복의 이유로 주장한 사유가 법률상 정당한 사유가 있다고 인정되고 사실에 대한 소명이 있으며, 그 가압류를 취소함으로 인하여 회복할 수 없는 손해가 생길 위험이 있다는 사정에 대한 소명이 있는 때에는, 법원은 당사자의 신청에 따라 담보를 제공하게 하거나 담보를 제공하지 아니하게 하고 가압류취소결정의 효력을 정지시킬 수 있다.
> ② 제1항의 규정에 의한 소명은 보증금을 공탁하거나 주장이 진실함을 선서하는 방법으로 대신할 수 없다.
> ③ 재판기록이 원심법원에 있는 때에는 원심법원이 제1항의 규정에 의한 재판을 한다.
> ④ 항고법원은 항고에 대한 재판에서 제1항의 규정에 의한 재판을 인가·변경 또는 취소하여야 한다.
> ⑤ 제1항 및 제4항의 규정에 의한 재판에 대하여는 불복할 수 없다.
>
> **민사집행법 제301조(가압류절차의 준용)**
> 가처분절차에는 가압류절차에 관한 규정을 준용한다. 다만, 아래의 여러 조문과 같이 차이가 나는 경우에는 그러하지 아니하다.

[❷ ▸ ○] 법원의 가처분결정에 직무집행을 정지하는 기간이 정하여져 있는 경우 그 기간의 경과로 가처분결정의 효력이 상실되므로, 그 기간 경과 후에는 가처분결정이 외형상 잔존함으로 인하여 어떠한 법률상 이익이 침해되었다고 볼 만한 특별한 사정이 없는 한 그 취소를 구할 법률상의 이익이 없다(대결 2013.6.27. 2013마568).

[❸ ▸ ×] 무담보의 가압류결정을 구하는 신청에 대하여 법원이 일정한 액수의 담보를 제공하는 것을 조건으로 가압류를 명하는 경우 이는 실질적으로 가압류신청에 대한 일부 기각의 재판과 같은 성격을 가지는 것이므로 신청인으로서는 위 일부 기각 부분(담보를 조건으로 명한 부분)에 대하여 불복할 이익을 갖는다고 할 것이고, 담보의 수액이 지나치게 과다하다고 다투는 경우도 마찬가지로 보아야 할 것인데, 이때 담보를 제공할 것을 명한 부분을 다투거나 담보의 수액이 지나치게 많다고 하여 다툴 수 있는 방법은 법률상 다른 특별한 규정이 없는 이상 가압류신청의 일부 또는 전부가 기각이나 각하된 경우와 마찬가지로 통상의 항고로써 다툴 수 있다(대결 2000.8.28. 99그30). ☞ 종래에는 보전처분신청을 각하 또는 기각하는 결정에 대한 불복방법에 관하여 별도의 규정이 없었으므로 채권자는 항고의 이익이 있는 한 통상의 항고로 불복할 수 있었다. 그러나 2002년 제정된 민사집행법은 보전처분신청을 기각하거나 각하하는 결정에 대하여 즉시항고로 다툴 수 있도록 하였다(민사집행법 제281조 제2항, 제301조). 따라서 무담보의 가압류결정을 구하는 신청에 대하여 법원이 일정한 액수의 담보를 제공하는 것을 조건으로 가압류를 명하는 경우에도 채권자는 즉시항고로 불복할 수 있다.

[❹▸✕] 보전처분에 대한 이의·취소 사건이나, 보전이의·취소에 대한 항고사건은 실질적으로 서로 대립하는 상대방이 소송에서 자기의 권리신장을 위하여 공격·방어할 수 있는 기회가 보장된 대심적 소송구조에 해당하기 때문에 소송비용부담의 재판을 하여야 한다. 나아가 피항고인이 항고인의 항고취하 전에 변호사를 선임하여 그 변호사가 사건을 검토한 후 주장서면을 제출하는 행위는 위임사무에 해당하므로, 이와 관련하여 지급한 변호사보수는 소송을 수행함에 있어 발생한 비용으로서 변호사보수의 소송비용 산입에 관한 규칙 제3조 제2항 본문에 따라 소송비용에 산입하여야 한다(대결 2010.5.25. 2010마181).

[❺▸✕] 보전처분이의·취소재판에 관한 절차는 집행에 관한 절차가 아니므로, 민사집행법 제15조의 '집행절차에 관한 집행법원의 재판'에 해당하지 않고, 따라서 그에 대한 즉시항고에 관해서는 민사집행법 제15조가 아니라 민사소송법상 즉시항고에 관한 규정이 적용된다(대결 2006.9.28. 2006마829). 민사소송법은 민사집행법 제15조와 달리 항소이유서의 제출기간에 관한 규정을 두고 있지 아니하므로, 민사집행법 제15조가 아니라 민사소송법의 즉시항고에 대한 규정이 준용되는 보전처분이의·취소신청에 대한 재판에 있어서는 항고인이 즉시항고이유서를 제출하지 아니하였다거나 항고장을 제출한 날로부터 10일 이내에 대법원규칙이 정하는 바에 따라 항고이유를 적지 않았다는 이유로 즉시항고를 각하할 수는 없다(대결 2008.2.29. 2008마145). 제요 집행 5

답 ❷

14

보전처분을 명하는 재판과 담보에 관한 다음 설명 중 가장 옳지 않은 것은?
2025년 법무사시험 [문 23]

① 가처분채권자가 가처분으로 인하여 가처분채무자가 받게 될 손해를 담보하기 위하여 법원의 담보제공명령으로 일정한 금전을 공탁한 경우, 피공탁자로서 담보권리지인 가처분채무자는 담보공탁금에 대하여 질권자와 동일한 권리가 있다.

② 가처분채권자가 파산선고를 받게 되면 가처분채권자가 제공한 담보공탁금에 대한 공탁금회수청구권에 관한 권리는 파산재단에 속하므로, 가처분채무자가 공탁금회수청구권에 관하여 질권자로서 권리를 행사한다면 이는 별제권을 행사하는 것으로서 파산절차에 의하지 아니하고 담보권을 실행할 수 있다.

③ 민사집행법 제23조에 의하여 가압류를 위한 담보에도 준용되는 민사소송법 제125조 제1항에서 담보의 취소사유로 규정하고 있는 '담보사유가 소멸된 것'이란 그 담보를 제공할 원인이 부존재인 경우는 물론이고 그 후 담보의 존속을 계속시킬 원인이 부존재하게 된 경우 또는 장래에 있어서 손해발생의 가능성이 없게 된 경우 등을 의미한다.

④ 가압류채권자가 본안소송에서 승소의 확정판결을 얻은 것과 같이 이미 집행된 가압류 등 보전처분의 정당성이 인용됨으로써 손해가 발생되지 아니할 것이 확실하게 된 경우도 담보의 취소사유에 해당하지만 이행권고결정이 확정된 경우까지 담보사유가 소멸되었다고 볼 수는 없다.

⑤ 담보제공명령에 따라 담보를 제공하면 통상 보전처분을 발하게 되나 담보를 제공하였다고 해서 법원이 반드시 보전처분을 명하는 재판을 하여야 하는 것은 아니다.

[**❶ ▸ ○**] [**❷ ▸ ○**]   가처분채권자가 가처분으로 인하여 가처분채무자가 받게 될 손해를 담보하기 위하여 법원의 담보제공명령으로 일정한 금전을 공탁한 경우에, 피공탁자로서 담보권리자인 가처분채무자는 담보공탁금에 대하여 질권자와 동일한 권리가 있다(민사집행법 제19조 제3항, 민사소송법 제123조). 한편 가처분채권자가 파산선고를 받게 되면 가처분채권자가 제공한 담보공탁금에 대한 공탁금회수청구권에 관한 권리는 파산재단에 속하므로, 가처분채무자가 공탁금회수청구권에 관하여 질권자로서 권리를 행사한다면 이는 별제권을 행사하는 것으로서 파산절차에 의하지 아니하고 담보권을 실행할 수 있다(대판 2015.9.10. 2014다34126).

[**❸ ▸ ○**] [**❹ ▸ ✕**]   민사집행법 제23조에 의하여 가압류를 위한 담보에도 준용되는 민사소송법 제125조 제1항에서 담보의 취소사유로 규정하고 있는 '담보사유가 소멸된 것'이란 그 담보를 제공할 원인이 부존재인 경우는 물론이고 그 후 담보의 존속을 계속시킬 원인이 부존재하게 된 경우 또는 장래에 있어서 손해발생의 가능성이 없게 된 경우 등을 의미하는 것으로서, 가압류채권자가 본안소송에서 승소의 확정판결을 얻은 것과 같이 이미 집행된 가압류 등 보전처분의 정당성이 인용됨으로써 손해가 발생되지 아니할 것이 확실하게 된 경우도 이에 해당한다고 할 것인바, 소액사건심판법 제5조의7 제1항에서는 확정된 이행권고결정도 확정판결과 같은 효력을 가진다고 규정하고 있으므로, 이행권고결정이 확정된 경우에도 본안승소의 확정판결을 받은 것과 같이 담보사유가 소멸되었다고 해석함이 상당하다(대결 2006.6.30. 2006마257).

[**❺ ▸ ○**]   담보제공명령에 따라 담보를 제공하면 통상은 보전처분을 발령하게 되지만(일반적으로는 법원이 신청을 인용할 수 있다고 판단하였을 때 비로소 담보제공을 명한다), 담보의 제공이 있다고 해서 법원이 반드시 신청을 인용하는 재판을 하여야 하는 것은 아니다(대판 1968.6.18. 68다539).

답 ❹

보전처분을 명하는 재판과 담보에 관한 다음 설명 중 가장 옳지 않은 것은?

① 가처분채권자가 파산선고를 받게 되면 가처분채권자가 제공한 담보공탁금에 대한 공탁금회수청구권에 관한 권리는 파산재단에 속하므로, 가처분채무자가 공탁금회수청구권에 관하여 질권자로서 권리를 행사한다면 이는 별제권을 행사하는 것으로서 파산절차에 의하지 아니하고 담보권을 실행할 수 있다.

② 민사소송법 제125조 제3항에 따라 권리행사의 최고를 받은 담보권리자의 권리행사방법은 보전처분으로 인한 손해배상을 구하는 소제기 등 재판상의 청구이어야 하므로, 소송비용액의 확정결정신청은 이에 해당하지 않는다.

③ 일반적으로 법원이 보전처분신청을 인용할 수 있다고 판단하였을 때 비로소 담보제공을 명하므로, 법원의 담보제공명령에 따라 채권자가 담보를 제공하면, 법원이 반드시 보전처분신청을 인용하는 재판을 하여야 한다.

④ 채권자가 제공한 담보는 채권자가 법원으로부터 담보취소결정을 받아 다시 찾을 수 있고, 담보를 제공한 원인이 부존재하거나 손해발생의 가능성이 없는 경우로서, 채권자가 본안의 승소확정판결을 얻은 때나 이행권고결정이 확정된 때가 담보취소의 사유로서 담보사유의 소멸에 해당한다.

⑤ 소송이 완결된 뒤 담보제공자의 신청에 의한 권리행사 최고를 거쳐 담보취소결정이 발령된 후 그 결정이 확정되기 전에 담보권리자가 권리행사를 하고 이것을 증명한 경우에는 담보권리자가 담보취소에 동의한 것으로 간주하여 발령된 담보취소결정은 그대로 유지할 수 없다.

[❶ ▸ ○] 가처분채권자가 가처분으로 인하여 가처분채무자가 받게 될 손해를 담보하기 위하여 법원의 담보제공명령으로 일정한 금전을 공탁한 경우에, 피공탁자로서 담보권리자인 가처분채무자는 담보공탁금에 대하여 질권자와 동일한 권리가 있다(민사집행법 제19조 제3항, 민사소송법 제123조). 한편 가처분채권자가 파산선고를 받게 되면 가처분채권자가 제공한 담보공탁금에 대한 공탁금회수청구권에 관한 권리는 파산재단에 속하므로, 가처분채무자가 공탁금회수청구권에 관하여 질권자로서 권리를 행사한다면 이는 별제권을 행사하는 것으로서 파산절차에 의하지 아니하고 담보권을 실행할 수 있다(대판 2015.9.10. 2014다34126).

[❷ ▸ ○] 가집행선고 있는 제1심판결에 대하여 항소를 제기한 뒤 그 판결에 기한 강제집행 정지를 위하여 담보를 제공한 자가 항소기각으로 제1심판결이 확정된 후 담보권리자를 상대로 권리행사 최고 및 담보취소신청을 하자, 담보권리자가 본안소송에 관한 소송비용액확정결정신청의 접수증명서를 제출한 사안에서, 본안소송에 관한 소송비용액확정결정신청은 담보권리자로서 적법한 권리행사로 볼 수 없음에도 이를 적법한 권리행사로 보아 담보제공자의 담보취소신청을 기각한 원심결정에는 법리오해의 위법이 있다(대결 2011.2.21. 2010그220).

[❸ ▸ ×] 담보제공명령에 따라 담보를 제공하면 통상은 보전명령을 발령하게 되지만(일반적으로는 법원이 신청을 인용할 수 있다고 판단하였을 때 비로소 담보제공을 명한다) <u>담보의 제공이 있다고 해서 법원이 반드시 신청을 인용하는 재판을 하여야 하는 것은 아니다</u>(대판 1968.6.18. 68다539).

제요 집행 5

[❹ ▸ ○] 민사집행법 제23조에 의하여 가압류를 위한 담보에도 준용되는 민사소송법 제125조 제1항에서 담보의 취소사유로 규정하고 있는 담보사유가 소멸된 것이란 그 담보를 제공할 원인이 부존재인 경우는 물론이고 그 후 담보의 존속을 계속시킬 원인이 부존재하게 된 경우 또는 장래에 있어서 손해발생의 가능성이 없게 된 경우 등을 의미하는 것으로서, 가압류채권자가 본안소송에서 승소의 확정판결을 얻은 것과 같이 이미 집행된 가압류 등 보전처분의 정당성이 인용됨으로써 손해가 발생되지 아니할

것이 확실하게 된 경우도 이에 해당한다고 할 것인바, 소액사건심판법 제5조의7 제1항에서는 확정된 이행권고결정도 확정판결과 같은 효력을 가진다고 규정하고 있으므로, 이행권고결정이 확정된 경우에도 본안승소의 확정판결을 받은 것과 같이 담보사유가 소멸되었다고 해석함이 상당하다(대결 2006.6.30. 2006마257).

[❺ ▸ ○] 민사소송법 제125조 제3항은 소송완결 후 담보제공자의 신청에 의하여 법원이 담보권리자에 대하여 일정한 기간 내에 그 권리를 행사할 것을 최고하고, 담보권리자가 그 기간 내에 권리행사를 하지 아니하는 때에는 담보취소에 관하여 담보권리자의 동의가 있는 것으로 간주하여 법원이 담보취소결정을 할 수 있다고 규정하고 있는바, 이 경우 담보권리자의 권리행사는 담보의무자에 대하여 소송의 방법으로 하여야 하는 것이고, 담보취소결정이 확정되기 전에 담보권리자가 권리행사를 하고 이것을 증명한 경우에는 담보권리자가 담보취소에 동의한 것으로 간주하여 발하여진 담보취소결정은 그대로 유지할 수 없는 것이다(대결 2008.3.17. 2008마60).

답 ❸

제3장 / 보전처분의 집행

제1절 **서 론**

16
☐☐☐

보전집행에 관한 다음 설명 중 가장 옳지 않은 것은?　　　　2024년 법무사시험 [문 16]

① 무효가 아닌 가처분등기 경료 후 가처분목적물에 대한 소유권을 취득한 사람은 집행법원에 가처분 결정취소나 집행취소신청을 하여 그 결정을 받아 가처분등기를 말소시킬 수 있을 뿐, 곧바로 가처분등기 자체의 말소를 소구할 수는 없다.

② 가압류집행이 본집행절차로 이행한 후 본집행의 신청만을 취하함으로써 본집행절차가 종료된 경우나 채무자가 청구이의 소송에서 승소함으로써 본집행절차가 종국적으로 취소된 경우는 보전집행의 효력이 그대로 살아나서 보전집행상태가 유지된다.

③ 채무자가 가처분재판이 고지되기 전부터 가처분재판에서 명한 부작위에 위반되는 행위를 계속하고 있는 경우 가처분결정이 채권자에게 고지된 날부터 2주 이내에 간접강제를 신청하여야 한다.

④ 대법원에서 보전처분취소결정을 취소·변경함으로써 그 보전처분에 관하여 새로운 집행이 필요하게 된 때에는 법원이 집행기관이 되는 경우에 한하여 채권자의 신청에 따라 제1심법원이 집행한다.

⑤ 보전재판의 집행은 채무자에게 재판을 송달하기 전에도 할 수 있고, 보전재판이 있은 뒤에 채권자나 채무자의 승계가 이루어진 경우에 보전재판을 집행하려면 집행문을 덧붙여야 한다.

[❶ ▸ ○] 가처분등기는 사법상의 권리보전을 위한 국가권력의 조력작용으로서 의무자를 제압하는 환경 형성적 효력이 있는 것이어서 동 등기기입이 되면 채권자라도 단독으로 그 집행을 제기할 수 없고 집행법원의 가처분결정의 취소나 집행취소의 방법에 의하여서만 말소될 수 있는 것이니 동 등기경료 후 가처분 목적물에 대한 소유권 취득자는 집행법원에 가처분결정의 취소나 집행취소 신청을 하여 그 결정을 받아 이를 원인증서로 하여야 하고 막바로 가처분등기 자체의 말소를 소구할 수 없고 이러한 이치는 가등기 후에 한 가처분등기로서 가등기에 기하여 본등기를 한 권리자에게 대항할 수 없는 경우에도 마찬가지이다(대판 1976.3.9. 75다1923).

[❷ ▸ ✕] 본집행의 효력이 없는 것이라면 보전집행의 효력은 그대로 살아나서 보전집행상태가 유지되나(대판 2000.6.9. 97다34594), 보전집행과 본집행은 하나의 목적을 위한 일련의 절차로서 일체를 이루는 것이므로 본집행이 목적달성불능으로 종료된 경우(강제경매개시결정이 잉여의 가망이 없어 취소된 경우 등)에는 선행한 보전집행의 효력도 상실한다(대결 1980.6.26. 80마146)고 한다. 제요 집행 5
이와 관련하여 판례는, 채권자가 금전채권의 가압류를 본압류로 전이하는 압류 및 추심명령을 받아 본집행절차로 이행한 후 본압류의 신청만을 취하함으로써 본집행절차가 종료한 경우, 특단의 사정이 없는 한 그 가압류집행에 의한 보전 목적이 달성된 것이라거나 그 목적 달성이 불가능하게 된 것이라고는 볼 수 없으므로 그 가압류집행의 효력이 본집행과 함께 당연히 소멸되는 것은 아니라고 할 것이니, 채권자는 제3채무자에 대하여 그 가압류집행의 효력을 주장할 수 있으나(대판 2000.6.9. 97다34594), 가압류와 강제집행의 효력은 연속일체를 이루게 되는 것이므로 본집행인 강제집행절차가 집행목적 달성이 불가능하게 되어 종료된 경우에는 그에 선행한 가압류집행도 그 효력을 상실한다고 판시하고 있다(대결 1980.6.26. 80마146).

[❸ ▸ ○] 채무자에 대하여 단순한 부작위를 명하는 가처분은 그 가처분 재판이 채무자에게 고지됨으로써 효력이 발생하는 것이지만, 채무자가 그 명령 위반의 행위를 한 때에 비로소 간접강제의 방법에 의하여 부작위 상태를 실현시킬 필요가 생기는 것이므로 그때부터 2주 이내에 간접강제를 신청하여야 함이 원칙이고, 다만 채무자가 가처분 재판이 고지되기 전부터 가처분 재판에서 명한 부작위에 위반되는 행위를 계속하고 있는 경우라면, 그 가처분결정이 채권자에게 고지된 날부터 2주 이내에 간접강제를 신청하여야 하고, 그 집행기간이 지난 후의 간접강제 신청은 부적법하다(대결 2010.12.30. 2010마985).

[❹ ▸ ○] 민사집행법 제298조 제1항, 제2항

> **민사집행법 제298조(가압류취소결정의 취소와 집행)**
> ① 가압류의 취소결정을 상소법원이 취소한 경우로서 법원이 그 가압류의 집행기관이 되는 때에는 그 취소의 재판을 한 상소법원이 직권으로 가압류를 집행한다.
> ② 제1항의 경우에 그 취소의 재판을 한 상소법원이 대법원인 때에는 채권자의 신청에 따라 제1심 법원이 가압류를 집행한다.

[❺ ▸ ○] 민사집행법 제292조 제1항, 제2항, 제3항

> **민사집행법 제292조(집행개시의 요건)**
> ① 가압류에 대한 재판이 있은 뒤에 채권자나 채무자의 승계가 이루어진 경우에 가압류의 재판을 집행하려면 집행문을 덧붙여야 한다.
> ② 가압류에 대한 재판의 집행은 채권자에게 재판을 고지한 날부터 2주를 넘긴 때에는 하지 못한다.
> ③ 제2항의 집행은 채무자에게 재판을 송달하기 전에도 할 수 있다.

답 ❷

17

보전처분의 집행 및 효력에 관한 다음 설명 중 가장 옳지 않은 것은?

① 신축 중인 건물로서 아직 독립한 건물로 인정할 수 있는 단계에 이르지 않은 경우에는 부동산등기법 제66조의 미등기 부동산으로 취급할 수 없는 것은 물론이고, 독립하여 거래의 객체가 될 수 없어 유체동산 집행의 대상으로도 되지 않으므로 보전처분의 대상으로 삼을 수 없다.

② 점유이전금지가처분이 있었음에도 점유가 이전되었을 때에는 가처분채무자는 가처분채권자에 대한 관계에서 여전히 점유자의 지위에 있고, 따라서 가처분채권자는 가처분채무자의 점유상실을 고려하지 아니하고 가처분채무자를 피고로 한 채로 본안소송을 계속할 수 있다.

③ 부동산처분금지가처분과 부동산가압류는 그 내용이 서로 모순·저촉되지 않는 경우라면 경합이 가능하나, 그 내용이 모순·저촉되는 경우 효력의 우열은 집행의 선후에 의하여 결정된다.

④ 채권가압류는 채무자에 대하여 채권의 처분을 금지하는 명령을 발하지 않으므로 가압류된 채권도 이를 양도하는 데 아무런 제한이 없으나, 다만 가압류된 채권을 양수받은 양수인은 그러한 가압류에 의하여 권리가 제한된 상태의 채권을 양수받는 것이다.

⑤ 채권가압류에 있어서 제3채무자의 채무자에 대한 지급금지는 집행보전을 위하여 인정된 것이므로 가압류채무자는 피압류채권의 이행기가 도래한 때에도 제3채무자를 상대로 이행의 소를 제기할 수 없고, 다만 제3채무자가 공탁을 할 수 있을 뿐이다.

··

[**❶ ▶ ○**] 완공되지 아니하여 보존등기가 경료되지 아니하였거나 사용승인되지 아니한 건물이라고 하더라도 채무자의 소유로서 건물로서의 실질과 외관을 갖추고 그의 지번·구조·면적 등이 건축허가 또는 건축신고의 내용과 사회통념상 동일하다고 인정되는 경우에는 보전처분의 대상으로 삼을 수 있다고 할 것이나, 그에 이르지 못한 경우에는 보전처분의 대상이 될 수 없는 것으로서 해당 미등기건물에 대한 보전처분신청은 각하되어야 할 것이다(대결 2009.5.19. 2009마406).

[**❷ ▶ ○**] 점유이전금지가처분이 있었음에도 점유가 이전되었을 때에는 가처분채무자는 가처분채권자에 대한 관계에서 여전히 점유자의 지위에 있고, 따라서 가처분채권자는 가처분채무자의 점유상실을 고려하지 아니하고 가처분채무자를 피고로 한 채로 본안소송을 계속할 수 있다(대판 1966.7.26. 66다 1060, 대판 1987.11.24. 87다카257). 제요 집행 5

[**❸ ▶ ○**] 부동산가압류와 부동산처분금지가처분은 그 내용이 서로 모순, 저촉되지 않는 경우라면(가처분의 피보전권리가 제한물권의 설정청구권인 경우 등) 경합이 가능하다. 하지만 그 내용이 모순, 저촉되는 경우(가처분의 피보전권리가 소유권이전등기청구권 또는 말소등기청구권인 경우 등) 효력의 우열은 집행의 선후에 의하여 결정된다(가처분집행이 선행한 경우는 대판 2005.1.14. 2003다33004 참조). 제요 집행 5

[**❹ ▶ ○**] 가압류된 채권도 이를 양도하는 데 아무런 제한이 없다 할 것이나, 다만 가압류된 채권을 양수받은 양수인은 그러한 가압류에 의하여 권리가 제한된 상태의 채권을 양수받는다고 보아야 할 것이다(대판 2002.4.26. 2001다59033).

[**❺ ▶ ✕**] 채권가압류에 있어서 제3채무자의 채무자에 대한 지급금지는 집행보전을 위하여 인정된 것이므로 그 목적의 범위를 넘어서 채무자의 법률적 활동을 제한할 필요는 없다. 그러므로 가압류집행이 이루어졌더라도 자신의 채권에 대하여 현실적인 만족을 얻지 않는 이상 가압류채무자는 제3채무자를 상대로 이행의 소를 제기하여 집행권원을 얻을 수 있고 그 밖에 소송 외에서 어떠한 방법을 취하더라도 무방하며 단지 강제집행을 할 수 없을 뿐이다(대판 1989.11.24. 88다카25038, 대판 2000.4.11. 99다 23888). 특히 가압류된 채권이 시효로 소멸할 염려가 있는 때에는 채무자가 시효중단을 위하여 소를 제기할 필요가 있다(대판 2003.5.13. 2003다16238). 제요 집행 5 이와 관련하여 판례는, 채권가압류

가 된 경우, 제3채무자는 채무자에 대하여 채무의 지급을 하여서는 안 되고, 채무자는 추심, 양도 등의 처분행위를 하여서는 안 되지만, 이는 이와 같은 변제나 처분행위를 하였을 때에 이를 가압류채권자에게 대항할 수 없다는 것이며, 채무자가 제3채무자를 상대로 이행의 소를 제기하여 채무명의를 얻더라도 이에 기하여 제3채무자에 대하여 강제집행을 할 수는 없다고 볼 수 있을 뿐이고 그 채무명의를 얻는 것까지 금하는 것은 아니라고 할 것이라고 판시하고 있다(대판 1989.11.24. 88다카25038).

답 ⑤

18 □□□

가압류의 효력에 관한 다음 설명 중 가장 옳지 않은 것은? 2023년 법무사시험 [문 19]

① 가압류등기가 원인 없이 말소된 이후에 부동산의 소유권이 제3자에게 이전되고 그 후 제3취득자의 채권자 등 다른 권리자의 신청에 따라 경매절차가 진행되어 매각허가결정이 확정되고 매수인이 매각대금을 다 낸 때에는, 경매절차에서 집행법원이 가압류의 부담을 매수인이 인수할 것을 특별매각조건으로 삼지 않은 이상 원인 없이 말소된 가압류의 효력은 소멸한다.
② 채무자 또는 제3채무자가 수인인 경우 가압류로써 각 채무자나 제3채무자별로 어느 범위에서 지급이나 처분의 금지를 명하는 것인지를 특정하지 아니한 경우에는 특별한 사정이 없는 한 그 가압류결정은 무효라고 보아야 하고, 수인의 채무자들의 채권 합계액이나 수인의 제3채무자들에 대한 채권 합계액이 집행채권액을 초과하지 않는다고 하더라도 마찬가지이다.
③ 보전소송에서 피보전권리가 소명되어 보전신청이 판결에 의하여 인용되고, 위 판결이 확정되었다면 그로써 피보전권리에 관하여 기판력이 발생한다.
④ 부동산에 대한 가압류집행 후 가압류목적물의 소유권이 제3자에게 이전된 경우 가압류채권자는 그 매각절차에서 당해 가압류목적물의 매각내금에서 가압류결정 당시의 청구금액을 한도로 하여 배당을 받을 수 있고, 제3취득자의 채권자는 위 매각대금 중 가압류의 처분금지적 효력이 미치는 범위의 금액에 대하여는 배당을 받을 수 없다.
⑤ 수용되는 토지에 대하여 가압류가 집행되어 있어도 토지의 수용으로 기업자가 그 소유권을 원시취득함으로써 가압류의 효력은 소멸되는 것이고, 토지에 대한 가압류가 그 수용보상금 청구권에 당연히 전이되어 그 효력이 미치게 된다고 볼 수는 없다.

[**❶ ▸ O**] 부동산에 관하여 가압류등기가 마쳐졌다가 등기가 아무런 원인 없이 말소되었다는 사정만으로는 곧바로 가압류의 효력이 소멸하는 것은 아니지만, 가압류등기가 원인 없이 말소된 이후에 부동산의 소유권이 제3자에게 이전되고 그 후 제3취득자의 채권자 등 다른 권리자의 신청에 따라 경매절차가 진행되어 매각허가결정이 확정되고 매수인이 매각대금을 다 낸 때에는, 경매절차에서 집행법원이 가압류의 부담을 매수인이 인수할 것을 특별매각조건으로 삼지 않은 이상 원인 없이 말소된 가압류의 효력은 소멸한다. 그리고 말소회복등기절차에서 등기상 이해관계 있는 제3자가 있어 그의 승낙이 필요한 경우라 하더라도 제3자가 등기권리자에 대한 관계에서 승낙을 하여야 할 실체법상의 의무가 있는 경우가 아니면 승낙요구에 응하여야 할 이유가 없다(대판 2017.1.25. 2016다28897).

[❷ ▸ O] 채권에 대한 가압류 또는 압류를 신청하는 채권자는 신청서에 압류할 채권의 종류와 액수를 밝혀야 하고(민사집행법 제225조, 제291조), 채무자가 수인이거나 제3채무자가 수인인 경우에는 집행채권액을 한도로 하여 가압류 또는 압류로써 각 채무자나 제3채무자별로 어느 범위에서 지급이나 처분의 금지를 명하는 것인지를 가압류 또는 압류할 채권의 표시 자체로 명확하게 인식할 수 있도록 특정하여야 하며, 이를 특정하지 아니한 경우에는 집행의 범위가 명확하지 아니하여 특별한 사정이 없는 한 그 가압류결정이나 압류명령은 무효라고 보아야 한다. 각 채무자나 제3채무자별로 얼마씩의 압류를 명하는 것인지를 개별적으로 특정하지 않고 단순히 채무자들의 채권이나 제3채무자들에 대한 채권을 포괄하여 압류할 채권으로 표시하고 그중 집행채권액과 동등한 금액에 이르기까지의 채권을 압류하는 등으로 금액만을 한정한 경우에, 각 채무자나 제3채무자는 자신의 채권 혹은 채무 중 어느 금액 범위 내에서 압류의 대상이 되는지를 명확히 구분할 수 없고, 그 결과 각 채무자나 제3채무자가 압류의 대상이 아닌 부분에 대하여 권리를 행사하거나 압류된 부분만을 구분하여 공탁을 하는 등으로 부담을 면하는 것이 불가능하기 때문이다. 그리고 압류의 대상인 수인의 채무자들의 채권 합계액이나 수인의 제3채무자들에 대한 채권 합계액이 집행채권액을 초과하지 않는다 하더라도, 개별 채무자 및 제3채무자로서는 자신을 제외한 다른 모든 채무자들의 채권액이나 모든 제3채무자들의 채무액을 구체적으로 알고 있는 특별한 경우가 아니라면 자신에 대한 집행의 범위를 알 수 없음은 마찬가지이므로 달리 볼 것은 아니다(대판 2014.5.16. 2013다52547).

[❸ ▸ ✕] 보전소송절차는 피보전권리를 종국적으로 확정하는 것을 목적으로 하는 것이 아니므로 보전소송에서 피보전권리가 소명되어 보전신청이 판결에 의하여 인용되고, 위 판결이 확정되었다고 하더라도 그로써 피보전권리에 관하여 기판력이 생기는 것은 아니다(대결 2008.10.27. 2007마944 결정).

[❹ ▸ O] 부동산에 대한 가압류집행 후 가압류목적물의 소유권이 제3자에게 이전된 경우 가압류의 처분금지적 효력이 미치는 것은 가압류결정 당시의 청구금액의 한도 안에서 가압류목적물의 교환가치이고, 위와 같은 처분금지적 효력은 가압류채권자와 제3취득자 사이에서만 있는 것이므로 제3취득자의 채권자가 신청한 경매절차에서 매각 및 경락인이 취득하게 되는 대상은 가압류목적물 전체라고 할 것이지만, 가압류의 처분금지적 효력이 미치는 매각대금 부분은 가압류채권자가 우선적인 권리를 행사할 수 있고 제3취득자의 채권자들은 이를 수인하여야 하므로, 가압류채권자는 그 매각절차에서 당해 가압류목적물의 매각대금에서 가압류결정 당시의 청구금액을 한도로 하여 배당을 받을 수 있고, 제3취득자의 채권자는 위 매각대금 중 가압류의 처분금지적 효력이 미치는 범위의 금액에 대하여는 배당을 받을 수 없다(대판 2006.7.28. 2006다19986).

[❺ ▸ O] 토지수용법 제67조 제1항에 의하면, 기업자는 토지를 수용한 날에 그 소유권을 취득하며 그 토지에 관한 다른 권리는 소멸하는 것인바, 수용되는 토지에 대하여 가압류가 집행되어 있어도 토지의 수용으로 기업자가 그 소유권을 원시취득함으로써 가압류의 효력은 소멸되는 것이고, 토지에 대한 가압류가 그 수용보상금 청구권에 당연히 전이되어 그 효력이 미치게 된다고는 볼 수 없다(대판 2000.7.4. 98다62961).

답 ❸

19

보전집행에 관한 다음 설명 중 가장 옳지 않은 것은?

 2022년 법무사시험 [문 5]

① 원본채권 압류 당시 이미 변제기에 이른 이자채권에 압류의 효력이 당연히 미치지는 않는다.

② 부동산에 대한 가압류집행 후 가압류목적물의 소유권이 제3자에게 이전된 경우 제3취득자의 채권자가 신청한 경매절차에서 가압류채권자는 그 매각절차에서 당해 가압류목적물의 매각대금에서 가압류결정 당시의 청구금액을 한도로 하여 배당을 받을 수 있고, 제3취득자의 채권자는 위 매각대금 중 가압류의 처분금지적 효력이 미치는 범위의 금액을 제외한 나머지 금액에 대해서만 배당을 받을 수 있다.

③ 가압류집행의 목적물에 갈음하여 가압류해방금이 공탁된 경우에 가압류채무자의 다른 채권자가 가압류해방공탁금 회수청구권에 대하여 압류명령을 받은 경우에는 가압류채권자의 가압류와 다른 채권자의 압류는 그 집행대상이 같아 서로 경합하게 된다.

④ 상소법원에서 보전처분취소결정을 취소·변경함으로써 그 보전처분에 관하여 새로운 집행이 필요하게 된 때에는 법원이 집행기관이 되는 경우에 한하여 취소의 재판을 한 상소법원이 직권으로 그 집행절차를 진행하여야 하고, 위 결정이 채권자에게 송달된 다음 날부터 2주가 경과하면 보전집행을 할 수 없다.

⑤ 부대체적 작위채무의 이행을 명하는 가처분결정과 함께 그 의무위반에 대한 간접강제결정이 동시에 이루어진 경우에 그 간접강제결정에 기한 강제집행은 반드시 가처분결정이 송달된 날로부터 2주 이내에 하여야 한다.

....

[❶ ▸ O] 채권압류명령은 제3채무자에게 송달된 때에 그 효력이 발생하고(민사집행법 제227조 제3항), 이러한 채권압류의 효력은 종된 권리에도 미치므로 압류의 효력이 발생한 뒤에 생기는 이자나 지연손해금에도 당연히 미치지만, 그 효력 발생 전에 이미 생긴 이자나 지연손해금에는 미치지 아니한다 (대판 2015.5.28. 2013다1587).

[❷ ▸ O] 부동산에 대한 가압류집행 후 가압류목적물의 소유권이 제3자에게 이전된 경우 가압류의 처분금지적 효력이 미치는 것은 가압류결정 당시의 청구금액의 한도 안에서 가압류목적물의 교환가치이고, 위와 같은 처분금지적 효력은 가압류채권자와 제3취득자 사이에서만 있는 것이므로 제3취득자의 채권자가 신청한 경매절차에서 매각 및 경락인이 취득하게 되는 대상은 가압류목적물 전체라고 할 것이지만, 가압류의 처분금지적 효력이 미치는 매각대금 부분은 가압류채권자가 우선적인 권리를 행사할 수 있고 제3취득자의 채권자들은 이를 수인하여야 하므로, 가압류채권자는 그 매각절차에서 당해 가압류목적물의 매각대금에서 가압류결정 당시의 청구금액을 한도로 하여 배당을 받을 수 있고, 제3취득자의 채권자는 위 매각대금 중 가압류의 처분금지적 효력이 미치는 범위의 금액에 대하여는 배당을 받을 수 없다(대판 2006.7.28. 2006다19906).

[❸ ▸ O] 가압류집행의 목적물에 갈음하여 가압류해방금이 공탁된 경우에 그 가압류의 효력은 공탁금 자체가 아니라 공탁자인 채무자의 공탁금 회수청구권에 대하여 미치는 것이므로 채무자의 다른 채권자가 가압류해방공탁금 회수청구권에 대하여 압류명령을 받은 경우에는 가압류채권자의 가압류와 다른 채권자의 압류는 그 집행대상이 같아 서로 경합하게 된다(대결 1996.11.11. 95마252).

[❹ ▸ O] 상소법원에서 보전처분취소결정을 취소·변경함으로써 그 보전처분에 관하여 새로운 집행이 필요하게 된 때에는, 법원이 집행기관이 되는 경우에 한하여 절차의 신속을 위하여 취소의 재판을 한 상소법원이 직권으로 그 집행절차를 진행하여야 한다(민사집행법 제298조 제1항, 제301조). 이 경우 채권자가 1심법원에 보전집행신청을 한 것은 여전히 유효하므로 채권자는 다시 보전집행신청을 할 필요가 없다. 따라서 항고법원은 보전처분취소결정을 취소 변경함과 동시에 보전집행에 착수하여야 하고, 위 결정이 채권자에게 송달된 다음 날부터 2주가 경과하면 보전집행을 할 수 없다. 이와 달리 집행관이 집행기관이 되는 경우에는 채권자는 다시 집행신청을 하여야 한다. 제요 집행 5

제4편 보전처분 **267**

[**⑤ ▸ ×**] 부대체적 작위채무의 이행을 명하는 가처분결정과 함께 그 의무위반에 대한 간접강제결정이 동시에 이루어진 경우에는 간접강제결정 자체가 독립된 집행권원이 되고 간접강제결정에 기초하여 배상금을 현실적으로 집행하는 절차는 간접강제절차와 독립된 별개의 금전채권에 기초한 집행절차이므로, 그 간접강제결정에 기한 강제집행을 반드시 가처분결정이 송달된 날로부터 2주 이내에 할 필요는 없다. 다만, 그 집행을 위해서는 당해 간접강제결정의 정본에 집행문을 받아야 한다(대결 2008.12.24. 2008마1608).

답 **⑤**

20
☐☐☐

보전처분의 집행 및 집행취소에 관한 다음 설명 중 가장 옳지 않은 것은?

2021년 법무사시험 [문 8]

① 가압류가 본압류로 이행되기 전에 목적물의 소유권을 취득한 제3취득자가 가압류에서 본압류로 이행된 후에 본압류의 집행배제를 구하기 위해서는 가압류의 청구금액 외에, 그 가압류의 집행비용 및 본집행의 비용 중 가압류의 본압류로의 이행에 대응하는 부분까지를 변제하여야 한다.

② 가압류채무자에게 해방공탁금의 용도로 금원을 대여하여 가압류집행을 취소할 수 있도록 한 자는 특별한 사정이 없는 한 가압류채권자에 대한 관계에서 가압류해방공탁금회수청구권에 대하여 위 대여금채권에 의한 가압류의 효력을 주장할 수 없다.

③ 가처분해제신청서가 위조되었다고 주장하는 채권자는 집행법원에 대하여 집행이의를 통하여 말소회복을 구할 수 있고, 이러한 경우 채권자가 말소된 가처분기입등기의 회복등기절차의 이행을 소구할 이익은 없다.

④ 다만 위 ③의 경우, 그 가처분기입등기가 말소될 당시 그 부동산에 관하여 소유권이전등기를 경료하고 있는 자는 법원이 그 가처분기입등기의 회복을 촉탁함에 있어서 등기상 이해관계가 있는 제3자에 해당하므로, 채권자는 그자를 상대로 가처분기입등기의 회복절차에 대한 승낙청구의 소를 제기할 수 있다.

⑤ 가압류등기 후 제3자 앞으로 소유권이전등기가 마쳐진 부동산에 대하여, 가압류권자의 신청에 의한 강제경매절차가 진행 중 가압류해방금액 공탁으로 해당 가압류집행이 취소되어 가압류등기가 말소된 경우, 이를 이유로 강제경매개시결정을 취소할 수 있다.

....

[**❶ ▸ ○**] 민사집행법 제53조 제1항의 '강제집행에 필요한 비용'에는 가압류의 집행비용이 당연히 포함된다. 그리고 가압류가 집행된 후 그 가압류가 본압류로 이행된 때에는 가압류집행이 본집행에 포섭됨으로써 당초부터 본집행이 있었던 것과 같은 효력이 있다. 그러므로 가압류만 되어 있을 뿐 아직 본압류로 이행되지 아니한 단계에서는 가압류채권자가 그 가압류의 집행비용을 변상받을 수 없고, 따라서 제3취득자가 가압류의 집행비용을 고려함이 없이 그 처분금지의 효력이 미치는 객관적 범위에 속하는 청구금액만을 변제함으로써 가압류의 집행의 배제를 소구할 수 있지만, 가압류에서 본압류로 이행된 후에는 민사집행법 제53조 제1항의 적용을 받게 되므로 가압류 후 본압류로의 이행 전에 가압류의 목적물의 소유권을 취득한 제3취득자로서는 가압류의 청구금액 외에, 그 가압류의 집행비용 및 본집행의 비용

중 가압류의 본압류로의 이행에 대응하는 부분까지를 아울러 변제하여야만 가압류에서 이행된 본압류의 집행배제를 구할 수 있다(대판 2006.11.24. 2006다35223).

[❷▸O] 해방금액의 공탁에 의한 가압류집행취소제도의 취지에 비추어 볼 때, 가압류채권자의 가압류에 의하여 누릴 수 있는 이익이 가압류집행 취소에 의하여 침해되어서는 안 되므로, 가압류채무자에게 해방공탁금의 용도로 금원을 대여하여 가압류집행을 취소할 수 있도록 한 자는 비록 가압류채무자에 대한 채권자라 할지라도 특별한 사정이 없는 한 가압류채권자에 대한 관계에서 가압류해방공탁금회수청구권에 대하여 위 대여금채권에 의한 압류 또는 가압류의 효력을 주장할 수는 없다(대판 1998.6.26. 97다30820).

[❸▸O] 부동산처분금지가처분의 기입등기는 채권자나 채무자가 직접 등기공무원에게 이를 신청하여 행할 수는 없고 반드시 법원의 촉탁에 의하여야 하는바, 이와 같이 당사자가 신청할 수 없는 처분금지가처분의 기입등기가 법원의 촉탁에 의하여 말소된 경우에는 그 회복등기도 법원의 촉탁에 의하여 행하여져야 하므로, 이 경우 처분금지가처분채권자가 말소된 가처분기입등기의 회복등기절차의 이행을 소구할 이익은 없다고 할 것이다. 다만, 가처분채권자의 가처분해제신청은 가처분집행신청의 취하 내지 그 집행취소신청에 해당하는 것인바, 이러한 신청은 가처분의 집행절차를 이루는 행위이고, 그 신청이 가처분채권자의 의사에 기한 것인지 여부는 집행법원이 조사·판단하여야 할 사항이라고 할 것이므로, 그 신청서가 위조되었다는 사유는 그 신청에 기한 집행행위, 즉 가처분기입등기의 말소촉탁에 대한 집행이의의 사유가 된다고 보아야 할 것이며, 따라서 가처분해제신청서가 위조되었다고 주장하는 가처분채권자로서는 가처분의 집행법원에 대하여 집행이의를 통하여 말소회복을 구할 수 있을 것이다(대판 2000.3.24. 99다27149).

[❹▸O] 부동산처분금지가처분의 기입등기는 채권자나 채무자가 직접 등기공무원에게 이를 신청하여 행할 수는 없고 반드시 법원의 촉탁에 의하여야 하는바, 이와 같이 당사자가 신청할 수 없는 처분금지가처분의 기입등기가 법원의 촉탁에 의하여 말소된 경우에는 그 회복등기도 법원의 촉탁에 의하여 행하여져야 하므로, 이 경우 처분금지가처분채권자가 말소된 가처분기입등기의 회복등기절차의 이행을 소구할 이익은 없고, 다만 그 가처분기입등기가 말소될 당시 그 부동산에 관하여 소유권이전등기를 경료하고 있는 자는 법원이 그 가처분기입등기의 회복을 촉탁함에 있어서 등기상 이해관계가 있는 제3자에 해당하므로, 처분금지가처분채권자로서는 그자를 상대로 하여 법원의 촉탁에 의한 그 가처분기입등기의 회복절차에 대한 승낙청구의 소를 제기할 수는 있다(대판 1997.2.14. 95다13951).

[❺▸✕] 가압류등기 후 제3자 앞으로 소유권이전등기가 마쳐진 부동산에 대하여 가압류권자의 신청에 의힌 강제경매절차가 진행 중에 가압류해방금액을 공탁하였다고 하더라도 이를 이유로 가압류집행을 취소할 수 없고, 나아가 가압류집행 취소의 결과 가압류등기가 말소되었더라도 이를 이유로 강제경매개시결정을 취소할 수는 없다(대결 2002.3.15. 2001마6620). 제요 집행 5 이와 관련하여 판례는, 가압류집행이 있은 후 그 가압류가 강제경매개시결정으로 인하여 본압류로 이행된 경우에 가압류집행이 본집행에 포섭됨으로써 당초부터 본집행이 있었던 것과 같은 효력이 있고, 본집행의 효력이 유효하게 존속하는 한 상대방은 가압류집행의 효력을 다툴 수는 없고 오로지 본집행의 효력에 대하여만 다투어야 하는 것이므로, 본집행이 취소, 실효되지 않는 한 가압류집행이 취소되었다고 하여도 이미 그 효력을 발생한 본집행에는 아무런 영향을 미치지 않는다. (따라서) 가압류등기 후 제3자 앞으로 소유권이전등기가 마쳐진 부동산에 대하여 가압류권자의 신청에 의한 강제경매절차가 진행 중 가압류해방금액 공탁으로 가압류집행이 취소되어 가압류등기가 말소된 경우, 이를 이유로 강제경매개시결정을 취소한 원심결정을 파기하였다(대결 2002.3.15. 2001마6620).

답 ❺

21 처분금지가처분에 관한 다음 설명 중 가장 옳지 않은 것은?

① 피보전권리가 없음에도 불구하고 처분금지가처분 결정을 받아 이를 집행하였고, 이후 그 가처분에 따른 본안소송에서 그 가처분권자와 채무자 사이에 소송상의 화해가 이루어져 그 화해조서에 기하여 가처분권자 명의의 소유권이전등기가 경료된 이상, 그 가처분을 가지고 후에 이루어진 처분금지가처분의 권리자에게 대항할 수 있다.

② 부동산처분금지가처분등기가 유효하게 기입된 이후에도 가처분채권자의 지위만으로는 가처분 이후에 경료된 처분등기의 말소청구권은 없고, 등기관도 가처분 이후에 이루어진 가처분 위반등기를 직권으로 말소할 수 없다.

③ 아파트에 대한 분양금지 가처분결정을 받았다고 하더라도 그 가처분등기가 경료되기 이전에 가처분채무자가 그 가처분의 내용에 위반하여 처분행위를 함으로써 제3자 명의의 소유권이전등기가 마쳐진 경우, 그 소유권이전등기는 완전히 유효하다.

④ 부동산의 전득자(채권자)가 양수인 겸 전매인(채무자)에 대한 소유권이전등기청구권을 보전하기 위하여 양수인을 대위하여 양도인(제3채무자)을 상대로 처분금지가처분을 한 경우 그 가처분 후에 양수인이 양도인으로부터 경료받은 소유권이전등기는 위 가처분의 효력에 위배되지 아니하여 유효하다.

⑤ 부동산에 관하여 처분금지가처분의 등기가 된 후에 가처분권자가 본안소송에서 승소판결을 받아 확정이 되면 피보전권리의 범위 내에서 가처분 위반행위의 효력을 부정할 수 있고 이와 같은 가처분의 우선적 효력은 그 위반행위가 체납처분에 기한 것이라 하여 달리 볼 수 없다.

⋯⋯⋯⋯⋯⋯⋯⋯⋯⋯⋯⋯⋯⋯⋯⋯⋯⋯⋯⋯⋯⋯⋯⋯⋯⋯⋯⋯⋯⋯⋯⋯⋯⋯

[❶ ▸ ✕] 피보전권리가 없음에도 불구하고 그 권리보전이란 구실 아래 처분금지가처분 결정을 받아 이를 집행한 경우에는 그 가처분 후에 그 가처분에 반하여 한 행위라도 그 행위의 효력은 그 가처분에 의하여 무시될 수 없는 것이고 이러한 경우 그 가처분에 따른 본안소송에서 그 가처분권자와 채무자 사이에 소송상의 화해가 이루어져 그 화해조서에 기하여 가처분권자 명의의 소유권이전등기가 경료되었다 하더라도 이를 피보전권리의 실현에 의한 등기라고 할 수는 없으므로, 그 가처분을 가지고 후에 이루어진 처분금지가처분의 권리자에게 대항할 수 없다(대판 1994.4.29. 93다60434).

[❷ ▸ ○] 부동산처분금지가처분등기가 유효하게 기입된 이후에도 가처분채권자의 지위만으로는 가처분 이후에 경료된 처분등기의 말소청구권은 없으며, 나중에 가처분채권자가 본안 승소판결에 의한 등기의 기재를 청구할 수 있게 되면서 가처분등기 후에 경료된 가처분 내용에 위반된 위 등기의 말소를 청구할 수 있는 것이고, 또 등기공무원도 가처분 이후에 이루어진 가처분 위반등기를 직권으로 말소할 수도 없으므로 가처분 위반의 등기가 소유권이전등기 시에 말소되지 아니한 채 남아 있다면 이는 말소하여야 할 등기상의 부담이라고 보아야 할 것이다(대판 1992.2.14. 91다12349).

[❸ ▸ ○] 아파트에 대한 분양금지 가처분결정을 받았다고 하더라도 그 가처분은 그 집행에 해당하는 등기에 의하여 비로소 가처분채무자 및 제3자에 대하여 구속력을 갖게 되는 것이므로 그 가처분등기가 경료되기 이전에 가처분채무자가 그 가처분의 내용에 위반하여 처분행위를 함으로써 이에 따라 제3자 명의의 소유권이전등기가 마쳐진 경우, 그 소유권이전등기는 완전히 유효하다(대판 1997.7.11. 97다15012).

[❹ ▸ ○] 부동산의 전득자(채권자)가 양수인 겸 전매인(채무자)에 대한 소유권이전등기청구권을 보전하기 위하여 양수인을 대위하여 양도인(제3채무자)을 상대로 처분금지가처분결정을 받아 그 등기를 마친 경우 그 가처분은 전득자가 자신의 양수인에 대한 소유권이전등기청구권을 보전하기 위하여 양도인

이 양수인 이외의 자에게 그 소유권의 이전 등 처분행위를 못하게 하는 데에 그 목적이 있는 것으로서 그 피보전권리는 양수인의 양도인에 대한 소유권이전등기청구권이고, 전득자의 양수인에 대한 소유권이전등기청구권까지 포함되는 것은 아닐 뿐만 아니라 그 가처분결정에서 제3자에 대한 처분을 금지하였다고 하여도 그 제3자 중에는 양수인은 포함되지 아니하며 따라서 그 가처분 이후에 양수인이 양도인으로부터 소유권이전등기를 넘겨받았고 이에 터잡아 다른 등기가 경료되었다고 하여도 그 각 등기는 위 가처분의 효력에 위배되는 것이 아니다(대판 1994.3.8. 93다42665).

[**⑤ ▶ ○**] 국세징수법 제35조에서 "체납처분은 재판상의 가압류 또는 가처분으로 인하여 그 집행에 영향을 받지 아니한다"고 규정하고 있으나, 이는 선행의 가압류 또는 가처분이 있다고 하더라도 체납처분의 진행에 영향을 미치지 않는다는 취지의 절차진행에 관한 규정일 뿐이고 체납처분의 효력이 가압류, 가처분의 효력에 우선한다는 취지의 규정은 아니므로 부동산에 관하여 처분금지가처분의 등기가 된 후에 가처분권자가 본안소송에서 승소판결을 받아 확정이 되면 피보전권리의 범위 내에서 가처분 위반행위의 효력을 부정할 수 있고 이와 같은 가처분의 우선적 효력은 그 위반행위가 체납처분에 기한 것이라 하여 달리 볼 수 없다(대결[전합] 1993.2.19. 92마903).

PART 1

PART 2

PART 3

PART 4

PART 5

PART 6

PART 7

PART 8

제4절 **본집행으로의 이전**

22
□□□

가압류가 본압류로 이전된 경우에 관한 다음 설명 중 가장 옳지 않은 것은?(다툼이 있는 경우 판례·예규에 따르고 전원합의체 판결의 경우 다수의견에 의함. 이하 같음)

2025년 법무사시험 [문 1]

① 가압류집행이 있은 후 그 가압류가 본압류로 이전된 경우에는 가압류집행은 본집행에 포섭됨으로써 당초부터 본집행이 있었던 것과 같은 효력이 있다. 따라서 본집행이 되어 있는 한 채무자는 가압류에 대한 이의신청이나 취소신청 또는 가압류집행 자체의 취소 등을 구할 실익이 없게 된다.

② 가압류한 지명채권에 대하여 가압류에서 본압류로 이전하는 내용의 주문이 누락된 채 압류 및 추심명령이 발령되었다 하더라도, 가압류 및 압류·추심의 당사자 사이에 서로 동일성이 인정되고 가압류의 피보전채권과 압류·추심의 집행채권 사이 및 가압류 대상 채권과 압류·추심 대상 채권 사이에 서로 동일성이 인정되는 경우에는, 해당 가압류는 본압류로 이전되는 효력이 생긴다.

③ 가압류를 본압류로 이전하는 압류 및 추심명령을 받아 본집행절차로 이행한 후 본압류의 신청을 취하함으로써 본집행절차가 종료한 경우, 가압류집행의 효력이 본집행과 함께 소멸되었으므로 채권자는 제3채무자에 대하여 그 가압류집행의 효력을 주장할 수 없다.

④ 가압류와 그 본집행인 강제집행절차는 하나의 목적을 위한 일련의 절차로서 일체를 이루는 것이므로 일단 가압류가 본집행으로 이전된 후 채무자가 청구이의 소송에서 승소함으로써 본집행절차가 종국적으로 취소된 경우에는 가압류절차도 본집행절차와 함께 효력을 상실한다.

⑤ 주택임대차보호법상 대항력을 갖춘 임차인의 임대차보증금반환채권이 가압류된 상태에서 임대주택이 양도되면 양수인이 채권가압류의 제3채무자의 지위를 승계하고, 가압류권자 또한 임대주택의 양도인이 아니라 양수인에 대하여만 위 가압류의 효력을 주장할 수 있다.

[**❶** ▸ O]　가압류가 본압류로 이행되어 강제집행이 이루어진 경우에는 가압류집행은 본집행에 포섭됨으로써 당초부터 본집행이 있었던 것과 같은 효력이 있게 되므로, 본집행이 되어 있는 한 채무자는 가압류에 대한 이의신청이나 취소신청 또는 가압류집행 자체의 취소 등을 구할 실익이 없게 되고, 특히 강제집행조차 종료한 경우에는 그 강제집행의 근거가 된 가압류결정 자체의 취소나 가압류집행의 취소를 구할 이익은 더 이상 없다(대판 2004.12.10. 2004다54725).

[**❷** ▸ O]　가압류한 지명채권에 대하여 가압류에서 본압류로 전이하는 내용의 주문이 누락된 채 압류 및 추심명령이 발령되었다 하더라도, 가압류 및 압류·추심의 당사자 사이에 서로 동일성이 인정되고, 가압류의 피보전채권과 압류·추심의 집행채권 사이 및 가압류 대상 채권과 압류·추심 대상 채권 사이에 서로 동일성이 인정되는 경우에는, 해당 가압류는 특별한 사정이 없는 한 당연히 본압류로 이전되는 효력이 생긴다(대판 2010.10.14. 2010다48455).

[**❸** ▸ ×]　채권자가 금전채권의 가압류를 본압류로 전이하는 압류 및 추심명령을 받아 본집행절차로 이행한 후 본압류의 신청만을 취하함으로써 본집행절차가 종료한 경우, 특단의 사정이 없는 한 그 가압류집행에 의한 보전 목적이 달성된 것이라거나 그 목적 달성이 불가능하게 된 것이라고는 볼 수 없으므로 그 가압류집행의 효력이 본집행과 함께 당연히 소멸되는 것은 아니라고 할 것이니, 채권자는 제3채무자에 대하여 그 가압류집행의 효력을 주장할 수 있다(대판 2000.6.9. 97다34594).

[**❹** ▸ O]　가압류와 그 본집행인 강제집행절차는 하나의 목적을 위한 일련의 절차로서 일체를 이루는 것이므로 일단 가압류가 본집행으로 이전된 후 채무자가 청구이의 소송에서 승소함으로써 본집행절차가 종국적으로 취소된 경우에는 가압류절차도 본집행절차와 함께 효력을 상실한다(대결 1980.6.26. 80마146).

[**❺** ▸ O]　주택임대차보호법 제3조 제3항은 같은 조 제1항이 정한 대항요건을 갖춘 임대차의 목적이 된 임대주택(이하 '임대주택'은 주택임대차보호법의 적용대상인 임대주택을 가리킨다)의 양수인은 임대인의 지위를 승계한 것으로 본다고 규정하고 있는바, 이는 법률상의 당연승계 규정으로 보아야 하므로, 임대주택이 양도된 경우에 양수인은 주택의 소유권과 결합하여 임대인의 임대차 계약상의 권리·의무 일체를 그대로 승계하며, 그 결과 양수인이 임대차보증금반환채무를 면책적으로 인수하고, 양도인은 임대차관계에서 탈퇴하여 임차인에 대한 임대차보증금반환채무를 면하게 된다. … 이러한 사정들을 고려하면, 임차인의 임대차보증금반환채권이 가압류된 상태에서 임대주택이 양도되면 양수인이 채권가압류의 제3채무자의 지위도 승계하고, 가압류권자 또한 임대주택의 양도인이 아니라 양수인에 대하여만 위 가압류의 효력을 주장할 수 있다고 보아야 한다(대판[전합] 2013.1.17. 2011다49523).

답 **❸**

제1절 보전처분에 대한 이의

23
☐☐☐

보전처분집행의 불복에 관한 다음 설명 중 가장 옳지 않은 것은? **2025년 법무사시험 [문 26]**

① 부대체적 작위채무의 이행을 명하는 가처분결정과 동시에 이루어진 간접강제결정에 대한 즉시항고도 민사집행법상의 즉시항고이므로 그에 관한 항고법원의 결정에 대한 재항고절차에는 민사집행법상의 즉시항고와 재항고에 관한 규정이 적용된다.

② 동산에 대한 가처분결정에 기재한 다툼의 대상물 표시방법에 의하여는 그 대상물이 충분히 특정되어 있지 아니함에도 불구하고 집행관에 의한 집행처분이 이루어진 경우, 채무자는 집행에 관한 이의를 통하여 집행취소를 구할 수 있다.

③ 사망자를 상대로 한 부동산가압류결정에 기한 가압류집행에 대해서는 그 집행 이후 소유권을 취득한 제3자도 채권자에 대하여 그 소유권 취득을 주장하여 대항할 수 있으므로 제3자이의의 소에 의하여 집행배제를 구할 수 있다.

④ 점유이전금지가처분의 대상이 된 목적물의 소유자가 그 의사에 기하여 가처분채무자에게 직접점유를 하게 한 경우, 소유자는 간접점유자로서 위 점유이전금지가처분의 집행에 대하여 제3자이의의 소를 제기할 수 있다.

⑤ 서로 모순·저촉되는 점유이전금지가처분집행이 경합된 경우 선행 가처분채권자는 제3자이의의 소를 제기할 수도 있고 집행에 관한 이의로 후행 가처분집행의 배제를 구할 수도 있다.

⋯⋯⋯⋯⋯⋯⋯⋯⋯⋯⋯⋯⋯⋯⋯⋯⋯⋯⋯⋯⋯⋯⋯⋯⋯⋯⋯⋯⋯⋯⋯⋯⋯⋯⋯⋯⋯

[**❶▶ O**] 민사집행법상의 즉시항고에서는 항고장에 그 이유를 대법원규칙이 정하는 바에 따라 구체적으로 적어야 하고, 항고장에 항고의 이유를 적지 아니한 때에는 항고장을 제출한 날로부터 10일 이내에 항고이유서를 원심법원에 제출하여야 하며, 항고심은 항고장 또는 항고이유서에 적힌 이유에 한하여 조사하는 것이 원칙이다. 따라서 항고인이 즉시항고의 이유서를 정하여진 기간 안에 제출하지 아니하였거나 또는 항고이유서가 제출되었다 하더라도 그 기재가 대법원규칙이 정하고 있는 바에 위반된 때 또는 즉시항고가 부적법하고 그 불비를 보정할 수 없음이 분명한 때에는 원심법원은 결정으로 그 즉시항고를 각하하여야 하고(민사집행법 제15조 제3항, 제4항, 제5항, 제7항), 원심법원이 즉시항고를 각하하여야 함에도 불구하고 이를 각하하지 아니하고 사건을 송부한 경우에는 항고법원은 곧바로 즉시항고를 각하하여야 하며, 이와 같은 법리는 민사집행법상의 재항고에 있어서도 마찬가지라 할 것인바, 간접강제결정에 대한 즉시항고(민사집행법 제261조 제2항)도 민사집행법상의 즉시항고이므로 그에 관한 항고법원의 결정에 대한 재항고절차에 있어서는 민사집행법상의 즉시항고와 재항고에 관한 규정이 준용된다고 할 것이다(대결 2008.4.25. 2008마228).

[❷ ▸ O] [1] 계쟁물에 관한 가처분(다툼의 대상에 관한 가처분)은 그 피보전권리가 특정물에 관한 이행청구권이므로 이러한 가처분의 결정 및 집행에 있어서는 그 대상 목적물인 계쟁물이 명확히 특정되어야 한다. [2] 신청인 회사가 상대방 회사가 보관 중인 자사의 제품에 대한 가처분을 신청하면서 그 대상 물건을 품목, 규격, 수량, 가격 등으로만 표시하여 가처분결정도 이와 같은 방식으로 목적물을 표시하였으나, 상대방 회사의 소재지에 다른 회사의 제품으로서 위 가처분 목적물로 표시된 것과 동일한 명칭과 규격을 가진 제품이 혼합되어 있는 경우, 위 가처분결정은 계쟁물이 특정되어 있지 않은 경우로서 그에 따른 집행관의 집행처분은 무효라고 볼 수밖에 없다(대결 1999.5.13. 99마230). ☞ 따라서 채무자는 집행에 관한 이의를 통하여 집행취소를 구할 수 있다.

[❸ ▸ O] [2] 가압류신청이 사망자를 상대로 한 것이면 사망자 명의의 그 가압류결정은 무효라 할 것이다. [3] 가압류결정 시까지 이 사건 부동산에 관하여 원고 명의의 소유권이전등기가 경료되지 않았으나, 피고의 가압류신청이 사망자를 상대로 한 것이라면 사망자 명의의 그 가압류결정은 무효라고 할 것이고 따라서 무효의 가압류결정에 기한 가압류집행에 대해서는 그 집행 이후 소유권을 취득한 제3자(원고)도 그 집행채권자인 피고에 대하여 그 소유권취득을 주장하여 대항할 수 있다고 할 것이므로 원고는 제 3자이의 소에 의하여 위 집행의 배제를 구할 수 있다(대판 1982.10.26. 82다카884).

[❹ ▸ ✕] 목적물에 대한 채무자의 점유를 풀고 채권자가 위임하는 집행관에게 그 보관을 명하며 집행관은 현상을 변경하지 아니할 것을 조건으로 하여 채무자에게 그 사용을 허가하도록 하는 내용의 점유이전금지가처분은, 가처분집행 당시의 목적물의 현상을 본집행 시까지 그대로 유지함을 목적으로 하여 그 목적물의 점유이전과 현상의 변경을 금지하는 것에 불과하여, 이러한 가처분결정에도 불구하고 점유가 이전되었을 때에는 가처분채무자는 가처분채권자에 대한 관계에서 여전히 그 점유자의 지위에 있는 것으로 취급되는 것일 뿐 가처분집행만으로 소유자에 의한 목적물의 처분을 금지 또는 제한하는 것은 아니므로, 점유이전금지가처분의 대상이 된 목적물의 소유자가 그 의사에 기하여 가처분채무자에게 직접점유를 하게 한 경우에는 그 점유에 관한 현상을 고정시키는 것만으로 소유권이 침해되거나 침해될 우려가 있다고 할 수는 없고 소유자의 간접점유권이 침해되는 것도 아니라고 할 것이며, 따라서 간접점유자에 불과한 소유자는 직접점유자를 가처분채무자로 하는 점유이전금지가처분의 집행에 대하여 제3자이의의 소를 제기할 수 없다(대판 2002.3.29. 2000다33010).

[❺ ▸ O] 건물에 대한 채무자 甲의 점유를 풀고 집행관에게 보관시킨 다음 甲의 청구에 따라 甲에게 그 사용을 허락하는 점유이전금지가처분(제1차 가처분)이 집행된 후에 다른 당사자 사이의 별개의 가처분신청사건에서 같은 건물에 대하여 그 사건 채무자 乙의 점유를 풀고 집행관에게 보관시킨 다음 이를 乙에게 사용을 허락하는 점유이전금지가처문(제2차 가처분)이 다시 집행된 경우에는 그 두 개의 가처분은 비록 당사자는 서로 다르다 할지라도 각기 서로 다른 채무자에게 동일 건물의 사용을 허락한 한도 내에서 모순 저촉된다고 할 것이므로 위 제2차 가처분의 집행은 불허되어야 할 것인바 이때 제1차 가처분 채권자는 실체법상의 권리에 기하여 제3자 이의의 소를 제기할 수도 있고, 집행방법에 관한 이의로서 제2차 가처분집행의 배제를 구할 수도 있다(대결 1981.8.29. 81마86).

답 ❹

24

보전처분에 대한 이의에 관한 다음 설명 중 가장 옳지 않은 것은? 2024년 법무사시험 [문 18]

① 소유권이전등기말소청구권을 피보전권리로 하여 처분금지가처분결정을 받은 다음 청구의 기초에 변경이 없는 범위 안에서 그 가처분이의절차에서 가처분신청이유에 예비적으로 시효취득으로 인한 소유권이전등기청구권을 추가할 수 있다.

② 보전집행이 본집행으로 이전된 경우 채무자는 보전집행 자체의 취소를 구할 실익은 없게 되나, 보전명령 자체의 효력이 소멸되는 것은 아니므로 보전처분에 대한 이의신청을 할 실익은 있게 된다.

③ 채권가압류에 있어서 채무자가 제3채무자에 대한 채권이 없다면 가압류채무자는 가압류결정에 의하여 법률상 아무런 불이익을 받을 지위에 있다 할 수 없을 것이므로 가압류에 대한 이의를 신청할 이익이 없다.

④ 채권자가 신청하지 아니하였음에도 선행 매매계약의 매매대금 지급청구권을 피보전채권으로 하는 가압류결정을 후행 매매계약에 기한 잔대금 및 그 지연배상금의 범위 내에서 인가하고 그 초과부분을 취소하는 것은 허용되지 않는다.

⑤ 보전처분에 대한 이의는 보전처분신청의 당부를 심리·판단하여 달라는 신청으로서, 사정변경에 해당하는 사유와 제소기간의 경과도 이의사유로서 주장할 수 있다.

......

[**❶ ▸ ○**] 가처분이의절차에서도 청구의 기초에 변경이 없는 한 신청이유의 피보전권리를 변경할 수 있다. 따라서 소유권이전등기말소 청구권을 피보전권리로 하여 처분금지가처분결정을 받은 다음 청구의 기초에 변경이 없는 범위 안에서 그 가처분이의절차에서 가처분신청이유에 예비적으로 시효취득에 인한 소유권이전등기 청구권을 추가할 수 있다(대판 1982.3.9. 81다1221).

[**❷ ▸ ✕**] 가압류가 본압류로 이행되어 강제집행이 이루어진 경우에는 가압류집행은 본집행에 포섭됨으로써 당초부터 본집행이 있었던 것과 같은 효력이 있게 되므로, **본집행이 되어 있는 한 채무자는 가압류에 대한 이의신청이나 취소신청 또는 가압류집행 자체의 취소 등을 구할 실익이 없게 되고, 특히 강제집행조차 종료한 경우에는** 그 강제집행의 근거가 된 가압류결정 자체의 취소나 가압류집행의 취소를 구할 이익은 더 이상 없다(대판 2004.12.10. 2004다54725).

[**❸ ▸ ○**] 채권가압류에 있어서 채무자가 제3채무자에 대한 채권이 없다면 가압류채무자는 채무가압류결정에 의하여 법률상 아무런 불이익을 받을 지위에 있다 할 수 없을 것이므로 가압류에 대한 이의를 신청할 이익이 없다 할 것이다(대판 1967.5.2. 67다267).

[**❹ ▸ ○**] 선행 매매계약의 매매대금 지급청구권을 피보전채권으로 하는 가압류결정을 후행 매매계약에 기한 잔대금 및 그 지연배상금의 범위 내에서 인가하고 그 초과 부분을 취소한 원심의 판단은 당사자가 신청하지 아니한 사항에 대하여 판결한 것으로서 위법하다(대판 2009.11.26. 2008다23224).

[**❺ ▸ ○**] 사정변경에 해당하는 사유(대판 1981.9.22. 81다638), 특별사정의 존재 및 제소기간의 경과(대판 2000.2.11. 99다50064)도 이의사유로서 주장할 수 있는데, 이와 같은 사유는 그에 기한 취소절차가 별도로 마련되어 있지만 소송경제, 심리의 중복방지라는 실제상의 고려와 함께 이와 같은 사유도 결국은 이미 발령된 보전처분을 부당하게 하는 점에서 그 밖의 이의사유와 달리 볼 필요가 없기 때문이다.

제요 집행 5 이와 관련하여 판례는, 가압류 또는 가처분 결정에 대한 이의사유는 그 변론종결 시까지 발생한 피보전권리의 존부 및 보전의 필요성에 관한 일체의 사유를 포함하므로 동 결정 이후에 발생한, 사정변경에 의한 가압류 또는 가처분의 취소사유도 가압류 또는 가처분 이의의 사유로 삼을 수 있고(대판 1981.9.22. 81다638), 가압류이의소송은 가압류결정의 취소 변경을 구하는 절차라는 면에서 제소기간 도과로 인한 가압류취소소송과 다를 바 없고, 소송경제적 측면과 보전소송의 긴급성의 요청에 비추어 볼 때 제소명령기간 내에 본안소송을 제기하지 아니한 때에 그 기간이 도과되었다는 것도 가압류 이의사유로 주장할 수 있다고 판시하고 있다(대판 2000.2.11. 99다50064).

답 ❷

보전처분에 대한 채무자의 구제에 관한 다음 설명 중 가장 옳지 않은 것은?

2022년 법무사시험 [문 18]

① 부동산에 대한 가압류결정이 있고 그에 기한 가압류등기가 마쳐진 후 해당 가압류에 기한 집행절차가 아닌 경매절차에서 부동산이 매각되어 가압류등기가 직권으로 말소되더라도 가압류결정의 효력은 그대로 남아 있게 되므로 채무자나 이해관계인은 가압류집행의 존속 여부에 관계없이 가압류결정이 유효하게 존재하고 그 신청의 이익이 있는 한 민사집행법 제288조 제1항 제3호에 의한 가압류취소신청을 할 수 있다.

② 가압류신청에서 채권액보다 지나치게 과다한 금액을 주장하여 그 청구금액대로 가압류결정이 된 경우, 본안판결에서 피보전권리가 없는 것으로 확인된 범위 내에서는 가압류채권자의 고의·과실이 추정된다.

③ 토지에 대한 부당한 가압류집행으로 그 지상에 건물을 신축하는 내용의 공사도급계약이 해제됨으로 인한 손해는 특별손해이므로 가압류채권자가 토지에 대한 가압류집행이 그 지상 건물 공사도급계약의 해제사유가 된다는 특별한 사정을 알았거나 알 수 있었을 때에 한하여 배상의 책임이 있다.

④ 보전처분의 신청을 인용한 결정에 대하여 채무자는 그 보전처분을 발한 법원에 이의를 신청할 수 있을 뿐이고, 그 인용결정이 항고법원에 의하여 행하여진 경우라 하더라도 이에 대하여 즉시항고나 재항고로는 다툴 수 없다.

⑤ 특별한 사정이 없더라도 보전처분에 대한 이의절차에서 채권자가 신청 취지를 확장하거나 변경하는 것은 허용된다.

....

[**❶ ▸ O**] 부동산에 대한 가압류결정이 있고 그에 기한 가압류등기가 마쳐진 후, 해당 가압류에 기한 집행절차가 아닌 경매절차에서 부동산이 매각되어 가압류등기가 직권으로 말소되더라도, 가압류결정의 효력은 그대로 남아 있게 된다. 따라서 채무자나 이해관계인은 가압류집행의 존속 여부에 관계없이 가압류결정이 유효하게 존재하고 그 신청의 이익이 있는 한 민사집행법 제288조 제1항 제3호에 의한 가압류취소신청을 할 수 있다(대결 2019.5.17. 2018마1006).

[**❷ ▸ O**] 가압류신청에서 채권액보다 지나치게 과다한 가액을 주장하여 그 가액대로 가압류결정이 된 경우 본안 판결에서 피보전권리가 없는 것으로 확인된 부분의 범위 내에서는 가압류채권자의 고의·과실이 추정되고 다만 특별한 사정이 있으면 고의·과실이 부정된다(대판 1999.9.3. 98다3757).

[**❸ ▸ O**] 가압류나 가처분 등 보전처분은 법원의 재판에 의하여 집행되는 것이기는 하나, 그 실체상 청구권이 있는지 여부는 본안소송에 맡기고 단지 소명에 의하여 채권자의 책임 아래 하는 것이므로, 그 집행 후에 집행채권자가 본안소송에서 패소 확정되었다면 그 보전처분의 집행으로 인하여 채무자가 입은 손해에 대하여는 특별한 반증이 없는 한 집행채권자에게 고의 또는 과실이 있다고 추정되고, 따라서 그 부당한 집행으로 인한 손해에 대하여 이를 배상할 책임이 있다고 할 것이나, 토지에 대한 부당한 가압류의 집행으로 그 지상에 건물을 신축하는 내용의 공사도급계약이 해제됨으로 인한 손해는 특별손해이므로, 가압류채권자가 토지에 대한 가압류집행이 그 지상 건물 공사도급계약의 해제사유가 된다는 특별한 사정을 알았거나 알 수 있었을 때에 한하여 배상의 책임이 있다(대판 2008.6.26. 2006다84874).

[**❹ ▸ O**] 가압류신청이나 가처분신청을 인용한 결정에 대하여는 채무자나 피신청인은 민사집행법 제283조, 제301조에 의하여 그 보전처분을 발한 법원에 이의를 신청할 수 있을 뿐이고, 그 인용결정이 항고법원에 의하여 행하여진 경우라 하더라도 이에 대하여 민사소송법 제442조에 의한 재항고나 같은 법 제444조의 즉시항고로는 다툴 수 없는 것이다(대결 2008.5.13. 2007마573).

[**⑤ ▸ ×**] 가처분에 대한 이의절차는 가처분이 이미 발령되어 재산의 처분 등이 제한된 채무자를 위하여 인정된 불복절차로서 그 발령에 의하여 즉시 집행력을 가지는 보전처분의 특성에 비추어 이러한 절차에서 채권자에 의한 신청 취지의 변경을 허용하는 것은 그 집행 내용에 따라서는 보전처분의 유용을 허용하는 결과가 될 수 있어 채권자에게 지나치게 유리한 점, … 보전처분의 이의신청에 대한 재판에서는 원결정의 전부 또는 일부의 인가·변경·취소를 주문에서 표시하여야 하고 여기서의 변경은 원결정에서 명하는 금지 등의 내용이나 방법을 원결정보다 제한하는 경우 등과 같이 채무자에게 유리한 변경을 의미하는 것이므로 심리 범위를 발령된 보전처분 그 자체에 한정하는 것이 상당한 점 등에 비추어 보면, 특별한 사정이 없는 한 가처분에 대한 이의절차에서 채권자가 신청 취지를 확장하거나 변경하는 것은 허용될 수 없다(대결 2010.5.27. 2010마279).

답 ⑤

26
☐☐☐

보전명령에 대한 이의에 관한 다음 설명 중 가장 옳지 않은 것은? 2021년 법무사시험 [문 12]

① 이의절차에서 심리의 대상이 되는 것이 보전처분신청의 당부인가 보전명령의 당부인가에 관하여 논의가 있으나, 보전처분신청의 당부를 심리·판단하여 달라는 신청으로 보는 것이 통설 및 실무례이고, 판단의 기준 시도 보전처분 시가 아닌 이의소송의 심리종결 시이다.

② 이의신청은 보전절차 내에서 채무자에게 주어진 소송법상의 불복신청방법이므로 채무자의 특정승계인은 직접 자기 이름으로 이의신청을 할 수는 없고, 참가승계의 절차를 거쳐 승계인으로서 이의신청을 할 수 있을 뿐이다.

③ 가처분결정에 대하여 채무자의 이의가 있으면 법원은 변론을 하기 위하여 쌍방당사자를 소환하여야 하는 것이고, 그 소송절차에서 가처분채권자가 적극당사자가 되고 가처분채무자가 소극당사자가 되는 것이므로, 가처분채무자가 가처분채권자의 주소를 확인하여 보정할 의무를 지는 것은 아니다.

④ 이의절차는 보전처분이 이미 발령되어 재산의 처분 등이 제한된 채무자를 위하여 인정된 불복절차로서, 특별한 사정이 없는 한 보전명령에 대한 이의절차에서 채권자가 신청취지를 확장하거나 변경하는 것은 허용될 수 없다.

⑤ 당사자가 권리 없음이 명백한 피보전권리를 내세워 가압류신청을 한 것이라는 등의 특별한 사정이 없는 한, 이의절차에서도 청구의 기초에 변경이 없는 범위 내에서는 피보전권리를 변경할 수 있다. 그러나 변경에 의하여 추가되는 권리가 가압류의 재판 당시 아직 발생하지 않았다면 이를 피보전권리로 변경할 수 없다.

[**❶ ▸ ○**] 이의절차에서 심리의 대상이 되는 것이 보전처분신청의 당부인가 보전명령의 당부인가에 관하여 논의가 있으나, 보전명령에 대한 이의는 지급명령에 대한 이의와 같이 같은 심급에서의 불복신청으로서 당사자 쌍방이 참여할 수 있는 심문 또는 임의적 변론을 거쳐 다시 보전처분신청의 당부를 심리·판단하여 달라는 신청으로 보는 것이 통설 및 실무례이다(대판 1965.7.20. 65다902, 다만, 심리의 대상이 보전처분재판의 당부라고 한 판례도 있다. 대판 1978.2.14. 77다938 참조). 판단의 기준 시도 보전처분 시가 아닌 이의소송의 심리종결 시이다(대판 1978.2.14. 77다938 참조). 제요 집행 5 이와 관련하여 판례는, 가처분결정에 대한 이의는 지급명령에 대한 이의와 같이 같은 심급에서의 불복신청으로서 변론을 거쳐 다시 가처분신청의 당부를 심판하여 달라는 신청에 불과하고(대판 1965.7.20. 65다902), 가처분에 대한 이의신청은 가처분결정의 당부의 심판을 구하는 것이지만 이에 대한 심판은 그 이의에서의 최종변론 당시의 사실을 기준으로 하여야 한다고 판시하고 있다(대판 1978.2.14. 77다938).

[**❷ ▸ ○**] 가처분결정에 대한 이의신청을 할 수 있는 자는 채무자와 그 일반승계인이라야만 하고 특정승계인도 민사소송법 제81조에 의한 참가승계를 하면 이의신청을 할 수 있다고 할 것이나 이 이외의 3자는 가처분에 대하여 사실상의 이해관계가 있다 하더라도 이의를 신청할 적격이 없다(대판 1970.4.28. 69다2108).

[**❸ ▸ ○**] 가처분결정에 대하여 채무자의 이의가 있으면 법원은 변론을 하기 위하여 쌍방당사자를 소환하여야 하는 것이고, 그 소송절차에서 가처분신청인(채권자)이 적극당사자가 되고 피신청인(채무자)이 소극당사자가 되는 것이므로, 피신청인이 신청인의 주소를 확인하여 보정할 의무를 지는 것은 아니다(대판 1992.4.14. 92다3441).

[**❹ ▸ ○**] 가처분에 대한 이의절차는 가처분이 이미 발령되어 재산의 처분 등이 제한된 채무자를 위하여 인정된 불복절차로서 그 발령에 의하여 즉시 집행력을 가지는 보전처분의 특성에 비추어 이러한 절차에서 채권자에 의한 신청취지의 변경을 허용하는 것은 그 집행내용에 따라서는 보전처분의 유용을 허용하는 결과가 될 수 있어 채권자에게 지나치게 유리한 점 … 등에 비추어 보면, 특별한 사정이 없는 한 가처분에 대한 이의절차에서 채권자가 신청취지를 확장하거나 변경하는 것은 허용될 수 없다(대결 2010.5.27. 2010마279).

[**❺ ▸ ✕**] 가압류결정의 피보전권리와 본안의 소송물인 권리는 엄격히 일치함을 요하지 않으며 청구의 기초의 동일성이 인정되는 한 그 가압류의 효력은 본안소송의 권리에 미치고, 가압류의 신청은 긴급한 필요에 따른 것으로서 피보전권리의 법률적 구성과 증거관계를 충분하게 검토·확정할 만한 시간적 여유가 없이 이루어지는 사정에 비추어 보면, 당사자가 권리 없음이 명백한 피보전권리를 내세워 가압류를 신청한 것이라는 등의 특별한 사정이 없는 한, 청구의 기초에 변경이 없는 범위 내에서는 가압류의 이의 절차에서도 신청이유의 피보전권리를 변경할 수 있다. 가압류이의재판의 변론종결 시까지 피보전권리의 요건이 구비된 이상 가압류를 인가할 필요가 있으므로, <u>변경에 의하여 피보전권리로 추가되는 권리가 가압류의 재판 당시 아직 발생하지 아니한 권리라 하더라도 이를 피보전권리로 변경할 수 있으며</u>, 그 사이에 제3자가 가압류목적물에 법률상의 이해관계를 가지게 되었다 하더라도 어차피 그 제3자는 가압류에 의한 권리제한이 있음을 전제로 하고 권리를 취득한 것이므로, 그 경우라고 해서 이와 달리 볼 수는 없다(대판 1996.2.27. 95다45224).

답 ❺

27
☐☐☐   보전처분의 취소에 관한 다음 설명 중 가장 옳지 않은 것은?   2025년 법무사시험 [문 14]

① 민사집행법 제288조 제1항 제2호에 따른 가압류취소를 받기 위해 제공된 담보는 가압류명령 기재 청구채권을 직접 담보하고 있으므로, 가압류채권자가 당해 가압류청구채권 중 일부에 관하여 본안 의 소를 제기하였다고 하여 그 사실만으로 본안청구금액을 초과하는 부분에 대한 담보사유가 소멸 하였다고 할 수 없다.

② 보전 집행 후 3년간 본안의 소를 제기하지 아니하였음을 이유로 한 보전처분 취소는 시효중단의 효력이 소급하여 없어지는 민법 제175조에서 정한 '압류, 가압류 및 가처분이 권리자의 청구에 의하여 또는 법률의 규정에 따르지 아니함으로 인하여 취소된 때'에 해당하지 않는다.

③ 법인 등 단체의 대표자를 채무자로 하여 그 직무집행을 정지하고 직무대행자를 선임하는 가처분이 있은 후, 종전의 대표자가 사임하고 새로 대표자가 선임된 경우 특별한 사정이 없는 한 가처분을 더 이상 유지할 필요가 없는 사정변경이 있는 것이지만 가처분 사건의 당사자가 될 수 없는 법인 등은 가처분취소신청을 할 수 없다.

④ 채권자가 정해진 기간 내에 본안의 소를 제기하고 소제기증명서를 제출하였으나 그 기간이 지난 뒤에 청구기초의 동일성이 인정되는 별소를 제기하고 원래의 소를 취하한 경우라면 채권자에게 피보전권리를 실현할 의사가 있었음이 명백하므로 제소명령 불이행에 따른 취소사유가 되지 아니한다.

⑤ 특별사정에 의한 가처분취소사건에 있어서 피보전권리의 존부 및 보전의 필요성의 유무는 심판의 대상이 되지 아니하므로 오직 가처분취소사유인 특별사정의 유무만을 심리판단하면 된다.

··

[❶ ▶ ○] 가압류취소를 받기 위해 제공된 담보는 가압류명령 기재 청구채권을 직접 담보하고 있으므로, 가압류채권자가 당해 가압류 청구채권인 손해배상청구채권 중 일부만에 관하여 본안소송을 제기하였다고 하여 그 사실만으로 본안 청구금액을 초과하는 부분에 대한 담보사유가 소멸하였다고 할 수 없다(대결 2008.7.1. 2008마711).

[❷ ▶ ○] 보전 집행 후 3년간 본안의 소를 제기하지 아니하였음을 이유로 한 보전처분(가압류, 가처분) 취소는 시효중단의 효력이 소급하여 없어지는 민법 제175조에서 정한 '압류, 가압류 및 가처분이 권리자의 청구에 의하여 또는 법률의 규정에 따르지 아니함으로 인하여 취소된 때'에 해당하지 않는다(대판 2004.4.9. 2002다58389, 대판 2009.5.28. 2009다20 참조).

[❸ ▶ ○] 법인 등 단체의 대표자 및 이사 등을 피신청인으로 하여 그 직무집행을 정지하고 직무대행자를 선임하는 가처분이 있는 경우, 그 후 사정변경이 있으면 그 가처분에 의하여 직무집행이 정지된 대표자 등이 그 가처분의 취소신청을 할 수 있고, 이 경우 종전의 대표자 등이 사임하고 새로 대표자가 선임되었다고 하여도 가처분 사건의 당사자가 될 수 없는 법인 등은 그 가처분취소신청을 할 수 없다(대판 1997.10.10. 97다27404). ☞ 가처분 사건의 당사자는 채무자(기존 대표자)와 가처분 신청인(가처분을 신청한 채권자)이다. 가처분 취소 신청은 당사자만이 할 수 있으므로, 법인 등은 그 가처분취소신청을 할 수 없다.

[❹ ▸ ×] 민사집행법 제287조에 규정된 본안의 소의 부제기 등에 의한 가압류취소는 채권자에게 본안의 소를 제기할 것을 명하고, 채권자가 본안의 소를 제기하였다는 등을 증명하는 서류를 일정한 기간 이내에 제출하지 아니하거나 그 기간 이내에 서류를 제출하였다가 본안의 소가 취하되거나 각하된 경우에는 이를 제출하지 아니한 것으로 보아 가압류를 취소하는 제도로서, 제소명령에 정하여진 기간 이내에 본안의 소를 제기하지 아니하거나 본안의 소가 계속되고 있지 아니한 때는 물론이고, 정하여진 기간 이내에 본안의 소가 제기되었거나 이미 소를 제기하여 계속되고 있었음에도 불구하고 채권자가 그러한 사실을 증명하는 서류를 기간 이내에 법원에 제출하지 아니한 경우에도 법원은 가압류를 취소하여야 하며, 그 기간이 지난 뒤에 증명서류를 제출하였다고 하더라도 마찬가지로서, 이러한 법리는 정하여진 기간 이내에 본안의 소를 제기하였다가 그 기간이 지난 뒤에 이를 취하하면서 그에 앞서 그 청구기초의 동일성이 인정되는 별소를 제기한 사실이 있다 하여 달리 볼 것은 아니다(대결 2008.7.10. 2008마332).
[❺ ▸ ○] 민사집행법 제307조 제1항의 특별사정에 의한 가처분취소신청 사건에 있어서는 피보전권리의 존부 및 보전의 필요 유무, 즉 가처분의 당부는 심판의 대상이 되지 아니하고 오직 가처분 취소사유인 특별사정의 유무를 판단하여야 할 것이며 다만 가처분의 당부는 특별사정의 채부에 관한 하나의 자료에 지나지 않는다. 여기서 "특별한 사정이 있는 때"라 함은 가처분에 의하여 보전되는 권리가 금전보상으로 그 종국의 목적을 달할 수 있다는 사정이 있거나 또는 가처분 집행으로 가처분 채무자가 특히 현저한 손해를 받고 있다는 사정이 있는 경우를 가리킨다(대판 1987.1.20. 86다카1547).

답 ❹

28

□□□

다음 설명 중 가장 옳지 않은 것은? 2025년 법무사시험 [문 15]

① 본안소송에서 소의 취하 또는 취하간주가 있다 하여도 재소금지에 해당하지 아니하는 이상 보전의 사를 포기하였다고 볼 수 있는 경우가 아니면 보전처분의 취소 사유인 사정변경으로 볼 수 없다.

② 본안의 제소명령을 받은 가압류채권자가 가압류의 피보전채권 중 일부 채권액에 대하여만 제소명령에 정해진 기간 내에 본안의 소를 제기하고 나머지 채권액에 대하여는 그 기간이 지난 뒤에 청구취지 확장의 방법으로 본안의 소를 추가로 제기한 경우, 위 청구취지의 확장 부분에 대한 가압류명령을 취소하여야 한다.

③ 제소명령 불이행을 이유로 한 보전처분취소결정은 민사집행법 제15조의 '집행절차에 관한 집행법원의 재판'에 해당한다고 볼 수 없으므로 그에 대한 즉시항고에 관해서는 민사소송법상 즉시항고에 관한 규정이 적용된다.

④ 집행증서와 같이 소송절차 밖에서 채무자의 협력을 얻어 집행권원을 취득한 경우는 가압류채권자가 채권의 실현 내지 회수의사가 명백하고 가압류의 피보전권리와 청구기초의 동일성이 인정된다 하더라도 가압류 집행 후 3년 내에 본안의 소를 따로 제기하지 아니하였다면 가압류취소사유에 해당한다.

⑤ 보전집행 후 3년간 본안의 소가 제기되지 아니하였다고 하여 보전처분취소결정 없이도 보전처분의 효력이 당연히 소멸되거나, 보전처분취소결정이 확정된 때에 보전집행 시로부터 3년이 경과된 시점에 소급하여 보전처분의 효력을 소멸하게 하는 것은 아니다.

[**❶** ▸ **O**] 본안소송에서 소의 취하 또는 취하간주가 있다 하여도 재소금지에 해당하지 아니하는 이상, (본안에 대한 종국판결이 있기 전이라면 피보전권리에 영향을 주는 것이 아니어서 다시 같은 소송을 제기할 수도 있으므로) 보전의사를 포기하였다고 볼 수 있는 경우가 아니면 그 자체만으로는 사정변경사유로 볼 수 없다(대판 1992.6.26. 92다9449, 대판[전합] 1998.5.21. 97다47637).

[**❷** ▸ **O**] 민사집행법 제287조에 규정된 본안의 소의 부제기 등에 의한 가압류취소는 채권자에게 본안의 소를 제기할 것을 명하고, 채권자가 본안의 소를 제기하였다는 등을 증명하는 서류를 일정한 기간 이내에 제출하지 아니한 때에 가압류명령을 취소하는 제도로서, 제소명령에 정하여진 기간 이내에 본안의 소를 제기하지 아니하거나 본안의 소가 계속되고 있지 아니한 때는 물론이고, <u>정하여진 기간 이내에 본안의 소가 제기되었거나 이미 소를 제기하여 계속되고 있었음에도 불구하고 채권자가 그러한 사실을 증명하는 서류를 기간 이내에 법원에 제출하지 아니한 경우에도 법원은 가압류명령을 취소하여야 하며, 이러한 법리는 가압류의 피보전채권 중 일부 채권액에 대해서만 정하여진 기간 이내에 본안의 소를 제기하고 나머지 채권액에 대하여는 그 기간이 지난 뒤에 청구 취지 확장의 방법으로 본안의 소를 추가로 제기한 경우에도 마찬가지로 적용이 된다</u>(대결 2008.7.10. 2008마260). ☞ 따라서 위 청구취지의 확장 부분에 대한 가압류명령을 취소하여야 한다.

[**❸** ▸ **O**] 보전처분에 대한 제소명령절차는 집행에 관한 절차가 아니므로, 제소명령 불이행을 이유로 한 보전처분 취소결정은 민사집행법 제15조의 '집행절차에 관한 집행법원의 재판'에 해당한다고 볼 수는 없고, 따라서 그에 대한 즉시항고에 관해서는 민사집행법 제15조가 아니라 민사소송법상 즉시항고에 관한 규정이 적용된다고 할 것이다(대결 2006.9.28. 2006마829).

[**❹** ▸ **✕**] 민사집행법 제288조 제1항 제3호에서 정한 가압류취소 사유를 반드시 본안의 소를 제기하여 확정판결이라는 집행권원을 취득하는 경우로 한정할 이유가 없고, 이와 더불어 집행력이 있는 집행권원에 집행문을 부여받으면 가압류가 본압류로 이행될 수 있고, 또한 이를 가지고 가압류의 목적이 된 부동산이 매각되는 등의 절차에 따라 공탁된 가압류채권자에 대한 배당금에 대하여 지급위탁을 받아 그 배당금을 출급할 수 있다는 점까지 보태어 보면, <u>소송과정에서 확정판결과 같은 효력이 있는 조정이나 재판상 화해가 성립하는 경우뿐만 아니라 집행증서와 같이 소송절차 밖에서 채무자의 협력을 얻어 집행권원을 취득하는 경우에도 가압류채권자가 채권의 실현 내지 회수의사를 가졌음이 명백하다면 가압류 집행 후 3년 내에 본안의 소를 따로 제기하지 아니하였더라도 제3호에서 정한 가압류취소 사유에 해당한다고 할 수 없다. 다만 이 경우 집행권원은 가압류의 본안에 관한 것이어야 하므로, 집행권원에 표시된 권리는 가압류의 피보전권리와 청구기초의 동일성이 인정되어야 한다</u>(대결 2016.3.24. 2013마1412).

[**❺** ▸ **O**] 보전(처분)집행 후 3년간 본안의 소가 제기되지 아니하였다고 하여 보전처분취소결정 없이도 보전처분의 효력이 당연히 소멸되거나, 보전처분취소결정이 확정된 때에 보전(처분)집행 시로부터 3년이 경과된 시점에 소급하여 보전처분의 효력을 소멸하게 하는 것은 아니다(대판 2008.2.14. 2007다17222 참조).

답 ❹

29

보전처분의 취소에 관한 다음 설명 중 가장 옳지 않은 것은?

① 보전처분신청절차에서 이루어진 선정당사자 선정행위의 효력은 보전처분취소신청 사건에는 미치지 않는다.

② 부동산처분금지가처분이 집행된 이후 당해 부동산의 일부지분을 승계한 자는 공유물의 보존행위로서 단독으로 위 부동산 전체에 대한 가처분결정의 취소신청을 할 수 있다.

③ 채권자가 여러 개의 피보전권리를 주장하여 보전명령을 얻은 후 그중 일부의 권리만을 주장한 본안소송에서 패소확정된 경우에도 사정변경에 따른 취소를 인정할 수 있다.

④ 제소명령 후 가압류결정의 청구채권을 양도하고 채권양도의 대항요건을 갖추지 못한 상태에서 제소명령에서 정한 기간 내에 채권양수인이 본안의 소를 제기하고 소장접수증명서를 첨부한 제소신고서를 제출한 경우라 하더라도 제소명령을 준수하였다고 볼 수 없다.

⑤ 보전처분의 취소신청 당시에 본안소송이 항소심에 계속된 때에는, 취소신청이 제1심법원에 잘못 제기된 경우 관할위반을 이유로 사건을 항소심법원에 이송하여야 한다.

....

[**❶ ▸ ○**] 보전처분을 소송대리인이 신청하였더라도 그 소송위임의 효력이 보전처분취소소송에까지 유지되는 것은 아니므로 취소신청서 및 기일소환장 등은 채권자 본인에게 송달하여야 한다. 또한 보전처분신청절차에서 이루어진 선정당사자 선정행위의 효력은 제소명령신청절차에는 미치나 보전처분취소신청 사건에까지 미치지는 아니한다(대판 2001.4.10. 99다49170).

[**❷ ▸ ○**] 보전처분의 취소신청을 할 수 있는 사람은 채무자와 그 일반승계인, 파산관재인 등이다. 가처분목적물의 특정승계인은 채권자대위권의 행사에 의하지 아니하고 직접 취소신청을 할 수 있다(대판 2006.9.22. 2004다50235, 대결 2010.8.26. 2010마818). 가압류 목적물의 특정승계인도 취소신청을 할 수 있다(대판 2014.10.16. 2014마413, 대결 2019.4.5. 2018마1075). 목적물의 일부지분승계인, 예를 들면 부동산에 대한 처분금지가처분결정이 있고 그 결정이 집행된 이후 당해 부동산의 일부지분을 승계한 자는 공유물의 보존행위로서 단독으로 위 부동산 전체에 대한 가처분결정의 취소신청을 할 수 있다.

제요 집행 5

[**❸ ▸ ○**] 채권자가 본안소송이나 채무자가 제기한 피보전권리 부존재확인청구소송에서 실체법상의 이유로 패소확정된 때에는 사정변경에 따른 보전처분(보정명령) 취소사유가 된다(대판 1963.9.12. 63다354, 대판 1973.3.20. 73다165). 채권자가 여러 개의 피보전권리를 주장하여 보전처분(보전명령)을 얻은 후 그중 일부의 권리만을 주장한 본안소송에서 패소확정된 경우에도 사정변경에 따른 취소를 인정할 수 있다(보전의 1회성의 문제). 예를 들면, 채권자가 점유권에 기한 인도청구권과 소유권에 기한 인도청구권을 피보전권리로 하여 보전처분(보전명령)을 받았는데 소유권에 기한 인도청구권을 본안으로 한 소송에서 패소확정되었다면, 그 후 다시 점유권에 기한 인도청구소송이 계속 중이더라도 사정이 변경된 경우에 해당한다(대판 1973.3.20. 73다165 참조). 제요 집행 5

[**❹ ▸ ✕**] 제소명령 후 가압류결정의 청구채권을 甲에게 양도한 乙이 채무자 丙에게 채권양도사실을 내용증명우편으로 통지하였으나 丙이 이를 수령하지 못하였는데, 甲이 제소기간 내에 丙을 상대로 본안의 소를 제기하고 제소신고서를 제출한 경우, <u>甲이 채권양도의 대항요건을 갖추지 못하였더라도 제소명령의 乙 지위를 승계하고, 제소명령에서 정한 기간 내에 丙을 상대로 본안의 소를 제기하고 소장접수증명서를 첨부한 제소신고서를 제출한 이상 제소명령을 준수하였다고 봄이 타당하다</u>(대결 2014.10.10. 2014마1284).

[❺ ▶ ○] 사정변경 등에 따른 보전처분취소사건의 본안이 이미 계속되어 있는 경우에는 그 본안의 관할법원이 취소사건을 관할한다(민사집행법 제288조 제2항 단서, 제301조). 이때 본안의 관할법원은 원칙적으로 제1심법원이지만 보전처분의 취소신청 당시에 본안이 항소심에 계속된 때에는 항소심의 전속관할에 속하므로(민사집행법 제311조), 사정변경에 따른 보전처분취소소송을 제기할 당시 본안소송이 항소심에 계속된 때에는 본안법원인 항소심만이 관할권을 가지고 있어, 취소소송이 제1심법원에 잘못 제기된 경우에는 사건을 관할위반을 이유로 항소심법원에 이송하여야 한다. 제요 집행 5

답 ❹

PART 1 PART 2 PART 3 PART 4 **PART 5** PART 6 PART 7 PART 8

제3절   보전집행의 취소

30
□□□

보전집행의 취소에 관한 다음 설명 중 가장 옳지 않은 것은?   2024년 법무사시험 [문 4]

① 채권가압류에서 채권자가 채권가압류신청을 취하하면 채권가압류결정은 그로써 효력이 소멸되지만, 채권가압류결정정본이 제3채무자에게 이미 송달되어 채권가압류결정이 집행되었다면 그 취하통지서가 제3채무자에게 송달되었을 때에 비로소 그 가압류집행의 효력이 장래를 향하여 소멸된다.

② 가압류 취하통지서가 제3채무자에게 송달되기 전에 제3채무자가 집행법원 법원사무관등의 통지에 의하지 아니한 다른 방법으로 가압류신청취하사실을 알게 되었다면 취하통지서의 송달은 필요하지 아니하다.

③ 가압류가 본압류로 이행되어 강제집행이 이루어진 경우에는 가압류집행은 본집행에 포섭됨으로써 당초부터 본집행이 있었던 것과 같은 효력이 있게 되므로, 본집행이 되어 있는 한 채무자는 가압류에 대한 이의신청이나 취소신청 또는 가압류집행 자체의 취소 등을 구할 실익이 없다.

④ 가처분취소결정의 집행에 의하여 처분금지가처분등기가 말소된 경우 그 효력은 확정적인 것이므로, 그 이후에 당해 부동산에 관한 소유권이전등기를 경료받은 자는 그 부동산에 관하여 아무런 제한을 받지 않고 가처분 채권자에게 그 소유권 취득의 효력으로 대항할 수 있다.

⑤ 금전채권의 보전을 위하여 채무자의 금전채권에 대하여 가압류가 행하여진 경우에 그 후 채권자의 신청에 의하여 그 집행이 취소되었다면, 다른 특별한 사정이 없는 한 가압류에 의한 소멸시효 중단의 효과는 소급적으로 소멸된다.

. . . .

[❶ ▶ ○] [❷ ▶ ✕] 채권가압류에 있어서 채권자가 가압류신청을 취하하면 가압류결정은 그로써 효력이 소멸되지만, 채권가압류결정정본이 제3채무자에게 이미 송달되어 가압류결정이 집행되었다면 그 취하통지서가 제3채무자에게 송달되었을 때 비로소 가압류집행의 효력이 장래를 향하여 소멸되는 것인바, 이러한 법리는 그 취하통지서가 제3채무자에게 송달되기 전에 제3채무자가 집행법원 법원사무관 등의 통지에 의하지 아니한 다른 방법으로 가압류신청 취하사실을 알게 된 경우에도 마찬가지라고 할 것이다(대판 2008.1.17. 2007다73826).

[❸ ▸ O] 가압류가 본압류로 이행되어 강제집행이 이루어진 경우에는 가압류집행은 본집행에 포섭됨으로써 당초부터 본집행이 있었던 것과 같은 효력이 있게 되므로, 본집행이 되어 있는 한 채무자는 가압류에 대한 이의신청이나 취소신청 또는 가압류집행 자체의 취소 등을 구할 실익이 없게 되고, 특히 강제집행조차 종료한 경우에는 그 강제집행의 근거가 된 가압류결정 자체의 취소나 가압류집행의 취소를 구할 이익은 더 이상 없다(대판 2004.12.10. 2004다54725).

[❹ ▸ O] 가처분취소결정의 집행에 의하여 처분금지가처분등기가 말소된 경우 그 효력은 확정적인 것이므로, 그 이후에 당해 부동산에 관한 소유권이전등기를 경료받은 자는 그 부동산에 관하여 아무런 제한을 받지 않고 가처분 신청인에게 그 소유권 취득의 효력으로 대항할 수 있다고 할 것이고, 이와 같이 이미 계쟁 부동산에 관하여 제3자 앞으로 소유권이전등기가 경료된 경우에는 가처분 신청인은 더 이상 그 처분금지가처분명령을 신청할 이익이 없게 된다(대결 2008.5.7. 2008마401).

[❺ ▸ O] 금전채권의 보전을 위하여 채무자의 금전채권에 대하여 가압류가 행하여진 경우에 그 후 채권자의 신청에 의하여 그 집행이 취소되었다면, 다른 특별한 사정이 없는 한 가압류에 의한 소멸시효 중단의 효과는 소급적으로 소멸된다. 민법 제175조는 가압류가 '권리자의 청구에 의하여 취소된 때에는' 소멸시효 중단의 효력이 없다고 정한다. 가압류의 집행 후에 행하여진 채권자의 집행취소 또는 집행해제의 신청은 실질적으로 집행신청의 취하에 해당하고, 이는 다른 특별한 사정이 없는 한 가압류 자체의 신청을 취하하는 것과 마찬가지로 그에게 권리행사의 의사가 없음을 객관적으로 표명하는 행위로서 위 법 규정에 의하여 시효중단의 효력이 소멸한다고 봄이 상당하다. 이러한 점은 위와 같은 집행취소의 경우 그 취소의 효력이 단지 장래에 대하여만 발생한다는 것에 의하여 달라지지 아니한다(대판 2010.10.14. 2010다53273).

답 ❷

31
□□□

부당한 보전처분과 손해배상에 관한 다음 설명 중 가장 옳지 않은 것은?(다툼이 있는 경우 판례
·예규에 따르고 전원합의체 판결의 경우 다수의견에 의함. 이하 같음)

2023년 법무사시험 [문 1]

① 가압류집행 후에 집행채권자가 본안소송에서 패소확정되었다면 특별한 반증이 없는 한 집행채권자는 채무자에게 그 부당한 집행으로 인한 손해를 배상하여야 하는데, 만일 가압류채무자가 가압류 이후 가압류청구금액을 공탁하고 그 집행취소결정을 받았다면 가압류채무자는 적어도 위 가압류집행으로 인하여 위 공탁금에 대한 민사법정이율 상당 이자와 공탁금이율 상당 이자의 차액 상당의 손해를 입었다고 할 것이다.

② 가압류채권자가 본안소송에서 패소하여 그의 과실이 추정되더라도 패소 확정된 금액에 관해서 제1심은 이를 인용하였으나 항소심에서 결론을 달리한 사정이 인정되고, 가압류채무자가 업무상배임죄로 유죄판결을 받았다거나 사실관계 및 소송의 경과가 복잡하였다는 등의 사정이 있으면 부당 보전처분에 대한 가압류채권자의 과실 추정이 번복된다.

③ 본안소송에서 패소확정된 처분금지가처분의 집행채권자인 피고가 그 신청이유로서 주장한 피보전권리의 존부가 사실관계의 차이에 의한 것이 아니라 원고와 소외인 사이의 화해조서의 기판력 범위에 관한 법적 해석 내지는 평가상의 차이에 기인한 것이고, 그에 대한 피고의 법적 견해가 가처분 법원과 본안소송의 제2심에서 인용된 바 있었다면 피고가 피보전권리가 있다고 믿었음에 과실이 있다고 할 수 없다.

④ 운송 도중 화재로 운송물이 전소된 데 대하여 화주가 운송인을 상대로 손해배상청구권을 피보전권리로 한 가압류집행을 하고 본안소송이 대법원에서 파기환송되자 소를 취하하였지만, 그 사유가 실화책임에 관한 법률 소정의 "중대한 과실" 유무에 대한 법적 해석 및 평가상의 차이에 기인한 것이라면 부당가압류로 인한 손해배상책임이 있다고 할 수는 없다.

⑤ 사용금지가처분의 집행을 받은 자가 제3자이의의 소를 제기하여 제1심에서 그 가처분집행을 불허하는 취지의 승소판결과 가집행의 선언이 있었음에도 불구하고 집행정지나 가처분에 대한 해제조치를 취하지 않음으로써 손해가 증대되었다면 과실상계를 하여야 한다.

....

[❶▸O] [1] 가압류나 가처분 등 보전처분은 법원의 재판에 의하여 집행되는 것이기는 하나 그 실체상 청구권이 있는지 여부는 본안소송에 맡기고 단지 소명에 의하여 채권자의 책임하에 하는 것이므로, 그 집행 후에 집행채권자가 본안소송에서 패소확정되었다면 그 보전처분의 집행으로 인하여 채무자가 입은 손해에 대하여는 특별한 반증이 없는 한 집행채권자에게 고의 또는 과실이 있다고 추정되고, 따라서 그 부당한 집행으로 인한 손해에 대하여 이를 배상하여야 할 책임이 있다. [2] 가압류채무자가 가압류 이후 가압류청구금액을 공탁하고 그 집행취소결정을 받았다면, 가압류채무자는 적어도 위 가압류집행으로 인하여 위 공탁금에 대한 민사법정이율인 연 5푼 상당의 이자와 공탁금이율인 연 1푼 상당 이자의 차액 상당의 손해를 입었다고 할 것이다(대판 1992.9.25. 92다8453).

[❷▸×] 가압류채권자가 본안소송에서 패소하여 그의 과실이 추정되는 경우, 패소 확정된 금액에 관해서 제1심은 이를 인용하였으나 항소심에서 결론을 달리한 사정이 있기는 하지만 그 금액은 가압류채권자에게 귀책사유 있는 잘못된 충당행위로 인한 손해임이 본안소송에서 이미 확정된 이상 가압류채무자가 업무상배임죄로 유죄판결을 받았다거나 사실관계 및 소송의 경과가 복잡하였다는 사정만으로 부당 보전처분에 대한 가압류채권자의 과실 추정이 번복되지는 않는다(대판 1999.9.3. 98다3757).

[**❸ ▸ ○**] 본안 소송에서 패소확정된 처분금지가처분의 집행채권자인 피고가 그 신청이유로서 주장한 피보전권리의 존부가 사실관계의 차이에 의한 것이 아니라 원고와 소외인 사이의 화해조서의 기판력 범위에 관한 법적 해석 내지는 평가상의 차이에 기인된 것이고 피고의 그에 대한 법적 견해가 가처분법원과 본안 소송의 제2심에서 인용된 바 있었다면 피고가 피보전권리가 있다고 믿었음에 과실이 있다고 할 수 없다(대판 1980.11.25. 80다730).

[**❹ ▸ ○**] 운송 도중 화재로 운송물이 전소된 데 대하여 화주가 운송인을 상대로 손해배상청구권을 피보전권리로 한 가압류집행을 하고 본안소송이 대법원에서 파기환송되자 소를 취하하였지만, 그 사유가 실화책임에 관한 법률 소정의 "중대한 과실" 유무에 대한 법적 해석 및 평가상의 차이에 기인한 것이라고 보아 부당가압류로 인한 손해배상책임을 부정한 사례이다(대판 1993.3.23. 92다49454).

[**❺ ▸ ○**] 사용금지가처분의 집행을 받은 자가 제3자 이의의 소를 제기하여 1심에서 그 가처분집행을 불허하는 제지의 승소판결과 가집행의 선언이 있었음에도 불구하고 집행정지 등 그 해제배치를 취하지 않음으로서 손해가 증대되었다면 채권자에게도 과실이 있다 할 것이므로 그 과실상계를 해야 한다(대판 1970.11.30. 70다2218).

답 ❷

PART

06

상업등기법
및 비송사건절차법

상업등기 총론

제1장 상업등기제도

01
☐☐☐

상업등기의 등기사항에 관한 다음 설명 중 가장 옳지 않은 것은? 기출수정

2023년 법무사시험 [문 37]

① 등기사항이란 상법 또는 다른 법령에 의하여 상업등기부에 등기하도록 정하여진 사항을 말하며, 공시할 필요가 있다고 해서 무조건 등기할 수 있는 것은 아니고, 법령에 의하여 등기할 수 있는 사항으로 규정된 것만 등기할 수 있다.

② 이사 등의 직무집행정지 가처분과 달리, '신청인의 피신청인을 상대로 한 이사회결의무효확인등청구사건의 본안판결 확정 시까지 신청인은 피신청인의 공동대표이사의 지위에 있음을 임시로 정한다.'는 내용의 가처분은 등기할 수 없다.

③ 주식회사의 등기사항과 관련하여 상호, 본점의 소재지, 목적은 본점의 등기사항이다.

④ 상법은 제3편 회사에서 등기의무자가 등기기간 내에 등기사항을 등기하지 않으면 과태료를 부과한다는 규정을 두고 있다.

⑤ '사건이 등기할 사항이 아닌 경우'에는 등기관은 그 등기신청을 각하하여야 하지만, 이를 간과하고 등기가 실행되었더라도 등기관은 그 등기를 직권으로 말소할 수는 없다.

....

[**❶ ▶ ○**] 등기사항이란 상법, 상업등기법 등 법령에 의하여 상업등기부에 등기하도록 정하여진 사항을 말한다. 즉 공시할 필요가 있다고 해서 무조건 등기할 수 있는 것은 아니고 법령에 의하여 등기할 수 있는 사항으로 규정된 것만 등기할 수 있다. 상업 실무 1

[**❷ ▶ ○**] 이사 등의 직무집행정지 또는 직무대행자선임의 가처분(상법 제183조의2, 제265조, 제407조, 제415조, 제542조 제2항, 제567조, 제570조, 제613조 제2항, 민법 제52조의2 등)과 달리, '신청인의 피신청인을 상대로 한 이사회결의무효확인등청구사건의 본안판결 확정 시까지 신청인은 피신청인의 공동대표이사의 지위에 있음을 임시로 정한다.'는 내용의 가처분(이하 '지위보전가처분'이라 한다)은

그것을 등기할 수 있도록 하는 법령의 규정이 없으므로 등기할 수 없다. 지위보전가처분은 등기할 사항이 아니므로, 등기되었더라도 일정한 절차를 거쳐 등기관에 의해 직권으로 말소되어야 한다(비송사건절차법 제159조 제2호, 제234조 내지 제237조)(상업등기선례 제2-88호).

[**③ ▶ ○**] 상법 제317조 제2항 제1호

> **상법 제317조(설립의 등기)**
> ② 제1항의 설립등기에 있어서는 다음의 사항을 등기하여야 한다.
> 　　1. 제289조 제1항 제1호 내지 제4호(목적, 상호, 회사가 발행할 주식의 총수, 액면주식을 발행하는 경우 1주의 금액), 제6호(본점의 소재지)와 제7호(회사가 공고를 하는 방법)에 게기한 사항

[**④ ▶ ○**] <u>상법 제635조 제1항 제1호는 상법 제3편 회사편에서 정한 등기를 게을리한 경우에 과태료를 부과하도록 하고 있다.</u> 즉, 회사 등기의 경우 상법 제181조 내지 제183조와 그 준용규정, 제317조 제1항, 제549조 제1항 등에서 정한 등기기간 내에 등기하지 않은 경우 제635조 제1항 제1호에 의하여, 과태료를 부과한다.

> **상법 제635조(과태료에 처할 행위)**
> ① 회사의 발기인, 설립위원, 업무집행사원, 업무집행자, 이사, 집행임원, 감사, 감사위원회 위원, 외국회사의 대표자, 검사인, 제298조 제3항·제299조의2·제310조 제3항 또는 제313조 제2항의 공증인, 제299조의2·제310조 제3항 또는 제422조 제1항의 감정인, 지배인, 청산인, 명의개서대리인, 사채모집을 위탁받은 회사와 그 사무승계자 또는 제386조 제2항·제407조 제1항·제415조·제542조 제2항 또는 제567조의 직무대행자가 <u>다음 각 호의 어느 하나에 해당하는 행위를 한 경우에는 500만원 이하의 과태료를 부과한다.</u> 다만, 그 행위에 대하여 형(刑)을 과(科)할 때에는 그러하지 아니하다.
> 　　1. 이 편(編)(제3편 회사)에서 정한 등기를 게을리한 경우

[**⑤ ▶ ×**] 등기관은 등기를 마친 후 그 등기가 상업등기법 제77조 각 호의 사유의 어느 하나에 해당하는 것을 발견한 때에는 같은 법 제78조부터 제81조까지의 절차에 따라 직권으로 등기를 말소한다. 직권으로 말소할 수 있는 사유는 신청에 의하여 말소할 수 있는 사유(상업등기법 제77조 각 호의 사유)와 동일하다(상업등기법 제78조 제1항 참조). '사건이 등기할 사항이 아닌 경우'는 등기신청의 각하사유(상업등기법 제26조 제2호)이자 동시에 직권말소 사유에도 해당한다(상업등기법 제77조 제1호, 제78조 제1항). 따라서 '사건이 등기할 사항이 아닌 경우'에는 등기관은 그 등기신청을 각하하여야 하고, 이를 간과하고 등기가 실행되었더라도 등기관은 그 등기를 직권으로 말소하여야 한다.

> **상업등기법 제78조(등기의 직권말소의 통지 등)**
> ① 등기관은 <u>등기를 마친 후 그 등기가 제77조 각 호의 어느 하나에 해당되는 것임을 발견하였을</u> 때에는 등기를 한 자에게 1개월 이내의 기간을 정하여 그 기간 이내에 이의를 진술하지 아니하면 <u>등기를 말소한다는 뜻을 통지하여야</u> 한다.
>
> **상업등기법 제77조(말소등기의 신청)**
> 등기 당사자는 등기가 다음 각 호의 어느 하나에 해당하는 경우에는 그 등기의 말소를 신청할 수 있다.
> 　　1. 제26조 제1호부터 제3호까지에 해당하는 사유가 있는 경우
> 　　2. 등기된 사항에 무효의 원인이 있는 경우(소로써만 그 무효를 주장할 수 있는 경우는 제외한다)

답 ❺

제2절　등기의 효력

02
☐☐☐

등기사항과 등기효력에 관한 다음 설명 중 가장 옳지 않은 것은? 기출수정

2024년 법무사시험 [문 42]

① 개인상인의 상호에 관한 등기(상법 제22조)의 변경등기는 절대적 등기사항이다.
② 회사는 지배인의 선임과 그 대리권의 소멸에 관하여 본점소재지에서 등기하여야 한다.
③ 외국회사가 영업소를 설치하는 경우 대한민국에서의 같은 종류의 회사 또는 가장 비슷한 회사가 주식회사인 경우에는 본국에서의 공고방법 및 제616조의2에 따른 대한민국에서의 공고방법을 영업소의 소재지에서 등기하여야 한다.
④ 등기사항을 등기하기 전에는 선의의 제3자에 대하여만 대항할 수 없을 뿐 악의 또는 중과실의 제3자에게는 대항할 수 있고, 등기한 후에는 선의의 제3자에게도 대항할 수 있는데, 제3자가 정당한 사유로 이를 알지 못한 때에도 대항할 수 있다.
⑤ 상업등기에는 공신력이 인정되지 아니하므로, 진실과 다른 내용이 등기되더라도 그 등기사항을 믿고 거래한 제3자는 보호를 받지 못하는데, 예외적으로 법률상 또는 사실상 추정력이 인정되는 경우가 있다.

···

[❶ ▶ ○] 등기사항은 대부분 절대적 등기사항이지만 개인상인의 상호의 등기(상법 제22조), 상호를 속용하는 영업양수인의 면책등기(상법 제42조 제2항 전문) 등은 상대적 등기사항이다. 그러나 상대적 등기사항이라 하더라도 일단 등기를 한 경우에는 그 변경 또는 소멸의 등기는 절대적 등기사항이 된다(상법 제40조). 상업 실무 1

상법 제22조(상호등기의 효력)

타인이 등기한 상호는 동일한 특별시·광역시·시·군에서 동종영업의 상호로 등기하지 못한다.

상법 제40조(변경, 소멸의 등기)

등기한 사항에 변경이 있거나 그 사항이 소멸한 때에는 당사자는 지체 없이 변경 또는 소멸의 등기를 하여야 한다.

[**❷** ▸ ○] 상인은 지배인의 선임과 그 대리권의 소멸에 관하여 영업소(회사의 경우 본점을 말한다)의 소재지에서 등기하여야 한다. 제12조(공동지배인) 제1항에서 규정한 사항을 등기하는 경우와 그 사항을 변경하는 경우에도 같다(상법 제13조).

[**❸** ▸ ○] 상법 제614조 제2항 제8호

상법 제614조(대표자, 영업소의 설정과 등기)

② 외국회사가 제1항의 영업소를 설치하는 경우에는 그 설치일부터 3주일 내에 영업소의 소재지에서 다음 각 호의 사항을 등기하여야 한다.

1. 목 적
2. 상 호
3. 회사를 대표할 자의 성명·주소 및 주민등록번호(외국인인 경우 외국인등록번호로 하되, 외국인등록번호가 없는 경우에는 생년월일로 한다)
4. 공동으로 회사를 대표할 것을 정한 때에는 그 규정
5. 본점의 소재지
6. 영업소의 소재지(다른 영업소의 소재지는 제외한다)
7. 회사의 존립기간 내지 해산사유를 정한 때에는 그 기간 또는 사유
8. 대한민국에서의 같은 종류의 회사 또는 가장 비슷한 회사가 주식회사인 경우에는 본국에서의 공고방법 및 제616조의2에 따른 대한민국에서의 공고방법

[**❹** ▸ ✕] 등기사항을 등기한 때에는 선의의 제3자에게도 대항할 수 있지만 등기사항을 등기한 후라도 제3자가 정당한 사유로 이를 알지 못한 때에는 당사자는 그 등기사항으로써 제3자에게 대항하지 못한다 (상법 제37조 제2항). 상업 실무 1

상법 제37조(등기의 효력)

① 등기할 사항은 이를 등기하지 아니하면 선의의 제3자에게 대항하지 못한다.
② 등기한 후라도 제3자가 정당한 사유로 인하여 이를 알지 못한 때에는 제1항과 같다.

[**❺** ▸ ○] 상업등기는 객관적 사실을 공시하는 제도이므로 객관적 사실과 상위한 사항을 등기하더라도 원칙적으로 아무런 효력이 생기지 않는다. 즉 상업등기에는 공신력이 인정되지 아니하므로 진실과 다른 내용이 등기되더라도 그 등기사항을 믿고 거래한 제3자는 보호를 받지 못한다. 대법원도 회사등기에는 공신력이 인정되지 아니하므로 합자회사의 사원에 관한 등기가 부실등기인 경우 그 부실등기를 믿고 합자회사 사원의 지분을 양수하였다 하여 그 지분을 양수한 것으로는 될 수 없다는 뜻의 판시를 한 바 있다(대판 1996.10.29. 96다19321 참조). … 상업등기에는 원칙적으로 등기된 사항이 진실하다는 사실상의 추정력이 있다. … 상업등기에는 예외적으로 등기된 사항이 적법하다는 법률상 추정력이 인정되는 경우가 있다. 이 경우 입증책임이 전환된다. 예를 들어, 상법 제23조 제4항은 동일한 서울특별시·광역시·시·군에서 동종영업으로 타인이 등기한 상호를 사용하는 자는 부정한 목적으로 사용하는 것으로 추정하므로 상호의 등기에는 이와 같은 법률상의 추정력이 부여되어 있다. 상업 실무 1

답 **❹**

제4절 | **등기 등의 공시 및 인감증명**

03
☐☐☐

등기사항증명서의 발급 등 등기의 공시에 관한 다음 설명 중 가장 옳지 않은 것은?

2025년 법무사시험 [문 39]

① 종이 폐쇄등기부를 열람하고자 하는 사람은 폐쇄등기부 열람신청서를 작성하여 관할 등기소에 제출하여야 한다. 다만 종이 폐쇄등기부를 전자촬영한 이미지에 의한 폐쇄등기부는 관할 등기소 외의 다른 등기소에서도 열람할 수 있다.

② 폐쇄된 등기용지에 이루어진 청산종결등기의 말소신청이 접수될 경우, 등기관은 그 사건의 처리가 종료될 때까지 폐쇄된 등기용지의 등·초본이 발급되지 않도록 하여야 한다. 이 경우 전자촬영한 이미지에 의한 폐쇄등기부 등·초본도 발급할 수 없다.

③ 등기기록의 부속서류는 이해관계 있는 부분만 열람을 신청할 수 있으므로 등기신청서와 그 첨부서면 등의 열람은 법률상 이해관계가 있는 자만이 신청할 수 있다. 법률상 이해관계가 있음을 판단하여야 하기 때문에 전자문서로 작성된 신청서 기타 부속서류의 열람은 관할 등기소에서 하여야 한다.

④ 인터넷등기소의 경우 현재 유효사항·말소사항 포함·폐쇄사항의 전부 또는 일부증명서를 발급하되, 모바일 기기에서 사용되는 인터넷등기소 애플리케이션에 의하여 발급하는 전자등기사항증명서의 종류는 등기사항전부증명서(말소사항 포함)·등기사항전부증명서(현재 유효사항)·등기사항전부증명서(폐쇄사항)로 한다.

⑤ 임원, 지배인, 상호사용자, 제한능력자, 법정대리인의 주민등록번호 중 뒷부분 7자리 숫자를 가리고 등기사항증명서를 발급하거나 등기기록을 열람하도록 하여 원칙적으로 주민등록번호의 공시를 제한하고 있다.

⋯⋯⋯

[❶ ▸ ○] 폐쇄등기부를 열람하고자 하는 자는 [별지 제4호 양식]의 열람신청서를 작성하여 관할 등기소에 제출하여야 한다. 다만 종이 폐쇄등기부를 전자촬영한 이미지에 의한 폐쇄등기부 열람은 관할 등기소 외에 다른 등기소에서도 할 수 있다[등기예규 제1825호 7. 가. 1)].

[❷ ▸ ○] 등기예규 제1829호 제6조 제1항

> ❑ **등기예규 제1829호[전산접수할 수 없는 등기신청서의 접수 방법 등에 관한 예규]**
> **제6조(등기부 등·초본 등의 발급 정지)**
> ① 폐쇄된 등기용지상 청산종결등기의 말소등기 신청서가 접수되면 등기관은 폐쇄된 등기용지의 등·초본과 인감에 관한 증명서가 발급되지 않도록 하여야 한다.
> ② 등기관이 폐쇄된 등기용지를 부활하여 청산종결등기의 말소등기 등을 한 후에도 등기용지가 전산등기부로 개제되기까지는 등기용지의 등·초본과 인감에 관한 증명서를 발급하지 않는다.

[❸ ▸ ×] 등기기록의 부속서류에 대해서는 이해관계 있는 부분만 열람을 신청할 수 있다(상업등기법 제15조 제1항 단서). 전자문서로 작성된 신청서 기타 부속서류의 열람은 관할 등기소가 아닌 다른 등기소에서도 할 수 있다(상업등기규칙 제26조 제3항).

[❹ ▸ ○] 등기예규 제1825호 5. 가. 1), 2)

> **□ 등기예규 제1825호[법인 등의 등기사항증명서 발급 등에 관한 업무처리지침]**
> 5. 인터넷등기소를 통한 등기사항증명서의 발급 및 등기기록의 열람
>   가. 발급가능한 등기사항증명서의 종류
>   1) 인터넷등기소에 의하여 발급하는 등기사항증명서의 종류는 등기사항전부증명서(말소사항 포함)·등기사항전부증명서(현재 유효사항)·등기사항전부증명서(폐쇄사항)·등기사항일부증명서(말소사항 포함)·등기사항일부증명서(현재 유효사항)·등기사항일부증명서(폐쇄사항)로 한다.
>   2) 위 1)에도 불구하고 모바일 기기에서 사용되는 인터넷등기소 애플리케이션에 의하여 발급하는 전자등기사항증명서의 종류는 등기사항전부증명서(말소사항 포함)·등기사항전부증명서(현재 유효사항)·등기사항전부증명서(폐쇄사항)로 한다.

[❺ ▸ ○] 등기예규 제1825호 8. 가., 나. (1)

> **□ 등기예규 제1825호[법인 등의 등기사항증명서 발급 등에 관한 업무처리지침]**
> 8. 주민등록번호의 공시 제한
>   가. 대상 및 범위
>   등기부에 기록된 임원, 지배인, 상호사용자, 제한능력자, 법정대리인(다음부터 "임원 등"이라 한다)의 주민등록번호 뒷부분 7자리 숫자
>   나. 등기사항증명서 작성 및 열람 방법
>   (1) 원 칙
>   (가) 등기사항증명서는 등기부에 기록된 임원 등의 표시에 관한 사항 중 주민등록번호 뒷부분 7자리 숫자를 가리고(예 000000 - *******) 작성하여 이를 교부한다.
>   (나) 등기부의 열람은 등기부에 기록된 임원 등의 주민등록번호 뒷부분 7자리 숫자를 가린 등기기록을 열람에 제공한다.

답 ❸

등기기록의 열람 또는 등기사항증명서의 발급에 관한 다음 설명 중 가장 옳지 않은 것은?
2022년 법무사시험 [문 38]

① 등기기록의 열람 및 등기사항증명서의 발급 신청은 관할 등기소가 아닌 다른 등기소에서도 할 수 있다.

② 인터넷등기소를 통하여 등기기록의 열람은 가능하지만 등기사항증명서는 발급할 수 없다.

③ 등기사항일부증명서는 대법원예규로 정하는 바에 따라 상호, 법인등록번호 등 해당 등기기록을 특정할 수 있는 사항과 신청인이 청구한 사항을 기록한다.

④ 등기신청이 접수된 등기기록에 관하여는 그 등기기록에 등기신청사건이 접수되어 처리 중에 있다는 뜻을 등기사항증명서에 표시하여 발급할 수 있다.

⑤ 회사의 등기사항전부증명서를 발급함에 있어서, 지점 또는 지배인에 관한 신청이 없는 경우에는 그에 관한 기록을 생략하고 등기사항전부증명서를 발급할 수 있다.

....

[**❶ ▶ ○**] 제1항에 따른 등기기록의 열람 및 등기사항증명서의 발급 신청은 관할 등기소가 아닌 다른 등기소에서도 할 수 있다(상업등기법 제15조 제2항).

[**❷ ▶ ✕**] 민원인은 등기기록에 기록되어 있는 내용의 전부 또는 일부를 인터넷을 통하여 볼 수 있고, <u>등기기록에 기록되어 있는 내용의 전부나 일부를 증명하는 서면을 인터넷을 통하여 발급받을 수 있다</u>(등기예규 제1806호 제2조 제1항 제1호 · 제2호).

[**❸ ▶ ○**] 등기사항일부증명서는 대법원예규로 정하는 바에 따라 상호, 법인등록번호 등 해당 등기기록을 특정할 수 있는 사항과 신청인이 청구한 사항을 기록한다(상업등기규칙 제30조 제2항).

[**❹ ▶ ○**] 등기신청이 접수된 등기기록에 관하여는 등기관이 그 등기를 마칠 때까지 등기사항증명서를 발급하지 아니한다. 다만, 그 등기기록에 등기신청사건이 접수되어 처리 중에 있다는 뜻을 등기사항증명서에 표시하여 발급할 수 있다(상업등기규칙 제31조 제3항).

[**❺ ▶ ○**] 법인 또는 합자조합에 대한 등기사항전부증명서를 작성함에 있어, 지점(분사무소를 포함) 또는 지배인(대리인을 포함)에 관한 신청이 없는 경우에는 그 기재를 생략하고, 증명문구에 기재를 생략하였다는 뜻을 덧붙여 적는다[등기예규 제1825호 3. 다. 1) (ㄴ)].

답 ❷

05 □□□
상업등기법에 따라 등기소에 제출하는 인감 및 그 인감의 증명에 관한 다음 설명 중 가장 옳지 않은 것은?(다툼이 있는 경우 판례·예규 및 선례에 따르고 전원합의체 판결의 경우 다수의견에 의함. 이하 같음) **2025년 법무사시험 [문 36]**

① 법원의 결정에 의하여 선임된 일시 대표이사의 직무를 행할 자도 대표자로서 등기를 신청하기 위해서는 상업등기법에 따른 인감을 등기소에 제출하여야 한다.

② 회사 설립을 위한 상호의 가등기는 발기인 또는 사원이 그 등기를 신청하여야 하는데, 발기인 또는 사원은 상업등기법에 따른 인감을 등기소에 제출할 필요는 없으며, 신청서 또는 위임장에 인감증명법에 따라 신고한 인감을 날인하고 그 인감증명을 제공하여야 한다.

③ 직무집행정지 가처분의 등기가 된 법인의 대표자는 법인을 대표하여 등기를 신청할 권한이 없지만, 상업등기법에 따른 인감에 관한 증명서를 발급받을 수는 있다.

④ 회생절차의 보전관리인, 관리인, 관리인대리, 파산절차의 파산관재인, 파산관재인대리는 상업등기법에 따른 인감을 등기소에 제출하고 그 인감에 관한 증명서의 발급을 신청할 수 있다.

⑤ 상업등기법에 따른 인감은 대조에 적당하고, 가로·세로 2.4센티미터의 정사각형 안에 들어갈 수 있는 것이어야 하며, 가로·세로 1센티미터의 정사각형 안에 들어가는 것이 아니어야 한다.

....

[❶ ▶ ○] 법원의 결정에 의하여 선임된 일시 대표이사의 직무를 행할 자의 그 선임에 관한 등기, 법원의 가처분결정에 의하여 선임된 대표이사 등의 직무대행자와 파산관재인·관리인·국제도산관리인의 그 선임에 관한 등기는 제1심 수소법원 또는 법원사무관 등의 촉탁에 의하여 이루어지므로(비송사건절차법 제107조 제4호, 민사집행법 제306조 참조) 인감신고 없이 등기가 되겠지만, 그 후에 자신의 권한 범위 내에서 당해 회사에 관한 다른 등기를 신청할 때에는 그 등기를 신청하기 전에 미리 인감을 제출하여야 한다(상업등기법 제25조 제1항 참조).

[❷ ▶ ○] '회사 설립을 위한 상호의 가등기'는 발기인 또는 사원이 그 등기를 신청하여야 하는데(상업등기법 제38조 제1항 참조), 발기인 또는 사원은 상업등기법에 따른 인감을 등기소에 제출할 필요는 없으며(상업등기법 제25조 제3항 제3호), 다만, 신청인의 권한 유무를 확인하기 위하여 신청서 또는 위임장(대리인의 권한을 증명하는 서면)에 인감증명법에 따라 신고한 인감을 날인하고 그 인감증명을 제공하여야 한다(상업등기규칙 제80조 제2항).

> **상업등기규칙 제80조(상호의 가등기 등)**
> ② 유한책임회사, 주식회사 또는 유한회사의 설립에 관계된 상호의 가등기를 신청하는 경우에는 신청서 또는 대리인의 권한을 증명하는 서면에 「인감증명법」에 따라 신고한 인감을 날인하고 그 인감증명과 설립하려는 회사의 정관을 제공하여야 한다.

[❸ ▶ ✕] 직무집행정지 가처분의 등기가 된 법인의 대표자에 대한 인감증명서는 발급하지 아니한다(등기예규 제1832호 제13조 제1항 제1호).

> □ **등기예규 제1832호[인감의 제출·관리와 인감증명서 발급 및 전자인감증명서에 관한 업무처리지침]**
> **제13조(인감증명서의 발급 제한)**
> ① 폐지된 인감 및 <u>다음 각 호의 자에 대한 인감증명서는 발급하지 아니한다.</u>
>   1. 직무집행정지 가처분의 등기가 된 법인의 대표자
>   2. 채무자 회생 및 파산에 관한 법률에 따른 보전관리·회생절차개시·파산선고의 등기가 된 법인의 대표자, 지배인, 대리인

    3. 등기기록상 존립기간(합자조합의 경우에는 존속기간을 말한다)이 만료된 법인의 대표자, 지배인, 대리인
    4. 해산간주된 법인의 대표자, 지배인, 대리인
    5. 본점이전등기의 신청 등과 같이 인감제출자에 관한 사항에 변경이 발생하는 변경등기 또는 경정등기의 신청이 접수되어 처리 중에 있는 해당 등기기록의 인감제출자

[❹ ▸ O] 상업등기법 제16조 제1항 제2호

상업등기법 제16조(인감증명)
① 다음 각 호의 어느 하나에 해당하는 사람은 수수료를 내고 대법원규칙으로 정하는 바에 따라 그 인감에 관한 증명서의 발급을 신청할 수 있다.
    1. 제25조에 따라 인감을 등기소에 제출한 사람
    2. 지배인, 「채무자 회생 및 파산에 관한 법률」에 따른 파산관재인·파산관재인대리·관리인·보전관리인·관리인대리·국제도산관리인 및 국제도산관리인대리로서 그 인감을 등기소에 제출한 사람

[❺ ▸ O] 인감은 대조에 적당하고 가로·세로 2.4센티미터의 정사각형 안에 들어갈 수 있는 것이어야 하며, 가로·세로 1센티미터의 정사각형 안에 들어가는 것이 아니어야 한다(상업등기규칙 제35조 제4항).

 답 ❸

06
□□□

인감증명서 발급과 전자인감증명서에 관한 다음 설명 중 가장 옳지 않은 것은?
2025년 법무사시험 [문 47]

① 등기기록상 존립기간이 만료된 법인의 대표자, 지배인, 대리인에 대한 인감증명서는 발급하지 아니한다.
② 인감카드와 그 비밀번호 또는 전자증명서와 인감증명서 발급용 비밀번호를 제시하면 인감제출자 본인 또는 대리권을 수여받은 대리인임을 확인함이 없이 인감증명서 발급신청을 할 권한이 있는 것으로 본다. 다만, 효력이 정지된 인감카드 또는 인감증명서 발급기능의 효력이 정지된 전자증명서로는 인감증명서를 발급받을 수 없다.
③ 무인발급기를 이용해서도 인감증명서를 발급할 수 있다. 다만, 부동산매도용 또는 자동차매도용 인감증명서는 매수자가 2인 이하인 경우에 한하여 매수자의 인적사항을 미리 인터넷등기소에 등록하는 절차를 거쳤을 때에만 무인발급기로 발급받을 수 있다.
④ 전자인감증명서 발급시스템의 이용승인을 받은 자는 인터넷등기소에서 상호, 인감제출자의 성명, 용도, 제출기관 등을 입력하고 전자증명서 및 보안매체에 의하여 본인확인을 거친 후 전자인감증명서 발급을 신청할 수 있다.
⑤ 전자인감증명서 발급신청인은 전자인감증명서 발급증을 발급받아 법원행정처장이 공고로써 지정한 행정기관 등에 제출하는 방법으로 전자인감증명서를 활용한다. 이 경우 발급증은 지정 행정기관 등에 하나의 용도로 한 번만 제출할 수 있다.

[❶ ▸ ○] 등기예규 제1832호 제13조 제1항 제3호

> ❑ **등기예규 제1832호[인감의 제출·관리와 인감증명서 발급 및 전자인감증명서에 관한 업무처리지침]**
> **제13조(인감증명서의 발급 제한)**
> ① 폐지된 인감 및 <u>다음 각 호의 자에 대한 인감증명서는 발급하지 아니한다.</u>
> 1. 직무집행정지 가처분의 등기가 된 법인의 대표자
> 2. 「채무자 회생 및 파산에 관한 법률」에 따른 보전관리·회생절차개시·파산선고의 등기가 된 법인의 대표자, 지배인, 대리인
> 3. <u>등기기록상 존립기간(합자조합의 경우에는 존속기간을 말한다)이 만료된 법인의 대표자, 지배인, 대리인</u>
> 4. 해산간주된 법인의 대표자, 지배인, 대리인
> 5. 본점이전등기의 신청 등과 같이 인감제출자에 관한 사항에 변경이 발생하는 변경등기 또는 경정등기의 신청이 접수되어 처리 중에 있는 해당 등기기록의 인감제출자
> ② 제1항의 경우 등기관은 인감증명서가 발급되지 않도록 조치를 하여야 한다.

[❷ ▸ ×] 2025.1.24. 개정 등기예규에서는 보안토큰 기능이 있는 HSM USB(전자증명서)의 단종과 인감증명서 발급기능의 소멸에 따라 <u>HSM USB는 전자증명서로만 사용할 수 있고, 인감증명서 발급용으로는 더 이상 사용할 수 없도록 하였다</u>(등기예규 제1832호 제10조 제2항 참조).

> ❑ **등기예규 제1832호[인감의 제출·관리와 인감증명서 발급 및 전자인감증명서에 관한 업무처리지침]**
> **제10조(인감증명서의 발급신청)**
> ① 인감증명서 발급신청을 할 때에는 [별지 제5-가호 양식] 및 [별지 제5-나호 양식]의 인감증명서 발급신청서를 작성하여 제출하고, 인감카드와 그 비밀번호를 제시하여야 한다.
> ② <u>인감카드와 그 비밀번호를 제시하면 인감제출자 본인 또는 대리권을 수여받은 대리인임을 확인함이 없이 인감증명서 발급신청을 할 권한이 있는 것으로 본다. 다만 효력이 정지된 인감카드로는 인감증명서를 발급받을 수 없다.</u>
> ③ 인감증명서의 용도가 부동산매도용 또는 자동차(「자동차관리법」 제5조에 따라 등록된 자동차를 말한다. 이하 같다)매도용인 경우에는 인감증명서 발급신청서에 매수자의 성명(법인명), 부동산등기용등록번호(주민등록번호, 법인등록번호 등) 및 주소(본점 또는 주사무소 소재지)를 기재하여야 한다.
> ④ 부동산매도용 또는 자동차매도용 인감증명서 발급신청을 할 때에는 매수자의 인석사항을 미리 인터넷등기소에 등록한 후, 입력확인번호나 입력확인서를 등기소에 제출하여 매수자 정보가 포함된 인감증명서를 발급받을 수 있다.

[❸ ▸ ○] 등기예규 제1832호 제14조 제1항

> ❑ **등기예규 제1832호[인감의 제출·관리와 인감증명서 발급 및 전자인감증명서에 관한 업무처리지침]**
> **제14조(무인발급기에 의한 인감증명서의 발급)**
> ① 무인발급기(신청인이 발급에 필요한 정보를 스스로 입력하여 증명서를 발급받을 수 있게 하는 장치를 말한다. 이하 같다)로는 부동산매도용 또는 자동차매도용 인감증명서를 발급하지 아니한다. <u>다만 부동산매매계약 또는 자동차매매계약의 매수자가 2인 이하일 경우에 제10조 제4항에 따른 인터넷등기소의 사전등록절차를 거쳤을 때에는 그러하지 아니하다.</u>
> ② 등기소는 해당 등기소의 실정에 맞게 무인발급기의 사용방법을 게시하고 신청인이 문의할 경우 사용방법을 안내하여야 한다.

> ❑ **등기예규 제1832호[인감의 제출·관리와 인감증명서 발급 및 전자인감증명서에 관한 업무처리지침]**
> **제36조(전자인감증명서 발급신청 및 활용)**
> ① 발급시스템의 이용승인을 받은 자는 <u>인터넷등기소</u>에서 상호, 인감제출자의 성명, 용도, 제출기관 등을 입력하고 <u>전자증명서 및 보안매체에 의하여 본인확인</u>을 거친 후 전자인감증명서 발급을 신청할 수 있다. 이 경우 「등기사항증명서 등 수수료 규칙」 제5조 제2항에서 정한 수수료를 납부하여야 한다.
> ② 제1항의 신청인은 발급확인번호, 용도, 제출기관 등이 기재된 [별지 제19호 양식]의 전자인감증명서 발급증(이하 "발급증"이라 한다)을 발급받아 규칙 제42조의3 제1항의 법원행정처장이 공고로써 지정한 행정기관 등(이하 "지정 행정기관등"이라 한다)에 제출하는 방법으로 전자인감증명서를 활용한다. 이 경우 <u>발급증은 지정 행정기관등에 하나의 용도로 한 번만 제출할 수 있다.</u>

답 ❷

제2장 등기신청절차

---

07 □□□ **상업등기신청 시 첨부정보에 관한 다음 설명 중 가장 옳은 것은?** 2025년 법무사시험 [문 45]

① 복대리인이 복위임을 받아 등기를 신청하는 경우에는 대리인의 복대리인에 대한 위임장만 첨부정보로 제공하면 족하다.

② 첨부정보가 외국어로 작성된 경우에도 번역문을 함께 제공할 필요가 없다.

③ 유한회사가 주식회사와 합병하여 합병 후 존속하는 회사 또는 합병으로 인하여 설립되는 회사가 주식회사인 때에는 법원의 인가서를 첨부정보로 제공해야 한다.

④ 주민등록법에 따른 주민등록표등본·초본 및 가족관계의 등록 등에 관한 법률에 따른 가족관계등록 사항별증명서를 첨부정보로 제출하는 경우에는 발행일로부터 6개월 이내의 것을 제출하면 족하다.

⑤ 첨부정보로 제출한 첨부서류 원본은 반환받을 수 없다.

....

[❶ ▸ ×] 복대리인이 복위임을 받아 등기를 신청하는 경우 <u>본인의 대리인에 대한 위임장과 대리인의 복대리인에 대한 위임장을 각각 첨부정보로 제공하여야</u> 한다. 만약, 본인의 대리인에 대한 위임장에 복대리인 선임에 관한 기재가 없음에도 복대리인이 등기를 신청하는 경우에는 <u>복대리인 선임에 대한 본인의 승낙이 있음을 증명하는 서면을 첨부정보로 제공하여야</u> 한다(민법 제120조, 상업등기규칙 제52조 제1항 제1호 참조).

[❷ ▸ ×] 첨부정보가 외국어로 작성된 경우에는 그 번역문을 함께 제공하여야 한다(상업등기규칙 제52조 제5항).

[**❸ ▸ O**] 유한회사가 주식회사와 합병하는 경우에 합병 후 존속하는 회사 또는 합병으로 인하여 설립되는 회사가 주식회사인 때에는 법원의 인가를 얻지 아니하면 합병의 효력이 없다(상법 제600조 제1항). 따라서 그 등기를 신청하는 경우에는 법원의 인가서를 첨부정보로 제공하여야 한다(상업등기규칙 제52조 제1항 제2호).

상업등기규칙 제52조(첨부정보)

① 등기를 신청하는 경우에는 다음 각 호의 정보를 그 신청정보와 함께 첨부정보로서 등기소에 제공하여야 한다.

　1. 대리인에 의하여 등기를 신청하는 경우에는 그 권한을 증명하는 정보

　2. 관청의 허가 또는 인가를 필요로 하는 사항의 등기를 신청하는 경우에는 그 허가 또는 인가가 있음을 증명하는 정보

　3. 주소, 주민등록번호(주민등록번호가 없는 재외국민 또는 외국인의 경우에는 외국인등록번호 · 국내거소신고번호 또는 생년월일을 말한다)를 등기하여야 하는 경우에는 이를 증명하는 정보

　4. 성명 또는 주소의 변경에 관한 등기를 신청하는 경우에는 그 사실을 증명하는 정보

[**❹ ▸ ✕**] 첨부정보 중 「주민등록법」에 따른 주민등록표등본 · 초본과 「인감증명법」에 따른 인감증명 및 「가족관계의 등록 등에 관한 법률」에 따른 가족관계등록사항별증명서는 발행일부터 3개월 이내의 것이어야 한다(상업등기규칙 제52조 제4항).

[**❺ ▸ ✕**] 첨부정보로 제출한 첨부서류 원본도 반환받을 수 있다. 다만, 등기신청에 첨부된 위임장 등 해당 등기신청만을 위하여 작성한 서류나 인감증명, 법인등기사항증명서, 주민등록표등본 · 초본, 가족관계등록사항별증명서 등 별도의 방법으로 다시 취득할 수 있는 서류에 대해서는 반환을 청구할 수 없다(상업등기규칙 제66조 제1항 참조).

상업등기규칙 제66조(원본인 첨부서류의 반환)

① 신청서에 첨부한 원본인 서류의 반환을 청구하는 경우에 신청인은 그 원본과 같다는 뜻을 적은 사본을 첨부하여야 하고, 등기관이 서류의 원본을 반환할 때에는 그 사본에 원본 반환의 뜻을 적고 기명날인하여야 한다. 다만, 다음 각 호의 서류에 대해서는 반환을 청구할 수 없다.

　1. 등기신청에 첨부된 위임장 등 해당 등기신청만을 위하여 작성한 서류

　2. 인감증명, 법인등기사항증명서, 주민등록표등본 · 초본, 가족관계등록사항별증명서 등 별도의 방법으로 다시 취득할 수 있는 서류

② 대리인이 제1항의 청구를 할 때에는 신청서에 그 권한을 증명하는 서면을 첨부하여야 한다.

---

 ❸

① 등기기록상 존립기간이 만료된 법인의 대표자도 전자증명서를 발급받을 수 있다.

② 회사의 등기된 지배인과 특수법인의 등기된 대리인은 등기신청권한이 없으므로 전자증명서 발급을 청구할 수 없다.

③ 변경등기에 의하여 등기기록의 내용과 전자증명서에 기록된 내용이 서로 달라진 경우라도 전자증명서를 변경 발급받을 필요는 없다.

④ 자격자대리인이 위임인으로부터 받은 위임장에 해당하는 첨부서면을 전자적 이미지 정보로 변환하여 송신할 수 있는 등기신청의 경우에는, 위임장에 해당하는 첨부정보를 전자적 이미지 정보로 송신할 때에 위임인의 전자증명서 또는 인증서를 송신할 필요가 없다.

⑤ 주금납입금보관증명서에 해당하는 정보는 신청인이 금융기관에 요청하여 수신한 정보를 송신하는 방법으로 제출할 수 있으나 잔고증명서는 그러하지 아니하다.

....

[**❶** ▸ ×] 등기예규 제1850호 제4조 제3호

> ❑ **등기예규 제1850호[전자증명 및 보안매체에 관한 업무처리지침]**
> **제4조(전자증명서의 발급 제한)**
> 다음 각 호의 사람에게는 전자증명서를 발급하지 아니한다.
>   1. 직무집행정지의 등기가 된 법인의 대표자
>   2. 「채무자 회생 및 파산에 관한 법률」에 따라 보전관리, 회생절차개시 또는 파산선고의 등기가 된 법인의 대표자 및 지배인
>   3. 등기기록상 존립기간이 만료된 법인의 대표자 및 지배인
>   4. 같은 자격으로 이미 유효한 전자증명서를 발급받은 사람
>   5. 제8조 제2항 제1호와 제2호의 사항에 변경을 가져오는 등기신청이 접수되어 처리 중에 있는 해당 법인의 인감제출자

[**❷** ▸ ×] 등기예규 제1850호 제3조 제1항 제4호

> ❑ **등기예규 제1850호[전자증명 및 보안매체에 관한 업무처리지침]**
> **제3조(전자증명서의 발급을 신청할 수 있는 사람)**
> ① 등기소에 인감을 제출한 다음 각 호의 사람은 전자증명서의 발급을 신청할 수 있다.
>   1. 법인의 대표자. 다만 대표권을 2인 이상이 공동으로 행사하는 법인은 모든 대표자가 언제나 공동하여서만 대표권을 행사할 수 있는 경우에 한하여 전자증명서의 발급을 청구할 수 있다.
>   2. 법인 대표자의 직무대행자로 법원의 결정에 따라 선임된 사람
>   3. 「채무자 회생 및 파산에 관한 법률」에 따른 관리인, 관리인대리, 보전관리인, 파산관재인, 파산관재인대리, 국제도산관리인, 국제도산관리인대리
>   4. 회사의 등기된 지배인, 특수법인의 등기된 대리인

[**❸** ▸ ×] 변경등기에 의하여 등기기록의 내용과 전자증명서에 기록되는 내용이 달라진 경우에는 <u>전자증명서를 변경 발급받아야 한다</u>(상업등기규칙 제49조 제1항).

[**❹** ▶ ○] 등기예규 제1855-1호 제7조 제2항 단서, 제10조 제4항 단서

> ❏ **등기예규 제1855-1호[상업등기 및 법인등기의 전자신청 절차 등에 관한 업무처리지침]**
>
> **제7조(신청정보 및 첨부정보의 송신 등)**
> ② 신청정보 또는 등기신청에 관한 대리권한을 증명하는 서면(이하 "위임장"이라 한다)에 해당하는 첨부정보는 반드시 제1항의 인터넷등기소에서 전자문서로 작성하여야 한다. 다만 다음 각 호의 하나에 해당하는 등기신청의 경우 위임장에 해당하는 첨부정보는 별지 제3호 양식의 위임장을 전자적 이미지 정보로 변환[스캐닝]하여 송신할 수 있다.
>   1. 대표자 주소 또는 주민등록번호의 변경이나 경정등기
>   2. 대표자를 제외한 임원(회사, 민법법인 및 특수법인의 사원, 이사, 감사, 감사위원회 위원, 지배인ㆍ대리인 등을 말한다)의 변경이나 경정등기
>
> **제10조(전자증명서 등의 송신)**
> ④ 자격자대리인이 위임장에 해당하는 첨부정보를 송신할 때에는 위임인의 전자증명서 또는 인증서(제2항의 등기신청권자의 위임에 따라 전자신청을 하는 경우)를 함께 송신하여야 한다. 다만 제7조 제2항 단서의 방법으로 작성된 첨부정보를 송신하는 경우에는 그러하지 아니하다.

[**❺** ▶ ×] 첨부정보 중 주금납입보관증명서 또는 잔고증명서에 해당하는 정보는 신청인이 금융기관에 요청하여 수신한 정보를 송신하는 방법으로 제출할 수 있다(등기예규 제1855-1호 제7조 제5항).

답

09
□□□

> 상업등기 신청 시 첨부정보에 관한 다음 설명 중 가장 옳지 않은 것은?
> 2023년 법무사시험 [문 38]

① 변호사나 법무사 등 자격자대리인이 상업등기 및 법인등기를 전자신청할 때 위임인으로부터 받은 첨부서면인 공증인의 인증을 받은 법인 총회 등의 의사록 등을 전자적 이미지 정보로 변환(스캐닝)하여 송신하는 경우에는 위임인의 전자증명서 또는 공인인증서를 함께 송신하여야 하는데, 이때 전자적 이미지 정보로 변환(스캐닝)된 문서에 공증인법 제66조의6에 따라 공증인의 인증을 받아야 한다.

② 법인의 전자증명서 또는 개인의 공인인증서에 기초한 전자서명정보가 있는 경우에는, 법인인감 또는 인감증명법에 따라 신고한 인감의 날인이 있는 것으로 본다.

③ 법인등기의 전자신청 시 첨부정보에 해당하는 서면을 스캐닝하여 파일로 송신하면서 신청인 및 작성명의인의 전자서명정보를 함께 송신한 경우의 첨부정보는 단순한 스캔문서가 아닌 전자문서에 해당하므로, 자격자대리인이 아닌 당사자도 첨부정보로 송신할 수 있다.

④ 법인의사록의 인증과 사서증서의 인증은 인증의 대상, 인증 시 제출하여야 하는 서면, 내용, 인증 이후 서류의 보관방법 등이 다르고 공증인법에서도 별도로 규정하고 있으므로, 법인등기신청서에 첨부하여야 할 법인의 총회 또는 이사회 의사록의 인증방법으로는 법인의사록의 인증방식만 가능하고 사서증서의 인증방식으로는 할 수 없다.

⑤ 유통산업발전법 제8조 제1항은 "대규모점포를 개설하려는 자는 영업을 시작하기 전에 산업통상자원부령으로 정하는 바에 따라 상권영향평가서 및 지역협력계획서를 첨부하여 특별자치시장ㆍ시장ㆍ군수ㆍ구청장에게 등록하여야 한다."고 규정하고 있는데, 상법상의 회사가 같은 법 제2조 제3호 및 관련 별표 규정의 대형마트, 백화점 등을 등기기록의 목적란에 추가하는 변경등기를 신청할 때 관할 지방자치단체장에게 등록하였음을 증명하는 정보는 상업등기규칙 제52조 제1항 제2호의 첨부정보가 아니다.

[**❶** ▸ ✕] 변호사나 법무사 등 자격자대리인이 상업등기 및 법인등기를 전자신청할 때 위임인으로부터 받은 첨부서면인 공증인의 인증을 받은 법인 총회 등의 의사록 등을 전자적 이미지 정보로 변환(스캐닝)하여 송신하는 경우에는 위임인의 전자증명서 또는 공인인증서를 함께 송신하여야 하는데, 이때 <u>전자적 이미지 정보로 변환(스캐닝)된 문서에 공증인법 제66조의6에 따라 공증인의 인증을 받아야 하는 것은 아니다</u>(상업등기선례 제2-4호).

□ **등기예규 제1855-1호[상업등기 및 법인등기의 전자신청 절차 등에 관한 업무처리지침]**

제10조(전자증명서 등의 송신)

⑥ 자격자대리인이 <u>첨부정보를 제7조 제3항 제1호의 전자적 이미지 정보로 송신할 때에는 위임인의 전자증명서 또는 인증서(제2항의 등기신청권자의 위임에 따라 전자신청을 하는 경우)를 함께 송신하여야 한다.</u> 다만 제7조 제2항 단서 각 호의 등기신청의 경우에는 그러하지 아니하다.

제7조(신청정보 및 첨부정보의 송신 등)

③ 위임장 이외의 첨부정보도 원칙적으로 전자문서로 송신하여야 한다. 다만 다음 각 호에 해당하는 경우에는 그러하지 아니하다.

   1. <u>자격자대리인이 위임인으로부터 받은 첨부서면(인감증명법에 따른 인감증명서와 그 인감을 날인한 서면, 본인서명사실 확인 등에 관한 법률에 따른 본인서명사실확인서와 그 서명을 한 서면, 전자본인서명확인서발급증과 관련 서명을 한 서면은 제외한다)을 스캔하거나 제25조 제1항의 애플리케이션에서 제공하는 촬영 기능을 통해 전자적 이미지 정보로 변환하여 송신할 수 있다.</u>
   2. 공증인법 제66조의6에 따라 인증받은 전자화문서를 송신하는 경우

[**❷** ▸ ○] 법인의 전자증명서 또는 개인의 공인인증서에 기초한 전자서명정보가 있는 경우에는, 법인인감 또는 인감증명법에 따라 신고한 인감의 날인이 있는 것으로 본다(상업등기선례 제201611-2호).

[**❸** ▸ ○] 법인등기의 전자신청 시 첨부정보에 해당하는 서면을 스캐닝하여 파일로 송신하면서 신청인 및 작성명의인의 전자서명정보를 함께 송신한 경우의 첨부정보는 단순한 스캔문서(등기예규 제1612호 제6조 제3항 제1호 등에 해당하는 스캔문서)가 아닌 전자문서에 해당하므로, 자격자대리인이 아닌 당사자도 첨부정보로 송신할 수 있다(상업등기선례 제201611-2호).

[**❹** ▸ ○] 법인의사록의 인증과 사서증서의 인증은 인증의 대상, 인증 시 제출하여야 하는 서면, 내용, 인증 이후 서류의 보관방법 등이 다르고 공증인법에서도 별도로 규정하고 있으므로, 법인등기신청서에 첨부하여야 할 법인의 총회 또는 이사회 의사록의 인증방법으로는 법인의사록의 인증방식만 가능하고 사서증서의 인증방식으로는 할 수 없다(상업등기선례 제2-5호).

[**❺** ▸ ○] 유통산업발전법 제8조 제1항은 "대규모점포를 개설하려는 자는 영업을 시작하기 전에 산업통상자원부령으로 정하는 바에 따라 상권영향평가서 및 지역협력계획서를 첨부하여 특별자치시장·시장·군수·구청장에게 등록하여야 한다."고 규정하고 있는데, 이는 영업에 관한 등록으로서 영업수행을 위한 요건이며 등기할 사항의 효력요건이 아니므로, 상법상의 회사가 같은 법 제2조 제3호 및 관련 별표 규정의 대형마트, 백화점 등을 등기기록의 목적란에 추가하는 변경등기를 신청할 때 관할 지방자치단체장에게 등록하였음을 증명하는 정보는 상업등기규칙 제52조 제1항 제2호의 첨부정보가 아니다(상업등기선례 제201812-1호).

답 ❶

상업등기에 있어서의 인감의 제출 및 인감증명에 관한 다음 설명 중 가장 옳지 않은 것은?

2021년 법무사시험 [문 49]

① 회사의 대표자가 제출한 인감의 문자에는 회사의 상호가 기재되어 있어야 하나, 제출자의 자격(대표이사 등)이 기재되어 있을 필요는 없다.

② 회사의 대표자가 2인 이상인 경우에 등기를 신청하는 대표자만 인감을 제출하여도 된다.

③ 인감을 제출한 사람이 그 자격을 상실하거나 개인 또는 인감의 폐지 신고를 한 경우 등기관은 인감에 관한 기록을 폐쇄하여야 한다.

④ 파산 선고의 등기가 된 회사의 대표자에 대하여는 인감증명을 발급하지 아니한다.

⑤ 채무자 회생 및 파산에 관한 법률에 따른 관리인과 관리인대리는 인감을 등기소에 제출한 후 그 인감증명의 발급을 신청할 수 있다.

[❶ ▸ ✕] 상업등기(민법법인·특수법인등기의 경우도 동일함)의 신청서에 날인할 자는 미리 그 인감을 등기소에 제출하여야 하는바, 그 인감의 문자에 관하여는 법령에 특별한 규정이 없으므로 반드시 회사의 상호나 제출자의 자격 등이 기재되어 있을 필요는 없으며, 제출자의 개인성명 또는 성명이 아닌 다른 문자나 형상을 새긴 인감을 제출하는 것도 무방하지만 그 인감은 대조에 적합하고 일정한 크기의 것이어야 한다(상업등기선례 제1-29호).

[❷ ▸ ○] 법인의 대표자가 2인 이상인 경우 등기를 신청하는 대표자만 인감을 제출하여도 된다. 다만, 공동으로 대표권을 행사하여야 하는 자가 등기를 신청할 경우에는 공동으로 대표권을 행사하도록 되어 있는 자 전원의 인감을 제출하여야 한다(등기예규 제1832호 제2조 제2항).

[❸ ▸ ○] 인감을 제출한 사람이 그 자격을 상실하거나 개인(改印) 또는 인감의 폐지신고를 한 경우 등기관은 인감에 관한 기록을 폐쇄하여야 한다(상업등기규칙 제38조 제1항).

[❹ ▸ ○] 등기예규 제1832호 제13조 제1항 제2호

> ❑ **등기예규 제1832호[인감의 제출·관리와 인감증명서 발급 및 전자인감증명서에 관한 업무처리지침]**
> **제13조(인감증명서의 발급 제한)**
> ① 폐지된 인감 및 다음 각 호의 자에 대한 인감증명서는 발급하지 아니한다.
>   1. 직무집행정지 가처분의 등기가 된 법인의 대표자
>   2. 채무자 회생 및 파산에 관한 법률에 따른 보전관리·회생절차개시·파산선고의 등기가 된 법인의 대표자, 지배인, 대리인
>   3. 등기기록상 존립기간(합자조합의 경우에는 존속기간을 말한다)이 만료된 법인의 대표자, 지배인, 대리인
>   4. 해산간주된 법인의 대표자, 지배인, 대리인
>   5. 본점이전등기의 신청 등과 같이 인감제출자에 관한 사항에 변경이 발생하는 변경등기 또는 경정등기의 신청이 접수되어 처리 중에 있는 해당 등기기록의 인감제출자

[❺ ▸ ○] 상업등기법 제16조 제1항 제2호

> **상업등기법 제16조(인감증명)**
> ① 다음 각 호의 어느 하나에 해당하는 사람은 수수료를 내고 대법원규칙으로 정하는 바에 따라 그 인감에 관한 증명서의 발급을 신청할 수 있다.
>   1. 제25조에 따라 인감을 등기소에 제출한 사람
>   2. 지배인, 채무자 회생 및 파산에 관한 법률에 따른 파산관재인·파산관재인대리·관리인·보전관리인·관리인대리·국제도산관리인 및 국제도산관리인대리로서 그 인감을 등기소에 제출한 사람

답 ❶

① 회사의 공고는 관보 또는 시사에 관한 사항을 게재하는 일간신문에 하여야 하므로, 회사의 설립등기를 신청하는 경우 정관 및 등기신청서의 일간신문 명칭에는 '일간'이라는 단어가 기재되어야 한다.

② 사회복지법인의 설립 근거 법률인 사회복지사업법에는 등기사항에 관한 규정이 없으므로 민법법인의 등기사항에 관한 규정이 준용된다. 따라서 사회복지법인의 대표이사를 등기할 때에는 대표권제한규정이 등기사항이다.

③ 공증인법에 따라 법인등기를 할 때 그 신청서류에 첨부되는 법인 총회 등의 의사록에는 공증인의 인증을 받아야 하는데, 해당 법인의 정관에 비로소 근거하여 설치된 별도의 기관인 위원회의 의사록에 대하여는 공증인의 인증을 받을 필요가 없다.

④ 신주발행에 의한 변경등기의 신청 시 '발행주식의 총수와 그 종류 및 각각의 수, 자본금의 총액의 변경등기, 종류주식의 내용의 등기' 전부에 대해 1건의 등기신청수수료를 납부하여야 한다.

⑤ 자본금 총액이 10억원 미만인 주식회사를 발기설립하는 경우 납입금 보관을 증명하는 정보로 은행 그 밖의 금융기관의 잔고증명서를 제출할 수 있는데, 인터넷으로 발급한 잔고증명서를 제출할 수는 없다.

[**❶** ▸ ✕]   회사의 공고는 관보 또는 시사에 관한 사항을 게재하는 일간신문에 하여야 하는데, <u>회사의 설립등기를 신청하는 경우 정관 및 등기신청서에 일간신문 명칭(예 한국○○신문, 한○○신문, 경○신문 등) 그대로 기재하면 되고, '일간' 단어를 추가로 기재할 필요는 없다</u>(상업등기선례 제202403-1호).

[**❷** ▸ ✕]   상업등기선례 제202405-1호

> ❑ **상업등기선례 제202405-1호**
> 1. 사회복지법인의 설립 근거 법률인 사회복지사업법에는 등기사항에 관한 규정이 없으므로 민법법인의 등기사항에 관한 규정이 준용된다.
> 2. 그런데 사회복지법인의 대표이사는 정관에 정해진 바에 따라 이사 중에서 호선으로 선출되어 단독으로 대표권이 있고, 사회복지사업법에 규정되어 있는 임원으로 법률상 명칭 그대로 공시할 필요성이 있으므로 '대표이사'로 등기하여야 한다. 한편, <u>사회복지법인의 대표이사는 법률에 의해 단독으로 대표권이 있으므로 대표권제한규정은 등기사항이 아니다.</u>

[**❸** ▸ ✕]   상업등기선례 제202105-1호

> ❑ **상업등기선례 제202105-1호**
> 1. 「공증인법」 제66조의2 제1항에 따라 법인등기를 할 때 그 신청서류에 첨부되는 법인 총회 등의 의사록은, 동조 단서에 해당하지 않는 한 공증인의 인증을 받아야 하므로, 해당 법인의 설립근거가 된 개별 법령에 근거하여 설치된 법인의 기관 의사록에 대하여 공증인의 인증을 받아야 하는 것은 물론이고, <u>해당 법인의 정관에 비로소 근거하여 설치된 별도의 기관인 위원회의 의사록에 대하여도 법인등기의 첨부서면으로서 공증인의 인증을 받아야 한다.</u>
> 2. 해당 특수법인의 특별법(민법 중 사단법인에 관한 사항을 준용하는 경우 등을 포함한다)에서 이사의 임면에 관한 규정을 정관으로 정하도록 하여 그 정관에서 회장(대표권 있는 이사)은 총회에서 선임하고 이사는 총회에서 선임한 회장이 위촉하는 전형위원에서 선임한다고 정한 경우, 회장 및 이사의 변경등기를 신청하기 위하여는 각 선임을 증명하는 정보로 회장(대표권 있는 이사)은 '공증인의 인증을 받은 사원총회의사록'이, 이사(대표권 없는 이사)는 '공증인의 인증을 받은 전형위원회 의사록'이 해당될 수 있다.

[❹ ▸ ○] 상업등기선례 제201911-1호

□ **상업등기선례 제201911-1호**

1. 법인등기 신청 시 수수료는 「등기사항증명서 등 수수료규칙」 제5조의3 제2항에 의해 각 등기목적에 따라 산정한다.
2. 신주발행에 의한 변경등기의 신청 시 '발행주식의 총수와 그 종류 및 각각의 수, 자본금의 총액의 변경등기, 종류주식의 내용의 등기' 전부에 대해 1건의 등기신청수수료를 납부하여야 한다.
3. 종류주식의 발행에 따른 변경등기를 신청하는 경우 정관에 기재되어 있는 '종류주식의 내용'에 관한 등기도 함께 신청하여야 하나(종류주식의 등기에 관한 예규 제3조 제1항), '종류주식의 내용'란은 발행신주의 내용을 명확하게 공시하기 위한 것에 불과하므로 이에 대하여 별도의 수수료를 납부할 필요가 없다.

[❺ ▸ ×] 상업등기선례 제202106-4호

□ **상업등기선례 제202106-4호**

1. 자본금 총액이 10억원 미만인 주식회사를 발기설립하는 경우, 납입금 보관을 증명하는 정보로 은행 그 밖의 금융기관의 잔고증명서를 제출할 수 있으며(상법 제295조, 제318조 제3항), 인터넷으로 발급한 잔고증명서도 동일하다.
2. 인터넷전문은행(인터넷전문은행 설립 및 운영에 관한 특례법 제2조)이 발급한 잔고증명서도 제출이 가능하며, 인터넷전문은행의 특성으로 물리적 장소 개념의 지점 기재가 없더라도, 잔고가 확실히 증명된다면 유효한 첨부정보에 해당한다.

답 ❹

12

□□□

등기신청의 각하사유에 관한 다음 설명 중 가장 옳은 것은?　　2022년 법무사시험 [문 50]

① 정관에서 정하는 대표이사의 직무대행자에 관한 사항은 법률상 등기사항이 아니므로, 이에 관한 등기를 신청한 경우에는 '사건이 등기할 사항이 아닌 경우'로서 각하사유에 해당한다.
② 관공서에서 우편을 이용하여 등기를 촉탁한 경우에는 '신청인 또는 그 대리인이 출석하지 아니한 경우'로서 각하사유에 해당한다.
③ 등기할 사항에 무효의 원인이 있는 경우에는 각하사유에 해당하지만, 등기할 사항에 취소의 원인이 있는 경우에는 각하사유에 해당하지 아니한다.
④ 동일한 특별시, 광역시, 시 또는 군에서 동종의 영업을 위하여 다른 상인이 등기한 상호와 유사한 상호의 등기를 신청한 경우에는 각하사유에 해당한다.
⑤ 회사가 아니면 상호에 '회사'임을 표시하는 문자를 사용하지 못하지만, 각하사유에 해당하는 것은 아니다.

⋯⋯⋯

[**❶** ▸ O] 법령에 의하여 등기할 사항으로 정하여지지 않은 것은 등기능력이 없으므로 이에 관한 등기신청은 상업등기법 제26조 제2호에 의하여 각하하여야 한다. 정관에서 정하는 대표이사의 직무대행자에 관한 사항은 등기할 사항이 아닌 것으로 등기관이 신청을 각하하여야 한다(상업등기선례 제1-368호, 제1-434호 등 참조).

> ❑ **상업등기선례 제1-434호**
> 중소기업협동조합중앙회의 회장이 사임함에 따라 임시총회를 개최하여 정관에 따라 지명한 회장직무대행자는 법률상 등기사항이 아니므로 이를 등기할 수 없다.

[**❷** ▸ ×] 방문신청의 방법으로 등기를 신청할 때에 신청인 또는 그 대리인이 등기소에 출석하지 아니한 경우에는 등기관이 신청을 각하하여야 한다(상업등기법 제26조 제5호). 그러나 촉탁에 따른 등기의 경우에는 우편을 이용하여 신청정보 및 첨부정보를 적은 서면을 등기소에 제출하는 방법으로 등기를 신청할 수 있어 이에 해당하지 않는다(상업등기법 제24조 제2항).

[**❸** ▸ ×] 등기할 사항에 <u>무효 또는 취소의 원인이 있는 경우</u> 각하사유가 된다(상업등기법 제26조 제10호).

[**❹** ▸ ×] 동일한 특별시, 광역시, 특별자치시, 시(행정시를 포함) 또는 군(광역시의 군은 제외)에서는 동종의 영업을 위하여 다른 상인이 등기한 상호와 동일한 상호는 등기할 수 없고(상업등기법 제29조), 이러한 등기할 수 없는 <u>동일상호의 등기 또는 가등기</u>를 신청한 경우에는 각하사유가 된다(상업등기법 제26조 제13호). 그러나 유사상호의 등기 또는 가등기의 신청은 각하사유에 해당하지 아니한다.

[**❺** ▸ ×] <u>사건이 법령의 규정에 따라 사용이 금지된 상호의 등기 또는 가등기를 목적으로 하는 경우</u>에는 각하사유가 되는데(상업등기법 제26조 제14호), 회사가 아니면 상호에 회사임을 표시하는 문자를 사용하지 못하므로(상법 제20조) 이러한 신청은 각하사유가 된다.

> **상업등기법 제26조(신청의 각하)**
> 등기관은 다음 각 호의 어느 하나에 해당하는 경우에만 이유를 적은 결정으로 신청을 각하하여야 한다. 다만, 신청의 잘못된 부분이 보정될 수 있는 경우로서 등기관이 보정을 명한 날의 다음 날까지 신청인이 그 잘못된 부분을 보정하였을 때에는 그러하지 아니하다.
> 1. 사건이 그 등기소의 관할이 아닌 경우
> 2. <u>사건이 등기할 사항이 아닌 경우</u>
> 3. 사건이 그 등기소에 이미 등기되어 있는 경우
> 4. 신청할 권한이 없는 사람이 신청한 경우
> 5. 제24조 제1항 제1호에 따라 등기를 신청할 때에 신청인 또는 그 대리인이 출석하지 아니한 경우
> 6. 신청정보의 제공이 이 법과 대법원규칙으로 정한 방식에 맞지 아니한 경우
> 7. 제25조에 따라 인감을 제출하지 아니하거나 등기신청서 등 인감을 날인하여야 하는 서면에 찍힌 인감이 같은 조에 따라 제출된 인감과 다른 경우
> 8. 등기에 필요한 첨부정보를 제공하지 아니한 경우
> 9. 신청정보와 첨부정보 및 이와 관련된 등기기록(폐쇄한 등기기록을 포함한다)의 각 내용이 일치하지 아니한 경우
> 10. <u>등기할 사항에 무효 또는 취소의 원인이 있는 경우</u>
> 11. 삭제 〈2024.9.20.〉
> 12. 동시에 신청하여야 하는 다른 등기를 동시에 신청하지 아니한 경우
> 13. <u>사건이 제29조에 따라 등기할 수 없는 상호의 등기 또는 가등기를 목적으로 하는 경우</u>
> 14. <u>사건이 법령의 규정에 따라 사용이 금지된 상호의 등기 또는 가등기를 목적으로 하는 경우</u>
> 15. 상호등기가 말소된 회사가 상호의 등기에 앞서 다른 등기를 신청한 경우
> 16. 사건이 제38조 제3항·제39조 제2항 또는 제40조 제1항 단서를 위반한 경우
> 17. 등록에 대한 등록면허세 또는 제22조 제3항에 따른 수수료를 내지 아니하거나 등기신청과 관련하여 다른 법률에 따라 부과된 의무를 이행하지 아니한 경우

 답 ❶

13
☐☐☐

제1심 수소법원이 등기를 촉탁하여야 할 사항에 해당하지 않는 것은?

2021년 법무사시험 [문 50]

① 회사의 청산인의 해임재판이 있는 경우
② 법원이 청산인을 선임한 경우
③ 합명회사, 합자회사 또는 유한회사의 설립을 취소하는 판결이 확정된 경우
④ 주식회사의 이사·감사·대표이사 또는 청산인이나 유한회사의 이사·감사 또는 청산인의 직무를 일시적으로 맡아 할 사람을 선임한 경우
⑤ 주식회사의 이사 또는 감사나 유한회사 이사의 해임판결이 확정된 경우

[**❶** ▸ O] [**❸** ▸ O] [**❹** ▸ O] [**❺** ▸ O]   비송사건절차법 제107조

비송사건절차법 제107조(그 밖의 등기촉탁을 할 경우)

다음 각 호의 어느 하나에 해당하는 경우에는 제1심 수소법원은 회사의 본점 소재지의 등기소에 그 등기를 촉탁하여야 한다.

1. 회사 청산인의 해임 재판이 있는 경우
2. 합명회사, 합자회사 또는 유한회사의 설립을 취소하는 판결이 확정된 경우
3. 합명회사 또는 합자회사의 사원 제명(除名) 또는 그 업무집행권한이나 대표권 상실의 판결이 확정된 경우
4. 주식회사의 이사·감사·대표이사 또는 청산인이나 유한회사의 이사·감사 또는 청산인의 직무를 일시적으로 맡아 할 사람을 선임한 경우
5. 주식회사의 이사 또는 감사나 유한회사 이사의 해임 판결이 확정된 경우
6. 주식회사의 창립총회 또는 주주총회나 유한회사의 사원총회가 결의한 사항이 등기된 경우에 결의취소·결의무효확인·결의부존재확인(決議不存在確認) 또는 부당결의의 취소나 변경의 판결이 확정된 경우
7. 주식회사의 신주 발행 또는 자본 감소의 무효판결이 확정된 경우
8. 주식회사의 주식 교환 또는 이전(移轉)의 무효판결이 확정된 경우
9. 유한회사의 자본 증가 또는 자본 감소의 무효판결이 확정된 경우

[**❷** ▸ ×]   청산인선임재판의 경우에는 촉탁에 관한 규정이 없으므로, 회사의 대표자인 청산인이 한다 (상업등기법 제23조 제1항 참조).

상업등기법 제23조(등기신청인)

① 회사의 등기는 법률에 다른 규정이 없는 경우에는 그 대표자가 신청한다.

답 **❷**

제4장 등기의 경정과 말소

다음 중 주식회사의 등기와 관련하여 등기관이 직권으로 말소하여야 하는 등기가 아닌 것은?
2025년 법무사시험 [문 42]

① 해산의 등기를 할 때 감사에 관한 등기
② 파산선고 취소의 등기를 할 때 파산관재인에 관한 등기
③ 회생절차종결의 등기를 할 때 법인의 대표자를 관리인으로 본다는 취지의 등기
④ 회사계속의 등기를 할 때 청산인에 관한 등기
⑤ 이사 선임결의의 부존재, 무효나 취소 또는 판결에 의한 해임의 등기를 할 때 그 이사가 대표이사인 경우 그 대표이사에 관한 등기

......

[**❶ ▶ ✕**] 해산의 등기를 할 때 '감사에 관한 등기'는 등기관이 직권으로 말소하여야 하는 등기가 아니다(상업등기규칙 제145조 참조).

> **상업등기규칙 제145조(해산등기와 이사 등에 관한 등기)**
> 해산등기를 할 때에는 이사, 대표이사, 집행임원, 대표집행임원에 관한 등기를 말소하여야 한다.

[**❷ ▶ ○**] 등기예규 제1777호 제16조 제1항

> ❑ **등기예규 제1777호[채무자 회생 및 파산에 관한 법률에 따른 법인등기 사무처리지침]**
> **제16조(파산취소, 파산폐지, 파산종결의 등기)**
> ① 등기관은 파산선고 취소의 등기를 한 때에는, 직권으로 파산선고의 등기, 파산관재인에 관한 등기, 파산관재인대리에 관한 등기를 말소하여야 한다.
> ② 등기관은 파산폐지 및 파산종결의 등기를 한 경우에는 당해 등기부를 폐쇄하여야 한다. 다만, 법 제538조의 동의에 의한 파산폐지의 등기를 한 경우에는 등기부를 폐쇄하지 아니하고, 직권으로 파산선고의 등기, 파산관재인, 파산관재인대리에 관한 등기를 말소하여야 한다.

[**❸ ▶ ○**] 등기예규 제1777호 제13조 제2항

> ❑ **등기예규 제1777호[채무자 회생 및 파산에 관한 법률에 따른 법인등기 사무처리지침]**
> **제13조(회생절차폐지 및 회생절차종결 등기)**
> ① 제10조 제1항, 제3항, 제4항의 규정은 회생절차폐지결정의 확정 또는 회생절차종결에 따른 등기에 준용한다.
> ② 회생절차폐지결정 또는 회생절차종결의 등기를 한 경우, 등기관은 직권으로 회생절차개시등기, 회생계획인가등기 및 관리인, 관리인대리, 또는 법 제74조 제4항에 의하여 법인의 대표자를 관리인으로 본다는 취지의 등기를 말소하여야 한다.
> ③ 회생계획에 따른 해산등기와 회생절차종결등기를 한 때에, 그 법인에 대하여 청산절차가 필요 없거나 청산절차가 종료되었음이 회생계획인가결정서, 회생절차종결결정서 등에 나타나면, 등기관은 해당 법인의 등기부를 직권으로 폐쇄하여야 한다.

[**❹** ▸ ○] 상업등기규칙 제109조 제1항, 제154조 제1항

> **상업등기규칙 제109조(회사계속등기)**
> ① 회사 해산 후 회사계속등기를 할 때에는 해산과 청산인에 관한 등기를 말소하여야 한다.
> ② 상법 제194조에 따른 회사계속등기를 신청하는 경우에는 설립무효 또는 설립취소 판결에 관한 정보를 제공하여야 한다.
> ③ 제2항의 등기를 할 때에는 설립무효 또는 설립취소와 청산인에 관한 등기를 말소하여야 한다.
>
> **상업등기규칙 제154조(합명회사에 관한 규정의 준용)**
> ① 주식회사의 등기에 관하여는 제99조, 제100조, 제102조, 제106조, 제107조, 제109조 제1항, 제110조 제2항, 제113조, 제115조 및 제116조를 준용한다.

[**❺** ▸ ○] 상업등기규칙 제132조

> **상업등기규칙 제132조(대표이사 또는 대표집행임원의 등기)**
> 이사 또는 집행임원의 선임결의의 부존재, 무효나 취소 또는 판결에 의한 해임의 등기를 하는 경우에 그 이사 또는 집행임원이 대표이사 또는 대표집행임원일 때에는 그 대표이사 또는 대표집행임원에 관한 등기도 말소하여야 한다.

답 ❶

---

15 ☐☐☐ **등기의 경정과 말소에 관한 다음 설명 중 가장 옳지 않은 것은?** 2022년 법무사시험 [문 44]

① 말소등기를 신청하는 경우에 등기에 무효원인이 있음이 그 등기의 신청정보 또는 첨부정보에 의하여 명백한 경우에도 그 무효원인이 있음을 증명하는 서면을 첨부정보로 제공해야만 한다.
② 등기에 착오나 빠진 부분이 있음이 그 등기의 신청정보 또는 첨부정보에 의하여 명백할 때에는 경정등기의 신청서에 그 뜻을 기재하고 착오나 빠진 부분이 있음을 증명하는 정보를 제공하지 아니할 수 있다.
③ 등기관은 등기의 착오나 빠진 부분이 등기관의 잘못으로 인한 것이었을 때에는 지체 없이 그 등기를 직권으로 경정하고 그 사실을 등기를 한 자에게 통지하여야 한다.
④ 말소등기를 신청하는 경우에 말소등기에 의하여 불이익을 받는 등기기록상의 이해관계인이 있는 때에는 그자의 동의서와 인감증명서를 첨부하여야 한다.
⑤ 등기된 사항에 무효의 원인이 있지만 소로써만 그 무효를 주장할 수 있는 경우에는 말소등기를 신청할 수 없다.

[❶▸×] [❷▸○] 상업등기규칙 제169조 제2항, 제167조 제2항

> **상업등기규칙 제169조(말소등기신청)**
> ① 법 제77조 제2호에 해당하는 말소등기를 신청하는 경우에는 무효의 원인이 있음을 증명하는 정보를 제공하여야 한다.
> ② 등기의 말소 신청에 관하여는 <u>제167조 제2항을 준용한다.</u>
>
> **상업등기규칙 제167조(경정등기신청)**
> ① 경정등기를 신청하는 경우에는 착오나 빠진 부분이 있음을 증명하는 정보를 제공하여야 한다.
> ② 등기에 착오나 빠진 부분이 있음이 그 등기의 신청정보 또는 첨부정보에 의하여 명백할 때에는 경정등기의 신청서에 그 뜻을 기재하고 <u>제1항의 첨부정보를 제공하지 아니할 수 있다.</u>

[❸▸○] 등기관은 등기의 착오나 빠진 부분이 등기관의 잘못으로 인한 것이었을 때에는 지체 없이 그 등기를 직권으로 경정하고 그 사실을 등기를 한 자에게 통지하여야 한다(상업등기법 제76조 제2항).
[❹▸○] 무효의 원인이 있는 등기를 말소하기 위해서는 등기신청인과 첨부정보로 제공된 서면에 말소사유와 모순된 기재를 한 작성명의인 전원이 무효의 원인이 있음을 증명함에 족한 서면을 첨부정보로 제공하여야 하는데, 그 서면에는 무효사유가 있다는 뜻이 기재되어 있고 각자의 인감의 날인이 있어야 한다. 이 경우 작성명의인 전원은 인감증명법에 따라 발급받은 인감증명서를 첨부하여야 한다. 또한 말소등기에 의하여 불이익을 받는 등기기록상의 이해관계인이 있는 때에는 그자의 동의서와 인감증명서도 첨부되어야 한다(상업등기선례 제1−66호 참조). `상업 실무 1`
[❺▸○] 상업등기법 제77조 제2호

> **상업등기법 제77조(말소등기의 신청)**
> 등기 당사자는 등기가 다음 각 호의 어느 하나에 해당하는 경우에는 그 등기의 말소를 신청할 수 있다.
>   1. 제26조 제1호부터 제3호까지에 해당하는 사유가 있는 경우
>   2. 등기된 사항에 무효의 원인이 있는 경우(<u>소로써만 그 무효를 주장할 수 있는 경우는 제외한다</u>)

답 ❶

제5장 등기관의 처분에 대한 이의

16
☐☐☐

등기관의 결정 또는 처분에 대한 이의에 관한 다음 설명 중 가장 옳은 것은?
2025년 법무사시험 [문 46]

① 등기관의 결정 또는 처분에 이의가 있는 회사는 본점 소재지를 관할하는 지방법원에 이의신청을 할 수 있다.
② 이의신청은 이의신청서를 제출하는 방법 외에 전산정보처리조직을 이용하여 이의신청정보를 보내는 방법으로도 가능하다.
③ 이의를 하려는 자는 등기관의 결정 또는 처분이 있은 날부터 1개월 이내에 이의신청을 하여야 한다.
④ 이의신청에는 집행정지의 효력이 있다.
⑤ 등기신청의 각하결정에 대한 이의신청에 따라 관할 지방법원이 그 등기의 기록명령을 하였다면 등기관은 신청인에게 첨부정보를 다시 등기소에 제공할 것을 명령할 수 없고, 그 기록명령에 따른 등기를 하여야 한다.

....

[❶▸✕] "본점 소재지를 관할하는 지방법원"이 아니라 "결정 또는 처분을 한 등기관이 속한 지방법원"이 관할 지방법원에 해당한다.

> **상업등기법 제82조(이의신청과 그 관할)**
> 등기관의 결정 또는 처분에 이의가 있는 자는 <u>그 결정 또는 처분을 한 등기관이 속한 지방법원</u>(이하 "관할 지방법원"이라 한다)에 이의신청을 할 수 있다.

[❷▸O] 2024.9.20. 개정 상업등기법(2025.1.31. 시행)에서 <u>전자 이의신청제도가 도입</u>되었다.

> **상업등기법 제83조(이의신청 방법)**
> 제82조에 따른 이의신청(이하 "이의신청"이라 한다)은 대법원규칙으로 정하는 바에 따라 결정 또는 처분을 한 등기관이 속한 등기소에 이의신청서를 제출하거나 <u>전산정보처리조직을 이용하여 이의신청정보를 보내는 방법</u>으로 한다.

[❸▸✕] 등기관의 결정 또는 처분에 대한 <u>이의신청기간에는 제한이 없으므로</u> 이의의 이익이 있는 한 언제라도 이의신청을 할 수 있다(등기예규 제1812호 제1조 제4항).
[❹▸✕] 이의신청에는 <u>집행정지의 효력이 없다</u>(상업등기법 제86조).
[❺▸✕] 등기신청의 각하결정에 대한 이의신청에 따라 관할 지방법원이 그 등기의 기록명령을 하였더라도, <u>등기관이 기록명령에 따른 등기를 하기 위하여 신청인에게 첨부정보를 다시 등기소에 제공할 것을 명령하였으나 신청인이 이에 응하지 아니한 경우에는 그 기록명령에 따른 등기를 할 수 없다</u>(등기예규 제1812호 제6조 제2항 제1호 라목).

⬜ **등기예규 제1812호[등기관의 처분에 대한 이의신청절차 등에 관한 업무처리지침]**

제6조(관할지방법원의 기록명령이나 가등기 또는 부기등기명령에 의한 등기)

② 기록명령에 따른 등기를 할 수 없는 경우

  1. 등기신청의 각하결정에 대한 이의신청에 따라 관할 지방법원이 그 등기의 기록명령을 하였더라도 다음 각 호의 어느 하나에 해당하는 경우에는 그 기록명령에 따른 등기를 할 수 없다.

     가. 권리이전등기의 기록명령이 있었으나, 그 기록명령에 따른 등기 전에 제3자 명의로 권리이전등기가 되어 있는 경우

     나. 지상권·지역권·전세권·임차권설정등기의 기록명령이 있었으나, 그 기록명령에 따른 등기 전에 동일한 부분에 지상권·전세권·임차권설정등기가 되어 있는 경우

     다. 말소등기의 기록명령이 있었으나 그 기록명령에 따른 등기 전에 등기상 이해관계인이 발생한 경우

     라. 등기관이 기록명령에 따른 등기를 하기 위하여 신청인에게 첨부정보를 다시 등기소에 제공할 것을 명령하였으나 신청인이 이에 응하지 아니한 경우

  2. 위 제호와 같이 기록명령에 따른 등기를 할 수 없는 경우에는 그 뜻을 관할 지방법원과 이의신청인에게 통지하여야 한다.

답 ❷

17
☐☐☐

등기관의 처분에 대한 이의에 관한 다음 설명 중 가장 옳지 않은 것은?

2021년 법무사시험 [문 48]

① 등기관의 결정 또는 처분에 이의가 있는 자는 관할 지방법원에 이의신청을 할 수 있다.

② 등기관의 결정이나 처분의 부당을 주장하는데 아무런 이해관계가 없는 사는 이의신청을 할 수 없다.

③ 등기관의 결정 또는 처분에 이의가 있는 자는 관할 지방법원에 이의신청서를 제출하여야 한다.

④ 등기관의 결정 또는 처분에 대한 이의는 집행정지의 효력이 없다.

⑤ 등기관이 등기를 완료한 처분에 대한 이해관계인의 이의에 대하여 관할법원이 이를 인용하여 그 등기의 말소를 명한 경우 말소의 대상이 된 당해 등기의 등기신청인은 항고할 수 있다.

....

[❶▸O] 등기관의 결정 또는 처분에 이의가 있는 자는 그 결정 또는 처분을 한 등기관이 속한 지방법원(이하 "관할 지방법원"이라 한다)에 이의신청을 할 수 있다(상업등기법 제82조).

[❷▸O] 등기관의 결정이나 처분의 부당을 주장하는 데 아무런 이해관계가 없는 자는 이의신청을 할 수 없다(대결 1987.3.18. 87마206). **법공 상업** 이와 관련하여 판례는, 등기공무원의 처분이 부당하다고 하여 부동산등기법 제178조에 의하여 이의신청을 할 수 있는 자는 등기상 직접적인 이해관계를 가진 자에 한한다 할 것이므로 등기의 신청인도 아니고 다만 등기공무원의 처분으로 보존등기가 된 토지의 대장상 소유자로 등재되었던 자의 상속인들은 등기상 직접적인 이해관계가 있다고 볼 수 없다고 판시하고 있다(대결 1987.3.18. 87마206).

[❸ ▸ ✕] 제82조에 따른 이의신청(이하 "이의신청"이라 한다)은 대법원규칙으로 정하는 바에 따라 <u>결정 또는 처분을 한 등기관이 속한 등기소에 이의신청서를 제출</u>하거나 전산정보처리조직을 이용하여 이의신청정보를 보내는 방법으로 한다(상업등기법 제83조).

[❹ ▸ ○] 이의신청에는 집행정지의 효력이 없다(상업등기법 제86조). 왜냐하면 등기사무는 그 성질상 신속을 요하므로 이의신청이 있다고 하여 결정 또는 처분의 집행을 정지하는 것이 타당하지 않기 때문이다. 상업 실무 1

[❺ ▸ ○] 상업등기법 제87조 제2항

상업등기법 제87조(이의신청에 대한 결정과 항고)
① 관할 지방법원은 이의신청에 대하여 이유를 붙여 결정을 하여야 한다. 이 경우 이의신청이 이유 있다고 인정하면 등기관에게 그에 해당하는 처분을 명령하고, 그 뜻을 이의신청인과 등기를 한 자에게 통지하여야 한다.
② 제1항의 결정에 대해서는 비송사건절차법에 따라 <u>항고할 수 있다.</u>

답 ❸

각 문항별로 회독수를 체크해 보세요. ☑☐☐

제1장 / 상호의 등기

01
☐☐☐

상호의 등기 내지 가등기에 관한 다음 설명 중 가장 옳지 않은 것은? [기출수정]
2023년 법무사시험 [문 42]

① 상호나 목적 또는 상호와 목적 변경에 관계된 상호의 가등기의 본등기를 할 때까지의 기간은 1년을 초과할 수 없다.
② 의료업의 영위를 영업의 종류로 하는 개인의 상호등기 신청은 이를 수리할 수 있다.
③ 회사의 지점 및 외국회사의 영업소를 설치하거나 이전하는 등기에서는 동일상호 여부를 조사하지 아니한다.
④ 상호에 지점, 지사, 지부, 출장소 등의 문자나 영업부문임을 표시하는 문자(영업부, 판매부 등)를 사용한 경우(상법 제21조 제2항에 따라 지점의 상호에 본점과의 종속관계를 표시하기 위하여 사용하는 경우는 제외한다)는 등기할 수 없는 상호로 등기관은 이러한 등기신청을 각하하여야 한다.
⑤ 상호를 등기한 타인이 신청인의 상호에 관한 등기에 동의하거나 신청인이 발행한 주식을 100% 소유한 모회사라 하더라도, 동일상호인 경우에 등기관은 상호에 관한 등기신청을 수리할 수 없다.

....

[❶ ▶ O] 제1항 제8호의 기간(본등기를 할 때까지의 기간)은 본점이전에 관계된 상호의 가등기의 경우에는 2년을 초과할 수 없고, 상호나 목적 또는 상호와 목적변경에 관계된 상호의 가등기의 경우에는 1년을 초과할 수 없다(상업등기법 제39조 제2항).
[❷ ▶ ✕] 의료업의 영위를 영업의 종류로 하는 개인의 상호등기의 신청은 이를 <u>수리할 수 없다</u>(등기선례 제2-676호).
[❸ ▶ O] 회사의 지점 및 외국회사의 영업소를 설치하거나 이전하는 등기에서는 동일상호 여부를 조사하지 아니한다(등기예규 제1819호 제4조 제2항).

[**❹** ▶ O] 등기예규 제1819호 제3조 제4호

> □ **등기예규 제1819호[동일상호의 판단 기준에 관한 예규]**
>
> **제3조(등기할 수 없는 상호)**
> 등기관은 다음 각 호의 어느 하나에 해당하는 경우에는 등기신청을 각하하여야 한다.
> 　4. 상호에 지점, 지사, 지부, 출장소 등의 문자나 영업부문임을 표시하는 문자(영업부, 판매부 등)를
> 　　사용한 경우(상법 제21조 제2항에 따라 지점의 상호에 본점과의 종속관계를 표시하기 위하여 사용하
> 　　는 경우는 제외한다). 다만, 대리점, 특약점 등의 문자는 상호에 사용할 수 있다.

[**❺** ▶ O] 상호를 등기한 타인이 신청인의 상호에 관한 등기에 동의하거나 신청인이 발행한 주식을
100% 소유한 모회사라 하더라도, 동일상호인 경우에 등기관은 상호에 관한 등기 신청을 수리할 수
없다(등기예규 제1819호 제5조).

답 ❷

제2장 미성년자와 법정대리인의 등기

02
□□□
상업등기에 관한 다음 설명 중 가장 옳은 것은? 2019년 법무사시험 [문 48]

① 무능력자 제도가 제한능력자 제도로 변경되었지만 종전 규정에 따라 한정치산선고를 받은 자는
　2019년 6월 22일 현재 무능력자등기를 할 수 있다.
② 미성년자가 영업허락을 받았을 때 하는 미성년자의 등기는 미성년자가 신청하지만 그 영업허락의
　취소로 인한 등기는 법정대리인도 신청할 수 있다.
③ 피성년후견인을 위하여 영업을 하고 있지 않은 경우에도 법정대리인은 법정대리인등기를 하여야
　한다.
④ 같은 시(市) 내에 동일 상호가 아닌 유사한 상호가 이미 등기되어 있는 경우에도 상호의 등기를
　할 수 없다.
⑤ 지배인은 회사의 영업에 관하여 재판상 또는 재판 외의 모든 행위를 할 수 있는 대리인이므로
　개인상인은 지배인등기를 할 수 없다.

....

[**❶** ▶ ✕] 이 규칙 시행 당시 종전에 규정에 따라 마쳐진 한정치산자와 금치산자(법률 제10429호 민법
일부개정법률 부칙 제3조의 적용을 받는 피한정후견인과 피성년후견인을 포함한다)에 대한 "무능력자등
기기록" 및 "법정대리인등기기록"은 규칙 제89조 제4호에 준하여 등기관이 직권으로 폐쇄한다(상업등기규
칙 부칙 제2812호 제2조 제2항). 따라서 종전 규정에 따라 한정치산선고를 받은 자는 2019년 6월 22일
현재 무능력자등기를 할 수 없다.

[**❷** ▸ O] 상업등기법 제47조 제1항·제2항

> **상업등기법 제47조(미성년자등기의 신청인)**
> ① 미성년자의 등기는 그 미성년자가 신청한다.
> ② 영업허락의 취소로 인한 소멸의 등기 또는 영업허락의 제한으로 인한 변경의 등기는 법정대리인도 신청할 수 있다

[**❸** ▸ ×] 법정대리인이 미성년자, 피한정후견인 또는 피성년후견인을 위하여 <u>영업을 하는 때에는</u> 등기를 하여야 한다(상법 제8조 제1항).

[**❹** ▸ ×] 동일한 특별시, 광역시, 특별자치시, 시(행정시를 포함한다) 또는 군(광역시의 군은 제외한다)에서는 동종의 영업을 위하여 다른 상인이 등기한 상호(商號)와 <u>동일한 상호</u>를 등기할 수 없다(상업등기법 제29조).

[**❺** ▸ ×] 지배인은 영업주에 갈음하여 그 영업에 관한 재판상 또는 재판 외의 모든 행위를 할 수 있는 대리권을 가진 상업사용인이다(상법 제11조 제1항). 한편, 상인은 지배인의 선임과 그 대리권의 소멸에 관하여 영업소(회사의 경우 본점)의 소재지에서 등기하여야 하는데(상법 제13조 참조), 개인상인과 회사가 모두 상인에 해당하므로(상법 제2조, 제3조 참조), 개인상인도 지배인등기를 할 수 있다.

답 **❷**

제3장 / **지배인의 등기**

03
☐☐☐

지배인의 선임등기에 관한 다음 설명 중 가장 옳지 않은 것은?　　2020년 법무사시험 [문 43]

① 지배인은 영업주를 대리하므로 의사능력을 가진 자연인이어야 하지만, 행위능력이 있어야 하는 것은 아니다.

② 주식회사의 이사와 감사는 지배인이 될 수 없다.

③ 1개 지점에 1인 이상의 지배인을 선임할 수 있으며, 수인의 지배인은 원칙적으로 각자 영업주에 갈음하여 그 영업에 관한 모든 행위를 할 수 있다.

④ 회사가 지배인 선임등기를 신청할 때 그 신청서에 지배인의 취임승낙을 증명하는 서면은 첨부하지 않아도 된다.

⑤ 회사와 합자조합의 지배인 선임등기는 지배인 등기부가 아닌, 회사와 합자조합의 등기부에 하여야 한다.

[❶ ▸ O] 대리인은 의사능력자이면 되고 행위능력자임을 요하지 아니하는데(민법 제117조 참조), 이는 영업주에 갈음하여 그 영업에 관한 재판상 또는 재판 외의 모든 행위를 할 수 있는 대리인인 지배인(상법 제11조 제1항 참조)도 마찬가지이다. 참고로 회사는 인적 개성이 중요시되고 육체적 노무를 제공하여야 하는 지배인과 같은 상업사용인이 되지 못한다.

[❷ ▸ ✕] 주식회사의 이사는 지배인을 겸임할 수 있으나(대판 1968.7.23. 68다442), 그 직무의 성질상 주식회사와 유한회사의 감사는 그 회사 및 자회사의 지배인이 될 수 없다(상법 제411조, 제570조 참조).

[❸ ▸ O] 상법상 상인이 지배인을 선임할 수 있는 인원수에 관하여는 제한규정이 없으므로 1개 지점에 1인 이상의 지배인을 선임할 수도 있으며, 수인의 지배인이 공동으로 대리권을 행사할 것을 정하거나 대리할 영업의 종류를 정하여 이를 등기하지 않는 한 지배인은 각자 영업주에 갈음하여 그 영업에 관한 모든 행위를 할 수 있는 것이다(상업등기선례 제1-60호).

[❹ ▸ O] 회사가 지배인 선임의 등기를 신청하는 경우에는 그 신청서에 지배인의 선임을 증명하는 서면 등을 첨부하여야 하나(비송사건절차법 제181조 제1항), 지배인의 취임승낙을 증명하는 서면(취임승낙서 등)은 첨부하지 않아도 된다(상업등기선례 제2-9호).

[❺ ▸ O] 회사의 지배인등기는 회사의 등기부에 하고, 합자조합의 지배인등기는 합자조합의 등기부에 한다(상업등기법 제51조 제1항).

답 ❷

제4장 / 합자조합의 등기

04
□□□

합자조합의 등기에 관한 다음 설명 중 가장 옳지 않은 것은? 기출수정
2023년 법무사시험 [문 40]

① 합자조합의 등기는 법률에 다른 규정이 없는 경우에는 합자조합의 업무를 집행하고 대리할 권한이 있는 자가 신청한다.

② 유한책임조합원의 경우 조합계약에 다른 규정이 없으면 신용 또는 노무를 출자의 목적으로 하지 못한다.

③ 업무집행권이 없는 조합원의 등기를 할 때에는 그자의 성명 또는 상호 및 주민등록번호 또는 법인등록번호를 등기하여야 한다.

④ 합자조합 등기를 게을리한 경우 회사 등기와 달리 과태료 근거 규정이 없으므로 등기 해태에 대한 과태료를 부과하지 아니한다.

⑤ 합자조합의 주된 영업소를 다른 등기소의 관할구역 내로 이전한 경우에는 종전의 주된 영업소 또는 새 주된 영업소 소재지를 관할하는 등기소 중 한 곳에 주된 영업소이전등기의 신청을 할 수 있다.

[**❶ ▸ O**] 합자조합의 등기는 법률에 다른 규정이 없는 경우에는 합자조합의 업무를 집행하고 대리할 권한이 있는 자(이하 "업무집행조합원등"이라 한다)가 신청한다(상업등기법 제23조 제2항).

[**❷ ▸ O**] 합자조합의 모든 조합원은 출자하여야 하는데, 출자의 내용은 구체적으로 조합계약으로 정한다(상법 제86조의3 제6호). 다만, 유한책임조합원의 경우 조합계약에 다른 규정이 없으면 신용 또는 노무를 출자의 목적으로 하지 못한다(상법 제86조의8 제3항, 제272조). 상업 실무 1

> **상법 제86조의8(준용규정)**
> ③ 조합계약에 다른 규정이 없으면 유한책임조합원에 대하여는 제199조, 제272조, 제275조, 제277조, 제278조, 제283조 및 제284조를 준용한다.
>
> **상법 제272조(유한책임사원의 출자)**
> 유한책임사원은 신용 또는 노무를 출자의 목적으로 하지 못한다.

[**❸ ▸ O**] 업무집행권이 없는 조합원의 등기를 할 때에는 그자의 성명 또는 상호 및 주민등록번호 또는 법인등록번호를 등기하여야 한다(상업등기규칙 제92조 제2항).

[**❹ ▸ ✕**] <u>상법 제2편의 합자조합과 제3편의 회사에 관한 등기의 경우 일정한 기간 내에 등기를 하여야 하는데, 이를 게을리한 때에는 500만원 이하의 과태료를 부과한다</u>(상법 제86조의9, 제635조 제1항 제1호).

> **상법 제86조의9(과태료)**
> <u>합자조합의 업무집행조합원</u>, 제86조의8에 따라 준용되는 제183조의2 또는 제253조에 따른 <u>직무대행자 또는 청산인</u>이 이 장에서 정한 등기를 게을리한 경우에는 500만원 이하의 과태료를 부과한다.

[**❺ ▸ O**] 합자조합의 주된 영업소를 다른 등기소의 관할구역으로 이전한 경우에는 종전의 영업소 또는 새 영업소의 소재지를 관할하는 등기소 중 한 곳에 영업소 이전등기의 신청을 할 수 있다(상업등기법 제53조 · 제55조).

> **상업등기법 제53조(회사에 관한 규정의 준용)**
> 합자조합의 등기에 관하여는 제54조부터 제56조까지, 제60조 및 제61조를 준용한다.
>
> **상업등기법 제55조(본점이전등기의 신청)**
> 본점을 다른 등기소의 관할구역으로 이전한 경우에는 종전의 본점 또는 새 본점의 소재지를 관할하는 등기소 중 한 곳에 본점이전등기의 신청을 할 수 있다.

답 ❹

제5장 / 주식회사의 등기

05
□□□

자본금 총액이 10억원 미만인 주식회사(이하 '소규모 주식회사'라 함)에서 주주 전원의 동의로 서면에 의한 결의(이하 '서면결의'라 함)로써 주주총회의 결의를 갈음하거나(상법 제363조 제4항 전문), 결의의 목적사항에 대하여 주주 전원이 서면으로 동의(상법 제363조 제4항 후문, 이하 '서면동의'라 하고, '서면결의'와 '서면동의'를 합하여 '서면결의 등'이라 함)한 경우에 관한 다음 설명 중 가장 옳지 않은 것은?   **2024년 법무사시험 [문 36]**

① 서면결의 등에 대하여는 주주총회에 관한 규정을 준용하도록 하고 있기 때문에 서면결의 등의 경우에도 의사록을 작성하여야 한다.

② 자기주식을 소유한 소규모 주식회사는 자기주식에 관하여 서면결의서 또는 서면동의서를 작성할 필요가 없다.

③ 서면결의의 경우에는 서면결의를 하는 것에 관한 주주 전원의 동의서 및 해당 결의요건을 충족하는 서면결의서에 각 주주가 인감증명법에 따라 신고한 인감을 날인하고 그 인감증명서를 첨부하고, 서면결의 등이 이루어질 당시의 대표자가 등기소에 제출한 인감을 날인한 주주명부를 첨부하여야 한다.

④ 법원의 확정 판결 등으로 1인 주주라는 사실을 등기관이 명백하게 알 수 있는 때에는 서면결의 등이 이루어질 당시의 대표자가 등기소에 제출한 인감을 날인한 주주명부는 첨부할 필요가 없다.

⑤ 벤처투자 촉진에 관한 법률에 의하여 설립된 투자조합이 소규모 주식회사의 주주로서 서면결의서 또는 서면동의서를 작성하는 경우에는 그 조합에 업무집행조합원이 선임된 경우에는 업무집행조합원임을 증명하는 서면과 업무집행조합원이 등기소에 제출한 인감을 날인한 서면결의서 또는 서면동의서를 첨부하여야 한다.

[**❶ ▸ ○**] 자본금 총액이 10억원 미만인 주식회사(이하 '소규모 주식회사'라 함)에서 주주 전원의 동의로 서면에 의한 결의(이하 '서면결의'라 함)로써 주주총회의 결의를 갈음하거나(상법 제363조 제4항 전문), 결의의 목적사항에 대하여 주주 전원이 서면으로 동의(상법 제363조 제4항 후문, 이하 '서면동의'라 하고, '서면결의'와 '서면동의'를 합하여 '서면결의 등'이라 함)한 경우에도 상법 제363조 제6항에 의해 제373조가 준용되어 의사록을 작성해야 할 것이다(상업등기선례 제201809-3호).

[**❷ ▸ ○**] 회사가 가진 자기주식은 의결권이 없고, 총회의 결의에 관하여는 자기주식의 수는 발행주식 총수에 산입하지 않으며, 자기주식을 가진 주주에 대해서는 원칙적으로 주주총회의 소집통지도 할 필요가 없는 점 등을 고려할 때 자기주식을 소유한 자본금 총액이 10억원 미만인 소규모 주식회사는 자기주식에 관하여 서면결의서 또는 서면동의서를 작성할 필요가 없다(상업등기선례 제202406-1호).

[**❸ ▸ ○**]　소규모 주식회사가 현실적인 주주총회 개최하지 않고 서면결의 등의 절차를 거쳐 그에 따른 등기를 신청할 때에는, 상업등기규칙 제128조 제1항의 '총주의 동의가 있음을 증명하는 정보'로서 ① 서면결의의 경우에는 서면결의를 하는 것에 관한 주주 전원의 동의서 및 해당 결의요건을 충족하는 서면결의서에 각 주주가 인감증명법에 따라 신고한 인감을 날인하고 그 인감증명서를 첨부하고, ② 서면동의의 경우에는 주주 전원의 서면동의서에 각 주주가 인감증명법에 따라 신고한 인감을 날인하고 그 인감증명서를 첨부하여야 한다. 또한, 서면결의 등의 진정성을 보장하기 위하여 서면결의 등이 이루어질 당시의 대표자가 등기소에 제출한 인감을 날인한 주주명부를 첨부하여야 할 것이다(상업등기선례 제201809–3호).

[**❹ ▸ ○**]　자본금 총액이 10억 미만인 회사로서 상법 제363조 제4항의 절차(서면결의 등)를 밟는다면, 상업등기규칙 제128조 제1항의 '총주의 동의가 있음을 증명하는 정보'로서 ① 서면결의의 경우에는 서면결의를 하는 것에 관한 주주 전원의 동의서 및 해당 결의요건을 충족하는 서면결의서에 각 주주가 인감증명법에 따라 신고한 인감을 날인하고 그 인감증명서를 첨부하고, ② 서면동의의 경우에는 주주 전원의 서면동의서에 각 주주가 인감증명법에 따라 신고한 인감을 날인하고 그 인감증명서를 첨부하여야 한다(법인등기선례 제201809–3호 참조). 다만, 법원의 확정 판결 등으로 1인 주주라는 사실을 등기관이 명백하게 알 수 있는 때에는 서면결의 등의 진정성을 보장하기 위한 서면결의 등이 이루어질 당시의 대표자가 등기소에 제출한 인감을 날인한 주주명부는 첨부할 필요는 없다(상업등기선례 제201901–2호).

[**❺ ▸ ×**]　「벤처투자 촉진에 관한 법률」에 의하여 설립된 투자조합이 자본금 총액이 10억원 미만인 소규모 주식회사의 주주로서 서면결의서 또는 서면동의서를 작성하고자 한다면 그 조합에 업무집행조합원이 선임된 경우에는 업무집행조합원임을 증명하는 서면(조합계약서 등)과 <u>업무집행조합원이 인감증명법에 따라 신고한 개인인감을 서면결의서 또는 서면동의서에 날인하고 그 인감증명서를 첨부하면 된다</u>(다만, 수인의 업무집행조합원을 선임한 경우 또는 업무집행조합원이 없는 경우에는 업무집행조합원총회 또는 조합원총회의사록이 요구될 수 있음)(상업등기선례 제202312–1호).

답

---

06 □□□　**주식회사의 등기에 관한 다음 설명 중 가장 옳지 않은 것은?**　2024년 법무사시험 [문 44]

① 법인이 상법상 주식회사의 이사가 될 수 있는 경우가 있다.

② 상법 제386조 제1항에 의하여 임기만료 또는 사임으로 인하여 퇴임한 이사가 새로 선임된 이사가 취임할 때까지 이사로서의 권리의무가 있는 경우에는 이사의 퇴임등기를 하여야 하는 2주 또는 3주의 등기기간은 퇴임한 이사의 퇴임일로부터 기산하지 않고 후임이사의 취임일로부터 기산하여야 하며, 후임이사의 취임등기를 하기 전에는 퇴임한 이사의 퇴임등기만을 할 수 없다.

③ 법원의 가처분결정에 의하여 선임된 대표이사 직무대행자는 법원의 허가가 없이는 새로운 이사의 선임을 승인하는 안건이 포함된 임시주주총회를 소집할 수 없다.

④ 등기사유로서 주주총회결의에서 특별이해관계인의 주식의 수는 발행주식총수에 산입하지만, 출석한 주주의 의결권의 수에는 산입하지 아니한다.

⑤ 특별이해관계인은 주주총회에서 의결권을 행사할 수 없으나, 이해관계 없는 대리인을 통하면 의결권을 행사할 수 있다.

[**❶ ▶ ○**] 법인이 상법상 주식회사의 이사가 될 수 있는지에 관하여 견해의 대립이 있는데, 이사는 이사회의 구성원인 동시에 업무집행을 담당하는 대표이사라는 지위의 전제가 되는 등 본질적으로 인적 개성이 중요하므로 이사는 자연인에 한한다고 보는 것이 다수설이다. 법령에서 법인이사를 인정하는 경우에는 법인이사도 허용된다고 본다. 예를 들어, 「자본시장과 금융투자업에 관한 법률」에 따라 설립되는 주식회사 형태의 투자회사에 대해서는 법인이 이사가 되어 회사를 대표하도록 하는 특별규정을 두고 있다(같은 법 제197조, 제198조). 상업 실무 2

[**❷ ▶ ○**] 대표이사를 포함한 이사가 임기의 만료나 사임에 의하여 퇴임함으로 말미암아 법률 또는 정관에 정한 대표이사나 이사의 원수(최저인원수 또는 특정한 인원수)를 채우지 못하게 되는 결과가 일어나는 경우에, 그 퇴임한 이사는 새로 선임된 이사(후임이사)가 취임할 때까지 이사로서의 권리의무가 있는 것인바(상법 제386조 제1항, 제389조 제3항), 이러한 경우에는 이사의 퇴임등기를 하여야 하는 2주 또는 3주의 기간은 일반의 경우처럼 퇴임한 이사의 퇴임일부터 기산하는 것이 아니라 후임이사의 취임일부터 기산한다고 보아야 하며, 후임이사가 취임하기 전에는 퇴임한 이사의 퇴임등기만을 따로 신청할 수 없다고 봄이 상당하다(대결[전합] 2005.3.8. 2004마800).

[**❸ ▶ ○**] 상법 제408조 제1항이 규정하는 회사의 '상무'라 함은 일반적으로 회사에서 일상 행해져야 하는 사무, 회사가 영업을 계속함에 있어서 통상 행하는 영업범위 내의 사무 또는 회사경영에 중요한 영향을 주지 않는 통상의 업무 등을 의미하고, 어느 행위가 구체적으로 이 상무에 속하는가 하는 것은 당해 회사의 기구, 업무의 종류·성질, 기타 제반 사정을 고려하여 객관적으로 판단되어야 할 것인바, 직무대행자가 정기주주총회를 소집함에 있어서도 그 안건에 이사회의 구성 자체를 변경하는 행위나 상법 제374조의 특별결의사항에 해당하는 행위 등 회사의 경영 및 지배에 영향을 미칠 수 있는 것이 포함되어 있다면 그 안건의 범위에서 정기총회의 소집이 상무에 속하지 않는다고 할 것이고, 직무대행자가 정기주주총회를 소집하는 행위가 상무에 속하지 아니함에도 법원의 허가 없이 이를 소집하여 결의한 때에는 소집절차상의 하자로 결의취소사유에 해당한다(대판 2007.6.28. 2006다62362).

[**❹ ▶ ○**] 상법 제371조 제2항, 제368조 제3항

상법 제371조(정족수, 의결권수의 계산)
② 총회의 결의에 관하여는 제368조 제3항에 따라 행사할 수 없는 주식의 의결권 수와 제409조 제2항 및 제542조의12 제4항에 따라 그 비율을 초과하는 주식으로서 행사할 수 없는 주식의 의결권 수는 출석한 주주의 의결권의 수에 산입하지 아니한다.

상법 제368조(총회의 결의방법과 의결권의 행사)
③ 총회의 결의에 관하여 특별한 이해관계가 있는 자는 의결권을 행사하지 못한다.

[**❺ ▶ ×**] 총회의 결의에 관하여 특별한 이해관계가 있는 자는 의결권을 행사하지 못하는데(상법 제368조 제3항), '특별한 이해관계'란 특정한 주주가 주주의 입장을 떠나서 개인적으로 가지는 이해관계를 말한다(대판 2007.9.6. 2007다40000 참조). … <u>주주 자신에게 특별한 이해관계가 있으면 특별한 이해관계가 없는 대리인을 통하여 의결권을 행사하더라도 상법 제368조 제3항이 적용된다.</u> 상업 실무 2

답 ❺

07 자본금 총액이 10억원 미만인 소규모 주식회사의 특례에 관한 다음 설명 중 가장 옳지 않은 것은?

2022년 법무사시험 [문 39]

① 소규모 주식회사가 주주총회를 소집하는 경우에는 주주총회일의 10일 전에 각 주주에게 서면으로 소집통지를 발송하거나 각 주주의 동의를 받아 전자문서로 통지를 발송할 수 있다.

② 자본금 10억원 미만인 회사가 이사를 1명으로 하여 등기 신청하는 경우에 그 이사는 "대표이사"로 기재하고, 그 성명, 주민등록번호 및 주소를 같이 기재한다.

③ 자본금 총액이 10억원 미만인 회사는 주주 전원의 동의가 있을 경우에는 소집절차 없이 주주총회를 개최할 수 있고, 서면에 의한 결의로써 주주총회의 결의를 갈음할 수 있다.

④ 감사를 두지 않은 소규모 주식회사가 이사에 대하여 또는 이사가 그 회사에 대하여 소를 제기하는 경우에 회사, 이사 또는 이해관계인은 법원에 회사를 대표할 자를 선임하여 줄 것을 신청하여야 한다.

⑤ 자본금 총액이 10억원 미만인 회사를 발기설립하는 경우에는 각 발기인이 정관에 기명날인 또는 서명함으로써 효력이 생기고 공증인의 인증을 요하지 않는다.

....

[❶ ▸ ○] 제1항에도 불구하고 자본금 총액이 10억원 미만인 회사가 주주총회를 소집하는 경우에는 주주총회일의 10일 전에 각 주주에게 서면으로 통지를 발송하거나 각 주주의 동의를 받아 전자문서로 통지를 발송할 수 있다(상법 제363조 제3항).

[❷ ▸ ✕] 상법 제383조 제1항 단서의 규정에 의하여 자본금 10억원 미만인 회사가 이사를 1명으로 하는 경우에 그 이사는 "사내이사"로 기재하고, 그 성명, 주민등록번호 및 주소를 같이 기재한다(등기예규 제1538호 제3조 제2항 제1호).

[❸ ▸ ○] 자본금 총액이 10억원 미만인 회사는 주주 전원의 동의가 있을 경우에는 소집절차 없이 주주총회를 개최할 수 있고, 서면에 의한 결의로써 주주총회의 결의를 갈음할 수 있다. 결의의 목적사항에 대하여 주주 전원이 서면으로 동의를 한 때에는 서면에 의한 결의가 있는 것으로 본다(상법 제363조 제4항).

[❹ ▸ ○] 상법 제409조 제4항, 제5항

상법 제409조(선임)
④ 제1항, 제296조 제1항 및 제312조에도 불구하고 자본금의 총액이 10억원 미만인 회사의 경우에는 감사를 선임하지 아니할 수 있다.

⑤ 제4항에 따라 감사를 선임하지 아니한 회사가 이사에 대하여 또는 이사가 그 회사에 대하여 소를 제기하는 경우에 회사, 이사 또는 이해관계인은 법원에 회사를 대표할 자를 선임하여 줄 것을 신청하여야 한다.

[❺ ▸ ○] 정관은 공증인의 인증을 받음으로써 효력이 생긴다. 다만, 자본금 총액이 10억원 미만인 회사를 제295조 제1항에 따라 발기설립하는 경우에는 제289조 제1항에 따라 각 발기인이 정관에 기명날인 또는 서명함으로써 효력이 생긴다(상법 제292조).

답 ❷

08
☐☐☐   주식회사의 설립등기에 관한 다음 설명 중 가장 옳지 않은 것은?   2024년 법무사시험 [문 46]

① 현물출자를 하기로 한 발기인은 납입기일에 지체 없이 출자의 목적인 재산을 인도하고, 등기, 등록 기타 권리의 설정 또는 이전을 요할 경우에는 이에 관한 서류를 완비하여 교부하여야 한다.

② 모집설립의 경우 현물출자의 이행에 관한 사항은 상법 제310조에 의한 검사인의 조사나 공인된 감정인의 감정 대상에 포함되지 않고, 이사와 감사가 이를 조사하여 창립총회에 보고한다.

③ 발기설립의 방법으로 자본금 총액을 10억원 이상으로 하여 주식회사를 설립하거나 모집설립의 방법으로 주식회사를 설립할 경우, 그 설립등기신청서에는 은행이나 그 밖의 금융기관이 발급한 납입금 보관에 관한 증명서면을 제출하여야 한다.

④ 발기설립의 경우 이사와 감사 중 발기인이었던 자를 포함한 이사와 감사 전원은, 취임 후 지체 없이 회사의 설립에 관한 모든 사항이 법령 또는 정관 규정에 위반되지 아니하는지를 조사하여 발기인에게 보고하여야 한다.

⑤ 소규모 주식회사를 발기설립하는 경우, 그 설립등기신청서에 첨부하는 이사회의사록은 공증인의 인증을 받을 필요가 없다.

- -

[❶ ▶ O] 현물출자를 하는 발기인은 납입기일에 지체 없이 출자의 목적인 재산을 인도하고 등기, 등록 기타 권리의 설정 또는 이전을 요할 경우에는 이에 관한 서류를 완비하여 교부하여야 한다(상법 제295조 제2항).

[❷ ▶ O] 현물출자가 있는 모집설립 방식으로 주식회사를 설립하는 경우, 출자의 이행과 관련하여 현물출자자는 납입기일까지 그 목적인 재산의 전부를 인도하고, 등기·등록 기타 권리의 설정·이전을 요할 경우에는 이에 관한 서류를 완비하여 교부하여야 하는바, 상법 제310조의 규정에 의한 검사인의 조사나 공인된 감정인의 감정 대상에는 '변태설립사항인 현물출자의 내용'[현물출자를 하는 자의 성명과 그 목적인 재산의 종류, 수량, 가격과 이에 대하여 부여할 주식의 종류와 수(註)]만이 포함되며, '현물출자의 이행에 관한 것'은 같은 법 제313조의 규정에 의하여 이사와 감사가 이를 조사하여 창립총회에 보고하여야 할 사항이다(상업등기선례 제1-95호).

[**❸** ▸ ○] 상업등기규칙 제129조 제12호

> **상업등기규칙 제129조(설립등기)**
> 설립등기를 신청하는 경우에는 다음 각 호의 정보를 제공하여야 한다.
> 1. 정관
> 2. 주식의 인수를 증명하는 정보
> 3. 주식의 청약을 증명하는 정보
> 4. 발기인이「상법」제291조에 규정된 사항을 정한 때에는 이를 증명하는 정보
> 5. 「상법」제298조 및 제313조에 따른 이사와 감사 또는 감사위원회 및 공증인의 조사보고에 관한 정보
> 6. 「상법」제299조, 제299조의2 및 제310조에 따른 검사인이나 공증인의 조사보고 또는 감정인의 감정에 관한 정보
> 7. 제6호의 검사인이나 공증인의 조사보고 또는 감정인의 감정결과에 관한 재판이 있은 때에는 그 재판이 있음을 증명하는 정보
> 8. 발기인이 이사와 감사 또는 감사위원회 위원의 선임을 증명하는 정보
> 9. 창립총회의사록
> 10. 이사, 대표이사, 집행임원, 대표집행임원, 감사 또는 감사위원회 위원의 취임승낙을 증명하는 정보
> 11. 명의개서대리인을 둔 때에는 명의개서대리인과의 계약을 증명하는 정보
> 12. 주금의 납입을 맡은 은행, 그 밖의 금융기관의 납입금 보관을 증명하는 정보. 다만, 자본금 총액이 10억원 미만인 회사를「상법」제295조 제1항에 따라 발기설립(發起設立)하는 경우에는 은행이나 그 밖의 금융기관의 잔고를 증명하는 정보로 대체할 수 있다.

[**❹** ▸ ×] 상법 제298조 제1항, 제2항

> **상법 제298조(이사·감사의 조사·보고와 검사인의 선임청구)**
> ① 이사와 감사는 취임 후 지체 없이 회사의 설립에 관한 모든 사항이 법령 또는 정관의 규정에 위반되지 아니하는지의 여부를 조사하여 발기인에게 보고하여야 한다.
> ② 이사와 감사 중 발기인이었던 자·현물출자자 또는 회사성립 후 양수할 재산의 계약당사자인 자는 제1항의 조사·보고에 참가하지 못한다.

[**❺** ▸ ○] 공증인법 제66조의2 제1항 제1호

> **공증인법 제66조의2(법인의사록의 인증)**
> ① 법인등기를 할 때 그 신청서류에 첨부되는 법인 총회 등의 의사록은 공증인의 인증을 받아야 한다. 다만, 다음 각 호의 어느 하나에 해당하는 경우에는 그러하지 아니히디.
> 1. 자본금 총액이 10억원 미만인 회사를「상법」제295조 제1항에 따라 발기설립하는 경우
> 2. 대통령령으로 정하는 공법인 또는 비영리법인인 경우
> 3. 대통령령으로 정하는 경미한 사항을 의결한 경우

답 ❹

주식회사의 설립등기에 관한 다음 설명 중 가장 옳지 않은 것은?(다툼이 있는 경우 판례·예규 및 선례에 따르고 전원합의체 판결의 경우 다수의견에 의함. 이하 같음)

2023년 법무사시험 [문 36]

① 주식회사의 설립 시 1주의 액면가액이 5,000원인 주식의 발행가액을 A발기인에 대해서는 5,000원, B발기인에 대하여는 100,000원, C발기인에 대하여는 200,000원으로 각각 달리한 설립등기신청이 있을 경우, 등기관은 형식적 심사권만 가지고 있으므로 주주평등의 원칙에 반하는지 여부와 관계없이 위와 같은 내용의 설립등기신청을 수리할 수 있다.

② 주식회사의 설립등기 또는 새로운 대표이사의 취임으로 인한 변경등기를 신청함에 있어 대표이사 또는 새로이 취임하는 대표이사가 국내에 외국인등록을 한 외국국적자라면, 등기신청서에는 주소를 증명하는 서면으로 외국인등록표등본을 첨부하고 주소는 외국인등록표등본에 나타난 국내 체류지로 하여야 할 것이다.

③ 발기인회의사록은 발기인회에서 나온 회의내용과 결과를 기록한 문서로 필요한 경우 발기설립과정에서의 의사결정내용을 기록하는 것은 가능하나, 상법 제295조 제1항 후문의 주금납입을 맡은 은행 기타 금융기관과 납입장소에 대한 내용이 발기인회의사록에 포함되어야 하는 것은 아니다.

④ "동일한 특별시, 광역시, 특별자치시, 시 또는 군에서 동종의 영업을 위하여 다른 상인이 등기한 상호와 동일한 상호를 등기할 수 없다"는 동일상호 금지에 관한 규정은 사실상 상법의 회사와 같은 목적을 수행하는 민법 법인의 명칭에는 적용되므로, 예를 들어 '사단법인 OOO자산공제회'와 'OOO자산공제회 주식회사'는 다른 특별한 사정이 없는 한 동일상호 금지에 관한 규정이 적용된다.

⑤ 주식회사의 신설합병절차에서 합병계약서에 일반적인 합병사항과 신설회사의 등기할 사항에 대한 내용이 포함되고 이 합병계약서가 주주총회의 특별결의로 승인되었다면 단지 보고만을 위한 창립총회는 상법개정으로 이사회의 결의에 의한 공고로 갈음할 수 있으며, 신설회사에 대한 설립등기도 등기사항이 합병승인을 위한 주주총회에서 승인되었다고 볼 수 있으므로 일반적인 회사설립에서 필요한 창립총회를 거칠 필요없이 등기가 가능하다.

....

[❶ ▶ O] 주식회사의 설립 시 1주의 액면가액이 금 5,000원인 주식의 발행가액을 A발기인에 대해서는 금 5,000원, B발기인에 대하여는 금 100,000원, C발기인에 대하여는 금 200,000원으로 각각 달리한 설립등기신청이 있을 경우, 등기관은 형식적 심사권만 가지고 있으므로 주주평등의 원칙에 반하는지 여부와 관계없이 위와 같은 내용의 설립등기신청을 수리할 수 있다(상업등기선례 제1-87호).

[❷ ▶ O] 주식회사의 설립등기 또는 새로운 대표이사의 취임으로 인한 변경등기를 신청함에 있어 대표이사 또는 새로이 취임하는 대표이사가 국내에 외국인등록을 한 외국국적자라면, 등기신청서에는 주소를 증명하는 서면으로 외국인등록표등본을 첨부하고 주소는 외국인등록표등본에 나타난 국내 체류지로 하여야 할 것이다(상업등기선례 제1-154호).

[**❸ ▸ ○**] 상업등기선례 제202306-1호

> **❑ 상업등기선례 제202306-1호**
> 1. 주식회사 발기설립등기신청서에는 발기인이 이사와 감사 또는 감사위원회 위원의 선임을 증명하는 정보를 제공하여야 하고, 이를 증명하는 정보로 일반적으로 상법 제297조에 의한 발기인회의사록을 제출하고 있다.
> 2. 위 발기인회의사록은 발기인회에서 나온 회의내용과 결과를 기록한 문서로 필요한 경우 발기설립과정에서의 의사결정내용을 기록하는 것은 가능하나, 상법 제295조 제1항 후문의 주금납입을 맡은 은행 기타 금융기관과 납입장소는 발기인들의 과반수 동의로 정하되 이를 정하지 않은 경우에는 발기인 대표가 정할 수도 있으므로 반드시 이 내용이 발기인회의사록에 포함되어야 하는 것은 아니다.

[**❹ ▸ ✕**] 상업등기선례 제202206-1호

> **❑ 상업등기선례 제202206-1호**
> 1. "동일한 특별시, 광역시, 특별자치시, 시 또는 군에서 동종의 영업을 위하여 다른 상인이 등기한 상호와 동일한 상호를 등기할 수 없다"는 동일상호 금지에 관한 규정(상업등기법 제29조)은 민법법인(민법에 의하여 설립된 비영리 사단법인과 재단법인)의 명칭에는 적용되지 않는다. 따라서 다른 법령에 특별한 규정이 없는 한 민법법인은 이미 설립된 영리법인의 상호와 동일한 명칭을 사용할 수 있다.
> 2. 가칭 '사단법인 ○○○자산공제회'와 '○○○자산공제회 주식회사'는 다른 특별한 사정이 없는 한 동일상호 금지에 관한 규정(상업등기법 제29조)이 적용되지 않는다.

[**❺ ▸ ○**] 주식회사의 신설합병절차에서 합병계약서에 일반적인 합병사항과 신설회사의 등기할 사항에 대한 내용이 포함되고 이 합병계약서가 주주총회의 특별결의로 승인되었다면 단지 보고만을 위한 창립총회는 상법개정으로 이사회의 결의에 의한 공고로 갈음할 수 있으며, 신설회사에 대한 설립등기도 등기사항이 합병승인을 위한 주주총회에서 승인되었다고 볼 수 있으므로 일반적인 회사설립에서 필요한 창립총회를 거칠 필요 없이 등기가 가능하다(등기선례 제6-672호).

답 **❹**

10
☐☐☐

주식회사의 설립등기에 있어서 등기사항이 아닌 것은? 2022년 법무사시험 [문 45]

① 감사위원회를 설치한 때에는 감사위원회 위원의 성명 및 주민등록번호
② 주식의 양도에 관하여 주주총회의 승인을 얻도록 정한 때에는 그 규정
③ 사내이사, 사외이사, 그 밖에 상무에 종사하지 아니하는 이사, 감사 및 집행임원의 성명과 주민등록번호
④ 둘 이상의 대표이사 또는 대표집행임원이 공동으로 회사를 대표할 것을 정한 경우에는 그 규정
⑤ 주식매수선택권을 부여하도록 정한 때에는 그 규정

....

[**❶ ▸ ○**] 상법 제317조 제2항 제12호
[**❷ ▸ ✕**] 상법 제317조 제2항 제3의2호(주식의 양도에 관하여 <u>이사회의 승인</u>을 얻도록 정한 때에는 2 규정)

[**❸** ▶ O] 상법 제317조 제2항 제8호

[**❹** ▶ O] 상법 제317조 제2항 제10호

[**❺** ▶ O] 상법 제317조 제2항 제3의3호

상법 제317조(설립의 등기)

② 제1항의 설립등기에 있어서는 다음의 사항을 등기하여야 한다.

1. 제289조 제1항 제1호 내지 제4호, 제6호와 제7호에 게기한 사항
2. 자본금의 액
3. 발행주식의 총수, 그 종류와 각종 주식의 내용과 수

3의2. 주식의 양도에 관하여 <u>이사회의 승인</u>을 얻도록 정한 때에는 그 규정

3의3. <u>주식매수선택권을 부여하도록 정한 때에는 그 규정</u>

3의4. 지점의 소재지

4. 회사의 존립기간 또는 해산사유를 정한 때에는 그 기간 또는 사유
5. 삭제 〈2011.4.14.〉
6. 주주에게 배당할 이익으로 주식을 소각할 것을 정한 때에는 그 규정
7. 전환주식을 발행하는 경우에는 제347조에 게기한 사항
8. <u>사내이사, 사외이사, 그 밖에 상무에 종사하지 아니하는 이사, 감사 및 집행임원의 성명과 주민등록번호</u>
9. 회사를 대표할 이사 또는 집행임원의 성명·주민등록번호 및 주소
10. <u>둘 이상의 대표이사 또는 대표집행임원이 공동으로 회사를 대표할 것을 정한 경우에는 그 규정</u>
11. 명의개서대리인을 둔 때에는 그 상호 및 본점소재지
12. <u>감사위원회를 설치한 때에는 감사위원회 위원의 성명 및 주민등록번호</u>

 ❷

---

11 □□□ **주식회사의 설립등기에 관한 다음 설명 중 가장 옳지 않은 것은?** 2021년 법무사시험 [문 42]

① 회사를 대표할 이사의 성명과 주민등록번호, 주소는 주식회사의 설립등기 사항이다.

② 주식회사의 존립기간 또는 해산사유는 주식회사 정관의 절대적 기재사항이다.

③ 회사설립 시 '무액면주식을 발행하는 경우 주식의 발행가액과 주식의 발행가액 중 자본금으로 계상하는 금액'에 관하여 정관에 다른 정함이 없으면 발기인 전원의 동의로 이를 정한다.

④ 회사가 무액면주식을 발행하는 경우 회사의 자본금은 주식발행가액의 1/2 이상의 금액으로서 이사회(상법 제416조 단서에서 정한 주식발행의 경우에는 주주총회를 말한다)에서 자본금으로 계상하기로 한 금액의 총액으로 한다.

⑤ 투자회사의 발기인은 투자회사의 설립 시에 발행하는 주식의 총수를 인수하여야 하고, 이에 따라 주식을 인수한 발기인은 지체 없이 주식의 인수가액을 금전으로 납입하여야 한다.

[**①** ▸ ○] 상법 제317조 제2항 제9호

> **상법 제317조(설립의 등기)**
> ② 제1항의 설립등기에 있어서는 다음의 사항을 등기하여야 한다.
>   9. 회사를 대표할 이사 또는 집행임원의 성명·주민등록번호 및 주소

[**②** ▸ ×] 주식회사의 존립기간 또는 해산사유는 주식회사 정관의 <u>상대적 기재사항에 해당한다</u>(상법 제517조 제1호, 제227조 제1호 참조).

[**③** ▸ ○] 상법 제291조 제3호

> **상법 제291조(설립 당시의 주식발행사항의 결정)**
> 회사설립 시에 발행하는 주식에 관하여 다음의 사항은 정관으로 달리 정하지 아니하면 발기인 전원의 동의로 이를 정한다.
>   1. 주식의 종류와 수
>   2. 액면주식의 경우에 액면 이상의 주식을 발행할 때에는 그 수와 금액
>   3. <u>무액면주식을 발행하는 경우에는 주식의 발행가액과 주식의 발행가액 중 자본금으로 계상하는 금액</u>

[**④** ▸ ○] 회사가 무액면주식을 발행하는 경우 회사의 자본금은 주식 발행가액의 2분의 1 이상의 금액으로서 이사회(제416조 단서에서 정한 주식발행의 경우에는 주주총회를 말한다)에서 자본금으로 계상하기로 한 금액의 총액으로 한다. 이 경우 주식의 발행가액 중 자본금으로 계상하지 아니하는 금액은 자본준비금으로 계상하여야 한다(상법 제451조 제2항).

[**⑤** ▸ ○] 자본시장법 제194조 제6항·제7항

> **자본시장법 제194조**
> ⑥ 투자회사의 발기인은 투자회사의 설립 시에 발행하는 주식의 총수를 인수(상법 제293조에 따른 인수를 말한다)하여야 한다.
> ⑦ 제6항에 따라 주식을 인수한 발기인은 지체 없이 주식의 인수가액을 금전으로 납입하여야 한다.

 ❷

12
☐☐☐

주식회사의 본점이전등기에 관한 다음 설명 중 가장 옳지 않은 것은?

2025년 법무사시험 [문 50]

① 본점을 다른 등기소의 관할구역 내로 이전한 경우에 새 본점 소재지에서 하는 등기의 신청은 종전의 본점 소재지를 관할하는 등기소를 거쳐야 한다. 새 본점 소재지에서 하는 등기의 신청과 종전의 본점 소재지에서 하는 등기의 신청은 종전의 본점 소재지를 관할하는 등기소에 동시에 하여야 한다.

② 회생절차개시결정을 받은 주식회사의 경우 본점이전이 회생계획의 수행에 따른 것이라면 법원사무관 등의 촉탁에 의하여 본점이전등기를 하지만, 회생계획의 인가결정 전에 법원의 허가 등을 받아 본점이전을 하는 경우라면 관리인 또는 관리인으로 간주되는 자의 신청에 의하여 등기한다.

③ 주식회사의 본점에 지배인을 두고 있는 때에는 본점이전등기의 신청과 지배인을 둔 장소의 이전등기의 신청을 동시에 하여야 한다.

④ 정관에 기재된 본점 소재지 외의 장소로 본점을 이전하는 경우에는 신청서에 정관변경 결의에 관한 주주총회의사록을 첨부하여야 하는데, 정관변경의 효력은 주주총회의 결의만으로 발생하므로 변경된 정관을 첨부할 필요는 없다.

⑤ 본점을 이전하는 경우 인감제출자에 관한 사항에 변경이 생기지만, 본점이전등기를 신청하면서 대표자의 인감을 새로 제출하여야 하는 것은 아니다.

⋯⋯⋯

[**❶ ▸ ×**] 지문은 2024.9.20. 상업등기법이 개정되기 전의 내용이다. <u>본점이전등기 절차의 간소화를 위해 상업등기법 제55조</u>는 다음과 같이 개정되었다.

> **상업등기법 제55조(본점이전등기의 신청)**
> 본점을 다른 등기소의 관할구역으로 이전한 경우에는 <u>종전의 본점 또는 새 본점의 소재지를 관할하는 등기소 중 한 곳</u>에 본점이전등기의 신청을 할 수 있다.

[**❷ ▸ ○**] 채무자 회생 및 파산에 관한 법률 제23조 제1항 제1호, 등기예규 제1777호 제4조 제1항

> **채무자 회생 및 파산에 관한 법률 제23조(법인에 관한 등기의 촉탁)**
> ① 법인인 채무자에 대하여 다음 각 호의 어느 하나에 해당하는 사유가 있는 경우에는 <u>법원사무관등은 직권으로 지체 없이 촉탁서에 결정서의 등본 또는 초본 등 관련 서류를 첨부하여 채무자의 주된 사무소 및 영업소</u>(외국에 주된 사무소 또는 영업소가 있는 때에는 대한민국에 있는 사무소 또는 영업소를 말한다. 이하 이 조에서 같다)<u>의 소재지의 등기소에 그 등기를 촉탁하여야 한다.</u>
> 1. <u>회생절차개시</u>(제293조의5 제4항에 따라 회생절차가 속행된 경우를 포함한다)·간이회생절차개시 또는 파산선고의 결정이 있는 경우

□ 등기예규 제1777호[채무자 회생 및 파산에 관한 법률에 따른 법인등기 사무처리지침]

제4조(촉탁등기사항 이외의 등기사항에 대한 등기신청권자)

① 회생절차개시결정이 있는 때에는 채무자의 업무의 수행과 재산의 관리 및 처분을 하는 권한은 관리인에게 전속하고(법 제56조 제1항), 관리인이 선임되지 아니한 경우에는 채무자인 법인의 대표자가 관리인으로 간주되므로(법 제74조 제4항), 법원사무관등이 촉탁하여야 할 등기사항 이외의 등기사항에 관하여는 관리인 또는 법 제74조 제4항에 의하여 관리인으로 간주되는 자의 신청에 의하여 등기하여야 한다.

[❸ ▸ ○] 상업등기법 제51조 제3항

상업등기법 제51조(회사 등의 지배인등기)

① 회사의 지배인등기는 회사의 등기부에 하고, 합자조합의 지배인등기는 합자조합의 등기부에 한다.

② 제1항의 등기를 할 때에는 제50조 제1항 제2호 및 제3호의 사항을 등기하지 아니한다.

③ 회사 또는 합자조합의 지배인을 둔 본점(합자조합의 경우에는 주된 영업소를 말한다. 이하 이 항에서 같다) 또는 지점이 이전·변경 또는 폐지된 경우에 본점 또는 지점의 이전·변경 또는 폐지의 등기신청과 지배인을 둔 장소의 이전·변경 또는 폐지의 등기신청은 동시에 하여야 한다.

[❹ ▸ ○] 정관에 기재된 본점 소재지 외의 장소로 본점을 이전하는 경우에는 신청서에 정관변경 결의에 관한 주주총회의사록을 첨부하여야 하는데, 정관변경의 효력은 주주총회의 결의만으로 발생하므로 변경된 정관을 첨부할 필요는 없다(상업등기선례 제1-117호 참조). 등기사항인 정관의 절대적 기재사항을 주주총회 결의로 변경하거나 이사회 결의로 대표이사의 선임 등을 하고 이에 대한 등기를 신청함에 있어서는 정관으로 상법의 규정과 달리 정할 수 있는 사항으로서 정관에 규정이 없으면 무효 또는 취소의 원인이 되는 경우(예 주주총회의 의결정족수 또는 소집지에 관한 사항, 이사회의 소집기간에 관한 사항 등) 이외에는 주주총회의사록이나 이사회의사록을 첨부하면 족하고 따로 정관을 첨부할 필요가 없기 때문이다(상업등기선례 제1-102호 참조).

[❺ ▸ ○] 본점을 이전하는 경우 인감제출자에 관한 사항에 변경이 생기지만(등기예규 제1832호 제13조 제1항 제5호 참조), 본점이전등기를 신청하면서 대표자의 인감을 새로 제출하여야 하는 것은 아니다(등기예규 제1832호 제4조 제6항 참조).

□ 등기예규 제1832호[인감의 제출·관리와 인감증명서 발급 및 전자인감증명서에 관한 업무처리지침]

제4조(인감의 제출방법)

⑥ 인감제출자에 관한 사항이 변경되는 변경등기 또는 경정등기를 신청하는 경우에는 인감을 재제출할 필요가 없다.

답 ❶

13 주식회사의 본점이전 또는 지점이전에 따른 등기에 관한 다음 설명 중 가장 옳지 않은 것은?

☐☐☐ **기출수정** **2021년 법무사시험 [문 41]**

① 주식회사가 파산선고를 받은 경우에 본점이전의 등기는 파산관재인이 아닌 주식회사의 대표자가 신청하여야 한다.

② 정관의 변경을 요하지 않는 본점이전의 등기를 신청할 때 첨부하는 이사회의사록은 공증인의 인증을 요하지 아니한다.

③ 본점이전등기의 신청을 접수한 등기관은 대법원규칙으로 정하는 바에 따라 그 등기신청을 처리하여야 한다.

④ 본점을 다른 등기소의 관할구역으로 이전한 경우에는 종전의 본점 또는 새 본점의 소재지를 관할하는 등기소 중 한 곳에 본점이전등기의 신청을 할 수 있다.

⑤ 본점이전의 등기를 할 때에는 새 본점의 소재지와 이전 연월일을 등기하여야 한다.

....

[**❶ ▸ ○**] 파산법인과 파산재단은 법인격상 동일하지 않으므로 파산재단의 사무실이전을 파산법인의 본점이전으로 보아 등기할 수는 없으며, 파산법인의 본점이전은 비재산적 활동범위에 속하므로 일반절차에 따라 법인의 대표자가 본점이전등기신청을 하여야 한다(상업등기선례 제1-134호).

[**❷ ▸ ✕**] 법인이 공증인법 제66조의2 제1항 단서 및 동법 시행령 제2조의3 "[별표 1]"에 해당되는 법인이 아니라면 등기를 할 때에 그 신청서류에 첨부하는 총회 등의 <u>의사록은 공증인의 인증을 받아야</u> <u>한다</u>(상업등기선례 제1-20호).

[**❸ ▸ ○**] 제55조(본점이전등기의 신청)에 따른 등기신청을 접수한 등기관은 대법원규칙으로 정하는 바에 따라 그 등기신청을 처리하여야 한다(상업등기법 제56조).

[**❹ ▸ ○**] 본점을 다른 등기소의 관할구역으로 이전한 경우에는 종전의 본점 또는 새 본점의 소재지를 관할하는 등기소 중 한 곳에 본점이전등기의 신청을 할 수 있다(상업등기법 제55조).

[**❺ ▸ ○**] 본점이전의 등기를 할 때에는 새 본점의 소재지와 이전 연월일을 등기하여야 한다(상업등기법 제54조).

 답 ❷

제5절 이사·대표이사·집행임원·감사 등에 관한 변경등기

14 상업등기에 관한 다음 설명 중 가장 옳은 것은? 2024년 법무사시험 [문 49]

① 법인 등의 명칭이 변경된 경우에는 법인등록번호를 다시 부여받아 변경등기를 마쳐야 한다.

② 등기기록의 부속서류는 누구든지 열람할 수 있다.

③ 회사등기의 신청인에 관하여 대표이사의 원수를 결한 경우 법원은 이사, 감사 기타 이해관계인의 청구에 의하여 일시대표이사의 직무를 행할 자를 선임할 수 있고, 이렇게 선임된 일시대표이사는 회사의 상무에 속하는 행위로 제한되지 아니하므로 회사를 대표하여 등기를 신청할 수 있다.

④ 법원의 가처분결정에 의하여 대표자에 대한 직무집행을 정지하고 선임된 직무대행자는, 주주총회 및 이사회에서 직무집행이 정지된 대표자를 해임하고 새로운 대표자를 선임한 경우 새로운 대표자가 권한을 가지므로, 회사에 관한 등기를 신청할 수 없다.

⑤ 임기만료로 퇴임한 주식회사의 대표이사는 퇴임으로 법률 또는 정관에서 정한 대표이사의 원수를 결한 경우에도 일시이사의 선임 등의 방법으로 해결할 수 있으므로 회사를 대표하여 등기를 신청할 권한이 인정되지 않는다.

....

[❶ ▸ ✕] 법인등록번호는 한번 부여된 후에는 법인 등의 실체가 존재할 동안에는 착오부여 등으로 정정되는 경우를 제외하고는 변경되거나 다시 부여하지 않으므로 법인 등의 명칭이 변경된 경우에도 법인등록번호를 다시 부여받을 필요가 없다. 상업 실무 1

[❷ ▸ ✕] 누구든지 수수료를 내고 대법원규칙으로 정하는 바에 따라 등기기록에 기록되어 있는 사항의 전부 또는 일부의 열람과 이를 증명하는 등기사항증명서의 발급을 신청할 수 있다. 다만, 등기기록의 부속서류에 대해서는 이해관계 있는 부분만 열람을 신청할 수 있다(상업등기법 제15조 제1항). 등기신청서 기타 부속서류는 등기부와는 달리 법률상 이해관계 있는 자가 이해관계 있는 부분에 한하여 열람할 수 있으므로 신청서 기타 부속서류의 열람신청서에는 이해관계를 명백히 하는 사유를 적거나 이를 적은 서면을 첨부하여야 한다(상업등기규칙 제28조 제2항).

[❸ ▸ ○] 대표이사의 원수를 결한 경우 법원은 이사, 감사 기타의 이해관계인의 청구에 의하여 일시대표이사의 직무를 행할 자를 선임할 수 있다(상법 제386조 제2항, 제389조 제3항, 제415조). 이렇게 선임된 일시대표이사는 그 권한이 본래의 대표이사의 권한과 같으므로(상법 제386조 제2항, 제389조 제3항, 대판 1981.9.8. 80다2511), 당사자인 회사를 대표하여 등기를 신청할 수 있다. 상업 실무 1

[❹ ▸ ✕] 대표자에 대한 직무집행을 정지하고 그 직무대행자를 선임하는 법원의 가처분이 있는 경우에 법원의 가처분결정에 의하여 선임된 대표자의 직무대행자는 주주총회 및 이사회에서 직무집행이 정지된 대표자를 해임하고 새로운 대표자를 선임하더라도 그 가처분이 따로 실효될 때까지 그 대표자의 권한을 대행하는 자이므로 원칙적으로 상법 제407조 및 상업등기법 제23조 제1항 등에 의하여 해당 회사에 관한 등기를 신청할 수 있다(대판 1992.5.12. 92다5638 참조). 상업 실무 1 이와 관련하여 판례는, 대표이사의 직무집행정지 및 직무대행자선임의 가처분이 이루어진 이상, 그 후 대표이사가 해임되고 새로운 대표이사가 선임되었다 하더라도 가처분결정이 취소되지 아니하는 한 직무대행자의 권한은 유효하게 존속하는 반면 새로이 선임된 대표이사는 그 선임결의의 적법 여부에 관계없이 대표이사로서의 권한을 가지지 못한다고 판시하고 있다(대판 1992.5.12. 92다5638).

[**❺ ▸ ✕**] 주식회사의 대표이사는 임기만료 또는 사임으로 퇴임하더라도 퇴임의 결과 법률 또는 정관에 정한 대표이사의 원수(員數)를 결(缺)한 경우에는 <u>새로 선임된 대표이사가 취임할 때까지 대표이사로서의 권리의무가 있는바</u>(상법 제389조 제3항, 제386조 제1항, 대결[전합] 2005.3.8. 2004마800 참조), 이러한 자도 당해 회사를 대표하여 등기를 신청할 수 있다. 상업 실무 1

답 ❸

15
☐☐☐

주식회사의 대표자에 관한 다음 설명 중 가장 옳지 않은 것은? 2023년 법무사시험 [문 44]

① 주식회사의 이사는 원칙적으로 3명 이상이어야 하며, 이사회의 결의로 대표이사를 선정하여야 한다. 그러나 정관으로 주주총회에서 이를 선정할 것을 정할 수 있다.
② 자본금 총액이 10억원 미만인 주식회사는 1명 또는 2명의 이사만 두는 것도 가능하며, 이사가 2명일 때에는 각 이사(정관에 따라 대표이사를 정한 경우에는 그 대표이사를 말한다)가 회사를 대표하는 방식으로 대표자를 등기한다.
③ 집행임원을 둔 주식회사는 대표이사를 두지 못하므로 대표이사와 집행임원을 동시에 등기할 수 없다.
④ 대표이사 선임 방식과 동일하게 집행임원도 이사회에서 선임하는 것이 원칙이나, 정관으로 주주총회에서 선임하는 것으로 정할 수 있다.
⑤ 대표이사나 대표집행임원이 2명 이상인 경우에는 공동대표이사나 공동대표집행임원으로 등기를 하는 것이 가능하다.

....

[**❶ ▸ ○**] 주식회사의 이사는 3명 이상이어야 한다(상법 제383조 제1항 본문). 주식회사는 이사회의 결의로 회사를 대표할 이사를 선정하여야 한다. 그러나 정관으로 주주총회에서 이를 선정할 것을 정할 수 있다(상법 제389조 제1항).
[**❷ ▸ ○**] 상법 제383조 제1항·제6항, 등기예규 제1538호 제3조

> **상법 제383조(원수, 임기)**
> ① 이사는 3명 이상이어야 한다. 다만, <u>자본금 총액이 10억원 미만인 회사는 1명 또는 2명으로 할 수 있다.</u>
> ⑥ 제1항 단서의 경우에는 각 이사(정관에 따라 대표이사를 정한 경우에는 그 대표이사를 말한다)가 회사를 대표하며 제343조 제1항 단서, 제346조 제3항, 제362조, 제363조의2 제3항, 제366조 제1항, 제368조의4 제1항, 제393조 제1항, 제412조의3 제1항 및 제462조의3 제1항에 따른 이사회의 기능을 담당한다.

> ☐ **등기예규 제1538호[이사와 집행임원의 등기신청방법에 관한 예규]**
> **제3조(이사의 인원수 변경에 따른 등기신청방법)**
> ② 제1항에 따라 등기를 신청하는 경우에 <u>대표권 있는 이사에 관한 등기신청서의 기재방법</u>은 다음 각 호와 같다.
>   1. 상법 제383조 제1항 단서의 규정에 의하여 <u>자본금 10억원 미만인 회사가 이사를 1명으로 하는 경우</u>에 그 이사는 "사내이사"로 기재하고, 그 성명, 주민등록번호 및 주소를 같이 기재한다.
>   2. <u>제1호의 회사가 이사를 2명으로 하고 각 이사가 회사를 각자 대표하는 경우</u>에는 <u>각 이사를 "사내이사"로 기재하고</u>, 그 성명, 주민등록번호 및 주소를 같이 기재한다.

[**❸ ▸ ○**] 주식회사는 집행임원을 둘 수 있다. 이 경우 집행임원을 둔 주식회사(이하 "집행임원 설치회사"라 한다)는 대표이사를 두지 못한다(상법 제408조의2 제1항). 따라서 대표이사와 집행임원을 동시에 등기할 수 없다. 집행임원을 둔 회사의 대표자는 다음 각 호의 서면(정관, 선임을 증명하는 이사회의사록, 취임승낙을 증명하는 서면 및 인감증명 또는 공증인의 인증서면)을 첨부하여 집행임원의 취임등기를 신청하여야 한다. 다만, 대표이사가 있는 회사의 경우에는 대표이사의 퇴임등기도 동시에 신청하여야 한다(등기예규 제1538호 제4조 제1항).

[**❹ ▸ ✕**] 집행임원 설치회사에서 집행임원의 선임과 해임의 권한은 이사회에 있다(상법 제408조의2 제3항 제1호). 이사회는 정관에 높은 비율로 달리 규정하고 있지 않는 한 이사 과반수의 출석과 출석이사 과반수의 찬성으로 집행임원을 선임한다(상법 제391조 제1항). 대표이사의 선임방식(상법 제389조 제1항)과 달리 집행임원을 정관으로 주주총회에서 선임하는 것으로 정할 수 없다.

[**❺ ▸ ○**] 주식회사는 수인의 대표이사를 두는 경우 정관에 별도의 규정이 없으면 각 대표이사는 원칙적으로 단독으로 회사를 대표하지만, 선임기관의 결의로 수인의 대표이사가 공동으로 회사를 대표할 것을 정할 수 있다(상법 제389조 제2항). 이 경우 2인 이상이 공동으로써만 회사를 대표할 수 있는 대표이사를 공동대표이사라 한다. `상업 실무 2` 집행임원 설치회사에서는 대표집행임원이 회사를 대표한다. 특히 2명 이상의 집행임원이 선임된 경우에는 이사회결의로 대표집행임원을 선임하여야 하는데, 집행임원이 1명인 경우에는 그 집행임원이 대표집행임원이 된다(상법 제408조의5 제1항). 또한 이사회는 수인의 대표집행임원이 공동으로 회사를 대표할 것을 정할 수 있다(상법 제408의5 제2항, 제389조 제2항). `상업 실무 2`

답 ❹

16

주식회사의 이사 퇴임 및 그 등기절차에 관한 다음 설명 중 가장 옳지 않은 것은?

2023년 법무사시험 [문 47]

① 이사의 사임을 증명하는 서면에는 인감증명법에 따라 신고한 인감을 날인하고 그 인감증명을 첨부하거나 그 서면에 본인이 기명날인 또는 서명하였다는 공증인의 인증서면을 첨부하여야 한다.

② 이사가 임기만료로 퇴임함과 동시에 동일 직위에 재취임하는 경우를 등기실무상 중임이라고 하는데, 이사가 임기만료 직전의 주주총회에서 다시 이사로 선임되고 그 임기만료 전에 취임을 승낙한 경우에는 임기만료일이 중임일이 되며 그날부터 2주 이내에 이사의 중임으로 인한 변경등기를 신청하여야 한다.

③ 주주총회 결의에 의하여 이사를 해임하고 그 이사의 퇴임등기를 신청할 때에는 공증인의 인증을 받은 주주총회의사록을 첨부하여야 한다.

④ 회생절차가 진행 중인 회사는 회생계획에 의하여 기존 이사 중 유임하게 할 자가 있는 때에는 회생계획에서 그 자와 임기를 정하는데, 회생계획에서 유임할 것으로 정하지 아니한 이사는 회생계획이 인가된 때에 해임된 것으로 본다.

⑤ 이사와 회사의 관계는 민법의 위임에 관한 규정이 준용되기 때문에 이사가 성년후견개시의 심판을 받은 경우에는 위임계약이 종료되어 당연히 퇴임한다.

[**❶ ▸ ○**] 상업등기규칙 제154조 제2항 및 제104조 제1항

> **상업등기규칙 제154조(합명회사에 관한 규정의 준용)**
> ② 이사, 대표이사, 집행임원, 대표집행임원, 청산인, 대표청산인, 감사 또는 감사위원회 위원의 취임승낙 또는 사임을 증명하는 정보에 관하여는 제104조를 준용한다.
>
> **상업등기규칙 제104조(취임승낙을 증명하는 서면 등)**
> ① 대표사원, 청산인, 대표청산인의 취임승낙 또는 사임을 증명하는 서면에는 인감증명법에 따라 신고한 인감을 날인하고 그 인감증명을 첨부하거나 그 서면에 본인이 기명날인 또는 서명하였다는 공증인의 인증서면을 첨부하여야 한다. 다만, 등기소에 인감을 제출한 사람이 중임 또는 사임하는 경우에는 등기소에 제출된 인감이 날인된 중임승낙 또는 사임을 증명하는 서면으로 갈음할 수 있다.

[**❷ ▸ ✕**] 이사, 대표이사, 감사 또는 감사위원회 위원이 임기만료로 퇴임함과 동시에 동일 직위에 재취임하여 임기만료로 인한 퇴임과 재취임 사이에 시간적 간격이 없는 경우를 등기실무상 중임이라고 한다(상업등기규칙 제154조 제2항, 제104조 제1항 참조). 이사가 임기만료 직전의 주주총회에서 다시 이사로 선임되고 그 임기만료 전에 취임을 승낙한 경우에는, 임기만료일의 다음 날이 중임일이 되며 그날부터 2주 이내에 이사의 중임으로 인한 변경등기를 신청하여야 한다(상업등기선례 제2-27호).

[**❸ ▸ ○**] 이사·대표이사·감사 또는 감사위원회 위원의 퇴임으로 인한 변경등기의 신청서에는 그 퇴임을 증명하는 서면을 첨부하여야 한다(상업등기규칙 제130조 참조). 선임기관의 결의에 의하여 이사 등을 해임한 경우에는 공증인의 인증을 받은 그 의사록을 퇴임등기신청서에 첨부하여야 한다(상업등기규칙 제128조 제2항·제130조, 공증인법 제66조의2 제1항). 따라서 이사 또는 감사의 경우에는 주주총회의사록을 첨부하여야 한다(상법 제385조 제1항 본문, 제415조).

> **상업등기규칙 제128조(첨부정보에 관한 통칙)**
> ② 주주총회, 종류주주총회, 이사회 또는 청산인회의 결의를 필요로 하는 등기를 신청하는 경우에는 그 의사록을 제공하여야 한다.
>
> **상업등기규칙 제130조(이사 등의 취임 또는 퇴임으로 인한 변경등기)**
> 이사, 대표이사, 집행임원, 대표집행임원, 감사 또는 감사위원회 위원의 취임 또는 퇴임으로 인한 변경등기를 신청하는 경우에는 그 취임승낙 또는 퇴임을 증명하는 정보를 제공하여야 한다.

[**❹ ▸ ○**] 회생절차가 진행 중인 회사는 회생계획에 의하여 기존 이사 중 유임하게 할 자가 있는 때에는 회생계획에 그자와 임기를 정하는데(채무자회생법 제203조 제2항 본문), 회생계획에서 유임할 것으로 정하지 아니한 이사는 회생계획이 인가된 때에 해임된 것으로 본다(채무자회생법 제263조 제4항). 이 경우 해임된 것으로 간주된 이사의 퇴임등기는 법원사무관등의 촉탁에 의하여 한다(채무자 회생 및 파산에 관한 규칙 제9조 제1항). 상업 실무 2

> **채무자회생법 제203조(이사 등의 변경)**
> ② 법인인 채무자의 이사 또는 대표이사 중 유임하게 할 자가 있는 때에는 회생계획에 그자와 임기를 정하여야 한다. 다만, 이사 또는 대표이사에 의한 채무자 재산의 도피, 은닉 또는 고의적인 부실경영 등의 원인에 의하여 회생절차가 개시된 때에는 유임하게 할 수 없다.
>
> **채무자회생법 제263조(이사 등의 변경에 관한 특례)**
> ④ 회생계획에서 유임할 것으로 정하지 아니한 이사 또는 대표이사는 회생계획이 인가된 때에 해임된 것으로 보며, 감사로서 제203조 제4항의 규정에 의하여 감사로 선임되지 아니한 자는 법원이 제203조 제4항의 규정에 의하여 감사를 선임한 때에 해임된 것으로 본다.

[❺ ▸ ○] 이사와 회사의 관계는 민법의 위임에 관한 규정이 준용되기 때문에(상법 제382조 제2항), 이사는 위임의 종료사유에 의하여 종임된다. 따라서 회사(위임인)가 해산·파산한 경우, 이사(수임인)가 사망·파산한 경우 및 이사(수임인)가 성년후견개시의 심판을 받은 경우에 위임계약이 종료되어 당연히 퇴임한다(민법 제690조 참조).

답 ❷

17

□□□

다음 설명 중 가장 옳지 않은 것은? 2022년 법무사시험 [문 36]

① 주식회사의 경우 퇴임 당시 법률 또는 정관에 정한 이사의 원수를 결하지 않음에도 불구하고 퇴임한 이사가 이사로서의 권리의무를 행하고 있다면 그 직무집행의 정지를 구하는 가처분을 신청할 수 있다.

② 상법 제386조 제2항에 따라 일시 이사의 직무를 행할 자를 선임하는 경우에 법원은 이사와 감사에게 진술을 할 기회를 부여하면 족하고, 이해관계를 달리하는 이사나 감사가 있는 경우 각 이해관계별로 빠짐없이 진술의 기회를 주지 않았더라도 그 사정이 재판의 결과에 영향을 주게 되는 것은 아니다.

③ 법원에 의해 선임된 재단법인 또는 사단법인의 임시이사는 적법한 절차에 따라 정관을 변경할 수 있다.

④ 주식회사의 경우 법률 또는 정관에 정한 이사의 원수를 결한 때에는 임기의 만료 또는 사임으로 인하여 퇴임한 이사가 이사의 권리의무를 행하고 있더라도 그 퇴임이사를 상대로 해임사유의 존재 등을 이유로 그 직무집행의 정지를 구하는 가처분을 신청할 수 없다.

⑤ 법원이 민법상 임시이사를 선임하는 경우에 제1심 수소법원은 법인의 주된 사무소 소재지의 등기소에 그 등기를 촉탁하여야 한다.

....

[❶ ▸ ○] 상법 제386조 제1항의 규정에 따라 퇴임이사가 이사의 권리의무를 행할 수 있는 것은 법률 또는 정관에 정한 이사의 원수를 결한 경우에 한정되는 것이므로, 퇴임할 당시에 법률 또는 정관에 정한 이사의 원수가 충족되어 있는 경우라면 퇴임하는 이사는 임기의 만료 또는 사임과 동시에 당연히 이사로서의 권리의무를 상실하는 것이고, 그럼에도 불구하고 그 이사가 여전히 이사로서의 권리의무를 실제로 행사하고 있는 경우에는 그 권리의무의 부존재확인청구권을 피보전권리로 하여 직무집행의 정지를 구하는 가처분신청이 허용된다(대결 2009.10.29. 2009마1311).

[❷ ▸ O] 상법 제386조가 규정한 '임시이사선임이 필요하다고 인정되는 때'라 함은 이사가 사임하거나 장기간 부재중인 경우와 같이 퇴임이사로 하여금 이사로서의 권리의무를 가지게 하는 것이 불가능하거나 부적당한 경우를 의미하는 것으로서 그의 필요성은 임시이사 제도의 취지와 관련하여 사안에 따라 개별적으로 판단되어야 하는 것이며, 한편, 비송사건절차법 제84조에 의하여 이사와 감사의 진술을 할 기회를 부여한 이상 법원은 그 진술 중의 의견에 기속됨이 없이, 그 의견과 다른 인선을 결정할 수도 있는 터이어서 이해관계를 달리하는 이사나 감사가 있는 경우 각 이해관계별로 빠짐없이 진술의 기회를 주지 않았다고 하여 그 사정이 재판의 결과에 영향을 주게 되는 것은 아니다(대결 2001.12.6. 2001그113).

[❸ ▸ O] 법인의 임시이사가 이사로서의 직권에 의하여 적법한 절차에 따라 변경한 정관은 유효하다(대판 1963.12.12. 63다449).

[❹ ▸ O] 상법 제386조 제1항은 법률 또는 정관에 정한 이사의 원수를 결한 경우에는 임기의 만료 또는 사임으로 인하여 퇴임한 이사로 하여금 새로 선임된 이사가 취임할 때까지 이사의 권리의무를 행하도록 규정하고 있는바, 위 규정에 따라 이사의 권리의무를 행사하고 있는 퇴임이사로 하여금 이사로서의 권리의무를 가지게 하는 것이 불가능하거나 부적당한 경우 등 필요한 경우에는 상법 제386조 제2항에 정한 일시 이사의 직무를 행할 자의 선임을 법원에 청구할 수 있으므로, 이와는 별도로 상법 제386조 제1항에 정한 바에 따라 이사의 권리의무를 행하고 있는 퇴임이사를 상대로 해임사유의 존재나 임기만료·사임 등을 이유로 그 직무집행의 정지를 구하는 가처분신청은 허용되지 않는다(대결 2009.10.29. 2009마1311).

[❺ ▸ X] 주식회사의 임시이사를 선임한 경우에는 제1심 수소법원은 회사의 본점 소재지의 등기소에 그 등기를 촉탁하여야 하나(비송사건절차법 제107조 제4호), 민법법인의 임시이사의 선임에 대하여는 이를 등기하여야 한다는 규정이 없으며, 실무상으로도 그 등기를 하지 않는다.

답 ❺

18
□□□ **재판에 따른 등기에 관한 다음 설명 중 가장 옳지 않은 것은?**　　　2021년 법무사시험 [문 45]

① 촉탁절차에 관하여는 원칙적으로 신청절차가 준용되지만, 촉탁의 경우 촉탁자가 등기소에 출석하지 않아도 되고, 사전에 등기소에 인감을 제출하거나 촉탁서에 인감을 날인하지 않아도 된다.
② 주주총회결의의 취소, 부존재 또는 무효의 등기는 제1심 수소법원이 그 등기를 촉탁하여야 하고, 촉탁서에는 재판의 등본을 첨부하여야 한다.
③ 이사 선임 주주총회결의의 부존재 판결이 확정된 경우, 그 등기를 할 때에는 해당 이사의 등기를 말소하여야 하는데, 말소의 결과 등기기록상 등기되어 있는 이사의 수가 법률 또는 정관에 정한 원수에 부족한 때에도 사임 또는 임기만료에 의해 퇴임한 전임이사의 등기를 회복할 수 없다.
④ 주식회사의 설립무효의 판결에 따른 등기를 할 때 등기관은 직권으로 이사, 대표이사, 집행임원, 대표집행임원, 지배인에 관한 등기를 말소하여야 한다.
⑤ 법원이 촉탁하는 등기에 대하여는 등기신청수수료를 받지 아니한다.

[**❶ ▸ ○**] 촉탁에 의한 등기절차는 원칙적으로 신청절차가 준용되지만(상업등기법 제22조 제2항), 촉탁자는 등기소에 출석하지 않아도 되고 등기소에 인감을 제출하거나 촉탁서에 인감을 날인하지 않아도 된다(상업등기법 제24조 제2항 제1호·제25조 제3항 제1호). 상업 실무 2

> **상업등기법 제22조(신청주의)**
> ② 촉탁에 따른 등기절차에 관하여는 법률에 다른 규정이 없는 경우에는 <u>신청에 따른 등기에 관한 규정을 준용</u>한다.
>
> **상업등기법 제24조(등기신청의 방법)**
> ② 제1항에도 불구하고 촉탁에 따른 등기 등 대법원규칙으로 정하는 등기의 경우에는 우편을 이용하여 신청정보 및 첨부정보를 적은 서면을 등기소에 제출하는 방법으로 등기를 신청할 수 있다.
>
> **상업등기법 제25조(인감의 제출)**
> ① 등기신청서에 기명날인할 사람은 미리 그 인감을 등기소에 제출하여야 한다. 인감을 변경할 때에도 같다.
> ③ 제1항은 다음 각 호의 어느 하나에 해당하는 등기에 대해서는 적용하지 아니한다.
>   1. <u>촉탁에 따른 등기</u>

[**❷ ▸ ○**] 비송사건절차법 제107조 제6호, 제108조

> **비송사건절차법 제107조(그 밖의 등기촉탁을 할 경우)**
> 다음 각 호의 어느 하나에 해당하는 경우에는 제1심 수소법원은 회사의 본점 소재지의 등기소에 그 등기를 촉탁하여야 한다.
>   6. 주식회사의 창립총회 또는 주주총회나 유한회사의 사원총회가 결의한 사항이 등기된 경우에 결의취소·결의무효확인·결의부존재확인 또는 부당결의의 취소나 변경의 판결이 확정된 경우
>
> **비송사건절차법 제108조(등기촉탁서의 첨부서면)**
> 이 법에 따라 법원이 회사의 본점 소재지의 등기소에 등기를 촉탁할 때에는 촉탁서에 재판의 등본을 첨부하여야 한다.

[**❸ ▸ ✕**] 이사선임 주주총회결의의 취소, 부존재 또는 무효의 판결이 확정된 경우, 그 등기를 한 때에는 당해 이사의 등기를 말소하여야 하는데, <u>말소의 결과 등기기록상 등기되어 있는 이사의 수가 법률 또는 정관에 정한 원수에 부족한 때에는 사임 또는 임기만료에 의해 퇴임한 전임이사의 등기를 회복하여야 한다</u>(상업등기규칙 제153조 제1항, 상업등기선례 제1-260호). 이 경우 후임자의 취임등기가 없었다면 이사로서의 권리의무를 행하는 전임자의 퇴임의 등기는 되지 않았을 것이고, 전임자의 등기는 넓은 의미에서는 후임자의 취임등기에 의해 말소된 등기로 생각할 수 있기 때문이다. 법공 상업

> **상업등기규칙 제153조(결의부존재 등의 등기)**
> ① 주주총회결의의 부존재, 무효 또는 취소의 등기를 하는 경우에는 결의한 사항에 관한 등기를 말소하고, 그 등기에 의하여 말소된 등기사항이 있을 때에는 그 등기를 회복하여야 한다.

[**❹** ▸ ○] 등기예규 제1826호 제3조 제2항

[**❺** ▸ ○] 등기사항증명서 등 수수료규칙 제5조의3 제2항 제1호

답 ❸

19

주식회사의 감사와 감사위원회에 관한 다음 설명 중 가장 옳은 것은?

① 감사는 주주총회에서 정관에 다른 정함이 없는 한 출석한 주주의 의결권의 과반수와 발행주식총수의 4분의 1 이상의 수로써 선임하고, 감사를 해임할 때는 출석한 주주의 의결권의 3분의 1 이상의 수와 발행주식의 3분의 1 이상의 수로써 한다.

② 감사위원회 위원의 임기는 취임 후 3년 내의 최종의 결산기에 관한 정기총회의 종결일까지이다.

③ 감사위원회 위원의 해임은 이사회에서 이사 총수의 3분의 2 이상의 결의로 하여야 하고, 최근 사업연도 말 현재의 자산총액이 2조원 이상인 상장회사의 경우에는 주주총회의 특별결의로써 하여야 한다.

④ 법률 또는 정관에 정한 감사의 원수를 결한 경우에는 임기의 만료, 사임 또는 해임으로 인하여 퇴임한 감사는 새로 선임된 감사가 취임할 때까지 감사의 권리의무가 있다.

⑤ 감사위원회는 3인 이상의 이사로 구성하고, 사외이사가 위원의 3분의 1 이상이어야 한다.

[**❶ ▸ ✕**] 감사는 주주총회에서 선임한다(상법 제409조 제1항). 감사는 정관에 다른 정함이 없는 한 주주총회의 보통결의(출석한 주주의 의결권의 과반수와 발행주식 총수의 4분의 1 이상의 수)로써 선임한다(상법 제368조 제1항). 반면, 감사의 해임은 제434조의 규정에 의한 주주총회의 특별결의(출석한 주주의 의결권의 3분의 2 이상의 수와 발행주식총수의 3분의 1 이상의 수)로써 한다(상법 제415조, 제385조 제1항).

[**❷ ▸ ✕**] 감사의 임기는 취임 후 3년 내의 최종의 결산기에 관한 정기주주총회의 종결 시까지인 것으로 법으로 정하여져 있다(상법 제410조). 이와 달리 상법에는 감사위원회 위원의 임기에 관한 규정이 없다. 따라서 임기에 관하여 정관에 규정이 있으면 그에 따르고, 정관에 규정이 없으면 선임기관인 이사회 또는 주주총회의 결의로 이를 정할 수 있다. 선임기관의 결의로도 감사위원회 위원의 임기를 정하지 않았다면 감사위원회 위원은 이사의 자격을 전제로 하므로 이사의 임기에 따른다.

[**❸ ▸ ◯**] 감사위원회 위원은 원칙적으로 이사회에서 해임하는데(상법 제393조의2 제2항), 이사 총수의 3분의 2 이상의 결의로 해임하여야 한다(상법 제415조의2 제3항). 다만, 상법 제542조의11 제1항의 상장회사(최근 사업연도 말 현재의 자산총액이 2조원 이상인 상장회사)의 경우 제393조의2에도 불구하고 감사위원회 위원을 선임하거나 해임하는 권한은 주주총회에 있는데(상법 제542조의12 제1항, 상법 시행령 제37조 제1항), 감사위원회 위원은 제434조에 따른 주주총회의 결의(주주총회의 특별결의)로 해임할 수 있다(상법 제542조의12 제3항).

[**❹ ▸ ✕**] 법률 또는 정관에 정한 감사의 원수를 결한 경우에는 임기의 만료 또는 사임으로 인하여 퇴임한 감사는 새로 선임된 감사가 취임할 때까지 감사의 권리의무가 있다(상법 제415조, 제386조 제1항). 해임으로 인하여 퇴임한 감사는 새로 선임된 감사가 취임할 때까지 김사의 권리의무가 인징되지 않는다.

[**❺ ▸ ✕**] 감사위원회는 제393조의2 제3항(이사회 내 위원회는 원칙적으로 2인 이상의 이사로 구성)에도 불구하고 3명 이상의 이사로 구성한다. 다만, 사외이사가 위원의 3분의 2 이상이어야 한다(상법 제415조의2 제2항).

답 ❸

20 주식회사의 신주발행으로 인한 변경등기에 관한 다음 설명 중 가장 옳지 않은 것은?

2025년 법무사시험 [문 41]

① 주주의 자격에는 특별한 제한이 없고 비법인사단도 주주명부에 기재될 수 있는 점에 비추어, 비법인 사단도 주식을 양수하여 주주가 될 수 있다.

② 신주발행으로 인해 등기된 사항에 무효의 원인이 있는 때에는 당사자의 신청 또는 소정의 절차를 거쳐 등기관이 직권으로 이를 말소할 수 있다.

③ 상법 제418조 제2항에 의하여 정관에 정하는 바에 따라 이사회에서 주주 외의 자에게 신주를 발행하는 결의를 하고 그에 따른 변경등기를 신청하는 경우, 신주발행을 결의한 이사회 결의일과 청약기일 사이의 시간적 간격이 2주간이 되지 아니하여 상법 제419조 제3항의 최고기간을 준수하지 못하는 경우에도 그에 관한 신주인수권자 전원의 동의서는 첨부할 서면이 아니다.

④ 신주발행의 결과 자본금 총액이 10억원 미만인 주식회사는 주금납입금 보관증명서 대신에 은행이나 그 밖의 금융기관의 잔고증명서를 첨부할 수 있다.

⑤ 현물출자의 경우 변제기가 도래한 회사에 대한 금전채권을 출자의 목적으로 하는 경우로서 그 가액이 회사장부에 적혀 있는 가액을 초과하지 아니하면 변경등기신청서에 검사인의 조사보고서를 첨부할 필요가 없다.

......

[❶ ▸ ○] 주주의 자격에는 특별한 제한이 없고, 비법인사단도 주주명부에 기재될 수 있는 점에 비추어 (상법 제352조, 「법인세법 시행령」 제160조, 「국세기본법」 제13조 제4항 참조), 비법인사단도 주식을 양수하여 주주가 될 수 있다. 주식을 양수하여 주주명부에 기재된 비법인사단은 회사가 신주를 발행하는 경우 주주로서 신주인수의 청약(상법 제420조, 제425조, 제302조 제1항)을 할 수 있다(상업등기선례 제 202205-1호).

[❷ ▸ ✕] 신주발행의 무효는 주주, 이사 또는 감사에 한하여 신주를 발행한 날로부터 6월 내에 소(訴) 만으로 이를 주장할 수 있다(상법 제429조). 신주발행으로 인해 등기된 사항에 무효의 원인이 있는 때에는 소(訴)로써만 그 무효를 주장할 수 있는 경우에 해당하므로 당사자의 신청 또는 소정의 절차를 거쳐 등기관이 직권으로 이를 말소할 수 없다(상업등기법 제77조 제2호, 제78조 내지 제80조).

> ### 상업등기법 제77조(말소등기의 신청)
> 등기 당사자는 등기가 다음 각 호의 어느 하나에 해당하는 경우에는 그 등기의 말소를 신청할 수 있다.
>   1. 제26조 제1호부터 제3호까지에 해당하는 사유가 있는 경우
>   2. 등기된 사항에 무효의 원인이 있는 경우(소로써만 그 무효를 주장할 수 있는 경우는 제외한다)
>
> ### 상업등기법 제78조(등기의 직권말소의 통지 등)
> ① 등기관은 등기를 마친 후 그 등기가 제77조 각 호의 어느 하나에 해당되는 것임을 발견하였을 때에는 등기를 한 자에게 1개월 이내의 기간을 정하여 그 기간 이내에 이의를 진술하지 아니하면 등기를 말소한 다는 뜻을 통지하여야 한다.
>
> ### 상업등기법 제79조(이의에 대한 결정)
> 등기관은 제78조 제1항의 말소에 관하여 이의를 진술한 자가 있으면 그 이의에 대한 결정을 하여야 한다.
>
> ### 상업등기법 제80조(등기의 직권말소)
> 등기관은 제78조 제1항의 기간 이내에 이의를 진술한 자가 없거나 이의를 각하한 경우에는 같은 항의 등기를 직권으로 말소하여야 한다.

[❸ ▸ O] 상법 제418조 제2항에 의하여 정관에 정하는 바에 따라 이사회에서 주주 외의 자에게 신주를 발행하는 결의를 하고 그에 따른 변경등기를 신청하는 경우, 신주발행을 결의한 이사회 결의일과 청약기일 사이의 시간적 간격이 2주간이 되지 아니하여 상법 제419조 제3항의 최고기간을 준수하지 못하는 경우에도 그에 관한 신주인수권자 전원의 동의서는 동의서는 첨부할 서면이 아니다(상업등기선례 제2-60호). ☞ 상법 제419조는 주주 배정 방식의 신주발행절차에 적용되는 규정이고 제3자 배정 방식의 신주발행절차에는 적용되지 않는다.

[❹ ▸ O] 상업등기규칙 제133조 제4호 단서

> ### 상업등기규칙 제133조(신주발행으로 인한 변경등기)
> 신주발행으로 인한 변경등기를 신청하는 경우에는 다음 각 호의 정보를 제공하여야 한다.
>   1. 주식의 인수를 증명하는 정보
>   2. 주식의 청약을 증명하는 정보
>   3. 상법 제418조 제2항에 따라 주주 외의 자에게 신주를 배정하는 경우에는 같은 조 제4항에 따른 통지 또는 공고를 하였음을 증명하는 정보
>   4. 주금의 납입을 맡은 은행, 그 밖의 금융기관의 납입금 보관을 증명하는 정보. 다만, 신주발행의 결과 자본금 총액이 10억원 미만인 회사에 대해서는 은행이나 그 밖의 금융기관의 잔고를 증명하는 정보로 대체할 수 있다.
>   5. 상법 제421조 제2항에 따른 상계가 있는 경우에는 이를 증명하는 정보
>   6. 상법 제422조에 따른 검사인의 조사보고 또는 감정인의 감정에 관한 정보
>   7. 제6호의 검사인의 조사보고 또는 감정인의 감정결과에 관한 재판이 있은 때에는 그 재판이 있음을 증명하는 정보

[❺ ▸ ○]

- 현물출자의 방법으로 신주발행을 하는 경우에 ㉠ 현물출자의 목적인 재산의 가액이 자본금의 5분의 1을 초과하지 않고 대통령령으로 정한 금액(5,000만원)을 초과하지 않는 경우, ㉡ 현물출자의 목적인 재산이 거래소에서 시세가 있는 유가증권인 경우로서 신주의 발행기관이 결정한 가격이 대통령령으로 정한 방법으로 산정된 시세를 초과하지 않는 경우, ㉢ 변제기가 도래한 회사에 대한 금전채권을 출자의 목적으로 하는 경우로서 그 가액이 회사장부에 적혀 있는 가액을 초과하지 아니하는 경우, ㉣ 그 밖에 이에 준하는 경우로서 대통령령으로 정하는 경우에는 검사인의 조사절차나 공인된 감정인의 감정절차와 이에 대한 법원의 심사절차를 요하지 않는다(상법 제422조 제2항 및 제3항 참조).
- 상업등기규칙 제133조 제6호 및 제7호는 신주발행으로 인한 변경등기 시 "상법 제422조에 따른 검사인의 조사보고 또는 감정인의 감정에 관한 정보"와 "검사인의 조사보고 또는 감정인의 감정결과에 대한 재판이 있는 때에는 그 재판이 있음을 증명하는 정보"를 제공하도록 규정하고 있으나, 현물출자의 검사나 감정이 면제되는 경우에는 그 적용이 없으므로 상법 제422조 제2항 각 호의 면제사유를 증명하는 정보를 제공하면 족하다고 할 것이다(상업등기선례 제201807-2호).

답 ❷

21
☐☐☐

주식회사의 신주발행절차 및 그 변경등기에 관한 다음 설명 중 가장 옳지 않은 것은?
2024년 법무사시험 [문 38]

① 신주를 발행하는 당해 회사에 대한 채권도 현물출자의 목적물이 될 수 있다.
② 주주에게 신주의 인수기회를 부여하였으나 그 인수를 하지 않아 발생한 실권주를 제3자에게 재배정하여 신주를 발행한 것은 상법 제418조 제2항에 따라 주주 외의 자에게 신주를 배정한 경우가 아니므로, 그 변경등기신청서에 상법 제418조 제4항에 따른 통지 또는 공고하였음을 증명하는 서면을 첨부할 것은 아니다.
③ 주금의 납입을 상계의 방법으로 할 수 있으나, 상계는 주금납입채무의 전부에 대해서 하여야 하고 주금납입채무의 일부나 신주인수인 중 일부 신주인수인의 주금납입채무에 대해서는 할 수 없다.
④ 신주인수권을 가진 주주가 포기하여 발생한 실권주를 이사회 결의로 다른 주주나 제3자에게 배정하여 신주를 발행한 경우 그 변경등기의 신청서에는 실권주의 배정을 결정한 이사회의사록만 첨부하면 되고 신주인수권포기서는 첨부할 필요가 없다.
⑤ 신주발행시에 현물출자를 하는 자가 있는 경우에는 회사와 현물출자자 간에 작성된 현물출자에 관한 합의를 증명하는 서면도 주식의 인수를 증명하는 서면에 해당한다.

·····

[❶ ▸ ○] 주식회사에서 현물출자의 목적물은 특별한 제한이 없고 대차대조표상 자산으로 계상할 수 있는 재산이면 모두 그 목적물이 될 수 있으므로, 회사설립 후 신주발행 시 당해 회사에 대한 채권도 현물출자의 목적물이 될 수 있다(상업등기선례 제1-208호).

[❷ ▸ ○] 주주에게 신주의 인수기회를 부여하였으나 그 인수를 하지 않아 발생한 실권주를 재배정하여 신주를 발행한 것은 「상법」 제418조 제2항에 따라 주주 외의 자에게 신주를 배정한 경우가 아니므로 그 변경등기신청서에 「상법」 제418조 제4항에 따른 통지 또는 공고하였음을 증명하는 서면을 첨부할 것은 아니다(상업등기선례 제2-57호).

[❸ ▸ ×] 주금납입채무의 일부에 대하여만 상계가 있는 경우(2인 이상의 신주인수인 중 일부 신주인수인의 주금납입채무에 대하여만 상계가 있는 경우를 포함한다)에는 신청서에 제3조 각 호의 서면과 상계로 소멸하는 납입채무 외의 부분에 관한 납입을 증명하는 서면을 함께 첨부하여야 한다(등기예규 제1450호 제4조). 즉 주금납입채무의 일부나 신주인수인 중 일부 신주인수인의 주금납입채무에 대해서도 상계가 가능하다.

[❹ ▸ ○] 주식회사의 신주발행에 있어서 신주인수권을 가진 주주의 일부가 신주인수권을 포기하여 발생한 실권주를 이사회의 결의로 다른 주주나 제3자에게 배정하여 납입이 이루어진 경우, 이에 따른 변경등기의 신청서의 첨부서면으로 실권주의 배정을 결정한 이사회의 의사록 외에 주주의 신주인수권포기서는 현행법상 첨부서면으로 하고 있지 않다(상업등기선례 제1-207호).

[❺ ▸ ○] 신주발행으로 인한 변경등기의 신청서에는 주식의 청약을 증명하는 서면뿐만 아니라 주식의 인수를 증명하는 서면도 첨부하여야 한다. 다만, 그 주식의 인수를 증명하는 서면이 신주의 인수인이 작성한 주식인수증에 한정되는 것은 아니다. 현물출자를 하는 자와 회사 간의 신주인수계약서, 주주명부 기타 주식의 배정 상황(각 인수인에게 배정한 주식의 수)에 관하여 대표이사가 작성한 서면도 주식의 인수를 증명하는 서면에 해당한다(상업등기선례 제2-42호).

 답 ❸

22 □□□ **주식회사의 신주발행 및 그 등기절차에 관한 다음 설명 중 가장 옳지 않은 것은?**
2022년 법무사시험 [문 40]

① 신주발행 시 현물출자를 하는 자가 있는 경우 검사인 선임신청 사건은 본점소재지의 지방법원 합의부가 관할한다.

② 회사성립 후 2년이 경과한 회사는 주주총회 특별결의와 법원의 인가를 받아 액면미달 가액으로 신주를 발행할 수 있다.

③ 신주발행으로 인한 자본금증가의 등기와 회사가 발행할 주식의 총수의 변경등기를 일괄하여 하나의 신청서로 동시에 신청하는 경우에 등기신청수수료는 자본금증가의 등기에 필요한 것만 납부하면 된다.

④ 신주의 인수인별로 주식인수를 증명하는 서면을 첨부할 필요는 없고, 주주명부 기타 주식의 배정 상황(각 인수인에게 배정한 주식의 수)에 관하여 대표이사가 작성한 서면도 주식의 인수를 증명하는 서면으로 첨부할 수 있다.

⑤ 신주인수권을 가진 주주의 일부가 신주인수권을 포기하여 발생한 실권주를 이사회 결의로 다른 주주나 제3자에게 배정하여 납입이 이루어진 경우 그 변경등기의 신청서에는 실권주의 배정을 결정한 이사회 의사록만 첨부하면 되고 신주인수권포기서는 첨부할 필요가 없다.

[**❶** ▸ ○] 비송사건절차법 제72조 제1항, 상법 제422조 제1항

> **비송사건절차법 제72조(관할)**
> ① 상법 제176조, 제306조, 제335조의5, 제366조 제2항, 제374조의2 제4항, 제386조 제2항, 제432조 제2항, 제443조 제1항 단서와 그 준용규정에 따른 사건 및 같은 법 제277조 제2항, 제298조, 제299조, 제299조의2, 제300조, 제310조 제1항, 제391조의3 제4항, 제417조, <u>제422조</u>, 제467조, 제582조, 제607조 제3항에 따른 사건은 <u>본점소재지의 지방법원 합의부가</u> 관할한다.
>
> > **상법 제422조(현물출자의 검사)**
> > ① 현물출자를 하는 자가 있는 경우에는 이사는 제416조 제4호의 사항을 조사하게 하기 위하여 검사인의 선임을 법원에 청구하여야 한다. 이 경우 공인된 감정인의 감정으로 검사인의 조사에 갈음할 수 있다.

[**❷** ▸ ○] 회사가 성립한 날로부터 2년을 경과한 후에 주식을 발행하는 경우에는 회사는 제434조의 규정에 의한 주주총회의 결의와 법원의 인가를 얻어서 주식을 액면미달의 가액으로 발행할 수 있다(상법 제417조 제1항).

[**❸** ▸ ×] 등록면허세와 달리 신주발행으로 인한 자본금증가의 등기와 회사가 발행할 주식의 총수의 변경등기를 일괄하여 하나의 신청서로 동시에 신청하는 경우에도 <u>등기신청수수료는 각각의 것을 합산하여 납부하여야 한다</u>(등기예규 제1861호 3. 다. 참조).

> ❑ **등기예규 제1861호[등기신청수수료 징수에 관한 예규]**
> 3. 상업등기신청수수료
> > 다. 2개 이상의 등기사항을 일괄하여 하나의 신청서로써 하는 등기신청의 경우 등기신청수수료 산정의 기준
> > 2개 이상의 등기사항을 일괄하여 하나의 신청서로써 등기신청을 하는 경우에는 각 등기의 목적에 따른 소정의 신청수수료를 합산한 금액을 등기신청수수료로 납부하여야 한다.

[**❹** ▸ ○] 신주의 인수인별로 주식인수를 증명하는 서면을 첨부할 필요는 없고, 주주명부 기타 주식의 배정 상황(각 인수인에게 배정한 주식의 수)에 관하여 대표이사가 작성한 서면도 주식의 인수를 증명하는 서면으로 첨부할 수 있다(상업등기선례 제2-42호 참조). 법공 상업

> ❑ **상업등기선례 제2-42호**
> 신주발행으로 인한 변경등기의 신청서(비송사건절차법 제205조)에는 주식의 청약을 증명하는 서면뿐만 아니라 주식의 인수를 증명하는 서면도 첨부하여야 한다. 다만, 그 주식의 인수를 증명하는 서면이 신주의 인수인이 작성한 주식인수증에 한정되는 것은 아니다. 현물출자를 하는 자와 회사 간의 신주인수계약서, 주주명부 기타 주식의 배정 상황(각 인수인에게 배정한 주식의 수)에 관하여 대표이사가 작성한 서면도 주식의 인수를 증명하는 서면에 해당한다.

[**❺** ▸ ○] 주식회사의 신주발행에 있어서 신주인수권을 가진 주주의 일부가 신주인수권을 포기하여 발생한 실권주를 이사회의 결의로 다른 주주나 제3자에게 배정하여 납입이 이루어진 경우, 이에 따른 변경등기의 신청서의 첨부서면으로 실권주의 배정을 결정한 이사회의 의사록 외에 주주의 신주인수권포기서는 현행법상 첨부서면으로 하고 있지 않다(상업등기선례 제1-207호).

답 ❸

주식회사의 자금 조달을 직접적인 목적으로 하는 통상의 신주발행으로 인한 변경등기에 관한 다음 설명 중 가장 옳지 않은 것은? 　　2021년 법무사시험 [문 40]

① 납입 또는 현물출자의 이행이 완료되면 납입기일의 다음 날부터 신주발행의 효력이 발생한다.

② 액면미달발행을 한 경우 액면미달금액의 총액은 주식발행초과금과 상계처리한 후 미상각액을 등기하여야 한다.

③ 신주의 인수인은 회사의 동의 없이 주금납입채무와 회사에 대한 채권을 상계할 수 없지만, 회사는 일방적 의사표시로 상계할 수 있다.

④ 주주 배정과 제3자 배정은 정관에 근거규정이 필요한지, 배정기준일 지정·공고 절차가 필요한지 등에서 차이가 나는데, 주주들이 실제로 인수권을 행사함으로써 신주를 배정받았는지에 따라 주주 배정인지 제3자 배정인지가 결정된다.

⑤ 제3자배정방식으로 신주를 발행하는 경우에는 등기신청 시 일정한 사항을 납입기일의 2주 전까지 주주에게 통지하거나 공고하였음을 증명하는 정보를 제공하여야 한다.

- -

[**❶ ▶ ○**] 　신주인수인이 신주의 주금납입 또는 현물출자의 이행을 한 때에는 그 납입기일의 다음 날부터 신주발행의 효력이 발생하여 그날부터 주주로서의 권리, 의무가 생기므로(상법 제423조 제1항), 신주발행으로 인한 변경등기의 원인일자 및 그 등기기간의 기산일은 주금납입기일의 다음 날이다(상업등기선례 제1-172호).

[**❷ ▶ ○**] 　제417조(액면미달의 발행)에 따른 주식을 발행한 경우에 주식의 발행에 따른 변경등기에는 미상각액을 등기하여야 한다(상법 제426조).

[**❸ ▶ ○**] 　신주의 인수인은 회사의 동의가 있는 경우 주금납입채무와 회사에 대한 채권을 상계할 수 있고(상법 제421조 제2항), 회사는 일방적 의사표시로 상계할 수 있다. 상계는 주금납입채무의 전부에 대해서도 할 수 있고, 주금납입채무의 일부나 신주인수인 중 일부 신주인수인의 주금납입채무에 대해서도 할 수 있다(등기예규 제1450호). 　법공 상업

[**❹ ▶ ✕**] 　신주 등의 발행에서 주주 배정방식과 제3자 배정방식을 구별하는 기준은 회사가 신주 등을 발행하는 때에 주주들에게 그들의 지분비율에 따라 신주 등을 우선적으로 인수할 기회를 부여하였는지 여부에 따라 객관적으로 결정되어야 할 성질의 것이지, 신주 등의 인수권을 부여받은 주주들이 실제로 인수권을 행사함으로써 신주 등을 배정받았는지 여부에 좌우되는 것은 아니다(대판[전합] 2009.5.29. 2007도4949).

[**⑤ ▶ ○**] 상업등기규칙 제133조 제3호

> **상업등기규칙 제133조(신주발행으로 인한 변경등기)**
> 신주발행으로 인한 변경등기를 신청하는 경우에는 다음 각 호의 정보를 제공하여야 한다.
> 1. 주식의 인수를 증명하는 정보
> 2. 주식의 청약을 증명하는 정보
> 3. 상법 제418조 제2항에 따라 주주 외의 자에게 신주를 배정하는 경우에는 같은 조 제4항에 따른 통지 또는 공고를 하였음을 증명하는 정보
> 4. 주금의 납입을 맡은 은행, 그 밖의 금융기관의 납입금 보관을 증명하는 정보. 다만, 신주발행의 결과 자본금 총액이 10억원 미만인 회사에 대해서는 은행이나 그 밖의 금융기관의 잔고를 증명하는 정보로 대체할 수 있다.
> 5. 상법 제421조 제2항에 따른 상계가 있는 경우에는 이를 증명하는 정보
> 6. 상법 제422조에 따른 검사인의 조사보고 또는 감정인의 감정에 관한 정보
> 7. 제6호의 검사인의 조사보고 또는 감정인의 감정결과에 관한 재판이 있은 때에는 그 재판이 있음을 증명하는 정보

답 **④**

제8절 준비금의 자본금 전입으로 인한 변경등기

24
□□□

주식회사에 있어서 준비금의 자본전입으로 인한 변경등기에 관한 다음 설명 중 가장 옳지 않은 것은?
2023년 법무사시험 [문 49]

① 주식회사는 이사회의 결의에 의하여 준비금의 전부 또는 일부를 자본금에 전입할 수 있다. 그러나 정관으로 주주총회에서 결정하기로 정한 경우나 소규모 주식회사로서 2명 이하의 이사를 둔 회사는 주주총회의 결의에 의한다.

② 주식회사는 그 자본금의 2분의 1이 될 때까지 매 결산기 이익배당액의 10분의 1 이상을 이익준비금으로 적립하여야 하는데, 결산기 중에 임시주주총회의 결의로 자본금의 2분의 1의 범위 내에서 임의준비금 중 일부를 이익준비금으로 이체한 경우에도 이를 자본금에 전입할 수 없다.

③ 준비금의 자본전입으로 인한 변경등기는 이사회에서 자본전입의 결의를 한 때에는 신주배정일, 주주총회에서 자본전입의 결의를 한 때에는 주주총회결의일이 속하는 달의 마지막 날부터 2주 내에 본점소재지에서 하여야 한다.

④ 분할로 설립되는 회사가 분할계획서상 승계된 주식발행초과금을 준비금으로 하여 자본금전입으로 인한 변경등기를 신청하는 경우, 분할되는 회사의 정기주주총회에서 승인한 재무제표 및 분할계획서가 준비금의 존재를 증명하는 정보에 해당할 수 있다.

⑤ 주식회사는 자본거래에서 발생한 잉여금을 자본준비금으로 적립하여야 하는데, 이에는 이익준비금과 달리 적립한도에 제한이 없다.

[**❶ ▸ ○**] 주식회사는 이사회의 결의에 의하여 준비금의 전부 또는 일부를 자본금에 전입할 수 있다. 그러나 정관으로 주주총회에서 결정하기로 정한 경우에는 주주총회의 결의에 의한다(상법 제461조 제1항). 한편, 소규모 주식회사(자본금 총액이 10억원 미만인 회사)로서 2명 이하의 이사를 둔 회사는 주주총회의 결의에 의한다(상법 제383조 제4항).

[**❷ ▸ ○**]

• 주식회사는 그 자본금의 2분의 1이 될 때까지 매 결산기 이익배당액의 10분의 1 이상을 이익준비금으로 적립하여야 한다. 다만, 주식배당의 경우에는 그러하지 아니하다(상법 제458조). 상법 제461조 제1항의 규정에 의하여 자본금에 전입할 수 있는 준비금은 법정준비금에 한한다고 해석되므로 임의준비금은 자본금에 전입할 수 없으며, 자본금의 2분의 1을 초과하여 이익준비금이 적립된 경우에 그 초과액은 임의준비금으로 보아야 할 것이므로 그 초과액은 자본금에 전입할 수 없다(상업등기선례 제1-191호).

• 법정준비금 중 이익준비금은 결산기에 이익처분의 방식으로 주주총회(또는 이사회)에서의 이익잉여금 처분계산서의 승인절차를 통해 확정되므로, 자본금전입의 대상이 되는 이익준비금은 반드시 결산기의 이익잉여금처분계산서를 승인하는 주주총회(또는 이사회)에서 그 적립을 결정한 것에 한정되고, 결산기 중에 임시주주총회의 결의로 자본금의 2분의 1의 범위 내에서 임의준비금 중 일부를 이익준비금으로 이체한 경우에도 이를 자본금에 전입할 수 없다(상업등기선례 제1-175호, 제1-180호, 제1-195호).

[**❸ ▸ ✕**] 자본금 전입에 의한 신주발행의 경우에는 상법 제416조 이하의 규정에 의한 보통의 신주발행에 있어서 요구되는 청약, 배정, 납입과 같은 절차는 필요 없다. 따라서 이사회에서 자본금 전입을 결의한 때에는 신주배정일에 그 효력이 발생하고, 주주총회에서 자본금 전입의 결의를 한 때에는 그 결의가 있는 때에 효력이 발생한다(상법 제461조 제3항, 제4항). 상업 실무 2 따라서 준비금의 자본금전입으로 인한 변경등기는 자본금전입의 효력이 발생한 날, 즉 ⊙ 이사회결의로 자본금전입을 결의한 때에는 신주배정기준일로부터, ⓛ 주주총회의 결의로 자본금전입을 결의한 경우에는 주주총회의 결의일로부터 본점소재지에서 2주일 내에 등기하여야 한다(상법 제317조 제4항, 제183조, 제461조 제3항·제4항).

[**❹ ▸ ○**] 준비금의 자본금 전입으로 인한 변경등기에 있어서 준비금의 존재를 증명하는 정보는 원칙적으로 정기주주총회에서 승인한 재무제표이다(상법 제447조, 제449조 제1항). 甲 회사가 甲 회사와 乙 회사로 단순분할하고 분할계획서에 주식발행초과금 승계사실이 포함되어 있으며 乙 회사가 영업년도 중에 발생한 준비금이 아니라 분할계획서상 승계된 주식발행초과금을 준비금으로 하여 자본금전입으로 인한 변경등기를 신청하는 경우, 甲 회사의 정기주주총회에서 승인한 재무제표 및 분할계획서가 상업등 기규칙 제137조의 준비금의 존재를 증명하는 정보에 해당할 수 있다(상업등기선례 제202108-2호).

[**❺ ▸ ○**] 자본거래에서 발생한 잉여금의 경우 그 자체가 잉여자본으로 자본금의 성질을 갖기 때문에 적립이 강제되는데(상법 제459조), 그 재원이 발생한 때에는 전부 적립하여야 하고 이익준비금과 달리 적립한도에 제한이 없다. 상업 실무 2

답 ❸

준비금의 자본전입으로 인한 등기절차에 관한 다음 설명 중 가장 옳지 않은 것은?

2019년 법무사시험 [문 45]

① 자본금의 2분의 1을 초과하여 이익준비금이 적립된 경우, 그 초과액은 임의준비금이므로 이를 자본금에 전입할 수 없다.

② 이사회에서 자본금 전입을 결의한 때에는 그 결의가 있는 때에 그 효력이 발생하고, 주주총회에서 자본금 전입의 결의를 한 때에는 신주배정일에 효력이 발생한다.

③ 액면 이상의 가액으로 신주를 발행한 후 그 액면을 초과한 금액의 전부 또는 일부를 자본금에 전입하여 그로 인한 변경등기를 신청하는 경우에, 위 주금의 납입을 맡은 은행 기타 금융기관의 납입금 보관에 관한 증명서도 준비금의 존재를 증명하는 서면에 해당된다.

④ 정관으로 자본금 전입을 주주총회에서 결정하기로 정한 경우, 이를 정기주주총회로 한정하였다는 등의 특별할 사정이 없는 한 준비금의 전부 또는 일부를 자본금에 전입하는 결의는 반드시 정기주주총회에서 결정하여야 하는 것은 아니다.

⑤ 자본금 전입이 가능한 준비금은 자본준비금과 이익준비금에 한한다.

[**❶ ▶ ○**] 상법 제461조 제1항의 규정에 의하여 자본에 전입할 수 있는 준비금은 법정준비금에 한한다고 해석되므로 임의준비금은 자본에 전입할 수 없으며, 자본의 2분의 1을 초과하여 이익준비금이 적립된 경우에 그 초과액은 임의준비금으로 보아야 할 것이므로 그 초과액은 자본에 전입할 수 없다(상업등기선례 제1-191호).

[**❷ ▶ ✕**] 자본금 전입에 의한 신주발행의 경우에는 상법 제416조 이하의 규정에 의한 보통의 신주발행에 있어서 요구되는 청약, 배정, 납입과 같은 절차는 필요 없다. 따라서 이사회에서 자본금 전입을 결의한 때에는 신주배정일에 그 효력이 발생하고, 주주총회에서 자본금 전입의 결의를 한 때에는 그 결의가 있는 때에 효력이 발생하나(상법 제461조 제3항, 제4항), 그 결의에 조건이나 기한을 붙인 경우에는 그 조건이나 기한이 합리적이라면 그에 따라 효력이 발생한다. [상업 실무 2]

> **상법 제461조(준비금의 자본금 전입)**
> ① 회사는 이사회의 결의에 의하여 준비금의 전부 또는 일부를 자본금에 전입할 수 있다. 그러나 정관으로 주주총회에서 결정하기로 정한 경우에는 그러하지 아니하다.
> ③ 제1항의 이사회의 결의가 있은 때에는 회사는 일정한 날을 정하여 그날에 주주명부에 기재된 주주가 제2항의 신주의 주주가 된다는 뜻을 그날의 2주간 전에 공고하여야 한다. 그러나 그날이 제354조 제1항의 기간 중인 때에는 그 기간의 초일의 2주간 전에 이를 공고하여야 한다.
> ④ 제1항 단서의 경우에 주주는 주주총회의 결의가 있은 때로부터 제2항의 신주의 주주가 된다.

[**❸ ▶ ○**] [**❹ ▶ ○**] 상업등기선례 제1-195호

> ❑ **상업등기선례 제1-195호**
> 1. 주식회사가 액면 이상의 가액으로 신주를 발행한 후 그 액면을 초과한 금액의 전부 또는 일부를 자본에 전입하여 그로 인한 변경등기를 신청하는 경우에, 위 주금의 납입을 맡은 은행 기타 금융기관의 납입금 보관에 관한 증명서(비송사건절차법 제205조 제5호)에 의하여 주식발행초과금의 존재가 증명되는 때에는, 위 납입금 보관에 관한 증명서도 준비금의 존재를 증명하는 서면(같은 법 제208조)에 해당된다.
> 3. 회사는 이사회의 결의에 의하여 준비금의 전부 또는 일부를 자본에 전입할 수 있으나, 회사가 정관으로 이를 주주총회에서 결정하기로 정한 경우에는, 정관에서 이를 정기주주총회로 한정하였다는 등의 특별할 사정이 없는 한 위 주식발행초과금의 전부 또는 일부를 자본에 전입하는 결의는 반드시 정기주주총회에서 결정하여야 하는 것은 아니다.

[**⑤ ▸ ○**] 준비금의 자본전입은 이사회의 결의로 법정준비금의 일부 또는 전부를 자본에 전입하여 무상으로 신주를 교부하는 절차인바, 자본전입이 가능한 준비금은 법정준비금, 즉 자본준비금과 이익준비금에 한한다(상업등기선례 제1-202호).

답 ❷

PART 1 PART 2 PART 3 PART 4 PART 5 **PART 6** PART 7 PART 8

제9절   주식배당으로 인한 변경등기

제10절   주식의 상환 및 전환으로 인한 변경등기

제11절   전환사채 · 신주인수권부사채의 등기

26
□□□

주식회사의 사채의 등기에 관한 다음 설명 중 가장 옳지 않은 것은?

2024년 법무사시험 [문 40]

① 자본시장과 금융투자업에 관한 법률에 의하여 인정되는 전환형 조건부자본증권은 등기사항이다.
② 회사는 전에 모집한 사채의 총액의 납입이 완료된 후가 아니면 다시 사채를 모집하지 못하며, 각 사채의 금액은 1만원 이상이어야 한다.
③ 한국예탁결제원에 예탁된 전환사채를 주식으로 전환하고 그로 인한 변경등기를 신청하는 경우, 그 신청서에는 전환사채를 발행한 회사가 공인인증서에 의한 인증을 거쳐 한국예탁결제원으로부터 온라인상 발급받은 전환청구서를 첨부할 수 있다.
④ 비분리형 신주인수권부사채의 경우, 사채가 전부상환 또는 전부매입 소각되면 신주인수권부사채의 등기를 말소하여야 하는데, 이 경우 그 말소등기신청서에는 상환완료 또는 전부매입소각을 증명하는 서면을 첨부하여야 한다.
⑤ 신주인수권부사채 총액의 변경등기신청서에 사채상환완료증명서를 첨부하는 경우 그 서면에 사채권자의 인감이 날인되거나 인감증명서가 첨부되어야 하는 것은 아니다.

[**❶** ▶ **○**] 특수사채 중 전환사채, 신주인수권부사채, 이익참가부사채 및 전환형 조건부자본증권만 등기능력이 있는 사채이다(상법 제514조의2, 제516조의8, 상법 시행령 제21조 제10항, 자본시장법 시행령 제176조의12 제6항). 상업 실무 2

자본시장과 금융투자업에 관한 법률 시행령 제176조의12(전환형 조건부자본증권의 발행 등)
⑥ 주권상장법인이 전환형 조건부자본증권을 발행한 경우에는 「상법」 제476조에 따른 납입이 완료된 날부터 2주일 이내에 본점 소재지에서 다음 각 호의 사항을 등기하여야 한다.
  1. 전환형 조건부자본증권의 총액
  2. 각 전환형 조건부자본증권의 금액
  3. 각 전환형 조건부자본증권의 납입금액
  4. 제4항 각 호에 따른 사항

[**❷** ▶ **×**] 2011.4.14. 개정 상법에서 회사는 전에 모집한 사채의 총액의 납입이 완료된 후가 아니면 다시 사채를 모집하지 못한다는 제한과 각 사채의 금액은 1만원 이상이어야 하고, 동일 종류의 사채에서 각 사채의 금액은 균일하거나 최저액으로 정제(整除)할 수 있는 것이어야 한다는 규정 등 사채 발행과 관련한 많은 제한이 폐지되었다.

[**❸** ▶ **○**] 증권예탁결제원(이하 '예탁원'이라 한다)에 예탁된 전환사채를 주식으로 전환하고 그로 인한 변경등기를 신청하는 경우, 그 신청서에는 전환사채를 발행한 회사가 공인인증서에 의한 인증을 거쳐 예탁원으로부터 온라인(on-line)상 발급받은 전환청구서(발급번호에 의하여 그 진위를 확인할 수 있다)를 첨부할 수 있다(상업등기선례 제2-66호).

[**❹** ▶ **○**] 비분리형 신주인수권부사채의 경우, 사채가 전부상환 또는 전부매입 소각되면 신주인수권부사채의 등기를 말소하여야 하는데, 이 경우 그 말소등기신청서에는 상환완료 또는 전부매입소각을 증명하는 서면을 첨부하여야 한다(상업등기규칙 제144조 제2항). 법공 상업

상업등기규칙 제144조(전환사채 등의 등기)
② 전환사채, 신주인수권부사채, 이익참가부사채의 제2회 이후의 납입 등으로 인한 변경등기 또는 사채의 전부 상환 등으로 인한 말소등기를 신청하는 경우에는 그 사실을 증명하는 정보를 제공하여야 한다.

[**❺** ▶ **○**] 전환사채를 발행한 회사가 그 사채를 전부 상환한 후 전환사채가 전부 상환되었음을 증명하는 서면으로서 사채권자의 확인서(이하, '사채상환완료증명서'라 한다)를 첨부하여 전환사채 등기의 말소를 신청하는 경우, 사채상환완료증명서에는 사채권자의 기명날인 또는 서명이 있어야 하지만 인감이 날인되거나 인감증명이 첨부되어야 하는 것은 아니다. 또, 사채상환완료증명서를 작성한 자가 사채권자임을 소명하기 위해 사채인수계약서 사본 등을 첨부하여야 하나 세무서장이 교부하는 고유번호증은 원칙적으로 첨부할 필요가 없다(상업등기선례 제2-64호).

 답 **❷**

27

전환사채의 등기에 관한 다음 설명 중 가장 옳지 않은 것은?(다툼이 있는 경우 판례·예규 및 선례에 따르고 전원합의체 판결의 경우 다수의견에 의함. 이하 같음)

2021년 법무사시험 [문 36]

① 사채를 인수한 자는 자신이 회사에 대해 가지는 채권으로 사채의 납입의무와 상계할 수 있다.
② 신주발행절차와 같이 납입증명서면은 은행 등 금융기관의 납입증명서면만 가능하다.
③ 전환사채 발행의 무효는 주주·이사 또는 감사에 한하여 사채를 발행한 날로부터 6개월 내에 소만으로 이를 주장할 수 있다.
④ 전환사채의 변경등기에 첨부할 사채상환증명서에는 사채권자의 기명날인 또는 서명이 있어야 하지만 인감이 날인되거나 인감증명서가 첨부되어야 하는 것은 아니다.
⑤ 전환사채의 발행에 관하여 정관으로 주주총회결의사항으로도 할 수 있는데, 신주발행이 정관에 의해 주주총회의 권한사항으로 되어 있는 경우에는 전환사채의 발행에 관해서는 정관에 명문의 규정이 없다고 하더라도 주주총회의 결의를 거쳐야 한다.

....

[**❶ ▸ ○**] 전환사채 발행의 등기를 신청하는 경우에는 상법 제476조의 규정에 의한 납입이 있음을 증명하는 서면을 첨부하여야 하나, 사채의 납입은 반드시 금융기관에 할 필요가 없는 것이므로 사채의 납입이 있었음을 증명하는 서면은 발행회사가 작성한 것이어도 무방하며, <u>사채의 납입은 상계로도 가능하다</u>(상업등기선례 제1-190호).

[**❷ ▸ ✕**] 사채의 납입에 관하여는 신주발행에 있어서와 달리 납입장소의 제한(상법 제302조 제2항, 제305조 제2항)에 관한 규정이 없으므로 반드시 은행 등 금융기관에 납입할 필요가 없다. 따라서 <u>은행 등 금융기관의 납입을 증명하는 서면뿐만 아니라 사채를 발생하는 회사 자신이 납입기관으로서 작성한 서면도 납입을 증명하는 서면이 될 수 있고, 수탁회사의 납입증명이나 우체국의 납입증명도 가능하다</u>(상업등기선례 제1-213호). 상업 실무 2

> ❑ **상업등기선례 제1-213호**
> 사채의 등기신청서의 첨부서면 중 "각 사채에 대하여 상법 제476조의 납입이 있는 것을 증명하는 서면"에는 우체국의 납입증명도 포함된다.

[**❸ ▸ ○**] 상법은 제516조 제1항에서 신주발행의 유지청구권에 관한 제424조 및 불공정한 가액으로 주식을 인수한 자의 책임에 관한 제424조의2 등을 전환사채의 발행의 경우에 준용한다고 규정하면서도 신주발행무효의 소에 관한 제429조의 준용 여부에 대해서는 아무런 규정을 두고 있지 않으나, 전환사채는 전환권의 행사에 의하여 장차 주식으로 전환될 수 있는 권리가 부여된 사채로서, 이러한 전환사채의 발행은 주식회사의 물적 기초와 기존 주주들의 이해관계에 영향을 미친다는 점에서 사실상 신주를 발행하는 것과 유사하므로, 전환사채의 발행의 경우에도 신주발행무효의 소에 관한 상법 제429조가 유추적용된다고 봄이 상당하다(대판 2004.6.25. 2000다37326). 즉, 전환사채 발행의 경우에도 신주발행무효의 소에 관한 상법 제429조가 유추적용되므로, <u>전환사채 발행의 무효는 주주·이사 또는 감사에 한하여 사채를 발행한 날로부터 6개월 내에 소만으로 이를 주장할 수 있다</u>(상법 제429조 참조).

> **상법 제429조(신주발행무효의 소)**
> 신주발행의 무효는 주주·이사 또는 감사에 한하여 신주를 발행한 날로부터 6월 내에 소만으로 이를 주장할 수 있다.

[**④ ▸ ○**] 전환사채를 발행한 회사가 그 사채를 전부 상환한 후 전환사채가 전부 상환되었음을 증명하는 서면으로서 사채권자의 확인서(이하, '사채상환완료증명서'라 한다)를 첨부하여 전환사채 등기의 말소를 신청하는 경우, 사채상환완료증명서에는 사채권자의 기명날인 또는 서명이 있어야 하지만 인감이 날인되거나 인감증명이 첨부되어야 하는 것은 아니다(상업등기선례 제2-64호).

[**⑤ ▸ ○**] 전환사채는 원칙적으로 이사회 결의로 발행한다(상법 제513조 제2항). 즉, 정관에 전환사채 발행에 관해 정한 바가 없더라도 이사회 결의만으로 발행할 수 있다. 다만, 정관으로 주주총회결의사항으로도 할 수 있는데, 신주발행이 정관에 의해 주주총회의 권한사항으로 되어 있는 경우에는 전환사채의 발행에 관해서는 정관에 명문의 규정이 없다고 하더라도 주주총회의 결의를 거쳐야 한다(대판 1999.6.25. 99다18435). `법공 상업` 이와 관련하여 판례는, 회사의 정관에 신주발행 및 인수에 관한 사항은 주주총회에서 결정하고 자본의 증가 및 감소는 발행주식 총수의 과반수에 상당한 주식을 가진 주주의 출석과 출석주주가 가진 의결권의 2/3 이상의 찬성으로 의결하도록 규정되어 있는 경우, 전환사채는 전환권의 행사에 의하여 장차 주식으로 전환될 수 있어 이를 발행하는 것은 사실상 신주발행으로서의 의미를 가지므로, 회사가 전환사채를 발행하기 위하여는 주주총회의 특별결의를 요한다고 판시하고 있다(대판 1999.6.25. 99다18435).

답 ❷

제12절 **자본금 감소로 인한 변경등기**

28
□□□
주식회사의 자본금 감소로 인한 변경등기에 관한 다음 설명 중 가장 옳지 않은 것은?

2024년 법무사시험 [문 43]

① 액면주식을 발행한 회사에서 주식의 액면금액을 인하하거나, 주식을 임의소각하는 방식으로 자본을 줄이는 경우에는 주권제출공고를 하였음을 증명하는 서면을 첨부할 필요가 없다.
② 결손금 보전을 위한 자본금 감소나 회사의 재무제표상 채무가 없는 경우에는 채권자보호절차를 생략하거나 보다 간이한 방법으로 그 절차를 밟을 수 있다.
③ 자본금의 감소는 원칙적으로 주주총회의 특별결의에 의하여야 하나, 결손의 보전을 위한 자본금 감소의 경우에는 주주총회의 보통결의에 의한다.
④ 주식의 액면가는 균일해야 하므로 일부 주식에 대해서만 액면가를 낮출 수 없고, 1주의 금액은 100원 이상이어야 하므로 100원 미만으로 액면가를 낮출 수 없다.
⑤ 주식을 소각하거나 병합하는 방법으로 자본금을 감소하는 경우에도, 감소된 주식수만큼 발행예정주식총수가 당연히 감소하는 것은 아니므로 정관의 변경 없이는 발행예정주식총수의 변경등기를 할 수 없다.

．．．

[**❶ ▸ ○**] 무액면주식을 발행한 회사에서 주식의 병합 또는 소각 없이 단순히 자본금의 액을 임의로 낮추는 방식으로 자본금 감소를 하는 경우, 액면주식을 발행한 회사에서 주식의 액면금액을 인하하거나(상업등기선례 제1-188호) 주식을 임의소각하는 경우에는 주권제출공고를 증명하는 서면은 첨부정보로 제공할 필요가 없다. `상업 실무 2`

[**❷** ▸ ✕] 자본금을 감소하는 경우에는 반드시 채권자보호절차를 밟아야 하므로 회사의 재무제표상 채무가 없다는 이유만으로는 그 절차를 생략하거나 보다 간이한 방법으로 채권자보호절차를 밟을 수 없고(상업등기선례 제1-228호 참조), 채권자별로 이의를 진술할 수 있는 기간을 달리 정할 수 없다. 다만, 결손의 보전을 위한 자본금 감소의 경우에는 채권자보호절차가 필요 없다(상법 제439조 제2항 단서). 상업 실무 2

[**❸** ▸ ○] 상법 제438조 제1항, 제2항

> **상법 제438조(자본금 감소의 결의)**
> ① 자본금의 감소에는 제434조에 따른 결의[주주총회의 특별결의(註)]가 있어야 한다.
> ② 제1항에도 불구하고 결손의 보전(補塡)을 위한 자본금의 감소는 제368조 제1항의 결의[주주총회의 보통 결의(註)]에 의한다.

[**❹** ▸ ○] 상법 제329조 제2항, 제3항

> **상법 제329조(자본금의 구성)**
> ② 액면주식의 금액은 균일하여야 한다.
> ③ 액면주식 1주의 금액은 100원 이상으로 하여야 한다.

[**❺** ▸ ○] 주식의 상환에 관한 종류주식을 상환하는 경우, 주식을 병합하거나 소각하는 방법으로 자본 금을 감소하는 경우 및 이사회의 결의에 의하여 회사가 보유하는 자기 주식을 소각하는 경우에 소각된 주식 수만큼 회사가 발행할 주식의 총수는 당연히 감소하지 아니하므로 정관의 변경 없이는 회사가 발행할 주식의 총수에 관한 변경등기를 할 수가 없다(상업등기선례 제2-55호).

 답 **❷**

29
□□□

주식매수선택권의 등기에 관한 다음 설명 중 가장 옳지 않은 것은? 2023년 법무사시험 [문 39]

① 설립등기신청서에 첨부된 원시정관에 주식매수선택권을 부여하도록 정한 규정이 있다면 그 규정에 관한 내용은 등기사항이므로, 신청서에 주식매수선택권에 관한 그 등기사항을 기재하여야 한다.

② 주식매수선택권의 행사로 발행할 신주 또는 양도할 자기의 주식은 회사의 발행주식총수의 100분의 10을 초과할 수 없다. 다만, 상장회사의 경우 발행주식총수의 100분의 20의 범위에서 상법 시행령으로 정하는 한도까지 주식매수선택권을 부여할 수 있다.

③ 주식매수선택권자는 주식매수선택권에 관한 사항을 정하는 주주총회결의일부터 2년 이상 재임 또는 재직하여야 주식매수선택권을 행사할 수 있다.

④ 신주발행형으로 주식매수선택권을 부여받은 자가 주식매수선택권을 행사하는 경우, 선택권을 행사하고 행사가액을 납입하면 납입일의 다음 날부터 주주가 된다.

⑤ 주식매수선택권의 행사로 인한 변경등기의 신청서에는 신주인수청구서 및 주금의 납입을 맡은 은행, 그 밖의 금융기관의 납입금보관 증명서 또는 잔고증명서를 첨부하여야 한다.

....

[❶ ▸ O] 회사설립 시 원시정관에 주식매수선택권에 관한 내용을 정한 경우에는 설립등기를 할 때에, 기왕에 정한 주식매수선택권 부여에 관한 정관 내용을 변경하거나 회사 설립 후에 주식매수선택권 부여에 관한 내용을 새로이 정관에 정한 경우에는 그 효력 발생일로부터 2주일 내에, 본점소재지 관할 등기소에서 등기하여야 한다(상법 제317조 제2항 제3의3호·제4항, 제183조). 상업 실무 2 따라서 설립등기 신청서에 주식매수선택권에 관한 그 등기사항을 기재하여야 한다(상업등기규칙 제51조 제1항 제4호).

> **상법 제317조(설립의 등기)**
> ② 제1항의 설립등기에 있어서는 다음의 사항을 등기하여야 한다.
>   3의3. 주식매수선택권을 부여하도록 정한 때에는 그 규정
>
> **상업등기규칙 제51조(신청정보)**
> ① 등기를 신청하는 경우에는 다음 각 호의 사항을 신청정보의 내용으로 등기소에 제공하여야 한다.
>   4. 등기할 사항

[**❷** ▸ ○] 상법 제340조의2 제3항, 제542조의3 제2항, 상법 시행령 제30조 제3항

> **상법 제340조의2(주식매수선택권)**
> ③ 제1항에 따라 발행할 신주 또는 양도할 자기의 주식은 회사의 발행주식총수의 100분의 10을 초과할 수 없다.
>
> **상법 제542조의3(주식매수선택권)**
> ② 상장회사는 제340조의2 제3항에도 불구하고 발행주식총수의 100분의 20의 범위에서 대통령령으로 정하는 한도까지 주식매수선택권을 부여할 수 있다.
>
> > **상법 시행령 제30조(주식매수선택권)**
> > ③ 법 제542조의3 제2항에서 "대통령령으로 정하는 한도"란 발행주식총수의 100분의 15에 해당하는 주식 수를 말한다. 이 경우 이를 산정할 때에는 법 제542조의3 제3항에 따라 부여한 주식매수선택권을 포함하여 계산한다.

[**❸** ▸ ○] 제340조의2 제1항의 주식매수선택권은 제340조의3 제2항 각 호의 사항(주식매수선택권에 관한 사항)을 정하는 주주총회결의일부터 2년 이상 재임 또는 재직하여야 이를 행사할 수 있다(상법 제340조의4 제1항).

[**❹** ▸ ✕] 신주발행형으로 주식매수선택권을 부여받은 주식매수선택권자가 주식매수선택권을 행사하는 경우, <u>주식매수선택권을 행사하고 행사가액을 납입한 때에 주주가 된다</u>(상법 제340조의5, 제516조의 10, 상업등기선례 제2-41호). 상업 실무 2

[**❺** ▸ ○] 주식매수선택권의 행사로 인한 변경등기를 신청하는 경우에는 상법 제516조의9 제1항에 따른 청구가 있음을 증명하는 정보(주식매수선택권을 행사하려는 자가 회사에 제출하는 신주인수청구서)와 주금의 납입을 맡은 은행, 그 밖의 금융기관의 납입금 보관을 증명하는 정보(다만, 신주발행의 결과 자본금 총액이 10억원 미만인 회사에 대해서는 은행이나 그 밖의 금융기관의 잔고를 증명하는 정보로 대체할 수 있다), 상법 제421조 제2항에 따른 상계가 있는 경우에는 이를 증명하는 정보를 제공하여야 한다(상업등기규칙 제134조).

답 **❹**

30
□□□

주식의 포괄적 교환 및 이전의 등기에 관한 다음 설명 중 가장 옳은 것은? <u>기출수정</u>

2022년 법무사시험 [문 43]

① 주식의 포괄적 교환 또는 이전 시 완전모회사 및 완전자회사가 될 회사에서 채권자보호절차를 거쳐야 한다.

② 주식의 포괄적 교환을 한 때에는 완전자회사가 되는 회사의 대표이사는 주식교환일로부터 본점소재지에서 2주 이내에 변경등기를 하여야 한다.

③ 주식이전으로 인한 설립등기를 신청하는 경우에 완전모회사의 자본금의 한도액을 증명하는 정보뿐만 아니라 완전자회사의 주권의 실효절차에 따른 공고를 하였음을 증명하는 정보를 제공하여야 한다.

④ 주식이전의 무효는 각 회사의 주주, 이사, 감사에 한하여 주식이전의 날부터 6월 내에 소만으로 주장할 수 있다.

⑤ 주식이전의 무효의 판결이 확정되면 항소법원은 회사의 본점 소재지의 등기소에 그 등기를 촉탁하여야 한다.

....

[**❶ ▸ ×**] 주식의 교환 또는 주식의 이전으로 완전자회사가 되는 회사에 있어서는 그 주주만 변경되고, 자본금이 감소하거나 책임재산이 변동되지 않으며, 완전모회사가 되는 회사에 있어서는 신주를 발행하거나 이미 가지고 있던 자기주식을 완전자회사의 주주에게 이전할 뿐이어서 책임재산 및 자본금이 증가할 수는 있어도 감소하지 않는다. 따라서 주식의 교환 또는 주식의 이전 시 완전모회사 또는 완전자회사가 될 회사에서 <u>채권자보호절차를 거칠 필요는 없다.</u> <u>상업 실무 2</u>

[**❷ ▸ ×**] <u>완전자회사의 경우에는 주식교환으로 주주가 변경될 뿐이므로 등기할 사항이 없다.</u>
<u>상업 실무 2</u>

[**❸ ▸ ○**] 상업등기규칙 제147조 제4호, 제5호

> **상업등기규칙 제147조(주식이전으로 인한 설립등기)**
> 주식이전으로 인한 설립등기를 신청하는 경우에는 다음 각 호의 정보를 제공하여야 한다.
>   1. 완전자회사의 주주총회의사록
>   2. 주식이전으로 인하여 완전자회사의 어느 종류주주에게 손해를 미치게 될 경우에는 그 회사의 종류주주총회의사록
>   3. 주식이전으로 인하여 완전자회사의 주주의 부담이 가중되는 경우에는 그 주주 전원의 동의가 있음을 증명하는 정보
>   4. <u>상법 제360조의18(완전모회사의 자본금의 한도액)에서 규정하는 자본금의 한도액을 증명하는 정보</u>
>   5. <u>상법 제360조의19(주권의 실효절차) 제1항에 따른 공고를 하였음을 증명하는 정보</u>
>   6. 제129조 제1호, 제10호 및 제11호의 정보

[**④** ▸ **×**] 주식이전의 무효는 각 회사의 <u>주주·이사·감사·감사위원회의 위원 또는 청산인</u>에 한하여 주식이전의 날부터 6월 내에 소만으로 이를 주장할 수 있다(상법 제360조의23 제1항).

[**⑤** ▸ **×**] 비송사건절차법 제107조 제8호

비송사건절차법 제107조(그 밖의 등기촉탁을 할 경우)

다음 각 호의 어느 하나에 해당하는 경우에는 <u>제1심 수소법원</u>은 회사의 본점 소재지의 등기소에 그 등기를 촉탁하여야 한다.

   8. 주식회사의 주식 교환 또는 이전(移轉)의 무효판결이 확정된 경우

🔲 답 **③**

제16절   합병·분할·분할합병의 등기

31
☐☐☐

법인등기에 관한 다음 설명 중 가장 옳지 않은 것은?   2025년 법무사시험 [문 40]

① 벤처투자 촉진에 관한 법률에 의하여 설립된 투자조합은 상법상 합자조합에 관한 규정을 준용하나, 합자조합의 등기에 관한 규정을 준용하지 않으므로 설립등기를 할 수 없다.

② 유한회사가 정관에 기재된 독립된 최소행정구역 내에서 본점을 이전하는 경우 정관에 다른 정함이 없으면 이사 과반수의 결의에 의하여야 하나, 유한회사의 사원총회는 업무집행을 포함한 모든 사항에 관하여 결의할 수 있으므로 사원총회 결의로도 본점이전을 할 수 있다.

③ 주식회사 발기설립등기신청 시 제출하는 발기인회의사록에 필요한 경우 발기설립과정에서의 의사 결정내용을 기록하는 것은 가능하나, 주금납입을 맡은 은행 기타 금융기관과 납입장소는 발기인들의 과반수 동의로 정하되 이를 정하지 않은 경우에는 발기인 대표가 정할 수도 있으므로 반드시 이 내용이 발기인회의사록에 포함되어야 하는 것은 아니다.

④ 주식회사의 흡수합병으로 존속회사가 자기주식을 취득하는 경우 자기주식의 취득은 합병의 등기 후에 효력이 발생하므로, 합병의 절차와 합병으로 취득할 자기주식의 소각 절차를 동시에 진행한 경우에도 합병의 등기 후에 자본금 감소로 인한 변경등기를 신청하여야 하고, 이는 소규모합병의 경우에도 동일하다.

⑤ 농업회사법인 주식회사는 일반 주식회사로 전환(상호 및 사업목적 변경)이 가능하고, 이에 따른 변경등기신청을 하는 때에는 상호·목적 등의 변경을 증명하는 정보(주주총회의사록 등), 변경신고확인증 등을 첨부하여야 한다.

[**❶** ▸ ○] 상업등기선례 제202312-1호

> ❑ **상업등기선례 제202312-1호**
> 1. 「벤처투자 촉진에 관한 법률」에 의하여 설립된 투자조합은 상법상 합자조합에 관한 규정을 준용하나, 합자조합의 등기에 관한 규정을 준용하지 않으므로 설립등기를 할 수 없다.
> 2. 「벤처투자 촉진에 관한 법률」에 의하여 설립된 투자조합이 자본금 총액이 10억원 미만인 소규모 주식회사의 주주로서 서면결의서 또는 서면동의서를 작성하고자 한다면 그 조합에 업무집행조합원이 선임된 경우에는 업무집행조합원임을 증명하는 서면(조합계약서 등)과 업무집행조합원이 인감증명법에 따라 신고한 개인인감을 서면결의서 또는 서면동의서에 날인하고 그 인감증명서를 첨부하면 된다(다만, 수인의 업무집행조합원을 선임한 경우 또는 업무집행조합원이 없는 경우에는 업무집행조합원총회 또는 조합원총회의사록이 요구될 수 있음).

[**❷** ▸ ○] 상업등기선례 제202203-1호

> ❑ **상업등기선례 제202203-1호**
> 1. 주식회사의 주주총회는 상법 또는 정관에 정하는 사항에 한하여 결의할 수 있으나(상법 제361조), 유한회사의 사원총회는 결의사항에 제한이 없기 때문에 강행규정이나 공서양속에 반하지 않는 한, 회사의 업무집행을 포함한 모든 사항에 관하여 결의할 수 있다(상법 제578조에서 상법 제361조를 준용하고 있지 않음).
> 2. 유한회사가 정관에 기재된 독립된 최소행정구역 내에서 본점을 이전하는 경우 정관에 다른 정함이 없으면 이사 과반수의 결의에 의하여야 하나(상법 제564조), 유한회사의 사원총회는 업무집행을 포함한 모든 사항에 관하여 결의할 수 있으므로 사원총회 결의로도 본점이전을 할 수 있다.

[**❸** ▸ ○] 상업등기선례 제202306-1호

> ❑ **상업등기선례 제202306-1호**
> 1. 주식회사 발기설립등기신청서에는 발기인이 이사와 감사 또는 감사위원회 위원의 선임을 증명하는 정보를 제공하여야 하고, 이를 증명하는 정보로 일반적으로 상법 제297조에 의한 발기인회의사록을 제출하고 있다.
> 2. 위 발기인회의사록은 발기인회에서 나온 회의내용과 결과를 기록한 문서로 필요한 경우 발기설립과정에서의 의사결정내용을 기록하는 것은 가능하나, 상법 제295조 제1항 후문의 주금납입을 맡은 은행 기타 금융기관과 납입장소는 발기인들의 과반수 동의로 정하되 이를 정하지 않은 경우에는 발기인 대표가 정할 수도 있으므로 반드시 이 내용이 발기인회의사록에 포함되어야 하는 것은 아니다.

[**❹** ▸ ✕] 주식회사의 흡수합병으로 존속회사가 자기주식을 취득하는 경우 자기주식의 취득은 합병의 등기 후에 효력이 발생하므로 자기주식에 대한 소각 절차도 합병의 등기 후에 진행하는 것이 일반적이지만, 합병의 절차와 합병으로 취득할 자기주식의 소각 절차를 동시에 진행한 경우에는 합병의 등기와 자본금 감소로 인한 변경등기를 동시에 신청할 수 있고, 이는 소규모합병의 경우에도 동일하다(상업등기선례 제202211-1호).

[**❺** ▸ ○] 농업회사법인 주식회사는 일반 주식회사로 전환(상호 및 사업목적 변경)이 가능하다. 전환하는 경우, 본점 소재지 및 지점 소재지에서 상호 및 목적에 관한 변경등기신청을 하여야 하는데 이때 상호·목적 등의 변경을 증명하는 정보(주주총회의사록 등), 변경신고확인증 등을 첨부하여야 한다(단, 지점 소재지에서 등기를 신청할 경우 신청서의 첨부정보에 관한 규정은 적용되지 않음)(상업등기선례 제202306-3호).

답 ❹

상법상 회사의 분할 또는 분할합병의 등기에 관한 다음 설명 중 가장 옳지 않은 것은?

2021년 법무사시험 [문 39]

① 해산 후의 회사는 존립 중의 회사를 존속하는 회사로 하거나 새로 회사를 설립하는 경우에 한하여 분할 또는 분할합병할 수 있다.

② 분할의 승인을 위한 총회에서는 의결권이 없거나 의결권이 제한되는 종류주식의 주주도 의결권을 행사할 수 있다.

③ 甲 회사의 일부를 분할하여 乙 회사를 설립할 때 관할등기소가 서로 다른 경우에는 분할 또는 분할합병으로 인한 등기의 신청서를 甲 회사의 관할등기소에 제출하여야 한다.

④ 분할 또는 분할합병으로 신설되는 회사의 설립등기신청서에는 정관을 첨부하여야 하는데, 이 정관에는 공증인의 인증을 요하지 않는다.

⑤ 분할소멸회사의 해산등기는 분할신설회사 또는 흡수분할합병회사의 대표자가 분할소멸회사를 대표하여 신청하고, 분할소멸회사의 해산등기신청서에는 일체의 서면을 첨부할 필요가 없다.

....

[❶ ▸ ○] 해산 후의 회사는 존립 중의 회사를 존속하는 회사로 하거나 새로 회사를 설립하는 경우에 한하여 분할 또는 분할합병할 수 있다(상법 제530조의2 제4항).

[❷ ▸ ○] 상법 제530조의3 제3항

상법 제530조의3(분할계획서 · 분할합병계약서의 승인)

① 회사가 분할 또는 분할합병을 하는 때에는 분할계획서 또는 분할합병계약서를 작성하여 주주총회의 승인을 얻어야 한다.

② 제1항의 승인결의는 제434조의 규정에 의하여야 한다.

③ 제2항의 결의에 관하여는 제344조의3 제1항에 따라 <u>의결권이 배제되는 주주도 의결권이 있다.</u>

[❸ ▸ ×] 등기예규 제1823호 제3조 제2항 제1호

❏ **등기예규 제1823호[주식회사의 분할 또는 분할합병으로 인한 등기의 사무처리지침]**

제3조(등기신청서를 제출할 등기소)

② 분할존속회사, 분할소멸회사, 분할신설회사, 흡수분할합병회사의 <u>관할등기소가 서로 다른 경우</u>, 분할 또는 분할합병으로 인한 등기의 신청서를 제출하여야 할 등기소는 다음 각 호와 같다.

　1. 甲 회사의 일부를 분할하여 乙 회사를 설립하는 경우 : <u>甲 회사 또는 乙 회사의 관할등기소</u>

[❹ ▸ ○] 분할합병신설회사의 설립등기를 신청하는 경우에는 정관을 첨부정보로 제공하여야 하는데(상업등기규칙 제150조 제5호, 제129조 제1호), 이 정관에는 분할되는 회사의 대표자 및 분할합병으로 소멸하는 회사의 대표자가 서명 또는 기명날인하여야 한다. 다만, 이 정관은 공증인의 인증을 요하지 않는다. 상업 실무 2

[❺ ▸ ○] 분할합병 후 소멸하는 회사의 해산등기 첨부정보는 면제된다(상업등기규칙 제53조 제3항).

> **상업등기법 제71조(분할 또는 분할합병으로 인한 등기의 신청)**
> ① 분할 또는 분할합병으로 인한 해산등기는 분할신설회사, 흡수분할합병회사 또는 분할존속회사의 대표자가 분할소멸회사를 대표하여 신청한다.
>
> **상업등기규칙 제53조(일괄신청과 동시신청)**
> ③ 법 제63조 및 제66조, 법 제71조의 해산등기의 신청에 관하여는 신청서의 첨부정보에 관한 규정을 적용하지 아니한다.

 답 ❸

33
☐☐☐

상법상 회사의 합병 및 합병등기절차에 관한 다음 설명 중 가장 옳지 않은 것은?
2020년 법무사시험 [문 39]

① 채무초과회사를 소멸회사로 하는 흡수합병등기신청의 경우, 흡수합병으로 소멸하는 회사가 채무초과회사가 아님을 소명하는 서면은 신청서에 첨부하여야 할 서면이 아니다.
② 회사가 합병을 하는 경우에는 상법 제527조의5에서 정하는 채권자보호절차를 밟아야 하나, 합병 후 소멸하는 회사의 재무제표상 채무가 없는 경우에는 그 절차를 생략하거나 보다 간이한 방법으로 채권자보호절차를 밟을 수 있다.
③ 회생절차개시 이후부터 회생절차가 종료될 때까지 회생채무자는 회생절차에 의하지 아니하고는 합병할 수 없다.
④ 소멸회사 해산등기의 신청에는 신청서의 첨부정보에 관한 규정을 적용하지 아니하므로 합병절차를 거쳤음을 증명하는 일체의 첨부정보를 제공할 필요가 없다.
⑤ 존속회사의 변경등기 또는 신설회사의 설립등기는 각각 당해 회사를 대표하는 자가 신청하지만, 합병으로 소멸하는 회사의 해산등기는 당해 회사를 대표하는 자가 아니라 존속회사 또는 신설회사의 대표자가 각각 소멸회사를 대표하여 신청한다.

....

[❶ ▸ ○] 채무초과회사를 소멸회사로 하는 흡수합병등기신청의 경우, 흡수합병으로 소멸하는 회사가 채무초과회사가 아님을 소명하는 서면(예컨대 소멸회사의 재무상태표 등)은 신청서에 첨부하여야 하는 서면이 아니며, 이러한 서면을 첨부하였다 하더라도 등기관은 소멸회사가 채무초과회사인지 여부를 심사할 수 없다(상업등기선례 제2-78호).
[❷ ▸ ×] 회사가 합병을 하는 경우에는 상법 제232조 또는 그 준용규정에 따른 회사 채권자의 보호절차를 반드시 밟아야 하는 것으로서, 합병 후 소멸하는 회사의 재무제표상 채무가 없다는 이유만으로는 그 절차를 생략하거나 보다 간이한 방법으로 채권자의 보호절차를 밟을 수는 없다(상업등기선례 제1-228호).

[❸ ▶ ○] 회생절차개시 이후부터 그 회생절차가 종료될 때까지는 채무자는 회생절차에 의하지 아니하고는 합병을 할 수 없다(채무자회생법 제55조 제1항 제5호).

> **채무자회생법 제55조(회생절차개시 후의 자본감소 등)**
> ① 회생절차 개시 이후부터 그 회생절차가 종료될 때까지는 채무자는 회생절차에 의하지 아니하고는 다음 각 호의 행위를 할 수 없다.
> 1. 자본 또는 출자액의 감소
> 2. 지분권자의 가입, 신주 또는 사채의 발행
> 3. 자본 또는 출자액의 증가
> 4. 주식의 포괄적 교환 또는 주식의 포괄적 이전
> 5. 합병·분할·분할합병 또는 조직변경
> 6. 해산 또는 회사의 계속
> 7. 이익 또는 이자의 배당

[❹ ▶ ○] 소멸회사 해산등기의 신청에 관하여는 첨부정보에 관한 규정이 적용되지 않으므로 합병절차를 거쳤음을 증명하는 일체의 정보를 제공할 필요가 없다(상업등기규칙 제53조 제3항). 또한, 존속회사 또는 신설회사의 대표자가 소멸회사를 대표하여 해산등기를 신청하지만, 해산등기에 있어서는 인감을 제출할 필요는 없다(상업등기법 제25조 제3항 제8호, 제63조 제1항). 상업 실무 2

> **상업등기규칙 제53조(일괄신청과 동시신청)**
> ③ 법 제63조(합병으로 인한 해산등기의 신청) 및 제66조(조직변경으로 인한 등기의 신청), 법 제71조(분할 또는 분할합병으로 인한 등기의 신청)의 해산등기의 신청에 관하여는 신청서의 첨부정보에 관한 규정을 적용하지 아니한다.

[❺ ▶ ○] 존속회사의 변경등기 또는 신설회사의 설립등기는 각각 당해 회사를 대표하는 자가 신청하지만(상업등기법 제23조 제1항), 합병으로 소멸하는 회사의 해산등기는 당해 회사를 대표하는 자가 아니라 존속회사(흡수합병의 경우) 또는 신설회사의 대표자(신설합병의 경우)가 각각 소멸회사를 대표하여 신청한다(상업등기법 제63조 제1항). 합병 후 존속하거나 설립되는 회사는 합병으로 인하여 소멸하는 회사의 권리의무를 승계하지만(상법 제530조 제2항, 제235조), 합병 후 존속하거나 설립되는 회사와 소멸하는 회사의 법인격이 동일한 것은 아니다. 그럼에도 불구하고 존속 또는 설립되는 회사의 대표자로 하여금 소멸회사를 대표하여 해산등기를 신청하도록 한 것은 소멸회사의 해산등기와 존속 또는 신설되는 회사의 변경등기 또는 설립등기를 동시에 신청하여야 하는 점(상업등기법 제63조 제3항)과 소멸회사의 해산등기를 신청하는 경우 첨부정보가 면제된다는 점(상업등기규칙 제53조 제3항)을 고려한 것이다. 상업 실무 2

> **상업등기법 제23조(등기신청인)**
> ① 회사의 등기는 법률에 다른 규정이 없는 경우에는 그 대표자가 신청한다.
>
> **상업등기법 제63조(합병으로 인한 해산등기의 신청)**
> ① 합병으로 인한 해산등기는 존속회사 또는 신설회사의 대표자가 소멸회사를 대표하여 신청한다.

답 ❷

34
□□□ **회사의 조직변경등기에 관한 다음 설명 중 가장 옳지 않은 것은?** 2021년 법무사시험 [문 38]

① 주식회사가 유한회사 또는 유한책임회사로 조직을 변경하기 위해서는 총주주의 일치에 의한 주주총회의 결의가 있어야 한다.

② 주식회사가 유한회사 또는 유한책임회사로 조직을 변경함으로 인한 설립등기신청서에는 사채의 상환을 완료하였음을 증명하는 서면을 첨부하여야 한다.

③ 유한회사와 유한책임회사 상호 간에는 조직변경이 인정되지 않는다.

④ 조직변경으로 인한 각 회사의 설립등기의 신청과 해산등기의 신청은 동시에 하여야 하며, 등기관은 어느 하나에 관하여 각하사유가 있을 때에는 이들 신청을 함께 각하하여야 한다.

⑤ 조직변경으로 설립되는 유한회사의 사원 총수와 관련하여 특별한 사정이 있어서 법원의 인가를 받을 때를 제외하고는 사원이 50명을 초과할 수 없다.

⋯⋯⋯

[❶ ▸ O] 상법 제287조의43 제1항, 제604조 제1항

> **상법 제287조의43(조직의 변경)**
> ① 주식회사는 총회에서 총주주의 동의로 결의한 경우에는 그 조직을 변경하여 이 장에 따른 유한책임회사로 할 수 있다.
>
> **상법 제604조(주식회사의 유한회사에의 조직변경)**
> ① 주식회사는 총주주의 일치에 의한 총회의 결의로 그 조직을 변경하여 이를 유한회사로 할 수 있다. 그러나 사채의 상환을 완료하지 아니한 경우에는 그러하지 아니하다.

[❷ ▸ O] 상업등기규칙 제152조 제3호

> **상업등기규칙 제152조(조직변경으로 인한 설립등기)**
> 주식회사가 유한회사 또는 유한책임회사로 조직을 변경함으로 인한 설립등기를 신청하는 경우에는 다음 각 호의 정보를 제공하여야 한다.
> 1. 정관
> 2. 회사에 현존하는 순재산액을 증명하는 정보
> 3. 사채의 상환을 완료하였음을 증명하는 정보
> 4. 제111조 제2호의 정보
> 5. 유한책임회사로 조직을 변경한 경우에는 제120조 제3호부터 제5호까지의 정보
> 6. 유한회사로 조직을 변경한 경우에는 제156조 제3호부터 제5호까지의 정보

[❸ ▸ O] 상법상 회사의 조직변경은 합명회사와 합자회사 상호 간(상법 제242조, 제286조), 주식회사와 유한회사 상호 간(상법 제604조, 제607조) 및 주식회사와 유한책임회사 상호 간(상법 제287조의43)의 변경만이 인정된다.

[**❹** ▶ ○] 상업등기법 제66조, 제67조

> **상업등기법 제66조(조직변경으로 인한 등기의 신청)**
> 조직변경으로 인한 설립등기의 신청과 해산등기의 신청은 동시에 하여야 한다.
>
> **상업등기법 제67조(조직변경으로 인한 등기신청의 처리)**
> 등기관은 제66조에 따른 등기의 신청 중 어느 하나에 관하여 제26조 각 호의 어느 하나에 해당하는 사유가 있을 때에는 이들 신청을 함께 각하하여야 한다.

[**❺** ▶ ×] (유한회사) 사원의 총수는 50인을 초과하지 못한다고 규정한 구 상법 제545조는 2011년 삭제되었다.

답 **❺**

제18절 해산의 등기

35
□□□

해산 및 청산인의 등기에 관한 다음 설명 중 가장 옳은 것은? 2024년 법무사시험 [문 45]

① 상법 제520조의2 제1항에 따라 최후의 등기 후 5년을 경과하여 관보에 공고하였음에도 신고하지 않음으로써 해산한 것으로 인정되는 경우에는 등기관이 직권으로 해산등기를 한다.
② 정관에 기재된 해산사유는 등기사항이 아니다.
③ 해산판결과 달리 해산명령은 공익상 회사의 존속이 허용될 수 없는 경우에 이루어지므로, 검사의 신청이나 법원의 직권에 의하여만 가능하다.
④ 일시이사는 법정청산인이 될 수 없다.
⑤ 회사가 존립기간의 만료 기타 정관에 정한 사유의 발생 또는 주주총회의 결의에 의하여 해산한 경우에는 발행주식총수의 과반수 이상의 결의로 회사를 계속할 수 있다.

··

[**❶** ▶ ○] 상법 제520조의2 제1항에 따른 해산등기와 같은 조 제4항에 따른 청산종결등기는 등기관이 직권으로 하여야 한다(상업등기법 제73조).

> **상법 제520조의2(휴면회사의 해산)**
> ① 법원행정처장이 최후의 등기 후 5년을 경과한 회사는 본점의 소재지를 관할하는 법원에 아직 영업을 폐지하지 아니하였다는 뜻의 신고를 할 것을 관보로써 공고한 경우에, 그 공고한 날에 이미 최후의 등기 후 5년을 경과한 회사로써 공고한 날로부터 2월 이내에 대통령령이 정하는 바에 의하여 신고를 하지 아니한 때에는 그 회사는 그 신고기간이 만료된 때에 해산한 것으로 본다. 그러나 그 기간 내에 등기를 한 회사에 대하여는 그러하지 아니하다.
> ③ 제1항의 규정에 의하여 해산한 것으로 본 회사는 그 후 3년 이내에는 제434조의 결의에 의하여 회사를 계속할 수 있다.
> ④ 제1항의 규정에 의하여 해산한 것으로 본 회사가 제3항의 규정에 의하여 회사를 계속하지 아니한 경우에는 그 회사는 그 3년이 경과한 때에 청산이 종결된 것으로 본다.

[❷ ▸ ✕] 상법 제317조 제2항 제4호

상법 제317조(설립의 등기)
② 제1항의 설립등기에 있어서는 다음의 사항을 등기하여야 한다.
  1. 제289조 제1항 제1호 내지 제4호, 제6호와 제7호에 게기한 사항
  2. 자본금의 액
  3. 발행주식의 총수, 그 종류와 각종주식의 내용과 수
  3의2. 주식의 양도에 관하여 이사회의 승인을 얻도록 정한 때에는 그 규정
  3의3. 주식매수선택권을 부여하도록 정한 때에는 그 규정
  3의4. 지점의 소재지
  4. 회사의 존립기간 또는 해산사유를 정한 때에는 그 기간 또는 사유
  5. 삭제 〈2011.4.14.〉
  6. 주주에게 배당할 이익으로 주식을 소각할 것을 정한 때에는 그 규정
  7. 전환주식을 발행하는 경우에는 제347조에 게기한 사항
  8. 사내이사, 사외이사, 그 밖에 상무에 종사하지 아니하는 이사, 감사 및 집행임원의 성명과 주민등록번호
  9. 회사를 대표할 이사 또는 집행임원의 성명·주민등록번호 및 주소
  10. 둘 이상의 대표이사 또는 대표집행임원이 공동으로 회사를 대표할 것을 정한 경우에는 그 규정
  11. 명의개서대리인을 둔 때에는 그 상호 및 본점소재지
  12. 감사위원회를 설치한 때에는 감사위원회 위원의 성명 및 주민등록번호

[❸ ▸ ✕] 상법 제176조 제1항

상법 제176조(회사의 해산명령)
① 법원은 다음의 사유가 있는 경우에는 이해관계인이나 검사의 청구에 의하여 또는 직권으로 회사의 해산을 명할 수 있다.
  1. 회사의 설립목적이 불법한 것인 때
  2. 회사가 정당한 사유 없이 설립 후 1년 내에 영업을 개시하지 아니하거나 1년 이상 영업을 휴지하는 때
  3. 이사 또는 회사의 업무를 집행하는 사원이 법령 또는 정관에 위반하여 회사의 존속을 허용할 수 없는 행위를 한 때

[❹ ▸ ✕] 주식회사가 해산한 때에는 합병·분할·분할합병 또는 파산의 경우 외에는 해산 당시의 이사가 청산인이 된다. 다만, 정관에 다른 정함이 있거나 주주총회에서 타인을 선임한 때에는 그러하지 아니하다(상법 제531조 제1항). 이처럼 정관 규정에 의하거나 주주총회에서 선임되지 않고, 해산 당시의 이사가 상법 제531조 제1항 본문에 의하여 당연히 청산인이 된 경우, 그 청산인을 보통 '법정청산인'이라고 한다. … 법정청산인이 되는 이사에는 임기만료 또는 사임으로 퇴임하였지만 이사의 결원으로 상법 제386조 제1항에 의하여 이사로서의 권리의무를 행하는 자(대판 1991.11.22. 91다22131 참조), 일시이사(대판 1981.9.8. 80다2511, 등기예규 제393호 참조)도 포함된다. 상업 실무 2 이와 관련하여 판례는, 주식회사가 해산(상법 시행법 제15조 제3항에 의하여 해산간주된 경우를 포함)한 경우(합병 또는 파산의 경우 제외)에 정관에 다른 규정이 있거나 주주총회에서 타인을 선임한 때를 제외하고는 해산 당시의 일시이사 및 일시대표이사는 청산인 및 대표청산인이 된다고 판시하고 있다(대판 1981.9.8. 80다2511).
[❺ ▸ ✕] 회사가 존립기간의 만료 기타 정관에 정한 사유의 발생 또는 주주총회의 결의에 의하여 해산한 경우에는 제434조의 규정에 의한 결의로 회사를 계속할 수 있다(상법 제519조).

답 ❶

36 □□□ 주식회사의 청산인 및 청산종결의 등기 등에 관한 다음 설명 중 가장 옳지 않은 것은?

2021년 법무사시험 [문 43]

① 청산종결의 등기에는 청산인이 결산보고서에 관해 주주총회의 승인을 얻었다는 것을 증명하는 주주총회의사록을 첨부하여야 하고, 결산보고서는 주주총회의 승인내용이므로 주주총회의사록의 내용의 일부로서 첨부하여야 한다.

② 청산인이 채권신고의 공고와 최고를 하였음을 증명하는 서면은 상업등기법 등의 법령에 의한 첨부 서면으로서 청산종결의 등기신청서에 이를 첨부하여야 한다.

③ 해산간주된 회사가 회사를 계속하지 아니한 경우, 그 회사는 해산간주된 때로부터 3년이 경과한 때에 청산이 종결된 것으로 간주된다.

④ 주식회사의 청산은 법원의 감독을 받아야 하는데, 이는 회사의 본점소재지 지방법원 합의부의 관할에 속한다.

⑤ 법정청산인 및 정관의 규정 또는 주주총회의 선임결의에 의한 청산인이 없는 때에는 법원은 이해관계인의 청구에 의하여 청산인을 선임하여야 하는데, 법원의 청산인 선임에 대해서는 불복신청이 허용되지 않는다.

⋯⋯⋯⋯⋯⋯⋯⋯⋯⋯⋯⋯⋯⋯⋯⋯⋯⋯⋯⋯⋯⋯⋯⋯⋯⋯⋯⋯⋯⋯⋯⋯⋯⋯⋯

[❶ ▸ ○] 청산인이 결산보고서에 관해 주주총회의 승인을 얻었다는 것을 증명하는 주주총회의사록을 첨부정보로 제공하여야 한다. 이 경우 결산보고서는 주주총회의 승인내용이므로 당연히 주주총회의사록의 내용의 일부로 첨부되어 있어야 한다(상업등기규칙 제154조 제1항, 제110조 제2항). 　상업 실무 2

> **상업등기규칙 제154조(합명회사에 관한 규정의 준용)**
> ① 주식회사의 등기에 관하여는 제99조, 제100조, 제102조, 제106조, 제107조, 제109조 제1항, 제110조 제2항, 제113조, 제115조 및 제116조를 준용한다.
>
> **상업등기규칙 제110조(청산종결등기)**
> ② 상법 제264조에 따른 청산종결등기를 신청하는 경우에는 청산인이 계산의 승인을 받았음을 증명하는 정보를 제공하여야 한다.

[❷ ▸ ×] 주식회사를 설립하였으나 사업을 시작하지 않고 해산결의를 하여 주주 이외 다른 채권채무가 없다 하더라도, 청산인은 취임한 날로부터 2월 내에 회사채권자에 대하여 일정 기간(2월 이상이어야 함) 내에 그 채권을 신고할 것과 그 기간 내에 신고하지 아니하면 청산에서 제외된다는 뜻을 2회 이상 공고로써 최고하여야 하며, 따라서 청산종결등기신청은 최고기간이 지나야 하지만 그 등기신청서에는 결산보고서를 승인한 주주총회 의사록을 첨부하면 되고 <u>채권신고를 최고한 공고문은 첨부할 것이 아니다</u>(상업등기선례 제1-280호).

[❸ ▸ ○] 제1항의 규정에 의하여 해산한 것으로 본 회사가 제3항의 규정에 의하여 회사를 계속하지 아니한 경우에는 그 회사는 그 3년이 경과한 때에 청산이 종결된 것으로 본다(상법 제520조의2 제4항).

[❹ ▸ ○] 비송사건절차법 제117조 제2항, 제118조 제1항

> **비송사건절차법 제117조(관할법원)**
> ② 주식회사와 유한회사의 청산에 관한 사건은 회사의 본점소재지의 지방법원 합의부가 관할한다.
>
> **비송사건절차법 제118조(법원의 감독)**
> ① 회사의 청산은 법원의 감독을 받는다.

[❺ ▸ ○] 상법 제531조 제1항·제2항, 비송사건절차법 제119조

> **상법 제531조(청산인의 결정)**
> ① 회사가 해산한 때에는 합병·분할·분할합병 또는 파산의 경우 외에는 이사가 청산인이 된다. 다만, 정관에 다른 정함이 있거나 주주총회에서 타인을 선임한 때에는 그러하지 아니하다.
> ② 전항의 규정에 의한 청산인이 없는 때에는 법원은 이해관계인의 청구에 의하여 청산인을 선임한다.
>
> **비송사건절차법 제119조(청산인의 선임·해임 등의 재판)**
> 청산인의 선임 또는 해임의 재판에 대하여는 불복신청을 할 수 없다.

답 ❷

제20절 회사계속의 등기

37
□□□ **주식회사 회사계속의 등기에 관한 다음 설명 중 가장 옳은 것은?** 2021년 법무사시험 [문 37]

① 상법 제520조의2 제1항 본문에 의하여 해산간주된 회사는 5년 이내에 주주총회의 특별결의로 회사를 계속할 수 있다.
② 해산판결에 의하여 해산등기가 실행된 주식회사는 아직 청산종결 전이라면 회사계속의 등기를 신청할 수 있다.
③ 주주총회에서 회사계속의 특별결의를 하면 청산인은 당연히 그 권한을 상실하고, 해산 전의 이사 또는 대표이사가 종전의 지위를 회복한다.
④ 상법 제520조의2 제4항에 의하여 청산종결 간주된 회사는 회사계속의 등기를 할 수 없다.
⑤ 회사계속의 등기를 할 때에는 해산에 관한 등기를 등기관이 직권으로 말소하여야 하나, 청산인에 관한 등기는 당사자의 신청으로 말소하여야 한다.

．．

[❶ ▸ ✕] 해산간주된 주식회사의 경우 해산간주된 후 3년 이내에는 상법 제434조의 주주총회의 특별결의로 회사계속결의를 하여 해산 전의 상태로 복귀할 수 있다(상업등기선례 제201608-1호).
[❷ ▸ ✕] 회사의 해산명령에 의하여 해산등기를 경료하였으나 아직 청산종결을 하지 아니한 회사는 회사계속의 등기를 할 수 없다(상업등기선례 제1-253호). 이는 법원의 해산명령 또는 해산판결에 의하여 해산한 경우는 회사의 계속사유에 해당하지 아니하기 때문이다.

[**❸** ▸ ×] 주주총회에서 회사계속을 결의하면 청산인은 당연히 그 권한을 상실하므로(부산고등법원 1997.1.31. 96나9409 판결 참조), 회사는 회사계속의 결의 시 주주총회의 결의로 회사의 업무집행을 담당할 이사 등을 새로 선임하여야 한다. 왜냐하면 법령에 다른 제한이 없는 한, 회사를 계속할 때에 해산 전의 이사 등을 회사계속 후의 이사 등으로 선임할 수는 있지만, 회사계속은 장래에 향하여 그 효력이 발생하는 것이므로 해산으로 그 지위를 상실하였던 해산 전의 이사 등이 회사계속으로 당연히 종전의 이사 등의 지위를 회복하는 것은 아니기 때문이다(부산고등법원 1997.1.31. 96나9409 판결, 등기예규 제53호). 상업 실무 2

> ❏ **등기예규 제53호[청산 중의 회사가 회사계속의 결의를 한 경우 해산 전 이사의 지위]**
> 청산 중의 회사가 회사계속의 결의를 하면 해산 전의 상태에 복귀하나 해산 전의 이사는 해산으로 인하여 당연 그 자격이 소멸되었으므로 주주총회에서 새로이 이사를 선임하여야 한다.

[**❹** ▸ ○] 상법 제520조의2 제1항에 의하여 해산한 것으로 간주된 휴면회사는 해산한 것으로 간주된 후 3년 이내에는 상법 제434조의 결의에 의하여 회사를 계속할 수 있으나(상법 제520조의2 제3항), 그 기간 동안 회사계속의 결의를 하지 않아 상법 제520조의2 제4항에 의하여 청산이 종결된 것으로 간주된 경우에는 회사를 계속할 수 없다(상업등기선례 제1-258호).

[**❺** ▸ ×] 회사계속의 등기를 하는 때에는 해산에 관한 등기와 청산인에 관한 등기를 등기관이 직권으로 말소한다(상업등기규칙 제154조 제1항, 제109조 제1항). 상업 실무 2

> **상업등기규칙 제109조(회사계속등기)**
> ① 회사 해산 후 회사계속등기를 할 때에는 해산과 청산인에 관한 등기를 말소하여야 한다.
>
> **상업등기규칙 제154조(합명회사에 관한 규정의 준용)**
> ① 주식회사의 등기에 관하여는 제99조, 제100조, 제102조, 제106조, 제107조, 제109조 제1항, 제110조 제2항, 제113조, 제115조 및 제116조를 준용한다.

답 **❹**

38
☐☐☐

채무자회생 및 파산에 관한 법률(이하 '채무자회생법'이라 함)에 따른 등기절차에 관한 다음 설명 중 가장 옳지 않은 것은? **2024년 법무사시험 [문 37]**

① 채무자회생법 제242조 내지 제245조에 의하여 법원의 인가를 받아 효력이 발생한 회생계획의 수행에 따른 등기는 회생절차종결 후에는 채무인인 법인 또는 새로운 법인의 신청에 의하여 등기하여야 하고, 법원사무관등의 촉탁에 의하여 등기할 수 없다.

② 관리인 및 관리인대리와 파산관재인 및 파산관재인대리에 관한 등기는 회사의 등기기록 중 '임원에 관한 사항란'에 하고, 이러한 등기를 하는 경우에는 채무자의 대표자 등 임원에 관한 등기와 지배인에 관한 등기는 말소한다.

③ 파산선고를 받은 채무자의 대표자가 새로운 이사 등의 취임등기를 신청하지 않는 한 파산종결등기를 할 때까지 종전 이사 등의 퇴임등기를 할 수 없다.

④ 보전관리, 회생절차개시, 회생절차개시취소, 회생계획인가·불인가, 회생계획인가취소, 회생절차폐지, 회생절차종결의 등기 및 파산선고, 파산취소, 파산폐지, 파산종결의 등기는 '기타사항란'에 등기하여야 한다.

⑤ 파산절차가 진행 중인 회사의 경우 본점이전의 등기는 회사의 대표자가 신청하여야 한다.

⋯⋯⋯

[❶ ▸ ○] 회생계획의 수행에 따른 등기는 회생절차종결 후에는 채무인인 법인 또는 새로운 법인의 신청에 의하여 등기하여야 하고, 법원사무관등의 촉탁에 의하여 등기할 수 없다. 다만, 회생절차종결 이전에 등기사항이 발생하여 법원사무관등이 회생절차종결 이전에 촉탁할 수 있었던 사항에 관하여 착오로 이를 누락한 경우에는 그러하지 아니하다(등기예규 제1777호 제3조 제2항).

[❷ ▸ ✕] 보전관리인, 관리인, 관리인대리, 파산관재인, 파산관재인대리, 국제도산관리인 및 국제도산관리인대리는 임원란 또는 사원란에 등기하고, <u>채무인인 법인의 대표자 등 임원에 관한 등기와 지배인 또는 대리인에 관한 등기는 말소하지 아니한다</u>(등기예규 제1777호 제5조 제2항).

[❸ ▸ ○] 청산 중 법인이 파산한 경우에 업무집행기관으로서의 청산인과 감독기관으로서의 감사는 당해 파산법인이 신임 청산인과 신임 감사의 취임등기를 하지 아니하면 파산종결등기를 할 때까지 퇴임등기를 할 수 없을 것이다(상업등기선례 제1-268호).

[❹ ▸ ○] 보전관리, 회생절차개시, 회생절차개시취소, 회생계획인가·불인가, 회생계획인가취소, 회생절차폐지, 회생절차종결의 등기 및 파산선고, 파산취소, 파산폐지, 파산종결의 등기는 기타사항란에 등기한다(등기예규 제1777호 제5조 제1항).

[❺ ▸ ○] 파산법인과 파산재단은 법인격상 동일하지 않으므로 파산재단의 사무실이전을 파산법인의 본점이전으로 보아 등기할 수는 없으며, 파산법인의 본점이전은 비재산적 활동범위에 속하므로 일반절차에 따라 법인의 대표자가 본점이전등기신청을 하여야 한다(상업등기선례 제1-134호).

답 ❷

채무자 회생 및 파산에 관한 법률에 따른 법인등기에 대한 다음 설명 중 가장 옳지 않은 것은?

① 파산재단과 관련된 등기사항은 파산관재인의 신청에 의하여 등기하여야 한다.

② 회생계획에 따른 해산등기와 회생절차종결등기를 한 때에 그 법인에 대하여 청산절차가 필요 없는 경우에 등기관은 해당 법인의 등기부를 직권으로 폐쇄하여야 한다.

③ 회생절차개시의 등기를 한 경우, 등기관은 직권으로 보전관리 및 보전관리인에 관한 등기를 말소하여야 한다.

④ 파산선고·파산취소·파산폐지 또는 파산종결의 결정에 따른 등기는 법원사무관등의 촉탁으로 하여야 한다.

⑤ 법인인 채무자에 대하여 회생계획인가결정이 있는 경우에 채무자가 결정서의 등본 또는 초본 등 관련서류를 첨부하여 채무자의 각 사무소 및 영업소의 소재지의 등기소에 그 등기를 신청할 수 있다.

....

[❶ ▸ ○] 파산재단을 관리 및 처분하는 권한은 파산관재인에게 속하므로(채무자 회생 및 파산에 관한 법률 제384조), 파산재단과 관련된 등기사항은 파산관재인의 신청에 의하여 등기하여야 한다(등기예규 제1777호 제4조 제3항).

[❷ ▸ ○] 회생계획에 따른 해산등기와 회생절차종결등기를 한 때에, 그 법인에 대하여 청산절차가 필요 없거나 청산절차가 종료되었음이 회생계획인가결정서, 회생절차종결결정서 등에 나타나면, 등기관은 해당 법인의 등기부를 직권으로 폐쇄하여야 한다(등기예규 제1777호 제13조 제3항).

[❸ ▸ ○] 회생절차개시의 등기를 한 경우, 등기관은 직권으로 보전관리 및 보전관리인에 관한 등기를 말소하여야 한다(등기예규 제1777호 제10조 제5항).

[❹ ▸ ○] 파산선고, 파산선고취소결정, 파산폐지, 파산종결의 결정에 따른 등기는 법원사무관등의 촉탁으로 하여야 한다(등기예규 제1777호 제15조 제1항).

[❺ ▸ ✕] 등기예규 제1777호 제11조 제1항, 제10조 제1항

> □ **등기예규 제1777호[채무자 회생 및 파산에 관한 법률에 따른 법인등기 사무처리지침]**
>
> **제11조(회생계획의 인가·불인가 및 회생계획인가취소의 등기)**
> ① 제10조 제1항, 제3항, 제4항의 규정은 <u>회생계획인가결정</u>, 회생계획불인가결정의 확정, 회생계획인가취소결정의 확정에 따른 등기에 준용한다.
>
> **제10조(회생절차개시 및 관리인선임 등기 등)**
> ① 회생절차개시(채무자 회생 및 파산에 관한 법률 제49조), 관리인의 선임(채무자 회생 및 파산에 관한 법률 제74조), 관리인 대리의 선임허가(채무자 회생 및 파산에 관한 법률 제76조), 관리인의 사임 및 해임(채무자 회생 및 파산에 관한 법률 제83조)에 관한 등기는 <u>법원사무관등의 촉탁으로 하여야</u> 한다. 그 결정이 취소 또는 변경된 때에도 같다.

답 ❺

제6장 / 유한회사의 등기

40
☐☐☐

① 유한회사의 경우 회사의 공고방법이 정관의 절대적 기재사항으로 되어 있지 않으나 회사가 공고방법을 둔 경우에는 등기할 수 있다.

② 상법 제585조에 따른 사원총회의 특별결의는 총사원의 반수 이상이며 총사원의 의결권의 4분의 3 이상을 가진 자의 동의로 하는데, 의결권을 행사할 수 없는 사원은 이를 총사원의 수에, 그 행사할 수 없는 의결권은 이를 의결권의 수에 산입하지 않는다.

③ 유한회사를 설립할 때 작성하는 정관은 공증인의 인증을 받음으로써 효력이 생긴다. 다만, 자본금 총액이 10억원 미만인 경우 각 사원이 정관에 기명날인 또는 서명함으로써 효력이 생긴다.

④ 유한회사의 자본금 증가에 따른 등기는 자본금증가로 인한 출자 전액의 납입 또는 현물출자의 이행이 완료된 날부터 2주 내에 본점소재지에서 신청하여야 하는데, 출자의 납입은 은행 기타 금융기관에 할 필요가 없으며, 현물출자의 이행의 경우에도 검사인 등의 검사를 받을 필요가 없다.

⑤ 유한회사가 정관에 기재된 독립된 최소행정구역 내에서 본점을 이전하는 경우 정관에 다른 정함이 없으면 이사 과반수의 결의에 의하여야 하나, 유한회사의 사원총회는 업무집행을 포함한 모든 사항에 관하여 결의를 할 수 있으므로, 사원총회 결의로도 본점이전을 할 수 있다.

....

[**❶** ▸ ×] 유한회사의 경우 회사의 공고방법이 정관의 절대적 기재사항 및 <u>등기사항으로 되어 있지 않다</u>(상법 제543조 제2항, 제549조 제2항 참조).

> **상법 제543조(정관의 작성, 절대적 기재사항)**
> ② 정관에는 다음의 사항을 기재하고 각 사원이 기명날인 또는 서명하여야 한다.
>   1. 제179조 제1호 내지 제3호에 정한 사항
>   2. 자본금의 총액
>   3. 출자1좌의 금액
>   4. 각 사원의 출자좌수
>   5. 본점의 소재지
>
> **상법 제549조(설립의 등기)**
> ② 제1항의 등기에서 다음 각 호의 사항을 등기하여야 한다.
>   1. 제179조 제1호·제2호 및 제5호에 규정된 사항과 지점을 둔 때에는 그 소재지
>   2. 제543조 제2항 제2호와 제3호에 게기한 사항
>   3. 이사의 성명·주민등록번호 및 주소. 다만, 회사를 대표할 이사를 정한 때에는 그 외의 이사의 주소를 제외한다.
>   4. 회사를 대표할 이사를 정한 때에는 그 성명, 주소와 주민등록번호
>   5. 수인의 이사가 공동으로 회사를 대표할 것을 정한 때에는 그 규정
>   6. 존립기간 기타의 해산사유를 정한 때에는 그 기간과 사유
>   7. 감사가 있는 때에는 그 성명 및 주민등록번호

[**❷** ▸ ○] 상법 제585조 제1항, 제2항

> **상법 제585조(정관변경의 특별결의)**
> ① 전조의 결의는 총사원의 반수 이상이며 총사원의 의결권의 4분의 3 이상을 가지는 자의 동의로 한다.
> ② 전항의 규정을 적용함에 있어서는 의결권을 행사할 수 없는 사원은 이를 총사원의 수에, 그 행사할 수 없는 의결권은 이를 의결권의 수에 산입하지 아니한다.

[**❸** ▸ ○] 상법 제543조 제3항, 제292조

> **상법 제543조(정관의 작성, 절대적 기재사항)**
> ③ 제292조의 규정은 유한회사에 준용한다.
>
> **상법 제292조(정관의 효력발생)**
> 정관은 공증인의 인증을 받음으로써 효력이 생긴다. 다만, 자본금 총액이 10억원 미만인 회사를 제295조 제1항에 따라 발기설립(發起設立)하는 경우에는 제289조 제1항에 따라 각 발기인이 정관에 기명날인 또는 서명함으로써 효력이 생긴다.

[**❹** ▸ ○] 유한회사는 자본금 증가로 인한 출자 전액의 납입 또는 현물출자의 이행이 완료된 날부터 2주 내에 본점소재지에서 자본금 증가로 인한 변경등기를 하여야 한다(상법 제591조). 주식회사의 설립 또는 자본금의 증가에 있어서는 주식인수 가액의 납입을 은행 기타 금융기관만이 맡을 수 있으나(상법 제295조 제1항, 제302조 제2항 제9호, 제305조 제2항 참조), 유한회사의 경우에는 이러한 납입기관에 관한 제한이 없어 대표권이 있는 이사가 납입을 받는 것도 가능하다. 현물출자의 이행의 경우에도 검사인 등의 검사를 받을 필요가 없다.

[**❺** ▸ ○] 유한회사가 정관에 기재된 독립된 최소행정구역 내에서 본점을 이전하는 경우 정관에 다른 정함이 없으면 이사 과반수의 결의에 의하여야 하나(상법 제564조), 유한회사의 사원총회는 업무집행을 포함한 모든 사항에 관하여 결의할 수 있으므로 사원총회 결의로도 본점이전을 할 수 있다(상업등기선례 제202203-1호).

 답 ❶

제7장 / 합명·합자회사의 등기

41
☐☐☐

합명회사의 등기에 관한 다음 설명 중 가장 옳지 않은 것은? 기출수정

2022년 법무사시험 [문 46]

① 합명회사의 설립 시에는 2인 이상의 사원이 공동으로 정관을 작성하여야 하고 총사원이 기명날인 또는 서명하여야 한다.
② 정관의 규정으로 출자를 하지 않는 사원을 정할 수 있으므로, 출자가 없는 자를 사원으로 정한 합명회사의 설립등기신청은 수리하여야 한다.
③ 사원의 출자의 목적은 동산·부동산·금전·채권 기타의 재산권은 물론 신용과 노무도 포함된다.
④ 합명회사의 사원은 정관의 절대적 기재사항이고 등기사항이므로 그 변동은 정관의 변경을 뜻하고 변경등기를 요한다.
⑤ 사원의 제명 또는 그 업무집행권한이나 대표권 상실의 판결이 확정된 때에는 제1심 수소법원이 그 재판의 등본을 첨부하여 본점 소재지의 등기소에 그 등기를 촉탁한다.

....

[❶ ▶ ○] 상법 제178조, 제179조

> **상법 제178조(정관의 작성)**
> 합명회사의 설립에는 2인 이상의 사원이 공동으로 정관을 작성하여야 한다.
>
> **상법 제179조(정관의 절대적 기재사항)**
> 정관에는 다음의 사항을 기재하고 총사원이 기명날인 또는 서명하여야 한다.
>   1. 목 적
>   2. 상 호
>   3. 사원의 성명·주민등록번호 및 주소
>   4. 사원의 출자의 목적과 그 가격 또는 평가의 표준
>   5. 본점의 소재지
>   6. 정관의 작성년월일

[❷ ▶ ✕] 합명회사의 사원은 재산, 노무, 신용 중 어느 하나를 반드시 출자하여야 하고 정관의 규정으로써도 그러한 출자를 하지 않은 사원을 인정할 수 없으므로, <u>출자가 없는 자를 사원으로 정한 합명회사의 설립등기신청은 수리될 수 없을 것이다</u>(상업등기선례 제1-64호).

[❸ ▶ ○] 절대적 기재사항으로 사원의 출자의 목적과 그 가격 또는 평가의 표준을 정관에 기재하여야 하는데, 출자의 목적이란 사원이 회사에 대하여 출자할 것을 약속한 출자의 내용을 말한다. 이러한 출자의 목적은 동산·부동산·금전·채권·유가증권 기타의 재산권은 물론 신용·노무도 포함된다(상법 제195조, 제222조, 민법 제703조 제2항). 상업 실무 1 즉, 합명회사에는 무한책임사원이 존재하므로 회사재산의 확보가 강조되지 않아 사원의 출자의 목적으로 재산 외에도 노무 또는 신용의 출자가 가능한 것이다.

> **상법 제195조(준용법규)**
> 합명회사의 내부관계에 관하여는 정관 또는 본법에 다른 규정이 없으면 조합에 관한 민법의 규정을 준용한다.

> **상법 제222조(지분의 환급)**
> 퇴사한 사원은 노무 또는 신용으로 출자의 목적으로 한 경우에도 그 지분의 환급을 받을 수 있다. 그러나 정관에 다른 규정이 있는 때에는 그러하지 아니하다.

> **민법 제703조(조합의 의의)**
> ② 전항의 출자는 금전 기타 재산 또는 노무로 할 수 있다.

[❹ ▸ ○] 상법 제179조 제3호, 제180조 제1호, 제183조

> **상법 제180조(설립의 등기)**
> 합명회사의 설립등기에 있어서는 다음의 사항을 등기하여야 한다.
>   1. 제179조 제1호 내지 제3호 및 제5호의 사항과 지점을 둔 때에는 그 소재지. 다만, 회사를 대표할 사원을 정한 때에는 그 외의 사원의 주소를 제외한다.

> **상법 제183조(변경등기)**
> 제180조 각 호의 사항이 변경되었을 때에는 본점의 소재지에서 2주일 내에 변경등기를 하여야 한다.

[❺ ▸ ○] 비송사건절차법 제107조 제3호, 제108조

> **비송사건절차법 제107조(그 밖의 등기촉탁을 할 경우)**
> 다음 각 호의 어느 하나에 해당하는 경우에는 제1심 수소법원은 회사의 본점 소재지의 등기소에 그 등기를 촉탁하여야 한다.
>   3. 합명회사 또는 합자회사의 사원 제명(除名) 또는 그 업무집행권한이나 대표권 상실의 판결이 확정된 경우

> **비송사건절차법 제108조(등기촉탁서의 첨부서면)**
> 이 법에 따라 법원이 회사의 본점 소재지의 등기소에 등기를 촉탁할 때에는 촉탁서에 재판의 등본을 첨부하여야 한다.

답 ❷

42 □□□ 다음 중 유한책임회사의 설립등기에 있어 등기사항이 아닌 것은?

① 목 적
② 지점을 둔 경우에는 그 소재지
③ 사원의 성명, 주민등록번호 및 주소(다만, 회사를 대표할 사원을 정한 경우에는 그 외의 사원의 주소는 제외함)
④ 정관으로 공고방법을 정한 경우에는 그 공고방법
⑤ 존립기간 또는 해산사유를 정한 때에는 그 기간 또는 사유

....

[❶▸O] [❷▸O] [❸▸X] [❹▸O] [❺▸O] 유한책임회사의 설립등기에 있어 사원의 성명, 주민등록번호 및 주소(다만, 회사를 대표할 사원을 정한 경우에는 그 외의 사원의 주소는 제외함)는 등기사항이 아니다(상법 제287조의5 제1항 참조).

상법 제287조의5(설립의 등기 등)
① 유한책임회사는 본점의 소재지에서 다음 각 호의 사항을 등기함으로써 성립한다.
1. 제179조 제1호(목적)·제2호(상호) 및 제5호(본점의 소재지)에서 정한 사항과 지점을 둔 경우에는 그 소재지
2. 제180조 제3호(존립기간 기타 해산사유를 정한 때에는 그 기간 또는 사유)에서 정한 사항
3. 자본금의 액
4. 업무집행자의 성명, 주소 및 주민등록번호(법인인 경우에는 명칭, 주소 및 법인등록번호). 다만, 유한책임회사를 대표할 업무집행자를 정한 경우에는 그 외의 업무집행자의 주소는 제외한다.
5. 유한책임회사를 대표할 자를 정한 경우에는 그 성명 또는 명칭과 주소
6. 정관으로 공고방법을 정한 경우에는 그 공고방법
7. 둘 이상의 업무집행자가 공동으로 회사를 대표할 것을 정한 경우에는 그 규정

상법 제179조(정관의 절대적 기재사항)
정관에는 다음의 사항을 기재하고 총사원이 기명날인 또는 서명하여야 한다.
1. 목 적
2. 상 호
3. 사원의 성명·주민등록번호 및 주소
4. 사원의 출자의 목적과 그 가격 또는 평가의 표준
5. 본점의 소재지
6. 정관의 작성년월일

상법 제180조(설립의 등기)
합명회사의 설립등기에 있어서는 다음의 사항을 등기하여야 한다.
1. 제179조 제1호 내지 제3호 및 제5호의 사항과 지점을 둔 때에는 그 소재지. 다만, 회사를 대표할 사원을 정한 때에는 그 외의 사원의 주소를 제외한다.

---

2. 사원의 출자의 목적, 재산출자에는 그 가격과 이행한 부분
3. 존립기간 기타 해산사유를 정한 때에는 그 기간 또는 사유
4. 회사를 대표할 사원을 정한 경우에는 그 성명·주소 및 주민등록번호
5. 수인의 사원이 공동으로 회사를 대표할 것을 정한 때에는 그 규정

답 ❸

43 각 회사의 등기에 관한 다음 설명 중 가장 옳지 않은 것은? 2023년 법무사시험 [문 41]

① 합자회사에서 총사원의 동의가 있더라도 유한책임사원을 대표사원으로 하는 변경등기는 허용되지 아니한다.
② 유한회사와 유한책임회사의 사원은 회사의 설립등기 이전에 금전이나 그 밖의 재산의 출자를 전부 이행하여야 한다.
③ 합자회사가 정관의 규정에 따라 공동대표사원을 두어 등기한 경우에 공동대표규정을 폐지하기 위해서는 그 정관변경을 먼저 한 다음 공동대표규정을 말소하는 변경등기를 신청할 수 있는데, 이 경우 정관변경을 위해서는 총사원의 동의가 있음을 증명하는 정보가 첨부정보로 제공되어야 한다.
④ 유한책임회사는 정관을 변경함으로써 새로운 사원을 가입시킬 수 있으므로, 정관을 변경한 때에 해당 사원이 출자에 관한 납입 또는 재산의 전부 또는 일부의 출자를 이행하지 아니한 경우이더라도 정관의 변경으로 사원이 된다.
⑤ 합명회사 지배인의 선임과 해임은 정관에 다른 정함이 없으면 업무집행사원이 있는 경우에도 총사원 과반수의 결의에 의하여야 한다.

[❶ ▶ ○] 합자회사의 유한책임사원이 정관 또는 총사원의 동의로서 회사의 대표자로 지정되어 그와 같은 등기까지 경유되었다 하더라도 회사대표권을 가질 수 없다(대판 1966.1.25. 65다2128).
[❷ ▶ ○] 유한책임회사의 사원은 정관의 작성 후 설립등기를 하는 때까지 금전이나 그 밖의 재산의 출자를 전부 이행하여야 한다(상법 제287조의4 제2항). 유한회사의 이사는 사원으로 하여금 출자전액의 납입 또는 현물출자의 목적인 재산전부의 급여를 시켜야 한다(상법 제548조 제1항).
[❸ ▶ ○] 합자회사의 정관에 따라 공동대표규정(수인의 사원이 공동으로 회사를 대표할 것)을 등기한 경우, 먼저 그 정관규정을 변경한 후 공동대표규정을 말소하는 변경등기를 신청할 수 있을 것이다(등기선례 제200501-8호). 합자회사에는 다른 규정이 없는 사항은 합명회사에 관한 규정을 준용하므로(상법 제269조), 합자회사의 정관을 변경하는 경우 총사원의 동의가 있어야 한다(상법 제204조). 총사원 또는 어느 사원이나 청산인의 동의를 필요로 하는 등기를 신청하는 경우에는 그 동의가 있음을 증명하는 정보를 제공하여야 한다(상업등기규칙 제118조, 제97조 제2항).
[❹ ▶ ×] 상법 제287조의23 제1항, 제2항

상법 제287조의23(사원의 가입)
① 유한책임회사는 정관을 변경함으로써 새로운 사원을 가입시킬 수 있다.
② 제1항에 따른 사원의 가입은 정관을 변경한 때에 효력이 발생한다. 다만, 정관을 변경한 때에 해당 사원이 출자에 관한 납입 또는 재산의 전부 또는 일부의 출자를 이행하지 아니한 경우에는 그 납입 또는 이행을 마친 때에 사원이 된다.

[**⑤ ▸ ○**] 합명회사의 지배인의 선임과 해임은 정관에 다른 정함이 없으면 업무집행사원이 있는 경우에도 총사원 과반수의 결의에 의하여야 한다(상법 제203조).

답 ❹

44
□□□

① 합명회사, 합자회사 및 유한회사의 경우 사원의 성명·주민등록번호 및 주소가 정관의 절대적 기재사항이지만 유한책임회사의 경우에는 그러하지 아니하다.
② 사원이 등기할 사항인 경우에는 각 사원의 무한책임 또는 유한책임인 것을 등기하여야 한다.
③ 유한책임회사는 자본금의 액이, 유한회사는 자본금의 총액이 각 정관의 절대적 기재사항이나, 합명회사, 합자회사 및 주식회사의 경우에는 자본금의 액 또는 총액이 절대적 기재사항이 아니다.
④ 유한책임회사의 경우에는 공고방법이 정관의 기재사항 및 등기사항이 아니나 유한회사의 경우에는 정관으로 공고방법을 정한 때에는 그 공고방법을 등기하여야 한다.
⑤ 유한책임회사, 유한회사, 주식회사의 정관은 공증인의 인증을 받음으로써 효력이 생긴다.

[**❶ ▸ ✕**] 합명회사(상법 제179조 제3호), 합자회사(상법 제270조), 유한회사(상법 제543조 제2항 제1호)뿐만 아니라 <u>유한책임회사</u>(상법 제287조의3 제1호)<u>의 경우에도 사원의 성명·주민등록번호 및 주소가 정관의 절대적 기재사항이다.</u>
[**❷ ▸ ✕**] 합자회사의 경우 각 사원의 책임이 무한책임인지 유한책임인지를 등기하여야 한다(상법 제271조). 그러나 <u>합명회사와 유한회사의 경우, 각 사원의 책임이 무한책임인지 유한책임인지를 등기하지 아니한다</u>(상법 제180조, 제549조 제2항). 합명회사는 무한책임사원만으로 조직된 회사이고(상법 제212조), 유한회사와 유한책임회사는 유한책임사원만으로 구성되는 회사이기 때문이다(상법 제553조, 제287조의7).
[**❸ ▸ ○**] <u>유한책임회사는 자본금의 액이 정관의 절대적 기재사항이고</u>(상법 제287조의3 제3호), <u>유한회사는 자본금의 총액이 정관의 절대적 기재사항이다</u>(상법 제543조 제2항 제2호). 합명회사(상법 제180조), 합자회사 및 주식회사의 경우에는 자본금의 액 또는 총액이 정관의 절대적 기재사항이 아니다(상법 제270조, 제289조 제1항).
[**❹ ▸ ✕**] <u>유한책임회사의 경우, 공고방법이 정관의 절대적 기재사항은 아니지만</u>(상법 제287조의3), <u>정관으로 공고방법을 정한 경우에는 그 공고방법은 등기사항이다</u>(상법 제287조의5 제1항 제6호). <u>유한회사의 경우, 공고방법이 정관의 절대적 기재사항도 아니고 등기사항도 아니다</u>(상법 제543조 제2항, 제549조 제2항).
[**❺ ▸ ✕**] 주식회사의 정관은 공증인의 인증을 받음으로써 효력이 생긴다. 다만, 자본금 총액이 10억원 미만인 회사를 제295조 제1항에 따라 발기설립하는 경우에는 제289조 제1항에 따라 각 발기인이 정관에 기명날인 또는 서명함으로써 효력이 생긴다(상법 제292조). 상법 제292조의 규정은 유한회사에 준용되므로(상법 제543조 제3항), 유한회사의 정관도 공증인의 인증을 받음으로써 효력이 생긴다. 그러나 <u>유한책임회사의 원시정관은 공증인의 인증을 받지 않아도 효력이 발생한다.</u>

답 ❸

제9장 외국회사의 등기

45
☐☐☐

외국회사의 대한민국 영업소 등기에 관한 다음 설명 중 가장 옳지 <u>않은</u> 것은?

2025년 법무사시험 [문 49]

① 외국회사가 대한민국 내에 영업소를 설치하는 경우에는 그 설치일부터 3주일 내에 영업소의 소재지에서 상호, 목적 등 상법에서 규정하고 있는 등기사항을 등기하여야 한다.

② 외국회사의 대한민국 영업소 등기는 대한민국에서의 대표자가 외국회사를 대표하여 신청하여야 하고, 대한민국에서의 대표자는 외국회사의 영업에 관하여 재판상 또는 재판 외의 모든 행위를 할 권한을 가지며 이에 대한 제한은 선의의 제3자에게 대항하지 못한다.

③ 외국회사는 스스로의 결정에 의해 대한민국 영업소를 폐쇄할 수 있고, 법원이 이해관계인 또는 검사의 청구에 의하여 영업소의 폐쇄를 명할 수도 있는데, 후자의 경우 법원의 촉탁에 의하여 영업소 폐쇄의 등기를 한다.

④ 법원은 영업소의 폐쇄를 명한 경우 이해관계인의 신청에 의하여 또는 직권으로 대한민국에 있는 외국회사의 재산 전부에 대한 청산개시를 명할 수 있고, 이때 법원은 청산인을 선임하여야 한다.

⑤ 외국회사는 대한민국 내에 2개 이상의 영업소를 설치할 수 있고, 이 경우 각 영업소별로 서로 다른 대한민국에서의 대표자를 정하여 등기할 수 있다.

[**❶** ▸ ○] 상법 제614조 제2항·제3항

상법 제614조(대표자, 영업소의 설정과 등기)

① 외국회사가 대한민국에서 영업을 하려면 대한민국에서의 대표자를 정하고 대한민국 내에 영업소를 설치하거나 대표자 중 1명 이상이 대한민국에 그 주소를 두어야 한다.

② <u>외국회사가 제1항의 영업소를 설치하는 경우에는 그 설치일부터 3주일 내에 영업소의 소재지에서 다음 각 호의 사항을 등기하여야</u> 한다.

  1. 목 적

  2. 상 호

  3. 회사를 대표할 자의 성명·주소 및 주민등록번호(외국인인 경우 외국인등록번호로 하되, 외국인등록번호가 없는 경우에는 생년월일로 한다)

  4. 공동으로 회사를 대표할 것을 정한 때에는 그 규정

  5. 본점의 소재지

  6. 영업소의 소재지(다른 영업소의 소재지는 제외한다)

  7. 회사의 존립기간 내지 해산사유를 정한 때에는 그 기간 또는 사유

  8. 대한민국에서의 같은 종류의 회사 또는 가장 비슷한 회사가 주식회사인 경우에는 본국에서의 공고방법 및 제616조의2에 따른 대한민국에서의 공고방법

③ 제2항의 등기에는 회사설립의 준거법과 대한민국에서의 대표자의 성명·주소 및 주민등록번호(외국인인 경우 외국인등록번호로 하되, 외국인등록번호가 없는 경우에는 생년월일로 한다)가 포함되어야 한다.

[**❷** ▸ ○] 상업등기법 제23조, 상법 제614조 제4항・제209조

> **상업등기법 제23조(등기신청인)**
> ③ 외국회사의 등기는 대한민국에서의 대표자가 외국회사를 대표하여 신청한다.
>
> **상법 제614조(대표자, 영업소의 설정과 등기)**
> ④ 제209조와 제210조의 규정은 외국회사의 대표자에게 준용한다.
>
> **상법 제209조(대표사원의 권한)**
> ① 회사를 대표하는 사원은 회사의 영업에 관하여 재판상 또는 재판 외의 모든 행위를 할 권한이 있다.
> ② 전항의 권한에 대한 제한은 선의의 제3자에게 대항하지 못한다.

[**❸** ▸ ○] 외국회사는 스스로 결정에 의해 대한민국 영업소를 폐쇄할 수 있고(상법 제620조 제3항 참조), 법원이 이해관계인 또는 검사의 청구에 의하여 영업소의 폐쇄를 명할 수도 있는데(상법 제619조 제1항 참조), 후자의 경우 법원의 촉탁에 의하여 영업소 폐쇄의 등기를 한다(비송사건절차법 제101조 제2항・제93조).

> **상법 제619조(영업소폐쇄명령)**
> ① 외국회사가 대한민국에 영업소를 설치한 경우에 다음의 사유가 있는 때에는 법원은 이해관계인 또는 검사의 청구에 의하여 그 영업소의 폐쇄를 명할 수 있다.
>   1. 영업소의 설치목적이 불법한 것인 때
>   2. 영업소의 설치등기를 한 후 정당한 사유 없이 1년 내에 영업을 개시하지 아니하거나 1년 이상 영업을 휴지한 때 또는 정당한 사유 없이 지급을 정지한 때
>   3. 회사의 대표자 기타 업무를 집행하는 자가 법령 또는 선량한 풍속 기타 사회질서에 위반한 행위를 한 때
> ② 제176조 제2항 내지 제4항의 규정은 전항의 경우에 준용한다.
>
> **비송사건절차법 제101조(유한회사와 외국회사 영업소 폐쇄에의 준용)**
> ② 외국회사 영업소의 폐쇄를 명하는 경우에는 제90조부터 제94조까지, 제94조의2 및 제95조부터 제97조까지의 규정을 준용한다.
>
> **비송사건절차법 제93조(해산재판의 확정과 등기촉탁)**
> 회사의 해산을 명한 재판이 확정되면 법원은 회사의 본점 소재지의 등기소에 그 등기를 촉탁하여야 한다.

[**❹** ▸ ○] 상법 제620조 제1항

> **상법 제620조(한국에 있는 재산의 청산)**
> ① 전조 제1항의 규정에 의하여 영업소의 폐쇄를 명한 경우에는 법원은 이해관계인의 신청에 의하여 또는 직권으로 대한민국에 있는 그 회사재산의 전부에 대한 청산의 개시를 명할 수 있다. 이 경우에는 법원은 청산인을 선임하여야 한다.
> ② 제535조 내지 제537조와 제542조의 규정은 그 성질이 허하지 아니하는 경우 외에는 전항의 청산에 준용한다.
> ③ 전2항의 규정은 외국회사가 스스로 영업소를 폐쇄한 경우에 준용한다.

[**❺** ▸ ✕] 외국회사의 대한민국에서의 대표자의 대표권은 국내의 모든 영업소에 미치므로, 외국회사가 국내에 2개 이상의 영업소를 설치하는 경우 각 영업소별로 서로 다른 대표자를 정하여 등기하거나 대표권을 특정 영업소의 영업에 한정하는 취지의 등기를 할 수는 없지만, 각 영업소마다 지배인을 선임하여 지배인등기를 할 수는 있다(상업등기선례 제1-287호).

답 ❺

외국회사의 등기에 관한 다음 설명 중 가장 옳지 않은 것은?(다툼이 있는 경우 판례·예규 및 선례에 따르고 전원합의체 판결의 경우 다수의견에 의함. 이하 같음) 기출수정

2020년 법무사시험 [문 36]

① 외국회사가 대한민국 내에 영업을 하기 위하여 영업소를 설치하는 경우 등기하여야 하는 대한민국에서의 대표자의 주소는 대한민국 내의 주소이어야 한다.

② 외국회사의 대한민국에서의 대표자의 대표권은 국내의 모든 영업소에 미치므로, 외국회사가 국내에 2개 이상의 영업소를 설치하는 경우 각 영업소별로 서로 다른 대표자를 정하여 등기하거나 대표권을 특정 영업소의 영업에 한정하는 취지의 등기를 할 수는 없지만, 각 영업소마다 지배인을 선임하여 지배인등기를 할 수는 있다.

③ 주식회사인 외국회사의 국내영업소설치등기를 하는 경우 임원등기와 관련하여 보면 본점의 대표이사와 국내에서의 대표자의 성명과 주소를 기재하면 되고, 다른 임원(이사, 감사 등)은 등기사항이 아니다. 그럼에도 불구하고 본점의 대표이사나 국내에서의 대표자가 아닌 일반임원이 등기가 되었다면 이는 등기할 사항이 아닌 것으로 등기관의 직권 또는 당사자의 말소신청에 의하여 그 등기를 말소할 수 있다.

④ 외국의 정부나 그 밖의 권한 있는 기관이 발행한 서류 또는 공증인이 공증한 외국문서는 재외공관 공증법 제30조 제1항 본문에 따른 영사관의 확인을 받아 제출하여야 한다. 다만, 외국공문서에 대한 인증의 요구를 폐지하는 협약에 가입한 국가인 경우에는 그 협약에서 정한 바에 따라 아포스티유(Apostille)를 발급받아 제출할 수 있다.

⑤ 대한민국에 영업소를 설치한 외국회사가 스스로 영업소를 폐쇄한 경우, 법원이 이해관계인의 신청에 의하여 또는 직권으로 대한민국에 있는 그 회사재산의 전부에 대한 청산의 개시를 명하고 청산인을 선임한 경우가 아닌 한, 청산절차를 거치지 않고도 영업소폐지의 등기를 신청할 수 있다.

......

[❶ ▶ ✕] 외국회사가 대한민국 내에 영업소를 설치하는 경우 등기하여야 하는 <u>대한민국에서의 대표자의 주소는 국내 주소로 제한되지 않으므로</u>, 외국회사가 영업소를 설치하거나 영업소의 대한민국에서의 대표자를 변경하는 등기를 신청할 경우, 대한민국에서의 대표자가 반드시 대한민국에 그 주소를 둘 필요는 없다(상업등기선례 제201612-2호).

[❷ ▶ ○] 외국회사의 대한민국에서의 대표자의 대표권은 국내의 모든 영업소에 미치므로, 외국회사가 국내에 2개 이상의 영업소를 설치하는 경우 각 영업소별로 서로 다른 대표자를 정하여 등기하거나 대표권을 특정 영업소의 영업에 한정하는 취지의 등기를 할 수는 없지만, 각 영업소마다 지배인을 선임하여 지배인등기를 할 수는 있다(상업등기선례 제1-287호).

[❸ ▶ ○] 외국회사의 국내영업소설치등기는 국내에서 설립되는 동종의 회사 또는 가장 유사한 회사의 지점에 관한 등기와 동일한 등기를 하여야 하므로, 외국회사가 주식회사인 경우 임원등기와 관련하여 보면 본점의 대표이사와 국내에서의 대표자의 성명과 주소를 기재하면 되고 다른 임원(이사, 감사 등)은 등기사항이 아니다. 위의 규정에도 불구하고 본점의 대표이사나 국내에서의 대표자가 아닌 일반임원이 등기가 되었다면 이는 등기할 사항이 아닌 것으로 등기관의 직권 또는 당사자의 말소신청에 의하여 그 등기를 말소할 수 있다(상업등기선례 제1-294호).

> **상법 제614조(대표자, 영업소의 설정과 등기)**
> ① 외국회사가 대한민국에서 영업을 하려면 대한민국에서의 대표자를 정하고 대한민국 내에 영업소를 설치하거나 대표자 중 1명 이상이 대한민국에 그 주소를 두어야 한다.
> ② 외국회사가 제1항의 영업소를 설치하는 경우에는 그 설치일부터 3주일 내에 영업소의 소재지에서 다음 각 호의 사항을 등기하여야 한다.
> 1. 목 적
> 2. 상 호
> 3. 회사를 대표할 자의 성명·주소 및 주민등록번호(외국인인 경우 외국인등록번호로 하되, 외국인등록번호가 없는 경우에는 생년월일로 한다)
> 4. 공동으로 회사를 대표할 것을 정한 때에는 그 규정
> 5. 본점의 소재지
> 6. 영업소의 소재지(다른 영업소의 소재지는 제외한다)
> 7. 회사의 존립기간 내지 해산사유를 정한 때에는 그 기간 또는 사유
> 8. 대한민국에서의 같은 종류의 회사 또는 가장 비슷한 회사가 주식회사인 경우에는 본국에서의 공고방법 및 제616조의2에 따른 대한민국에서의 공고방법
> ③ 제2항의 등기에는 회사설립의 준거법과 대한민국에서의 대표자의 성명·주소 및 주민등록번호(외국인인 경우 외국인등록번호로 하되, 외국인등록번호가 없는 경우에는 생년월일로 한다)가 포함되어야 한다.
> ④ 제209조와 제210조의 규정은 외국회사의 대표자에게 준용한다.

[❹ ▸ O] 외국의 정부나 그 밖의 권한 있는 기관이 발행한 서류 또는 공증인(법률에 따른 공증인의 자격을 가진 자만 해당된다)이 공증한 외국문서는 재외공관 공증법 제30조 제1항 본문에 따른 영사관의 확인을 받아 제출하여야 한다. 다만, 외국공문서에 대한 인증의 요구를 폐지하는 협약에 가입한 국가인 경우에는 그 협약에서 정한 바에 따라 아포스티유(Apostille)를 발급받아 제출할 수 있다(등기예규 제1534호 제2조).

[❺ ▸ O] 대한민국에 영업소를 설치한 외국회사가 스스로 영업소를 폐쇄한 경우, 법원이 이해관계인의 신청에 의하여 또는 직권으로 대한민국에 있는 그 회사재산의 전부에 대한 청산의 개시를 명하고 청산인을 선임한 경우가 아닌 한, 청산절차를 거치지 않고도 영업소폐지의 등기를 신청할 수 있다(상업등기선례 제1-293호).

 답 ❶

법인등기

각 문항별로 회독수를 체크해 보세요. ☑□□

PART 1
PART 2
PART 3
PART 4
PART 5
PART 6
PART 7
PART 8

제1장 / 법인등기 총론

제2장 / 법인등기 각론

01
□□□

법인의 등기에 관한 다음 설명 중 가장 옳지 않은 것은? **2019년 법무사시험 [문 38]**

① 민법법인 및 특수법인의 등기는 상법상 회사에 관한 등기와 달리 각 관할등기소에서 관장하고 있다.

② 세무사법 제16조의16 제2항에 의하여 세무법인에 상법 중 유한회사에 관한 규정을 준용하지만, 세무법인의 관할등기소는 유한회사의 관할등기소와 다르다.

③ 원칙적으로 대표권이 있는 임원만 그 주소를 등기하고 대표권이 없는 임원의 주소는 등기하지 않는다.

④ 다른 등기소 관할구역 내로 주사무소를 이전하는 경우에도 법인등록번호(부동산등기용등록번호)는 변경되지 않는다.

⑤ 등기관은 주무관청으로부터 사단법인 설립허가 취소 통보를 받으면 별도의 규정이 없어도 그 법인에 대해 직권으로 해산등기를 수행하고, 설립허가 취소 당시의 이사를 청산인으로 변경하는 등기를 하여야 한다.

....

[**❶ ▶ O**] 민법법인 및 특수법인의 등기의 경우 별도의 위임이 없으므로 등기소의 설치와 관할구역에 관한 규칙 제3조에 따라 그 사무소소재지를 관할하는 등기소에서 등기사무를 처리한다. 상업 실무 1
반면, 상업등기의 경우, 대법원장은 어느 등기소의 관할에 속하는 사무를 다른 등기소에 위임하게 할 수 있다(상업등기법 제5조 참조).

[**❷** ▸ ○] 변호사법, 공인회계사법, 세무사법, 공인노무사법, 관세사법 등에 의하여 설립된 법무법인, 회계법인, 세무법인, 노무법인, 관세법인 등의 경우 상법상 합명회사, 유한회사 등의 규정을 준용하지만 이들은 상법상 회사가 아니고 특수법인이므로 등기소의 설치와 관할구역에 관한 규칙 제4조(상업등기사무의 위임)를 적용할 수 없다. 이러한 법인에 관하여는 각 사무소소재지를 관할하는 등기소에서 등기사무를 처리하여야 한다(등기소의 설치와 관할구역에 관한 규칙 제3조 참조). 상업 실무 1

[**❸** ▸ ○] 법인의 임원을 등기할 때에는 주민등록번호를 적어야 한다. 다만, 대표권이 없는 임원을 등기할 때에는 주소를 적지 아니한다(법인등기법 제2조).

[**❹** ▸ ○] 법인에 대한 등록번호는 관할의 전속이 있거나 법인의 본점 또는 주사무소가 다른 등기소의 관할구역 내로 이전하는 경우에도 이를 변경하지 아니한다(법인 및 재외국민의 부동산등기용등록번호 부여에 관한 규칙 제8조).

[**❺** ▸ ×] 사단법인 또는 재단법인은 주무관청의 설립허가 취소에 의해 당연히 해산되고, 이사 등이 민법 제82조 등에 따라 청산인이 되지만 그 법인에 대한 해산등기 및 청산인 선임등기는 청산인이 신청하여야 하므로 이러한 등기를 등기관이 직권으로 하여서는 아니 된다(등기예규 제1650호 제2조).

답 ❺

제4편 부부재산약정의 등기

각 문항별로 회독수를 체크해 보세요. ☑□□

01 ☐☐☐

부부재산약정의 등기에 관한 다음 설명 중 가장 옳지 않은 것은? 2021년 법무사시험 [문 47]

① 부부재산의 약정은 혼인 성립 전까지 그 등기를 하지 아니하면 부부 상호 간에 그 효력이 없다.
② 부부재산약정에 관한 등기는 약정자 양쪽이 신청한다. 다만, 부부 어느 한 쪽의 사망으로 인한 부부재산약정 소멸의 등기는 다른 한쪽이 신청한다.
③ 부부재산약정의 등기에 관하여는 남편이 될 사람의 주소지를 관할하는 지방법원, 그 지원 또는 등기소를 관할등기소로 한다.
④ 부부재산약정의 등기신청서에는 혼인신고를 하지 아니한 것을 증명하는 서면을 첨부하여야 한다.
⑤ 부부재산약정의 변경등기신청서에는 약정내용의 변경, 재산관리자의 변경 또는 공유재산의 분할을 허가한 재판의 등본이나 이에 관한 약정서를 첨부하여야 한다.

···

[❶ ▸ ✕] 부부가 그 재산에 관하여 따로 약정을 한 때에는 혼인 성립까지에 그 등기를 하지 아니하면 이로써 <u>부부의 승계인 또는 제3자에게 대항하지 못한다</u>(민법 제829조 제4항). 등기를 하지 아니한 경우에도 부부 상호 간에는 그 효력이 있다.
[❷ ▸ ○] 부부재산약정에 관한 등기는 약정자 양쪽이 신청한다. 다만, 부부 어느 한쪽의 사망으로 인한 부부재산약정 소멸의 등기는 다른 한쪽이 신청한다(비송사건절차법 제70조).
[❸ ▸ ○] <u>부부재산약정의 등기</u>에 관하여는 남편이 될 사람의 주소지를 관할하는 지방법원, 그 지원 또는 등기소를 관할등기소로 한다(비송사건절차법 제68조).

[**④** ▸ O] 부부재산약정등기규칙 제4조 제3호

> **부부재산약정등기규칙 제4조(첨부서면)**
> 부부재산약정등기를 신청하는 경우에는 신청서에 다음 각 호의 서면을 첨부하여야 한다.
>   1. 부부재산약정서
>   2. 각 약정자의 인감증명서. 다만, 본국에 인감증명제도가 없고 또한 인감증명법에 따른 인감증명을 받을 수 없는 외국인은 신청서(위임에 의한 대리인이 신청하는 경우에는 그 권한을 증명하는 서면)에 한 서명에 관하여 본인이 직접 작성하였다는 뜻의 본국 관공서의 증명이나 이에 관한 공정증서를 제출하여야 한다.
>   3. <u>혼인신고를 하지 아니한 것을 증명하는 서면</u>
>   4. 주소를 증명하는 서면
>   5. 주민등록번호를 증명하는 서면(다만, 주민등록번호가 없는 재외국민이나 외국인의 경우에는 생년월일을 증명하는 서면)
>   6. 대리인에 의하여 등기를 신청하는 경우에는 그 권한을 증명하는 서면

[**⑤** ▸ O] 부부재산약정의 변경등기를 신청하는 경우에는 신청서에 약정내용의 변경, 재산관리자의 변경 또는 공유재산의 분할을 허가한 재판의 등본이나 이에 관한 약정서를 첨부하여야 한다(부부재산약정 등기규칙 제5조 제1항).

답 ❶

제5편 비송사건절차법

제1장 총 론

제1절 서 론

제2절 법원과 당사자

01
☐☐☐ **비송사건절차에 관한 다음 설명 중 가장 옳지 않은 것은?** 2020년 법무사시험 [문 41]

① 법원의 토지 관할이 주소에 의하여 정하여질 경우 대한민국에 주소가 없을 때 또는 대한민국 내의 주소를 알지 못할 때에는 거소지의 지방법원이 사건을 관할한다.

② 법원서기관, 법원사무관, 법원주사 또는 법원주사보는 증인 또는 감정인의 심문에 관하여는 조서를 작성하고, 그 밖의 심문에 관하여는 필요하다고 인정하는 경우에만 조서를 작성한다.

③ 재판 전의 절차와 재판의 고지비용은 부담할 자를 특별히 정한 경우를 제외하고는 사건의 신청인이 부담한다.

④ 관할법원이 여러 개인 경우에는 최후에 사건을 신청받은 법원이 그 사건을 관할하고, 이 경우 해당 법원은 직권에 의하여만 다른 관할법원에 그 사건을 이송할 수 있다.

⑤ 신청에 의하여만 재판을 하여야 하는 경우에 신청을 각하한 재판에 대하여는 신청인만 항고할 수 있다.

[**❶** ▸ ○] 비송사건절차법 제2조 제1항

> **비송사건절차법 제2조(관할법원)**
> ① 법원의 토지 관할이 주소에 의하여 정하여질 경우 대한민국에 주소가 없을 때 또는 대한민국 내의 주소를 알지 못할 때에는 거소지(居所地)의 지방법원이 사건을 관할한다.
> ② 거소가 없을 때 또는 거소를 알지 못할 때에는 마지막 주소지의 지방법원이 사건을 관할한다.
> ③ 마지막 주소가 없을 때 또는 그 주소를 알지 못할 때에는 재산이 있는 곳 또는 대법원이 있는 곳을 관할하는 지방법원이 사건을 관할한다.

[**❷** ▸ ○] 법원서기관, 법원사무관, 법원주사 또는 법원주사보(이하 "법원사무관등"이라 한다)는 증인 또는 감정인(鑑定人)의 심문에 관하여는 조서(調書)를 작성하고, 그 밖의 심문에 관하여는 필요하다고 인정하는 경우에만 조서를 작성한다(비송사건절차법 제14조).

[**❸** ▸ ○] 재판 전의 절차와 재판의 고지비용은 부담할 자를 특별히 정한 경우를 제외하고는 사건의 신청인이 부담한다. 다만, 검사가 신청한 경우에는 국고에서 부담한다(비송사건절차법 제24조).

[**❹** ▸ ×] 관할법원이 여러 개인 경우에는 <u>최초로 사건을 신청받은 법원</u>이 그 사건을 관할한다. 이 경우 해당 법원은 신청에 <u>의하여 또는 직권으로</u> 적당하다고 인정하는 다른 관할법원에 그 사건을 이송할 수 있다(비송사건절차법 제3조).

[**❺** ▸ ○] 비송사건절차법 제20조 제2항

> **비송사건절차법 제20조(항고)**
> ① 재판으로 인하여 권리를 침해당한 자는 그 재판에 대하여 항고할 수 있다.
> ② 신청에 의하여만 재판을 하여야 하는 경우에 신청을 각하한 재판에 대하여는 신청인만 항고할 수 있다.

답 **❹**

제3절 │ **비송사건의 절차**

02
☐☐☐ **비송사건절차에 관한 다음 설명 중 가장 옳은 것은?** 2025년 법무사시험 [문 44]

① 비송사건절차법이나 다른 법령에 비송사건임이 명확히 규정되어 있지 않은 비송사건이 민사소송의 방법으로 청구된 경우에는 당사자가 이를 비송사건으로 처리해 달라고 요청하더라도 각하 판결을 해야 한다.
② 비송사건절차에는 변론주의가 적용됨이 원칙이다.
③ 비송사건의 심문은 공개함이 원칙이다.
④ 비송사건절차에 관하여는 선정당사자의 선정에 관한 근거 규정이 없다.
⑤ 민사소송절차와 달리 비송사건절차에서는 원칙적으로 사실에 대한 소명이 있으면 사실을 인정할 수 있다.

[**❶ ▸ ✕**] 비송사건절차법에 규정된 비송사건을 민사소송의 방법으로 청구하는 것은 허용되지 않는다. 그러나 소송사건과 비송사건의 구별이 항상 명확한 것은 아니고, <u>비송사건절차법이나 다른 법령에 비송사건임이 명확히 규정되어 있지 않은 경우 당사자로서는 비송사건임을 알기 어렵다. 이러한 경우 수소법원은 당사자에게 석명을 구하여 당사자의 소제기에 사건을 소송절차로만 처리해 달라는 것이 아니라 비송사건으로 처리해 주기를 바라는 의사도 포함되어 있음이 확인된다면, 당사자의 소제기를 비송사건 신청으로 보아 재배당 등을 거쳐 비송사건으로 심리·판단하여야 하고 그 비송사건에 대한 토지관할을 가지고 있지 않을 때에는 관할법원에 이송하는 것이 타당하다</u>(대판 2023.9.14. 2020다238622). ☞ 각하판결을 하면 안 되고, 재배당 등을 거쳐 비송사건을 심리·판단하여야 하고, 토지관할이 없으면 관할법원으로 이송하여야 한다.

[**❷ ▸ ✕**] 민사소송에서는 변론주의가 적용되나, 비송사건절차에서는 직권탐지주의가 적용된다.

> **비송사건절차법 제11조(직권에 의한 탐지 및 증거조사)**
> 법원은 직권으로 사실의 탐지와 필요하다고 인정하는 증거의 조사를 하여야 한다.

[**❸ ▸ ✕**] 민사소송에서는 공개의 원칙이 적용되나, 비송사건절차에서는 비공개의 원칙이 적용된다(비송사건절차법 제13조). 특히 비송사건절차의 재판은 판결에 의하지 아니하고 결정으로 하는 것이 원칙이므로(비송사건절차법 제17조 제1항), 비공개주의를 취한다고 하여 위헌적 요소가 있는 것이 아니다. 다만, '재판상 대위에 관한 사건'에는 비공개의 원칙이 적용되지 아니한다(비송사건절차법 제52조).

> **비송사건절차법 제13조(심문의 비공개)**
> <u>심문(審問)은 공개하지 아니한다.</u> 다만, 법원은 심문을 공개함이 적정하다고 인정하는 자에게는 방청을 허가할 수 있다.

[**❹ ▸ ○**] 민사소송에서는 공동의 이해관계를 가진 여러 사람이 그 가운데에서 모두를 위하여 당사자가 될 한 사람 또는 여러 사람을 선정할 수 있는 선정당사자제도를 인정하고 있다(민사소송법 제53조). 그러나 비송사건절차에 관하여는 선정당사자의 선정에 관한 근거 규정이 없다. 비송사건절차법이 적용되는 비송사건에도 민사소송법 제53조의 선정당사자에 관한 규정을 유추적용할 수 있는가 문제되지만, 판례는 부정설의 입장이다(대결 1990.12.7. 90마674).

[**❺ ▸ ✕**] <u>비송사건에서도 민사소송과 같이 사실인정은 원칙적으로 증명이 필요하나, 특별한 규정이 있는 경우에 한하여 소명이 허용된다.</u> 가령, 수탁자 사임허가사건(비송사건절차법 제41조 제1항), 납입금의 보관자 등의 변경허가사건(비송사건절차법 제82조) 등에서 소명하는 것으로 하고 있다.

답 ❹

비송사건절차에 관한 다음 설명 중 가장 옳지 않은 것은?

① 법원은 비송사건에 관한 재판을 한 후에 그 재판이 위법 또는 부당하다고 인정할 때에는 이를 취소하거나 변경할 수 있다. 그러나 즉시항고로써 불복할 수 있는 재판은 취소하거나 변경할 수 없다.

② 민법상 비영리법인의 청산인을 해임하는 재판에 대하여는 불복신청이 허용되지 않으나, 대법원에 특별항고를 제기할 수는 있다.

③ 비송사건 및 그에 관한 심문의 기일은 검사에게 통지하여야 하고, 검사는 비송사건에 관하여 의견을 진술하고 심문에 참여할 수 있다.

④ 선정당사자에 관한 민사소송법 규정은 비송사건절차법이 적용되는 비송사건에 준용되거나 유추적용될 수 있다.

⑤ 법원은 비송사건절차의 항고심에서 항고이유로 주장된 바 없더라도 마땅히 진실 여부를 직권으로 조사하여 이 사건 항고의 당부를 가릴 수 있다.

∙∙

[❶ ▸ ○] 비송사건절차법 제19조 제1항, 제3항

> **비송사건절차법 제19조(재판의 취소 · 변경)**
> ① 법원은 재판을 한 후에 그 재판이 위법 또는 부당하다고 인정할 때에는 이를 취소하거나 변경할 수 있다.
> ③ 즉시항고로써 불복할 수 있는 재판은 취소하거나 변경할 수 없다.

[❷ ▸ ○] 민법상 비영리법인의 청산인의 선임 또는 해임의 재판에 대하여는 불복신청을 할 수 없다(비송사건절차법 제36조, 제119조). 다만, 민법상 비영리법인의 청산인을 해임하는 재판에 대하여는 민사소송법 제449조에 따라 그 재판에 영향을 미친 헌법 위반이 있다거나 그 재판의 전제가 된 명령 · 규칙 · 처분의 헌법 또는 법률 위반 여부에 대한 판단이 부당하다는 것을 이유로 하여 대법원에 특별항고를 제기할 수 있다(헌재 2013.9.26. 2012헌마1005 참조).

[❸ ▸ ○] 비송사건절차법 제15조 제1항, 제2항

> **비송사건절차법 제15조(검사의 의견 진술 및 심문 참여)**
> ① 검사는 사건에 관하여 의견을 진술하고 심문에 참여할 수 있다.
> ② 사건 및 그에 관한 심문의 기일은 검사에게 통지하여야 한다.

[❹ ▸ ✕] 비송사건절차법 제5조, 제8조, 제10조, 제24조, 제30조 등 관계법령들의 규정내용에 비추어 보면 선정당사자에 관한 민사소송법 제49조의 규정은 비송사건절차법이 적용되는 비송사건에는 준용되거나 유추적용되지 않는다고 보아야 할 것이다(대결 1990.12.7. 90마674).

[❺ ▸ ○] 비송사건절차법 제11조의 규정에 의하면 법원은 직권으로 사실의 탐지와 필요하다고 인정하는 증거의 조사를 하여야 한다고 규정되어 있으므로, 원심(항고심)으로서는 항고이유로 주장된 바 없더라도 마땅히 진실 여부를 직권으로 조사하여 이 사건 항고의 당부를 가릴 수 있는 것이다(대결 2007.3.29. 2006마724).

답 ❹

04 □□□ 비송사건의 항고절차에 관한 다음 설명 중 가장 옳지 않은 것은? **2019년 법무사시험 [문 43]**

① 신청에 의하여만 재판을 하여야 하는 경우에 신청을 각하한 재판에 대하여는 신청인만 항고할 수 있다.

② 즉시항고를 허용하는 재판에서는 즉시항고의 제기에 의하여 원재판의 확정이 차단된다.

③ 항고는 원칙적으로 집행정지의 효력이 없지만, 법원의 가처분결정에 의하여 선임된 이사 직무대행자의 상법 제408조 제1항 단서에 따른 상무 외 행위의 허가신청을 인용한 재판에 대한 즉시항고는 집행정지의 효력이 있다.

④ 항고법원의 조사 범위는 항고이유에 의하여 제한되므로 항고이유로 주장된 바 없는 사항에 대해 법원이 직권으로 조사해서는 안 된다.

⑤ 항고법원의 재판에는 이유를 붙여야 한다.

....

[❶ ▸ ○] 신청에 의하여만 재판을 하여야 하는 경우에 신청을 각하한 재판에 대하여는 신청인만 항고할 수 있다(비송사건절차법 제20조 제2항).

[❷ ▸ ○] 즉시항고를 허용하는 재판에서는 즉시항고의 제기에 의하여 원재판의 확정이 차단된다. 제요 비송

[❸ ▸ ○] 상무 외 행위의 허가신청을 각하한 재판에 대하여는 보통항고를(비송사건절차법 제20조), 신청을 인용한 재판에 대하여는 즉시항고를 할 수 있다(비송사건절차법 제85조 제2항). 그리고 즉시항고 기간은 직무대행자가 재판의 고지를 받은 날로부터 기산하며, 이 즉시항고에는 집행정지의 효력이 있다(비송사건절차법 제85조 제2항, 제3항). 직무대행자가 일단 상무 외의 행위를 해버리면 불복이 의미가 없게 될 수 있기 때문이다. 제요 비송

[❹ ▸ ✕] 항고법원의 조사범위는 항고이유에 의하여 제한되는 것이 아니므로 항고법원은 불복의 대상이 된 제1심결정의 당부를 가리기 위하여 항고이유의 주장유무에 관계없이 기록에 나타난 자료의 진실 여부를 직권으로 조사하여 심리판단하여야 한다(대결 1982.10.12. 82마523).

[❺ ▸ ○] 항고법원의 재판에는 이유를 붙여야 한다(비송사건절차법 제22조).

탭 ❹

제2장 민사비송사건

05
☐☐☐

사단법인의 임시총회 소집에 관한 다음 설명 중 가장 옳은 것은? 2025년 법무사시험 [문 38]

① 사단법인의 총사원의 5분의 1 이상이 이사에게 임시총회 소집을 요구하였으나 이사가 2주간 내에 임시총회를 소집하지 아니하는 때에는 감사가 법원의 허가를 얻어 임시총회를 소집할 수 있다.

② 임시총회소집 허가신청인은 이사가 소집을 게을리한 사실을 소명하여야 한다.

③ 법인 아닌 사단에는 민법 제70조 제3항이 유추적용되지 않으므로, 이사가 임시총회 소집을 거부한 때에도 법원의 허가를 얻어 임시총회를 소집할 수 없다.

④ 법원의 소집허가에 의해 개최된 임시총회에서 결의할 수 있는 사항은 결정문에 기재된 목적사항으로 엄격하게 제한된다.

⑤ 임시총회의 소집을 허가하는 결정문에 기재된 회의 목적사항에 '기타 사항'이 포함되어 있는 경우에도 기본적인 목적사항에 한하여 결의가 가능하다.

....

[❶▸×] 총사원의 5분의 1 이상으로부터 회의의 목적사항을 제시하여 청구한 때에는 이사는 임시총회를 소집하여야 한다. 이 정수는 정관으로 증감할 수 있다(민법 제70조 제2항). 이러한 청구가 있은 후 2주간 내에 이사가 총회소집의 절차를 밟지 아니한 때에는 <u>청구한 사원은 법원의 허가를 얻어</u> 이를 소집할 수 있다(민법 제70조 제3항).

[❷▸○] 민법 제70조 제3항에 따른 임시총회 소집의 허가신청을 하는 경우에는 <u>이사가 그 소집을 게을리한 사실을 소명하여야</u> 한다(비송사건절차법 제34조 제2항, 제80조 제1항). 소명방법은 민사소송법의 규정이 준용된다.

[❸▸×] <u>법인 아닌 사단</u>(예 종중, 재건축조합)에도 임시총회의 소집에 관한 민법 제70조 제3항이 <u>유추적용된다</u>(대판 1993.10.12. 92다50799 참조). 따라서 법인 아닌 사단의 대표자가 임시총회 소집을 거부한 때에도 법원의 허가를 얻어 임시총회를 소집할 수 있다.

[❹▸×] 법원의 소집허가에 의하여 개최된 종중 임시총회에서는 <u>법원의 소집허가결정 및 소집통지서에 기재된 회의목적사항과 이에 관련된 사항에 관하여</u> 결의할 수 있다(대판 1993.10.12. 92다50799). ☞ 결정문에 기재된 목적사항 외에도 이와 관련된 사항에 관하여 결의할 수 있다.

[❺▸×] 비법인사단인 재건축조합이 총회소집통지를 함에 있어서 회의의 목적사항을 열거한 다음 '기타 사항'이라고 기재한 경우, 총회소집통지에는 회의의 목적사항을 기재토록 한 민법 제71조 등 법 규정의 입법취지에 비추어 볼 때, '<u>기타 사항</u>'이란 회의의 기본적인 목적사항과 관계가 되는 사항과 <u>일상적인 운영을 위하여 필요한 사항에 국한된다고 보아야 한다</u>(대판 1996.10.25. 95다56866). ☞ 따라서 기본적인 목적사항과 관계가 되는 사항 외에도 일상적인 운영을 위하여 필요한 사항에 대하여도 결의가 가능하다.

답 ❷

민사비송사건에 관한 다음 설명 중 가장 옳은 것은?

① 이해관계인은 임시이사의 선임을 신청할 수 있는데, 여기에 채권자는 포함되지 않는다.

② 법인과 이사의 이익이 상반되고, 그 이사 외에 대표권을 가지는 이사가 없는 경우에는 임시이사를 선임하여야 한다.

③ 권리능력 없는 사단이나 재단의 경우에도 법인의 임시이사 선임에 관한 민법 제63조가 유추적용될 수 있다.

④ 법원의 소집허가로 개최된 임시총회에서는 적법하게 개최된 이상 원칙적으로 소집허가결정과 소집 통지서에 목적사항으로 기재된 사항과 관련 없는 사항에 대하여도 결의할 수 있다.

⑤ 법원의 허가를 받아 임시총회를 소집한 경우에도 대표자는 여전히 대표권을 가지므로, 법원의 허가를 받아 소집한 임시총회의 기일과 같은 기일에 다른 임시총회를 소집할 수 있다.

[**❶** ▸ ✕] 임시이사의 선임을 신청할 수 있는 '이해관계인'이라 함은 임시이사가 선임되는 것에 관하여 법률상의 이해관계가 있는 자로서 그 법인의 다른 <u>이사, 사원 및 채권자 등을 포함한다</u>(대결[전합] 2009.11.19. 2008마699).

[**❷** ▸ ✕] 법인과 이사의 이익이 상반하는 사항에 관하여는 이사는 대표권이 없다. 이 경우에는 전조의 규정에 의하여 <u>특별대리인</u>을 선임하여야 한다(민법 제64조).

[**❸** ▸ ○] 민법 제63조는 법인의 조직과 활동에 관한 것으로서 법인격을 전제로 하는 조항이 아니고, 법인 아닌 사단이나 재단의 경우에도 이사가 없거나 결원이 생길 수 있으며, 통상의 절차에 따른 새로운 이사의 선임이 극히 곤란하고 종전 이사의 긴급처리권도 인정되지 아니하는 경우에는 사단이나 재단 또는 타인에게 손해가 생길 염려가 있을 수 있으므로, 민법 제63조는 법인 아닌 사단이나 재단에도 유추 적용할 수 있다(대결[전합] 2009.11.19. 2008마699).

[**❹** ▸ ✕] 법원의 소집허가에 의하여 개최된 종중 임시총회에서는 <u>법원의 소집허가결정 및 소집통지서에 기재된 회의목적사항과 이에 관련된 사항</u>에 관하여 결의할 수 있다(대판 1993.10.12. 92다50799).

[**❺** ▸ ✕] 종중 정관 규정에 따른 소수 대의원이 법원의 허가를 받아 임시총회를 소집한 경우 종중의 기관으로서 소집하는 것으로 보아야 할 것이고 종중의 대표자라도 위 소수의 대의원이 법원의 허가를 받아 소집한 임시총회의 기일과 같은 기일에 <u>다른 임시총회를 소집할 권한은 없게 된다고 보아야 한다</u>(대판 1993.10.12. 92다50799).

답 ❸

민법법인의 임시이사에 관한 다음 설명 중 가장 옳지 않은 것은?

① 임시이사선임결정에 대하여는 비송사건절차법에 의한 통상항고로써만 불복이 가능하며 일반 민사소송절차에서 이를 무효로 할 수 없다.

② 민법 제63조에 의하여 법원이 선임한 임시이사는 원칙적으로 새로운 정식이사를 선임할 수 있는 등 정식이사와 동일한 권리의무가 있다.

③ 법원은 임시이사선임결정을 한 뒤에 사정변경이 생겨 그 선임결정이 부당하다고 인정될 때에는 이를 취소 또는 변경할 수 있다.

④ 이사가 없거나 결원이 있는 경우에 이로 인하여 손해가 생길 염려가 있는 때에는 법원은 이해관계인의 청구에 의하여 임시이사를 선임할 수 있는데, 이때 이해관계인은 임시이사가 선임되는 것에 관하여 법률상 이해관계가 있는 자로서 그 법인의 다른 이사, 사원 및 채권자를 포함한다.

⑤ 이사의 임기만료·사임으로 인하여 법률 또는 정관에서 정한 이사의 원수를 채우지 못한 결과가 일어나는 경우 임기만료·사임한 이사는 후임자가 선임될 때까지 이사로서의 권리의무가 있으므로, 임시이사가 선임되더라도 그러한 권리의무는 소멸하지 않으나, 이사 전원의 임기만료·사임으로 인하여 법률 또는 정관에서 정한 이사의 원수를 채우지 못한 결과가 일어나는 경우에는 그러하지 아니하다.

....

[**❶ ▸ ○**] 임시이사선임결정에 대하여는 비송사건절차법에 의한 통상항고로써만 불복이 가능하며, 일반 민사소송절차에서 이를 무효로 할 수는 없다(대판 1976.10.26. 76다1771 참조).

[**❷ ▸ ○**] 민법상의 법인에 대하여 민법 제63조에 의하여 법원이 선임한 임시이사는 원칙적으로 정식이사와 동일한 권한을 가진다(대판 2013.6.13. 2012다40332).

[**❸ ▸ ○**] 민법 제63조에 의한 임시이사의 선임은 비송사건절차법의 규제를 받는 것인바, 법원은 임시이사 선임결정을 한 후에 사정변경이 생겨 그 선임결정이 부당하다고 인정될 때에는 이를 취소 또는 변경할 수 있다(대결 1992.7.3. 91마730).

[**❹ ▸ ○**] 이사가 없거나 결원이 있는 경우에 이로 인하여 손해가 생길 염려 있는 때에는 법원은 이해관계인이나 검사의 청구에 의하여 임시이사를 선임하여야 한다(민법 제63조). 임시이사의 선임을 신청할 수 있는 '이해관계인'이라 함은 임시이사가 선임되는 것에 관하여 법률상의 이해관계가 있는 자로서 그 법인의 다른 이사, 사원 및 채권자 등을 포함한다(대결[전합] 2009.11.19. 2008마699).

[**❺ ▸ ✕**] 사회복지법인 이사의 임기만료·사임으로 인하여 법률 또는 정관에서 정한 이사의 원수(최저인원수 또는 특정한 인원수)를 채우지 못한 결과가 일어나는 경우 임기만료·사임한 이사는 후임자가 선임될 때까지 이사로서의 권리의무가 있지만, <u>임시이사가 선임되면 그러한 권리의무는 소멸하며, 이는 이사 전원의 임기만료·사임으로 인하여 법률 또는 정관에서 정한 이사의 원수를 채우지 못한 결과가 일어나는 경우에도 같다</u>(상업등기선례 제2-138호).

탭 ❺

08

비송사건에 관한 다음 설명 중 가장 옳지 않은 것은?　　2022년 법무사시험 [문 41]

① 민법 제44조에 따른 재단법인의 정관 보충 사건은 법인설립자 사망 시의 주소지의 지방법원이 관할한다.
② 주금납입금의 보관자 또는 납입장소의 변경허가신청은 발기인 전원 또는 이사 전원이 공동으로 하여야 한다.
③ 주식의 액면 미달 발행의 인가신청에 대한 재판에 대하여는 즉시항고를 할 수 있으며, 즉시항고는 집행정지의 효력이 있다.
④ 법원은 상법 제176조에 따른 해산을 명하는 재판을 하기 전에 이해관계인의 진술과 검사의 의견을 들어야 한다.
⑤ 신탁법 제105조 제2항에 따라 검사인을 선임하고 신탁재산에서 검사인의 보수를 지급하는 재판을 하는 경우 법원은 위탁자의 의견을 들어야 한다.

....

[❶ ▸ ○]　민법 제44조에 따른 사건은 법인설립자 사망 시의 주소지의 지방법원이 관할한다(비송사건절차법 제32조 제1항).

[❷ ▸ ○]　비송사건절차법 제82조

> **비송사건절차법 제82조(납입금의 보관자 등의 변경 허가신청)**
> 상법 제306조(상법 제425조 제1항 및 제516조의9 제4항에서 준용하는 경우를 포함한다)에 따른 허가의 신청은 그 사유를 소명하고 발기인 또는 이사가 공동으로 하여야 한다.
>
> **상법 제306조(납입금의 보관자 등의 변경)**
> 납입금의 보관자 또는 납입장소를 변경할 때에는 법원의 허가를 얻어야 한다.

[❸ ▸ ○]　비송사건절차법 제86조 제4항, 제5항

> **비송사건절차법 제86조(주식의 액면 미달 발행의 인가신청 등)**
> ① 상법 제417조에 따른 주식의 액면 미달 발행의 인가신청은 서면으로 하여야 한다.
> ② 제1항에 따른 신청에 대한 재판은 이유를 붙인 결정으로써 하여야 한다.
> ④ 제2항에 따른 재판에 대하여는 즉시항고를 할 수 있다.
> ⑤ 제4항에 따른 항고는 집행정지의 효력이 있다.

[❹ ▸ ○]　법원은 (상법 제176조에 따른 해산을 명하는) 재판을 하기 전에 이해관계인의 진술과 검사의 의견을 들어야 한다(비송사건절차법 제90조 제2항).

[❺ ▸ ×]　비송사건절차법 제44조의18 제1항, 제2항

> **비송사건절차법 제44조의18(검사인의 보수)**
> ① 법원은 신탁법 제105조 제2항에 따라 검사인을 선임한 경우 신탁재산에서 검사인의 보수를 지급하게 할 수 있다.
> ② 제1항에 따라 검사인의 보수를 정하는 재판을 하는 경우 법원은 수탁자의 의견을 들어야 한다.

답 ❺

신탁에 관한 사건에 대한 다음 설명 중 가장 옳지 않은 것은? 2022년 법무사시험 [문 49]

① 신탁법 제88조 제3항에 따른 신탁변경의 재판에 대하여 위탁자, 수탁자 또는 수익자가 즉시항고를 할 수 있고, 이 경우 즉시항고는 집행정지의 효력이 있다.

② 수탁자의 임무가 종료되어 법원이 신탁재산관리인을 선임한 재판에 대하여는 불복신청을 할 수 없다.

③ 법원은 이해관계인의 청구에 의하여 신탁재산관리인을 해임할 수 있는데, 해임결정과 동시에 새로운 신탁재산관리인을 선임하여야 한다.

④ 위탁자가 집행의 면탈이나 그 밖의 부정한 목적으로 신탁을 설정한 경우에 이해관계인은 신탁재산이 있는 곳의 지방법원에 신탁의 종료를 청구하여야 한다.

⑤ 수탁자는 정당한 이유가 있는 경우 법원의 허가를 받아서 사임할 수 있는데, 수탁자가 사임허가를 신청한 경우 그 신청에 대한 재판에 대하여는 불복신청을 할 수 없다.

[**❶** ▶ ○] 비송사건절차법 제44조의14 제5항

> **비송사건절차법 제44조의14(신탁변경의 재판)**
> ① 신탁법 제88조 제3항에 따른 신탁변경의 재판은 서면으로 신청하여야 한다.
> ⑤ 제1항에 따른 신청에 대한 재판에 대하여는 위탁자, 수탁자 또는 수익자가 즉시항고를 할 수 있다. 이 경우 즉시항고는 집행정지의 효력이 있다.

[**❷** ▶ ○] 비송사건절차법 제44조 제1항, 제2항

> **비송사건절차법 제44조(신탁재산관리인 선임의 재판)**
> ① 다음 각 호의 어느 하나에 해당하는 재판을 하는 경우 법원은 이해관계인의 의견을 들을 수 있다.
>   1. 신탁법 제17조 제1항에 따른 신탁재산관리인 선임의 재판(수탁자의 임무가 종료되었음을 이유로 하는 재판만 해당한다)
>   2. 신탁법 제18조 제1항에 따른 필수적 신탁재산관리인 선임의 재판
>   3. 신탁법 제19조 제4항에 따른 새로운 신탁재산관리인 선임의 재판
> ② 제1항에 따른 재판에 대하여는 불복신청을 할 수 없다.

[**❸** ▶ ○] 신탁법 제19조 제3항, 제4항

> **신탁법 제19조(신탁재산관리인의 임무 종료)**
> ③ 법원은 이해관계인의 청구에 의하여 신탁재산관리인을 해임할 수 있다.
> ④ 법원은 제2항 또는 제3항의 결정을 함과 동시에 새로운 신탁재산관리인을 선임하여야 한다.

[**❹** ▶ ✕] 신탁법 제3조 제3항, 비송사건절차법 제39조 제1항

> **신탁법 제3조(신탁의 설정)**
> ① 신탁은 다음 각 호의 어느 하나에 해당하는 방법으로 설정할 수 있다. 다만, 수익자가 없는 특정의 목적을 위한 신탁(이하 "목적신탁"이라 한다)은 공익신탁법에 따른 공익신탁을 제외하고는 제3호의 방법으로 설정할 수 없다.
> 　1. 위탁자와 수탁자 간의 계약
> 　2. 위탁자의 유언
> 　3. 신탁의 목적, 신탁재산, 수익자(공익신탁법에 따른 공익신탁의 경우에는 제67조 제1항의 신탁관리인을 말한다) 등을 특정하고 자신을 수탁자로 정한 위탁자의 선언
> ③ 위탁자가 집행의 면탈이나 그 밖의 부정한 목적으로 제1항 제3호에 따라 신탁을 설정한 경우 이해관계인은 법원에 신탁의 종료를 청구할 수 있다.
>
> **비송사건절차법 제39조(관할법원)**
> ① 신탁법에 따른 사건(이하 "신탁사건"이라 한다)은 특별한 규정이 있는 경우를 제외하고는 <u>수탁자의 보통재판적이 있는 곳의 지방법원</u>이 관할한다.

[**❺** ▶ ○] 비송사건절차법 제41조 제1항·제2항, 신탁법 제14조 제2항

> **비송사건절차법 제41조(수탁자 사임허가의 재판)**
> ① 수탁자가 신탁법 제14조 제2항에 따른 사임허가의 재판을 신청하는 경우에는 그 사유를 소명하여야 한다.
>
> > **신탁법 제14조(수탁자의 사임에 의한 임무 종료)**
> > ① 수탁자는 신탁행위로 달리 정한 바가 없으면 수익자와 위탁자의 승낙 없이 사임할 수 없다.
> > ② 제1항에도 불구하고 수탁자는 정당한 이유가 있는 경우 법원의 허가를 받아 사임할 수 있다.
>
> ② 제1항에 따른 신청에 대한 재판에 대하여는 불복신청을 할 수 없다.

답 ❹

10
□□□　　**신탁에 관한 사건에 대한 다음 설명 중 가장 옳지 않은 것은?**　　2021년 법무사시험 [문 44]

① 신탁사건은 특별한 규정이 있는 경우를 제외하고는 수탁자의 보통재판적이 있는 곳의 지방법원이 관할한다.
② 부정한 목적으로 신탁선언에 의하여 설정된 신탁종료의 청구에 의한 재판을 하는 경우 법원은 수탁자의 의견을 들을 수 있고, 이에 따른 재판을 수탁자와 수익자에게 고지하여야 한다.
③ 수탁자가 그 임무에 위반된 행위를 하거나 그 밖에 중요한 사유가 있는 경우 위탁자나 수익자는 법원에 수탁자의 해임을 청구할 수 있고, 이 경우 법원은 수탁자를 심문하여야 한다.
④ 수탁자와 수익자 간의 이해가 상반되어 수탁사가 신탁사무를 수행하는 것이 적절하지 아니하다는 이유로 신탁법 제17조 제1항에 따라 신탁재산관리인을 선임하는 재판을 하는 경우 법원은 수익자와 수탁자의 의견을 들어야 한다.
⑤ 필수적 신탁재산관리인의 선임의 재판을 하는 경우 법원은 이해관계인의 의견을 들을 수 있다.

[**❶** ▸ ○] 신탁법에 따른 사건(이하 "신탁사건"이라 한다)은 특별한 규정이 있는 경우를 제외하고는 수탁자의 보통재판적이 있는 곳의 지방법원이 관할한다(비송사건절차법 제39조 제1항).

[**❷** ▸ ×] 비송사건절차법 제40조 제1항·제3항, 신탁법 제3조 제3항

> **비송사건절차법 제40조(부정한 목적으로 신탁선언에 의하여 설정된 신탁의 종료재판)**
> ① 신탁법 제3조 제3항에 따른 청구에 의한 재판을 하는 경우 법원은 수탁자의 <u>의견을 들어야 한다</u>.
> ③ 제1항에 따른 청구에 대한 재판은 수탁자와 수익자에게 고지하여야 한다.
>
> **신탁법 제3조(신탁의 설정)**
> ③ 위탁자가 집행의 면탈이나 그 밖의 부정한 목적으로 제1항 제3호에 따라 신탁을 설정한 경우 이해관계인은 법원에 신탁의 종료를 청구할 수 있다.

[**❸** ▸ ○] 비송사건절차법 제42조 제1항, 신탁법 제16조 제3항

> **비송사건절차법 제42조(수탁자 해임의 재판)**
> ① 신탁법 제16조 제3항에 따른 수탁자 해임 청구에 대한 재판을 하는 경우 법원은 수탁자를 심문하여야 한다.
>
> **신탁법 제16조(수탁자의 해임에 의한 임무종료)**
> ③ 수탁자가 그 임무에 위반된 행위를 하거나 그 밖에 중요한 사유가 있는 경우 위탁자나 수익자는 법원에 수탁자의 해임을 청구할 수 있다.

[**❹** ▸ ○] 비송사건절차법 제43조 제1항, 신탁법 제17조 제1항

> **비송사건절차법 제43조(신탁재산관리인 선임의 재판)**
> ① 수탁자와 수익자 간의 이해가 상반되어 수탁자가 신탁사무를 수행하는 것이 적절하지 아니하다는 이유로 신탁법 제17조 제항에 따라 신탁재산관리인을 선임하는 재판을 하는 경우 법원은 수익자와 수탁자의 의견을 들어야 한다.
>
> **신탁법 제17조(신탁재산관리인 선임 등의 처분)**
> ① 수탁자의 임무가 종료되거나 수탁자와 수익자 간의 이해가 상반되어 수탁자가 신탁사무를 수행하는 것이 적절하지 아니한 경우 법원은 이해관계인의 청구에 의하여 신탁재산관리인의 선임이나 그 밖의 필요한 처분을 명할 수 있다. 다른 수탁자가 있는 경우에도 또한 같다.

[**❺** ▸ ○] 비송사건절차법 제44조 제1항 제2호

> **비송사건절차법 제44조(신탁재산관리인 선임의 재판)**
> ① 다음 각 호의 어느 하나에 해당하는 재판을 하는 경우 법원은 <u>이해관계인의 의견을 들을 수 있다</u>.
>   1. 신탁법 제17조 제1항에 따른 신탁재산관리인 선임의 재판(수탁자의 임무가 종료되었음을 이유로 하는 재판만 해당한다)
>   2. <u>신탁법 제18조 제1항에 따른 필수적 신탁재산관리인 선임의 재판</u>
>   3. 신탁법 제19조 제4항에 따른 새로운 신탁재산관리인 선임의 재판

답 ❷

11
□□□ **재판상 대위에 관한 사건에 관한 다음 설명 중 가장 옳은 것은?** 2024년 법무사시험 [문 48]

① 채권자는 자기 채권의 기한 전에 채무자의 권리를 행사하지 아니하면 그 채권을 보전할 수 없는 경우에만 재판상의 대위를 신청할 수 있다.

② 재판상의 대위는 채무자의 보통재판적이 있는 곳의 지방법원이 관할하고, 대위신청은 서면으로 하여야 한다.

③ 심문은 공개하지 않고, 검사는 사건에 관하여 의견을 진술하거나 심문에 참여할 수 있다.

④ 대위의 신청을 각하한 재판에 대하여는 즉시항고를 할 수 있고, 항고의 기간은 채권자가 재판의 고지를 받은 날로부터 기산한다.

⑤ 대위의 신청을 허가한 재판은 직권으로 채무자에게 고지하여야 하고, 고지를 받은 채무자는 그 권리를 처분할 수 없으나 즉시항고를 할 수 있다.

⸺⸺⸺⸺⸺⸺⸺⸺⸺⸺⸺⸺⸺⸺⸺⸺⸺⸺⸺⸺⸺⸺⸺⸺⸺⸺⸺⸺⸺

[❶ ▸ ✕] 채권자는 자기 채권의 기한 전에 채무자의 권리를 행사하지 아니하면 <u>그 채권을 보전할 수 없거나 보전하는 데에 곤란이 생길 우려가 있을 때에는</u> 재판상의 대위(代位)를 신청할 수 있다(비송사건절차법 제45조).

[❷ ▸ ✕] 재판상의 대위는 채무자의 보통재판적이 있는 곳의 지방법원이 관할하고, 대위신청은 <u>서면 또는 말로 할 수 있다</u>(비송사건절차법 제8조·제46조, 민사소송법 제161조 제1항 참조).

> **비송사건절차법 제8조(신청 및 진술의 방법)**
> 신청 및 진술에 관하여는 「민사소송법」 제161조를 준용한다.
>
>> **민사소송법 제161조(신청 또는 진술의 방법)**
>> ① 신청, 그 밖의 진술은 특별한 규정이 없는 한 <u>서면 또는 말로 할 수 있다.</u>
>
> **비송사건절차법 제46조(관할법원)**
> 재판상의 대위는 채무자의 보통재판적이 있는 곳의 지방법원이 관할한다.

[❸ ▸ ✕] 이 장(재판상의 대위에 관한 사건)의 규정에 따른 절차에 관하여는 <u>제13조(심문의 비공개) 및 제15조(검사의 의견 진술 및 심문 참여)를 적용하지 아니한다</u>(비송사건설차법 제52조).

[❹ ▸ ✕] 비송사건절차법 제50조 제1항, 제3항

> **비송사건절차법 제50조(즉시항고)**
> ① 대위의 신청을 각하한 재판에 대하여는 즉시항고를 할 수 있다.
> ③ 제1항 및 제2항에 따른 항고의 기간은 <u>채무자가</u> 재판의 고지를 받은 날부터 기산(起算)한다.

[**❺** ▸ ○] 비송사건절차법 제49조 제1항·제2항, 제50조 제2항

> **비송사건절차법 제49조(재판의 고지)**
> ① 대위의 신청을 허가한 재판은 직권으로 채무자에게 고지하여야 한다.
> ② 제1항에 따른 고지를 받은 채무자는 그 권리를 처분할 수 없다.
>
> **비송사건절차법 제50조(즉시항고)**
> ② 대위의 신청을 허가한 재판에 대하여는 채무자가 즉시항고를 할 수 있다.

답 ❺

12
☐☐☐ 사채에 관한 사건과 재판상의 대위에 관한 사건의 비송사건절차법에 관한 다음 설명 중 가장 옳지 않은 것은? 2023년 법무사시험 [문 46]

① 사채권자집회의 소집자는 결의한 날로부터 1주간 내에 결의의 인가를 법원에 청구하여야 하는데, 위 결의 인가 사건은 사채를 발행한 회사의 본점 소재지의 지방법원 합의부가 관할한다.
② 사채관리회사의 사임 허가신청을 인용한 법원의 재판에 대하여는 즉시항고를 할 수 있다.
③ 재판상 대위는 채무자의 보통재판적이 있는 곳의 지방법원이 관할한다.
④ 법원은 재판상 대위의 신청이 이유 있다고 인정한 경우에는 담보를 제공하게 하거나 제공하게 하지 아니하고 허가할 수 있다.
⑤ 대위의 신청을 허가한 재판은 직권으로 채무자에게 고지하여야 한다.

....

[**❶** ▸ ○] 상법 제496조, 비송사건절차법 제109조

> **상법 제496조(결의의 인가의 청구)**
> 사채권자집회의 소집자는 결의한 날로부터 1주간 내에 결의의 인가를 법원에 청구하여야 한다.
>
> **비송사건절차법 제109조(관할법원)**
> 상법 제439조 제3항(그 준용규정을 포함한다), 제481조, 제482조, 제483조 제2항, 제491조 제3항, 제496조 및 제507조 제1항에 따른 사건은 사채를 발행한 회사의 본점 소재지의 지방법원 합의부가 관할한다.

[**❷** ▸ ×] 비송사건절차법 제110조 제1항, 제2항

> **비송사건절차법 제110조(사채모집의 수탁회사에 관한 재판)**
> ① 상법 제481조(사채관리회사의 사임)에 따른 허가신청, 같은 법 제482조에 따른 해임청구 또는 같은 법 제483조 제2항에 따른 선임청구에 대한 재판은 이해관계인의 의견을 들은 후 이유를 붙인 결정으로써 하여야 한다.
> ② 신청 및 청구를 인용한 재판에 대하여는 불복신청을 할 수 없다.
> ③ 신청 및 청구를 인용하지 아니한 재판에 대하여는 즉시항고를 할 수 있다.

[❸▸O]　재판상의 대위는 채무자의 보통재판적이 있는 곳의 지방법원이 관할한다(비송사건절차법 제46조).

[❹▸O]　법원은 대위의 신청이 이유 있다고 인정한 경우에는 담보를 제공하게 하거나 제공하게 하지 아니하고 허가할 수 있다(비송사건절차법 제48조).

[❺▸O]　대위의 신청을 허가한 재판은 직권으로 채무자에게 고지하여야 한다(비송사건절차법 제49조 제1항).

답 ❷

| 제4절 | 보존 · 공탁 · 보관 및 감정에 관한 사건 |

제3장 / 상사비송사건

제1절 회사와 경매에 관한 사건

13
□□□

상법 제366조 제2항에 따른 법원의 주주총회 소집허가에 관한 다음 설명 중 가장 옳지 않은 것은?   **2022년 법무사시험 [문 37]**

① 주식회사의 본점소재지의 지방법원 합의부가 관할한다.
② 소집허가의 신청은 서면 또는 구술로 하며, 이에 대하여 법원은 이유를 붙인 결정으로써 재판을 하여야 한다.
③ 법원이 주주총회 소집을 허가하면서 이해관계인의 청구나 직권으로 총회 의장을 선임할 수 있다.
④ 신청을 인용한 재판에 대하여는 불복신청을 할 수 없다.
⑤ 법원의 허가를 얻어 소집된 총회에서는 회사의 업무와 재산상태를 조사하게 하기 위하여 검사인을 선임할 수 있다.

....

[❶ ▸ O] 상법 제176조, 제306조, 제335조의5, 제366조(소수주주에 의한 소집청구) 제2항, 제374조 의2 제4항, 제386조 제2항, 제432조 제2항, 제443조 제1항 단서와 그 준용규정에 따른 사건 및 같은 법 제277조 제2항, 제298조, 제299조, 제299조의2, 제300조, 제310조 제1항, 제391조의3 제4항, 제417 조, 제422조, 제467조, 제582조, 제607조 제3항에 따른 사건은 <u>본점소재지의 지방법원 합의부가 관할한 다</u>(비송사건절차법 제72조 제1항).
[❷ ▸ ×] 비송사건절차법 제80조 제2항, 제81조 제1항

> **비송사건절차법 제80조(업무·재산상태의 검사 및 총회소집 허가의 신청)**
> ① 상법 제277조 제2항에 따른 검사의 허가를 신청하는 경우에는 검사를 필요로 하는 사유를 소명하고, 같은 법 제366조 제2항에 따른 총회 소집의 허가를 신청하는 경우에는 이사가 그 소집을 게을리한 사실을 소명하여야 한다.
> ② 제1항에 따른 신청은 <u>서면으로</u> 하여야 한다.
>
> **비송사건절차법 제81조(업무·재산상태의 검사 등의 신청에 대한 재판)**
> ① 제80조에 따른 신청에 대하여는 법원은 이유를 붙인 결정으로써 재판을 하여야 한다.

[**③** ▸ ○] [**⑤** ▸ ○] 상법 제366조 제2항, 제3항

> **상법 제366조(소수주주에 의한 소집청구)**
> ① 발행주식총수의 100분의 3 이상에 해당하는 주식을 가진 주주는 회의의 목적사항과 소집의 이유를 적은 서면 또는 전자문서를 이사회에 제출하여 임시총회의 소집을 청구할 수 있다.
> ② 제1항의 청구가 있은 후 지체 없이 총회소집의 절차를 밟지 아니한 때에는 청구한 주주는 법원의 허가를 받아 총회를 소집할 수 있다. 이 경우 주주총회의 의장은 법원이 이해관계인의 청구나 직권으로 선임할 수 있다.
> ③ 제1항 및 제2항의 규정에 의한 총회는 회사의 업무와 재산상태를 조사하게 하기 위하여 검사인을 선임할 수 있다.

[**④** ▸ ○] 신청을 인용한 재판에 대하여는 불복신청을 할 수 없다(비송사건절차법 제81조 제2항).

답 **❷**

14
□□□

상사비송사건에 관한 다음 설명 중 가장 옳지 않은 것은?　　2022년 법무사시험 [문 48]

① 주식회사설립 및 신주발행에서의 검사인의 선임신청은 서면으로 하여야 한다.
② 상법 제408조 제1항 단서에 따른 직무대행자의 상무 외 행위의 허가신청을 인용한 재판에 대하여는 즉시항고할 수 없다.
③ 회사의 해산명령 사건은 본점 소재지의 지방법원 합의부가 관할하고, 외국회사의 영업소폐쇄명령 사건은 외국회사 영업소 소재지의 지방법원이 관할한다.
④ 유한회사와 주식회사의 합병 인가신청은 합병을 할 회사의 이사와 감사가 공동으로 신청하여야 한다.
⑤ 청산인의 선임 또는 해임의 재판에 대하여는 불복신청을 할 수 없다.

....

[**❶** ▸ ○] 검사인의 선임신청은 서면으로 하여야 한다(비송사건절차법 제73조 제1항).
[**❷** ▸ ✕] 비송사건절차법 제85조 제2항

> **비송사건절차법 제85조(직무대행자의 상무 외 행위의 허가신청)**
> ① 상법 제408조 제1항 단서에 따른 상무(常務) 외 행위의 허가신청은 직무대행자가 하여야 한다.
> ② 신청을 인용한 재판에 대하여는 즉시항고를 할 수 있다. 이 경우 항고기간은 직무대행자가 재판의 고지를 받은 날부터 기산한다.

[**❸** ▸ ○] 비송사건절차법 제72조 제1항, 제3항

> **비송사건절차법 제72조(관할)**
> ① 상법 제176조(회사의 해산명령), 제306조, 제335조의5, 제366조 제2항, 제374조의2 제4항, 제386조 제2항, 제432조 제2항, 제443조 제1항 단서와 그 준용규정에 따른 사건 및 같은 법 제277조 제2항, 제298조, 제299조, 제299조의2, 제300조, 제310조 제1항, 제391조의3 제4항, 제417조, 제422조, 제467조, 제582조, 제607조 제3항에 따른 사건은 본점소재지의 지방법원 합의부가 관할한다.
> ③ 상법 제619조(영업소폐쇄명령)에 따른 사건은 폐쇄를 명하게 될 외국회사 영업소 소재지의 지방법원이 관할한다.

15
□□□   **회사의 비송사건절차에 관한 다음 설명 중 가장 옳지 않은 것은?**   2020년 법무사시험 [문 45]

① 법원이 검사인을 선임한 경우에는 회사로 하여금 검사인에게 보수를 지급하게 할 수 있다. 이 경우 그 보수액은 이사와 감사의 의견을 들어 법원이 정하고, 이 결정에 대하여 즉시항고할 수 있다.

② 종중 정관규정에 따른 소수 대의원이 법원의 허가를 받아 임시총회를 소집한 경우 종중의 기관으로서 소집하는 것으로 보아야 할 것이고, 종중의 대표자라도 위 소수 대의원이 법원의 허가를 받아 소집한 임시총회의 기일과 같은 기일에 다른 임시총회를 소집할 권한은 없게 된다고 보아야 한다.

③ 법률 또는 정관에 정한 이사의 원수를 결한 경우에 필요하다고 인정할 때에는 법원은 이사, 감사, 기타의 이해관계인의 청구에 의하여 일시이사의 직무를 행할 자를 선임하는 재판을 할 수 있고, 이 경우 법원은 이사와 감사의 진술을 들어야 한다. 한편 법원이 이사와 감사에게 진술할 기회를 부여한 이상 법원은 그 진술 중의 의견에 기속되지 않는다.

④ 주주는 영업시간 내에 이사회 의사록의 열람 또는 등사를 청구할 수 있고, 회사는 그 청구에 대하여 이유를 붙여 이를 거절할 수 있으며, 그 경우 주주는 법원의 허가를 얻어 이사회 의사록을 열람 또는 등사할 수 있는바, 이사회 의사록의 열람 등 허가사건은 비송사건이므로 민사소송의 방법으로 이사회 회의록의 열람 또는 등사를 청구하는 것은 허용되지 않는다.

⑤ 가처분에 의하여 대표이사 직무대행자로 선임된 자가 변호사에게 소송대리를 위임하고 그 보수계약을 체결하거나 그와 관련하여 반소제기를 위임하는 행위, 회사의 상대방 당사자의 변호인의 보수지급에 관한 약정은 상무 외 행위로서 그 행위를 하기 위하여는 법원의 허가를 받아야 하고, 그 허가신청은 직무대행자가 하여야 하며, 그 신청을 인용한 재판에 대하여는 즉시항고할 수 있고, 그에 따른 항고는 집행정지의 효력이 있다.

··

[**❶** ▸ O] 비송사건절차법 제77조, 제78조

> **비송사건절차법 제77조(검사인의 보수)**
> 법원은 상법 제298조, 제310조 제1항, 제422조 제1항 또는 제467조 제1항에 따라 검사인을 선임한 경우 회사로 하여금 검사인에게 보수를 지급하게 할 수 있다. 이 경우 그 보수액은 이사와 감사의 의견을 들어 법원이 정한다.
>
> **비송사건절차법 제78조(즉시항고)**
> 제76조 및 제77조에 따른 재판에 대하여는 즉시항고를 할 수 있다.

[**❷** ▸ O] 종중 정관규정에 따른 소수 대의원이 법원의 허가를 받아 임시총회를 소집한 경우 종중의 기관으로서 소집하는 것으로 보아야 할 것이고 종중의 대표자라도 위 소수의 대의원이 법원의 허가를 받아 소집한 임시총회의 기일과 같은 기일에 다른 임시총회를 소집할 권한은 없게 된다고 보아야 한다(대판 1993.10.12. 92다50799).

[**❸** ▸ ○]　비송사건절차법 제84조에 의하여 이사와 감사의 진술을 할 기회를 부여한 이상 법원은 그 진술 중의 의견에 기속됨이 없이, 그 의견과 다른 인선을 결정할 수도 있는 터이어서 이해관계를 달리하는 이사나 감사가 있는 경우 각 이해관계별로 빠짐없이 진술의 기회를 주지 않았다고 하여 그 사정이 재판의 결과에 영향을 주게 되는 것은 아니다(대결 2001.12.6. 2001그113).

상법 제386조(결원의 경우)
① 법률 또는 정관에 정한 이사의 원수를 결한 경우에는 임기의 만료 또는 사임으로 인하여 퇴임한 이사는 새로 선임된 이사가 취임할 때까지 이사의 권리의무가 있다.
② 제1항의 경우에 필요하다고 인정할 때에는 법원은 이사, 감사 기타의 이해관계인의 청구에 의하여 일시 이사의 직무를 행할 자를 선임할 수 있다. 이 경우에는 본점의 소재지에서 그 등기를 하여야 한다.

비송사건절차법 제84조(직무대행자 선임의 재판)
① 상법 제386조 제2항(상법 제415조에서 준용하는 경우를 포함한다)에 따른 직무대행자 선임에 관한 재판을 하는 경우 법원은 이사와 감사의 진술을 들어야 한다.

[**❹** ▸ ○]　상법 제391조의3 제3항, 제4항에 의하면 주주는 영업시간 내에 이사회 의사록의 열람 또는 등사를 청구할 수 있으나, 회사는 그 청구에 대하여 이유를 붙여 거절할 수 있고, 그 경우 주주는 법원의 허가를 얻어 이사회 의사록을 열람 또는 등사할 수 있는바, 상법 제391조의3 제4항의 규정에 의한 이사회 의사록의 열람 등 허가사건은 비송사건절차법 제72조 제1항에 규정된 비송사건이므로 민사소송의 방법으로 이사회 회의록의 열람 또는 등사를 청구하는 것은 허용되지 않는다(대판 2013.11.28. 2013다50367).

[**❺** ▸ ×]　가처분에 의하여 대표이사 직무대행자로 선임된 자가 <u>변호사에게 소송대리를 위임하고 그 보수계약을 체결하거나 그와 관련하여 반소제기를 위임하는 행위는 회사의 상무에 속하나, 회사의 상대방 당사자의 변호인의 보수지급에 관한 약정은 회사의 상무에 속한다고 볼 수 없으므로 법원의 허가를 받지 않는 한 효력이 없다</u>(대판 1989.9.12. 87다카2691).

비송사건절차법 제85조(직무대행자의 상무 외 행위의 허가신청)
① 상법 제408조 제1항 단서에 따른 상무(常務) 외 행위의 허가신청은 직무대행자가 하여야 한다.
② 신청을 인용한 재판에 대하여는 즉시항고를 할 수 있다. 이 경우 항고기간은 직무대행자가 재판의 고지를 받은 날부터 기산한다
③ 제2항에 따른 항고는 집행정지의 효력이 있다.

답 **❺**

상법 제386조 제2항에 따른 직무대행자선임신청사건 등에 관한 다음 설명 중 가장 옳지 않은 것은?
2020년 법무사시험 [문 40]

① 직무대행자선임사건은 회사의 본점소재지 지방법원 합의부가 관할한다.

② 직무대행자선임신청을 인용한 재판에 대하여는 즉시항고를 할 수 있다.

③ 직무대행자 선임에 관한 재판을 하는 경우 법원은 이사와 감사의 진술을 들어야 하며, 이유를 붙인 결정으로써 재판을 하여야 한다.

④ 직무대행자의 상무 외 행위의 허가신청을 인용한 재판에 대하여는 즉시항고를 할 수 있고, 이는 집행정지의 효력이 있다.

⑤ 직무대행자선임사건은 회사의 이사, 감사 기타의 이해관계인이 신청할 수 있고, 직무대행자의 상무 외 행위의 허가사건은 해당 직무대행자가 신청하여야 한다.

[**❶ ▸ ○**] 상법 제176조, 제306조, 제335조의5, 제366조 제2항, 제374조의2 제4항, 제386조 제2항, 제432조 제2항, 제443조 제1항 단서와 그 준용규정에 따른 사건 및 같은 법 제277조 제2항, 제298조, 제299조, 제299조의2, 제300조, 제310조 제1항, 제391조의3 제4항, 제417조, 제422조, 제467조, 제582조, 제607조 제3항에 따른 사건은 본점소재지의 지방법원 합의부가 관할한다(비송사건절차법 제72조 제1항).

[**❷ ▸ ✕**] 비송사건절차법 제84조 제2항은 "제1항의 경우에는 제81조를 준용한다"라고 규정하고, 제81조 제2항은 "신청을 인용한 재판에 대하여는 불복신청을 할 수 없다"라고 규정하고 있으므로, 이사, 감사직무대행자의 선임신청을 인용한 재판에 대하여는 즉시항고를 할 수 없고, 민사소송법 제449조 제1항의 특별항고만 허용될 뿐이라고 해석된다(대결 2020.2.7. 2019마6910).

[**❸ ▸ ○**] 비송사건절차법 제84조 제1항, 제81조 제1항

비송사건절차법 제81조(업무·재산상태의 검사 등의 신청에 대한 재판)

① 제80조에 따른 신청에 대하여는 법원은 이유를 붙인 결정으로써 재판을 하여야 한다.

비송사건절차법 제84조(직무대행자 선임의 재판)

① 상법 제386조 제2항(상법 제415조에서 준용하는 경우를 포함한다)에 따른 직무대행자 선임에 관한 재판을 하는 경우 법원은 이사와 감사의 진술을 들어야 한다.

② 제1항의 경우에는 제77조, 제78조 및 제81조를 준용한다.

[**❹ ▸ ○**] 직무집행 정지 직무대행자의 상무 외 행위의 허가신청을 각하한 재판에 대하여는 보통항고를(비송사건절차법 제20조), 신청을 인용한 재판에 대하여는 즉시항고를 할 수 있다(비송사건절차법 제85조 제2항). 그리고 즉시항고기간은 직무대행자가 재판의 고지를 받은 날로부터 기산하며, 이 즉시항고에는 집행정지의 효력이 있다(비송사건절차법 제85조 제2항, 제3항). 직무대행자가 일단 상무 외의 행위를 해버리면 불복이 의미가 없게 될 수 있기 때문이다. 제요 비송 참고로, 일시이사의 직무를 행할 자로 선임된 이사 직무대행(상법 제386조 제2항에 따른 직무대행자)의 권한은 통상의 이사와 다름이 없고, 직무집행정지가처분에 따른 직무대행자의 경우처럼 회사의 상무에 속한 것에 한한다는 제한을 받지 않는다(대결 1968.5.22. 68마119, 대판 1981.9.8. 80다2511).

[**❺ ▸ ○**] 상법 제386조 제2항의 직무대행자선임사건은 회사의 이사, 감사 기타의 이해관계인이 신청인이고(상법 제386조 제2항 참조), 상법 제408조 제1항 단서에 따른 직무집행 정지 직무대행자의 상무 외 행위의 허가사건은 직무대행자가 신청인이다(비송사건절차법 제85조 제1항 참조).

상법 제386조(결원의 경우)
① 법률 또는 정관에 정한 이사의 원수를 결한 경우에는 임기의 만료 또는 사임으로 인하여 퇴임한 이사는 새로 선임된 이사가 취임할 때까지 이사의 권리의무가 있다.
② 제1항의 경우에 필요하다고 인정할 때에는 법원은 이사, 감사 기타의 이해관계인의 청구에 의하여 일시 이사의 직무를 행할 자를 선임할 수 있다. 이 경우에는 본점의 소재지에서 그 등기를 하여야 한다.

비송사건절차법 제85조(직무대행자의 상무 외 행위의 허가신청)
① 상법 제408조 제1항 단서에 따른 상무(常務) 외 행위의 허가신청은 직무대행자가 하여야 한다.

답 ❷

---

17 상사 비송사건에 관한 다음 설명 중 가장 옳지 않은 것은? 2020년 법무사시험 [문 46]

① 주식의 액면미달발행의 인가신청은 서면으로 하여야 하고, 법원은 재판을 하기 전에 이사의 진술을 들어야 한다.
② 법원은 주식매도가액 및 주식매수가액 결정에 관한 재판을 하기 전에 주주와 매도청구인 또는 주주와 이사의 진술을 들어야 하고, 여러 건의 신청사건이 동시에 계속 중일 때에는 심문과 재판을 병합하여야 한다.
③ 신주의 발행무효로 인하여 신주의 주주가 받을 금액의 증감신청은 신주발행무효판결이 확정된 날부터 6개월 내에 하여야 하고, 심문은 위 기간이 경과한 후에만 할 수 있다. 그리고 위 재판은 총주주에 대하여 효력이 있다.
④ 이해관계인이 악의로 회사의 해산명령을 청구한 때 법원은 회사의 청구에 의하여 상당한 담보를 제공할 것을 이해관계인에게 명할 수 있다. 이 경우 법원은 직권으로 이해관계인의 청구가 악의라는 점에 관하여 필요하다고 인정하는 증거의 조사를 하여야 한다.
⑤ 유한회사와 주식회사의 합병인가신청은 합병할 회사의 이사와 감사가, 유한회사의 조직변경인가신청은 조직변경을 할 회사의 이사와 감사가 각각 공동으로 신청하여야 한다.

[❶ ▶ ○] 비송사건절차법 제86조 제1항·제3항

비송사건절차법 제86조(주식의 액면미달발행의 인가신청 등)
① 상법 제417조에 따른 주식의 액면미달발행의 인가신청은 서면으로 하여야 한다.
③ 법원은 재판을 하기 전에 이사의 진술을 들어야 한다.

[❷ ▶ ○] 비송사건절차법 제86조의2 제1항·제2항

비송사건절차법 제86조의2(주식매도가액 및 주식매수가액 결정의 재판)
① 법원은 상법 제335조의5 및 그 준용규정에 따른 주식매도가액의 결정 또는 같은 법 제374조의2 제4항 및 그 준용규정에 따른 주식매수가액의 결정에 관한 재판을 하기 전에 주주와 매도청구인 또는 주주와 이사의 진술을 들어야 한다.
② 여러 건의 신청사건이 동시에 계속(係屬) 중일 때에는 심문과 재판을 병합하여야 한다.

[**❸ ▸ O**]　비송사건절차법 제88조 제1항·제2항, 제89조 제1항

> **비송사건절차법 제88조(신주의 발행무효로 인하여 신주의 주주가 받을 금액의 증감신청)**
> ① 상법 제432조 제2항에 따른 신청은 신주발행무효판결이 확정된 날부터 6개월 내에 하여야 한다.
> ② 심문은 제1항에 따른 기간이 경과한 후에만 할 수 있다.
>
> **비송사건절차법 제89조(제88조의 신청에 대한 재판의 효력)**
> ① 제88조 제1항에 따른 신청에 대한 재판은 총주주(總株主)에 대하여 효력이 있다.

[**❹ ▸ ✕**]　상법 제176조 제3항·제4항

> **상법 제176조(회사의 해산명령)**
> ① 법원은 다음의 사유가 있는 경우에는 이해관계인이나 검사의 청구에 의하여 또는 직권으로 회사의 해산을 명할 수 있다.
> 　1. 회사의 설립목적이 불법한 것인 때
> 　2. 회사가 정당한 사유 없이 설립 후 1년 내에 영업을 개시하지 아니하거나 1년 이상 영업을 휴지하는 때
> 　3. 이사 또는 회사의 업무를 집행하는 사원이 법령 또는 정관에 위반하여 회사의 존속을 허용할 수 없는 행위를 한 때
> ③ 이해관계인이 제1항의 청구를 한 때에는 법원은 회사의 청구에 의하여 상당한 담보를 제공할 것을 명할 수 있다.
> ④ <u>회사가</u> 전항의 청구를 함에는 <u>이해관계인의 청구가 악의임을 소명하여야</u> 한다.

[**❺ ▸ O**]　비송사건절차법 제104조, 제105조

> **비송사건절차법 제104조(유한회사와 주식회사의 합병인가신청)**
> 상법 제600조 제1항(유한회사와 주식회사의 합병)에 따른 합병의 인가신청은 합병을 할 회사의 이사와 감사가 공동으로 신청하여야 한다.
>
> **비송사건절차법 제105조(유한회사의 조직변경인가신청)**
> 상법 제607조 제3항(유한회사의 주식회사로의 조직변경)에 따른 인가신청을 하는 경우에는 제104조를 준용한다.

답 ❹

18
□□□

사채권자집회사건에 관한 다음 설명 중 가장 옳지 않은 것은? 2019년 법무사시험 [문 40]

① 사채의 종류별로 해당 종류의 사채 총액(상환받은 액은 제외한다)의 1/10 이상에 해당하는 사채를 가진 사채권자는 법원의 허가를 받아 집회를 소집할 수 있다.
② 사채권자집회소집허가신청은 발행회사 본점소재지의 지방법원 관할에 속한다.
③ 사채권자집회의 소집자는 결의한 날로부터 2주간 내에 결의의 인가를 법원에 청구하여야 한다.
④ 사채권자집회의 결의인가·불인가결정에 대하여는 즉시항고로 불복할 수 있다.
⑤ 법원은 사채권자집회 결의인가청구절차에서 검사의 의견진술을 들을 필요는 없다.

⋯⋯

[❶ ▸ ○] 상법 제491조 제3항, 제366조 제2항

> **상법 제366조(소수주주에 의한 소집청구)**
> ② 제1항의 청구가 있은 후 지체 없이 총회소집의 절차를 밟지 아니한 때에는 청구한 <u>주주는 법원의 허가를 받아 총회를 소집할 수 있다.</u> 이 경우 주주총회의 의장은 법원이 이해관계인의 청구나 직권으로 선임할 수 있다.
>
> **상법 제491조(소집권자)**
> ② 사채의 종류별로 해당 종류의 사채 총액(상환받은 액은 제외한다)의 10분의 1 이상에 해당하는 사채를 가진 사채권자는 회의 목적인 사항과 소집 이유를 적은 서면 또는 전자문서를 사채를 발행한 회사 또는 사채관리회사에 제출하여 사채권자집회의 소집을 청구할 수 있다.
> ③ <u>제366조 제2항의 규정</u>은 전항의 경우에 준용한다.

[❷ ▸ ○] 상법 제439조 제3항(그 준용규정을 포함한다), 제481조, 제482조, 제483조 제2항, <u>제491조 제3항</u>, 제496조 및 제507조 제1항에 따른 사건은 사채를 발행한 회사의 본점소재지의 지방법원 합의부가 관할한다(비송사건절차법 제109조).

[❸ ▸ ✕] 사채권자집회의 소집자는 결의한 날로부터 <u>1주간 내에</u> 결의의 인가를 법원에 청구하여야 한다(상법 제496조).

[❹ ▸ ○] 비송사건절차법 제113조 제2항, 제78조

> **비송사건절차법 제78조(즉시항고)**
> 제76조 및 제77조에 따른 재판에 대하여는 즉시항고를 할 수 있다.
>
> **비송사건절차법 제113조(사채권자집회의 결의인가청구)**
> ① 상법 제496조에 따른 결의의 인가를 청구하는 경우에는 의사록(議事錄)을 제출하여야 한다.
> ② 제1항에 따른 청구가 있는 경우에는 제78조, 제85조 제3항 및 제110조 제1항을 준용한다.

PART 1 PART 2 PART 3 PART 4 PART 5 **PART 6** PART 7 PART 8

[❺ ▸ ○]   비송사건절차법 제116조, 제15조

> **비송사건절차법 제15조(검사의 의견진술 및 심문참여)**
> ① 검사는 사건에 관하여 의견을 진술하고 심문에 참여할 수 있다.
>
> **비송사건절차법 제116조(검사의 불참여)**
> 이 장(사채에 관한 사건)의 절차에 관하여는 제15조를 적용하지 아니한다.

답 ❸

제3절   **회사의 청산에 관한 사건**

19

☐☐☐   **회사의 청산에 관한 다음 설명 중 가장 옳은 것은?**   2025년 법무사시험 [문 37]

① 청산인 선임신청 기각결정에 대하여는 항고할 수 없다.
② 법원이 청산인을 선임하는 경우에 청산인을 누구로 선임할 것인가는 법원의 자유재량에 속한다.
③ 청산인 선임신청이 각하된 경우에는 이해관계인만 비송사건절차법 제20조 제2항에 따라 항고할 수 있다.
④ 법원이 회사로 하여금 청산인에게 보수를 지급하도록 결정한 경우에는 결정에 불복할 수 없다.
⑤ 청산인의 직무대행자는 법원의 허가를 얻더라도 회사의 상무 외 행위를 할 수 없다.

....

[❶ ▸ ×] [❷ ▸ ○]   비송사건절차법 제119조에서 불복신청을 금지하는 '청산인의 선임의 재판'은 법원의 청산인 선임결정만을 가리키고 법원의 청산인 선임신청 기각결정은 포함되지 않는다고 해석함이 타당하다. 따라서 <u>신청인은 비송사건절차법 제20조 제1항에 따라 청산인 선임신청 기각결정에 대하여 항고할 수 있다.</u> 그 이유는 다음과 같다. ㉠ 비송사건절차법 제20조 제1항은 재판으로 인하여 권리를 침해당한 자는 그 재판에 대하여 항고할 수 있다고 규정하여 그 권리를 침해당한 자의 항고를 일반적으로 허용하고 있다. 반면 비송사건절차법 제119조는 청산인의 선임의 재판에 대하여 불복신청을 할 수 없다고 규정하여 개별조항에서 '청산인 선임의 재판'에 대한 불복을 제한하고 있다. 이러한 입법 형식 아래에서 개별조항인 비송사건절차법 제119조가 불복을 제한하는 '청산인 선임의 재판'은 그 문언상 청산인 선임신청에 대한 기각결정까지 포함한다고 단정할 수 없다. ㉡ <u>청산인을 누구로 선임할 것인가는 법원의 자유재량에 속하므로,</u> 청산절차를 신속하게 진행할 수 있도록 하기 위하여 법원의 청산인 선임결정에 대하여는 불복신청을 제한할 필요가 있다. ㉢ 이와 달리 청산인 선임신청 기각결정에 대하여 불복을 허용하더라도 청산인 선임재판에 대한 불복제한 취지에 배치되지 않는다. 오히려 청산인 선임신청 기각결정에 대하여 항고를 금지하면 기각결정이 위법하더라도 그에 불복하여 위법을 시정할 수 있는 수단이 제한되어 해산된 회사의 청산절차 진행에 장애를 초래할 우려가 있다(대결 2022.6.9. 2022그538).

[**③** ▸ ✕]　신청에 의해서만 재판을 하여야 하는 경우에 신청을 각하한 재판에 대해서는 신청인만 항고할 수 있다(비송사건절차법 제20조 제2항). 그런데 법원의 청산인 선임재판은 법원이 직권으로 청산인을 선임할 수도 있으며, 신청에 의하여 재판을 하는 경우에도 신청인은 청산인의 선임에 관하여 이해관계를 가지는 자뿐만 아니라 검사도 있다(상법 제252조, 제542조 제1항 참조).

> **상법 제252조(법원선임에 의한 청산인)**
> 회사가 제227조 제3호 또는 제6호의 사유로 인하여 해산된 때에는 법원은 사원 기타의 이해관계인이나 검사의 청구에 의하여 또는 직권으로 청산인을 선임한다.
>
> **상법 제542조(준용규정)**
> ① 제245조, 제252조 내지 제255조, 제259조, 제260조와 제264조의 규정은 주식회사에 준용한다.

[**④** ▸ ✕]　법원이 법인의 청산인을 선임한 경우에 법인으로 하여금 보수를 지급하게 할 수 있으며, 그 액은 이사와 감사의 진술을 듣고 법원이 정한다. 보수결정에 대하여는 즉시항고할 수 있다(비송사건절차법 제37조, 제77조, 제78조).

[**⑤** ▸ ✕]　직무집행정지·대행자선임의 가처분에 의하여 선임된 이사직무대행자(또는 청산인인의 직무대행자)는 가처분명령에 다른 정함이 있는 경우 외에는 회사의 상무(常務)에 속하지 아니한 행위를 하지 못한다. 그러나 법원의 허가를 얻은 경우에는 그러하지 아니하다(상법 제408조 제1항, 제542조 제2항).

답 ②

20
☐☐☐

> **회사의 청산에 관한 사건에 관련된 다음 설명 중 가장 옳지 않은 것은?**
>
> 2019년 법무사시험 [문 49]

① 주식회사와 유한회사의 청산에 관한 사건은 회사의 본점소재지의 지방법원 합의부가 관할한다.
② 미성년자나 법원에서 해임된 청산인은 청산인으로 선임될 수 없다.
③ 감정인선임재판의 경우 검사는 사건에 관하여 의견을 진술하거나 심문에 참여할 수 없다.
④ 합명회사와 합자회사의 청산에 관한 사건은 회사의 본점소재지의 지방법원이 관할한다.
⑤ 청산인의 선임의 재판에 대하여는 불복신청을 할 수 있으나, 청산인의 해임의 재판에 대하여는 불복신청을 할 수 없다.

[**❶** ▸ ○] [**❹** ▸ ○]　비송사건절차법 제117조

> **비송사건절차법 제117조(관할법원)**
> ① 합명회사와 합자회사의 청산에 관한 사건은 회사의 본점소재지의 지방법원이 관할한다.
> ② 주식회사와 유한회사의 청산에 관한 사건은 회사의 본점소재지의 지방법원 합의부가 관할한다.

[❷ ▸ ○] 비송사건절차법 제121조 제1호·제4호

> **비송사건절차법 제121조(청산인의 결격사유)**
> 다음 각 호의 어느 하나에 해당하는 자는 청산인으로 선임될 수 없다.
> 1. 미성년자
> 2. 피성년후견인
> 3. 자격이 정지되거나 상실된 자
> 4. 법원에서 해임된 청산인
> 5. 파산선고를 받은 자

[❸ ▸ ○] 비송사건절차법 제125조, 제58조, 제15조

> **비송사건절차법 제15조(검사의 의견진술 및 심문참여)**
> ① 검사는 사건에 관하여 의견을 진술하고 심문에 참여할 수 있다.
>
> **비송사건절차법 제58조(검사의 불참여)**
> 이 장의 규정에 따른 절차에 관하여는 제15조를 적용하지 아니한다.
>
> **비송사건절차법 제125조(감정인 선임의 절차 및 재판)**
> 제124조에 따른 감정인의 선임 절차와 재판에 관하여는 제58조 및 제59조를 준용한다.

[❺ ▸ ×] 청산인의 선임 또는 해임의 재판에 대하여는 불복신청을 할 수 없다(비송사건절차법 제119조).

답 ❺

21

등기의무해태와 관련하여 과태사항 통지와 과태료사건의 재판에 관한 다음 설명 중 가장 옳지 않은 것은? **2024년 법무사시험 [문 41]**

① 본점소재지와 지점소재지의 관할 등기소가 동일하지 아니한 때에는 그 등기도 각각 신청하여야 하는 것이므로, 그 등기해태에 따른 과태료도 본점소재지와 지점소재지의 등기해태에 따라 각각 부과된다.

② 과태료 사건의 관할법원은 다른 법령에 특별한 규정이 있는 경우를 제외하고는 과태료에 처할 자인 회사 대표자 주소지의 지방법원이다.

③ 당사자의 진술을 듣고 한 과태료의 재판에 대하여는 즉시항고로써 불복을 신청할 수 있고, 이 경우 즉시항고에는 집행정지의 효력이 있다.

④ 등기해태에 대하여 신청인의 과실이 있는 경우에 그 위반행위에 정당한 사유가 있는 때에는 등기기간을 도과하였더라도 등기관은 과태사항을 통지할 수 없다.

⑤ 회사의 지배인에 관한 등기에 대하여는 과태사항 통지를 하지 않는다.

[**❶ ▶ O**] 본점소재지와 지점소재지의 관할 등기소가 동일하지 아니한 때에는 그 등기도 각각 신청하여야 하는 것이므로, 그 등기 해태에 따른 과태료도 본점소재지와 지점소재지의 등기 해태에 따라 각각 부과되는 것이다(대결 2009.4.23. 2009마120).

[**❷ ▶ O**] 과태료사건은 다른 법령에 특별한 규정이 있는 경우를 제외하고는 과태료를 부과받을 자의 주소지의 지방법원이 관할한다(비송사건절차법 제247조).

[**❸ ▶ O**] 비송사건절차법 제248조 제2항, 제3항

> **비송사건절차법 제248조(과태료재판의 절차)**
> ② 법원은 재판을 하기 전에 당사자의 진술을 듣고 검사의 의견을 구하여야 한다.
> ③ 당사자와 검사는 과태료재판에 대하여 즉시항고를 할 수 있다. 이 경우 항고는 집행정지의 효력이 있다.

[**❹ ▶ ×**] 등기의무자의 고의·과실 : 상업등기의 해태에 관하여 위반자의 고의·과실을 요건으로 하는지는 불분명하다(행정질서벌에 있어 원칙적으로 위반자의 고의·과실을 요하지 않는다는 대판 2000.5.26. 98두5972 참조). 그러나 형식적 심사권 밖에 없는 등기관은 등기해태에 대하여 고의·과실이 있는지 또는 그 위반행위에 정당한 사유가 있는지를 구분하지 않고 등기기간을 도과하였다면 과태사항을 통지하여야 한다고 본다. 상업 실무 1

[**❺** ▸ **O**] 등기예규 제1574호 제2조 제1항 [예시] (ㄱ)

> ❑ **등기예규 제1574호[상업등기 및 법인등기에 있어서의 과태사항 통지에 관한 예규]**
> **제2조(과태사항통지 요건)**
> ① 등기관은 등기신청을 할 의무 있는 자가 다음 각 호의 등기신청을 게을리하였음을 직무상 안 때에는 지체 없이 그 사건을 관할하는 지방법원 또는 지원에 과태사항통지를 하여야 한다. 다만, 관련 법령에 과태료 부과에 관한 근거규정(준용규정을 포함한다)이 없는 경우에는 그러하지 아니하다.
>   1. 「상법」 제2편 제4장의2의 등기신청의무(상법 제86조의9)
>   2. 「상법」 제3편에 정한 등기신청의무(상법 제635조 제1항 제1호)
>   3. 「민법」 제1편 제3장의 등기신청의무(민법 제97조 제1호)
>   4. 특별법상 등기신청의무(상법상 회사에 관한 규정 또는 민법상 법인에 관한 규정을 준용하는 경우를 포함한다)
> [예시]
> (ㄱ) 상법상 지배인의 등기를 해태한 것은 과태료 부과 대상이 아님
> (ㄴ) 주소변경등기신청에서 생략된 주소변동사항의 등기를 게을리한 것에 대해서는 각 변동일자를 기준으로 그 당시 법령에 따라 과태료통지를 하여야 함

답 ❹

22
□□□

비송사건절차법이 적용되는 과태료사건의 재판에 관한 다음 설명 중 가장 옳지 않은 것은?
2022년 법무사시험 [문 42]

① 이사가 임기의 만료나 사임에 의하여 퇴임함으로써 법률 또는 정관에서 정한 이사의 인원수를 채우지 못하게 되었음에도 그 선임절차를 게을리한 경우에는 법무부장관이 과태료를 부과·징수하고, 그 과태료재판에는 비송사건절차법이 적용된다.
② 약식절차에 의한 과태료재판에 당사자가 이의신청한 경우에 정식절차에 의한 과태료재판은 당사자가 불복한 한도 안에서 바꿀 수 있다.
③ 정식절차에 의한 과태료재판에 대하여 즉시항고를 하는 경우 집행정지의 효력이 있다.
④ 대표이사가 퇴임함으로써 법률 또는 정관 소정의 대표이사의 수를 채우지 못한 경우 퇴임한 대표이사에게 후임 대표이사가 취임할 때까지 대표이사로서의 권리의무가 있는 기간 동안에 후임 대표이사의 선임절차를 해태했다고 하여 퇴임한 대표이사를 과태료에 처할 수는 없다.
⑤ 확정된 과태료재판은 검사의 명령으로써 집행하고, 그 명령은 집행력 있는 집행권원과 같은 효력이 있다.

[**❶** ▸ ○] 상법 제637조의2 제1항·제3항, 제635조 제1항 제8호

> **상법 제637조의2(과태료의 부과·징수)**
> ① 제635조(제1항 제1호는 제외한다) 또는 제636조에 따른 과태료는 대통령령으로 정하는 바에 따라 법무
>   부장관이 부과·징수한다.
> ③ 제1항에 따른 과태료 처분을 받은 자가 제2항에 따라 이의를 제기한 때에는 법무부장관은 지체 없이
>   관할 법원에 그 사실을 통보하여야 하며, 그 통보를 받은 관할 법원은 비송사건절차법에 따른 과태료
>   재판을 한다.
>
> **상법 제635조(과태료에 처할 행위)**
> ① 회사의 발기인, 설립위원, 업무집행사원, 업무집행자, 이사, 집행임원, 감사, 감사위원회 위원, 외국회사
>   의 대표자, 검사인, 제298조 제3항·제299조의2·제310조 제3항 또는 제313조 제2항의 공증인, 제299
>   조의2·제310조 제3항 또는 제422조 제1항의 감정인, 지배인, 청산인, 명의개서대리인, 사채모집을
>   위탁받은 회사와 그 사무계자 또는 제386조 제2항·제407조 제1항·제415조·제542조 제2항 또는
>   제567조의 직무대행자가 다음 각 호의 어느 하나에 해당하는 행위를 한 경우에는 500만원 이하의
>   과태료를 부과한다. 다만, 그 행위에 대하여 형(刑)을 과(科)할 때에는 그러하지 아니하다.
>   8. 법률 또는 정관에서 정한 이사 또는 감사의 인원수를 궐(闕)한 경우에 그 선임절차를 게을리한 경우

[**❷** ▸ ×] 당사자 또는 검사의 이의신청에 의하여 약식재판은 그 효력을 잃으므로(비송사건절차법 제250조 제3항, 질서위반행위규제법 제50조 제1항) <u>정식절차에서는 약식재판의 내용에 기속되지 아니한다.</u> 약식결정에 대한 이의신청의 남발을 막고, 당사자에게 불의타를 입히는 것을 방지하기 위해 약식결정문을 작성하면서 상용구로 "과태료결정에 대하여 이의신청을 제기하여 정식절차에 의한 과태료 재판을 받는 경우 불이익변경금지의 원칙이 적용되지 않기 때문에 과태료 금액이 증액될 수 있습니다"라는 문구를 추가로 기재하는 실무례도 있다.

[**❸** ▸ ○] 당사자와 검사는 과태료재판에 대하여 즉시항고를 할 수 있다. 이 경우 항고는 집행정지의 효력이 있다(비송사건절차법 제248조 제3항).

[**❹** ▸ ○] 상법 제635조 제1항 제8호는 '법률 또는 정관에 정한 이사 또는 감사의 원수를 궐한 경우에 그 선임절차를 해태한 때'에 그 선임을 위한 총회소집절차를 밟아야 할 지위에 있는 자에 대하여 과태료의 제재를 가하고 있지만, 여기서 선임의 대상이 되는 '이사'에 '대표이사'는 포함되지 아니하므로, 대표이사가 퇴임하여 법률 또는 정관에 정한 대표이사의 수를 채우지 못하여 퇴임한 대표이사에게 후임 대표이사가 취임할 때까지 대표이사로서의 권리의무가 있는 기간 동안에 후임 대표이사의 선임절차를 해태하였다고 하여 퇴임한 대표이사를 과태료에 처할 수는 없다(대결 2007.6.19. 2007마311).

[**❺** ▸ ○] 과태료재판은 검사의 명령으로써 집행한다. 이 경우 그 명령은 집행력 있는 집행권원과 같은 효력이 있다(비송사건절차법 제249조 제1항).

답 **❷**

23
□□□

등기의무해태와 관련하여 과태사항통지와 과태료사건의 재판에 관한 다음 설명 중 가장 옳지 않은 것은?

2021년 법무사시험 [문 46]

① 등기해태에 대하여 신청인의 고의·과실이 있는지 또는 그 위반행위에 정당한 사유가 있는지를 구분하지 않고 등기기간을 도과하였다면 등기관은 과태사항을 통지하여야 한다.

② 이사가 임기의 만료나 사임에 의하여 퇴임함으로써 법률 또는 정관에 정한 이사의 원수를 채우지 못하게 되는 경우 그 이사의 퇴임등기를 하여야 하는 등기기간은 후임이사의 취임일로부터 기산하고, 후임이사의 취임이 없다면 퇴임한 이사의 퇴임등기만을 따로 신청할 수 없다.

③ 당사자와 검사는 과태료의 재판에 대하여는 즉시항고할 수 있고, 이 경우 즉시항고에는 집행정지의 효력이 있다.

④ 회사의 지배인에 관한 등기에 대하여는 과태사항통지를 하지 않는다.

⑤ 과태료사건의 관할법원은 다른 법령에 특별한 규정이 있는 경우를 제외하고는 과태료에 처할 회사의 본점소재지의 지방법원이다.

· ·

[❶ ▶ O] 상업등기 해태에 위반자의 고의·과실을 요건으로 하는지는 불분명하다(행정질서벌에 있어 원칙적으로 위반자의 고의·과실은 요하지 않는다는 대판 2000.5.26. 98두5972 참조). 그러나 형식적 심사권 밖에 없는 등기관은 등기해태에 대하여 신청인의 고의·과실이 있는지 또는 그 위반행위에 정당한 사유가 있는지를 구분하지 않고 등기기간을 도과하였다면 과태사항을 통지하여야 한다고 본다.

상업 실무 1

[❷ ▶ O] 대표이사를 포함한 이사가 임기의 만료나 사임에 의하여 퇴임함으로 말미암아 법률 또는 정관에 정한 대표이사나 이사의 원수(최저인원수 또는 특정한 인원수)를 채우지 못하게 되는 결과가 일어나는 경우에, 그 퇴임한 이사는 새로 선임된 이사(후임이사)가 취임할 때까지 이사로서의 권리의무가 있는 것인바(상법 제386조 제1항, 제389조 제3항), 이러한 경우에는 이사의 퇴임등기를 하여야 하는 2주 또는 3주의 기간은 일반의 경우처럼 퇴임한 이사의 퇴임일부터 기산하는 것이 아니라 후임이사의 취임일부터 기산한다고 보아야 하며, 후임이사가 취임하기 전에는 퇴임한 이사의 퇴임등기만을 따로 신청할 수 없다고 봄이 상당하다(대결[전합] 2005.3.8. 2004마800).

[❸ ▶ O] 당사자와 검사는 과태료재판에 대하여 즉시항고를 할 수 있다. 이 경우 항고는 집행정지의 효력이 있다(비송사건절차법 제248조 제3항).

416 PART 6 상업등기법 및 비송사건절차법

[**❹** ▸ ○] 등기예규 제1574호 제2조 제1항

> ❏ **등기예규 제1574호[상업등기 및 법인등기에 있어서의 과태사항통지에 관한 예규]**
>
> **제2조(과태사항통지요건)**
> ① 등기관은 등기신청을 할 의무 있는 자가 다음 각 호의 등기신청을 게을리하였음을 직무상 안 때에는 지체 없이 그 사건을 관할하는 지방법원 또는 지원에 과태사항통지를 하여야 한다. 다만, 관련 법령에 과태료 부과에 관한 근거규정(준용규정을 포함한다)이 없는 경우에는 그러하지 아니하다.
>   1. 상법 제2편 제4장의2의 등기신청의무(상법 제86조의9)
>   2. 상법 제3편에 정한 등기신청의무(상법 제635조 제1항 제1호)
>   3. 민법 제1편 제3장의 등기신청의무(민법 제97조 제1호)
>   4. 특별법상 등기신청의무(상법상 회사에 관한 규정 또는 민법상 법인에 관한 규정을 준용하는 경우를 포함한다)
> [예시]
> (ㄱ) 상법상 지배인의 등기를 해태한 것은 과태료 부과 대상이 아님.
> (ㄴ) 주소변경등기신청에서 생략된 주소변동사항의 등기를 게을리한 것에 대해서는 각 변동일자를 기준으로 그 당시 법령에 따라 과태료통지를 하여야 함.

[**❺** ▸ ×] 과태료사건은 다른 법령에 특별한 규정이 있는 경우를 제외하고는 <u>과태료를 부과받을 자의 주소지의 지방법원</u>이 관할한다(비송사건절차법 제247조). 등기해태와 관련하여 상법은 제635조 제1항에 의하여 과태료에 처할 자를 규정하고 있는바, 과태료 부과의 측면에서 등기를 신청해야 할 의무가 부과되어 있는 자는 회사가 아니라 상법 제635조 제1항에 규정된 업무집행사원, 이사, 외국회사의 대표자 등이 된다. 상업 실무 1 따라서 업무집행사원, 이사 및 외국회사 대표자의 주소지의 지방법원이 관할한다.

답 **❺**

두려워 하지 마라.

- 제리 로이스터 -

9.88%

*2025년 법무사 1차 합격률

CBT 모의고사로 최종 합격 **점검!**

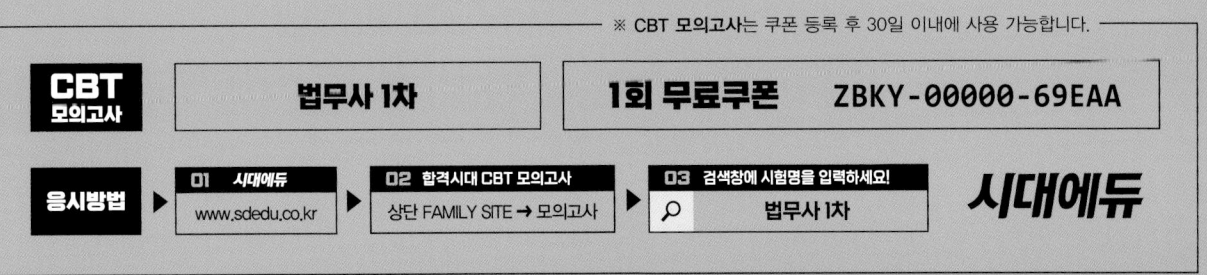

CBT 모의고사	**법무사 1차**	**1회 무료쿠폰**	ZBKY-00000-69EAA

| **응시방법** | ▶ | **01 시대에듀**
www.sdedu.co.kr | ▶ | **02 합격시대 CBT 모의고사**
상단 FAMILY SITE → 모의고사 | ▶ | **03 검색창에 시험명을 입력하세요!**
🔍 법무사 1차 | **시대에듀** |

법무사

5개년 기출문제해설 | 1차시험 전과목

[3권] 민사집행법 + 상업등기법 및 비송사건절차법

법무사 1차시험 대비 시리즈

1 헌법 + 상법
2 민법 + 가족관계의 등록 등에 관한 법률
3 민사집행법 + 상업등기법 및 비송사건절차법
4 부동산등기법 + 공탁법
5 5개년 기출문제해설
6 전과목 주요 최신판례 한권으로 끝내기

시대에듀

발행일 2025년 12월 5일 | **발행인** 박영일 | **책임편집** 이해욱
편저 시대법학연구소 | **발행처** (주)시대고시기획
등록번호 제10-1521호 | **대표전화** 1600-3600 | **팩스** (02)701-8823
주소 서울시 마포구 큰우물로 75 [도화동 538 성지B/D] 9F
학습문의 www.sdedu.co.kr

평균 99.9% 안심도서

객관식
진도별

2026 개정판

법무사

5개년 기출문제해설
1차시험 전과목

편저 | 시대법학연구소

[4권] 부동산등기법 + 공탁법

2026년 제32회 법무사시험 대비!
2025~2021년 기출문제+상세해설!
최신 법령 · 예규 · 판례 · 선례 및 실무제요 반영!

온라인 동영상 강의
www.sdedu.co.kr

CBT 모의고사
1회 무료쿠폰 제공

시대에듀

법무사

5개년 기출문제해설
1차시험 전과목

[4권] 부동산등기법 + 공탁법

시대에듀

PART 7 부동산등기법

PART 8 공탁법

PART

07

부동산등기법

제1장 총칙

제1절 부동산등기제도 일반

01
☐☐☐

다음 중 부기로 하는 등기는 모두 몇 개인가?

> ㄱ. 소유권 외의 권리를 목적으로 하는 권리에 관한 등기
> ㄴ. 소유권에 대한 처분제한 등기
> ㄷ. 등기상 이해관계 있는 제3자의 승낙이 없는 경우의 권리의 변경등기
> ㄹ. 신탁등기
> ㅁ. 가등기에 의한 본등기
> ㅂ. 일부 등기사항이 말소된 경우의 말소회복등기

① 1개 　　　　　　　　　② 2개
③ 3개 　　　　　　　　　④ 4개
⑤ 5개

[ㄱ ▶ ○] 부동산등기법 제52조 제3호
[ㄴ ▶ ✕] 소유권 외의 권리에 대한 처분제한 등기는 부기로 하나(부동산등기법 제52조 제4호), 소유권에 대한 처분제한 등기는 <u>주등기</u>로 하여야 한다.
[ㄷ ▶ ✕] 부동산등기법 제52조 단서

> **부동산등기법 제52조(부기로 하는 등기)**
> 등기관이 다음 각 호의 등기를 할 때에는 부기로 하여야 한다. 다만, <u>제5호의 등기는 등기상 이해관계</u>
> <u>있는 제3자의 승낙이 없는 경우에는 그러하지 아니하다.</u>
> 　1. 등기명의인표시의 변경이나 경정의 등기

2. 소유권 외의 권리의 이전등기
3. 소유권 외의 권리를 목적으로 하는 권리에 관한 등기
4. 소유권 외의 권리에 대한 처분제한 등기
5. 권리의 변경이나 경정의 등기
6. 제53조의 환매특약등기
7. 제54조의 권리소멸약정등기
8. 제67조 제1항 후단의 공유물 분할금지의 약정등기
9. 그 밖에 대법원규칙으로 정하는 등기

[ㄹ▸✕] 신탁을 원인으로 한 소유권이전등기와 함께 신탁등기를 할 때에는 <u>주등기</u>로 한다.
[ㅁ▸✕] 가등기에 의한 본등기(本登記)를 한 경우 본등기의 순위는 가등기의 순위에 따른다(부동산등기법 제91조). 따라서 소유권이전청구권가등기에 의한 본등기는 주등기로 한다.
[ㅂ▸O] 법 제59조의 말소된 등기에 대한 회복 신청을 받아 등기관이 등기를 회복할 때에는 회복의 등기를 한 후 다시 말소된 등기와 같은 등기를 하여야 한다. 다만, 등기 전체가 아닌 일부 등기사항만 말소된 것일 때에는 부기에 의하여 말소된 등기사항만 다시 등기한다(부동산등기규칙 제118조).

답 ❷

제2절   등기사항(등기의 대상)

02
☐☐☐

등기할 수 있는 물건에 관한 다음 설명 중 가장 옳지 않은 것은?   2025년 법무사시험 [문 26]

① 도로법상 도로부지나 하천법상 하천은 사권행사의 제한을 받지만 소유권이전과 지상권설정이 가능하므로 그 범위 내에서는 등기능력이 있다.

② 건축법상 건축물에 대하여 소유권보존등기를 신청한 경우 등기관은 그 건축물이 토지에 견고하게 정착되어 있는지, 지붕 및 주벽 또는 그에 유사한 설비를 갖추고 있는지, 일정한 용도로 계속 사용할 수 있는 것인지 여부를 당사자가 제공한 건축물대장정보 등에 의하여 종합적으로 심사하여야 한다.

③ 개방형 축사는 축사의 부동산등기에 관한 특례법상 정하는 ㉠ 토지에 견고하게 정착되어 있을 것, ㉡ 소를 사육할 용도로 계속 사용할 수 있을 것, ㉢ 지붕과 견고한 구조를 갖출 것, ㉣ 건축물대장에 축사로 등록되어 있을 것, ㉤ 연면적이 100제곱미터를 초과할 것의 요건을 모두 갖춘 경우 건물등기부에 등기할 수 있도록 하고 있다.

④ 해수면 위에서 호텔 또는 상가로 사용할 목적으로 선박을 개조하고 해저 지면에 설치한 다수의 'H 빔' 형식의 기둥에 고정시켰더라도 부동산인 토지에 견고하게 정착한 건물로 인정될 수 없으므로 소유권보존등기를 할 수 없다.

⑤ 집합건물의 공용부분 중 구조적・물리적 공용부분(복도, 계단 등)은 전유부분으로 등기할 수 없으나, 공용부분이라 하더라도 아파트 관리사무소, 노인정 등과 같이 독립된 건물로서의 요건을 갖춘 경우에는 독립하여 등기할 수 있다.

[**❶** ▸ ✕] 도로법상 도로부지나 하천법상 하천은 사권행사의 제한을 받지만 소유권과 저당권, 권리질권의 각 보존, 이전, 설정, 변경, 처분의 제한, 소멸에 관한 등기가 가능하다. 그러나 <u>지상권 등기는 할 수 없다</u>(도로법 제4조, 하천법 제4조, 등기예규 제1387호 3. 가., 4.참조).

□ **등기예규 제1387호[하천법 제4조 제2항에 따른 등기할 사항의 범위 등에 관한 업무처리지침]**

3. 등기를 할 수 있는 경우
  가. 하천법상의 하천에 대한 등기는 다음 각 호의 1에 해당하는 권리의 설정, 보존, 이전, 변경, 처분의 제한 또는 소멸에 대하여 이를 할 수 있다.
    1) 소유권
    2) 저당권
    3) 권리질권
  나. 가등기는 위 가.의 각 호의 1에 해당하는 권리의 설정, 이전, 변경 또는 소멸의 청구권을 보전하려 할 때에 이를 할 수 있다.
4. 등기를 할 수 없는 경우
  <u>지상권·지역권·전세권 또는 임차권에 대한 권리의 설정, 이전 또는 변경의 등기</u>는 하천법상의 하천에 대하여는 이를 할 수 없다.

[**❷** ▸ ○] 건축법상 건축물에 관하여 건물로서 소유권보존등기를 신청한 경우, 등기관은 그 건축물이 토지에 견고하게 정착되어 있는지(정착성), 지붕 및 주벽 또는 그에 유사한 설비를 갖추고 있는지(외기분단성), 일정한 용도로 계속 사용할 수 있는 것인지(용도성) 여부를 당사자가 신청서에 첨부한 건축물대장 등본 등에 의하여 종합적으로 심사하여야 한다(등기예규 제1086호 1. 가.).

[**❸** ▸ ○] 축사의 부동산등기에 관한 특례법 제3조

축사의 부동산등기에 관한 특례법 제3조(등기 요건)
다음 각 호의 요건을 모두 갖춘 개방형 축사는 건물로 본다.
1. 토지에 견고하게 정착되어 있을 것
2. 소를 사육할 용도로 계속 사용할 수 있을 것
3. 지붕과 견고한 구조를 갖출 것
4. 건축물대장에 축사로 등록되어 있을 것
5. 연면적이 100제곱미터를 초과할 것

[**❹** ▸ ○] 건물로서 소유권보존등기의 대상이 되기 위해서는 그 건축물이 등기능력이 있는 토지에 견고하게 정착되어 있어야 하고, 지붕 및 주벽 또는 그에 유사한 설비를 갖추고 있고, 일정한 용도로 계속 사용할 수 있어야 한다. 따라서 해수면 위에서 호텔 또는 상가로 사용할 목적으로 선박을 개조하고 해저 지면에 설치한 다수의 'H 빔' 형식의 기둥에 고정시켰더라도 이는 부동산인 토지에 견고하게 정착한 건물로 인정될 수 없으므로 소유권보존등기를 할 수 없다(등기선례 제200901-1호).

[**❺** ▸ ○] 집합건물의 공용부분 중 구조적, 물리적으로 공용부분인 것(복도, 계단 등)은 전유부분으로 등기할 수 없다. 그러나 집합건물의 공용부분이라 하더라도 아파트 관리사무소, 노인정 등과 같이 독립된 건물로서의 요건을 갖춘 경우에는 독립하여 건물로서 등기할 수 있고, 이 경우 등기관은 공용부분인 취지의 등기를 한다(등기예규 제1086호 2.).

답 **❶**

① 1동의 건물이 여러 개의 건물부분으로 이용상 구분된 구분점포가 구분소유의 목적이 되기 위해서는 그 용도가 건축법상 판매시설 또는 운수시설이고 경계표지와 건물번호표지가 견고하게 설치되어 있어야 하며, 바닥면적의 합계가 1천제곱미터 이상일 것을 요한다.

② 개방형 축사가 건물로 인정되기 위하여는 토지에 견고하게 정착되어 있고, 소를 사육할 용도로 계속 사용할 수 있어야 하며, 또한 지붕과 견고한 구조를 갖추고, 건축물대장에 축사로 등록되어 있어야 하며, 연면적이 100제곱미터를 초과하는 요건을 갖추어야 한다.

③ 구분소유권의 객체로서 적합한 물리적 요건을 갖추지 못한 건물의 일부는 그에 관한 구분소유권이 성립할 수 없는 것이어서, 건축물관리대장상 독립한 별개의 구분건물로 등재되고 등기기록에도 구분소유권의 목적으로 등기되어 있어 이러한 등기에 기초하여 경매절차가 진행되어 매각허가를 받고 매수대금을 납부하였다 하더라도, 그 등기는 그 자체로 무효이므로 매수인은 소유권을 취득할 수 없다.

④ 부동산이 아닌 공유수면을 구획지어 이에 대한 소유권이전등기를 구하는 것은 부동산등기법상 허용될 수 없다.

⑤ 건물의 구조상 구분소유자의 공용으로 된 건물부분에 대하여는 현행 부동산등기법상 등기능력을 인정할 수 없다.

....

[❶ ▸ ✕] 소규모 집합건물의 이용 편의를 증진하기 위하여 구분점포의 성립에 요구되는 <u>합계 1천제곱미터 이상의 바닥면적 요건을 삭제하였다.</u>

집합건물의 소유 및 관리에 관한 법률 제1조의2(상가건물의 구분소유)
① 1동의 건물이 다음 각 호에 해당하는 방식으로 여러 개의 건물부분으로 이용상 구분된 경우에 그 건물부분(이하 "구분점포"라 한다)은 이 법에서 정하는 바에 따라 각각 소유권의 목적으로 할 수 있다.
  1. 구분점포의 용도가 건축법 제2조 제2항 제7호의 판매시설 및 같은 항 제8호의 운수시설일 것
  2. 삭제 〈2020.2.4.〉
  3. 경계를 명확하게 알아볼 수 있는 표지를 바닥에 견고하게 설치할 것
  4. 구분점포별로 부여된 건물번호표지를 견고하게 붙일 것

[❷ ▸ ○] 축사의 부동산등기에 관한 특례법 제3조

축사의 부동산등기에 관한 특례법 제3조(등기 요건)
다음 각 호의 요건을 모두 갖춘 개방형 축사는 건물로 본다.
  1. 토지에 견고하게 정착되어 있을 것
  2. 소를 사육할 용도로 계속 사용할 수 있을 것
  3. 지붕과 견고한 구조를 갖출 것
  4. 건축물대장에 축사로 등록되어 있을 것
  5. 연면적이 100제곱미터를 초과할 것

[❸ ▸ ○] 구분소유권이 객체로서 적합한 물리적 요건을 갖추지 못한 건물의 일부는 그에 관한 구분소유권이 성립할 수 없는 것이어서, 건축물관리대장상 독립한 별개의 구분건물로 등재되고 등기부상에도 구분소유권의 목적으로 등기되어 있어 이러한 등기에 기초하여 경매절차가 진행되어 매각허가를 받고 매수대금을 납부하였다 하더라도, 그 등기는 그 자체로 무효이므로 매수인은 소유권을 취득할 수 없다(대결 2010.1.14. 2009마1449).

[**④ ▸ O**] 공유수면을 구획지어 소유권보존등기신청을 하거나 굴착한 토굴에 관하여 소유권보존등기신청을 할 경우 등기관은 그 등기신청을 각하하여야 한다. 방조제(제방)는 토지대장에 등록한 후(지적법 제5조의 규정에 의하여 제방으로 등록) 그 대장등본을 첨부하여 토지로서 소유권보존등기를 신청할 수 있다(등기예규 제1086호 3.).

[**⑤ ▸ O**] 집합건물의 공용부분 중 구조적, 물리적으로 공용부분인 것(복도, 계단 등)은 전유부분으로 등기할 수 없다(등기예규 제1086호 2. 가.).

답 ❶

04 다음 중 부동산등기법상 등기할 수 있는 권리만을 옳게 열거한 것은?
2022년 법무사시험 [문 11]

① 채권담보권, 부동산환매권
② 부동산질권, 채권담보권
③ 분묘기지권, 부동산유치권
④ 부동산유치권, 부동산환매권
⑤ 부동산질권, 분묘기지권

[**❶ ▸ O**] [**❷ ▸ ✕**] [**❸ ▸ ✕**] [**❹ ▸ ✕**] [**❺ ▸ ✕**] 현행법상 등기할 수 있는 권리는 부동산물권이다. 따라서 소유권, 지상권, 지역권, 전세권, 저당권 등은 등기할 수 있는 물권이다. 그러나 부동산 물권 중 점유권, 유치권, 민법 제302조의 특수지역권이나 관습법상의 물권인 분묘기지권은 절차법상 근거규정이 없으므로 등기능력이 없다. 반면에 저당권에 의하여 담보된 채권을 질권 또는 채권담보권의 목적으로 하는 경우 질권 또는 채권담보권의 효력을 저당권에도 미치게 하기 위한 때에는 부동산물권은 아니지만 권리질권이나 <u>채권담보권</u>(부동산등기법 제3조 제7호)에도 등기능력이 인정된다. 또한 부동산임차권과 <u>부동산환매권</u>(민법 제592조, 부동산등기법 제53조)도 물권은 아니지만 제3자에 대한 대항력을 공시하기 위하여 법률규정에 의하여 등기능력이 인정되고 있다.

> **부동산등기법 제3조(등기할 수 있는 권리 등)**
> 등기는 부동산의 표시(表示)와 다음 각 호의 어느 하나에 해당하는 권리의 보존, 이전, 설정, 변경, 처분의 제한 또는 소멸에 대하여 한다.
>   1. 소유권
>   2. 지상권
>   3. 지역권
>   4. 전세권
>   5. 저당권
>   6. 권리질권
>   7. <u>채권담보권</u>
>   8. 임차권

답 ❶

제3절 · 등기의 유효요건과 효력

05

☐☐☐

등기의 효력에 관한 다음 설명 중 가장 옳지 않은 것은? 　2024년 법무사시험 [문 10]

① 지적공부가 멸실된 토지를 제외하고 지적공부에 등록되어 있지 않은 토지는 존재하지 않거나 특정되지 아니한 것으로서 그 소유권보존등기는 효력이 없다.

② 구분소유권의 객체로서 적합한 물리적 요건을 갖추지 못한 건물 부분이 건축물관리대장상 독립한 별개의 구분건물로 등재되고 등기부상에도 구분소유권의 목적으로 등기되어 있어 이러한 등기에 기초하여 경매절차가 진행되어 매각허가를 받고 매수대금을 납부하였다 하더라도, 그 상태만으로는 그 등기는 효력이 없으므로 매수인이 소유권을 취득할 수 없는 것이 원칙이다.

③ 환지에 대한 등기로서의 효력이 존속하는 것은 환지처분공고 당시 종전토지 위에 있는 등기에 한하고 그 공고 이후 환지등기 이전에 이루어진 종전토지에 관한 등기는 환지에 대한 등기로서의 효력이 없다.

④ 채권자가 채무자와 사이에 근저당권설정계약을 체결하였으나 그 계약에 기한 근저당권설정등기가 채권자가 아닌 제3자의 명의로 마쳐지고 그 후 다시 채권자가 위 근저당권설정등기에 대한 부기등기의 방법으로 위 근저당권을 이전받았다고 하더라도 위 근저당권설정등기는 실체관계에 부합하는 유효한 등기로 볼 수 없다.

⑤ 본등기금지가처분등기의 촉탁에 따라 등기관이 가등기에 의한 본등기를 금지한다는 취지의 가처분을 한 경우 이 등기는 아무런 효력이 없다.

[**❶** ▸ O]　국가는 지적법이 정하는 바에 의하여 모든 토지를 필지마다 지번, 지목, 경계 또는 좌표와 면적을 정하여 지적공부에 등록하여야 하는바, 토지는 특별한 사정이 없는 한 위와 같이 지적공부의 등록으로써 특정되므로 지적공부에 등록되지 않은 토지(지적공부 멸실로 인한 미복구된 토지는 제외)는 토지로서 존재하지 않거나 특정되지 않은 것으로서 그와 같은 토지에 관한 소유권보존등기는 등기로써 아무런 효력이 없는 것이라고 할 것이므로, 등기명의인은 어느 토지가 토지조사령에 의한 토지조사부 및 그 이후부터 현재까지의 지적공부에 등록된 사실이 없다는 지적공부 소관청의 확인서면과 등기명의인의 인감증명을 첨부하여 당해 토지에 관한 멸실등기의 신청을 할 수 있다(등기선례 제5-505호).

[**❷** ▸ O]　1동의 건물의 일부분이 구분소유권의 객체가 될 수 있으려면 그 부분이 이용상은 물론 구조상으로도 다른 부분과 구분되는 독립성이 있어야 한다. 이러한 구분소유권의 객체로서 적합한 물리적 요건을 갖추지 못한 건물의 일부는 그에 관한 구분소유권이 성립할 수 없다. 그와 같은 건물 부분이 건축물관리대장상 독립한 별개의 구분건물로 등재되고 등기부상에도 구분소유권의 목적으로 등기되어 있어 이러한 등기에 기초하여 경매절차가 진행되어 매각허가를 받고 매수대금을 납부하였다 하더라도, 그 상태만으로는 그 등기는 효력이 없으므로 매수인은 소유권을 취득할 수 없다(대판 2018.3.27. 2015다3471).

[**❸** ▸ O]　환지처분의 효과로서 환지는 그 환지처분의 공고한 날의 익일부터 이를 종전의 토지로 보게 되므로 종전의 토지소유자는 환지등기가 없어도 그날부터 종전토지에 대한 소유권을 상실함과 동시에 새로 부여된 환지의 소유권을 취득하는 것이고 따라서 환지에 대한 등기로서의 효력이 존속하는 것은 환지처분공고당시 종전토지 위에 있는 등기에 한하고 그 공고 이후 환지등기 이전에 이루어진 종전토지에 관한 등기는 환지에 대한 등기로서의 효력이 없다(대판 1983.12.27. 81다1039).

[**❹** ▸ ×]　등기가 실체적 권리관계에 부합한다고 하는 것은 그 등기절차에 어떤 하자가 있더라도 진실한 권리관계와 합치되는 것을 의미하는바, 채권자가 채무자와 사이에 근저당권설정계약을 체결하였으나 그 계약에 기한 근저당권설정등기가 채권자가 아닌 제3자의 명의로 경료되고 그 후 다시 채권자가 위 근저당권설정등기에 대한 부기등기의 방법으로 위 근저당권을 이전받았다면 특별한 사정이 없는 한 그때부터 위 근저당권설정등기는 실체관계에 부합하는 유효한 등기로 볼 수 있다(대판 2007.1.11. 2006다50055).

[**❺** ▸ O]　가등기에 터잡아 본등기를 하는 것은 그 가등기에 기하여 순위보전된권리의 취득(권리의 증대 내지 부가)이지 가등기상의 권리 자체의 처분(권리의 감소 내지 소멸)이라고는 볼 수 없으므로 가등기에 기한 본등기를 금지한다는 취지의 가처분은 부동산등기법 제2조에 규정된 등기할 사항에 해당하지 아니하고, 그러한 본등기금지가처분이 잘못으로 기입등기되었다 하더라도 그 기재사항은 아무런 효력을 발생할 수 없으므로, 가처분권자는 이러한 무효한가처분결정의 기입등기로써 부동산의 적법한 전득자에게 대항할 수 없다(대판 1992.9.25. 92다21258).

답 **❹**

다음 중 물권변동의 시기와 관련하여 성질이 다른 하나는?　　2023년 법무사시험 [문 16]

① 공유물분할의 소에서 공유부동산의 특정한 일부씩을 각각의 공유자에게 귀속시키는 것으로 현물분할하는 내용의 조정이 성립한 경우의 물권변동
② 공익사업에 필요한 토지를 수용한 경우 사업시행자의 부동산 소유권 취득
③ 경매절차에서 매각대금을 완납한 매수인의 소유권 취득
④ 피상속인의 사망으로 인한 상속인의 상속부동산에 대한 소유권 취득
⑤ 구 농지개혁법에 따라 농지를 분배받은 농가가 농지대가의 상환을 완료하고 분배농지에 대한 소유권을 취득하는 경우

....

[❶ ▸ 등기O]　공유물분할의 소송절차 또는 조정절차에서 공유자 사이에 공유토지에 관한 현물분할의 협의가 성립하여 그 합의사항을 조서에 기재함으로써 조정이 성립하였다고 하더라도, 그와 같은 사정만으로 재판에 의한 공유물분할의 경우와 마찬가지로 그 즉시 공유관계가 소멸하고 각 공유자에게 그 협의에 따른 새로운 법률관계가 창설되는 것은 아니고, 공유자들이 협의한 바에 따라 토지의 분필절차를 마친 후 각 단독소유로 하기로 한 부분에 관하여 다른 공유자의 공유지분을 이전받아 <u>등기를 마침으로써 비로소 그 부분에 대한 대세적 권리로서의 소유권을 취득하게 된다고 보아야 한다</u>(대판[전합] 2013.11.21. 2011두1917).

[❷ ▸ 등기×] [❸ ▸ 등기×] [❹ ▸ 등기×]　<u>상속, 공용징수, 판결, 경매</u> 기타 법률의 규정에 의한 부동산에 관한 물권의 취득은 <u>등기를 요하지 아니한다.</u> 그러나 등기를 하지 아니하면 이를 처분하지 못한다(민법 제187조).

[❺ ▸ 등기×]　농지대가의 상환을 완료한 수분배자는 구 농지개혁법에 의하여 등기 없이도 완전히 그 분배농지에 관한 소유권을 취득하게 되는 것이고, 구 농지법 부칙 제3조의 규정도 '농지대가 상환 또는 등기 등'이라고 하지 아니하고 '농지대가 상환 및 등기 등'이라고 규정함으로써 농지대가 상환 및 등기가 모두 종료되지 아니한 경우에 관하여 정하고 있는 것이라고 해석되므로, 농지대가 상환을 완료하여 구 농지개혁법에 의하여 등기 없이 완전한 소유권을 취득한 자가 농지법 시행일부터 3년 내에 등기를 마치지 아니하였다고 하여 그 소유권을 상실한다고는 볼 수 없다(대판 2007.10.11. 2007다43856).

답 ❶

제2장 / 등기기관과 그 설비

제1절 | 등기소 · 등기관

07
☐☐☐

상속 · 유증 사건의 관할에 관한 특례에 대한 다음 설명 중 가장 옳지 않은 것은?

2025년 법무사시험 [문 9]

① 상속 또는 유증으로 인한 등기신청의 경우에는 부동산의 관할 등기소가 아닌 등기소도 그 신청에 따른 등기사무를 담당할 수 있다.

② 관공서가 체납처분으로 인한 압류등기나 수용으로 인한 소유권이전등기에 따른 등기를 촉탁하면서 상속인을 갈음하여 상속등기를 촉탁하는 경우에는 부동산의 관할 등기소가 아닌 등기소는 그 신청에 따른 등기사무를 담당할 수 없다.

③ 유증을 원인으로 한 소유권이전등기는 포괄유증이든 특정유증이든 모두 상속등기를 거치지 않고 유증자로부터 직접 수증자 명의로 등기를 신청하여야 하나, 유증을 원인으로 한 소유권이전등기 전에 상속등기가 이미 마쳐진 경우에는 상속등기를 말소하지 않고 상속인으로부터 수증자에게로 유증을 원인으로 한 소유권이전등기를 신청할 수 있고 이는 부동산의 관할 등기소가 아닌 등기소에도 그 신청을 할 수 있다.

④ 상속재산 협의분할에 따라 상속등기를 마친 후에 그 협의를 해제하고 이를 원인으로 상속등기의 경정등기를 신청하는 경우에는 다시 새로운 협의분할을 한 경우를 제외하고는 부동산의 관할 등기소가 아닌 등기소도 그 신청에 따른 등기사무를 담당할 수 있다.

⑤ 채권자가 민법상 채권자대위권 규정에 따라 상속을 원인으로 한 소유권이전등기를 대위신청하는 경우에는 부동산의 관할 등기소가 아닌 등기소에도 그 신청을 할 수 있다.

···

[**❶** ▸ ○] 제7조에도 불구하고 상속 또는 유증으로 인한 등기신청의 경우에는 부동산의 관할 등기소가 아닌 등기소도 그 신청에 따른 등기사무를 담당할 수 있다(부동산등기법 제7조의3 제1항).

[**❷** ▸ ○] 관공서가 체납처분으로 인한 압류등기를 촉탁하거나 수용으로 인한 소유권이전등기를 촉탁하면서 상속인을 갈음하여 상속으로 인한 소유권이전등기 또는 상속재산 협의분할 등을 원인으로 한 상속등기의 경정 · 말소등기를 함께 촉탁하는 경우에는 법 제7조의3 제1항을 적용하지 아니한다(등기예규 제1795호 제2조 제5항). 따라서, 이 경우 부동산의 관할 등기소가 아닌 등기소는 그 신청에 따른 등기사무를 담당할 수 없다.

[**❸** ▸ ○] 등기예규 제1795호 제2조 제3항 제1호, 제2호

[**❹** ▸ ✕] 등기예규 제1795호 제2조 제2항 제2호

☐ **등기예규 제1795호[상속 · 유증 사건의 신청 및 처리에 관한 업무처리지침]**

제2조(관할에 관한 특례 적용 유형 및 신청 등)

② 상속으로 인한 소유권이전등기가 마쳐진 후 다음 각 호에 해당하는 경우에는 법 제7조의3 제1항 및 규칙 제164조에 따라 부동산의 관할 등기소가 아닌 등기소에도 각 호의 사유를 원인으로 상속등기의 경정·말소등기를 신청할 수 있다.

1. 법정상속분에 따라 상속등기를 마친 후에 상속재산 협의분할(조정분할·심판분할을 포함한다)등이 있어 이를 원인으로 상속등기의 경정등기를 신청하는 경우
2. 상속재산 협의분할에 따라 상속등기를 마친 후에 그 협의를 해제(다시 새로운 협의분할을 한 경우를 포함한다)하고 이를 원인으로 상속등기의 경정등기를 신청하는 경우
3. 상속포기신고를 수리하는 심판 또는 상속재산 협의분할계약을 취소하는 재판 등이 있어 상속등기의 경정등기를 신청하는 경우
4. 상속등기를 마친 후 위 제1호부터 제3호까지의 어느 하나의 원인으로 상속인 전부가 교체될 때에는 상속등기의 경정등기를 신청할 수 없으므로 해당 부동산을 취득한 상속인이 단독으로 상속등기를 신청하기 위하여 기존 상속등기의 말소등기를 공동으로 신청하는 경우

③ 포괄유증 또는 특정유증으로 인한 소유권이전등기를 신청하는 경우에는 다음 각 호의 방법으로 법 제7조의3 제1항 및 규칙 제164조에 따라 부동산의 관할 등기소가 아닌 등기소에도 그 신청을 할 수 있다.

1. 유증을 원인으로 한 소유권이전등기는 포괄유증이든 특정유증이든 모두 상속등기를 거치지 않고 유증자로부터 직접 수증자 명의로 등기를 신청하여야 한다.
2. 제1호에도 불구하고 유증을 원인으로 한 소유권이전등기 전에 상속등기가 이미 마쳐진 경우에는 상속등기를 말소하지 않고 상속인으로부터 수증자에게로 유증을 원인으로 한 소유권이전등기를 신청할 수 있다.

[**❺** ▸ ○] 채권자가 법 제28조(채권자대위권에 의한 등기신청)에 따라 제1항부터 제3항까지의 등기를 대위신청하는 경우에는 법 제7조의3 제1항 및 규칙 제164조에 따라 부동산의 관할 등기소가 아닌 등기소에도 그 신청을 할 수 있다(등기예규 제1795호 제2조 제4항).

답 ❹

등기소의 관할에 관한 다음 설명 중 가장 옳지 않은 것은?

① 등기사무는 부동산의 소재지를 관할하는 지방법원, 그 지원 또는 등기소(이하 '등기소'라 한다)에서 담당하는 것이 원칙이나, 대법원장은 어느 등기소의 관할에 속하는 사무를 다른 등기소에 위임하게 할 수 있다.

② 건물의 소유권보존등기 시에 그 소재 토지가 여러 등기소의 관할에 걸치는 경우나 이미 등기되어 있는 건물이 부속건물의 신축에 의하여 여러 등기소의 관할에 걸치는 경우에는 관할 등기소의 지정을 신청하여야 한다.

③ 관할 등기소의 지정신청서는 해당 부동산의 소재지를 관할하는 등기소 중 어느 등기소에라도 제출할 수 있으며, 각 등기소를 관할하는 상급법원의 장이 관할 등기소를 지정한다.

④ 관할을 위반하여 등기할 경우 부동산등기법 제29조 제1호에 의해 각하하여야 하고, 등기를 마친 후 등기관이 발견하였을 경우에는 부동산등기법 제58조에 의해 직권말소 대상이 된다.

⑤ 관할의 변경은 행정구역의 변경이나 등기소의 신설, 폐지 등으로 인하여 어느 부동산의 소재지가 다른 등기소의 관할로 바뀌었을 때 발생하는 것이므로 상급법원의 장의 결정 없이도 종전의 관할 등기소는 전산정보처리조직을 이용하여 그 부동산에 관한 등기기록의 처리권한을 다른 등기소로 넘겨주는 조치를 하여야 한다.

···

[❶ ▶ ○] 부동산등기법 제7조 제1항, 제8조

> **부동산등기법 제7조(관할 등기소)**
> ① 등기사무는 부동산의 소재지를 관할하는 지방법원, 그 지원(支院) 또는 등기소(이하 "등기소"라 한다)에서 담당한다.
>
> **부동산등기법 제8조(관할의 위임)**
> 대법원장은 어느 등기소의 관할에 속하는 사무를 다른 등기소에 위임하게 할 수 있다.

[❷ ▶ ×] 1개의 부동산이 여러 등기소의 관할구역에 걸쳐 있을 때에는 그 부동산에 대한 최초의 등기신청을 하고자 하는 자의 신청에 의하여 각 등기소를 관할하는 상급법원의 장으로부터 관할의 지정을 받은 등기소만이 관할권을 갖는다(부동산등기법 제7조 제2항, 부동산등기규칙 제5조). … 1개의 부동산이 여러 등기소의 관할구역에 걸쳐 있을 때라 함은, 주로 (i) 건물의 보존등기 시에 그 소재 토지가 여러 등기소의 관할에 걸치는 경우 (ii) 구분건물에 있어서 단지를 구성하는 여러 동의 건물 중 일부 건물의 대지가 다른 등기소의 관할에 속하는 경우(부동산등기규칙 제5조 제7항)를 말한다. <u>이미 등기되어 있는 건물이 증축 또는 부속건물의 신축에 의하여 여러 등기소 관할구역에 걸치게 되는 경우에는 관할의 지정절차를 거칠 필요 없이 종전 건물의 등기소에 관할권이 있다고 보는 것이 간명할 것이다.</u>

부등 실무 1

> **부동산등기법 제7조(관할 등기소)**
> ② 부동산이 여러 등기소의 관할구역에 걸쳐 있을 때에는 대법원규칙으로 정하는 바에 따라 각 등기소를 관할하는 상급법원의 장이 관할 등기소를 지정한다.
>
> **부동산등기규칙 제5조(관할 등기소의 지정)**
> ① 부동산이 여러 등기소의 관할구역에 걸쳐 있는 경우 그 부동산에 대한 최초의 등기신청을 하고자 하는 자는 각 등기소를 관할하는 상급법원의 장에게 관할 등기소의 지정을 신청하여야 한다.
> ⑦ 단지를 구성하는 여러 동의 건물 중 일부 건물의 대지가 다른 등기소의 관할에 속하는 경우에는 제1항부터 제6항까지의 규정을 준용한다.

[❸ ▶ ○] 부동산등기규칙 제5조 제2항, 제3항

> **부동산등기규칙 제5조(관할 등기소의 지정)**
> ② 제1항의 신청은 해당 부동산의 소재지를 관할하는 등기소 중 어느 한 등기소에 신청서를 제출하는 방법으로 한다.
> ③ 제2항에 따른 신청서를 받은 등기소는 그 신청서를 지체 없이 상급법원의 장에게 송부하여야 하고, 상급법원의 장은 부동산의 소재지를 관할하는 등기소 중 어느 한 등기소를 관할 등기소로 지정하여야 한다.

[❹ ▶ ○] 부동산등기법 제29조 제1호, 제58조 제1항·제4항

> **부동산등기법 제29조(신청의 각하)**
> 등기관은 다음 각 호의 어느 하나에 해당하는 경우에만 이유를 적은 결정으로 신청을 각하(却下)하여야 한다. 다만, 신청의 잘못된 부분이 보정(補正)될 수 있는 경우로서 신청인이 등기관이 보정을 명한 날의 다음 날까지 그 잘못된 부분을 보정하였을 때에는 그러하지 아니하다.
>   1. 사건이 그 등기소의 관할이 아닌 경우
>
> **부동산등기법 제58조(직권에 의한 등기의 말소)**
> ① 등기관이 등기를 마친 후 그 등기가 제29조 제1호 또는 제2호에 해당된 것임을 발견하였을 때에는 등기권리자, 등기의무자와 등기상 이해관계 있는 제3자에게 1개월 이내의 기간을 정하여 그 기간에 이의를 진술하지 아니하면 등기를 말소한다는 뜻을 통지하여야 한다.
> ④ 등기관은 제1항의 기간 이내에 이의를 진술한 자가 없거나 이의를 각하한 경우에는 제1항의 등기를 직권으로 말소하여야 한다.

[❺ ▶ ○] 어느 부동산의 소재지가 다른 등기소의 관할로 바뀌었을 때에는 종전의 관할 등기소는 전산정보처리조직을 이용하여 그 부동산에 관한 등기기록의 처리권한을 다른 등기소로 넘겨주는 조치를 하여야 한다(부동산등기법 제9조).

답 ❷

 제1항 등기기록의 편성 및 장부의 보존과 관리

09 등기부와 등기기록에 관한 다음 설명 중 가장 옳지 않은 것은? 2023년 법무사시험 [문 12]

① 등기부란 1필의 토지 또는 1개의 건물에 관한 등기정보자료를 의미한다.
② 1동의 건물을 구분한 건물에 있어서는 1동의 건물에 속하는 전부에 대하여 1개의 등기기록을 사용한다.
③ 등기기록상 토지의 표시가 지적공부와 일치하지 아니한 경우 지적소관청은 그 사실을 관할 등기관서에 통지하여야 하고, 통지를 받은 등기관은 등기명의인으로부터 일정한 기간 내에 등기신청이 없을 때에는 통지서의 기재내용에 따른 변경등기를 직권으로 하여야 한다.
④ 건물의 등기기록 표제부에는 건물의 종류, 구조와 면적 등을 기록하되, 부속건물이 있는 경우에는 부속건물의 종류, 구조와 면적도 함께 기록한다.
⑤ 등기부가 아닌 신청서나 그 밖의 부속서류는 법원의 명령 또는 촉탁이 있거나 법관이 발부한 영장에 의하여 압수하는 경우에 등기소 밖으로 옮길 수 있다.

[❶ ▸ ✕] 부동산등기법 제2조 제1호, 제3호

> **부동산등기법 제2조(정의)**
> 이 법에서 사용하는 용어의 뜻은 다음과 같다.
> 1. "등기부"란 전산정보처리조직에 의하여 입력·처리된 <u>등기정보자료를 대법원규칙으로 정하는 바에 따라 편성한 것</u>을 말한다.
> 3. "등기기록"이란 <u>1필의 토지 또는 1개의 건물에 관한 등기정보자료</u>를 말한다.

[❷ ▸ ○] 등기부를 편성할 때에는 1필의 토지 또는 1개의 건물에 대하여 1개의 등기기록을 둔다. 다만, 1동의 건물을 구분한 건물에 있어서는 1동의 건물에 속하는 전부에 대하여 1개의 등기기록을 사용한다(부동산등기법 제15조 제1항).

[❸ ▸ ○] 등기관이 지적(地籍)소관청으로부터 공간정보의 구축 및 관리 등에 관한 법률 제88조 제3항의 통지(토지의 표시와 지적공부가 일치하지 아니하다는 사실의 통지)를 받은 경우에 제35조의 기간(1개월) 이내에 등기명의인으로부터 등기신청이 없을 때에는 그 통지서의 기재내용에 따른 변경의 등기를 직권으로 하여야 한다(부동산등기법 제36조 제1항).

[❹ ▸ ○] 부동산등기법 제40조 제1항 제4호

> **부동산등기법 제40조(등기사항)**
> ① 등기관은 건물 등기기록의 표제부에 다음 각 호의 사항을 기록하여야 한다.
> 1. 표시번호
> 2. 접수연월일
> 3. 소재, 지번, 건물명칭(건축물대장에 건물명칭이 기재되어 있는 경우만 해당한다. 이하 이 조에서 같다) 및 번호. 다만, 같은 지번 위에 1개의 건물만 있는 경우에는 건물번호는 기록하지 아니한다.
> 4. <u>건물의 종류, 구조와 면적. 부속건물이 있는 경우에는 부속건물의 종류, 구조와 면적도 함께 기록한다.</u>

    5. 등기원인
    6. 도면의 번호[같은 지번 위에 여러 개의 건물이 있는 경우와 집합건물의 소유 및 관리에 관한 법률 제2조 제1호의 구분소유권의 목적이 되는 건물(이하 "구분건물"이라 한다)인 경우로 한정한다]

[**❺ ▸ ○**] 등기부의 부속서류는 전쟁·천재지변이나 그 밖에 이에 준하는 사태를 피하기 위한 경우 외에는 등기소 밖으로 옮기지 못한다. 다만, 신청서나 그 밖의 부속서류에 대하여는 법원의 명령 또는 촉탁이 있거나 법관이 발부한 영장에 의하여 압수하는 경우에는 그러하지 아니하다(부동산등기법 제14조 제4항).

답 ❶

10

다음 중 등기소에 갖추어 두어야 할 장부의 보존기간이 다른 경우는?

2023년 법무사시험 [문 10]

① 이의신청서류 편철장
② 결정원본 편철장
③ 신청서 기타 부속서류 송부부
④ 사용자등록신청서류 등 편철장
⑤ 기타 문서 접수장

[**❶**, **❷**, **❹**, **❺** ▸ 10년]
[**❸** ▸ 5년]

부동산등기규칙 제25조(장부의 보존기간)
① 등기소에 갖추어 두어야 할 장부의 보존기간은 다음 각 호와 같다.
    1. 부동산등기신청서 접수장 : 5년
    2. 기타 문서 접수장 : <u>10년(⑤)</u>
    3. 결정원본 편철장 : <u>10년(②)</u>
    4. 이의신청서류 편철장 : <u>10년(①)</u>
    5. 사용자등록신청서류 등 편철장 : <u>10년(④)</u>
    6. 신청서 기타 부속서류 편철장 : 5년
    7. 신청서 기타 부속서류 송부부 : 신청서 그 밖의 부속서류가 반환된 날부터 <u>5년(③)</u>
    8. 각종 통지부 : 1년
    9. 열람신청서류 편철상 : 1년
    10. 제증명신청서류 편철장 : 1년

답 ❸

다음 중 토지등기기록의 표제부에 기록할 사항이 아닌 것은?(다툼이 있는 경우 판례·예규 및 선례에 따르고 전원합의체 판결의 경우 다수의견에 의함) 2020년 법무사시험 [문 28]

① 접수연월일
② 접수번호
③ 소재와 지번
④ 지 목
⑤ 면 적

[❶ ▶ ○] [❷ ▶ ×] [❸ ▶ ○] [❹ ▶ ○] [❺ ▶ ○] 접수번호는 표제부가 아닌 갑구 또는 을구에 기록하여야 하는 사항이다.

부동산등기법 제34조(등기사항)
등기관은 토지등기기록의 표제부에 다음 각 호의 사항을 기록하여야 한다.
1. 표시번호
2. 접수연월일
3. 소재와 지번(地番)
4. 지목(地目)
5. 면 적
6. 등기원인

부동산등기법 제48조(등기사항)
① 등기관이 갑구 또는 을구에 권리에 관한 등기를 할 때에는 다음 각 호의 사항을 기록하여야 한다.
1. 순위번호
2. 등기목적
3. 접수연월일 및 접수번호
4. 등기원인 및 그 연월일
5. 권리자

답 ❷

등기기록의 폐쇄에 관한 다음 설명 중 옳은 것은 모두 몇 개인가? 2023년 법무사시험 [문 3]

A. 소유권보존등기를 말소한 경우에는 그 등기기록을 폐쇄한다.
B. 폐쇄한 등기기록은 영구 보존한다.
C. 등기기록을 폐쇄할 때에는 표제부의 등기를 말소하는 표시를 하고, 등기원인 및 기타사항란에 폐쇄의 뜻과 그 연월일을 기록하여야 한다.
D. 중복등기기록 중 어느 한 등기기록의 최종 소유권의 등기명의인이 다른 등기기록의 최종 소유권의 등기명의인으로부터 직접 또는 전전하여 소유권을 이전받은 경우로서, 다른 등기기록이 후등기기록이거나 소유권 외의 권리 등에 관한 등기가 없는 선등기기록일 때에는 그 다른 등기기록을 폐쇄한다.
E. 등기기록에 기록된 사항이 많아 취급하기에 불편하게 되는 등 합리적 사유로 등기기록을 옮겨 기록할 필요가 있는 경우에 등기관은 현재 효력이 있는 등기만을 새로운 등기기록에 옮겨 기록할 수 있다.

① 5개
③ 3개
⑤ 1개
② 4개
④ 2개

[A ▶ O] 우리나라의 부동산등기 제도는 원칙적으로 표제부만을 두는 등기는 허용하지 아니하므로(예외 : 구분건물의 표시등기) 소유권보존등기를 말소한 경우에는 그 등기기록을 폐쇄한다. 부등 실무 1
[B ▶ O] 폐쇄한 등기기록은 영구히 보존하여야 한다(부동산등기법 제20조 제2항).
[C ▶ O] 등기기록을 폐쇄할 때에는 표제부의 등기를 말소하는 표시를 하고, 등기원인 및 기타사항란에 폐쇄의 뜻과 그 연월일을 기록하여야 한다(부동산등기규칙 제55조 제2항).
[D ▶ O] 중복등기기록 중 어느 한 등기기록의 최종 소유권의 등기명의인이 다른 등기기록의 최종 소유권의 등기명의인으로부터 직접 또는 전전하여 소유권을 이전받은 경우로서, 다른 등기기록이 후등기기록이거나 소유권 외의 권리 등에 관한 등기가 없는 선등기기록일 때에는 그 다른 등기기록을 폐쇄한다(부동산등기규칙 제35조).
[E ▶ O] 등기기록에 기록된 사항이 많아 취급하기에 불편하게 되는 등 합리적 사유로 등기기록을 옮겨 기록할 필요가 있는 경우에 등기관은 현재 효력이 있는 등기만을 새로운 등기기록에 옮겨 기록할 수 있다(부동산등기법 제33조).

답 ❶

PART 1
PART 2
PART 3
PART 4
PART 5
PART 6
PART 7
PART 8

13
☐☐☐ 신청서나 그 밖의 부속서류의 열람에 관한 다음 설명 중 가장 옳지 않은 것은?

2025년 법무사시험 [문 12]

① 해당 등기신청을 대리한 자격자대리인은 인터넷을 이용하여 신청서나 그 밖의 부속서류의 열람을 신청할 수 없다.
② 등기기록에 주민등록번호(또는 부동산등기용등록번호)가 기록되어 있지 않은 해당 등기신청의 당사자(국가기관 및 지방자치단체, 전자증명서를 발급받지 않은 법인과 법인 아닌 사단·재단을 제외한다)는 인터넷을 이용하여 신청서나 그 밖의 부속서류의 열람을 신청할 수 없다.
③ 열람신청인은 열람신청을 거부하는 처분에 대하여 이의신청을 할 수 있다. 이의신청은 열람신청을 반려한 등기관이 속한 등기소에 이의신청서를 제출하는 방법 또는 전산정보처리조직을 이용하여 이의신청정보를 보내는 방법으로 한다.
④ 등기신청이 접수된 후 등기가 완료되기 전의 신청정보 및 첨부정보에 대하여는 열람을 신청할 수 없다.
⑤ 수사기관이 수사의 목적을 달성하기 위하여 필요한 경우라도 법관이 발부한 영장을 제시하지 않는 한 신청정보 및 첨부정보를 열람할 수 없다.

[❶ ▸ ○] 해당 등기신청을 대리한 자격자대리인은 위임을 받지 않는 한 인터넷을 이용하여 신청서나 그 밖의 부속서류의 열람을 신청할 수 없다(등기예규 제1798호 제3조 제2항 제2호 참조).

[❷ ▸ ○] 등기기록에 주민등록번호(또는 부동산등기용등록번호)가 기록되어 있지 않은 해당 등기신청의 당사자(국가기관 및 지방자치단체, 전자증명서를 발급받지 않은 법인과 법인 아닌 사단·재단을 제외한다)는 인터넷을 이용하여 신청서나 그 밖의 부속서류의 열람을 신청할 수 없다(등기예규 제1798호 제3조 제2항 제1호 참조).

> ☐ **등기예규 제1798호[부동산등기 신청정보 및 첨부정보의 열람에 관한 업무처리지침]**
> **제3조(열람을 신청할 수 있는 자)**
> ② 「부동산등기규칙」 제28조의2에 따라 인터넷등기소를 이용하여 열람을 신청(이하 '인터넷열람신청'이라 함)할 수 있는 열람신청인은 다음 각 호와 같다.
> 　1. 등기기록에 주민등록번호(또는 부동산등기용등록번호)가 기록되어 있는 해당 등기신청의 당사자(국가기관 및 지방자치단체, 전자증명서를 발급받지 않은 법인과 법인 아닌 사단·재단은 제외한다)
> 　2. 제1호의 등기신청의 당사자로부터 열람을 위임받은 자격자대리인

[❸ ▸ ×] 등기예규 제1798호 제12조 제1항, 제2항

> ☐ **등기예규 제1798호[부동산등기 신청정보 및 첨부정보의 열람에 관한 업무처리지침]**
> **제12조(열람신청 거부에 대한 이의신청)**
> ① 열람신청인은 「부동산등기법」 제100조에 따라 열람신청을 거부하는 처분을 한 등기관이 속한 지방법원에 이의신청을 할 수 있다. 이의신청은 열람신청을 반려한 등기관이 속한 등기소에 이의신청서를 제출하는 방법으로 한다.
> ② 열람신청을 거부하는 처분에 대하여 이의신청을 하는 경우에는 「부동산등기법」 제101조의 규정 중 전산정보처리조직을 이용하여 이의신청정보를 보내는 방법은 적용하지 아니한다.

[❹ ▸ ○] 등기신청이 접수된 후 등기가 완료되기 전의 신청정보 및 첨부정보에 대하여는 열람을 신청할 수 없다(등기예규 제1798호 제5조 제1항).

[**❺ ▸ ○**] 수사기관이 수사의 목적을 달성하기 위하여 필요한 경우라도 법관이 발부한 영장을 제시하지 않는 한 신청정보 및 첨부정보를 열람할 수 없다(등기예규 제1798호 제4조 제2항 제12호).

답 ❸

등기사항의 공시 및 등기정보자료의 제공에 관한 다음 설명 중 가장 옳지 않은 것은?
2021년 법무사시험 [문 10]

① 등기기록은 누구나 열람할 수 있지만 등기기록의 부속서류에 대한 열람은 이해관계 있는 부분으로 한정된다.
② 등기신청이 접수된 부동산에 관하여는 그 부동산에 등기신청사건이 접수되어 처리 중에 있다는 뜻을 등기사항증명서에 표시하여 발급할 수 있다.
③ 등기사항증명서를 발급할 때 그 등기기록 중 갑구 또는 을구의 기록이 없을 때에는 증명문에 그 뜻을 기록하여야 한다.
④ 명의인별 등기정보자료의 제공은 등기명의인의 부동산소유현황에 관한 사항으로 한정한다.
⑤ 명의인별 등기정보자료를 제공받기 위해서는 등기소에 방문 후 신청하여 서면으로만 정보제공을 받을 수 있고, 인터넷등기소를 이용하여 이를 신청하거나 송신받는 방법으로 정보제공을 받을 수는 없다.

⋯⋯⋯⋯⋯⋯⋯⋯⋯⋯⋯⋯⋯⋯⋯⋯⋯⋯⋯⋯⋯⋯⋯⋯⋯⋯⋯⋯⋯⋯⋯⋯⋯⋯⋯

[**❶ ▸ ○**] 누구든지 수수료를 내고 대법원규칙으로 정하는 바에 따라 등기기록에 기록되어 있는 사항의 전부 또는 일부의 열람(閱覽)과 이를 증명하는 등기사항증명서의 발급을 청구할 수 있다. 다만, 등기기록의 부속서류에 대하여는 이해관계 있는 부분만 열람을 청구할 수 있다(부동산등기법 제19조 제1항).
[**❷ ▸ ○**] 등기신청이 접수된 부동산에 관하여는 등기관이 그 등기를 마칠 때까지 등기사항증명서를 발급하지 못한다. 다만, 그 부동산에 등기신청사건이 접수되어 처리 중에 있다는 뜻을 등기사항증명서에 표시하여 발급할 수 있다(부동산등기규칙 제30조 제4항).
[**❸ ▸ ○**] 등기사항증명서를 발급할 때에는 등기사항증명서의 종류를 명시하고, 등기기록의 내용과 다름이 없음을 증명하는 내용의 증명문을 기록하며, 발급연월일과 중앙관리소 전산운영책임관의 직명을 적은 후 전자이미지관인을 기록하여야 한다. 이 경우 등기사항증명서가 여러 장으로 이루어진 경우에는 연속성을 확인할 수 있는 조치를 하여 발급하고, 그 등기기록 중 갑구 또는 을구의 기록이 없을 때에는 증명문에 그 뜻을 기록하여야 한다(부동산등기규칙 제30조 제1항).
[**❹ ▸ ○**] 등기명의인 또는 그 포괄승계인이 제공받을 수 있는 명의인별 등기정보자료는 등기명의인의 부동산소유현황(소유형태가 공유·합유인 경우를 포함한다)에 관한 사항으로 한정한다(등기예규 제1854호 3. 가.).
[**❺ ▸ ✕**] 명의인별 등기정보자료는 등기소에 방문 후 신청하여 서면으로 제공받을 수 있고, 인터넷등기소를 이용하여 이를 신청하거나 송신받는 방법으로 제공받을 수도 있다.

등기정보자료의 제공에 관한 규칙 제10조(신청방법)
① 명의인별 등기정보자료의 제공은 다음 각 호의 어느 하나에 해당하는 방법으로 신청한다.
  1. 신청인이 <u>등기소에 방문</u>하여 등기명의인의 성명(명칭), 주민등록번호(부동산등기용 등록번호) 및 그 밖에 대법원예규로 정하는 정보(이하 "등기명의인정보"라 한다)를 담고 있는 서면을 제출하는 방법
  2. 신청인이 대법원 <u>인터넷등기소를 이용</u>하여 등기명의인정보를 등기정보중앙관리소에 송신하는 방법

답 ❺

등기사항증명서의 종류 및 발급에 관한 다음 설명 중 가장 옳지 않은 것은?

2021년 법무사시험 [문 12]

① "등기사항전부증명서(현재 유효사항)"는 현재 효력이 있는 등기사항 및 그와 관련된 사항을 증명하는 증명서를 말한다.

② "등기사항일부증명서(현재 소유현황)"는 해당 부동산의 현재 소유자(또는 공유자)만을 밝히고, 공유의 경우에는 공유지분을 증명하는 증명서를 말한다.

③ "말소사항포함등기부등본"은 말소된 등기사항을 포함하여 전산폐쇄등기부에 기재된 사항의 전부를 증명하는 등본을 말한다.

④ 인터넷에 의하여 발급하는 등기사항증명서의 종류는 등기사항전부증명서(말소사항 포함)·등기사항전부증명서(현재 유효사항)·등기사항일부증명서(특정인 지분)·등기사항일부증명서(현재 소유현황)·등기사항일부증명서(지분취득 이력)로 한다.

⑤ 신탁원부, 공동담보(전세)목록, 도면, 매매목록 또는 공장저당목록은 등기사항증명서의 발급신청 시 그에 관하여 신청이 있는 경우에 한하여 발급한다.

....

[❶ ▸ ○] [❷ ▸ ○] [❸ ▸ ✕] 등기예규 제1815호 1. 가.

❏ **등기예규 제1815호[부동산등기사항증명서 발급처리지침]**

1. 등기사항증명서의 종류
    가. 용어의 정의
        1) <u>등기사항전부증명서(말소사항 포함)</u> : "등기사항전부증명서(말소사항 포함)"는 말소된 등기사항을 포함하여 등기기록에 기록된 사항의 전부를 증명하는 증명서를 말한다.
        2) <u>등기사항전부증명서(현재 유효사항)</u> : "등기사항전부증명서(현재 유효사항)"는 현재 효력이 있는 등기사항 및 그와 관련된 사항을 증명하는 증명서를 말한다.
        3) <u>등기사항일부증명서(특정인 지분)</u> : "등기사항일부증명서(특정인 지분)"는 특정 공유자의 지분 및 그 지분과 관련된 사항을 공시하기 위하여 지정된 특정인의 지분을 표시하고 해당 지분과 관련된 사항을 발췌하여 증명하는 증명서를 말한다.
        4) <u>등기사항일부증명서(현재 소유현황)</u> : "등기사항일부증명서(현재 소유현황)"는 해당 부동산의 현재 소유자(또는 공유자)만을 밝히고, 공유의 경우에는 공유지분을 증명하는 증명서를 말한다.
        5) 등기사항일부증명서(지분취득 이력) : "등기사항일부증명서(지분취득 이력)"는 특정 공유지분이 어떻게 현재의 공유자에게로 이전되어 왔는지를 쉽게 확인할 수 있도록 해당 지분의 취득경위와 관련한 등기사항만을 발췌하여 증명하는 증명서를 말한다.
        6) 등기사항일부증명서(일부사항) : "등기사항일부증명서(일부사항)"는 이미지폐쇄등기부(전산이기 전)에 기재된 사항 중 신청인이 청구한 일부 면을 증명하는 증명서를 말한다.
        7) <u>말소사항포함등기부등본</u> : "말소사항포함등기부등본"은 말소된 등기사항을 포함하여 <u>수작업폐쇄등기부</u>에 기재된 사항의 전부를 증명하는 등본을 말한다.
        8) 일부사항증명등기부초본 : "일부사항증명등기부초본"은 수작업폐쇄등기부에 기재된 사항 중 신청인이 청구한 일부 면을 증명하는 초본을 말한다.

[❹ ▸ ○] 인터넷에 의하여 발급하는 등기사항증명서의 종류는 등기사항전부증명서(말소사항 포함)·등기사항전부증명서(현재 유효사항)·등기사항일부증명서(특정인 지분)·등기사항일부증명서(현재 소유현황)·등기사항일부증명서(지분취득 이력)로 한다. 다만, 등기기록상 갑구 및 을구의 명의인이 500인 이상인 경우 등과 같이 등기기록의 분량과 내용에 비추어 인터넷에 의한 열람 또는 발급이 적합하지 않다고 인정되는 때에는 이를 제한할 수 있다[등기예규 제1815호 7. 가. 1)].

제3항 **중복등기기록의 정리**

16
□□□

중복등기기록의 정리에 관한 다음 설명 중 가장 옳지 않은 것은? 2025년 법무사시험 [문 21]

① 이미 등기된 부동산에 관하여 이중으로 소유권보존등기의 신청이 있을 경우 그 신청은 부동산등기법 제29조 제2호의 '사건이 등기할 것이 아닌 경우'에 해당하여 각하된다.

② 중복등기는 같은 부동산에 관하여 2개 이상의 등기기록에 중복하여 마쳐진 소유권보존등기나 멸실회복등기를 의미하므로 등기기재의 착오, 존재하지 않는 토지에 대한 소유권보존등기나 멸실회복등기 등으로 인하여 외관상 지번이 동일한 등기기록이 존재하게 되었더라도 그 등기기록상 등기를 중복등기로 처리하여서는 아니 된다.

③ 부동산등기규칙 및 중복등기의 정리에 관한 사무처리지침에 의한 등기용지 폐쇄는 실체권리관계에 영향을 미치지 아니하고, 일정한 경우 폐쇄된 등기용지의 부활을 신청할 수 있으므로 판결에 의한 등기 자체의 말소와는 구분된다.

④ 등기된 토지의 대장상 분할된 일부에 관하여 중복하여 소유권보존등기나 멸실회복등기가 경료된 경우 그 일부토지부분에 관하여는 중복등기로 볼 수 없다.

⑤ X 토지의 선등기기록에는 乙의 소유권보존등기, 丙의 근저당권설정등기, 甲의 소유권이전등기가 각 순차로 경료되고, 같은 토지에 관해 후등기기록에는 甲 명의의 소유권보존등기가 경료되어 있는 경우라면, 후등기기록을 폐쇄한다.

··········

[**❶** ▸ ○] 부동산등기법 제29조 제2호, 부동산등기규칙 제52조 제9호

> **부동산등기법 제29조(신청의 각하)**
> 등기관은 다음 각 호의 어느 하나에 해당하는 경우에만 이유를 적은 결정으로 신청을 각하(却下)하여야 한다. 다만, 신청의 잘못된 부분이 보정(補正)될 수 있는 경우로서 신청인이 등기관이 보정을 명한 날의 다음 날까지 그 잘못된 부분을 보정하였을 때에는 그러하지 아니하다.
> 1. 사건이 그 등기소의 관할이 아닌 경우
> 2. 사건이 등기할 것이 아닌 경우
>
> **부동산등기규칙 제52조(사건이 등기할 것이 아닌 경우)**
> 법 제29조 제2호에서 "사건이 등기할 것이 아닌 경우"란 다음 각 호의 어느 하나에 해당하는 경우를 말한다.
> 9. 이미 보존등기된 부동산에 대하여 다시 보존등기를 신청한 경우
> 10. 그 밖에 신청취지 자체에 의하여 법률상 허용될 수 없음이 명백한 등기를 신청한 경우

[**❷ ▸ ○**] 중복등기는 동일한 토지에 관하여 2개 이상의 등기기록에 중복하여 경로된 소유권보존등기나 멸실회복등기를 의미하므로 등기기재의 착오, 환지등기과정에서의 착오, 존재하지 않는 토지에 대한 소유권보존등기나 멸실회복등기 등으로 인하여 외관상 지번이 동일한 등기기록이 존재하게 되었더라도 그 등기기록상의 등기를 중복등기로 처리하여서는 아니 된다. 분필, 합필등기 과정의 착오로 인하여 외관상 중복등기로 보이는 경우도 같다(등기예규 제1431호 1. 라.).

[**❸ ▸ ○**] 중복등기의 정리는 실체관계에 영향을 미치지 않는다. 판결에 의한 중복등기의 해소는 중복등기라고 인정되는 어느 한 등기기록의 모든 등기를 말소한 후의 등기기록을 폐쇄하므로 중복등기가 영구적으로 해소되지만 법과 규칙에 따른 중복등기의 정리는 잠정적 해소에 불과하다. `부등 실무 1`

[**❹ ▸ ✕**] 등기된 토지의 대장상 분할된 일부에 관하여 중복하여 소유권보존등기나 멸실회복등기가 경료된 경우는 그 일부토지부분에 관하여는 중복등기로 보아야 한다. 이 경우 규칙 제40조에 의한 직권분필을 통하여 지번 지적을 일치시킨 후 중복등기를 정리하여야 한다. 등기된 토지가 대장상 분할되지 않았는데 그 토지와 같은 지번으로 지적은 적게 등기된 토지가 된 경우는 일부토지부분에 관한 중복등기로 볼 수 없다. 이 경우 뒤의 등기는 존재하지 않는 토지에 대한 등기이므로 이 지침 16의 '가'에 의하여 처리하여야 한다(등기예규 제1431호 1. 다.).

[**❺ ▸ ○**] 중복등기기록의 최종 소유권의 등기명의인이 같은 경우에는 나중에 개설된 등기기록(이하 "후등기기록"이라 한다)을 폐쇄한다. 다만, 후등기기록에 소유권 외의 권리 등에 관한 등기가 있고 먼저 개설된 등기기록(이하 "선등기기록"이라 한다)에는 그와 같은 등기가 없는 경우에는 선등기기록을 폐쇄한다(부동산등기규칙 제34조).

답 ❹

17

중복등기기록의 정리에 관한 다음 설명 중 가장 옳지 않은 것은? **2023년 법무사시험 [문 30]**

① 토지에 대해서는 부동산등기법 및 동 규칙에 규정을 두고 있으나 건물의 경우에는 위 법과 규칙에 따로 규정을 두고 있지 않고 있다.

② 존재하지 않는 토지에 대하여 등기가 됨으로 인하여 외관상 지번이 동일한 중복등기기록이 있는 경우 진정한 등기기록상의 소유권의 등기명의인은 존재하지 않는 토지를 표상하는 등기기록상의 최종 소유권의 등기명의인을 대위하여 토지의 멸실등기에 준하는 등기의 신청을 할 수 있다.

③ 건물의 보존등기명의인이 서로 다른 경우 선행해서 개설된 등기기록상의 등기를 기초로 한 새로운 등기신청은 이를 수리하고, 나중에 개설된 등기기록상의 등기를 기초로 한 새로운 등기신청은 이를 각하한다.

④ 토지의 최종 소유권의 등기명의인이 다른 경우로 어느 한 등기기록에만 분배농지의 상환완료를 등기원인으로 한 등기가 되어 있는 때에는 그 등기기록을 제외한 나머지 등기기록을 폐쇄한다.

⑤ 토지에 있어 최종 소유권의 등기명의인이 동일한 경우의 중복등기기록을 정리할 때에는 사전에 폐쇄될 등기기록의 최종 소유권의 명의인과 등기상의 이해관계인에게 통지할 필요가 없다.

[**❶ ▸ ○**] 중복등기는 토지의 경우 부동산등기법 제21조 및 부동산등기규칙 제33조부터 제41조까지의 규정을 두고 있으므로 이에 따라 정리되어야 하지만, 건물의 경우에는 위 법과 규칙에 따로 규정을 두고 있지 않아 관련 예규(등기예규 제1374호)에서 정하는 절차에 따라 정리되어야 한다.

[**❷ ▸ ○**] 존재하지 않는 토지에 대하여 등기가 됨으로 인하여 외관상 지번이 동일한 중복등기기록이 있는 경우 진정한 등기기록상의 소유권의 등기명의인은 존재하지 않는 토지를 표상하는 등기기록상의 최종 소유권의 등기명의인을 대위하여 토지의 멸실등기에 준하는 등기의 신청을 하여 그 등기기록을 폐쇄시킬 수 있으므로 등기관은 진정한 등기기록상의 소유권의 등기명의인으로 하여금 이와 같은 신청을 하도록 적극 유도하여 외관상의 중복등기를 해소하도록 하여야 한다. 이 경우 등기관은 폐쇄된 등기기록, 지적공부를 전부 추적하여 이기과정에서의 착오로 지번이 잘못 기재된 등기기록이 존재하지 않는 토지의 등기기록으로 오인되어 폐쇄되는 일이 없도록 각별히 유의하여야 한다(등기예규 제1431호 16. 나.).

[**❸ ▸ ✕**] 등기예규 제1374호 5. 가., 나.

> □ **등기예규 제1374호[건물 중복등기 정리절차에 관한 업무처리지침]**
> 5. 중복등기가 존속하고 있는 동안에 새로운 등기신청이 있는 경우
>   가. 보존등기명의인이 <u>동일한 경우</u> 중복등기의 존속 중에 새로운 등기신청이 있는 경우에는 <u>선행 등기기록상의 등기를 기초로 한 새로운 등기신청은 이를 수리하고, 후행 등기기록상의 등기를 기초로 한 새로운 등기신청은 이를 각하한다.</u>
>   나. 보존등기명의인이 <u>서로 다른 경우</u> 중복등기의 존속 중에 어느 일방의 등기기록상의 등기를 기초로 하는 새로운 등기신청은 이를 <u>수리한다.</u>

[**❹ ▸ ○**] 중복등기기록의 최종 소유권의 등기명의인이 다른 경우로서 어느 한 등기기록에만 원시취득 사유 또는 분배농지의 상환완료를 등기원인으로 한 소유권이전등기가 있을 때에는 그 등기기록을 제외한 나머지 등기기록을 폐쇄한다(부동산등기규칙 제36조 제1항).

[**❺ ▸ ○**] 부동산등기규칙 제34조(소유권의 등기명의인이 같은 경우의 정리)에 의한 중복등기의 정리에 있어서, 등기관은 사전에 폐쇄될 등기기록의 최종 소유권의 등기명의인과 등기상 이해관계인에게 통지를 할 필요가 없으며, 또한 관할 지방법원장의 허가를 받을 필요도 없다(부동산등기규칙 제37조 제1항, 제38조 참조). 등기관이 바로 직권으로 정리절차를 밟으면 된다. `부등 실무 1`

부동산등기규칙 제37조(소유권의 등기명의인이 다른 경우의 정리)
① 중복등기기록의 최종 소유권의 등기명의인이 다른 경우로서 제35조와 제36조에 해당하지 아니할 때에는 각 등기기록의 최종 소유권의 등기명의인과 등기상 이해관계인에 대하여 1개월 이상의 기간을 정하여 그 기간 내에 이의를 진술하지 아니하면 그 등기기록을 폐쇄할 수 있다는 뜻을 통지하여야 한다.

부동산등기규칙 제38조(지방법원장의 허가가 필요한 중복등기기록 정리)
등기관이 제36조와 제37조에 따라 중복등기기록을 정리하려고 하는 경우에는 지방법원장의 허가를 받아야 한다.

답 ❸

제3장 등기신청절차

제1절 등기신청행위(등기신청의 유효요건)

제2절 전산정보처리조직에 의한 등기신청

18
□□□ 전자신청에 관한 다음 설명 중 가장 옳지 않은 것은? [기출수정] 2022년 법무사시험 [문 13]

① 상업등기법 제17조에 따른 전자증명서를 발급받은 법인은 전자신청을 할 수 있으나, 법인 아닌 사단이나 재단은 전자신청을 할 수 없다.

② 전자신청에 대한 보정 통지는 전자우편의 방법으로만 하여야 하는 것은 아니며, 구두·전화 등의 방법으로도 할 수 있다.

③ 전자신청을 하기 위해서는 최초의 등기신청 전에 사용자등록을 하여야 하는바, 자격자대리인의 사용자등록의 유효기간은 3년이며, 유효기간 만료일 3개월 전부터 만료일까지는 그 유효기간의 연장을 신청할 수 있다.

④ 자격자대리인이 아닌 사람은 다른 사람을 대리하여 전자신청을 할 수 없다.

⑤ 전자신청에 대한 각하결정의 고지는 각하결정등본을 신청인 또는 대리인에게 교부하거나 특별우편 송달 방법으로 한다.

. . . .

[**❶**▶○] [**❹**▶○] 등기예규 제1836호 제3조 제1항, 제3항

> □ **등기예규 제1836호[부동산등기 전자신청 절차 등에 관한 업무처리지침]**
> **제3조(전자신청을 할 수 있는 자)**
> ① 규칙 제68조 제1항에 따른 사용자등록을 한 자연인(외국인 포함)과 「상업등기법」 제17조에 따른 전자증 명서(이하 "전자증명서"라 한다)를 발급받은 법인은 전자신청을 할 수 있다. 다만 외국인의 경우에는 다음 각 호의 어느 하나에 해당하는 요건을 갖추어야 한다.
> 　1. 「출입국관리법」 제31조에 따른 외국인등록
> 　2. 「재외동포의 출입국과 법적 지위에 관한 법률」 제6조, 「재외동포의 출입국과 법적 지위에 관한 법률」 제7조에 따른 국내거소신고
> ② 자격자대리인은 다른 사람을 대리하여 전자신청을 할 수 있다. 다만 자격자대리인이 외국인인 경우에는 제1항 단서 각 호의 어느 하나에 해당하는 요건을 갖추어야 한다.
> ③ 법인 아닌 사단이나 재단은 전자신청을 할 수 없고, 자격자대리인이 아닌 사람은 다른 사람을 대리하여 전자신청을 할 수 없다.

[**❷**▶○] 보정사항이 있는 경우 등기관은 보정사유를 등록한 후 전자우편, 문자서비스, 구두, 전화 기타 모사전송의 방법에 의하여 그 사유를 신청인에게 통지하여야 한다(등기예규 제1836호 제19조 제1항).

[❸ ▸ ○] 부동산등기규칙 제68조 제1항, 제69조 제1항, 제3항

부동산등기규칙 제68조(사용자등록)
① 전자신청을 하기 위해서는 그 등기신청을 하는 당사자 또는 등기신청을 대리할 수 있는 자격자대리인이 최초의 등기신청 전에 사용자등록을 하여야 한다.

부동산등기규칙 제69조(사용자등록의 유효기간)
① 사용자등록의 유효기간은 3년으로 한다. 다만, 자격자대리인 외의 자의 경우에는 대법원예규로 정하는 바에 따라 그 기간을 단축할 수 있다.
③ 사용자등록의 유효기간 만료일 3개월 전부터 만료일까지는 그 유효기간의 연장을 신청할 수 있으며, 그 연장기간은 제1항에 따른 기간으로 한다.

[❺ ▸ ×] 전자신청에 대한 각하결정의 고지는 등기전산정보시스템을 이용하여 각하결정등본을 신청인 또는 대리인에게 전송하는 방법으로 한다[등기예규 제1809호 6. (2)]

답 ❺

제1항   등기신청당사자능력(등기신청적격)

제2항   공동신청주의(원칙)

제3항   단독신청(예외)

19
□□□

판결 등 집행권원에 의한 등기신청 시 신청정보 및 첨부정보에 관한 다음 설명 중 가장 옳지 않은 것은?
2025년 법무사시험 [문 5]

① 기존 등기의 등기원인이 부존재·무효이거나 취소·해제에 의하여 소멸하였음을 이유로 말소등기를 명하는 판결에 의한 등기신청 시 등기원인은 '확정판결'로, 그 연월일은 '판결선고일'을 기재한다.

② 판결에 의한 등기신청 시 승소한 등기권리자가 신청하는 경우에는 등기필정보를 제공할 필요가 없으나, 승소한 등기의무자가 신청할 때에는 그의 등기필정보를 제공하여야 한다.

③ 판결에 의한 등기신청 시 등기절차의 이행과 반대급부의 이행이 독립적으로 기재되어 있다면 집행문을 제공할 필요가 없다.

④ 원고가 원인무효를 이유로 소유권이전등기의 말소판결을 받은 경우 원고는 그 판결의 변론종결 후에 마쳐진 소유권이전등기의 등기명의인에 대하여 승계집행문을 부여받아 그 소유권이전등기의 말소등기를 신청할 수 있다.

⑤ 현물분할을 내용으로 하는 공유물분할에 관하여 화해권고결정이 확정된 후 그 결정에 따른 등기신청 전에 일부 공유자의 지분이 제3자에게 이전된 경우, 다른 공유자는 자신이 취득하는 것으로 정해진 분할부분에 관하여 위 제3자에 대한 승계집행문을 부여받아 제3자 명의의 지분에 대하여 자신 앞으로의 이전등기를 단독으로 신청할 수 있다.

....

[❶ ▶ ○] 등기예규 제1786호 4. 가. 2) 가) (1)

□ **등기예규 제1786호[판결 등 집행권원에 의한 등기의 신청에 관한 업무처리지침]**

4. 등기원인과 그 연월일

가. 이행판결

1) 원칙 : 등기절차의 이행을 명하는 판결에 의하여 등기를 신청하는 경우에는 그 판결주문에 명시된 등기원인과 그 연월일을 등기신청서에 기재한다.

2) 예외 : 등기절차의 이행을 명하는 판결주문에 등기원인과 그 연월일이 명시되어 있지 아니한 경우 등기신청서에는 등기원인은 "확정판결"로, 그 연월일은 "판결선고일"을 기재한다.

가) 예 시

(1) 기존등기의 등기원인이 부존재 내지 무효이거나 취소·해제에 의하여 소멸하였음을 이유로 말소등기 또는 회복등기를 명하는 판결

(2) 가등기상 권리가 매매예약에 의한 소유권이전등기청구권으로서 그 가등기에 기한 본등기를 명한 판결의 주문에 등기원인과 그 연월일의 기재가 없는 경우

[**❷ ▸ ○**] 승소한 등기권리자가 단독으로 판결에 의하여 등기를 신청하는 경우에는 등기의무자의 권리에 관한 등기필정보를 제공할 필요가 없다. 다만 승소한 등기의무자가 단독으로 등기를 신청할 때에는 그의 권리에 관한 등기필정보를 제공하여야 한다(등기예규 제1786호 5. 바.).

[**❸ ▸ ○**] 판결에 의한 등기를 신청하는 경우 원칙적으로 집행문의 첨부를 요하지 않는다. 등기절차의 이행을 명하는 판결이 선이행판결, 상환이행판결, 조건부이행판결인 경우에는 집행문을 첨부하여야 한다. 다만 등기절차의 이행과 반대급부의 이행이 각각 독립적으로 기재되어 있다면 그러하지 아니하다 (등기예규 제1786호 5. 나.).

[**❹ ▸ ○**] 등기절차의 이행을 명하는 확정판결의 변론종결 후 그 판결에 따른 등기신청 전에 등기의무자인 피고 명의의 등기를 기초로 한 제3자 명의의 새로운 등기가 경료된 경우[단, 아래 나)의 경우를 제외한다]로서 제3자가 「민사소송법」 제218조 제1항의 변론을 종결한 뒤의 승계인에 해당하여 위 판결의 기판력이 그에게 미친다는 이유로 원고가 위 제3자에 대한 승계집행문을 부여받은 경우에는, 원고는 그 제3자 명의의 등기의 말소등기와 판결에서 명한 등기를 단독으로 신청할 수 있으며, 위 각 등기는 동시에 신청하여야 한다[등기예규 제1786호 5. 다. 1) 가)].

[**❺ ▸ ✕**] 현물분할을 내용으로 하는 공유물분할에 관한 판결이 확정된 후 그 판결에 따른 등기신청 전에 일부 공유자의 지분이 제3자에게 이전된 경우, 다른 공유자는 자신이 취득한 분할부분에 관하여 위 제3자에 대한 승계집행문을 부여받아 제3자 명의의 지분에 대하여 자신 앞으로의 이전등기를 단독으로 신청할 수 있으나, 현물분할을 내용으로 하는 공유물분할에 관하여 화해권고결정이 확정된 후 그 결정에 따른 등기신청 전에 일부 공유자의 지분이 제3자에게 이전된 경우에는 위와 달리 다른 공유자는 자신이 취득하는 것으로 정해진 분할부분에 관하여 위 제3자에 대한 승계집행문을 부여받아 제3자 명의의 지분에 대하여 자신 앞으로의 이전등기를 단독으로 신청할 수는 없다(부동산등기선례 제201906-4호).

답 ❺

20
☐☐☐

다음의 등기신청 중 공동으로 신청할 수 없는 경우는 몇 개인가? 2024년 법무사시험 [문 18]

> ㄱ. 가압류등기의 말소등기
> ㄴ. 공동신청에 의한 등기의 경정등기
> ㄷ. 미등기 건물의 소유자 甲이 건물을 乙에게 매도하였으나 甲이 소유권보존등기신청을 하지 않아 乙이 소유권이전을 받을 수 없는 경우에 그 건물에 대한 소유권보존등기
> ㄹ. 제한물권의 등기가 불법 말소된 후 소유권이전등기가 마쳐진 경우 제한물권의 말소회복등기

① 없 음   ② 1개
③ 2개   ④ 3개
⑤ 4개

··

[**ㄱ ▸ 공동신청✕**] 가압류등기의 말소는 법원의 말소촉탁에 의하는 것이 원칙이므로 당사자의 신청에 의하여 가압류등기를 말소할 수는 없다. 즉 채권자의 가압류 취하 및 집행취소(해제)신청 등이 있는 경우, 집행법원은 이 신청서 부본 등을 첨부하여 가압류등기의 말소촉탁을 하고 등기관은 이 촉탁에 의하여 그 등기를 말소한다. 부등 실무 3

[ㄴ ▸ 공동신청 ○] 일반적으로 권리의 등기에서 등기원인의 경정은 허용되고, 등기는 법률에 다른 규정이 없는 경우에는 등기권리자와 등기의무자가 공동으로 신청하여야 한다(부동산등기법 제23조 제1항). 부동산표시의 변경이나 경정의 등기는 부동산등기법(이하 '법'이라고만 한다) 제23조 제5항에 의하여 소유권의 등기명의인이 단독으로 신청할 수 있고, 등기명의인표시의 변경이나 경정등기는 법 제23조 제6항에 의하여 해당 권리의 등기명의인이 단독으로 신청할 수 있으나, 등기원인을 경정하는 등기는 위 각 표시의 변경이나 경정에 해당하지 않으므로 단독 신청에 의한 등기의 경우에는 단독 신청으로, 공동 신청에 의한 등기의 경우에는 공동으로 신청하여야 한다(대판 2013.6.27. 2012다118549).

[ㄷ ▸ 공동신청 ×] 소유권보존등기(所有權保存登記) 또는 소유권보존등기의 말소등기(抹消登記)는 등기명의인으로 될 자 또는 등기명의인이 단독으로 신청한다(부동산등기법 제23조 제2항).

[ㄹ ▸ 공동신청 ○] 회복등기의 신청도 일반원칙에 따라 공동으로 하여야 하므로, 회복될 등기의 등기명의인이 등기권리자, 현재의 소유명의인 또는 회복될 등기의 목적인 권리의 등기명의인이 등기의무자로서 공동으로 신청하여야 한다. … 불법하게 말소된 것을 이유로 한 근저당권설정등기의 회복등기청구는 말소 당시의 소유자를 상대로 하여야 한다(등기예규 제137호). 따라서 제3자에게 소유권이 이전된 때에는 현재의 소유명의인은 등기의무자가 아니고 등기상 이해관계인에 불과하다. 법공 부등

답 ❸

21

☐☐☐

판결에 의한 등기신청에 관한 다음 설명 중 가장 옳지 않은 것은? 2023년 법무사시험 [문 19]

① 승소한 등기의무자가 판결에 의하여 단독으로 등기를 신청할 때에는 그의 권리에 관한 등기필정보를 제공하여야 한다.

② 근저당권설정등기를 명하는 판결주문에 채권최고액이 명시되지 않은 경우에는 이 판결에 의하여 등기권리자는 단독으로 근저당권설정등기를 신청할 수 없다.

③ 판결문상에 기재된 피고의 주민등록번호와 등기부상 기재된 등기의무자의 주민등록번호는 동일하나 주소가 서로 다른 경우에는 피고의 주소에 관한 서면을 제출하여야 한다.

④ 패소한 등기의무자는 승소한 등기권리자를 대위하여 등기신청을 할 수 없다.

⑤ 甲이 승소판결을 받아 확정된 후 10년이 지났고, 그 판결에 의해 등기를 신청하여도 등기관은 이를 수리하여야 한다.

....

[❶ ▸ ○] 승소한 등기권리자가 단독으로 판결에 의하여 등기를 신청하는 경우에는 등기의무자의 권리에 관한 등기필정보를 제공할 필요가 없다. 다만 승소한 등기의무자가 단독으로 등기를 신청할 때에는 그의 권리에 관한 등기필정보를 제공하여야 한다(부동산등기법 제50조 제2항)(등기예규 제1786호 5. 바.).

[❷ ▸ ○] 등기예규 제1786호 2. 가. 3) 다) (1)

> ❏ **등기예규 제1786호[판결 등 집행권원에 의한 등기의 신청에 관한 업무처리지침]**
> 2. 법 제23조 제4항 판결의 요건
>   가. 이행판결
>   3) 등기신청할 수 없는 판결의 예시
>   다) 신청서에 기재하여야 할 필수적 기재사항이 판결주문에 명시되지 아니한 경우
>   (1) 근저당권설정등기를 명하는 판결주문에 필수적 기재사항인 채권최고액이나 채무자가 명시되지 아니한 경우

[**❸** ▸ ×] 등기예규 제1786호 5. 라. 1) 다)

> □ **등기예규 제1786호[판결 등 집행권원에 의한 등기의 신청에 관한 업무처리지침]**
>
> 5. 첨부서면
>   라. 주소를 증명하는 서면
>   1) 판결에 의하여 소유권이전등기신청을 하는 경우
>   나) 판결문상의 피고의 주소가 등기기록상의 등기의무자의 주소와 다른 경우(등기기록상 주소가 판결에 병기된 경우 포함)에는 동일인임을 증명할 수 있는 자료로서 주소에 관한 서면을 제출하여야 한다.
>   다) 다음 각 호의 방법으로 확인된 피고의 주민등록번호와 등기기록상에 기재된 등기의무자의 주민등록번호가 동일하여 동일인임을 인정할 수 있는 경우에는 나)를 적용하지 아니한다.
>   1. 「민사소송규칙」제76조의2 제3항에 따른 재판사무시스템을 통하여 확인
>   2. 판결서상에 기재된 피고의 주민등록번호로 확인(2018.3.26. 이전에 작성된 판결문의 경우)

[**❹** ▸ ○] 패소한 등기의무자는 그 판결에 기하여 직접 등기권리자 명의의 등기신청을 하거나 승소한 등기권리자를 대위하여 등기신청을 할 수 없다[등기예규 제1786호 3. 가. 2)].

[**❺** ▸ ○] 등기절차의 이행을 명하는 확정판결을 받았다면 그 확정시기에 관계없이, 즉 확정 후 10년이 경과하였다 하더라도 그 판결에 의한 등기신청을 할 수 있다(등기예규 제1786호 2. 라.).

답 ❸

22
☐☐☐

판결에 의한 등기에 관한 다음 실명 중 가장 옳지 않은 것은?　　2022년 법무사시험 [문 17]

① 피고의 주소를 허위로 기재하여 소송서류 및 판결정본을 그곳으로 송달하게 한 사위판결에 의하여 소유권이전등기가 경료된 후 상소심절차에서 그 사위판결이 취소·기각된 경우 그 취소·기각판결에 의하여 소유권이전등기의 말소등기를 신청할 수 있다.

② 공증인 작성의 공정증서는 설령 부동산에 관한 등기신청의무를 이행하기로 하는 조항이 기재되어 있더라도 등기권리자는 이 공정증서에 의하여 단독으로 등기를 신청할 수 없다.

③ 판결에는 등기권리자와 등기의무자가 나타나야 하며 신청의 대상인 등기의 내용, 즉 등기의 종류, 등기원인과 그 연월일 등 신청서에 기재하여야 할 사항이 명시되어 있어야 한다. 전세권설정등기를 명하는 판결주문에는 신청서에 기재하여야 할 필수적 기재사항인 전세금이나 전세권의 목적인 범위가 명시되어야 한다.

④ 판결에 의한 등기신청이 가능한 승소한 등기권리자에는 적극적인 당사자인 원고뿐만 아니라 피고나 당사자참가인도 포함된다.

⑤ 수익자(甲)를 상대로 사해행위취소판결을 받은 채권자(乙)는 채무자(丙)를 대위하여 단독으로 등기를 신청할 수 있으며, 이 경우 등기신청서의 등기권리자란에는 "丙 대위신청인 乙"과 같이 기재하고 등기의무자란에는 "甲"을 기재한다.

[**❶** ▸ ✕] 판결에 의하여 등기권리자가 단독으로 등기신청을 하기 위하여는 그 판결주문에 어떠한 등기절차의 이행을 명하는지가 나타나 있어야 하는바, 원고가 피고의 주소를 허위로 기재하여 소송서류 및 판결정본을 그곳으로 송달하게 한 소위 사위판결에 의하여 소유권이전등기가 경료된 후 상소심절차에서 그 사위판결이 취소·기각된 경우, 그 취소·기각 판결에는 등기절차의 이행을 명하는 취지가 나타나지 아니하므로 <u>그 취소·기각판결에 의하여는 위 소유권이전등기의 말소등기를 단독으로 신청할 수 없고</u>, 당사자가 공동으로 신청하거나 등기의무자가 협조하지 아니하는 때에는 다시 소유권이전등기말소등기절차의 이행을 명하는 판결을 받아 단독으로 그 말소등기를 신청할 수 있다(등기선례 제4-486호).

[**❷** ▸ ○] 공증인 작성의 공정증서는 설령 부동산에 관한 등기신청의무를 이행하기로 하는 조항이 기재되어 있더라도 등기권리자는 이 공정증서에 의하여 단독으로 등기를 신청할 수 없다[등기예규 제1786호 2. 다. 3)].

[**❸** ▸ ○] 등기예규 제1786호 2. 가.

❑ **등기예규 제1786호[판결 등 집행권원에 의한 등기의 신청에 관한 업무처리지침]**

2. 법 제23조 제4항 판결의 요건
   가. 이행판결
      1) 법 제23조 제4항의 판결은 등기신청절차의 이행을 명하는 이행판결이어야 하며, 주문의 형태는 "○○○등기절차를 이행하라"와 같이 등기신청 의사를 진술하는 것이어야 한다. 다만 공유물분할판결의 경우에는 예외로 한다.
      2) <u>위 판결에는 등기권리자와 등기의무자가 나타나야 하며, 신청의 대상인 등기의 내용, 즉 등기의 종류, 등기원인과 그 연월일 등 신청서에 기재하여야 할 사항이 명시되어 있어야 한다.</u>
      3) 등기신청할 수 없는 판결의 예시
         가) 등기신청절차의 이행을 명하는 판결이 아닌 경우
            (1) "○○재건축조합의 조합원 지위를 양도하라"와 같은 판결
            (2) "소유권지분 10분의 3을 양도한다"라고 한 화해조서
            (3) "소유권이전등기절차에 필요한 서류를 교부한다"라고 한 화해조서
         나) 이행판결이 아닌 경우
            (1) 매매계약이 무효라는 확인판결에 의한 소유권이전등기의 말소등기신청
            (2) 소유권확인판결에 의한 소유권이전등기의 신청
            (3) 통행권 확인판결에 의한 지역권설정등기의 신청
            (4) 재심의 소에 의하여 재심대상 판결이 취소된 경우 그 재심판결로 취소된 판결에 의하여 경료된 소유권이전등기의 말소등기 신청
            (5) 피고의 주소를 허위로 기재하여 소송서류 및 판결정본을 그곳으로 송달하게 한 사위판결에 의하여 소유권이전등기가 경료된 후 상소심절차에서 그 사위판결이 취소·기각된 경우 그 취소·기각판결에 의한 소유권이전등기의 말소등기 신청
         다) 신청서에 기재하여야 할 필수적 기재사항이 판결주문에 명시되지 아니한 경우
            (1) 근저당권설정등기를 명하는 판결주문에 필수적 기재사항인 채권최고액이나 채무자가 명시되지 아니한 경우
            (2) <u>전세권설정등기를 명하는 판결주문에 필수적 기재사항인 전세금이나 전세권의 목적인 범위가 명시되지 아니한 경우</u>

[**❹** ▸ ○] 등기예규 제1786호 3. 가. 3)

❑ **등기예규 제1786호[판결 등 집행권원에 의한 등기의 신청에 관한 업무처리지침]**

3. 신청인
   가. 승소한 등기권리자 또는 승소한 등기의무자
      1) 승소한 등기권리자 또는 승소한 등기의무자는 단독으로 판결에 의한 등기신청을 할 수 있다.

---

2) 패소한 등기의무자는 그 판결에 기하여 직접 등기권리자 명의의 등기신청을 하거나 승소한 등기권리자를 대위하여 등기신청을 할 수 없다.
3) 승소한 등기권리자에는 적극적 당사자인 원고뿐만 아니라 피고나 당사자참가인도 포함된다.

[❺ ▸ ○] 수익자(갑)를 상대로 사해행위취소판결을 받은 채권자(을)는 채무자(병)를 대위하여 단독으로 등기를 신청할 수 있다. 이 경우 등기신청서의 등기권리자란에는 "병 대위신청인 을"과 같이 기재하고, 등기의무자란에는 "갑"을 기재한다(등기예규 제1786호 3. 마.).

답 ❶

23

공동신청주의의 예외에 관한 다음 설명 중 가장 옳지 않은 것은? 2021년 법무사시험 [문 13]

① 소유권보존등기 또는 소유권보존등기의 말소등기는 등기명의인으로 될 자 또는 등기명의인이 단독으로 신청한다.
② 가등기권리자는 가등기의무자의 승낙이 있을 때에는 단독으로 가등기를 신청할 수 있고, 가등기명의인은 단독으로 가등기의 말소를 신청할 수 있다.
③ 등기명의인표시의 변경이나 경정의 등기는 해당 권리의 등기명의인이 단독으로 신청한다.
④ 공유물을 분할하는 판결에 의한 등기는 등기의무자가 단독으로 신청할 수 없다.
⑤ 수용으로 인한 소유권이전등기는 등기권리자가 단독으로 신청할 수 있다.

[❶ ▸ ○] 소유권보존등기 또는 소유권보존등기의 말소등기는 등기명의인으로 될 자 또는 등기명의인이 단독으로 신청한다(부동산등기법 제23조 제2항).
[❷ ▸ ○] 부동산등기법 제89조, 제93조 제1항

부동산등기법 제89조(가등기의 신청방법)
가등기권리자는 제23조 제1항에도 불구하고 가등기의무자의 승낙이 있거나 가등기를 명하는 법원의 가처분명령(假處分命令)이 있을 때에는 단독으로 가등기를 신청할 수 있다.

부동산등기법 제93조(가등기의 말소)
① 가등기명의인은 제23조 제1항에도 불구하고 단독으로 가등기의 말소를 신청할 수 있다.

[❸ ▸ ○] 등기명의인표시의 변경이나 경정의 등기는 해당 권리의 등기명의인이 단독으로 신청한다(부동산등기법 제23조 제6항).
[❹ ▸ ✕] 등기절차의 이행 또는 인수를 명하는 판결에 의한 등기는 승소한 등기권리자 또는 등기의무자가 단독으로 신청하고, 공유물을 분할하는 판결에 의한 등기는 등기권리자 또는 등기의무자가 단독으로 신청한다(부동산등기법 제23조 제4항).
[❺ ▸ ○] 수용으로 인한 소유권이전등기는 제23조 제1항에도 불구하고 등기권리자가 단독으로 신청할 수 있다(부동산등기법 제99조 제1항).

답 ❹

24 □□□ 집행문 및 공유물분할판결에 따른 등기신청에 관한 다음 설명 중 가장 옳지 않은 것은?(다툼이 있는 경우 판례·예규 및 선례에 따르고 전원합의체 판결의 경우 다수의견에 의함. 이하 같음)

2021년 법무사시험 [문 1]

① 공유물을 분할하는 판결에 의한 등기는 등기권리자 또는 등기의무자가 단독으로 신청한다.
② 진정명의 회복을 원인으로 하는 소유권이전등기절차를 이행하라는 확정판결의 변론종결 후 그 판결에 따른 등기신청 전에 그 권리에 대한 제3자 명의의 이전등기가 경료된 경우, 제3자가 변론종결 뒤의 승계인에 해당하여 위 판결의 기판력이 그에게 미친다는 이유로 원고가 위 제3자에 대한 승계집행문을 부여받은 경우에는, 원고는 그 제3자를 등기의무자로 하여 곧바로 판결에 따른 권리이전등기를 단독으로 신청할 수 있다.
③ 등기신청서에 기재하는 등기원인과 그 연월일은 공유물분할판결의 경우 등기원인은 "공유물 분할"로, 그 연월일은 "판결확정일"을 기재한다.
④ 공유물분할판결의 변론종결 후 그 판결의 확정 전에 일부 공유자의 지분이 제3자에게 이전된 경우, 위 제3자가 변론을 종결한 뒤의 승계인에 해당하여 위 판결의 기판력이 그에게 미친다는 이유로 종전 공유자가 취득한 분할부분에 관하여 자신을 위한 승계집행문을 부여받은 경우에는, 그 제3자는 다른 공유자 명의의 지분에 대하여 곧바로 자신 앞으로 판결에 따른 이전등기를 단독으로 신청할 수 있다.
⑤ 공유물분할판결의 경우와 마찬가지로, 현물분할을 내용으로 하는 공유물 분할에 관하여 조정이나 화해권고결정이 확정된 후 그 조정이나 화해권고결정에 따른 등기신청 전에 일부 공유자의 지분이 제3자에게 이전된 경우에 다른 공유자는 자신이 취득하는 것으로 정해진 분할부분에 관하여 위 제3자에 대한 승계집행문을 부여받아 제3자 명의의 지분에 대하여 자신 앞으로의 이전등기를 단독으로 신청할 수 있다.

·····

[**❶** ▶ ○] 등기절차의 이행 또는 인수를 명하는 판결에 의한 등기는 승소한 등기권리자 또는 등기의무자가 단독으로 신청하고, 공유물을 분할하는 판결에 의한 등기는 등기권리자 또는 등기의무자가 단독으로 신청한다(부동산등기법 제23조 제4항).
[**❷** ▶ ○] 등기예규 제1786호 5. 다. 1) 나)

> □ **등기예규 제1786호[판결 등 집행권원에 의한 등기의 신청에 관한 업무처리지침]**
> 5. 첨부서면
>   다. 승계집행문
>   1) 이행판결
>   가) 등기절차의 이행을 명하는 확정판결의 변론종결 후 그 판결에 따른 등기신청 전에 등기의무자인 피고 명의의 등기를 기초로 한 제3자 명의의 새로운 등기가 경료된 경우[단, 아래 나)의 경우를 제외한다]로서 제3자가 민사소송법 제218조 제1항의 변론을 종결한 뒤의 승계인에 해당하여 위 판결의 기판력이 그에게 미친다는 이유로 원고가 위 제3자에 대한 승계집행문을 부여받은 경우에는, 원고는 그 제3자 명의의 등기의 말소등기와 판결에서 명한 등기를 단독으로 신청할 수 있으며, 위 각 등기는 동시에 신청하여야 한다.

나) 권리이전등기((예) 진정명의 회복을 원인으로 하는 소유권이전등기)절차를 이행하라는 확정 판결의 변론종결 후 그 판결에 따른 등기신청 전에 그 권리에 대한 제3자 명의의 이전등기가 경료된 경우로서 제3자가 민사소송법 제218조 제1항의 변론을 종결한 뒤의 승계인에 해당하여 위 판결의 기판력이 그에게 미친다는 이유로 원고가 위 제3자에 대한 승계집행문을 부여받은 경우에는, 원고는 그 제3자를 등기의무자로 하여 곧바로 판결에 따른 권리이전등기를 단독으로 신청할 수 있다.

[❸ ▸ ○] 등기예규 제1786호 4. 나. 2) 가)

> ❑ **등기예규 제1786호[판결 등 집행권원에 의한 등기의 신청에 관한 업무처리지침]**
> 4. 등기원인과 그 연월일
> 　　나. 형성판결
> 　　　　1) 권리변경의 원인이 판결 자체, 즉 형성판결인 경우 등기신청서에는 등기원인은 "판결에서 행한 형성처분"을 기재하고, 그 연월일은 "판결확정일"을 기재한다.
> 　　　　2) 예 시
> 　　　　　　가) 공유물분할판결의 경우 등기원인은 "공유물 분할"로, 그 연월일은 "판결확정일"을 기재한다.
> 　　　　　　나) 사해행위취소판결의 경우 등기원인은 "사해행위 취소"로, 그 연월일은 "판결확정일"을 기재한다.
> 　　　　　　다) 재산분할심판의 경우 등기원인은 "재산분할"로, 그 연월일은 "심판확정일"을 기재한다.

[❹ ▸ ○] 등기예규 제1786호 5. 다. 2) 나) (2)

> ❑ **등기예규 제1786호[판결 등 집행권원에 의한 등기의 신청에 관한 업무처리지침]**
> 5. 첨부서면
> 　　다. 승계집행문
> 　　　　2) 공유물분할판결
> 　　　　　　나) 일부 공유자의 지분이 제3자에게 이전된 경우
> 　　　　　　　　(1) 등기의무자의 승계 : 공유물분할판결의 변론종결 후 그 판결에 따른 등기신청 전에 일부 공유자의 지분이 제3자에게 이전된 경우로서 제3자가 민사소송법 제218조 제1항의 변론을 종결한 뒤의 승계인에 해당하여 위 판결의 기판력이 그에게 미친다는 이유로 다른 공유자가 자신이 취득한 분할부분에 관하여 위 제3자에 대한 승계집행문을 부여받은 경우에는, 그 공유자는 제3자 명의의 지분에 대하여 그 제3자를 등기의무자로 하여 곧바로 판결에 따른 이전등기를 단독으로 신청할 수 있다.
> 　　　　　　　　(2) 등기권리자의 승계 : 공유물분할판결의 변론종결 후 그 판결의 확정 전에 일부 공유자의 지분이 제3자에게 이전된 경우로서 위 제3자가 민사소송법 제218조 제1항의 변론을 종결한 뒤의 승계인에 해당하여 위 판결의 기판력이 그에게 미친다는 이유로 종전 공유자가 취득한 분할부분에 관하여 자신을 위한 승계집행문을 부여받은 경우에는, 그 제3자는 다른 공유자 명의의 지분에 대하여 곧바로 자신 앞으로 판결에 따른 이전등기를 단독으로 신청할 수 있다.

[❺ ▸ ✕] 현물분할을 내용으로 하는 공유물 분할에 관한 판결이 확정된 후 그 판결에 따른 등기신청 전에 일부 공유자의 지분이 제3자에게 이전된 경우, 다른 공유자는 자신이 취득한 분할부분에 관하여 위 제3자에 대한 승계집행문을 부여받아 제3자 명의의 지분에 대하여 자신 앞으로의 이전등기를 단독으로 신청할 수 있으나, 현물분할을 내용으로 하는 공유물 분할에 관하여 화해권고결정이 확정된 후 그 결정에 따른 등기신청 전에 일부 공유자의 지분이 제3자에게 이전된 경우에는 위와 달리 다른 공유자는 자신이 취득하는 것으로 정해진 분할부분에 관하여 위 제3자에 대한 승계집행문을 부여받아 제3자 명의의 지분에 대하여 자신 앞으로의 이전등기를 단독으로 신청할 수는 없다(부동산등기선례 제201906-4호).

답 ❺

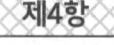

25
□□□

법인의 합병·분할을 원인으로 한 소유권이전등기에 관한 다음 설명 중 가장 옳지 않은 것은?
2024년 법무사시험 [문 25]

① 합병으로 인하여 소멸한 회사명의로 되어 있는 부동산을 합병 후 존속 또는 신설된 회사명의로 하기 위하여는 등기명의인표시변경등기를 할 것이 아니라 소유권이전등기를 하여야 한다.

② 乙 회사가 甲 회사를 흡수합병한 후 丙 회사가 乙 회사를 다시 흡수합병한 경우에는 甲 회사로부터 丙 회사 앞으로 바로 소유권이전등기를 할 수 있다.

③ 甲 회사가 乙 회사로 흡수합병된 후 乙 회사가 乙 회사의 일부를 분할하여 丙 회사를 설립한 경우, 분할계획서에 분할로 인하여 丙 회사로 이전될 재산으로 기재된 甲 회사 명의의 소유권이전등기는 丙 회사가 단독으로 신청할 수 있다.

④ 甲 회사가 상호를 乙 회사로 변경하였으나 등기명의인표시를 변경하기 전에 丙 회사에 흡수합병된 경우 합병 후 존속하는 丙 회사는 甲 회사의 등기명의인표시를 乙 회사로 변경할 수 없으므로 합병으로 인하여 소멸하는 회사의 명칭이 변경된 사실이 나타나는 법인등기사항증명서를 첨부정보로 제공하여 바로 합병을 원인으로 하는 소유권이전등기를 신청할 수 있다.

⑤ 회사분할을 원인으로 하는 소유권이전등기 신청의 경우에는 토지거래허가증을 첨부정보로 제공할 필요가 없다.

[❶ ▸ ○] 합병 후 존속하는 회사 또는 합병으로 인하여 설립된 회사는 합병으로 인하여 소멸하는 회사의 권리의무를 포괄승계하는 것이므로, 합병으로 인하여 소멸한 회사명의로 되어 있는 부동산을 합병 후 존속 또는 신설된 회사명의로 하기 위하여는 등기명의인표시변경등기를 할 것이 아니라 소유권이전등기를 하여야 한다(등기선례 제3-464호).

[❷ ▸ ○] 합병으로 존속한 회사는 합병으로 인하여 소멸된 회사의 권리의무를 포괄승계하므로, 을 회사가 갑 회사를 흡수합병한 후 병 회사가 을 회사를 다시 흡수합병한 경우에는 갑 회사로부터 병 회사 앞으로 바로 소유권 및 근저당권 이전등기를 할 수 있다(등기선례 제5-347호).

[❸ ▸ ×] 갑 회사가 을 회사로 흡수합병된 후 을 회사가 을 회사의 일부를 분할하여 병 회사를 설립한 경우, 분할 전 을 회사는 존속하므로 「부동산등기규칙」 제42조 제1호의 '법인의 분할로 인하여 분할 전 법인이 소멸하는 경우'에 해당하지 않는다. 따라서 분할계획서에 분할로 인하여 병 회사로 이전될 재산으로 기재된 갑 회사 명의의 소유권 또는 근저당권의 이전등기는 병 회사가 등기권리자로서, 분할 전 을 회사가 등기의무자로서 공동으로 신청하여야 한다. 이 경우 갑 회사, 을 회사, 병 회사로의 합병·분할을 증명하는 서면(법인등기사항증명서 등), 분할계획서 및 등기의무자 을 회사의 인감증명서(소유권이전등기의 경우)가 첨부정보로 제출되어야 하고, 등기필정보는 제출될 필요가 없다. 또한 갑 회사와 을 회사 사이의 합병으로 인한 소유권이전등기 또는 근저당권이전등기도 선행될 필요가 없다. 반면, 분할로 인하여 분할 전 을 회사가 소멸하는 경우에는 병 회사가 회사분할을 원인으로 하여 단독으로 신청할 수 있다(부동산등기선례 제202102-1호).

[❹ ▸ ○] 갑 회사가 상호를 을 회사로 변경하였으나 등기명의인표시를 변경하기 전에 병 회사에 흡수합병된 경우 합병 후 존속하는 병 회사는 갑 회사의 등기명의인표시를 을 회사로 변경할 수 없으므로 합병으로 인하여 소멸하는 회사의 명칭이 변경된 사실이 나타나는 법인등기사항증명서를 첨부하여 바로 합병을 원인으로 하는 소유권이전등기를 신청할 수 있다(등기선례 제201107-1호).

[❺ ▸ ○] 상법의 규정에 의한 회사의 분할을 원인으로 하는 소유권이전등기 신청의 경우에는 토지거래허가서를 첨부할 필요가 없다(등기선례 제200412-15호).

답 ❸

26 포괄승계와 관련한 부동산등기에 관한 다음 설명 중 가장 옳지 않은 것은?

① 피상속인이 생전에 자기 소유 부동산을 매도하고 매매대금을 모두 지급받기 전에 사망한 경우, 상속인은 당해 부동산에 관하여 상속등기를 거칠 필요 없이 상속을 증명하는 서면을 첨부하여 피상속인으로부터 바로 매수인 앞으로 소유권이전등기를 신청할 수 있다.

② 토지 매매계약 후 매도인 명의의 토지거래계약허가신청서를 제출하였으나 매도인이 사망한 후에 토지거래계약허가증을 교부받은 경우, 상속인은 상속인을 거래당사자로 한 토지거래계약허가증을 발급받아야만 피상속인으로부터 매수인 앞으로 소유권이전등기를 신청할 수 있다.

③ 甲 법인과 乙 법인을 합병하여 丙 법인을 신설한 경우 丙이 소멸한 법인 명의로 경료되어 있는 근저당권등기의 말소신청을 함에 있어, 그 등기원인이 합병등기 전에 이미 발생한 것인 때에는 합병으로 인한 근저당권이전등기를 거칠 필요 없이 곧바로 합병을 증명하는 정보를 제공하여 말소등기를 신청하면 된다.

④ 법률에 의하여 법인의 포괄승계가 있고 해당 법률의 본문 또는 부칙에 등기기록상 종전 법인의 명의를 승계법인의 명의로 본다는 취지의 간주 규정이 있는 경우에는 승계법인이 등기명의인 표시 변경등기를 하지 않고서도 다른 등기를 신청할 수 있다.

⑤ 신청정보의 등기의무자의 표시가 등기기록과 일치하지 아니한 경우 각하사유에 해당하나, 부동산 등기법 제27조에 따라 포괄승계인이 등기신청을 하는 경우는 각하 예외사유에 해당한다.

[**❶ ▶ O**] 등기원인이 발생한 후에 등기권리자 또는 등기의무자에 대하여 상속이나 그 밖의 포괄승계가 있는 경우에는 상속인이나 그 밖의 포괄승계인이 그 등기를 신청할 수 있으므로(부동산등기법 제27조), 피상속인이 생전에 자기 소유 부동산을 매도하고 매매대금을 모두 지급받기 전에 사망한 경우, 상속인은 당해 부동산에 관하여 상속등기를 거칠 필요 없이 상속을 증명하는 서면을 첨부하여 피상속인으로부터 바로 매수인 앞으로 소유권이전등기를 신청할 수 있다(등기선례 제6-216호).

[**❷ ▶ ×**] 토지거래허가구역 내의 토지 등의 거래를 체결하고자 하는 당사자는 공동으로 토지거래계약 또는 예약을 체결하기 전에 그 허가신청서를 제출하여야 하고, 허가받은 내용을 변경하고자 하는 경우에도 거래계약 또는 예약을 체결하기 전에 다시 허가신청서를 제출하여야 하나, 매도인 명의의 허가신청서를 제출하여 그 허가를 받기 전에 매도인이 사망하여 매도인 명의의 토지거래허가증을 교부받은 경우, 상속인은 매도인을 포괄승계한 것이므로 실질적인 계약내용의 변경이 없다면, 상속인은 매도인 명의의 토지거래허가증에 상속사실을 증명하는 서면을 첨부하여 등기신청을 할 수 있다(등기선례 제5-69호).

[**❸ ▶ O**] 합병 후 존속하는 회사 또는 합병으로 인하여 설립된 회사는 합병으로 인하여 소멸된 회사의 권리의무를 포괄승계하므로(상법 제530조 제2항, 제235조), 합병으로 인하여 소멸된 회사가 합병 전에 그 회사명의로 설정받은 근저당권에 관하여는 합병으로 인한 근저당권이전등기를 거치지 아니하고서도 합병 후 존속하는 회사 또는 합병으로 인하여 설립된 회사가 그 권리행사를 할 수 있을 것이다. 다만 그 근저당권등기의 말소등기는 그 등기원인이 합병등기 전에 발생한 것인 때에는 합병으로 인한 근저당권이전등기를 거치지 아니하고서도 합병 후 존속하는 회사 또는 합병으로 인하여 설립된 회사가 합병을 증명하는 서면을 첨부하여 신청할 수 있을 것이나, 그 등기원인이 합병등기 후에 발생한 것인 때에는 먼저 합병으로 인한 근저당권이전등기를 거치지 않고서는 신청할 수 없을 것이다(등기선례 제2-385호).

[**④** ▸ ○] 특별법에 의하여 법인이 해산됨과 동시에 설립되는 법인이 해산되는 법인의 재산과 권리·의무를 포괄승계하는 경우, 그 법에 "해산법인의 등기명의는 신설법인의 등기명의로 본다"는 특별규정이 있는 때에는 새로운 법인은 자신 명의로의 등기절차를 밟지 않고 직접 제3자 명의로 소유권이전등기를 신청할 수 있으므로, "농어촌진흥공사", "농업기반공사" 또는 "한국농촌공사" 소유명의의 부동산에 대하여 매매를 원인으로 소유권이전등기를 신청할 때에 소유명의인의 명칭을 "한국농어촌공사"로 변경하는 등기명의인표시 변경등기를 선행할 필요는 없다(부동산등기선례 제201908-3호).

[**⑤** ▸ ○] 부동산등기법 제29조 제7호 가목

> **부동산등기법 제29조(신청의 각하)**
> 등기관은 다음 각 호의 어느 하나에 해당하는 경우에만 이유를 적은 결정으로 신청을 각하(却下)하여야 한다. 다만, 신청의 잘못된 부분이 보정(補正)될 수 있는 경우로서 신청인이 등기관이 보정을 명한 날의 다음 날까지 그 잘못된 부분을 보정하였을 때에는 그러하지 아니하다.
>   7. 신청정보의 등기의무자의 표시가 등기기록과 일치하지 아니한 경우. 다만, 다음 각 목의 어느 하나에 해당하는 경우는 제외한다.
>   가. 제27조에 따라 포괄승계인이 등기신청을 하는 경우
>   나. 신청정보와 등기기록의 등기의무자가 동일인임을 대법원규칙으로 정하는 바에 따라 확인할 수 있는 경우

답 ②

제5항 대위등기신청

27
☐☐☐

채권자의 대위에 의한 등기에 관한 다음 설명 중 가장 옳지 않은 것은?

2025년 법무사시험 [문 17]

① 등기관이 등기를 완료한 때에는 대위신청인과 피대위자에게 등기완료통지를 하고, 등기권리자에게 등기필정보를 작성·통지한다.
② 채권자대위소송에서 채무자가 채권자대위소송이 제기된 사실을 알았을 경우에는 채무자 또는 제3채권자도 채권자가 얻은 승소판결에 의하여 단독으로 등기를 신청할 수 있다.
③ 채권자가 채무자를 대위하여 등기를 신청하는 경우 채무자로부터 채권자 자신으로의 등기를 동시에 신청하지 않더라도 이를 수리한다.
④ 상속등기를 하지 아니한 부동산에 대하여 가압류결정이 있을 때 가압류채권자는 그 기입등기촉탁 이전에 먼저 대위에 의하여 상속등기를 하여야 한다.
⑤ 채권자가 가처분권리자인 채무자를 대위하여 제기한 소유권이전등기말소청구소송의 판결주문에 대위사실이 나타나지 않은 경우에도 판결에 따른 말소등기와 동시에 가처분등기를 직권으로 말소할 수 있다.

[**❶** ▸ ×] 대위신청에 따른 등기를 한 경우 등기관은 대위신청인인 채권자와 피대위자인 채무자에게 등기완료통지를 하여야 한다(부동산등기법 제30조, 부동산등기규칙 제53조 제1항 제2호). 등기필정보의 작성·통지는 하지 않는다(부동산등기법 제50조 제1항 제3호, 부동산등기규칙 제109조 제2항 제4호).

부등 실무 1

부동산등기법 제30조(등기완료의 통지)
등기관이 등기를 마쳤을 때에는 대법원규칙으로 정하는 바에 따라 신청인 등에게 그 사실을 알려야 한다.

> **부동산등기규칙 제53조(등기완료통지)**
> ① 법 제30조에 따른 등기완료통지는 신청인 및 다음 각 호의 어느 하나에 해당하는 자에게 하여야 한다.
> 1. 법 제23조 제4항에 따른 승소한 등기의무자의 등기신청에 있어서 등기권리자
> 2. 법 제28조에 따른 대위자의 등기신청에서 피대위자
> 3. 법 제51조에 따른 등기신청에서 등기의무자
> 4. 법 제66조에 따른 직권 소유권보존등기에서 등기명의인
> 5. 공유자 중 일부가 「민법」 제265조 단서에 따른 공유물의 보존행위로서 공유자 전원을 등기권리 자로 하여 권리에 관한 등기를 신청한 경우 그 나머지 공유자
> 6. 관공서가 촉탁하는 등기에서 관공서

부동산등기법 제50조(등기필정보)
① 등기관이 새로운 권리에 관한 등기를 마쳤을 때에는 등기필정보를 작성하여 등기권리자에게 통지하여야 한다. 다만, 다음 각 호의 어느 하나에 해당하는 경우에는 그러하지 아니하다.
1. 등기권리자가 등기필정보의 통지를 원하지 아니하는 경우
2. 국가 또는 지방자치단체가 등기권리자인 경우
3. 제1호 및 제2호에서 규정한 경우 외에 대법원규칙으로 정하는 경우

> **부동산등기규칙 제109조(등기필정보를 작성 또는 통지할 필요가 없는 경우)**
> ② 법 제50조 제1항 제3호에서 "대법원규칙으로 정하는 경우"란 다음 각 호의 어느 하나에 해당 하는 경우를 말한다.
> 1. 등기필정보를 전산정보처리조직으로 통지받아야 할 자가 수신이 가능한 때부터 3개월 이내에 전산정보처리조직을 이용하여 수신하지 않은 경우
> 2. 등기필정보통지서를 수령할 자가 등기를 마친 때부터 3개월 이내에 그 서면을 수령하지 않은 경우
> 3. 법 제23조 제4항에 따라 승소한 등기의무자가 등기신청을 한 경우
> 4. 법 제28조에 따라 등기권리자를 대위하여 등기신청을 한 경우
> 5. 법 제66조 제1항에 따라 등기관이 직권으로 소유권보존등기를 한 경우
> 6. 공유자 중 일부가 「민법」 제265조 단서에 따른 공유물의 보존행위로서 공유자 전원을 등기권리자로 하여 권리에 관한 등기를 신청한 경우(등기권리자가 그 나머지 공유자인 경우로 한정한다)

[**❷** ▸ ○] 채권자대위소송에서 채무자가 채권자대위소송이 제기된 사실을 알았을 경우에는 채무자 또는 제3채권자도 채권자가 얻은 승소판결에 의하여 단독으로 등기를 신청할 수 있다[등기예규 제1786호 3. 라. 2)].

[❸ ▶ ○] 채권자가 채무자를 대위하여 등기를 신청하는 경우 채무자로부터 채권자 자신으로의 등기를 동시에 신청하지 않더라도 이를 수리한다(등기예규 제1432호 4. 가.).

[❹ ▶ ○] 상속등기를 하지 아니한 부동산에 대하여 가압류결정이 있을 때 가압류채권자는 그 기입등기촉탁 이전에 먼저 대위에 의하여 상속등기를 함으로써 등기의무자의 표시가 등기기록과 부합하도록 하여야 한다[등기예규 제1432호 5. 가. (1)].

[❺ ▶ ○] 소유권이전등기말소청구권을 피보전권리로 한 가처분권자의 채권자(원고)가 채무자인 가처분권자(소외인)를 대위하여 제3채무자인 현재의 등기부상 소유자(피고)를 상대로 한 소송에서 채권자인 원고 본인에게 직접 이행을 명하는 주문의 판결을 가지고 소유권이전등기의 말소신청을 하는 경우와 같이 판결주문만으로 대위사실을 알 수 없는 경우에도 승소판결을 받은 원고(가처분권자의 채권자)는 이 판결을 가지고 가처분권자를 대위하여 가처분에 저촉되는 등기의 말소등기 및 판결에 의한 소유권이전등기 말소등기를 신청할 수 있으며, 이 경우에 등기관은 위 등기를 마친 후 직권으로 그 가처분등기도 말소하여야 한다(등기선례 제201310-4호).

답 ❶

28

대위등기신청에 관한 다음 설명 중 가장 옳지 않은 것은? 2024년 법무사시험 [문 13]

① 채권자가 채무자에 대한 소유권이전등기청구권을 보전하기 위하여 채무자를 대위하여 등기를 신청하는 경우에는 채무자의 무자력을 요건으로 하지 아니한다.

② 주택법 제61조 제3항의 규정에 따른 금지사항 부기등기가 마쳐진 주택에 대한 가압류채권자는 당해 주택에 입주예정자가 없다는 사실을 증명하여 부기등기의 말소를 대위신청할 수 있다.

③ 1동의 건물에 속하는 구분건물 중 일부만에 관하여 소유권보존등기를 신청하는 경우에는 구분건물의 소유자는 다른 구분건물의 소유자를 대위하여 1동의 건물에 속하는 구분건물 전부에 대하여 소유권보존등기를 신청할 수 있다.

④ 어느 부동산의 진정한 소유자인 甲이 소유권보존등기 명의인인 乙을 상대로 제기한 소에서 乙 명의의 소유권보존등기를 말소하라는 판결을 받은 경우 甲은 乙을 대위하여 乙 명의의 소유권보존등기의 말소등기를 신청할 수 있다.

⑤ 대위신청에 따른 등기를 한 경우 등기관은 대위신청인인 채권자와 피대위자인 채무자에게 등기완료통지를 하여야 하나, 등기필정보의 작성·통지는 하지 않는다.

[**❶ ▸ ○**] 채권자는 자기의 채무자에 대한 부동산의 소유권이전등기청구권 등 특정채권을 보전하기 위하여 채무자가 방치하고 있는 그 부동산에 관한 특정권리를 대위하여 행사할 수 있고 그 경우에는 채무자의 무자력을 요건으로 하지 아니하는 것이다(대판 1992.10.27. 91다483).

[**❷ ▸ ○**] 주택법의 규정에 따른 금지사항의 부기등기가 경료된 주택이나 미분양으로 입주예정자가 없는 경우, 사업주체는 그 사실을 증명하는 서면을 첨부하여 당해 주택에 관한 금지사항 부기등기의 말소를 신청할 수 있으므로, 가압류채권자는 당해 주택에 입주예정자가 없다는 사실을 증명하는 서면과 대위원인을 증명하는 서면(가압류결정문 등)을 첨부하여 위 부기등기의 말소를 대위신청 할 수 있다(등기선례 제200507-8호).

[**❸ ▸ ✕**] 부동산등기법 제46조 제1항, 제2항

부동산등기법 제46조(구분건물의 표시에 관한 등기)
① 1동의 건물에 속하는 구분건물 중 일부만에 관하여 소유권보존등기를 신청하는 경우에는 나머지 구분건물의 표시에 관한 등기를 동시에 신청하여야 한다.
② 제1항의 경우에 구분건물의 소유자는 1동에 속하는 다른 구분건물의 소유자를 대위하여 <u>그 건물의 표시에 관한 등기를 신청할 수 있다.</u>

[**❹ ▸ ○**] 외견상 채무자에게 불이익이 되는 등기라 하더라도 물권의 현황과 일치되는 것은 대위신청을 할 수 있다고 해석된다. 예를 들어 갑이 을을 상대로 을 명의의 소유권보존등기를 말소하라는 취지의 소를 제기한 사안에서, 원고 갑이 진정한 소유자임을 이유로 을 명의의 보존등기를 말소하라는 판결이 있는 경우 을 명의의 등기를 갑이 대위해서 말소할 수 없다고 한다면 진정한 소유자인 갑은 판결을 받고도 보존등기를 할 수 없는 문제가 발생한다. 이때에는 갑이 을을 대위해서 을 명의의 보존등기를 말소한 다음 자기 명의로 보존등기를 할 수 있다고 함이 등기실무이다. 법공 부동

[**❺ ▸ ○**] 대위신청에 따른 등기를 한 경우 등기관은 대위신청인인 채권자와 피대위자인 채무자에게 등기완료통지를 하여야 한다(부동산등기법 제30조, 부동산등기규칙 제53조 제1항 제2호). 등기필정보의 작성·통지는 하지 않는다(부동산등기법 제50조 제1항 제3호, 부동산등기규칙 제109조 제2항 제4호). 부등 실무 1

부동산등기법 제30조(등기완료의 통지)
등기관이 등기를 마쳤을 때에는 대법원규칙으로 정하는 바에 따라 신청인 등에게 그 사실을 알려야 한다.

부동산등기규칙 제53조(등기완료통지)
① 법 제30조에 따른 등기완료통지는 신청인 및 다음 각 호의 어느 하나에 해당하는 자에게 하여야 한다.
 1. 법 제23조 제4항에 따른 승소한 등기의무자의 등기신청에 있어서 등기권리자
 2. 법 제28조에 따른 대위자의 등기신청에서 피대위자
 3. 법 제51조에 따른 등기신청에서 등기의무자
 4. 법 제66조에 따른 직권 소유권보존등기에서 등기명의인
 5. 공유자 중 일부가 「민법」 제265조 단서에 따른 공유물의 보존행위로서 공유자 전원을 등기권리자로 하여 권리에 관한 등기를 신청한 경우 그 나머지 공유자
 6. 관공서가 촉탁하는 등기에서 관공서

부동산등기법 제50조(등기필정보)

① 등기관이 새로운 권리에 관한 등기를 마쳤을 때에는 등기필정보를 작성하여 등기권리자에게 통지하여야 한다. 다만, 다음 각 호의 어느 하나에 해당하는 경우에는 그러하지 아니하다.

1. 등기권리자가 등기필정보의 통지를 원하지 아니하는 경우
2. 국가 또는 지방자치단체가 등기권리자인 경우
3. 제1호 및 제2호에서 규정한 경우 외에 대법원규칙으로 정하는 경우

> **부동산등기규칙 제109조(등기필정보를 작성 또는 통지할 필요가 없는 경우)**
>
> ② 법 제50조 제1항 제3호에서 "대법원규칙으로 정하는 경우"란 다음 각 호의 어느 하나에 해당하는 경우를 말한다.
>
> 1. 등기필정보를 전산정보처리조직으로 통지받아야 할 자가 수신이 가능한 때부터 3개월 이내에 전산정보처리조직을 이용하여 수신하지 않은 경우
> 2. 등기필정보통지서를 수령할 자가 등기를 마친 때부터 3개월 이내에 그 서면을 수령하지 않은 경우
> 3. 법 제23조 제4항에 따라 승소한 등기의무자가 등기신청을 한 경우
> 4. 법 제28조에 따라 등기권리자를 대위하여 등기신청을 한 경우
> 5. 법 제66조 제1항에 따라 등기관이 직권으로 소유권보존등기를 한 경우
> 6. 공유자 중 일부가 「민법」 제265조 단서에 따른 공유물의 보존행위로서 공유자 전원을 등기권리자로 하여 권리에 관한 등기를 신청한 경우(등기권리자가 그 나머지 공유자인 경우로 한정한다)

답 ❸

---

29 □□□ **대위등기에 관한 다음 설명 중 가장 옳지 않은 것은?** 2022년 법무사시험 [문 15]

① 채권자는 채무자가 상속을 포기한 경우에도 채무자를 대위하여 상속을 원인으로 하는 소유권이전등기를 신청할 수 있다.

② 부동산에 대하여 소유권이전등기절차를 명하는 승소의 확정판결을 받은 甲이 그 판결에 따른 소유권이전등기절차를 취하지 않는 경우, 그 甲에 대한 금전채권이 있는 자는 대위원인을 증명하는 서면인 소비대차계약서 등을 첨부하여 위 판결에 의한 甲 명의의 소유권이전등기를 甲을 대위하여 신청을 할 수 있다.

③ 관공서가 체납처분으로 인한 압류등기를 촉탁하는 경우에는 등기명의인 또는 상속인을 갈음하여 부동산의 표시, 등기명의인의 표시의 변경, 경정 또는 상속등기를 함께 촉탁할 수 있다.

④ 수용을 위한 사업시행자라도 대상 토지에 대하여 토지소유자와 그 소유권이전에 대한 협의가 이루어지거나 또는 수용의 효력이 발생하기 전까지는 대위원인이 있다고 볼 수 없으므로 토지소유자를 대위하여 토지표시변경등기를 신청할 권한이 없다.

⑤ 근저당권설정자가 사망한 후 근저당권자가 근저당권을 실행하기 위해서는 근저당권설정자의 상속인을 채무자 겸 소유자로 표시하고 상속을 증명하는 서면을 첨부하여 경매신청을 하거나, 근저당권설정자의 상속인을 대위하여 상속등기를 먼저 한 후 상속인을 소유자로 표시하여 경매신청을 하여야 하는데 어느 경우든 근저당권자는 대위 상속등기를 하여야 한다.

[**❶ ▸ ×**] 대위등기신청은 채권자가 채무자의 등기신청권을 대위 행사하는 것이므로 그 전제로서 채무자에게 등기신청권이 있어야 한다. … 채무자에게 등기신청권이 없으면 당연히 대위등기신청도 생각할 수 없다. 예를 들어 채무자인 상속인이 상속포기를 한 경우에는 채무자에게 등기신청권이 없으므로 채권자는 상속인을 대위하여 상속등기를 신청할 수도 없다. 부등 실무 1

[**❷ ▸ ○**] 부동산에 대하여 소유권이전등기절차를 명하는 승소의 확정판결을 받은 갑이 그 판결에 따른 소유권이전등기절차를 취하지 않는 경우, 그 갑에 대한 금전채권이 있는 자는 대위원인을 증명하는 서면인 소비대차계약서 등을 첨부하여 위 판결에 의한 갑 명의의 소유권이전등기를 갑을 대위하여 신청을 할 수 있다(등기선례 제6–160호).

[**❸ ▸ ○**] 관공서가 체납처분으로 인한 압류등기를 촉탁하는 경우에는 등기명의인 또는 상속인, 그 밖의 포괄승계인을 갈음하여 부동산의 표시, 등기명의인의 표시의 변경, 경정 또는 상속, 그 밖의 포괄승계로 인한 권리이전의 등기를 함께 촉탁할 수 있다(부동산등기법 제96조).

[**❹ ▸ ○**] 일반적으로 채무자를 대위하여 등기신청을 하기 위하여는 그 대위원인이 존재하여야 하는 바, 주택건설촉진법, 택지개발촉진법, 도시계획법상의 사업시행자라도 대상 토지에 대하여 토지소유자와 그 소유권이전에 대한 협의가 이루어지거나 또는 수용의 효력이 발생하기 전까지는 위 대위원인이 있다고 볼 수 없을 것이며 따라서 토지소유자를 대위하여 토지표시변경등기를 신청할 권한이 없다(등기선례 제4–264호).

[**❺ ▸ ○**] 갑 소유의 부동산에 대하여 을을 근저당권자, 갑을 채무자로 하는 근저당권설정등기를 한 후 경매신청을 하기 전에 갑이 사망하였으나 그 상속인 앞으로의 상속등기가 경료되지 아니한 상태에서, 을이 그 부동산에 대한 임의경매신청을 하여 경매개시결정기입등기를 하기 위하여는, [가] 을은 경매신청서에 갑의 상속인을 채무자 겸 소유자로 표시하고 상속을 증명하는 서류를 첨부하여 경매신청을 먼저 하거나, 갑의 상속인을 대위하여 상속등기를 먼저 한 후에 그 상속인을 소유자로 표시하여 경매신청을 할 수 있을 것이다. [나] 경매법원이 갑의 상속인 앞으로 상속등기가 경료되기 전에 갑의 상속인을 소유자 겸 채무자로 표시하여 경매개시결정을 한 경우, 경매법원이 경매개시결정의 기입등기촉탁과 함께 갑의 상속인 앞으로의 상속등기를 촉탁할 수 있다는 민사소송법상의 규정이나 등기관이 직권으로 그 상속등기를 한 후에 경매개시결정 기입등기를 하여야 한다는 부동산등기법상의 근거규정은 없으므로, 경매법원이 상속으로 인한 소유권이전등기를 촉탁하거나, 경매기입등기의 촉탁 시 등기관이 직권으로 상속으로 인한 소유권이전등기를 경료할 수는 없다. 따라서, 이러한 경우에는 을이 갑의 상속인을 대위하여 상속등기를 먼저 한 후에 경매기입등기의 촉탁을 하여야 할 것이다(등기선례 제5–671호).

답 ❶

30 □□□

미성년자의 대리인에 의한 등기신청에 관한 다음 설명 중 가장 옳지 않은 것은?

2025년 법무사시험 [문 23]

① 미성년자인 자 2인의 공유부동산에 관하여 공유물분할계약을 하는 경우 미성년자인 자 1인에 관한 특별대리인의 선임이 필요하다.

② 친권자가 미성년자인 자와 공유하고 있는 부동산에 대하여 친권자만을 채무자로 하는 담보신탁계약을 체결하고 이에 따라 소유권이전등기를 신청하는 경우, 미성년자인 자에 대하여 특별대리인의 선임이 필요하다.

③ 친권자와 미성년자인 자의 공유부동산에 관하여 친권자와 그 미성년자를 공동채무자로 하거나 그 미성년자만을 채무자로 하여 저당권설정등기를 신청하는 경우, 특별대리인을 선임할 필요가 없다.

④ 미성년후견인과 미성년자 사이에 이해가 상반되는 행위에 관하여 미성년후견감독인이 있으면 그 미성년자 또는 그 미성년자 일방의 대리는 미성년후견감독인이 하여야 한다.

⑤ 민법 제909조 제4항부터 제6항까지의 규정에 따라 단독친권자로 정하여진 부모의 일방이 사망한 경우 생존하는 부 또는 모의 친권은 당연히 부활하므로 생존하는 부 또는 모는 별도의 친권자 지정 절차를 거치지 않더라도 미성년자인 자를 대리하여 등기신청을 할 수 있다.

....

[❶ ▶ ○] 등기예규 제1837호 2. 나. (4)
[❷ ▶ ○] 등기예규 제1837호 2. 나. (5)
[❸ ▶ ○] 등기예규 제1837호 2. 다. (4)
[❹ ▶ ○] 등기예규 제1837호 3. 다.

□ 등기예규 제1837호[미성년자의 대리인에 의한 등기신청에 관한 업무처리지침]

2. 미성년자의 특별대리인의 선임 여부

　가. 원 칙

　　(1) 친권자와 그 친권에 따르는 미성년자인 자 사이에 이해상반되는 행위 또는 동일한 친권에 따르는 수인의 미성년자인 자 사이에 이해상반되는 행위를 하는 경우, 그 미성년자 또는 그 미성년자 일방의 대리는 법원에서 선임한 특별대리인(이하 "특별대리인"이라 한다)이 하여야 한다.

　　(2) 공동친권자 중 한 사람만이 미성년자인 자와 이해가 상반되는 경우 이해가 상반되는 그 친권자는 미성년자인 자를 대리할 수 없고, 이 경우 특별대리인이 이해가 상반되지 않는 다른 일방의 친권자와 공동하여 그 미성년자를 대리하여야 한다.

　나. 이해관계가 상반되는 예

　　(1) 미성년자인 자가 그 소유 부동산을 친권자에게 매매 또는 증여하는 경우

　　(2) 상속재산협의분할서를 작성하는데 있어서 친권자와 미성년자인 자 1인이 공동상속인인 경우(친권자가 당해 부동산에 관하여 권리를 취득하지 않는 경우를 포함한다).

　　(3) 친권자와 미성년자인 자의 공유부동산을 친권자의 채무에 대한 담보로 제공하고 그에 따른 근저당권설정등기를 신청하는 경우

(4) 미성년자인 자 2인의 공유부동산에 관하여 공유물분할계약을 하는 경우(미성년자인 자 1인에 관한 특별대리인의 선임이 필요하다)

(5) 친권자가 미성년자인 자와 공유하고 있는 부동산에 대하여 친권자만을 채무자로 하는 담보신탁 계약을 체결하고 이에 따라 소유권이전등기를 신청하는 경우

다. 이해관계가 상반되지 않는 예

(1) 친권자가 그 소유 부동산을 미성년자인 자에게 증여하는 경우

(2) 친권자가 미성년자인 자 소유의 부동산을 제3자에게 증여하는 경우

(3) 친권자가 미성년자인 자 소유의 부동산을 채무자인 그 미성년자를 위하여 담보로 제공하거나 제3자에게 처분하는 경우

(4) 친권자와 미성년자인 자의 공유부동산에 관하여 친권자와 그 미성년자를 공동채무자로 하거나 그 미성년자만을 채무자로 하여 저당권설정등기를 신청하는 경우

(5) 친권자와 미성년자인 자가 근저당권을 준공유하는 관계로서 근저당권설정등기의 말소를 신청하는 경우

(6) 미성년자인 자 1인의 친권자가 민법 제1041조의 규정에 의하여 상속포기를 하고 그 미성년자를 위하여 상속재산분할협의를 하는 경우

(7) 이혼하여 상속권이 없는 피상속인의 전처가 자기가 낳은 미성년자 1인을 대리하여 상속재산분할협의를 하는 경우

3. 미성년후견인에 의한 등기신청

다. 친권자에 의한 등기신청 규정의 준용

위 1.과 2.의 규정은 그 성질에 반하지 아니하는 한 미성년후견인에 의한 등기신청에 준용한다. 다만 위 2.에 따라 특별대리인을 선임해야 하는 경우 미성년후견감독인이 있으면 그 미성년자 또는 그 미성년자 일방의 대리는 미성년후견감독인이 하여야 한다.

[❺ ▸ ×] 민법 제909조 제4항부터 제6항까지의 규정에 따라 단독친권자로 정하여진 부모의 일방이 사망한 경우 <u>생존하는 부 또는 모의 친권은 당연히 부활하지 않는다. 따라서 생존하는 부 또는 모는 별도의 친권자 지정 절차를 거쳐야 미성년자인 자를 대리하여 등기신청을 할 수 있다</u>(등기예규 제1837호 1. 나. (1) 참조).

> □ **등기예규 제1837호[미성년자의 대리인에 의한 등기신청에 관한 업무처리지침]**
>
> 1. 친권자에 의한 등기신청
>
> 나. 단독친권자로 정하여진 부모의 일방이 사망한 경우
>
> 「민법」 제909조 제4항부터 제6항까지의 규정에 따라 단독친권자로 정하여진 부모의 일방이 사망한 경우 다음 각 호에 따른 자가 미성년자를 대리하여 등기신청을 할 수 있다.
>
> (1) 「민법」 제909조의2 제1항에 따라 친권자로 지정된 생존하는 부 또는 모
>
> (2) 「민법」 제909조의2 제3항 또는 제4항에 따라 가정법원이 직권으로 선임한 미성년후견인
>
> (3) 「민법」 제909조의2 제5항에 따라 임시로 법정대리인의 임무를 대행할 사람으로 선임된 자(이하 "임무대행자"라 한다). 이 경우 임무대행자가 미성년자의 재산에 대한 처분행위를 원인으로 한 등기신청을 할 경우에는 그에 관한 가정법원의 허가 또는 명령을 증명하는 정보(심판서 등본 등)를 첨부하여야 한다.

답 ❺

31

대리인에 의한 등기신청에 관한 다음 설명 중 가장 옳은 것은?

① 지배인은 영업주에 갈음하여 그 영업에 관한 재판상 또는 재판 외의 모든 행위를 할 수 있는 자이므로, 금융기관의 지배인이 신청대행수수료를 받지 않고 등기권리자인 법인의 대리인 겸 등기의무자의 대리인으로서 계속 반복적으로 근저당권설정등기 신청업무를 수행하더라도 법무사가 아닌 자는 법무사의 업무에 속하는 사무를 업으로 하지 못한다고 규정하는 법무사법 제3조 제1항에 위반되지 않는다.

② 친권자가 미성년자인 자 소유의 부동산을 채무자인 그 미성년자를 위하여 담보로 제공하거나 제3자에게 처분하는 경우에는 그 미성년자인 자에 관한 특별대리인의 선임이 필요하다.

③ 미성년자인 자 2인의 공유부동산에 관하여 공유물분할계약을 하는 경우에는 미성년자인 자 1인에 관한 특별대리인의 선임만 필요하다.

④ 등기권리자와 등기의무자 쌍방으로부터 등기신청 절차의 위임을 받은 법무사는 그 절차가 끝나기 전에 등기의무자로부터 등기신청을 중지해 달라는 요청을 받았다면 등기의무자에 대한 관계에서 그 요청에 응해야 할 위임계약상의 의무가 있다.

⑤ 교도소에 수감 중인 등기의무자를 대리하여 소유권이전등기를 신청하는 경우 위임장에 등기의무자의 인감을 날인하고 인감증명을 첨부하는 대신 수감자가 위임장을 직접 작성하였다는 취지의 교도소장의 확인을 받아 제출할 수 있다.

··

[❶ ▸ ×] 금융기관의 지배인이 등기권리자인 법인의 대리인 겸 등기의무자의 대리인으로서 계속 반복적으로 근저당권설정등기 신청업무를 수행하는 행위는 <u>법무사가 아니면서 법원에 제출하는 서류의 작성·제출을 업으로 하는 것</u>이라 볼 수 있으므로, 신청대행수수료를 받지 않는다고 하더라도 법무사법 제3조 제1항에 위반될 수 있다(등기선례 제201111-2호).

[❷ ▸ ×] 등기예규 제1837호 2. 다. (3)

[❸ ▸ ○] 등기예규 제1837호 2. 나. (4)

> ❑ **등기예규 제1837호[미성년자의 대리인에 의한 등기신청에 관한 업무처리지침 제정]**
> 2. 미성년자의 특별대리인의 선임 여부
>   가. 원칙
>   (1) 친권자와 그 친권에 복종하는 미성년자인 자 사이에 이해상반되는 행위 또는 동일한 친권에 복종하는 수인의 미성년자인 자 사이에 이해상반되는 행위를 하는 경우, 그 미성년자 또는 그 미성년자 일방의 대리는 법원에서 선임한 특별대리인(이하 "특별대리인"이라 한다)이 하여야 한다.
>   (2) 공동친권자 중 한 사람만이 미성년자인 자와 이해가 상반되는 경우 이해가 상반되는 그 친권자는 미성년자인 자를 대리할 수 없고, 이 경우 특별대리인이 이해가 상반되지 않는 다른 일방의 친권자와 공동하여 그 미성년자를 대리하여야 한다.
>   나. 이해관계가 상반되는 예
>   (1) 미성년자인 자가 그 소유 부동산을 친권자에게 매매 또는 증여하는 경우
>   (2) 상속재산협의분할서를 작성하는데 있어서 친권자와 미성년자인 자 1인이 공동상속인인 경우(친권자가 당해 부동산에 관하여 권리를 취득하지 않는 경우를 포함한다).
>   (3) 친권자와 미성년자인 자의 공유부동산을 친권자의 채무에 대한 담보로 제공하고 그에 따른 근저당권설정등기를 신청하는 경우
>   (4) 미성년자인 자 2인의 공유부동산에 관하여 공유물분할계약을 하는 경우(미성년자인 자 1인에 관한 특별대리인의 선임이 필요하다)

(5) 친권자가 미성년자인 자와 공유하고 있는 부동산에 대하여 친권자만을 채무자로 하는 담보신탁 계약을 체결하고 이에 따라 소유권이전등기를 신청하는 경우

다. 이해관계가 상반되지 않는 예

(1) 친권자가 그 소유 부동산을 미성년자인 자에게 증여하는 경우

(2) 친권자가 미성년자인 자 소유의 부동산을 제3자에게 증여하는 경우

(3) 친권자가 미성년자인 자 소유의 부동산을 채무자인 그 미성년자를 위하여 담보로 제공하거나 제3자에게 처분하는 경우

(4) 친권자와 미성년자인 자의 공유부동산에 관하여 친권자와 그 미성년자를 공동채무자로 하거나 그 미성년자만을 채무자로 하여 저당권설정등기를 신청하는 경우

(5) 친권자와 미성년자인 자가 근저당권을 준공유하는 관계로서 근저당권설정등기의 말소를 신청하는 경우

(6) 미성년자인 자 1인의 친권자가 민법 제1041조의 규정에 의하여 상속포기를 하고 그 미성년자를 위하여 상속재산분할협의를 하는 경우

(7) 이혼하여 상속권이 없는 피상속인의 전처가 자기가 낳은 미성년자 1인을 대리하여 상속재산분할협의를 하는 경우

[❹ ▸ ×] 등기권리자, 등기의무자 쌍방으로부터 위임을 받은 등기신청절차에 관한 위임계약은 그 성질상 등기권리자의 동의 등 특별한 사정이 없는 한 「민법」 제689조 제1항의 규정에 관계없이 등기의무자 일방에 의한 해제는 할 수 없다고 보아야 할 것이므로(대판 1987.6.23. 85다카2239 참조), 등기권리자와 등기의무자 쌍방으로부터 등기신청절차의 위임을 받은 법무사는 그 절차가 끝나기 전에 등기의무자 일방으로부터 등기신청을 중지해 달라는 요청을 받았다고 할지라도 그 요청을 거부해야 할 위임계약상의 의무가 있다(등기선례 제201211-1호).

[❺ ▸ ×] 교도소에 재감 중인 자라 하여 그의 인감증명서를 발급받을 수 없는 것은 아니므로(인감증명 법 제7조, 같은 법 시행령 제8조, 제13조 참조) 그가 인감 제출을 요하는 등기신청을 함에 있어서는 인감증명서를 제출하여야 하고 재감자가 무인한 등기신청의 위임장이 틀림없다는 취지를 교도관이 확인 함으로써 인감증명서의 제출을 생략할 수는 없을 것이다(등기예규 제423호).

답 ❸

32

등기신청의 대리에 관한 다음 설명 중 가장 옳지 않은 것은? 2023년 법무사시험 [문 11]

① 등기신청의 대리인이 될 수 있는 자격에는 제한이 없으므로 당사자 중 일방은 상대방을 대리하여 등기를 신청할 수 있다.

② 미성년자인 자의 부모가 공동친권자인 경우로서 친권자가 미성년자를 대리하여 등기신청을 할 때에는 특별한 사정이 없는 한 부모가 공동으로 하여야 한다.

③ 성년후견인이 선임된 경우 성년후견인과 피성년후견인 사이에 이해가 상반되는 내용의 등기신청의 경우에는 피성년후견인을 위한 특별대리인을 선임하여 그 특별대리인이 피성년후견인을 대리하여 등기를 신청하면 된다(후견감독인은 없는 경우를 전제함).

④ 일반적으로 등기신청의 위임에는 등기신청의 취하, 복대리인의 선임, 처분위임장이 원본한부 등의 권한에 대한 위임이 포함된다.

⑤ 법인의 직원이 법인의 위임을 받아 수회에 걸쳐 반복적으로 등기신청업무를 대리하는 행위는 보수의 유무에 관계없이 '법무사가 아닌 자는 법무사법에서 정한 업무를 업으로 하지 못한다'고 규정하고 있는 법무사법 제3조에 위반된다.

[**❶** ▶ O] 등기신청의 대리인이 될 수 있는 자격에는 제한이 없다. 변호사나 법무사가 아니어도 무방하다. 따라서 당사자 중 일방은 상대방을 대리하여 신청할 수 있다. `법공 부등`

[**❷** ▶ O] 미성년자인 자의 부모가 공동친권자인 경우로서 친권자가 그 미성년자를 대리하여 등기신청을 할 때에는 부모가 공동으로 하여야 한다. 다만 공동친권자 중 한 사람이 법률상 또는 사실상 친권을 행사할 수 없는 경우(친권행사금지가처분결정을 받은 경우나 장기부재 등)에는 다른 친권자가 그 사실을 증명하는 서면(가처분결정문 등)을 첨부하여 단독으로 미성년자인 자를 대리하여 등기신청을 할 수 있다(등기예규 제1786호 1. 가.).

[**❸** ▶ O] 법정대리인인 친권자와 그 자 사이에 이해상반되는 행위를 함에는 친권자는 법원에 그 자의 특별대리인의 선임을 청구하여야 하고(민법 제921조 제1항), 후견인에 대하여는 민법 제921조를 준용한다. 다만, 후견감독인이 있는 경우에는 그러하지 아니하다(민법 제949조의3). 또한 특별대리인 선임에 관한 내용은 후견인과 피후견인의 이해가 상반되는 경우에도 적용된다(등기예규 제1837호 3. 참조).

[**❹** ▶ ×]

• 임의대리권의 범위는 본인의 수권행위에 의하여 정해지나, 일반적으로 부동산에 대한 처분권한의 위임은 등기신청의 위임을 포함한다고 볼 것이다. 다만 <u>등기신청의 취하, 복대리인의 선임</u>(민법 제120조)과 같은 특별수권 사항은 위임장에 그 권한이 위임된 경우에 한하여 대리행위를 할 수 있으므로(민법 제118조 참조), 위임장에 복대리인 선임에 관한 기재가 없는데도 복대리인이 등기를 신청하기 위하여는 본인의 승낙이 있음을 증명하는 정보를 제공하여야 한다(부동산등기규칙 제46조 제1항 제5호).

  `부동 실무 1`

• 등기신청인 또는 그 대리인은 등기신청을 취하할 수 있다. 다만, <u>등기신청대리인이 등기신청을 취하하는 경우에는 취하에 대한 특별수권이 있어야 한다</u>(등기예규 제1643호 1. 가.).

• 신청인으로부터 등기신청서의 첨부서면 중 재외국민이 작성한 처분위임장과 처분위임장에 날인된 인영을 확인하기 위해 제출한 등기명의인의 인감증명에 대한 환부신청이 있다면 등기관은 제출받은 등본에 환부의 취지를 기재하고 원본을 환부하여야 할 것이나, <u>신청인이 당사자가 아닌 대리인(법무사 등)이 신청할 경우에는 당사자로부터 원본환부신청에 대해서 별도의 수권이 있어야 할 것이다</u>(등기선례 제8-108호).

[**❺** ▶ O] 변호사 또는 법무사가 아닌 자도 당사자의 위임을 받아 등기신청을 대리할 수 있지만, 변호사 또는 법무사가 아닌 자는 등기신청의 대리를 업으로 할 수 없고(법무사법 제3조), 이를 위반하는 경우에는 형사처벌을 받게 되는바(같은 법 제74조), 법인 직원이 법인의 위임을 받아 수회에 걸쳐 반복적으로 등기신청업무를 대리하는 행위는 변호사나 법무사가 아니면서 등기신청의 대리를 업으로 하는 것이라고 볼 수 있으므로 보수의 유무에 관계없이 법무사법 제3조에 위반된다(등기선례 제6-15호).

답 **❹**

33

자격자대리인에 관한 다음 설명 중 가장 옳지 않은 것은?

① 법무사법인이 대리인인 경우에 등기신청서에 기재된 담당 법무사가 누구인지 관계없이 그 법무사법인 소속으로 허가받은 사무원은 누구나 등기신청서의 제출·등기신청의 보정 및 등기필정보의 수령을 할 수 있다.

② 자기 소유의 부동산을 매도한 법무사가 매수인으로부터 그 소유권이전등기신청을 위임받았으나 등기필정보가 없는 경우에 등기의무자인 자기에 대한 확인서면을 스스로 작성할 수 없다.

③ 자격자대리인으로부터 등기신청서를 제출받은 접수담당자는 변호사신분증이나 법무사신분증 외에 자격확인증으로도 자격자대리인의 출석 여부를 확인할 수 있다.

④ 법무사법인이 당사자로부터 등기신청을 위임받아 甲법무사가 그 업무에 관하여 지정을 받은 경우 A등기신청서에 담당 법무사로 기재되지 않은 乙법무사는 위 법무사법인 소속 법무사임을 소명하여 A등기신청서를 제출할 수 있다.

⑤ 등기신청절차에 관한 위임계약의 성질상 등기권리자와 등기의무자 쌍방으로부터 등기신청절차의 위임을 받은 법무사는 그 절차가 끝나기 전에 등기의무자 일방으로부터 등기신청을 중지해 달라는 요청을 받았다고 할지라도 그 요청을 거부해야 할 위임계약상의 의무가 있다.

··

[**❶** ▸ O] 법무사법인이 대리인인 경우에 등기신청서에 기재된 담당 법무사가 누구인지 관계없이 부동산등기규칙 제58조 제1항에 따라 그 법무사법인 소속으로 허가받은 사무원은 누구나 등기신청서의 제출·등기신청의 보정 및 등기필정보의 수령을 할 수 있다(부동산등기선례 제202001-6호).

[**❷** ▸ O] 부동산등기법 제51조에 따라 변호사나 법무사가 확인서면을 작성하는 것은 준공증적 성격의 업무이므로 공증인의 제척에 관한 사항을 규정하고 있는 공증인법 제21조의 취지에 비추어 볼 때, 자기 소유의 부동산을 매도한 법무사가 매수인으로부터 그 소유권이전등기신청을 위임받았으나 등기필정보가 없는 경우에 등기의무자인 자기에 대한 확인서면을 스스로 작성할 수 없다(등기선례 제201112-4호).

[**❸** ▸ O] 등기예규 제1718호 제4조 제2항

> □ **등기예규 제1718호[등기신청서의 제출 및 접수 등에 관한 예규]**
>
> **제4조(본인 여부 등의 확인)**
> ① 등기신청서를 제출받은 접수담당자는 제3조 제1항에 따라 당사자 본인이나 그 대리인이 출석하였는지를 확인하여야 하며, 출입사무원이 출석한 경우에는 등기신청서에 제3조 제2항의 표시인을 찍고 그 성명을 기재하였는지도 확인하여야 한다.
> ② 제1항의 경우에 접수담당자는 주민등록증, 운전면허증, 여권이나 그 밖에 이에 준하는 신분증으로 당사자 본인이나 그 대리인이 출석하였는지를 확인한다. 다만 등기과·소에 출석한 사가 변호사 또는 법무사인 경우에는 <u>변호사신분증이나 법무사신분증 또는 자격확인증으로</u>, 출입사무원인 경우에는 전자출입증으로 이를 확인한다.

[**❹** ▸ ✕] 법무사법인이 등기신청을 대리할 때에는 그 업무를 담당할 법무사를 지정하여야 하며, 이렇게 지정받은 법무사만이 그 업무에 관하여 법인을 대표하게 되므로(법무사법 제41조), <u>그 법인 소속 법무사라 하더라도 지정받은 법무사가 아닌 다른 법무사는 해당 등기신청에 관한 행위(신청서 제출, 신청의 보정 및 등기필정보의 수령 등)를 할 수 없다.</u> 다만, 해당 등기신청 업무에 관하여 지정받은 법무사가 능기신정서를 제출한 후에 등기신청서를 제출하지 아니한 그 법인 소속 다른 법무사가 등기필정보의 수령 업무만에 관하여 별도로 지정을 받았다면 그 법무사는 이를 소명하는 자료(지정서)를 제시하고 등기필정보를 수령할 수 있다(부동산등기선례 제202001-6호).

[**❺** ▸ O] 등기권리자, 등기의무자 쌍방으로부터 위임을 받는 등기신청절차에 관한 위임계약은 그 성질상 등기권리자의 동의 등 특별한 사정이 없는 한 민법 제689조 제1항의 규정에 관계없이 등기의무자 일방에 의한 해제는 할 수 없다고 보아야 할 것이므로(대판 1987.6.23. 85다카2239 참조) 등기권리자와 등기의무자 쌍방으로부터 등기신청절차의 위임을 받은 법무사는 그 절차가 끝나기 전에 등기의무자 일방으로부터 등기신청을 중지해 달라는 요청을 받았다고 할지라도 그 요청을 거부해야 할 위임계약상의 의무가 있다고 할 것이다(등기선례 제4-30호).

답 **❹**

34
□□□ 대리인에 의한 등기신청에 관한 다음 설명 중 가장 옳지 않은 것은? 2021년 법무사시험 [문 6]

① 대리인에 의하여 등기를 신청하는 경우에는 그 권한을 증명하는 정보를 첨부정보로서 등기소에 제공하여야 한다.
② 금융기관의 지배인이 등기권리자인 법인의 대리인 겸 등기의무자의 대리인으로서 계속 반복적으로 근저당권설정등기신청업무를 수행하였더라도 신청대행수수료를 받지 않았다면 법무사법 제3조 제1항(법무사가 아닌 자는 법무사의 업무에 속하는 사무를 업으로 하지 못한다)에 위반되지 않는다.
③ 등기권리자와 등기의무자 쌍방으로부터 등기신청절차의 위임을 받은 법무사는 그 절차가 끝나기 전에 등기의무자 일방으로부터 등기신청을 중지해 달라는 요청을 받았다고 할지라도 그 요청을 거부해야 할 위임계약상의 의무가 있다.
④ 등기신청은 그 권리자 또는 의무자가 상대방의 대리인이 되거나 쌍방이 동일인에게 위임하여 할 수 있으므로 등기권리자는 등기의무자로부터 등기신청을 위임받아 등기신청을 할 수 있다.
⑤ 등기신청 대리권한에는 등기필정보수령권한이 포함된다고 볼 것이다.

....

[**❶** ▸ O] 부동산등기규칙 제46조 제1항 제5호

> **부동산등기규칙 제46조(첨부정보)**
> ① 등기를 신청하는 경우에는 다음 각 호의 정보를 그 신청정보와 함께 첨부정보로서 등기소에 제공하여야 한다.
> 5. 대리인에 의하여 등기를 신청하는 경우에는 그 권한을 증명하는 정보

[**❷** ▸ ×] 금융기관의 지배인이 등기권리자인 법인의 대리인 겸 등기의무자의 대리인으로서 <u>계속 반복적으로 근저당권설정등기신청업무를 수행하는 행위는 법무사가 아니면서 법원에 제출하는 서류의 작성·제출을 업으로 하는 것</u>이라 볼 수 있으므로, <u>신청대행수수료를 받지 않는다고 하더라도 법무사법 제3조 제1항에 위반될 수 있다</u>(등기선례 제9-18호).
[**❸** ▸ O] 등기권리자, 등기의무자 쌍방으로부터 위임을 받은 등기신청절차에 관한 위임계약은 그 성질상 등기권리자의 동의 등 특별한 사정이 없는 한 민법 제689조 제1항의 규정에 관계없이 등기의무자 일방에 의한 해제는 할 수 없다고 보아야 할 것이므로(대판 1987.6.23. 85다카2239 참조), 등기권리자와 등기의무자 쌍방으로부터 등기신청절차의 위임을 받은 법무사는 그 절차가 끝나기 전에 등기의무자 일방으로부터 등기신청을 중지해 달라는 요청을 받았다고 할지라도 그 요청을 거부해야 할 위임계약상의 의무가 있다(등기선례 제201211-1호).

[❹ ▸ ○] 등기신청은 그 권리자 또는 의무자가 상대방의 대리인이 되거나 쌍방이 동일인에게 위임하여 할 수 있으므로 등기권리자는 등기의무자로부터 등기신청을 위임받아 등기신청을 할 수 있다(등기선례 제4-25호).

[❺ ▸ ○] 등기신청 대리권한에는 등기필정보수령권한이 포함된다고 볼 것이고, 한편 등기를 신청함에 있어서 임의대리인이 될 수 있는 자격에는 제한이 없으므로, 등기의무자라고 하더라도 등기권리자로부터 등기신청에 대한 대리권을 수여받아 등기를 신청한 경우나 등기권리자로부터 등기필정보수령행위에 대한 위임을 받은 경우에는 등기필정보를 교부받을 수 있다. 다만, 등기필정보수령행위만을 위임받은 경우에는 그 위임사실을 증명하기 위하여 위임인의 인감증명 또는 신분증 사본을 첨부한 위임장을 제출하여야 하고, 가족관계증명서는 위임사실을 증명하는 서면이라고 볼 수 없다(등기선례 제201705-2호).

답 ❷

제7항　법인의 등기신청

35

청산법인의 등기신청에 관한 다음 설명 중 가장 옳지 않은 것은?　2023년 법무사시험 [문 5]

① 청산종결등기가 된 경우라 하더라도 청산사무가 아직 종결되지 아니한 때에는 청산법인으로서 등기당사자능력이 있다.

② 청산법인의 등기기록이 폐쇄되지 아니한 경우 청산인이 등기신청을 하기 위해서는 청산인임을 증명하는 서면으로서 청산인 등기가 되어 있는 법인등기사항증명서를 첨부하고, 인감증명의 제출이 필요한 경우에는 법인인감인 청산인의 인감을 첨부하여야 한다.

③ 청산법인의 등기기록이 폐쇄된 경우 청산법인이 등기권리자인 때에는 폐쇄된 청산법인의 등기기록을 부활하여 청산인임을 증명하는 서면으로 청산인 등기가 마쳐진 등기사항증명서를 제출하여야 한다.

④ 청산법인이 등기의무자인 때에 폐쇄된 법인등기기록에 청산인 등기가 되어 있는 경우에도 인감증명의 제출이 필요한 경우에는 청산법인의 등기기록을 부활하고 법인인감인 청산인의 인감을 첨부하여야 한다.

⑤ 청산법인이 등기의무자인 때에 폐쇄된 법인등기기록에 청산인 등기가 되어 있지 아니한 경우에는 폐쇄된 법인등기기록을 부활하여 청산인 등기를 마친 다음 그 등기사항증명서를 청산인임을 증명하는 서면으로 첨부하고, 인감증명의 제출이 필요한 경우에는 법인인감인 청산인의 인감을 첨부하여야 한다.

[❶ ▸ ○] 청산법인이란 존립기간의 만료나 기타 사유로 법인이 해산된 후 청산절차가 진행 중인 법인을 말하며, 청산종결등기가 된 경우라 하더라도 청산사무가 아직 종결되지 아니한 경우에는 청산법인에 해당한다(등기예규 제1087호 1.). 청산법인도 등기당사자능력이 있다.

[❷ ▸ ○] 청산법인의 등기부가 폐쇄되지 아니한 경우 - 청산인이 부동산등기신청을 하기 위해서는 청산인임을 증명하는 서면으로서 청산인 등기가 되어 있는 법인 등기부등본을 등기신청서에 첨부하여야 하고, 인감증명의 제출이 필요한 경우에는 법인인감인 청산인의 인감을 첨부하여야 한다(등기예규 제1087호 2.).

[❸ ▸ ○] 등기예규 제1087호 3. 가.

[**❹** ▸ ×] 등기예규 제1087호 3. 나. (1)

[**❺** ▸ ○] 등기예규 제1087호 3. 나. (2)

> ❏ **등기예규 제1087호[청산법인의 부동산등기신청절차에 관한 업무처리지침]**
>
> 3. 청산법인의 등기부가 폐쇄된 경우
>   가. 청산법인이 등기권리자인 경우
>   미등기 부동산에 관하여 청산법인이 소유권보존등기를 하는 등 청산법인이 등기권리자로서 부동산 등기신청을 하는 경우에는 폐쇄된 청산법인의 등기부를 부활하여야 하고, 청산법인임을 증명하는 서면으로는 청산인 등기가 마쳐진 청산법인의 등기부를 제출하여야 한다.
>   나. 청산법인이 등기의무자인 경우
>   (1) 폐쇄된 등기부에 청산인 등기가 되어 있는 경우
>   폐쇄된 법인등기부에 청산인 등기가 되어 있는 경우 청산인은 그 폐쇄된 법인등기부등본을 청산인임을 증명하는 서면으로 첨부하여 부동산등기신청을 할 수 있고, 인감증명의 제출이 필요한 경우에는 인감증명법에 의한 <u>청산인의 개인인감</u>을 첨부할 수 있다.
>   (2) 폐쇄된 등기부에 청산인 등기가 되어 있지 아니한 경우
>   청산인 등기가 되어 있지 않은 상태에서 법인 등기부가 폐쇄된 경우(상법 제520조의2의 규정에 의한 휴면회사 등), 청산인이 부동산등기신청을 하기 위해서는 폐쇄된 법인등기부를 부활하여 청산인 등기를 마친 다음 그 등기부등본을 청산인임을 증명하는 서면으로 등기신청서에 첨부하여야 하고, 인감증명의 제출이 필요한 경우에는 법인인감인 청산인의 인감을 첨부하여야 한다.

답 ❹

---

36 ☐☐☐ 법인의 등기신청절차에 관한 다음 설명 중 가장 옳지 않은 것은? 2021년 법무사시험 [문 17]

① 법인의 대표이사가 등기신청을 자격자대리인에게 위임한 후 그 등기신청 전에 대표이사가 변경된 경우에는 자격자대리인의 등기신청에 관한 대리권한은 소멸한다.

② 해당 법인의 등기를 관할하는 등기소와 부동산 소재지를 관할하는 등기소가 동일한 경우에는 그 법인의 대표자의 자격을 증명하는 정보의 제공을 생략할 수 있다.

③ 해산간주등기는 되어 있지만 등기기록이 폐쇄되지 않은 회사가 근저당권이전등기의 등기의무자인 경우에는 청산인 선임등기를 반드시 먼저 하여야 하고, 인감증명이 필요한 경우에는 법인인감인 청산인의 인감을 제출하여야 한다.

④ 청산인 등기가 된 상태에서 청산법인의 등기기록이 폐쇄된 경우에, 청산법인이 등기의무자로서 등기를 신청하기 위해서는 그 폐쇄된 법인 등기기록을 제공할 수 있고, 인감증명의 제출이 필요한 경우에는 인감증명법에 의한 청산인의 개인인감을 제공하면 된다.

⑤ 국내에 영업소나 사무소의 설치 등기를 하지 아니한 외국법인도 등기당사자능력이 있으므로 일반적인 첨부정보 외에 시장·군수 또는 구청장이 부여한 등록번호정보와 외국법인의 존재를 인정할 수 있는 정보를 제공하여 근저당권자로서 등기신청을 할 수 있다.

[**❶** ▸ ✕] 소유권이전등기의 등기의무자인 회사의 대표이사 갑이 그 소유권이전등기신청을 법무사에게 위임한 후 그 등기신청 전에 대표이사가 을로 변경된 경우에도 법무사의 등기신청에 관한 대리권한은 소멸하지 않는다고 보아야 할 것이므로, 그 등기신청서에 등기신청을 위임한 대표이사 갑이 위임 당시에 당해 회사의 대표이사임을 증명하는 회사등기부등본(발행일로부터 3월 이내의 것)과 그의 인감증명(발행일로부터 6월 이내의 것)을 첨부하였다면, 위임장을 당해 회사의 새로운 대표이사 을 명의로 다시 작성하거나 그 을 명의로 된 회사등기부등본과 인감증명을 새로 발급받아 등기신청서에 첨부할 필요는 없다(등기선례 제5-125호).

[**❷** ▸ ○] 첨부정보가 「상업등기법」 제15조(「비송사건절차법」 제66조 및 제67조에 따라 준용되는 경우를 포함한다)에 따른 등기사항증명정보로서 해당 법인의 본점(또는 주사무소) 또는 지점(또는 분사무소) 소재지와 부동산 소재지가 동일한 경우에는 그 제공을 생략할 수 있다(부동산등기규칙 제46조 제5항).

[**❸** ▸ ○] 상법 제520조의2 규정에 의하여 해산간주등기는 경료되었지만, 아직 등기기록이 폐쇄되지 아니한 회사가 근저당권이전등기의 등기의무자가 되어 등기를 신청하는 경우, 그 회사의 해산 당시의 이사가 당연히 청산인이 되어 대표권을 행사할 수는 없으므로 청산인 선임등기를 반드시 먼저 하여야 한다. 위 근저당권이전등기신청 시에는 등기예규 제1087호 2.에 따라 청산인임을 증명하는 서면으로서 청산인 등기가 되어 있는 법인등기사항증명서를 등기신청서에 첨부하여야 하고, 인감증명이 필요한 경우에는 법인인감인 청산인의 인감을 첨부하여야 한다(등기선례 제201208-5호).

[**❹** ▸ ○] 폐쇄된 법인등기부에 청산인 등기가 되어 있는 경우 청산인은 그 폐쇄된 법인등기부등본을 청산인임을 증명하는 서면으로 첨부하여 부동산등기신청을 할 수 있고, 인감증명의 제출이 필요한 경우에는 인감증명법에 의한 청산인의 개인인감을 첨부할 수 있다[등기예규 제1087호 3. 나. (1)].

[**❺** ▸ ○] 국내에 영업소나 사무소의 설치 등기를 하지 아니한 외국법인이 근저당권자로서 근저당권설정등기를 신청하는 경우에 법인 아닌 사단의 등기신청에 관한 업무처리지침(등기예규 제1435호)은 적용되지 않는다. 따라서 일반적인 첨부정보 외에 부동산등기용 등록번호 증명서와 외국법인의 존재를 인정할 수 있는 서면을 첨부정보로 제공하면 될 것이다(등기선례 제201310-5호).

답 **❶**

37
□□□   **비법인사단 또는 재단의 등기신청에 관한 다음 설명 중 가장 옳지 않은 것은?**

2021년 법무사시험 [문 16]

① 법인 아닌 사단이나 재단에 속하는 부동산에 관한 등기는 그 사단이나 재단의 명의로 그 대표자나 관리인이 신청한다.

② 종중 명의로 된 부동산의 등기부상 주소인 종중의 사무소소재지가 수차 이전되어 그에 따른 등기명의인표시변경등기를 신청할 경우에는, 주소변경을 증명하는 서면으로 주소변동 경과를 알 수 있는 신·구 종중규약을 첨부하면 될 것이고, 그 변경등기는 등기부상의 주소로부터 막바로 최후의 주소로 할 수 있다.

③ 'ㅇㅇ계' 명의의 등기신청이 있는 경우, 같은 계의 규약에 의하여 그 실체가 법인 아닌 사단으로서 성격을 갖춘 경우에는 그 등기신청을 수리하여야 할 것이나, 각 계원의 개성이 개별적으로 뚜렷하게 계의 운영에 반영되게끔 되어 있고 계원의 지위가 상속되는 것으로 규정되어 있는 등 단체로서의 성격을 갖는다고 볼 수 없는 경우에는 그 등기신청을 각하하여야 한다.

④ 대표자나 관리인이 있는 법인 아닌 사단이나 재단에 속하는 부동산의 등기에 관하여는 그 사단 또는 재단이 등기권리자 또는 등기의무자로서 등기신청적격이 있으므로 아파트입주자대표회의의 명의로 그 대표자 또는 관리인이 등기를 신청할 수 있다.

⑤ 대표자 또는 관리인을 증명하는 서면 등이 결의서로써 그 결의서 작성 당시에 인감이 날인되어 있다면, 이와는 별도로 2인 이상의 성년자가 사실과 상위함이 없다는 취지와 성명기재 및 인감날인 등을 할 필요가 없다.

....

[**①** ▶ ○] 부동산등기법 제26조 제2항

> **부동산등기법 제26조(법인 아닌 사단 등의 등기신청)**
> ① 종중(宗中), 문중(門中), 그 밖에 대표자나 관리인이 있는 법인 아닌 사단(社團)이나 재단(財團)에 속하는 부동산의 등기에 관하여는 그 사단이나 재단을 등기권리자 또는 등기의무자로 한다.
> ② 제1항의 등기는 그 사단이나 재단의 명의로 <u>그 대표자나 관리인이 신청한다</u>.

[**②** ▶ ○] 종중 명의로 된 부동산의 등기부상 주소인 종중의 사무소소재지가 수차 이전되어 그에 따른 등기명의인표시변경등기를 신청할 경우에는, 주소변경을 증명하는 서면으로 주소변동경과를 알 수 있는 신·구 종중규약을 첨부하면 될 것이고, 그 변경등기는 등기부상의 주소로부터 막바로 최후의 주소로 할 수 있다(등기선례 제2-498호).

[**③** ▶ ○] 'ㅇㅇ계' 명의의 등기신청이 있는 경우, 같은 계의 규약에 의하여 그 실체가 법인 아닌 사단으로서 성격을 갖춘 경우에는 그 등기신청을 수리하여야 할 것이나, 각 계원의 개성이 개별적으로 뚜렷하게 계의 운영에 반영되게끔 되어 있고 계원의 지위가 상속되는 것으로 규정되어 있는 등 단체로서의 성격을 갖는다고 볼 수 없는 경우에는 그 등기신청을 각하하여야 한다(등기예규 제1621호 4. 가.).

[**④** ▶ ○] 대표자나 관리인이 있는 법인 아닌 사단이나 재단에 속하는 부동산의 등기에 관하여는 그 사단 또는 재단이 등기권리자 또는 등기의무자로서 등기신청적격이 있으므로 아파트입주자대표회의의 명의로 그 대표자 또는 관리인이 등기를 신청할 수 있다(등기선례 제4-24호).

[❺ ▸ ✕] 법인 아닌 사단이 등기를 신청하는 경우 그 대표자 또는 관리인을 증명하는 서면 등에 성년자 2인 이상의 인감을 날인하도록 한 취지는, 그 서면에 기재된 내용이 사실이며 등기신청을 하는 현재 시점에도 여전히 유효하다는 점을 보증하도록 하고자 하는 것인바, 비록 그 서면이 결의서로써 결의서 작성 당시 인감이 날인되어 있다고 하더라도 이는 그 결의 당시의 사실을 확인하는 의미만 있을 뿐, 그러한 사실이 현재 등기신청하는 시점까지 유효하다는 의미까지 포함될 수는 없는 것이다. 따라서 비록 대표자 또는 관리인을 증명하는 서면 등이 결의서로써 그 결의서 작성 당시에 인감이 날인되어 있다고 하더라도, 이와는 별도로 2인 이상의 성년자(결의서 작성 당시에 날인한 자와 동일인이더라도 무방함)가 사실과 상위함이 없다는 취지와 성명을 기재하고 인감을 날인하여야 할 것이다(등기선례 제200709-3호).

답 ❺

 **제9항** **외국인ㆍ재외국민의 등기신청**

38
□□□

재외국민 또는 외국인의 등기신청에 관한 다음 설명 중 가장 옳지 않은 것은?

2021년 법무사시험 [문 4]

① 등기명의인인 재외국민이나 외국인이 국내 또는 국외에서 부동산의 처분권한을 대리인에게 수여한 경우에는 처분대상부동산과 처분의 목적이 되는 권리 및 대리인의 인적사항을 구체적으로 특정하여 작성한 처분위임장을 등기소에 첨부정보로서 제공하여야 한다.

② 본국에 인감증명제도가 없고 또한 인감증명법에 따른 인감증명을 받을 수 없는 외국인의 경우에는 인감을 날인해야 하는 서면이 본인의 의사에 따라 작성되었음을 확인하는 뜻의 대한민국 공증인의 인증을 받는 방법으로도 인감증명의 제출에 갈음할 수 있다.

③ 재외국민으로부터 소유권의 처분권한을 수여받은 대리인이 본인을 대리하여 매매를 원인으로 하는 소유권이전등기를 신청하는 경우로서 등기신청서에 대리인의 인감을 날인한 경우에 대리인의 인감증명은 매도용으로 발급받아 제출하여야 한다.

④ 첨부정보가 외국 공문서이거나 외국 공증인이 공증한 문서인 경우에는 재외공관 공증법 제30조 제1항에 따라 공증담당영사로부터 문서의 확인을 받거나 외국공문서에 대한 인증의 요구를 폐지하는 협약에서 정하는 바에 따른 아포스티유(Apostille)를 붙이는 것이 원칙이다.

⑤ 재외국민이 등기권리자가 되는 경우로서 주민등록번호를 부여받은 적이 없는 경우에는 서울중앙지방법원 등기국 등기관이 부여한 부동산등기용 등록번호를 증명하는 정보를 첨부정보로 제공하여야 한다.

[**❶** ▶ O] 등기명의인인 재외국민이나 외국인이 국내 또는 국외에서 부동산의 처분권한을 대리인에게 수여한 경우에는 처분대상부동산과 처분의 목적이 되는 권리 및 대리인의 인적사항을 구체적으로 특정하여 작성한 처분위임장을 등기소에 첨부정보로서 제공하여야 한다(등기예규 제1778호 제5조 제1항).

[**❷** ▶ O] 외국인등록이나 국내거소신고를 하지 않아 인감증명법에 따른 인감증명을 발급받을 수 없고 또한 본국에 인감증명제도가 없는 외국인은 인감을 날인해야 하는 서면이 본인의 의사에 따라 작성되었음을 확인하는 뜻의 본국 관공서의 증명이나 본국 또는 대한민국 공증인의 인증(대한민국 재외공관의 인증을 포함한다)을 받음으로써 인감증명의 제출을 갈음할 수 있다. 이 경우 제9조 제3항을 준용한다(등기예규 제1778호 제12조 제2항).

[**❸** ▶ ×] 등기예규 제1778호 제5조 제4항

□ **등기예규 제1778호[재외국민 및 외국인의 부동산등기신청절차에 관한 예규]**
제5조(처분권한의 위임과 대리인의 등기신청)
③ 규칙 제60조 제1항 제1호부터 제3호까지에 해당하는 등기신청을 하는 경우에는 제1항의 처분위임장에 등기명의인의 인감을 날인하고 그 인감증명을 제출하여야 한다. 이 경우 인감증명을 제출하여야 하는 자가 재외국민인 경우에는 제9조를, 외국인인 경우에는 제12조를 준용한다.
④ 제3항의 경우 권리의 처분권한을 수여받은 대리인이 본인을 대리하여 등기를 신청할 때에는 등기신청서에, 자격자대리인 등에게 등기신청을 위임할 때에는 등기신청위임장에 대리인의 인감을 날인하고 그 인감증명을 제출하여야 한다. 다만, 매매를 원인으로 하는 소유권이전등기를 신청하는 경우에 대리인의 인감증명은 매도용으로 발급받아 제출할 필요가 없다.

[**❹** ▶ O] 첨부정보가 외국 공문서이거나 외국 공증인이 공증한 문서(이하 "외국 공문서 등"이라 한다)인 경우에는 재외공관 공증법 제30조 제1항에 따라 공증담당영사로부터 문서의 확인을 받거나 외국공문서에 대한 인증의 요구를 폐지하는 협약에서 정하는 바에 따른 아포스티유(Apostille)를 붙여야 한다. 다만, 외국 공문서 등의 발행국이 대한민국과 수교하지 아니한 국가이면서 위 협약의 가입국이 아닌 경우와 같이 부득이한 사유로 문서의 확인을 받거나 아포스티유를 붙이는 것이 곤란한 경우에는 그러하지 아니하다(부동산등기규칙 제46조 제9항).

[**❺** ▶ O] 등기예규 제1778호 제11조

□ **등기예규 제1778호[재외국민 및 외국인의 부동산등기신청절차에 관한 예규]**
제11조(재외국민의 부동산등기용 등록번호)
재외국민의 부동산등기용 등록번호는 다음 각 호의 어느 하나로 한다.
  1. 주민등록번호를 부여받은 적이 있는 재외국민의 경우에는 주민등록번호(주민등록사항이 말소된 경우에도 같다)
  2. 주민등록번호를 부여받은 적이 없는 재외국민의 경우에는 법 제49조 제1항 제2호에 따라 서울중앙지방법원 등기국 등기관이 부여한 부동산등기용 등록번호

답 **❸**

39

관공서의 촉탁에 관한 다음 설명 중 가장 옳지 않은 것은? 2024년 법무사시험 [문 20]

① 관공서로서 등기촉탁을 할 수 있는 기관은 국가 또는 지방자치단체를 말하며, 공사 등은 등기촉탁에 관한 특별규정이 있는 경우에 한하여 등기촉탁을 할 수 있다.

② 관공서가 등기를 촉탁하는 경우에는 등기기록과 대장상의 부동산 표시가 부합하지 아니하더라도 그 촉탁을 수리하여야 한다.

③ 관공서가 등기의무자로서 등기를 촉탁하는 경우에는 등기필정보를 제공할 필요가 없지만, 관공서가 등기권리자로서 등기를 촉탁하는 경우에는 등기의무자의 등기필정보를 제공하여야 한다.

④ 매각 또는 공매처분 등을 원인으로 관공서가 소유권이전등기를 촉탁하는 경우에는 등기의무자의 주소를 증명하는 정보를 제공할 필요가 없다.

⑤ 수용에 의한 소유권이전등기의 촉탁, 환지처분에 의하여 지방자치단체에게 귀속된 도로에 대한 소유권이전등기의 촉탁과 같은 관공서의 촉탁에는 인감증명의 제출이 필요하지 않다.

[❶ ▸ O] 등기예규 제1862호 1. 가., 나.

> ☐ **등기예규 제1862호[관공서의 촉탁등기에 관한 예규]**
> 1. 등기촉탁을 할 수 있는 관공서의 범위
>   가. 「부동산등기법」 제97조 및 제98조의 규정에 의하여 등기촉탁을 할 수 있는 관공서는 원칙적으로 국가 및 지방자치단체를 말한다.
>   나. 국가 또는 지방자치단체가 아닌 공사 등은 등기촉탁에 관한 특별규정이 있는 경우에 한하여 등기촉탁을 할 수 있다.

[❷ ▸ O] 「부동산등기법」 제29조 제11호는 그 등기명의인이 등기신청을 하는 경우에 적용되는 규정이므로, 관공서가 등기촉탁을 하는 경우에는 등기기록과 대장상의 부동산의 표시가 부합하지 아니하더라도 그 등기촉탁을 수리하여야 한다(등기예규 제1862호 5.).

[❸ ▸ ✕] 관공서가 등기의무자로서 등기권리자의 청구에 의하여 등기를 촉탁하거나 부동산에 관한 권리를 취득하여 등기권리자로서 그 등기를 촉탁하는 경우에는 등기의무자의 권리에 관한 등기필정보를 제공할 필요가 없다. 이 경우 관공서가 촉탁에 의하지 아니하고 법무사 또는 변호사에게 위임하여 등기를 신청하는 경우에도 같다(등기예규 제1862호 4.).

[❹ ▸ O] 매각 또는 공매처분 등을 원인으로 관공서가 소유권이전등기를 촉탁하는 경우에는 등기의무자의 주소를 증명하는 정보를 제공할 필요가 없다(등기예규 제1862호 4-2.).

[❺ ▸ O] 소유권의 등기명의인이 등기의무자인 경우라도 판결, 수용(사업시행자가 관공서가 아닌 경우) 등에 의한 등기권리자의 단독신청의 경우 인감증명을 제출할 필요가 없다. 또 수용에 의한 소유권이전등기의 촉탁, 환지처분에 의하여 지방자치단체에게 귀속된 도로에 대한 소유권이전등기의 촉탁(등기선례 제7-449호)과 같은 관공서의 촉탁에도 인감증명의 제출이 필요하지 않다. [부등 실무 1] 이와 관련하여 선례는, 토지구획정리사업에 의하여 종전 토지소유자에게 지정된 환지예정지의 일부가 분할로 인하여 도로부지로 편입되고 그 소유권이 지방자치단체에게 귀속되는 것으로 환지계획변경의 인가 및 환지처분이 이루어진 경우 환지처분의 공고가 있는 날의 익일에 위 도로부지에 대한 소유권은 지방자치단체가 원시적으로 취득하므로, 위 환지처분에 따라 지방자치단체를 소유자로 하는 환지등기를 촉탁하는 경우에 등기촉탁서에 환지계획서 및 그 인가를 증명하는 서면과 환지처분을 증명하는 서면 등을 첨부하면 족하고 종전 소유자들의 동의서나 인감증명서를 첨부할 필요가 없다고 한다(등기선례 제7-449호).

📱 **답 ❸**

40

국유재산의 관리청 명칭 첨기등기에 관한 다음 설명 중 가장 옳지 않은 것은?

① "이왕직", "창덕궁", "이왕직장관" 소유명의로 등기된 부동산에 대해서는 관리청지정서를 첨부정보로서 제공하여 "1963.2.9. 승계"를 원인으로 "국, 관리청 ○○부"로의 등기명의인표시변경등기를 촉탁하면 "국" 명의로의 등기명의인표시변경등기와 동시에 관리청 명칭도 첨기등기한다.

② 국유재산법 제22조 제3항에 따라 총괄청이 직권으로 용도폐지하여 총괄청에게 인계되는 재산에 대해서는 총괄청 또는 같은 법 제42조 제1항에 따라 소관 재산의 관리·처분에 관한 사무를 위탁·위임받은 기관이 총괄청의 용도폐지 공문사본을 첨부정보로서 제공하여 관리청 명칭의 변경등기를 촉탁한다.

③ 국유재산법 제40조에 따라 중앙관서의 장이 행정재산을 용도폐지하여 총괄청에게 인계하는 재산에 대해서는 총괄청 또는 같은 법 제42조 제1항에 따라 소관 재산의 관리·처분에 관한 사무를 위탁·위임받은 기관이 등기기록상 관리청의 용도폐지 공문사본과 국유재산대장사본을 첨부정보로서 제공하여 관리청 명칭의 변경등기를 촉탁한다.

④ 등기기록상 소유자가 "조선총독부"로 되어 있는 부동산에 대해서는 관리청 지정서를 첨부정보로서 제공하여 "1948.8.15. 대한민국정부수립"을 원인으로 "국, 관리청 ○○부"로의 등기명의인표시변경등기를 촉탁하면 "국" 명의로의 등기명의인표시변경등기와 동시에 관리청 명칭도 첨기등기한다.

⑤ 등기기록상 관리청과 다른 관리청이 서로 소관을 주장하는 경우에는 총괄청이 이를 결정하는 것으로서, 총괄청이 발급한 관리청 결정서를 첨부정보로서 제공하여 관리청 명칭의 변경등기를 촉탁한다.

⋯⋯⋯

[❶ ▸ ✕] "이왕직", "창덕궁", "이왕직장관" 소유명의로 등기된 부동산의 경우 : 관리청지정서를 첨부하여 "1963.2.9. 승계"를 원인으로 "국, 관리청 부"로의 <u>소유권이전등기</u>를 촉탁하면, "국" 명의로의 <u>소유권이전등기</u>와 동시에 관리청 명칭도 첨기등기한다[등기예규 제1657호 1. 가. (5)].

[❷ ▸ ○] 총괄청이 직권으로 용도폐지한 경우 : 국유재산법 제22조 제3항에 따라 용도폐지되어 총괄청에게 인계되는 재산에 대해서는 총괄청 또는 같은 법 제42조 제1항에 따라 소관 재산의 관리·처분에 관한 사무를 위탁·위임받은 기관이 총괄청의 용도폐지 공문사본을 첨부정보로서 제공하여 관리청 명칭의 변경등기를 촉탁한다[등기예규 제1657호 2. 가. (2)].

[❸ ▸ ○] 관리청이 용도폐지한 경우 : 국유재산법 제40조에 따라 관리청이 행정재산을 용도폐지하여 총괄청에게 인계하는 재산에 대해서는 총괄청 또는 같은 법 제42조 제1항에 따라 소관 재산의 관리·처분에 관한 사무를 위탁·위임받은 기관이 등기기록상 관리청의 용도폐지 공문사본과 같은 법 제66조 제1항에 따른 국유재산대장사본을 첨부정보로서 제공하여 관리청 명칭의 변경등기를 촉탁한다[등기예규 제1657호 2. 가. (1)].

[❹ ▸ ○] "조선총독부" 소유명의로 등기된 부동산의 경우 : 등기부상 소유자가 "조선총독부"로 되어 있는 부동산은 대한민국정부 수립(1948.8.15.)과 동시에 당연히 대한민국의 국유로 되는 것인바, 위 부동산에 대하여는 등기부상 소유자 명의를 "조선총독부"로 그대로 둔 채 관리청 첨기등기만을 할 수는 없고, 관리청 지정서를 첨부하여 "1948.8.15. 대한민국정부수립"을 원인으로 "국, 관리청 부"로의 등기명의인표시변경등기를 촉탁하면 "국" 명의로의 등기명의인표시변경등기와 동시에 관리청 명칭도 첨기등기한다. 다만, "1948.8.15. 명칭변경"을 원인으로 등기명의인표시변경등기가 마쳐진 경우에는 등기관은 직권으로 "명칭변경" 부분을 "대한민국정부수립"으로 경정하여야 한다[등기예규 제1657호 1. 가. (3)].

[❺ ▸ ○] 소관경합 국유재산의 관리청 명칭의 변경등기 : 등기부상 관리청과 타 관리청이 서로 소관을 주장하는 경우는 총괄청이 이를 결정하는 것으로서, 총괄청이 발급한 관리청 결정서를 첨부하여 관리청 명칭의 변경등기를 한다(등기예규 제1657호 2. 다.).

답 ❶

41
□□□

등기신청에 관한 다음 설명 중 가장 옳지 않은 것은?   **2024년 법무사시험 [문 14]**

① 같은 등기소에 동시에 여러 건의 등기신청을 하는 경우에 첨부정보의 내용이 같은 것이 있을 때에는 먼저 접수되는 신청에만 그 첨부정보를 제공하고, 다른 신청에는 먼저 접수된 신청에 그 첨부정보를 제공하였다는 뜻을 신청정보의 내용으로 등기소에 제공하는 것으로 그 첨부정보의 제공을 갈음할 수 있다.

② 甲이 소유하는 X 토지와 乙이 소유하는 Y 토지를 丙에게 매도하고 소유권이전등기를 신청하는 경우 X 토지와 Y 토지가 같은 등기소의 관할 내에 있다면 1개의 신청서로 일괄신청할 수 있다.

③ 甲과 乙이 공유하는 부동산 전체를 丙과 丁에게 이전하려고 하는 경우 1개의 신청서로 신청할 수 없다.

④ 신탁등기의 신청은 해당 부동산에 관한 권리의 설정등기, 보존등기, 이전등기 또는 변경등기의 신청과 동시에 하여야 한다.

⑤ 창설적 공동근저당의 경우 각 근저당권설정자가 다른 경우에도 일괄신청이 가능하다.

....

[❶ ▸ ○] 같은 등기소에 동시에 여러 건의 등기신청을 하는 경우에 첨부정보의 내용이 같은 것이 있을 때에는 먼저 접수되는 신청에만 그 첨부정보를 제공하고, 다른 신청에는 먼저 접수된 신청에 그 첨부정보를 제공하였다는 뜻을 신청정보의 내용으로 등기소에 제공하는 것으로 그 첨부정보의 제공을 갈음할 수 있다(부동산등기규칙 제47조 제2항).

[❷ ▸ ✕] 소유자가 다른 여러 부동산에 대한 소유권이전등기나 동일 소유자의 여러 부동산을 여러 사람에게 매도하고 하는 소유권이전등기도 당사자가 다르므로 1개의 신청서로 일괄신청할 수 없다. 부등 실무 1 즉, X 토지는 甲소유이고 Y 토지는 乙소유이므로 소유자가 달라 1개의 신청서로 일괄신청할 수 없다.

[❸ ▸ ○] 수인의 공유자가 수인에게 지분의 전부 또는 일부를 이전하려고 하는 경우 등기신청인은 등기신청서에 등기의무자들의 각 지분 중 각 ○분의 ○ 지분이 등기권리자 중 1인에게 이전되었는지를 기재하고 신청서는 등기권리자별로 작성하여 제출하거나 또는 등기의무자 1인의 지분이 등기권리자들에게 각 ○분의 ○ 지분씩 이전되었는지를 기재하고 등기의무자별로 신청서를 작성하여 제출하여야 한다. 한 장의 신청서에 함께 기재한 경우 등기관은 이를 수리해서는 아니 된다(등기예규 제1363호 2.).

[❹ ▸ ○] 신탁등기의 신청은 해당 부동산에 관한 권리의 설정등기, 보존등기, 이전등기 또는 변경등기의 신청과 동시에 하여야 한다(부동산등기법 제82조 제1항).

[❺ ▸ ○] 일괄신청은 원칙적으로 등기원인과 등기목적이 동일한 때에 한하여 허용되지만(부동산등기법 제25조), 창설적 공동근저당의 경우 각 근저당권설정자가 다른 경우에도 일괄신청이 가능하다(부동산등기규칙 제47조 제1항 제1호). 그 이유는 각 근저당권의 피담보채권이 동일하므로 각 등기의 목적이 동일하고 일괄신청을 허용하는 것이 신청서 작성의 편의성, 심사의 봉이성, 등록면허세 납부절차(부동산등기규칙 제45조)에 비추어 보아 더 효율적이기 때문이다. 부등 실무 2

답 ❷

42 □□□ 다음의 등기신청 중 한 개의 신청서(촉탁서)로 신청(촉탁)할 수 있는 경우는? 기출수정

2023년 법무사시험 [문 21]

① 甲이 소유하는 X 토지와 Y 토지가 같은 등기소의 관할 내에 있을 때, X 토지는 乙에게 Y 토지는 丙에게 각각 매도하고 소유권이전등기를 신청하는 경우
② 甲 소유의 X 부동산에 대하여 乙 앞으로 소유권이전등기를 신청하면서 동시에 甲을 근저당권자로 하는 근저당권설정등기를 신청하는 경우
③ 甲과 乙의 공유인 X 부동산에 대하여 甲과 乙이 그 지분의 전부를 丙과 丁에게 이전하는 경우
④ 경매절차에서 매각대금이 지급된 후 법원사무관등이 매수인 앞으로 소유권을 이전하는 등기, 매수인이 인수하지 아니한 부동산의 부담에 관한 등기의 말소등기, 경매개시결정등기의 말소등기를 촉탁하는 경우
⑤ 甲과 乙 두 사람이 각각 별도로 피담보채권의 일정 금액씩을 대위변제하고 저당권일부이전등기를 신청하는 경우

....

> **부동산등기법 제25조(신청정보의 제공방법)**
> 등기의 신청은 1건당 1개의 부동산에 관한 신청정보를 제공하는 방법으로 하여야 한다. 다만, 등기목적과 등기원인이 동일하거나 그 밖에 대법원규칙으로 정하는 경우에는 여러 개의 부동산에 관한 신청정보를 일괄하여 제공하는 방법으로 할 수 있다.

[**❶ ▶ 일괄신청✕**] 소유자가 다른 여러 부동산에 대한 소유권이전등기나 동일 소유자의 여러 부동산을 여러 사람에게 매도하고 하는 소유권이전등기도 당사자가 다르므로 1개의 신청서로 일괄신청할 수 없다. 부등 실무 1

[**❷ ▶ 일괄신청✕**] 1개의 부동산이지만 등기의 목적이 소유권이전과 근저당권설정으로 다르므로 별개의 신청정보를 제공하여야 한다.

[**❸ ▶ 일괄신청✕**] 수인의 공유자가 수인에게 지분의 전부 또는 일부를 이전하려고 하는 경우 등기신청인은 등기신청서에 등기의무자들의 각 지분 중 각 ○분의 ○ 지분이 등기권리자 중 1인에게 이전되었는지를 기재하고 신청서는 등기권리자별로 작성하여 제출하거나 또는 등기의무자 1인의 지분이 등기권리자들에게 각 ○분의 ○ 지분씩 이전되었는지를 기재하고 등기의무자별로 신청서를 작성하여 제출하여야 한다. 한 장의 신청서에 함께 기재한 경우 등기관은 이를 수리해서는 아니 된다(등기예규 제1363호 2.).

[❹ ▶ 일괄신청○] 부동산등기규칙 제47조 제1항 제3호

부동산등기규칙 제47조(일괄신청과 동시신청)

① 법 제25조 단서에 따라 다음 각 호의 경우에는 1건의 신청정보로 일괄하여 신청하거나 촉탁할 수 있다.

1. 같은 채권의 담보를 위하여 소유자가 다른 여러 개의 부동산에 대한 저당권설정등기를 신청하는 경우
2. 법 제97조 각 호의 등기를 촉탁하는 경우
3. 민사집행법 제144조 제1항 각 호의 등기를 촉탁하는 경우

> **민사집행법 제144조(매각대금 지급 뒤의 조치)**
>
> ① 매각대금이 지급되면 법원사무관등은 매각허가결정의 등본을 붙여 다음 각 호의 등기를 촉탁하여야 한다.
>
> 1. 매수인 앞으로 소유권을 이전하는 등기
> 2. 매수인이 인수하지 아니한 부동산의 부담에 관한 기입을 말소하는 등기
> 3. 제94조 및 제139조 제1항의 규정에 따른 경매개시결정등기를 말소하는 등기

[❺ ▶ 일괄신청×] 부동산등기법 제25조 단서의 등기원인의 동일성이란 물권변동을 일으키는 법률행위 또는 법률사실의 내용과 그 성립 또는 발생일자가 같다는 것을 의미한다. 따라서 甲과 乙 두 사람이 각각 별도로 피담보채권의 일정 금액씩을 대위변제하고 저당권일부이전등기를 신청하는 경우는 등기원인이 동일하다고 할 수 없으므로 <u>일괄신청할 수 없다</u>.

답 ❹

43 　등기신청방법에 관한 다음 설명 중 가장 옳지 않은 것은?　　**2022년 법무사시험 [문 28]**

① 같은 채권의 담보를 위하여 소유자가 다른 여러 개의 부동산(같은 등기소의 관할 내)에 대한 저당권설정등기를 신청하는 경우 1건의 신청정보로 일괄하여 신청할 수 있다.

② 같은 채권의 담보를 위하여 소유자가 동일한 여러 개의 부동산(같은 등기소의 관할 내)에 대한 저당권설정등기를 신청하는 경우 1건의 신청정보로 일괄하여 신청할 수 있는 이유는 등기목적과 등기원인이 동일하기 때문이다.

③ 동일한 부동산에 대하여 순위번호가 다른 수개의 근저당권이 설정되어 있으나 채무자 변경계약의 당사자가 동일하다면 하나의 신청서에 변경할 근저당권의 표시를 모두 기재하여 동시에 그 변경등기를 신청할 수 있다.

④ 신탁계약을 원인으로 한 소유권이전등기의 신청과 신탁등기의 신청은 1건의 신청정보로 일괄하여 신청할 수 있다.

⑤ 동일 부동산에 관하여 동일인 명의로 수개의 근저당권설정등기가 되어 있는 경우 근저당권자의 주소변경을 원인으로 한 위 수개의 등기명의인 표시의 변경등기는 1개의 신청서에 일괄하여 신청할 수 있다.

· ·

[❶ ▶ ○] [❷ ▶ ○] 부동산등기법 제25조, 부동산등기규칙 제47조 제1항 제1호

부동산등기법 제25조(신청정보의 제공방법)

등기의 신청은 1건당 1개의 부동산에 관한 신청정보를 제공하는 방법으로 하여야 한다. 다만, <u>등기목적과 등기원인이 동일</u>하거나 그 밖에 대법원규칙으로 정하는 경우에는 여러 개의 부동산에 관한 신청정보를 일괄하여 제공하는 방법으로 할 수 있다.

> **부동산등기규칙 제47조(일괄신청과 동시신청)**
>
> ① 법 제25조 단서에 따라 다음 각 호의 경우에는 1건의 신청정보로 일괄하여 신청하거나 촉탁할 수 있다.
> 1. 같은 채권의 담보를 위하여 소유자가 다른 여러 개의 부동산에 대한 저당권설정등기를 신청하는 경우
> 2. 법 제97조 각 호의 등기를 촉탁하는 경우
> 3. 민사집행법 제144조 제1항 각 호의 등기를 촉탁하는 경우

[❸ ▸ ○] 근저당권의 기본계약상의 채무자 지위를 채권자 및 신·구채무자 사이의 3면계약에 의하여 교환적으로 승계하거나 추가적으로 가입하는 경우에는 "채무자 변경계약"을 등기원인으로 하여 근저당권의 채무자변경등기를 신청할 수 있으며, 그 경우 동일한 부동산에 대하여 순위번호가 다른 수개의 근저당권이 설정되어 있으나 채무자 변경계약의 당사자가 동일하다면 하나의 신청서에 변경할 근저당권의 표시를 모두 기재하여 동시에 그 변경등기를 신청할 수 있다(등기선례 제3-591호).

[❹ ▸ ✕] 신탁행위에 의하여 소유권을 이전하는 경우에는 신탁등기의 신청은 신탁을 원인으로 하는 소유권이전등기(지분이전등기를 포함한다. 이하 같다)의 신청과 함께 1건의 신청정보로 일괄하여 하여야 한다[등기예규 제1799호 1. 나. (1) (가)]. 즉, 일괄하여 신청할 수 있는 것이 아니라 일괄하여 하여야 하는 것이다.

[❺ ▸ ○] 동일 부동산에 관하여 동일인 명의로 수개의 근저당권설정등기가 되어 있는 경우 근저당권자의 주소변경을 원인으로 한 위 수개의 등기명의인의 표시 변경등기는 1개의 신청서에 일괄하여 신청할 수 있으며, 위 등기신청을 하지 않더라도 다음 순위의 새로운 근저당권설정등기를 신청할 수 있다(등기선례 제2-40호).

답 ❹

44 □□□ 등기신청 시 신청정보로서 등기필정보에 관한 다음 설명 중 가장 옳지 않은 것은?

2025년 법무사시험 [문 6]

① 관공서가 등기의무자나 등기권리자로서 등기를 촉탁하는 경우 공동신청이 아니므로 등기필정보는 제공할 필요가 없으며, 관공서가 촉탁에 의하지 아니하고 법무사 등에게 위임하여 신청하는 경우에도 마찬가지이다.

② 같은 부동산에 대하여 둘 이상의 권리에 관한 등기를 동시에 신청하는 경우, 먼저 접수된 신청에 의하여 새로 등기명의인이 되는 자가 나중에 접수된 신청에서 등기의무자가 되는 경우에 나중에 접수된 등기신청에는 등기필정보를 제공하지 않아도 되나, 만약 둘 이상의 권리에 관한 등기신청의 대리인이 서로 다른 경우에는 등기필정보를 제공해야 한다.

③ 등기필정보를 제공해야 하는 등기신청에서 등기필정보를 분실하거나 그 밖의 사유로 제공할 수 없는 경우 등기신청서(또는 위임장) 중 등기의무자의 작성부분에 대한 공증을 받는 방법을 활용할 수도 있고, 이 경우의 '공증'이란 등기의무자가 등기명의인임을 확인하는 서면에 대한 공증이 아니고 신청서 또는 위임장에 표시된 등기의무자의 작성 부분(기명날인 등)이 등기의무자 본인이 작성한 것임을 공증하는 것을 의미한다.

④ 외국인이 처분위임장에 의하여 국내 부동산의 등기를 신청할 경우 등기필정보가 없을 때에는 처분위임장에 "등기필정보가 없다"는 등의 뜻도 기재하여 공증인의 공증을 받아야 한다.

⑤ 공유물분할을 원인으로 소유권을 취득한 자가 등기의무자가 되어 다시 소유권이전등기를 신청할 경우 공유물분할등기에 관한 등기필정보뿐 아니라 공유물분할등기 전에 공유자로서 등기할 당시 통지받은 등기필정보도 함께 제공해야 한다.

[**❶ ▸ ○**] 관공서가 등기의무자로서 등기권리자의 청구에 의하여 등기를 촉탁하거나 부동산에 관한 권리를 취득하여 등기권리자로서 그 등기를 촉탁하는 경우에는 등기의무자의 권리에 관한 등기필정보를 제공할 필요가 없다. 이 경우 관공서가 촉탁에 의하지 아니하고 법무사 또는 변호사에게 위임하여 등기를 신청하는 경우에도 같다(등기예규 제1862호 4.).

[**❷ ▸ ✕**] 같은 부동산에 대하여 둘 이상의 권리에 관한 등기를 동시에 신청하는 경우로서(<u>등기신청의 대리인이 서로 다른 경우를 포함한다</u>), 먼저 접수된 신청에 의하여 새로 등기명의인이 되는 자가 나중에 접수된 신청에서 등기의무자가 되는 경우에 나중에 접수된 등기신청에는 등기필정보를 제공하지 않아도 된다[등기예규 제1647호 3. 가. 1)].

[**❸ ▸ ○**] 등기필증이 멸실된 경우 등기의무자 또는 그 법정대리인의 등기소 출석의무를 갈음하는 구 부동산등기법 제49조 제1항 단서 후단의 '공증'이란 등기의무자가 그 부동산의 등기명의인임을 확인하는 서면에 대한 공증이 아니고, 신청서 또는 위임장에 표시된 등기의무자의 작성 부분(기명날인 등)이 등기의무자 본인이 작성한 것임을 공증하는 것을 의미하고, 등기의무자의 위임을 받은 대리인이 출석하여 공증을 받을 수는 없다(대판 2012.9.13. 2012다47098).

[**❹ ▸ ○**] 등기예규 제1778호 제7조 제1항, 제1851호 4. 나. (3)

□ **등기예규 제1778호[재외국민 및 외국인의 부동산등기신청절차에 관한 예규]**

제7조(등기필정보가 없는 경우)

① 재외국민 또는 외국인이 등기의무자로서 권리에 관한 등기를 신청할 때에 등기필정보가 없다면 법 제51조 및 「등기필정보가 없는 경우 확인조서 등에 관한 예규」에서 정하는 바에 따른다.

□ **등기예규 제1851호[등기필정보가 없는 경우 확인조서 등에 관한 예규]**

4. 신청서나 위임장 중 등기의무자등의 작성부분에 관하여 공증을 받은 경우

　나. 공증을 받아야 하는 서면

　　(1) 등기의무자등이 등기소에 출석하여 직접 등기를 신청하는 경우에는 등기신청서

　　(2) 등기의무자등이 직접 처분행위를 하고 등기신청을 대리인에게 위임한 경우에는 등기신청위임장

　　(3) 등기의무자등이 다른 사람에게 권리의 처분권한을 수여한 경우에는 그 처분권한 일체를 수여하는 내용의 처분위임장. 이 경우 처분위임장에는 "등기필정보가 없다"는 뜻을 기재하여야 한다.

[**❺ ▸ ○**] 공유물분할을 원인으로 소유권을 취득한 자가 등기의무자가 되어 분할된 부동산에 대해 등기신청을 할 때에는 위 공유물분할을 원인으로 한 지분이전등기를 마친 후 수령한 등기필정보뿐만 아니라 공유물분할 이전에 공유자로서 지분을 취득할 당시 수령한 등기필정보도 함께 제공하여야 한다 [등기예규 제1647호 2. 나. 4) 다)].

답 **❷**

등기필정보에 관한 다음 설명 중 가장 옳지 않은 것은?

① 등기필정보를 분실하여 재발급받고자 하는 경우에는 등기명의인 본인이 직접 등기소에 출석하여야 한다.

② 하나의 등기에 있어서 등기필증과 등기필정보를 함께 발급하거나 통지하는 경우는 없다.

③ 등기필정보를 구성하는 50개의 비밀번호 중 한 번 사용한 비밀번호는 나머지 비밀번호를 모두 사용한 경우가 아닌 한 다시 사용할 수 없다.

④ 등기권리자가 등기필정보의 통지를 원하지 아니하는 경우에는 등기관이 등기필정보를 작성·통지하지 아니할 수 있다.

⑤ 근저당권의 채권최고액을 증액하거나 전세금, 전세기간 등을 변경하는 등기를 마쳤을 때에는 등기필정보를 작성·통지하지 않기 때문에 근저당권이나 전세권의 말소등기를 신청할 때에는 그 설정 당시의 등기필정보를 제공하면 충분하다.

....

[**❶** ▸ ×] 등기필정보는 재작성·통지를 하지 않는다. 따라서 등기필정보가 없는 경우 등기필정보의 등기의무자 본인 확인의 기능을 대신할 수 있는 제도가 필요하다. 부동산등기법 제51조는 이러한 경우 등기관 등이 등기의무자 본인을 직접 확인하도록 하는 제도로서, ⅰ) 등기관이 직접 등기의무자 또는 그 법정대리인(이하 '등기의무자 등'이라 한다)을 확인하는 방법 ⅱ) 해당 등기신청을 대리하는 법무사나 변호사가 등기의무자 등으로부터 직접 위임받았음을 확인하는 방법 ⅲ) 신청서나 위임장 중 등기의무자의 작성 부분에 관하여 공증을 받는 방법 등을 규정하고 있다. 부등 실무 1

> **부동산등기법 제51조(등기필정보가 없는 경우)**
> 제50조 제2항의 경우에 등기의무자의 등기필정보가 없을 때에는 등기의무자 또는 그 법정대리인(이하 "등기의무자등"이라 한다)이 등기소에 출석하여 등기관으로부터 등기의무자등임을 확인받아야 한다. 다만, 등기신청인의 대리인(변호사나 법무사만을 말한다)이 등기의무자등으로부터 위임받았음을 확인한 경우 또는 신청서(위임에 의한 대리인이 신청하는 경우에는 그 권한을 증명하는 서면을 말한다) 중 등기의무자등의 작성부분에 관하여 공증(公證)을 받은 경우에는 그러하지 아니하다.

[**❷** ▸ O] 종전에 등기필증을 발급받은 자는 등기필정보의 제공을 갈음하여 그 등기필증을 신청서에 첨부할 수 있다(개정법 부칙 제2조). 즉 등기필증을 발급받은 자는 등기필증을 제출하고, 등기필정보를 통지받은 자는 등기필정보를 제공하면 되는 것이다. 하나의 등기에 있어서 등기필증과 등기필정보를 함께 발급하거나 통지한 경우는 없으므로 두 가지를 함께 제공할 수도 없고 그럴 필요도 없다. 만에 하나 그러한 경우가 있다 하더라도 일단 전자신청 등기소로 지정되어 등기필정보를 작성·통지한 이상 등기필정보를 제공하여야 하고, 등기필정보가 없으면 부동산등기법 제51조의 절차에 따라야 한다. 부등 실무 1

[**❸** ▸ O] 등기예규 제1853호 6. 가., 나.

> ❏ **등기예규 제1853호[등기필정보의 작성 및 통지 등에 관한 업무처리지침]**
> 6. 등기필정보의 제공 방법
>   가. 전자신청의 경우 신청인이 등기필정보를 입력하는 화면에서 일련번호와 임의로 선택한 비밀번호를 입력한다. 단, 한 번 사용한 비밀번호는 50개의 비밀번호를 모두 사용한 후가 아니면 사용하지 못한다.
>   나. 서면신청의 경우 신청인이 일련번호와 비밀번호를 신청서에 기재한다. 비밀번호의 사용방법은 전자 신청의 경우와 같다.

[**❹** ▸ ○] 부동산등기법 제50조 제1항 제1호

> **부동산등기법 제50조(등기필정보)**
> ① 등기관이 새로운 권리에 관한 등기를 마쳤을 때에는 등기필정보를 작성하여 등기권리자에게 통지하여야 한다. 다만, 다음 각 호의 어느 하나에 해당하는 경우에는 그러하지 아니하다.
>   1. 등기권리자가 등기필정보의 통지를 원하지 아니하는 경우
>   2. 국가 또는 지방자치단체가 등기권리자인 경우
>   3. 제1호 및 제2호에서 규정한 경우 외에 대법원규칙으로 정하는 경우

[**❺** ▸ ○] 등기필정보는 모든 권리에 관한 등기가 아니라 새로운 권리에 관한 등기를 마쳤을 때 작성·통지한다. 즉 등기부에 새로운 권리자가 기록되는 경우에 작성한다(부동산등기법 제2조 제4호). ⅰ) 부동산등기법 제3조나 그 밖의 법령에서 등기할 수 있는 것으로 규정하고 있는 권리를 보존·이전·설정하는 등기, ⅱ) 위 ⅰ)의 권리의 설정 또는 이전 청구권 보전을 위한 가등기, ⅲ) 권리자를 추가하는 경정 또는 변경등기(갑 단독소유를 갑, 을 공유로 경정하거나 합유자가 추가되는 합유명의인표시변경 등기 등) 등이 이에 해당한다(등기예규 제1853호 2. 가.). 위의 등기 외의 등기를 하는 경우에는 등기필정보를 작성하지 않는다[등기예규 제1853호 2. 나. (1)]. 따라서 근저당권의 채권최고액을 증액하거나 전세금·전세기간 등을 변경하는 등기를 마쳤을 때에는 등기필정보를 작성·통지하지 않는다. 이러한 경우 근저당권이나 전세권 말소등기를 신청할 때에는 그 설정 당시의 등기필정보를 제공하면 충분하다.

`부등 실무 1`

> **부동산등기법 제2조(정의)**
> 이 법에서 사용하는 용어의 뜻은 다음과 같다.
>   4. "등기필정보"(登記畢情報)란 등기부에 새로운 권리자가 기록되는 경우에 그 권리자를 확인하기 위하여 제11조 제1항에 따른 등기관이 작성한 정보를 말한다.

> ☐ **등기예규 제1853호[등기필정보의 작성 및 통지 등에 관한 업무처리지침]**
> 2. 등기필정보의 작성
>   가. 등기필정보를 작성하는 경우
>   등기관이 등기권리자의 신청에 의하여 다음 각 호 중 어느 하나의 등기를 하는 때에는 등기필정보를 작성하여야 한다.
>   (1)「부동산등기법」제3조 기타 법령에서 등기할 수 있는 권리로 규정하고 있는 권리를 보존, 설정, 이전하는 등기를 하는 경우
>   (2) 위 (1)의 권리의 설정 또는 이전청구권 보전을 위한 가등기를 히는 경우
>   (3) 권리자를 추가하는 경정 또는 변경등기(갑 단독소유를 갑, 을 공유로 경정하는 경우나 합유자가 추가되는 합유명의인표시변경등기 등)를 하는 경우
>   나. 등기필정보를 작성하지 않는 경우
>   (1) 위 가. 외의 등기를 하는 때에는 등기필정보를 작성하지 아니한다.

답 ❶

① 방문신청의 경우 신청인이 등기신청서와 함께 등기필정보통지서 송부용 우편봉투를 제출한 경우에는 등기필정보통지서를 우편으로 송부한다.

② 등기관이 착오로 여러 명의 등기권리자 중 일부를 누락하여 직권으로 등기권리자를 추가하는 경정등기를 하는 경우에는 그 추가되는 등기권리자에 대한 등기필정보를 작성하지 않는다.

③ 등기의무자인 법인이 등기필정보가 없는 경우에 그 지배인이 회사를 대리하여 등기신청을 하는 경우에는 그 지배인이 출석하여 지배인임을 확인받을 수 있다.

④ 등기필정보가 없을 때에는 등기신청을 위임받은 자격자대리인인 법무사가 등기의무자 또는 그 법정대리인 본인으로부터 위임받았음을 확인하고 그 확인한 사실을 증명하는 정보를 작성하여 제공할 수 있다.

⑤ 구분건물을 신축하여 분양한 자가 집합건물의 소유 및 관리에 관한 법률 제2조 제6호의 대지사용권을 가지고 있는 경우에 대지권등기를 하지 아니한 상태에서 수분양자에게 구분건물에 대하여만 소유권이전등기를 마친 경우 현재의 구분건물의 소유명의인과 공동으로 대지사용권에 관한 이전등기를 신청하는 경우에는 등기필정보를 제공하지 않아도 된다.

[**❶** ▸ ○] 부동산등기규칙 제107조 제1항 제1호

> **부동산등기규칙 제107조(등기필정보의 통지방법)**
> ① 등기필정보는 다음 각 호의 구분에 따른 방법으로 통지한다.
>   1. 방문신청의 경우 : 등기필정보를 적은 서면(이하 "등기필정보통지서"라 한다)을 교부하는 방법. 다만, 신청인이 등기신청서와 함께 대법원예규에 따라 등기필정보통지서 송부용 우편봉투를 제출한 경우에는 등기필정보통지서를 우편으로 송부한다.
>   2. 전자신청의 경우 : 전산정보처리조직을 이용하여 송신하는 방법

[**❷** ▸ ×] 등기필정보는 등기부에 새로운 권리자가 기록되는 경우에 그 권리자를 확인하기 위하여 등기관이 작성한 정보로서 등기관의 착오로 인한 것이라도 권리자를 추가하는 경정등기를 하는 경우에는 그 추가되는 등기권리자에 대한 등기필정보를 작성하여야 한다[등기예규 제1853호 2. 가. (3)].

> ▢ **등기예규 제1853호[등기필정보의 작성 및 통지 등에 관한 업무처리지침]**
> 2. 등기필정보의 작성
>   가. 등기필정보를 작성하는 경우
>   등기관이 등기권리자의 신청에 의하여 다음 각 호 중 어느 하나의 등기를 하는 때에는 등기필정보를 작성하여야 한다.
>   (1) 「부동산등기법」 제3조 기타 법령에서 등기할 수 있는 권리로 규정하고 있는 권리를 보존, 설정, 이전하는 등기를 하는 경우
>   (2) 위 (1)의 권리의 설정 또는 이전청구권 보전을 위한 가등기를 하는 경우
>   (3) 권리자를 추가하는 경정 또는 변경등기(갑 단독소유를 갑, 을 공유로 경정하는 경우나 합유자가 추가되는 합유명의인표시변경등기 등)를 하는 경우

[**❸** ▸ ○] 등기예규 제1851호 2. 가. (2)

> □ **등기예규 제1851호[등기필정보가 없는 경우 확인조서 등에 관한 예규]**
> 2. 등기관이 확인조서를 작성하는 경우
>   가. 확인의 대상
>   등기관은 출석한 사람이 다음 각 호의 자(이하 "등기의무자등"이라 한다)임을 확인하여야 한다.
>   (1) 등기의무자가 자연인인 경우 : 등기의무자 본인(등기의무자가 제한능력자인 경우에는 그 법정대리인)
>   (2) 등기의무자가 법인인 경우 : 그 대표자(다만, 「상법」상 지배인 등 법률에 따라 재판상 또는 재판 외의 모든 행위를 할 수 있는 자에게 해당 등기신청에 관한 권한이 있는 경우에는 그자를 포함한다)
>   (3) 등기의무자가 법인 아닌 사단이나 재단인 경우 : 대표자 또는 관리인

[**❹** ▸ ○] 제50조 제2항의 경우에 등기의무자의 등기필정보가 없을 때에는 등기의무자 또는 그 법정대리인(이하 "등기의무자등"이라 한다)이 등기소에 출석하여 등기관으로부터 등기의무자등임을 확인받아야 한다. 다만, 등기신청인의 대리인(변호사나 법무사만을 말한다)이 등기의무자등으로부터 위임받았음을 확인한 경우 또는 신청서(위임에 의한 대리인이 신청하는 경우에는 그 권한을 증명하는 서면을 말한다) 중 등기의무자등의 작성부분에 관하여 공증을 받은 경우에는 그러하지 아니하다(부동산등기법 제51조).
[**❺** ▸ ○] 구분건물을 신축하여 분양한 자가 대지권등기를 하지 아니한 상태에서 수분양자에게 구분건물에 대하여만 소유권이전등기를 마친 다음, 부동산등기법 제60조 제1항 및 제2항에 따라 현재의 구분건물의 소유명의인과 공동으로 대지사용권에 관한 이전등기를 신청하는 경우에는 등기필정보를 제공하지 않아도 된다(등기예규 제1647호 3. 나.).

답 ❷

47
☐☐☐ **다음 중 등기필정보를 작성하여 등기권리자에게 통지하여야 하는 등기신청에 해당하는 것은?**
2022년 법무사시험 [문 19]

① 말소된 전세권설정등기에 대한 회복등기를 등기권리자가 판결을 받아 단독으로 신청한 경우
② 甲, 乙 공유를 甲, 乙 합유로 변경하는 등기를 甲과 乙이 공동으로 신청한 경우
③ 합유자 甲, 乙, 丙 중 丙의 사망을 원인으로 잔존 합유자 甲, 乙이 합유명의인 변경등기신청을 한 경우
④ 소유권이전등기절차의 인수를 명하는 판결에 의하여 승소한 등기의무자가 단독으로 소유권이전등기를 신청한 경우
⑤ 소유권이전청구권 가등기를 등기권리자가 법원의 가등기가처분명령을 받아 단독으로 신청한 경우

[**❶** ▸ ×] 말소회복등기는 보존, 설정, 이전등기에 해당되지 아니하므로 등기필정보를 작성·통지하지 아니한다[등기예규 제1853호 2. 가. (1) 참조].

[**❷** ▸ ×] [**❸** ▸ ×] 권리자를 추가하는 변경등기가 아니므로 등기필정보를 작성·통지하지 아니한다[등기예규 제1853호 2. 가. (3) 참조].

[**❹** ▸ ×] 부동산등기법 제50조 제1항 제3호, 부동산등기규칙 제109조 제2항 제3호

부동산등기법 제50조(등기필정보)

① 등기관이 새로운 권리에 관한 등기를 마쳤을 때에는 등기필정보를 작성하여 등기권리자에게 통지하여야 한다. 다만, 다음 각 호의 어느 하나에 해당하는 경우에는 그러하지 아니하다.

1. 등기권리자가 등기필정보의 통지를 원하지 아니하는 경우
2. 국가 또는 지방자치단체가 등기권리자인 경우
3. 제1호 및 제2호에서 규정한 경우 외에 대법원규칙으로 정하는 경우

부동산등기규칙 제109조(등기필정보를 작성 또는 통지할 필요가 없는 경우)

② 법 제50조 제1항 제3호에서 "대법원규칙으로 정하는 경우"란 다음 각 호의 어느 하나에 해당하는 경우를 말한다.

1. 등기필정보를 전산정보처리조직으로 통지받아야 할 자가 수신이 가능한 때부터 3개월 이내에 전산정보처리조직을 이용하여 수신하지 않은 경우
2. 등기필정보통지서를 수령할 자가 등기를 마친 때부터 3개월 이내에 그 서면을 수령하지 않은 경우
3. 법 제23조 제4항에 따라 승소한 등기의무자가 등기신청을 한 경우

> **부동산등기법 제23조(등기신청인)**
> ④ 등기절차의 이행 또는 인수를 명하는 판결에 의한 등기는 승소한 등기권리자 또는 등기의무자가 단독으로 신청하고, 공유물을 분할하는 판결에 의한 등기는 등기권리자 또는 등기의무자가 단독으로 신청한다.

4. 법 제28조에 따라 등기권리자를 대위하여 등기신청을 한 경우
5. 법 제66조 제1항에 따라 등기관이 직권으로 소유권보존등기를 한 경우
6. 공유자 중 일부가 「민법」 제265조 단서에 따른 공유물의 보존행위로서 공유자 전원을 등기권리자로 하여 권리에 관한 등기를 신청한 경우(등기권리자가 그 나머지 공유자인 경우로 한정한다)

[**❺** ▸ ○] 등기예규 제1853호 2. 가. (2)

□ **등기예규 제1853호[등기필정보의 작성 및 통지 등에 관한 업무처리지침]**

2. 등기필정보의 작성

가. 등기필정보를 작성하는 경우

등기관이 등기권리자의 신청에 의하여 다음 각 호 중 어느 하나의 등기를 하는 때에는 등기필정보를 작성하여야 한다.

(1) 「부동산등기법」 제3조 기타 법령에서 등기할 수 있는 권리로 규정하고 있는 권리를 보존, 설정, 이전하는 등기를 하는 경우

(2) 위 (1)의 권리의 설정 또는 이전청구권 보전을 위한 가등기를 하는 경우

(3) 권리자를 추가하는 경정 또는 변경등기(갑 단독소유를 갑, 을 공유로 경정하는 경우나 합유자가 추가되는 합유명의인표시변경등기 등)를 하는 경우

정답 **❺**

48

등기신청 시 제공하는 등기필정보에 관한 다음 설명 중 가장 옳지 않은 것은?

2021년 법무사시험 [문 19]

① 甲 토지를 乙 토지에 합병한 경우, 합병 후의 乙 토지에 대하여 등기신청을 할 때에는 乙 토지에 대한 등기필정보만을 제공하면 되고, 등기기록이 폐쇄된 甲 토지의 등기필정보는 제공할 필요가 없다.

② 판결에 의하여 승소한 등기의무자가 등기신청하는 경우나 채권자가 대위에 의하여 등기신청하는 경우에 등기필정보를 작성 · 통지하지 아니한다.

③ 개정 부동산등기법 시행 전에 권리취득의 등기를 한 후 등기필증을 교부받은 경우, 현재 등기의무자가 되어 등기신청을 할 때 등기필정보의 제공에 갈음하여 당시에 교부받은 등기필증을 첨부할 수 있다.

④ 공유물 분할을 원인으로 소유권을 취득한 자가 등기의무자가 되어 분할된 부동산에 대해 등기신청을 할 때에는 위 공유물 분할을 원인으로 한 지분이전등기를 마친 후 수령한 등기필정보만 제공하면 되며, 공유물 분할 이전에 공유자로서 지분을 취득할 당시 수령한 등기필정보는 제공할 필요 없다.

⑤ 구법의 등기필증 '멸실'의 경우의 의미에 대하여, 판례는 등기필증에 갈음하여 본인이 출석하거나 등기필증에 갈음하는 서면을 제출할 수 있는 제도를 두고 있으나, 이는 등기필증이 멸실된 경우에 인정되는 제도로서 분실의 경우를 포함하지만, 등기필증이 현재 다른 사람의 수중에 있기 때문에 사실상 돌려받기 어려운 경우까지 포함하는 것은 아니라고 본다.

⋯⋯⋯⋯⋯⋯⋯⋯⋯⋯⋯⋯⋯⋯⋯⋯⋯⋯⋯⋯⋯⋯⋯⋯⋯⋯⋯⋯⋯⋯⋯⋯⋯⋯⋯⋯⋯

[❶▸○] 갑 토지를 을 토지에 합병한 경우, 합병 후의 을 토지에 대하여 등기신청을 할 때에는 을 토지에 대한 등기필정보만을 제공하면 되고, 등기기록이 폐쇄된 갑 토지의 등기필정보는 제공할 필요가 없다. 합병 후의 건물에 대해 등기신청을 할 때에도 마찬가지이다[등기예규 제1647호 2. 나. 4) 가)].

[❷▸○] 부동산등기규칙 제109조 제2항 제3호 · 제4호

부동산등기규칙 제109조(등기필정보를 작성 또는 통지할 필요가 없는 경우)

② 법 제50조 제1항 제3호에서 "대법원규칙으로 정하는 경우"란 다음 각 호의 어느 하나에 해당하는 경우를 말한다.

1. 등기필정보를 전산정보처리조직으로 통지받아야 할 자가 수신이 가능한 때부터 3개월 이내에 전산정보처리조직을 이용하여 수신하지 않은 경우

2. 등기필정보통지서를 수령할 자가 등기를 마친 때부터 3개월 이내에 그 서면을 수령하지 않은 경우

3. 법 제23조 제4항에 따라 <u>승소한 등기의무자가 등기신청을 한 경우</u>

4. 법 제28조에 따라 <u>등기권리자를 대위하여 등기신청을 한 경우</u>

5. 법 제66조 제1항에 따라 등기관이 직권으로 소유권보존등기를 한 경우

6. 공유자 중 일부가 「민법」 제265조 단서에 따른 공유물의 보존행위로서 공유자 전원을 등기권리자로 하여 권리에 관한 등기를 신청한 경우(등기권리자가 그 나머지 공유자인 경우로 한정한다)

[❸▸○] 이 법 시행 전에 권리취득의 등기를 한 후 종전의 제67조 제1항에 따라 등기필증을 발급받거나 종전의 제68조 제1항에 따라 등기완료의 통지를 받은 자는 이 법 시행 후 등기의무자가 되어 제24조 제1항 제1호의 개정규정에 따라 등기신청을 할 때에는 제50조 제2항의 개정규정에 따른 등기필정보의 제공을 갈음하여 신청서에 종전이 제67조 제1항에 따른 등기필증 또는 종전의 제68조 제1항에 따른 등기완료통지서를 첨부할 수 있다(부동산등기법 부칙 법률 제10580호 제2조).

[**❹ ▸ ✕**] 공유물 분할을 원인으로 소유권을 취득한 자가 등기의무자가 되어 분할된 부동산에 대해 등기신청을 할 때에는 위 공유물 분할을 원인으로 한 지분이전등기를 마친 후 수령한 등기필정보뿐만 아니라 공유물 분할 이전에 공유자로서 지분을 취득할 당시 수령한 등기필정보도 함께 제공하여야 한다 [등기예규 제1647호 2. 나. 4) 다)].

[**❺ ▸ ○**] 구 부동산등기법 제49조에서는 등기필증에 갈음하여 본인이 출석하거나 등기필증에 갈음하는 서면을 제출할 수 있는 제도를 두고 있으나, 이는 등기필증이 멸실된 경우에 인정되는 제도로서 분실의 경우를 포함하지만, 등기필증이 현재 다른 사람의 수중에 있기 때문에 사실상 돌려받기 어려운 경우까지 포함하는 것은 아니다(대판 2007.11.15. 2004다2786).

답 **❹**

제2관   **등기원인을 증명하는 정보(검인계약서)**

49
□□□

등기신청에 필요한 첨부정보에 관한 다음 설명 중 가장 옳지 않은 것은?

2023년 법무사시험 [문 8]

① 계약을 원인으로 소유권이전등기를 신청할 경우 등기원인증명정보가 집행력 있는 판결인 경우에는 판결서 정본에 검인을 받을 필요가 없다.

② 매매로 인한 소유권이전등기청구권을 보전하기 위하여 소유권이전청구권가등기를 마친 상태에서 제3자에 대한 채무를 담보하기 위하여 소유권이전등기청구권을 양도하고 가등기의 이전등기를 신청하는 경우에는 매도인인 소유명의인의 승낙이 있음을 증명하는 정보와 인감증명을 첨부정보로서 제공하여야 한다.

③ 부동산 거래신고 등에 관한 법률에 의한 허가의 대상이 되는 토지에 관하여 소유권·지상권의 이전 또는 설정청구권을 보전하기 위한 가등기를 신청하기 위해서는 원칙적으로 신청서에 시장, 군수 또는 구청장이 발행한 토지거래계약허가증을 첨부하여야 한다.

④ 사립학교법에 의한 학교법인에게 신탁한 부동산에 대하여 그 신탁을 해지하고 해지로 인한 소유권이전등기를 신청하는 경우에는 관할청의 허가를 증명하는 서면을 첨부하여야 한다.

⑤ 전통사찰의 보존 및 지원에 관한 법률에 따라 등록된 전통사찰 소유의 전통사찰보존지에 대하여 민사집행법에 따른 매각을 원인으로 하여 소유권이전등기를 촉탁하는 경우에는 문화체육관광부장관의 허가를 증명하는 정보를 제공할 필요가 없다.

68 PART 7 부동산등기법

[❶ ▸ ×]
1. 계약을 등기원인으로 하여 1990.9.2. 이후 소유권이전등기를 신청할 때에는 계약의 일자 및 종류를 불문하고 검인을 받은 계약서 원본(이하 "검인계약서"라 한다) 또는 검인을 받은 판결서(화해·인낙·조정조서를 포함한다) 정본을 등기원인증서로 제출하여야 한다(등기예규 제1727호 1. 가. (1)).
2. 제1항의 경우에 등기원인을 증명하는 서면이 집행력 있는 판결서 또는 판결과 같은 효력을 갖는 조서(이하 "판결서등"이라 한다)인 때에는 판결서등에 제1항의 검인을 받아 제출하여야 한다(부동산등기 특별조치법 제3조 제2항).

[❷ ▸ ○] 소유권이전등기청구권을 보전하기 위하여 소유권이전청구권가등기를 마친 상태에서 제3자에 대한 채무를 담보하기 위하여 소유권이전등기청구권을 양도한 경우에는, 양도담보를 원인으로 가등기된 권리의 이전등기를 신청할 수 있고, 이후 양도담보계약이 해제된 경우에는 양도담보계약의 해제를 원인으로 이전등기의 말소등기를 신청할 수 있다. 다만, 매매로 인한 소유권이전등기청구권은 특별한 사정이 없는 이상 그 권리의 성질상 양도가 제한되고 그 양도에 매도인의 승낙이나 동의를 요한다고 할 것이므로(대판 2001.10.9. 2000다51216 참조), 위 가등기의 이전등기를 신청하는 경우에는 매도인인 소유명의인의 승낙이 있음을 증명하는 정보와 인감증명을 첨부정보로서 등기소에 제공하여야 한다(부동산등기선례 제201803-1호).

[❸ ▸ ○] 등기예규 제1634호 1. (1), 2. (가)

□ **등기예규 제1634호[부동산 거래신고 등에 관한 법률에 따른 허가구역 안에 있는 토지에 대한 등기신청 절차에 관한 업무처리지침]**
1. 토지거래계약허가증의 첨부
   (1) 「부동산 거래신고 등에 관한 법률」(이하 "법"이라 한다) 제11조 제1항의 규정에 의한 허가의 대상이 되는 토지(이하 '허가대상 토지'라 한다)에 관하여 소유권·지상권을 이전 또는 설정하는 계약(예약을 포함한다. 이하 같다)을 체결하고 그에 따른 등기신청을 하기 위해서는 신청서에 시장, 군수 또는 구청장이 발행한 토지거래계약허가증을 첨부하여야 한다. 다만, 그 계약이 증여와 같이 대가성이 없는 경우에는 그러하지 아니하다.
2. 가등기 또는 가등기에 의한 본등기의 신청과 토지거래계약허가증
   가. 가등기의 신청과 토지거래계약허가증의 첨부
      허가대상 토지에 관하여 소유권·지상권의 이전 또는 설정청구권을 보전하기 위한 가등기(담보가등기를 포함한다)를 신청하기 위해서는 토지거래계약허가증을 신청서에 첨부하여야 한다.

[❹ ▸ ○] 학교법인에게 신탁한 부동산이라 하더라도 그 신탁해지로 인한 소유권이전등기를 신청하는 경우에는 관할청의 허가를 증명하는 서면을 첨부하여야 한다(등기예규 제1255호 제3조 제2항).

[❺ ▸ ○] 전통사찰 소유의 전통사찰보존지등을 매매, 증여, 그 밖의 원인으로 양도하여 소유권이전등기를 신청하는 경우에는 법 제9조 제1항에 따른 문화체육관광부장관의 허가를 증명하는 정보를 등기소에 제공하여야 한다. 다만, 시효취득을 원인으로 한 소유권이전등기를 신청하거나 민사집행법에 따른 매각을 원인으로 한 소유권이전등기를 촉탁하는 경우에는 그러하지 아니한다(등기예규 제1484호 제4조 제1호).

답 ❶

50
□□□
　농지에 대한 등기신청에 관한 다음 설명 중 가장 옳지 않은 것은? 2021년 법무사시험 [문 29]

① 농지소유권이전등기신청 시 농지취득자격증명의 첨부 여부는 해당 농지면적과는 관계가 없으므로 종전에 소유하고 있던 농지를 타인에게 처분한 후 새로이 농지를 매수하는 경우에도 그 매수 농지에 대한 소유권이전등기신청 시에는 소유농지의 면적에 상관없이 농지취득자격증명을 첨부하여야 한다.

② 국가나 지방자치단체가 농지를 취득하여 소유권이전등기를 신청하는 경우에는 농지취득자격증명을 첨부하지 아니하고 소유권이전등기를 신청할 수 있다.

③ 동일 가구(세대)내 친족 간의 매매 등을 원인으로 하여 소유권이전등기를 신청하는 경우에도 농지취득자격증명을 첨부하여야 한다.

④ 농지에 대한 소유권이전청구권의 보전을 위한 가등기의 신청서에도 농지취득자격증명을 첨부하여야 한다.

⑤ 공익사업을 위한 토지 등의 취득 및 보상에 관한 법률에 의한 수용 및 협의취득을 원인으로 하여 소유권이전등기를 신청하는 경우에는 농지취득자격증명을 첨부하지 아니하고 소유권이전등기를 신청할 수 있다.

[**❶**▸○] 농지소유권이전등기신청 시 농지취득자격증명의 첨부 여부는 해당 농지면적과는 관계가 없으므로 종전에 소유하고 있던 농지를 타인에게 처분한 후, 새로이 농지를 매수하는 경우에도 그 매수 농지에 대한 소유권이전등기신청 시에는, 소유농지의 면적에 상관없이 농지취득자격증명을 첨부하여야 한다(등기선례 제5-722호).

[**❷**▸○] [**❺**▸○] 등기예규 제1635호 3. 가. · 다.

> □ **등기예규 제1635호[농지의 소유권이전등기에 관한 사무처리지침]**
> 3. 농지취득자격증명을 첨부할 필요가 없는 경우 : 아래의 경우에는 농지취득자격증명을 첨부하지 아니하고 소유권이전등기를 신청할 수 있다.
> 　가. 국가나 지방자치단체가 농지를 취득하여 소유권이전등기를 신청하는 경우
> 　다. 공익사업을 위한 토지 등의 취득 및 보상에 관한 법률에 의한 수용 및 협의취득을 원인으로 하여 소유권이전등기를 신청하는 경우 및 징발재산정리에 관한 특별조치법 제20조, 공익사업을 위한 토지 등의 취득 및 보상에 관한 법률 제91조의 규정에 의한 환매권자가 환매권에 기하여 농지를 취득하여 소유권이전등기를 신청하는 경우

[**❸**▸○] 국가나 지방자치단체로부터 농지를 매수하여 소유권이전등기를 신청하는 경우 및 농지전용허가를 받거나 농지전용신고를 한 농지에 대하여 소유권이전등기를 신청하는 경우와 동일 가구(세대)내 친족 간의 매매등을 원인으로 하여 소유권이전등기를 신청하는 경우에도 농지취득자격증명을 첨부하여야 한다(등기예규 제1635호 2. 나.).

[**❹**▸✕] 농지에 대한 소유권이전청구권가등기의 신청서에는 농지취득자격증명을 첨부할 필요가 없으나, 부동산 거래신고 등에 관한 법률에 의한 토지거래허가구역 내의 토지에 대한 소유권이전청구권가등기의 신청서에는 토지거래허가서를 첨부하여야 한다(등기예규 제1849호 2. 라.).

답 ❹

51
□□□

토지거래계약 허가에 관한 다음 설명 중 가장 옳지 않은 것은? 2022년 법무사시험 [문 16]

① 매매계약의 체결일자는 허가구역으로 지정된 후이나 토지거래계약허가를 받지 못하여 등기신청을 못 하고 있던 중 일시 허가구역 지정이 해제되었다가 다시 허가구역으로 지정된 후 소유권이전등기를 신청하는 경우 토지거래계약허가증을 첨부정보로 제공할 필요가 없다.

② 가등기를 신청할 당시 그 등기원인이 된 토지거래계약 또는 예약에 대한 토지거래계약허가증을 제출한 경우, 그 가등기에 의한 본등기를 신청할 때에 별도로 토지거래계약허가증을 첨부정보로 제공할 필요가 없다.

③ 허가대상 토지를 수인에게 공유지분으로 나누어 처분하는 경우에는 그 지분율에 따라 산정한 면적이 허가대상 면적의 미만이더라도 그에 따른 최초의 지분이전등기를 신청하는 때에는 토지의 분할에 준하여 토지거래계약허가증을 첨부정보로 제공하여야 한다.

④ 토지거래허가구역 내의 토지에 대하여 토지거래계약허가를 받아 매매를 원인으로 한 소유권이전등기를 경료한 후 그 매매계약의 일부를 해제하는 것은 당초에 허가받은 토지거래계약을 변경하고자 하는 경우에 해당한다 할 것이므로, 그 해제를 원인으로 한 소유권일부말소의미의 소유권경정등기를 신청하기 위해서는 토지거래계약허가증을 첨부정보로 제공하여야 한다.

⑤ 가등기가처분명령에 의하여 가등기를 신청하는 경우 가등기의 원인이 토지거래계약허가의 대상이더라도 토지거래계약허가증을 첨부정보로 제공할 필요가 없다.

....

[❶ ▶ ○] 부동산매매계약의 체결 당시에는 토지거래허가구역이었으나 그 후 허가구역 지정이 해제되었으면 등기신청 당시 다시 허가구역으로 지정되었다 하더라도 소유권이전등기 신청서에 토지거래허가서를 첨부할 필요가 없다(등기선례 제8–63호).

※ 허가구역 지정이 해제된 때 그 토지계약은 확정적으로 유효가 됨

[❷ ▶ ○] 가등기를 신청할 당시 그 등기원인이 된 토지거래계약 또는 예약에 대한 토지거래계약허가증을 제출한 경우, 그 가등기에 의한 본등기를 신청할 때에 별도로 토지거래계약허가증을 제출할 필요가 없다(등기예규 제1634호 2. 나.).

[❸ ▶ ○] 허가대상 토지를 수인에게 공유지분으로 나누어 처분하는 경우에는 그 지분율에 따라 산정한 면적이 허가대상 면적의 미만이더라도 그에 따른 최초의 지분이전등기를 신청하는 때에는 토지의 분할에 준하여 토지거래계약허가증을 신청서에 첨부하여야 한다(등기예규 제1634호 3.).

[❹ ▶ ○] 토지거래허가구역 내의 토지에 대하여 토지거래계약허가를 받아 매매를 원인으로 한 소유권이전등기를 경료한 후 그 매매계약의 일부를 해제하는 것은 당초에 허가받은 토지거래계약을 변경하고자 하는 경우에 해당한다 할 것이므로, 그 해제를 원인으로 한 소유권일부말소의미의 소유권경정등기를 신청하기 위해서는 관할청의 허가서를 첨부하여야 한다(등기선례 제7–47호).

[❺ ▶ ✕] 가처분결정에 의한 가등기신청의 경우에도 일반 가등기와 마찬가지로 등기원인이 존재하여야 하는 것이며 단지 가등기의무자의 협력을 얻을 수가 없을 때 관할법원의 가등기가처분명령에 의하여 가등기권리자가 단독으로 가등기를 신청할 수 있는 특례를 인정한 것에 불과하므로, 가등기가처분의 명령에 의한 가등기신청 시 그 가등기의 원인이 국토이용관리법상 토지거래허가의 대상일 때에는 <u>토지거래허가서를 첨부하여야 한다</u>(등기선례 제4–111호).

답 ❺

52
☐☐☐

등기원인에 대한 제3자의 허가에 관한 다음 설명 중 가장 옳지 않은 것은?

2021년 법무사시험 [문 18]

① 사립학교의 기본재산에 편입되어 학교교육에 직접 사용되는 부동산은 그것이 학교법인이 아닌 사립학교 경영자 개인 소유라 하더라도 이를 매도하거나 담보에 제공할 수 없다.

② 토지거래허가구역 내의 토지에 관하여 허가를 받지 아니하고 매매계약을 체결한 경우 그 효력에 대하여, 판례는 허가를 받을 때까지는 법률상 미완성의 법률행위로서 거래의 효력이 전혀 발생하지 않는 확정적 무효의 경우와 다를 바 없지만, 일단 허가를 받으면 그 계약은 소급하여 유효한 계약이 되므로 허가를 받기까지는 유동적 무효의 상태에 있다고 보는 입장이다.

③ 토지거래계약허가를 받아 소유권이전등기가 이루어졌으나 사후에 허가관청이 허가를 취소하고 이를 등기과(소)에 통보하였다고 하더라도 그 등기는 등기관이 이를 직권으로 말소할 수는 없다.

④ 학교법인이 공유자 중 1인인 부동산에 관하여 공유물분할등기를 신청하는 경우에도 관할청의 허가를 증명하는 서면을 첨부하여야 한다.

⑤ 영유아보육시설(어린이집 등)도 교육기관이므로, 영유아보육법에 의하여 민간 보육시설로 인가받아 그 소유건물 전부를 보육시설로 운영 중인 자는 사립학교법 제2조 제3항 소정의 사립학교 경영자에 해당되어 그 소유건물에 대하여는 매매 또는 담보제공 등 처분행위를 할 수 없다.

⋯⋯

[❶ ▸ ○] 사립학교(특수학교, 유치원 등 포함)의 기본재산에 편입되어 학교교육에 직접 사용되는 부동산은 그것이 학교법인이 아닌 사립학교경영자 개인 소유라 하더라도 이를 매도하거나 담보에 제공할 수 없다(사립학교법 제51조, 제28조 제2항)(등기예규 제1255호 제5조 제1항).

[❷ ▸ ○] 국토이용관리법상 토지의 거래계약허가구역으로 지정된 구역 안의 토지에 관하여 관할행정청의 허가를 받지 아니하고 체결한 토지거래계약은 처음부터 그 허가를 배제하거나 잠탈하는 내용의 계약일 경우에는 확정적 무효로서 유효화될 여지가 없으나, 이와 달리 허가받을 것을 전제로 한 거래계약일 경우에는 일단 허가를 받을 때까지는 법률상 미완성의 법률행위로서 거래계약의 채권적 효력도 전혀 발생하지 아니하지만, 일단 허가를 받으면 그 거래계약은 소급해서 유효로 되고 이와 달리 불허가가 된 때에는 무효로 확정되는 이른바 유동적 무효의 상태에 있다고 보아야 한다(대판[전합] 1999.6.17. 98다40459).

[❸ ▸ ○] 국토의 계획 및 이용에 관한 법률 제118조 제1항의 토지거래계약허가를 받아 소유권이전등기가 이루어졌으나 사후에 그 허가가 사위 또는 부정한 방법으로 받은 사실이 확인되어 허가관청이 허가를 취소하고 이를 등기과(소)에 통보하였다고 하더라도 그 등기는 부동산등기법 제29조 제9호에 해당하여 등기관이 이를 직권으로 말소할 수는 없다(등기선례 제201012-6호).

[❹ ▸ ○] 공유물 분할은 공유지분의 교환 또는 매매의 실질을 가지는 것이므로, 학교법인이 공유자 중 1인인 부동산에 관하여 공유물 분할을 원인으로 하는 공유지분이전등기를 신청하는 경우에도 관할청의 허가를 증명하는 서면을 첨부하여야 하는바, 이는 학교법인이 공유물 분할에 의하여 종전의 공유지분보다 더 많은 공유지분을 취득하게 되는 경우에도 마찬가지이다(등기선례 제6-48호).

[❺ ▸ ✕] 영유아보육시설은 교육법 제81조의 교육기관이 아니므로, 유치원 및 영유아보육시설용 건물의 소유자가 영유아보육법에 의하여 민간 보육시설로 인가받아 그 소유건물 전부를 보육시설로 운영 중인 자는 사립학교법 제2조 제3항 소정의 사립학교 경영자에 해당되지 않으므로, 그 소유건물에 대하여는 매매 또는 담보제공 등 처분행위를 할 수 있을 것이다(등기선례 제5-433호).

답 ❺

53 주민등록번호가 없는 재외국민의 부동산등기용등록번호(이하 '등록번호'라 한다)에 관한 다음
□□□　설명 중 가장 옳지 않은 것은?　2024년 법무사시험 [문 16]

① 등록번호는 대법원 소재지 관할 등기소의 등기관이 부여하며, 관할 외 등기소 등기관이 등록번호
부여신청서 또는 등록번호증명사항 변경신청서를 접수한 경우에는 신청서와 첨부서류의 심사를
한 후 관할 등기소의 등기관에게 모사전송하여야 한다.
② 이미 등록번호를 부여받은 사람이 관할 외 등기소에 다시 등록번호부여 신청을 한 때에는 등록번호
증명서의 발급신청으로 간주하여 처리할 수 있다.
③ 재외국민등록번호부와 재외국민부동산등기용등록번호카드는 영구히 보존하여야 한다.
④ 등록번호 부여신청서에는 재외국민등록법 제7조의 재외국민등록부등본 및 가족관계의 등록 등에
관한 법률 제15조 제2항 제1호의 가족관계증명서를 첨부하여야 한다.
⑤ 재외국민의 등록번호에 오류가 있어 등기관이 재외국민등록번호부의 등록번호를 정정한 경우에는
그 재외국민과 행정안전부장관 및 국세청장에게 그 정정의 뜻을 통지하여야 한다.

[❶ ▶ O]
• 주민등록번호가 없는 재외국민의 등록번호는 대법원 소재지 관할 등기소의 등기관이 부여하고, 법인의
등록번호는 주된 사무소(회사의 경우에는 본점, 외국법인의 경우에는 국내에 최초로 설치 등기를 한
영업소나 사무소를 말한다) 소재지 관할 등기소의 등기관이 부여한다(부동산등기법 제49조 제1항 제2호).
• 재외국민의 등록번호 부여신청서 또는 등록번호증명사항의 변경신청서를 접수한 등기소(다음부터
'접수등기소'라 한다)의 등기관은 그 신청서와 첨부서류(재외국민등록부등본 및 「가족관계의 등록 등
에 관한 법률」 제15조 제1항 제2호의 기본증명서)를 심사한 후 이를 관할 등기소의 등기관에게 모사전
송한다(등기예규 제1389호 3. 가.).
[❷ ▶ O]　이미 등록번호를 부여받은 사람이 다시 등록번호부여 신청을 한 때에는 등록번호증명서의
발급신청으로 간주하여 처리할 수 있다(등기예규 제1389호 4. 나.).
[❸ ▶ O]　등록번호부와 재외국민부동산등기용등록번호카드는 영구히 이를 보존하여야 한다(법인 및
재외국민의 부동산등기용등록번호 부여에 관한 규칙 제6조 제5항).
[❹ ▶ ×]　법인 및 재외국민의 부동산등기용등록번호 부여에 관한 규칙 제5조 제3항

> **법인 및 재외국민의 부동산등기용등록번호 부여에 관한 규칙 제5조**(재외국민등록번호의 부여신청)
> ① 재외국민이 등록번호를 부여받고자 할 때에는 부록 제1호 양식에 의한 신청서를 제출하여야 한다.
> ③ 제1항의 신청서에는 「재외국민등록법」 제7조의 재외국민등록부등본 및 「가족관계의 등록 등에 관한
> 　법률」 제15조 제2항 제2호의 기본증명서를 첨부하여야 한다.

[**❺** ▸ ○] 등기예규 제1828호 제2조 제1항, 제3항

> ❑ **등기예규 제1828호**[법인 및 재외국민의 부동산등기용등록번호의 정정과 변경에 관한 사무처리지침]
> **제2조(등록번호의 정정)**
> ① 재외국민의 등록번호에 오류가 있는 경우에는 등기관은 재외국민등록번호부의 등록번호를 정정하고 정정일자를 기록하여야 한다.
> ③ 제1항 또는 제2항에 따라 등록번호를 정정한 경우에는 그 재외국민 또는 법인(본점 소재지), 행정안전부 장관 및 국세청장에게 그 정정의 뜻을 통지하여야 한다.

답 **❹**

54
☐☐☐

외국인이 등기신청을 할 때에 등기소에 제공하여야 하는 주소를 증명하는 정보로서 적절하지 아니한 것은?
2022년 법무사시험 [문 14]

① 본국에 거주하는 외국인이 부동산을 처분하기 위하여 국내에 입국한 경우에는 국내 공증인이 주소를 공증한 서면
② 재외동포의 출입국과 법적 지위에 관한 법률에 따라 국내거소신고를 한 외국국적동포의 경우에는 국내거소신고 사실증명
③ 본국에 주소증명제도가 있는 외국인의 경우에는 본국 관공서에서 발행한 주소증명정보
④ 본국에 주소증명제도가 없는 외국인의 경우에는 본국 공증인이 주소를 공증한 서면
⑤ 출입국관리법에 따라 외국인등록을 한 경우에는 외국인등록 사실증명

....

[**❶** ▸ ✕] 본국에 거주하는 외국인이 부동산을 처분하기 위하여 국내에 입국한 경우 그 외국인이 등기신청을 할 때에 등기소에 제공하여야 하는 주소를 증명하는 정보로서 <u>국내 공증인이 주소를 공증한 서면은 원칙적으로 인정되지 않는다.</u>

> ❑ **등기선례 제201012-2호**
> 1. 등기를 신청할 때 부동산등기법 제40조 제1항 제6호 소정의 주소를 증명하는 서면을 제출하여야 하는 외국인이 본국에 주소증명서 또는 거주사실증명서를 발급하는 기관이 없는 경우 제출하는 주소를 공증한 서면에는 본국 공증인의 공증을 받아야 하고, 재외국민이 주재국에 우리나라 대사관 또는 영사관이 없어 재외국민 거주사실증명 또는 재외국민등록부등본을 발급받을 수 없는 경우 제출하는 주소를 공증한 서면에는 주재국 공증인의 공증을 받아야 하며, 국내 공증인의 공증으로 이를 대신할 수 없다.
> 2. 다만, 위 두 경우 주소증명서를 대신할 수 있는 증명서(운전면허증 또는 신분증 등)를 본국(주재국) 관공서에서 발급하는 경우에는 그 증명서의 사본에 원본과 동일하다는 취지를 기재하고 그에 대하여 공증인의 공증을 받아 그 증명서의 사본으로 주소를 증명하는 서면에 갈음할 수 있는데, 이때에는 국내 공증인의 공증으로서도 가능하다.

[**❷** ▸ ○] 등기예규 제1778호 제13조 제1항 제2호
[**❸** ▸ ○] 등기예규 제1778호 제13조 제1항 제3호
[**❹** ▸ ○] 등기예규 제1778호 제13조 제1항 제4호

[❺ ▶ ○] 등기예규 제1778호 제13조 제1항 제1호

> ❏ **등기예규 제1778호[재외국민 및 외국인의 부동산등기신청절차에 관한 예규]**
>
> **제13조(외국인의 주소증명정보)**
> ① 외국인은 주소를 증명하는 정보로서 다음 각 호의 어느 하나에 해당하는 정보를 제공할 수 있다.
> 1. 출입국관리법에 따라 외국인등록을 한 경우에는 외국인등록 사실증명
> 2. 재외동포의 출입국과 법적 지위에 관한 법률에 따라 국내거소신고를 한 외국국적동포의 경우에는 국내거소신고 사실증명
> 3. 본국에 주소증명제도가 있는 외국인(囫 일본, 독일, 프랑스, 대만, 스페인)은 본국 관공서에서 발행한 주소증명정보
> 4. 본국에 주소증명제도가 없는 외국인(囫 미국, 영국)은 본국 공증인이 주소를 공증한 서면. 다만, 다음 각 목의 어느 하나에 해당하는 방법으로써 이를 갈음할 수 있다.
>   가. 주소가 기재되어 있는 신분증의 원본과 원본과 동일하다는 뜻을 기재한 사본을 함께 등기소에 제출하여 사본이 원본과 동일함을 확인받고 원본을 환부받는 방법. 이 경우 등기관은 사본에 원본 환부의 뜻을 적고 기명날인하여야 한다.
>   나. 주소가 기재되어 있는 신분증의 사본에 원본과 동일함을 확인하였다는 본국 또는 대한민국 공증이나 본국 관공서의 증명을 받고 이를 제출하는 방법
>   다. 본국의 공공기관 등에서 발행한 증명서 기타 신뢰할 만한 자료를 제출하는 방법(囫 주한미군에서 발행한 거주사실증명서, 러시아의 주택협동조합에서 발행한 주소증명서)

📖 **답 ❶**

제6관 ┃ **인감증명(본인서명사실확인서)**

55
☐☐☐

본인서명사실 확인 등에 관한 법률에 따라 발급된 본인서명사실확인서를 첨부하여 등기신청을 할 경우 그 신청서나 첨부서면(이하 '신청서 등'이라 한다)의 심사에 관한 다음 설명 중 가장 옳지 않은 것은?　　　　　　　　　　　　　　　2024년 법무사시험 [문 1]

① 본인서명사실확인서와 신청서 등의 서명은 본인 고유의 필체로 자신의 성명을 기재하는 방법으로 하여야 하며, 등기관이 알아볼 수 없도록 기재된 경우에는 해당 등기신청을 수리하지 않아야 한다.

② 등기신청서의 성명은 본인서명사실확인서의 서명이 한글로 기재되어 있으면 한글로, 한자로 기재되어 있으면 한자로, 영문으로 기재되어 있으면 영문으로 각각 기재하여야 한다.

③ 등기관은 본인서명사실확인서상의 등기의무자의 주소가 주민등록표초본 또는 등본의 주소이동 내역에서 확인되지 않더라도 성명과 주민등록번호 등에 의하여 같은 사람임이 인정되는 경우에는 해당 등기신청을 각하하여서는 아니 된다.

④ 자격대리인이 본인서명사실확인서를 첨부하여 등기신청을 대리하는 경우에는 본인서명사실확인서의 "위임받은 사람"란의 "성명"란에 자격대리인의 자격명과 성명이 기재되어 있으면 자격자대리인의 주소는 기재되어 있지 않아도 된다.

⑤ 본인서명사실확인서의 위임받은 사람란에 기재된 사람과 위임장의 수임인은 같은 사람이어야 하며, 본인서명사실확인서의 "용도"란의 기재와 위임장의 위임취지는 서로 부합하여야 한다.

········

[❶ ▸ ○] 등기예규 제1780호 제3조 제1항, 제4항

> ▢ **등기예규 제1780호[본인서명사실 확인 등에 관한 법률에 따른 등기사무처리지침]**
> **제3조(본인서명사실확인서가 첨부된 경우 서명방법 등)**
> ① 본인서명사실확인서와 신청서 등의 서명은 본인 고유의 필체로 자신의 성명을 기재하는 방법으로 하여야 하며, 등기관이 알아볼 수 있도록 명확히 기재하여야 한다.
> ④ 등기관은 본인서명사실확인서와 신청서 등에 다음 각 호의 어느 하나에 해당하는 방법으로 서명이 된 경우에는 해당 등기신청을 수리하여서는 아니 된다.
> 1. 제2항에 위반하여 서명 문자가 서로 다른 경우
> 2. 본인의 성명을 전부 기재하지 아니하거나 서명이 본인의 성명과 다른 경우
> 3. 본인의 성명임을 인식할 수 없을 정도로 흘려 쓰거나 작게 쓰거나 겹쳐 쓴 경우
> 4. 성명 외의 글자 또는 문양이 포함된 경우
> 5. 그 밖에 등기관이 알아볼 수 없도록 기재된 경우

[❷ ▸ ✕] 본인서명사실확인서의 서명이 한글이 아닌 문자로 기재되어 있다 하더라도 <u>등기신청서의 성명은 반드시 한글로 기재하여야 한다</u>(등기예규 제1780호 제3조 제3항).
[❸ ▸ ○] 등기관은 본인서명사실확인서 또는 전자본인서명확인서상의 등기의무자의 주소가 주민등록표초본 또는 등본의 주소이동 내역에서 확인되거나 성명과 주민등록번호 등에 의하여 같은 사람임이 인정되는 경우에는 해당 등기신청을 각하하여서는 아니 된다(등기예규 제1780호 제5조).
[❹ ▸ ○] 대리인이 본인서명사실확인서 또는 발급증을 첨부하여 등기신청을 대리하는 경우에는 본인서명사실확인서 또는 전자본인서명확인서의 위임받은 사람란에 대리인의 성명과 주소가 기재되어 있어야 한다. 다만, 대리인이 변호사[법무법인·법무법인(유한) 및 법무조합을 포함한다]나 법무사[법무사법인·법무사법인(유한)을 포함한다]인 자격자대리인인 경우에는 성명란에 "변호사〇〇〇" 또는 "법무사〇〇〇"와 같이 자격자대리인의 자격명과 성명이 기재되어 있으면 자격자대리인의 주소는 기재되어 있지 않아도 된다(등기예규 제1780호 제8조 제1항).
[❺ ▸ ○] 본인서명사실확인서 또는 전자본인서명확인서의 위임받은 사람란에 기재된 사람과 위임장의 수임인은 같은 사람이어야 하며, 용도란의 기재와 위임장의 위임취지는 서로 부합하여야 한다(등기예규 제1780호 제8조 제2항).

답 ❷

---

56 □□□ **인감증명에 관한 다음 설명 중 가장 옳은 것은?** 2023년 법무사시험 [문 24]

① 소유권 외의 권리의 등기명의인이 등기의무자로서 등기필정보가 없어 등기소에 출석하여 등기관으로부터 등기의무자임을 확인받는 때에는 등기의무자의 인감증명을 제출하지 않아도 된다.
② 등기신청서에 첨부하는 인감증명은 발행일부터 1개월 이내의 것이어야 한다.
③ 부동산매도용 인감증명서를 지상권설정등기신청서에 첨부하여도 등기관은 이를 수리하여야 한다.
④ 등기신청서 등에 인감을 날인하고 본인서명사실 확인 등에 관한 법률에 따라 발급된 본인서명사실확인서를 첨부한 경우에는 인감증명서를 제출한 것으로 본다.
⑤ 인감을 날인하고 인감증명의 제출이 필요한 경우 교도소에 재감 중인 자라면 인감을 날인하여야 하는 서면에 무인하고 교도관의 확인을 받아 인감증명의 제출에 갈음할 수 있다.

[**❶** ▸ ×] 부동산등기규칙 제60조 제1항 제3호

> **부동산등기규칙 제60조(인감증명의 제출)**
> ① 방문신청을 하는 경우에는 <u>다음 각 호의 인감증명을 제출하여야 한다</u>. 이 경우 해당 신청서(위임에 의한 대리인이 신청하는 경우에는 위임장을 말한다)나 첨부서면에는 그 인감을 날인하여야 한다.
> 　3. <u>소유권 외의 권리의 등기명의인이 등기의무자로서 법 제51조에 따라 등기를 신청하는 경우 등기의무자의 인감증명</u>
>
> > **부동산등기법 제51조(등기필정보가 없는 경우)**
> > 제50조 제2항의 경우에 등기의무자의 등기필정보가 없을 때에는 등기의무자 또는 그 법정대리인(이하 "등기의무자등"이라 한다)이 등기소에 출석하여 등기관으로부터 등기의무자등임을 확인받아야 한다. 다만, 등기신청인의 대리인(변호사나 법무사만을 말한다)이 등기의무자등으로부터 위임받았음을 확인한 경우 또는 신청서(위임에 의한 대리인이 신청하는 경우에는 그 권한을 증명하는 서면을 말한다) 중 등기의무자등의 작성부분에 관하여 공증을 받은 경우에는 그러하지 아니하다.

[**❷** ▸ ×] 등기신청서에 첨부하는 인감증명, 법인등기사항증명서, 주민등록표등본 · 초본, 가족관계등록사항별증명서 및 건축물대장 · 토지대장 · 임야대장 등본은 발행일부터 <u>3개월</u> 이내의 것이어야 한다(부동산등기규칙 제62조).

[**❸** ▸ ○] 매매를 원인으로 한 소유권이전등기신청의 경우 위 제4조 제1항 본문과 같이 반드시 부동산매도용 인감증명서를 첨부하여야 하지만 매매 이외의 경우에는 등기신청서에 첨부된 인감증명서상의 사용용도와 그 등기의 목적이 다르더라도 그 등기신청은 이를 수리하여야 한다. 따라서 사용용도란에 가등기용으로 기재된 인감증명서를 근저당권설정등기신청서에 첨부하거나 부동산매도용 인감증명서를 지상권설정등기신청서에 첨부하여도 그 등기신청을 각하하여서는 아니 된다(등기예규 제1308호 제5조).

[**❹** ▸ ×] 부동산등기법 및 부동산등기규칙, 상업등기법 및 상업등기규칙 그 밖의 법령, 대법원예규에서 등기소에 제출하는 신청서 등에 인감증명법에 따라 신고한 인감을 날인하고 인감증명서를 첨부하여야 한다고 정한 경우, <u>이에 갈음하여 신청서 등에 서명을 하고 본인서명사실확인서를 첨부하거나 발급증을 첨부할 수 있다</u>(등기예규 제1780호 제2조). 즉, 본인서명사실확인서는 신청서에 서명을 한 경우에 인감증명서를 갈음할 수 있는 것이고 인감을 날인한 경우에는 인감증명서를 제출해야 하는 것이다.

[**❺** ▸ ×] 교도소에 재감 중인 자라 하여 그의 인감증명서를 발급받을 수 없는 것은 아니므로(인감증명법 제7조, 같은 법 시행령 제8조, 제13조 참조) 그가 인감 제출을 요하는 등기신청을 함에 있어서는 <u>인감증명서를 제출하여야 하고 재감자가 무인한 등기신청의 위임장이 틀림없다는 취지를 교도관이 확인함으로써 인감증명서의 제출을 생략할 수는 없을 것이다</u>(등기예규 제423호).

답 **❸**

57

등기신청 시 첨부정보로 제공하는 인감증명에 관한 다음 설명 중 가장 옳지 않은 것은?

① 인감증명정보를 제공하여야 하는 자가 법인 아닌 사단이나 재단인 경우에는 그 대표자나 관리인의 인감증명을 첨부정보로 제공하여야 한다.

② 인감증명을 제출하여야 하는 등기신청 유형을 열거한 부동산등기규칙 제60조 각 호의 경우에 해당되지 않는 사항에 대하여 등기의무자를 대리하여 등기를 신청하는 경우, 대리권 수여의 소명자료로 위임장 외에 등기의무자의 인감증명을 첨부할 필요는 없다.

③ 1필의 토지의 일부에 지상권등기가 있는 경우에 그 토지의 분필등기를 신청할 때에는 그 권리가 존속할 토지의 표시에 관한 정보를 신청정보의 내용으로 제공하여야 하고 이에 관한 권리자의 확인이 있음을 증명하는 정보를 첨부정보로 제공하여야 하는데 이를 증명하는 지상권자의 확인서와 그 지상권자의 인감증명을 제출하여야 한다.

④ 근저당권이전청구권가등기의 말소등기를 등기의무자와 등기권리자가 공동으로 신청하는 경우에는 등기의무자의 인감증명을 첨부정보로 제공하여야 한다.

⑤ 관공서는 인감증명이 없으므로 관공서가 등기의무자인 경우에는 인감증명에 관한 규정이 적용되지 않으며, 관공서가 동의 또는 승낙 권한을 갖는 경우 등에 있어서도 관공서의 인감증명은 제출하지 않는다.

··

[❶ ▸ ○] 제60조에 따라 인감증명을 제출하여야 하는 자가 법인 또는 국내에 영업소나 사무소의 설치등기를 한 외국법인인 경우에는 등기소의 증명을 얻은 그 대표자의 인감증명을, 법인 아닌 사단이나 재단인 경우에는 그 대표자나 관리인의 인감증명을 제출하여야 한다(부동산등기규칙 제61조 제1항).

[❷ ▸ ○] 등기권리자가 부동산등기법 시행규칙 제53조[현 제60조(註)] 각 호의 경우에 해당되지 않는 사항에 대하여 등기의무자를 대리하여 등기를 신청하는 경우, 대리권 수여의 소명자료로 위임장 외에 등기의무자의 인감증명을 첨부할 필요는 없다(등기선례 제5-120호).

[❸ ▸ ○] 부동산등기규칙 제60조 제1항 제5호, 제74조

> **부동산등기규칙 제60조(인감증명의 제출)**
> ① 방문신청을 하는 경우에는 다음 각 호의 인감증명을 제출하여야 한다. 이 경우 해당 신청서(위임에 의한 대리인이 신청하는 경우에는 위임장을 말한다)나 첨부서면에는 그 인감을 날인하여야 한다.
> 5. 제74조에 따라 권리자의 확인서를 첨부하여 토지분필등기를 신청하는 경우 그 권리자의 인감증명
>
> **부동산등기규칙 제74조(토지분필등기의 신청)**
> 1필의 토지의 일부에 지상권·전세권·임차권이나 승역지(承役地 : 편익제공지)의 일부에 관하여 하는 지역권의 등기가 있는 경우에 분필등기를 신청할 때에는 권리가 존속할 토지의 표시에 관한 정보를 신청정보의 내용으로 등기소에 제공하고, 이에 관한 권리자의 확인이 있음을 증명하는 정보를 첨부정보로서 등기소에 제공하여야 한다. 이 경우 그 권리가 토지의 일부에 존속할 때에는 그 토지부분에 관한 정보도 신청정보의 내용으로 등기소에 제공하고, 그 부분을 표시한 지적도를 첨부정보로서 등기소에 제공하여야 한다.

[❹ ▸ ✕] 소유권에 관한 가등기명의인이 가등기의 말소등기를 신청하는 경우 가등기명의인의 인감증명을 제출하여야 한다(부동산등기규칙 제60조 제1항 제2호). 소유권에 관한 가등기는 소유권이전청구권가등기와 소유권이전담보가등기를 말하고, 말소신청을 가등기명의인이 단독으로 하거나 가등기명의인이 등기의무자로서 공동으로 하거나를 불문한다. 다만 소유권에 관한 가등기가 아닌 근저당권이전청구권가등기의 말소와 같은 경우에는 등기의무자가 소유권에 관한 가등기명의인인 경우가 아니므로 인감증명을 제출할 필요가 없다. 부동 실무 1

[**⑤ ▶ ○**] 부동산등기규칙 제60조 제1항은 관공서에는 적용되지 않으므로(부동산등기규칙 제60조 제3항) 관공서가 등기의무자이거나 동의 또는 승낙 권한을 갖는 경우 등에 있어서도 관공서의 인감증명은 제출하지 않는다. 다만 관공서가 등기권리자인 경우에 그 상대방인 등기의무자의 인감증명 제출이 면제되는 것은 아니다. <u>부등 실무 1</u>

> **부동산등기규칙 제60조(인감증명의 제출)**
> ③ 제1항에 따라 인감증명을 제출하여야 하는 자가 국가 또는 지방자치단체인 경우에는 인감증명을 제출할 필요가 없다.

답 ❹

제7관   건물도면 또는 지적도정보

제8관   거래계약신고필증과 매매목록정보

58
☐☐☐

거래가액에 관한 다음 설명 중 가장 옳은 것은?   **2025년 법무사시험 [문 16]**

① 등기원인이 매매인 경우에는 등기원인증서가 판결, 조정조서 등 매매계약서가 아닌 때에도 거래가액을 등기한다.

② 최초의 피분양자로부터 그 지위 일부지분만이 甲에게 증여로 이전되어 최초의 피분양자와 甲이 공동으로 등기권리자가 된 경우에는 거래가액을 등기한다.

③ 등기원인증서에 기재된 사항과 신고필증에 기재된 사항이 서로 다른 경우 신청인이 제출한 자료에 의하여 등기원인증서상 매매와 신고의 대상이 된 매매를 동일한 거래라고 인정할 수 있는 경우에도 등기관은 해당 등기신청을 부동산등기법 제29조 제9호에 의하여 각하하여야 한다.

④ 1개의 계약서에 의해 2개 이상의 부동산을 거래한 경우, 관할 관청이 달라 개개의 부동산에 관하여 각각 거래가액을 신고하였더라도 매매목록을 작성해야 한다.

⑤ 매매예약을 원인으로 한 소유권이전청구권가등기에 의한 본등기를 신청하는 때에는, 매매계약서를 등기원인증서로 제출하지 않는다 하더라도 거래가액을 등기한다.

[**❶** ▸ ✕] 등기예규 제1804호 1. 가. (2)

□ **등기예규 제1804호[거래가액 등기에 관한 업무처리지침]**

1. 거래가액 등기의 대상
   가. 원칙 : 거래가액은 2006.1.1. 이후 작성된 매매계약서를 등기원인증서로 하여 소유권이전등기를
   신청하는 경우에 등기한다. 그러므로 아래 각 호의 경우에는 거래가액을 등기하지 않는다.
      (1) 2006.1.1. 이전에 작성된 매매계약서에 의한 등기신청을 하는 때
      (2) 등기원인이 매매라 하더라도 등기원인증서가 판결, 조정조서 등 매매계약서가 아닌 때
      (3) 매매계약서를 등기원인증서로 제출하면서 소유권이전등기가 아닌 소유권이전청구권가등기를
          신청하는 때

[**❷** ▸ ✕] 최초의 피분양자로부터 그 지위 일부지분만이 갑(甲)에게 증여로 이전되어 최초의 피분양자
와 갑(甲)이 공동으로 등기권리자가 된 경우에는 거래가액을 등기하지 아니한다[등기예규 제1804호 다.
(2) (나) 3)].

[**❸** ▸ ✕] 등기원인증서에 기재된 사항과 신고필증에 기재된 사항이 서로 달라 동일한 거래라고 인정
할 수 없는 경우 등기관은 해당 등기신청을 「부동산등기법」 제29조 제9호에 의하여 각하하여야 한다.
다만, 단순한 오타나 신청인이 제출한 자료에 의하여 등기원인증서상 매매와 신고의 대상이 된 매매를
동일한 거래라고 인정할 수 있는 경우(매매당사자의 주소가 불일치하나 주민등록번호가 일치하는 경우
등)에는 그러하지 아니하다(등기예규 제1804호 4.).

[**❹** ▸ ✕] 등기예규 제1804호 2. 나. (1) ①

□ **등기예규 제1804호[거래가액 등기에 관한 업무처리지침]**

2. 신청서 기재사항 및 첨부서면 등
   거래가액 등기의 대상이 되는 소유권이전등기를 신청하는 경우에는, 신청서에 관할 관청이 확인한 거래
   신고관리번호를 기재하여야 하고 아래 가. 및 나.의 규정에 따른 신고필증과 매매목록을 첨부하여야
   한다.
   나. 매매목록
      (1) 매매목록의 제출이 필요한 경우
          아래 각 호의 어느 하나에 해당하는 경우에는 매매목록을 제출하여야 한다.
          ① 1개의 신고필증에 2개 이상의 부동산이 기재되어 있는 경우(1개의 계약서에 의해 2개 이상의
             부동산을 거래한 경우라 하더라도, 관할 관청이 달라 개개의 부동산에 관하여 각각 신고한
             경우에는 매매목록을 작성할 필요가 없다)
          ② 신고필증에 기재되어 있는 부동산이 1개라 하더라도 수인과 수인 사이의 매매인 경우

[**❺** ▸ ○] 매매예약을 원인으로 한 소유권이전청구권가등기에 의한 본등기를 신청하는 때에는, 매매계
약서를 등기원인증서로 제출하지 않는다 하더라도 거래가액을 등기한다(등기예규 제1804호 1. 나.).

답 **❺**

59
☐☐☐

자격자대리인의 자필서명 정보 제공에 관한 다음 설명 중 가장 옳지 않은 것은?

2025년 법무사시험 [문 15]

① 승소한 등기권리자가 권리에 관한 등기를 단독으로 신청하는 경우 자격자대리인의 자필서명 정보를 제공하여야 한다.
② 등기의무자란에는 등기가 실행되면 등기기록의 기록 형식상 권리를 상실하거나 그 밖의 불이익을 받는 자를 기재하여야 하므로, 법인의 지배인이 등기신청을 위임한 경우에는 등기기록상 명의인인 법인을 기재하여야 한다.
③ 구분건물과 대지권이 함께 등기신청의 목적인 경우에는 그 자필서명 정보에 대지권의 구체적인 표시가 없더라도 대지권이 포함된 취지의 표시는 되어 있어야 한다.
④ 관공서가 등기의무자 또는 등기권리자인 경우에도 자격자대리인의 자필서명 정보의 제공이 면제되지 않는다.
⑤ 등기권리자가 등기의무자인 자격자대리인에게 등기신청을 위임하는 경우 자격자대리인은 별도로 자기에 대한 자필서명 정보를 제공할 필요가 없다.

··

[❶ ▸ ×]　승소한 등기의무자가 권리에 관한 등기를 단독으로 신청하는 경우 자격자대리인의 자필서명 정보를 제공하여야 하지만(부동산등기규칙 제46조 제1항 제8호 나목 참조), 승소한 등기권리자가 권리에 관한 등기를 단독으로 신청하는 경우에는 자격자대리인의 자필서명 정보를 제공할 필요가 없다.

> **부동산등기규칙 제46조(첨부정보)**
> ① 등기를 신청하는 경우에는 다음 각 호의 정보를 그 신청정보와 함께 첨부정보로서 등기소에 제공하여야 한다.
>   8. 자격자대리인이 다음 각 목의 등기를 신청하는 경우, 자격자대리인(법인의 경우에는 담당 변호사·법무사를 의미한다)이 주민등록증·인감증명서·본인서명사실확인서 등 법령에 따라 작성된 증명서의 제출이나 제시, 그 밖에 이에 준하는 확실한 방법으로 위임인이 등기의무자인지 여부를 확인하고 대법원예규로 정하는 방법에 따라 자필서명한 정보
>   가. 공동으로 신청하는 권리에 관한 등기
>   나. 승소한 등기의무자가 단독으로 신청하는 권리에 관한 등기

[❷ ▸ ○]　등기예규 제1802호 3. 나.

> ☐ **등기예규 제1802호[자격자대리인의 등기의무자 확인 및 자필서명 정보 제공에 관한 예규]**
> 3. 자필서명 정보의 작성 방법
>   나. 등기의무자의 기재
>   [별지 제1호 양식]의 등기의무자란에는 등기가 실행되면 등기기록의 기록 형식상 권리를 상실하거나 그 밖의 불이익을 받는 자를 기재하여야 한다.
>   (예 1. 미성년자의 법정대리인이 등기신청을 위임한 경우에는 등기기록상 명의인인 미성년자를 기재, 2. 외국인으로부터 처분위임을 받은 자가 등기신청을 위임한 경우에는 등기기록상 명의인인 외국인을 기재, 3. 법인의 지배인이 등기신청을 위임한 경우에는 등기기록상 명의인인 법인을 기재)

[❸ ▸ ○] 구분건물과 대지권이 함께 등기신청의 목적인 경우에는 그 자필서명 정보에 대지권의 구체적인 표시가 없더라도 대지권이 포함된 취지의 표시는 되어 있어야 한다[등기예규 제1802호 3. 가. (2)].

[❹ ▸ ○] 관공서가 등기의무자 또는 등기권리자인 경우에도 자격자대리인이 「부동산등기규칙」 제46조 제1항 제8호 각 목의 등기를 신청하는 때에는 자필서명 정보를 제공하여야 한다[등기예규 제1802호 5. 가.].

[❺ ▸ ○] 등기권리자가 등기의무자인 자격자대리인에게 등기신청을 위임하는 경우 자격자대리인은 별도로 자기에 대한 자필서명 정보를 제공할 필요가 없다[등기예규 제1802호 5. 나.].

답 ❶

---

60 □□□

자격자대리인의 등기의무자 확인 및 자필서명 정보 제공에 관한 다음 설명 중 가장 옳지 않은 것은? 2022년 법무사시험 [문 23]

① 전자신청의 경우에는 자격자대리인의 자필서명 정보의 제공이 면제된다.
② 관공서가 등기의무자 또는 등기권리자인 경우에도 자격자대리인의 자필서명 정보의 제공이 면제되지 않는다.
③ 등기권리자가 등기의무자인 자격자대리인에게 등기신청을 위임하는 경우 자격자대리인은 별도로 자기에 대한 자필서명 정보를 제공할 필요가 없다.
④ 같은 등기소에 등기의무자와 등기의 목적이 동일한 여러 건의 등기신청을 동시에 하는 경우에는 먼저 접수되는 신청에만 자필서명 정보(이 경우 자필서명 정보 양식의 등기할 부동산의 표시란에는 신청하는 부동산 전부를 기재하여야 한다)를 첨부정보로 제공하고, 다른 신청에서는 먼저 접수된 신청에 자필서명 정보를 제공하였다는 뜻을 신청정보의 내용으로 등기소에 제공함으로써 자필서명 정보의 제공을 갈음할 수 있다.
⑤ 승소한 등기의무자가 단독으로 신청하는 권리에 관한 등기의 경우에도 자격자대리인은 등기의무자인지 여부를 확인하고 자필서명한 정보를 제공하여야 한다.

....

[❶ ▸ ×] 전자신청의 경우 별지 제1호 양식에 따라 작성한 서면을 전자적 이미지 정보로 변환(스캐닝)하여 원본과 상위 없다는 취지의 부가정보와 부동산등기규칙 제67조 제4항 제1호에 따른 자격자대리인의 개인인증서 정보를 덧붙여 등기소에 송신하여야 한다[등기예규 제1802호 4. 다. (1)]. **즉, 전자신청의 경우 자격자대리인의 자필서명 정보의 제공방법이 다를 뿐 자필서명 정보의 제공이 면제되는 것은 아니다.**

[❷ ▸ ○] 관공서가 등기의무자 또는 등기권리자인 경우에도 자격자대리인이 부동산등기규칙 제46조 제1항 제8호 각 목의 등기를 신청하는 때에는 자필서명 정보를 제공하여야 한다[등기예규 제1802호 5. 가.].

[❸ ▸ ○] 등기권리자가 등기의무자인 자격자대리인에게 등기신청을 위임하는 경우 자격자대리인은 별도로 자기에 대한 자필서명 정보를 제공할 필요가 없다[등기예규 제1802호 5. 나.].

[❹ ▸ ○] 같은 등기소에 등기의무자와 등기의 목적이 동일한 여러 건의 등기신청을 동시에 하는 경우에는 먼저 접수되는 신청에만 자필서명 정보(이 경우 별지 제1호 양식의 등기할 부동산의 표시란에는 신청하는 부동산 전부를 기재하여야 한다)를 첨부정보로 제공하고, 다른 신청에서는 먼저 접수된 신청에 자필서명 정보를 제공하였다는 뜻을 신청정보의 내용으로 등기소에 제공함으로써 자필서명 정보의 제공을 갈음할 수 있다[등기예규 제1802호 4. 나.].

> **부동산등기규칙 제46조(첨부정보)**
>
> ① 등기를 신청하는 경우에는 다음 각 호의 정보를 그 신청정보와 함께 첨부정보로서 등기소에 제공하여야 한다.
>
> 8. 자격자대리인이 다음 각 목의 등기를 신청하는 경우, 자격자대리인(법인의 경우에는 담당 변호사·법무사를 의미한다)이 주민등록증·인감증명서·본인서명사실확인서 등 법령에 따라 작성된 증명서의 제출이나 제시, 그 밖에 이에 준하는 확실한 방법으로 위임인이 등기의무자인지 여부를 확인하고 대법원예규로 정하는 방법에 따라 자필서명한 정보
>
> 가. 공동으로 신청하는 권리에 관한 등기
>
> 나. 승소한 등기의무자가 단독으로 신청하는 권리에 관한 등기

답 ❶

제10관 첨부정보의 원용과 원본환부

61
☐☐☐

등기신청 시 제공하여야 할 첨부정보에 관한 다음 설명 중 가장 옳지 않은 것은?
2022년 법무사시험 [문 8]

① 상속 및 포괄유증, 공유물분할, 진정한 등기명의 회복을 원인으로 하여 소유권이전등기를 신청하는 경우에는 농지취득자격증명을 제공할 필요가 없다.

② 같은 등기소에 동시에 여러 건의 등기신청을 하는 경우에 첨부정보의 내용이 같은 것이 있을 때에는 먼저 접수되는 신청에만 그 첨부정보를 제공하고, 다른 신청에는 먼저 접수된 신청에 그 첨부정보를 제공하였다는 뜻을 신청정보의 내용으로 등기소에 제공하는 것으로 그 첨부정보의 제공을 갈음할 수 있으나 여러 신청 사이에는 목적 부동산이 동일하여야 한다.

③ 판결에 의한 소유권이전등기를 신청할 때에 등기원인에 대하여 행정관청의 허가서의 현존사실이 그 판결서에 기재되어 있다 하더라도 행정관청의 허가를 증명하는 서면을 반드시 제공하여야 한다.

④ 학교법인이 그 기본재산을 매도하여 소유권이전등기를 신청하는 경우에는 관할청의 허가를 증명하는 서면을 첨부하여야 한다.

⑤ 미등기건물에 대한 집행법원의 처분제한등기촉탁에 따른 소유권보존등기를 하는 경우에 제공되어야 할 첨부정보 중 건물의 표시를 증명하는 정보는 명칭에 관계없이 집행법원에서 인정한 건물의 소재와 지번·구조·면적이 구체적으로 기재된 서면이 될 것이나, 건축사 또는 측량기술자가 작성한 서면은 이에 해당하지 않는다.

[❶▸○] 상속 및 포괄유증, 상속인에 대한 특정적 유증, 취득시효완성, 공유물분할, 매각, 진정한 등기명의 회복, 농업법인의 합병을 원인으로 하여 소유권이전등기를 신청하는 경우에는 농지취득자격증명을 첨부하지 아니하고 소유권이전등기를 신청할 수 있다(등기예규 제1635호 3. 나.).

[❷▸×] 같은 등기소에 동시에 여러 건의 등기신청을 하는 경우에 첨부정보의 내용이 같은 것이 있을 때에는 먼저 접수되는 신청에만 그 첨부정보를 제공하고, 다른 신청에는 먼저 접수된 신청에 그 첨부정보를 제공하였다는 뜻을 신청정보의 내용으로 등기소에 제공하는 것으로 그 첨부정보의 제공을 갈음할 수 있다(부동산등기규칙 제47조 제2항). 여러 신청 사이에는 목적 부동산이나 등기권리자가 달라도 무방하며, 등기되는 권리의 내용도 같을 필요가 없다. <u>부등 실무 1</u>

[❸▸○] (판결 등 집행권원에 의한 등기의 경우) 신청대상인 등기에 제3자의 허가서 등이 필요한 경우에도 그러한 서면의 제출은 요하지 않는다(부동산등기규칙 제46조 제3항 참조). 다만, 등기원인에 대하여 행정관청의 허가, 동의 또는 승낙 등을 받을 것이 요구되는 때에는 해당 허가서 등의 현존사실이 그 판결서에 기재되어 있는 경우에 한하여 허가서 등의 제출의무가 면제된다. 그러나 소유권이전등기를 신청할 때에는 해당 허가서 등의 현존사실이 판결서 등에 기재되어 있다 하더라도 행정관청의 허가 등을 증명하는 서면을 반드시 제출하여야 한다(부동산등기 특별조치법 제5조 제1항 참조)[등기예규 제1786호 5. 마. 1), 2)].

[❹▸○] 학교법인이 그 소유 명의의 부동산에 관하여 매매, 증여, 교환, 그 밖의 처분행위를 원인으로 한 소유권이전등기를 신청하거나 근저당권 등의 제한물권 또는 임차권의 설정등기를 신청하는 경우에는 그 등기신청서에 관할청의 허가를 증명하는 서면을 첨부하여야 한다. 다만, 사립학교법 시행령 제11조 제5항 제1호부터 제3호, 제6호, 제7호의 신고사항에 해당하는 경우에는 이를 소명할 수 있는 서면(관할청의 신고수리공문 등)을 첨부하여야 한다(등기예규 제1255호 제3조 제1항).

[❺▸○] 미등기건물에 대한 집행법원의 처분제한등기촉탁에 따른 소유권보존등기를 하는 경우에 제공되어야 할 첨부정보 중 건물의 표시를 증명하는 정보는 부동산등기법 제65조의 건축물대장이나 특별자치도지사, 시장, 군수 또는 구청장(자치구의 구청장을 말한다)의 확인서로 국한되지 아니하고, 명칭에 관계없이 집행법원에서 인정한 건물의 소재와 지번·구조·면적이 구체적으로 기재된 서면이 될 것이나, 건축사법 제23조에 의한 건축사업무신고를 한 건축사 또는 측량·수로조사 및 지적에 관한 법률 제39조에 의한 측량기술자가 작성한 서면은 위 건물의 표시를 증명하는 정보에 해당되지 아니한다(등기선례 제201207-1호).

답 ❷

62
☐☐☐

방문신청에 관한 다음 설명 중 가장 옳지 않은 것은? 2021년 법무사시험 [문 23]

① 자연인 또는 법인 아닌 사단이나 재단이 직접 등기신청을 하거나 자격자대리인이 아닌 사람에게 위임하여 등기신청을 하는 경우 외에는 방문신청을 하는 경우에도 도면이나 신탁원부는 이를 전자 문서로 작성하여 전산정보처리조직을 이용하여 등기소에 송신하는 방법으로 하여야 한다.

② 신청서에 날인을 할 경우 신청서가 여러 장일 때에는 신청인 또는 그 대리인이 간인을 하여야 하고, 등기권리자 또는 등기의무자가 여러 명일 때에는 그중 1명이 간인하는 방법으로 한다.

③ 주소변경에 따라 등기명의인표시변경등기를 서면에 의한 방문신청으로 하는 경우에는 등기관이 행정정보공동이용을 통하여 주소정보를 확인할 방법이 없어 신청인에게 그 제공을 면제할 수 없으 므로 주소를 증명하는 정보를 첨부정보로 제공하여야 한다.

④ 방문신청을 하고자 하는 신청인은 신청서를 등기소에 제출하기 전에 전산정보처리조직에 신청정보 를 입력하고, 그 입력한 신청정보를 서면으로 출력하여 등기소에 제출하는 방법으로 할 수 있다.

⑤ 신청서에 첨부된 등기원인증서가 매매계약서인 경우에도 소유권이전등기를 마친 때부터 신청인이 3개월 이내에 수령하지 아니할 경우에는 이를 폐기할 수 있다.

....

[❶ ▸ ○] 부동산등기규칙 제63조, 제139조 제4항

> **부동산등기규칙 제63조(도면의 제출방법)**
> 방문신청을 하는 경우라도 등기소에 제공하여야 하는 도면은 전자문서로 작성하여야 하며, 그 제공은 전산 정보처리조직을 이용하여 등기소에 송신하는 방법으로 하여야 한다. 다만, 다음 각 호의 어느 하나에 해당하 는 경우에는 그 도면을 서면으로 작성하여 등기소에 제출할 수 있다.
>   1. 자연인 또는 법인 아닌 사단이나 재단이 직접 등기신청을 하는 경우
>   2. 자연인 또는 법인 아닌 사단이나 재단이 자격자대리인이 아닌 사람에게 위임하여 등기신청을 하는 경우
>
> **부동산등기규칙 제139조(신탁등기)**
> ④ 제3항의 첨부정보를 등기소에 제공할 때에는 방문신청을 하는 경우라도 이를 전자문서로 작성하여 전산정보처리조직을 이용하여 등기소에 송신하는 방법으로 하여야 한다. 다만, 제63조 각 호의 어느 하나에 해당하는 경우에는 이를 서면으로 작성하여 등기소에 제출할 수 있다.

[❷ ▸ ○] 신청서가 여러 장일 때에는 신청인 또는 그 대리인이 간인을 하여야 하고, 등기권리자 또는 등기의무자가 여러 명일 때에는 그중 1명이 간인하는 방법으로 한다. 다만, 신청서에 서명을 하였을 때에는 각 장마다 연결되는 서명을 함으로써 간인을 대신한다(부동산등기규칙 제56조 제2항).

[❸ ▸ ✕] 주소변경에 따라 등기명의인표시변경등기를 신청하는 경우, 등기명의인의 주민등록초본을 신청인의 주소 등을 증명하는 서면으로 제출하게 되는데, 이 첨부정보는 행정정보공동이용을 통하여 등기관이 확인할 수 있고, 이에 관한 첨부제공의 면제를 규정하고 있는 등기예규는 서면에 의한 방문신청 으로 하는 경우에도 적용된다.

> **부동산등기규칙 제46조(첨부정보)**
>
> ⑥ 제1항 및 그 밖의 법령에 따라 등기소에 제공하여야 하는 첨부정보 중 법원행정처장이 지정하는 첨부정보는 「전자정부법」 제36조 제1항에 따른 <u>행정정보 공동이용을 통하여 등기관이 직접 확인하고 신청인에게는 해당 첨부정보를 제공한 것으로 본다</u>. 다만, 그 <u>첨부정보가 개인정보를 포함하고 있는 경우에는 그 정보주체의 동의가 있음을 증명하는 정보를 등기소에 제공하여야 한다</u>.

> ❑ **등기예규 제1801호[행정정보공동이용에 따른 첨부정보 제공의 면제에 관한 업무처리지침]**
>
> 3. 행정정보가 개인정보를 포함하고 있는 경우
>   나. 규칙 제46조 제6항 단서에 따른 증명정보를 적은 서면 또는 증명정보의 제출이나 송신 방법
>   1) <u>서면에 의한 방문신청의 경우</u> : 서면에 의한 방문신청을 하는 경우 규칙 제46조 제6항 단서에 따른 정보주체의 동의가 있음을 증명하는 정보를 적은 서면은 별지 양식에 따르고, 그 서면에는 동의인의 서명 또는 기명날인이 있어야 한다.

[❹ ▸ ○] 방문신청을 하고자 하는 신청인은 신청서를 등기소에 제출하기 전에 전산정보처리조직에 신청정보를 입력하고, 그 입력한 신청정보를 서면으로 출력하여 등기소에 제출하는 방법으로 할 수 있다(부동산등기규칙 제64조).

[❺ ▸ ○] 등기예규 제1514호 제5조

> ❑ **등기예규 제1514호[등기원인증서의 반환에 관한 업무처리지침]**
>
> **제3조(등기원인증서의 범위)**
>
> ① 법률행위의 성립을 증명하는 서면은 다음 각 호와 같다.
>   1. 소유권이전등기의 경우에는 <u>매매계약서</u>, 증여계약서, 공유물분할계약서, 대물반환계약서, 명의신탁해지증서 등
>   2. 가등기의 경우에는 매매예약서, <u>매매계약서</u>
>
> **제5조(등기원인증서의 폐기)**
>
> 신청인이 등기를 마친 때부터 3개월 이내에 제3조의 등기원인증서를 수령하지 아니한 경우에는 <u>이를 폐기할 수 있다</u>.

답 ❸

63
☐☐☐

등기신청수수료에 관한 다음 설명 중 가장 옳은 것은? 2025년 법무사시험 [문 18]

① 국가가 납세담보를 위하여 저당권설정등기를 경료한 후 납세의무자가 세금을 납부함에 따라 해당 저당권설정등기의 말소등기를 촉탁하는 경우에는 등기신청수수료를 납부할 필요가 없다.

② 부동산표시변경 및 경정등기 신청의 경우 등기신청수수료를 납부하여야 한다.

③ 소유권이전등기와 동시에 신탁등기를 하는 경우 소유권이전등기의 신청수수료 이외에 신탁등기의 신청수수료를 별도로 납부할 필요가 없다.

④ 국가가 국세압류등기의 말소를 촉탁하는 경우 등기신청수수료를 납부하여야 한다.

⑤ 하나의 신청서로 1필지의 토지 및 그 지상의 1개의 건물에 관한 상속을 등기원인으로 하는 소유권이전등기를 전자표준양식에 의하여 신청하는 경우 납부하여야 할 등기신청수수료의 금액은 34,000원이다.

....

[**❶** ▸ ×] 국가(세무서)가 납세담보를 위하여 저당권설정등기를 경료한 후 납세의무자(소유자)가 세금을 납부함에 따라 해당 저당권설정등기의 말소등기를 촉탁하는 경우에는 '국가가 자기를 위하여 하는 등기'에 해당되지 않으므로 등록면허세 및 등기신청수수료를 납부하여야 한다(등기선례 제9-407호).

[**❷** ▸ ×] 등기예규 제1861호 2. 다. (2)

> ☐ **등기예규 제1861호[등기신청수수료 징수에 관한 예규]**
>
> 2. 부동산등기신청수수료(「등기사항증명서 등 수수료규칙」 제5조의2에 의한 등기신청의 경우)
>   다. 변경 및 경정등기 신청의 경우
>   변경 및 경정등기 중 아래의 경우에는 등기신청수수료를 받지 아니한다.
>   (1) 등기관의 과오로 인한 등기의 착오 또는 유루를 원인으로 하는 경정등기 신청의 경우
>   (2) 부동산표시변경 및 경정등기 신청의 경우
>   (3) 부동산에 관한 분할·구분·합병 및 멸실등기 신청의 경우(대지권에 관한 등기 제외)
>   (4) 행정구역·지번의 변경, 주민등록번호(또는 부동산등기용등록번호)의 정정을 원인으로 한 등기명의인표시변경 또는 경정등기 신청의 경우

[**❸** ▸ ×] 등기예규 제1861호 2. 바.

> ☐ **등기예규 제1861호[등기신청수수료 징수에 관한 예규]**
>
> 2. 부동산등기신청수수료(「등기사항증명서 등 수수료규칙」 제5조의2에 의한 등기신청의 경우)
>   바. 소유권이전등기와 동시에 신탁등기 또는 환매특약의 등기를 하는 경우
>   소유권이전등기의 신청수수료 이외에 신탁등기(「신탁등기사무처리에 관한 예규」 1.의 등기를 말한다. 이하 같다) 또는 환매특약의 등기의 신청수수료를 별도로 납부하여야 한다.

[**❹ ▸ ✕**] 국가가 국세압류등기의 말소를 촉탁하는 경우 <u>등기신청수수료를 납부할 필요가 없다</u>(등기예규 제1861호 5. 2. 참조).

□ **등기예규 제1861호[등기신청수수료 징수에 관한 예규]**

5. 국가에 대한 수수료 면제
「등기사항증명서 등 수수료규칙」 제7조 제3항의 규정에 의하여 등기신청수수료가 면제되는 국가가 자기를 위하여 하는 등기라 함은 다음 각 호의 1에 해당하는 경우를 말한다.
   1. 국가가 등기권리자로서 신청하는 등기
   2. 위 1.의 등기 중 국가가 공권력의 주체로서 촉탁한 등기의 말소등기(예 국세압류등기의 말소, 공매공고등기의 말소)
   3. 국유재산을 관리, 보존하기 위한 등기

[**❺ ▸ ○**] 하나의 신청서로써 1필지의 토지 및 그 지상의 1개의 건물에 관한 상속을 등기원인으로 하는 소유권이전등기를 신청하는 경우에는 2만원(이전등기신청수수료) × 2(부동산 개수) = 4만원이지만, 전자표준양식에 의하여 신청하는 경우에는 납부하여야 할 등기신청수수료의 금액은 1만 7천원(이전등기신청수수료) × 2(부동산 개수) = 34,000원이다(등기예규 제1861호 2. 나., 4의2. 가. 참조).

□ **등기예규 제1861호[등기신청수수료 징수에 관한 예규]**

2. 부동산등기신청수수료(「등기사항증명서 등 수수료규칙」 제5조의2에 의한 등기신청의 경우)
   나. 수 개의 부동산에 관한 등기신청을 일괄하여 하나의 신청서(촉탁서를 포함한다. 이하 같다)로써 하는 경우
   이 경우에는 등기의 목적에 따른 소정의 수수료액에 신청 대상이 되는 부동산 개수를 곱한 금액을 등기신청수수료로 납부하여야 한다.
   [예 시]
   ① 하나의 신청서로써 1필지의 토지 및 그 지상의 1개의 건물에 관한 매매를 등기원인으로 하는 소유권이전등기를 신청하는 경우
      → 1만 8천원(소유권이전등기신청수수료) × 2(부동산 개수) = 3만 6천원
   ② <u>하나의 신청서로써 1필지의 토지 및 그 지상의 1개의 건물에 관한 상속을 등기원인으로 하는 소유권이전등기 또는 근저당권이전등기를 신청하는 경우</u>
      → <u>2만원(이전등기신청수수료) × 2(부동산 개수) = 4만원</u>
   ③ 하나의 촉탁서로써 3개의 부동산에 관한 가압류촉탁을 하는 경우
      → 4천원(가압류촉탁수수료) × 3(부동산 개수) = 1만 2천원

4의2. 전자신청 등에 의한 등기신청수수료의 특례
   가. 위 2.의 부동산등기를 전자신청하는 경우 1만 8천원에 해당하는 등기신청수수료는 1만원, 8천원에 해당하는 등기신청수수료는 4천원, 4천원에 해당하는 등기신청수수료는 1천원을 각각 납부하여야 하고, <u>전자표준양식에 의하여 신청하는 경우 2만원에 해당하는 등기신청수수료는 1만 7천원</u>, 1만 8천원에 해당하는 등기신청수수료는 1만 5천원, 8천원에 해당하는 등기신청수수료는 6천원, 4천원에 해당하는 등기신청수수료는 3천원을 각각 납부하여야 한다.

답 **❺**

64

부동산등기신청 시 등기신청수수료에 관한 다음 설명 중 가장 옳지 않은 것은?

① 전자신청에 있어 등기신청수수료를 과·오납한 경우 신청인은 등기신청사건 처리완료 전에 기존 결제를 전액 취소한 후 다시 결제를 하여야 한다.

② 부동산에 관한 분할·구분·합병 및 멸실등기 신청의 경우에는 대지권에 관한 등기를 제외하고는 등기신청수수료를 받지 않는다.

③ 어느 권리를 공유하는 수인이 전거를 원인으로 등기명의인표시변경등기를 신청하는 때에는 비록 공유자의 주소가 동일하게 변경되는 경우(공유자가 부부인 경우 등)라도 각 명의인의 수만큼 등기 신청수수료를 납부해야 한다.

④ 등기를 신청할 때에 납부하여야 하는 등기신청수수료에 대하여는 신청방식별로 달리 규정하고 있는바, 집행법원이 등기를 전자촉탁하는 경우에는 등기신청수수료가 감액된다.

⑤ 등기신청수수료는 변경되는 등기의 수만큼 납부하여야 하는 것이므로, 1개의 부동산에 관하여 동일한 합유자가 2건의 별도 순위번호로 각 합유등기를 한 후 하나의 등기원인에 의하여 전부에 대한 합유명의인 변경등기를 신청하는 경우에는 2건의 등기신청수수료를 납부하여야 한다.

....

[❶ ▶ ○] 등기예규 제1836호 제11조 제2항

> □ **등기예규 제1836호[부동산등기 전자신청 절차 등에 관한 업무처리지침]**
> **제11조(등기신청수수료의 납부 등)**
> ① 당사자 또는 대리인이 신청정보를 모두 입력하고 승인을 받은 경우(승인대상이 아닌 경우 제외)에는 신청수수료를 전자적인 방법(신용카드, 계좌이체 또는 선불전자지급수단 등)으로 납부하여야 한다.
> ② 제1항의 등기신청수수료를 과·오납한 경우 신청인은 등기신청사건 처리완료 전에 기존 결제를 전액 취소한 후 다시 결제를 하여야 한다.

[❷ ▶ ○] 등기사항증명서 등 수수료규칙 제5조의2 제4항 제5호

> **등기사항증명서 등 수수료규칙 제5조의2(부동산등기 신청수수료)**
> ④ 제1항부터 제3항까지의 경우를 제외한 나머지 부동산등기의 신청수수료 및 한국주택금융공사가 「한국주택금융공사법」 제28조의 규정에 의하여 취득한 저당권에 대하여 위 공사를 등기권리자로 하는 저당권이전등기의 신청수수료는 매 부동산마다 4,000원으로 한다. 다만, 다음 각 호의 1에 해당하는 등기는 그 신청수수료를 받지 아니한다.
> 1. 예고등기의 말소등기
> 2. 멸실회복등기
> 3. 회생, 파산, 개인회생, 국제도산에 관하여 법원의 촉탁으로 인한 등기
> 4. 부동산표시의 변경 및 경정등기
> 5. 부동산에 관한 분할·구분·합병 및 멸실등기(대지권에 관한 등기 제외)
> 6. 행정구역·지번의 변경, 주민등록번호(또는 부동산등기용등록번호)의 정정을 원인으로 한 등기명의 인표시변경 또는 경정등기
> 7. 등기관의 과오로 인한 등기의 착오 또는 유루를 원인으로 하는 경정등기
> 8. 「공유토지분할에 관한 특례법」에 의한 등기
> 9. 삭제 〈2025.7.29.〉

[**❸ ▸ O**] 어느 권리를 공유하는 수인이 전거를 원인으로 등기명의인표시변경등기를 신청하는 때에는 비록 공유자의 주소가 동일하게 변경되는 경우(공유자가 부부인 경우 등)라도 각 명의인의 수만큼 등기수수료를 납부해야 한다(등기선례 제200708-2호).

[**❹ ▸ ✕**] 등기를 신청할 때에 납부하여야 하는 등기신청수수료에 대하여는 신청방식별로 달리 규정하고 있는바, 이는 당사자가 직접 등기를 신청하는 경우에 적용되는 것이며, 집행법원이 등기를 촉탁하는 경우에까지 적용되는 것은 아니다. 따라서 집행법원이 촉탁하는 등기에 대하여는 그 촉탁방식에 관계없이 일률적으로「등기사항증명서 등 수수료규칙」제5조의2에 따른 등기신청수수료를 납부하여야 한다(등기선례 제9-424호).

[**❺ ▸ O**] 등기신청수수료는 '변경되는 등기의 수'만큼 납부하여야 하는 것이므로(등기선례 제8-316호), 1개의 부동산에 관하여 동일한 합유자가 '별도 순위번호'로 각 합유등기를 한 후 하나의 등기원인에 의하여 전부에 대한 합유명의인 변경등기를 신청하는 경우에는 2건의 등기신청수수료를 납부하여야 한다(부동산등기선례 제202310-2호).

답 ❹

65

☐☐☐

등기신청과 관련한 금전납부의무에 관한 다음 설명 중 가장 옳지 않은 것은?

2023년 법무사시험 [문 25]

① 시가표준액이 일정 금액 이상인 토지의 소유권보존등기를 하는 경우에는 주택도시기금법이 정하는 바에 따라 국민주택채권을 매입할 의무가 있다.
② 소유권이전에 관한 계약서를 작성하는 자는 인지세법에서 정하는 바에 따라 일정한 금액의 인지세를 납부할 의무가 있다.
③ 부동산등기를 신청하려는 자는 대법원규칙으로 정하는 바에 따라 소정의 등기신청수수료를 납부할 의무가 있다.
④ 등기명의인표시변경등기를 신청할 때에는 지방세법 소정의 등록면허세를 납부할 의무가 있다.
⑤ 법원사무관 등이 회생절차, 파산절차, 개인회생절차와 관련하여 보전처분의 등기 등을 촉탁하는 경우에도 등록면허세 및 등기신청수수료를 납부하여야 한다.

....

[**❶ ▸ O**] 토지의 소유권보존등기를 하는 경우에는 시가표준액이 5백만원 이상인 경우에 국민주택채권을 매입할 의무가 있다(주택도시기금법 시행령 별표 참조).

[**❷ ▸ O**] 국내에서 재산에 관한 권리 등의 창설·이전 또는 변경에 관한 계약서나 이를 증명하는 그 밖의 문서를 작성하는 자는 이 법에 따라 그 문서에 대한 인지세를 납부할 의무가 있다(인지세법 제1조 제1항).

[**❸ ▸ O**] 등기를 하려고 하는 자는 대법원규칙으로 정하는 바에 따라 수수료를 내야 한다(부동산등기법 제22조 제3항).

[**❹ ▸ O**] 등기명의인표시변경등기는 건당 6천원의 지방세법 소정의 등록면허세를 납부할 의무가 있다(지방세법 제28조 제1항 제1호 마목 참조).

[**❺ ▸ ✕**] 법원 또는 법원사무관등이 회생절차, 파산절차, 개인회생절차, 국제도산절차와 관련하여 법 제6조 제3항, 제24조, 제25조 제2항 및 제3항에 의한 등기를 촉탁하는 경우 등록면허세 및 등기신청수수료가 면제된다(등기예규 제1847호 제4조 제1항).

답 ❺

제4장 등기실행절차

제1절 등기신청정보의 접수

66
□□□

등기신청의 접수에 관한 다음 설명 중 가장 옳지 않은 것은?　　2024년 법무사시험 [문 19]

① 전자신청의 경우 접수절차가 전산정보처리조직에 의하여 자동으로 처리되므로 접수담당자가 별도로 접수절차를 진행하지 않는다.

② 같은 부동산에 관하여 동시에 여러 개의 등기신청이 있는 경우에는 같은 접수번호를 부여하여야 한다.

③ 등기신청인이 신청서를 접수담당자에게 제출하였다 하더라도 해당 부동산이 다른 부동산과 구별될 수 있게 하는 정보가 전산정보처리조직에 저장되기 전에는 그 신청이 접수된 것이 아니다.

④ 출입사무원이 등기신청서를 제출하는 경우에는 등기신청서 전면 우측 상단 여백에 일정한 양식의 표시인을 찍고 제출자란에 그 사무원의 성명을 기재하여야 하며, 이는 여러 건의 등기신청서를 동시에 제출할 때에도 마찬가지이다.

⑤ 자격자대리인에게 명의대여나 사무원 등에 의한 부당한 사건 유치의 비위사실이 있다고 인정되거나 출입사무원이 등기소에 출석하여 등기신청서를 제출하는 업무를 수행함에 적정하지 않다고 인정되는 행위를 한 경우에는 지방법원장은 출입사무원 허가를 취소할 수 있다.

⸱⸱

[**❶ ▸ ○**] 전자신청의 경우 접수번호는 전산정보처리조직에 의하여 자동적으로 생성된 접수번호를 부여한다(등기예규 제1836호 제15조 제1항). 따라서 접수담당자가 별도로 접수절차를 진행하지 않는다.

[**❷ ▸ ○**] 같은 부동산에 관하여 동시에 여러 개의 등기신청이 있는 경우에는 같은 접수번호를 부여하여야 한다(부동산등기규칙 제65조 제2항).

[**❸ ▸ ○**] 부동산등기법 제6조 제1항, 부동산등기규칙 제3조 제1항

> **부동산등기법 제6조(등기신청의 접수시기 및 등기의 효력발생시기)**
> ① 등기신청은 대법원규칙으로 정하는 등기신청정보가 전산정보처리조직에 저장된 때 접수된 것으로 본다.
>
> **부동산등기규칙 제3조(등기신청의 접수시기)**
> ① 법 제6조 제1항에서 "대법원규칙으로 정하는 등기신청정보"란 해당 부동산이 다른 부동산과 구별될 수 있게 하는 정보를 말한다.

[**❹ ▸ ✕**] 출입사무원이 등기신청서를 제출하는 경우에는 등기신청서 전면 우측 상단 여백에 별지 제3호 양식의 표시인을 찍고 제출자란에 그 사무원의 성명을 기재하여야 한다. 다만 <u>여러 건의 등기신청서를 동시에 제출할 때에는 첫 번째 신청서에만 위 표시인을 찍고 총 신청건수를 기재하는 방법으로 갈음할 수 있다</u>(등기예규 제1718호 제3조 제2항).

[**⑤** ▸ ○] 등기예규 제1718호 제13조 제1항 제1호, 제2호

> ❑ **등기예규 제1718호[등기신청서의 제출 및 접수 등에 관한 예규]**
> **제13조(허가의 취소 등)**
> ① 지방법원장은 다음 각 호의 어느 하나에 해당하는 경우에 출입사무원 허가를 취소할 수 있다.
> 　1. 허가를 받은 자격자대리인에게 명의대여나 사무원 등에 의한 부당한 사건 유치의 비위사실이 있다고 인정된 경우
> 　2. 출입사무원이 등기소에 출석하여 등기신청서를 제출하는 업무를 수행함에 적정하지 않다고 인정되는 행위를 한 경우
> 　3. 그 밖에 허가를 취소할 만한 상당한 이유가 있는 경우

답 **④**

67

□□□ **등기신청의 접수에 관한 다음 설명 중 가장 옳지 않은 것은?** 기출수정

2023년 법무사시험 [문 18]

① 등기신청은 해당 부동산이 다른 부동산과 구별될 수 있게 하는 정보가 전산정보처리조직에 저장된 때 접수된 것으로 본다.
② 같은 토지 위에 있는 여러 개의 구분건물에 대한 등기를 동시에 신청하는 경우에는 그 건물의 소재 및 지번에 관한 정보가 전산정보처리조직에 저장된 때 등기신청이 접수된 것으로 본다.
③ 처분금지가처분신청이 가압류신청보다 신청법원에 먼저 접수되었다 하더라도 법원으로부터 처분금지가처분등기촉탁서와 가압류등기촉탁서를 등기관이 동시에 받았다면 가장 먼저 접수된 사건의 접수번호를 각각의 촉탁서에 부여한다.
④ 등기관이 신청서를 접수하였을 때에는 신청인의 청구에 관계없이 그 신청서의 접수증을 발급하여야 한다.
⑤ 같은 부동산에 관하여 동시에 여러 개의 등기신청이 있는 경우에는 같은 접수번호를 부여하여야 한다.

···

[**❶** ▸ ○] 부동산등기법 제6조 제1항, 동 규칙 제3조 제1항

> **부동산등기법 제6조(등기신청의 접수시기 및 등기의 효력발생시기)**
> ① 등기신청은 대법원규칙으로 정하는 등기신청정보가 전산정보처리조직에 저장된 때 접수된 것으로 본다.
>
> **부동산등기규칙 제3조(등기신청의 접수시기)**
> ① 법 제6조 제1항에서 "대법원규칙으로 정하는 등기신청정보"란 해당 부동산이 다른 부동산과 구별될 수 있게 하는 정보를 말한다.

[**❷** ▸ ○] 같은 토지 위에 있는 여러 개의 구분건물에 대한 등기를 동시에 신청하는 경우에는 그 건물의 소재 및 지번에 관한 정보가 전산정보처리조직에 저장된 때 등기신청이 접수된 것으로 본다(부동산등기규칙 제3조 제2항).

[**❸** ▸ ○] 동일한 부동산에 관하여 2개 이상의 촉탁서가 등기소에 동시에 도착한 경우에는 가장 먼저 접수된 사건의 접수번호를 각각의 촉탁서에 부여한다(예 처분금지가처분신청이 가압류 신청보다 신청 법원에 먼저 접수되었으나 법원으로부터 동처분금지가처분등기촉탁서와 가압류등기 촉탁서를 등기관 이 동시에 받은 경우)(등기예규 제1797호 5. 라.).

[**❹** ▸ ✕] 등기관이 신청서를 접수하였을 때에는 <u>신청인의 청구에 따라</u> 그 신청서의 접수증을 발급하 여야 한다(부동산등기규칙 제65조 제3항).

[**❺** ▸ ○] 같은 부동산에 관하여 동시에 여러 개의 등기신청이 있는 경우에는 같은 접수번호를 부여하 여야 한다(부동산등기규칙 제65조 제2항).

답 **❹**

제2절   등기신청에 대한 심사

68
□□□

등기관의 심사권한에 관한 다음 설명 중 가장 옳지 않은 것은? 2021년 법무사시험 [문 24]

① 등기관은 등기신청에 대하여 실체법상의 권리관계와 일치하는지 여부를 심사할 실질적 심사권한은 없으나 신청서 및 그 첨부서류와 등기부에 의하여 등기요건에 합당하는지 여부를 심사할 형식적 심사권한과 책무가 있다.

② 등기관으로서는 오직 제출된 서면 자체를 검토하거나 이를 등기부와 대조하는 등의 방법으로 등기 신청의 적법 여부를 심사하여야 할 것이고, 이러한 방법에 의한 심사 결과 형식적으로 부진정한, 즉 위조된 서면에 의한 등기신청이라고 인정될 경우 이를 각하하여야 할 직무상의 의무가 있다.

③ 등기관은 부동산등기법 제29조 각 호의 어느 하나에 해당하는 경우에만 이유를 적은 결정으로 신청을 각하하여야 한다. 다만, 신청의 잘못된 부분이 보정될 수 있는 경우로서 신청인이 등기관이 보정을 명한 날의 다음 날까지 그 잘못된 부분을 보정하였을 때에는 그러하지 아니하다.

④ 등기관은 법원의 촉탁에 의한 등기를 실행하는 경우 촉탁서의 기재내용과 촉탁서에 첨부된 판결의 기재내용이 일치하는지 여부를 심사할 수 없다.

⑤ 등기관이 등기신청서류에 대한 심사를 하는 경우의 심사의 기준 시는 바로 등기부에 기록(등기의 실행)하려고 하는 때인 것이지 등기신청서류의 제출 시가 아닌 것이다.

······

[**❶** ▸ ○] 등기관은 등기신청에 대하여 실체법상의 권리관계와 일치하는지 여부를 심사할 실질적 심사 권한은 없으나 신청서 및 그 첨부서류와 등기부에 의하여 등기요건에 합당하는지 여부를 심사할 형식적 심사권한과 책무가 있다(대판 2007.11.15. 2004다2786).

[❷ ▶ ○]　등기관은 등기신청에 대하여 부동산등기법상 그 등기신청에 필요한 서면이 제출되었는지 여부 및 제출된 서면이 형식적으로 진정한 것인지 여부를 심사할 권한을 갖고 있으나 그 등기신청이 실체법상의 권리관계와 일치하는지 여부를 심사할 실질적인 심사권한은 없으므로, <u>등기관으로서는 오직 제출된 서면 자체를 검토하거나 이를 등기부와 대조하는 등의 방법으로 등기신청의 적법 여부를 심사하여야 할 것이고, 이러한 방법에 의한 심사 결과 형식적으로 부진정한, 즉 위조된 서면에 의한 등기신청이라고 인정될 경우 이를 각하하여야 할 직무상의 의무가 있다</u>고 할 것이지만, 등기관은 다른 한편으로 대량의 등기신청사건을 신속하고 적정하게 처리할 것을 요구받기도 하므로 제출된 서면이 위조된 것임을 간과하고 등기신청을 수리한 모든 경우에 등기관의 과실이 있다고는 할 수 없고, 위와 같은 방법의 심사 과정에서 등기업무를 담당하는 평균적 등기관이 보통 갖추어야 할 통상의 주의의무만 기울였어도 제출 서면이 위조되었다는 것을 쉽게 알 수 있었음에도 이를 간과한 채 적법한 것으로 심사하여 등기신청을 각하하지 못한 경우에 그 과실을 인정할 수 있다(대판 2005.2.25. 2003다13048).

[❸ ▶ ○]　등기관은 다음 각 호의 어느 하나에 해당하는 경우에만 이유를 적은 결정으로 신청을 각하(却下)하여야 한다. 다만, 신청의 잘못된 부분이 보정(補正)될 수 있는 경우로서 신청인이 등기관이 보정을 명한 날의 다음 날까지 그 잘못된 부분을 보정하였을 때에는 그러하지 아니하다(부동산등기법 제29조).

[❹ ▶ ×]　등기관은 등기신청절차의 형식적 요건만 심사할 수 있는 것이고, 그 등기원인이 되는 법률관계의 유·무효와 같은 실질적인 심사권은 없다고 할 것이나, <u>법원의 촉탁에 의한 등기를 실행하는 경우 촉탁서의 기재내용과 촉탁서에 첨부된 판결의 기재내용이 일치하는지 여부는 심사할 수 있다</u>(등기예규 제623호).

[❺ ▶ ○]　등기공무원이 부동산등기법 제29조에 의하여 등기신청서류에 대한 심사를 하는 경우 심사의 기준 시는 바로 등기부에 기재(등기의 실행)하려고 하는 때인 것이지 등기신청서류의 제출 시가 아니다(대결 1989.5.29. 87마820).

답 ❹

69
□□□

부동산등기법 제29조 제7호의 각하사유인 '신청정보의 등기의무자의 표시가 등기기록과 일치하지 아니한 경우'에 관한 다음 설명 중 가장 옳지 않은 것은? **2025년 법무사시험 [문 11]**

① 신청정보의 등기의무자의 표시가 등기기록과 일치하지 아니하는 경우에도 부동산등기법 제27조에 따라 포괄승계인이 등기신청을 하는 경우는 부동산등기법 제29조 제7호의 각하사유에서 제외한다.

② 신청정보의 등기의무자의 표시가 등기기록과 일치하지 아니하는 경우에도 신청정보와 등기기록의 등기의무자가 동일인임을 대법원규칙으로 정하는 바에 따라 확인할 수 있는 경우는 부동산등기법 제29조 제7호의 각하사유에서 제외한다.

③ 등기의무자가 외국인인 경우에도 대법원규칙이 정하는 바에 따라 등기의무자의 동일성이 인정되면 부동산등기법 제29조 제7호에 따라 신청을 각하하지 아니한다.

④ 등기의무자의 등기기록상의 주소가 신청에 따른 등기가 마쳐질 당시에 잘못 기록되는 등 등기명의인의 표시에 경정사유가 존재하는 경우에는 대법원규칙이 정하는 바에 따라 등기의무자의 동일성이 인정된다 하더라도 부동산등기법 제29조 제7호에 따라 신청을 각하한다.

⑤ 신청정보의 등기의무자의 표시에 관한 사항 중 주소(또는 사무소 소재지)가 등기기록과 일치하지 않지만 주소를 증명하는 정보에 의해 등기의무자의 등기기록상 주소가 신청정보상의 주소로 변경된 사실이 확인되는 경우라도, 등기기록에 등기의무자의 주민등록번호가 기록되어 있지 않은 경우에는 부동산등기법 제29조 제7호에 따라 신청을 각하한다.

⋯⋯⋯⋯⋯⋯⋯⋯⋯⋯⋯⋯⋯⋯⋯⋯⋯⋯⋯⋯⋯⋯⋯⋯⋯⋯⋯⋯⋯⋯⋯⋯⋯⋯⋯⋯⋯

[❶▸○] 부동산등기법 제29조 제7호 가목
[❷▸○] 부동산등기법 제29조 제7호 나목

> **부동산등기법 제29조(신청의 각하)**
> 등기관은 다음 각 호의 어느 하나에 해당하는 경우에만 이유를 적은 결정으로 신청을 각하(却下)하여야 한다. 다만, 신청의 잘못된 부분이 보정(補正)될 수 있는 경우로서 신청인이 등기관이 보정을 명한 날의 다음 날까지 그 잘못된 부분을 보정하였을 때에는 그러하지 아니하다.
> 　7. 신청정보의 등기의무자의 표시가 능기기록과 일치하지 아니한 경우. 다만, 다음 각 목의 어느 하나에 해당하는 경우는 제외한다.
> 　　가. 제27조에 따라 포괄승계인이 등기신청을 하는 경우
> 　　나. 신청정보와 등기기록의 등기의무자가 동일인임을 대법원규칙으로 정하는 바에 따라 확인할 수 있는 경우

[❸▸✕] 부동산등기규칙 제52조의2 제2항
[❹▸○] 부동산등기규칙 제52조의2 제3항
[❺▸○] 부동산등기규칙 제52조의2 제1항

> **부동산등기규칙 제52조의2(등기의무자의 동일성 판단 기준)**
> ① 신청정보의 등기의무자의 표시에 관한 사항 중 주민등록번호(또는 부동산등기용등록번호)는 등기기록과 일치하고 주소(또는 사무소 소재지)가 일치하지 아니하는 경우에도 주소를 증명하는 정보에 의해 등기의무자의 등기기록상 주소가 신청정보상의 주소로 변경된 사실이 확인되어 등기의무자의 동일성이 인정되는 경우에는 법 제29조 제7호 나목에 따라 신청을 각하하지 아니한다.

PART 1　PART 2　PART 3　PART 4　PART 5　PART 6　PART 7　PART 8

② 등기의무자가 외국인, 국내에 영업소나 사무소의 설치 등기를 하지 아니한 외국법인, 법인 아닌 사단이나 재단인 경우에는 제1항을 적용하지 아니한다.
③ 등기의무자의 등기기록상의 주소가 신청에 따른 등기가 마쳐질 당시에 잘못 기록되는 등 등기명의인의 표시에 경정사유가 존재하는 경우에는 제1항을 적용하지 아니한다.

답 ❸

70
□□□
다음 중 부동산등기법 제29조 제2호 소정의 "사건이 등기할 것이 아닌 경우"에 해당하지 않는 것은?
2023년 법무사시험 [문 7]

① 법령에 근거가 없는 특약사항의 등기를 신청한 경우
② 신청정보상 甲이 등기권리자인데 매매계약서상으로는 乙이 권리자인 경우
③ 관공서 또는 법원의 촉탁으로 실행되어야 할 등기를 신청한 경우
④ 농지를 전세권설정의 목적으로 하는 등기를 신청한 경우
⑤ 일부지분에 대한 소유권보존등기를 신청한 경우

....

[❶ ▸ ○] 부동산등기규칙 제52조 제2호
[❷ ▸ ×] 신청정보상 甲이 등기권리자인데 매매계약서상으로는 乙이 권리자인 경우는 부동산등기법 제29조 제8호의 각하사유인 "신청정보와 등기원인을 증명하는 정보가 일치하지 아니한 경우"에 해당한다.
[❸ ▸ ○] 부동산등기규칙 제52조 제8호
[❹ ▸ ○] 부동산등기규칙 제52조 제4호
[❺ ▸ ○] 부동산등기규칙 제52조 제6호

부동산등기규칙 제52조(사건이 등기할 것이 아닌 경우)
법 제29조 제2호에서 "사건이 등기할 것이 아닌 경우"란 다음 각 호의 어느 하나에 해당하는 경우를 말한다.
1. 등기능력 없는 물건 또는 권리에 대한 등기를 신청한 경우
2. 법령에 근거가 없는 특약사항의 등기를 신청한 경우
3. 구분건물의 전유부분과 대지사용권의 분리처분 금지에 위반한 등기를 신청한 경우
4. 농지를 전세권설정의 목적으로 하는 등기를 신청한 경우
5. 저당권을 피담보채권과 분리하여 양도하거나, 피담보채권과 분리하여 다른 채권의 담보로 하는 등기를 신청한 경우
6. 일부지분에 대한 소유권보존등기를 신청한 경우
7. 공동상속인 중 일부가 자신의 상속지분만에 대한 상속등기를 신청한 경우
8. 관공서 또는 법원의 촉탁으로 실행되어야 할 등기를 신청한 경우
9. 이미 보존등기된 부동산에 대하여 다시 보존등기를 신청한 경우
10. 그 밖에 신청취지 자체에 의하여 법률상 허용될 수 없음이 명백한 등기를 신청한 경우

답 ❷

부동산등기법 제29조의 각하에 관한 다음 설명 중 가장 옳지 않은 것은?

2022년 법무사시험 [문 10]

① 근저당권의 말소등기가 신청된 경우에 근저당권자의 표시에 변경의 사유가 있는 때라도 신청서에 그 변경을 증명하는 서면이 첨부된 경우에는 부동산등기법 제29조 제7호의 "신청정보의 등기의무자의 표시가 등기기록과 일치하지 아니한 경우"에 해당됨을 이유로 각하해서는 안 된다.

② 가등기에 의한 본등기를 하고 가등기와 본등기 사이에 이루어진 체납처분으로 인한 압류등기에 대하여 직권말소대상통지를 한 후 이의신청 기간이 지나지 않은 상태에서 본등기에 기초한 등기의 신청이나 촉탁이 있는 경우에는 "사건이 등기할 것이 아닌 때"에 해당한다.

③ 소유권에 대한 가압류등기가 마쳐진 상태에서 채무자인 소유자가 해방공탁서를 첨부하여 가압류등기의 말소를 신청한 경우에는 "사건이 등기할 것이 아닌 때"에 해당한다.

④ 부동산에 대한 가압류가 본압류로 이행되어 강제경매개시결정등기가 마쳐진 경우 가압류등기만에 대한 집행법원의 말소촉탁은 "사건이 등기할 것이 아닌 때"에 해당한다.

⑤ 전세권설정등기 후 그 전세권을 목적으로 하는 근저당권설정등기가 있는 상태에서 전세금을 감액하는 변경등기의 신청이 있는 경우 그 근저당권자의 승낙서가 첨부되지 않은 경우에는 "등기에 필요한 첨부정보를 제공하지 아니한 경우"에 해당한다.

....

[❶ ▸ ○] 등기명의인표시의 변경 또는 경정 등기를 신청하게 하는 것은, 등기절차는 현재의 등기명의인을 기점으로 개시되어야 한다는 등기연속의 원칙에 따라 등기명의인의 표시를 실체에 부합시키기 위한 것이므로, 현재의 등기명의인의 등기가 말소되는 경우에는 등기명의인을 일치시킬 필요가 없다. 따라서 가등기의 말소등기[등기예규 제1632호(현 제1849호(註)) 6. 나.], 저당권등기의 말소등기(등기예규 제451호) 또는 부동산의 멸실등기 등의 경우에는 등기의무자의 표시에 변경 또는 경정의 사유가 있더라도 이를 증명하는 서면의 첨부만으로 충분하고 그 변경 또는 경정의 등기는 할 필요가 없다. 상속등기의 경우도 위와 같다(등기선례 제3-396호). 부등 실무 1

> □ **등기예규 제451호[근저당권말소등기와 근저당권자 표시변경등기 요부]**
> 저당권(근저당권) 등 소유권 이외의 권리에 관한 등기의 말소를 신청하는 경우에 있어서는 그 등기명의인의 표시에 변경 또는 경정의 사유가 있는 때라도 신청서에 그 변경 또는 경정을 증명하는 서면을 첨부함으로써 등기명의인의 표시변경 또는 경정의 등기를 생략할 수 있을 것이다.

[❷ ▸ ✕] 가등기에 의한 본등기를 하고 가등기와 본등기 사이에 이루어진 체납처분에 의한 압류등기에 관하여 등기관이 직권말소대상통지를 한 경우에는 비록 이의신청기간이 지나지 않았다 하더라도 본등기에 기초한 등기의 신청이나 촉탁은 수리하며, 체납처분에 의한 압류등기에 기초한 등기의 촉탁은 각하한다[등기예규 제1849호 5. 가. 2) 다)].

[❸ ▸ ○] 관공서 또는 법원의 촉탁으로 실행되어야 할 등기를 신청한 경우는 부동산등기법 제29조 제2호의 사건이 등기할 것이 아닌 때에 해당하는데(부동산등기규칙 제52조 제8호), 가처분등기나 가압류등기의 말소와 같이 법원의 말소촉탁에 의하여 말소할 수 있는 등기에 대하여 당사자가 말소등기신청을 한 경우 등이 이에 해당한다. 부등 실무 1

[❹ ▸ ○] 부동산에 대한 가압류가 본압류로 이행되어 강제경매개시결정등기가 마쳐지고 강제집행절차가 진행 중이라면 그 본집행의 효력이 유효하게 존속하는 한 가압류등기만을 말소할 수 없는 것이므로, 그 가압류등기에 대한 집행법원의 말소촉탁은 그 취지 자체로 보아 법률상 허용될 수 없음이 명백한 경우에 해당하여 등기관은 부동산등기법 제29조 제2호에 의하여 촉탁을 각하하여야 한다(등기선례 제201210-5호).

[**❺** ▸ O] 전세권설정등기 후 그 전세권을 목적으로 하는 근저당권설정등기 또는 그 전세권에 대한 가압류등기 등이 있는 상태에서 전세금을 감액하는 변경등기를 하는 때에 그 근저당권자 또는 가압류권자 등은 등기상 이해관계 있는 제3자에 해당하므로 그의 승낙이 있으면 그 변경등기를 전세권설정등기에 부기로 하고[기록례 7 참조], 그의 승낙이 없으면 그 변경등기를 할 수 없다[등기예규 제1671호 2. 나. 2)]. 따라서 근저당권자 또는 가압류권자의 승낙서가 첨부되지 않은 경우에는 "등기에 필요한 첨부정보를 제공하지 아니한 경우"에 해당한다.

답 **❷**

제4절   등기신청의 취하(철회)

72
☐☐☐

등기소에 출석하여 서면으로 등기를 신청한 경우의 그 취하절차에 관한 다음 설명 중 가장 옳지 않은 것은? 기출수정

2022년 법무사시험 [문 18]

① 임의대리인이 등기신청을 취하하는 경우에는 취하에 관하여 특별수권이 있어야 한다.
② 등기권리자와 등기의무자가 공동으로 등기신청을 한 경우라도 등기신청의 취하는 등기권리자 또는 등기의무자 일방이 할 수 있다.
③ 등기신청의 취하는 등기관이 등기를 마치기 전 또는 등기신청을 각하하기 전까지만 할 수 있다.
④ 여러 개의 부동산에 관한 등기신청을 일괄하여 동일한 신청서에 의하여 한 경우 그중 일부 부동산에 대하여만 등기신청을 취하할 수 있다.
⑤ 등기신청의 취하는 신청인 또는 그 대리인이 등기신청을 한 등기소에 출석하여 취하서를 제출하는 방법으로 하여야 한다.

···

[**❶** ▸ O] 등기신청인 또는 그 대리인은 등기신청을 취하할 수 있다. 다만, 등기신청대리인이 등기신청을 취하하는 경우에는 취하에 대한 특별수권이 있어야 한다(등기예규 제1643호 1. 가.).
[**❷** ▸ ✕] 등기신청이 등기권리자와 등기의무자의 공동신청에 의하거나 등기권리자 및 등기의무자 쌍방으로부터 위임받은 대리인에 의한 경우에는, 그 등기신청의 취하도 등기권리자와 등기의무자가 공동으로 하거나 등기권리자 및 등기의무자 쌍방으로부터 취하에 대한 특별수권을 받은 대리인이 이를 할 수 있고, 등기권리자 또는 등기의무자 어느 일방만에 의하여 그 등기신청을 취하할 수는 없다(등기예규 제1643호 1. 나.).
[**❸** ▸ O] 등기신청의 취하는 등기완료 전 또는 각하결정 전에만 가능하다(부동산등기규칙 제51조 제1항 참조). 등기관이 신청사항을 등기기록에 기록하고 등기사무를 처리한 등기관이 누구인지 알 수 있는 조치를 취함으로써 등기가 완료된 후에는 이미 공시의 효과가 생겼으므로 취하로써 그 등기의 효력을 없앨 수는 없다. 또한 각하결정을 한 후에는 해당 등기신청에 대한 등기관의 처리가 종료되었으므로 그 신청을 철회할 여지가 없다. 부등 실무 1
[**❹** ▸ O] 부동산등기법 제25조의 규정에 의하여 수개의 부동산에 관한 등기신청을 일괄하여 동일한 신청서에 의하여 한 경우 그중 일부 부동산에 대하여만 등기신청을 취하하는 것도 가능하다(등기예규 제1643호 4.).

PART 1 PART 2 PART 3 PART 4 PART 5 PART 6 PART 7 PART 8

[❺ ▸ ○] 부동산등기규칙 제51조 제2항 제1호

부동산등기규칙 제51조(등기신청의 취하)
① 등기신청의 취하는 등기관이 등기를 마치기 전까지 할 수 있다.
② 제1항의 취하는 다음 각 호의 구분에 따른 방법으로 하여야 한다.
  1. 방문신청 : 신청인 또는 그 대리인이 등기신청을 한 등기소에 출석하여 취하서를 제출하는 방법
  2. 전자신청 : 전산정보처리조직을 이용하여 취하정보를 전자문서로 등기신청을 한 등기소에 송신하는 방법

답 ❷

제5절　**등기의 실행**

제6절　**등기완료 후 그 밖의 절차**

73　다음 중 등기관이 등기를 마쳤을 때에 지적소관청 또는 건축물대장 소관청에 알려야 하는 경우
가 아닌 것은?(다툼이 있는 경우 판례·예규 및 선례에 따르고 전원합의체 판결의 경우 다수의
견에 의함)　2020년 법무사시험 [문 20]

① 소유권의 경정등기를 한 경우
② 소유권의 등기명의인표시의 변경등기를 한 경우
③ 소유권이전등기의 말소등기를 한 경우
④ 소유권이전청구권 보전의 가등기를 한 경우
⑤ 말소된 소유권이전등기의 말소회복등기를 한 경우

[❶ ▸ ○] [❷ ▸ ○] [❸ ▸ ○] [❹ ▸ ×] [❺ ▸ ○]　부동산등기법 제62조

부동산등기법 제62조(소유권변경사실의 통지)
등기관이 다음 각 호의 등기를 하였을 때에는 지체 없이 그 사실을 토지의 경우에는 지적소관청에, 건물의
경우에는 건축물대장 소관청에 각각 알려야 한다.
  1. 소유권의 보존 또는 이전
  2. <u>소유권의 등기명의인표시의 변경 또는 경정</u>
  3. <u>소유권의 변경 또는 경정</u>
  4. <u>소유권의 말소 또는 말소회복</u>

답 ❹

74
□□□

등기관의 결정 또는 처분에 대한 이의에 관한 다음 설명 중 가장 옳은 것은?

2025년 법무사시험 [문 29]

① 등기관의 결정 또는 처분에 이의가 있는 자는 부동산 소재지 지방법원에 이의신청을 할 수 있다.
② 이의의 신청은 구술 또는 등기소에 이의신청서를 제출하거나 인터넷등기소를 통하여 이의신청정보를 보내는 방법으로 할 수 있다.
③ 등기의 말소신청에 있어 부동산등기법 제57조 소정의 이해관계 있는 제3자의 승낙서 등 서면이 첨부되어 있지 아니하였다는 사유는 제3자의 이해에 관련된 것이므로, 말소등기의무자는 말소처분에 대하여 이의신청을 할 수 있는 등기상 이해관계인에 해당되지 아니하여 이의신청을 할 수 없다.
④ 등기신청의 각하결정에 대하여는 등기신청인인 등기권리자, 등기의무자 및 제3자가 이의신청을 할 수 있다.
⑤ 이미 마쳐진 등기에 대하여 부동산등기법 제29조 각 호의 사유로 이의한 경우 등기관은 그 이의가 이유 있다고 인정하면 부동산등기법 제58조의 절차를 거쳐 그 등기를 직권으로 말소한다.

....

[❶ ▸ ×] 등기관의 결정 또는 처분에 이의가 있는 자는 <u>그 결정 또는 처분을 한 등기관이 속한 지방법원</u> (이하 이 장에서 "관할 지방법원"이라 한다)에 이의신청을 할 수 있다(부동산등기법 제100조).
[❷ ▸ ×] 제100조에 따른 이의신청(이하 이 장에서 "이의신청"이라 한다)은 대법원규칙으로 정하는 바에 따라 결정 또는 처분을 한 등기관이 속한 등기소에 <u>이의신청서를 제출하거나 전산정보처리조직을 이용하여 이의신청정보를 보내는 방법으로 한다</u>(부동산등기법 제101조).
[❸ ▸ ○] 등기의 말소신청에 있어 「부동산등기법」 제57조 소정의 이해관계 있는 제3자의 승낙서 등 서면이 첨부되어 있지 아니하였다는 사유는 제3자의 이해에 관련된 것이므로, 말소등기의무자는 말소처분에 대하여 이의신청을 할 수 있는 등기상 이해관계인에 해당되지 아니하여 이의신청을 할 수 없다(등기예규 제1812호 제2조 제2항 제4호).
[❹ ▸ ×] 등기신청의 각하결정에 대하여는 등기신청인인 등기권리자 및 등기의무자에 한하여 이의신청을 할 수 있고, 제3자는 <u>이의신청을 할 수 없다</u>(등기예규 제1812호 제2조 제1항).
[❺ ▸ ×] 등기예규 제1812호 제4조 제2항 제2호

> □ **등기예규 제1812호[등기관의 처분에 대한 이의신청절차 등에 관한 업무처리지침]**
> **제4조(이의신청이 있는 경우 등기관의 조치)**
> ② 등기신청을 수리하여 완료된 등기에 대한 이의신청이 있는 경우
>   2. 이의가 이유 있다고 인정한 경우
>   이의신청의 대상이 되는 등기가 「부동산등기법」 제29조 제1호 또는 제2호에 해당하여 이의가 이유 있다고 인정한 경우에는 동법 제58조의 절차를 거쳐 그 등기를 직권말소한다. 다만, 완료된 등기에 대하여는 「부동산등기법」 제29조 제3호 이하의 사유를 이의사유로 삼을 수는 없는 것이어서, 동법 제29조 제3호 이하의 사유에 기한 이의신청은 그 사유가 인정된다 하더라도 결국 그 이의가 이유가 없는 경우에 해당하므로, 이 경우에는 위 제1호의 예에 따라 사건을 관할법원에 송부하여야 한다.

답 ❸

75
☐☐☐

등기관의 처분에 대한 이의에 관한 다음 설명 중 가장 옳지 않은 것은?

① 채권자가 채무자를 대위하여 경료한 등기가 채무자의 신청에 의하여 말소된 경우에는 그 말소처분에 대하여 채권자는 등기상 이해관계인으로서 이의신청을 할 수 있다.

② 등기신청의 각하결정에 대하여는 등기신청인과 각하되지 않았다면 실행될 등기에 대한 이해관계 있는 제3자가 이의신청할 수 있다.

③ 등기를 마친 후에 이의신청이 있는 경우에는 3일 이내에 의견을 붙여 이의신청서를 관할 지방법원에 보내고 등기상 이해관계 있는 자에게 이의신청 사실을 알려야 한다.

④ 저당권설정자는 저당권의 양수인과 양도인 사이의 저당권이전의 부기등기에 대하여 이의신청을 할 수 없다.

⑤ 등기의 말소신청에 있어 부동산등기법 제57조 소정의 이해관계 있는 제3자의 승낙서 등 서면이 첨부되어 있지 아니하였다는 사유는 제3자의 이해에 관련된 것이므로, 말소등기의무자는 말소처분에 대하여 이의신청을 할 수 있는 등기상 이해관계인에 해당되지 아니하여 이의신청을 할 수 없다.

....

[❶ ▶ ○] 등기예규 제1812호 제2조 제2항 제1호

[❷ ▶ ×] 등기예규 제1812호 제2조 제1항

[❸ ▶ ○] 등기를 마친 후에 이의신청이 있는 경우에는 3일 이내에 의견을 붙여 이의신청서 또는 이의신청정보를 관할 지방법원에 보내고 등기상 이해관계 있는 자에게 이의신청 사실을 알려야 한다(부동산등기법 제103조 제3항).

[❹ ▶ ○] 등기예규 제1812호 제2조 제2항 제3호

[❺ ▶ ○] 등기예규 제1812호 제2조 제2항 제4호

> ☐ **등기예규 제1812호[등기관의 처분에 대한 이의신청절차 등에 관한 업무처리지침]**
>
> **제2조(이의신청인)**
> ① 등기신청의 각하결정에 대하여는 등기신청인인 등기권리자 및 등기의무자에 한하여 이의신청을 할 수 있고, <u>제3자는 이의신청을 할 수 없다.</u>
> ② 등기를 실행한 처분에 대하여는 등기상 이해관계 있는 제3자가 그 처분에 대한 이의신청을 할 수 있다. 그 이의신청을 할 수 있는지의 여부에 대한 구체적 예시는 아래와 같다.
>   1. 채권자가 채무자를 대위하여 경료한 등기가 채무자의 신청에 의하여 말소된 경우에는 그 말소처분에 대하여 채권자는 등기상 이해관계인으로서 이의신청을 할 수 있다.
>   2. 상속인이 아닌 자는 상속등기가 위법하다 하여 이의신청을 할 수 없다.
>   3. 저당권설정자는 저당권의 양수인과 양도인 사이의 저당권이전의 부기등기에 대하여 이의신청을 할 수 없다.
>   4. 등기의 말소신청에 있어 부동산등기법 제57조 소정의 이해관계 있는 제3자의 승낙서 등 서면이 첨부되어 있지 아니하였다는 사유는 제3자의 이해에 관련된 것이므로, 말소등기의무자는 말소처분에 대하여 이의신청을 할 수 있는 등기상 이해관계인에 해당되지 아니하여 이의신청을 할 수 없다.

답 ❷

76 □□□ 등기신청의 각하결정에 대한 이의신청에 기하여 관할 지방법원의 기록명령이 있을 때에 다음의 사유 중 그 기록명령에 따른 등기를 할 수 있는 경우는? 2022년 법무사시험 [문 30]

① 전세권이전등기의 기록명령이 있었으나, 그 기록명령에 따른 등기 전에 그 전세권에 대한 제3자 명의의 이전등기가 되어 있는 경우
② 임차권설정등기의 기록명령이 있었으나, 그 기록명령에 따른 등기 전에 동일한 부분에 임차권설정등기가 되어 있는 경우
③ 지상권설정등기말소등기의 기록명령이 있었으나 그 기록명령에 따른 등기 전에 그 지상권을 목적으로 하는 근저당권설정등기가 되어 있는 경우
④ 소유권이전등기의 기록명령이 있었으나, 그 기록명령에 따른 등기 전에 제3자 명의의 근저당권설정등기가 되어 있는 경우
⑤ 등기관이 기록명령에 따른 등기를 하기 위하여 신청인에게 환부된 첨부정보를 다시 등기소에 제공할 것을 명령하였으나 신청인이 이에 응하지 아니한 경우

[**❶** ▸ ×] 등기예규 제1812호 제6조 제2항 제1호 가목
[**❷** ▸ ×] 등기예규 제1812호 제6조 제2항 제1호 나목
[**❸** ▸ ×] 등기예규 제1812호 제6조 제2항 제1호 다목
[**❹** ▸ ○] 등기예규 제1812호 제6조 제3항
[**❺** ▸ ×] 등기예규 제1812호 제6조 제2항 제1호 라목

> ❏ 등기예규 제1812호[등기관의 처분에 대한 이의신청절차 등에 관한 업무처리지침]
> **제6조(관할 지방법원의 기록명령이나 가등기 또는 부기등기명령에 의한 등기)**
> ② 기록명령에 따른 등기를 할 수 없는 경우
> 　1. 등기신청의 각하결정에 대한 이의신청에 따라 관할 지방법원이 그 등기의 기록명령을 하였더라도 다음 각 호의 어느 하나에 해당하는 경우에는 그 기록명령에 따른 등기를 할 수 없다.
> 　　가. 권리이전등기의 기록명령이 있었으나, 그 기록명령에 따른 등기 전에 제3자 명의로 권리이전등기가 되어 있는 경우
> 　　나. 지상권·지역권·전세권·임차권설정등기의 기록명령이 있었으나, 그 기록명령에 따른 등기 전에 동일한 부분에 지상권·전세권·임차권설정등기가 되어 있는 경우
> 　　다. 말소등기의 기록명령이 있었으나 그 기록명령에 따른 등기 전에 등기상 이해관계인이 발생한 경우
> 　　라. 등기관이 기록명령에 따른 등기를 하기 위하여 신청인에게 첨부정보를 다시 등기소에 제공할 것을 명령하였으나 신청인이 이에 응하지 아니한 경우
> ③ 기재명령에 따른 등기를 함에 장애가 되지 아니하는 경우
> <u>소유권이전등기신청의 각하결정에 대한 이의신청에 기하여 관할 지방법원의 소유권이전등기 기록명령이 있기 전에 제3자 명의의 근저당권설정등기가 경료된 때와 같은 경우에는 기록명령에 따른 등기를 함에 장애가 되지 아니하므로, 기록명령에 따른 등기를 하여야 한다.</u>

답 ❹

제2편

각종 부동산등기절차

각 문항별로 회독수를 체크해 보세요. ☑□□

 제1장 , 소유권에 관한 등기

제1절 **소유권보존등기**

제1항 **토지 및 건물소유권보존등기**

01
□□□
건물의 소유권보존등기에 관한 다음 설명 중 가장 옳지 않은 것은? 2023년 법무사시험 [문 20]

① 건축물대장에 소유자로 등록되어 있는 회사가 분할된 경우, 분할 후 회사는 분할계획서 등에 의하여 미등기 건물을 승계하였음을 증명하여 바로 자기 명의로 보존등기를 신청할 수 있다.

② 건축물대장이 생성되지 않은 건물에 대하여도 소유권확인판결에 의하여 자기의 소유권을 증명하여 소유권보존등기를 신청할 수 있다.

③ 건물에 대하여 국가를 상대로 한 소유권확인판결이나 건축허가명의인을 상대로 한 소유권확인판결은 부동산등기법 제65조 제2호의 소유권을 증명하는 판결의 범위에 포함되지 않는다.

④ 지상권이 설정되어 있는 토지 위에 지상권자 아닌 제3자가 건물을 신축한 후 농건물에 대한 소유권보존등기를 신청함에 있어서, 사전에 그 지상권을 말소하여야 하거나 지상권자의 승낙이 있음을 증명하는 정보를 첨부정보로 제공할 필요는 없다.

⑤ 건물의 보존등기신청을 할 때에는 등기원인과 그 연월일은 신청정보의 내용으로 등기소에 제공할 필요가 없다.

[❶ ▶ O] 대장등본에 의하여 소유권보존등기를 신청할 수 있는 자는 대장에 최초의 소유자로 등록되어 있는 자(대장상 소유자의 성명, 주소 등의 일부 누락 또는 착오가 있어 대장상 소유자표시를 정정등록한 경우를 포함한다) 또는 그 상속인, 그 밖의 포괄승계인(포괄적 수증자, 법인이 합병된 경우 존속 또는 신설 법인, 법인이 <u>분할된 경우 분할 후 법인</u> 등)이어야 한다[등기예규 제1483호 2. 가. (1) (가)].

[❷ ▸ ×] 구 부동산등기법 제131조 제2호에서 판결 또는 그 밖의 시·구·읍·면의 장의 서면에 의하여 자기의 소유권을 증명하는 자가 소유권보존등기를 신청할 수 있다고 규정한 것은 건축물대장이 생성되어 있으나 다른 사람이 소유자로 등록되어 있는 경우 또는 건축물대장의 소유자 표시란이 공란으로 되어 있거나 소유자 표시에 일부 누락이 있어 소유자를 확정할 수 없는 등의 경우에 건물 소유자임을 주장하는 자가 판결이나 위 서면에 의하여 소유권을 증명하여 소유권보존등기를 신청할 수 있다는 취지이지, 아예 건축물대장이 생성되어 있지 않은 건물에 대하여 처음부터 판결 내지 위 서면에 의하여 소유권을 증명하여 소유권보존등기를 신청할 수 있다는 의미는 아니라고 해석하는 것이 타당하다. 위와 같이 제한적으로 해석하지 않는다면, 사용승인을 받지 못한 건물에 대하여 구법 제134조에서 정한 처분제한의 등기를 하는 경우에는 사용승인을 받지 않은 사실이 등기부에 기재되어 공시되는 반면, 구법 제131조에 의한 소유권보존등기를 하는 경우에는 사용승인을 받지 않은 사실을 등기부에 적을 수 없어 등기부상으로는 적법한 건물과 동일한 외관을 가지게 되어 건축법상 규제에 대한 탈법행위를 방조하는 결과가 된다. 결국 건축물대장이 생성되지 않은 건물에 대해서는 소유권확인판결을 받는다고 하더라도 <u>그 판결은 구법 제131조 제2호에 해당하는 판결이라고 볼 수 없어 이를 근거로 건물의 소유권보존등기를 신청할 수 없다</u>(대판 2011.11.10. 2009다93428).

[❸ ▸ ○] 등기예규 제1483호 3. 라. (2), (3)

❏ **등기예규 제1483호[미등기부동산의 소유권보존등기 신청인에 관한 업무처리지침]**

3. 법 제65조 제2호의 "판결"의 의미
   라. 위 판결에 해당하지 않는 경우의 예시
      다음 각 호의 판결은 법 제65조 제2호의 판결에 해당하지 않는다.
      (1) 매수인이 매도인을 상대로 토지의 소유권이전등기를 구하는 소송에서 매도인이 매수인에게 매매를 원인으로 한 소유권이전등기절차를 이행하고 당해 토지가 매도인의 소유임을 확인한다는 내용의 화해조서
      (2) <u>건물에 대하여 국가를 상대로 한 소유권확인판결</u>
      (3) <u>건물에 대하여 건축허가명의인(또는 건축주)을 상대로 한 소유권확인판결</u>

[❹ ▸ ○] 지상권이 설정되어 있는 토지 위에 지상권자 아닌 제3자가 건물을 신축한 후 동건물에 대한 소유권보존등기를 신청함에 있어서, 사전에 그 지상권을 말소하여야 하거나 소유권보존등기신청서에 지상권자의 승낙서를 첨부할 필요는 없다(등기선례 제2-238호).

[❺ ▸ ○] 법 제65조에 따라 소유권보존등기를 신청하는 경우에는 법 제65조 각 호의 어느 하나에 따라 등기를 신청한다는 뜻을 신청정보의 내용으로 등기소에 제공하여야 한다. 이 경우 제43조 제1항 제5호에도 불구하고 등기원인과 그 연월일은 신청정보의 내용으로 등기소에 제공할 필요가 없다(부동산등기규칙 제121조 제1항).

답 ❷

소유권보존등기에 관한 다음 설명 중 가장 옳지 않은 것은?

① 건축물대장의 소유자표시란이 공란이거나 소유자표시에 일부 누락이 있어 대장상의 소유자를 확정할 수 없는 미등기건물에 관하여 국가를 상대방으로 하여 소유권확인의 판결을 받은 경우 부동산등기법 제65조 제2호의 소유권을 증명하는 판결에 해당한다.

② 가설건축물대장에 등록된 "농업용 고정식 비닐온실"이 철근콘크리트기초 위에 설치됨으로써 토지에 견고하게 정착되어 있고, 경량철골구조 및 내구성 10년 이상의 내재해형 장기성 필름(비닐)에 의하여 벽면과 지붕을 구성하고 있다면 이 건축물에 대하여 소유권보존등기를 신청할 수 있다.

③ 미등기부동산에 관하여 법원으로부터 소유권에 대한 가압류등기 촉탁이 있는 경우 등기관은 그 등기를 위하여 전제되는 소유권보존등기를 직권으로 실행하여야 한다.

④ 구분건물이 아닌 건물로 등기된 건물에 접속하여 구분건물을 신축한 경우에 그 신축건물의 소유권보존등기를 신청할 때에는 구분건물이 아닌 건물을 구분건물로 변경하는 건물의 표시변경등기를 동시에 신청하여야 한다.

⑤ 1동의 건물에 속하는 구분건물 중 일부만에 관하여 소유권보존등기를 신청하는 경우에는 나머지 구분건물의 표시에 관한 등기를 동시에 신청하여야 하며, 구분건물의 소유자는 1동에 속하는 다른 구분건물의 소유자를 대위하여 그 건물의 표시에 관한 등기를 신청할 수 있다.

....

[❶ ▸ ✕] 미등기건물에 대하여 국가를 상대로 한 소유권확인판결은 부동산등기법 제65조 제2호의 소유권을 증명하는 판결에 해당하지 아니하나[등기예규 제1483호 3. 라. (2) 참조], 시장·군수·구청장을 상대로 한 소유권확인판결은 이에 해당함을 유의하여야 한다(등기선례 제6-122호 참조).

❑ **등기예규 제1483호[미등기부동산의 소유권보존등기신청인에 관한 업무처리지침]**

3. 법 제65조 제2호의 "판결"의 의미

라. 위 판결에 해당하지 않는 경우의 예시 : 다음 각 호의 판결은 법 제65조 제2호의 판결에 해당하지 않는다.

(1) 매수인이 매도인을 상대로 토지의 소유권이전등기를 구하는 소송에서 매도인이 매수인에게 매매를 원인으로 한 소유권이전등기절차를 이행하고 당해 토지가 매도인의 소유임을 확인한다는 내용의 화해조서

(2) 건물에 대하여 국가를 상대로 한 소유권확인판결

(3) 건물에 대하여 건축허가명의인(또는 건축주)을 상대로 한 소유권확인판결

❑ **등기선례 제6-122호**

건축물대장의 소유자표시란이 공란이거나 소유자 표시에 일부 누락이 있어 대장상의 소유자를 확정할 수 없는 미등기건물에 관하여 갑이 시장·군수·구청장을 상대로 하여 당해 건물이 그의 소유임을 확인하는 내용의 확정판결을 받았다면, 갑은 그 판결정본을 첨부하여 그 명의의 소유권보존등기를 신청할 수 있다.

[❷ ▸ ○] 가설건축물대장에 등록된 "농업용 고정식 비닐온실"이 철근콘크리트기초 위에 설치됨으로써 토지에 견고하게 정착되어 있고, 경량철골구조 및 내구성 10년 이상의 내재해형 장기성 필름(비닐)에 의하여 벽면과 지붕을 구성하고 있다면 독립된 건물로 볼 수 있으므로 이 건축물에 대하여 소유권보존등기를 신청할 수 있을 것이나, 구체적인 사건에서 등기할 수 있는 건물인지 여부는 담당등기관이 판단할 사항이다(등기선례 제9-6호).

[❸ ▸ ○] 등기관이 미등기부동산에 대하여 법원의 촉탁에 따라 소유권의 처분제한의 등기를 할 때에는 직권으로 소유권보존등기를 하고, 처분제한의 등기를 명하는 법원의 재판에 따라 소유권의 등기를 한다는 뜻을 기록하여야 한다(부동산등기법 제66조 제1항).

[❹ ▸ ○] [❺ ▸ ○] 부동산등기법 제46조

부동산등기법 제46조(구분건물의 표시에 관한 등기)

① 1동의 건물에 속하는 구분건물 중 일부만에 관하여 소유권보존등기를 신청하는 경우에는 나머지 구분건물의 표시에 관한 등기를 동시에 신청하여야 한다.

② 제1항의 경우에 구분건물의 소유자는 1동에 속하는 다른 구분건물의 소유자를 대위하여 그 건물의 표시에 관한 등기를 신청할 수 있다.

③ 구분건물이 아닌 건물로 등기된 건물에 접속하여 구분건물을 신축한 경우에 그 신축건물의 소유권보존등기를 신청할 때에는 구분건물이 아닌 건물을 구분건물로 변경하는 건물의 표시변경등기를 동시에 신청하여야 한다. 이 경우 제2항을 준용한다.

답 ❶

〈제2항〉 **미등기부동산에 대한 처분제한의 등기와 직권보존등기**

03

소유권이전등기에 관한 다음 설명 중 가장 옳지 않은 것은? 2025년 법무사시험 [문 25]

① 사인증여를 원인으로 한 소유권이전등기신청은 등기의무자인 유언집행자(유언집행자가 수인인 경우에는 그 과반수 이상)와 등기권리자인 수증자가 공동으로 신청하여야 한다.

② 민법 제839조의2 제3항에 따르면 "재산분할청구권은 이혼한 날부터 2년을 경과한 때에는 소멸한다."고 규정하고 있으므로 협의이혼 당시 재산분할약정을 한 후 15년이 지나 재산분할을 원인으로 소유권이전등기신청을 한 경우 등기관은 각하하여야 한다.

③ 양도담보계약을 원인으로 한 소유권이전등기를 신청하는 경우 부동산등기 특별조치법상의 검인을 받아야 하며 토지거래허가구역 내의 토지인 경우에는 토지거래허가를 받아야 한다.

④ 현물출자를 원인으로 한 소유권이전등기를 신청하는 경우 현물출자에 관한 사항을 정한 정관이나 이사회의사록은 첨부정보로 제공할 필요가 없다.

⑤ 매매 또는 증여로 인한 소유권이전등기가 마쳐진 후 그 계약의 해제가 있을 때 원상회복의 방법으로 소유권이전등기의 말소가 아닌 계약해제를 원인으로 한 소유권이전등기신청을 할 수 있다.

- -

[**❶ ▶ ○**] 증여자의 사망으로 인하여 효력이 생길 증여(사인증여)를 원인으로 한 소유권이전등기신청은 등기의무자인 유언집행자(지정되지 않은 경우에는 상속인이 유언집행자)와 등기권리자인 수증자가 공동으로 신청하게 되는바, 유언집행자가 수인인 경우에는 그 과반수 이상으로 등기신청을 할 수 있다(등기선례 제200907-1호).

[**❷ ▶ ✕**] 「민법」 제839조의2에서 "재산분할청구권은 이혼한 날로부터 2년을 경과한 때에는 소멸한다."라고 규정하고 있으나 <u>재산분할협의결과 발생한 소유권이전등기를 반드시 위 기간 내에 신청하도록 제한하는 것은 아니므로 협의이혼 당시 재산분할약정을 한 후 15년이 경과하더라도 재산분할협의서에 검인을 받고 혼인관계증명서와 일반적인 소유권이전등기신청에 필요한 서면 등을 첨부하여 재산분할을 원인으로 소유권이전등기신청을 할 수 있다</u>(등기선례 제200901-2호).

[**❸ ▶ ○**] 양도담보계약에 의하여 소유권이전등기신청을 할 때에도 부동산등기 특별조치법상의 검인을 받아야 하며 당해 부동산이 토지거래허가구역 내의 허가대상 토지인 경우에는 국토이용관리법상의 토지거래허가를 받아야 한다(등기선례 제4-399호).

[**❹ ▶ ○**] 현물출자를 원인으로 한 소유권이전등기를 신청하는 경우에 등기원인을 증명하는 정보를 적은 서면은 "현물출자계약서"이며, 원인일자는 "그 계약의 성립일"이 된다. 현물출자자가 납입기일에 출자의 목적인 재산을 인도하고 소유권이전등기에 필요한 서류를 교부한 뒤에 받은, 이른바 "인도증서"(상법 제295조 제2항 참조)는 등기원인을 증명하는 서면이 아니므로 첨부정보로 제공할 필요가 없으며, 현물출자에 관한 사항을 정한 정관(상법 제290조 제2호)이나 이사회의사록(상법 제416조 제4호) 역시 첨부할 필요가 없다(등기선례 제201211-5호).

[**❺ ▶ ○**] 매매 또는 증여로 인한 소유권이전등기가 경료된 후 그 매매계약 또는 증여계약의 해제가 있을 때 원상회복의 방법으로 소유권이전등기의 말소가 아닌 당사자가 계약해제를 원인으로 한 소유권이전등기신청을 할 수 있다. 부등 실무 2 이와 관련하여 선례는 증여를 원인으로 소유권이전등기를 경료한 후에 증여계약을 합의해제한 경우 그 등기는 합의해제를 원인으로 소유권이전등기를 신청할 수도 있다고 한다(등기선례 제5-367호).

답 ❷

04
☐☐☐

다음 중 피상속인 사망에 따른 상속등기가 마쳐지기 전에 다른 등기원인이 발생한 경우 상속등기가 선행되어야 하는 경우에 해당하는 것을 모두 고른 것은? **2025년 법무사시험 [문 22]**

ㄱ. 저당권 설정등기 후 경매신청 전에 채무자인 목적물 소유자가 사망한 경우의 경매기입등기촉탁의 경우

ㄴ. 가등기를 마친 후에 가등기권자(또는 가등기의무자)가 사망한 경우 가등기에 의한 본등기 시, 가등기명의인이 사망한 후에 상속인이 가등기의 말소를 신청하는 경우

ㄷ. 피상속인 소유 명의의 부동산에 대하여 상속인을 등기의무자로 한 처분금지가처분등기의 촉탁에 기한 가처분기입등기의 경우

ㄹ. 사망한 공유자의 상속인들에 대하여 공유물분할판결이 확정된 경우

ㅁ. 사망한 자의 상속재산에 대한 파산선고결정 및 그에 따른 파산선고등기가 마쳐진 후 파산관재인이 형식적 경매를 신청하거나 법원의 허가를 얻어 임의매각에 따른 소유권이전등기를 신청한 경우

① ㄱ, ㄹ
② ㄱ, ㄴ, ㅁ
③ ㄴ, ㄷ, ㄹ
④ ㄴ, ㄹ, ㅁ
⑤ ㄱ, ㄴ, ㄷ, ㄹ, ㅁ

··

[ㄱ ▸ O] 등기예규 제1835호 제32조 제1항 제1호
[ㄴ ▸ X] 등기예규 제1835호 제32조 제2항 제2호
[ㄷ ▸ X] 등기예규 제1835호 제32조 제2항 제4호
[ㄹ ▸ O] 등기예규 제1835호 제32조 제1항 제5호
[ㅁ ▸ X] 등기예규 제1835호 제32조 제2항 제3호

> ☐ **등기예규 제1835호[상속등기에 관한 업무처리지침]**
> **제32조(상속등기와 다른 등기 등과의 관계)**
> ① 피상속인 사망에 따른 상속등기가 마쳐지기 전에 다른 등기원인이 발생한 경우 상속등기가 선행되어야 하는 경우의 예시는 다음 각 호와 같다.
>   1. 저당권 설정등기 후 경매신청 전에 채무자인 목적물 소유자가 사망한 경우의 경매기입등기촉탁의 경우
>   2. 명의수탁자가 사망한 후에 신탁해지로 인한 소유권이전등기절차 이행판결을 받은 경우
>   3. 피상속인 소유명의의 부동산에 대하여 원인무효를 청구원인으로 한 소유권이전등기말소소송에서 "상속인들은 원고에게 화해권고를 원인으로 한 소유권이전등기절차를 이행한다"라는 화해권고결정이 확정된 경우
>   4. 상속인 간에 상속재산협의분할이 이루어지지 않아 법원이 상속재산의 경매분할을 명하여 동 심판에 따른 경매신청을 하는 경우
>   5. 사망한 공유자의 상속인들에 대하여 공유물분할판결이 확정된 경우
>   6. 민법 제245조의 규정에 의한 취득시효 완성일이 등기부상 소유명의인의 사망일 이후이고 상속인들을 상대로 취득시효 완성을 원인으로 한 소유권이전등기절차 이행의 승소판결을 받은 경우. 다만, 취득시효 완성일 이후에 부동산 소유자가 사망한 경우에는 그러하지 아니하다.

② 피상속인 사망에 따른 상속등기가 마쳐지기 전에 다른 등기원인이 발생한 경우 상속등기절차의 선행이 필요 없는 경우의 예시는 다음 각 호와 같다.

1. 부동산등기법 제27조(포괄승계인에 의한 등기신청)에 따라 상속인이 등기를 신청하는 경우[예] 임대차 계약 체결 후 임대인이 사망한 경우에 집행법원이 망 임대인 소유 명의의 부동산에 관하여 상속관계를 표시하여 「주택임대차보호법」 제3조의3에 따른 임차권등기의 기입을 촉탁한 경우]
2. 가등기를 마친 후에 가등기권자(또는 가등기의무자)가 사망한 경우 가등기에 의한 본등기 시, 가등기 명의인이 사망한 후에 상속인이 가등기의 말소를 신청하는 경우
3. 사망한 자의 상속재산에 대한 파산선고결정 및 그에 따른 파산선고등기가 마쳐진 후 파산관재인이 형식적 경매를 신청하거나 법원의 허가를 얻어 임의매각에 따른 소유권이전등기를 신청한 경우
4. 피상속인 소유 명의의 부동산에 대하여 상속인을 등기의무자로 한 처분금지가처분등기의 촉탁에 기한 가처분기입등기의 경우

답 ❶

05
□□□

재외국민 甲이 상속재산분할협의에 관한 권한을 乙에게 위임하여 상속등기를 신청하는 경우에 관한 다음 설명 중 옳은 것을 모두 고른 것은? **2024년 법무사시험 [문 11]**

ㄱ. 甲은 분할의 대상이 되는 부동산과 乙의 인적사항을 구체적으로 특정하여 작성한 상속재산분할 협의 위임장을 첨부정보로서 등기소에 제공하여야 한다.
ㄴ. 甲이 작성한 분할협의 위임장에는 甲의 인감을 날인하고 甲의 인감증명을 제출하여야 하는 것이 원칙이나 그 대신 甲의 체류국을 관할하는 대한민국 재외공관에서 甲이 직접 위임장을 작성했다는 취지의 공증을 받아 제출할 수도 있다.
ㄷ. 甲이 위임장에 인감을 날인하고 인감증명을 제출하는 대신 대한민국 재외공관에서 공증을 받은 위임장을 제출하는 경우에는 甲이 재외국민임을 증명하는 정보로서 재외국민등록부등본을 등기소에 제공하여야 한다.
ㄹ. 乙은 甲의 대리인임을 현명하고 대리인의 자격으로 상속재산분할협의서를 작성하여 이를 원인 증서로서 등기소에 제공하여야 한다.
ㅁ. 상속재산분할협의서에는 乙의 인감을 날인하고, 乙의 인감증명을 제출하여야 함이 원칙이나, 이 협의서를 乙이 직접 작성했다는 취지의 공증을 받은 경우에는 인감증명을 제출할 필요가 없다.

① ㄱ, ㄴ
② ㄱ, ㄹ
③ ㄴ, ㄷ, ㄹ
④ ㄱ, ㄴ, ㄹ, ㅁ
⑤ ㄱ, ㄴ, ㄷ, ㄹ, ㅁ

....

[ㄱ ▶ O] 등기예규 제1778호 제6조 제1항
[ㄴ ▶ O] 등기예규 제1778호 제6조 제3항, 제9조 제1항

[ㄷ ▸ ✕] 부동산등기규칙 제60조 제1항 제1호부터 제3호까지에 해당하는 등기신청을 하는 경우에는 등기의무자가 재외국민임을 증명하는 정보로서 재외국민등록부등본을 등기소에 제공하여야 하지만, 甲이 위임장에 인감을 날인하고 인감증명을 제출하는 대신 대한민국 재외공관에서 공증을 받은 위임장을 제출하는 경우는 부동산등기규칙 제60조 제1항 제6호에 해당하는 등기신청이므로 재외국민등록부등본을 등기소에 제공할 필요가 없다(등기예규 제1778호 제9조 제2항, 부동산등기규칙 제60조 제1항 제6호 참조).
[ㄹ ▸ ○] 등기예규 제1778호 제6조 제2항
[ㅁ ▸ ○] 등기예규 제1778호 제6조 제4항

❏ **등기예규 제1778호[재외국민 및 외국인의 부동산등기신청절차에 관한 예규]**

제6조(상속재산분할협의 권한을 위임하는 경우)
① 상속인인 재외국민이나 외국인이 상속재산분할협의에 관한 권한을 대리인에게 수여하는 경우에는 분할의 대상이 되는 부동산과 대리인의 인적사항을 구체적으로 특정하여 작성한 상속재산분할협의 위임장을 등기소에 첨부정보로서 제공하여야 한다.
② 상속재산분할협의 권한을 수여받은 대리인은 본인의 대리인임을 현명하고 대리인의 자격으로 작성한 상속재산분할협의서를 등기소에 원인증서로서 제공하여야 한다.
③ 제1항의 상속재산분할협의 위임장에는 상속인 본인의 인감을 날인하고 그 인감증명을 제출하여야 한다. 이 경우 인감증명을 제출하여야 하는 자가 재외국민인 경우에는 제9조를, 외국인인 경우에는 제12조를 준용한다.
④ 제2항의 상속재산분할협의서에는 대리인의 인감을 날인하고 그 인감증명을 제출하여야 한다. 다만, 상속재산분할협의서를 대리인이 작성하였다는 뜻의 공증을 받은 경우에는 인감증명을 제출할 필요가 없다.

제9조(재외국민의 인감증명 제출)
① 재외국민이 규칙 제60조 제1항 제1호부터 제3호까지에 해당하는 등기신청을 하거나 같은 항 제4호부터 제7호까지의 서류를 작성하는 경우에 체류국을 관할하는 대한민국 재외공관(「대한민국 재외공관 설치법」 제2조에 따른 대사관, 공사관, 대표부, 총영사관과 영사관을 의미하며, 공관이 설치되지 아니한 지역에서 영사사무를 수행하는 사무소를 포함한다, 이하 같다)에서 인감을 날인해야 하는 서면에 공증을 받았다면 인감증명을 제출할 필요가 없다.
② 제1항의 경우 중 규칙 제60조 제1항 제1호부터 제3호까지에 해당하는 등기신청을 하는 경우에는 등기의무자가 재외국민임을 증명하는 정보로서 재외국민등록부등본을 등기소에 제공하여야 한다.

부동산등기규칙 제60조(인감증명의 제출)
① 방문신청을 하는 경우에는 다음 각 호의 인감증명을 제출하여야 한다. 이 경우 해당 신청서(위임에 의한 대리인이 신청하는 경우에는 위임장을 말한다)나 첨부서면에는 그 인감을 날인하여야 한다.
  1. 소유권의 등기명의인이 등기의무자로서 등기를 신청하는 경우 등기의무자의 인감증명
  2. 소유권에 관한 가등기명의인이 가등기의 말소등기를 신청하는 경우 가등기명의인의 인감증명
  3. 소유권 외의 권리의 등기명의인이 등기의무자로서 법 제51조에 따라 등기를 신청하는 경우 등기의무자의 인감증명
  4. 제81조 제1항에 따라 토지소유자들의 확인서를 첨부하여 토지합필등기를 신청하는 경우 그 토지소유자들의 인감증명
  5. 제74조에 따라 권리자의 확인서를 첨부하여 토지분필등기를 신청하는 경우 그 권리자의 인감증명
  6. 협의분할에 의한 상속등기를 신청하는 경우 상속인 전원의 인감증명
  7. 등기신청서에 제3자의 동의 또는 승낙을 증명하는 서면을 첨부하는 경우 그 제3자의 인감증명
  8. 법인 아닌 사단이나 재단의 등기신청에서 대법원예규로 정한 경우
④ 제1항 제4호부터 제7호까지의 규정에 해당하는 서면이 공정증서이거나 당사자가 서명 또는 날인하였다는 뜻의 공증인의 인증을 받은 서면인 경우에는 인감증명을 제출할 필요가 없다.

답 ❹

상속으로 인한 등기신청에 관한 다음 설명 중 가장 옳지 않은 것은? 2023년 법무사시험 [문 2]

① 처가 부모보다 먼저 사망한 경우 남편이 재혼하지 아니하면 처의 직계존속이 피상속인인 경우 남편은 처의 대습상속인이 된다.

② 상속개시 후 그 상속등기를 하기 전에 상속인 중 한 사람이 사망하여 또다시 상속이 개시된 경우에는 상속개시일자를 순차로 모두 신청정보로 하여 1건으로 상속등기를 신청할 수 있다.

③ 상속재산 협의분할에 따라 甲과 乙을 등기명의인으로 하는 상속등기가 마쳐진 후에 공동상속인들이 그 협의를 전원의 합의에 의하여 해제하고 丙을 상속인으로 하는 새로운 협의분할을 한 경우와 같이 재협의분할로 인하여 상속인 전부가 교체될 때에는 상속등기의 경정등기를 신청할 수 없다.

④ 상속재산분할협의서를 작성하는 데 있어서 친권자와 미성년자인 자 1인이 공동상속인인 경우 친권자가 상속재산을 전혀 취득하지 아니하는 경우에는 미성년자를 위한 특별대리인을 선임할 필요는 없다.

⑤ 공동상속등기가 경료된 후 공동상속인 중 1인에 대하여 실종선고심판이 확정되었는데 그 실종기간이 상속개시 전에 만료된 경우, 실종선고심판이 확정된 자에 대한 상속인이 없고, 등기상의 이해관계인도 없다면 신청착오를 원인으로 하여 나머지 공동상속인들이 경정등기를 신청할 수 있다.

[❶ ▸ ○] 제1001조의 경우에 상속개시 전에 사망 또는 결격된 자의 배우자는 동조의 규정에 의한 상속인과 동순위로 공동상속인이 되고 그 상속인이 없는 때에는 단독상속인이 된다(민법 제1003조 제2항). 상속개시 전에 재혼한 배우자는 인척관계가 소멸되어 민법 제1003조 제2항 배우자에 해당하지 않으므로 대습상속권이 인정되지 않는다(등기예규 제1835호 제20조 제4항). 따라서 처가 상속개시 전에 부모보다 먼저 사망하였고 처의 남편이 재혼하지 않은 경우 남편은 처의 대습상속인이 된다.

[❷ ▸ ○] 상속개시 후 그 상속등기를 하기 전에 상속인 중 한 사람이 사망하여 또다시 상속이 개시된 경우에는 상속개시일자를 순차로 모두 신청정보로 하여 1건으로 상속등기를 신청할 수 있다(등기예규 제57호 참조). 법공 부등

> ☐ **등기예규 제57호[상속등기의 원인의 기재방법]**
> ① 유산상속이 개시되어 상속인이 그 상속등기를 하지 않고 있는 동안에 상속인 중의 한 사람이 사망하여 또 하나의 다른 상속이 개시된 경우 즉 등기사건 1건에 2개의 등기원인이 있는 경우 최초의 상속원인과 일자만을 표시 처리하고 있으므로 사실과 등기가 부합되지 않는다.

[❸ ▸ ○] 상속재산 협의분할에 따라 갑과 을을 등기명의인으로 하는 상속등기가 마쳐진 후에 공동상속인들이 그 협의를 선원의 합의에 의하여 해제하고 병을 상속인으로 하는 새로운 협의분할을 한 경우와 같이 재협의분할로 인하여 상속인 전부가 교체될 때에는 상속등기의 경정등기를 신청할 수 없다(등기예규 제1675호 3. 다. 2) 가)].

[❹ ▸ ✕] 상속재산협의분할서를 작성하는 데 있어서 친권자와 미성년자인 자 1인이 공동상속인인 경우(친권자가 당해 부동산에 관하여 권리를 취득하지 않는 경우를 포함한다)에는 친권자와 미성년자의 이해가 상반되므로 이해가 상반되는 그 친권자는 미성년자인 자를 대리할 수 없고, 특별대리인을 선임하여야 한다(등기예규 제1837호 2. 나. (2) 참조].

[❺ ▸ ○] 공동상속등기가 경료된 후 공동상속인 중 1인에 대하여 실종선고심판이 확정되었는데 그 실종기간이 상속개시 전에 만료된 경우, 실종선고심판이 확정된 자에 대한 상속인(대습상속인)이 없고, 등기상의 이해관계인도 없다면 신청착오를 원인으로 하여 나머지 공동상속인들이 경정등기를 신청할 수 있다(등기선례 제6-414호).

답 ❹

① 피상속인의 처와 그 친권에 따르는 미성년자 및 다른 상속인을 포함한 수인의 상속인이 협의분할에 의한 상속등기를 신청하는 경우에는 그 처(친권자)는 상속포기를 하지 아니한 이상 상속재산을 전혀 취득하지 않더라도 미성년자인 자를 대리하여 다른 상속인과 상속재산분할의 협의를 할 수 없고 미성년자를 위한 특별대리인이 선임되어야 한다.

② 甲의 증조부가 사정받은 토지를 망조부를 거쳐 망부로 순차 단독 상속된 후 망부의 공동상속인들 사이에 상속재산 협의분할을 통하여 甲이 망부의 토지를 단독으로 상속받은 사실이 인정되어, 甲이 소유권보존등기명의인을 상대로 진정명의회복을 원인으로 한 소유권이전등기절차이행을 명하는 승소확정판결을 받은 경우와 같이, 등기권리자의 상속인이 등기기록상 최종 소유자를 상대로 하여 진정명의회복을 원인으로 하는 승소판결을 받은 경우에는 상속을 증명하는 서면을 제출할 필요가 없다.

③ 취득시효완성을 원인으로 한 소유권이전등기소송에서 원고들에게 일정 지분대로 이행을 명한 승소확정판결을 받았고, 그 판결이유 중에 원고들의 피상속인이 부동산을 시효취득한 사실 및 원고들이 소유권이전등기청구권을 공동상속한 사실이 기재되어 있는 경우에는 판결정본과 상속재산협의분할서(상속인 전원의 인감증명서 첨부) 및 가족관계증명서 등 상속을 증명하는 서면을 첨부하여 원고들 중 1인의 단독소유로 하는 소유권이전등기를 신청할 수 있다.

④ 협의에 의하여 상속재산을 분할하는 경우 그 상속인 중에 재외국민이 있는 때에는 그 재외국민을 포함한 공동상속인 전원이 협의에 참가하여야 하며, 이때 재외국민이 입국할 수 없는 경우에는 국내에 거주하는 공동상속인 이외의 자에게 이를 위임하여 상속재산의 분할협의를 할 수 있으나 공동상속인에게는 이를 위임할 수는 없다.

⑤ 소유권이전청구권보전가등기를 마친 후에 가등기권자가 사망한 경우, 가등기권자의 상속인은 상속등기를 할 필요 없이 상속을 증명하는 서면을 첨부하여 가등기의무자와 공동으로 본등기를 신청할 수 있다.

....

[❶ ▶ ○] 피상속인의 처와 그 친권에 복종하는 미성년자 2인을 포함한 수인의 상속인이 협의분할에 의한 상속등기를 신청하는 경우 재산협의분할행위 자체는 언제나 이해상반행위이므로 친권자인 모가 재산분할의 당사자인 한(즉, 상속포기를 하지 않아 상속인인 한) 분할계약서상 상속재산을 전혀 취득하지 아니하더라도 미성년자를 대리할 수 없으므로 미성년자마다 특별대리인을 선임하여야 할 것이다(등기선례 제3-416호).

[❷ ▶ ○] 갑의 증조부가 사정받은 토지를 망조부를 거쳐 망부로 순차 단독 상속된 후 망부의 공동상속인들 사이에 상속재산 협의분할을 통하여 갑이 망부의 토지를 단독으로 상속받은 사실이 인정되어, 갑이 소유권보존등기명의인인 국가를 상대로 진정명의회복을 원인으로 한 소유권이전등기절차이행을 명하는 승소확정판결을 받은 경우와 같이 상속인이 등기권리자로서 승소판결을 받은 경우, 위 판결에 의하여 소유권이전등기를 신청함에 있어서는 호적등본, 제적등본, 망부의 상속인들 사이의 상속재산협의분할서 등 부동산등기법 제46조 소정의 상속을 증명하는 서면을 첨부할 필요가 없다(등기선례 제7-179호).

[❸ ▶ ○] 취득시효완성을 원인으로 한 소유권이전등기소송에서 원고들에게 일정 지분대로 이행을 명한 승소확정판결을 받았고, 그 판결이유 중에 원고들의 피상속인이 부동산을 시효취득한 사실 및 원고들이 소유권이전등기청구권을 공동상속한 사실이 기재되어 있는 경우에는 판결정본과 상속재산협의분할서(상속인 전원의 인감증명서 첨부) 및 호적등본, 제적등본 등 부동산등기법 제46조 소정의 상속을 증명하는 서면을 첨부하여 원고들 중 1인의 단독소유로 하는 소유권이전등기를 신청할 수 있다(등기선례 제8-190호).

[**④ ▸ ×**] 피상속인의 사망으로 그 공동상속인들이 협의에 의하여 상속재산을 분할하는 경우에 공동상속인 중 1인이 외국에 거주하고 있어 직접 분할협의에 참가할 수 없다면 이러한 분할협의를 대리인에게 위임하여 할 수 있는바, 이 경우 <u>그 공동상속인 중 한 사람을 위 분할협의에 관한 대리인으로 선임하여도 무방하다</u>(등기선례 제9-236호).

[**⑤ ▸ ○**] 가등기를 마친 후에 가등기권자가 사망한 경우, 가등기권자의 상속인은 상속등기를 할 필요 없이 상속을 증명하는 서면을 첨부하여 가등기의무자와 공동으로 본등기를 신청할 수 있다[등기예규 제1849호 4. 가. (2)].

답 ④

08 □□□

협의분할에 의한 상속등기에 관한 다음 설명 중 가장 옳지 않은 것은?

2022년 법무사시험 [문 7]

① 공동상속인(甲, 乙, 丙, 丁, 戊)의 명의로 법정상속등기가 마쳐진 이후 경매절차에 의하여 공동상속인 중 1인(甲)의 지분이 나머지 공동상속인 중 1인(乙)에게 이전되었더라도 종전 공동상속인 전원은 이 재산에 대한 협의분할을 하고 이를 등기원인으로 하여 소유권경정등기를 신청할 수 있다.

② 한정승인을 하였다 하더라도 그 한정승인 전에 이미 이루어진 특정 부동산에 대한 상속인들의 협의분할 및 이를 원인으로 한 상속등기의 효력이 상실되는 것이 아니므로 한정승인을 원인으로 이 상속등기를 말소 또는 경정할 수 없다.

③ 피상속인의 사망으로 상속이 개시된 후 상속등기를 하지 아니한 상태에서 공동상속인 중 1인이 사망한 경우, 나머지 상속인들과 사망한 공동상속인의 상속인들이 피상속인의 재산에 대한 협의분할을 할 수 있다.

④ 협의분할에 의한 상속을 원인으로 소유권이전등기를 신청할 때에 공동상속인 중 상속을 포기한 자가 있는 경우, 그자의 인감증명을 첨부정보로서 제공할 필요는 없지만 그가 법원으로부터 교부받은 상속포기신고를 수리하는 뜻의 심판정본을 대신 제공하여야 한다.

⑤ 상속재산 협의분할에 따라 상속등기를 마친 후에 공동상속인들이 그 협의를 진원의 합의에 의하여 해제한 후 다시 새로운 협의분할을 하고 이를 원인으로 상속등기의 경정등기를 신청할 때에는 등기원인을 '재협의분할'로, 그 연월일을 재협의가 성립한 날로 한다.

....

[**❶ ▸ ×**] 공동상속인(A, B, C, D, E)의 명의로 법정상속등기가 마쳐진 이후 경매절차에 의하여 공동상속인 중 1인(A)의 지분이 나머지 공동상속인 중 1인(B)에게 이전되었다면, <u>종전 공동상속인 전원(또는 A를 제외한 상속인들 전원)이 협의분할을 등기원인으로 하여 소유권경정등기를 신청하더라도 등기관은 이를 수리할 수 없다</u>(부동산등기선례 제202108-2호).

[**❷ ▸ ○**] 한정승인은 상속으로 인하여 취득할 재산의 한도에서 피상속인의 채무를 변제할 것을 조건으로 상속을 승인하는 제도로서 한정승인을 하였다 하더라도 그 한정승인 전에 이미 이루어진 특정 부동산에 대한 상속인들의 협의분할 및 이를 원인으로 한 상속등기의 효력이 상실되는 것이 아니므로 한정승인을 원인으로 위 상속등기를 말소 또는 경정할 수 없다(등기선례 제200901-3호).

[**❸ ▸ ○**] 피상속인(X)의 사망으로 상속이 개시된 후 상속등기를 경료하지 아니한 상태에서 공동상속인 중 1인(A)이 사망한 경우, 나머지 상속인들과 사망한 공동상속인(A)의 상속인들이 피상속인(X)의 재산에 대한 협의분할을 할 수 있다(등기선례 제7-178호).

[**❹** ▸ ○] 협의분할에 의한 상속을 등기원인으로 하여 소유권이전등기를 신청할 때에는 상속을 증명하는 정보 외에 그 협의가 성립하였음을 증명하는 정보로서 상속재산 협의분할서 및 협의분할서에 날인한 상속인 전원의 인감증명을 제출하여야 하는바(부동산등기규칙 제60조 제1항 제6호), 공동상속인 중 상속을 포기한 자가 있는 경우 그러한 자는 상속포기의 소급효로 처음부터 상속인이 아니었던 것으로 되므로 상속을 포기한 자까지 참여한 상속재산분할협의서 및 상속을 포기한 자의 인감증명을 첨부정보로서 등기소에 제공할 필요는 없으나, 상속을 포기한 자에 대하여는 법원으로부터 교부받은 상속포기신고를 수리하는 뜻의 심판정본을 제출하여야 한다(부동산등기선례 제202006-1호).

[**❺** ▸ ○] 상속재산 협의분할에 따라 상속등기를 마친 후에 공동상속인들이 그 협의를 전원의 합의에 의하여 해제한 후 다시 새로운 협의분할을 하고 이를 원인으로 상속등기의 경정등기를 신청할 때에는 등기원인을 '재협의분할'로, 그 연월일을 재협의가 성립한 날로 한다[등기예규 제1675호 3. 다. 1) 가)].

답 ❶

제3항   유증으로 인한 소유권이전등기

유증으로 인한 등기에 관한 다음 설명 중 가장 옳지 않은 것은? 2021년 법무사시험 [문 3]

① 피상속인 '甲'이 사망하고 상속등기를 경료하지 아니한 상태에서 공동상속인 중 '乙'이 다른 공동상속인 '丙'에게 상속받은 지분을 유증한 후 사망한 경우에는, 먼저 사망한 '乙'을 제외한 '甲'의 상속인과 '乙'의 상속인 명의로 상속등기를 경료한 후 '乙'의 상속인 또는 유언집행자와 수증자가 공동으로 유증으로 인한 소유권이전등기를 신청할 수 있다.

② 수증자가 여럿인 포괄유증의 경우에는 수증자 전원이 공동으로 신청하거나 각자가 자기 지분만에 대하여 소유권이전등기를 신청할 수 있다. 그러나 포괄적 수증자 이외에 유언자의 다른 상속인이 있는 경우에는 유증을 원인으로 한 소유권이전등기와 상속을 원인으로 한 소유권이전등기를 각각 신청하여야 한다.

③ 특정유증의 수증자가 유증자의 사망 후에 1필의 토지의 특정 일부에 대하여 유증의 일부포기를 한 경우에, 유언집행자는 포기한 부분에 대하여 분할등기를 한 다음 포기하지 아니한 부분에 대하여 유증을 원인으로 한 소유권이전등기를 신청하여야 한다.

④ 유증을 등기원인으로 하는 소유권이전등기는 수증자를 등기권리자, 유언집행자를 등기의무자로 하여 공동으로 신청하는 것이 원칙이나, 공정증서에 의한 유언인 경우에는 등기의무자인 유언집행자가 유증을 등기원인으로 하는 소유권이전등기를 단독으로 신청할 수 있다.

⑤ 유증의 목적부동산이 미등기인 경우에는 토지대장, 임야대장 또는 건축물대장에 최초의 소유자로 등록되어 있는 자 또는 그 상속인의 포괄적 수증자가 단독으로 소유권보존등기를 신청할 수 있다.

....

[**❶** ▸ ○] 피상속인 '갑'이 사망하고 상속등기를 경료하지 아니한 상태에서 공동상속인 중 '을'이 다른 공동상속인 '병'에게 상속받은 지분을 유증한 후 사망한 경우에는, 먼저 사망한 '을'을 제외한 '갑'의 상속인과 '을'의 상속인 명의로 상속등기를 경료한 후 '을'의 상속인 또는 유언집행자와 수증자가 공동으로 유증으로 인한 소유권이전등기를 신청할 수 있다(등기선례 제200801-2호).

[❷ ▸ ○] 수증자가 여럿인 포괄유증의 경우에는 수증자 전원이 공동으로 신청하거나 각자가 자기 지분만에 대하여 소유권이전등기를 신청할 수 있다. 그러나 포괄적 수증자 이외에 유언자의 다른 상속인이 있는 경우에는 유증을 원인으로 한 소유권이전등기와 상속을 원인으로 한 소유권이전등기를 각각 신청하여야 한다[등기예규 제1512호 2. 나. (3)].

[❸ ▸ ○] 등기예규 제1512호 3. (2) ②

❏ **등기예규 제1512호[유증을 받은 자의 소유권보존(이전)등기신청절차 등에 관한 사무처리지침]**

3. 소유권이전등기의 신청방법

  (2) 1필의 토지(또는 1개의 건물)의 특정 일부만을 유증한 경우 등

    ① 1필의 토지(또는 1개의 건물)의 특정 일부만을 유증한다는 취지의 유언이 있는 경우, 유언집행자는 유증할 부분을 특정하여 분할(또는 구분)등기를 한 다음 수증자 명의로 소유권이전등기를 신청하여야 한다.

    ② 특정유증의 수증자가 유증자의 사망 후에 1필의 토지(또는 1개의 건물)의 특정 일부에 대하여 유증의 일부포기를 한 경우에도 유언집행자는 포기한 부분에 대하여 분할(또는 구분)등기를 한 다음 포기하지 아니한 부분에 대하여 유증을 원인으로 한 소유권이전등기를 신청하여야 한다.

[❹ ▸ ×] 유증을 등기원인으로 하는 소유권이전등기는 수증자를 등기권리자, 유언집행자를 등기의무자로 하여 공동으로 신청하여야 하므로(부동산등기법 제28조 참조), 비록 공정증서에 의한 유언인 경우에도 등기의무자인 유언집행자가 유증을 등기원인으로 하는 소유권이전등기를 단독으로 신청할 수는 없다[등기선례 제6-249호].

[❺ ▸ ○] 유증의 목적부동산이 미등기인 경우에는 토지대장, 임야대장 또는 건축물대장에 최초의 소유자로 등록되어 있는 자 또는 그 상속인의 포괄적 수증자가 단독으로 소유권보존등기를 신청할 수 있다[등기예규 제1512호 2. 가. (1)].

답 ❹

10

진정명의회복을 원인으로 한 소유권이전등기에 관한 다음 설명 중 가장 옳지 않은 것은?

2025년 법무사시험 [문 27]

① 지적공부상 소유자로 등록되어 있던 자로서 소유권보존등기를 신청할 수 있는 자는 현재의 등기명의인과 공동으로 진정명의회복을 등기원인으로 하여 소유권이전등기신청을 할 수 있다.

② 원고가 진정명의회복을 원인으로 하는 지분이전등기절차의 이행을 명하는 소송을 제기하여 승소확정판결을 받았으나 그 변론종결 후에 제3자가 피고로부터 소유권지분이전등기를 마친 경우, 원고는 승계집행문을 부여받아 제3자를 등기의무자로 하여 진정명의회복을 위한 지분이전등기를 신청할 수 있다.

③ 공동신청에 의하여 소유권이전등기 신청을 하거나 판결을 받아 소유권이전등기를 신청하는 경우에도 등기원인일자는 신청정보로 제공할 필요는 없다.

④ 공동신청에 의하여 소유권이전등기를 신청하는 경우에는 등기의무자의 인감증명서를 첨부정보로 제공하여야 한다.

⑤ 부동산의 공유자 중 한 사람은 공유물에 대한 보존행위로서 그 공유물에 관한 원인무효의 등기 전부의 말소를 구할 수 있으나 공유물에 마쳐진 원인무효의 등기에 관하여 각 공유자에게 해당 지분별로 진정명의회복을 원인으로 한 소유권이전등기를 이행할 것을 단독으로 청구할 수는 없다.

....

[❶ ▶ O] 등기예규 제1631호 2.

[❷ ▶ O] 원고 갑이 합동환지처분으로 인하여 성립된 종전 토지 소유자들의 환지에 대한 공유관계의 지분비율이 환지등기의 촉탁착오로 잘못 등기됨을 이유로 다른 공유자인 을·병을 상대로 진정명의회복을 원인으로 하는 지분이전등기절차의 이행을 하라는 소송을 제기하여 승소확정판결을 받았으나 그 변론종결 후에 정이 피고 병으로부터 소유권지분이전등기를 경료받은 경우, 원고 갑은 승계집행문을 부여받아 정을 등기의무자로 하여 진정명의회복을 위한 지분이전등기를 신청할 수 있다(등기선례 제7-228호).

[❸ ▶ O] 등기예규 제1631호 4.

□ **등기예규 제1631호[진정명의 회복을 등기원인으로 하는 소유권이전등기절차에 관한 예규]**

1. 이미 자기 앞으로 소유권을 표상하는 등기가 되어 있었거나 법률의 규정에 의하여 소유권을 취득한 자가 현재의 등기명의인을 상대로 "진정명의회복"을 등기원인으로 한 소유권이전등기절차의 이행을 명하는 판결을 받아 소유권이전등기신청을 한 경우 그 등기신청은 수리하여야 한다(대판[전합] 1990.11.27. 89다카12398 참조).

2. 이미 자기 앞으로 소유권을 표상하는 등기가 되어 있었던 자 또는 지적공부상 소유자로 등록되어 있던 자로서 소유권보존등기를 신청할 수 있는 자(등기예규 「미등기부동산의 소유권보존등기 신청인에 관한 업무처리지침」 참조)가 현재의 등기명의인과 공동으로 "진정명의회복"을 등기원인으로 하여 소유권이전 등기신청을 한 경우에도 제1항과 같다.

3. 생 략

4. 제1항 및 제2항의 등기를 신청하는 경우 신청서에 등기원인일자를 기재할 필요는 없다.

[❹ ▶ O] 판결에 의하여 등기신청을 하는 경우에는 그 판결을, 당사자의 공동신청에 의하는 경우에는 당사자의 확인서 등을 등기원인을 증명하는 정보로서 제공하여야 한다. 또한 공동신청에 의하는 경우에는 등기의무자의 인감증명서를 제출하여야 한다. 다만 그 인감증명서가 매도용일 필요는 없다.

부동 실무 2

[**❺ ▸ ×**] 부동산의 공유자 중 한 사람은 공유물에 대한 보존행위로서 그 공유물에 관한 원인무효의 등기 전부의 말소를 구할 수 있고, 진정명의회복을 원인으로 한 소유권이전등기청구권과 무효등기의 말소청구권은 어느 것이나 진정한 소유자의 등기명의를 회복하기 위한 것으로서 실질적으로 그 목적이 동일하고 두 청구권 모두 소유권에 기한 방해배제청구권으로서 그 법적 근거와 성질이 동일하므로, 공유자 중 한 사람은 공유물에 경료된 원인무효의 등기에 관하여 각 공유자에게 해당 지분별로 진정명의 회복을 원인으로 한 소유권이전등기를 이행할 것을 단독으로 청구할 수 있다(대판 2005.9.29. 2003다40651).

目 ❺

PART 1 PART 2 PART 3 PART 4 PART 5 PART 6 PART 7 PART 8

제5항 수용에 의한 토지소유권이전등기

11
□□□

공익사업을 위한 토지 등의 취득 및 보상에 관한 법률에 따른 등기절차에 관한 다음 설명 중 가장 옳지 않은 것은? *2024년 법무사시험 [문 4]*

① 사업인정 전에 공공용지 협의취득을 원인으로 하는 소유권이전등기신청은 일반원칙에 따라 사업시행자와 등기의무자의 공동신청에 의하여야 한다.

② 토지수용으로 인한 소유권이전등기신청은 사업시행자가 관공서인 경우에는 그 등기를 촉탁하여야 하나, 사업시행자와 등기의무자가 공동신청을 할 경우 이를 수리하여도 무방하다.

③ 토지수용으로 인한 소유권취득은 법률의 규정에 따른 원시취득으로 사업시행자는 수용의 개시일에 토지의 소유권을 취득함과 동시에 그 토지에 관한 다른 권리(단, 토지수용위원회의 재결로 인정된 권리는 제외)는 소멸하므로, 환매특약등기 또한 토지수용위원회의 재결로 존속이 인정된 권리에 해당하지 않는다면 등기관이 토지수용으로 인한 소유권이전등기를 할 때에 이를 직권으로 말소하여야 한다.

④ 토지수용으로 인한 소유권이전등기신청 시 사업시행자와 토지소유자의 협의서를 첨부정보로 제공한 경우에는 협의성립확인서를 제공하지 않은 경우라도 등기신청을 수리하여야 한다.

⑤ 관공서가 등기권리자로서 수용을 원인으로 한 소유권이전등기를 촉탁하는 경우에도 자격자대리인에게 이를 위임하여 신청할 수 있다.

....

[**❶ ▸ ○**] 공공용지의 취득 및 손실보상에 관한 특례법의 규정에 의하여 사업시행자와 등기명의인간의 협의가 성립되어 사업시행자 명의로 소유권이전등기를 함에 있어서는 원칙적으로 공동신청에 의하여야 한다(등기선례 제3-890호).

[**❷ ▸ ○**] 토지등 수용을 원인으로 한 소유권이전등기신청은 사업시행자인 등기권리자가 단독으로 이를 신청할 수 있다. 다만 관공서가 사업시행자인 경우에는 그 관공서가 소유권이전등기를 촉탁하여야 한다[등기예규 제1782호 3. 가. (1)]. 그러나 이 경우의 촉탁은 관공서가 부동산에 관한 거래관계의 주체로서 등기를 요구하는 경우로서 신청과 아무런 차이가 없으므로 관공서는 등기의무자와 공동으로 신청할 수도 있다(등기예규 제1862호 3. 참조).

> **부동산등기법 제99조(수용으로 인한 등기)**
> ① 수용으로 인한 소유권이전등기는 제23조 제1항에도 불구하고 등기권리자가 단독으로 신청할 수 있다.
> ③ 국가 또는 지방자치단체가 제1항의 등기권리자인 경우에는 국가 또는 지방자치단체는 지체 없이 제1항과 제2항의 등기를 등기소에 촉탁하여야 한다.

3. 관공서가 촉탁에 의하지 아니하고 공동신청에 의하여 등기를 할 수 있는지 여부
관공서가 부동산에 관한 거래의 주체로서 등기를 촉탁할 수 있는 경우라 하더라도 촉탁은 신청과 실질적으로 아무런 차이가 없으므로, 촉탁에 의하지 아니하고 등기권리자와 등기의무자의 공동으로 등기를 신청할 수도 있다.

[❸ ▸ ○] 토지수용으로 인한 소유권취득은 법률의 규정에 따른 원시취득으로 사업시행자는 수용의 개시일에 토지의 소유권을 취득함과 동시에 그 토지에 관한 다른 권리는 소멸(단, 토지수용위원회의 재결로 인정된 권리는 제외)하므로, 환매특약등기 또한 토지수용위원회의 재결로 존속이 인정된 권리에 해당하지 않는다면 등기관이 토지수용으로 인한 소유권이전등기를 할 때에 이를 직권으로 말소하여야 한다(부동산등기선례 제201912-7호).
[❹ ▸ ×] 토지등 수용으로 인한 소유권이전등기신청서에 협의서만 첨부한 경우에는 협의성립확인서를 첨부하도록 보정을 명하고, 이를 제출하지 않는 경우에는 등기신청을 수리하여서는 아니 된다[등기예규 제1782호 3. 다. (1)].
[❺ ▸ ○] 관공서가 권리관계의 당사자로서 등기를 촉탁하는 경우에는 사인이 등기를 신청하는 경우와 실질적으로 아무런 차이가 없으므로, 관공서가 등기권리자로서 촉탁하는 수용을 원인으로 한 소유권이전등기에 대하여는 변호사나 법무사가 이를 대리하여 신청할 수 있다(부동산등기선례 제201908-5호).

답 ❹

12
☐☐☐

공익사업을 위한 토지 등의 취득 및 보상에 관한 법률에 따른 등기절차에 관한 다음 설명 중 가장 옳지 않은 것은? 2021년 법무사시험 [문 15]

① 사업인정고시 전에 등기기록상 소유명의인과 협의가 성립된 경우에는 사업시행자 명의로 소유권이전등기를 하는데, 그 등기신청서에는 공공용지의 취득협의서와 등기의무자의 인감증명서를 제공하여야 한다.
② 사업인정고시 전에 미등기토지의 대장상 최초의 소유명의인과 협의가 성립된 경우에는 먼저 그 대장상 소유명의인 앞으로 소유권보존등기를 한 후 사업시행자 명의로 이전등기를 하여야 한다.
③ 사업인정고시 후 협의가 성립된 경우에는 토지수용위원회의 협의성립확인서와 보상금수령증 원본을 첨부하여 사업시행자가 단독으로 소유권이전등기를 신청할 수 있는데, 그 등기신청서에 수령인의 인감증명은 첨부할 필요가 없다.
④ 피상속인의 소유명의로 등기가 되어 있는 부동산에 대하여 상속인 또는 피상속인을 피수용자로 하여 재결을 하고 상속인에게 보상금을 지급하였다면 피상속인 명의에서 사업시행자 명의로 바로 소유권이전등기를 신청할 수 있다.
⑤ 토지수용 재결의 실효를 원인으로 토지수용으로 인한 소유권이전등기의 말소등기의 신청은 등기의무자와 등기권리자가 공동으로 하여야 하며, 토지수용으로 인한 소유권이전등기를 말소한 때에는 등기관은 토지수용으로 말소한 등기를 직권으로 회복하여야 한다.

[**❶** ▸ ○] [**❷** ▸ ○] 등기예규 제1782호 2. 가., 나., 다., 등기선례 제3-890호

❑ **등기예규 제1782호[공익사업을 위한 토지 등의 취득 및 보상에 관한 법률에 의한 등기사무처리지침]**

2. 협의취득의 등기절차

　가. 법에 의하여 미등기토지 등의 대장상 소유명의인과 협의가 성립된 경우에는 먼저 그 대장상 <u>소유명의인</u> 앞으로 소유권보존등기를 한 후 사업시행자 명의로 소유권이전등기를 한다.

　나. 법에 의하여 등기기록상 <u>소유명의인과 협의가 성립된 경우</u>에는 사업시행자 명의로 소유권이전등기를 한다.

　다. 위 가., 나.항에 의하여 <u>사업시행자 명의로 소유권이전등기를</u> 함에 있어서는 그 등기신청서에 부동산등기규칙 제46조 제1항 제1호의 등기원인을 증명하는 정보로 <u>공공용지의 취득협의서를 첨부하여야</u> <u>한다.</u>

❑ **등기선례 제3-890호**

공공용지의취득 및 손실보상에 관한 특례법의 규정에 의하여 사업시행자와 등기명의인 간의 협의가 성립되어 사업시행자 명의로 소유권이전등기를 함에 있어서는 원칙적으로 공동신청에 의하여야 하고, 다만 사업시행자가 관공서인 경우에는 부동산등기법 제36조의 규정에 의하여 등기의무자의 승낙서를 첨부하여 촉탁할 수 있으며, 위 어느 경우에나 소유권이전등기의무자의 <u>인감증명을 첨부하여야</u> 한다.

[**❸** ▸ ○] 등기예규 제1782호 3.가.

❑ **등기예규 제1782호[공익사업을 위한 토지 등의 취득 및 보상에 관한 법률에 의한 등기사무처리지침]**

3. 수용의 등기절차

　가. 소유권이전등기신청

　　(1) 토지등 수용을 원인으로 한 소유권이전등기신청은 <u>사업시행자인 등기권리자가 단독으로 이를</u> <u>신청할 수 있다.</u> 다만 관공서가 사업시행자인 경우에는 그 관공서가 소유권이전등기를 촉탁하여야 한다.

　　(2) 등기원인은 "수용"으로, 원인일자는 "수용의 개시일"을 각 기재한다. 토지수용위원회의 재결에 의하여 존속이 인정된 권리가 있는 때에는 소유권이전등기신청서에 이를 기재하여야 한다.

　　(3) 신청서에는 일반적인 첨부서면 외에 등기원인을 증명하는 정보로 제결에 의한 **수용일** 때에는 토지수용위원회의 재결서등본을, 협의성립에 의한 수용일 때에는 <u>토지수용위원회의 협의성립확</u> <u>인서 또는 협의성립의 공정증서와 그 수리증명서를 첨부</u>하고, 보상을 증명하는 서면으로 <u>보상금</u> <u>수령증 원본(수령인의 인감증명은 첨부할 필요 없음)</u> 또는 공탁서 원본을 첨부하여야 한다. 그러나 등기의무자의 등기필정보를 제공할 필요는 없다.

[**❹** ▸ ×] 토지수용법상의 기업자가 토지를 수용함에 있어 상속인 또는 피상속인을 피수용자로 하여 재결하고 보상금을 공탁하였으나 등기부상 피상속인이 소유명의인으로 되어 있는 경우에는 <u>대위에 의한</u> <u>상속등기를 먼저 한 후 토지수용으로 인한 소유권이전등기를 신청하여야 하며,</u> 이 경우에는 상속인들이 직접 신청하는 경우와 동일하게 등록세를 납부하고 국민주택채권을 매입하여야 한다(등기선례 제6-261호).

[**❺** ▸ ○] 토지등 수용의 재결의 실효를 원인으로 하는 토지등 수용으로 인한 소유권이전등기의 말소의 신청은 등기의무자와 등기권리자가 공동으로 신청하여야 하며, 이에 의하여 토지등 수용으로 인한 소유권이전등기를 말소한 때에는 등기관은 토지등 수용으로 말소한 등기를 직권으로 회복하여야 한다(등기예규 제1782호 3. 마.).

답 ❹

13
☐☐☐

공유지분의 포기 또는 소유권포기에 따른 등기에 관한 다음 설명 중 가장 옳지 않은 것은?(다툼이 있는 경우 판례·예규 및 선례에 따르고 전원합의체 판결의 경우 다수의견에 의함. 이하 같음)

2025년 법무사시험 [문 1]

① 공유지분의 포기로 인한 지분의 귀속은 원시취득이고 법률의 규정에 의한 물권의 취득이므로 등기를 요하지 않으나, 이를 처분하려면 등기를 해야 한다.
② 공유자 중 1인의 지분포기로 인한 등기는 포기한 자를 등기의무자로 다른 공유자를 등기권리자로 하여 공동신청에 의한 공유지분이전등기로 실행한다.
③ 공유지분의 포기로 인한 등기신청 시 등기원인은 '지분포기'로, 그 연월일은 '공유지분의 포기의 의사표시를 한 날'을 신청정보의 내용으로 제공하여야 한다.
④ 공유지분의 포기로 인한 등기신청 시 해당 부동산이 농지인 경우에는 농지취득자격증명을 첨부정보로 제공할 필요는 없으나, 토지거래허가구역 내인 경우에는 토지거래허가서를 첨부정보로 제공하여야 한다.
⑤ 건물 또는 토지의 소유권을 포기한 경우 그 소유권을 포기한 자는 단독으로 그에 따른 등기를 신청할 수 없으며, 민법 제252조 제2항에 의하여 그 소유권을 취득하는 국가와 공동으로 소유권 포기를 원인으로 한 소유권이전등기를 신청하여야 한다.

[❶ ▸ ✕] 민법 제267조는 "공유자가 그 지분을 포기하거나 상속인 없이 사망한 때에는 그 지분은 다른 공유자에게 각 지분의 비율로 귀속한다."라고 규정하고 있다. 여기서 공유지분의 포기는 법률행위로서 상대방 있는 단독행위에 해당하므로, 부동산 공유자의 공유지분 포기의 의사표시가 다른 공유자에게 도달하더라도 이로써 곧바로 공유지분 포기에 따른 물권변동의 효력이 발생하는 것은 아니고, 다른 공유자는 자신에게 귀속될 공유지분에 관하여 소유권이전등기청구권을 취득하며, 이후 민법 제186조에 의하여 등기를 하여야 공유지분 포기에 따른 물권변동의 효력이 발생한다. 그리고 부동산 공유자의 공유지분 포기에 따른 등기는 해당 지분에 관하여 다른 공유자 앞으로 소유권이전등기를 하는 형태가 되어야 한다(대판 2016.10.27. 2015다52978).

[❷ ▸ ○] 공유지분의 포기는 민법 제267조의 법률규정에 의한 물권변동이나 부동산등기법에 단독신청 규정이 없으므로 공동신청에 의할 수밖에 없다. 따라서 공유자 중 1인의 지분포기로 인한 등기는 포기하는 공유자를 등기의무자로 다른 공유자를 등기권리자로 하여 공동신청에 의한 공유지분이전등기의 방식에 의하는 것이 타당하다. 부등 실무 2

[❸ ▸ ○] (공유지분의 포기로 인한 등기신청 시) "지분포기"를 등기원인으로 하고, 그 일자는 그 자가 공유지분의 포기의 의사표시를 한 날을 기재하여야 한다. 또한 일반적인 공유지분이전등기와 같이 등기필정보를 제공하여야 한다. 부등 실무 2

[❹ ▸ ✕] (공유지분의 포기로 인한 등기신청 시) 일반적 공유지분이전등기와 같이 등기의무자의 인감증명, 등기의무자 및 등기권리자의 주소증명서면 등을 제공하여야 한다. 특히 농지의 경우 지분포기를 통한 편법취득을 방지하기 위해 농지취득자격증명을 첨부해야 하나(등기선례 제4-715호), 토지거래계약허가서는 첨부할 필요는 없다고 본다(등기선례 제3-167호). 부등 실무 2

[❺ ▸ ○] 건물 또는 토지의 소유권을 포기한 경우 그 소유권을 포기한 자는 단독으로 그에 따른 등기를 신청할 수 없으며, 민법 제252조 제2항에 의하여 그 소유권을 취득하는 국가와 공동으로 소유권 포기를 원인으로 한 소유권이전등기를 신청하여야 한다. 다만 위 등기를 신청하는 경우에 등기상 이해관계가 있는 제3자가 있는 때에는 신청서에 그자의 승낙서 또는 이에 대항할 수 있는 재판의 등본을 첨부하여야 한다(등기예규 제816호).

답 ❶, ❹

시효취득으로 인한 소유권이전등기에 관한 다음 설명 중 가장 옳지 않은 것은?

2024년 법무사시험 [문 5]

① 시효취득은 법률에 의한 물권변동이나 민법 제187조의 예외로서 등기하여야 소유권을 취득하며, 현재 등기기록상 소유자를 등기의무자로 하고 시효취득한 자를 등기권리자로 하여 공동신청하여야 한다.

② 당사자 간에 작성된 시효취득 확인서를 등기원인을 증명하는 정보로 제공하여 등기를 신청하는 경우에는 신청정보의 내용 중 등기원인은 "시효취득"으로, 그 연월일은 "점유개시일"로 하여 제공하여야 한다.

③ 시효취득한 부동산이 농지법상 농지에 해당하는 경우에는 농지취득자격증명을 첨부정보로 제공할 필요는 없다.

④ 대장상 소유자미복구인 미등기토지에 대하여 국가를 상대로 한 소송에서 시효취득을 원인으로 한 소유권이전등기절차 이행의 판결을 얻은 경우에는 그 판결이유에서 원고의 소유임이 설시되어 있어도 원고는 위 판결에 의하여 국가를 대위하여 소유권보존등기를 한 다음 자기 명의로 이전등기를 하여야 하고, 직접 자기명의로 소유권보존등기를 신청할 수는 없다.

⑤ 취득시효 완성 후 이를 원인으로 한 소유권이전등기가 마쳐지기 전에 종전 소유자에 의하여 저당권 및 지상권설정등기가 마쳐진 경우, 이러한 저당권 등의 등기는 일반의 말소등기절차에 따라 저당권 등의 등기명의인을 등기의무자로, 시효취득으로 인한 소유권의 등기명의인을 등기권리자로 하는 공동신청에 의하거나, 등기의무자를 상대로 말소등기절차 이행을 명하는 판결을 얻은 등기권리자의 단독신청에 의하여서만 말소될 수 있다.

....

[❶ ▸ ○] 타인 소유의 부동산을 20년간 소유의사를 가지고 평온, 공연하게 점유한 자는 등기함으로써 그 소유권을 취득하게 되는데(민법 제245조 제1항), 이를 부동산의 시효취득이라고 한다. 이러한 시효취득은 법률에 의한 물권변동이나 민법 제187조의 예외로서 등기하여야 소유권을 취득한다(민법 제245조 제1항). 현재 등기기록상 소유자를 등기의무자로 하고, 시효취득한 자를 등기권리자로 하여 공동신청하여야 한다. 부동실무2

[❷ ▸ ○] 등기권리자와 등기의무자가 시효취득을 증명하는 정보(당사자 간에 작성된 시효취득 확인서)를 등기원인을 증명하는 정보로서 제공하여 공동으로 소유권이전등기를 신청하는 경우에는 신청정보의 내용 중 등기원인은 '시효취득'으로, 그 연월일은 '시효기간의 기산일', 즉 '점유개시일'로 하여 이를 제공하여야 한다(부동산등기선례 제201807-6호).

[❸ ▸ ○] 등기예규 제1635호 3. 나.

> □ **등기예규 제1635호[농지의 소유권이전등기에 관한 사무처리지침]**
> 3. 농지취득자격증명을 첨부할 필요가 없는 경우
>   아래의 경우에는 농지취득자격증명을 첨부하지 아니하고 소유권이전등기를 신청할 수 있다.
>   가. 국가나 지방자치단체가 농지를 취득하여 소유권이전등기를 신청하는 경우
>   나. 상속 및 포괄유증, 상속인에 대한 특정적 유증, 취득시효완성, 공유물분할, 매각, 진정한 등기명의 회복, 농업법인의 합병을 원인으로 하여 소유권이전등기를 신청하는 경우
>   다. 「공익사업을 위한 토지 등의 취득 및 보상에 관한 법률」에 의한 수용 및 협의취득을 원인으로 하여 소유권이전등기를 신청하는 경우 및 「징발재산정리에 관한 특별조치법」 제20조, 「공익사업을 위한 토지 등의 취득 및 보상에 관한 법률」 제91조의 규정에 의한 환매권자가 환매권에 기하여 농지를 취득하여 소유권이전등기를 신청하는 경우

[**❹ ▸ ✕**] 대장상 소유자미복구인 미등기토지에 대하여 국가를 상대로 한 소송에서 시효취득을 원인으로 한 소유권이전등기절차 이행의 판결이 확정된 경우 원고는 위 판결에 의하여 국가를 대위할 필요 없이 직접 자기명의로 소유권보존등기를 신청할 수 있다(등기선례 제4-220호).

[**❺ ▸ O**] 취득시효완성 후 이를 원인으로 한 소유권이전등기가 경료되기 전에 종전 소유자에 의하여 저당권 및 지상권설정등기가 경료된 경우, 이러한 저당권 등의 등기는 일반의 말소등기절차에 따라 저당권 등의 등기 명의인을 등기의무자, 시효취득에 인한 소유권의 등기명의인을 등기권리자로 하는 공동신청에 의하거나, 등기의무자를 상대로 말소등기절차 이행을 명하는 판결을 얻은 등기권리자의 단독신청에 의하여서만 말소될 수 있다(등기선례 제2-435호).

답 ❹

---

15 □□□

소유권에 관한 등기에 관한 다음 설명 중 가장 옳지 않은 것은?　2024년 법무사시험 [문 12]

① 1필지의 토지의 특정된 일부에 대하여 소유권이전등기의 말소등기절차의 이행을 명하는 판결을 받은 자는 그 판결에 따로 토지의 분할을 명하는 주문기재가 없더라도 그 판결에 기하여 그 특정된 일부에 대한 분필등기절차를 마친 후 소유권이전등기를 말소할 수 있다.

② A 부동산에 대하여 피상속인 甲의 생전에 증여를 원인으로 소유권이전등기를 마친 甲의 공동상속인 중 1인인 乙이 甲 사망 이후에 다른 공동상속인 丙과 "유류분반환"을 원인으로 A 부동산 전부에 대하여 乙에서 丙 앞으로의 소유권이전등기를 신청한 경우, 유류분액의 초과 여부를 확인할 수 있는 정보를 반드시 제공하여야 하는 것은 아니다.

③ 공유자 중 1인이 단독으로 공유자 전원을 위하여 그 전원 명의로 소유권보존등기는 신청할 수 있으나, 그중 1인 또는 수인이 각자의 지분만에 관한 소유권보존등기는 신청할 수 없다.

④ 부동산의 소유권을 포기한 경우 그 소유권을 포기한 자는 그에 따른 등기를 단독으로 신청할 수 있으며, 등기상 이해관계 있는 제3자가 있는 때에도 그자의 승낙이 있음을 증명하는 정보를 제공할 필요는 없다.

⑤ 피상속인의 사망으로 그 소유 부동산에 관하여 법정상속등기가 마쳐진 후 공동상속인 중 1인이 사망하였다면 그 상속등기에 대해서는 상속재산협의분할에 의한 소유권경정등기는 할 수 없다.

....

[**❶ ▸ O**] 1필지의 토지의 특정된 일부에 대하여 소유권이전등기의 말소를 명하는 판결을 받은 등기권리자는 그 판결에 따로 토지의 분할을 명하는 주문기재가 없더라도 그 판결에 기하여 등기의무자를 대위하여 그 특정된 일부에 대한 분필등기절차를 마친 후 소유권이전등기를 말소할 수 있으므로 토지의 분할을 명함이 없이 1필지의 토지의 일부에 관하여 소유권이전등기의 말소를 명한 판결을 집행불능의 판결이라 할 수 없다(대판 1987.10.13. 87다카1093).

[**❷ ▸ O**] 피상속인 갑 소유명의의 A 부동산에 대하여 갑 생전에 증여를 원인으로 소유권이전등기를 마친 갑의 공동상속 중 1인인 을이 갑 사망 이후에 다른 공동상속인 병과 "유류분반환"을 원인으로 A 부동산 전부에 대하여 을에서 병 앞으로의 소유권이전등기를 신청한 경우, 형식적 심사권밖에 없는 등기관으로서는 유류분액의 초과 여부를 확인할 수 있는 것은 아니므로 위 등기신청을 수리할 수밖에 없다. 다만, 이 경우 등기권리자인 병이 갑의 상속인임을 소명하는 정보를 첨부정보로서 제공하여야 한다(부동산등기선례 제201812-3호).

[❸ ▸ ○] 소유권보존등기는 이른바 보존행위(민법 제265조 단서)에 해당되므로 공유자 중 1인이 단독으로 공유자 전원을 위하여 그 전원 명의로의 소유권보존등기는 신청할 수 있으나(등기선례 제4-288호, 등기선례 제4-297호), 미등기 부동산의 소유자가 수인으로서 공유관계에 있는 경우 그중 1인 또는 수인이 각자의 지분에 대하여 소유권보존등기를 신청할 수는 없다(등기선례 제3-344호). 부동 실무 2

[❹ ▸ ×] 건물 또는 토지의 소유권을 포기한 경우 그 소유권을 포기한 자는 단독으로 그에 따른 등기를 신청할 수 없으며, 민법 제252조 제2항에 의하여 그 소유권을 취득하는 국가와 공동으로 소유권 포기를 원인으로 한 소유권이전등기를 신청하여야 한다. 다만 위 등기를 신청하는 경우에 등기상 이해관계가 있는 제3자가 있는 때에는 신청서에 그자의 승낙서 또는 이에 대항할 수 있는 재판의 등본을 첨부하여야 한다(등기예규 제816호 1.).

[❺ ▸ ○] 피상속인의 사망으로 그 소유 부동산에 관하여 재산상속(법정 상속분) 등기가 경료된 후, 공동상속인(갑, 을, 병) 중 어느 1인(갑)이 사망하였다면 그 공동상속등기에 대해서는 상속재산분할협의서에 의한 소유권경정등기를 할 수 없는바, 이는 위 을, 병과 갑의 상속인 사이에 상속재산 협의분할을 원인으로 한 지분이전등기절차의 이행을 명하는 조정에 갈음하는 결정이 확정된 경우에도 마찬가지이다(등기선례 제8-197호).

답 ❹

─────────────────────────────────

제7항 ▸ **소유권 또는 부동산의 일부이전등기**

16

공유물분할을 원인으로 하는 소유권이전등기에 관한 다음 설명 중 가장 옳지 않은 것은?

2025년 법무사시험 [문 2]

① 甲, 乙, 丙, 丁이 공유하고 있던 X 토지가 X, Y, Z 토지로 분할된 후 X 토지는 甲의 소유, Y 토지는 乙의 소유, Z 토지는 丙과 丁의 공유로 하는 내용의 공유물분할계약을 맺었다면 그 계약서를 첨부정보로 제공하여 공유물분할을 원인으로 하는 등기를 신청할 수 있다.

② 협의에 의한 공유물분할은 언제나 공유자 전원이 분할절차에 참여하여 합의하여야 하지만 반드시 원래의 지분비율에 따라서 분할하여야 하는 것은 아니므로 당초의 자기지분비율을 초과하여 이루어진 공유물 분할을 원인으로 한 이전등기의 신청도 가능하다.

③ 甲이 乙을 상대로 공유물분할의 확정판결을 받은 후 그 등기를 하기 전에 乙 지분에 대하여 丙 명의의 가압류등기가 마쳐진 경우, 甲은 丙에 대한 승계집행문을 부여받은 후 위 가압류등기의 말소와 판결에 따른 지분이전등기를 단독으로 신청할 수 있으며, 위 각 등기는 동시에 신청하여야 한다.

④ 수인이 공유하던 토지에 대한 공유물분할등기를 하기 위하여는 먼저 토지의 분할절차를 밟은 후 그 토지대장에 의하여 분필등기를 하여야 하고, 이때 공유물분할을 원인으로 한 소유권이전등기는 동시에 하지 않고 각 분필등기된 부동산별로 각각 독립하여 신청할 수 있다.

⑤ 甲, 乙, 丙, 丁이 공유하는 토지에 대하여 乙, 丙, 丁이 甲을 상대로 "피고는 원고들에게 위 토지의 특정부분에 대하여 각 지분에 관하여 공유물분할약정을 원인으로 한 이전등기절차를 이행하라"는 확정판결을 받은 경우, 乙, 丙, 丁은 분필등기를 마친 이후 위 판결문을 첨부하여 단독으로 지분이전등기를 신청할 수 있고, 甲도 위 판결문을 첨부하여 단독으로 위 토지의 나머지 부분에 대한 지분이전등기를 신청할 수 있다.

· ·

[❶ ▶ ○] 공유물분할협의는 공유자 전원이 참여하여 합의하는 이상 반드시 원래의 지분비율에 따라서 분할해야 하는 것은 아니고 공유자의 지분비율에 구애됨이 없이 공유물분할을 하고 이에 따른 등기신청을 할 수 있다(등기선례 제2-344호). 따라서 갑과 을이 공유하는 2필의 부동산을 갑과 을이 1필씩 각각 단독으로 소유하기로 하는 공유물분할뿐만 아니라(등기예규 제461호) 일부 토지는 일부 공유자의 단독소유로 나머지는 공유로 할 수도 있다(등기예규 제346호). 예컨대 갑·을·병·정이 공유하고 있던 A토지가 A, B, C 토지로 분할된 후 A토지는 갑의 소유, B토지는 을의 소유, C토지는 병과 정의 공유로 하는 내용의 공유물분할계약을 맺었다면 그 계약서를 원인서면으로 첨부하여 공유물분할을 원인으로 하는 등기를 신청할 수 있다(등기선례 제5-392호, 제6-284호). 부등 실무 2 이와 관련하여 선례는, 갑·을·병·정이 공유하고 있던 ○○번지 토지가 ○○-1번지, ○○-2번지, ○○-3번지 토지로 분할된 후, 갑·을·병·정이 ○○-1번지 토지는 갑의 소유, ○○-2번지 토지는 을의 소유, ○○-3번지 토지는 병과 정의 공유로 하는 내용의 공유물분할계약을 맺었다면, 그 계약서를 원인서면으로 첨부하여 공유물분할을 원인으로 하는 등기를 경료받을 수 있다고 한다(등기선례 제5-392호).

[❷ ▶ ○] 협의에 의한 공유물분할은 언제나 공유자 전원이 분할절차에 참여하여 합의하여야 하지만, 반드시 원래의 지분비율에 따라서 분할하여야 하는 것은 아니므로, 당초의 자기지분비율을 초과하여 이루어진 공유물 분할을 원인으로 한 이전등기의 신청도 가능하다(등기선례 제2-344호).

[**❸ ▸ ○**] 공유물분할판결의 변론종결 후 그 판결에 따른 등기신청 전에 일부 공유자의 지분을 기초로 한 제3자 명의의 새로운 등기(공유지분이전등기 제외)가 경료된 경우 다른 공유자는 자신이 취득한 분할부분에 관하여 위 제3자에 대한 승계집행문을 부여받은 후 제3자 명의의 등기의 말소등기와 판결에 따른 지분이전등기를 단독으로 신청할 수 있으며, 위 각등기는 동시에 신청하여야 한다. 예컨대, 甲이 乙을 상대로 공유물분할의 확정판결을 받은 후 그 등기를 하기 전에 乙 지분에 대하여 丙 명의의 가압류등기가 경료된 경우, 甲은 丙에 대한 승계집행문을 부여받은 후 위 가압류등기의 말소와 판결에 따른 지분이전등기를 단독으로 신청할 수 있으며, 위 각 등기는 동시에 신청하여야 한다. 부등 실무 2

[**❹ ▸ ○**] 1필의 공유지를 공유물분할등기하기 위하여는 먼저 토지의 분할절차를 밟은 후 그 토지대장에 의하여 분필등기를 하여야 하고, 공유물분할을 원인으로 소유권이전등기는 동시에 하지 않고도 각 분필등기된 부동산별로 각각 독립하여 공동(등기권리자와 등기의무자)신청할 수 있다(등기예규 제514호).

[**❺ ▸ ✕**] 갑, 을, 병, 정이 공유하는 토지에 대하여 을, 병, 정이 갑을 상대로 "피고는 원고들에게 위 토지의 특정부분에 대하여 각 ○○지분에 관하여 ○○년 ○○월 ○○일 공유물분할약정을 원인으로 한 이전등기절차를 이행하라"는 확정판결을 받은 경우, 을, 병, 정은 분필등기를 경료한 이후 위 판결문을 첨부하여 단독으로 지분이전등기를 신청할 수 있으나, 위 판결은 형성판결인 공유물분할판결이 아닌 이행판결에 해당하므로 갑은 위 판결문을 첨부하여 단독으로 위 토지의 나머지 부분에 대한 지분이전등기를 신청할 수 없고, 을, 병, 정을 상대로 별도의 지분이전을 명하는 확정판결을 받아 단독으로 지분이전등기를 신청할 수 있다(등기선례 제9-53호).

답 ❺

---

17 □□□

공유물분할을 원인으로 한 소유권이전등기에 관한 다음 설명 중 가장 옳지 않은 것은?

2024년 법무사시험 [문 9]

① 甲과 乙이 공유하고 있는 토지에 대하여 甲의 지분에 근저당권등기 등이 마쳐진 상태에서 그 토지를 2필지로 분할하여 이를 각각 甲과 乙의 단독소유로 하는 공유물분할등기가 마쳐진 경우, 乙이 단독으로 소유하게 된 토지의 등기기록에도 위 근저당권등기 등이 전사되어 그 효력이 인정되는 것이므로 그 근저당권등기 등을 말소하기 위하여는 통상의 말소절차에 의하여야 한다.

② 수인 공유의 1필지 부동산에 대한 공유물분할소송에서 변론종결 전에 일부공유자의 지분이 제3자에게 이전되었으나 당사자가 소송승계절차를 취하지 아니하여 판결이 종전의 공유자를 포함하여 선고된 경우에는 위 판결에 기하여는 공유물분할에 의한 소유권이전등기신청을 할 수 없다.

③ 1필의 공유지를 공유물분할등기하기 위하여는 먼저 토지의 분할절차를 밟은 후 그 토지대장에 의하여 분필등기를 하여야 하고, 공유물분할을 원인으로 한 소유권이전등기는 동시에 하지 않고 각 분필등기된 부동산별로 각각 독립하여 신청할 수 있다.

④ 공유물분할을 원인으로 소유권을 취득한 자가 등기의무자가 되어 그 부동산에 대하여 다시 소유권이전등기를 신청할 경우에 제공하는 등기필정보는 위 공유물분할등기에 관한 등기필정보뿐만 아니라, 종전 공유자로서 등기할 때에 통지받은 등기필정보도 함께 제공하여야 한다.

⑤ A, B, C 3필지의 부동산 중 A, B는 甲·乙·丙 3인의 공유로 되어 있고 C는 甲·乙·丙·丁의 4인의 공유로 되어 있는 경우, 4인의 합의에 의하여 A는 甲의 단독소유로, B는 丁의 단독소유로, C는 乙의 단독소유로 하기로 하는 소유권이전등기신청을 할 수 있다.

[**❶ ▸ O**] 갑과 을이 공유하고 있는 토지에 대하여 갑의 지분에 근저당권등기 등이 경료된 상태에서 그 토지를 2필지로 분할하여 이를 각각 갑과 을의 단독소유로 하는 조정이 성립되고 그에 따른 공유물분할등기가 경료된 경우, 을이 단독으로 소유하게 된 토지의 등기용지에도 위 근저당권등기 등이 전사되어 그 효력이 인정되는 것이므로 그 근저당권등기 등을 말소하기 위하여는 통상의 말소절차에 의하여야 한다(등기선례 제200411-12호).

[**❷ ▸ O**] 수인 공유의 1필지 부동산에 대한 공유물분할소송에서 변론종결 전에 일부공유자의 지분이 제3자에게 이전되었으나 당사자가 소송승계절차를 취하지 아니하여 판결이 종전의 공유자를 포함하여 선고된 경우, 위 판결에 기하여는 공유물분할에 의한 소유권이전등기신청을 할 수 없다(등기선례 제6-144호).

[**❸ ▸ O**] 1필의 공유지를 공유물분할등기하기 위하여는 먼저 토지의 분할절차를 밟은 후 그 토지대장에 의하여 분필등기를 하여야 하고, 공유물분할을 원인으로 소유권이전등기는 동시에 하지 않고도 각 분필등기된 부동산별로 각각 독립하여 공동(등기권리자와 등기의무자)신청할 수 있다(등기예규 제514호).

[**❹ ▸ O**] 공유물분할을 원인으로 소유권을 취득한 자가 등기의무자가 되어 분할된 부동산에 대해 등기신청을 할 때에는 위 공유물분할을 원인으로 한 지분이전등기를 마친 후 수령한 등기필정보뿐만 아니라 공유물분할 이전에 공유자로서 지분을 취득할 당시 수령한 등기필정보도 함께 제공하여야 한다 [등기예규 제1647호 2. 나. 4) 다)].

[**❺ ▸ X**] 3필지의 부동산 중 A, B필지는 갑, 을, 병 3인의 공유로 되어 있고 C필지는 갑, 을, 병, 정의 4인의 공유로 되어 있는 경우, 공유물분할은 각 공유자들이 공유관계를 종료시키려는 것이므로(민법 제268조, 제269조) A, B필지의 공유자가 아닌 정을 포함한 4인의 합의에 의하여 A필지는 갑의 단독소유로, B필지는 정의 단독소유로, C필지는 을의 단독소유로 하기로 하는 공유물분할을 등기원인으로 한 등기신청은 할 수 없다(등기선례 제6-285호).

답 ❺

제2항 합유에 관한 등기

18
□□□

합유등기에 관한 다음 설명 중 가장 옳지 않은 것은?　　　2025년 법무사시험 [문 24]

① 합유자가 2인인 경우에 그중 1인이 사망한 때에는 해당 부동산은 잔존 합유자의 단독소유로 귀속되는 것이므로, 잔존 합유자는 사망한 합유자의 사망사실을 증명하는 정보를 제공하여 해당 부동산을 잔존 합유자의 단독소유로 하는 합유명의인 변경등기신청을 할 수 있고, 이 경우 잔존 합유자는 등기기록에 '소유자'로 기록된다.

② 수인이 전세권을 준합유하는 경우에는 다른 공동전세권자 전원의 동의를 얻지 아니하면 그의 지분을 제3자에게 처분할 수 없다.

③ 농지를 합유로 취득하고자 하는 자 모두가 관할 관청으로부터 농지취득자격증명서를 발급받았다면 해당 농지에 대하여 여러 명의 합유로 하는 소유권이전등기를 신청할 수 있다.

④ 합유자 중 일부가 나머지 합유자들 전원의 동의를 얻어 그의 합유지분을 다른 자에게 매도하거나 그 밖의 처분을 하여 종전의 합유자 중 일부가 교체되는 경우에는 합유지분을 처분한 합유자와 취득한 합유자의 공동신청으로 합유명의인 변경등기신청을 하여야 한다.

⑤ 공유자 전원의 지분 전부에 대하여 처분금지가처분등기가 마쳐진 경우 가처분권자의 승낙 없이 공유자 전부가 그 소유관계를 공유에서 합유로 하는 변경등기는 허용된다.

[**❶** ▶ O] 합유자가 2인인 경우에 그중 1인이 사망한 때에는 해당 부동산은 잔존 합유자의 단독소유로 귀속되는 것이므로, 잔존 합유자는 사망한 합유자의 사망사실을 증명하는 서면을 첨부하여 해당 부동산을 잔존 합유자의 단독소유로 하는 합유명의인 변경등기신청을 할 수 있다. 이 경우의 등기기록례는 별지 [기록례 3]주와 같다[등기예규 제911호 2. 라. (2)]. 잔존 합유자는 등기기록에 '소유자'로 기록된다.

[**❷** ▶ O] 수인이 전세권을 준공동소유하는 경우, 그들 사이의 법률관계의 성질이 준공유인 경우에는 공동전세권자 중 1인이 다른 공동전세권자 동의를 얻지 아니하고도 그의 지분을 제3자에게 양도할 수 있지만, 그들 사이의 법률관계의 성질이 준합유인 경우(예컨대, 민법상의 조합관계인 경우)에는 다른 공동전세권자 전원의 동의를 얻지 아니하면 그의 지분을 제3자에게 처분할 수 없다(등기선례 제6-313호).

[**❸** ▶ O] 합유는 여러 명이 조합체를 이루어 물건을 소유하는 공동소유의 한 형태인바, 조합체는 그 자체로 법인격이 없어 권리자가 될 수 없고 각 합유자가 권리자가 되는 것이므로, 농지를 합유로 취득하고자 하는 자 모두가 관할 관청으로부터 농지취득자격증명서를 발급받았다면 해당 농지에 대하여 여러 명의 합유로 하는 소유권이전등기를 신청할 수 있다(부동산등기선례 제201805-2호).

[**❹** ▶ ×] 합유자 중 일부가 나머지 합유자들 전원의 동의를 얻어 그의 합유지분을 타에 매도 기타 처분하여 종전의 합유자 중 일부가 교체되는 경우에는 <u>합유지분을 처분한 합유자와 합유지분을 취득한 합유자 및 잔존 합유자의 공동신청으로</u> 「O년 O월 O일 합유자 변경」을 원인으로 한 잔존 합유자 및 합유지분을 취득한 합유자의 합유로 하는 합유명의인 변경등기신청을 하여야 하고, 이 경우 합유지분을 처분한 합유자의 인감증명을 첨부하여야 한다(등기예규 제911호 2. 가.).

[**❺** ▶ O] 공유자 전부가 그 소유관계를 합유로 변경하는 경우에는 공유자들의 공동신청으로 「O년 O월 O일 변경계약」을 원인으로 한 합유로의 변경등기를 신청할 수 있는바, 공유자 전원의 지분 전부에 대하여 처분금지가처분등기가 경료된 경우에도 마찬가지이다(등기선례 제7-244호).

답 ❹

19
☐☐☐

공동소유에 관한 등기의 다음 설명 중 가장 옳지 않은 것은? 2021년 법무사시험 [문 27]

① 합유자 중 일부가 탈퇴하고 잔존 합유자가 1인만 남은 경우에는 탈퇴한 합유자와 잔존 합유자의 공동신청으로 잔존 합유자의 단독소유로 하는 합유명의인변경등기신청을 하여야 하고, 이 경우 탈퇴한 합유자의 인감증명을 첨부하여야 한다.

② 협의에 의한 공유물 분할은 언제나 공유자 전원이 분할절차에 참여하여 합의하여야 하지만, 반드시 원래의 지분비율에 따라서 분할하여야 하는 것은 아니므로, 당초의 자기지분비율을 초과하여 이루어진 공유물 분할을 원인으로 한 이전등기의 신청도 가능하다.

③ 권리능력 없는 사단의 소유명의로 된 부동산을 그 구성원들의 합유로 등기하기 위하여는 권리변경등기를 할 수 있으며, 권리능력 없는 사단으로부터 그 구성원 전원의 합유로의 소유권이전등기를 신청할 필요 없다.

④ 공유토지 중 어느 공유지의 지분 일부에 대하여 가등기가 마쳐진 후 그 공유자가 나머지 지분에 대하여 소유권이전등기를 신청하는 경우에는 그 지분이 가등기가 된 지분인지 아닌지를 특정하여 신청하여야 한다.

⑤ 단독소유를 수인의 합유로 이전하는 경우, 단독소유자와 합유자들의 공동신청으로 소유권이전등기신청을 하여야 한다.

[**❶** ▸ O] 합유자 중 일부가 탈퇴하고 잔존 합유자가 1인만 남은 경우에는 탈퇴한 합유자와 잔존 합유자의 공동신청으로 O년 O월 O일 합유자 OOO 탈퇴를 원인으로 한 잔존 합유자의 단독소유로 하는 합유명의인변경등기신청을 하여야 하고, 이 경우 탈퇴한 합유자의 인감증명을 첨부하여야 한다. 이 경우의 등기기록례는 별지 [기록례 3]주)과 같다[등기예규 제911호 2. 나. (2)].

[**❷** ▸ O] 협의에 의한 공유물 분할은 언제나 공유자 전원이 분할절차에 참여하여 합의하여야 하지만, 반드시 원래의 지분비율에 따라서 분할하여야 하는 것은 아니므로, 당초의 자기지분비율을 초과하여 이루어진 공유물 분할을 원인으로 한 이전등기의 신청도 가능하다(등기선례 제2-344호).

[**❸** ▸ ×] 권리능력 없는 사단의 소유명의로 된 부동산을 그 구성원들의 합유로 등기하기 위하여는 부동산등기법 제63조의 규정에 의한 권리변경등기를 할 수는 없고, 권리능력 없는 사단으로부터 그 구성원 전원의 합유로의 소유권이전등기를 신청하여야 한다(등기선례 제4-539호).

[**❹** ▸ O] 공유토지 중 어느 공유자의 지분 일부에 대하여 가등기 또는 처분제한의 등기 등이 마쳐진 후 그 공유자가 나머지 지분의 전부 또는 일부에 대하여 소유권이전등기를 신청하는 경우에는 그 지분이 가등기 등이 된 지분인지 아닌지를 특정하여 신청하여야 한다(등기선례 제201208-1호).

[**❺** ▸ O] 단독소유를 수인의 합유로 이전하는 경우, 단독소유자와 합유자들의 공동신청으로 소유권이전등기신청을 하여야 한다(등기예규 제911호 4.).

답 ❸

 **환매 및 특약사항의 등기**

제1항 **환매특약에 관한 등기**

20
☐☐☐   환매에 관한 등기에 대한 다음 설명 중 가장 옳지 않은 것은?   2025년 법무사시험 [문 13]

① 환매특약의 등기를 신청할 때에 환매기간은 그 약정이 없는 경우에는 이를 신청정보의 내용으로 제공할 필요가 없다.

② 환매특약의 등기는 매수인의 권리취득의 등기에 부기등기의 형식으로 기록하여야 하며, 환매특약부매매를 원인으로 한 소유권이전등기와 동일한 접수번호를 부여한다.

③ 환매기간의 연장을 목적으로 하는 환매권 변경등기신청도 당사자 간의 약정이 있는 경우에는 가능하다.

④ 환매특약등기에 부동산처분금지의 효력은 인정되지 않으므로 환매특약등기가 마쳐진 후에도 소유자는 제3자에게 부동산을 전매하고 그에 따른 소유권이전등기를 신청할 수 있다.

⑤ 한 필지 전부를 매매의 목적물로 하여 매매계약을 체결함과 동시에 그 목적물 소유권의 일부 지분에 대한 환매권을 보류하는 약정은 민법상 환매특약에 해당하지 않으므로 이러한 환매특약등기신청은 할 수 없다.

[❶ ▸ ○] 환매기간은 임의적 기재사항이므로, 그 약정이 없는 때에는 이를 신청정보의 내용으로 제공할 필요가 없다(부동산등기법 제53조 제3호 참조).

부동산등기법 제53조(환매특약의 등기)
등기관이 환매특약의 등기를 할 때에는 다음 각 호의 사항을 기록하여야 한다. 다만, 제3호는 등기원인에 그 사항이 정하여져 있는 경우에만 기록한다.
  1. 매수인이 지급한 대금
  2. 매매비용
  3. 환매기간

[❷ ▸ ○] 환매특약등기는 환매특약부매매를 원인으로 한 소유권이전등기신청과 동시에 신청하여야 하므로 동일한 접수번호를 부여하며, 매수인의 권리취득의 등기에 부기등기의 형식으로 기록하여야 한다(부동산등기법 제52조 제6호 참조). 부등 실무 2

[❸ ▸ ×] 환매기간은 5년을 넘지 못하며 만약 이 기간을 넘는 약정이 있더라도 5년으로 단축된다. 또한 당사자가 환매기간을 정하지 아니한 때에는 그 기간은 5년으로 하고 환매기간을 정한 경우에도 이를 연장하지 못한다(민법 제591조 참조). 부등 실무 2 따라서, 당사자 간의 약정이 있는 경우에도 환매기간의 연장을 목적으로 하는 환매권 변경등기신청이 있게 되면 등기관은 이를 각하한다.

[❹ ▸ ○] 산림청 소관 국유재산을 그 연고자에게 매각 또는 교환하고 그에 따른 소유권이전등기를 경료하면서 아울러 환매특약의 등기를 경료한 경우, 그 연고자로부터 그 부동산을 전득한 제3자는 환매권자의 환매권 행사에 대항할 수 없으나, 환매특약의 등기에 부동산처분금지의 효력이 인정되어 있는 것은 아니므로, 환매특약의 등기가 경료된 이후에도 소유자는 제3자에게 동 부동산을 전매하고 그에 따른 소유권이전등기를 신청할 수 있다(등기선례 제5-396호).

[❺ ▸ ○] 한 필지 전부를 매매의 목적물로 하여 매매계약을 체결함과 동시에 그 목적물 소유권의 일부 지분에 대한 환매권을 보류하는 약정은 민법상 환매특약에 해당하지 않으므로 이러한 환매특약등기 신청은 할 수 없다(등기선례 제201111-3호).

답 ❸

21

환매특약등기에 관한 다음 설명 중 가장 옳지 않은 것은?

① 매매계약 시 환매권 유보의 특약이 있을 경우 소유권이전등기신청과 동시에 신청하되 소유권 이전 등기와는 별개의 신청서로 작성하여야 한다.

② 환매특약등기신청은 매도인이 등기권리자, 매수인이 등기의무자로 하여 공동신청하여야 하며, 제3자를 환매권리자로 하는 환매특약등기신청은 할 수 없다.

③ 환매권 행사로 인한 소유권이전등기는 환매권부매매의 매도인이 등기권리자, 환매권부매매의 매 수인이 등기의무자가 되어 공동으로 신청한다. 다만 환매권부매매의 매도인으로부터 환매권을 양수받은 자가 있는 경우에는 그 양수인이 등기권리자가 되고, 환매권부매매의 목적 부동산이 환매특약의 등기 후 양도된 경우에는 현재 등기기록상 소유명의인이 등기의무자가 된다.

④ 환매권행사로 인한 소유권이전등기 시 환매권에 가압류, 가처분, 가등기 등의 부기등기가 경료되어 있고 이 등기들이 말소되지 않아 환매특약의 등기를 말소할 수 없는 경우에는 환매권행사로 인한 소유권이전등기를 할 수 없다.

⑤ 환매권행사로 인한 소유권이전등기를 할 때 등기관은 환매권특약등기와 환매권특약의 등기 이후 환매권 행사 전에 경료된 제3자 명의의 소유권 이외의 권리에 관하여 "환매권 행사로 인한 실효"를 원인으로 직권말소한다.

[**❶** ▸ ○] 환매특약등기는 매매로 인한 소유권이전등기와 동시에 신청하여야 하나, 등기신청서는 소유 권이전등기신청서와는 별개의 신청서로 작성하여야 한다. [부등실무2]

[**❷** ▸ ○] 환매특약등기는 매매로 인한 소유권이전등기신청의 경우와는 반대로 매도인이 등기권리자, 매수인이 등기의무자로 하여 공동신청하여야 하고, 환매권리자는 매도인에 한정되므로 제3자를 환매권 리자로 하는 환매특약등기는 할 수 없다(등기선례 제3-566호, 제5-402호). [부등실무2]

[**❸** ▸ ○] 등기예규 제1359호 1. 가.

> □ **등기예규 제1359호[환매권행사에 따른 등기사무처리지침]**
> 1. 환매권부매매에 의한 환매특약의 등기가 있는 경우 그 환매권의 행사로 인한 소유권이전등기
>   가. 환매권부매매의 매도인이 등기권리자, 환매권부매매의 매수인이 등기의무자가 되어 환매권 행사로 인한 소유권이전등기를 공동으로 신청한다. 다만 환매권부매매의 매도인으로부터 환매권을 양수받 은 자가 있는 경우에는 그 양수인이 등기권리자가 되고, 환매권부매매의 목적 부동산이 환매특약의 등기 후 양도된 경우에는 그 전득자(현재 등기기록상 소유명의인)가 등기의무자가 된다.

[**❹** ▸ ○] 등기관은 위 제1항의 규정에 의하여 환매권의 행사로 인한 소유권이전등기를 할 때에는 직권으로 환매특약의 등기를 말소하여야 한다. 다만 환매권에 가압류, 가처분, 가등기 등의 부기등기가 경료되어 있는 경우에는 그 등기명의인의 승낙서 또는 이에 대항할 수 있는 재판서의 등본이 첨부되어 있지 아니하면 환매특약의 등기를 말소할 수 없다(등기예규 제1359호 2.).

[**❺** ▸ ✕] 환매특약의 등기 이후 환매권 행사 전에 경료된 제3자 명의의 소유권 이외의 권리에 관한 등기의 말소등기는 일반원칙에 따라 <u>공동신청에 의하고</u>, 그 말소등기의 원인은 "환매권행사로 인한 실효"로 기록한다(등기예규 제1359호 3.).

답 ❺

⬡ **제2항** 권리소멸약정등기

⬡ **제3항** 주택법 및 임대주택법상의 금지사항의 등기

제5절 신탁에 관한 등기

22
☐☐☐

신탁원부 기록의 변경등기에 관한 다음 설명 중 가장 옳지 않은 것은?

2024년 법무사시험 [문 24]

① 수익자 또는 신탁관리인이 변경된 경우나 위탁자, 수익자 및 신탁관리인의 성명, 주소가 변경된 경우에는 수탁자는 지체 없이 신탁원부 기록의 변경등기를 신청하여야 한다.
② 위탁자 지위의 이전이 신탁행위로 그 방법이 정하여지지 아니한 경우에는 수탁자와 수익자의 동의가 있음을 증명하는 정보를 첨부정보로서 제공하여야 하며, 이 경우 위탁자가 여러 명일 때에는 다른 위탁자의 동의를 증명하는 정보도 함께 제공하여야 한다.
③ 법원이 수탁자를 해임하는 재판을 한 경우 또는 신탁관리인을 선임하거나 해임하는 재판을 한 경우에는 등기관은 법원의 촉탁에 의하여 신탁원부 기록을 변경하여야 한다.
④ 수탁자의 경질로 인한 권리이전등기 또는 여러 명의 수탁자 중 1인의 임무종료로 인한 합유명의인 변경등기를 한 경우에는 등기관은 직권으로 신탁원부 기록을 변경하여야 한다.
⑤ 신탁원부상 신탁조항에 수익자변경권이 위탁자 및 수탁자에게 유보되어 있다는 취지가 기재되어 있더라도 수탁자가 수익자의 변경으로 신탁원부 기록의 변경등기를 신청하는 경우 수익자변경을 증명하는 정보 이외에 종전 수익자의 승낙이 있음을 증명하는 정보를 제공하여야 한다.

....

[❶ ▸ ○] 수익자 또는 신탁관리인이 변경된 경우나 위탁자, 수익자 및 신탁관리인의 성명(명칭), 주소(사무소 소재지)가 변경된 경우에는 수탁자는 지체 없이 신탁원부 기록의 변경등기를 신청하여야 한다[등기예규 제1799호 4. 가. (1)].

[❷ ▸ ○] 위탁자 지위의 이전이 신탁행위로 정한 방법에 의한 경우에는 이를 증명하는 정보를 첨부정보로서 제공하여야 하고, 신탁행위로 그 방법이 정하여지지 아니한 경우에는 수탁자와 수익자의 동의가 있음을 증명하는 정보(인감증명 포함)를 첨부정보로서 제공하여야 한다. 이 경우 위탁자가 여러 명일 때에는 다른 위탁자의 동의를 증명하는 정보(인감증명 포함)도 함께 제공하여야 한다[등기예규 제1799호 4. 가. (3) (다)].

[❸ ▸ ○] 법원이 수탁자를 해임하는 재판을 한 경우, 신탁관리인을 선임하거나 해임하는 재판을 한 경우, 신탁 변경의 재판을 한 경우에는 등기관은 법원의 촉탁에 의하여 신탁원부 기록을 변경하여야 한다[등기예규 제1799호 4. 나. (1) (가)].

[❹ ▸ ○] 수탁자의 경질로 인한 권리이전등기 또는 여러 명의 수탁자 중 1인의 임무종료로 인한 합유명의인 변경등기를 한 경우에는 등기관은 직권으로 신탁원부 기록을 변경하여야 한다(등기예규 제1799호 4. 다.).

[**❺** ▸ ×] 신탁원부상 신탁조항에 수익자변경권이 위탁자 및 수탁자에게 유보되어 있다는 취지가 기재되어 있다면 수탁자가 수익자의 변경으로 신탁원부기재변경등기를 신청하는 경우 수익자변경을 증명하는 서면 이외에 <u>종전 수익자의 승낙서를 첨부할 필요는 없다</u>(등기선례 제7-401호).

답 ❺

| 신탁등기에 관한 다음 설명 중 가장 옳지 않은 것은? | 2022년 법무사시험 [문 27]

① 신탁가등기는 소유권이전청구권보전을 위한 가등기와 동일한 방식으로 신청하되, 신탁원부 작성을 위한 정보도 첨부정보로서 제공하여야 한다.

② 여러 명의 수탁자 중 1인이 신탁행위로 정한 임무종료사유, 사임, 자격상실의 사유로 임무가 종료된 경우에는 나머지 수탁자가 합유명의인 변경등기를 신청하는바, 나머지 수탁자가 1인이면 단독으로, 나머지 수탁자가 여러 명이면 그 전원이 공동으로 합유명의인 변경등기를 신청한다.

③ 위탁자가 여러 명이라 하더라도 수탁자와 신탁재산인 부동산 및 신탁목적이 동일한 경우에는 1건의 신청정보로 일괄하여 신탁등기를 신청할 수 있다.

④ 신탁원부상 신탁조항에 수익자변경권이 위탁자 및 수탁자에게 유보되어 있다는 취지가 기록되어 있다면 수탁자가 수익자의 변경으로 신탁원부 기록의 변경등기를 신청하는 경우, 수익자변경을 증명하는 정보 이외에 종전 수익자의 승낙을 증명하는 정보를 첨부할 필요는 없다.

⑤ 공익신탁법에 따른 공익신탁의 경우 수탁자가 변경된 경우에는 법무부장관의 인가를 증명하는 정보를 첨부정보로 제공하여야 한다.

....

[**❶** ▸ ○] 신탁가등기는 소유권이전청구권보전을 위한 가등기와 동일한 방식으로 신청하되, 신탁원부 작성을 위한 정보도 첨부정보로서 제공하여야 한다. 신탁가등기의 기록례는 별지 등기기록례 4와 같다(등기예규 제1799호 1. 마.).

[**❷** ▸ ×] 등기예규 제1799호 3. 나. (1) (가)

□ **등기예규 제1799호[신탁등기사무처리에 관한 예규]**

3. 수탁자의 변경

　나. 여러 명의 수탁자 중 1인의 임무종료로 인한 합유명의인 변경등기

　　(1) 신청인

　　　(가) 공동신청

　　　　여러 명의 수탁자 중 1인이 신탁행위로 정한 임무종료사유, 사임, 자격상실의 사유로 임무가 종료된 경우에는 <u>나머지 수탁자와 임무가 종료된 수탁자가 공동으로 합유명의인 변경등기를 신청한다</u>. 수탁자 중 1인인 신탁회사가 합병으로 인하여 소멸되고 신설 또는 존속하는 회사가 신탁회사인 경우에는 나머지 수탁자와 합병 후 신설 또는 존속하는 신탁회사가 공동으로 합유명의인 변경등기를 신청한다.

　　　(나) 단독신청

　　　　여러 명의 수탁자 중 1인이 사망, 금치산, 한정치산, 파산, 해산의 사유로 임무가 종료된 경우에는 나머지 수탁자가 단독으로 합유명의인 변경등기를 신청한다. 이 경우 나머지 수탁자가 여러 명이면 그 전원이 공동으로 신청하여야 한다.

[**❸** ▸ ○] 등기예규 제1799호 1. 라. (2)

> □ **등기예규 제1799호[신탁등기사무처리에 관한 예규]**
> 1. 신탁등기
>   라. 수탁자가 여러 명인 경우 등
>   (1) 수탁자가 여러 명인 경우에는 그 공동수탁자가 합유관계라는 뜻을 신청정보의 내용으로 제공하여야 한다.
>   (2) 위탁자가 여러 명이라 하더라도 수탁자와 신탁재산인 부동산 및 신탁목적이 동일한 경우에는 1건의 신청정보로 일괄하여 신탁등기를 신청할 수 있다.

[**❹** ▸ ○] 신탁원부상 신탁조항에 수익자변경권이 위탁자 및 수탁자에게 유보되어 있다는 취지가 기재되어 있다면 수탁자가 수익자의 변경으로 신탁원부기재변경등기를 신청하는 경우 수익자변경을 증명하는 서면 이외에 종전 수익자의 승낙서를 첨부할 필요는 없다(등기선례 제7-401호).

[**❺** ▸ ○] 공익신탁법에 따른 공익신탁의 경우 수탁자가 변경된 경우에는 법무부장관의 인가를 증명하는 정보를 첨부정보로 제공하여야 한다[등기예규 제1799호 3. 가. (3) ②].

답 ❷

제6절 **부동산등기실명제와 등기제도**

제7절 **구분건물에 관한 등기**

제1항 **규약상 공용부분에 관한 등기**

24

집합건물의 소유 및 관리에 관한 법률에 따른 규약상 공용부분이라는 뜻의 등기에 관한 다음 설명 중 가장 옳지 않은 것은? **2023년 법무사시험 [문 9]**

① 공용부분이라는 뜻의 등기는 규약에서 공용부분으로 정한 구분건물 또는 부속건물의 소유자가 신청하여야 하며, 미등기인 건물에 대하여는 소유권보존등기를 하지 않고 곧바로 공용부분이라는 뜻의 등기를 할 수 있다.

② 등기관이 공용부분이라는 뜻의 등기를 할 때에는 그 등기기록 중 표제부에 공용부분이라는 뜻을 기록하고 각 구의 소유권과 그 밖의 권리에 관한 등기를 말소하는 표시를 하여야 한다.

③ 공용부분이라는 뜻의 등기를 신청하는 경우 공용부분인 건물에 소유권 외의 권리에 관한 등기가 있을 때에는 그 권리의 등기명의인의 승낙이 있음을 증명하는 정보 또는 이에 대항할 수 있는 재판이 있음을 증명하는 정보를 첨부정보로서 제공하여야 한다.

④ 공용부분에 대한 공유자의 지분은 그가 가지는 전유부분과 분리하여 처분할 수 없고, 공용부분에 관한 물권의 득실변경은 등기가 필요하지 아니하다.

⑤ 공용부분이라는 뜻을 정한 규약을 폐지한 경우에 공용부분의 취득자는 지체 없이 소유권보존등기를 신청하여야 한다.

[**❶ ▸ ✕**] 규약상 공용부분이라는 뜻의 등기는 규약에서 공용부분으로 정한 구분건물 또는 부속건물 소유권의 등기명의인이 신청하여야 한다(부동산등기법 제47조 제1항). 따라서 <u>미등기인 건물에 대하여 곧바로 공용부분이라는 뜻의 등기를 할 수 없고, 먼저 소유권보존등기를 하여야 한다</u>(등기선례 제2-657호).

_{부등 실무 3}

부동산등기법 제47조(규약상 공용부분의 등기와 규약폐지에 따른 등기)
① 집합건물의 소유 및 관리에 관한 법률 제3조 제4항에 따른 공용부분이라는 뜻의 등기는 <u>소유권의 등기명의인이 신청하여야 한다</u>. 이 경우 공용부분인 건물에 소유권 외의 권리에 관한 등기가 있을 때에는 그 권리의 등기명의인의 승낙이 있어야 한다.

□ 등기선례 제2-657호
1동의 건물 중 원래 구분소유권의 목적이 될 수 있는 건물부분(독립한 건물로서 사용될 수 있는 건물부분)에 관하여 구분소유자들의 공용부분으로 한다는 취지가 아파트분양계약의 내용 중에 포함되었으나, 위 아파트 분양에 따라 소유권보존 및 이전등기를 경료하면서 위 공용부분인 건물부분에 관하여는 가옥대장(건축물관리대장)상 소유자가 분양자 명의로 되어 있을 뿐 그에 대한 소유권보존등기도 이루어지지 않은 상태라면, 우선 위 건물부분에 관하여 대장상 소유자 명의로 소유권보존 등기를 한 다음, 그 소유권의 등기명의인이 관계 구분소유자들의 합의에 의한 규약을 첨부하여 그 건물부분을 규약상 공용부분으로 하는 등기신청을 할 수 있다.

[**❷ ▸ ○**] 부동산등기규칙 제104조 제3항
[**❸ ▸ ○**] 부동산등기규칙 제104조 제1항

부동산등기규칙 제104조(공용부분이라는 뜻의 등기)
① 법 제47조 제1항에 따라 소유권의 등기명의인이 공용부분이라는 뜻의 등기를 신청하는 경우에는 그 뜻을 정한 규약이나 공정증서를 첨부정보로서 등기소에 제공하여야 한다. 이 경우 그 건물에 소유권의 등기 외의 권리에 관한 등기가 있을 때에는 그 등기명의인의 승낙이 있음을 증명하는 정보 또는 이에 대항할 수 있는 재판이 있음을 증명하는 정보를 첨부정보로서 등기소에 제공하여야 한다.
③ 제1항의 등기신청이 있는 경우에 등기관이 그 등기를 할 때에는 그 등기기록 중 표제부에 공용부분이라는 뜻을 기록하고 각 구의 소유권과 그 밖의 권리에 관한 등기를 말소하는 표시를 하여야 한다. 이 경우 제2항에 따른 사항이 신청정보의 내용 중에 포함되어 있을 때에는 그 사항도 기록하여야 한다.

[**❹ ▸ ○**] 집합건물의 소유 및 관리에 관한 법률 제13조 제2항, 제3항

집합건물의 소유 및 관리에 관한 법률 제13조(전유부분과 공용부분에 대한 지분의 일체성)
② 공유자는 그가 가지는 전유부분과 분리하여 공용부분에 대한 지분을 처분할 수 없다.
③ 공용부분에 관한 물권의 득실변경(得失變更)은 등기가 필요하지 아니하다.

[**❺ ▸ ○**] 공용부분이라는 뜻을 정한 규약을 폐지한 경우에 공용부분의 취득자는 지체 없이 소유권보존등기를 신청하여야 한다(부동산등기법 제47조 제2항).

답 ❶

25
☐☐☐

대지권에 관한 등기와 관련한 다음 설명 중 가장 옳지 않은 것은? 2025년 법무사시험 [문 4]

① 전유부분 101호 소유자가 그의 전유부분에 따른 대지권의 일부를 전유부분 102호의 소유자에게 양도하기 위하여는, 규약을 설정하여 그 일부를 대지권이 아닌 권리로 하고 이 규약을 첨부하여 대지권변경 등기신청을 한 후 대지권에서 제외된 권리를 전유부분 102호 소유자에게 공유지분이전 등기를 하면 된다.

② 甲, 乙, 丙이 대지를 각 4/8, 3/8, 1/8의 지분으로 공유하면서 그 지상에 총 3개 호수의 집합건물을 신축하여 구분건물을 각 단독소유하는 경우에 대지권등기를 할 때, 위 공유지분과 달리 각 구분건물의 전유면적 비율에 따라 대지권 비율을 정하거나 규약을 첨부하여 대지권 비율을 정하여 대지권 등기를 할 수 있다.

③ 공용부분의 일부가 전유부분에 편입되어 전유부분의 면적이 늘어난 경우에도 대지권비율은 변동이 없으므로 전유부분의 면적이 늘어난 구분소유자가 대지권비율을 그대로 유지한다는 취지가 기재된 규약 등을 첨부정보로 제공할 필요 없이 집합건축물대장을 첨부정보로 제공하여 전유부분 면적의 표시변경등기를 신청할 수 있다.

④ 1동의 건물이 소재하는 토지를 수필지로 분할하여 그중 1동의 건물이 소재하는 토지가 아닌 것으로 분할된 토지를 사업시행자가 토지수용을 한 경우에는 간주규약이 폐지되거나 새로 분리처분가능규약이 제정되었음을 증명하는 정보를 제공하지 않고 그에 따른 대지권표시변경등기를 신청할 수 있다.

⑤ 임차권이 대지권인 경우 건물소유권과 대지권을 공동저당의 목적으로 할 수 없으므로 대지권을 제외한 건물만에 관하여 저당권이 설정되어야 하며, 이 경우 건물만에 관한 것이라는 뜻의 부기등 기를 하여야 한다.

....

[❶ ▶ ○] 갑 전유부분의 소유자가 그의 전유부분에 따른 대지권의 일부를 을 전유부분의 소유자에게 양도하기 위하여는, 규약을 설정하여 그 일부를 대지권이 아닌 권리로 하고 이 규약을 첨부하여 대지권변경 등기신청을 한 후 대지권에서 제외된 권리를 을 전유부분의 소유자에게 이전하기 위한 등기신청을 할 수 있을 것이다(등기선례 제2-648호).

[❷ ▶ ✕] 甲, 乙, 丙이 대지를 각 5/10, 3/10, 2/10의 지분으로 공유하면서 그 지상에 연립주택을 신축하여 1호·2호·3호의 구분건물을 각 단독소유하는 경우에 대지권등기를 할 때, <u>1호의 대지권 비율은 5/10, 2호는 3/10, 3호는 2/10로 하여야 한다</u>. 대지권등기에 의하여 甲, 乙, 丙이 갖는 토지 소유권의 지분이 변경될 수는 없기 때문이다. 위와 같은 경우 각 전유부분의 대지권 비율은 갑·을·병이 각 소유하고 있는 전유부분의 면적비율과는 상관이 없음에도 불구하고, 실무상 각 구분건물의 전유면적 비율에 따라 대지권 비율을 정하거나 규약을 첨부하여 대지권 비율을 임의대로 신청하는 경우가 있다. 그러나 이러한 대지권등기는 할 수 없다. 부동 실무 3

[❸ ▶ ○] 공용부분의 일부가 전유부분에 편입되어 전유부분의 면적이 늘어난 경우에도 대지권비율은 변동이 없으므로 전유부분의 면적이 늘어난 구분소유자가 대지권비율을 그대로 유지한다는 취지가 기재된 서면이나 규약을 첨부할 필요 없이 집합건축물대장만을 첨부정보로 제공하여 전유부분 면적의 표시변경등기를 신청할 수 있다(등기선례 제201305-4호).

[**❹** ▶ O] 1동의 건물이 소재하는 토지(법정대지)를 수필지로 분할하여 그중 1동의 건물이 소재하는 토지가 아닌 것으로 분할된 토지(간주규약대지)를 사업시행자가 공공용지의 취득 및 손실보상에 관한 특례법에 의한 협의취득을 한 경우에는, 먼저 위 간주규약대지에 관하여 간주규약이 폐지되거나 새로 분리처분가능규약이 제정되고 그에 따른 대지권표시변경등기가 경료되어 위 간주규약대지에 대한 대지권등기가 말소된 연후에 사업시행자 명의로의 소유권이전등기를 할 수 있고, 토지수용법에 의한 수용을 한 경우에는 구분건물과 그 대지사용권의 처분의 일체성이 적용되지 아니하므로, 위 폐지규약 등의 첨부 없이 위와 같은 대지권표시변경등기를 한 다음 사업시행자 명의로 수용을 원인으로 한 소유권이전등기를 할 수 있으며, 위 협의취득이나 수용의 경우 대지권표시변경등기에 대하여는 사업시행자의 대위신청도 가능하다(등기선례 제5-337호).

[**❺** ▶ O] 임차권이 대지권인 경우에 임차권은 저당권의 목적으로 할 수 없는 권리이므로 건물소유권과 대지권(토지임차권)을 공동저당의 목적으로 할 수 없고, 대지권을 제외한 건물만에 관하여 저당권이 설정되어야 하며, 이 경우 건물만의 취지의 부기등기를 하여야 한다(등기선례 제201604-1호).

답 **❷**

26

대지권등기에 관한 다음 설명 중 가장 옳지 않은 것은? [기출수정]   2022년 법무사시험 [문 24]

① 등기관이 대지권등기를 하였을 때에는 직권으로 대지권의 목적인 토지의 등기기록에 소유권, 지상권, 전세권 또는 임차권이 대지권이라는 뜻을 기록하여야 한다.

② 구분건물로서 그 대지권의 변경이나 소멸이 있는 경우에는 구분건물의 소유권의 등기명의인은 1동의 건물에 속하는 다른 구분건물의 소유권의 등기명의인을 대위하여 그 등기를 신청할 수 있다.

③ 대지권의 목적인 토지의 등기기록에 대지권이라는 뜻의 등기를 한 경우로서 그 토지 등기기록에 소유권보존등기나 소유권이전등기 외의 소유권에 관한 등기 또는 소유권 외의 권리에 관한 등기가 있을 때에는 등기관은 그 건물의 등기기록 중 전유부분 표제부에 토지 등기기록에 별도의 등기가 있다는 뜻을 기록하여야 한다.

④ 구분건물 소유권의 등기명의인이 부동산등기법 제60조에 의하여 대지사용권에 관한 이전등기를 신청할 때에는 대지권에 관한 등기와 동시에 신청하여야 한다.

⑤ 등기기록에 대지권이라는 뜻의 등기를 할 때에 대지권의 목적인 토지의 관할이 다른 등기소에 속할 경우에는 대지권등기를 접수한 등기소의 등기관은 대지권이라는 뜻의 등기를 함께 실행할 수 없다.

[**❶** ▶ O] 등기관이 제3항에 따라 대지권등기를 하였을 때에는 직권으로 대지권의 목적인 토지의 등기기록에 소유권, 지상권, 전세권 또는 임차권이 대지권이라는 뜻을 기록하여야 한다(부동산등기법 제40조 제4항).

[**❷** ▶ O] 구분건물로서 그 대지권의 변경이나 소멸이 있는 경우에는 구분건물의 소유권의 등기명의인은 1동의 건물에 속하는 다른 구분건물의 소유권의 등기명의인을 대위하여 그 등기를 신청할 수 있다(부동산등기법 제41조 제3항).

[❸ ▶ ○] 제89조(대지권이라는 뜻의 등기)에 따라 대지권의 목적인 토지의 등기기록에 대지권이라는 뜻의 등기를 한 경우로서 그 토지 등기기록에 소유권보존등기나 소유권이전등기 외의 소유권에 관한 등기 또는 소유권 외의 권리에 관한 등기가 있을 때에는 등기관은 그 건물의 등기기록 중 전유부분 표제부에 토지 등기기록에 별도의 등기가 있다는 뜻을 기록하여야 한다. 다만, 그 등기가 소유권 이외의 대지권의 등기인 경우 또는 제92조(대지권의 변경 등) 제2항에 따라 말소하여야 하는 저당권의 등기인 경우에는 그러하지 아니하다(부동산등기규칙 제90조 제1항).

[❹ ▶ ○] 부동산등기법 제60조 제3항

부동산등기법 제60조(대지사용권의 취득)

① 구분건물을 신축한 자가 집합건물의 소유 및 관리에 관한 법률 제2조 제6호의 대지사용권을 가지고 있는 경우에 대지권에 관한 등기를 하지 아니하고 구분건물에 관하여만 소유권이전등기를 마쳤을 때에는 현재의 구분건물의 소유명의인과 공동으로 대지사용권에 관한 이전등기를 신청할 수 있다.

② 구분건물을 신축하여 양도한 자가 그 건물의 대지사용권을 나중에 취득하여 이전하기로 약정한 경우에는 제1항을 준용한다.

③ 제1항 및 제2항에 따른 등기는 대지권에 관한 등기와 동시에 신청하여야 한다.

[❺ ▶ ×] 부동산등기법 제7조의2 제2항, 부동산등기규칙 제89조 제1항・제163조의3 제4호

부동산등기법 제7조의2(관련 사건의 관할에 관한 특례)

② 제7조에도 불구하고 제11조 제1항에 따른 등기관이 당사자의 신청이나 직권에 의한 등기를 하고 제71조, 제78조 제4항(제72조 제2항에서 준용하는 경우를 포함한다) 또는 대법원규칙으로 정하는 바에 따라 다른 부동산에 대하여 등기를 하여야 하는 경우에는 그 부동산의 관할 등기소가 다른 때에도 해당 등기를 할 수 있다.

부동산등기규칙 제89조(대지권이라는 뜻의 등기)

① 대지권의 목적인 토지의 등기기록에 법 제40조 제4항의 대지권이라는 뜻의 등기를 할 때에는 해당 구에 어느 권리가 대지권이라는 뜻과 그 대지권을 등기한 1동의 건물을 표시할 수 있는 사항 및 그 등기연월일을 기록하여야 한다.

부동산등기규칙 제163조의3(관련 처리 사건의 범위)

법 제7조의2 제2항에 따라 등기관이 다른 부동산에 대하여 처리하여야 하는 등기 사건은 다음 각 호와 같다.

　　4. 대지권의 목적인 토지가 다른 등기소의 관할에 속하는 경우로서 제89조 및 제93조에 따른 등기

답 ❺

구분건물의 등기에 관한 다음 설명 중 가장 옳지 않은 것은?　　　2025년 법무사시험 [문 19]

① 1동의 건물에 속하는 구분건물 중 일부만에 관하여 소유권보존등기를 신청하는 경우에는 나머지 구분건물의 표시에 관한 등기를 동시에 신청하여야 하며, 구분건물의 소유자는 1동에 속하는 다른 구분건물의 소유자를 대위하여 그 건물의 표시에 관한 등기를 신청할 수 있다.

② 구분건물로서 그 대지권의 변경이나 소멸이 있는 경우에는 구분건물의 소유권의 등기명의인은 1동의 건물에 속하는 다른 구분건물의 소유권의 등기명의인을 대위하여 그 등기를 신청할 수 있다.

③ 소유권이 대지권인 경우에 대지권이 등기된 구분건물 또는 대지권이라는 뜻의 등기가 되어 있는 토지의 등기기록에는 소유권이전등기청구권 또는 저당권설정등기청구권을 보전하기 위한 가등기는 할 수 없으나, 가압류의 등기는 가능하다.

④ 등기관이 건물의 등기기록에 대지권등기를 하였을 때에는 직권으로 대지권의 목적인 토지의 등기기록 중 해당 구에 대지권이라는 뜻을 기록하여야 하며, 그 등기에 경정의 사유가 있는 때에도 그 경정등기는 직권으로 한다.

⑤ 구분건물이 아닌 건물로 등기된 건물에 접속하여 구분건물을 신축한 경우에 그 신축건물의 소유권보존등기를 신청할 때에는 구분건물이 아닌 건물을 구분건물로 변경하는 건물의 표시변경등기를 동시에 신청하여야 한다.

··

[**❶** ▸ ○]　부동산등기법 제46조 제1항, 제2항

> **부동산등기법 제46조(구분건물의 표시에 관한 등기)**
> ① 1동의 건물에 속하는 구분건물 중 일부만에 관하여 소유권보존등기를 신청하는 경우에는 나머지 구분건물의 표시에 관한 등기를 동시에 신청하여야 한다.
> ② 제1항의 경우에 구분건물의 소유자는 1동에 속하는 다른 구분건물의 소유자를 대위하여 그 건물의 표시에 관한 등기를 신청할 수 있다.

[**❷** ▸ ○]　구분건물로서 그 대지권의 변경이나 소멸이 있는 경우에는 구분건물의 소유권의 등기명의인은 1동의 건물에 속하는 다른 구분건물의 소유권의 등기명의인을 대위하여 그 등기를 신청할 수 있다(부동산등기법 제41조 제3항).

[**❸** ▸ ×]　토지의 소유권이 대지권인 경우에 대지권이라는 뜻의 등기가 되어 있는 토지의 등기기록에는 소유권이전등기, 저당권설정등기, 그 밖에 이와 관련이 있는 등기를 할 수 없다(부동산등기법 제61조 제4항). 그 밖에 이와 관련이 있는 등기로는 <u>토지만을 목적으로 하는 소유권이전청구권 또는 저당권설정등기청구권을 보전하기 위한 가등기, 토지만을 목적으로 하는 가압류등기등이 해당한다.</u> 소유권이 대지권인 경우 토지 또는 전유부분만에 관하여 소유권이전청구권 또는 저당권설정 청구권을 보전하기 위한 가등기도 할 수 없다. 본등기를 할 수 없기 때문이다. 또한 강제집행이나 체납처분에 의한 환가의 경우에도 일체성 원칙이 적용되므로 그 전제로서 행하는 가압류, 압류의 등기도 어느 일방만에 대하여는 할 수 없다.

[**❹** ▸ ○]　등기관이 제3항에 따라 대지권등기를 하였을 때에는 직권으로 대지권의 목적인 토지의 등기기록에 소유권, 지상권, 전세권 또는 임차권이 대지권이라는 뜻을 기록하여야 한다(부동산등기법 제40조 제4항). 대지권이라는 뜻의 등기에 경정의 사유가 있는 때에도 그 경정등기는 등기관이 직권으로 한다(등기선례 제7-359호 참조).

[**❺** ▸ ○]　구분건물이 아닌 건물로 등기된 건물에 접속하여 구분건물을 신축한 경우에 그 신축건물의 소유권보존등기를 신청할 때에는 구분건물이 아닌 건물을 구분건물로 변경하는 건물의 표시변경등기를 동시에 신청하여야 한다. 이 경우 제2항을 준용한다(부동산등기법 제46조 제3항).

답 **❸**

제1절 지상권에 관한 등기

28

☐☐☐

도시철도법 등에 의한 구분지상권등기에 관한 다음 설명 중 가장 옳지 않은 것은?

2025년 법무사시험 [문 3]

① 도시철도건설자 등이 공익사업을 위한 토지 등의 취득 및 보상에 관한 법률(이하 '토지보상법'이라 한다)에 따라 구분지상권의 설정을 내용으로 하는 수용·사용의 재결을 받은 경우, 그 재결서와 보상 또는 공탁을 증명하는 정보를 첨부정보로서 제공하여 단독으로 권리수용이나 토지사용을 원인으로 하는 구분지상권설정등기를 신청할 수 있다.

② 등기원인을 증명하는 정보로 제공하는 재결서에 송전선로의 설치 및 유지를 위하여 공중공간에 대한 재결이 있는 경우에는 구분지상권의 설정을 내용으로 하는 수용 재결이 아닌 경우라도 구분지상권 설정등기를 신청할 수 있다.

③ 도시철도건설자 등이 토지보상법에 의하여 구분지상권의 설정을 내용으로 하는 사용재결을 받은 경우에는 단독으로 당해 구분지상권설정등기를 신청할 수 있으나, 통상의 지상권설정등기를 신청할 수는 없다.

④ 도시철도건설자 등이 토지보상법에 의하여 이미 등기되어 있는 구분지상권을 수용하는 내용의 재결을 받은 경우 그 재결서와 보상 또는 공탁을 증명하는 정보를 첨부정보로서 제공하여 단독으로 권리수용을 원인으로 하는 구분지상권이전등기를 신청할 수 있다.

⑤ 수용·사용의 재결에 의하여 취득한 구분지상권설정등기는 그보다 먼저 등기된 강제경매개시결정의 등기에 기하여 경매로 인한 소유권이전등기의 촉탁이 있는 경우에도 이를 말소하여서는 안 된다.

....

[❶ ▸ ○] 「도시철도법」 제2조 제7호의 도시철도건설자, 「도로법」 제2조 제5호의 도로관리청, 「전기사업법」 제2조 제2호의 전기사업자, 「농어촌정비법」 제10조의 농업생산기반 정비사업 시행자, 「철도의 건설 및 철도시설 유지관리에 관한 법률」 제8조의 철도건설사업의 시행자, 「지역 개발 및 지원에 관한 법률」 제19조의 지역개발사업을 시행할 사업시행자, 「수도법」 제3조 제21호의 수도사업자, 「전원개발촉진법」 제3조의 전원개발사업자 및 「하수도법」 제10조의3의 공공하수도를 설치하려는 자가 「공익사업을 위한 토지 등의 취득 및 보상에 관한 법률」에 따라 구분지상권의 설정을 내용으로 하는 수용·사용의 재결을 받은 경우 그 재결서와 보상 또는 공탁을 증명하는 정보를 첨부정보로서 제공하여 단독으로 권리수용이나 토지사용을 원인으로 하는 구분지상권설정등기를 신청할 수 있다(도시철도법 등에 의한 구분지상권 등기규칙 제2조 제1항).

[❷ ▸ ✕] 공익사업을 위한 토지 등의 취득 및 보상에 관한 법률 제19조 및 같은 법 제34조에 의하여 송전선로의 설치 및 유지를 위하여 공중공간에 대한 재결이 있는 경우에도 구분지상권 설정을 내용으로 하는 수용 재결이 아닌 이상 위 재결서에 의하여서는 구분지상권 설정등기를 신청할 수 없다(등기선례 제7-260호).

[**❸** ▸ O] 도시철도건설자가 토지수용법에 의하여 구분지상권의 설정을 내용으로 하는 사용재결을 받은 경우에는 단독으로 당해 구분지상권설정등기를 신청할 수 있으나, 통상의 지상권설정등기를 신청할 수는 없다(등기선례 제6-308호).

[**❹** ▸ O] 도시철도건설자, 도로관리청, 전기사업자, 농업생산기반 정비사업 시행자, 철도건설사업 시행자, 지역개발사업 시행자, 수도사업자, 전원개발사업자 및 공공하수도를 설치하려는 자가 「공익사업을 위한 토지 등의 취득 및 보상에 관한 법률」에 따라 이미 등기되어 있는 구분지상권을 수용하는 내용의 재결을 받은 경우 그 재결서와 보상 또는 공탁을 증명하는 정보를 첨부정보로서 제공하여 단독으로 권리수용을 원인으로 하는 구분지상권이전등기를 신청할 수 있다(도시철도법 등에 의한 구분지상권 등기규칙 제3조 제1항).

[**❺** ▸ O] 도시철도법 등에 의한 구분지상권 등기규칙 제4조 제1호

도시철도법 등에 의한 구분지상권 등기규칙 제4조(강제집행 등과의 관계)

제2조에 따라 마친 구분지상권설정등기 또는 제3조의 수용의 대상이 된 구분지상권설정등기(이하 "구분지상권설정등기"라 한다)는 다음 각 호의 경우에도 말소할 수 없다.

1. 구분지상권설정등기보다 먼저 마친 강제경매개시결정의 등기, 근저당권 등 담보물권의 설정등기, 압류등기 또는 가압류등기 등에 기하여 경매 또는 공매로 인한 소유권이전등기를 촉탁한 경우
2. 구분지상권설정등기보다 먼저 가처분등기를 마친 가처분채권자가 가처분채무자를 등기의무자로 하여 소유권이전등기, 소유권이전등기말소등기, 소유권보존등기말소등기 또는 지상권·전세권·임차권설정등기를 신청한 경우
3. 구분지상권설정등기보다 먼저 마친 가등기에 의하여 소유권 이전의 본등기 또는 지상권·전세권·임차권설정의 본등기를 신청한 경우

답 **❷**

29

☐☐☐

구분지상권등기에 관한 다음 설명 중 가장 옳지 않은 것은?　　　2024년 법무사시험 [문 8]

① 구분지상권등기신청 시 토지의 등기기록에 그 토지를 사용하는 권리에 관한 등기와 그 권리를 목적으로 하는 권리에 관한 등기가 있는 때에는 이들 전원의 승낙서가 첨부정보로 제공되어야 하며, 구분지상권등기 시 등기관은 이들의 권리를 직권말소한다.

② 동일토지에 관하여 지상권이 미치는 범위가 각각 다른 2개 이상의 구분지상권은 그 토지의 등기기록에 각기 따로 기록할 수 있으므로, 이러한 경우에는 다른 구분지상권자의 승낙서가 첨부정보로 제공되지 않아도 된다.

③ 도시철도법상 도시철도건설자가 공익사업을 위한 토지 등의 취득 및 보상에 관한 법률에 따라 수용·사용의 재결을 받아 구분지상권설정등기를 등기한 경우에는 향후 구분지상권설정등기보다 먼저 마친 가등기에 의하여 지상권설정의 본등기 신청이 있더라도 그 구분지상권을 말소할 수 없다.

④ 한국전력공사가 전기사업법이 아니라 전원개발사업자로서 전원개발사업의 시행을 위하여 전원개발촉진법을 근거로 하여 토지의 사용에 관한 재결을 받은 경우에는 같은 법에 "전원개발사업자가 사용재결을 받으면 단독으로 구분지상권설정등기를 신청할 수 있다."는 취지의 규정이 없는 이상 단독으로 구분지상권설정등기를 신청할 수 없다.

⑤ 설정행위로써 구분지상권의 행사를 위하여 토지의 사용을 제한할 수 있는데, 특약을 한 때에는 이를 신청정보로 제공하여야 한다. 한편, 특약에 의하여 제한되는 것은 사용에 관한 사실행위이다.

[❶▸×] 구분지상권 등기를 하고자 하는 토지의 등기용지에 그 토지를 사용하는 권리에 관한 등기와 그 권리를 목적으로 하는 권리에 관한 등기가 있는 때(예컨대, 통상의 지상권, 전세권, 임차권 등의 등기와 이를 목적으로 하는 저당권 또는 처분 제한의 등기 등)에는 신청서에 이들의 승낙서를 첨부케 하여야 한다(등기예규 제1040호 3.). 이때 제3자의 승낙의 효과는 제3자의 권리가 구분지상권의 목적인 부분에 관하여 소멸하는 것은 아니고 단지 구분지상권이 존재하는 한도에서 권리행사가 제한될 뿐이다. 따라서 구분지상권등기 시 등기관이 이들의 권리를 직권말소하는 것은 아니다.

[❷▸○] 동일토지에 관하여 지상권이 미치는 범위가 각각 다른 2개 이상의 구분지상권은 그 토지의 등기용지에 각기 따로 등기할 수 있다(등기예규 제1040호 4.). 이러한 경우에는 각 구분지상권의 효력이 중복되지 아니하므로 다른 구분지상권자의 승낙서가 첨부정보로 제공되지 않아도 된다.

[❸▸○] 도시철도법 등에 의한 구분지상권 등기규칙 제2조 제1항, 제4조 제3호

도시철도법 등에 의한 구분지상권 등기규칙 제2조(수용·사용의 재결에 의한 구분지상권설정등기)

① 「도시철도법」 제2조 제7호의 도시철도건설자(이하 "도시철도건설자"라 한다), 「도로법」 제2조 제5호의 도로관리청(이하 "도로관리청"이라 한다), 「전기사업법」 제2조 제2호의 전기사업자(이하 "전기사업자"라 한다), 「농어촌정비법」 제10조의 농업생산기반 정비사업 시행자(이하 "농업생산기반 정비사업 시행자"라 한다), 「철도의 건설 및 철도시설 유지관리에 관한 법률」 제8조의 철도건설사업의 시행자(이하 "철도건설사업 시행자"라 한다), 「지역 개발 및 지원에 관한 법률」 제19조의 지역개발사업을 시행할 사업시행자(이하 "지역개발사업 시행자"라 한다), 「수도법」 제3조 제21호의 수도사업자(이하 "수도사업자"라 한다), 「전원개발촉진법」 제3조의 전원개발사업자(이하 "전원개발사업자"라 한다) 및 「하수도법」 제10조의3의 공공하수도를 설치하려는 자(이하 "공공하수도를 설치하려는 자"라 한다)가 「공익사업을 위한 토지 등의 취득 및 보상에 관한 법률」에 따라 구분지상권의 설정을 내용으로 하는 수용·사용의 재결을 받은 경우 그 재결서와 보상 또는 공탁을 증명하는 정보를 첨부정보로서 제공하여 단독으로 권리수용이나 토지사용을 원인으로 하는 구분지상권설정등기를 신청할 수 있다.

도시철도법 등에 의한 구분지상권 등기규칙 제4조(강제집행 등과의 관계)

제2조에 따라 마친 구분지상권설정등기 또는 제3조의 수용의 대상이 된 구분지상권설정등기(이하 "구분지상권설정등기"라 한다)는 다음 각 호의 경우에도 말소할 수 없다.

1. 구분지상권설정등기보다 먼저 마친 강제경매개시결정의 등기, 근저당권 등 담보물권의 설정등기, 압류등기 또는 가압류등기 등에 기하여 경매 또는 공매로 인한 소유권이전등기를 촉탁한 경우
2. 구분지상권설정등기보다 먼저 가처분등기를 마친 가처분채권자가 가처분채무자를 등기의무자로 하여 소유권이전등기, 소유권이전등기말소등기, 소유권보존등기말소등기 또는 지상권·전세권·임차권설정등기를 신청한 경우
3. 구분지상권설정등기보다 먼저 마친 가등기에 의하여 소유권 이전의 본등기 또는 지상권·전세권·임차권설정의 본등기를 신청한 경우

[❹▸×] 한국전력공사가 전기사업자로서 전기사업의 시행을 위하여 「전기사업법」을 근거로 하여 구분지상권의 설정을 내용으로 하는 사용재결을 받은 경우에는 같은 법 제89조의2 제2항에 따라 단독으로 구분지상권설정등기를 신청할 수 있다. 반면 한국전력공사가 전원개발사업자로서 전원개발사업의 시행을 위하여 「전원개발촉진법」을 근거로 하여 토지의 사용에 관한 재결을 받은 경우에는 같은 법에 "전원개발사업자가 사용재결을 받으면 단독으로 구분지상권설정등기를 신청할 수 있다."는 취지의 규정이 없는 이상 단독으로 구분지상권설정등기를 신청할 수 없다(부동산등기선례 제202002-1호). 하지만 이후 전원개발촉진법 제6조의4가 신설되면서 제2항에 '전원개발사업자는 이 법 및 「공익사업을 위한 토지 등의 취득 및 보상에 관한 법률」에 따라 토지의 지상 또는 지하 공간의 사용에 관한 구분지상권의 설정 또는 이전을 내용으로 하는 수용·사용의 재결을 받은 경우에는 「부동산등기법」 제99조를 준용하여 단독으로 해당 구분지상권의 설정 또는 이전 등기를 신청할 수 있다'고 규정되었다.

[❺ ▸ ○] 구분지상권자는 설정행위에서 정한 범위 내에서 토지를 사용할 권리를 갖고, 구분지상권이 미치지 못하는 토지부분에 관하여는 여전히 토지소유자가 사용권을 가지게 된다. 그러나 설정행위에서 구분지상권의 행사를 위하여 토지의 사용을 제한하는 특약을 할 수도 있고(민법 제289조의2 제1항 후단), 이러한 특약을 한 때에는 신청서에 기재하여야 한다(부동산등기법 제69조 제5호, 부동산등기규칙 제126조 제1항). 한편 특약에 의하여 제한되는 것은 사용에 관한 사실행위이다. 예를 들면 "지상에 10톤 이상의 공작물을 설치하여서는 아니 된다", "고가철도의 운행장해가 되는 공작물을 설치하여서는 아니 된다" 등과 같은 것이다. 부등 실무 2

부동산등기법 제69조(지상권의 등기사항)
등기관이 지상권설정의 등기를 할 때에는 제48조에서 규정한 사항 외에 다음 각 호의 사항을 기록하여야 한다. 다만, 제3호부터 제5호까지는 등기원인에 그 약정이 있는 경우에만 기록한다.
   1. 지상권설정의 목적
   2. 범 위
   3. 존속기간
   4. 지료와 지급시기
   5. 「민법」 제289조의2 제1항 후단의 약정

> **민법 제289조의2(구분지상권)**
> ① 지하 또는 지상의 공간은 상하의 범위를 정하여 건물 기타 공작물을 소유하기 위한 지상권의 목적으로 할 수 있다. 이 경우 설정행위로써 지상권의 행사를 위하여 토지의 사용을 제한할 수 있다.

   6. 지상권설정의 범위가 토지의 일부인 경우에는 그 부분을 표시한 도면의 번호

부동산등기규칙 제126조(지상권설정등기의 신청)
① 지상권설정의 등기를 신청하는 경우에는 법 제69조 제1호부터 제5호까지의 등기사항을 신청정보의 내용으로 등기소에 제공하여야 한다.

답 ❶, ❹

지상권에 관한 등기에 대한 다음 설명 중 가장 옳지 않은 것은?

① 토지 위에 등기된 건물이 있다 하더라도 당해 토지의 등기기록상 지상권과 양립할 수 없는 용익물권이 존재하지 않는다면 그 토지에 대하여 지상권설정등기를 신청할 수 있다.

② 지상권의 최단기간의 보장에도 불구하고 등기신청 시 그 존속기간을 민법 제280조 제1항 각 호의 최단기간보다 단축한 기간을 기재한 경우라도 그 기간은 같은 조 제2항에 의하여 법정기간까지 연장되므로 등기관은 신청서 기재대로 수리해야 한다.

③ 통상의 지상권등기를 구분지상권 등기로 변경하는 등기신청이 있는 경우에는 등기상의 이해관계인이 없거나, 이해관계인이 있더라도 그의 승낙서 또는 이에 대항할 수 있는 재판의 등본을 제출한 때에 한하여 부기등기에 의하여 그 변경등기를 할 수 있다.

④ 구분지상권은 그 권리가 미치는 지하 또는 지상공간을 상하로 범위를 정하여 등기하는 것으로서 계층적 구분건물의 특정 계층의 구분소유를 목적으로 하는 구분지상권의 설정등기는 할 수 없다.

⑤ 지상권은 타인의 토지를 배타적으로 사용하는 용익물권으로 동일한 토지에 대한 이중의 지상권설정등기는 허용되지 않으므로 이미 지상권설정등기가 경료되어 있는 상태에서 기존 지상권설정등기의 말소를 조건으로 하는 정지조건부 지상권설정등기청구권을 보존하기 위한 조건부지상권설정청구권가등기는 신청할 수 없다.

....

[**❶** ▸ ○] 토지 위에 등기된 건물이 있다 하더라도, 당해 토지의 등기부상 지상권과 양립할 수 없는 용익물권이 존재하지 않는다면, 그 토지에 대하여 지상권설정등기를 신청할 수 있다(등기선례 제6-311호).

[**❷** ▸ ○] 민법 제280조 제1항 제1호의 30년은 수목의 소유를 목적으로 하는 때에는 그 원인(예 수목의 육림, 벌채 등)에 관계없이 일률적으로 최단기인 30년보다 단축하지 못한다는 것이나, 등기신청서에 지상권의 존속기간을 같은 조 제1항 각 호의 기간보다 단축한 기간으로 기재한 경우라도 그 기간은 같은 조 제2항에 의하여 법정기간까지 연장되므로, 신청서 기재대로 수리하여야 한다(등기예규 제1425호 2.).

[**❸** ▸ ○] 통상의 지상권등기를 구분지상권 등기로 변경하거나, 구분지상권 등기를 통상의 지상권등기로 변경하는 등기신청이 있는 경우에는 등기상의 이해관계인이 없거나, 이해관계인이 있더라도 그의 승낙서 또는 이에 대항할 수 있는 재판의 등본을 제출한 때에 한하여 부기등기에 의하여 그 변경등기를 할 수 있다(등기예규 제1040호 5.).

[**❹** ▸ ○] 구분지상권은 그 권리가 미치는 지하 또는 지상 공간을 상하로 범위를 정하여 등기하는 것으로서 계층적 구분건물의 특정 계층의 구분소유를 목적으로 하는 구분지상권의 설정등기는 할 수 없다(등기예규 제1040호 6.). 부등 실무 2

[**❺** ▸ ×] 지상권은 타인의 토지를 배타적으로 사용하는 용익물권이므로 동일한 토지에 대한 이중의 지상권설정등기는 허용되지 않지만, 이미 지상권설정등기가 경료되어 있는 상태에서 기존 지상권설정등기의 말소를 조건으로 하는 정지조건부 지상권설정등기청구권을 보존하기 위한 조건부지상권설정청구권가등기는 신청할 수 있다(등기선례 제6-439호).

답 **❺**

지상권설정등기에 관한 다음 설명 중 가장 옳지 않은 것은?

① 지상권설정등기를 신청하는 경우 존속기간, 지료 및 지급시기는 필요적 기재사항이므로 이를 반드시 신청정보로 제공하여야 한다.

② 지상권은 1필의 토지 전부뿐만 아니라 그 일부에 대하여도 설정등기를 할 수 있는데, 지상권 설정의 범위가 토지의 일부인 경우에는 그 부분을 표시한 지적도면을 첨부정보로 제공하여야 한다.

③ 지상권의 존속기간에 대하여 그 최단기간만을 제한하고 있으므로 존속기간을 100년, 120년 또는 그보다 장기(특정된 기간임)로 하는 지상권설정등기도 경료받을 수 있다.

④ 건물 또는 공작물 등을 소유하기 위하여 타인 소유 토지의 일정 범위의 지하 또는 공간을 사용하는 권리로서의 지상권, 이른바 구분지상권은 그 권리가 미치는 지하 또는 공간의 상하의 범위를 정하여 등기할 수 있다.

⑤ 토지거래허가구역 안의 토지에 대하여 지상권의 등기 시 대가를 받고 설정하는 경우에는 토지거래허가서를 첨부하여야 한다.

··

[❶ ▸ ✕] 존속기간, 지료와 지급시기는 <u>임의적 기재사항이므로</u>, 약정이 있는 경우에만 제공한다(부동산등기법 제69조 참조).

> **부동산등기법 제69조(지상권의 등기사항)**
> 등기관이 지상권 설정의 등기를 할 때에는 제48조에서 규정한 사항 외에 다음 각 호의 사항을 기록하여야 한다. 다만, <u>제3호부터 제5호까지는 등기원인에 그 약정이 있는 경우에만 기록한다.</u>
> 1. 지상권 설정의 목적
> 2. 범 위
> 3. <u>존속기간</u>
> 4. <u>지료와 지급시기</u>
> 5. 민법 제289조의2 제1항 후단의 약정
> 6. 지상권 설정의 범위가 토지의 일부인 경우에는 그 부분을 표시한 도면의 번호
>
> **부동산등기규칙 제126조(지상권설정등기의 신청)**
> ① 지상권 설정의 등기를 신청하는 경우에는 법 제69조 제1호부터 제5호까지의 등기사항을 신청정보의 내용으로 등기소에 제공하여야 한다.

[❷ ▸ ○] 지상권 설정의 범위가 부동산의 일부인 경우에는 그 부분을 표시한 지적도를 첨부정보로서 등기소에 제공하여야 한다(부동산등기규칙 제126조 제2항).

[❸ ▸ ○] 민법 제280조는 지상권의 존속기간에 대하여 그 최단기간만을 제한하고 있으므로 존속기간을 100년, 120년 또는 그보다 장기(특정된 기간임)로 하는 지상권설정등기도 경료받을 수 있다(등기선례 제5-412호).

[❹ ▸ ○] 건물 또는 공작물 등을 소유하기 위하여 타인 소유 토지의 일정 범위의 지하 또는 공간을 사용하는 권리로서의 지상권, 이른바 구분지상권은 그 권리가 미치는 지하 또는 공간의 상하의 범위를 정하여 등기할 수 있다(등기예규 제1040호 1.).

[❺ ▸ ○] 부동산 거래신고 등에 관한 법률(이하 "법"이라 한다) 제11조 제1항의 규정에 의한 <u>허가의 대상이 되는 토지</u>(이하 '허가대상토지'라 한다)에 관하여 <u>소유권·지상권을 이전 또는 설정하는 계약</u>(예약을 포함한다)을 체결하고 그에 따른 등기신청을 하기 위해서는 신청서에 시장, 군수 또는 구청장이 발행한 <u>토지거래계약허가증을 첨부하여야 한다.</u> 다만, 그 계약이 증여와 같이 <u>대가성이 없는 경우에는 그러하지 아니하다</u>[등기예규 제1634호 1. (1)].

답 ❶

32
☐☐☐   지역권등기에 관한 다음 설명 중 가장 옳지 않은 것은?   2024년 법무사시험 [문 23]

① 승역지와 요역지의 관할 등기소가 다를 경우 지역권설정등기신청은 승역지를 관할하는 등기소에 하여야 한다.

② 요역지의 소유자가 아닌 지상권자도 지역권설정등기에 있어 등기권리자가 될 수 있다.

③ 요역지에 지상권, 전세권 등의 소유권 외의 권리가 있는 경우 지상권자 등은 지역권을 행사할 수 있기 때문에 지역권을 말소하기 위해서는 지상권자 등의 동의가 있음을 증명하는 정보를 제공하여야 한다.

④ 지역권설정등기를 하는 경우 등록면허세는 요역지의 시가표준액이 과세표준액이 된다.

⑤ 지역권이 설정되어 있는 토지를 대지권의 목적으로 하는 대지권등기는 할 수 있으나, 대지권이라는 뜻의 등기가 마쳐진 토지에 대해서는 지역권설정등기를 할 수 없다.

....

[❶ ▶ ○] 승역지와 요역지의 관할 등기소가 다를 경우 지역권설정등기신청은 승역지를 관할하는 등기소에 하여야 한다. 부등 실무 2

[❷ ▶ ○] 지상권자는 그 권리의 범위 내에서 그 목적인 토지를 위하여 또는 그 토지 위에 지역권설정을 할 수 있는 것이다(등기예규 제205호).

[❸ ▶ ○] 요역지에 지상권, 전세권 또는 임차권 등의 소유권 외의 권리가 있는 경우 지역권의 부종성에 의하여 지상권자 등은 당연히 지역권을 행사할 수 있기 때문에 지역권을 말소하기 위해서는 지상권자 등의 동의서를 첨부하여야 한다. 부등 실무 2

[❹ ▶ ○] 등록면허세도 승역지를 관할하는 관청에 납부하여야 한다. 요역지의 시가표준액이 과세표준액이 된다. 법공 부등

[❺ ▶ ×]

• 지역권이 설정되어 있는 토지(승역지)를 대지권의 목적으로 하는 대지권등기를 할 수 있다. 다만, 등기관은 직권으로 그 건물의 등기기록 중 전유부분 표제부에 토지 등기기록에 별도의 등기가 있다는 뜻을 기록하여야 한다(등기선례 제201706-3호).

• 구분소유자는 규약으로써 달리 정하지 않는 한 그가 가지는 전유부분과 분리하여 대지사용권을 처분할 수 없으며(집합건물의 소유 및 관리에 관한 법률 제20조 제2항), 대지권인 취지의 등기가 된 토지의 등기용지에는 소유권이전등기, 저당권설정등기등을 신청할 수 없는바(부동산등기법 제135조의2, 제165조의2), 이는 집합건물의 전유부분과 대지사용권의 일체적 처분을 집합건물의 등기용지만에 의하여 공시하고자 하는 취지에 기한 것으로서, 지역권의 경우에는 권리의 성질상 위와 같은 전유부분과 대지사용권의 일체적 처분원칙이 적용되지 않으므로 대지권인 취지가 등기된 토지에 대해서도 지역권설정등기를 신청할 수 있다(등기선례 제6-312호).

답 ❺

지역권의 등기에 관한 다음 설명 중 가장 옳지 않은 것은?

① 지역권 설정의 목적, 범위, 요역지 등은 승역지의 등기기록에 지역권 설정의 등기를 할 때에 그 등기사항에 포함된다.
② 토지등기기록에 요역지지역권의 등기가 있는 경우 그 토지에 대한 합필의 등기를 할 수 있다.
③ 지역권 설정의 범위가 승역지의 일부인 경우에는 그 부분을 표시한 지적도를 첨부정보로서 등기소에 제공하여야 한다.
④ 등기관이 승역지에 지역권설정의 등기를 하였을 때에는 직권으로 요역지의 등기기록에 승역지, 지역권 설정의 목적, 범위 등을 기록하여야 한다.
⑤ 등기관이 승역지에 지역권변경 또는 말소의 등기를 하였을 때에는 직권으로 요역지의 등기기록에 변경 또는 말소의 등기를 하여야 한다.

....

[**❶** ▸ ○] 부동산등기법 제70조

> **부동산등기법 제70조(지역권의 등기사항)**
> 등기관이 승역지의 등기기록에 지역권 설정의 등기를 할 때에는 제48조 제1항 제1호부터 제4호까지에서 규정한 사항 외에 다음 각 호의 사항을 기록하여야 한다. 다만, 제4호는 등기원인에 그 약정이 있는 경우에만 기록한다.
> 　　1. 지역권 설정의 목적
> 　　2. 범 위
> 　　3. 요역지
> 　　4. 민법 제292조 제1항 단서, 제297조 제1항 단서 또는 제298조의 약정
> 　　5. 승역지의 일부에 지역권 설정의 등기를 할 때에는 그 부분을 표시한 도면의 번호

[**❷** ▸ ✕] 부동산등기법 제37조 제1항에 따르면 토지등기기록에 소유권·지상권·전세권·임차권 및 승역지(편익제공지)에 하는 지역권의 등기 외에 다른 권리에 관한 등기가 있는 경우에는 합필의 등기를 할 수 없으며, 다만 그 다른 권리에 관한 등기가 저당권에 관한 등기로서 등기원인 및 그 연월일과 접수번호가 동일하고 모든 토지의 등기기록에 있는 경우에는 예외적으로 합필의 등기를 할 수 있다. 따라서 토지등기기록에 요역지지역권의 등기가 있다면 그 토지에 대한 합필의 등기를 신청할 수 없는바, 이는 요역지지역권의 등기가 모든 토지의 등기기록에 있고 그 등기사항이 모두 동일하더라도 마찬가지이다(부동산등기선례 제201907-4호).

[**❸** ▸ ○] 부동산등기규칙 제127조 제2항, 제126조 제2항

> **부동산등기규칙 제126조(지상권설정등기의 신청)**
> ② 지상권 설정의 범위가 부동산의 일부인 경우에는 그 부분을 표시한 지적도를 첨부정보로서 등기소에 제공하여야 한다.
>
> **부동산등기규칙 제127조(지역권설정등기의 신청)**
> ② 지역권 설정의 범위가 승역지의 일부인 경우에는 제126조 제2항을 준용한다.

[④ ▸ ○] 부동산등기법 제71조 제1항

> **부동산등기법 제71조(요역지지역권의 등기사항)**
> ① 등기관이 승역지에 지역권 설정의 등기를 하였을 때에는 <u>직권으로</u> 요역지의 등기기록에 다음 각 호의
> 사항을 기록하여야 한다.
>   1. 순위번호
>   2. 등기목적
>   3. <u>승역지</u>
>   4. <u>지역권 설정의 목적</u>
>   5. 범 위
>   6. 등기연월일

[⑤ ▸ ○] 등기관이 승역지에 지역권변경 또는 말소의 등기를 하였을 때에는 직권으로 요역지의 등기
기록에 변경 또는 말소의 등기를 하여야 한다(부동산등기법 제71조 제4항).

답 ❷

제3절 전세권에 관한 등기

34
□□□

전세권등기에 관한 다음 설명 중 가장 옳지 않은 것은? 2023년 법무사시험 [문 28]

① 토지와 건물은 별개의 부동산으로 건물의 일부 또는 전부에 전세권설정등기가 경료되어 있는 경우
  에도 그 대지의 전부에 대하여 전세권설정등기를 신청할 수 있다.
② 전세권설정등기를 신청할 때에 존속기간은 설정계약서에 따라야 할 것이므로 존속기간의 시작일이
  등기신청접수일자 이전인 경우라도 등기관은 해당 등기신청을 수리하여야 한다.
③ 건물 중 1층 전부 및 2층 일부에 대하여 甲 명의의 전세권설정등기가 경료되고 이어 4층 전부에
  대하여 乙 명의의 전세권설정등기가 경료된 상태에서, 甲 명의의 전세권설정등기의 존속기간 연장
  을 위한 변경등기를 할 경우 乙은 등기상 이해관계 있는 제3자에 해당하지 않는다.
④ 전세권자는 설정행위에서 전전세가 금지되어 있지 않는 한 전세권설정자의 동의 없이 전세권의
  존속기간 내에서 전세권의 목적물의 전부 또는 일부를 전전세할 수 있다.
⑤ 전세권의 존속기간이 만료되고 전세금의 반환시기가 경과된 전세권의 경우에도 설정행위로 금지하
  지 않는 한 전세권의 이전등기는 가능하다.

···

[❶ ▸ ○] 토지와 건물은 별개의 부동산이므로 건물 전부에 대한 전세권설정등기가 경료된 경우에도
토지에 대하여 별도의 전세권설정등기를 신청할 수 있으며, 또한 이미 건물의 일부에 전세권이 설정된
경우에도 위 건물부분과 중복되지 않는 다른 건물부분에 대하여 전세권설정등기를 신청할 수 있다(등기선
례 제6-318호).

[❷ ▸ ○] 부동산 전세권설정등기를 신청할 때에 존속기간은 전세권설정계약서에 따라야 할 것인바,
위 존속기간의 시작일이 등기신청접수일자 이전이라고 하더라도 등기관으로서는 당해 전세권설정등기
신청을 수리하여야 할 것이다(등기선례 제6-319호).

[**❸** ▸ ✕] 4층 근린생활시설 건물 중 1층 전부 및 2층 일부에 대하여 甲 명의의 전세권설정등기가 경료되고, 이어 4층 전부에 대하여 乙 명의의 전세권설정등기가 경료된 상태에서, 甲 명의의 전세권설정등기의 존속기간 연장을 위한 변경등기를 할 경우 <u>乙은 부동산등기법 제52조의 등기상 이해관계 있는 제3자라 할 것이므로, 위 변경등기를 부기등기의 방식으로 하기 위해서는 신청서에 乙의 승낙서 또는 이에 대항할 수 있는 재판의 등본을 반드시 첨부하여야 하며, 승낙서 등을 첨부할 수 없는 경우에는 주등기(독립등기)의 방식으로 그 등기를 할 수 있을 것이다</u>(등기선례 제7-264호).

[**❹** ▸ ○] [**❺** ▸ ○] 전세권자는 설정행위로 금지하지 않는 한 전세권을 타인에게 양도 또는 담보로 제공할 수 있고 그 존속기간 내에서 그 목적물을 타인에게 전전세 또는 임대할 수 있으며, 전세금 반환과 전세권설정등기의 말소 및 전세목적물의 인도와는 동시이행의 관계에 있으므로, 전세권이 존속기간의 만료로 인하여 소멸된 경우에도 당해 전세권설정등기는 전세금반환채권을 담보하는 범위 내에서는 유효한 것이라 할 것이다. 따라서 전세권의 존속기간이 만료되고 전세금 반환시기가 경과된 전세권의 경우에도 설정행위로 금지하지 않는 한 그러한 전세권의 이전등기는 가능할 것이다. 그러나 전전세는 전세권의 존속기간 내에서만 타인에게 할 수 있으며, 전세권의 존속기간이 만료된 건물 전세권에 대한 전전세등기는 이를 할 수 없다(등기선례 제5-415호).

답 **❸**

35
☐☐☐

임차권에 관한 등기에 대한 다음 설명 중 가장 옳지 않은 것은? 기출수정
2022년 법무사시험 [문 29]

① 임대차의 존속기간이 만료된 경우와 주택임차권등기 및 상가건물임차권등기가 경료된 경우에는, 그 등기에 기초한 임차권이전등기나 임차물전대등기를 할 수 없다.

② 건물의 일부에 대해서 임차권설정등기를 할 수 있는 것이므로, 건물의 일부에 해당하는 지붕이나 옥상에 대하여도 임차권설정등기를 신청할 수 있고 이 경우 지붕이나 옥상의 일부에 대해서만 임차권설정등기를 신청할 때에는 그 부분을 표시한 도면을 첨부정보로서 제공하여야 한다.

③ 이미 전세권설정등기가 마쳐진 주택에 대하여 전세권자와 동일인이 아닌 자를 등기명의인으로 하는 주택임차권등기명령에 따른 등기의 촉탁이 있는 경우 등기관은 그 촉탁에 따른 등기를 수리할 수 없다.

④ 불확정기간을 존속기간으로 하는 임대차계약도 허용되므로 송전선이 통과하는 선하부지에 대한 임대차의 존속기간을 "송전선이 존속하는 기간"으로 하는 임차권설정등기도 가능하다.

⑤ 학교법인이 그 소유 명의의 부동산에 관하여 임차권설정등기를 신청하는 경우에는 관할청의 허가를 증명하는 서면을 첨부정보로 제공하여야 한다.

[❶ ▶ ○] 임대차의 존속기간이 만료된 경우와 주택임차권등기 및 상가건물임차권등기가 경료된 경우에는, 그 등기에 기초한 임차권이전등기나 임차물전대등기를 할 수 없다(등기예규 제1688호 4.).

[❷ ▶ ○] 건물의 일부에 대해서 임차권설정등기를 할 수 있는 것이므로(부동산등기법 제74조 제6호 [현 제7호(註)]), 건물의 일부에 해당하는 지붕이나 옥상에 대하여도 임차권설정등기를 신청할 수 있다. 이 경우 지붕이나 옥상의 일부에 대해서만 임차권설정등기를 신청할 때에는 그 부분을 표시한 도면을 첨부정보로서 제공하여야 한다(부동산등기선례 제201812-8호).

[❸ ▶ ×] 이미 전세권설정등기가 마쳐진 주택에 대하여 전세권자와 동일인이 아닌 자를 등기명의인으로 하는 주택임차권등기명령에 따른 등기의 촉탁이 있는 경우 등기관이 당해 등기촉탁을 수리할 수 있는지 여부와 관련하여, ㉠ 임대차는 그 등기가 없는 경우에도 임차인이 주택의 인도와 주민등록을 마친 때에는 그 다음 날부터 제3자에 대하여 효력이 생기고(주택임대차보호법 제3조 제1항), 그 주택에 임차권등기명령의 집행에 따라 임차권등기가 마쳐지면 그 대항력이나 우선변제권은 그대로 유지된다는 점(같은 법 제3조의3 제5항), ㉡ 위 임차권등기는 이러한 대항력이나 우선변제권을 유지하도록 해 주는 담보적 기능만을 주목적으로 하는 점(대판 2005.6.9. 2005다4529) 및 ㉢ 임차인의 권익보호에 충실을 기하기 위하여 도입된 임차권등기명령제도의 취지 등을 볼 때, <u>주택임차인이 대항력을 취득한 날이 전세권설정등기의 접수일자보다 선일(先日)이라면, 기존 전세권의 등기명의인과 임차권의 등기명의인으로 되려는 자가 동일한지 여부와는 상관없이 주택임차권등기명령에 따른 등기의 촉탁이 있는 경우 등기관은 그 촉탁에 따른 등기를 수리할 수 있을 것이다</u>(부동산등기선례 제202210-2호).

[❹ ▶ ○] 불확정기간을 존속기간으로 하는 임대차계약도 허용된다 할 것인바, 송전선이 통과하는 선하부지에 대한 임대차의 존속기간을 "송전선이 존속하는 기간"으로 정함은 민법 제651조 제1항에 해당하는 "20년을 최장기간으로 하는 불확정기간"이라고 생각되므로, 위 불확정기간을 존속기간으로 하는 임차권설정등기도 가능할 것이다(등기선례 제5-457호).

[❺ ▶ ○] 학교법인이 그 소유 명의의 부동산에 관하여 매매, 증여, 교환, 그 밖의 처분행위를 원인으로 한 소유권이전등기를 신청하거나 근저당권 등의 제한물권 또는 임차권의 설정등기를 신청하는 경우에는 그 등기신청서에 관할청의 허가를 증명하는 서면을 첨부하여야 한다. 다만, 사립학교법 시행령 제11조 제5항 제1호부터 제3호, 제6호, 제7호의 신고사항에 해당하는 경우에는 이를 소명할 수 있는 서면(관할청의 신고수리공문 등)을 첨부하여야 한다(등기예규 제1255호 제3조 제1항).

답 ❸

법원의 임차권등기명령에 따른 임차권등기에 관한 다음 설명 중 가장 옳지 않은 것은? 기출수정

2021년 법무사시험 [문 30]

① 미등기건물에 대하여 임차권등기명령에 따른 임차권등기의 촉탁이 있는 경우에는 등기관은 직권으로 소유권보존등기를 할 수 없다.

② 법원사무관등은 임차권등기명령의 결정이 임대인에게 송달된 때에는 지체 없이 촉탁서에 결정 등본을 첨부하여 등기관에게 임차권등기의 기입을 촉탁하여야 한다.

③ 주택임차권등기명령의 결정 후 주택의 소유권이 이전된 경우 등기촉탁서에 전 소유자를 등기의무자로 기재하여 임차권등기의 기입을 촉탁한 때에는 등기관은 그 등기촉탁을 각하하여야 한다.

④ 임차권등기명령에 의한 주택임차권등기를 하는 경우 등기의 목적을 "주택임차권"이라고 하여야 한다.

⑤ 등기관은 법원의 임차권등기명령에 따른 임차권등기를 마친 후에 등기완료통지서를 작성하여 촉탁법원에 송부하여야 한다.

[❶ ▸ ×] 미등기주택이나 상가건물에 대하여 임차권등기명령에 의한 등기촉탁이 있는 경우에는 <u>등기관은 부동산등기법 제66조의 규정에 의하여 <u>직권으로 소유권보존등기를 한 후</u> 주택임차권등기나 상가건물임차권등기를 하여야 한다(등기예규 제1688호 3. 다.).

[❷ ▸ ○] 법원사무관등은 임차권등기명령의 결정이 임대인에게 송달된 때에는 지체 없이 촉탁서에 결정 등본을 첨부하여 등기관에게 임차권등기의 기입을 촉탁하여야 한다. 다만, 주택임차권등기명령의 경우에는 임대인에게 임차권등기명령의 결정을 송달하기 전에도 임차권등기의 기입을 촉탁할 수 있다(임차권등기명령 절차에 관한 규칙 제5조).

[❸ ▸ ○] 주택임차권등기명령의 결정 후 주택의 소유권이 이전된 경우, 등기촉탁서에 전 소유자를 등기의무자로 기재하여 임차권등기의 기입을 촉탁한 때에는 촉탁서에 기재된 등기의무자의 표시가 등기부와 부합하지 아니하므로 등기관은 그 등기촉탁을 각하하여야 한다(등기선례 제7-285호).

[❹ ▸ ○] 임차권등기명령에 의한 주택임차권등기(이하 "주택임차권등기"라 한다)를 하는 경우에는 임대차계약을 체결한 날 및 임차보증금액(주택임대차보호법 제3조 제2항의 경우에는 법인과 임대인 사이에 임대차계약을 체결한 날 및 임차보증금액을 말한다), 임대차의 목적인 주택의 범위(임대차의 목적이 주택의 일부인 경우에는 그 목적인 부분을 표시한 도면의 번호를 함께 기록한다), 임차주택을 점유하기 시작한 날, 주민등록을 마친 날, 임대차계약증서상의 확정일자를 받은 날을 등기기록에 기록하고, <u>등기의 목적을 "주택임차권"이라고 하여야 한다</u>. 이 경우 차임의 약정이 있는 때에는 이를 기록한다(등기예규 제1688호 3. 가.).

[❺ ▸ ○] 등기관은 제5조의 규정에 의한 법원사무관등의 촉탁에 의하여 임차권등기의 기입을 마친 후에 등기완료통지서를 작성하여 촉탁법원에 송부하여야 한다(임차권등기명령 절차에 관한 규칙 제7조).

답 ❶

제3장 / 담보권에 관한 등기

제1절 | 근저당권에 관한 등기

제1항 | 근저당권설정등기

37
□□□

근저당권등기에 관한 다음 설명 중 가장 옳지 않은 것은? 2021년 법무사시험 [문 8]

① 공동근저당권이 설정된 후에 비록 등기상 이해관계인이 없다고 하더라도 위 공동근저당권의 채권 최고액을 각 부동산별로 분할하여 각 별개의 근저당권등기가 되도록 하는 내용의 근저당권변경등 기를 신청할 수는 없다.

② 근저당권설정등기를 함에 있어 그 근저당권의 채권자 또는 채무자가 수인인 경우, 각 채권자 또는 채무자별로 채권최고액을 구분하여(예 채권최고액 채무자 甲에 대하여 1억원, 채무자 乙에 대하여 2억원) 기록할 수 있다.

③ 채무자가 수인인 경우 그 수인의 채무자가 연대채무자라 하더라도 등기기록에는 단순히 "채무자"로 기록한다.

④ 동일 부동산에 대하여 甲과 乙을 공동채권자로 하는 하나의 근저당권설정계약을 체결한 경우, 각 채권자별로 채권최고액을 구분하여 등기하거나 甲과 乙을 각각 근저당권자로 하는 2개의 동순 위의 근저당권설정등기를 신청할 수 없다.

⑤ 근저당권의 피담보채권이 확정된 후에 그 피담보채권이 양도 또는 대위변제된 경우에는 근저당권 자 및 그 채권양수인 또는 대위변제자는 채권양도에 의한 저당권이전등기에 준하여 근저당권이전 등기를 신청할 수 있다. 이 경우 등기원인은 "확정채권 양도" 또는 "확정채권 대위변제" 등으로 기록한다.

....

[❶ ▶ ○] 현행 등기법제하에서는 공동근저당권의 채권최고액을 각 부동산별로 분할하여 각 별개의 근저당권등기가 되도록 하는 내용으로 근저당권을 변경하는 제도가 없으므로, 공동근저당권이 설정된 후에 비록 등기상 이해관계인이 없다고 하더라도 위 공동근저당권의 채권최고액을 각 부동산별로 분할하 여 각 별개의 근저당권등기가 되도록 하는 내용의 근저당권변경등기를 신청할 수는 없다(등기선례 제 6-342호).

[❷ ▶ ✕] 근저당권설정등기를 함에 있어 그 근저당권의 채권자 또는 채무자가 수인일지라도 단일한 채권최고액만을 기록하여야 하고, 각 채권자 또는 채무자별로 채권최고액을 구분하여(예 '채권최고액 채무자 갑에 대하여 1억원, 채무자 을에 대하여 2억원', 또는 '채권최고액 3억원 최고액의 내역 채무자 갑에 대하여 1억원, 채무자 을에 대하여 2억원' 등) 기록할 수 없다(등기예규 제1816호 제2조 제1항).

[❸ ▶ ○] 채무자가 근저당권설정자와 동일인인 경우에도 등기기록에 채무자를 기록하여야 하고, 채무 자가 수인인 경우 그 수인의 채무자가 연대채무자라 하더라도 등기기록에는 단순히 "채무자"로 기록한다 (등기예규 제1816호 제2조 제3항).

[**❹ ▶ ○**] 동일 부동산에 대하여 갑과 을을 공동채권자로 하는 하나의 근저당권설정계약을 체결한 경우, 각 채권자별로 채권최고액을 구분하여 등기하거나 갑과 을을 각각 근저당권자로 하는 2개의 동순위의 근저당권설정등기를 신청할 수 없다(등기선례 제7-274호).

[**❺ ▶ ○**] 근저당권의 피담보채권이 확정된 후에 그 피담보채권이 양도 또는 대위변제된 경우에는 근저당권자 및 그 채권양수인 또는 대위변제자는 채권양도에 의한 저당권이전등기에 준하여 근저당권이전등기를 신청할 수 있다. 이 경우 등기원인은 "확정채권 양도" 또는 "확정채권 대위변제" 등으로 기록한다(등기예규 제1816호 제3조 제2항 제1호).

답 ❷

제2항 근저당권이전등기

38 □□□ 근저당권이전등기에 관한 다음 설명 중 가장 옳은 것은? 2024년 법무사시험 [문 17]

① 피담보채권이 확정되기 전에 근저당권의 기초가 되는 기본계약상의 채권자지위의 양도를 원인으로 근저당권이전등기를 신청하는 경우 근저당권설정자가 물상보증인이면 그의 승낙을 증명하는 정보를 첨부정보로 제공하여야 한다.

② 피담보채권이 확정되기 전에 계약양도 등을 원인으로 근저당권이전등기를 신청하는 경우 등기원인을 증명하는 정보인 근저당권이전계약서에 채무자의 표시와 날인이 반드시 있어야만 하는 것은 아니다.

③ 확정채권의 대위변제를 원인으로 하는 근저당권이전등기의 경우에는 근저당권이전계약서와 대위변제증서를 첨부정보로 제공하여야 한다.

④ 근저당권이전등기를 신청할 때 채무자에 대한 피담보채권 양도의 통지나 채무자의 승낙을 증명하는 정보는 제공할 필요가 없으며, 대위변제에 의한 경우에도 채무자의 변제 동의서를 제공할 필요가 없다.

⑤ 근저당권의 피담보채권이 확정되기 전에 그 피담보채권이 양도 또는 대위변제된 경우에 이를 원인으로 하여 근저당권이전등기를 신청할 수 있다.

......

[**❶ ▶ ×**] 등기예규 제1816호 제3조 제1항 제2호

> □ **등기예규 제1816호[근저당권에 관한 등기사무처리지침]**
> **제3조(근저당권이전등기)**
> ① 근저당권의 피담보채권이 확정되기 전의 근저당권 이전등기의 신청은 다음 각 호와 같이 한다.
>   1. 근저당권의 피담보권이 확정되기 전에 근저당권의 기초가 되는 기본계약상의 채권자 지위가 제3자에게 전부 또는 일부 양도된 경우, 그 양도인 및 양수인은 "계약 양도"(채권자의 지위가 전부 제3자에게 양도된 경우), "계약의 일부 양도"(채권자의 지위가 일부 제3자에게 양도된 경우) 또는 "계약가입"(양수인이 기본계약에 가입하여 추가로 채권자가 된 경우)을 등기원인으로 하여 근저당권이전등기를 신청할 수 있다.
>   2. 위 제1호의 등기를 신청하는 경우 근저당권설정자가 물상보증인이거나 소유자가 제3취득자인 경우에도 그의 <u>승낙을 증명하는 정보를 등기소에 제공할 필요가 없다.</u>

[**❷** ▸ ×] 근저당권의 피담보채권이 확정되기 전에 "계약양도" 등을 원인으로 근저당권이전등기를 신청하는 경우 위 계약은 양도인, 양수인, 채무자의 3면 계약에 의하여야 하므로, 원인서면인 근저당권이전계약서에 양도인, 양수인은 물론 채무자의 표시와 날인이 있어야 한다. 피담보채권이 확정된 후에 "확정채권 양도"를 원인으로 근저당권이전등기를 신청하는 경우 위 채권양도는 양도인과 양수인의 계약에 의하여야 하므로, 원인서면인 근저당권이전계약서에 채무자의 표시와 날인이 반드시 있어야만 하는 것은 아니다(등기선례 제201011-3호).

[**❸** ▸ ×] 확정채권의 (일부)대위변제를 원인으로 하는 근저당권이전등기의 경우에는 법률에 의한 물권변동(민법 제480조, 제481조, 제482조 제1항)이므로 근저당권이전계약서는 제출할 필요가 없고, 대위변제증서를 첨부한다(등기선례 제5-441호). **부등 실무 2** 이와 관련하여 선례는, 변제할 정당한 이익이 있는 자가 채무자를 위하여 근저당권부 채권의 일부를 대위변제한 경우, 일부 대위변제자의 대위의 부기등기인 근저당권이전등기 신청 시 근저당권일부이전계약서는 첨부할 필요가 없으나 대위변제를 증명하는 서면인 대위변제증서는 첨부하여야 하며, 근저당권설정자가 물상보증인인 경우에는 그의 승낙서도 첨부하여야 한다고 한다(등기선례 제5-441호).

[**❹** ▸ ○]

• 지명채권의 양도는 양도인이 채무자에게 통지하거나 채무자가 승낙하지 아니하면 채무자 기타 제3자에게 대항하지 못하는 것이나, 근저당권이전등기를 신청함에 있어 피담보채권 양도의 통지서나 승낙서를 신청서에 첨부할 필요는 없다(등기선례 제5-104호).

• 확정채권 대위변제를 등기원인으로 하는 근저당권이전등기를 신청하는 경우에는 채무자의 변제 동의서 내지 승낙서를 첨부할 필요는 없다(등기선례 제5-448호).

[**❺** ▸ ×] 근저당권의 피담보채권이 확정되기 전에 그 피담보채권이 양도 또는 대위변제된 경우에는 이를 원인으로 하여 근저당권이전등기를 신청할 수는 없다(등기예규 제1816호 제3조 제1항 제3호).

답 **❹**

PART 1
PART 2
PART 3
PART 4
PART 5
PART 6
PART 7
PART 8

39
☐☐☐

(근)저당권에 관한 등기에 대한 다음 설명 중 가장 옳지 않은 것은? 2022년 법무사시험 [문 6]

① "어음할인, 대부, 보증 기타의 원인에 의하여 부담되는 일체의 채무"를 피담보채무로 하는 내용의 근저당권설정계약을 원인으로 한 근저당권설정등기도 신청할 수 있다.

② 하나의 근저당권을 여럿이 준공유하는 경우에 근저당권자 중 1인이 확정채권의 전부 또는 일부 양도를 원인으로 근저당권이전등기를 하는 경우에는 근저당권의 피담보채권이 확정되었음을 증명하는 서면 또는 나머지 근저당권자 전원의 동의가 있음을 증명하는 서면(동의서와 인감증명서)을 첨부하여야 한다.

③ 근저당권의 확정 후에 피담보채권과 함께 복수의 양수인에게 근저당권을 이전하는 경우에는 각 양수인별로 양도액을 특정하여 신청하여야 한다.

④ 채권최고액을 감액하는 경우에는 근저당권설정자가 등기권리자가 되고 근저당권자가 등기의무자가 되어 공동으로 근저당권변경등기를 신청하여야 한다.

⑤ 동일 부동산에 대한 소유권이전청구권 보전의 가등기상의 권리자와 근저당권자가 동일인이었다가 그 가등기에 기한 소유권이전의 본등기가 경료됨으로써 소유권과 근저당권이 동일인에게 귀속된 경우와 같이 근저당권이 혼동으로 소멸한 경우에는 그 근저당권설정등기가 말소되지 아니한 채 제3자 앞으로 다시 소유권이전등기가 경료된 경우라도 현 소유자가 단독으로 말소등기를 신청할 수 있다.

··

[❶▸O] '어음할인, 대부, 보증 기타의 원인에 의하여 부담되는 일체의 채무'를 피담보채무로 하는 내용의 근저당권설정계약을 원인으로 한 근저당권설정등기도 신청할 수 있다(등기예규 제1816호 제2조 제4항).

[❷▸O] [❸▸O] 하나의 근저당권을 여럿이 준공유하는 경우에 근저당권자 중 1인이 확정채권의 전부 또는 일부 양도를 원인으로 근저당권이전등기를 하는 경우에는 근저당권의 피담보채권이 확정되었음을 증명하는 서면 또는 나머지 근저당권자 전원의 동의가 있음을 증명하는 서면(동의서와 인감증명서)을 첨부하여야 한다. 또한 근저당권의 확정 후에 피담보채권과 함께 복수의 양수인에게 이전하는 경우에는 각 양수인별로 양도액을 특정하여 신청하여야 한다(등기선례 제201211-3호).

[❹▸O] 근저당권의 변경등기도 일반적인 경우와 같이 근저당권자와 근저당권설정자가 공동으로 신청하여야 한다. 근저당권자가 여러 명인 경우에는 전원이 신청하여야 한다. 채권최고액을 변경하는 근저당권변경등기는 증액의 경우에는 근저당권설정자가 등기의무자, 근저당권자가 등기권리자가 된다. 감액의 경우에는 반대이다. 부동 실무 2

[❺▸X] 동일 부동산에 대한 소유권이전청구권 보전의 가등기상의 권리자와 근저당권자가 동일인이었다가 그 가등기에 기한 소유권이전의 본등기가 경료됨으로써 소유권과 근저당권이 동일인에게 귀속된 경우와 같이 혼동으로 근저당권이 소멸(그 근저당권이 제3자의 권리의 목적이 된 경우 제외)하는 경우에는 등기명의인이 근저당권말소등기를 단독으로 신청한다. 다만, 그 근저당권설정등기가 말소되지 아니한 채 제3자 앞으로 다시 소유권이전등기가 경료된 경우에는 현 소유자와 근저당권자가 공동으로 말소등기를 신청하여야 한다(등기예규 제1816호 제6조 제3항).

답 ❺

40
☐☐☐

다음은 공동저당의 대위등기에 관한 등기기록례이다. 등기기록 및 그 신청절차에 관한 설명으로 가장 옳지 않은 것은? **2024년 법무사시험 [문 22]**

【 을 구 】 (소유권 이외의 권리에 관한 사항)				
순위번호	등기목적	접 수	등기원인	권리자 및 기타사항
1	근저당권 설정	2023년 7월 3일 제1900호	2023년 7월 3일 설정계약	채권최고액 금 300,000,000원 채무자 김서초 서울특별시 서초구 서초로1(서초동) 근저당권자 박강남 800123-1234567 서울특별시 서초구 서초로2(서초동) 공동저당 토지 서울특별시 서초구 서초동 1
(1)	1번 근저당권 대위	2024년 7월 3일 제1800호	(2) 2024년 6월 26일 ( )	매각부동산 (3) 매각대금 금 700,000,000원 변제액 금 250,000,000원 채권최고액 금 200,000,000원 채무자 (4) 대위자 김강남 810123-1234567 서울특별시 서초구 서초로3(서초동)

① (1)의 순위번호는 후순위 이해관계인의 유무나 그 이해관계인의 동의 유무와 관련 없이 부기등기 형식으로 기록하여야 한다.

② (2)의 등기연월일 "2024년 6월 26일"은 선순위저당권자에 대한 경매대가의 배당기일을 뜻하며, 등기원인은 공동저당부동산 중 일부의 경매대가를 먼저 배당하는 경우에 발생하므로 "민법 제368조 제2항에 의한 대위"로 하여야 한다.

③ (3)에는 "토지 서울특별시 서초구 서초동 1"을 기록하며, 부동산등기법은 소유권 외의 권리가 저당권의 목적일 때에는 그 권리를 기록하도록 하고 있다.

④ 공동저당 대위등기는 법률규정에 의한 이전으로 선순위저당권자가 등기의무자로 되고 차순위저당권자를 등기권리자로 하여 공동으로 신청하므로 (4)에는 등기의무자인 "박강남 서울특별시 서초구 서초로2(서초동)"을 기록한다.

⑤ 공동저당 대위등기 신청 시 부동산규칙에서 정한 일반적인 첨부정보 외에 집행법원에서 작성한 배당표 정보를 첨부정보로서 등기소에 제공하여야 하며, 국민주택채권은 채권최고액에 관계없이 매입하지 않으며, 배당이의 소송이 확정되지 않았더라도 신청이 가능하다.

··

[❶ ▸ ○] 공동저당 대위등기는 대위등기의 목적이 된 저당권등기에 부기등기로 한다(등기예규 제1859호 제6조 제1항).

[❷ ▸ ○] 등기의 목적은 "○번 저당권 대위"로, 등기원인은 "민법 제368조 제2항에 의한 대위"로, 그 연월일은 "선순위저당권자에 대한 경매대가의 배당기일"로 표시한다(등기예규 제1859호 제3조 제2항).

[**❸** ▸ ○] 부동산등기법 제80조 제1항 제1호

> **부동산등기법 제80조(공동저당의 대위등기)**
> ① 등기관이 「민법」 제368조 제2항 후단의 대위등기를 할 때에는 제48조에서 규정한 사항 외에 다음 각 호의 사항을 기록하여야 한다.
> 1. 매각 부동산(소유권 외의 권리가 저당권의 목적일 때에는 그 권리를 말한다)
> 2. 매각대금
> 3. 선순위 저당권자가 변제받은 금액

[**❹** ▸ ✕] 공동저당 대위등기는 선순위저당권자가 등기의무자로 되고 대위자(차순위저당권자)가 등기권리자로 되어 공동으로 신청하여야 한다(등기예규 제1859호 제2조). 그러나 채무자의 변동은 없으므로 (4)에는 기존의 채무자인 "김서초 서울특별시 서초구 서초로1(서초동)"을 기록한다.

[**❺** ▸ ○] 등기예규 제1859호 제4조, 제5조 제2항

> ❑ **등기예규 제1859호[공동저당 대위등기에 관한 업무처리지침]**
>
> **제4조(첨부정보)**
> 공동저당의 대위등기를 신청하는 경우에는 규칙 제46조에서 정한 일반적인 첨부정보 외에 집행법원에서 작성한 배당표 정보를 첨부정보로서 등기소에 제공하여야 한다.
>
> **제5조(등록면허세 등)**
> ② 공동저당의 대위등기를 신청하는 경우에는 국민주택채권을 매입하지 아니한다.

차순위저당권자의 대위권은 일단 배당기일에 그 배당표에 따라 배당이 실시되어 배당기일이 종료되었을 때 발생하는 것이지 배당이의 소송의 확정 등 그 배당표가 확정되는 것을 기다려 그때에 비로소 발생하는 것은 아니다(대판 2006.5.26. 2003다18401).

> ❑ **등기예규 제1859호[공동저당 대위등기에 관한 업무처리지침]**
>
> **별지 : 공동저당의 대위등기에 따른 등기기록례**
>
> | 【 을 구 】(소유권 이외의 권리에 관한 사항) | | | | |
> |---|---|---|---|---|
> | 순위번호 | 등기목적 | 접 수 | 등기원인 | 권리자 및 기타사항 |
> | 1 | 근저당권 설정 | 2009년 10월 12일 제13578호 | 2009년 10월 11일 설정계약 | 채권최고액 금 300,000,000원
채무자 장동군
서울특별시 송파구 방이동 45
근저당권자
이병한 700407-1234567
서울특별시 종로구 혜화동 45
공동담보 토지 서울특별시 서초구 서초동 12 |
> | 1-1 | 1번 근저당권 대위 | 2011년 11월 7일 제13673호 | 2011년 11월 4일 민법 제368조 제2항에 의한 대위 | 매각부동산 토지 서울특별시 서초구 서초동 12
매각대금 금 700,000,000원
변제액 금 250,000,000원
채권최고액 금 200,000,000원
채무자 장동군
서울특별시 송파구 올림픽대로 45(방이동)
대위자 김희선 740104-2012345
서울특별시 송파구 송파대로 345(송파동) |

답 **❹**

41

공동(근)저당의 등기에 관한 다음 설명 중 가장 옳지 않은 것은?

① 임차권이 대지권인 경우에 임차권은 저당권의 목적으로 할 수 없는 권리이므로 건물소유권과 대지권(토지임차권)을 공동저당의 목적으로 할 수 없다.

② 채권자는 동일한 채권의 담보로 甲 부동산에 관한 소유권과 乙 부동산에 관한 지상권에 대하여 공동근저당권설정등기를 신청할 수 있으며, 이때 甲 부동산의 소유자와 乙 부동산의 지상권자는 동일인이어야 한다.

③ 공동저당권이 설정된 후에 그 담보 부동산의 일부를 취득한 제3자가 그 취득한 일부 부동산에 대한 피담보채무만을 인수하고 그 채무인수를 원인으로 하여 채무자를 변경하기 위한 저당권변경등기는 공동저당관계가 존속되는 한 이를 할 수 없다.

④ 집합건물의 대지에 관하여 이미 저당권이 설정되어 있는 상태에서 대지권의 등기를 하고, 그와 아울러 또는 그 후에 구분건물에 관하여 동일채권의 담보를 위한 저당권을 추가설정하려는 경우에는, 구분건물과 대지권을 일체로 하여 그에 관한 추가저당권설정등기의 신청을 할 수 있다.

⑤ 공동저당 대위등기는 선순위저당권자가 등기의무자로 되고 대위자(차순위저당권자)가 등기권리자로 되어 공동으로 신청하여야 하며, 이 경우 일반적인 첨부정보 외에 집행법원에서 작성한 배당표 정보를 첨부정보로 제공하여야 한다.

·········

[❶ ▸ ○] 임차권이 대지권인 경우에 임차권은 저당권의 목적으로 할 수 없는 권리이므로 건물소유권과 대지권(토지임차권)을 공동저당의 목적으로 할 수 없고, 대지권을 제외한 건물만에 관하여 저당권이 설정되어야 하며, 이 경우 건물만의 취지의 부기등기를 하여야 한다(등기선례 제201604-1호).

[❷ ▸ ✕] 채권자는 동일한 채권의 담보로 甲 부동산에 관한 소유권과 乙 부동산에 관한 지상권에 대하여 공동근저당권설정등기를 신청할 수 있으며, 이때 甲 부동산의 소유자와 乙 부동산의 지상권자가 <u>반드시 동일할 필요는 없다</u>(등기선례 제201009-4호).

[❸ ▸ ○] 공동저당은 수개의 부동산 위에 동일한 채권을 담보하기 위한 저당권을 설정한 경우에 성립하게 되는데, 동일한 채권을 담보한다는 의미는 채권자와 채무자, 채권의 발생원인, 채권액 등이 동일한 것을 의미하고, 또한 공동저당을 이루는 각 부동산에 대한 복수의 저당권은 그 불가분성에 의하여 서로 연대관계를 형성하고 있기 때문에, 공동저당권이 설정된 후에 그 담보 부동산의 일부를 취득한 제3자가 그 취득한 일부 부동산에 대한 피담보채무만을 인수하고 그 채무인수를 원인으로 하여 채무자를 변경하기 위한 저당권변경등기는 공동저당관계가 존속되는 한 이를 할 수 없다(등기선례 제5-450호).

[❹ ▸ ○] 대지에 관하여 이미 저당권이 설정되어 있는 상태에서 대지권의 등기를 하고, 그와 아울러 또는 그 후에 구분건물에 관하여 동일채권의 담보를 위한 저당권을 추가설정하려는 경우에는, 구분건물과 대지권을 일체로 하여 그에 관한 추가저당권설정등기의 신청을 할 수 있다(등기예규 제1470호 4. 나. (1)).

[❺ ▸ ○] 등기예규 제1859호 제2조, 제4조

□ **등기예규 제1859호[공동저당 대위등기에 관한 업무처리지침]**

제2조(신청인)
공동저당 대위등기는 선순위저당권자가 등기의무자로 되고 대위자(차순위저당권자)가 등기권리자로 되어 공동으로 신청하여야 한다.

제4조(첨부정보)
공동저당의 대위등기를 신청하는 경우에는 규칙 제46조에서 정한 일반적인 첨부정보 외에 집행법원에서 작성한 배당표 정보를 첨부정보로서 등기소에 제공하여야 한다.

답 ❷

42 공장저당의 등기에 관한 다음 설명 중 가장 옳지 않은 것은?   2023년 법무사시험 [문 29]

① 토지 또는 건물과 기계·기구의 소유자가 동일하지 않은 경우에 공장 및 광업재단 저당법에 따른 공장저당의 목적으로 하기 위해서는 그 목적물인 그 기계·기구의 소유자의 동의서를 첨부하여야 한다.

② 기계·기구의 목록은 등기부의 일부로 보고 그 기록된 내용은 등기된 것으로 본다.

③ 공장저당의 등기를 신청할 때에는 토지 또는 건물이 공장 및 광업재단 저당법의 공장에 속하는 것임을 증명하는 채권자 명의의 정보를 첨부정보로 제공하여야 한다.

④ 기계·기구의 일부 멸실 또는 분리에 의한 변경신청의 경우에는 저당권자의 동의가 있음을 증명하는 정보 또는 이에 대항할 수 있는 재판이 있음을 증명하는 정보를 제공하여야 한다.

⑤ 공장저당권의 목적으로 제공된 기계·기구를 전부 새로운 기계·기구로 교체하는 경우에는 목록폐지로 인한 저당권변경등기를 신청하여 공장저당권을 보통저당권으로 변경하고, 새로운 기계·기구에 관해 목록 제출로 인한 저당권변경등기신청을 하여 다시 보통저당권을 공장저당권으로 변경하는 절차를 거쳐야 한다.

....

[❶ ▶ ✕] 공장저당법에 의하여 공장에 속하는 토지나 건물에 대한 저당권설정등기를 할 경우 그 토지나 건물에 설치한 기계, 기구 기타의 공장 공용물의 소유자는 그것이 설치된 토지 또는 건물의 소유자와 동일하여야 한다(등기선례 제2-376호). 따라서 소유자가 다른 경우에는 소유자의 동의서가 있더라도 공장저당권설정등기를 할 수 없다.

[❷ ▶ ○] 공장 및 광업재단 저당법 제6조 제1항·제2항, 제36조

> **공장 및 광업재단 저당법 제6조(저당권 목적물의 목록)**
> ① 공장에 속하는 토지나 건물에 대한 저당권설정등기를 신청하려면 그 토지나 건물에 설치된 기계, 기구, 그 밖의 공장의 공용물로서 제3조 및 제4조에 따라 저당권의 목적이 되는 것의 목록을 제출하여야 한다.
> ② 제1항의 목록에 관하여는 제36조, 제42조 및 제43조를 준용한다.
>
> **공장 및 광업재단 저당법 제36조(공장재단 목록의 효력)**
> 공장재단의 소유권보존등기가 있는 경우 공장재단 목록은 등기부의 일부로 보고 기록된 내용은 등기된 것으로 본다.

[❸ ▶ ○] 신청서에는 토지 또는 건물이 공장 및 광업재단 저당법 제2조의 공장에 속한 것임을 증명하는 정보를 첨부하여야 하는데(등기예규 제1475호 제2조 1.), 실무상 채권자인 저당권자가 작성한 공장증명서를 제출한다.

[❹▸○] 기계·기구의 일부멸실 또는 분리에 의한 변경등기신청의 경우에는 저당권자의 동의가 있음을 증명하는 정보(인감증명정보 첨부) 또는 이에 대항할 수 있는 재판이 있음을 증명하는 정보를 제공하여야 한다(등기예규 제1475호 제3조 제3항).

[❺▸○] 공장저당법 제7조의 규정에 의한 목록에 기재된 기계·기구 전부를 새로이 다른 기계·기구로 교체한 경우에는, 종전 목록에 관하여는 공장저당법 제7조 목록폐지로 인한 저당권변경등기를 신청하여 공장저당법에 의한 저당권을 보통저당권으로 변경하고, 새로운 기계·기구에 관하여는 공장저당법 제7조 목록 제출로 인한 저당권변경등기신청을 하여 다시 그 보통저당권을 공장저당법에 의한 저당권으로 변경하여야 할 것이다(등기선례 제5-430호).

답 ❶

제2절　권리질권등기

43
□□□　근저당권부 채권에 대한 질권의 등기에 관한 다음 설명 중 가장 옳지 않은 것은?
2021년 법무사시험 [문 7]

① 근저당권부 채권에 대한 질권의 등기는 근저당권등기에 부기등기로 한다.
② 근저당권부 채권에 대한 질권의 등기는 근저당권자가 등기의무자가 되고 질권자가 등기권리자가 되어 공동으로 신청함이 원칙이다.
③ 근저당권부 채권에 대한 질권의 등기를 신청하는 경우 국민주택채권을 매입하여야 한다.
④ 채권액 또는 채권최고액은 근저당권부 채권에 대한 질권의 등기사항 중 하나이다.
⑤ 근저당권부 채권의 질권자가 해당 질권을 제3자에게 전질한 경우 질권의 이전등기를 할 수 있다.

....

[❶▸○] 권리질권의 등기는 저당권등기에 부기등기로 한다(부동산등기법 제52조 제3호).

부등 실무 2

[❷ ▸ O] 근저당권부 채권질권의 부기등기는 근저당권자가 등기의무자가 되고 질권자가 등기권리자가 되어 공동으로 신청한다. 부동 실무 2

부동산등기법 제23조(등기신청인)
① 등기는 법률에 다른 규정이 없는 경우에는 등기권리자와 등기의무자가 공동으로 신청한다.

[❸ ▸ ×] 국민주택채권은 부동산등기 중 소유권의 보존 및 이전·저당권의 설정 및 이전의 경우에만 매입하도록 규정하고 있으므로(주택도시기금법 시행령 제8조 제2항, [별표] 제1호, [부표] 제15호 참조), 근저당권부 질권의 부기등기를 신청하는 경우에는 국민주택채권매입의무가 없다(등기선례 제6-348호).
[❹ ▸ O] 부동산등기법 제76조 제1항 제1호

부동산등기법 제76조(저당권부 채권에 대한 질권 등의 등기사항)
① 등기관이 민법 제348조에 따라 저당권부 채권에 대한 질권의 등기를 할 때에는 제48조에서 규정한 사항 외에 다음 각 호의 사항을 기록하여야 한다.
  1. 채권액 또는 채권최고액
  2. 채무자의 성명 또는 명칭과 주소 또는 사무소소재지
  3. 변제기와 이자의 약정이 있는 경우에는 그 내용

[❺ ▸ O] 근저당권부 채권의 질권자가 해당 질권을 제3자에게 전질한 경우 부동산등기법 제2조에 의하여 질권의 이전등기를 할 수 있다(등기선례 제201105-1호).

답 ❸

44
☐☐☐

저당권부채권에 대한 채권담보권의 부기등기에 관한 다음 설명 중 가장 옳지 않은 것은?

2025년 법무사시험 [문 8]

① 등기목적은 '저당권부 채권담보권의 설정'이라 하고, 채권담보권의 목적이 되는 저당권의 표시는 '접수 ○○년 ○○월 ○○일 제○○○호 순위 제○번의 저당권'과 같이 기재하여 신청정보의 내용으로 제공하여야 한다.

② 일반적인 신청정보 외에 담보권의 목적인 채권을 담보하는 저당권의 표시, 채권액 또는 채권최고액, 채무자의 표시 및 변제기와 이자의 약정이 있는 경우에는 그 내용을 신청정보의 내용으로 제공하여야 한다.

③ 일반적인 첨부정보 외에 등기원인을 증명하는 정보로 채권담보권설정계약서와 동산·채권 등의 담보에 관한 법률에 따라 채권담보권등기가 되었음을 증명하는 등기사항증명서를 첨부정보로서 제공하여야 한다.

④ 채권담보권의 부기등기를 신청하는 경우에는 국민주택채권은 매입하지 아니한다.

⑤ 채권담보권의 부기등기는 저당권자가 등기의무자가 되고 채권담보권자가 등기권리자가 되어 공동으로 신청하며, 이 경우 저당권자는 법인 또는 부가가치세법에 따라 사업자등록을 한 사람일 필요는 없다.

··

[❶ ▸ ○] 등기의 목적은 "저당권부 채권담보권의 설정"이라 하고, 채권담보권의 목적이 되는 저당권의 표시는 "접수 ○○년 ○○월 ○○일 제○○○호 순위 제○번의 저당권"과 같이 한다(등기예규 제1858호 제3조 제2항).

[❷ ▸ ○] 채권담보권의 부기등기를 신청하는 경우에는 규칙 제43조에서 정한 일반적인 신청정보 외에 담보권의 목적인 채권을 담보하는 저당권의 표시, 채권액 또는 채권최고액, 채무자의 표시 및 변제기와 이자의 약정이 있는 경우에는 그 내용을 신청정보의 내용으로 등기소에 제공하여야 한다(등기예규 제1858호 제3조 제1항).

[❸ ▸ ○] 채권담보권의 부기등기를 신청하는 경우에는 규칙 제46조에서 정한 일반적인 첨부정보 외에 등기원인을 증명하는 정보로 채권담보권설정계약서와 「동산·채권 등의 담보에 관한 법률」에 따라 채권담보권등기가 되었음을 증명하는 등기사항증명서를 첨부정보로서 등기소에 제공하여야 한다(등기예규 제1858호 제4조).

[❹ ▸ ○] 채권담보권의 부기등기를 신청하는 경우에 국민주택채권은 매입하지 아니한다(등기예규 제1858호 제5조 제2항).

[❺ ▸ ×] 채권담보권의 부기등기는 저당권자가 등기의무자가 되고 채권담보권자가 등기권리자가 되어 공동으로 신청한다. 이 경우 <u>저당권자는 법인 또는 「부가가치세법」에 따라 사업자등록을 한 사람이어야 한다</u>(등기예규 제1858호 제2조).

답 ❺

제4장 / 그 밖의 각종의 등기

제1절 변경등기

제1항 등기명의인표시변경등기

45
☐☐☐

등기명의인표시변경등기에 관한 다음 설명 중 가장 옳지 않은 것은? 2022년 법무사시험 [문 4]

① 근저당권자인 법인의 취급지점이 변경된 때에는 등기명의인표시변경(취급지점 변경)등기를 먼저 하여야만 채무자변경으로 인한 근저당권변경등기를 신청할 수 있다.

② 소유권이전등기를 신청하는 경우, 주소변경이 아닌 개명 등의 변경사유가 있는 때에는 등기관은 직권으로 변경등기를 할 수 없다.

③ 현재 효력이 있는 권리에 관한 등기기록상 등기명의인의 주민등록번호가 등기기록에 기록되어 있지 않은 경우, 그 등기명의인은 주민등록번호를 추가로 기록하는 내용의 등기명의인표시 변경등기를 신청할 수 있다.

④ 등기관이 소유권이전등기를 할 때에 등기명의인의 주소변경으로 신청정보상의 등기의무자의 표시가 등기기록과 일치하지 아니하는 경우라도 첨부정보로서 제공된 주소를 증명하는 정보에 등기의무자의 등기기록상의 주소가 신청정보상의 주소로 변경된 사실이 명백히 나타나면 직권으로 등기명의인표시의 변경등기를 하여야 하나, 이는 자연인의 경우에 해당되며 법인의 본점소재지가 변경된 경우에는 적용되지 않는다.

⑤ 등기명의인의 국적이 변경되어 국적을 변경하는 내용의 등기명의인표시 변경등기를 신청하는 경우에는 시민권증서 등 국적변경을 증명하는 정보를 첨부정보로서 제공하고, 신청정보의 내용 중 등기원인은 "국적변경"으로, 그 연월일은 "새로운 국적을 취득한 날"로 제공하여야 한다.

....

[❶ ▶ ○] 상사법인이 근저당권자인 경우 근저당권설정등기신청서에 취급지점의 표시가 있는 때에는 등기부에 그 취급지점을 기재하게 되므로 근저당권자인 상사법인의 취급지점이 변경된 때에는 등기명의인표시변경(취급지점변경)등기를 한 후에야 채무자변경으로 인한 근저당권변경등기신청을 할 수 있는 것이나 근저당권말소등기를 신청할 경우에는 취급지점이 변경된 사실을 증명하는 서면을 첨부하여 취급지점의 변경등기 없이 근저당권말소등기를 신청할 수 있다(등기선례 제4-468호).

[❷ ▶ ○] [❹ ▶ ✕] 등기관이 소유권이전등기를 할 때에 등기명의인의 주소변경으로 신청정보 상의 등기의무자의 표시가 등기기록과 일치하지 아니하는 경우라도 첨부정보로서 제공된 주소를 증명하는 정보에 등기의무자의 등기기록상의 주소가 신청정보상의 주소로 변경된 사실이 명백히 나타나면 직권으로 등기명의인표시의 변경등기를 하여야 한다(부동산등기규칙 제122조). 이와 같이 직권으로 변경등기를 하는 것은 소유권이전등기를 신청할 때 등기의무자의 주소변경으로 신청정보상의 등기의무자 표시가 등기기록과 불일치하는 경우에 한하므로, 저당권설정등기의 신청을 할 때나 소유권이전등기를 신청하는 경우라도 주소변경이 아닌 개명 등의 변경사유가 있는 때에는 직권으로 변경등기를 할 수 없다. 위 규정은 <u>법인의 본점 소재지가 변경된 경우에도 적용된다</u>(등기선례 제4-531호 참조). 부등 실무 2

[❸ ▸ ○] 현재 효력 있는 권리에 관한 등기의 등기명의인의 주민등록번호 등이 등기기록에 기록되어 있지 않은 경우, 그 등기명의인은 주민등록번호 등을 추가로 기록하는 내용의 등기명의인표시변경등기를 신청할 수 있다[등기예규 제1672호 2. 마. (1)].

[❺ ▸ ○] 등기명의인의 국적이 변경되어 국적을 변경하는 내용의 등기명의인표시변경등기를 신청하는 경우에는 국적변경을 증명하는 정보(예 시민권증서, 귀화증서, 국적취득사실증명서, 폐쇄된 기본증명서 등)를 첨부정보로서 제공하고, 신청정보의 내용 중 등기원인은 "국적변경"으로, 그 연월일은 "새로운 국적을 취득한 날"로 제공하여야 한다(등기예규 제1778호 제8조 제1항).

답 ❹

제2항 부동산표시에 관한 등기

46

부동산 표시에 관한 등기에 대한 다음 설명 중 가장 옳은 것은?　2025년 법무사시험 [문 28]

① 토지대장에는 분할된 적이 없는데도 등기기록상 분필등기가 마쳐진 경우에는 토지분할의 효과가 발생할 수는 없으므로 결국 그러한 분필등기는 무효이며, 이 경우 토지 소유자는 신청착오를 원인으로 분필등기의 말소를 신청할 수 있다.

② X 토지의 분할로 인하여 분할 전 설정되어 있던 지상권이 분할 후 Y 토지에 전사된 후 Y 토지의 지상권을 구분지상권으로 변경하기 위해서는 지상권자가 작성한 지상권설정의 목적과 범위를 기재한 서면을 첨부정보로 제공하면 되고, 지상권자와 지상권설정자가 공동으로 변경등기를 신청할 필요는 없다.

③ 합필대상 토지 중 일부 토지 등기기록에 요역지지역권의 등기가 있다면 그 토지에 대한 합필등기를 할 수 없으나 모든 토지의 등기기록에 동일한 내용의 요역지지역권의 등기가 있는 경우에는 합필등기를 할 수 있다.

④ 甲 소유의 X, Y 토지 중 X 토지의 저당권은 토지 전부를 목적으로 하고 있고 Y 토지의 저당권은 일부 지분만을 목적으로 하고 있는 경우 그 저당권의 등기원인 및 그 연월일과 접수번호가 동일하다면 X 토지를 Y 토지에 합병하는 합필등기를 할 수 있다.

⑤ 합필의 특례규정(부동산등기법 제38조)에 따른 합필등기 시 토지의 일부에 요역지지역권의 등기가 있는 경우라도 합필 후의 토지 전체를 위한 지역권으로 하는 합필등기를 신청할 필요는 없다.

[❶ ▸ O] 토지등기부에는 분필등기가 되어 있더라도 지적법상의 토지분할절차를 거치지 아니하여 토지대장에는 분할등록이 되어 있지 않은 경우에는 토지분할의 효과가 발생할 수는 없는 것이므로 결국 그러한 분필등기는 무효라고 할 것인바, 그러한 분필등기 후에 소유권이전등기가 되어 있는 경우에 토지등기부를 토지대장과 일치시키기 위해서는 위 소유권이전등기 및 토지분필등기를 차례로 말소하여야 할 것이다(등기선례 제6-397호).

[❷ ▸ ✕] 송전철탑과 송전선의 소유를 목적으로 하는 지상권이 토지의 일부에 설정되어 있는데, 위 토지가 분할되어 갑 토지 일부에는 종전과 같이 송전철탑과 송전선의 소유를 목적으로 하는 지상권이, 을 토지 일부에는 송전선의 소유만을 목적으로 하는 지상권이 각 존속하게 되는 경우, 지상권과 구분지상권은 그 권리의 내용을 달리하므로 을 토지에 전사된 지상권을 구분지상권으로 변경하기 위해서는 <u>지상권자와 지상권설정자가 그 변경내용을 기재한 계약서를 등기원인을 증명하는 서면으로 첨부하여 변경등기를 신청하여야</u> 하고, 지상권자가 작성한 지상권설정의 목적과 범위를 기재한 서면만을 첨부해서는 변경등기를 신청할 수 없다(등기선례 제9-287호).

[❸ ▸ ✕] 「부동산등기법」 제37조 제1항에 따르면 토지 등기기록에 소유권·지상권·전세권·임차권 및 승역지(편익제공지)에 하는 지역권의 등기 외에 다른 권리에 관한 등기가 있는 경우에는 합필의 등기를 할 수 없으며, 다만 그 다른 권리에 관한 등기가 저당권에 관한 등기로서 등기원인 및 그 연월일과 접수번호가 동일하고 모든 토지의 등기기록에 있는 경우에는 예외적으로 합필의 등기를 할 수 있다. 따라서 토지 등기기록에 요역지지역권의 등기가 있다면 그 토지에 대한 합필의 등기를 신청할 수 없는바, 이는 <u>요역지지역권의 등기가 모든 토지의 등기기록에 있고 그 등기사항이 모두 동일하더라도 마찬가지이다</u>(부동산등기선례 제201907-4호).

[❹ ▸ ✕] 소유권의 등기명의인이 동일한 갑 토지와 을 토지의 등기기록 모두에 소유권의 등기 외에 <u>등기원인 및 그 연월일과 접수번호가 동일한 저당권에 관한 등기만 있는 경우라도 갑 토지의 저당권은 토지 전부를 목적으로 하고 있으나, 을 토지의 저당권은 소유권의 일부 지분만을 목적으로 하고 있다면 갑 토지를 을 토지에 합병하는 합필등기를 신청할 수는 없다</u>(부동산등기선례 제201904-1호).

[❺ ▸ ✕] 「공간정보의 구축 및 관리 등에 관한 법률」에 따른 토지합병절차를 마친 후 합필등기를 하기 전에 합병된 토지 중 어느 토지에 관하여 제37조 제1항에서 정한 합필등기의 제한 사유에 해당하는 권리에 관한 등기가 된 경우라 하더라도 이해관계인의 승낙이 있으면 해당 토지의 소유권의 등기명의인은 그 권리의 목적물을 합필 후의 토지에 관한 지분으로 하는 합필등기를 신청할 수 있다. 다만, <u>요역지(편익필요지)에 하는 지역권의 등기가 있는 경우에는 합필 후의 토지 전체를 위한 지역권으로 하는 합필등기를 신청하여야 한다</u>(부동산등기법 제38조 제2항).

답 ❶

47

건물의 표시변경등기에 관한 다음 설명 중 가장 옳지 않은 것은?

① 합병하려는 모든 건물에 등기원인 및 그 연월일과 접수번호가 동일한 저당권에 관한 등기가 있는 경우에는 공시의 혼란을 초래할 우려가 없으므로 합병이 가능하고, 이 경우 저당권자의 승낙을 증명하는 정보는 제공할 필요가 없다.

② 건축물대장상 합병이 이루어지고 합병등기를 하기 전에 합병된 건물의 소유자가 달라지거나 건물 합병의 제한사유가 있는 경우에는 합병 후의 건물을 공유로 하고 합병제한사유에 해당하는 권리에 관한 등기의 목적을 합병 후의 공유지분으로 변경하는 등기를 할 수 있다.

③ 멸실한 건물의 소유권의 등기명의인이 1개월 이내에 멸실등기를 신청하지 않는 때에는 그 멸실건물의 대지 소유자가 건물 소유자를 대위하여 멸실등기를 신청할 수 있다.

④ 멸실된 건물이 근저당권 등 제3자의 권리의 목적이 된 경우라도 멸실된 사실이 건축물대장에 기록되어 있다면 멸실등기를 신청할 때에 근저당권자 등의 승낙이 있음을 증명하는 정보를 제공할 필요가 없다.

⑤ 집합건축물대장상 구분건물인 201호와 202호가 분할·구분·합병으로 각 201호와 202호 및 203호로 되었으나 부동산표시변경등기가 마쳐지지 아니한 채 소유권이전등기가 마쳐진 경우, 위 각 건물의 소유자가 동일하고 건물의 합병 제한사유에 해당되지 않으면 위 구분건물의 소유자는 등기기록상 건물표시가 집합건축물대장과 일치되도록 건물의 표시변경등기를 신청할 수 있다.

....

[❶ ▸ ○] 모든 건물에 대하여 등기원인과 그 연월일 및 접수번호가 동일한 저당권에 관한 등기가 있는 경우에는 공시의 혼란을 초래할 우려가 없으므로 합병이 가능하다(부동산등기법 제42조 제1항). 이 경우 근저당권자의 승낙서는 첨부정보로 제공할 필요가 없다(등기선례 제201311-1호). 부등 실무 2

> **부동산등기법 제42조(합병 제한)**
> ① 합병하려는 건물에 다음 각 호의 등기 외의 권리에 관한 등기가 있는 경우에는 합병의 등기를 할 수 없다.
> 1. 소유권·전세권 및 임차권의 등기
> 2. 합병하려는 모든 건물에 있는 등기원인 및 그 연월일과 접수번호가 동일한 저당권에 관한 등기
> 3. 합병하려는 모든 건물에 있는 제81조 제1항 각 호의 등기사항이 동일한 신탁등기

[❷ ▸ ×] 합병되는 각 구분건물의 소유자가 서로 다르고, 가처분, 가등기, 근저당권설정등기 등 「부동산등기법」 제42조 제1항의 건물합병의 제한사유가 있는 상태에서 각 구분건물의 소유권에 관한 등기를 합병 후의 공유지분으로 변경하고, 근저당권 등 합병제한사유에 해당하는 권리에 관한 등기의 목적을 합병 후의 공유지분으로 변경하는 등기를 하고자 하는 경우에는 이와 같이 변경등기를 할 수 있다는 법률상 규정이 있어야만 가능하다. 따라서 현행 「부동산등기법」상 건물합병의 제한 사유가 있는 경우 위와 같이 공유지분으로 변경하는 등기를 할 수 있다는 규정이 없으므로 이를 등기할 수 없다(등기선례 제9-127호).

[❸ ▸ ○] 부동산등기법 제43조 제1항, 제2항

> **부동산등기법 제43조(멸실등기의 신청)**
> ① 건물이 멸실된 경우에는 그 건물 소유권의 등기명의인은 그 사실이 있는 때부터 1개월 이내에 그 등기를 신청하여야 한다. 이 경우 제41조 제2항을 준용한다.
> ② 제1항의 경우 그 소유권의 등기명의인이 1개월 이내에 멸실등기를 신청하지 아니하면 그 건물대지의 소유자가 건물 소유권의 등기명의인을 대위하여 그 등기를 신청할 수 있다.

[**❹** ▶ O] 기존의 집합건물이 멸실되고 건축물대장에도 멸실된 사항이 기재되어 있으나, 일부 전유부분의 소유자가 1월 이내에 멸실등기를 신청하지 않고 있는 경우, 그 건물대지의 소유자 또는 공유자가 건물소유자를 대위하여 멸실등기를 신청할 수 있다. 또한, 멸실된 건물이 근저당권 등 제3자의 권리의 목적이 된 경우라도 그 멸실등기신청서에 제3자의 승낙서를 첨부할 필요가 없다(등기선례 제7-326호).

[**❺** ▶ O] 집합건축물대장상 구분건물인 201호와 202호가 분할·구분·합병으로 각 201호와 202호 및 203호로 되었으나 부동산표시변경등기가 마쳐지지 아니한 채 소유권이전등기가 마쳐진 경우, 위 각 건물의 소유자가 동일하고 건물의 합병 제한사유(부동산등기법 제42조 제1항)에 해당되지 않으면 위 구분건물의 소유자는 등기기록상 건물표시가 집합건축물대장과 일치되도록 건물의 표시변경등기를 신청할 수 있다(부동산등기선례 제202009-1호).

답 **❷**

---

48 토지의 표시변경등기에 관한 다음 설명 중 가장 옳지 않은 것은?   2021년 법무사시험 [문 22]

① 등기관이 지적소관청으로부터 공간정보의 구축 및 관리 등에 관한 법률 제88조 제3항에 따라 등기기록의 토지의 표시와 지적공부가 일치하지 않는다는 통지를 받은 경우에 1개월의 기간 이내에 등기명의인으로부터 등기신청이 없을 때에는 그 통지서의 기재내용에 따른 변경의 등기를 직권으로 하여야 한다.

② 甲 토지와 乙 토지에 등기원인 및 그 연월일과 접수번호가 동일하나 甲 토지의 저당권은 토지 전부를 목적으로 하고 있고 乙 토지의 저당권은 소유의 일부 지분만을 목적으로 하고 있는 경우 甲 토지를 乙 토지에 합병하는 합필등기를 할 수 없다.

③ 甲 토지에 전세권설정등기가 마쳐져 있고 乙 토지에는 임차권설정등기가 마쳐져 있는 경우 甲 토지를 乙 토지에 합병하는 합필등기를 할 수 없다.

④ 甲 토지를 乙 토지에 합병한 경우에 등기관이 합필등기를 할 때에는 乙 토지의 등기기록 중 표제부에 합병 후의 토지의 표시와 합병으로 인하여 甲 토지의 등기기록에서 옮겨 기록한 뜻을 기록하고 종전의 표시에 관한 등기를 말소하는 표시를 하여야 한다.

⑤ 토지 표시에 관한 사항을 변경하는 등기는 주등기로 하고, 종전의 표시에 관한 사항을 말소하는 표시를 한다.

....

[**❶** ▶ O] 등기관이 지적(地籍)소관청으로부터 공간정보의 구축 및 관리 등에 관한 법률 제88조 제3항의 통지를 받은 경우에 제35조의 기간(1개월) 이내에 등기명의인으로부터 등기신청이 없을 때에는 그 통지서의 기재내용에 따른 변경의 등기를 직권으로 하여야 한다(부동산등기법 제36조 제1항).

[**❷** ▶ O] 소유권의 등기명의인이 동일한 갑 토지와 을 토지의 등기기록 모두에 소유권의 등기 외에 등기원인 및 그 연월일과 접수번호가 동일한 저당권에 관한 등기만 있는 경우라도 갑 토지의 저당권은 토지 전부를 목적으로 하고 있으나, 을 토지의 저당권은 소유권의 일부 지분만을 목적으로 하고 있다면 갑 토지를 을 토지에 합병하는 합필등기를 신청할 수는 없다(부동산등기선례 제201904-1호).

[**❸** ▶ ×] 소유권·지상권·전세권·임차권 및 승역지에 하는 지역권은 합필 후 토지의 일부에 성립될 수 있는 용익권이므로, 합필제한사유에 해당하지 아니한다(부동산등기법 제37조 제1항 참조).

[❹ ▸ O] 갑 토지를 을 토지에 합병한 경우에 등기관이 합필등기를 할 때에는 을 토지의 등기기록 중 표제부에 합병 후의 토지의 표시와 합병으로 인하여 갑 토지의 등기기록에서 옮겨 기록한 뜻을 기록하고 종전의 표시에 관한 등기를 말소하는 표시를 하여야 한다(부동산등기규칙 제79조 제1항).

[❺ ▸ O] 부동산의 표시변경등기는 주등기로 하며, 종전의 표시를 말소하는 표시를 한다.

답 ❸

 토지개발사업에 따른 등기

49
☐☐☐ 토지개발사업의 시행지역에서 환지를 수반하지 아니하는 토지의 이동으로 인하여 지적공부가 정리된 경우의 부동산등기에 관한 특례를 정한 토지개발 등기규칙에 관한 다음 설명 중 가장 옳지 않은 것은? 2021년 법무사시험 [문 14]

① 토지개발사업의 완료에 따른 지적확정측량에 의하여 지적공부가 정리되고 이에 대한 확정시행 공고가 있는 경우 해당 토지의 등기명의인은 종전 토지에 대한 말소등기와 새로 조성된 토지에 대한 소유권보존등기는 동시에 신청하여야 한다.

② 종전 토지에 관한 말소등기는 모든 토지에 대하여 1건의 신청정보로 일괄하여 신청하여야 하는데, 새로 조성된 토지에 관한 소유권보존등기도 모든 토지에 대하여 1건의 신청정보로 일괄하여 신청하여야 한다.

③ 종전 모든 토지의 등기기록에 등기사항이 동일한 신탁등기 또는 주택법 제61조 제3항의 금지사항부기등기가 있는 경우에 그 등기는 새로 조성된 토지에 관한 소유권보존등기와 함께 1건의 신청정보로 일괄하여 신청하여야 한다.

④ 종전 모든 토지의 등기기록에 등기원인 및 그 연월일과 접수번호가 같은 저당권 또는 근저당권의 등기가 있는 경우에 그 등기는 새로 조성된 토지에 관한 소유권보존등기와 함께 1건의 신청정보로 일괄하여 신청하여야 한다.

⑤ 종전 토지의 등기기록에 지상권, 전세권, 임차권의 등기가 있는 경우에 그 등기는 토지의 소유명의인과 해당 권리의 등기명의인이 공동으로 신청하여야 한다.

[**❶** ▸ ○] [**❷** ▸ ○] [**❸** ▸ ○] [**❹** ▸ ✕] [**❺** ▸ ○]   토지개발 등기규칙 제2조, 제3조, 제4조

토지개발 등기규칙 제2조(신청요건)

② 제1항 제3호에도 불구하고 다음 각 호의 어느 하나에 해당하는 경우에는 이 규칙에 따른 등기를 신청할 수 있다.

　1. 종전 모든 토지의 등기기록에 부동산등기법 제81조 제1항 각 호의 등기사항이 같은 신탁등기가 있는 경우

　2. 종전 모든 토지의 등기기록에 주택법 제61조 제3항의 금지사항부기등기가 있는 경우

　3. 종전 토지의 등기기록에 지상권, 전세권, 임차권 또는 승역지(편익제공지)에 하는 지역권의 등기가 있는 경우

　4. 종전 모든 토지의 등기기록에 등기원인 및 그 연월일과 접수번호가 같은 저당권 또는 근저당권의 등기가 있는 경우

토지개발 등기규칙 제3조(신청하여야 할 등기)

① 토지개발사업의 완료에 따른 지적확정측량에 의하여 지적공부가 정리되고 이에 대한 확정시행 공고가 있는 경우 해당 토지의 소유명의인은 다음 각 호의 등기를 <u>동시에</u> 신청하여야 한다.

　1. <u>종전 토지에 관한 말소등기</u>

　2. <u>새로 조성된 토지에 관한 소유권보존등기</u>

② 종전 토지의 등기기록에 제2조 제2항 각 호의 어느 하나에 해당하는 등기가 있는 경우에는 제1항에 따른 등기의 신청과 동시에 그 등기를 신청하여야 한다.

③ 제2항의 경우에 제2조 제2항 제1호 또는 제2호에 해당하는 등기는 토지의 소유명의인이 단독으로 신청하고, 같은 항 <u>제3호 또는 제4호에 해당하는 등기</u>는 토지의 소유명의인과 해당 권리의 등기명의인이 <u>공동으로 신청한다.</u>

토지개발 등기규칙 제4조(신청정보의 내용과 제공방법)

① 종전 토지에 관한 말소등기는 모든 토지에 대하여 1건의 신청정보로 일괄하여 신청하여야 하고, 토지개발사업의 시행으로 인하여 등기를 신청한다는 뜻을 신청정보의 내용으로 등기소에 제공하여야 한다.

② 제1항의 규정은 새로 조성된 토지에 관한 소유권보존등기에 준용한다.

③ 제2조 제2항 제1호 또는 제2호에 해당하는 등기는 제2항의 등기와 함께 1건의 신청정보로 <u>일괄하여 신청하여야 한다.</u>

④ 제2조 제2항 제3호 또는 <u>제4호에 해당하는 등기</u>는 제2항의 등기신청 다음에 <u>별개의 신청정보로 신청하여야 하며,</u> 그 등기가 여러 개 존재하는 경우에는 각각 별개의 신청정보로 종전 토지의 등기기록에 등기된 순서에 따라 신청하여야 한다. 이 경우 등기의무자의 등기필정보는 신청정보의 내용으로 등기소에 제공할 필요가 없다.

답 **❹**

50
☐☐☐

농어촌정비법에 따른 환지등기에 관한 다음 설명 중 가장 옳지 않은 것은?

2023년 법무사시험 [문 27]

① 사업시행자는 사업시행인가 후에 사업시행을 위하여 환지계획인가의 고시 전이라도 종전 토지에 관한 토지 표시나 등기명의인 표시의 변경 및 경정등기를 대위하여 촉탁할 수 있으나, 대위등기를 촉탁하는 경우 등기원인 또는 등기목적이 동일하지 아니한 경우에는 하나의 촉탁정보로 일괄하여 촉탁할 수 없다.

② 환지계획인가의 고시가 있은 후에는 종전 토지에 대한 소유권이전등기를 할 수 없으며 등기가 마쳐진 경우에는 등기관은 그 등기를 부동산등기법 제58조를 적용하여 직권으로 말소한다.

③ 사업시행자가 환지등기를 촉탁할 때에는 일반적인 촉탁정보 외에도 종전 토지 수개에 대하여 1개 또는 수개의 환지를 교부한 경우 그 수개의 종전 토지 중 미등기인 것이 있는 때에는 그 취지를 촉탁정보로 제공하여야 한다.

④ 환지등기를 촉탁할 때에 필요한 첨부정보가 아닌 토지대장만을 제공한 경우, 등기관은 그 토지대장에 '환지' 또는 '구획정리 완료' 등의 사실이 기재되어 있다 하더라도 그 등기촉탁을 수리하여서는 안 된다.

⑤ 환지에 대하여 권리의 설정 또는 이전 등의 등기를 하여야 하는 때 기타 특별한 사유가 있는 때를 제외하고는 환지등기 촉탁은 사업지역 내의 토지 전부에 관하여 동시에 하여야 한다.

....

[❶ ▸ ×] 등기예규 제1588호 2. 가., 나.

> ☐ **등기예규 제1588호[환지등기절차 등에 관한 업무처리지침]**
>
> 2. 사업시행을 위한 대위등기의 촉탁
>   가. 대위등기를 할 수 있는 사항
>   농어촌정비법 제25조 제1항의 사업시행자나 도시개발법 제28조 제1항의 도시개발사업의 시행자(이하 모두 "시행자"라 한다)는 사업시행인가 후에 사업시행을 위하여 농어촌정비법 제37조의 환지계획인가의 고시 또는 도시개발법 제42조의 환지처분의 공고(이하 모두 "환지계획인가의 고시 능"이라 한다) 전이라도 종전 토지에 관한 아래의 등기를 각 해당등기의 신청권자를 대위하여 촉탁할 수 있다.
>   (1) 토지 표시의 변경 및 경정 등기
>   (2) 등기명의인 표시의 변경 및 경정 등기
>   (3) 상속을 원인으로 한 소유권이전등기
>   나. 일괄촉탁
>   위 가.의 대위등기를 촉탁하는 경우에는 <u>등기원인 또는 등기의 목적이 동일하지 아니한 경우라도 하나의 촉탁서로 일괄하여 촉탁할 수 있다.</u>

[❷ ▸ ○] 등기예규 제1588호 3. 다. (1), (2), (3)

> ❑ **등기예규 제1588호[환지등기절차 등에 관한 업무처리지침]**
> 3. 환지계획인가의 고시 등을 통지받은 경우의 처리
>   다. 다른 등기의 정지
>   (1) 다른 등기가 정지되는 시점
>   환지계획인가의 고시 등이 있은 후에는 종전 토지에 관한 등기를 할 수 없다.
>   (2) 정지되는 다른 등기
>   소유권이전등기, 근저당권설정등기, 가압류등기, 경매개시결정등기(정지되는 시점 이전에 설정된 근저당권에 기한 경우도 마찬가지임) 등 권리에 관한 등기뿐만 아니라 표시에 관한 등기도 할 수 없다.
>   (3) 다른 등기가 마쳐진 경우
>   환지계획인가의 고시 등이 있었음에도 불구하고, 종전 토지에 관한 등기가 마쳐진 경우, 등기관은 그 등기를 부동산등기법 제58조를 적용하여 직권으로 말소한다.

[❸ ▸ ○] 등기예규 제1588호 4. 가. (2) (가)
[❹ ▸ ○] 등기예규 제1588호 4. 나. (2)

> ❑ **등기예규 제1588호[환지등기절차 등에 관한 업무처리지침]**
> 4. 환지처분의 공고 등에 따른 등기의 촉탁
>   시행자는 아래의 절차에 따라 농어촌정비법 제42조 제1항 또는 도시개발법 제43조 제1항에 따른 환지등기를 촉탁하여야 한다.
>   가. 촉탁서에 기재하여야 할 사항
>   (1) 일반적인 기재사항
>   (가) 종전 토지 및 환지의 표시(입체환지의 경우에는 건물의 표시도 하여야 함)와 환지를 교부받은 자의 성명, 주민등록번호 및 주소(법인의 경우에는 그 명칭, 부동산등기용등록번호 및 주사무소의 소재지)
>   (나) 농업기반등정비사업 또는 도시개발사업으로 인하여 등기를 촉탁한다는 취지
>   (다) 촉탁의 연월일
>   (2) 특별기재사항
>   아래의 사항에 해당하는 경우에는 촉탁서에 그 취지를 기재하여야 한다.
>   (가) 종전 토지 수개에 대하여 1개 또는 수개의 환지를 교부한 경우 그 수개의 종전 토지 중 미등기인 것이 있는 때
>   (나) 농어촌정비법 제34조 제1항에 의한 창설환지를 교부한 때 또는 도시개발법 제34조 제1항에 의한 체비지 또는 보류지를 정한 때
>   (다) 종전 토지에 환지를 교부하지 아니한 때
>   나. 환지등기 촉탁서의 첨부서면 등
>   (1) 첨부서면
>   (가) 환지계획서 및 환지계획서 인가서 등본
>   (나) 환지계획인가의 고시 등이 있었음을 증명하는 서면
>   (다) 농업기반등정비확정도
>   ※ 註 : 도시개발법에 의한 환지등기 촉탁의 경우에는 '농업기반등정비확정도' 대신 '도시개발정비도'를 첨부하여야 함
>   (2) 환지등기 촉탁서의 첨부서면이 아닌 토지대장만을 첨부하여 환지등기 촉탁을 한 경우
>   환지등기 촉탁서에 위 (1)의 서면이 아닌 토지대장만을 첨부하여 환지등기 촉탁을 한 경우, 등기관은 그 토지대장에 '환지' 또는 '구획정리 완료'등의 사실이 기재되어 있다 하더라도 그 등기촉탁을 수리하여서는 안 된다.

[**❺ ▸ ○**] 환지에 대하여 권리의 설정 또는 이전 등의 등기를 하여야 하는 때 기타 특별한 사유가 있는 때를 제외하고는 환지등기 촉탁은 사업지역 내의 토지 전부에 관하여 동시에 하여야 한다. 단, 사업지역을 수개의 구로 나눈 경우에는 각 구마다 등기촉탁을 할 수 있다[등기예규 제1588호 4. 다. (1)].

답 ❶

51
□□□

다음은 도시 및 주거환경정비법상 이전고시와 이에 따른 등기에 관한 설명이다. 가장 옳은 것은?

2024년 법무사시험 [문 7]

① 정비사업시행자(이하 "시행자"라 한다)는 그 사업시행을 위하여 신청권자를 대위하여 부동산의 표시변경(경정)등기와 등기명의인의 표시변경(경정)등기를 신청할 수 있으며, 등기원인 또는 등기의 목적이 동일한 경우에만 일괄 신청할 수 있다.

② 시행자로부터 이전고시를 통지받은 등기관은 대지 및 건축물에 관한 등기가 있을 때까지는 표시에 관한 등기를 제외하고는 권리에 관한 등기를 하여서는 아니 되며, 이에 위반한 등기는 부동산등기법 제58조를 적용하여 직권으로 말소한다.

③ 시행자는 정비사업의 효율적인 추진을 위하여 필요한 경우에는 해당 정비사업에 관한 공사가 전부 완료되기 전이라도 완공된 부분에 대하여 준공인가를 받아 이전고시를 한 때에는 그 부분만에 관하여 등기신청을 할 수 있다.

④ 등기관은 신청정보의 내용으로 제공된 사항이 첨부정보로 제공된 관리처분계획 및 그 인가를 증명하는 서면, 이전고시를 증명하는 서면의 내용과 일치하는지 여부와 함께 종전 토지 및 건물의 등기기록상 등기사항과 일치하는지 여부를 심사한다.

⑤ 담보권등에 관한 권리의 등기를 신청하는 경우에는 신청서에 '등기원인'으로 정비사업으로 인한 이전고시가 있었다는 취지를 기재하고, '그 연월일'은 이전고시가 있은 다음 날짜를 기재한다. 이때 접수번호는 소유권보존등기와 동시에 신청하므로 동일한 접수번호를 부여한다.

[**❶ ▸ ✕**] 도시 및 주거환경정비 등기규칙 제2조 제1항 제1호·제2호, 제3조

> **도시 및 주거환경정비 등기규칙 제2조(대위등기신청)**
> ① 정비사업시행자(이하 "시행자"라 한다)는 그 사업시행을 위하여 필요한 때에는 다음의 각 호에 규정한 등기를 각 해당 등기의 신청권자를 대위하여 신청할 수 있다.
>   1. 부동산의 표시변경 및 경정등기
>   2. 등기명의인의 표시변경 및 경정등기
>   3. 소유권보존등기
>   4. 상속에 의한 소유권이전등기
>
> **도시 및 주거환경정비 등기규칙 제3조(대위등기의 일괄신청)**
> 제2조 제1항 제1호 및 제2호의 규정에 의하여 등기를 신청하는 경우에는 <u>등기원인 또는 등기의 목적이 동일하지 아니한 경우라도 동일한 신청서로 등기를 신청할 수 있다.</u>

[❷ ▸ ×] 등기예규 제1590호 2. 다. (2), (3)

☐ **등기예규 제1590호[도시 및 주거환경정비 등기에 관한 업무처리지침]**
2. 이전고시의 통지를 받은 경우
  다. 다른 등기의 정지
    (1) 다른 등기가 정지되는 시점 : 이전고시가 있은 후에는 종전 토지에 관한 등기를 할 수 없다.
    (2) 정지되는 다른 등기 : 소유권이전등기, 근저당권설정등기, 가압류등기, 경매개시결정등기(정지되는 시점 이전에 설정된 근저당권에 기한 경우도 마찬가지임) 등 권리에 관한 등기뿐만 아니라 표시에 관한 등기도 할 수 없다.
    (3) 다른 등기가 마쳐진 경우 : 이전고시가 있었음에도 불구하고 종전 토지에 관한 등기가 마쳐진 경우, 등기관은 그 등기를 「부동산등기법」 제58조를 적용하여 직권으로 말소한다.

[❸ ▸ ○] 도시 및 주거환경정비 등기규칙 제5조 제2항 단서, 도시 및 주거환경정비법 제86조 제1항 단서

도시 및 주거환경정비 등기규칙 제5조(이전고시에 따른 등기신청)
① 시행자는 법 제86조 제2항의 규정에 의한 이전고시를 한 때에는 지체 없이 그 사실을 관할 등기소에 통지하고 다음의 등기를 신청하여야 한다.
1. 정비사업시행에 의한 종전 토지에 관한 등기의 말소등기
2. 정비사업시행으로 축조된 건축시설과 조성된 대지에 관한 소유권보존등기
3. 종전 건물과 토지에 관한 지상권, 전세권, 임차권, 저당권, 가등기, 환매특약이나 권리소멸의 약정, 처분제한의 등기(이하 "담보권등에 관한 권리의 등기"라 한다)로서 분양받은 건축시설과 대지에 존속하게 되는 등기
② 제1항의 등기를 신청함에 있어서는 1개의 건축시설 및 그 대지인 토지를 1개의 단위로 하여, 1필의 토지 위에 수개의 건축시설이 있는 경우에는 그 건축시설 전부와 그 대지를 1개의 단위로 하여, 수필의 토지를 공동대지로 하여 그 위에 수개의 건축시설이 있는 경우에는 그 건축시설 및 대지전부를 1개 단위로 하여 동시에 하여야 한다. 다만, 법 제86조 제1항 단서의 규정에 의하여 시행자가 사업에 관한 공사의 완공 부분만에 관하여 이전고시를 한 때에는 제1항의 등기 중 건물에 관한 등기신청은 그 부분만에 관하여 할 수 있다.

  도시 및 주거환경정비법 제86조(이전고시 등)
  ① 사업시행자는 제83조 제3항 및 제4항에 따른 고시가 있은 때에는 지체 없이 대지확정측량을 하고 토지의 분할절차를 거쳐 관리처분계획에서 정한 사항을 분양받을 자에게 통지하고 대지 또는 건축물의 소유권을 이전하여야 한다. 다만, 정비사업의 효율적인 추진을 위하여 필요한 경우에는 해당 정비사업에 관한 공사가 전부 완료되기 전이라도 완공된 부분은 준공인가를 받아 대지 또는 건축물별로 분양받을 자에게 소유권을 이전할 수 있다.

[❹ ▸ ×] 위의 신청에 따라 등기관이 새로 조성된 대지와 축조된 건축물에 대하여 소유권보존등기 및 담보권 등에 관한 권리의 등기를 실행할 때에 신청정보의 내용으로 제공된 사항이 첨부정보로 제공된 관리처분계획 및 그 인가를 증명하는 서면, 이전고시를 증명하는 서면의 내용과 일치하는지 여부를 심사하는 것으로 충분하고, 종전 토지 및 건물의 등기기록상 등기사항과 일치하는지 여부는 심사하지 아니한다(부동산등기선례 제202001-4호).

도시 및 주거환경정비 등기규칙 제16조(담보권등에 관한 권리의 등기원인)
담보권등에 관한 권리의 등기를 신청하는 경우에는 신청서에 등기원인 및 그 연월일로서 이전고시 전의 그 담보권등에 관한 권리의 등기원인 및 그 연월일을 기재하여야 한다. 이 경우 정비사업으로 인한 이전고시가 있었다는 취지 및 그 연월일을 함께 기재하여야 한다.

도시 및 주거환경정비 등기규칙 제17조(접수번호)
제10조 및 제12조의 신청서에 접수번호를 부여함에 있어서는 등기사항마다 신청서에 기재한 순서에 따라 별개의 번호를 부여하여야 한다. 그러나 구분건물의 소유권보존등기신청의 경우에는 모든 구분건물에 대하여 1개의 번호를 부여하여야 한다.

답 ❸

제2절 경정에 관한 등기

제1항 경정등기

52 □□□

등기상 이해관계 있는 제3자에 관한 다음 설명 중 가장 옳지 않은 것은?(다툼이 있는 경우 판례·예규 및 선례에 따르고 전원합의체 판결의 경우 다수의견에 의함. 이하 같음)

2023년 법무사시험 [문 1]

① 甲 명의에서 乙 명의로 소유권이전등기가 경료된 후 甲의 채권자 丙이 乙 명의의 소유권이전등기에 대하여 사해행위로 인한 소유권이전등기 말소청구권을 피보전권리로 하는 처분금지가처분을 하였을 경우, 乙 명의의 소유권이전등기에 관하여 丙 이외의 자가 말소신청을 하는 때에는 丙은 등기상 이해관계 있는 제3자에 해당한다.

② 甲이 근저당권설정등기를 신청하였으나 등기관의 잘못으로 그 기록을 누락하였고 그 후 乙이 동일 부동산에 대하여 순위 제1번의 근저당권설정등기를 경료하였다면, 직권경정등기절차에 준하여 위 누락된 근저당권설정등기를 순위 제2번으로 기록할 수 있고, 이 경우 乙의 승낙이 있음을 증명하는 정보를 제공하여야 한다.

③ 증여를 원인으로 한 소유권이전등기와 체납처분에 의한 압류등기가 순차 경료된 후 위 증여계약의 해제를 원인으로 한 새로운 소유권이전등기를 신청할 경우에는 체납처분권자의 승낙이 있음을 증명하는 정보는 제공할 필요가 없다.

④ 전세권설정등기 후 그 전세권을 목적으로 하는 근저당권설정등기 또는 그 전세권에 대하 가압류등기 등이 있는 상태에서 전세금을 감액하는 변경등기를 하는 때에 그 근저당권자 또는 가압류권자 등은 등기상 이해관계 있는 제3자에 해당한다.

⑤ 소유권보존등기에 대한 근저당권이 경료된 후 확정판결에 의하여 소유권보존등기를 말소하는 경우에 근저당권자는 그 등기의 말소에 있어서 등기상 이해관계 있는 제3자에 해당한다.

[❶ ▸ O] 갑 명의에서 을 명의로 소유권이전등기가 경료된 후 갑의 채권자 병이 을 명의의 소유권이전등기에 대하여 사해행위로 인한 소유권이전등기 말소청구권을 피보전권리로 하는 처분금지가처분을 하였을 경우, 을 명의의 소유권이전등기에 관하여 병 이외의 자가 말소신청을 하는 때에는 병의 승낙서 또는 그에 대항할 수 있는 재판의 등본을 첨부하여야 한다. 그러나 위 승낙서 또는 재판의 등본이 첨부되지 아니한 채 등기가 경료되었다면 등기관이 직권으로 이미 말소된 등기의 말소회복등기를 할 수는 없다(등기선례 제6-57호).

[❷ ▸ X] 갑이 근저당권설정등기를 신청하였으나 등기공무원의 과오로 그 등기기입을 유루하였고, 그 후 을이 동일 부동산에 대하여 순위 제1번의 근저당권설정등기를 경료하였다면, 부동산등기법 제72조 소정의 경정등기절차에 준하여 위 유루된 근저당권설정등기를 순위 제2번으로 기입할 수 있을 것이고, 이 경우 을의 승낙서 등은 첨부할 필요가 없을 것이다(등기선례 제2-374호).

[❸ ▸ O] 증여를 원인으로 한 소유권이전등기와 체납처분에 의한 압류등기가 순차 경료된 후 위 증여계약의 해제를 원인으로 한 위 소유권이전등기의 말소등기를 신청하는 경우에는 그 신청서에 체납처분권자의 승낙서 또는 이에 대항할 수 있는 재판의 등본을 첨부하여야 하지만(부동산등기법 제57조 참조) 위 증여계약의 해제를 원인으로 새로운 소유권이전등기를 신청할 경우에는 위 서면의 첨부는 필요하지 아니하다(등기선례 제2-411호).

[❹ ▸ O] 전세권설정등기 후 그 전세권을 목적으로 하는 근저당권설정등기 또는 그 전세권에 대한 가압류등기 등이 있는 상태에서 전세금을 감액하는 변경등기를 하는 때에 그 근저당권자 또는 가압류권자 등은 등기상 이해관계 있는 제3자에 해당하므로 그의 승낙이 있으면 그 변경등기를 전세권설정등기에 부기로 하고, 그의 승낙이 없으면 그 변경등기를 할 수 없다[등기예규 제1671호 2. 나. 2)].

[❺ ▸ O] 확정판결에 의하여 소유권보존등기의 말소를 신청하는 경우에도 근저당권자등 그 등기의 말소에 대하여 등기상 이해관계 있는 제3자가 있는 때에는 그 승낙서 또는 이에 대항할 수 있는 재판의 등본을 첨부하여야 한다(등기선례 제2-401호).

답 ❷

---

53 □□□ **경정등기에 관한 다음 설명 중 가장 옳지 않은 것은?** 2022년 법무사시험 [문 2]

① 甲과 乙의 공동소유에서 丙과 丁의 공동소유로 경정하는 소유권경정등기신청은 수리할 수 없다.
② 등기기록상 권리를 이전하여 현재 등기명의인이 아닌 종전 등기명의인 또는 이미 사망한 등기명의인에 대한 등기명의인표시경정등기신청은 수리할 수 없다.
③ 동일성을 해하는 등기명의인표시경정등기의 신청임에도 등기관이 이를 간과하여 수리한 경우, 종전 등기명의인으로의 회복등기 신청은 종전의 등기명의인이나 현재의 등기명의인이 단독으로 할 수 있다.
④ 법인 아닌 사단을 법인으로 경정하는 등기명의인표시경정등기신청은 인격의 동일성을 해하는 경우이므로 이를 수리할 수 없다.
⑤ 저당권설정등기를 전세권설정등기로 경정하는 경우와 같이 권리 자체를 경정하는 등기신청은 수리할 수 없다.

[❶▸O] [❺▸O] 권리 자체를 경정(소유권이전등기를 저당권설정등기로 경정하거나 저당권설정등기를 전세권설정등기로 경정하는 경우 등)하거나 권리자 전체를 경정(권리자를 갑에서 을로 경정하거나, 갑과 을의 공동소유에서 병과 정의 공동소유로 경정하는 경우 등)하는 등기신청은 수리할 수 없다[등기예규 제1564호 2. 나. (1)].

[❷▸O] 등기기록상 권리를 이전하여 현재 등기명의인이 아닌 종전 등기명의인 또는 이미 사망한 등기명의인에 대한 등기명의인표시경정등기신청은 수리할 수 없다[등기예규 제1564호 2. 다. (2)].

[❸▸X] 동일성을 해하는 등기명의인표시경정등기의 신청임에도 등기관이 이를 간과하여 수리한 경우, 종전 등기명의인으로의 회복등기 신청은 현재의 등기명의인이 단독으로 하거나 종전 등기명의인과 공동으로 하여야 하고, 종전등기명의인이 단독으로 한 등기신청은 수리할 수 없다[등기예규 제1564호 2. 다. (1) (다)].

[❹▸O] 등기명의인표시경정등기는 경정 전후의 등기가 표창하고 있는 등기명의인이 인격의 동일성을 유지하는 경우에만 신청할 수 있다. 그러므로 법인 아닌 사단을 법인으로 경정하는 등기를 신청하는 등 동일성을 해하는 등기명의인표시경정등기신청은 수리할 수 없다[등기예규 제1564호 2. 다. (1) (나)].

 답 ❸

PART 1 PART 2 PART 3 PART 4 PART 5 PART 6 PART 7 PART 8

 **일부말소 의미의 경정등기**

54

일부말소 의미의 경정등기에 관한 다음 설명 중 가장 옳지 않은 것은?(다툼이 있는 경우 판례·예규 및 선례에 따르고 전원합의체 판결의 경우 다수의견에 의함)　　**2018년 법무사시험 [문 6]**

① 甲과 乙의 공동신청으로(또는 乙이 甲을 상대로 한 지분말소판결에 의하여 乙 단독으로) 甲 단독소유를 甲·乙 공동소유로 경정하거나 甲·乙 공동소유를 乙 단독소유로 하는 경정등기를 신청할 수 있다.

② 일부말소 의미의 경정등기는 등기상 이해관계 있는 제3자의 승낙 또는 이에 대항할 수 있는 재판이 있음을 증명하는 정보가 제공된 경우에만 부기등기의 방식으로 등기한다.

③ 등기상 이해관계 있는 제3자의 승낙 또는 이에 대항할 수 있는 재판이 있음을 증명하는 정보를 제공한 경우, 일부말소 의미의 경정등기에서는 등기상 이해관계 있는 제3자의 권리에 관한 등기를 경정하거나 말소하게 되는데, 이 경우 그 대상이 가압류, 가처분 등 법원의 촉탁에 의한 처분제한의 등기인 때에는 등기관은 지체 없이 그 뜻을 집행법원에 통지하여야 한다.

④ 등기상 이해관계 있는 제3자의 등기를 말소하여야 하는 경우에, 甲·乙 공유의 부동산에 대하여 乙 지분에 대해서만 처분제한 또는 담보물권의 등기가 되어 있는 상태에서 甲 단독소유로 하는 경정등기(乙 지분말소 의미의)를 하는 경우와 같이 등기상 이해관계 있는 제3자의 등기가 경정등기로 인하여 상실되는 지분만을 목적으로 하는 경우에는 그 등기를 甲의 신청에 의해 말소한다.

⑤ 甲이 乙에게 소유권의 일부 지분을 이전하는 등기를 신청하였으나 등기관의 과오로 소유권 전부가 이전되고 그 후 乙이 그 소유권 전부에 대하여 근저당권설정등기를 마친 경우, 등기관은 근저당권자의 승낙 또는 이에 대항할 수 있는 재판이 있음을 증명하는 정보가 제공된 경우에만 직권으로 말소(일부말소 의미의 경정)등기를 할 수 있다.

[❶ ▶ ○] [❷ ▶ ○] [❺ ▶ ○] 등기예규 제1366호 1.

❑ **등기예규 제1366호[일부말소 의미의 경정등기에 관한 사무처리지침]**

1. ㉮ 단독소유를 공유로 또는 공유를 단독소유로 하는 경정등기, ㉯ 전부이전을 일부이전으로 또는 일부이전을 전부이전으로 하는 경정등기, ㉰ 공유지분만의 경정등기등은 경정등기라는 명칭을 사용하고 있으나 그 실질은 말소등기(일부말소 의미의)에 해당하므로 등기를 실행함에 있어 경정등기의 방식(부동산등기법 제52조 제5호)이 아닌 말소등기의 방식(부동산등기법 제57조 제1항)으로 등기를 하여야 한다. 따라서 그 등기를 함에 있어 등기상 이해관계 있는 제3자가 있는 때에는 신청서에 반드시 그 승낙서 또는 이에 대항할 수 있는 재판의 등본을 첨부하게 하여 부기등기의 방법으로 등기를 하여야 하고, 이해관계인의 승낙서 등이 첨부되어 있지 않은 경우 등기관은 그 등기신청을 수리하여서는 아니 된다.

[❸ ▶ ○] 가압류, 가처분 등 법원의 촉탁에 의한 처분제한의 등기를 직권으로 말소 또는 경정(일부말소 의미의)하는 경우 등기관은 지체 없이 그 뜻을 집행법원에 통지하여야 한다(등기예규 제1366호 3.).
[❹ ▶ ×] 등기예규 제1366호 2. 가.

❑ **등기예규 제1366호[일부말소 의미의 경정등기에 관한 사무처리지침]**

2. 위와 같은 경정등기를 한 경우 등기관은 이해관계인 명의의 처분제한 등의 등기를 아래 구분에 따라 직권으로 말소 또는 경정하여야 한다.
   가. 이해관계인의 등기를 말소하여야 하는 경우 : 갑, 을 공유부동산 중 을 지분에 대해서만 처분제한 또는 담보물권의 등기가 되어 있는 상태에서 갑 단독소유로 하는 경정등기(을 지분 말소 의미의)를 하는 경우 등, 이해관계인의 등기가 경정등기로 인하여 상실되는 지분만을 목적으로 하는 경우
   나. 이해관계인의 등기를 경정하여야 하는 경우 : 갑, 을 공유부동산 전부에 대하여 처분제한 또는 담보물권의 등기가 되어 있는 상태에서 갑 단독소유로 하는 경정등기(을 지분 말소 의미의)를 하는 경우 등, 이해관계인의 등기가 경정등기로 인하여 상실되는 지분 이외의 지분도 목적으로 하는 경우
   다. 용익물권의 등기 : 부동산의 공유지분에 대해서는 용익물권(지상권 등)을 설정·존속시킬 수 없으므로 위 나.에 의해서 처분제한 등의 등기를 경정(일부말소 취지의)하는 경우에도 용익물권의 등기는 이를 전부말소한다.

답 ❹

55
□□□

등기상 이해관계 있는 제3자에 관한 다음 설명 중 가장 옳지 않은 것은?

2025년 법무사시험 [문 7]

① 말소대상인 소유권이전등기 전에 설정된 근저당권에 기한 임의경매개시결정등기가 마쳐진 경우 신청채권자는 등기상 이해관계 있는 제3자에 해당하므로 그의 승낙서 등을 첨부하여야 한다.

② 선행 가처분과 후행 가처분의 피보전권리가 모두 소유권이전등기 말소등기청구권 및 근저당권설정등기 말소등기청구권인 경우, 확정판결을 받은 후행 가처분채권자의 말소등기신청은 선행 가처분채권자의 피보전권리를 침해하는 것이 아니라 오히려 그 피보전권리에 부합하는 것이므로 선행 가처분채권자는 권리의 목적인 등기가 말소됨에 따라 손해를 입을 우려가 있는 등기상의 권리자로 볼 수 없다.

③ 을구에 근저당권설정등기, 갑구에 체납처분에 의한 압류등기가 순차로 경료된 후에 근저당권의 채권최고액을 증액하는 경우, 갑구의 체납처분에 의한 압류등기의 권리자(처분청)는 을구의 근저당권변경등기에 대하여 등기상 이해관계 있는 제3자에 해당한다.

④ 전세권설정자가 전세권자를 상대로 하여 존속기간 만료를 원인으로 한 전세권설정등기의 말소등기 절차이행을 명하는 확정판결을 받아 판결에 의한 말소등기를 신청하는 경우, 그 판결의 사실심 변론종결 전에 해당 전세권을 목적으로 하는 가압류등기가 이루어졌다면 그 가압류채권자는 등기상 이해관계 있는 제3자에 해당한다.

⑤ 경정등기의 형식으로 이루어지나 그 실질이 말소등기(일부말소 의미의 경정등기)에 해당하는 경우로서 등기상 이해관계 있는 제3자가 있는 때에는 그의 승낙 또는 이에 대항할 수 있는 재판이 있음을 증명하는 정보가 제공되어 있으면 부기등기로 하고, 제공되어 있지 않으면 등기관은 그 등기신청을 수리하여서는 아니 된다.

....

[❶ ▸ ○] 말소대상인 소유권이전등기 이전에 설정된 근저당권에 기한 임의경매개시결정등기가 마쳐진 경우, 신청채권자는 등기상 이해관계인에 해당하므로 그의 승낙서 정보를 첨부하여야 하고, 등기관은 소유권이전등기의 말소에 앞서 경매개시결정등기를 직권으로 말소한 후(근저당권은 말소하지 않음을 주의) 집행법원에 통지하여야 하며, 승낙서가 첨부되지 않으면 소유권이전등기도 말소할 수 없을 것이다 (등기선례 제201208-4호).

[❷ ▸ ✕] 선행 가처분과 후행 가처분의 피보전권리가 모두 소유권이전등기 말소등기청구권 및 근저당권설정등기 말소등기청구권인 경우, 확정판결을 받은 후행 가처분채권자의 말소등기신청이 비록 선행 가처분채권자의 피보전권리를 침해하는 것이 아니라 오히려 그 피보전권리에 부합하는 것이라 하더라도 선행 가처분채권자는 권리의 목적인 등기가 말소됨에 따라 손해를 입을 우려가 있는 등기상의 권리자로서 그 손해를 입을 우려가 있다는 것이 등기부 기재에 의하여 형식적으로 인정되는 자이므로 말소등기신청서에 선행 가처분채권자의 승낙서 또는 이에 대항할 수 있는 재판의 등본을 첨부하여야 한다(등기선례 제201106-2호).

[❸ ▸ ○] 을구에 근저당권설정등기, 갑구에 체납처분에 의한 압류등기가 순차로 경료된 후에 근저당권의 채권최고액을 증액하는 경우, 그 변경등기를 부기등기로 실행하게 되면 을구의 근저당권변경등기가 갑구의 체납처분에 의한 압류등기보다 권리의 순위에 있어 우선하게 되므로, 갑구의 체납처분에 의한 압류등기의 권리자(처분청)는 을구의 근저당권변경등기에 대하여 등기상 이해관계 있는 제3자에 해당한다(등기선례 제201408-2호).

[**④ ▸ ○**] 등기의 말소를 신청하는 경우에 그 말소에 대하여 등기상 이해관계 있는 제3자가 있는 때에는 신청서에 그 승낙서 또는 이에 대항할 수 있는 재판등본을 첨부하여야 하는바, 전세권설정자가 전세권자를 상대로 하여 존속기간 만료를 원인으로 한 전세권설정등기의 말소등기절차이행을 명하는 확정판결을 받아 판결에 의한 말소등기를 신청하는 경우, 그 판결의 사실심 변론종결 전에 당해 전세권을 목적으로 하는 가압류등기가 경료되었다면, 가압류등기가 경료된 시점이 판결에 나타난 전세권의 존속기간 만료시점 후라 하더라도 그 신청서에는 가압류채권자의 승낙서 또는 그에 대항할 수 있는 재판등본을 첨부하여야 한다(등기선례 제5-198호). 따라서 이 경우 전세권을 목적으로 한 가압류채권자는 등기상 이해관계 있는 제3자에 해당한다.

[**⑤ ▸ ○**] 등기상 이해관계 있는 제3자가 있고 그 제3자의 동의서나 이에 대항할 수 있는 재판의 등본을 첨부한 때 또는 등기상 이해관계 있는 제3자가 없는 경우에는 부기등기로 하고, 등기상 이해관계 있는 제3자가 있으나 그 이해관계 있는 제3자의 동의서나 이에 대항할 수 있는 재판의 등본이 없는 경우에는 주등기로 한다. 다만 경정등기의 형식으로 이루어지나 그 실질이 말소등기(일부말소 의미의)에 해당하는 경우[위 (3) (나) ①, ② 등]에는 등기상 이해관계 있는 제3자가 있는 때에 그의 승낙서 등을 첨부한 경우에는 부기등기로 하고, 이를 첨부하지 아니한 경우 등기관은 그 등기신청을 수리하여서는 아니된다[등기예규 제1564호 2. 나. (4)].

답 ❷

56
□□□

허무인 명의의 등기의 말소에 관한 다음 설명 중 가장 옳지 않은 것은?
2023년 법무사시험 [문 4]

① 소유권이전등기의 말소소송에서 등기명의인인 종중 등 법인 아닌 사단이 그 실체가 인정되지 아니하여 당사자능력이 없음을 이유로 소각하판결이 확정되고, 위 각하판결정본 등이 등기관에게 제출된 경우 등기관은 당사자능력이 없는 위 종중 등 명의의 등기를 직권으로 말소할 수 있다.

② 판결에 의하여 허무인 명의의 등기의 말소를 신청하는 경우 허무인명의표시의 경정등기를 경유할 필요는 없으며, 말소등기의 등기원인은 확정판결로, 그 연월일은 판결선고일을 각 기재한다.

③ 사망자 명의의 등기를 말소하기 위해서는 그 상속인 전원을 등기의무자로 하여 공동신청하거나 상속인 전원을 상대로 한 말소판결을 얻어야 한다.

④ 귀속재산으로서 국가의 소유가 된 부동산에 대하여, 甲이 가공인 乙 명의로 소유권이전등기를 신청하여 소유권이전등기가 마쳐진 경우, 국가는 甲을 상대로 하여 乙 명의의 소유권이전등기의 말소등기 절차이행을 명하는 확정판결을 받아야만 乙 명의의 소유권이전등기에 대한 말소등기를 신청할 수 있다.

⑤ 사망자 명의의 소유권이전등기에 대하여 상속인을 상대로 한 말소소송에서 사망자 명의의 등기가 상속인을 표상하는 등기로서 원인무효의 등기임을 이유로 말소절차의 이행을 명한 판결이 확정된 경우에는 위 판결에 의하여 사망자 명의 등기의 말소를 신청할 수 있다.

[❶ ▸ ×] 소각하판결이 확정된 경우의 처리 – 소유권이전등기 등의 말소소송에서 등기명의인인 법인 아닌 사단·재단이 그 실체가 인정되지 아니하여 당사자능력이 없음을 이유로 소각하판결이 확정되고, 위 각하판결정본 등이 등기관에게 제출된 경우 <u>등기관은 부동산등기법 제58조에 따라 당사자능력이 없는 위 종중 등 명의의 등기를 직권으로 말소할 수 없으며</u>, 이해관계인도 위 판결정본 등을 첨부하여 등기관의 처분에 대한 이의의 방법으로 위 종중 등 명의 등기의 말소를 구할 수 없다(등기예규 제1380호 제4조 제1항).

[❷ ▸ ○] 판결에 의하여 허무인 명의의 등기의 말소를 신청하는 경우 허무인명의표시의 경정등기를 경유할 필요는 없으며, 말소등기의 등기원인은 확정판결로, 그 연월일은 판결선고일을 각 기재한다(등기예규 제1380호 제5조).

[❸ ▸ ○] 사망자 명의의 등기를 말소하기 위해서는 그 상속인 전원을 등기의무자로 하여 공동신청하거나 상속인 전원을 상대로 한 말소판결을 얻어야 한다. 부등 실무 2

[❹ ▸ ○]
• 가공인 명의의 소유권이전등기 등에 대하여 실제 등기행위자를 상대로 한 말소소송에서 말소절차의 이행을 명한 판결(가공인 명의의 등기가 실제 등기행위자를 표상하는 등기로서 원인무효의 등기임을 이유로 한 판결)이 확정된 경우에는 위 판결에 의하여 가공인명의 등기의 말소를 신청할 수 있다(등기예규 제1380호 제2조).
• 귀속재산으로서 국가의 소유가 된 부동산에 대하여, 甲이 공부상 명의인(일본인)이 한국인인 것처럼 서류를 위조하여 1944.10.3.자 호주상속을 원인으로 허무인인 乙 명의의 소유권이전등기를 경료한 다음 제3자 명의로 소유권이전등기를 경료해 준 상태에서, 국가가 제3자를 상대로 그 명의로 경료된 소유권이전등기의 말소등기 절차이행을 구하는 소를 제기하여 승소의 확정판결을 받았고, 그 판결의 이유설시 중에 위 乙 명의의 소유권이전등기는 甲이 서류를 위조하여 허무인 명의로 경료받은 원인무효의 등기임을 확인하고 있는 경우에도, 위 판결에 의하여 乙 명의의 소유권이전등기에 대한 말소등기를 경료받을 수는 없을 것이고, 이를 위하여는 <u>국가가 甲을 상대로 하여 乙 명의의 소유권이전등기의 말소등기 절차이행을 명하는 확정판결을 받은 후 그 판결의 정본을 첨부하여 乙 명의의 소유권이전등기에 대한 말소등기를 신청하여야 할 것이다</u>(등기선례 제5-473호).

[❺ ▸ ○] 사망자 명의의 소유권이전등기 등에 대하여 상속인을 상대로 한 말소소송에서 사망자 명의의 등기가 상속인을 표상하는 등기로서 원인무효의 등기임을 이유로 말소절차의 이행을 명한 판결이 확정된 경우에는 위 판결에 의하여 사망자 명의 등기의 말소를 신청할 수 있다(등기예규 제1380호 제3조).

답 ❶

57

등기관의 직권에 의한 등기에 관한 다음 설명 중 가장 옳지 않은 것은?

2021년 법무사시험 [문 21]

① 등기관이 등기의 착오나 빠진 부분이 등기관의 잘못으로 인한 것임을 발견한 경우에는 지체 없이 그 등기를 직권으로 경정하여야 한다. 다만, 등기상 이해관계 있는 제3자가 있는 경우에는 제3자의 승낙이 있어야 한다.

② 이미 건물은 멸실되었으나 아직 건물멸실등기가 이루어지기 전에 가압류등기가 경료된 경우 등기관은 직권으로 그 가압류등기를 말소할 수 있다.

③ 말소에 대하여 등기상 이해관계 있는 제3자의 승낙이 있음을 증명하는 정보를 제공하여 등기의 말소를 신청한 경우 해당 등기를 말소할 때에는 등기상 이해관계 있는 제3자 명의의 등기는 등기관이 직권으로 말소한다.

④ 신탁재산에 속하는 부동산에 관한 권리에 대하여 수탁자의 변경으로 인한 이전등기를 할 경우 등기관은 직권으로 그 부동산에 관한 신탁원부 기록의 변경등기를 하여야 한다.

⑤ 등기관이 수용으로 인한 소유권이전등기를 하는 경우 그 부동산의 등기기록 중 소유권, 소유권 외의 권리, 그 밖의 처분제한에 관한 등기가 있으면 그 등기를 직권으로 말소하여야 한다. 다만, 그 부동산을 위하여 존재하는 지역권의 등기 또는 토지수용위원회의 재결로써 존속이 인정된 권리의 등기는 그러하지 아니하다.

......

[**❶** ▸ ○] 등기관이 등기의 착오나 빠진 부분이 등기관의 잘못으로 인한 것임을 발견한 경우에는 지체 없이 그 등기를 직권으로 경정하여야 한다. 다만, 등기상 이해관계 있는 제3자가 있는 경우에는 제3자의 승낙이 있어야 한다(부동산등기법 제32조 제2항).

[**❷** ▸ ×] 이미 건물은 멸실되었으나 아직 건물멸실등기가 이루어지기 전에 가압류등기가 경료된 경우, 부동산등기법 제175조 내지 제177조의 규정에 의하여 <u>등기관이 직권으로 그 가압류등기를 말소할 수는 없다</u>(등기선례 제6-495호).

[**❸** ▸ ○] 부동산등기법 제57조 제2항

부동산등기법 제57조(이해관계 있는 제3자가 있는 등기의 말소)

① 등기의 말소를 신청하는 경우에 그 말소에 대하여 등기상 이해관계 있는 제3자가 있을 때에는 제3자의 승낙이 있어야 한다.

② 제1항에 따라 등기를 말소할 때에는 등기상 이해관계 있는 제3자 명의의 등기는 <u>등기관이 직권으로 말소한다.</u>

[**❹** ▸ ○] 부동산등기법 제85조의2 제1호

부동산등기법 제85조의2(직권에 의한 신탁변경등기)

등기관이 신탁재산에 속하는 부동산에 관한 권리에 대하여 다음 각 호의 어느 하나에 해당하는 등기를 할 경우 직권으로 그 부동산에 관한 신탁원부 기록의 변경등기를 하여야 한다.

1. <u>수탁자의 변경으로 인한 이전등기</u>
2. 여러 명의 수탁자 중 1인의 임무 종료로 인한 변경등기
3. 수탁자인 등기명의인의 성명 및 주소(법인인 경우에는 그 명칭 및 사무소소재지를 말한다)에 관한 변경등기 또는 경정등기

[**❺** ▸ O] 등기관이 제1항과 제3항에 따라 수용으로 인한 소유권이전등기를 하는 경우 그 부동산의 등기기록 중 소유권, 소유권 외의 권리, 그 밖의 처분제한에 관한 등기가 있으면 그 등기를 직권으로 말소하여야 한다. 다만, 그 부동산을 위하여 존재하는 지역권의 등기 또는 토지수용위원회의 재결(裁決)로써 존속(存續)이 인정된 권리의 등기는 그러하지 아니하다(부동산등기법 제99조 제4항).

답 **❷**

58

말소회복등기에 관한 다음 설명 중 가장 옳지 않은 것은?   2025년 법무사시험 [문 14]

① 甲 소유명의의 부동산에 설정된 乙 명의의 근저당권설정등기가 부적법 말소된 후에 丙 명의의 소유권이전등기가 마쳐진 경우, 乙의 근저당권설정등기회복등기를 함에 있어 현재 소유명의인인 丙은 등기상 이해관계 있는 제3자이다.

② 회복할 근저당권설정등기가 말소되기 전에 마쳐진 후순위 근저당권의 명의인은 회복등기에 있어 등기상 이해관계 있는 제3자에 해당하지 않는다.

③ 소유권보존등기나 가등기를 그 등기명의인이 단독신청하여 말소한 경우에는 그자의 단독신청에 의하여 회복등기를 할 수 있다.

④ 말소등기가 위조된 위임장에 의하여 부적법하게 행하여진 경우라도 그것이 실체관계에 부합하는 때에는 말소회복등기를 청구할 수 없다.

⑤ 甲 지분에 대한 가압류등기 말소촉탁이 있었는데 등기관이 착오로 乙 지분의 가압류등기를 말소한 경우 그 회복등기도 등기관의 직권에 의하여 행해져야 하며, 이 경우 이해관계인은 등기관이 직권으로 가압류등기의 말소회복등기를 하도록 직권발동을 촉구하는 의미에서 회복등기를 신청할 수 있다.

....

[**❶** ▸ O] 저당권이나 지상권 등의 제한물권이 부적법하게 말소된 후 제3자에게 소유권이전등기가 경료된 경우 제한물권의 등기와 소유권이전등기는 양립 가능하므로 현 소유명의인은 등기상 이해관계 있는 제3자로 보게 된다. 부등 실무 2

[**❷** ▸ ×] 근저당권자가 여러 명인 근저당권설정등기가 말소된 후 어느 한 근저당권자가 위 말소된 근저당권설정등기의 회복등기의 소를 제기하여 승소의 확정판결을 받은 경우 그 근저당권자는 단독으로 위 회복등기를 신청할 수 있으나, 이 경우 등기상 이해관계가 있는 제3자가 있는 때에는 신청서에 그 승낙서 또는 이에 대항할 수 있는 재판의 등본을 첨부하여야 하며, 이해관계가 있는지의 여부는 회복등기 신청시를 기준으로 판별하여야 하므로 회복등기를 신청하기 이전에 위 말소된 근저당권설정등기보다 후순위의 근저당권설정등기가 경료되었다면 그 근저당권설정등기가 위 회복할 근저당권설정등기가 말소되기 이전에 경료된 것이라 하더라도 그 후순위 근저당권자의 승낙서 또는 이에 대항할 수 있는 재판의 등본을 첨부하여야 한다(등기선례 제4-597호).

[❸ ▸ O] 등기의무자가 말소회복등기의 신청에 협력하지 않으면 등기권리자는 등기의무자의 의사진술을 명하는 판결을 받아 단독으로 신청할 수 있다. 또 말소등기 자체가 단독으로 마쳐진 경우에는 말소회복도 단독으로 신청할 수 있다. 예컨대 소유권보존등기나 가등기를 그 등기명의인이 단독신청하여 말소한 경우(부동산등기법 제23조 제2항, 제93조 제1항)에는 그자의 단독신청에 의하여 회복등기를 할 수 있다. 부등 실무 2

[❹ ▸ O] 등기는 현실의 권리관계를 사실대로 공시하는 제도이므로 말소등기가 부적법하게 행하여진 경우라도 그것이 실체관계에 부합하는 때에는 말소회복등기를 청구할 수 없다는 것이 판례(대판 1987.5.26. 85다카2203)이다. 예컨대 저당권설정등기가 위조된 위임장에 의하여 말소되었으나 그것이 실체관계에 부합하는 때에는 말소회복등기를 청구할 수 없다. 부등 실무 2

[❺ ▸ O] 갑 지분에 대한 가압류등기 말소촉탁이 있었는데 등기관이 착오로 을 지분의 가압류등기를 말소한 경우 그 회복등기도 등기관의 직권에 의하여 행하여져야 한다. 이 경우 이해관계인은 등기관이 직권으로 가압류등기의 말소회복등기를 하도록 직권발동을 촉구하는 의미에서 회복등기를 신청할 수 있으며, 등기관이 이에 응하지 아니하는 경우에는 법 제100조의 이의신청을 할 수 있다(대판 1996.5.31. 94다27205). 부등 실무 2 이와 관련하여 판례는 말소등기의 회복에 있어서 말소된 종전의 등기가 공동신청으로 된 것인 때에는 그 회복등기도 공동신청에 의함이 원칙이나, 그 등기가 등기공무원의 직권 또는 법원의 촉탁에 의하여 말소된 경우에는 그 회복등기도 등기공무원의 직권 또는 법원의 촉탁에 의하여 행하여져야 하므로 그 회복등기를 소구할 이익이 없고, 그와 같은 법리는 등기공무원이 착오로 인하여 말소할 수 없는 등기를 잘못 말소한 경우에도 동일하게 적용된다고 판시하고 있다(대판 1996.5.31. 94다27205).

답 ❷

59 건물멸실등기에 관한 다음 설명 중 가장 옳지 않은 것은? 2022년 법무사시험 [문 12]
☐☐☐

① 등기관이 건물멸실등기를 할 때에는 등기기록 중 표제부에 멸실의 뜻과 그 원인 또는 부존재의 뜻을 기록하고 표제부의 등기를 말소하는 표시를 한 후 그 등기기록을 폐쇄하여야 하는바, 다만 멸실한 건물이 구분건물인 경우에는 그 등기기록을 폐쇄하지 아니한다.

② 멸실된 건물이 근저당권 등 제3자의 권리의 목적이 된 경우에는 멸실된 사실이 건축물대장에 기록되어 있더라도 멸실등기를 신청할 때에 근저당권자 등의 승낙이 있음을 증명하는 정보를 첨부정보로서 제공하여야 한다.

③ 건물이 멸실한 경우에 등기기록상 소유명의인의 채권자는 대위원인을 증명하는 정보와 건축물대장정보 등 멸실을 증명할 수 있는 정보를 첨부정보로서 제공하여 건물멸실등기를 대위신청할 수 있다.

④ 구분건물로서 그 건물이 속하는 1동 전부가 멸실된 경우에는 그 구분건물의 소유권의 등기명의인은 1동의 건물에 속하는 다른 구분건물의 소유권의 등기명의인을 대위하여 1동 전부에 대한 멸실등기를 신청할 수 있다.

⑤ 건물소유권의 등기명의인이 존재하지 아니하는 건물에 대하여 멸실등기를 신청하지 아니하면 건물대지의 소유자가 건물부존재증명서를 발급받아 건물소유권의 등기명의인을 대위하여 멸실등기를 신청할 수 있고, 이 경우에는 건물이 멸실된 경우와 달리 건물부존재증명서를 발급받은 지 1개월이 경과하지 않았더라도 건물대지의 소유자는 건물멸실등기를 대위신청할 수 있다.

....

[❶ ▸ ○] 등기관이 건물의 멸실등기를 할 때에는 등기기록 중 표제부에 멸실의 뜻과 그 원인 또는 부존재의 뜻을 기록하고 표제부의 등기를 말소하는 표시를 한 후 그 등기기록을 폐쇄하여야 한다. 다만, 멸실한 건물이 구분건물인 경우에는 그 등기기록을 폐쇄하지 아니한다(부동산등기규칙 제103조 제1항).

[❷ ▸ ✕] 멸실된 부동산이 저당권 등 제3자의 권리의 목적인 경우에도 건축물대장에 건물멸실의 뜻이 기록되어 있으면 그 <u>제3자의 승낙서를 첨부할 필요는 없다</u>(등기선례 제1-532호 참조). 부등 실무 2

> ☐ **등기선례 제1-532호**
> 부동산이 저당권등 제3자의 권리의 목적이 된 경우라도 그 멸실등기 신청서에 제3자의 승낙서를 첨부할 필요는 없고, 멸실등기로 인하여 폐쇄된 등기부에 기재된 저당권의 말소는 등기할 사항이 아니다(저당권으로서의 효력이 존속하는 것은 아님).

[❸ ▸ ○] 건물이 멸실한 경우에 등기부상 소유명의인의 채권자는 대위원인을 증명하는 서면과 건축물대장등본 기타 멸실을 증명할 수 있는 서면을 첨부하여 건물 멸실등기를 대위신청할 수 있다(등기선례 제200603-3호).

[❹ ▸ ○] 구분건물로서 그 건물이 속하는 1동 전부가 멸실된 경우에는 그 구분건물의 소유권의 등기명의인은 1동의 건물에 속하는 다른 구분건물의 소유권의 등기명의인을 대위하여 1동 전부에 대한 멸실등기를 신청할 수 있다(부동산등기법 제43조 제3항).

[❺ ▸ ○] 건물소유권의 등기명의인이 존재하지 아니하는 건물에 대하여 멸실등기를 신청하지 아니하면 건물대지의 소유자가 건물부존재증명서를 발급받아 건물소유권의 등기명의인을 대위하여 멸실등기를 신청할 수 있고, 이 경우에는 건물이 멸실된 경우와 달리 건물부존재증명서를 발급받은 지 1개월이 경과하지 않았더라도 건물의 대지소유자는 건물 멸실등기를 대위하여 신청할 수 있다(등기선례 제201511-1호).

답 ❷

부동산표시등기에 관한 다음 설명 중 가장 옳지 않은 것은?

① 집합건물의 어느 한 층을 세로로 구획하여 북쪽의 전유부분을 201호로, 남쪽의 전유부분을 202호로 등기하였으나 그 후 가로로 구획하여 동쪽의 전유부분을 201호로, 서쪽의 전유부분을 202호로 변경한 경우 변경 전후의 각 전유부분의 면적이 동일하더라도 양 건물 모두 종전 건물과의 동일성을 인정할 수 없으므로 부동산표시변경등기를 할 수 없다.

② 행정구역 또는 그 명칭이 변경된 경우에 등기관은 직권으로 그 변경에 따른 부동산의 표시변경등기를 하여야 한다.

③ 토지의 분할, 합병이 있는 경우에는 그 토지소유권의 등기명의인은 그 사실이 있는 때부터 1개월 이내에 그 등기를 신청하여야 한다.

④ 건물이 멸실된 경우에는 그 건물소유권의 등기명의인은 그 사실이 있는 때부터 1개월 이내에 그 등기를 신청하여야 하며, 1개월 이내에 멸실등기를 신청하지 아니하여도 그 건물대지의 소유자가 건물소유권의 등기명의인을 대위하여 그 등기를 신청할 수는 없다.

⑤ 1동의 건물에 속하는 구분건물 중 일부만에 관하여 소유권보존등기를 신청하는 경우에는 나머지 구분건물의 표시에 관한 등기를 동시에 신청하여야 한다.

....

[❶ ▶ ○] 집합건물의 어느 한 층을 세로로 구획하여 북쪽의 전유부분을 201호로, 남쪽의 전유부분을 202호로 등기하였으나 그 후 가로로 구획하여 동쪽의 전유부분을 201호로, 서쪽의 전유부분을 202호로 변경한 경우 변경전후의 각 전유부분의 면적이 동일하더라도 양 건물 모두 종전 건물과의 동일성을 인정할 수 없으므로 부동산표시변경등기를 할 수 없다(등기선례 제200904-2호).

[❷ ▶ ○] 행정구역 또는 그 명칭이 변경된 경우에 등기관은 직권으로 부동산의 표시변경등기 또는 등기명의인의 주소변경등기를 할 수 있다(부동산등기규칙 제54조).

[❸ ▶ ○] 토지의 분할, 합병이 있는 경우와 제34조의 등기사항에 변경이 있는 경우에는 그 토지소유권의 등기명의인은 그 사실이 있는 때부터 1개월 이내에 그 등기를 신청하여야 한다(부동산등기법 제35조).

[❹ ▶ ✕] 부동산등기법 제43조 제1항·제2항

부동산등기법 제43조(멸실등기의 신청)

① 건물이 멸실된 경우에는 그 건물소유권의 등기명의인은 그 사실이 있는 때부터 1개월 이내에 그 등기를 신청하여야 한다. 이 경우 제41조 제2항을 준용한다.

② 제1항의 경우 그 소유권의 등기명의인이 1개월 이내에 멸실등기를 신청하지 아니하면 그 건물대지의 소유자가 건물소유권의 등기명의인을 대위하여 그 등기를 신청할 수 있다.

[❺ ▶ ○] 1동의 건물에 속하는 구분건물 중 일부만에 관하여 소유권보존등기를 신청하는 경우에는 나머지 구분건물의 표시에 관한 등기를 동시에 신청하여야 한다(부동산등기법 제46조 제1항).

답 ❹

61 □□□ **가등기에 의한 본등기에 관한 다음 설명 중 가장 옳지 않은 것은?** 2025년 법무사시험 [문 30]

① 공유토지의 일부 공유자 지분에 관하여 그 지분이전청구권 보전의 가등기가 마쳐지고 이어서 토지 전부에 관하여 지상권설정등기가 마쳐진 후 가등기에 의한 지분이전의 본등기를 하는 경우에는 지상권설정등기는 그 전부를 직권말소하여야 한다.

② 토지 전부에 대한 지상권설정등기청구권보전 가등기에 의하여 본등기를 한 경우 가등기 후 본등기 전에 마쳐진 전세권설정등기는 직권말소 대상이다.

③ 임차권설정등기청구권보전 가등기에 의하여 본등기를 한 경우 가등기 후 본등기 전에 마쳐진 근저 당권설정등기는 직권말소 대상이 아니다.

④ 근저당권설정등기청구권보전 가등기에 의하여 본등기를 한 경우 가등기 후 본등기 전에 마쳐진 제3자 명의의 등기는 직권말소 대상이 아니다.

⑤ 소유권이전등기청구권보전 가등기에 의하여 본등기를 한 경우 가등기 후 본등기 전에 마쳐진 임의 경매개시결정등기가 가등기 전에 마쳐진 전세권에 의한 등기인 경우에는 직권말소 대상이다.

[❶▸○] 공유토지의 일부 공유자 지분에 관하여 그 이전청구권 보전의 가등기가 경료되고 이어서 토지전부에 관하여 지상권설정등기가 경료된 후 위 가등기에 기한 지분이전의 본등기를 하는 경우에는 등기공무원은 부동산등기법 제175조와 제177조의 규정에 의하여 그 지상권설정등기를 직권말소할 수 있을 것이다(등기선례 제2-551호).

[❷▸○] 부동산등기규칙 제148조 제1항 제3호

[❸▸○] 부동산등기규칙 제131조 제1항, 제148조 제2항 제4호

부동산등기규칙 제131조(저당권설정등기의 신청)

① 저당권 또는 근저당권(이하 "저당권"이라 한다) 설정의 등기를 신청하는 경우에는 법 제75조의 등기사항을 신청정보의 내용으로 등기소에 제공하여야 한다.

부동산등기규칙 제148조(본등기와 직권말소)

① 등기관이 지상권, 전세권 또는 임차권의 설정등기청구권보전 가등기에 의하여 지상권, 전세권 또는 임차권의 설정의 본등기를 한 경우 가등기 후 본등기 전에 마쳐진 다음 각 호의 등기(동일한 부분에 마쳐진 등기로 한정한다)는 법 제92조 제1항에 따라 <u>직권으로 말소한다</u>.

1. 지상권설정등기
2. 지역권설정등기
3. <u>전세권설정등기</u>
4. 임차권설정등기
5. 주택임차권등기등. 다만, 가등기권자에게 대항할 수 있는 임차인 명의의 등기는 그러하지 아니하다. 이 경우 가등기에 의한 본등기의 신청을 하려면 먼저 대항력 있는 주택임차권등기등을 말소하여야 한다.

② 지상권, 전세권 또는 임차권의 설정등기청구권보전 가등기에 의하여 지상권, 전세권 또는 임차권의 설정의 본등기를 한 경우 가등기 후 본등기 전에 마쳐진 다음 각 호의 등기는 직권말소의 대상이 되지 아니한다.
  1. 소유권이전등기 및 소유권이전등기청구권보전 가등기
  2. 가압류 및 가처분 등 처분제한의 등기
  3. 체납처분으로 인한 압류등기
  4. 저당권설정등기
  5. 가등기가 되어 있지 않은 부분에 대한 지상권, 지역권, 전세권 또는 임차권의 설정등기와 주택임차권등기등

[❹ ▶ O] 저당권설정등기청구권보전 가등기에 의하여 저당권설정의 본등기를 한 경우 가등기 후 본등기 전에 마쳐진 등기는 직권말소의 대상이 되지 아니한다(부동산등기규칙 제131조 제1항, 제148조 제3항).
[❺ ▶ X] 부동산등기규칙 제147조 제1항 제3호

부동산등기규칙 제147조(본등기와 직권말소)
① 등기관이 소유권이전등기청구권보전 가등기에 의하여 소유권이전의 본등기를 한 경우에는 법 제92조 제1항에 따라 가등기 후 본등기 전에 마쳐진 등기 중 다음 각 호의 등기를 제외하고는 모두 직권으로 말소한다.
  1. 해당 가등기상 권리를 목적으로 하는 가압류등기나 가처분등기
  2. 가등기 전에 마쳐진 가압류에 의한 강제경매개시결정등기
  3. 가등기 전에 마쳐진 담보가등기, 전세권 및 저당권에 의한 임의경매개시결정등기
  4. 가등기권자에게 대항할 수 있는 주택임차권등기, 주택임차권설정등기, 상가건물임차권등기, 상가건물임차권설정등기(이하 "주택임차권등기등"이라 한다)

답 ❺

62
□□□

가등기에 관한 다음 설명 중 가장 옳지 않은 것은?　　　2024년 법무사시험 [문 27]

① 가등기는 권리의 이전청구권이 시기부 또는 정지조건부인 때에도 할 수 있으므로 사인증여로 인하여 발생한 소유권이전등기청구권을 보전하기 위하여 가등기를 할 수 있다.
② 가등기의 신청은 가등기권리자와 가등기의무자의 공동신청이 원칙이나, 가등기의무자의 승낙이 있을 때에는 가등기권리자가 단독으로 신청할 수 있다.
③ 가등기를 명하는 법원의 가처분명령에 대해서 법원이 가등기촉탁을 하는 때에는 이를 각하하여야 한다.
④ 배우자 명의로 명의신탁한 부동산에 대하여 명의신탁계약의 해지약정에 대한 예약을 하고 장차 명의신탁해지약정의 효력이 발생한 경우 생기는 소유권이전청구권을 보전하기 위한 가등기는 할 수 없다.
⑤ 형식상 매매예약을 등기원인으로 하여 가등기가 되어 있으나, 실제로는 매매예약완결권을 행사할 필요 없이 가등기권리자가 요구하면 언제든지 본등기를 하여 주기로 약정한 경우에는 매매예약완결권을 행사하지 않고서도 본등기를 신청할 수 있으며, 이때에는 별도로 매매계약서를 첨부정보로 제공할 필요가 없다.

[**❶** ▸ ○] 가등기는 부동산등기법 제2조 각 호의 1에 해당하는 권리의 설정·이전·변경 또는 소멸의 청구권이 시기부 또는 정지조건부인 때에도 할 수 있으므로(같은 법 제3조 후문), 사인증여로 인하여 발생한 소유권이전등기청구권을 보존하기 위하여 가등기를 신청할 수 있다(등기선례 제6-437호).

[**❷** ▸ ○] 부동산등기법 제23조 제1항, 제89조

부동산등기법 제23조(등기신청인)

① 등기는 법률에 다른 규정이 없는 경우에는 등기권리자(登記權利者)와 등기의무자(登記義務者)가 공동으로 신청한다.

부동산등기법 제89조(가등기의 신청방법)

가등기권리자는 제23조 제1항에도 불구하고 가등기의무자의 승낙이 있거나 가등기를 명하는 법원의 가처분명령(假處分命令)이 있을 때에는 단독으로 가등기를 신청할 수 있다.

[**❸** ▸ ○] 「부동산등기법」 제89조의 가등기가처분에 관해서는 「민사집행법」의 가처분에 관한 규정은 준용되지 않는다. 따라서 가등기가처분명령을 등기원인으로 하여 법원이 가등기촉탁을 하는 때에는 이를 각하한다[등기예규 제1849호 2. 나. (1)].

[**❹** ▸ ×] 배우자 명의로 명의신탁한 부동산에 대하여 명의신탁 해지 후의 소유권이전청구권을 보전하기 위한 가등기를 할 수 있으며, 이 경우 등기원인은 '명의신탁해지'가 된다. 나아가 당사자는 명의신탁계약의 해지약정에 대한 예약을 하고 장차 명의신탁해지약정의 효력이 발생한 경우 생기는 소유권이전청구권을 보전하기 위한 가등기를 할 수도 있는데, 이 경우 등기원인은 '명의신탁해지약정 예약'이 될 것이다(등기선례 제201211-6호).

[**❺** ▸ ○] 등기예규 제1849호 4. 나. (2)

☐ **등기예규 제1849호[가등기에 관한 업무처리지침]**

4. 가등기에 의한 본등기
   나. 등기원인 및 서면
      (1) 매매예약을 원인으로 한 가등기에 의한 본등기를 신청함에 있어서, 본등기의 원인일자는 매매예약완결의 의사표시를 한 날로 기재하여야 하나, 등기원인을 증명하는 서면은 매매계약서를 제출하여야 한다.
      (2) 그러나 형식상 매매예약을 등기원인으로 하여 가등기가 되어 있으나, 실제로는 매매예약완결권을 행사할 필요 없이 가등기권리자가 요구하면 언제든지 본등기를 하여 주기로 약정한 경우에는, 매매예약완결권을 행사하지 않고서도 본등기를 신청할 수 있으며, 이때에는 별도로 매매계약서를 제출할 필요가 없다.

답 **❹**

63

가등기에 관한 다음 설명 중 가장 옳지 않은 것은?

① 가등기는 권리의 설정이나 이전 등을 위한 청구권 보전을 위해서 하기 때문에 부동산표시 또는 등기명의인표시의 변경등기를 위해서는 할 수 없다.

② 소유권이전등기청구권보전 가등기에 의하여 본등기를 한 경우 가등기 후 본등기 전에 마쳐진 등기 중 가등기 전에 마쳐진 가압류에 의한 강제경매개시결정등기는 직권말소 대상이 아니다.

③ 甲 명의 부동산에 대하여 乙 명의의 소유권이전청구권보전을 위한 가등기와 丙 명의의 가압류등기가 순차 경료된 후, 乙이 위 가등기에 기한 본등기절차에 의하지 아니하고 甲으로부터 별도의 소유권이전등기를 경료받은 경우 乙의 가등기는 혼동으로 소멸하기 때문에 가등기에 기한 본등기를 할 수 없다.

④ 가등기의 말소를 신청하는 경우에는 가등기명의인의 표시에 변경 또는 경정의 사유가 있는 때라도 변경 또는 경정을 증명하는 정보를 제공한 경우에는 가등기명의인표시의 변경등기 또는 경정등기를 생략할 수 있다.

⑤ 지상권설정등기청구권보전 가등기에 의하여 지상권설정의 본등기를 한 경우 가등기 후 본등기 전에 마쳐진 저당권설정등기는 직권말소의 대상이 되지 아니한다.

···

[❶ ▸ ○] 가등기는 제3조 각 호의 어느 하나에 해당하는 권리의 설정, 이전, 변경 또는 소멸의 청구권을 보전하려는 때에 한다(부동산등기법 제88조 제1문). 따라서 권리변동과 무관한 부동산표시 또는 등기명의인표시의 변경등기를 위하여는 할 수 없다.

[❷ ▸ ○] 등기예규 제1849호 5. 가. 1) (나)

┌───┐
□ **등기예규 제1849호[가등기에 관한 업무처리지침]**

5. 본등기와 직권말소
  가. 소유권이전등기청구권보전가등기에 기하여 소유권이전의 본등기를 한 경우
    1) 가등기 후 본등기 전에 마쳐진 다음 각 호의 등기와 체납처분에 의한 압류등기를 제외하고는 모두 직권으로 말소한다.
    (가) 해당 가등기상 권리를 목적으로 하는 가압류등기나 가처분등기
    (나) <u>가등기 전에 마쳐진 가압류에 의한 강제경매개시결정등기</u>
    (다) 가등기 전에 마쳐진 담보가등기, 전세권 및 저당권에 의한 임의경매개시결정등기
    (라) 가등기권자에게 대항할 수 있는 주택임차권등기, 주택임차권설정등기, 상가건물임차권등기, 상가건물임차권설정등기(이하 "주택임차권등기등"이라 한다)
    (마) 해당 가등기 및 가등기 전에 마쳐진 등기의 말소예고등기
└───┘

[❸ ▸ ×] 부동산에 관한 소유권이전청구권 보전을 위한 가등기 경료 이후에 다른 가압류등기가 경료되었다면, 그 가등기에 기한 본등기 절차에 의하지 아니하고 별도로 가등기권자 명의의 소유권이전등기가 경료되었다고 하여 가등기 권리자와 의무자 사이의 가등기 약정상의 채무의 본지에 따른 이행이 완료되었다고 할 수는 없으니, 특별한 사정이 없는 한, <u>가등기권자는 가등기의무자에 대하여 그 가등기에 기한 본등기 절차의 이행을 구할 수도 있다</u>(대판 1995.12.26. 95다29888).

[❹ ▸ ○] 가등기의 말소를 신청하는 경우에는 가등기명의인의 표시에 변경 또는 경정의 사유가 있는 때라도 신청서에 그 변경 또는 경정을 증명하는 서면을 첨부함으로써 가등기명의인표시의 변경등기 또는 경정등기를 생략할 수 있다. 또한 가등기명의인이 사망한 후에 상속인이 가등기의 말소를 신청하는 경우에도 상속등기를 거칠 필요 없이 신청서에 상속인임을 증명하는 서면과 인감증명서를 첨부하여 가등기의 말소를 신청할 수 있다(등기예규 제1849호 6. 나.).

> **부동산등기규칙 제148조(본등기와 직권말소)**
> ② 지상권, 전세권 또는 임차권의 설정등기청구권보전 가등기에 의하여 지상권, 전세권 또는 임차권의 설정의 본등기를 한 경우 가등기 후 본등기 전에 마쳐진 다음 각 호의 등기는 직권말소의 대상이 되지 아니한다.
> 1. 소유권이전등기 및 소유권이전등기청구권보전 가등기
> 2. 가압류 및 가처분 등 처분제한의 등기
> 3. 체납처분으로 인한 압류등기
> 4. <u>저당권설정등기</u>
> 5. 가등기가 되어 있지 않은 부분에 대한 지상권, 지역권, 전세권 또는 임차권의 설정등기와 주택임차권 등기등

답 ❸

64
☐☐☐

가등기를 명하는 법원의 가처분명령(이 문제에서 "가등기가처분명령"이라 한다)에 따른 가등기에 관한 다음 설명 중 가장 옳지 않은 것은? 2021년 법무사시험 [문 2]

① 가등기가처분명령을 등기원인으로 하여 법원이 가등기 촉탁을 한 경우 등기관은 다른 각하사유가 없는 한 이를 수리하여야 한다.
② 가등기가처분명령에 의하여 마쳐진 가등기의 효력은 일반적인 가등기의 효력과 아무런 차이가 없으므로, 이러한 명령에 의하여 마쳐진 근저당권설정등기청구권보전가등기의 경우에도 그 이전등기를 할 수 있다.
③ 가등기가처분명령에 의하여 이루어진 가등기는 통상의 가등기말소절차에 따라야 하며, 민사집행법에서 정한 가처분 이의의 방법으로 가등기의 말소를 구할 수 없다.
④ 가등기가처분명령은 부동산의 소재지를 관할하는 지방법원이 가등기권리자의 신청으로 가등기원인사실의 소명이 있는 경우에 할 수 있다.
⑤ 가등기가처분명령에 의한 가등기 후에 마쳐진 제3자 명의의 소유권이전등기는 위 가등기에 기한 본등기가 이루어지면 가등기의 순위보전의 효력과 물권의 배타성에 의하여 등기관이 직권으로 말소하여야 한다.

....

[**❶** ▸ ✕] 부동산등기법 제89조의 가등기가처분에 관해서는 민사집행법의 가처분에 관한 규정은 준용되지 않는다. 따라서 가등기가처분명령을 등기원인으로 하여 법원이 가등기 촉탁을 하는 때에는 이를 각하한다[등기예규 제1849호 2. 나. (1)].
[**❷** ▸ ○] 법원의 가등기가처분결정에 의하여 경료된 가등기의 효력은 일반적인 가등기의 효력과 아무런 차이가 없으므로, 법원의 가등기가처분결정에 의하여 경료된 근저당권설정등기청구권가등기의 경우에도 부기등기의 형식으로 이전등기를 할 수 있으며, 그 가등기에 의하여 보전된 근저당권설정등기청구권의 일부이전의 부기등기도 할 수 있을 것이다(등기선례 제5-574호).
[**❸** ▸ ○] 가등기가처분명령에 의하여 이루어진 가등기는 통상의 가등기말소절차에 따라야 하며, 민사집행법에서 정한 가처분 이의의 방법으로 가등기의 말소를 구할 수 없다(등기예규 제1849호 6. 라.).

[**④** ▸ O] 제89조의 가등기를 명하는 가처분명령은 부동산의 소재지를 관할하는 지방법원이 가등기권리자의 신청으로 가등기원인사실의 소명이 있는 경우에 할 수 있다(부동산등기법 제90조 제1항).

[**⑤** ▸ O] 법원의 가등기가처분결정에 기하여 이루어진 가등기의 효력은 일반의 가등기(당사자 간의 매매예약에 인한 가등기)의 효력과 아무런 차이가 없으므로, 가등기가처분에 의한 가등기 후에 경료된 제3자 명의의 소유권이전등기는 위 가등기에 기한 본등기가 이루어지면 가등기의 순위보전의 효력과 물권의 배타성에 의하여 그 소유권이전등기는 직권말소하여야 한다(등기선례 제3-718호).

답 **①**

65 □□□ 가등기에 관한 다음 설명 중 가장 옳지 않은 것은? 2021년 법무사시험 [문 28]

① 소유권이전등기청구권의 효력이 시기부 또는 정지조건부일 경우나 그 밖에 장래에 확정될 것인 경우에도 가등기를 설정할 수 있다.

② 소유권이전등기청구권보전가등기에 의하여 소유권 이전의 본등기를 한 경우 가등기 후 본등기 전에 마쳐진 해당 가등기상 권리를 목적으로 하는 가압류등기는 등기관이 직권으로 말소하여야 한다.

③ 담보가등기에 기한 본등기를 신청할 때에는 통상적인 첨부정보 외에 청산금평가통지서 또는 청산금이 없다는 뜻의 통지서가 도달하였음을 증명하는 정보와 청산금이 있는 경우에는 청산기간 경과 후에 청산금을 채무자에게 지급 또는 공탁하였음을 증명하는 정보를 제공하여야 한다.

④ 가등기 후 본등기 전에 제3자에게 소유권이 이전된 경우 본등기신청의 등기의무자는 가등기를 할 때의 소유자이다.

⑤ 대법원 판례에 따르면 당해 가등기가 담보가등기인지 여부는 당해 가등기가 실제상 채권담보를 목적으로 한 것인지 여부에 의하여 결정되는 것이지 당해 가등기의 등기부상 원인이 매매예약으로 기재되어 있는지 아니면 대물변제예약으로 기재되어 있는가 하는 형식적 기재에 의하여 결정되는 것은 아니라고 한다.

···

[**①** ▸ O] 가등기는 제3조 각 호의 어느 하나에 해당하는 권리의 설정, 이전, 변경 또는 소멸의 청구권을 보전하려는 때에 한다. 그 청구권이 시기부 또는 정지조건부일 경우나 그 밖에 장래에 확정될 것인 경우에도 같다(부동산등기법 제88조).

[**②** ▸ ×] 부동산등기규칙 제147조 제1항 제1호

> **부동산등기규칙 제147조(본등기와 직권말소)**
> ① 등기관이 소유권이전등기청구권보전가등기에 의하여 소유권 이전의 본등기를 한 경우에는 법 제92조 제1항에 따라 가등기 후 본등기 전에 마쳐진 등기 중 <u>다음 각 호의 등기를 제외하고는 모두 직권으로 말소한다.</u>
> 1. 해당 가등기상 권리를 목적으로 하는 가압류등기나 가처분등기
> 2. 가등기 전에 마쳐진 가압류에 의한 강제경매개시결정등기
> 3. 가등기 전에 마쳐진 담보가등기, 전세권 및 저당권에 의한 임의경매개시결정등기
> 4. 가등기권자에게 대항할 수 있는 주택임차권등기, 주택임차권설정등기, 상가건물임차권등기, 상가건물임차권설정등기(이하 "주택임차권등기등"이라 한다)

[**❸** ▸ O] 담보가등기에 의한 본등기를 신청할 경우에는 판결에 의하여 본등기를 신청하는 경우를 제외하고는 청산절차를 거쳤음을 증명하기 위하여 청산금 평가통지서 또는 청산금이 없다는 통지서가 도달하였음을 증명하는 정보와 가등기담보 등에 관한 법률 제3조에서 정하고 있는 청산기간이 경과한 후에 청산금을 채무자에게 지급(공탁)하였음을 증명하는 정보(청산금이 없는 경우는 제외한다)를 첨부정 보로서 등기소에 제공하여야 한다(등기선례 제201405-1호).

[**❹** ▸ O] 가등기에 의한 본등기신청의 등기의무자는 가등기를 할 때의 소유자이며, 가등기 후에 제3자 에게 소유권이 이전된 경우에도 가등기의무자는 변동되지 않는다[등기예규 제1849호 4. 가. (1)].

[**❺** ▸ O] 당해 가등기가 담보가등기인지 여부는 당해 가등기가 실제상 채권담보를 목적으로 한 것인 지 여부에 의하여 결정되는 것이지 당해 가등기의 등기부상 원인이 매매예약으로 기재되어 있는지 아니 면 대물변제예약으로 기재되어 있는가 하는 형식적 기재에 의하여 결정되는 것이 아니다(대결 1998.10.7. 98마1333).

답 ❷

제7절 처분제한의 등기

제1항 가압류등기

66
□□□

첨부정보에 관한 다음 설명 중 가장 옳지 않은 것은? 　　　　　2025년 법무사시험 [문 10]

① 유증한 부동산 중 지분일부를 생전에 처분한 경우 나머지 지분에 대한 유증을 원인으로 하는 소유권 이전등기신청 시 원 공정증서를 등기원인을 증명하는 정보로서 등기소에 제공할 수 있다.

② 채무자인 종중 소유의 미등기 건물에 대한 집행법원의 가압류등기촉탁 시 정관이나 규약, 대표자나 관리인임을 증명하는 정보, 사원총회의 결의서 등을 첨부하여야 한다.

③ 농지에 대하여 매매로 인한 소유권이전등기가 마쳐진 후 매매계약의 합의해제를 등기원인으로 하여 소유권이전등기의 말소등기를 신청하는 경우에는 농지취득자격증명을 첨부정보로서 등기소 에 제공할 필요가 없다.

④ "위탁자와 수탁자가 신탁계약을 중도 해지할 경우에는 우선수익자의 서면동의가 있어야 한다"는 내용이 신탁원부에 기록되어 있다면 신탁해지를 원인으로 소유권이전등기 및 신탁등기의 말소등기 를 신청할 때에는 일반적인 첨부정보 외에 신탁계약의 중도해지에 대한 우선수익자의 동의가 있었 음을 증명하는 정보와 그의 인감증명을 첨부정보로서 제공하여야 한다.

⑤ 소유권이전등기청구권을 보전하기 위하여 소유권이전청구권가등기를 마친 상태에서 제3자에 대 한 채무를 담보하기 위하여 소유권이전등기청구권을 양도한 경우에는, 양도담보를 원인으로 가등 기된 권리의 이전등기를 신청할 수 있고, 이 경우에는 매도인인 소유명의인의 승낙이 있음을 증명 하는 정보와 인감증명을 첨부정보로서 등기소에 제공하여야 한다.

[**❶ ▸ ○**] 甲이 乙에게 A부동산 전체를 유증하기로 하는 공정증서를 작성한 후, 유증한 A부동산의 지분 2분의 1을 丙에게 증여하고 증여로 인한 소유권이전등기를 마침으로써 A부동산의 소유권을 甲과 丙이 2분의 1씩 공유하고 있는 경우, A부동산 전체를 乙에게 유증하기로 한 공정증서 자체를 첨부정보로서 등기소에 제공하여 A부동산 甲 지분 2분의 1에 대하여 乙을 등기권리자로 하는 소유권이전등기를 신청할 수 있을 것이다(부동산등기선례 제202212-2호). 따라서, 유증한 부동산 중 지분일부를 생전에 처분한 경우 나머지 지분에 대한 유증을 원인으로 하는 소유권 이전등기신청 시 원 공정증서를 등기원인을 증명하는 정보로서 등기소에 제공할 수 있다.

[**❷ ▸ ✕**] 채무자인 종중 소유의 미등기 건물에 대하여 법원의 가압류등기촉탁이 있는 경우 등기관은 직권으로 해당 건물에 대한 소유권보존등기를 하여야 하고 이 경우 소유권보존등기의 요건으로 종중으로서 실체를 갖추었는지 여부, 그 대표자에게 적법한 대표권이 있는지 여부 등에 대해서는 가압류를 명하는 법원이 판단하여야 할 사항으로 법원이 판단한 바에 따라 대표자를 등기하면 족하다. 또한 「부동산등기법」 제66조 제1항에 따라 직권으로 미등기 건물에 대한 소유권보존등기를 하는 것이 「민법」 제276조 제1항에 따른 '총유물의 관리 및 처분'이라 볼 수 없으므로 종중이 소유권보존등기를 신청하는 경우와 달리 위 가압류등기의 촉탁 시 정관이나 그 밖의 규약, 대표자나 관리인임을 증명하는 정보, 사원총회의 결의서 등은 첨부할 필요가 없을 것이다(부동산등기선례 제202505-5호).

[**❸ ▸ ○**] 농지에 대하여 매매로 인한 소유권이전등기가 마쳐진 후 매매계약의 합의해제를 등기원인으로 하여 소유권이전등기의 말소등기를 신청하는 경우에는 농지취득자격증명을 첨부정보로서 등기소에 제공할 필요가 없다(부동산등기선례 제202204-1호).

[**❹ ▸ ○**] 등기관은 등기기록과 신청정보 및 첨부정보만에 의하여 등기신청의 수리 여부를 결정하여야 하는바, 신탁원부는 등기기록의 일부로 보게 되므로 "위탁자와 수탁자가 신탁계약을 중도 해지할 경우에는 우선수익자의 서면동의가 있어야 한다"는 내용이 신탁원부에 기록되어 있다면 신탁해지를 원인으로 소유권이전등기 및 신탁등기의 말소등기를 신청할 때에는 일반적인 첨부정보 외에 신탁계약의 중도해지에 대한 우선수익자의 동의가 있었음을 증명하는 정보(동의서)와 그의 인감증명을 첨부정보로서 제공하여야 한다(부동산등기선례 제201805-3호).

[**❺ ▸ ○**] 소유권이전등기청구권을 보전하기 위하여 소유권이전청구권가등기를 마친 상태에서 제3자에 대한 채무를 담보하기 위하여 소유권이전등기청구권을 양도한 경우에는, 양도담보를 원인으로 가등기된 권리의 이전등기를 신청할 수 있고, 이후 양도담보계약이 해제된 경우에는 양도담보계약의 해제를 원인으로 이전등기의 말소등기를 신청할 수 있다. 다만, 매매로 인한 소유권이전등기청구권은 특별한 사정이 없는 이상 그 권리의 성질상 양도가 제한되고 그 양도에 매도인의 승낙이나 동의를 요한다고 할 것이므로(대판 2001.10.9. 2000다51216 참조), 위 가등기의 이전등기를 신청하는 경우에는 매도인인 소유명의인의 승낙이 있음을 증명하는 정보와 인감증명을 첨부정보로서 등기소에 제공하여야 한다(부동산등기선례 제201803-1호).

답 ❷

67

가압류등기에 관한 다음 설명 중 가장 옳지 않은 것은?

① 합유자 중 1인의 지분에 대한 가압류등기는 할 수 없으므로 위 촉탁이 있는 경우 이를 각하하여야 하나 합유지분에 대하여 가압류등기가 이미 마쳐져 있다면 등기관은 위 등기를 직권말소 할 수 없다.

② 등기관은 촉탁에 의하여 가압류등기를 하는 경우 다수의 채권자 전부를 등기기록에 채권자로 기록하여야 하며, 채권자 ○○○ 외 ○○인과 같이 채권자 일부만을 기록하여서는 아니 되며, 채권자가 선정당사자인 경우에도 선정자 목록에 의하여 채권자 전부를 등기기록에 채권자로 기록하여야 한다.

③ 다수의 채권자 중 일부 채권자의 해제신청에 의한 변경등기 촉탁이 있는 경우에는 ○번 ○○변경, 접수 ○○○○년 ○월 ○일 제○○○호, 원인 ○○○○년 ○월 ○일 일부채권자 해제로 한 변경등기를 하고, 이 경우 등기촉탁서에 가압류의 청구금액의 변경이 포함되어 있을 때에는 청구금액의 변경등기도 하여야 한다.

④ 가압류등기가 가압류법원의 말소촉탁 외의 사유로 말소된 경우 등기관은 지체 없이 그 뜻을 집행법원에 통지하여야 한다.

⑤ 소유권이전등기청구권에 대한 가압류등기는 그 청구권이 가등기된 때에 한하여 부기등기의 방법으로 할 수 있다.

....

[**❶ ▸ ✕**] 수인의 합유자 명의인 부동산에 관하여 합유자 중 1인의 지분에 대하여 가압류기입등기촉탁이 있는 경우에는, 부동산등기법 제55조[현 제29조(註)] 제2호에 의하여 각하하여야 할 것인바, 위 합유지분에 대하여 가압류등기가 이미 경료되어 있다면 그 등기는 등기관이 부동산등기법 제175조 내지 제177조[현 제58조(註)]의 규정에 의하여 <u>직권으로 말소하여야 한다</u>(등기선례 제7-314호).

[**❷ ▸ ○**] 등기예규 제1358호 2.

> □ **등기예규 제1358호[채권자가 다수인 가압류・가처분등기 및 경매개시결정등기 또는 그 등기의 변경등기 촉탁이 있는 경우의 처리지침]**
> 2. 가압류・가처분등기 또는 경매개시결정등기의 촉탁이 있는 경우
>   가. 등기관은 촉탁에 의하여 위 가압류등기 등을 하는 경우 다수의 채권자 전부를 등기기록에 채권자로 기록하여야 하며, 채권자 ○○○ 외 ○○인과 같이 채권자 일부만을 기록하여서는 아니 된다.
>   나. 채권자가 선정당사자인 경우에도 선정자 목록에 의하여 채권자 전부를 등기기록에 채권자로 기록하여야 한다.

[**❸ ▸ ○**] 다수의 채권자 중 일부 채권자의 해제신청에 의한 변경등기 촉탁이 있는 경우에는 ○번 ○○변경, 접수 ○○○○년 ○월 ○일 제○○○호, 원인 ○○○○년 ○월 ○일 일부채권자 해제로 한 변경등기를 하고, 이 경우 등기촉탁서에 가압류의 청구금액이나 가처분할 지분의 변경이 포함되어 있을 때에는 청구금액 또는 가처분할 지분의 변경등기도 하여야 하는바, 그 등기기록례는 별지와 같다(등기예규 제1358호 4. 가.).

[**❹ ▸ ○**] 가압류등기, 가처분등기, 경매개시결정등기, 주택임차권등기 및 상가건물임차권등기가 집행법원의 말소촉탁 이외의 사유(본등기, 매각, 공매, 부동산등기법 제99조 제4항, 동 규칙 제116조 제2항 규정의 경우 등)로 말소된 경우 등기관은 지체 없이 그 뜻을 아래 양식에 의하여 집행법원에 통지하여야 한다(등기예규 제1368호).

[**❺ ▸ ○**] 등기이전청구권이 등기된 때(부동산등기법 제88조의 규정에 의하여 그 청구권이 가등기된 때)에 한하여 부기등기의 방법에 의하여 가압류의 등기를 할 수 있다(등기예규 제1344호).

답 ❶

68
□□□

A 부동산에 관하여 처분금지 가처분채권자 甲이 본안사건에서 승소하여 그 확정판결의 정본을 첨부하여 소유권이전등기신청을 하고자 한다. A 부동산 등기기록에는 가처분등기 이후에 제3자인 乙명의의 소유권이전등기와 가압류권자 丙에 의한 강제경매개시결정등기(이하 '경매개시결정등기'라 한다)가 기록되어 있다. 등기신청에 관한 다음 설명 중 가장 옳은 것은?

2024년 법무사시험 [문 30]

① 甲이 소유권이전등기를 신청할 때에는 반드시 乙명의의 소유권이전등기의 말소신청을 단독으로 동시에 하여야 하며, 등기관은 A 부동산 등기기록이 이기된 것이라 하더라도 현재 유효한 등기기록만을 근거로 소유권이전등기의 말소 가능 여부(가처분등기에 우선하는 권리에 기한 것인지 여부)를 조사하면 된다.

② 丙의 경매개시결정등기도 甲의 소유권이전등기신청 시 단독으로 말소신청을 동시에 하여야 하나, 그 경매개시결정등기가 가처분등기 이전에 마쳐진 가압류에 의한 경우에는 소유권이전등기신청만 수리하고 경매개시결정등기 말소는 신청이 있더라도 수리하지 않는다.

③ 丙의 경매개시결정등기가 가처분등기보다 이후의 원인으로 마쳐진 경우에, 甲이 가처분에 기한 소유권이전등기만 신청하고 경매개시결정등기에 대한 말소신청을 동시에 하지 않았다면 추후에 말소등기신청은 할 수 없다.

④ 등기관이 가처분채권자 甲의 단독신청에 의하여 가처분등기 이후의 등기를 말소하였을 때에는 직권으로 당해 가처분등기를 말소하여야 하나, 가처분등기 이후의 등기가 없는 경우로서 甲이 가처분채무자를 상대로 소유권이전등기만 하였다면 당해 가처분등기는 법원의 촉탁에 의하여 말소한다.

⑤ 가처분채권자 甲이 가처분에 기한 것이라는 소명자료를 첨부하여 가처분채무자와 공동으로 소유권이전등기를 신청한 경우에도 가처분등기에 대항할 수 없는 권리에 관한 말소신청을 할 수 있으나, 말소된 권리의 등기명의인에게 말소등기통지를 생략할 수 있다.

....

[**❶** ▸ ✕] 甲이 소유권이전등기를 신청할 때에는 반드시 乙명의의 소유권이전등기의 말소신청을 단독으로 동시에 하여야 하며, 등기관은 A 부동산 등기기록이 이기된 경우에는 현재 유효한 등기기록뿐만 아니라 폐쇄등기기록 및 수작업 폐쇄등기부까지 근거로 하여 소유권이전등기의 말소 가능 여부(가처분등기에 우선하는 권리에 기한 것인지 여부)를 조사해야 한다[등기예규 제1690호 1. 가. (1), (2) 참조].

[**❷** ▸ ○] 등기예규 제1690호 1. 나. (1), (2)

[**❸** ▸ ✕] 丙의 경매개시결정등기가 가처분등기보다 이후의 원인으로 마쳐진 경우에, 甲이 가처분에 기한 소유권이전등기만 신청하고 경매개시결정등기에 대한 말소신청을 동시에 하지 않았다면 <u>그 소유권이전등기가 가처분에 기한 소유권이전등기였다는 소명자료를 첨부하여 다시 가처분등기 이후에 경료된 경매개시결정등기의 말소를 신청하여야 한다</u>[등기예규 제1690호 1. 나. (1), (3) 참조].

[**❹** ▸ ✕] 등기관이 가처분채권자 甲의 단독신청에 의하여 가처분등기 이후의 등기를 말소하였을 때에는 직권으로 당해 가처분등기를 말소하여야 하고, 가처분등기 이후의 등기가 없는 경우로서 甲이 가처분채무자를 상대로 소유권이전등기만을 할 때에도 <u>직권으로 당해 가처분등기를 말소하여야 한다</u>(등기예규 제1690호 4. 참조).

[**❺** ▸ ✕] 가처분채권자 甲이 가처분에 기한 것이라는 소명자료를 첨부하여 가처분채무자와 공동으로 소유권이전등기를 신청한 경우에도 가처분등기에 대항할 수 없는 권리에 관한 말소신청을 할 수 있으며, <u>말소된 권리의 등기명의인에게 말소등기통지를 하여야 한다</u>(등기예규 제1690호 3., 5. 나. 참조).

❑ 등기예규 제1690호[처분금지가처분채권자가 가처분채무자를 등기의무자로 하여 소유권이전등기 또는 소유권이전(보존)등기말소등기 신청 등을 하는 경우의 업무처리지침]

1. 처분금지가처분채권자가 본안사건에서 승소하여 그 승소판결에 의한 소유권이전등기를 신청하는 경우
   가. 당해 가처분등기 이후에 경료된 제3자 명의의 소유권이전등기의 말소
      (1) 부동산의 처분금지가처분채권자(이하 '가처분채권자'라 한다)가 본안사건에서 승소하여(재판상 화해 또는 인낙을 포함한다. 이하 같다) 그 확정판결의 정본을 첨부하여 소유권이전등기를 신청하는 경우, 그 가처분등기 이후에 제3자 명의의 소유권이전등기가 경료되어 있을 때에는 반드시 위 소유권이전등기신청과 함께 단독으로 그 가처분등기 이후에 경료된 제3자 명의의 소유권이전등기의 말소신청도 동시에 하여 그 가처분등기 이후의 소유권이전등기를 말소하고 가처분채권자의 소유권이전등기를 하여야 한다.
      (2) 위 (1)의 경우, 가처분등기 이후에 경료된 제3자 명의의 소유권이전등기가 가처분등기에 우선하는 저당권 또는 압류에 기한 경매절차에 따른 매각을 원인으로 하여 이루어진 것인 때에는 가처분채권자의 말소신청이 있다 하더라도 이를 말소할 수 없는 것이므로, 그러한 말소신청이 있으면 경매개시결정의 원인이 가처분등기에 우선하는 권리에 기한 것인지 여부를 조사(새로운 등기기록에 이기된 경우에는 폐쇄등기기록 및 수작업 폐쇄등기부까지 조사)하여, 그 소유권이전등기가 가처분채권자에 우선하는 경우에는 가처분채권자의 등기신청(가처분에 기한 소유권이전등기신청 포함)을 전부 수리하여서는 아니 된다.
   나. 당해 가처분등기 이후에 경료된 제3자 명의의 소유권이전등기 이외의 등기의 말소
      (1) 가처분채권자가 본안사건에서 승소하여 그 확정판결의 정본을 첨부하여 소유권이전등기를 신청하는 경우, 그 가처분등기 이후에 제3자 명의의 소유권이전등기를 제외한 가등기, 소유권 이외의 권리에 관한 등기, 가압류등기, 국세체납에 의한 압류등기, 경매개시결정등기 및 처분금지가처분등기 등이 경료되어 있을 때에는 위 소유권이전등기신청과 함께 단독으로 그 가처분등기 이후에 경료된 제3자 명의의 등기말소신청도 동시에 하여 그 가처분등기 이후의 등기를 말소하고 가처분채권자의 소유권이전등기를 하여야 한다.
      (2) 다만, 가처분등기 전에 마쳐진 가압류에 의한 강제경매개시결정등기와 가처분등기 전에 마쳐진 담보가등기, 전세권 및 저당권에 의한 임의경매개시결정등기 및 가처분채권자에 대항할 수 있는 임차인 명의의 주택임차권등기, 주택임차권설정등기, 상가건물임차권등기 및 상가건물임차권설정등기 등이 있는 경우에는 이를 말소하지 아니하고 가처분채권자의 소유권이전등기를 하여야 한다.
      (3) 위 (1)의 경우 가처분채권자가 그 가처분에 기한 소유권이전등기만 하고 가처분등기 이후에 경료된 제3자 명의의 소유권 이외의 등기의 말소를 동시에 신청하지 아니하였다면 그 소유권이전등기가 가처분에 기한 소유권이전등기였다는 소명자료를 첨부하여 다시 가처분등기 이후에 경료된 제3자 명의의 등기의 말소를 신청하여야 한다.

3. 가처분채권자가 승소판결에 의하지 아니하고 가처분채무자와 공동으로 가처분에 기한 소유권이전등기 또는 소유권이전등기말소등기를 신청하는 경우
   가처분채권자가 가처분에 기한 것이라는 소명자료를 첨부하여 가처분채무자와 공동으로 소유권이전등기 또는 소유권말소등기를 신청하는 경우의 당해 가처분등기 및 그 가처분등기 이후에 경료된 제3자 명의의 등기의 말소에 관하여도 제1항 및 제2항의 절차에 의한다.

4. 당해 가처분등기의 말소
   등기관이 제1항부터 제3항까지의 규정에 따라 가처분채권자의 신청에 의하여 가처분등기 이후의 등기를 말소하였을 때에는 직권으로 그 가처분등기도 말소하여야 한다. 가처분등기 이후의 등기가 없는 경우로서 가처분채무자를 등기의무자로 하는 소유권이전등기 또는 소유권이전(보존)등기말소등기만을 할 때에도 또한 같다.

나. 등기관이 제1항부터 제3항까지의 규정에 따라 가처분등기 이후의 등기를 말소하였을 때에는 말소하는 이유 등을 명시하여 지체 없이 말소된 권리의 등기명의인에게 통지(등기예규 제1338호 제10호 양식)하여야 한다.

답 ❷

69 가처분등기에 관한 다음 설명 중 가장 옳지 않은 것은? 　　2023년 법무사시험 [문 26]

① 사해행위취소로 인한 원상회복청구권을 피보전권리로 하여 처분금지가처분등기가 되고 그 후 근저당권설정등기가 경료된 상태에서 가처분채권자가 본안사건에서 소유권이전등기나 소유권이전등기의 말소를 명하는 판결이 아닌 가액배상을 명하는 판결을 받았다면 그 판결로는 소유권이전등기나 소유권이전등기의 말소를 신청할 수 없으므로 가처분등기 이후에 경료된 근저당권설정등기의 말소도 신청할 수 없다.

② "피고가 원고를 상대로 한 가처분집행은 해제키로 한다."는 내용의 조정이 성립된 경우에는 가처분채무자인 원고는 위 조정조서에 의하여 직접 등기소에 가처분등기의 말소등기를 신청할 수는 없고 집행법원의 촉탁에 의하여 말소하여야 한다.

③ 1필지 토지의 특정된 일부분에 대한 가처분등기는 할 수 없으므로 바로 분할등기가 될 수 있다는 등 특별한 사정이 없으면 1필지 토지 전부에 대한 가처분등기를 할 수 밖에 없다.

④ 처분금지가처분에 기하여 전세권설정등기를 하는 경우 그 가처분등기 이후에 마쳐진 제3자 명의의 저당권등기는 말소하지 아니한다.

⑤ 선행 가처분과 후행 가처분의 피보전권리가 모두 소유권이전등기 말소등기청구권 및 근저당권설정등기 말소등기청구권인 경우, 확정판결을 받은 후행 가처분채권자가 말소등기신청을 할 때에 선행 가처분채권자의 승낙 또는 이에 대항할 수 있는 재판의 등본을 첨부정보로 제공할 필요는 없다.

[❶ ▸ ○] 처분금지가처분등기가 경료된 후 가처분채권자가 본안사건에서 승소한 경우 그 승소판결에 의한 소유권이전등기(말소)신청과 동시에 가처분채권자에게 대항할 수 없는 등기의 말소도 단독으로 신청할 수 있으나, 이 경우의 본안사건은 소유권이전등기나 그 등기의 말소를 명하는 판결이어야 한다. 따라서 사해행위취소로 인한 원상회복청구권을 피보전권리로 하여 처분금지가처분등기가 되고 그 후 근저당권설정등기가 경료된 상태에서 가처분채권자가 본안사건에서 소유권이전등기나 소유권이전등기의 말소를 명하는 판결이 아닌 가액배상을 명하는 판결을 받았다면 그 판결로는 소유권이전등기나 소유권이전등기의 말소를 신청할 수 없으므로 가처분등기 이후에 경료된 근저당권설정등기의 말소도 신청할 수 없다(등기선례 제201112-1호).

[❷ ▸ ○] '피고가 원고를 상대로 한 가처분집행은 해제키로 한다'는 내용의 조정이 성립되었으나 가처분채권자인 피고가 가처분집행을 해제하지 않는 경우에, 가처분채무자인 원고가 그 조정조서에 의하여 가처분등기 말소신청을 할 수는 없고, 집행법원에 가처분집행의 취소를 구하는 신청을 하여 집행법원의 촉탁에 의하여 가처분등기를 말소할 수 있을 것이다(등기선례 제6-491호).

[**❸ ▸ O**] 등기부상 1필지 토지의 특정된 일부분에 대한 처분금지가처분등기는 할 수 없으므로, 1필지 토지의 특정 일부분에 관한 소유권이전등기청구권을 보전하기 위하여는 바로 분할등기가 될 수 있다는 등 특별한 사정이 없으면 그 1필지 토지 전부에 대한 처분금지가처분결정에 기한 등기촉탁에 의하여 그 1필지 토지 전부에 대한 처분금지가처분등기를 할 수밖에 없다(대판 1975.5.27. 75다190 참조)(등기예규 제881호 3.).

[**❹ ▸ O**] 처분금지가처분에 기하여 부동산의 사용·수익을 목적으로 하는 소유권 이외의 권리(지상권, 전세권, 임차권, 주택임차권, 상가건물임차권, 다만 지역권은 제외)의 설정등기를 하는 경우, 그 설정등기와 양립할 수 있는 용익물권설정등기, 임차권설정등기, 주택임차권등기, 주택임차권설정등기, 상가건물임차권등기, 상가건물임차권설정등기와 부동산의 사용·수익을 목적으로 하는 소유권 이외의 권리(지상권, 지역권, 전세권, 임차권)가 아닌 제3자 명의의 등기(소유권이전등기, 가등기, 가압류, 국세체납에 의한 압류등기, 처분금지가처분등기, 저당권 등)는 가처분등기 이후에 경료된 것이라도 이를 말소하지 아니한다[등기예규 제1691호 3. 나. (1)].

[**❺ ▸ ×**] 선행 가처분과 후행 가처분의 피보전권리가 모두 소유권이전등기 말소등기청구권 및 근저당권설정등기 말소등기청구권인 경우, 확정판결을 받은 후행 가처분채권자의 말소등기신청이 비록 선행 가처분채권자의 피보전권리를 침해하는 것이 아니라 오히려 그 피보전권리에 부합하는 것이라 하더라도 선행 가처분채권자는 권리의 목적인 등기가 말소됨에 따라 손해를 입을 우려가 있는 등기상의 권리자로서 그 손해를 입을 우려가 있다는 것이 등기부 기재에 의하여 형식적으로 인정되는 자이므로 <u>말소등기신청서에 선행 가처분채권자의 승낙서 또는 이에 대항할 수 있는 재판의 등본을 첨부하여야 한다</u>(등기선례 제201106-2호).

 답 **❺**

70
□□□

처분제한 등기에 관한 다음 설명 중 가장 옳지 않은 것은? 2022년 법무사시험 [문 20]

① 건물을 증축하거나 부속건물을 신축하고 아직 그 표시변경등기를 하지 아니한 건물에 대하여 집행법원에서 처분제한의 등기를 촉탁하면서 건축물대장과 도면(증축 또는 신축된 것)을 첨부하여 표시변경등기 촉탁을 하였더라도 등기관은 이를 수리할 수 없다.

② 가처분의 피보전권리가 지상권설정등기청구권으로 소유명의인을 가처분채무자로 하는 경우에는 그 가처분등기를 등기기록 중 을구에 한다.

③ 미등기부동산에 대한 처분제한등기의 촉탁에 의하여 등기관이 직권으로 소유권보존등기를 하는 경우에는 국민주택채권을 매입하지 않았다고 하여 그 촉탁을 각하할 수 없다.

④ 국세징수법에 따른 공매공고등기는 공매를 집행하는 압류등기의 부기등기로 하고, 납세담보로 제공된 부동산에 대한 공매공고등기는 갑구에 주등기로 실행한다.

⑤ 가처분권리자가 피상속인과의 원인행위에 의한 권리의 이전·설정의 등기청구권을 보전하기 위해 상속인들을 상대로 처분금지가처분신청을 하여 집행법원이 인용하고 피상속인 명의의 부동산에 대해 상속관계를 표시하여(등기의무자를 "망 ○○○의 상속인 ○○○" 등) 가처분등기 촉탁을 한 경우 상속등기를 거침이 없이 가처분등기를 할 수 있다.

[❶ ▸ ○] 건물의 증축 또는 부속건물을 신축하고 아직 그 표시변경등기를 하지 아니한 건물에 대하여 집행법원에서 처분제한의 등기를 촉탁하면서 가옥대장과 도면(증축 또는 신축된 것)을 첨부하여 표시변경등기 촉탁을 하였더라도 건물표시변경은 촉탁으로 할 수 있는 것이 아니기 때문에 채권자가 미리 대위로 표시 변경을 아니하는 한 이를 수리할 수 없다 할 것이다(등기예규 제441호).

[❷ ▸ ✕] 가처분의 피보전권리가 소유권 이외의 권리설정등기청구권으로서 소유명의인을 가처분채무자로 하는 경우에는 그 가처분등기를 등기기록 중 갑구에 한다(부동산등기규칙 제151조 제2항).

[❸ ▸ ○] 미등기부동산에 대한 처분제한등기의 촉탁에 의하여 등기관이 직권으로 소유권보존등기를 완료한 때에는 납세지를 관할하는 지방자치단체장에게 지방세법 제22조 제1항에 따른 취득세 미납 통지 또는 지방세법 제33조에 따른 등록면허세(지방세법 제23조 제1호 다목, 라목에 해당하는 등록에 대한 등록면허세를 말한다. 이하 6.에서 같다) 미납 통지를 하여야 하고, 이 경우 소유자가 보존등기를 신청하는 것이 아니므로(주택도시기금법 제8조 참조) 국민주택채권도 매입할 필요가 없다(등기예규 제1744호 6. 가.).

[❹ ▸ ○] 등기예규 제1760호 제5조 제1항, 제2항

□ **등기예규 제1760호[국세징수법에 따른 공매공고등기 사무처리지침]**

제5조(등기실행)
① 공매공고등기는 공매를 집행하는 압류등기의 부기등기로 한다.
② 납세담보로 제공된 부동산에 대한 공매공고등기는 갑구에 주등기로 실행한다.

[❺ ▸ ○] 가처분권리자가 피상속인과의 원인행위에 의한 권리의 이전·설정의 등기청구권을 보전하기 위하여 상속인들을 상대로 처분금지가처분신청을 하여 집행법원이 이를 인용하고, 피상속인 소유명의의 부동산에 관하여 상속관계를 표시하여(등기의무자를 '망 ○○○의 상속인 ○○○' 등으로 표시함) 가처분기입등기를 촉탁한 경우에는 상속등기를 거침이 없이 가처분기입등기를 할 수 있다(등기예규 제881호 2.).

답 ❷

71
□□□

경매에 관한 등기에 대한 다음 설명 중 가장 옳지 않은 것은? 2025년 법무사시험 [문 20]

① 경매개시결정등기 전에 마쳐진 제3자 명의의 가등기의 경우 그보다 앞선 선순위로서 매각에 의하여 소멸되는 담보권에 관한 등기가 존재하는 경우에는 말소대상이 된다.

② 가압류등기 후에 제3자에게 소유권이 이전된 후 가압류채권자가 집행권원을 얻어 경매신청을 하여 그 등기의 촉탁을 하는 경우 촉탁서에 가압류 당시의 소유명의인을 등기의무자로 표시하였더라도 그 촉탁을 수리하여야 한다.

③ 대지권등기가 마쳐진 구분건물에 대한 매각허가 결정에 대지에 대한 표시가 없고 전유부분만 기재된 경우 전유부분만에 대한 소유권이전등기 촉탁은 할 수 없으므로 전유부분만에 대한 소유권이전등기를 실행하기 위하여는 대지권변경(대지권말소)등기가 선행되어야 한다.

④ 공유부동산에 대한 경매개시결정등기가 마쳐지고, 경매절차에서 일부 공유자가 매수인이 된 경우에는 경매개시결정등기의 말소촉탁 및 매수인이 인수하지 않는 부담기입의 말소촉탁을 하되 소유권이전등기촉탁은 위 매수인의 지분을 제외한 나머지 지분에 대한 공유지분이전등기 촉탁을 한다.

⑤ 매각대금이 완납된 경우에도 경매개시결정등기의 말소등기는 집행법원의 촉탁에 따르나, 매각을 원인으로 한 소유권이전등기와 함께 이루어질 필요는 없으므로 이전등기를 하지 않고서도 경매개시결정등기만을 말소할 수 있다.

[❶ ▶ ○] 경매개시결정등기 전에 마쳐진 제3자 명의의 소유권이전등기 및 가등기는 말소촉탁의 대상이 아니지만, 경매개시결정등기 후에 마쳐진 제3자 명의의 소유권이전등기 및 가등기는 매수인에게 대항할 수 없으므로 말소촉탁의 대상이 된다. 다만 경매개시결정등기 전에 마쳐진 제3자 명의의 가등기의 경우에는 그보다 앞선 선순위로서 매각에 의하여 소멸되는 담보권에 관한 등기가 존재하는 경우에는 말소촉탁의 대상이 된다(대결 1985.2.11. 84마606). ▐부동 실무 3▐ 이와 관련하여 판례는 소유권이전청구권보전의 가등기가 있는 부동산에 대하여 그 가등기 후에 등기된 강제경매신청에 의하여 강제경매가 실시된 경우에도 그 가등기보다 선순위로서, 강제경매에 의한 경락 당시 유효히 존재하고 그 경락에 의하여 소멸되는 저당권설정등기가 존재하는 경우에는 그 가등기는 저당권에 대항할 수 없고 또 그 저당권이 강제경매에 의하여 소멸하는 한 그보다 후순위로 가등기된 권리도 소멸하는 것이므로 이 가등기는 민사소송법 제661조 제1항 제2호 소정의 "경락인이 인수하지 아니한 부동산상 부담의 기입"으로서 말소촉탁의 대상이 된다 할 것이고 이는 강제경매개시 후 가등기에 우선하는 저당권자가 임의경매신청을 하여 기록 첨부된 경우뿐만 아니라 선순위저당권자가 임의경매신청을 하지 아니한 경우에도 마찬가지로 모두 말소대상이 된다고 판시하고 있다(대결 1985.2.11. 84마606).

[❷ ▶ ○] 강제경매에서 등기의무자는 부동산소유자, 즉 채무자를 기재한다. 가압류등기 후에 제3자에게 소유권이 이전된 후 가압류채권자가 집행권원을 얻어 경매신청을 하여 그 등기의 촉탁을 하는 경우에는, 가압류 당시의 소유권의 등기명의인이 등기의무자가 된다(등기예규 제1352호). 이는 가압류된 부동산을 취득한 제3자는 가압류채권자에게 대항할 수 없기 때문이다. ▐부동 실무 3▐

[❸ ▶ ○] 대지권등기가 마쳐진 구분건물에 대한 매각허가결정에 대지에 대한 표시가 없고 전유부분만 기재된 경우 전유부분만에 대한 소유권이전등기 촉탁은 할 수 없으므로 전유부부마에 대한 소유권이전등기를 실행하기 위하여는 대지권변경(대지권말소)등기가 선행되어야 한다(등기예규 제1367호 2. 나. (1) 참조).

[**④** ▸ ○] 공유부동산에 대한 경매개시결정등기가 경료되고, 경매절차에서 일부 공유자가 매수인이 된 경우에는, 경매개시결정등기의 말소촉탁 및 매수인이 인수하지 않는 부담기입의 말소촉탁을 하되 소유권이전등기촉탁은 위 매수인의 지분을 제외한 나머지 지분에 대한 공유지분이전등기 촉탁을 한다(등기예규 제1378호 2.).

[**⑤** ▸ ×] 경매절차에서 경락대금이 완납된 경우 경매신청기입등기의 말소등기는 집행법원의 촉탁에 의하여 <u>경락을 원인으로 한 소유권이전등기와 함께 이루어져야 하는 것이므로</u>, 임의경매절차에서 경락대금이 납부된 후 경료된 소유권이전등기를 말소함과 동시에 경락이전등기를 하지 아니하고서는 임의경매신청기입등기만을 말소할 방법은 없다(등기선례 제3-637호).

답 **⑤**

72
☐☐☐

부기등기에 관한 다음 설명 중 가장 옳지 않은 것은?

2023년 법무사시험 [문 22]

① 근저당권 이전의 부기등기가 마쳐진 경우 그 이전 원인이 무효이거나 취소 또는 해제된 때에는 부기등기인 이전등기만을 말소하여야 한다.

② 저당권으로 담보한 채권을 질권의 목적으로 한 때에는 그 저당권등기에 질권의 부기등기를 하여야 그 효력이 저당권에 미친다.

③ 가등기상 권리를 제3자에게 양도하는 경우 양도인과 양수인은 공동신청으로 가등기상 권리의 이전등기를 신청할 수 있고, 그 이전등기는 가등기에 대한 부기등기의 형식으로 한다.

④ 매각으로 인한 소유권이전등기 촉탁을 할 때에 매수인이 인수하지 아니하는 전세권등기에 이전등기가 부기되어 있는 경우 집행법원은 주등기인 전세권설정등기와 함께 그 이전의 부기등기도 말소 촉탁하여야 한다.

⑤ 부기등기의 순위번호에 가지번호를 붙이는 형식의 부기등기도 가능하다.

....

[**❶** ▸ ○] 소유권 외의 제한물권(저당권 등)이나 가등기가 이전된 경우에 그 이전의 원인만이 무효 또는 취소되거나 해제된 경우에는 부기등기인 이전등기만을 말소하여야 하므로 이러한 경우에는 부기등기만이 말소등기의 대상이 될 수 있다. 부동 실무 2

> 근저당권이전의 부기등기가 기존의 주등기인 근저당권설정등기에 종속되어 주등기와 일체를 이룬 경우에는 부기등기만의 말소를 따로 인정할 아무런 실익이 없지만, 근저당권의 이전원인만이 무효로 되거나 취소 또는 해제된 경우, 즉 근저당권의 주등기 자체는 유효한 것을 전제로 이와는 별도로 근저당권이전의 부기등기에 한하여 무효사유가 있다는 이유로 부기등기만의 효력을 다투는 경우에는 그 부기등기의 말소를 소구할 필요가 있으므로 예외적으로 소의 이익이 있다(대판 2005.6.10. 2002다15412).

[**❷** ▸ ○] 저당권으로 담보한 채권을 질권의 목적으로 한 때에는 그 저당권등기에 질권의 부기등기를 하여야 그 효력이 저당권에 미친다(민법 제348조).

[**❸** ▸ ○] 가등기상 권리를 제3자에게 양도한 경우에 양도인과 양수인은 공동신청으로 그 가등기상 권리의 이전등기를 신청할 수 있고, 그 이전등기는 가등기에 대한 부기등기의 형식으로 한다(등기예규 제1849호 3. (1)].

[**④ ▸ ✕**] 매각으로 인한 소유권이전등기촉탁을 할 때에, 매수인이 인수하지 아니하는 부담의 기입이 부기등기로 되어 있는 경우, ㉠ 저당권, 전세권 등 소유권 이외의 권리의 전부 또는 일부이전으로 인한 부기등기가 마쳐진 경우 또는 ㉡ 저당권부채권가압류등기, 전세권저당권설정등기 등과 같이 매수인이 인수하지 아니하는 등기의 말소에 관하여 이해관계 있는 제3자 명의의 부기등기가 마쳐진 경우에, **집행법원은 주등기의 말소만 촉탁하면 되고 부기등기에 관하여는 별도로 말소 촉탁을 할 필요가 없으며** 등록세는 주등기의 말소에 대한 것만 납부하면 된다(등기선례 제7-436호).

[**⑤ ▸ ○**] 등기관이 부기등기를 할 때에는 그 부기등기가 어느 등기에 기초한 것인지 알 수 있도록 주등기 또는 부기등기의 순위번호에 가지번호를 붙여서 하여야 한다(부동산등기규칙 제2조).

답 ④

73

□□□ **경매에 관한 등기에 대한 다음 설명 중 가장 옳지 않은 것은?** 2021년 법무사시험 [문 11]

① 매각으로 인한 소유권이전등기 촉탁과 관련하여, 매수인이 여러 사람인 경우 등기필정보통지서의 우편송부 또는 교부는 등기필정보통지서를 송부 또는 교부받을 자로 촉탁서에 지정되어 있는 자에게 하여야 한다.

② 농지에 대하여는 농지취득자격증명에 관한 사항을 집행법원이 매각허부재판 시에 조사하므로 농지에 대한 매각으로 인한 소유권이전등기를 촉탁할 때에는 농지취득자격증명을 첨부할 필요가 없다.

③ 공유부동산에 대한 경매개시결정등기가 경료되고, 경매절차에서 일부 공유자가 매수인이 된 경우에는, 경매개시결정등기의 말소촉탁 및 매수인이 인수하지 않는 부담기입의 말소촉탁을 하되 소유권이전등기 촉탁은 위 매수인의 지분을 제외한 나머지 지분에 대한 공유지분이전등기 촉탁을 한다.

④ 토지거래허가구역 내의 민사집행법에 따른 경매의 경우에도 토지거래허가에 관한 규정이 적용되므로 토지거래허가증명을 첨부하여야 한다.

⑤ 매각으로 인한 소유권이전등기 촉탁을 할 때에, 매수인이 인수하지 아니하는 부담의 기입이 부기등기로 되어 있는 경우 집행법원은 주등기의 말소만 촉탁하면 되고 부기등기에 관하여는 별도로 말소촉탁을 할 필요가 없다.

···

[**❶ ▸ ○**] 매수인이 여러 사람인 경우 등기필정보통지서의 우편송부 또는 교부는 등기필정보통지서를 송부 또는 교부받을 자로 촉탁서에 지정되어 있는 자(이하에서 '지정매수인'이라 칭함)에게 하여야 한다. 다만, 다른 매수인이 등기소에 출석하여 지정매수인의 인감이 첨부된 위임장을 제출하며 교부를 청구한 경우에는 그 매수인에게 교부한다. 등기소는 위 영수증과 위임장을 집행법원에 송부하여야 한다(등기예규 제1862호 7. 다.).

[**❷ ▸ ○**] 민사소송법에 의한 경매절차(폐지된 경매법에 의한 경매절차 포함)에서 농지에 대하여는 농지매매의 증명에 관한 사항을 집행법원이 경락허부재판 시에 직권으로 조사하게 되어 있으므로, 농지에 대하여 경락에 인한 소유권이전등기를 촉탁함에 있어서는 농지매매증명을 첨부할 필요가 없다(등기선례 제3-865호).

[**❸ ▸ ○**] 공유부동산에 대한 경매개시결정등기가 경료되고, 경매절차에서 일부 공유자가 매수인이 된 경우에는, 경매개시결정등기의 말소촉탁 및 매수인이 인수하지 않는 부담기입의 말소촉탁을 하되 소유권이전등기 촉탁은 위 매수인의 지분을 제외한 나머지 지분에 대한 공유지분이전등기 촉탁을 한다(등기예규 제1378호 2.).

[**❹** ▸ ×] 민사집행법에 의한 경매의 경우에는 토지거래계약의 허가에 관한 규정이 적용되지 않으므로 토지거래허가증명을 첨부할 필요가 없다(부동산거래신고법 제14조 제2항 제2호). 부등 실무 3

> **부동산거래신고법 제14조(국가 등의 토지거래계약에 관한 특례 등)**
> ② 다음 각 호의 경우에는 제11조(허가구역 내 토지거래에 대한 허가)를 적용하지 아니한다.
>   1. 공익사업을 위한 토지 등의 취득 및 보상에 관한 법률에 따른 토지의 수용
>   2. 민사집행법에 따른 경매
>   3. 그 밖에 대통령령으로 정하는 경우

[**❺** ▸ ○] 매각으로 인한 소유권이전등기 촉탁을 할 때에, 매수인이 인수하지 아니하는 부담의 기입이 부기등기로 되어 있는 경우, ㉠ 저당권, 전세권 등 소유권 이외의 권리의 전부 또는 일부이전으로 인한 부기등기가 마쳐진 경우 또는 ㉡ 저당권부채권가압류등기, 전세권저당권설정등기 등과 같이 매수인이 인수하지 아니하는 등기의 말소에 관하여 이해관계 있는 제3자 명의의 부기등기가 마쳐진 경우에, 집행 법원은 주등기의 말소만 촉탁하면 되고 부기등기에 관하여는 별도로 말소촉탁을 할 필요가 없으며 등록 세는 주등기의 말소에 대한 것만 납부하면 된다(등기선례 제7-436호 본문).

답 ❹

◈◈◈ **제4항** 　체납처분에 관한 등기

74
□□□

채무자 회생 및 파산에 관한 법률에 따라 회생절차개시를 신청한 채무자 소유 부동산의 등기에 관한 다음 설명 중 가장 옳지 않은 것은? 기출수정   2024년 법무사시험 [문 2]

① 보전처분등기는 법원사무관등의 촉탁에 의하며, 보전처분등기가 경료된 채무자의 부동산 등에 대하여 가압류, 가처분 등 보전처분, 강제집행 또는 담보권실행을 위한 경매, 체납처분에 의한 압류 등의 등기촉탁이 있는 경우에도 이를 수리한다.

② 부인등기는 부인권자가 단독으로 신청하며, 부인등기가 마쳐진 이후에는 부인된 등기의 명의인을 등기의무자로 하는 등기신청이 있는 경우, 등기관은 이를 각하하여야 한다.

③ 관리인이 회생계획에 따라 채무자 명의의 부동산 등을 처분하고 그에 따른 등기를 신청하는 경우에는 법원의 허가서 또는 법원의 허가를 요하지 아니한다는 뜻의 증명서를 그 신청서에 첨부하여야 한다.

④ 회생법원의 다른 절차의 중지명령이나 포괄적 금지명령 또는 회생절차개시결정으로 인하여 중지된 회생채권 또는 회생담보권에 기한 강제집행, 가압류, 가처분 또는 담보권실행을 위한 경매절차에 대하여 그 절차의 취소를 명하거나 체납처분의 취소를 명하고, 그에 기해 말소등기를 촉탁한 경우에는 등기관은 이를 수리하여 그 등기를 말소하여야 한다.

⑤ 회생절차개시 및 회생계획인가의 각 등기가 되어 있지 아니한 부동산 등의 권리에 대한 회생절차종결등기의 촉탁은, 부인의 등기가 된 경우를 제외하고는 등기관은 이를 각하하여야 한다.

....

[**❶** ▶ O] 등기예규 제1847호 제8조 제1항, 제9조 제2항

▢ **등기예규 제1847호[채무자 회생 및 파산에 관한 법률에 따른 부동산 등의 등기 사무처리지침]**
제8조(보전처분 등의 등기촉탁)
① 채무자 또는 채무자의 발기인·이사(상법 제401조의2 제1항의 규정에 의하여 이사로 보는 자를 포함한다)·감사·검사인 또는 청산인의 부동산 등의 권리(부동산, 선박, 입목, 공장재단, 광업재단 등에 대한 소유권과 담보물권, 용익물권, 임차권 등 소유권 이외의 권리 및 가등기상의 권리와 환매권을 포함한다)에 관한 가압류, 가처분 그 밖의 보전처분의 등기는 법원사무관등의 촉탁으로 하며, 촉탁서에는 등기의 목적을 "보전처분"으로, 등기의 원인을 "○○회생법원의 재산보전처분" 또는 "○○회생법원의 임원재산 보전처분"으로, 그 일자를 "보전처분의 결정을 한 연월일"로, 보전처분의 결정을 한 법원을 각 기재하고, 결정서의 등본 또는 초본을 첨부하여야 한다.

제9조(다른 등기와의 관계)
② 보전처분은 채무자 등에 대하여 일정한 행위의 제한을 가하는 것이고 제3자의 권리행사를 금지하는 것은 아니므로, 보전처분등기가 경료된 채무자의 부동산 등에 대하여 가압류, 가처분 등 보전처분, 강제집행 또는 담보권실행을 위한 경매, 체납처분에 의한 압류 등의 등기촉탁이 있는 경우에도 이를 수리하여야 한다.

[❷ ▸ ○] 등기예규 제1847호 제11조 제3항, 제12조 제2항

> ☐ **등기예규 제1847호[채무자 회생 및 파산에 관한 법률에 따른 부동산 등의 등기 사무처리지침]**
>
> **제11조(부인의 등기신청)**
> ③ 부인의 등기의 신청은 부인권자가 단독으로 행하는 것이므로, 신청인이 관리인, 파산관재인, 개인회생절차에서의 부인권자라는 사실을 소명하는 자료를 함께 제출하여야 한다.
>
> **제12조(다른 등기와의 관계)**
> ② 부인등기가 마쳐진 이후에는 당해 부동산 또는 당해 부동산 위의 권리는 채무자의 재산, 개인회생재단 또는 파산재단에 속하고, 등기부상 명의인이 그 부동산 또는 그 부동산 위의 권리를 관리, 처분할 수 있는 권리를 상실하였다는 사실이 공시되었으므로, 부인된 등기의 명의인을 등기의무자로 하는 등기신청이 있는 경우, 등기관은 이를 각하하여야 한다.

[❸ ▸ ✕] 관리인이 회생계획에 따라 채무자 명의의 부동산 등을 처분하고 <u>그에 따른 등기를 신청하는 경우에는 회생계획인가결정의 등본 또는 초본을, 회생계획에 의하지 아니하고 처분한 경우에는 법원의 허가서 또는 법원의 허가를 요하지 아니한다는 뜻의 증명서를 그 신청서에 첨부하여야 한다</u>. 이 경우 관리인은 당해 부동산 등의 권리에 관한 보전처분의 등기 이후에 그 보전처분에 저촉되는 등기가 경료된 경우에는 그 등기의 말소등기도 동시에 신청하여야 한다(등기예규 제1847호 제14조의2 제1항).

[❹ ▸ ○] 회생법원의 다른 절차의 중지명령이나 포괄적 금지명령 또는 회생절차개시결정으로 인하여 중지된 회생채권 또는 회생담보권에 기한 강제집행, 가압류, 가처분 또는 담보권실행을 위한 경매절차에 대하여 그 절차의 취소를 명하거나 체납처분의 취소를 명하고, 그에 기해 말소등기를 촉탁한 경우에는 등기관은 이를 수리하여 그 등기를 말소하여야 한다. 개인회생절차에서도 또한 같다(등기예규 제1847호 제6조 제1항).

[❺ ▸ ○] 회생절차개시 및 회생계획인가의 각 등기가 되어 있지 아니한 부동산 등의 권리에 대한 회생절차종결등기의 촉탁은, 부인의 등기가 된 경우를 제외하고는 등기관은 이를 각하하여야 한다(등기예규 제1847호 제18조 제2항).

답 ❸

채무자회생 및 파산에 관한 법률에 따른 부동산등기절차에 관한 다음 설명 중 가장 옳지 않은 것은?
2022년 법무사시험 [문 25]

① 개인회생절차에서는 회생절차개시결정, 변제계획인가결정은 등기할 사항이 아니나 보전처분등기와 부인등기는 할 수 있다.

② 파산선고를 받은 채무자가 법인이 아닌 개인인 경우 파산관재인이 파산재단에 속한 부동산을 임의 매각하여 매수인과 공동으로 소유권이전등기신청을 하는 경우에 파산법원으로부터 발급받은 파산관재인의 사용인감으로 인감증명법에 따른 인감증명을 대신할 수는 없다.

③ 회생절차개시결정의 등기가 된 채무자의 부동산 등의 권리에 관하여 파산선고의 등기촉탁이 있는 경우 등기관은 이를 수리하여야 한다.

④ 회생절차개시결정의 등기는 그 등기 이전에 가압류, 가처분, 강제집행 또는 담보권실행을 위한 경매, 체납처분에 의한 압류등기, 가등기, 파산선고의 등기 등이 되어 있는 경우에도 할 수 있다.

⑤ 회생절차개시결정의 등기가 된 채무자의 부동산 등의 권리에 관하여 강제집행, 가압류, 가처분 또는 담보권실행을 위한 경매에 관한 등기촉탁이 있는 경우에 등기관은 이를 수리하여야 한다.

....

[❶ ▸ ○] 개인회생절차에서 절차의 단계별 등기인 개인회생절차개시결정, 변제계획의 인가결정, 개인회생절차폐지결정 등은 등기할 사항이 아니다(등기예규 제1847호 제29조, 제30조).

> □ **등기예규 제1847호[채무자 회생 및 파산에 관한 법률에 따른 부동산 등의 등기 사무처리지침]**
>
> **제29조(보전처분 및 부인의 등기촉탁)**
> ① 개인회생절차에서 채무자 명의의 부동산 등의 권리에 대해서 법원사무관 등으로부터 법 제24조 제6항에 의한 보전처분 및 그 취소 또는 변경의 등기의 촉탁이 있는 경우에는 등기관은 이를 수리하여야 한다.
> ② 개인회생절차에서 채무자 명의의 부동산 등의 권리에 대해서 법 제26조 제1항, 제584조에 의한 부인등기의 신청 및 그 말소 촉탁이 있는 경우 등기관은 이를 수리하여야 한다.
>
> **제30조(개인회생절차개시결정 등의 등기촉탁의 각하)**
> 개인회생절차에서 개인회생절차개시결정, 변제계획의 인가결정, 개인회생절차폐지결정 등은 등기할 사항이 아니므로, 법원사무관 등으로부터 이러한 등기촉탁이 있는 경우, 등기관은 부동산등기법 제29조 제2호에 의하여 이를 각하하여야 한다.

[❷ ▸ ○] 파산관재인이 파산재단에 속한 부동산을 제3자에게 임의매각하고 이를 원인으로 파산관재인과 매수인이 공동으로 소유권이전등기를 신청할 때에 파산선고를 받은 채무자가 법인인 경우에는 등기소로부터 발급받은 파산관재인의 인감증명을 제공하여야 하고, 파산선고를 받은 채무자가 개인인 경우에는 인감증명법에 따라 발급받은 파산관재인 개인의 인감증명을 제공하여야 하는바, 파산법원으로부터 발급받은 파산관재인의 사용인감에 대한 인감증명으로 이를 대신할 수는 없다. 이 경우 등기원인이 "매매"이므로 파산관재인의 인감증명은 매도용 인감증명이어야 한다(부동산등기선례 제201812-6호).

[❸ ▸ ✕] 회생절차개시결정의 등기가 된 채무자의 부동산 등의 권리에 관하여 <u>파산선고의 등기, 다른 회생절차개시의 등기</u>의 촉탁이 있는 경우 등기관은 <u>이를 각하하여야 한다</u>(등기예규 제1847호 제14조 제3항).

[❹ ▸ ○] 회생절차개시결정의 등기는 그 등기 이전에 가압류, 가처분, 강제집행 또는 담보권실행을 위한 경매, 체납처분에 의한 압류등기, 가등기, 파산선고의 등기 등이 되어 있는 경우에도 할 수 있다(등기예규 제1847호 제14조 제2항).

[❺ ▸ ○] 회생절차개시결정의 등기가 된 채무자의 부동산 등의 권리에 관하여 강제집행, 가압류, 가처분 또는 담보권실행을 위한 경매에 관한 등기촉탁이 있는 경우에 등기관은 이를 수리하여야 한다(등기예규 제1847호 제14조 제4항).

답 ❸

76
□□□

공무원범죄에 관한 몰수 특례법에 따른 등기에 관한 다음 설명 중 가장 옳지 않은 것은?

2023년 법무사시험 [문 13]

① 부동산에 대한 몰수보전등기는 검사가 등기목적을 "몰수보전", 등기권리자를 "국"으로 하여 촉탁한다.
② 추징보전등기는 "가압류"를 등기목적으로, "○○년 ○월 ○일 ○○지방법원의 추징보전명령에 기한 검사의 명령"을 등기원인으로 하여 검사의 집행명령 등본을 첨부하여 검사의 신청으로 법원이 촉탁한다.
③ 저당권부 채권에 대한 몰수보전명령이 있으면 검사의 신청에 의하여 그 명령을 발한 법원이 저당권부채권의 압류등기 촉탁의 예에 의하여 촉탁한다.
④ 처분금지가처분등기 후에 몰수보전등기가 이루어지고 가처분권리자가 본안에서 승소한 경우 가처분권리자는 그 승소판결에 의한 등기를 신청할 수 있으나, 몰수보전등기는 가처분권리자의 신청에 의하여 말소할 수 없다.
⑤ 부동산에 대한 몰수보전등기가 마쳐진 후에 그 대상이 된 권리에 대한 이전등기 등의 신청이 있는 경우에는 등기관은 이를 각하하여야 한다.

....

[❶ ▸ O] 등기예규 제1375호 1. 가. (1), (2)

> ❑ **등기예규 제1375호[공무원범죄에 관한 몰수특례법 등의 시행에 따른 등기사무처리지침]**
> 1. 몰수보전등기
>   가. 부동산에 대한 몰수보전등기
>   (1) 부동산에 관한 몰수보전등기는 검사가 몰수보전명령의 등본을 첨부하여 이를 촉탁한다.
>   (2) 위 촉탁서에는 등기목적으로서 "몰수보전"을, 등기원인으로서 몰수보전명령을 발한 법원, 사건번호 및 그 연월일을, 등기권리자로서 "국"을 각 기재하여야 한다.

[❷ ▸ O] 추징보전등기는 법원이 검사의 신청에 의하여 등기목적을 "가압류"로 하여 촉탁하되, 검사의 집행명령등본을 첨부하여야 하며, 등기원인으로서는 "○년 ○월 ○일 ○○지방법원의 추징보전명령에 기한 검사의 명령"으로 한다(등기예규 제1375호 3. 가.).

[❸ ▸ O] 저당권부채권에 대한 몰수보전명령이 있으면 검사는 몰수보전명령을 발한 법원에 그 등기를 신청할 수 있고, 법원은 저당권부채권의 압류등기촉탁의 예에 의하여 그 등기를 촉탁한다. 가등기에 의하여 담보되는 채권에 대하여 몰수보전명령이 발하여진 경우도 이와 같다(등기예규 제1375호 1. 나. (1)].

[❹ ▸ O] 처분금지가처분등기 후에 몰수보전등기가 경료되고 가처분권리자가 본안에서 승소하여 그 승소판결에 의한 등기를 신청하는 경우 몰수보전등기는 등기관이 직권으로 또는 가처분권리자의 신청에 의하여 말소하여서는 아니 된다(등기예규 제1375호 1. 바.).

[❺ ▸ X] 몰수보전등기가 경료된 후에 몰수보전의 대상이 된 권리에 대한 이전등기 등의 신청이 있는 경우 등기관은 이를 <u>수리</u>하여야 한다[등기예규 제1375호 1. 가. (4)].

답 ❺

PART

08

공탁법

제1장 공탁의 종류와 공탁물

01
☐☐☐

공탁물(공탁의 목적물)에 관한 다음 설명 중 가장 옳지 않은 것은? 2023년 법무사시험 [문 36]

① 가압류해방공탁의 목적물은 금전에 의한 공탁만 가능하다.

② 변제의 목적물이 공탁에 적당하지 않거나, 멸실 또는 훼손될 염려가 있거나 공탁에 과다한 비용을 요하는 경우에는 변제자는 법원의 허가를 얻어 그 물건을 경매하거나 시가로 방매하여 대금을 공탁할 수 있다.

③ 상호가등기를 위한 공탁의 경우 금전 또는 법원이 인정한 유가증권으로 공탁할 수 있다.

④ 기명식 유가증권을 공탁하는 경우에는 공탁물을 수령하는 자가 즉시 권리를 취득할 수 있도록 유가증권에 배서를 하거나 양도증서를 첨부하여야 한다.

⑤ 사업시행자가 공익사업을 위한 토지 등의 취득 및 보상에 관한 법률이 규정하고 있는 절차에 따라 공공용지를 수용 또는 취득하고 그에 따른 손실보상금을 피수용자에게 지급하는 것에 갈음하여 공탁하는 경우 공탁물은 당해 법령에 규정되어 있는 대로 금전 또는 채권으로 할 수 있을 것이나, 그 경우에 있어서도 현금으로 보상금을 지급하도록 되어 있을 때에는 현금으로 지급하거나 공탁을 하여야지 현금 대신 채권으로 지급하거나 공탁을 할 수는 없다.

⋯⋯⋯

[❶ ▸ O] 가압류해방금액은, 채무자가 입을 수 있는 손해를 담보하는 취지의 이른바 소송상의 담보와는 달리 가압류의 목적물에 갈음하는 것으로서, 금전에 의한 공탁만이 허용되고, 유가증권에 의한 공탁은 그 유가증권이 실질적 통용가치가 있는 것이라고 하더라도 허용되지 않는다(대결[전합] 1996.10.1. 96마162).

[❷ ▸ O] 변제의 목적물이 공탁에 적당하지 아니하거나 멸실 또는 훼손될 염려가 있거나 공탁에 과다한 비용을 요하는 경우에는 변제자는 법원의 허가를 얻어 그 물건을 경매하거나 시가로 방매하여 대금을 공탁할 수 있다(민법 제490조).

[❸ ▸ X] 상호가등기를 위한 몰취공탁(상업등기법 제41조)은 일정한 금액을 공탁하도록 하고 있으므로, 그 공탁물은 금전만이 허용될 뿐 지급보증위탁계약체결문서(보증보험증권)를 제출할 수 없다.

법공 공탁

[❹ ▸ O] 기명식(記名式) 유가증권을 공탁하는 경우에는 공탁물을 수령하는 자가 즉시 권리를 취득할 수 있도록 유가증권에 배서(背書)를 하거나 양도증서를 첨부하여야 한다(공탁규칙 제24조).

[❺ ▸ O] 채무자가 채무변제를 위하여 공탁을 하는 경우, 즉 변제공탁에 있어서의 공탁물은 당연히 채무의 내용에 따른 목적물이어야 하므로, 기업자가 토지수용법 또는 공공용지의 취득 및 손실보상에 관한 특례법이 규정하고 있는 절차에 따라 공공용지를 수용 또는 취득하고 그에 따른 손실보상금을 피수용자에게 지급하는 것에 갈음하여 공탁을 함(변제공탁의 일종임)에 있어서의 공탁물은 당해 법령에 규정되어 있는대로 금전 또는 채권으로 할 수 있을 것이나, 그 경우에 있어서도 현금으로 보상금을 지급하도록 되어 있을 때에는 현금으로 지급하거나 공탁을 하여야지 현금 대신 채권으로 지급하거나 공탁을 할 수는 없는 것이다(공탁선례 제1-39호).

답 ❸

제2장 / 공탁소

02
□□□

공탁소(공탁기관)에 관한 다음 설명 중 가장 옳지 않은 것은?   2022년 법무사시험 [문 34]

① 지방법원장이나 지원장이 지정한 대리공탁관은 원공탁관의 대리인이 아니라 대직기간 동안 자기 명의로 공탁사무를 처리하는 독립한 공탁관이며, 그가 처리한 공탁사무에 대하여 원공탁관이 책임을 지는 것이 아니라 스스로 책임을 진다.

② 공탁관의 심사권과 관련하여, 심사의 방법은 법정서면인 공탁서 또는 지급청구서 등과 그 첨부서면만에 의한 형식적인 방법으로 제한하되, 심사의 범위에 대해서는 절차법적 요건은 물론 실체법적 요건도 함께 신청서 및 첨부서면의 범위 내에서 심사하여야 한다.

③ 공탁물 보관자는 오랫동안 보관된 공탁물품이 그 본래의 기능을 다하지 못하게 되는 등의 특별한 사정이 있으면 공탁물(금전, 유가증권 제외)을 수령할 자에게 30일 이상의 기간을 징하여 수령을 최고한 후 이에 응하지 아니하는 경우 법원의 허가를 얻어 공탁물품을 유치권 등에 의한 경매절차에 따라 매각할 수 있고, 그 매각대금 전액을 물품공탁 법원에 공탁하여야 하며, 매각허가 신청비용, 매각비용 및 공탁물 보관비용에 대해서는 공탁 이후 별도로 출급청구하여야 한다.

④ 무기명식 사채권 소지인이 사채권자집회에서 의결권을 행사하기 위하여 그 채권(債券)을 공탁하는 경우에는, 시·군법원 공탁소를 제외한 모든 공탁소에서 공탁이 가능하며, 공탁관에게 공탁을 하지 아니하는 경우에는 대법원장에게 공탁기관의 지정을 구하여 그 지정된 은행 또는 신탁회사에 공탁할 수도 있다.

⑤ 변제공탁은 채무의 내용에 따른 것이어야 하므로 토지관할 없는 공탁소에 한 변제공탁은 설사 수리되었더라도 원칙적으로 무효이고 공탁자는 착오에 의한 공탁으로 회수할 수 있지만, 피공탁자가 공탁을 수락하거나 공탁물의 출급을 받은 때에는 그 흠결이 치유되어 그 공탁은 처음부터 유효한 공탁이 된다.

[❶ ▸ ○] 지방법원장이나 지원장은 공탁관이 직무를 수행할 수 없는 경우에 대비하여 대리공탁관을 지정할 수 있다(공탁규칙 제55조 제1항). 대리공탁관은 원공탁관의 대리인이 아니라 대직기간 동안 자기 명의로 공탁사무를 처리하는 독립한 공탁관이며, 그가 처리한 공탁사무에 대하여 원공탁관이 책임을 지는 것이 아니라 스스로 책임을 진다. 실무편람

[❷ ▸ ○] 공탁관이 공탁신청서류를 접수한 때는 상당한 사유가 없는 한 지체 없이 모든 사항을 조사하여 신속하게 처리하여야 한다(공탁규칙 제25조). 즉, 공탁관은 공탁당사자의 공탁신청에 대하여 그것이 절차상·실체상 일체의 법률적 요건을 구비하고 있는가의 여부를 심사하여 공탁신청을 수리 또는 불수리결정을 하여야 하며, 그 심사방법은 공탁법규가 규정하는 공탁서와 첨부서면만에 의하여 심사하는 형식적 심사주의에 의한다. … 그러나 심사의 범위에 관하여는 특별한 제한 규정이 없고, 공탁을 하려는 사람은 공탁서에 공탁금액 이외에 공탁원인사실과 공탁을 하게 된 관계법령의 조항 등을 기재하고 소정의 첨부서면을 제출하도록 되어 있는 점 등을 감안하면 공탁관은 공탁신청의 절차적 요건뿐만 아니라 해당 공탁이 유효한가 하는 실체적 요건에 관해서도 공탁서와 첨부서면만에 의하여 심사할 수 있다고 하겠다. 법공 공탁

[❸ ▸ ×] 공탁법 제11조, 행정예규 제937호 제3조·제5조·제7조 제1항

> **공탁법 제11조(물품공탁의 처리)**
> 공탁물 보관자는 오랫동안 보관하여 공탁된 물품이 그 본래의 기능을 다하지 못하게 되는 등의 특별한 사정이 있으면 공탁 당사자에게 적절한 기간을 정하여 수령을 최고(催告)하고 그 기간에 수령하지 아니하면 대법원규칙으로 정하는 바에 따라 공탁된 물품을 매각하여 그 대금을 공탁하거나 폐기할 수 있다.

> ❏ **행정예규 제937호[공탁물품의 매각·폐기에 관한 예규]**
>
> **제3조(최고절차)**
> 공탁물보관자는 공탁물품을 수령할 자에게 30일 이상의 기간을 정하여 이를 수령할 것과 이에 응하지 아니하는 경우에는 법원의 허가를 얻어 그 공탁물품을 매각 또는 폐기한다는 내용의 최고서(별지 서식 제1호)를 등기우편으로 발송하여야 한다.
>
> **제5조(경매신청)**
> 공탁물보관자가 법원허가를 얻어 공탁물품을 경매로 매각하려 할 때에는 민사집행법 제274조(유치권 등에 의한 경매)에 따른다.
>
> **제7조(매각대금의 공탁)**
> ① 공탁물보관자는 공탁물품의 매각대금 중에서 매각허가 신청비용, 매각비용 및 공탁물 보관비용을 공제한 잔액을 물품공탁 법원에 공탁하여야 한다.

[❹ ▸ ○] 공탁소의 토지관할에 관한 일반적 규정은 없으며 공탁의 근거법령에서 관할규정을 두고 있지 않은 경우에 공탁소는 직무관할 및 공탁물에 의한 관할범위 내에서 일체의 공탁에 대하여 관할권을 갖는다. 따라서 무기명 사채권을 공탁하고자 하는 사람은 시·군법원 공탁소를 제외한 모든 공탁소에서 공탁이 가능하며, 공탁공무원에게 공탁을 하지 아니하는 경우에는 대법원장에게 공탁기관의 지정을 구하여 그 지정된 은행 또는 신탁회사에 공탁할 수도 있다(공탁선례 제1-17호).

[❺ ▸ ○] 변제공탁은 채무의 내용에 따른 것이어야 하므로 토지관할 없는 공탁소에 한 변제공탁은 설사 수리되었더라도 원칙적으로 무효이다. 따라서 공탁자는 착오에 의한 공탁으로 회수할 수 있으며, 다시 관할 공탁소에 변제공탁하여야 한다. 그러나 변제공탁의 토지관할은 피공탁자(채권자)의 이익을 위한 것이므로, 관할위반의 공탁이 절대적으로 무효인 것은 아니고 피공탁자가 공탁을 수락하거나 공탁물의 출급을 받은 때에는 그 흠결이 치유되어 그 공탁은 처음부터 유효한 공탁이 된다. 실무편람

답 ❸

공탁소의 관할에 관한 설명 중 가장 옳지 않은 것은?

① 변제공탁은 채무이행지의 공탁소에 하여야 한다. 공탁소에 관하여 법률에 특별한 규정이 없으면 법원은 변제자의 청구에 의하여 공탁소를 지정하고 공탁물보관자를 선임하여야 한다.

② 공탁당사자가 관할공탁소와 멀리 떨어져 있는 경우 공탁당사자는 관할공탁소 이외의 공탁소에서 금전변제공탁신청을 할 수 있다.

③ 국내에 주소나 거소가 없는 외국인이나 재외국민을 위한 변제공탁은 지참채무의 경우라도 다른 법령의 규정이나 당사자의 특약이 없는 한 변제자의 주소지나 거소지의 관할 공탁소에 공탁할 수 있다.

④ 여신전문금융업법상의 보증공탁은 선불카드를 발행한 신용카드업자의 본점 또는 주된 사무소 소재지의 공탁소에 공탁하여야 한다.

⑤ 해당 시·군법원에 계속 중이거나 시·군법원에서 처리한 소액사건심판법의 적용을 받는 민사사건과 화해·독촉·조정사건에 대한 채무의 이행으로서 하는 변제공탁은 시·군법원의 공탁관에게 할 수 있다.

....

[❶ ▸ ○] 민법 제488조 제1항, 제2항

> **민법 제488조(공탁의 방법)**
> ① 공탁은 채무이행지의 공탁소에 하여야 한다.
> ② 공탁소에 관하여 법률에 특별한 규정이 없으면 법원은 변제자의 청구에 의하여 공탁소를 지정하고 공탁물보관자를 선임하여야 한다.

[❷ ▸ ○] 이 지침은 공탁당사자가 관할공탁소와 멀리 떨어져 있는 경우 직접 관할공탁소를 방문해서 공탁업무를 처리해야 하는 불편을 덜어주기 위해 관할공탁소 이외의 공탁소에서 금전변제공탁신청 및 공탁금지급청구에 관련된 공탁업무를 처리함에 필요한 특칙을 마련하는 것을 목적으로 한다(행정예규 제1167호 1.).

[❸ ▸ ✕] 국내에 주소나 거소가 없는 외국인이나 재외국민을 위한 변제공탁은 지참채무(持參債務)의 경우에 다른 법령의 규정이나 당사자의 특약이 없는 한 서울중앙지방법원의 공탁관에게 할 수 있다(공탁규칙 제66조).

[❹ ▸ ○] 여신전문금융업법 제25조 제1항, 제2항

> **여신전문금융업법 제25조(공탁)**
> ① 금융위원회는 선불카드를 발행한 신용카드업자에게 선불카드 발행총액의 100분의 10의 범위에서 대통령령으로 정하는 금액을 공탁할 것을 명할 수 있다.
> ② 제1항에 따른 공탁은 선불카드를 발행한 신용카드업자의 본점 또는 주된 사무소의 소재지에서 하여야 한다.

[❺ ▸ ○] 공탁규칙 제2조 제1호

> **공탁규칙 제2조(시·군법원 공탁관의 직무범위)**
> 시·군법원 공탁관(供託官)의 직무범위는 해당 시·군법원의 사건과 관련된 다음 각 호의 업무에 한한다.
>   1. 변제공탁(辨濟供託) : 해당 시·군법원에 계속 중이거나 시·군법원에서 처리한 소액사건심판법의 적용을 받는 민사사건과 화해·독촉·조정사건에 대한 채무의 이행으로서 하는 민법 제487조, 제488조에 따른 변제공탁

답 ❸

다음 중 시·군법원에 신청할 수 있는 공탁사건을 모두 고른 것은? 2021년 법무사시험 [문 40]

ㄱ. 소액사건심판법의 적용을 받지만 시·군법원에서 이미 처리한 민사사건에 대한 채무의 이행으로서 하는 민법 제487조 변제공탁
ㄴ. 압류의 경합을 이유로 하는 민사집행법 제248조 집행공탁
ㄷ. 가압류를 이유로 하는 민사집행법 제291조 및 제248조 제1항 공탁
ㄹ. 민사집행법 제282조에 따른 가압류해방금액의 공탁
ㅁ. 민사소송법 제299조 제2항에 따른 소명에 갈음하는 보증금의 공탁

① ㄱ, ㄴ, ㄷ ② ㄴ, ㄷ, ㄹ
③ ㄱ, ㄷ, ㄹ ④ ㄴ, ㄷ, ㅁ
⑤ ㄱ, ㄹ, ㅁ

....

[ㄱ▸O] [ㄴ▸X] [ㄷ▸X] [ㄹ▸O] [ㅁ▸O] 공탁규칙 제2조 제1호·제3호·제4호

공탁규칙 제2조(시·군법원 공탁관의 직무범위)
시·군법원 공탁관의 직무범위는 해당 시·군법원의 사건과 관련된 다음 각 호의 업무에 한한다.
  1. 변제공탁 : 해당 시·군법원에 계속 중이거나 시·군법원에서 처리한 소액사건심판법의 적용을 받는 민사사건과 화해·독촉·조정사건에 대한 채무의 이행으로서 하는 민법 제487조, 제488조에 따른 변제공탁(ㄱ)
  2. 재판상 보증공탁
    가. 민사소송법 제117조 제1항에 따른 소송비용의 담보와 관련된 공탁
    나. 민사소송법 제213조에 따른 가집행선고와 관련된 공탁
    다. 민사소송법 제500조 제1항에 따른 재심이나 상소의 추후보완신청으로 말미암은 집행정지와 관련된 공탁
    라. 민사소송법 제501조, 제500조 제1항에 따른 상소제기나 변경의 소제기로 말미암은 집행정지와 관련된 공탁
    마. 민사집행법 제34조 제2항, 제16조 제2항에 따른 집행문부여 등에 관한 이의신청과 관련된 공탁
    바. 민사집행법 제46조 제2항, 제44조에 따른 청구에 관한 이의의 소의 잠정처분과 관련된 공탁
    사. 민사집행법 제46조 제2항, 제45조에 따른 집행문부여에 대한 이의의 소의 잠정처분과 관련된 공탁
    아. 민사집행법 제280조, 제301조에 따른 가압류·가처분명령과 관련된 공탁
    자. 민사집행법 제286조 제5항, 제301조에 따른 가압류·가처분 이의에 대한 재판과 관련된 공탁
    차. 민사집행법 제288조 제1항, 제307조에 따른 가압류·가처분 취소와 관련된 공탁
  3. 집행공탁 : 민사집행법 제282조에 따른 가압류 해방금액의 공탁(ㄹ)
  4. 몰취공탁 : 민사소송법 제299조 제2항에 따른 소명에 갈음하는 보증금의 공탁(ㅁ)

답 ❺

제3장 / 공탁당사자

05
☐☐☐

공탁당사자에 관한 다음 설명 중 가장 옳지 않은 것은?

① 특별한 사정이 없는 한 피공탁자가 아닌 제3자는 피공탁자를 상대로 하여 공탁물출급청구권의 확인을 구할 이익이 없다.

② 상대적 불확지 변제공탁의 피공탁자 중 1인을 채무자로 하여 그의 공탁물출급청구권에 대하여 채권압류 및 추심명령을 받은 추심채권자는 공탁물을 출급하기 위하여 자기의 이름으로 다른 피공탁자를 상대로 공탁물출급청구권이 추심채권자의 채무자에게 있음을 확인한다는 확인의 소를 제기할 수 있다.

③ 자연인이 사망하면 공탁당사자능력이 당연히 소멸하므로 등기기록상 소유자를 피공탁자로 하여 토지수용보상금을 공탁한 경우 피공탁자가 이미 사망하였다면 그 공탁을 상속인들에 대한 공탁으로서 유효하다고 볼 수 없다.

④ 주택임대차보호법상 대항력을 갖춘 임차인의 임대차보증금반환채권이 가압류된 상태에서 임대주택이 양도되면 임대주택의 양수인이 해당 주택에 관한 등기사항증명서를 첨부하여 집행공탁할 수 있다.

⑤ 가압류채권자의 가압류채무자에 대한 집행권원으로는 제3자가 한 해방공탁금에 대한 집행을 할 수 없다.

....

[❶ ▸ ○] 변제공탁의 공탁물출급청구권자는 피공탁자 또는 그 승계인이고 피공탁자는 공탁서의 기재에 의하여 형식적으로 기재되므로, 실체법상의 채권자라고 하더라도 피공탁자로 지정되어 있지 않으면 공탁물출급청구권을 행사할 수 없고, 따라서 피공탁자가 아닌 제3자가 피공탁자를 상대로 하여 공탁물출급청구권 확인판결을 받았더라도 그 확인판결을 받은 제3자가 직접 공탁물출급청구를 할 수 없으므로, 피공탁자 중 1인을 채무자로 하여 그의 공탁물출급청구권에 대하여 채권압류 및 추심명령을 받은 추심채권자라는 등의 특별한 사정이 없는 한 피공탁자가 아닌 제3자는 피공탁자를 상대로 하여 공탁물출급청구권의 확인을 구할 이익이 없다(대판 2016.3.24. 2014다3122).

[❷ ▸ ○] 민법 제487조 후단에 따른 채권자의 상대적 불확지를 원인으로 하는 변제공탁의 경우 피공탁자 중의 1인은 다른 피공탁자의 승낙서나 그를 상대로 받은 공탁물출급청구권확인 승소확정판결을 제출하여 공탁물출급청구를 할 수 있는데, 민사집행법 제229조 제2항에 의하면 채권압류 및 추심명령을 받은 추심채권자는 추심에 필요한 채무자의 권리를 대위절차 없이 자기 이름으로 재판상 또는 재판 외에서 행사할 수 있으므로, 상대적 불확지 변제공탁의 피공탁자 중 1인을 채무자로 하여 그의 공탁물출급청구권에 대하여 채권압류 및 추심명령을 받은 추심채권자는 공탁물을 출급하기 위하여 자기의 이름으로 다른 피공탁자를 상대로 공탁물출급청구권이 추심채권자의 채무자에게 있음을 확인한다는 확인의 소를 제기할 수 있다(대판 2011.11.10. 2011다55405).

[❸ ▸ ✕] 공익사업을 위한 토지 등의 취득 및 보상에 관한 법률 등에 의한 토지수용의 경우 사업시행자가 과실 없이 진정한 토지소유자를 알지 못하여 등기부상 소유명의인을 토지소유자로 보고 그를 피수용자로 하여 수용절차를 마쳤다면 그 수용재결의 상대방인 토지소유자가 사망자라 하더라도 그 수용재결의 효력에는 영향이 없는 것이며, <u>또한 사망한 등기부상 소유명의인을 피공탁자로 하여 보상금을 공탁하였다면 그 공탁은 상속인들에 대한 공탁으로서 유효하다</u>(공탁선례 제2-200호).

[❹ ▸ ○] 주택임대차보호법상 대항력을 갖춘 임차인의 임대차보증금반환채권이 가압류된 상태에서 임대주택이 양도된 경우, 양수인이 채권가압류의 제3채무자 지위를 승계하므로(대판[전합] 2013.1.17. 2011다 49523), 양수인이 해당 주택에 관한 등기사항증명서를 첨부하여 집행공탁할 수 있다.

[❺ ▸ ○] 채무자 아닌 제3자가 해방공탁금을 공탁할 수 있느냐에 관하여는 나중에 채권자가 채무자에 대한 집행권원(판결등)를 받아도 그 해방금액에 대한 집행을 할 근거가 없게 되므로 부정하여야 할 것이다(공탁선례 제1-215호).

답 ❸

공탁절차

제1장 / 공탁신청절차

제1절 공탁신청방법 및 공탁서 작성

01 □□□ **재외국민 등의 공탁에 관한 다음 설명 중 가장 옳지 않은 것은?** 2025년 법무사시험 [문 44]

① 공탁당사자가 재외국민일 경우 공탁서의 주민등록번호는 여권번호를 기재할 수 있다.

② 공탁당사자가 외국인일 경우 공탁서의 주민등록번호는 여권번호, 외국인등록번호 또는 국내거소신고번호를 기재할 수 있다.

③ 피공탁자가 재외국민 또는 외국인일 경우 여권번호, 외국인등록번호 또는 국내거소신고번호의 확인을 위하여 외국인등록 사실증명서, 국내거소신고 사실증명서 등 소명자료를 첨부할 수 있다.

④ 피공탁자가 재외국민 또는 외국인으로서 주소가 분명하지 아니한 경우 공탁의 직접 원이이 되는 서면(계약서, 재판서, 재결서, 등기사항증명서, 토지대장, 말소된 주민등록표 등·초본 등)에 나타난 주소지를 최종 주소지로 기재하고, 그 최종 주소지에 피공탁자가 거주하지 않는다는 것을 소명하는 서면(발송된 우편물이 이사불명 등으로 반송되었다는 취지가 기재된 최근의 배달증명서 등)을 제출하여야 한다.

⑤ 제출문서가 외국 공문서이거나 외국 공증인이 공증한 문서인 경우(이하 '외국 공문서 등'이라 한다)에는 재외공관 공증법 제30조 제1항에 따라 공증담당영사의 확인을 받거나 외국공문서에 대한 인증의 요구를 폐지하는 협약에서 정하는 바에 따른 아포스티유(Apostille)를 붙여야 한다. 다만, 외국 공문서 등의 발행국이 대한민국과 수교하지 아니한 국가이면서 위 협약의 가입국이 아닌 경우와 같이 부득이한 사유로 문서의 확인을 받거나 아포스티유를 붙이는 것이 곤란한 경우에는 그러하지 아니하다.

[**❶** ▸ O] 행정예규 제1431호 제5조 제1항
[**❷** ▸ O] 행정예규 제1431호 제5조 제2항
[**❸** ▸ ×] 행정예규 제1431호 제5조 제3항

> ☐ **행정예규 제1431호[재외국민 등의 공탁에 관한 업무처리지침]**
>
> **제5조(재외국민 등의 주민등록번호)**
> ① 공탁당사자가 재외국민일 경우 공탁서의 주민등록번호는 여권번호를 기재할 수 있다.
> ② 공탁당사자가 외국인일 경우 공탁서의 주민등록번호는 여권번호, 외국인등록번호 또는 국내거소신고번호를 기재할 수 있다.
> ③ 피공탁자가 재외국민 또는 외국인일 경우 제1항 또는 제2항의 확인을 위하여 외국인등록 사실증명서, 국내거소신고 사실증명서 등 소명자료를 첨부하여야 한다.

[**❹** ▸ O] 피공탁자가 재외국민 또는 외국인으로서 주소가 분명하지 아니한 경우 공탁의 직접 원인이 되는 서면(계약서, 재판서, 재결서, 등기사항증명서, 토지대장, 말소된 주민등록표 등·초본 등)에 나타난 주소지를 최종 주소지로 기재하고, 그 최종 주소지에 피공탁자가 거주하지 않는다는 것을 소명하는 서면(발송된 우편물이 이사불명 등으로 반송되었다는 취지가 기재된 최근의 배달증명서 등)을 제출하여야 한다(행정예규 제1431호 제7조).

[**❺** ▸ O] 제출문서가 외국 공문서이거나 외국 공증인이 공증한 문서인 경우(이하 "외국 공문서 등"이라 한다)에는 「재외공관 공증법」 제30조 제1항에 따라 공증담당영사의 확인을 받거나 「외국공문서에 대한 인증의 요구를 폐지하는 협약」에서 정하는 바에 따른 아포스티유(Apostille)를 붙여야 한다. 다만, 외국 공문서 등의 발행국이 대한민국과 수교하지 아니한 국가이면서 위 협약의 가입국이 아닌 경우와 같이 부득이한 사유로 문서의 확인을 받거나 아포스티유를 붙이는 것이 곤란한 경우에는 그러하지 아니하다(행정예규 제1431호 제2조 제1항).

답 **❸**

---

02 ☐☐☐ **공탁서의 피공탁자란 기재에 관한 다음 설명 중 가장 옳지 않은 것은?**

2023년 법무사시험 [문 40]

① 사해행위취소에 따른 원상회복청구권을 피보전권리로 한 채권처분금지가처분결정이 제3채무자에게 송달된 경우, 제3채무자는 민법 제487조에 따라 수령불능을 공탁원인으로 하여 피공탁자를 가처분채무자로 하는 확지공탁을 한다.
② 질권의 목적물이 된 채권의 변제기가 질권자의 채권의 변제기보다 먼저 도래한 때에는 민법 제353조 제3항에 따라 질권자는 제3채무자에 대하여 그 변제금액의 공탁을 청구할 수 있는데, 이 경우 제3채무자는 질권설정자를 피공탁자로 기재하여 공탁한다.
③ 가압류채무자의 민사집행법 제282조에 의한 가압류해방공탁의 경우 공탁서에 피공탁자를 기재하지 않는다.
④ 금전채권의 일부에 대하여 가압류가 있음을 원인으로 제3채무자가 민사집행법 제291조 및 제248조 제1항에 따라 가압류된 금액만을 공탁하는 경우 피공탁자를 기재하지 않는다.
⑤ 금전채권에 대하여 민사집행법에 따른 압류와 체납처분에 의한 압류가 있고, 민사집행법에 따른 압류와 체납처분에 의한 압류금액의 총액이 피압류채권액을 초과하지 않는 경우, 제3채무자는 민사집행법 제248조 제1항에 따라 압류와 관련된 금전채권액 전액을 공탁할 수 있는데, 이 경우 압류명령의 채무자를 피공탁자로 기재한다.

[**❶** ▸ ○] 제3채무자가 채무자에게 지급할 금전채권에 대하여 갑의 채권압류 및 전부명령을 송달받은 후 위 전부금채권에 대하여 사해행위취소에 따른 원상회복으로서의 채권양도청구권을 피보전권리로 한 채권처분금지가처분결정을 송달받은 경우 그 가처분권자는 채무자에 대한 채권자의 지위에 있을 뿐 채권이 가처분권자 자신에게 귀속한다고 다투는 경우가 아니므로 제3채무자는 피공탁자를 '전부권자 (갑) 또는 가처분권자'로 한 상대적 불확지 변제공탁을 할 수 없다(공탁선례 제201010-2호). 이 경우에는 민법 제487조에 따라 수령불능을 공탁원인으로 하여 피공탁자를 가처분채무자로 하는 확지공탁을 한다.

[**❷** ▸ ○] 민법 제353조 제1항, 제2항, 제3항

> **민법 제353조(질권의 목적이 된 채권의 실행방법)**
> ① 질권자는 질권의 목적이 된 채권을 직접 청구할 수 있다.
> ② 채권의 목적물이 금전인 때에는 질권자는 자기채권의 한도에서 직접 청구할 수 있다.
> ③ 전항의 채권의 변제기가 질권자의 채권의 변제기보다 먼저 도래한 때에는 질권자는 제3채무자에 대하여 그 변제금액의 공탁을 청구할 수 있다. 이 경우에 질권은 그 공탁금에 존재한다.

[**❸** ▸ ○] 민사집행법 제282조에 의한 가압류해방공탁에서 가압류채권자의 권리실행방법에 대하여 판례 및 실무 입장인 공탁금회수청구권에 대한 집행설에 따르면 피공탁자는 원시적으로 있을 수 없으므로 공탁신청 시에 피공탁자를 기재할 수는 없다. 법공 공탁

[**❹** ▸ ×] 민사집행법 제291조 및 제248조 제1항에 의하여 금전채권의 전부 또는 일부에 대한 가압류를 원인으로 제3채무자가 권리공탁하는 경우에는 변제공탁적 측면이 있기 때문에 피공탁자란에 가압류채무자를 기재한다(행정예규 제1018호 참조).

> □ **행정예규 제1018호[제3채무자의 권리공탁에 관한 업무처리절차]**
> 4. 금전채권의 일부 또는 전부에 대하여 가압류가 있는 경우
>   가. 총 칙
>   (1) 제3채무자는 가압류된 채권액 또는 가압류와 관련된 금전채권액 전액을 공탁할 수 있고, 공탁을 한 후 즉시 공탁서를 첨부하여 그 내용을 서면으로 가압류발령법원에 신고하여야 한다.
>   (2) 위의 경우 공탁서의 피공탁자란에는 가압류채무자를 기재하고, 공탁근거 법령조항은 민사집행법 제291조 및 제248조 제1항으로 한다.

[**❺** ▸ ○] 행정예규 제1060호 3. 나. (3) (가) 1)

> □ **행정예규 제1060호[금전채권에 대하여 민사집행법에 따른 압류와 체납처분에 의한 압류가 있는 경우의 공탁절차 등에 관한 업무처리지침]**
> 3. 금전채권에 대하여 민사집행법에 따른 압류와 체납처분에 의한 압류가 있는 경우(선후 불문)
>   나. 집행공탁
>   (2) 민사집행법에 따른 압류와 체납처분에 의한 압류금액의 총액이 피압류채권액을 초과하는 경우
>   (가) 공탁서의 피공탁자란은 기재하지 아니한다.
>   (3) 민사집행법에 따른 압류와 체납처분에 의한 압류금액의 총액이 피압류채권액을 초과하지 않는 경우
>   (가) 공탁절차 및 공탁관의 처리
>   1) 공탁서의 피공탁자란에는 압류명령의 채무자를 기재한다.

답 **❹**

03 □□□ 공탁신청절차에 관한 다음 설명 중 가장 옳지 않은 것은?

① 공탁액이 5천만원 이하의 금전공탁사건에 관한 공탁금 출급 또는 회수청구는 공탁규칙에서 정하는 바에 따라 전자공탁시스템을 이용하여 전자문서로 할 수 있다.

② 공탁을 하려는 자는 공탁신청에 관하여는 다른 민원관계의 사무처리와 동일하게 우편에 의한 공탁신청도 할 수 있다.

③ 국내에 주소나 거소가 없는 외국인이나 재외국민을 위한 변제공탁은 지참채무의 경우에 다른 법령의 규정이나 당사자의 특약이 없는 한 서울중앙지방법원의 공탁관에게 할 수 있다.

④ 파산관재인이 채무자 회생 및 파산에 관한 법률 제528조 제3호에 따라 파산채권자를 위하여 배당액을 변제공탁할 경우에 채무이행지인 파산관재인이 직무를 수행하는 장소를 관할하는 지방법원에 공탁할 수 있다.

⑤ 공탁당사자가 다르더라도 공탁원인사실과 관할공탁소가 동일하고 공탁종류가 동일한 때에는 일괄하여 1건의 공탁서로 작성·제출할 수 있다.

··

[❶ ▶ ○] 금전공탁사건에 관한 신청 또는 청구는 이 규칙에서 정하는 바에 따라 전자공탁시스템을 이용하여 전자문서로 할 수 있다. 다만, 5천만원을 초과하는 공탁금에 대한 출급 또는 회수청구의 경우에는 그러하지 아니하다(공탁규칙 제69조).

[❷ ▶ ×] 공탁사무는 다른 민원관계의 사무와는 달리 어떤 법률효과의 전제로서 신속·정확을 요구하고 있으며, 만약 공탁신청 또는 공탁서정정신청이나 공탁금출급(회수)청구 등이 수리 또는 인가된 경우 이들 서류를 우편으로도 송달할 수 있다고 한다면 도중 분실이나 업무처리가 지연될 염려가 있으므로, 공탁규칙 제26조 제1항, 동 제30조 제4항, 동 제39조 제2항은 공탁서, 공탁서정정신청서, 공탁물출급(회수)청구서를 공탁자 또는 신청인이나 청구자에게 직접 교부하도록 규정하고 있는 것이다. 특히 공탁금회수청구의 경우에 동 청구서를 우편으로 제출 또는 송달하게 한다면 도중 분실의 경우 제3자가 공탁금을 회수하여 갈 위험성이 있게 된다. 따라서 <u>공탁신청, 공탁서정정신청, 공탁금출급회수청구는 우편으로 할 수 없다</u>고 할 것이다(공탁선례 제1-1호).

[❸ ▶ ○] 국내에 주소나 거소가 없는 외국인이나 재외국민을 위한 변제공탁은 지참채무(持參債務)의 경우에 다른 법령의 규정이나 당사자의 특약이 없는 한 서울중앙지방법원의 공탁관에게 할 수 있다(공탁규칙 제66조).

[❹ ▶ ○] 파산관재인이 채무자 회생 및 파산에 관한 법률 제528조 제3호에 따라 파산채권자를 위하여 배당액을 변제공탁할 경우에 채무이행지인 파산관재인이 직무를 수행하는 장소를 관할하는 지방법원에 공탁할 수 있다(공탁선례 제2-106호).

[❺ ▶ ○] 공탁은 공탁당사자별로 1건의 공탁서를 작성하여 제출하는 것이 원칙이지만, 공탁당사자가 다르더라도 공탁원인사실과 관할공탁소가 동일하고 공탁종류가 동일한 때에는 일괄하여 1건의 공탁서로 작성·제출할 수 있다(공탁선례 제2-25호).

답 ❷

04 채무자가 변제공탁을 하는 경우 공탁서의 첨부서면에 관한 다음 설명 중 가장 옳은 것은?

2022년 법무사시험 [문 50]

① 공탁자가 법인 아닌 사단인 경우 정관 기타 규약과 대표자나 관리인의 자격을 증명하는 서면을 공탁서에 첨부하여야 하는데, 법인 아닌 사단이 판결에 기하여 공탁을 하는 경우 판결문상에 사단의 실체 및 대표자가 표시되어 있다면 그 판결문만을 첨부하여 공탁할 수 있다.

② 공탁자가 법인 아닌 사단인 종중인 경우 부동산등기용 등록번호를 증명하는 서면인 종중등록증명서는 대표자의 자격을 증명하는 서면이 될 수 있다.

③ 피공탁자의 주소를 소명하는 서면으로서 주민등록표 등·초본 등 관공서에서 발급받은 서면은 발급일로부터 6개월 이내의 것이어야 한다.

④ 재결서나 판결문에 피공탁자의 주소가 표시되어 있고 표시된 주소가 주민등록표 등·초본상의 주소와 일치하는 경우 재결서나 판결문은 직접 주소를 소명하는 서면으로 볼 수 있다.

⑤ 피공탁자의 주소가 불명인 경우에는 그 사유를 소명하는 서면으로서 피공탁자의 최종주소를 소명하는 서면과 그 주소지에 피공탁자가 거주하지 않는다는 것을 소명하는 자료 등을 첨부하여야 하는데, 변제공탁의 직접 원인이 되는 계약서는 피공탁자의 최종주소를 소명하는 서면이 될 수 있다.

─────────────────────────────────

[❶ ▶ ✕] 민사본안 재판절차에서 비법인 사단의 실체와 대표자의 자격을 인정하는 판결이 선고된 경우라도, 이는 변론종결일을 기준으로 한 것이므로 그 후에 이루어진 사단의 소멸, 사단의 명칭 또는 대표자의 변경사실을 위 판결만으로는 확인할 수 없을 것이다. 따라서 비법인 사단이 판결에 기하여 공탁을 하는 경우, 판결문상에 사단의 실체 및 대표자가 표시되어 있다고 하더라도 그 판결문만을 첨부하여 공탁할 수는 없을 것이며, 반드시 정관 기타 규약과 대표자의 자격을 증명하는 서면을 첨부하여야 할 것이다(공탁선례 제2-80호).

[❷ ▶ ✕] 공탁금수령자가 법인 아닌 사단이나 재단인 경우에 그 대표자가 공탁금 출급청구를 함에 있어서는 정관 기타 규약과 그 대표자의 자격을 증명하는 서면을 첨부하여야 하므로, 피공탁자가 종중인 경우에도 그 종중의 대표자는 그 종중이 규약과 대표자의 자격을 증명하는 서면을 첨부하여 공탁금을 출급청구할 수 있으며, 그 대표자의 자격을 증명하는 서면으로써는 동 규약이 정하는 바에 따라 대표자를 선임한 회의록 등을 제출할 수 있을 것이나, 부동산등기용 등록번호를 증명하는 서면인 종중등록증명서는 종중의 대표자의 자격을 증명하는 서면으로 볼 수 없다(공탁선례 제2-136호).

[❸ ▶ ✕] 공탁규칙 제16조 제2호

> **공탁규칙 제16조(자격증명서 등의 유효기간)**
> 공탁관에게 제출하는 다음 서면은 발급일로부터 **3월 이내의 것이어야** 한다.
>   1. 대표자나 관리인의 자격 또는 대리인의 권한을 증명하는 것으로서 관공서에서 발급받은 서면
>   2. 제21조 제3항의 주소를 소명하는 서면으로서 관공서에서 발급받은 서면
>   3. 인감증명서

[❹ ▸ ×] 재결서에 피공탁자의 주소가 표시되어 있고 표시된 주소가 피공탁자의 주민등록표등·초본 상의 주소와 일치된다 해도 위 재결서등은 주소가 불명한 경우에 그 사유를 소명하는 서면으로 볼 수는 있어도 직접 주소를 소명하는 서면으로 볼 수는 없을 것이다(공탁선례 제1-7호).

[❺ ▸ ○] 피공탁자의 주소를 표시하는 때에는 그 주소를 소명하는 서면을 피공탁자의 주소가 불명인 경우에는 그 사유를 소명하는 서면을 첨부해야 하는바 피공탁자의 주소를 소명하는 서면은 원칙적으로 주민등록표등·초본이고 주소가 불명인 경우에 그 사유를 소명하는 서면으로는 피공탁자의 최종주소를 소명하는 서면(변제공탁의 직접 원인이 되는 계약서·재판서·재결서 등, 등기부등본, 토지대장, 공탁서, 말소된 주민등록표등·초본 등) 및 그 주소에 피공탁자가 거주하지 않았다는 것을 소명하는 자료 등을 일반적으로 들 수 있다(공탁선례 제2-170호).

답 ❺

05 □□□ **공탁서의 첨부서면에 관한 다음 설명 중 가장 옳은 것은?** *2021년 법무사시험 [문 50]*

① 공탁자가 법인 아닌 사단일 경우 판결문에 그 대표자가 표시되어 있다면 공탁서에 판결문만 첨부하면 되고 정관이나 규약과 대표자 또는 관리인의 자격을 증명하는 서면을 첨부할 필요가 없다.

② 공탁자가 종중인 경우 그 대표자의 자격을 증명하는 서면으로 부동산등기용 등록번호를 증명하는 서면을 첨부할 수 있다.

③ 변제공탁을 하는 경우 피공탁자의 주소를 소명하는 서면을 첨부해야 하나 피공탁자의 주소가 불명이라면 이를 소명하는 서면을 첨부할 필요는 없다.

④ 공탁자가 피공탁자에게 공탁통지를 하여야 할 경우에는 피공탁자의 수만큼 공탁통지서를 첨부하여야 한다.

⑤ 같은 사람이 동시에 같은 공탁법원에 여러 건의 공탁을 하는 경우 첨부서면의 내용이 같더라도 항상 공탁서마다 첨부서면을 모두 첨부하여야 한다.

....

[❶ ▸ ×] 민사본안 재판절차에서 비법인 사단의 실체와 대표자의 자격을 인정하는 판결이 선고된 경우라도, 이는 변론종결일을 기준으로 한 것이므로 그 후에 이루어진 사단의 소멸, 사단의 명칭 또는 대표자의 변경사실을 위 판결만으로는 확인할 수 없을 것이다. 따라서 비법인사단이 판결에 기하여 공탁을 하는 경우, 판결문상에 사단의 실체 및 대표자가 표시되어 있다고 하더라도 그 판결문만을 첨부하여 공탁할 수는 없을 것이며, 반드시 정관 기타 규약과 대표자의 자격을 증명하는 서면을 첨부하여야 할 것이다(공탁선례 제1-90호).

[❷ ▸ ×] 공탁금수령자가 법인 아닌 사단이나 재단인 경우에 그 대표자가 공탁금출급청구를 함에 있어서는 정관 기타 규약과 그 대표자의 자격을 증명하는 서면을 첨부하여야 하므로, 피공탁자가 종중인 경우에도 그 종중의 대표자는 그 종중의 규약과 대표자의 자격을 증명하는 서면을 첨부하여 공탁금을 출급청구할 수 있으며, 그 대표자의 자격을 증명하는 서면으로써는 동 규약이 정하는 바에 따라 대표자를 선임한 회의록 등을 제출할 수 있을 것이나, 부동산등기용 등록번호를 증명하는 서면인 종중등록증명서는 종중의 대표자의 자격을 증명하는 서면으로 볼 수 없다(공탁선례 제1-84호).

PART 1　PART 2　PART 3　PART 4　PART 5　PART 6　PART 7　PART 8

[**③** ▸ ×]　변제공탁을 하는 경우에 피공탁자의 주소를 표시하는 때에는 그 주소를 소명하는 서면을, 피공탁자의 주소가 불명인 경우에는 이를 소명하는 서면을 첨부하여야 한다(공탁규칙 제21조 제3항).

[**④** ▸ ○]　공탁자가 피공탁자에게 공탁통지를 하여야 할 경우에는 피공탁자의 수만큼 공탁통지서를 첨부하여야 한다(공탁규칙 제23조 제1항).

[**⑤** ▸ ×]　같은 사람이 동시에 같은 공탁법원에 여러 건의 공탁을 하는 경우에 첨부서면의 내용이 같을 때에는 1건의 공탁서에 1통만을 첨부하면 된다. 이 경우 다른 공탁서에는 그 뜻을 적어야 한다(공탁규칙 제22조).

답 **❹**

제2장　공탁의 성립

제1절　**공탁의 수리**

06

다음 설명 중 가장 옳지 않은 것은?　　2021년 법무사시험 [문 34]

① 저당채무의 변제와 근저당권설정등기의 말소를 동시이행하기로 하는 특약을 한 사실이 없음에도 특약이 있는 것으로 공탁신청을 한 경우에는 무효이므로 공탁관은 수리할 수 없다.

② 대법원장이 지정한 공탁물 보관자가 목적물의 보관능력이 없는 특수한 경우에는, 공탁자는 채무이행지 관할 지방법원에 공탁물보관자선임신청을 할 수 있다.

③ 피공탁자가 법인일 경우에는 대표자의 성명, 주소는 공탁서 기재사항이 아니다.

④ 불수리결정을 한 경우 공탁관은 신청인에게 불수리결정등본을 교부하거나 배달증명우편으로 송달하여야 한다.

⑤ 불수리결정 원본과 공탁서, 그 밖의 첨부서류는 원칙적으로 공탁기록에 철하여 보관한다.

＇＇＇

[**①** ▸ ×]　저당채무의 변제는 원칙적으로 근저당권설정등기의 말소에 앞서 이행되어야 하므로 저당채무의 변제와 근저당권설정등기의 말소를 동시이행하기로 하는 특약을 한 사실이 없음에도, 채무자 또는 소유자가 근저당권으로 담보된 채무를 변제공탁함에 있어 근저당권설정등기의 말소에 소요된 서류일체의 교부를 반대급부로 한 경우에는 위 공탁은 변제의 효력이 없다. 다만, 공탁공무원은 그러한 특약을 한 사실이 없음에도 특약이 있는 것으로 하는 공탁신청이 있으면, 그러한 특약의 유무에 대하여 심사할 권한이 없으므로 이를 수리할 수밖에 없으나, 근저당권자는 특약이 없음을 이유로 변제공탁의 효력을 부인할 수 있을 것이다(공탁선례 제1-64호).

[**❷** ▸ O] 공탁법 제3조 제1항의 규정에 의하여 대법원장이 지정한 공탁물 보관 창고업자는 동조 제2항에 의하여 그가 경영하는 영업의 부류에 속하는 것으로써 보관할 수 있는 수량에 한하여 이를 보관할 의무를 부담하게 되는 것이므로, 공탁물 보관 창고업자가 당해 공탁물, 예컨대 미국으로부터 수입한 인광석 8,000톤과 같은 종류의 물품의 보관을 취급하지 않거나 목적물의 수량에 대하여 보관능력이 없는 특수한 경우에는, 공탁자는 민법 제488조 제2항, 비송사건절차법 제53조의 규정에 따라 채무이행지를 관할하는 지방법원에 공탁물보관자의 선임신청을 하여 그 지정을 받아 공탁할 수 있다(공탁선례 제2-8호).

[**❸** ▸ O] 해산간주된 회사의 법인등기부상 대표자가 없다고 하더라도, 피공탁자가 법인인 경우 그 대표자의 성명, 주소는 공탁서상의 기재사항이 아닐 뿐만 아니라 대표권이 있음을 증명하는 서면도 공탁신청 시 첨부서면이 아니므로, 피공탁자인 법인의 명칭과 주사무소만 기재하여 공탁할 수 있다(공탁선례 제1-37호).

[**❹** ▸ O] 불수리결정을 한 경우 공탁관은 신청인이나 청구인(다음부터 "신청인 등"이라 한다)에게 불수리결정등본(다음부터 "결정등본"이라 한다)을 교부하거나 배달증명우편으로 송달한다(행정예규 제1013호 제3조 제1항).

[**❺** ▸ O] 공탁관이 제2조에 따라 불수리결정을 한 때에는 불수리결정 원본(다음부터 "결정원본"이라 한다)과 공탁서 또는 공탁물출급·회수청구서(각 2부), 그 밖에 첨부서류는 공탁기록에 철하여 보관한다(행정예규 제1013호 제5조 제1항).

답 ❶

제2절 **공탁물 납입**

07
☐☐☐

공탁물 납입에 관한 다음 설명 중 가장 옳지 않은 것은? 2023년 법무사시험 [문 45]

① 전자공탁시스템을 이용하여 공탁을 하는 경우 공탁관은 공탁물보관자에게 가상계좌번호를 요청하여 그 계좌로 공탁금을 납입하게 하여야 한다.

② 공탁이 유효하게 성립하는 시기는 공탁관의 수리처분이 있을 때가 아니라 공탁자가 공탁물을 공탁물보관자에게 납입한 때이다.

③ 공탁자가 가상계좌에 의한 공탁금 납입을 신청하였는데, 착오납입한 경우 공탁물보관자의 확인이 있으면 언제라도 납입취소를 요청할 수 있다.

④ 공탁자가 가상계좌에 의한 공탁금 납입 시 공탁관은 공탁금보관자로부터 납입전송을 받은 후 지체 없이 보관 중인 공탁서에 납입증명을 하여 공탁자 또는 정당한 대리인에게 교부하여야 한다.

⑤ 공탁자가 계좌번호 오류, 은행의 전산다운 등의 사유로 납입마감일의 통상 업무시간까지 공탁금을 납입하지 못한 경우 당해 공탁사건은 실효처리 되는 것이 원칙이다.

....

[**❶** ▸ O] 전자공탁시스템을 이용하여 공탁을 하는 경우 공탁관은 공탁물보관자에게 가상계좌번호를 요청하여 그 계좌로 공탁금을 납입하게 하여야 한다(공탁규칙 제78조 제1항).

[**❷** ▸ O] 공탁자는 공탁소로부터 공탁물납입서 및 공탁서를 교부받아 공탁서에 기재된 공탁물보관자에게 납입기일까지 공탁물을 납입하여야 한다. 공탁이 유효하게 성립하는 시기는 공탁관의 수리처분이 있을 때가 아니라 공탁자가 공탁물을 공탁물보관자에게 납입한 때이다. 법공 공탁

[**❸ ▸ ✕**] 공탁자가 착오납입 등을 한 경우 납입 당일에 한해 통상 업무시간 전까지 별지 2의 양식에 의해 공탁공무원의 확인을 받아 공탁금보관자에게 납입취소를 요청할 수 있다(행정예규 제936호 제5조 제3항).

[**❹ ▸ ○**] 공탁관은 공탁금보관자로부터 납입전송을 받은 후 지체 없이 보관 중인 공탁서에 납입증명을 하여 공탁자 또는 정당한 대리인에게 교부하거나 제2조 제3항의 경우에는 우편으로 발송하여야 한다(행정예규 제936호 제6조 제1항).

[**❺ ▸ ○**] 공탁자가 계좌번호오류, 은행의 전산다운 등의 사유로 납입마감일의 통상 업무시간까지 공탁금을 납입하지 못한 경우 당해 공탁사건은 실효처리된다. 단, 공탁관에게 납입기한 연장을 요청하여 승인을 받은 경우는 예외로 한다(행정예규 제936호 제4조 제3항).

답 ❸

08
☐☐☐

가상계좌에 의한 공탁금 납입절차에 관한 다음 설명 중 가장 옳지 않은 것은?

2021년 법무사시험 [문 43]

① 공탁자는 가상계좌로 공탁금이 납입되기 전까지는 가상계좌납입신청을 철회하고 관할공탁소 공탁금보관자에게 직접 납입할 수 있다.

② 공탁자가 계좌번호 오류, 은행의 전산다운 등의 사유로 납입마감일의 통상 업무시간까지 공탁금을 납입하지 못한 경우 당해 공탁사건은 실효처리되는 것이 원칙이다.

③ 부동산경매에 있어서 매각허가결정에 대한 항고보증공탁(민사집행법 제130조 제3항)을 하는 경우 공탁자는 우선 공탁소에 가상계좌납입신청을 하여 공탁금 납입안내문을 교부받은 후 공탁금 보관은행에 이자소득세 원천징수에 필요한 사항을 등록하고 공탁금을 납입하여야 한다.

④ 공탁관은 공탁금보관자로부터 납입전송을 받은 후 지체 없이 보관 중인 공탁서를 공탁자 또는 정당한 대리인에게 교부하여야 한다.

⑤ 공탁자가 착오납입을 한 경우 납입 당일에 한해 통상 업무시간 전까지 납입취소신청서에 공탁관의 확인을 받아 공탁금보관자에게 납입취소를 요청할 수 있다.

· ·

[**❶ ▸ ○**] 공탁자는 가상계좌로 공탁금이 납입되기 전까지는 가상계좌납입신청을 철회하고 관할공탁소 공탁금보관자에게 직접 납입할 수 있다(행정예규 제936호 제5조 제1항).

[**❷ ▸ ○**] 공탁자가 계좌번호오류, 은행의 전산다운 등의 사유로 납입마감일의 통상 업무시간까지 공탁금을 납입하지 못한 경우 당해 공탁사건은 실효처리된다. 단, 공탁관에게 납입기한 연장을 요청하여 승인을 받은 경우는 예외로 한다(행정예규 제936호 제4조 제3항).

[**❸ ▸ ✕**] 부동산 경매에 있어서 매각허가결정에 대한 항고보증공탁을 하는 경우(민사집행법 제130조 제3항 및 제268조)에는, 공탁금 보관은행을 경유하여 이자소득세 원천징수에 필요한 사항을 등록한 후 "계좌납입신청"을 하여야 하고, 주민등록번호(개인)나 사업자등록번호(법인 등)를 소명할 수 있는 자료를 첨부하여야 한다(행정예규 제936호 제2조 제2항).

[**❹ ▸ ○**] 공탁관은 공탁금보관자로부터 납입전송을 받은 후 지체 없이 보관 중인 공탁서에 납입증명을 하여 공탁자 또는 정당한 대리인에게 교부하거나 제2조 제3항의 경우에는 우편으로 발송하여야 한다(행정예규 제936호 제6조 제1항).

[**❺ ▸ ○**] 공탁자가 착오납입 등을 한 경우 납입 당일에 한해 통상 업무시간 전까지 별지 2.의 양식에 의해 공탁관의 확인을 받아 공탁금보관자에게 납입취소를 요청할 수 있다(행정예규 제936호 제5조 제3항).

답 ❸

09
□□□
공탁사항의 변경(대공탁, 부속공탁, 담보물변경)에 관한 다음 설명 중 가장 옳지 않은 것은?

2025년 법무사시험 [문 35]

① 대공탁을 하게 되면 공탁의 목적물은 유가증권에서 금전으로 변경되나 공탁의 동일성은 유지된다.
② 유가증권공탁에 관하여 대공탁과 부속공탁을 동시에 청구하는 경우에는 하나의 청구서로 할 수 있는데, 이 경우 공탁관은 대공탁과 부속공탁을 별건으로 접수 및 등록하고 2개의 기록을 만들어야 한다.
③ 담보제공명령을 한 법원은 담보제공자의 신청에 의하여 결정으로 공탁한 담보물을 바꾸도록 명할 수 있고, 다만 당사자가 계약에 의하여 공탁한 담보물을 다른 담보로 바꾸겠다고 신청한 때에는 그에 따른다.
④ 담보물변경 신청사건은 담보제공결정을 한 법원 또는 그 기록을 보관하고 있는 법원이 관할한다.
⑤ 공탁한 담보물이 금전인 경우에 유가증권으로 담보물을 변경하는 것은 법원의 재량에 속한다.

....

[**❶ ▶ ○**] 이와 같이 대공탁을 하게 되면 공탁의 목적물은 유가증권에서 금전으로 변경되나 공탁의 동일성은 유지되므로, 유가증권의 상환금청구권의 시효소멸을 방지함으로써 종전 공탁의 효력을 지속시키는 데 그 목적이 있다. 대공탁이 이루어짐으로써 금전공탁에 소정의 이자가 붙게 되는 실익도 있다.

실무편람

[**❷ ▶ ×**] 유가증권공탁에 관하여 대공탁과 부속공탁을 동시에 청구하는 경우에는 하나의 청구서로 할 수 있다. 이 경우 공탁관은 대공탁과 부속공탁을 별건으로 접수 · 등록하되 1개의 기록을 만든다(공탁규칙 제31조 제2항).

[**❸ ▶ ○**] 법원은 담보제공자의 신청에 따라 결정으로 공탁한 담보물을 바꾸도록 명할 수 있다. 다만, 당사자가 계약에 의하여 공탁한 담보물을 다른 담보로 바꾸겠다고 신청한 때에는 그에 따른다(민사소송법 제126조).

[**❹ ▶ ○**] 법 제125조의 규정에 따른 담보취소신청사건과 법 제126조의 규정에 따른 담보물변경신청사건은 담보제공결정을 한 법원 또는 그 기록을 보관하고 있는 법원이 관할한다(민사소송규칙 제23조 제1항).

[**❺ ▶ ○**] 법원은 담보제공자의 신청에 의하여 상당하다고 인정할 때에는 공탁한 담보물의 변환을 명할 수가 있고 이때에는 물론 담보권리자의 이익을 해하여서는 안 될 것이나 본래의 공탁물에 갈음하여 유가증권이나 채권을 공탁하게 할 때에 신구담보물의 액면가액이 절대적으로 동일하거나 그 이상이어야만 하는 것은 아니며 신담보물을 어떠한 종류와 수량의 유가증권이나 채권으로 할 것인가는 법원의 재량에 의하여 정하여진다(대결 1988.8.11. 88그25).

답 ❷

10 ☐☐☐ **공탁사항의 변경(대공탁 · 부속공탁 · 담보물공탁)에 관한 다음 설명 중 가장 옳지 않은 것은?**

2022년 법무사시험 [문 37]

① 대공탁의 경우에는 유가증권공탁이 상환금에 의한 금전공탁으로 변경되는 경우에 한하지만 담보물 변경의 경우에는 유가증권공탁이 금전공탁으로 변경되는 경우 외에 금전공탁이 유가증권공탁으로, 유가증권공탁이 다른 유가증권공탁으로 변경되는 경우도 포함된다.

② 담보공탁에 대하여 대공탁을 청구하는 경우에, 본래의 유가증권공탁과의 사이에 공탁의 동일성이 유지되므로 담보를 명한 관청의 승인을 요하지 않는다.

③ 대공탁청구인이 공탁관으로부터 교부받은 '대공탁청구서' 및 '유가증권출급의뢰서' 등을 공탁물보 관자에게 제출한 경우, 공탁물보관자는 그 대공탁청구서 말미에 영수인을 찍어 청구인에게 반환하고, 공탁유가증권을 출급하여 그 유가증권 채무자로부터 상환금을 추심하여 공탁관의 계좌에 대공탁금으로 입금하여야 한다.

④ 같은 사람이 동시에 같은 공탁법원에 여러 건의 부속공탁을 청구하는 경우에 첨부서면의 내용이 같을 때에는 그중 1건의 부속공탁청구서에 1통만을 첨부하면 되고, 다른 부속공탁청구서에는 그 뜻을 적어야 한다.

⑤ 법원이 담보물변경을 허가할 때에는 담보권리자의 이익을 해하여서는 안 되므로, 신 · 구 담보물의 액면가액은 동일하거나 그 이상이어야 하며, 신 담보물을 어떠한 종류와 수량의 유가증권으로 할 것인가는 법원의 재량에 의하여 정하여진다.

....

[❶ ▸ ○] 대공탁의 경우에는 유가증권공탁이 상환금에 의한 금전공탁으로 변경되는 경우에 한하지만 담보물변경의 경우에는 유가증권공탁이 금전공탁으로 변경되는 경우 외에 금전공탁이 유가증권공탁으로, 유가증권공탁이 다른 유가증권공탁으로 변경되는 경우도 포함된다. `실무편람`

[❷ ▸ ○] 담보공탁에 대하여 대공탁을 청구하는 경우에도 공탁의 동일성이 유지되므로 담보를 명한 관청의 승인을 요하지 않는다. `실무편람`

[❸ ▸ ○] 대공탁청구인이 공탁관으로부터 교부받은 '대공탁청구서' 및 '유가증권출급의뢰서' 등을 공탁물보관자에게 제출한 경우, 공탁물보관자는 그 대공탁청구서 말미에 영수인을 찍어 청구인에게 반환하고, 공탁유가증권을 출급하여 그 유가증권 채무자로부터 상환금을 추심하여 공탁관의 계좌에 대공탁금으로 입금하여야 한다. `실무편람`

[❹ ▸ ○] 공탁규칙 제31조 제4항, 제22조

> **공탁규칙 제31조(대공탁 또는 부속공탁 청구)**
> ① 공탁유가증권의 상환금의 대공탁이나 이자 또는 배당금의 부속공탁을 청구하려는 사람은 대공탁 · 부속 공탁청구서 2통을 제출하여야 한다.
> ④ 제21조 제1항 및 제2항과 제22조는 제1항의 경우에 준용한다.
>
> **공탁규칙 제22조(첨부서면의 생략)**
> 같은 사람이 동시에 같은 공탁법원에 여러 건의 공탁을 하는 경우에 첨부서면의 내용이 같을 때에는 1건의 공탁서에 1통만을 첨부하면 된다. 이 경우 다른 공탁서에는 그 뜻을 적어야 한다.

[❺ ▸ ✕] 법원은 담보제공자의 신청에 의하여 상당하다고 인정할 때에는 공탁한 담보물의 변환을 명할 수가 있고 이때에는 물론 담보권리자의 이익을 해하여서는 안 될 것이나 본래의 공탁물에 갈음하여 유가증권이나 채권을 공탁하게 할 때에 신구담보물의 액면가액이 절대적으로 동일하거나 그 이상이어야만 하는 것은 아니며 신담보물을 어떠한 종류와 수량의 유가증권이나 채권으로 할 것인가는 법원의 재량에 의하여 정하여진다(대결 1988.8.11. 88그25).

답 **❺**

11

□□□ 공탁서 정정에 관한 다음 설명 중 가장 옳지 않은 것은? **2025년 법무사시험 [문 38]**

① 수용보상금을 유가증권으로 공탁한 후 동일한 금액으로 유가증권과 현금으로 공탁물을 변경하는 것은 유가증권 일부를 회수하고 회수한 부분만큼 현금으로 새로운 공탁을 하는 것이므로 공탁의 동일성이 유지되지 않아 허용될 수 없다.

② 수용대상 토지에 대하여 가처분등기가 경료되어 있으나, 그 가처분의 피보전권리가 공시되어 있지 않아 사업시행자가 토지소유자 또는 가처분권리자를 피공탁자로 하는 상대적 불확지공탁을 한 이후에 그 가처분의 피보전권리가 소유권이전등기청구권임이 확인된 경우라 하더라도 기존의 불확지공탁에서 토지소유자를 피공탁자로 하는 확지공탁으로 바꾸는 공탁서 정정은 공탁의 동일성을 해하므로 허용될 수 없다.

③ 공탁서 정정사유가 있더라도 이미 공탁금이 지급된 후에는 공탁서 정정신청을 할 수 없다.

④ 공탁서 정정신청이 적법하게 수리된 경우에는 그 정정의 효력은 당초 공탁 시로 소급하여 발생하는 것이 원칙이나, 반대급부 조건을 철회하는 공탁서 정정신청을 수리한 때에는 그때부터 반대급부 조건이 없는 변제공탁으로서의 효력을 갖는 것으로써 그 정정의 효력이 당초의 공탁 시로 소급하는 것은 아니다.

⑤ 제3채무자가 압류경합을 사유로 하여 집행공탁을 하였으나, 이미 제3채무자가 집행공탁을 하기 이전에 이루어진 채권압류 및 추심명령 또는 채권가압류결정 송달 사실을 공탁원인사실에 착오로 누락하였다는 이유로 이를 추가하는 공탁서 정정신청서를 제출한 경우, 공탁관은 이를 공탁의 동일성을 해하지 않는 것으로 보아 수리할 수 있다.

··

[**❶** ▸ O] 수용보상금을 유가증권으로 공탁한 후 동일한 금액으로 유가증권과 현금으로 공탁물을 변경하는 것은 유가증권 일부를 회수하고 회수한 부분만큼 현금으로 새로운 공탁을 하는 것이므로 공탁의 동일성이 유지되지 않아 허용될 수 없다(공탁선례 제2-39호).

[**❷** ▸ O] 수용대상 토지에 등기부상 가처분등기가 경료되어 있으나 그 가처분의 피보전권리가 공시되어 있지 않아 사업시행자가 '토지소유자 또는 가처분권리자'를 피공탁자로 하는 상대적 불확지공탁을 한 이후에, 그 가처분의 피보전권리가 소유권이전등기청구권임이 확인된 경우라 하더라도 기존의 불확지공탁에서 토지소유자를 피공탁자로 하는 확지공탁으로 바꾸는 공탁서 정정은 공탁의 동일성을 해하므로 허용될 수 없을 것이다(공탁선례 제2-191호).

[**❸** ▸ ✕] 공탁서 정정이란 공탁서에 공탁수리 전부터 존재하는 명백한 표현상의 착오 기재가 있음을 공탁수리 후에 발견한 경우에 정정 전·후의 공탁의 동일성을 해하지 아니하는 범위 내에서 공탁자의 신청에 의하여 그 오류를 시정하는 것을 말하는데, 공탁서 정정에 관한 공탁규칙 제30조에는 정정신청의 종기에 관한 규정이 없고, 특히 토지수용절차에서는 공탁금이 지급되었다고 하더라도 토지수용을 원인으로 한 이전등기를 위해서 공탁서의 명백한 표현상의 착오 기재를 정정할 실익이 있으므로, <u>공탁자는 공탁금이 지급된 후에도 공탁서 정정신청을 할 수 있다</u>(공탁선례 제202303-1호).

[**❹** ▸ O] 공탁서 정정신청이 적법하게 수리된 경우에는 그 정정의 효력은 당초 공탁 시로 소급하여 발생하는 것이 원칙이나, 반대급부 조건을 철회하는 공탁서 정정신청을 수리한 때에는 그때부터 반대급부 조건이 없는 변제공탁으로서의 효력을 갖는 것으로써 그 정정의 효력이 당초의 공탁 시로 소급하는

것은 아니다. **실무편람** 이와 관련하여 판례는 변제공탁의 경우 채권자가 반대급부 또는 기타 조건의 이행을 할 의무가 없음에도 불구하고 채무자가 이를 조건으로 공탁한 때에는 채권자가 이를 수락하지 않는 한 그 변제공탁은 효력이 없으며 그 뒤 채무자의 공탁에 붙인 조건의 철회정정청구에 따라 공탁공무원으로부터 위 정정청구의 인가결정이 있었다 하더라도 그 변제공탁은 인가결정 시부터 반대급부조건이 없는 변제공탁으로서의 효력을 갖는 것으로서 그 효력이 당초의 변제공탁 시로 소급하는 것은 아니라고 한다(대판 1986.8.19. 85누280).

[❺ ▶ ○] 공탁서의 정정은 공탁신청이 수리된 후 공탁서의 착오 기재가 발견된 때에 공탁의 동일성을 해하지 아니하는 범위 내에서 허용되어야 하는바, 제3채무자가 압류경합을 사유로 하여 집행공탁을 하였으나 이미 제3채무자가 집행공탁을 하기 이전에 이루어진 채권압류 및 추심명령 또는 채권가압류결정 송달 사실을 공탁원인사실에 착오로 누락하였다는 이유로 이를 추가하는 공탁서 정정신청서를 제출한 경우, 공탁공무원은 이를 공탁의 동일성을 해하지 않는 것으로 보아 수리할 수 있고 제3채무자는 사유신고 법원에 공탁공무원이 기명날인하여 교부한 공탁서 정정신청서를 제출하여야 할 것이다(공탁선례 제1-79호).

답 ❸

12 **공탁서 정정에 관한 다음 설명 중 가장 옳지 않은 것은?** **2024년 법무사시험 [문 40]**

① 공탁서의 정정은 공탁신청이 수리된 후 공탁서의 착오 기재가 발견된 때에 공탁의 동일성을 해하지 않는 범위 내에서만 허용되는 것이다.

② 집행공탁을 혼합공탁으로 정정하는 것은 단순한 착오 기재의 정정에 그치지 아니하고 공탁의 동일성을 해하는 내용의 정정이므로 허용될 수 없다.

③ 공탁이 수리된 후 공탁물수령자에 대한 사항에 착오가 있음을 발견한 경우라 할지라도 공탁물수령자에 관한 사항은 공탁의 요건에 관한 것이므로, 공탁물수령자를 추가하는 공탁서 정정은 공탁의 동일성을 해하므로 수리할 수 없다.

④ 선행채무 있는 자가 반대급부를 조건으로 하여 변제공탁을 하였다 하더라도 그 후에 반대급부내용이 없는 것으로 정정하여 달라는 취지의 공탁서 정정신청을 하고 공탁관이 이를 인정하였다면 위의 변제공탁은 다른 유효요건을 갖추고 있는 한 그때부터 반대급부조건이 없는 변제공탁으로서의 효력을 갖게 된다.

⑤ 민법 제487조 후단 소정의 '과실 없이 채권자를 알 수 없는 경우'라고 하여 변제공탁을 하였다가 공탁원인사실에 같은 조 전단 소정의 '채권자의 수령불능'을 추가하는 것은 같은 민법 제487조를 공탁의 근거로 하는 것으로서 공탁의 동일성을 해하는 내용의 정정이라고 볼 수 없으므로 허용된다.

[❶ ▶ ○] [❺ ▶ ×] 공탁서의 정정은 공탁신청이 수리된 후 공탁서의 착오 기재가 발견된 때에 공탁의 동일성을 해하지 않는 범위 내에서만 허용되는 것이므로, <u>민법 제487조 후단 소정의 '과실 없이 채권자를 알 수 없는 경우'라고 하여 변제공탁을 하였다가 공탁원인사실에 같은 조 전단 소정의 '채권자의 수령불능'을 추가하는 것은 단순한 착오 기재의 정정에 그치지 않고 공탁의 동일성을 해하는 내용의 정정이므로 허용될 수 없다</u>(대판 2008.10.23. 2007다35596).

[❷ ▶ ○] 공탁서의 정정은 공탁신청이 수리된 후 공탁서의 착오 기재가 발견된 때에 공탁의 동일을 해하지 아니하는 범위 내에서만 허용되는 것인데, 집행공탁을 혼합공탁으로 정정하는 것은 단순한 착오 기재의 정정에 그치지 아니하고 공탁의 동일성을 해하는 내용의 정정이므로 허용될 수 없다(공탁선례 제201211-2호).

[**❸** ▸ O] 공탁이 수리된 후 공탁물수령자에 대한 사항에 착오가 있음을 발견한 경우라 할지라도 공탁물수령자에 관한 사항은 공탁의 요건에 관한 것이므로, 공탁물수령자를 추가하는 공탁서 정정은 공탁의 동일성을 해하므로 수리할 수 없다(공탁선례 제2-44호).

[**❹** ▸ O] 선행채무 있는 자가 반대급부를 조건으로 하여 변제공탁을 하였다 하더라도 그 후에 반대급부내용이 없는 것으로 정정하여 달라는 취지의 공탁서 정정신청을 하고 공탁관이 이를 인정하였다면 위의 변제공탁은 다른 유효요건을 갖추고 있는 한 그때부터 반대급부조건이 없는 변제공탁으로서의 효력을 갖게 된 것이라고 봄이 상당하다(대판 1971.6.30. 71다874).

답 **❺**

13

공탁서 정정에 관한 다음 설명 중 가장 옳지 않은 것은? 2022년 법무사시험 [문 46]

① 甲은 乙에 대한 대여금 채무 1백만원을 부담하고 있는데, 착오로 1천만원을 공탁한 경우 공탁금액을 정정할 수는 없고, 착오를 증명하는 서면을 첨부하여 공탁물을 회수한 후 다시 공탁을 하여야 한다.

② 용인시가 토지수용보상금을 절대적 불확지공탁한 경우 토지소유자는 공탁관을 상대로 공탁서 정정을 신청할 수 있고, 공탁관이 이에 응하지 않으면, 국가(소관 공탁관)를 상대로 공탁물출급청구권 확인의 확정판결을 첨부하여 공탁금 출급청구를 할 수 있다.

③ 공탁서의 공탁원인사실란에 기재되어 있는 공탁근거 법령조항의 정정은 허용된다.

④ 변제공탁에 부당한 반대급부 조건을 붙임으로써 부적법한 공탁이 된 경우에 공탁자는 그 반대급부 조건을 철회하는 공탁서 정정신청을 할 수 있다.

⑤ 공탁자의 이름과 주민등록번호가 주민등록초본과 일치하나 주소가 다른 경우 사실상 동일인으로서 주소의 표시를 착오 기재한 것이라면 공탁자는 주민등록초본을 첨부하여 공탁자의 주소를 정정하는 공탁서 정정신청을 할 수 있다.

···

[**❶** ▸ O] 공탁자, 공탁금액, 공탁물수령자 등 공탁의 요건에 관한 사항은 정정은 공탁의 동일성을 해하는 내용의 정정이므로 허용될 수 없다. 이러한 경우에는 착오를 증명하는 서면을 첨부하여 공탁물을 회수한 다음 다시 공탁할 수밖에 없다. 실무편람

[**❷** ▸ X] 공탁물 출급청구권에 대한 정당한 권리자는 공탁자를 상대로 자신을 피공탁자로 지정하는 공탁서 정정을 하도록 하거나 공탁물에 대한 출급청구권이 자신에게 있다는 확인판결정본 및 확정증명(조정조서, 화해조서 포함)을 첨부하여 공탁물을 출급할 수 있다(행정예규 제1345호 제12조).

[**❸** ▸ O] 공탁성립 후 공탁서의 기재에 착오가 있음을 발견한 경우에는 그것이 표현상의 착오임이 명백하고 또한 공탁의 동일성에 영향을 미치지 아니하는 범위 내에서는 그 정정이 가능한 것이므로, 공탁원인사실란에 기재되어 있는 적용법조의 정정신청이나 반대급부의 내용을 삭제하는 정정신청을 할 수 있는 것이며, 공탁서 정정신청서에 날인하는 인영은 공탁서의 인영과 동일한 것이어야 하며 그렇지 아니한 때에는 인감증명서를 제출하여야 한다(공탁선례 제2-41호).

[**④ ▸ ○**] 변제공탁에 부당한 반대급부 조건을 붙임으로써 부적법한 공탁이 된 경우에 그 반대급부 조건을 철회하는 정정신청이 허용된다. 실무편람   이와 관련하여 판례는, 변제공탁의 경우 채권자가 반대급부 또는 기타 조건의 이행을 할 의무가 없음에도 불구하고 채무자가 이를 조건으로 공탁한 때에는 채권자가 이를 수락하지 않는 한 그 변제공탁은 효력이 없으며 그 뒤 채무자의 공탁에 붙인 조건의 철회정정청구에 따라 공탁공무원으로부터 위 정정청구의 인가결정이 있었다 하더라도 그 변제공탁은 인가결정 시부터 반대급부조건이 없는 변제공탁으로서의 효력을 갖는 것으로서 그 효력이 당초의 변제공탁 시로 소급하는 것은 아니라고 판시하였다(대판 1986.8.19. 85누280).

[**⑤ ▸ ○**] 공탁자의 이름과 주민등록번호가 주민등록초본과 일치하나 주소가 다른 경우 사실상 동일인으로서 '주소'의 표시를 착오 기재한 것이라면 공탁자는 주민등록초본을 공탁서 정정신청의 소명 서면으로 첨부하여 공탁자의 주소를 정정할 수 있다(공탁선례 제2-337호).

답 ❷

14 공탁서 정정에 관한 다음 설명 중 가장 옳지 않은 것은?   2021년 법무사시험 [문 35]

① 민법 제487조 변제공탁이 성립한 후 피공탁자가 개명한 경우 기본증명서 등을 첨부하여 공탁서정정신청을 하여야 한다.

② 甲이 乙을 피공탁자로 하여 민법 제487조 변제공탁을 한 후 공탁자를 甲에서 丙으로 변경하는 공탁서정정신청은 허용되지 않는다.

③ 사업시행자가 수용보상금을 유가증권으로 공탁한 후 동일한 금액의 현금으로 변경하는 공탁서정정신청은 허용되지 않는다.

④ 공탁서 정정이 적법하게 수리된 경우에 공탁서 정정의 효력은 최초 공탁 시로 소급하여 발생하는 것이 원칙이다.

⑤ 사업시행자가 수용보상금을 공탁하면서 소유권 이전에 필요한 일체의 서류를 반대급부로 제공할 것을 조건으로 보상금을 공탁한 경우 반대급부조건을 철회하는 공탁서 정정은 허용된다.

....

[**❶ ▸ ✕**] 공탁서 정정은 공탁서 기재와 공탁자 의사와의 불일치를 시정하고자 하는 것이므로 기재의 착오가 공탁수리 전에 존재해야 한다. 따라서 공탁수리 후의 사정변경으로 공탁서의 기재와 객관적인 사실이 일치하지 않게 된 경우, 예컨대 <u>공탁 후 피공탁자가 개명을 한 경우에는 공탁물출급청구 시 개명사실이 등재된 기본증명서를 첨부하면 되고 공탁서 정정의 문제가 발생할 여지는 없다.</u> 실무편람

[**❷ ▸ ○**] "공탁자", "공탁금액", "공탁물수령자" 등 공탁의 요건에 관한 사항에 대한 정정은 공탁의 동일성을 해하는 내용의 정정이므로 허용될 수 없다. 실무편람

[**❸ ▸ ○**] 수용보상금을 유가증권으로 공탁한 후 동일한 금액으로 유가증권과 현금으로 공탁물을 변경하는 것은 유가증권 일부를 회수하고 회수한 부분만큼 현금으로 새로운 공탁을 하는 것이므로 공탁의 동일성이 유지되지 않아 허용될 수 없다(공탁선례 제2-39호).

[**❹ ▸ ○**] 공탁서정정신청이 적법하게 수리된 경우에는 그 정정의 효력은 당초 공탁 시로 소급하여 발생하는 것이 원칙이다(공탁선례 제2-48호). 실무편람

[**❺ ▸ ○**] 반대급부조건이 없는 공탁에 반대급부조건을 추가하는 정정도 공탁의 동일성을 해하므로 허용되지 아니하나, 기존 반대급부조건을 철회하는 공탁서 정정은 가능하다. 실무편람

답 ❶

제1장 공탁물출급 · 회수청구와 첨부서면

제1절 **공탁물출급**

01
☐☐☐

공탁금 출급절차에 관한 다음 설명 중 가장 옳지 않은 것은? 2022년 법무사시험 [문 43]

① 실체법상 채권자라고 하더라도 공탁서에 피공탁자로 기재되어 있지 않다면 공탁물출급청구권을 행사할 수 없다.

② '수령거절'을 이유로 사업시행자가 수용보상금을 공탁하면서 수용대상 토지의 공유자 전원을 피공탁자로 한 경우 공유자 각자는 자기의 등기기록상 지분에 해당하는 공탁금을 출급청구할 수 있다.

③ 채무자인 공탁자가 변제공탁을 하면서 공탁서에 불가분채권자 2인을 피공탁자로 기재한 경우 피공탁자 중 1인이 공탁자의 출급동의서를 첨부한 경우에는 단독으로 공탁금 출급청구를 할 수 있다.

④ 토지수용보상금이 상대적 불확지공탁된 경우 공탁자를 상대로 한 공탁물출급청구권 확인의 확정판결은 출급청구권 증명서면이 될 수 없다.

⑤ 토지수용보상금이 상대적 불확지공탁된 경우 피공탁자 전원이 공동으로 출급청구하는 경우에는 별도의 출급청구권 증명서면을 제출할 필요가 없다.

[❶ ▶ ○] 피공탁자는 공탁서의 기재에 의하여 형식적으로 결정되므로, 실체법상의 채권자라고 하더라도 피공탁자로 지정되어 있지 않다면 공탁물출급청구권을 행사할 수 없다. 실무편람

[❷ ▶ ○] 기업자가 토지의 일부를 수용하고 수용보상금을 그 토지의 공유자 전원을 피공탁자로 하여 공탁한 경우에는 공유토지에 대한 수용보상 공탁금을 가분채권으로 보아 공유자 각자가 자기의 등기부상 지분에 해당하는 공탁금을 출급청구할 수 있으며, 비록 수용된 토지부분에 대한 공유자 내부의 실질적인 지분 비율이 등기부상 지분 비율과 다르다고 하더라도 이는 공유자 내부 간에 별도로 해결하여야 할 문제이다(공탁선례 제2-202호).

[**❸** ▸ ×] 변제공탁에서 공탁물 출급청구권자는 공탁서의 기재에 의하여 형식적으로 결정되고, 형식적 심사권만을 갖는 공탁관은 피공탁자로 지정된 자에게만 공탁금을 출급할 수 있다. 따라서, 실체법상 불가분채권자 1인이 모든 채권자를 위하여 단독으로 이행을 청구할 수 있더라도 채무자인 공탁자가 변제공탁을 하면서 공탁서에 불가분채권자 2인을 피공탁자로 기재하였다면 비록 피공탁자 중 1인이 공탁자의 출급동의서를 첨부하였더라도 단독으로 공탁금 출급청구를 할 수 없고, 피공탁자 전원이 함께 청구하거나 피공탁자 1인이 나머지 피공탁자의 위임을 받아 청구하여야 한다(공탁선례 제2–133호).

[**❹** ▸ ○] 토지수용보상금이 상대적 불확지공탁된 경우 공탁자의 승낙서나 공탁자 또는 국가를 상대로 한 공탁물출급청구권 확인판결 등은 출급청구권이 있음을 증명하는 서면으로 볼 수 없다. `법공 공탁`

[**❺** ▸ ○] 토지수용보상금이 상대적 불확지공탁된 경우 피공탁자 전원이 공동으로 출급청구하는 경우에는 출급청구서의 기재에 의하여 상호 승낙이 있는 것으로 볼 수 있으므로 별도의 출급청구권 증명서면이 필요 없다. `법공 공탁`

답 ❸

02
□□□

공탁물의 출급에 관한 다음 설명 중 가장 옳지 않은 것은?   2021년 법무사시험 [문 38]

① 변제공탁의 공탁물출급청구권자는 피공탁자 또는 그 승계인이다.
② 피공탁자는 공탁서의 기재에 의하여 형식적으로 결정된다.
③ 실체법상의 채권자라고 하더라도 피공탁자로 지정되어 있지 않으면 공탁물출급청구권을 행사할 수 없다.
④ 공탁자가 착오로 공탁한 때 또는 공탁의 원인이 소멸한 때에는 공탁자가 공탁물을 회수할 수 있을 뿐 피공탁자의 공탁물출급청구권은 존재하지 않는다.
⑤ 피공탁자 아닌 제3자가 피공탁자를 상대로 하여 공탁물출급청구권확인판결을 받으면 직접 공탁물 출급청구를 할 수 있다.

[**❶** ▸ ○] [**❷** ▸ ○] [**❸** ▸ ○] [**❺** ▸ ×] 변제공탁의 공탁물출급청구권자는 피공탁자 또는 그 승계인이고 피공탁자는 공탁서의 기재에 의하여 형식적으로 기재되므로, 실체법상의 채권자라고 하더라도 피공탁자로 지정되어 있지 않으면 공탁물출급청구권을 행사할 수 없고, 따라서 피공탁자가 아닌 제3자가 피공탁자를 상대로 하여 공탁물출급청구권확인판결을 받았더라도 그 확인판결을 받은 제3자가 직접 공탁물출급청구를 할 수 없으므로, 피공탁자 중 1인을 채무자로 하여 그의 공탁물출급청구권에 대하여 채권압류 및 추심명령을 받은 추심채권자라는 등의 특별한 사정이 없는 한 피공탁자가 아닌 제3자는 피공탁자를 상대로 하여 공탁물출급청구권의 확인을 구할 이익이 없다(대판 2016.3.24. 2014다3122).

[**❹** ▸ ○] 공탁자가 착오로 공탁한 때 또는 공탁의 원인이 소멸한 때에는 공탁자가 공탁물을 회수할 수 있을 뿐 피공탁자의 공탁물출급청구권은 존재하지 않으므로, 이러한 경우 공탁자가 공탁물을 회수하기 전에 위 공탁물출급청구권에 대한 전부명령을 받아 공탁물을 수령한 자는 법률상 원인 없이 공탁물을 수령한 것이 되어 공탁자에 대하여 부당이득반환의무를 부담한다(대판 2008.9.25. 2008다34668).

답 ❺

03
☐☐☐

공탁금 회수청구 시의 첨부서면에 관한 다음 설명 중 가장 옳은 것은?

2024년 법무사시험 [문 42]

① 공탁물을 회수하려는 사람은 공탁물 회수청구서에 공탁서를 첨부하여야 하나, 이해관계인의 승낙서를 첨부한 경우에는 공탁서를 첨부하지 않을 수 있다.

② 공탁물 회수청구를 하는 사람이 비법인재단인 경우 공탁금액이 5,000만원 이하이면 공탁서를 첨부하지 않을 수 있다.

③ 회수청구권에 대한 강제집행에 의하여 추심명령 또는 전부명령을 얻은 추심채권자 또는 전부채권자가 공탁물 회수청구를 하는 경우에도 공탁물 회수청구서에 공탁서를 첨부하여야 한다.

④ 공탁물회수청구권에 대한 압류 및 전부명령을 받은 자는 원래의 공탁물회수청구권자의 지위를 넘어서 공탁물을 회수할 수 있으므로, 공탁물 회수청구 시 회수청구권을 갖는 것을 증명하는 서면을 첨부하지 않을 수 있다.

⑤ 집행법원이 집행공탁금의 배당을 실시하기 전에 공탁자가 집행공탁의 원인이 없음에도 착오로 집행공탁을 한 것임을 이유로 공탁사유신고를 철회한 경우, 그 집행공탁이 원인이 없는 것으로서 무효임이 명백하여 집행법원이 공탁사유신고를 불수리하는 결정을 하였다고 하더라도, 공탁자가 공탁관에게 집행법원의 위 결정을 제출하여 공탁금을 회수할 수 없다.

. . . .

[❶ ▸ ○] 공탁규칙 제34조 제1호 나목
[❷ ▸ ×] 공탁규칙 제34조 제1호 가목 단서
[❸ ▸ ×] 공탁규칙 제34조 제1호 다목

> **공탁규칙 제34조(공탁물 회수청구서의 첨부서류)**
> 공탁물을 회수하려는 사람은 공탁물 회수청구서에 다음 각 호의 서류를 첨부하여야 한다.
> 1. 공탁서 다만, 다음 중 어느 하나의 사유가 있는 경우에는 그러하지 아니하다.
>   가. 회수청구하는 공탁금액이 5,000만원 이하인 경우(유가증권의 총 액면금액이 5,000만원 이하인 경우를 포함한다) 다만, 청구인이 관공서이거나 법인 아닌 사단이나 재단인 때에는 그 금액이 1,000만원 이하인 경우
>   나. 이해관계인의 승낙서를 첨부한 경우
>   다. 강제집행이나 체납처분에 따라 공탁물 회수청구를 하는 경우
> 2. 회수청구권이 있음을 증명하는 서면 다만, 공탁서의 내용으로 그 사실이 명백한 경우에는 그러하지 아니하다.

[❹ ▸ ×] 공탁물회수청구권에 대한 압류 및 전부명령을 받은 자라도 원래의 공탁물회수청구권자의 지위를 넘어서 공탁물을 회수할 수 없는 것으로 민법 제489조에 의한 공탁물수리청구에는 공탁사무처리규칙 제32조 제2호에 의하여 공탁채권자가 공탁을 수락치 않는 경우에는 그 취지를 기재한 채권자의 서면이나 공탁을 유효로 선고한 확정판결이 없음을 증명하는 서면의 첨부가 있어야 한다(대결 1973.12.22. 73마360).

[❺ ▸ ×] 집행법원이 집행공탁의 배당을 실시하기 전이라면 공탁자가 집행공탁의 원인이 없음에도 착오로 공탁한 것임을 이유로 공탁사유신고를 각 철회하고 집행법원이 그 집행공탁 원인이 없는 것으로서 무효임이 명백하여 공탁사유신고를 불수리 결정을 한 경우에는 공탁공무원에게 위 결정을 제출하여 「공탁법」 제8조 제2항 제2호에 따라 공탁금을 회수할 수 있다(공탁선례 제2-279호).

🗒 **답 ❶**

민법 제487조 변제공탁절차에서 공탁물 출급·회수청구 시 인감증명서 제출이 면제되는 경우를 모두 고른 것은?

2022년 법무사시험 [문 33]

> ㄱ. 피공탁자 甲의 위임을 받은 친구 乙이 공탁금 500만원을 출급청구하는 경우
> ㄴ. 공탁서상 공탁금액이 990만원이지만 출급청구하는 금액이 이자를 포함하여 1,050만원인 경우
> ㄷ. 공탁서상 피공탁자가 '甲과 乙', 공탁서상 전체 공탁금액이 1,500만원이고 乙이 자신의 지분에 해당하는 750만원을 출급청구하는 경우
> ㄹ. 공탁서상 피공탁자 '甲', 공탁금액이 2,000만원이지만 甲이 임의로 500만원만 출급청구하는 경우
> ㅁ. 공탁서상 공탁금액이 2,000만원이고, 출급청구하는 유가증권의 총 액면금액이 2,000만원인 경우

① ㄱ, ㄴ   ② ㄱ, ㄹ
③ ㄱ, ㅁ   ④ ㄴ, ㄷ
⑤ ㄴ, ㅁ

....

[ㄱ ▶ 면제×] 乙은 본인이나 법정대리인 등에 해당하지 않으므로 공탁금액이 1,000만원 이하이더라도 인감증명서 제출이 면제되지 않는다(공탁규칙 제37조 제3항 제1호 참조).

> **공탁규칙 제37조(인감증명서의 제출)**
> ① 공탁물 출급·회수청구를 하는 사람은 공탁물 출급·회수청구서 또는 위임에 따른 대리인의 권한을 증명하는 서면에 찍힌 인감에 관하여 인감증명법 제12조와 상업등기법 제16조에 따라 발행한 인감증명서를 제출하여야 한다.
> ② 제1항은 법정대리인, 지배인, 그 밖의 등기된 대리인, 법인·법인 아닌 사단이나 재단의 대표자 또는 관리인이 공탁물 출급·회수청구를 하는 경우에는 그 법정대리인, 지배인, 그 밖의 등기된 대리인, 대표자나 관리인에 대하여 준용한다.
> ③ 제1항과 제2항은 다음 각 호의 경우에는 적용하지 아니한다.
>   1. 본인이나 제2항에서 말하는 사람이 공탁금을 직접 출급·회수청구하는 경우로써, 그 금액이 1,000만원 이하(유가증권의 총 액면금액이 1,000만원 이하인 경우를 포함한다)이고, 공탁관이 신분에 관한 증명서(주민등록증·여권·운전면허증 등을 말한다. 이하 "신분증"이라 한다)로 본인이나 제2항에서 말하는 사람임을 확인할 수 있는 경우
>   2. 관공서가 공탁물의 출급·회수청구를 하는 경우

[ㄴ ▶ 면제○] 행정예규 제1434호 2. 나.
[ㄷ ▶ 면제○] 행정예규 제1434호 2. 다.
[ㄹ ▶ 면제×] 행정예규 제1434호 2. 마.
[ㅁ ▶ 면제×] 행정예규 제1434호 2. 가.

> ❑ **행정예규 제1434호[신분확인에 의한 공탁금 출급·회수 업무처리지침]**
> 2. 공탁금액의 적용 기준
>   규칙 제37조 제3항 제1호가 적용되는 공탁금액의 범위는 다음 각 호의 기준에 의한다.
>   가. 출급·회수청구하는 공탁금액(유가증권의 경우 총 액면금액을 말함)이 1,000만원 이하라 함은 원칙적으로 "공탁서에 기재되어 있는 공탁금액"이 1,000만원 이하인 경우를 말한다.

나. 공탁서상의 공탁금액이 1,000만원 이하인 때에는 출급 또는 회수청구하는 금액이 이자를 포함하여 1,000만원을 초과한 경우에도 적용한다.

다. 공탁서상의 공탁자 또는 피공탁자가 여러 사람인 때에는 공탁서상의 전체 공탁금액이 1,000만원을 초과하더라도 해당 출급 또는 회수청구를 하는 공탁자 또는 피공탁자에 대한 공탁서상의 공탁금액이 1,000만원 이하인 경우에도 적용한다.

라. 배당 등에 따라 공탁금액을 여러 사람에게 나누어 지급하는 때에는 그 지급권자의 청구금액이 1,000만원 이하인 경우에도 적용한다.

마. 1,000만원을 초과하는 공탁금액을 1,000만원 이하로 임의로 분할하여 출급 또는 회수청구하는 경우에는 적용하지 아니한다.

바. 공탁물이 액면금액의 표시가 없는 유가증권인 경우와 공탁물이 물품인 경우에는 적용하지 아니한다.

답 ❹

05

다음 중 공탁금 회수청구 시 공탁서 제출이 면제되는 경우를 모두 고른 것은?

2022년 법무사시험 [문 41]

ㄱ. 회수청구하는 공탁금액이 6,000만원인 경우
ㄴ. 총 액면금액이 4,000만원인 유가증권을 회수하는 경우
ㄷ. 비법인사단이 회수청구하는 공탁금액이 4,000만원인 경우
ㄹ. 용인시가 회수청구하는 공탁금액이 4,000만원인 경우
ㅁ. 공탁금회수청구권에 대하여 채권압류 및 추심명령을 얻은 채권자가 회수청구하는 공탁금액이 4,000만원인 경우

① ㄴ, ㅁ   ② ㄱ, ㅁ
③ ㄷ, ㅁ   ④ ㄷ, ㄹ
⑤ ㄹ, ㅁ

....

[ㄱ ▶ 면제×] [ㄴ ▶ 면제○] [ㄷ ▶ 면제×] [ㄹ ▶ 면제×] 공탁규칙 제34조 제1호 가목
[ㅁ ▶ 면제○] 공탁물 회수청구권에 대하여 압류 및 추심명령 또는 전부명령을 얻은 추심채권자 또는 전부채권자가 공탁물을 회수청구하는 경우에는 집행채무자인 공탁자로부터 공탁서를 교부받는 것이 어렵기 때문에 공탁서를 첨부하지 않아도 된다(공탁규칙 제34조 제1호 다목 참조).

> **공탁규칙 제34조(공탁물 회수청구서의 첨부서류)**
> 공탁물을 회수하려는 사람은 공탁물 회수청구서에 다음 각 호의 서류를 첨부하여야 한다.
> 1. 공탁서 다만, 다음 중 어느 하나의 사유가 있는 경우에는 그러하지 아니하다.
>   가. 회수청구하는 공탁금액이 5,000만원 이하인 경우(유가증권의 총 액면금액이 5,000만원 이하인 경우를 포함한다) 다만, 청구인이 관공서이거나 법인 아닌 사단이나 재단인 때에는 그 금액이 1,000만원 이하인 경우
>   나. 이해관계인의 승낙서를 첨부한 경우
>   다. 강제집행이나 체납처분에 따라 공탁물 회수청구를 하는 경우

답 ❶

제2장 공탁관의 심사 및 공탁물 지급

06
☐☐☐

공탁관의 심사권에 관한 다음 설명 중 가장 옳지 않은 것은? 2023년 법무사시험 [문 39]

① 공탁자가 조건부 공탁을 한 경우에 피공탁자가 조건을 이행할 의무가 있는지 여부에 대하여 공탁관은 실질적으로 심사할 권한이 없다.

② 형식적 심사권밖에 없는 공탁관으로서는 전부명령의 유·무효를 심사할 수는 없는 것이므로 공탁물회수청구채권이 미리 압류 및 전부되었다는 이유로 공탁금회수청구를 불수리한 공탁관의 처분은 정당하다.

③ 저당채무의 변제는 원칙적으로 근저당권설정등기의 말소에 앞서 이행되어야 하므로 저당채무의 변제와 근저당권설정등기의 말소를 동시이행하기로 하는 특약을 한 사실이 없음에도, 채무자 또는 소유자가 근저당권으로 담보된 채무를 변제공탁함에 있어 근저당권설정등기의 말소에 소요될 서류 일체의 교부를 반대급부로 한 경우에는 위 공탁은 변제의 효력이 없다. 다만, 공탁관은 그러한 특약을 한 사실이 없음에도 특약이 있는 것으로 하는 공탁신청이 있으면, 그러한 특약의 유무에 대하여 심사할 권한이 없으므로 이를 수리할 수밖에 없다.

④ 공탁신청 시 공탁서 및 첨부서면의 기재 자체로 보아 공탁사유가 존재하지 않는 것이 분명한 경우나 해당 계약이 무효라서 공탁에 의하여 면책을 얻고자 하는 채무의 부존재가 일견 명백한 경우에는 공탁신청을 불수리할 수 있다.

⑤ 공탁관은 조사단계에서 서류에 불비한 점이 있거나 공탁사유 또는 지급사유가 없으면 보정이나 취하를 권유할 수 있고, 신청인이 이에 응하지 않은 경우 접수를 거절할 수 있다.

·····

[**❶ ▶ ○**] 공탁공무원은 공탁신청에 대하여 공탁서 및 첨부서면에 의하여서만 그 신청이 절차상 실체상 일체의 법률요건을 구비하고 있는지를 심사하는 형식적 심사권만을 갖는바, 공탁자가 조건부 공탁을 한 경우에 있어서도 피공탁자가 조건을 이행할 의무가 있는지 여부에 대하여 공탁공무원은 이를 실질적으로 심사할 권한이 없으므로 이를 수리할 수밖에 없는 것이다(공탁선례 제1-66호).

[**❷ ▶ ○**] 형식적 심사권밖에 없는 공탁공무원으로서는 그 전부명령의 유·무효를 심사할 수는 없는 것이므로 공탁물회수청구채권이 이미 압류 및 전부되었다는 이유로 이 사건 공탁금회수청구를 불수리한 공탁공무원의 처분은 정당하고, 공탁물회수청구채권에 대한 실질적 권리관계의 확정은 관계당사자 간의 문제로서 별도로 해결되어야 할 것이다(대결 1983.2.5. 82마733).

[**❸ ▶ ○**] 저당채무의 변제는 원칙적으로 근저당권설정등기의 말소에 앞서 이행되어야 하므로 저당채무의 변제와 근저당권설정등기의 말소를 동시이행하기로 하는 특약을 한 사실이 없음에도, 채무자 또는 소유자가 근저당권으로 담보된 채무를 변제공탁함에 있어 근저당권설정등기의 말소에 소요될 서류 일체의 교부를 반대급부로 한 경우에는 위 공탁은 변제의 효력이 없다. 다만, 공탁공무원은 그러한 특약을 한 사실이 없음에도 특약이 있는 것으로 하는 공탁신청이 있으면, 그러한 특약의 유무에 대하여 심사할 권한이 없으므로 이를 수리할 수밖에 없으나, 근저당권자는 특약이 없음을 이유로 변제공탁의 효력을 부인할 수 있을 것이다(공탁선례 제2-32호).

[❹ ▸ ○] 공탁관의 심사권에 대해서는 심사의 방법과 심사의 범위를 분리하여 살펴보아야 한다. 즉, 심사의 방법은 간이·신속·획일적 처리를 의도하는 공탁제도의 취지에 비추어 볼 때 법정서면인 공탁서 또는 지급청구서 등과 그 첨부서면만에 의한 형식적인 방법으로 제한하되, 심사의 범위에 대해서는 절차법적 요건은 물론 실체법적 요건도 함께 신청서 및 첨부서면의 범위 내에서 심사하여야 한다. 따라서 공탁신청 시 공탁서 및 첨부서면의 기재 자체로 보아 공탁사유가 존재하지 않는 것이 분명한 경우나 해당 계약이 무효라서 공탁에 의하여 면책을 얻고자 하는 채무의 부존재가 일견 명백한 경우에는 공탁신청을 불수리할 수 있다. 실무편람

[❺ ▸ ✕] 공탁공무원은 조사단계에서 서류에 불비한 점이 있거나 공탁사유 또는 지급사유가 없으면 보정이나 취하를 권유할 수는 있을 것이다. 그러나 신청인이 이에 응하지 않을 경우에는 공탁서 또는 청구서에 불수리취지를 기재하여 날인하고 그중 한 통과 첨부서류를 공탁자 또는 청구자에게 반환하여야 하고, 서면으로써 그 취지를 통지하여야 하며 접수 자체를 거절할 수는 없을 것이다(공탁선례 제2-23호).

답 ❺

07
□□□

공탁금지급절차에 관한 다음 설명 중 가장 옳은 것은? 기출수정 　　2021년 법무사시험 [문 45]

① 같은 사람이 여러 건의 공탁에 관하여 전자공탁시스템을 이용하여 출급청구를 하는 경우에 그 사유가 같은 때에는 공탁종류에 따라 하나의 청구서로 일괄청구할 수 있다.

② 공탁관은 토지수용보상금을 공익사업을 위한 토지 등의 취득 및 보상에 관한 법률 제40조 제2항 제1호 및 제2호와 이를 준용하는 규정에 따라 공탁한 경우에 그 공탁의 공탁 당시 공탁금이 1천만원 이상이고 공탁일로부터 만 3년이 경과한 사건에 대하여 출급청구서를 접수한 경우 공탁관은 이를 인가하기 전에 소속과장의 결재를 받아야 한다.

③ 공탁관의 불수리결정에 대하여 불복하는 자는 항고법원에 즉시항고를 할 수 있으며, 이 경우 즉시항고장은 항고법원에 제출하여야 한다.

④ 변제공탁금출급청구에 대하여 공탁관의 인가를 받은 공탁금출급청구서를 공탁금보관자에게 제출하기 전에 피공탁자가 분실한 경우 공탁관은 공탁금이 남아 있더라도 이미 한 출급청구에 대한 인가를 반드시 취소하여야 한다.

⑤ 피공탁자가 공탁물출급청구서에 공탁통지서를 첨부할 수 없는 경우 공탁물출급청구에 대하여 이해관계를 가지고 있는 자의 승낙서를 첨부하여 출급청구를 할 수 있는데 이때 위 이해관계인의 인감증명서 제출은 요하지 않는다.

．．．

[❶ ▸ ✕] 전자공탁의 경우, 공탁규칙 제35조의 일괄청구규정이 적용되지 아니한다(공탁규칙 제73조 제5항 참조).

> **공탁규칙 제73조(전자문서의 작성·제출)**
> ① 등록사용자의 전자문서 제출은 전자공탁시스템에서 요구하는 사항을 빈칸 채우기 방식으로 입력한 후 나머지 사항을 해당란에 직접 입력하거나 전자문서를 등재하는 방식으로 하여야 한다.
> ⑤ 제1항의 경우 제22조 및 제35조는 적용하지 아니한다.

[❷ ▸ ○] 행정예규 제1436호 제5조 · 제9조

□ **행정예규 제1436호[장기미제 공탁사건 등의 공탁금 지급 시 유의사항]**

제5조(인가 전 결재)

1. 인가 전 결재할 공탁사건 등

   공탁관은 "장기미제 공탁사건 중 공탁 당시 공탁금이 1천만원 이상인 공탁사건(공탁규칙 제43조에 따라 지급하는 경우는 제외한다)" 또는 "고액공탁사건(지급청구금액이 10억원 이상인 경우에 한한다)"에 대하여 출급 · 회수청구서를 접수한 경우 이를 인가하기 전에 별지 1 양식에 따라 전자결재의 방식에 의하여 소속과장(시 · 군법원의 경우 시 · 군법원 판사)의 결재를 받아야 한다. 소속과장의 부재 시에는 사무국장의 결재를, 소속과장과 사무국장의 부재 시에는 법원장 또는 지원장의 결재를 받아야 한다. 다만, 법원서기관이 공탁관 또는 대리공탁관으로 공탁사무를 처리하는 경우와 공탁법 제14조 제1항에 따라 지급하는 경우는 제외한다.

제9조(적용범위)

제4조, 제5조, 제6조부터 제8조까지의 규정은 토지수용보상금을 공익사업을 위한 토지 등의 취득 및 보상에 관한 법률 제40조 제2항 제1호 및 제2호와 이를 준용하는 규정에 따라 공탁한 경우에, 그 공탁의 공탁 당시 공탁금이 1천만원 이상이고 공탁일로부터 만 3년이 경과한 공탁사건에 대하여도 적용한다.

[❸ ▸ ×] 공탁법 제12조

공탁법 제12조(처분에 대한 이의신청)

① 공탁관의 처분에 불복하는 자는 <u>관할 지방법원에 이의신청</u>을 할 수 있다.
② 제1항에 따른 이의신청은 <u>공탁소에 이의신청서를 제출</u>함으로써 하여야 한다.

[❹ ▸ ×] 청구인이 제3조에 따라 발급받은 <u>사실증명서를 제출</u>하여 공탁물의 출급 또는 회수를 청구하는 경우 공탁물보관자는 분실한 공탁물지급청구서에 의하여 이미 공탁물을 지급한 때 등과 같은 특별한 사정이 없는 한 그 청구에 따라 공탁물을 지급하여야 한다(행정예규 제949호 제4조).

[❺ ▸ ×] 공탁통지서를 공탁물출급청구서에 첨부할 수 없는 경우 공탁물출급청구자는 공탁물출급청구에 대하여 이해관계를 갖고 있는 자의 승낙서를 첨부하여 출급청구할 수 있다(공탁규칙 제33조 제1호). 공탁서를 공탁물회수청구서에 첨부할 수 없는 경우에도 마찬가지이다(공탁규칙 제34조 제1호). 이와 같이 본래 첨부하여야 할 **공탁통지서** 또는 공탁서 대신 이해관계인의 승낙서를 **첨부하여** 출급 또는 회수하는 것을 승낙지급이라고 한다. 승낙서에는 작성자인 <u>이해관계인의 인감을 날인하고 인감증명서를 첨부하여야 한다.</u> 실무편람

답 ❷

PART 1 PART 2 PART 3 PART 4 PART 5 PART 6 PART 7 **PART 8**

제3장 특별지급절차

공탁금 지급에 관한 다음 설명 중 가장 옳지 않은 것은? 2025년 법무사시험 [문 43]

① 공탁관은 원칙적으로 '장기미제 공탁사건 중 공탁 당시 공탁금이 1천만원 이상인 공탁사건' 또는 '고액공탁사건(지급청구금액이 10억원 이상)'에 대하여 출급·회수청구서를 접수한 경우 이를 인가하기 전에 전자결재의 방식에 의하여 소속과장의 결재를 받아야 한다.

② 공탁관의 공탁금 출급인가처분이 있고 그에 따라 공탁금이 출급되었다면 설사 이를 출급받은 자가 진정한 출급청구권자가 아니라 하더라도 진정한 공탁금 출급권자는 공탁사무를 관장하는 국가를 상대로 하여 민사소송으로 그 공탁금의 지급을 구할 수는 없다.

③ 공탁관은 조사단계에서 지급사유가 없으면 보정이나 취하를 권유할 수는 있으나, 신청인이 이에 응하지 않을 경우에는 불수리결정을 하여야 하며 접수 자체를 거부할 수는 없다.

④ 보증지급은 공탁통지서나 공탁서를 제출할 수 없는 경우에 하는 것이므로 공탁서상의 피공탁자 주소가 주소증명서면상의 주소와 불일치하는 경우 동일인임을 증명하는 데까지 확대하여 적용할 수는 없다.

⑤ 공탁금 출급청구권을 갖는 것을 증명하는 서면인 소유권 증명서류를 보증지급의 보증서로 갈음할 수 있다.

....

[❶ ▶ O] 공탁관은 "장기미제 공탁사건 중 공탁 당시 공탁금이 1천만원 이상인 공탁사건(「공탁규칙」 제43조에 따라 지급하는 경우는 제외한다)" 또는 "고액공탁사건(지급청구금액이 10억원 이상인 경우에 한한다)"에 대하여 출급·회수청구서를 접수한 경우 이를 인가하기 전에 [별지 1 양식]에 따라 전자결재의 방식에 의하여 소속과장(시·군법원의 경우 시·군법원 판사)의 결재를 받아야 한다. 소속과장의 부재 시에는 사무국장의 결재를, 소속과장과 사무국장의 부재 시에는 법원장 또는 지원장의 결재를 받아야 한다. 다만, 법원서기관이 공탁관 또는 대리공탁관으로 공탁사무를 처리하는 경우와 「공탁법」 제14조 제1항에 따라 지급하는 경우는 제외한다(행정예규 제1436호 제5조 제1호).

[❷ ▶ O] 일단 공탁공무원의 공탁금 출급인가처분이 있고 그에 따라 공탁금이 출급되었다면 설사 이를 출급받은 자가 진정한 출급청구권자가 아니라 하더라도 이로써 공탁법상의 공탁절차는 종료되었다 할 것이고, 따라서 원래의 진정한 공탁금 출급청구권자라 하더라도 공탁사무를 관장하는 국가를 상대로 하여 민사소송으로 그 공탁금의 지급을 구할 수는 없다(대판 1993.7.13. 91다39429).

[❸ ▶ O] 공탁공무원은 조사단계에서 서류에 불비한 점이 있거나 공탁사유 또는 지급사유가 없으면 보정이나 취하를 권유할 수는 있을 것이다. 그러나 신청인이 이에 응하지 않을 경우에는 공탁서 또는 청구서에 불수리취지를 기재하여 날인하고 그중 한 통과 첨부서류를 공탁자 또는 청구자에게 반환하여야 하고, 서면으로써 그 취지를 통지하여야 하며 접수 자체를 거절할 수는 없을 것이다(공탁선례 제2-23호).

[❹ ▶ O] 「공탁사무처리규칙」 제38조 제1항에 의한 보증지급은 공탁통지서나 공탁서를 제출할 수 없는 경우에 하는 것이므로 이를 공탁서상의 피공탁자의 주소가 주소증명서면(또는 인감증명서)상의 주소와 불일치하는 경우 동일인임을 입증하는 데까지 확대하여 적용할 수는 없다(공탁선례 제2-50호).

[**⑤** ▸ ×] 공탁금을 출급받기 위하여는 공탁통지서 및 공탁금 출급청구권을 갖는 것을 증명하는 서면을 첨부하여야 하며, 공탁통지서를 첨부할 수 없는 경우에는 「공탁사무처리규칙」 제38조 제1항에 의한 보증서를 첨부하여 출급청구할 수 있으나, 이때의 보증서는 공탁통지서의 대용서면이므로 <u>공탁출급청구권을 갖는 것을 증명하는 서면인 소유권 입증서류를 위 보증서로 갈음할 수는 없으며</u>, 「공공용지의 취득 및 손실보상에 관한 특례법」 제5조 의 규정에 의한 확인서는 위 특례법상의 협의에 의한 취득의 경우 그 보상금의 수령권한을 증명하는 서면에 불과하고 위 특례법이 적용되지 않는 「토지수용법」에 의한 수용의 경우에 있어서는 위 확인서에 의하여 공탁금을 출급받을 수 없다(공탁선례 제2-93호).

🖉 답 **⑤**

제4장 / 이자·이표지급절차

제5장 / 계좌입금에 의한 출급·회수절차

09
☐☐☐

계좌입금에 의한 공탁금출급·회수절차에 관한 업무처리지침(행정예규 제1391호)에 관한 다음 설명 중 가장 옳지 않은 것은? **2020년 법무사시험 [문 44]**

① 전국공통 포괄계좌입금신청은 국가와 지방자치단체만 신청할 수 있으며, 금융기관은 신청할 수 없다.
② 전국공통 포괄계좌입금신청은 전국 모든 공탁소에 할 수 있으며, 그 입금신청을 해지하는 경우에도 전국 모든 공탁소에 할 수 있다.
③ 공탁관은 공탁금 출급 또는 회수청구자가 계좌입금신청을 한 경우에는 공탁금출급·회수청구서를 1통만 제출하도록 한다.
④ 계좌입금에 의해 공탁금의 출급·회수를 청구하는 경우 청구서에 계좌입금을 신청한다는 취지와 입금계좌번호 및 실명번호를 기재하고, 실명번호의 확인을 위해 주민등록번호(개인)나 사업자등록번호(법인)를 소명할 수 있는 자료를 제출하여야 한다.
⑤ 공탁관은 계좌입금신청인이 출급지시 전에 계좌입금신청을 철회하거나 포괄계좌입금신청을 해지하지 아니하는 한 계좌입금방식으로 공탁금을 지급하여야 하고, 신청인이나 그 대리인에게 직접 지급하여서는 아니 된다.

[❶ ▸ ○] 국가 · 지방자치단체가 전국공통 포괄계좌입금신청을 하는 경우에는 공탁사무 문서양식에 관한 예규 제9-5호 양식의 전국공통 포괄계좌입금신청서(국가 · 지방자치단체용)를 제출하여야 한다(행정예규 제1391호 제3조의2 제1항).

[❷ ▸ ×] 제1항의 전국공통 포괄계좌입금신청을 해지하고자 하는 때에는 <u>전국공통 포괄계좌입금신청을 한 공탁소에</u> 위 예규 제9-6호 양식의 해지신청서(국가 · 지방자치단체용)를 제출하여야 한다(행정예규 제1391호 제3조의2 제2항).

[❸ ▸ ○] 공탁관은 공탁금 출급 또는 회수청구자가 계좌입금신청을 한 경우에는 공탁금출급 · 회수청구서를 1통만 제출하도록 한다(행정예규 제1391호 제4조 제1항).

[❹ ▸ ○] 계좌입금에 의해 공탁금의 출급 · 회수를 청구하는 자는 청구서에 계좌입금을 신청한다는 취지와 입금계좌번호 및 실명번호를 기재하고 실명번호의 확인을 위해 주민등록번호(개인)나 사업자등록번호(법인)를 소명할 수 있는 자료를 제출하여야 한다. 다만, 이미 포괄계좌입금신청을 하였을 경우에는 실명번호 확인을 위한 소명자료를 제출하지 아니할 수 있다(행정예규 제1391호 제4조 제2항).

[❺ ▸ ○] 공탁관은 계좌입금신청인이 출급지시 전에 계좌입금신청을 철회하거나 포괄계좌입금신청을 해지하지 아니하는 한 계좌입금방식으로 공탁금을 지급하여야 하고, 신청인이나 그 대리인에게 직접 지급하여서는 아니 된다(행정예규 제1391호 제4조 제4항).

답 ❷

✅ 각 문항별로 회독수를 체크해 보세요. ☑☐☐

PART 1
PART 2
PART 3
PART 4
PART 5
PART 6
PART 7
PART 8

/ **제1장** / 변제공탁

제1절 **변제공탁의 신청**

01
☐☐☐
형사공탁의 특례에 관한 다음 설명 중 가장 옳지 않은 것은?(다툼이 있는 경우 판례·예규 및 선례에 따르고 전원합의체 판결의 경우 다수의견에 의함. 이하 같음)

2025년 법무사시험 [문 31]

① 형사공탁의 공탁서에는 공소장, 조서, 진술서, 판결서에 기재된 피해자의 성명(성·가명을 포함한다)과 해당 형사사건이 계속 중인 법원과 사건번호 및 사건명, 공소장에 기재된 검찰청과 사건번호를 기재하여야 한다. 다만, 피공탁자의 주소와 주민등록번호는 기재하지 아니한다.
② 공탁서에는 해당 형사사건이 계속 중인 법원을 확인할 수 있는 서면을 첨부하여야 한다.
③ 피공탁자에 대한 공탁통지는 공탁관이 전자공탁홈페이지에 공고하는 방법으로 할 수 있다.
④ 군사법원에 계속 중인 형사사건에 관하여는 공탁규칙 중 형사공탁의 특례 규정을 적용하지 않는다.
⑤ 피공탁자나 그 포괄승계인 또는 법정대리인의 인적사항이 기재되어 있는 공탁관계 서류 및 전자기록에 대하여 열람 및 사실증명의 청구가 있는 경우 공탁관은 그 인적사항이 공개되지 않도록 개인정보 보호를 위한 비실명 처리 후 이를 열람하게 하거나 증명서를 발급하여야 한다.

....

[❶ ▸ ○] 제20조 제2항 제5호에도 불구하고 형사공탁의 공탁서에는 공소장, 조서, 진술서, 판결서에 기재된 피해자의 성명(성·가명을 포함한다)과 해당 형사사건이 계속 중인 법원과 사건번호 및 사건명, 공소장에 기재된 검찰청과 사건번호를 기재하여야 한다. 다만, 피공탁자의 주소와 주민등록번호는 기재하지 아니한다(공탁규칙 제82조).
[❷ ▸ ○] 공탁규칙 제83조 제1호

[❸ ▸ ○] 피공탁자에 대한 공탁통지는 공탁관이 전자공탁홈페이지에 공고하는 방법으로 할 수 있다(공탁규칙 제84조 제1항).

[❹ ▸ ×] 군사법원에 계속 중인 형사사건에 관하여도 <u>이 장(형사공탁의 특례)의 규정을 적용한다.</u> 이 경우 법원은 군사법원으로, 검찰은 군검찰로 본다(공탁규칙 제88조).

[❺ ▸ ○] 피공탁자나 그 포괄승계인 또는 법정대리인(이하 "피공탁자등"이라 한다)의 인적사항이 기재되어 있는 공탁관계 서류 및 전자기록에 대하여 열람 및 사실증명의 청구가 있는 경우 공탁관은 피공탁자등의 인적사항이 공개되지 않도록 개인정보 보호를 위한 비실명 처리 후 이를 열람하게 하거나 증명서를 발급하여야 한다(공탁규칙 제87조).

답 ❹

02

공탁법 제5조의2 형사공탁의 특례에 관한 다음 설명 중 가장 옳지 않은 것은?

2024년 법무사시험 [문 33]

① 형사사건의 피고인이 법령 등에 따라 피해자의 인적사항을 알 수 없는 경우에 그 피해자를 위하여 하는 변제공탁(이하 "형사공탁"이라 한다)은 해당 형사사건이 계속 중인 법원 소재지의 공탁소에 할 수 있다.

② 공탁관은 공탁물납입사실의 전송이나 공탁물품납입통지서를 받은 때에는 지체 없이 형사공탁사실 통지서를 피공탁자별로 작성하여 해당 형사사건이 계속 중인 법원 및 검찰에 통지서 원본을 우편 또는 사송의 방법으로 송부한 후 통지서 사본은 공탁기록에 편철한다.

③ 공탁물 수령을 위한 피공탁자 동일인 확인은 형사공탁에 관한 내용을 통지받은 법원 또는 검찰이 특별한 사정이 없는 한 지체 없이 피공탁자 동일인 확인 증명서를 발급하여 공탁소에 송부하는 방식으로 한다.

④ 사망한 피해자를 피공탁자로 한 형사공탁의 경우 법원 또는 검찰에서 발급한 피공탁자 동일인 확인 증명서에는 사망한 피해자의 인적사항과 그 상속인의 인적사항이 함께 기재되어 있어야 한다.

⑤ 형사공탁의 공탁서에는 피공탁자의 인적사항을 대신하여 해당 형사사건의 재판이 계속 중인 법원과 사건번호, 사건명, 조서, 진술서, 공소장 등에 기재된 피해자를 특정할 수 있는 명칭을 기재하고, 공탁원인사실을 피해 발생시점과 채무의 성질을 특정하는 방식으로 기재할 수 있다.

....

[❶ ▸ ○] 형사사건의 피고인이 법령 등에 따라 피해자의 인적사항을 알 수 없는 경우에 그 피해자를 위하여 하는 변제공탁(이하 "형사공탁"이라 한다)은 해당 형사사건이 계속 중인 법원 소재지의 공탁소에 할 수 있다(공탁법 제5조의2 제1항).

[❷ ▸ ○] 행정예규 제1444호 제9조 제1항

> ❑ **행정예규 제1444호[형사공탁에 관한 업무처리지침]**
>
> **제9조(형사공탁사실의 통지 등)**
> ① 공탁관은 공탁물납입사실의 전송이나 공탁물품납입통지서를 받은 때에 지체 없이 다음 각 호의 내용이 포함된 별지 제4호 양식의 형사공탁사실통지서를 피공탁자별로 작성하여 규칙 제85조 제1항의 법원 및 검찰에 통지서 원본을 우편 또는 사송의 방법으로 송부한 후 통지서 사본은 공탁기록에 편철한다.
> 1. 공탁사건 정보 : 공탁번호, 해당 형사사건이 계속 중인 법원과 사건번호 및 사건명, 공소장에 기재된 검찰청과 사건번호, 공탁물, 공탁 연월일
> 2. 공탁당사자 정보 : 공탁자 성명, 피공탁자 성명
> 3. 규칙 제83조 제2호 서면의 명칭
> 4. 문서확인번호(전산시스템에 의하여 공탁사실통지서의 문서확인번호란에 피공탁자별로 자동 채번되어 기록되는 16자리의 숫자 또는 숫자와 알파벳 조합을 말한다. 이하 같다)

[❸ ▸ ○] 법 제5조의2 제4항에 따른 공탁물 수령 또는 법 제9조의2 제1항 제1호에 따른 공탁물 회수를 위한 피공탁자 동일인 확인은 형사공탁에 관한 내용을 통지받은 법원 또는 검찰이 특별한 사정이 없는 한 지체 없이 동일인 증명서를 발급하여 공탁소에 송부하는 방식으로 한다(공탁규칙 제86조 제1항).

[❹ ▸ ×] 일반적으로 공소장 부본 등 피해자를 특정할 수 있는 명칭이 기재된 서면이나 공탁서의 피공탁자란에는 사망한 피해자의 인적사항이 비실명 처리되어 기재되고 상속인의 인적사항은 기재되지 않는다는 점, 동일인 증명서는 비실명 처리된 형사공탁의 피공탁자가 관련 형사사건의 피해자와 동일인임을 증명하는 서면이라는 점, 피해자의 신속한 피해 회복을 위하여 동일인 증명서 발급 신청에 따른 신속한 처리가 요청된다는 점, 그리고 상속인에 대한 심사는 동일인 증명서 발급단계 보다는 공탁금 출급단계에서 보다 충실히 이루어질 수 있다는 점 등을 고려할 때, 법원 또는 검찰에서 발급한 동일인 증명서에는 사망한 피해자의 인적사항이 기재되어 있으면 충분하고 그 상속인의 인적사항까지 기재되어 있을 필요는 없다. 이는 형사공탁 후 피공탁자가 사망한 경우에도 같다(공탁선례 제202307-2호).

[❺ ▸ ○] 형사공탁의 공탁서에는 공탁물의 수령인(이하 이 조에서 "피공탁자"라 한다)의 인적사항을 대신하여 해당 형사사건의 재판이 계속 중인 법원(이하 이 조에서 "법원"이라 한다)과 사건번호, 사건명, 조서, 진술서, 공소장 등에 기재된 피해자를 특정할 수 있는 명칭을 기재하고, 공탁원인사실을 피해 발생시점과 채무의 성질을 특정하는 방식으로 기재할 수 있다(공탁법 제5조의2 제2항).

답 ❹

03 □□□ **공탁법 제5조의2 형사공탁의 특례에 관한 다음 설명 중 가장 옳은 것은?**

2023년 법무사시험 [문 49]

① 공탁자는 피공탁자의 인적사항을 모르는 경우 공탁서의 피공탁자란에 해당 형사사건의 사건번호 등을 기재할 수 있지만, 인적사항을 아는 경우에는 피공탁자의 성명, 주민등록번호, 주소를 기재하여야 한다.

② 형사공탁은 반드시 피공탁자의 주소지 관할법원 소재 공탁소에 신청하여야 한다.

③ 기소되지 않은 형사사건의 피의자도 법령 등에 따라 피해자의 인적사항을 알 수 없는 경우에 형사공탁을 할 수 있다.

④ 군사법원에 계속 중인 형사사건의 피고인도 법령 등에 따라 피해자의 인적사항을 알 수 없는 경우에 형사공탁을 할 수 있다.

⑤ 공탁관은 공탁물보관자로부터 공탁물 납입사실의 전송을 받은 때 전자공탁 홈페이지에 형사공탁의 공고를 함과 동시에 피공탁자의 주소지로 공탁통지서를 발송하여야 한다.

....

[**❶**▸×] 제20조 제2항 제5호에도 불구하고 형사공탁의 공탁서에는 공소장, 조서, 진술서, 판결서에 기재된 피해자의 성명(성·가명을 포함한다)과 해당 형사사건이 계속 중인 법원과 사건번호 및 사건명, 공소장에 기재된 검찰청과 사건번호를 기재하여야 한다. 다만, <u>피공탁자의 주소와 주민등록번호는 기재하지 아니한다</u>(공탁규칙 제82조).

[**❷**▸×] [**❸**▸×] 형사사건의 <u>피고인이</u> 법령 등에 따라 피해자의 인적사항을 알 수 없는 경우에 그 피해자를 위하여 하는 변제공탁(이하 "형사공탁"이라 한다)은 <u>해당 형사사건이 계속 중인 법원 소재지의 공탁소에</u> 할 수 있다(공탁법 제5조의2 제1항).

[**❹**▸○] 군사법원에 계속 중인 사건의 형사공탁은 [별표 2] 기재 군사법원 소재지의 지방법원 본원 공탁소에 할 수 있다(행정예규 제1444호 제2조).

[**❺**▸×] 피공탁자에 대한 공탁통지는 공탁관이 <u>전자공탁홈페이지에 공고하는 방법으로</u> 할 수 있다(공탁규칙 제84조 제1항).

답 ❹

---

04 □□□ **민법 제487조 변제공탁이 성립된 후 공탁소의 공탁통지서 발송에 관한 다음 설명 중 가장 옳지 않은 것은?**

2021년 법무사시험 [문 41]

① 공탁소에서 공탁통지서를 발송하기 전이라도 피공탁자는 공탁소에 출석하여 공탁통지서의 교부를 청구할 수 있다.

② 공탁통지서의 송달은 민사소송법 제190조 제1항에 따른 집행관에 의한 휴일 특별송달방법에 의할 수 있다.

③ 공탁통지서가 공탁소로 반송된 후 피공탁자가 대리인을 통하여 공탁통지서를 교부청구하는 경우 피공탁자 본인의 인감도장이 찍힌 위임장과 그 인감증명서를 공탁관에게 제출하여야 한다.

④ 공탁통지서가 피공탁자의 주소불명으로 공탁소로 반송된 경우에 공탁자는 피공탁자의 주소에 대한 공탁서 정정을 신청할 수 있다.

⑤ 전자공탁시스템에 의하여 공탁이 이루어져 전자공탁시스템으로 제출된 공탁통지서를 발송한 후 공탁통지서가 반송된 경우 공탁관은 이를 폐기할 수 있다.

[**❶** ▸ ○] [**❸** ▸ ○] 행정예규 제1435호 3. 나. 1), 다.

□ **행정예규 제1435호[공탁통지서가 반송된 경우의 업무처리지침]**

3. 반송된 공탁통지서 교부절차 : 공탁통지서가 반송된 경우 피공탁자 또는 그 대리인이 법원에 출석하여 직접 교부청구를 하는 경우에는 다음의 절차에 따라 이를 교부한다.

　가. 피공탁자 본인이 교부청구를 한 경우

　　1) 공탁관은 신분에 관한 증명서(주민등록증·여권·운전면허증 등을 말한다. 이하 "신분증"이라 한다)에 의하여 피공탁자의 신분을 확인한 다음 피공탁자로부터 공탁통지서 수령사실 및 수령일시가 기재된 영수증을 제출받고 공탁통지서를 교부한다.

　　2) 이때 공탁관은 피공탁자의 신분증을 복사하여 위 영수증과 함께 해당 공탁기록에 철한다.

　나. 대리인이 교부청구를 한 경우

　　1) 대리인이 교부청구를 하는 경우에는 피공탁자 본인의 인감도장이 찍힌 위임장과 그 인감증명서를 공탁관에게 제출하여야 한다.

　　2) 공탁관은 신분증에 의하여 대리인의 신분을 확인한 다음 대리인으로부터 공탁통지서 수령사실 및 수령일시가 기재된 영수증을 제출받고 공탁통지서를 교부한다.

　　3) 이때 공탁관은 대리인의 신분증을 복사하여 위 영수증, 위임장, 인감증명서와 함께 해당 공탁기록에 철한다.

　다. "가"항 및 "나"항은 공탁통지서를 발송하기 전에 피공탁자 또는 그 대리인이 법원에 출석하여 직접 교부청구를 한 경우에도 준용한다.

　라. "가항 2)" 및 "나항 3)"의 경우 본인 또는 그 대리인이 제시하는 신분에 관한 증명서가 모바일 신분증(이동통신단말장치 유통구조 개선에 관한 법률 제2조 제4호에 따른 이동통신단말장치에 암호화된 형태로 설치된 신분증)인 경우

　　1) 공탁관은 신분증 발급기관이 제공하는 검증시스템을 이용하여 모바일 신분증의 진위 여부를 검증한 후 출력한 신분증 사본을 해당 공탁기록에 철하여야 하고, 검증시스템의 전산장애 등 부득이한 경우에는 신분확인서(공탁사무 문서양식에 관한 예규 [별지 제20호 양식])를 해당 공탁기록에 철할 수 있다.

　　2) "1)"에 따른 신분증 발급기관이 제공하는 검증시스템은 다음과 같다.

　　　가) 모바일 주민등록증, 모바일 운전면허증, 모바일 외국인등록증, 모바일 국내거소신고증 등 : 모바일 신분증 진위확인 사본저장 시스템(https://ive.mobileid.go.kr)

　　　나) 모바일 변호사 신분증 : 나의 변호사(https://www.klaw.or.kr)

[**❷** ▸ ×] 민법 제487조의 규정에 의한 변제공탁을 한 공탁자는 지체 없이 채권자에게 공탁통지를 하여야 하는데(위 같은 법 제488조 제3항), 이 경우에 있어서 공탁공무원은 공탁자가 제출한 공탁통지서를 공탁자를 위하여 발송하여 주는 것에 불과하므로(공탁규칙 제29조), 위와 같은 공탁통지서의 발송은 배달증명에 의한 우편발송의 방법에 의하여야 할 뿐(위 같은 규칙 제23조 제2항), 법원이 직권으로 소송상의 서류를 소송당사자 기타 이해관계인에게 송달하는 경우에 적용되는 민사소송법상 송달에 관한 규정은 적용할 수 없을 것이며, 따라서 공탁통지서의 발송은 민사소송법 제190조 제1항에 규정되어 있는 휴일 또는 일출 전이나 일몰 후의 집달관 등에 의한 송달방법에 의할 수는 없다(공탁선례 제1-67호).

[**❹** ▸ ○] 공탁통지서가 피공탁자의 주소불명으로 공탁소에 반송된 경우에 공탁자는 피공탁자의 주소에 대한 공탁서의 정정을 신청할 수 있다. 이 경우에는 공탁통지서 등을 새로 첨부하도록 하여 피공탁자의 새로운 주소로 공탁통지서를 발송하여야 한다(공탁규칙 제30조 제6항). 실무편람

[**⑤** ▸ ○] 행정예규 제1446호 제12조 제2항

> ❏ **행정예규 제1446호[전자공탁시스템에 의한 공탁사무처리지침]**
>
> **제12조(공탁통지서의 발송)**
> ① 전자공탁시스템에 의하여 공탁이 이루어진 경우 공탁통지서의 발송은 전자공탁시스템으로 제출된 공탁통지서를 출력하여 한다.
> ② 제1항에 따라 발송한 공탁통지서가 반송된 경우 공탁관은 이를 폐기할 수 있다. 이 경우 공탁자가 피공탁자에게 공탁통지서를 다시 발송하여 줄 것을 신청하면 제1항에 따라 다시 출력하여 발송한다.

답 ❷

05

관할공탁소 이외의 공탁소에서의 공탁사건처리 지침(행정예규 제1167호)에 관한 다음 설명 중 가장 옳은 것은? 2023년 법무사시험 [문 50]

① 위 지침은 공탁금지급청구의 경우에는 공탁의 종류를 불문하고 모든 공탁(금전·유가증권·물품)에 적용한다.
② 위 지침은 접수공탁소 및 관할공탁소 모두가 지방법원 본원인 경우에 한하여 적용한다.
③ 공탁자는 공탁서 등(공탁서 1부와 첨부서류)을, 공탁금지급청구인은 청구서 등(공탁금출급·회수청구서 1부와 첨부서류)을 접수공탁소에 제출하면서 우표를 붙인 봉투(원본서류를 관할공탁소에 국내특급우편으로 송부하기 위함)를 함께 제출하여야 한다.
④ 甲이 乙에 대한 물품대금채무(5백만원)를 서울중앙지방법원(관할공탁소)에 금전변제공탁한 경우, 피공탁자 乙은 서울북부지방법원(접수공탁소)에 공탁금 출급청구서를 제출할 수 있다.
⑤ 위 지침은 민사집행법 제248조 제1항에 따라 제3채무자가 금전채권에 대한 압류가 경합되어 있음을 이유로 집행공탁을 신청하는 경우에 적용된다.

··

[**❶** ▸ ✕] [**⑤** ▸ ✕] 이 지침은 <u>공탁신청의 경우에는 금전변제공탁에 한하여 적용</u>하고, <u>공탁금지급청구의 경우에는 공탁의 종류를 불문하고 모든 금전공탁(유가증권·물품 제외)에 적용</u>하되 공탁규칙 제37조 제3항 각 호에 해당되는 경우 및 법인의 위임을 받은 대리인이 1,000만원 이하 금액을 청구하는 경우에 한하여 적용한다(행정예규 제1167호 3. 가.).

[**❷** ▸ ✕] 이 지침은 접수공탁소 및 관할공탁소 모두가 <u>지방법원 본원 또는 지원인 경우에 한하여 적용한다</u>(행정예규 제1167호 3. 나.).

[**❸** ▸ ○] 행정예규 제1167호 4. 가. 1), 나. 1)

> ❏ **행정예규 제1167호[관할공탁소 이외의 공탁소에서의 공탁사건처리 지침]**
>
> 4. 접수공탁소에의 공탁신청 또는 공탁금지급청구
>   가. 공탁신청의 경우
>   1) 공탁자는 공탁서 등(공탁서 1부와 첨부서류)을 접수공탁소에 제출하면서 우표를 붙인 봉투(원본서류를 관할공탁소에 등기속달 우편으로 송부하기 위함)를 함께 제출하여야 하고, 지연처리로 인해 공탁서 등을 배달증명 우편으로 송부받기 위한 경우에는 추가로 우표를 붙인 봉투를 제출하여야 한다.

나. 공탁금지급청구의 경우

　1) 공탁금지급청구인은 청구서 등(공탁금출급·회수청구서 1부와 첨부서류)을 접수공탁소에 제출하면서 우표를 붙인 봉투(원본서류를 관할공탁소에 등기속달 우편으로 송부하기 위함)를 함께 제출하여야 하고, 지연처리로 인해 불수리결정서 등을 배달증명 우편으로 송부받기 위한 경우에는 추가로 우표를 붙인 봉투를 제출하여야 한다.

[❹ ▸ ✕]　이 지침은 접수공탁소와 관할공탁소가 같은 특별시 또는 광역시에 소재한 경우와 토지수용·사용과 관련한 보상금 공탁신청의 경우에는 적용하지 아니한다(행정예규 제1167호 3. 다.).

답 ❸

제1항　변제공탁의 목적인 채무 및 변제공탁의 원인

채권자 불확지공탁에 관한 다음 설명 중 가장 옳지 않은 것은?　　2024년 법무사시험 [문 41]

① 수용대상 토지에 가처분등기가 경료되어 있는 경우에는 그 가처분의 피보전권리가 소유권말소등기청구권인지 아니면 소유권이전등기청구권인지가 등기부상 공시되어 있지 않다면, 일단은 그 토지의 소유권 귀속에 관하여 다툼이 있는 것으로 보아 피공탁자의 상대적 불확지를 이유로 공탁을 할 수 있다.

② 양도금지의 특약이 있는 채권에 대한 전부명령이 확정된 경우 전부채권자가 양도금지의 특약이 있는 사실을 알았다면 채무자는 채권자 불확지공탁을 할 수 있다.

③ 특정채권에 대하여 채권양도의 통지가 있었으나 그 후 통지가 철회되는 등으로 채권이 적법하게 양도되었는지 여부에 관하여 의문이 있는 경우 채권자 불확지공탁을 할 수 있다.

④ 공탁자가 지급하여야 할 보상금의 총액은 확정되어 있으나 보상금 수령권자가 불분명할 뿐만 아니라 그 배분 금액도 다투는 경우에는 다투는 자 전원을 피공탁자로 지정하여 채권자 불확지공탁을 할 수 있다.

⑤ 채권자인 예금주가 사망한 후 상속인 중의 일부가 은행을 상대로 자신의 상속지분에 상당하는 돈의 지급을 구하는 소를 제기한 데 대하여 다른 상속인이 '자신에게 기여분이 있고, 망인이 상속인 중 망인의 처와 자신에게 대부분의 재산을 상속시킨다는 취지의 유언공정증서를 남겼다'는 등의 이유로 위 돈의 지급을 하지 말 것을 은행에 요구하고 있는 경우, 채무자인 은행은 상속인들을 피공탁자로 지정하고 그 상속지분을 알 수 없는 이유를 공탁원인사실에 구체적으로 기재하여 채권자 불확지공탁을 할 수 있다.

[**❶** ▸ ○] 기업자인 한국토지개발공사가 토지를 수용하고 그 보상금을 공탁함에 있어서, 그 수용대상 토지에 가처분등기가 경료되어 있는 경우에는 그 가처분의 피보전권리가 소유권말소등기청구권인지 아니면 소유권이전등기청구권인지가 등기부상 공시되어 있지 아니하므로 일단은 그 토지의 소유권 귀속에 관하여 다툼이 있는 것으로 보아 피공탁자의 상대적 불확지를 이유로 공탁을 할 수 있을 것이나(법정행예 제73호 "2"의 '나' 참조), 그 가처분의 피보전권리가 소유권이전등기청구권임이 확인(가처분결정문 첨부)된 때에는 피공탁자의 상대적 불확지를 이유로 하는 공탁을 할 수는 없고 다른 공탁사유가 있는 경우에 한하여 등기부상 소유명의인을 피공탁자로 하는 확지공탁을 하여야 하는 것이므로, 그러한 경우에는 기존의 확지공탁을 상대적 불확지공탁으로 바꾸는 공탁서 정정을 할 수는 없는 것이다(공탁선례 제2-51호).

[**❷** ▸ ×] 채권양도금지의 특약 있는 채권에 대한 전부명령이 확정된 경우에는 양도금지의 특약 있는 채권이라도 <u>전부채권자의 선의 여부를 불문하고 전부채권자에게 이전되므로 채무자는 채권자 불확지 변제공탁을 할 수 없다</u>(대판 2002.8.27. 2001다71699 참조).   실무편람   이와 관련하여 판례는, 당사자 사이에 양도금지의 특약이 있는 채권이라도 압류 및 전부명령에 따라 이전될 수 있고, 양도금지의 특약이 있는 사실에 관하여 압류채권자가 선의인가 악의인가는 전부명령의 효력에 영향이 없다고 판시하고 있다(대판 2002.8.27. 2001다71699).

[**❸** ▸ ○] 특정 채권에 대하여 채권양도의 통지가 있었으나 그 후 통지가 철회되는 등으로 채권이 적법하게 양도되었는지 여부에 관하여 의문이 있어 민법 제487조 후단의 채권자불확지를 원인으로 하는 변제공탁 사유가 생긴다(대판 1996.4.26. 96다2583).

[**❹** ▸ ○] 공탁자가 지급하여야 할 보상금의 총액은 확정되어 있으나 보상금 수령권자가 불분명할 뿐만 아니라 그 배분 금액도 다투는 경우에는 다투는 자 전원을 피공탁자로 지정하고, 공탁원인 사실에 채권자 불확지 사유를 구체적으로 기재하여 채권자 불확지공탁을 할 수 있다(공탁선례 제2-121호).

[**❺** ▸ ○] 채권자인 예금주가 사망한 후 상속인 중의 일부가 은행을 상대로 자신의 상속지분에 상당하는 돈의 지급을 구하는 소를 제기한 데 대하여 다른 상속인이 '자신에게 기여분이 있고, 망인이 상속인 중 망인의 처와 자신에게 대부분의 재산을 상속시킨다는 취지의 유언공정증서를 남겼다'는 등의 이유로 위 돈의 지급을 하지 말 것을 은행에 요구하고 있는 경우, 채무자인 은행은 상속인들을 피공탁자로 지정하고 그 상속지분을 알 수 없는 이유를 공탁원인사실에 구체적으로 기재하여 채권자 불확지 변제공탁을 할 수 있다(공탁선례 제2-123호).

답 **❷**

07 □□□ 변제공탁의 원인 중 채권자의 수령거절에 관한 다음 설명 중 가장 옳지 않은 것은?

2024년 법무사시험 [문 49]

① 수령거절의 전제가 되는 변제제공에 있어 상대방이 사망한 경우 상속인에게 변제의 제공을 하여야 한다.

② 매수인이, 매도인을 대리하여 매매잔대금을 수령할 권한을 가지고 있는 사람에게 잔대금의 수령을 최고하고, 그를 공탁물 수령자로 지정하여 한 잔대금 변제공탁은 매도인에 대한 잔대금 지급의 효력이 있다.

③ 위 ②항의 변제공탁에서, 매수인이 소유권이전등기절차에 필요한 서류 등의 교부를 요구한 경우, 그 반대급부의 이행을 요구받은 상대방은 매도인이라고 할 것이므로, 반대급부조건을 붙여서 한 공탁은 적법하다.

④ 채권자로부터 미리 수령을 거절할 의사가 표명된 경우에는 채무자는 변제의 제공을 하지 않고 곧 유효하게 공탁을 할 수 있다.

⑤ 채권자의 태도로 보아 채무자가 채무의 이행제공을 하였을 때 채권자 그 수령을 거절할 것이 명백히 예상되는 경우에도, 채무자는 이행의 제공을 하고 채권자가 그에 대한 수령을 거절한 이후 변제공탁할 수 있다.

....

[❶ ▸ ○] 매매잔대금을 사망한 매도인의 상속인인 채권자들에게 제공하여 보지도 않은 채 매도인의 대리인이었던 자에게 제공하였다가 받지 아니하자 채권자들에 대하여 변제공탁을 한 것은 무효이다(대판 1968.11.26. 68다1163).

[❷ ▸ ○] [❸ ▸ ○] 매수인이, 매도인을 대리하여 매매잔대금을 수령할 권한을 가지고 있는 병에게 잔대금의 수령을 최고하고, 병을 공탁물 수령자로 지정하여 한 잔대금 변제공탁은 매도인에 대한 잔대금 지급의 효력이 있고, 또 매수인이 위 공탁을 함에 있어서 반대급부로서 소유권이전등기절차에 필요한 서류 등의 교부를 요구하였다고 하여도 위 반대급부의 이행을 요구받은 상대방은 매도인이라고 할 것이며, 위 반대급부조건을 붙여서 한 위 공탁은 유효하다(대판 1981.9.22. 81다236).

[❹ ▸ ○] 통설 및 판례는 변제공탁에는 수령지체의 요건을 구비할 필요가 없으므로 채권자가 미리 수령을 거절한 때에는 변제자는 구두의 제공을 할 필요 없이 바로 변제공탁할 수 있다고 본다(대판 1955.7.14. 4288민상124). 실무편람

[❺ ▸ ✕] 채권자의 태도로 보아 채무자가 설사 채무의 이행제공을 하였더라도 그 수령을 거절하였을 것이 명백한 경우에는 채무자는 이행의 제공을 하지 않고 바로 변제공탁할 수 있다(대판 1994.8.26. 93다42276).

답 ❺

변제공탁의 요건, 내용 등에 관한 다음 설명 중 가장 옳지 않은 것은?

2022년 법무사시험 [문 35]

① 변제공탁의 목적인 채무는 현존하는 확정채무임을 요하므로, 채권자와 채무자 사이에 손해배상채무액에 대해 다툼이 있어 소송이 진행되는 경우, 그 판결이 확정되기 전에 채무자가 가집행선고부 판결의 주문에 표시된 금액에 대하여는 채권자의 수령거절 등의 변제공탁사유가 있더라도 변제공탁을 할 수 없다.

② 매수인 甲이 매도인 乙을 대리하여 매매잔대금 수령 권한을 가지고 있는 丙에게 잔대금 수령을 최고하고, 丙을 피공탁자로 지정하여 한 잔대금 변제공탁은 乙에 대한 잔대금 지급의 효력이 있고, 또 甲이 반대급부로서 소유권이전등기절차에 필요한 서류 등의 교부를 요구하였다고 하여도 반대급부의 이행을 요구받은 상대방은 乙이다.

③ 채권자가 사망하고 과실 없이 상속인을 알 수 없는 경우 채무자는 채권자 불확지 변제공탁을 할 수 있는데, 위 공탁 이후 공탁관이 제적등본 등의 첨부서류만으로는 출급청구인이 진정한 상속인인지 심사할 수 없다는 이유로 공탁물 출급청구를 불수리한 경우, 정당한 공탁물수령권자는 공탁자를 상대방으로 하여 공탁물출급청구권의 확인을 구하는 소송을 제기할 이익이 있다.

④ 임대차관계가 종료되는 경우에 그 임대차보증금 중에서 목적물을 반환받을 때까지 생긴 연체차임 등 임대차관계에서 당연히 발생하는 모든 채무를 공제한 나머지 금액에 대한 변제공탁은 유효하다.

⑤ 건물인도와 동시이행관계에 있는 임차보증금의 변제공탁을 하면서 '건물을 인도하였다는 확인서를 첨부할 것'을 반대급부 조건으로 붙인 경우 그 변제공탁은 인도의 선이행을 조건으로 한 것이라고 볼 수밖에 없으므로 변제의 효력이 없다.

[❶▸✕] 채권자와 채무자 사이에 손해배상채무액에 대해 다툼이 있어 소송이 진행되는 경우, 그 판결이 확정되기 전이라도 채무자가 가집행선고부 판결의 주문에 표시된 금액을 이행제공하고 이에 대해 채권자의 수령거부, 수령불능 등의 변제공탁사유가 있으면 공탁할 수 있다. 다만, 이때의 공탁은 채무를 확정적으로 소멸시키는 것이 아니라 가집행선고로 인한 지급으로서의 성질을 갖는다는 점이 원래의 변제공탁과는 다르다 할 것이다(공탁선례 제2-117호).

[❷▸○] 매수인이, 매도인을 대리하여 매매잔대금을 수령할 권한을 가지고 있는 병에게 잔대금의 수령을 최고하고, 병을 공탁물 수령자로 지정하여 한 잔대금 변제공탁은 매도인에 대한 잔대금 지급의 효력이 있고, 또 매수인이 위 공탁을 함에 있어서 반대급부로서 소유권이전등기절차에 필요한 서류 등의 교부를 요구하였다고 하여도 위 반대급부의 이행을 요구받은 상대방은 매도인이라고 할 것이며, 위 반대급부조건을 붙여서 한 위 공탁은 유효하다(대판 1981.9.22. 81다236).

[❸▸○] 채권자가 사망하고 과실 없이 그 상속인을 알 수 없는 경우 채무자는 민법 제487조 후문에 따라 변제공탁을 할 수 있고, 피공탁자인 상속인은 가족관계증명서, 제적등본 등 상속을 증명하는 서류를 첨부하여 공탁관에게 공탁물출급을 청구할 수 있다. 한편 공탁관은 공탁물출급청구서와 그 첨부서류만으로 공탁당사자의 공탁물지급청구가 공탁관계 법령에서 규정한 절차적, 실체적 요건을 갖추고 있는지 여부를 심사하여야 하는 형식적 심사권만을 가지고 있으므로, 공탁관이 가족관계증명서, 제적등본 등의 첨부서류만으로는 출급청구인이 진정한 상속인인지 여부를 심사할 수 없는 경우에는 공탁물출급청구를 불수리할 수밖에 없다. 그러한 경우에는 공탁물출급청구권확인을 구하는 것이 출급청구인이 진정한 상속인이라는 실질적 권리관계를 확정하는 데 가장 유효, 적절한 수단이 되고, '정당한 공탁물수령권자는 그 법률상 지위의 불안이나 위험을 제거하기 위하여 공탁자를 상대방으로 하여 그 공탁물출급청구권의 확인을 구하는 소송을 제기할 이익이 있다고 할 것이다(대판 2014.4.24. 2012다40592).

[❹ ▸ ○] 임대차관계가 종료되는 경우에 그 임대차보증금 중에서 목적물을 반환받을 때까지 생긴 연체차임 등 임대차관계에서 당연히 발생하는 모든 채무를 공제한 나머지 금액에 대한 변제공탁은 유효하다(대판 2002.12.10. 2002다52657 참조). 실무편람 이와 관련하여 판례는, 부동산임대차에 있어서 임차인이 임대인에게 지급하는 임대차보증금은 임대차관계가 종료되어 목적물을 반환하는 때까지 그 임대차관계에서 발생하는 임차인의 모든 채무를 담보하는 것으로서, 임대인의 임대차보증금 반환의무는 임대차관계가 종료되는 경우에 그 임대차보증금 중에서 목적물을 반환받을 때까지 생긴 연체차임 등 임차인의 모든 채무를 공제한 나머지 금액에 관하여서만 비로소 이행기에 도달하는 것이라고 판시하였다(대판 2002.12.10. 2002다52657).

[❺ ▸ ○] 건물명도와 동시이행관계에 있는 임차보증금의 변제공탁을 함에 있어서 건물을 명도하였다는 확인서를 첨부할 것을 반대급부조건으로 붙였다면 위 변제공탁은 명도의 선이행을 조건으로 한 것이라고 볼 수밖에 없으므로 변제의 효력이 없다고 보아야 할 것이다(대판 1991.12.10. 91다27594).

답 ❶

제2항   변제공탁의 내용

09

일부공탁 및 반대급부 조건부 공탁에 관한 다음 설명 중 가장 옳지 않은 것은?

2025년 법무사시험 [문 36]

① 채무의 이행확보를 위하여 어음을 발행한 경우 그 채무의 이행과 어음의 반환은 동시이행관계가 아니므로 그 채무를 변제공탁하면서 어음의 반환을 반대급부 조건으로 붙일 수 없다.

② 채무금액에 다툼이 있는 채권에 관하여 채무자가 채무 전액의 변제임을 공탁원인 중에 밝히고 공탁한 경우에 채권자가 그 공탁금을 수령할 때 채권의 일부로써 수령한다는 등 별단의 이의유보 의사표시를 하지 않은 이상 채권 전액에 대한 변제공탁의 효력이 인정된다.

③ 채무의 담보를 위하여 가등기 및 그 가등기에 기한 본등기가 경료된 경우에 채무자가 변제공탁을 하면서 가등기 및 본등기의 말소를 반대급부 조건으로 하였다면 그 공탁은 무효이다.

④ 건물명도와 동시이행관계에 있는 임차보증금의 변제공탁을 함에 있어서 건물을 명도하였다는 확인서를 첨부할 것을 반대급부조건으로 붙였다면 위 변제공탁은 명도의 선이행을 조건으로 한 것이라고 볼 수밖에 없으므로 변제의 효력이 없다.

⑤ 채무자가 공탁에 의하여 그 채무를 면하려면 채무액 전부를 공탁하여야 하고 일부의 공탁은 그 채무를 변제함에 있어 일부의 제공이 유효한 제공이라고 인정될 수 있는 특별한 사정이 있는 경우를 제외하고는 채권자가 이를 수락하지 않은 한 그에 상응하는 효력을 발생할 수 없다.

[❶ ▸ ✕] 채무의 이행확보를 위하여 어음을 발행한 경우 채무의 이행과 어음의 반환은 동시이행의 관계에 있다. 동시이행의 관계에 있는 반대급부를 조건으로 하는 변제공탁은 유효하다(대판 1992.12.22. 92다8712).

[❷ ▸ ○] 채무금액에 다툼이 있는 채권에 관하여 채무자가 채무전액의 변제임을 공탁원인 중에 밝히고 공탁한 경우 채권자가 그 공탁금을 수령할 때 채권의 일부로서 수령한다는 등 별단의 유보의사표시를 하지 않은 이상 그 수령이 채권의 전액에 대한 변제공탁의 효력을 인정한 것으로 해석함이 상당하다(대판 1983.6.28. 83다카88).

[**❸ ▸ ○**] 채무의 담보를 위하여 가등기 및 그 가등기에 기한 본등기가 경료된 경우에 채권자는 그 채무변제를 받기 전 또는 받음과 교환으로 그 담보로 된 가등기 및 그 가등기에 기한 본등기를 말소하여야 할 의무는 없다고 할 것이므로, 채권자인 원고가 선급부 또는 동시이행의 의무가 없는데도 채무의 대위변제자가 변제공탁을 함에 있어서 가등기 및 본등기의 말소를 반대급부의 내용으로 하였음은 채무의 본지에 따른 것이라 할 수 없고 원고가 이를 수령하지 않는 한 변제공탁은 채무변제의 효력이 없다 할 것이다 (대판 1982.12.14. 82다카1321).

[**❹ ▸ ○**] 건물명도와 동시이행관계에 있는 임차보증금의 변제공탁을 함에 있어서 건물을 명도하였다는 확인서를 첨부할 것을 반대급부조건으로 붙였다면 위 변제공탁은 명도의 선이행을 조건으로 한 것이라고 볼 수밖에 없으므로 변제의 효력이 없다고 보아야 할 것이다(대판 1991.12.10. 91다27594).

[**❺ ▸ ○**] 채무자가 공탁에 의하여 그 채무를 면하려면 채무액 전부를 공탁하여야 하고 일부의 공탁은 그 채무를 변제함에 있어 일부의 제공이 유효한 제공이라고 시인될 수 있는 특별한 사정이 있는 경우를 제외하고는 채권자가 이를 수락하지 않은 한 그에 상응하는 효력을 발생할 수 없는 것이다(대판 1983.11.22. 83다카161).

답 ❶

---

10 다음 중 채무액의 일부 공탁으로 공탁이 무효인 경우는? 2022년 법무사시험 [문 44]

① 경매부동산을 매수한 제3취득자가 그 부동산으로 담보하는 채권최고액과 경매비용을 변제공탁한 경우
② 채무자가 채무액의 일부만을 변제공탁하였으나 그 후 부족분을 추가로 공탁한 경우
③ 임대인이 임대차관계가 종료된 후 그 임대차보증금 중에서 목적물을 반환받을 때까지 생긴 연체차임 등 임대차관계에서 발생하는 모든 채무를 공제한 나머지 금액만을 변제공탁한 경우
④ 채권자에 대한 변제자의 공탁금액이 채무의 총액에 비하여 아주 근소하게 부족한 경우
⑤ 사업시행자가 토지수용보상금을 공탁하면서 수용대상 토지에 대한 상속등기를 대위신청할 때 소요된 등록세액 그 밖의 비용을 공제한 나머지 금액만을 공탁한 경우

....

[**❶ ▸ 유효**] 경매부동산을 매수한 제3취득자는 그 부동산으로 담보하는 채권최고액과 경매비용을 변제공탁하면 그 저당권의 소멸을 청구할 수 있다(대결 1971.5.15. 71마251).

[**❷ ▸ 유효**] 채무자가 채무액의 일부만을 변제공탁하였으나 그 후 부족분을 추가로 공탁하였다면 그때부터는 전 채무액에 대하여 유효한 공탁이 이루어진 것으로 볼 수 있는 것이고, 이 경우 채권자가 공탁물 수령의 의사표시를 하기 전이라면 추가공탁을 하면서 제1차 공탁 시에 지정된 공탁의 목적인 채무의 내용을 변경하는 것도 허용될 수 있다 할 것이다(대판 1991.12.27. 91다35670).

[**❸ ▸ 유효**] 임대차관계가 종료되는 경우에 그 임대차보증금 중에서 목적물을 반환받을 때까지 생긴 연체차임 등 임대차관계에서 당연히 발생하는 모든 채무를 공제한 나머지 금액에 대한 변제공탁은 유효하다(대판 2002.12.10. 2002다52657 참조). 실무편람 이와 관련하여 판례는, 부동산임대차에 있어서 임차인이 임대인에게 지급하는 임대차보증금은 임대차관계가 종료되어 목적물을 반환하는 때까지 그 임대차관계에서 발생하는 임차인의 모든 채무를 담보하는 것으로서, 임대인의 임대차보증금 반환의무는 임대차관계가 종료되는 경우에 그 임대차보증금 중에서 목적물을 반환받을 때까지 생긴 연체차임 등 임차인의 모든 채무를 공제한 나머지 금액에 관하여서만 비로소 이행기에 도달하는 것이라고 판시하였다 (대판 2002.12.10. 2002다52657).

[**④ ▸ 유효**] 채권자에 대한 변제자의 공탁금액이 채무의 총액에 비하여 아주 근소하게 부족한 경우에는 당해 변제공탁은 신의칙상 유효한 것이라고 보아야 한다(대판 1988.3.22. 86다카909).

[**⑤ ▸ 무효**] 토지수용법상 수용의 효과를 발생시키는 보상금의 공탁은 재결에서 정해진 보상금 전액의 공탁을 의미하므로, 피수용토지에 대한 상속등기를 대위신청할 때 소요될 등록세액 기타 비용을 공제한 나머지 금액만을 공탁한다면 이는 유효한 공탁이 될 수 없다. 따라서 기업자가 대신 지출한 상속등기비용은 별도로 수용보상금채권자들에게 구상하여야 할 것이다(공탁선례 제2-125호).

답 ❺

11
☐☐☐

반대급부 조건부 공탁절차에 관한 다음 설명 중 가장 옳지 않은 것은?

2023년 법무사시험 [문 44]

① 임대인이 임차보증금을 변제공탁하면서 주택임대차보호법 제3조의3에 의한 임차권등기 말소를 반대급부 조건으로 공탁할 수 없다.

② 전세권설정자가 전세금을 공탁하면서 전세권말소를 반대급부 조건으로 한 것은 유효하다.

③ 피공탁자가 공탁자에게 공탁서에 기재된 반대급부의 이행을 제공하였으나 공탁자가 그 수령을 거절하는 때에는 그 반대급부를 변제공탁하고, 그 공탁서를 첨부하여 공탁물 출급청구를 할 수 있다.

④ 부당한 반대급부 조건을 붙인 변제공탁에 대하여 피공탁자가 이를 수락하여 공탁물을 출급하기 위해서는 반대급부 조건을 이행하고 반대급부이행 증명서면을 첨부하여야 한다.

⑤ 공탁자가 공탁물수령자로부터 공탁자 앞으로의 소유권이전등기에 필요한 일체의 서류를 공탁자에게 교부하라는 반대급부 조건을 붙여 변제공탁한 후 이와는 별도로 같은 부동산에 관한 소유권이전등기절차이행의 소를 제기하여 승소확정판결을 받은 경우 위 판결은 반대급부이행 증명서면에 해당한다.

....

[**❶ ▸ ○**] 주택임대차보호법 제3조의3 규정에 의한 임차권등기는 이미 임대차계약이 종료하였음에도 임대인이 그 보증금을 반환하지 않는 상태에서 경료되게 되므로, 이미 사실상 이행지체에 빠진 임대인의 임대차보증금의 반환의무와 그에 대응하는 임차인의 권리를 보전하기 위하여 새로이 경료하는 임차권등기에 대한 임차인의 말소의무를 동시이행관계에 있는 것으로 해석할 것은 아니고, 특히 위 임차권등기는 임차인으로 하여금 기왕의 대항력이나 우선변제권을 유지하도록 해 주는 담보적 기능만을 주목적으로 하는 점 등에 비추어 볼 때, 임대인의 임대차보증금의 반환의무가 임차인의 임차권등기 말소의무보다 먼저 이행되어야 할 의무이다(대판 2005.6.9. 2005다4529). 따라서 임차보증금을 변제공탁하면서 주택임대차부호법 제3조의3에 의한 임차권등기 말소를 반대급부 조건으로 할 수 없다.

[**❷ ▸ ○**] 전세권자의 전세목적물 인도의무 및 전세권설정등기말소 이행의무와 전세권설정자의 전세금 반환의무는 서로 동시이행의 관계에 있기 때문에, 전세권설정자가 전세금을 공탁하면서 반대급부 내용란에 "전세권말소"라고 기재한 것은 반대급부의 내용이 유효조건이므로 적법한 공탁이라고 할 수 있다(공탁선례 제1-167호).

[❸ ▸ O] 공탁물을 수령하려고 하는 사람이 공탁자에게 공탁서에 기재된 반대급부의 이행을 제공하였으나 공탁자가 그 수령을 거절하는 때에는 그 반대급부를 변제공탁하고 공탁공무원으로부터 교부받은 공탁서를 공탁법 제9조 소정의 반대급부가 있었음을 증명하는 공정서면으로 첨부하여 공탁물출급청구를 할 수 있고, 이 경우에 반대급부이행채무는 반대급부의 공탁시에 즉시 소멸하고 반대급부를 공탁한 자가 공탁물을 회수한 경우에 한하여 채무소멸의 효과가 소급하여 없어지는 것이므로, 반대급부의 공탁자가 공탁물을 회수하였다는 소명이 없는 한 공탁공무원은 위 공탁물출급청구에 응하여 공탁물의 출급을 하여야 한다(대결 1990.3.31. 89마546).

[❹ ▸ O] 건물명도와 동시이행관계에 있는 임차보증금을 변제공탁을 함에 있어서 건물을 명도하였다는 확인서를 첨부할 것을 반대급부조건으로 붙였다면 위 변제공탁은 명도의 선이행을 조건으로 한 것이라고 볼 수밖에 없어 채권자가 이를 수락하지 않는 한 변제의 효력이 없는 무효의 공탁이지만, 공탁물수령자가 공탁자가 붙인 조건을 그대로 수락하여(공탁금 출급청구에 위 수락의 의사표시가 있는 것으로 본다) 공탁물의 출급을 받으려고 한다면 먼저 반대급부조건을 이행하여야 하므로 반대급부조건을 이행하였음을 증명하는 서면으로서 공탁자의 서면(반대급부 영수증, 확인서, 반대급부면제서 등)이나 재판(판결, 결정, 명령, 화해, 인낙조서 등), 공정증서(공증인이나 합동법률사무소 작성의 공정증서), 기타의 공정서면(관공서 작성문서, 관공서 인증사문서 등)을 첨부하여야 공탁금을 수령할 수 있다(공탁선례 제2-75호).

[❺ ▸ ✕] 공탁자가 공탁물 수령자로부터 공탁자 앞으로의 소유권이전등기에 필요한 등기권리증, 매도증서, 인감증명 등 서류를 공탁자에게 교부하라는 반대급부조건을 붙여 변제공탁한 후 이와는 별도로 같은 부동산에 관한 소유권이전등기절차이행의 소를 제기하여 승소확정판결을 받은 경우 비록 위 판결에 기하여 앞서 반대급부조건으로 요구한 위 각 서류 없이 강제집행의 방법으로 그 부동산에 관한 공탁자명의의 소유권이전등기를 필할 수 있게 되었다 하더라도 그와 같은 사유만으로써 위 공탁의 반대급부가 이행된 것으로 볼 수는 없다(대결 1985.12.28. 85마712). 따라서 위 판결을 반대급무이행 증명서면으로 볼 수 없다.

답 ❺

제1항 변제공탁물의 출급

12 □□□ **이의유보부 출급에 관한 다음 설명 중 가장 옳지 않은 것은?** 2025년 법무사시험 [문 37]

① 채권자가 아무런 이의 없이 공탁금을 수령하였다면 이는 공탁의 취지에 따라 수령한 것이 되어 그에 따른 법률효과가 발생하는 것이므로, 채무자가 변제충당할 채무를 지정하여 공탁한 것을 채권자가 아무런 이의 없이 수령하였다면 그 공탁의 취지에 따라 변제충당된다.

② 이의유보 의사표시의 상대방은 공탁관이어야 하고 공탁자에게는 이의유보의 의사표시를 할 수 없다.

③ 공탁자가 공탁원인으로 들고 있는 사유가 법률상 효력이 없는 것이어서 공탁이 부적법하다고 하더라도 피공탁자가 그 공탁물을 수령하면서 아무런 이의도 유보하지 아니하였다면, 특별한 사정이 없는 한 공탁자가 주장한 공탁원인을 수락한 것으로 보아 공탁자가 공탁원인으로 주장한 대로 법률효과가 발생한다.

④ 토지소유자가 수용재결에서 정한 손실보상금을 수령할 당시 이의유보의 뜻을 표시하였다 하더라도 이의재결에서 증액된 손실보상금을 수령하면서 이의유보의 뜻을 표시하지 아니한 이상 이의재결의 결과에 승복하여 수령한 것으로 보아야 하고, 추가보상금을 수령할 당시 이의재결을 다투는 행정소송이 계속 중이라는 사실만으로는 추가보상금의 수령에 관하여 이의유보의 의사표시가 있는 것과 같이 볼 수 없다.

⑤ 금전채권 전부에 대한 압류 또는 압류경합을 원인으로 제3채무자가 집행공탁을 한 후 실시된 배당절차에서 채무자에 대한 배당(잉여금)이 확정된 경우, 공탁원인사실에 다툼이 있는 채무자는 이의유보의 의사표시를 하고 공탁금을 출급할 수 있다.

....

[**❶ ▸ ○**] 채권자가 아무런 이의 없이 공탁금을 수령하였다면 이는 공탁의 취지에 의하여 수령한 것이 되어 그에 따른 법률효과가 발생하는 것이므로 채무자가 변제충당할 채무를 지정하여 공탁한 것을 채권자가 아무런 이의 없이 수령하였다면 그 공탁의 취지에 따라 변제충당된다(대판 1987.4.14. 85다카2313).

[**❷ ▸ ×**] 이의유보 의사표시의 상대방은 <u>반드시 공탁관에 국한할 필요가 없고 공탁자에 대하여도 할 수 있다.</u> 실무편람 이와 관련하여 판례는 공탁된 토지수용보상금의 수령에 관한 이의유보의 의사표시의 상대방은 반드시 공탁공무원에 국한할 필요가 없고 보상금 지급의무자인 기업자도 상대방이 된다고 한다(대판 1993.9.14. 93누4618).

[**❸ ▸ ○**] 공탁자가 공탁원인으로 들고 있는 사유가 법률상 효력이 없는 것이어서 공탁이 부적법하다고 하더라도, 그 공탁서에서 공탁물을 수령할 자로 지정된 피공탁자가 그 공탁물을 수령하면서 아무런 이의도 유보하지 아니하였다면, 특별한 사정이 없는 한 공탁자가 주장한 공탁원인을 수락한 것으로 보아 공탁자가 공탁원인으로 주장한 대로 법률효과가 발생한다고 볼 것이다(대판 1992.5.12. 91다44698).

[**④** ▸ ○] 토지소유자가 수용재결에서 정한 손실보상금을 수령할 당시 이의유보의 뜻을 표시하였다 하더라도 이의재결에서 증액된 손실보상금을 수령하면서 이의유보의 뜻을 표시하지 아니한 이상 이의재결의 결과에 승복하여 수령한 것으로 보아야 하고, 추가보상금을 수령할 당시 이의재결을 다투는 행정소송이 계속 중이라는 사실만으로는 추가보상금의 수령에 관하여 이의유보의 의사표시가 있는 것과 같이 볼 수 없다(대판 1995.9.15. 93누20627).

[**⑤** ▸ ○] 금전채권 전부에 대한 압류 또는 압류경합을 원인으로 제3채무자가 집행공탁을 하는 경우, 채무자에 대한 관계에서는 실질적으로 변제공탁의 성질을 가지므로 그 공탁으로 인하여 채무 변제의 효과가 발생한다. 따라서 위와 같은 집행공탁에 따른 배당절차에서 채무자에 대한 배당금(잉여금)이 확정된 경우에도, 공탁원인사실에 다툼이 있는 채무자는 이의유보의 의사표시를 하고 공탁금을 출급할 수 있다(공탁선례 제202307-1호).

답 **②**

13
□□□ **상대적 불확지 변제공탁에서의 출급청구에 관한 다음 설명 중 가장 옳지 않은 것은?**

2025년 법무사시험 [문 42]

① 채무자가 누가 진정한 채권자인지를 알 수 없어 상대적 불확지의 변제공탁을 하여 피공탁자 중 1인이 다른 피공탁자들을 상대로 자기에게 공탁금출급청구권이 있다는 확인을 구한 경우, 피공탁자들 사이에서 누가 진정한 채권자로서 공탁금출급청구권을 가지는지는 피공탁자들과 공탁자인 채무자 사이의 법률관계에서 누가 본래의 채권을 행사할 수 있는 진정한 채권자인지를 기준으로 판단하여야 한다.

② 상대적 불확지 변제공탁의 피공탁자 중 1인을 채무자로 하여 그의 공탁물출급청구권에 대하여 채권압류 및 추심명령을 받은 추심채권자는 공탁물을 출급하기 위하여 자기의 이름으로 다른 피공탁자를 상대로 공탁물출급청구권이 추심채권자의 채무자에게 있음을 확인한다는 확인의 소를 제기할 수 없다.

③ 피공탁자 중 1인을 채무자로 하여 그의 공탁물출급청구권에 대하여 채권압류 및 추심명령을 받은 추심채권자라는 등의 특별한 사정이 없는 한 피공탁자가 아닌 제3자는 피공탁자를 상대로 하여 공탁물출급청구권의 확인을 구할 이익이 없다.

④ 피공탁자 전원이 공동으로 출급청구하는 경우에는 출급청구서의 기재에 의하여 상호 승낙이 있는 것으로 볼 수 있으므로 별도의 출급청구권 증명서면을 제출할 필요가 없다.

⑤ 공탁자의 승낙서나 공탁자 또는 국가를 상대로 한 공탁물출급청구권 확인판결 등은 출급청구권 증명서면으로 볼 수 없다.

....

[**①** ▸ ○] 채무자가 과실 없이 채권자를 알 수 없는 경우에는 변제의 목적물을 공탁하면 채무를 면하고(민법 제487조 후단), 채권자는 공탁소에 대하여 공탁금출급청구권을 가지게 된다. 이때 피공탁자가 된 채권자가 가지는 공탁금출급청구권은 채무자에 대한 본래의 채권을 갈음하는 권리이므로, 그 귀속 주체와 권리 범위는 본래의 채권이 성립한 법률관계에 따라 정해진다. 따라서 채무자가 누가 진정한 채권자인지를 알 수 없어 상대적 불확지의 변제공탁을 하여 피공탁자 중 1인이 다른 피공탁자들을 상대로 자기에게 공탁금출급청구권이 있다는 확인을 구한 경우에, 피공탁자들 사이에서 누가 진정한 채권자로서 공탁금출급청구권을 가지는지는 피공탁자들과 공탁자인 채무자 사이의 법률관계에서 누가 본래의 채권을 행사할 수 있는 진정한 채권자인지를 기준으로 판단하여야 한다(대판 2017.5.17. 2016다270049).

[❷ ▸ ×] 민법 제487조 후단에 따른 채권자의 상대적 불확지를 원인으로 하는 변제공탁의 경우 피공탁자 중의 1인은 다른 피공탁자의 승낙서나 그를 상대로 받은 공탁물출급청구권확인 승소확정판결을 제출하여 공탁물출급청구를 할 수 있는데, 민사집행법 제229조 제2항에 의하면 채권압류 및 추심명령을 받은 추심채권자는 추심에 필요한 채무자의 권리를 대위절차 없이 자기 이름으로 재판상 또는 재판 외에서 행사할 수 있으므로, 상대적 불확지 변제공탁의 피공탁자 중 1인을 채무자로 하여 그의 공탁물출급청구권에 대하여 채권압류 및 추심명령을 받은 추심채권자는 공탁물을 출급하기 위하여 자기의 이름으로 다른 피공탁자를 상대로 공탁물출급청구권이 추심채권자의 채무자에게 있음을 확인한다는 <u>확인의 소를 제기할 수 있다</u>(대판 2011.11.10. 2011다55405).

[❸ ▸ ○] 변제공탁의 공탁물출급청구권자는 피공탁자 또는 그 승계인이고 피공탁자는 공탁서의 기재에 의하여 형식적으로 기재되므로, 실체법상의 채권자라고 하더라도 피공탁자로 지정되어 있지 않으면 공탁물출급청구권을 행사할 수 없고, 따라서 피공탁자가 아닌 제3자가 피공탁자를 상대로 하여 공탁물출급청구권 확인판결을 받았더라도 그 확인판결을 받은 제3자가 직접 공탁물출급청구를 할 수 없으므로, 피공탁자 중 1인을 채무자로 하여 그의 공탁물출급청구권에 대하여 채권압류 및 추심명령을 받은 추심채권자라는 등의 특별한 사정이 없는 한 피공탁자가 아닌 제3자는 피공탁자를 상대로 하여 공탁물출급청구권의 확인을 구할 이익이 없다(대판 2016.3.24. 2014다3122).

[❹ ▸ ○] 피공탁자 전원이 공동으로 출급청구하는 경우에는 출급청구서의 기재에 의하여 상호 승낙이 있는 것으로 볼 수 있으므로 별도의 출급청구권 증명서면을 제출할 필요가 없다. `실무편람`

[❺ ▸ ○] 공탁자의 승낙서나 공탁자 또는 국가를 상대로 한 공탁물출급청구권 확인판결 등은 출급청구권 증명서면으로 볼 수 없다. `실무편람`

답 ❷

14

공탁금 출급청구권자에 관한 다음 설명 중 가장 옳지 않은 것은? 2024년 법무사시험 [문 46]

① 가분채권은 원칙적으로 각 채권자별로 그 채무이행지 공탁소에 공탁하여야 하나 공탁원인과 공탁소가 동일한 경우에는 1건의 공탁을 할 수 있고, 이 경우에는 각 채권자가 자기 지분만을 출급청구할 수 있다.

② 채무자가 확정판결에 따라 甲과 乙을 피공탁자(지분 각 1/2)로 하여 판결에서 지급을 명한 금액을 변제공탁한 경우, 甲과 乙은 각자 위 공탁금의 1/2 지분에 해당하는 공탁금을 출급청구할 수 있을 뿐만 아니라 각자의 지분을 초과하는 지분에 대하여도 상대방을 상대로 공탁금출급청구권의 확인을 청구할 수 있다.

③ 공탁물 출급청구권에 대한 압류 및 전부명령이 국가에 송달된 후 그 전부명령이 확정되기 전에 다른 압류명령 등이 국가에 송달되었더라도 선행의 전부명령이 실효되지 않는 한 압류의 경합이 생기지 아니하므로, 차후에 그 전부명령이 확정되면 전부채권자는 피공탁자의 특정승계인으로서 출급청구할 수 있다.

④ 조합재산을 수용하고 그 보상금을 공탁하면서 합유자인 조합원 전체를 피공탁자로 한 경우에는 조합원의 지분을 특정하였더라도 그 보상금은 조합원 전체의 합유이므로 위 공탁금을 출급청구함에 있어서는 조합원 전원의 청구에 의하여야 한다.

⑤ 수용대상 토지에 소유권등기말소청구권을 피보전권리로 한 처분금지가처분등기가 되어 있어 사업시행자가 피공탁자를 '가처분채권자 또는 토지소유자'로 하는 상대적 불확지공탁을 한 경우 가처분채권자가 토지소유자를 상대로 제기한 소유권이전등기말소청구의 소에서 패소확정의 본안판결을 받았다면 토지소유자는 그 확정판결을 출급청구권 증명서면으로 하여 공탁금 출급청구를 할 수 있다.

[❶ ▸ ○] 가분채권은 원칙적으로 각 채권자별로 그 채무이행지 공탁소에 공탁하여야 하나 공탁원인과 공탁소가 동일한 경우에는 1건의 공탁을 할 수 있고, 이 경우에는 각 채권자가 자기 지분만을 출급청구할 수 있다. 실무편람

[❷ ▸ ×] 채무자가 확정판결에 따라 갑과 을을 피공탁자(지분 각 1/2)로 하여 판결에서 지급을 명한 금액을 변제공탁한 경우, 갑과 을은 각자 위 공탁금의 1/2 지분에 해당하는 공탁금을 출급청구할 수 있을 뿐이고, 각자의 지분을 초과하는 지분에 대하여는 갑과 을이 피공탁자로 지정되어 있지 않으므로 초과지분에 대하여 상대방을 상대로 공탁금출급청구권의 확인을 청구할 수 없다(대판 2006.8.25. 2005다 67476).

[❸ ▸ ○] 전부명령이 제3채무자에게 송달된 후 그 전부명령이 확정되기 전에 다른 압류명령 등이 제3채무자에게 송달되었더라도 선행의 전부명령이 실효되지 않는 한 압류의 경합이 생기지 아니하므로, 차후에 그 전부명령이 확정되면 전부채권자는 피공탁자의 특정승계인으로서 토지수용보상 공탁금을 출급청구할 수 있는 것이다(공탁선례 제2-352호).

[❹ ▸ ○] 조합재산을 토지수용법에 의하여 수용하고 그 보상금을 합유자 전체 명의로 공탁하면서 합유자의 지분을 특정한 경우라 하더라도 그 보상금은 합유자의 소유에 속한다 할 것이므로, 위 공탁금을 출급청구함에 있어서는 합유자 전원의 청구에 의하여야 할 것이다(공탁선례 제2-205호).

[❺ ▸ ○] 수용대상 토지에 소유권등기말소청구권을 피보전권리로 한 처분금지가처분등기가 되어 있어 사업시행자가 피공탁자를 '가처분권자 또는 토지소유자'로 하는 상대적불확지 공탁을 한 경우, 가처분권자가 토지소유자를 상대로 제기한 소유권이전등기말소청구의 소에서 패소확정의 본안판결을 받았다면 토지소유자는 그 확정판결을 공탁금 출급청구권 증명서면으로 하여 공탁금 출급청구를 할 수 있을 것이다(공탁선례 제2-230호).

답 ❷

15 □□□

변제공탁의 공탁물 수령에 관한 이의유보의 의사표시 등에 관한 다음 설명 중 가장 옳지 않은 것은?

① 매도인이 매수인의 채무불이행을 이유로 매매계약을 해제하면서 그가 받은 중도금을 변제공탁하였고 매수인이 이를 아무 이의 없이 수령하였다면 실제로 매수인의 채무불이행이 있었는지 여부를 불문하고 매수인의 잔대금 채무불이행으로 인한 매도인의 해제의 법률효과가 발생한다.

② 채무의 변제로써 공탁한 공탁물이 채권액에 미치지 못한 경우, 피공탁자가 공탁자에 대하여 채권의 일부에 충당한다는 뜻을 통지하거나 공탁물 출급청구서의 '청구 및 이의유보 사유'란에 같은 내용의 유보의사를 기재하고 공탁물을 출급한 경우에는 채권액 전액에 대한 변제의 효과가 발생하지 않는다.

③ 사업시행자가 토지수용위원회가 재결한 수용보상금을 토지소유자의 수령거절을 이유로 변제공탁한 경우에, 피공탁자인 토지소유자가 위 재결에 대하여 이의신청을 제기하거나 소송을 제기하고 있는 중이라고 할지라도 그 쟁송 중에 보상금 일부의 수령이라는 등 이의유보의 의사표시를 함이 없이 공탁금을 수령하였다면, 이는 종전의 수령거절 의사를 철회하고 재결에 승복하여 공탁한 취지대로 보상금 전액을 수령한 것이라고 볼 수밖에 없다.

④ 채권자가 채무액에 대해서만 이의를 유보한 것이 아니라 공탁원인인 부당이득반환채무금과 다른 손해배상채무금으로서 공탁금을 수령한다는 이의를 유보하고 수령한 경우, 공탁원인인 부당이득 반환채무의 일부소멸의 효과는 발생하지 않지만, 이의유보 취지대로 손해배상채무의 일부변제로서의 효과는 발생한다.

⑤ 이의유보의 의사표시를 할 수 있는 자는 원칙적으로 변제공탁의 피공탁자이나, 공탁물 출급청구권에 대한 양수인, 전부채권자, 추심채권자도 이의유보의 의사표시를 할 수 있다.

[❶ ▸ ○] 매도인이 매매계약을 해제하면서 그가 받은 중도금을 변제공탁하였고 매수인이 이를 아무 이의 없이 수령하였다면 이는 공탁의 취지에 따라 수령한 것이 되어 공탁사유에 따른 법률효과가 발생한다(대판 1980.7.22. 80다1124).

[❷ ▸ ○] 변제공탁이 유효하려면 채무 전부에 대한 변제의 제공 및 채무 전액에 대한 공탁이 있음을 요하고 채무 전액이 아닌 일부에 대한 공탁은 그 부분에 관하여서도 효력이 생기지 않으나, 채권자가 공탁금을 채권의 일부에 충당한다는 유보의 의사표시를 하고 이를 수령한 때에는 그 공탁금은 채권의 일부의 변제에 충당되고, 그 경우 유보의 의사표시는 반드시 명시적으로 하여야 하는 것은 아니다(대판 2009.10.29. 2008다51359).

[❸ ▸ ○] 기업자가 토지수용법 제61조 제2항 제1호에 의하여 토지수용위원회가 재결한 토지수용보상금을 공탁한 경우에 그 공탁은 기업자가 토지소유자에 대하여 부담하는 토지수용에 따른 보상금 지급의무의 이행을 위한 것으로서 민법상 변제공탁과 다를 바 없으므로 토지소유자가 아무런 이의를 유보함이 없이 공탁금을 수령하였다면 토지소유자는 토지수용위원회의 재결에 승복하여 그 공탁의 취지에 따라 보상금을 수령한 것이라고 봄이 상당하므로 이로써 기업자의 보상금 지급의무가 확정적으로 소멸하는 것이고, 토지소유자가 위 재결에 대하여 이의신청을 제기하거나 소송을 제기하고 있는 중이라고 할지라도 그 쟁송 중에 보상금 일부의 수령이라는 등 유보의 의사표시를 함이 없이 공탁금을 수령한 이상, 이는 종전의 수령거절 의사를 철회하고 재결에 승복하여 공탁한 취지대로 보상금 전액을 수령한 것이라고 볼 수밖에 없음은 마찬가지이며, 공탁금 수령 당시 이의신청이나 소송이 계속 중이라는 사실만으로 공탁금 수령에 관한 이의유보의 의사표시가 있는 것과 같이 볼 수는 없다(대판[전합] 1982.11.9. 82누197).

[**❹** ▸ ×] 채권자가 단지 채무액에 대해서만 이의를 유보한 것이 아니라 채무자의 공탁원인인 부당이득반환 채무금과 다른 손해배상 채무금으로서 공탁금을 수령한다는 이의를 유보한 때에는, 그 공탁금 수령으로 채무자의 공탁원인인 부당이득반환채무의 일부 소멸의 효과가 발생하지 않음은 당연하고, 채권자가 공탁금을 수령함에 있어 유보한 취지대로 손해배상채무가 인정되지도 않는 이상 그 공탁의 하자가 치유되어 손해배상채무의 일부 변제로서 유효하다고 할 수도 없다(대판 1996.7.26. 96다14616).

[**❺** ▸ ○] 이의유보의 의사표시를 할 수 있는 자는 원칙적으로 변제공탁의 피공탁자이나, 공탁물출급청구권에 대한 양수인, 상속인, 전부채권자, 추심채권자, 채권자대위권을 행사하는 일반 채권자도 이의유보의 의사표시를 할 수 있다. ▮실무편람▮

▣답 **❹**

16 □□□ 변제공탁물의 지급에 관한 다음 설명 중 가장 옳지 않은 것은? 2023년 법무사시험 [문 47]

① 사업시행자가 수용보상금을 그 토지의 공유자 전원을 피공탁자로 하여 공탁한 경우에는 공유토지에 대한 수용보상 공탁금을 가분채권으로 보아 공유자 각자가 자기의 등기부상 지분에 해당하는 공탁금을 출급청구할 수 있다.

② 추심채권자가 집행채권을 제3자에게 양도한 경우 해당 추심채권자로서의 지위도 집행채권의 양도에 수반하여 양수인에게 이전되므로, 집행채권의 양수인은 다시 국가를 제3채무자로 하여 압류 및 추심명령을 받을 필요는 없다.

③ 사해행위취소 및 가액배상을 구하는 소송을 제기한 수인의 취소채권자들 전부를 피공탁자로 하여 상대적불확지공탁을 한 경우 피공탁자 각자는 공탁서의 기재에 따라 각자의 소송에서 확정된 판결 등에서 인정된 가액배상금의 비율에 따라 공탁금을 출급청구할 수 있다.

④ 공탁자 및 공탁소에 대한 공탁수락의 의사표시는 구두나 서면으로 할 수 있다.

⑤ 공탁자가 착오로 공탁한 후 공탁물을 회수하기 전에 공탁물출급청구권에 대한 전부명령을 받아 공탁물을 수령한 자는 공탁자에 대하여 부당이득반환의무를 부담한다.

[**❶** ▸ ○] 기업자가 토지의 일부를 수용하고 수용보상금을 그 토지의 공유자 전원을 피공탁자로 하여 공탁한 경우에는 공유토지에 대한 수용보상 공탁금을 가분채권으로 보아 공유자 각자가 자기의 등기부상 지분에 해당하는 공탁금을 출급청구할 수 있으며, 비록 수용된 토지부분에 대한 공유자 내부의 실질적인 지분 비율이 등기부상 지분 비율과 다르다고 하더라도 이는 공유자 내부 간에 별도로 해결하여야 할 문제이다(공탁선례 제2-202호).

[**❷** ▸ ○] 추심권자가 집행채권을 제3자에게 양도한 경우 당해 추심권자로서의 지위도 집행채권의 양도에 수반하여 양수인에게 이전된다고 할 것이므로 집행채권의 양수인은 다시 국가를 제3채무자로 하여 압류 및 추심명령을 받을 필요는 없다(공탁선례 제2-335호).

[**❸** ▸ ○] 동일한 금액 범위 내의 사해행위취소 및 가액배상을 구하는 소송을 제기한 수인의 취소채권자들 중 누구에게 가액배상금을 지급하여야 하는지 알 수 없다는 이유로 채권자들의 청구금액 중 판결 또는 화해권고결정 등에 의하여 가장 다액으로 확정된 금액 상당을 공탁금액으로 하고 그 취소채권자 전부를 피공탁자로 하여 상대적 불확지공탁을 한 경우, 피공탁자 각자는 공탁서의 기재에 따라 각자의 소송에서 확정된 판결 또는 화해권고결정 등에서 인정된 가액배상금의 비율에 따라 공탁금을 출급청구할 수 있을 뿐이다(대판 2007.5.31. 2007다3391).

260 PART 8 공탁법

[**❹ ▸ ✕**] 공탁소에 대한 민법 제489조 제1항의 승인이나 통고는 피공탁자가 공탁을 수락한다는 뜻을 적은 서면을 공탁관에게 제출하는 방법으로 하여야 한다(공탁규칙 제49조 제1항).

[**❺ ▸ ○**] 공탁자가 착오로 공탁한 때 또는 공탁의 원인이 소멸한 때에는 공탁자가 공탁물을 회수할 수 있을 뿐 피공탁자의 공탁물출급청구권은 존재하지 않으므로, 이러한 경우 공탁자가 공탁물을 회수하기 전에 위 공탁물출급청구권에 대한 전부명령을 받아 공탁물을 수령한 자는 법률상 원인 없이 공탁물을 수령한 것이 되어 공탁자에 대하여 부당이득반환의무를 부담한다(대판 2008.9.25. 2008다34668).

답 ❹

제2항   변제공탁물의 회수

17
☐☐☐ **변제공탁물의 회수에 관한 다음 설명 중 가장 옳지 않은 것은?** 2025년 법무사시험 [문 34]

① 공탁자는 ㉠ 민법 제489조에 따르는 경우, ㉡ 착오로 공탁을 한 경우, ㉢ 공탁원인이 소멸한 경우 중 어느 하나에 해당하면 그 사실을 증명하여 공탁물을 회수할 수 있다.

② 채권자가 공탁을 승인하거나 공탁소에 대하여 공탁물을 받기를 통고하거나 공탁유효의 판결이 확정되기까지는 변제자는 공탁물을 회수할 수 있다. 다만 이 경우에도 공탁 자체는 한 것으로 본다.

③ 공탁자가 착오로 공탁한 때 또는 공탁의 원인이 소멸한 때에는 공탁자가 공탁물을 회수할 수 있을 뿐 피공탁자의 공탁물출급청구권은 존재하지 않는다.

④ '공탁원인의 소멸'이라 함은 공탁이 유효하게 성립된 이후의 사정변경으로 더 이상 공탁을 지속시킬 필요가 없게 된 경우를 의미한다.

⑤ 공탁자가 형사사건 피해자를 위하여 변제공탁을 한 경우에는 공탁법 제9조 제2항 제1호(민법 제489조에 따르는 경우) 및 제3호의 사유(공탁의 원인이 소멸한 경우)로는 원칙적으로 공탁물을 회수하지 못한다.

· ·

[**❶ ▸ ○**] 공탁법 제9조 제2항

> **공탁법 제9조(공탁물의 수령 · 회수)**
> ② 공탁자는 다음 각 호의 어느 하나에 해당하면 그 사실을 증명하여 공탁물을 회수할 수 있다.
>   1. 「민법」 제489조에 따르는 경우
>   2. 착오로 공탁을 한 경우
>   3. 공탁의 원인이 소멸한 경우

[**❷ ▸ ✕**] 채권자가 공탁을 승인하거나 공탁소에 대하여 공탁물을 받기를 통고하거나 공탁유효의 판결이 확정되기까지는 변제자는 공탁물을 회수할 수 있다. <u>이 경우에는 공탁하지 아니한 것으로 본다</u>(민법 제489조 제1항).

[**❸ ▸ ○**] 공탁자가 착오로 공탁한 때 또는 공탁의 원인이 소멸한 때에는 공탁자가 공탁물을 회수할 수 있을 뿐 피공탁자의 공탁물출급청구권은 존재하지 않으므로, 이러한 경우 공탁자가 공탁물을 회수하기 전에 위 공탁물출급청구권에 대한 전부명령을 받아 공탁물을 수령한 자는 법률상 원인 없이 공탁물을 수령한 것이 되어 공탁자에 대하여 부당이득반환의무를 부담한다(대판 2008.9.25. 2008다34668).

[**❹** ▸ ○] 공탁이 성립된 후에 공탁원인이 소멸하면 공탁을 지속시킬 이유가 없으므로 공탁자는 공탁원인 소멸 증명서면을 첨부하여 공탁물을 회수할 수 있다(공탁법 제9조 제2항). 여기서 '공탁원인의 소멸'이란 공탁이 유효하게 성립된 이후의 사정변경으로 더 이상 공탁을 지속시킬 필요가 없게 된 경우를 의미한다. 실무편람

[**❺** ▸ ○] 공탁법 제9조의2 제1항

공탁법 제9조의2(공탁물 회수의 제한)

① 공탁자가 형사사건 피해자를 위하여 변제공탁을 한 경우에는 제9조 제2항 제1호(민법 제489조에 따르는 경우) 및 제3호의 사유(공탁의 원인이 소멸한 경우)로는 공탁물을 회수하지 못한다. 다만, 다음 각 호의 어느 하나에 해당하는 경우에는 그 사실을 증명하여 공탁물을 회수할 수 있다.

  1. 공탁물의 수령인으로 지정된 자가 공탁물의 회수에 동의하거나 공탁물의 수령을 거절하는 의사를 공탁소에 통고한 경우
  2. 공탁의 원인이 된 해당 형사사건에서 무죄판결이 확정되거나 불기소 결정(기소유예는 제외한다)이 있는 경우

답 ❷

18

공탁물의 회수청구권 및 출급청구권 행사 등에 관한 다음 설명 중 가장 옳지 않은 것은?
2024년 법무사시험 [문 43]

① 적법한 변제공탁이 있으면 피공탁자의 공탁금 출급청구권이 발생하고, 이러한 피공탁자의 공탁금 출급청구권은 피공탁자가 공탁불수락의 의사표시를 하더라도 그 존부에는 영향을 미친다고 볼 수 없으므로, 피공탁자의 채권자가 피공탁자의 공탁금 출급청구권에 대하여 강제집행을 함에 있어 아무런 지장이 없다.

② 부당한 반대급부 조건을 붙인 변제공탁은 채권자가 이를 수락하지 않는 한 무효의 공탁이지만, 피공탁자가 위 조건을 수락하여 공탁물의 출급을 받으려고 한다면 먼저 반대급부조건을 이행하고 반대급부조건을 이행하였음을 증명하는 서면을 첨부하여야 한다.

③ 변제공탁으로 인한 채권소멸의 효력을 소급적으로 소멸시키는 공탁물의 회수에는 공탁자에 의하여 이루어진 회수의 경우만 포함되고, 제3자가 공탁자에 대하여 가지는 별도 채권의 집행권원으로써 공탁자의 회수청구권에 대하여 압류 및 추심명령을 받아 그 집행으로 공탁물을 회수한 경우는 포함되지 않는다.

④ 관할 토지수용위원회가 재결한 보상금에 대하여 사업시행자가 불복하는 경우, 사업시행자는 보상금을 받을 자에게 자기가 산정한 보상금을 지급하고 그 금액과 토지수용위원회가 재결한 보상금과의 차액을 공탁하여야 하며, 이 경우 보상금을 받을 자는 그 불복의 절차가 종결될 때까지 공탁된 보상금을 수령할 수 없다.

⑤ 공탁자가 토지를 수용하면서 가처분권자가 있어서 그 토지의 합유자들과 위 가처분권자를 피공탁자로 한 상대적 불확지공탁을 한 경우에 합유자들이 공탁금을 출급하기 위하여는 공탁 이후에 가처분권자의 가처분취하로 인한 가처분취하증명원은 공탁금 출급청구권이 있음을 증명하는 서면이 될 수 없고, 가처분권자의 승낙서(인감증명서 첨부) 등이 필요하다.

[❶ ▸ O] 적법한 변제공탁이 있으면 피공탁자의 공탁금 출급청구권이 발생하고, 이러한 피공탁자의 공탁금 출급청구권은 피공탁자가 공탁불수락의 의사표시를 하더라도 그 존부에는 영향을 미친다고 볼 수 없으므로, 피공탁자의 채권자가 피공탁자의 공탁금 출급청구권에 대하여 강제집행을 함에 있어 아무런 지장이 없다(공탁선례 제2-342호).

[❷ ▸ O] 부당한 반대급부 조건을 붙인 변제공탁은 채권자가 이를 수락하지 않는 한 무효의 공탁이지만, 피공탁자가 위 조건을 수락하여 공탁물의 출급을 받으려고 한다면 먼저 반대급부 조건을 이행하고 반대급부 조건을 이행하였음을 증명하는 서면을 첨부하여야 한다(대결 1986.12.12. 86마카26).

　　실무편람　이와 관련하여 판례는, 변제공탁을 함에 있어 반대급부기재란에 "A 피고사건에서 확정된 채권자에게 지급하고자 함"이라는 내용의 기재는 A 피고사건의 판결이 확정되고 그 확정판결에서 공탁물 수령자가 손해를 입은 채권자로 사실인정이 될 것을 조건으로 한 변제공탁으로 보아야 할 것이므로 그러한 변제공탁은 조건뿐만 아니라 공탁전부가 무효라고 보아야 할 것이고, 만일 공탁물 수령자가 그 출급을 받으려고 한다면 붙여진 조건을 그대로 수락하여 이의 성립을 별도로 증명하여야 할 것이므로 이와 같은 증명을 함이 없이 무조건 공탁물의 출급을 구할 수는 없다고 판시하고 있다(대결 1986.12.12. 86마카26).

[❸ ▸ ✕] 변제공탁이 적법한 경우에는 채권자가 공탁물 출급청구를 하였는지 여부와는 관계없이 공탁을 한 때에 변제의 효력이 발생하나, 변제공탁자가 공탁물 회수권의 행사에 의하여 공탁물을 회수한 경우에는 공탁하지 아니한 것으로 보아 채권소멸의 효력은 소급하여 없어진다. 이와 같이 채권소멸의 효력을 소급적으로 소멸시키는 공탁물의 회수에는 공탁자에 의하여 이루어진 경우뿐만 아니라, 제3자가 공탁자에게 대하여 가지는 별도 채권의 집행권원으로써 공탁자의 공탁물 회수청구권에 대하여 압류 및 추심명령을 받아 그 집행으로 공탁물을 회수한 경우도 포함된다(대판 2014.5.29. 2013다212295).

[❹ ▸ O] 토지보상법 제40조 제2항 제3호, 제4항

토지보상법 제40조(보상금의 지급 또는 공탁)

② 사업시행자는 다음 각 호의 어느 하나에 해당할 때에는 수용 또는 사용의 개시일까지 수용하거나 사용하려는 토지등의 소재지의 공탁소에 보상금을 공탁(供託)할 수 있다.
　1. 보상금을 받을 자가 그 수령을 거부하거나 보상금을 수령할 수 없을 때
　2. 사업시행자의 과실 없이 보상금을 받을 자를 알 수 없을 때
　3. 관할 토지수용위원회가 재결한 보상금에 대하여 사업시행자가 불복할 때
　4. 압류나 가압류에 의하여 보상금의 지급이 금지되었을 때
④ 사업시행자는 제2항 제3호의 경우 보상금을 받을 자에게 자기가 산정한 보상금을 지급하고 그 금액과 토지수용위원회가 재결한 보상금과의 차액(差額)을 공탁하여야 한다. 이 경우 보상금을 받을 자는 그 불복의 절차가 종결될 때까지 공탁된 보상금을 수령할 수 없다.

[❺ ▸ O] 공탁자가 토지를 수용하면서 가처분권자가 있어서 그 토지의 합유자들과 위 가처분권자를 피공탁자로 한 상대적 불확지공탁을 한 경우에 합유자들이 공탁금을 출급하기 위하여는 공탁 이후에 가처분권자의 가처분취하로 인한 가처분취하증명원은 공탁금 출급청구권이 있음을 증명하는 서면이 될 수 없고, 가처분권자의 승낙서(인감증명서 첨부, 행정예규 제526호 참고) 등이 필요하다(공탁선례 제2-231호).

답 ❸

19
☐☐☐

불법행위로 인한 손해배상의 채무자가 변제공탁을 하면서 공탁소에 '피공탁자의 동의가 없으면 특정 형사사건에 대하여 불기소결정이 있거나 무죄판결이 확정될 때까지 공탁금회수청구권을 행사하지 않겠다'는 취지의 공탁금 회수제한신고를 한 경우에 관한 다음 설명 중 가장 옳지 않은 것은?

2021년 법무사시험 [문 39]

① 피공탁자가 공탁금회수동의서를 공탁소에 제출하였다면 공탁금이 회수되지 않은 상태라도 피공탁자는 공탁금출급청구를 할 수 없다.

② 형사재판 과정에서 피공탁자가 한 공탁금 수령거절의 의사표시는 공탁금회수청구에 대한 동의로 볼 수 없다.

③ 변제공탁 후 공탁서 및 공탁금회수제한신고서를 형사재판부에 제출하지 못한 경우라고 하더라도 가해자는 형사재판에서 유죄판결을 받아 확정되었다면 피공탁자의 동의서를 첨부하지 않는 한 공탁금회수청구를 할 수 없다.

④ 피공탁자의 동의가 있다면 형사사건의 종결이나 결과 여부와 관계없이 공탁금의 회수가 가능하다.

⑤ 공탁자는 유죄판결이 확정되더라도 착오로 공탁하거나 공탁원인이 소멸된 사실을 증명하면 공탁법 제9조 제2항의 규정에 의한 공탁금회수청구를 할 수 있다.

[❶ ▸ ×] 형사사건과 관련하여 보상금이 변제공탁된 후 피공탁자가 공탁금회수동의서를 공탁소에 제출한 경우에도 피공탁자의 공탁금출급청구권에는 영향이 없으므로 공탁금이 회수되지 않은 상태라면 피공탁자는 출급청구할 수 있다(공탁선례 제201010-1호).

[❷ ▸ ○] 형사사건의 가해자(공탁자)가 피해자(피공탁자)에 대한 손해배상금을 변제공탁하면서 피공탁자의 동의가 없으면 형사사건에 대하여 불기소결정이 있거나 무죄재판이 확정될 때까지 공탁금에 대한 회수청구권을 행사하지 않겠다는 취지의 공탁금회수제한신고서를 제출하였다면, 그러한 신고는 만약 유죄판결이 확정된다면 피공탁자의 동의가 없는 한 공탁금회수청구권을 행사하지 않겠다는 공탁금 회수청구권의 조건부포기의 의사표시로 해석되고, 형사공판과정에서 피공탁자가 한 공탁금 수령거절의 의사표시는 공탁금회수청구에 대한 동의로 볼 수 없으므로 공탁자는 피공탁자의 동의서를 첨부하지 않는 한 공탁금회수청구를 할 수 없다고 판단된다(공탁선례 제1-197호).

[❸ ▸ ○] 형사사건과 관련하여 공탁자(가해자 등)가 피공탁자에게 변제공탁을 하면서 "공탁자는 피공탁자의 동의가 없으면 형사사건에 대하여 불기소결정(단, 기소유예는 예외)이 있거나 무죄판결이 확정될 때까지 공탁금에 대한 회수청구권을 행사하지 않겠다"는 회수제한신고서를 제출하였으나, 변제공탁 후 공탁서 및 회수제한신고서를 재판부에 제출하지 못한 경우라고 하더라도 가해자가 관련 형사사건으로 유죄판결을 받아 확정되었다면 피공탁자의 동의서를 첨부하지 않는 한 공탁금회수청구를 할 수 없다(공탁선례 제2-148호).

[❹ ▸ ○] 피공탁자의 동의가 있다면 형사사건의 종결이나 결과 여부에 관계없이 공탁금의 회수가 가능하다. 실무편람

[❺ ▸ ○] 형사재판에서 유죄가 인정되어 집행유예의 확정판결을 받은 공탁자는 공탁통지서가 피공탁자의 수취거절로 반송된 사실과는 관계없이 민법 제489조의 규정에 의한 공탁금회수청구권을 행사할 수는 없다 할 것이고, 단지 착오로 공탁을 하거나 공탁의 원인이 소멸한 때에 한하여 공탁법 제9조 제2항의 규정에 의한 공탁금회수청구를 할 수 있을 뿐이다(공탁선례 제1-186호).

답 ❶

264 PART 8 공탁법

제1절 수용보상금 공탁 신청절차

20 수용보상금 공탁에 관한 다음 설명 중 가장 옳지 않은 것은? 2025년 법무사시험 [문 41]

① 수용의 효과를 발생시키는 보상금의 공탁은 특별한 사정이 없는 한 보상금 전액을 공탁하여야 하므로 사업시행자가 피수용자의 전기요금 등을 대납하였다 하더라도 그만큼을 공제한 차액만을 공탁할 수는 없다.

② 수용의 효과를 발생시키는 보상금의 공탁은 재결에서 정해진 보상금 전액의 공탁을 의미하므로, 수용대상 토지에 대한 상속등기를 대위신청할 때 소요될 등록면허세액(지방교육세 포함) 그 밖의 비용을 공제한 나머지 금액만을 공탁한다면 이는 유효한 공탁이 될 수 없다.

③ 사업시행자는 피수용자에게 손실보상금을 지급함에 있어 국세징수법 제107조 제1항에 따라 납세증명서의 제출을 요구할 수 있으므로 납세증명서의 제출을 조건으로 하는 손실보상금의 공탁은 유효하다.

④ 피수용자가 반대급부 또는 그 밖의 조건의 이행을 할 의무가 없음에도 불구하고 사업시행자가 이를 조건으로 공탁을 한 때에는 피수용자가 그 조건을 수락하지 아니하는 한 공탁은 효력이 없다.

⑤ 이행의무가 없는 반대조건을 붙여 무효가 된 공탁을 수용의 개시일 이전에 반대급부가 없는 공탁으로 정정하면 그 공탁이 유효하게 되나, 수용의 개시일이 지난 후에는 반대급부 없는 공탁으로 정정하였다 하더라도 그 효력이 수용의 개시일까지 소급되지 아니하므로 재결의 효력이 상실된다.

....

[❶ ▸ O] 수용의 효과를 발생시키는 보상금의 공탁은 특별한 사정(기업자가 토지수용위원회가 재결한 보상액에 불복하여 자기의 예정금액을 지급하고 재결에서 정한 보상액과의 차액만을 공탁하는 경우)이 없는 한 보상금 전액을 공탁히여야 히므로 기업자가 피수용자의 전기요금 등을 대납하였다 하더라도 그만큼을 공제한 차액만을 공탁할 수는 없는 것이다(공탁선례 제1-61호).

[❷ ▸ O] 「토지수용법」상 수용의 효과를 발생시키는 보상금의 공탁은 재결에서 정해진 보상금 전액의 공탁을 의미하므로, 피수용토지에 대한 상속등기를 대위신청할 때 소요될 등록세액 기타 비용을 공제한 나머지 금액만을 공탁한다면 이는 유효한 공탁이 될 수 없다. 따라서 기업자가 대신 지출한 상속등기비용은 별도로 수용보상금채권자들에게 구상하여야 할 것이다(공탁선례 제2-125호).

[❸ ▸ ×] 「공익사업을 위한 토지 등의 취득 및 보상에 관한 법률」에 따른 손실보상금의 지급은 토지수용위원회의 수용재결이라는 행정처분에 따라 이루어지는 것일 뿐 사업시행자와 피수용재(손실보상금청구권자) 사이의 계약에 의한 것이 아니고, 국세징수법 제107조 제1항의 납세증명서 제출 대상이 되는 '대금을 지급받을 경우'는 국가, 지방자치단체 또는 정부 관리기관과의 계약에 따른 대금 수령의 경우만을 의미하는 것으로 보이므로, 이와 같은 경우에까지 납세증명서의 제출을 요구한ㄷ면 이는 피수용자이 재산권에 대한 과도한 제한 내지 침해가 될 우려가 있으므로, 사업시행자가 피수용자에게 손실보상금을 지급함에 있어 납세증명서의 제출을 요구하거나 그 미제출을 이유로 손실보상금의 지급을 거절할 수는 없다. 따라서 납세증명서의 제출을 조건으로 하는 손실보상금의 공탁은 효력이 인정되지 않는다(공탁선례 제202410-1호).

[**❹ ▸ ○**] 변제공탁의 경우 채권자가 반대급부 또는 기타 조건의 이행을 할 의무가 없음에도 불구하고 채무자가 이를 조건으로 공탁을 한 때에는 채권자가 이를 수락하지 않는 한 그 변제공탁은 효력이 없으며 이는 토지수용법상 보상금 지급과 동일시되는 보상금의 공탁에 있어서도 마찬가지이다(대판 1979.10.30. 78누378).

[**❺ ▸ ○**] 피수용자가 반대급부 또는 그 밖의 조건의 이행을 할 의무가 없음에도 불구하고 사업시행자가 이를 조건으로 공탁을 한 때에는 피수용자가 그 조건을 수락하지 아니하는 한 공탁은 효력이 없다(대판 1979.10.30. 78누378). 다만, 이행의무가 없는 반대조건을 붙여 무효가 된 공탁을 수용의 개시일 이전에 반대급부가 없는 공탁으로 정정하면 그 공탁이 유효하게 되나, 수용의 개시일이 지난 후에는 반대급부 없는 공탁으로 정정하였다 하더라도 그 효력이 수용의 개시일까지 소급되지 아니하므로 재결의 효력이 상실된다(대판 1986.8.19. 85누280). **실무편람** 이와 관련하여 판례는 토지수용에 있어서 기업자가 지방토지수용위원회의 원재결에 정한 토지수용보상금을 공탁함에 있어 토지소유권이전에 필요한 일체의 서류를 반대급부로 제공할 것을 조건으로 하였고 원재결수용시기 이후에야 반대급부 없는 공탁으로 정정인가결정이 있었다면 토지수용에 있어서 토지소유자가 위 서류를 반대급부로 제공할 의무가 없고 그 정정인가의 효력이 당초의 공탁 시나 원재결수용시기에 소급되는 것이 아니므로 위 공탁은 원재결대로의 보상금지급의 효력이 없으며 따라서 원재결은 토지수용법 제65조에 의한 기업자가 수용시기까지 재결보상금을 지급 또는 공탁하지 아니한 때에 해당하여 그 효력을 상실하였다 할 것이고 실효된 원판결을 유효한 재결로 보고서 한 중앙토지수용위원회의 이의재결도 또한 위법하여 무효라고 한다(대판 1986.8.19. 85누280).

답 ❸

21

수용공탁에 관한 다음 설명 중 가장 옳지 않은 것은? 2024년 법무사시험 [문 35]

① 공탁자를 상대로 한 전부금소송에서 공탁유가증권을 직접 출급할 수 있다는 조정결정을 받았다 하더라도 위 조정조서를 가지고는 공탁된 수용보상금채권(債券)을 전부채권자가 직접 출급할 수는 없다.

② 수용보상금 공탁의 경우 수용보상금의 지급과 수용으로 인한 소유권이전등기는 동시이행관계에 있는 것이 아니므로 수용보상금의 공탁서에 소유권이전등기 서류의 교부를 반대급부로 기재할 수 없고, 수용대상 토지에 대하여 제한물권이나 처분제한의 등기가 있는 경우에도 그러한 등기의 말소를 반대급부로 기재할 수는 없다.

③ 근저당권 등기가 되어 있는 토지에 대한 수용재결이 있은 후 제3자가 보상금채권을 압류하였으나 근저당권자가 물상대위권을 행사하지 아니한 경우에 사업시행자는 압류에 의하여 보상금의 지급이 금지되었음을 이유로 보상금을 공탁하여야 하고, 압류하지 않은 근저당권자도 압류한 것으로 취급하여 공탁할 것은 아니다.

④ 사업시행자가 일단 수용보상금을 공탁하였다 하더라도 그 공탁이 무효라면 사업시행자가 수용개시일까지 보상금을 지급 또는 공탁하지 아니하였을 때에 해당하므로 그 수용재결은 효력을 상실하게 된다.

⑤ 수용 전 토지에 대하여 체납처분에 의하여 압류한 체납처분청이 다시 수용보상금에 대하여 체납처분에 의한 압류를 하였다면 물상대위의 법리에 의하여 수용 전 토지에 대한 체납처분에 의한 우선권이 수용금채권에 대한 배당절차에서 종전 순위대로 유지된다.

[**❶ ▸ ○**] 토지수용법 채권은 무기명증권(공공용지의 취득 및 손실 보상에 관한 특례법 시행령 제2조의 6)이고, 공탁유가증권의 출급청구권은 유체물인도를 목적으로 하는 채권의 일종이므로 그에 대한 강제집행은 유체동산인도청구권에 대한 강제집행절차(민사소송법 제575조, 제576조)에 따라야 하는바, 공탁자를 상대로 한 전부금소송에서 공탁유가증권을 직접 출급할 수 있다는 조정 결정을 받았다 하더라도 위 조정조서를 가지고는 공탁된 수용보상금 채권을 전부채권자가 직접 출급할 수는 없다 할 것이다(공탁선례 제1-42호).

[**❷ ▸ ○**] 사업시행자는 소유권이전등기 서류의 교부를 반대급부로 하거나 수용대상 토지등에 있는 제한물권이나 처분제한의 등기의 말소를 반대급부로 기재하여서는 안 된다(행정예규 제1345호 제7조 제3항).

[**❸ ▸ ○**] 저당권등기가 되어 있는 토지에 대한 수용재결이 있은 후 제3자가 보상금채권을 압류하였으나 저당권자는 물상대위권을 행사하지 아니한 경우에 기업자는 압류에 의하여 보상금의 지불이 금지되었음을 이유로 보상금을 공탁하여야 할 것이며, 압류하지 않은 저당권자도 압류한 것으로 보고 채권압류가 경합되었음을 이유로 공탁하여야 하는 것이 아니다(공탁선례 제2-179호).

[**❹ ▸ ○**] 기업자가 일단 수용재결에 따른 보상금을 공탁하였다고 하더라도 그 공탁이 무효라면 토지수용법 제65조 소정의 '기업자가 수용의 시기까지 보상금을 지불 또는 공탁하지 아니하였을 때'에 해당하므로 그 수용재결은 효력을 상실하고, 따라서 기업자는 해당 토지의 소유권을 취득할 수 없다(대판 1996.9.20. 95다17373).

[**❺ ▸ ✕**] 구 토지수용법 제67조 제1항에 의하면, 기업자는 토지를 수용한 날에 그 소유권을 취득하며 그 토지에 관한 다른 권리는 소멸하는 것인바, 수용되는 토지에 대하여 체납처분에 의한 압류가 집행되어 있어도 토지의 수용으로 기업자가 그 소유권을 원시취득함으로써 그 압류의 효력은 소멸되는 것이고, 토지에 대한 압류가 그 수용보상금청구권에 당연히 전이되어 그 효력이 미치게 된다고는 볼 수 없다고 할 것이므로, 수용 전 토지에 대하여 체납처분으로 압류를 한 체납처분청이 다시 수용보상금에 대하여 체납처분에 의한 압류를 하였다고 하여 물상대위의 법리에 의하여 수용 전 토지에 대한 체납처분에 의한 우선권이 수용보상금채권에 대한 배당절차에서 종전 순위대로 유지된다고 볼 수도 없다(대판 2003.7.11. 2001다83777).

답 **❺**

22

수용보상금 공탁절차에 관한 다음 설명 중 가장 옳지 않은 것은? 2023년 법무사시험 [문 37]

① 토지소유자의 채권자가 손실보상이 현금으로 지급될 것을 예상하여 수용보상금에 대하여 압류를 한 경우에도 토지수용보상금을 채권으로 지급하는 것이 토지수용의 채권보상요건을 충족하고 공탁사유가 있으면 채권으로 공탁할 수 있다.

② 압류나 가압류가 있는 수용보상금을 사업시행자가 채권과 현금으로 지급하고자 할 경우에는 피압류채권이 금전채권인 수용보상금채권이라면 현금으로 지급하는 수용보상금 부분은 공익사업을 위한 토지 등의 취득 및 보상에 관한 법률 제40조 제2항 제4호 및 민사집행법 제248조 제1항에 의하여 집행공탁할 수 있고, 채권으로 지급하는 수용보상금 부분은 공익사업을 위한 토지 등의 취득 및 보상에 관한 법률 제40조 제2항 각 호의 공탁사유가 있다면 유가증권공탁의 절차에 따라 공탁할 수 있다.

③ 공익사업을 위한 토지 등의 취득 및 보상에 관한 법률에 의하여 사업시행자가 토지소유자에게 지급할 보상금이 소득세법 제156조 또는 법인세법 제98조에 의하여 원천징수의 대상이 되는 경우에는 사업시행자는 토지소유자에게 지급할 보상금에서 그 원천징수세액을 공제한 나머지 금액을 공탁할 수 있다.

④ 수용보상금 공탁은 시·군법원 공탁관의 직무범위에 포함되지 않는다.

⑤ 이행의무가 없는 반대조건을 붙여 무효가 된 공탁을 수용개시일 이후에 반대급부가 없는 공탁으로 정정하면 그 공탁이 유효하게 되므로 재결의 효력이 유지된다.

....

[❶ ▸ ○] 토지수용법 제45조 제5항의 규정에 의하면 대통령령으로 정하는 일정한 기업자 등은 수용대상 토지가 부재부동산소유자의 토지이고 그 보상금이 일정한 금액을 초과하는 경우 그 초과하는 금액에 대하여 기업자가 발행하는 채권으로 수용보상금을 지급할 수 있으므로 이 사건 토지수용보상금을 채권으로 지급하는 것이 위와 같은 토지수용의 채권보상 요건을 충족하고, 위 보상금 채권에 대하여 토지수용법 제61조 제2항 각 호의 공탁사유가 있다면 유가증권 공탁의 공탁물 적격을 갖는다고 할 것이다. 또한, 토지수용법상 수용보상금에 대한 압류가 있는 경우에는 현금으로 지급하여야 한다는 규정이 없으므로 수용보상금에 대한 압류(압류의 경합 여부를 불문한다)가 있다 하더라도 위와 같은 공탁물 적격을 부정할 수 없다 할 것이다(공탁선례 제2-242호).

[❷ ▸ ○] 압류나 가압류가 있는 수용보상금을 사업시행자가 채권과 현금으로 지급하고자 할 경우에는 압류나 가압류의 피압류채권이 금전채권인 수용보상금채권이라면 현금으로 지급하는 수용보상금 부분은 공익사업을 위한 토지 등의 취득 및 보상에 관한 법률 제40조 제2항 제4호 및 민사집행법 제248조 제1항에 의하여 집행공탁할 수 있다. 그러나 채권으로 지급하는 수용보상금 부분은 공익사업을 위한 토지 등의 취득 및 보상에 관한 법률 제40조 제2항 제4호 및 민사집행법 제248조 제1항에 의한 집행공탁으로 할 수 없고, 공익사업을 위한 토지 등의 취득 및 보상에 관한 법률 제40조 제2항 각 호의 공탁사유가 있다면 유가증권공탁의 공탁물적격이 인정되므로 유가증권공탁의 절차에 따라 공탁할 수 있다(공탁선례 제201004-1호).

[❸ ▸ ○] 공익사업을 위한 토지 등의 취득 및 보상에 관한 법률에 의하여 사업시행자가 토지소유자에게 지급할 보상금이 소득세법 제156조 또는 법인세법 제98조에 의하여 원천징수의 대상이 되는 경우에는 사업시행자는 토지소유자에게 지급할 보상금에서 그 원천징수세액을 공제한 나머지 금액을 공탁할 수 있다(공탁선례 제2-173호).

[❹ ▸ ○] 시·군법원 공탁관의 직무범위는 해당 시·군법원의 사건과 관련된 변제공탁, 재판상 보증공탁, 집행공탁, 몰취공탁의 업무에 한한다(공탁규칙 제2조 참조).

[**❺ ▸ ✕**] 변제공탁의 경우 채권자가 반대급부 또는 기타 조건의 이행을 할 의무가 없음에도 불구하고 채무자가 이를 조건으로 공탁한 때에는 채권자가 이를 수락하지 않는 한 그 변제공탁은 효력이 없으며 그 뒤 채무자의 공탁에 붙인 조건의 철회정정청구에 따라 공탁공무원으로부터 위 정정청구의 인가결정이 있었다 하더라도 그 변제공탁은 인가결정 시부터 반대급부조건이 없는 변제공탁으로서의 효력을 갖는 것으로서 그 효력이 당초의 변제공탁 시로 소급하는 것은 아니다. 토지수용에 있어서 기업자가 지방토지수용위원회의 원재결에 정한 토지수용보상금을 공탁함에 있어 토지소유권이전에 필요한 일체의 서류를 반대급부로 제공할 것을 조건으로 하였고 원재결수용시기 이후에야 반대급부 없는 공탁으로 정정인가결정이 있었다면 토지수용에 있어서 토지소유자가 위 서류를 반대급부로 제공할 의무가 없고 그 정정인가의 효력이 당초의 공탁시나 원재결수용시기에 소급되는 것이 아니므로 위 공탁은 원재결대로의 보상금지급의 효력이 없으며 따라서 원재결은 토지수용법 제65조에 의한 기업자가 수용시기까지 재결보상금을 지급 또는 공탁하지 아니한 때에 해당하여 그 효력을 상실하였다 할 것이고 실효된 원판결을 유효한 재결로 보고서 한 중앙토지수용위원회의 이의재결도 또한 위법하여 무효이다(대판 1986.8.19. 85누280).

답 ❺

---

23 □□□ **수용보상금 공탁에 관한 다음 설명 중 가장 옳지 않은 것은?** **2022년 법무사시험 [문 42]**

① 소유권이전등기청구권을 피보전권리로 하는 처분금지가처분등기가 경료되어 있는 수용대상 토지에 대한 소유권의 귀속에 관하여 다툼이 있는 경우에는 피공탁자의 상대적 불확지를 이유로 공탁할 수 있다.

② 분할 전과 후의 토지대장의 소유명의인이 다른 경우 상대적 불확지공탁을 할 수 있다.

③ 등기사항증명서상 공유지분의 합계가 1을 초과하거나 미달되어 피수용자들의 정당한 공유지분을 알 수 없는 경우 피보상자 불확지를 사유로 공탁할 수 있다.

④ 수용대상 토지가 일반채권자에 의하여 압류 또는 가압류가 되어 있는 경우에는 상대적 불확지공탁 사유에 해당하지 않는다.

⑤ 미등기인 수용대상 토지가 토지대장에 주소는 기재됨이 없이 소유자의 성명만 기재되어 있는 경우에는 절대적 불확지공탁을 할 수 있다.

··

[**❶ ▸ ✕**] [**❹ ▸ ○**] 행정예규 제1345호 제5조 제2항

> ❑ **행정예규 제1345호[토지수용 등의 보상금의 공탁에 관한 사무처리지침]**
>
> 제5조(상대적 불확지공탁)
> ② 사업시행자는 다음 각 호의 어느 하나에 해당하는 경우 상대적 불확지공탁을 할 수 없다.
>   1. 수용대상 토지등에 대하여 담보물권·소유권이전등기청구권 보전을 위한 가처분등기 또는 가등기가 마쳐져 있는 경우
>   2. 수용대상 토지등에 대하여 가압류, 압류, 경매개시, 공매공고(납세담보물의 공매공고 포함) 등의 기입등기가 마쳐져 있는 경우

[**❷ ▸ ○**] 미등기토지에 대한 토지수용을 원인으로 한 공탁에 있어 분할 전 토지의 토지대장에 갑이 사정받은 것으로 되어 있으나 본건 토지로 분할된 이후의 토지대장에는 을 명의로 소유권이전등록이 되어 있다면 '갑과 을' 중 누가 진정한 소유자인지 알 수 없으므로 '갑 또는 을'을 피공탁자로 하여 상대적 불확지공탁을 할 수 있다(공탁선례 제2-174호).

[**❸** ▸ ○] 행정예규 제1345호 제5조 제1항 제3호

> ❑ **행정예규 제1345호[토지수용 등의 보상금의 공탁에 관한 사무처리지침]**
> **제5조(상대적 불확지공탁)**
> ① 사업시행자는 다음 각 호의 어느 하나에 해당하는 경우 상대적 불확지공탁을 할 수 있다.
>   1. 수용대상 토지등에 대하여 소유권등기말소청구권을 피보전권리로 하는 처분금지가처분등기가 마쳐져 있는 경우(피공탁자 : 소유자 또는 가처분채권자). 다만, 사해행위취소에 따른 소유권등기말소청구권을 피보전권리로 하는 가처분등기가 마쳐진 경우는 제외
>   2. 수용대상 토지등에 대한 등기기록이 2개 개설되어 있고 그 소유명의인이 각각 다른 경우(피공탁자 : 소유명의인 갑 또는 을)
>   3. 등기기록상 공유지분의 합계가 1을 초과하거나 미달되어 공유자들의 정당한 공유지분을 알 수 없는 경우(피공탁자 : 공시된 공유자 전부)
>   4. 보상받을 사람이 사망하였으나 과실 없이 그 상속인들의 정당한 상속지분을 알 수 없는 경우(피공탁자 : 상속인들 전부)

[**❺** ▸ ○] 행정예규 제1345호 제6조 제1호 나목

> ❑ **행정예규 제1345호[토지수용 등의 보상금의 공탁에 관한 사무처리지침]**
> **제6조(절대적 불확지공탁)**
> 사업시행자는 다음 각 호의 어느 하나에 해당하는 경우 절대적 불확지공탁을 할 수 있다.
>   1. 수용대상 토지등이 미등기이고 다음 각 목의 어느 하나에 해당하는 경우(피공탁자 : 소유자 불명)
>   가. 대장상 소유자란이 공란으로 되어 있는 경우
>   나. 대장상 성명은 기재되어 있으나 주소의 기재(동·리의 기재만 있고 번지의 기재가 없는 경우도 해당됨)가 없는 경우
>   다. 대장상 주소는 기재되어 있으나 성명의 기재가 없는 경우
>   2. 수용대상 토지등이 등기는 되어 있으나 등기기록상 소유자를 특정할 수 없는 경우(피공탁자 : 소유자 불명)
>   3. 보상받을 사람이 사망하였으나 과실 없이 그 상속인의 전부 또는 일부를 알 수 없는 경우
>   가. 상속인 전부를 알 수 없는 경우 보상금 전부(피공탁자 : 망 ○○○[주민등록번호 또는 주소 병기]의 상속인)
>   나. 상속인 중 일부를 알 수 없는 경우 그 알 수 없는 상속인에 대한 보상금 부분(피공탁자 : 망 ○○○의 상속인 ◇◇◇[주민등록번호와 주소 병기] 외 상속인)

답 ❶

24 □□□ **수용보상금 공탁절차에 관한 다음 설명 중 가장 옳지 않은 것은?** 2022년 법무사시험 [문 47]

① 수용대상 토지에 대하여 경매개시결정의 기입등기가 마쳐져 있더라도 '토지소유자'를 피공탁자로 기재하여야 한다.
② 보상금지급청구권에 대하여 민사집행법에 따른 압류가 있는 경우 공탁근거법령은 '공익사업을 위한 토지 등의 취득 및 보상에 관한 법률 제40조 제2항 제4호 및 민사집행법 제248조 제1항'으로 기재한다.
③ 수용대상 토지에 저당권이 등기된 경우 '공탁으로 인하여 소멸하는 질권, 전세권, 저당권란'에 그 취지의 기재를 하여야 한다.
④ 수용보상금의 공탁서에 '소유권이전등기 서류의 교부'를 반대급부로 기재하여서는 아니 된다.
⑤ 수용보상금 공탁신청을 시·군법원 공탁관에게 하는 것은 인정되지 않는다.

....

[❶ ▸ ○] 수용대상 토지에 대하여 (근)저당권, 가압류, 경매개시결정 등의 등기가 되어 있다고 하더라도 그것만으로는 토지소유자가 보상금지급청구권자임에 변동이 없으므로 수용보상금을 공탁하는 경우의 피공탁자는 토지소유자가 되고, (근)저당권자, 가압류채권자, 압류채권자 등은 공탁서상의 어느 난에도 기재할 필요가 없다. 법공 공탁

[❷ ▸ ○] 보상금 지급청구권에 대하여 민사집행법에 따른 압류가 있거나 민사집행법에 따른 압류와 체납처분에 따른 압류가 있는 때(체납처분에 따른 압류만 있는 경우는 제외)에는 토지보상법 제40조 제2항 제4호와 민사집행법 제248조 제1항에 따라, 민사집행법에 따른 가압류가 있는 때에는 토지보상법 제40조 제2항 제4호와 민사집행법 제291조 및 제248조 제1항에 따라 각각 공탁할 수 있다(행정예규 제1345호 제14조 제1항).

[❸ ▸ ×] 수용대상 토지등에 설정된 지상권, 전세권, 저당권, 지역권, 임차권 등은 공탁으로 인하여 소멸하는 질권, 전세권, 저당권란에 기재할 사항은 아니며, 그 권리자도 피공탁자란에 기재하여서는 안 된다(행정예규 제1345호 제7조 제2항). 이는 수용대상 토지에 등기된 지상권, 전세권, 저당권 등은 수용의 효과로 소멸되는 것이지 피담보채무의 변제로 소멸하는 것이 아니기 때문이다.

[❹ ▸ ○] 사업시행자는 소유권이전등기 서류의 교부를 반대급부로 하거나 수용대상 토지등에 있는 제한물권이나 처분제한의 등기의 말소를 반대급부로 기재하여서는 안 된다(행정예규 제1345호 제7조 제3항).

[❺ ▸ ○] 2002.7.1. 공탁규칙 개정으로 수용보상금 공탁은 시·구법원 공탁관이 직무범위에서 제외되었다(공탁규칙 제2조 참조).

답 ❸

25

☐☐☐

공탁금 회수에 관한 다음 설명 중 가장 옳지 않은 것은? 2024년 법무사시험 [문 50]

① 변제공탁의 조건으로 한 반대급부는 피공탁자의 공탁물 출급청구권 행사에 제한사유가 될 뿐이지, 공탁자가 공탁금을 회수하는 경우에는 공탁관의 지급제한사유가 될 수 없다.

② 재판상담보공탁에서 법원의 담보제공명령도 없이 임의로 담보공탁한 경우 착오를 원인으로 공탁금을 회수할 수 있다.

③ 선행 채권양도의 효력에 대하여 다툼이 없어 채권자 불확지 변제공탁을 할 만한 사정이 없음에도 후행 채권가압류가 있어 혼합공탁을 한 경우 착오를 원인으로 공탁금을 회수할 수 있다.

④ 토지수용보상금 공탁이 부적법하여 토지수용재결의 효력이 상실되었다는 판결이 확정된 경우 사업시행자(공탁자)는 확정판결을 첨부하여 공탁금 회수청구를 할 수 있는데, 이때 사업시행자 명의의 소유권이전등기가 말소된 수용대상 토지의 등기사항증명서를 첨부해야 한다.

⑤ 토지수용보상금 공탁의 경우 민법 제489조에 따른 공탁금 회수청구는 인정되지 않는다.

....

[**❶ ▶ O**] 근저당권 채무자가 근저당권 채권자를 공탁물 수령자(피공탁자)로 하여 근저당권 채무의 변제공탁을 하면서 근저당설정등기말소에 필요한 위임장, 해지증서, 근저당권설정계약서를 동시이행으로 교부할 것을 반대급부로 한 경우, 위 근저당권 채권자가 위 공탁금의 출급청구를 거절하고 공탁자를 상대로 약속어음금청구의 소를 제기하여 가집행선고부 승소판결을 받아 위 공탁자의 변제공탁금 회수청구권에 대한 압류 및 전부명령을 받고 그 확정에 기하여 공탁금 지급(회수)청구를 하였다면, 위 공탁서에 기재된 반대급부의 기재내용이 불법조건으로써 그 효력이 없음은 별론으로 하더라도 변제공탁의 조건으로 한 반대급부는 피공탁자의 공탁금 출급청구권 행사에 제한사유가 될 뿐 공탁자가 공탁금을 회수하는 경우에는 공탁공무원의 지급제한사유는 될 수 없는 것이다(공탁선례 제2-333호).

[**❷ ▶ O**] 소외인이 법원의 담보제공명령도 없이 임의로 한 이 사건 공탁을 민사집행법 제307조에 따른 적법한 재판상 담보공탁이라고 볼 수도 없으므로, 재항고인은 담보권 실행의 방법으로 위 공탁금의 출급을 청구할 수 없다고 할 것이다. 다만, 이 사건 공탁은 재판상 담보공탁으로서의 효력이 없어 결국 공탁자가 착오로 공탁한 경우에 해당하므로, 재항고인은 담보취소결정을 받을 필요 없이 공탁자의 공탁물회수청구권에 대하여 압류·추심명령 등을 얻어 공탁금의 회수청구를 할 수 있을 것이다(대결 2010.8.24. 2010마459).

[**❸ ▶ O**] 확정일자 있는 채권양도 통지를 받은 후 양도인을 가압류채무자로 하는 채권가압류(3건)가 있는데 선행 채권양도에 대한 다툼이 없고, 채권자불확지 변제공탁을 할 만한 사정이 없는데도 제3채무자가 피공탁자를 '양도인 또는 양수인'으로 지정하고, 공탁근거법령으로 「민법」 제487조, 「민사집행법」 제248조 제1항 및 제291조에 의한 혼합공탁을 한 경우, 이는 혼합공탁의 요건을 갖추지 못해 유효한 공탁으로 볼 수 없으므로 공탁자(제3채무자)는 착오로 인한 공탁금회수 청구를 할 수 있다(공탁선례 제2-307호).

[**❹ ▶ ✕**] 이 건 질의와 같이 토지수용보상금공탁이 부적법하여 토지수용재결의 효력이 상실된 경우 공탁자인 기업자는 「공탁법」 제8조 제2항 제3호의 규정에 의해 공탁금을 회수할 수 있다. 공탁금의 회수를 청구하는 때에는 회수청구서에 위 확정판결 외에 수용된 토지의 등기부상 기업자 명의의 소유권이전등기가 말소된 등기부등본을 첨부할 필요는 없다(공탁선례 제2-247호).

[**❺ ▸ ○**] 기업자의 토지수용법 제61조 제2항에 의한 손실보상금의 공탁은 같은 법 제65조에 의하여 간접적으로 강제되는 것인바 이와 같이 그 공탁이 자발적이 아닌 경우에는 민법 제489조의 적용은 배제되어 피공탁자가 공탁자에게 공탁금을 수령하지 아니한다는 의사를 표시하였다 할지라도 기업자는 그 공탁금을 회수할 수 없으므로 공탁공무원은 기업자 자신의 공탁금회수청구 및 위 공탁금회수청구채권에 대하여 전부명령을 받은 자의 공탁금회수청구에 대하여도 그 공탁금을 출급할 수는 없다(대결 1988.4.8. 88마201).

답 ❹

26

☐☐☐

수용보상공탁금의 출급에 관한 다음 설명 중 가장 옳은 것은?

① 수용보상금을 받을 자가 주소불명으로 인하여 그 보상금을 수령할 수 없는 때에 해당함을 이유로 하여 보상금이 공탁된 경우 정당한 공탁금수령권자이면서도 공탁공무원으로부터 공탁금의 출급을 거부당한 자는 공탁자인 사업시행자를 상대방으로 하여 그 공탁금출급권의 확인을 구하는 소송을 제기할 이익이 있다.

② 수용보상금의 공탁서에 공탁물을 수령할 자로 甲, 乙로 기재되어 있더라도, 甲은 수용대상 토지가 자신의 단독 소유임을 증명하는 서류를 첨부하여 단독으로 공탁관에게 공탁금출급청구를 할 수 있다.

③ 사업시행자가 이미 사망한 사람을 피공탁자로 하여 공탁하였다면 이는 무효이므로, 그 피공탁자의 상속인들이 직접 공탁금을 출급청구할 수 없다.

④ 매수인이 매도인을 상대로 매매를 원인으로 한 토지소유권이전등기절차 이행의 승소판결을 받았으나 그에 따른 소유권이전등기를 마치지 않고 있던 중 사업시행자가 해당 토지를 수용하고 매도인 앞으로 수용보상금을 공탁함으로써 수용의 효력이 발생한 경우 그 수용을 원인으로 한 소유권이전등기가 마쳐지기 전에 매수인이 자기 명의로 소유권이전등기를 마쳤다면 그 매수인은 직접 공탁금의 출급청구를 할 수 있다.

⑤ 종중이 수용대상 토지에 관한 명의신탁을 해지하였으나 수용시기 전에 소유권등기를 회복하지 못하였다 해도, 종중이 명의수탁자를 상대로 명의신탁의 해지를 이유로 공탁금출급청구권확인판결을 받았다면 종중은 위 확인판결에 기하여 직접 공탁금출급청구를 할 수 있다.

....

[**❶ ▸ ○**] 보상금을 받을 자가 주소불명으로 인하여 그 보상금을 수령할 수 없는 때에 해당함을 이유로 하여 공익사업을 위한 토지 등의 취득 및 보상에 관한 법률 제40조 제2항 제1호의 규정에 따라 사업시행자가 보상금을 공탁한 경우에 있어서는, 변제공탁제도가 본질적으로는 사인 간의 법률관계를 조정하기 위한 것이라는 점, 공탁공무원은 형식적 심사권을 가질 뿐이므로 피공탁자와 정당한 보상금수령권자라고 주장하는 자 사이의 동일성 등에 관하여 종국적인 판단을 할 수 없고, 이는 공탁공무원의 처분에 대한 이의나 그에 대한 불복을 통해서도 해결될 수 없는 점, 누가 정당한 공탁금수령권자인지는 공탁자가 가장 잘 알고 있는 것으로 볼 것인 점, 피공탁자 또는 정당한 공탁금수령권자라고 하더라도 직접 국가를 상대로 하여 민사소송으로써 그 공탁금의 지급을 구하는 것은 원칙적으로 허용되지 아니하는 점 등에 비추어 볼 때, 정당한 공탁금수령권자이면서도 공탁공무원으로부터 공탁금의 출급을 거부당한 자는 그 법률상 지위의 불안·위험을 제거하기 위하여 공탁자인 사업시행자를 상대방으로 하여 그 공탁금출급권의 확인을 구하는 소송을 제기할 이익이 있다(대판 2007.2.9. 2006다68650).

[**❷** ▸ ×] 기업자가 토지수용법 제61조 제2항에 따라서 관할 토지수용위원회가 재결한 토지수용보상금을 공탁한 경우, 그 공탁서에 공탁물을 수령할 자가 재결서에 수용대상 토지의 소유자로 표시된 갑과 을의 2인으로 기재되어 있다면, 갑이 단독으로 공탁공무원에게 공탁금출급청구를 하면서 수용대상 토지가 갑 한 사람의 소유임을 증명하는 서류를 첨부하였더라도, 공탁공무원으로서는 공탁금출급청구를 불수리할 수밖에 없는 것이다(대결 1989.12.1. 89마821).

[**❸** ▸ ×] 토지수용 절차에서 사업시행자가 사망한 등기부상 소유자를 상대로 수용재결하고 그를 피공탁자로 하여 보상금을 공탁한 경우, 피공탁자인 망인의 상속인들이 공탁금을 출급받기 위하여는 상속을 증명하는 서면(호적·제적등본 등)을 첨부하여 상속인 전원이 출급청구하거나 상속인 각자가 자기 지분에 해당하는 공탁금을 출급청구할 수 있다(공탁선례 제2-222호).

[**❹** ▸ ×] 매수인이 매도인인 등기부상 소유명의인을 상대로 매매를 원인으로 한 토지소유권이전등기 절차 이행의 승소판결을 받았으나 그에 따른 소유권이전등기를 경료하지 않고 있던 중 대한주택공사에서 위 토지를 수용하고 그 보상금을 매도인 앞으로 공탁함으로써 수용의 시기에 수용의 효력이 발생하였다면, 그 이후 수용을 원인으로 한 대한주택공사 앞으로의 소유권이전등기가 경료되기 전에 매수인이 자기 명의로의 소유권이전등기를 경료하였다 하더라도 그 매수인은 피공탁자인 매도인으로부터 공탁금 출급청구권을 양도받지 않는 한 직접 공탁금의 출급청구를 할 수 없다(공탁선례 제2-208호).

[**❺** ▸ ×] 종중이 피수용토지에 대한 명의신탁을 해지하였다고 하더라도 수용시기 전에 소유권등기를 회복하지 못하였다면, 토지수용보상금의 출급청구권은 수용 당시의 소유자인 망 종원의 상속인이 취득하는 것이고 종중은 망 종원의 상속인으로부터 공탁금출급청구권을 양도받지 않는 한 공탁금출급청구권을 취득할 수는 없는 것이므로, 비록 종중이 망 종원의 상속인을 피고로 하여 명의신탁의 해지를 이유로 공탁금출급청구권확인판결(공탁금출급청구권을 증명하는 서면이 될 수는 없음)을 받았다고 하더라도 종중은 위 확인판결에 기하여 직접 공탁금출급청구를 할 수는 없을 것이다. 다만 종중은 위 상속인에게 대상으로 취득한 공탁금출급청구권의 양도를 청구하여 양도받은 후(위 상속인이 자발적으로 양도하지 않으면 공탁금출급청구권의 양도의사를 표시하고 채무자인 국가에게 이를 통지하라는 내용의 판결을 구할 수 있다) 공탁금출급청구를 할 수 있다(공탁선례 제1-154호).

답 ❶

제1절 재판상 담보공탁

27
☐☐☐

담보공탁에 관한 다음 설명 중 옳은 것을 모두 고른 것은? 2025년 법무사시험 [문 32]

ㄱ. 금전과 이에 대한 다 갚는 날까지의 지연손해금의 지급을 명한 가집행선고부 판결에 대한 강제집행정지를 위하여 담보공탁을 한 경우, 위 금전의 가집행이 지연됨으로 인한 손해에는 집행의 정지가 효력을 갖는 기간 내에 발생한 지연손해금 상당의 손해가 원칙적으로 포함되지 않는다. 따라서 지연손해금 상당의 그 손해배상청구권은 강제집행정지를 위한 담보공탁의 피담보채권이 될 수 없다.

ㄴ. 재판상 담보공탁의 담보권리자가 공탁금회수청구권을 압류하고 추심명령이나 확정된 전부명령을 받은 후 담보취소결정을 받아 공탁금회수청구를 하는 경우, 그 담보공탁금의 피담보채권을 집행채권으로 하는 것인 이상, 담보권리자의 위와 같은 담보취소신청은 어디까지나 담보권을 포기하고 일반 채권자로서 강제집행을 하는 것이 아니라 오히려 적극적인 담보권실행에 의하여 그 공탁물회수청구권을 행사하기 위한 방법으로 보는 것이 타당하다.

ㄷ. 담보제공자가 담보권리자의 동의 없이 담보취소신청을 한 경우에 담보권리자가 권리행사의 최고를 받고도 권리를 행사하지 아니하면 담보취소에 동의한 것으로 본다. 최고를 받은 담보권리자가 소의 제기, 지급명령의 신청 등 소송의 방법으로 권리행사를 한 경우에도 권리 주장의 범위가 담보공탁금액 중 일부에 한정되어 있을 때에는 초과 부분에 대해서는 담보취소에 대한 동의가 있다고 보아야 하므로, 법원은 그 부분 일부 담보를 취소하여야 한다.

ㄹ. 부동산에 대한 강제집행정지 신청사건에서 담보제공명령을 받은 당사자가 아닌 제3자는 당사자를 대신하여 담보를 공탁한다는 취지를 공탁서에 기재하더라도 유효하게 당사자를 위한 담보를 제공할 수는 없다.

① ㄱ, ㄴ ② ㄴ, ㄷ
③ ㄷ, ㄹ ④ ㄴ, ㄹ
⑤ ㄱ, ㄷ

⋯⋯⋯⋯⋯⋯⋯⋯⋯⋯⋯⋯⋯⋯⋯⋯⋯⋯⋯⋯⋯⋯⋯⋯⋯⋯⋯⋯⋯⋯⋯⋯⋯⋯⋯⋯⋯⋯

[ㄱ ▸ ✕] 가집행선고부 판결에 대한 강제집행정지를 위하여 공탁한 담보는 강제집행정지로 인하여 채권자에게 생길 손해를 담보하기 위한 것이고 정지의 대상인 기본채권 자체를 담보하는 것은 아니므로 채권자는 그 손해배상청구권에 한하여서만 질권자와 동일한 권리가 있을 뿐 기본채권에까지 담보적 효력이 미치는 것은 아니다. 그러나 금전과 이에 대한 다 갚는 날까지의 지연손해금의 지급을 명한 가집행선고부 판결에 대한 강제집행정지를 위하여 담보공탁을 한 경우, <u>위 금전의 가집행이 지연됨으로 인한 손해에는 반대되는 사정이 없는 한 집행의 정지가 효력을 갖는 기간 내에 발생한 지연손해금 상당의 손해가 포함되고, 그 경우 지연손해금 상당의 그 손해배상청구권은 기본채권 자체라 할 것은 아니어서 강제집행정지를 위한 담보공탁의 피담보채권이 된다.</u> 위 판결이 확정되면 그중 지연손해금의 지급을

명한 부분은 강제집행정지를 위한 담보공탁의 피담보채권이 발생하였음을 증명하는 서면이 되고, 민사소송법 제125조 제3항의 권리행사 최고를 받은 권리자가 위 확정판결을 제출하면 담보공탁에 대한 권리행사를 하였다고 볼 수 있으므로 위 조항에 의한 담보취소를 할 수 없다(대결 2025.2.13. 2024마7294).

[ㄴ ▸ ○] 구 민사소송법 제113조에 의하면, 재판상 담보공탁에 있어 담보권리자(피공탁자)는 담보물에 대하여 질권자와 동일한 권리가 있는바, 담보권리자가 공탁금회수청구권을 압류하고 추심명령이나 확정된 전부명령을 받은 후 담보취소결정을 받아 공탁금회수청구를 하는 경우에도 그 담보공탁금의 피담보채권을 집행채권으로 하는 것인 이상, 담보권리자의 위와 같은 담보취소신청은 어디까지나 담보권을 포기하고 일반 채권자로서 강제집행을 하는 것이 아니라 오히려 적극적인 담보권실행에 의하여 그 공탁물회수청구권을 행사하기 위한 방법에 불과하다고 보는 것이 합리적이므로 이는 담보권의 실행방법으로 인정되고, 따라서 이 경우에도 질권자와 동일한 권리가 있다고 할 것이므로 그에 선행하는 일반 채권자의 압류 및 추심명령이나 전부명령으로 이에 대항할 수 없다(대판 2004.11.26. 2003다19183).

[ㄷ ▸ ○] 담보제공자가 담보권리자의 동의 없이 담보취소신청을 한 경우에 담보권리자가 권리행사의 최고를 받고도 권리를 행사하지 아니하면 담보취소에 동의한 것으로 본다(민사소송법 제125조 제3항). 최고를 받은 담보권리자가 소의 제기, 지급명령의 신청 등 소송의 방법으로 권리행사를 한 경우에도 권리 주장의 범위가 담보공탁금액 중 일부에 한정되어 있을 때에는 초과 부분에 대해서는 담보취소에 대한 동의가 있다고 보아야 하므로, 법원은 그 부분 일부 담보를 취소하여야 한다(대결 2017.1.13. 2016마1180).

[ㄹ ▸ ×] 재판상 보증공탁은 담보제공명령을 받은 당사가가 공탁자가 되는 것이 원칙이지만, 제3자도 담보제공명령을 받은 자를 대신하여 공탁할 수 있다. 이 경우 공탁자(제3자)는 공탁서의 공탁자란에 자신의 성명 및 주소를, 비고란에는 제3자로서 공탁한다는 취지를 기재하면 되며 상대방(피공탁자)의 동의는 요하지 않는다(공탁선례 제2-16호).

답 ❷

재판상 담보공탁의 담보권이 미치는 범위에 관한 다음 설명 중 가장 옳지 않은 것은?

2024년 법무사시험 [문 39]

① 근저당권에 기한 경매절차의 정지를 위한 담보공탁의 경우 근저당권설정등기말소소송의 소송비용에도 담보권의 효력이 미친다.

② 본안소송에서 패소 확정된 보전처분 채권자에 대하여 손해배상을 청구하는 경우, 가압류채무자가 가압류 청구금액을 공탁하고 그 집행취소결정을 받았다면 가압류채무자는 적어도 그 가압류 집행으로 인하여 가압류해방공탁금에 대한 민사 법정이율인 연 5% 상당의 이자와 공탁금 이율 상당의 이자의 차액 상당의 손해를 입었다고 보아야 한다.

③ 근저당권설정등기의 채무자로서 부동산임의경매절차 진행 중 근저당권설정등기말소등기청구소송을 제기하면서 보증공탁을 하고 제1심 판결선고 시까지 경매절차정지결정을 받았으나 패소한 후, 항소하면서 다시 보증공탁을 하고 항소심 판결선고 시까지 경매절차정지결정을 받아 현재 항소심 계속 중인 경우, 2차에 걸친 공탁은 각기 당해 심급에 관한 채권자의 손해를 담보하는 것이므로, 1심에서 제공한 담보에 관하여는 항소심에서 다시 담보가 제공되었다는 이유로 담보사유가 소멸되었다고 할 수 없다.

④ 금전 및 이에 대한 지연손해금의 지급을 명한 판결이나 건물명도 및 그 명도 시까지의 차임 상당액의 지급을 명한 가집행선고부 판결에 대한 강제집행정지를 위하여 담보공탁을 한 경우 그 가집행이 지연됨으로 인한 손해에는 반대의 사정이 없는 한 집행의 정지가 효력이 있는 기간 내에 발생된 지연손해금이나 차임 상당의 손해가 포함된다.

⑤ 강제집행정지를 위하여 법원의 명령으로 제공된 공탁금은 채권자가 강제집행정지 자체로 인하여 입은 손해배상금채권을 담보하는 것이다.

....

[❶ ▸ ✕] 근저당권에 기한 경매절차의 정지를 위한 보증공탁은 그 경매절차의 정지 때문에 채권자에게 손해가 발생할 경우에 그 손해배상의 확보를 위하여 하는 것이므로, 그 담보적 효력이 미치는 범위는 위 손해배상청구권에 한하고, <u>근저당권의 피담보채권이나 근저당권설정등기말소소송의 소송비용에까지 미치는 것은 아니다</u>(대결 1992.10.20. 92마728).

[❷ ▸ ○] 본안소송에서 패소 확정된 보전처분 채권자에 대하여 손해배상을 청구하는 경우, 가압류 채무자가 가압류 청구금액을 공탁하고 그 집행취소 결정을 받았다면, 가압류 채무자는 적어도 그 가압류 집행으로 인하여 가압류해방 공탁금에 대한 민사 법정이율인 연 5푼 상당의 이자와 공탁금의 이율 상당의 이자의 차액 상당의 손해를 입었다고 보아야 한다(대판 1995.12.12. 95다34095).

[❸ ▸ ○] 근저당권설정등기의 채무자로서 부동산임의경매절차 진행중 근저당권설정등기말소등기청구소송을 제기하면서 보증공탁을 하고 제1심 판결선고 시까지 경매절차정지결정을 받았으나 패소한 후, 항소하면서 다시 보증공탁을 하고 항소심 판결선고 시까지 경매절차정지결정을 받아 현재 항소심 계속중인 경우, 2차에 걸친 공탁은 각기 당해 심급에 관한 채권자의 손해를 담보하는 것이다. 따라서 1심에서 제공한 담보에 관하여는 항소심에서 다시 담보가 제공되었다는 이유로 담보사유가 소멸되었다고 할 수 없으며, 담보를 제공한 당사자의 승소판결이 확정된 경우 또는 그것에 준하는 경우에만 담보의 사유가 소멸하는 것이다(공탁선례 제2-259호).

[❹ ▸ ○] 금전 및 이에 대한 지연손해금의 지급을 명한 판결이나 건물명도 및 그 명도 시까지의 차임 상당액의 지급을 명한 가집행선고부 판결에 대한 강제집행정지를 위하여 담보공탁을 한 경우 그 가집행이 지연됨으로 인한 손해에는 반대의 사정이 없는 한 집행의 정지가 효력이 있는 기간 내에 발생된 지연손해금이나 차임 상당의 손해가 포함된다. 이 경우 지연손해금이나 차임 상당의 그 손해배상청구권은 기본채권 자체라 할 것은 아니므로 강제집행정지를 위한 담보공탁의 피담보채무가 된다(대판

2000.1.14. 98다24914 참조). 실무편람 이와 관련하여 판례는, 건물명도 및 그 명도 시까지의 차임 상당액의 지급을 명한 가집행선고부 판결에 대한 강제집행정지를 위하여 담보공탁을 한 경우, 그 건물의 명도집행이 지연됨으로 인한 손해에는 반대되는 사정이 없는 한 집행의 정지가 효력을 갖는 기간 내에 발생된 차임 상당의 손해가 포함되고, 그 경우 차임 상당의 그 손해배상청구권은 기본채권 자체라 할 것은 아니어서 명도집행정지를 위한 공탁금의 피담보채무가 된다고 판시하고 있다(대판 2000.1.14. 98다24914).

[❺ ▸ ○] 강제집행정지를 위하여 법원의 명령으로 제공된 공탁금은 채권자가 강제집행정지 자체로 인하여 입은 손해배상금채권을 담보하는 것이나, 그 손해의 범위는 민법 제393조에 의하여 정해져야 할 것인바, 담보제공자의 권리행사최고에 따라 담보권리자가 권리행사를 위하여 제기한 소송의 소송비용은 강제집행정지로 인하여 입은 통상손해에 해당한다고 할 것이므로 위 소송비용은 강제집행정지를 위하여 법원의 명령으로 제공된 담보공탁금의 피담보채권이 된다고 할 것이다(대결 2004.7.5. 2004마177).

정답 ❶

29
☐☐☐

재판상 담보공탁의 담보취소에 관한 다음 설명 중 가장 옳지 않은 것은?

2024년 법무사시험 [문 48]

① 권리행사 최고기간의 만료에 따른 담보취소결정이 있은 후, 위 담보취소결정이 확정되기 전에 담보권리자가 권리행사를 하고 이를 증명하더라도 위 담보취소결정을 취소할 수 없다.

② 담보제공자는 담보취소에 관한 담보권리자의 동의를 얻은 것을 증명하여 담보취소 신청을 할 수 있다.

③ 법원이 가처분채무자의 이의신청에 따라 결정으로 가처분을 취소하면서 적당한 담보를 제공할 것을 명한 경우, 제공된 담보는 가처분의 취소 자체로 인하여 가처분채권자가 입은 손해를 담보하기 위한 것으로 봄이 상당하다.

④ 가집행선고가 붙은 항소심판결이 상고심에서 파기되어 항소심에 환송된 경우에는 비록 본안판결이 확정되지 아니하였다 하여도 위의 가집행선고가 붙은 판결의 집행을 정지하기 위하여 제공된 담보는 그 담보원인이 소멸되었다고 할 것이다.

⑤ 담보취소 신청사건은 담보제공을 명한 법원 또는 그 기록을 보관하고 있는 법원이 관할한다.

....

[❶ ▸ ✕] 민사소송법 제115조 제3항에 따른 담보취소결정이 발하여진 후 그 결정이 확정되기 전에 담보권리자가 권리행사를 하고 이것을 증명한 경우에는 <u>담보권리자가 담보취소에 동의한 것으로 간주하여 발하여진 담보취소결정은 그대로 유지할 수 없게 되었다고 해석함이 상당하고</u>, 이는 재항고심에 이르러 비로소 권리행사를 하면서 이를 증명하는 서면을 제출한 경우에도 마찬가지이다(대결 2000.7.18. 2000마2407).

[❷ ▸ ○] 민사소송법 제125조 제1항, 제2항

> **민사소송법 제125조(담보의 취소)**
> ① 담보제공자가 담보하여야 할 사유가 소멸되었음을 증명하면서 취소신청을 하면, 법원은 담보취소결정을 하여야 한다.
> ② 담보제공자가 담보취소에 대한 담보권리자의 동의를 받았음을 증명한 때에도 제1항과 같다.

[**❸ ▸ O**] 법원이 가처분채무자의 이의신청에 의하여 민사소송법 제715조와 제704조 제3항에 따라서 종국판결로 가처분의 취소를 선고하면서 적당한 담보를 제공할 것을 명한 경우 제공된 담보는 가처분의 취소 자체로 인하여 가처분채권자가 입은 손해를 담보하기 위한 것으로 봄이 상당하고, 가처분을 취소하는 재판이 부당한 것으로 판명되는 경우에 한하여 가처분채권자가 입게 될 손해만을 담보하는 것이라고 볼 수 없다(대결 1992.12.22. 92마782).

[**❹ ▸ O**] 가집행선고가 붙은 항소심판결이 상고심에서 파기되어 항소심에 환송된 경우에는 비록 본안 판결이 확정되지 아니하였다 하여도 위의 가집행선고가 붙은 판결집행을 정지하기 위하여 제공된 담보는 그 담보원인이 소멸되었다고 할 것이다(대결 1984.4.26. 84마171).

[**❺ ▸ O**] 법 제125조의 규정에 따른 담보취소신청사건과 법 제126조의 규정에 따른 담보물변경신청사건은 담보제공결정을 한 법원 또는 그 기록을 보관하고 있는 법원이 관할한다(민사소송규칙 제23조 제1항).

정답 ❶

---

30 ▢▢▢ 재판상 담보공탁의 담보권이 미치는 범위 등에 관한 다음 설명 중 가장 옳지 않은 것은?

2023년 법무사시험 [문 35]

① 보전명령이 부집행·집행불능인 경우라도 그 명령의 존재만으로 피공탁자는 명예훼손 또는 신용저하, 불안 등 정신상의 손해를 입을 수 있으므로 이 정신적 손해배상청구권도 피담보채권의 범위에 든다 할 것이며, 위 보전명령 그 자체를 다투는 데 필요한 소송의 비용도 위 피담보채권의 범위에 포함된다.

② 강제집행정지를 위하여 법원의 명령으로 제공된 공탁금은 채권자가 강제집행정지 자체로 인하여 입은 손해배상금채권을 담보하는 것이므로, 담보제공자의 권리행사최고에 따라 담보권리자가 권리행사를 위하여 제기한 소송의 소송비용은 강제집행정지로 인하여 입은 통상손해에 해당한다고 볼 수 없으므로 위 소송비용은 강제집행정지를 위하여 법원의 명령으로 제공된 담보공탁금의 피담보채권에 해당하지 않는다.

③ 피담보채권에 관한 확정판결(이행판결과 확인판결을 모두 포함), 이에 준하는 서면(화해조서, 조성조서, 공정증서 등) 또는 공탁자의 동의서(인감증명서 첨부)는 특별한 사정이 없는 한 피담보채권이 발생하였음을 증명하는 서면으로 본다.

④ 가압류를 위하여 법원의 명령으로 제공된 공탁금은 부당한 가압류로 인하여 채무자가 입은 손해를 담보하는 것인바, 채권자가 본안의 소를 제기함에 따라 그 응소를 위하여 채무자가 지출한 소송비용은 가압류로 인하여 입은 손해라고 할 수 없으므로, 가압류의 본안소송에 관한 소송비용은 가압류를 위하여 제공된 공탁금이 담보하는 손해의 범위에 포함되지 않는다.

⑤ 특별사정으로 인한 가처분취소(민사집행법 제307조)의 경우, 가처분채무자가 제공하는 담보는 가처분채권자가 본안소송에서 승소하였음에도 가처분의 취소로 말미암아 가처분목적물이 존재하지 않게 됨으로써 입는 손해를 담보하기 위한 것이므로, 가처분채권자는 가처분취소로 인하여 입은 손해배상 청구소송의 승소판결을 얻은 후에 그 담보에 대하여 질권자와 동일한 권리를 가지고 우선변제를 받을 수 있다.

[❶ ▸ ○] 가처분명령이 집행되지 아니하고 집행기간이 도과된 경우에도 가처분명령의 존재만으로도 피신청인에게 정신상 손해를 주었을 수 있고 또한 그 보증공탁이 담보하는 피신청인의 손해배상 범위에는 그 가처분명령 자체를 다투는 데 필요한 소송비용도 든다 할 것이므로 특별한 사정이 없는 한 그 담보사유는 소멸되었다 할 수 없다(대결 1967.12.29. 67마1009).

[❷ ▸ ×] 강제집행정지를 위하여 법원의 명령으로 제공된 공탁금은 채권자가 강제집행정지 자체로 인하여 입은 손해배상금채권을 담보하는 것이나, 그 손해의 범위는 민법 제393조에 의하여 정해져야 할 것인바, 담보제공자의 권리행사최고에 따라 담보권리자가 권리행사를 위하여 제기한 소송의 소송비용은 강제집행정지로 인하여 입은 통상손해에 해당한다고 할 것이므로 위 소송비용은 강제집행정지를 위하여 법원의 명령으로 제공된 담보공탁금의 피담보채권이 된다고 할 것이다(대결 2004.7.5. 2004마177).

[❸ ▸ ○] 피담보채권에 관한 확정판결(이행판결과 확인판결을 모두 포함), 이에 준하는 서면(화해조서, 조정조서, 공정증서 등) 또는 공탁자의 동의서(인감증명서 첨부)는 특별한 사정이 없는 한 피담보채권이 발생하였음을 증명하는 서면으로 본다[행정예규 제952호 4. 가. (2)].

[❹ ▸ ○] 가압류를 위하여 법원의 명령으로 제공된 공탁금은 부당한 가압류로 인하여 채무자가 입은 손해를 담보하는 것이므로, 가압류의 취소에 관한 소송비용은 가압류를 위하여 제공된 공탁된 공탁금이 담보하는 손해의 범위에 포함된다(대결 2013.2.7. 2012마2061 참조). 그러나 채권자가 본안의 소를 제기함에 따라 그 응소를 위하여 채무자가 지출한 소송비용은 가압류로 인하여 입은 손해라고 할 수 없으므로, 가압류의 본안소송에 관한 소송비용은 가압류를 위하여 제공된 공탁금이 담보하는 손해의 범위에 포함되지 않는다(대결 2009.10.23. 2009마1105, 대결 2013.5.16. 2013마454 참조). 법공 공탁

[❺ ▸ ○] 민사집행법 제307조에서 특별한 사정이 있을 때 담보의 제공을 조건으로 가처분의 취소를 구할 수 있게 한 것은, 가처분을 존속시키는 것이 공평의 관념상 부당하다고 생각되는 경우, 즉 가처분에 의하여 보전되는 권리가 금전적 보상으로써 그 종국의 목적을 달할 수 있다는 사정이 있거나 또는 가처분 집행으로 가처분채무자가 특히 현저한 손해를 받고 있는 경우에 가처분채무자로 하여금 담보를 제공하게 하여 가처분의 집행뿐 아니라 가처분명령 자체를 취소하여 가처분채무자로 하여금 목적물을 처분할 수 있도록 하는 데에 있고, 따라서 처분채무자가 제공하는 담보는 가처분채권자가 본안소송에서 승소하였음에도 가처분의 취소로 말미암아 가처분목적물이 존재하지 않게 됨으로써 입는 손해를 담보하기 위한 것이므로, 가처분채권자는 가처분취소로 인하여 입은 손해배상 청구소송의 승소판결을 얻은 후에 민사소송법 제475조 제3항, 제113조에 의하여 그 담보에 대하여 질권자와 동일한 권리를 가지고 우선변제를 받을 수 있다(대판 1998.5.15. 97다58316).

답 ❷

① 담보제공명령의 당사자가 아닌 제3자도 담보제공의무자를 대신하여 공탁할 수 있지만 법원의 허가 또는 담보권리자의 동의를 요한다.

② 금전 및 이에 대한 지연손해금의 지급을 명한 가집행선고부 판결에 대한 강제집행 정지를 위하여 담보공탁을 한 경우 집행의 정지가 효력이 있는 기간 내에 발생한 지연손해금뿐만 아니라 원금에 대하여도 담보권의 효력이 미친다.

③ 피담보채권에 관한 확정판결 이외에도 공탁자의 동의서(인감증명서 첨부)도 공탁원인사실란에 기재된 피담보채권이 발생하였음을 증명하는 서면이 된다.

④ 피공탁자가 피담보채권에 기하여 민사집행법 제273조에서 정한 채권에 대한 강제집행절차에 따라 공탁자의 공탁금회수청구권을 압류 및 추심명령을 얻어 공탁금출급청구를 하는 경우에도 담보취소 결정을 받아야 한다.

⑤ 제1심에서 가집행의 정지를 위하여 제공된 담보의 경우 항소심에서 제1심판결이 취소되었다면 그 항소심판결이 미확정인 상태일지라도 담보사유는 소멸한다.

....

[**❶** ▸ ✕] 담보공탁에서 공탁자로 될 자는 원칙적으로 법령상 담보제공의 의무를 지는 자가 된다. 그러나 민사소송법과 민사집행법에는 담보제공을 당사자에 한하여 할 수 있다는 규정이나 제3자가 담보제공을 하는 것을 금하는 규정이 없으므로 담보제공 의무자를 위하여 제3자가 자신 소유의 금전 또는 유가증권을 자기 명의로 공탁할 수 있다. 따라서 당사자 본인에게 공탁명령이 나간 경우에도 제3자는 당사자를 대신하여 공탁할 수 있고, <u>이 경우 법원의 허가나 담보권리자의 동의는 필요 없으나 제3자가 당사자를 대신하여 공탁함을 공탁서에 기재하여야</u> 한다(공탁선례 제2-16호). ▐실무편람▐

[**❷** ▸ ✕] 　가집행선고부 판결에 대한 강제집행 정지를 위하여 공탁한 담보는 <u>강제집행 정지로 인하여 채권자에게 생길 손해를 담보하기 위한 것</u>이고 정지의 대상인 기본채권 자체를 담보하는 것은 아니므로 채권자는 그 손해배상청구권에 한하여서만 질권자와 동일한 권리가 있을 뿐 기본채권에까지 담보적 효력이 미치는 것은 아닌바, 가옥의 명도집행이 지연됨으로 인한 손해에는 반대되는 사정이 없는 한 집행의 정지가 효력을 갖는 기간 내에 발생된 차임 상당의 손해가 포함되고, 그 경우 차임 상당의 그 손해배상청구권은 기본채권 자체라 할 것은 아니어서 명도집행 정지를 위한 공탁금의 피담보채무가 된다(대판 2000.1.14. 98다24914).

[**❸** ▸ ○] 　피담보채권에 관한 확정판결(이행판결과 확인판결을 모두 포함), 이에 준하는 서면(화해조서, 조정조서, 공정증서 등) 또는 공탁자의 동의서(인감증명서 첨부)는 특별한 사정이 없는 한 피담보채권이 발생하였음을 증명하는 서면으로 본다[행정예규 제952호 4. 가. (2)].

[**❹** ▸ ✕] 　공탁관은 담보공탁의 피공탁자가 피담보채권에 터 잡아 민사집행법 제273조에서 정한 채권에 대한 강제집행절차에 따라 공탁자의 공탁금회수청구권을 압류하고 추심명령이나 확정된 전부명령을 얻어 공탁금출급청구(청구서의 표시를 회수청구라고 기재한 때에도 같다)한 경우에도 공탁물을 피공탁자에게 교부한다. 이 경우에, 피공탁자는 공탁금출급청구서와 함께 질권(담보권) 실행을 위한 압류명령 정본, 추심명령 또는 전부명령 정본, 위 명령의 송달증명, 전부명령에 관한 확정증명을 제출하여야 한다(<u>담보권 실행의 신청을 할 때 담보권의 존재를 증명하는 서류를 제출하므로 따로 담보취소결정을 받을 필요는 없음</u>)(행정예규 제952호 4. 나.).

[**❺** ▸ ✕] 　제1심판결에 붙은 가집행선고는 그 본안판결을 변경한 항소심판결에 의하여 변경의 한도에서 효력을 잃게 되지만 그 실효는 변경된 그 본안판결의 확정을 해제조건으로 하는 것이어서 그 항소심판결을 파기하는 상고심판결이 선고되면 가집행선고의 효력은 다시 회복되기에, 그 항소심판결이 확정되지 아니한 상태에서는 가집행선고부 제1심판결에 기한 가집행이 전지됨으로 인하여 입은 손해의 배상을 상대방에게 청구할 수 있는 가능성이 여전히 남아 있다고 할 것이므로 <u>가집행선고부 제1심판결이 항소심 판결에 의하여 취소되었다 하더라도 그 항소심판결이 미확정인 상태에서는 가집행선고부 제1심판결에 대한 강제집행 정지를 위한 담보는 그 사유가 소멸되었다고 볼 수 없다</u>(대결[전합] 1999.12.3. 99마2078).

🔲 **❸**

PART 1 PART 2 PART 3 PART 4 PART 5 PART 6 PART 7 **PART 8**

32
□□□

가처분채권자가 담보공탁한 후 파산선고를 받았고, 담보공탁금의 피담보채권인 가처분채무자의 손해배상청구권이 파산채권인 경우에 관한 다음 설명 중 가장 옳은 것은?

2021년 법무사시험 [문 49]

① 가처분채무자는 파산절차에 의하지 아니하고 질권을 실행할 수 있다.
② 가처분채무자로서는 가처분채권자를 상대로 담보공탁금의 피담보채권인 손해배상청구권의 존부에 관한 확인의 소를 제기하여 확인판결을 받는 등의 방법에 의하여 피담보채권이 발생하였음을 증명하는 서면을 확보할 수 있다.
③ 가처분채무자는 이행의 소를 제기할 수도 있다.
④ 가처분채권자는 담보공탁금에 대하여 질권자와 동일한 권리가 있다.
⑤ 가처분채권자가 제공한 담보공탁금에 대한 회수청구권에 관한 권리는 파산재단에 속하지 않는다.

....

[❶ ▸ ○] [❺ ▸ ×] 가처분채권자가 파산선고를 받게 되면 가처분채권자가 제공한 담보공탁금에 대한 공탁금회수청구권에 관한 권리는 파산재단에 속하므로, 가처분채무자가 공탁금회수청구권에 관하여 질권자로서 권리를 행사한다면 이는 별제권을 행사하는 것으로서 파산절차에 의하지 아니하고 담보권을 실행할 수 있다(대판 2015.9.10. 2014다34126).

[❷ ▸ ×] 가처분채무자로서는 가처분채권자의 파산관재인을 상대로 담보공탁금의 피담보채권인 손해배상청구권의 존부에 관한 확인의 소를 제기하여 확인판결을 받는 등의 방법에 의하여 피담보채권이 발생하였음을 증명하는 서면을 확보한 후, 민법 제354조에 의하여 민사집행법 제273조에서 정한 담보권존재 증명 서류로서 위 서면을 제출하여 채권에 대한 질권 실행 방법으로 공탁금회수청구권을 압류하고 추심명령이나 확정된 전부명령을 받아 담보공탁금출급청구를 함으로써 담보권을 실행할 수 있고, 또한 피담보채권이 발생하였음을 증명하는 서면을 확보하여 담보공탁금에 대하여 직접 출급청구를 하는 방식으로 담보권을 실행할 수도 있다(대판 2015.9.10. 2014다34126).

[❸ ▸ ×] 가처분채무자가 가처분채권자의 파산관재인을 상대로 파산채권에 해당하는 위 손해배상청구권에 관하여 이행소송을 제기하는 것은 파산재단에 속하는 특정 재산에 대한 담보권의 실행이라고 볼 수 없으므로 이를 별제권의 행사라고 할 수 없고, 결국 이는 파산절차 외에서 파산채권을 행사하는 것이어서 허용되지 아니한다(대판 2015.9.10. 2014다34126).

[❹ ▸ ×] 가처분채권자가 가처분으로 인하여 가처분채무자가 받게 될 손해를 담보하기 위하여 법원의 담보제공명령으로 일정한 금전을 공탁한 경우에, 피공탁자로서 담보권리자인 가처분채무자는 담보공탁금에 대하여 질권자와 동일한 권리가 있다(민사집행법 제19조 제3항, 민사소송법 제123조)(대판 2015.9.10. 2014다34126).

답 ❶

제2절 **영업보증공탁 · 납세담보공탁**

제4장 집행공탁

채권압류를 원인으로 하는 공탁(민사집행법 제248조)

33 □□□

권리공탁(민사집행법 제248조 제1항)에 관한 다음 설명 중 가장 옳지 않은 것은?

2025년 법무사시험 [문 49]

① 금전채권의 일부에 대하여 압류가 있는 경우 제3채무자는 압류된 채권액 또는 압류와 관련된 금전 채권액 전액을 공탁할 수 있다.

② 제3채무자에 대하여 대위채권자에게 직접 이행하도록 하는 채권자대위판결이 확정된 후 피대위권 리를 피압류채권으로 하는 다수의 채권압류 및 추심명령이 제3채무자에게 순차적으로 송달된 경 우, 제3채무자는 민사집행법 제248조 제1항에 따른 권리공탁을 할 수 있다.

③ 압류금지채권에 해당하는 부분에 대한 압류는 무효임에도 이를 간과한 채 공탁금 전액을 배당재단 으로 하여 추심권자들에게 배당된 경우, 압류채무자는 배당표에서 배당을 받을 것으로 기재된 다른 채권자들을 상대로 배당이의 소를 제기할 수 있다.

④ 제3채무자는 공탁신청 시 압류결정문 사본을 첨부하여야 한다.

⑤ 민사집행법 제248조 제1항에 의하여 공탁한 후에 압류명령이 취소되거나 신청의 취하 등으로 인하여 압류가 실효된 경우, 채무자는 압류된 채권액에 대하여 집행법원의 지급위탁에 의하지 아니한 채 직접 공탁금을 출급할 수 있다.

[❶ ▶ ○] 금전채권의 일부에 대하여 압류가 있는 경우 제3채무자는 압류된 채권액 또는 압류와 관련된 금전채권액 전액을 공탁할 수 있고, 공탁을 한 후 즉시 공탁서를 첨부하여 그 내용을 서면으로 집행법원에 사유신고하여야 한다. 이 경우 공탁근거 법령조항은 민사집행법 제248조 제1항으로 한다[행정예규 제1018호 2. 가. (1)].

[❷ ▶ ○] 제3채무자에 대하여 대위채권자에게 직접 이행하도록 하는 채권자대위판결이 확정된 후 피대위권리를 피압류채권으로 하는 다수의 채권압류 및 추심명령이 제3채무자에게 순차적으로 송달된 경우 제3채무자의 공탁방법은, 채권자대위소송에서 제3채무자로 하여금 직접 대위채권자에게 금전의 지급을 명하는 판결이 확정되었더라도 판결에 기초하여 금전을 지급받는 것은 대위채권자의 제3채무자에 대한 추심권능 또는 변제수령권능에 불과하므로 피대위채권이 변제 등으로 소멸하기 전이라면 채무자의 다른 채권자는 이를 압류·가압류할 수 있다. 제3채무자는 공탁근거 법령조항을 민사집행법 제248조 제1항으로 기재하여 압류결정문 사본을 모두 첨부하고, 공탁원인사실란에 압류사실을 모두 기재하여 공탁할 수 있고, 공탁한 제3채무자는 즉시 공탁서를 첨부하여 가장 먼저 송달받은 압류명령을 발령한 집행법원에 사유신고하여야 할 것이다(공탁선례 제202406-3호).

[❸ ▶ ○] 압류금지채권에 해당하는 부분에 대한 압류는 무효임에도 이를 간과한 채 공탁금 전액을 배당재단으로 하여 추심권자들에게 배당된 경우 압류채무자는 배당표에서 배당을 받을 것으로 기재된 다른 채권자들을 상대로 배당이의 소를 제기할 수 있다(대판 2006.2.9. 2005다28747 참조).

실무편람

[**❹** ▶ ○] 제3채무자는 공탁신청 시 압류결정문 사본을 첨부하여야 한다[행정예규 제1018호 2. 가. (2)].

[**❺** ▶ ×] 금전채권에 대한 압류를 이유로 제3채무자가 민사집행법 제248조 제1항에 의하여 공탁한 후에, 압류명령이 취소되거나 신청의 취하 등으로 인하여 압류가 실효된 경우, 채무자는 압류된 채권액에 대하여 집행법원의 지급위탁에 의하여 공탁금의 출급을 청구할 수 있다(행정예규 제1018호 5. 가.).

탑 ❺

---

34 □□□ 의무공탁(민사집행법 제248조 제2항, 제3항)에 관한 다음 설명 중 가장 옳지 않은 것은?

2025년 법무사시험 [문 33]

① 금전채권에 관하여 배당요구서를 송달받은 제3채무자는 배당에 참가한 채권자의 청구가 있으면 압류된 부분에 해당하는 금액을 공탁하여야 한다.

② 금전채권 중 압류되지 아니한 부분을 초과하여 거듭 압류명령 또는 가압류명령이 내려진 경우에 그 명령을 송달받은 제3채무자는 압류 또는 가압류채권자의 청구가 있으면 그 채권의 전액에 해당하는 금액을 공탁하여야 한다.

③ 제3채무자가 채무액을 공탁한 때에는 그 사유를 법원에 신고하여야 한다.

④ 공탁의무가 발생한 경우라도 제3채무자는 집행공탁이 아닌 정당한 추심권자 1인에게 직접 변제하는 등의 방법으로도 공탁청구한 채권자에게 채무의 소멸을 주장할 수 있다.

⑤ 제3채무자가 배당요구채권자(추심권자)의 공탁청구에도 불구하고 공탁의무를 이행하지 않을 때에는 민사집행법 제249조 제1항에 따라 소로써 공탁을 명하는 추심소송을 제기할 수 있다.

....

[**❶** ▶ ○] 금전채권에 관하여 배당요구서를 송달받은 제3채무자는 배당에 참가한 채권자의 청구가 있으면 압류된 부분에 해당하는 금액을 공탁하여야 한다(민사집행법 제248조 제2항).

[**❷** ▶ ○] 금전채권 중 압류되지 아니한 부분을 초과하여 거듭 압류명령 또는 가압류명령이 내려진 경우에 그 명령을 송달받은 제3채무자는 압류 또는 가압류채권자의 청구가 있으면 그 채권의 전액에 해당하는 금액을 공탁하여야 한다(민사집행법 제248조 제3항).

[**❸** ▶ ○] 제3채무자가 채무액을 공탁한 때에는 그 사유를 법원에 신고하여야 한다. 다만, 상당한 기간 이내에 신고가 없는 때에는 압류채권자, 가압류채권자, 배당에 참가한 채권자, 채무자, 그 밖의 이해관계인이 그 사유를 법원에 신고할 수 있다(민사집행법 제248조 제4항).

[**❹** ▶ ×] 공탁의무가 발생하지 않은 경우에는 제3채무자가 집행공탁이 아닌 정당한 추심권자 1인에게 직접 변제하는 등의 방법으로도 그 채무의 소멸을 다른 채권자 및 채무자에게 주장할 수 있는 반면, 공탁의무가 발생한 경우에는 제3채무자가 공탁의 방법에 의하지 않고는 면책을 받을 수 없다. 따라서 공탁의무가 있는데도 불구하고 제3채무자가 추심채권자 중 한 사람에게 임의로 변제하거나 일부 채권자가 강제집행절차 등에 의하여 추심한 경우 제3채무자는 이로써 '공탁청구한 채권자'에 대한 관계에서 채무의 소멸을 주장할 수 없고 이중지급의 위험을 부담한다. **실무편람** 이와 관련하여 판례는 민사집행법 제248조 제3항은 "금전채권 중 압류되지 아니한 부분을 초과하여 거듭 압류명령 또는 가압류명령이 내려진 경우에 그 명령을 송달받은 제3채무자는 압류 또는 가압류채권자의 청구가 있으면 그 채권의 전액에 해당하는 금액을 공탁하여야 한다."고 규정하고 있다. 여기서 '공탁하여야 한다'란 공탁의 방법에 의하지 아니하고는 면책을 받을 수 없다는 의미이므로, 제3채무자가 추심채권자 중 한 사람에게 임의로 변제하거나 일부 채권자가 강제집행절차 등에 의하여 추심한 경우, 제3채무자는 이로써 공탁청구한 채권자에게 채무의 소멸을 주장할 수 없고 이중지급의 위험을 부담한다고 한다(대판 2012.2.9. 2009다88129).

[**⑤** ▶ **○**] 제3채무자가 배당요구채권자의 공탁청구에도 불구하고 공탁의무를 이행하지 않을 때에는 민사집행법 제249조 제1항에 따라 소로써 공탁을 명하는 추심소송을 제기할 수 있다. 실무편람

目 ④

35
□□□ **공탁관의 공탁통지서 내지 공탁사실통지서 발송 등에 관한 다음 설명 중 가장 옳지 않은 것은?**
2024년 법무사시험 [문 31]

① 제3채무자가 금전채권의 일부에 대한 민사집행법에 따른 압류를 원인으로 압류에 관련된 금전채권액 전액을 집행공탁(민사집행법 제248조 제1항)하는 경우 공탁관은 피공탁자(압류채무자)에게 공탁통지서를 발송하고, 압류채권자에게는 공탁사실을 통지하여야 한다.

② 제3채무자가 금전채권에 대한 가압류를 원인으로 집행공탁(민사집행법 제291조, 제248조 제1항)을 하는 경우 공탁관은 피공탁자에게 공탁통지서를 발송하고, 가압류채권자에게는 공탁사실을 통지하여야 한다.

③ 형사사건의 피고인이 법령 등에 따라 피해자의 인적사항을 알 수 없는 경우에 그 피해자를 위하여 변제공탁(공탁법 제5조의2)을 하는 경우 공탁관은 해당 형사사건이 계속 중인 법원과 검찰에 형사공탁사실통지서를 송부하여야 한다.

④ 제3채무자가 금전채권에 대하여 가압류명령을 송달받은 이후에 채권양도통지를 받아 혼합공탁(민법 제487조 후단, 민사집행법 제291조 및 제248조 제1항)을 하는 경우 공탁관은 피공탁자에게 공탁통지서를 발송하고, 가압류채권자에게는 공탁사실을 통지하여야 한다.

⑤ 제3채무자가 금전채권에 대하여 가압류와 체납처분에 의한 압류의 경합을 원인으로 집행공탁(민사집행법 제291조, 제248조 제1항)을 하는 경우 공탁관은 피공탁자에게 공탁통지서를 발송하고, 가압류채권자 및 체납처분권자에게는 공탁사실을 통지하여야 한다.

....

[**❶** ▶ **✕**] 제3채무자가 금전채권의 일부에 대한 민사집행법에 따른 압류를 원인으로 압류에 관련된 금전채권액 전액을 집행공탁(민사집행법 제248조 제1항)하는 경우 공탁관은 피공탁자(압류채무자)에게 공탁통지서를 발송하여야 하지만, 금전채권의 일부 또는 전부에 대하여 가압류가 있는 경우와는 달리 <u>압류채권자에게 공탁사실을 통지하여야 하는 것은 아니다</u>[행정예규 제1018호 2. 다. (1), (2) 참조].

> ❑ **행정예규 제1018호[제3채무자의 권리공탁에 관한 업무처리절차]**
> 2. 금전채권의 일부에 대하여 압류가 있는 경우
>   다. 제3채무자가 압류와 관련된 금전채권액 전액을 공탁한 경우
>   (1) 제3채무자는 공탁서의 피공탁자란에 압류명령의 채무자를 기재하고, 「공탁규칙」 제23조 제1항에서 정한 공탁통지서를 첨부하며, 같은 조 제2항에 따라 우편료를 납입하여야 한다.
>   (2) 공탁관은 피공탁자(압류채무자)에게 위 (1)항의 공탁통지서를 발송하여야 한다.

[❷ ▸ ○] 행정예규 제1018호 4. 가. (4)

> ☐ **행정예규 제1018호[제3채무자의 권리공탁에 관한 업무처리절차]**
> 4. 금전채권의 일부 또는 전부에 대하여 가압류가 있는 경우
> 가. 총 칙
>   (2) 위의 경우 공탁서의 피공탁자란에는 가압류채무자를 기재하고, 공탁근거 법령조항은 민사집행법 제291조 및 제248조 제1항으로 한다.
>   (4) 공탁을 수리한 공탁관은 전산시스템에 가압류 사실을 입력 기재하고 공탁금출급청구권에 대한 가압류가 있는 경우에 준하여 처리하여야 하며(민사집행법 제297조), 피공탁자(가압류채무자)에게 공탁통지서를 발송하고, 가압류채권자에게는 별지 양식에 의하여 공탁사실을 통지하여야 한다.

[❸ ▸ ○] 공탁관은 제27조에 따라 공탁물보관자로부터 공탁물 납입사실을 전송받거나 공탁물품납입통지서를 받은 때에는 해당 형사사건이 계속 중인 법원과 검찰에 형사공탁에 관한 내용을 통지하여야 한다(공탁규칙 제85조 제1항).

[❹ ▸ ○] 혼합공탁은 변제공탁의 성질을 가지므로 피공탁자들(양도인과 양수인)에게 공탁통지를 하여야 한다. 따라서 공탁신청 시에 피공탁자 수만큼의 공탁통지서와 우편료를 납입하여야 한다. 또한 채권가압류가 선행하고 채권양도가 후행하거나, 채권가압류와 채권양도가 동시에 도달하여 혼합공탁을 하는 경우에는 가압류채권자에게도 공탁사실통지를 하여야 한다. 법공 공탁

[❺ ▸ ○] 공탁신청을 수리한 공탁관은 피공탁자(가압류채무자)에게 공탁통지서를 발송하고, 가압류채권자 및 체납처분권자에게는 공탁사실을 통지하여야 한다. 또한 공탁금출급청구권에 대한 압류가 이루어져 (가)압류금액 및 체납처분압류금액의 총액이 공탁금을 초과하거나 가압류를 본압류로 이전하는 압류명령이 국가(공탁관)에 송달된 경우 공탁관은 집행법원에 사유신고를 하여야 한다(공탁선례 제202311호).

답 ❶

다음 설명 중 가장 옳지 않은 것은?

① 공탁은 공탁자가 자기의 책임과 판단하에 하는 것으로서 공탁자는 나름대로 누구에게 변제하여야 할 것인지를 판단하여 그에 따라 변제공탁이나 집행공탁 또는 혼합공탁을 선택하여 할 수 있다.

② 제3채무자가 변제공탁을 한 것인지, 집행공탁을 한 것인지 아니면 혼합공탁을 한 것인지는 피공탁자의 지정 여부, 공탁의 근거조문, 공탁사유, 공탁사유신고 등을 종합적·합리적으로 고려하여 판단하는 수밖에 없다.

③ 민사집행법 제248조 제1항은 "제3채무자는 압류에 관련된 금전채권의 전액을 공탁할 수 있다"고 규정하여 채권자의 공탁청구, 추심청구, 경합 여부 등을 따질 필요 없이 당해 압류에 관련된 채권 전액을 공탁할 수 있도록 규정하고 있는바, 이에 따라 금전채권의 일부만이 압류되었음에도 그 채권 전액을 공탁한 경우에는 그 공탁금 중 압류의 효력이 미치는 금전채권액은 그 성질상 당연히 집행공탁으로 보아야 하나, 압류금액을 초과하는 부분은 압류의 효력이 미치지 않으므로 집행공탁이 아니라 변제공탁으로 보아야 한다.

④ 처분금지가처분이 금전채권을 목적으로 하는 경우, 제3채무자로서는 채권자불확지에 의한 변제공탁뿐만 아니라 처분금지가처분을 이유로 한 집행공탁도 할 수 있다.

⑤ 민사집행법 제247조 제1항에 의한 배당가입차단효는 배당을 전제로 한 집행공탁에 대하여만 발생하므로, 집행공탁과 변제공탁이 혼합된 소위 혼합공탁의 경우 변제공탁에 해당하는 부분에 대하여는 제3채무자의 공탁사유신고에 의한 배당가입차단효가 발생할 여지가 없다.

....

[❶ ▸ O] [❷ ▸ O] 공탁은 공탁자가 자기의 책임과 판단하에 하는 것으로서 공탁자는 나름대로 누구에게 변제하여야 할 것인지를 판단하여 그에 따라 변제공탁이나 집행공탁 또는 혼합공탁을 선택하여 할 수 있고, 제3채무자가 변제공탁을 한 것인지, 집행공탁을 한 것인지 아니면 혼합공탁을 한 것인지는 피공탁자의 지정 여부, 공탁의 근거조문, 공탁사유, 공탁사유신고 등을 종합적·합리적으로 고려하여 판단하는 수밖에 없다(대판 2008.5.15. 2006다74693).

[❸ ▸ O] 민사집행법 제248조 제1항은 "제3채무자는 압류에 관련된 금전채권의 전액을 공탁할 수 있다"고 규정하여 채권자의 공탁청구, 추심청구, 경합 여부 등을 따질 필요 없이 당해 압류에 관련된 채권 전액을 공탁할 수 있도록 규정하고 있는바, 이에 따라 금전채권의 일부만이 압류되었음에도 그 채권 전액을 공탁한 경우에는 그 공탁금 중 압류의 효력이 미치는 금전채권액은 그 성질상 당연히 집행공탁으로 보아야 하나, 압류금액을 초과하는 부분은 압류의 효력이 미치지 않으므로 집행공탁이 아니라 변제공탁으로 보아야 한다(대판 2008.5.15. 2006다74693).

[❹ ▸ ✕] 집행공탁은 공탁 이후 행해질 배당 등 절차의 진행을 전제로 한 것인데, 처분금지가처분은 그것이 설령 금전채권을 목적으로 하더라도 이러한 배당 등 절차와는 관계가 없으므로 제3채무자로서는 이를 이유로 집행공탁을 할 수는 없고, 다만 채권자불확지에 의한 변제공탁을 할 수 있다(대판 2008.5.15. 2006다74693).

[❺ ▸ O] 민사집행법 제247조 제1항 제1호가 압류채권자 이외의 채권자가 배당요구의 방법으로 채권에 대한 강제집행절차에 참가하여 압류채권자와 평등하게 자신의 채권의 변제를 받는 것을 허용하면서도, 다른 한편으로 그 배당요구의 종기를 제3채무자의 공탁사유 신고 시까지로 제한하고 있는 이유는 제3채무자가 채무액을 공탁하고 그 사유 신고를 마치면 배당할 금액이 판명되어 배당절차를 개시할 수 있는 만큼 늦어도 그때까지는 배당요구가 마쳐져야 배당절차의 혼란과 지연을 막을 수 있다고 본 때문이다. 따라서 민사집행법 제247조 제1항에 의한 배당가입차단효는 배당을 전제로 한 집행공탁에 대하여만 발생하므로, 집행공탁과 변제공탁이 혼합된 소위 혼합공탁의 경우 변제공탁에 해당하는 부분에 대하여는 제3채무자의 공탁사유신고에 의한 배당가입차단효가 발생할 여지가 없다(대판 2008.5.15. 2006다74693).

답 ❹

37
□□□

甲이 乙에 대하여 1,000만원의 대여금채권을 가지고 있고, 甲의 채권자인 丙이 甲에 대한 600만원의 채권으로 위 대여금채권을 압류한 상황에서 다음 설명 중 옳은 것을 모두 고른 것은?(설명된 것 이외에 다른 사실관계는 아무것도 없는 것으로 가정한다) 2024년 법무사시험 [문 45]

ㄱ. 乙은 甲의 다른 채권자인 丁이 甲에 대한 500만원 채권을 가지고 있음을 알게 된 경우, 대여금채권 전액인 1,000만원을 공탁하여야 한다.

ㄴ. 丙의 압류가 그 범위를 600만원으로 제한하고 있는 경우, 甲의 다른 채권자인 丁이 甲에 대한 500만원의 채권을 가지고 배당요구를 하였다면, 제3채무자인 乙이 민사집행법 제248조 제2항에 따라 공탁하여야 하는 금액은 600만원이다.

ㄷ. 丙의 압류가 그 범위를 제한하지 않은 것일 경우, 甲의 다른 채권자인 丁이 甲에 대한 500만원의 채권을 가지고 배당요구를 하였다면, 제3채무자인 乙이 민사집행법 제248조 제2항에 따라 공탁하여야 하는 금액은 600만원이다.

ㄹ. 甲에 대하여 500만원의 채권을 가지고 있는 丁이 甲의 乙에 대한 대여금채권에 압류명령을 받은 후 공탁을 청구하였다면, 乙은 민사집행법 제248조 제3항에 따라 1,000만원을 공탁하여야 한다.

① ㄱ, ㄴ
② ㄴ, ㄷ
③ ㄴ, ㄹ
④ ㄷ, ㄹ
⑤ ㄱ, ㄹ

....

[ㄱ ▸ ×] 제3채무자는 압류에 관련된 금전채권의 전액을 공탁할 수 있다(민사집행법 제248조 제1항). 따라서 乙은 600만원만 공탁할 수도 있고 1,000만원 전액을 공탁할 수도 있다.

[ㄴ ▸ ○] 금전채권에 관하여 배당요구서를 송달받은 제3채무자는 배당에 참가한 채권자의 청구가 있으면 압류된 부분에 해당하는 금액을 공탁하여야 한다(민사집행법 제248조 제2항).

[ㄷ ▸ ×] 丙의 압류가 그 범위를 제한하지 않은 것일 경우, 압류의 효력은 1,000만원 전부에 미치므로 제3채무자인 乙이 민사집행법 제248조 제2항에 따라 공탁하여야 하는 금액은 1,000만원이다.

[ㄹ ▸ ○] 금전채권 중 압류되지 아니한 부분을 초과하여 거듭 압류명령 또는 가압류명령이 내려진 경우에 그 명령을 송달받은 제3채무자는 압류 또는 가압류채권자의 청구가 있으면 그 채권의 전액에 해당하는 금액을 공탁하여야 한다(민사집행법 제248조 제3항). 압류경합에 해당하므로 乙은 1,000만원을 공탁하여야 한다.

답 ❸

집행공탁에 관한 다음 설명 중 가장 옳지 않은 것은?

① 제3채무자가 민사집행법 제248조 제1항에 따라 금전채권의 일부가 압류되어 압류와 관련된 금전채권의 전액을 공탁하는 경우, 공탁금 중에서 압류의 효력이 미치지 않는 부분에 대하여는 변제공탁의 예에 따라 피공탁자(압류채무자)가 출급을 청구할 수 있으며, 공탁자도 민법 제489조 제1항에 의하여 회수청구할 수 있다.

② 제3채무자가 민사집행법 제248조 제1항에 따라 압류가 경합되어 있음을 이유로 한 집행공탁이 유효하려면 피압류채무에 해당하는 채무 전액을 공탁하여야 하므로, 제3채무자가 채무 전액을 공탁하지 않아 집행공탁의 효력이 인정되지 않는 경우에는 그 공탁이 수리된 후 공탁된 금원에 대한 배당절차가 종결되었더라도 그 공탁되어 배당된 금원에 대하여는 변제의 효력이 생기지 않는다.

③ 대여금 채권(100만원)에 대하여 甲의 가압류결정(100만원)이 제3채무자에게 송달된 후 甲이 가압류신청 취하서를 가압류발령 법원에 제출했지만 법원사무관등의 취하통지서가 제3채무자에게 도달하기 전에 동일한 권리에 대하여 압류 및 전부명령(100만원)이 제3채무자에게 도달한 경우 제3채무자는 민사집행법 제248조 제1항에 따라 압류경합을 이유로 집행공탁을 할 수 있다.

④ 금전채권에 대하여 민사집행법에 따른 압류와 체납처분에 의한 압류가 있고(선후 불문) 그 압류금액의 총액이 피압류채권액을 초과하는 경우에, 민사집행절차에서 압류 및 추심명령을 받은 채권자가 제3채무자로부터 압류채권을 추심하면 민사집행법 제236조 제2항에 따라 추심한 금액을 바로 공탁하고 그 사유를 신고하여야 한다.

⑤ 민사집행법 제248조 제1항에 따른 제3채무자의 집행공탁 전에 동일한 피압류채권에 대하여 다른 채권자의 신청에 따라 압류·가압류명령이 발령되었더라도, 제3채무자의 집행공탁 후에야 그에게 송달된 경우 그 압류·가압류의 효력이 생기지 아니한다.

···

[**❶ ▸ ○**] 공탁금 중에서 압류의 효력이 미치지 않는 부분에 대하여는, 변제공탁의 예에 따라 피공탁자 (압류채무자)가 출급을 청구할 수 있으며, 공탁자도 회수청구할 수 있다[행정예규 제1018호 2. 다. (4)].

[**❷ ▸ ✕**] 압류 및 추심명령의 제3채무자가 채무 전액을 공탁하지 않아 집행공탁의 효력이 인정되지 않는다고 하여도 그 공탁이 수리된 후 공탁된 금원에 대하여 배당이 실시되어 배당절차가 종결되었다면 그 공탁되어 배당된 금원에 대하여는 변제의 효력이 있다(대판 2014.7.24. 2012다91385).

[**❸ ▸ ○**] 전부명령은 선행 가압류신청의 취하통지서가 제3채무자에게 송달되어 그 가압류집행의 효력이 소멸되기 전에 압류가 경합된 상태에서 발령된 경우에 해당하여 무효이고, 한번 무효로 된 전부명령은 그 후 채권가압류의 집행해제로 압류의 경합 상태에서 벗어났다고 하여 되살아나지 않는다(대판 2008.1.17. 2007다73826). 따라서 제3채무자는 압류경합을 이유로 집행공탁을 할 수 있다.

[**❹ ▸ ○**] 제3채무자는 체납처분에 따른 압류채권자와 민사집행절차에서 압류 및 추심명령을 받은 채권자 중 어느 한쪽의 청구에 응하여 그에게 채무를 변제하고 변제 부분에 대한 채무의 소멸을 주장할 수 있으며, 또한 민사집행법 제248조 제1항에 따른 집행공탁을 하여 면책될 수도 있다. 그리고 체납처분에 의한 압류채권자가 제3채무자에게서 압류채권을 추심하면 국세징수법에 따른 배분절차를 진행하는 것과 마찬가지로, 민사집행절차에서 압류 및 추심명령을 받은 채권자가 제3채무자에게서 압류채권을 추심한 경우에는 민사집행법 제236조 제2항에 따라 추심한 금액을 바로 공탁하고 사유를 신고하여야 한다(대판 2015.7.9. 2013다60982).

[❺ ▸ O] 제3채무자가 압류나 가압류를 이유로 민사집행법 제248조 제1항이나 민사집행법 제291조, 제248조 제1항에 따라 집행공탁을 하면 그 제3채무자에 대한 피압류채권은 소멸한다. 채권에 대한 압류·가압류명령은 그 명령이 제3채무자에게 송달됨으로써 효력이 생기므로(민사집행법 제227조 제3항, 제291조), 제3채무자의 집행공탁 전에 동일한 피압류채권에 대하여 다른 채권자의 신청에 의하여 압류·가압류명령이 발령되었더라도, 제3채무자의 집행공탁 후에야 그에게 송달되었다면 그 압류·가압류명령은 집행공탁으로 인하여 이미 소멸한 피압류채권에 대한 것이어서 효력이 생기지 아니한다(대판 2021.12.16. 2018다226428).

답 ❷

39
☐☐☐

甲은 乙에 대하여 물품대금채무 2천만원을 부담하고 있는데, 丙의 채권압류 및 추심명령(집행채권액 1천만원) 및 丁의 채권압류 및 추심명령(집행채권액 500만원)을 순차적으로 각 송달받고, 물품대금채무 2천만원을 민사집행법 제248조 제1항 집행공탁을 하려고 한다. 다음 설명 중 옳은 것을 모두 고른 것은?(다툼이 있는 경우 판례·예규 및 선례에 따르고 전원합의체 판결의 경우 다수의견에 의함. 이하 같음) **2021년 법무사시험 [문 31]**

ㄱ. 공탁서의 피공탁자란에 피공탁자를 기재하지 않는다.
ㄴ. 공탁사유신고는 丙의 채권압류명령을 발령한 집행법원에 하여야 한다.
ㄷ. 甲은 위 공탁금 중 500만원 부분에 대하여 민법 제489조 제1항에 근거하여 공탁금회수청구를 할 수 있다.
ㄹ. 위 공탁이 성립한 후 丙과 丁의 압류가 모두 실효된 경우 乙은 집행법원의 지급위탁절차에 의하지 아니하고 공탁금 전액(2천만원)에 대하여 출급청구할 수 있다.
ㅁ. 위 공탁이 성립한 후 공탁금출급청구권에 대하여 戊의 채권압류 및 추심명령(집행채권액 300만원)이 공탁소에 도달한 경우 공탁관은 지체 없이 집행법원에 사유신고를 하여야 한다.

① ㄱ, ㄴ, ㄷ   ② ㄴ, ㄷ
③ ㄷ, ㄹ, ㅁ   ④ ㄴ, ㄹ
⑤ ㄴ, ㅁ

....

[ㄱ ▸ ✕] [ㄴ ▸ O] [ㄷ ▸ O] 행정예규 제1018호 2. 다. (1)·(4), 라.

> ☐ **행정예규 제1018호[제3채무자의 권리공탁에 관한 업무처리절차]**
> 2. 금전채권의 일부에 대하여 압류가 있는 경우
>   다. 제3채무자가 압류와 관련된 금전채권액 전액을 공탁한 경우
>   (1) 제3채무자는 공탁서의 피공탁자란에 압류명령의 채무자를 기재하고, 공탁규칙 제23조 제1항에서 정한 공탁통지서를 첨부하며, 같은 조 제2항에 따라 우편료를 납입하여야 한다.
>   (2) 공탁관은 피공탁자(압류채무자)에게 위 (1)항의 공탁통지서를 발송하여야 한다.
>   (3) 공탁금 중에서 압류의 효력이 미치는 부분에 대하여는, 집행법원의 지급위탁에 의하여 공탁금의 출급을 청구할 수 있다.
>   (4) 공탁금 중에서 압류의 효력이 미치지 않는 부분에 대하여는, 변제공탁의 예에 따라 피공탁자(압류채무자)가 출급을 청구할 수 있으며, 공탁자도 회수청구할 수 있다.

(5) 제3채무자가 압류의 효력이 미치지 않는 부분에 대하여 회수청구를 할 경우에는, 집행법원으로부터 공탁서를 보관하고 있다는 사실을 증명하는 서면을 교부받아 이를 공탁금회수청구서에 첨부하여야 한다.

라. 둘 이상의 채권압류(가압류를 포함한다)가 있고 압류된 채권액의 합계액이 압류와 관련된 금전채권액보다 적은 경우 : 제3채무자는 압류·가압류된 채권액의 합계액 또는 압류·가압류와 관련된 금전채권 전액을 위 나. 및 다.항의 예에 따라 공탁할 수 있으며, <u>이때에 사유신고는 먼저 송달된 압류명령의 발령법원에 하여야 한다.</u>

[ㄹ ▸ ✕] 금전채권에 대한 압류를 이유로 제3채무자가 민사집행법 제248조 제1항에 의하여 공탁한 후에, 압류명령이 취소되거나 신청의 취하 등으로 인하여 압류가 실효된 경우, <u>채무자는 압류된 채권액에 대하여 집행법원의 지급위탁에 의하여 공탁금의 출급을 청구할 수 있다</u>(행정예규 제1018호 5. 가.).

[ㅁ ▸ ✕] 공탁물출급·회수청구권에 대하여 압류 또는 가압류가 되었으나 <u>압류의 경합이 성립하지 않는 경우</u>, 공탁관은 민사집행법 제248조 제1항에 의한 공탁 및 <u>사유신고를 하지 아니한다</u>(행정예규 제1018호 6. 가.). 즉, 공탁금출급청구권에 대한 戊의 채권압류는 압류경합이 아니므로, 공탁관은 사유신고를 하지 아니한다.

답 ❷

금전채권에 대한 가압류를 원인으로 하는 공탁

40
□□□

금전채권에 대한 가압류를 원인으로 하는 공탁(민사집행법 제248조 제1항, 제291조)에 관한 다음 설명 중 가장 옳지 않은 것은? **2025년 법무사시험 [문 50]**

① 공탁을 수리한 공탁관은 가압류채권자에게 공탁사실을 통지하여야 한다.
② 제3채무자가 공탁 후 그 내용을 서면으로 가압류발령법원에 신고하더라도 배당가입 차단효과는 없다.
③ 가압류채무자가 가압류이의를 신청하여 가압류를 취소하는 결정을 받았다면 가압류채무자는 공탁통지서와 가압류취소결정정본 및 그 송달증명뿐만 아니라 가압류취소결정의 확정증명도 별도로 첨부하여야 한다.
④ 공탁신청 시 공탁통지서를 첨부하여야 한다.
⑤ 2개 이상의 가압류가 경합되었음을 이유로 제3채무자가 공탁한 후 가압류채무자가 그중 1개의 가압류에 대하여 해방공탁을 하여 그 가압류집행이 취소되었다면 가압류채무자는 집행공탁금 중 집행취소되지 않은 나머지 가압류사건의 가압류청구금액을 초과하는 공탁금에 대하여 출급청구할 수 있다.

·····

[❶ ▸ O] 공탁을 수리한 공탁관은 전산시스템에 가압류 사실을 입력 기재하고 공탁금출급청구권에 대한 가압류가 있는 경우에 준하여 처리하여야 하며(민사집행법 제297조), 피공탁자(가압류채무자)에게 공탁통지서를 발송하고, 가압류채권자에게는 별지 양식에 의하여 공탁사실을 통지하여야 한다[행정예규 제1018호 4. 가. (4)].

[❷ ▸ ○] 금전채권에 대한 가압류를 원인으로 제3채무자가 공탁한 때에도 그 사유를 서면으로 법원에 신고하여야 하는데(「민사집행법」 제248조 제4항, 제291조, 「민사집행규칙」 제172조, 제213조 제2항), 본압류를 위한 보전처분에 불과한 채권가압류를 원인으로 한 공탁 및 사유신고만으로는 그 공탁금으로부터 배당 등을 받을 수 있는 채권자의 범위를 확정하는 배당가입 차단효과도 없고, 배당절차를 개시하는 사유도 되지 아니한다 할 것이다. 따라서 채권 가압류로 인한 공탁 후 그 신고는 채권 압류로 인한 공탁 후 사유신고와는 그 의미가 달라서 단순히 가압류발령법원에 공탁사실을 알려 주는 의미밖에 없다 할 것이므로, 그 신고는 집행법원이 아닌 가압류발령법원에 하여야 할 것이다(공탁선례 제2-280호).

[❸ ▸ ×] 보전처분에 대한 이의 신청에 대한 재판은 결정으로 하여야 하고, 위 결정은 상당한 방법으로 고지하면 그 효력이 발생하므로, 을의 병에 대한 채권에 대하여 갑이 채권가압류결정을 받았고, 이에 제3채무자 병이 「민사집행법」 제291조, 제248조 제1항의 규정에 의하여 가압류를 원인으로 한 집행공탁을 하였는데, 가압류채무자(피공탁자) 을이 가압류이의를 신청하여 「민사집행법」 제286조의 규정에 의하여 가압류를 취소하는 결정을 받았다면, 을로서는 공탁통지서와 가압류취소결정정본 및 그 송달증명을 첨부하여 공탁금의 출급을 청구할 수 있을 것이고, 이때 가압류취소결정의 확정증명을 별도로 첨부할 필요는 없다(공탁선례 제2-281호).

[❹ ▸ ○] 제3채무자는 공탁신청 시 가압류결정문 사본과 「공탁규칙」 제23조 제1항에서 정한 공탁통지서를 첨부하여야 하며, 위 공탁통지서의 발송과 아래 (4)항에서 정하는 공탁사실 통지를 위하여 같은 조 제2항에 따른 우편료를 납입하여야 한다[행정예규 제1018호 4. 가. (3)].

[❺ ▸ ○] 금전채권에 대하여 2개 이상의 가압류가 경합되었음을 이유로 제3채무자가 「민사집행법」 제291조 및 제248조 제1항에 의하여 권리공탁을 한 후, 가압류채무자(피공탁자)가 그중 1개의 가압류에 대하여 해방공탁을 하여 그 가압류집행이 취소되었다면, 가압류채무자(피공탁자)는 집행공탁금 중 집행 취소되지 않은 나머지 가압류사건의 가압류청구금액을 초과하는 공탁금에 대하여 공탁통지서, 가압류집행취소결정정본, 송달증명서를 첨부하여 출급청구할 수 있다(공탁선례 제2-282호).

답 ❸

41
□□□

금전채권의 일부에 대하여 가압류가 있는 경우 제3채무자가 가압류와 관련된 금전채권액 전액을 집행공탁하는 경우에 관한 다음 설명 중 가장 옳지 않은 것은? 2024년 법무사시험 [문 32]

① 공탁근거 법령조항은 민사집행법 제291조 및 제248조 제1항으로 하고, 피공탁자란에는 가압류채무자를 기재하고, 제3채무자는 공탁 후 즉시 공탁서를 첨부하여 그 내용을 서면으로 가압류발령법원에 신고하여야 한다.

② 제3채무자가 가압류 집행된 금전채권액을 공탁한 경우에는 그 가압류의 효력은 그 청구채권액에 해당하는 공탁금액에 대한 가압류채무자의 출급청구권에 대하여 존속한다.

③ 공탁금 중에서 가압류의 효력이 미치지 않는 부분에 대하여는, 변제공탁의 예에 따라 피공탁자는 출급청구를 할 수 있으나, 공탁자는 회수청구할 수 없다.

④ 공탁금 중에서 가압류의 효력이 미치는 부분에 대하여는, 가압류채권자가 가압류를 본압류로 이전하는 압류명령을 얻은 후 집행법원의 지급위탁에 의하여 공탁금의 출급을 청구할 수 있다.

⑤ 공탁금 중에서 가압류의 효력이 미치는 부분에 대하여는, 공탁한 후에 가압류명령이 취소되거나 신청의 취하 등으로 인하여 가압류가 실효된 경우, 피공탁자는 가압류가 실효되었음을 증명하는 서면 등을 첨부하여 공탁관에게 출급청구할 수 있다.

[**❶** ▸ ○] 행정예규 제1018호 4. 가. (1), (2)

> **□ 행정예규 제1018호[제3채무자의 권리공탁에 관한 업무처리절차]**
> 4. 금전채권의 일부 또는 전부에 대하여 가압류가 있는 경우
>   가. 총 칙
>   (1) 제3채무자는 가압류된 채권액 또는 가압류와 관련된 금전채권액 전액을 공탁할 수 있고, 공탁을 한 후 즉시 공탁서를 첨부하여 그 내용을 서면으로 가압류발령법원에 신고하여야 한다.
>   (2) 위의 경우 공탁서의 피공탁자란에는 가압류채무자를 기재하고, 공탁근거 법령조항은 민사집행법 제291조 및 제248조 제1항으로 한다.

[**❷** ▸ ○] 제3채무자가 가압류 집행된 금전채권액을 공탁한 경우에는 그 가압류의 효력은 그 청구채권액에 해당하는 공탁금액에 대한 채무자의 출급청구권에 대하여 존속한다(민사집행법 제297조).

[**❸** ▸ ×] 공탁금 중에서 가압류의 효력이 미치지 않는 부분에 대하여는, 변제공탁의 예에 따라 피공탁자(가압류채무자)가 출급을 청구할 수 있으며, 공탁자도 회수청구할 수 있다[행정예규 제1018호 4. 다. (2)].

[**❹** ▸ ○] 공탁금 중에서 가압류의 효력이 미치는 부분에 대하여는, 가압류채권자가 가압류를 본압류로 이전하는 압류명령을 얻은 후 집행법원의 지급위탁에 의하여 공탁금의 출급을 청구할 수 있다[행정예규 제1018호 4. 다. (1)].

[**❺** ▸ ○] 금전채권에 대한 가압류를 이유로 제3채무자가 민사집행법 제291조 및 제248조 제1항에 의하여 공탁한 후에, 가압류명령이 취소되거나 신청의 취하 등으로 인하여 가압류가 실효된 경우, 가압류채무자(피공탁자)는 공탁통지서와 가압류가 실효되었음을 증명하는 서면을 첨부하여 공탁관에게 공탁금의 출급을 청구할 수 있다(행정예규 제1018호 5. 나.).

답 ❸

42 □□□ 甲은 乙에 대하여 물품대금 채무 1백만원을 부담하고 있는데, 丙의 채권가압류결정(집행채권액 : 2백만원)을 송달받고, 위 채무 1백만원 전액을 민사집행법 제291조 및 제248조 제1항 가압류 집행공탁을 하였다. 다음 중 옳은 것을 모두 고른 것은? 2023년 법무사시험 [문 32]

ㄱ. 乙은 피공탁자로서 공탁금을 출급할 수 있다.
ㄴ. 甲은 민법 제489조에 기하여 공탁금을 회수할 수 있다.
ㄷ. 위 공탁이 성립한 후 丁의 채권압류 및 추심명령(집행채권액 : 2백만원)이 공탁소에 도달한 경우 공탁관은 집행법원에 사유신고를 하여야 한다.
ㄹ. 위 공탁이 성립한 후 고양시의 체납처분에 의한 압류통지(집행채권액 : 2백만원)가 공탁소에 도달한 경우 고양시는 직접 공탁금을 출급할 수 있다.
ㅁ. 위 공탁이 성립한 후 丙의 가압류로부터 본압류로 이전하는 채권압류 및 추심명령(집행채권액 : 1백만원)이 공탁소에 도달한 경우 丙은 공탁금을 직접 출급할 수 있다.

① ㄱ, ㄴ
② ㄱ, ㄷ
③ ㄱ, ㄹ
④ ㄷ, ㄹ
⑤ ㄹ, ㅁ

[ㄱ ▸ ✕] 피공탁자는 가압류가 실효되지 않는 한 공탁금의 출급을 청구할 수 없고, 가압류채권자는 가압류를 본압류로 이전하는 압류명령을 얻은 후 집행법원의 지급위탁에 의하여 공탁금의 출급을 청구할 수 있다(행정예규 제1018호 4. 나.).

[ㄴ ▸ ✕] 집행공탁이므로 변제공탁의 특유한 회수사유인 민법 제489조에 의한 회수가 허용되지 않는다.

[ㄷ ▸ ○] 금전채권에 대한 가압류를 원인으로 제3채무자가 민사집행법 제291조 및 제248조 제1항에 의하여 공탁한 후에, 피공탁자(가압류채무자)의 공탁금출급청구권에 대한 압류가 이루어져 압류의 경합이 성립하거나, 공탁사유인 가압류를 본압류로 이전하는 압류명령이 있는 경우에는 공탁관은 사유신고를 하여야 한다[행정예규 제1225호 1. 나. (1)].

[ㄹ ▸ ○] 민사집행법 시행 전에 단일 또는 복수의 채권가압류가 있어 제3채무자가 민법 제487조에 의하여 변제공탁을 한 후 피공탁자(가압류채무자)에 대한 체납처분에 의한 압류통지가 이루어져서 체납처분에 의한 압류채권자가 추심청구를 하면 공탁관은 이를 거절할 수 없다. 이는 민사집행법 시행 후 채권가압류를 원인으로 민사집행법 제248조 제1항 및 제291조에 의하여 집행공탁한 후 위 사안과 같은 경우에도 동일하게 적용된다(공탁선례 제2-351호).

[ㅁ ▸ ✕] 가압류채권자가 가압류를 본압류로 이전하는 압류명령을 받은 경우에는, 집행법원의 지급위탁에 의하여 공탁금의 출급을 청구할 수 있다[행정예규 제1018호 4. 가. (5)].

답 ❹

43
□□□
甲은 乙에 대하여 대여금 채무 1천만원을 부담하고 있는데, 丙의 가압류결정(집행채권액 : 2천만원)을 송달받고, 위 채무 1천만원 전액을 민사집행법 제291조 및 제248조 제1항에 의하여 가압류 집행공탁을 하였다. 다음 설명 중 가장 옳은 것은? **2022년 법무사시험 [문 32]**

① 위 공탁이 성립한 후 甲은 민법 제489조에 근거하여 공탁금을 직접 회수할 수 있다.
② 위 공탁이 성립한 후 乙의 공탁금출급청구권에 대하여 용인시의 체납처분에 의한 압류(집행채권액 : 1천만원)통지가 공탁소에 송달되어 용인시가 추심청구를 하는 경우 공탁관은 이에 응해야 한다.
③ 위 공탁이 성립한 후 공탁금출급청구권에 대하여 丙의 가압류로부터 본압류로 이전하는 채권압류·추심명령(집행채권액 : 1천만원)이 송달되어 丙이 추심청구를 하는 경우 공탁관은 이에 응해야 한다.
④ 위 공탁이 성립한 후 공탁금출급청구권에 대하여 丁의 채권압류·추심명령(집행채권액 : 1천만원)이 송달되어 丁이 추심청구를 하는 경우 공탁관은 이에 응해야 한다.
⑤ 위 공탁이 성립한 후 乙은 공탁통지서를 첨부하여 공탁금 전액을 출급할 수 있다.

[❶ ▸ ✕] 민법 제489조에 의한 공탁물 회수는 변제공탁의 특유한 회수사유로서, 집행공탁에 해당하는 채권 가압류를 원인으로 하는 공탁에는 적용되지 않는다. 다만, 금전채권의 일부만이 가압류 되었는데 가압류에 관련된 금전채권 전액을 공탁한 경우에는 공탁금 중 가압류 금액을 초과하는 부분은 변제공탁 절차에 의하여 회수할 수 있다.

[❷ ▸ ○] 민사집행법 시행 전에 단일 또는 복수의 채권가압류가 있어 제3채무자가 민법 제487조에 의하여 변제공탁을 한 후 피공탁자(가압류채무자)에 대한 체납처분에 의한 압류통지가 이루어져서 체납처분에 의한 압류채권자가 추심청구를 하면 공탁관은 이를 거절할 수 없다. 이는 민사집행법 시행 후 채권가압류를 원인으로 민사집행법 제248조 제1항 및 제291조에 의하여 집행공탁한 후 위 사안과 같은 경우에도 동일하게 적용된다(공탁선례 제2-351호).

[**❸** ▸ ×] [**❺** ▸ ×] 피공탁자(가압류채무자)는 가압류가 실효되지 않는 한 공탁금의 출급을 청구할 수 없고, 가압류채권자가 가압류를 본압류로 이전하는 압류명령이 국가(공탁관)에 송달되면 공탁관은 즉시 압류명령의 발령법원에 그 사유를 신고하여야 하며, 가압류채권자는 집행법원의 지급위탁에 의하여 집행법원으로부터 발급받은 지급증명서를 첨부하여 공탁금을 출급청구할 수 있다. 법공 공탁

[**❹** ▸ ×] 금전채권에 대한 가압류를 원인으로 제3채무자가 민사집행법 제291조 및 제248조 제1항을 근거법령으로 공탁한 경우에는, 공탁공무원은 공탁 수리 후 피공탁자(가압류채무자)에게는 공탁통지서를 가압류채권자에게는 공탁사실을 통지하고, 피공탁자의 공탁금 출급청구권에 압류의 경합이 성립하거나, 공탁사유인 가압류를 본압류로 이전하는 압류명령이 있는 경우에는 집행법원에 사유신고를 한 후 지급위탁에 의해 공탁금을 출급하여야 한다(공탁선례 제2-283호).

답 **❷**

44
☐☐☐

금전채권에 대한 가압류를 이유로 제3채무자가 민사집행법 제291조 및 제248조 제1항에 의하여 공탁을 하는 경우에 관한 다음 설명 중 가장 옳은 것은? 2021년 법무사시험 [문 33]

① 제3채무자가 가압류된 채권액에 대하여만 공탁하는 경우에도 공탁서의 피공탁자란에 가압류채무자를 기재한다.

② 둘 이상의 가압류가 있는 경우 제3채무자는 민사집행법 제291조 및 제248조 제1항 공탁을 한 후 즉시 공탁서를 첨부하여 먼저 송달된 가압류명령의 발령법원에 공탁사유신고를 하여야 하고 그로 인하여 배당절차가 개시되고 배당요구종기가 도래하게 된다.

③ 금전채권에 대한 가압류를 이유로 제3채무자가 민사집행법 제291조 및 제248조 제1항에 의하여 공탁한 후에, 가압류명령이 취소되거나 신청의 취하 등으로 인하여 가압류가 실효되더라도 가압류채무자는 가압류된 채권액에 대하여 집행법원의 지급위탁에 의하여 공탁금의 출급을 청구할 수 있다.

④ 가압류채권자가 가압류를 본압류로 이전하는 압류명령을 얻은 경우 집행법원의 지급위탁에 의하지 않고 공탁소로부터 직접 공탁금을 출급할 수 있다.

⑤ 제3채무자가 가압류와 관련된 금전채권 전액을 공탁을 한 경우 가압류의 효력이 미치지 않는 부분에 대하여도 변제공탁의 예에 따른 피공탁자(가압류채무자)의 공탁금출급청구는 인정되지 않는다.

....

[**❶** ▸ ○] 행정예규 제1018호 4. 가. (1) · (2)

> ☐ **행정예규 제1018호[제3채무자의 권리공탁에 관한 업무처리절차]**
> 4. 금전채권의 일부 또는 전부에 대하여 가압류가 있는 경우
> 가. 총 칙
>   (1) 제3채무자는 가압류된 채권액 또는 가압류와 관련된 금전채권액 전액을 공탁할 수 있고, 공탁을 한 후 즉시 공탁서를 첨부하여 그 내용을 서면으로 가압류발령법원에 신고하여야 한다.
>   (2) 위의 경우 공탁서의 피공탁자란에는 가압류채무자를 기재하고, 공탁근거법령 조항은 민사집행법 제291조 및 제248조 제1항으로 한다.

[**❷** ▸ ×] 제3채무자는 가압류된 채권액의 합계액 또는 가압류와 관련된 금전채권액 전액을 위 나.
및 다.항의 예에 따라 공탁할 수 있으며, 이때에 <u>공탁자는</u> 즉시 공탁서를 첨부하여 먼저 송달된 가압류명령의
발령법원에 그 내용을 서면으로 신고하여야 한다(행정예규 제1018호 4. 라.). 이와 관련하여 판례는, 채권가압류
를 이유로 한 제3채무자의 공탁은 압류를 이유로 한 제3채무자의 공탁과 달리 그 공탁금으로부터 배당을
받을 수 있는 채권자의 범위를 확정하는 효력이 없고, <u>가압류의 제3채무자가 공탁을 하고 공탁사유를
법원에 신고하더라도 배당절차를 실시할 수 없으며,</u> 공탁금에 대한 채무자의 출급청구권에 대하여 압류
및 공탁사유신고가 있을 때 비로소 배당절차를 실시할 수 있다고 판시하고 있다(대판 2006.3.10. 2005다15765).
[**❸** ▸ ×] 금전채권에 대한 가압류를 이유로 제3채무자가 민사집행법 제291조 및 제248조 제1항에
의하여 공탁한 후에, 가압류명령이 취소되거나 신청의 취하 등으로 인하여 가압류가 실효된 경우, <u>가압류
채무자(피공탁자)는 공탁통지서와 가압류가 실효되었음을 증명하는 서면을 첨부하여 공탁관에게 공탁
금의 출급을 청구할 수 있다</u>(행정예규 제1018호 5. 나.).
[**❹** ▸ ×] 금전채권에 대한 가압류를 원인으로 제3채무자가 민사집행법 제291조 및 제248조 제1항에
의하여 공탁한 후에, 피공탁자(가압류채무자)의 공탁금출급청구권에 대한 압류가 이루어져 압류의 경합
이 성립하거나, <u>공탁사유인 가압류를 본압류로 이전하는 압류명령이 있는 경우에는, 공탁관은 즉시
먼저 송달된 압류명령의 발령법원에 그 사유를 신고하여야 한다</u>(행정예규 제1018호 6. 나.). 따라서 가압류채
권자는 집행법원의 지급위탁에 의하지 아니하고 공탁소로부터 직접 공탁금을 출급할 수 없다.
[**❺** ▸ ×] 제3채무자가 가압류와 관련된 금전채권 전액을 공탁을 한 경우 공탁금 중에서 가압류의
효력이 미치지 않는 부분에 대하여는, <u>변제공탁의 예에 따라 피공탁자(가압류채무자)가 출급을 청구할
수 있으며, 공탁자도 회수청구할 수 있다</u>(행정예규 제1018호 4. 다. (2)].

🔲답 **❶**

45
□□□

체납처분에 의한 압류가 있는 경우의 공탁에 관한 다음 설명 중 가장 옳지 않은 것은?

2025년 법무사시험 [문 40]

① 체납처분에 따라 압류된 채권에 대하여도 민사집행법에 따라 압류 및 추심명령을 할 수 있고,
   민사집행절차에서 압류 및 추심명령을 받은 채권자는 제3채무자를 상대로 추심의 소를 제기할
   수 있다.
② 금전채권에 대한 체납처분에 의한 압류와 민사집행법에 의한 압류가 경합하는 경우 체납처분에
   의한 압류와 민사집행법에 의한 압류의 선후를 불문하고 제3채무자는 민사집행법 제248조에 의한
   집행공탁이 허용된다.
③ 체납처분에 의한 압류는 그 자체만을 이유로 집행공탁을 할 수 있는 민사집행법 제248조 제1항의
   '압류'에는 포함되지 않는다.
④ 채권가압류를 원인으로 민사집행법 제291조 및 제248조 제1항에 따라 집행공탁한 후 피공탁자에
   대한 체납처분에 의한 압류통지가 이루어진 경우, 체납처분에 의한 압류채권자는 위 채권가압류가
   근로기준법에 의한 우선변제권을 가지는 임금 등의 채권에 기한 것이라면 공탁금을 추심할 수 없다.
⑤ 가압류와 체납처분압류가 경합하는 경우 그 선후를 불문하고 제3채무자는 민사집행법 제291조,
   제248조 제1항의 공탁을 할 수 있다.

[**❶** ▸ O] 현행법상 체납처분절차와 민사집행절차는 별개의 절차이고 두 절차 상호 간의 관계를 조정하는 법률의 규정이 없으므로, 한쪽의 절차가 다른 쪽의 절차에 간섭할 수 없는 반면, 쌍방 절차에서 각 채권자는 서로 다른 절차에 정한 방법으로 다른 절차에 참여하게 된다. 따라서 체납처분에 따라 압류된 채권에 대하여도 민사집행법에 따라 압류 및 추심명령을 할 수 있고, 민사집행절차에서 압류 및 추심명령을 받은 채권자는 제3채무자를 상대로 추심의 소를 제기할 수 있다. 제3채무자는 압류 및 추심명령에 선행하는 체납처분에 의한 압류가 있어 서로 경합된다는 사정만을 내세워 민사집행절차에서 압류 및 추심명령을 받은 채권자의 추심청구를 거절할 수 없고, 또한 민사집행절차에 따른 압류가 근로기준법에 따라 우선변제권을 가지는 임금 등 채권에 기한 것이라는 등의 사정을 내세워 체납처분에 의한 압류채권자의 추심청구를 거절할 수도 없다(대판 2015.7.9. 2013다60982).

[**❷** ▸ O] 금전채권에 대한 체납처분에 의한 압류와 민사집행법에 의한 압류가 경합하는 경우 체납처분에 의한 압류와 민사집행법에 의한 압류의 선후를 불문하고 제3채무자는 민사집행법 제248조 제1항에 근거하여 압류와 관련된 금전채권액 전액을 공탁할 수 있고, 공탁을 한 후 즉시 공탁서를 첨부하여 그 내용을 서면으로 압류명령을 발령한 집행법원에 사유신고하여야 한다. 이 경우 민사집행법에 따른 압류가 둘 이상 경합하는 경우의 사유신고는 먼저 송달된 압류명령의 발령법원에 하여야 한다[행정예규 제1060호 3. 나. (1) (가) 참조].

[**❸** ▸ O], 체납처분에 의한 압류는, 비록 그 자체만을 이유로 집행공탁을 할 수 있는 민사집행법 제248조 제1항의 '압류'에는 포함되지 않지만, 제3채무자에게 채무자에 대한 지급을 금지하고 채무자에게 채권의 처분과 영수를 금지하는 효력을 가지는 것으로서 민사집행절차에서 압류명령을 받은 채권자의 전속적인 만족을 배제하고 배당절차를 거쳐야만 하게 하는 민사집행법 제229조 제5항의 '다른 채권자의 압류'나 민사집행법 제236조 제2항의 '다른 압류'에는 해당한다(대판 2015.8.27. 2013다203833).

[**❹** ▸ ×] 「민사집행법」 시행 전에 단일 또는 복수의 채권가압류가 있어 제3채무자가 「민법」 제487조에 의하여 변제공탁을 한 후 피공탁자(가압류채무자)에 대한 체납처분에 의한 압류통지가 이루어져서 체납처분에 의한 압류채권자가 추심청구를 하면 공탁관은 이를 거절할 수 없다. 이는 「민사집행법」 시행 후 채권가압류를 원인으로 「민사집행법」 제248조 제1항 및 제291조에 의하여 집행공탁한 후 위 사안과 같은 경우에도 동일하게 적용된다. <u>이 경우 체납처분에 의한 피압류채권에 대하여 근로기준법에 의한 우선변제권을 가지는 임금 등의 채권에 기한 가압류집행이 되어 있다 하더라도, 체납처분에 의한 압류채권자의 추심청구를 공탁관은 거절할 수 없다</u>(공탁선례 제2-351호).

[**❺** ▸ O] 가압류를 원인으로 한 민사집행법 제291조, 제248조 제1항에 따른 공탁은 (가)압류의 경합 없이 단일의 가압류로도 가능하므로 민사집행법에 따른 가압류(이하 '가압류'라 한다)와 체납처분에 의한 압류(이하 '체납처분압류'라 한다)가 경합하는 경우에 가압류의 존재만으로 공탁의 요건을 충족한다는 점, 민사집행법에 따른 압류(이하 '압류'라 한다)와 체납처분압류가 경합하는 경우와 마찬가지로 가압류와 체납처분압류가 경합하는 경우에 사인(私人)인 제3채무자는 위 각 (가)압류와 체납처분압류의 법률상 차이점, 우선순위 등을 잘 알지 못한다고 할 것이므로 공탁을 통하여 제3채무자를 면책시킬 필요성이 있다는 점, 이후의 배당절차에 체납처분권자가 참여하는 문제도 압류와 체납처분압류가 경합하는 경우와 동일하다는 점 등을 종합적으로 고려할 때, 금전채권에 대하여 압류와 체납처분압류가 경합하는 경우에 그 선후를 불문하고 민사집행법 제248조 제1항에 따른 집행공탁이 허용되는 이상 가압류와 체납처분압류가 경합하는 경우에도 그 선후를 불문하고 제3채무자는 민사집행법 제291조, 제248조 제1항의 공탁(이하 '가압류 집행공탁'이라 한다)을 함으로써 강제집행(징수)과 이중지급의 위험으로부터 벗어날 수 있다. 이는 가압류와 관련된 금전채권 전액을 공탁하는 경우에도 같다(공탁선례 제202311호).

답 **❹**

46
□□□

甲은 乙에 대하여 대여금채무 100만원을 부담하고 있는데, 자동차세미납을 이유로 한 용인시의 체납처분에 의한 압류통지(집행채권액 : 10만원)와 丙의 채권압류 및 추심명령(집행채권액 : 30만원)을 순차적으로 각 송달받고, 대여금채무 100만원을 민사집행법 제248조 제1항에 의하여 집행공탁 하려고 한다. 다음 설명 중 옳은 것을 모두 고른 것은?

2022년 법무사시험 [문 40]

ㄱ. 甲은 공탁서의 공탁원인사실란에 민사집행법에 따른 압류사실 및 체납처분에 의한 압류사실을 모두 기재하여야 한다.
ㄴ. 甲은 위 공탁이 성립된 후 丙의 압류명령을 발령한 집행법원에 사유신고를 하여야 한다.
ㄷ. 용인시는 공탁금 중 10만원에 대하여 공탁관에게 공탁금의 출급을 청구할 수 있다.
ㄹ. 丙은 공탁금 중 30만원에 대하여 집행법원의 지급위탁에 의하지 아니하고 공탁관에게 공탁금의 출급을 청구할 수 있다.
ㅁ. 乙은 공탁금 중 60만원에 대하여 집행법원의 지급위탁에 의하지 아니하고 공탁관에게 공탁금의 출급을 청구할 수 있다.

① ㄱ, ㄴ, ㄷ, ㄹ   ② ㄱ, ㄴ, ㄷ, ㅁ
③ ㄱ, ㄷ, ㄹ, ㅁ   ④ ㄱ, ㄴ, ㄹ, ㅁ
⑤ ㄴ, ㄷ, ㄹ, ㅁ

[ㄱ ▸ O] [ㄴ ▸ O]   행정예규 제1060호 3. 나. (1) (가), (나)

□ **행정예규 제1060호[금전채권에 대하여 민사집행법에 따른 압류와 체납처분에 의한 압류가 있는 경우의 공탁절차 등에 관한 업무처리지침]**
3. 금전채권에 대하여 민사집행법에 따른 압류와 체납처분에 의한 압류가 있는 경우(선후 불문)
　나. 집행공탁
　　(1) 총 칙
　　　(가) 제3채무자는 민사집행법 제248조 제1항에 근거하여 압류와 관련된 금전채권액 전액을 공탁할 수 있고, 공탁을 한 후 즉시 공탁서를 첨부하여 그 내용을 서면으로 압류명령을 발령한 집행법원에 사유신고하여야 한다. 이 경우 민사집행법에 따른 압류가 둘 이상 경합하는 경우의 사유신고는 먼저 송달된 압류명령의 발령법원에 하여야 한다(ㄴ).
　　　(나) 제3채무자는 공탁신청 시 압류결정문 사본(민사집행법에 따른 압류) 및 채권압류통지서 사본(체납처분에 의한 압류)을 첨부하여야 하고, 공탁서의 공탁원인사실란에 민사집행법에 따른 압류사실 및 체납처분에 의한 압류사실을 모두 기재하여야 한다(ㄱ).

[ㄷ ▸ O] [ㄹ ▸ X] [ㅁ ▸ O]   행정예규 제1060호 3. 나. (3) (나)

□ **행정예규 제1060호[금전채권에 대하여 민사집행법에 따른 압류와 체납처분에 의한 압류가 있는 경우의 공탁절차 등에 관한 업무처리지침]**
3. 금전채권에 대하여 민사집행법에 따른 압류와 체납처분에 의한 압류가 있는 경우(선후 불문)
　나. 집행공탁
　　(3) 민사집행법에 따른 압류와 체납처분에 의한 압류금액의 총액이 피압류채권액을 초과하지 않는 경우

□ 행정예규 제1060호[금전채권에 대하여 민사집행법에 따른 압류와 체납처분에 의한 압류가 있는 경우의 공탁절차 등에 관한 업무처리지침]

3. 금전채권에 대하여 민사집행법에 따른 압류와 체납처분에 의한 압류가 있는 경우(선후 불문)
   나. 집행공탁
      (3) 민사집행법에 따른 압류와 체납처분에 의한 압류금액의 총액이 피압류채권액을 초과하지 않는 경우
      (나) 공탁금 지급절차
         1) 공탁금 중에서 민사집행법에 따른 압류의 효력이 미치는 부분은 집행법원의 지급위탁에 의하여 공탁금의 출급을 청구할 수 있다(ㄹ).
         2) 공탁금 중에서 민사집행법에 따른 압류의 효력은 미치지 않지만 체납처분에 의한 압류의 효력이 미치는 부분은 체납처분에 의한 압류채권자가 공탁관에게 공탁금의 출급을 청구할 수 있다(ㄷ).
         3) 공탁금 중에서 민사집행법에 따른 압류의 효력 및 체납처분에 의한 압류의 효력이 미치지 않는 부분은 변제공탁의 예에 따라 피공탁자(압류채무자)가 출급을 청구할 수 있으며, 공탁자도 회수청구할 수 있다(ㅁ).

답 ❷

| 제4절 | 해방공탁 |

47
☐☐☐

가압류해방공탁에 관한 다음 설명 중 가장 옳지 않은 것은?　　　2025년 법무사시험 [문 39]

① 가압류결정에서 가압류채무자 甲, 乙 및 丙을 공동채무자로 하여 청구금액 1억원을 공탁하고 가압류의 집행취소를 신청할 수 있도록 정하여졌다면 乙 및 丙은 자신들의 채무액만큼 공탁하여 자신들이 공유하는 부동산에 대한 가압류의 집행취소를 구할 수는 없다.

② 가압류해방공탁금에 대하여는 가압류채권자의 공탁금 출급청구권은 없고 가압류채무자의 공탁금 회수청구권만 있다.

③ 가압류채무자는 가압류채권자나 가압류채무자의 보통재판적 소재지의 지방법원 또는 집행법원(가압류발령법원)에 공탁할 수 있다.

④ 가압류해방공탁금의 회수청구권에 대하여 가압류로부터 본압류로 이전하는 압류 및 전부명령과 함께 지연손해금채권으로 추가로 위 가압류해방공탁금의 회수청구권에 대하여 압류 및 전부명령을 한 경우라도, 그 명령에 공탁금의 이자채권에 대하여 언급이 없으면 공탁일부터 압류 및 전부명령이 제3채무자인 국가에 송달되기 전일까지의 공탁금에 대한 이자를 전부채권자에게 지급할 수 없다.

⑤ 집행한 가압류를 취소시키기 위해 해방공탁을 하였으나 공탁금액이 가압류명령에 정한 해방금액 전부가 아니라 그 일부에 불과하더라도 그 공탁은 '착오로 공탁을 한 경우'에 해당하지 않는다.

제4편 공탁종류별 공탁신청 및 공탁물 지급　**299**

[**❶** ▸ O] 가압류채무자가 가압류의 집행취소신청을 하기 위해서는 가압류명령에서 정한 금액 전부를 공탁하여야 하며, 가압류명령에서 정한 금액의 일부만을 공탁하고 가압류집행의 일부취소를 구하는 것은 허용되지 않는다. 이 사안의 경우 가압류결정에서 가압류채무자 '을', '병' 및 '정'을 공동채무자로 하여 청구금액 1억원을 공탁하고 가압류의 집행취소를 신청할 수 있도록 정하였으므로, '병' 및 '정'은 상속채무액만큼만 공탁하여 자신들이 공유하는 부동산에 대한 가압류의 집행취소를 구할 수는 없다(공탁 선례 제1-216호).

[**❷** ▸ O] 가압류해방공탁금에 대하여는 가압류채권자의 공탁금 출급청구권은 없고 가압류채무자의 공탁금회수청구권만 있다. 공탁자인 가압류채무자의 해방공탁금회수청구권은 공탁원인의 소멸을 정지조건으로 하는 청구권이므로 그와 같은 조건이 성취되면 공탁자는 그것을 입증하고 해방공탁금을 회수할 수 있다. 채무자인 공탁자의 공탁금회수청구권에 대한 양수인 등도 마찬가지이다. 실무편람

[**❸** ▸ O] 가압류결정에는 가압류의 집행정지나 집행한 가압류를 취소하기 위해 채무자가 공탁할 금액을 기재하여야 하는데 이에 따라 가압류해방금을 공탁할 경우, 채무자는 민사소송법 제475조 제1항에 따라 원고(가압류채권자)나 피고(가압류채무자)의 보통재판적 소재지의 지방법원 또는 집행법원(가압류 발령법원)에 당해 해방금을 공탁할 수 있다. 다만, 공탁한 후 공탁서를 첨부하여 가압류집행취소를 신청하는 것과 관련하여 볼 때 집행법원에 공탁하는 것이 편리할 것으로 생각된다(공탁선례 제1-16호).

[**❹** ▸ O] 가압류해방공탁금의 회수청구권에 대하여 가압류로부터 본압류로 이전하는 압류·전부명령과 함께 지연손해금채권으로 추가로 위 가압류해방공탁금의 회수청구권에 대하여 압류·전부명령을 한 경우라도, 그 명령에 공탁금의 이자채권에 대하여 언급이 없으면 공탁일로부터 압류·전부명령이 제3채무자인 국가에 송달되기 전일까지의 공탁금에 대한 이자를 전부채권자에게 지급할 수 없다(공탁선례 제2-301호).

[**❺** ▸ ×] 공탁법 제9조 제2항 제2호가 정한 '착오로 공탁을 한 경우'라 함은 공탁으로서 필요한 유효요건을 갖추고 있지 아니한 경우를 말하고, 공탁요건을 갖추고 있는지의 여부는 어디까지나 공탁서에 기재된 공탁원인사실을 기준으로 하여 객관적으로 판단하여야 한다. 집행한 가압류를 취소시키기 위한 해방공탁을 하였으나 <u>공탁금액이 가압류명령에 정한 해방금액 전부가 아니라 그 일부에 불과하였다면, 그 공탁은 가압류의 집행을 취소시킬 수 있는 해방공탁으로서의 효력이 없어 '착오로 공탁을 한 경우'에 해당한다</u>(대결 2013.9.13. 2013마949).

답 **❺**

해방공탁금의 지급에 관한 다음 설명 중 가장 옳지 않은 것은? 2024년 법무사시험 [문 38]

① 가압류집행의 목적물에 갈음하여 가압류해방금이 공탁된 경우에 그 가압류의 효력은 공탁금 자체가 아니라 공탁자인 채무자의 공탁금 회수청구권에 대하여 미치는 것이다.

② 채무자의 다른 채권자가 가압류해방공탁금 회수청구권에 대하여 압류명령을 받은 경우라도, 가압류채권자의 가압류는 해당 해방공탁의 원인이 된 것이므로, 해당 해방공탁금에 대하여 우선변제권을 갖는다.

③ 가압류채권자가 해방공탁금을 지급받기 위하여는 본안승소확정판결 등을 집행권원으로 하여 공탁금 회수청구권에 대한 별도의 현금화명령을 받아야 한다.

④ 본안소송에서 승소확정판결을 받은 가압류채권자가 채무자의 해방공탁금 회수청구권에 대한 채권압류 및 전부명령을 받아 지급청구권을 행사하는 경우에 그 채권압류가 가압류를 본압류로 전이하는 채권압류가 아닌 한 가압류의 피보전권리와 압류의 집행채권의 동일성을 소명해야 한다.

⑤ 가압류해방공탁금을 채무자인 공탁자가 회수하고자 할 경우의 첨부서면은 일반적인 첨부서면 이외에 공탁원인의 소멸을 증명하는 서면으로써 가압류결정취소판결정본 및 그 확정증명서나 가압류신청취하 또는 해제증명서 등을 첨부하여야 한다.

....

[❶ ▸ ○] [❷ ▸ ✕] 가압류집행의 목적물에 갈음하여 가압류해방금이 공탁된 경우에 그 가압류의 효력은 공탁금 자체가 아니라 공탁자인 채무자의 공탁금 회수청구권에 대하여 미치는 것이므로 채무자의 다른 채권자가 가압류해방공탁금 회수청구권에 대하여 압류명령을 받은 경우에는 **가압류채권자의 가압류와 다른 채권자의 압류는 그 집행대상이 같아 서로 경합하게 된다**(대결 1996.11.11. 95마252).

[❸ ▸ ○] 「민사집행법」 제282조에 의한 가압류해방금액이 공탁된 경우 그 가압류의 효력은 공탁금 자체가 아닌 공탁자인 가압류채무자(을)의 공탁금 회수청구권에 대하여 미치는 것이고 가압류채권자(갑)는 공탁금에 대하여 우선변제를 받을 권리가 없으며, 가압류채권자(갑)가 해방공탁금을 지급받기 위하여는 본안승소확정판결 등을 집행권원으로 하여 공탁금 회수청구권에 대한 별도의 현금화명령(추심명령 또는 전부명령 등)을 받아야 한다(공탁선례 제2-295호).

[❹ ▸ ○] [❺ ▸ ○] 가압류채권자가 해방공탁금에 대하여 압류 및 전부명령을 받기 위한 채무명의는 확정판결뿐만 아니라 가집행선고부 종국판결도 포함되며, 본안소송에서 승소확정판결을 받은 가압류채권자가 채무사의 해방공탁금 회수청구권에 대힌 채권압류 및 전부명령을 받아 지급청구권을 행사하는 경우에 그 채권압류가 가압류를 본압류로 전이하는 채권압류가 아닌 한 가압류의 피보전권리와 압류의 집행채권의 동일성을 소명해야 할 것이나, 다만 가압류 취하증명을 첨부하는 경우에는 채권의 동일성을 소명하지 않아도 무방할 것이고, 가압류해방공탁금을 채무자인 공탁자가 회수하고자 할 경우의 첨부서면은 일반적인 첨부서면 이외에 공탁원인의 소멸을 증명하는 서면으로써 가압류결정취소판결정본 및 그 확정증명서나 가압류신청취하 또는 해제증명서 등을 첨부하여야 한다(공탁선례 제2-294호).

답 ❷

49

채무자 甲은 채권자 乙의 채권가압류결정(해방금액 1천만원)을 송달받고, 민사집행법 제282조 가압류해방공탁을 하려고 한다. 다음 설명 중 옳은 것을 모두 고른 것은?

2023년 법무사시험 [문 48]

ㄱ. 실질적 통용가치가 있는 유가증권은 가압류해방공탁의 공탁물이 될 수 있다.
ㄴ. 甲의 친구 丙이 甲을 대신하여 가압류해방공탁을 할 수는 없다.
ㄷ. 위 공탁이 성립한 후 고양시의 체납처분에 의한 압류통지(집행채권액 1천만원)이 공탁소에 도달하면 공탁관은 지체 없이 가압류 발령 법원에 사유신고를 하여야 한다.
ㄹ. 위 공탁이 성립한 후 丙의 채권압류 및 추심명령(집행채권액 1천만원)이 공탁소에 도달한 경우 공탁관은 지체 없이 압류를 발령한 집행법원에 사유신고를 하여야 한다.

① ㄱ, ㄴ   ② ㄴ, ㄹ
③ ㄱ, ㄷ   ④ ㄱ, ㄹ
⑤ ㄴ, ㄷ

[ㄱ ▸ ✕] 가압류해방금액은, 채무자가 입을 수 있는 손해를 담보하는 취지의 이른바 소송상의 담보와는 달리 가압류의 목적물에 갈음하는 것으로서, 금전에 의한 공탁만이 허용되고, 유가증권에 의한 공탁은 그 유가증권이 실질적 통용가치가 있는 것이라고 하더라도 허용되지 않는다(대결[전합] 1996.10.1. 96마162).

[ㄴ ▸ ○] 채무자가 가압류명령에 기재된 해방금액을 공탁하였을 때에는 법원은 집행한 가압류를 취소하여야 하며, 이때 가압류의 효력은 공탁자인 채무자의 공탁금 회수청구권에 대하여 미치며, 가압류명령 그 자체의 효력이 소멸되는 것은 아니다. 그런데, 채무자 아닌 제3자가 해방공탁금을 공탁할 수 있느냐에 관하여는 나중에 채권자가 채무자에 대한 채무명의(판결 등)를 받아도 그 해방금액에 대한 집행을 할 근거가 없게 되므로 부정하여야 할 것이다(공탁선례 제1-215호).

[ㄷ ▸ ✕] 가압류와 체납처분에 의한 압류가 있는 경우에는 그 선후를 불문하고 공탁관의 사유신고 요건에 해당하지 않는다(행정예규 제1225호 1. 다. ② 참조).

[ㄹ ▸ ○] 가압류집행의 목적물에 갈음하여 가압류해방금이 공탁된 경우에 그 가압류의 효력은 공탁금 자체가 아니라 공탁자인 채무자의 공탁금 회수청구권에 대하여 미치는 것이므로 채무자의 다른 채권자가 가압류해방공탁금 회수청구권에 대하여 압류명령을 받은 경우에는 가압류채권자의 가압류와 다른 채권자의 압류는 그 집행대상이 같아 서로 경합하게 된다(대결 1996.11.11. 95마252). 따라서 이 경우 공탁관은 지체 없이 집행법원에 그 사유를 신고하여야 하고, 압류 및 추심명령을 받은 채권자 등에게 공탁금을 지급하여서는 안 된다.

답 ②

가압류해방공탁에 관한 다음 설명 중 가장 옳지 않은 것은?

① 해방공탁으로 인한 가압류집행취소가 이루어져도 가압류명령 그 자체의 효력은 소멸되지 않고 공탁자인 가압류채무자의 공탁금회수청구권에 대하여 미치게 된다.

② 가압류채권자의 채권자가 '가압류채권자의 가압류채무 자에 대한 본안판결 확정 후 제3채무자인 국가에 대하여 회수청구할 공탁금채권'을 피압류채권으로 채권가압류를 받았다 하더라도, 공탁자(가압류채무자)가 해방공탁의 원인이 된 그 가압류의 효력이 소멸되었음을 증명하는 서면을 첨부하여 공탁금 회수청구를 하는 경우 공탁관은 그 회수청구를 인가하여야 한다.

③ 공탁자인 가압류채무자의 다른 채권자가 해방공탁금 회수청구권에 대하여 압류 및 추심명령을 받은 경우에는 가압류채권자의 가압류와 위 다른 채권자의 압류가 경합하게 되므로, 공탁관은 지체 없이 집행법원에 그 사유를 신고하여야 한다.

④ 가압류채권자(甲)가 가집행선고부 판결을 받아 해방공탁금의 회수청구권을 압류 및 전부받은 경우에도, 전부채권자(甲)가 해방공탁금을 회수하기 전에 가압류채무자(乙)가 항소심에서 전부 승소판결을 받아 사정변경에 의한 가압류결정취소결정을 받았다면 '乙'은 전부된 회수청구권을 다시 양도(부당이득의 원상회복)받을 필요 없이 곧바로 해방공탁금을 회수할 수 있다.

⑤ 해방공탁금에 대하여 가압류채권자의 채권자들이 '가압류채권자의 채무자에 대한 본안재판 판결확정 후 제3채무자인 국가에 대하여 출급청구할 공탁금채권'에 대하여 압류 및 전부명령을 순차적으로 받은 경우, 각 압류 및 전부명령은 그 대상 채권이 존재하지 않아 무효이므로, 공탁관은 압류경합을 이유로 사유신고하거나 형식상 전부명령이 확정된 채권자에게 공탁금을 지급할 수는 없다.

....

[**❶** ▸ ○] 해방공탁으로 인한 가압류집행취소가 이루어져도 가압류명령 그 자체의 효력은 소멸되는 것이 아니라 공탁자인 가압류채무자의 공탁금회수청구권에 대하여 미치게 된다. 실무편람

[**❷** ▸ ○] 가압류채권자(갑)의 채권자(병)가 '가압류채권자(갑)의 가압류채무자(을)에 대한 본안판결 확정 후 제3채무자인 국가에 대하여 회수청구할 공탁금채권'을 피압류 채권으로 채권가압류를 받았다 하더라도, 가압류의 효력이 소멸되었을 경우에 공탁자가 가지는 공탁금회수청구권 행사에 아무 영향도 줄 수 없으므로, 공탁자인 가압류채무자(을)가 일반적인 첨부서면 이외에 가압류해방공탁의 원인이 된 그 가압류의 효력이 소멸되었음을 증명하는 서면을 첨부하여 공탁금 회수청구를 하는 경우 공탁공무원은 그 회수청구를 인가하여야 할 것이다(공탁선례 제1-225호).

[**❸** ▸ ○] 가압류집행의 목적물에 갈음하여 가압류해방금이 공탁된 경우에 그 가압류의 효력은 공탁금 자체가 아니라 공탁자인 채무자의 공탁금 회수청구권에 대하여 미치는 것이므로 채무자의 다른 채권자가 가압류해방공탁금 회수청구권에 대하여 압류명령을 받은 경우에는 가압류채권자의 가압류와 다른 채권자의 압류는 그 집행대상이 같아 서로 경합하게 된다(대결 1996.11.11. 95마252).

[**❹** ▸ ✕] 가집행선고부 판결에 의하여 집행이 완결된 사건에 있어서는 그 본안판결이 항소심에서 취소 또는 변경되더라도 이를 이유로 이미 완결된 강제집행을 취소할 수는 없으므로, 가압류채권자인 갑이 가집행선고부판결을 받아 해방공탁금의 회수청구권을 압류 및 전부받은 후라면 비록 전부채권자인 갑이 해방공탁금을 회수하기 전에 가압류채무자인 을이 항소심에서 전부 승소판결(갑의 청구기각판결)을 받아 사정변경에 의한 가압류결정취소판결을 받았다 하더라도 <u>을은 이미 집행완결된 해방공탁금을 막바로 회수할 수는 없으며, 을은 갑으로부터 이미 전부된 회수청구권을 다시 양도(부당이득의 원상회복)받거나 갑을 상대로 손해배상 또는 부당이득금 반환청구를 하여 별도의 채무명의를 얻어 집행하여야</u> 할 것이다(공탁선례 제2-300호).

[**❺** ▸ ○] 채무자의 해방공탁금에 대하여 가압류채권자의 채권자들이 '가압류채권자의 채무자에 대한 본안재판 판결확정 후 제3채무자인 국가에 대하여 출급청구할 공탁금채권'에 대하여 압류 및 전부명령을

순차적으로 받은 경우 민사집행법 제282조에 의한 가압류해방금액의 공탁이 있으면 가압류의 효력은 공탁자(채무자)가 갖는 공탁금 회수청구권에 대하여 미치며, 가압류채권자는 회수청구권에 대하여 가압류를 본압류로 이전하는 압류 및 현금화명령을 얻어 채권의 만족을 얻을 수 있을 뿐이고 채무자의 가압류 해방공탁으로 인하여 채권자에게 공탁금 출급청구권이 생기는 것은 아니므로(공탁서의 피공탁자란도 공란으로 둔다) 위의 압류 및 전부명령들은 그 대상 채권이 존재하지 않아 무효라고 할 것이다. 따라서 공탁공무원은 압류경합을 이유로 사유신고하거나 형식상 전부명령이 확정된 채권자에게 공탁금을 지급할 수는 없다(공탁선례 제2-297호).

답 ❹

51

채무자의 가압류해방공탁에 관한 다음 설명 중 가장 옳지 않은 것은?

2021년 법무사시험 [문 44]

① 가압류해방금액은 금전에 의한 공탁만 허용되고 유가증권에 의한 공탁은 허용되지 않는다.
② 가압류해방금이 공탁된 경우 가압류의 효력은 공탁금 자체가 아니라 공탁자인 채무자의 공탁금회수청구권에 대하여 미친다.
③ 가압류해방금이 공탁된 경우 채무자(공탁자)의 다른 채권자가 공탁금회수청구권에 대하여 압류명령을 받은 경우 가압류채권자의 가압류와 다른 채권자의 압류는 그 집행대상이 같아 서로 경합하게 된다.
④ 가압류채권자가 본안승소확정판결을 집행권원으로 하여 해방공탁금회수청구권에 대하여 가압류로부터 본압류로 이전하는 압류 및 전부명령을 받아 해방공탁금에 관하여 회수청구를 할 수 있다.
⑤ 가압류채권자는 가압류해방공탁금에 관하여 우선변제권을 행사할 수 있다.

[❶ ▶ ○] 민사소송법 제702조의 가압류해방금액은, 채무자가 입을 수 있는 손해를 담보하는 취지의 이른바 소송상의 담보와는 달리 가압류의 목적물에 갈음하는 것으로서, 금전에 의한 공탁만이 허용되고, 유가증권에 의한 공탁은 그 유가증권이 실질적 통용가치가 있는 것이라고 하더라도 허용되지 않는다(대결 [전합] 1996.10.1. 96마162).

[❷ ▶ ○] [❸ ▶ ○] 가압류 집행의 목적물에 갈음하여 가압류해방금이 공탁된 경우에 그 가압류의 효력은 공탁금 자체가 아니라 공탁자인 채무자의 공탁금회수청구권에 대하여 미치는 것이므로 채무자의 다른 채권자가 가압류해방공탁금회수청구권에 대하여 압류명령을 받은 경우에는 가압류채권자의 가압류와 다른 채권자의 압류는 그 집행대상이 같아 서로 경합하게 된다(대결 1996.11.11. 95마252).

[❹ ▶ ○] 가압류채권자가 해방공탁금을 지급받기 위하여는 본안승소확정판결 등을 집행권원으로 하여 공탁금회수청구권에 대한 별도의 현금화명령(추심명령 또는 전부명령 등)을 받아야 한다(공탁선례 제2-295호). 즉 가압류채권자는 본안승소확정판결 등을 집행권원으로 하여 공탁금회수청구권에 대하여 가압류로부터 본압류로 이전하는 채권압류 및 추심명령이나 전부명령을 받아 공탁소에 대하여 회수청구를 할 수 있다. `실무편람`

[❺ ▶ ✕] 채무자의 가압류해방공탁금회수청구권이 가압류채권자의 본안소송에서의 패소확정 등을 정지조건으로 하는 조건부 채권이라고 하더라도 가압류해방공탁금은 가압류목적물에 갈음하는 것으로서 이를 공탁하게 하는 목적이 가압류의 집행과 마찬가지로 피보전채권의 강제집행을 보전하는 데 있고, 가압류채권자가 가압류목적물에 대하여 우선변제를 받을 권리가 없는 것과 마찬가지로 가압류해방공탁금에 대하여도 우선변제권이 없다(대결 1996.11.11. 95마252).

답 ❺

52
☐☐☐

부동산경매절차에서 배당표가 확정된 경우에 있어서 배당액의 공탁에 관한 다음 설명 중 가장 옳은 것은?

2019년 법무사시험 [문 40]

① 배당금수령채권이 단일압류되어 있는 경우에는 민사집행법 제160조의 집행공탁을 해야 한다.

② 배당금수령채권에 대해 단일의 압류·추심명령이 발령된 경우에는 민사집행법 제248조의 집행공탁을 해야 한다.

③ 저당권이 있는 채권에 대한 압류의 효력은 저당권자의 배당금청구권에 미친다고 해석할 수 없으므로, 저당권자를 피공탁자로 하여 공탁을 할 수 없다.

④ 배당금수령채권에 대해 단일의 추심명령이 존재하는 경우로서 추심채권자가 배당기일에 출석하지 않은 경우에는 민사집행법 제160조 제2항에 따라 공탁할 수 없다.

⑤ 배당금수령채권에 대해 단일의 확정된 전부명령이 존재하는 경우로서 전부채권자가 배당기일에 출석하지 않은 경우에는 민사집행법 제160조 제2항에 따라 공탁할 수 있다.

....

[❶▸×] 배당받을 채권의 존재 및 수액에 관하여 아무런 다툼이 없어 배당표가 확정되었지만 배당금수령채권이 압류(가압류를 포함한다)되어 있는 경우(채무자 등에게 지급될 잉여금채권이 압류된 경우도 같으므로 따로 설명하지 않는다)에는 배당받을 채권자를 배당금 수령권자로 기재하여 배당표를 작성한다. 위의 경우에 하는 배당의 공탁은 민사집행법 제160조에 의한 공탁이 아니다. 민법 제487조(채권자가 변제를 수령할 수 없는 때)의 변제공탁을 할 수 있다는 견해도 있으나, 현행 공탁실무에서는 민사집행법 제248조의 집행공탁으로 처리한다. 실무편람

[❷▸×] [❹▸×] [❺▸○] 배당금수령채권에 대하여 추심명령 또는 전부명령이 발하여진 경우 공탁 전에 전부명령이 확정되어 이미 전부의 효력이 발생한 경우가 아니면 민사집행법 제248조에 의한 집행공탁도 가능하지만 다수의 채권자가 경합되었거나 또는 민사집행법 제248조 제2항과 제3항에 해당하는 경우가 아니면 굳이 민사집행법 제248조 제1항에 의한 집행공탁을 하여 배당절차를 거치도록 할 필요가 없을 것이다. 다만, 추심채권자나 전부채권자가 배당기일에 출석하지 아니한 때에는 민사집행법 제160조 제2항에 따라 공탁할 수 있다. 실무편람

[❸▸×] 저당권이 있는 채권이 압류(가압류를 포함한다)된 것만으로는 그 채권의 권리자가 바뀌는 것은 아니지만 저당권이 있는 채권에 대한 압류의 효력은 저당권자의 배당금청구권에 미친다고 해석되므로 압류가 존속하는 한 해당 배당금을 지급하지 않고 저당권자를 피공탁자로 하여 공탁을 한다. 실무편람

답 ❺

53
☐☐☐

회생위원의 공탁(채무자 회생 및 파산에 관한 법률 제617조의2, 채무자 회생 및 파산에 관한 규칙 제84조 제2항)에 관한 다음 설명 중 가장 옳지 않은 것은? **2021년 법무사시험 [문 46]**

① 금융기관 계좌번호를 회생위원에게 일정 기간 내에 신고하지 아니한 개인회생채권자(미신고 채권자)에 대하여 지급할 변제액은 변제계획에서 정하는 바에 따라 공탁할 수 있다.

② 회생위원이 임치된 금원을 채무자를 위하여 공탁할 수 있는 경우가 있다.

③ 회생위원은 공탁을 하는 경우 계좌입금에 의한 공탁금 납입을 신청하여야 한다.

④ 회생위원이 미신고 채권자에게 공탁하는 경우에는 공탁예정통지서를 발송하지 않아도 된다.

⑤ 공탁금을 출급받으려는 채권자 또는 채무자가 있을 경우 회생위원은 그자에게 자격에 관한 증명서를 주어야 한다.

....

[❶ ▸ ○] 채무자 회생 및 파산에 관한 규칙 제84조 제2항

> **채무자 회생 및 파산에 관한 규칙 제84조(계좌번호의 신고)**
> ① 개인회생채권자는 법 제613조의 규정에 따른 개인회생채권자집회의 기일종료 시까지 변제계획에 따른 변제액을 송금받기 위한 금융기관(은행법에 의한 금융기관을 말한다) 계좌번호를 회생위원에게 신고하여야 한다.
> ② 위 신고를 하지 아니한 개인회생채권자에 대하여 지급할 변제액은 변제계획에서 정하는 바에 따라 공탁할 수 있다.

[❷ ▸ ○] 회생위원은 개인회생절차폐지의 결정 또는 면책의 결정이 확정된 후에도 임치된 금원(이자를 포함한다)이 존재하는 경우에는 이를 채무자에게 반환하여야 한다. 다만, 채무자가 수령을 거부하거나 채무자의 소재불명 등으로 반환할 수 없는 경우에는 채무자를 위하여 공탁할 수 있다(채무자회생법 제617조의2).

[❸ ▸ ○] [❹ ▸ ✕] [❺ ▸ ○] 재판예규 제1930호 제11조의5 제3항·제4항·제7항

> ☐ **재판예규 제1930호[개인회생사건 처리지침(재민 제2004-4호)]**
> **제11조의5(개인회생공탁 등)**
> ① 회생위원은 변제액을 송금받기 위한 금융기관 계좌번호를 신고하지 아니한 채권자(신고한 계좌번호에 오류가 있는 채권자도 포함한다. 다음부터 "미신고 채권자"라고 한다)에 대하여는 규칙 제84조 제2항(2006.3.31. 이전에 개인채무자회생법에 따라 개인회생절차개시신청을 한 사건은 개인채무자회생규칙 제18조 제2항) 및 변제계획에 따라 연 1회(변제계획인가일부터 1년이 지날 때마다 1회) 변제액을 공탁할 수 있다.
> ② 회생위원은 채무자가 개인회생절차개시신청서에 기재한 금융기관 계좌번호와 전화번호에 오류가 있고, 채무자의 소재불명 등의 사유로 채무자와 연락이 되지 않는 경우에는 법 제617조의2에 따라 임치된 금원을 공탁할 수 있다. 이 경우 사전에 채무자용 공탁예정통지서[전산양식 D5508-1]를 발송할 수 있다.

③ 회생위원은 미신고 채권자에 대하여는 전화, 전자우편, 팩시밀리 등 적절한 방법으로 계좌번호를 신고하
도록 촉구하여야 하고, 제1항의 공탁을 하기 전에 공탁예정통지서[전산양식 D5508]를 발송하여 통지서
를 송달받은 날부터 1주일 안에 계좌번호를 신고하지 아니하면 변제액을 공탁한다는 점을 알려 주어야
한다. 다만, 해당 채권자에 대하여 법 제10조에 따라 송달에 갈음하는 공고를 한 경우에는 그러하지
아니하다.

④ 제1항 또는 제2항의 공탁은 공탁사무 문서양식에 관한 예규 제1-1호 양식에 의하여 공탁규칙이 정한
절차에 따른다. 이 경우 회생위원은 계좌입금에 의한 공탁금 납입을 신청하여야 한다.

⑦ 제1항 또는 제2항의 공탁금을 출급받으려는 채권자 또는 채무자가 있을 경우 회생위원은 공탁규칙
제43조에서 정한 절차에 따라 공탁관에게 지급위탁서를 보내고 지급받을 채권자 또는 채무자에게 그
자격에 관한 증명서를 주어야 한다.

답 ❹

제5장 / 혼합공탁

PART 1 PART 2 PART 3 PART 4 PART 5 PART 6 PART 7 PART 8

제1절 **혼합공탁의 신청·지급**

54
□□□

혼합공탁에 관한 다음 설명 중 가장 옳지 않은 것은? 2025년 법무사시험 [문 45]

① 확정일자 있는 증서에 의한 채권양도가 이루어진 후 양도된 채권에 대하여 사해행위취소에 따른
원상회복청구권을 피보전권리로 하는 채권처분금지가처분결정이 제3채무자에게 송달된 다음 양
도인을 채무자로 하는 채권압류 및 추심명령이 제3채무자에게 송달된 경우, 채권압류 및 추심명령
당시 피압류채권이 이미 대항요건을 갖추어 양도되어 위 채권압류 및 추심명령이 효력이 없는
것으로 되었다 하더라도 제3채무자는 혼합공탁을 할 수 있다.

② 채권자 불확지 등 변제공탁사유와 압류명령이 있음을 이유로 혼합공탁을 한 경우 제3채무자는
지체 없이 압류명령을 발령한 법원에 사유신고를 하여야 한다.

③ 집행채권자는 집행법원의 지급위탁절차에 의하여 공탁금의 출급을 청구할 수 있다.

④ 장래 발생할 채권까지 포함된 물품대금채권에 대하여 양도 및 확정일자부 통지가 이루어진 이후
다시 물품대금채권에 대하여 양도인을 채무자로 하는 4건의 가압류가 이루어져 채권양도의 효력
및 채권양도와 가압류 간의 우열에 대해 의문이 있을 수 있는 경우, 채무자는 민법 제487조, 민사집행법
제291조 및 제248조 제1항을 근거로 양도인 또는 양수인을 피공탁자로 하는 혼합공탁을 할 수 있다.

⑤ 공탁자는 공탁금 중 압류나 가압류의 효력이 미치지 않는 부분에 대하여는 민법 제489조 제1항에
따라 회수할 수 있다.

[**❶** ▸ ✕] 한편 채권자취소권은 채무자가 채권자를 해함을 알면서 자기의 일반재산을 감소시키는 행위를 한 경우에 그 행위를 취소하여 채무자의 재산을 원상회복시킴으로써 모든 채권자를 위하여 채무자의 책임재산을 보전하는 권리라는 점에 비춰 '채권자취소에 따른 원상회복청구권을 피보전권리로 하는 채권처분금지가처분결정'이 송달되거나 수용대상 토지에 '채권자취소에 따른 소유권등기말소청구권을 피보전권리로 하는 가처분등기'가 경료되어 있는 경우 위 각 가처분권자는 분쟁의 대상인 채권이나 토지소유권이 가처분권자 자신에게 속한다고 다투는 경우에 해당하지 않는다(대판 2009.11.12. 2007다53785 참조, 공탁선례 제201010–2호 참조). 따라서 <u>채권양도의 효력에 다툼이 있지만 그 원인이 '채권자취소에 따른 원상회복청구권을 피보전권리로 하는 가처분'이거나 '채권자취소소송이 제기 중'이라는 이유로 채권자 불확지 변제공탁과 집행공탁을 결합한 혼합공탁을 할 수 없다.</u> `실무편람`

[**❷** ▸ ○] 채권자 불확지 등 변제공탁사유와 압류명령이 있음을 이유로 혼합공탁을 한 경우 제3채무자는 지체 없이 압류명령을 발령한 법원에 사유신고를 하여야 한다. 이 경우 다수의 압류명령이 있는 경우 먼저 송달된 압류명령을 발령한 법원에 사유신고를 하여야 한다(행정예규 제1400호 제7조 제1항).

[**❸** ▸ ○] 집행채권자는 집행법원의 지급위탁절차에 의하여 공탁금의 출급을 청구할 수 있다(행정예규 제1400호 제9조 제3항).

[**❹** ▸ ○] 장래 발생할 채권까지 포함된 물품대금채권에 대하여 양도 및 확정일자부 통지가 이루어진 이후 다시 물품대금채권에 대하여 양도인을 채무자로 하는 4건의 가압류가 이루어져 채권양도의 효력 및 채권양도와 가압류 간의 우열에 대해 의문이 있을 수 있는 경우, 채무자는「민법」제487조,「민사집행법」제291조 및 제248조 제1항을 근거로 양도인 또는 양수인을 피공탁자로 하는 혼합공탁을 할 수 있다(공탁선례 제2–316호).

[**❺** ▸ ○] 공탁자는 공탁금 중 (가)압류의 효력이 미치지 않는 부분에 대하여는「민법」제489조 제1항에 따라 회수할 수 있다. 이 경우 공탁자는 집행법원으로부터 공탁서를 보관하고 있다는 사실을 증명하는 서면을 교부받아 이를 공탁금 회수청구서에 첨부하여야 한다(행정예규 제1400호 제10조 제1항).

답 **❶**

55

혼합공탁의 신청 또는 출급절차 등에 관한 다음 설명 중 가장 옳지 않은 것은?

2024년 법무사시험 [문 37]

① 채권양도 통지와 채권가압류 결정정본이 동시에 송달된 경우에 제3채무자는 공탁서의 피공탁자란에 '양도인 또는 양수인'을 기재하고, 공탁근거 법령조항란에는 '민법 제487조 후단 및 민사집행법 제291조, 제248조 제1항'을 기재하여 혼합공탁을 할 수 있다.

② 근저당권부 채권에 대하여 압류 등이 경합된 부동산의 제3취득자는 근저당권을 소멸시키기 위하여 변제공탁과 집행공탁이 결합된 혼합공탁을 하여야 하고, 공탁서에 피공탁자를 채무자(근저당권자)로 기재하여야 한다.

③ 수용대상 토지에 처분금지가처분등기가 되어 있어 피공탁자를 '가처분권자 또는 토지소유자'로 한 상대적 불확지 변제공탁과 채권가압류로 인한 집행공탁을 합한 혼합공탁을 한 경우, 가처분권자가 토지소유자를 상대로 제기한 본안소송에서 패소판결을 받아 확정된 때에는 토지소유자는 그 확정판결과 채권가압류가 실효되었음을 증명하는 서면을 첨부하여 공탁금 출급청구를 할 수 있다.

④ 동일채권에 대하여 가압류명령이 송달된 이후 채권양도의 통지가 도달되어 제3채무자가 혼합공탁을 한 경우, 가압류채권자는 가압류에서 본압류로 이전하는 채권압류 및 추심명령을 받아 집행법원의 지급위탁절차를 거치지 않고 공탁소에 출급청구할 수 있다.

⑤ 수급사업자의 발주자에 대한 하도급대금 직접청구권과 원사업자의 채권자가 원사업자의 공사대금 채권에 대하여 한 압류나 가압류가 경합하는 경우, 제3채무자인 발주자는 수급사업자의 직접청구권 발생여부나 수급사업자의 직접청구권과 압류나 가압류 사이에 그 우열을 알 수 없는 경우 채권자 불확지 변제공탁과 집행공탁을 결합한 혼합공탁을 할 수 있다.

....

[**❶** ▸ ○] 행정예규 제1400호 제4조 제1항 제2호, 제5조 제1항 제1호, 제2항

□ **행정예규 제1400호[금전채권의 혼합공탁에 관한 사무처리지침]**

제4조(공탁사유)
① 제3채무자는 다음 각 호와 같이 동일한 금전채권에 대하여 채권양도와 (가)압류가 경합하는 경우 혼합공탁을 할 수 있다.
  1. 선행하는 채권양도의 효력 유무에 대하여 다툼이 있는 경우
  2. (가)압류명령과 채권양도 통지가 동시에 도달되거나 도달의 선후가 불분명한 경우
  3. 가압류 이후에 채권양도 통지가 도달된 경우

제5조(공탁서 기재 방식)
① 피공탁자란에는 다음 각 호의 사항을 기재하되, 집행채권자는 기재하지 아니한다.
  1. 제4조 제1항 각 호의 경우 양도인 또는 양수인
  2. 제4조 제2항의 경우 권리자인지 여부에 다툼이 있는 사람 전부
  3. 제4조 제3항의 경우 지분권자 전부
② 법령조항란에는 「민법」 제487조 후단, 「민사집행법」 제248조 제1항(또는 「민사집행법」 제291조 및 제248조 제1항)을 기재한다.

[**❷** ▸ ○] 근저당권부 채권에 대하여 압류 등이 경합된 부동산의 제3취득자는 근저당권을 소멸시키기 위하여 변제공탁과 집행공탁이 결합된 **혼합공탁**을 하여야 하고, 공탁서에 **피공탁자를 채무자(근저당권자)로 기재하여야 한다**(공탁선례 제2-315호).

[**❸** ▸ ○] 공탁자가 피공탁자를 '가처분권자 갑 또는 가처분권자 을 또는 토지소유자'로 한 상대적 불확지 변제공탁과 채권가압류로 인한 집행공탁을 합한 혼합공탁을 한 경우, 가처분권자들이 토지소유자를 상대로 제기한 본안소송에서 패소판결을 받아 확정된 때에는 토지소유자는 공탁금 출급청구권이 자신에게 있음을 증명하는 서면으로 그 확정판결과 채권가압류가 실효되었음을 증명하는 서면 등을 첨부하여 위 공탁금에 대한 출급청구를 할 수 있다(공탁선례 제2-325호).

[**❹** ▸ ✕] 가압류를 원인으로 집행공탁을 하더라도 배당가입이 차단되지 않고 배당절차를 진행할 수도 없으며, 단지 채무자가 가지는 공탁금 출급청구권 위에 가압류의 효력이 존속하는 것에 불과할 따름이다 (민사집행법 제297조). 따라서 혼합공탁 이후에 가압류가 본압류로 이전되면 중간의 채권양도 그 자체는 유효하더라도 가압류채권자와의 관계에서는 대항할 수 없으므로 공탁이후에 가압류채권자의 가압류에서 본압류로 이전하는 채권압류 및 추심명령이나 전부명령이 송달되어지면 공탁관이 집행법원에 사유신고 후 집행법원의 <u>지급위탁절차에 의하여 공탁금이 지급될 것이다</u>. 실무편람

▫ **행정예규 제1400호[금전채권의 혼합공탁에 관한 사무처리지침]**

제7조(집행법원에 대한 사유신고)

② 제3채무자가 채권자 불확지 변제공탁사유와 가압류명령이 있음을 이유로 혼합공탁을 한 경우 피공탁자 (가압류채무자)의 공탁금 출급청구권에 대하여 다른 압류가 이루어져 압류의 경합이 생기거나 가압류를 본압류로 이전하는 압류명령이 있더라도 공탁관은 제8조에 따른 혼합해소문서가 제출된 후 압류명령을 발령한 법원에 사유신고(혼합해소문서 사본 첨부)를 하여야 한다. 다만, 가압류 이후에 채권양도가 있음을 이유로 제4조 제1항 제3호에 따른 혼합공탁이 된 후 피공탁자(가압류채무자)의 공탁금 출급청구권에 대하여 가압류를 본압류로 이전하는 압류명령이 있는 경우 공탁관은 지체 없이 압류명령을 발령한 법원에 사유신고를 하여야 한다.

제9조(공탁금 출급)

③ 집행채권자는 집행법원의 지급위탁절차에 의하여 공탁금의 출급을 청구할 수 있다.

[**❺** ▸ ○] 위와 같은 수급사업자의 발주자에 대한 하도급대금 직접청구권과 원사업자의 채권자가 원사업자의 공사대금채권에 대하여 한 압류나 가압류가 경합하는 경우 제3채무자인 발주자는 수급사업자의 직접청구권 발생 여부나 수급사업자의 직접청구권과 압류나 가압류 사이에 그 우열을 알 수 없는 경우 채권자 불확지 변제공탁과 집행공탁을 결합한 혼합공탁을 할 수 있는데, 공탁근거법령은 "민법 제487조 후단, 민사집행법 제248조 제1항(또는 민사집행법 제291조, 제248조 제1항), 하도급법 시행령 제9조 제2항"으로 기재한다. 실무편람

답 **❹**

56

甲은 乙에게 대여금채무(1천만원, 양도금지특약 있음)를 부담하고 있는데 위 채무금 전액에 대하여 확정일자 있는 채권양도통지서(양수인 丙)와 丁의 채권압류 및 추심명령을 순차적으로 송달받고 혼합공탁을 하려고 한다. 다음 설명 중 옳은 것을 모두 고른 것은?

2023년 법무사시험 [문 42]

> ㄱ. 甲은 민법 제487조 후단 및 민사집행법 제248조 제1항을 공탁근거법령으로 피공탁자를 '乙 또는 丙'으로 기재하여야 한다.
> ㄴ. 甲이 혼합공탁을 한 후 乙에게 공탁금 출급청구권이 귀속하는 것을 증명하는 문서가 공탁소에 제출된 때에 공탁관이 집행법원에 사유신고를 하여야 한다.
> ㄷ. 丁은 乙과 丙을 피고로 하여 공탁금출급청구권이 자신에게 있다는 것을 확인하는 공탁금출급청구권확인의 확정판결을 첨부하여 직접 공탁금을 출급할 수 있다.
> ㄹ. 丙은 乙과 丁을 피고로 하여 공탁금 출급청구권이 자신에게 있다는 것을 확인하는 공탁금출급청구권확인의 확정판결을 첨부하여 직접 공탁금을 출급할 수 있다.

① ㄱ, ㄴ
② ㄱ, ㄷ
③ ㄱ, ㄹ
④ ㄴ, ㄹ
⑤ ㄴ, ㄷ

....

[ㄱ ▸ ○] 행정예규 제1400호 제4조 제1항, 제5조 제1항·제2항

> □ **행정예규 제1400호[금전채권의 혼합공탁에 관한 사무처리지침]**
> **제4조(공탁사유)**
> ① 제3채무자는 다음 각 호와 같이 동일한 금전채권에 대하여 채권양도와 (가)압류가 경합하는 경우 혼합공탁을 할 수 있다.
> 1. 선행하는 채권양도의 효력 유무에 대하여 다툼이 있는 경우
> 2. (가)압류명령과 채권양도 통지가 동시에 도달되거나 도달의 선후가 불분명한 경우
> 3. 가압류 이후에 채권양도 통지가 도달된 경우
>
> **제5조(공탁서 기재 방식)**
> ① 피공탁자란에는 다음 각 호의 사항을 기재하되, 집행채권자는 기재하지 아니한다.
> 1. 제4조 제1항 각 호의 경우 양도인 또는 양수인
> 2. 제4조 제2항의 경우 권리자인지 여부에 다툼이 있는 사람 전부
> 3. 제4조 제3항의 경우 지분권자 전부
> ② 법령조항란에는 민법 제487조 후단, 민사집행법 제248조 제1항(또는 민사집행법 제291조 및 제248조 제1항)을 기재한다.

[ㄴ ▸ ✕] 채권자 불확지 등 변제공탁사유와 압류명령이 있음을 이유로 혼합공탁을 한 경우 제3채무자는 지체 없이 압류명령을 발령한 법원에 사유신고를 하여야 한다. 이 경우 다수의 압류명령이 있는 경우 먼저 송달된 압류명령을 발령한 법원에 사유신고를 하여야 한다(행정예규 제1400호 제7조 제1항).

[ㄷ ▸ ✕] 집행채권자는 집행법원의 지급위탁절차에 의하여 공탁금의 출급을 청구할 수 있다(행정예규 제1400호 제9조 제3항).

[ㄹ▸〇] 피공탁자는 다른 피공탁자뿐만 아니라 (가)압류채권자 등 이해관계인을 상대방으로 하여 자신에게 공탁금 출급청구권이 있다는 것을 증명하는 확인판결 정본 및 그 판결의 확정증명서(이와 동일한 내용의 화해 또는 조정조서 정본 포함) 또는 동의서(인감증명서 또는 본인서명사실확인서나 전자본인서명확인서 첨부)를 첨부하여 공탁소에 공탁금 출급을 청구할 수 있다(행정예규 제1400호 제9조 제1항).

답 ❸

57

혼합공탁에 관한 다음 설명 중 가장 옳지 않은 것은? 2022년 법무사시험 [문 36]

① 채권자 불확지 변제공탁 사유와 집행공탁 사유가 함께 발생한 경우, 이른바 혼합공탁을 할 수 있고, 이러한 공탁은 변제공탁에 관련된 채권양수인에 대하여는 변제공탁으로서의 효력이 있고, 집행공탁에 관련된 압류채권자 등에 대하여는 집행공탁으로서의 효력이 있다.

② 채권가압류 이후 채권양도가 있어 제3채무자가 양도인 또는 양수인을 피공탁자로 하는 채권자 불확지 변제공탁과 채권가압류가 있음을 이유로 한 집행공탁을 합한 혼합공탁을 하는 경우 위 채무가 지참채무라면 피공탁자들 중 1인의 주소지 공탁소가 관할공탁소가 된다.

③ 혼합공탁에 있어서 피공탁자는 공탁물의 출급을 청구함에 있어서 다른 피공탁자에 대한 관계에서 만 공탁물출급청구권이 있음을 증명하는 서면을 갖추는 것으로는 부족하고, 집행채권자에 대한 관계에서도 공탁물출급청구권이 있음을 증명하는 서면을 구비·제출하여야 한다.

④ 혼합공탁의 요건을 갖추지 못하여 유효한 공탁으로 볼 수 없는 경우에는 공탁자는 착오로 인한 공탁금회수 청구를 할 수 있다.

⑤ 채무자가 채권양도 및 압류경합을 공탁사유로 공탁을 하면서 피공탁자 내지 채권자 불확지의 취지를 기재하지 않고 공탁근거조문으로 집행공탁에 관한 근거조항만 기재한 경우, 위 공탁은 새로운 채권자에 대한 변제공탁으로서의 효력이 없다고 볼 수 없다.

···

[❶▸〇] 특정 채권에 대하여 채권양도의 통지가 있었으나 그 후 통지가 철회되는 등으로 채권이 적법하게 양도되었는지 여부에 관하여 의문이 있어 민법 제487조 후단의 채권자불확지를 원인으로 하는 변제공탁 사유가 생기고, 그 채권양도 통지 후에 그 채권에 대하여 채권가압류 또는 채권압류 결정이 내려짐으로써 민사집행법 제248조 제1항의 집행공탁의 사유가 생긴 경우에, 채무자는 민법 제 487조 후단 및 민사집행법 제248조 제1항을 근거로 하여 채권자불확지를 원인으로 하는 변제공탁과 압류 등을 이유로 하는 집행공탁을 아울러 할 수 있고, 이러한 공탁은 변제공탁에 관련된 채권양수인에 대하여는 변제공탁으로서의 효력이 있고, 집행공탁에 관련된 압류채권자 등에 대하여는 집행공탁으로서 의 효력이 있다(대판 2008.1.17. 2006다56015).

[❷▸〇] 채권가압류 이후에 채권양도가 있어 제3채무자가 양도인 또는 양수인을 피공탁자로 하는 채권자 불확지 변제공탁과 채권가압류가 있음을 이유로 한 집행공탁을 합한 혼합공탁을 하는 경우, 위 채무가 지참채무라면 피공탁자들 중 1인의 주소지 공탁소가 관할공탁소가 된다(공탁선례 제2-12호).

[❸▸〇] 피공탁자는 다른 피공탁자뿐만 아니라 (가)압류채권자 등 이해관계인을 상대방으로 하여 자신에게 공탁금 출급청구권이 있다는 것을 증명하는 확인판결 정본 및 그 판결의 확정증명서(이와 동일한 내용의 화해 또는 조정조서 정본 포함) 또는 동의서(인감증명서 또는 본인서명사실확인서나 전자본인서명확인서 첨부)를 첨부하여 공탁소에 공탁금 출급을 청구할 수 있다(행정예규 제1400호 제9조 제1항).

[**④ ▸ ○**] 공탁자는 혼합공탁의 사유가 없음에도 착오로 공탁하거나 공탁의 원인이 소멸한 경우에는 각 소명자료를 첨부하여 공탁금을 회수할 수 있다(행정예규 제1400호 제10조 제2항).

[**⑤ ▸ ✕**] 제3채무자가 채권양도 및 압류경합을 공탁사유로 공탁을 하면서 피공탁자 내지 채권자 불확지의 취지를 기재하지 않고 공탁근거조문으로 집행공탁근거조문인 민사집행법 제248조 제1항만을 기재한 경우, 위 공탁은 <u>변제공탁으로서의 효과는 없다</u>(대판 2005.5.26. 2003다12311).

답 ⑤

58

혼합공탁에 관한 다음 설명 중 가장 옳지 않은 것은?

① 혼합공탁은 변제공탁에 관련된 새로운 채권자에 대해서는 변제공탁으로서 효력이 있고 집행공탁에 관련된 압류채권자 등에 대해서는 집행공탁으로서 효력이 있으며, 이 경우에도 적법한 공탁으로 채무자의 채무는 소멸한다.

② 제3채무자가 변제공탁을 한 것인지, 집행공탁을 한 것인지 아니면 혼합공탁을 한 것인지는 피공탁자의 지정 여부, 공탁의 근거조문, 공탁사유, 공탁사유신고 등을 종합적·합리적으로 고려하여 판단하는 수밖에 없다.

③ 혼합공탁의 경우에 어떠한 사유로 배당이 실시되었고 배당표상의 지급 또는 변제받을 채권자와 금액에 관하여 다툼이 있는 경우, 공탁금에서 지급 또는 변제받을 권리가 있음에도 불구하고 지급 또는 변제받지 못하였음을 주장하는 자는 배당표에 배당받는 것으로 기재된 다른 채권자들을 상대로 배당이의의 소를 제기할 수 있다.

④ 혼합공탁에서 피공탁자가 공탁물의 출급을 청구하려면 다른 피공탁자에 대한 관계에서 공탁물출급청구권이 있음을 증명하는 서면을 갖추는 것으로 충분하다.

⑤ 혼합공탁에서 변제공탁에 해당하는 부분에 대하여는 제3채무자의 공탁사유신고에 의한 배당가입차단효가 발생할 여지가 없다.

[**❶ ▸ ○**] 혼합공탁은 변제공탁의 공탁근거법령과 집행공탁의 공탁근거법령 양자를 공탁근거법령으로 한 공탁이며, 변제공탁과 집행공탁의 성질을 함께 깃는 공탁이다. 따리서 혼합공탁은 변제공탁에 관련된 채권자들에 대하여는 변제공탁으로서의 효력이 있고, 집행공탁에 관련된 집행채권자들에 대하여는 집행공탁으로서의 효력이 있다(대판 1996.4.26. 96다2583). 실무편람

[**❷ ▸ ○**] 집행공탁의 경우에는 배당절차에서 배당이 완결되어야 피공탁자가 비로소 확정되고, 공탁 당시에는 피공탁자의 개념이 관념적으로만 존재할 뿐이므로, 공탁 당시에 피공탁자를 지정하지 아니하였더라도 공탁이 무효라고 볼 수 없으나, 변제공탁은 집행법원의 집행절차를 거치지 아니하고 피공탁자의 동일성에 관한 공탁공무원의 형식적 심사에 의하여 공탁금이 출급되므로 피공탁자가 반드시 지정되어야 하며, 또한 변제공탁이나 집행공탁은 공탁근거조문이나 공탁사유, 나아가 공탁사유신고의 유무에 있어서도 차이가 있으므로, 제3채무자가 채권양도 등과 압류경합 등을 이유로 공탁한 경우에 제3채무자가 변제공탁을 한 것인지, 집행공탁을 한 것인지, 아니면 혼합공탁을 한 것인지는 피공탁자의 지정 여부, 공탁의 근거조문, 공탁사유, 공탁사유신고 등을 종합적·합리적으로 고려하여 판단하는 수밖에 없다(대판 2005.5.26. 2003다12311).

[**❸ ▸ ○**] 집행공탁과 민법의 규정에 의한 변제공탁이 혼합되어 공탁된 이른바 혼합공탁의 경우에 어떠한 사유로 배당이 실시되었고 배당표상의 지급 또는 변제받을 채권자와 금액에 관하여 다툼이 있으면 이를 배당이의의 소라는 단일한 절차에 의하여 한꺼번에 분쟁을 해결함이 타당하므로, 공탁금에서 지급 또는 변제받을 권리가 있음에도 불구하고 지급 또는 변제받지 못하였음을 주장하는 자는 배당표에 배당받는 것으로 기재된 다른 채권자들을 상대로 배당이의의 소를 제기할 수 있다(대판 2014.11.13. 2012다117461).

[**❹ ▸ ✕**] 피공탁자는 다른 피공탁자뿐만 아니라 (가)압류채권자 등 이해관계인을 상대방으로 하여 자신에게 공탁금 출급청구권이 있다는 것을 증명하는 확인판결 정본 및 그 판결의 확정증명서(이와 동일한 내용의 화해 또는 조정조서 정본 포함) 또는 동의서(인감증명서 또는 본인서명사실확인서나 전자본인서명확인서 첨부)를 첨부하여 공탁소에 공탁금 출급을 청구할 수 있다(행정예규 제1400호 제9조 제1항).

[**❺ ▸ ○**] 민사집행법 제247조 제1항에 의한 배당가입차단효는 배당을 전제로 한 집행공탁에 대하여만 발생하므로, 집행공탁과 변제공탁이 혼합된 소위 혼합공탁의 경우 변제공탁에 해당하는 부분에 대하여는 제3채무자의 공탁사유신고에 의한 배당가입차단효가 발생할 여지가 없다(대판 2008.5.15. 2006다74693).

답 **❹**

제2절 유형별 혼합공탁의 처리

59
□□□

甲은 乙에 대하여 물품대금채무(양도금지특약 있음)를 부담하고 있는데, 乙의 채권 전부에 대하여 확정일자 있는 채권양도통지서(양수인 丙)와 乙의 채권 전부에 대하여 丁의 채권가압류결정이 순차적으로 도달하자 민법 제487조 후단과 민사집행법 제291조 및 제248조 제1항을 결합한 혼합공탁(전액)을 하려고 한다. 다음 설명 중 가장 옳지 않은 것은? 2024년 법무사시험 [문 34]

① 공탁서의 피공탁자란에는 '양도인(乙) 또는 양수인(丙)'을 기재하고, 가압류채권자(丁)는 피공탁자로 기재하지는 않지만, 공탁원인사실란에는 가압류 등의 사실을 구체적으로 기재하여야 한다.

② 제3채무자(甲)는 공탁신청 시 가압류결정문 사본과 공탁통지서를 첨부하여야 하며, 공탁통지서 및 공탁사실통지서 발송에 필요한 우편료도 함께 납부하여야 한다.

③ 양수인(丙)은 양도인(乙)의 승낙서나 그에 대한 공탁금 출급청구권 승소확정판결 이외에 가압류채권자(丁)의 승낙서 또는 그에 대한 공탁금 출급청구권확인 승소확정판결을 첨부하여 공탁금 출급청구를 할 수 있다.

④ 양수인(丙)이 제3채무자(甲)를 상대로 양수금청구소송에서 얻은 집행권원으로 제3채무자(甲)의 다른 책임재산에 대한 강제집행에 의하여 채권만족을 얻은 경우라고 하더라도, 제3채무자(甲)는 공탁원인 소멸을 이유로 하는 공탁금 회수청구를 할 수는 없다.

⑤ 제3채무자(甲)의 혼합공탁 이후 가압류채무자(乙)의 공탁금 출급청구권에 대하여 다른 압류가 이루어져 압류의 경합이 생기거나 가압류를 본압류로 이전하는 압류명령이 있더라도, 공탁관은 혼합해소문서가 제출된 후 압류명령을 발령한 법원에 사유신고(혼합해소문서 사본 첨부)를 하여야 한다.

[**❶** ▸ ○] 행정예규 제1400호 제4조 제1항, 제5조 제1항 제1호, 제3항

> **□ 행정예규 제1400호[금전채권의 혼합공탁에 관한 사무처리지침]**
>
> **제4조(공탁사유)**
> ① 제3채무자는 다음 각 호와 같이 동일한 금전채권에 대하여 채권양도와 (가)압류가 경합하는 경우 혼합공탁을 할 수 있다.
>   1. 선행하는 채권양도의 효력 유무에 대하여 다툼이 있는 경우
>   2. (가)압류명령과 채권양도 통지가 동시에 도달되거나 도달의 선후가 불분명한 경우
>   3. 가압류 이후에 채권양도 통지가 도달된 경우
>
> **제5조(공탁서 기재 방식)**
> ① 피공탁자란에는 다음 각 호의 사항을 기재하되, 집행채권자는 기재하지 아니한다.
>   1. 제4조 제1항 각 호의 경우 양도인 또는 양수인
>   2. 제4조 제2항의 경우 권리자인지 여부에 다툼이 있는 사람 전부
>   3. 제4조 제3항의 경우 지분권자 전부
> ③ 공탁원인사실란에는 채권자 불확지 등 변제공탁사유와 가압류나 압류명령 및 그 송달일자, 채권양도와 그 통지일자 등을 구체적으로 기재하여야 한다.

[**❷** ▸ ○] 행정예규 제1400호 제6조 제1항, 제2항

> **□ 행정예규 제1400호[금전채권의 혼합공탁에 관한 사무처리지침]**
>
> **제6조(첨부서면 등)**
> ① 공탁자는 피공탁자의 수만큼의 「공탁규칙」 제23조 제1항에서 정한 공탁통지서를 첨부하고, 같은 조 제2항에 따른 우편료를 납입하여야 한다.
> ② 공탁자는 제4조의 공탁사유를 소명할 수 있는 채권양도서류, (가)압류 결정문 사본 등을 첨부하여야 한다. 이 경우 변제공탁사유와 가압류명령이 있음을 이유로 공탁하는 경우 「제3채무자의 권리공탁에 관한 업무처리절차」 별지의 공탁사실통지서와 제1항에 따른 우편료를 납입하여야 한다.

[**❸** ▸ ○] 피공탁자는 다른 피공탁자뿐만 아니라 (가)압류채권자 등 이해관계인을 상대방으로 하여 자신에게 공탁금 출급청구권이 있다는 것을 증명하는 확인판결 정본 및 그 판결의 확정증명서(이와 동일한 내용의 화해 또는 조정조서 정본 포함) 또는 동의서(인감증명서 또는 본인서명사실확인서나 전자본인서명확인서 첨부)를 첨부하여 공탁소에 공탁금 출급을 청구할 수 있다(행정예규 제1400호 제9조 제1항).

[**❹** ▸ ✕] 갑이 을에 대하여 가지고 있는 물품대금채권을 병에게 양도하고 확정일자 있는 증서에 의한 채권양도통지를 하여 을이 송달받은 후 갑의 채권자 정이 위 양도대상 채권에 대하여 채권압류 및 추심명령을 하여 을에게 송달되었는데, 을이 채권양도의 효력에 의문이 있다고 하여 혼합공탁을 하였고, 병이 을을 상대로 제기한 양수금청구소송에서 얻은 화해권고결정을 집행권원으로 을의 다른 책임재산에 대한 강제집행에 의하여 채권만족을 얻은 경우에는 <u>공탁자인 을은 공탁원인소멸을 증명하는 서면을 첨부하여 공탁금 회수청구를 할 수 있다</u>(공탁선례 제201004-3호).

[**❺** ▸ ○] 제3채무자가 채권자 불확지 변제공탁사유와 가압류명령이 있음을 이유로 혼합공탁을 한 경우 피공탁자(가압류채무자)의 공탁금 출급청구권에 대하여 다른 압류가 이루어져 압류의 경합이 생기거나 가압류를 본압류로 이전하는 압류명령이 있더라도 공탁관은 제8조에 따른 혼합해소문서가 제출된 후 압류명령을 발령한 법원에 사신신고(혼합해소문서 사본 첨부)를 하여야 한다. 다만, 가압류 이후에 채권양도가 있음을 이유로 제4조 제1항 제3호에 따른 혼합공탁이 된 후 피공탁자(가압류채무자)의 공탁금 출급청구권에 대하여 가압류를 본압류로 이전하는 압류명령이 있는 경우 공탁관은 지체 없이 압류명령을 발령한 법원에 사신신고를 하여야 한다(행정예규 제1400호 제7조 제2항).

🖐 **❹**

제1절 **보관공탁·몰취공탁**

제2절 **몰수보전·추징보전 관련 공탁**

---

60 몰수보전, 추징보전 관련 공탁에 관한 다음 설명 중 가장 옳지 않은 것은?

2022년 법무사시험 [문 31]

① 금전채권의 제3채무자는 해당 채권이 몰수보전이 된 후 그 몰수보전의 대상이 된 채권에 대하여 강제집행에 의한 (가)압류명령을 송달받은 경우 또는 강제집행에 의하여 (가)압류된 금전채권에 대하여 몰수보전이 있는 경우에는 몰수보전명령에 관련된 금전채권의 전액을 채무이행지의 지방법원 또는 지원의 공탁소에 공탁함으로써 면책받을 수 있다.

② 위 ①의 제3채무자가 공탁을 한 때에는 그 사유를 몰수보전명령을 발한 법원 및 (가)압류명령을 발한 법원에 신고하여야 하는데, 이때 공탁사유신고서에 첨부되는 공탁서는 몰수보전이 된 후 (가)압류명령을 송달받은 사유로 공탁한 경우와 (가)압류된 금전채권에 대하여 몰수보전이 있는 사유로 공탁한 경우 모두 몰수보전명령을 발한 법원에 제출하여야 한다.

③ 추징보전명령에 따라 추징보전이 집행된 금전채권의 채무자(제3채무자)가 그 채권액에 상당한 금액을 공탁한 경우 채권자(피고인)의 공탁금출급청구권에 대하여 추징보전이 집행된 것으로 본다.

④ 피고인이 추징보전명령의 집행정지를 위하여 추징보전해방금을 공탁한 후에 추징재판이 확정된 때에는 공탁된 금액의 범위 안에서 추징재판의 집행이 있은 것으로 보므로, 국가는 형사사건 판결정본과 확정증명서 등 추징재판이 확정되었음을 증명하는 서면을 첨부하여 지급청구할 수 있다.

⑤ 추징보전해방금이 공탁된 후 추징을 포함한 형사사건의 재판이 확정된 때에는, 피고인은 공탁금 중 추징금액을 넘는 초과액에 대하여 별도의 추징보전명령의 취소를 받지 않더라도 일반적인 첨부서면 외에 공탁원인소멸 증명서면으로서 그 형사사건의 판결정본과 확정증명서를 첨부하여 직접 회수할 수 있다.

··

[❶ ▶ ○] 공무원범죄에 관한 몰수 특례법 제36조 제1항, 제4항

> **공무원범죄에 관한 몰수 특례법 제36조(제3채무자의 공탁)**
> ① 금전 지급을 목적으로 하는 채권(이하 "금전채권"이라 한다)의 채무자(이하 "제3채무자"라 한다)는 해당 채권이 몰수보전된 후에 그 몰수보전의 대상이 된 채권에 대하여 강제집행에 의한 압류명령을 송달받은 때에는 그 채권의 전액을 채무 이행지(履行地)의 관할 지방법원 또는 지원에 공탁(供託)할 수 있다.
> ④ 강제집행에 의하여 압류된 금전채권에 관하여 몰수보전 된 경우에 제3채무자의 공탁에 관하여는 제1항과 제2항을 준용한다.

[❷ ▸ ✕] 공탁사유신고서에 첨부되는 공탁서는 몰수보전이 된 후 (가)압류명령을 송달받은 사유로 공탁한 경우에는 몰수보전명령을 발한 법원에 (가)압류된 금전채권에 대하여 몰수보전이 있는 사유로 공탁한 경우에는 (가)압류명령을 발한 법원에 제출하여야 한다(공무원범죄에 관한 몰수 특례법 제36조 제2항, 제40조 제3항, 공무원범죄의 몰수보전 등에 관한 규칙 제14조 제2항, 제15조 제2항).

공무원범죄에 관한 몰수 특례법 제36조(제3채무자의 공탁)
② 제3채무자가 제1항에 따른 공탁을 하였을 때에는 그 사유를 <u>몰수보전명령을 한 법원 및 압류명령을 한 법원</u>에 신고하여야 한다.

공무원범죄에 관한 몰수 특례법 제40조(그 밖의 절차와의 조정)
③ 다음 각 호의 어느 하나에 해당하는 경우 제3채무자의 공탁에 관하여는 제36조 제1항 및 제2항을 준용한다.
  1. 몰수보전된 금전채권에 대하여 가압류(假押留)가 있는 경우
  2. 가압류된 금전채권에 대하여 몰수보전이 있는 경우

공무원범죄의 몰수보전 등에 관한 규칙 제14조(몰수보전된 금전채권에 대하여 강제집행에 의하여 압류가 된 경우 공탁사유신고의 방식등)
① 법 제36조 제2항의 규정에 의한 신고는 다음 각 호의 사항을 기재한 서면으로 하여야 한다.
  1. 몰수보전사건 및 강제집행사건의 표시
  2. 피고인 또는 피의자의 성명
  3. 강제집행에 의한 압류명령에 있어서의 채권자 및 채무자의 성명
  4. 공탁한 금액 및 공탁사유
② 제1항의 경우 <u>몰수보전명령을 발한 법원</u>에 대한 공탁사유신고서에는 공탁서를 첨부하여야 한다.

공무원범죄의 몰수보전 등에 관한 규칙 제15조(강제집행에 의하여 압류가 된 금전채권에 대하여 몰수보전이 된 경우 공탁사유신고의 방식등)
① 제14조 제1항은 법 제36조 제4항에 의하여 준용되는 동조 제2항의 규정에 의한 공탁사유신고에 준용한다.
② 제1항의 경우 <u>압류명령을 발한 법원</u>에 대한 공탁사유신고서에는 공탁서를 첨부하여야 한다.

[❸ ▸ ○] 추징보전명령에 따라 추징보전이 집행된 금전채권의 채무자는 그 채권액에 상당한 금액을 공탁할 수 있다. 이 경우 채권자의 공탁금출급청구권(供託金出給請求權)에 대하여 추징보전이 집행된 것으로 본다(공무원범죄에 관한 몰수 특례법 제45조).

[❹ ▸ ○] 추징보전해방금이 공탁된 후에 추징재판이 확정된 때 또는 가납재판(假納裁判)이 신고된 때에는 공탁된 금액의 범위에서 추징 또는 가납재판의 집행이 있은 것으로 본다(공무원범죄에 관한 몰수 특례법 제46조 제1항). 따라서 국가는 형사사건 판결정본과 확정증명서 등 추징재판이 확정되었음을 증명하는 서면을 첨부하여 공탁금을 출급청구할 수 있다.

[❺ ▸ ○] 피고인은 공탁된 금액 중 추징금액을 넘는 초과액에 대하여 별도의 추징보전명령의 취소를 받지 않더라도 공탁서 등 일반적인 첨부서면 외에 공탁원인 소멸을 증명하는 서면으로서 그 형사사건의 제1심판결정본과 확정증명서를 첨부하여 직접 회수할 수 있다(대결 2010.4.29. 2010초기282).

답 ❷

공탁물지급청구권의 변동 등

제1장 공탁물지급청구권의 변동

공탁물지급청구권의 처분

01
☐☐☐

공탁금 지급청구권의 양도에 관한 다음 설명 중 가장 옳지 않은 것은?

2024년 법무사시험 [문 44]

① 양수인이 공탁금의 지급을 청구할 때에는 지급청구권의 요건사실 및 양수사실을 증명하는 서면을 첨부하여야 한다.

② 양도통지가 검찰청을 통하여 이루어지지 않고 직접 공탁관에게 도달된 경우라도 유효하다.

③ 양도증서를 공증받아 제출하는 경우라도 양도인의 인감증명서 제출 없이는 양수인은 공탁금 지급 청구를 할 수 없다.

④ 공탁금 지급청구권의 양도통지서에 날인된 양도인의 인영에 대하여 인감증명서가 첨부되지 아니한 경우라 하더라도 양도인은 공탁금의 지급청구를 할 수 없다.

⑤ 변제공탁의 경우 공탁관에게 도달된 공탁금 출급청구권의 양도통지서에 공탁수락의 의사표시가 명시적으로 기재되어 있지 않더라도 적극적인 불수락의 의사표시가 기재되어 있지 않는 한 그 양도통지서의 도달과 동시에 공탁수락의 의사표시가 있는 것으로 보아 공탁자의 민법 제489조 제1항에 의한 회수청구권은 소멸된다.

[❶ ▸ ○] 양수인이 공탁금의 지급을 청구할 때에는 지급청구권의 요건사실 및 양수사실을 증명하는 서면을 첨부하여야 한다(공탁선례 제2-340호). **실무편람** 이와 관련하여 선례는, 공탁금 회수청구권의 양도통지서에 찍힌 양도인(공탁자)의 도장이 공탁서에 찍힌 공탁자의 도장과 다르고 양도통지인의 인감증명서도 첨부되지 아니한 경우라 하더라도, 양도인은 공탁금의 회수청구를 할 수 없으며 양수인은 회수청구권의 요건사실 및 양수사실을 증명하는 서면을 첨부하여 회수청구할 수 있다고 한다(공탁선례 제2-340호).

[**②** ▸ ○] 양도통지가 검찰청을 통하여 이루어지지 않고 직접 공탁관에게 도달된 경우라도 유효하다 (공탁선례 제2-329호). 실무편람 이와 관련하여 선례는, 제3채무자가 공탁공무원(국가)인 경우의 공탁금 회수청구권 또는 출급청구권 압류의 통지는 「국가를 당사자로 하는 소송에 관한 법률」 제9조에 의하여 공탁공무원 소속법원에 대응하는 검찰청(공탁공무원이 소속한 법원이 지방법원 지원의 경우에는 지방법원에 대응하는 검찰청)의 장에게 송달함이 타당하나, 공탁금 회수청구권의 양도통지가 공탁공무 원에게 직접 송달된 경우에도 유효하므로 공탁금에 대한 압류의 통지가 공탁공무원에게 직접 송달된 경우에도 유효하다고 한다(공탁선례 제2-329호).

[**③** ▸ ✕] 양도증서를 공증받아 제출하는 경우에는 <u>양도인의 인감증명서 제출 없이도 양수인은 공탁금 지급청구를 할 수 있다</u>[행정예규 제779호 2. 나. (2)].

[**④** ▸ ○] 공탁금지급청구권의 양도통지서에 날인된 양도인의 인영에 대하여 인감증명서가 첨부되지 아니한 경우, 양수인이 공탁금을 지급청구할 때에는 양도인의 인감증명서를 첨부하여야 한다[행정예규 제779호 2. 나. (1)].

[**⑤** ▸ ○] 변제공탁의 경우 공탁관에게 도달된 공탁금출급청구권의 양도통지서에 공탁수락의 의사표 시가 명시적으로 기재되어 있지 않더라도 적극적인 불수락의 의사표시가 기재되어 있지 않는 한 그 양도통지서의 도달과 동시에 공탁수락의 의사표시가 있는 것으로 보아 공탁자의 민법 제489조 제1항에 의한 회수청구권은 소멸된다(행정예규 제779호 1.).

답 **③**

PART 1　PART 2　PART 3　PART 4　PART 5　PART 6　PART 7　PART 8

제2절　**공탁관의 사유신고**

02
☐☐☐

공탁관 및 제3채무자의 사유신고에 관한 다음 설명 중 가장 옳지 않은 것은?

2025년 법무사시험 [문 48]

① 가압류명령과 압류명령이 경합하는 경우에는 공탁관은 압류명령을 발령한 법원에 사유신고를 하여 야 한다.

② 공탁금지급청구권에 대하여 민사집행법에 따른 압류와 체납처분에 의한 압류가 있고(그 선후는 불문함) 그 압류금액의 총액이 피압류채권을 초과하는 경우에는 공탁관은 집행법원에 사유신고를 하여야 한다.

③ 금전공탁이 아닌 유가증권 또는 물품공탁의 지급청구권에 대하여 압류가 경합된 경우에는 사유신 고의 대상이 아니다.

④ 집행채권에 대한 압류 등이 있은 후에 집행채권자가 채무자의 채권에 대하여 압류명령을 받음에 따라 채권압류명령의 제3채무자가 민사집행법에 따른 공탁을 한 후 집행법원에 사유신고를 하였다 면 이는 적법한 사유신고이고, 이로 인하여 채권배당절차가 실시될 수 있다.

⑤ 공탁금지급청구권이 제3자에게 양도되어 대항요건을 갖춘 후에 압류·가압류 등이 경합한 경우에 는 사유신고의 대상이 아니다.

[**❶** ▸ ○] 가압류명령과 압류명령이 경합하는 경우에는 공탁관은 압류명령을 발령한 법원에 사유신고를 하여야 한다(행정예규 제1225호 3. 나.).

[**❷** ▸ ○] 공탁금지급청구권에 대하여 민사집행법에 따른 압류와 체납처분에 의한 압류가 있고(선후 불문) 그 압류금액의 총액이 피압류채권액을 초과하는 경우에는 공탁관은 집행법원에 사유신고를 하여야 한다[행정예규 제1225호 1. 나. (2)].

[**❸** ▸ ○] 행정예규 제1225호 1. 다. ⑥

[**❹** ▸ ×] 집행채권에 대한 압류 등이 있은 후에 집행채권자가 채무자의 채권에 대하여 압류명령을 받은 경우에 채권압류명령의 제3채무자는 민사집행법에 따른 공탁을 함으로써 채무를 면할 수 있으나, 위 채권압류명령은 보전적 처분으로서 유효한 것이고 현금화나 만족적 단계로 나아가는 데에는 집행장애 사유가 존재하므로, 이를 원인으로 한 공탁에는 가압류를 원인으로 한 공탁과 마찬가지의 효력(민사집행법 제297조 참조)만이 인정된다. 따라서 위와 같은 공탁에 따른 사유신고는 부적법하고, 이로 인하여 채권배당절차가 실시될 수는 없으며, 만약 채권배당절차가 개시되었더라도 배당금이 지급되기 전이라면 집행법원은 공탁사유신고를 불수리하는 결정을 하여야 한다(대판 2016.9.28. 2016다205915).

[**❺** ▸ ○] 행정예규 제1225호 1. 다. ④

□ **행정예규 제1225호[공탁관의 사유신고에 관한 업무처리지침]**

1. 사유신고의 요건

　다. 사유신고의 요건에 해당하지 아니하는 경우의 예시

　　　다음과 같은 경우는 비록 복수의 압류가 있고 집행채권의 총액이 피압류채권(공탁금지급청구권)총액을 초과하더라도 사유신고의 대상이 아니다.

　　　① 복수의 가압류만 있는 경우

　　　② 가압류와 체납처분에 의한 압류가 있는 경우(그 선후를 불문한다)

　　　③ 삭제(2015.12.9. 제1062호)

　　　④ 공탁금지급청구권이 제3자에게 양도되어 대항요건을 갖춘 후에 압류, 가압류 등이 경합한 경우

　　　⑤ 선행의 압류(또는 가압류) 후에 목적채권인 공탁금지급청구권이 제3자에게 양도되어 대항요건을 갖춘 후 압류, 가압류 등이 경합한 경우

　　　⑥ 금전공탁이 아닌 유가증권 또는 물품공탁의 지급청구권에 대하여 압류가 경합된 경우

답 **❹**

사유신고에 관한 다음 설명 중 가장 옳지 않은 것은?

① 재판상 담보공탁의 경우 공탁자의 채권자 등이 공탁자의 공탁금 회수청구권에 대하여 일반 강제집행절차에 따라 한 압류가 경합된 경우 공탁원인의 소멸을 증명하는 서면이 제출되면 먼저 송달된 압류명령의 집행법원에 사유신고를 하여야 한다.

② 공탁된 토지수용보상금에 대해 물상대위에 의한 여러 개의 채권압류 및 추심명령이 공탁관에게 송달된 경우, 공탁관은 그 압류 및 추심채권자들 사이의 우열에 대한 판단이 곤란하므로 사유신고할 수 있다.

③ 복수의 가압류가 있고 집행채권의 총액이 피압류채권(공탁금 지급청구권) 총액을 초과하더라도 사유신고의 대상이 아니다.

④ 공탁금 지급청구권에 대한 압류의 경합으로 공탁관이 집행법원에 사유신고를 한 이후에 다른 채권자로부터 압류나 가압류 등이 있는 경우 추가로 사유신고를 하여야 한다.

⑤ 공탁금 지급청구권에 대한 압류경합 등으로 사유신고할 사정이 발생한 경우에는 공탁관은 집행법원에 반드시 사유신고를 하여야 하고, 추심채권자 등의 공탁금 지급청구를 수리하여서는 안 된다.

[❶ ▸ ○] 공탁관은 공탁자의 채권자 등이 공탁자의 공탁금회수청구권에 대하여 일반 강제집행절차에 따라 한 압류가 경합된 경우(「공탁관의 사유신고에 관한 업무처리지침」 1. 가. 참조. 이하 같다), 공탁원인의 소멸을 증명하는 서면(담보취소결정정본 및 확정증명)이 제출된 때에 먼저 송달된 압류명령의 집행법원에 사유신고를 한다(행정예규 제952호 6. 가.).

[❷ ▸ ○] 공탁된 토지수용보상금에 대해 물상대위에 의한 수 개의 채권 압류 및 추심명령이 공탁공무원에게 송달된 경우, 공탁공무원은 그 압류 및 추심권자들 사이의 우열에 대한 판단이 곤란하므로 「민사집행법」 제248조 제1항의 규정을 유추적용하여 사유신고할 수 있다. 따라서 공탁공무원의 이 사건 사유신고는 적법하다 할 것이다(공탁선례 제2-353호).

[❸ ▸ ○] 행정예규 제1225호 1. 다. ①

┌───┐

□ 행정예규 제1225호[공탁관의 사유신고에 관한 업무처리지침]

1. 사유신고의 요건
   다. 사유신고의 요건에 해당하지 아니하는 경우의 예시
      다음과 같은 경우는 비록 복수의 압류가 있고 집행채권의 총액이 피압류채권(공탁금지급청구권)총액을 초과하더라도 사유신고의 대상이 아니다.
      ① 복수의 가압류만 있는 경우
      ② 가압류와 체납처분에 의한 압류가 있는 경우(그 선후를 불문한다)
      ③ 삭제(2015.12.9. 제1062호)
      ④ 공탁금지급청구권이 제3자에게 양도되어 대항요건을 갖춘 후에 압류, 가압류 등이 경합한 경우
      ⑤ 선행의 압류(또는 가압류) 후에 목적채권인 공탁금지급청구권이 제3자에게 양도되어 대항요건을 갖춘 후 압류, 가압류 등이 경합한 경우
      ⑥ 금전공탁이 아닌 유가증권 또는 물품공탁의 지급청구권에 대하여 압류가 경합된 경우

└───┘

[❹ ▸ ✕] 공탁금지급청구권에 대한 압류의 경합으로 공탁관이 집행법원에 사유신고를 한 이후에 다른 채권자로부터 압류나 가압류 등이 있더라도 추가로 사유신고를 한 필요는 없다(행정예규 제1225호 5.).

[❺ ▸ ○]　공탁금 지급청구권에 대한 압류경합 등으로 사유신고할 사정이 발생한 경우에는 일반 제3채무자와는 달리 공탁관은 공탁을 지속하면서 그 사실을 집행법원에 반드시 신고하여야 하고, 추심채권자 등의 공탁금 지급청구를 수리하여서는 안 된다(대판 2002.8.27. 2001다73107). 실무편람 이와 관련하여 판례는, 공탁사무처리규칙 제52조 제1항은 "공탁금의 출급·회수청구권에 대한 압류 등의 경합 등으로 사유신고를 할 사정이 발생한 때에는 공탁공무원은 지체 없이 사유신고서 2통을 작성하여 그 1통을 관할 집행법원에 송부하고 다른 1통은 당해 공탁기록에 합철한다"고 규정하고 있는바, 이 규정은 공탁공무원이 사유신고를 할 경우의 세부절차만을 정한 규정이 아니라 공탁금의 출급·회수청구권에 대한 압류 등의 경합 등의 사정이 있는 경우 공탁공무원으로서는 반드시 집행법원에 그 사유를 신고하여야 한다는 직무상의 의무를 정한 규정이라고 판시하고 있다(대판 2002.8.27. 2001다73107).

답 ❹

04 □□□

다음 중 공탁금지급청구권(피압류채권)에 대하여 복수의 압류(가압류)가 있고 집행채권의 총액이 피압류채권 총액을 초과하더라도 사유신고의 대상이 아닌 경우를 모두 고른 것은?

2023년 법무사시험 [문 34]

ㄱ. 복수의 가압류만 있는 경우
ㄴ. 가압류와 체납처분에 의한 압류가 있는 경우
ㄷ. 체납처분에 의한 압류가 선행하고, 강제집행에 의한 압류가 후행한 경우
ㄹ. 공탁금지급청구권이 제3자에게 양도되어 대항요건을 갖춘 후에 압류, 가압류 등이 경합된 경우
ㅁ. 선행의 압류(또는 가압류) 후에 목적채권인 공탁금지급청구권이 제3자에게 양도되어 대항요건을 갖춘 후 압류, 가압류 등이 경합한 경우
ㅂ. 금전공탁이 아닌 유가증권 또는 물품공탁의 지급청구권에 대하여 압류가 경합된 경우

① ㄱ, ㄴ, ㄹ, ㅁ, ㅂ　　　　② ㄱ, ㄴ, ㅁ, ㅂ
③ ㄱ, ㄴ, ㄹ, ㅁ　　　　　　④ ㄴ, ㄷ, ㄹ, ㅁ, ㅂ
⑤ ㄴ, ㄷ, ㅁ, ㅂ

....

[ㄱ, ㄴ, ㄹ, ㅁ, ㅂ ▸ 사유신고의 대상×]

❑ **행정예규 제1225호[공탁관의 사유신고에 관한 업무처리지침]**
1. 사유신고의 요건
　다. 사유신고의 요건에 해당하지 아니하는 경우의 예시
　　다음과 같은 경우는 비록 복수의 압류가 있고 집행채권의 총액이 피압류채권(공탁금지급청구권)총액을 초과하더라도 사유신고의 대상이 아니다.
　　① 복수의 가압류만 있는 경우(ㄱ)
　　② 가압류와 체납처분에 의한 압류가 있는 경우(그 선후를 불문한다)(ㄴ)
　　③ 삭제(2015.12.9. 제1062호)
　　④ 공탁금지급청구권이 제3자에게 양도되어 대항요건을 갖춘 후에 압류, 가압류 등이 경합한 경우
　　　(ㄹ)

⑤ 선행의 압류(또는 가압류) 후에 목적채권인 공탁금지급청구권이 제3자에게 양도되어 대항요건을 갖춘 후 압류, 가압류 등이 경합한 경우(ㅁ)
⑥ 금전공탁이 아닌 유가증권 또는 물품공탁의 지급청구권에 대하여 압류가 경합된 경우(ㅂ)

[ㄷ ▸ 사유신고의 대상○] 공탁금지급청구권에 대하여 민사집행법에 따른 압류와 체납처분에 의한 압류가 있고(선후 불문) 그 압류금액의 총액이 피압류채권액을 초과하는 경우에는 공탁관은 집행법원에 사유신고를 하여야 한다[행정예규 제1225호 1. 나. (2)].

답 **❶**

05

공탁관의 사유신고에 관한 다음 설명 중 가장 옳지 않은 것은? 2022년 법무사시험 [문 38]

① 상대적 불확지 변제공탁에 있어서 피공탁자 중 일방의 공탁금출급청구권에 대하여 압류의 경합이 있는 경우에는 해당 피공탁자에게 공탁금출급청구권이 있음을 증명하는 서면이 제출되기 전이라도 공탁관은 먼저 송달된 압류명령을 발령한 법원에 사유신고를 하여야 하고, 사유신고를 받은 집행법원은 공탁금출급청구권의 귀속에 관한 증명서면이 제출될 때까지 배당절차를 정지한다.
② 공탁된 토지수용보상금의 출급청구권에 대하여 물상대위에 의한 수개의 채권압류·추심명령이 공탁관에게 송달된 경우, 공탁관은 그 추심채권자들 사이의 우열에 대한 판단이 곤란하다고 보아 사유신고를 할 수 있다.
③ 금전채권에 대한 가압류를 원인으로 제3채무자가 민사집행법 제291조 및 제248조 제1항에 의하여 공탁한 후에, 피공탁자(가압류채무자)의 공탁금출급청구권에 대한 압류가 이루어져 압류의 경합이 성립하거나, 공탁사유인 가압류를 본압류로 이전하는 압류명령이 국가(공탁관)에게 송달되면 공탁관은 사유신고를 하여야 한다.
④ 공탁금출급청구권에 대하여 압류 또는 가압류가 되었으나 압류의 경합이 성립하지 않는 경우, 공탁관은 민사집행법 제248조 제1항에 의한 공탁 및 공탁사유신고를 하지 않는다.
⑤ 제1채권자의 공탁금회수청구권의 일부에 대한 선행 가압류가 있고, 제2, 제3채권자의 동일한 공탁금회수청구권의 전부에 대한 후행 각 압류 및 전부명령이 있을 경우, 집행채권 총액이 피압류채권 총액을 초과하여 압류가 경합된 상태이므로 공탁관은 집행법원에 사유신고하여 집행법원의 배당절차에 의하여 공탁금을 지급하여야 한다.

[❶ ▸ ✕] 상대적 불확지공탁에 있어서 피공탁자 중 일방의 공탁금출급 청구권에 대하여 압류의 경합이 있는 경우에는 당해 피공탁자에게 공탁금출급청구권이 있음을 증명하는 서면이 제출된 때에 공탁관은 사유신고를 하여야 한다[행정예규 제1225호 2. 나. (3)].
[❷ ▸ ○] 공탁된 토지수용보상금에 대해 물상대위에 의한 수개의 채권 압류 및 추심명령이 공탁공무원에게 송달된 경우, 공탁공무원은 그 압류 및 추심권자들 사이의 우열에 대한 판단이 곤란하므로 민사소송법 제581조[현 민사집행법 제248조(註)] 제1항의 규정을 유추적용하여 사유신고할 수 있다. 따라서 공탁공무원의 이 사건 사유신고는 적법하다 할 것이다(공탁선례 제2-353호).
[❸ ▸ ○] 금전채권에 대한 가압류를 원인으로 제3채무자가 민사집행법 제291조 및 제248조 제1항에 의하여 공탁한 후에, 피공탁자(가압류채무자)의 공탁금출급청구권에 대한 압류가 이루어져 압류의 경합이 성립하거나, 공탁사유인 가압류를 본압류로 이전하는 압류명령이 있는 경우에는 공탁관은 사유신고를 하여야 한다[행정예규 제1225호 1. 나. (1)].

[**④** ▸ ○] 금전채권에 대하여 단일의 압류 또는 가압류가 있는 경우에도 제3채무자의 공탁을 허용한 민사집행법의 시행 이후에도 일반의 제3채무자의 경우와는 달리 공탁관은 공탁금의 보관·관리를 관장 사무로 하는 국가기관으로서 공탁금을 현실적으로 지급할 필요성이 없으므로, 압류의 경합이 없는 한 공탁금 지급청구권에 대하여 압류 또는 가압류가 있는 경우에도 민사집행법 제248조 제1항에 의한 공탁 및 공탁사유신고를 하지 아니한다. 실무편람

[**⑤** ▸ ○] 제1채권자가 공탁금 회수청구권의 일부에 대하여 가압류를 한 후 제2, 제3채권자가 동일한 공탁금 회수청구권의 전부에 대하여 각 압류 및 전부를 하였을 때에는 청구채권 총액이 피압류채권 총액을 초과하여 민사소송법 제568조의2(압류의 경합)[현 민사집행법 제235조(註)]에 의하여 채권이 경합된 상태이므로, 제2, 제3채권자가 받은 전부명령은 무효이며 후일 선행 가압류가 해제되더라도 전부명령은 부활하지 않으므로(대판 1965.5.18. 65다336 참조), 제3채무자인 공탁공무원으로서는 민사소송 법 제581조[현 민사집행법 제248조(註)] 각 항 및 공탁사무처리규칙 제52조[현 공탁규칙 제58조(註)]의 규정에 의하여 법원에 사유신고를 한 다음 집행법원의 배당절차에 따라 위 공탁금을 각 채권자에게 분할지급하여야 한다(공탁선례 제2-354호).

답 **❶**

06
□□□

공탁관의 사유신고에 관한 다음 설명 중 가장 옳지 않은 것은? 2021년 법무사시험 [문 37]

① 공탁금의 지급청구권에 대한 압류 경합이 있는 경우 공탁관은 집행법원에 그 사유를 신고하여야 할 직무상 의무가 있다.
② 공탁금지급청구권에 대하여 민사집행법에 따른 압류와 체납처분에 의한 압류가 있고(선후 불문) 그 압류금액의 총액이 피압류채권(공탁금지급청구권) 총액을 초과하는 경우에는 공탁관은 집행법 원에 사유신고를 하여야 한다.
③ 공탁금지급청구권에 관하여 사유신고를 할 사정이 발생한 때에는 공탁관은 그 익일부터 3일 이내에 집행법원에 사유신고를 하여야 한다.
④ 가압류명령과 압류명령이 경합하는 경우에는 공탁관은 압류명령을 발령한 법원에 사유신고를 하여 야 한다.
⑤ 금전공탁이 아닌 유가증권 또는 물품공탁의 지급청구권에 대하여 압류가 경합된 경우에도 공탁관 은 집행법원에 사유신고를 하여야 한다.

....

[**❶** ▸ ○] 공탁사무처리규칙 제58조 제1항은 "공탁금의 출급·회수청구권에 대한 압류 등의 경합 등으 로 사유신고를 할 사정이 발생한 때에는 공탁공무원은 지체 없이 사유신고서 2통을 작성하여 그 1통을 관할 집행법원에 송부하고 다른 1통은 당해 공탁기록에 합철한다"고 규정하고 있는바, 이 규정은 공탁공 무원이 사유신고를 할 경우의 세부절차만을 정한 규정이 아니라 공탁금의 출급·회수청구권에 대한 압류 등의 경합 등의 사정이 있는 경우 공탁공무원으로서는 반드시 집행법원에 그 사유를 신고하여야 한다는 직무상의 의무를 정한 규정이라고 할 것이다(대판 2002.8.27. 2001다73107).

[**❷** ▸ ○] 공탁금지급청구권에 대하여 민사집행법에 따른 압류와 체납처분에 의한 압류가 있고(선후 불문) 그 압류금액의 총액이 피압류채권액을 초과하는 경우에는 공탁관은 집행법원에 사유신고를 하여 야 한다[행정예규 제1225호 1. 나. (2)].

[**❸▸○**] 공탁금지급청구권에 대한 압류의 경합 등으로 사유신고를 할 사정이 발생한 때(예컨대 최후에 압류명령 등이 송달된 날)에는 공탁관은 그 익일부터 3일 이내에 집행법원에 사유신고를 하여야 한다(행정예규 제1225호 2. 가.).

[**❹▸○**] 가압류명령과 압류명령이 경합하는 경우에는 공탁관은 압류명령을 발령한 법원에 사유신고를 하여야 한다(행정예규 제1225호 3. 나.).

[**❺▸✕**] 행정예규 제1225호 1. 다. ⑥

> ❑ **행정예규 제1225호[공탁관의 사유신고에 관한 업무처리지침]**
> 1. 사유신고의 요건
>   다. 사유신고의 요건에 해당하지 아니하는 경우의 예시 : 다음과 같은 경우는 비록 복수의 압류가 있고 집행채권의 총액이 피압류채권(공탁금지급청구권) 총액을 초과하더라도 <u>사유신고의 대상이 아니다.</u>
>   ① 복수의 가압류만 있는 경우
>   ② 가압류와 체납처분에 의한 압류가 있는 경우(그 선후를 불문한다)
>   ③ 삭제(2015.12.9. 제1062호)
>   ④ 공탁금지급청구권이 제3자에게 양도되어 대항요건을 갖춘 후에 압류, 가압류 등이 경합한 경우
>   ⑤ 선행의 압류(또는 가압류) 후에 목적채권인 공탁금지급청구권이 제3자에게 양도되어 대항요건을 갖춘 후 압류, 가압류 등이 경합한 경우
>   ⑥ 금전공탁이 아닌 유가증권 또는 물품공탁의 지급청구권에 대하여 압류가 경합된 경우

답 ❺

제3절 **공탁금지급청구권의 소멸시효**

07
☐☐☐

공탁금 지급청구권의 소멸시효 등에 관한 다음 설명 중 가장 옳지 않은 것은?

2025년 법무사시험 [문 46]

① 공탁에 반대급부의 조건이 있는 경우에는 반대급부가 이행된 때로부터, 공탁이 정지조건 또는 시기부 공탁인 경우에는 조건이 성취된 때 또는 기한이 도래된 때로부터 소멸시효를 기산한다.
② 담보제공자(공탁자)의 공탁금 회수청구권의 소멸시효 기산일은 담보제공자가 본안소송(화해, 인낙, 포기 등 판결에 준하는 경우를 포함)에서 승소한 때에는 재판확정일 또는 종국일로부터, 패소한 때에는 담보취소결정 확정일로부터 각 기산한다.
③ 배당 기타 관공서의 결정에 의하여 공탁물의 지급을 하는 경우에는 증명서 교부일로부터 소멸시효를 기산한다.
④ 시효기간 중에 공탁사실 증명서를 교부한 경우 공탁당사자 등 지급청구권자에게 교부한 것에 한하여 채무의 승인으로써 그때 소멸시효는 중단된다.
⑤ 일괄 공탁한 공탁금의 일부에 대해 출급 또는 회수청구를 인가한 경우 나머지 잔액에 대하여는 소멸시효가 중단되지 않는다.

[❶ ▸ ○] 공탁에 반대급부의 조건이 있는 경우에는 '반대급부가 이행된 때'로부터, 공탁이 정지조건 또는 시기부 공탁인 경우에는 '조건이 성취된 때 또는 기한이 도래된 때'로부터 소멸시효를 기산한다[행정예규 제948호 2. 가. (4)].

[❷ ▸ ○] 담보제공자(공탁자)의 공탁금회수청구권의 기산일은, 담보제공자가 본안소송(화해, 인락, 포기 포함)에서 승소한 때에는 '재판확정일 또는 종국일'로부터, 패소한 때에는 '담보취소결정 확정일'로부터 각 기산한다. 본안소송 종국 전에 담보취소결정을 한 경우 또는 재판(결정)이 있은 후 그 재판(결정)을 집행하지 않았거나 집행불능인 경우에는 '담보취소결정 확정일'로부터, 재판(결정) 전에 그 신청이 취하된 경우에는 '취하일'로부터 각 기산한다[행정예규 제948호 2. 나. (2)].

[❸ ▸ ○] 배당 기타 관공서의 결정에 의하여 공탁물의 지급을 하는 경우에는 그 '증명서 교부일'로부터 기산한다[행정예규 제948호 2. 다. (1)].

[❹ ▸ ○] 행정예규 제948호 3. 가. (1)

[❺ ▸ ×] 행정예규 제948호 3. 가. (6)

□ **행정예규 제948호[공탁금지급청구권의 소멸시효와 국고귀속절차]**

3. 공탁 소멸시효 진행의 중단사유 해당 여부 등
   가. 소멸시효 진행의 중단사유로 볼 수 있는 사유
      (1) 시효기간 중에 공탁사실 증명서를 교부한 경우
      (2) 공탁관이 공탁자 또는 피공탁자 등 정당한 권리자에 대하여 공탁사건의 완결 여부의 문의서를 발송한 경우
      (3) 공탁금의 지급청구에 대해 첨부서면의 불비를 이유로 불수리한 경우
      (4) 공탁관이 공탁자 또는 피공탁자에 대하여 당해 사건의 공탁금을 지급할 수 있다는 취지를 구두로 답한 경우
      (5) 공탁의 확인을 목적으로 공탁관계서류를 열람시킨 경우
      (6) 일괄 공탁한 공탁금의 일부에 대해 출급 또는 회수청구를 인가하였다면 나머지 잔액에 대하여도 시효가 중단된다.
      (7) 불확지공탁을 하였다가 공탁물을 수령할 자를 지정하거나 공탁원인 사실을 정정하는 공탁서정정 신청을 인가한 경우, 공탁금 회수청구권의 소멸시효는 중단된다.
   나. 소멸시효의 중단사유로 볼 수 없는 사유
      (1) 변제공탁에 대해 피공탁자로부터 제출된 수락서를 공탁관이 받았다 해도 그것만으로 출급청구권의 시효가 중단되지 않는다.
      (2) 공탁금지급청구권에 대한 압류, 가압류, 가처분은 피압류채권, 즉 공탁금지급청구권의 시효중단 사유가 되지 않는다.
      (3) 피공탁자가 수인인 경우 그 1인에 대한 시효중단사유는 다른 출급청구권자의 시효진행에 영향을 미치지 않는다.
      (4) 공탁금회수청구권에 대한 시효중단은 출급청구권의 시효진행에 영향을 미치지 않는다. 그 반대의 경우도 동일하다.
      (5) 공탁관이 피공탁자의 요구에 대해 지급절차 등에 대해 일반적인 설명을 한 것만으로는 시효의 중단사유로 되지 않는다.

답 ❺

공탁금지급청구권의 소멸시효 중단에 관한 다음 설명 중 가장 옳지 않은 것은?

① 공탁관이 공탁자 또는 피공탁자 등 정당한 권리자에 대하여 공탁사건의 완결 여부의 문의서를 발송한 경우에는 시효가 중단된다.

② 공탁관이 공탁자 또는 피공탁자에 대하여 해당 사건의 공탁금을 지급할 수 있다는 취지를 구두로 답한 경우에는 시효가 중단된다.

③ 변제공탁에 대해 피공탁자로부터 제출된 수락서를 공탁관이 받은 경우에는 그것만으로 출급청구권의 시효가 중단된다.

④ 공탁금지급청구권에 대한 압류, 가압류, 가처분은 피압류채권, 즉 공탁금지급청구권의 시효중단사유가 되지 않는다.

⑤ 공탁금회수청구권에 대한 시효중단은 출급청구권의 시효진행에 영향을 미치지 않고, 그 반대의 경우도 동일하다.

....

[❶▸○] 행정예규 제948호 3. 가. (2)
[❷▸○] 행정예규 제948호 3. 가. (4)
[❸▸✕] 행정예규 제948호 3. 나. (1)
[❹▸○] 행정예규 제948호 3. 나. (2)
[❺▸○] 행정예규 제948호 3. 나. (4)

☐ **행정예규 제948호[공탁금지급청구권의 소멸시효와 국고귀속절차]**
3. 공탁 소멸시효 진행의 중단사유 해당 여부 등
　가. 소멸시효 진행의 중단사유로 볼 수 있는 사유
　　(1) 시효기간 중에 공탁사실 증명서를 교부한 경우
　　(2) 공탁관이 공탁자 또는 피공탁자 등 정당한 권리자에 대하여 공탁사건의 완결 여부의 문의서를 발송한 경우(①)
　　(3) 공탁금의 지급청구에 대해 첨부서면의 불비를 이유로 불수리한 경우
　　(4) 공탁관이 공탁자 또는 피공탁자에 대하여 당해 사건의 공탁금을 지급할 수 있다는 취지를 구두로 답한 경우(②)
　　(5) 공탁의 확인을 목적으로 공탁관계서류를 열람시킨 경우
　　(6) 일괄 공탁한 공탁금의 일부에 대해 출급 또는 회수청구를 인가하였다면 나머지 잔액에 대하여도 시효가 중단된다.
　　(7) 불확지공탁을 하였다기 공탁물올 수령할 자를 지징하거나 공탁원인 사실을 성성하는 공탁서정정 신청을 인가한 경우, 공탁금 회수청구권의 소멸시효는 중단된다.
　나. 소멸시효의 중단사유로 볼 수 없는 사유
　　(1) 변제공탁에 대해 피공탁자로부터 제출된 수락서를 공탁관이 받았다 해도 그것만으로 출급청구권의 시효가 중단되지 않는다(③).
　　(2) 공탁금지급청구권에 대한 압류, 가압류, 가처분은 피압류채권, 즉 공탁금지급청구권의 시효중단 사유가 되지 않는다(④).
　　(3) 피공탁자가 수인인 경우 그 1인에 대한 시효중단사유는 다른 출급청구권자의 시효진행에 영향을 미치지 않는다.

(4) 공탁금회수청구권에 대한 시효중단은 출급청구권의 시효진행에 영향을 미치지 않는다. 그 반대의 경우도 동일하다(⑤).
(5) 공탁관이 피공탁자의 요구에 대해 지급절차 등에 대해 일반적인 설명을 한 것만으로는 시효의 중단사유로 되지 않는다.

답 ❸

09

공탁금지급청구권의 소멸시효와 국고귀속에 관한 다음 설명 중 가장 옳지 않은 것은?
2022년 법무사시험 [문 48]

① 상대적 불확지 변제공탁의 공탁금출급청구권의 소멸시효는 '공탁금출급청구권을 가진 자가 확정된 때'로부터 기산한다.
② 경매절차에서 배당받을 채권자의 불출석으로 인하여 민사집행법 제160조 제2항에 따라 공탁한 경우 '공탁일'로부터 소멸시효를 기산한다.
③ 공탁원인이 소멸된 경우 공탁금회수청구권의 소멸시효는 '공탁원인이 소멸한 때'로부터 기산한다.
④ 착오공탁의 경우 공탁금회수청구권의 소멸시효는 '공탁일'로부터 기산한다.
⑤ 공탁금출급청구권에 대한 소멸시효가 완성된 경우라도 공탁관은 국고수입 납부 전이라면 공탁금 출급청구가 있는 경우 이를 인가하여야 한다.

···

[❶ ▸ O] 상대적 불확지공탁의 경우, 공탁금출급청구권은 '공탁금의 출급청구권을 가진 자가 확정된 때'로부터 기산한다[행정예규 제948호 2. 가. (3)].
[❷ ▸ O] 경매절차에서 채무자에게 교부할 잉여금을 공탁한 경우 또는 배당받을 채권자의 불출석으로 인하여 민사집행법 제160조 제2항에 따라 공탁한 경우에는 '공탁일'로부터 기산한다[행정예규 제948호 2. 다. (2)].
[❸ ▸ O] 공탁원인이 소멸된 경우 공탁금회수청구권의 소멸시효는 '공탁원인이 소멸된 때'로부터 기산한다[행정예규 제948호 2. 라. (2)].
[❹ ▸ O] 착오공탁의 경우 공탁금회수청구권의 소멸시효는 '공탁일'로부터 기산한다[행정예규 제948호 2. 라. (3)].
[❺ ▸ ✕] 소멸시효가 완성된 공탁금에 대하여 출급·회수청구가 있는 경우 공탁관은 국고수입 납부 전이라도 출급·회수청구를 인가하여서는 안 된다(공탁규칙 제61조).

답 ❺

제1절 공탁관계서류의 열람 및 사실증명

10
□□□ **공탁관계서류의 열람에 관한 다음 설명 중 가장 옳지 않은 것은?** 2023년 법무사시험 [문 46]

① 피공탁자의 채권자가 공탁금 출급청구권을 압류할 목적으로 하는 공탁관계 서류에 대한 열람 신청은 허용되지 않는다.

② 공탁자 甲이 친구 乙에게 공탁관계서류의 열람을 위임한 경우 대리인의 권한을 증명하는 서면에 甲의 인감도장을 찍고 인감증명서를 첨부하여야 한다.

③ 지급이 완료되지 않은 공탁사건에 관하여 공탁의 확인을 목적으로 공탁관계서류를 열람시킨 경우 소멸시효가 중단된다.

④ 공탁당사자는 전자공탁시스템을 이용하여 전자문서로 제출된 공탁관계서류에 대한 열람을 청구할 수 있는데, 열람을 신청한 자는 공탁관이 열람을 승인한 날부터 2주일 이내에 공탁관계서류를 열람할 수 있다.

⑤ 변제공탁의 공탁자는 전자공탁시스템을 이용하여 전자문서로 제출된 공탁관계서류에 대한 열람뿐만 아니라 전자공탁시스템으로 처리한 공탁사무에 대한 사실증명을 청구할 수 있다.

....

[❶ ▸ ○] 공탁관계서류의 열람 및 사실증명의 교부청구를 할 수 있는 이해관계인으로는 그 공탁에 관하여 직접 법률상 이해관계를 가지는 자로서 해당 공탁에 대한 압류채권자, 양수인, 일반승계인 등을 말하며 단지 압류하려고 하는 공탁물지급청구권자의 채권자는 여기에 포함되지 않는다.

[❷ ▸ ○] 공탁규칙 제59조 제2항

> **공탁규칙 제59조(열람 및 증명청구)**
> ① 공탁당사자 및 이해관계인은 공탁관에게 공탁관계 서류의 열람 및 사실증명을 청구할 수 있다.
> ② 위임에 따른 대리인이 제1항의 청구를 하는 경우에는 대리인의 권한을 증명하는 서면에 인감도장을 찍고 인감증명서를 첨부하여야 한다.

[❸ ▸ ○] 지급이 완료되지 않은 공탁사건에 관하여 공탁의 확인을 목적으로 공탁관계서류를 열람시킨 경우는 채무의 승인으로 보아 시효중단사유가 되므로 전산시스템에 열람신청 내역을 공탁기록표지 비고란에 해당 공탁사건에 대하여 열람이 있었다는 취지를 기재하여야 한다[행정예규 제948호 3. 가. (5), 다. 참조]. 실무편람

[❹ ▸ ✕] 전자공탁시스템을 이용한 전자기록의 열람은 공탁관이 열람을 승인한 날부터 1주 이내에 할 수 있다(행정예규 제1446호 제16조 제3항).

행정예규 제1446호 제2조 제3호·제4호, 제16조 제1항

□ **행정예규 제1446호[전자공탁시스템에 의한 공탁사무처리지침]**

제2조(적용 범위)

규칙 제69조에 따라 공탁관이 전자공탁시스템을 이용하여 접수 및 처리하는 업무는 다음 각 호와 같다.

3. 제1호 및 제2호에 따라 전자문서로 제출된 공탁관계서류에 대한 열람 청구

4. 전자공탁시스템으로 처리한 공탁사무에 대한 사실증명 청구

제16조(전자문서의 열람 및 증명청구 등)

① 공탁당사자 및 이해관계인(전산시스템에 성명, 주민등록번호 등 인적사항이 입력되어 있는 경우에 한한다)이 전자공탁시스템을 이용하여 제2조 제3호·제4호의 열람 또는 사실증명을 청구하는 경우에는 제10조를 준용한다.

답 ❹

제2절 **공탁관의 처분에 대한 불복**

11 **이의신청에 관한 다음 설명 중 가장 옳지 않은 것은?** 2025년 법무사시험 [문 47]

① 공탁관의 처분에 불복하는 자는 관할 지방법원에 이의신청을 할 수 있다.

② 공탁관은 이의신청이 이유 있다고 인정하면 신청의 취지에 따르는 처분을 하고 그 내용을 이의신청인에게 알려야 하고, 이의신청이 이유 없다고 인정하면 이의신청서를 받은 날부터 5일 이내에 이의신청서에 의견을 첨부하여 관할 지방법원에 송부하여야 한다.

③ 관할 지방법원은 이의신청에 대하여 이유를 붙인 결정으로써 하며 공탁관과 이의신청인에게 결정문을 송부하여야 한다.

④ 관할 지방법원은 이의가 이유 있다고 인정하더라도 공탁관에게 상당한 처분을 할 것을 명할 필요는 없다.

⑤ 이의신청인은 관할 지방법원의 이의신청에 대한 결정에 대하여 비송사건절차법에 따라 항고할 수 있다.

....

[❶ ▸ ○] 공탁관의 처분에 불복하는 자는 관할 지방법원에 이의신청을 할 수 있다(공탁법 제12조 제1항).

[❷ ▸ ○] 공탁관은 제12조에 따른 이의신청이 이유 있다고 인정하면 신청의 취지에 따르는 처분을 하고 그 내용을 이의신청인에게 알려야 하며, 공탁관은 이의신청이 이유 없다고 인정하면 이의신청서를 받은 날부터 5일 이내에 이의신청서에 의견을 첨부하여 관할 지방법원에 송부하여야 한다(공탁법 제13조).

[❸ ▸ ○] [❹ ▸ ✕] 공탁법 제14조 제1항

> **공탁법 제14조(이의신청에 대한 결정과 항고)**
> ① 관할 지방법원은 이의신청에 대하여 이유를 붙인 결정(決定)으로써 하며 공탁관과 이의신청인에게 결정문을 송부하여야 한다. <u>이 경우 이의가 이유 있다고 인정하면 공탁관에게 상당한 처분을 할 것을 명하여야 한다.</u>
> ② 이의신청인은 제1항의 결정에 대하여 「비송사건절차법」에 따라 항고(抗告)할 수 있다.

답 ❹

12 공탁관의 처분에 대한 불복 등에 관한 다음 설명 중 가장 옳지 않은 것은?
□□□
2023년 법무사시험 [문 38]

① 집행법원이 공탁관에게 지급위탁서를 송부하고 채권자에게 자격증명서를 교부하는 사무는 공탁관의 공탁사무가 아니므로 그 사무에 관한 집행법원의 처분에 대하여 불복하려면 공탁관의 처분에 대한 이의신청을 할 것이 아니라 집행에 관한 이의신청을 하여야 한다.

② 공탁신청이 불수리된 후 신청인이 이의신청을 하지 않은 때에는 불수리결정연도 다음 해부터, 관할 지방법원이 이의신청을 기각하거나 각하한 때에는 기각 또는 각하결정이 있는 다음 해부터 5년간 공탁기록을 보존한다.

③ 공탁금 회수청구권에 대한 압류·전부채권자가 전부금액에 해당하는 공탁금 회수청구를 하였으나 공탁관이 선행하는 가압류가 존재한다는 이유로 이를 불수리하고 압류의 경합을 이유로 사유신고 하여 배당절차가 개시된 경우, 공탁관은 여전히 해당 공탁사건에 관하여 일정한 처분을 할 지위에 있으므로, 위 공탁관의 불수리처분에 대한 이의신청은 그 이익이 있어 적법하다.

④ 공탁관의 처분에 대하여 불복이 있는 자는 관할 지방법원 공탁소에 이의신청서를 제출하는 방법으로 이의신청을 하여야 한다.

⑤ 법원은 공탁관의 처분에 대한 이의신청을 심리할 경우 공탁관의 형식적 심사권을 전제로 처분 당시 제출된 신청서류 등에 의하여 그 처분의 당부를 판단하여야 한다.

[**❶** ▸ ○] 집행법원이 공탁공무원에게 지급위탁서를 송부하고 채무자에게 자격증명서를 교부하는 사무는 공탁공무원의 공탁사무가 아니라 집행법원이 공탁된 배당 잔여액의 출급을 위하여 집행절차에 부수하여 행하는 사무로 보아야 하므로 그 사무에 관한 집행법원의 처분에 대하여 불복하려면 공탁법 제10조가 정한 공탁공무원의 처분에 대한 이의신청을 할 것이 아니라 민사소송법 제504조가 정한 집행에 관한 이의신청을 하여야 한다(대결 1999.6.18. 99마1348).

[**❷** ▸ ○] 행정예규 제1013호 제7조 제1항, 제2항

> ❑ **행정예규 제1013호[공탁 신청 및 출급·회수에 대한 불수리결정 업무처리지침]**
>
> **제7조(공탁기록의 보존기간)**
> ① 공탁신청이 불수리된 후 신청인 등이 이의신청을 하지 않은 때에는 해당 공탁기록은 불수리결정연도의 다음 해부터 5년간 보존한다.
> ② 관할지방법원이 이의신청을 기각하거나 각하(이의신청 취하 포함)한 때에는 해당 공탁기록은 기각 또는 각하결정이 있는 다음 해부터 5년간 보존한다.

[**❸** ▸ ×] 공탁금회수청구권에 대한 압류·전부채권자가 공탁공무원에게 전부금액에 해당하는 공탁금회수청구를 하였으나 공탁공무원이 선행하는 가압류가 존재한다는 이유로 이를 불수리하고 압류의 경합을 이유로 사유신고를 한 경우, 특단의 사정이 없는 한 집행법원은 배당절차를 개시하게 되고, 그 이후에는 공탁공무원으로서는 집행법원의 배당절차에 따라 공탁금을 각 채권자들에게 분할 지급할 수 있을 뿐 당해 공탁사건에 관하여 더 이상 어떠한 처분을 할 지위에 있지 않게 되는 것이므로 이 경우 공탁공무원의 처분에 대한 이의신청은 그 이익이 없어 부적법하게 된다(대결 2001.6.5. 2000마2605).

[**❹** ▸ ○] 공탁법 제12조 제2항

> **공탁법 제12조(처분에 대한 이의신청)**
> ① 공탁관의 처분에 불복하는 자는 관할 지방법원에 이의신청을 할 수 있다.
> ② 제1항에 따른 이의신청은 공탁소에 이의신청서를 제출함으로써 하여야 한다.

[**❺** ▸ ○] 공탁관의 불수리처분이 부당한 것인가의 여부는 공탁관의 형식적 심사권을 전제로 하여 불수리처분을 한 시점을 기준으로 판단하여야 한다. 따라서 공탁관이 처분을 할 때에 제출된 신청서류 등의 증거방법을 가지고 공탁관이 가지는 심사권한의 범위 안에서 처분이 제대로 이루어진 것인지를 판단하여야 하며 사후의 자료나 주장은 고려할 사항이 아니다. 실무편람

답 ❸

13
☐☐☐

전자공탁시스템을 이용한 공탁절차에 관한 다음 설명 중 옳은 것을 모두 고른 것은?

2023년 법무사시험 [문 41]

ㄱ. 공탁규칙 제70조 제1항 제1호 '개인회원'은 공탁소를 방문하지 않고도 공탁규칙 제70조 '사용자 등록'을 할 수 있다.

ㄴ. 민법 제487조 변제공탁(공탁액 6천만원)사건의 피공탁자인 丙은 전자공탁시스템을 이용하여 공탁금 출급청구를 할 수 있다.

ㄷ. 甲은 전자공탁시스템을 이용하여 乙에 대한 채무 1억원을 민법 제487조 변제공탁을 할 수 있다.

ㄹ. 전자공탁시스템에 사용자등록을 한 법무사회원이 전자공탁시스템을 이용하여 공탁금 출급청구서를 제출하는 경우 법무사회원이 전자서명을 하였다면 청구인 본인의 전자서명은 요하지 않는다.

ㅁ. 전자공탁시스템을 이용하여 공탁금 출급청구를 하는 경우에 청구인은 공탁금 출급청구서를 출력하여 공탁금 보관은행에 제출하는 방법으로 공탁금을 수령할 수도 있다.

① ㄱ, ㄴ, ㄷ   ② ㄴ, ㄷ, ㄹ
③ ㄷ, ㄹ, ㅁ   ④ ㄴ, ㄹ, ㅁ
⑤ ㄱ, ㄷ, ㅁ

....

[ㄱ ▶ O] 개인회원이나 법인 전자증명서를 이용하는 법인회원, 국가 또는 지방자치단체의 경우는 공탁소를 방문하지 않고도 사용자등록을 할 수 있다. 법공 공탁

공탁규칙 제70조(사용자등록)

① 전자공탁시스템을 이용하려는 자는 전자공탁시스템에 접속하여 다음 각 호의 회원 유형별로 전자공탁홈페이지에서 요구하는 정보를 해당란에 입력한 후 인증서를 사용하여 사용자등록을 신청하여야 한다. 이 경우 등록한 사용자 정보는 인증서의 내용과 일치하여야 한다.

1. 개인회원
2. 법인회원
3. 변호사회원
4. 법무사회원

③ 대법원예규로 정하는 법인회원은 공탁소에 출석하여 대법원예규로 정하는 사항을 적은 신청서를 제출하여야 하며, 그 신청서에는 상업등기법 제16조에 따라 신고한 인감을 날인하고 그 인감증명과 자격을 증명하는 서면을 첨부하여야 한다.

④ 사용자등록을 신청하는 변호사회원 또는 법무사회원은 공탁소에 출석하여 그 자격을 증명하는 서면을 제출하여야 한다.

[ㄴ ▸ ×] [ㄷ ▸ ○]　금전공탁사건에 관한 신청 또는 청구는 이 규칙에서 정하는 바에 따라 전자공탁
시스템을 이용하여 전자문서로 할 수 있다. 다만, 5천만원을 초과하는 공탁금에 대한 출급 또는 회수
청구의 경우에는 그러하지 아니하다(공탁규칙 제69조). 즉, 5천만원을 초과하는 공탁금에 대한 출급 또는
회수청구는 전자공탁시스템으로 청구하지 못하지만, 금전공탁사건을 전자공탁 시에는 금액제한이 없다.
[ㄹ ▸ ×]　변호사회원 또는 법무사회원이 전자문서에 의하여 공탁금의 출급 또는 회수를 청구하는
경우에는 청구인의 전자서명도 함께 제출하여야 한다(공탁규칙 제79조 제2항).
[ㅁ ▸ ○]　행정예규 제1446호 제15조 제2호

답 ❺

---

14 □□□　**전자공탁에 관한 다음 설명 중 가장 옳지 않은 것은?**　2021년 법무사시험 [문 42]

① 변호사 또는 법무사회원이 전자문서에 의하여 지급청구를 하는 경우에는 변호사회원 또는 법무사
회원의 전자서명과 청구인 본인의 전자서명을 함께 제출하여야 한다.
② 법인 전자증명서를 이용하는 법인회원은 공탁소를 방문하지 않고도 사용자등록을 할 수 있다.
③ 1억원의 금전담보공탁은 전자공탁으로 할 수 없다.
④ 공동의 이해관계를 가진 여러 당사자나 대리인이 공동으로 출급을 신청하는 경우에는 해당 전자문
서에 공동명의자 전원이 전자서명을 하여 제출하는 방법에 따라 공동명의로 된 하나의 전자문서를
제출할 수 있다.
⑤ 공탁관은 공탁을 수리하는 경우 납입기한을 정하여 공탁자로 하여금 가상계좌로 공탁금(공탁통지
를 하는 경우 우편료 포함)을 납입하게 하여야 한다.

[**❶** ▸ ○] 변호사회원 또는 법무사회원이 전자문서에 의하여 공탁금의 출급 또는 회수를 청구하는 경우에는 청구인의 전자서명도 함께 제출하여야 한다(공탁규칙 제79조 제2항).

[**❷** ▸ ○] 법인 "전자증명서"를 사용하여 전자공탁시스템에 사용자등록을 하는 경우, 공탁소를 방문하지 않고 온라인으로 등록이 가능하다[행정예규 제1419호(현 제1446호(註))]. 즉 법인이 전자공탁시스템을 이용하기 위하여 사용자등록을 신청할 때 전자서명법에 따른 "공인인증서(법인용)"외에 상업등기법에 따른 법인 "전자증명서"를 추가하였고(위 예규 제5조 제1항, 별표), 전자서명법에 따른 "공인인증서(법인용)"를 사용하는 경우에 공탁소에 방문하여 사용자등록을 위한 접근번호를 부여 받아야 하지만, 법인 "전자증명서"를 사용하는 경우에는 공탁소를 방문하지 않고 온라인으로 사용자등록이 가능하다(위 예규 제5조 제2항). 공탁실무

[**❸** ▸ ✕] 금전공탁사건에 관한 신청 또는 청구는 이 규칙에서 정하는 바에 따라 전자공탁시스템을 이용하여 전자문서로 할 수 있다. 다만, 5천만원을 초과하는 공탁금에 대한 출급 또는 회수청구의 경우에는 그러하지 아니하다(공탁규칙 제69조). 즉, 금전공탁신청 시 금액제한은 없으나, 출급 또는 회수청구 시에는 금액제한이 있음에 유의하여야 한다.

[**❹** ▸ ○] 공탁규칙 제73조 제3항

공탁규칙 제73조(전자문서의 작성ㆍ제출)

③ 공동의 이해관계를 가진 여러 당사자나 대리인이 공동으로 공탁ㆍ출급ㆍ회수 등을 신청하는 경우에는 다음 각 호 가운데 어느 하나의 방법에 따라 공동명의로 된 하나의 전자문서를 제출할 수 있다.
  1. 해당 전자문서에 공동명의자 전원이 전자서명을 하여 제출하는 방법
  2. 해당 전자문서를 제출하는 등록사용자가 다른 공동명의자 전원의 서명 또는 날인이 이루어진 확인서를 전자문서로 변환하여 함께 제출하는 방법(공탁금을 출급 또는 회수하는 경우에는 제외한다)

[**❺** ▸ ○] 행정예규 제1446호 제11조 제1항

☐ **행정예규 제1446호[전자공탁시스템에 의한 공탁사무처리지침]**

제11조(공탁금의 납입 및 공탁서 출력)
① 공탁관은 공탁을 수리하는 경우 납입기한을 정하여 공탁자로 하여금 다음 각 호 가운데 어느 하나의 방법으로 공탁금(공탁통지를 하는 경우 우편료 포함)을 규칙 제78조 제1항에 따라 지정된 가상계좌번호에 납입하도록 하여야 한다
  1. 전자자금이체(텔레뱅킹, 인터넷뱅킹, 모바일뱅킹 등)로 납입하는 방법
  2. 금융기관에서 직접 납입하는 방법(자동화기기 포함)

---

 ❸

MEMO

How to
TEPS

정답 및 해설

◐ 본책 P 47

1 (c)	2 (a)	3 (d)	4 (a)	5 (b)
6 (d)	7 (d)	8 (c)	9 (d)	10 (d)
11 (d)	12 (c)	13 (b)	14 (b)	15 (d)
16 (c)	17 (c)	18 (c)	19 (a)	20 (c)

1 A 너한테 말한 대로 소피가 한국으로 이사했어?
  B 그러려고 했는데 마음을 바꿨어.
  해설 be going to는 '말하기 이전에 이미 계획된 사실'을 말할 때 사용하며, 과거형 was[were] going to라고 하면 '하려고 의도했으나 하지 않은 것'을 의미한다. 이사하려고 했으나 하지 않았고 주어는 3인칭 단수이므로 (c) was going to가 적절하다.
  어휘 change one's mind 생각을 바꾸다
  정답 (c)

2 A 제니, 연례 행사에 가려면 언제 출발해야 할까?
  B 행사가 언제 시작하느냐에 달렸지.
  해설 조건이나 시간을 나타내는 절에서 go, come, start, arrive 등과 같은 왕래발착 동사는 미래라 하더라도 현재시제가 미래를 대신하므로 (a)가 적절하다.
  어휘 annual event 연례 행사 depend on ~에 달려 있다
  정답 (a)

3 A 아이 봐주는 사람이 찾아 왔네.
  B 응. 기다리고 있었어.
  해설 현재완료진행형은 〈have[has] been+ -ing〉의 형태로 과거의 어느 시점에서 시작되어 현재까지도 계속 진행 중인 동작을 나타낸다. 따라서 아이 돌봐 주는 사람을 과거의 특정 시점부터 그 사람이 찾아 왔을 때까지도 기다리고 있다고 할 수 있으므로 (d)가 적절하다.
  어휘 babysitter 아이를 봐 주는 사람 at the door 출입구에서 expect 예상하다, 기다리다
  정답 (d)

4 A 어디로 배달해 드릴까요?
  B 저희 집으로요. 주소 알려 드릴까요?
  해설 want 동사는 5형식일 때 〈want+목적어+목적격보어〉의 형태로 쓰인다. 목적격보어로는 to부정사와 과거분사가 오는데 보어와 목적어와의 관계가 능동이면 to부정사, 수동이면 과거분사를 쓴다. 목적어인 it은 배달되는 것이므로 수동인 과거분사가 적절하다. 따라서 답은 (a)가 된다.
  어휘 deliver 배달하다
  정답 (a)

5 A 학급 회의에 학생이 몇 명이나 참석했어요?
  B 전부 다요.
  해설 몇 명의 학생이 학급 회의에 참석했는지 묻고 있는데 주어가 복수명사이므로 정답은 (b)가 된다.
  어휘 class meeting 학급 회의
  정답 (b)

6 A 이번 주말까지 분석 보고서를 제출해 주시겠어요?
  B 그때까지는 끝낼 겁니다.
  해설 미래완료시제는 미래의 특정 시점을 기준으로 그 이전부터 그 시점까지 일어난 동작이나 상태의 완료를 나타내며 보통 by 나 by the time 등과 같은 부사구를 동반한다. by then이 있으므로 미래에 완료되는 시제인 (d)가 가장 적절하다.
  어휘 hand in 제출하다 analysis 분석 by then 그때까지는
  정답 (d)

7 A 헨리, 뭐 때문에 그렇게 충격 받았어?
  B 네가 지금쯤이면 없을 거라고 생각했거든.
  해설 would have+p.p.는 가정법 과거완료로 과거에 일어날 수 있었지만 일어나지 않은 일에 대한 표현이다. 따라서 없을 것이라고 생각했지만 아직 있기 때문에 동사 be gone은 (d) would have been gone의 형태가 되어야 한다.
  어휘 be gone 없어지다 by now 지금쯤
  정답 (d)

8 A 줄리, 왜 이렇게 늦었어?
  B 정말 미안. 오는 도중에 길을 잃었어.
  해설 길을 잃었던 것은 이미 과거 사실이므로 동사는 과거시제가 되어야 한다. 따라서 '길을 잃다'의 동사 get lost의 과거형인 (c) got lost가 답이 된다.
  어휘 lost 길을 잃은 on the way 도중에
  정답 (c)

9 A 영문학을 얼마 동안이나 공부했어요?
  B 수업 듣기 시작한지 3년 됐어요.
  해설 since는 '~이래로'라는 뜻이며 '과거 이래로 지금까지'의 의미가 내포되어 있다. 따라서 대학에 입학한 시점 이후로 지금까지 지속적으로 공부를 하고 있는 상황이므로 현재완료시제가 적절하다. 따라서 정답은 (d) has been이 된다.
  어휘 literature 영문학 take a course (교육) 과정, 강좌를 듣다
  정답 (d)

10 A 실례지만, 도와드리는 직원이 있나요?
  B 아니요, 괜찮아요. 그냥 구경하는 거예요.
  해설 serve는 '(상점에서 손님의) 구매를 돕다'는 뜻이다. 고객은 도움을 받는 입장이므로 수동형이 되어야 하고, 질문을 하는 시점에 진행되고 있는 상황을 묻고 있으므로 수동태의 현재

진행형인 (d)가 정답이 된다.

어휘 serve 시중들다, 구매를 돕다

정답 (d)

11 난민들은 지난달 말 이후부터 이 보호소에 머물러야 했다.

해설 since는 '~이래로'라는 뜻이며 '과거 이래로 지금까지'의 의미가 내포되어 있다. 따라서 난민들은 지난달 말 이후로 지금까지 보호소에 머물고 있으며 강요를 받은 입장이므로 현재완료의 수동태인 (d) have been forced가 정답이 된다.

어휘 refugee 난민   shelter 주거지, 피신처   force 강제로 ~하다

정답 (d)

12 마침내 문이 열릴 때까지 관광객들은 거의 두 시간 동안 문 앞에서 계속 기다렸다.

해설 문이 열린 시점은 과거이고, 관광객들은 그 특정 시점 이전부터 문이 열릴 때까지 대기하고 있었으므로 과거완료형이 되어야 한다. 주어 these tourists는 keep이라는 행위의 주체가 아닌 대상이라 수동태가 필요하므로 had been kept waiting이어야 한다. 참고로 keep은 동명사를 목적어로 취하므로 waiting이 된다. 따라서 (c)가 답이다.

어휘 gate 문   nearly 거의

정답 (c)

13 한때 이 로봇들은 특별한 능력이 있고 어떤 질문에도 답을 할 수 있다고 여겨졌다.

해설 가주어 It이 that절 이하의 진주어를 대신하고 있다. 진주어인 '로봇이 특별한 능력을 지니고 모든 질문에 답을 할 수 있다는 것'은 believe의 주체가 아닌 대상이므로 수동형이 되어야 하고 once는 '(과거의) 한때'를 의미하므로 was believed가 되어야 한다. 또한 빈도부사 once는 be 동사 뒤에 와야 하므로 정답은 (b)이다.

어휘 once 한때

정답 (b)

14 찰스가 떠나려고 돌아섰을 때, 재닛은 그에게 저녁을 먹고 가라고 말했다.

해설 재닛이 말했을 때와 찰스가 떠나려고 했던 시점이 같으므로 과거진행형이 적절하다. 따라서 (b) was turning이 정답이다.

어휘 leave 떠나다, 출발하다   stay 머무르다

정답 (b)

15 그 전직 장관은 지난주에 사망하기 전까지 수년간 암을 앓았다.

해설 죽은 시점은 과거이다. 전직 장관은 그 특정 시점 이전부터 지난주 사망할 때까지도 지속적으로 암을 앓고 있었으므로 과거완료진행형이 되어야 하므로 (d) had been suffering

이 적절하다.

어휘 ex- 그 전의   minister 장관   suffer from ~을 앓다   cancer 암

정답 (d)

16 역에 도착했을 때, 기차는 떠나고 없었다.

해설 기차가 떠난 것이 사람이 도착한 것보다 앞선 시제이기 때문에 과거완료인 (c) had left가 알맞다.

어휘 station 역

정답 (c)

17 이 일이 모레까지 끝나지 않으면 많은 문제가 생길 것이다.

해설 문제가 발생할 시점은 the day after tomorrow인 미래이기 때문에 미래시제인 (c) will be가 적절하다.

어휘 unless ~이 아닌 한   the day after tomorrow 모레

정답 (c)

18 어떤 사람들은 일반 물리학 첫 학기를 지겨워 한다.

해설 bore는 '지루하게 만들다'는 뜻으로 주어인 some people은 지루함을 느끼는 대상이 되므로 수동형을 써야 한다. 또한 일반적인 경향을 말하고 있는 것이라 현재시제가 적절하므로 (c) are bored가 정답이 된다.

어휘 general physics 일반 물리학   bore 지루하게 만들다

정답 (c)

19 아이의 어머니는 100명의 선생님보다 낫다고 한다.

해설 People say that a child's mother is better than a hundred teachers에서 일반적인 주어를 생략하고 수동태로 표현한 것이다. 이는 가주어 It을 사용하여 It is said that a child's mother is better than a hundred teachers로 바꿀 수 있고 〈It+be+p.p.+that+주어+동사〉는 〈주어+be p.p.+to부정사〉로 변환이 가능하므로 빈칸에는 (a) to be가 적절하다. 참고로 이와 같이 '전달' 또는 '인식'의 의미를 가진 동사들의 경우 수동형으로 〈be reported[thought/ said/ told]+to부정사〉의 형태를 취한다.

어휘 better 더 좋은

정답 (a)

20 자동차 수는 2011년에 지속적으로 증가하고 있다.

해설 the number는 '수'라는 뜻으로 단수명사이며, '많은'이라는 뜻의 〈a number of+복수명사〉와는 다른 개념이다. 따라서 (c) is가 정답이 된다.

어휘 constantly 끊임없이

정답 (c)

1 (a)	2 (c)	3 (d)	4 (b)	5 (d)
6 (c)	7 (a)	8 (c)	9 (b)	10 (c)
11 (c)	12 (d)	13 (a)	14 (d)	15 (b)
16 (d)	17 (d)	18 (b)	19 (c)	20 (a)

1 A 자네 아들이 변호사 시험에 합격할 수 있을까?
  B 그 답을 알았으면 좋겠어.
  해설 현재 실현되지 않은 소망이나 현재 사실의 반대를 표현할 때는 〈I wish+주어+동사의 과거시제〉가 되어야 하므로 (a) knew가 알맞다.
  어휘 bar exam 변호사 시험
  정답 (a)

2 A 도와 드릴까요, 손님?
  B 이 상자를 포장했으면 합니다.
  해설 〈would like to+동사원형〉은 자신의 소망을 나타내는 가정의 뜻이 내포된 관용적 표현으로 공손하게 부탁할 때 쓴다. 따라서 상자의 포장을 부탁하는 의미에서 (c) to have가 적절하다.
  어휘 wrap 포장하다
  정답 (c)

3 A 사람들이 있는 데서 우리 아이들에게 소리 지르지 말아요.
  B 미안해요, 여보. 그럴 생각은 아니었어요.
  해설 〈stop+to부정사〉는 '~하기 위해 멈추다,' 〈stop+동명사〉는 '~을 멈추다'라는 뜻이다. 따라서 문맥상 아이들에게 소리 지르는 것을 멈추는 것이므로 (d) screaming이 적절하다.
  어휘 in public 사람들이 있는 데서 scream 소리치다
  정답 (d)

4 A 잭이 최종 테스트에서 떨어졌대.
  B 맞아. 걔가 좀 더 신경을 썼다면 시험에 떨어지지 않았을 거야.
  해설 주의를 기울이지 않았던 과거 사실의 반대를 가정하고 있으므로 가정법 과거완료가 와야 한다. 따라서 조건절의 동사가 과거완료 had paid이므로 주절에는 (b) wouldn't have flunked가 적절하다.
  어휘 pay attention to 주의를 기울이다 flunk 낙제하다
  정답 (b)

5 A 우리 반 애가 그러는데 너 지난주에 자동차 사고 당했다며.
  B 안전벨트가 없었더라면 심하게 다쳤을 수도 있었어.
  해설 could have p.p.는 가능성은 있었지만 발생하지 않은 과거의 사건을 언급하는 경우로 '~할 수도 있었다'라는 뜻이다. 또한 부상을 입힌 것이 아닌 부상을 당한 것이므로 수동형이어야 한다. 따라서 (d) could have been injured가 적절하다.
  어휘 seriously 심하게
  정답 (d)

6 A 점심으로 무슨 요리할 거야?
  B 뭘 할지 아직 안 정했어.
  해설 what이 의문형용사로는 〈what+명사+to부정사〉의 형태로 쓰는데 '무슨 요리를 준비해야 할지'라는 뜻으로 (c) what dish to cook이 적절하다.
  어휘 dish 요리
  정답 (c)

7 A 이 박사님, 오스번 씨라는 분이 오셨는데요.
  B 고마워요. 제가 보고서를 마칠 때까지 로비에서 기다리라고 하세요.
  해설 have는 사역동사로 5형식일 때 〈have+목적어+목적격보어〉의 형태로 쓰이는데, 목적격보어는 목적어와의 관계가 능동이면 동사원형, 수동이면 과거분사를 쓴다. 목적어인 her가 능동적으로 기다리라는 것이므로 (a) wait이 적절하다.
  어휘 be done with 끝내다 report 보고서
  정답 (a)

8 A 와, 어질러 놓은 것 좀 봐!
  B 방 청소를 해야겠다.
  해설 need 다음에 나오는 동사는 주어와의 관계가 수동이면 need -ing 또는 to be p.p.의 형태를 쓴다. 따라서 my room needs cleaning 또는 my room needs to be cleaned가 되어야 하므로 답은 (c)가 된다.
  어휘 mess 어질러 놓은 것
  정답 (c)

9 A 우체국까지 태워 줄래?
  B 그래.
  해설 mind는 동명사를 목적어로 취하는 동사이고, me는 give의 목적어이므로 give 다음에 와야 한다. 따라서 (b) giving me가 정답이다.
  어휘 lift (차 등을) 태워 주기
  정답 (b)

10 A 지난 학기에 제니 봤어?
  B 사실 몇 번 본 기억이 나.
  해설 〈remember+동명사〉는 '(과거에) ~했던 것을 기억하다'이

고, ⟨remember+to부정사⟩는 '(미래에) ~할 것을 기억하다'이다. 따라서 last semester인 과거에 제니를 봤던 것을 기억하는 것이므로 동명사인 (c) seeing이 적절하다.

어휘 semester 학기 actually 실제로

정답 (c)

11 다음 주에 바니스에서 열리는 제 졸업 파티에 와 주세요.

해설 hold는 명사 my graduation party를 뒤에서 꾸미는 형태가 되어야 하므로 to부정사나 분사가 필요한데 보기 (c)와 (d) 중 파티는 열릴 것이므로 hold가 수동의 형태가 되어야 한다. 따라서 (c) to be held가 정답이다.

어휘 graduation 졸업

정답 (c)

12 피터가 더 일찍 사과했더라면, 그렇게 놀라지 않았을 텐데.

해설 과거 사실의 반대를 가정할 때는 가정법 과거완료를 쓴다. 형식은 ⟨If+주어+had p.p., 주어+조동사 과거+have p.p.⟩가 되므로 (d) had apologized가 적절하다.

어휘 apologize 사과하다

정답 (d)

13 이 어학 과정은 학생들이 커뮤니케이션 개념을 이해하도록 고안되었다.

해설 make 동사가 5형식일 때 ⟨make+목적어+목적격보어⟩로 쓴다. 목적격보어와 목적어와의 관계가 능동이면 동사원형, 수동이면 과거분사를 쓴다. 학생들이 이해를 하는 능동의 개념이므로 동사원형인 (a) understand가 알맞다.

어휘 communication 의사소통 concept 개념

정답 (a)

14 그 시계가 덜 비쌌더라면 수지가 샀을 텐데.

해설 과거 사실의 반대를 가정할 때는 가정법 과거완료를 쓴다. 형식은 ⟨If+주어+had p.p., 주어+조동사 과거+have p.p.⟩가 되므로 (d) had been이 적절하다.

어휘 expensive 비싼

정답 (d)

15 당신이 답을 할 시간입니다.

해설 ⟨It's about[high] time+(that)+주어+동사 과거형⟩은 '~할 시간이다'라는 의미로 가정법 과거를 쓴다. 따라서 과거시제인 (b) got이 정답이다.

정답 (b)

16 세이콥이 너에게 데이트를 신청했더라면 지금 너는 파티에서 그와 즐거운 시간을 보낼 수 있을 텐데.

해설 사건이 과거에 일어났으나 그 사건의 결과가 현재까지 영향을 미칠 때는 혼합 가정법을 쓰고, 형식은 ⟨if+주어+had p.p., 주어+조동사 과거+동사원형+(현재의 단서)⟩이다. 과거에 데이트를 청하지 않았기 때문에 현재 즐거운 시간을 보내지 못

하므로 (d) could have가 정답이다.

어휘 ask out on a date 데이트를 신청하다

정답 (d)

17 동료 중 누군가가 그녀를 거짓말하도록 설득했다고 한다.

해설 원래 People believed that she had been persuaded by one of her coworkers to tell a lie에서 일반적인 주어를 생략하고 수동태로 표현한 것이다. 이는 가주어 It을 사용하여 It was believed that she had been persuaded by one of her coworkers to tell a lie로 바꿀 수 있고 ⟨It+be+p.p.+that+주어+동사⟩는 ⟨주어+be+p.p.+to부정사⟩로 고칠 수 있으므로 빈칸에는 (d) to have been persuaded가 들어가야 옳다.

어휘 coworker 동료 persuade 설득하다

정답 (d)

18 이 자료는 2011년 임금 결정 요인을 분석하는 데 이용된다.

해설 문맥상 use는 '이용하다'라는 의미로, '자료는 ~하기 위해 사용되다'라야 자연스럽다. 따라서 정답은 (b) to analyze가 된다. 참고로 ⟨주어+used to+동사원형⟩은 과거의 습관을 나타내며 '~하곤 했다'라는 뜻이 있고, ⟨주어+be used to+동명사⟩는 '~에 익숙해지다'라는 뜻이 있다.

어휘 analyze 분석하다 determinant 결정 요인

정답 (b)

19 이것은 당뇨병이 있는 사람들에게 주지 말아야 할 음료 목록이다.

해설 avoid는 동명사를 목적어로 취하는 동사이기 때문에 (c) giving이 적절하다.

어휘 avoid 피하다 diabetes 당뇨병

정답 (c)

20 이 장치는 설치가 쉽고 문제가 생기면 기술 지원을 받을 수 있다.

해설 should를 이용한 가정법 문장으로 접속사 if를 생략하고 should를 앞으로 보내면서 도치시킨 문장이다. 따라서 (a)가 답이 된다.

어휘 device 장치 set up 설치하다 technical support 기술 지원

정답 (a)

1 (d)	2 (c)	3 (d)	4 (c)	5 (a)
6 (d)	7 (b)	8 (c)	9 (d)	10 (d)
11 (b)	12 (a)	13 (b)	14 (a)	15 (d)
16 (d)	17 (c)	18 (b)	19 (d)	20 (d)

1 A 왜 저희 회사 제품 판매를 중지하시는 거죠?
   B 재고가 바닥이 날지도 몰라서요.

해설 조동사 may는 불확실한 추측을 나타내며 현재 사실에 대한 추측은 〈may+동사원형〉, 과거 사실에 대한 추측은 may have+p.p.가 된다. 따라서 동사원형인 (d)가 적절하다.

어휘 run out of ~이 없어지다   stock 재고품

정답 (d)

2 A 저녁으로 뭘 드시겠어요?
   B 피자 한 조각만 부탁해요, 고마워요.

해설 물질명사의 수량 표시는 〈관사[수사]+단위명사+of+물질명사〉의 순서로 나타낸다. 피자는 단위명사 slice나 piece로 수량을 표시하므로 피자 한 조각은 a slice of pizza 또는 a piece of pizza로 나타내므로 정답은 (c)가 된다.

어휘 slice 조각

정답 (c)

3 A 직장까지 가는 데 얼마나 걸려요?
   B 걸어서 5분 거리요.

해설 복합명사의 경우 일반적으로 앞에 있는 명사가 형용사 역할을 하고 뒤에 있는 명사가 앞 명사의 수식을 받는 명사 역할을 한다. walk 앞의 minute은 형용사 역할을 하므로 복수형이 될 수 없고, 명사 역할을 하는 walk는 셀 수 있는 명사 단수로 쓰였기 때문에 관사가 필요하다. 따라서 (d) a five minute walk가 적절하다.

어휘 get to 도착하다

정답 (d)

4 A 크리스, 어제 파티에 안 왔던데 무슨 일 있었어?
   B 음, 그 얘긴 하지 않는 게 좋을 것 같아.

해설 〈would rather+동사원형〉은 '~하는 편이 낫다'라는 뜻으로, 부정문일 때는 would rather 뒤에 not을 쓰므로 정답은 (c)가 된다.

어휘 happen 발생하다

정답 (c)

5 A 그들이 휴가 갔다 돌아왔을까.
   B 오늘 아침 일찍 부인이 세차하고 있는 걸 봤어.

해설 지각동사 see는 5형식일 때 〈see+목적어+목적격보어〉의 형태로 쓰는데, 목적격보어는 목적어와의 관계가 능동이면 동사원형을 쓰지만 동작이 진행된다는 것을 강조하고자 할 때는 현재분사를 쓸 수 있다. 목적어인 the wife가 능동적으로 차를 청소하는 것이므로 cleaning이나 clean 둘 다 가능한데 정답은 (a)이다.

어휘 wonder 궁금하다   vacation 휴가

정답 (a)

6 A 이런, 맨 위 선반에 있는 저 컵이 손에 안 닿아요.
   B 폴이 꺼내 줄 거예요.

해설 폴이 컵을 꺼내 주는 일은 아직 일어나지 않은 일이므로 문맥상 (d) will이 적절하다.

어휘 reach 도달하다   shelf 선반

정답 (d)

7 A 학교 그만두고 배우가 될 거야.
   B 설마 농담이겠지!

해설 조동사 can은 가능성이나 추측을 나타내며 부정문으로 사용될 때는 그 의미가 더 강해져 '~일리가 없다'라는 뜻이다. 따라서 문맥상 (b)가 적절하다.

어휘 quit 그만두다   surely 설마(부정어와 함께)   serious 농담이 아닌

정답 (b)

8 A 어제 마케팅 부서의 누가 해고당했다던데.
   B 레베카가 회사에 또 지각했어.

해설 work는 셀 수 없는 명사로 여기서는 '직장'의 의미로 쓰였다. 따라서 복수 형태가 될 수 없고, 특정한 직장을 의미하는 것이 아니기 때문에 정관사가 올 수도 없으므로 (c) work가 정답이다.

어휘 marketing department 마케팅 부서   show up 나타나다

정답 (c)

9 A 이 버스는 시내로 가나요?
   B 안 가는 것 같아요. 글로리아 시장에서 버스를 갈아타셔야 해요.

해설 버스를 갈아타는 데는 기존에 타고 왔던 버스와 새로 갈아탈 버스가 포함되므로 복수인 (d) buses가 알맞다. 또 특정 버스를 언급하는 것이 아니므로 관사나 지시대명사는 필요하지 않다.

어휘 city center 도심부   market 시장

정답 (d)

10 A 모두 그를 싫어하는 데도 왜 그를 도와줘?
   B 모든 상황을 알기 때문에 그를 옹호해 주지 않을 수 없어.

해설 접속사 없이 두 문장을 연결해야 하므로 접속사 역할을 하

는 분사가 필요하다. 주어인 I가 모든 정황을 아는 것이기 때문에 능동의 의미를 갖는 현재분사가 적절하므로 답은 (d) Knowing이 된다.

어휘 back up 도와주다　circumstance 환경, 정황 cannot help+but+동사원형 ~하지 않을 수 없다

정답 (d)

11 이 서류들을 팩스로 보낼 수 있어요.

　해설 〈by+통신[교통수단]〉등 수단이나 방법을 나타낼 때는 관사를 쓰지 않으므로 (b) fax가 알맞다.

　어휘 document 서류

　정답 (b)

12 '중고품'에 해당하는 기계류를 많이 가지고 계신지 궁금합니다.

　해설 machinery는 셀 수 없는 명사라 복수형을 취하지 않으므로 (a) machinery가 정답이다.

　어휘 come under 포함되다, 들어가다　category 범주 machinery 기계류

　정답 (a)

13 우승자는 경기 결과에 만족하며 그의 팀으로 돌아갔다.

　해설 분사의 서술적 용법 중 주격보어에 관한 문제이다. 주어 the winner는 다른 것을 만족시킨 게 아니라 경기 결과에 의해 만족된 것이므로 빈칸에는 수동의 과거분사인 (b) satisfied가 적절하다.

　어휘 satisfy 만족시키다　match 경기, 게임

　정답 (b)

14 나는 어젯밤 제니퍼에게 다른 일을 구하라고 제안했다.

　해설 suggest가 당위성을 의미할 때 그 뒤에 이어지는 that절은 〈주어+(should)+동사원형〉의 형태가 되어야 하므로 (a) look이 적절하다.

　어휘 look for 찾다

　정답 (a)

15 저스틴은 타이틀을 차지할 기회를 포기해야 한다고 주장했다.

　해설 당위성 동사 insist 뒤에 이어지는 that절은 〈주어+(should)+동사원형〉의 형태가 되어야 하므로 (d) give up이 알맞다.

　어휘 insist 주장하다　title 타이틀, 선수권

　정답 (d)

16 예전에 이 호수를 내려다보는 큰 나무가 있었다.

　해설 조동사 used to는 과거의 규칙적인 습관이나 지속적인 상태를 표현하며 조동사 뒤에는 동사원형이 와야 하므로 (d) used to be가 정답이 된다.

어휘 overlook 바라보다, 내려다보다

정답 (d)

17 건물 벽은 북부 지역의 추위를 막기 위해 두껍고 튼튼하다.

　해설 '추위'를 뜻하는 cold는 셀 수 없는 명사이다. 따라서 복수형인 (a)와 부정관사가 붙은 (b)는 답이 될 수 없으므로 답은 (c) the cold가 된다.

　어휘 thick 두꺼운　keep out 들어가지 않게 하다

　정답 (c)

18 보고서들은 이번 가을 학기가 시작하기 전에 완성되어야 한다.

　해설 need 다음에 나오는 동사는 문맥상 수동의 관계이며 -ing나 to 부정사의 형태로 써야 한다. 따라서 Those reports need completing 또는 Those reports need to be completed가 되어야 하므로 (b)가 답이 된다.

　어휘 complete 끝마치다　semester 학기

　정답 (b)

19 눈보라로 인한 높은 눈 더미가 도시를 눈으로 뒤덮었다.

　해설 leave 동사가 5형식일 때 〈leave+목적어+목적격보어〉의 형태로 쓰인다. 목적격보어와 목적어의 관계가 능동이면 현재분사, 수동이면 과거분사를 쓴다. 도시는 눈으로 덮였으므로 과거분사인 (d) covered가 적절하다.

　어휘 snow drift 눈 더미　blizzard 눈보라

　정답 (d)

20 조지는 3년간 훈련을 받았기 때문에 실력 있는 조종사가 되었다.

　해설 접속사 없이 두 문장이 연결되어 있으므로 접속사 역할을 하는 분사가 필요하다. 훈련을 받은 뒤에 숙련된 조종사가 된 것이므로 분사구문의 시제가 주절의 시제보다 앞서기 때문에 완료 분사구문인 having p.p.가 와야 한다. 또한 조지가 훈련을 받은 것이기 때문에 train은 수동형으로 써야 하므로 (d) Having been trained가 적절하다.

　어휘 skillful 숙련된, 능숙한

　정답 (d)

1 (d)	2 (d)	3 (c)	4 (d)	5 (c)
6 (d)	7 (c)	8 (b)	9 (c)	10 (d)
11 (b)	12 (a)	13 (b)	14 (d)	15 (c)
16 (c)	17 (d)	18 (b)	19 (d)	20 (d)

1 A 제이슨, 좀 쉬는 게 어때?
 B 지금은 안 돼. 우리 겨우 2킬로미터도 채 안 걸었어!
 해설 문장에 than이 있는 것으로 보아 비교급이 들어가야 하고
 문맥상 '2킬로미터 보다 덜 걸었다'는 것이 자연스러우므로
 little의 비교급인 (d) less가 적절하다.
 어휘 take a rest 쉬다
 정답 (d)

2 A 중국어를 향상시킬 수 있는 가장 좋은 방법을 추천해
 주시겠어요?
 B 음, 가능한 한 중국어 책을 많이 읽어 보세요.
 해설 동급비교 as … as possible 구문은 〈as+형용사[부
 사] 원급+as+possible)또는 〈as+형용사 (원급)+명사
 +as possible)의 형태로 쓸 수 있는데, 빈칸에는 타동사
 read의 목적어인 명사가 들어가야 한다. 셀 수 있는 명사인
 Chinese books를 수식하는 수량 형용사는 many가 되
 어야 하므로 (d)가 적절하다.
 어휘 recommend 추천하다 improve 향상시키다
 정답 (d)

3 A 찰스가 댄스 파티에 초대하면 어쩌지?
 B 물어보면, 그냥 침착하게 행동해.
 해설 주절은 명령문이므로 생략된 주어가 you임을 알 수 있고, 찰
 스로부터 초대를 받게 되는 상황이므로 수동태로 되어야 하
 지만 주어와 be동사, 즉 you are가 생략될 수 있으므로 정
 답은 (c) When asked가 된다.
 어휘 play it cool 침착하게 대처하다
 정답 (c)

4 A 칼이 얼마나 빨라?
 B 적어도 나보다 다섯 배는 빠르지.
 해설 〈배수사+as+원급+as)을 써서 비교급의 뜻으로 나타낼 수
 있는데 (d)가 답이 된다.
 어휘 at least 적어도 fivefold 5배의
 정답 (d)

5 A 이 레스토랑은 어때요?
 B 가장 아름다운 곳 중 하나지만 제가 먹어본 곳 중에서

최악이에요.
 해설 문맥상 상반된 내용을 연결해 주는 역접의 접속사가 필요하
 고 yet, but, however 등이 있는데, 이 중 yet은 바로 앞
 에서 진술한 내용과 비교해서 놀랄 만한 사실이나 다른 내용
 의 진술이 이어질 때 쓴다. 따라서 보기 중에서는 (c)가 답이
 된다.
 어휘 worst 최악의
 정답 (c)

6 A 점심 먹으면서 면접을 어떻게 해?
 B 별거 아닌데.
 해설 전치사 over는 '~하는 동안에, …하면서'의 의미를 갖는다.
 보기 중 while도 같은 의미이지만, 접속사이기 때문에 뒤에
 주어와 동사가 와야 하므로 답이 될 수 없다. 따라서 정답으
 로 (d)가 적절하다.
 어휘 handle 다루다, 처리하다 big deal 대단한 것
 정답 (d)

7 A 기자 회견은 어떻게 됐어?
 B 실패였어. 언론사 쪽에서는 거의 아무도 안 왔거든.
 해설 기자 회견이 실패했다고 미루어 보아 참석률이 미미했다는
 것을 알 수 있으므로 빈칸의 주어에 부정어가 포함되어야 한
 다. 그러면 (a)와 (c)가 남는데, most가 형용사로 명사를 수
 식할 때는 '대부분의'란 뜻으로 사람이 안 왔는데 대부분이란
 의미는 어색하므로 (a)는 답이 될 수 없다. 따라서 '거의 아무
 도 오지 않았다'는 뜻에서 (c)가 적절하다.
 어휘 press conference 기자 회견 turn out (결과가) 되다
 정답 (c)

8 A 네 룸메이트는 전화 통화할 때 왜 그렇게 예의가 없었
 어?
 B 걔는 예의하고 상식이 좀 부족해.
 해설 대화의 흐름상 예의범절과 일반 상식이 부족하다는 뜻이므로
 '~이 부족하다'의 의미를 갖는 숙어 be lacking in이 알맞
 다. 따라서 답은 (b)가 된다.
 어휘 rude 예의 없는 manner 예의범절 common sense
 상식
 정답 (b)

9 A 우리와 함께 머물자고 그녀를 설득했어야 했는데.
 B 해리가 같이 있자고 애원했는데도 불구하고 듣지 않던
 걸.
 해설 두 문장을 연결하기 위해서 접속사가 필요한데 양보의 뜻
 을 지닌 although는 종속접속사로 문두에서 문장이 서
 로 상반되는 내용일 때 쓸 수 있으므로 (c)가 정답이 된다.
 (d) despite은 전치사이므로 뒤에 주어, 동사를 쓰는 문장
 이 올 때는 쓸 수 없다.
 어휘 persuade 설득하다 beg 간청하다
 정답 (c)

10 A 이 서류 작성하는 걸 좀 도와주시겠어요?

　　B 죄송하지만, 저는 이런 종류의 서류를 잘 작성하지 못해요.

　해설 대화의 흐름상 '썩 잘하지 못한다'는 의미가 되어야 하므로 빈칸에는 형용사 good의 의미를 강조하여 '매우, 대단히'의 뜻을 갖는 부사가 와야 자연스럽고, (c)는 셀 수 있는 명사와 쓰이므로 답이 될 수 없다. 따라서 (d) much가 정답이 된다.

　어휘 fill out 기입하다 be good at ~을 잘하다

　정답 (d)

11 신이 난 어린이들이 우리에게 손을 흔들었고 우리는 웃어 주었다.

　해설 우리에게 손을 흔든 것이므로 대상이나 목표를 겨냥한다는 의미의 (b) at이 알맞다.

　어휘 wave (손을) 흔들다

　정답 (b)

12 그녀의 소설은 거의 인기가 없었고, 그녀는 잘 알려지지 않았다.

　해설 few와 a few는 셀 수 있는 명사 앞에, little과 a little은 양으로 판단해야 하는 명사 앞에 쓰인다. 또한 few와 little은 '거의 없다'는 부정의 의미, a few와 a little은 '조금은 있다'는 긍정의 의미이다. 여기서는 셀 수 있는 명사인 novel을 수식하며 부정의 의미를 지니는 (a)가 적절하다.

　어휘 novel 소설 well-known 유명한

　정답 (a)

13 한 설문 조사에 따르면 한국이 세계 최고의 휴대 전화를 만든다고 한다.

　해설 '세계에서 가장 ~한+명사'의 최상급 표현은 〈최상급+명사+in the world〉 또는 〈the world's+최상급+명사〉로 나타낼 수 있다. 따라서 the best cell phones in the world 또는 the world's best cell phones가 가능하므로 (b)가 정답이 된다.

　어휘 survey 설문 조사 cell phone 휴대 전화

　정답 (b)

14 그들도 나와 마찬가지로 전문가가 아니다.

　해설 〈A+be동사+no more+명사+than+B〉 또는 〈A is not+명사+any more than B〉은 'A가 ~이 아닌 것은 B가 …아닌 것과 같다'는 뜻이다. 따라서 빈칸에는 (d) more가 적절하다.

　어휘 specialist 전문가

　정답 (d)

15 네 계좌에 돈이 들어 있으면 이를 인출할 수 있다.

　해설 두 문장을 연결하기 위해서는 접속사가 필요한데 계좌에 돈이 있으면 이를 인출할 수 있기 때문에 조건절을 이끄는 접속사가 와야 한다. 따라서 가정의 의미를 지니는 if, providing,

provided 등이 올 수 있으므로 보기에서는 (c)가 답이 된다.

　어휘 withdraw 인출하다 account 계좌

　정답 (c)

16 가장 신경을 써서 연구한 논문이라도 오류가 없을 수는 없다.

　해설 명사 paper를 꾸며주기 위해서는 바로 앞에 형용사가 와야 하는데 '논문은 연구된 것'이므로 과거분사 researched가 형용사 역할로 올 수 있고, '주의 깊게 조사된 것'이므로 형용사 researched를 수식하기 위해서는 부사 carefully가 앞에 와야 한다. most는 2음절 이상의 형용사/ 부사의 최상급을 만드는 기능을 하므로 carefully 앞에 와야 한다. 또 최상급에 정관사 the가 필요하므로 (c)가 정답이 된다.

　어휘 carefully 신중히 research 연구하다

　정답 (c)

17 우리는 다른 이들을 배려해야 한다.

　해설 전치사 to 다음에 들어갈 명사를 묻는 문제이다. (a)는 형용사이므로 문법적으로 옳지 않다. (b)는 one과 함께 쓰여 둘 중 one이 가리키는 것을 제외한 나머지 하나를 말할 때 쓰고, (c)는 하나가 있는 상태에서 '추가적인 하나'를 칭할 때 쓰이므로 답이 될 수 없다. 따라서 불특정 다수를 가리키는 (d) others가 정답이 된다.

　어휘 considerate 사려 깊은, 배려하는

　정답 (d)

18 제 남편은 지금 차가 매우 필요해요. 이번 주에 한 대 구입할 거예요.

　해설 앞의 명사와 같은 종류의 불특정한 명사를 대신하는 대명사는 one이다. 차가 필요하다고 했지만 특정한 차를 언급한 것이 아니므로 부정대명사 (b)가 적절하다.

　어휘 badly 몹시 at the moment 지금

　정답 (b)

19 수학의 두 갈래는 18세기에 고안되었다.

　해설 세기를 나타낼 때는 서수로 표현하고, 서수 앞에는 정관사 the가 온다. 또한 세기는 시간이므로 시간을 나타내는 전치사를 동반하는데 월, 년도, 계절, 세기 등은 in과 함께 쓰이므로 (d)가 적절하다.

　어휘 mathematics 수학 century 세기, 100년

　정답 (d)

20 이는 코카 지역에서 가장 좋은 커피를 찾기 위해 고안된 연간 프로젝트이다.

　해설 최상급을 수식하는 부사로는 much, by far, the very 등이 있으므로 정답으로 (d)가 적절하다.

　어휘 annual 매년의 region 지역

　정답 (d)

1 (b)	**2** (c)	**3** (d)	**4** (d)	**5** (d)
6 (c)	**7** (b)	**8** (c)	**9** (d)	**10** (b)
11 (b)	**12** (a)	**13** (d)	**14** (b)	**15** (b)
16 (d)	**17** (b)	**18** (d)	**19** (c)	**20** (a)

1 A 저 남자 말 믿어?

B 전혀. '저를 믿으세요'라고 말하는 사람은 그 어느 누구도 믿지 않아.

해설 trust의 목적어와 says의 주어가 없으므로, 두 문장을 연결시키기 위해서는 목적어와 이 목적어를 선행사로 받는 주격 관계대명사가 들어가야 한다. 따라서 (b)가 정답이 된다.

어휘 trust 신뢰하다

정답 (b)

2 A 우리 언제 출발할까?

B 음, 다른 차가 많지 않은 밤에 이동하는 게 어때?

해설 두 문장을 연결해야 하므로 접속사가 필요하다. 문맥상 '차가 없을 때'란 뜻이므로 (c) when이 적절하다.

어휘 travel 여행하다, 이동하다

정답 (c)

3 A 보고서 쓰는 것 좀 도와줄래?

B 미안해, 나 오늘 일찍 출발해야 해.

해설 have to는 조동사로 주어 바로 다음에 위치하고, 동사원형이 그 뒤에 와야 한다. 시간부사는 원칙적으로 문장 맨 끝에 위치하고, 하나 이상 올 경우에는 짧은 기간을 나타내는 부사(구)가 앞에 오게 되므로 (d) have to leave early today가 알맞다.

어휘 report 보고서

정답 (d)

4 A 그가 7시까지 도착하면 좋겠는데.

B 노력은 하겠지만, 기차를 놓치면 어쩌지?

해설 what if는 '~라면 어떻게 될까'라는 뜻으로 조건의 부사절을 이끌기 때문에 그 뒤에는 미래 대신 현재시제가 온다. 또한 he가 기차를 놓치는 것이므로 (d) if he misses the train이 알맞다.

어휘 miss 놓치다

정답 (d)

5 A 왜 이 회사에서 일해?

B 여기가 나에게 일자리를 주는 유일한 곳이거든.

해설 선행사가 the only place이고 뒤에 조동사 would가 있으

므로 주격 관계대명사가 필요한데 선행사에 the only, the very, the same 등이 포함된 경우에는 that만이 올 수 있으므로 (d)가 정답이 된다.

정답 (d)

6 A 피자 먹으러 갈래? 아니면 치킨?

B 네가 고르는 거 아무거나.

해설 빈칸 앞에 선행사가 없으므로 복합 관계대명사가 필요한 자리이다. 빈칸 뒤에 주어와 타동사 choose가 왔으므로 목적격이 적절한데 문맥상 (c)가 정답이다.

어휘 choose 고르다

정답 (c)

7 A 크리스는 너무 게을러서 당장 사진 설명을 쓸 수가 없어.

B 걔는 원래 그래.

해설 〈too+형용사[부사]+to+동사원형〉 용법은 '너무 ~해서 …할 수 없다'는 표현이다. much는 부사로 too나 rather를 강조하여 '매우, 몹시'의 의미로 쓰이므로 much too lazy to write의 어순이 옳다. 따라서 (b)가 정답이다.

어휘 caption 사진이나 그림에 붙인 설명

정답 (b)

8 A 사과를 좀 사는 게 어때?

B 아니야. 아직 먹을 만큼 충분히 익지 않았어.

해설 enough가 형용사와 부사를 수식할 경우 형용사와 부사의 뒤에 위치하여 〈형용사[부사]+enough+to부정사〉의 어순이 된다. 부정어 not은 '익지 않았다'는 의미에서 be 동사 뒤, ripe 앞에 위치한다. 따라서 (c)가 정답이다.

어휘 ripe 익은

정답 (c)

9 A 심문을 받은 용의자 중 한 사람만이 보석 상점을 도둑질 한 것을 자백했어요.

B 그 사람은 형벌을 더 적게 받을까요?

해설 필수 문장 성분인 동사가 빠져 있다. 문맥상 '심문을 받은 용의자가 자백했다'는 뜻이므로 용의자가 심문을 받은 것은 수동태로, 문장 전체의 동사인 자백한 것은 능동으로 써서 간단히 suspects who were questioned confessed로 표현할 수 있다. 〈주격 관계대명사+be동사〉는 생략 가능하므로 (d)가 정답이다.

어휘 suspect 용의자 rob 도둑질하다 sentence 형벌 confess 자백하다

정답 (d)

10 A 커피 한 잔 더 마셔도 될까요?

B 어, 죄송해요. 용기에 남은 커피가 없네요.

해설 any는 부정문과 의문문에서 셀 수 없는 명사나 복수명사와 함께 쓰여 무엇의 양이나 수를 가리킨다. 따라서 문맥상 '남

아 있는 커피'를 말하는 것이므로 any coffee that is left in the pot으로 쓸 수 있다. 〈주격 관계대명사+be동사〉는 생략이 가능하므로 빈칸에는 (b)가 알맞다.

어휘 another 또 하나

정답 (b)

11 그는 나라 상황이 얼마나 심각했는지 몰랐다.

해설 강조하기 위해 부정어를 문두에 두면 도치가 되므로 주어와 동사의 자리가 바뀐다. 이때 일반동사는 주어 앞에 조동사 do를 써서 시제와 인칭을 나타내므로 (b)가 적절하다.

어휘 situation 상황

정답 (b)

12 대부분 흰색 석회암으로 조각되어 있는 기념비적인 신고 전주의 건축물은 유명한 관광지이다.

해설 관계대명사 which의 선행사는 the monumental neo-classical architecture이므로 동사도 여기에 일치해야 한다. architecture는 단수이므로 단수동사인 (a)가 정답이다.

어휘 monumental 기념비적인, 대단한 neo-classical 신고전주의의 carve 조각하다 limestone 석회암 notable 주목할 만한, 유명한

정답 (a)

13 항상 경건한 사람은 행복하다.

해설 보어가 문두로 이동하는 경우 주절의 주어와 동사는 도치된다. 즉, 〈보어+동사+주어〉의 어순이므로 정답은 (d)가 된다. 도치 전의 문장은 The man who is always reverent is happy이다.

어휘 reverent 숭배하는, 경건한

정답 (d)

14 기념식이 끝난 후에야 우리는 팝스타와 사진을 찍을 수 있었다.

해설 부사(구)를 강조하기 위해 문두로 이동하는 경우 주절의 주어와 동사는 도치된다. 이때 조동사는 시제에 맞추어 주어 앞으로 나오는데 〈only 부사구+조동사[do동사]+주어+일반동사〉의 어순을 따르므로 (b)가 정답이 된다.

어휘 ceremony 의식

정답 (b)

15 장기간 비가 내리지 않고 있지 않은데 이로 인해 심각한 문제가 초래될 수도 있다.

해설 선행사기 앞 문장 전체이고 계속적 용법이므로 (b) which 가 정답이다. 관계대명사 that은 계속적 용법이나 〈전치사 +that〉의 형태로 쓰일 수 없다.

어휘 period 기간

정답 (b)

16 인사불성으로 술에 취한 노인이 사고의 피해자였다.

해설 blind drunk는 '곤드레만드레 술에 취한' 상태를 일컫는다. 문맥상 '술에 취해 걷고 있는 노인'이 되므로 형용사 blind drunk는 walk의 보어로 (d)와 같이 the old man who was walking blind drunk로 쓸 수 있다.

어휘 victim 피해자

정답 (d)

17 그녀는 영리할 뿐만 아니라 아주 예쁘기도 하다.

해설 not only A but also B 구문을 도치한 문장이므로 부정 사구인 Not only를 문두에 두면 〈동사+주어〉의 어순이 되므로 (b)가 정답이 된다.

어휘 quite 매우 gorgeous 호화스러운, 멋진

정답 (b)

18 배우의 목소리 힘이 대단해서 관객을 울먹이게 했다.

해설 such 다음에 that절이 이어지는 〈주어+be동사+such that절〉은 such가 문장의 앞으로 나오면서 도치되어 〈Such+be동사+주어+that절〉의 구조가 된다. 따라서 Such was the power of the voice of the actor that절이 되어 (d)가 정답이 된다.

어휘 voice 목소리

정답 (d)

19 책의 3분의 1은 그 작가가 썼다.

해설 분수를 표현할 때는 분자는 기수를, 분모는 서수를 사용하고 분자가 2이상일 때는 분모에 s를 붙인다. 또한 〈분수+of+ 단수명사〉의 경우 단수동사, 복수명사의 경우 복수동사가 오므로 (c)가 적절하다.

어휘 author 작가

정답 (c)

20 그 사람은 내가 가장 보고 싶지 않은 사람이다.

해설 문맥상 '가장 보고 싶지 않은 사람'이므로 빈칸은 the person을 꾸며주는 형태가 되어야 한다. 보기에 주어 I와 동사 want가 있으므로 the person을 선행사로 두는 목적 격 관계대명사절이 알맞다. 목적격 관계대명사는 생략될 수 있고, least는 동사 want를 수식하는 부사로 쓰였으므로 (a)가 적절하다.

어휘 least 가장 적은, 최소로

정답 (a)

Actual Test **1**　○ 본책 P 168

1 (c)	2 (d)	3 (c)	4 (b)	5 (d)
6 (d)	7 (b)	8 (c)	9 (a)	10 (c)
11 (c)	12 (d)	13 (c)	14 (d)	15 (c)
16 (c)	17 (b)	18 (d)	19 (b)	20 (c)
21 (a)	22 (d)	23 (c)	24 (a)	25 (d)
26 (c)	27 (b)	28 (b)	29 (a)	30 (c)
31 (a)	32 (d)	33 (a)	34 (c)	35 (c)
36 (c)	37 (c)	38 (c)	39 (c)	40 (c)
41 (c)	42 (d)	43 (c)	44 (c)	45 (c)
46 (b)	47 (d)	48 (c)	49 (a)	50 (b)

1　A 내 노트북 컴퓨터가 또 고장 났어.
　　B 또? 항상 고장 나는 것 같아.
　해설 빈도부사 always를 일반동사 앞 be동사 뒤에 놓아야 하므
　　로 정답은 (c)이다. always가 진행형과 함께 쓰이는 경우
　　불평이나 짜증을 나타낸다.
　어휘 break 고장 나다　Not again! 또야!
　정답 (c)

2　A 당신 학생들이 결코 해내지 못할 줄 알았어요.
　　B 예상보다 하루 일찍 끝내도록 재촉했지요.
　해설 'A로 하여금 ~하게 재촉하다'는 뜻은 〈urge+A+to+동사
　　원형〉을 쓰며, '끝마치다'는 뜻은 be done을 쓸 수 있으므
　　로 정답은 (d)이다.
　어휘 make it 제대로 수행하다, 성공하다　urge 재촉하다
　정답 (d)

3　A 리사는 벌써 마흔이 넘었어.
　　B 남편을 찾아 자리를 잡아야 할 때야.
　해설 It's time 다음에는 should나 동사의 과거시제 와야 하므로
　　(c)가 정답이다.
　어휘 on the wrong side of 몇 살을 넘은　high time 벌써
　　~할 때　settle down 정착하다
　정답 (c)

4　A 제가 준 책에 있는 문제에 대한 답을 찾았나요?
　　B 검토해 보긴 했는데 그렇게 유용하지는 않았어요.
　해설 of는 추상 명사와 결합해서 형용사의 역할을 할 수 있으므로
　　정답은 (b)이다.
　어휘 of use 유용한
　정답 (b)

5　A 상자 옮기는 것을 도와줘서 고마워요, 마이클 씨.
　　B 천만에요.
　해설 동명사의 의미상의 주어는 소유격 또는 목적격을 쓰며, 준사
　　역동사 help 다음에는 〈목적어+(to)+동사원형〉이 온다. '네
　　가 나를 도와준다'는 의미이므로 정답은 (d)이다.
　어휘 appreciate 감사하다　carry 나르다, 운반하다
　정답 (d)

6　A 저기서 사고가 났던 것 같아요. 무슨 일이 있었죠?
　　B 한 여자가 택시에서 내리다가 오토바이에 치였어요.
　해설 주어가 A woman이므로 '차로 치다'의 의미인 run over
　　의 수동형과 과거시제에 맞추어 was run over by가 되어
　　야 한다. 따라서 정답은 (d)이다.
　어휘 run over 〈차가 사람·물건을〉 치다
　정답 (d)

7　A 그가 그 자리로 승진한 거 어떻게 생각해요?
　　B 그럴 만한 자격이 있다고 생각해요.
　해설 내용상 동명사 being promoted의 대상은 you가 아니라
　　he고, 전치사 다음에 나오는 동명사의 의미상의 주어는 소유
　　격 또는 목적격을 쓰므로 (b)가 정답이다.
　어휘 deserve ~할 만하다　promote 승진시키다
　정답 (b)

8　A 요즘 한국 날씨는 포근해.
　　B 호주의 날씨는 한국과 다소 비슷하니?
　해설 비교의 대상이 climate이므로 단수명사의 반복을 피하기 위
　　해 that을 쓴 (c)가 정답이다. like는 '~같은'이라는 뜻의 전
　　치사로 쓰였다.
　어휘 mild 포근한　climate 기후　somewhat 다소　similar
　　비슷한
　정답 (c)

9　A 훨씬 많은 사람들이 오고 있군. 의자 더 있니?
　　B 내가 아는 한 없어.
　해설 '내가 아는 한 없다'라는 의미로 관용 표현 Not that I
　　know of를 쓰므로 (a)가 정답이다.
　어휘 Not that I know of 내가 아는 한 그렇지 않다
　정답 (a)

10　A 네가 파산 선고를 해야 했다니 참 안됐다.
　　B 사업을 시작하기 전에 너와 상의를 했어야 했어.
　해설 과거에 했어야 했는데 하지 않아 현재에 와서 후회하는 '~했
　　어야 했다'는 의미는 should have p.p. 또는 ought to
　　have p.p.를 쓸 수 있다. '~와 상의하다'는 consult with
　　를 쓴다. 따라서 정답은 (c)이다.
　어휘 declare bankruptcy 파산 선고를 하다
　정답 (c)

11 A 내 안경 봤어?

B 응, 손이 가지고 장난치지 못 하도록 부엌 탁자 위에 뒀어.

해설 '~하지 않게'의 의미는 lest ... should를 이용하여 표현할 수 있다. should는 생략이 가능하므로 (c)가 정답이다.

어휘 lest ~하지 않게

정답 (c)

12 A 유감스럽지만 전 그 연회에 갈 마음이 없어요.

B 혹시라도 마음이 바뀌면 제 비서에게 연락하세요.

해설 내용상 가정법 미래 문장으로 If you should change your mind에서 If가 생략되고 조동사 should가 주어 앞으로 도치된 (d)가 정답이다.

어휘 feel like ~을 하고 싶다 contact 연락하다

정답 (d)

13 A 그것을 살 만큼 돈이 충분하지 않은 것 같아.

B 잠깐만. 남아있는 돈이 얼마인지 확인해 볼게.

해설 뒤에 있는 명사를 수식하는 관계사에는 which와 what이 있는데 이 문장의 경우 빈칸 앞에 선행사가 없기 때문에 선행사를 포함하는 what이 적절하다. 따라서 정답은 (c)이다.

어휘 pay 지불하다 leave 남기다

정답 (c)

14 A 한 시간 동안 기다렸어. 늦을 거면 전화를 했어야지.

B 정말 미안해. 핸드폰 배터리를 충전하는 것을 잊었어.

해설 내용상 '충전하는 것을 잊어버렸다'가 되어야 하므로 〈forgot+to부정사〉 형태인 (d)가 정답이다. 〈forgot+동명사〉는 '~했던 것을 잊어버리다'는 뜻이므로 내용에 맞지 않다. 참고로 〈regret+to부정사〉는 '~해서 유감이다'는 뜻이며, 〈regret+동명사〉는 '~한 일에 대해 후회하다'는 뜻이다.

어휘 terribly 몹시 recharge 재충전하다

정답 (d)

15 A 너희들 시험 볼 준비됐어?

B 잘 모르겠어. 나는 공부를 그렇게 많이 하지 않았고, 내 룸메이트도 마찬가지거든.

해설 부정의 의미로 '~도 또한 …않다'라는 말은 〈neither+동사+주어〉형식으로 쓸 수 있으므로 정답은 (c)이다.

어휘 prepare 준비하다

정답 (c)

16 A 아무도 그 일을 도와주지 않을 거야. 가장 친한 친구라도 말이지.

B 나는 그렇게 생각하지 않는데.

해설 강조어 even은 my best friend 앞에 두고, not은 even 앞에서 뒤의 내용 모두를 부정하는 것이 자연스러우므로 (c)가 정답이다. even if와 even though는 절을 이끄는 접속사이므로 옳지 않다.

어휘 even ~조차도

정답 (c)

17 A 2주 동안 목이 아팠어. 더 이상 못 참겠어.

B 병원에 가서 검사를 받는 게 좋겠다.

해설 사역동사 have의 목적어 it은 검사를 받는 대상 즉, throat이므로 목적격 보어 자리에는 수동 의미인 과거분사를 써야 한다. 따라서 (b)가 정답이다.

어휘 stand 참다 examine 검사하다

정답 (b)

18 A 제이크 어디 있니? 방금 전에는 여기 있었는데.

B 네가 너무 크게 말해서 놀라서 도망갔어.

해설 부사 so loudly는 의미상 frightened를 수식할 수 없으므로 다른 동사를 필요로 한다. 부사의 수식을 받으며 주어가 될 수 있는 것은 동명사이며, 동명사의 의미상의 주어는 소유격으로 나타낼 수 있으므로 정답은 (d)이다.

어휘 frighten 깜짝 놀라게 하다

정답 (d)

19 A 컴퓨터를 작동시킬 수가 없어.

B 그러면 기술자한테 가져가 보는 게 어때?

해설 get은 목적어로 사람이 오는 경우 목적격보어로 동사원형을, 사물이 오는 경우 과거분사를 쓰는 것이 보통이다. 하지만 이 문장에서 work는 '작동하다'는 의미의 자동사이므로 수동태로 쓸 수 없고 컴퓨터는 작동하는 주체이므로 to부정사를 사용한다. 따라서 정답은 (b)이다.

어휘 work (기계·장치 등이) 작동되다

정답 (b)

20 A 숙제를 시작해야 할 시간이야!

B 이 영화 보고 난 다음에 하면 안 되나요?

해설 〈It is about time (that)+주어+과거시제〉 형식이다. It is about time (that) 구문은 가정법 과거로 보기 때문에 일반동사의 과거시제를 써야 하므로 (d)가 정답이다.

어휘 It is time that ~할 때이다

정답 (d)

21 내가 회의에 늦게 도착했을 때 프로젝트에 대한 계획이 참석자들에게 소개되고 있었다.

해설 과거로 시제의 일치를 시키고, the plans가 주어이므로 동사 present는 수동태가 되어야 하며, '~했을 때, …하고 있었다'라는 의미상 진행형이 되어야 하므로, 과거진행형 수동태인 (a)가 정답이다.

어휘 present 소개하다 attendee 참석자

정답 (a)

22 나중에 그녀는 베티가 고급 백화점에서 많은 돈을 잃어버렸다는 것을 알았다.

  해설 베티가 돈을 잃어버린 것은 그녀가 안 것보다 먼저 일어난 일이므로, 주절보다 한 시제 앞선 과거완료를 써야 한다. 따라서 정답은 (d)이다.

  어휘 fancy 고급의

  정답 (d)

23 비록 시험 성적은 실망스럽지만 꼭 필요하지 않다면 학습 방법을 바꾸지 않을 것이다.

  해설 need to 뒤에 change my study method처럼 반복되는 동사구는 대부정사 to만 써서 모두 생략할 수 있으므로 (c)가 정답이다.

  어휘 unless 만약 ~이 아니면 method 방법

  정답 (c)

24 존슨은 훌륭한 작곡가가 되어서 그의 음악을 들으러 전 세계 사람들이 왔다.

  해설 so는 〈so + 형용사 + (a/an) + 명사〉의 어순으로, such는 〈such + (a/an) + 형용사 + 명사〉의 어순으로 써야 하므로 (a)가 정답이다. composer는 일반명사이므로 (b)가 정답이 되려면 such a great이 되어야 한다.

  어휘 composer 작곡가 all over the world 세계 도처에

  정답 (a)

25 당신이 제안을 받아들일 수 없다면, 우리 측 변호사를 다시 만나시기를 바랍니다

  해설 가정법 미래 문장인 If you should not...에서 If가 생략되어 you와 조동사 should가 도치된 (d)가 정답이다. 절과 절을 이어주는 접속사가 없기 때문에, (b)와 같이 부정어 not으로 인한 도치로 생각해서는 안 된다.

  어휘 accept 받아들이다 proposal 제안

  정답 (d)

26 그 연구는 믿을 만한 기관에서 행해졌기 때문에 당신의 논문에 쓸 수 있습니다.

  해설 Since it was conducted에서 주어와 be 동사가 생략되고 접속사와 과거분사만 남은 분사구문 형태인 (c)가 정답이다. 구조적으로 주어와 동사가 올 수 있지만 conduct는 타동사이므로 (d)는 맞지 않다.

  어휘 reliable 믿을 만한 institute 기관, 연구소 thesis 학위 논문 conduct (특정한 활동을) 하다

  정답 (c)

27 그녀는 산 정상에 이르러서야 뒤따라오는 나를 돌아보았다.

  해설 not until이 이끄는 부정어구가 문두에 오면 주절에 도치가 일어나 주어와 조동사의 어순이 바뀐다. 일반동사 returned를 대신할 조동사로 did가 적합하므로 (b)가 정답이다.

  어휘 summit (산의) 정상

  정답 (b)

28 브라운 씨가 퇴직을 하면, 브라운 씨 가족은 새집으로 이사 갈 것이다.

  해설 주절의 동사는 미래이지만 시간의 부사절 when은 현재시제로 미래를 나타낸다. 따라서 3인칭 단수 주어에 맞춘 (b)가 정답이다.

  어휘 retire 은퇴하다

  정답 (b)

29 다행히도 재정 위기를 극복한 뒤에 우리 회사는 전보다 수입이 많아졌다.

  해설 과거의 습관적인 동작이나 상태를 나타낼 경우에 used to를 사용할 수 있다. 이때 to는 대부정사로 뒤의 일반동사를 모두 생략할 수 있으므로 (a)가 정답이다.

  어휘 recover 회복하다 financial 재정적인 crisis 위기 revenue 수입

  정답 (a)

30 시스템 개혁을 원하는 사람은 미국 건강 보험 위기에 대한 최상의 해결책에 반대한다.

  해설 '~하는 사람들'의 의미는 those who로 나타내므로 (c)가 정답이다.

  어휘 reform 개혁하다 health care 건강 보험

  정답 (c)

31 7월이 다가옴에 따라 올해 여름 휴가 계획을 세워야 합니다.

  해설 분사 구문을 만드는 형식으로 전치사 with를 써서 〈with + 목적어 + 분사〉를 사용할 수 있다. '어떤 시간이 다가온다'라는 능동의 의미는 현재분사를 사용하므로 (a)가 적절하다.

  어휘 approach 다가오다 set up 세우다

  정답 (a)

32 그들은 일을 마쳤을 때에만 몇 주의 휴가를 얻을 수 있다.

  해설 부정적인 의미를 내포하고 있는 Only가 문두에 있으므로 주절의 주어와 조동사가 도치되어야 한다. 따라서 〈조동사 + 주어 + 본동사〉의 어순인 (d)가 정답이다.

  어휘 assignment 임무 holiday 휴가

  정답 (d)

33 딸들을 무용 강습에 보내느라 많은 돈을 쓴다.

  해설 '~가 ...하는 데 돈[시간]이 든다'는 〈It costs + 사람 + 금액[시간] + to부정사〉를 쓰므로 (a)가 적절하다. cost는 일반적으로 진행형으로 쓰지 않는다.

  어휘 cost a fortune 많은 돈이 들다

  정답 (a)

34 현지 보험 관리인이 어떤 보험의 보장 범위가 당신의 필요에 가장 적합한지 판단하는 데 도움을 줄 것입니다.

> **해설** 준사역동사 help는 〈help+목적어+(to)+동사원형〉이 된다. 목적어 you가 결정을 내리므로 수동태가 아닌 능동태로 쓴다. 따라서 (c)가 정답이다.
>
> **어휘** local 현지의 agent 관리자 insurance 보험 coverage (보상) 범위 determine 판단하다
>
> **정답** (c)

35 21세기에 한 가정에서의 남성의 역할을 정의하는 것은 여성의 역할을 정의하는 것보다 훨씬 더 복잡하다.

> **해설** 반복되는 명사는 단수인 role이므로 이것을 반복할 경우에 that of... 형식을 사용한다. 또한 비교급 more에 맞추어 than을 쓰므로 (d)가 정답이다.
>
> **어휘** define 정의하다 complicated 복잡한
>
> **정답** (d)

36 그 변호사는 수천만 달러의 수입을 올린 마약 밀매 조직을 운영한 혐의로 고소 당했다.

> **해설** earn은 타동사이므로 전치사 없이 바로 목적어가 따라오고, '수천만 달러'는 tens of millions of dollars로 표현하므로 (c)가 정답이다.
>
> **어휘** be accused of ~로 고소되다 run 운영하다 drug trafficking 마약 밀매
>
> **정답** (c)

37 대통령은 해적들이 여러 번 침입해서 몸값을 요구하며 선원 몇몇을 납치한 후에야 조치를 취할 것을 약속했다.

> **해설** 의미상 '많은'이라는 뜻의 복수명사를 수식하는 a number of가 알맞다. 따라서 정답은 (c)이다.
>
> **어휘** take action 조치를 취하다 pirate 해적 kidnap 납치하다 ransom 몸값 a number of 다수의 raid 침입
>
> **정답** (c)

38 보통 1기가바이트 이하인 이 제품들의 메모리는 훨씬 더 작지만 소형 크기와 수많은 디자인으로 단점을 보완하고 있다.

> **해설** but으로 이어지며 앞에는 단점이 나오므로 의미상 뒤에는 이를 보완한다는 관용 표현 make up for가 적당하다. it은 these가 갖고 있는 단점을 받는 대명사로 정답은 (b)이다.
>
> **어휘** compact 소형의 versatile 다용도의 in terms of ~면에서 make up for ~을 보상하다
>
> **정답** (b)

39 제 I가 여러 면에서 완벽하시 않다고 생각하지만 나는 사실 그녀를 좋아한다.

> **해설** 접속사와 전치사를 구별하는 문제로 despite은 전치사라 절을 이끌 수 없으므로 '~반면에'라는 뜻을 가진 while을 써야 한다. 따라서 (c)가 정답이다.

> **어휘** respect 점(point)
>
> **정답** (c)

40 자동차를 빌리는 동안 대여자는 보험료를 내야 하고 발생할 수 있는 모든 피해에 대해 책임을 져야 한다.

> **해설** 관계대명사절이 damage를 수식하는 형태이다. occur는 자동사이므로 수동태로 쓰지 않으며 목적어도 취하지 않는다. 따라서 주격 관계대명사 that이 이끌며 occur가 자동사로 쓰인 (d)가 정답이다.
>
> **어휘** vehicle 차 assume (책임 등을) 지다 liability 책임 occur 발생하다
>
> **정답** (d)

41 (a) A 이 숲에서 조깅하는 것은 정말 좋아. 그렇지?
(b) B 규칙적으로 할 수는 없을 것 같아.
(c) A 하지만 매일의 일상에서 벗어나니 정말 기분이 상쾌하잖아.
(d) B 아, 더 이상 못 따라가겠어. 곧 쓰러질 것 같아.

> **해설** (c)의 it은 가주어로 to slip away가 진주어이다. 벗어나는 행위가 상쾌함을 주므로 refreshed는 '상쾌하게 하는'이라는 뜻의 refreshing으로 쓰는 것이 적절하다.
>
> **어휘** suppose 생각하다 refreshing 상쾌한 slip away 벗어나다 routine 일상 keep up with ~를 따라가다
>
> **정답** (c) refreshed → refreshing

42 (a) A 병에 걸린 것 같아.
(b) B 지쳐 보이는데.
(c) A 응. 하지만 해야 할 일이 많아.
(d) B 하루나 이틀 정도 쉬는 것이 좋을 것 같다.

> **해설** '~하는 게 낫다'의 의미는 〈had better+동사원형〉을 쓰며, 부정을 나타낼 때에는 not을 동사 앞에 놓는다. 따라서 (d)의 to부정사는 동사원형으로 바꾸어야 한다.
>
> **어휘** come down with 병에 걸리다 exhausted 지친
>
> **정답** (d) not to work → not work

43 (a) A 이번 달 휴대 전화 요금 청구서가 오늘 우편으로 왔어. 할인을 받을 줄 알았는데 아닌가봐.
(b) B 그러게, 내 것도 꽤 많이 나왔어. 수신 전화에도 요금을 부과하나 봐.
(c) A 사실 알고 있었어. 그래도 청구서에 요금이 이렇게 많이 나오진 않았어야 할 것 같은데, 전화 회사에 연락해서 청구서 세부 내역을 확인해 보는 게 좋겠어.
(d) B 나도 그렇게 해야야겠어. 그래도 그 회사의 고객 서비스 직원은 바로 내납해 주니까.

> **해설** (c)는 '이렇게 요금이 많이 청구되지 않았어야 하는데'라는 문맥이다. 즉, 이미 과거에 청구된 금액을 언급하는 것이므로 〈should+have+p.p.〉가 적합하므로 정답은 (c)이다.
>
> **어휘** discount 할인 costly 비용이 많이 드는 charge 청구하다 incoming 들어오는 invoice 청구서

representative 직원 responsive 바로 대답하는

정답 (c) shouldn't come out → shouldn't have come out

44 (a) A 안녕하세요. 제시 윌슨이라는 분이 여기서 일하시나요? 그분 앞으로 상자가 두 개 있어요.
(b) B 방금 나가셨어요. 회의에 참석하러 가셨는데, 1시간 정도 걸릴 거예요.
(c) A 배달 확인 서명을 해 주실 수 있나요? 안 해주시면 2시간 후에 다시 오겠습니다.
(d) B 서명해도 될 것 같아요. 펜을 가져올게요.

해설 (c)의 첫 문장은 가주어–진주어 구문으로 that이 아닌 to sign에 대한 가주어 it이 들어가야 한다. 따라서 정답은 (c)이다.

어휘 miss 놓치다 attend 참석하다 delivery 배달

정답 (c) that → it

45 (a) A 왜 항상 잭의 의견에 불평하세요?
(b) B 그의 아이디어가 별로 마음에 안 들어요.
(c) A 그래도 일리 있는 의견을 내놓지 않나요?
(d) B 제 생각엔 아니에요. 다 터무니없어요.

해설 문맥상 (c)에서 A가 '잭의 의견에 일리가 있다'는 의미의 말을 했을 것으로 추측할 수 있다. 따라서 Can't보다는 Doesn't가 자연스러우므로 (c)가 정답이다.

어휘 How come 왜 raise 제기하다 absurd 터무니없는

정답 (c) Can't → Doesn't

46 (a) 인류는 파괴적 목적으로 기술을 오용하는 걱정스러운 능력을 보여왔다. (b) 인류는 이미 거의 하루 아침에 모든 문명을 파괴하기에 충분한 전쟁 무기를 소유하고 있다. (c) 우리는 단순히 최첨단 전쟁 무기 사용을 금지하는 것만으로 이런 위협에서 스스로를 구할 수 없다. (d) 우리에게 있는 하나의 희망은 자멸에 대한 공포가 항상 우리가 군수 무기를 처참한 방법으로 사용하는 것을 막기에 충분하다는 것이다.

해설 (b)의 Mankinds는 '인류'라는 의미로 불가산명사에 해당한다. 따라서 복수가 될 수 없으며, 3인칭 단수 주어에 맞추어 동사 possess는 possesses가 되어야 한다. 따라서 정답은 (b)이다.

어휘 humanity 인류 worrisome 꺼림칙한 misuse 오용하다 destructive 파괴적인 sufficient 충분한 civilization 문명 ban 금지하다 annihilation 전멸

정답 (b) Mankinds already possess → Mankind already possesses

47 (a) 장기 휴가를 떠날 비행기에 탑승하기 바로 직전까지 자질구레한 일을 하거나 짐을 싸는 등 막바지 준비를 하는 자신을 발견하게 된다. (b) 실제 비행 중에는 식사를 하고 기내 방송 영화를 보며 휴식을 취할 것이다. (c) 어쩌면 런던과 파리 같은 관광객들의 메카일 수도 있는 행선지에 최종 도착하기까지 잠도 잘 것이다. (d) 그리고 나면 관광과 사진을 찍으며 하루를 보낼 만발의 준비가 될 것이다.

해설 (d)의 spend는 '~을 하며 시간을 보내다'라는 의미로 〈spend+시간(명사)+동명사〉의 구조로 쓴다. and 다음에 대구로 이어지는 talking pictures에서도 힌트를 얻을 수 있다. 따라서 정답은 (d)이다.

어휘 last-minute 막바지의 errand 심부름 destination 도착지 mecca 메카, 사람들이 많이 찾는 곳 sightsee 관광하다

정답 (d) to spend → spending

48 (a) 여성의 아름다움을 판단하는 사회적 기준은 깡마른 여성은 덜 매력적이라고 생각하는 반면에 덩치 큰 여성을 매력적이라고 생각할 수 있다. (b) 뚱뚱한 여성은 가족의 일정 수준의 부를 나타낼 수도 있다. (c) 반면에 어떤 사회에서는 비만을 바람직하지 않은 것으로 보아 사람들은 덜 먹고 날씬한 몸을 유지하려고 노력한다. (d) 게다가 어떤 문화의 사람들은 피부를 어둡게 만들기 위해 햇볕에 태우는 반면 다른 문화에서는 흰 피부를 선호한다.

해설 remain은 자동사이기 때문에 수동태로 쓰지 않으므로 정답은 (c)이다.

어휘 societal 사회적인 standard 기준 indicate 나타내다, 암시하다 fatness 비만 undesirable 바람직하지 않은 fair (얼굴·피부 등이) 흰 complexion 얼굴 피부

정답 (c) be remained → remain

49 (a) 프로 스포츠 팀은 최근 명단에 추가 멤버를 영입하고 있다. 바로 영양학자이다. (b) 매니저와 코치는 선수들의 식단이 경기 성적에 영향을 준다는 것을 깨닫고 있다. (c) 그리고 이 교훈은 우수한 운동선수들의 생활에만 적용되지 않는다. (d) 일반인들도 일상생활에서 식사를 한두 끼 거르는 것만으로도 어떤 활동에든 필요한 에너지가 감소하는 것을 쉽게 경험할 수 있다.

해설 (a)의 add는 타동사로 수동형이 될 수 있지만 뒤에 목적어 an additional member가 있으므로 구조상 수동형은 옳지 않다. 의미상 과거 어느 시점에서 시작하여 지금 진행 중이고 앞으로도 계속할 것이므로 현재완료진행형으로 쓰는 것이 자연스럽다. 따라서 added는 adding이 되어야 한다. 정답은 (a)이다.

어휘 roster 명단, 명부 nutritionist 영양학자 athletic 경기의 apply to ~에 적용되다 readily 손쉽게 witness 입증하다 skip (식사 등을) 거르다

정답 (a) added → adding

50 (a) 수질 열 공해는 발전소와 공장에서 작업에 물을 사용하고 자연으로 다시 배출한 결과이다. (b) 물에 열을 가하는 것은 산소 함유량을 줄임으로써 물의 고유 성질을 변화시킨다. (c) 그 심각성은 거의 연구되지 않았지만, 그 부작용은 모든 수생 생물에 부정적인 영향을 미친다. (d) 사람들은 대개 업계의 중요성이 가열된 열로 발생하는

손해보다 더 중요하다고 생각하고 있다.

해설 전치사 다음에는 동명사형이 와야 하므로 (b)의 by뒤 동사 reduce는 reducing이 되어야 한다. 따라서 (b)가 정답이다.

어휘 thermal pollution 열 공해 power plant 발전소 property 고유의 성질 content 함유량 side effect 부작용 for the most part 대부분은 assume 사실이라고 보다[생각하다] outweigh ~보다 중요하다

정답 (b) reduce → reducing

Actual Test **2**

◉ 본책 P 176

1 (d)	2 (b)	3 (a)	4 (b)	5 (d)
6 (a)	7 (a)	8 (b)	9 (c)	10 (d)
11 (d)	12 (a)	13 (a)	14 (d)	15 (a)
16 (c)	17 (b)	18 (c)	19 (a)	20 (b)
21 (a)	22 (c)	23 (b)	24 (c)	25 (c)
26 (a)	27 (b)	28 (d)	29 (c)	30 (b)
31 (d)	32 (b)	33 (a)	34 (b)	35 (c)
36 (d)	37 (b)	38 (a)	39 (d)	40 (b)
41 (a)	42 (a)	43 (b)	44 (d)	45 (a)
46 (b)	47 (d)	48 (d)	49 (d)	50 (d)

1 A 미안하지만 네게 카메라를 팔 수가 없어. 내 친구가 먼저 사겠다고 했거든.
B 그럼 난 그가 제안한 금액의 두 배를 줄게.

해설 '두 배의 돈'은 double the money로 표현한다. 따라서 (d)가 정답이다. as를 써서 twice as much as 형식으로도 쓸 수 있다.

어휘 offer (값을) 부르다

정답 (d)

2 A 그녀가 내년에 졸업하면 무엇을 할 거라고 생각하니?
B 아마 첫 소설을 쓰기 시작할 거야.

해설 think, suppose, guess, say와 같은 동사를 사용하는 문장에 들어간 간접의문문의 의문사는 문장의 앞에 써야 한다. 따라서 what이 앞에 오고 의미가 통하는 (b)가 정답이다.

어휘 graduate 졸업하다 novel 소설 suppose 추측하다

정답 (b)

3 A 이번 추수감사절에 집에 갈 확률은 어떻게 되니?
B 희박해. 너는?

해설 '~에 대한 가능성'을 물어 볼 때는 What are the odds on...? 형식을 쓴다. 따라서 정답은 (a)이다.

어휘 slim (가망 등이) 아주 적은 odds 가능성

정답 (a)

4 A 도난 당하는 경우를 대비해서 차를 보험에 들어야 해.
B 그렇게 할게. 충고 고마워.

해설 '만일 ~을 대비해서'의 표현은 in case (that)으로 쓰고, 조건의 부사절에서는 미래시제 대신에 현재시제를 쓴다. 또한 도난을 당하는 것은 수동태로 나타내므로 정답은 (b)이다.

어휘 insure 보험에 들다 in case 경우에 대비해서 unless 만약 ~하지 않는다면

정답 (b)

5 A 벤, 주말 어땠어?
B 여자 친구랑 클럽에 가고 싶었는데, 여자 친구가 너무 피곤해서 갈 수 없었어.

해설 '너무 ~해서 …할 수 없다'는 too … to 또는 so … that cannot을 쓸 수 있으므로 (d)가 정답이다.

어휘 hit (장소에) 도착하다 tired 피곤하다

정답 (d)

6 A 찰스는 자기 팀 축구 선수 중 키가 제일 커.
B 전적으로 동의해.

해설 비교급을 사용하여 최상급의 의미를 나타낼 때 〈비교급 +than any other+단수명사〉 형식을 사용할 수 있으므로 정답은 (a)이다.

어휘 can't agree with someone more ~와 전적으로 동의하다

정답 (a)

7 A 얼마나 오래 여기서 일하셨나요?
B 겨우 한 주밖에 되지 않았어요.

해설 과거부터 지금까지 기간을 묻고 있으므로 현재완료시제를 써야 하며, work는 자동사로 수동태가 불가능하므로 (a)가 가장 적절하다.

어휘 How long 얼마나 오래

정답 (a)

8 A 네 발표 장비는 네가 준비해야 한다고 하네.
B 이런. 거기에 많은 돈을 쓰고 싶지 않은데.

해설 would rather 다음에 동사를 바로 쓸 경우 동사원형이 오며 부정의 의미에서는 동사원형 앞에 not을 쓴다. 따라서 (b)가 적절하다.

어휘 prepare 준비하다 presentation 발표 equipment 장비

정답 (b)

9 A 가장 가까운 은행이 어디 있는지 아세요?
B 어디 보자. 제가 지도에서 찾아 드릴게요.

해설 간접의문문은 〈의문사+주어+동사〉 순이며, 일반적으로 최상급 뒤에는 단수명사가 오므로 (c)가 정답이다.

어휘 location 위치 direction 방향

정답 (c)

10 A 제 방에서 보이는 경치가 좋지 않네요. 다른 방으로 바꿀 수 있나요?
B 물론이죠. 바다 전경이 잘 보이는 방이 있습니다.

해설 room을 수식하며 '~을 바라보는'이라는 의미를 쓰려면 현재분사가 적절하므로 (d)가 정답이다.

어휘 view 경치 ocean 바다 command (경치를) 내다보다

정답 (d)

11 A 이번 주말에 낚시하러 가는 게 어때?
B 좋아. 어디를 생각하고 있어?

해설 '~하는 게 어때?'라는 뜻으로 〈What do you say to+명사[동명사]〉 혹은 〈What do you say+주어+동사〉를 쓰며 '~하러 가다'는 〈go+동명사〉를 쓴다. 따라서 (d)가 정답이다.

어휘 have in mind ~을 염두에 두다

정답 (d)

12 A 지금 뉴욕에 있어야 하는 것 아냐?
B 회사가 여행 경비 변상을 반대해서 못 갔어.

해설 '~에 반대하다'의 의미의 object는 전치사 to와 함께 쓰며 뒤에는 동명사가 와야 하므로 (a)가 정답이다.

어휘 be supposed to ~하기로 되어 있다 object 반대하다 expense 경비 reimburse 변상하다

정답 (a)

13 A 이 연극 정말 별로야. 더 이상 못 보겠어.
B 나도 마찬가지야. 차라리 집에서 TV를 볼걸.

해설 would rather는 뒤에 동사가 바로 오는 경우에 원형동사이며 집에 있는게 낫다는 의미가 되어야 하므로 (a)가 정답이다.

어휘 stand 참다

정답 (a)

14 A 어젯밤 무슨 일이 있었나요?
B 집에 돌아왔을 때 문이 열려 있고 귀중품을 도둑맞은 것을 알았어요.

해설 목적어 valuable things는 도둑을 맞은 것이므로 수동의 과거분사를 쓴다. 따라서 (d)가 정답이다.

어휘 valuable 귀중한, 값비싼

정답 (d)

15 A 일주일 이상을 기다리고 있어요. 우편물을 얼마나 자주 배송하나요?
B 이상하네요. 보통 이틀에 한 번 배송되는데.

해설 '~마다'라고 할 때, 〈every+기수+복수명사〉 또는 〈every+서수+단수명사〉로 쓴다. '이틀에 한번'이라는 뜻은 every other day로 나타낸 (a)가 정답이다.

어휘 every other day 하루 걸러

정답 (a)

16 A 휴가 동안 서울 날씨는 어땠니?
B 날씨가 너무 좋아서 매일 관광을 하며 시간을 보냈어.

해설 that과 짝을 이루면서 '매우 ~해서 …하다'의 의미를 만드는 것은 so와 such이다. so는 〈so+형용사+a+명사〉 형식을, such는 〈such+a+형용사+명사〉 형식이다. 그러나 명사가 weather와 같이 불가산명사인 경우에는 부정관사를 쓰지 않으므로 (c)가 정답이다.

어휘 sightsee 관광하다

정답 (c)

17 A 아직 시동 걸어 놓을 필요 없어.
B 정말? 나는 그렇게 듣지 않았는데.

해설 선행사가 없으므로 선행사를 포함하는 관계대명사인 what을 써야 한다. 또한, 들은 내용이므로 tell의 수동 형태를 취한 (b)가 정답이다.

어휘 warm up an engine 엔진을 예열시키다

정답 (b)

18 A 아이들을 돌보는 것은 항상 끝없는 과정인 것 같아요.
B 그러게요.

해설 빈도부사 always는 일반동사 앞에 위치하고, 동명사 주어 Taking은 단수 취급하므로 (c)가 정답이다.

어휘 take care of ~을 돌보다 You can say that again 정말 그렇다 never-ending 끝이 없는

정답 (c)

19 A 우리가 지난번에 보낸 화물을 제때 받으셨나요?
B 네, 그런데 보내주신 물품에 결함이 있더군요.

해설 receive 다음은 목적어로 that last shipment가 올 수 있고 그 목적어를 수식하는 관계대명사절이 올 수 있다. on time은 동사 receive를 수식하므로 문장의 맨 마지막에 오는 것이 적절하다. 따라서 정답은 (a)이다.

어휘 goods 물품 defective 결함이 있는 shipment 선적 on time 시간에 맞게

정답 (a)

20 A 내 SUV가 또 고장이야.
B 정비소에서 고치는 게 좋겠어.

해설 make는 사역동사로 목적어 다음에 원형동사이거나 p.p.가 온다. 여기서는 수리되는 SUV를 나타내는 it이 목적어로 쓰였으므로 과거분사인 (b)가 정답이다.

어휘 out of order 고장 난 garage (자동차) 수리[정비] 공장

정답 (b)

21 오늘 하루 쉬면서 하다못해 몇 시간이라도 쇼핑할 수 있으면 좋겠다.

해설 현재 사실과 반대로 가정을 하므로 가정법 과거를 적용하여 조동사의 과거형을 쓴 (a)가 정답이다.

어휘 take a day off 일을 하루 쉬다

정답 (a)

22 톰은 월급이 줄어든 이후로 수지 균형을 맞추는 데 곤란을 겪고 있다.

해설 〈have trouble+ -ing〉는 '~하느라 어려움을 겪다'는 뜻이므로 (c)가 정답이다.

어휘 make ends meet 수입과 지출의 균형을 맞추다 salary 월급

정답 (c)

23 지난 10년 동안 우리 사회에 너무 많은 변화가 있어서 무엇이 무엇을 야기하는지 알기 힘들다.

해설 가주어 it에 대한 진주어는 to부정사가 적당하며 know 뒤에는 목적어 역할을 하는 절이 와야 하므로 (b)가 정답이다. which와 that은 앞에 선행사가 있다면 가능하다.

어휘 cause 야기하다

정답 (b)

24 설령 있다고 해도 해리슨 포드만큼 영화를 잘 이해할 수 있었던 배우는 없었다.

해설 내용상 '비록 있다고 해도'의 의미는 if any로 표현할 수 있으므로 (c)가 가장 적절하다.

어휘 nonetheless 그럼에도 불구하고

정답 (c)

25 C&G사는 모든 신입 해외 근무 사원들이 영어 능력 평가를 받도록 요구한다.

해설 require는 목적격 보어로 to부정사를 쓰며, 사역동사 have의 목적어 their English는 평가를 받는 것이므로 수동의 의미인 과거분사를 사용한다. 따라서 정답은 (c)이다.

어휘 require 요구하다 international employee 국제 기업의 해외 근무 사원 evaluate 평가하다

정답 (c)

26 이 시험은 한국어가 모국어가 아닌 사람들을 주로 대상으로 한다.

해설 선행사 those 다음에는 주로 who가 오지만 뒤에 first language가 있으므로 의미상 관계대명사의 소유격 whose를 써야 한다. 따라서 정답은 (a)이다.

어휘 target 대상으로 삼다 primarily 주로

정답 (a)

27 짐이 고급 주택을 구입했기 때문에 값비싼 가구도 많이 구입할 것이다.

해설 furniture는 불가산명사이고 much, little, some, a lot of로 양을 표시할 수 있다. 따라서 (h)가 정답이다.

어휘 quite a few 상당수

정답 (b)

28 유명 사진작가들이 찍은 사진은 아름답고, 대개 예술적이다.

해설 '대개의 경우'의 의미로 전치사 for에 이어지면서 부사를 수식하는 표현으로 for the most part를 쓰는 것이 적당하다. 따라서 정답은 (d)이다.

어휘 extremely 극히 artistic 예술적인

정답 (d)

29 새로운 이사는 각 부서 직원의 수가 두 배가 되어야 한다고 제안했다.

해설 propose가 '제안하다'의 의미를 가질 때 접속사 that이 이끄는 종속절에는 should가 쓰이며 종종 생략된다. 따라서 정답은 (c)이다.

어휘 department 부서 double 두 배로 만들다

정답 (c)

30 새로운 질병들은 청정 지역이라고 여겨지는 곳에서도 발견될 수 있다.

해설 site를 수식하는 내용은 (which are) considered (to be) pristine으로 볼 수 있으므로 (b)가 정답이다.

어휘 disease 병 pristine 오염되지 않은

정답 (b)

31 나는 큰 나무가 쓰러지는 방향을 제어할 수 없어서 나무의 몸통이 쓰러지기 시작했을 때 근처의 물 속으로 뛰어들었다.

해설 전치사 into 다음에 명사(구)가 와야 하며 부사 nearly는 명사를 수식하지 않는다. 따라서 (d)가 정답이다. 참고로 nearby 앞에 which is가 생략된 것으로 볼 수 있다.

어휘 trunk 나무의 몸통 dive 뛰어들다

정답 (d)

32 만일 무슨 일이 벌어질지 알았더라면 그들은 계획을 바꿨을 것이다.

해설 가정법 과거완료 구문으로 종속절에 if가 있고, 주절에 would have changed가 있으므로 과거 일에 대한 후회를 나타낸다. 따라서 (b)가 정답이다.

어휘 be about to 막 ~하려던 참이다

정답 (b)

33 관리자가 사무실에 도착할 때면 나는 이미 이야기의 개요를 다 썼을 것이다.

해설 부사절에서는 미래시제 대신에 현재시제를 쓰며 3인칭 단수 주어에 맞춘 (a)가 정답이다.

어휘 by the time ~할 때까지에는

정답 (a)

34 통계 자료에 따르면 아프리카나 중앙아메리카와 같은 지역에서 3천만 명 이상이 말라리아로 고생하고 있다고 한다.

해설 statistics는 '통계학'의 뜻이면 단수로, '통계 자료[수치]'의

의미로 쓰이면 복수 취급한다. 여기에서는 '자료'의 의미로 쓰였으므로 복수로 취급한 (b)가 적절하다.

어휘 statistic 통계 자료 suffer from ~으로 고통 받다

정답 (b)

---

35 나는 그녀의 강한 의지가 성공한 주요 이유 중 하나였다고 생각한다.

해설 〈one of the+복수명사〉 문제이다. main은 그 자체로 최상급의 의미를 지니므로 앞에 최상급 the most를 쓸 수 없다. 따라서 정답은 (c)이다.

어휘 will 의지 success 성공

정답 (c)

---

36 관광객에게는 개방되어 있지 않아 사우디 아라비아에 사는 현지인만이 옛 제다의 성스러운 도시를 방문할 수 있는데, 이 사실이 신비감을 더해 준다.

해설 앞 문장 전체를 받으면서 동사에 대한 주어 역할을 하는 관계대명사 which가 알맞다. 따라서 (d)가 정답이다.

어휘 native 현지인 holy 성스러운 secrecy 비밀 add to ~에 더하다

정답 (d)

---

37 예상치 못한 사고에 놀라서 낸시는 무엇을 해야 할지 모른 채 아무 말도 하지 않았다.

해설 분사구에서 낸시가 사고에 놀라는 것은 수동의 의미이므로 과거분사를 쓸 수 있다. 따라서 정답은 (b)이다.

어휘 unexpected 예치기 않은 stun 아연하게 하다

정답 (b)

---

38 주식 시장에 투자한 돈을 모두 잃지 않았어도 지금 부자가 되어 있을 것이다.

해설 과거와 현재사실을 함께 가정하는 혼합 가정법이다. If I had not lost all the money now에서 If가 생략되어 도치하면 had I not lost가 되므로 (a)가 정답이다.

어휘 invest 투자하다 stock market 주식 시장

정답 (a)

---

39 소기업 직원들은 노동조합에 소속되어 있지 않기 때문에 언제라도 해고될 수 있다.

해설 앞 문장이 원인이 되어 일어날 수 있는 가능한 일에 대해 서술하는 내용이므로 문맥상 가능성을 나타내는 (d)가 적절하다.

어휘 union 노동조합 fire 해고하다

정답 (d)

---

40 린다는 여성 해방 운동이 매우 공격적임을 알게 되었을 때 그곳을 탈퇴하고 뭔가 다른 일을 찾아 보기 시작했다.

해설 began은 to부정사나 동명사를 목적어로 취할 수 있는데 밑줄 뒤의 and look을 통해 began이 to부정사를 취하여 병렬 구조가 됨을 알 수 있다. '~을 떠나다'의 의미는 move

away from이다. 따라서 정답은 (b)이다.

어휘 feminist movement 여성 해방 운동 aggressive 공격적인

정답 (b)

---

41 (a) A 아, 마침내 종강일이 왔구나!
(b) B 오늘 뭘 할지 궁금하네.
(c) A 또 따분한 강의를 듣겠지.
(d) B 운이 좋으면 큰 파티를 할지도 몰라.

해설 (a)의 주어는 단수 final day이므로 동사도 단수동사가 되어야 한다. 따라서 (a)의 have는 has가 되어야 한다.

어휘 final 마지막의 lecture 강의

정답 (a) have arrived → has arrived

---

42 (a) A 아들이 직장에서 새로운 자리를 제안 받았어.
(b) B 잘 됐네. 축하하자.
(c) A 잠깐! 그런데 아들한테 분명히 문제가 있어.
(d) B 정말? 문제가 뭔데?

해설 A의 아들이 새 자리를 제안 받은 것이므로 (a)에서 offered는 수동태가 어울린다. 따라서 (a)의 offered를 과거시제에 맞추어 수동태로 바꿔야 한다.

어휘 position 지위 celebrate 축하하다

정답 (a) offered → was offered

---

43 (a) A 세미나에 가장 적합한 연사가 누구라고 생각하니?
(b) B 난관을 극복한 마이클 코즈돈 씨를 선택할래.
(c) A 글쎄, 제이슨은 어때? 우리 회사 분위기를 잘 알잖아.
(d) B 나는 그래도 마이클을 선택해야 한다고 생각해. 게다가 유명한 작가이기도 하고.

해설 (b)의 Overcoming difficulties는 분사구문으로 주절의 I와 주어가 같아야 한다. 내용상 난관을 극복한 것은 마이클 코즈돈이므로 주어가 일치하지 않는다. 따라서 (b)의 choose를 수동형으로 변형하여 주어를 동일하게 해야 한다.

어휘 overcome 극복하다 atmosphere 분위기 go for ~을 지지하다 well-known 유명한

정답 (b) I choose Michael Kozdon → Michael Kozdon should be chosen

---

44 (a) A 안녕하세요. 무엇을 도와드릴까요, 손님?
(b) B 호수가 보이는 1인실 하나 있나요?
(c) A 네. 하룻밤에 100달러입니다. 얼마나 계실 건가요?
(d) B 오늘밤만 있을 겁니다. 내일 아침 6시 반에 모닝콜 해 주실 수 있나요?

해설 (d)의 call은 전화 한 통을 가리키는 셀 수 있는 명사이므로 앞에 부정관사가 필요하다.

어휘 available 이용 가능한

정답 (d) wake-up call → a wake-up call

45 (a) A 파티에 뭘 입어야 할지 모르겠어.
(b) B 작년에 산 하얀색 드레스는 어때?
(c) A 글쎄. 너무 구식이지 않아?
(d) B 그럼 행사에 맞는 옷을 사러 가도 되고.

해설 내용상 (a)는 '무엇을 입어야 할지 모르겠다'이므로 how가 아닌 wear의 목적어 역할을 하는 what이 필요하다.

어휘 old-fashioned 구식의   occasion 행사

정답 (a) how to wear → what to wear

46 (a) 농산물로서 원두는 전 세계 열두 국가에서 최고의 수출품이다. (b) 그럼에도 불구하고, 이 농작물의 경작과 토지에 끼치는 손해를 둘러 싼 논란이 있다. (c) 게다가 연구는 커피 과다 음용과 관련된 건강상 위험을 경고한다. (d) 커피 재배와 거래, 음용의 전체 경제 순환이 정말 가치가 있는지 없는지 간에, 이는 여러 집단에서 계속되는 논쟁 거리이다.

해설 (b)의 it's는 it is(was)의 축약형이며, 의미상 '그것의,' 즉 커피의 영향을 나타내야 하므로 소유격으로 바꾸어야 한다.

어휘 agricultural 농업의   commodity (농업의) 1차 상품, 미가공품   controversy 논란   cultivation 재배   consumption 소비   debate 논쟁   circle 집단, 계

정답 (b) it's → its

47 (a) 콜로라도 대학교의 한 연구는 남성과 여성이 하는 거짓말에 있어서 근본적인 차이점의 증거를 보여준다. (b) 여성은 다른 사람들의 기분을 더 좋게 만들어 주기 위해서 더 많은 거짓말을 하는 것으로 나타났다. (c) 예를 들어, 여성은 식사가 실제로는 맛이 없더라도 맛있다고 말할지도 모른다. (d) 이와 대조적으로 남성은 자신을 높이거나 다른 사람들로부터 특정 사실을 숨기기 위해 거짓말을 하는 경향이 있다.

해설 문맥상 남성들 '자신'인 재귀대명사 themselves를 사용해야 하므로 정답은 (d)이다.

어휘 evidence 증거   fundamental 근본적인   build up (재물·명성·인격 등을) 쌓아 올리다, 확립하다

정답 (d) them → themselves

48 (a) 부동산 투자 기회에 대한 정보를 주셔서 감사합니다. (b) 정말 좋은 거래처럼 보이지만, 안타깝게도 저는 현재 이 좋은 기회를 잡을만한 상태가 아닙니다. (c) 하지만 확실히 관심을 보일 오스틴에 있는 제 동료에게 귀하의 안내서를 보냈습니다. (d) 벤처 사업에 투자할 자본을 찾을 것을 확신하며 귀하의 무궁한 발전을 기원합니다.

해설 문맥상 '~하기를 확신한다'가 되어야 하므로 현재시제 대신에 미래시제를 쓰는 것이 옳다. 따라서 정답은 (d)이다.

어휘 supply 제공하다   real estate 부동산   advantage 장점   prospectus 안내서   colleague 동료   capital 자본   venture 투기, 모험적 사업

정답 (d) find → will find

49 (a) 록 음악이 오늘날의 사회에서 인기 있고 널리 사랑 받는 것은 분명하다. (b) 그러나 몇몇 사람들은 한 발자국 물러서 록 음악이 사람들에게 미치는 전반적인 영향에 대해 이의를 제기할지도 모른다. (c) 소위 록 음악의 부정적인 영향이 청취자들에게 해를 끼치는 데 책임이 있다고 말하는 것은 증명하기 어렵다. (d) 그러나 일부 록 뮤지션들이 자신의 인기만 고려할 뿐 다른 것은 전혀 고려하지 않는다고 말해도 과언이 아닐 것이다.

해설 '관심이 있다'는 의미는 be concerned with가 쓰여야 하므로 (d)의 concern은 are concerned로 바꾼다.

어휘 question 이의를 제기하다, 문제 삼다   impact 영향   influence 영향   prove 증명하다   popularity 인기

정답 (d) concern → are concerned

50 (a) 어린 시절 가장 자랑스러운 기억 중 하나는 학교 추수 감사절 연극에서 장문의 시를 읊었을 때이다. (b) 초등학교의 연중행사였는데 모든 학부모들이 연극을 보기 위해 오곤 했었다. (c) 4학년 때 담임이었던 헌트 선생님께서 내게 그해 연극에서 시를 읊으라고 하셨다. (d) 많은 관객 앞에서 내가 받을 모든 주목이 좋았기 때문에 시를 읊게 되어 기뻤다.

해설 (d)의 집합명사 audience는 문맥상 전체를 하나로 보아 단수로 취급하며 형용사 large의 수식을 받기 때문에 부정관사가 필요하다.

어휘 proud 자랑스러운   recite 읊다   annual 1년의   attention 주목

정답 (d) large audience → a large audience

○ 본책 P 184

1 (c)	2 (b)	3 (d)	4 (d)	5 (b)
6 (c)	7 (b)	8 (c)	9 (d)	10 (c)
11 (b)	12 (c)	13 (a)	14 (c)	15 (b)
16 (c)	17 (c)	18 (a)	19 (c)	20 (a)
21 (d)	22 (c)	23 (b)	24 (c)	25 (c)
26 (b)	27 (d)	28 (b)	29 (b)	30 (d)
31 (b)	32 (a)	33 (c)	34 (c)	35 (b)
36 (d)	37 (b)	38 (c)	39 (d)	40 (c)
41 (b)	42 (d)	43 (c)	44 (b)	45 (d)
46 (c)	47 (a)	48 (b)	49 (d)	50 (d)

1 A 그는 그 작가한테 책에 사인을 받기 위해 아직도 줄을 서있어.
　B 지금쯤 틀림없이 다 끝났을 거라고 생각했는데.
　해설 사역의 의미를 가진 get의 목적어로 사인을 받는 대상이 오므로 목적격보어 자리에 과거분사를 써야 한다. 밑줄 뒤의 by the writer를 통해 정답 (c)를 쉽게 고를 수 있다.
　어휘 in line 줄을 서서 〈기다리다〉　autograph 사인하다
　정답 (c)

2 A 저렇게 멋진 경치는 처음 봐.
　B 나도 그래. 정말 놀랍다!
　해설 부정적인 내용에 대해서 동의를 할 경우에 〈neither[nor]+동사+주어〉 형식을 쓸 수 있다. 이때 동사는 일반적으로 be동사나 조동사인데 A의 have를 그대로 사용한다. 따라서 정답은 (b)이다.
　어휘 scenery 경치　amazing 놀라운
　정답 (b)

3 A 남자 친구가 어떻게 생겼어요, 제니?
　B 키가 꽤 크고 머리는 짧고 진한 갈색이에요.
　해설 여러 형용사를 나열할 때는 〈성질+대소+모양+신구+색+기원+재료〉 순으로 나온다. with는 신체 특징이나 의복을 설명할 때 쓰이는 전치사이고, in은 입고 있는 의상의 색을 이용해 대상을 설명할 때 쓰는 전치사이다. 이어지는 명사가 hair이므로 with가 맞고, 〈대소+색〉의 순서인 (d)가 정답이다.
　어휘 look like ~인 것 같다
　정답 (d)

4 A 문제는 당신의 스페인어 실력이 이 일을 하기에 충분하지 않다는 거예요.
　B 맞아요. 일을 시작하기 전에 스페인어를 향상시켜야

해요.
　해설 isn't 뒤의 주격보어 자리이므로 형용사인 good이 적합하다. enough가 부사로 쓰일 경우 형용사나 부사를 뒤에서 수식한다. 따라서 (d)가 정답이다.
　어휘 improve 향상시키다
　정답 (d)

5 A 드레스 스타일이 어때요?
　B 훌륭해요. 신발과 잘 어울릴 거예요.
　해설 '~와 어울리다'의 의미는 go with을 사용하고 동사 go를 수식하기 위해서는 부사 nicely가 필요하다. 따라서 정답은 (b)이다.
　어휘 go with ~와 어울리다
　정답 (b)

6 A 한국에서는 두 쌍 중 한 쌍이 결혼 중매인을 통해서 결혼을 한대.
　B 그건 좀 이상한데.
　해설 '~마다'를 뜻하는 관용 표현으로 〈every+기수+복수명사〉와 〈every+서수+복수명사〉를 쓸 수 있다. couple이 단수로 쓰였으므로 앞에는 서수 second를 쓴다. 따라서 (c)이다.
　어휘 matchmaker 결혼 중매인
　정답 (c)

7 A 차에 무슨 문제 있어? 몇 시간째 씨름하고 있던데.
　B 이유는 모르겠는데 시동이 안 걸려.
　해설 고장 등에 의한 기계의 오작동은 하나의 의지로 보고 will이나 won't로 그 의미를 전달할 수 있으므로 '차가 움직이려 하지 않는다'는 의미의 (b)가 적절하다.
　어휘 struggle with ~와 씨름하다, 애쓰다
　정답 (b)

8 A 그렇게 많은 사람들이 시청 앞에 시위를 하기 위해 모인 적이 없었지.
　B 사람들은 정부가 평판이 좋지 못한 정책을 바꿔야 한다고 요구했어.
　해설 부정어구 never...가 문장 앞에 있으므로 도치 문장으로 볼 수 있다. so many people have rallied에서 have가 주어 앞으로 간 (c)가 정답이다.
　어휘 rally 집합하다　protest 항의하다　municipal office 시청　controversial 물의를 일으키는　unpopular 평판이 좋지 못한　policy 정책
　정답 (c)

9 A 오늘 오후에 바빠요?
　B 아니요, 제가 해야 할 일은 보고서를 제출하는 것 뿐입니다.
　해설 all이나 what이 이끄는 절이 주어일 때 be동사의 보어로 to

부정사가 올 때 to를 생략한 원형부정사가 올 수 있으므로 is (to) turn in이 적합하다. 따라서 (d)가 정답이다.

어휘 turn in 제출하다

정답 (d)

---

10 A 네 기말고사 성적이 그렇게 좋지 않구나.
B 맞아요. 더 열심히 공부했었다면 더 나은 성적을 얻을 수 있었어요.

해설 now가 있는 것으로 보아 과거의 일이 현재까지 영향을 주는 혼합 가정법이 적합하다. 따라서 〈If+주어+had+p.p., 주어+조동사의 과거형+동사원형〉 형태인 (c)가 정답이다.

어휘 grade 성적

정답 (c)

---

11 A 오늘밤에 영화 보러 가자.
B 나 완전히 빈털터리야. 요즘 겨우 살아가기도 어려워.

해설 '~하는 데 어려움을 겪다'는 〈have difficulty[trouble]+(in)+ -ing〉 형식으로 쓴다.

어휘 flat broke 무일푼의

정답 (b)

---

12 A TV를 틀어도 될까요?
B 아뇨. 그렇게 하지 않았으면 해요.

해설 would rather 다음에 주어와 동사가 오면 가정법 과거의 의미로 동사는 과거시제를 써야 하므로 A의 turn을 받는 대동사 do의 과거형 did의 부정인 (c)가 정답이다.

어휘 mind 신경 쓰다

정답 (c)

---

13 A 내 발표에서 중요한 페이지를 빠뜨렸어. 미리 확인했으면 좋았을 텐데.
B 괜찮아. 너는 최선을 다했어.

해설 문맥상 '(과거에) ~했더라면 좋았을 텐데'라는 의미이므로 가정법 과거 완료인 〈I wish+주어+had p.p.〉를 쓴 (a)가 정답이다.

어휘 leave out 빼다 in advance 미리

정답 (a)

---

14 A 모든 직원들이 하루 휴가를 받아야 해.
B 맞아. 그들은 너무 무리해서 일하고 있어.

해설 4형식 수동태 be given 다음에는 직접목적어 a day off가 바로 와야 하므로 (c)가 정답이다.

어휘 employee 직원 take a day off 하루 쉬다

정답 (c)

---

15 A 네가 중국어를 할 수 있는지 몰랐어.
B 사실 중국에서 10년 살았어.

해설 '의사소통하다'는 뜻으로 make oneself understood를 사용하므로 정답은 (b)이다.

어휘 make oneself understood 자기 말을 남에게 이해시키다

정답 (b)

---

16 A 관중이 내 공연을 좋아했니?
B 응, 재미있다고 말하는 것을 들었어.

해설 it은 공연을 가리키며 공연이 흥미를 유발하는 것이므로 현재분사형인 (c)가 정답이다.

어휘 audience 청중

정답 (c)

---

17 A 팰머 씨는 담배를 많이 피워.
B 글쎄, 과거에는 지금보다 더 많이 피웠어.

해설 과거의 습관 used to와 현재를 비교하는 문장으로 현재시제 smoke를 받는 대동사 does가 적합하다. 따라서 (c)가 정답이다.

어휘 used to ~하곤 했다

정답 (c)

---

18 A 소년들이 관심을 가지며 소녀를 귀찮게 했니?
B 아니, 그래도 그들이 얘기할 때 그녀는 부끄러워했어.

해설 불완전자동사 grow 다음에는 주격보어로 형용사형이 오므로 (a)가 정답이다.

어휘 bother 귀찮게 하다 shy 부끄럼 타는

정답 (a)

---

19 A 이 복사기 사용법 좀 알려주실래요?
B 네. 곧 도와 드릴게요.

해설 전치사 with를 써서 '상대에게 가서 문제를 해결해주다'는 의미를 전달할 수 있다.

어휘 copy machine 복사기

정답 (c)

---

20 A 데이비드, 오페라를 다 봤니?
B 아니, 극장에 갔을 때 벌써 2막을 하고 있었어.

해설 기수와 서수를 모두 쓸 수 있는 경우로 2막은 act two 또는 the second act로 표현할 수 있다. 따라서 (a)가 정답이다.

어휘 act 막

정답 (a)

---

21 아이가 컴퓨터를 너무 오래 사용하지 않도록 어떻게 하죠?

해설 사역의 의미로 〈get+사람+to부정사〉 구문을 이용하며 to부정사를 부정할 때에는 to 바로 앞에 not을 놓는다. 따라서 (d)가 적절하다.

어휘 get ~하도록 만들다[설득하다]

정답 (d)

22 어떤 부분은 조금 이상했지만 전체적으로 보면 훌륭한 공연이었다.

해설 '부분적으로 이상했다'는 내용과 '전체적으로 멋졌다'는 내용은 대조적이므로 대조를 나타내며 절을 이끄는 접속사를 써야 한다. 따라서 (c)가 정답이다. (b)와 (d)는 의미는 통하지만 전치사이므로 옳지 않다.

어휘 bit 조금   performance 공연   overall 전체적인

정답 (c)

23 진화론으로 인정 받는 콜린스 박사가 연설을 했다.

해설 주어를 동격으로 수식하는 분사의 선택을 묻는 문제이다. acclaim은 타동사로 뒤에 목적어가 없고 다른 사람들에 의해 칭송받는 것이므로 수동태가 와야 한다.

어휘 theory of evolution 진화론   acclaim 칭송하다

정답 (b)

24 승객과 관련 있는 자동차 사고 사망자 수가 2001년 이래 꾸준히 감소하고 있다.

해설 '과거부터 지금까지'의 의미인 since가 있으므로 현재완료시제가 자연스럽고, 주어는 단수인 The number이므로 동사도 단수형이 되어야 한다. 따라서 (c)가 정답이다.

어휘 fatality 사망자(수)   steadily 꾸준히

정답 (c)

25 브라질팀이 강하다는 것은 잘 알려진 사실이다.

해설 주어로 쓰이는 명사절을 이끄는 that이 필요하다. whether는 명사절을 이끌 수 있지만, 어떤 사실(fact)이라고 했으므로 의미상 맞지 않다. 따라서 (c)가 정답이다.

어휘 well-known 잘 알려진

정답 (c)

26 누구든지 실종된 개를 보았을 가능성이 있는 사람은 경찰에게 전화해 주세요.

해설 주어 Anyone은 단수이며, '~하도록 요청을 받다'는 〈be asked+to부정사〉 수동태로 써야 하므로 (b)가 정답이다.

어휘 missing 행방불명인

정답 (b)

27 당사의 고객 서비스에 불편한 점이 있으면 책임자에게 전화하실 수 있습니다.

해설 call의 목적어 역할을 하며 선행사가 생략된 복합관계대명사의 목적격이 적당하다. 따라서 (d)가 정답이다.

어휘 in charge 책임이 있는

정답 (d)

28 입학 시험에 합격했기 때문에 첫 학기를 준비하고 있다.

해설 종속절과 주절이 원인과 결과이기 때문에 원인을 나타내는 접속사 since가 적절하다.

어휘 entrance exam 입학 시험   pass 합격하다

정답 (b)

29 지미는 지하철을 놓친 게 틀림없다. 그렇지 않다면 분명히 지금쯤 여기에 도착했을 것이다.

해설 must have p.p는 '~였음에 틀림없다'의 단정적 추측에 쓰이므로 (b)가 정답이다.

어휘 miss 놓치다   surely 틀림없이

정답 (b)

30 북한 정부는 국민에게 충분한 식량을 제공하지 않는다.

해설 〈provide+간접목적어+with+직접목적어〉 순으로 오거나 〈provide+직접목적어+for[to] 간접목적어〉 순서로 와야 한다. 또한 enough는 형용사일 때 명사 앞에서 수식하므로 (d)가 정답이다.

어휘 provide 제공하다

정답 (d)

31 장군은 자신의 병사들이 완패해서 돌아올 것이라고는 전혀 생각하지 못했다.

해설 little과 같은 부정어구가 문장 앞에 있을 때는 도치가 발생한다. 일반동사 think를 받는 조동사 do의 과거형 did를 주어 앞으로 도치시킨 (b)가 정답이다.

어휘 utterly 완전히   defeat 패배시키다

정답 (b)

32 위원회가 문제 해결을 끝낼 것이 권고된다.

해설 recommend는 추천, 제안, 주장의 동사에 해당하므로 that절에는 당위성을 나타내는 should가 와야 한다. should는 종종 생략되므로 동사원형인 (a)가 정답이다.

어휘 committee 위원회

정답 (a)

33 아들의 성공에 대한 열망에 감명을 받아서 로널드는 그가 사업 계획을 세우는 것을 도와주었다.

해설 Since he was impressed by his son's desire to succeed를 Since he was를 생략하여 분사구문으로 만들 수 있으므로 (c)가 정답이다.

어휘 business plan 사업 계획   impress 감명을 주다

정답 (c)

34 딸의 결혼을 위해 모아 둔 저축 예금을 인출했다.

해설 저축을 한 시제가 인출한 시제인 과거보다 더 이전이므로 과거완료이며 관계대명사 that이 목적격이므로 능동태가 온다. 따라서 정답은 (c)이다.

어휘 withdraw 인출하다   savings account 저축 예금

정답 (c)

35 피터슨 씨는 사무실을 막 떠나려던 찰나에 7시에 영업 회의가 있다는 것을 기억했다.

해설 두 가지 일이 동시에 발생할 때 when을 쓰는 것이 적합하다. while은 동작이 진행되고 있는 경우에 사용하고, when은 한 번의 동작이 일시적으로 일어날 경우에 사용한다. during은 전치사이므로 뒤에 주어와 동사를 쓰지 않는다. 따라서 (a)가 정답이다.

어휘 be about to ~하려던 참이다

정답 (a)

36 줄리아가 캐나다에서 보낸 겨울 휴가는 캐나다 사람과의 결혼으로 이어졌다.

해설 lead 뒤의 to는 전치사로 다음에 명사를 쓴다. '~와 결혼하다'는 〈marry+사람〉 또는 〈be[get] married+to+사람〉으로 나타낸다.

어휘 lead to ~로 이어지다

정답 (d)

37 법정에서 패소한 그 남자는 음주운전을 한 혐의에 대해서 무죄를 주장했다.

해설 the man은 주절의 주어로 뒤에 동사가 필요하다. '무죄를 주장하다'는 plead not guilty를 쓰고 '유죄를 인정하다'는 plead guilty를 쓰므로 (b)가 정답이다.

어휘 charge 혐의   intoxicated 술에 취한   plead 주장하다

정답 (b)

38 비행기 추락 생존자가 보다 일찍 응급 센터로 이송되었더라면 우리는 그의 생명을 구할 수도 있었을 것이다.

해설 가정법 과거완료로, 내용상 '~했어야 했는데'의 의미를 가진 should have p.p.보다는 '~할 수도 있었을 것이다'의 might have p.p.가 더 자연스럽다. 따라서 정답은 (c)이다.

어휘 survivor 생존자   crash 충돌, 추락

정답 (c)

39 태풍이 도시를 휩쓸고 지나갔지만 피해는 거의 없었다.

해설 damage는 '피해, 손상'이라는 뜻의 추상명사로 셀 수 없는 명사이고 little 또는 a little로 수식할 수 있다. Although의 의미로 보아 '피해가 거의 없었다'는 내용이 되어야 하므로 (d)가 정답이다.

어휘 typhoon 태풍   sweep 휩쓸다

정답 (d)

40 연구원들은 꽃가루가 암꽃과 접촉을 한 후 정핵을 형성한다는 것을 발견했다.

해설 contacting의 주체는 의미상 pollen이므로 콤마 다음 주절은 pollen이 주어로 시작해야 한다. 따라서 (c)가 정답이다.

어휘 pollen 꽃가루   sperm (꽃의) 정핵

정답 (c)

41 (a) A 와, 파란 셔츠 정말 잘 어울리네.
(b) B 정말? 생일 선물로 학생들한테 받은 거야.
(c) A 언제 생일인데? 언젠지 잘 모르겠네.
(d) B 어제였어.

해설 일반 셔츠가 아니라 B가 입고 있는 파란 셔츠 즉, 특정 셔츠를 가리키고 있으므로 부정대명사 one이 아니라 대명사 it을 써야 한다.

어휘 look great on... ~에게 잘 어울리다   pupil 학생   ring a bell 떠오르다, 생각나다

정답 (b) one → it

42 (a) A 커피와 차 중에서 어떤 게 더 좋아?
(b) B 어려운 질문이네. 하지만 난 커피가 더 좋아.
(c) A 이유가 뭔데?
(d) B 졸음을 줄여 주잖아.

해설 sleepiness는 셀 수 없는 명사로 앞에 관사를 쓰지 않으므로 (d)의 the를 삭제해야 한다.

어휘 tough 어려운   sleepiness 졸음

정답 (d) the sleepiness → sleepiness

43 (a) A 수전, 여행 어땠니?
(b) B 좋았어. 마지막 순간에 변동이 약간 있었지만.
(c) A 네가 떠나기 전에 모두 계획할 줄 알았는데.
(d) B 그랬지. 하지만 도착했을 때 마음을 바꿨어.

해설 (c)에서 had의 목적어 it은 '여행을 가리키고 이것은 '계획되는 것'이므로 목적격보어 자리에는 수동의 의미인 과거분사가 적당하다.

어휘 last-minute 막바지의   adjustment 조정   plan out ~에 대해 세심히 계획을 세우다   change one's mind 생각을 바꾸다

정답 (c) plan → planned

44 (a) A 새 자전거가 사라졌어요. 믿겨지세요?
(b) B 정말? 자전거를 잠가 놨어야 했는데.
(c) A 맞아요. 잠그는 것을 잊었나봐요.
(d) B 아빠에게 데리러 와 달라고 연락했니?

해설 문맥상 (b)에서 B는 '잠갔어야 했다'라고 말해야 하므로 should have p.p.를 사용하는 것이 적당하다.

어휘 lock 잠그다   secure (단단히) 고정시키다   pick up ~를 태우러 가다

정답 (b) must have left → should have left

45 (a) A 네 복사기는 아무 쓸모가 없어. 새 것을 사는 게 어때?
(b) B 글쎄, 그럴만한 여유가 없는데.
(c) A 그렇게 가난하지 않잖아?
(d) B 물론 그렇지 않지만 미래에 무슨 일이 생길지 아무도 모르니까.

해설 자동사 happen은 수동태로 쓰지 않으므로 (d)가 정답이다.

어휘 good for nothing 쓸모없는   afford 여유가 되다

정답 (d) be happened → happen

46 (a) 각기 다른 경제학 이론이 경제 위기에 대한 다양하고 가능한 해결책을 제시할 수 있다. (b) 그러나 그 과정에서 우리는 거의 매번 어느 시점에 무엇인가를 희생해야만 한다. (c) 분명히 개인적인 손실을 기꺼이 감수하는 사람은 아무도 없고, 민주주의는 우리로 하여금 다른 사람에게 이 짐을 억지로 짊어지게 하는 것을 금지한다. (d) 사람들은 위기에 대한 올바른 해결책에 대해 의견이 다를 수 있기 때문에 경제 정책을 제안하는 것이 때로는 꽤 어려울 수 있다.

해설 (c)의 force는 목적격보어로 to부정사를 취하는 동사이다. 〈force+목적어+to부정사〉 형태가 와야 하므로 동사 shoulder앞에 to를 써야 한다.

어휘 crisis 위기 suffer 견디다, 괴로워하다 democracy 민주주의 forbid A from -ing A가 ~하는 것을 금지하다 force 강요하다, 억지로 ~하게 하다 shoulder 짊어지다, 떠맡다 burden 부담, 짐 come up with 제안하다

정답 (c) shoulder → to shoulder

47 (a) 미국인들은 대체로 친절하고 서로에게나 외부인들에게 편견이 없다. (b) 그들은 도움이 필요한 사람을 돕는데 자신의 시간과 노력을 쏟는 데 관대하다. (c) 다양한 의견을 듣고 인정하는 민주적인 태도도 종종 보인다. (d) 부정적인 측면을 보면, 교제와 우정은 피상적일 수 있고, 반대 의견에 대한 관용은 무척 관용적인 미국인에게서도 한계를 찾을 수 있다.

해설 (a)에서 형용사 friendly를 수식하는 general은 부사가 되어야 한다.

어휘 open-minded 편견 없는, 포용력이 있는 generous 관대한 democratic 민주적인 attitude 태도 acknowledge 인정하다 diverse 다양한 display 나타내다 association 교제 shallow 얕은, 피상적인 tolerance 관용 opposing 반대의 limit 한계

정답 (a) general → generally

48 (a) 광고자와 대중 매체는 종종 미의 이상형으로 호리호리한 여성을 보여 준다. (b) 맥주와 같은 고칼로리 제품 광고에서조차 노출된 옷을 입은 마른 여성이 출연한다. (c) 겉보기에 지방이 조금밖에 없는데도 젊은 여성들이 자신의 몸에 대해 불안해하는 것이 놀랍지 않은가? (d) 거식증과 폭식증 같은 섭식 장애는 여성들 사이에 사회적인 문제인데, 대부분은 이런 대중 매체의 편견의 결과이다.

해설 (b)에서 주어인 ads는 복수형이므로 동사 features도 복수형이 되어야 한다.

어휘 advertiser 광고자 ideal 이상이 되는 사람 feature 주연하다 revealing 노출된 insecure 걱정스러운 apparent 겉보기에 있는 eating disorder 섭식 장애 anorexia 거식증 bulimia 폭식증 bias 편견

정답 (b) features → features

49 (a) 컴퓨터 기술은 우리에게 엄청난 이득을 가져왔지만, 이런 이득은 새로운 위협을 함께 가지고 왔다. (b) 소프트웨어 보안은 쟁점이며, 컴퓨터 바이러스는 회사와 학교, 가정의 컴퓨터와 네트워크를 공격하고 손상시킨다. (c) 바이러스 프로그램은 들키지 않고 인터넷을 통해 침투하거나 홈페이지나 이메일에 숨어 있을 수도 있다. (d) 바이러스는 컴퓨터의 정상적으로 작동하는 소프트웨어를 무시하고, 파일을 삭제하거나 변경할 수 있다.

해설 바이러스가 프로그램을 삭제하는 것이므로 능동태로 바뀌어야 한다. 따라서 정답은 (d)이다.

어휘 gains 이익, 이득 security 보안 issue 문제점, 논쟁거리 compromise 손상하다 viral 바이러스의 sneak 몰래 숨어들다 undetected 들키지 않고 bypass 무시하다 alter 변경하다

정답 (d) be deleted → delete

50 (a) 외국어를 능숙히 배우는 사람은 언어를 사용할 기회를 수동적으로 기다리지 않는다. (b) 그들은 적극적으로 그 언어를 쓰는 사람을 찾아 내고, 심지어 자신들의 실수를 고쳐달라고 요청한다. (c) 그들은 새로운 언어로 의사소통을 연습하는 데 필요한 수단이라면 그 어떤 것이라도 시도하는 것을 두려워하지 않는다. (d) 그들은 절대로 들은 것을 반복하는 것이나 배운 새로운 단어를 사용하는 것이 실수를 한 두 개 하는 것을 의미할지라도 두려워하지 않는다.

해설 (d)에서 hear 다음에 선행사가 없기 때문에 that이 아닌 선행사가 필요 없는 관계대명사 what이 필요하다.

어휘 passively 수동적으로 actively 적극적으로 seek out 찾아내다 request 요청하다 correction 수정, 정정 means 수단

정답 (d) that → what

1 (d)	2 (c)	3 (b)	4 (d)	5 (a)
6 (b)	7 (b)	8 (b)	9 (a)	10 (b)
11 (b)	12 (d)	13 (b)	14 (b)	15 (d)
16 (c)	17 (d)	18 (a)	19 (a)	20 (a)
21 (a)	22 (a)	23 (a)	24 (b)	25 (c)
26 (a)	27 (c)	28 (b)	29 (d)	30 (a)
31 (c)	32 (c)	33 (a)	34 (b)	35 (d)
36 (d)	37 (c)	38 (c)	39 (b)	40 (d)
41 (d)	42 (d)	43 (c)	44 (c)	45 (a)
46 (d)	47 (c)	48 (b)	49 (d)	50 (b)

1 A 샐리는 중고차를 네게 팔고 싶어해.
   B 알아, 이미 나한테 제안했어.

   해설 suggest는 '~에게 …을 제안하다'는 의미로 〈직접목적어
   +to+간접목적어〉의 어순으로 쓴다. 따라서 (d)가 정답이다.

   어휘 used 중고의

   정답 (d)

2 A 우리는 새 차를 사는 데 많은 돈을 쓸 여유가 없어.
   B 하지만 그냥 놓치기에는 너무 좋은 기회야.

   해설 too는 〈too+형용사+a[an]+명사〉의 어순으로 쓴다. 따라
   서 (c)가 정답이다.

   어휘 afford ~할 여유가 있다 pass up (기회를) 놓치다

   정답 (c)

3 A 무슨 일이야?
   B 디지털 카메라가 문제가 있었는데 간신히 작동시켰어.

   해설 manage는 to부정사를 목적어로 취하는 동사이고, get
   다음의 목적어 it과 목적격보어의 관계가 수동이므로 목적격
   보어에 과거분사를 써야 한다. 따라서 (b)가 정답이다.

   어휘 manage to 간신히 ~하다

   정답 (b)

4 A 카페인이 든 커피는 몸에서 수분을 빼앗아.
   B 차도 마찬가지야.

   해설 긍정문의 동의 표현인 〈so+동사+주어〉의 구문으로 일반동
   사 take를 받을 때는 do나 does가 필요하다. 주어가 3인
   칭 단수이므로 (d)가 정답이다.

   어휘 drain (물을) 빼서 말리다

   정답 (d)

5 A 마지막 지원자 어땠어요?
   B 자격이 너무 과분한 것 같았어요.

   해설 '~에 대해 과분한 자격을 갖추다'는 뜻은 be overqualified
   for를 쓴다. seemed (to be) overqualified에서 to be
   가 생략된 것으로 볼 수 있다.

   어휘 applicant 지원자 overqualified 자격 과잉의

   정답 (a)

6 A 네 도움이 없었다면 나는 여기에 있지 못할 거야.
   B 내가 도움이 될 수 있어서 기뻐.

   해설 '~가 없었다면'이라는 뜻의 가정법 과거 If it had not
   been for에서 if가 생략되고 not이 문두로 오면서 주어와
   조동사가 도치된 (b)가 정답이다. 가정법 현재로는 Were it
   not for를 쓸 수 있다.

   어휘 of help 도움이 되는

   정답 (b)

7 A 잭은 어렸을 때 내 말을 절대 듣지 않았어!
   B 무슨 말인지 알아. 나이가 들수록 더 고집이 세지는
   것 같아.

   해설 '~할수록 더 ~해지다'란 의미를 〈the+비교급+주어+동사,
   the+비교급+주어+동사〉로 표현한 (b)가 정답이다.

   어휘 stubborn 고집 센

   정답 (b)

8 A 존이 이혼을 하게 되다니 안됐어.
   B 뭐라고? 제니퍼와 결혼한지 30년 이상 되었는데!

   해설 전치사 to를 통해 타동사 marry가 수동태로 쓰였음을
   알 수 있다. 또한 30년 동안 결혼한 상태를 말하므로 행위를
   나타내는 get보다는 상태를 나타내는 be동사를 쓴다. 따라
   서 (b)가 정답이다.

   어휘 divorce 이혼 marry 결혼하다

   정답 (b)

9 A 건물의 문제가 뭐라고 생각하니?
   B 수리를 할 필요가 있어.

   해설 need, want 등은 수동의 의미를 나타낼 때 동명사를 목
   적어로 취하거나 to부정사를 쓸 수 있는데 to부정사의 경우
   수동형을 쓴다. 따라서 (a)가 정답이다.

   어휘 renovate 개조하다

   정답 (a)

10 A 두 회사가 합병을 할 예정이래.
   B 응. 그러면 합병으로 합쳐진 수익이 700억 달러에 달
   하는 세계 최대 IT 회사가 탄생하게 되는 거야.

   해설 전치사 with와 명사 revenues 사이에 형용사 역할을
   할 수 있는 분사가 필요하다. 의미상 '합쳐진 수익'은 수동의
   의미이므로 과거분사로 나타낸 (b)가 적절하다.

   어휘 merge 합병하다 revenue 수익

   정답 (b)

11 A 이번 토요일에 엑스포 공원으로 소풍을 가는 게 어때?
B 좋아. 안 그래도 네게 말을 꺼내려던 참이었어.

해설 상대방에서 어떤 것에 대해서 제안을 할 경우에 what do you say to를 쓸 수 있으며, 여기서 to는 전치사이므로 뒤에 명사나 동명사가 온다.

어휘 What do you say ~하는 게 어때?

정답 (b)

12 A 다음 주에 중요한 테니스 경기가 있어.
B 행운을 빌어! 결과를 알려줘.

해설 result는 A와 B가 이미 알고 있는 a big tennis match의 결과이므로 정관사 the를 쓴다. 따라서 (d)가 정답이다.

어휘 match 경기 result 결과

정답 (d)

13 A 사장님이 무엇을 물어보셨어?
B 우리가 프로젝트를 잘 하고 있냐고 물어보셨어.

해설 ask 다음에는 질문을 받는 대상이 바로 오며 그 뒤에 이어지는 질문의 내용인 간접의문문은 〈의문사+주어+동사〉의 어순이다. 따라서 (b)가 정답이다.

어휘 do with ~을 처리하다

정답 (b)

14 A 어젯밤에 뭐했니? 위층이 너무 시끄럽더라.
B 나였을 리는 없어. 밤새 친구들하고 밖에 있었는걸.

해설 내용상 과거에 '~했을 리가 없다'의 의미는 〈couldn't have+p.p.〉로 나타낼 수 있으므로 (b)가 정답이다.

어휘 upstairs 위층

정답 (b)

15 A 여기 네 여권 있어.
B 고마워. 난 네가 가져오는 걸 잊은 줄 알았어.

해설 '~할 것을 잊어버리다'는 〈forget+to부정사〉로 쓰며, 주절보다 종속절의 내용이 먼저 발생했기에 과거완료시제를 쓴다. 따라서 정답은 (d)이다.

어휘 passport 여권

정답 (d)

16 A 버스가 언제 떠날까요?
B 곧 떠날 거예요.

해설 leave와 같은 동사는 현재진행형으로 미래를 표시할 수 있으므로 (c)가 적절하다.

어휘 leave 떠나다

정답 (c)

17 A 한국에 얼마나 오랫동안 계셨어요?
B 올해 말이면 2년이 됩니다.

해설 by the end of this year는 미래 시점을 나타내므로 미래

의 특정한 시점까지 발생되는 결과를 나타내는 미래완료시제가 필요하다. 따라서 (d)가 정답이다.

정답 (d)

18 A 토니가 어디 출신인지 아세요?
B 억양으로 보아 서부 출신인 것 같아요.

해설 If I judge from...에서 접속사와 주어를 생략하고 분사구문을 만든 Judging인 (a)가 적절하다. Judging from은 관용 표현으로 외워 둔다.

어휘 accent 억양 judge 판단하다

정답 (a)

19 A 그가 차를 도난 당했는데 더 심한 건, 차가 완전히 부서진 것을 알았대.
B 정말? 끔찍하군.

해설 내용상 '설상가상'의 뜻은 what is worse를 쓰며 부사는 뒤에 두는 것이 자연스러우므로 (a)가 정답이다.

어휘 wrecked 망가진 what is worse 설상가상으로

정답 (a)

20 A 702 항공편에 빈자리가 있는지 알아봐 주실래요?
B 물론이죠. 잠깐만요.

해설 room은 '방'의 뜻일 때는 셀 수 있는 명사이지만 '공간, 자리, 여지'의 뜻일 때에는 셀 수 없는 명사이다. 따라서 (a)가 정답이다.

어휘 hold on 기다려 room 자리

정답 (a)

21 전에 마크를 만나지 않았기 때문에 나는 그를 모른다.

해설 이유를 나타내는 접속사 as와 함께 마크를 지금까지 한 번도 만난 적이 없으므로 완료형으로 써서 As I have not met Mike before를 만들 수 있다. 또 not이 문두에 위치하면서 주어와 조동사의 도치가 일어나 Not having met Mike before가 된다.

정답 (a)

22 패스트푸드의 영양학적 질이 지난 30년간 개선되었다.

해설 '과거부터 지금까지'의 의미는 현재완료시제가 기간을 나타내는 over와 함께 쓰인 (a)가 가장 적절하다.

어휘 nutritional 영양상의 decade 10년간 improve 개선하다

정답 (a)

23 15년 이상의 전쟁 이후 대부분의 사람들이 평화를 갈망하고 있다.

해설 population은 셀 수 없는 명사로 쓰였으므로 셀 수 없는 명사를 받는 주어 the majority는 단수로 취급하여 단수동사를 쓴 (a)가 정답이다.

어휘 yearn 갈망하다 majority 대부분

정답 (a)

24 관리자는 그것이 한 행 건너뛰어 입력되길 원했다.

해설 목적어 it과 목적격보어의 관계가 수동의 관계일 때 목적격보어로 과거분사를 쓰므로 (b)가 정답이다.

어휘 double-space 한 행씩 띄어

정답 (b)

25 내가 그 문을 잠그자마자 손잡이가 부러졌다.

해설 〈주어+had scarcely[hardly]+p.p.+when+주어+과거시제〉는 '~하자마자 ~하다'라는 의미이므로 (c)가 정답이다.

어휘 lock 잠그다

정답 (c)

26 두 집단은 최근의 문제가 발생하기 전까지 수년간 친하게 지냈었다.

해설 '최근의 문제 이전까지는 친하게 지냈었다'는 내용으로 의미상 before가 가장 적절하다. since는 뒤의 형용사 recent와 의미상 시간의 순서가 맞지 않다.

어휘 in amity 사이좋게

정답 (a)

27 사무실을 마지막으로 떠나는 사람은 보안 시스템을 설정에 책임이 있다.

해설 동사 leaves의 주어가 되면서 선행사가 필요 없는 형태 중 사람을 나타내는 복합관계대명사 whoever가 적합하다. 복합관계대명사는 항상 단수로 취급하므로 정답은 (c)이다.

어휘 responsible for ~에 대한 책임이 있는 security 보안

정답 (c)

28 학생들에게 이용할 수 있는 많은 정보는 공부에 도움이 된다.

해설 -able, -ible로 끝나는 형용사는 뒤에서 앞의 명사를 수식하고, information은 셀 수 없는 명사이므로 (b)가 정답이다.

어휘 aid 돕다

정답 (b)

29 해외에서 일자리를 얻는 사람들은 외국 문화에 적응하는 것이 힘들지도 모른다.

해설 〈find+it(가목적어)+형용사+to부정사(진목적어)〉이며 '~에 적응하다'는 adapt to를 쓴다. 따라서 (d)가 가장 적절하다.

어휘 obtain 얻다 abroad 해외로 adapt 적응하다 adopt 입양하다

정답 (d)

30 아버지의 소원은 자식들 중 한 명이 교수가 되는 것이었다.

해설 주장, 명령, 권고, 제안, 소망을 나타내는 동사의 종속절에는 〈주어+(should)+동사원형〉을 쓰며 should는 생략할 수 있으므로 (a)가 정답이다.

어휘 professor 교수

정답 (a)

31 소방관들은 가까운 건물로 불이 퍼지는 것을 막기 위해 경보에 재빨리 반응했다.

해설 〈keep+A+from+ -ing〉는 'A가 ~을 못하게 막다'의 의미이므로 (c)가 정답이다.

어휘 react 반응하다 attempt 시도 spread 퍼지다

정답 (c)

32 직원들에게 월급을 더 많이 주는 것이 새로운 시설에 돈을 투자하는 것보다 효과적이다.

해설 than 뒤에는 병렬구문으로 비교 대상인 주어 Giving과 같은 형태가 적합하다. 따라서 (c)가 정답이다.

어휘 practical 효과적인 facility 시설

정답 (c)

33 피터는 네가 가진 돈의 세 배를 가지고 있다.

해설 〈배수사+as many[much]+명사+as〉 구문으로 (a)가 가장 적절하다. 3배는 three times로 표현한다.

어휘 times ~배

정답 (a)

34 그림책은 유아가 책을 감상하는 방법을 제시한다.

해설 to부정사의 의미상의 주어는 〈for+목적격〉으로 나타내므로 (b)가 정답이다. of를 쓰는 경우 의미상의 주어 앞에 사람의 특징이나 인성을 나타내는 형용사가 오는 경우이다.

어휘 infant 유아 appreciate 감상하다

정답 (b)

35 축구는 1960년대에 널리 인기를 끌었고 사람들이 너무나 즐겨서 대중적인 게임으로 알려졌다.

해설 '~로서 알려지다'는 의미는 be known as이므로 (a)가 정답이다.
be known for '~로 알려지다' (알려진 이유)
be known by '~로 알 수 있다' (판단의 기준)
be known to '~에게 알려지다'

어휘 unusually 유별나게 enjoyable 즐거운 public 공공의

정답 (a)

36 아버지의 가게는 조그만 스낵바로 시작해서 지금은 지역에서 유명한 식당으로 성장했다.

해설 grow는 자동사이므로 수동태로 쓰지 않으며, since는 부사로 '그 이후로 지금까지'의 의미로 현재완료에 자연스럽다. 따라서 정답은 (d)이다.

어휘 neighborhood 지역 farther 더 멀리

정답 (d)

37 교사들이 안전 절차를 따랐다면 비극을 피할 수도 있었을 것이다.

해설 과거 사실에 대한 가정의 의미로 '~했을 수도 있다'는 뜻은

〈could have+p.p.〉로 나타낼 수 있으므로 (c)가 정답이다.

어휘 tragedy 비극 avoid 피하다

정답 (c)

38 이 요리법은 대대로 전해 내려오는 우리 집안의 비법이다.

해설 관계대명사절의 주어는 선행사 a family secret으로 볼 수 있으므로 '비밀이 전해 내려오다'는 의미로 수동태 be passed down을 쓸 수 있다. 주절의 시제가 현재이므로 보기 중 현재완료형인 (a)가 가장 자연스럽다.

어휘 recipe 요리법 generation 세대

정답 (a)

39 어떤 사업이 직접 최종 소비자에게 도달할 수 있다는 아이디어는 생산자와 소비자의 관계를 바꾸고 있다.

해설 동사는 is이며 앞의 any business can directly reach a final consumer는 주어 The idea를 수식한다. 따라서 완전한 절을 이끌며 The idea를 동격으로 설명하는 접속사 that이 필요하므로 정답은 (b)이다.

어휘 directly 직접적으로

정답 (b)

40 멜리사는 장을 더 보고 싶었지만 불가능했다. 왜냐하면 충분한 돈을 갖고 있지 않았기 때문이다.

해설 계속적 관계대명사 which가 앞 문장 전체를 받을 경우 관계대명사절의 동사는 단수이다. 주절의 시제가 과거이므로 (a)가 정답이다.

어휘 grocery 식료품 및 잡화

정답 (a)

41 (a) A 그녀의 전공에 진짜 문제가 무엇인 것 같아?
(b) B 전공에 아무런 흥미를 느끼지 못한대.
(c) A 이런! 내년까지 전공을 바꾸지 못하는데 어떻게 할거지?
(d) B 모르겠어. 그 전공을 택하지 말라는 당신 충고를 듣지 않은 것을 후회하더군.

해설 (d)의 to not choose는 advice를 수식하는 to부정사의 형용사적 용법으로 to부정사의 부정은 to 앞에 not을 붙인다. 따라서 not의 위치를 to 앞으로 바꿔야 한다.

어휘 major 전공 regret 후회하다

정답 (d) to not choose → not to choose

42 (a) A 나한테 차 좀 빌려 줄 수 있어?
(b) B 또? 전에 사고를 냈잖아.
(c) A 알아, 그런데 급하단 말이야.
(d) B 알겠어. 하지만 이번이 마지막이야.

해설 '마지막'이라는 표현은 the last time이므로 (d)의 a를 the로 바꾼다.

어휘 lend 빌려 주다

정답 (d) a last time → the last time

43 (a) A 오늘 아침에 통계학 수업을 녹음해 줄 수 있니?
(b) B 왜? 수업에 안 들어올 거야?
(c) A 응. 10시에 동생을 태우러 공항에 나가봐야 해.
(d) B 알았어. 대신 내일 점심 사야 해.

해설 문맥상 A는 동생을 태우러 가기로 되어 있어서 수업에 들어가지 않겠다고 하므로 (c)의 suppose는 '～하기로 되어 있다'는 의미의 be supposed to가 되어야 한다.

어휘 tape 테이프에 녹음하다

정답 (c) I suppose to → I am supposed to

44 (a) A 스트래트퍼드 어폰 에이번행 왕복표 주세요.
(b) B 네, 여기 있습니다. 20파운드입니다.
(c) A 레밍턴에서 갈아타야 하나요?
(d) B 아뇨, 곧장 가실 수 있습니다.

해설 train은 보통명사로 '기차를 갈아타다'의 의미는 change trains처럼 복수명사를 쓴다. 따라서 (c)가 정답이다.

어휘 round ticket 왕복표 direct 직행의

정답 (c) change train → change trains

45 (a) A 오랜 비행으로 많이 지쳐 보이는구나.
(b) B 응, 13시간 동안 자리에 앉아 있었어.
(c) A 그럼, 여기서 기다리는 게 어때? 내가 차를 갖고 올게.
(d) B 사실, 괜찮다면 좀 걷고 싶은데.

해설 감각동사 look은 보는 행위를 의미할 경우 진행형을 쓸 수 있지만 (a)의 용법과 같이 '～처럼 보이다'를 의미할 경우 진행형으로 쓸 수 없으므로 진행형을 현재시제로 바꾸어야 한다.

어휘 flight 비행

정답 (a) are looking → look

46 (a) 집 지키는 개가 있는 집을 도둑이 털고 싶어 한다고 상상해보라. (b) 도둑은 고기 한 덩이로 집 지키는 개의 주의를 흩뜨려 놓아 개가 집주인에게 짖어서 알리지 않도록 노력할지도 모른다. (c) 집 지키는 개는 이 속임수에 넘어갈 수도 있고 안 넘어 갈 수도 있지만, 여기에서 사람과 뇌물에 관련한 비유를 이끌어낼 수 있다. (d) 이 이야기의 교훈은 현명한 사람은 뇌물을 받는 데 신중하다는 것이다.

해설 Taking a lesson from ~은 비인칭독립분사구문의 관용적 표현으로 '～에서 교훈이라면'이란 뜻이며, 주절의 주어는 사람이므로 현재분사를 써야 한다. 따라서 (d)의 Taken은 Taking으로 바꾸어야 한다.

어휘 suppose 가정하다, 상상하다 watchdog 집 지키는 개 distract (마음·주위를) 흩트러뜨리다 alert 경고하다 trick 속임수 analogy 비유 bribe 뇌물 cautious 신중한, 조심스러운

정답 (d) Taken → Taking

47 (a) 다양한 화장품을 사용한 것으로 널리 알려지지 않은 고대 그리스인은 그래도 때때로 머리카락 색을 밝게 했다. (b) 색을 밝게 하는 가장 흔한 방법 중 하나는 햇빛을 이용하는 것이었다. (c) 그들은 머리를 감은 후 특정 연고를 바르고 햇빛에 앉아 있곤 했다. (d) 허영심을 보여 주는 이런 작은 과시 외에 확실히 그리스인은 자신을 아름답게 하기 위해 화장품을 많이 사용하지 않았다.

해설 ointment 자체는 셀 수 없는 명사이지만 (c)에서 형용사 certain의 수식을 받으며 셀 수 있는 명사가 되므로 앞에 부정관사 a를 써야 한다.

어휘 nonetheless 그래도 occasionally 때때로 lighten 색을 옅게 하다 ointment 연고, 화장용 크림 vanity 허영심 apparently 분명히 beautify 아름답게 하다

정답 (c) certain ointment → a certain ointment

48 (a) 작곡가 리하르트 바그너는 기상(奇想)이 대단한 사람이었다. (b) 아주 잠시 동안만이라도 세상을 그의 개인적인 흥미와 따로 보지 않았다. (c) 그는 다른 사람들에게 자신이 세상에서 가장 중요한 사람이라고 생각한다는 인상을 주었다. (d) 최고의 사상가이자 작곡가로서 그는 셰익스피어와 베토벤, 플라토 같은 위인들과만 어깨를 나란히 하였다.

해설 Only in a rare moment가 문두에 있으므로 주어와 동사는 도치되어야 한다. 일반동사 looked를 조동사 did로 받아 주어 앞에 쓰고 look은 원형으로 고쳐야 한다. 따라서 정답은 (b)이다.

어휘 conceit 기상 apart 떨어져서 impression 인상 supreme 최고의 thinker 사상가

정답 (b) he looked → did he look

49 (a) 연구용 인공위성은 과학자들이 연구할 수 있는 데이터를 보아 선송하면서 지구 주위를 돈다. (b) 인공위성은 대기 위에서 태양과 행성, 항성 등을 관찰하며 우주 과학 분야를 진보시킨다. (c) 날씨 인공위성은 날씨의 패턴과 동향 등을 알도록 지구의 날씨를 추적 관찰한다. (d) 이런 정보로부터 나온 일기 예보는 내일 날씨가 우리에게 어떨지 알려준다.

해설 (d)의 know의 목적어로 〈의문사+동사+주어〉의 직접의문 어순은 쓸 수 없다. 간접의문문의 어순으로 〈의문사+동사+주어〉의 어순으로 고쳐야 한다.

어휘 satellite 인공위성 orbit 궤도를 돌다 transmit 전송하다 advance 진보시키다 atmosphere 대기(권) pattern 패턴 trend 동향 forecast 예보

정답 (d) what will the weather → what the weather will

50 (a) 야생에서 말은 보통 말발굽으로 풀 위를 뛴다. (b) 그러나 일하는 말은 대체로 주인이 몰고 가는 딱딱한 도로를 걷기 위해 특별한 말 구두가 필요하다. (c) 기본적으로 이런 도로는 너무 건조하고 말의 말발굽에서 모든 수분을 빼앗아 가며 문제를 일으킨다. (d) 말발굽은, 예를 들어

풀 위 아침 이슬에서와 같이 자연 상태의 풍부한 수분에 익숙해져 있다.

해설 (b)의 where는 선행사 roads의 관계부사로 완전한 절을 이끌어야 한다. their drivers take them on은 불완전한 문장으로 where가 아닌 관계대명사 which를 써야 한다.

어휘 hoof 발굽 sap 수액을 짜내다 moisture 수분 morning dew 아침 이슬

정답 (b) where → which

1 (d)	2 (c)	3 (d)	4 (b)	5 (a)
6 (c)	7 (c)	8 (b)	9 (d)	10 (c)
11 (b)	12 (d)	13 (a)	14 (d)	15 (c)
16 (a)	17 (b)	18 (b)	19 (a)	20 (a)
21 (a)	22 (d)	23 (c)	24 (a)	25 (c)
26 (b)	27 (a)	28 (a)	29 (d)	30 (d)
31 (c)	32 (d)	33 (c)	34 (b)	35 (d)
36 (d)	37 (d)	38 (b)	39 (d)	40 (c)
41 (b)	42 (a)	43 (b)	44 (d)	45 (a)
46 (d)	47 (d)	48 (a)	49 (b)	50 (b)

1 A 마틴은 주식에 투자한 돈을 모두 잃지 않았더라면 지금 부자가 되었을 텐데.
B 그가 네 충고를 들었어야 했어.

해설 마틴이 주식 투자를 한 행위는 과거이므로 과거 사실에 대한 가정인 가정법 과거완료 If he had not lost를 쓸 수 있다. 이때 If가 생략되고 주어와 동사를 도치시켜 Had he not lost로 표현할 수 있다. 따라서 정답은 (d)이다.

어휘 stock market 주식 시장

정답 (d)

2 A 요즘 아버지는 어떻게 지내시니?
B 거동을 잘 못하셔. 돌봐 드려야 해.

해설 아버지가 보살핌을 받아야 한다는 내용으로, need의 목적어로 동명사를 써서 수동의 의미를 표현할 수 있다. 따라서 정답은 (c)이다.

어휘 take care of ~을 돌보다 look after ~을 보살피다

정답 (c)

3 A 네 여자 친구가 졸업식에 왔어야 했는데.
B 괜찮아. 나는 그녀가 없는 것에 익숙해.

해설 '~에 익숙하다'의 의미는 〈be used to+명사〉를 쓰고, 동명사를 부정할 경우 동명사 앞에 not을 쓴다. 따라서 정답은 (d)이다.

어휘 graduation 졸업 ceremony 의식

정답 (d)

4 A 필라델피아까지 기차를 타고 가는 것이 차를 가지고 가는 것보다 비용이 훨씬 많이 들 거야.
B 그래. 모든 것을 고려해 보면, 차로 가는 것이 더 나을 것 같아.

해설 내용상 '더 나은'의 의미는 be better off를 쓰므로 (b)가 가장 적절하다.

어휘 all things considered 모든 것을 고려해 볼 때

정답 (b)

5 A 저희 집 앞으로 데리러 와 줄 수 있으신가요?
B 물론이죠. 어디 사는지만 말해 줘요.

해설 '요청하다'라고 할 때 〈ask+사람+to부정사〉이며, pick up은 이어 동사로 대명사를 목적어로 취할 경우 목적어는 동사와 부사 사이에 위치한다. 따라서 정답은 (a)이다.

어휘 pick up ~를 태우러 가다

정답 (a)

6 A 너희 집에서 사이먼 송별 파티를 하는 거 메리가 알고 있니?
B 응. 그와 상의하는 것을 봤어.

해설 look, see, feel, hear 등과 같은 지각동사는 뒤에 목적어와 목적격보어를 취할 수 있다. B가 메리가 사이먼과 의논하는 것을 본 것이므로 목적격보어로 동사원형 또는 현재분사가 올 수 있다. discuss는 타동사로 바로 뒤에 목적어가 온다. 따라서 (c)가 정답이다.

어휘 farewell 작별 place 집

정답 (c)

7 A 어제 내가 보여준 에세이 두 편 읽어 봤어?
B 하나도 읽지 못했지만 오늘 읽을 거야.

해설 문맥상 '읽지 않았지만 오늘 읽을 것이다'는 내용이 와야 하며, none은 not과 함께 쓰이지 않는다. 따라서 (c)가 가장 적절하다.

어휘 essay 에세이, 수필

정답 (c)

8 A 내가 역으로 같이 갈까요?
B 아니요, 당신은 갈 필요 없어요.

해설 need는 부정문에서 본동사와 조동사로 모두 쓰이는데 조동사일 경우 need not go, 본동사일 경우 do not need to go으로 부정문을 만든다. 따라서 (b)가 정답이다.

어휘 station 역

정답 (b)

9 A 그는 음주 운전하면 안 돼요.
B 네, 그래서 제가 대신 운전하려고 하는 거예요.

해설 while he is intoxicated에서 he is가 생략된 (d)가 정답이다.

어휘 intoxicated 술에 취한

정답 (d)

10 A 셔츠를 못 찾겠어요.
B 이 검정색 셔츠가 당신이 찾고 있는 건가요?

해설 관계대명사 which, that은 앞에 선행사가 있으며, what은 선행사가 없다. 의문문이므로 these black ones를

선행사로 착각하지 말아야 한다. 따라서 (c)가 정답이다.

어휘 look for ~를 찾다

정답 (c)

11 A 아버지는 내가 수학 공부를 더 열심히 하길 바라서. 그것 때문에 너무 스트레스를 받아.
B 그래, 네가 어떤 상황인지 알겠다.

해설 expect는 to부정사를 목적격보어로 취한다. 또한 학문 이름을 나타내는 단어는 일반적으로 –s로 끝나므로 (b)가 정답이다.

어휘 quite 꽤

정답 (b)

12 A 재닛에게 돈 빌려 봤니?
B 아니, 그런 적 없어. 그럴 마음도 없어.

해설 '~할 의도가 있다'고 할 때 〈intend+to부정사〉을 쓴다. neither는 문두에 위치하여 주어와 동사를 도치시키므로 (d)가 정답이다. 조동사 뒤에는 동사의 원형이 오므로 (b)와 (c)는 틀리다.

어휘 borrow 빌리다　intend 의도하다

정답 (d)

13 A 그녀가 평소와는 달리 제 시간에 올까?
B 아마 늘 그랬듯이 늦을 거야.

해설 '아마 ~일 것이다'는 뜻의 관용 표현으로 Chances are that을 쓰므로 정답은 (a)이다.

어휘 on time 시간에 맞게　for a change 여느 때와 달리　as usual 늘 그렇듯이

정답 (a)

14 A 수전이 어제 만난 남자랑 어떻게 할지 결정한 것을 들었니?
B 응. 그를 거절한 것은 정말 놀라운 일이야.

해설 〈find+it(가주어)+형용사+that(진주어)〉 형식으로 2어 동사 turn down의 대명사 목적어는 동사와 부사 사이에 쓴다. 진주어로 to부정사를 쓸 경우 의미상 주절의 주어와 주체가 다르기 때문에 〈전치사+목적격〉으로 나타내야 한다. 거절한 사실이 놀라움을 주므로 amazing을 쓴다. 따라서 (d)가 정답이다.

어휘 amazing 놀라운　turn down ~을 거절하다

정답 (d)

15 A 축하해요! 프로젝트를 끝냈네요.
B 고마워요. 제 아내 덕분이에요.

해설 'B에 대해 A에게 신세를 지고 있다'는 owe A for B이므로 (c)가 정답이다.

어휘 owe 빚지고 있다

정답 (c)

16 A 네 자전거 어디 있니? 고장 났다며?
B 마이크에게 고쳐 달라고 했어.

해설 have는 사역동사로 목적격보어로 동사원형이나 과거분사가 온다. 이 문장에서는 목적어가 fix의 주체이므로 동사원형을 사용하는 (a)가 정답이다.

어휘 fix 수리하다

정답 (a)

17 A 잭, 이 모자들 중 어떤 것에 관심이 있니?
B 글쎄, 좋아 보이는 게 하나도 없는데.

해설 neither가 주어로 올 경우 단수 취급을 하고, '~게 보인다'의 look은 자동사로 수동태로 쓰지 않는다. 따라서 (b)가 정답이다.

어휘 neither 어느 ~도 …아니다

정답 (b)

18 A 북한산은 벌레 종 많은 것으로 유명하다고 하더라.
B 그런데 요즘에는 오염으로 위협 받고 있어.

해설 many species에 맞추어 동사도 복수형이 되어야 하며, 벌레가 위협을 받는 것이므로 수동태가 되어야 한다. 또한 부사 these days는 현재진행형과 어울리므로 (b)가 정답이다.

어휘 species 종　insect 벌레　pollution 오염　threaten 위협하다

정답 (b)

19 A 이번 주말에 낚시 여행 어때?
B 난 됐어. 대신 집에서 쉬는 게 좋겠어.

해설 prefer는 to부정사를 목적어로 취하며, to have+p.p.는 주절보다 한 시제 앞선 일을 나타낸다. 목적어 a rest가 있으므로 동사는 능동태가 된다. 따라서 (a)가 정답이다.

어휘 prefer ~을 (더) 좋아하다

정답 (a)

20 A 남편과 아내는 서로 닮는다고 하던데.
B 맞아, 나도 그렇게 생각해.

해설 일반적인 사실에 대한 것은 현재시제를 쓰고, resemble은 자동사이므로 수동태로 쓰지 않는다. 따라서 정답은 (a)이다.

어휘 resemble ~을 닮다

정답 (a)

21 존슨은 회의실에 도착하자마자 프로젝트에 관한 보고서를 가지고 오는 것을 잊었음을 깨달았다.

해설 'A하자마자 B하다'는 No sooner A than B로 표현할 수 있다. No sooner가 문두에 위치하여 주어와 동사의 도치가 일어나 had가 주어 앞으로 이동한다. 따라서 (a)가 정답이다.

어휘 realize 깨닫다

정답 (a)

22 이번 주말에 비가 올 지도 모른다. 그런 경우에는 소풍을 미뤄야 할 것이다.

> **해설** '그런 경우에'는 in that case를 쓰며, 앞 절의 내용을 가리키면서 동시에 접속사 기능을 하는 관계대명사 which를 써서 in which case가 되는 것이 적절하므로 정답은 (d)이다.
>
> **어휘** put off 미루다
>
> **정답** (d)

23 과학 기술 덕분에 영화 제작자들은 이제 현란한 효과를 낼 수 있다.

> **해설** 내용상 '~의 도움으로'의 의미는 with the help of를 쓰므로 (c)가 정답이다.
>
> **어휘** technology 과학 기술 filmmaker 영화 제작자
>
> **정답** (c)

24 사무실 건물주는 세 달치 보증금을 미리 지불할 것을 요구했다.

> **해설** 주절에 요구, 주장, 제안, 명령 등의 동사가 오면 종속절에는 생략 가능한 조동사 should가 온다. 주절의 demand가 요구를 뜻하며 종속절의 should가 생략되어 동사의 원형을 쓴 (a)가 정답이다.
>
> **어휘** landlord 집주인 demand 요구하다 security deposit 임대 보증금 in advance 미리
>
> **정답** (a)

25 모든 과목 중에서 내가 제일 좋아하는 과목은 경제학이다.

> **해설** 구조상 콤마(,) 이후 문장이 완전하므로 명사구는 올 수 없다. 의미상 '~중에서'를 뜻하는 of 뒤에는 보통 정관사 the가 오지만, of all class subjects에서처럼 all 뒤에 관사가 생략되기도 한다. 따라서 (c)가 정답이다.
>
> **어휘** economics 경제학
>
> **정답** (c)

26 내 지시를 들었다면 우리는 지금쯤 워싱턴에 있을 텐데.

> **해설** '과거에 ~했더라면 지금 …할 것이다'라는 뜻의 혼합 가정법으로 형식은 〈If+주어+had+p.p., 주어+조동사 과거형〉이다. 따라서 정답은 (b)이다.
>
> **정답** (b)

27 고전 건축은 그 원리가 많은 새 건물에 이용되면서 르네상스 시대에 영향력을 행사했다.

> **해설** '~하면서'는 〈with+명사+분사〉 형식으로 분사구문을 만들 수 있다. 원리가 사용되는 것이므로 수동태 형식의 (a)가 정답이다.
>
> **어휘** architecture 건축 influential 영향력 있는 principle 원리
>
> **정답** (a)

28 대부분의 나라에서 운전자는 운전할 때 안전벨트를 반드시 매야 한다.

> **해설** to부정사의 의미상의 주어는 〈for+목적격+to부정사〉으로 나타내며, 목적어 seat belt가 있으므로 능동태인 (a)가 정답이다.
>
> **어휘** mandatory 의무의 fasten 매다
>
> **정답** (a)

29 새로운 프로그램을 개발하는 데 많은 비용이 들었지만 그것이 절약해 준 시간 때문에 비용에 대한 가치가 있었다.

> **해설** 앞서 언급한 특정한 프로그램을 설치하는 데 사용된 비용이므로 정관사를 쓴 (d)가 정답이다.
>
> **어휘** develop 개발하다 worth ~의 가치가 있는 expense 비용
>
> **정답** (d)

30 모든 것을 고려해봤을 때 나는 그것을 예외로 간주해야 한다고 생각한다.

> **해설** 독립분사구문으로 when all things were considered 에서 접속사와 be동사를 생략하고 주절의 주어와 다른 All things를 남겨둔 (d)가 정답이다. 이 표현은 관용 표현으로 암기해 두면 도움이 된다.
>
> **어휘** regard 간주하다 exception 예외
>
> **정답** (d)

31 왕은 개혁이 왕국에 아무런 이득을 가져오지 않았다는 생각이 들었다.

> **해설** '(생각이) ~의 마음에 떠오르다'라고 할 때 〈strike+사람〉을 쓰므로 (c)가 정답이다. It은 가주어이며 that절이 진주어이다.
>
> **어휘** reform 개혁 kingdom 왕국
>
> **정답** (c)

32 연구 과제를 끝내지 못해 우리는 집에 걱정하며 갔다.

> **해설** 분사구문의 부정은 분사 앞에 not을 쓰므로 정답은 (d)이다. 집에 간 행위 이전에 과제를 끝내지 못한 것이므로 분사구문은 과거완료를 쓴다.
>
> **어휘** project 연구 과제
>
> **정답** (d)

33 우리 재단은 50개 주에 있는 자선 단체를 규제하는 법을 준수하는 데 헌신하고 있다.

> **해설** '~에 헌신하다'는 be committed to이며, 이때 to는 전치사이므로 뒤에 동명사가 온다. '~을 준수하다'는 표현은 comply with를 사용하므로 (c)가 정답이다.
>
> **어휘** foundation 재단 regulate 규제하다 charity 자선 단체
>
> **정답** (c)

34 회사가 모든 빚을 청산한 뒤에라야 진정한 재정 위기 극복이 일어날 것이다.

해설 only로 시작하는 절이 문두에 위치하여 주절의 주어와 동사를 도치시킨다. 따라서 (b)가 정답이다.

어휘 pay off 청산하다 debt 빚 recovery 회복

정답 (b)

35 존은 필기시험에 떨어졌지만 아무 일도 없었던 것처럼 행동했다.

해설 '마치 ~였던 것처럼'이라는 의미로 as if 가정법을 쓸 수 있다. 주절의 시제가 과거이므로 과거 사실에 대한 반대를 뜻하는 과거완료를 쓰는 것이 자연스럽다. 따라서 정답은 (d)이다.

어휘 written test 필기시험

정답 (d)

36 체벌은 때때로 나쁜 행동을 멈추게 하지만 미래에 학생들이 더 나은 행동을 하도록 동기 부여하진 못한다.

해설 hardly를 비롯한 빈도부사는 일반동사 앞에 위치하며, hardly 자체가 부정의 의미이므로 never와 같은 부정어를 동반하지 않는다. 또한 목적어 students를 취하므로 능동태인 (d)가 가장 적절하다.

어휘 corporal 육체의 punishment 체벌 misbehavior 품행 나쁨 motivate 동기를 부여하다

정답 (d)

37 내가 그 자리에 있었더라면 아이들을 구할 수도 있었을 텐데.

해설 아이들을 구할 수 있었다는 과거 사실에 대한 가정이므로 주절에 가정법 과거완료형인 had p.p.를 쓴다. 따라서 정답은 (d)이다.

어휘 scene 현장

정답 (d)

38 워싱턴대학교의 연구원들은 규칙적인 운동이 당뇨를 치료하는 최고의 방법이라는 것을 발견했다.

해설 find는 〈find+목적어+to부정사〉 형식으로 올 수 있으므로 (b)가 정답이다.

어휘 diabetes 당뇨병

정답 (b)

39 톰의 차가 고속 도로에서 고장 났지만 그는 간신히 고칠 수 있었다.

해설 manage는 to부정사와 결합하여 '간신히 ~하다'의 뜻으로 쓰인다. 보기의 it은 car를 가리키므로 got의 목적격보어로 과거분사를 쓴 (d)가 정답이다.

어휘 highway 고속 도로

정답 (d)

40 택시를 기다리고 있는데 잎사귀 하나가 머리에 떨어졌다.

해설 주절의 주어는 a leaf이고 택시를 기다리는 주체인 I와 다르므로 독립분사구문이나 접속사가 이끄는 절이 와야 한다. 따라서 (c)가 정답이다.

어휘 fall 떨어지다

정답 (c)

41 (a) A 오늘 린다를 우연히 만났어.
(b) B 정말? 존과 화해했는지 물어봤어?
(c) A 응. 사실 둘이 약혼할 거래.
(d) B 왜! 정말 잘됐네!

해설 '~와 화해하다'는 make up with를 쓰므로 (b)의 made up 뒤에 with를 써준다.

어휘 bump into ~와 마주치다 engage 약혼시키다

정답 (b) made up → made up with

42 (a) A 오늘 밤 우리가 야구 경기에서 이길 확률이 어떻게 되는 것 같아?
(b) B 아주 희박해.
(c) A 그래. 한국은 이기기 힘든 팀이야.
(d) B 하지만 포기하기에는 아직 일러.

해설 주절의 동사가 think, say, imagine, guess, suppose일 경우 간접의문문의 의문사는 문장의 맨 앞에 위치하므로 (a)가 정답이다.

어휘 give up 포기하다

정답 (a) Do you think what → What do you think

43 (a) A 이번 일요일에 계획 있어?
(b) B 글쎄, 겨울이 곧 다가오니까 청소를 할까 했어.
(c) A 할 일이 많겠다. 콘서트 티켓이 한 장 남는데, 7시가 되어야 시작할 거야.
(d) B 좋아! 나 콘서트 가는 거 좋아해. 가기 전에 모든 일을 다 하면 도착하기에 충분한 시간이 있을 거야.

해설 '겨울이 문턱에 다다르다'라는 표현은 Winter is around the corner라고 쓰므로 (b)의 at을 around로 고쳐야 한다.

어휘 extra 여분의

정답 (b) winter is just at the corner → winter is around the corner

44 (a) A 수필 경연 대회에 대해 들었어?
(b) B 응. 무슨 문제라도 있어?
(c) A 심사 위원 중 한 사람이 우승자의 아버지래.
(d) B 밀도 안 돼. 분명 부당한 방법으로 이겼을 거야.

해설 문맥상 대회의 우승자가 이미 나온 과거의 이야기로 (d)의 win은 과거시제를 써야 옳다.

어휘 competition 경연 대회 unfair 부당한

정답 (d) win → won

45　(a) A 오늘 발표 때문에 너무 초조해.

　　(b) B 걱정 마. 모든 게 잘 될 거야.

　　(c) A 이미 떨리기 시작했어.

　　(d) B 심호흡을 해. 걱정할 것 없어.

　해설　presentation은 셀 수 있는 명사이며, 문맥상 '오늘 할 발표'는 A와 B 둘 다 알고 있는 일이므로 앞에 정관사 the를 쓴다. 따라서 (a)의 presentation 앞에 정관사를 써야 한다.

　어휘　Take it easy 걱정 마라　shake 떨리다　take a deep breath 심호흡하다

　정답　(a) presentation → the presentation

46　(a) 21세기 현재 사회에서 성공을 위해 가장 필요한 개인적 자질은 무엇일까? (b) 어쩌면 가장 중요한 자질 중 두 가지는 유연성과 창의성이다. (c) 유연성은 변화를 잘 받아 들이고 새로운 아이디어와 환경을 발 빠르게 활용할 수 있도록 해준다. (d) 창의성은 우리 앞에 놓인 많은 어려운 일들에 대한 성공적인 답을 찾는 데 필요할 것이다.

　해설　창의성은 요구하는 것이 아니라 요구되는 것이므로 (d)의 require는 수동태가 되어야 한다.

　어휘　quality 자질　contemporary 현대의　flexibility 유연성　creativity 창의성　permit 허락하다　circumstance 환경　require 요구하다, 필요하다　challenge 어려운 일

　정답　(d) will require → will be required

47　(a) 그리스 신화에 악, 특히 오만함 또는 거만함을 벌하는 네메시스라는 신성한 응징의 여신이 있다. (b) 흥미로운 것은 벌은 무례한 자에게 즉시 행해질 필요가 없다는 것이다. (c) 범죄나 신을 모욕하는 일을 응징하는 것은 때때로 사건이 일어난 몇 세대 뒤에 일어났다. (d) 영어 단어 '네메시스'는 원래 복수를 다루는 사람을 의미하였지만 이제는 최대의 적을 의미한다.

　해설　동사를 수식하는 것은 부사이므로 (d)의 original은 부사가 되어야 한다.

　어휘　mythology 신화　divine 성스러운, 신성한　retribution 응징　punish 벌하다　hubris 오만　arrogance 거만　offended 위반자, 범죄자　avenge 응징하다　offence 모욕, 무례　vengeance 복수　archenemy 최대의 적, 대적

　정답　(d) original → originally

48　(a) 앨버트 아인슈타인은 한 번은 과학자로서 자신의 창의력을 학교를 일찍 중퇴한 사실 덕분으로 돌렸다. (b) 다른 위인들도 정규 교육 없이 잘했기 때문에 이런 의견에는 뭔가 다른 것이 있는 것 같다. (c) 그러나 학교의 기본 목적은 선량한 시민을 훈련시키는 것이지 특이한 재능을 훈련시키는 것이 아니기 때문에 이것으로 모든 학교를 비난하는 것은 아니다. (d) 사회는 어느 정도의 획일성과 일치가 필요하며, 이 두 가지는 창의력을 향한 강한 욕구를 가라앉힌다.

　해설　(a)의 that절은 앞의 fact와 동격을 이루며, 그 '사실'이 무

엇인지를 설명해 준다. 따라서 fact 앞에 정관사 the를 써야 한다.

　어휘　attribute ~덕분으로 돌리다　drop out 중퇴하다　observation (관찰에 따른) 의견　condemn 비난하다　uniformity 획일성　consensus (의견의) 일치　quiet 가라앉히다　urge 욕구

　정답　(a) a fact → the fact

49　(a) 1815년 나폴레옹의 패배 후에 오랫동안 계속되던 유럽 권력 균형을 깨고, 1870년 프로이센-프랑스 전쟁이 발발했다. (b) 비스마르크 수상의 프로이센과 독일 병력은 그 해 겨울 파리를 포위했다. (c) 포위 공격은 도시를 굶주리게 했고 파리는 1871년 초 함락되었다. (d) 새롭게 통일된 독일의 최후의 승리는 독일을 유럽 대륙에서 권력을 장악한 강국으로 확립시켰다.

　해설　(b)의 were surrounded는 수동태로 뒤에 목적어를 취할 수 없다. 의미상 '프로이센과 독일 병력이 파리를 포위했다'고 해야 자연스러우므로 동사를 능동태로 바꾸어 준다.

　어휘　erupt 발발하다　chancellor 수상　surround 포위하다　siege 포위 공격　starve 굶주리다　eventual 최후의　dominant 지배적인, 권력을 장악한

　정답　(b) are surrounded → surrounded

50　(a) 과학자들은 주어진 지역의 식물이나 동물들의 수를 파악하기 위해 다른 기술들을 사용한다. (b) 뉴멕시코의 발스배드 카번스에 서식하는 꼬리 없는 박쥐의 수를 측정하기 위해 과학자들은 거대한 거주지에서 그들이 보금자리로 삼는 한 동굴로부터 밖으로 날아 나오는 박쥐들을 비디오로 촬영했다. (c) 그런 다음 과학자들은 그 비디오의 각 프레임에 나오는 박쥐를 셌다. (d) 때때로 그들은 수를 알기 위해 눈을 사용하기도 한다.

　해설　관계대명사 which는 불완전한 문장을 이끌기 때문에, (b)에서 완전한 문장 they root in large colonies 앞의 which는 관계부사를 쓰거나 which 앞에 전치사가 와야 한다. 선행사가 장소이므로 관계부사 where가 알맞다.

　어휘　estimate 추정하다　cave 동굴　root 정착하다　determine 단정하다

　정답　(b) which → where

2026 시대에듀 법무사 1차시험 5개년 기출문제해설

개정4판1쇄 발행	2025년 12월 05일(인쇄 2025년 10월 31일)
초 판 발 행	2021년 11월 15일(인쇄 2021년 10월 29일)
발 행 인	박영일
책 임 편 집	이해욱
편 저	시대법학연구소
편 집 진 행	이재성 · 안효상 · 박종필 · 백승은
표 지 디 자 인	하연주
편 집 디 자 인	윤준하 · 고현준
발 행 처	(주)시대고시기획
출 판 등 록	제10-1521호
주 소	서울시 마포구 큰우물로 75 [도화동 538 성지 B/D] 9F
전 화	1600-3600
팩 스	02-701-8823
홈 페 이 지	www.sdedu.co.kr
I S B N	979-11-434-0185-4 (13360)
정 가	63,000원

대부분의 사람은 마음먹은 만큼 행복하다.

- 에이브러햄 링컨 -